MAGYAR–ANGOL
KÉZISZÓTÁR

A CONCISE HUNGARIAN–ENGLISH DICTIONARY

AKADÉMIAI KIADÓ

MAGAY TAMÁS
ORSZÁGH LÁSZLÓ

MAGYAR ANGOL KÉZISZÓTÁR

A CONCISE HUNGARIAN–ENGLISH DICTIONARY

1828

AKADÉMIAI KIADÓ

Készült az Akadémiai Kiadó Szótárműhelyében
Published by the Dictionary Workshop of Akadémiai Kiadó

Főszerkesztők • Editors-in-Chief
MAGAY TAMÁS, ORSZÁGH LÁSZLÓ †

Projektvezető szerkesztő • Managing Editor
BERKÁNÉ DANESCH MARIANNE

Szerkesztők • Editors
GRÁF ZOLTÁN BENEDEK, JOÓ SÁNDOR, MIHÁLY ÁRPÁD, SZEMERE PÁL

Anyanyelvi lektor • English Reader
NICHOLAS BODOCZKY

Munkatársak • Consultants
MOLNÁR OTTÓ TAMÁS, TÓTH ERZSÉBET

Számítógépes feldolgozás • Computer Staff
Invenció Kft. – *Felelős vezető* • *Managing Director:* MOLNÁR CSABA
Programozók • *Programmers:* KOZÁK PÉTER, SARMASÁGI PÁL, GÁL ZOLTÁN
Tördelő • *Lay-out:* BÉKEFI ANDRÁS

Arculatterv • Design
MOLNÁR ISTVÁN, KECSKÉS ZSOLT

Termékmenedzser • Technical Editor
KISS ZSUZSA

Nyomdai előállítás • Print
Akadémiai Nyomda Kft., Martonvásár – *Felelős vezető* • *Managing Director:* REISENLEITNER LAJOS

ISBN 963 05 7780 1
Kiadja az Akadémiai Kiadó Rt.,
az 1795-ben alapított Magyar Könyvkiadók és Könyvterjesztők Egyesülésének tagja
1117 Budapest, Prielle Kornélia u. 19.
www.akademiaikiado.hu

Első kiadás: 2000
Második kiadás: 2001
Változatlan lenyomat: 2004

A kiadásért felelős az Akadémiai Kiadó Rt. igazgatója
A szerkesztésért felelős: POMÁZI GYÖNGYI

Terjedelem 75 (A/5) ív
Printed in Hungary

ELŐSZÓ

Az 1990-ben megjelent és alapjaiban átdolgozott szótár mintegy előhírnöke volt a jelen szótárnak, amely az eltelt évtized gyökeres változásainak a nyomait hordozza magán, az ország életének úgyszólván minden területét érintve. Közhely immár, hogy minden szótár megjelenésének a pillanatában elavultnak tekinthető. Ez a megállapítás különösen igaz egy olyan, az anyanyelvből kiinduló szótár esetében, amely keresztmetszetét kívánja adni a mai magyar beszélt és írott köznyelvnek.

A szótár felújított és korszerűsített kiadását az a körülmény is parancsolóvá tette, hogy második nyelve az az angol, amely a világ első számú kommunikációs nyelve, az informatika nyelve, az információs társadalom nyelve lett.

Egy szótár felújításánál elsőrendű szempont és cél az, hogy az utóbbi évek alatt felgyülemlett és használatba került szavak, szóösszetételek, szójelentések és szókapcsolatok (kifejezések) regisztráltassanak. A szótár terjedelmét azonban – különösen egy közép méretű, korlátozott terjedelmű szótár esetében – nem lehet a végtelenségig növelni. Óhatatlanul meg kell szabadulni a szókincs olyan elemeitől, amelyeket ma már a köznyelv nem, vagy csak ritkán használ, kivetett magából, elvetett, mint afféle használt, kinőtt vagy divatjamúlt ruhát. Olyan szavakra és kifejezésekre gondolunk, mint például: ***békebarc, központi bizottság, párttagsági könyv, kommunista szombat*** stb. Ezek és a hasonlók fölött átment a történelem, elveszítették aktualitásukat. Ha mégis meghagytunk olyan adatokat, mint például ***„a Varsói Szerződés Országai"*** vagy a ***„Kölcsönös Gazdasági Segítség Tanácsa"***, a ***„KGST"*** *tört*-nek (történelmi) minősítettük, gondolva azokra, akik korábbi szövegeket akarnak fordítani. Sőt, ezeket a „félmúlt"-ból származó adatokat kiegészítettük olyanokkal (pl. *'ávós'*), amelyek ugyancsak a történelem részei, de a korábbi kiadásokból ilyen vagy olyan okokból kimaradtak. A jelen kéziszótár a ***ma*** élő emberek beszélt és írott nyelvét akarja feldolgozni, annak a generációnak a nyelvét és igényeit szemmel tartva, amely az új évezred első évtizedének aktív, meghatározó, felnövő és feltörekvő nemzedéke.

A korábbi kiadás minden egyes szavát és adatát gondosan ellenőriztük, és mérlegeltük használhatóságukat. E munka során az esetek ezreiben hozzá kellett nyúlni a meglevő angol fordításokhoz, ekvivalensekhez. Így mintegy 20 000 új, illetőleg megváltoztatott, korszerűsített lexikai, ill. szótári adattal bővült ez a kiadás. A szerző és munkatársai rendszeres gyűjtést végeztek olyan fontos szakterületekről, mint például az informatika (beleértve az internetet), az elektronika, a távközlés, de nem hagytuk figyelmen kívül a gazdasági élet vagy a parlamentáris demokrácia, valamint a külkapcsolatok, mindenekelőtt az uniós csatlakozás meghatározó, jövőbe mutató fogalmait, szavait, nemkülönben a modern gépkocsizás és közlekedés, a mezőgazdaság és a környezetvédelem gyakran használt kifejezéseit. Nem maradhattak ki természetesen az új életet szimbolizáló versenyszellem kifejezései sem, így lényegesen felduzzadtak például a „pályázat" fogalomkörét felölelő szócikkek, kifejezések, amelyekkel újságjaink nap mint nap elárasztják a széles olvasóközönséget, főleg a fiatalokat. Rendszeres gyűjtést folytattunk továbbá az oktatás-nevelés és a kulturális kérdések köréből, de a jogi és közigazgatási nyelv sem kerülhette eL a figyelmünket.

Minden rendszerezés és fontossági sorrend nélkül bemutatunk egy csokorra valót az új, ill. az újonnan felvett szavakból és kifejezésekből, tudva, hogy ezek száma a végtelenségig szaporítható:

akciós ár, baba-mama szoba, civil szervezetek, szexuális zaklatás, diplomamunka, diszkontáruház, drogfüggő, internet, internet-hozzáférés, internetezik, katasztrófasújtotta, klónoz, kommandós, őrző-védő szolgálat, Lyme-kór, parlagfű, megmikróz, multi(nacionális cég), menü [informatikában], VIP-váró, Európai Unió, EU-tagság, elfaxol, e-mailezik, élő közvetítés, élőben közvetít, [opera] koncertszerű előadása, információs társadalom, az 1956-os forradalom és szabadságharc, vidékfejlesztés, esélyegyenlőség, működő tőke, vészkorszak, távoktatás, távmunka, vasember verseny, normatív támogatás, átvilágít [politikai ért.], átvilágító bíró, aranygól, autópálya-matrica stb.

Az angol ekvivalenseket – sok esetben – idiomatikus szókapcsolatokkal frissítettük fel. Ahol a ***kif*** rövidítéssel találkozik a használó, azt jelzi, hogy a magyar adatot angol ***kifejezéssel***, idiomatikus szókapcsolattal, anglicizmussal törekedtünk visszaadni, ilyenek százaival színesebbé, elevenebbé, életszerűbbé, és mindenekfölött angolosabbá téve a szótár második nyelvét.

Ehhez kapcsolódik a szótárnak az az igénye is, hogy szaporítsa, és a korábbinál intenzívebben ábrázolja a magyar ***igevonzatok*** angol megfelelőit az angol elöljárós-határozós igék (az ún. 'phrasal verbs') minden eddiginél bőségesebb szótározása útján. Minden igyekezetünk ***a mai magyar és angol szóhasználat mennél részletesebb, differenciáltabb és árnyaltabb regisztrálása*** volt.

S ha már az igéknél tartunk, elöljáróban meg kell említenünk, hogy ha a tárgyas/tárgyatlan megkülönböztetést nem jelöltük is külön rövidítéssel, ezt a jelenséget, az igéknek ezt az aspektusát a szótár jelentéskülönbségként kezeli, s mint minden elkülönülő jelentésnek új jelentésszámot ad, s ezeken belül a tárgyas, ill. tárgyatlan jelleget szövegkörnyezeti szavakkal, példákkal ábrázolja minden esetben.

A jelentésbeli, nyelvtani és stiláris információ részletesebb magyarázatát egyébként a következő lapokon adjuk közre. A ***Függelékben*** pedig közöljük az angol rendhagyó igéket és főneveket, valamint a magyarországi mértékek angol megfelelőit.

A szótár – igazodva a modern kétnyelvű szótárírás és korábbi szótáraink gyakorlatához – tartalmaz bizonyos enciklopédikus elemeket, így például – felújított formában – a legfontosabb ***földrajzi neveket és megjelöléseket,*** valamint a leggyakoribb ***rövidítéseket*** és a ***keresztnevek*** közül azokat, amelyek angol megfelelőinek ismerete elengedhetetlen, de legalábbis célszerű.

S végül arról is tájékoztatni szeretnénk a használót, hogy a szótár angol nyelve a ***brit*** angolságot tükrözi, de rendszerszerűen feltüntettük az ***amerikai*** helyesírásbeli és szóhasználatbeli eltéréseket, sőt más regionális változatokat (például az ***ausztráliai*** angolt) is.

Mint a napjainkban kiadónknál megjelenő szótárak, úgy a jelen szótár is új, digitálisan rögzített formátumban, HoveR módszerrel szerkesztett SGML alapú adatbázisban készült, amelynek előnyei közé tartozik, hogy a szótár szerkezete egységes és könnyen átlátható, használata egyszerű.

Budapest, 2000 nyarán

Magay Tamás

A SZÓTÁR HASZNÁLATÁRÓL

CÍMSZAVAK

A címszó után a szófajjelölő rövidítés áll (L. a Rövidítések és a Jelek jegyzékét, XIX–XXII. o.) A *homonimákat,* vagyis az azonos írású, de eltérő eredetű és jelentésű szavakat felső indexszámmal külön címszóként kezeltük.

anya *fn* mother ...
csinos *mn* **1.** *[nő]* pretty ...
arányosan *hsz* proportionally, ...
alsz|ik *i* sleep*...
ár^1 *fn [árué]* ...
ár^2 *fn [áradás]* ...
ár^3 *fn [cipészé]* ...

SZÓFAJOK

Az egyes szófajokat római számok különítik el, úm. *fn* (főnév), *i* (ige), *mn* (melléknév) stb.

csempész I. *i* smuggle **II.** *fn* smuggler
dolgozó I. *mn* working ... **II.** *fn* **1.** *ált* employee...

JELENTÉSEK

A címszavak különböző jelentéseit vastag arab számmal tagoljuk. *Szóhasználati* tájékoztatást, fogalomkörszűkítő *irányítószavakat* – dőlt szedéssel, szögletes zárójelben – közvetlenül az arab jelentésszámok után, ill. az angol ekvivalensek előtt talál a használó.

akadály *fn* **1.** *[tárgy]* obstacle, *[úton]* obstruction **2.** *[gátló körülmény, nehézség]* obstacle, hindrance, impediment, difficulty ... **3.** *sp [futóé]* obstacles *tsz, [lovasversenyen]* jump, *[sövény]* fence ...

EKVIVALENS HELYETT ÉRTELMEZÉS

Ha egy magyar címszónak vagy kifejezésnek nincs angol egyenértékese, ekvivalense, csak értelmezése, magyarázata, körülírása, azt csúcsos zárójelbe ‹ › teszi a szótár.

nagycsoport *fn [óvodában]* ‹one's final year at nursery school v. kindergarten›
érettségi ... ~ **bizonyítvány** ‹certificate of final examination in a Hungarian secondary school›

KIFEJEZÉSEK

A többszavas lexikai egységeket, állandósult szókapcsolatokat, más néven *idiómákat,* idiomatikus kifejezéseket, röviden: *kifejezéseket,* valamint a példamondatokat az egyes jelentésszámok alá sorolja be a szótár, a szójelentések (ekvivalensek) után. Ha egy-egy ilyen egységnek több jelentése is van, ezeket zárójelbe tett kis római számmal különítjük el, (i) ... (ii).

fej² *fn* **1.** *ált* head; **jó ~e van** he has a good head on his shoulders, he has brains; *biz* **jó ~** he's a good man, he's not a bad sort; *biz* **tök jó ~** (s)he's really cool, he's a cool guy ... **3.** *[dologé]* head, (upper) end, top; **~ vagy írás?** heads or tails?
átmenő ... **~ forgalom** (i) *[közlekedésben]* through traffic ... (ii) *gazd* transit trade

NYELVTANI INFORMÁCIÓ

Alaktan

A *magyar ikes igék* ik-jét cezúra (|) választja el a szótőtől. Ilyenkor a szócikkben a címszót helyettesítő tilde (~) érvénye csak a cezúráig terjed.

találkoz|ik *i* ... **2.** *(vmvel) [tapasztal vmt]* meet* with sg, run* into sg, experience sg

Az *angol rendhagyó igéket* csillag (*) jelöli, utalva a Függelékben felsorolt rendhagyó igék táblázatára.

találkoz|ik *i* **1.** *[emberek] ált* meet* (*vkvel* sy) ...

Az *angol rendhagyó főneveket* kis karika (°) jelzi. Felsorolásuk a Függelékben található.

gyerek *fn* **1.** child° ...

Más esetekben (pl. a latinos többes szám) a többes számot kiírjuk teljes, vagy ahol lehet, rövidített alakban.

tanterv *fn* curriculum (*tsz* curricula v. curriculums)
függelék *fn* **1.** *[könyvböz]* appendix (*tsz* appendixes v. appendices) ...

A *végmássalhangzójukat kettőző* angol *igékben* betűvastagítás jelzi a kettőzést. Az ezzel ellentétes amerikai használatot a példában adott módon tünteti fel a szótár.

elejt *i* **1.** *[esni hagy]* drop, let* drop/fall
lemond *i* ... *[előadást, fellépést, jegyet, rendelést, utazást stb.]* cancel (*US* -l)

Az *amerikai írásváltozatokat* rendszerszerűen közli a szótár, ahol lehet rövidített alakban.

középpont *fn* centre (*US* center)
szívesség *fn* ... **2.** *[szolgálat]* favour (*US* -vor)
program *fn* **1.** *ált* programme (*US* -ram)
gumiabroncs *fn* tyre, *US* tire

Mondattan

Mindenütt, ahol szükséges és lehetséges, megadjuk a *vonzatokat* az angol ige vagy melléknév után, zárójelben vagy anélkül.

ömI|ik *i* flow (*vmből* from, *vmbe* into sg)
találkoz|ik *i* **1.** *[emberek] ált* meet* (*vkvel* sy), *[véletlenül]* run* into sy
beszélget *i* ... (*vkvel*) have* talk/chat (with sy)
alkalmas *mn* **1.** (*vmre*) (be*) suitable, fit, right, can be used, be OK (*mindegyik:* for sg), be* suited to (sg) ...

Különös tekintettel voltunk az angolra oly jellemző elöljárós-határozós igékre, az ún. *phrasal verb*-ökre. Számukat bővítettük, használatukat igyekeztünk mennél egyértelműbbé tenni oly módon, hogy ahol egy egységet alkot az igével, ott sohasem tettük zárójelbe az elöljárót vagy a határozószót, vagyis a vonzatot.

beszáll *i* **1.** *[vonatba, buszba]* get* on(to)/in(to) [the train/bus], get* in/on, get* on board [the train] ..., *[repülőgépbe]* go* on board [the aeroplane], get* on/onto [the plane], board [the plane], *[hajóba]* get* on (board) [the ship/boat] ..., *[autóba, taxiba]* get* in/into [a car/taxi]

A főnevek után álló *tsz* azt jelzi, hogy többes számú igei szerkezettel kell fordítani, az *esz* pedig azt, hogy egyes számúval. Ha azonban a főnév számra nézve egyezik a két nyelvben, értelemszerűen nincs sem *tsz,* sem *esz* jelzés.

cselszövény *fn* ... machinations *tsz*
érdem *fn* ... **2.** *[ügyé]* the essentials/merits (of a case) *tsz*
eszköz *fn* ... **2.** *átv* means *esz* v. *tsz*

Melléknevekné1 az *ut* arra figyelmeztet, hogy nem jelzőként, hanem utótételként, értelmező jelzőként használható a – rendszerint többszavas – jelző vagy jelzős szerkezet.

csuromvizes *mn [ember]* wet through *ut,* soaked/drenched to the skin *ut* ...
egyező *mn* ... **az eredetivel ~** corresponding to the original *ut* ...

ANGOL SZÖVEGKÖRNYEZETI SZAVAK

A magyar címszavak angol egyenértékeseit (ekvivalenseit) igen gyakran szögletes zárójelbe [ ] tett, álló szedésű szövegkörnyezeti szavak egészítik ki, amelyek szintén a helyes szó-, ill. nyelvhasználatot segítik elő.

benyújt *i* ... *[kérelmet]* put* in, *US* file [an application], *[doktori értekezést]* submit [a thesis for the PhD degree] ...
megtart *i* ... **3.** *[ígéretet]* keep* [one's promise/word], *[határidőt]* keep* [the time limit], *[szabályt, törvényt]* keep* to [the rules], observe [the law], comply with [the rules/regulations]

MINŐSÍTÉS

Regionális, szaknyelvi ill. *stílusértéket jelző* rövidítések általában az arab jelentésszámok után, ill. az angol ekvivalensek előtt állnak. (Ezek jegyzékét l. a XIX–XXI. oldalon.) Frazeológiai adatok (félkövér többszavas szókapcsolatok, idiómák stb.) minősítése általában a magyar adat előtt áll. Gyakran előfordul azonban, hogy a stiláris minősítés közvetlenül az angol ekvivalens elé kerül, amennyiben stiláris értékben különbözik a magyar adatétól. A *kif* rövidítésnek is sajátságos szerepe van ott, ahol a magyar adat köznyelvi, „semleges" szó vagy szókapcsolat, de az angolban sajátos idiómával adjuk vissza.

belügyminisztérium *fn* (*röv* **BM**) *[Magyarországon]* Ministry of the Interior, *GB* Home Office, *US* Department of the Interior
benyakal *i biz* **1.** gulp down, swallow, toss back, drink* **2.** *[berúg]* get* drunk/tight/ blotto
csúcs *fn* ... **5.** *pol* summit (meeting) **6.** *sp* record ...
halmaz *fn* **1.** heap, pile, stack, mass **2.** *mat* set
elfut *i* **1.** run* away/off, *[menekülve]* escape from, make* off, *biz kif* show* a clean pair of heels, *szl* scarper ...
azzal ... **~ már meg is csinálta** *kif* no sooner said than done

HELYNYERŐ MEGOLDÁSOK

Kerek zárójelben ( ) a szavaknak, szókapcsolatoknak elhagyható, ill. vagylagos elemei találhatók.

bemázol *i* **1.** *[festékkel]* daub [the wall] (with paint), ... paint (over)
bemondás *fn* ... **3.** *biz [szellemeskedő]* quip, (wise)crack

Ez utóbbi példa tehát két angol ekvivalenst von egybe, és tesz vagylagossá: 'wisecrack', ill. 'crack'.

A tilde (~) a címszót helyettesíti. Számtalan példát találhatunk használatára, bárhol felütjük a szótárt. A magyar ikes igéknél kell csupán arra vigyázni, hogy a tilde érvénye csak a cezúráig (|) terjed.

bemász|ik *i* climb in/*i*nto; **~ ik az ágy alá** creep* *u*nder the bed

A virgula (/) a vagylagosság jele. Részben a szavak felcserélhetőségét jelenti:

bemász|ik *i* climb in/*i*nto ...,

részben szinonim értékű mondatrészeket, olykor mondatokat tesz vagylagossá. Ezzel a helynyerő megoldással azonban ritkán él a szótár. Sokkal gyakoribb az az eset, amelyben a zárójeles, *vagy*-os tömörítést alkalmazzuk.

felkel *i* **1.** ... **holnap már ~het** he can (v. is fit to) get up tom*o*rrow

Ez a megoldás tehát két mondatot rejt magában: 'he can get up tomorrow' és 'he is fit to get up tomorrow'.

A cezúra (|) a magyar ikes igéknél fordul elő.

bemász|ik *i* climb in/*i*nto; **~ik az ágy alá** creep* *u*nder the bed

UTALÁS

Minden utalás a nyíllal → történik. Jelentése, szerepe hármas: (1) ugyanaz, mint (2) lásd még (3) lásd ott. Az utalt szó mindig félkövér, a pontos helyet jelölő számok a rövidség kedvéért pont nélkül állnak. Olykor szókapcsolatokra történik az utalás, mely esetben mindig a címszó a nagyobb vastag betűs.

nagykorú *mn* ... **~ lesz → eléri a nagykorúságot**
rádiós ... **II.** *fn* **1.** → **rádiókezelő**
rosszul 1. ... **~ esik vm vknek → esik 8**

HANGSÚLYJELÖLÉS

Az angol szavak hangsúlyát a hangsúlyos szótag magánhangzójának, ill. -hangzóinak dőlt szedésével fejezi ki a szótár. (L. a fenti példákat, ill. bárhol a szótárban.)

PREFACE

The completely revised dictionary published in 1990 served as the forerunner of the current dictionary which reflects the fundamental changes of the past decade impacting on practically every area of national life. It is now near cliché to state that all dictionaries become outdated the minute they are published. This is particularly true of a dictionary that, starting from the mother tongue, aims to present a cross-section of everyday Hungarian in its spoken and written forms.

A revised and modernised edition of the dictionary was all the more essential where the second language, that is English, has become the world's number one language of communication, informatics and the information society.

A primary reason and objective of revising a dictionary is to register words, compounds, meanings and phrases (expressions) that have accumulated over the years and entered into common usage. However, the scope of any dictionary – in particular a concise dictionary of restricted size – cannot be extended infinitely. It is essential to cut out all elements either not in everyday use or only rarely used, in much the same way as one weeds out of one's wardrobe shabby, outgrown or unfashionable clothes. We are thinking here of such words and expressions as ***struggle for peace, Central Committee, party card,*** etc. These and others are obsolete, they have lost their topicality. However, where we left such entries as, for example, the ***Warsaw Pact countries*** or ***Council for Mutual Economic Assistance, COMECON,*** labelled as historical ***(tört),*** we are thinking of those looking to translate earlier texts. Indeed, we have actually supplemented these words and phrases from the recent past with others (e.g. „ávós" ***"member of the state security authority"***) which are similarly part of history but for one reason or another were ommitted from earlier editions. The current dictionary covers the written and spoken language of people living ***today,*** bearing in mind the language and demands of the active, up-and-coming and ambitious generation of the first decade of the new millennium.

We carefully examined every single word and phrase in the previous edition and assessed their suitability for inclusion in this edition. In the course of this work we had to examine the existing English translations and equivalents of thousands of cases. As a result, this edition has been expanded with around 20,000 new or amended, modernised lexicographical entries and references. The author and his colleagues regularly collected key expressions and words from important areas such as ***informatics*** (including the Internet), ***electronics*** and ***telecommunications*** while ***business life*** and ***parliamentary democracy, foreign relations*** and above all ***EU accession*** were not omitted. Furthermore, expressions from the world of modern ***motoring*** and ***transportation, agriculture*** and ***environmental protection*** also found a place in this edition. Naturally, the ***competitive spirit*** symbolising the new life has its own expressions, and within this for example the rapidly expanding vocabulary and expressions that have grown up around the term ***tender*** and with which the dailies inundate a wide readership – primarily younger people – day after day. We regularly collected entries from the areas of ***education*** and ***culture, law*** and ***public administration.***

For a brief – and unclassified – collection of new words and expressions the reader is referred to the Hungarian preface.

We have refreshed the English equivalents with – in many cases – idiomatic phrases. Where the reader finds the abbreviation ***kif,*** it indicates that we have tried to express the Hungarian entry with an English idiomatic expression or phrase. These cases, in their hundreds, serve to make the second language of the dictionary more colorful, lively, lifelike and, above all, more 'English'.

One important requirement of the dictionary is related to this, that is, that it augment and depict in a more intensive way the appropriate English for ***Hungarian verbal cases*** through an even more abundant usage of ***English phrasal verbs.*** We did everything to ensure that ***today's usage of Hungarian and English was registered in greater detail, with greater differentiation and nuances.***

And speaking of verbs, we should note that where we have not signalled a differentiation between the ***transitive*** and ***intransitive*** with a separate abbreviation, this aspect of verbs is treated by the dictionary as a difference in the sense, with a new number for every separate meaning. In all such cases we depict the transitive or intransitive using contextual words and examples.

However, a more detailed information on meaning, grammar, and style is given in the pages that follow. English irregular verbs, nouns and the Hungarian weights and measures in English are to be found in the *Appendix*.

This dictionary – in line with the general practice of modern bilingual lexicography and our earlier dictionaries – contains certain encyclopedic elements, thus for example (in their revised forms) the most important ***geographical names and notations,*** as well as the most common ***abbreviations*** and ***forenames*** the English equivalents of which are either indispensable or at least practical.

And finally, we would like to note that the English in this dictionary reflects ***British*** English, although ***American*** spelling and word usage also regularly appear, as indeed do other regional variations (for example, ***Australian*** English).

Our newly-published dictionaries have been edited in a new, digitally recorded format, in an SGML database composed by the HoveR system, with the advantages of a unified structure that is easy to comprehend and use.

Budapest, Summer 2000

Tamás Magay

USING THE DICTIONARY

THE HEADWORD

The headword is followed by an abbreviation indicating the word class. (See the list of Abbreviations and Signs, pp. XIX–XXII. *Homographs* are separated by superior numbers.

anya *fn* mother ...
csinos *mn* **1.** *[nő]* pretty ...
arányosan *hsz* proportionally, ...
alsz|ik *i* sleep* ...
ár[1] *fn [árué]* ...
ár[2] *fn [áradás]* ...
ár[3] *fn [cipészé]* ...

WORD CLASSES

Roman numerals distinguish the different word classes such as nouns, verbs, adjectives etc.

csempész I. *i* smuggle **II.** *fn* smuggler
dolgozó I. *mn* working ... **II.** *fn* **1.** *ált* employee ...

MEANINGS

Various meanings of the headword are subdivided by means of bold arabic numerales. *Guide words* and *information about usage* are printed in italics after the arabic numerals and before the equivalents (translations).

akadály *fn* **1.** *[tárgy]* obstacle, *[úton]* obstruction **2.** *[gátló körülmény, nehézség]* obstacle, hindrance, impediment, difficulty ... **3.** *sp [futóé]* obstacles *tsz, [lovasversenyen]* jump, *[sövény]* fence ...

Where no equivalents are available, definitions or explanations are given in pointed brackets ‹ ›.

nagycsoport *fn [óvodában]* ‹one's final year at nursery school v. kindergarten›
érettségi ... ~ **bizonyítvány** ‹certificate of final examination in a Hungarian secondary school›

IDIOMS

Multi-word lexical units (ie *set phrases, fixed expressions,* and *idioms*) as well as *illustrative examples* are entered under the various numbered senses following the translations of the headword, in bold type. Bracketed roman numerals are used for different meanings of these boldface units.

fej[2] *fn* **1.** *ált* head; **jó ~e van** he has a good head on his shoulders, he has brains; *biz* **jó ~** he's a good man, he's not a bad sort; *biz* **tök jó ~** (s)he's really cool, he's a cool guy ... **3.** *[dologé]* head, (upper) end, top; **~ vagy írás?** heads or tails?
átmenő ... **~ forgalom** (i) *[közlekedésben]* through traffic ... (ii) *gazd* transit trade

GRAMMATICAL INFORMATION

Morphology

A vertical stroke (|) in *Hungarian verbs ending in* **-ik** means that the verb without **-ik** is replaced by tilde within the article

találkoz|ik *i* … **2.** *(vmvel) [tapasztal vmt]* meet* with sg, ru**n*** *i*nto sg, experience sg

English irregular verbs are marked by an asterisk (*) (See Appendix)

találkoz|ik *i* **1.** *[emberek] ált* meet* (*vkvel* sy) …

English irregular nouns are marked by a superior circle (°). (See Appendix)

gyerek *fn* **1.** child° …

Other plural forms of nouns, such as the Latin plurals, are indicated throughout the dictionary.

tanterv *fn* curr*i*culum (*tsz* curr*i*cula v. curr*i*culums)
függelék *fn* **1.** *[könyvböz]* appendix (*tsz* appendixes v. appendices) …

Verbs *doubling* their final *consonants* are indicated typographically by giving such consonants in boldface type (ge**t***, dro**p**). Non-doubling of some verbs in American English are shown in the opposite way.

elejt *i* **1.** *[esni hagy]* dro**p**, le**t*** drop/fall
lemond *i* … *[előadást, fellépést, jegyet, rendelést, utazást stb.]* cance**l** (*US* -l)

American spelling variants are indicated throughout.

középpont *fn* centre (*US* center)
szívesség *fn* … **2.** *[szolgálat]* f*a*vour (*US* -vor)
program *fn* **1.** *ált* programme (*US* -ram)
gumiabroncs *fn* tyre, *US* t*i*re

Syntax

Wherever it is necessary and possible the various forms of *prepositional usage* is given following verbs or adjectives.

öml|ik *i* flow (*vmből* from, *vmbe* *i*nto sg)
találkoz|ik *i* **1.** *[emberek] ált* meet* (*vkvel* sy), *[véletlenül]* ru**n*** *i*nto sy
beszélget *i* … (*vkvel*) have* talk/chat (with sy)
alkalmas *mn* **1.** (*vmre*) (be*) *sui*table, fi**t**, right, can be used, be OK (*mindegyik:* for sg), be* *sui*ted to (sg) …

English *phrasal verbs* have been treated amply and duly in producing translation equivalents.

beszáll *i* **1.** *[vonatba, buszba]* ge**t*** *o*n(to)/*i*n(to) [the train/bus], ge**t*** in/on, ge**t*** on board [the train] …, *[repülőgépbe]* go* on board [the aeroplane], ge**t*** on/*o*nto [the plane], board [the plane], *[hajóba]* ge**t*** on (board) [the ship/boat] …, *[autóba, taxiba]* ge**t*** in/*i*nto [a car/t*a*xi]

tsz (ie plural) following nouns indicates that a plural construction is needed. When *esz* (ie singular) is used it involves a singular contruction.

cselszövény *fn* … machin*a*tions *tsz*
érdem *fn* … **2.** *[ügyé]* the essentials/merits (of a case) *tsz*
eszköz *fn* … **2.** *átv* means *esz* v. *tsz*

ut means that the adjective or adjectival construction can be used in apposition only.

csuromvizes *mn [ember]* wet through *ut,* soaked/drenched to the skin *ut* ...
egyező *mn* ... **az eredetivel ~** corresponding to the original *ut* ...

ENGLISH CONTEXT WORDS

Translations of headwords and the various meanings of headwords are supplemented by English *context words* in roman type and in square brackets.

benyújt *i* ... *[kérelmet]* put* in, *US* file [an application], *[doktori értekezést]* submit [a thesis for the PhD degree] ...
megtart *i* ... **3.** *[ígéretet]* keep* [one's promise/word], *[határidőt]* keep* [the time limit], *[szabályt, törvényt]* keep* to [the rules], observe [the law], comply with [the rules/regulations]

LABELLING

Labels normally following the arabic numerals and qualifying the English equivalents can be *regional, field, temporal and stylistic* (See the list of Abbreviations, pp. XIX–XXI.) They all indicate restrictions on the use of words. Stylistic labels normally precede the Hungarian lexical unit (or idom), often, however they qualify directly the English translations. The abbreviation *kif* (ie expression) usually precedes the English equivalent.

belügyminisztérium *fn* (*röv* **BM**) *[Magyarországon]* Ministry of the Interior, *GB* Home Office, *US* Department of the Interior
benyakal *i biz* **1.** gulp down, swallow, toss back, drink* **2.** *[berúg]* get* drunk/tight/ blotto
csúcs *fn* ... **5.** *pol* summit (meeting) **6.** *sp* record ...
halmaz *fn* **1.** heap, pile, stack, mass **2.** *mat* set
elfut *i* **1.** run* away/off, *[menekülve]* escape from, make* off, *biz kif* show* a clean pair of heels, *szl* scarper ...
azzal ... **~ már meg is csinálta** *kif* no sooner said than done

SPACE-SAVING DEVICES

Round brackets ( ) used within Egnlish translations mean that words or parts of words put in parenthesis are optional. Optional prepositional uses are also often bracketed.

bemázol *i* **1.** *[festékkel]* daub [the wall] (with paint), ... paint (over)
bemondás *fn* ... **3.** *biz [szellemeskedő]* quip, (wise)crack

The tilde (~) represents the headword

bemász|ik *i* climb in/into; **~ ik az ágy alá** creep* under the bed

The oblique stroke or slash (/) separates alternatives.

bemász|ik *i* climb in/into ...,

For synonymous sentences or parts of sentences telescoping by means of v. (= or) in parenthesis is more unambigous than the use of the slash.

felkel *i* **1.** ... **holnap már ~het** he can (v. is fit to) get up tomorrow

The vertical stroke (|) within Hungarian verb headwords ending in **-ik** means that the verb without **-ik** can be replaced by the tilde within the article.

> **bemász|ik** *i* climb in/*i*nto; **~ik az ágy alá** creep* *u*nder the bed

CROSS-REFERENCES

All cross-references are made invariably by means of the arrow (→). Its use is threefold: (1) same as... (2) see also... (3) see under...

The headword referred to is always in boldface type.

> **nagykorú** *mn* ... **~ lesz → eléri a nagykorúságot**
> **rádiós** ... **II.** *fn* **1. → rádiókezelő**
> **rosszul 1.** ... **~ esik vm vknek → esik 8**

STRESS

Stress (usually the main stress) in English words indicated by printing the vowel(s) of the stressed syllable in italics. (See examples above, or anywhere in the dictionary.)

KIEJTÉS

PRONUNCIATION

MAGYAR BESZÉDHANGOK FONETIKUS ÁTÍRÁSA
PHONETIC CHART OF HUNGARIAN SPEECH SOUNDS

In the left column the letters of the Hungarian alphabet are given followed by the phonetic symbols representing the Hungarian vowels and consonants. This is followed by examples, first English or foreign words with approximate sound correspondences, and finally Hungarian examples in which the respective sounds occur.

Note that the **stress** of Hungarian words falls alvays on the first syllable.

Vowels*

a	[ɑ]	as in *card,* but darker and shorter	**kar** arm, **ablak** window
á	[aː]	as in *baa,* but more open; German Haar	**tál** dish, **hálás** thankful
e	[ɛ]	as in *get, pen*	**ember** man
é	[eː]	as in *cake;* French thé; German See	**kép** picture
i	[i]	as in *lip,* only somewhat tenser	**kit** whom
í	[iː]	as in *tea*	**híd** bridge
o	[o]	as in *not* in Scottish pronunciation; French *pomme, mot*	**toll** pen
ó	[oː]	as in *all, short;* French *beau,* German *Boot*	**tó** lake
ö	[ø]	as in French *le,* German *Löffel*	**öröm** joy
ő	[øː]	as in French *deux,* German *schön, Öl*	**nő** woman
u	[u]	as in *put,* but more rounded	**ugrik** jump
ú	[uː]	as in *too, boot*	**húz** pull
ü	[y]	as in French *tu,* German *dünn*	**ül** sit
ű	[yː]	as in French *sûr, rue,* German *früh*	**tű** needle

*There are no diphthongs in Hungarian, except *au* [aʊ] in some words of foreign origin, as in **autó, augusztus** etc.

Consonants

a) *Represented by single letters of the Hungarian alphabet*

Consonants for which the phonetic symbol is the same as the letter itself, and which therefore cause no pronunciation difficulties, are as follow:

b, d, f, k, l, m, n, p, t, v, and **z.**

As for the rest:

c	[ts]	as in *tsetse, hats*	**ceruza** pencil
g	[g]	as in *get, give*	**gazdag** rich
h	[h]	as in *hip, he*	**ház** house
		Finally, however, and within a word preceding a consonant, it is mute	**méh** [meː] bee
j	[j]	as in *yet, you*	**jó** good
r	[r]	always rolled as in Scottish *rule, Burns*	**óra** watch, class
s	[ʃ]	as in *ship, shoe*	**só** salt, **és** and

b) *Double letters,* such as **bb, cc, dd** etc. Represent consonants which are always pronounced *long* as *n* in *unnatural.*

c) *Diagraphs*

i.e. the combination of two – or in one case theree – letters which represent a single speech sound, as *gh* in English *tough.*

cs	[tʃ]	as in *church*	**csúcs** summit
dz	[dz]	short as in *roads, bids*	**fogódznak** they cling on
		long, between two vowels	**edző** ['ɛddzøː] coach
dzs	[dʒ]	short as in *page,*	**lándzsa** ['laːndʒa] lance
		long, in a few foreign words	**bridzs** [briddʒ] bridge
gy	[dj]	as in *due, during;* French *adieu*	**magyar** Hungarian
ly	[j]	as in *yet, you*	**gólya** stork
ny	[nj] or [ɲ]	as in *new;* French *cognac, vigne*	**nyak** neck
sz	[s]	as in *see, slow*	**szép** nice
ty	[tj]	as in *student;* French *Étienne*	**tyúk** hen
zs	[ʒ]	as in *measure, usual;* French *jour*	**zseb** pocket

RÖVIDÍTÉSEK

ABBREVIATONS

áll	állattan	zoology
ált	általában	generally
átv	átvitt értelemben	figuratively
ausztrál	ausztráliai angol szóhasználat	Australian English
bány	bányászat	mining
bec	becéző forma	hypocoristic
bibl	bibliai	biblical
biol	biológia	biology
biz	bizalmas, kötetlen szóhasználat	informal, colloquial usage
csill	csillagászat	astronomy
durva	durva stílus	vulgar, offensive
el	elektronika; villamosságtan	electronics; electricity
elav	elavult, régies; elavulóban lévő	obsolete; obsolescent; dated
előtag	előtag	combining form, prefix
épít	építészet; építőipar	architecture; building industry
ért.	értelemben	in a ... sense
esz	egyes szám	singular
etc.	és így tovább	and so on
fényk	fényképészet	photography
fil	filozófia	philosophy
film	filmművészet	film, cinematography
fiz	fizika, atomfizika	physics, nuclear physics
fn	főnév	noun
földr	földrajzi név vagy megjelölés	place name, geographical term
gaszt	gasztronómia	gastronomy
gazd	gazdaság, kereskedelem, üzleti élet	economy, commerce, business
GB	brit angol szóhasználat	British English
geol	geológia	geology
gk	gépkocsi, gépkocsizás	cars and driving
gyerm	gyermeknyelv	baby talk
hajó	hajózás	nautical term
hiv	hivatalos, formális nyelven	official, formal
hragos	határozóragos	with adverbial ending
hsz	határozószó	adverb
i	ige	verb
ign	igenév	non-finite verbal form
ik	igekötő	verbal particle, prefix
infor	informatika, számítástechnika	information science and technology
irod	irodalmi, választékos	refined usage
iron	ironikus, gúnyos	ironic
ir.tud.	irodalomtudomány	literary studies
isk	iskola	schools
isz	indulatszó	interjection
ját	játékok, kártyajátékok	games, card games
jelzői haszn., jelzőként	jelzői használatban	attributively

jog	jogtudomány	law, legal term
kanadai	kanadai angol szóhasználat	Canadian English
kat	katonaság, hadtudomány	military term
kb.	körülbelül	approximately
kém	kémia	chemistry
ker	kereskedelem	commerce
kif	kifejezés, állandósult szókapcsolat, idióma	set phrase, idiom
konkr	konkrétan	in the literal sense of the word
körny	környezetvédelem, ökológia	environmental protection, ecology
közg	közgazdaságtan	economics
közl	közlekedés	traffic, transport
közm	közmondás	proverb
ksz	kötőszó	conjunction
kül	külkapcsolatok, nemzetközi kapcsolatok, külügyek	foreign affairs
mat	matematika	mathematics
mezőg	mezőgazdaság	agriculture
mn	melléknév	adjective
msz	mondatszó	sentence-word
műsz	műszaki, mérnöki kifejezés (beleértve a géptant is)	technology, engineering
műv	művészet, képzőművészet	art
nép	népnyelvben	in the vernacular
népr	néprajz	ethnography
nm	névmás	pronoun
növ	növénytan	botany
nu	névutó	postposition
nyelv	nyelvtudomány; nyelvtan	linguistics; grammar
nyomd	nyomdászat	printing
okt	oktatás, iskola, nevelés	education, schools
orv	orvostudomány (összes ágazata)	medicine
összet	összetételben	in compounds
pej	pejoratív, előítélő értelemben	pejorative, derogatory
pénz	pénzügyek, bank és tőzsde	finance, banking, stock exchange
pl.	például	for example, e.g. v. eg
pol	politika, politológia	politics, political science
pszich	pszichológia	psychology
régész	régészet	archeology
régi	régi használat	dated use
rendsz.	rendszerint	usually
rep	repülés	aviation, flying, aircraft
röv	rövidítés, rövidítve	abbreviation, abbreviated
sg	something	valami, vm
si	segédige	auxiliary
skót	skót/skóciai szóhasználat	Scottish English
sp	sport	sports
stb.	s a többi	and so on, etc.
swhere	somewhere	valahol, vhol
sy	somebody	valaki, vk
szính	színház	theatre, drama
szl	szleng	slang
szn	számnév	numeral
szragos	személyragos	with nominal endings
tabu	kerülendő szó, kifejezés	taboo
táj	tájnyelvi	regional usage

távk	távközlés	telecommunications
tex	textilipar	textile industry
tört	történelem, történelmi fogalom vagy esemény	history
tréf	tréfás szóhasználatban	jocularly
tsz	többes szám	plural
tud	tudományos kifejezés	scientific term
tul	tulajdonnév	proper noun/name
tv	televízió	television, tv
ua.	ugyanaz	the same as
US	amerikai angol szóhasználat	American English
ut	utótételben	appositional, in apposition only
utótag	utótag	combining form, suffix
űr	űrkutatás	space research
v.	vagy	or
vad	vadászat	hunting
vál	választékos szóhasználat	refined, literary usage
vall	vallás, egyházak	religion, churches
vasút	vasúti technika	railways
vhol	valahol	somewhere, swhere
vhova	valahova	somewhere, swhere
vill	villamosság(tan)	electricity
vízügy	vízerőtan, vízgazdálkodás	hydraulics, water management
vk	valaki	somebody, sy
vm	valami	something, sg
vmely	valamely	some
vmlyen	valamilyen	some sort of
vulg	durva stílus	vulgar, offensive
zene	zeneművészet, zenetudomány	music, musicology

JELEK

SIGNS

*	rendhagyó ige	irregular verb
°	rendhagyó főnév	irregular noun
~	a címszót pótolja	replaces the headword of an entry
/	virgula: a vagylagosság jele	virgule: separates alternatives
→	az utaló nyíl hármas szerepe:	
	(1) ugyanaz, mint	(1) same as …
	(2) lásd ott	(2) see under …
	(3) lásd még	(3) see also …

A

A, a^{1} *fn [betű]* (the letter) A, a
a^{2} *[határozott névelő]* the
a^{3} *fn zene* A, a; **A-dúr** A major; **~-moll** A minor
A *amper* ampere, A
Á, á^{1} *fn [betű]* (the letter) Á, á; **Ától zéig/cettig** from a to z, from beginning to end
á^{2} *isz* oh, ah
à *[darabonként]* at; **4 db szék ~ 4000 Ft** four chairs at 4000 forints each
AB *röv* → **Alkotmánybíróság**
abajgat *i* pester
abba *nm* into that, there; **~ nem megyek bele** I won't consent to that; count me out
abbahagy *i* stop (doing sg), break*/leave* off, *[végleg]* give* up; **munkát ~** leave* off work; *US* quit* work(ing), quit* one's job, *[ideiglenesen]* put* aside work; **ne hagyd abba!** *[tarts ki!]* keep at it, keep going; **~ta a dohányzást** he gave up smoking; **hagyd már abba!** stop it!, *szl* chuck it (, will you)!, cut* it out!; **most már nem lehet ~ni** we've got to go through/on with it, we must see it through (to the end); **hagyjuk abba!** *[napi munkát]* let's call it a day!
abbamarad *i* cease, be* broken off, be* interrupted; **a dolog ~t** the matter was dropped
abban *nm* in that; **~ maradtunk, hogy** we agreed to; **~ az esetben** in that case; **~ az esetben, ha eljönne** supposing he came, should he come, were he to come; **~ a helyzetben vagyok, hogy** ... I am in a position to
abbeli *mn* relating to *ut*, concerning *ut*; **kifejezte ~ szándékát, hogy** ... he indicated/expressed his intention to
abból *nm* from/of that, out of that; **~ semmi sem lesz** nothing will come of that; **~ indul ki** he sets/starts out from the premise (that); **~, amit lát** from what he can see; **~ a városból** from that town
ABC-áruház *fn* supermarket
ábécé *fn* alphabet, ABC
ábécérend *fn* alphabetical order
ábécéskönyv *fn* spelling-book, primer
aberrált *mn orv* aberrant, perverted
abesszin *mn/fn* Abyssinian, Ethiopian
Abesszínia *fn* Abyssinia, *[ma]* Ethiopia
ablak *fn* **1.** window, *[toló]* sash-window, *[szárnyas]* casement-window, *[földig érő]* French window; **az ~ az utcára nyílik** the window looks/opens onto the street; **kinéz az ~on** look out of the window; **~ot kinyit** open the window; **~ot becsuk** close/shut* the window; **~ot betör/kitör** smash/break* the window; **~ melletti ülés** window seat **2.** *[jegypénztáré]* (ticket) counter; → **kiszór**
ablakbélés *fn* window-lining
ablakdeszka *fn* window-sill/ledge
ablakemelő *fn gk* window winder, *US* window crank; **elektromos ~ van a kocsin** the car has electric windows
ablakfülke *fn* window-niche
ablakkeret *fn* window/sash-frame
ablakmélyedés *fn* bay of a window
ablakmosó *mn gk* **~ folyadék** windscreen wash
ablaknyílás *fn* window opening
ablakos I. *mn* windowed, provided with windows *ut*; **~ boríték** window envelope **II.** *fn* glazier
ablakpárkány *fn* window-sill/ledge
ablakrács *fn* window grille
ablakredőny *fn* rolling shutter, shutter(-blind), *[reluxa]* Venetian blind
ablakrózsa *fn épít* rose window
ablakszárny *fn* casement, *[tolóablaké]* sash
ablakszem *fn* pane of glass
ablaktábla *fn* window-pane
ablaktisztító *mn* **~ vállalat** window cleaners *tsz*
ablaktok *fn* window-frame
ablaktörlő *fn [járművön]* windscreen-wiper; *US* windshield wiper
ablaküveg *fn* **1.** window-glass, sheet-glass **2.** → **ablaktábla**
ablakvasalás *fn* window-fittings *tsz*
ablativus *fn* ablative
abnorm(ál)is *mn* abnormal
abnormitás *fn* abnormality
abortál *i* miscarry, have* a miscarriage, abort
abortusz *fn* abortion, miscarriage
abortuszklinika *fn* abortion clinic
abortusztörvény *fn* abortion law
ábra *fn* illustration, picture, *[szövegközi]* figure, *[vázlatos]* diagram, *[mértani]* figure; **amint a 4. ~n látható** as can be seen in Fig. 4; *biz* **tudja, mi az ~** know* the score
ábrafelirat *fn* caption
abrak *fn* fodder, forage
abrakol *i* fodder, feed*
abrakostarisznya *fn* nose/fodder-bag
ábránd *fn* fancy, fantasy, dream, *[üres]* illusion; **~okat kerget** chase after rainbows
ábrándkép *fn* daydream, vision, fantasy
ábrándos *mn* dreamy, fanciful
ábrándozás *fn* daydream(ing), reverie, wishful thinking
ábrándoz|ik *i* dream* (*vmről* of sg), indulge in wishful thinking, be* daydreaming, fantasize, build* castles in the air
ábrándvilág *fn* dream world
ábrázat *fn* visage, countenance, face; **mi ez a búskomor ~?** what's that sad look on your face?
ábrázol *i* **1.** *[rajzol]* represent, delineate, *[személyt]* portray **2.** *[leír]* describe, *[kép vkt/vmt]* depict, show*; **regénye a polgárságot ~ja** his novel depicts the middle classes
ábrázolás *fn* **1.** *[rajzban]* delineation, portrayal, representation **2.** *[írásban]* description; **az ~ módja, ~i mód** rendering, depiction
ábrázoló *mn* descriptive, *[rajzzal]* graphic; **~ geometria** descriptive geometry; **~ művészet** representational art
ábrázolótehetség *fn* descriptive power/gift
abroncs *fn* **1.** *[hordón]* (barrel) hoop **2.** *[keréken]* tyre, *US* tire
abroncsoz *i* **1.** *[hordót]* hoop **2.** *[kereket]* rim, (put* on a) tyre/tire
abroncsvas *fn* strip/strap-iron
abrosz *fn* table-cloth
abszcissza *fn mat* abscissa
abszolút *mn* absolute; **~ érték** absolute value; **~ hallás** absolute pitch; **~ többség** absolute majority
abszolúte *hsz* absolutely, entirely
abszolutizmus *fn* absolutism
abszolvál *i [befejez]* complete
abszorbeál *i* absorb
abszorpció *fn* absorption
absztinencia *fn* abstinence, *[csak alkoholtól]* teetotalism
absztinens I. *mn* abstinent, *[csak alkoholtól]* teetotal **II.** *fn* teetotaller (*US* -taler), (total) abstainer
absztrahál *i* abstract
absztrakció *fn* abstraction

A

absztrakt I. *mn* abstract, *[művészet így is]* nonfigurative, nonobjective, nonrepresentational **II.** *fn [tud. cikk stb. rezüméje]* abstract
abszurd *mn* absurd, preposterous
abszurdum *fn* absurdity; **ez ~!** it's nonsense!
accusativus *fn nyelv* accusative (case)
acél *fn* steel; **rozsdamentes ~** stainless steel
acéláru *fn* steel goods *tsz*, *[kés, villa, kanál]* cutlery, *[egyéb]* steelware
acélcső *fn* steel tube
acélhengermű *fn* steel mill
acélhuzal *fn* steel wire
acélipar *fn* steel industry
acélkék *mn* steel blue
acélkohó *fn* steel furnace
acéllemez *fn* steel-plate/sheet
acélmű(vek) *fn [gyár]* steel-works *tsz*
acélos *mn* steely, hard as steel *ut*, *csak átv* firm; **~ búza** durum/red wheat; **~ izmok** muscles of steel
acélosod|ik *i* get* steeled/hardened
acéloz *i* **1.** *[vasat]* temper **2.** *átv [megerősít]* steel, harden
acélozott *mn* tempered, hardened
acélöntvény *fn* steel cast
acélpenge *fn* steel blade
acélrugó *fn* steel spring
acélszerkezet *fn* steel structure
acélszürke *mn* steel-grey
acéltermelés *fn* steel production
acéltoll *fn* steel pen/nib
acélváz *fn* steel frame(work)/skeleton
acetilén *fn* acetylene
aceton *fn* acetone
achát *fn* agate
Achilles-sarok *fn átv* (*vké*) Achilles' heel, (sy's) weak side/part/spot
ács *fn* carpenter
acsarkod|ik *i* have* a grudge (*vkre* against sy)
acsarkodó *mn* spiteful, rancorous
ácsbárd *fn* (carpenter's) broad axe, hatchet
ácsceruza *fn* carpenter's pencil
ácsi *isz* wait a minute!, hey!, stop for a moment!, stop!, silence!
ácsingóz|ik *i* (*vmre*) yearn/crave (for sg), hanker (for/after sg), have* hankerings (for/after sg)
ácskapocs *fn* cramp (iron), clamp
ácsmester *fn* master carpenter
ácsmesterség *fn* carpentry, craft/trade of a carpenter
ácsmunka *fn* carpentry; **(el)végzi az ~t** *[házon]* do* (the) carpentry in a house
ácsműhely *fn* carpenter's shop
ácsol *i* carpenter, do* the woodwork, *[állványt]* scaffold
ácsolás *fn* carpentering, timbering
ácsolat *fn* timber-work, scaffolding
ácsorgás *fn* standing about, lounging
ácsorog *i* stand* about, *[tétlenül]* lounge, loaf; **az ott ácsorgók** the bystanders
ad *i* **1.** *ált* give*, present, *[adományoz]* grant, donate; **~ vknek vmt** give* sg to sy, give* sy sg; **~om X urat** *[telefonon]* I'll put you through to Mr. X; **majd ~ok én neked!** I'll give you what for!; **angolórákat ~** give* English lessons **2. bérbe ~, férjhez ~** stb. lásd a főnév alatt **3.** *[rádió, tévé]* broadcast*, transmit; **a kedvenc műsorodat ~ják!** your favourite programme is on! **4.** *[vizet bojler]* deliver **5.** *[színházban stb. játsszák]* be* on; **a Lear királyt ~ják** King Lear is on (at the theatre); **színdarabot ~** present a play, perform a drama; **már egy hónapja ~ják a darabot** it has been running/on for a month; **most mit ~nak?** what's on just now?; **új filmet ~nak a moziban** there's a new film on at the cinema **6.** *[árut]* give*, sell* (*vmennyiért* for); **ezt hogy/mennyiért ~ja?** what is the price of this?, how much is this?; **~-vesz** trade, buy* and sell* **7. sokat ~ vmre** lay* great stress on sg; **semmit se ~ok rá, nem ~ok rá semmit** (*vmre*) I don't care a rap/fig for it, (*vkre*) I have no great opinion of him/her, *szl* I don't give a shit about it **8. ~ja az okost** pretend to be a wise man° **9. vmre ~ja magát** *[tanulmányokra]* devote oneself to, go* in for sg; *[politikára]* go* into [politics], engage [in politics]; **ivásra ~ja magát** take* to drink; → **bank**, → **fej**, → **szó**, → **szám**
ad acta *hsz* **~ tesz** shelve, pigeonhole, close the file (on sg)
adag *fn* **1.** *[orvosság]* dose, *[élelmiszer]* ration, portion, *[étkezésnél]* helping; **szűkös ~okkal** on short rations **2.** *biz* **jó ~ munka** a good piece of work
adagol *i* **1.** *ált* portion/measure out, *[gyógyszert]* dose, *[élelmiszert]* ration **2.** *[gépbe]* feed* [machine]
adagolás *fn* portioning, rationing; *[gyógyszeré]* dosage
adagoló I. *mn* feeding **II.** *fn [készülék]* feeder, distributor
adakozás *fn* **1.** *[tett]* contribution **2.** *[adomány]* donation, *[szegényeknek]* alms *tsz*, *[templomban]* offerings *tsz*
adakoz|ik *i* give*, donate
adakozó I. *mn* generous, charitable; **~ kedv(é)ben van** be* in a giving mood, have* a fit of generosity **II.** *fn* giver, donor, contributor
adalék *fn* **1.** *[cikk]* contribution (to sg) **2.** *[~anyag]* additive
adalékanyag *fn* → **adalék** 2
Ádám *tul* Adam
ádámcsutka *fn* Adam's apple
ádámkosztüm *fn* birthday suit; **~ben** stark naked
adandó *mn* **~ alkalommal** when opportunity offers/arises
adapter *fn el* AC adaptor
adás *fn* **1.** *ált* giving (to), bestowal (on), rendering (to) **2.** *[rádió, tévé]* broadcast(ing), transmission; **~ba megy/kerül** go* out; **~ban van** *[rádió]* be* on (the) air; **~unk véget ért, jó éjszakát minden kedves hallgatónknak/nézőnknek** we are now closing down; that's all and a very good night to you; *átv* **vettem az ~t** point taken
adáshiba *fn* → **adásszünet** 2
adásszünet *fn* **1.** *[rádióban, tévében tervszerű]* intermission **2.** *[üzemzavar]* break (in transmission)
adásvétel *fn* buying and selling (of sg), sale and purchase, trading
adásvételi *mn* **~ szerződés** contract/bill of sale; **~ ügylet** business transaction
adat *fn* **1. ~(ok)** data *tsz* v. *esz*; *[tények]* fact(s), *[perben]* exhibits; **személyi ~ok** sy's particulars; **részletes ~ok** details; **~okat beszerez** obtain information/particulars; **~okat szolgáltat** provide/give* information **2.** *[feljegyzés]* entry, *[tétel]* item
adatátvitel *fn infor* transmission of data, data transmission
adatbank *fn infor* data bank
adatbázis *fn infor* database
adatbázis-kezelés *fn infor* database management
adatbázis-kezelő *fn infor* database manager; **~ rendszer** database-management system (*röv* **DBMS**)
adatbevitel *fn infor* data input/entry, entering data
adatbiztonság *fn infor* data security
adatelemzés *fn infor* data analysis
adatérvényesítés *fn infor* data validation
adatfájl *fn infor* data file
adatfeldolgozás *fn [gépi]* data processing
adatforrás *fn infor* data source
adatgyűjtés *fn* collection of facts/data, data collection/acquisition, fact-finding; **kérdőíves ~** (getting information by means of) questionnaire
adathalmaz *fn* mass of facts
adathordozó *fn infor* data carrier
adatkezelés *fn infor* data management
adatközlés *fn* publication of data
adatközlő *fn [nyelvi stb.]* informant
adatlap *fn infor* data form
adatmentés *fn infor* saving data
adatmező *fn infor* data field

adatrögzítés *fn* data recording, *[beírás számítógépbe]* keying in, entering data
adatszolgáltatás *fn* information (supplied)
adatszolgáltatási *mn* ~ **kötelezettség** obligation to provide/supply information
adattárolás *fn infor* data storage
adattömörítés *fn infor* data compression
adatvédelem *fn infor* data protection/security
adatvédelmi *mn* ~ **előírások** data protection regulations; ~ **biztos** data protection ombudsman, data protection parliamentary commissioner
adat-visszakeresés *fn infor* data retrieval
ádáz *mn* ferocious, fierce; ~ **küzdelem** a pitched battle
addig *hsz* **1.** *[hely]* as far as that **2.** *[idő]* till, until then, up to that time; ~ **is** meanwhile, in the meantime; ~, **amíg** until, till
addigi *mn* till then *ut*
addigra *hsz* by that time, by then
adekvát *mn* adequate, suitable, proper
adj. *röv* → **adjunktus**
adjunktus *fn* (*röv* **adj.**)*kb. GB* senior lecturer, *US* assistant/associate professor, lecturer
adminisztráció *fn* administration; **rossz** ~ maladministration; **sok az** ~ there's a lot of paperwork/bureaucracy
adminisztrációs *mn* administrative
adminisztrál *i* administer, manage
adminisztratív *mn* administrative, executive; ~ **dolgozók** clerical/office workers
adminisztrátor *fn* administrator, executive, office worker
admirális *fn* admiral
adó[1] *fn [állami]* tax; ~ **alá esik** be* taxable, be liable/subject to tax; ~ **alá eső** taxable, subject to tax *ut*; **egyenes** ~ direct tax; **kivetett** ~ indirect/assessed tax; ~**t behajt** collect/levy taxes; ~**ból levonható** tax-deductible [expenses etc.]; ~**t csökkentő kedvezmények** allowances from taxable income; ~**t előír** assess taxes; ~**t fizet** pay* tax (*vm után* on sg); ~**t kivet vkre/vmre** tax sy/sg, levy a tax on sy/sg; ~**t vetnek ki az autókra is** cars are also taxed
adó[2] *fn* **1.** → **adóállomás 2.** → **adókészülék**
adóalany *fn* taxpayer, ratepayer
adóalap *fn* tax base, basis of assessment, rateable value, taxable income
adóállomás *fn* radio station
adóazonosító *fn gazd* ~ **jel** tax (ID) number
adóbefizetés *fn gazd* tax payment, *US* tax take; ~**ek** tax revenues
adóbehajtás *fn* collection of taxes
adóbélyeg *fn* revenue stamp
adóberendezés *fn* transmitting apparatus/equipment
adóbevallás *fn* tax return
adóbevétel *fn* revenue
adócsalás *fn* tax fraud/evasion
adócsaló *fn* tax evader [sy who commits tax fraud]
adócső *fn el* transmitting tube/valve
adócsökkentés *fn gazd* reducing taxes, tax reduction, tax cuts
adód|ik *i* **1.** (*vm*) happen, present itself, offer, come* about; **ha alkalom** ~**ik** if an opportunity arises (v. presents itself v. should offer); **ha úgy** ~**nék** if by any chance ..., should it happen that **2.** (*vmből*) issue (from), derive (from), follow (from)
adóelengedés *fn* tax-relief
adóelkerülés *fn* tax avoidance
adóellenőr *fn* tax controller/inspector
adóellenőrzés *fn gazd* tax audit
adóelőleg *fn gazd* advance tax payment
adóeltitkolás *fn* tax evasion
adóemelés *fn gazd* increase in taxes, tax increase, putting up taxes
adóév *fn gazd* tax year, financial year
adófizetés *fn* payment of taxes/rates; ~**i meghagyás** tax/rate demand
adófizető *fn* taxpayer
adogat *i* **1.** give*, *[kézbe]* hand over (to sy) **2.** *[teniszben]* serve; **Graf** ~ and it's Graf's service (next)
adogatás *fn* **1.** *ált* giving of sg, *[kézbe]* handing on/over **2.** *[teniszben]* service
adogató *fn* **1.** *[teniszben]* server; **előny az** ~**nál** advantage server **2.** *[puskában]* magazine spring, *műsz* feeder
adóhatóság *fn gazd* tax (revenue) authority, *GB* Inland Revenue
adóhátralék *fn* back taxes *tsz*, tax arrears *tsz*; ~**ban van** be* in arrears with one's taxes
adóhiány *fn gazd* tax arrears *tsz*
adóhivatal *fn* tax/revenue office; ~**i tisztviselő** revenue officer
adóigazgatóság *fn gazd* (local) tax office
adóigazolvány *fn gazd* tax (ID) card
adóív *fn* **1.** *[értesítés]* tax notice **2.** *[űrlap]* tax return form
adójog *fn jog* tax(ation) law
adójogszabály *fn jog* tax regulation/law
adójóváírás *fn gazd* tax refund/credit
adójövedelem *fn* public/inland revenue
adókedvezmény *fn* tax allowance
adókészülék *fn* (radio/television) transmitter
adókivetés *fn* imposition of taxes, taxation, assessment
adókönnyítés *fn gazd* tax abatement, reduction of tax, tax relief
adóköteles *mn* taxable, subject to taxation *ut*, liable to tax *ut*; **nem** ~ tax-exempt, not subject to taxation *ut*; *gazd* ~ **jövedelem** taxable income
adókulcs *fn* rate of tax, tax rate
adóleszállítás *fn* reduction of taxes/rates, tax/rate rebate
adoma *fn* anecdote
adomány *fn* **1.** *[ajándék]* gift, donation; ~**okat gyűjt** take* up a collection *[at the end of the service]*, send* the cap round **2.** *elav [tehetség]* gift, talent
adománylevél *fn* deed of gift
adományos *fn* donee, beneficiary
adományoz *i* **1.** give*, present, grant, donate **2.** *[kitüntetést]* award
adományozás *fn* grant (of sg), donation
adományozó *fn* giver, donor
adomáz|ik *i* tell*/relate anecdotes
adómentes *mn* tax-free, exempted from tax *ut*, tax-exempt
adómentesség *fn* exemption from tax, tax exemption; ~**et élvez** be* exempt from paying tax
adómorál *fn gazd* tax morals *tsz*
adónem *fn* tax category/code
adóösszeírás *fn* assessment (of taxes)
adóparadicsom *fn gazd* tax haven
adópénztár *fn* tax (collector's) office
adópótlék *fn* surtax
adóprés *fn* pressure of taxation
adoptál *i* adopt
adóreform *fn gazd* tax reform
adórendőrség *fn* tax police
adórendszer *fn* (system of) taxation, tax system
adós I. *mn* in debt *ut*; ~ **vknek vmvel** owe sy sg; ~ **marad a válasszal** make* no reply **II.** *fn* debtor; ~**a marad vknek** remain sy's debtor (in sy's debt)
adósáv *fn gazd* tax bracket
adóslevél *fn [személyre szóló]* bond, *biz* IOU (I owe you), *[vállalati]* debenture
adósság *fn* debt, liability; ~**ba veri magát** run*/get* into debt; **nyakig ül az** ~**ban** be* up to the eyes in debt, be* heavily in debt; ~**ot behajt** recover/collect a debt; ~**ot kifizet/kiegyenlít** pay* a/one's debt; ~**ot csinál** contract a debt
adósságállomány *fn gazd* (total) debt
adósság-átütemezés *fn gazd* debt rescheduling, rescheduling (of) debts
adósságcsapda *fn gazd* debt trap
adósságszolgálat *fn gazd* debt service

A

adósságválság *fn* debt crisis
adószedő *fn* tax-collector
adótanácsadó *fn gazd* tax advisor
adótárgy *fn* ratable/assessable property
adótartozás *fn* unpaid tax(es), tax liablity
adóteher *fn* **1.** *[nagyobb adók]* burden of tax(ation) **2.** *[kötelezettség]* liability to tax(ation)
adótitok *fn gazd* tax secret
adótorony *fn távk* transmission tower
adott *mn* given; ~ **eset** a given case; **az ~ esetben** in this (particular) case; ~ **szó** word of honour (*US* -or), given word
adottság *fn* **1.** *[alapok]* fundamentals *tsz*, basis (*tsz* bases), *[körülmények]* circumstances, conditions; **a helyi ~ok** the local conditions **2.** (*vké*) makings of sy *tsz*, *[tehetség]* natural endowments of sy *tsz*, *[hajlam]* bent, *[képesség]* capacity, ability, aptitude; **vezetői ~okkal rendelkezik** (s)he has the makings of a leader
adóügy *fn* fiscal affairs, taxation
adóvégrehajtó *fn* bailiff
adó-vevő (készülék) *fn* transceiver, walkie-talkie
adóvisszatérítés *fn gazd* tax rebate/refund, reimbursement
adózás *fn* taxation; ~ **előtti nyereség** pretax income; ~ **utáni nyereség** after-tax profit
adózatlan *mn gazd* pre-tax, gross
adóz|ik *i* **1.** *[adót fizet]* pay* tax(es)/rates (*vm után* on) **2. elismeréssel ~ik vknek** pay (a)tribute to sy
adózó *fn* → **adófizető**
adózott *mn gazd* ~ **jövedelem** disposable (v. after-tax) income
adóztat *i gazd* tax sy/sg, impose/levy tax(es) on sy/sg
adóztatás *fn gazd* taxation
adrenalin *fn orv* adrenalin, epinephrine
Adria *földr* the Adriatic
adriai *mn* Adriatic
Adriai-tenger *földr* the Adriatic Sea, the Adriatic
adriai-tengeri *mn* Adriatic
A-dúr *fn zene* A major
adu *fn* → **adutt**
aduszín *fn ját* trump suit
adu(tt) *fn* **1.** trump; **kőr az** ~ hearts are trumps **2.** *átv* trump card
aduz|ik *i ját* pull/draw* trumps
advent *fn* Advent
adverbium *fn* adverb
aerobik *fn* aerobics *esz*
aerodinamika *fn* aerodynamics *esz*
aeroszolos *mn* ~ **doboz** aerosol (spray)
Aesopus *tul* Aesop
aesopusi *mn* Aesopian, Aesopic
áfa *röv gazd [általános forgalmi adó]* VAT [Value Added Tax]; ~**val** incl. VAT; ~ **nélkül** not incl. VAT
áfamentes *mn* ~ **tevékenység** [goods/services] exempt from VAT
áfás *mn* **1.** *[áfaköteles]* ~ **tevékenység** *kb.* goods/services on which VAT must be paid *tsz* **2.** *[áfát is feltüntető]* ~ **számla** *kb.* receipt/invoice indicating the amount of VAT payable
áfa-visszaigénylés *fn gazd* VAT reclaim
afelé *hsz* in the direction of that; → **felé**
afelett *hsz* → **felett**
afelől *hsz* **1.** *[vm felől]* ~ **érdeklődött, hogy** he inquired about/whether ... **2.** *[amiatt]* ~ **biztos lehetsz** you may be sure of that; ~ **nyugodt lehetsz, hogy** you may rest assured that; ~ **kétségem sincs** I have no doubt about that; → **felől**
affektál *i* pose, affect poses, attitudinize
affektálás *fn* affectation, affectedness, affected manners *tsz*, attitudinizing
affektált *mn* affected, stilted
afféle *nm* of that sort *ut*; **ez csak ~ gyerekes viselkedés** It's just a sort of childish behaviour
afféleképpen *hsz* in that manner, that way
affér *fn [kellemetlen]* quarrel, dispute
affinitás *fn* affinity, inclination
affrikáta *fn nyelv* affricate
afgán *mn* Afghan
Afganisztán *földr* Afghanistan
afganisztáni *mn* Afghanistan
áfonya *fn* cranberry; **fekete** ~ whortleberry, bilberry, *US* huckleberry, blueberry
aforisztikus *mn* aphoristic
aforizma *fn* aphorism, maxim
afrik *fn* vegetable horsehair
Afrika *földr* Africa
afrikaans *fn nyelv* Afrikaans
afrikai *mn/fn* African
afrikanista *fn* Africanist
afro- *előtag* Afro-; *pl* **afroázsiai** Afro-Asian/Asiatic
afta *fn orv* thrush
ág *fn* **1.** *[fáé]* branch, *[nagyobb]* bough, *[gally]* twig; **~at hajt** branch (out), put* forth branches **2.** *[folyóé]* branch, arm **3.** *[családé]* line (of descent), branch (of family) **4.** *[tudományé, szakmáé]* branch, area → **ági**
Á.G. *fn röv [állami gazdaság]* state/cooperative farm
ágál **1.** *i [hadonászik]* gesticulate **2.** *[henceg]* swagger, brag, show* off
agancs *fn* antlers *tsz*
agancsos *mn* antlered
agár *fn* greyhound; **sovány, mint az** ~ as thin as a rake; **hátrább az agarakkal!** not so fast!
agarászat *fn* hunt(ing) with greyhounds
agárverseny *fn* greyhound-racing
ágas *mn* branched, branching, forked
ágas-bogas *mn* branchy, ramose
ágaskod|ik *i* **1.** *[ló]* rear, prance **2.** *[ember]* stand* on tiptoe
ágazat *fn* **1.** *[fáé]* branches *tsz* **2.** *[egyéb]* section, sector; **gazdasági ~ok** sectors of the economy; **a tudomány különféle ~ai** the various branches of learning
ágazati *mn* sectoral, departmental; ~ **kapcsolatok** interbranch (v. intersectoral) relations
ágaz|ik *i* ramify, branch out, fork
ág-bog *fn* **1.** *[fáé]* interlaced/intertwined branches/twigs *tsz* **2.** *átv* **ismeri a dolog minden ága-bogát** know* the ins and outs of the matter
ágens *fn* **1.** *[ügynök]* agent **2.** *[kém]* secret agent
ágfűrész *fn* pruning saw
agg I. *mn* very old, aged, *pej* senile **II.** *fn* old man°
aggály *fn* **1.** *[kétely]* misgiving, *[lelkiismereti]* scruple; **~ai vannak (vmt illetően)** have* qualms (about sg) **2.** *[aggodalom]* anxiety, anguish, worry
aggályos *mn* **1.** *[ember]* over-scrupulous, anxious, worried **2.** *[dolog]* sg gives reason for concern
aggályoskod|ik *i* be* anxious/worried (about doing sg), worry (about), feel* uneasy (about)
aggastyán *fn* very old man°
aggaszt *i* worry, trouble, make* sy uneasy/anxious (about), alarm; **~ja vm** be* worried about sg
aggasztó *mn* alarming, disquieting, worrying; **állapota** ~ his condition is giving cause for alarm
aggat *i* hang* (up)
aggkor *fn* (extreme) old age
aggkori *mn* ~ **gyengeség** senile debility/decay
agglegény *fn* bachelor
agglomeráció *fn* conurbation
aggodalmas *mn* anxious, worried, uneasy
aggodalmaskod|ik *i* → **aggályoskodik**
aggodalmaskodó *mn* anxious, apprehensive
aggodalom *fn* anxiety, concern, fear, uneasiness, worry; **~ba ejt** worry, trouble; **~ra van ok** there is room for

A

uneasiness (at); **~ra semmi ok** there's no need to worry; **~mal tölt el** it worries me; **aggodalmat kelt** cause anxiety
aggodalomkeltő *mn* disquieting, worrying
aggódás *fn* anxiety, apprehension, worry
aggód|ik *i (vmért/vkért v. vk/vm miatt)* be* anxious (for/about sg/sy), worry (about sg/sy), feel* uneasy (about sg); *[politikában]* be* concerned (about sg); **ne ~j!** don't worry!
aggódó *mn* worried, troubled, alarmed (about)
aggregátor *fn* (small) generator
ági *mn* **anyai ~ rokonom** a relative on my mother's side, a maternal relative, related through the mother's side of the family
agilis *mn* tireless, energetic, active
agilitás *fn* vigour (*US* -or), briskness, energy
agitáció *fn pol* canvassing, propaganda, *[választási]* electioneering, campaigning (for sg)
agitációs *mn* **~ felelős** canvassing organizer; **~ munka** canvassing
agitál *i pol* canvass, agitate, campaign (*vm mellett* for, *ellen* against)
agitátor *fn* canvasser, propagandist, agitator
Ágnes *tul* Agnes
agnoszkál *i* identify
agnoszticizmus *fn* agnosticism
agnosztikus *mn* agnostic
ágnyeső olló *fn* secateurs *tsz*
agónia *fn* death agony, death throes *tsz*
agonizál *i* be* dying, be* at death's door
Ágota *tul* Agatha
ágrajz *fn nyelv* tree diagram, phrase marker, P-marker
agrár *mn* agrarian, agricultural
agrárállam *fn* agricultural/agrarian country
agráregyetem *fn* agricultural college
agrár-ipari *mn* agricultural-industrial, agro-industrial
agrárium *fn gazd* agriculture
agrárkérdés *fn* the land question
agrármérnök *fn* agricultural engineer
agrárolló *fn gazd* gap between prices of agricultural and industrial products
agrárország *fn* agricultural country
agrárpolitika *fn* agricultural policy
agrárszféra *fn gazd* agriculture
agrárszocialista *mn* agrarian socialist
agrártárca *fn pol* Ministry of Agriculture
agrártudomány *fn* agricultural science
agrártudományi *mn* **~ egyetem** agricultural university
agresszió *fn* (act of) aggression, attack
agressziós *mn* aggressive, provocative, of aggression *ut*
agresszív *mn* aggressive, provocative
agresszivitás *fn* aggressiveness
agresszor *fn* aggressor
agrobiológia *fn* agrobiology, agricultural biology
agrokémia *fn* agrochemistry
ágrólszakadt *mn* shabby-looking, down-and-out
agronómia *fn* agronomy
agronómus *fn* agronomist, agriculturist
agrotechnika *fn* agricultural engineering
ágseprű *fn* besom
-ágú *utótag* -branched, -forked; **öt~ csillag** five-pointed star
agy *fn* **1.** *[koponyában]* brain, *tud* cerebrum (*tsz* -s v. cerebra) **2.** *átv* brains *tsz*; **az ~ára megy vm** it is driving him mad, give* sy the hump **3.** *[puskáé]* butt(-end), stock, *[keréké]* hub
ágy *fn* **1.** *[fekhely]* bed; **lefekszik az ~ba** go* to bed; **~ban fekszik** lie*/be* in bed; *[betegen]* be* laid up; **~ban fekvő** *[beteg]* bedridden, confined to bed *ut*; **~ban marad** stay in bed; *[betegen]* keep*/take* to one's bed; **ma ~ban maradok** I('ll) have a lie-in today; **három hétig nyomta az ~at** (s)he was flat on his/her back for 3 weeks; **felkel az ~ból** get* up, get* out of bed; **vknek az ~ánál** at sy's bedside; **~at (meg)vet** make* the bed; **~at bevet** turn down the bed; **emeletes ~** bunk bed; **ki mint veti ~át, úgy alussza álmát** as you make your bed, so you must lie in/on it **2.** → **ágyás 3.** *[folyóé, gépé]* bed; → **vizel**
agyafúrt *mn* crafty, cunning, shrewd, artful; **~ kópé** artful dodger
agyag *fn* clay, potter's earth, loam; **égetett ~** baked clay, terracotta; **~ból való** earthen, made of (baked) clay *ut*
agyagáru *fn* earthenware, pottery
agyagbánya *fn* clay/loam-pit
agyagedény *fn* earthen pot/vessel, earthenware
agyaggalamb *fn* clay-pigeon
agyaggalamb-lövészet *fn* clay-pigeon shooting, skeet
agyagipar *fn* ceramics *esz*, pottery, ceramic/earthenware industry
agyagminta *fn* clay mould (*US* mold)
agyagos *mn* clayey, loamy
agyagpala *fn* clay slate
agyal *i szl [töri a fejét]* rack one's brains, think* hard; **egész nap azon ~tunk(, hogy...)** we spent the whole day racking our brains about...
agyalágyult *mn* soft-headed, idiotic
agyalapi *mn orv* **~ mirigy** pituitary gland
agyar *fn* tusk, *[erős szemfog]* fang
ágyas I. *mn* **15 ~ kórterem** a ward with 15 beds **II.** *fn elav* concubine; → **egyágyas**, → **kétágyas**
ágyás *fn [kertben]* (flower)bed
ágyaz *i [fekhelyet]* make* the bed(s)
ágyazás *fn [fekhelyé]* making the bed(s), bed-making
ágyazat *fn* under-bedding, *[lövegnél]* platform, *műsz* bedding, framework
agyba-főbe *hsz* **~ ver** thrash sy within an inch of his life; **~ dicsér** heap praises on sy, praise/laud (sy) to the skies
agybaj *fn* → **elmebaj**
ágybavizelés *fn orv* bed-wetting, nocturnal enuresis, (urinary) incontinence
ágybavizelő *fn orv* bed-wetter
agybeli *mn* mental; **~ képesség** mental capacity
ágybetét *fn* (spring) mattress
ágybontás *fn* → **ágyazás**
agyburok *fn* → **agyhártya**
agydaganat *fn* brain-tumour (*US* -or)
ágydeszka *fn* bed-board
ágyék *fn* loins *tsz*
ágyékcsigolya *fn* lumbar vertebra
ágyéki *mn* lumbar
ágyékkendő *fn* loin-cloth
ágyékkötő *fn* → **ágyékkendő**
ágyéksérv *fn orv* lumbar hernia
ágyéktáji *mn* lumbar, in the lumbar region *ut*
ágyelő *fn* bedside rug, bed-mat
agyelszívás *fn* brain-drain
agyér-elmeszesedés *fn orv* cerebral arterio-sclerosis
agyfélteke *fn orv* cerebral hemisphere; **jobb/bal ~** right/left hemisphere of the brain, right/left cerebral hemisphere
agyhalál *fn orv* brain death
agyhalott *fn orv* brain-dead
agyhártya *fn orv* cerebral membrane, meninx
agyhártyagyulladás *fn orv* meningitis, *nép* brain-fever
ágyhuzat *fn* bed linen
agyi *mn* **1.** *orv* cerebral **2.** *[értelmi]* intellectual, mental
agyideg *fn orv* cerebral nerve
ágyikó *fn tréf* bed, cot
agyilag *hsz szl tréf* **~ zokni** moronic, a moron mental
ágyjelenet *fn szính* bedroom scene
ágykabát *fn* bed-jacket
agykéreg *fn orv* cortex
ágykeret *fn* bed-frame, bedstead
agykontroll *fn* mind control
agykoponya *fn* brain-pan, skull
ágyláb *fn* bed-post
agylágyulás *fn* softening of the brain
agylékelés *fn orv* trepanation, trepanning

A

ágymelegítő *fn* hot-water bottle, *[elektromos]* electric blanket
agymosás *fn* brainwashing
agymunka *fn* brain-work
agyműködés *fn* cerebral activity/function
ágynemű *fn* bedding, bed-clothes *tsz*, bed linen
ágyneműtartó *fn* drawer for bed linen; ~ **nélkül** [divan] without storage
ágyneműtartós *mn* ~ **heverő** storage divan [with drawers]
agyonáz|ik *i* be* soaked/drenched to the skin
agyonbeszél *i* **1.** *[időt]* talk away the time **2.** (*vkt*) talk sy into his grave (v. the ground) **3.** *[témát]* talk (way) too much about sg
agyoncukroz *i* oversweeten, make* too sweet, put* too much sugar in(to)
agyoncsap *i* → **agyonüt**
agyoncsépelt *mn* hackneyed
agyondédelget *i* pamper, coddle
agyondicsér *i* praise sy to the skies
agyondíszít *i* decorate/ornament excessively
agyondolgoztat *i* work sy to death, overwork sy, break* sy's back
agyondolgozza magát *i* overwork, work oneself to death
agyonfáraszt *i* tire/weary to death, wear* sy out
agyonhajszol *i [munkával]* work sy to death, over-fatigue; ~**t** tired/fagged out *ut*
agyonhallgat *i* hush up sg, pass over sg in silence
agyonhasznált *mn* **1.** *ált [tárgy]* worn, run-down **2.** *nyelv [kifejezés]* overused
agyonizgatja magát *i* be* worried to death
agyonkényeztet *i* (*vkt*) kill sy with kindness, spoil to death
agyonkínoz *i* torment/torture to death
agyonlő *i* shoot* sy dead; **agyonlövi magát** shoot* oneself
agyonlövet *i* have* sy shot
agyonnyom *i* crush/squash sg/sy to death
agyonreklámoz *i* advertise sg everywhere, overadvertise
agyonrúg *i* kick sy to death
agyonstrapál *i biz* ~**ja magát** overdo/overstrain oneself, work oneself to death, wear* oneself to a shadow
agyonsújt *i [ütéssel]* strike* sy dead, *[áram/villám]* electrocute
agyonszúr *i [embert]* stab sy to death
agyontapos *i* trample/tread* sy/sg down
agyontipor *i* → **agyontapos**
agyonüt *i* **1.** strike* sy dead; **ha ~nek, se tudom** I don't know it for the life of me **2.** ~**i az időt** kill time, while away the time
agyonver *i* beat* sy to death
agyonzúz *i* smash/crush sy/sg to death; ~**za magát** be* crushed to death
ágyrajáró *fn* night-lodger
agyrázkódás *fn* concussion (of the brain); ~**t szenved** be* concussed
agyrém *fn* a dangerously bad idea
agyröntgenfelvétel *fn orv* encephalogram
agysebész *fn orv* brain surgeon
agysebészet *fn* brain surgery
agysejt *fn orv* brain cell
agysérülés *fn orv* cerebral lesion
agyszélhűdés *fn orv* cerebral apoplexy
agyszülemény *fn* product of the imagination, phantasm, creation of one's mind
ágytakaró *fn* → **ágyterítő**
ágytál *fn* bedpan
ágytárs *fn* bedfellow
agytekervény *fn orv* cerebral convolution
ágyterítő *fn* bedspread
agytorna *fn* mental exercise, brain-teaser
agytröszt *fn* brains trust, *US* brain trust, sy full of ideas
ágyú *fn* cannon, (large) gun; ~**t elsüt** fire a cannon/gun; ~**val lő verebekre** break* a butterfly on a/the wheel, use a sledgehammer to crack a nut
ágyúállás *fn* gun-emplacement
ágyúcső *fn* gun-barrel
ágyúdörgés *fn* roar/boom of cannon
ágyúgolyó *fn* cannon-shot/ball, shell
ágyúlövés *fn* cannon-shot, gunshot
ágyúnaszád *fn* gun-boat
ágyús *fn* gunner, artilleryman°
ágyúszó *fn* sound of cannon
ágyútaliga *fn* limber
ágyútalp *fn* gun carriage
ágyútöltelék *fn* cannon fodder
ágyútűz *fn* gunfire, shell-fire, cannonade; ~ **alá vesz** shell, strafe
ágyúüteg *fn* battery
ágyúz *i* bombard, cannonade, shell
ágyúzás *fn* cannonade, shelling, gunfire
agyvelő *fn orv* brain, cerebrum; **kiloccsantja vknek az agyvelejét** beat* (sy's) brains out
agyvelőgyulladás *fn orv* cerebritis, encephalitis
agyvérszegénység *fn orv* cerebral an(*a*)emia
agyvérzés *fn orv* stroke, cerebral h(*a*)emorrhage, apoplexy; ~**t kap** have* a stroke
agyvíz *fn átv biz* **felforrt az agyvize** one's blood is up, sy has burst a blood vessel
ah! *isz* ah!
ahá! *isz* I see!
ahány *nm* as many; ~**at csak akarsz** as many as you wish; ~**, annyiféle** not two alike; ~**an csak eljöttek, mind jól érezték magukat** all who came enjoyed themselves; **meghaltak mind, ~an voltak** all of them died; → **ház**
ahányféle *nm* ~ **csak van, mind megtalálható volt a gyűjteményben** all the kinds/sorts/brands there are were represented in the collection
ahányszor *hsz* as often as, as many times as, whenever; ~ **csak rágondolok** whenever I think of her
ahelyett *hsz* instead (of), rather than; ~**, hogy a boltba ment volna, a barátjával beszélgetett** instead of going shopping, he talked to his friend; ~**, hogy az ebédet főzte volna, inkább pingpongozott** rather than make lunch, he was playing tabletennis
ahhoz *hsz* **1.** *[oda]* to that **2.** *[azon célból]* for it/that; ~ **idő kell** it/that takes time; ~ **képest** in comparison; ~ **képest, hogy** considering (that); ~**, aki/amelyik** to/for the one who/that; ~ **ment oda, aki a legközelebb állt hozzá** he walked up to the one who stood nearest
áhít *i* → **áhítozik**
áhítat *fn* **1.** *[összejövetel]* devotions *tsz* **2.** *[ima]* prayers *tsz*
áhítatos *mn* → **ájtatos**
áhított *mn* **régen** ~ long desired, long awaited
áhítoz|ik *i* (*vmre/vm után*) desire (sg), long, yearn, crave (*mindegyik:* for sg)
ahogy *hsz* **1.** *[mód]* as, the way; ~ **akarod/tetszik** as you like/wish; ~ **a dolgok most állnak** as things stand/are now; **úgy, ~ mondom** exactly, precisely, as I say, absolutely; ~ **tudom** as far as I know; ~ **régi barátok közt szokás** the way old friends do; **szaladtam, ~ csak tudtam** I ran as fast as I could **2.** *[amint]* as soon as
ahogyan *hsz* → **ahogy 1**
ahol *hsz* where; **a város, ~ élünk** the town where we live; ~ **csak** wherever
ahonnan *hsz* from where, whence, wherefrom; **a ház, ~ kilépett** the house he came out of; ~ **csak** from wherever
ahonnét *hsz* → **ahonnan**
ahova, ahová *hsz* where, *irod* whither; ~ **megyek** the place I am going to; (that's) where I'm going; **az iskola, ~ jár** the school (s)he attends (v. (s)he goes to); ~ **csak** wherever
AIDS *röv/fn orv* Acquired Immune Deficiency Syndrome (*röv* **AIDS**); ~**ben meghal** die of AIDS

AIDS-beteg *fn* AIDS patient
AIDS-es *mn orv* infected with AIDS *ut*, suffering from AIDS *ut*
aisz *fn zene* A sharp
aj *isz* oh!
ajaj! *isz biz [sopánkodva]* oh dear!, *US* (that's) too bad!, *[de még mennyire!] GB* rather!, *US* you bet!
ajak *fn* lip; **ajkába harap, ajkát harapdálja** bite* one's lips; **ajkát biggyeszti** purse one's lips, pout; **a nép ajkán él** is preserved on the lips of the people
ajak-fog *mn nyelv [hang/mássalhangzó]* labiodental (consonant)
ajakhang *fn nyelv* labial
ajakkerekítés *fn nyelv* lip-rounding
ajakos *mn növ* labiate
ajakrúzs *fn* lipstick
ajándék *fn* gift, present; **~ba kap** receive as a present; **~ot ad vknek** give* sy a present, present a gift to sy; **~ lónak ne nézd a fogát** don't look a gift-horse in the mouth; **most ~ CD-vel** now with a free CD
ajándékbolt *fn* gift/souvenir shop, *[felirat]* Souvenirs *tsz*
ajándékcsomag *fn* gift-parcel, gift pack
ajándékcsomagolás *fn* gift wrapping
ajándékkönyv *fn* gift-book
ajándékoz *i* give* (sg to sy), *[ünnepélyesen]* present (sy with sg)
ajándékozás *fn* presentation, donation, gift
ajándékozási *mn jog* **~ szerződés** contract of donation, deed of gift/donation
ajándékozó *fn* giver, donor
ajándéktárgy *fn* gift, souvenir
ajándékutalvány *fn* gift voucher/token
ajánl *i* **1.** (*vmt vknek*) recommend (sg to sy/sy sg), *[javasol]* suggest (that), advise (sy that .../sy to ...), make* a suggestion, put* up (a candidate/proposal), *[árut]* offer [sg for sale]; **azt ~om, hogy** ... I suggest that ...; (*vknek*) I advise you to ...; **azt ~otta, hogy menjünk el egy étterembe** she suggested going to a restaurant; **melegen ~om** I warmly recommend (that); **nem ~om** I advise you against it; **vkt megválasztásra ~** recommend/propose sy for sg, nominate sy for [president etc.]; **egymillió Ft-ot ~ érte** he offers a million fts for it, he's offering to buy it for 100 fts **2.** *[könyvet vknek]* dedicate [a book] to sy **3.** **~va ad fel levelet** register a letter, have* a letter registered; → **figyelem**
ajánlás *fn* **1.** *ált* recommendation, *[jelölté]* nomination; **vknek ~ára** on sy's recommendation **2.** *[könyvé]* dedication **3.** **~i díj** *[levélé]* registration fee
ajánlat *fn ált* offer, *[indítvány]* move, proposition, *[árverésen]* bid(ding); **~ot tesz** (i) *gazd* make* an offer for sg (ii) *biz [prostituált]* proposition; *[vállalkozó]* tender for [a piece of work], make* a tender for sg, *[szexuálisat]* propose
ajánlatkérés *fn* inquiry (for an offer), call for offers/bids
ajánlatos *mn [célszerű]* advisable, expedient, it is well to (do sg); **nem ~** unadvisable, not to be recommended
ajánlattétel *fn* offer, proposal, proposition
ajánlattevő *fn* offerer, *[árverésen]* bidder
ajánlgat *i* keep* recommending
ajánlkozás *fn* offer of service
ajánlkoz|ik *i* (*vmre*) offer to do sg, volunteer to do sg (for sg)
ajánló *mn* recommendatory; **~ sorok** *[vk érdekében]* (letter of) recommendation
ajánlócédula *fn pol [választásokon]* nomination form
ajánlólevél *fn* (letter of) recommendation, *[bizonyítványszerű]* testimonial, references *tsz*
ajánlóműsor *fn tv* preview (programme)
ajánlott *mn* **1.** recommended; **~ irodalom** suggested/further reading; **~ útvonal** recommended route **2.** **~ levél** registered letter; **~ küldeményként küld** send sg by registered post (v. *US* mail)

ajatollah *fn vall* ayatollah
ajkú I. *mn* -lipped **II.** *mn/fn* **magyar ~** Hungarian-speaking; **magyar ~ak** native speakers of Hungarian, Hungarian-speakers; **idegen ~** non-Hungarian-speaking; **idegen ~ak** non-Hungarian-speakers
ajnároz *i* fondle, pet, caress
ájtatos *mn* devout, pious
ájtatoskod|ik *i* say* one's prayers, be at one's devotions
ájtatosság *fn* **1.** *[ténykedés]* adoration, worship **2.** *[ima]* prayer
ajtó *fn* door; **~n belép** enter/come* by/through the door; **kopogtat az ~n** knock at the door; **~t becsuk** close/shut* the door; **~t bezár** lock the door; **~t kinyit** open/answer the door; **~t mutat vknek** show* sy the door; **közvetlenül az ~ előtt** on sy's doorstep
ajtóbélés *fn* door-casing/case
ajtócsapkodás *fn* door slamming, slamming (of) doors
ajtócsengő *fn* doorbell
ajtófélfa *fn* door-post/jamb
ajtókeret *fn* door-case/frame
ajtókilincs *fn* door-handle, *[gomb alakú]* doorknob
ajtókopogtató *fn* (door-)knocker
ajtókulcs *fn* door/latch-key
ajtómélyedés *fn* door-bay
ajtónálló *fn* doorman°, doorkeeper, porter
ajtónyikorgás *fn* creaking (of a door)
ajtónyílás *fn [falban]* doorway
ajtónyitó *fn [kaputelefonos]* door opener
ajtószám *fn* door-number
ajtószárny *fn* door-leaf°
ajtótok *fn* door-case/frame
ajtóvédő *fn [kilincsnél]* finger-plate
ajtózár *fn* door-lock
ajtózseb *fn [autóban]* map pocket
ájul *i* faint, swoon
ájulás *fn* swoon, faint(ing fit), collapse; **~ környékezi** be* on the point of fainting, feel* faint; **~ba esik** faint
ájult *mn* in a faint *ut*, unconscious
ajvé! *isz* oy vey!; ‹jewish exclamation upon hearing something ominous›
ajz *i* stimulate, *[izgat]* excite, turn sy on
ajzószer *fn* stimulant, dope
akác *fn* **(fehér) ~** robinia, locust(-tree), false acacia
akácfa *fn* **1.** → **akác 2.** *[fája]* locust (wood)
akácméz *fn* acacia-honey
akácos *fn* acacia grove
akad. *röv* → **akadémiai**
akad *i* **1.** (*vmben/vmn*) get* stuck/caught (in/on); **kezébe ~** fall*/get* into the hands of sy **2.** *[előadódik]* occur, sg is to be found, turn up; **egy kis dolgom ~t** I had some work to do; **~ még pár forintom** I happen to have a few forints; **~ munka bőven** there's no shortage of work **3.** **vmre ~** *[rábukkan]* chance/happen/light (up)on sg, come* across sg, stumble across/(up)on sg; **vkre ~** happen (up)on sy, come* across sy; → **nyom**[2]
akadály *fn* **1.** *[tárgy]* obstacle, *[úton]* obstruction **2.** *[gátló körülmény, nehézség]* obstacle, hindrance, impediment, difficulty; **nincs ~a annak, hogy elmenj** there is nothing to stop you (v. prevent you from) going, there is no objection to your leaving; **semmi ~a!** feel free to do that/so/it!, that's no problem at all; **a pénz nem ~** money is no object; **~ba ütközik** meet* with difficulties; **~okat gördít vk/vm elé (v. az útjába)** put* obstacles in sy's way, make* difficulties (over sg); **~(oka)t legyőz** surmount/overcome* difficulties/obstacles **3.** *sp [futóé]* obstacles *tsz*, *[lovasversenyen]* jump, *[sövény]* fence; **~t ugrat lóval** put* a horse over the jumps
akadályfutás *fn* steeplechase
akadályhajtás *fn* obstacle driving/competition
akadálylovaglás *fn* steeplechase
akadályoz *i* hinder sg, hamper (sy in sg); **~ vkt vmben** prevent sy (from)doing sg; **semmi sem fog ~ni abban,**

hogy ... nothing will prevent my/me (from) ...ing; **~za a forgalmat** is obstructing the traffic
akadályoztatás *fn* being prevented (by sg), hindrance; **~ esetén** if unable to come/attend
akadálytalan *mn* unhindered, unimpeded; **~ul** without being held up
akadályverseny *fn* obstacle-race, *[lovas]* steeplechase
akadékoskod|ik *i* cavil (*US* -l), make* difficulties, find* faults; **ne ~j!** Stop being difficult!
akadékoskodó *fn* fault-finder, *[szőrszálhasogató]* hair-splitter
akadémia *fn* **1.** *[tudományos]* academy; **Magyar Tudományos A~** the Hungarian Academy of Sciences; **az A~ tagja** member of the Academy, academician **2.** *[főiskola]* college
akadémiai *mn* (*röv* **akad.**) of the Academy *ut*; **~ értesítő** Transactions *tsz*/Bulletin of the Academy; **~ ülés** sitting/meeting of the Academy
akadémikus I. *mn* academic **II.** *fn* academician, member of the Academy; **Ujfalussy (József) ~** Academician (J.) Ujfalussy
akadémista *fn* student (of an academy), undergraduate
akadémizmus *fn* academicism
akadozás *fn* **1.** *[beszédben]* stuttering **2.** *[gépé]* stalling
akadoz|ik *i* *[gép]* work irregularly, keep* stalling; **~ a folyamat** there are hiccups in the process
akar *i* **1.** *[kíván]* want (sg/to do sg), wish (sg to happen/for sg), *[vmt birtokolni]* want (to have) sg; **mit ~sz?** what do you want?; *biz* what is it?; **ahogy ~od** as you like; **tégy, ahogy ~sz** do as you wish/please; **elmehetsz, ha ~sz** you may go if you like; **nem ~ vmt tenni** be* unwilling to do sg, refuse to do sg; **akár ~(ja), akár nem** whether or not he wants to; **mennyit ~ érte?** how much do you want for it?; **vagy inkább kávét ~?** or would you rather have coffee? **2.** *[szándékozik]* intend to, be* about to, be* going to, *[nyomatékkal]* mean* (to); **~ vmt tenni** want/intend/mean to do sg; **~tam írni, de elfelejtettem** I meant to write but I forgot (to); **éppen írni ~tam** I was just about to write; **éppen ezt ~tam mondani** that is just what I was going to say; **mit ~sz ezzel mondani?** what do you mean (by that)?; **nem ~sz velem jönni?** would you like to join me?; **mindent lehet, csak ~ni kell** where there is a will there is a way **3. nem ~ indulni** *[motor]* [the engine] will not start; **mindig el ~ aludni a gáz** the flame keeps going out → **akarva**
akár *hsz* **I.** *[megengedés]*; **~ el se gyere** you might as well stay away; **miattam ~ el is mehet** he can go for all I care; **~ most mindjárt** at once if you like **II.** *ksz [hasonlítás]* just/quite like; **olyan, ~ az anyja** he is just like his mother; **~ ... ~...** whether ... or ...; **~ igen, ~ nem** whether or not; **~ tetszik, ~ nem** whether you like it or not; **~ hiszi, ~ nem** believe it or not; **~ így, ~ úgy** in one/some way or (an)other, either way
akarás *fn* willing(ness), volition, will; **nem ~nak nyögés a vége** he that will not when he may, when he will he shall have nay
akarat *fn* will, wish; **szabad ~** free will; **tudtomon és ~omon kívül** without my knowledge and against my will; **legyen ~a szerint** let him have his way; **~om ellenére** against my wishes; **~ból, ~tal** on purpose, intentionally, deliberately; **keresztülviszi az ~át** have*/get* one's way; → **végakarat**, → **vasakarat**, → **rosszakarat**, → **jóakarat**
akaratátvitel *fn* transference of one's will (by telepathy or hypnosis)
akaraterő *fn* will-power, strength of will
akaratgyengeség *fn* weak will
akarathiány *fn* lack of will-power
akarati *mn* volitional, voluntary
akaratlagos *mn* wilful (*US* will-)
akaratlan *mn* unintentional, involuntary, *[véletlen]* accidental, *[önkéntelen]* spontaneous; **~ul** involuntarily, unintentionally
akaratnyilvánítás *fn* act of will, manifestation of one's will
akaratos *mn* self-willed, wilful (*US* will-), obstinate, stubborn
akaratoskod|ik *i* be* obstinate/stubborn, determined to have one's way
akaratszabadság *fn* free(dom of the) will
akarattalan *mn* **1.** → **akaratlan 2.** *[akarat nélküli]* without a will of one's own *ut*
akárcsak *ksz* just like, (the) same as ...; **olyan, ~ az apja** he is the same as his father, he takes after his father
akárhány *nm* **1.** → **akármennyi 2.** *[sok]* plenty of, any number of
akárhányadik *nm* whichever
akárhányszor *nm* *[minden alkalommal]* every time, as often as, whenever
akárhogy(an) *hsz* **1.** *[bármennyire]* however, whatever/whichever way; **~ is** no matter how; **~ van is** however it may be, be that as it may, in any case **2.** *[jól-rosszul]* anyhow, no matter how
akárhol *hsz* **1.** *[ahol éppen]* wherever **2.** *[bárhol]* anywhere, no matter where
akárhonnan *hsz* **1.** *[mindegy honnan]* from wherever **2.** *[bárhonnan]* from anywhere
akárhonnét *hsz* → **akárhonnan**
akárhova *hsz* **1.** *[ahova csak]* no matter where, wherever **2.** *[mindegy hova]* anywhere
akárki *nm* **1.** *[aki csak]* whoever **2.** *[bárki]* no matter who, anyone; **~ megmondhatja** anyone can/will tell (you); **~ más** anyone else; **~ jó lesz** anyone will do; **ő nem ~!** He is quite a remarkable/important person.
akármeddig *hsz* **1.** *[hely]* however far, as far as you like **2.** *[idő]* however long, any length of time, indefinitely
akármekkora *nm* irrespective of size, no matter how large/small/great/little
akármelyik *nm* any, whichever, no matter which, *[csak ha két dologról van szó]* either; **~ napon** any day; **~ üzletben** in any shop; **~ jó lesz, ~ megteszi** any one (v. either [of them]) will do
akármennyi *nm* however much/many, no matter how much/many; **Mennyit adjak? – A~t.** How much/many do you want? – Any amount will do.
akármennyien *nm* however many
akármennyire *hsz* however much, no matter how; **~ szeretem is** much as I love him (v. like it); **~ jó is** good as it is
akármennyiszer *nm* however often, however many times
akármerre *hsz* wherever, in whatever direction, no matter where
akármerről *hsz* from whatever/whichever direction, from wherever/anywhere
akármi *nm* **1.** *[mellékmondat elején]* whatever, whatsoever; **~ legyen is a helyzet** be as it may; **~ történjék is** come what may, in any event; **ez nem ~!** it's quite something!; **megvettem ezt a kis ~t** I bought this thingie **2.** *[főmondatban és mellékmondat elején]* anything; **~ közbejöhet** anything may happen in the meantime; **~ más** anything else; **~ megfelel** anything will do
akármikor *hsz* **1.** *[bármely időben]* (at) any time, no matter when, whenever you wish/like **2.** *[valahányszor]* whenever, every time **3. ~ nem állíthatsz be oda!** *[ti. akármilyen alkalmatlan időben] biz* you can't just turn up there (at) any odd time
akármilyen *nm* **1.** → **bármilyen 2. nem ~ ember az!** → **akárki**
akarnok *fn* man°/woman° of unscrupulous ambition, climber
akaródz|ik *i* **nem ~ik dolgozni** I don't feel like working; **nem ~ik odamenni** be* (very) reluctant to go (there)

akarva *hsz* **~, nem ~, ~-akaratlan** unintentionally, willy-nilly

akaszkod|ik *i* fasten on to, cling* to

akaszt *i* **1.** *[embert]* hang (*múlt ideje:* hanged) **2.** *[tárgyat vmre]* hang* (up) (*múlt ideje:* hung) (sg on sg), suspend (sg from swhere); **pert ~ vk nyakába** drag sy through the courts

akasztanivaló *mn [igével]* deserves to be hanged

akasztás *fn* **1.** *[emberé]* hanging **2.** *[tárgyé]* hanging up, suspension

akasztó *fn* **1.** *[vállfa]* hanger **2.** *[kabátra varrott]* loop

akasztófa *fn* gallows *esz tsz*, gallows tree

akasztófahumor *fn* gallows humour (*US* -or)

akasztófáravaló *fn* → **akasztófavirág**

akasztófavirág *fn* rascal, gallows/jail-bird

akasztóhorog *fn* hook

akasztós szekrény *fn* wardrobe

akasztott *mn* hanged [person]

akceleráció *fn [egyre koraibb serdülés]* maturing (v. growing up) earlier

akcentus *fn* accent; **idegen(es) ~sal beszél** speak* with (v. have*) a foreign accent

akceptál *i* accept (sg), agree to (sg)

akció *fn [cselekmény]* action, activity, *[vállalkozás, sajtó]* campaign, *[vásár]* sale; **~ba lép** go* into action, take* action/steps; **rendőrségi ~** police-raid

akcióbizottság *fn* action committee

akciócsoport *fn [rendőrségi]* flying squad

akciófilm *fn* action film (*US* movie)

akcióképes *mn* able to act *ut*, efficient

akcióképesség *fn* efficiency

akcióprogram *fn* action plan

akciórádiusz *fn* (effective) range

akciós *mn gazd* **~ áron** at bargain prices, on special offer, at a knock-down price; **~ könyvek** bargain books; **~ termékek** products at reduced prices (v. on special offer)

aki *nm* who; **~ csak** whoever; **~k** who; **azok, ~k** (the) people/those who, who; **az, ~** the person/one who ...; **ismered azokat, ~k itt laknak?** do you know the people who/that live here?; **~é** whose; **~ért** for whom; **~hez** to whom; **~nek** to whom; **~nél** *[hely]* with whom, at whose place/house; **ő az, ~re gondolok** he is the person/one I'm thinking of; **~ről** about/of whom; **~t, ~ket** whom; **ő az, ~t láttam** he is the man (who(m)) I saw; **~től** from/of whom; **~vel** with whom

akként *hsz* → **akképp(en)**

akképp(en) *hsz* in that way, in such a way, so, in such a manner

akklimatizáció *fn* acclimatization

akklimatizálód|ik *i* become*/get* acclimatized (to), acclimatize oneself (to) → **alkalmazkodik 2**

akkor *hsz* then, at the/that time; **már ~** even then, as early as ...; **az ~ volt** that was a long time ago; **~ jött, amikor elmentem** he came when I left; **ha nem akarsz, ~ ne gyere!** don't come if you don't want to.; **~ inkább gyalog megyek** in that case I will walk; **~ és csak ~** if-and-only-if

akkora *nm* so large/great, of such a size *ut*, such a ...; **~ zaj volt** there was such a noise; **~t kiáltott** he gave such a shout; **~, mint egy ház** as big as a house; **pont ~, mint a bátyám** he's just as tall as my brother

akkorában *hsz* → **akkoriban**

akkorára *hsz* **1.** *[idő]* by that time, by then **2.** *[nagyság]* as big as

akkord *fn [zenei]* chord

akkori *mn* of that/the time *ut*, then

akkoriban *hsz* in those days, at that time, then

akkoron *hsz* → **akkoriban**

akkorra *hsz* by then, by that time

akkortájban *hsz* about that time

akkortájt *hsz* → **akkortájban**

akkreditáció *fn okt* accreditation

akkreditációs *mn okt* **~ bizottság** accreditation committee

akkreditál *i okt* accredit

akkreditálás *fn* → **akkreditáció**

akkreditív *fn gazd* letter of credit

akku *fn biz* → **akkumulátor**

akkumuláció *fn* accumulation

akkumulál *i* accumulate

akkumulátor *fn* battery, accumulator; **lemerült/kimerült az ~** the battery is down/flat/dead; **ellenőrzi az ~t** check the battery level; **~t tölt** (re)charge a battery

akkurátus *mn* meticulous, precise; **~an dolgozik** *kif* (s)he crosses his/her t's and dots the i's

akkutöltő *fn* battery charger

akna *fn* **1.** *bány* (mine) shaft, *[lifté]* (lift) shaft, *[szellőző]* air-shaft, ventilating shaft, *[fúrt lyuk]* well, *[ellenőrző ~, utcán]* manhole, *[autójavításhoz]* pit **2.** *[robbanó]* mine; **~ra fut** strike* a mine; **~ra lép** pass over a mine; **~t rak** lay* mines; **~t szed** *[hajó]* sweep* (for) mines; **~t felrobbant** touch off a mine; → **taposóakna**

aknakutató *fn [tengeren]* mine-sweeper, *[földön]* mine-detector

aknamező *fn* minefield

aknamunka *fn* intrigues *tsz*, machinations *tsz*

aknarakó *fn* mine-layer

aknarobbantás *fn* **1.** *ált* touching off a mine **2.** *[bányában]* blasting a shaft

aknásít *i* mine

aknász *fn* **1.** *bány* miner **2.** *kat biz* sapper

aknaszedő hajó *fn* mine-sweeper

aknaszén *fn* unsorted/pit/running coal

aknatorony *fn* head-frame, pit-head frame

aknatölcsér *fn [bombakráter]* shell-hole

aknatűz *fn* shell-fire

aknavető *fn [löveg]* mortar

aknáz *i* mine

aknazár *fn* mine barrage/blockade

akó *fn* ‹an old measure of capacity: about 12 gallons›

akol *fn* sheep-fold, pen

ákombákom *fn* scrawl, scribble

akós *mn* ‹containing a certain number of "akó"*ut*›

akörül *hsz* about sg/that; **~ folyik a vita, hogy** ... the debate concerns (v. is about) ... → **körül**

aközben *hsz* meanwhile, (in the) meantime

aközött *hsz* **~ kell választanom, hogy** ... I have to choose between ...ing and ...ing → **között**

akrobata *fn* acrobat

akrobatamutatvány *fn* acrobatic feat/stunt/trick; **~ok** acrobatics *tsz*

akrobatika *fn* acrobatics *esz*

akrobatikus *mn* acrobatic

akromatikus *mn* achromatic

akrosztichon *fn* acrostic

aksi *fn bec* → **akkumulátor**

akt *fn* nude; **~ot fest** paint nudes; *[modellről]* paint from the nude

akta *fn* document, paper, file; **a Kovács ügy ~i** the file on Kovács, the Kovács file

aktacsomó *fn* file (of documents), dossier

aktatáska *fn* briefcase

aktatologatás *fn* red tape

aktáz *i* file, put* on file

aktfotó *fn fényk* nude photograph

aktív *mn* **1.** active; **~ szókincs** active/working vocabulary; **~ választójog** right to vote, suffrage **2.** *kat* → **tényleges**

aktíva *fn* **1.** *gazd* **~k és passzívák** assets and liabilities **2.** *[szerv]* action committee **3.** *[ember]* activist, political/party worker

aktívaértekezlet *fn* action committee meeting

aktivál *i* activate, set* off, trigger (off)

aktiválás *fn* activation

aktivista *fn* → **aktíva 3**

A

aktivitás *fn* activeness, activity; **~t fejt ki** be active (in sg)
aktivizál *i* activate; **jó lenne, ha ~nád magad** you'd better start doing something
aktkép *fn* nude
aktmodell *fn* nude model
aktrajz *fn* drawing of a nude
aktuális *mn* timely, topical, current; **~ események** current events; **~ kérdések** → **időszerű**; **már nem ~** it has already been solved, it's too late; **~sá válik** become* timely
aktualitás *fn* topicality, timeliness, up-to-dateness
aktualizálód|ik *i* become* timely
aktuálpolitika *fn* current politics, the politics of the moment
aktuálpolitikai *mn* **~ kérdés** an issue of immediate political relevance
aktus *fn* act, *[ünnepi]* ceremony; **nemi ~** sexual act
akupresszúra *fn orv* acupressure, shiatsu
akupunktőr *fn orv* acupuncturist
akupunktúra *fn orv* acupuncture
akusztika *fn tud* acoustics *esz*, *[teremé]* acoustics *tsz*
akusztikai *mn* acoustic
akusztikus I. *mn* acoustic **II.** *fn* acoustician, specialist in acoustics
akut *mn* acute
akvarell *fn [festés, kép]* watercolour (*US* -or)
akvarellfesték *fn* watercolours (*US* -ors) *tsz*
akvarellfestő *fn* watercolour (*US* -or) painter
akvarellista *fn* → **akvarellfestő**
akvárium *fn* aquarium (*tsz* -s v. -ria), fish tank; **aranyhalas ~** goldfish bowl
al- *előtag* vice-, under-, sub-
ál- *előtag* false, sham, imitation, pseudo-
alá I. *nu* under, underneath, below, beneath; **a villamos ~ került** he fell under the tram; **a fa ~ húzódtak** they sheltered under/beneath the tree; **a hőmérséklet fagypont ~ szállt** the temperature fell below zero; **adó ~ esik** be* subject/liable to taxation; **vk befolyása ~ kerül** fall* under sy's influence **II.** *hsz* **fel s ~** up and down **III.** *előtag* under; → **alája**
aláaknáz *i* **1.** *konkr* mine **2.** *átv* → **aláás**
aláás *i átv* undermine, subvert, *[egészséget]* ruin
alabamai *mn/fn* Alabaman
alabárd *fn* halberd
alabárdos *fn* halberdier
alabástrom *fn* alabaster
alább *hsz* **1.** *[hol]* lower down, below; **lásd ~** see below; **az ~ említett** the undermentioned; **az ~ idézett fejezet** the passage (quoted) below; **az ~ ismertetett** described below *ut* **2.** *[hová]* lower/farther down, down under **3.** *[olcsóbban]* cheaper, at a lower figure; *átv* **~ adja** come* down a peg (or two), climb down; **ennél nem adom ~** *[olcsóbban]* that's my last offer, *[nem fogadok el rosszabbat]* I won't go for anything worse
alábbhagy *i* diminish, lessen, relax, *[fájdalom, hideg]* abate; **~ott az eső** the rain began to let up
alábbi *mn* undermentioned, following; **az ~akban** in what follows; **az ~ tények** the following facts, the facts (referred to) below; **az ~ fejezet** the passage (quoted) below
alábbszáll *i* **1.** *[ár]* sink*, fall* **2.** *[hőmérséklet]* fall* **3.** *[egyéb]* come* down, descend
alábbvaló *mn* of lower rank/quality *ut*, inferior
alábecsül *i* underrate, undervalue
aláboltoz *i* reinforce by vaulting
alábuk|ik *i* dive, submerge; **a nap ~ik** the sun sinks* below the horizon
alábuktat *i* duck, plunge
alacsony *mn* **1.** *ált* low, *[ember]* short, small; **~ asztalka** coffee table; **~ termetű** of small stature *ut*, small, short **2.** *[érték, mérték]* low; **~ ár** low price; **a leg~abb bér** the minimum wage **3.** *[szegény, lenézett]* lowly, humble; **~ származású** of humble origin/birth; base, mean, vile; **~ sorból küzdi fel magát** rise* from the ranks
alacsonyan *hsz* low; **~ fekvő** low-lying; **~ repül** fly* low
alacsonyít *i* lower, reduce
alacsonyrendű *mn* inferior, lower
alacsonyság *fn* lowness, *[emberé]* shortness, smallness, *[helyé]* low altitude (of a place)
aládúcol *i* underpin, shore up, buttress
aláereszked|ik *i* descend
aláértékel *i* undervalue, underrate
aláfest *i* **1.** *[festménynek]* prime, groundcoat **2.** *[zeneileg]* compose background music (to) **3.** *átv* underscore, underline
aláfestés *fn* **1.** *[festménynek]* laying on of first coat of paint **2.** **zenei ~** background music **3.** *átv* emphasis, stress
aláfestőzene *fn zene [általában]* background music, *[filmhez]* incidental music
aláfirkant *i [nevét]* scribble one's signature (on sg)
aláfolyik *i* flow under sg
aláfut *i* run* under
aláfűt *i biz* (*vknek*) → **befűt** 2
alagcső *fn* drain(-pipe)
alagcsövez *i* (sub)drain
alagcsövezés *fn* drainage, draining
alagsor *fn* basement
alagút *fn* tunnel; **látja már az ~ végét** see* the light at the end of the tunnel; → **Csalagút**
alagútépítés *fn* tunnel construction, tunnelling (*US* -l-)
alágyújt *i* light* a fire under sg
alágyújtós *fn* matchwood, kindling, fire-lighter
aláhanyatl|ik *i* → **lehanyatlik** 2
aláhull *i* fall*, drop
aláhúz *i* **1.** *[írást]* underline, underscore **2.** *átv* stress, emphasize, underline, point out
aláhúzás *fn* underlining, scoring
aláír *i* sign, *[tanúként]* witness; *átv* **~om** I agree with it; **ezt nem írom alá** I don't subscribe to that (view)
aláírás *fn* **1.** *[cselekvés]* signing (one's name) **2.** *[aláírt név]* signature; **~ával ellát** sign sg, set* one's hand to sg
aláírás-gyűjtemény *fn* signature collection, collection of signatures
aláírásgyűjtés *fn* campaigning for signatures
aláírásgyűjtő *fn* signature collector
aláírás-hitelesítés *fn* authentication of signatures
aláírási *mn* **~ címpéldány** authenticated specimen signature
aláírásminta *fn* specimen signature
aláíratlan *mn* unsigned
aláíró *fn/mn* signer, *[okmányé]* signatory (*vmé* to); **a szerződést ~ felek** the signatories to the treaty
alája *hsz* below, under (it); **alám** under me
alak *fn* **1.** *ált* form, shape, *[emberé]* figure, stature, build; **jó ~ja van** she has* a good/fine figure; **~ot ad** form, shape; **~ot ölt** take* shape **2.** *biz* (személyről) fellow, chap, character, guy; **jó ~!** a smooth type/character; **furcsa egy ~** a strange chap/figure **3.** *[ir. műben]* character, *[képen]* figure **4.** *nyelv* form
alakfa *fn* wall-tree
alakformáló *mn* **~ tréning** fitness training
alakhű *mn* true to form *ut*
alaki *mn* formal, relating to form *ut*; **~ hiba** formal defect, flaw; **~ jog** law of procedure; **~ kellékek** formal requisites; **~ nehézség** technical difficulty; *kat* **~ kiképzés/gyakorlat** drill
alákínál *i gazd* underquote (sy)
alakiság *fn* formalities *tsz*
alakít *i* **1.** *ált* form, shape, *[ruhát]* alter **2.** *[jellemet stb.]* shape, form, mould (*US* mold) **3.** *[szerepet]* act, play [a part] **4.** *[alapít]* found, *[kormányt]* form [a government], *[bizottságot]* set* up, establish [a committee] **5.** (*vmt vmvé*) converb, transform
alakítás *fn* **1.** *ált* formation, forming, shaping, *[ruháé]* altering **2.** *[színészi]* interpretation, rendering, performance

alakítható *mn* **1.** *[tárgy, főleg fém]* ductile, malleable **2.** *[jellem]* pliable
alakíthatóság *fn* plasticity, pliability
alakító I. *mn* forming, shaping, formative **II.** *fn ált* shaper, former
alakmás *fn* counterpart, sy's double
alakoskodás *fn* dissimulation, hypocrisy
alakoskod|ik *i* dissimulate, dissemble
alakoskodó I. *mn* dissembling, hypocritical **II.** *fn* dissembler, hypocrite
alakpár *fn* doublets *tsz*, duplicates *tsz*
alakrajz *fn* figure drawing/sketching
alakszerű *mn* formal, regular
alakszerűség *fn* formality
alaktalan *mn* formless, shapeless, amorphous, *[ember]* deformed
alaktan *fn tud* morphology
alaktani *mn tud* morphological
alakú *mn* -shaped, -formed, -like; **jó ~** well-shaped/proportioned, shapely; **szép ~ nő** woman° with a fine figure, a fine figure of a woman°
alakul *i* **1.** *[alakot ölt]* take* shape, assume a form, be* formed; **úgy ~t, hogy** it so happened that; **a helyzet úgy ~t, hogy** ... things worked out (v. developed) in such a way that; **minden jól ~t** everything turned out well; **jól ~ az üzlet** business is looking up; **jól ~nak a dolgok** things are looking up **2.** (*vmvé*) become*, turn into sg, form into sg **3.** *[létrejön]* come* into being, be* formed, *[társulat]* be* founded, *[bizottság]* be* set up
alakulás *fn* formation; **az árak ~a** changes/variations in price(s) *tsz*
alakulat *fn* **1.** *ált* configuration, *geol* formation **2.** *kat* formation, corps (*tsz* ua.), unit
alakuló *mn* **~ közgyűlés** inaugural meeting; *[konferencia keretében]* founding conference; **~ban/~félben van** be* about to be formed, be* in (the course/process of) formation
alakváltozás *fn* metamorphosis (*tsz* -ses), change of form
alakváltozat *fn* variant
alakvas *fn* profile/section iron
alakzat *fn* form(ation), figure, configuration
álamatőr *fn* sham-amateur, *biz* shamateur
alámerít *i* immerse (in sg)
alámerül *i* submerge, dive, *[süllyedő hajó]* sink*
alamizsna *fn* alms *tsz*
alámos *i [folyó]* wash away, hollow out, undermine
alamuszi *mn [sunyi]* shifty, sly
alánéz *i* **1.** (*vmnek*) look under/beneath sg **2.** *[magasból]* look down
alant *hsz* below, down there
alantas I. *mn* **1.** *[alárendelt]* subordinate, inferior **2.** *[aljas]* base, vulgar; **~ ösztönök** base/low/mean instincts; **~ származású** low/base-born; **~ munka** inferior work **II.** *fn* subordinate, inferior
alany *fn* **1.** *nyelv* subject; **általános ~** impersonal subject, an indefinite/unspecified person (e.g. "one", "you") **2.** *mezőg* stock; *orv* **kísérleti ~** subject
alanyeset *fn* nominative (case)
alanyi *mn* **1.** *nyelv* subjective; **~ igeragozás** subjective conjugation; **~ mellékmondat** subject clause **2.** *jog* **~ jogon járó juttatás** social security entitlement
alap *fn* **1.** *konkr* base, *[házé]* foundation, *[nem anyagi]* basis (*tsz* bases), *[érveké, gyanúé stb.]* ground, *[társadalomé]* basis; **nincs semmi ~ja** have* nothing to support it, have* no foundation; **~jában véve** basically, fundamentally, essentially; *[nagyjából]* on the whole; **~jában téves** fundamentally false/wrong; **vmnek ~ján** on the basis/strength of sg, on (the) grounds of, by reason of sg; **az iratok ~ján** on the evidence of the documents; **a törvény 2. szakasza ~ján** under Sec. 2 of the Act; **azon az ~on, hogy** ... on the grounds that/of ...; **ugyanezen az ~on** by the same token; **milyen ~on (gyanúsítod)?** on what grounds (do you suspect him)?; **vmlyen ~ra helyezkedik** take* a stand on sg; **vmnek ~ját alkotja** be*/form the basis of sg, underlie* sg; **~ul szolgál** serve as a basis; **~ul vesz vmt** take* sg as a/one's basis **2.** *[pénz]* funds *tsz*, *[pl. képzőművészeti]* foundation, *[kártyában]* kitty **3.** *[háttér]* background **4. leves ~** soup base
alapadag *fn* basic ration
alapalak *fn* basic form, *nyelv* base
alapállás *fn* normal position
alapanyag *fn* **1.** basic (raw) material, base **2.** *kém* elementary substance
alapár *fn* basic price
alapárok *fn épít* foundation (ditch)
alapbeállítások *fn infor* default settings
alapbér *fn [munkásé]* basic wage
alapbéremelés *fn gazd* basic salary rise/increase
alapdíj *fn* minimum charge
alapegység *fn* (fundamental) unit, standard
alapélelmiszerek *fn* basic foods/foodstuffs
alapelem *fn* **1.** *[vmnek része]* essential element/component **2. ~ek** *[tudományé]* rudiments, elements, basics (of sg)
alapellátás *fn [betegé]* basic health care
alapelv *fn* (fundamental/basic) principle; **~ül elfogad** accept as a principle
alapértelmezés *fn infor* default settings; **~ szerint** by default
alapértelmezett *mn infor* default; **~ hely** default location
alapeszme *fn* fundamental/governing/basic idea, theme
alapfal *fn* foundation/basement wall
alapfeltétel *fn* primary condition
alapfeltevés *fn tud* null hypothesis
alapfizetés *fn* basic wage/salary
alapfogalom *fn* fundamental conception/idea; **alapfogalmak** rudiments
alapfok *fn nyelv* positive (degree)
alapfokú *mn* lower/first grade, *[pl. nyelvoktatás]* beginner's; **~ nyelvtanfolyam** a course for beginners
alapgondolat *fn* → **alapeszme**
alaphang *fn* keynote, pitch-note
alaphelyzet *fn műsz* zero-setting
alapigazság *fn* fundamental truth, axiom
alapige *fn vall [textus]* text
alapilletmény *fn gazd* basic salary
alapilletmény-emelés *fn gazd* basic salary rise/increase
alápincéz *i* make* a cellar (under a house)
alapismeretek *fn* fundamentals, rudiments (of sg), elements, the basics (of sg), the ABC of sg; **még ~nek is híján van** (s)he doesn't know the first thing about sg
alapít *i [intézményt stb.]* found, establish; **családot ~** found/start a family; **~tatott 1907-ben** founded/established in 1907
alapítás *fn* foundation, establishment
alapító I. *mn* **~ okirat** deed of foundation, (foundation) charter; **~ tag** founder member **II.** *fn* founder
alapítvány *fn* foundation, endowment, fund; **~t tesz/létesít** *[vmely célra]* endow (sg), found (sg)
alapítványi *mn* **~ iskola** a foundation school, a school owned by a foundation
alapjárat *fn* **~on jár a motor** the engine is turning/ticking over, the engine is idling
alapjelentés *fn nyelv* primary/basic/core meaning
alapjog *fn* basic/fundamental right
alapkamat *fn [jegybanki]* base rate [of interest], *US* prime rate [of interest]
alapképzés *fn okt [felsőoktatásban]* first-degree course
alapkérdés *fn* fundamental question, key issue
alapkiképzés *fn* basic training
alapkoncepció *fn* basic concept
alapkő *fn* foundation-stone
alapkőletétel *fn* laying of the foundation-stone

alapkövetelmény *fn* prerequisite, basic requirement
alapkutatás *fn* basic research
alaplap *fn* **1.** *mat* base **2.** *infor* main board, motherboard
alapmű *fn* standard work
alapművelet *fn* **a négy ~** the (first) four rules of arithmetic
alapműveltség *fn* basic education/knowledge
alapokmány *fn* charter
alapos *mn [ember]* thorough(-going), efficient, competent, *[ok]* sound, *[tudás]* thorough, profound, deep, *[változás]* thorough-going; **~ gyanú** well-founded/grounded (v. strong) suspicion; **az angol nyelv ~ ismerete** mastery of the English language, a (very) good command of the English language (v. of English); **~ ismerője vmnek** be* thoroughly acquainted with sg, be* an expert in sg; **~ munka** solid/painstaking (piece of) work
alaposan *hsz* thoroughly, exhaustively, soundly; *biz* **~ eldönget vkt** give* sy a sound drubbing; **~ rászolgált** he richly deserved it
alaposság *fn* thoroughness, soundness
alapoz *i* **1.** *[házat]* lay* the foundations (of) **2.** *átv* (*vmre*) base [one's argument/opinion etc.] on sg; **gyanúját arra ~za, hogy** ... his suspicion is based on the fact that ...; **mire ~od a véleményedet?** what is the basis of/for your opinion? **3.** *[festő]* prime, ground
alapozás *fn* **1.** *[házé]* (laying the) foundations *tsz*, groundwork **2.** *[festésnél]* priming
alapozó *mn okt [főiskolai/egyetemi előkészítő]* foundation/preliminary [course/year]
alapozófesték, **-réteg** *fn* ground coat, *GB* undercoat, primer
alapozókrém *fn* foundation cream
alapötlet *fn* theme
alappéldány *fn* master-copy
alappillér *fn épít* pillar, *átv [gondolatmeneté, elméleté]* cornerstone, fundamental concept, basic idea/assumption
alappont *fn* point of reference
alaprajz *fn* ground-plan, sketch
alapréteg *fn* lowest layer, substratum (*tsz* substrata)
alapszabály *fn* **1.** *ált* fundamental/basic rule **2. ~ok** constitution, statutes *tsz*, charter; *[tud. társaságé]* constitution; **az ~ok szerint/értelmében** under the articles, according to the constitution/charter; **az ~oknak megfelelően** in accordance with the statutes/constitution
alapszabály-ellenes *mn* contrary to the statutes *ut*
alapszabály-tervezet *fn* draft constitution
alapszám *fn* radix (*tsz* radices), base
alapszerv *fn* → **alapszervezet**
alapszervezet *fn* basic/local organization [of a party], primary party unit
alapszerződés *fn [két ország között]* treaty of cooperation; **ratifikálja az ~t** ratify the treaty of cooperation
alapsz|ik *i* → **alapul**
alapszín *fn* **1.** *fiz* primary colour (*US* -or) **2.** *[falé stb.]* (back)ground
alapszó *fn* base
alapszókincs *fn* basic vocabulary
alapszükségletek *fn* basic needs; **a munkanélküli-segély az ~et sem fedezi** the unemployment benefit is insufficient even for one's basic needs
alaptalan *mn [vád]* baseless, unfounded, *[gyanú]* groundless; **~ hírek** false rumours (*US* -ors)
alaptanterv *fn* basic/core curriculum; **nemzeti ~** (*röv* **NAT**) national core curriculum
alaptermészet *fn* fundamental/basic quality (of sy), true nature (of sy)
alapterület *fn* (basic) area
alaptétel *fn* principle
alaptőke *fn* capital
alaptőke-emelés *fn gazd* increase of capital (stock)
alaptőke-leszállítás *fn gazd* decrease of capital (stock)
alaptörvény *fn* fundamental law/statute
alaptulajdonság *fn [tárgyé]* basic property/feature *[emberé]* basic trait (of character)
alapul *i* be* founded/based (up)on sg, rest on sg; **tényeken ~** is founded on facts; **tévedésen ~** is due to (v. caused by) a mistake
alapvetés *fn tud* (laying the) foundations [of a theory]
alapvető *mn* fundamental, essential, basic; **~ fontosságú, ~en fontos** of vital/primary importance *ut*; **~ mű** standard work [on a subject]; **~en** basically
alapvicc *fn* stale joke
alapvizsga *fn okt [egyetemen]* ‹examination at the end of an introductory university/college course›
alapvonal *fn mat* base, *[rajz]* ground-line, *műsz* base-line, *[futball]* goal(-)line, *[tenisz]* baseline
alapvonás *fn* characteristic feature
alapzaj *fn* background noise
alapzat *fn [házé]* foundation, groundwork, *[nehéz gépé]* bed-plate, *[szoboré]* pedestal, plinth, *[oszlopé]* base, plinth
álarc *fn* mask, *átv* disguise; **~ot levet** throw* off the mask, show* one's true colours (*US* -ors); **~ot ölt** mask oneself; *átv* assume a/the mask of sg
álarcos *mn* masked; **~ játék/felvonulás** masquerade; **3 fegyveres ~ férfi** 3 armed and masked men
álarcosbál *fn* masked ball, fancy-dress ball
alárendel *i* (*vknek/vmnek*) subordinate (to), place under (sy); **~i magát vknek/vmnek** submit oneself to sy/sg; **alá van rendelve vmnek** be* subordinate(d) to sg
alárendelés *fn* subordination (to)
alárendelő *mn* subordinating
alárendelt I. *mn* (*vknek/vmnek*) subordinate, inferior (to), dependant (on); **~ helyzetben van vkvel szemben** *biz* play second fiddle to sy; **~ szerepe van vmben** play a less important part in sg; **~ mellékmondat** subordinate clause; **~ útvonal** minor (v. non-priority) road; **útkereszteződés ~ útvonallal** intersection with non-priority road **II.** *fn* subordinate, inferior; **~je vknek** inferior to sy; **~jei szeretik** he is popular with his staff
alárendeltség *fn* subordination
alarmíroz *i* raise/sound the alarm, alarm
alászáll *i* descend
alászánt *i* plough (*US* plow) under/in
Alaszka *földr* Alaska
alaszkai *mn/fn* Alaskan
alászolgája! *isz elav* your humble servant!, *[búcsúzáskor]* good-bye!
alátámaszt *i átv is* prop/shore up, support, *csak átv* back up; **adatokkal/tényekkel támasztotta alá érveit** (s)he supported (v. backed up) his/her arguments with a battery of statistics; **ez jól ~ja az érvelését** it is a case in point
alátámasztás *fn* **1.** propping up, shoring, buttressing **2.** *átv* support(ing)
alátesz *i* put* sg under sg
alátét *fn* pad, support, underlay, *[csavarhoz]* washer; **(asztali) ~** (table-)mat; *[pohár alá]* coaster
alátétgyűrű, **-karika** *fn* washer
alátétlemez *fn* washer, bolster plate
alátol *i* (*vmt vmnek*) push sg under sg
alatt *nu/mn* **1.** *[hely]* under, below, underneath, beneath; **az ablak ~** under the window; **ez ~** under/below/beneath this; **a 20. szám ~** under/at number 20; **fagypont ~** below zero; **lásd ... ~** see under ... **2.** *[idő]* in, during, in the course of; **öt nap ~** (with)in five days; **rövid idő ~** within a short time; **percek ~** in a matter of minutes; **ez ~ az idő ~** during this time; **az építés ~** in the course of construction; **óra ~ beszélgetett** he talked during the lesson; **egy szempillantás ~ eltűnt** it disappeard before you could blink **3. azon feltétel ~** on condition (that) **4. vk vezetése ~** under sy's leadership/guidance **5.** *biz* **teljesen maga ~ van** be* in great sorrow, be*/feel* blue, be* down in the dumps
alatta *hsz* **1. ~ áll** stand* underneath; **~ fekvő** subjacent; **alattunk laknak** they live* on the floor below us; **~m járt**

iskolába he was [x years] below me at school **2. ~ marad** *átv* fall* short of sg

alatti *mn* to be found under/at *ut*; **a Balaton utca 12. ~ lakásán** at/in his flat in Balaton utca 12; **a C ~ tétel** the entry under C; **a kép ~ szöveg** caption; **víz ~ felvétel** underwater pictures

alattomban *hsz* by stealth, on the sly

alattomos *mn* sneaking, sly, treacherous

alattomosság *fn* slyness, (act of) treachery

alattvaló *fn* subject

alávaló *mn* rascally, base, vile, villainous, be* beneath contempt

alávalóság *fn* villainy, baseness

alávet *i* (*vkt vmnek*) submit/subject sy to sg, (*vmt vmnek*) subject sg to sg; **~i magát vmnek** submit (oneself) to sg; **~i magát egy műtétnek** undergo* an operation; **alá van vetve vmnek** be* subject(ed) to sg; **komoly/alapos vizsgálatnak vetette alá** he examined it very carefully/closely

alávetett *mn* subject to, obliged to

aláz *i* → **megaláz**

alázat *fn* humility, humbleness; **~tal** humbly

alázatos *mn* humble, submissive, meek, *[szolgaian]* servile, subservient; *elav* **~ szolgája** *[levél végén]* your obedient servant; **~an** humbly, cap in hand; **~an viselkedik** show* respect

alázatoskod|ik *i* cringe, humble oneself

alázuhan *i* fall* down, *[zajjal]* crash down

albán *mn/fn* Albanian

Albánia *földr* Albania

albániai *mn* Albanian, of Abania *ut*

albérlet *fn* **1.** *[bérlemény]* *GB* sublease, *US* sublease **2.** → **albérleti szoba** ; **~ben lakik** live in lodgings, *biz* digs; *[átmenetileg]* stay in lodgings, *[vkvel együtt]* rent a room with sy, *US* room with sy; **~be megy/költözik** rent a room/flat, *biz* move into digs

albérleti *mn* **~ szoba** (furnished) room, lodgings *tsz*, *biz* digs *tsz*

albérlő *fn* lodger, *US* roomer; **~k háza** lodging house, *US* rooming house

Albert *tul* Albert

albínó *fn* albino

albizottság *fn* subcommittee

álbombariadó *fn* false/hoax bomb scare

álbölcsesség *fn* sophism, sophistry

album *fn* album

álca *fn* **1.** *[rovar]* larva (*tsz* larvae), grub **2.** *elav [álarc]* mask **3.** *kat* camouflage

álcáz *i* mask, disguise, *kat is* camouflage

álcázás *fn* disguising, *kat is* camouflage

alcím *fn [a mű címét kiegészítő]* subtitle, *[cikk egy-egy szakaszáé]* subheading

alcsalád *fn áll* subfamily

alcsoport *fn* subdivision, sub-group

áld *i* bless; **~ja a sorsát** thank one's lucky star; **Isten ~jon!** goodbye!, farewell!; **az Isten ~jon meg!** God bless you(r heart)

áldás *fn* **1.** *[papi]* blessing, benediction, *[asztali]* grace; **~t oszt** bless, give* blessings; **(asztali) ~t mond** ask a blessing, say grace **2.** *átv [haszon]* boon, blessing; **a televízió nagy ~ a mozgásképteleneknek** television is a great boon to the disabled **3.** *átv biz [jóváhagyás]* blessing; **~át adja vmre** give* one's blessing to sg

áldásos *mn* blessed, beneficent

áldatlan *mn* unfortunate, unblessed; **~ állapotok** evil conditions

áldó *fn* **az ~ját!** blast!, good(ness) gracious!

áldomás *fn* drink, toast (to sy); **~t iszik vmre** have* a drink (to celebrate sg), drink* to (the success of) sg

áldott *mn* **1.** *ált* blessed; **~ emlékezetű** of blessed memory *ut*; **minden ~ nap** every blessed/single day **2. ~ állapot** pregnancy; **~ állapotban van** be* pregnant

áldoz *i* **1.** *[Istennek]* sacrifice, offer (sg to God) **2.** *átv* devote [time etc.] to, sacrifice sg to sg; **~ vmre** *[költ]* make* a sacrifice for sg, spend* [a lot of money] on sg → **áldozik**

áldozás *fn vall* Holy Communion

áldozat *fn* **1.** *vall [aktus]* sacrifice, offering **2.** *[lemondással járó]* sacrifice; **~ot hoz vkért/vmért** make sacrifices for sy/sg **3.** *[vm rosszé]* victim (of); **baleset ~a lett** be* killed in an accident; **a kommunista diktatúra ~ai** victims of the communist dictatorship (v. of communism); **a halálos ~ok száma** *[a közutakon]* death toll [on the roads]; **a II. világháború ~ai** victims of Word War II; **~(á)ul esik** (*vmnek*) fall* victim/pray to sg; **sok ~ot szed** *[háború, járvány]* takes its toll (of sy); **minden ~ra képes volnék érte** I would give my ears for it/him/her

áldozathozatal *fn* sacrifice, making sacrifices

áldozati *mn* sacrificial

áldozatkész *mn* willing to make sacrifices *ut*

áldozatkészség *fn* generosity

áldozatos *mn* self-sacrificing; **az orvosok ~ munkájának köszönhetően** due to the conscienсious work of the doctors

áldozatvédelem *fn* victim protection

áldoz|ik *i vall* receive the sacrament, receive (Holy) Communion, communicate

áldozó *fn* **első ~** first communicant

áldozócsütörtök *fn* Ascension Day

áldozópap *fn* (mass-)priest

áldoztat *i* administer the sacrament (to)

Al-Duna *földr* the Lower Danube

alegység *fn kat* subunit

alelnök *fn* vice-president

alélt *mn [ájult]* unconscious, *[ernyedt]* faint, languid

aléltság *fn [emberi]* faint, swoon, *átv* lethargy, torpor

alépítmény *fn* substructure

alez. *röv* → **alezredes**

alezredes *fn* (*röv* **alez.**) lieutenant-colonel (*röv* **Lt-Col.**)

alfa *fn* alpha

alfabetikus *mn* alphabetical

alfaj *fn áll növ* subspecies (*tsz* ua.)

alfanumerikus *mn infor* alphanumeric

alfa-részecske *fn* alpha particle

alfarhang *fn tréf* fart

alfa-sugárzás *fn* alpha ray

alfejezet *fn* subdivision, subsection; **~ekre oszt** subdivide

alfél *fn tréf* (*vké*) behind, backside

alföld *fn* lowland, (the) lowlands *tsz*, plain; **az A~** the Great Hungarian Plain

alföldi I. *mn* of/from the lowland(s) *ut*, lowland(-), of the Great Hungarian Plain *ut* **II.** *fn* lowlander

alga *fn biol* alga (*tsz* algae)

algásodás *fn biol* algal invasion, excess growth of algae

algebra *fn* algebra

algebrai *mn* algebraic(al); **~lag** algebraically

Algéria *földr* Algeria

algériai *mn/fn* Algerian

Algír *földr* Algiers

algíri *mn/fn* Algerine

algoritmikus *mn* algorithmic

algoritmus *fn* algorithm

alhadnagy *fn* (*röv* **alhdgy.**) *[GB és US hadseregben]* 2nd lieutenant, *[tengerészetben]* sub-lieutenant, *US* master-sergeant

alhas *fn* abdomen

alhatnék *fn* **~om van** I feel sleepy

álhazafiság *fn* jingoism, flag-wagging

alhdgy. *röv* → **alhadnagy**

álhír *fn* hoax, false report/rumour (*US* -or)

alibi *fn* alibi; **~t igazol** produce/establish an alibi

alig *hsz* **1.** *[éppen hogy]* hardly, scarcely, barely; **~ hallom** I can only just hear it; **~ hogy elég** [it is] barely enough; **~ ismerem** I hardly know him; **~ valami** barely/scarcely any; **~ maradt vm pénzünk** we've hardly/scarcely/barely any money left; ~ **ettél vmt** you've hardly eaten anything **2.** *[nehezen]* hardly; **már ~ várom** I can hardly wait (to do sg), I am looking forward to ...ing sg; → **vár**[2] **3**

alig-alig *hsz* barely, hardly, just

aligátor *fn* alligator

aligazgató *fn [vállalati stb.]* sub-manager, *[iskolai]* vice-principal, deputy-headmaster

aligha *hsz* scarcely, hardly; **ő már ~ jön meg** he is not likely to arrive

alighanem *hsz [most]* probably, in all probability, very likely, if I'm not mistaken

alighogy *hsz [mihelyt]* hardly, scarcely, no sooner (than); **~ megérkezett, máris panaszkodni kezdett** hardly/scarcely/barely had she arrived when she started complaining; **~ elindultunk, elkezdett esni** we had hardly left (v. hardly had we left) when it started raining, no sooner had we left than it started raining

alispán *fn tört kb.* deputy-lieutenant

alj *fn [szoknya]* skirt; → **alja**

alja *fn* **1.** *[alsó rész]* bottom, lower part, foot, *[hegyé]* foot (of the hill); **a lap ~n** at the foot/bottom of the page **2.** *[üledék]* dregs *tsz*, sediment; **a kávé ~** coffee grounds *tsz* **3.** *[silány rész]* refuse, waste; **a társadalom** (v. **az emberiség**) **~** the dregs of society *tsz*, the scum of the earth

aljas *mn* base, mean, vile; **~ gazember** dirty rascal/dog; **~ módon, ~ul** basely, foully, nastily; **~ kitolás** dirty trick

aljasod|ik *i* → **lealjasodik**; **odáig ~ott, hogy** ... he stooped to (...ing)

aljasság *fn* baseness, meanness, vileness

aljaz *i* → **almoz**

aljazat *fn épít* foundations *tsz*, *[oszlopé stb.]* socle

aljegyző *fn* deputy clerk

aljlemez *fn* base-plate

aljnövényzet *fn* undergrowth

aljzat *fn* **1.** → **alap(zat) 2.** *el* (wall) socket, (power) point

alkálifémek *fn* alkali metals

alkalikus *mn* alkaline

alkalmas *mn* **1.** (*vmre*) (be*) suitable, fit, right, can be used, be OK (*mindegyik:* for sg), be* suited to (sg), lend* itself to sg; **katonai szolgálatra ~** (be*) fit for (military) service; **~nak érzi magát vmre** feel* capable of (doing) sg; **nem ~ vmre vk** be* not cut out for sg **2.** *[illő]* appropriate (for); **~ időben** at a convenient time

alkalmasint *hsz* probably, in all probability, very likely

alkalmasság *fn* **1.** *[megfelelés]* fitness, suitability, aptitude, aptness **2.** *[illő volta]* appropriateness

alkalmassági vizsgálat *fn* aptitude test

alkalmatlan *mn* **1.** *[vmre személy]* unfit(ted)/unsuitable for *ut*, unsuited to *ut*, *[állásra]* unqualified for *ut*, *[tárgy vmre]* unfit/unsuitable for *ut*; **~ná tesz vkt vmre** unfit sy for sg **2.** *[kellemetlen]* inconvenient, *[rosszkor történő]* inopportune; **~ idő** an inconvenient time; **ha nem ~ önnek** if it is not inconvenient for you

alkalmatlankodás *fn* importunity; **bocsássa meg ~omat** excuse my troubling/bothering you

alkalmatlankod|ik *i* (*vknek*) molest/bother/pester sy, be* a trouble to sy; **folytonosan ~ik** he is a nuisance; **nem akarok ~ni** I don't want to intrude (on you)

alkalmatlankodó I. *mn* importunate, troublesome **II.** *fn* intruder, nuisance

alkalmatlanság *fn* **1.** *[személyé]* unfitness (for), inaptitude (to, for), *[dologé]* unsuitability (for), *[időbeli]* inopportunity **2.** *[kellemetlenség]* inconvenience, bother, nuisance; **sok ~ot okoz vknek** give*/cause sy a lot of trouble

alkalmatosság *fn [jármű]* conveyance, *[egyéb eszköz]* convenience

alkalmaz *i* **1.** (*vmt vmre*) apply (to), employ (for, to), use (for), *[eljárást, módszert]* adopt; **gyakorlatban ~** put* into practice; **a törvényt ~za** bring*/put* the law into operation, enforce the law **2.** *[filmre, rádióra, színpadra* v. *színre, televízióra]* adapt (sg) [for the screen/stage v. for radio/television] **3.** (*vkt*) employ, engage, sign on, take* on

alkalmazás *fn* **1.** (*vmé*) application, employing, employment, use, *[eljárásé]* adoption; *[gyógyszeré]* application, dosage **2.** *[színre, rádióra stb.]* adaptation [of a play for the stage, for radio etc.] **3.** (*vké*) employment; **~ban van** have* a job, be* employed, be* in employment

alkalmazásablak *fn infor* application window

alkalmazásikon *fn infor* application icon

alkalmazhatatlan *mn [módszer stb.]* inapplicable

alkalmazható *mn* **1.** (*vm*) be* applicable (to), can* be applied (to); **ez a szabály nem ~** this rule cannot be applied (to sg) **2.** (*vk*) employable, suitable

alkalmazkodás *fn* **1.** (*vkhez*) fitting in with sy **2.** (*vmhez*) adjustment to sg

alkalmazkod|ik *i* **1.** (*vkhez*) fit in with sy; **~ik vknek az életmódjához** fit in with sy's way of life **2.** (*vmhez*) adjust (oneself) to sg, adapt (oneself) to [different conditions, new environment, changes etc.]; **jól/könnyen tudott ~ni** (s)he adapted (very) well

alkalmazkodó *mn* adaptable, flexible

alkalmazkodóképesség *fn* adaptability, flexibility

alkalmazott I. *mn* applied; **~ matematika** applied mathematics; **az ~ módszer** the method used/applied **II.** *fn* employee; **az ~ak** staff, personnel

alkalmazotti *mn gazd* **~ jogviszony** employment, the legal status of being employed

alkalmaztatás *fn* employment

alkalmi *mn* **1.** *ált* occasional, incidental, *[véletlen]* casual, chance, *[zsűri stb.]* ad hoc; **~ munka** casual work, odd jobs *tsz*; **~ munkát vállal** (under)take* odd jobs; **~ munkás** casual worker **2.** *gazd* **~ ár** special/bargain price; **~ áruk boltja** *kb.* reject shop; **~ áruk osztálya** bargain basement/counter; **~ vétel** (special) bargain

alkaloid *fn* alkaloid

alkaloida *fn* → **alkaloid**

alkalom *fn* occasion, *[lehetőség]* opportunity, chance, *[kínálkozó]* opening; **~ adódik/nyílik** an opportunity offers/presents (itself); **vmnek alkalmából** on the occasion of; **~hoz illő** appropriate, expedient; **az ~hoz illően öltözött** (be*) properly dressed; **alkalmat ad/nyújt** give* an opportunity to, give* sy a chance; **ez ~mal** this time, on this occasion; **minden ~mal** every time, on every occasion; **ilyen ~ csak egyszer adódik az életben** opportunity knocks but once; → **megragad**, → **tolvaj**

alkalomadtán *hsz* when opportunity/occasion offers/arises, on occasion

alkalomszerű *mn* **1.** *[aktuális]* timely, opportune, well-timed **2.** → **alkalmi**

alkalomszerűen *hsz* occasionally, not regularly, on and off, now and then

alkar *fn* forearm

alkat *fn ált* structure, build, construction, *[emberé]* constitution, build, *[testi]* physique; **~ánál fogva** constitutionally; **nem olyan ~** *[lelkileg]* he is not the kind of person (who/to)

alkati *mn orv* constitutional; **~ hiba** malformation; **ez ~ kérdés** it depends on your personality

alkatrész *fn* **1.** *[gépé stb.]* part, piece, component (part), constituent (part); **~ek** *[gépé, motoré]* parts, components **2.** *[pót~]* spare part(s), spares *tsz*

alkatrészáruház *fn* → **alkatrészüzlet**

alkatrészellátás *fn* supply of spare parts

alkatrészgyártás *fn* production of spare parts (v. accessories)

alkatrész-utánpótlás *fn* supply of spare parts

alkatrészüzlet *fn* spare parts (v. accessories) shop, appliances shop

alkímia *fn elav* alchemy

alkimista *fn elav* alchemist

alkirály *fn* viceroy

alkohol *fn* **1.** *kém* alcohol, spirit; **tiszta ~** pure alcohol **2.** *[szeszes ital]* alcoholic drinks *tsz*, alcohol, *[röviditalok]* spirits *tsz*
alkoholbeteg *fn orv* (chronic) alcoholic
alkoholellenes *mn* → **antialkoholista**
alkoholfogyasztás *fn* alcohol consumption
alkoholfüggő *mn* addicted to alcohol *ut*; **~ ember** alcohol addict
alkoholfüggőség *fn orv* addiction to alcohol, dependence on alcohol
alkoholista *mn/fn* alcoholic, habitual/hard drinker
alkoholizál *i* drink* (alcohol), booze, tank up (on)
alkoholizmus *fn* alcoholism
alkoholmentes *mn* **~ ital** nonalcoholic/soft/alcohol-free drink; **~ étterem** *GB* café, unlicensed restaurant
alkoholmérgezés *fn* (alcoholic) intoxication, alcohol poisoning
alkoholos *mn* alcoholic; **~ befolyásoltság állapotában** in an intoxicated state
alkoholpróba *fn* breath test; **~nak vet alá** *GB* breathalyse (sy)
alkoholszonda *fn* breathalyser (*US* -izer), *US* drunkometer
alkoholtartalmú *mn* alcoholic, containing alcohol *ut*; **~ ital** alcoholic drink/beverage
alkoholtartalom *fn* alcohol/alcoholic content
alkoholtilalom *fn* prohibition
alkony *fn* twilight, nightfall, dusk, sunset, *átv* decline; **leszáll az ~** night falls*; **élete ~án** in the evening of one's life, in one's declining years
alkonyat *fn* → **alkony**
alkonyati, **alkonyi** *mn* twilight, evening-
alkonyatkor *hsz* at dusk
alkonycsillag *fn* evening star
alkonyod|ik *i* night is falling
alkonypír *fn* evening glow
alkot *i* **1.** *[teremt]* create, call into being **2.** (*vmből*) make* (of sg), construct (out of v. from), *[képez]* form, make* up; **fogalmat ~ magának vmről** form an idea of sg; **ez a három tanulmány ~ja a könyvet** these three studies make up the whole book, the book consists of these three studies **3.** *[szellemi művet]* compose, write*, produce; **új szót ~** coin/invent a new word
alkotás *fn* **1.** *[folyamat]* creation, formation, creating, *[tárgyé]* making, construction **2.** *[mű]* work, product
alkotmány *fn* **1.** *[országé]* constitution **2.** *[építmény]* structure, construction
alkotmánybíró *fn jog* Justice of the Constitutional Court
alkotmánybíróság *fn* (*röv* **AB**) Constitutional Court; **az A~ elnöke** Chairman of the Constitutional Court
alkotmányellenes *mn* anti-constitutional
alkotmányjog *fn* constitutional law
alkotmányjogi *mn jog* of/concerning constitutional law *ut*
alkotmánylevél *fn* constitutional charter
alkotmánymódosítás *fn* amendment to the constitution
alkotmányos *mn* constitutional; **~ úton** by constitutional means
alkotmányosság *fn* constitutionalism
alkotmányozás *fn jog* legislation on the Constitution
alkotmányozó *mn jog* constituent; **~ nemzetgyűlés** constituent assembly
alkotmányreform *fn* constitutional reform, reform of the constitution
alkotmánysértés *fn* violation/breach of the constitution; **mulasztásos ~** failure to comply with the requirements of the constitution
alkotmánysértő *mn* violating the constitution *ut*, anti-constitutional
alkotmányügyi *mn pol* **a Parlament A~ Bizottsága** the Constitutional Committee of the Parliament
alkotó I. *mn* creative, constructive; **~ játék** creative toy; **~ képzelet** creative imagination; **~ szerkesztő** editor **II.** *fn* *[műalkotásé]* creator, maker, *[zenei]* composer, *[irodalmi]* writer; **a film ~i** the Credits, credit list
alkotóelem *fn* → **alkotórész**
alkotóerő *fn* creative force/power
alkotókedv *fn* creative instinct/urge
alkotómunka *fn* creative work
alkotórész *fn* **~ek** constituent/component parts, components
alkotószabadság *fn* study leave, *kb.* sabbatical (leave/year)
alkóv *fn* alcove, recess
alkönyvtár *fn* subdirectory, subfolder
alközpont *fn* *[telefon]* satellite exchange
alku *fn* **1.** *[eredménye]* bargain, deal; **~t köt** drive*/conclude/strike* a bargain/deal; **áll az ~!** it's a bargain/deal! **2.** *[folyamata]* negotiation, bargaining; **~ba bocsátkozik vkvel** enter into (v. open) negotiations with sy; **az ~ kötelez** a bargain's a bargain
alkudozás *fn* bargaining, bartering, *pol* negotiation
alkudoz|ik *i* (*vkvel vmről/vmn*) haggle, bargain (with sy over sg); → **alkuszik**
álkulcs *fn* skeleton/master key
alkupozíció *fn* bargaining position
alkusz *fn* broker, factor
alkuszdíj *fn* brokerage, commission
alkusz|ik *i* bargain (*vkvel vmre* with sy for sg)
áll. *röv* → **állami**
áll[1] *i* **1.** (*vhol*) stand*, be* on one's feet; **~j!** halt!, stop!; **~j! ki vagy?** halt! who goes there?; **Á~j! Elsőbbségadás kötelező!** Stop (and give way) **2.** *[gép, munka]* be* at a standstill, *[vonat]* stop; **meddig ~unk?** *[állomáson, vonaton]* (for) how long does the train stop here?; **az óra ~** the clock has stopped **3.** (*vhová*) place oneself swhere, go* swhere; **munkába ~** begin* work, take* a job **4. hogy ~ a dolog?** how do matters/things stand; **a dolog így ~** things are like this; **ha így ~ a dolog** if that's how things stand/are; **bárhogy ~jon is a dolog** be that as it may; in any case, anyway, anyhow; **hogy ~sz vele?** (i) *[dologgal]* how far have you got with it? (ii) (*vkvel*) how do you stand with him/her?; **hogy ~sz?** *[isk. tanulásban]* how are you doing?; **jól ~ matematikából** he is doing well at/in mathematics; **jóra ~ matematikából** he is going to get a 'good' in maths; **hogy ~tok?** *[játékban]* what is the score?; **2:1-re ~nak** the score stands at 2 – 1; **jól ~** be* doing well; **rosszul ~** *[anyagilag]* be* down on one's luck, be* badly off **5.** *[ruha stb.]* become*/fit/suit sy; **ez a ruha jól ~ neki** this dress suits her; **rosszul ~ a ruha** this dress is a bad fit, this suit fits badly; **nem ~ jól neki** it does not suit her/him; **nem ~ jól neki a rövid haj** it doesn't suit her to have her hair cut short; **ehhez jól ~na egy barna kalap** a brown hat would go well with this **6.** *[igaz]* be* true (of sy), hold* (good); **ez nem ~** that's not true, that's untrue; **ugyanez ~ a fiára is** the same holds good/true of his son **7.** *[olvasható]* read*; **az ~ rajta, hogy** it says/reads … **8.** (*vmből*) consist of sg, be* composed of sg, be* made up of sg, (*vmben*) consist in sg **9.** *átv* (*vkn, vmn*) depend on (sy, sg), it rests with (sy, sg); **vmn ~, vagy bukik** stand or fall; **csak rajtam ~** it is* up to no-one but me, it depends on me alone; **kettőn ~ a vásár** it takes two to tango **10. esőre ~ az idő** it looks like rain **11.** *nyelv* **vmlyen szerkezettel ~** be* construed with … **12.** (*vk*) **~ja a hideget** he can take/stand the cold **13. ~ja a szavát (v. az ígéretét)** keep* one's word/promise; **amit mondtam(, azt) ~om** I stand by what I said, I keep my word; **~ja a költségeket** foot the bill **14. nem ~hatom** I can't endure/stand him/her; → **feljebb**, → **hadilábon**, → **mellé**, → **szó**, → **vigyázz**
áll[2] *fn* chin; **~ig felfegyverkezve/fegyverben** armed to the teeth; **majd leesett az ~a** *[a csodálkozástól]* he stood gaping, he stared open-mouthed; **leesett az ~a** his/her jaw dropped (a mile); → **beesett**
állag *fn* **1.** *[anyag]* substance **2.** *[állapot]* condition
állagmegóvás *fn* conservation

A

állam *fn* state; ~ **elleni bűncselekmények** crimes against the state
államadósság *fn* public/national debt
államalapítás *fn* foundation of a/the state
államapparátus *fn* apparatus of the state
állambiztonság *fn* state security
állambiztonsági *mn* state security; ~ **szervek** (state) security organs/police
államcsíny *fn* coup (d'état) (*tsz* coups d'état)
államcsínykísérlet *fn* coup attempt
államcsőd *fn* national/state bankruptcy
államegyház *fn* established church, *GB* Church of England
államellenes *mn* anti-state; ~ **cselekedet** subversive/seditious act; ~ **összeesküvés** plot (to overthrow the government)
államelnök *fn* president (of the state)
államérdek *fn* interest of the state, national/public interest
államférfi(ú) *fn* statesman°
államférfiúi *mn* statesmanlike, statesman's; ~ **bölcsesség** high statesmanship
államforma *fn* form of state
államfő *fn* head of state, *[király]* sovereign, monarch
államfői *mn* presidential, of the head of state *ut*; ~ **teendők** presidential duties
államgazdaság *fn* → **államháztartás**
államgazdaságtan *fn* public economy
államhatalom *fn* state/government authority
államhatár *fn* (state) border
államháztartás *fn* (state) budget, state/public finances *tsz*
államháztartási *mn* budget; ~ **reform** budget reform
állami *mn* (*röv* **áll.**)state, public, *US* governmental, *[~ tulajdonban levő]* state(-owned); ~ **adóbevétel** inland (v. *US* internal) revenue; ~ **bevétel** public revenue; ~ **elismerés/díj** State Prize; ~ **ellenőrzés/felügyelet** state supervision/control; ~ **gazdaság** state farm; ~ **gondozott** child° in care; ~ **hivatal** government/state office; ~ **intézmény** state institution; ~ **iskola** state school; *US* public school; ~ **kézben/kezelésben levő** state-run; ~ **kezelésbe vesz** → **államosít**; **Á~ Számvevőszék** (*röv* **ÁSZ**) State Audit Office; ~ **szektor** public sector; ~ **szerv** state/government institution/organization, (public) authority; ~ **hivatalnok/tisztviselő** government/state official, civil servant; ~ **törvény** statute law; ~ **tulajdon** state/national property; ~ **tulajdonba kerül** come* under public ownership, be* nationalized; ~ **tulajdonba vesz** → **államosít**; ~ **tulajdonba vétel** → **államosítás**; ~ **tulajdonban levő** state-owned; ~ **ünnep** state/bank holiday; ~ **vállalat** state enterprise, state-owned firm/company; → **nyelvvizsga**
államigazgatás *fn* public administration
államigazgatási *mn jog* administrative; ~ **eljárás keretében** in an administrative procedure
államilag *hsz* ~ **elismert** officially recognised, recognised by the state *ut*
államiság *fn* statehood; **az ezeréves magyar** ~ a thousand years of Hungarian statehood
államjog *fn* constitutional law
államkincstár *fn* the (state) Treasury, *[GB néha]* the Exchequer
államkölcsön *fn* government loan
államköltségen *hsz* at public expense
államkötvény(ek) *fn* government securities/bonds *tsz*, *GB* consols *tsz*
államközi *mn* between countries *ut*, *US* interstate; ~ **szerződés** a treaty [with Austria etc.]; an agreement between [2 states], *[két állam között]* bilateral agreement, *[több állam között]* multilateral agreement
államnyelv *fn* official language [of the state]
államosít *i* nationalize, take* sg into public ownership
államosítás *fn* nationalization, taking into public ownership, takeover, *[egyházi javaké]* secularization
államosított *mn* nationalized
állampapír(ok) *fn* government securities *tsz*, *US* government bonds *tsz*
állampénztár *fn* → **államkincstár**
állampolgár *fn* citizen; **angol** ~ British subject; **amerikai** ~ American citizen; **idegen** ~ alien; **magyar** ~ Hungarian citizen
állampolgári *mn* civic; ~ **hűség** allegiance; ~ **jogok** civil rights; ~ **jogok parlamenti biztosa** ombudsman
állampolgárság *fn* nationality, *US* citizenship; ~ **megszerzése** naturalization; **~ot ad** naturalize sy; **felveszi a magyar ~ot** assume Hungarian citizenship, be* naturalized in Hungary
államrend *fn [rendszer]* regime political system, *[nyugalom]* public order; **demokratikus** ~ democratic state
államrendőrség *fn* state police
államrendszer *fn* organization of the state
államszervezet *fn* state organization
államszerződés *fn* (political) treaty
államszövetség *fn* confederation
államtanács *fn* cabinet council, *GB* Privy Council
államterület *fn* territory of state
államtitkár *fn GB* under-secretary; *[magyar]* secretary of state, state secretary; **helyettes** ~ deputy under-secretary of state
államtitok *fn* state secret
államtitoksértés *fn jog* betraying state secrets
államtudomány *fn* political science
államügy *fn* affair of state, state/public affair
államügyész *fn* public prosecutor, *US* district attorney; **legfőbb** ~ *GB* Attorney General
államügyészség *fn* **1.** *[hivatal]* public prosecutor's office(s) **2.** *[állás]* public prosecutorship
államvagyon *fn* public/state property
államvallás *fn* state/established religion
államvasút *fn* **Magyar Államvasutak** (*röv* **MÁV**) Hungarian State Railways; **Brit Államvasutak** British Rail (*röv* **BR**)
államvédelem *fn* state security
államvédelmi *mn* state security; ~ **hatóság** state security authorities *tsz*; ~ **szervek** security organs
államvizsga *fn kb.* state examination
államvizsgáz|ik *i kb.* sit*/take* the state examination
állandó I. *mn [tartós]* permanent, lasting, constant, stable, steady, *[rendszeres, ismétlődő]* regular, *[szakadatlan]* continuous, perpetual, *[változatlan]* unchanging, unvaried, unbroken, uniform, *[rögzített]* fixed, stationary, *[örökös]* continual, perpetual; ~ **alkalmazás** permanent/steady employment/job; ~ **alkalmazottak** regular/permanent staff; ~ **figyelemmel kísér** pay* close attention to sg, watch sg closely; ~ **hadsereg** standing/regular army; ~ **használatban van** be* in constant use; ~ **fizetés** fixed salary; ~ **kereslet vmben** a steady demand for sg; ~ **lakhely** permanent address/residence; ~ **lakos** resident; ~ **megbízott** permanent delegate; ~ **összeköttetésben van vkvel** be* in constant touch with sy; ~ **vevő** regular customer; **nem** ~ not permanent, temporary, unsteady, variable **II.** *fn mat* constant
állandóan *hsz* constantly, permanently, steadily, continually; **az árak ~ emelkednek** prices are rising steadily; ~ **leveleznek** they are constantly corresponding; ~ **elkésik** be* habitually late; ~ **panaszkodik** he keeps complaining (all the time)
állandóság *fn* permanence, steadiness
állandósít *i* make* permanent, fix, stabilize, *[bajt]* perpetuate
állandósítás *fn* stabilization, fixing
állandósul *i* become* stable/steady/permanent, settle, come* to stay → **állandósult szókapcsolat**
állandósulás *fn* stabilization, consolidation, settling

állapot *fn* state (of affairs), condition, status, *[társadalmi]* standing; **egészségi ~a (vknek)** the state of sy's health; **~a javul** is (getting) better, his health is improving; **~a súlyos** his condition is grave (v. is giving cause for concern); **jó ~ban/karban van** be* in good condition/repair; *[épület]* be* in a good state of preservation; **jó ~ban van** be* in good/proper trim; **rossz ~ban van** *[tárgy]* be* in bad condition/repair, be* in disrepair, *[ember]* be* in bad shape; **~ok** the conditions; **ez nem ~!** this is intolerable!
állapotos *mn* pregnant; **~ asszony** expectant mother
állapotsor *fn infor* status line
állás *fn* **1.** *[nem ülés]* stand(ing), upright position **2.** *[nem működés]* standstill, being out of order **3.** *[helyzet]* state, condition, situation, position; **a dolgok ~a** the state of things, the circumstances *tsz*; **a tudomány mai ~a** the present state of knowledge; **a munka ~a** *[pl. könyvé stb.]* the state of the art; **a játék ~a** the score (of the game); **~t foglal vm ügyben** take* a stand on sg, commit oneself on sg; *[vitában]* take* sides; **~t foglal vk mellett** take* sides with sy, be* on sy's side, be* in favour of sy; **~t foglal vk ellen** take* sides against sy, come* out against sy; **nem foglal ~t** (s)he is non-committal, (s)he does not take sides; **nem foglal ~t** *kif* (s)he is sitting on the fence **4.** *[alkalmazás]* job, employment, *[hivatal]* position, *[társadalmi]* rank, status; **tanári ~** employment as a teacher, teaching job; **jó ~a van** have* a good job; **a legjobb/legzsírosabb ~ok** *biz* the plums, plum jobs; **nincs ~a** be* out of employment, have* no job, be* unemployed; **magas ~ban** in a high position; **~t kap** get* a job/position; **~t keres** seek* employment, look for a job; *[apróhirdetésben]* "Situations Wanted"; **~t kínál** *[hirdetésben]* "Situations Vacant" **5.** *[csillagoké]* constellation **6.** *[ruháé]* fit, hang **7.** *[megerősített fedezék]* dug-out, trench, entrenchment **8.** *[építőállvány]* scaffolding **9.** *[istállóban]* stall **10.** *[buszoké]* bay
állásdeszka *fn* scaffolding plank
állásfoglalás *fn* attitude, stand(point), position taken up [in a case]; **~ra késztető** challenging
állásháború *fn* trench war(fare)
álláshalmozás *fn* pluralism
álláshalmozó *fn pej* with multiple jobs *ut*, employed in several places *ut*
álláshirdetés *fn* job advertisement
álláskeresés *fn* looking for a job, job search
álláskereső *fn* job seeker, sy looking for a job
álláskínálat *fn* [employment] opportunity, opening, vacancy
állásközvetítő *mn* **~ iroda/hivatal** employment bureau/agency; *[állami]* employment/labour (*US* -or) exchange
álláslehetőség *fn* job opportunity, opening, (employment) vacancy
állásnélküli *mn* → **állástalan**
álláspont *fn* point of view, viewpoint, stand(point); **mi az ~od/~ja ebben a kérdésben?** what's your position on this issue?; **vm ~ot elfoglal/kialakít** adopt a point of view, take* a stand on sg, take* up a line, adopt a policy; **kifejti az ~ját** argue/state one's case, put* one's point of view; **értem az ~odat** I see your point; **elfogadja vk ~ját** agree with sy's point of view; **~om szerint** ... in my view ...
állástalan I. *mn* jobless, having no job *ut*, unemployed **II.** *fn* **az ~ok** the unemployed
állásváltoztatás *fn* change of job
állásvesztés *fn* dismissal, discharge
állat *fn ált* animal, *irod [főleg emlős]* beast, *[házi]* domestic/farm animal, *[kedvenc]* pet; *biz* **berúgott, mint az ~** be* as drunk as a lord; **te ~!** you bastard!, you wanker!
állatállomány *fn [házi]* livestock
állatbarát *fn* animal lover
állatbetegség *fn* animal disease
állatbőr *fn* animal skin/hide
állatcsalád *fn* family (of animals)
állategészségügy *fn* veterinary hygiene, animal health protection; **~i bizonylat** veterinary (health) certificate
állateledel *fn* pet food
állatfaj *fn* species (of animals) (*tsz* species)
állatföldrajz *fn* zoogeography
állatgondozó *fn* keeper
állatgyógyászat *fn* veterinary science
állati *mn* **1.** *[állatvilághoz tartozó]* animal **2.** → **állatias**; **~ kegyetlenség** beastly cruelty **3.** *szl* **~ jó** cool, wicked, really great, smashing; **~ jól megy** *biz [autó]* go* like a bomb
állatias *mn* beastly, brutal, brute
állatidomár *fn* → **állatszelídítő**
állatidomítás *fn* taming/training of animals
állatka *fn [mikroszkopikus]* animalcule
állatkereskedés *fn* pet-shop
állatkert *fn* zoo, zoological gardens *tsz*; **~ben született** (be*) captive born
állatkínzás *fn* cruelty to animals
állatkísérlet *fn orv* experiments/tests on animals, animal testing
állatkitömő *fn* taxidermist
állatkör *fn* zodiac
állatlélektan *fn* animal psychology
állatmese *fn* fable; animal story
állatnem *fn* genus (of animals) (*tsz* genera)
állatorvos *fn* vet, veterinary surgeon, *US* veterinarian
állatorvosi *mn* veterinarian
állatorvostan *fn* veterinary science/surgery
állatorvos-tudományi *mn* **~ egyetem** university of veterinary sciences
állatöv *fn* zodiac
állatpszichológia *fn* → **állatlélektan**
állatregény *fn* animal story
állatság *fn szl* stupid idea/thing
állatsereglet *fn* menagerie
állatszelídítés *fn* taming of animals
állatszelídítő *fn* animal-tamer
állattan *fn* zoology
állattani *mn* zoological
állattartás *fn* animal keeping
állattartó *fn* keeper of animals
állattemető *fn* pet cemetery
állattenyésztés *fn* animal husbandry, livestock-farming/breeding/raising
állattenyésztő *fn* stock-breeder
állatvágás *fn* slaughtering (of animals)
állatvásár *fn* live-stock market, cattle market
állatvédelem *fn* protection of animals
állatvédő egyesület *fn* society for the prevention of cruelty to animals
állatvész *fn* animal disease, epizootic
állatvilág *fn* animal world, fauna
állcsont *fn* jaw-bone, mandible
álldogál *i* stand* about, loiter, loaf around
allegória *fn* allegory
allegorikus *mn* allegorical
alleluja *isz* hallelujah
allergén *mn orv* allergenic, causing allergy *ut*
allergia *fn* allergy
allergiás *mn* allergic (*vmre* to); **~ beteg** allergy patient; **~ vagyok a macskákra** I'm allergic to cats
állhatatlan *mn* fickle, flighty, inconstant
állhatatlanság *fn* fickleness, changeability
állhatatos *mn* steady, steadfast (*vmben* in), *[igével]* persist/persevere in sg
állhatatosság *fn* steadfastness
állít *i* **1.** (*vmt vhová*) place, put*, stand* (sg swhere); **'nem ~ani'** *[ládajelzés]* this side up; **a fal mellé ~ja a kerékpárt** he puts the bicycle against the wall; **sarokba ~ja a gyereket** stand* the child in the corner **2. munkába ~ vkt** set* sy to work, employ sy; **nagy feladat elé ~ vkt**

set* sy a big task; **bíróság elé ~ vkt** bring* sy to court/trial; **jelöltnek ~** put* forward sy; **maga mellé ~ vkt** rally sy to one's flag **3. szobrot ~** put* up a statue (*vknek* to sy) **4.** *[készüléket, szerkezetet stb.]* set*, adjust; **hidegre ~ja a fűtést** turn the heating down; **melyik gombbal ~od a színeket?** which button do you use to adjust the colours? **5.** *[mondva]* assert, declare, allege, state, maintain, claim; **bizton ~hatom** I can safely maintain; **azt ~ja, hogy** he claims/argues that ...; → **sor**

állítás *fn* **1.** (*vhová*) placing, putting, setting **2.** *[kijelentés]* assertion, statement, claim; **saját ~a szerint** by his own account

alliteráció *fn* alliteration

alliterál *i* alliterate

állítható *mn* **1.** *[szabályozható]* adjustable; **~ támlájú ülés** reclining seat **2.** *[kimondható]* it can be stated/claimed

állítmány *fn* predicate

állítmányi *mn* predicative

állítmány-kiegészítő *mn* (predicative) complement, predicative adjunct

állító *mn [igenlő]* affirmative, assertive, positive

állítócsavar *fn* regulating/adjusting screw, setscrew

állítólag *hsz* supposedly, allegedly; **~ nőtlen** he is supposed to be unmarried; **ő ~...** (s)he is said/reputed to be (v. as) ...; **~ gazdag** he is said/reputed to be rich, he is reputedly rich; **~ jön** he is said to be coming; **~ ő a gyilkos** he is the alleged murderer; **~ vasárnap érkezik** he is supposed to arrive (v. to be arriving) on Sunday

állítólagos *mn* alleged, supposed

állkapocs *fn* jaw; **alsó ~** lower jaw; **felső ~** upper jaw

állkapocsficam *fn* sprained jaw

álló *mn* **1.** (*vhol*) standing **2.** *[nem mozgó]* stationary, fixed, *[nem működő]* out of action *ut* **3.** *[függőleges]* vertical, upright; **~ helyzetben van** stand*, *infor [nem fekvő írásirány]* portrait **4.** (*vmből*) consisting/composed of sg *ut* **5. egy ~ esztendeig** (for) a whole year **6. a vezetése alatt ~ sereg** the army under his command; **több részből ~** consisting of several/many parts *ut*, complex; **hadban ~ felek** warring parties **7.** *nyelv* **vmlyen szerkezettel ~** construed with *ut*; **dativusszal ~** construed with the dative *ut*

-álló *utótag [vmnek ellenálló]* -proof, (-)resistant

állócsillag *fn* fixed star

állóeszköz(ök) *fn* fixed assets *tsz*

állófogadás *fn* reception

allofón *fn nyelv* allophone

állóháború *fn* trench war (fare)

állóhajó *fn* stationary boat *[étteremként* v. *szállodaként működő]* ship restaurant/hotel

állóhely *fn* standing room; **80 ~** standing room for 80 persons/passengers, 80 standing

állóhelyes *mn [utas]* standee

állókép *fn fényk* still

állóképes *mn* **~ ember** stayer

állóképesség *fn* staying power, stamina, endurance

állólámpa *fn* standard (v. *US* floor) lamp

állólétra *fn* stepladder

állomány *fn* **1.** *[személyi]* staff, rank-and-file workers/members *tsz*, the rank and file of the workforce; **~ba (föl)vesz** engage, employ; **~ba kerül** become* member of the permanent staff; **~ban van, ~beli** be* on the (permanent) staff **2.** *kat [a legénység, minden közkatona]* effective force; **az ~** the rank and file; **~ban van** be* on the strength, be* in the rank and file **3.** *[készlet]* stock; **~ba vesz** *[könyveket]* catalogue (*US* -log)

állománygyűlés *fn kat* line-up

állománynév *fn infor* file name

állománytípus *fn infor* file type/extension

állomás *fn* **1.** *ált* station; **az ~on** at the station **2.** *kat* → **állomáshely 3.** → **adóállomás 4.** *[fok]* stage, phase

állomásépület *fn* station(-building)

állomásfőnök *fn* stationmaster

állomásfőnökség *fn* stationmaster's office

állomáshely *fn kat* garrison, station, *[diplomáciai]* post

állomáskereső *fn el* tune adjust control

állomásoz|ik *i kat* be* stationed/garrisoned

állomásparancsnok *fn kat* garrison commander

állomásparancsnokság *fn kat* garrison headquarters

állónaptár *fn* desk/block calendar

állóóra *fn [nagy]* grandfather-clock, *[kisebb]* clock

állórajt *fn* standing start

állórész *fn [villanymotorban]* stator, *[más gépben]* pedestal, stand

állótőke *fn* fixed capital, fixed/capital assets *tsz*

állott *mn [ital, étel]* stale, *[más]* flat, vapid, *[üzletben]* shop-worn

állóvíz *fn* standing/stagnant water, *[ártérben]* back-water, dead-water

állszíj *fn* chin-strap/string

allűr *fn* affectation, mannerism; **furcsa ~jei vannak** (s)he very affected

állva *hsz* on foot, standing (up); **~ marad** remain standing, stand* still

állvány *fn ált* stand, *[fából]* wooden frame, *[épülethez]* scaffolding, *[festőé]* easel, *[gép alatt]* mount(ing), bedplate, *[könyvnek, iratnak]* shelf°, *[három lábú]* tripod

állványoz *i* put* up (v. erect) scaffolding

állványozó *mn [munkás]* scaffolder

állványzat *fn épít* scaffolding, *bány* bridging

alma *fn* apple; **zöld ~** green apple; **az ~ nem esik messze a fájától** like father like son; **már ~ a dolog** *szl* too late, nothing doing, *US* no dice; *átv* **szép '~i' vannak** she has nice breasts

almabor *fn* cider

almacsutka *fn* apple-core

almaecet *fn gaszt* cider vinegar

almafa *fn* apple-tree

almahéj *fn* apple-peel

almaíz *fn [lekvár]* apple-jam

almaízű *mn* apple flavoured

almakompót *fn* stewed apple

almalé *fn* apple-juice

almanach *fn* almanac, year-book

almapüré *fn* apple puree

almás *mn* **~ lepény/pite** apple-cake/tart/pie; **~ rétes** apple-strudel

almásderes *mn* apple-grey

almáskert *fn* apple orchard, *US* apple yard

almásszürke *mn* → **almásderes**

álmatag *mn* dreamy

almatermés *fn* apple yield

álmatlan *mn* sleepless, wakeful; **ettől még nem lesz ~ éjszakám** I'm not going to lose any sleep over it

álmatlanság *fn* sleeplessness, insomnia

almavirág *fn* apple-blossom

almazöld *mn* apple-green

álmélkodás *fn* amazement, wonder

álmélkod|ik *i* (*vmn*) wonder (at sg), be* amazed (to see sg)

almenü *fn infor* submenu

álmennyezet *fn* suspended ceiling

álmod|ik *i* dream* (*vkről, vmről* of/about), have* a dream; **azt ~tam, hogy ...** I dreamt that ...; **arról ne is ~j!** it's out of the question!; **nem is ~tam, hogy ...** I little dreamed/dreamt that ...; **~ni sem mertem volna** I shouldn't have dared to dream of it, it's beyond my wildest dreams; **csípj meg, hogy nem ~om!** pinch me to make sure I'm not dreaming!

álmodozás *fn* reverie, day-dream(ing), pipe dream, *[fantasztikus]* wild fancy

álmodoz|ik *i* indulge in day-dreams, day-dream*, build* castles in the air; *[vkről reménytelenül]* moon over sy

álmodozó I. *mn* dreamy, dreaming, *pej* moony **II.** *fn* *[ember]* day-dreamer, *[idealista]* star-gazer
álmos *mn* sleepy, drowsy
álmosít *i* make* sleepy/drowsy; *[gyógyszeren]* may cause drowsiness, *[unalmas]* it makes you fall asleep
álmosító *mn* sg that makes sy (feel) drowsy/sleepy/tired, soporific
álmoskönyv *fn* dream-book
álmosság *fn* sleepiness, drowsiness
almoz *i* bed down
alnem *fn* subspecies (*tsz* ua.)
alnémet *mn/fn* Low German
álnév *fn* pseudonym, *[írói]* pen-name, nom-de-plume
álnok *mn* *[hitszegő]* treacherous, perfidious, *[csaló]* false, deceitful, *[kétszínű]* double-dealing
álnokság *fn* perfidy, treachery
aloé *fn* aloe
álokoskodás *fn* sophism, false reasoning
alól *nu* from beneath/under/below; **az asztal ~** from under the table; **ez ~ a fa ~** from under this tree; **vm ~ mentes(ít)** exempt from sg
alom *fn* **1.** *[fekvőhely]* litter, bedding **2.** *[kölykök]* litter
álom *fn* **1.** *[amit álmodunk]* dream; **szép álmokat!** sweet dreams!; **rossz ~** nightmare; **álmai teljesültek** his/her dreams came true; **álmomban sem jutna eszembe ilyet tenni** I wouldn't dream of doing such a thing; **álmot lát** have*/dream* a dream; **ez csak ~** *[vágy]* it's just pie in the sky **2.** *[alvás]* sleep, slumber; **elnyomta az ~** sleep overcame him; **hirtelen elnyomott az ~** I was out like a light, I was overcome with sleep, I dozed off; **mély ~** deep/sound sleep; **nem jön ~ a szemére** sleep eludes him; **téli ~** winter sleep; **~ba merül** fall* asleep; **~ba ringat** rock/lull/send* to sleep; **~ban** asleep; **álmában beszél** talk in one's sleep; **az igazak álmát alussza** sleep* the sleep of the just; **örök álmát alussza** sleep* in God; **ki mint veti ágyát, úgy alussza álmát** as you make your bed, so you must lie upon it; → **hajt**[2]
álomfejtés *fn* interpretation of dreams, *tud* oneiromancy
álomfejtő *fn* interpreter of dreams, *tud* oneirocritic
álomhozó *mn* sleep-inducing/bringing
álomittas *mn* heavy with sleep *ut*, drowsy
álomkép *fn* dream, *átv* vision, phantasm
álomkór *fn* sleeping-sickness
álomkóros *mn* suffering from sleeping-sickness *ut*, *átv* lethargic
álomország *fn* dreamland
alomszalma *fn* straw for bedding
álomszép *mn* wonderful, *kif* it is a perfect dream
álomszerű *mn* dreamlike
álomszuszék *mn/fn* lie/slug-a-bed
álomvilág *fn* dreamland; **~ban él** live in a dream world, have* one's head in the clouds
alorvos *fn* junior doctor, *GB* houseman°, *US* intern
alosztály *fn* subdivision, *áll* subclass
álöltözet *fn* disguise
alpakka *fn* German/nickel silver
alpári *mn* vulgar, rude
álpátosz *fn* affected/false pathos
alperes *fn* defendant, *[válóperben]* respondent
alpesi *mn* Alpine; **~ hegylánc** the Alpine range; **~ számok** *sp* Alpine/Nordic events
alpinista *fn* mountaineer; *[sziklamászó]* rock-climber
alpinizmus *fn* mountaineering; *[sziklamászás]* rock-climbing
Alpok *földr* **az ~** the Alps
alpolgármester *fn* deputy mayor
álprobléma *fn* pseudo-problem
álpróféta *fn* false prophet
alrend *fn* *áll* suborder
alrendszer *fn* *tud* subsystem
álromantika *fn* false/sham romanticism
álruha *fn* disguise; **~t ölt** disguise oneself, put* on a disguise
álruhás *mn* disguised, in disguise *ut*
alsó I. *mn* lower, under, bottom; **~ ajak** lower lip; **~ bíróság** lower court; **~ fogás** (i) *[birkózásban]* under-grip (ii) *[nyújtón]* reverse grasp; **~ fokú** lower-grade; *[ítélet]* of the first instance *ut*; **~ fokú oktatás** primary education; **~ folyás** the lower reaches *tsz* of [a river]; **a Duna ~ folyása** the Lower Danube; **vmnek az ~ része** the lower part of sg, the bottom of sg; *okt* **~ tagozat** *kb.* primary (*US* elementary) school; junior school, *nem hiv* the lower school; **a jobb ~ sarokban** in the bottom right corner **II.** *fn* **1.** *[ruha]* underclothes *tsz*, underclothing, underwear **2.** *[kártya]* knave, jack
Alsó-Ausztria *földr* Lower Austria
alsóbb *mn* **~ fokú** lower-grade; **~ (nép)rétegek** the lower classes
alsóbbrendű *mn* (*vmnél*) inferior (to sg), subordinate (to sg); **~ út** minor road
alsócomb *fn* *gaszt* *[baromfié]* drumstick
alsóéves *fn* first/second-year student
alsóház *fn* *[parlamenti]* Lower House, *GB* House of Commons, *US* House of Representatives; **az angol ~ tagja** Member of Parliament (*röv* **M.P.**)
alsóing *fn* *GB* vest, *US* undershirt; → **trikó**
alsókar *fn* forearm, lower arm
alsónadrág *fn* *[férfi]* (under)pants, briefs, *US* shorts (*mindegyik: tsz*)
alsónemű *fn* underwear, underclothes *tsz*, *[női]* *biz* undies *tsz*
alsórakpart *fn* lower quay
alsórendű *mn* low(er)
alsóruha *fn* → **alsónemű**
alsós *fn* **1.** *okt* student in the junior/lower school, junior **2.** ‹a kind of card-game›
alsószoknya *fn* (waist) slip, petticoat
álszakáll *fn* false beard
alszámla *fn* *gazd* sub-account
álszemérem *fn* prudery, prudishness
álszemérmes *mn* prudish; → **prűd**
álszent I. *mn* hypocritical, pharisaic(al) **II.** *fn* hypocrite, pharisee
álszenteskedés *fn* hypocrisy, pharisaism, cant
álszentesked|ik *i* be* hypocritical, cant
álszerénység *fn* mock/false modesty
alsz|ik *i* sleep*, be* asleep, *biz* tuck down; **mélyen ~ik** be* fast/sound asleep; **~ik, mint a bunda** sleep* like a top/log; **~ik rá egyet** sleep on it, think it over, consult one's pillow, take* counsel of one's pillow; **nem ~ik otthon** sleep* out; **nyugtalanul ~ik** have* a restless night; **sokáig ~ik** sleep* all the morning, sleep* in, oversleep*; **aludni megy** go* to bed, *szl* hit* the sack; **jól aludtam** I had a good night('s rest), I slept well
alt *mn/fn* **1. ~ (hang)** *[férfi]* alto; *[női]* contralto; **~ (szólam)** contralto part; **~ot énekel** sing (contr)alto **2.** *[énekes; férfi, fiú]* alto, *[nő]* contralto
ált. *röv* → **általános**
altábornagy *fn* (*röv* **altbgy.**) lieutenant-general (*röv* **Lt-Gen.**)
altaji *mn* Altaic
által I. *nu* by, by means of, by way of, by the aid of, through, per; **az előadó ~ említett kérdés** the problem mentioned by the lecturer; **ez ~ a hiba ~** because of this error/mistake **II.** *hsz* **~a** by/through him/her; **~am** by/through me
általában *hsz* in general, generally (speaking), usually, normally, commonly, as a rule; **~ véve** as a (general) rule, on the whole, generally speaking, by and large, in the main
altalaj *fn* subsoil, substratum
általános *mn* (*röv* **ált.**)general, *[mindenkire/mindenre kiterjedő]* universal, common, overall, *[közkeletű]* everyday, *[igével]* be* current; **~ érvényű** of universal validity *ut*, generally valid; **~ használatban van** be* in current/general

A

use; ~ **iskola** (*röv* **ált. isk.**)*kb.* primary school, *US így is:* grade school; ~ **iskola alsó tagozata** *kb.* primary school [for 6-10-year-olds], junior school, the junior classes *tsz*; ~ **iskola felső tagozata** *kb.* [for 11-14-year-olds]; *US* junior high school; ~ **mérnök** civil engineer; ~ **mérnöki munka/tudományok/szak** civil engineering; ~ **műveltség** general culture, (broad) general education, *US* liberal education; ~ **nézet/vélemény** widely/generally held view, current/general opinion; **az ~ nézet/vélemény az, hogy** ... it is generally held that ..., the consensus is that; ~ **nyelvészet** → **nyelvészet**; ~ **szabály** general rule; ~ **tankötelezettség** universal compulsory education; **~sá válik** become* general/universal

általánosan *hsz* generally, universally; ~ **elterjedt** *[szokás]* widespread; *[szó]* widely used

általánosít *i* generalize, make* general

általánosítás *fn* generalization

általánosság *fn* generality, universality; **~ban** in general, generally; **nagy ~ban** largely, on the whole; **~ban szólva** generally speaking, speaking in general terms

általi *hsz* → **kötél**

általvető *fn [nyergen]* saddlebags *tsz*

altat *i [gyereket]* put*/lull (sy) to sleep, *orv* anaesthetize (*US* anes-)

áltat *i* delude, mislead*, deceive; **~ja magát** delude/kid oneself; **azzal ~ja magát, hogy** flatter oneself that

altatás *fn orv* (general) anaesthesia (*US* anes-)

áltatás *fn* delusion

altató *mn* **I.** *[hatású]* sleep-inducing, soporific **II.** *fn* sleeping pill

altatódal *fn* lullaby, cradle-song

altatóorvos *fn* anaesthetist, *US* anesthesiologist

altatószer *fn* → **altató II**

altbgy. *röv* → **altábornagy**

altemplom *fn* crypt

altengernagy *fn* vice-admiral

alteregó *fn* double, spitting image

alternatív *mn* alternative; ~ **katonai szolgálat** alternative military service; ~ **orvoslás/gyógyászat** alternative medicine/healing; ~ **szervezetek** alternative organizations, alternatives

alternatíva *fn* alternative, choice, option

altest *fn* lower trunk, lower parts (of the body) *tsz*, abdomen

altesti *mn [hasi]* abdominal, *[végbéltáji]* rectal

altétel *fn [logikában]* minor premise

ált. isk. *röv* → **általános**

altiszt *fn elav* **1.** *kat* → **tiszthelyettes** **2.** *[hivatali]* office boy/messenger, *[bírósági]* usher

áltört *fn* improper fraction

altruista I. *mn* altruistic **II.** *fn* altruist

altruizmus *fn* altruism, unselfishness

áltudomány *fn* pseudo-science

aludttej *fn* curdled/sour milk, *US* clabber

alufólia *fn* (tin)foil, aluminium (*US* aluminum) foil

alukál *i tréf* sleep*, snooze

alul *hsz* **I.** *[hol]* (down) below, underneath, at the bottom, *[házban]* downstairs; **ki alszik ~?** who will sleep on the bottom bed? **II.** *nu* **áron ~ ad** *átv* sell* below cost (price), sell* below (its) value; **normán ~ teljesít** fail to fulfil the norm; **formáján ~ játszott** he was in bad form (v. out of form)

alulbiztosított *mn [a valódi értékénél kisebb összegre biztosított]* underinsured

alulexponálás *fn* underexposure

alulexponált *mn fényk* underexposed

alulfinanszírozott *mn* underfinanced

alulfizet *i* underpay

alulfizetett *mn* underpaid

aluli *mn* **1. térden ~ szoknya** midi(skirt), calf-length skirt; **kritikán ~** beneath all criticism *ut* **2. 18 éven ~** *[korban]* under (the age of) 18 *ut*; **10 éven ~ gyermek** child° under ten (years); **a tíz éven ~ak** children under ten, the under-tens

alulírott *mn/fn* undersigned; ~ **Kiss Pál** ... The undersigned, P.K... .; **mi, ~ak** we, the undersigned

aluljáró *fn [autóknak]* underpass, *[gyalogosoknak]* subway

alulmarad *i [küzdelemben]* lose*, be* beaten, succumb, *[mennyiségileg]* fall* short of sg

alulmúl *i* **a labdarúgók teljesítménye minden várakozást ~t** the football team's performance fell short of (v. didn't come up to) expectations

alulnézet *fn* bottom-view, *átv* worm's-eye view

alulpontoz *i sp [pl. műkorcsolyában]* undermark; **~ták** she was undermarked

alulreprezentált *mn* underrepresented

alulról *hsz* from below/beneath; ~ **jövő** coming from below *ut*; ~ **felfelé** (upwards) from below; ~ **építkezik** *átv* build sg from the bottom up

alultáplált *mn* undernourished

alultápláltság *fn* malnutrition, undernourishment

alulteljesít *i* underperform

alumínium *fn* aluminium, *US* aluminum

alumíniumfólia *fn* → **alufólia**

alumíniumipar *fn* aluminium (*US* aluminum) industry

alumíniumötvözet *fn* aluminium (*US* aluminum) alloy

aluszékony *mn* sleepy, drowsy

aluszékonyság *fn* drowsiness

alusz|ik *i* → **alszik**

alvad *i* congeal, *[vér]* clot, *[tej]* curdle

alvadt *fn [vér]* clotted [blood]

alvajárás *fn* sleep-walking, somnambulism

alvajáró *fn* sleep-walker, somnambulist

alvállalkozó *fn* subcontractor

alvás *fn* sleep, *irod* slumber; ~ **közben** in/during one's sleep

alváshiány *fn* lack of sleep, sleep debt

alvásigény *fn* sleep needs

alvászavar *fn orv* sleep disorder, insomnia

alvaszt *i* congeal, coagulate, curdle

alváz *fn* frame, *[autóé]* chassis, *[vagoné]* underframe, *[forgó~]* bogie

alvázmosás *fn gk* chassis/undercarriage wash

alvázszám *fn gk* the serial number of the chassis/undercarriage, vehicle identification number, VIN

alvázvédelem *fn* underseal, *US* undercoat

alvég *fn* lower end (of a village)

alveoláris *mn* alveolar

alvezér *fn* second in command

alvilág *fn* **1.** *[ókori]* the nether world (v. regions *tsz*) **2.** *[bűnözőké]* underworld, *US így is:* gangland

alvilági *mn* **1.** *[ókori]* infernal **2.** *[bűnöző]* of the underworld *ut*; ~ **élet** life of the underworld, low life

alvó *mn* sleeping, slumbering

alvóbaba *fn* sleeping-doll

alvóhely *fn* → **hálóhely**

alvószámla *fn gazd* dead/dormant account

alvószoba *fn pej* bedroom

alvóváros *fn* commuter town

alzat *fn* stand, pedestal

a. m. *röv* → **annyi 1**

ám I. *isz [nyomatékként]* well, then, really; **igen ~, de** that's all very well but; ~ **legyen!** so be it!, all right!, my blessings; **de nem ~!** oh no, by no means; **megcsináltad? de meg ~!** have you done it? I sure/certainly have; **az ~!** (i) *[most jut eszembe]* that reminds me!, by the way! (ii) *[még mi nem jutna eszedbe?]* what next; **Hideg van. Az ~!** It's cold. It sure/certainly is! **II.** *ksz [azonban]* yet, though, again; ~ **van eset, amikor** yet/again (v. but then) there are cases when

ama *nm* → **amaz**

amabba *nm* into that (one)

amabban *nm* in that (one)

A

amalgám *fn* amalgam
amalgámoz *i* amalgamate
amalgámtömés *fn* amalgam filling
amarra *hsz* **1.** *[rá]* onto that one **2.** *[felé]* in that direction, that way
amarról *hsz* **1.** *[róla]* thereof **2.** *[felől]* from that direction, *irod* from yonder, from (over) there
amatőr *mn/fn* amateur; **~ (fény)kép** amateur photo(-graph), snap(shot); **~ játékos** amateur (player)
amatőrbajnokság *fn* amateur championship
amatőrcsapat *fn* amateur team
amatőrköd|ik *i* dabble in (sg), do* (sg) as/for a hobby, tinker at/with sg
amatőrség *fn* amateurism, amateur status
amavval *hsz* with that (one)
amaz *nm* that (one), *irod* yonder
amazon *fn* amazon
amazzal *nm* → **amavval**
ámbár *ksz* (al)though, albeit; *[mondathatározóként]* however
ámbátor *ksz elav* → **ámbár**
ambíció *fn* ambition, spirit, energy
ambicionál *i* be* eager to do sg, aspire to sg, seek* sg, want to excel at sg
ambiciózus *mn* eager
ambivalens *mn* ambivalent; **~ érzéseim vannak** I have mixed feelings (about it)
ámbra *fn* ambergris
ámbraillat *fn* scent of ambergris
ámbraillatú *mn* amber-scented
ambulancia *fn* **1.** *[hely]* outpatient department, outpatients *tsz* **2.** *[járóbeteg-rendelés]* outpatient/ambulant treatment
ambuláns *mn* **~ beteg** outpatient
ámde *ksz* yet, however, nevertheless
ameddig *hsz* **1.** *[hely]* as far as, to **2.** *[idő]* as/so long as, till, *[mialatt]* while; **~ élek** as long as I live
amekkora *nm* as large/great as
amellett *hsz* **1.** *[azonkívül]* yet, besides, in addition; **okos, s ~ csinos is** she's both clever and pretty, she's clever as well as pretty; **~, hogy** apart from the fact that **2. ~ vagyok, hogy menjünk** I am in favour (*US* -or) of going; **ez ~ szól, hogy** ... this would suggest that; → **mellett**
amely *nm* which, that; **~ek közül** from among which; **~(ek)ből** from/of which; **~nek a teteje** the top of which; **a vizsga, ~re készül** the examination he is preparing for; **a könyv, ~ről szó van** the book in question; **a nyilatkozat, ~et tett** the declaration he made; **az autó, amellyel jöttem** the car I came in
amelyik *nm* which, that; **a könyv, ~ben megtalálod** the book you'll find it in; **~et legjobban szereted** the one you like best; **~et akarod** whichever you choose/prefer/like; **~ünk előbb ér oda, az** ... whoever gets there first
ámen *fn/isz* amen
amennyi *nm* as much/many as; **~ tetszik, ~t csak akarsz** as much/many as you want/like; **~, annyi** no matter how much/many
amennyiben *ksz* **1.** *[amely mértékben]* in so far as, inasmuch as **2.** *[ha]* if; **~ eljön** if he comes, should he come
amennyire *hsz* **1.** *[térbelileg]* as far/much as **2.** *[mérték, fok]* as/so far as; **annyira, ... ~...** as/so ... as; **~ emlékszem** as far as I can remember/recall; **~ tőlem telt** as best I could, I did my best, I did what I could; **~ én tudom** as far as I know, for all I know
amennyiszer *hsz* as often as, as many times as
Amerika *földr* America
Amerika-ellenes *mn* anti-American
amerikai *mn/fn* American; **A~ Egyesült Államok** United States of America (*röv* **U.S.A.** v. **USA**), *biz* the States; **~ angol (nyelv)** American English; **~ mogyoró** peanut, groundnut; **~ nagybácsi** rich uncle; **az ~ak** the Americans
amerikaias *mn* American (in manner and looks)
amerikáner *fn műsz* breast-drill
amerikanista *fn* Americanist
amerikanisztika *fn* American studies *tsz*
amerikanizál *i* Americanize
amerikanizálód|ik *i* become* American(ized)
amerikanizmus *fn* Americanism
amerikás *mn* **~ magyar** ‹Hungarian returned from America (after long stay there)›
amerikázás *fn biz GB* go-slow, *US* slow-down (strike)
amerikáz|ik *i biz* **1.** *[lassítja a munkát]* go* slow **2.** *[tétlenkedik]* be* workshy
amerre *hsz* where; **~ csak** wherever; **megy, ~ lát** go* whither/where he can
amerről *hsz* from where; **~ csak** from whatever direction
ametiszt *fn* amethyst
amfiteátrum *fn* amphitheatre
ami[1] *nm* that, which; **az(t), ~(t)** what; **~ engem illet** as for myself, as far as I am concerned; **~ azt illeti** as a matter of fact; **~ által** whereby; **~ kevés megmaradt** the little that (v. such as) was left
ami[2] *fn biz* American, Yankee, Yank
amiatt *hsz* **1.** *[vm miatt]* on account of, because (of), owing to; **elkeseredett ~, hogy haza kellett mennie** the thought that he had to go home depressed him (v. made him despondent) **2.** → **afelől 1**
amiért *hsz* on account of, because (of); **ez az, ~ jöttünk** that's why we came, that's what we came for
amíg *hsz* **1.** *[vmely idő alatt]* as long as, while; **~ csak él** while (s)he lives **2.** *[időpontig]* **(addig,) ~** till, until; **addig várj, ~ vissza nem jövök** wait until I return (v. get back); **~ csak** ... until finally ... **3.** → **míg 2**
amiképpen *hsz* as
amikor *hsz* when; **~ csak** whenever; every time; **már ~!** it depends; **~ra** by the time ...
amilyen *nm* such as, as; **~ korán csak lehet** as early as possible; **olyan jó, ~ csak lehet** as good as it can be
aminő *nm elav* → **amilyen**
amint *nm* **I.** *[mihelyt]* as soon as, no sooner than, *[amíg]* while, when; **~ lehet** as soon as possible **II.** *hsz* as; **~ a 4. ábrán látható** as can be seen (v. as shown) in Fig. 4
aminthogy *ksz* as; **~ igaz is** true as it is; **~ el is ment** and go he did
amióta *hsz* (ever) since; **~ csak** ever since
amire I. *ksz* **1.** *[amikorra]* by the time ... **2.** *[és erre]* (and) then, thereupon **II.** *hsz* **1.** *[hely]* on which **2. ez az, ~ gondolok** that's what I am thinking of, that's what I mean
ámít *i* delude, deceive, *biz* lead* (sy) up the garden path
ámítás *fn* delusion, deception
ammónia *fn* ammonia
ammónium *fn* ammonium
amnesztia *fn* amnesty, general pardon; **~t ad** grant pardon/amnesty
amnesztiarendelet *fn* decree of amnesty
amoda *hsz* over there, that way, yonder
ámokfutás *fn* running, amok/amuck; **~t rendez** run* amok/amuck
ámokfutó *mn/fn* [person] running amok/amuck
a-moll *fn* A minor
amolyan *nm* **1. ilyen vagy ~ módon** one way or another **2. ez ~ kabátféle** it's a sort of coat
amondó vagyok, hogy *kif* I am of the opinion that, I think we should ...
amonnan *hsz* from (over) there
Ámor *tul* Cupid, Eros, the God of Love
amorális *mn* amoral
amorf *mn* amorphous, formless
amortizáció *fn* depreciation, amortization; **~s kölcsön** sinking loan
amortizálód|ik *i* be* amortized
amott(an) *hsz* (over) there, yonder
amőba *fn* **1.** amoeba; **~ okozta** amoebic **2.** *ját* noughts and crosses

A

amögött *hsz* **van vm ~, amit mondtál** there is sg in what you say; → **mögött**
amper *fn* ampere (*röv* **amp**); **öt ~ erősségű** five-amp
ampermérő *fn* ammeter
amplitúdó *fn* amplitude
ampulla *fn* ampoule, *US* ampule
amputáció *fn* → **amputálás**
amputál *i* amputate, cut* off [a limb]
amputálás *fn* amputation, cutting off (of limb)
amúgy *hsz* **1.** in that way/manner **2.** *[egyébként]* otherwise; **~ is** ... anyway, in any case; **~ sem tudnék eljönni** I couldn't come anyway **3. leitta magát ~ istenigazában** he got drunk right and proper; **~ nem ér túl sokat** it's not worth much in fact
ámul *i* marvel (*US* -ll), wonder, be* amazed
ámulat *fn* amazement; **~ba ejt** amaze; **egyik ~ból a másikba esik** be*/grow* more and more astonished/amazed
ámul-bámul *i* stand* agape, gape, stare in amazement; *szl* gawp
ámuldoz|ik *i* → **ámul**
amulett *fn* amulet, charm, mascot
anafora *fn irod* anaphora
anagramma *fn* anagram
anakronisztikus *mn* anachronistic
anakronizmus *fn* anachronism
analfabéta *mn/fn* illiterate
analfabetizmus *fn* illiteracy
anális *mn* anal
analitika *fn* analytics *esz*
analitikai *mn* analytic(al); **~ kémia** analytical chemistry; **~ mérleg** analytical balance
analitikus I. *mn* analytic(al); **~ geometria** analytical geometry; **~ módszer** analytic method; **~ nyelv** isolating language **II.** *fn* analyst
analizál *i* analyse (*US* -yze)
analizátor *fn [személy]* analyst; *[gép]* analyser
analízis *fn* analysis (*tsz* -ses)
analóg *mn* **1.** (*vmvel*) analogous (to/with) **2. ~ számítógép** analogue computer
analógia *fn* analogy; **~ alapján** by analogy, analogically; **vmnek az ~́jára** on the analogy of sg
anamnézis *fn* case history
ananász *fn* pineapple
ananászeper *fn* (large) garden strawberry
anapesztus *fn* anapaest (*US* -pest)
anapesztusi *mn* anapaestic (*US* -pestic)
anarchia *fn* anarchy
anarchikus *mn* anarchic(al)
anarchista *fn* anarchist
anarchizmus *fn* anarchism, anarchy
anatómia *fn* anatomy
anatómiai *mn* anatomical; **~ ló** sick horse
anatómus *fn* anatomist
andalgó *mn* dreamy
andalító *mn* lulling, soothing; **~ zene** enchanting music
andalog *i* go* about dreamily
andezit *fn* andesite
Andok, **Andesek** *földr* the Andes
andokbeli, **andesekbeli** *mn/fn* Andean
Andorra *földr* Andorra
andorrai *mn/fn* Andorran
András *tul* Andrew
Andrea *tul* Andrea
anekdota *fn* anecdote
anekdotáz|ik *i* tell*/relate anecdotes
anélkül *hsz* **~, hogy** without so much as ..., without ...ing; **~, hogy egy szót is szólt volna** without uttering a (single) word; **~ nem lehet elkészíteni** you can't make it without it → **nélkül**
anesztézia *fn* anaesthesia (*US* anes-)
aneszteziológus *fn* anaesthetist (*US* anes-), *US* anesthesiologist
Anglia *földr* England, *[Nagy-Britannia]* Great Britain (*röv* **GB**), *[Egyesült Királyság]* the United Kingdom (*röv* **UK**)
angliai *mn* English, of England *ut*, *[tágabb ért.]* British, of Great Britain *ut*
anglicizmus *fn* **1.** *[idegen nyelvben]* anglicism **2.** *[angolban]* English idiom
anglikán *mn* Anglican, Church of England, of the Church of England *ut*; **az ~ egyház** the Church of England
anglisztika *fn* English studies *tsz*
anglománia *fn* Anglomania
angol I. *mn* English, *[tágabb értelemben]* British; **~ ajkú/anyanyelvű** English-speaking; *[főnévvel]* a native speaker of English; **~ ajkúak/anyanyelvűek** native speakers of English; **~ gyártmány** British product; "Made in Britain/England"; **az ~ nyelv** the English language, English; **~ nyelvű** English, (written) in English *ut*; **~ nyelvtudás** (one's) English; **~ szakos tanár** → **angoltanár**; **~ származású/születésű** of English birth/descent *ut*, English-born; **~ tanszék** Department of English, English Department **II.** *fn* **1.** *[ember]* Englishman°, *[nő]* Englishwoman°, *[tágabb értelemben]* a native of Britain, British subject, *irod* Briton, *US* Britisher; **az ~ok** the English, *[tágabb ért.]* the British **2.** *[nyelv]* the English language, English; **~ból fordít** translate from English; **~ra fordít** translate/render into English
Angola *földr* Angola
angolai *mn/fn* Angolan
angolbarát *mn/fn* Anglophile, pro-English/British
angolellenes *mn/fn* anti-English/British
angol–francia *mn [kapcsolatok stb.]* Anglo–French [relations], *[szótár]* English–French [dictionary]
angolgyűlölet *fn* Anglophobia
angolkisasszonyok *fn tsz* Mary Ward's nuns
angolkór *fn* rickets *esz* v. *tsz*, rachitis
angolkóros *mn* rickety, rachitic
angolkürt *fn* cor anglais, *US* English horn
angol–magyar *mn [kapcsolatok stb.]* Anglo–Hungarian [relations], *[szótár]* English–Hungarian [dictionary]; *[futballmeccs]* England vs. Hungary
angolna *fn* eel
angolóra *fn* English lesson/class; **az ~́n** in the English class, during class
angolos *mn* English, English-like; **~ kifejezés/nyelvsajátság** English idiom; **~an távozik** take* French leave; **~an kérem** *[húst]* I want it rare/underdone; **van itt ~?** Is there anyone here who speaks English?
angolság *fn* **helyes ~** good English, the King's/Queen's English, standard English; **jó ~gal beszél** speak* good/idiomatic English
angolszalonna *fn* bacon, *[szeletelt]* sliced bacon
angolszász *mn* Anglo-Saxon; **az ~ világ** the English-speaking world
angoltanár *fn* teacher of English, English teacher
angoltapasz *fn* court plaster, sticking plaster
angolul *hsz* (in) English; **hogy van ~?** what is the English for it?, how do you say it/that in English?; **~ beszél** speak* English; **~ beszélő** English-speaking; **~ beszélők** (native) speakers of English; **~ tanul** learn* English; **tud(sz) ~?** can/do you speak* English?; **~ van (írva)** is (written) in English
angóra *fn* → **angórafonal**, → **-gyapjú**, → **-nyúl**, → **-szövet**
angórafonal *fn* mohair/angora yarn
angóragyapjú *fn* mohair, angora wool
angórakecske *fn* Angora goat
angóramacska *fn* Angora cat
angóranyúl *fn* Angora rabbit
angóraszövet *fn* angora, mohair
ángy *fn nép* sister-in-law (*tsz* sisters-in-law)

angyal *fn* angel; **földre szállt ~!** she's an angel!; **az ~át!** the devil!
angyalarcú *mn* angel-faced
angyalbögyörő *fn biz* ‹vermicelli made of potato-pasta›
angyalbőr *fn tréf* (military) uniform, khaki
angyalhaj *fn* tinsel
angyali *mn* angelic, angel-like; **~ türelem** angelic patience, the patience of Job; **~ üdvözlet** Angelus
anilin *fn* aniline
anilinfesték *fn* aniline colour(s) v. *US* -or(s), aniline dye(s)
animáció *fn* animation
animációs film *fn* (animated) cartoon
animál *i* animate
anion *fn kém* anion
ánizs *fn* anise, *[ízesítő]* aniseed
Anjou-ház *tul tört* House of Anjou, Angevin house
ankét *fn* conference, public inquiry; **~ot hív össze** call a conference
Anna *tul* Ann
annak *nm* **1.** *[birtokos]* of that; **~ az embernek a háza** the house of that man°, that man's house; **~ bizonyságául** in proof of that; **~ ellenére, hogy** in spite of, not-withstanding; **~ idején → idő 1; ~ okáért** therefore, for that reason **2.** *[részeshatározó]* to/for that; **~ adom, aki** I'll give* it to the person/one who; **~ köszönhető** it is due to that, that is why; **~ előtte** formerly, previously; **~ utána** thereafter, after that
annál *hsz* **1.** *[hely]* at/with that; **~ a háznál** at that house **2.** *[középfok mellett]* all the, so much the; **~ inkább/jobban** all the more; **~ is inkább, mert** (all) the more so since; **mennél gyorsabb, ~ jobb** the quicker the better; **~ jobb** so much the better, all the better; **~ kevésbé** all the less; **~ rosszabb** so much the worse, worse than that
annálfogva *ksz elav* for that reason, consequently
annektál *i* annex, take* possession of
annexió *fn* annexation
anno *hsz elav* **~ 1848** in the year 1848, back in 1848; **ezt még ~ meg kellett volna csinálni** this ought to have been done ages ago
annotáció *fn* annotation
annotál *i* annotate
annotált *mn* annotated
anód *fn* anode, *US főleg:* plate
anódáram *fn* anode current
anódfeszültség *fn* anode voltage/potential
anomália *fn* anomaly
anorák *fn* anorak, shower coat
anorganikus *mn* inorganic
antagonisztikus *mn* antagonistic, irreconcilable
antagonizmus *fn* antagonism
Antal *tul* Anthony
antantszíj *fn biz* Sam Browne belt
antarktikus *mn* Antartic
Antarktisz *földr* the Antarctic
antarktiszi *mn* Antarctic
antedatál *i* antedate, pre-date
antenna *fn* aerial, antenna; **televíziós ~** tv antenna/aerial
antennahuzal *fn* aerial/antenna wire
antennarúd *fn* aerial/antenna mast
antennatorony *fn* antenna tower
antialkoholista I. *mn* teetotal **II.** *fn* (total) abstainer, teetotaller (*US* -totaler)
antibébi-tabletta *fn biz* contraceptive (tablet), the Pill
antibiotikum *fn orv* antibiotic
anticiklon *fn* anticyclone
anticipál *i* anticipate
antidemokratikus *mn* undemocratic, antidemocratic
antidepresszáns *fn orv* anti-depression drug, antidepressant
antifasiszta *mn/fn* antifascist, anti-nazi
antifeudális *mn* antifeudal
antigén *fn* antigen
Antigua *földr* Antigua
antihős *fn* antihero
antiimperialista *mn* anti-imperialist
antiinflációs *mn* anti-inflation; **~ politika** anti-inflation policy
antik *mn* **1.** *[ókori]* antique, ancient **2.** *[bútor stb.]* period, antique; **~ tárgy** antique
antikapitalista *mn* anticapitalist(ic)
antiklerikális *mn* anticlerical
antikommunista *mn* anticommunist
Antikrisztus *tul* Antichrist
antikva *mn/fn* **~ (betűk)** *nyomd* roman (letters/type)
antikvár *mn* second-hand
antikvárium *fn* second-hand bookshop
antikvárius *fn* second-hand (v. antiquarian) bookseller
antikvitás *fn* **1.** *[kor]* antiquity **2.** *[műtárgyak]* antiquities *tsz*
antiliberális *mn* antiliberal
Antillák *földr* the Antilles
antilop *fn* antelope
antimarxista *mn/fn* anti-Marxist
antimilitarista *mn/fn* antimilitarist, pacifist
antimon *fn* antimony
antipátia *fn* antipathy (to/towards/against), aversion (to), repugnance (to)
antipatikus *mn* repugnant; **~ nekem ez az ember** I have an antipathy to/towards this person
antiszemita I. *mn* anti-Semitic, anti-Jewish **II.** *fn* anti-Semite
antiszemitizmus *fn* anti-Semitism; **politikai ~** political anti-Semitism
antiszepszis *fn* antisepsis
antiszeptikus *mn orv* antiseptic
antiszociális *mn* antisocial, unsocial; **~ viselkedés** insociable behaviour
antisztatikus *mn* antistatic
antitalentum *fn biz [igével]* be* a duffer at, be* hopeless at [music/games/etc.]
antitest *fn* antibody
antitézis *fn* antithesis (*tsz* -ses)
antitoxin *fn* antitoxin
antivírus *fn orv* antivirus
antológia *fn* anthology
antracén *fn* anthracene
antracit *fn* anthracite, hard coal
antropológia *fn* anthropology
antropológus *fn* anthropologist
antropomorf *mn* anthropomorphous
ÁNTSZ *röv [Állami Népegészségügyi és Tisztiorvosi Szolgálat]* State Public Health Office
Antwerpen *földr* Antwerp
anya *fn* mother; **~m!** *[megszólításként]* Mother!; **anyja lánya** she is like her mother; **anyja neve** *[űrlapon]* mother's maiden name; **Anyák napja** Mothering Sunday, *US* Mother's Day; **az ~d!** damn you!; → **családanya**
anyaállat *fn* dam
anyacsavar *fn* nut
anyácska *fn* Mammy, *[megszólításban]* Mother dear!
anyadisznó *fn* sow
anyaföld *fn* mother earth
anyag *fn* **1.** *fil* matter, *[különféle]* material, substance, *tex* material, cloth, fabric, *biz* stuff, *[készítményé]* ingredient(s); **szerves ~** organic substance **2.** *[gyűjtemény]* material; **a múzeum ~a** the museum's collection (of ...), the material in the museum **3.** *[írásműé]* subject-matter, material, theme, *[vitáé]* topic; **a per ~a** the grounds *tsz* (v. cause) for litigation; **a konferencia (írásos) ~a** *[előzetes]* working papers *tsz*, documents *tsz*; *[egyes előadásokhoz szétosztva]* handout, *[ami megjelenik]* proceedings [of the ...] *tsz*, papers read/presented at the ... *tsz* **4.** *[kábítószer] szl* dope
anyagbeszerzés *fn* buying, purchasing

anyagbeszerző *fn* buyer
anyagcsata *fn* battle of attrition
anyagcsere *fn biol* metabolism
anyagellátás *fn* supply of material(s)
anyagelvű *mn* materialistic
anyagfáradás *fn* (material) fatigue
anyagfelhasználás *fn* material consumption
anyaggazdálkodás *fn* control of materials
anyaggyűjtés *fn* collection of material, data-collection
anyaghiány *fn* shortage of materials
anyaghiba *fn* blemish, fault, defect
anyagi I. *mn* **1.** *[anyaggal kapcsolatos]* material; ~ **világ** material world **2.** *[pénzügyi]* pecuniary, financial, economic; ~ **alap** financial basis; funds *tsz*, fund; ~ **alapot teremt** raise funds; ~ **érdek** pecuniary/material interest; ~ **érdekeltség** monetary/pecuniary interest, money incentive; **meghaladja ~ erőmet** (sg) is beyond my means/purse; ~ **eszközök** financial means; ~ **felelősség** financial responsibility; ~ **helyzet** financial situation, finances *tsz*; **rossz ~ helyzetben van** be* badly off, *biz* be* hard up; ~ **javak** material goods/assets; ~ **jólét** material well-being; ~ **körülmények** circumstances; **jó ~ körülmények között él** be* comfortably off; **rosszak az ~ körülményei** be* badly off/situated, *biz* be* hard up; **szűkös ~ körülmények között élnek, amióta elveszítette állását** they have been living in reduced circumstances since he lost his job; ~ **okokból** for financial reasons; ~ **ösztönök** material/money incentives; ~ **viszonyok** financial circumstances **II.** *fn* **~ak** material resources, pecuniary means; **előteremti a szükséges ~akat** raise the necessary funds
anyagias *mn* (grossly) materialistic, having an eye to the main chance *ut*, money-grubbing
anyagiasság *fn* (gross) materialism, money-grubbing
anyagigény *fn* material needs *tsz*
anyagigényes *mn* requiring a lot of material *ut*
anyagigénylés *fn* application for material
anyagilag *hsz* materially, financially
anyagismeret *fn* **1.** *[tantárgy]* knowledge of materials **2.** *átv* knowledge of a special (v. in a particular) field/subject
anyagköltség *fn* material costs *tsz*
anyagmegtakarítás *fn* saving of material(s)
anyagmennyiség *fn* amount of material
anyagminta *fn* sample
anyagmozgatás *fn* conveyance of materials
anyagmozgató *fn* **1.** *[gép]* material conveyor **2.** *[munkás]* navvy
anyagnév *fn* concrete/mass noun
anyagoz|ik *i biz [kábítószerez]* be* on dope
anyagpazarlás *fn* waste of material(s)
anyagpocsékolás *fn* → **anyagpazarlás**
anyagraktár *fn* store, warehouse
anyagszerű *mn* material
anyagtakarékosság *fn* economy (in the use of raw materials), saving of materials
anyagtalan *mn* immaterial, incorporeal
anyagveszteség *fn* loss of material
anyagvizsgálat *fn* testing of materials
anyagvizsgáló *fn [készülék]* tester, material testing apparatus
anyagyilkos *fn* matricide
anyagyilkosság *fn* matricide
anyahajó *fn* mother ship, aircraft-carrier
anyai *mn* maternal, *[érzelmi]* motherly; ~ **ágon/részről** on my/your/his/her mother's side; ~ **örömöknek néz elébe** be* expecting a baby, *biz* be* in the family way; ~ **szeretet** maternal love/affection, a mother's love; ~ **szív** mother's heart
anyaintézet *fn* head office, parent company
anyajegy *fn* birthmark
anyajogú *mn* matriarchal; ~ **társadalom** matriarchal society, matriarchy
anyajuh *fn* ewe
anyakanca *fn* brood/stud mare
anyakirályné *fn* queen mother, *[özvegy ~]* queen dowager
anyakönyv *fn* register of births, marriages and deaths, *[iskolai]* roll/register of students
anyakönyvez *i* register [a birth etc.], enter [sg in the register]
anyakönyvezés *fn* registration [of birth etc.]
anyakönyvi *mn* ~ **hivatal** register/registry office; **születési/házassági/halotti ~ kivonat** birth/marriage/death certificate; ~ **lap** personal details *tsz*
anyakönyvvezető *fn* registrar
anyakönyvvezetőség *fn* register/registry office
anyakőzet *fn* mother/native rock, matrix (*tsz* matrices v. -xes)
anyalúg *fn* mother lye
anyámasszony *fn elav* mother dear; *tréf* ~ **katonája** milksop, mollycoddle
anyaméh *fn orv* womb, uterus (*tsz* uteri)
anyanyelv *fn* mother tongue, native language; **~én olvasta föl a verset, (magyarul)** he read the poem in his native language (v. in his native Hungarian)
anyanyelvi *mn* in one's mother tongue *ut*; ~ **adatközlő** native-speaking informant; ~ **kultúra** native culture; ~ **oktatás** instruction in the mother-tongue; ~ **szinten beszél egy nyelvet** (s)he has a native-like command of [a foreign language]
anyanyelvű *mn* **magyar ~** *[melléknévvel]* Hungarian-speaking; *[főnévvel]* a native speaker of Hungarian, Hungarian native speaker; **a magyar ~ek** native speakers of Hungarian, Hungarian-speakers
anyányi *mn* marriageable
anyanyúl *fn* female hare, doe (of hare)
anyaország *fn* mother-country, native country, homeland, motherland
anyarozs *fn* ergot
anyás *mn* **1.** attached to (v. dependent on) the mother *ut* **2.** ~ **csavar** (nut and) bolt
anyaság *fn* motherhood, maternity
anyasági *mn* ~ **segély** *GB* maternity grant
anyasejt *fn* parent/mother cell
anyáskod|ik *i* (*vkvel*) mother (sy)
anyaszerep *fn* maternal role, mother('s) role
anyaszív *fn* mother's heart
anyaszomorító *mn tréf [gyermek]* naughty, disobedient, mischievous; **na gyere ide te ~!** come here, naughty one!
anyaszült *mn* ~ **meztelen** stark naked, stripped to the skin *ut*, in one's birthday suit *ut*
anyatej *fn* mother's milk; **~en nevel** breast-feed*; **az ~jel szívta magába** has imbibed it from infancy
anyátlan *mn* motherless
anyátlanság *fn* motherlessness
anyavállalat *fn gazd* parent company
anyáz|ik *i durva* ‹ refer to sy's mother in an offensive way ›; *kb.* call sy names
annyi *nm* **1.** so much/many, as much/many; ~ **könyvem van, mint neki** I've got as many books as he (has); ~ **... amennyi** as many/much as; ~ **felől** from so many directions/sides; **még egyszer ~** as much/many again; **még kétszer ~** twice as much/many again; **kettő meg négy az ~, mint hat** two and four make six; ~ **mint** (*röv* **a. m.**) that is (to say)(*röv* **i.e.** v. **ie**) **2.** ~ **bizonyos, hogy ...** this much (v. one thing) is certain that **3.** *[oly sok]* so many/much, such a ...; ~ **szépet hallottam rólad** I have heard such a lot (of good things) about you; *biz kif* **Ha elmondod neki, akkor neked ~!** If you tell him, that's it for you.; → **annyit**, → **annyival**
annyi-amennyi *nm* no matter how much/many, a little, some → **annyi**
annyian *hsz* so many, in such great number; ~ **vannak, hogy be sem lehet férni** it's so crowded that you can't get in

annyiban *hsz* so much, so far as; **~ hagy** leave* at that, let* alone; **~ marad** be* left unfinished, be* left at that; **~ egyetértettünk, hogy az új uszodára szükség van** we agreed as far as the need for a new swimming pool was concerned

annyifajta *nm* so many kinds of; **ahány, ~** no two alike; **~t vásárolt, hogy alig győzte hazahozni** he bought so many (different) things that he could hardly get them home

annyifelé *hsz* in so many directions

annyiféle *nm* → **annyifajta**

annyira *hsz* **1.** *[távolság]* as far as **2.** *[fok]* so, so much (that), to such a degree (v. an extent), that much; **~ még nem vagyunk** we have not come to that yet; **~ elfoglalt, hogy** ... he is so busy that; **azért nincs ~ hideg** it isn't all that cold; **már nem fáj ~** it doesn't hurt so much now; **hát ~ azért nem bízom benne** I have not that confidence in him

annyira-amennyire *hsz* more or less, somehow (or other)

annyiszor *hsz* so many times, so often

annyit *nm* so much/many; **csak ~ mondott** ... all he said was ...; **ez ~ jelent, hogy** ... what this/it amounts to is that ...; **~ végy, ahányat tudsz** take as much/many as you can; **ahány ember, ~ akar** so many men, so many minds

annyival *hsz* **~ is inkább** all the more so (as/since)

anyó(ka) *fn elav* little old woman°, granny

anyós *fn* mother-in-law (*tsz* mothers-in-law)

anyuci *fn biz* mum(my)

anyu(ka) *fn biz GB* Mum(my), Ma, *US* Mom(my)

aorta *fn* aorta

apa *fn* father; **~m!** Father!, *biz* Dad!; **~ink** our forefathers/for(e)bears; **apjára ütött** he takes after his father; **~ról fiúra** from father to son; **apja fia** (he is) a chip of(f) the old block

apaállat *fn* sire, male

apáca *fn* nun

apáca-fejedelemasszony, **apácafőnöknő** *fn* Mother Superior, abbess

apácarend *fn* order of nuns, sisterhood

apácazárda *fn* convent, nunnery

apacs *fn elav* ruffian, gangster

apad *i* **1.** *[tenger]* ebb, be* on the ebb, *[folyó]* fall*, *[ár]* subside; **a Duna ~** the Danube is falling **2. ~nak a készletek** supplies are dwindling (v. running low); **~ az érdeklődés** interest is waning (v. at a low ebb)

apadás *fn [tengeré]* ebb, *[folyóé]* fall(ing), *[áré]* subsiding

apafej *fn szl kb.* old man/fruit

apafigura *fn pszich* father figure

apagyilkos *fn* patricide

apagyilkosság *fn* patricide

apai *mn* paternal, *[érzelmi]* fatherly; **~ ágon/részről** on my/your/his/her father's side; **~ örökség** patrimony, paternal inheritance; **~t-anyait belead vmbe** (go* at it) hammer and tongs, (go* at it) full blast, put* one's back into sg

apajogú *mn* patriarchal; **~ társadalom** patriarchal society, patriarchy

apály *fn* ebb(-tide), ebbing, low tide; **~ és dagály** ebb and flow; **~ van** the tide is on the ebb

apamén *fn* stallion, stud-horse

apámuram *fn elav* (dear) father

apanázs *fn elav* monthly allowance

apartheid *fn* apartheid

apartheidellenes *mn* antiapartheid

apás *mn* **1.** *[apjához ragaszkodó]* **nagyon ~ ez a gyerek** this child is very much attached to his/her father **2.** *[apával együtt]* **~ szülés** birth with the father present

apaság *fn* paternity, fatherhood; **~ megállapítása** affiliation proceedings *tsz*, *US* paternity suit

apaszt *i* reduce, diminish, decrease

apát *fn* abbot

apátia *fn* apathy, listlessness, indifference

apatikus *mn* apathetic, listless, indifferent

apátlan *mn* fatherless; **~-anyátlan árva** orphan, parentless child°

apátnő *fn* abbess

apátplébános *fn kb.* titular abbot, abbé

apátság *fn* **1.** *[hivatal]* abbacy **2.** *[épület]* abbey

APEH *röv [Adó- és Pénzügyi Ellenőrzési Hivatal]* the Hungarian tax authority/office

apellál *i* (*vkhez*) appeal to sy, (*vmre*) appeal to sg

apelláta *fn* **ez ellen nincs ~** *kb.* take it or leave it, there's no question of it

aperitif *fn* aperitif

áperte *hsz* openly, roundly, flat

APEX *röv/fn rep* **~ jeggyel utazik** fly* with an APEX ticket

apó *fn* old man°, granddad; **János ~** old John

apokaliptikus *mn* apocalyptic

apokrif *mn* apocryphal; **~ könyvek** the Apocrypha

ápol *i* **1.** *[beteget]* nurse, tend, attend on **2.** *[barátságot]* cultivate, *[érzést]* entertain, cherish [a feeling/sentiment], *[kultúrát]* foster, promote; **~ja a barátságot** cultivate sy's friendship, keep* up friendly relations with sy; **jó kapcsolatokat ~ vkvel** maintain a good relationship with sy **3.** *[gondoz]* take* care of, look after, attend to, *[kertet]* cultivate; **~ja a fogát** take* care of one's teeth, clean one's teeth regularly **4.** *[lovat]* groom, curry

ápolás *fn* **1.** *[gondozás]* care (of), nursing (of), tending (of), attendance (on); **~t igényel** (*vk*) need/require nursing **2.** *[autóé]* maintenance **3.** *átv [barátságé]* cultivation, *[kultúráé]* fostering

ápolási *mn sp* **~ idő(beszámítás)** injury time

ápolatlan *mn [külső]* unkempt, neglected, ill-groomed, shabby

apolitikus *mn* **1.** *[politikailag közömbös]* apolitical **2.** *[meggondolatlan]* unpolitic **3.** *[politikától mentes]* non-political

ápoló I. *mn* **1.** *[beteget]* nursing, tending **2.** *[kultúrát]* cultivating *ut*, fostering *ut* **II.** *fn [férfi]* (male) nurse, *kat* medical orderly, *[állatkerti]* keeper

apologetika *fn* apologetics *esz*

apológia *fn* apology

ápolói *mn* **~ hivatás** nursing profession

ápolónő *fn* (hospital) nurse; **~nek megy** take* up nursing

ápolószemélyzet *fn* nursing staff, hospital nurses *tsz*

ápolt I. *fn [külső]* well-groomed, spruce, trim, neat, *[kéz]* manicured **II.** *mn [beteg]* (in-) patient, *[elmegyógyintézeti]* mental patient

áporod|ik *i* decay, turn stale

áporodott *mn [étel, ital]* stale, off, *[levegő]* stuffy, *[szag]* musty, fusty, stale; **~ a levegő** it's very stuffy in here

após *fn* father-in-law (*tsz* fathers-in-law)

apostol *fn* **1.** *vall* apostle; **Az ~ok cselekedetei** *[Bibliában]* the Acts of the Apostles; **az ~ok lován megy** *GB biz* go* on shanks's mare/pony **2.** *átv* **a béke ~a** advocate of peace

apostoli *mn* apostolic(al); **A ~ hitvallás** the Apostles' Creed

aposztata *fn* apostata

aposztróf *fn* apostrophe

aposztrofál *i [megszólít]* apostrophise, address, *[vmnek nevez]* name

apoteózis *fn* apotheosis (*tsz* -ses)

apparátus *fn* **1.** *[gépi]* apparatus, outfit **2. kritikai ~** apparatus criticus **3.** *átv* apparatus; **állami ~** state machinery/apparatus, the machinery of government

Appenninek *földr* the Apennines

Appennini-félsziget *földr* the Apennine peninsula

appercepció *fn* perception

appercipiál *i* perceive

apport *fn gazd* assets brought into the business *tsz*; **szellemi ~** immaterial assets *tsz*, non-cash capital contribution

apportíroz *i [kutya engedelmeskedik]* come* to heel

apprehendál *i* (*vkre*) bear* (sy) a grudge (*vmért* for sg)

A

appretúra *fn* **1.** *[szöveté]* finish, dressing, *[papíré]* mill-finish(ing) **2.** *[folyamat]* (process of) dressing, finishing
ápr. *röv* → **április**
apraja-nagyja *fn* **a falu ~** the whole village, young and old (alike)
apránként *hsz* little by little, gradually, bit by bit, by inches
április *fn* (*röv* **ápr.**) April (*röv* **Apr.**); **~ 5-én** on 5th April, on April 5th (*kimondva:* on the fifth of April); **~ban, ~ folyamán/havában** in (the course/month of) April; **~ bolondja** April fool; **~ elseje** All/April Fool's Day; **~t járat vkvel** make* an April fool of sy
áprilisi *mn* April, of/in April *ut*; **~ eső** April shower; **~ napok** April days; **egy ~ napon** on a day in April; **~ tréfa** All Fool's Day hoax/joke
aprít *i* chop (up), cut* (up) (v. break*) into small pieces, *[fát]* chop, cut* up; **van mit a tejbe ~ania** he is well off, his/her bread is buttered on both sides
aprítás *fn* chopping (up), breaking into small pieces, cutting up
aprítógép *fn* crusher, chipper, chopper
aprított *mn* **~ fa** chopped wood, firewood
apró I. *mn* small, little, tiny, puny, minute; **~ betű** small letters *tsz*, small print; **~ kiadások** petties *tsz*; **~ munkák** odd jobs; → **aprómunka**; **~kat lép** take* short steps; **~ szemű** (i) *[élőlény]* small-eyed (ii) *[háló]* narrow-meshed (iii) *[szemcséjű]* fine/small-grain(ed); **~ részletek** minor details; **csak ~ra!** *[ha valami összetört]* get a hammer! **II.** *fn* → **aprópénz**; **az ~t tartsa meg** keep the change; **~t kérek** do you have anything smaller [v. any (small) change?]; → **apróra**
apró-cseprő *mn* trivial, trifling, insignificant; **~ holmik** odds and ends, trifles; **~ munkák** odd jobs
apród *fn* page
apródfrizura *fn* page boy (cut)
aprófa *fn* firewood, kindling, matchwood
apróhirdetés *fn* classified ad(vertisement), small ad; **~t tesz közzé** insert an advertisement [in a newspaper]; *[állás-* v. *lakáskeresőé]* want ad
aprójószág *fn* poultry *tsz*
aprólék *fn [szárnyasé]* giblets *tsz*
aprólékos *mn* **1.** *[részlet]* minute [particular], circumstantial, minor [detail] **2.** *[ember]* meticulous, *pej* fussy
aprólékosan *hsz* minutely; **~ kidolgoz** work out sg in great detail, do* sg with meticulous care; **~ megvizsgál/átfésül vmt** go* over sg with a fine/small-tooth comb
aprólékoskodás *fn* meticulousness, *pej* fussiness, pedantry, hair-splitting
aprólékoskod|ik *i* be fastidious/meticulous, *pej* be* pedantic/fussy, fuss, *[kifogásolva]* split* hairs
aprólékoskodó *mn* meticulous, fussy; **~ ember** hair-splitter; *biz* fusspot, *US* fussbudget
aprólékosság *fn* meticulousness, *pej* fussiness
aprómarha *fn* poultry *tsz*
aprómunka *fn* **1.** *[háztartási]* chores *tsz* **2.** **az ~t tanítványai végezték** minor details were looked after by his students
aprópénz *fn* (small) change, (loose) cash; **mennyi ~e(d) van?** how much have you got in change?; **~re vált** *[bankjegyet]* give* small change [for banknote]; **~re váltja képességeit** exploit one's talent for petty ends; **~zel kifizet** *átv* put* off with fine words; → **apró II**
apropó *isz* by the way/bye!, that reminds me!, talking of (...)
apróra *hsz* **1.** *[finomra]* into small pieces, finely; **~ tör** break* into small pieces; *[még apróbbra]* crumble, *[porít]* pulverize; **~ vág/vagdal** chop [meat] fine, chip [potatoes] **2.** *[részletesen]* **~ elbeszél** relate in detail
apróság *fn* **1.** *[dolog]* trifle, bagatelle **2.** *[gyerek]* tiny tot; **~ok** (i) *[gyerekek]* the little ones (ii) *[dolgok]* oddments, odds and ends
aprósütemény *fn* → **teasütemény**
aprószemcsés *mn* fine-grain(ed)
aprószén *fn* small coal, slack
aprószentek *fn tsz* **~ (napja)** the Holy Innocents *tsz* (day), Childermas
apróvad *fn* small game
apróz *i* **1.** → **aprít 2. ~za a lépést** take* short steps
apu *fn biz* Dad(dy), Papa, Pop
apuci, apuka, apus *fn biz* → **apu**
ár¹ *fn [árué]* price, cost; **mi az ~a?** what is the price (of it)?, how much is it?; **1000 forint az ~a** it costs 1000 forints; **~(a): 500 Ft** price 500 fts; **milyen ~on?** at what price?, for how much?; **bármely ~on** at any cost, at all costs, whatever the cost may be; **magas ~on** at a (high) price; **~on alul ad el** sell* at a sacrifice, sell* below cost (price); **akciós ~on** at a bargain price; **vmnek az ~án, azon az ~on(, hogy)** at the expense of; **nagy ~a van** it commands a high price; **ennek nagy ~a lesz** we shall have to pay dearly/a high price for that; **a hibánkért nagy ~at fizettünk** we paid in full for our mistake; **~at leszállít** reduce/cut* the price; **jó ~at ér el** fetch a good price; **~at közöl** quote a price
ár² *fn [áradás]* inundation, flood, *[folyón]* current, *[tengeré]* tide; **~ és apály** ebb and flow; **úszik az ~ral** go*/swim* with the tide, go* with the stream; **az ~ral szemben** *átv* upstream, against the grain; **~ ellen úszik** go* against the stream; **sodródik az ~ral** drift with the current; **beszéd ~ja** stream/flow/spate of words
ár³ *fn [cipészé]* awl, *[fűző]* bodkin
ara *fn elav* fiancée
arab I. *mn* Arabian, Arab(ic); **az ~ államok** the Arab states; **~ ló** Arab (horse); **~ nyelvész/specialista** arabist; **~ számok** Arabic numerals **II.** *fn [ember]* Arab, *[nyelv]* Arabic
arabeszk *fn* arabesque
Arábia *földr* Arabia
arábiai *mn* Arabian
arabs *mn elav* → **arab I**
arabusul *hsz* **aki nem tud ~, ne beszéljen ~** *kb.* if you can't mend it, leave it as it is
árad *i* **1.** *[folyó]* rise*, swell*, flood, grow*; **a Duna ~** the Danube is rising **2.** *[vmből ömlik, folyadék]* flow, stream **3. kellemes illat ~ belőle** it gives off a pleasant smell/scent; **~ belőle a szó** he keeps (on) spouting; **szájából ginszag ~t** her/his breath reeked of gin
áradás *fn* **1.** *ált* rise, swelling, growth **2.** *[árvízé]* inundation, flood, deluge; **tavaszi ~ok** spring floods
áradat *fn* deluge, tide, torrent; **táviratok ~a** avalanche of telegrams; → **emberáradat**
áradmány *fn* alluvium (*tsz* -s v. alluvia)
áradmányos *mn* alluvial
áradozás *fn* effusions *tsz*, outpourings *tsz*, *[dicsérő]* extravagant praise
áradoz|ik *i* (*vkről/vmről*) praise sy/sg exuberantly, go* into raptures over sy/sg
áradozó *mn* exuberant, effusive, *pej* gushing
árajánlat *fn* quotation; **~ot kér** invite tenders (for), call for bids (for); **~ot tesz** *[árura]* quote (sy) a price (for); *[árverésen]* make* a bid (for), bid* (for), *[versenytárgyaláson]* make* a tender (for), tender (for)
árajánlatkérés *fn gazd* request for a quotation
áralakulás *fn* price trend
áram *fn* **(villamos) ~** electicity, (electric) current, power; **~ alatti** live; **nincs ~** the current/power/electricity is off; **~ot bekapcsol** switch on (the current); **~ot kikapcsol** switch off (the current); **~ot bevezet** install electricity (swhere); *[házba]* wire [a house]
áramdíj *fn* electricity tariff/charges, the price of electricity
áramellátás *fn* power/current supply
áramerősség *fn* current strength; **~-mérő** ammeter
áramfejlesztő *fn* **1.** *[gép]* generator **2.** *[telep]* generating plant/station
áramfogyasztás *fn* current consumption
áramforrás *fn* source of current, supply source
áramhálózat *fn* (public) mains *tsz*, the grid
áramhiány *fn* power failure, blackout, power cut

áramingadozás *fn el* current fluctuation
áramkommandó *fn kb.* electricity police; ‹employees of an electric power supplier who make sure customers have not tampered with the meters›
áramkorlátozás *fn* power supply restrictions *tsz*, power cut
áramkör *fn* (electric) circuit
áramlás *fn* stream, flow, *átv* flood
áramlat *fn* **1.** *[vízé]* current **2.** *átv* trend, tendency
áraml|ik *i* stream, flow
áramlopás *fn* electricity theft, stealing electricity by the city ampering with the meters or the system
árammegszakító *fn* circuit breaker, *[autóban]* contact breaker
árammérő *fn* **1.** ammeter **2.** → **áramszámláló**
áramszaggató *fn* make-and-break (device), vibrator, interrupter
áramszámláló *fn* electricity meter
áramszedő *fn [dinamón kefe]* brush, *[villamos járműé]* current collector, *[görgős]* trolley, *[vonaton]* pantograph
áramszolgáltatás *fn* current/power supply
áramszolgáltató *fn* electric power supplier
áramszünet *fn* power cut, blackout
áramtalanít *i* cut* off the current/electricity, shut* down the power supply
áramütés *fn* electric shock, *[halálos]* electrocution; **halálos ~ érte** (s)he was electrocuted
áramvonal *fn* streamline
áramvonalas *mn* streamlined, aerodynamic; **~sá tesz** streamline
áramvonalasít *i gazd* → **karcsúsít 2**
aranka *fn növ* dodder, devil's guts
arany I. *mn* **1.** *[aranyból való]* gold; **~ ékszer** gold jewel(lery) (*US* jewelry); **~ középút** the golden mean; **megtalálja az ~ középutat** strike* a happy medium; **~ csillagom!** *biz kb.* darling!, sweetheart! **2.** → **aranyozott II.** *fn* **1.** gold, *[mint pénzdarab]* gold coin/piece; **nem mind ~, ami fénylik** all that glitters is not gold; **~at ér** (*vk*) is worth his weight in gold; *[ötlet]* is worth gold; **~at mos** pan gold; **ki korán kel, ~at lel** Early to bed and early to rise, makes a man healthy, wealthy and wise; the early bird catches the worm **2.** **'piros ~'** *[tubusos paprika]* paprika paste; **fekete ~** *[kőolaj]* black gold
arány *fn* proportion, ratio, rate, scale, relation, *[méret]* dimension; **számtani/mértani ~** arithmetical/geometric proportion; **százalékos ~** percentage; **~ban áll vmvel** be* in proportion/relation to sg, be* proportional/proportionate to sg; **egyenes ~ban áll/van vmvel** *mat* be* in direct proportion/ratio to sg; *ált átv* be* in direct relation/proportion to; **fordított ~ban van/áll vmvel** főleg mat be* in inverse ratio/proportion to sg; *ált átv* be* in inverse relation/proportion to sg, be* inversely proportional to sg; **vmvel ~ban** in proportion to sg, proportionally to sg, commensurate with sg; **nem áll ~ban vmvel** be* out of (all) proportion to sg; **2:1 ~ban győztek** they won 2-1 (*kimondva:* two-one); **~t téveszt** lose* one's sense of proportion
aranyalap *fn* gold standard
aranyalma *fn [regebeli]* golden apple
aranyár *fn* the price of gold; **~ban van** as expensive as gold, very expensive, the price is exorbitant
aranyásó *fn* gold digger
aranybánya *fn átv is* goldmine, bonanza; **ez valóságos ~** it's a veritable goldmine
aranybetű *fn* golden letter
aranybogár *fn biz [becézésként]* sweetie, honey
aranyborjú *fn* Golden Calf
aranybrokát *fn* (gold) brocade
aranybulla *fn* the Golden Bull [of Hungary, 1222]
Aranycsapat *tul sp* ‹the Hungarian football team in 1954, the first national team to beat England (6:3) in England›
aranycsinálás *fn* alchemy
aranycsináló *fn* alchemist
aranydarab *fn [természetes]* (gold) nugget, *[kidolgozott]* piece of gold
aranyélete van *kif* live like a lord
aranyember *fn* **1.** *[jó]* good soul **2.** *[gazdag]* wealthy man°, man° with the golden/Midas touch
aranyér[1] *fn [földben]* vein/reef of gold
aranyér[2] *fn orv* piles *tsz*, haemorrhoids (*US* hem-) *tsz*
aranyérc *fn* gold ore
aranyérem *fn* gold medal; **aranyérmet nyert** (s)he has won a gold medal
aranyeres[1] *mn [kőzet]* gold-bearing
aranyeres[2] *mn [beteg]* haemorrhoidal (patient) (*US* hem-)
aranyérmes *fn* gold medallist (*US* -l-); **olimpiai ~** Olympic gold medallist (*US* -l-)
aranyérték *fn* gold value/worth
arányérzék *fn* sense of proportion
aranyeső *fn növ* laburnum
aranyfácán *fn* golden pheasant
aranyfedezet *fn* gold reserve/cover
aranyfényű *mn* golden
aranyfinomság *fn* fineness (of gold)
aranyfog *fn* gold tooth°
aranyfoglalatú *mn* set in gold *ut*
aranyfüst *fn* gold leaf/foil, *átv* tinsel
aranygaluska *fn* ‹sweet gnocchi with custard and grated walnut›
aranygól *fn sp* golden goal
aranygyapjas *mn* **~ lovag** Knight of the Golden Fleece
aranygyűrű *fn* gold ring
aranyhajú *mn* golden haired
aranyhal *fn* goldfish (*tsz* goldfish)
aranyhegy *fn átv* a fortune
aranyhímzés *fn* gold embroidery
aranyhörcsög *fn* golden hamster
aranyifjú *fn* young man° about town, *kb.* playboy
aranyigazság *fn* an eternal truth
aranyjelzés *fn* hallmark
aranykeret *fn [képé]* gilt/gold(en) frame, *[szegély]* gilt edge
aranykeretes *mn* in a gilt/gold(en) frame *ut*
aranykészlet *fn* gold reserve
aranykezű *mn* dextrous, highly skilled
aranykor *fn* golden age
aranykorona *fn* gold crown
aranyköpés *fn biz* wisecrack, witticism
aranylábú *mn sp* a prolific goal-scorer
aránylag *hsz* relatively, comparatively; **~ jól** fairly well
aranylakodalom *fn* golden wedding
aranylánc *fn* gold chain
aranyláz *fn* gold rush/fever
aranylemez *fn* **1.** gold leaf°, *[ruhán]* tinsel **2.** *[hanglemez]* golden disc
arányl|ik *i* be* in proportion to; **2 úgy ~ik a 4-hez, mint 6 a 12-höz** 2 is to 4 as 6 is to 12
aranyló *mn* shining/glittering like gold *ut*
aranymálinkó *fn* golden oriole
aranymérleg *fn* gold balance
aranymetszés *fn* **1.** *[könyvkötészet]* gilt edge; **~ű** gilt edge(d) **2.** *mat* golden section
aranymező *fn* gold-field, placer
aranymise *fn* jubilee mass
aranymondás *fn* wise/golden saying
aranymosás *fn* gold-washing, panning-out
aranymosó *fn* gold-washer
aranyműves *fn* goldsmith
aranyművesség *fn* goldsmith's craft/work
aranynyomás *fn [könyvkötészet]* gold tooling
aranyóra *fn* gold watch
aranyos *mn* **1.** *[arannyal kapcsolatos]* golden, gilt, gilded **2.** *átv* charming, dear, sweet, darling, lovely

A

arányos *mn* proportional, proportionate, symmetrical; **egyenesen ~ vmvel** (be*) in direct proportion/ratio to sg, (be*) directly proportional to sg; **fordítottan/fordítva ~ vmvel** (be*) in inverse relation/proportion/ratio to sg, (be*) inversely proportional to sg; **nem ~** lack proportion, be* ill-proportioned
arányosan *hsz* proportionally, proportionately; **~ csökkent** scale down; **vmvel ~** in proportion to sg, proportionally to sg; **osszuk meg ~ a költségeket!** let's go shares
arányosít *i* make* sg proportionate with sg, proportion (*vmt vmhez* sg to sg)
aranyoskám *fn* my dear, honey, sweetheart, tootsie
arányosság *fn* proportion(ateness), proportionality, symmetry
aranyoz *i* gild*
aranyozás *i* **1.** *[művelet]* gilding, gold-plating **2.** *[bevonat]* gilding, gilt, *[könyvkötőé]* gold tooling, *[lapoké oldalt]* gilt edge
aranyozott *mn* gilt, gilded; **~ ékszer** plate(d) jewellery (*US* jewelry)
aranyötvözet *fn* gold alloy
aránypár *fn* proportion
aranyparitás *fn* gold parity
Aranypart *földr* Gold Coast
aranypénz *fn* gold piece/coin
aranypor *fn* gold dust
aranypróba *fn* **1.** gold test **2.** *[jelzés]* hallmark
aranyranett *fn* golden rennet
aranyrojt *fn* gold-lace, gold fringe/tassel
aranyrög *fn* (gold) nugget
aranyrúd *fn* gold bar/ingot
aranysárga *mn* golden yellow
aránysor *fn* progression
aranyszabadság *fn* **vége az ~nak!** alas (the) holidays are over!, (Oh well,) back to work!
aranyszabály *fn* golden rule
aranyszájú *mn* silver-tongued
arányszám *fn* proportion(al number), *[statisztikai]* rate; **a születések ~a** birth-rate
Aranyszarv *földr* Golden Horn
aranyszegélyű *mn* gilt-edged
aranyszínű *mn* gold(en), gold-coloured (*US* -or-)
aranyszívű *mn* with/having a heart of gold *ut*
aranyszőke *mn* gold-blond(e)
aránytalan *mn* disproportionate, not proportionate (with) *ut*, ill-proportioned; **~ul** *[méretben]* out of all proportion; **~ul nagy** disproportionately large/big
aránytalanság *fn* disproportion(ateness), lack of symmetry, inequality
aranytárgy *fn* gold article
aranytartalék *fn* gold reserve
aranytartalmú *mn* containing gold *ut*
aranytartalom *fn* gold content
aránytévesztés *fn* loss of one's sense of proportion
aranytömés *fn orv [fogé]* gold filling
aranyvaluta *fn* gold standard/currency
aranyvasárnap *fn* the Sunday before Christmas
aranyvessző *fn növ* goldenrod
aranyzsinór *fn* gold braid, spun gold
árapály *fn* ebb and flow, flux and reflux
arasz *fn* span (of hand), a hand's span; **két ~ széles** 18 inches wide *ut*; **egy arasszal rövidebb(, mint)** a (hand's) span shorter (than)
arasznyi *mn* the length of a span *ut*, a span long/wide, *átv* very short, brief
araszol *i* **1.** *[hernyó]* loop **2. ~(va halad)** *[forgalom]* move along inch by inch, be stopping and starting
araszoló *mn* **~ hernyó** inchworm, measuring-worm, looper
araszos *mn* a span long/wide
áraszt *i [fényt]* shed*, diffuse, emit, send* forth, *[hőt]* give* off/out, radiate, *[folyadékot]* flood, inundate (with), *[illatot]* exude, breathe; **vmnek a levegőjét ~ja** *átv* breathe (sg to sy)
arat *i* **1.** *[termést]* reap, harvest, *[betakarít]* gather in [the crops] **2. győzelmet ~** gain a victory, win*, be* victorious; **általános tetszést ~** be* generally approved; **sikert ~** have* a success, meet* with success
aratás *fn* harvest(ing), reaping
arató *fn* reaper, harvester, harvest-hand
arató-cséplő gép *fn* combine (harvester)
aratógép *fn* harvester, reaping/harvesting machine
aratókoszorú *fn* corn dolly/baby
aratómunkás *fn* (hired) harvester, harvest-hand
aratórész *fn* share (earned by reaper)
aratóünnep *fn* harvest home/festival
áraz *i* price [an article]
árazógép *fn* (price) labelling machine
ár–bérspirál *fn gazd* wage-price spiral, inflationary spiral
árbevétel *fn* sales returns
árboc *fn* mast
árboccsúcs *fn* masthead
árbocdaru *fn* derrick
árbockosár *fn* crow's nest
árbockötél *fn* shroud
árbockötélzet *fn* rigging
árboclámpa *fn* mast/top-light
árbocos *mn* -masted
árbocozat *fn* mast and yards [of a ship], rigging
árbocvitorla *fn* mainsail
arborétum *fn* arboretum (*tsz* -tums v. arboreta)
arc *fn* **1.** face, *[orca]* cheek; **vknek az ~a** *[a róla alkotott kép]* sy's image; **piros (lett) az ~a** her cheeks are/went red; **vknek vmt az ~ába vág** cast* sg in sy's teeth; **~ába nevet vknek** laugh sy in the face; **~ába szökött a vér** the blood rushed to his face; **~ára fagyott a mosoly** his/her smile fell away; **az ~án látom** I can see it from/in his face; **jó ~ot kell vágni hozzá** one must put a good face on it; **~okat vág** pull faces; **komoly ~ot vág vmhez** keep* a straight face; **megmutatja igazi ~át** show* one's (true) colours (*US* -ors); **~ul üt** slap sy in the face (v. on the cheek); **~cal vm felé** facing sg, confronting sg; *átv* concentrating all one's energies on sg **2.** *szl* bloke, fellow, chap, *US* guy; **nem semmi egy ~!** he's a funny guy
arcápolás *fn* beauty treatment (for the face), facial care
arcápoló *mn* **~ szerek** beauty products, cosmetics
arcátlan *mn* insolent, impudent, impertinent, *biz* cheeky; **~ul viselkedik vkvel szemben** be* rude/impertinent to sy
arcátlankod|ik *i* behave impudently/insolently/impertinently
arcátlanság *fn* impudence, impertinence, effrontery, insolence, *biz* cheek
arcbőr *fn* skin of the face, complexion
arccsont *fn* cheek-bone
árcédula *fn* price-tag
arcél *fn* profile
arcfátyol *fn* veil
arcfesték *fn* face-paint, make-up, rouge
arcfestés *fn* making-up, make-up
arcfintor *fn* grimace, grin
arcgödröcske *fn* dimple
archaikus *mn* archaic
archaizál *i* archaize
archaizmus *fn* archaism
archeológia *fn* archaeology (*US* archeol-)
archeológus *fn* archaeologist (*US* archeol-)
archetípus *fn műv [őstípus]* archetype
archimedesi *mn* **~ csavar** Archimedean screw; → **Arkhimédész törvénye**
archív *mn* archival; **~ anyag** archival/archive material
archivál *i* archive, place in an archive
archiválás *fn* archiving
archiválís *mn* archival
archívum *fn* archives *tsz*

arcideg *fn* facial nerve
arcidegzsába *fn* (facial) neuralgia, face-ache
arcizom *fn* facial muscle; **(egyetlen) arcizma se(m) rándult** *biz* (s)he didn't bat an eye(lid), (s)he didn't turn a hair, (s)he didn't move a muscle
arcjáték *fn* play of features
arckenőcs *fn* → **arckrém**
arckép *fn* portrait, likeness (of sy)
arcképcsarnok *fn* portrait gallery
arcképes *mn* ~ **igazolvány** identity/registration card
arcképfestés *fn* portrait-painting, portraiture
arcképfestő *fn* portrait-painter, portraitist
arckezelés *fn* facial (treatment)
arckifejezés *fn* (facial) expression, look, countenance
arckrém *fn* face-cream, cold cream
arclemosó *fn* face wash, clarifying toner
arcmás *fn* portrait, likeness, image
arcmemória *fn* memory for faces
arcpakolás *fn* face-pack
arcpirító *mn* embarrassing, making one blush *ut*
arcpirosító *fn* rouge
arcpirulás *fn* blush(ing), flush(ing)
arcsérülés *fn orv* facial injury
arcszín *fn* complexion, colour(ing) (*US* -or-); **élénk** ~ high colour (*US* -or)
arcszög *fn* facial/frontal angle
arctörlő *fn [textil]* (face) flannel, facecloth, *US* washcloth, *[papír]* face/facial tissue(s)
arcú *mn* -faced, -featured; **szép** ~ *[nő]* pretty; *[férfi]* handsome; **sötét** ~ swarthy; *átv* sombre-looking
arculat *fn* **1.** *[arc]* face, physiognomy **2.** *átv* aspect, *[imázs]* image; **a lap szellemi ~a** *kb.* the intellectual image of the paper **3.** *gazd* (company) image
arculattervezés *fn gazd* company/corporate image design
arculcsapás *fn* **1.** *[pofon]* slap in the face **2.** *átv* humiliation, snub; **az igazság ~a** a flagrant miscarriage of justice
arculütés *fn* slap in the face
arcüreg *fn orv* facial cavity
arcüreggyulladás *fn orv* sinusitis
arcvíz *fn* lotion
arcvonal *fn* front (line), battle-front; **az ~ban** in the front/firing line; **az ~ mögött** behind the lines, in the rear
arcvonalszolgálat *fn* front-line (v. combat) service
arcvonaltámadás *fn* frontal attack
arcvonás(ok) *fn tsz* features (of face), lineaments; **szépek az ~ai** she has fine features
arczsába *fn* → **arcidegzsába**
árcsökkenés *fn* a fall/drop in prices
árcsökkentés *fn* cut in prices, price cut/reduction; **20%-os ~** prices reduced/down/cut by 20%
árdrágítás *fn* profiteering, evasion of price control(s), *szl* rip-off
árdrágító *fn* profiteer, shark
árellenőrzés *fn* price control
áremelés *fn* raising/rise of prices
áremelkedés *fn* rise in prices, price rise/increase
aréna *fn* arena, *[bikaviadalé]* bullring
arénáz|ik *i szl kb.* kick up a fuss/row, create, act up
árenda *fn elav* **1.** *[bérlemény]* farming lease, tenancy **2.** *[bér]* rent
árendás *fn elav* leaseholder, lessee
árengedmény *fn* discount, rebate, (price) reduction; **vknek ~t nyújt** allow sy a discount; **árengedménnyel árusít** sell* at a discount; **30 %-os árengedménnyel** at a discount of 30 pc
árengedményes *mn* cut-price, discount price; ~ **vásár** sale
áresés *fn* → **árcsökkenés**
árfekvés *fn gazd* price range
árfelhajtás *fn [tőzsdén]* forcing prices up
árfelszabadítás *fn gazd* liberalization of prices
árfluktuáció *fn* → **árhullámzás**
árfolyam *fn* **1.** *[tőzsdei]* (current) price(s), quotation(s) **2.** *[devizáé]* rate of exchange, (exchange) rate; **~ok** rates; **hivatalos ~** official rate; **napi ~** current rate
árfolyamcsökkenés *fn* → **árfolyamesés**
árfolyam-emelkedés *fn* rising/bull market, rise in prices
árfolyamesés *fn* fall/drop/decline in prices, falling/bear market
árfolyam-ingadozás *fn* fluctuations of the exchange (rate) *tsz* (v. of the market)
árfolyamjegyzék *fn [tőzsdei]* Stock Exchange list of quotations, *[árué]* price-list/current
árfolyam-kiigazítás *fn gazd* exchange rate adjustment
árfolyamnyereség *fn gazd* exchange (rate) gain/profit
árfolyampolitika *fn* currency rate policy
argentin *mn* Argentine, Argentinian; **A~ Köztársaság** Argentine Republic, Republic of Argentina, the Argentine
Argentína *földr* Argentina, the Argentine
argentínai *mn/fn* Argentine, Argentinian, Argentinean
argó *fn* **1.** *[tolvajnyelv]* argot, thieves' cant **2.** *[zsargon]* jargon, slang **3.** *[főleg ifjúsági nyelv]* slang
argumentál *i* argue
argumentum *fn* argument
árgus szemmel figyel *kif* watch (sg/sy) like a hawk/lynx, keep* an eye on sg/sy
árgyélusát *isz* **az ~!** (i) *[elismerően]* my goodness/word! (ii) *[szitkozódva]* blast/damn (it)!
árhatóság *fn gazd* price(-control) authority
árhivatal *fn* price control board, *GB* Price Commission
árhullám *fn* flood wave
árhullámzás *fn* fluctuation of prices, price fluctuation
ária *fn* aria; **~- és dalest** aria and song recital
árindex *fn* price index (number)
áringadozás *fn* → **árhullámzás**
áristom *fn elav* jail, clink
arisztokrácia *fn* aristocracy, *GB* peerage; *tréf* **az új ~** *kb.* priviligentsia, the nouveaux-riches
arisztokrata I. *mn* aristocratic **II.** *fn* aristocrat
arisztokratikus *mn* aristocratic, courtly
arisztokratizmus *fn* aristocratism
Arisztotelész *tul* Aristotle
arisztotelészi *mn* Aristotelian
aritmetika *fn* arithmetic
arizonai *mn/fn* Arizonan, Arizonian
árja *mn/fn* Aryan, Indo-European
árjegyzék *fn* price-list, catalogue; **~i ár** list/catalogue price
árjelzés *fn* price mark; **~sel ellát** mark
árkád(sor) *fn* arcade
árkalkuláció *fn gazd* pricing
arkangyal *fn* archangel
arkansasi *mn/fn* Arkansan
árkász *fn elav* sapper, pioneer
árkedvezmény *fn* (price) reduction; → **árengedmény**
árképzés *fn* pricing, price formation
Arkhimédész *tul* Archimedes; *fiz* **~ törvénye** Archimedes' principle; → **archimedesi csavar**
árkol *i* dig* a ditch/trench
árkolás *fn* digging (a trench)
árkon-bokron *hsz* ~ **át/túl** over hedge and ditch
árkorrekció *fn gazd* price adjustment
árközlemény *fn gazd* price list
árkülönbözet *fn* difference in price(s)
árlap *fn* price-list; **vendéglői ~** menu, bill of fare
árlejtés *fn* (public) tender
árleszállítás *fn* cut/reduction in price(s), price reduction/cut, sale
ármány *fn elav* intrigue, machination, cabal
ármánykod|ik *i elav* scheme, plot, intrigue
armatúra *fn* **1.** *ált* fittings *tsz* **2.** *el* armature
ármegállapítás *fn* fixing/calculation of prices, price fixing

A

ármegjelölés *fn* marking/indication of price(s), prices *tsz*
ármentesítés *fn* protection against floods, embanking, flood control
ármérséklés *fn* reduction in price(s)
árny *fn* **1.** *[árnyék]* shadow **2.** *[kísértet]* ghost, shadow, shade
árnyal *i* shade, tint, *átv is* tinge; → **árnyékol**
árnyalás *fn* shading
árnyalat *fn* shade of colour (*US* -or), nuance, tint, *átv* minute difference; **egy ~tal jobb** a shade better; **~nyi** ... a thought/shade ..., a touch of; **~nyi különbség** a slight difference
árnyalt *mn* full of delicate nuances *ut*, nuanced, subtle; **igen ~an** with great subtlety; **~ gondolkodásra képes** able to think clearly, clear-minded
árnyas *mn* shady, shaded
árnyék *fn [ahová a nap nem süt]* shade, *[amit vm/vk vet]* shadow; **még csak ~a sem önmagának** he's only a shadow of his former self, sy/sg has dwindled to a pale shadow of his/her/its former self; **a kétségnek az ~a sem fér ahhoz, hogy** ... there's not a/the shadow of doubt that ...; **~ba borít** throw* a shadow on/over (sg); **vmnek az ~ában** in the shadow/shade of sg; **a kétség ~a sem fér hozzá, hogy** ... there is not a shadow of doubt (about/ that); **~ot vet** cast* a/one's/it's shadow (on/over sy/sg), throw* a shadow over sy/sg; *átv* (*vkre*) put* sy in the shade, eclipse sy; **~ot adó** shady; **vm előreveti az ~át** foreshadow sg, loom (ahead); **nem ijed meg a maga ~ától** be* not afraid of one's own shadow, be* not easily scared
árnyékbokszolás *fn* shadow-boxing
árnyékgazdaság *fn gazd* shadow economy
árnyékkép *fn* silhouette
árnyékkormány *fn* shadow cabinet/government
árnyékol *i* **1.** *[árnyékot vet]* shade, overshadow **2.** *[rajzot]* shade, *[vonalkázással]* hatch, hachure, line **3.** *el* screen, shield
árnyékolás *fn* **1.** *[rajzban]* shading, shadowing, *[térképen]* hachures *tsz*, hatching **2.** *el* shield(ing), screen(ing) **3.** → **árnyékbokszolás**
árnyékos *mn* shaded, shady
árnyékszék *fn elav* privy, latrine
árnyéktalan *mn* shadeless, without shade *ut*
árnyékvilág *fn* vale of tears; **elköltözik az ~ból** depart this life
árnyjáték *fn* shadow play/show/pantomime
árnykép *fn* silhouette
árnyoldal *fn* the dark/seamy/shady/unfavourable side of sg, drawback
árnyrajz *fn* silhouette
árok *fn* ditch, *[ásott]* trench, *[váré]* moat, fosse, *[vízelvezető]* drainage ditch, dyke, *[zenekari]* (orchestra) pit
árokpart *fn* bank/side of ditch, dyke
aroma *fn* aroma, flavour (*US* -or), *GB* savour (*US* -or)
aromás *mn* aromatic, *[illat]* fragrant
aromaterápia *fn* aromatherapy
árpa *fn* **1.** *növ* barley **2.** *[szemen]* sty(e)
árpacukor *fn* barley sugar
Árpád *tul* Árpád; ‹Hungarian masculine given name›
árpadara *fn* coarse barley-meal, grist
Árpád-ház *tul tört* the House of Árpád
Árpád-házi *mn* **~ királyok** *tört* rulers/kings of the House of Árpád
Árpád-kor *fn tört* the age of the Árpáds; **~i** of the age of the Árpáds *ut*
árpagyöngy *fn* pearl barley
árpakása *fn* crushed barley (pottage)
árpakávé *fn* ‹coffee-substitute made of roast barley›
árpaszem *fn* barleycorn
árpolitika *fn* price/pricing policy, policy of price-control
arra *hsz* **1.** *[abban az irányban]* in that direction, that way, *elav* thither; **én is ~ megyek** I am going that way (myself) too; **~ nézz!** look that way!; **~ járó/menő** passing (there); **erre is, ~ is** (both) this way and that; → **arrafelé 2. ~ a fára** on(to) that tree **3. az ~ szogál(, hogy)** this serves (to), this has the purpose (of); **~ kér engem** he asks me to; **~ nézve pedig** as regards, as to/for; **~ való** fit/suited for that *ut*, be* (made) for the purpose; **ez ~ való** that's what this/it is for **4. ~ (fel)** *[időben]* thereupon; **~ fogta magát és elment** *biz* (thereupon) he stood up and left
arrább *hsz* further/farther on, further/farther that way
arrafelé *hsz* **1.** *[irány]* in that direction, that way **2.** *[hely]* thereabouts; **milyen az élet ~?** what is life like in those parts?
arravaló *mn* **~ ember** just the man° (for the job), the very man° (to do sg), the right man°/person
arrébb *hsz* → **arrább**
árrendezés *fn* price adjustment
árrendszer *fn* price system
árrés *fn gazd* price margin
árrobbanás *fn gazd* price explosion
arrogancia *fn* arrogance
arrogáns *mn* arrogant, overbearing
arról I. *hsz* **1.** *[abból az irányból]* from that direction, from there **2.** *[vmről le]* from/off that; **~ a fáról esett le** it fell from that tree **II.** *nm* of/about/from that, thereof; **~ van szó, hogy** the question/point is that, the matter at issue is that, the matter in question is that, what we are discussing is that; **~ nem tehet** that's/it's not his fault, he can't help it
árrögzítés *fn* price fixing/freeze/pegging
árskála *fn* range of prices, price range
árszabályozás *fn* price regulation/control
árszabás *fn* **1.** → **árrögzítés 2.** → **árjegyzék**
árszámítás *fn* calculation of prices
árszint *fn* price level
árszínvonal *fn gazd* price level
árt *i* **1.** (*vknek/vmnek*) harm (sy), hurt* (sy), do* (sy) harm, damage (sy/sg), injure (sy/sg), *átv* be* harmful/injurious (to sy/sg), *[vknek étel, klíma stb.]* disagree with (sy), [food] doesn't agree with (sy); **a dohányzás ~ az egészségnek** smoking is injurious/detrimental to health, smoking will damage your health; **a légynek sem ~** he wouldn't hurt a fly; **nekem nem ~hat** it/he can do me no harm; **nem fog ~ani** it won't hurt (you to ...), it will do you good; **nem ~(ott) neki** *[mert megérdemelte]* it serves him right, he richly deserves/deserved it; **a fagy sokat ~ott a gyümölcsösnek** the frost did a lot of damage in the orchard **2. vmbe ~ja magát** interfere/meddle in sg
ártáblázat *fn* list of prices, price list
ártalmas *mn* injurious, harmful, detrimental (*mindegyik:* to), bad for *ut*; **~ szer** harmful drug; **egészségre ~** unhealthy; **~ az egészségre** (sg) is harmful to (one's) health, sg can damage one's health
ártalmasság *fn* injuriousness, harm(fulness)
ártalmatlan *mn* **1.** *[méreg]* innocuous **2.** *[ember/tréfa]* harmless, inoffensive; **~ná tesz** render harmless
ártalmatlanít *i [bombát]* inactivate, *[embert]* disarm
ártalmatlanság *fn* **1.** *[méregé]* innocuousness **2.** *[emberé]* harmlessness
ártalom *fn* harm, hurt, injury, damage; **vknek ártalmára van** damage/hurt* sy; **foglalkozási ~** occupational disease
ártámogatás *fn* price support, subsidy
ártány *fn* (castrated) hog
ártatlan *mn* **1.** *[erkölcsileg]* innocent, *[romlatlan]* unspoiled, unspoilt, *[szórakozás, tréfa stb.]* harmless, *[szűz]* pure, intact; **~ vmben** (be*) innocent of sg; **~ hazugság** white lie; **~ arcot vág** put* on an innocent air; **adja az ~t** play the innocent, look as if butter wouldn't melt in his mouth **2.** *jog* innocent, not guilty; **~nak mondja magát** plead not guilty; **~ egy bűncselekményben** be* innocent of a crime; **~ul vádolják** be* unjustly accused (of sg)
ártatlanság *fn* innocence, guiltlessness; **~át bebizonyítja** prove one's innocence; *jog* **az ~ vélelme** presumption of innocence
ártér *fn* flood/inundation/catchment area

artéria *fn* artery
artériás *mn* arterial
árterület *fn* → **ártér**
artézi kút *fn* artesian well
artikuláció *fn* articulation, utterance
artikulál *i* articulate
artikulá(la)tlan *mn* inarticulate
artikulált *mn* articulate
artista *fn* artiste, acrobat
artistamutatvány(ok) *fn* acrobatics *tsz*
artisztikus *mn* artistic
ártó *mn [ártalmat okozó]* harmful; *[szándék]* mischievous
Artúr *tul* Arthur
áru *fn* goods *tsz*, merchandise (*tsz* ua.), commodity, wares *tsz*, article; **sok ~ van a boltokban** there is a lot of merchandise in the shops; **~ba bocsát** offer (v. put* up) for sale, put* on the market; **~ba bocsátás** sale; **~t átvesz** receive goods, accept delivery (of goods)
árú *mn* priced; **elfogadható ~ szállás** reasonably priced accommodation
áruállomány *fn* stock/goods on hand
áruárfolyam *fn* offer/selling price
áruátvétel *fn* receipt of goods
áruátvevő *fn* ‹the person who takes/accepts delivery of goods› receiver (of goods)
árubehozatal *fn* importation/importing of goods, imports *tsz*
árubeszerző *fn* buyer
árubőség *fn* profusion of wares/commodities, abundance of goods
árucikk *fn* article, commodity, goods *tsz*
árucsere *fn* barter, exchange of goods
árucsere-egyezmény *fn* barter agreement
árucsere-forgalom *fn* exchange of goods
áruda *fn elav* retail shop
árudíjszabás *fn* goods tariff
áruellátás *fn* supply of goods
áruérték *fn* goods value
árufajta *fn* kind/sort/type of goods, brand (of goods), line (in goods)
árufeladás *fn* dispatch(ing)/forwarding of goods/parcels
árufelhalmozás *fn* stocking, *pej* hoarding
árufelvonó *fn* goods lift, *US* goods elevator
áruforgalom *fn* **1.** *gazd* trade, *[vasúti]* goods traffic **2.** *[egy üzleté]* turnover
árugazdálkodás *fn* **1.** → **árutermelés 2.** *[árukészletekkel való g.]* stock control/management
áruhalmozás *fn* → **árufelhalmozás**
áruhalmozó *fn* hoarder
áruház *fn* (department) store
áruházi *mn* **~ felügyelő** shopwalker; *US* floorwalker; **~ tolvaj** shoplifter
áruházlánc *fn* chain of department stores, chain stores *tsz*
áruhiány *fn* shortage/lack of goods/commodities
áruhitel *fn* commercial/commodity credit, trade loan
áruismeret *fn* knowledge of wares
árujegy *fn* label, delivery slip
árujegyzék *fn* list of goods, *[számlát helyettesítő]* invoice, *[hajózásnál]* shipping bill
árukapcsolás *fn* tie-in/up (sale)
árukészlet *fn* stock (in/on hand), goods in/on stock *tsz*
árukiadás *fn* dispatch, goods delivery (office), *[mint felirat így is]* goods here
árukiadó *fn* dispatch/delivery department
árukihordó *fn* carrier, delivery man°; **~ (teher)autó** delivery van (v. *US* truck)
árukínálat *fn* supply of goods
árukivitel *fn* export/exportation (of goods), merchandise, exports *tsz*
árukölcsön *fn* commodity loan, credit
áruküldemény *fn* consignment/shipment (of goods)
árul *i* sell*, offer sg for sale, *[kicsiben]* retail, sell* sg by retail, *[utcán]* vend, hawk
árulás *fn* **1.** *[árué]* selling, sale **2.** *[elárulás]* betrayal, betraying, *pol kat* treachery, treason; **~t követ el** commit treason; **~sal** by treason
árulista *fn* list of goods
árulkodás *fn* informing, tale-telling/bearing, *[iskolában]* peaching
árulkod|ik *i* **1.** (*vkre*) inform on/against sy, *isk* peach/tell* on sy **2.** (*vmről*) indicate sg, reveal sg
árulkodó I. *fn* informer, tale-bearer/teller, telltale **II.** *mn* revealing, giveaway; **eltünteti az ~ nyomokat** cover up one's tracks
áruló I. *mn* **1.** *pol* traitorous, treacherous, treasonable **2.** *[nyom stb.]* telltale, telling; **~ jel** telltale sign, giveaway, clue **II.** *fn* traitor; **~vá válik/lesz** turn traitor
áruminta *fn* sample(s)
árumintavásár *fn* (international) industrial/sample/trade fair
árunem *fn* class/kind/type/brand of goods
áruosztály *fn* commercial/goods department
árupiac *fn* (commodity) market
árupróba *fn* **1.** *[minta]* sample **2.** *[eljárás]* quality control
áruraktár *fn* warehouse, store(house)
árurejtegetés *fn* hoarding (of commodities)
árurejtegető *fn* hoarder
árurendelés *fn* order; **postai ~** mail order
árus *fn* seller, retailer, *[piaci]* stallholder, *[utcai]* vendor, huckster
árusít *i* sell*, market, *[utcán]* vend, hawk; **kicsi(ny)ben ~** sell* by retail, retail
árusítás *fn* selling, sale
árusító *fn* **1.** → **árus 2.** → **eladó** II, → **elárusító**
árusítóhely *fn* stand, stall, pitch
áruszállítás *fn* transport (of goods), *[hajón és US vasúton, repülőgépen is]* shipment
áruszállítmány *fn* consignment/shipment of goods
áruszállító *fn* → **szállító**
áruszámla *fn* invoice
áruterítés *fn* distribution of goods
árutermék *fn* commercial product, merchandise (*tsz* ua.)
árutermelés *fn* commodity production, production for the market
árutermelő I. *mn* productional **II.** *fn* producer for the market
árutétel *fn* **1.** *[összesség]* lot, parcel **2.** *[egy]* item
árutőzsde *fn* merchandise exhange, commodity market, commodity exchange
áruügylet, -üzlet *fn* transaction (in goods), commercial deal
árva I. *mn* orphaned; **~ gyermek** orphan; **egy ~ lélek sem** not a (blessed) soul; **egy ~ szót sem szólt** he did not utter a syllable, he did not say a word; **egy ~ fillérem nem maradt** I did not have a penny left; **~nak érzi magát** *átv* feel* lonely **II.** *fn* orphan
árvacsalán *fn növ* blind/dead-nettle
árvácska *fn növ* pansy
árvaház *fn* orphanage, home for orphans
árvalányhaj *fn* feather grass, needlegrass
árváltozás *fn* change in price(s)
árvaság *fn* orphanage, orphanhood; **~ra jut** be* orphaned, become* an orphan
árvaszék *fn elav* orphans' court; **~i ülnök** assessor to the orphans' court
árvédelem *fn* → **árvízvédelem**
árverés *fn [nyilvános]* (sale by) auction, sale (by auction), *US* sale (at auction), public sale; **~en ad el** sell* by (*US* at) auction, auction (off); **~re bocsát** put* up for sale/auction; **~re kerül** come* under the hammer, be* put up for sale/auction; **~t megtart** hold* an auction
árverési csarnok/terem *fn* sales-room, auction room
árverez *i* sell* by (*US* at) auction, auction (off)

árverező *fn* **1.** *[eladó]* auctioneer **2.** *[ajánlattevő]* bidder
árvetés *fn* calculation, costing
árviszonyok *fn* price conditions/relations
árvíz *fn* (high) flood, floods *tsz*, inundation
árvízjelző szolgálat *fn* flood-warning service
árvízkár *fn* damage caused by flood, flood damage
árvízkárosult *fn* flood victim
árvízkatasztrófa *fn* flood-disaster
árvízsújtotta *mn* ~ **terület** country under water, flooded area
árvízvédelem *fn* flood prevention/control
árvízveszély *fn* flood danger/warning/alert
arzén *fn* arsenic
arzenál *fn* arsenal
arzénmérgezés *fn* arsenic poisoning
árzuhanás *fn* slump (in prices)
ás *i* dig* (out/up)
ásás *fn* digging
ásatag *mn* fossil, *átv* fossilized, antiquated
ásatás *fn* *[régészeti]* excavation; **~okat végez** make* excavations, excavate (for sg), excavate a site (v. at a site)
ásít *i* **1.** *[ember, állat]* yawn **2.** *[tátong]* gape
ásítás *fn* yawn
ásítoz|ik *i* keep* yawning
áskálódás *fn* intriguing, machinations *tsz*
áskálód|ik *i* intrigue, plot, scheme (*vk ellen* against sy)
áskálódó I. *mn* intriguing, scheming **II.** *fn* intriguer, schemer, plotter
ásó *fn* spade; **~-kapa válasszon el bennünket** only death can part us
ásókapa *fn* hoe
ásónyél *fn* spade-handle
ásónyom *fn* **két ~nyira leás** dig* (the ground) two spits deep
aspektus *fn* aspect; **a lexikográfia valamennyi ~a** every aspect of lexicography
aspiráció *fn* aspiration (*vmre* for/after)
aspirál *i* aspire (*vmre* to/after)
aspiráns *fn* *elav* *[pályázó]* candidate (for)
áspiskígyó *fn* *elav* asp, viper
ásvány *fn* mineral
ásványgyűjtemény *fn* collection of minerals
ásványi *mn* mineral; ~ **anyag** mineral substance; ~ **kincsek** mineral resources
ásványolaj *fn* mineral oil
ásványtan *fn* mineralogy
ásványtani *mn* mineralogical
ásványtár *fn* collection of minerals
ásványvilág *fn* mineral kingdom
ásványvíz *fn* mineral water
asz *fn* *zene* A flat; **A~-dúr** A flat major; **~-moll** A flat minor
ász *fn* **1.** *ját* ace [in cards]; **pikk ~** the ace of spades; **~t hív** lead*/play an ace **2.** *biz* *[jó fej]* ace; **nem egy nagy ~!** (s)he's not up to much!
aszal *i* dry, dehydrate, desiccate
aszalás *fn* drying, dehydration, desiccation
aszaló *fn* drying-room, kiln
aszalód|ik *i* go* dry, wither, shrivel
aszalt *mn* dried, desiccated
aszály *fn* drought, *US* drouth
aszálykár *fn* drought damage
aszályos *mn* droughty, drought-stricken; ~ **búza** drought-damaged wheat; ~ **év** year of drought
aszályverte *mn* drought-stricken
aszeptikus *mn* aseptic
aszerint *hsz* **~, hogy/amint** accordingly, according as, according to → **szerint**
aszfalt *fn* **1.** asphalt; ~ **útburkolat** asphalt road (surface) **2.** *átv* city streets *tsz*
aszfaltbetyár *fn* *pej* kerb-crawler
aszfaltburkolat *fn* asphalt road surface
aszfaltkoptató *fn* *biz* loafer, idler
aszfaltoz *i* cover with asphalt, asphalt
aszfaltozás *fn* asphalting, covering with asphalt
aszfaltozó *fn* *[munkás]* asphalter, *[gép]* (asphalt) distributor
asz|ik *i* *[föld]* go* dry, *[növény]* wither, wilt
aszimmetria *fn* asymmetry
aszimmetrikus *mn* asymmetrical, unsymmetrical
ászka *fn* woodlouse°, *US* sow bug
aszkéta *fn* ascetic
aszketikus *mn* ascetic(al)
aszkézis *fn* asceticism, ascesis
aszkorbinsav *fn* ascorbic acid
aszociális *mn* unsocial, unsociable
ászok(fa) *fn* gantry (for supporting barrels)
ászokgerenda *fn* transom, longitudinal beam
aszott *mn* **1.** *[föld]* arid, parched **2.** *[növény]* withered **3.** *[arc]* wasted
aszpik *fn* aspic(-jelly); **fogas ~ban** jellied fogash, fogash in aspic
aszpirin *fn* aspirin
asszimiláció *fn* assimilation (to)
asszimilál *i* (*vmhez*) assimilate to
asszimilálód|ik *i* **1.** *[táplálék]* assimilate, be assimilated **2.** (*vk*) assimilate, (*vmhez*) assimilate (v. be* assimilated) into [a country, the new community etc.], adapt oneself to sg
asszír *mn/fn* Assyrian
Asszíria *földr* Assyria
asszisztál *i* (*vknek vmhez*) help/assist sy in sg
asszisztencia *fn* the assistants *tsz*, *[kórházi]* hospital staff
asszisztens *fn* *ált* assistant, *[műtőben]* instrument/surgical nurse, *[orvosi rendelőben]* (doctor's) assistant, *[magánorvosi rendelőben]* receptionist
asszisztensnő *fn* → **asszisztens**
asszó *fn* *sp* (fencing-)bout
asszociáció *fn* association
asszociál *i* associate (sg with sg)
asszony *fn* (married) woman°; **~om** Madam; **a ház ~a** the lady of the house; **az ~ az úr a háznál** she wears the trousers (v. *US* pants) (in the house)
asszonybarát *fn* ladies' man°
asszonyi *mn* womanly, woman's, feminine, female
asszonyka *fn* young woman°; lady
asszonyos *mn* womanlike, womanly
asszonyság *fn* *elav* *[megszólítás]* my good woman; **Kovácsné ~** Mrs. Kovács
asztag *fn* stack (of corn)
asztal *fn* **1.** table; **~hoz ül** sit* down to table; *[étkezni]* sit* down to dinner; **~nál ül** sit*/be* at the table; *[étkezéskor]* sit* at dinner/lunch; **~t bont, felkel az ~tól** rise* (first) from the table, leave* the table; **~ alá iszik vkt** drink* sy under the table; **nem az én ~om** *biz* it's not my funeral/baby, it's not my thing, it's not up my street, it's not my cup of tea; **az ~ vége felé ül** sit* below the salt; **letesz vmt az ~ra** *átv* put* sg on the table **2.** *ját* *[bridzsben]* dummy
asztaldísz *fn* centre-piece, table decoration
asztalfiók *fn* table-drawer
asztalfő *fn* head of table; **az ~n ül** sit* at the head of the table; **az ~höz közel ül** sit* above the salt
asztalfutó *fn* table-runner
asztali *mn* of the table *ut*, *összet* table-; **~ beszélgetés** table-talk; **~ bor** table wine, vin de table; *[olcsóbb]* *biz* plonk; **~ edények** tableware *esz*, the dishes; **~ kiadványszerkesztés** desktop publishing; **~ lámpa** reading lamp; **~ számítógép** desktop computer
asztalitenisz *fn* table-tennis
asztalka *fn* small/occasional table
asztalkendő *fn* *irod* table-napkin, serviette
asztalláb *fn* table-leg
asztalnemű *fn* table-linen
asztalos *fn* joiner, *[műbútor ~]* cabinet-maker; **~ kisiparos** self-employed joiner

asztalosipar *fn* joiner's trade, joinery
asztalosmester *fn* (self-employed) joiner, master joiner
asztalosmesterség *fn* joinery, cabinet-making
asztalosmunka *fn* joiner's work, joinery, *[finomabb]* cabinet-work
asztalosműhely *fn* joiner's workshop
asztalossegéd *fn* journeyman°, joiner
asztaltáncoltatás *fn* table-turning/lifting
asztaltárs *fn* table companion, fellow diner
asztaltársaság *fn* table society
asztalterítő *fn* tablecloth, *[napközben]* table-cover
asztalvég *fn* end/bottom of the table
asztma *fn orv* asthma
asztmás *mn orv* asthmatic, suffering from asthma *ut*
asztrahán *mn/fn* astrakhan
asztrofizika *fn* astrophysics *esz*
asztrológia *fn* astrology
asztrológus *fn* astrologer, star-gazer
asztronauta *fn* astronaut; *[szovjet/orosz]* cosmonaut
asztronautika *fn* astronautics *esz*
asztronómia *fn* astronomy
asztronómus *fn* astronomer
aszú *fn* → **aszúbor**; **tokaji ~** (old) Tokay
aszúbor *fn* ‹wine made from grapes shrivelled by noble rot, e.g. Tokaj›
át I. *előtag* **1.** *[vmnek felszínén]* across, *[vm felett]* over, *[keresztül]* through, across, along, *[útirányánál]* via, by way of **2.** *[időben]* throughout, during; **napokon ~** for days (on end) **II.** *hsz* **~ meg ~** thoroughly, altogether, throughout, wholly, entirely **III.** *előtag* ‹*többnyire: ige+* through/across/over/along›; **Átjöttök?** – **Át.** Will you come over/round (to see us)? – Yes, we will.
átad *i* **1.** *(vmt vknek)* hand sg over to sy, hand/give* sg to sy, *[közelből, továbbadásra]* pass sg to sy, *[kényszernek engedve]* hand sg over to sy; **~ja a labdát** pass the ball to sy; **~ja ülőhelyét vknek** give* up one's/the seat to sy; **~ja a helyét/pozícióját vk másnak** move over (in favour of sy else) **2.** *[új intézményt]* (officially) open, *[ünnepélyesen]* inaugurate; **~ták a forgalomnak az M3-as autópálya legújabb szakaszát** another section of the M3 was opened to traffic **3. ~ja magát vmnek** abandon oneself to sg, give* oneself up to sg, give* one's mind to sg **4. ~ vkt a hatóságnak** hand/turn sy over to the authorities **5.** → **átenged 1 6.** *[hőt stb.]* transmit
átadás *fn* **1.** *(vmé vknek)* handing over, handover, *[közelből továbbadásra]* passing, *sp* pass **2.** *[pl. új útszakaszé]* opening, *[új épületé]* handing over, *[ünnepélyesen]* inauguration **3.** *[kényszerből]* surrender(ing)
átadó I. *mn* **1.** *[kapható]* transferable; **van két ~ jegyem** I have* two spare tickets; **~ lakás** flat with vacant possession **2.** *[átadási]* of delivery *ut*; **~ állomás** station of delivery; **~ nyelv** language of origin, source language **II.** *fn* giver; **e sorok ~ja** the bearer of this letter
átalakít *i* **1.** *[épületet]* rebuild*, reconstruct, convert (into), *[helyiséget vm célra]* fit up/out for sg, *[ruhát]* alter, do* up sg again, *US* make* sg over, *[kormányt]* reorganize, reshuffle; *mat [törtet]* convert **2.** *(vmvé)* transform sg into sg, convert sg to/into sg, *[korszerűvé vmt]* refashion sg, reshape sg, *[embert]* change sy into sy, *[kisebbre vmt]* reduce sg to sg
átalakítás *fn* **1.** *ált* transformation, conversion, change, changing, rebuilding, *[korszerűvé]* refashioning, reshaping, *[ruháé]* alteration; **nagyobb ~** major conversion; **törtnek tizedestörtté való ~a** conversion of a vulgar/simple fraction into a decimal **2.** *épít* rebuilding; **nagyobb ~** major maintenance and repairs *tsz*
átalakítható *mn* transformable, convertible
átalakíttat *i* have* sg altered/refashioned/remade/rebuilt
átalakul *i* be* transformed (into), be* metamorphosed, change into (sg), be* changed (into), alter, turn into (sg); *fiz* **~ gőzzé** be* converted (in)to vapour (*US* -or), vaporize
átalakulás *fn* transformation, metamorphosis (*tsz* -ses), change, changing into, conversion; **~on megy át** undergo* a change/transformation, be* changed/transformed (into)
átalány *fn* lump/global sum; **úti ~** travel(ling) allowance; **~ban** in a/one lump (sum)
átalánydíjas *mn* **~ javítószolgálat** fixed price service contract/agreement
átalánydíjszabás *fn* flat-rate tariff
átalányoz *i [fizet]* pay* a lump sum
átalányösszeg *fn* → **átalány**
átall *i* be* loath to do sg, hate to do sg, shrink* from doing sg; **nem ~ja ...ni** have* the face/cheek to; *[vm alantast]* stoop to sg
átáll *i* **1.** *(vhová)* go* over to the other side, change sides, switch allegiance **2.** *[más módszerre/rendre]* switch/change over (from sg) to sg
átállás *fn* **1.** *[vknek az oldalára]* changing sides, siding (with sy) **2.** *(vmre)* switch(ing)/changing over to sg, changeover, switchover; *[új körülményekhez]* adjustment, getting used/accustomed to sg, *[éghajlatra]* getting acclimatized
átállít *i* **1.** *[tárgyat]* put* sg in another place, shift **2.** *[kapcsolót]* switch over (to); **váltót ~** switch the points **3.** *[vmt más funkcióra]* convert (to), *[intézményt]* reorganize, *[más termelésre üzemet]* retool, rejig; **közvetlen kapcsolásúra (v. közvetlenül hívhatóra) állítja át a telefont** convert the telephone to direct dialling; **~ a haditermelésre** switch over to war production **4.** *[órát]* reset*
átállítás *fn* **1.** *[intézményé]* reorganization, *[más funkcióra]* conversion (to), changeover, *[más termelésre]* retooling **2.** *[óráé]* putting the clock back/forward (by), resetting [one's watch]
átalusz|ik *i* sleep* through; **az éjszakát átalussza** sleep* the whole night
atavisztikus *mn* atavistic
atavizmus *fn* atavism
átáz|ik *i* (ember) be*/get* drenched (to the skin), *[tárgy]* get* soaked/wet through; **teljesen ~ik** become*/get* soaking wet
átáztat *i* soak thoroughly, drench
átbeszél *i* **1.** *[időt]* talk [for a length of time] **2.** *[megvitat]* discuss (in detail), talk over/through
átbillen *i* **1.** *[felborul]* topple over, overturn **2.** *átv* swing* over
átbillent *i* make* (sg) tip/topple over
átbocsát *i* **1.** *[anyagot]* let* through, *[fényt]* transmit **2.** → **átenged 2**
átbocsátó *mn* permeable; **át nem bocsátó** impermeable
átbocsátóképesség *fn* permeability
átbök *i* pierce, stab
átböngész *i* go*/browse/look through [a book etc.], search through [papers]
átbúj|ik *i [nehezen]* creep*/wriggle through sg, *[könnyen]* slip through sg
átbújtat *i [karját vmn]* work (one's arm) through sg, *[könnyen]* slip through
átbukfencez|ik *i* somersault
átbuk|ik *i (vm fölött)* fall* over sg
átcikáz|ik *i* flash through/across; **villám cikázott át az égen** there was a flash of lightning in the sky; **~ott az agyán egy gondolat** a thought flashed through his mind
átcímez *i* re-address
átcsábít *i* **1.** *[területen]* lure across **2.** *átv* lure over, win* over (with promises), *[munkahelyre]* tempt (sy) (by the offer of a better job)
átcsal *i* → **átcsábít**
átcsap *i* **1.** *(vmn)* sweep* through/across **2.** *(vhová)*; **más irányba csap át** turn off suddenly **3.** *(vmbe)* go*/change over into; **az ellenkezőjébe csap át** change/turn (v. pass over) into its opposite; **más tárgyra csap át** jump to another subject, change the subject

A

átcsempész *i* smuggle through/over/across
átcserél *i* → **becserél**, → **kicserél**
átcserélés *fn* → **becserélés**, → **kicserélés**
átcsomagol *i* repack, pack/wrap up again
átcsomagolás *fn* repacking
átcsoportosít *i* regroup, rearrange, redistribute, *kat* redeploy
átcsoportosítás *fn* regrouping, rearranging, redistribution, *kat* redeployment
átcsúsz|ik *i* **1.** *ált* slip/slide* through; **a kocsi ~ott az úttest másik oldalára** the car/van slid across the carriageway **2.** *[vizsgán]* scrape/get* through (an examination)
átdob *i* **1.** *(vhová)* throw*/hurl across to, *(vm fölött)* throw*/hurl over sg **2.** *[határon]* drop behind **3.** *[kat alakulat]* transfer to
átdolgoz *i [irod.* v. *zeneművet]* rewrite*, recast*, revise, do* over, *[tervet]* redraft, rework, *[irod. művet]* adapt [a novel/play etc.]; **színpadra ~** dramatize (sg), arrange (sg) for the stage; **televízióra ~ vmt** adapt [a novel etc.] for television, turn into (a television series); **~ott kiadás** revised edition; **folyamatosan ~ott** *[pl. szótár]* regularly updated
átdolgozás *fn* revision, rewriting, *[irod. műé]* adaptation, *[színpadra]* dramatization, *[tervé]* redraft
átdorbézol *i* **~ja az éjszakát** spend* the whole night carousing; *biz* have* a night out on the tiles
átdöf *i* pierce (through with sg), stab, *[szarvval]* gore, *[karddal]* run* sy through with a/one's sword
átdörzsöl *i* give* sg a rub, *[szitán]* rub through
átdug *i* **1.** *(vmn)* pass sg through (a hole etc.) **2.** *el [máshová]* plug into another socket/connector
átég *i* burn* through
átéget *i* burn* (sg) through
ateista I. *mn* atheist, atheistic **II.** *fn* atheist
ateizmus *fn* atheism
átejt *i szl* do* sy, lead* sy up the garden path, *US* pull a fast one, have* sy on, take* sy for a ride; **~ettek** you've been done/taken!
átél *i* **1.** *[időben]* live/go*/pass through **2.** *átv* experience, see*, undergo*; **nehéz időket éltünk át** we have lived through (some) hard times **3.** *[újra]* relive, live over again **4.** *[színész szerepét]* live (one's/the part)
átélés *fn* **1.** *[eseményé]* experience **2.** *[művészi]* feeling (for); **~sel szaval** recite (sg) with great feeling
átellenben *hsz/nu* opposite, over against, facing (sg); *[az út túloldalán]* across the road
átellenes *mn* opposite, facing sg *ut*
átemel *i* lift over/across
átenged *i* **1.** *(vknek vmt)* give* up, yield, surrender, make* over *(mindegyik:* to); **jogot ~ vknek** cede a right to sy; **~i a helyét vknek** give* up one's place/seat to sy; **~i a teret vknek** make* way for sy; **~i magát az élvezeteknek** let* yourself go, let* your hair down; **használatra ~** let* sy have sg for use, lend* sg to sy **2.** *(vhol)* let* sy (pass) through to, *[vizsgán]* let* sy through, pass sy (in an examination)
átépít *i* **1.** rebuild*, reconstruct **2.** *átv* reorganize
átépítés *fn* **1.** rebuilding, reconstruction **2.** *átv* reorganization
átépül *i* be* rebuilt
átér *i* **1.** *(vmeddig)* reach across, span [distance] sg **2.** *[átjut]* get* to, reach; **~t a határon** he got across the border **3.** *[átfog]* span, *[körülér]* go* round sg, encircle
áteresz *fn [víznek]* culvert, gutter
átereszt *i* → **átbocsát**, → **átenged**
áteresztő *mn* permeable; **át nem eresztő** impermeable
áteresztőképesség *fn* **1.** *[folyadéké stb.]* permeability **2.** *infor* throughput
átérez *i* **1.** *(vmt) [tudatában]* be* conscious/aware of sg, feel* the significance of sg; **~te felelősségét** he felt the full weight of his responsibility **2.** *[érzelmileg]* feel* for (sy), feel (great) empathy with (sy)
átért *i* comprehend sg (fully), understand* sg thoroughly
átértékel *i* **1.** *[pénzt]* revalue, revalorize **2.** *(vkt)* revise one's ideas about sy; *[folyamatot]* re-evaluate, reassess
átértékelés *fn* revaluation, re-evaluation, reassessment
átérzés *fn* feeling, empathy; **mély ~sel énekel** she sings* with deep feeling
átes|ik *i* **1.** *[tárgy fölött]* fall* over, *[tárgyon át]* fall* through; **~ik a ló másik oldalára** swing* to the other extreme, go* too far the other way **2.** *[túljut vmn]* get* over sg; **~ik a vizsgán** pass (v. get* through) the examination; *[nagy nehezen]* squeeze through the/one's exam; **ezen át kell esni** this is* inevitable/unavoidable, you have* to go through this; **essünk át rajta** let's get it over (and done) with; **betegségen ~ik** get* over an illness; **alapos kivizsgáláson esett át (a kórházban)** (s)he underwent a thorough examination (at the hospital); **~tünk rajta** it is all over, we have come through
átevez *i (vmn)* row over/across; **~ a túlsó partra** row (over) to the far/other side
átevickél *i (vmn)* flounder over sg
átfagy *i* **1.** freeze* through **2.** → **átfázik**
átfárad *i* take* the trouble of going over/round (to some place); **legyen szíves ~ni ide** would you kindly come over here
átfáz|ik *i* freeze* (v. be* chilled) to the bone/marrow, get* chilled through, *[meghűl]* catch* a (severe) cold; **nagyon ~tunk** we felt frozen to the marrow
átfed *i* overlap; **~ik egymást** overlap one another
átfedés *fn* (over)lap, overlapping
átfektet *i [tárgyakat vmn]* lay*/place across
átfér *i [élőlény]* can get through, *[tárgy]* will go through
átfest *i* paint over, repaint
átfésül *i* **1.** *[hajat]* comb (out) (one's hair), run* a comb through one's hair **2.** *[írást]* touch up, put* the finishing touches to **3.** *[rendőrség területet]* rake [a district for sg], comb
átfésülés *fn* **1.** *[hajé]* combing (out) **2.** *[írásé]* touching up **3.** *[területé]* combing
átfog *i* **1.** *[kezével]* grasp, seize, grip; **~ egy oktávot** he can span an octave **2.** *átv* span, comprehend
átfogalmaz *i [okmányt]* redraft, reword, *[irod. művet]* rewrite*
átfogó I. *mn* overall, comprehensive, all-embracing, *[elme]* keen, sharp [mind]; **az egész nemzetet ~** nationwide; **az egész gazdaságot ~ reformok** reforms in/affecting all areas of the economy; **~ kép** overall picture **II.** *fn [háromszögé]* hypotenuse
átfoly|ik *i* flow/run* through/across; **a Duna ~ik Magyarországon** the Danube flows through Hungary
átfordít *i* **1.** *[tárgyat]* turn over, *[lapot]* turn (over) **2.** *[beszélgetést]* change the subject, *[más nyelven folytatja]* switch (to another language) **3.** *[más nyelvre fordít]* translate/render into
átfordul *i* turn over, turn on to the other side, turn upside down
átformál *i* → **átalakít**
átforrósod|ik *i* **1.** become* (gradually) very hot, *[motor]* run* hot, *[csapágy]* heat up **2.** *átv* become* heated/enthusiastic
átfúr *i* bore/drill through, pierce, perforate
átfurakod|ik *i [tömegen]* make*/thread/elbow/push/squeeze/shoulder one's way through [a crowd]
átfúródás *fn orv* perforation
átfúród|ik *i* be* perforated
átfut *i* **1.** *(vhová)* run* over/across to, *(vmn)* run*/hurry through sg, pass through sg **2. hideg futott át rajta** he had (v. sg gave him) he shivers; **~ vm az agyán** sg crosses one's mind **3.** *(vmt/vmn) [futólag átolvas]* take* a quick look at sg, having thought it over, skim through [a book], *[számokon]* run* through
átfutási idő *fn nyomd* time for getting through the press
átfutó *mn* → **átmenő**
átfűl|ik *i* warm up, get* warm

átfűrészel *i* saw through
átfűt *i* heat up
átfűz *i* thread
átgázol *i* **1.** *[folyón]* wade through/across **2.** *(vkn)* ride* roughshod over, trample on/over
átgondol *i* give* sg (one's) careful consideration, consider, *[tervet]* think* over, *[helyzetet]* examine carefully, *[újra]* rethink*, give* sg another thought; **jól ~va a dolgot** on mature (v. after careful) consideration, having thought it over, on reflection
átgondolt *mn* **jól ~** well/carefully thought-out/considered; **~ terv** a well thought-out plan; **nem kellően ~** ill-advised, unadvised
átgurít *i* roll (sg) over
átgurul *i* roll over
átgyúr *i* **1.** *konkr* knead thoroughly **2.** *(vkt)* make* sy alter his views and/or his behaviour *(US* -or), remould *(US* -mold), remodel, *[politikailag]* brainwash **3.** *[írásművet]* rewrite*, *biz* revamp
áthág *i [törvényt stb.]* break*, transgress, infringe [the law], break*, disobey [the rules], *[parancsot]* disobey [a command]
áthágás *fn* infringement, transgression, violation, breach
áthághatatlan *mn [nehézség]* insuperable, insurmountable
áthajít *i* → **átdob**
áthajl|ik *i [vm fölé/fölött]* lean* across, bend* over
áthajlít *i* bend*/twist over sg
áthajol *i (vmn)* lean* over
áthajóz|ik *i* sail across/through, cross (sg); **~ik Angliába** cross (the Channel) to England
áthajt *i* **1.** *(vmt vhová)* drive* over to **2.** *[a városon]* drive* through (the town); **~ a hídon** drive* across the bridge **3. ~ a piroson** go* through the red lights
áthalad *i [vonat állomáson, út vhol]* pass through, *[vk úttesten]* cross [the road]
áthaladás *fn [állomáson]* passing through, *[úttesten]* crossing; *[kereszteződésen gyalogosan]* going over a crossing, *[autóval]* driving across an intersection
áthaladási elsőbbség *fn* right of way, priority → **elsőbbség**
áthallás *fn [telefonban, rádióban]* cross talk, interference, *[telefonban így is]* crossed line; *[két szoba között]* noise from the other room
áthallatsz|ik *i [közegen]* can be heard (through sg), *[rádióban]* break* through
áthallgatás *fn okt [egyetemek között]* sending/receiving guest/visiting students
áthangol *i* **1.** *[hangszert]* tune to another pitch **2.** *[közvéleményt]* bring* (public opinion) slowly round (to sg); *el [rádiót]* retune; ‹reset the FM tuner to the OIRT waveband›
áthangszerel *i zene* reorchestrate
átharap *i* bite* through
átharapódz|ik *i (vmre)* spread* over
áthárít *i* **~ja a felelősséget vkre** shift the responsibility on to sy; *[kellemetlen dologért]* lay*/put* the blame on sy, blame sy
áthárul *i (vkre)* fall* to sy('s lot) to, devolve (up)on, pass to
áthasonít *i* assimilate *(vmhez* to)
áthasonítás *fn* assimilation
áthasonul *i (vmvé)* assimilate/adapt oneself to sg → **aszszimilálódik**
áthasonulás *fn* assimilation
áthat *i* **1.** *(vmt) [anyag]*, permeate/pervade sg **2.** *(vk)* **át van hatva vmtől, vmtől ~ott** be* inspired/imbued with sg
átható *mn ált* penetrating, pervasive, (all) pervading, *[hang]* piercing, penetrating, *[hideg]* piercing, biting [cold], *[pillantás]* searching, penetrating [glance], *[szag]* pervasive, penetrating [smell]
áthatol *i* **1.** *(vmn)* make* one's way/get* through sg, get* through sg, penetrate/permeate/pervade sg **2.** *[erővel]* break*/plough *(US* plow) through sg
áthatolhatatlan *mn* impenetrable, impermeable, impervious to *ut*
áthelyez *i* **1.** *(vhová)* move sg/sy swhere, remove sg, transfer sg **2.** *[vkt más állásba]* move, transfer, post sy to (swhere); **~ték a központba** he was transferred/moved to the head office **3.** *[időpontot]* put* off (till v. until), postpone (till v. until)
áthelyezés *fn* **1.** *(vmé)* transfer, change of place, removal **2.** *[személyé]* transfer; **~ét kérte** he applied for a transfer
Athén *földr* Athens
athéni *mn* Athenian
áthevít *i* **1.** *(vmt)* heat through/up **2.** *átv* heat up *(vmvel* with)
áthevül *i* **1.** *(vm)* get* very warm/hot, heat, *[motor]* run* hot **2.** *átv* become* heated up
áthidal *i* **1.** *[híddal]* bridge (over), *épít* span **2.** *[nehézséget]* surmount, smooth out/over, iron out [difficulties]
áthidalás *fn* **1.** *[művelet]* bridging **2.** *[műtárgy folyón]* bridge, *[völgyön]* viaduct, *épít* span(ning) **3.** *átv* surmounting [of difficulties]
áthidalhatatlan *mn* **1.** *[folyó]* unbridgeable **2.** *átv* unsurmountable, insuperable, *[ellentét]* irreconcilable
áthidaló *mn gazd* **~ kölcsön** bridging credit; **~ megoldás** compromise
áthív *i (vkt)* call sy over/across, ask sy (to come) over
áthívat *i* have* sy called over (to a place), send* for sy
áthord *i (vhová)* carry over (piecemeal) to
áthoz *i* **1.** *[tárgyat]* bring* over, *[magával]* bring* along, fetch **2.** *[könyvelésben]* bring*/carry forward
áthozat I. *i* have* sg brought over, have* sg fetched **II.** *fn* [amount/sum] brought forward, carry-forward *(röv* **B/F, b/f)**
áthurcolkod|ik *i* → **átköltözködik**
áthúz *i* **1.** *(vhová)* pull through (to), draw* over **2.** *(vmn)* pull/draw*/drag across sg **3.** *[ágyat]* put* on fresh bed linen, change the bedclothes, *[bútort]* re-cover, upholster [furniture] **4.** *[szöveget]* delete, put* a line across (the text you wish to delete), cross/strike* out; **~ott rész** deletion; **~ott betű** *infor* strikethrough character **5. ~ta terveimet** he frustrated my designs, he put a spoke in my wheel **6.** *[beteget krízisen]* pull through, bring* through
áthúzás *fn [szövegé]* cancellation, crossing out, deletion
áthúzód|ik *i* pass through, *(vk vhová)* move slowly over (to), *(vm vhová)* spread* across to; *[időben]* **~ a következő évre** go* (over)/carry on/over into the next year
áthűl *i* **1.** *(vm)* chill **2.** → **átfázik**
áthűt *i* chill through
átigazol *i [játékost]* transfer
átigazolás *fn* transfer
atilla *mn elav* ‹braided military/gala coat›
Atilla, Attila *tul* ‹Hungarian masculine given name›
átír *i* **1.** *[hibás szöveget]* rewrite* **2.** *[másféle írással]* transliterate, *[fonetikusan]* transcribe **3.** *[verset]* rewrite*, recast*, reshape, *[prózába]* paraphrase, *[zeneművet]* arrange/transcribe for (piano etc.) **4.** *[vkre v. vk nevére ingatlant]* transfer/convey [property] to sy by deed, make* over [property] to sy, *US* deed **5.** *[hatóság vhova]* write* (to), send* a note (to)
átirányít *i (vhová)* direct (to), redirect (to), *[légi v. földi közlekedésben]* re-route; *[vonatot másik vágányra]* replatform; **a vonatot ~ották** *[másik vágányra]* the train has been replatformed
átírás *fn* **1.** *[szövegé]* copy, rewriting **2.** *[betű szerinti]* transliteration, *[fonetikus]* (phonetic) transcription, *[egyéb]* transcript **3.** *[átruházás]* transfer, assignment, *[telekkönyvi]* registration of transfer of property in the cadaster
átírási *mn* **~ illeték** transfer duty/fee

A

átirat *fn* **1.** *[zenei]* transcription, arrangement **2.** *[hatósági]* official communication
átírat *fn [ingatlant stb.]* make* over (to), have* (sg) transferred to sy by deed
átíratás *fn* transferring, conveyance
átírókönyv *fn* duplicate book
átírópapír *fn* carbon (paper)
átismétel *i* revise, go*/run* through/over [a lesson] again
átitat *i* **1.** *(vmt vmvel)* soak, saturate, impregnate *(mindegyik:* sg with sg) **2.** *átv* imbue with, steeped in
átível *i* span
átivód|ik *i* become* saturated/soaked *(vmvel* with)
átizzad *i* **1.** *[ember]* drip with sweat, *[ruha]* become* wet from sweat **2.** *[ruhát]* sweat* through [one's clothes]
átjár *i* **1.** *(vhová)* go* frequently over to **2.** *(vmn)* go*, pass, walk *(belsején* through sg,, *felületén* across sg) **3.** *(vmt)* permeate
átjárás *fn* **1.** *[cselekvés]* passing/going through, passage **2.** *[út]* way through, thoroughfare; **az ~ tilos!** no thoroughfare
átjárhatóság *fn [határoké]* conditions of crossing [borders] *tsz*
átjáró *fn [út]* passage(-way), lane, crosswalk, way through, *[szính stb. sorok között]* gangway, *főleg US* aisle; **(szintbeni) vasúti ~** level crossing; *US* grade crossing
átjáróház *fn* **1.** ‹ house with a passage-way (v. lane) leading through it › *kb.* arcades *tsz* **2.** *átv* **ez a lakás kész ~!** there are too many people coming and going in this flat!
átjátsz|ik *i* **~ik vmt vknek a kezére** pass/manoeuvre sg into sy's hands
átjátszóadó, -állomás *fn* relay station
átjavít *i [írásművet]* revise, correct
átjön *i* come* over, *[látogatóba]* come*/call (a)round (to see sy); *[benéz]* pop in
átjut *i* **1.** *[túljut]* (manage to) get* across, *[nehézségen]* get* over [difficulties] **2.** *[vhová átkerül]* get* over to [some place]
átjuttat *i* get* sy/sg over/across sg
atka *fn* (itch-)mite, acarus *(tsz* acari)
átkapcsol *i* **1.** *[áramot]* switch over *(vmre* to); **~ középhullámra** switch over to (the) medium wave; **másik csatornára kapcsol át** switch/over to another channel **2.** *[telefonon]* connect sy (with another line); **~om Smith úrhoz** I'm putting (v. trying to put) you through to Mr. Smith **3. ~ a harmadik sebességbe** change *(US* shift) into third (gear)
átkarol *i* **1.** *(vkt)* embrace, put* an/one's arm (v. one's arms) (a)round sy **2.** *kat* surround, encircle
átkarolás *fn* **1.** *[átölelés]* embrace, embracing **2.** *kat* encircling (movement)
átkaroló *mn* **~ hadművelet/mozdulat** enveloping/encircling movement
átkel *i (vmn)* cross sg, get* across sg; **~ a zúgón** shoot* the rapids
átkelés *fn* crossing, *[óceánon]* passage; **az ~ viharos volt** we had a rough crossing/passage
átkelőhajó *fn* ferry(boat)
átkelőhely *fn* **1.** *[gyalogosoké]* (pedestrian) crossing, zebra crossing, *US* crosswalk; **közlekedési lámpával ellátott (gyalogos-)~** pedestrian crossing controlled by traffic lights; *[nyomógombos]* pelican crossing **2.** *[folyón]* crossing(-place/point) → **határátkelőhely**
átképez *i* retrain
átképzés *fn* retraining
átképzős *fn* adult trainee
átképző *mn* **~ tanfolyam** (re)training course/programme
átkeresztel *i* rename, *biz* rechristen, dub
átkerget *i* drive*/chase across/over (to)
átkerül *i* be* transferred to
átkiabál, átkiált *i* shout across/over
átkínlód|ik *i* struggle through (sg)
átkísér *i* escort/see* (sy) across
átkocsiz|ik *i* **1.** *(vhol)* drive* through [a place] **2.** *(vhová)* drive* over/across to
átkonfigurál *i infor* reconfigure
átkos *mn* **1.** cursed, accursed, damned, *[végzetes]* fatal **2.** *biz* **az "~ban"** ‹ during the communist period ›
átkoz *i* curse, call down curses on (sy), swear at (sy), damn
átkozódás *fn* **1.** *[cselekedet]* cursing, damning, swearing **2.** *[kifejezés]* curse, swearword(s), malediction
átkozód|ik *i* curse, swear*, damn
átkozott *mn* damned, (ac)cursed; **~(ul) hideg volt** it was awfully/damned cold; **ez az ~ időjárás** such/this dreadful/rotten weather; **~ul jól éreztem magam** I had a terribly good time
átkölt *i* rewrite* [a poem], adapt
átköltés *fn* rewriting [of a poem], adaptation
átköltözés *fn [költözködés]* removal, moving
átköltöz(köd)|ik *i* move house, (re)move *(vhonnan* from, *vhová* to)
átköltöztet *i* move/transfer sy (to)
átkönyvel *i* transfer (sg) to another account/book
átköt *i* **1.** *[spárgával]* bind*/tie (round), *[csomagot]* tie up (with a string) **2.** *[harisnyát, pulóvert]* re-knit* **3.** *el [drótokat]* reconnect
átkötés *fn [harisnyáé, pulóveré]* re-knitting
átkötöz *i* tie/bind* up
átkúsz|ik *i [vm felületén]* creep* across, *[vhonnan máshová]* creep* over (to)
átkutat *i* search through, examine thoroughly/closely, scrutinize, *[terepet kat]* reconnoitre *(US* -ter), *[zsebeket]* go* through [one's pockets]
átkutatás *fn* search, thorough examination, scrutiny
átküld *i* send* over to, remit, pass on, refer sg to [an office]; *[faxot]* send*, transmit; *(vkt vmért)* send* sy (over) for sg (to fetch sg), *(vkért)* send* for sy
átlag I. *fn* average, *[számításban]* mean; **~on felül(i)** better than average, above (the) average *ut*; **~on alul(i), ~ alatti** below (the) average *ut*; below(-)average; **~ alatti a jövedelme** he has a below-average income; *[igével]* he earns below the average; **kiszámítja vmnek az ~át** average sg **II.** *hsz* → **átlagosan**; **havonta ~ 20 000 Ft-ot tesz félre** he can* save (v. put* away/aside) on average 20,000 fts a month; **hetente ~ 120 e-mailt kap** his mail averages 120 e-mail messages a week
átlagár *fn* average price
átlagbér *fn* average wage
átlagéletkor *fn [egy csoporté]* average age, *[születéskor várható átlagos élettartam]* average life expectancy
átlagélettartam *fn [tárgyé]* average life span/duration
átlagember *fn* average/common man°, man° in the street
átlageredmény *fn* average result/output
átlagérték *fn* average/mean value
átlaghőmérséklet *fn* average temperature
átlagjövedelem *fn* average income
átlagkereset *fn* **havi ~** average monthly earnings *tsz* (v. wage)
átlagol *i* average (out)
átlagos *mn* average, mean, ordinary, common, *[közepes]* middling, run-of-the-mill; **~ képességű** of middling ability *ut*; **~ napi** *[termelés stb.]* daily average
átlagosan *hsz* on average; **~ kitesz** average out (at sg), average [so much]
átlagpolgár *fn* the ordinary/average citizen
átlagsebesség *fn* average speed
átlagszámítás *fn* (rules for finding) averages *tsz*
átlagteljesítmény *fn [embereké]* average (v. per capita) output, *[üzemé, gépé]* average (productive) capacity, average output
átlagterjedelem *fn* average size/volume
átlagtermelés *fn* average output/production/yield
atlanti *mn* Atlantic
Atlanti-óceán *földr* **az ~** the Atlantic (Ocean)
atlanti-óceáni *mn* Atlantic

átlapol *i [ács]* rabbet, *[asztalos]* overlap
átlapoz *i* **1.** *[könyvet]* turn (over) the pages of a book, leaf through [a book], *biz* flick/riffle through, run over [one's notes], thumb through [a book], flip through [a book], skim through **2.** *[másik oldalra]* turn the page
atlasz[1] *fn [térképes]* atlas
atlasz[2] *fn [kelme]* satin, atlas
átlát *i* **1.** *(vhová)* see* across, see* over to **2.** *átv (vmn)* see* through sg, *(vkn)* see* through sy; **~ok rajta, mint a szitán** I can read him/her like a book; **~ vk szándékain** read* sy's intentions **3.** *(vmt)* comprehend, realize → **szita**
átláthatatlan *mn átv is* opaque, murky
átlátszatlan *mn* opaque, not transparent
átlátsz|ik *i* show* through
átlátszó *mn* transparent; **~ kifogás** hollow pretext, lame excuse; **~ hazugság** transparent lie
átlendít *i* swing*/push over; **~ a holtponton** help sy (to) break the deadlock
átlendül *i [tárgyon]* swing*/jump over (to)
átlényegül *i* transform itself (into), *vall* transubstantiate
átlényegülés *fn* transubstantiation
átlép *i* **1.** *(vmn)* step over/across, cross **2.** *(vhová)* go* over to, transfer **3.** *(vmt)* cross **4.** *[mértéket]* exceed; **~i a határt** *átv* go* beyond the bounds of sg, go* too far; **~i a (hitel)keretet** overspend* [an allotted amount]; overdraw* [one's account], *biz* go* into the red; **~i a megengedett sebességet** break*/exceed the speed-limit
átlépés *fn* **1.** *(vmn)* crossing (over), passing across, stepping over **2.** *(vhová)* transfer
atléta *fn* **1.** *sp* athlete, sportsman° **2.** → **atlétatrikó**
atlétatermet *fn* athletic build/body
atlétatermetű *mn* powerfully built, of athletic build *ut*, athletic
atlétatrikó *fn* vest, singlet, *US* undershirt
atlétika *fn* athletics *esz*
atlétikai *mn* athletic, athletics; **~ verseny(ek)** athletic competitions, athletics meeting, track and field events
atletizál *i* practise (v. go* in for) athletics
átló *fn* diagonal (line)
átlóirány *fn* diagonal direction; **~ban** diagonally
átlós *mn* diagonal, transverse, transversal; **~an, ~ irányban** diagonally
átlovagol *i [vhová]* ride* over (to)
átlő *i* **1.** *(vmt)* shoot* through **2.** *(vhová)* shoot*/fire over/across, *[labdát]* shoot*/kick (the ball) over (to)
átlyuggat *i* perforate, make* holes in sg, *[lövésekkel]* riddle
átlyukaszt *i* prick, make* a hole in sg, perforate, *[tőr]* pierce, *[jegyet]* punch
ATM *röv [bankjegy-automata]* ATM [automated teller machine]
átmásol *i* copy, *[rajzot]* trace
átmász|ik *i* climb over
átmázol *i* paint over, redaub, repaint
átmegy *i* **1.** *(vhol)* go* through/over/across, pass (through), walk through/across; **~ a hídon** cross the bridge; *[kocsival]* drive* across the bridge; **~ a kapun** go*/walk through the gate; **~ az úton** cross the road **2.** *(vhová)* go* over/across to, cross; **~ a másik szobába** go* into the other/adjoining room; **~ a szomszédba** go* next door (v. round to the neighbour's); **~ egy másik iskolába** change schools, transfer to another school; **a franciából átment az angol nyelvbe** passed from French into English **3.** *(vmbe)* turn into, *[szín másikba]* shade into; **támadásba megy át** take* the offensive **4.** *[bajokon, megpróbáltatáson stb.]* go*/be* through; **betegségen megy át** go* through a disease (v. an illness); **sok betegségen ment át** he has been through a lot of illnesses lately, he has had one illness after the other (v. another); he has been in and out of hospital; **sok szenvedésen megy át** undergo* much suffering; **átment (a vizsgán)** (s)he passed (the examination), (s)he got through the exam; *[könnyedén]* sweep* through [an exam]; **változáson megy át** undergo* a change; **átment a vámon** *[poggyász]* [the luggage] cleared/passed (v. was cleared by) the customs **5.** *(vmn) [tanulmányozva]* go*/work through sg, go* over sg **6.** *szl* **menjünk át komolyba!** let's get serious!; → **köztudat**
átmeleged|ik, átmelegsz|ik *i* get* thoroughly warm, warm up, *[csapágy]* heat (up)
átmelegít *i* make* (sg) thoroughly warm, *(vkt)* warm sy up
átmenet *fn* transition (from ... to); **(minden) ~ nélkül** suddenly, abruptly; *pol* **az ~ időszaka** ‹the period of transition from communism to modern capitalist society›; *pol* **békés ~** peaceful transition
átmeneti *mn* transition(al), *[ideiglenes]* temporary, provisional, interim, makeshift; **~ időre** ad interim, pro tem.; **~ idő(szak)** a period of transition, transition (period); **~ intézkedés** interim/temporary measure; **~ kabát** between-season coat, spring and autumn coat; **~ megoldás** temporary/interim arrangement, stopgap/makeshift arrangement/solution
átmenetileg *hsz* temporarily, for the time being, provisionally
átmenő *mn* transit, passing (through); **~ forgalom** (i) *[közlekedésben]* through traffic; *[kiegészítő tábla szövege]* except for access (ii) *gazd* transit trade; **legalacsonyabb ~ jegy** *okt* pass mark
átment *i (vmt)* preserve for posterity; *pol [magát, vagyonát]* (manage to) preserve one's position/wealth
átmentés *fn pol [vagyoné, hatalomé]* preservation of one's position/wealth
átmérő *fn* diameter, *[csőé]* bore, diameter; **~je 30 cm** is* one foot in diameter
átmetsz *i* cut* through
átminősít *i (vkt)* regrade, reclassify
átminősítés *fn* regrading, reclassification
átmos *i* **1.** *[jól megmos]* wash thoroughly **2.** *[újra]* wash again
atmoszféra *fn* **1.** atmosphere; **öt ~ nyomás** pressure of five atmospheres; **van benne néhány ~** *biz* he's had a few **2.** *átv [légkör, hangulat]* atmosphere, climate
atmoszféranyomás *fn* atmospheric pressure
atmoszferikus *mn* atmospheric(al)
átmozgató edzés *fn sp* pre-match warming-up/training
átmulat *i* **~ egy éjszakát** *biz* whoop it up all night; **egy ~ott éjszaka** a night on the tiles
átnedvesed|ik *i* become* damp, get* wet
átnedvesít *i* wet through/thoroughly, soak (through), impregnate
átnevel *i* re-educate, *pol pej* brainwash
átnevelés *fn* re-education, brainwashing
átnevez *i infor [fájlt]* rename [a file]
átnéz *i* **1.** *[nyíláson]* look/peer/peep through, look across, *[vm fölött]* look over/across **2.** *[szomszédba] biz* drop in (on sy), look in (on sy), pop across **3.** *[írást]* look/go* through/over, *[futólag]* glance/run*/skim/thumb/flip through, *[átjavítva]* revise, *[kefelevonatot]* read* [proofs]; **a következő folyóiratokat néztem át** I've checked (v. I've been through) the following periodicals
átnézés *fn* **1.** *(vmn)* looking through **2.** *[írásé]* revision
átnő *i (vmbe)* grow*/develop into sg
átnyálaz *i* go*/comb through (sg for sy/sg); **negyven újságot ~tam, mire megtaláltam, amit kerestem** I combed through forty newspapers until I found what I was looking for
átnyergel *i* **1.** *[lovat]* change the saddle **2.** *átv* change one's opinions/profession/party, transfer
átnyom *i* press/put* through, *[szitán]* rub through [a sieve]
átnyújt *i (vknek vmt)* hand (over) sg to sy, hand sy sg, *[ünnepélyesen]* present sg to sy (sy with sg)
átnyúl *i* reach across (with the hand)
átnyúl|ik *i [térben]* extend over, stretch/spread* across/over, *[időben]* extend into [October etc.]

A

átok *fn* curse, malediction; ~ **reád!** a curse upon you(r head)!, damn you!; **a környék átka** the plague of the neighbourhood; **átkokat szór rá** call down curses upon sy, swear* at sy; ~ **rossz gyerek** a nuisance; → **egyházi**
átolvas *i* **1.** *[szöveget]* read*/go* through, *[futólag]* look over, skim* through **2.** *[pénzt]* count over
atom *fn* atom, *összet* atomic, nuclear
atombiztos *mn* nuclear-proof
atombomba *fn* atomic/atom bomb, A-bomb
atomcsapadék *fn* fallout
atomcsapás *fn* nuclear attack
atomcsendegyezmény *fn* (nuclear) test ban, test-ban treaty, A-bomb ban
atomdiplomácia *fn* nuclear diplomacy
atomellenes *mn* anti-nuclear
atomellenőrzés *fn* atomic control
atomelmélet *fn* atomic/nuclear theory
atomenergia *fn* atomic/nuclear energy/power
atomenergia-bizottság *fn* Atomic Energy Commission
atomerőmű *fn* nuclear/atomic power station
atomfegyver *fn* atomic/nuclear weapon; **az ~ek (használatának) betiltása** ban on (the use of) nuclear/atomic weapons
atomfegyverkezés *fn* nuclear armament
atomfegyver-kísérlet *fn* nuclear/atomic weapon test
atomfegyvermentes övezet *fn* nuclear-free zone
atomfelhő *fn* atomic cloud
atomfizika *fn* nuclear/atomic physics *esz*
atomfizikus *fn* nuclear/atomic physicist
atomháború *fn* nuclear/atomic war(fare)
atomhajtású *mn* nuclear-powered
atomhalál *fn* atomic death
atomhatalom *fn* nuclear power/nation; **atomhatalmak** the nuclear/atomic powers
atomhő *fn* atomic heat
atomhulladék *fn* atomic/nuclear waste
atomizál *i* atomize, reduce to atoms
atomkatasztrófa *fn* nuclear disaster
atomkísérlet *fn* atomic/nuclear test, A-test
atomkorszak *fn* nuclear/atomic age
atomkutatás *fn* nuclear/atomic research
atomkutató *fn* nuclear/atomic scientist
atomlövedék *fn* atomic missile
atommag *fn* nucleus
atommaghasadás *fn* nuclear fission
atommagkutatás *fn* nuclear research
atommáglya *fn* atomic pile, (nuclear) reactor
atommeghajtású *mn* → **atomhajtású**
atommentes *mn* nuclear-free; ~ **övezet** nuclear-free zone
atomnagyhatalom *fn* (nuclear) superpower
atomrakéta *fn* nuclear-powered rocket, nuclear missile
atomreaktor *fn* (nuclear) reactor
atomrobbantás *fn* atomic blast; **~i kísérlet** nuclear (weapon) test
atomsorompó-egyezmény/szerződés *fn* nonproliferation agreement/treaty
atomsúly *fn kém* atomic weight
atomszám *fn* atomic number
atomszerkezet *fn* nuclear/atomic structure
atomtámadás *fn* nuclear attack
atomtan *fn fil* atomism
atom-tengeralattjáró *fn* A-submarine, nuclear(-powered) submarine
atomtöltet *fn* nuclear warhead
atomtudós *fn* nuclear scientist
atomvédelem *fn* nuclear defence
atomvédelmi *mn* antiatomic
atonális *mn zene* atonal
átöblít *i* rinse
átölel *i* embrace, clasp in one's arms
átöltöz(köd)és *fn* changing, change (of one's clothes)
átöltöz(köd)|ik *i* get* changed, change (one's clothes)
átöltöztet *i* change the clothes of sy, put* other clothes on sy
átöml|ik *i* flow, pour (into)
átönt *i* pour over (into)
átörökít *i biol* transmit (by heredity); *jog* bequeath
átöröklés *fn* heredity, inheritance
átöröklőd|ik *i* **1.** (*vkre*) pass to, be* transmitted to **2.** *[családban]* be* hereditary
átörököl *i* inherit sg from sy; **~t vagyon** inherited wealth, inheritance, heritage
átörökölhető *mn* inheritable
átpakol *i [táskát]* repack, *[vmt járműbe]* reload, transship
átpártol *i* change sides, *[máshoz, ellenséghez]* go* over to the other side (v. to the enemy), switch allegiance; *pol* join [another party]
átpártolás *fn* changing sides
átpasszíroz *i* rub through [a sieve], strain
átpasszol *i [labdát]* pass [the ball] (over) to; *biz [felelősséget]* drop/dump sg in sy's lap
átpofoz *i biz* knock sg into shape
átpolitizál *i* (*vmt*) give* sg a political slant, interpret sg in political terms, politicize
átprogramoz *i el [televíziót, videót]* reprogramme reset* the channels
átrág *i* **1.** (*vmt*) gnaw* through **2.** **~ja magát** *[könyvön]* plough/wade through [a book], work one's way through sg
átragad *i [betegség vkre]* be* infected with [disease]; **~t rá a félelem** he was gripped by fear
átrajzol *i* **1.** *[másol]* trace **2.** *[újra]* redraw*, retouch
átrak *i* **1.** *[árut]* transfer, transship **2.** *[kályhát]* rebuild*
átrakás *fn* **1.** *[árué]* transfer, transshipment **2.** *[kályháé]* rebuilding
átrakó *mn* ~ **állomás** reloading station/point
átrakodás *fn* → **átrakás 1**
átrakod|ik *i* transship [goods/cargo]
átrándul *i* (*vhova*) make* a short trip (to), make* an excursion (to)
átráz *i szl [becsap]* do* (sy), have* sy on, *US* put* (sy) on; **te ~ol!** you are having me on!; *US* you're just putting me on!; **~ták** he was had, *szl* he was ripped off
átrendez *i [átcsoportosít]* rearrange, regroup, *[szobát, lakást]* rearrange [the furniture/room]; **~i a csapatokat** regroup/redeploy the troops
átrepül *i* **1.** (*vm fölött*) fly* over/across, pass over **2.** (*vhová*) fly* to **3.** (*vmt*) fly* (across); **~i az óceánt** fly* across/over the sea
átrepülés *fn* flight (over sg), overflight
átrepülési *mn* ~ **engedély** flight passage permit
átrobog *i* rattle/rush through
atrocitás *fn* atrocity, atrocious act
átrohan *i* **1.** (*vmn/vhol*) rush/dash through/over, shoot*/tear* across (*mindegyik:* sg) **2.** (*vhova*) run*/rush/dash through/over to
átrostál *i [lisztet]* sift, *[gabonát, kavicsot]* riddle
átrozsdásod|ik *i* rust through
átruccan *i* → **átrándul**
átruház *i [vkre értéket]* transfer, convey, assign, make* over, *US* deed (*mindegyik:* sg to sy), *[hatáskört]* delegate, *[jogot]* grant (to), *[hatalmat]* transfer (to)
átruházás *fn [értéké]* transfer(ence), conveyance, assignment, *[anyagi]* grant, *[hatalomé, hatásköré]* delegation, transfer(ence), *[jogé]* grant; **tulajdon ~a** transfer of ownership; **~i okirat** grant, deed (of assignment/conveyance), the deeds *tsz*
átruházható *mn* transferable, assignable; **másra át nem ruházható** not transferable
átsegít *i [átkelőhelyen]* help sy cross the road (v. cross over), *[bajon]* help (sy) through (sg), tide (sy) over (sg), pull sy through sg, bring* sy through sg
átsétál *i* walk/stroll (over/across) (*vhova* to); *átv [vizsgán]* waltz through
átsiet *i* hurry over/across (to)

átsikl|ik *i* **1.** *[hibán]* pass/skate/slide* over sg, overlook (sg); **könnyen ~ik rajta az ember** it is apt/liable to be overlooked, it is easy to miss **2.** *[tényeken]* disregard **3.** *[résen]* glide/slip through
átstilizál *i* go* over [one's lecture etc.] to polish up the style, edit [a text, an article, a book etc.]
átsugárz|ik *i* shine* through
átsuhan *i* **1.** (*vmn*) glide over/across sg **2. mosoly suhant át az arcán** a smile flickered/flitted across his face
átsül *i [hús]* roast through, be* done (to a turn), *[tészta]* bake through; **jól ~t** be* well-done; **nem sült át** be* underdone
átsüt *i* **1.** roast thoroughly; **nincs jól ~ve** be* underdone, be* (done) rare; **jól át van sütve** be* well-done **2.** *[nap vmn]* shine* through
átszab *i* refashion
átszakad *i* break* through, burst*
átszakít *i* burst*, break*
átszalad *i* **1.** (*vhol*) run* through/across/over **2.** (*vhova*) dash/run*/pop over to
átszáll *i* **1.** (*vm fölött*) fly* over, (*vmn át*) fly* across/ through **2.** *[vasúton]* change (trains), transfer, *[villamoson]* change, *[más repülőgépre]* change (planes), *[hajóról hajóra]* change (boats); **át kell szállni vonatról buszra** have* to change/transfer from the train to a bus; **Debrecenben kell ~ni Mátészalka felé** you have to change trains at D. for M.; **hol kell ~ni ... felé?** *[villamoson, buszon]* where do I change for ...?; **~ a 7-es buszra** change to the number seven bus **3.** *[vagyon]* devolve to, pass to
átszállás *fn* **1.** *[közlekedési]* change, changing trains/boats **2.** *[vagyoné]* devolution
átszállít *i* (*vhova*) transport to, (*vmn*) convey over/across
átszálló I. *mn rep* **~ utas** transfer passenger **II.** *fn* → **átszállójegy**
átszállóhely *fn* change-stop, *[vasúti]* junction
átszállójegy *fn* transfer ticket; *US* transfer
átszámít *i* convert (into)
átszámítás *fn* conversion (into)
átszámítási *mn* **~ árfolyam** rate of exchange, exchange rate; **~ táblázat** conversion table/chart
átszámol *i [újra]* count over, re-count, recalculate, *[ellenőriz]* verify
átszámoz *i* renumber
átszármaz|ik *i* **1.** → **elszármazik 2.** (*vkre*) devolve on/ to sy
átszel *i [vág]* cut* through/across, intersect; **az egész kontinenst ~ő vasútvonal** a transcontinental railway/ railroad
átszellemül *i* **arca ~t a boldogságtól** her face was transfigured with joy
átszellemült *mn* **~en énekelt** (s)he sang as if in a trance
átszenved *i* endure, suffer, go* through
átszerel *i* (*vmt máshova*) fit sg on/up elsewhere, *[újra]* refit, readjust, *[gépet]* reset*
átszervez *i [intézményt]* reorganize; *[munkát]* redistribute tasks
átszervezés *fn* reorganization
átszitál *i* sift, pass (sg) through a sieve
átszivárog *i* **1.** *[folyadék]* ooze/seep through, *[csöpögve]* trickle through, *[szag, gáz]* come*/filter through **2.** *átv [pl. határon]* filter through
átszivattyúz *i* pump through/over
átszól *i* call over to sy; **~ vkért → áthív vkt ; telefonon ~** (*vknek*) telephone sy, ring* through to sy
átsző *i* (*vmvel*) interweave* sg with sg, *[átv is]* lace sg with sg; **a darabot át- meg átszövi a politika** the play is run through with politics, politics appears throughout the play, the play is shot through with politics
átszök|ik *i* (*vhová*) flee* to, *[ellenséghez]* go*/run* over to, *[határon]* flee* across [the frontier]
átszőtt *mn* interwoven/laced (with)
átszúr *i* pierce, stab, *[karddal]* run* (sy) through
átszűr *i* strain, filter
átszüreml|ik *i* → **átszűrődik**
átszűrődés *fn* filtering/oozing through
átszűrőd|ik *i [folyadék]* seep/ooze through, *[hang]* filter/ come* through, *[fény]* glimmer/filter through
áttanulmányoz *i* examine, study
attasé *fn* attaché; **helyettes ~** deputy attaché
áttekercsel *i* rewind*
áttekint *i* (*vmt*) survey, look over, review, go* through; **~ették a helyzetet** they surveyed/discussed the situation
áttekintés *fn* **1.** *[szemle]* survey, view **2.** *[tárgyköré]* summary, *[könyvcímben]* outlines *tsz*, *[eseményeké]* review; **(rövid) ~t ad vmről** offer a (brief) survey of sg; **a cikk jó ~t ad a külpolitikai helyzetről** the article gives a good survey (v. *US* overview) of the political situation abroad (v. of foreign affairs)
áttekinthetetlen *mn* **1.** *[túl nagy]* vast, immense **2.** *[zavaros]* confused, puzzling, chaotic
áttekinthető *mn* easy to survey *ut*, *[jól elrendezett]* clearly/lucidly/well arranged, perspicuous, clear
áttelefonál *i* phone (over) (to), ring* through (to sy)
áttelel *i* spend* the winter, live through the winter, be*/ stay somewhere for the winter, *[alvó állat]* hibernate
áttelelés *fn* hibernation
áttelepedik *i* settle elsewhere, (re)move to [another place], migrate (to)
áttelepít *i* **1.** *[embert]* resettle, transfer/remove to [a place] **2.** *[növényt]* transplant
áttelepítés *fn* **1.** *[emberé]* resettlement, transfer **2.** *[növényé]* transplantation
áttelepül *i* → **áttelepedik**
áttelepülés *fn* removal, resettlement, migration
áttér *i* **1.** *[másik útra/oldalra]* cross (over) (to) **2.** *[más témára]* pass over/on to [another subject], *[más módszerre/termelésre]* switch over to, turn to, move over, introduce a new method/system; **más témára tér át** change the subject, go* on to (talk about) something else, move on to [another topic]; **más foglalkozásra tér át** change jobs, try one's hand at another occupation, turn to another occupation; **~ a nagyüzemi termelésre** switch/change over to mass-production **3.** *[más hitre]* be* converted (v. *US* convert) to [another belief/faith]
átterel *i* **~i a forgalmat** divert the traffic
áttérés *fn* **1.** *[más témára]* passing on (to), *[más módszerre/termelésre]* change-over, switch-over; **~ tömegtermelésre** change-over to mass production; **az ~ időszaka** change-over period **2.** *[vallási]* conversion (to)
áttérít *i [más vallásra, nézetre]* convert (to), *[maga meggyőződésére]* bring* sy over to [one's opinion]
átterjed *i* spread* (over) (*vhová* to)
áttesz *i* **1.** (*vmt máshová*) put*/shift over to, transfer to **2.** *[székhelyét]* transfer [one's seat] to another place, *[vkt áthelyez]* move, transfer, *[ügyet hatósághoz]* pass [a matter] to, *[vmt más/későbbi időpontra]* rearrange, put* back, postpone (until v. till v. to); **a mérkőzést áttették a jövő/következő hétre** the match has been put back until next week (v. to the following week) **3.** *[más nyelvre]* translate (into), *[gyorsírást]* extend [shorthand]; **tedd át múlt időbe** put it into the past tense
áttétel *fn* **1.** *[áthelyezés]* transfer, removal **2.** *műsz* (gear) transmission **3.** *orv* metastasis (*tsz* -ses)
áttételes *mn* **1.** *műsz* **~ hajtás** gear drive **2.** *orv* metastatic **3. ~en** *[közvetett módon]* indirectly
áttetsz|ik *i* show* through, be* translucent, be* semi-transparent
áttetsző *mn* semi-transparent, translucent
Attila *tul* → **Atilla**
attitűd *fn* attitude
attól I. *nm* from that; **~ az embertől** from that man°; **~ félek, hogy** I am afraid that; **ez ~ van, hogy** this is due to **II.** *hsz* **1. ~ fogva** from that time, since then, ever since **2. esik az eső, de ~ még jöhetsz** it's raining but that's no

reason for you not to come/but that shouldn't stop you from coming

áttol *i* (*vhová*) push over/across, (*vmn keresztül*) push through

áttölt *i [folyadékot]* pour (sg) into another [container], *[lefejt]* decant

áttör *i* **1.** (*vmt*) break* through; **~i a védőgátat** burst* the dyke (v. *US* dike) **2.** (*vmn*) break* through, force one's way through; **~ a tömegen** force one's way through the crowd, squeeze through the crowd; **~ a kordonon** *[tömeg]* surge over (v. overflow) the barriers; **a napfény ~ a felhőkön** the sun breaks* through the clouds **3.** *[ételt szitán]* rub through [a sieve], mash

áttördel *i nyomd* reset the page, rearrange the layout

áttörés *fn* **1.** *kat* breakthrough **2.** *átv* breakthrough; **még nem történt komoly ~ a rák gyógyításában** no major breakthrough has as yet been made in the treatment of cancer

áttörési *mn* **~ kísérlet** attempted breakthrough

attrakció *fn* attraction, feat; **ő a fő ~** (s)he heads/tops the bill

áttűnés *fn film* lap dissolve, cross-dissolve, transition

áttüzesed|ik *i* become* red-hot

átugrat *i* **lovával ~ egy sövényen/akadályon** make* one's horse jump a hedge/fence, jump/put* one's horse over a/the hedge/fence; **~ja az árkot, ~ az árkon** jump one's horse over a ditch

átugr|ik *i* **1.** (*vmn*) jump/clear sg, leap*/spring* over sg; **a ló könnyen ~otta az akadályt** the horse easily cleared the fence; **egyik témáról ~ik a másikra** jump from one subject to another **2.** *[kihagy]* skip, leave* out, bypass **3.** *biz* (*vhova/vkhez*) nip across/round to sy, pop over to sy

átunatkoz|ik *i* be* bored all through [a period]; **az egész előadást ~ta** (s)he was bored all through the performance

átúsz|ik *i [folyót]* swim* [a river]

átúsztat *i film* dissolve/fade [a scene etc.] into [another]

átúsztatás *fn film* (lap)dissolve

átutal *i* **1.** *[pénzt]* remit, transfer; **szíveskedjék csekken ~ni** kindly remit by cheque (v. send* a cheque [for]); **a részvételi díjat (a köv. címre) kérjük ~ni** participation fee should be paid by bank transfer to ... **2.** *[máshová utasít]* refer to

átutalás *fn [pénzé]* remittance, *[államtól]* transfer payment, bank transfer; **~sal fizet** have* the money transferred

átutalási *mn* **~ betétszámla** *elav kb.* current account; *US* checking account

átutaló *fn gazd* remitter

átutazás *fn* journey/travelling/passage through [a country], transit

átutaz|ik *i* (*vmn*) pass through (sg), travel (*US* -l) (in transit) through/across

átutazó I. *mn* passing, transit, transient; **~ vendég** temporary guest; *US* transient **II.** *fn* **1.** through/transit passenger, transient, traveller (*US* -l-) in transit **2.** **~ban** passing through, on one's way through; **~ban van vhol** be* on one's way through, passing through (swhere)

átutazóvízum *fn* transit visa

átül *i* (*vhova*) take* (v. move to) another seat; **~ másik parlamenti frakcióba** change parties, join the opposition, cross over

átültet *i* **1.** *növ* transplant, replant, *[más cserépbe]* repot **2.** *orv [bőrt]* graft, *[szervet]* transplant **3.** (*vkt máshová*) reseat, seat elsewhere **4.** *[szöveget]* translate (from ... into), render (into), put* into

átültetés *fn* **1.** *növ* transplantation **2.** *orv [szervé]* transplant, transplanting an organ **3.** *[fordítás]* translation

átüt *i* **1.** (*vm vmn*) penetrate, show* through **2.** strike*/break* through

átütemez *i* reschedule; **~ték az adósságokat** the debts have been rescheduled

átütemezés *fn* rescheduling [of debts], reschedule

átütés *fn* penetration, piercing

átütő *mn* **1.** **~ erő** penetrating force **2.** **~ siker** resounding success, éclat

átütőpapír *fn* flimsy, typing paper

átüzen *i* send* word (to), send* a message (to)

átv. *röv* → **átvitel**, → **átvitt**

átvág *i* **1.** *[mezőkön]* take* a short cut [across the fields], make* a beeline for **2.** (*vmt*) cut* through, *[kétfelé]* cut* in two/half **3.** *biz* cheat, deceive

átvágás *fn* **1.** cutting through **2.** *[út]* short cut

átvállal *i* take* sg upon oneself, undertake*; **tartozást ~** assume a debt

átvált *i* **1.** *[pénzt]* exchange (*vmre* for), convert into **2.** *el* switch over, commute, *[másik csatornára, tévét]* switch over [to another channel], *[kapcsolószerkezetet]* throw*, *[vasúti váltót]* throw* over (the points) **3.** *műsz* switch over (automatically), change over, shift **4.** (*vmre/vmbe*) change into sg; **Ja, maga angol? – kérdezte franciául, majd ~ott angolra.** 'Oh, are you English?' she asked in French, and changed gear into English.

átváltási *mn* **~ árfolyam** rate of exchange, exchange rate

átváltható *mn [valuta]* convertible (into), *[igével]* convert into, can be converted (into); **át nem váltható, nem ~** inconvertible, non-convertible

átváltozás *fn* transformation, conversion, metamorphosis (*tsz* -ses)

átváltoz|ik *i* → **átalakul**

átváltoztat *i* **1.** (*vkt*) transform, convert, change, (*vmt*) transmute **2.** *[büntetést]* commute [sentence]; **büntetését ~ták** his sentence was commuted [from death to life imprisonment]

átvándorol *i* (*vhová*) migrate to, move to

átvarr *i [keresztül]* sew* through, *[máshova]* sew* over, *[gombot megerősít]* reinforce

átvasal *i* iron (over) again

átvedl|ik *i* (*vmvé*) turn/change into sg

átver *i* → **átráz**; **~nek** *[boltban]* you'll be ripped off

átverekszi magát, **átvergőd|ik** *i* (*vmn*) struggle/plough (*US* plow) through, fight* one's way through, *[nehézségeken]* muddle through

átverés *fn szl* **az egész csak ~ volt** the whole thing was a do/scam/con

átvergőd|ik *i* (*vmn*) struggle/plough/pull through

átvérz|ik *i [seb]* bleed* through, *[kötés]* blood seeps/shows* through; **~ett kötés** bloodstained bandage

átvesz *i* **1.** (*vktől vmt*) take* over sg from sy, receive, *[árut]* take* over, take* delivery of, receive [goods], *[pénzt]* receive [money], *[örökséget]* enter (up)/on [one's inheritance], *[hivatalát]* take* over [one's duties]; **köszönettel átvettem** received with thanks; **~i a kitüntetést** receive the decoration/award; **~i az üzenetet** take* a message **2.** *[korábbi hibákat]* inherit, *[rossz szokást]* adopt [a bad habit] **3.** *[szót más nyelvből]* borrow, adopt [a word] **4.** → **átismétel**; **~i a nyelvtant** go* through the grammar; **holnapra ~em a történelmet** I shall revise history for tomorrow; → **hatalom**

átvészel *i [megpróbáltatást]* go*/live through, (manage to) survive, ride out, *[betegséget]* pull through [a crisis], get* over [an illness]; **sértetlenül ~** survive intact/uninjured

átvet *i* (*vmn*) hurl/fling* over sg, *[vmt vállán]* fling* sg over (one's shoulder)

átvétel *fn* **1.** *ált* taking over, *[árué, pénzé]* receipt (of); **a hatalom ~e** takeover (of power), coming (in)to power; **~kor fizetve** cash on delivery; **~t elismeri** acknowledge receipt **2.** *[nyelvi]* borrowing, loan (word)

átvételi *mn* **~ elismervény** (acknowledgement of) receipt, acceptance certificate

átvett *mn* **1. az ~ pénz** the money received; **az át nem vett levél** (i) *[meg nem kapott]* letter returned to sender, undeliverable letter (ii) *[elutasított]* the letter refused (by sy) **2.** **~ szó** borrowing, loan word

átvevő I. *mn* ~ **nyelv** borrowing/adopting language **II.** *fn* receiver, recipient, *[küldeményé]* addressee

átvezet *i* **1.** *[út vmn]* lead*/pass through, *[híd]* pass over **2.** *[vkt úttesten]* see* (sy) across/over, help sy cross the road (v. cross over) **3.** *[más lapra]* bring* forward, carry over, *pénz [főkönyvbe]* post up

átvilágít *i* **1.** *ált* shine*/pass/send* light through **2.** *[röntgennel]* x-ray **3.** *[vállalatot, gazdálkodást]* audit, inspect, *[személyt]* screen, vet, *pol* lustrate

átvilágítás *fn* **1.** *[röntgen]* x-ray(ing) **2.** *[vállalaté]* audit, inspection, *[személyé]* screening, vetting, lustration

átvilágító *mn jog* ~ **bíró** judge dealing with lustration, lustrating judge

átvillan *i* flash across/through; **~t az agyamon** it flashed across/through my mind

átvirraszt *i* **~ja az éjszakát** (i) *[álmatlanságból]* not sleep* a wink (all night) (ii) *[szándékkal]* sit*/be* up all (through the) night, burn the midnight oil

átvisz *i* **1.** (*vmt vhol*) take*/carry/convey (sg) over/across (sg), (*vkt vhol*) help sy cross over **2.** *[tételt]* carry/bring* forward, carry over **3. az elméletet ~i a gyakorlatba** translate theory into practice **4.** *sp biz [lécet]* clear [the bar]; *[lóval akadályt]* put* [a horse] over [a/the fence], jump over [a fence], clear [a fence]

átvitel *fn* **1.** *[szállítás]* transport, conveyance, transfer, (*vmn át*) carrying over/across **2.** *[erőé]* transmission **3.** *[könyvelésben]* (*röv* **átv.**) carried/brought forward (*röv* **B/F, b/f**)

átviteli *mn* ~ **sebesség** transmission speed

átvitt *mn* (*röv* **átv.**) figurative; ~ **értelem** figurative sense/use; ~ **értelemben** figuratively, in a figurative sense, metaphorically

átvizsgál *i ált* examine, check, scrutinize, *gazd [könyveket, számlát]* check, examine, audit, *[szöveget]* revise, go* through (sg), *[gépet]* service, *[terepet]* comb, search

átvizsgálás *fn* examination, checking, scrutiny, *[szövegé]* revision, *[autóé]* service; **~ra viszi a kocsit** take* the car in for a service

átvonul *i* (*vmn/vhol*) pass through, *kat* march through/across

átvonulás *fn* passing through, march across

atya *fn* father; **~ink** our (fore)fathers/ancestors

atyafi *fn* **1.** *[rokon]* relation, relative, kinsman° **2.** *pej tréf* yokel, (country) bumpkin

atyafiság *fn [viszony]* kinship, *[rokonok]* kinsfolk *tsz*, relations *tsz*; **~ban vagyok vele** we are relatives

atyai *mn* fatherly, paternal; ~ **ház** paternal roof; ~ **szigor** fatherly/paternal severity/sternness

atyámfia *fn [egyházilag]* brother°; **kedves ~i** (dearly) beloved; → **atyafi**

atyáskod|ik *i* be* paternal, *iron* be* patronizing (towards sy)

atyáskodó *mn* solicitous, fatherly, *iron* patronizing

au *isz* **~, de megütöttem a lábam!** ouch! I've hurt my foot!

audiencia *fn* audience, hearing

audio-CD *fn* audio CD

audiokazetta *fn* audiotape, (cassette) tape, MC

audiovizuális *mn* audiovisual, AV; ~ **eszközök** audio-visual/AV aids

auditál *i gazd* audit

auditórium *fn* auditorium, lecture room/theatre/hall

aug. *röv* → **augusztus**

augusztus *fn* (*röv* **aug.**) August (*röv* **Aug.**); **~ban,** ~ **folyamán** in (the course/month of) August; ~ **5-én** on 5th August, on August 5th (*kimondva:* on the fifth of August, on August the fifth); **A~ 20-a** the Twentieth of August (= public holiday); ~ **hóban/havában** in the month of August

augusztusi *mn* August, in/of August *ut*; ~ **napok** August days; **egy** ~ **napon** on a day in August, on a certain August day, one day in August

aukció *fn* auction, sale (by auction); **~n elad** sell* by auction

aukciós *mn* ~ **terem/csarnok** auction room

aula *fn* assembly/great hall

au pair *mn/fn* au-pair; **~ként dolgozik** work (as an) au-pair

aura *fn* aura

ausztrál *mn/fn* Australian

Ausztrália *földr* Australia

ausztráliai *mn/fn* Australian

Ausztria *földr* Austria

ausztriai *mn/fn* Austrian

autentikus *mn* authentic, genuine

autista *mn orv* autistic; ~ **gyerek** an autistic child

autizmus *fn orv* autism

autó *fn* (motor)car, *US* automobile, *biz* auto; **beszáll az ~ba** get* into the car; **~val megy** go*/travel (*US* -l) by car; **vkt ~val visz** drive* sy, take* sy in one's car, give* sy a lift; **~t tart** own/run* a car; **~t vezet** drive* a car; **~val** *[megy]* [go*/travel (*US* -l)] by car, *[de: egy bizonyos autóval]* in [my/Peter's v. the big yellow etc.] car → **gépkocsi(-)**

auto- *előtag* auto-

autóalkatrészek *fn* spare parts, *GB* (car-)spares

autóantenna *fn* car aerial

autóatlasz *fn* road-atlas

autóbaleset *fn* car accident, *[halálos]* fatal accident

autóbiztosítás *fn* car insurance

autóbusz *fn* bus, *[emeletes]* double-decker, *[távolsági]* coach; **a 12-es** ~ (i) *[vonal]* the bus-line number twelve (ii) *[a kocsi]* the/a number twelve bus; **autóbusszal** by bus; *[távolságival]* by coach

autóbuszjárat *fn* bus/coach line/service

autóbuszjegy *fn* bus/coach ticket

autóbusz-kalauz *fn elav* bus conductor

autóbusz-közlekedés *fn* bus service, *[távolsági]* coach service

autóbusz-megálló *fn* bus-stop, *[távolsági]* coach-stop

autóbuszos *mn* ~ **kirándulás** coach trip; ~ **utazás** package tour

autóbusz-pályaudvar *fn* coach station

autóbuszpark *fn [autóbusz-állomány]* fleet of buses/coaches, bus/coach fleet

autóbuszsofőr *fn* → **autóbusz-vezető**

autóbusz-váróhely *fn* bus shelter

autóbusz-végállomás *fn* coach/bus terminus (v. *ha kiépített:* terminal)

autóbusz-vezető *fn* bus-driver, *GB* busman°

autóbuszvonal *fn* bus/coach line

autódaru *fn* breakdown crane

autodidakta I. *mn* self-taught/educated **II.** *fn* a self-taught person

autóduda *fn* (car) horn

autóemelő *fn* jack

autofókusz *fn* autofocus

autofókuszos *mn* ~ **fényképezőgép** autofocus camera, camera with autofocus

autóforgalom *fn* (motor) traffic

autógarázs *fn* garage

autogejzír *fn* gas water-heater, *GB* geyser

autogén *mn* ~ **tréning** autogenous training

autogénhegesztés *fn* oxyacetylene/autogenous welding

autogénhegesztő *fn* **1.** → **autogénpisztoly 2.** *[munkás]* oxyacetylene welder

autogénpisztoly, **autogénvágó (pisztoly)** *fn* oxyacetylene (welding) blowpipe, welding torch

autogram *fn* autograph, signature

autogramgyűjtemény *fn* autograph album/collection

autógumi *fn* tyre, *US* tire

autógyár *fn* motor works *esz*, car factory

autógyertya *fn* spark plug

autoimmun *mn orv* ~ **(eredetű)** autoimmune [disease]

autóipar *fn* motor/car industry, *US* automotive industry

autójavító *mn* **~-műhely** (car) repair shop, garage

autókarambol *fn* (motor)car accident/collision/crash

A

autókaraván *fn* car convoy
autókáz|ik *i* go* for a drive/ride, have* a run in the car
autókerék *fn* (car) wheel
autókereskedelem *fn* car trade
autókereskedő *fn* car dealer
autókirándulás *fn* drive, car excursion, motor tour
autóklub *fn* automobile/motoring club, *GB* Automobile Association, Royal Automobile Club
autókölcsönző *fn* car-rental firm, rent-a-car company
autóközlekedés *fn* motor traffic
autokrácia *fn* autocracy
autokrata I. *mn* autocratic **II.** *fn* autocrat
autókürt *fn* (car) horn
autólopás *fn* car theft
automata I. *mn* ~ **büfé** *GB* food and drink dispensers *tsz*; *US* automat; ~ **fegyver** automatic (weapon/firearm); ~ **sebváltó** automatic transmission; ~ **sebváltós kocsi** automatic; ~ **szerszámgép** automatic **II.** *fn [pénzbedobós, cigaretta~ stb.]* automat, slot machine, coin-operated machine, *US [cigaretta~, büféáru stb.]* vending machine; → **bélyegautomata**; stamp machine; **kávéárusító** ~ coffee machine; → **bankjegy-automata**; → **játékautomata**
automataérme *fn* slot coin
automatikus *mn* automatic; ~**an** automatically
automatizál *i* automate, make* automatic; ~**t** automated
automatizálás *fn* automation
autómentő *mn/fn* ~ **(kocsi)** breakdown van; *US* tow truck, wrecker; ~ **szolgálat** recovery/breakdown service
autómérnök *fn műsz* automotive engineer
autómosó *fn [hely]* carwash
autonóm *mn* autonomous, self-governing, independent
autonómia *fn* autonomy, self-government, independence; **etnikai alapú területi** ~ ethnic territorial autonomy
autópálya *fn* motorway, *US* expressway, freeway; **fizető** ~ toll motorway, *US* turnpike; **az M7-es** ~ the M7 motorway
autópályadíj *fn* toll
autópálya-matrica *fn* motorway sticker
autópálya-pihenő *fn* → **autóspihenő**
autóparkoló *fn* car park, *US* parking lot
autópiac *fn* car market
autórádió *fn* car radio/stereo
autóriasztó *fn* car alarm
autós *fn* motorist
autósbolt *fn* car supply shop
autóscsárda *fn* roadhouse
autósiskola *fn* driving school
autósmozi *fn* drive-in [cinema], *US* drive-in [movie]
autóspihenő *fn gk* lay-by, rest area, *[autópályán]* service area
autósszemüveg *fn elav* goggles *tsz*
autósport *fn* motoring
autóstop *fn* ~**pal utazik** hitchhike, thumb a lift, thumb; ~**ot kér** hitch a ride, thumb a lift/ride; ~**pal utazó** hitchhiker, thumber
autóstoppos *fn* hitchhiker, thumber; ~**t elvisz/felvesz** give* sy a lift
autósvendéglő *fn* roadside restaurant, drive-in [restaurant]
autósvonat *fn* Motorail (train), *[csatlakozás]* Motorail link
autószalon *fn* car showroom
autószerelő *fn* car/motor mechanic
autószerencsétlenség *fn* car accident/crash, *[tömeges]* pile-up
autószerviz *fn* service station
autoszifon *fn* (soda) siphon
autósztráda *fn* → **autópálya**
autótelefon *fn gk* car phone
autótemető *fn* scrapyard, junkyard
autótérkép *fn* road map
autótípus *fn* type of car, model
autótolvaj *fn* car thief
autótulajdonos *fn* car owner
autótúra *fn* motor tour, motoring
autóút *fn* **1.** *[útvonaltípus]* semi-motorway **2.** *[megtett út]* drive; **ötórás** ~ it's a five-hour drive, it's five hour's drive **3.** *[autóval való utazás]* motor tour
autóverseny *fn* motor/car race, car rally
autóverseny-pálya *fn* motor racing track, motoring (race) course
autóversenyző *fn* car racer, rally/racing driver
autóvezetés *fn* (car) driving, motoring
autóvezető *fn* (car) driver
autózás *fn* motoring, touring, *[rövid]* drive, ride
autóz|ik *i* drive* [a car], go* for a drive/ride, *biz* go* for a spin
avagy *ksz* or (else)
avantgárd *fn/mn* avant-garde
avanzsál *i* advance, be* promoted
avar *fn* ‹dry fallen leaves and parched grass›
avas *mn* rancid, rank; ~ **szaga van** smell* rancid, be* off
avasod|ik *i* become*/grow* rancid
avat *i* **1.** (*vkt vmbe*) initiate sy into sg **2. doktorrá** ~ **vkt** confer the degree of doctor on sy; **tisztté** ~ make*/create officer **3.** *[emlékművet]* dedicate, *[épületet]* inaugurate, open **4.** *[szövetet]* (pre)shrink*
avatás *fn* **1.** (*vmbe*) initiation **2.** *[tiszti]* passing out, *[egyetemi]* graduation **3.** *[emlékműé]* dedication, *[épületé]* inauguration, opening **4.** *[szöveté]* (pre)shrinking
avatatlan *mn* **1.** *[titokba]* uninitiated **2.** *[illetéktelen] [főnévvel]* outsider; ~**ul** without knowing the first thing about sg
avatkoz|ik *i* interfere with/in, meddle with/in; **más dolgába** ~**ik** interfere in (v. mind) other people's business, poke one's nose into sy's affairs; **ne** ~**z mások dolgába!** mind your own business!
avatóbeszéd *fn* **1.** *[személyekről]* initiation speech **2.** *[intézmény avatásakor]* inauguration address
avatott *mn [szakértő]* expert; ~ **ismerője vmnek** (great) authority on sg
avatóünnepély *fn [személyé]* initiation ceremony, *[épületé stb.]* inauguration/opening ceremony
avégből *hsz* → **avégett**
avégett *hsz* ~, **hogy** ... for the purpose of ...ing, in order to ..., with a view to ...; ~ **jött, hogy** he came (in order) to
avégre *hsz* → **avégett**
averzió *fn* aversion, repugnance
aviatika *fn* aviation, flying
avítt *mn irod* old-fashioned, obsolete
avizál *i* inform, advise, notify (*vkt vmről* sy of sg)
ávó *fn pol* ‹acronym of the state security police of the Stalinist dictatorship in 1950s Hungary›
ávós *fn pol* ‹member of the state security police of the Stalinist dictatorship in 1950s Hungary›
avul *i* become* obsolete, be* obsolescent
avult *mn* outdated, out of date *ut*, obsolete
avval *nm/hsz* → **azzal**
axióma *fn* axiom
az[1] *[határozott névelő]* the
az[2] *nm* that (*tsz* those); ~ **a fiú** that boy (over there); ~**, aki** (he) who; ~**, ami** what, that which; **ez** ~ that's it, here it is; **ez nem** ~ that's not the one (I meant), that's not the right one, that's the wrong one; **ki** ~**?** who is that/it?; **Ki** ~**? – (Az) János.** Who's that? – It's John.; **én vagyok** ~ it's me; ~ **beszél** *[telefonon válaszolva]* speaking!; **Te vagy** ~**, Jancsi? – A~ vagyok.** Is that you, Johnny? – Yes, it's me.; **János volt** ~**, aki megmondta nekem** it was John who told me; **mi** ~**?** what's that?, what's the matter?; ~ **már igaz** that's right/so/correct and no mistake, sure enough, certainly; **ő** ~**ok között volt** he was one of those who; ~**ok az emberek, akik** (those) people who; ~**ok után** → **után**
azalatt *hsz* meanwhile, in the meantime; **míg te olvasol,** ~ **én írok** I'll do some writing while you read (v. are reading);

a dolog ~ történt, mialatt te távol voltál it happened while you were away; → **alatt**

azáltal *hsz* in that way, thereby, by that means; **~, amit mondott** by what he said; **~, hogy nem adta vissza** by not returning it; **~ ért el ilyen eredményt, hogy új módszert alkalmazott** it was by applying new techniques that he achieved such (good) results

ázás *fn* soaking, getting wet, drenching

azaz *ksz* that is (to say), namely (*röv* **i.e.**), *jog* to wit; **5000, ~ ötezer forint** 5000 say five thousand forints

azbeszt *fn* asbestos

azbesztlap *fn* asbestos sheet

azelőtt *hsz* **1.** *[vm előtt]* before, earlier; **egy hónappal ~** a month earlier; **~, hogy/mielőtt** ... before ... **2.** *[régebben]* previously, formerly, in former times; **mint ~** as in the past; **úgy, mint ~** (just) as before; **~ én is szerettem** I, too, used to like it; **itt ~ egy ház állt** there used to be a house here **3.** *[névben]* formerly → **előtt**

azelőtti *mn* former, old, previous, original

Azerbajdzsán *földr* Azerbaijan

azeri *mn/fn* Azerbaijani

azért *hsz/nm* **1.** *[azon okból]* therefore, for that reason, on account of that, that is why v. that's why; **ez ~ van, mert** the reason for this is that; **~ vagyok itt** that's why I am here **2. ~, hogy** *[azzal a céllal]* in order that/to **3.** *[amiatt, cél]* for; **~ a könyvért jöttem** I have come for that book **4. ~ is!** for all that!, still ...; **~ se(m) megyek el!** I won't go, so there; I just won't go; **~ se(m) csinálom meg!** I just won't do it (, so there); **~ se(m) írok neki!** I just won't write to him/her and that's that; **de ~ mégis** nevertheless, yet, and yet, still; **hozzám ~ eljött** (still,) he did come to me; **de ~ csak menjünk** we should go all the same

áz|ik *i* **1.** *[lében]* soak, steep; **~ni hagy** (*vmt*) leave sg in soak (v. to steep) **2.** *[esőben]* get* wet; **bőrig ~ik** get* wet through, be*/get* soaked to the skin; **bőrig ~ott** soaking (wet), *[igével]* (s)he got soaked to the skin; **~ik a tető** → **beázik**

azimut *fn csill* azimuth

aziránt *hsz* **~ érdeklődöm, hogy** ... I'm inquiring about ...; **nincs kétségem ~, hogy** ... I have* no doubt that ...

aznap *hsz* that day, *[ugyanazon a napon]* the same day; **~ reggel** that morning

aznapi *mn* of the same day *ut*, that day's; **az ~ hírek** the/that day's news

azon[1] *hsz/nm* **1.** (*vmn*) on that; **~ az asztalon** on that table; **~ az áron** at that price; **~ belül** (well) within it/sg; **~ túl** *[hely]* beyond that; → **azontúl**; **~ tűnődöm, hogy** I wonder whether; **~ azt értjük, hogy** that means ..., what we mean* by that is that ... **2. ~ vagyok/leszek, hogy** I'm anxious to see that [everything is in order etc.]; I shall do my best to make* sure that

azon[2] **I.** *nm [az(ok) a(z) ...]* that (*tsz* those); **~ emberek** those people; **~ kérdést** that/the question **II.** *hsz* **~ melegében** immediately, without delay, at once, forthwith; **~ módon** in the (very) same way; **~ nyomban** there and then, immediately, on the spot

azonban *ksz* but, however; **ő ~ tévedett** he, however, was wrong

azonfelül *hsz* besides, moreover, furthermore; **hasznos, ~ kellemes is** it is both useful and pleasant

azonképpen *hsz elav* similarly, in the same way, likewise

azonkívül *hsz* besides, as well, moreover; **vegyél kenyeret, cukrot, ~ gyufát** buy some bread, sugar, and some matches as well

azonközben *hsz* meanwhile, in the meantime

azonmód *hsz* at once, immediately, there and then, forthwith

azonnal *hsz* immediately, instantly, at once, straight/right away, forthwith, at a moment's notice; **~ megtesz** (*vmt*) lose* no time in doing sg; **most ~** right away; **~ jövök!** just a minute!, shall be back in a minute, I'll be right back

azonnali *mn* immediate, instant, instantaneous, prompt; **~ hatállyal** with immediate effect, effective immediately; **~ kérdések órája** *[parlamentben]* Prime Minister's question time

azonos *mn* **1.** (*vmvel/vkvel*) identical with sg/sy, the same as sg/sy *ut*; **~ értékű** equivalent, of the same value *ut*; **~ mennyiség** identical quantity; **~ mértékben** to the same extent, in equal measure; **~ neműek közötti házasság** same-sex marriage **2.** *[változatlan]* unchanged, constant

azonosít *i* identify (with); **~ja magát vkvel/vmvel** identify (oneself) with sy/sg; **~ják az aláírásokat** they check the signatures; **nem ~om magam vele** (*vmvel*) I do not subscribe to it, I do not agree with it

azonosítás *fn* identification, identifying

azonosítatlan *mn* unidentified; **~ repülő tárgy** unidentified flying object (*röv* **UFO**)

azonosítható *mn* identifiable; **nem ~** unidentifiable

azonosító *mn* **~ kártya** *[rendőri]* identity/ID card; **~ kód/szám** identification number/code, ID (number)

azonosság *fn* identity, sameness; **~ot megállapít** establish the identity, identify; **~ot vállal vmvel** identify oneself with sg

azonossági *mn* **~ szám** identification number/code, ID (number); **~ kártya** → **azonosító**

azonosul *i* (*vmvel*) identify (oneself) with sy/sg; (*vkvel*) empathyise/sympathize (with sy)

azontúl *hsz [idő]* after that, thereafter, from that time on; *átv [továbbá]* furtermore, *[elméletben]* beyond that

azóta *hsz* since then, since that time, ever since; **~, hogy** ... since; **két év telt el ~** two years have passed since; **~ vár rá** she has been waiting for him ever since

ázott *mn* **1.** soaked, drenched **2. kissé ~an** *átv biz* slightly inebriated/elevated; → **ázik**

azt *nm [tárgy]* that, (*vkt*) him, her; **~, aki** that person who; **~, aki puskázik, megbuktatom** the student I catch out cheating (in the exam) I'll fail; **~ mondják, hogy** it is said that, they say (that); **~ a könyvet** that book (over there); **~ kérem** that one, please; **~ már nem!** that won't do!, no way!

aztán *hsz* **1.** *[azután]* then, afterwards, after that; **és ~ mit csinálsz?** and what will you do* next/afterwards? **2.** *[nyomatékosan]* **hát ~?, na és ~?** so what; well, what of/about it?; **de ~ ott légy!** don't (you) forget to (v. you'd better) be there!; **ez ~ munka!** that's what I call hard/good work

áztat *i* soak, wet, *[vegyszeres folyadékban]* steep; **könynyekkel ~** bathe in tears

áztatás *fn [mosás előtt]* soaking

azúr *fn* azure

azúrkék *mn* azure (blue)

azután *hsz/ksz* afterwards, after that, then, next; **rövidesen ~** soon/shortly after; **évekkel ~** years after; **2 nappal ~, hogy megérkezett** two days after he arrived; → **aztán**, → **után**

azzal *nm/hsz* **1.** (*vmvel*) with that; **~ csak azt éri el** all he will get (done) this way is; **~ a feltétellel, hogy** on condition that, provided that; **~ a kéréssel fordult hozzám** he requested me to ..., he requested that (I should ...), he asked if I would ...; **~ vádolják, hogy megölte a feleségét** he is accused of having murdered (v. murdering) his wife **2.** *[időben]* **~ már el is szaladt** having said this he ran away; **~ már meg is csinálta** *kif* no sooner said than done

Ázsia *földr* Asia

ázsiai *mn/fn* Asian, Asiatic

ázsió *fn* **nagy az ~ja** be* in great demand, be* at a premium

azsúr[1] *fn [kézimunka]* hem-stitch, openwork

azsúr[2] *hsz* **~ban van (munkájával)** have* no arrears, be* up to date (v. not behind) with [one's work]

azsúroz *i* hem-stitch

B

B, b¹ *fn [betű]* (the letter) B, b
b² *fn zene* B flat
b. *röv* **1.** → **bal 2.** → **becses**
bá' *fn* uncle → **bácsi**
bab *fn* **1.** *növ* bean, *[gyűjtőnévként]* beans *tsz*; **nem ~ra megy a játék** there is* a great deal at stake **2.** *[pötty, kicsi]* spot, *[nagy]* polka dot
báb *fn* **1.** *[bábjátékhoz, kézre húzható]* (glove) puppet, *[zsinórral mozgatott]* marionette; *átv* (mere) puppet, plaything; **gyenge ~** putty in sy's hands, weakling **2.** *[rovaré]* pupa (*tsz* -as v. -ae), *[lepkéé]* chrysalis
baba *fn* **1.** *[játék]* doll, dolly **2.** *[csecsemő]* baby, *irod* babe
bába *fn* midwife°
babaágy *fn* cot, baby('s) bed
babaápolás *fn* baby care
babaápolási *mn* baby care; **~ cikkek** baby care products
babaarc *fn* baby face, doll's face
babaáruház *fn* baby store
bababútor *fn* doll's house furniture
babacipő *fn [kötött]* bootee
babaház *fn* doll's house, *US* dollhouse
babakelengye *fn* layette
bábaképző *fn* (school of) midwifery
babakocsi *fn* **1.** *[játékbabáé]* doll's pram **2.** *[mélykocsi]* pram, *[könnyű, összecsukható]* pushchair, *US* stroller
babakor *fn* infancy, baby age
babakrém *fn* baby lotion/cream
bábállam *fn pol* puppet state
baba-mama szoba *fn [szülészeten]* rooming-in unit
babamérleg *fn* baby scales
babaolaj *fn* baby oil
babapiskóta *fn* sponge fingers *tsz*
babaruha *fn* **1.** *[csecsemőé]* baby's clothes *tsz* **2.** *[játékbabáé]* doll's clothes *tsz*
babasampon *fn* baby shampoo
bábáskod|ik *i* **1.** act as a midwife **2.** *átv* be* in at the birth of sg
babaszappan *fn* baby soap
babaszoba *fn* doll's house (*tsz* dolls' houses)
babáz|ik *i* play with a doll
bábeli zűrzavar *fn* a veritable Babel, pandemonium
babér *fn* **1.** *[növény]* laurel, bay **2.** *átv* laurels *tsz*, glory; **pihen a ~jain** rest on one's laurels/oars; **nem terem neki ~** he hasn't got much going for him
babérfa *fn* bay tree
babérkoszorú *fn* laurel wreath
babérlevél *fn [konyhai]* bay leaf°, *[koszorúban]* laurel leaf°
bábfilm *fn* puppet film
babfőzelék *fn* dish of (boiled) beans, beans Hungarian Style *tsz*
babgulyás *fn* Hungarian bean goulash
Babilon *földr tört* Babylon
bábjáték *fn* puppet-show
bábjátékos *fn* puppeteer
babkávé *fn* **1.** *[szemes]* coffee beans *tsz* **2.** *[ital]* (pure) coffee
bábkormány *fn* puppet government
bableves *fn* bean soup; **~ csülökkel** bean soup with smoked knuckle (of ham); **Jókai ~** bean soup Jókai style
babona *fn* superstition
babonás *mn* superstitious
babos *mn* → **pettyes** 2
bábos *fn* → **bábjátékos**
bábozás *fn* puppetry, presenting a puppet show
babrál *i* **1.** *[zavarában]* fiddle with, finger **2.** *[javító szándékkal, de ügyetlenül]* tinker with
babramunka *fn* fiddly job
babszem *fn* (a) bean
Babszem Jankó *tul* Tom Thumb
bábszínház *fn* puppet theatre, *[bábjáték]* puppet-show
bábu *fn [sakk]* chessman°, piece, *[teke]* (nine)pin; → **báb 1**
babusgat *i* fondle, dandle, caress
babysitter *fn* → **bébiszitter**
bacchanália *fn* bacchanalia *tsz*, orgy
Bach-korszak *fn tört* the Bach era/period
baci *fn biz* → **bacilus**
bacilus *fn biol orv* germ, bacterium (*tsz* -ria), bacillus (*tsz* -cilli)
bacilusfertőzés *fn orv* bacillus infection
bacilusfészek *fn* a hotbed of disease
bacilusgazda *fn orv* → **bacilushordozó**
bacilusháború *fn* → **baktériumháború**
bacilushordozó *fn orv* carrier (of bacilli), (disease/germ-) carrier
bacilusölő *fn orv* germicide
bacilustenyészet *fn* microbe culture
baconszalonna *fn gaszt* bacon
bácsi *fn [nagybácsi]* uncle; *biz* **Dávid ~** Uncle David; **a szomszéd ~** *kb.* Mr. *[név]*, the man° living next door; **(Kovács) János ~** *[ha rokon]* Uncle John, *[ha nem rokon]* John, Mr. Kovács; **a ~ szeretett iskolába járni?** *[gyermek felnőtthöz]* did you like to go to school, sir?
badacsonyi *mn* **~ bor** Badacsony wine
badar *mn* stupid, silly, nonsensical
badarság *fn* nonsense, drivel, rubbish
bádog *fn* sheet metal, tin (plate)
bádogáru *fn* tinware
bádogdoboz *fn* tin, *US* can
bádogedény *fn* tin pot, canister
bádoglemez *fn* tin plate
bádogos *fn* tinsmith, tinman°
bádogosműhely *fn* tin-shop
bagatell *fn* **1.** *[jelzőként]* **~ ügy** trifling matter, a mere bagatelle, triviality **2.** *zene* bagatelle
bagatellizál *i* play down (sg), make* light of, *pej* trivialize
bagázs *fn biz pej* crowd, band, bunch, gang [of people]; **ott volt az egész ~** the whole gang was there
Bagdad *földr* Baghdad
bagó *fn* **1.** *[rágni való]* quid; *tréf [dohány]* baccy **2.** *átv biz* **~ért dolgozik** work for peanuts (v. a song)
bagoly *fn* owl; **~ mondja verébnek, nagyfejű** it's (a case of) the pot calling the kettle black (v. the devil rebuking sin)
bagolyfészek *fn* owl's nest, owlery
bagóz|ik *i* **1.** chew tobacco **2.** smoke; **~ik, mint egy gyárkémény** smoke like a chimney **3.** *biz* **rá/oda se ~ik** not take* the blindest (v. a blind) bit of notice (of sy/sg)
bágyadt *mn* weak, weary, run down, tired, languid
bágyadtság *fn* weariness, lassitude, languor; **~ot érez** *biz* feel* weak, feel* like a wet rag, feel* washed out
bágyasztó *mn* enervating, wearying, exhausting, tiring; **~ hőség** oppressive heat
bahamai *mn/fn* Bahamian
Bahama-szigetek *földr* Bahama Islands, the Bahamas
Bahrein *földr* Bahrain
bahreini *mn/fn* Bahraini
baj *fn* **1.** *ált* trouble, *[súlyos]* misery, grief, misfortune, *[enyhébb]* bother; **ez/az (már) ~** that's too bad; **nem/semmi ~!** it does not matter!, no matter!; never mind!; **annyi ~ legyen!** never mind!; **mi (a) ~?, mi ~ van?** what's

the matter?, what is it?, what's wrong?; *biz* what's up?, what's biting you?; **az a ~, hogy** ... the trouble is that ...; **mi a ~a?** (*vknek*) what's the matter with him/her?; (*vmnek*) what's the matter (v. what's wrong) with it?; **nincs semmi ~a** there's nothing (v. nothing's) the matter with him/her; **a ~ gyökere** the seat of trouble; **vm ~ van vele?** is anything the matter with him?; **vm ~ van a kocsival** something's gone wrong with the car; **~a lesz belőle** *biz* he is in for it, there'll be the devil (v. hell) to pay; **ez az ő ~a** that's his problem; *biz* that's his funeral; **a ~ nem jár egyedül** misfortunes never come alone/single, it never rains but it pours; **~ba hoz** *[lányt]* get* [a girl] into trouble; **~ba jut/keveredik/kerül** get* into trouble; *kif* get* into hot water, get* into a mess/scrape; **~ba sodor vkt** get* sy into trouble; **~ban van** have* trouble, be* in trouble; *kif* be* in hot water, be* in a mess/scrape, be* in deep water, be* in a jam, be* up against it, be* up a gum-tree; **~t okoz** cause harm/trouble; **sok ~jal jár** present/involve difficulties/troubles; **~ok várnak ránk** there are rocks ahead; **keresi a ~t** ask for trouble **2.** *[betegség]* trouble, complaint, ailment, sickness; → **ellát**[1] 3

báj *fn* charm, grace(fulness); **elővészi minden ~át** *[hogy elérjen vmt]* turn on one's/the charm

bájcseveg *i* make* small talk

bájcsevegés *fn* small talk

bájdús *mn* charming, ravishing, delightful

bájgúnár *fn biz kb.* fop

bájital *fn* magic potion; **szerelmi ~** love-potion, aphrodisiac

bajkeverő *fn* trouble/mischief-maker, wrongdoer

bajlódás *fn* drudgery, toil, bother

bajlód|ik *i* (*vmvel*) take* trouble/pains with/over sg, bother about/with sg; **sokat ~ik a gyomrával** his stomach gives* him a lot of trouble

bajnok *fn* **1.** *sp* champion; **országos ~** national champion **2.** *[hős]* hero, fighter (for sg); **az igazság ~a** the champion of justice

bajnokcsapat *fn* champion team

bajnoki *mn* champion(ship); **~ cím** title, championship; **a ~ cím birtokosa/védője** titleholder, defender; **~ mérkőzés** league match, tie

bajnoknő *fn* (lady/woman°) champion

bajnokság *fn* **1.** *[versenysorozat]* championship **2.** *[cím]* championship, title

bajonett *fn* bayonet

bajonettfoglalat *fn* bayonet-socket/holder

bajonettzár *fn* bayonet (fitting); **~as fej** *[izzóé]* bayonet cap

bajor *mn/fn* Bavarian

Bajorország *földr* Bavaria

bajos *mn* **1.** *[nehéz]* difficult, troublesome **2.** *[kényes]* delicate, awkward

bájos *mn* charming, delightful, lovely

bájt *fn infor* byte

bajtárs *fn kat* comrade, fellow-soldier, mate, *[megszólításban]* comrade

bajtársias *mn* comradely

bajtársiatlan *mn* lacking in the spirit of comradeship *ut*, uncooperative

bajusz *fn* moustache (*US* mus-), *[macskáé]* whiskers *tsz*; **~a alatt mosolyog** smile under one's nose

bajuszos *mn* moustachioed, with a moustache *ut* (*US* mus-)

bajusztalan *mn* without (a) moustache *ut* (*US* mus-), clean-shaven

bajvívás *fn tört* tournament

bajvívó *fn* champion

bak *fn* **1.** *[őz, nyúl, antilop stb.]* buck, *[hím állat]* male; **~ot lő** blunder, make* a blunder, put* one's foot in it, drop a brick, blot* one's copybook **2.** *[állvány]* trestle, *[favágóé]* sawhorse, *US* buck **3.** *[tornaszer]* (vaulting) horse; **~ot ugrik** vault; **~ot tart vknek** give* sy a back, make* a back (for sy) **4.** *[kocsin]* (coach-)box, driver's seat

baka *fn biz* **1.** *[gyalogos]* foot-soldier, infantryman° **2.** → **közkatona**

bakafántoskod|ik *i biz* nitpick, find* fault(s), carp, bicker

bakancs *fn* (hobnail/heavy) boots *tsz*, brogue

bakancsszeg *fn* hobnail

bakelit *fn* bakelite

bakfis *fn* young miss, girl in her teens, teenage girl, *US* bobby-soxer

baki *fn biz* slip (of the tongue), slip-up, *[televíziós]* cock-up

bakiz|ik *i biz* make* a slip/mistake, slip up

bakkecske *fn* he/billy-goat

baklövés *fn* blunder, *[vizsgán]* howler; **~t követ el** → **bak 1**

bakó *fn* executioner, hangman°

baksis *fn biz* tip, gratuity, *[Keleten]* baksheesh

baktat *i* trudge, *[ló]* amble; *[tovább]* plough on

bakter *fn* **1.** *[éjjeli]* night-watchman° **2.** *[vasúti]* track-watchman°

bakterház *fn* watch-box [on railway-line]

bakteriális *mn orv* bacterial

bakteriológia *fn* bacteriology

bakteriológus *fn* bacteriologist

Baktérítő *földr* Tropic of Capricorn

baktérium *fn biol orv* bacterium (*tsz* -ria); **~ okozta** bacterial

baktériumháború *fn* biological/germ warfare

baktériumölő *fn orv* bactericide

baktériumtenyészet *fn* bacterium culture

bakugrás *fn* leapfrog

bal *mn/fn* (*röv* **b.**) left; **~ lábbal kel fel** get* out of the bed on the wrong side; **~ oldal** the left, the left-hand side; left side, *[hajóé]* the port side, port, larboard; → **baloldal**; **a ~ oldalon** on the left(-hand side); **az út ~ oldalán** on the left-hand side of the road; **~ parti** of the left bank *ut*, left-bank; **~ra, ~ felé** (to the) left; **~ra át!** left turn!; **~ra igazodj!** dress left!; **~ra hajt(s)** keep (to the) left; **~ra kanyarodik** turn left; **~ra kanyarodni tilos!** no left turn; **~ra nézz!** eye's left!; **~ra tolódik** veer/drift left(wards) (v. to/towards the left); **~ról, ~ felől** from the left; **~ról jobbra** *[képen]* from left to right; **~ul üt ki** turn out badly, go* wrong, come* to grief; **minden ~ul ütött ki aznap** it was one of those days

bál *fn* ball, dance; **első ~** coming-out ball; **állt a ~** the party was in full swing; **első ~ján vesz részt** come* out

bála *fn* bale

balalajka *fn zene* balalaika

Balaton *földr* Lake Balaton; **a ~on nyaral** have* a holiday by Lake Balaton; **a ~nál** by/at Lake Balaton; **a ~ra megy** go* (down)to Lake Balaton

balatoni *mn* of Lake Balaton *ut*; **~ nyaraló** a summer house by Lake Balaton; **~ bor** wine from the lake/Balaton region

báláz *i* bale

Balcsi *földr biz* Lake Balaton

balcsillagzat *fn* misfortune, ill fate; **~ alatt** under the shadow of misfortune, star-crossed

balegyenes *fn [bokszban]* straight left; **adott egy ~t** he let drive at me with his left

balek *fn biz* dupe, mug, sucker, pushover; **ne nézz engem ~nak!** I wasn't born yesterday

balerina *fn* ballerina, ballet-dancer

baleset *fn* accident; **halálos ~** fatal accident; **~et szenved** have* (v. meet* with) an accident; **~ érte** (s)he had an accident; **volt egy kis ~em munkába menet ma reggel** I had a slight accident on the way to work this morning; **~ következtében** owing to an accident; **~ következtében meghalt** (s)he was killed in an accident

baleset-biztosítás *fn* accident insurance

baleset-elhárítás *fn* prevention of accidents, accident protection

baleseti *mn* **~ halál** death caused by accident, casualty; **~ helyszínelő** accident unit [of the police]; **~ osztály** casualty ward/department, *US* emergency; **~ sebészet**

accident surgery; ~ **töréskár elleni biztosítás** collision insurance
baleset-megelőzés *fn* accident prevention, prevention of accidents
balesetmentes *mn* accident-free, without accidents
balesetveszélyes *mn* dangerous, *[igével]* involves a risk of accidents
balett *fn* ballet
balettcipő *fn* ballet shoes *tsz*
balettez|ik *i* → **balettozik**
balettiskola *fn* ballet-school
balettkar *fn* corps de ballet, the ballet
balettmester *fn* ballet-master
balettoz|ik *i* **1.** *[balettot táncol]* perform (in) a ballet **2.** *[tanul]* study ballet
balettszoknya *fn* tutu
balett-táncos *fn* ballet-dancer
balett-táncosnő *fn* ballet-dancer, ballerina, *[karban]* chorus-girl
balett-trikó *fn* leotard
balfácán *fn biz GB* silly bugger
balfasz *fn tabu* sucker, screw-up; **hogy lehetsz ilyen ~?** how can you be such an idiot?
balfedezet *fn sp* left half (*tsz* halves v. halfs), halfback
balfogás *fn* blunder, error, faux pas
balga *mn* silly, stupid, foolish
balgaság *fn [viselkedés]* silliness, foolishness, *[kijelentés]* nonsense, absurdity
balgatag *mn* → **balga**
balhátvéd *fn sp* left back
balhé *fn szl* row, shindy, fuss; **elviszi a ~t vmért** carry the can, hold* the baby, take the rap (for); **a ~ kedvéért** for the hell of it, just for kicks; **kitört a ~** the balloon went up; **nagy ~t csinál** kick up a row/fuss/rumpus, raise the devil
balhéz|ik *i szl* kick up a fuss/shindy/row, *GB* create; → **balhé**
balhiedelem *fn* misconception, delusion
balhit *fn* → **balhiedelem**
báli *mn* of the ball *ut*; ~ **ruha** dress clothes *tsz*, ball-gown
Bálint *tul* Valentine
baljós(latú) *mn* ominous, ill-omened/starred, sinister, baleful; ~ **jel** ill omen; ~ **tekintet** sinister look
Balkán *fn* the Balkans *tsz*, the Balkan States *tsz*
Balkán-félsziget *földr* the Balkan Peninsula
balkáni *mn* Balkan
balkanizálódás *fn pol pej* Balkanization
balkezes *mn* **1.** *[személy, tárgy]* left-handed; ~ **ember** left-handed person, left-hander; ~ **ütés** left-hand stroke, left-hander **2.** *[ügyetlen]* (s)he is all thumbs; → **kétbalkezes**
balkézről való gyerek *fn biz* child° born on the wrong side of the blanket
bálkirálynő *fn* the belle of the ball
balkon *fn* balcony, *US* gallery
balkonláda *fn* (balcony) flower box
balközép *fn* left centre (*US* center)
ballábas *mn* ~ **cipő** left foot shoe
ballada *fn* ballad, lay
balladai *mn irod* ~ **homály** *kb.* balladic obscurity
ballag *i* walk slowly, jog along, trudge
ballagás *fn* **1.** slow walk, jogging along **2.** *okt* ‹ graduating primary/secondary school students' ceremonial farewell to their alma mater ›
ballaszt *fn* ballast, *átv* dead weight
ballépés *fn átv* blunder; **~t követ el** make* a mistake, commit a faux pas (v. a blunder), make* a slip
ballisztika *fn* ballistics *esz*
ballisztikus *mn* ballistic; ~ **rakéta** ballistic missile
ballon *fn [léggömb]* balloon
ballonkabát *fn* raincoat, mackintosh
ballonrepülés *fn rep* ballooning
balmenetes *mn* left-hand [screw, thread etc.]
bálna *fn* whale
bálnavadász *fn* whaler, whaleman°
bálnavadászat *fn* whale hunting, whaling
balneológia *fn* balneology
baloldal *fn pol* the Left, left wing
baloldali *pol* **I.** *mn* left(-wing), progressive, leftist; ~ **diktatúra** left-wing dictatorship **II.** *fn* left-winger, leftist
baloldaliság *fn* leftist attitude
balos *mn* **1.** *műsz* closing/opening to the left *ut*, left [screw etc.] **2.** *pol biz* leftist
báloz|ik *i* attend/frequent balls
bálozó *fn* **első ~** [one] who comes out *ut*
balösszekötő *fn sp* inside left
balraát *fn* **~ot csinál** execute a left turn
balratolódás *fn pol* swing to the left
balsejtelem *fn* misgiving, foreboding
balsiker *fn* failure, setback
balsikerű *mn* unsuccessful, out of luck *ut*
balsors *fn* bad/ill/hard luck, misfortune
balszárny *fn pol* left wing
balszélső *fn sp* outside left, left-winger
balszerencse *fn* bad/hard luck, misfortune, *[sorozatos]* a run of bad luck
balszerencsés *mn* **1.** (*vk*) ill-starred/fated; → **peches** **2.** → **balsikerű**
balta *fn* hatchet, ax(e)
baltacim *fn növ* sainfoin, Burgundy hay
bálterem *fn* ballroom
balti *mn/fn* Baltic; **a ~ államok** the Baltic States
Balti-tenger *földr* the Baltic (Sea)
balti-tengeri *mn* Baltic
balusztrád *fn* balustrade
bálvány *fn átv is* idol
bálványimádás *fn* idolatry, idol-worship
bálványimádó I. *mn* idolatrous **II.** *fn* idolater
bálványkép *fn* idol
bálványoz *i* idolize
bálványozás *fn* idolatry, idolization
balzsam *fn* **1.** *[olaj]* balm, balsam **2.** *átv* balm, consolation
balzsamos *mn* balmy, balsamic
balzsamoz *i [holttestet]* embalm
bamba *mn* foolish, simple, stupid
bambusz *fn* bamboo
bambuszbot *fn* bamboo-cane, Indian cane
bambusznád *fn* bamboo-cane
bambuszrügy *fn gaszt* bamboo shoot
bámész *mn* ~ **tekintettel** in open-mouthed wonder, dumbfounded
bámészkodás *fn* looking (around)
bámészkod|ik *i* look (around)
bámul *i* **1.** *[elképedve]* stare/stand* in amazement; (*vkre*) stare/gaze at sy **2.** (*vmt*) gaze at, stare at **3.** *[csodál]* admire (sy, sg); **~om a türelmét** I admire (v. marvel at) his patience
bámulat *fn* **1.** *[csodálat]* admiration (for) **2. ~ba ejt, ~tal tölt el** (*vkt*) fill* sy with wonder, astonish/astound/amaze sy
bámulatos *mn* surprising, amazing, wonderful; **~an szép** stunning(ly beautiful)
bán[1] *i* regret, be* sorry for, feel* remorse for; **~ja, hogy vmt tett** regret doing sg, regret having done sg; **nem ~om** I don't care/mind; **~om is én!** I don't care, for all I care, what do I care, I couldn't care less; **mit ~ja!, ~ja is ő!** a fat lot he cares
bán[2] *fn* ban; **horvát ~** governor/viceroy of Croatia; **Bánk ~** Ban Bánk
banális *mn* banal, trite, commonplace
banalitás *fn* banality
banán *fn* banana; *biz* **unja a ~t** be* fed up
banándugó *fn* split plug, banana pin/plug
banánfürt *fn* bunch of bananas
banánhéj *fn* banana skin/peel; **elcsúszik egy ~on** slip on a banana skin

banánköztársaság *fn pol pej* banana republic
bánásmód *fn* treatment; **jó ~ban van része** be* well treated, receive good treatment; **rossz ~ban részesít** ill-treat, maltreat
bánat *fn* **1.** *[szomorúság]* sorrow, grief, distress; **nagy ~** a deep sorrow; **~ot okoz vknek** grieve sy, distress sy, cause distress to sy **2.** → **megbánás**; *közm* **késő ~ ebgondolat** *[előzetes figyelmeztetésként]* look before you leap; *[utólag]* it is no use crying over spilt milk
bánatos *mn* sorrowful, sad, mournful, grief-stricken; *biz* **mi a ~ fenét csinálsz?** what on earth (v. what the hell) are you doing?
banda *fn ált* band; *[zenész]* band, group; *[bűnöző]* gang
bandaháború *fn* gang war
bandavezér *fn* ringleader, gang-leader
bandázs *fn* bandage
bandita *fn* bandit, brigand, gangster
banditizmus *fn* banditry, gangsterism
bandukol *i* → **ballag**
bandzsa *mn* → **kancsal**
bandzsít *i* → **kancsalít**
bandzsítás *fn* → **kancsalság**
Banglades *földr* Bangladesh
bangladesi *mn/fn* Bangladeshi
bán|ik *i* **1.** treat/handle sy, deal* with sy, use sy; **rosszul ~ik vkvel** ill-treat sy, treat sy badly, abuse sy; **jól ~ik vkvel** treat sy well; **durván ~ik vkvel** handle sy roughly, *[szóban* v. *tettleg]* abuse sy [verbally v. physically]; **tud ~ni az emberekkel** know* how to deal with people, have* a way (with sy) **2.** handle/manage sg; **nem tud ~ni a pénzzel** money just runs through his fingers; **ügyesen ~ik a fegyverrel** be* a good/crack shot
bank *fn* **1.** bank; **~ba teszi a pénzét** deposit one's money in a bank; **melyik ~ban tartod a pénzed?** which bank do you use?, where do you bank?; **a Midland ~ban tartja a pénzét** (s)he banks with the Midland Bank **2.** *[szerencsejátékban]* bank; **~ot ad** keep*/hold* the bank; *biz* **adja a ~ot** give* oneself airs, put* on airs, boast, swagger
bankár *fn* banker
bankátutalás *fn* bank transfer
bankautomata *fn* → **bankjegy-automata**
bankbetét *fn* bank deposit
bankett *fn* banquet, (public) dinner; **~et ad** *[vk tiszteletére]* arrange/give* a banquet (for sy), give* a dinner (for sy)
bankettez|ik *i* take* part in a banquet, banquet
bankfelügyelet *fn gazd* bank supervision/surveillance
bankfiók *fn* branch (of a bank)
bankhitel *fn* bank loan
bankigazgató *fn* bank manager
bankjegy *fn* banknote, note, *US* (bank-)bill
bankjegy-automata *fn* cash dispenser, cash machine, cash point, hole in the wall, *US* ATM
bankjegyforgalom *fn* circulation (of banknotes), currency circulation
bankjegyhamisítás *fn* forgery [of banknotes]
bankjegykiadó *mn* **~ automata** → **bankjegy-automata**
bankjegykibocsátás *fn* issue of banknotes
bankjegyköteg *fn* wad, roll of banknotes, *US* bankroll
bankjutalék *fn gazd* (bank) commission
bankkamatláb *fn* bank rate
bankkártya *fn* credit card, plastic (money); **~t lehúz** *[a kártyaolvasón]* swipe [a credit card]; *biz* **van nálad kápé vagy fizessünk ~val?** have you got cash or shall we use plastic?
bankkártya-hamisítás *fn* forging credit cards
bankkártyaolvasó *fn* credit card reaader
bankkártya-tulajdonos *fn* card holder
bankkonszolidáció *fn gazd* consolidation [of a bank]
bankkonzorcium *fn gazd* banking syndicate
bankkölcsön *fn* (bank) loan
bankköltség *fn gazd* bank charges *tsz*
bankközi *mn gazd* **~ betét** interbank deposit; **~ hitel** interbank credit
bankó *fn* → **bankjegy**
bánkódás *fn* grief, sorrow (for), pining (after)
bánkód|ik *i [vm miatt, vk után]* sorrow (about/over sg/for sg), grieve (for sy/sg)
bankpont *fn* cashpoint
bankrabló *fn* bank robber
bankszakma *fn* banking
bankszámla *fn* bank(ing) account; **~t nyittat egy banknál** open an account with a bank
bankszámlakivonat *fn gazd* bank statement
bankszámlaszerződés *fn gazd* (bank) account contract
bankszektor *fn gazd* the bank sector
bankszerű *mn* bankable, negotiable
banktan *fn gazd* banking
banktisztviselő *fn* bank-clerk, bank employee, *[igével]* (s)he works in a bank
banktitok *fn gazd* banking secret
banktörvény *fn gazd* banking law
bankügylet *fn* banking business/transaction
bánt *i* **1.** *[testileg]* hurt*, harm, trouble; **~ja az ember szemét** irritate, hurt* the eye, be* an eye-sore **2.** *[bosszant]* annoy, vex, irritate, *[mást lelkileg]* hurt* sy's feelings, *[állandóan]* plague, worry; **mi ~?** what's biting you?, why are you upset? **3.** *[hozzányúl]* touch; **ne ~sd!** leave it alone!, hands off!
bántalmaz *i* hurt*, injure, assault, *[lelkileg]* insult
bántalmazás *fn* mistreatment/(physical) abuse (of sy), injury, violence (done to sy)
bántalom *fn* **1.** *[betegség]* ailment, disease, complaint **2.** *[sértés]* insult, affront, *[lelki]* indignity
bántatlanul *hsz* unharmed, unhurt, uninjured
bántó *mn* **1.** *[sértő]* offensive, insulting; **~ megjegyzés** (a) sarcastic comment/remark **2.** *[bosszantó]* annoying
bántódás *fn* insult; **nem lesz ~a** he will not be harmed, he will come to no harm
banzáj *fn szl [zajos összejövetel]* bash, rave
banya *fn* hag, harridan, witch
bánya *fn* mine, *[kő~]* quarry, *[szén~]* coal-mine, colliery, pit
bányafa *fn* pit-prop, mine timber
bányafelvonó *fn* cage, mine-hoist
bányagép *fn* mining machine
bányaipar *fn* mining industry; **~i dolgozó** mineworker, miner
bányajog *fn* laws relating to mining *tsz*
bányakutatás *fn* prospecting
bányalég *fn* fire/choke-damp
bányalégrobbanás *fn* fire-damp explosion
bányamérnök *fn* mining engineer
bányamester *fn* master miner
bányamunkás *fn* → **bányász**
bányaművelés *fn* working/exploitation of a mine/pit
bányaomlás *fn* crumbling (v. falling in) of a mine
bányarém *fn* mine monster; *[csúnya nő] biz* hideous/repulsive woman, dog
bányász *fn* miner, mineworker, *[szénbányában]* collier, pitman°
bányászat *fn* mining, *[iparág]* mining industry
bányászati *mn* mining, relating to mining *ut*; **~ kutatóintézet** Institute of Mining
bányászcsákány *fn* miner's pick(axe)
bányaszerencsétlenség *fn* mining accident, *[nagyobb]* mine disaster
bányász|ik *i* mine
bányászkalapács *fn* (knapping)hammer
bányászlámpa *fn* miner's/safety/Davy lamp
bányászszakszervezet *fn* mineworkers' union
bányatelep *fn* mining site, mine-head/camp
bányaügy *fn* mining
bányaüzem *fn* mining works *esz*

bányaváros *fn* mining town
bányavasút *fn* mine tramway, miner's tram
bányavidék *fn* mining district/region/area
bányavíz *fn* mine inflow
baptista *mn/fn* Baptist
bár[1] I. *ksz* (habár) (al)though, even though, albeit, notwithstanding; **~ nem egyszer megmondtam** although I have told you several times **II.** *hsz [óhajban]* if only, I wish; **~ igaz volna!** if only it were true; **~ tudnám a címét** I wish I knew his address; **~ gyakrabban jönne!** I wish he would come more often, if he would only come more often; **~ sohase láttam volna** I wish I had never seen him/it; → **bárcsak**
bár[2] *fn* nightclub, *[szállodáé]* (hotel) bar
barack *fn* **1.** *[sárga/kajszi]* apricot, *[őszi]* peach **2.** *[fejre]* rap on the head
barackfa *fn [sárga]* apricot-tree, *[őszi]* peach-tree
barackíz, baracklekvár *fn* apricot jam
barackmag *fn* apricot/peach stone, *US* apricot/peach pit
barackpálinka *fn* apricot brandy
barackvirág *fn* apricot/peach blossom
barakk *fn ált* hut, barracks *esz* v. *tsz*, *kat* hutment, barracks *esz* v. *tsz*, *GB* Nissen hut, *US* Quonset hut
barakklakás(ok) *fn* quarters *tsz*
barakktábor *fn* barracks *esz* v. *tsz*
barangol *i* ramble, roam, wander, rove (*mindegyik:* about)
barangolás *fn* ramble, roaming (about), *[mobiltelefonnal]* roaming
bárány *fn [hús is]* lamb, *[kicsi]* lambkin; **ártatlan, mint a ma született ~** (as) innocent as a newborn lamb/babe
báránybőr *fn* lambskin, sheepskin; **~be bújt farkas** wolf in sheep's clothing
báránycomb *fn* leg of lamb
bárányfelhő *fn* fleecy/cirrus cloud; **~s ég** mackerel sky
bárányhimlő *fn* chicken-pox
bárányhús *fn* mutton
bárányka *fn* lambkin, little lamb
báránysült *fn gaszt* roast lamb
barát *fn* **1.** *[jó barát]* friend, pal, *[nőé]* boyfriend, *US biz* buddy; **gyermekkori ~** childhood friend; **jó ~** good/else friend; **igen jó ~ok** they are great friends; **a ~om** a friend of mine; *[nőé]* my boyfriend; **egy jó ~om** a good/great friend of mine; **a legjobb ~om** my best friend; **Kedves B~om!** *[levélben]* Dear John (stb.); **B~aim! azért jöttünk össze...** Friends, we are gathered here...; **~okat szerez** make* friends **2.** *[vmnek a híve]* **nem vagyok ~ja az autós kirándulásoknak** I'm not keen on day-trips by car **3.** *[szerzetes]* monk, friar
barátfüle *fn gaszt kb.* jam pockets *tsz*
baráti *mn* friendly, amicable, *[segítően]* brotherly; **~ államok/országok** friendly countries; **~ kör** friends *tsz*; **~ körben** among/with (intimate) friends; **~ látogatás** goodwill/friendly visit; **~ nemzetek** friendly nations; **~ összejövetel** friendly gathering, get-together; *[szűk körű]* a small party for close friends; **~ szívesség** a friendly turn, favour (*US* -or); **XY ~ társaság** Friends of XY; **~ viszonyban van vkvel** be* on friendly terms with sy
barátilag *hsz* as a friend; **~ figyelmeztet vkt** give* sy a friendly warning
barátka *fn [madár]* blackcap
barátkeselyű *fn áll* black vulture
barátkozás *fn* making friends, friendship
barátkoz|ik *i* make* friends (*vkvel* with), mix (*vkvel* with); **könnyen ~ik** make* friends very easily; **nehezen ~ik** (s)he doesn't mix easily/well, (s)he finds it difficult to make friends; **azokkal ~ik, akik** he cultivates people who ...
barátkozó *mn* **~ természetű** sociable, friendly; *[főnévvel]* a good mixer, *[igével]* make* friends (very) easily; **nehezen ~** unsociable
barátnő *fn [általában]* (girl)friend, *[fiúval szorosabb kapcsolatban]* girlfriend, *[idősebb]* lady-friend
barátocskám *fn iron* my little friend
barátság *fn* friendship, friendly relations *tsz*; **szoros/bizalmas ~** close friendship, intimacy; **jó ~ban van vkvel** be* on friendly terms with sy; **~ból** out of friendship/kindness; **~ból tette** he did it as a favour (*US* -or) for a friend; **~ot köt vkvel** make* friends with sy; **tartja a ~ot vkvel** be* on friendly terms with sy; **azokkal tartja a ~ot, akik ...** he cultivates people who ...; **~gal üdvözöl** *[levélben]* Yours ever, As ever
barátsági *mn* **~ és együttműködési szerződés** agreement of friendship and cooperation
barátságos *mn* **1.** *[szívélyes]* friendly, amicable, sociable; **~an** in a friendly manner **2. ~ szoba** cosy (*US* cozy) room **3. ~ mérkőzés** friendly match
barátságtalan *mn [modor]* unfriendly, *[időjárás]* inclement, dull, cheerless [weather], *[nem otthonos]* cheerless; **~ul** in an unfriendly manner
barázda *fn* **1.** *[földben]* furrow **2.** *[arcon]* wrinkle, furrow **3.** *[hanglemezen]* (sound-)groove
barázdabillegető *fn áll* (white) wagtail
barázdál *i* furrow, make* furrows (in sg), ridge
barázdált *mn* **1.** *[arc]* lined, wrinkled, furrowed **2.** *[tárgy]* grooved
barázdás *mn* **1.** *[föld]* furrowed **2.** → **barázdált**
Barbados *földr* Barbados
barbadosi *mn/fn* Barbadian
barbár I. *mn* **1.** *[műveletlen, vad]* barbarous, barbaric **2.** *tört* barbaric **II.** *fn* **1.** *[ember]* barbarian **2.** *tört* **a ~ok** the Barbarians
barbárság *fn* barbarism, vandalism; **micsoda ~!** what an outrage!
Barbie-baba *fn* Barbie doll
bárca *fn* **1.** *[ragasztott]* label, *[odakötött]* tag, *[ruhatári]* check **2.** *[prostituálté] kb.* ‹prostitute's medical card›
bárcsak *hsz* → **bár[1] II**; **~ minél előbb jönne** I wish he would come as soon as possible; **~ velünk jönne** I wish he was coming with us; **~ velünk jöhetnél** I wish you could come with us, if only you could come with us; **~ tudnál vezetni** I wish you could drive
bárd[1] *fn* hatchet, *[húsvágó]* (butcher's) cleaver; → **csatabárd**, → **harci**
bárd[2] *fn [dalnok]* bard
bárdolatlan *mn [ember]* uncouth, *[stílus]* rough, unrefined, *[beszéd]* blunt
barett *fn* beret
bárgyú *mn* ember idiotic, imbecile, stupid, *[filmsorozat]* silly, stupid
bárgyúság *fn* idiocy, imbecility, stupidity
bárhogy(an) *hsz* → **akárhogy**; **~ álljon is a dolog** in any case, anyway, anyhow; **~ történjen is** be that as it may
bárhol *hsz* → **akárhol**
bárhonnan *hsz* from anywhere
bárhova *hsz* → **akárhova**
bari(ka) *fn* lambkin, little lamb
barikád *fn* barricade, blockade
barikádharc *fn* fighting on the barricades
bariton *fn* baritone (voice)
baritonista *fn* baritone (singer)
bárium *fn kém* barium
báriumkása *fn* barium meal
barka *fn* catkin, *[fűzfáé]* pussy willow
bárka *fn* boat; **Noé ~ja** Noah's Ark
barkács- *előtag* do-it-yourself, DIY
barkácsbolt *fn* do-it-yourself shop
barkácsfelszerelés *fn* do-it-yourself kit
barkácsol *i* **1.** do* a bit of carpentry/carpentering, do* woodwork; **szeret ~ni** he is very interested in do-it-yourself, he's a great do-it-yourselfer **2.** (*vmt*) make*, *biz* knock together
barkácsolás *fn* do-it-yourself, DIY
bárki *nm* → **akárki**
barkó *fn* side-whiskers *tsz*

barkochba *fn kb.* Twenty Questions, "Animal, vegetable or mineral"
barkochbáz|ik *i* play Twenty Questions
bárkód *fn* → **vonalkód**
barlang *fn* cave, cavern, *[állaté]* den, lair
barlangászat *fn [tudomány is]* speleology
barlangi *mn* **~ medve** cave-bear
barlangkutatás *fn* caving, *GB* potholing, *tud* speleology
barlangkutató *fn GB* potholer, *tud* speleologist
barlanglakás *fn* cave-dwelling
barlanglakó I. *mn* cave-dwelling **II.** *fn* cave-man°/dweller
barlangrajz *fn műv* cave drawing/art
bármeddig *hsz* **1.** *[hely] [akármeddig]* to any distance; **~ elmehettek** *átv is* you may go as far as you like; **~ (is)** however far **2.** *[idő] [akármeddig]* for any length of time; **~ maradhattok** you may stay as long as you like; **~ (is)** however long
bármekkora *nm* whatever size/dimension, however large; **~ jó lesz** any size will do
bármely *nm* → **bármelyik**; **~ időben** (at) any time, no matter when, whenever you wish/like
bármelyik *nm* → **akármelyik**; **~ napon** any day; **~ üzletben** in any shop; **~ (a kettő közül)** either
bármennyi *nm* → **akármennyi**; *[e kérdésre: mennyit adjak?]* **~t** any quantity will do; **~en** however many (people)
bármennyire *hsz* → **akármennyire**
bármennyiszer *hsz* → **akármennyiszer**
bármerre *hsz* → **akármerre**
bármerről *hsz* → **akármerről**
bármi *nm* → **akármi**
barmicvó *fn vall* bar mitzvah
bármiféle *nm* → **akármilyen**
bármiként *hsz* → **bárhogy**
bármikor *hsz* → **akármikor**
bármilyen I. *nm* whatever, any (kind of); **~ áron** at all costs, at whatever price **II.** *hsz [bármennyire]* however; **~ jó legyen is** be it ever so good; **~ kevés legyen is** be it ever so little; **~ különösnek tűnik is** strange though it may appear; **~ nagy (legyen is)** however large (it is)
bárminemű, bárminő *nm* → **bármilyen**
bármixer *fn* cocktail mixer
barna I. *mn* brown; **~ arcbőr/arcszín** dark complexion/skin; *[naptól]* suntan, tanned; **~ bőrű** *[született]* swarthy, dark(-coloured); *[lesült]* (sun)tanned; **~ kenyér** wholemeal (*US* whole-wheat) bread; **~ nő** brunette; **~ sör** porter; **~ szemű** brown-eyed **II.** *fn* brown (colour); **~́ra fest** (i) *ált* paint sg brown (ii) text dye/stain sg brown; **~́ra sül** *[napon]* get* (sun)tanned/bronzed; *[étel]* be fried/baked till it gets brown
barnainges *mn tört* brownshirt
barnáll|ik *i* appear brown, take* a brown colour
barnamedve *fn* brown bear
barnás *mn* brownish, *[arcszín]* swarthy
barnaság *fn* brownness, brown/dark colour (*US* -or), *[naptól]* suntan
barnaszén *fn* brown coal, lignite
barnít *i* (make*) brown, *[nap]* bronze, tan
barnul *i* brown, turn/become*/get* brown, *[naptól]* get* (sun)tanned/bronzed
baró *mn szl [remek]* cool, neat; **ez tök ~** it's real(ly) cool
báró *fn* baron
bárói *mn* baronial; **~ cím/rang/birtok** barony
barokk *mn/fn* Baroque; **~ stílus** Baroque (style), the Baroque; **~ stílusú** Baroque, in Baroque style *ut*; **~ zene** Baroque music
barom *fn* **1.** *[állat]* cattle *tsz*, livestock *tsz* **2.** *[szidás]* brute, ass, idiot
barométer *fn* barometer
baromfi *fn* poultry *tsz* (*mint hús: esz*), *[főleg csirke]* chicken(s), fowl(s); **~t tart** keep* chickens, *US* raise chickens
baromfiállomány *fn* poultry stock
baromfifarm, baromfigazdaság *fn* poultry-farm
baromfitenyésztés *fn* poultry-farming
baromfitenyésztő I. *fn* poultry-breeder/farmer **II.** *mn* **~ telep** poultry-farm
baromfiudvar *fn* fowl/poultry-run, *US* chicken-yard
baromfivész *fn* chicken cholera, fowl pest
baromi *mn átv* **~ ereje van** he is strong as a horse; **~ munkát végez** do* back-breaking work, work like a Trojan, work like hell; **~ jó volt** it was jet good; *elav* beastly, bestial, brutish
baromság *fn [kijelentés]* (utter) nonsense, rubbish
báróné *fn* baroness
bárónő *fn* baroness (in her own right)
bárpult *fn* bar counter
'barrister' *fn jog* barrister; **~nek készül** read for the Bar
bársony *fn* velvet
bársonyos *mn* velvety, velvet-like, (as) soft as velvet *ut*; **~ bőr** velvety/delicate skin; **~ hang** smooth/soft voice; **~ tapintású** having a velvety touch *ut*, velvety; **~ forradalom** velvet revolution; ‹ revolution without bloodshed ›
bársonypuha *mn* soft as velvet *ut*, velvety
bársonyszalag *fn* velvet ribbon
bársonyszék *fn [parlamentben]* (minister's) plush seat [in Parliament], *GB* Government front bench
bársonyvirág *fn* (French) marigold
bárszék *fn* bar stool
bárszekrény *fn* cocktail cabinet
barter(ügylet) *fn gazd* barter(ing)
bárzongorista *fn* pianist
basa *fn* pasha
basáskodás *fn* tyranny, despotism, *átv* bullying
basáskod|ik *i* play the tyrant/despot; **~ vk fölött** bully sy
baseballsapka *fn* baseball hat
baseballütő *fn sp* baseball bat
bástya *fn* **1.** *[váré]* bastion, battlements *tsz*, *átv* bulwark **2.** *[sakkfigura]* rook, castle
bástyafal *fn* rampart
bástyasétány *fn* ‹ a walk along the ramparts (v. the castle walls) ›
baszakod|ik *i tabu [piszmog]* screw/fuck about/around
baszás *fn tabu* fuck(ing), screw(ing)
basz|ik *i durva* fuck
baszk *mn/fn* Basque; **~ sapka** beret
baszogat *i tabu [piszkál]* fuck/mess (about/around) with
baszott *mn tabu* fucking
basszbariton *fn zene* basso profundo
basszista *fn zene* bass (singer)
basszus *fn zene* bass (voice)
basszusgitár *fn zene* bass guitar
basszuskulcs *fn zene* bass clef, F-clef
basztat *i durva* (*vmt, vkt*) keep* messing (about) with
batár *fn* **1.** *[hintó]* state coach **2.** *biz [régi rozoga]* boneshaker, shandrydan
batiszt *mn/fn* cambric, batiste, lawn
bátor *mn* **1.** brave, courageous, fearless, valiant; **~ ember/fickó** man of mettle; *kif* have* guts, have* the guts to (do sg); **bátraké a szerencse** nothing venture, nothing gain, faint heart never won fair lady **2. ~ vagyok vmt tenni, vagyok olyan ~** I take the liberty (of ...ing), I venture to
bátorít *i* encourage, embolden, hearten
bátorítás *fn* encouragement
bátorító *mn* encouraging, heartening
bátorkod|ik *i* take* the liberty (of ...ing), make* bold to
bátorság *fn* courage, bravery, *[főleg harcban]* valour (*US* -or); **megvan a ~a** (*vmhez*) have* the courage to; **nincs ~a** be* lacking in courage; **~ot merít** take* courage (from); **~ot önt vkbe** put* (fresh) courage into sy, encourage/hearten sy
bátortalan *mn* timid, timorous, faint/half-hearted, lacking in courage *ut*; **~ul** timidly, half-heartedly

B

bátran *hsz* **1.** courageously, boldly, bravely, without fear; ~ **nekivág** *[veszélyes vállalkozásnak]* grasp the nettle, start boldly on sg **2.** *[nyugodtan]* safely, without fear; **csak ~!, rajta ~!** go ahead!; ~ **beszélhet** you may speak with complete confidence (v. safely)
bátya *fn* **1.** *[idősebb fivér]* elder brother **2.** *[megszólítás]* uncle; **Laci ~m** Uncle Laci, dear old Laci
batyu *fn* bundle, pack
bauxit *fn* bauxite
bauxitbánya *fn* bauxite mine
bauxitbányászat *fn* bauxite mining
bauxitbeton *fn* bauxite/aluminate concrete
bazalt *fn* basalt
bazár *fn [európai üzlet]* (cheap) fancy goods shop, bazaar, *[keleti]* bazaar
bazáráru *fn* fancy-goods *tsz*, (cheap) miscellaneous goods *tsz*
bazedovkór *fn* exophthalmic goitre (*US* goiter), Graves' disease
Bázel *földr* Basel
bazilika *fn* basilica, cathedral
bazíroz *i* drive at, hope for; **mire ~ol?** what are you driving at?
bázis *fn* base, basis (*tsz* bases); **biztos** ~ (i) firm base (ii) *csak átv* sound basis; **katonai** ~ military base
bazsalikom *fn* (sweet) basil
bazsarózsa *fn* peony
B-dúr *fn zene* B-flat major
be I. *hsz* **1.** into, in; **most azután se ~, se ki** now we are stuck **2. ki-~ kapcsoló** on-and-off switch **II.** *isz elav* **Ó, ~ szép!** Alas, how beautiful!
bé *fn zene* [the note] B-flat, *[zenei módosító jel]* flat
bead *i* **1.** *ált* (*vmt*) give*/hand in, turn in, put* in, *[ruhatárba]* check [one's coat], leave* [one's coat etc. in the cloakroom], *[orvosságot vknek]* administer [medicine to sy], *[injekciót]* give* [sy an injection], *[kérelmet]* present, hand in, *US* file [an application], *[dolgoztatot, lemondást, javaslatot stb.]* submit, *[pályázatot]* hand in, submit; **~ja a gyereket állami gondozásba** put* the child into (state) care; **~ja a labdát középre** centre (*US* center) the ball **2.** *átv* ~ **vknek vmt** lead* sy to believe sg, (try to) make* sy swallow sg (whole), put* sg across sy **3.** *átv biz* **neki ugyan ~tak** he has had it; **ez (jól) ~ott neki** that (really) cooked his goose; → **derék**[2] , → **kulcs**
beadás *fn* **1.** giving/handing in, *[orvosságé]* administration (of), *[kérelemé]* presentation, filing, handing in **2.** *sp* centring (the ball)
beadási *mn* ~ **határidő** deadline; ~ **határidő: június 1.** to be handed in (v. delivered) by June 1
beadvány *fn [hatósághoz, kérelem]* application, petition, request, *[javaslat]* submission, proposal, suggestion; **beadvánnyal fordul vhova/vkhez** make*/address/present a petition to sy, petition sy [v. Parliament v. the government etc.] (for sg/to do sg)
beágaz|ik *i* (*vmbe*) run* into
beágyaz *i* **1.** (*vmt vmbe*) (em)bed (sg in sg), encase (in) **2.** *[ágyat bevet]* make* one's/the bed **3.** *nyelv* **~ott mellékmondat** embedded cloze; *mat infor* **~ott függvény** nested function
beajánl *i* (*vkt*) introduce sy to sy, (re)commend sy (warmly) (to sy)
beajánlás *fn* (warm) recommendation
beakad *i* (*vmbe*) get* caught in sg
beakaszt *i* **1.** *[szekrénybe]* hang* up [in a wardrobe] **2.** *durva szl* ~ **vknek** screw sy
bealkonyod|ik *i* night is falling
bealkonyul *i* (*vknek/vmnek*) the time of sy/sg(v. sy's time) is up, the days of sy/sg (v. sy's days) are numbered
beáll *i* **1.** (*vhová*) enter swhere, come*/stand* in; ~ **a sorba** join the queue; ~ **kocsijával (parkolóhelyre)** get*/manoeuvre (*US* maneuver) the/one's car into [a parking space] **2.** ~ **katonának** join the army/services, become* a soldier, join up **3.** *[beköszönt]* set* in; **fordulat állt be** the tide has turned; **~t a tél** winter has set in **4.** *[folyó befagy]* freeze* over **5. nem áll be a szája** *biz* his tongue is always wagging/going
beállít *i* **1.** (*vmt vmbe/vhova*) put* sg in(to), (*vkt vhova*) place/send* sy in(to) **2.** *[beigazít]* set*, adjust; **az órát ~ja a pontos időre** set* the watch (right); *[előre]* preset*; **~ja a rádiót** tune in the radio (to a station); **nincs jól ~va** *[szerkezet, gép]* it's not set right (v. adjusted properly v. tuned up), *[rádió, tévé]* it's not on the station **3.** *[munkást]* employ, engage, put*/set* sy to work, *[vonatot menetrendbe]* put* on [a train] **4. úgy állítja be a dolgot, hogy** present an affair in such a way as, give* the matter an appearance as if **5. vmre ~ja magát** adjust to sg **6.** *sp [csúcsot]* equal [the record] **7.** *[bejön]* turn up, drop in **8.** *[berúg]* get* drunk/tipsy
beállítás *fn* **1.** (*vmé vmbe/vhova*) putting in, setting in **2.** *[munkásoké]* employment, engagement **3.** *[beigazítás]* adjustment, setting, *[rádióé]* tuning in **4.** *átv [feltüntetés]* presentation, approach; **hamis** ~ misrepresentation, false interpretation
beállítható *mn* adjustable (to)
beállítócsavar *fn* adjusting screw
beállítódás *fn* disposition
beállítottság *fn* turn/frame/cast of mind, (mental) attitude (to sg), disposition
beállítottságú *mn* **hasonló** ~ congenial, having a similar disposition *ut*; **hasonló ~ak** *biz* the likes of us/them; **nem azonos** ~ uncongenial; **jobboldali** ~ with a right-wing bias *ut*
beálló *mn* **1.** ~ **autóbusz** depot/garage bus **2.** *nyelv* ~ **cselekvés** immediate future action
beállta *fn* **a sötétség ~ előtt** before nightfall
beállványoz *i [házat]* surround [a house/building] with scaffolding
beárad *i* stream/flow in
beáramlás *fn* inflow, influx, *[lassú]* infiltration
beáraml|ik *i* flow/rush/pour in(to)
bearanyoz *i* **1.** *[tárgyat]* gild* **2.** *[vm az életét]* brighten, light* up
beáraz *i* **1.** calculate the price of sg, price **2.** *[ráírva]* mark the price of sg
beárnyékol *i* shade, overshadow, *átv is* cast* a shadow over sg
beárul *i* (*vkt*) denounce sy, inform on/against sy, accuse sy, tell* tales (about sy)
beás *i* dig* in; **~sa magát** *kat [fedezékbe]* dig* (oneself) in, entrench oneself
beatnemzedék *fn* Beat Generation
beatzene *fn* beat (music), heavy rock (music)
beavat *i* **1.** (*vkt vmbe*) initiate/let* sy into sg; *[titokba]* let* in on [a secret], *[fogásokba]* show* sy the ropes; **be van avatva** he is in the know, be* in on sg; **avass be!** cue me in! **2.** *tex* preshrink*; **nincs ~va** be* not preshrunk
beavatás *fn* initiation
beavatási *mn* ~ **szertartás** rite of passage
beavatatlan I. *mn* uninitiated **II.** *fn* outsider
beavatkozás *fn* **1.** intervention, interference, *[jogot csorbító]* encroachment (on); **(más ország) belügyeibe való ~** intervention/interference in the internal affairs of (another country); **katonai** ~ military intervention; **be nem avatkozás** nonintervention **2.** *orv* **orvosi** ~ medical treatment, operation
beavatkoz|ik *i* (*vmbe*) intervene in (sg), *[kéretlenül]* meddle/interfere in sg, *[közbelép]* step in; **~ik vk hatáskörébe** encroach on sy's authority, *[vk jogaiba]* infringe on sy's rights; **~ik más ország belügyeibe** intervene in the internal affairs of another country; → **beleavatkozik**
beavatkozó *mn* intervening, interfering
beavatott I. *mn* **1.** initiated; ~ **körök** well-informed circles; **be nem avatott** uninitiated **2.** *tex* preshrunk **II.** *fn* outsider

beázás *fn [tetőn]* leak
beáz|ik *i* leak; **a tető ~ik** the roof leaks
beáztat *i* steep, soak
bebábozód|ik *i* become*/form a chrysalis, (spin* a) cocoon
bebalzsamoz *i* embalm, mummify
bebarangol *i [vidéket]* roam (over), ramble/wander over [the countryside]
bebeszél *i* (*vknek vmt*) talk sy into (believing) sg; **~ vmt magának** take*/get* into one's head, persuade oneself (that)
bébi *fn* baby
bébielem *fn [9 voltos]* C size battery
bébiétel *fn [konzerv]* (tinned) baby food
bebifláz *i* → **bemagol**
bebillentyűz *i* key in, type in, ring* in/up
bébiruházat *fn* baby clothes *tsz*, layette
bébiszitter *fn [csecsemő mellett]* nanny, *[a családdal lakó, háztartási munkát is végző külföldi]* au pair, *[a szülők távollétében néhány órában a gyerekre vigyázó]* babysitter
bébitaxi *fn* toy car
bebizonyít *i* prove, demonstrate, show*; **~ja vmnek a helytelenségét** disprove sg, refute sg, prove sg to be wrong/mistaken; **~ott** proven, proved
bebizonyítható *mn* provable, that can be proved *ut*, demonstrable; **be nem bizonyítható** not provable *ut*, unprovable, undemonstrable
bebizonyosod|ik *i* prove true, be* proved, *jog* be* proven, sg proves to be the case, *[hír]* be* confirmed
bebiztosít *i* insure, make* sure (that), ensure sg; **házát ~otta** his house is insured, he (has)insured his house; **~ja magát** *átv* make* oneself firm/secure; *[életbiztosítást köt]* take* out life insurance
bebocsát *i* let* in, admit
bebocsátás *fn* admission, admittance; **~t kér** request (v. ask for) admittance
bebolyong *i* → **bebarangol**
beborít *i* **1.** *[betakar]* cover **2.** *[vmnek tartalmát vmbe]* pour (sg) into (sg)
beboronál *i* harrow
beboroz|ik *i* get* drunk with wine, *biz* have* a drop too much wine
beborul *i [ég]* cloud over, become* overcast, get* cloudy, lour (*US* lower)
bebóvliz *i* palm off junk on sy, fob sg off on sy, sell* sy a pup; **jól ~tak!** you've been done/had!
bebőrösöd|ik *i [tej]* skin (over)
bebörtönöz *i* imprison, put* in prison, throw* into jail, jail; → **börtön**
bebörtönzés *fn* imprisonment, confinement
bebugyolál *i [tárgyat]* wrap* up in, *[embert]* swaddle sy in (sg), swathe (in blankets/rugs), muffle up, bundle up; **~ja a gyereket** tuck the child in/up; **~ja magát** → **beburkolódzik**
bebúj|ik *i [vhova könnyen]* slip in, *[nehezen]* creep*/wriggle in, *[ruhába]* slip into/on [a dressing-gown, a sweater etc.]; **~ik az ágyba** go* to bed; *biz* nip into bed; *tréf* **bújj be!** come on in!
bebújós *mn [blúz, ruha stb.]* slip-on, slipover
beburkol *i* wrap*, cover, envelop
beburkolódz|ik *i* wrap* oneself up (in sg), *[pokrócba]* roll up in a blanket
bebútoroz *i* furnish
bebüdösít *i* make* [a place/room] stink, *biz* stink* the place/room out
becenév *fn* pet name, *[tréfás]* nickname, *nyelv* hypocorism
becéz *i* **1.** *[névvel]* call by a pet name **2.** *[simogatva]* (molly) coddle
becézés *fn* **1.** *[névvel]* petting **2.** *[simogatva]* fondling
becézget *i* **1.** *[névvel]* pet **2.** *[simogatva]* fondle
becikkelyez *i [törvényt]* enact, *[nemzetközi szerződést]* ratify
becipel *i* carry in, *[nehezet]* drag/heave*/haul in
becitál *i* summon sy (to a place)
becő *fn* pod, husk, hull
becs *fn* value, worth, esteem; **(nagy) ~ben tart** esteem, cherish, value highly
Bécs *földr* Vienna
becsal *i* entice/inveigle in(to), lure in(to)
becsalogat *i* (*vhová*) lure in(to), entice in(to), *[vevőt üzletbe]* attract [customers]
becsap *i* **1.** **~ja az ajtót** slam the door **2.** (*vmt vhová*) throw* in, toss in, *[zálogba]* put* sg in hock **3.** *[rászed]* swindle, cheat, dupe, take* in, make* a fool of sy, *US biz így is:* gyp; **~ták** he's been done/had/sold; **20 Ft-tal ~tak** I've been cheated out of twenty forints; **már megint ~tak a zöldségesnél** I was given short measure at the greengrocer's again **4.** *[villám]* strike*; **~ott a villám a házba** the house was struck by lightning; **~ a víz a csónakba** the boat is shipping water
becsapás *fn* **1.** *[ajtóé]* slam(ming), bang(ing) **2.** (*vké*) swindle, take-in, hoax **3.** *[villámé]* strike
becsapódás *fn [bombáé]* hit, impact
becsapód|ik *i* **1.** *[bomba]* hit*, make* a hit; **~ott az ajtó** the door blew/slammed/swung shut **2.** *[ember]* be* cheated/swindled, be* taken in
becsatol *i* **1.** *[iratot]* enclose with, append **2.** *[csatot]* clasp, buckle (up), *[biztonsági övet]* fasten
becsattan *i* slam/snap/click shut
becsavar *i* **1.** *[csavart]* screw in **2.** *[begöngyöl vmbe]* roll up (in sg), *[lazán vmbe]* wrap* up in, *[vitorlát]* take* in [sail]
becsavarod|ik *i szl* go* off one's nut/rocker, go* mad/crazy, go* off one's head, go*/be* haywire
becsavaroz *i* → **becsavar 1**
becsempész *i* smuggle in, *átv* introduce stealthily
becsenget *i* **1.** (*vhova*) ring* (for admission), ring* the doorbell **2.** *okt* **~tek** the bell has gone
becsengetés *fn* **1.** (*vhova*) ring* (for admission) **2.** *okt* class-bell
becsepegtet *i* let* sg drip in; **~tél már?** have you had your eyedrops yet?
becseppen *i* **1.** *[folyadék]* drop in **2.** *[társaságba]* drop in (unexpectedly)
becseppent *i* → **becsepegtet**
becserél *i* (ex)change (*vmt vmre* sg for sg); *biz* swap, *[vm újra, árbeszámítással]* trade in, *[cserekereskedelemben]* trade/barter sg for sg
becserélés *fn* exchange, trading-in, trade-in, *[újra, árbeszámítással]* part exchange
becserkész|ik *i [vadat]* stalk, *[embert]* find* out all about sy, check on sy
becsérték *fn* assessed value
becses *mn* **1.** *[értékes]* precious, valuable **2.** *[levelezésben]* (*röv* **b.**); **okt. 25-i ~ levelét megkaptam** I have received your (esteemed) letter of October 25th
bécsi *mn/fn* Viennese, (of) Vienna; **~ szelet** breaded veal cutlet, Wiener/Vienna schnitzel; **a ~ udvar** the Imperial Court of Vienna
becsiccsent *i* get* a bit squiffy/tight, get* lit up
becsinál *i [nadrágba]* soil (v. make* a mess in) one's trousers (*US* pants)
becsinált *mn/fn* fricassee; **~ csirke, csirke~** *kb.* chicken stew/ragout, chicken fricassee, fricasseed chicken; **~ leves** *kb.* chickens broth
becsíp *i* **1.** pinch/catch* in; **~te az ujját az ajtóba** he caught his finger (v. got his finger trapped) in the door **2.** *[berúg]* get* a bit squiffy/tight, *[erősen]* get* tipsy
becsípett *mn* a bit squiffy/tight *ut*, *[erősen]* tipsy
becslés *fn* estimate, *[értékelés]* estimation; **~em szerint** by my reckoning, in my estimation, I estimate that; **durva ~** a rough guess

becsmérel *i* disparage, *[nyilvánosan]* decry

becsmérlés *fn* disparagement, abuse, denigration

becsmérlő I. *mn* disparaging, abusive; ~ **szavak** insulting/abusive words/language; ~ **szavakkal illet vkt** abuse sy **II.** *fn* decrier, disparager

becsomagol *i* **1.** *[árut]* pack, wrap* (up), do* up, *[ládába]* case, crate **2.** *[úti holmit]* pack (one's bags); **~tál már?** have*/are you packed yet?

becsorog *i [víz]* leak in(to), pour in(to); **becsorgott a labda a kapuba** the ball rolled slowly into the net

becsoszog *i* shuffle in, come* shuffling in

becsődít *i* draw* a crowd [into a place], *[furfanggal]* lure in [many people]

becsődül *i* throng to [a place], come* crowding in

becsövez *i* **1.** *[csöveket fektet]* lay* down pipes, pipe **2.** *orv [beteget]* intubate

becsszó *fn biz* → **becsületszó**

becstelen *mn* dishonest, dishonourable (*US* -or-), infamous

becstelenség *fn* infamy, ignominy, dishonest; **~et követ el** behave in a dishonourable (*US* -or-) way

becsuk *i* **1.** *[ajtót, könyvet]* shut*, close, *[ernyőt]* put* down, *[fedelet]* shut* down, close, (*vmbe*) close/shut* up (in) **2.** *[vkt bezár]* lock in, *[börtönbe]* lock up **3.** *[üzemet]* close/shut* (down), *[boltot végleg]* close down, *[ideiglenesen]* shut* up **4.** *[bolt végleg]* close down, put* up the shutters, *[ideiglenesen]* shut* up shop

becsukás *fn* **1.** closing, shutting, *[bezárás]* locking **2.** *[börtönbe]* imprisonment

becsukód|ik *i* close, shut* (of itself)

becsúsz|ik *i* **1.** *[tárgy]* slip in **2.** *[élőlény]* sneak/creep* in **3.** *[hiba]* creep* into, slip in; **hiba csúszott be** a mistake crept in(to the text); → **csúszik**

becsúszó szerelés *fn sp* sliding tackle

becsúsztat *i* let* sg slip in/into

becsül *i* **1.** *[mennyiséget]* estimate, *[értéket]* value; **a képet 200 000 Ft-ra ~ik** the picture is valued at 200,000 forints; **a kárt 50 000 Ft-ra ~ték** the damage was estimated at 50,000 forints; **olyan kétmázsásra ~öm** I put its weight at about 200 kgs, I would rate its weight at about 200 kgs, I make its weight 200 kgs **2.** (*vkt*) esteem, value, think* well/highly of sy, *[vmt értékel]* appreciate, value (sg), think* highly of (sg); **kevésre ~ vkt** think* little of sy; **nagyra ~** → **nagy II; ezt igen ~öm benne** I respect him (very highly) for that

becsülendő *mn [igével]* deserves credit/appreciation

becsülés *fn* esteem, regard, estimation

becsület *fn* **1.** *[tisztesség]* honour (*US* -or-), *[becsületesség]* honesty, *[hírnév]* reputation; **~(é)be vág** sg reflects (up)on his/her honour; **~be vágó** affecting one's honour *ut*; **~e forog kockán** his honour is at stake; **vm sérti a ~ét** sg reflects (up)on his/her honour; **~emre!** (up)on my honour!, so help me! **2.** *[érdem]* credit, honour (*US* -or); **nagy ~e van** be* greatly esteemed; **~ére válik vm** sg is to sy's credit, it does one credit, sg reflects credit (up)on sy; **~ére válik az iskolának** (s)he is a credit/an asset to the school

becsületbeli *fn* ~ **adósság** debt of honour (*US* -or); ~ **kérdés** point of honour; ~ **kötelességének érzi** feel* honour/duty-bound (to do sg); ~ **ügy** affair of honour, *[szóbeli megállapodás]* gentlemen's agreement

becsületbíróság *fn elav* court of honour (*US* -or)

becsületes *mn [ember]* honest, honourable (*US* -or-), upright, respectable, decent, *[játékban/üzletileg]* fair; ~ **eljárás** a fair/square deal; ~ **ember** an honest man, man of integrity; **nem ~** dishonest, not fair; *[játék]* foul [play]; **~en viselkedik** behave decently/properly (towards sy), play fair, do* the proper/right thing

becsületesség *fn* honesty, uprightness, integrity, fairness

becsületgól *fn sp* saving goal, one goal scored by the losing team

becsületrend *fn [francia]* the Legion of Honour (*US* -or); **a ~ lovagja** chevalier of the Legion of Honour

becsületrontás *fn* defamation, slander, libel

becsületsértés *fn* libel, slander, defamation (of sy's character); **~t követ el** commit libel

becsületsértő *mn* defamatory, slanderous, libellous; ~ **kifejezés** insulting words *tsz*

becsületszó *fn* word of honour (*US* -or); **becsületszavamra** (on) my word (of honour), honestly!; *biz* honest!; **becsületszavát adja** give*/pledge one's word

becsüs *fn* **1.** *[árverési]* valuer **2.** *[biztosítási kármegállapító]* insurance assessor, (loss) adjuster

becsvágy *fn* ambition

becsvágyó *mn* ambitious

bedagad *i* swell* (up); **~t a torka** his throat swelled up

bedagaszt *i* knead

bedeszkáz *i* board up, plank

bediktál *i* **~ja a nevét** give* one's name

bediliz|ik *i biz* go* crazy, go* off one's head/rocker, go* round the bend, go* haywire

bedíszletez *i* ~ **egy jelenetet** set* a scene

bedob *i* **1.** *ált* throw*/cast* in/into, *[postaládába]* drop [a letter in the letter-box] **2.** *szl [ételt]* demolish [2 big platefuls of ...], put* back **3.** *átv* ~ **egy ötletet** float an idea; **~ja a köztudatba** make* sg public; **~ja a törülközőt** throw* in the towel; **~ták a mélyvízbe** (s)he was thrown in at the deep end **4.** *szl* **~ja magát** (i) *[jó akar lenni vmben]* pull all the stops out (ii) *[tetszeni akar]* trick oneself out/up [in one's best clothes]

bedobál *i* throw* in, keep throwing (in)

bedobás *fn* throwing in/into, *[levélé]* posting, dropping, *sp* throw-in

bedobóautomata *fn* slot machine

bedolgoz *i* **1.** *[anyagot vmbe]* work sg into sg **2.** → **beledolgoz 2**

bedolgoz|ik *i [mint bedolgozó]* **1.** be* an outworker [for a firm], work at home [for a firm] **2. ~za magát** *[munkakörbe]* dig* oneself in

bedolgozó *fn* outworker, home worker

bedögl|ik *i* fail, miscarry, *[motor]* stall, *biz* conk out, break* down, peg out, be* on the blink

bedől *i* **1.** *[fal]* fall* in, collapse **2.** *[jármű, kanyarban]* bank **3.** *biz* vknek be* taken in (by), be* fooled (by), fall* for

bedönt *i* **1.** *[falat]* pull down, cause to collapse **2.** *[járművet kanyarban]* bank

bedörzsöl *i* rub in

bedug *i* **1.** (*vmt vmbe*) put*/thrust*/push/shove in, *[boríték leragasztható részét]* tuck [flap] in; *[konnektorba]* plug in; **~ja a fejét az ajtón** look in, put* one's head round the door **2.** *[betöm]* stop, fill up, block, plug [a hole]

bedugaszol *i [hordót]* bung [a barrel], *[palackot]* cork, stop

bedugul *i* **1.** get* stopped/choked up **2.** *[vk autóval]* get* into a traffic jam, *[forgalom]* get* stuck, come* to a halt

beduin *mn/fn* Bedouin

bedurrant *i* ~ **a kályhába** make* a great fire in the stove

beecsetel *i* paint; ~ **jóddal** paint with iodine; **~i a torkát** (s)he is coating his/her throat with sg

beéget *i [jelet]* brand, burn*/stamp in (with hot iron)

beejt *i* drop in(to)

beékel *i* **1.** *[tárgyat]* wedge/drive* in, insert (sg in sg) **2.** *[szövegbe]* insert, interpolate

beékelőd|ik *i* **1.** *[tárgy]* get* wedged in, be* inserted in **2.** *[szövegbe]* be* inserted/interpolated in

beemel *i* lift/hoist in/into, *nyomd* place [the form] into the press

beénekel *i* **beénekli magát** *[énekes]* warm up

beenged *i* let* in, admit; **nem engedik be** be* refused admittance/admission; **nem enged be vkt** *[kitilt]* bar the door to sy

beengedés *fn* admittance

beenyvez *i* glue over

beépít *i* **1.** *[területet]* build* up; **~i a telkét** build* on one's land/plot **2.** *[bútort]* build* in, *[beszerel]* mount (in) **3.** *[nyílást befalaz]* wall up **4.** *[vkt szervezetbe titokban]* plant (in); **kémet ~** plant a spy
beépítés *fn* **1.** *[területé]* building up **2.** (*vmé vmbe*) building in **3.** (*vké vhová*) planting, infiltration
beépítési *mn* **~ terv** development plan
beépítetlen *mn* unbuilt
beépített *mn* **1.** *[terület]* built-up [area] **2. ~ bútor** built-in (v. fitted) furniture, fitment; **~ konyha(bútorok)** built-in kitchen units *tsz*, fitted kitchen; **~ szekrény** built-in wardrobe; *[fali]* built-in (v. fitted) cupboard, cupboard unit, *US* closet; *infor* **~ tulajdonságok** built-in features **3. ~ ember** *biz* mole
beépíthető *mn* **1. ~ telek** building site **2. ~ hűtőszekrény** fittable refrigerator, a fridge that can be built in; **~ szekrény** fitment
beépítő *mn infor* **~ keret** *[lemezmeghajtónak]* frame
beépül *i* **1.** *[terület]* be* built up/over, be* covered by new buildings **2.** *[szervezetbe]* infiltrate, work one's way in(to); **~ az alvilágba** *[pl. titkosrendőr]* infiltrate into the underworld
beépülés *fn [szervezetbe]* infiltration
beér *i* **1.** (*vhová*) arrive (at/in), reach sg; **nyolcra ~ünk** we shall be in by eight **2. ~i vmvel** be*/rest content/satisfied with sg, settle for sg, make* do with; *[pénzzel]* manage on; **kevéssel ~i** it takes* little to satisfy him; *[kevesebbel]* he'll make do with (v. settle for) less **3.** → **utolér**
beerdősít *i* afforest; **újra ~** reafforest, reforest
beérés *fn* ripening, becoming ripe
beereszt *i* **1.** (*vkt*) admit, let* in **2.** *[festékkel]* ground, *[padlót]* beeswax, wax-polish [floor]
beeresztő *fn [padlónak]* floor-polish
beér|ik *i* ripen, become* ripe
beérkezés *fn* arrival, *gazd* receipt
beérkezési *mn* **~ sorrend** order of arrival/receipt
beérkezett *mn* **1. ~ áruk** the goods received; **a tegnap ~ levelek** the letters/mail received yesterday **2.** *átv* **~ ember** a made man°; **~ író** an established writer, an author who has made his name/mark
beérkez|ik *i* **1.** come* in, arrive, *[hajó]* put* in, *[vonat]* draw*/pull in, arrive **2.** *átv* (*vk*) make* one's name
beérkező *mn* incoming
beerőltet *i* force/cram in
beerősít *i* fix/fasten to/in, plug
beér|ik *i* ripen
beesési *mn* **~ szög** angle of incidence
beesett *mn* **~ arc** haggard face, hollow/sunken cheeks *tsz*
bees|ik *i* fall* in, *[eső]* rain in; **~ik az eső a szobába** it is raining in(to the room)
beeső *mn* **~ sugár** incident ray
beesteled|ik *i* it is getting/growing dark, night is falling
beesz|ik *i* **jól ~ ik** eat* heartily
beeszi magát *i* (*vmbe*) eat* itself in
beetet *i* bait
beevez *i* **1.** *[vízi járművel]* row/put*/pull in; **jól ~** *[a tó közepére]* row far out into the lake **2. ~ a házasság révébe** be* home and dry, settle down and marry
befagy *i* **1.** *[folyó]* freeze* in/over; **~ott a tó** the lake has frozen over/up; **~ott a hajó** *[jégbe]* the ship is/was icebound; **~ott az ablak** the windows are frosted/iced over; **a vízvezeték ~ott** the water-pipes have frozen up/solid **2.** *átv* fall* through, peter out
befagyás *fn* freezing (over)
befagyaszt *i [pénzügyileg is]* freeze*; **~ott követelések** frozen assets
befagyasztás *fn [pénzügyileg]* freeze
befagyott *mn [tó]* frozen (over)
befal *i* wolf down, devour, gobble up
befalaz *i* wall up, *[ajtót]* brick/block up, *[embert]* wall in, immure
befárad *i* **tessék ~ni** please come/step/walk in; **hiába fáradt be a városba** he went to town in vain
befásít *i* plant with trees
befásliz *i* bandage, strap up, bind* (up)
befecskendez *i [belsejébe]* squirt (sg) into (sg), *orv [bőr alá]* inject into
befecskendezés *fn orv* injection
befed *i* cover (over), *[tetővel]* roof over/in, top
befedez *i [nőstényt]* cover
befejel *i [labdát]* head (the ball) into the goal/net
befejez *i [feladatot]* finish, accomplish, *[gyűlést]* bring* to an end, close, *[beszédet]* conclude, wind* up; **az ügy be van fejezve** the matter is settled; **lassan ~em** *[előadásomat]* I will wind up ...; **mára fejezzük be!** *[munkát]* let's call it a day!
befejezés *fn* finish(ing), conclusion, end(ing), closing, close, *[munkáé]* completion; **az ügy ~e** settlement of the question; **~ül, ~képpen** finally, in conclusion
befejezetlen *mn* unfinished, uncompleted, incomplete
befejezett *mn* finished, complete, accomplished; **ez ~ dolog** that's settled; **~ jelen** *[idő]* present perfect (tense); **~ múlt** *[idő]* past perfect (tense); **~ tény** an accomplished fact
befejező *mn* concluding, final; **~ műveletek** *kat* mopping up, mop-up operations
befejeződ|ik *i* end, come* to an end, be* completed/finished, come* to a close; **ez már ~ött** it is over
befejeztével *hsz* at the end/termination/conclusion of
befeketít *i* **1.** (*vmt*) blacken sg, make*/paint sg black **2.** (*vkt*) denigrate sy, malign sy (sy's character)
befeksz|ik *i* **1.** *[ágyba]* go*/take* to bed **2. ~ik a kórházba** enter (v. go* into) hospital
befektet *i* **1.** *[ágyba]* put* to bed, *[másba]* lay* in, put*/place into **2.** *[pénzt vmbe]* invest [money in sg]; **~ett tőke** invested capital
befektetés *fn gazd* investment; **kötetlen/nyitott ~** open-end(ed) investment
befektetési *mn gazd* investment; **~ jegy** savings bond
befektető *fn gazd* investor; **hazai és külföldi ~k** local and foreign investors
befektetői *mn gazd* **~ társaság** holding company
befelé *hsz* inward(s), towards the inside/interior; **az ajtó ~ nyílik** the door opens inwards; *biz* **~!** in you get!
befelhősöd|ik *i* cloud over
befellegz|ik *i* **ennek ugyan ~ett** it's all up with it, the game is up; **neki ugyan ~ett** he is done for, he has had it, *biz* (it is/was v. it'll be) curtains for him/her
befér *i* (*vm*) will/can go in, there is room (enough) for sg swhere, (*vk*) can get in; **nem fér be** it won't go in
beférkőz|ik *i* work/worm one's way in; **~ik vk kegyeibe** ingratiate oneself with sy, curry favour (*US* -or) with sy
befest *i* paint, *[hajat, szövetet]* dye; **~ barnára** paint sg brown
befészkeli magát *i* entrench oneself (in sg), ensconce oneself swhere
befizet *i [bankba stb.]* pay* in [a sum], pay* [a sum] into one's (bank) account, *[tagdíjat]* pay* up [one's annual subscription]; **szíveskedjék az összeget csekken ~ni** kindly remit/pay by cheque; **~ egy társasutazásra** book a tour; **~te a tagdíjat** be* a paid-up member; **erre ~ek!** *kb.* I'll believe it when I see it
befizetés *fn* paying in, payment; **~t eszközöl** effect/make* payment
befog *i* **1.** *[szemet/fület/szájat]* stop, cover, hold*; **~ja a száját** *[sajátját]* hold* one's peace/tongue, keep* one's mouth shut; **fogd be a szád!** shut up!, keep your trap shut!, dry up!, shut your face/mouth!, pipe down!; **~ja a fülét** *átv* refuse to hear (sg) **2.** *[lovat]* harness, put* (the horses) to a carriage **3.** *[vkt munkára]* make* sy work, *[vmt használatba]* put* in use; **erősen be van fogva** have* one's nose to the grindstone, be* very busy **4.** *[satuba]* grip, clamp; **satuba ~ munkadarabot** grip sg in a vice

B

befogad *i* **1.** (*vkt vhova*) receive into, *[házába]* house, lodge **2.** *[tömeget terem]* hold*, accommodate, admit; **a terem 200 főt képes ~ni** the hall seats 200 people
befogadás *fn* **1.** (*vké vhova*) reception **2.** *[tömegé terembe]* accommodation; **a szálloda 500 személy ~ára alkalmas** the hotel can accommodate (v. has room for) 500 guests
befogadó *mn* **~ állomás** refugee centre (*US* -ter), temporary lodging/barracks [for immigrants/refugees]; **~ ország** recipient country
befogadóképesség *fn* *[térbeli]* capacity, accommodation, seating-room; **a terem ~e 500 személy** the hall holds*/seats 500 people, *GB* a hall which/that seats 500, a 500-seat hall
befogat *i* *[lovakat]* have* horses put to carriage
befoglal *i* *[keretbe]* (en)frame, *[drágakövet]* set*, mount → **belefoglal**
befogó *fn* *[derékszögű háromszögé]* leg [of a right-angled triangle]
befogópofa *fn* *[satué]* jaws *tsz*
befoltoz *i* → **megfoltoz**
befolyás *fn* *[hatás]* influence (on); **vk ~a alatt van** be* under the influence of sy; **vk ~a alá kerül** come*/fall* under sy's influence; **~t gyakorol** (v. **~sal van) vmre/vkre** influence sg/sy, exert/exercise influence on/over sg/sy; **hivatali ~sal visszaél** transgress the border of one's powers; **(hivatali) ~sal való visszaélés/üzérkedés** misuse/abuse of authority, influence peddling, corruption; **minden ~át latba veti (vkért)** put*/swing one's weight behind sy
befolyási övezet *fn* sphere of influence
befolyásol *i* (*vkt/vmt*) influence sy/sg, exert/exercise influence over/on sy/sg, have* an effect on sy/sg; *[nyomást gyakorol vkre]* put* pressure on sy, pressurise sy
befolyásolható *mn* susceptible to influence *ut*, impressionable; **könnyen ~** easily swayed/influenced
befolyásos *mn* influential
befoly|ik *i* **1.** *[folyó]* flow, empty, pour (*amibe:* into) **2.** *[pénz]* come* in **3.** → **belefolyik** 2
befon *i* **1.** (*vmt*) entwine, *[hajat]* plait, braid **2.** *biz* (*vkt*) ensnare/enmesh sy
befordít *i* turn in
befordul *i* **1.** *[ágyban fal felé]* turn in, *[utcába]* turn into [a street]; **~ a sarkon** turn the corner; *[jövet]* come* round the corner, *[menet]* go* round the corner **2.** *[árokba]* fall* into **3. ~tam ötvenegyedik évembe** I have (just) turned fifty
beforr *i* → **összeforr** 1
beforraszt *i* **1.** *[fémet]* solder (up) **2.** *[sebet]* heal [wound]
befos|ik *i tabu* shit* into one's pants
beföd *i* → **befed**
befőtt *fn* *[üvegben]* bottled fruit, *[fémdobozban]* tinned/canned fruit
befőttesüveg *fn* (fruit-)jar, preserving jar, Kilner jar
befőz *i* **1.** *[eltesz]* bottle, preserve, *[lekvárnak]* make* jam of **2.** *[oldatot]* boil down
befőzés *fn* bottling, preservation
befőzőcelofán *fn* cellophane
befröcsköl *i* *[belocsol]* sprinkle; **sárral ~** bespatter
befú(j) *i* **1.** *[szél vhová]* blow* in/into **2.** *[szél vmt vhová]* blow* in **3.** (*vmt vmvel*) spray; **~ta az utat a hó** the road is covered/blocked with snow(drifts); **festékkel ~** spray paint on [a wall]
befullad *i* *[motor]* stall
befúr *i* (*vmbe*) bore into, pierce sg, drill a hole into
befurakod|ik *i* **1.** (*vk vhova*) force/make* one's way in **2.** *[ellenséges szándékkal vmlyen szervezetbe]* infiltrate into, worm one's way into, muscle in; **~ik vk kegyeibe** insinuate oneself into sy's good graces
befúród|ik *i* penetrate (sg), *[golyó]* embed (itself) in (sg)
befut *i* **1.** *[vonat]* enter (the station), arrive (at), pull in, *[hajó]* put*/sail into [port]; **~ott a vonat** the train has arrived, the train is in **2.** *[futó]* run*/come* in; **~ a célba** run* home; **másodiknak futott be** he came in second, he is the runner-up **3.** *átv biz* be* a success, make*/win* a name (for oneself); **ő ~ott, ~ott ember** he has arrived (v. made it) **4.** *[pályát]* run* [a course]; **a hír ~otta a várost** the rumour (*US* -or) (v. the news/story) spread all over the town **5.** *[növény]* overgrow*, *[rozsda]* cover **6.** *[pára üveget]* mist up
befutó I. *mn* arriving, coming/running in *ut* **II.** *fn* **1.** *sp* arrivals *tsz* **2.** *[filmszalag stb.]* leader
befutószalag *fn* *[magnó]* leader (tape)
befuttat *i* **1.** *[fémmel]* plate (with); **arannyal ~** plate with gold, gild* **2.** *[növénnyel]* cause (sg) to overgrow (sg)
befülled *i* *[szénaboglya]* heat, *[szoba]* get* stuffy
befürd|ik *i biz [csődöt mond]* **~ vmvel** fall* down on sg, get* burned
befüstöl *i* *[szobát]* fill with smoke, *[kolbászt]* smoke
befűt *i* **1. ~ a kályhába** make* a fire in the stove; **fűts be** get a fire going, heat up the room **2. ~ vknek** *biz* give* sy hell, make* it hot (for sy)
befütyül *i biz* **annak már ~tek** you can whistle for it
befüvesít *i* grass/turf over
befűz *i* **1.** *[tűt]* thread [a needle], *[cipőt]* lace (up) [one's shoes], *[írógépszalagot]* put* in [a new ribbon], *[filmet gépbe]* thread [a film] **2. ~i magát** *[nő]* put* on a corset, lace oneself up **3.** *[becsap]* take* sy in, sell* sy down the river
befűzőszalag *fn film* leader
bég *fn* bey, Turkish governor
begépel *i* type/key in
begerjed *i* **1.** *el* build* up **2.** *biz [vk indulatba jön]* get* hot under the collar; *[szexuálisan]* turn on, get* horny; → **begurul** 2
béget *i* bleat, baa
bégetés *fn* bleat(ing)
begipszel *i* → **gipszbe tesz**
begittel *i* putty
begombol *i* button (up), do* up
begombolkoz|ik *i* **1.** button (up) one's coat **2.** *átv* be* buttoned up
begónia *fn növ* begonia, *US* elephant's ear
begorombul *i biz* see* red
begöngyöl *i* roll up, *[becsomagol]* wrap*/pack up
begörbít *i* bend*/curve in/inwards
begörcsöl *i* have* an attack of cramp
begördít *i* roll in
begördül *i* roll in, *[vonat]* draw* into the station
begubó(d)z|ik *i* **1.** *[lárva]* pupate **2.** *átv* shut/lock* oneself up and see* nobody, withdraw*, retire into one's shell
begurít *i* roll/trundle in
begurul *i* **1.** roll in **2.** *átv biz* get*/become* angry/furious, lose* one's cool, *kif* fly* off the handle, fly* into a rage, get* one's blood/dander up, have* a fit
begy *fn* **1.** *[madáré]* crop, craw **2.** *átv* stomach; **a ~ében van** *[neheztel vmért]* resent sg, sulk (v. be* sulky) about sg; *[neheztel vkre]* bear* sy a grudge; **megmondja, ami a ~ében van** speak* one's mind (bluntly), give* sy a piece of one's mind
begyakorol *i ált* practise (*US* -tice) (sg), *kif* get* the hang of sg; **be kell gyakorolni** it takes practice; it needs a lot of practice
begyakoroltat *i* train (sy in sg/in doing sg)
begyepesedett *mn* **1.** grass-grown **2. ~ fejű** stuffy; **~ (fejű) ember** *[konzervatív]* old fog(e)y, stick-in-the-mud, old fuddy-duddy; *[buta]* blockhead, thickhead
begyepesed|ik *i* **1.** *[föld]* become* overgrown with grass **2.** *átv* fossilize (mentally)
begyes *mn* **1.** *biz [telt keblű]* full-bosomed **2.** *átv* prim, haughty
begyógyít *i* heal [a wound]
begyógyul *i* heal (up), close up

begyökere(d)z|ik *i átv is* become* (deeply) rooted
begyökeresedett *mn* deep-rooted, ingrained
begyömöszöl *i* stuff, cram, jam, squeeze, pile (*amibe:* in/into)
begyújt *i* **1.** *[kályhába]* light*/make* a fire **2.** *[motort]* start
begyullad *i* **1.** catch* fire, *[motor]* start **2.** *biz [ember]* get* scared, get* into a flap/stew, get* cold feet, lose* one's nerve; **be van gyulladva** get*/have* cold feet, be* in a funk
begyűjt *i* gather (in)
begyűjtés *fn* gathering, harvest(ing)
begyűl|ik *i [emberek]* assemble, collect, *[pénz]* come* in, be* taken/collected
begyűr *i [takarót ágyba, inget nadrágba]* tuck in, *[vmt zsebébe]* stuff in(to one's pocket)
begyűrűz|ik *i* spread* [over an area], affect [more and more an area]; **~ött a válság** the effects of the crisis have (now) reached us (v. infilltrated into this country)
behabar *i* thicken (with flour and cream)
behabzsol *i* gobble up, wolf (down)
behajigál *i* → **bedobál**
behajlás *fn* curving/bending inwards, *[súly alatt]* sag(ging)
behajl|ik *i* bend*/lean*/curve inwards, *[súly alatt]* sag
behajlít *i* bend* in
behajol *i* bend*/lean* in
behajóz *i* **1.** *[hajóra száll]* embark (*vhol* at) **2.** *[hajóra rak]* ship [goods] **3.** *[bejár]* sail, navigate [the sea]
behajózás *fn* embarkation
behajóz|ik *i [hajó vhova]* put* in, arrive at
behajt[1] *i* **1.** *[ajtót]* half-close [door], put* [the door] ajar **2.** *[sarkot]* turn down/in, fold over, *[könyvet]* close, shut*
behajt[2] *i* **1.** *[állatot]* drive* in **2.** *[követelést]* collect [money, a debt], recover [a debt, damages etc.]; **be nem hajtott** *[követelés]* uncollected, outstanding **3.** *[kocsival]* drive* in; **~ani tilos!** no entry
behajthatatlan *mn* irrecoverable, bad [debt]
behajtható *mn* **1.** *[vmnek a sarka]* that may be turned in/down *ut* **2.** *[követelés]* collectable, recoverable
behajtós *mn [mozi stb.]* drive-in [movie etc.]
behallatsz|ik *i* can* be heard inside, be* audible within/inside
behálóz *i átv* ensnare, enmesh
behangol *i [rádiót]* tune, *[zenekar]* tune up
behantol *i [sírt]* fill up/in [a grave] (with earth)
behány *i* → **bedobál**
beharangoz *i* **1.** ring* in **2.** *átv* announce/advertise sg in advance
behasad *i [ruha]* rip, tear*, *[köröm]* split*
behasít *i [hosszában]* cleave*, *[textilt]* tear*, split*
behatárol *i* define, delimit
behatás *fn* influence, effect, impact
beható *mn* intensive, profound, exhaustive; **~ vizsgálat alá vesz** submit to a searching examination, investigate sg thoroughly
behatóan *hsz* intens(iv)ely, profoundly, thoroughly; **~ foglalkozik egy kérdéssel** go* (deeply) into a question, study a problem closely, make* a careful/close study of sg
behatol *i [erőszakkal]* penetrate (into), *[betörő]* (break* in and) enter, break* into [a building], burgle, *[bejut]* make* one's way into sg, *[alattomban]* creep* in, *[víz]* enter, *kat* invade
behatoló *fn* intruder
behavaz *i* snow up; **~ott hegyek** snowcovered mountains
beházasod|ik *i [férfi]* marry (into a family)
beheged *i* heal up, skin over
behelyettesít *i* substitute (sg for sg), replace (sg by sg)
behelyettesítés *fn* substitution, replacement (*aki/ami által:* by)
behelyez *i* **1.** (*vmt*) put*/place/insert in **2.** *[vkt állásba]* put* sy into [a job], install [sy in an office]
behemót *mn* **~ ember** big hulking fellow
behint *i* **1.** *[porfélével]* dust/powder with **2.** *[sóval, vízzel]* sprinkle [salt, water] on sg **3.** *[virággal]* (be)strew* with [flowers]
behív *i* **1.** *[szobába]* call in, invite/ask (sy) in **2.** *kat* call up [for military service], *US* draft; **~ták katonának** be* called up, *US* be* drafted **3.** *[vkt tanúnak]* summon
behívás *fn* **1.** (*vhova*) invitation to enter **2.** *kat [folyamata]* calling up, *[ténye]* call-up
behívat *i* ask/order/call sy in
behívó *fn kat* call-up papers *tsz, US* call-up, draft
behívóparancs *fn* call-up order, mobilization order
behízelgi magát *i* ingratiate oneself with
behízelgő *mn [modor]* winning, engaging
behódol *i* (*vknek/vmnek*) submit (v. give* in)to sy/sg, surrender
behódolás *fn* submission, giving in, yielding (*vknek/vmnek* to)
behord *i* **1.** (*vk vmt*) bring*/carry in **2.** *[termést]* gather in [the crops]
behordás *fn* **1.** (*vmé*) bringing/carrying in **2.** *[termésé]* gathering in
behorpad *i [tárgy]* be*/get* dented, *[föld]* sink* in, cave in
behorpaszt *i* (in)dent
behoz *i* **1.** (*vmt*) bring*/carry in **2.** *[árut külföldről]* import, *[egyéni utas vmt külföldről]* bring* in; **~ott áruk** *gazd* imports, imported goods **3.** *[divatot]* introduce, *[betegséget, járványt]* bring* in **4.** *[elmaradást, késést]* make* up for, catch* up with; **~za a késést** make* up for lost time **5.** *fényk* (*vmt*) zoom in on sg **6.** *[jó árat]* fetch [a good price]; **~za a ráfordítást** pay* for itself; **~za a közönséget** pack [the crowds] in, pull in large audiences
behozatal *fn* **1.** *ált* importation, import **2.** *[behozott áru]* imports *tsz*, imported goods *tsz*
behozatali *mn* **~ cikk** imports *tsz*; **~ engedély** import licence; **~ vám** customs/import duty
behugyoz *i durva* piss into one's pants, wet one's pants
behuny *i* **~ja a szemét** close/shut* one's eyes; **~ja a szemét vm előtt** overlook sg, close/shut* one's eyes to sg
behunyt szemmel *hsz* with (one's) eyes closed/shut
behurcol *i* **1.** *[terhet]* drag/lug/heave* in **2.** *[betegséget]* introduce, bring* in [a disease]
behurcolkod|ik *i* move in, *[házba]* move into [a house etc.]
behúz *i* **1.** (*vmt*) pull/draw* in; **~za maga után az ajtót** close the door behind one(self); **~za a függönyt** draw* the curtain; **~za a hasát** draw* in the stomach; *biz* **~za a farkát** *[meghunyászkodik]* have* one's tail between one's legs; **~ott farokkal** *[távozik]* [go* off] with one's tail between one's legs; **~za a kéziféket** put* the handbrake on; **be van húzva a kézifék** the handbrake is on; **~za a cipzárat** do* up [the zip] **2.** *[bútorszövettel]* upholster **3.** *biz* (*vkt vmbe*) inveigle (v. *szl* con) sy into doing sg, fool (sy/into sg); **~ vkt a csőbe** trap (sy/into sg) **4.** *szl* **~ vknek (egyet)** give* sy a clip (on the ear), get* a blow in, *GB* clock sy one, land sy one in the face, knock sy in the middle of next week **5.** *[sort szövegben]* indent
behúzás *fn nyomd* indent(ation); **függő ~** hanging indent
behúzód|ik *i* **1.** (*vhova*) withdraw* to **2.** *[vm elől]* shelter from; **~ik az eresz alá** withdraw* (v. take* cover) under the eaves
behűt *i [ételt]* refrigerate, *[italt]* put* on ice, chill, cool
beidegez *i* habituate (sy to sg)
beidegzés *fn* conditioning
beidegzettség, **beidegződés** *fn* automatic response, habit, *[mint folyamat]* conditioning
beidegződ|ik *i* become* a habit
beidéz *i* summon (sy) to appear [before the court], *[tanúnak]* summon sy to appear (subpoena sy) [as a witness]; **~ik tanúnak** be* summoned, be* subpoenaed [as a witness]
beidézés *fn* → **idézés**, → **tanú**
beidomít *i* tame, train [an animal] (to do sg)

beigazít *i* put*/set* (sg) right, correct, *(vmhez)* adjust to; **~ja az órát ötre** set* one's watch for five o'clock

beigazol *i* prove, verify, bear* out; **feltevést ~** warrant an inference

beigazolód|ik *i* prove true, be* proved

beígér *i* **1.** promise (for certain) **2.** *[árat]* offer

beijed *i* get* scared/frightened, get* cold feet; **~t** scared (stiff), jittery

beikszel *i* put* an x in [the box]

beiktat *i* **1.** *[vkt állásba]* install [sy in an office v. as sg], *[elnököt stb. ceremóniával]* inaugurate [sy into office] **2.** *[beadványt]* file [a document], enter/record [sg in a book v. sy's name on a list], *[jegyzékbe]* enter [one's name etc. in a register] **3.** *[szövegbe]* insert [sg into the text]

beiktatás *fn* **1.** *[állásba]* installation, *[magasabb tisztségbe, ceremóniával]* inauguration **2.** *[iraté]* filing, entering, registering

beillatosít *i* scent

beilleszkedés *fn* finding one's feet, adapting oneself (to)

beilleszked|ik *i* **1.** *(vm)* fit in, suit **2.** *[új környezetbe]* adapt (oneself) to [new surroundings etc.], get*/become* used to [new surroundings], *kif* find* one's feet

beilleszt *i* **1.** *[tárgyat]* fit/set* in **2.** *átv* insert in; **~i programjába** include/incorporate in one's plans/itinerary

beill|ik *i* **1.** *[alkalmas vmnek]* be* suitable/suited for, *(vk)* be* qualified for; **~enék vmnek** would make a good sg; **~ik/~enék birkózónak** *[olyan erős]* he would make a good wrestler **2.** → **beleillik**

beindít *i* **1.** *[motort]* start (up) [the engine/car] **2.** *[tervet, tevékenységet stb.]* launch, get* sg afloat (v. under way); *[jótékonysági akciót stb.]* set* sg in motion, *[üzletet, vállalkozást]* get* sg off the ground

beindul *i [motor]* start, *átv (vm)* be* launched, get* under way, get*/shift into (top) gear, get* moving, get* off the ground

beint *i* **1.** *(vkt)* beckon in **2.** *[karmester]* give* the cue, cue in **3.** *(vknek) [visszautasít]* reject an offer, *[durván]* tell* sy to get/fuck/bugger off

beír *i (vmt vmbe)* write* sg in/down, *[nevet, tételt stb. vmbe]* enter/record sg [in a book v. sy's name on a list]; *[írógéppel]* type in, *[számítógépbe]* key sg in, key, *[általában]* enter [one's name etc. in...]; **~ egy szót a szövegbe** insert a word into the text; **~ja nevét vhova** enter one's name [on a list], put* one's name down swhere; **kérjük írja be a nevét** *[űrlap kipontozott részére]* fill in your name please; **~ta nevét a történelembe** he has inscribed his name upon the pages of history

beirányít *i* set, adjust

beírás *fn* **1.** writing in, entering **2.** → **beíratás**; *[beírt szöveg]* inscription

beírat *i* **1.** *(vmt)* have* sg entered/noted/listed **2.** *[vkt iskolába stb.]* have* sy enrolled/registered, enrol (*US* enroll) [a child° in the swimming class etc.]

beíratás *fn* registration

beiratkozás *fn* enrolment, registration; **~i díj** registration fee

beiratkoz|ik *i [iskolába, egyetemre]* register (at), enrol (*US* enroll) [at a university, in evening classes etc.], *[tanfolyamra, könyvtárba]* enrol (*US* enroll) [for/on a course], join [a course/library], register with; **~ott egy esti iskola történelem tanfolyamára** (s)he enrolled in the history course at an evening school

beíró *fn [számítógépbe]* keyboarder

beiskoláz *i* organize the schooling (of); → **beírat**

beiskolázás *fn* schooling

beismer *i* confess, admit, acknowledge; **~i tévedését/hibáját** acknowledge/admit one's mistake, own up to [one's mistake]; **mindent ~** make* a full confession, make* a clean breast of it, come* clean

beismerés *fn* confession, admission

beismerő *mn* **~ vallomás** confession; **~ vallomást tesz** confess one's crime, make* a full confession

beisz|ik *i* **1.** *[magába szív]* drink* (in), absorb, soak up; **beissza magát vmbe** be* absorbed/imbibed, sink*/soak into **2.** *átv [hatást]* drink* in; **beitta az előadónak minden szavát** he drank in the speaker's every word **3.** *átv biz* drink* too much; **jól beivott** he had a glass too much, he had one over the eight

beível *i sp [labdát]* lob/pass [the ball] to the middle

beívelés *fn sp [labdáé]* lob

beivód|ik *i* **1.** *[folyadék]* be* absorbed/imbibed, sink* into **2.** *[tulajdonság]* be(come)* ingrained (in)

bejár *i* **1.** *ált* (come* and) go* (in) regularly; **~ a gyárba/üzletbe dolgozni** go* to work in a factory/shop every day; **vonattal jár be naponta** he commutes [from ... to ...] every day **2.** *[területet gyalog]* walk/wander all over, *[kalandozva]* rove/ramble over [a place], *[országot]* tour; **~juk Olaszországot** we're touring (round) Italy; **~ja a boltokat** go* into/round the shops; *[eredménytelenül]* traipse round the shops **3.** *[vonat]* draw* into [the station], enter [the station], pull in

bejárás *fn* **1.** *[cselekedet]* going in; **~ a városba** going up/in the town; **~a van vkhez** have* (free) access to sy **2.** *[ajtó]* entrance, way in **3.** *[területé]* tour, wandering/ranging over **4.** *[műszaki]* inspection

bejárat[1] *i [új gépkocsit]* run* [one's new car] in, run* in [one's new car]; *[új cipőt]* break* in

bejárat[2] *fn* entrance, entry, way in, *[kapu]* gate, door(way); **nem ~** no entry

bejáratás *fn* running in (of one's new car)

bejáratos *mn (vknél)* be* a frequent visitor at sy's (house)

bejáratós *mn [gépkocsiról, mint felirat]* running in, *[mondatban]* the car is (still) being run in

bejáró *mn/fn* **~ beteg** outpatient; **~ (tanuló)** day-pupil

bejárónő *fn* charwoman°, cleaning woman°, daily (help), *biz* char

bejátszás *fn film* insert, a short excerpt (from)

bejátsz|ik *i* **be kell játszani** *[pl. zárat]* you have to play it

bejegesed|ik *i [tó]* freeze over

bejegyez *i ált* make* a note (of), set*/put* down, *[hivatalosan]* register, record, *[névsorba]* enter [sg in a book v. sy's name on a list]; **céget ~** register a company/firm; **ideiglenesen ~tem** I've pencilled (*US* -l-) [it/sg] in

bejegyeztet *i* **~ céget** register a company/firm, have* a company/firm registered; **~ szabadalmat** patent an invention; **~ védjegyet** register a trademark

bejegyzés *fn ált* note, *[hivatalosan]* registration

bejegyzett *mn* registered, incorporated; **~ védjegy** registered trade mark; **~ cég** registered/incorporated company/firm; **~ név** *[árué]* proprietary name

bejelent *i* **1.** *[vendéget]* announce, *(vmt) ált* make* sg known/public; **kit jelenthetek be?** who shall I say?; **előzetesen ~i magát vknél** make* an appointment with sy; **du. 2-re vagyok ~ve X-nél** I have an appointment with X at 2 p.m.; **~i magát** *[szállodában]* register at [a hotel], check in (at); **~i a rossz hírt** break* the bad news (to sy) **2.** *[hivatalosan]* report (to); **~i magát a rendőrségen** register (oneself) with the police; **~i a balesetet a rendőrségnek** report the accident to the police; **~i az újszülöttet** register the birth of a baby; **kártérítési igényt jelent be** put* in a claim for damages, claim damages; **~i tiltakozását** lodge a protest (with)

bejelentés *fn* **1.** announcement, notice **2.** *[rendőrségen]* registration; **(állandó) lakóhely ~e** registration of (permanent) place of residence **3.** *[információ rendőrségnek] US szl* squeal

bejelentési *mn* **~ kötelezettség** *[rendőrségen]* duty of registration (with the police)

bejelentetlen *mn* unannounced, unreported, unregistered

bejelentkezés *fn [rendőrségen]* registration [on arrival], *[szállodában, reptéren]* check-in

bejelentkez|ik *i [rendőrségen]* register with, report (one's arrival) to, *[reptéren]* check in [at the airport]; *[szállodába]*

check/book/sign in [at a/the hotel], register; *infor* log in, (*valakinél*) make* an appointment (with sy)
bejelentőlap *fn* registration form
bejelöl *i* mark (in), mark sg on sg
bejgli *fn* → **mákos**, → **diós tekercs**
bejódoz *i* paint with iodine
bejön *i* **1.** come* in, enter [a/the room etc.], *[a városba]* come* up/to (town) **2.** *[választáson]* be* elected/returned **3.** → **befolyik** 2 **4.** *biz [sikerül]* come* off; **ez bejött!** it has worked, we have got it, it has come off well, it has paid off; **ez nem jött be** it has failed; **ez bejött neki** now he has really made it big; **merész ötlet volt, de bejött** it was a bold idea, but it came off
bejövet *hsz* on the way in, coming in
bejövetel *fn* entrance, entry, coming in; **a magyarok ~e** the Hungarian conquest
bejövő *mn távk* incoming; **~ hívások** incoming calls
bejut *i* (*vhová*) get* in (to), manage to get in, *[vkhez is]* gain admittance (to); → **döntő**
bejutás *fn* getting in(to), entering [a place]
bejuttat *i* **1.** *[testbe vmt]* introduce, inject **2.** *[vkt állásba]* place sy in a job
béka *fn* frog; → **lenyel**
békabrekegés *fn* croak(ing)
békacomb *fn* frog's leg
béka-egér harc *fn átv* storm in a teacup
békaember *fn* frog-man°
bekajál *i szl* make* a pig of oneself, eat* one's head off
bekakál *i durva [becsinál]* make* a mess in one's trousers/bed (v. *US* pants)
békalencse *fn* duckweed
bekalkulál *i* allow for (sg), take* (sg) into account/consideration
békanyál *fn* duckweed
bekanyarod|ik *i [utcába]* turn into [a street]; **~ik a sarkon** turn the corner
bekap *i [ételt]* bolt, eat* hurriedly, gulp down; **állva kapta be ebédjét** he snatched a quick lunch without even sitting down; **~ta a legyet** *átv* he swallowed the bait
bekapcsol *i* **1.** *[ruhát]* fasten, clasp; **~ja a biztonsági övet** fasten one's seat-belt, buckle up; **kérem, kapcsolják be a biztonsági öveket** please fasten your seat belts **2.** *[elektromos készüléket, rádiót stb.]* switch/turn/put* on; **be van kapcsolva** ... is on, it's on **3.** *[vkt mozgalomba]* bring* sy into sg, connect sy with sg
bekapcsolód|ik *i* **1.** *[szerkezet]* come* into gear, engage, switch itself on (automatically) **2.** *[vk csoportba]* join (in); **~ik a beszélgetésbe** join in the conversation
békaperspektíva *fn* worm's-eye-view
bekarikáz *i [számot]* (mark with a) circle, put* a circle around, encircle, ring
bekasszíroz *i [pénzt]* shovel in (*US* -l-)
bekattan *i [kapocs, zár]* snap/click shut; *biz* **~t** *[leesett a tantusz]* it suddenly clicked, the penny has dropped
bekattant *i* snap/click shut
bekavar *fn biz* mess things up, interfere
béke *fn* **1.** *pol* peace, *[békekötés]* (conclusion of) peace; **a ~ híveinek világmozgalma** world peace movement; **a ~ ügye** the cause of peace; *tört* **a szatmári ~** the Peace of Szatmár; **~t kér** sue for peace; **~t köt** make*/conclude/sign a peace; **~t kötöttek** a peace was signed between [2 countries] **2.** *[nyugalom]* peace, calmness, quiet(ude), tranquillity; **szent a ~** No hard feelings!, peace is hallowed/holy; **~ poraira** peace to his ashes/remains; **nyugodjék ~ben** may (s)he rest in peace; **~ben él vkvel** be* at (v. live in) peace with sy, live a peaceful life with sy; **~n/~ben hagy vkt/vmt** let*/leave* sy/sg alone; **hagyj ~n!** leave me alone!, mind your own business!
békeakarat *fn* will/desire for peace
békeállomány *fn* peace establishment
békeangyal *fn átv* peacemaker, mediator
békebarát *fn* peace-lover; **~ politika** policy based on the desire for peace, peace policy
bekebelez *i* **1.** *[tartományt]* annex [a territory] **2.** *[jogot]* register **3.** *biz [ételt]* demolish
békebeli *mn* peacetime, pre-war
békebíró *fn tört GB* magistrate, Justice of the Peace
békebizottság *fn* peace committee
békebontó I. *mn* anti-peace **II.** *fn* disturber of the peace, *[állam]* aggressor
bekecs *fn* (fur-lined) short overcoat, car coat, *US* mackinaw (coat)
békedíj *fn* → **Nobel-békedíj**
békedíjas *mn [Nobel-díjas]* Nobel Peace Prize winner, winner of Nobel Peace Prize
békeegyezmény *fn* peace pact/treaty
békeértekezlet *fn* peace-conference
békefelhívás *fn* appeal for peace
békefeltételek *fn tsz* conditions/terms of peace
békefenntartó *mn* **~ alakulat** peacekeeping unit/force; **~ katona** peacekeeper
békefolyamat *fn* peace process; **előmozdítandó a közel-keleti ~ot** to promote the Middle-East peace process
békefront *fn* Peace Front
békegalamb *fn* dove of peace
békegyűlés *fn* peace-meeting/rally/demonstration
békehadtest *fn pol* Peace Corps
békeharcos *fn pol tört* fighter/partisan for peace, peace-fighter, peace activist
békeidő *fn* time of peace, peacetime
békejavaslat *fn* peace proposal
békejobb *fn* **~ot nyújt vknek** offer peace to sy
békekezdeményezés *fn pol* peace initiative
békekiáltvány *fn* peace appeal
békekilátások *fn pol* peace prospects
békekonferencia *fn* → **békeértekezlet**
békekongresszus *fn* peace congress
békekölcsön *fn tört* Peace Loan, *[a kötvény]* Peace-Loan bond
békekötés *fn* conclusion of peace
békekövet *fn* truce bearer, negotiator, messenger of peace
békeközvetítés *fn* mediating, arbitrating
békeközvetítő *fn pol* mediator
békeküldöttség *fn* peace establishment, standing army, peace(-time) footing
békéltet *i [közvetít]* (endeavour to) reconcile, *[ellenfelet]* appease, conciliate
békéltető I. *mn* conciliatory; **~ tárgyalás** *[válóperes felek kibékítésére]* (re)conciliatory meeting; *[sikeres]* reconciliation **II.** *fn* mediator, arbitrator, conciliator, peacemaker
békemegállapodás *fn pol* peace agreement/treaty
békemegbízott *fn pol* peace envoy
békemenet *fn pol* peace-march
békemozgalom *fn pol* peace movement
beken *i* **1.** *ált* spread* sg over sg, smear with; **~i az arcát krémmel** put* cream on one's face **2.** *[mocsokkal, sárral]* (be)daub, smudge, *[ruhát piszokkal]* soil, dirty **3.** *[gépészt zsiradékkal]* grease, lubricate
bekényszerít *i* (*vmbe*) force/coerce into, compel to enter, push/thrust* in
békeövezet *fn pol* peace zone
békepárt *fn tört* peace-party; **~i** partisan of peace
békepartnerség *fn pol* partnership for peace
békepipa *fn* peace pipe, pipe of peace; **elszívja a ~t** smoke the peace pipe
békepolitika *fn* peace policy
beképzel *i* **~i magának, hogy beteg** imagine/fancy oneself sick, be* a hypochondriac; **mindenfélét ~ magának** get* ideas into one's head
beképzelt *mn* conceited, self-important, swollen-headed, overweening, *[igével]* have* an exaggerated opinion of oneself
beképzeltség *fn* self-conceit

B

B

bekér *i* (*vkt*) ask sy (to come) in, call sy in, (*vmt*) send* for sg, ask for sg to be sent in
bekéredzked|ik *i* ask to be allowed/let in
bekéret *i* (*vkt*) have* sy called in, ask sy in
bekeretez *i* frame
bekeretezetlen *fn* unframed
bekerget *i* drive* in, chase in/into
bekerít *i* **1.** *[kerítéssel]* fence in, enclose **2.** *kat* surround, encircle, *[megkerülve]* outflank
bekerítés *fn* **1.** fencing in, enclosure **2.** *kat* encirclement, outflanking
bekerül *i* get* in/into
bekerülés *fn [~i ár]* cost (price)
békés *mn* peaceful; *pol* ~ **átmenet** peaceful transition; ~ **egymás mellett élés** peaceful coexistence; ~ **együttműködés** peaceful cooperation; ~ **építés** peaceful construction; ~ **megegyezés,** ~ **rendezés** *[vitás kérdéseké]* peaceful/amicable settlement (of disputes); ~ **természetű** peaceable, accommodating
békesség *fn* peace(fulness), *[nyugalom, csendesség]* tranquillity, quiet; **~ben él** live in peace/harmony
békeszegés *fn* breach of the peace
békeszeretet *fn* love of peace, peaceableness
békeszerető *mn* peace-loving, peaceable; ~ **emberek milliói** millions of peace-loving people, the peace-loving masses
békeszerződés *fn* peace-treaty; **a ~ pontjai** articles of a/the peace-treaty
békeszózat *fn* message of peace
béketárgyalás *fn* peace-negotiations *tsz*
béketerv(ezet) *fn pol* peace plan
békétlen *mn* restless, turbulent
békétlenked|ik *i* be* quarrelsome/restless, display/foment unrest
békétlenség *fn* unrest, restlessness, turbulence
béketörekvés *fn* peace effort, efforts to establish/conclude peace *tsz*
béketűrés *fn* forbearance, endurance, patience; **kijön a ~ből** lose* one's temper, reach the end of one's tether
béketűrő *mn* forbearing, tolerant, patient
békevágy *fn* desire/yearning for peace
bekever *i [konyhában]* stir in
békevilág *fn* peace-time, the days before the war *tsz*, pre-war times *tsz*
bekezdés *fn [írásban]* paragraph; **új ~!** new paragraph; **~sel ír/szed** indent [a line]
bekezdésjel *fn infor [szövegszerkesztőben]* paragraph mark
bekiabál *i* → **bekiált**
bekiált *i* cry in, shout in
bekísér *i* **1.** *ált* (*vkt vhová*) see* sy in, go* in with sy, show* sy in **2.** *[vkt rendőr]* take* sy into custody, apprehend, run* sy in
békít *i* appease, conciliate
békítés *fn* appeasing, appeasment, (re)conciliation
bekívánkoz|ik *i* wish/want to go/get/come in
béklyó *fn [lónak]* hobble, *[embernek]* shackle, fetter; **~ba ver** *[lovat]* hobble; **vmnek a ~iban** *átv* in the fetters of sg
béklyóz *i [lovat]* hobble, *[embert]* fetter, shackle
bekocsikáz|ik *i* (*vhova*) drive* to/in
bekódol *i* encode
bekonferál *i* announce, introduce, *GB* compere, *US* emcee
bekopogtat *i* knock (on the door/window)
bekormoz *i* cover with soot, *[arcot]* begrime
bekormozód|ik *i* get*/become* sooty, *[a gyertya a motorban]* get* dirty, soot up
bekoszol *i* → **bepiszkít**
bekoszolód|ik *i* → **bepiszkolódik**
beköltözés *fn [lakásba]* moving in(to a house/flat)
beköltözhető *mn* **azonnal ~ lakás** (flat/house with) vacant/immediate possession
beköltöz|ik *i* move in, *[házba, lakásba]* move into [a house/flat], take* over [a house/flat]
beköltöztet *i* move sy in
bekönyvel *i* enter (up) sg in one's books
beköp *i* **1.** (*vhova*) spit* in **2. ~te a légy** it is flyblown **3.** *szl [besúg]* grass/squeal on (sy), inform on sy, rat on sy, shop sy [to the police], tell* on sy
beköpés *fn* **1.** *[légy által]* flyblow **2.** *szl [besúgás]* grassing **3.** *[szellemeskedő]* witticism, quip, wisecrack
beköszön *i* greet from outside; **csak éppen ~t és már futott is tovább** he just dropped in to say hello and ran on
beköszönt *i [idő]* set* in
beköszöntő *mn* **1.** *[beszéd]* inaugural/opening speech/address **2.** *[új folyóiratban]* opening/policy announcement, introduction
beköt *i* **1.** *ált* bind*/tie/do* up **2.** *[sebet]* dress [a wound], bandage (up) **3.** *[könyvet]* bind* [a book] **4.** *[lovat istállóba]* tie/halter a horse [in the stall] **5.** *[víz-, gázvezetéket fővezetékbe, villanyvezetéket hálózatba]* connect up (sg to) **6. ~i magát** fasten one's seat belt, *főleg: US* buckle up
bekötetlen *mn* unbound
bekötőcső *fn* connecting pipe
bekötött *mn* **~ könyv** bound book
bekötőút *fn* approach/access road, *GB* slip-road
bekötöz *i* **1.** *[összekötöz]* tie* up/in, bind* up **2.** *[sebet]* → **beköt 2**
beköttet *i [könyvet]* have* [a book] bound
bekövetkez|ik *i* happen, take* place, ensue, result, follow; **végül ~ett a tragédia** finally the disaster took place; **feltétlenül be fog következni** it is bound to happen; **fordulat következett be** events took an unexpected turn (v. a turn for the worse/better)
bekrepál *i szl* → **kinyiffan**
bekukkant *i* **1.** (*vmbe*) peep in(to) **2.** (*vkhez*) pop in (to see sy), drop in (on sy)
bekukucskál *i* (*vmbe*) peep/peer in, peep into; **~ a kulcslyukon** peep (in) through the keyhole
békül *i* **nehezen ~** be* slow to make it up (with sy); → **kibékül,** → **megbékél**
beküld *i [pályázatot stb.]* send* (in), *[egyéb fontos iratot]* dispatch, *[pénzt]* remit
beküldés *fn* sending in, dispatch; **~i határidő** (the) closing date [for entries]
beküldő *fn* sender
beküldött *mn* sent in *ut*; **a ~ mű pályadíjat nyert** the work entered won (v. was awarded) a prize
békülékeny *mn* conciliatory, appeasable
békülékenység *fn* conciliatory spirit
bekvártélyoz *i* → **beszállásol**
bel- *előtag* internal, interior, domestic
bél *fn* **1.** *[emberé]* intestines *tsz*, bowels *tsz* **2.** *[lámpáé, gyertyáé]* wick, *[dióé]* kernel [of nut], *[fáé]* pith, *[gyümölcsé]* flesh **3.** *[ceruzába]* lead, *[golyóstollba]* refill
Béla *tul* ‹Hungarian masculine given name›; **IV.** ~ Béla IV
belakatol *i* padlock, lock (up)
belak|ik *i biz* **1.** *[étellel]* gorge oneself (on sg), stuff oneself (with sg) **2.** *[szobát, házat]* settle in
belakkoz *i* lacquer, *[képet, bútort]* varnish, *[bőrt, vasat]* japan
belakoltat *i* (*vkt vkhez*) billet sy on sy, quarter/lodge sy in sy else's flat/house, *kat* billet sy on sy
belapátol *i* (*vmt*) shovel in (*US* -l-)
belapul *i* be*/get* dented
belát *i* **1. ~ az ablakon** *[benéz]* see* in through the window **2.** *[területet]* survey, look over **3.** *[megért]* see*, realize, *[elismer]* admit, acknowledge; **be kell látnod, lásd be** you must realize; **nem látom be, miért** I can't see why, I see no reason why [I/he/she etc. should ...]; **hibát ~** admit a fault
belátás *fn* **1.** *[mások iránti]* consideration, understanding; **~sal van vk iránt** have* consideration for sy, be*

considerate towards sy; **légy ~sal!** (do) be considerate/reasonable! **2.** *[megítélés]* discretion; **(legjobb) ~a szerint, saját ~a szerint** at one's discretion; **cselekedj legjobb ~od szerint** I leave it to your discretion, deal with it (v. do) as you think/see fit; **jobb ~ra bír vkt** make* sy see reason, bring* sy to his/her senses

beláthatatlan *mn* **1.** *[végeláthatatlan]* boundless, vast **2.** *átv* incalculable

belátható *mn* **1.** *[megérthető]* conceivable; **könnyen ~, hogy** it is easy to see that **2. ~ időn belül** in the foreseeable future, within a reasonable time **3. be nem látható útkanyarulat** blind turning

belátó *mn [elnéző]* considerate

belázasod|ik *i* run*/get*/have* a temperature, develop fever

bélbaj, -bántalom *fn orv* intestinal trouble, disorder(s) of the bowels

belbecs *fn elav* intrinsic value, true worth

belbiztonság *fn pol* internal security

belbiztonsági *mn pol* **~ erők** internal security forces

bélbolyh *fn biol* villus (*tsz* villi)

bélcsatorna *fn orv* digestive tract

bélcsavarodás *fn orv nép* knotted bowels *tsz*, *orv* volvulus

bele *hsz* into, inwards; **pont ~** right/smack into the middle (of it)

belead *i* **~ja minden erejét** put*/throw all one's strength into it, give* it everything one has, put* all one's might in; **minden tudását ~ta** he put into it everything he knew, he tried to do his best → **apai-anyai**

beleakad *i* (*vmbe*) catch* (v. get* caught) on, get* entangled in

beleakaszt *i* → **beakaszt**

beleáll *i* **1.** *[vízbe]* (go* and) stand* in [the water] **2. ~ a fájás** begin* to ache/hurt

beleállít *i* (*vmbe*) stand*/place sg/sy in sg

beleaprít *i gaszt* (*vmt vmbe*) break*/chop sg into sg

beleártja magát *i [mások ügyeibe]* meddle/interfere in (other people's affairs), poke/stick* one's nose (in(to) sg)

beleás *i átv* **~sa magát vmbe** dig* (v. get* dug) into sg

beleavatkoz|ik *i [vk dolgaiba]* interfere/meddle in (sy's affairs); → **beavatkozik**

belebeszél *i* **1.** *[telefonba]* speak* into [the receiver] **2.** *[közbeszól]* interrupt, break* into [a conversation] **3. ~ más dolgába** poke one's nose into other people's affairs

belebetegsz|ik *i* become* ill from sg; **teljesen belebetegedett** it really made him/her ill

belebocsátkoz|ik *i* embark on sg

belebolondul *i* **1.** (*vmbe*) sg is driving sy mad/crazy **2.** *[beleszeret vkbe]* fall* head over heels in love with sy, be* soft (on sy)

belebonyolód|ik *i* (*vmbe*) get* entangled (v. tangled up v. involved v. embroiled) in (sg), *[vm rossz ügybe]* mess (with sg); **nem enged vkt ~ni vmbe** keep* sy out of sg

beleborzong *i* (*vmbe*) shiver/shudder [at the thought of sg]

belebotl|ik *i* **1.** (*vmbe*) stumble upon **2.** (*vkbe*) run*/bump into

belebúj|ik *i* **1.** *[lyukba]* creep*/steal*/slink* into **2.** *[ruhába]* get*/slip into one's clothes **3. az ördög bújjék bele** the devil take him; **~t a kisördög** ‹(the child) refuses to obey his/her parents›

belebuk|ik *i átv* fall*, go* bankrupt

belecsap *i* **~ott a villám a fába** (the) lightning struck the tree

belecsavar *i* → **becsavar**

belecsempész *i* steal*into

belecseppen *i* **1.** (*vm*) drop in **2.** *[vk véletlenül vhová]* happen to find oneself swhere

belecsimpaszkod|ik *i* cling* to, clutch at

belediktál *i* (*vkbe vmt*) force sy to eat/drink/swallow sg

beledob *i* throw* in(to)

beledolgoz *i* **1.** → **bedolgoz 1 2. ~za magát vmbe** become* an expert in/on sg, master sg

beledőf *i [kést]* stab, *[kardot]* run* sy through with [a/one's sword]

beledögl|ik *i* (*vmbe*) die/perish of sg

beledől *i* fall*/overturn into; **~t a karosszékbe** sank* into an/the armchair; **~t az ágyba** (s)he tumbled into bed

beledug *i* → **bedug 1**

beleegyezés *fn* consent, assent, approval, agreement, *[engedély]* permission; **szülői ~** parental consent; **tudta és ~e nélkül** without his knowledge and/or approval; **vk ~ével** with sy's consent, with the consent of sy

beleegyez|ik *i* (*vmbe*) consent/agree/assent to, approve of, give* one's consent/agreement/approval to sg; **~em abba, hogy** ... I agree that ...; **szülei nem egyeztek bele** his parents refused their consent

beleegyező *mn jog* of agreement *ut*; **~ nyilatkozat** declaration of agreement

beleegyezőleg *hsz jog* in agreement; **~ aláír vmt** sign sg in agreement (of/to)

beleejt *i* drop (sg) into (sg), let* (sg) fall into (sg)

beleél *i* **~i magát vk helyzetébe** try to realize sy's position/situation, put* oneself in sy's shoes/place; **~i magát szerepébe** enter (fully) into the spirit of his role; **~i magát vk gondolatvilágába** enter into sy's world; **~i magát vk lelkivilágába** enter into another person's feelings; **~i magát vmbe** enter into the spirit of sg; **ne nagyon éld bele magad!** don't count on it

beleélés *fn* empathy

beleér *i* (*vmbe*) reach down into sg

beleerőltet *i* force sg into sg

beleerősít *i* (*vmbe*) intensify/increase one's efforts (to achieve sg)

beleért *i* **1.** *[gondolatot]* imply **2.** *[összeget]* comprise, include; **~ve** including ...; ... included, inclusive of ...; **költségeimet is ~ve** including my charges/expenses, inclusive of my charges/expenses; **mindenki(t), magamat is ~ve** ... all of us, myself included, ...

beleérzés *fn* empathy

belees|ik *i* **1.** (*vmbe*) fall*/tumble into **2.** *átv* **~ik abba a hibába(, hogy)** commit the error of (...ing), make* the mistake of (...ing) **3.** *biz* (*vkbe*) fall* for sy, have* a crush on sy; **bele van esve vkbe** have* a crush on sy, be* gone on sy, be* crazy/mad about sy, be* (head over heels) in love with sy, be* hooked on sy, be* nuts about sy

belefájdul *i* **~ a fejem** I get* a headache from it, it is giving me a headache

belefárad *i* get* tired of (sg), tire of (sg)

belefeksz|ik *i* **1.** → **befekszik 1 2. ~ik a munkába** put* one's heart and soul into one's work

belefektet *i* → **befektet**

belefelejtkez|ik *i [könyvbe, vk szemeibe]* be* spellbound by sg, be* lost in sg, be* caught up in sg

belefér *i* → **befér**

belefog *i* (*vmbe*) start/begin*/commence sg, set*/go* about sg, *[vm nagyobb dologba]* embark (up) on sg; **~ a munkába** get*/buckle down to work, start working

belefoglal *i* **1.** include, comprise; **~va** including (sg), inclusive of **2.** *[foglalatba]* case (in sg)

belefogódz|ik *i* (*vmbe*) take* hold of sg, hold* on to sg, grip sg, grab sg

belefojt *i* **1.** *[vkt vízbe]* drown **2.** *átv* **~ja a szót vkbe** silence sy, make* sy bite his lip, cut* sy short

belefoly|ik *i* **1.** → **beleömlik**, → **befolyik 1 2.** (*vk vmbe*) get* involved (in sg), interfere (with sg); **próbálj meg nem ~ni!** try to stay out of it!, try not to get involved!

belefordul *i* → **befordul 2**

belefőz *i gaszt* (*vmt vmbe*) cook sg into/with sg

belefúj *i* **1. ~ja az orrát a zsebkendőbe** blow* one's nose into one's handkerchief **2. ~ a kürtbe** blow*/sound the horn

belefullad *i [vízbe]* be*/get* drowned in, drown in

belefúr *i* (*vmbe*) drill/bore into sg; **fejét ~ja a párnába** bury one's head in the pillow
belefúród|ik *i* pierce/penetrate sg
belefut *i* → **beleszalad**
belegabalyod|ik *i* **1.** → **belebonyolódik 2.** → **belebolondul** 2
belegázol *i* **1.** ~ **a vízbe** wade into the water; ~ **a virágokba** trample the flowers down (v. down the flowers) **2.** ~ **vk becsületébe** slander sy
belegebed *i* **majd ~ a munkába** work oneself into the ground, work till sy aches his/her bones
belegondol *i* **ha jól ~unk a dologba** on reflection, giving it another thought
belégzés *fn* breathing in, inhalation
belegyökerez|ik *i* → **begyökerezik**
belegyömöszöl *i* → **begyömöszöl**
belehabarod|ik *i* → **belebolondul** 2
belehajít *i* throw* /fling* sg in(to)
belehajszol *i* (*vkt vmbe*) force/hound/hurry sy into sg (doing sg)
belehajt *i* [*kocsival*] run*/crash/drive* into, ram [sy's car]
belehal *i* [*betegségbe*] die of [cancer etc.]; **~t sérüléseibe/sebeibe/sebesülésébe** he died from his wounds/injuries; **majd ~tam** it nearly killed me, I nearly died
beleharap *i* bite* into, put* one's teeth into
belehasít *i* **a fájdalom ~ott a lábába** shooting pains racked his legs
belehel *i* inhale, breathe in
belehelyez *i* put* (sg) into (sg)
belehull|ik *i* fall*/drop in(to)
belehuppan *i* flop down (on/into)
belehúz *i* **1.** (*vmt vmbe*) pull sg in(to sg) **2.** *biz* [*gyorsítja a tempót*] press on/forward; **húzzunk bele a munkába!** let's press on with the work!
belehülyül *i* (*vmbe*) go* crazy (about/over sg)
beleilleszked|ik *i* → **beilleszkedik**, → **beleillik**
beleilleszt *i* → **beilleszt**
beleill|ik *i* **1.** (*vmbe*) fit; **a kulcs ~ik a zárba** the key fits the lock **2.** (*vk*) be* suitable for, be* suited to/for
beleír *i* → **beír** 1
beleisz|ik *i* **~ik másnak a poharába** drink* from sy else's glass; **csak beleittam** I just had a sip.
beleivód|ik *i* (*vmbe*) permeate sg, pervade sg, ooze/soak into sg
beleizzad *i* **1.** (*vmbe*) sg makes one sweat; **~ a munkába** sweat over a job **2.** [*ruhába*] sweat through [one's clothes]
belejátsz|ik *i* contribute to sg; **döntésébe ~ott az (a körülmény) is, hogy** ... his decision was also influenced by [the fact that]
belejavít *i* make* corrections in
belejön *i* [*vmbe beletanul*] get* the hang of, get* into the groove, get* into, get* one's hand in
belekalkulál *i* include the cost of sg (in one's calculations), reckon in, allow for, take* into consideration, make* provision for
belekap *i* **1.** (*vk vmbe*) snatch at sg, [*kutya vk lábába*] snap at [sy's heels] **2.** *átv* (*vmbe*) try one's hand at sg, dabble in sg; **mindenbe ~** put* one's hand to everything
belekapaszkod|ik *i* **1.** (*vmbe*) cling* (on) to sg, clutch sg, (*vkbe/vmbe*) hang*/fasten on to sy/sg; **kapaszkodjon belém** hold/hang on to me **2.** *átv* (*vmbe*) find* fault with sg, [*vmbe, amit vk mondott*] take* sy up on sg [sy said]
belekapcsolód|ik *i* → **bekapcsolódik** 2
belekarol *i* (*vkbe*) take* sy's arm
belekényszerít *i* [*vkt vmbe, vm megtevésébe*] force/browbeat* sy into sg (doing sg) → **bekényszerít**
beleképzel *i* **~i magát vk helyzetébe** imagine oneself in sy else's place, put* oneself in one's place/shoes
belekerget *i* (*vkt vmbe*) chase/push sy into sg
belekerül *i* **1.** [*pénzbe*] cost*, come* to **2.** [*időbe*] → **beletelik 3.** [*nemkívánatos helyre/helyzetbe*] get* involved in, find* oneself in a(n unpleasant) position/situation
belekever *i* **1.** [*anyagot*] mix with, add to **2.** (*vkt vmbe*) involve sy in sg
belekevered|ik *i* (*vk vmbe*) get*/be* mixed up in sg, get* entangled/involved in sg, [*veszélyes dologba*] mess with sg
belekezd *i* (*vmbe*) start (...ing); [*nagyobb dologba*] take* up sg, embark (up)on (sg), undertake* (sg)
belekiabál, -kiált *i* **1.** (*vmbe*) shout into **2.** [*vk beszédébe*] heckle (sy), interrupt (sy with shouts)
belekontárkod|ik *i* (*vmbe*) meddle/tamper with sg
belekóstol *i* **1.** (*vmbe*) taste sg **2.** *átv* have* a taste of sg, try one's hand at sg, try sg out, dabble in sg
belekotnyelesked|ik *i* (*vmbe*) poke one's nose into sg, interfere with sg
belekotyog *i* (*vmbe*) chime in with [silly remarks], put* in, *US* put* in one's two cents' worth
beleköp *i* (*vmbe*) spit* into; **~ vknek a levesébe** put* a spoke in sy's wheel, throw* a spanner in the works, *US* throw* a (monkey) wrench in sg
beleköt *i* **1.** (*vmt vmbe*) bind*/wrap* up in **2.** (*vkbe*) pick a quarrel with sy, pick on sy **3. mindenbe ~** he's always finding faults
bélel *i* **1.** [*ruhát*] line **2.** *műsz* case
belelapoz *i* [*könyvbe*] dip into [a book], look into
belelát *i* **1.** (*vmbe*) see* into/through sg **2.** *átv* get* an insight into; **~ vk terveibe** penetrate sy's plans **3.** (*vmbe vmt*) imagine things that are not there (in sg)
belélegez *i* breathe in, inhale
belélegzés *fn* inhalation, breathing in
belelendül *i* (*vmbe*) get* going, get* into one's stride, get* into gear, *US* hit* one's stride, get* into high gear
belelép *i* **1.** (*vmbe*) step into sg **2.** *biz* **~ a gázba** [*autóban*] step on it, put* one's foot down, *US* step on the gas; → **beletapos**
béleletlen *mn* unlined
belelkesül *i* (*vmért*) get*/become* enthusiastic (about)
belelóg *i* → **belóg** 1
beleloval *i* (*vkt vmbe*) fire sy with enthusiasm to do sg; **~ja magát vmbe** work oneself up into a frenzy about sg
belelő *i* shoot*/fire into
bélelt *mn* lined; **selyemmel ~ kabát** coat lined with silk; **~ erszény** well-lined purse
bélelzáródás *fn* obstruction/stoppage of the bowels
belemagyaráz *i* read* sg into sg, *pej* give* sg a fanciful interpretation
belemagyarázás *fn* distortion of meaning, *pej* fanciful interpretation
belemar *i* (*vkbe*) bite* into, take* a bite at, get* one's claws into (sy)
belemarkol *i* **1.** [*kiragad belőle*] grab/take* a handful of **2.** [*megszorít*] grab at
belemárt *i* (*vmbe*) dip/plunge in, immerse (in)
belemász|ik *i* **1.** (*vmbe*) climb/get* into **2.** [*egy dologba*] get* entangled in [a bad business], get into [a mess/fix]
belemegy *i* **1.** (*vk/vm vmbe*) go*/get* into; **vm belement a szemembe** sg got into my eye **2.** *átv* (*vk vmbe*) consent to, fall* in with, [*kockázatos dologba*] go* into sg with one's eyes open; **~ a játékba/tréfába** enter into the game, enter into the spirit of sg
belemelegsz|ik *i* *átv* warm to sg; **~ik a táncba** get* heated with dancing
belemélyed *i* (*vmbe*) become* (profoundly) absorbed in sg, be* deep/lost in sg
belemenés *fn sp* [*futballban*] tackle
belemerít *i* plunge/dip into
belemerül *i* **1.** [*elmerül*] sink* into **2.** *átv* delve into, be* caught up (in sg); **~ a munkába** be* wrapped up in one's work
beléndek *i* henbane
belendül *i* → **belelendül**

belenevel *i* (*vkbe vmt*) instil (*US* instill) sg in(to) sy, bring* sy up to (do sg)
belenéz *i* (have* a) look into; **bele se néz a könyvbe** he gives his book a wide berth
belenő *i* **1.** (*vk/vm vmbe*) grow* into **2.** *átv* develop into
belenövés *fn* **1.** (*vmbe*) growing (up) into **2.** *átv* gradual development (into)
belenyal *i* **1.** (*vmbe*) (take* a) lick **2.** *[csak megkóstol]* have* a bite/sip, have* just a little
belenyilall|ik *i [fájdalom]* shoot* into, get* a twinge of [pain etc.]
belenyom *i* (*vmt vmbe*) force/squeeze/cram sg into sg
belenyomód|ik *i* (*vmbe*) be* impressed/imprinted (up)-on sg
belenyugsz|ik *i* (*vmbe*) acquiesce in, resign/reconcile oneself to sg, be* resigned to sg, come* to terms with sg, put* up with sg
belenyugvás *fn* acquiescence (in), resignation, submission (to)
belenyúl *i* **1.** *[kézzel]* reach into, dip one's hand into **2.** *átv* ~ **a dolgokba** step in, intervene (in), take* a hand in things; ~ **a zsebébe/pénztárcájába** dip into one's pocket/purse
belenyúl|ik *i* reach as far as; **~ik az éjszakába** go* on (far) into the night, go* on until/into the small hours
beleolt *i átv* imbue with, saturate with
beleolvad *i* **1.** (*vmbe*) fade/melt into sg, merge into sg **2.** *[szín más színbe]* shade into (one another)
beleolvas *i* **1.** *[vm értelmezést]* read* (sg) into **2.** *[könyvbe]* dip into [a book]
beleöl *i [pénzt]* sink* [money] in, pour [money] into; *[munkát]* put* a lot of work in(to) sg [in vain]
beleöml|ik *i* flow/pour into, join, meet*, feed* [another river]
beleönt *i* pour/empty into
beleőrül *i* → **belebolondul 1**
beleőszül *i* (*vmbe*) sg turns one's hair grey (*US* gray)
belep *i* **~i a por** it is covered with/in dust; **~i a hó** be* covered with snow
belép *i* **1.** *[helyiségbe]* go*/come* in, step in(side), enter [a room], walk in/into; **tessék ~ni!** please walk/step in!; **amikor ~ett** on entering; **~ni tilos!** no admittance/entrance/entry, "private"; → **idegen II 2.** *átv* ~ **az egyesületbe** join the society; ~ **egy pártba** join a party; **szolgálatba** ~ enter (into) service
belépés *fn* entry, entrance; ~ **csak hivatalos ügyben** no entry for private callers; no unauthorized person may enter this area; **a ~ díjtalan** admission free
belépési *mn* ~ **díj** entrance fee; ~ **engedély** admission, admittance; ~ **nyilatkozat** application for membership
belepillant *i* give* sg a quick look/glance
belepirul *i* flush, blush, sg makes one flush/blush
beleplántál *i* (*vmt vkbe*) implant sg into sy
belepofáz|ik *i biz [beszélgetésbe]* butt/muscle in (on sg), interrupt; **Géza, ne pofázz állandóan bele, amikor én beszélek!** Géza, I wish you would stop butting in!
belepottyan *i* fall*/tumble/drop into
belépő I. *fn* **1.** *[helyiség]* entrance, vestibule **2.** *[ember]* entrant **3.** → **belépőjegy 4.** *[köpeny]* wrap **5.** *[dal]* entrance song **II.** *mn* **1.** (*vk*) entering, coming/stepping in *ut* **2.** *[áram]* incoming
belépődíj *fn* entrance/entry fee, (price of) admission; ~ **nincs** admission free
belépőjegy *fn* (admission) ticket, admission card; **a ~ ára** price of admission
beleprésel *i* squeeze in, cram/stuff into
beléptet *i* (*vkt*) (*vhová*) check the people (who enter); *[szervezetbe]* make* sy join an organization, introduce sy to
belépti díj *fn* → **belépődíj**
belepumpál *i* pump (into)
belepusztul *i* perish from, die of
beleragad *i* get* stuck in, stick* in/to, *[sárba]* get* bogged down [in the mud]
beleragaszt *i* → **beragaszt 1**
belerajzol *i* → **berajzol**
belerak *i* → **berak 1, 2**
belerángat *i* (*vmbe*) drag sy into sg
beleránt *i átv* (*vkt vmbe*) involve sy in sg, draw* sy into sg, get* sy mixed up in sg, pull sy into sg
beleráz *i* shake* sg (into its place)
belerázód|ik *i* (*vmbe*) shake* down
beleremeg *i* tremble, shudder
belerohan *i* rush/run*/dash into, *[autóval]* run*/crash/bump into, ram [a car]
belerokkan *i* (*vmbe*) be* disabled/crippled by sg
belerozsdásod|ik *i* get* rusted in/up
belerögződ|ik *i* (*vkbe*) get*/become* ingrained (in one's mind), *[szokás vkbe]* get* into the habit of
belerúg *i* (*vmbe/vkbe*) kick sg/sy, give* sg/sy a kick
beles *i* spy/pry into, peep into
béles *fn kb.* turnover-pie
bélés *fn [ruháé]* lining
bélésanyag *fn* lining
belesápad *i* grow*/turn pale from/with, sg makes sy turn pale, change colour
béléscső *fn* casing (pipe)
belesimul *i [vk ölébe]* cuddle up to sy, *[vm a környezetbe]* blend into, harmonize with
belesodor *i* **1.** engulf in, suck in, swallow up **2.** *átv* → **beleránt**
belesodród|ik *i* (*vmbe*) get* mixed up in, become* entangled/implicated/involved in
belesulykol *i* (*vmt vkbe*) din/drill sg into sy
belesül *i [beszédbe stb.] biz* dry up, forget* one's lines
belesüllyed, -süpped *i* sink* (into)
belesűrít *i* condense, compress
bélésvászon *fn* scrim, lining (linen)
beleszagol *i* **1.** (*vk vmbe*) sniff/smell* sg **2.** *átv biz* dabble in (sg)
beleszakad *i* **1.** *[gyökér]* break* **2.** → **belegebed**
beleszalad *i* **1.** *[utcán vkbe]* bump into sy, run* into/across sy, come* across sy **2.** (*vm vmbe*) → **belerohan**
beleszámít *i* reckon in, count in, include, take* into account/consideration; **a lakbérbe a fűtés is ~** the rent is inclusive of heating; **~va** including..., ...included, inclusive of → **beleért**
beleszédül *i* tumble/fall* (giddily) into
beleszeret *i* (*vkbe*) fall* in love with sy
beleszivattyúz *i* pump in (to sg)
beleszok|ik *i* (*vmbe*) get* accustomed/used (to sg), accustom/adapt oneself to
beleszól *i* **1.** *[beszélgetésbe]* interrupt (v. cut* into the conversation), break* in [on the conversation], *[vitába]* take* part in [the discussion] **2.** *[ügybe]* intervene (in), *[kellemetlenül]* interfere (in)
beleszólás *fn átv* voice, say, *[beavatkozás]* intervention, interference; **ebbe nincs ~od** you have no say in this (matter); **van ~a** have* a say in the matter
beleszór *i* pour/throw*/hurl in/into
beleszorít *i* squeeze in(to)
beleszorul *i* (*vmbe*) get* caught/stuck in sg
belesző *i* weave* into, work in
beleszövőd|ik *i* be* interwoven with
beleszúr *i* **1.** *[tűt]* stick*/run* into **2.** **~t az oldalamba a fájás** I have a stitch in my side
beleszület|ik *i* (*vmbe*) be* born into sg
beletalál *i [célba]* hit* [the mark/target]
beletanul *i* (*vmbe*) master/learn* sg, learn* the ropes
beletapos *i* (*vmbe*) trample on sg; ~ **a gázba** step on it; ~ **a fékbe** jam/slam on the brakes, step on it
beletartoz|ik *i* belong (in)to, be* a part of, be* included in, *[hatáskörébe]* come* within [one's competence]
beletekint *i* (*vmbe*) look into, have* a look at, glance over

beletel|ik *i* **két hét is ~ik abba, amíg** it will be/take a good 2 weeks before; **három évbe (is) ~t** it took three years (to ...)

beletemet *i* **~te az arcát a kezeibe** he buried his face in his hands

beletemetkez|ik *i* bury oneself in sg, delve into sg, dig into sg; **~ik a könyvébe** he is lost in his book

beletesz *i* put* sg in/into sg, *[újságba]* insert [sg in the paper]; → **betesz**

betorkoll|ik *i [folyó]* flow/fall*/discharge into, *[utca]* lead* (in)to, converge on

beletöm *i* force/cram/stuff into

beletör|ik *i* **1. ~ik a foga vmbe** (i) break* one's tooth on sg (ii) *átv* come* a cropper **2. a kulcs ~ött a zárba** the key broke in the lock

beletörődés *fn* → **belenyugvás**

beletörőd|ik *i* → **belenyugszik**

beletöröl *i* (*vmt vmbe*) wipe sg on sg

beleugrat *i* (*vmt vmbe*) → **beugrat**

beleugr|ik *i* leap*/jump in/into, plunge in

beleun *i* (*vmbe*) tire/weary of sg (v. of ...ing), get* fed up with sg; **~t vmbe** be* tired/weary of sg

beleül *i* → **beül** 1, 2

beleüt *i* **1.** *[szeget]* strike*/drive* [a nail] into sg, *[fejét vmbe]* knock/run*/bump [one's head] against sg, *[lábát kőbe]* stub [one's toe] against/on (a stone) **2.** *átv* **~i vmbe az orrát** poke one's nose into sg, interfere in sg, pry into sg **3. mi ütött beléje?** what's wrong with him?, what's got into him?

beleütköz|ik *i* **1.** (*vmbe*) knock/run* into/against sg, collide with sg, bump into sg **2.** *[törvénybe, előírásba]* break*/be* against [the law], violate, be* in violation of [the regulations]

belevág *i* **1.** *[vmbe késsel]* cut* into; **~tam az ujjamba** I cut* my finger **2.** *[villám]* → **belecsap 3.** *[vk szavába]* interrupt sy, cut* sy short **4.** *[vállalkozásba]* take* on, undertake* (sg); **vágj bele!** go ahead! **5.** *[belehajít]* throw*/hurl into

belevakul *i* (*vmbe*) go*/become* blind (from/with sg)

belevaló *mn biz* **~ fickó!** that's my boy!, he has plenty of grit/guts

belevegyít *i* (*vmbe*) mix with/into, add to

belevegyül *i* **1.** *[vm anyagba]* mix, blend, amalgamate **2.** *[vk tömegbe]* mix with, get* mixed up (with)

belever *i* **1.** (*vmt vmbe*) knock/hammer into; → **beleüt 2. vmt vk fejébe ~** hammer/drum sg into sy (sy's head), din into sy, pound sg into sy's head; **beléjük verjük, hogy** we hammer home to them that ...

belevés *i* → **bevés**

belevésőd|ik *i [vk tudatába]* get*/become* ingrained (in one's mind)

belevesz *i* include (in); → **bevesz**

belevet *i* **1.** → **bedob 2. ~i magát vmbe** throw* oneself into sg, dig into sg, fling*/hurl oneself into sg

belevisz *i* (*vkt vmbe*) draw*/drag sy into sg, pull sy into sg

belevon *i* draw* into, invite to join

belevörösöd|ik *i* **egészen ~ött** her/his face went* red (when), her/his face flushed with sg

belezavar *i [mondókába]* get* sy (all) confused/flustered

belezavarod|ik *i* get* muddled/confused; **~tam** I got all mixed up

belezökken *i* **~ a rendes kerékvágásba** shake*/settle down to a routine (again)

belezúg *i biz [beleszeret vkbe]* → **belebolondul** 2, → **beleesik** 3

belezsúfol *i* cram/jam/pack sg into sg

bélféreg *fn* intestinal worm/parasite

bélfertőzés *fn orv* intestinal infection

bélflóra *fn biol* intestinal flora

bélfodor *fn* mesentery

belforgalom *fn* inland/internal trade/traffic

belföld *fn* inland; **~ön** at home

belföldi I. *mn* native, home, domestic, inland, internal; **~ áru** home-manufactured/made goods *tsz*; **~ forgalom** inland traffic; **~ hírek** home news *esz*; **~ levél** inland letter; **~ piac** home market; **~ termék** home product **II.** *fn* native

belga *mn/fn* Belgian

Belgium *földr* Belgium

belgiumi *mn/fn* Belgian

bélgörcs *fn orv* colic, the gripes *tsz*

Belgrád *földr* Belgrade, Beograd

belgyógyász *fn* physician; specialist in internal medicine, *US* internist

belgyógyászat *fn* **1.** *[ág]* internal medicine **2.** *[kórházi osztály]* medical ward

belgyógyászati *mn* medical, internal; **~ klinika** department of medicine, medical department

belháború *fn elav* civil war

belharc *fn [ökölvívásban]* infighting

bélhurut *fn* enteritis

-beli *utótag* **1.** *[hely]* of, belonging/pertaining to *ut*; **Nemzeti Színház-~** of/from the National Theatre *ut* **2.** *[idő]* dating from *ut*; **XV. század~** dating from the 15th century *ut*

bélista *fn elav* redundancy list

bélistáz *i elav* dismiss, put* on the redundancy list, make* redundant; **~ták** *biz* he got the ax(e)

belisztez *i gaszt* flour, sprinkle/dust with flour

belisztezett *mn* floury, floured

belív *fn nyomd* inside pages *tsz*, inside

Belize *földr* Belize

belize-i *mn/fn* Belizean

beljebb *hsz* further in; **kerüljön ~** (please) walk in, *US* come right in; **~ megy** *[buszon]* move down

belkereskedelem *fn* internal/home trade, *US* domestic trade

belkereskedelmi *mn* of internal/home trade *ut*

belklinika *fn* → **belgyógyászati klinika**

bell *fn ját [bridzsben]* the odd game; **~ben van** be* vulnerable

belmagasság *fn* interior height [of a room/flat]

bélmozgás *fn orv* peristalsis, peristaltic movement

bélműködés *fn orv* bowel movement; **rendben van-e a ~e?** are your bowels regular?

bélnedv *fn orv* gastric juices *tsz*

belocsol *i* sprinkle sg with water, wet

belóg *i* **1.** *[tárgy vmbe]* hang* down into (sg) **2.** *[huzal]* hang* loose **3.** *biz [jegy nélkül vhova]* get*/sneak in (without a ticket); *[hívás nélkül]* gatecrash

belop *i* **~ja magát vhova** steal* into, worm oneself into; **~ta magát a szívébe** he stole his way into her heart

belopódz|ik *i* steal*/slink* in, slip in

belorussz *mn/fn* Byelorussian

belosztály *fn orv* medical ward

belovagol *i* **1.** *[lovat]* break* in [a horse] **2.** *[területet]* ride* over/through **3.** (*vhová*) ride* in/into

belő *i* **1.** (*vhová*) fire (a shot) into **2.** *[golyót]* discharge [a shot] into **3. belövi a labdát a kapuba** score/kick a goal **4. belövi magát** (i) *[lövész]* find* the range, zero in (ii) *biz [kábítószeres]* shoot* [heroin, etc.]

belök *i* **1.** *[ajtót]* push/thrust* open **2.** (*vkt vhova*) throw*/shove in

belőle *hsz* (out) of it, from it/him; **nincs elég ~** there isn't enough of it; **kivesz ~ vmt** take* sg out (of it); **nem kérek ~** *[ételből]* I don't want any(, thank you); **látom ~(, hogy)** I can see from it (that); **semmi sem lesz ~** (i) *[dologból]* it will come to nothing (ii) *[emberből]* he will never amount to anything; **~m** from me, out of me

belőtt *mn nyomd* **~ példány** interleaved copy

belövell *i* (*vmbe*) inject into, squirt in(to)

belövés *fn* **1.** *[folyamat]* ranging, bracketing **2.** *[nyoma]* bullet-mark(s)/hole(s); **a ház tele van ~ekkel** the house is

riddled with shots (v. bullet-holes) **3.** *biz [kábítószeresnél]* a shoot
bélpanaszok *fn tsz* intestinal complaints
bélpangás *fn* enteric stagnation
bélpoklos I. *mn* leprous **II.** *fn* leper
bélpoklosság *fn* leprosy
belpolitika *fn* internal politics/affairs *tsz*
belpolitikai *mn* ~ **helyzet** internal situation
bélrák *fn orv* cancer of the intestine
bélrenyheség *fn* sluggishness of the bowels
bélsár *fn* excrement, *tud* faeces (*US* feces)
belseje *fn* → **belső II**
belső I. *mn* **1.** *[belül levő]* inside, internal, inner; ~ **biztonság** internal security; ~ **égésű motor** internal-combustion engine; ~ **ellenség** enemy within (v. at home), fifth column; ~ **elválasztású mirigyek** endocrine glands; ~ **érték** intrinsic value; ~ **felvétel** *[film]* interior shot; ~ **gumi** *[autón stb.]* inner tube; ~ **kényszer** urge, compulsion; ~ **méret** inside measurements *tsz*; ~ **összefüggés** inherent/logical connection; ~ **részek** *[emberé]* viscera, bowels; *biz* innards; → **belsőség 2**; ~ **sérülés** internal injury/lesion; ~ **szög** internal angle; ~ **tag** *[aránypárban]* mean (proportional); ~ **vérzés** (internal) haemorrhage (*US* hem-) **2.** *[bizalmas]* intimate, confidential; ~ **munkatárs** member of the permanent staff **II.** *fn* **1. vmnek a belseje** the interior/inside/core/heart of sg; **a ház belseje** the interior of the house; **az ország belseje** the heart/interior of the country, the heartland; **vmnek a belsejében** inside sg **2.** *[futballé]* bladder, *[kerékgumié]* inner tube
Belső-Afrika *földr* Central Africa
Belső-Ázsia *földr* Central Asia
belsőépítész *fn* interior decorator/designer
belsőépítészet *fn* interior decoration/design
belsőleg *hsz* internally, inwardly, *orv* for internal application/use
belsőség *fn* **1.** *[ház körül]* grounds *tsz* **2.** *[baromfié]* giblets *tsz*, *[egyéb]* offal, pluck
bélszín *fn* sirloin; **angolos** ~ sirloin of beef
bélszínjava *fn* tenderloin
bélszínszelet *fn* sirloin (steak), fillet of sirloin; ~**ek** sirloin steaks, tournedos *tsz*, fillets of sirloin
beltag *fn [cégben]* full partner
beltenger *fn* inland/landlocked sea
beltenyésztés *fn* inbreeding, endogamy
beltéri *mn el* interior; ~ **egység** interior unit
belterjes *mn* intensive; ~ **gazdálkodás** intensive farming
belterület *fn [városé] GB* inner city, inner-city area, the centre of the city, *US* down-town
belterületi *mn* in/from the (inner) city *ut*, central(ly located), *US* downtown; ~ **vásárlóutca** pedestrian/shopping precinct; *US* the downtown shopping mall
béltükrözés *fn orv* rectoscopy
belúgoz *i* soak/steep in lye
belügy *fn* **1.** *[országé]* home affairs *tsz*; **egy ország ~eibe való beavatkozás** interference in the internal affairs of a country; **a párt ~eibe való beavatkozás** interfering with the internal matters of a party **2.** *biz* → **belügyminisztérium 3.** *biz* **a család ~e** a family affair/matter; **ez** ~ it's nobody else's business
belügyi *mn* ~ **dolgozó** employee of the Ministry of the Interior; *[igével]* work for the Ministry of the Interior (v. *US* Home Office)
belügyminiszter *fn* (the) Minister of the Interior, (the) Minister for Home Affairs, *GB* Home Secretary, *US* Secretary of Interior
belügyminisztérium *fn* (*röv* **BM**) *[Magyarországon]* Ministry of the Interior, *GB* Home Office, *US* Department of the Interior
belül *hsz* **1.** *[terület]* within, inside; **a korláton** ~ inside the railings; **Londonon** ~ inside/within London; **városon** ~ **levő** within the town/city *ut* **2.** *[idő]* within, in, *US így is:* inside (of); **egy órán** ~ within (v. *US* inside v. inside of) an hour; **3 napon** ~ within 3 days, *US így is:* inside (of) 3 days
belüli *mn* inside/within [the building etc.] *ut*; **az országon ~ események** events inside/within the country; **párton ~ demokrácia** democracy inside/within the party
belülről *hsz* from within, from inside
belváros *fn* the centre of (a/the) town/city, town/city centre, the inner city, *[Londonban]* the City, *US* downtown; **a ~ban** in town; *GB* in the City, *főleg US* downtown; **Glasgow ~ában** in the centre of Glasgow, in downtown Glasgow; **bemegy a ~ba** go* downtown [to buy ...]
belvárosi *mn* central, *US* downtown; → **belterületi**
belvilág *fn* **1.** *[lelki]* inner/spiritual world **2.** *műsz* inside measurements *tsz*
belvillongás, -viszály *fn* civil strife/discord
belvíz *fn* inland waters *tsz*
belvízkár *fn* inland water damage
belvízlevezető-csatorna *fn* drainage ditch
belvízmentesítés *fn* drainage, draining
belvízszint *fn* inland water level
bélyeg *fn* **1.** *[levélen]* (postage) stamp; **~et ragaszt vmre** put* a stamp on, stamp [a letter]; **~et gyűjt** collect stamps **2.** *[jel]* mark, *[beégetett]* brand; **~et éget/süt vmbe** brand sg **3.** *átv* mark, seal, stamp; **magán hordja a gyávaság ~ét** bear* the stamp/marks of cowardice, smell* of cowardice; → **rányom**
bélyegalbum *fn* stamp-album
bélyegautomata *fn* stamp-machine
bélyeges *mn [bélyeggel ellátott]* stamped
bélyegez *i* **1.** *[bélyegzővel levelet stb.]* cancel (*US* -l-), postmark **2.** *[állatot és átv vkt]* brand; **gyávának ~te** he branded him a coward **3.** *[munkahelyen érkezéskor]* clock in, check in, *US* punch in, ring* in, *[távozáskor]* clock out, check out, *US* punch out, ring* out
bélyeggyűjtemény *fn* stamp-collection
bélyeggyűjtés *fn* stamp-collecting, philately
bélyeggyűjtő *fn* stamp-collector, philatelist
bélyegilleték *fn* stamp-duty
bélyegkatalógus *fn* stamp catalogue (*US* catalog)
bélyegkiállítás *fn* stamp exhibition
bélyegköltség *fn [levelezésnél]* postage, *[perben]* stamp-charges *tsz*
bélyegköteles *mn [ügyirat]* liable to stamp-duty *ut*
bélyegmentes *mn [ügyirat]* exempt from stamp-duty *ut*, *[postán]* postfree
bélyegnedvesítő *fn* desk-sponge
bélyegsorozat *fn* series (of stamps)
bélyegzés *fn* **1.** *[postai keletbélyegzővel]* cancelling (*US* -l-), cancellation (*US* -l-), postmark; **alkalmi** ~ special cancellation/postmark **2.** *[állaté]* branding
bélyegző *fn [gumi]* (rubber-)stamp, *[postai]* postmark, cancelling (*US* -l-) stamp, *[hivatali]* stamp
bélyegzőfesték *fn* ink
bélyegzőkártya *fn* time card/sheet
bélyegzőóra *fn* time clock, clocking-in clock
bélyegzőpárna *fn* stamp/ink(ing) pad
bélyegzővas *fn* marking/brand(ing)-iron
belyukad *i* get* holed/perforated
belyukaszt *i* perforate, punch sg, punch a hole in sg
bemagol *i* learn* (sg) parrot-fashion, learn* sg by heart/rote, memorize, *biz* mug/swot up
bemarat *i* etch (into)
bemárt *i* **1.** *[folyadékba]* → **belemárt 2.** *biz* (*vkt/vknél*) malign sy, blacken sy's character/name
bemásol *i* copy in(to)
bemaszatol *i* → **bepiszkít 1**
bemász|ik *i* climb in/into; **~ik az ágy alá** creep* under the bed
bemázol *i* **1.** *[festékkel]* daub [the wall] (with paint), daub paint [on the wall], paint (over) **2.** *[piszokkal]* bedaub, smudge

B

bemegy *i* **1.** (*vk*) go*/step/walk in, enter; ~ **a házba** go* indoors/inside; ~ **a kórházba** go* into hospital; ~ **a városba** go* (up) to (v. into) town **2.** *[víz]* penetrate; **a víz ~ a cipőmbe** water is getting into my shoes **3.** → **befér**
bemelegedés *fn* warm-up (time)
bemeleged|ik *i* → **bemelegsz|ik**
bemelegít *i* **1.** *[helyiséget]* warm/heat up **2.** *[motort]* warm up **3.** *[sportoló]* warm/limber up, knock up, loosen up
bemelegítés *fn sp* warm-up, warming-up exercises *tsz*
bemelegítő *mn okt* ~ **gyakorlat** warm-up (exercise), warmer
bemelegsz|ik *i* warm up, grow*/get* warm, *[motor]* heat up
bemélyed *i* (*vm*) sink* in
bemélyedés *fn* **1.** *[üreg]* hollow, dip, dent **2.** *[falban]* niche, recess
bemélyít *i* lower, dent
bemenekül *i* escape in(to), take* shelter (in)
bemenet I. *fn* **1.** entrance, entry **2.** *el* input; **tilos a ~** no admittance, no entry **II.** *hsz* on entering, while going in
bemenetel *fn* march in
bemeneti *mn el* input
bemenő *mn távk* incoming; ~ **hívások** incoming calls
bemér *i [távolságot]* find* the range of, *[mérőműszerrel]* locate
bemerészked|ik *i* venture in
bemerít *i* immerse (in), dip in
bemerítkezés *fn vall* immersion
bemerítkez|ik *i vall* immerse
bemerül *i* sink* into, become* immersed
bemesél *i* (*vknek vmt*) spin* sy a yarn, put* sg across at sy; **ne akard nekem ezt ~ni!** tell it/that to the marines!
bemeszel *i* whitewash, paint (sg) white
bemetsz *i* notch, incise, indent, *[fametsző]* engrave, *[rézmetsző]* etch, *[faszobrász]* carve
bemetszés *fn orv* incision
bemocskol *i* **~ja vknek a becsületét** stain sy's honour (*US* -or), sling* mud at sy → **bepiszkít**
bemond *i* **1.** *[rádióban]* announce **2.** **~ja nevét (és személyi adatait)** give* one's name (and particulars) **3.** *[kártyában]* bid*, call
bemondás *fn* **1.** *[bejelentés]* announcement **2.** *[kártyában]* bid, call, *[bridzsben]* declaration, contract **3.** *biz [szellemeskedő]* quip, (wise)crack, *[színpadon]* gag
bemondó *fn* announcer, newsreader
bemos *i szl [ütést bevisz]* **~ott neki egy nagyot** (s)he clocked him one, (s)he gave him a hard punch (on the face)
bemosakodás *fn [orvosé]* washup
bemosakod|ik *i [orvos]* have* a thorough wash [before operation], scrub up
bemosás *fn [hajé]* colour (*US* -or) rinse
bemószerol *i szl* → **bemárt** 2
bemutat *i* **1.** (*vkt*) present/introduce sy (to sy); **~om X urat** this is Mr X, *US* meet Mr X **2.** *[okmányt]* produce, present; **~ja jegyét** show* one's ticket; **~ja útlevelét** produce one's passport **3.** *[színművet]* produce, put* on stage, *[filmet]* present, show*, *[kísérletet]* demonstrate, conduct, *[kiállításon]* exhibit, show*, display; **szemléltetően ~** demonstrate; **~ja a gyakorlatot** perform **4.** *[áldozatot]* offer (up)
bemutatás *fn* **1.** *[személyé]* introduction **2.** *[okmányé, színműé]* production, showing, *[árué]* display, exhibit, *[kísérleté]* demonstration **3.** *[áldozaté]* offering **4.** *[fogathajtó versenyen]* presentation
bemutatkozás *fn* **1.** (*vké*) introduction, introducing (oneself) **2.** *[színészé]* first appearance, debut (*US* debut)
bemutatkoz|ik *i* **1.** (*vk vknek*) introduce/present oneself to sy **2.** *[színész]* make* one's debut, make* one's first appearance
bemutató I. *fn* **1.** *szính* first night, première, opening night, *[filmé]* first run **2.** *[csekké]* bearer; **~ra szóló csekk** a cheque payable to bearer (on demand) **II.** *mn* ~ **előadás** → **bemutató** I, 1; ~ **tanítás** demonstration lesson/teaching
bemutatómozi *fn* first-run cinema/house
bemutatóterem *fn* showroom, exhibition room
béna *mn* **1.** *[végtag]* paralysed, crippled, *[csak láb]* lame; ~ **ember** paralytic, cripple; ~ **a lába** be* lame, have* a crippled leg **2.** *átv szl* silly
bénaság *fn* lameness, paralysis
benáthásod|ik *i* catch* a cold
bénáz|ik *i szl GB kb. kif* play silly buggers
bencés *mn/fn* Benedictine
bendő *fn [kérődzőé]* rumen, *tréf [emberé]* belly, paunch
bendzsó *fn* banjo, ukulele
benedvesít *i* wet, moisten
Benelux államok *földr* the Benelux States
be nem avatkozás *fn* → **beavatkozás**
benemavatkozási *mn* ~ **egyezmény** nonintervention pact; → **beavatkozás**
be nem avatott *mn* → **beavatott**
benépesed|ik *i [terem stb.]* fill up with people
benépesít *i [emberekkel]* fill with people, people, *[állatokkal]* stock, plant
benevez *i* **1.** *[vk versenyre]* enter for [a competition] **2.** (*vkt*) enter sy [in/for a competition]
benevezés *fn* entry
benéz *i* **1.** → **belenéz 2.** *biz [látogat]* look in (on sy), *biz* drop in (on sy), pop in, call round, come* round
bengáli *mn* Bengali; ~ **fény** Bengal light
Bengália *földr* Bengal
Benin *földr* Benin
benini *mn/fn* Beninese
bénít *i* paralyse, lame, cripple
benn *hsz* inside, within; ~ **lakik** live in; ~ **marad** (*vk*) stay/remain in; (*vm*) be*/get* stuck, stick* fast; ~ **tart** keep* in, retain; ~ **van** *[nincs házon kívül]* (s)he is in
benne *hsz* in it, inside (it), within (it); ~ **van a fiókban** it's in the drawer; **nem vagyok ~** I am out of it, I am against it; ~ **vagyok!** agreed; I am all for it, count me in, I am game/on, I am with you; ~ **van** *[számításban]* it is included; ~ **van vmben** *[részese vmnek]* have* a hand in sg; **nagyon ~ van vmben** *[tájékozott vmről]* be* well up in sg; **hányan voltak ~?** *[vm ügyben, verekedésben stb.]* how many were involved?; **van ~ vm** *[igaz lehet]* there is sg in it; **~m** in me; **bennetek** in you; **bennük** in them
bennég *i* perish in the flames (v. in the burning building)
bennfentes *mn* intimate, familiar, *átv* well-informed, initiated (in)
bennlakás *fn* residence [at boarding school], living in
bennlakásos, bentlakásos *mn* ~ **(közép)iskola** boarding school, *GB [előkelő, zártkörű, magán]* public school; ~ **rendszer** boarding school system
bennlakó I. *mn* resident, *[igével]* live in, be* in residence; ~ **orvos** *[kórházban]* resident physician **II.** *fn* resident, *okt* boarder
bennragad *i* stick*, be*/get* stuck (in), *[forgalomban]* be* caught up in [the traffic]
bennszülött I. *mn* native, aboriginal **II.** *fn* native, aborigine
benő *i* overgrow*; **~tte a fű** be* overgrown with grass; → **fej**[2]
benősül *i* → **beházasodik**
benőtt *mn* **1.** **fűvel ~** overgrown with grass *ut*, grass-covered/grown **2.** *[köröm]* ingrown [toenail]
benövés *fn* **1.** *[eredménye]* ingrowth **2.** *[folyamat]* ingrowing
benső *mn* inner, internal; ~ **barát** intimate/close friend; ~ **barátság** close friendship
bensőleg *hsz* inwardly, internally
bensőség *fn* intimacy, warmth
bensőséges *mn* intimate, close
bent *hsz* → **benn**; **~ről** from within
benti *mn* inside

bentlakás *fn* → **bennlakás**
bénul *i* be*/become* paralysed/lamed
bénulás *fn* paralysis
bénult *mn* paralytic, lame
bénultság *fn* lameness, paralysed state
benzin *fn* petrol, *US* gas(oline); **kár a ~ért** it is not worth the trouble/candle, one is wasting one's breath
benzines *mn* **~ palack** petrol bomb, Molotov cocktail; **~ autó** *[nem Diesel- vagy gázüzemű]* car that runs on petrol, petrol(-fuelled) car
benzin(es)kanna *fn* petrol can, jerry can, *US* gas can
benzinfaló *mn* ‹ a car that uses petrol inefficiently › *US* a gas-guzzler
benzinfogyasztás *fn* petrol/fuel consumption, *US* gas consumption
benzingőz *fn* petrol vapour (*US* -or)
benzinkút *fn* filling/petrol station, *US* gas station, *[szervizzel]* service station, *[önkiszolgáló]* self-service station
benzinkutas, benzinkútkezelő *fn* petrol (v. *US* gas) station attendant
benzinmotor *fn* petrol engine
benzinmotoros *mn* **~ fűnyíró** petrol mower
benzinszag *fn* smell of petrol (*US* gas)
benzintartály *fn* petrol/fuel tank, *US* gas tank
benzinutalvány *fn* petrol coupon
benzinüzemű *mn* petrol-fuelled/powered, *[igével]* runs on petrol, *US* gas-fuelled/powered, *[igével]* runs on gas
benzoesav *fn* benzoic acid
benzol *fn* benzol, benzene
benzolgyűrű *fn* benzene ring
benyakal *i biz* **1.** gulp down, swallow, toss back, drink* **2.** *[berúg]* get* drunk/tight/blotto
benyal *i biz* **1. ~ja magát vkhez** suck up to sy; **csontig ~ vknek** *durva* lick one's arse, arselick **2.** *szl* (*vmt*) learn sg by heart
benyálaz *i* beslaver
benyargal *i* gallop in(to)
benyit *i* enter, go*/come*/step in, *[dühödten]* burst* through the door
benyom *i* **1.** (*vmt*) press/squeeze in, *[ajtót]* force/push/break* in; **a kalapot ~ja a fejébe** cram one's hat on one's head **2. ~ vkt vhová** *[állásba]* get* sy into [a job] **3.** *[jelzést vmbe]* impress on, stamp sg
benyomás *fn átv* impression; **az volt a ~om, hogy** it's my impression that, I got the impression that; **vmlyen ~t tesz vkre** give sy a particular impression, strike* sy as; **nem tett rám vmi intelligens ~t** (s)he did not strike me as being very intelligent; **jó ~t hagy maga után** leave* a good impression; **rossz ~t tesz** give*/create a bad impression
benyomul *i* invade sg, force/make* one's way in, enter (swhere) by force, push in
benyomulás *fn* invasion
benyújt *i* hand/send* in, present, file, *US* turn in, *[kérelmet]* put* in, *US* file [an application], *[doktori értekezést]* submit [a thesis for the PhD degree]; **hova kell ~ani a kérelmet?** where do I apply?; **~ja a költségvetést** lodge the estimate; **~ja lemondását** tender/offer one's resignation; **törvényjavaslatot nyújt be** bring* in a bill
benyúl *i* (*vmbe*) reach/dip into sg; **~t a zsebébe** he reached/dived into his pocket
benyúl|ik *i* reach/stretch/extend as far as, protrude into
beolajoz *i* oil, lubricate
beolt *i* **1.** (*vkt*) inoculate, *[vakcinával]* vaccinate **2.** *mezőg [fát]* make* a graft onto [a tree], (en)graft [a bud/scion] onto sg **3.** *átv* (*vmt vkbe*) infuse/implant/instil sg in sy
beoltás *fn* **1.** (*vké*) inoculation, vaccination **2.** *[fáé]* grafting
beolvad *i* **1.** *[tárgy]* melt into, dissolve in/into, *[körvonal]* blend, fade into, *[szín]* merge into **2.** *[nép]* assimilate, be* assimilated into [a community etc.] **3.** *[intézmény]* merge with
beolvas *i* **1.** *[rádióba]* read* (into the microphone), announce, broadcast*; **~sa a híreket** read* the news; **~ egy közleményt** read* (out) an announcement **2. jól ~ vknek** *biz* tell* sy a few home truths, tell* sy off; give* sy a bit/piece of one's mind
beolvaszt *i* **1.** *[fémet]* melt down **2.** *[intézményt]* merge sg with sg, incorporate sg (into sg), *[népet]* assimilate, absorb
beolvasztás *fn* **1.** *[fémé]* melting (down) **2.** *[intézményé]* merger, amalgamation
beomlás *fn* falling/caving in, giving way
beoml|ik *i* fall*/cave in, collapse, give* way, crumble
beoson *i* steal*/slink*/slip in
beoszt *i* **1.** (*vkt vmt*) arrange, apportion, *[több részre]* divide into, *[fokokra]* graduate, calibrate **2.** *[fizetést]* spread* out, *[takarékosan]* economize, stretch out; **jól ~ja a fizetését** he is good at managing on his salary; **az idejét jól osztja be** dispose of one's time well **3.** *[vkt hivatalhoz]* assign to, attach (for service) to
beosztás *fn* **1.** *[folyamat]* arrangement, apportioning **2. jó a lakás ~a** it is a well-arranged flat **3.** *[hivatali]* assignment, duty; **új ~t kapott** he obtained a new appointment, he was assigned to a new post **4. ~sal él** manage to make (both) ends meet, economize, manage [on very little money] **5.** *biz* **megkapja a ~át** get* told off, get* a roasting; **megkapta a ~át** (s)he was told where to get off, (s)he got a roasting
beosztott *mn/fn* subordinate; **a ~jai szeretik** he is liked by his staff; **első ~** *[a nagykövet helyettese]* deputy head of mission
beöltöz|ik *i* dress up (as)
beöml|ik *i* pour/rush/stream in; → **beleömlik**
beönt *i* pour/empty into
beöntés *fn* **1.** *orv* rectal injection, enema **2.** *[folyadéké]* pouring in/out
beözönl|ik *i [embertömeg]* crowd in(to a place), come* streaming in(to a place), flood in
bepácol *i [húst]* cure, pickle, *[főleg halat]* marinade
bepakol *i* → **becsomagol**
bepálinkáz|ik *i* have* too much brandy, get* drunk with brandy
bepaliz *i biz* con (sy into sg)
bepanaszol *i* (*vkt*) complain about, *[írásban]* lodge a complaint against (sy)
bepárásod|ik *i [üveg]* mist up/over, fog (up), get* fogged (up); **~ott** *[ablak, üveg stb.]* be* misted over/up, be* fogged up; **~ott az ablak** the window has steamed/misted up
bepárol *i* evaporate (down), condense, boil down
bepasiz|ik *i szl* get*/find* a lover/boyfriend
bepasszíroz *i* cram into, fit in
bepecsétel *i* stamp in(to)
beperel *i* sue sy/sg, take* sy/sg to court, take* legal action against sy, proceed against sy
bepermetez *i mezőg* spray [plants] with insecticide
bepiál *i szl* get* stoned/smashed
bepillant *i* **1.** *[benéz]* (cast* a) glance into **2.** *átv* obtain an insight (into)
bepillantás *fn* **1.** *[benézés]* glimpse (of), glance (into) **2.** *átv* insight (into); → **betekintés**
bepipul *i szl* → **bepörög**
bepisil *i biz* wet one's pants (v. the bed), piss (in) one's trousers (*US* pants), wet oneself
bepiszkít *i* **1.** *[bemocskol]* make* (sg) dirty, dirty, make* (sg) filthy, stain; **~ja magát** get* soiled/dirty; **~ja a kezét vmvel** soil/dirty one's hands on sg/sy **2.** *[erkölcsileg]* taint, sully, defile
bepiszkol *i* → **bepiszkít**
bepiszkolód|ik *i* get*/become* soiled/filthy/dirty
bepofátlankod|ik *i biz* muscle in on sg/sy
bepólyáz *i* **1.** *[csecsemőt]* swaddle **2.** *[végtagot]* swathe, bandage, bind* up
beporosod|ik *i* get*/become* dusty, be* covered with dust

B

beporoz *i növ* pollinate
beporzás *fn növ* pollination
bepótol *i* make* up for [lost time etc.]; **~ja a mulasztottakat** make* up for what one has missed, fill (in) the gaps, make* up leeway; **sokat kell ~nia** *[pl. tanulásban]* (s)he has a lot of leeway to make up
bepottyan *i* → **belepottyan**
bepöccen *i szl [dühös lesz]* get* hot under the collar, go* mad
bepörög *i szl* get*/become* furious/angry, go* ape(-shit)
beprésel *i* force/stuff in(to), fit in
beprogramoz *i* programme, *US, infor* program
beprotezsál *i* pull strings [to get sy a job]
bepucol *i* → **bevakol**
bepúderez *i* powder
bér *fn* **1.** *[munkásé]* wage(s), pay; **mi a heti ~e?** what is your weekly wage?; **~ből és fizetésből élők** wage- and salary-earners **2.** *[bérleté]* rent; **~be ad** *[házat]* let*, *US* rent [a house]; *[szobát, helyiséget]* let* (out), *US* rent [a room], *[ált vmt rövidebb időre]* hire (sg) out, *US* rent (sg) out, *[hosszabb időre]* rent (sg), *[földet]* let*, rent [a land etc.] (*vknek* to sy); **~be van adva** *[szoba]* [this room] is let (out) [to sy]; **~be adott telek/föld/veteményeskert** *GB* allotment; **~be adta a házat havi 100 000 Ft-ért** he let the house at (a rent of) 100,000 forints; **~be vesz** *[ált vmt hosszabb időre]* rent; *[házat]* rent, lease, *[rövidebbre, pl. szobát, autót]* rent, *[földet]* lease [a land], take* [a/the land] on lease; **mennyi ~t fizet érte?** what is* it rented at?, what is* the rent?
berácsoz *i* bar [a door/window], put* bars on [a door/window]
berág *i szl [vk/vm miatt]* get* angry with sy, be* /get* fed up with sy/sg, get* furious about sg
beragad *i* stick* in/fast, be*/get* stuck/jammed
beragaszt *i* **1.** (*vmbe*) paste/stick* in **2.** *[lyukat]* paste over (v. fill up) [a hole]
berágód|ik *i műsz* seize up
beragyog *i* **1.** (*vmt*) illumine, illuminate, light* up **2.** (*vhová*) shine* into
berajzol *i* draw* in, inscribe
berak *i* **1.** *[behelyez]* put*/place in/into **2.** *[árut kocsiba]* load [goods] (in, on to) **3.** *[szoknyát]* pleat **4.** **~ja a haját** set* one's hair
berakás *fn* **1.** *[behelyezés]* putting/placing in **2.** *[árué kocsiba]* loading, *[hajóba]* shipping **3.** *[szoknyáé]* pleating **4.** *[hajé]* set; **mosás és ~** shampoo and set **5.** → **intarzia**
berakásos *mn* inlaid
berakod|ik *i* load (up)
beraktároz *i* store, warehouse
béralap *fn* wages fund, wage-fund
béralku *fn [folyamat]* collective bargaining, *[eredmény]* wage agreement, agreement on wages
berámáz *i* frame [a picture]
beránt[1] *i* **1.** (*vmt*) jerk in, drag into **2.** (*vkt vmbe*) → **belerânt**
beránt[2] *i [levest stb.]* thicken (with fried flour)
béranya *fn* surrogate mother
béranyaság *fn* surrogacy, surrogateship
bérarányok *fn tsz* wage proportions
bérautó *fn* hire car; **~ vezető nélkül** self-drive car
bérbeadás *fn [házé]* letting, *[földé]* leasing, lease, *[rövidebb időre]* renting, hiring; → **bér 2**
bérbeadó *fn* lessor
bérbefagyasztás *fn* wage-freeze
berber *mn/fn* Berber
bérbesorolás *fn* wage category
bérc *fn* crag, peak
bércsalás *fn* wage-fraud
bércsaló *fn* wage defrauder
bércsökkentés *fn* wage reduction/cut
bérdifferenciálás *fn* differentiation of wages/salaries
beredőnyöz *i [ablakot]* put* blinds on [a window]
berek *fn* **1.** *irod* grove **2.** *[vízjárta rét]* marshy pasture **3.** **irodalmi berkekben** in the world of letters; **tudományos berkekben** in the groves of Academe
bereked *i [ember]* get*/become* hoarse, *[kiabálástól]* shout oneself hoarse
berekeszt *i [ülést]* close [proceedings], wind* up
bérel *i [ált vmt rövidebb időre]* hire, *US* rent, *[hosszabb időre]* rent, *[autót]* hire, *US* rent [a car], *[hajót, repülőt]* charter, *[páholyt]* subscribe for [a box in theatre], *[földet]* lease [a land], take* [a/the land/farm etc.] on lease; **gépkocsit/autót ~tünk** we had a rental car [when we were on vacation], we hired a car [for the weekend]
bérelszámolás *fn* wage accounting, pay-roll accounting
bérelszámoló *fn* wages clerk, *US* pay-roll clerk
bérelt *mn* **~ gépkocsi** rental car, a rented/hired car; **~ repülőgép** *[kedvezményes árú]* chartered plane/aircraft
béremelés *fn* rise/increase in wages, wage-increase; **~t kér** ask for a (pay-)rise (*US* raise)
bérenc *fn* hireling, paid agent, *[politikai]* henchman°
berendel *i* order in, send* for (sy)
berendez *i* **1.** *[szobát]* furnish, *[üzemet]* fit out/up, equip **2.** *átv [életet]* arrange, order [one's life]
berendezés *fn* **1.** *[folyamat]* furnishing, fitting out **2.** *[tárgyak]* furniture, *[üzemben]* equipment, fittings *tsz*; *biz* **~ marad!** don't make a mess! **3.** *műsz [készülék stb.]* apparatus, device, system, set
berendezési *mn* **~ tárgyak** furnishings; *[bútorok]* furniture *esz*, pieces of furniture, *[beépített]* fixtures
berendezett *mn* **~ lakás** furnished flat; **szépen ~ lakás** beautifully/nicely furnished flat
berendezkedés *fn* **1.** *[lakásban]* furnishing, fitting out **2.** *[előkészület]* arrangements *tsz*, preparations *tsz* **3.** *[rendszer]* system
berendezked|ik *i* **1.** furnish one's house, *átv* settle down **2.** *[elhelyezkedik]* take* up one's quarters/abode **3.** *[felkészül]* make* arrangements/preparations for; **erre nem vagyunk ~ve** we are not prepared for this
bereped *i* crack, split*, *[szövet]* rend*, tear*, *[emberi bőr]* chap; **ajka ~t** his lips were chapped
berepedés *fn* **1.** *[ált folyamat]* cracking, splitting, *[szöveten]* rending **2.** *[eredmény]* crack, split, *[szöveten]* rent, tear, *[bőrön]* chap
berepeszt *i* crack, burst
berepül *i* fly* in
berepülés *fn [ellenséges]* raid, air-raid; **~t hajt végre** invade sy's air-space
berepülőpilóta *fn* test-pilot
béres *fn elav* farmhand
béreslegény *fn elav* young farmhand
bereteszel *i* bolt, secure [the door]
berezel *i biz* get* cold feet, be* in a (blue) funk
bérezés *fn* **1.** *[~i rendszer]* wage-system **2.** → **bérmegállapítás**
bérfeszültség *fn* wage differential/spread
bérfizetés *fn* wage-payment; **~kor** on payday
bérfizetési *mn* **~ jegyzék** payroll; **~ nap** payday
bérgyilkos *fn* hired assassin, *US* killer
bérgyilkosság *fn* contract killing; **~ áldozata lett** was killed by an assassin (v. a hitman°)
bérharc *fn* wage dispute/fight
bérház *fn [nagyobb]* block of flats, *US* apartment house/block/building
bérhizlalás *fn* ‹fattening of pigs on a contract basis›
bérjegyzék *fn* payroll
bérjellegű *mn* wage-like
bérjövedelem *i* wage/salary income
bérkaszárnya *fn* tenement (house), barracks *tsz*
bérkategória *fn* wage category, (wage) bracket
berkenye *fn* **1.** *[fa]* sorb tree **2.** *[gyümölcs]* sorb/service-apple
bérkiáramlás *fn gazd* wage outflow
bérkifizetés *fn* paying of wages

bérkocsi *fn* hackney carriage, cab
bérköltség *fn gazd* wage cost
bérkövetelés *fn* wage-demand
bérlakás *fn* (rented) flat
bérlemény *fn* rented/leased property
bérlet *fn* **1.** *[birtok]* lease, *[lakásé]* rent **2.** *[színház~, hangverseny~]* subscription, *[a jegy]* subscription/season ticket **3.** *[vasúti, busz stb.]* season(-ticket), pass, *[heti, havi, Londonban buszra, metróra]* travelcard, *[US vasúti]* commutation ticket
bérletárak, **-díjak** *fn [közlekedésben]* (zonal) fares
bérletdíjhatárok *fn* fare zones
bérleti *mn* ~ **díj** (i) *[földé, házé stb.]* rent (ii) *[bérletjegyé] szính* subscription (iii) *[autóé, televízióé stb.]* rental; *[vasút, busz]* cost/price of a season-ticket (v. pass); **a havi ~ díj 12 000 Ft** the monthly rental is 12,000 fts; ~ **előadás** subscription performance; ~ **hangversenyek** subscription concerts; ~ **szerződés** lease/tenancy agreement/contract, lease (contract); ~ **viszony** tenancy, tenantship
bérletjegy *fn [idényre]* season(-ticket), *[havi]* monthly ticket/pass; → **bérlet** 2
bérletpénztár *fn* season ticket office
bérletszünet *fn kif* a non-subscription performance
Berlin *földr* Berlin
berlini I. *mn* Berlin, of Berlin *ut* **II.** *fn* Berliner
bérlista *fn* → **bérjegyzék**
bérlő *fn* **1.** *[földé]* lessee, tenant, *[lakásé]* renter, tenant **2.** *szính* subscriber
bérlőtárs *fn* co-tenant
bérmál *i* confirm
bérmálás *fn* confirmation
bérmaszülők *fn* sponsors/godparents of confirmee
bérmegállapítás *fn* establishment/calculation of wages
bérmentes *mn* post-free/paid, carriage-free/paid
bérmentesít *i* pay* the postage of, *[bérmentesítő géppel]* frank; **készpénzzel ~ve** postage paid
bérmentesítés *fn* paying the postage
bérmentesítő gép *fn* franking machine
bérmentve *hsz* post-free/paid, carriage-free/paid, franked; **ingyen és ~** free of charge
bérminimum *fn* minimum/living wage
Bermuda *földr* Bermuda
bermudai *mn/fn* Bermudan
bérmunka *fn* paid work, wage labour (*US* -or)
bérmunkás *fn* wage labourer (*US* -or-), hired hand
Bernadett *tul* Bernadette
bernáthegyi *fn [kutya]* St. Bernard (dog)
berni I. *mn* in/of Bern *ut* **II.** *fn* Bernese
berobog *i* speed* in, *[vonat]* steam in(to)
berohan *i* rush/dash/burst* in/into
beront *i [szobába]* rush/dash/burst* in/into, breeze in, *[ellenség országba]* invade [the country], make* inroads into; **ajtóstól ront be** burst* into [the room etc.]
beroskad *i* → **beomlik**, → **beszakad** 1
bérosztály *fn* → **bérkategória**
berozsdásod|ik *i* get* rusty
berögződ|ik *i* be*/become* ingrained
bérösszeg *fn [bérleményé]* rent
bérpalota *fn* large block of (luxury) flats, *US* apartment house/block
bérpolitika *fn gazd* wage policy
berreg *i [hangosan]* buzz, *[motor]* throb, purr, hum, whirr, *[géppuska]* sputter, *[repülőgép]* hum, buzz
berregés *fn* buzz, hum, purr, whirr
berregő I. *mn* buzzing, throbbing, humming, whirring **II.** *fn [ajtón]* buzzer
bérrendezés *fn* revision of wages
bérrendszer *fn* wage-system
bérrepülőgép *fn rep* chartered/rented aircraft/plane
bérrögzítés *fn* fixing of wages, wage-freeze
bérskála *fn* wage scale, scale of wages; **mozgó ~** sliding scale (of wages); **mozgó~-rendszer** sliding wage scale system
bérszámfejtés *fn* → **bérelszámolás**
bérszámfejtő *fn* → **bérelszámoló**
bérszint *fn* → **bérszínvonal**
bérszínvonal *fn* wage-level
bértábla *fn gazd* salary/wage scale; **közalkalmazotti ~** salary scale of state employees
bértollnok *fn pej* hack
berúg *i* **1.** *[ajtót]* kick in; **~ja az ajtót** kick open/in the door; **~ja a motort** kick-start [the motorbike] **2.** **~ja a gólt** score [a goal] **3.** *biz [italtól]* get* drunk/tipsy/tight
berúgó *fn [motoron]* kick-starter
beruház *i* invest
beruházás *fn ált* investment, *[nagyméretű]* project; **állami ~ok** state investments
beruházási *mn* ~ **bank** investment/development bank; ~ **javak** investment/capital goods; ~ **költségek** costs of investment; ~ **munkák** capital expenditure *esz*
beruházó *fn gazd* investor
berúzsoz *i [ajkat]* put* on lipstick
bérviszony *fn* **1.** *[munkáltató és munkaadó között]* employment **2.** **~ok** wage conditions
berzenked|ik *i* bristle up; **~ik vm ellen** sg gets* sy's hackles up
besamelmártás *fn gaszt* béchamel sauce, white sauce
besántikál *i* limp in(to)
besároz *i* **1.** (make*) muddy, slander sy **2.** *átv* (*vkt vk előtt*) discredit
besározód|ik *i* **1.** get* muddy, get* covered in mud **2.** *átv* smirch, be* smirched
besavanyít *i* pickle
besavanyod|ik *i* (*vk*) become* soured/embittered
beseggel *i szl* learn* sg (by heart)
besegít *i* **1.** *[vkt kocsiba]* help sy in(to) **2.** *[beajánl]* help sy get [a job] **3.** *biz* (*vmbe*) help sy out (with sg)
besenyő *mn/fn* Petcheneg
beseper *i* → **besöpör**
besétál *i* walk/stroll in; **tessék ~ni!** please walk in, *US* come* right in; ~ **a csapdába** walk into the trap/blow
besiet *i* hurry/hasten in/into, come*/go* hurrying into
besilóz *i* ensile, store (sg) in a silo
beskáláz *i [mérőeszközt]* calibrate
beskáláz|ik *i zene* warm up (by singing scales)
beskatulyáz *i átv biz* label (*US* -l) sy/sg (as) sg, pigeonhole sy, type sy (as), put* sy in a box, box sy
besomfordál *i* slink*/slip in
besompolyog *i* → **besomfordál**
besorol *i* **1.** (*vkt vhová*) include, put* (sy) on a list, list, class, classify, bring* under a heading, categorize (-ise) (as) **2.** *[kocsival sávba]* get* into [lane], filter (to the) left/right
besorolás *fn* **1.** listing, classing, putting in a category (v. under a heading) **2.** *[kocsival]* getting into lane
besoroz *i kat* declare fit for military service, enlist (sy) [in the army/navy etc.], conscript (sy) [into the army etc.], *US* induct
besóz *i ált* salt down, *[heringet]* pickle, *[halat]* marinate, souse, *[marhahúst]* corn; *átv biz* **be van sózva** be* like a cat on hot bricks, *US* like a cat on a hot tin roof, have* ants in one's pants
besöpör *i* sweep* in, *[pénzt] biz* rake in; **mindent ~** *[kártyás]* sweep* the board
besöröz *i* **jól ~ött** *biz* he really went to town on the beer
besötétedés *fn* nightfall, darkness, dusk; ~ **után** after nightfall/dusk
besötéted|ik *i* grow* dark; **~ett** darkness fell, it grew dark
besötétít *i* make* dark, black out
besötétítés *fn* darkening
bespájzol *i biz* (*vmből*) hoard sg, stock up on/with sg, stash sg away, lay* in sg; **jól ~t konzervből** s/he has laid in plenty of tinned food

B

bespejzol *i* → **bespájzol**
bestia *fn* **1.** *[vadállat]* beast **2.** *[nő]* vamp, harpy; *tréf biz* **te (kis) ~!** you brazen/insolent/shameless hussy!
bestiális *mn* beastly, bestial, brutal; **~ gyilkosság történt** there was a brutal murder
bestoppol *i* darn, mend
besúg *i [felettesének, hatóságnak, rendőrségnek stb.]* inform against/on sy, denounce sy, peach on sy
besugároz *i orv* irradiate
besugárzás *fn orv* irradiation
besúgás *fn* informing, denunciation
besúgó *fn* talebearer, *[rendőrségi]* spy, informer, *[beépített ember]* mole; **~vá válik** turn informer
besulykol *i [tudnivalót]* ram in/into, hammer in, *[felfogást stb.]* indoctrinate, drum into sy, pound into sy's head
besurran *i* slip/sneak/dart in/into
besurranó *mn* **~ tolvaj** sneak-thief°
besuszterol *i biz (vmt vhová)* manage to get/squeeze/force (sg) into (sg)
besüllyed *i* sink* in, subside
besüllyeszt *i* sink*, *[csavarfejet]* counter-sink*
besüpped *i* → **besüllyed**
besűrít *i* thicken, condense, boil down, evaporate
besűrűsöd|ik *i* become* thick, thicken
besüt *i* **1.** *[nap vhová]* shine* into **2.** *[jelet]* burn* into, brand [cattle etc.] (with sg) **3.** *[hajat]* curl [one's hair]
besüvölt *i* **a szél ~ az ablakon** the wind whistles (v. blows* in) through the window
beszabályoz *i [műszert, gépet]* adjust, regulate, set*
beszabályozás *fn* adjustment
beszáguld *i* rush/dash into, shoot* in
beszajkóz *i* learn* sg parrot fashion
beszakad *i* **1.** break* in, *[jég]* give* way (under sy) **2.** *[szövet]* tear*, rend*, *[köröm]* break*, split*
beszakít *i* **1.** break* (in/down/through) **2.** *[szövetet]* tear*, rend*, *[élő bőrt]* lacerate, *[körmöt]* break*, split*
beszalad *i* run* in/into
beszáll *i* **1.** *[vonatba, buszba]* get* on(to)/in(to) [the train/bus], get* in/on, get* on board [the train], board [the train], *[repülőgépbe]* go* on board [the aeroplane], get* on/onto [the plane], board [the plane], *[hajóba]* get* on (board) [the ship/boat], go* on board [the ship], embark, *[autóba, taxiba]* get* in/into [a car/taxi]; *rep* **~tak már az utasok?** have the passengers gone on board yet?; **tessék ~ni!** please take your seats!, *[csak hajóba]* all aboard! **2.** *[vm ügybe]* be* in (on sg), join in (sg) **3.** *[pénzzel]* become* a financial partner, lend* /invest/give* money (for sg)
beszállás *fn* getting in, taking one's seat [in train], *[csak hajóba]* embarkation, *[repülőbe]* boarding; **~!** take your seats!, *[csak hajóba]* all aboard!
beszállásol *i* quarter, *kat* billet [soldiers] on sy
beszállásolás *fn kat* billeting
beszállingóz|ik *i* drift in
beszállít *i* **1.** transport (to), deliver (to), take* in [for repairs], *[kórházba vkt]* take* to [hospital] **2.** *gazd [gyárnak]* supply
beszállító *fn gazd* supplier, subcontractor
beszállókapu *fn rep* **~k** gates, boarding gates
beszállókártya *fn* boarding pass/card
beszámít *i* **1.** *[költségeket]* include **2.** *[szolgálati időt]* take* into account, *[körülményt]* make* allowance (for); **a katonaságnál töltött éveket ~ják a szolgálati időbe** the period spent in the army is counted in the years of service **3. vmbe ~** be* included in sg; **az étkezési idő ~ a fizetett munkaidőbe** the lunch hour is included in the time paid for
beszámítás *fn* **1.** *[költségeké]* inclusion **2.** *[időé]* taking into account
beszámíthatatlan *mn (vm)* not accountable *ut*; *(vk)* **~ állapotban** non compos mentis, not responsible for (one's actions)
beszámítható *mn* **1.** *[költség]* that may be included *ut*; **~ évek** *[pl. nyugdíjba]* reckonable years, years that may be counted **2.** *[személy]* compos mentis; **nem ~** non compos mentis
beszámol *i (vmről)* give* an account of sg, relate sg, *[hírlap]* cover; **~ a külföldi útjáról** give* an account of his trip abroad; **~ tapasztalatairól** relate his experiences (in/of sg); **~ a miniszter beszédéről** report (on) the Minister's speech; **... ról/ről a televízió ~** ... will be covered by television; **mint arról a múltkor ~tunk** as we reported in our last programme
beszámolási *mn* **~ kötelezettség** *(vknek)* obligation to report (to sy)
beszámoló *fn* (a detailed) account, report; **a bizottság ~ja** the report of the Committee; **~t tart** give* an account (of)
beszámoltat *i (vkt)* call sy to account
beszánt *i* plough (*US* plow) in/under
beszappanoz *i [ruhát]* soap, *[borotválkozó]* lather
beszárad *i* dry up, become*/go* dry
beszarás *fn biz [nadrágba]* shitting oneself
beszari *mn biz [gyáva]* **~ alak** coward, chickenshit
beszar|ik *i durva* **1.** *[becsinál]* make* a mess (v. shit*) in one's trousers/pants **2.** *[fél]* be* in a blue funk, shit* bricks **3.** *[elromlik]* go* wrong, break* down, *szl* pack up, fuck up
beszárít *i [hajat]* dry (up)
beszed *i* **1.** *[összeszed]* collect, *[pénzt]* collect, take* in; **tagdíjat ~** collect membership dues/fees **2.** *[orvosságot]* take* **3.** *okt biz [egyest kap]* get* a bad mark
beszéd *fn* **1.** *[képesség]* speech, *[módja]* speaking, *[beszélés]* talk(ing), *[beszélgetés]* conversation, talk; **ez már ~!** that's the way to talk!, now you're talking!; **rajta a ~ sora** it is his turn to speak; **se szó, se ~** without much/further ado; **~em van veled** I have sg to say to you; *[fenyegetően]* I have a bone to pick with you; **~re bír vkt** draw* sy out **2.** *[szónoklat]* speech, address; **~et mond/tart** make*/deliver a speech, give* an address; **~et mond a gyűlésen** address the meeting; → **beszélgetés**, → **elegyedik**
beszédértés *fn* speech comprehension, *okt [nyelvórán]* (listening/oral) comprehension; **~t gyakorol** do* comprehension
beszedés *fn* **1.** *[pénzé]* collection, encashment **2.** *orv* taking [of medicine]
beszédes *mn* talkative, voluble, *biz* chatty; **~sé válik** open up; **~ pillantás** expressive/soulful glance
beszédfelismerés *fn infor* speech recognition
beszédgyakorlat *fn [idegen nyelvi]* conversation (class), oral drill/practice
beszédhang *fn* speech sound
beszédhiba *fn* speech defect/impediment
beszédhibás I. *mn* [person] with a speech defect/impediment *ut*, handicapped by speech disorders *ut* **II.** *fn* speech defective; **a ~ok** the speech defective
beszédírás *fn* advanced shorthand
beszédjavítás *fn* speech therapy
beszédkészség *fn* fluency (in speech)
beszédközpont *fn orv [agyban]* speech centre (*US* speech center)
beszédközpontú *mn okt [módszer]* communicative [method]
beszédmód *fn* manner/way of speaking
beszédmodor *fn* → **beszédmód**
beszédművelés *fn* speech culture, elocution, *[mint óra]* elocution (class)
beszedő *fn* collector
beszédstílus *fn nyelv* style of speech, register
beszédszerv *fn* organ of speech, speech organ
beszédszintézis *fn infor* speech synthesis
beszédtechnika *fn* **1.** *[beszédkészség]* articulation **2.** *[a helyes beszéd tanítása]* elocution
beszédtéma *fn* topic, subject/topic of conversation
beszédtempó *fn nyelv* tempo (of speech)
beszédzavar *fn* speech disorder

beszeg *i* edge, border, fringe, hem, seam
beszegez *i* nail up/down
beszél *i* **1.** speak*; **vkvel/vkhez ~** speak*/talk to sy; **~nem kell vele** I must have a word with him; **~ vmről** speak*/talk about sg; **nem ~ vmről** *[hallgat]* keep* one's (own) counsel; *[telefonban]* **ki ~?** who is speaking?; **az ~** speaking!; this is (s)he; **itt John Bull ~** this is (Mr.) John Bull speaking; *[csodálkozva]* **ne ~j(en)!** you don't say!; **magában ~** talk to oneself; **magyarul ~** speak* Hungarian; **~ ön angolul?** do you speak English?; **folyékonyan ~ angolul** speak* fluent English, speak* English fluently, be* fluent in English; **maga könnyen ~** it is easy (v. all very well) for you to talk; **~jünk másról** let's drop/change the subject, let's talk about something else; **jobb erről nem ~ni** the least said the better; **arról nem is ~ve, hogy** to say nothing of; **vmről nem is ~ve** let alone, not to mention; **~nek róla** *[szó van róla]* it is in the wind/air; **azt ~ik** rumour has it, it is rumoured that; **róla ~ az egész iskola** he is the talk of the school; **azt ~ik, hogy** it is said that; **azt ~ték nekem, hogy** I was told that; **te ~sz!** you're telling me!; **azt ~ik róla, hogy megölt egy embert** he is said to have killed a man **2.** *[beszédet mond]* speak*, give* a speech; **~ a gyűlésen** address the meeting
beszélget *i* **1.** talk, converse, *(vkvel)* have* a talk/chat (with sy), *biz* chat sy up; **ki volt az a lány, akivel tegnap este ~tél?** Who was the/that girl I saw you chatting up last night? **2.** *[felvételre jelentkezővel]* have* an interview with sy, interview sy
beszélgetés *fn* **1.** *ált* conversation, chat, talk, *[felvételizővel, álláskeresővel]* interview (with sy); **a ~ megakadt** the conversation stopped, the conversation came* to a standstill; **elindítja a ~t** set* the ball rolling; **~be elegyedik vkvel** enter into conversation with sy, engage in conversation (with sy) **2.** *[telefonbeszélgetés]* call; **belföldi ~** national call; **helyi ~** local call; **nemzetközi ~** international call; **R-~** reverse charge call
beszélgetőpartner *fn* conversation partner, interlocutor; **jó ~** a good conversationalist
beszélgetőtárs *fn* partner, conversationalist
beszélő I. *mn* talking, speaking; **nem vagyunk ~ viszonyban** we are not on speaking terms; **~ nevek** *[irodalomban]* telling names **II.** *fn* **1.** talker, speaker, *[sportmérkőzésen]* commentator, *[narrátor]* narrator **2.** *[börtönben]* visiting hours *tsz*
beszélőke, **beszélőkészség** *fn tréf [beszédtehetség]* gift of the gab; **jó ~je van** (s)he has the gift of the gab
beszélőszerv *fn* organ of speech, speech organ
beszélt *mn* spoken; **a ~ nyelv** the spoken language
beszéltet *i* make* sy speak/talk
beszemtelenked|ik *i* have* the impertinence/cheek/impudence to enter, gatecrash
beszentel *i* consecrate
beszentelés *fn* consecration
beszennyez *i* **1.** *[bepiszkít]* soil, dirty, stain **2.** *átv* sully, defile, besmirch
beszennyeződ|ik *i* become*/get* dirty/filthy/soiled
beszerel *i* install, mount, fit, build* in, put* in
beszerelés *fn* fitting, mounting, building in, installation
beszereltet *i* have* sg installed
beszerez *i* get*, obtain, procure, secure (sy sg), *[adatokat]* collect, *[értesüléseket]* pick up [news/rumours]
beszerezhetetlen *mn* unobtainable, unavailable, *kif* is* not to be had
beszerezhető *mn* obtainable, available, *kif* to be had; **nehezen ~** *[igével]* be* in short supply; be* hard to get/obtain
beszervez *i* *(vmbe)* recruit sy (into sg), rope sy in
beszerzés *fn* **1.** *[árucikkeké]* procurement, purchase, *[adatoké, okmányoké]* collection; **adatok ~e** gathering/collection of data **2.** *[szerzemény]* acquisition; **új ~ek** *[könyvtári]* new accessions
beszerzési *mn* **~ ár** purchase price; **~ áron** at purchase price
beszerző *fn* buyer
beszeszel *i biz* have* a drop too much
beszív *i* **1.** *[légneműt]* inhale, draw* in **2.** *[folyadékot]* suck in, absorb, *[talaj az esőt]* drink* in, imbibe; *biz* **jól ~ott** get* pickled/soaked, be* tanked up, have* one too many
beszivárog *i* **1.** *[folyadék]* seep/filter/ooze in **2.** *átv* filter into, penetrate (into)
beszívód|ik *i [ruhába, anyagba]* be* absorbed (by)
beszól *i* **1.** *[bekiabál]* call from outside, *[telefonon]* phone in, ring* in **2.** *[látogatóba]* call (on sy), look in (on sy)
beszolgáltat *i* **1.** *[fegyvert]* surrender, turn in **2.** *elav [terményt]* ‹deliver a quota of one's agricultural produce and livestock to state organs at fixed prices›
beszolgáltatás *fn* **1.** *[fegyvert]* surrender **2.** *elav* ‹produce delivered to the state›; **~i kötelezettség** delivery obligation
beszólít *i* call sy in, summon (sy to swhere)
beszór *i* → **behint**
beszorít *i* *(vmt)* press/squeeze in, *(vkt vhová)* drive*/force into
beszoroz *i* multiply by/with
beszorul *i* **1.** *(vm)* get* stuck/jammed (in sg), be* sandwiched (between); **~t a keze az ajtóba** his hand was caught in the door; **a kulcs ~t a zárba** the key (was) jammed in the lock **2.** *(vk)* be* forced/driven into; **az ellenség ~t az erdőbe** the enemy was driven/pushed back into the wood
besző *i* → **belesző**
beszögellés *fn* **1.** *[úté]* sharp bend **2.** *[földterület]* spit
beszögell|ik *i* bend*, project
beszögez *i* nail in
beszökik *i* → **beoson**
bessz *fn gazd* bear market
beszúr *i* **1.** *(vmbe vmt)* stick* sg into sg **2.** *[szövegbe]* insert, interpolate
beszúrás *fn* **1.** *[szegé]* sticking/driving in **2.** *[szövegbe]* interpolation, insertion
beszűkít *i [ruhafélét]* take* [a dress] in
beszűkül *i* narrow down
beszűkült *mn* **~ érdeklődésű** has a limited range of interests
beszüntet *i* stop, cease, put* a stop to; **munkát ~** stop work, walk out, *[gyár]* shut* /close down
beszüreml|ik *i* → **beszűrődik**
beszűrődés *fn orv is* infiltration
beszűrőd|ik *i* ooze/trickle in, *[fény]* filter in
BÉT *röv [Budapesti Értéktőzsde]* Budapest Stock Exchange
betábláz *i* mortgage; *biz* **be vagyok táblázva** I booked up
betagolódás, **betagozódás** *fn pol* integration
betájol *i* orient(ate)
betakar *i* cover up/over, wrap up, *[ágyban]* tuck in, *[vmt védve]* shield
betakarít *i [termést]* harvest [the crop], get* [the crops/harvest] in, get* in [the crops/harvest], gather in [the crops]
betakarítás *fn* gathering (in) [of the crop], harvest(ing), getting in [of the crop]; **~kor** when the harvest is (v. the crops are) gathered in
betakaródz|ik *i* cover/wrap/muffle oneself up, *[ágyban]* tuck oneself in
betálal *i* dish/serve up, bring* in
betámolyog *i* totter/stagger in
betanít *i* *(vkt vmre)* teach* sy sg v. sg to sy, coach sy (in sg)
betanított *mn* **~ munkás** semi-skilled worker
betántorog *i* → **betámolyog**
betanul *i* learn* (sg by heart), memorize, *[szerepet]* get* up, study [a part]; → **beletanul**
betanulás *fn* studying; **új ~ban játsszák** perform a new production of sg

B

betapaszt *i* stop/block up, *[lyukat]* fill in [a hole]; **~ja vk száját** stop sy's mouth

betáplál *i [adatokat számítógépbe]* feed*/input*/key in/type (in) [data/information] into [the/a computer]; **~t információ/adat** input

betársul *i* become* a partner [in an enterprise], join [in partnership]

betart *i* **1.** *[szabályt]* keep*, observe, obey, comply with; **megállapodást ~** keep* an appointment; **ígéretét ~otta** he kept his promise/word, he was as good as his word; **~ja a törvény betűjét** keep* to the letter of the law, be* a law-abiding citizen **2.** *szl* **~ vknek** trip sy up, *kif biz* load the dice against sy

betaszít *i* push/thrust* in/into

beteg I. *mn* **1.** (*vk*) ill, *főleg US* sick, *[testrész]* diseased, *[igével]* be* ill (*csak US* sick), be* in ill- v. bad health, *[enyhébben]* be* unwell; **~ gyer(m)ek** a sick child°; **~ lesz** fall* ill; **~en fekszik** → **fekszik 1; ~nek érzi magát** feel* sick/ill/unwell; **~gé tesz** make* sy ill; **~re dolgozza magát** wear* oneself to a shadow **2.** *biz* **~ dolog** hopeless affair **II.** *fn* invalid, sick person, *[páciens]* patient; **ágyban fekvő ~** (person) laid up in bed; **~et jelent** report (that one is) sick

betegágy *fn* sick-bed; **vknek a ~ánál** at sy's bedside

betegállomány *fn* sick-list, sick leave; **~ba vesz** place/put* on the sick-list, sign sy off; **~ban van** be* on the sick-list, be* off sick; *[hosszabb időre]* be* on sick leave

betegápolás *fn* (sick-)nursing

betegápoló *fn [nő]* nurse, *[férfi]* male nurse

betegbiztosítás *fn* health insurance

betegbiztosítási *mn* **~ kártya** health/national insurance (number)card

betegellátás *fn* medical attendance, provision for the sick

beteges *mn* **1.** *[ember]* sickly, ailing, in poor health *ut* **2.** *[jelenség]* pathological, unhealthy

betegeskedés *fn* sickliness, ill-health

betegesked|ik *i* be* sickly/ailing/unwell, be* in poor health

betegfelvétel *fn [kórházban]* reception [of patients], *[feliratként]* admissions

beteghordozó *fn [kórházi]* (hospital) orderly/porter

betegkoszt *fn* diet, regimen

beteglap *fn* case sheet/card

beteglátogatás *fn* visiting (of a patient), *[otthon]* home visit; **~i idő** *[kórházban]* visiting hours *tsz*

beteglátogató *fn* visitor, *[hivatalos]* health visitor

betegnyilvántartás *fn* **1.** registration of patients **2.** *[kórházban, könyv]* (hospital) directory

betegpénz *fn* sick-pay, *hiv* sickness benefit

betegség *fn [állapot]* illness, sickness, *[kór]* disease; **sok ~ volt a családban mostanában** there has been a lot of illness/sickness in the family recently; **~ben szenved** suffer from a disease; **~éből felgyógyul** recover from his/her illness

betegségmegelőzés *fn orv* prevention (of disease), prophylaxis

betegszabadság *fn* sick leave

betegszállító I. *mn* **~ kocsi** ambulance **II.** *fn* (hospital) orderly/porter

betegszoba *fn* sick-room, *GB [kollégiumban]* sanatorium; *[kórházban]* ward

beteker *i* bundle/wind*/roll up, *[zászlót]* furl

betekint *i* **1.** *[ablakon]* look in, peep in **2.** *[iratokba stb.]* obtain/gain access to [a document]; → **beletekint**

betekintés *fn [iratokba]* inspection, examination; **~ végett** for examination/inspection; **~t enged vmbe** allow sy to inspect [a document]; **~t nyer vmbe** (be* allowed to) inspect/examine [a document]

betelefonál *i [pl. munkahelyére]* phone (in), ring* up, *US* call in

betelefonálós *mn tv* phone-in; **~ műsor** phone-in programme (*US* program)

beteleped|ik *i* **1.** → **letelepedik 2.** (*vmbe*) settle (in sg)

betelepít *i* **1.** *[embereket]* settle [people swhere] **2.** *[országrészt]* people **3. ~i szőlővel a kertet** plant the garden with (grape)vines

betelepül *i* (*vhová*) settle (in a place)

betel|ik *i* **1. ~t a mérték/pohár** that's (v. that was) the last straw; **~t a létszám** the list is closed, we are full up **2.** (*vmvel*) have* enough of sg, *[étellel]* gorge oneself with/on sg, have*/eat* one's fill; **nem tud ~ni vmvel** can't get enough (of sg); **nem tud ~ni nézésével** he can't take his eyes off her/him, drink* in the beautiful view

beteljesedés *fn* fulfilment

beteljesed|ik *i* be* fulfilled/accomplished/realized, come* true; **kívánsága ~ett** his wish has been fulfilled

beteljesül *i* → **beteljesedik**

beteljesülés *fn* → **beteljesedés**

betemet *i* bury, cover over, *[árkot]* fill up/in (with earth)

betér *i* (*vkhez*) drop in (on sy)

beterel *i* drive* in [livestock]

beterít *i* → **betakar**

beterjeszt *i* lay* sg before sy, *[törvényjavaslatot]* introduce [a bill], *[költségvetést]* present [a/the budget], submit, hand in

beterjesztés *fn* laying before, *[törvényjavaslaté]* introduction [of a bill], *[költségvetésé]* presentation [of a/the budget]

betermel *i biz [sokat eszik]* demolish, put* away/down/back; **~t tizennyolc kakaós palacsintát** (s)he demolished 18 chocolate pancakes

betervez *i* put* (sg) in the plan, *[költségvetésbe]* include in the budget, reckon for/with

betessékel *i* lead*/show*/usher in

betesz *i* **1.** *[fiókba]* put*/place/set* in/into, *[bedug]* introduce into; **~i a lábát vhová** set* foot in; **Többé be ne tedd a lábad a házamba!** Never darken my door again! **2.** *[bankba]* deposit, put*/pay* [money] in(to); **~ egy összeget a bankba** deposit [money] in a savings account, put* [a sum] in a/the bank, pay* [a sum of money] into a bank/savings account **3.** *[ajtót, ablakot]* close, shut* **4.** *szl* **~ vknek** trip sy up; **ez (végképp) betett neki** *biz* that dished his chances; *biz* **ez végleg betett nekünk** it was the kiss of death [to us]; → **ruhatár**

betét *fn* **1.** *[bankban]* deposit [in bank]; **bankban ~ként elhelyez** deposit [money] with/in a bank **2.** *[üvegért]* deposit **3.** *[golyóstollban]* refill **4.** → **lúdtalpbetét**; **egészségügyi/intim ~** sanitary pad, hygienic pad(s) **5.** *[írásműben]* insertion, inset

betétállomány *fn* sum-total of deposits

betétes *fn gazd* depositor

betetéz *i* crown, top (off), complete; **~te bajait azzal, hogy** ... to make matters worse he ...

betetézés *fn* crowning, topping; **mindennek ~éül** to top/cap/crown it all, on top of all this

betéti *mn* **~ kamatláb** deposit rate; **~ társaság** (*röv* **bt.**) deposit company, limited partnership

betétkönyv *fn* bank-book, passbook

betétlap *fn [cserélhető]* loose leaf°, insert

betetőz *i* → **betetéz**

betetőzés *fn* → **betetézés**

betétszámla *fn* deposit account

betéttulajdonos *fn gazd* depositor

betéve *hsz [könyv nélkül]* by heart; **~ tudja a szerepét** be* word-perfect, *US* be* letter-perfect, know* sg by heart

betéved *i* stray/go* in (by mistake); **rossz helyre tévedt be** be* in the wrong box

betevő *mn* **nincs ~ falatja** have* nothing (v. not a scrap) to eat

betilt *i* ban, suppress, prohibit, forbid*; **~ja a lapot** suppress a/the newspaper

betiltás *fn* ban(ning), suppression, prohibition

betlehem *fn [karácsonykor felállított]* crib, *US* crèche

betlehemes I. *mn* ~ **játék** Nativity play **II.** *fn* ~**ek** *kb.* Christmas carol singers

betli *fn ját* yarborough

betódul *i* → **beözönlik**

betojik *i biz* → **berezel**

betokosod|ik *i* **1.** *biol* become* encapsulated **2.** *[szellemileg]* fossilize

betokozód|ik *i biol* → **betokosodik 1**

betol *i* **1.** push/shove in, *[erőszakkal]* press/squeeze in **2.** → **betolat**

betolakod|ik *i* **1.** barge in, intrude, push in **2.** *[hívatlanul]* gatecrash

betolakodó *fn* intruder

betolat *i [vonat]* shunt, pull up to [a platform]

betold *i* insert (sg into sg), *[szövetet]* let* in/into, *[szót]* interpolate

betoldás *fn* insertion, *[szöveté]* letting in, *[szóé]* interpolation

beton *fn* concrete

betonelem *fn* concrete block

betonfal *fn* concrete wall

betonkeverő *fn* concrete/cement mixer

betonkifutó *fn* runway, tarmac

betonmunka *fn* concreting, concrete work

betonmunkás *fn* concrete/cement worker

betonoz *i* concrete; ~**zák a pincét** the cellar is being concreted

betonpálya *fn* tarmac, *[reptéren még így is]* runway

betonszarkofág *fn* concrete casing

betonút *fn* concrete road

betoppan *i* drop/pop in unexpectedly, turn up

betorkoll|ik *i* → **beletorkollik**; ~**ó út** feeder road

betölt *i* **1.** *[megtölt]* fill, *[folyadékot]* pour into; **filmet ~ fényképezőgépbe** load a camera **2.** *[hiányt]* fill (in) [a gap], *[hivatását]* perform, fulfil (*US* fulfill) [a duty], *[szerepet]* fill [a part]; **állást ~** be* in office, occupy a post/job; **üres állást ~** fill a vacancy; ~**i hivatását/szerepét** *[dolog]* serve its purpose, fulfil (*US* fulfill) its function (v. the function of ...ing) **3.** ~**ötte 20. életévét** (s)he has turned 20 **4.** *infor [fájlt]* load, open

betöltés *fn* **1.** filling (in/up), pouring in **2.** *[üresedésé]* filling up **3.** *fényk infor* loading

betöltetlen *mn [állás]* vacant, unfilled

betöltött *mn* **minden ~ öt év után** for/after every five years of service

betöm *i* **1.** *[lyukat]* stop (up), *[fogat]* fill; → **fog**[3] **2** **2.** *[eltöm]* stop, seal **3.** *[vk száját]* gag

betömés *fn* stopping (up), filling (in), plugging

betömetlen *mn [fog]* unfilled [tooth]

betömőd|ik *i* fill, get* filled up, *[szennyel]* get* obstructed/blocked

betör *i* **1.** *[ablakot]* break* in, smash, *[ajtót]* break* down, burst* open; ~**te a fejét** he smashed his head **2.** *[ellenség]* invade, overrun* [a country]; **hideg légtömegek törtek be az országba** a cold front has entered the country **3.** *[lovat]* break* in **4.** *[betörő]* break* in(to a house), *[éjjel]* burgle, *[US így is]* burglarize; ~**tek nálam** I have been burgled **5.** *[termékkel piacra]* launch sg on the market, break* in onto the market

betördel *i nyomd* make* up, set* (sg) to pages, *infor* format [text/columns/page/document]

betörés *fn* **1.** *[ablaké]* breaking in/open, smashing **2.** *[házba, főleg nappal]* break-in, *[éjjeli]* burglary **3.** *kat [ellenséges]* invasion

betörésbiztos *mn* burglar-proof, impenetrable

betörésbiztosítás *fn* insurance against burglary/theft, theft insurance

betöréses lopás *fn* burglary

betörésjelző *mn* ~ **készülék** burglar-alarm

betör|ik *i* break*, be* broken in, crack; ~**ött az ablak** the window is broken

betörő *fn* burglar, housebreaker

betud *i* **1.** *[összeget vmbe]* charge to, include **2.** *[vknek vmt tulajdonít]* attribute/ascribe/impute to; **annak (a ténynek) tudom be, hogy** I put/set it down to the fact that; ~**ható vmnek** can* be attributed/ascribed to sg → **beszámít**

betuszkol *i* push sy in, force sy to enter, *[pl. kocsiba]* bundle into

betű *fn* letter [of the alphabet], *[írott]* script, *[nyomtatott]* character, type; **dőlt ~** italics *tsz*; **vastag ~** bold(face); **~ szerint** literally; **~ szerinti** literal, verbal; **~ szerint betartom utasításait** I'll take your instructions to the letter; **~ szerinti átírás** literal transcription, transliteration; ~**ről ~re** letter by letter, point by point; ~**vel kiír egy számot** write* [a number/figure] out in full

betűanya *fn* matrix (*tsz* matrices)

betűcsalád *fn* font/type family

betűejtés *fn* spelling pronunciation

betűfajta *fn* (letter) type, font

betűfej *fn nyomd* typeface

betűfém *fn* type-metal

betűhiba *fn* misprint, printer's error, typo

betűhű *mn* literal, letter-by-letter; **betűhíven** to the letter

betűkar *fn [írógépen]* type-bar

betűkép *fn* type face

betűkészlet *fn [ugyanabból a készletből]* font (set)

betűköz *fn* space

betűközbillentyű *fn [írógépen]* space(-bar)

betűmetszés *fn* letter-cutting

betűnagyság *fn* font size, size of type, type-size

betűöntés *fn* type-founding/casting

betűöntő *fn* type-founder/caster

betűöntöde *fn* type-foundry

betűr *i* tuck in

betűrágó I. *mn* pedantic **II.** *fn* pedant

betűrejtvény *fn* logogriph, word puzzle, rebus

betüremlés *fn* fold, crease, infolding, *orv [bélről]* intussusception

betüreml|ik *i* fold up/back, double up, bend* back

betűrend *fn* alphabet, alphabetical order; ~**ben** in alphabetical order

betűrendes *mn* alphabetical; **~ mutató** (alphabetical) index (*tsz* indexes)

betűrendi *mn* alphabetical; **~ helye** its alphabetical position

betűrím *fn* alliteration, stave-rhyme

betűs *mn* **1. dőlt ~** italicized, in italics *ut*; **apró ~ szöveg** *[szerződés végén]* fine/small letter print, small-letter print; → **nagybetűs 2. ~ lakat/zár** combination lock

betűsor *fn [betűk egymásutánja]* sequence of letters

betűszedés *fn* type-setting, composition

betűszedő *fn* (type-)setter, compositor

betűszekrény *fn* (type/letter-)case

betűszó *fn* acronym

betűtípus *fn* (class/kind/style of) type, font (type), type-face

betűvetés *fn* **1.** *[képesség]* penmanship **2.** *[kézírás]* handwriting

betűz[1] *i [betűket]* spell*

betűz[2] *i* **1.** *[tűvel]* pin in/up **2.** *[nap vhová]* shine* in

betűzés[1] *fn [betűké]* spelling

betűzés[2] *fn [tűvel]* pinning in

betyár I. *fn* **1.** *[egykor]* highwayman°, brigand, outlaw; ~**ból lesz a legjobb pandúr** *kb.* set a thief to catch a thief **2.** *pej* rogue **3.** *tréf* **te kis ~** you little rascal **II.** *mn* **~ egy ...** beastly, awful

betyárbecsület *fn* honour (*US* -or) among thieves

betyárvilág *fn tört* brigandry, brigandism, brigandage

beugrás *fn* **1.** *[vízbe]* jumping/diving in **2.** *[szerepbe]* replacing sy (v. stepping in) at a moment's notice

beugrat *i átv* take* sy in, (*vkt vmbe*) trick sy into sg

beugratás *fn átv* take-in, hoax

beugrató kérdés *fn* a tricky/trick question, loaded question

beugr|ik *i* **1.** (*vk vhová*) jump/spring* in, *[vízbe fejest]* dive into **2.** *biz [tréfának]* be* taken in, be* had; **jól ~ottál** you've been had **3.** *[szerepbe]* step in, take* over a part at a moment's notice, *[vk helyett]* fill in for sy, step in for sy **4.** (*vkhez*) look/drop in (on sy), pop in, stop by, come* round **5.** *[vknek vm a fejébe]* flash on sy, dawn on sy; **sajnos nem ugrik be** I can't recall it, I'm sorry

beugró *fn* **1.** *[fali]* niche, recess **2.** *biz [belépődíj]* entrance fee, admission

beutal *i [kórházba]* refer, send* [sy to hospital]

beutalás *fn [kórházi]* referral [to a hospital]

beutaló *fn [kórházi]* referral, *[üdülési]* holiday voucher; **kétszemélyes ~** *[üdülőbe stb.]* a holiday voucher for two

beutazás *fn* **1.** *[országjárás]* tour (of) **2.** (*vhová*) entry (into)

beutazási *mn* **~ engedély** entry permit/visa, *hiv* entry clearance

beutaz|ik *i* **1.** *[országot]* tour [a country], travel (all over) [the country, Europe etc.]; **szabadságunk alatt ~zuk Olaszországot** we're touring (round) Italy (v. going on a tour round Italy) for our holidays **2.** *[országba]* enter [a country], *[városba]* go* up to [town]

beutazóvízum *fn* entry visa

beül *i* **1.** *[karosszékbe]* sit* down in, take* one's/a seat in **2.** *[járműbe]* get* in(to) [a car etc.], *[vonatba]* find* a seat; **~ egy taxiba** take* a taxi **3.** *[presszóba]* (go* and) sit* down in

beültet *i* **1.** *[kocsiba]* seat sy in **2.** (*vmvel*) plant with, *[földbe]* plant/set* in, *[cserépbe]* pot; **~i fával a telket** plant the plot with trees **3.** *orv* implant [a pacemaker etc.]

beüt *i* **1.** *[szeget stb.]* drive*/knock/hit* sg in/into **2.** **~i a fejét vmbe** knock/bang/bump one's head against sg; **~i a lábát vmbe** stub one's toe against a stone **3.** *biz* **jól ~ött neki** he struck it rich, he made a killing **4.** *[számot vmbe]* key in, *[pénztárgépbe összeget]* ring* up [£10.35 etc.]

beütemez *i* schedule, *[nagyobb munkát]* plan, *[egyénileg programba]* fit in

beütés *fn* **1.** *[vmlyen családi vonás]* a strain [of ... in the family]; *pej* **néger ~** a touch of the tar-brush **2.** *nyomd* break

beüvegez *i* glaze (in), glass in; **~ett** glassed-in

beüzemel *i* set* up, install

beüzen *i* send* word to, send* a message in (to), (*vkért*) send* for sy

bevacsoráz|ik *i* have* a big dinner, have* a lot for dinner, eat* one's head off

bevádol *i* accuse, bring* a charge/accusation against sy, denounce, *jog* indict

bevág *i* **1.** *[vágást csinál]* cut* **2.** **~ja az ajtót** slam/bang the door **3.** **~ja a fejét vmbe** knock/bang/bump one's head against sg **4.** *biz* **~ja a labdát a kapuba** smash the ball home **5.** *biz [leckét]* learn* (sg) by heart/rote, get* (sg) off by heart

bevágás *fn [vágóeszközzel]* cut, *orv* incision

bevagdal *i* cut*, slit*, gash

bevágód|ik *i* **1.** *[ajtó]* slam, bang; **~ott az ajtó/ablak** the door/window slammed (shut) **2.** *biz* (*vk/vknél*) worm oneself (v. one's way) into sy's confidence

bevagoníroz *i [árut]* load into a goodswagon (v. *US* freightcar), *[csapatokat]* entrain

bevakol *i* plaster (over), face

beválaszt *i* elect (to), vote sy in; **~ vkt az elnökségbe** elect sy president, vote sy into the presidency; **~ották a bizottságba** he has been elected to (v. voted onto) the committee, he got onto the committee

bevál|ik *i* **1.** (*vm*) prove (to be) good, work (well); **~t az új robotgép** the new food-processor proved to be invaluable; **nem vált be** it did not work **2.** *[remény, jóslat]* come* true, be* fulfilled

bevall *i* **1.** *[bűnt]* confess, admit, *[őszintén megmond]* confess, must admit, *[mindent]* come* clean, make* a clean breast of it; **~om, ezt elfelejtettem** I must admit I forgot it **2.** *hiv [adatokat stb.]* declare, make* a declaration of, *[jövedelmet]* return [one's income]

bevallás *fn* confession; **saját ~a szerint** by his own account/admission; → **adóbevallás**

bevallott *mn* declared; **~ jövedelem** declared income

bevallottan *hsz* admittedly

bevált[1] *i* **1.** *[pénzt]* (ex)change (*vmre* for), *[csekket]* cash [a cheque], *[utalványt]* exchange [a voucher for sg]; **hol válthatok be angol fontot dollárra?** where can I change pounds for dollars? **2.** *[ígéretét]* keep* [one's promise] **3.** *[reményeket]* fulfil (v. *US* fulfill) [hopes], live up to [one's expectations], match up to [one's hopes]

bevált[2] *mn* tested, *[jól]* well-tried

beváltás *fn* **1.** *[pénzé]* changing; **a váltó ~a** acceptance of a bill **2.** *[ígéreté]* keeping

beváltási árfolyam *fn* rate of exchange, exchange rate

beváltható *mn [pénz]* convertible, *[ajándékutalvány]* can be exchanged, be* exchangeable (*vmre* for), *[csekk]* can be cashed

bevándorlás *fn* immigration

bevándorlási *mn* immigration; **~ hivatal** immigration office

bevándorló *fn* immigrant

bevándorol *i* immigrate (into)

bevár *i* (*vkt*) wait for sy, wait until sy arrives

bevarr *i* **1.** *ált* sew*/stitch up, (*vmbe*) sew* in, *[sebet]* sew* up [a wound] **2.** *sp szl* **~ta a hálóba a labdát** kicked the ball right into the net, scored a goal **3.** *szl [börtönbe vkt]* clap sy in prison, lock sy up, put* sy in the can

bevasal *i* **1.** *[fehérneműt]* iron the laundry **2.** *biz* **pénzt ~ vkn** make* sy cough up what he owes

bevásárlás *fn* shopping

bevásárlókocsi *fn [áruházi]* (shopping) trolley

bevásárlókosár *fn* shopping basket

bevásárlóközpont *fn* shopping centre (*US* -ter), shopping precinct, *[fedett üzletközpont]* mall; **bevásárló- és szórakoztatóközpont** shopping and leisure/entertainment centre (*US* -ter); *[főleg élelmiszer]* hypermarket

bevásárlónegyed *fn* shopping area/precinct

bevásárlószatyor *fn* shopping bag, carrier(-bag)

bevásárlótáska *fn* shopping bag

bevásárlóturizmus *fn* shopping tourism

bevásárol *i* **1.** do* one's/the shopping, *[kisebbet]* do* some shopping; **~ni megy** go* shopping **2.** *átv biz* **jól ~t vmvel** (s)he made a bad bargain with sg

bevégez *i* bring* (sg) to an end, end, finish, *[feladatot]* complete, accomplish

bevehetetlen *mn [vár]* impregnable [fortress], invincible, unconquerable

bever *i* **1.** *[szeget]* drive*/hammer in, hammer (sg) into (sg), *[karót stb.]* drive* in **2.** *[ablakot]* smash, break* in; **~ték a fejét** he had his head beaten in; **~i a fejét** → **beüt 2** **3.** **~ az eső (az ablakon)** the rain keeps driving in (at the window)

bevérez *i* stain/cover with blood

bevert tojás *fn* poached egg(s)

bevérzés *fn* (internal) haemorrhage (*US* hem-)

bevérz|ik *i* (suffer/have* an internal) haemorrhage (*US* hem-)

bevés *i* **1.** *[fémbe]* engrave in/on **2.** *[elmébe]* imprint/stamp (sg) on the mind; **~ vmt az emlékezetébe** commit sg to (one's) memory

bevésés *fn* **1.** *[fémbe]* engraving, imprinting **2.** *[tanításnál]* hammering/drilling in

bevésőd|ik *i átv* be* etched/embedded in one's memory

bevesz *i* **1.** *[kívülről]* take* in (from outside) **2.** *[egyesületbe vkt]* admit sy [as member], *[vmt szerződésbe]* insert, *[szövegbe]* include **3.** *[várost, erődítményt]* take*, capture **4.** *[ruhából]* take* in **5.** *[orvosságot]* take* [medicine] **6.** *biz* **mindent ~** he swallows everything you tell him (whole); **ezt nem veszem be!** I'm not going to buy it/that, that won't go down with me, don't give me that; **ezt nem**

veszi be a gyomrom it sticks in my throat/gullet, I can't stomach it; **nem veszi be a (számító)gép** the computer won't accept it

bevet *i* **1.** *[földet vmvel]* crop/sow*/plant [a field] with [wheat, potatoes etc.] **2. ~i az ágyat** → **beágyaz** 2 **3.** *kat* put* into action; **mindent ~ettek** they put all possible effort (into); **végül erőszakot vetettek be** they resorted to violence

bevétel *fn* **1.** *[jövedelem]* income, *[üzleti]* returns *tsz*, *[előadásé]* receipts *tsz*, proceeds *tsz*; **napi ~** daily takings/receipts *tsz* **2.** *[váré]* taking, capture, capturing

bevételez *i* take* in [money], *[könyvben]* enter (receipts)

bevételi *mn* **~ forrás** source of income

bevetés *fn* **1.** *[maggal]* sowing (with seed) **2.** *kat* action, *rep* sortie; **~re kész** ready for immediate action *ut*

bevetetlen *mn* **1.** *[föld]* uncultivated, waste **2.** *[ágy]* unmade

bevetett *mn* **~ terület** land sown (with corn etc.); **búzával ~ föld** field under wheat/corn

bevett *mn* accepted, received; **~ szokás** generally established/accepted custom

bevezet *i* **1.** *[helyiségbe]* lead*/show*/usher in/into, see* sy in, *[társaságba is]* introduce into, *[út vhová]* lead* to **2.** *[ismeretekbe]* initiate (into) **3.** *[villanyt]* install [electricity] **4.** *[könyvbe tételt]* enter **5.** *[módszert, reformokat]* introduce, initiate, bring* in

bevezetés *fn* **1.** *(vké vhová)* leading/showing in **2.** *[ismeretekbe]* initiation **3.** *[könyvben]* introduction; **~képpen** by way of introduction **4.** *[villanyé]* installation **5.** *[mint könyv]* introduction; **~ a fonetikába** an introduction to phonetics **6.** *gazd* entering, entry **7.** *[meghonosítás]* establishment, introduction; **az általános tankötelezettség ~e** introduction of compulsory education (for all)

bevezető I. *mn* introductory, *[szavak]* prefatory, opening; **~ ár** introductory price; **~ áron eladott árucikk** loss leader; **~ rész** introduction, introductory part; *[vhova]* **~ út** approach (road), access road; **~ fénysor** *[reptéren]* landing/approach lights *tsz*; *rep* **~ gépkocsi** follow-me car; *rep* **~ világítás** approach control **II.** *fn* → **bevezetés** 3; **~ben** by way of introduction

bevilágít *i* **1.** *(vhová)* shine* into; **(zseb)lámpával ~ vmbe/vhová** shine* a torch into sg (v. on sg) **2.** *[térséget fénnyel eláraszt]* illuminate, flood (sg) with light

bevisz *i* **1.** *(vkt/vmt vhová)* take* in, *[csomagot]* carry in, *[járművel]* drive* in/into; **~ vkt a városba (kocsival)** drive* sy up to town **2.** *[vkt rendőr]* run* in, take* into custody, pull (sy) in [for questioning]; **bevitték a rendőrségre** he was taken (down) to the police station **3.** *biz* **~ egy ütést vknek** land a blow on [a part of the body], land sy one **4.** *[út vhová]* lead* to **5.** *[számítógépbe]* feed* [data] into [a/the computer], *[beír]* key in [the new data] **6.** *sp* **~ egy találatot** *[vívásban]* score a hit

bevizel *i* *[ágyba]* wet the bed, *[nadrágba]* wet one's trousers (v. *US* pants)

bevizez *i* *[akaratlanul]* make* sg wet, *[szándékosan]* wet, moisten, dampen

bevizsgál *i* *[terméket, gyógyszert]* test

bevon *i* **1.** *[forgalomból]* withdraw*; **~ták a jogosítványát** his driving licence was withdrawn **2.** *[vitorlát]* reef (in), furl, *[zászlót]* haul down **3.** *(vmvel ált)* cover (with), *[fémmel]* plate (with), *[arannyal]* gild*, plate (with gold), *[cukormázzal]* top (with icing) **4.** *(vkt vmbe)* bring* sy in (on sg), *[bizalmasan]* let sy in (on sg)

bevonalkáz *i* *[térképet]* hachure, hatch

bevonás *fn* **1.** *[forgalomból]* withdrawal **2.** *[vitorláé]* reefing in, *[zászlóé]* hauling down **3.** *(vké vmbe)* initiation (into); **a vizsgálat a rendőrség ~ával folyik** the police have been brought in on the investigation **4.** *[fémmel]* coating, covering, plating

bevonat *fn* coat(ing), plating, cover

bevonód|ik *i* get* covered with

bevonszol *i* drag in/into

bevontat *i* *[gépjárművet]* tow to [the nearest garage], *[csak hajót]* tug/tow in

bevonul *i* **1.** *[pompával]* enter, march in **2.** *[katonai szolgálatra]* join one's unit/regiment, join up; **a ~tak** the conscripts **3.** *[hadsereg országba]* move in(to a country) **4.** *[börtönbe, büntetésvégrehajtásra]* enter prison [to serve a sentence]

bevonulás *fn* **1.** *[pompával]* entry **2.** *kat* joining up

bevonulási *mn* **~ központ** call-up centre; *US* introduction center

bezabál *i* *durva* stuff (oneself), gorge, *[sokat]* tuck/pack/put* away [a lot of food etc.]; **jól ~t** he has stuffed himself

bezár *i* **1.** *[ajtót stb.]* close, shut*, *[kulccsal]* lock (up) **2.** *[helyiségbe]* confine, lock in **3.** *[intézmény stb.]* close, *[végleg]* close down, *[üzlet, üzletet nap végén]* close, shut* up [the shop]; **~ja a kapuit** *[iskola]* break* up; **a színházakat nyáron ~ják** theatres (*US* theatres) are closed during/for the summer **4.** *[ülést]* adjourn, close, *[vitát]* close, end, wind* up

bezárás *fn* **1.** *[ajtóé stb.]* closing, shutting, locking **2.** *[intézményé]* closing, closure **3.** *[ülésé]* adjourment, closing, *[vitáé]* closure, ending, winding up

bezárkóz|ik *i* lock/shut* oneself in/up/away; **~ a saját világába** live in a world of one's own

bezáród|ik *i* close, shut*

bezárólag *hsz* **szept. 1-ig ~** by September 1st inclusive, up to and including September 1st; **hétfőtől csütörtökig ~** Monday to Thursday inclusive/*US* Monday through Thursday

bezárul *i* **1.** → **bezáródik 2.** *átv* come* to an end, close

bezománcoz *i* enamel (*US* -l)

bezörget *i* *[ajtón]* knock at/on, rap on (the door)

bezúdul *i* → **beözönlik**

bezuhan *i* plunge/tumble/fall* into

bezúz *i* **1.** smash/bash in; **~ta a fejét** he broke his head **2.** *[könyveket]* pulp

bezzeg *hsz* unlike (sy/sg, some time/place/etc.); **Peti ~ egész nap dolgozik** (Unlike you,) Peter works all day!; **Akkor ~ még nem mondtál ilyeneket.** (Not like now,) you didn't use to say such things then.; **Nem tanult, most ~ fél a bizonyítványtól.** (Unlike during the time he spent not working) now he is dreading his report.

bezsebel *i* pocket, bag, net, *[sok pénzt]* rake in [a lot of money]

bezsíroz *i* **1.** *[gépészt]* lubricate, *[serpenyőt]* grease, lard **2.** *[ruhát]* grease-stain

bezsong *i* *biz* get* into a state (of ecstasy), *(vmtől)* sg blows one's mind

bezsúfol *i* cram/crush/squeeze into, pen (up)

Bhután *földr* Bhutan

biankó *mn* blank; **~ csekk** blank cheque (*US* check)

biatlon *fn* → **sílövészet**

bibe *fn* *növ* stigma

bíbelőd|ik *i* take* great pains over sg, struggle with sg

bibeszál *fn* *növ* style

bibi *fn* *biz* **1.** *[kisebb seb]* sore **2. itt van a dolog ~je** here is the rub; **valami ~ van ezzel az utazással** there is a minor problem with this trip

bíbic *fn* lapwing, pe(e)wit

bibircsók *fn* wart

bibircsókos *mn* warty; **~ orr** pimply nose

bibis *mn* *biz* hurt, sore

Biblia *fn* the Bible, the Scriptures *tsz*; **felolvasott rész a ~ból** reading(s) from the Bible, a Bible reading; **~t olvas** read* the/one's Bible

bibliafordítás *fn* translation of the Bible, Bible translation

bibliai *mn* biblical, scriptural, Bible-

bibliamagyarázat *fn* (biblical) exegesis

biblianyomó papír *fn* India-paper

bibliaóra *fn* Bible study/class

bibliofil *fn/mn* *[személy]* book-lover, bibliophile; **~ kiadás** de luxe edition

bibliográfia *fn* bibliography, *[cikk végén, általában]* references *tsz*
bibliográfiai *mn* bibliographical; ~ **adat/tétel** title, item; *[katalógusban]* title entry
bibliográfus *fn* bibliographer
bíbor *fn* purple, scarlet
bíborfesték *fn* purple/crimson dye/colour (*US* -or)
bíborhere *fn* crimson clover
bíboros *fn* cardinal
bíborpalást *fn* purple cloak/mantle
bíborpiros *mn* purple, scarlet, crimson
bíborszínű *mn* → **bíborpiros**
bíborvörös *mn* → **bíborpiros**
bicaj *fn bec* bike
biccent *i* nod
biccentés *fn* nod, inclination of head
biceg *i* limp, hobble
bicepsz *fn* biceps
bicikli *fn* bicycle, bike, cycle; → **kerékpár**
biciklicsengő *fn* bicycle bell
biciklikölcsönző *fn* rent-a-bike
biciklipumpa *fn* bicycle pump
biciklista *fn* cyclist, cycler
biciklitolvaj *fn* bicycle thief
biciklitúra *fn* cycling tour/trip
bicikliverseny *fn* bicycle race
biciklizés *fn* cycling
bicikliz|ik *i* ride* a bicycle, cycle, pedal (*US* -l-), *US* wheel
bicsakl|ik *i* → **megbicsaklik**
bicska *fn* pocket/jack/clasp-knife°; **beletörik a ~ja vmbe** fail, come* a cropper
bicskanyitogató *mn biz [modor, viselkedés]* irritating, provoking
bicskás I. *mn* armed with a knife *ut* **II.** *fn* tough, ruffian
bicskázás *fn* knifing
bidé *fn* bidet
biennále *fn* biennial festival/conference etc.
bifláz *i biz* cram, swot, mug [for an exam]
biflázás *fn biz* cramming, swotting
bifokális *mn* bifocal
bifsztek *fn* beefsteak
bigámia *fn* bigamy
bige *fn szl [fiatal lány]* chick
bigott *mn* bigoted
biggyeszt *i* **1.** → **ajak 2.** (*vmre/vmhez*) place/hang* casually swhere, tack on/onto
bigyó *fn biz* gadget, contraption
bika *fn* **1.** *áll* bull **2.** *gk biz [indítókábel]* jump lead, *US* jumper cable
bikaborjú *fn* bull-calf°
bikacsök *fn* bull's pizzle (whip)
bikanyakú *mn* bull-necked
bikarbóna *fn* sodium bicarbonate
bikavér *fn* → **egri**
bikaviadal *fn* bullfight
bikini *fn* bikini
bikonkáv *mn* biconcave, double-concave
bikonvex *mn* biconvex, double-convex
bilaterális *mn* bilateral, two-sided; ~ **szerződés** bilateral treaty
biléta *fn* token (coin)
bili *fn biz* pot(ty); *átv* **kiborult a ~** that was the last straw
biliárd *fn* billiards *tsz*; snooker
biliárdasztal *fn* billiard-table
biliárdgolyó *fn* billiard-ball
biliárdoz|ik *i* play billiards
bilincs *fn* **1.** shackles *tsz*, irons *tsz*, *[kézre]* handcuffs *tsz*; **~be ver vkt** shackle, handcuff; **~eit leveszi** unfetter sy; **lerázza ~eit** shake* off one's shackles/fetters **2.** *műsz* clamp
bilincsel *i* handcuff, put* (sy) in irons
bilingvis *mn* bilingual
biliztet *i* **~i a gyereket** pot the baby
billeg *i* seesaw, be* loose, rock
billeget *i* **1.** *[farkat]* wag, waggle, *[mást]* shake **2.** *[hangszerbillentyűt]* play, finger [piano, flute etc.]
billen *i* tilt, tip over, topple
billenés *fn* tilt, tipping over, toppling
billenőkapcsoló *fn* tumbler/rocker switch
billenőkocsi *fn* dump(er) truck, tip(per) truck/lorry
billenőszerkezet *fn* tip-up device, tipper
billent *i* tilt, tip over; **javára ~i a mérleget** turn* the scales in sy's favour
billentés *fn* **1.** *[zongoristáé]* touch* **2.** *[csilléé]* tilting, tipping over
billentyű *fn* **1.** *[zongorán, orgonán, fúvós hangszeren, billentyűzeten]* key **2.** *műsz* (flap/clack/stop-)valve **3.** *[szívé]* valve
billentyűs *mn [hangszer]* provided with keys *ut*, key, *műsz* valvular; ~ **hangszer** keyboard instrument; ~ **trombita** key trumpet
billentyűzet *fn [zongorán, írógépen, számítógépen]* keyboard, *[orgonán]* manual
billikom *fn* goblet
billió *szn* → **milliárd**
biluxoz|ik *i* flash the/one's headlights
bim-bam *fn* ding-dong
bimbamcsengő *fn* Friedland chime
bimbó *fn* **1.** *[virágé]* bud **2.** *[mell]* nipple, teat
bimbós *mn* budding, budded
bimbóskel *fn* Brussels sprouts *tsz*
bimbóz|ik *i* bud, burgeon
bimbózó *mn* budding
bináris, biner *mn mat infor* binary; ~ **szám** binary digit; **bináris (szám)rendszer, biner rendszer** binary system
binomiális *mn* binomial; ~ **tétel** binomial theorem
biobolt *fn* organic/health food store
biodiverzitás *fn* biodiversity
bioélelmiszer *fn* organic food, health food
biofizika *fn* biophysics *esz*
biogáz *fn* biogas
biogenetika *fn* biogenetics *esz*
biográfia *fn* biography
biográfus *fn* biographer
biokémia *fn* biochemistry
biokémiai *mn* biochemical
biokémikus *fn* biochemist
biokertészet *fn* organic farming/gardening
biokozmetikum *fn* organic cosmetics
biológia *fn* biology
biológiai *mn* biological; ~ **apa** biological father; ~ **fegyver** biological weapon; ~ **hadviselés** biological warfare; ~ **óra** biological clock
biológus *fn* biologist
biomassza *fn* biomass
biometeorológia *fn* biometeorology
biometria *fn* biometry
bioritmus *fn* biorhythm
bioszféra *fn* biosphere
biotechnológia *fn* biotechnology
biotermék *fn* organic products
bír *i* **1.** *[fizikailag]* be* able to (v. can*) carry; **nem ~ja a csomagot** he can't manage the parcel; **nem ~om** I can't carry it, it's too heavy for me; **alig ~om a lábamat** I can scarcely lift my feet **2.** *[elvisel]* (be* able to) bear*; **jól ~ja magát** he bears himself well; **tovább már nem ~ta** he could bear it no longer, (s)he was at the end of his/her rope, (s)he reached the end of his/her tether; **~ja az italt** he can carry/hold his liquor (well); **nem ~ja az italt** he cannot take alcohol; **~ja a hideget** he can take the cold **3.** *[képes]* **nem ~om megcsinálni** I am unable to do it; **nem ~ felállni** he can't get up, he is unable to stand up; **fut, ahogy a lába ~ja** he runs for dear life, he runs as fast as he can; **nem ~om nézni** I can't bear to see it; **nem ~ja elviselni**

he can't bear/stand it; **aki ~ja, marja** everybody for himself and the devil take the hindmost **4.** *szl [szeret, kedvel]* take* a shine to (sy) **5.** *elav [tulajdonol]* possess, own **6. ~ vmely nyelvet** (*vmt/vmvel*) know*/speak* a language **7.** *[rábír]* **vmre ~ vkt** persuade/bring*/induce sy to do sg; **vallomásra ~ vkt** get* sy to confess **8.** (*vkvel*) equal (*US* -l) sy, be* a match for sy; **nem ~ok vele** he is too much (of a handful) for me; **nem ~ magával (jókedvében)** be* beside himself (with joy), feel* on top of the world, walk on air

bírál *i* judge, *[könyvet]* review, *[elítélően]* criticize

bírálat *fn ált* judgement, sentence, *[könyvről]* review, *[hosszabb, tudományos]* critique, *[szóban]* criticism; **az ellenzék részéről komoly ~ok érték** was heavily criticised by (v. received heavy criticism from) the opposition

bíráló I. *mn* critical **II.** *fn* critic, reviewer; **hivatalos ~** → **opponens**

bírálóbizottság *fn* jury

bíráskodás *fn* judging, *jog* jurisdiction

bíráskod|ik *i* act as judge; **~ vk fölött** sit* in judgement on sy

birizgál *i [piszkál]* pick at, fiddle with, *[fogdos]* paw, finger

birka *fn* **1.** *[állat]* sheep° **2.** *[hús]* mutton, lamb

birkabőr *fn* sheepskin

birkacomb *fn* leg of lamb/mutton

birkagulyás *fn gaszt* lamb/mutton-stew, lamb/mutton goulash

birkahús *fn* lamb, *[ritkán]* mutton

birkalegelő *fn* sheep-run

birkanyáj *fn* a flock of sheep

birkanyírás *fn* sheep-shearing

birkapásztor *fn* → **juhász**

birkapörkölt *fn gaszt* mutton stewed with paprika

birkatenyésztés *fn* sheep-farming

birkatürelem *fn* patience of Job

birkózás *fn* wrestling; **szabadfogású ~** freestyle (v. all-in) wrestling; **kötöttfogású ~** Graeco-Roman wrestling

birkóz|ik *i* wrestle, *átv* struggle/grapple with

birkózó *fn* wrestler; **az 1965-ös angliai szabadfogású ~-világbajnokság** the 1965 world freestyle championships in England *tsz*

bíró *fn* **1.** *[bíróságon]* judge, justice, *[alsó fokú]* magistrate **2.** *sp [krikett, röplabda, asztalitenisz, tenisz, tollaslabda]* umpire, *[birkózás, hoki, kosárlabda, labdarúgás, ökölvívás, rögbi]* referee, *biz* ref **3.** *elav* **falusi ~** village mayor

birodalmi *mn* imperial, of the empire *ut*

birodalom *fn* empire; **a brit ~** the British Empire

bírói *mn* judicial, judiciary, juridical; **~ idézés** summons (*tsz* summonses); **~ ítélet** judg(e)ment; *[döntés]* decision; **~ kar** the judges *tsz*, judiciary; **~ útra terel** take* legal measures/steps; *átv is* **a ~ székben ül** sit* in judg(e)ment (on sy)

birokra kel *i* measure one's strength, come* to grips (*akivel* with)

bíróság *fn* **1.** *[hatóság]* court (of law), *[speciális ügyekkel foglalkozó]* tribunal; **a ~** the court; **elsőfokú ~** court of the first instance; **~ elé állít** bring* to trial/justice; **~ elé kerül** come* up/on for trial; **a ~on** in court; **~hoz fordul** go* to law/court **2.** *[épület]* law-courts *tsz*, court

bírósági *mn* judicial, judiciary; **~ tárgyalás** hearing, trial, proceedings *tsz*; **~ úton** legally, by law; **~ ügy** court case

birs *fn* quince

bírság *fn* fine, penalty; **~ot fizet** pay* a penalty (of); **a ~ 10 font** penalty £10 → **bírságcédula**

bírságcédula *fn közl* ticket, *[tiltott parkolásért]* parking ticket

bírságol *i* fine, impose a fine/penalty on; **5000 Ft-ra ~ták** he was fined (to the tune of) 5000 forints

birsalma *fn* quince(-apple)

birsalmasajt *fn* quince jelly

birskörte *fn* quince(-pear)

birtok *fn* **1.** *[tulajdon]* possession, holding; **~ába jut/lép vmnek** enter into possession of sg, take*/get* possession of sg; **~ba vesz vmt** take*/get* possession of sg; **~ában van vmnek** be* in possession of sg, possess/hold* sg; **~on belül van** be* in (actual) possession **2.** *[földbirtok]* estate, landed property, land **3.** *nyelv* possession

birtokátruházás *fn jog* conveyance of property

birtokbavétel *fn* taking possession (of), occupation

birtokelidegenítés *fn jog* alienation of property

birtokelkobzás *fn jog* confiscation/sequestration of property

birtokháborítás *fn jog* trespass

birtokjog *fn* right of possession/occupation

birtoklás *fn* possession

birtokol *i* have*, possess, hold* possession of, occupy, hold*

birtokos I. *mn* **1.** propertied **2. ~ eset** *nyelv* genitive (case); **~ névmás** possessive pronoun; **~ személyrag** possessive ending/suffix **II.** *fn* **1.** *[vagyoné]* owner, possessor **2.** *nyelv* possessor

birtokper *fn* action for possession

birtokrag *fn* possessive ending/suffix

birtokrendezés *fn* redistribution of (landed) property

birtokrész *fn jog* piece of property, parcel of land

birtokvágy *fn* greed(iness), covetousness, rapacity

birtokviszony *fn nyelv* genitive relation

birtokvisszaperlés *fn jog* replevin

Bissau-Guinea *földr* Guinea-Bissau

biszbasz *fn tabu* whatchamacallit, contraption, thingie

biszex(uális) *mn* bisexual

bisztró *fn* snack bar, bistro, *US így is:* coffee shop

bisztrókocsi *fn* buffet car

bit *fn infor* bit

bitang *mn/fn* **~ (gazember)** rascal, villain

bitangol *i* stray, wander away/off

bitkép *fn infor* bitmap (image)

bitó *fn* → **bitófa**

bitófa *fn* gallows *esz* v. *tsz*, gallows tree

bitorlás *fn* usurpation

bitorló I. *mn* usurping **II.** *fn* usurper

bitorol *i* usurp

bitumen *fn* bitumen, asphalt

bivaly *fn* buffalo

bivalyborjú *fn* young buffalo

bivalybőr *fn [nyers]* buffalo skin, *[kidolgozott]* buff-leather/hide

bivalyerejű *mn* strong as a horse (v. as an ox) *ut*

bíz *i* (*vkre vmt*) trust sy with sg, entrust sg to sy; **vkre titkot ~** trust sy with a secret; **ezt ~d csak rám!** leave that to me; **vkre ~za magát** rely on sy

bizakodás *fn* confidence, optimism

bizakod|ik *i* have* confidence in the future, be* hopeful (of sg), be* optimistic, (*vkben/vmben*) place trust in sy/sg, trust in sy/sg

bizakodó *mn* hopeful, trustful, optimistic; **~ hangulat** optimism

bizalmas I. *mn [közlés]* confidential, off-the-record, private, secret [information, remark etc.]; **~ beszélgetés** heart-to-heart talk; **~ értesülés** inside information; *US biz* lowdown (on sg); *nyelv* **~ (hangulatú)** informal, colloquial, familiar; **~ közlés** confidential (v. off-the-record) communication/information, confidence; **~ (természetű) levél** personal letter; **~ viszony** intimacy; **~ viszonyban vannak** they are on intimate/familiar terms (*vkvel* with sy); **~an közöl vmt** tell* sg in (all) confidence, tell* sy sg on the quiet (v. on the q.t.), tell* sg off-the-record; **ezt ~an mondom** this is for your private ear **II.** *fn* **vknek a ~a** sy's intimate, sy's confidant (*nő:* confidante); *[igével]* enjoy sy's confidence; → **szigorúan**

bizalmaskodás *fn* undue familiarity (towards sy), familiarities *tsz*

B

bizalmaskod|ik *i pej* be* too familiar with sy, take* liberties with sy
bizalmaskodó *mn pej* over-familiar
bizalmasság *fn* intimacy, familiarity
bizalmatlan *mn* distrustful, mistrustful (*vkvel* v. *vk iránt* of sy); **~ul fogadták** was received with suspicion
bizalmatlankod|ik *i* be* distrustful/mistrustful (of), show* lack of confidence (in)
bizalmatlanság *fn* distrust, mistrust
bizalmatlansági *mn* **~ indítvány** motion of no confidence; **~ szavazat** vote of no confidence
bizalmi I. *mn* confidential; **~ állás** position of trust; **~ ember** confidential clerk/secretary; *biz* right-hand man°; **felveti a ~ kérdést** ask for a vote of confidence; **~ szavazás/szavazat** vote of confidence **II.** *fn* **szakszervezeti ~** shopsteward
bizalom *fn* confidence, trust, faith, belief (*mind:* in); **bizalmába férkőzik vknek** worm oneself into sy's confidence; **bizalmat kelt** inspire confidence; **bizalmat szavaz vknek** give* sy a vote of confidence; **~mal van vk iránt** have* confidence in sy, trust sy; **elveszti vk bizalmát** lose* credit (with sy)
bizalomerősítés *fn pol* confidence builiding
bizalomerősítő *mn pol* confidence-builiding
bizalomgerjesztő *mn* → **bizalomkeltő**
bizalomkeltő *mn* inspiring confidence/trust *ut*, reassuring; **nem valami ~** uninviting; *[igével]* it doesn't exactly inspire confidence
bizalomteljes *mn* trustful, trusting
Bizánc *földr tört* Byzantium
bizánci *mn/fn* Byzantine
bizarr *mn* bizarre, whimsical, odd
bizgentyű *fn biz* gadget, contraption
bíz|ik *i* (*vkben/vmben*) trust sy/sg, trust in sy/sg, place trust in (sy/sg), have* confidence in; **nem ~ik vkben** distrust sy, mistrust sy, rely on sy; **~hatsz benne** (you may) depend (up)on it; **vakon ~ik vkben** have* absolute/blind faith in sy; **nem ~om ítéletében** I don't trust his judgment
bizisten *isz biz* (upon) my word!
biznisz *fn* business
bizomány *fn* commission, *[eladásra]* consignment; **~ba ad** give (sg) on consignment
bizományi *mn* **~ áruház/bolt** commission shop, second-hand shop; ‹selling goods on consignment›
bizományos *mn* commission merchant
bizony *hsz* certainly, really, to be sure, surely; **Isten ~!** so help me (God)!; **nem ~!** certainly not
bizonyára *hsz* no doubt, without (a) doubt, in all certainty/probability, surely, to be sure; **~ lekésett a vonatról** he must have missed the train; **ön ~ hallott erről** you have doubtless heard about this
bizonygat *i* assert (repeatedly), affirm, prove repeatedly; **azt ~ja, hogy** he argues that
bizonyít *i ált* prove, *[okmánnyal]* certify, *[adattal]* document, verify, *[elméletet, igazságot]* establish the truth of, prove; **ami azt ~ja, hogy** ... which all goes to show that ...
bizonyítás *fn* proof, *[okmánnyal]* certifying, *[adattal]* verification; **okiratilag/okmánnyal való ~** documentary evidence; **aligha szorul ~ra** it hardly needs proof, that is self-evident, that is obvious; **~t elrendel** order evidence to be taken
bizonyítási *mn jog* **~ eljárás** (production of) evidence; **~ teher** burden of proof; **~ teher megfordítása** reversal of the burden of proof
bizonyíték *fn* proof, *főleg: jog* evidence, *[írásos]* document; **nincs rá semmi ~** there is not a shred of evidence; **tárgyi ~** material proof; **a ~ok súlya (alatt)** under the weight of (the) evidence; **~ hiányában** in the absence of evidence; **~ot szolgáltat (v. hoz fel)** produce/furnish evidence; **vmnek ~ául** in proof thereof, as proof of sg; **önnek nincs semmiféle ~a** you don't have a leg to stand on
bizonyíthatatlan *mn* undemonstrable, unprovable, not provable *ut*
bizonyítható *mn* demonstrable, provable, verifiable; **az állítás nem ~** the claim cannot be proved (v. does not stand up)
bizonyító *mn* proving, demonstrating; **~ erejű** conclusive
bizonyítvány *fn* **1.** *[hivatali]* certificate, testimonial; **szolgálati ~** reference, testimonial; **~t kiállít** grant a certificate **2. (iskolai) ~** school report; *[év végi]* annual school report; *tréf* **megmagyarázza a ~át** explain away one's report/mistakes
bizonylat *fn* certificate, testimonial, *[szakértői]* expert opinion, *[könyvelésben]* voucher; **minőségi ~** certificate of quality
bizonylati *mn* **~ fegyelem** accounting discipline
bizonnyal *hsz* **minden ~** in all probability, by all means
bizonyos *mn* **1.** *[biztos]* certain, sure, *[kétségtelen]* undeniable, indubitable, undoubted; **annyi ~, hogy** one thing is certain (namely), this much is certain: that; **~ vagyok benne** I am sure of it **2. egy ~ vm/vk** a certain, some; **egy ~ fokig/mértékben** to some/a certain extent; **egy ~ Smith úr szeretne beszélni Önnel** a Mr. Smith wishes to speak to you; **~ ideig** for a period (of time); **~ feltételek mellett** under certain conditions; **~ szempontból** in certain/some respects, in a way; **~ tekintetben** in a way, in certain/some respects, in a manner of speaking
bizonyosan *hsz* no doubt, without (a) doubt, in all certainty/probability; **~ (el)jön** he is sure to come; **~ sokat szenvedett** he must have suffered a great deal; → **bizonyára**
bizonyosság *fn* certainty, certitude; **~ot szerez vm felől** make* sure/certain of sg, ascertain sg
bizonyság *fn* proof, evidence, token; **~át adja vmnek** give* proof/evidence of sg, evidence sg; **~ot tesz vmről** (i) *ált* testify to, give* evidence of, bear* witness to (ii) *vall* witness [for Christ etc.]; **aminek ~ául** in proof thereof, as proof of sg
bizonyságtétel *fn* testimony, evidence, *vall* witness
bizonytalan *mn* **1.** *[dolog]* uncertain, vague, dubious, *[kimenetelű]* doubtful, *[alapokon álló]* unstable, shaky, be* in the air; **~ időjárás** unsettled/changeable weather; **~ időre elhalaszt** postpone indefinitely; **~ léptekkel** with faltering steps; **~ a megélhetése** make* a precarious living **2.** *[ember]* irresolute, indecisive, wavering
bizonytalankod|ik *i* hesitate, dither, shilly-shally, dilly-dally
bizonytalanság *fn* uncertainty, doubt(fulness), vagueness, *[tárgyé]* shakiness, unsteadiness, *[határozatlanság]* hesitation; **~ban hagy vkt** hold* sy in a state of uncertainty, keep* sy guessing, leave* sy hanging (in midair)
bizonytalansági tényező *fn* element of uncertainty/doubt
bizonyul *i [vk vmnek/vmlyennek]* prove (oneself) to be ..., turn out sg; **gyávának ~t** he proved (himself) to be a coward; **hamisnak ~t** it proved (to be) false; **használhatatlannak/hasznavehetetlennek ~t** it/he proved (to be) useless; **igaznak ~t** it/sg proved to be true, it/sg has been confirmed
bizottmány *fn elav* → **bizottság**
bizottság *fn ált* committee, *[magasabb szintű testület]* board, *[kiküldött]* commission, delegation; **a ~ tagja, benne van a ~ban** be* on the committee, be* a member of the committee; → **ellenőrző**, → **üzemi**, → **végrehajtó**
bizottsági *mn* of (v. belonging to) a board/committee *ut*; **~ tag** committee member, member of the committee/board, board member; **~ ülés** committee/board meeting
bizottságosdi *fn pej* committeeism, committeeing
biztat *i* **1.** (*vmre*) encourage, stimulate; **~ja csapatát** cheer on (v. *US így is:* root for) one's team **2.** *[vigasztalva]* reassure, comfort **3.** (*vmvel*) allure, entice (with); → **biztató**

biztatás *fn* **1.** (*vmre*) encouragement, stimulation **2.** *[vigasztalva]* reassurance, comfort(ing)
biztató *mn* encouraging, promising, reassuring, *[igével]* promise well, *[jövőre nézve vm]* bid* fair (for the future), augur well; ~ **(elő)jel** hopeful sign; ~ **szavak** words of encouragement
bizton *hsz* **1.** *[biztosan]* surely, certainly, for certain **2.** → **biztonságban**
biztonság *fn* safety, security; **a ~ kedvéért/okáért** for safety's sake, to be* on the safe side; **~ban érzi magát** feel* secure; **~ban van** be* in a safe place; (*vmtől*) be* secure/safe from sg; **teljes ~gal állíthatom** there is no doubt in my mind (that)
biztonságérzet *fn* **1.** *ált* sense/feeling of security **2.** *[fellépésben]* (self-)assurance, (self-)-confidence
biztonsági *mn* safety; ~ **berendezés** safety device; ~ **ellenőrzés** security check; ~ **előírások/intézkedések/rendszabályok** safety regulations/measures, precautionary measures, safety precautions; *[vállalati stb.]* security controls/regulations; **szigorú ~ intézkedések voltak életben** tight security was in force [during X's visit]; **a ~ intézkedések jónak/kielégítőnek bizonyultak** security was (v. security precautions were) very good; ~ **lánc** *[ajtón]* lock and chain; ~ **másolat** *infor* backup copy; ~ **mentés** *infor* autosave; ~ **okokból** for security reasons; ~ **öv** seat/safety belt; *[automata]* inertia-reel seat belt; ~ **övet használ** use/wear a seat belt; ~ **őr** security guard; ~ **rendszer** security system; ~ **szelep** safety valve; ~ **szervek** security organs; ~ **szolgálat** security service; **B~ Tanács** (*röv* **BT**) Security Council; ~ **üveg** safety glass; ~ **zár** safety lock/catch; **szólok a ~aknak** I'll call security
biztonságos *mn* safe, secure; ~ **hely** safe place, shelter; **nem** ~ unsafe, insecure
biztonságtechnika *fn* security technology, security systems *tsz*
biztos[1] *mn* **1.** *[kétségtelen, bizonyos]* sure, certain; ~ **dolog** certainty, sure thing; *GB szl* a (dead) cert; ~ **hír/értesülés** definite news (of sg/sy); **vmnek a ~ jele** a sure sign of sg; ~ **kézzel** with a firm/steady hand; **ez ~** that is certain (v. for sure), that is so, (that's a) sure thing (v. *szl* a cert); **egyáltalán nem ~** it's by no means certain; ~ **vmben (v. vm felől)** be* sure of/about sg; ~ **vagyok abban/benne/afelől, hogy** *[meggyőződésem]* I'm sure (s)he ...; *[tény]* I'm certain (s)he ...; **nem vagyok benne ~, hogy** I'm not sure/certain (where/how *etc.*); ~ **lehetsz benne, hogy** you can rest assured that, you can take it for granted that, you bet!, you can bet your boots (that); **ami ~, ~/~, ami ~** better be on the safe side, better (to be) safe than sorry; **~ra vesz vmt** take* sg for certain/granted; **~ra megy** *[nem kockáztat]* play (it) safe, play for safety **2.** *[biztonságos]* safe, secure; ~ **állás/megélhetés** secure job
biztos[2] *fn* **1.** *[miniszteri]* commissioner **2.** *[rendőr] elav* **B~ úr!** Officer!
-biztos *utótag* -proof; **tűz~** fireproof
biztosan *hsz* surely, certainly, *[kétségtelenül]* no doubt, undoubtedly; **egészen ~** with absolute certainty; ~ **eljön** he is sure/certain to come; **holnap ~ esni fog** it is bound to rain tomorrow; **~!** certainly, *főleg US* sure (I will); **lassan, de ~** → **lassan**
biztosít *i* **1.** *[biztonságossá tesz]* make* certain/sure, *[erősít]* make* safe, secure (from, against), *[rendet]* protect, *kat* cover, *[fegyvert]* uncock; **vkt vmről ~** assure sy of sg; **~hatlak róla** I (can) assure you that **2.** *[vmt vknek nyújt]* provide sg for sy (v. sy with sg), supply (sy/with sg), ensure sy sg (v. that sy gets sg); **évi 200 fontot ~ vknek** allow sy £200 a year; **megélhetést ~ vknek** ensure that sy has enough to live on; **hitelt ~** give* credit **3.** *[biztosítást köt vmre]* insure (sg against sg); **~ja magát** insure oneself (v. one's life), take* out life insurance
biztosítás *fn* **1.** *ker* insurance; **~t köt** take* out insurance **2.** *átv* safeguarding, assuring
biztosítási *mn* insurance; ~ **csalás** insurance fraud; ~ **díj/összeg** insurance (premium); ~ **kárbecslő** loss/claim adjuster; ~ **kötvény** insurance (policy); ~ **ügynök** insurance broker
biztosítatlan *mn* uninsured
biztosíték *fn* **1.** *[pénz]* security, deposit, *[erkölcsi]* guarantee; **~ul** by way of security **2.** *el* fuse; **kiégett a ~** the fuse went/blew (v. has blown)
biztosítéktábla *fn el* fuse-board
biztosító I. *mn műsz* safety **II.** *fn* **1.** *[társaság]* insurance company **2.** *el* → **biztosíték** 2
biztosítóberendezés *fn* safety equipment/device
biztosítószelep *fn* safety-valve
biztosítótársaság *fn* insurance company
biztosított *mn/fn gazd* insured; **a ~ (személy)** the insured, policy-holder
biztosítótű *fn* safety-pin
bizvást *hsz* certainly, confidently
bizsereg *i* itch, prickle, tingle
bizsergés *fn* itching, tingle, prickle, *[zsibbadás után]* pins and needles *tsz*
bizsu *fn* fashion/costume-jewellery
BKV *röv [Budapesti Közlekedési Vállalat]* Budapest Transport Company
blabla *fn biz* blather, *skót* blether; **ez mind ~** that's all moonshine
blamál *i biz* (*vkt*) compromise sy; **~ja magát** make* a fool of oneself, *biz* make* an ass of oneself
blamázs *fn* shame, ignominy
blanketta *fn* → **űrlap**
blattol *i* sight-read*
blazírt *mn* blasé
blende *fn* → **fényrekesz**
blézer *fn* blazer, jacket
bliccel *i biz* **1.** *[járművön]* dodge paying the fare, bilk (the fare) **2.** *[iskolában]* play truant, *[egy órát]* cut* a class **3.** *kat* malinger
bliccelő *fn biz [járművön]* fare-dodger
blindre *hsz biz [vakon]* without checking first, without looking at sg
blokád *fn* blockade
blokk *fn* **1.** *[jegyzettömb]* (writing) pad **2.** *[üzletben]* bill **3.** *[háztömb]* block (of houses) **4.** *[bélyeg]* block
blokkház *fn* log cabin/house
blokkol *i* **1.** *[üzemi bélyegzőórán, érkezéskor]* clock in, check in, ring* in, *[távozáskor]* clock out, check out, ring* out **2.** *[rendszerben elzár vmt]* block
blokkolásgátló *mn gk* ~ **rendszer** anti-lock braking system (*röv* **ABS**)
blokkolóóra *fn* → **bélyegzőóra**
blőd *mn biz* daft, idiotic
blöff *fn* bluff, humbug, boast; ~ **az egész** there's nothing in it
blöfföl *i* bluff, humbug, boast
blöki *fn biz [kutya]* cur, mutt
blues-zene *fn zene* blues
blúz *fn* blouse, *kat* tunic, shirt
BM *röv* → **belügyminisztérium**
b-moll *fn zene* B-flat minor
BNV *röv [Budapesti Nemzetközi Vásár]* Budapest International Fair
boa *fn* boa
bob *fn sp [versenybob]* bobsleigh, *főleg US* bobsled
bóbiskol *i* nod, doze, take* a nap
bóbita *fn [madáré]* tuft, crest; → **fityula**
bóbitás *mn* tufted, crested
bobpálya *fn sp* toboggan run, bobsleigh course/track
boci *fn* little calf° *biz* moo-cow
bocs[1] *fn* bear-cub
bocs[2] *msz biz* → **bocsánat!**

B

bocsánat *fn* pardon, forgiveness; **~ot kér** beg sy's pardon, apologize (*vmért* for); **~ot kérek!, ~!** *[előre]* pardon/excuse me!, I beg your pardon!, *[utólag]* (I'm) sorry!
bocsánatkérés *fn* apology
bocsánatos bűn *fn* venial sin
bocsát *i [kienged]* let* go, *[bebocsát]* admit to; → **áru**, → **szabadon**, → **szavazás**, → **út**, → **víz**, → **vizsga**
bocsátkoz|ik *i* enter into, engage in → **részlet**
bocskor *fn kb.* sandal
bocskoros *mn* sandalled; **~ nemes** squireen
bódé *fn [piaci, vásári]* stall, booth, stand, *[újságos]* newsstand, *GB* kiosk, *[kat őrszemé]* sentry-box, *[más őré]* cabin, shelter
bódít *i* daze, overpower
bódító *mn [illat]* overpowering
bodnár *fn* cooper
bodorod|ik *i [haj]* curl
bodros *mn [haj]* curly, frizzy
bodrosod|ik *i* get*/go* curly, curl
bódul *i* become* dazed, *[ütéstől]* become* stunned
bódulat *fn* stupor, daze
bódult *mn* dazed, overpowered
bodyz||ik *i [testépít]* do* body-building; **hetente kétszer ~ik** (s)he has a work-out in the gym twice a week
bodza *fn* elder
bodzabél *fn* elderpith
bodzafa *fn* elder(tree)
bodzatea *fn* elderblossom tea
bog *fn* knot, bend; **~ot köt vmre** tie/make* a knot in sg
bogáncs *fn* thistle
bogár *fn* **1.** *[rovar]* insect, beetle, *US* bug; *átv* **bogarat tesz vk fülébe** put* a bee in sy's bonnet, *US* put* a bug in sy's ear **2. a szem bogara** pupil (of the eye) **3.** *biz [szeszély]* whim, fad; **vmlyen bogara van** have* a bee in one's bonnet, have* a thing about sg **4.** *gk biz* beetle, VW
bogaras *mn* crotchety, cranky, *kif* have* rats in the attic
bogarászás *fn* **1.** *[rovargyűjtés]* entomology, insect-collecting, bug-hunting **2.** *átv* rummaging (among books etc.)
bogarász|ik *i* **1.** *[rovarokra]* collect insects/beetles **2.** *átv biz* hunt after [curios, data etc.], rummage [for data in books]
bogárszemű *mn* dark-eyed
bogas *mn* **~ virágzat** cymose inflorescence, cyme
bogernyő *fn* umbel, corymb
boglárka *fn* buttercup
boglya *fn* stack, rick; **~ba rak** stack, cock [hay]
boglyakemence *fn nép* ‹large earthenware oven/store shaped like a rick›
boglyas *mn* **~ hajú** tousled, shock-headed
bognár *fn* wheelwright, cartwright
bognárműhely *fn* wheelwright's/cartwright's workshop
bogos *mn* knotty, gnarled
bogoz *i [csomóz]* tie knots in; → **összebogoz**
bogrács *fn* stew-pot, kettle, cauldron
bográcsgulyás *fn gaszt* ‹goulash cooked in a stew-pot on an open fire› *kb.* Hungarian kettle goulash
bogyó *fn* berry
bogyós *mn* berried
bogyótermés *fn* berry, bacciform fruit
bohém *mn/fn* bohemian
bohó *mn* **1.** *[csacsi]* silly **2.** *[vidám]* merry, frolicsome, playful
bohóc *fn* clown, *átv* buffoon, fool; *biz* **~ot csinál magából** make* oneself a laughing stock, play the fool
bohóckodás *fn* (piece of) clownery/buffoonery, antics *tsz*
bohóckod|ik *i* clown, play the buffoon/clown/fool
bohócság *fn* clownery, clownishness
bohócsipka *fn* fool's cap, cap and bells *tsz*
bohókás *mn* facetious, droll, farcical
bohóság *fn* buffoonery, drollery
bohózat *fn* farce, burlesque, piece of slapstick
bója *fn* buoy; **~kkal kijelöl** buoy (out)
bojkott *fn* boycott
bojkottál *i* boycott
bojler *fn [gáz]* (gas) heater, *[villany]* immersion heater
bojt *fn* tassel, *[gömbölyű]* pompon, bobble
bojtár *fn* young herdsman°, shepherd boy
bojtorján *fn* **1.** *[növény]* burdock, burweed **2.** *[termése]* bur(r)
bojtos *mn* tasselled (*US* -l-), tufted
bók *fn* **1.** *[szóbeli]* compliment; **~ot mond vknek** compliment sy; **~okra vadászik** be* fishing for compliments **2.** *[meghajlással]* bow, *[térdhajlítással]* curts(e)y
boka *fn* ankle; **összeüti a ~ját** click one's heels; **(még) megüti a ~ját** *kb.* (may) have*/get* one's fingers burnt
bokacsizma *fn* ankle boot
bokacsont *fn* ankle-bone
bokaficam *fn* sprained/twisted ankle
bokafix, -zokni *fn* short/ankle socks *tsz*, *US* bobby socks *tsz*
bokapánt *fn [cipőn]* ankle-strap
bokarándulás *fn* a sprained ankle
bokasüllyedés *fn* **~e van** have* flat feet (v. fallen arches)
bokaszíj *fn* ankle-strap
bokavédő *fn* spats *tsz*
bokáz|ik *i* click one's heels
bokkol *i [ló]* baulk v. balk [at a fence]
bóklász|ik *i* wander/roam about/around, ramble, loiter
bókol *i* **1.** *[vknek derékhajlítással]* bow (to), *[térdhajlítással]* curts(e)y (to) **2.** *[szóval vknek]* pay* sy a compliment, compliment sy
bókolás *fn* **1.** *[meghajlással]* bow, *[térdhajtással]* curts(e)y **2.** *[szóban]* compliment
bokor *fn* bush, shrub; **nem terem minden ~ban** does not grow on trees
bokorbab *fn* dwarf beans *tsz*
bokorrózsa *fn* bush rose
bokréta *fn* bunch of flowers, bouquet
bokrétaünnep *fn* topping-out (ceremony)
bokros *mn* **1.** *[bozótos]* bushy, shrubby **2.** *átv* very many, manifold; **~ teendők** a lot of things to do
bokrosod|ik *i [bokor]* grow* into a bush, *[növény]* grow* thick, *[káposzta]* head
boksa *fn* charcoal kiln
boksz[1] *fn* **1.** *[cipőkenőcs]* shoe-polish **2.** *[bőr]* box-calf°
boksz[2] *fn [ökölvívás]* boxing
boksz[3] *fn [rekesz]* box, *[autóverseny-pályán]* pit
bokszer *fn* **1.** *[verekedéshez]* knuckle-duster, *US* brass knuckles *tsz* **2.** *[kutya]* boxer
bokszeralsó *fn* boxer shorts *tsz*
bokszmérkőzés *fn* boxing-match/contest
bokszol *i* box, fight*
bokszolás *fn* boxing
bokszoló *fn* boxer, *[profi]* prizefighter
boldog *mn* **1.** happy, *[igével]* feel*/be* glad, (*vmvel*) be* delighted with; **B~ új évet (kívánok)** (I wish you a) Happy New Year!; **~ ünnepeket kívánok/kívánunk** the season's greetings; **~gá tesz vkt** make* sy happy; **~an!** *[örömmel]* with pleasure!; **~an éltek, míg meg nem haltak** they lived happily ever after; **mára ~gá tettél!** you've made my day! **2.** *vall* **~gá avat** beatify; **B~ Apor Vilmos** Blessed Vilmos Apor
boldog-boldogtalan *mn biz* rich and poor, everybody, one and all
boldogít *i* **1.** make* (sy) happy; **a pénz nem ~** money cannot buy happiness **2.** *iron* (*vkt vmvel*) bestow sg on sy; **meddig ~asz még?** you still here?
boldogító *mn* making sy happy *ut*; **a ~ igen** I will wedding ceremony
boldogság *fn* happiness, joy, gladness, bliss; **úszik a ~ban** be* blissfully happy
boldogtalan *mn* unhappy, miserable, wretched, unfortunate

boldogtalanság *fn* unhappiness, misery
boldogul *i* **1.** *[életben]* get* on, prosper, succeed, *kif* make* the grade, make* one's way [in life], *[nehezen]* struggle along; **vagy ~sz, vagy elpusztulsz** sink or swim **2.** *(vmvel)* get* on with sg, cope (with sg), manage sg; **hogy ~sz?** how are you getting on?; **~sz vele?** (are) you managing?, can you manage it?, can you cope?; **nem ~ok vele** I can't manage it
boldogulás *fn* prosperity, prosperousness, success, thriving
boldogult *mn* the late, lamented, deceased; **~ édesanyád** your late (lamented) mother
bólé *fn kb.* (fruit) punch
bolgár *mn/fn [ember, nyelv]* Bulgarian; **B~ Köztársaság** Bulgarian Republic
bolgárkertész *fn* market gardener, *US* truck farmer
bolgárkertészet *fn* market garden, *US* truck farm
bolgárul *hsz* (in) Bulgarian; **~ beszél** speak* Bulgarian; **~ van (írva)** it is written in Bulgarian
bolha *fn* flea; **~t ültet vk fülébe** put* thoughts/ideas in sy's head, awaken sy's suspicions; **~ból elefántot csinál** make mountains out of mole hills
bolhacirkusz *fn* flea circus, performing fleas
bolhacsípés *fn* flea-bite
bolhafű *fn* flea-bane
bolhapiac *fn* flea market
bolhás *mn* full of fleas *ut*, flea-bitten
bolhászkod|ik *i* be* cleaning oneself of fleas, look for fleas
bolház *i* **1.** look for fleas *(vmben* in) **2.** *átv* examine very closely
bólingat *i* nod (repeatedly)
bólint *i* nod; **igenlően ~** nod one's assent
bólintás *fn* nod, nodding
Bolívia *földr* Bolivia
bolíviai *mn/fn* Bolivian
bólogat *i* → **bólingat**
bólogató *mn* **~ János** yes-man
bolognai *mn/fn [ember]* Bolognese; *gaszt* **~ mártás** bolognese sauce
bolond I. *mn* **1.** *[őrült]* mad, insane, crazy **2.** *[beszéd, viselkedés]* foolish, silly, stupid, absurd; **~ beszéd** nonsense; **majd ~ leszek!** I am not such a fool (as to), not me! **II.** *fn* **1.** *[elmebajos]* madman°, lunatic **2.** *[bolondokat csináló]* fool, idiot, simpleton; **~nak nézel?** do you take me for a fool?; **~dá tesz vkt** fool/dupe sy, make* a fool of sy, play a trick on sy; **a ~ját járja** act the fool; **a ~ját járatja vkvel** lead* sy up the garden path **3.** *[udvari~]* jester **4. ~ja vmnek** be* crazy about sg
bolondéria *fn* fad, fancy
bolondgomba *fn* toadstool; **nem ettem ~t** I'm not crazy, I wasn't born yesterday
bolondít *i* make* a fool of, fool, take* sy in, *[hitegetve] biz* string* sy along; **magába ~otta a lányt** he has quite turned her head
bolondítás *fn* mockery, fooling, bluff
bolondokháza *fn biz* lunatic asylum, madhouse, loony bin, *átv* bedlam; **kész ~** it's a regular bedlam
bolondóra *fn* **rájött a ~** he is off again
bolondos *mn* **1.** *[hibbant]* mad, crazy, foolish **2.** *[vidám]* ludicrous, silly, droll, clownish
bolondozás *fn* buffoonery, (tom)foolery
bolondoz|ik *i* play the fool, clown, *(vkvel)* make* fun with; **ne ~zon!** enough of jokes
bolondság *fn* **1.** *[beszéd, tett]* nonsense, absurdity **2.** *[hóbort]* (piece of) folly, sillliness, stupidity
bolondul[1] *i (vkért/vmért)* be* crazy about sy/sg
bolondul[2] *hsz* madly, foolishly
bolsevik *mn/fn tört* Bolshevik
bolsevista *mn tört* Bolshevik
bolsevizmus *fn tört* Bolshevism
bolsi *fn pej [komcsi]* commie
bolt[1] *fn* **1.** *[üzlet]* shop, *US* store; **~ja van** (s)he keeps a shop **2.** *biz [üzletkötés]* deal, bargain
bolt[2] *fn [ív]* vault, arch
boltgyám *fn* vault support
bolthajtás *fn* vault, arch(ing)
bolthajtásos *mn* vaulted, arched
bolthelyiség *fn* premises (of a shop) *tsz*, shop, *US* store
bolti *mn* **~ ár** selling/retail price; **~ eladó** shop assistant, salesman°; *[nő]* salesgirl, saleswoman°
boltív *fn* arch(way), vault(ing)
boltíves *mn* vaulted, arched
boltkő *fn* roof-brick, voussoir
boltos *fn* shopkeeper, *US* storekeeper, merchant
boltoz *i* vault, arch
boltozat *fn* vault(ing), arch
boltozatos *mn* vaulted, arched; **~ homlok** domed forehead
boltváll *fn* springer, springing (block)
boltvezető *fn* (shop) manager, shopkeeper, *US* store manager
boly *fn* **1.** *[hangyáké]* anthill **2.** *sp [kerékpárosoké stb.]* bunch
bolygat *i* disturb, unsettle, stir up, agitate; **nem ~ vmt** leave* sg alone
bolygó I. *mn* wandering, roving, roaming, errant; **~ hollandi** the Flying Dutchman **II.** *fn* planet; **a ~k járása** planetary motion; **mesterséges ~** (artificial) satellite
bolygócsillag *fn* planet
bolygóközi *mn* interplanetary; **~ állomás** interplanetary space station
bolygórendszer *fn* planetary system
bolyh *fn* **1.** *[szöveté]* nap [of cloth], pile **2.** *[bélben]* villus (*tsz* villi)
bolyhos *mn [szövet]* napped, woolly, fuzzy
bolyhoz *i* nap, teasel (*US* -l), tease
bolyong *i* roam, rove, wander (about)
bolyongás *fn* wandering(s), ramble(s)
bomba I. *fn* bomb; **autóban elhelyezett ~** car bomb; **~t (le)dob** drop a bomb; *biz* **~ként hatott** it came as (v. was) a bombshell **II.** *mn szl* **~ jó** smashing, first-rate, super, crazy, bang-up; **~ nő** a real stunner; → **időzített**
bombabiztos *mn* bomb/shell-proof
bombadobás *fn* bombing, bomb throwing
bombakárosult *mn* [person] who has suffered bomb damage
bombamerénylet *fn* bomb attack
bombariadó *fn* bomb scare/alert/warning
bombasérült *fn (vm)* bomb-damaged
bombasiker *fn biz* overwhelming success, winner, smash(-hit), blockbuster; **~e van** go* a bomb
bombaszilánk *fn* bomb-splinter/fragment
bombaszt *fn* bombast, rant, fustian
bombasztikus *mn* bombastic, turgid
bombatalálat *fn* bomb hit; **~ érte** was hit/destroyed by a bomb
bombatámadás *fn* bomb attack/raid; **~t hajt végre vm ellen** bomb sg
bombatölcsér *fn* shell-hole, crater, bombcrater
bombaüzlet *fn biz* a sure-fire success
bombavető *fn [repülőgép]* bomber
bombáz *i* **1.** *[repülő]* bomb, drop bombs on **2.** *átv és fiz* bombard, *[atombombával]* nuke
bombázás *fn* **1.** *[repülőről]* bombing **2.** *átv és fiz* bombardment
bombázó(gép) *fn* bomber, warplane
bomberdzseki *fn* bomber jacket
bomladoz|ik *i* disintegrate, fall* to pieces
bomlás *fn* decay, disintegration, *vegy* decay, decomposition, *[fegyelemé]* relaxation, *[erkölcsé]* depravation; **~nak indul** begin* to disintegrate
bomlási *mn* **~ folyamat** (process of) decomposition, decay(ing)
bomlaszt *i* **1.** *ált* dissolve, disintegrate, disrupt, *kém* decompose **2.** *átv* subvert, *[hadseregben]* incite to disaffection; **~ja a fegyelmet** undermine discipline/order

bomlasztás *fn* disintegration
bomlasztó *mn* disintegrating, disruptive, *csak átv* subversive; ~ **hatás** disruptive effect; ~ **tevékenység** subversive activity
boml|ik *i* **1.** *[alkotórészeire]* disintegrate, fall* apart, go* to pieces, decay, *vegy* dissolve, decay **2.** *[közösség]* break* up **3.** *biz* (*vkért*) be* madly in love with sy
bomlott *mn* ~ **agy** deranged/unhinged mind
bomlottság *fn [szellemi]* derangement
bon *fn [áruról]* voucher, *[pénzről]* IOU
bonbon *fn* bonbon, sweet, *US* candy
boncasztal *fn* dissection-table
bonckés *fn* dissecting knife°, scalpel
boncnok *fn* anatomist, dissector, pathologist
boncol *i* **1.** *orv* dissect, *[halálok megállapítására]* carry out a post mortem (examination) (v. an autopsy) **2.** *[kérdést]* analyse
boncolás *fn* dissection, *[halálok megállapítására]* post mortem (examination), autopsy; ~**i jegyzőkönyv** report on a post mortem examination
boncolgat *i* analyse, dissect
boncolókés *fn* → **bonckés**
boncolóorvos *fn orv* pathologist
bonctan *fn* anatomy
bonctani *mn* anatomic(al); ~ **intézet** institute of anatomy
boncterem *fn* dissecting room
bong *i* ring*, clang
bont *i* **1.** *ált* take*/pull to pieces, take* apart, *[alkotóelemeire]* dismantle, take* apart, *kém* decompose, *[atomot]* split* [the atom]; **részekre** ~ break* sg down into its component parts **2.** *[dobozt]* open, undo* **3.** *[épületet]* pull down **4.** *[telefonbeszélgetést]* disconnect, cut* off; → **asztal**, → **zászló**
bontakoz|ik *i* unfold, display/reveal itself, burgeon
bontás *fn* **1.** taking to pieces, *[épületé]* demolition, *kém* decomposition **2.** *[statisztikában]* breakdown; **évi ~ban** broken down into yearly figures
bontási *mn* ~ **anyagok** remains of a demolished building; ~ **munka** demolition work; ~ **vállalkozó** breaker, scrap merchant, *GB* knacker
bontatlan *mn* unopened
bontócsákány *fn* mattock
bontogat *i* open one after the other, keep* opening; **~ja szárnyait** try its/one's wings
bontóper *fn* divorce suit/case
bontott *mn* ~ **tégla** second-hand (v. used) bricks; ~ **csirke** *kb.* ready-to-cook chicken
bontóvas *fn* crow-bar
bonviván *fn* ‹hero of an operetta›
bonyodalmas *mn* complicated, involved, intricate; → **körülményes 1**
bonyodalom *fn* complication, *[drámában]* knot, intrigue; **~ba keveredik** get* into a(n) embarrassing/delicate situation
bonyolít *i* **1.** complicate [matters], make* sg complicated/difficult, make* heavy weather (of sg) **2.** *gazd [ügyletet]* handle, manage, transact, effect
bonyolító *fn* assistant executive
bonyolód|ik *i* **1.** *[ügy]* become* complicated **2.** (*vmbe*) get* entangled/involved (v. mixed up) in
bonyolult *mn* complicated, intricate, *[gép, szerkezet, technológia stb.]* sophisticated; ~ **feladat** complicated task; ~ **szerkezet** complex mechanism; ~ **ügy** a complicated business/matter
bootol *i infor [számítógépet elindít]* boot
bor *fn* wine; **asztali** ~ table wine; **egy pohár** ~ a glass of wine; **~ba fojtja bánatát** drown one's sorrow(s) in wine; → **cégér**
bór *fn kém* boron
bóra *fn* bora
borárjegyzék *fn* wine list
borász *fn* wine-grower, oenologist (*US* enol-)
borászat *fn* wine-growing, oenology (*US* enol-)
bórax *fn kém* borax, sodium borate
borbarát *fn* wine lover/fan
borbehozatal *fn gazd* wine imports
borbély *fn* barber, hairdresser
borbélyműhely *fn* barber's (shop), hairdresser's
borbélyszék *fn* barber's chair
borbélyüzlet *fn* → **borbélyműhely**
borcégér *fn* bush [as a tavern sign]
borda *fn* **1.** *[emberi]* rib, *[borjú, ürü]* cutlet, *[sertés]* pork chop; **rántott** ~ fried chop **2.** *[hajóé]* rib, frame, *épít* rib, *[merevítő]* truss
bordal *fn* drinking song
bordás *mn* ribbed
bordásfal *fn* wall-bars *tsz*
bordaszelet *fn* cutlet, *[sertés]* chop
bordatörés *fn* fracture of a rib, broken rib
bordáz *i* rib
bordázás *fn* ribbing
bordázat *fn* ribbing, *[hajóé]* framework
bordélyház *fn* brothel
bordélyos *fn* brothel-keeper
bordó *mn* claret(-coloured), wine-red
bordói *mn* ~ **bor** Bordeaux; ~ **lé** Bordeaux mixture
borecet *fn* wine/French vinegar
borfejtés *fn* drawing of wine
borfiú *fn* wine-waiter, wine-steward
borgazdaság *fn* wine farm, vineyard
borgisz *fn nyomd* nine-point type, bourgeois
borgőzös *mn* ~ **állapot** bibulous state, alcoholic haze
borhamisítás *fn* adulterating wine
borharapó *fn* wine bar
borház *fn* wine shop/bar
borissza *fn* wine-bibber, tippler, toper
borít *i* **1.** *[vmvel fed]* cover (with), overlay*, cast*/spread* over; **hó ~ja a földet** the earth is* carpeted/covered with snow; **felhők ~ják az eget** the sky is overcast **2.** *[feldönt]* overturn, dump, throw* (into), plunge; **árokba ~ja a kocsit** drive* the car into the ditch → **fátyol**, → **láng**
borítás *fn* **1.** *[cselekvés]* covering, *[fémmel]* plating, *[fával, vassal]* encasing, *[lambériával]* panelling (*US* -l-), wainscoting **2.** *[a réteg]* cover(ing), *[fémből]* plating, *[fából]* panelling (*US* -l-), *[vasból]* casing
boríték *fn [levélé]* envelope, *[a bérrel]* pay/wage packet
borítékol, **borítékoz** *i* **1.** put* in an envelope **2. ezt ~om** mark my words!, I bet you anything (that), believe me, take it from me, I tell you
borító I. *mn* covering **II.** *fn [könyvé]* (dust) jacket, (dust-) wrapper, dust cover
borítódeszka *fn* facing board, boarding
borítólap *fn* **1.** → **borító** II **2.** → **borítólemez**
borítólemez *fn [furnér]* veneer
borítópapír *fn* backing/wrapping paper
borítóvászon *fn [könyvkötőé]* binding cloth
borivó *fn* wine-drinker/bibber, tippler
borízű *mn* vinous, *[savanykás, pl. alma]* sourish, tartish, sour-sweet; ~ **hang** husky/thick (v. drink-sodden) voice
borjas *mn* ~ **tehén** cow with calf
borjazás *fn* calving
borjaz|ik *i* calve
borjú *fn* calf°
borjúbecsinált *fn* blanquette de veau, *kb.* veal stew/ragout
borjúboksz *fn* box-calf°
borjúbőr *fn [kikészített]* calfskin, *[boksz]* box-calf°, *[pergamen]* vellum
borjúcomb *fn* leg/round of veal
borjúfóka *fn* common seal, sea-calf°
borjúhús *fn* veal
borjújava *fn* veal steak
borjúláb *fn* calf's foot°
borjúmáj *fn* calf's liver
borjúmirigy *fn* sweetbread

borjúpaprikás *fn gaszt* ‹fricassee of veal served with sour cream and seasoned with red pepper›; ~ **galuskával** *kb.* Hungarian paprika veal with gnocchi
borjúpörkölt *fn gaszt* ‹thick fricassee of veal seasoned with red pepper› *kb.* Hungarian veal stew (with gnocchi)
borjúsült *fn gaszt* roast veal
borjúszegy *fn* breast of veal
borjúszelet *fn gaszt* veal cutlet/fillet
borjúvesés *fn gaszt* loin of veal
borkedvelő *fn* wine fancier, *US főleg:* wine buff
borkereskedő *fn* wine-merchant, vintner
borkészítés *fn* wine-making
borkimérés *fn [hely]* wine shop/bar
borkorcsolya *fn* ‹savoury snack which makes one relish wine›
borkóstoló *fn* **1.** *[ember]* wine-taster **2.** *[alkalom]* wine-tasting/sampling
borkő *fn* tartar, argol
borkősav *fn kém* tartaric acid
borközi *mn* ~ **állapotban** half-seas-over
borkülönlegesség *fn* wine specialty, special/vintage wine
borlap *fn* wine list/card
borleves *fn* wine-soup
bornemissza *fn* teetotaller (*US* -taler)
bornírt *mn* narrow-minded, strait-laced
borogat *i [hideggel]* put* on a (cold) compress, *[meleggel]* put* on a poultice
borogatás *fn [hideg]* (cold) compress, *[meleg, lenmaglisztes stb.]* poultice, *[sima]* stupe
boróka *fn* juniper
borókafenyő *fn* juniper tree
borókapálinka *fn* gin, Hollands *esz*
borona *fn* harrow
boronál *i* harrow
boronálás *fn* harrowing
borong *i* **1.** *[ember]* brood, be* melancholy/gloomy/sorrowful **2.** *[ég]* cloud over, be* overcast, lour
borongás *fn* **1.** (*vké*) brooding, melancholy, gloom **2.** *[égé]* cloudiness, louring
borongós *mn* melancholic, melancholy, gloomy, *[idő]* cloudy, dull, loury, grey
boros *mn* **1.** *[emberről]* tipsy, fuddled **2.** *[tartalmára]* vinous
boroshordó *fn* wine-cask/butt
borospalack *fn* wine-bottle
borospince *fn* wine-vault/cellar
borospohár *fn* wine-glass
borostás *mn [áll]* bristly, stubbly, unshaven
borostyán *fn növ* ivy
borostyánkoszorú *fn* laurel wreath
borostyánkő *fn* amber
borostyánsárga *mn* amber
borosüveg *fn* → **borospalack**
borotva *fn [késes]* razor, *[pengés]* safety razor, *[villany~]* (electric) shaver, electric razor; **úgy vág az esze, mint a ~** → **ész**
borotvaecset *fn* shaving brush
borotvaél *fn* razor-edge; **~en táncol/jár** be* on a razor-edge
borotvaéles *mn [kés, ész]* sharp as a razor *ut*, razor-sharp
borotvahab *fn* shaving foam/cream
borotvahajvágás *fn* razor cut
borotvakés *fn* razor
borotvakészlet *fn* shaving kit
borotvakrém *fn* shaving cream
borotvál *i* shave*; **simára** ~ shave close
borotválás *fn* shave, shaving
borotválatlan *mn* unshaven, *[áll]* bristly
borotválkozás *fn* shave; ~ **utáni arcvíz** aftershave (lotion); ~ **előtti** pre-shave
borotválkoz|ik *i* shave*, get*/have* a shave
borotválkozótükör *fn* shaving mirror
borotvált *mn* shaven; **frissen** ~, ~ **képű** clean shaven; **simára** ~ close shaven
borotvapamacs *fn* shaving brush
borotvapenge *fn* razor blade
borotvaszappan *fn* shaving stick/soap
borozgat *i* drink* wine, (*vkvel*) crack a bottle (of wine) with sy
borozó *fn* wine bar, tavern
borpárlat *fn* brandy, cognac
borpiac *fn* wine market
borpince *fn* **1.** → **borospince 2.** wine bottling plant
borravaló *fn* tip, gratuity; **~t ad vknek** tip sy, give* sy a tip; **csak a ~t lesi** (s)he has an itching/itchy palm
borravalórendszer *fn* tipping
bors *fn* pepper; **~ot tör vk orra alá** play a trick (v. tricks) on sy
bórsav *fn kém* boric acid
borsdaráló *fn* pepper-mill
borseprő *fn* lees *tsz*, sediment [in wine]
borsó *fn* pea, *[tömegben]* peas *tsz*, *[sárga~]* split/dry peas *tsz*, *[zöld~]* green/sugar peas *tsz*; **~t fejt** shell peas; **falra ~t hány** waste one's breath; **falra hányt ~** it falls on deaf ears; *biz* it's like talking to a brick wall
borsodó *fn kb.* syllabub (v. sillabub)
borsódz|ik *fn* ~ **a háta** (*vmtől*) it makes one's flesh creep, it sends chills down one's spine
borsófőzelék *fn gaszt* a dish of peas, peas *tsz*
borsókrémleves *fn gaszt* pea cream soup
borsónyi *mn orv* the size of a pea *ut*
borsópüré *fn* purée of peas
borsos *mn* **1.** peppered, peppery, pepper; ~ **tokány** *kb.* pepper stew **2.** *biz* ~ **ár** stiff/steep price; ~ **történet** broad/racy/risqué story; ~ **ára van** it is a bit pric(e)y **3.** ~ **történet** blue/spicy story, *US* off-color story
borsószem *fn* a pea
borsoz *i* season with pepper, pepper
borsszem *fn* peppercorn; **B~ Jankó** *kb.* Tom Thumb
borsszóró *fn* pepper-castor/box/pot
borstörő *fn* pepper-mill
borszakértő *fn* wine-taster/expert
borszaküzlet *fn* wine store
borszesz *fn* ethyl alcohol
borszeszégő *fn* spirit-lamp
borszőlő *fn* wine-grape
bortermelés *fn* wine-growing/production
bortermelő I. *mn* wine-growing **II.** *fn* wine-grower
bortermés *fn* vintage; **jó ~ű év** vintage year
bortermő *mn [ország]* wine-growing, *[talaj]* wine-producing
ború *fn* **1.** *[égen]* clouds *tsz*, cloudiness **2.** *átv* gloom, melancholy; **~ra derű** after rain/storm comes sunshine, every cloud has a silver lining
borul *i* **1.** *[ég]* cloud over, become* overcast **2.** *[beleborul vmbe]* overturn (into sg), fall*; **árokba** ~ fall* into a ditch **3.** *[ráborul]* fall* on, throw* oneself on; **földre** ~ throw* oneself to the ground; *[vk előtt]* prostrate oneself (before sy) **4. lángba** ~ burst* into flames; **vérbe** ~ *[szem dühtől]* become* bloodshot **5.** *[felborul]* ~ **az egész program** the whole plan will fall apart; → **nyak**, → **virág**
borulás *fn* clouding over, louring sky
borúlátás *fn* pessimism
borúlátó I. *mn* pessimistic **II.** *fn* pessimist
borult *mn* → **borús 1**
borús *mn* **1.** *[idő]* dull, gloomy [weather]; ~ **ég** overcast/cloudy sky **2.** *[tekintet]* gloomy, dismal, melancholy [face, looks], *[hangulat]* gloomy, low [spirits]
bórvazelin *fn* boric vaseline
borvidék *fn* wine-growing area/region, wine country
borvirág *fn [boron]* wine mould (*US* mold)
borvirágos *mn* ~ **orr** copper/bottle nose
bórvíz *fn kém* boron water
borvörös *mn* wine-coloured, claret(-coloured) (*US* -or-)
borz *fn áll* badger

borzad *i* shudder (with horror) (*vmtől* at), be* horrified/shocked (*vmtől* at); **még a gondolatától is ~** shudder at the very thought of it, it gives him/her the creeps

borzadály *fn tréf* → **borzadás**, → **borzalom**

borzadás *fn* shudder(ing), shiver(s)

borzalmas *mn* horrible, terrible, awful, dreadful

borzalom *fn* **1.** horror, dread, terror **2. a háború borzalmai** the horrors of war

borzas *mn* tousled, dishevelled, unkempt

borzaszt *i* horrify, make* sy shudder, give* sy the creeps

borzasztó I. *mn* → **borzalmas II.** *hsz [borzasztóan]* awfully, horribly; **~ sok** an awful lot

borzeb *fn* → **tacskó**

borzol *i* **1.** *[hajat, szőrt, tollat szél]* ruffle, tousle **2. vm ~ja az idegeit** sg grates/jars on sy's nerves

borzong *i* shiver [with cold/fear], feel* shivery

borzongás *fn* shiver, tremble

borzongat *i* make* one shiver/tremble

bosnyák *mn/fn* Bosnian

bostoni *mn/fn* Bostonese, Bostonian

boszi *fn bec* → **boszorkány**

Bosznia *földr* Bosnia

boszorkány *fn* **1.** *[mesékben]* witch **2.** *átv pej* **vén ~** a witch

boszorkányégetés *fn* burning of witches

boszorkánykonyha *fn* witches'/devil's kitchen, *[bűvészé]* magician's shop

boszorkányos *mn* witch-like, magic(al); **~ ügyesség** magic(al) skill; **~ gyorsasággal** at lightning speed, incredibly quickly

boszorkányper *fn* witch(craft) trial

boszorkányság *fn* witchcraft, *[varázslat]* sorcery, black magic

boszorkányüldözés *fn átv* witch-hunt(ing)

Boszporusz *földr* the Bosporus

bosszankodás *fn* annoyance, vexation

bosszankod|ik *i* be* annoyed/angry, fret, fume, (*vm miatt*) be* annoyed at sg, be* vexed with sg, (*vk miatt*) be* angry/furious with sy; **ne ~j!** don't fret!; *biz* keep your shirt on

bosszant *i* **1.** (*vk vkt*) annoy, vex, plague; **ne ~s!** don't provoke/rile me! **2.** (*vm vkt*) annoy, vex, give* sy the needle, get* one's goat, irritate, *[nagyon]* infuriate; **~ a viselkedése** I'm quite upset by his conduct/behaviour; **az ~, hogy** ... what annoys me is that ...

bosszantás *fn* irritation, vexation, annoyance

bosszantó *mn* annoying, vexing, irritating, infuriating

bosszú *fn* revenge, *[megtorlás]* vengeance; **~ból** in revenge; **~ra éhes** thirsting for revenge *ut*; **~t áll vkn** revenge oneself on sy; (*vmért*) take* vengeance/revenge (up)on sy for sg, *[régi sérelemért]* pay* off old scores; **~t esküszik vk ellen** swear* vengeance against sy; **~t forral** harbour (*US* -or) revenge; **kitölti ~ját vkn** have* one's revenge on sy, vent one's rage/fury on sy

bosszúállás *fn* revenge, vengeance

bosszúálló I. *mn* avenging, revenging **II.** *fn* revenger, avenger

bosszúhadjárat *fn* revenge attack, retaliation, vendetta

bosszulatlan *mn* unrevenged

bosszús *mn* annoyed, vexed, angry, irritated

bosszúság *fn* annoyance, vexation, anger, *[ami bosszant]* (cause of) irritation; **~ ér vkt** be* disappointed

bosszúszomj *fn* thirst for revenge/vengeance, (re)vengefulness

bosszúvágy *fn* → **bosszúszomj**

bosszúvágyó *mn* vengeful, thirsting for revenge/vengeance *ut*, be* out for scalps

bot *fn* stick, staff, *[hoki~]* (hockey) stick, *[séta~]* (walking-)stick, cane, *[horgász~]* (fishing-)rod, *[marsallé]* baton; **a füle ~ját sem mozgatja** will not take the slightest notice of sg, not stir an eyelid; **~tal ütheti a nyomát** (*vmét*) he can whistle for it, *[vkét, aki eltűnt]* the bird has flown

botanika *fn* botany

botanikai *mn* botanical

botanikus I. *mn* **~ kert** botanical garden **II.** *fn* botanist

botanizál *i* botanize, go* botanizing

botbüntetés *fn tört* flogging

botcsinálta *mn* **~ doktor** physician in spite of himself

botfülű *mn* unmusical, tone-deaf

botkormány *fn* control stick/column; *infor* joystick

botladoz|ik *i* stumble (frequently), falter, stagger

botlás *fn* **1.** *konkr* stumbling, stumble **2.** *átv* blunder, slip(-up), *[erkölcsi]* indiscretion, slip(-up)

botl|ik *i* **1.** (*vmbe*) stumble (on), slip **2.** *átv* stumble, blunder; **~ik a nyelve** (make*) a slip of the tongue; → **belebotlik**

botorkál *i* **1.** *[fáradtan]* stagger/stumble along, totter **2.** *[sötétben]* grope/feel* one's way

botoz *i elav* beat* with a stick, flog, *okt* cane

botozás *fn elav* beating, flogging, *okt* caning

botránkoz|ik *i* → **megbotránkozik**

botránkoztat *i* → **megbotránkoztat**

botrány *fn* scandal; **~ba keveredik** get*/become* involved (v. mixed up) in a scandal; **ez ~!** this is scandalous (v. a disgrace)!; **~t csap/csinál/rendez** make* a scene; *biz* make* the fur fly, kick up dust, raise hell, *US* raise the roof

botrányhős *fn* scandal-maker

botránykő *fn* stumbling-block

botránykrónika *fn* scandalous gossip column

botrányos *mn* scandalous, disgraceful, shocking; **~ viselkedés** scandalous/disgraceful conduct/behaviour (*US* -or)

Botswana *földr* Botswana

botswanai *mn/fn* Botswanan

bóvli I. *fn* low/inferior quality goods *tsz*, junk, trash **II.** *mn* catchpenny

bowling *fn* bowling

bowlingoz|ik *i* bowl

box *fn [autóversenyen]* pit

boy *fn [szállodai]* page (boy), *biz* buttons *tsz*, bellboy, *US* bellhop

bozontos *mn* hairy, bushy, brushy, *[állat, szakáll]* shaggy, bushy; **~ szemöldök** beetle brows *tsz*, bushy eyebrows *tsz*

bozót *fn* thicket, brushwood, scrub

bozótos *mn* bushy, brushy, scrubby

bozóttűz *fn* bush fire

bő *mn* **1.** *[tág]* roomy, loose, *[ruha]* (too) wide, full, loose(-fitting); **derékban ~** wide at the waist **2.** *[bőséges]* full, rich, plentiful, copious, abundant, ample; **~ nedvű** juicy; **~ termés** heavy/bumper crop; **~ lére ereszt** say* sg wordily, spin* sg out; **~ választékban kapható** is available in a wide range of (shapes/sizes etc.), there is a wide choice of sg

bőbeszédű *mn* talkative, loquacious

bőbeszédűség *fn* talkativeness, loquacity

bödön *fn* tub [of lard]

bődületes *mn [szamárság]* colossal [stupidity], *[tévedés]* egregious [blunder], *[hazugság]* thumping big [lie]

böffen(t) *i* belch, bring* up wind

böfög *i* belch, *szl* burp

bőg *i* **1.** *[sír]* cry, *[hosszasan]* cry buckets, *[csecsemő]* whimper, cry **2.** *[ordít]* bawl, bellow, roar, howl **3.** *[tehén]* low, moo, *[szarvas]* troat

bőgés *fn* **1.** *[sírás]* crying, howling, *[csecsemőé]* whimpering **2.** *[ordítás]* bellow(ing), cry(ing), howl(ing), roar(ing) **3.** *[tehéné]* low(ing), moo(ing); **helyes a ~, oroszlán** well roared lion

bőgő I. *mn [síró]* howling, *[ordító]* bellowing, roaring **II.** *fn [nagy~]* double-bass, contrabass

bögöly *fn áll* horse-fly, gadfly

bőgőmajom *fn* howler (monkey)

bőgőmasina *fn tréf* cry-baby

bőgős *fn zene* bass-player, bassist

bőgőz|ik *i zene* play the (double-)bass

bögre *fn* mug, jug

bögy *fn* → **begy**

böjt *fn* fast(ing), *[nagy~]* Lent; **~öt tart** observe Lent, fast; **ennek is meglesz a ~je** the reckoning is still to come
böjti *mn* fasting, Lenten, Lent; **~ étel** Lenten fare, meatless dish; **~ időszak** Lent; **~ szelek** March winds
böjtnap *fn* fast day
böjtöl *i* fast, keep* fast
böjtölés *fn* fast(ing)
bök *i [szarvval]* butt, *[ujjal]* poke, (*vk felé*) stab at sy, point at sy
bökdös *i* butt/poke repeatedly (v. again and again)
bőkezű *mn* generous, liberal, bountiful; **~en ad** give* generously
bőkezűség *fn* generosity, generousness, liberality
bökkenő *fn* snag, hitch, difficulty; **ez itt a ~!** there's the rub, there's the snag!, that's the trouble/problem!
bökvers *fn* satirical epigram
bölcs I. *mn* wise, sage; **~ mondás** wise saying **II.** *fn* wise man°, sage; **a ~ek köve** the philosopher's stone; → **napkeleti**
bölcselet *fn elav* philosophy
bölcselked|ik *i* philosophize, *pej* play the philosopher
bölcselő *fn elav* philosopher
bölcsen *hsz* wisely; **~ hallgat** keep* his own counsel
bölcsesség *fn* wisdom, prudence, sagacity
bölcsességfog *fn* wisdom-tooth°
bölcsész *fn* **1.** *elav [filozófus]* philosopher **2.** → **bölcsészhallgató**
bölcsészdoktor *n elav* ‹an arts doctor›
bölcsészdoktorátus *fn elav* ‹an arts doctorate› *kb.* the/an MA degree
bölcsészet *fn* **1.** *[bölcsészettudomány]* arts *tsz*, *US* (the) humanities *tsz* **2.** → **bölcsészkar 3.** *elav [filozófia]* philosophy
bölcsészeti *mn* **~ kar** → **bölcsészkar**; **~ tárgyak** arts subjects, *US* (the) humanities *tsz*
bölcsészettudomány *fn* (the) arts *tsz*, *US* (the) humanities *tsz*
bölcsészhallgató *fn* student in the faculty of arts (v. *US* humanities), arts student
bölcsészkar *fn* faculty of arts, arts department, *US* faculty of humanities *tsz*
bölcsészkari *mn* **~ tárgyak/tudományágak** arts subjects, *US* (the) humanities *tsz*
bölcső *fn átv is* cradle
bölcsődal *fn* lullaby
bölcsőde *fn GB* crèche, *US* day nursery
bölcsőhalál *fn orv* cot death, sudden infant death syndrome (*röv* **SIDS**)
bölény *fn* bison, *US így is:* buffalo
böllér *fn* (pig-)sticker
bölömbika *fn áll [madárféle]* bittern, bull-of-the-bog
bömböl *i* **1.** *[állat, vihar]* bellow, roar, howl, thunder; **~nek az ágyúk** the guns are roaring **2.** *[csecsemő]* howl, squall
bömböltet *i* **~i a rádiót** have* the radio on at full blast
böngész *i* → **böngészik**
böngészés *fn* **1.** *[tarlón, szőlőben]* gleaning **2.** *[könyvben, könyvtárban]* browsing, browse
böngész(ik) *i* **1.** *[tarlón, szőlőben]* glean **2.** *[könyvben]* search, browse; **könyvek között ~ik** browse among books, browse in a bookshop; **a könyvtárban ~ik (egész nap)** spend* the whole day reading in the library
böngésző *fn infor* (web) browser
bőnye *fn* fascia (*tsz* fasciae *is*)
bőr *fn* **1.** *[élő, ált]* skin, *[csak állaté]* hide, coat; **~ alatti** subcutaneous; **még a ~e alatt is pénz van** be* rolling in money; *biz* be* loaded, be* dripping rich; **nincs ~ a képén** be* lost to all sense of shame; **rossz ~ben van** be* in bad shape, be* in a bad way; **jó bőrben van** be* in fine feather; **nem szeretnék a ~ében lenni** I would not like to be in his shoes; **majd kibújik/kiugrik a ~éből** be*/feel* on top of the world, be* beside himself [with joy/grief/anger stb.], (s)he can't contain herself/himself (for joy), *[türelmetlen]* champ at the bit, itch (for/to); **~ig ázott** drenched/soaked to the skin *ut*, wet through *ut*; **menti a ~ét** save one's skin/neck/bacon, run* for dear life, run* for one's life **2.** *[kikészített]* leather; **~be köt** bind* in leather **3.** *[tejen]* skin, film, *[gyümölcsé]* peel, skin, *[szalonnán, sajton]* rind **4.** *biz [futball-labda]* pigskin, pill **5.** *szl* **jó ~** *[nőről]* a piece of crumpet; → **félt**, → **megúszik**
bőralma *fn* russet (apple), rennet
bőrápolás *fn* skin care/treatment
bőrápoló *mn* **~ szer** cosmetic; **~ krém** hand-cream, beauty cream, skin-food
bőráru *fn* leather goods/products *tsz*
bőratka *fn* blackhead, *orv* comedo
bőrátültetés *fn [folyamat]* skin-grafting, *[eredmény]* skin-graft
bőrbaj *fn orv* skin-disease, dermatosis
bőrbajos *mn orv* suffering from skin-disease *ut*
bőrbántalom *fn orv* skin-affection/disease
bőrbarát *mn* skin-friendly
bőrbetegség *fn* → **bőrbaj**, → **bőrbántalom**
bőrcserzés *fn* tanning
bőrdaganat *fn orv* skin tumour (*US* tumor)
bőrdíszműáru *fn* (fancy-)leather goods *tsz*
bőrdíszműves *fn* fancy-leather goods maker
bőrdzseki *fn* leather jacket
bőregér *fn* → **denevér**
bőrfarkas *fn orv* lupus
bőrfejű *fn pol* skinhead
bőrfesték *fn* **1.** *[bőrben]* pigment **2.** *[bőr festésére]* dye
bőrfotel *fn* leather armchair
bőrgarnitúra *fn* leather-upholstered furniture, leather suite
bőrgyár *fn* tannery, curriery, leather factory
bőrgyári *mn* **~ munkás** worker in a tannery, tanner
bőrgyártás *fn* leather manufacturing
bőrgyógyász *fn orv* dermatologist
bőrgyógyászat *fn orv* dermatology, *[kórházi osztály]* dermatological department/ward, dermatology
bőrgyulladás *fn orv* dermatitis
bőrhólyag *fn orv* weal
bőrhorzsolás *fn orv* scratch, abrasion
bőripar *fn* leather and skin industry/trade; **~i dolgozó** leather-worker
bőrizgalom *fn orv* irritation of the skin
bőrkabát *fn [zakó]* leather jacket, *[felöltő]* leather coat
bőrke *fn* bacon-rind
bőrkeményedés *fn* callus, callosity, *[tyúkszem]* corn
bőrkereskedés *fn* leather-shop
bőrkereskedő *fn* leather-merchant
bőrkesztyű *fn* leather gloves *tsz*
bőrkiütés *fn orv* (cutaneous) eruption
bőrkötény *fn* leather apron
bőrkötés *fn* leather binding
bőrlégzés *fn* cutaneous respiration
bőrlélegzés *fn* → **bőrlégzés**
bőrmirigy *fn* cutaneous/sebaceous gland
bőrmunkás *fn* leather-worker, tanner
bőrnadrág *fn* leather trousers *tsz*, *[rövid]* leather shorts *tsz*, lederhosen *tsz*
bőrnemű *mn [élő]* skinlike, *[kikészített]* leather-like, leathery
bőrosztály *fn [kórházi]* dermatological department/ward
bőrönd *fn [kézi]* suitcase, bag, *[nagy]* trunk, *[szekrény alakú]* portmanteau (*tsz* -teaus v. -teaux), wardrobe trunk
bőröndös *fn* trunk-maker, *[feliratként]* travel goods *tsz*
bőrös I. *mn* covered with skin *ut* **II.** *fn* → **bőrkereskedő**, → **bőrmunkás**
bőrösöd|ik *i* skin over
bőröv *fn* leather belt
bőröz *i* **1.** *[bútort]* upholster (sg) in leather **2.** *[szelepet]* (re)place leather washer (in valve/tap v. *US* faucet)

bőrözés *fn [csapban]* leather washer
bőrpír *fn orv* erythema
bőrradír *fn* facial scrub
bőrrák *fn orv* skin cancer
bőrszín *fn [emberi]* flesh colour (*US* -or)
bőrtalp *fn* leather sole
bőrtápláló *mn* ~ **krém** skin-food, body milk
bőrtárca *fn* wallet, letter-case
bőrtok *fn* leather case/holder
börtön *fn* **1.** *[hely]* prison, gaol, jail (*GB hiv* gaol, *GB ált* és *US* jail), *US* penitentiary; **adósok ~e** debtor's prison; **~be juttat** have* sy imprisoned; **~ben végzi** finish/end up in prison; **~be zár** imprison, lock up, put*/throw* sy in prison; **~ben ül/van** be* in prison; **~ből kienged** set* free, let* out, release **2.** → **börtönbüntetés**
börtönbüntetés *fn* imprisonment; **~ét (ki)tölti** serve/complete one's term/sentence; **~re ítél** sentence to imprisonment; **két évi ~re ítélték** he has been sentenced to two years' imprisonment, he was sent to prison for 2 years
börtöncella *fn* prison cell
börtönévek *fn* prison years, years spent in prison
börtönfal *fn* prison wall
börtönigazgató *fn* governor
börtönítélet *fn* imprisonment
börtönkapu *fn* prison gate
börtönlakó *fn* inmate, prisoner
börtönlázadás *fn* prison riot/revolt
börtönőr *fn* gaoler, jailer, (prison) guard, warder
börtöntöltelék *fn* gaolbird, jailbird, *szl* lag
börtönviselt *mn* having served a term of imprisonment *ut*; ~ **ember** ex-convict; *szl* old lag
bőrutánzat *mn* imitation/artificial leather, leatherette
bőrüléses *mn* with seats upholstered in leather *ut*
bőrviszketegség *fn orv* itch, itching/irritation of the skin
börze *fn* → **tőzsde**
bőség *fn ált* **1.** abundance of sg, plenty, *[vagyoni]* wealth, affluence; **~ben él** live in affluence; **~ben van** (*vm*) be* plentiful, there is plenty of sg; **a ~ zavara** embarras de richesses [more choices than one can deal with], abundance of options; **a ~ zavarával küzd** be* spoilt for choice **2.** *[ruhának stb. bő volta]* wideness, fullness, looseness; **be kell venni a ~ből** [the dress] needs taking in
bőséges *mn* abundant, plentiful, ample, copious; ~ **ellátás** plenty to eat; ~ **étkezés** square/rich/substantial meal; ~ **termés** rich/bumper crop; **~en** abundantly, copiously; **~en elegendő** more than enough, plenty
bős-nagymarosi *mn* ~ **vízlépcső** the Bős-Nagymaros (water) barrage (system) (v. dam)
bősz *mn* **1.** *[ember]* furious, enraged, *[állat]* ferocious **2.** *tréf [lelkes]* hot on sg; ~ **sakkozó** keen chess-player; *US* chess buff; ~ **tévéző** a TV-fan, TV crazy, *US* TV buff
bőszít *i* make* furious, enrage
bőtermő *mn [növény]* producing a rich harvest of sg *ut*, high-yielding; ~ **fa** a good bearer
bővebb *mn* ~ **felvilágosítás** further (v. more detailed) information; **~et** ... further details/information ...; ~ **magyarázat** further explanation
bővebben *hsz* more (fully), in more/greater detail
bővében van *i* (*vmnek*) have* plenty of sg, have* no lack of sg, abound in/with sg, be* in excess of sg
bővelked|ik *i* → **bővében van**
bővelkedő *mn* (*vmben*) rich (in), abounding (with/in) (*mindegyik: ut*)
bőven *hsz* plentifully, abundantly, amply; ~ **van neki** *[eszköze, pénze]* he has plenty to be going on with; ~ **elég** plenty, more than enough; ~ **termő** → **bőtermő** → **bővében van**
bővérű *mn* full-blooded
bővít *i* enlarge, amplify, widen, *[ruhát]* make* larger, *[kiegészít]* complete, supplement; **~i ismereteit** broaden one's horizons, extend one's knowledge (v. range of interests); **~ett kiadás** enlarged edition; **~ett mondat** complex sentence
bővítés *fn* enlarging, enlargement, *[magyarázaté]* amplification, *[ruháé]* making larger
bővítmény *fn nyelv* complement
bővízű *mn* abounding in water *ut*
bővül *i [szélességben]* widen, *[mennyiségben]* increase, grow*
Bp. *röv* → **Budapest**
bp.-i *röv* → **budapesti**
br. *röv* → **bruttó**
brácsa *fn zene* viola
brácsás *fn zene* viola player
brácsáz|ik *i zene* play the viola
brahiból *hsz biz [vagányságból]* (just) for the hell of it, just for kicks
Braille-írás *fn* Braille
brancs *fn* **1.** *biz [szakma]* (**brans** *is*) line (of work/business) **2.** *pej [banda]* band, gang, set
brandy *fn* brandy
bratyiz|ik *i* (*vkvel*) *biz* hobnob with, fraternize with
bravó *isz US* bravo!, good!, well done!, *szl US* attaboy
bravúr *fn [merész]* feat of daring, *[ügyes]* virtuosity, act of bravura
bravúros *mn [merész]* daring, *[teljesítmény]* brilliantly executed, virtuoso
brazil *mn/fn* Brazilian
Brazília *földr* Brazil
brazíliai *mn/fn* Brazilian
breakel *i* do* break dancing
brekeg *i* croak
brekegés *fn* croak(ing)
brekegő *mn* croaky, croaking
Bretagne *földr* Brittany
breton *mn/fn* Breton
breviárium *fn* **1.** *vall* breviary **2.** *irod* **Shaw-~** a Shaw reader/anthology
BRFK *röv [Budapesti Rendőrfőkapitányság]* Budapest Central Police
bricsesz *fn* **1.** *[lovagló]* jodhpurs *tsz* **2.** *[térdnadrág]* (knee-)breeches *tsz*, plus-fours *tsz*
bridzs *fn* bridge
bridzsbajnokság *fn ját* bridge championship
bridzsel, bridzsez|ik *i* play bridge
bridzsjátékos *fn* bridge-player
bridzskártya *fn* pack of bridge cards
bridzsparti *fn [játszma]* a game of bridge, *[összejövetel]* bridge party
bridzsverseny *fn* bridge-tournament/drive
brigád *fn* brigade, team
brigadéros *fn elav* brigadier(-general)
brigádmunka *fn elav* teamwork, brigade work
brigádtag *fn elav* brigade/team-member
brigádvezető *fn elav* leader of a brigade
briganti *fn* brigand, bandit
brikett *fn* briquet(te), coal/fuel-cake
briliáns *mn/fn* brilliant
briliánsgyűrű *fn* diamond ring
brillantin *fn* brilliantine, pomade
brillíroz *i* shine*, sparkle, be* brilliant, perform brilliantly
bringa *fn biz* bike
bringáz|ik *i biz* cycle, pedal (*US* -l)
briós *fn* brioche
brit I. *mn* British; **B~ Nemzetközösség** British Commonwealth (of Nations); ~ **szigetek** British Isles **II.** *fn US* Britisher, *elav* Briton; **a ~ek** the British
Britannia *fn* Britain
brojler(csirke) *fn* broiler (chicken)
brokát *fn* brocade
bróker *fn gazd* stockbroker
brokkoli *fn növ* broccoli
bróm *fn* **1.** *[elem]* bromine **2.** *orv* bromide

brómezüst *fn* silver bromide
bronchitis *fn orv* bronchitis
bronz *fn* bronze; ~ **fokozat** third class (of medal/decoration)
bronzérem *fn* bronze medal
bronzérmes *fn* **olimpiai** ~ Olympic bronze medallist (*US* -l-)
bronzkór *fn orv* Addison's disease
bronzkorszak *fn* Bronze Age
bronzszínű *mn* bronzed, *[naptól]* sunburt, tanned, *[haj]* copper-coloured (*US* -or-) [hair]
brooklyni *mn* Brooklynite
bross *fn* brooch
brosúra *fn* brochure, leaflet
brr! *isz* **1.** *[fázás]* brr! **2.** *[irtózás]* ugh!
brummog *i* growl, hum
brunei *mn/fn* Bruneian
Brunei *földr* Brunei
brunyál *i durva [vizel]* piss
brutális *mn* brutal, brutish, savage; ~ **bűncselekmény** a brutal and savage crime
brutalitás *fn* brutality, savagery
bruttó *mn* (*röv* **br.**) gross (*röv* **gr.**); ~ **100 kg** it weighs 100 kilograms (in the) gross; ~ **ár** gross price [incl. VAT]; ~ **bevétel** gross returns/receipts *tsz*; ~ **jövedelem** gross/total income; ~ **hazai termék** gross domestic product (GDP); ~ **nemzeti termék** gross national product (GNP); ~ **súly** gross weight
bruttósít *i* gross up [wages]
bruttósítás *fn* grossing up of wages
Brüsszel *földr* Brussels
brüsszeli *mn* ~ **csipke** Brussels lace
bt. *röv* → **betéti társaság**
BT *röv* → **biztonsági tanács**
Btk. *röv* → **büntető törvénykönyv**
bú *fn* sorrow, grief, distress; ~**nak adja a fejét** give* way to grief, abandon oneself to grief
búb *fn* **1. vk feje** ~**ja** the crown of one's/the head; **feje** ~**jáig** up to his ears **2.** *[madár fején]* crest, tuft
búbánat *fn* sorrow, grief, distress
búbánatos *mn* sad, sorrowful, mournful, grieved, distressed
bubi *fn [kártya]* knave, jack
bubifrizura *fn* shingle, bob
buborék *fn* bubble, *[öntvényben]* blister, airhole
buborékol *i* bubble
búbos *mn* crested, tufted; *áll* ~ **banka** hoopoe; *áll* ~ **cinege** crested tit; ~ **kemence** → **boglyakemence**
buci *fn* small loaf° (of bread), roll
bucka *fn* sandhill, dune
buckás *mn* full of sandhills/dunes *ut*
búcsú *fn* **1.** *[távozáskor]* farewell, leave(-taking), parting, (saying) goodbye; ~**t int** wave sy goodbye; ~**t vesz vktől,** ~**t mond vknek** take* leave of sy, say* goodbye to sy, say* farewell to sy **2.** *vall [templomi]* patronal/dedication festival, *GB* wake, (mulatság) GB church-ale, *US* kermis **3.** *vall [bűnbocsánat]* indulgence
búcsúajándék *fn* farewell gift
búcsúbeszéd *fn* farewell speech, valediction
búcsúcsók *fn* parting kiss
búcsúelőadás *fn* farewell performance, last appearance
búcsúest *fn* **1.** farewell/goodbye party **2.** → **búcsúelőadás**
búcsúfellépés *fn* → **búcsúelőadás**
búcsújárás *fn vall* pilgrimage, procession
búcsújáró *fn* pilgrim
búcsújáróhely *fn* place of pilgrimage, *[kegyhely]* shrine
búcsúkihallgatás *fn* formal leave, final audience
búcsúlátogatás *fn* farewell visit
búcsúlevél *fn* farewell letter, *[öngyilkosé]* suicide note(s); **búcsúlevelet hagyott hátra** (s)he left suicide notes
búcsúpohár *fn* parting/stirrup cup, *biz* one for the road
búcsús *fn* pilgrim, processioner
búcsúszó *fn* farewell, adieu, goodbye; **vk búcsúszavai** parting words
búcsúvacsora *fn* farewell party/dinner
búcsúzás *fn* → **búcsú 1**
búcsúz|ik *i* → **búcsúzkodik**
búcsúzkodás *fn* → **búcsú 1**
búcsúzkod|ik *i* (*vktől*) take* leave (of sy), say* goodbye (to sy), say* farewells (to sy)
búcsúzó *mn* parting, departing
búcsúztat *i* bid* farewell to, *[állomáson stb.]* see* sy off, *[szónoklattal]* deliver a farewell speech, *[halottat]* give* the address (at sy's funeral)
búcsúztatás *fn* **1.** *[kikísérí]* seeing sy off **2.** *[estély/bankett]* farewell party/dinner **3.** *[beszéd]* farewell speech/address, valediction, valedictory (speech/oration) **4.** *[halotté]* last honours *tsz*, paying one's last respects to sy
búcsúztató *fn* **1.** *[beszéd]* farewell speech, valedictory (address) **2.** *[halotté újságban/rádióban]* obituary
Buda *fn* Buda; ~**n lakik** be* an inhabitant of Buda, live in Buda
budai *mn* of Buda *ut*, Buda; ~ **lakos** inhabitant of Buda *ut*; **a** ~ **vár** the Buda Castle
Budapest *földr* (*röv* **Bp.**) Budapest; ~**en lakik** live in Budapest, be* an inhabitant of Budapest
budapesti *mn* (*röv* **bp.-i**) of Budapest *ut*, Budapest; ~ **lakos** inhabitant of Budapest; **a** ~ **brit nagykövet** the British ambassador in Budapest
Budavár *fn* the Buda Castle
buddhista *mn/fn* Buddhist
buddhizmus *fn* Buddhism
budi *fn biz* backhouse, latrine
B.ú.é.k. *[Boldog új évet kíván/kívánok/kívánunk]* (I/We wish you a) Happy New Year!
búfelejtő *fn tréf* **egy kis** ~ a little drop of comfort
búg *i [motor]* hum, purr, *[repülőgép]* drone, *[sziréna]* wail, *[galamb]* coo
buga *fn* **1.** *[virágzat]* cluster, *növ* panicle **2.** *műsz* pig, block, ingot
búgás *fn [motoré]* hum(ming), purr(ing), *[repülőgépé]* drone, *[szirénáé]* wail(ing), *[galambé]* coo(ing), *[rádióban]* buzzing, hum
búgat *i* **1.** *[búgócsigát]* make* a top hum **2.** *[disznót]* mate, pair
bugivugi *fn zene* boogie-woogie
búgó *mn [motor]* humming, buzzing, *[repülőgép]* droning; ~ **hang** *[telefonban]* dialling (v. *US* dial) tone; **egy** ~ **női hang** a sultry voice; ~ **vadgalambok** cooing turtle-doves
búgócsiga *fn* (humming) top
bugris I. *mn* churlish, loutish, boorish **II.** *fn* churl, lout, boor, *[falusi]* bumpkin
bugyborékol *i* bubble
bugyelláris *fn elav* purse
buggyan *i [folyadék]* well/bubble/flow/stream out, well/bubble up
buggyant *i* **1.** make* well/bubble out **2.** *gaszt* ~**ott tojás** poached egg
buggyos *mn* baggy; ~ **nadrág** knicker-bockers *tsz*
bugyi *fn biz* briefs, panties, knickers (*mindegyik: tsz*), *[kis méretű]* minikini; **meleg** ~ thermal brief(s)
bugylibicska *fn* jack/clasp-knife°
bugyog *i* stream/flow/bubble (out), come* welling up/out
bugyogó *fn* → **bugyi**
bugyolál *i* → **bebugyolál**
bugyor *fn* → **batyu**
bugyuta *mn biz [pl. tévéfilmsorozat]* half-witted, stupid, moronic
buherál *i* → **megbuherál**
buja *mn* **1.** *[ember]* sensual, lecherous, voluptuous **2.** *[növényzet]* lush, luxuriant
bujálkod|ik *i elav irod* be* promiscuous, fornicate
bujaság *fn* **1.** *[emberi]* sensuality, lechery, licentiousness **2.** *[növényzeté]* luxuriance, lushness

bujdokol *i* → **bujdosik**, → **bujkál**
bujdosás *fn [rejtőzve]* hiding, *[kószálva]* wandering, *[külföldön]* emigration, exile; **~ra adja a fejét** go* into exile
bujdos|ik *i* go* into hiding, hide*, wander, *[mint bujdosó]* live in exile
bujdosó *fn* exile
búj|ik *i* **1. az asztal alá ~ik** hide* under the table; **ágyba ~ik** slip into bed **2.** *[vm elől]* hide* (from), conceal oneself (from) **3.** *[vmlyen ruhába]* slip into **4.** (*vmhez/vkhez*) nestle up (to/against sy/sg) **5. mindig a könyveket ~ja** (always) have* one's nose in a book
bujkál *i* hide*, lie* in hiding, lurk, be*/lie* low, *[vk elől]* shun/avoid sy, *biz* keep* out of sy's way; **úgy érzem, mintha betegség ~na bennem** I can feel an illness coming on
bújócska *fn* hide-and-seek (*US így is:* hide-and-go-seek)
bújócskáz|ik *i* play (at) hide-and-seek (*US így is:* hide-and-go-seek)
bujt *i növ* layer [a stem], propagate by layers
bujtás *fn növ* **1.** *[művelet]* layering **2.** *[ág]* layer, shoot
bújtat *i* **1.** *[rejt]* hide*, conceal **2.** (*vmt vmbe*) put*/slip sg into sg
bújtató *fn [övön]* loop, tunnel
bujtóág *fn növ* layer, cutting, slip
bujtogat *i* (*vkt vmre*) incite/instigate/stir sy to (do) sg
bujtogatás *fn* incitement, stirring up
bujtogató *fn* (*vmre*) instigator (of), inciter (to)
bujtvány *fn* → **bujtás** 2
Bukarest *földr* Bucharest
bukás *fn* **1.** *[esés]* fall, tumble, *[lóról]* spill **2.** *[kormányé]* fall, downfall, defeat, *[üzleti]* collapse, failure, bankruptcy **3.** *[vizsgán]* failure; **~ra áll** be* heading for failure **4.** *szính* complete failure, *biz* flop **5.** *[erkölcsi]* ruin
bukdácsol *i* **1.** *[vk járva]* stumble, trip **2.** *[hajó]* pitch and toss **3.** *[vizsgákon]* keep* failing [at examinations]
buké *fn [illat]* bouquet, whiff
bukfenc *fn* somersault, tumble, head over heels, *[műrepülésben hátra]* looping the loop; **~et hány/vet** → **bukfencezik** 1
bukfencez|ik *i* **1.** turn a somersault, somersault **2.** *[autó]* roll over
buk|ik *i* **1.** *[esik]* fall*, tumble, *[lóról]* be* thrown/unseated, have* a (nasty) spill, *kif biz* come* a purler, *[víz alá]* dive, plunge **2.** *okt* → **megbukik** 1 **3.** *biz* **fölfelé ~ik** be* kicked upstairs **4.** *szl* **~ik vkre/vmre** fall*/go* for sy/sg **5.** *biz [csecsemő]* bring* up [food]
bukkan *i* (*vmre*) strike* upon, come* across sg; **olajra ~** strike* oil
bukkanó *fn [úton]* hill
buklé *fn tex* bouclé
bukméker *fn* bookmaker, bookie
bukóablak *fn* hopper light
bukógát *fn* (waste-)weir, overfall (weir)
bukósisak *fn* crash-helmet, safety helmet
bukott *mn* fallen, defeated; **~ kereskedő** bankrupt trader; **~ miniszter** defeated minister; **~ tanuló** student who failed in sg, a failure
buksi *mn biz* nob, noddle
buksza *fn* purse
bukszus *fn növ* box(wood)
bukta *fn gaszt* ‹jam-filled sweet roll›
buktat *i* **1.** *[vizsgán]* fail, reject, *biz* plough **2.** *[víz alá]* duck, give* a ducking to **3. felfelé ~** nudge/kick sy upstairs [to the post of ...]
buktatás *fn* **1.** *[vizsgán]* failing sy, *biz* ploughing sy **2.** *[birkózásban]* tipping
buktató *fn* **1. ~(szerkezet)** tipper, tipping apparatus **2.** *átv* pitfall; **sok ~t rejt magában** it has many pitfalls, it is beset with pitfalls
buktatócsille *fn* tipping tub
buktatós *mn okt* **~ tárgy** a hard/tough subject likely to fail
Bulgária *földr* Bulgaria
bulgáriai *mn/fn* Bulgarian; → **bolgár**
buli *fn* **1.** *szl* **jó ~** *[kedvező vállalkozás]* a nice little racket; **benne van a ~ban** be* in on it; **kiszáll a ~ból** be* out of it, quit* it; **ez nem ~** there's nothing in it (for me) **2.** *biz [házibuli]* party, *biz* bash, thrash
bulizás *fn biz* partying
bulizik *i biz* have* a party, party
bulla *fn tört* bull, edict
bulldog *fn* bull-dog
bulldózer *fn* bulldozer
bulvár *fn* boulevard
bulvárlap *fn* tabloid, *biz* rag
bulvársajtó *fn* the tabloid press
bum *fn sp [vitorláson]* boom, *[szörfön]* wishbone boom
bumeráng *fn* boomerang
bumfordi *mn* clod-hopping, oafish, lumbering; **~ alak** clod-hopper
bumli *fn [vonat]* crawler, slow local train, *US* dinky-line
bumliz|ik *i* travel (*US* -l-) by slow train, trundle along
bumm *isz* bang!, boom!; **Na ~, és aztán mi van?** So what?
bunda *fn* **1.** *[kabát]* fur-coat **2.** *[állaté]* fur, coat, hair; **alszik, mint a ~** sleep* like a top/log **3.** *sp biz [csalás]* fix, cross, set-up, rigged match, rig
bundabélés *fn* fur lining
bundabugyi *fn* thermal briefs *tsz*
bundacipő *fn* fur-lined boots *tsz*
bundanadrág *fn kb.* warm/fleecy knickers *tsz*, thermal briefs *tsz*
bundapálinka *fn* rot-gut
bundás *mn* **1.** *[ember]* wearing a fur(-coat) *ut*, fur-coated **2.** *[állat]* long-haired, *[kutya]* shaggy **3. ~ kenyér/zsemle** fried (slices *tsz* of) bread, gypsy toast
bundáz|ik *i biz* throw*/rig [a game/match/fight etc.], *szl* take* a dive
bungaló *fn* bungalow, chalet
bunker *fn* **1.** *kat* bunker, *[kiserőd]* pillbox **2.** *[légó]* air-raid shelter
bunkó *fn* **1.** knob, butt **2.** *pej* boor
bunkofon *fn tréf [mobiltelefon]* mobile/cell(ular) phone
bunkóság *fn pej* boorishness
bunkósbot *fn* club, cudgel
bunkóz *i* club, cudgel (*US* -l), bludgeon
bunyó *fn szl* fight, scrap; **~ra került sor köztünk** we came to blows
bunyós *fn sp biz* fighter, puncher [boxer]; **jó ~** he's a heavy/strong/powerful puncher
bunyóz|ik *i* **1.** *szl* get* into a scrap, scrap, exchange blows with sy **2.** *sp biz* fight, punch [box]
búr *mn/fn tört* Boer; **a ~ háború** the Boer War
bura *fn* **1.** *[üveg]* bell-jar/glass **2.** *[lámpáé]* lampshade **3.** *[hajszárító]* hair-dryer
burgonya *fn* potato (*tsz* -oes); **főtt/sós ~** boiled potatoes *tsz*; **sült ~** fried potatoes, French fries, chips (*mind: tsz*)
burgonyabogár *fn* Colorado/potato beetle
burgonyacukor *fn* dextrose, glucose, starch sugar
burgonyaforgács *fn* chips *tsz*, chipped potatoes *tsz*
burgonyaföld *fn* potato field
burgonyafőzelék *fn gaszt* ‹vegetable dish made of potatoes› *kb.* potatoes in white sauce *tsz*
burgonyahámozó-kés *fn* potato peeler/knife
burgonyakeményítő *fn* potato-starch
burgonyakrokett *fn* potato croquette
burgonyaleves *fn* potato-soup
burgonyapehely *fn* potato flakes *tsz*
burgonyapüré *fn* mashed potatoes *tsz*, potato purée
burgonyás *mn* (prepared) with potatoes *ut*; **~ tészta** ‹vermicelli made of potato-pasta/dough› *kb.* potato vermicelli *tsz*
burgonyasaláta *fn* potato salad
burgonyaszirom *fn* (potato) crisps *tsz*, *US* (potato) chips *tsz*
burgonyatermés *fn* potato yield/crop

burgundi *mn* ~ **bor/vörös** red Burgundy
burjánzás *fn* rank growth
burjánz|ik *i* grow* apace/wild, run* wild/riot
Burkina Faso *földr* Burkina Faso
burkol *i* **1.** (*vmbe*) cover with, wrap* (up) (in), envelop (in) **2.** *[utat]* pave, surface, *[falat csempével, padlót kőlapokkal stb.]* tile; *[tapétával]* decorate **3.** *[eszik] szl* nosh, tuck in
burkolás *fn* **1.** *ált* covering (*vmvel* with), wrapping (up) (*vmvel* with/in), enveloping (*vmvel* in) **2.** *[útè]* paving; *[falé, padlóé]* tiling, tiles *tsz* **3.** *[vmbe befoglalás]* casing
burkolat *fn* **1.** *ált* cover, wrapper, envelope **2.** *[útè]* road surface, pavement; *[falé, padlóé]* tiles *tsz*, tiling **3.** *[tok]* casing, *[motoré]* housing
burkolatjel *fn közl* road(way) sign
burkolatkő *fn [utcai]* paving-stone/block, cobble(stone), flag(stone)
burkolatsúly *fn* tare weight
burkoló I. *mn* covering, wrapping, packing **II.** *fn* **1.** *[útburkoló]* paver, paviour (*US* -or), *[lakások burkolómunkáját végző]* tiler **2.** → **borító II**
burkoló(d)z|ik *i* wrap*/bundle oneself up in; **hallgatásba ~ik** observe silence; retire into one's shell (v. into oneself); **kendőbe ~ik** wrap*/tuck oneself up in a shawl
burkolókő *fn* facing-stone, cladding
burkolólap *fn* tile
burkolótégla *fn* ashlar/facing brick
burkolóz|ik *i* → **burkolódzik**
burkolt *mn* **1.** *[borított]* covered **2.** *átv* hidden, disguised; **~an beszél** speak* in riddles, drop a hint (about sg) → **célzás**
burleszk *fn* burlesque
Burma *földr tört [a mai Mianmar korábbi neve]* → **Mianmar**
burmai *mn/fn tört* Burmese
burnót *fn elav* snuff; **~ot szív** take* snuff
burnótszelence *fn elav* snuff-box
burnusz *fn* burnous(e)
burok *fn* **1.** *[dióé]* shell **2.** *[magzaté]* caul; **~ban született** *átv* born with a silver spoon in one's mouth
burundi *mn/fn* Burundian
Burundi *földr* Burundi
burzsoá *mn/fn* bourgeois (*tsz* ua.)
burzsoázia *fn* bourgeoisie, the middle classes *tsz*
bús *mn* sad, sorrowful, woeful, gloomy, melancholy, dejected
busás *mn* abundant, plentiful; ~ **ár** high/stiff price; ~ **haszon** handsome profit; **~an megfizet** pay* sy very well
business *fn* → **biznisz**
búsít *i* sadden, grieve, distress
búskomor *mn* melancholic, melancholy, depressed; ~ **lesz** become* melancholic
búskomorság *fn* melancholy, gloominess
búslakodás *fn* sorrow(ing), affliction, grief
búslakod|ik *i* grieve, sorrow, be* sorrowful, mope; **~ik vm miatt** be* grieved at/about sg
busóálarc *fn népr* ‹busó mask used at carnival festivities in Southern Hungary›
busójárás *fn népr* ‹carnival festivities in Southern Hungary *tsz*›
búsul *i* → **búslakodik**; **ne ~j!** cheer/chin up!, forget* it!, don't worry about it!
busz *fn [helyi]* bus, *[távolsági]* coach; **~ra száll** take* a bus (to); **beszáll a ~ba** get* on(to) the bus; **felszáll a 2-es ~ra** take* a No. 2 (*kimondva:* number two) bus; **leszáll a ~ról** get* off the bus; **busszal megy** go* by bus (*távolságival:* by coach) → **autóbusz**
buszjegy *fn* bus ticket/fare
buszmegálló *fn* bus-stop, *[fedett]* bus shelter, *[távolsági]* coach-stop
buszpályaudvar *fn* coach/bus terminal/terminus
buszsáv *fn* bus lane
buszsofőr *fn* → **buszvezető**
buszvezető *fn* bus driver
buta *mn* stupid, dull, silly, foolish, thick, daft, *US így is:* dumb; **tök** ~ dead from the neck up; ~ **beszéd** (stuff and) nonsense!, rubbish!
butácska I. *mn* a little weak in the head *ut* **II.** *fn* silly(-billy), *[nő]* a little goose°
bután(gáz) *fn* butane
butáni *mn/fn* Bhutanese
butaság *fn* stupidity, silliness, foolishness, folly, *[beszéd]* rubbish, (stuff and) nonsense; **~okat mond** say* silly things, talk through one's hat, talk daft/nonsense
butáskod|ik *i* play the fool, fool around; **ne ~j!** come on!
butik *fn* boutique
butikos(nő) *fn* boutique owner
butít *i* render/make* stupid, stupefy; **az alkohol** ~ drink dulls the mind/senses
bútor *fn [egy darab]* (a) piece of furniture, *[bútorok együttese]* furniture (*tsz* ua.); **~ok** furniture; **szép ~aik vannak** they have some fine furniture
bútorasztalos *fn* cabinet-maker
bútorbolt *fn* furniture shop
bútordarab *fn* (a) piece of furniture
bútorgörgő *fn* castor
bútorgyár *fn* furniture factory
bútorhuzat *fn* furniture cover, covering, *[kárpitozás]* upholstery, *[védő]* loose cover, dust sheet/cover, *US* slipcover
bútorkereskedés *fn* furniture-store/showroom
bútorkereskedő *fn* furniture-dealer
bútorkocsi *fn* → **bútorszállító kocsi**
bútoroz *i* furnish
bútorozatlan *mn* unfurnished
bútorozott *mn* furnished; ~ **szoba** lodgings *tsz*; *GB* rooms *tsz*; ~ **lakás** furnished flat
bútorraktár *fn* furniture warehouse
bútorszállító *mn/fn* **1.** *[munkás]* moving man°, *[vállalat]* (furniture-)remover, *US* mover **2.** ~ **kocsi** removal van; *US* moving van
bútorszövet *fn* ‹material used for furniture covers, e.g. chintz, cotton damask› furnishing fabrics *tsz*
bútorzat *fn* furniture, *[beépített]* built-in furniture
butul *i* grow*/become* stupid/dull
butus *mn* → **butácska**
butykos *fn* ‹pitcher/bottle with a narrow neck›
búvalbélelt *mn* miserable, sad, down-in-the-mouth
búvár *fn* diver
búvárfelszerelés *fn* diving gear
búvárharang *fn* diving bell
búvárkodás *fn* **1.** diving **2.** *átv* research (into, on), researches *tsz* (into), inquiry (into)
búvárkod|ik *i* **1.** do* diving **2.** *átv* (*vmben*) investigate (sg), research in/into sg, do* (some) research on sg, research [a subject]
búvármadár *fn* loon, dipper, diver
búvárruha *fn* diving suit
búvársisak *fn* diver's helmet
búvárszemüveg *fn* goggles *tsz*
búvárúszás *fn* underwater swimming
búv|ik *i* → **bújik**
búvóhely *fn* hiding-place, bolt-hole, *[vadé]* lair
búvólyuk *fn [hajón]* hatchway, *bány* shelter, *[állaté]* lair
búvónyílás *fn [csatornába]* man-hole
BUX(-index) *fn gazd* Budapest Stock Exchange index
búza *fn növ* wheat; **~val bevet** put* [a field] under wheat
búzaaratás *fn* wheat harvest
búzacsíra *fn* wheat germ
búzadara *fn* semolina, wheat-meal, grits *tsz*
búzafej *fn* ear of wheat
búzaföld *fn* field of wheat, wheat-field
búzakalász *fn* ear of wheat
búzakenyér *fn* wheaten bread
búzakereszt *fn* shock/stook of wheat

búzakéve *fn* wheat-sheaf°
búzakorpa *fn* (wheat) bran
búzaliszt *fn* wheat(en) flour
búzamag *fn* wheat grain
búzamező *fn* → **búzatábla**
búzaszál *fn* wheat-stalk
búzaszem *fn* wheat grain
búzaszentelő *fn [szertartás]* rogation, *[napja]* Rogation Day
búzatábla *fn* wheat-field, field of wheat
búzatermés *fn* wheat-crop
búzatermesztés *fn* wheat-growing/production
búzatermő *mn* wheat-growing/producing, *[föld]* wheat-bearing
búzavetés *fn* **1.** *[folyamat]* sowing of wheat **2.** *[kikelt]* young wheat-crop
búzavirág *fn növ* cornflower
búzavirágkék *mn* cornflower blue
buzdít *i* encourage, animate, stimulate, urge, *[versenyzőt stb.]* cheer sy on, *[olyasmire, amit nem szeret]* egg sy on, *[beszéddel]* exhort (*amire* to do sg); **harcra ~** incite to fight
buzdítás *fn* encouragement, stimulation, *[beszéddel]* exhortation
buzdul *i* be* fired/roused
buzerál *i durva* (*vkt/vmt*) mess with sy/sg, tinker with sg
buzeráns *fn tabu* → **buzi**
buzgalom *fn* zeal, fervour (*US* -or), ardour (*US* -or)
buzgár *fn* spring, boil
buzgó *mn* zealous, ardent, keen, enthusiastic, eager, *[vallásilag]* devout, zealous, keen
buzgólkod|ik *i* be* zealous/ardent/fervent; **vk érdekében ~ik** work/canvass for sy; **vk körül ~ik** dance attendance on sy
buzgómócsing *fn biz* eager beaver, swot
buzgóság *fn* → **buzgalom**
buzi *mn/fn durva* **1.** *biz* gay, queer, *US* fag **2.** *átv biz főleg US összet* (-)buff; **TV-~** a TV buff → **munkabuzi**
buzis *mn durva* faggy, poncy, resembling a gay person *ut*
buznyák *fn biz* **egy büdös ~om sincs** I'm flat broke
buzog *i* **1.** *konkr* bubble, well, spout, *[forró víz]* boil up **2.** *biz pej* be* over-zealous, effervesce
buzogány *fn [régi fegyver]* mace, (war) club, *[tornához]* Indian club
bűbáj *fn* charm, spell
bűbájos *mn* **1.** *[varázsló hatású]* magic(al) **2.** *átv* ravishing, enchanting, charming
bűbájosság *fn* **1.** *átv* charm, enchantment **2.** *[boszorkányé]* witchcraft
büdös *mn* **1.** stinking, smelly, foul-smelling, *[igével]* smell* (bad/foul), stink*; **itt ~ van** it stinks* in here **2.** *biz* **~ neki a munka** be* work-shy **3.** *biz* **átszaladt az úttesten az a ~ kölyök** the stupid little bugger ran across the road (right in front of me); **egy ~ szót sem tudtam** I couldn't say a bloody word; **egy ~ fillérem/vasam sem maradt** I did not have a single penny left; **a ~ életben nem láttam ezt a pasast!** I've never seen this man in my life!; *durva* **elmész te a jó ~ francba** sod off!
büdösít *i* **1.** (*vmvel*) make* sg smell of/with sg (stink of sg) **2.** make* a smell, smell*, stink*
büdöske *fn [virág]* marigold
büdösöd|ik *i* begin* to stink/smell, go* off, get* putrid
büdösség *fn* stink, stench, foul/offensive smell
büdzsé *fn gazd* budget
büfé *fn [önálló]* snack-bar, *[színházban, pályaudvaron stb.]* buffet, *[felirat]* "refreshments" *tsz*, *[üzemben]* canteen, *[múzeumban stb.]* coffee-shop
büfékocsi *fn* buffet/refreshment car → **étkezőkocsi**
büfés *fn* **1.** *[büfé tulajdonosa/bérlője]* manager **2.** *[alkalmazottja]* buffet attendant
büfiztet *i [csecsemőt]* burp [the baby]
bükk *fn* **1.** *növ [élő]* beech (tree) **2.** *[fája]* beech(-wood)
bükkerdő *fn növ* beech wood, beeches *tsz*
bükkfa *fn* **1.** *[élő]* beech (tree) **2.** *[feldolgozott]* beech wood
bükkmakk *fn* beech nut
bükköny *fn növ* vetch
bükkös *fn* → **bükkerdő**
bűn *fn* **1.** *[jogilag]* crime, offence; **~t követ el** commit a crime, be* guilty of a crime; **~ül ró fel vknek vmt** set* down sg against sy as a crime **2.** *vall* sin; **~t követ el** commit (a) sin, **sin** (*vk ellen* against); **~be esik** fall* into sin **3.** *átv [helytelen cselekedet]* sin, crime; **~ a szobában lenni ilyen szép napon** it's a sin/crime to stay indoors on such a fine day **4.** *biz, jelzőként* **~ ronda** as ugly as sin
bűnbak *fn* scapegoat; **őt tették meg ~nak** he was made the scapegoat (for sg), he had to carry the can; **~ot keres** look for sy to blame, look for a scapegoat
bűnbánat *fn* repentance, remorse, penitence
bűnbánó *mn* penitent, repentant, remorseful, contrite; **~ képet vág** look remorseful/contrite
bűnbarlang *fn* den of vice, haunt of sin
bűnbeesés *fn [bibliai]* the Fall
bűnbocsánat *fn* forgiveness (of wrongdoings), *vall* the remission of sins, absolution
bűncselekmény *fn jog* crime, criminal act; **~t követ el** commit a crime; **~ hiányában felmentették** he/she was acquitted for lack of evidence; **emberiség elleni ~** a crime against humanity; **vagyon elleni ~** crimes against property; **életellenes ~** crime against life, murder, manslaughter
bűnelkövető *fn jog* perpetrator [of a crime] → **bűnöző**
bűneset *fn* criminal case
bűnhalmazat *fn jog* ‹ perpetration of several crimes by the same person ›
bűnhődés *fn* punishment, expiation; **bűn és ~** crime and punishment
bűnhőd|ik *i* (*vmért*) suffer for [one's sins], expiate sg, pay* for sg
bűnjel *fn* corpus delicti, *[tárgyaláson]* exhibit, evidence
bűnlajstrom, bűnlista *fn* catalogue (*US* -log) of sy's crimes
bűnös I. *mn* **1.** *jog* guilty; **~ vmben** be* (found) guilty of [a crime]; *[hibás]* be* responsible for sg, it is his fault that ...; **gyilkosságban ~** be* guilty of murder; **~nek talál/nyilvánít vkt** find* sy guilty; **~nek találják/nyilvánítják vmben** be* found guilty of sg, be* convicted of sg; **~nek vallja magát** plead guilty; **nem érzi magát ~nek** plead not guilty **2.** *átv* evil, wicked, vicious, *vall* sinful; **~ gondolatok** evil/sinful thoughts; **~ ember** *vall* sinner; **~ módon** sinfully, criminally, feloniously **II.** *fn* **1.** *jog* criminal, *[enyhébb]* offender, *[súlyos]* felon **2.** *vall* sinner
bűnösség *fn* **1.** *jog* guilt, guiltiness; **~ét beismeri** plead guilty; **tagadja ~ét** plead not guilty; **megállapítja vknek a ~ét** establish sy's guilt **2.** *vall* sinfulness
bűnözés *fn* crime; **fiatalkorú ~** juvenile delinquency
bűnözési *mn* criminal; **~ statisztika** criminal statistics
bűnöz|ik *i* commit crimes, *átv és vall* **sin**, commit (a) sin
bűnöző I. *mn* **~ hajlam** criminal tendency **II.** *fn* criminal, *[enyhébb]* delinquent, offender; **fiatalkorú ~** juvenile delinquent; **visszaeső ~** recidivist
bűnpártolás *fn* complicity, aiding and abetting, abetment
bűnpártoló *fn* accessory after the fact
bűnper *fn* criminal case, criminal proceedings *tsz*, *[tárgyalás]* (criminal) trial
bűnrészes *fn* accomplice, accessory (to a crime), abetter
bűnrészesség *fn* complicity, abetment (in crime)
bűnsegéd *fn* accomplice, accessory before the fact
bűnsegédi *mn* **~ bűnrészesség** complicity
bűnszövetkezet *fn* gang (of criminals)
bűnszövetség *fn* confederacy, conspiracy to commit unlawful acts
bűntanya *fn* haunt/den of criminals
bűntárs *fn* accessory, accomplice, confederate, party to a crime; **~ak** partners in crime

bűntelen *mn* innocent, guiltless
bűntelenség *fn* innocence, guiltlessness
bűntény *fn* crime, criminal act, *[súlyos]* felony
büntet *i* **1.** *ált* punish, *[gyereket szigorúan]* chastise **2.** *[a törvény vmért]* punish (for), *[pénzzel]* fine (sy); **ötévi börtönnel ~ték** he was given (v. sentenced to) five years' imprisonment; **5000 Ft-ra ~ték** he was fined 5000 fts
büntetendő *mn [kihágás]* punishable, culpable [offence], *[bűntény]* criminal [act]; **~ cselekmény** indictable/penal offence; **pénzbüntetéssel vagy szabadságvesztéssel ~** [he is] liable to a fine or imprisonment
büntetés *fn* punishment, *jog* penalty, *[pénz]* fine; **~ kiszabása** sentencing (sy), passing sentence (on sy); **~ terhe alatt/mellett** under/on pain of punishment; **~t elenged** remit a punishment/sentence/penalty; **~ét (ki)-tölti** serve one's term/sentence; **~t szab ki vkre** inflict a punishment on sy, sentence sy; **~t végrehajt** enforce (v. carry out) a punishment
büntetéspénz *fn* penalty, fine
büntetés-végrehajtás *fn* enforcement of the law, law enforcement
büntetés-végrehajtó intézet *fn* penal institution, prison
büntetett *mn jog* **~ előéletű** previously convicted *ut*, with/having a (criminal) record *ut (főnév, US szl* an old lag)
büntethető *mn* punishable
büntetlen *mn* unpunished; *jog* **~ előéletű** with/having a clean record; *[igével]* he has a clean record, he has no record, *[bűnelkövető, főnévvel]* first offender
büntetlenség *fn* impunity
büntetlenül *hsz* with impunity; **ezt nem lehet ~ hagyni** this cannot go unpunished; **~ nem lehet éjszakákon át dolgozni** there will be a price to pay for all these late nights (spent) working
büntető I. *mn* **1.** *[büntetőügyekkel kapcsolatos]* criminal; **~ intézkedés** punitive sanction; **~ perrendtartás** code of criminal procedure; **~ törvénykönyv** (*röv* **Btk.**) penal code **2.** *[megtorló]* punitive **II.** *fn* → **büntetődobás**, → **büntetőrúgás**
büntetőbíróság *fn* criminal court
büntetődobás *fn [kosárlabda]* free throw, *[vízilabda]* penalty throw
büntetőeljárás *fn* criminal procedure
büntetőintézet *fn* prison
büntetőjog *fn* criminal law
büntetőjogi *mn* criminal, penal; **~ felelősségem tudatában kijelentem, hogy** I declare the above to be a full and true statement, and understand that false statements can result in prosecution
büntetőkamat *fn gazd* punitive/penalty interest (rate)
büntetőper *fn* → **bűnper**
büntetőpont *fn sp* penalty point
büntetőrúgás *fn [futball]* penalty kick
büntetőszázad *fn* company of refractory soldiers
büntetőterület *fn sp* penalty area
büntetőtörvény *fn* criminal law
büntetőügy *fn* criminal case
bűntett *fn* → **bűncselekmény**
bűntettes *fn* criminal, felon, offender
bűntudat *fn* (guilty) conscience, compunction, (sense/feeling of) guilt
bűnügy *fn* crime, criminal case
bűnügyi *mn* criminal; **~ eljárás** → **bűnvádi eljárás**; **~ felderítés** criminal intelligence; **~ film** crime/detective film, (crime) thriller; *[sorozat]* crime series; **~ regény** crime fiction, detective novel/story; *biz* whodunit
bűnüldözés *fn* law enforcement
bűnvádi *mn* criminal; **~ eljárás** criminal procedure/action, criminal proceedings *tsz*
bürokrácia *fn* bureaucracy, officialdom, *biz* red-tape; **sok a ~** there's a lot of bureaucracy/paperwork
bürokrata *mn/fn* bureaucrat
bürokratikus *mn* bureaucratic
bürokratizálódás *fn* bureaucratisation
bürokratizmus *fn* bureaucratism
bürök *fn növ* hemlock
büszke *mn* **1.** (*vk*) proud (*vmre* of), take* pride (in sg); **~ vmre/vkre** be* proud of sg/sy; **~k lehettek magatokra** you can be proud of yourselves; **~ arra, hogy egy ilyen nagyszerű csapatba tartozik** be proud to belong to such a fine team **2.** *pej* haughty, arrogant **3.** (*vm*) proud, stately, magnificent
büszkélked|ik *i* flaunt, swagger; (*vmvel*) take* pride in sg, be* proud of sg; *[hencegve]* boast of, brag of, vaunt, parade
büszkeség *fn* pride, self-respect/esteem, *pej* haughtiness; **jogos ~** proper pride; **irodalmunk ~e** the pride of our literature; **iskolánk ~e** the pride of our school; **~ tölti el** be* inflated with pride; **sérti vk ~ét** hurt* sy's pride
bütü *fn* butt-edge/end
bütyköl *i* **1.** *[csinál/javít vmt]* tinker with (v. away at) sg, mess about (with sg) **2.** *[piszkálja]* tamper with (sg)
bütykös *mn* knotty, gnarled; **~ ujj** gnarled finger; **~ láb** foot° having a bunion; *gk* **~ tengely** cam-shaft
bütyök *fn* **1.** *[fában]* knot, gnarl, *műsz* cam, nipple **2.** *orv [dudor]* lump, *[lábon]* bunion
bűvész *fn* **1.** *[mutatványos]* conjurer v. conjuror, magician **2.** *[varázsló]* magician, sorcerer
bűvészet *fn* **1.** *[mesterség]* conjuring **2.** *[mutatvány]* conjuring tricks *tsz*
bűvészinas *fn* magician's/sorcerer's apprentice
bűvészkedés *fn* conjuring
bűvészked|ik *i* conjure, perform conjuring tricks
bűvészmutatvány *fn* conjuring trick, *átv* tour de force
bűvkör *fn* magic circle; **vk ~ébe jut** fall*/come* under sy's (magic) spell
bűvöl *i* bewitch; → **elbűvöl**
bűvölet *fn* charm, spell; **mint vm ~ alatt** as if spell-bound; **vmnek a ~ében** under the spell of sg
bűvös *mn* magic(al), charming, bewitching, fascinating; **~ kocka** Rubik's Cube, magic cube
bűz *fn* stink, stench, foul smell
bűzbomba *fn* stink-bomb
bűzelzáró *fn* (P-/S-)trap, water seal
bűzl|ik *i* **1.** stink*, smell* (bad), *átv is* reek of sg **2.** *átv biz* **ez kissé ~ik** there's sg fishy about it; **fejétől ~ik a hal** corruption begins* at the top; **vknek ~ik vm** sy smells a rat
bűzös *mn* stinking, putrid, smelly, fetid
B-vitamin *fn* vitamin B
bypassműtét *fn orv* bypass operation/surgery

C

C, c[1] *fn* **1.** *[betű]* (the letter) C, c **2. a c) pont** point/item c); **a II. c. osztály** class II/c; **a c-be jár** be* in class C
C, c[2] *fn zene* (the note) C; **a magas C** high C; **kivágja a magas C-t** → **kivág**; → **C-dúr**, → **c-moll**
c. *röv* **1.** → **című 2.** → **címzetes**
C., c. *röv* → **cikk**, → **cikkely**
°C *röv* → **Celsius-fok**
cafat *fn* **1.** *[rongy]* rag, tatter, shred; **~okra tép** tear* (in)to shreds, tear* to pieces **2.** *pej [nő]* slut, slattern
cáfol *mn* refute, disprove, *[tagad]* deny; **~ja a hírt** deny the report/allegation
cáfolat *fn* denial (of sg), refutation, disclaimer, confutation
cáfolhatatlan *mn* irrefutable, undeniable, indisputable, incontrovertible
cáfoló *mn* **~ nyilatkozat** disclaimer
cafrang *fn* **1.** *[rojt]* fringe, tassel **2.** *[cifraság, sallang]* frippery
cafrangos *mn* **1.** *[rojtos]* fringed, tasselled **2.** *[stílus]* flowery, inflated, bombastic
cakk *fn* scallop
cakkos *mn* scalloped, jagged, notched
cakkoz *i* scallop, notch
cakompakk *hsz*, bag and baggage
cammog *i* trudge along, plod (along)
camping *fn* → **kemping**
cápa *fn áll* shark
cár *fn tört* tsar, czar
cári *mn tört* tsarist v. czarist; **a ~ Oroszország** Tsarist Russia; **~ uralom** tsarism, czarism, tsardom, czardom
cárizmus *fn tört* tsarism v. czarism
cárnő *fn tört* tsarina v. czarina
casco biztosítás *fn* (fully) comprehensive insurance, comprehensive cover/policy
CD-író *fn infor* CD (ROM) writer (*röv* **CDRW**)
CD-lejátszó *fn* compact disc player
CD(-lemez) *fn* compact disc, CD; **írható CD** recordable CD (*röv* **CD-R**); **újraírható CD** rewritable CD (*röv* **CD-RW**)
CD-meghajtó *fn infor* CD ROM drive
CD-olvasó *fn infor* CD ROM drive
C-dúr *fn zene* C major
cecelégy *fn áll* tsetse fly
cech *fn biz [számla]* bill, *US* check; **mennyi a ~?** what's the damage?; **én fizetem a ~et** it's on me
cécó *fn [hűhó]* fuss, ado
céda I. *mn irod* loose, fast, wanton **II.** *fn [nő]* wanton, whore
cédrus(fa) *fn* **1.** *növ* cedar (tree) **2.** *[faanyag]* cedar (wood)
cédrusolaj *fn* cedar oil, oil of cedar
cédula *fn ált* slip, *[írott]* slip, *[katalógusé is]* (index-)card, *[kutatóé stb.]* slip
cédulakatalógus *fn* card-index, card catalogue (*US* -log)
céduláz *i* make* excerpts, take* notes on cards/slips (of paper) card
cefetül *hsz biz* knackered, unwell, ill
cefre *fn* mash, crushed fruit; **~be megy** will be used for making poteen
cég *fn gazd* firm, company, (commercial) house, business (house), establishment; **~et bejegyez** register/incorporate a company; **jó ~** *iron* a smooth character
cégalapítás *fn gazd* incorporation, founding/establishing a company
cégarculat *fn gazd* company image, corporate image
cégbejegyzés *fn* registration, incorporation [of a company/firm]
cégbélyegző *fn* company/firm stamp
cégbíróság *fn jog* Companies Registry
cégbírósági *mn jog* **~ bejegyzés** registration with/at the Companies Registry
cégér *fn* signboard, (painted) sign; **jó bornak nem kell ~** good wine needs no bush
cégéres *mn [hírhedt]* notorious, infamous; **~ gazember** an arrant rogue/scoundrel
céges *mn* belonging to a company *ut*; **~ papír** headed/official notepaper; **~ autó** company car
cégjegyzék *fn* register of companies/firms/businesses
cégjegyzés *fn* signature of the firm; **~re jogosult** (be*) authorized to sign (for)
cégjelzés *fn [levélpapíron]* letterhead; **~es levélpapír** headed notepaper
cégszerű aláírás *fn* authorized signature
cégtábla *fn* name-board, sign(board)
cégtárs *fn* partner (in the firm)
cégtulajdonos *fn* proprietor, principal
cégvezető *fn* manager, company director
céh *fn* guild (*ritkábban* gild *is*), corporation, *[Londonban]* livery company
céhbeli *mn/fn [tag]* guildsman°
céhlevél *fn* charter of incorporation
céhmester *fn* guild-master
céhrendszer *fn* guild system
cekker *fn biz* shopping/carrier bag
cékla *fn* **1.** *[gyökér]* beetroot, *US* (red) beet **2.** *[saláta]* beetroot salad, *US* (red) beet salad
céklavörös *mn* beetroot-red, as red as a beetroot *ut*
cél *fn* **1.** *[szándék]* aim, object, end, purpose, intention, *[végcél]* goal; **a ~ érdekében** for the sake of the cause; **mi a ~ja annak, hogy...?** what's the point of [...ing]; **~ja van vkvel/vmvel** have* designs on sy/sg, have* sg in mind for sy; **~ nélküli** aimless, purposeless; **vmnek a ~jából** with a view to sg, in order to, so as to, with the object/purpose/aim of ...ing sg; **mi ~ból?** what for?; **a(zon) ~ból, hogy ...** in order to/that ..., with a view to, so as to; **e ~ból** for that/this purpose, with this end in view, to this end; **a ~nak megfelel** answer/serve the purpose, (*vm*) it does the job; **bizonyos ~ra** for a special purpose; **vmely ~ra felhasznál vmt** use sg for/as sg; make* use of sg for/as sg; **kulturális ~okra fordított összeg** the arts budget; **~ul tűz ki** aim at, set* (sg) as an aim, strive* after; **azt tűztem ki ~ul, hogy** I've set myself (the task) to ...; **azzal a ~lal, hogy ...** with the aim of [doing sg], with the set purpose, merely for the purpose of; **vmlyen ~ja van vkvel** have* designs (on sy) **2.** *[végpont]* end, destination; **utazásának ~ja** the purpose of sy's journey/trip, sy's destination; *sp* **befut a ~ba** run* home; **elsőnek ér a ~ba** be* first home, breast the tape; **~t ér, eléri a ~t** achieve one's purpose, attain one's object/goal **3.** *[célpont, céltábla]* mark, target; **~ba lő** shoot* at a target; **~ba lövés** target practice; **~ba talál** (i) hit* the mark/target (ii) *átv* strike* home; **nem talál ~ba** miss the mark/target; **~ba vesz** aim at, take* aim/sight at; *átv* set* one's sights on (sg); **a ~ előtt szenved vereséget** be* beaten at the post; → **szentesít**, → **téveszt**
célállomás *fn* destination
célbíró *fn sp* judge (at the finish)
célbombázás *fn* pinpoint bombing
celebrál *i* celebrate
célegyenes *fn* home straight/stretch
célfekete *fn* bull's eye
célforgalom *fn [mint KRESZ-fogalom]* except for access

célfotó *fn sp* photo-finish
célfuvar *fn* → **célforgalom**
célgömb *fn* (fore)sight (of rifle), bead
célhatározó *fn* adverbial of purpose
célhatározói *mn* final; ~ **mellékmondat** final clause
célhitel *fn* earmarked credit
célirányos *mn* expedient, serviceable, suitable, appropriate
célkitűzés *fn* object, aim, programme; **helyes** ~ desirable goal
célkorong *fn* (round) target
célkönyvtár *fn infor* target directory
cella *fn* **1.** *[zárda, börtön]* cell, *[őrülteké]* padded cell **2.** *el* cell
céllövés *fn* → **céllövészet**
céllövészet *fn* target/rifle practice, *[mint sportág]* shooting
céllövő *fn* marksman°, sharpshooter; **kitűnő** ~ he is a crack/dead shot
céllövölde *fn [vásáron stb.]* shooting gallery
celluloid *fn* celluloid
cellulóz *fn* cellulose, wood pulp
cellux *fn* Sellotape, *US* Scotch tape
célnyelv *fn* target language
celofán *fn* cellophane
célország *fn gazd* target country
céloz *i* **1.** *[fegyverrel]* (take*) aim at **2.** *[beszédben]* hint at, allude at; **vkre** ~ refer/allude to sy; **mire** ~ **(ezzel)?** what do you mean by that?, what are you driving at?, what are you getting at?; **érted, mire célzok?** you know/see what I mean? **3.** *átv* have* (sg) in view, strive* after
célozgat *i* **1.** *ált* aim at sg repeatedly **2.** *átv* hint at
célpont *fn* **1.** *ált* target, mark; **katonai** ~**ok** military objectives/targets; **könnyű** ~ *(vkről)* a sitting duck **2.** *átv* aim, goal, *[viccelődésé]* butt; **a gúny** ~**ja** an object of ridicule
célprémium *fn* special bonus, incentive bonus/payment
célratörő *mn* determined, resolute
célravezető *mn* expedient, useful, suitable, effective
Celsius-fok *fn* (*röv* °C); **37 °C** 37 °C [*kimondva:* 37 degrees centigrade]; **20 °C-on** at 20 °C [*kimondva:* at 20 degrees centigrade]
célszalag *fn* tape; **elszakítja a** ~**ot** breast the tape
célszámítógép *fn infor* target computer
célszámla *fn gazd* target account
célszerű *mn* expedient, serviceable, suitable, practical; ~**nek találta** he thought it appropriate, (s)he saw fit to; **nem** ~ inexpedient
célszerűség *fn* expediency, practicability, appropriateness
célszerűtlen *mn* inexpedient, impractical
célszerűtlenség *fn* inexpediency, impracticability
céltábla *fn* target
céltalan *mn [tett]* aimless, purposeless
céltalanság *fn* aimlessness
céltámogatás *fn gazd* tied/earmarked subsidy
céltárgy *fn* target, mark, object (of aim)
céltartalék *fn gazd* provisions for liabilities and charges
céltévesztett *mn* unsuccessful, wide of the mark *ut*
céltudatos *mn* **1.** (*vk*) conscious of one's purpose *ut* **2.** *[cselekvés stb.]* purposive, purposeful, resolute
céltudatosság *fn* resoluteness, purposiveness, sense of purpose
célvagyon *fn* trust; ~ **kezelője** trustee
célvonal *fn sp* finish(ing-line)
célzás *fn* **1.** *[fegyverrel]* aiming, taking aim **2.** *átv* hint, allusion; **burkolt** ~ veiled reference, hint, allusion; *[sértő]* innuendo, insinuation; ~**t tesz vmre** hint at sg; → **elért**[1]
célzat *fn [irány]* tendency, *[szándék]* object, purpose
célzatos *mn* tendentious, intentional
célzóvíz *fn biz* a shot of alcohol
cement *fn* cement
cementez *i* cement
cementgyár *fn* cement-works *esz* v. *tsz*, cement-plant
cementhabarcs *fn* cement mortar, *[belső]* cement plaster
cementlap *fn* concrete/cement tile
cent *fn* cent
centenárium *fn* hundredth anniversary, centenary, *US így is:* centennial
centenáriumi *mn* centenary, centennial
center *fn sp* → **középcsatár**
centi *fn* → **centiméter**
centigramm *fn* centigram(me)
centiliter *fn* (*röv* **cl**) centilitre (*US* -liter) (*röv* **cl**)
centiméter *fn* **1.** (*röv* **cm**) centimetre (*US* -meter) (*röv* **cm**) **2.** *[mérőszalag]* tape measure
centrálé *fn* power station, *US így is:* power plant
centrális *mn* central
centralizáció *fn* centralization
centralizál *i* centralize
centralizálás *fn* centralization
centralizmus *fn* centralism
centrifuga *fn [háztartási]* spin-dryer
centrifugális *mn* centrifugal; ~ **erő** centrifugal/radial force
centrifugáz *i [mosott ruhát]* spin-dry
centripetális *mn* centripetal; ~ **erő** centripetal force
centrum *fn [középpont]* centre (*US* -ter), *[városközpont]* city centre; **Budapest** ~**ában** in the centre (*US* -ter) of Budapest, in central Budapest
centrumpárt *fn* → **középpárt**
cenzor *fn [hírlapi]* censor
cenzúra *fn* censorship; ~**ra bocsát** submit to the censor
cenzúráz *i* censor, blue-pencil; ~**zák** be* censored
cenzus *fn* quota (of taxes payable)
ceremónia *fn* ceremony, formality
cerka *fn biz [ceruza]* pencil
cérna *fn* thread, (cotton) yarn; **nem bírom** ~**val** I'm losing my temper/patience, I'm at the end of my ropes/tether
cérnagomb *fn* thread-button
cérnahang *fn biz* → **cérnavékony**
cérnakesztyű *fn* cotton gloves *tsz*
cérnametélt *fn* vermicelli
cérnaorsó *fn* cotton reel
cérnaszál *fn* thread; *átv* **egy** ~**on függ** it is hanging by a thread
cérnavékony *mn* ~ **hang** thin piping voice
cérnáz *i* twist [yarn], twine [thread]
cérnázó I. *mn* twisting **II.** *fn [munkás]* doubler, *[gép]* twister
ceruza *fn* pencil; ~ **hegye** point of a/the pencil; ~**t hegyez** sharpen a pencil; ~**val ír** write* in pencil; ~**val beírtam** I've pencilled (it/you) (*US* -l-) in; **írd be** ~**val, s majd később véglegesítjük** pencil it in and we shall confirm it later; → **vastagon**
ceruzabél *fn* lead
ceruzaelem *fn* penlight battery, AA size battery
ceruzahegy *fn* point of a pencil, *[csavaros ceruzába]* refill
ceruzahegyező *fn* pencil sharpener
ceruzarajz *fn* pencil drawing
ceruzavédő *fn* point protector
cesz *fn zene* C flat
cet(hal) *fn áll* whale; → **bálna**
cetli *fn biz* slip (of paper), chit
Ceylon *földr tört* Ceylon; → **Srí Lanka**
ceyloni *mn/fn* Ceylonese, Sinhalese
cézár *fn* Caesar, emperor
cézári *mn* Caesarean, Caesarian (*US* Ces-)
cezarománia *fn* megalomania, delusions of grandeur *tsz*
cezúra *fn* **1.** *irod* caesura (*tsz* -ras v. -rae) **2.** *nyelv* vertical stroke
charta *fn* charter
chartergép *fn rep* charter plane
charterjárat *fn rep* charter flight
Chicago *földr* Chicago
chicagói *mn* Chicago, of Chicago *ut*

C

C

Chile *földr* Chile
chilei *mn/fn* Chilean
chips *fn gaszt* (potato) crisps *tsz*, *US* chips *tsz*
cián *fn* cyanide
ciángáz *fn* cyanogen
ciánkáli *fn* potassium cyanide
ciánkék *mn* cyan (blue)
ciánmérgezés *fn orv* cyanide poisoning
ciánoz *i* fumigate, disinfect (with cyanide)
ciánszennyezés *fn körny* cyanide contamination
cibál *i* tug at, pull, lug, (*vmt*) tug at, pull (at), (*vkt*) pull, drag, haul
cibetmacska *fn* civet
cic! *isz* puss-puss, here, puss(y)!
cica *fn* puss(y)
cicababa *fn biz* sex-kitten
cicamica *fn tréf* pussycat
cicamosdás *fn tréf* a quick wash, a lick and a promise
cicáz|ik *i* **1.** *[évődik]* play about with sy **2.** *[cicajátékot játszik]* play tag
ciceró *fn nyomd* pica
cici *fn tréf* boobs *tsz*
ciciz|ik *i szl* → **cicózik**
cickány *fn* shrew(-mouse°)
cicoma *fn* (superfluous) adornment, (useless) finery, frippery
cicomás *mn* over-adorned, ornamented
cicomáz *i* (over-)adorn, dress up; **~za magát** prink (oneself), trick oneself out, *szl* tart oneself up
cicóz|ik *fn tréf* **nem sokat ~ott** (s)he wasted no time
cicus *fn* **1.** *[cica]* puss(y) **2.** *[vk bec.]* darling, honey, sweetheart
cidri *fn biz* **1.** *[fázás]* shivers *tsz* **2.** *[félelem]* jitters *tsz*, creeps *tsz*
cidriz|ik *i biz* **1.** *[fázik]* shiver with cold **2.** *[fél]* sg gives one the jitters/creeps, have* the jitters (about), have* butterflies in one's stomach
cifra *mn* **1.** *[díszes]* fancy, ornamented, adorned, *pej* flashy, showy, too fancy, gaudy; **~ nyomorúság** genteel poverty **2.** *[különös]* strange, odd; **~ eset** a fine state of affairs, a pretty kettle of fish
cifrálkod|ik *i* trick oneself out, dress flashily
cifraság *fn* **1.** *[művészi]* ornament, adornment **2.** *[tulajdonság]* flashiness, showy character
cifráz *i* trim, adorn, ornament
cifrázat *fn* ornament, decoration
cigány *mn/fn* **1.** *[ember, nép]* gypsy *[mint nép:* Gypsy*]* (*így is írják:* gipsy, Gipsy); **a ~ok, a ~ nép** the Gypsies, the Gipsy people; **~ nyelv** Romany, the language of the Gypsies; **~ul beszél** speak* Romany, speak* the language of the Gypsies; **magyar ~** Tzigane, Hungarian Gypsy/gipsy **2.** *pej* gypsy-like, roguish **3.** → **cigányzenész**, → **roma**
cigányasszony *fn* gypsy woman°
cigánybanda *fn nép* gypsy-band [of musicians]
cigányélet *fn* gypsy/wandering life
cigánygyerek *fn* gypsy child°/boy; **még ha ~ek potyognak is az égből** come hell or high water
cigánykaraván *fn* gypsy caravan
cigányképű *mn* swarthy
cigánykérdés *fn* the gypsy issue/problem
cigánykereket hány *kif* turn cartwheels
cigánykod|ik *i* **1.** *[hízeleg]* flatter, blarney **2.** *[alkudozik]* haggle, *[kunyerál]* cadge
cigányl(e)ány *fn* gypsy girl
cigánylegény *fn* gypsy lad
cigánymeggy *fn növ* Morello cherry
cigánynóta *fn* gypsy tune
cigányos *mn* gypsy-like
cigányoz|ik *i* **1.** ‹amuse oneself to the accompaniment of gypsy music› **2.** ‹insult by calling sy a gypsy›
cigánypecsenye *fn* ‹fried or spit-roasted pork cutlets›
cigányprímás *fn* leader (of a gypsy-band)
cigánypurdé *fn* gypsy child°
cigányputri *fn* (gypsy) hovel/shanty
cigányrajkó *fn* gypsy boy
cigányság *fn* **1.** *ált* the Gypsies *tsz* **2.** *[viselkedés]* gipsy way of life
cigánysor *fn* ‹street of hovels at village-end› gipsy row
cigánytábor *fn* gypsy camp
cigánytanya *fn* → **cigánytábor**
cigányútra ment/tévedt *kif [a falat]* [food, esp. a crumb] went down the wrong way
cigányvajda *fn* gypsy-chief, king of the gypsies
cigányzene *fn* gypsy/tzigane music
cigányzenekar *fn* gypsy-band/orchestra
cigányzenész *fn* gypsy musician, tzigane
cigaretta *fn* cigarette; **~ra gyújt** light* a cigarette; **egyik ~ról a másikra gyújt** be* a chain-smoker, chain-smoke; **hány ~t szívsz el egy nap?** how much (v. how many cigarettes) do you smoke a day?; **~t sodor** roll a cigarette
cigarettacsikk *fn* (cigarette) stub, butt, *biz* fag end
cigarettadoboz *fn* cigarette-case/box
cigarettafüst *fn* cigarette smoke
cigarettapapír *fn* cigarette paper
cigarettaszünet *fn* a break for a smoke, a smoke
cigarettatárca *fn* cigarette-case
cigarettatöltő *fn* cigarette roller
cigarettavég *fn* → **cigarettacsikk**
cigarettáz|ik *i* smoke a cigarette, smoke (cigarettes)
cigi *fn biz* cig(gy), smoke, *GB szl* fag
cigifüst *fn biz* → **cigarettafüst**
cigis *mn biz* smoker
cigiz|ik *i biz* → **cigarettázik**
ciha *fn* pillow-case
cihelőd|ik *i* ‹gather one's things together and dress slowly› prepare to leave
cikáz|ik *i [villám]* flash, zigzag
cikcakk *fn* zigzag
cikcakkos *mn* zigzag(ging), zigzagged
ciki *mn/fn biz* dicey/ticklish/embarrassing situation, a (real) fix
cikiz *i szl biz [megjegyzéseket tesz]* make* cracks/remarks about sy/sg; **Azért, mert nem tetszik az új frizurám, még nem kell ~ni!** Just because you don't like my new hairstyle, there's no need to make cracks about it!
cikk *fn* **1.** *[újságban, folyóiratban]* article, contribution; **~et ír** write* an article; *[hírlapba rendszeresen]* contribute to [a newspaper/magazine] **2.** *[áru]* article, goods *tsz*, wares *tsz* **3.** *[szerződésnek stb. része]* (*röv* **C.**) section, part, *[törvény]* Act of Parliament, *[cikkely]* article/clause/paragraph (of a law); → **körcikk**
cikkely *fn* (*röv* **C.**) paragraph (*röv* **par**), clause (of a law)
cikkez|ik *i* write* articles, contribute to newspapers/magazines etc., *[cikksorozatot közöl]* write*/publish a series of articles (about sg)
cikkíró *fn* author, *[rendszeres]* contributor
cikksorozat *fn* **1.** series of articles (*tsz* ua.) [in a newspaper] **2.** *[állandó rovat]* column
cikkszám *fn* item/article number
ciklámen *fn növ* cyclamen
ciklikus *mn* cyclic(al)
ciklon *fn* cyclone
ciklotron *fn fiz* cyclotron
ciklus *fn* **1.** *ált* cycle **2.** *[előadás]* series, *[vers]* cycle; **Shakespeare-~** Shakespeare-cycle **3.** *[pl. államelnökségé, parlamenté, hivatali stb.]* term; **kitölti (elnöki) ~át** serve one's term (as president)
ciklusos *mn* cyclic(al), recurring in cycles *ut*
cikória *fn növ* chicory
cikóriakávé *fn* chicory coffee
cikornya *fn [stílusban]* bombast, *[épületen]* arabesque, *[zenében]* flourish
cikornyás *mn* bombastic, full of flourishes *ut*
cikornyátlan *mn* unadorned, plain, simple

cilinder *fn* **1.** *[kalap]* top/silk hat, *biz* stovepipe hat **2.** *[lámpáé]* glass/lamp chimney **3.** *[motorhenger, merevlemez]* cylinder
cilinderes *mn* **1.** *[férfi]* tophatted, wearing/in a top hat *ut* **2.** → **hengeres**
cím *fn* **1.** *[lakásé]* address; **megváltozott a ~e** he has changed his address; **szíves tudomására hozom, hogy megváltozott a ~em** Please note I have changed address; **Budavári úr ~én** c/o Mr. B. (*kimondva:* care of...); *infor* **e-mail ~** e-mail address; **internet ~** website **2.** *[állásé, beosztásé]* title, *[rang]* rank, title; **tudományos ~** academic title/rank **3.** *[könyvé, színdarabé stb.]* title, *[újságcikké]* headline, heading, *[egyéb cikké]* title [of the article]; **a könyv ~e 'Bűn és bűnhődés'** the title of the book is (v. the book is entitled) "Crime and Punishment" **4.** *[jogcím]* title; **milyen ~en** by what right?; **vmlyen ~en** by right of; *[ürügyén]* under/on the pretext of [...ing], on the score (of sg); → **bajnoki**
cimbalmos *fn zene* cimbalom player
cimbalmoz *i zene* play (on) the cimbalom
cimbalom *fn zene* cimbalom
cimbalomütő *fn zene* cimbalom stick/beater
címbetű *fn* title letter
címbitorlás *fn* usurpation of a title
cimbora *fn* fellow, companion, *[bűnözőé]* accomplice, partner in crime
cimborál *i* fraternize (with), associate (with)
cimboraság *fn* companionship, comradeship
címer *fn [nemesi; városé, egyetemé stb.]* coat of arms, shield; **családi ~** family crest (v. coat-of-arms); **nemzeti ~** the arms of [a nation] *tsz*
címerállat *fn* heraldic animal
címeres *mn* escutcheoned; **~ gazember** thoroughgoing (v. out-and-out) villain/rogue
címerpajzs *fn* shield (with coat of arms), armorial bearings *tsz*, escutcheon
címertan *fn* heraldry
cimet *fn elav [fahéj]* cinnamon
címez *i* **1.** (*vmt vknek*) address/direct [a letter etc.] to sy **2.** (*vkt vmnek*) style/title sy sg, address sy as sg
címezetlen *fn* unaddressed
címfej *fn [újságban, könyvben]* headline
címfelirat *fn [újságé]* headline
címfestő *fn* sign-writer/painter
címhajhászás *fn* mania for titles, title-hunting, snobbery
címjegyzék *fn* directory, *[akik rendszeresen kapnak árjegyzéket stb.]* mailing list; **központi ~** *[könyvtári]* union catalogue (*US* -log)
címke *fn* label, tag, sticker, *[poggyászon]* luggage label, *[árun]* tag, docket; **~vel ellát** label (*US* -l) sg; → **címkéz**
címkép *fn* cover picture/photograph
címkéz *i* label (*US* -l) (sg), attach a label to sg, put*/tie a label (v. labels) on sg
címkóros *mn* title-hunting, snobbish
címkórság *fn* mania for titles, snobbery
címlap *fn [könyvé]* title page, *[újságé, folyóiraté]* front-page
címlapsztori *fn* cover story
címlet *fn* denomination; **1000 Ft-os ~ekben** in 1000 forint notes; **milyen ~ekben kéri?** how would you like the money?, what notes would you like?
címoldal *fn* title page
cimpa *fn* → **fülcimpa**, → **orrcimpa**
címpéldány *fn gazd* → **aláírási**
címsor *fn nyomd* headline, title row
címszalag *fn* (newspaper) wrapper
címszerep *fn* title role
címszereplő *fn* (actor playing the) title role
címszó *fn [szótári]* headword
címtábla *fn* sign(board), nameplate
címtár *fn* directory
című *mn* (*röv* **c.**); **~ könyv** a book entitled ...; **a Szemantika ~ könyvben** in the book entitled "Semantics" (v. with the title "Semantics")
címváltozás *fn* change of address
címvédő *fn sp* title holder
címzés *fn* **1.** *[levélen]* address **2.** *[folyamat]* addressing
címzetes *fn* (*röv* **c.**) titular (*röv* **tit.**), honorary (*röv* **hon.**); **~ egyetemi tanár** titular/honorary professor
címzett I. *fn [levélé]* addressee **II.** *mn* **a hozzám ~ levél** the letter addressed to me; **az 'Arany Bikához' ~ szálloda** the hotel "Arany Bika"
cin *fn* tin
cincál *i biz* take* apart, take* to pieces
cincér *fn áll* capricorn beetle
cincog *i* **1.** *[egér]* squeak; **(ha) nincs otthon a macska, ~nak az egerek** when the cat's away, the mice will play **2.** *[hegedűn]* scrape, rasp on [one's violin]
cincogás *fn* **1.** *[egéré]* squeak(ing) **2.** *[hegedűn]* scraping, rasping
cinege I. *fn áll* titmouse°, tit, *GB* tomtit; → **fenyvescinege**, → **kékcinege**, → **széncinege II.** *mn* → **cingár**
cinegelábú *mn* thin/sparrow-legged
cinez *i* tinplate, tin, coat with tin
cingár *mn* slight, lean, thin
cingulus *fn vall* surcingle, (priest's) girdle
cinikus I. *mn* cynical **II.** *fn* cynic
cinizmus *fn* cynicism
cink *fn* zinc
cinke *fn* → **cinege I**
cinkel *i szl [kártyát]* mark, nick [playing cards for cheating], *[játékkockát]* load [dice]
cinkérc *fn* zinc ore, ore of zinc
cinkkenőcs *fn* zinc ointment
cinkográfia *fn* zincography
cinkográfus *fn* zincographer
cinkos I. *fn* accomplice, accessory; **~a vknek** be* in league with sy **II.** *mn* conspiratorial [smile etc.]
cinkostárs *fn* → **cinkos I**
cinóber(piros/-vörös) *fn/mn* vermilion, cinnabar
cintányér *fn zene* cymbal(s)
cinterem *fn elav* churchyard
cionista *mn/fn* Zionist
cionizmus *fn* Zionism
cipeked|ik *i* carry/haul heavy loads, drag, lug
cipel *i* carry, *[nehezet]* drug, lug, *biz* tote; **magával ~** lug along
cipellő *fn* (little) shoe, slipper
cipész *fn* shoemaker, bootmaker, cobbler
cipészet *fn* shoemaking
cipészinas *fn* shoemaker's apprentice
cipészmesterség *fn* shoemaker's trade, shoemaking
cipészműhely *fn* shoemaker's shop
cipó *fn* loaf° [of bread]
cipő *fn [fél]* shoes, *[fűzős]* lace-up boots/shoes, *[magas]* boots (*mindegyik: tsz*); **a ~ töri a lábát** the shoes rub one's feet; **~t húz** put* on (one's) shoes/boots; **~t levet** take* off (one's) shoes/boots; **vettem egy ~t** I've bought a pair of shoes; *kif* **egy ~ben járnak** they are in the same boat
cipőbolt *fn* shoe/boot shop (*US* store), *[feliratként]* shoes
cipőbőr *fn* shoe-leather
cipőfelsőrész *fn* upper(s), vamp
cipőfűző *fn többnyire tsz* shoelace, bootlace, lace, *US* shoestring; **kösd meg a ~det** tie your (shoe)laces
cipőgyár *fn* boot and shoe factory
cipőhúzó *fn* **1.** *[kanál]* shoe-horn **2.** *[fül]* pull-on strap [of boots], tab, *US* bootstrap
cipőjavítás *fn* shoe repair(s)
cipőjavító *fn* shoe repairer, *[üzlet]* shoe repair(s)
cipőkanál *fn* shoe-horn
cipőkefe *fn* shoe/boot brush
cipőkrém *fn* shoe/boot cream/polish, *[fekete]* blacking
cipőméret *fn* **8-as ~** shoe size 8

cipőosztály *fn [áruházban felirat]* shoes, footwear
cipőpaszta *fn* → **cipőkrém**
cipőpertli *fn* → **cipőfűző**
cipőpucoló *fn biz* → **cipőtisztító**
cipősarok *fn* shoe/boot heel
cipőtalp *fn* sole
cipőtalpalás *fn* shoe-soling, soling
cipőtisztítás *fn* shoeshine
cipőtisztító *fn* shoeblack, bootblack
cipőüzlet *fn* shoe/boot shop (v. *US* store)
cipőzsinór *fn* → **cipőfűző**
ciprus *fn* cypress
Ciprus *földr* Cyprus
ciprusi *mn/fn* Cyprian, *[ember]* Cypriot
cipzár *fn* zip (fastener), *US* zipper; **~ját kinyitja vmnek** unzip sg; **behúzza a ~ját vmnek** zip (up) sg; **húzd be a dzsekid ~ját!** zip your jacket up; **nálatok ~ van?** *[nem ajtó]* you must have been born in a barn
cipzáras *mn* zip-up [jacket/bag etc.]
ciráda *fn* ornament, adornment
cirádás *mn* decorated, ornamental
cirbolyafenyő *fn* cembra pine
cirill *mn* Cyrillic; **~ (betűs) írás, ~ ábécé** Cyrillic alphabet/script
ciripel *i* **1.** *[tücsök]* chirr, chirp **2.** *(vk)* chirp
cirka *hsz biz* about, approximately, roughly
cirkál *i [hajó]* cruise; **a rendőrség ~ a városban** the police are patrolling the town
cirkálás *fn [hajóé]* cruising, cruise, *[rendőrségé]* patrol(ling)
cirkalmas *mn* intricate, sinuous, rambling
cirkáló I. *mn* cruising **II.** *fn [hajó]* cruiser
cirkálórakéta *fn kat* cruise missile
cirkó *fn bec* → **cirkogejzír**
cirkófűtés *fn* → **cirkogejzír**
cirkogejzír *fn* gas-fired boiler [for central heating], geyser
cirkuláció *fn* circulation, circuit
cirkulál *i* circulate
cirkusz *fn* **1.** *[sátor és előadás]* circus **2.** *átv biz* a fuss/scene; **ne csinálj ~t!** don't make (such) a fuss/scene!; → **kész**
cirkuszi *mn* of circus *ut*, circus; **~ mutatvány(ok)** stunts *tsz*, acrobatics *tsz*; **~ sátor** big top
cirkuszol, cirkuszoz|ik *i biz* make* a fuss, be* making scenes, act up
cirmos I. *mn [csíkos]* streaked, striped; **~ cica** tabby-cat **II.** *fn* tabby(-cat)
cirógat *i (vkt)* fondle, pet, caress, *[állatot]* stroke, fondle
cirok *fn* broomcorn, sorghum
cirokseprű *fn* broom
cirpel *i* → **ciripel**
cisz *fn zene* C sharp; **C~-dúr** C sharp major; **~-moll** C sharp minor
ciszta *fn orv* cyst
ciszercita *mn/fn vall* Cistercian
ciszterna *fn* cistern
citadella *fn* citadel, fort(ress)
citál *i* **1.** *[szövegrészt]* quote, cite, adduce **2.** *(vhova)* summon to
citátum *fn* quotation, citation
citera *fn* zither
citeráz|ik *i* **1.** *[hangszeren]* play (on) the zither **2.** *biz [remeg]* quake, tremble [with fear]
citrom *fn* lemon → **kifacsart**
citromfa *fn* lemon (tree)
citromfacsaró *fn* → **citromnyomó**
citromfű *fn növ* lemon balm
citromhéj *fn* lemon peel
citromízű *mn* lemon(-flavoured) *US* (-flavored)
citromlé *fn* lemon juice
citromnyomó *fn* lemon squeezer (v. *US* juicer)
citromolaj *fn* lemon oil
citromos *mn* **~ tea** lemon tea
citrompótló *fn* substitute lemon
citromsárga *mn* lemon (yellow)
citromsármány *fn áll [madár]* yellowhammer
citromsav *fn kém* citric acid
citromszelet *fn* slice of lemon
citrusfélék *fn növ* citruses
civakodás *fn* wrangling, bickering, quarrel
civakod|ik *i* wrangle, bicker, quarrel (*US* -l)
civil I. *mn* civilian [life, profession, clothes]; **~ kezdeményezések** civil initiatives; **~ kontroll** civil control; **~ mozgalom** civil movement; *jog* **~ szervezetek** *[egyesület, alapítvány stb.]* civil organizations/institutions; **~ szerveződések** civil organizations; **~ szféra** civil sphere; **~ társadalom** civil society **II.** *fn* **1.** *[személy]* civilian **2. ~ben** (i) *[~ ruhában]* in civilian clothes (ii) *átv [magánéletben]* in civilian life
civilizáció *fn* civilization
civilizációs *mn* **~ betegség/ártalmak** the ills/evils of civilization
civilizál *i* civilize
civilizálatlan *mn* uncivilised
civilizálód|ik *i* become*/get* civilized
civilizált *mn* civilized, refined
civilruha *fn* civilian clothes *tsz*
civódás *fn* → **civakodás**
civód|ik *i* → **civakodik**
cizellál *i* **1.** *[fémet]* chase [surface of metal] **2.** *[stílust]* polish [style]
cl *röv* → **centiliter**
clevelandi *fn* Clevelander
cm *röv* → **centiméter**
cm² *röv* → **négyzetcentiméter**
cm³ *röv* → **köbcentiméter**
c-moll *fn zene* C-minor
coboly *fn áll* sable
coca *fn biz* grunter, piggy(-wiggy)
cókmók *fn* (one's) stuff, (one's) things *tsz*, one's bits and pieces *tsz*, one's goods and chattels *tsz*; **~jával együtt** bag and baggage
col *fn* inch
Colorado *földr* Colorado
coloradói *mn/fn* Colorad(o)an
colos *mn* tall; *szl kif* be* a beanpole
colstok *fn* folding/zigzag rule
Columbia *földr* Columbia
columbiai *mn/fn* Columbian
comb *fn* **1.** *[emberé]* thigh **2.** *[állaté, mint táplálék]* leg [of pork/veal/beef/mutton etc.], *[sertés]* ham, *[borjú, szárnyas, birka]* leg
combcsont *fn orv* femur (*tsz* femora *is*), thighbone
combizom *fn orv* femoral muscle
combnyaktörés *fn orv* fracture of the femoral neck
Cook-szigetek *földr* Cook Islands
copf *fn* plait, pigtail, *US* braid
copfos *mn* pigtailed, having a plait/braid *ut*
córesz *fn szl* trouble, bummer, hassle
corvina *fn* ‹codex (*tsz* codices) from the library of King Matthias of Hungary in the 15th century› Corvina [of King Matthias]
Corvina *fn tört [Mátyás király könyvtára]* ‹the library of King Matthias› Bibliotheca Corvina
cos *röv* → **koszinusz**
Costa Rica *földr* Costa Rica
Costa Rica-i *mn/fn* Costa Rican
countryzene *fn* country music
cowboyfilm *fn* Western film (*US* movie), western, horse opera
cölibátus *fn* celibacy
cölöp *fn* stake, pile, post, pale, pole; **~öt ver** drive* (in) piles

cölöpépítmény, -ház *fn* pile-dwelling, house on stilts, lake-dwelling
cölöphíd *fn* pile bridge
cölöpöz *i* → **cölöpöt ver**
cölöpverő *fn* pile-driver
cövek *fn* peg, spike, pin, plug; **áll, mint a ~** stand* straight
cövekel *i* peg, pin, fasten with pegs
ctg *röv* → **kotangens**
cucc *fn biz* (one's) stuff, (one's) things; **az összes ~ával együtt** bag and baggage; → **cókmók**
cucli *fn* dummy, *US* pacifier, *[üvegen]* teat, *US főleg:* nipple
cuclisüveg *fn* feeding bottle
cucliz|ik *i [cuclit szopogat]* suck (on) a dummy, *[cuclisüvegből szop]* suck (on) a feeding bottle
cudar *mn* (*vk*) rascally, villainous, wicked, beastly, *[dolog]* dreadful, appalling
cúg *fn* **1.** *[huzat]* draught (of air) **2.** *[ivásnál]* draught, drink; **jó ~ja van** *biz* he can really knock it back; **egy ~ra kiitta** downed it in one (go)
cúgos *mn* **1. ~ cipő** elastic-sided boots **2.** → **huzatos**
cuki *mn biz* **1.** *[nő]* cute **2.** → **cukrászda**
cukkini *fn növ* courgette *US* zucchini
cukkol *i biz* banter
cukor *fn* **1.** sugar; **~ral behint/beszór** sprinkle/dust with sugar; **nem vagyok ~ból** I shan't melt **2.** *[kockacukor]* lump (of sugar); **hány ~ral iszod a kávét?** how many lumps do you take in your coffee?
cukorbaj *fn orv* diabetes
cukorbajos *mn/fn* → **cukorbeteg**
cukorbeteg *mn/fn orv* diabetic
cukorbevonat *fn* icing, frosting; **~ú** sugar-coated
cukorborsó *fn* sugar-pea
cukordinnye *fn* musk-melon, cantaloup (*US* -loupe), honeydew melon
cukorfalat *fn biz* sweetie
cukorfejadag *fn* sugar ration
cukorfinomítás *fn* sugar refining
cukorfogó *fn* sugar tongs *tsz*
cukorfogyasztás *fn* sugar consumption
cukorgyár *fn* sugar works *esz* v. *tsz*, sugar factory
cukorjegy *fn* sugar rations *tsz*
cukorka *fn* sweet, sweets *tsz*, *US* candy
cukormáz *fn* icing, *főleg: US* frosting; **~zal bevont torta** cake topped with icing
cukormentes *mn* sugar-free
cukornád *fn* sugar-cane
cukorpótló *fn* (artificial) sweetener
cukorrépa *fn* sugar-beet
cukorsüveg *fn* sugar-loaf°
cukorszóró *fn* sugar-dredger/castor
cukortartalmú *mn* containing sugar *ut*
cukortartalom *fn* sugar content
cukortartó *fn* sugar-basin, sugar-bowl
cukrász *fn* confectioner, pastrycook
cukrászat *fn* **1.** *[szakma]* confectioner's trade/business **2.** *[üzlet]* confectioner's (shop)
cukrászda *fn* confectioner's (shop), *US* candy store/shop
cukrászsütemény(ek) *fn* pastry, pastries *tsz*, (fancy) cakes *tsz*, confectionery
cukros I. *mn [cukrozott]* sweetened, sugared, sweet; *biz* **~ bácsi** paedophile (*US* ped-) [attracted by young girls] **II.** *fn biz* → **cukorbeteg**
cukroz *i* sugar, sweeten
cukrozott *mn* sugared, sweetened, *[gyümölcs]* candied; **~ gyümölcs** candied/glacé fruit
cumi *fn* → **cucli**
cumisüveg *fn* → **cuclisüveg**
cumiz|ik *i biz* → **cuclizik**
cumó *fn szl* → **cucc**
cuppan *i [csók]* smack → **cuppant**
cuppanós *mn* **~ puszi** smack, *biz* smacker
cuppant, cuppog *i [cuppanó hangot ad]* make* a smacking/sucking sound, *[sár]* squelch; **cuppant a szájával** smack one's lips
cuppogós *mn [sár]* squelchy, squelching
curukk! *isz* back up!
curukkol *i [ló]* back up; → **hátrál**
cvekedli *fn biz* **káposztás ~** cabbage pasta
cvikker *fn* pince-nez
C-vitamin *fn* vitamin C, ascorbic acid

Cs

Cs, **cs** *fn [betű]* (the digraph) Cs, cs
Csaba *tul* ‹Hungarian masculine given name›
csábít *i* (al)lure, attract, entice; **bűnre ~** tempt to evil/sin; **vkt vhova ~** persuade sy to go swhere
csábítás *fn* allurement, temptation, seduction
csábító I. *mn* alluring, tempting, attractive, seductive; **~ ajánlat** tempting offer **II.** *fn [férfi]* seducer, *[nő]* temptress, seductress, vamp
csábos *mn* tempting, alluring, attractive
csábul *i* be* tempted/seduced, give* in to temptation
csacsacsa *fn zene* cha-cha(-cha)
csacsi I. *mn* silly, foolish **II.** *fn* **1.** *[szamár]* donkey, young ass **2.** *átv* little ass/fool; **ne légy ~!** don't be silly!
csacsiság *fn* foolishness; **(nagy) ~ volt** *[amit tett]* it was a stupid thing to do; **~ot mond** say sg silly
csacsiskod|ik *i* be* silly, do*/say* silly things; **ne ~j!** don't be silly!, stop being silly!
csacska *mn* chattering, prattling
csacskaság *fn* **~okat mond** talk nonsense
csacsog *i* prate, prattle, chatter
csacsogás *fn* prate, prattle, chatter(ing)
csád *mn/fn* Chadian
Csád *földr* Chad
csador *fn* chador, chadar, chuddar
csahol *i* bark, bay, yelp
csaholás *fn* bark(ing), bay(ing), yelp(ing)
csahos *mn* **~ kutya** a good barker
csaj *fn szl* woman°, girl, lass; **ügyes kis ~** *főleg: US* cutie
csajka *fn kat* mess-tin, canteen
csajoz|ik *i szl* flirt, womanize, philander
csak *hsz* **1.** *[csupán]* only, merely, alone; **már ~ ennyi van** *[pl. szalámiból]* this is all that's left [of the salami]; **~ annyit mondtam, hogy** all I said was that; **~ én vagyok itthon** I am the only one at home (v. in); **~ hárman vagyunk** there are only (the) three of us; **~ ő beszélt** *[az egész idő alatt]* he did all the talking; **~ egy hétre jön** he's only coming for (v. staying) a week; **~ egyedül jött?** did he come alone?; **nem lehet ~ kenyéren élni** you can't live on bread alone; **~ akkor jövök/megyek, ha hívtok** I'll only come/go if I'm invited; **nem megyek, ~ ha velem jössz** I won't go unless you come with me; **hiszen ~ tegnap** (it was) only yesterday; **mintha ~ tegnap történt volna** (it seems) as if it (had) happened only yesterday; **már ~ azért is/sem** for the very reason, if only because; **~ azt nem értem,** … the only thing I don't understand is … **2.** *[nyomósítás]* just, only; **éppen ~** *[alig]* hardly; **épp(en) ~ letettem a kabátomat, amikor** … hardly had I taken off my coat when …(v. no sooner … than …); **éppen ~ hogy elég** only just enough; **~ úgy özönlött a nép** … the people just came streaming in; **~ úgy szakadt az eső** it was pouring with rain **3.** *[óhajtás]* if only; **~ jönne már!** if he would only come!; **~ itt lenne már!** I wish he were here; **majd ~ lesz valahogy** we'll manage somehow **4.** *[ellenkezés, tagadás]* **~ semmi izgalom!** take it easy!; **~ kell itt vm hibának lennie** there must surely be some mistake here; **~ azért is!** for all that, notwithstanding; **még ~ az kellene!** what next?, that's all we need!; **azért ~ eljött** he did come to me, and come he did **5.** *[csodálkozás, meglepetés]* **ezt ~ tudod?** surely you know that?; **~ nem akarsz elmenni?** you are not going yet, are you?; **~ nem?** *[csakugyan?]* really?; **no nézzük/lássuk ~?** let me see(, now,) **6.** *[bátorítás]* **~ előre!** forward!, go/carry on!; on you go!; **menjen ~!** you just go (away); **olvasd ~ el** (you) just read it; **folytassa ~!** carry on!, go on! **7.** *[„miért"-re adott dacos válasz]* **~!** (just) because! **8.** *[vonatkozó névmás, határozószó után]* **aki ~** whoever; **ami(tő) ~** whatever; **ahol ~** wherever; **nem felejti, amíg ~ él** he/she won't forget it/him/her as long as he lives
csákány *fn* **1.** *[szerszám]* pickaxe, *US* pickax **2.** *[sífelvonóé]* T-bar
csákánykapa *fn* mattock
csákányos *mn* **~ (sí)lift** T-bar lift
csákányoz *i* pick(axe)
csak-csak *hsz* so-so, middling
csakhamar *hsz* soon, before long
csakhogy I. *ksz [ellenkezés]* however, but (then); **ez igaz, ~ nem fogják elhinni** this is true but they (just) won't believe it; **~ ez igen nehéz** but this is very difficult **II.** *hsz* (végre) at last!, thank Heaven!; **~ hazaérkeztünk!** (at) home at last!; → **csak**
csakis *hsz* **1.** *[csupán]* only, alone, merely, solely, none but; **ez ~ neki köszönhető** it's thanks to him and him alone (that); **~ abban az esetben** only if **2.** *[hogyne]* surely, certainly
csakliz *i biz [csen]* filch, pinch, snatch
csáklya *fn* grappling hook/iron, *[hajósé]* boat-hook, barge-pole
csáklyás *fn* pickman°, *GB* navvy; **öreg ~** old diehard
csáklyáz *i* grapple
csaknem *hsz* almost, nearly; **~ lehetetlen feladat volt** it was an all but impossible task
csákó *fn* shako (*tsz* shakos v. shakoes)
csákós *mn* shakoed, wearing a shako *ut*
csakúgy *hsz [ugyanúgy]* in the same way; **~ mint** just as (much as); → **csak**
csakugyan *hsz* **1.** *[erősítés]* really, indeed; **~ eljössz?** will you really come?; **~ elment** he has really gone, he has indeed gone; **~ ez lesz a legjobb megoldás** this is indeed the best solution **2.** *[kételkedő kérdés]* is that so?; **Megérkezett. – Cs~?** He's arrived. – Really?/He has, has he?
csal *i* **1.** cheat, swindle, humbug; **játékban/kártyában ~** swindle/cheat in play/at cards; **ha az emlékezetem nem ~** unless I am (very much) mistaken, as far as I can remember **2. ~ja a feleségét** is unfaithful to his wife, is cheating on his wife **3.** (*vkt vhová*) lure sy swhere
család *fn* **1.** *ált* family, *[uralkodói]* dynasty; **(a) ~om** my family *[esz ha az egészre, tsz ha tagjaira gondolunk]*; *biz* my people *tsz*, *US* my folks *tsz*; **~om (minden tagja) korán kelő** my family are all early risers; **a férjem/feleségem ~ja** my parents-in-law *tsz*; *biz* my in-laws *tsz*; **megesik/előfordul a legjobb ~ban is** it may happen/occur in the best (regulated) families; **~ot alapít** start/establish a family **2.** *nép [gyermek]* child°; **van ~od?** have you any family/children?; **három ~om van** I have got three children **3.** *növ áll* family → **családvédelem**
családalapítás *fn* founding (of) a family, starting a family
családalapító *fn* founder of a/the family
családanya *fn* mother of a/the family; **háromgyermekes ~** mother of three; **(főfoglalkozású) ~** housewife
családapa *fn* father of a/the family; **sokgyermekes ~** a family man°
családegyesítés *fn* reuniting families
családfa *fn* family tree, pedigree
családfakutatás *fn* genealogy
családfenntartó *fn* breadwinner
családfő *fn* head of a/the family
családi *mn* family, home, domestic; **~ állapot(a)** marital status; **~ bútor** heirloom; **~ élet** family/home life; **~ gazdaság** family farm/homestead; **~ ház** house, home; *[nagyobb]* (family) residence; **~ kirándulás** family trip; **~**

kör family/domestic circle; ~ **név** surname, family name; ~ **ok miatt** for family/private reasons; ~ **örökség** (i) *[pl. bútor]* family heirloom (ii) *átv [pl. betegség] kif* heredity, familial disease, it runs in the family, it's a familial disease; ~ **szégyenfolt** skeleton in the cupboard; ~ **pótlék** family allowance, child benefit; ~ **tűzhely** home, hearth; ~ **ügy** family affair; ~ **vonás (nála)** a family trait; *kif* it runs in the family

családias *mn* familiar, homely; ~ **légkör** atmosphere of intimacy, family atmosphere; **~an** without ceremony

családjog *fn* family law

családlátogatás *fn* home visit

családmodell *fn* family model

családnév *fn* surname, family name

családorvos *fn* family doctor, general practitioner (*röv* **GP**)

családos *mn* having/with a family *ut*; ~ **ember** family man°

családpolitika *fn* family policy

családregény *fn* saga

családsegítő *mn* ~ **központ** family counselling centre (*US* center)

családszerető *mn* ~ **ember** family man°

családtag *fn* member of a/the family; **~nak számít** (s)he is one of the family

családtalan *mn* single

családtervezés *fn* family planning

családtörténet *fn* genealogy

családvédelem *fn* protection of families, family protection

csalafinta *mn* crafty, sly, cunning, artful

csalafintaság *fn* craftiness, wile, cunning, deceit, guile

Csalagút *tul biz [a Calais-Dover alagút]* the Chunnel, the Channel Tunnel

csalamádé *fn* **1.** *növ* (leaves *tsz* of) green maize **2.** *[savanyúság] kb.* mixed pickles *tsz*

csalán *fn növ* (stinging-)nettle

csaláncsípés *fn* nettle sting

csalánkiütés *fn orv* nettle-rash

csalárd *mn* false, deceitful, fraudulent; ~ **módon** fraudulently

csalárdság *fn* fraudulence, deceit

csalás *fn* **1.** *[cselekvés]* cheating, deceiving, *[esete]* deceit, deception, fraud, *[játékban]* swindle; **micsoda ~!** what a sell! **2.** *jog* fraud, swindle; **~t követ el** commit a fraud; **~sal** by fraud, by fraudulent means

csalatkoz|ik *i* → **csalódik**

csálé *mn* → **ferde**

csalékony *mn* → **csalóka**

csalétek *fn* **1.** lure, *[halnak]* bait; **bekapja a csalétket** swallow (v. rise* to) the bait **2.** *átv* decoy

csalfa *mn* false, deceitful, perfidious

csalfaság *fn* deceitfulness, perfidy, falseness

csalhatatlan *mn* infallible; ~ **tekintély** unquestionable authority

csalhatatlanság *fn* infallibility

csali *fn [halnak]* bait

csalihal *fn* live-bait

csalimadár *fn* decoy

csalit *fn* thicket, copse, coppice

csalitos I. *mn* shrubby, bushy **II.** *fn* thicket, copse, coppice

csaló I. *mn* **1.** *[érzékelésben]* deceptive, illusory **2.** *[erkölcsileg]* deceitful, fraudulent **II.** *fn* deceiver, cheat, fraud, swindler, *[játékban]* trickster, sharper

csalódás *fn* **1.** *[érzelmi]* disappointment (in/with); ~ **volt számunkra** (*vk*) (s)he has been a disappointment to us; ~ **volt számunkra, amikor hallottuk, hogy nem jöhet** we were disappointed to hear that (s)he could not come; **sok ~ érte** (s)he suffered many disappointments (in sg); **~t okoz vknek** be* a disappointment to sy, disappoint sy; **nem szeretném, ha ~t okoznál neki** I wouldn't like you to let him/her down **2.** *[érzéki]* delusion, illusion; → **optikai**

csalód|ik *i* **1.** be* disappointed (*vkben* in/with sy, *vmben* at/in sg); **~tam, amikor nem találtam otthon Pétert** I was disappointed at not finding (v. not to find) Peter at home; **~tam benned** I'm disappointed with you; **kellemesen ~ik** be* pleasantly surprised **2.** *[téved vmben]* be* mistaken in sg, be* deluded with/by sg; **ha nem ~om** unless I am (very much) mistaken

csalódott *mn* disappointed (*vm miatt* about sg, *vmben* in/at sg, *vkben* with sy), *[kiábrándult]* disillusioned

csalódottság *fn* disappointment

csalogány *fn* nightingale

csalogat *i* (*vmvel*) entice, (al)lure, tempt

csalogató *mn* (al)luring, enticing, tempting

csalóka *mn* deceptive, delusive, illusory

csámcsog *i* champ, munch (away at sg), eat* noisily; *átv* (*vmn*) revel in

csámcsogás *fn* noisy chewing/munching

csámpás *mn* knock-kneed, club-footed, *átv* clumsy

csángó *fn* ‹Hungarian-speaking native of Moldavia›

csánk *fn [pl. lóé]* hock

csaó *msz* ciao

csap[1] *i* **1.** *[üt]* strike*, hit*, slap, swipe; **az asztalra ~** bang/hit* the table; **a homlokára ~ott** he struck his forehead; **a lángok felfelé ~tak** the flames shot upwards/heavenwards; **magasra ~tak az indulatok (körülötte)** people had heated emotions (v. strong feelings) about it, feelings ran high; **a villám a házba ~ott** the house was struck by lightning **2.** *[dob]* throw*, fling*, hurl, cast* **3.** *szl [csen]* pinch, nick; → **botrány**, → **lakoma**, → **szél**[1]

csap[2] *fn* **1.** *[folyadéknak]* tap, *US* faucet, *[hordóé]* spigot; **~ra üt/ver** *[hordót]* broach, tap [a barrel]; **~ot kinyit** turn on the tap; **~ot elzár** turn off the tap; **otthagyott ~ot, papot** he dropped everything and disappeared **2.** *[fakötés]* peg, pin, tenon, spigot

csáp *fn [rovaré]* feeler; **kinyújtja a ~jait vm/vk felé** *átv* ‹try to obtain sg/sy by underhand means›

csapa *fn [állaté]* trail, track

csapadék *fn* **1.** *[eső]* rainfall; **az évi ~ ... mm** the mean yearly/annual rainfall is ... mm; **~ban gazdag** with heavy rainfall *ut*, rainy **2.** *kém* precipitate, precipitation

csapadékeloszlás *fn* distribution of rainfall

csapadékképződés *fn* precipitation

csapadékmentes *mn* rainless

csapadékmennyiség *fn* precipitation

csapadékmérő *fn* rain-gauge (*US* -gage)

csapadékos *mn* wet, rainy

csapadékszegény *mn* rainless, meagre/scanty in rainfall *ut*

csapadékvíz *fn* water from precipitation

csapágy *fn* bearing

csapágyfém *fn* bearing/Babbit metal

csapás[1] *fn* **1.** *[ütés]* stroke, blow, hit, slap; **egy ~ra/~sal** at a/one stroke/dash/sweep, at one blow **2.** *kat* strike; **súlyos ~t mér az ellenségre** deal* the enemy a heavy blow **3.** *[természeti]* calamity, misfortune, natural disaster, *[embert érő]* blow; **egyik ~ a másik után érte** he suffered blow after blow; **nagy ~ volt számára** it was a great blow to him/her; **ez egy (igazi) ~** *[olyan rossz]* it's a (real) disaster/tragedy

csapás[2] *fn [ösvény]* path, track, trail

csapásirány *fn* path, course, direction

csapásmérő *mn kat* ~ **fegyverek** offensive weapons

csapat *fn* **1.** *ált* troop, band, *kat* troop; *[cserkész]* troop; **a ~ élén** in the van(guard) **2.** *sp* team, *[futball így is:]* eleven; **a ~ színei** the colours (*US* -ors); **~ot állít össze** field a team **3.** *[kutatóké stb.]* team

csapatbajnokság *fn* team championship(s)

csapatcsökkentés *fn kat* pull-back

csapatgyűlés *fn [cserkész stb.]* troop meeting

csapatjáték *fn* team game, *[mint elv]* teamwork

Cs

csapatkapitány *fn* captain (of the team), skipper
csapatkiegészítés *fn kat* reinforcement
csapatkivonás *fn kat* withdrawal (of troops/forces), pullback
csapatmunka *fn* teamwork
csapatnem *fn* branch/arm of service
csapatosan *hsz [emberek]* in troops/bands/gangs, *[állatok]* in flocks/herds; **~ járnak** go* around in gangs
csapatostul *hsz* in herds/gangs; → **csapatosan**
csapatösszeállítás *fn [eljárás]* forming/picking a team, *[alakulat]* arrangement, *[futball]* lineup
csapatösszevonás *fn* concentration of troops
csapatparancsnok *fn* commander of the troop, troop commander; group leader
csapatszállítás *fn* transport (of troops)
csapatszállító *mn* **~ hajó/repülőgép** troop carrier
csapatszellem *fn* team spirit
csapatszemle *fn* review/parade/muster of troops; **~t tart** review troops, hold* a review
csapattest *fn* unit, corps, body of troops
csapattiszt *fn* company officer
csapatverseny *fn* team competition
csapatvezető *fn [cserkész]* troop leader
csapatzászló *fn* company/team/troop flag
csapáz *i [állatot]* track, trail (by footprints), *[kutya]* follow the trail of sg, scent
csapda *fn* trap, snare, *[csak átv]* pitfall; **~t állít** lay*/set* a trap/snare; **beleesik a ~ba** fall* into a trap; **~val fog** trap, snare, catch* sg in a trap; **saját ~jába esik** be* caught in one's own trap
csapdos *i* lash, beat* about; **eső ~sa az ablaktáblákat** rain lashes the windowpanes; → **csapkod**
csapkod *i* beat*, lash, flap, *[ajtót]* slam, bang, *[szárnyával]* flutter
csapkodás *fn* beating (about), lashing
csaplyuk *fn [vésett]* mortise, pin-hole
csapnivaló *mn* execrable, atrocious; **~an rossz** appalling(ly bad)
csapó *fn film* clapper(board)
csapóajtó *fn* **1.** *[pince fölött]* trap-door **2.** *[lengő]* swing door
csapóasztal *fn [vasúti kocsiban]* folding/foldaway table
csapodár *mn* fickle, inconstant
csapodárság *fn* fickleness, inconstancy
csapód|ik *i [ajtó]* close, slam, shut* with a bang, *[tárgy vmnek]* bang into/on/against sg, *[lövedék a falba]* smash into
csapóhíd *fn* drawbridge
csapol *i* **1.** *[folyadékot, hordót]* tap, *[sört, bort és orv]* draw* off **2.** *[kohászatban]* draw* off [the metal]
csapolás *fn* **1.** *[folyadéké]* tapping, drawing (off) **2.** *[kohászat]* discharge **3.** *orv* drawing off
csapólétra *fn* folding/jointed ladder
csapolt *mn* **~ sör** draught beer, beer on draught; **frissen ~** new-drawn
csapong *i* **1.** *[röpköd]* flit, flutter about, *[kószál]* rove **2.** *[beszédben]* ramble, wander, digress; **képzelete szabadon ~** his fancy wanders/rambles freely
csapongás *fn [beszédben]* digression, *[képzeleté]* flight of fancy
csapórács *fn [várkapun]* portcullis
csapos I. *fn* bartender, barman° **II.** *mn [asztalosmunkában]* **~ kötés** pin/dowel joint, mortising
csaposlegény *fn* bartender, potboy
csapószék *fn [lehajtható ülés]* tip-up seat, folding seat
csapott *mn* **~ célgömb** medium sight; **egy ~ kanállal** a level spoonful; **~ szárnyú** *[repülőgép]* delta-wing(ed); **~ váll** sloping shoulders *tsz*; **~ vállú** round-shouldered, with drooping shoulders
csapóvas *fn [csapda]* (iron) trap
csapoz *i* tenon, mortise
csappan *i* decrease, fall* (off)
csappantyú *fn* **1.** *[szelep]* clack-valve **2.** *[lövedékben]* percussion/firing-cap, capsule
csapszeg *fn* bolt, pin
csapszék *fn* tavern, inn
csaptelep *fn [fürdőszobai]* tap, *US* faucet
csapvíz *fn* tap water
csapzott *mn [haj]* matted
csárda *fn* (wayside/village) inn, (country) tavern; **ki a legény a ~ban?** who is the man° of greatest mettle?
csárdás *fn [tánc]* csardas, czardas
csarnok *fn* **1.** *ált* hall, *[vásár~]* markethall **2.** *vasút* **a gyorsvonat Miskolcra a ~ ötödik vágányáról indul** the fast train for Miskolc will depart from platform 5
csarnokvíz *fn orv [a szemet kitöltő folyadék]* eyewater
császár *fn* **1.** emperor; **megadja a ~nak, ami a ~é** give* the devil his due **2.** *biz [császármetszés]* Caesarean (*US* Ces-); **~ral született** was born by Caesarean (section/operation)
császárhús *fn* lean bacon
császári *mn* imperial; *tört* **~ és királyi** (*röv* **cs. és kir.**) Imperial and Royal; **ő ~ felsége** His/Her Imperial Majesty
császárkori *mn* in/from the period of the Roman empire *ut*
császárkörte *fn* white butter pear
császármadár *fn* hazel-grouse
császármetszés *fn* → **császár** 2
császármorzsa *fn* Kaiserschmarren
császárné, császárnő *fn* empress
császárság *fn* **1.** *[ország]* empire **2.** *[uralom]* **II. József ~a idején** in/during the reign of Emperor Joseph II
császárszakáll *fn* side-whiskers
császárszalonna *fn* **szeletelt ~** streaky bacon, slice of bacon, *[sült]* rasher
császárváros *fn* the imperial capital; ‹Vienna in the days of the Hapsburgs›
császárzsemlye *fn* ‹a kind of roll›
császkál *i* (*vhol*) saunter, rove, loaf
csat *fn* **1.** *[öv, cipő stb.]* clasp, buckle **2.** → **hajcsat**
csata *fn* **1.** *kat* battle; *tört* **a rigómezei ~** the Battle of Rigómező; **~t vív** fight* a battle; **~t veszít** lose* a battle **2.** *átv* fight(ing), struggle; **parlamenti ~k** parliamentary battles
csatabárd *fn* battle/pole-axe; **elássa a ~ot** bury the hatchet
csatadal *fn* war/battle-song, march
csatafestő *fn* painter of battle-pieces/scenes
csatahajó *fn* battleship
csatajelenet *fn* battle-scene
csatak *fn* mud, slush
csatakép *fn* battle piece/scene
csatakiáltás *fn* battle-cry, war-cry/whoop
csatakos *mn* muddy, mudstained
csataló *fn* **1.** warhorse, charger **2.** *iron* **vén ~** (i) (old) warhorse (ii) *[nőről]* old battleax; *[durvább]* old hag
csatamező *fn* battlefield
csatangol *i* (*vhol*) hang*/loaf about/around
csatár *fn* **1.** *kat* soldier, warrior **2.** *[futball]* forward; **~ok** (the) forwards
csatarend *fn* order of battle, battle array; **~be állít** array; **~be álltak** [the soldiers] were drawn up; **~ben** in battle array
csatárlánc *fn* extended order (in battle)
csatározás *fn* skirmish(ing), *[parlamenti]* cut and thrust
csatároz|ik *i* (*vkvel*) skirmish (with)
csatársor *fn [futball]* the forwards *tsz*
csatasor *fn* **1.** *kat* line of battle, battle line **2.** *átv* **~ba áll** take* up the cudgels (for/on behalf of sy)
csatatér *fn átv is* battlefield; **elesik a ~en** be* killed in action (v. on active service), be* killed on the battlefield
csatavesztés *fn* defeat, rout
csatazaj *fn* din/tumult of battle

csatáz|ik *i* (*vkvel*) fight*/battle (against/with sy), engage in battle (with sy)
csatlakozás *fn* **1.** (*vkhez*) joining (sy), joining forces with; **EU-~** EU-accession; **uniós ~** EU-accession **2.** *[vasúti]* connection; **mikor lesz ~unk Budapest felé?** when will there be a connection for B.?; **lekési/elkési a ~t** miss the/one's connection/train; *átv* miss the bus/boat **3.** *el* terminal, connection; **dugós ~** plug connection
csatlakoz|ik *i* **1.** (*vkhez*) join sy, *[felzárkózik vk mellé]* join forces with sy, *[társasághoz]* join in, make* one of the party; *[vk pártjára áll]* take* sides with sy **2.** (*vmhez*) join sg, *[mozgalomhoz]* support, *[párthoz]* join [a party], *[indítványhoz]* second, adopt [a motion], support; **~om az előttem szólóhoz** I agree with the previous speaker, same here! **3.** *[vonat, repülőjárat]* connect (with); **a járat Prágában ~ik a varsóihoz** this flight connects with the flight for Warsaw at Prague (v. has a connection at P. for W.) **4.** *műsz* abut on, be* connected (to, with), *el [hálózathoz]* join [the mains]
csatlakozó I. *mn* connecting, joining; **~ járat** connecting service, *[légi]* connecting flight; **~ vonat** connecting train **II.** *fn el* plug
csatlakozóaljzat *fn* socket
csatlakoztat *i infor [hálózathoz]* connect [to a network]
csatlós *fn* **1.** *[kísérő, szolga]* henchman°, shield-bearer **2.** *átv* satellite, follower; **~ állam** satellite state
csatol *i* **1.** *[csattal]* buckle (up) sg, clasp sg, *[derekára kardot]* buckle on [a sword], *[vmhez hozzáerősít]* fasten/bind* to **2.** *[területet másikhoz]* annex [a territory] to [another] **3.** *[iratot mellékletként]* enclose, attach, *[fájlt e-mailben]* attach
csatolás *fn* **1.** *[kardé]* buckling on **2.** *[területé]* annexation **3.** *[iraté]* enclosing **4.** *[kocsié]* coupling
csatoló *fn infor* adaptor; **telefonos ~** dial-up adapter; **hálózati ~** network adapter
csatolt *mn* enclosed, attached; **~an megküldjük** enclosed please find; **~ fájl** attachment
csatolva *hsz* → **csatolt**
csatorna *fn* **1.** *[természetes]* channel, *[mesterséges]* canal, *[öntözéshez]* canal, ditch, *[szennyvízlevezető]* drain, sewer, *[eresz]* (eaves) gutter, *[útszéli, utcai]* gutter **2.** *tv* channel
csatornacső *fn épít* drainpipe, downpipe, *US* downspout
csatornadíj *fn* canal dues *tsz*, canal fee
csatornaépítés *fn* **1.** *[öntöző, hajózási]* canal-building, canalization **2.** *[szennyvíz levezetésére]* drainage, sewerage
csatornahálózat *fn* → **csatornarendszer**
csatornanyílás *fn [utcai akna javításra/elzárásra]* manhole, *[utcán esővíz levezetésére]* gully
Csatornaövezet *földr* Canal Zone
csatornarendszer *fn* **1.** *[szennyvízé]* sewerage system **2.** *[hajózásra]* system/network of canals
csatornás *mn* **50 ~ tévékészülék** 50-channel TV set
csatornatisztító *fn* sew(er)age man°
csatornaváltó *fn tv* channel/programme selector
csatornavíz *fn [szennyvíz]* sewage
csatornáz *i* **1.** *vízügy* canalize **2.** *[szennyvíz elvezetéséhez]* install/lay sewers (in)
csatornázás *fn* **1.** canalization **2.** *[szennyvíznek]* sewerage (installation)
csatos *mn* buckled; **~ üveg** clip-top bottle
csattan *i* clap, *[ostor]* crack
csattanás *fn* clap, *[ostoré]* crack
csattanó I. *mn* crackling, clapping **II.** *fn* point, punch line
csattanós *mn* resounding, crackling; **~ befejezés** ending with a bang; **~ válasz** a snappy retort, caustic reply
csattant *i* click, *[ostorral]* crack [a whip], *[ujjaival]* snap [one's fingers]; → **csettint**
csattog *i* **1.** *ált* crack, clack, clap, clatter, *[szárny]* flap **2.** *[fülemüle]* warble
csattogás *fn* **1.** *ált* crack, clap, *[szárnyé]* flapping, *[kardoké]* clash, clang(ing) **2.** *[fülemüléé]* warbling
csattogtat *i* crack, clap, *[szárnyat]* flap [wings], *[ostort]* crack, flick [whip], *[fogait]* snap
csáva *fn tan* pickle, tanner's ooze; **benne van a ~ban** be* in a fix/pickle; **benne hagy vkt a ~ban** leave* sy in the lurch
csavar I. *i* **1.** *[elfordít]* twist, turn, *[vm köré]* wind* around; **~ja a labdát** give* the ball a spin; **az ujja köré ~ta** she twisted him round her little finger; **ő még tovább ~t egyet a történeten** (s)he gave the story another twist **2.** *[csavart]* screw (sg) in, drive* [a screw] into sg **II.** *fn [facsavar]* screw, *[vascsavar]* bolt, *[anyával]* (nut and) bolt; **~t hajt vmbe** drive* in a screw; **meghúzza a ~t** tighten a screw
csavaralátét *fn* washer
csavaranya *fn* nut
csavaráru *fn* ironware
csavarás *fn* turn, twist, screwing, turning
csavarfej *fn* screw-head
csavarfúró *fn* (wheel) brace, breast/hand drill
csavargás *fn* tramping, vagrancy, *biz* bumming around
csavargat *i* screw/twist/turn repeatedly
csavargó I. *mn* tramping, strolling; **~ életmód** *biz* bumming around **II.** *fn* loafer, tramp, vagabond, bum
csavargyár *fn* screw factory
csavarhúzó *fn* screwdriver
csavarint *i átv is* (give* sg a) twist
csavarirón *fn* propelling pencil, screwtop pencil
csavarkerék *fn* worm wheel
csavarkulcs *fn* spanner, *US* wrench
csavarmenet *fn* (screw-)thread; **~et vág vmre** cut* an external thread on sg; (*vmbe*) cut an internal thread in sg
csavarmenetvágó *fn [belső]* screw tap, *[külső]* screw die
csavaró *fn* → **hajcsavaró**
csavarodás *fn* turning, winding, torsion
csavarod|ik *i* **1.** (*vmre*) wind* itself, twist (itself) (*mindegyik:* onto/round) **2.** **őszbe ~ik** be* turning grey
csavarog *i* (*vhol*) loaf, wander, tramp (*mindegyik:* around); **~ a nagyvilágban** knock/kick about (in) the world
csavarorsó *fn* (male) screw
csavaros *mn* **1.** *[csavarral ellátott]* screwed, *[üveg]* screw-topped **2.** *[csavarmenetes]* threaded, screwed **3.** *biz* **~ eszű** wily, cunning, devious
csavaroz *i* screw on, bolt on (sg to) sg
csavart *mn* **1.** twisted, screwed **2.** **~ labda** twister, spinning ball, spinner
csavarulat *fn* → **csavarodás**
csavarvonal *fn* spiral
csáváz *i* **1.** *[bőrt]* tan, steep, soak **2.** *mezőg* treat, disinfect, *[porral]* dust
csávázás *fn* **1.** *[bőrt]* tanning, steeping **2.** *mezőg [vegyszeres, nedves]* disinfection, wet chemical treatment, *[porral]* dry disinfection
csávázószer *fn* caustics *tsz*, disinfectant
csávó *fn szl* chap, bloke, fellow
cseber *fn* bucket, pail; **~ből vederbe** out of the frying-pan into the fire
csecs *fn* breast, *vulg* tit
csecsbimbó *fn* nipple, pap
csecse *mn* pretty, darling
csecsebecse *fn* knick-knack, trinket
csecsemő *fn* infant, baby
csecsemőgondozás *fn [intézményes]* infant care/welfare
csecsemőgondozó *fn* child health clinic
csecsemőgyilkos *fn* infanticide
csecsemőgyilkosság *fn* infanticide
csecsemőhalálozás, -halandóság *fn* infant mortality
csecsemőkelengye *fn* baby clothes *tsz*, layette
csecsemőkor *fn* infancy, (early) babyhood
csecsemőmérleg *fn* baby-scales *tsz*
csecsemőmirigy *fn* thymus (*tsz* -ses v. thymi)
csecsemőotthon *fn* children's home
csecsemőtej *fn* humanized/sterilized milk

Cs

csecsemővédelem *fn* infant care/welfare
csecsen *mn* Chechen
Csecsenföld *földr* Chechnya
csecserész *i durva* → **csöcsörész**
csecsszopó *fn* → **csecsemő**
cseh *mn/fn [ember, nyelv]* Czech; **Cs~ Köztársaság** the Czech Republic; **~ nyelven** → **csehül**
csehó *fn szl* dive, joint
Csehország *földr [ma]* the Czech Republic; *tört* Bohemia
csehországi *mn [mai]* of the Czech Republic *ut*, Czech; *tört* Bohemian
csehszlovák *mn/fn tört* Czechoslovak, Czechoslovakian
Csehszlovákia *földr tört* Czechoslovakia
csehszlovákiai *mn tört* Czechoslovakian, of Czechoslovakia *ut*
csehül *hsz* **1.** *nyelv [beszél, tanul]* Czech, *[írva]* in Czech; **~ beszél** speak* Czech; **~ mond vmt** say sg in Czech; **~ tanul** learn* Czech; **~ van (írva)** it is (written) in Czech **2.** *biz* **~ állunk** we are* in a mess (v. in a bad way)
csekély *mn* trifling, small, petty; **~ jelentőségű** it is of little account, it makes little difference; **~ 20 000 forintomba került** it cost me a mere 20,000 forints (v. "only" 20,000 forints); **nem ~** considerable, no little; **a leg~ebb mértékben sem** not in the least, in the least/smallest measure possible; **ha a leg~ebb mértékben is** ... if ... at all
csekélyke *mn* very little, tiny; *biz* **~ tudás** a smattering of knowledge
csekélység *fn* **1.** *[vmnek csekély volta]* trifling character of sg, smallness **2.** *[apróság]* bagatelle, trifle, trivial/small matter, *[szerény ajándék]* a little something; **fogadja el ezt a ~et** please accept this small token (of appreciation etc.); **~!** *[gúnyos felkiáltás]* is that all?; **~em** your humble servant, yours truly
csekk *fn* cheque, *US* check, *[postai]* money order; **~en küldi a pénzt** send* a cheque/check for [X amount]; **~et kiállít** write* out a cheque; **~et bevált** cash a cheque/check; **~el fizet** pay* by cheque/check, *[postán]* pay* by money order [at the post-office]
csekkbefizetés *fn GB* payment by cheque (*US* check), *[kiírás postán]* postal and money orders
csekkfüzet, **csekk-könyv** *fn* chequebook, *US* checkbook
csekklap *fn* cheque, *US* check
csekkszámla *fn* bank/current account
csel *fn* ruse, trick, wile, *[ravaszság]* contrivance, device, *[futballban]* dribble, *[boksz]* feint; **~hez folyamodik** have* recourse to a stratagem; **~t sző** hatch a plot, intrigue, scheme (*mindegyik:* against sy); **~lel rávesz vkt vmre** trick sy into (doing) sg
csélcsap *mn* fickle, inconstant
cseléd *fn elav* **1.** *[női]* (maid)servant, maid, domestic (servant) **2.** *[uradalmi]* agricultural labourer (*US* -or-), agricultural worker
cselédbér *fn elav* servant's wages *tsz*
cselédkönyves *mn elav* **~ orvos** → **szigorló orvos**
cselédlány *fn elav* servant girl, maid(servant)
cselédség *fn elav* servants *tsz*, domestics *tsz*, domestic staff
cselédsor *fn elav* servanthood; **~ban** in a menial position, in service
cselédszoba *fn elav* servant's/(house)maid's room
cselekedet *fn* action, act; **jó ~** good deed; **rossz ~** bad action, misdeed
cselekmény *fn* **1.** *jog* act, action **2.** *[regényé, darabé stb.]* plot
cseleksz|ik *i* (*vhogyan*) act, (*vmt*) do*, *[végre]* take* action (on sg); **jót ~ik** do* good (*vkvel* unto sy); **mit cselekedtél?** what have you done?; **rosszul ~el, ha** you would be wrong if
cselekvés *fn* act, action
cselekvési *mn* **~ szabadság** freedom of action; *[teljes]* carte blanche; **~ szabadságot/lehetőséget ad vknek** give* sy line enough; **~ program/terv** action plan
cselekvő I. *mn* **1.** active; **~en** actively **2.** **~ (ige)alak** the active (voice) **II.** *fn* doer
cselekvőképes *mn* able/fit to act *ut*
cselekvőképesség *fn* disposing power/capacity, power of disposal
cselekvőképtelen *mn* incapable
cselekvőképtelenség *fn* incapacity of action, legal incapacity
cseles *mn biz* wily, tricky, crafty
cseleszta *fn zene* celesta
cselez *i [futball]* dribble, *[futball, rögbi]* sell* a/the dummy, *[boksz]* feint
cselezés *fn [futball]* dribbling, *[boksz]* feinting
cselfogás *fn* trick, ruse, dodge
cselgáncs *fn* judo
cselgáncsoz|ik *i* practise/do* judo
cselgáncsozó *fn* judoist
csellengn *i* loaf around/about, hang* around
csellista *fn* cello player, cellist
cselló *fn zene* cello
cselloművész *fn* → **csellista**
cellószonáta *fn* cello sonata
csellóverseny *fn* cello concerto
csellóz|ik *i* play (on) the cello
cselszövény *fn* intrigue, plot, trick, machinations *tsz*
cselszövés *fn* plot(ting), scheme, intrigue, machination
cselszövő *fn* schemer, intriguer, plotter
cselvágás *fn [vívás]* feint
cselvetés *fn elav* machination, ambush
csembaló *fn zene* harpsichord
csemege *fn* **1.** *[ínyencfalat]* delicacy, dainty, titbit **2.** *átv [esemény]* treat, *[botrány]* juicy bit
csemegeáru *fn* delicatessen (*tsz* delicatessen v. delicatessens), delicacies *tsz*
csemegebolt *fn* delicatessen (shop), *biz* deli
csemegebor *fn* dessert wine
csemegekukorica *fn* sweet corn
csemegepaprika *fn [piros, fűszer]* paprika, sweet red pepper; → **paprika**, → **zöldpaprika**
csemegeszalámi *fn* Hungarian salami
csemegeszőlő *fn* (dessert) grapes *tsz*
csemegeuborka *fn* pickled gherkin
csemegeüzlet *fn* → **csemegebolt**
csemegevaj *fn* (best) butter
csemete *fn* **1.** *[fa]* sapling, seedling **2.** *[gyermek]* child°, *US* kid, *iron* scion, offspring
csempe *fn* tile
csempeburkolat *fn* tiles *tsz*, tiling
csempész I. *i* smuggle **II.** *fn* smuggler
csempészáru *fn* smuggled goods *tsz*, contraband
csempészés *fn* → **csempészet**
csempészet *fn* smuggling, contraband, trafficking, *[kábítószeré]* drug trafficking
csempéz *i* tile, cover (sg) with tiles
csempézett *mn* tiled
csen *i* filch, pilfer, lift
csencsel *i szl* hawk, peddle, traffic
csend *fn* silence, stillness, *[nyugalom]* calm, tranquillity; **~ legyen!** be/keep quiet!, pipe down!; *[erélyesen]* hush!, silence!, pack it up!, *[durván]* shut up!, belt up!; **néma ~** dead silence; **~ben** in silence; **~ben marad** keep* quiet/still, hold* one's tongue; **maradj(atok) ~ben!** be quiet!, quiet!, *[enyhébben] biz* pipe down!; **a házban ~ honolt** everything was quiet in the house
csendélet *fn* still life (*tsz* lifes)
csendes *mn* still, quiet, peaceful, *[élet]* tranquil, *[ember]* quiet, silent, *[idő]* calm, *[zavartalan]* undisturbed; **~ eső** soft rain; **~ nap(ok)** *vall* retreat; **~ őrült** harmless lunatic; **~ szavú** soft-spoken
csendesed|ik *i* become* calm, calm down, *[szél]* drop, *[vihar]* abate
csendesen *hsz [ember]* quietly, *[hang]* softly

csendesít *i* calm, still, silence, hush, *[haragot]* pacify, *[lovat]* quieten, soothe
Csendes-óceán *földr* Pacific Ocean, the Pacific
csendes-óceáni *mn* Pacific
csendestárs *fn* sleeping partner
csendháborítás *fn* breach of the peace
csendháborító *fn* disturber of the peace, rioter
csendőr *fn* gendarme
csendőrőrs *fn kb.* gendarme post
csendőrség *fn* gendarmerie, *GB* the constabulary
csendrendelet *fn* noise abatement/restriction order
csendül *i* (re)sound, ring* (out), tinkle
csendzavarás *fn* → **csendháborítás**
csenevész *mn [ember]* puny, sickly, *[bokor]* stunted
cseng *i* **1.** *[hang]* ring* (out), tinkle, *[üveg, fém]* clink **2.** *[telefon]* ring* **3.** ~ **a fülem** my ears are buzzing/ringing; *[mert emlegetnek]* my ears are burning
cseng-bong *i* ring* (out), resound, peal
csengés *fn* **1.** *[hangé]* ring(ing), tinkle, tinkling, *[üvegé, fémé]* clink, chink **2.** *[telefoné]* ringing
csenget *i* ring*, *[csengővel]* ring* the bell, (*vknek*) ring* for sy; **~tek** there's a ring at the door, there's the bell, the bell rang
csengetés *fn* ring (at the door); **~re ajtót nyit** answer the doorbell
csengettyű *fn* hand-bell, small bell
csengettyűszó *fn* sound of (hand-)bells
csengettyűvirág *fn növ* harebell, campanula
csengő I. *mn* ringing, tinkling; ~ **hangon** in a tuneful/sonorous voice **II.** *fn* **1.** bell; **a ~ szól** the bell rings*; **megnyomja a ~t** ring*/press/push the bell **2.** *[kézi]* hand-bell
csengő-bongó *mn* resonant, tuneful, melodious
csengőgomb *fn* bell-button
csengős *mn* having/with a bell *ut*
csengőzsinór *fn* bell-wire/cord/pull
csepeg *i* drip, dribble; ~ **az orra** his nose is running
csepegő I. *mn* dripping **II.** *fn [ereszé]* gutter(ing)
csepegtet *i* **1.** *[folyadékot vmbe]* drip, pour (sg) in drops **2.** *átv* (*vmbe*) instil sg into sy, imbue sy with sg; **bátorságot ~ bele** instil courage in(to)sy, encourage sy
csepegtető *fn* **1.** *[edényeknek]* dish rack **2.** → **cseppentő**
csépel *i* **1.** *[gabonát]* thresh **2.** (*vkt*) thrash, beat*, drub; **unalomig ~ egy témát** ride* an idea to death
csépeletlen *mn* unthreshed
csepered|ik *i* grow* up
csepereg *i* drip, dribble, *[eső]* drizzle
csepergés *fn* drip, dribble, *[esőé]* drizzle
cséplés *fn* threshing
cseplesz *fn orv* omentum (*tsz* -ta)
cséplő I. *mn* threshing **II.** *fn* thresher
cséplőgép *fn* threshing-machine, thresher
cséplőmunkás *fn* thresher
csepp *fn* **1.** drop; **~ekben** *[adagol]* [dispense] in drops, [to be taken] drop by drop; **egy ~ a tengerben** a drop in the bucket/ocean; **az utolsó ~ig** to the last drop; **az utolsó ~ a pohárban** the last straw, the straw that broke the camel's back; **utolsó ~ véréig** to the last ditch, to one's last breath **2.** *[jelzőként]* **egy ~ vm** a drop of sg; *[nagyon kevés]* tiny, a dash of sg, a (little) bit of sg; *biz* **~ gyerek** a tiny tot, little boy/girl; **egy ~ esze sincs** he hasn't an ounce of sense; *átv* **egy ~et** a little/tiny bit, (just) a little/bit, a mite; **(egy) ~et sem** not a bit, not in the least/slightest, not a jot/mite
cseppecske *fn* droplet; → **csepp 2**
cseppen *i* **1.** drop, drip **2.** *biz* **hát te hogyan ~tél ide?** and where (on earth) did you spring from?
cseppenként *hsz* drop by drop, in drops
cseppent *i* drop, drip
cseppentő *fn* dropper, *[üveggel együtt]* dropper bottle
cseppentős *mn* ~ **orvosság** drops *tsz*; ~ **üveg** dropper bottle
cseppfertőzés *fn* infection spread by coughs and sneezes; **~sel terjed** spread* (v. be* spread) by (close) contact
cseppfolyós *mn* fluid, liquid; ~ **állapot** liquid state; ~ **állapotban** *átv* in a state of flux
cseppfolyósít *i* **1.** *[szilárdat]* liquefy, melt **2.** *[gáznemű t]* condense
cseppfolyósítás *fn* **1.** *[szilárd anyagé]* liquefaction **2.** *[gáznemű é]* condensation
cseppkő *fn* dripstone, *[csüngő]* stalactite, *[álló]* stalagmite
cseppkőbarlang *fn* limestone/stalactite/stalagmite cave
cseppkőképződés *fn geol* dripstone/stalactite/stalagmite formation
cseppnyi *mn/fn* **1.** a drop of **2.** *[nagyon kevés]* a dash of, a little bit of, tiny; **egy ~ jóérzés** an ounce of goodwill → **egy csepp**
csepül *i* **1.** *[ver]* thrash, drub **2.** *[ócsárol]* abuse, run* (sy) down
cser *fn* **1.** *növ* Turkey oak **2.** *[kérge]* tan (bark)
cserbenhagy *i* leave* sy in the lurch, let* sy down, turn one's back (on sy), walk out (on sy); **emlékezete ~ta** his memory failed him
cserbenhagyásos *mn* ~ **baleset/gázolás** a hit-and-run accident; ~ **gázoló** a hit-and-run driver
cserdít *i táj* **közibük ~** sort them out
csere *fn* **1.** exchange, swapping; *[áru]* exchange [of goods], barter, trading, trade; **~be(n)** (*vmért*) in exchange/return for sg; **~be ad vmt vmért** exchange sg for sg, give* sg in return/exchange for sg; *biz* swap sg for sg **2.** *sp [az aktus]* substitution; **~t hajt végre** bring* on a substitute, substitute; **félidőben ~ volt: Steward ment le** Steward was substituted at half-time **3.** *sp [a játékos]* substitute
csere- *előtag [látogatás, előadó stb.]* exchange
csereakció *fn* exchange scheme, *[a régi készülék beszámításával]* part exchange
cserearány *fn gazd* terms of trade
cserebere *fn biz* swapping
csereberél *i biz* swap
cserebogár *fn* cockchafer, may-bug/beetle
cserediák *fn* exchange student
csereelőadó *fn* exchange lecturer
csereérték *fn* exchange (v. trade-in) value
csereeszköz *fn* **1.** medium (*tsz* media) of exchange, means of exchange *tsz* **2.** replacement tool/machine
csereforgalom *fn [áruké]* barter, exchange of goods
cserejátékos *fn sp* substitute, *[rögbiben]* replacement
cserekapus *fn* substitute goalkeeper
cserekereskedelem *fn* barter(ing); **cserekereskedelmet folytat** barter
cserél *i* change, *[árut]* (ex)change, barter, *biz* swap (*vmt vmért/vmre mind* sg for sg else); **lakást ~** change flats, move flat(s); **kereket ~** change tyres (*US* tires); **helyet ~** swap* seats, change places
cserelakás *fn* flat/apartment given in exchange
cserelátogatás *fn okt* exchange visit, *biz* swap-visit
cserélendő *ign* to be replaced
cserélés *fn* → **csere**
cserélget *i* exchange continually, keep* (ex)changing
cserélhető *mn [alkatrész]* replaceable, interchangeable [parts, lenses etc.]; ~ **lapokból álló** loose-leaf [book]; *fényk* ~ **objektív** interchangeable lens
cserélőd|ik *i* get*/be* replaced *ut*
cseremisz *mn/fn* Cheremis(s)
cserény *fn* wattle enclosure, corral
cserenyaralás *fn* exchange holiday (scheme)
csereösztöndíj *fn* exchange scholarship
cserép *fn* **1.** *[tetőn]* tile; **~pel fed** tile **2.** *[virág]* (flower)-pot; **~be ültet** pot; **egy ~ ciklámen** a potted cyclamen **3.** *[törmelék, törött tárgy]* crock, shard, potsherd; **cserepekre törik** break* into shivers, shatter

Cs

Cs

cserepartner *fn* exchange partner
cserépedény *fn* earthen vessel, crock, *[gyűjtőnév]* earthenware, crockery
cserepéldány *fn* exchange copy
cserepes I. *mn* **1.** *[tető]* tiled **2. ~ növény** pot plant **3.** *[bőr]* chapped **II.** *fn* tiler
cserepesed|ik *i [ajak, kéz]* get* chapped, *[talaj]* cake, crack
cserepez *i [tetőt]* tile, cover (sg) with tiles
cserepező *fn [ember]* tiler
cserépfazék *fn* earthenware pot
cserépfedél *fn* tiled roof
cserépkályha *fn* (glazed) tile stove
cseréppipa *fn* clay-pipe
csereprofesszor *fn* exchange professor
csereprogram *fn* **a brit–magyar kormányközi ~ keretében** under the British–Hungarian exchange programme
cseréptál *fn* earthenware dish
cseréptégla *fn* tile
cseréptető *fn* tiled roof
csereszabatos *mn* (*vm vmvel*) replacable (with), interchangeable, exchangeable (with)
cseresznye *fn* cherry; → **cseresznyefa**
cseresznyebefőtt *fn* cherry preserve
cseresznyefa *fn* **1.** *növ* cherry(-tree) **2.** *[anyaga]* cherry(-wood)
cseresznyepálinka *fn* Hungarian kirsch
cseresznyepaprika *fn* chilli, *főleg: US* chili, hot pepper
cseresznyepiros *mn* cherry-coloured, cerise
cseresznyés I. *mn* abounding in cherries *ut* **II.** *fn* cherry orchard
cseresznyeszár *fn* cherry-stalk
cseresznyéz|ik *i* eat* cherries
cseretanár *fn* exchange teacher, *[professzor]* exchange professor, *[tágabb értelemben]* visiting professor
cseretárgy *fn* object of exchange/barter
csereutazás *fn* exchange trip
csereüdülés *fn* holiday exchange
csereügylet *fn* barter
csereviszony *fn* bartering relations *tsz*
cserez *i* tan [leather]
cserfa *fn* **1.** → **cser 1 2.** *[anyag]* oak-wood
cserfes *mn* chattery, *[nyelves]* gossipy
cserge *fn népr* woollen blanket
cserje *fn* shrub
cserjés *mn* shrubs *tsz*
cserkesz *mn* Circassian
cserkész *fn* **1.** *[fiú]* Scout v. scout, *[korábban]* Boy Scout v. boy scout; *[lány]* Guide v. guide, *[korábban]* Girl Guide v. girl guide, *US* Girl Scout v. girl scout **2.** *[a kiscserkészek: 8–10 éves fiúk]* Cub v. cub, *[korábban]* Cub Scout v. cub scout, *[7–10 éves lányok]* brownie
cserkészcsapat *fn* Scout troop, a troop [of Scouts], *[lányoké]* Guide company; **a 23-as birminghami ~** the 23rd Birmingham Scouts *esz*
cserkészés *fn* (deer-)stalking
cserkészet *fn ált* Scouting; *[fiúké, szervezet]* the Scouts/scouts *esz*, *[korábban]* the Boy Scouts *esz*, *[lányoké]* the Guides *esz*, *[korábban]* the Girl Guides *esz*, *US* Girl Scouts *esz*
cserkész|ik *i [vadász]* stalk, track
cserkészkalap *fn* scout hat
cserkészkolbász *fn* ‹long thin sausage›
cserkészmozgalom *fn* → **cserkészet**
cserkészparancsnok *fn* scoutmaster
cserkészruha *fn* (boy-)scout uniform
cserkésztábor *fn* (boy-)scout camp
cserkésztiszt *fn* scoutmaster
cserkész-világtalálkozó *fn [dzsembori]* jamboree
csermely *fn* brook, rivulet, rill
csersav *fn* tannic acid, tannin
cserzés *fn* tanning
cserzett *mn* **1.** tanned **2.** *[arcbőrű]* weatherbeaten
cserző I. *mn* tanning **II.** *fn [munkás]* tanner
cserzőanyag *fn* tannin, tanning agent
cserzőkád *fn* tanner's tub, tanning vat
cserzőlé *fn* tan pickle
cserzővarga *fn* tanner, skin-dresser
cs. és kir. *röv* → **császári**
csésze *fn* **1.** *[ivó]* cup; **egy ~ tea** a cup of tea **2.** *[mosdó]* washbasin, *[vécé]* pan, (toilet) bowl **3.** *[virágé]* calyx (*tsz* calyces is)
csészealj *fn* saucer; **repülő ~** UFO
cseszeget *i szl* → **baszogat**
csészelevél *fn* sepal, calyx-leaf°
csészényi *hsz* cupful (of)
csesztet *i szl* → **basztat**
csetepaté *fn biz* **1.** *kat* skirmish **2.** *[veszekedés]* barney, *[bunyó]* scrap
csetepatéz *i biz* **1.** *kat* skirmish **2.** *[veszekszik]* row, have* a barney
csetl|ik-botl|ik *i* stumble about, totter
csetten *i* click, snap
csettint *i [nyelvével]* click (one's tongue), smack one's lips
csettintés *fn* click
cséve *fn tex* bobbin, spool
cseveg *i* chat, talk away, converse
csevegés *fn* chat, (small) talk, chit-chat
csevegő I. *mn* talkative, chatty **II.** *fn* talker, chatterbox
csevej *fn* → **csevegés**
csévél *i* wind*, reel, *[visszafelé]* rewind*
csévélő(gép) *fn* winder
csibe *fn* chick(en)
csibekeltető *fn* incubator
csibész *fn* urchin; **te kis ~!** you little rascal
csibészked|ik *i* act the (young) rascal
csibésznyelv *fn* (thieves') cant, *[tágabban]* argot, slang
csibészség *fn* mischief, prank
csibuk *fn* chibouk, Turkish pipe
csibukoz|ik *i* smoke a chibouk
csicsás *mn biz* flamboyant, ritzy, showy
csicsereg *i* twitter, chirp, chirrup
csicsergés *fn* twitter, chirp, chirrup
csicseriborsó *fn növ* chickpea
csicskás *mn elav* orderly, batman°
csicsóka *fn növ* Jerusalem artichoke
csiga *fn* **1.** *áll* snail; **~ alakú** spiral, helical; **éti ~** edible snail; **tengeri ~** sea snail **2.** *[gép]* pulley, *[álló]* hoist **3.** *[játék]* (whip/whipping/spinning) top **4.** *[hajban]* curl **5.** *[fülben]* cochlea (*tsz* cochleas v. cochleae) **6.** *[oszlopon]* volute
csigabiga *fn* snail
csigafúró *fn* spiral/twist drill
csigaház *fn* (snail) shell; *kif* **előbújik a ~ából** come* out of one's shell
csigakerék *fn* worm gear/wheel
csigalassúsággal *hsz* at a snail's pace
csigalépcső *fn* spiral staircase, spiral stairs *tsz*
csigamenet *fn* worm-cut
csigasor *fn* pulley, block and tackle
csigatempó *fn* **~ban** at a snail's pace
csigatészta *fn* shell(-shaped) pasta
csigavér! *isz* don't get excited!, take it easy!, keep your shirt on!, cool it!
csigavérű *mn biz* cool as a cucumber
csigavonal *fn* spiral (line), helix (*tsz* helices v. -xes), *[oszlopon]* volute
csigáz *i* → **elcsigáz**, → **felcsigáz**
csigolya *fn orv* vertebra (*tsz* vertebrae)
csihipuhi *fn biz [verekedés]* dingdong, brawl
csihol *fn* **tüzet ~** strike* a light, strike* fire
csík[1] *fn [sáv, anyag]* stripe, band, line, *[szín]* streak, *[ütéstől testen]* welt, weal; *biz* **(el)húzza a ~ot** cut* and

run*, make* oneself scarce, *GB* scarper, get* out of [a place], beat* a hasty retreat, turn tail and run; *biz* **elhúzom a ~ot** I make myself scarce, I must be making tracks
csík² *fn [hal]* mudfish, loach
csikar *i* scratch, pinch, twist, gripe; **vm ~ja a hasát** have* the gripes, have* colic
csikarás *fn orv* colic, gripes *tsz*
csíkbogár *fn* water beetle
csikk *fn* (cigarette-)stub, butt, fag-end
csikland|ik *i* feel* tickled
csiklandós *mn* **1.** *[személy]* ticklish **2.** *átv* delicate; **~ helyzet** ticklish situation; **~ történet** dirty/spicy story
csiklandoz *i* **1.** (*vk vkt*) tickle **2.** *átv* titillate
csikló *fn* clitoris, *bec* clit
csikó *fn* foal, *[elválasztva]* colt, *[kanca]* filly
csikóbőrös kulacs *fn* ‹wooden flask covered with pony-skin›
csikófog *fn* milk-tooth°, nipper [of young horse]; *iron* **elhullatta már a ~át** he is past his prime, she is no chicken
csikordul *i* creak, grate, grind*
csikorgás *fn* creaking, grating
csikorgat *i* (make* sg) creak, grate, grind*; **fogát ~ja** gnash/grind* one's teeth
csikorgó *mn* **1.** creaking, grating; **~ hang** grating/grinding sound **2. ~ hideg van** it is biting/bitterly/freezing cold
csikorog *i* grate, grit, creak, scroop, *[fog]* gnash; **~va megáll** grind* to a halt
csikós *fn* horseherd, *US* cowboy
csíkos *mn* striped, streaked, lined
csikósbojtár *fn* young horseherd
csíkoz *i* streak, stripe
csikózás *fn* foaling
csíkozás *fn* streaks *tsz*, pattern of streaks
csikóz|ik *i* foal
csili *fn gaszt* chilli, *US* chili
csilingel *i* ring*, tinkle, jingle
csilingelés *fn* tinkle, jingle
Csilla *tul* ‹Hungarian feminine given name›
csillag *fn* **1.** *[égitest]* star; **ötágú ~** five-pointed star; **Dávid-~** the star of David; **~ok állása** constellation; **~okat lát** *[a fájdalomtól]* see* stars **2.** *[tiszti]* star, pip **3.** *[ló homlokán nagy]* blaze, *[kicsi]* star **4.** *nyomd* asterisk **5.** *[híres színész/énekes tehetség]* star
csillagász *fn* astronomer
csillagászat *fn* astronomy
csillagászati *mn* **1.** astronomical, sidereal, astral; **~ év** sidereal year **2.** *biz* **„~" ár** sky-high price; **„~" számok** astronomical figures/sums *tsz*
csillagcsavar *fn* Philips head screw
csillagcsavarhúzó *fn* Philips screwdriver
csillagfényes *mn* starlit, starlight
csillagfürt *fn* (white) lupin (v. *US* lupine)
csillagháború *fn tört* star war; **~s program** Star Wars (program), *hiv* Strategic Defense Initiative (*röv* **SDI**)
csillaghullás *fn* star/meteor shower
csillagjel *fn infor* asterisk
csillagjós *fn* astrologer
csillagjóslás *fn* astrology
csillagkép *fn* constellation
csillagkulcs *fn* ring spanner, *US* long-box wrench
csillagos *mn* **1.** *[ég]* starry, starlit; **a határ a ~ ég** the sky is the limit **2.** *US* **~-sávos lobogó** the Stars and Stripes, the Star-Spangled Banner **3.** *okt* **~ ötös** (an) excellent (mark)
csillagszóró *fn [karácsonyfán]* sparkler
csillagtalan *mn* starless
csillagtúra *fn* rally
csillagvizsgáló *fn [intézet]* observatory
csillagzat *fn* constellation; **rossz ~ alatt született** be* born under an unlucky star, be* star-crossed, be* ill-starred/fated; **szerencsés ~ alatt született** be* born under a lucky star, bear* a charmed life
csillám *fn [ásvány]* mica
csillámlemez *fn* sheet of mica
csilláml|ik *i* scintillate, glitter, *[homályosan]* twinkle, glimmer
csillámló *mn* glittering, scintillating
csillámpala *fn* mica slate/schist
csillan *i* flash, gleam, *[drágakő]* sparkle
csillangó *fn* → **csillószőr**
csillapít *i* **1.** *[éhséget]* appease, *[szomjúságot]* quench, *[fájdalmat]* relieve, alleviate, ease, *[vérzést]* arrest [a haemorrhage]; *[lázat]* reduce, lower [sy's temperature] **2.** *[indulatot]* allay, calm, *[mérget]* pacify, quell; → **csitít**, → **nyugtat**
csillapítás *fn* **1.** *[éhségé]* appeasing, *[szomjúságé]* quenching, *[fájdalomé]* alleviation, relief **2.** *[indulaté]* suppression, *[méregé]* pacification
csillapíthatatlan *mn [éhség]* unappeasable, *[szomjúság]* unquenchable; *[vágy]* insatiable
csillapító I. *mn* calming, soothing **II.** *fn [szer]* sedative, tranquillizer, *[erősebb]* barbiturate
csillapított rezgés *fn műsz* damped oscillation
csillapod|ik *i* become* quiet/calm, calm down, *[fájdalom]* abate, diminish, *[düh]* calm down, *[szél]* drop, die down
csillapul *i* → **csillapodik**
csillár *fn* chandelier
csille *fn [bányában]* mine car, miner's truck, *[kötélpályán]* car, cabin
csillés *fn* trammer, haul(i)er, haulageman°
csilléz *i* transport in a tub/truck/tram
csilló *fn* → **csillószőr**
csillog *i* shine*, glitter, sparkle, gleam; **szeme ~ott az örömtől** his/her eyes were shining/sparkling with joy
csillogás *fn* glitter, shine, sparkle
csillogó *mn* glistening, gleaming, glittering, sparkling
csillogó-villogó *mn* glittering
csillogtat *i* **1.** *[tárgyat]* make* sg shine/glitter **2.** *átv* exhibit, display; **~ja tudását** show* off one's knowledge
csillog-villog *i* sparkle and glitter
csillószőr *fn* cilium (*tsz* cilia)
csimbók *fn* knot, *[hajban]* top-knot
csimborasszó *fn* **a szemtelenség ~ja** the ne plus ultra of insolence
csimpánz *fn* chimpanzee
csimpaszkod|ik *i* (*vmbe*) cling* to sg, clutch at sg, hang* onto sg (for dear life), (*vkbe*) cling* to sy
csín *fn* neatness, trimness
csinál *i* **1.** *[készít]* make*, prepare; **vmt vmből ~** make*/form sg out of sg; **rántottát ~** make* scrambled eggs; **nagy dolgot ~t belőle** he made* much of it; **vasból ~ták** was made of iron; **'~d magad'** do(-)it(-) yourself (*röv* **D.I.Y.**) **2.** *[tesz]* do*; **mit ~sz?** (i) *[most]* what are you doing? (ii) *[mi a foglalkozásod?]* what do you do (for a living)?; **most aztán mit ~junk?** what's to be done now?; **rosszul ~ja** he is going about it (in) the wrong way; *biz* **jól ~ja** *[művész]* play/perform/do* sg well; **utat ~ magának** work/carve/make* one's way **3.** *[színlel]* **úgy ~, mintha** feign that ..., pretend to/that ... **4.** *[foglalkozik vmvel]* deal* with, do*, be* responsible for; **ő ~ja a könyvelést** (s)he (is the one who) deals with the accounting
csinált *mn* **1.** made, prepared; **~ bor** watered-down wine **2.** *átv* artificial, unnatural, affected; **~ szó** made-up word
csináltat *i* have* sg made; **~ egy öltönyt** order a suit, have* a (new) suit made
csincsilla *fn* chinchilla
csingilingi *fn* ting-a-ling
csini *mn biz [nő]* pretty
csinibaba *fn biz* dolly bird
csínja-bínja *fn* **ismeri minden ~t-~t** know* the ins and outs of it/sg, know* the A to Z of sg, know* (all) the tricks of the trade

Cs

Cs

csínján *hsz* ~ **bánik** (*vmvel*) handle sg gently/cautiously, handle sg with care; ~ **bánj a sóval!** don't put too much salt into it!; (*vkvel*) treat sy with kid gloves
csinnadrattáz|ik *i átv* make* a great hullabaloo
csinos *mn* **1.** *[nő]* pretty, good-looking, *[öltözködését/megjelenését tekintve]* smart, *[férfi]* handsome, good-looking **2.** *[rendes, kellemes]* neat, trim **3.** *[meglehetős]* pretty; ~ **kis összeg** a tidy sum, a pretty penny
csinosan *hsz* ~ **jár**/**öltözködik** she dresses well; ~ **néz ki** look smart
csinosít *i* make* prettier; ~**ja magát** smarten oneself up, make* oneself smart/pretty
csinosod|ik *i* improve in looks, become* better-looking
csinosság *fn [nő, férfi]* good looks *tsz*, *[nő]* prettiness, *[férfi]* handsomeness, *[rendesség]* neatness
csinoz *i tex* finish, dress [fabrics], *[bőrt]* polish, dress
csintalan *mn* naughty, mischievous
csintalankod|ik *i* be* naughty, be* mischievous, play the imp
csintalanság *fn [viselkedés]* naughtiness, *[tett]* mischief
csíny *fn* trick, prank; ~**t követ el** play a trick (on sy), play pranks (on sy)
csínytevés *fn* → **csíny**
csínytevő *fn* joker, wag, prankster
csip *fn infor* chip
csíp *i* **1.** *[ujjal, fogóval]* pinch, nip; **vkbe** ~ pinch sy **2.** *[csalán, méh, füst a szemet]* sting*, *[szúnyog, bolha, poloska]* bite*, *[fagy]* nip; *[maga az érzés]* it stings; ~ **ez a paprika** this paprika is rather hot; **a paprika** ~**i a számat** paprika burns my lips **3.** (*vmből*) break* off a bit of sg **4.** *szl* (*vkt/vmt*) be* (very) keen on sg, go* for sg/sy; ~**ed?** *[tetszik neked?]* (do) you fancy him?; → **nyak**
csipa *fn* gum, rheum
csipás *mn* rheumy, gummy; ~ **a szemed** you have gum in your eyes; ~ **szemű** rheumy eyed
csip-csup *mn* petty, trivial; ~ **dolgok** trifles, odds and ends
csipdes *i* → **csipeget**
csipeget *i [madár magot]* pick/scratch about (for food); ~ **az ételből** pick/peck at one's food
csiperkegomba *fn* mushroom, champignon
csípés *fn* **1.** *[ujjal, fogóval]* pinch(ing), nip(ping) **2.** *[élősdié]* bite; **tele van** ~**ekkel** be* covered with/in insect bites
csipesz *fn ált* tweezers *tsz*, *[köröm]* nail clippers *tsz*, *[ruhaszárító]* clothes peg
csipet(nyi) *fn* **egy** ~ a pinch of sg; *[fűszerből]* a dash of sg, *átv* a grain of [truth, common sense etc.], a touch (of)
csipisz *fn* ~ **az orrodra** *biz* a fig for you!
csipke *fn* lace
csipkebogyó *fn* (rose)hip
csipkebokor *fn* → **vadrózsa**
csipked *i* **1.** *[ujjal, csőrrel]* pick, pinch, nip **2.** *átv* (*vkt*) twit/taunt sy, gibe/sneer at sy **3.** *biz* ~**i magát** *[igyekszik]* get* cracking, make* it snappy, get* one's skates on
csipkedíszítés *fn* lace-work
csipkelődés *fn [jóindulatú]* banter, teasing, *[barátságtalan]* taunt, sneer, gibing
csipkelőd|ik *i [jóindulatúan]* banter with sy, tease sy, *[barátságtalanul]* taunt sy
csipkerózsa *fn* dog-rose
Csipkerózsika *tul* Sleeping Beauty
csipkés *mn* **1.** *[ruha]* adorned with lace *ut*, lacy, lace- **2.** *átv* (in)dented, toothed, jagged
csipkeszörp *fn* rosehip syrup
csipketea *fn* hip-tea
csipkeverés *fn* bone-lace making
csipkeverő *fn* lace-maker/worker
csipkéz *i* **1.** *[csipkével díszít]* trim with lace **2.** *[vmnek szélét]* indent, scallop
csipkézett *mn [fogazott]* toothed, indented, scalloped
csípmentes *mn* mild [paprika]
csipog *i* cheep, chirp, chirrup, *[pl. valamilyen készülék]* bleep, beep
csipogás *fn* cheep(ing), chirp(ing), chirrup(ing)
csipogó *fn [személyhívó]* bleeper; **hívj fel a** ~**mon!** call me on my bleeper!, bleep me!
csípő *fn* hip; ~**ből tüzel/lő** be* firing/shooting from the hip; ~**re tett kézzel** with arm(s) akimbo
csípőbőség *fn* hip measurement
csípőcsont *fn* hip-bone
csípődobás *fn sp* hip-throw
csípőficam *fn orv* dislocation of the hip
csípőficamos *mn orv* hipshot
csípőfogó *fn* pliers, pincers, nippers *mindegyik: tsz*
csípőízület *fn* hip-joint
csípőprotézis-műtét *fn orv* hip replacement operation
csípős *mn* **1.** *[fűszer]* hot; ~ **paprika** *[apró]* hot pepper **2.** *[hideg]* biting, severe; ~ **szél fúj** there's a biting wind **3.** *[hang]* acrimonious; ~ **megjegyzés** sharp/caustic/cutting/biting remark; ~ **nyelvű** snappish, evil-tongued; ~**en** pointedly, venomously, caustically
csípősség *fn* **1.** *[íze]* sharpness **2.** *átv* snappishness, pointedness
csípőszorító *fn* girdle, roll-on belt
csipsz *fn* → **chips**
csíptet *i* pinch, nip
csíptető *fn* **1.** → **csipesz**, → **fogó 2.** *[cvikker]* pince-nez (*tsz* ua.)
csíra *fn* **1.** *ált* germ, seed-bud, *biol* ovum (*tsz* ova), ovule, *[betegségé]* seeds *tsz* **2.** *átv* nucleus, bud; ~**jában elfojt vmt** nip sg in the bud
csíraképes *mn* germinative, capable of germinating *ut*
csíralevél *fn* cotyledon, seed-leaf°
csíramentes *mn* sterile
csírátlan *mn* **1.** sterile **2.** *[csírátlanított]* ~ **tej** sterilized (v. *GB* attested) milk
csírázás *fn növ* germination, sprouting
csíráz|ik *i növ* germinate, sprout
csiricsáré *mn* tawdry, flashy, trumpery
csiripel *i* chirp, twitter; **ezt már a verebek is** ~**ik** it is an open secret, it is all over (the) town, a little bird told me
csiriz *fn* flour-paste, size
csirizel *i* smear (sg) with size
csirizes *mn* sticky
csirke *fn* chicken; **rántani való** ~ broiler, spring chicken; *iron* **már nem mai** ~ she is* no chicken
csirkeaprólék *fn gaszt* giblets of chicken *tsz*
csirkebecsinált *fn* → **becsinált**
csirkecomb *fn* leg of chicken, chicken leg *[alsó]*
csirkefogó *fn biz* rascal, *pej* layabout
csirkehús *fn* chicken
csirkeláb *fn gaszt* foot of chicken
csirkemáj *fn gaszt* chicken liver
csirkemell *fn gaszt* chicken breast
csirkeól *fn* hen-coop, chicken pen
csirkepaprikás *fn gaszt* paprika chicken
csiszol *i* **1.** *[tárgyat]* polish, burnish, rub, *[köszörül]* grind*, *[üveget]* grind*; **gyémántot** ~ cut* a diamond **2.** *[stílust]* chisel (*US* -l), polish [style], touch up
csiszolás *fn* **1.** *[tárgyé]* polishing, burnishing, rubbing, *[gyémánté]* cutting, *[üvegé]* grinding **2.** *[stílusé]* polishing
csiszolatlan *mn* **1.** *[tárgy]* unpolished, *[drágakő]* uncut **2.** *átv* crude, rude, rough, *[személy]* unrefined, boorish, *[modor]* boorish, oafish, *[stílus]* unpolished
csiszolatlankő-korszak *fn* pal(a)eolithic period
csiszoló *fn [személy]* polisher, rubber
csiszolóanyag *fn* abrasive (material)
csiszolód|ik *i* **1.** *[tárgy, dolog]* become* polished/smooth(ed) **2.** *[személy] átv* improve in manners, become* refined
csiszológép *fn* abrasive/grinding machine, grinder, polisher
csiszolókorong *fn* grinding wheel

csiszolópapír *fn* emery/sand/abrasive paper
csiszolópor *fn* emery powder
csiszolóvászon *fn* emery cloth
csiszolt *mn* **1.** *[tárgy]* polished, burnished, smooth, *[gyémánt]* cut, *[üveg]* ground **2.** *átv* refined, polished, cultivated; **~ stílus** elegant (v. carefullly-polished) style
csiszoltkő-korszak *fn* neolithic period
csiszoltság *fn átv* polish
csitít *i* silence, hush, still
csitítgat *i* hush, quiet
csitri *fn* slip of a girl, a young girl
csitt! *isz* hush!, shush!, (s)sh!
csitul *i* → **csillapodik**
csivitel *i* twitter, chirp
csíz *fn áll [madár]* siskin
csízió *fn biz* **érti a ~t** he knows the ropes, he knows what's what
csizma *fn* (top-)boots *tsz*, *[lovagló]* riding-boots *tsz*
csizmadia *fn elav* boot-maker
csizmahúzó *fn* **1.** *[faeszköz]* bootjack **2.** *[fül]* tab
csizmanadrág *fn* (riding) breeches *tsz*
csizmás *mn* booted, in/wearing boots *ut*; **Csizmás Kandúr** Puss-in-Boots
csizmaszár *fn* boot-leg, boot-uppers *tsz*
csobban *i* (s)plash, plop
csobbanás *fn* (s)plash(ing)
csobog *i* plash, splash, gurgle
csobogás *fn* plash(ing), splashing, gurgling; **patak ~a** purl/babble of (a/the) brook
csobogó *mn* plashing, splashing, gurgling
csoda *fn* **1.** *vall* miracle; **minden ~ három napig tart** it's a nine-days' wonder; **hisz a ~kban** believe in miracles; **~t tesz** work a miracle (v. miracles) **2.** *[rendkívüli dolog]* marvel, wonder; **~, hogy** it is a wonder . . .; **nem ~, hogy/ha** no/little wonder (that/if); **~k ~ja** for/what a wonder!, marvel of marvels!; **a természet ~i** the marvels/wonders of nature; **a technika ~i** the marvels of modern science; **hol a ~ban lehet?** where on earth v. the hell can it/he be?; **ki a ~?** who on earth?; **~(ka)t művel** work/do* wonders/ marvels, work/perform miracles; **~val határos módon** miraculously
csodabogár *fn [ember]* queer fish, crank
csodadoktor *fn pej* quack
csodafegyver *fn* wonder weapon
csodagyer(m)ek *fn* child°/infant prodigy
csodál *i* **1.** (*vk vmt*) admire (sg), (*vkt*) admire (sy), look up to (sy) **2.** *[meglepődik vmn]* wonder at; **~om!** I am surprised; **egyáltalán nem ~om** I'm not the least bit surprised
csodálat *fn* **1.** *[vm/vk iránt]* admiration (for sg/sy); **~ot kelt** excite/arouse admiration; **~tal néz vmt** admire sg, gaze at sg in wonder/admiration **2.** *[csodálkozás, meglepetés]* wonder, surprise, amazement; **~ba ejt** astonish, amaze; **~ot kelt** *[meglep]* cause surprise
csodálatos *mn* **1.** *[remek]* great, wonderful, marvellous (*US* -l-), fabulous; **~ ember** he is a most extraordinary man, he is a phenomenon; **~ dolog** a marvellous/fantastic (*US* -l-) thing, a phenomenon **2.** *[különös]* strange, surprising; **~ módon**, **~képpen** *[különös módon]* surprisingly (enough), astonishingly (enough), strangely enough; *[csodával határos módon]* miraculously
csodálatosan *hsz* wonderfully, marvellously (*US* -l-), admirably, fabulously; **~ játszott** *[pl. zongorista]* (s)he played wonderfully; **~ szép** extremely beautiful, gorgeous
csodálatosképpen *hsz* → **csodálatos módon**
csodálkozás *fn* astonishment, amazement, wonder; **legnagyobb ~omra** to my utter amazement, to my greatest surprise; **majd leül a ~tól** (nearly/almost) fall* off the chair
csodálkoz|ik *i [meglepődik]* be* surprised/astonished at; **~om, hogy** I find it strange that, I am very surprised that; **ezek után nem lehet ~ni azon, hogy** after this you won't be surprised if (v. to learn that)
csodálkozó *mn* wondering, admiring
csodáló I. *mn* admiring, surprised **II.** *fn* admirer
csodaország *fn* wonderland
csodapók *fn biz* oddball, odd fish/bod
csodás *mn* marvellous (*US* -l-), magic
csodaszarvas *fn* ‹mythical stag of Hungarian legend›
csodaszép *mn* exquisite, very beautiful; **~ nő** she is a beauty
csodaszer *fn* cure-all, panacea
csodatett *fn* miracle, wonder
csodatevő, **csodatévő I.** *mn* wonder-working, miraculous **II.** *fn* wonder-worker
csodavilág *fn* world of wonders
csók *fn* **1.** *ált* kiss **2.** *[mogyorós, diós]* macaroon
csóka *fn áll* (jack)daw
csókálló *mn* **~ rúzs** kissproof lipstick
csoki *fn biz* chocolate, *GB* chocs *tsz*, *US* candy (bar)
csókol *i* kiss, give* sy a kiss; **kezet ~** kiss sy's hand; **kezét ~om!** *[az angolban pontos megfelelője nincs, helyette ez mondható]* good morning/afternoon/evening Madam/Sir; *biz* **~om!** *[megfelelője] kb.* hello; **sokszor ~** *[levél végén]* Love (from) (v. All my love) *[és keresztnév]*
csokoládé *fn* chocolate
csokoládébarna *mn* chocolate brown
csokoládébevonat *fn* → **csokoládémáz**
csokoládégyár *fn* chocolate factory
csokoládélikőr *fn* chocolate liqueur
csokoládémáz *fn* chocolate coating
csokoládéöntet *fn gaszt* chocolate sauce
csokoládépor *fn* powdered chocolate
csokoládés *mn* with chocolate *ut*
csokoládétorta *fn gaszt* chocolate cake
csókolgat *i* shower with kisses, kiss repeatedly
csókolódzás *fn* kissing
csókolódz|ik *i* kiss one another (repeatedly), *biz* be* billing and cooing
csókoltat *i* send* one's love to sy
csokor *fn* **1.** *[virág]* bunch, bouquet (of flowers) **2.** *[szalagból]* bow, rosette, knot
csokornyakkendő *fn* bow-tie
csomag *fn* **1.** *ált* package, *[postai]* parcel, *[kicsi]* packet, *[ajándék~]* gift-parcel, gift pack, *[poggyász]* luggage (*tsz* ua.), *US főleg:* baggage (*tsz* ua.); **sok ~ja van** have* a lot of luggage/baggage; **5 ~ja van** *[poggyásza]* (s)he has five pieces of luggage/baggage; **kevés ~gal utazik** travel (*US* -l-) light; **még egy ~om van** I have another piece of luggage; **~ot felad** *[postán]* post a parcel, send* a parcel/package by post; *[vonaton]* register one's luggage, *US* check one's baggage **2. egy ~ cigaretta** a packet (*US* pack) of cigarettes; **egy ~ kártya** a pack of cards **3.** *[politikai, oktatási stb.]* package
csomagfeladás *fn* posting of parcels, *[helye, postán]* parcels counter, *[vasúti]* luggage (*US* baggage) office; *[repülőtéren]* check-in (desk)
csomagfelvétel *fn [helye]* → **csomagfeladás**
csomagháló *fn* (luggage) rack
csomagkézbesítés *fn* parcel-post delivery
csomagkiadás *fn [postán]* parcels office; → **poggyászkiadás**
csomagkihordás *fn [postai]* parcel-post delivery
csomagkihordó *fn [postás]* parcel postman°; **~ autó** parcels van
csomagküldő *mn* **~ áruház/szolgálat** *[a rendszer]* mail order, *[a cég]* a mail-order business/company/firm
csomagmegőrző *fn* → **poggyászmegőrző**
csomagol *i* **1.** *[árut]* pack (up), make* into a parcel, package, *[papírba stb.]* wrap (up), *[ajándékot]* gift-wrap **2.** *[utazásra kofferba]* pack (up) **3.** *átv* (*vhogyan*) present
csomagolás *fn* **1.** *[mint folyamat, áruról]* pack(ag)ing, *[papírba stb.]* wrapping, packaging; **tízdekás ~ban** in lb

packs/packets **2.** *[utazásra kofferba]* packing (up); **elkezdted a ~t?** have you started your packing? **3.** *[burkolat]* cover, wrapper **4.** *átv* presentation
csomagolásmód *fn* **1.** *ált* packing **2.** *átv* presentation
csomagolástechnika *fn* packaging technology
csomagolatlan *mn* unwrapped; **~ áru** bulk goods *tsz*
Cs
csomagoló I. *mn* packing **II.** *fn* **1.** *[személy]* packer **2.** *[helyiség]* packing-room
csomagolóanyag *fn* packaging material
csomagolópapír *fn* brown/wrapping/packing paper
csomagolt *mn* pack(ag)ed, *[előre]* prepack(ag)ed; **~ ebéd** packed lunch
csomagposta *fn* parcel-post
csomagszállítás *fn* carriage of parcels, parcel delivery
csomagtartó *fn* **1.** *[vasúti fülkében]* luggage rack **2.** *[autóban]* boot, *US* trunk, *[tetőn]* roof rack **3.** *[kerékpáron]* carrier
csomagtér *fn gk* boot
csomagterv *fn* package deal
csomagtúra *fn* package tour
csomó *fn* **1.** *[bog]* knot; **~ra köt vmt** knot sg; **~t köt** tie/make* a knot (in sg); **~t köt a zsebkendőjére** tie a knot in one's handkerchief **2.** *[fában]* knot, gnarl, *[testrészen]* lump, knot, node, nodule **3.** *hajó [1853 m/óra]* knot; **x ~ sebességgel halad** is doing x knots a day **4.** *biz* **egy ~ . . .** *[sok]* a lot of . . ., loads of; **egy ~ ember** a number/lot/bunch of people; **jó ~ pénz** a lot of money, a packet
csomómentes *mn gaszt* smooth, without lumps *ut*; **~re keverjük** mix to a smooth paste
csomópont *fn* **1.** *[közlekedési]* junction, *[különszintű]* interchange; **vasúti ~** railway junction **2.** *mat fiz* node, intersection, knot
csomós *mn* **1.** *[amiben csomó van]* knotty, tangled **2.** *[összecsomósodott]* lumpy
csomósod|ik *i* become* knotty/knotted, get* tangled up
csomóz *i* knot (sg), tie/make* a knot in sg
csomózás *fn* **1.** *[folyamat]* knotting **2.** *[eredménye]* knot
csónak *fn* boat, *[evezős]* rowing boat, *főleg: US* rowboat
csónakázás *fn* boating
csónakáz|ik *i* boat; **~ni megy** go* boating
csónakázó *fn* (weekend) rower
csónakázótó *fn* boating lake
csónakház *fn* boathouse
csónakkikötő *fn* boat harbour *US* harbor
csónakmester *fn* boat-keeper, boatman°
csónakmotor *fn [külső]* outboard motor
csónakos *fn [hivatásos]* boatman°, waterman°, bargee
csónakverseny *fn* boat-race
csonk *fn* stump, stub, *[cigarettáé]* stub, *biz* fag end, *[szivaré]* butt, *[fogé]* stump
csonka *mn* **1.** *[törött, csonkított]* mangled, broken, *[kéz, láb]* maimed, *[ember]* mutilated, *[szobor]* broken **2.** *[mű]* incomplete; **~ gúla** frustum (*tsz* frusta) of pyramid; **~ kúp** frustum of cone; **~ példány** defective copy; **~ család** single parent family
Csonka-Magyarország *fn tört* ‹reduced-size Hungary after the Trianon treaty in 1920›
csonkít *i átv is* mutilate, truncate, *[végtagot]* maim; → **csonkol**
csonkítás *fn átv is* mutilation
csonkítatlan *mn* complete, unshortened, undamaged, intact
csonkol *i orv* amputate
csonkolás *fn orv* amputation
csonkolt *mn orv* amputated
csont I. *fn* bone; **(csupa) ~ és bőr** nothing but (v. all/only) skin and bone, skin and bone(s), a bag of bones; **~ja velejéig** *[áthűlt]* (be* chilled) to the marrow (of one's bones); **~ nélküli** boneless, off the bone *ut*; **a ~jaimban érzem** I feel* it in my bones **II.** *hsz szl* dead; **~ jó volt** it was dead good
csontátültetés *fn* bone grafting, osteoplasty
csontfaragás *fn* bone carving
csontgomb *fn* horn button
csonthártya *fn orv* periosteum
csonthártyagyulladás *fn orv* periostitis
csonthéjas gyümölcs *fn* stone-fruit, *tud* drupe
csontkemény *mn* stone/rock-hard
csontképző *fn* ossiferous, bone-building
csontképződés *fn* bone formation, ossification
csontkeretes *mn* **~ szemüveg** horn-rimmed glasses/spectacles *tsz*
csontkinövés *fn* bony growth, exostosis
csontkollekció *fn biz* a bag of bones
csontkovács *fn* osteopath, chiropractor
csontlágyulás *fn orv* softening of the bones, osteomalacia
csontleves *fn* bone soup, stock broth
csontnyelű *mn* with a horn handle *ut*
csontos *mn* bony, osseous
csontosodás *fn* ossification, becoming bony
csontosod|ik *i* (*vm*) ossify, become* bony, harden
csontozat *fn* skeletal/bony system
csontrák *fn orv* bone cancer
csontrendszer *fn orv* bony/osseous system
csontrepedés *fn orv* splitting/cracking of the bone
csontrészeg *mn biz* sloshed, stoned
csontritkulás *fn orv* osteoporosis
csontsovány *mn biz* skin and bone
csontszáraz *mn* bone-dry
csontszegény *mn biz* hard up, destitute
csontszilánk *fn* splinter of bone
csontszínű *mn* ivory
csontszövet *fn orv* bone-tissue, bony tissues *tsz*
csonttan *fn* osteology
csonttányér *fn* bone dish/plate
csonttörés *fn orv* fracture (of bone)
csonttuberkulózis *fn orv* tuberculosis of the bone(s)
csontváz *fn* skeleton
csontvelő *fn orv* (bone) marrow, medulla
csontvelő-átültetés *fn orv* bone-marrow transplant
csontvelőgyulladás *fn orv* osteomyelitis
csoport *fn* group, *kat* troop, detachment, *[munkás]* gang, team, shift, *[értelmiségi munka~]* team, *[turista~]* a party [of tourists]; **~okba verődnek** form (themselves into) groups; **~okra oszt** separate/divide/put* into groups, group, *[szempontok szerint]* categorize, classify
csoportbeosztás *fn* division (into groups)
csoportdinamika *fn pszich* group dynamics
csoportelső *fn* (person) coming top/first in his/her group
csoportérdek(eltség) *fn* group interest
csoportértekezlet *fn* group meeting/conference
csoportkép *fn* tableau *tsz* -eaux, group photograph
csoportmunka *fn* groupwork, teamwork
csoportnyelv *fn* jargon
csoportos *mn* collective, in groups *ut*, group; **~ tanulás** team studying, class work, studying/learning in groups; **~ turistavízum** group tourist visa; **~ utazás** group/party travel; **~ útlevél** collective/group passport
csoportosít *i* group, *[adatokat]* classify, arrange, *[érveket]* marshal (*US* -l-)
csoportosítás *fn* grouping, *[adatoké, eredményeké]* classification, arrangement
csoportosul *i* form a group, gather, assemble in a group (v. in groups), band (together)
csoportosulás *fn* grouping, gathering; **a ~ tilos** public assembly is forbidden
csoportszex *fn* group sex
csoportterápia *fn* group therapy
csoportvezető *fn* group leader/chief, *[munkásoknál]* gang boss, *[vállalati]* head of section, *[társasutazásé]* tour leader/manager, *[US, főleg turnéző rockzenészeké]* road manager, *biz* road(ie)
csór *i biz* filch, nick, pinch

csorba I. *mn* defective, *[eszköz]* nicked, *[porcelán]* chipped **II.** *fn* **1.** *[vágószerszámon]* notch, nick, *[poharon, csészén]* chip, crack **2.** *átv* ~ **esik vmn** suffer damage, be* damaged; *[becsületén]* there was a slur on his reputation; **~t ejt vmn** damage, injure, harm; *kif* cast* a slur on [sy's reputation etc.]; **kiköszörüli a ~t** make* amends for [a fault]
csorbít *i* **1.** *[kést]* nick, *[poharat]* chip **2.** *átv* impair, damage; **~ja vknek a jogait** violate/infringe sy's rights
csorbítatlan *mn* **1.** *[hírnév, becsület]* unimpaired, undamaged, *jog* unaffected, uncurtailed **2. ~ul** *[hiánytalanul]* **megvan** be* intact/untouched/complete
csorbul *i* **1.** *[vágószerszám]* get* nicked, *[pohár]* get* chipped **2.** *átv* suffer damage/injury
csorda *fn* herd
csordás *fn* herdsman°, *US* cowboy
csordogál *i* flow slowly, trickle
csordul *i* spill*, overflow, brim (over)
csordultig *hsz* to the brim; ~ **(tele) vmvel** brimful(l) of sg *ut*; ~ **a pohár** the cup is* full (to overflowing)
csorgás *fn* running (of water), flow
csorgat *i* pour (out) slowly
csorgó I. *mn* running, flowing **II.** *fn [ereszen]* gutter, spout
csóró *mn biz [szegény]* penniless, without two pennies to rub together, *GB* stony-broke, flat broke
csorog *i* run*, flow; ~ **a nyála** (i) he dribbles (ii) *[átv, vm után]* sg makes* his mouth water → **csurog**
csoroszlya *fn* **1.** *[eke alkatrésze]* coulter, furrow splitter **2.** *iron* **vén** ~ old hag
csoszog *i* shuffle (along), slouch, drag one's feet
csoszogás *fn* shuffle, shuffling
csoszogós *mn* shuffling, slouching
csótány *fn áll* cockroach, black-beetle
csótányirtó *fn* insecticide, cockroach poison
csotrogány *fn biz [ütött-kopott jármű]* a clapped-out old car
csóva *fn* **1.** *[tűz]* (fire-)brand **2.** *[üstökösé]* tail [of comet]
csóvál *i* **1. fejét ~ja** shake* one's head **2. farkát ~ja** wag its tail, wigwag; *tréf kif* **a farok ~ja a kutyát** the tail is wagging the dog
cső *fn* **1.** *ált* tube, pipe, *[vízvezetéké]* conduit, *[gumi~]* rubber tube, hose(-pipe); *szl* **behúz vkt a ~be** sell* sy down the river, pull a fast one on sy, trap sy into sg **2.** *[lőfegyveré]* barrel [of gun] **3.** *[rádió~] elav* valve, *főleg US* tube **4.** *[kukorica~]* (corn-)cob; **két ~ kukorica** two ears/cobs of maize/corn *tsz* **5.** *szl* **~!**, **~sztök!** *[viszlát!]* Bye!
csőáteresz *fn* culvert
csöbör *fn* → **cseber**
csőbútor *fn* tubular metal furniture
csöcs *fn* → **csecs**
csőcselék *fn* mob, rabble
csőcsere *fn* replacement of pipes
csőcsonk *fn* pipe-end/stub
csöcsörész *fn durva* paw/fondle a woman's breast
csőd *fn átv is* bankruptcy, (complete/utter) failure; **~be jut** go*/become* bankrupt, go* under, go* bust, fail; **~be jutott** bankrupt; **~öt bejelent** declare oneself bankrupt; **~öt mond** fail, prove a fiasco; **a ~ szélén áll** be* on the verge/brink of bankruptcy; **elkezdődik a ~** the rot sets in; *átv* **teljes ~** the (absolute) end, (red) ruin
csődbiztos *fn gazd* liquidator
csődeljárás *fn* bankruptcy proceedings *tsz*
csődhullám *fn gazd* bakruptcy wave
csődör *fn* stallion
csődtömeg *fn* bankrupt's assets *tsz*
csődtömeggondnok *fn* receiver
csődtörvény *fn jog* bankruptcy law, law of bankruptcy
csődül *i* (*vhova*) throng/flock to
csődület *fn* throng, crowd, tumult
csőfektetés *fn* pipe-laying
csőfogó *fn [műszer]* pipe wrench
csőfurat *fn* bore
csőhálózat *fn [gépé]* piping, pipe-network, *[vízvezetéké]* network of water-pipes
csőhegesztés *fn* pipe-welding
csőidom *fn* sectional pipe
csőkarima *fn* pipe flange/socket
csökevény *fn pol* remnants *tsz*, vestiges *tsz*
csökevényes *mn* vestigial
csökken *i ált* go*/come*/move down, drop*, decline, dwindle, shrink*, decrease, diminish, lessen, *[láz]* fall*, *[sebesség]* slow down, *[hideg, meleg]* decrease; ~ **az értéke** fall* in value, depreciate
csökkenés *fn* decrease, reduction, fall, drop, decline, *[súly, érték]* loss
csökkenő *mn* waning, decreasing, falling, diminishing, dwindling; **nem ~** unabating; **~ irányzat/tendencia** downward tendency/trend
csökkent[1] *i* reduce, diminish, lessen, *[árakat, béreket]* reduce, cut*, bring* down, chop back, pull back on [*mindegyik:* one's spending], *[kiadást]* curtail, retrench, trim, cut* (down), *[létszámot]* reduce, *[termelést]* decrease [the output], cut* back (on) [industrial production], *[feszültséget]* ease [the tension]; **az idén ~eni kell a kiadásainkat** we must retrench this year, we must cut down (our) expenses this year
csökkent[2] *mn* reduced, diminished; **~ hallású** partially deaf; **~ látású** partially sighted; **~ munkaképességű** *[személy]* partially disabled/incapacitated (person)
csökkentés *fn* reduction, decrease, *[fizetésé stb.]* cut, *[kiadásoké]* retrenchment, cutting; **az önköltség ~e** lowering first costs; **a selejt ~e** reduction of waste; **állami kiadások ~e** cut in public expenditure
csökkentett *mn* reduced, diminished; **~ árak** reduced prices; **~ fejadagot kap** be* on short rations
csökkentlátó *mn/fn* visually handicapped/disabled, partially sighted [person]
csökönyös *mn* obstinate, stubborn, *[gondolkodásban]* obstinate, stubborn, mulish, hidebound; **~ mint egy szamár** as stubborn/obstinate as a mule
csökönyösköd|ik *i* be* obstinate/stubborn, behave obstinately/stubbornly, ba(u)lk
csökönyösség *fn* obstinacy, stubbornness
csökött *mn* → **csökevényes**
csőkulcs *fn [szerszám]* socket wrench
csőlakó *fn* → **csöves II**
csőlátás *fn orv* tunnel vision
csömör *fn* **1.** *[hányinger, undor]* nausea, *[étel iránt]* a surfeit of, *[részegség utáni]* hangover **2.** *átv* disgust; **~e van vmtől** *biz* be* fed up with sg, be* sick (and tired v. to death) of sg
csőnadrág *fn* drainpipe trousers *tsz*
csőnyílás *fn* mouth, nipple [of a pipe/tube]
csőposta *fn* pneumatic post/dispatch
csöpög *i* → **csepeg**
csöpp *fn* → **csepp**
csöppség *fn* little child°, tiny tot
csőr *fn* **1.** *[madáré]* bill, *[nagyobb]* beak **2.** *[kannáé]* spout **3.** *tréf* **fogd be a ~ödet** hold your tongue
csördít *i* → **cserdít**
csördül *i [lánc]* rattle, *[tányér, üveg]* clink
csörege(fánk) *fn* → **csörögefánk**
csőrepedés *fn* burst pipe, pipe burst
csörgedez|ik *i* gurgle, *[patak]* babble, purl
csörgés *fn* rattle, clatter
csörget *i* clatter, clang, *[pénzt]* jingle, chink, *[láncot]* rattle
csörgő I. *mn* rattling, jingling **II.** *fn [játék]* rattle
csörgődob *fn zene* tambourine
csörgőkígyó *fn* rattlesnake
csörgősipka *fn* fool's/jester's cap, cap and bells *tsz*
csörlő *fn* winch, *[motoros]* motor winch, *[hajón, függőleges tengelyű]* capstan
csörlőautó *fn* winch vehicle

Cs

csörlődob *fn* winding drum
csörlőindítás *fn [vitorlázógépeké]* winched launch
csörlős *mn* **~ felszállás → csörlőindítás**
csörög *i* **1.** jangle, clang, clatter, clink, *[pénz]* chink, *[telefon]* ring* **2.** *szl [táncol]* foot it, shake* a leg, go* to the local/school/etc. hop
csöröge(fánk) *fn gaszt kb.* fritter
csörömpöl *i* rattle, make* a rattling noise, clatter, *[pohár]* jingle
csörömpölés *fn* rattle, clatter
csőrös *mn* beaked, billed, having a beak/bill *ut*; **~ csésze** *[betegnek]* feeding-cup; *kém* beaker
csőröz *fn szl [csókolódzik]* bill and coo, peck, spoon
csörren *i* clink, clang, clash
csörte *fn [vívásban]* bout
csörtet *i* **1. hova ~(sz)?** where's the fire? **2. ~i a kardját** *átv is* he is sabre-rattling
csőstül *hsz* thick and fast; **~ jön a baj** misfortunes never come* single, it never rains but it pours
csősz *fn [közkertben]* park-keeper, *[mezőn]* field-guard
csőszkunyhó *fn* field-guard's shelter/hut
csőtészta *fn* macaroni
csőtoll *fn* India(n)-ink pen, graphic pen
csőtorkolat *fn [fegyveré]* muzzle
csőtörés *fn* burst pipe
csővastagság *fn* breadth of pipe/tube
csővázas *mn* tubular
csövecske *fn* small tube/pipe, *biol* tubule
csővég *fn* mouthpiece, nozzle
csöves I. *mn* **1.** *[cső alakú]* tubular **2.** *[csővel ellátott]* provided with a tube/pipe *ut*, piped **3. ~ kukorica** corn on the cob **4. ~ nadrág → csőnadrág 5.** *el* -valve; **12 ~ készülék** *elav* 12-valve set **II.** *fn szl [csőlakó] GB* dosser, *US* bum
csövesed|ik *i* ear
csövez *i szl [utcán él]* sleep* rough, *GB* doss (down)
csővezeték *fn [gáz, víz]* pipe, *[rendszer]* piping, *[nagy távolságra]* pipeline
csúcs *fn* **1.** *[hegyes vég]* point, tip, *[hegyé]* peak, top, *[legmagasabb]* summit, *[fáé]* top, crown, *[toronyé]* pinnacle, spire **2.** *[háromszögé]* vertex, *[kúpé]* apex **3.** *[tetőpont]* height, peak, summit, top; **pályája ~án** at the peak/apex of his career, at the top of his profession, at his peak, in his/her prime; **sikerei ~án visszavonul** retire at the top **4.** *biz [teljesítmény]* an all-time high, *kif* it takes the cake, it beats everything, that takes the biscuit **5.** *pol* summit (meeting) **6.** *sp* record; **olimpiai ~** Olympic record; **~ot felállít** set* (up) a record; **megdönti a ~ot, ~ot javít** break*/beat* a/the record **7. ez (aztán a) ~!** it's great!, that beats everything!, it's the greatest thing since sliced bread **8. → csúcsérték, → csúcsforgalom, → csúcstalálkozó, → csúcsteljesítmény**; **→ beállít**
csúcsbeállítás *fn* equalling the record
csúcsdiplomácia *fn pol* summit diplomacy
csúcseredmény *fn* record
csúcsérték *fn* maximum (value), peak (value)
csúcsértekezlet *fn* **→ csúcstalálkozó**
csúcseszterga *fn* centre lathe
csúcsfogyasztás *fn* peak consumption
csúcsforgalom *fn* peak period, the rush hour(s), rush-hour traffic
csúcsforgalmi *mn* **~ idő/órák → csúcsforgalom**
csúcsforma *fn sp* record-breaking form, top form; **~ban van** be* at one's best
csúcsidő *fn* **1.** *[csúcsforgalomé]* the rush hour **2.** *[csúcsterhelésé]* peak period **3.** *sp* record(-breaking) time
csúcsív *fn* pointed/broken arch, ogive
csúcsíves *mn* pointed, ogival; **~ stílus** Gothic (style)
csúcsjavítás *fn sp* breaking a/the record
csúcskísérlet *fn sp* attempt on the record
csúcsmagasság *fn [rekordmagasság]* record height
csucsorít *fn* **ajkát/száját ~ja** purse one's lips
csúcsos *mn* pointed, peaked; **~ zárójel** angle/pointed brackets *tsz*
csúcsosod|ik *i* **1.** *[csúcsban végződik]* taper, come to (v. end in) a point **2.** *átv* culminate
csúcspont *fn* **1.** *[hegyé]* summit **2.** *[folyamaté]* culmination, *[életpályáé, hírnévé]* zenith, peak, *[vk életében kiemelkedő esemény]* high point
csúcssebesség *fn* top/maximum speed
csúcsszervezet *fn* top organization
csúcsszög *fn* vertex/opposite angles *tsz*
csúcstalálkozó *fn* summit meeting/conference, summit (talks *tsz*)
csúcstartó *fn sp* record-holder
csúcstechnológia *fn* high technology, high tech, cutting-edge technology
csúcsteljesítmény *fn ált* maximum output, record, *biz* all-time high
csúcsterhelés *fn* maximum load, *el* peak (load)
csúcstermék *fn* state-of-the-art product
csúcstermelés *fn* peak production/output
csuda *fn* **→ csoda**
csúf I. *mn [külsőleg]* ugly, hideous, unsightly, *[idő]* foul, rotten **II.** *fn* **~ot űz vkből** make* fun of sy, poke fun at sy; **~fá tesz vkt** make* sy an object of derision, deride sy; *(vmt)* deface/disfigure sg
csúfít *i* disfigure, deface
csúfnév *fn* nickname
csúfol *i* mock, ridicule, make* fun of sy/sg, *(vkt/vknek/vmnek)* call sy names
csúfolás *fn* mocking, mockery
csúfolódás *fn* mocking, jeering
csúfolód|ik *i* mock, make* fun of (sy)
csúfolódó *mn* mocking, derisive
csúfondáros *mn* **→ csúfolódó**
csúfos *mn* shameful, disgraceful, ignominious; **~ kudarcot vall, ~an leszerepel** be* badly beaten/defeated, fail ignominiously
csúfság *fn* **1.** *[szégyen]* disgrace, ignominy, shame **2.** *[csúnyaság]* ugliness, hideousness **3.** *[csúf személy]* ugly person
csúful *hsz* disgracefully; **~ bánik vkvel** treat sy disgracefully; **~ cserbenhagy** *biz* leave* (sy) in the lurch
csuha *fn* monk's habit/cowl, *iron [reverenda]* soutane
csuhaj! *isz elav* whoopee
csuhás *mn/fn iron* shaveling
csuk *i* **1.** *[ablakot, ajtót]* close, shut* **2.** *biz [üzlet]* close; **hatkor ~ják a boltot** the shop closes at six
csuka *fn* **1.** *áll* pike **2.** *szl [cipő]* creepers *tsz*
csukafejes *fn sp* pike dive
csukamájolaj *fn* cod-liver oil
csukás *fn [művelet]* closing, shutting
csukaszürke *mn* pike-grey (*US* -gray)
csuklás *fn* hiccup, hiccough
csukl|ik *i* hiccup, hiccough, have*/get* the hiccups
csukló *fn* **1.** *[kézé]* wrist **2.** *műsz* joint, link
csuklócsont *fn* wrist-bone
csuklógyakorlat *fn* drill, physical training
csuklópánt *fn műsz* hinge
csuklós *mn műsz* hinged; **~ autóbusz** articulated bus
csuklya *fn [kabáton]* hood, *[szerzetesé]* cowl
csuklyás *mn* **1.** hooded, with a hood *ut*; **~ kabát/bekecs** anorak, parka, cagoule v. kagoule **2.** *[csuklyát viselő]* wearing a hood *ut*, *[szerzetes]* cowled; **~ barát** Capuchin friar
csukódás *fn* closing, shutting
csukód|ik *i* close, shut*
csukott *mn* closed, shut; **~ szemmel** with one's eyes shut/closed; **~ szemmel is megcsinálom** I could do it standing on my head
csukva *hsz* closed, shut
csúnya I. *mn [külsőleg]* ugly, hideous, unsightly, *[nőről, enyhébben]* homely, *[idő]* foul, rotten; **~ baklövés** a

serious blunder; ~ **eljárás** unfair treatment; ~ **história** a nasty story/business; ~ **tréfa** a dirty/nasty trick **II.** *fn* **~kat mond** use bad language
csúnyán *hsz biz [nagyon]* badly; ~ **becsapták** he has been taken for a ride, he has really been had; ~ **elbántak vele** he has been hard done by, he has had a raw deal; ~ **viselkedett** he behaved very badly; ~ **köhög** have* a bad cough
csúnyaság *fn* **1.** *[emberé]* ugliness, hideousness **2.** *átv* ignominy, nastiness
csúnyít *i* (*vkt*) make* sy ugly
csúnyul *i* grow*/become* ugly, lose* one's good looks
csupa *hsz* all, mere, pure, bare; ~ **élet** be* full of life/go; ~ **fül vagyok** I am* all ears; ~ **szív (ember)** have* a heart of gold, be* full of feeling; ~ **víz** → **csuromvíz**; → **szem**
csupán *hsz* merely, only, purely; ~ **azt mondtam** I said simply and solely (that) → **csak 1**
csupáncsak *hsz* merely, solely
csupasz *mn [ember]* naked, nude, *[szőrtelen]* hairless, beardless, *[madár]* unfeathered, *[fal]* bare, *[fák, mező]* naked, bare
csupor *fn* mug, pot
csurgat *i* → **csorgat**
csurgó *mn* → **csorgó**
csurig *hsz biz* → **csordultig**
csurog *i* → **csorog**; **lefelé ~ a folyón** drift down the river
csuromvíz *mn* be* wet through, be* wet/soaked to the skin, be* soaking wet
csuromvizes *mn [ember]* wet through *ut*, soaked/drenched to the skin *ut*, soaking (wet), *[ruha, stb.]* wringing wet; **~en jött meg** he arrived soaking wet, (s)he looked like a drowned rat
csurran *i* spill*, pour out, drip
csurran-csöppen *i* **vm ~ neki** a little comes his way (now and then)
csusza *fn* **1.** *sp [asztaliteniszben]* edge ball **2.** *gaszt* **túrós ~** → **túrós**
csuszamlás *fn [földtömegé]* land-slide, *[sáré]* mudslide
csuszaml|ik *i* slide*, slip, slither
csúszás *fn* slip(ping), slide, sliding, *[autóé]* skidding
csúszásbiztos *mn* non-skid, non-slip
csúszásgátló *fn [gumiabroncs]* nonskid (tyre) (*US* tire)
csúszásmentes *mn* → **csúszásbiztos**
csúszda *fn* **1.** *műsz* slipway, slide, chute, *[szálfáknak]* timber-slide **2.** *[gyerekeknek]* slide
csúsz|ik *i* **1.** slide*, glide, *[siklik]* slip, slide*; **~ik a lejtőn** slide* downhill, *[autó]* skid **2.** *[csúszós]* be* slippery; **~ik az úttest** the road(-surface) is (wet and) slippery; **hiba ~ott a számításba** an error has crept into the figures (v. one's calculations)
csúsz|ik-mász|ik *i* **1.** *[földön]* creep*, crawl **2.** *átv* truckle to, cringe before/to (sy), crawl, grovel
csúszkál *i* be* sliding/slithering (about)
csúszkálás *fn* sliding/slipping about
csúszó *mn* sliding, gliding, slipping; *gazd* ~ **leértékelés** crawling/sliding peg
csúszógyűrű *fn* slip-ring
csúszómászó *fn* **1.** *[hüllő]* reptile, *[féreg]* creeping/crawling insect, *biz* creepy-crawly **2.** *[ember]* toady, flatterer, groveller (*US* -l-)
csúszó-mászó *mn [állat]* creeping, crawling, *[ember]* cringing, grovelling (*US* -l-), sneaking
csúszópénz *fn* sweetener, inducement, bribe, *US* soap, *[kellemetlen helyzetből való kimentésért] US* smart money, *[állami tisztviselők korrumpálására félretett] főleg: US* slush fund; **~t ad vknek** grease/oil sy's palm
csúszós *mn* slippery
csuszpájz *fn biz* (thick) vegetable dish
csúsztat *i* **1.** (*vmt*) slip (*vmbe* into), push along/down, slide* along **2.** *[üzemben]* ‹in return for time off later› put* in extra time at work **3.** *gk* **~ja a kuplungot** slip the clutch, let* the clutch slip **4.** *[tényeket elferdít]* distort the facts/truth
csúsztatás *fn [tények elferdítése]* (intentional) distortion of facts, misrepresentation of facts
csúsztató *fn* → **csúszda**
csutak *fn* wisp/handful of straw/hay
csutakol *i* rub down [a horse]
csutka *fn [almáé]* apple core, *[kukoricáé]* (corn-)cob
csúz *fn elav* rheumatism
csúzli *fn* (toy) catapult, *US* slingshot
csúzos *mn elav* rheumatic(ky)
csüccs! *isz biz* down you sit, *GB* take* a pew
csücsök *fn [kendőé]* point, *[sarok]* corner, *[szájé, szemé]* corner
csücsörít *i* purse one's lips
csücsül *i biz* sit* (down) (on), be* perching (on)
csüd *fn [lóé]* pastern, *[madáré]* foot° (of a bird)
csüdfű *fn növ* milk vetch
csügg *i* → **csüng**
csügged *i* despair, lose* heart, *[kishitű]* show* lack of spirit, be* downhearted; **ne ~j!** cheer/chin/bear up!, keep your tail up!; **sohase ~j!** never say die!
csüggedés *fn* dejection, despair, dismay
csüggedt *mn* discouraged, downhearted, down in the mouth *ut*, *[tekintet]* listless, depressed
csülkös *mn gaszt* ~ **bableves** bean soup with (smoked) knuckle of ham
csülök *fn* **1.** hoof (*tsz* hooves) **2.** *[étel]* knuckle of ham, hand of pork; **füstölt ~** smoked knuckle (of ham)
csüng *i* **1.** (*vmn*) hang* **2.** *átv* (*vkn, vmn*) cling* to, be* attached to, depend on; **szeretettel ~ rajta** be* very much attached to him/it, dote on sy; ~ **vknek a beszédén** hang* on(to)/upon sy's every word, hang* on sy's lips
csűr[1] *fn* barn
csűr[2] *i* → **csűr-csavar**
csűr-csavar *i* beat* about (*US* around) the bush; **csűri-csavarja a szót** quibble, equivocate, twist sy's words
csűrés-csavarás *fn* pettifogging, pettifoggery, beating about (*US* around) the bush
csürhe *fn átv* rabble; **micsoda ~!** what a dirty lot (you are)!
csűrőlap *fn* aileron
csüt. *röv* → **csütörtök**
csütörtök *fn* **1.** *[a hét napja]* (*röv* **csüt.**)Thursday; **~ön** on Thursday; **jövő ~ön** next Thursday; **múlt ~ön** last Thursday; **minden ~ön** on Thursdays, every Thursday; **~(ön) este** Thursday evening/night; **~(ön) reggel** Thursday morning; **~re** by Thursday **2.** *átv biz kif* **~öt mond** (i) *[puska]* hang* fire, misfire, fail to go off (ii) *[terv]* fail, miscarry
csütörtöki *mn* Thursday, of Thursday *ut*, Thursday's; **a ~ nap folyamán** in the course of Thursday, on Thursday; **egy ~ napon** on a Thursday; **a múlt ~ napon** last Thursday; **a múlt ~ hangverseny** last Thursday's concert; **a jövő ~ óra** next Thursday's class/lesson
csütörtökönként *hsz* every Thursday, on Thursdays

Cs

D

D, **d** *fn [betű]* (the letter) D, d
D *röv* → **dél**
dac *fn* spite, defiance, *[makacsság]* obstinacy, *biz* cussedness; **~ból** out of (sheer) spite
dacára *hsz* despite, in spite of; **~ annak, hogy** ... although, despite (v. in spite of) the fact that ...
dacol *i* (*vkvel/vmvel*) defy sy/sg, fly* in the face (of sg), shrug off sg; **~ vk haragjával** brave sy's anger; **~ a viharral** brave the storm; **~ a törvénnyel** defy the law; **vmvel ~va** in defiance (of sg), in the teeth (of sg)
dacos *mn* **1.** *[makacs]* defiant, obstinate, *[akaratos]* wilful (*US így is:* willful), headstrong **2.** *[sértődött]* sulky, sullen
dacoskodás *fn [aktív]* defiance, *[passzív]* sulking
dada *fn* nurse, nanny
dádá *fn biz* spanking
dadaizmus *fn műv* Dadaism
dadog *i* stammer, stutter, falter
dadogás *fn* stutter(ing), stammer(ing)
dadogó I. *mn* stuttering, stammering, faltering **II.** *fn* stutterer, stammerer
dadus *fn biz* → **dada**
dagad *i* **1.** *[testrész]* swell* (up); **~ a lába** his leg is swelling up; *[hízik]* grow*, get* fat **2.** *[folyó, ár]* swell*, rise*, surge **3.** *[vitorla]* fill/belly (out) **4. ~ a keble** his heart swells [with pride etc.]; → **kidagad**
dagadó I. *mn* swelling, *[széltől]* inflated, *[kidagadó]* bulging; *átv* **~ mellel** swelling with pride **II.** *fn [disznóé]* thin flank
dagadt *mn* **1.** *orv* swollen (*vmtől* with), *[puffadt]* bloated, puffy **2.** *biz [kövér]* fat
dagály *fn [tengeri]* flood/incoming tide, *[a ~ csúcspontja]* high tide; **~ van** the tide is in/rising; **jön a ~** the tide is coming in; → **apály**
dagályos *mn [stílus]* high-flown, bombastic, *[beszéd]* grandiloquent
dagályosság *fn* bombast, pompous rhetoric
daganat *fn [külső]* swelling, *[fejen ütéstől]* bump, lump, *[belső]* tumour (*US* -or), *tud* neoplasm; **a gyomor/csont/***stb.* **rosszindulatú ~a** malignant neoplasm of stomach/bone/etc. malignant gastric/bone/etc. tumour; **a méh/***stb.* **jóindulatú ~a** benign neoplasm of uterus/etc., benign uterine tumour
daganatos *mn* tumorous; **~ beteg** cancer patient; **~ betegségek/megbetegedések** tumorous diseases, tumours (*US* tumors)
dagaszt *i* **1.** *[kenyeret, tésztát]* knead, *[agyagot]* mould (*US* mold) **2. szél ~ja a vitorlákat** wind fills the sails
dagasztás *fn [kenyéré]* kneading
Dagesztán *földr* Dagestan
dagi *fn biz* fatty
dajka *fn* nurse → **dada**
dajkál *i átv is* nurse
dajkamese *fn* **1.** *[gyermeknek]* nursery tale **2.** *pej* fairy tale, cock-and-bull story, stuff and nonsense
dajkaság *fn [intézmény]* nursing; **~ba ad gyermeket** put* (out) a child° to nurse
dákó *fn* **1.** [billiard] cue **2.** *szl [nemi szerv]* cock
dakszli *fn* dachshund, *biz* sausage dog
daktiloszkópia *fn* dactyloscopy, fingerprint identification
daktilus *fn* dactyl
dal *fn* song, *[szerelmi]* love-song
dalai láma *fn* Dalai Lama
dalárda *fn* choral society, glee club
dalbetét *fn [prózai darabban]* lyric
dalciklus *fn* cycle of songs, (song-)cycle
dalénekes *fn* singer
dalest *fn* (song) recital
dalgyűjtemény *fn* collection of songs
dalia *fn* valiant knight, hero
dália *fn növ* dahlia
daliás *mn* **1.** *[külső]* strapping, well-built; **~ termet(ű ember)** a fine figure of a man **2.** *[hősies]* heroic, chivalrous, gallant
daljáték *fn [vidám]* musical drama/comedy, "Singspiel"
dalkincs *fn* repertoire of songs, songs *tsz*
dalköltészet *fn* lyric poetry
dalköltő *fn* lyric poet
dallam *fn* melody, tune; **vmnek a ~ára** to the tune/melody of sg
dallamcsengő *fn* Friedland chime
dallamos *mn* melodious, tuneful, sweet
dallamosság *fn* melodiousness, tunefulness
dallamtalan *mn* unmelodious, tuneless
dallamvonal *fn* melodic line
Dalmácia *földr* Dalmatia
dalmát *mn* Dalmatian; **~ eb** Dalmatian
dalmű *fn* opera
dalnok *fn* singer, *[középkorban]* minstrel, *[Walesben]* bard
dalol *i* sing*, *[madár]* warble, sing*
dalolgat *i* be* humming little tunes, be* singing
dalos I. *mn* singing; **~ kedvében van** feel* like singing **II.** *fn* singer
daloskönyv *fn* song-book
dalszerző *fn* song-writer, lyricist
dalszöveg *fn* lyrics *tsz*, words [of a song] *tsz*
dalszövegíró *fn zene* lyricist
dáma *fn* **1.** *[hölgy]* lady **2.** *[játék]* draughts *esz*, *US* checkers *esz* **3.** *[kártya]* queen
dámajáték *fn* → **dáma** 2
damaszt *mn/fn* damask
dámáz|ik *i* play draughts, *US* play checkers
damil *fn* ‹ nylon fishing line ›
dámvad *fn* fallow-deer (*tsz* ua.)
dán I. *mn* Danish; **~ nyelv** Danish (language); **~ nyelven** → **dánul**; **~ dog** Great Dane **II.** *fn* **1.** *[ember]* Dane **2.** *[nyelv]* Danish (language)
dandár *fn* **1.** *kat* brigade **2. a munka ~ja** the bulk of the work
dandárparancsnok *fn* brigadier
Dánia *földr* Denmark
dániai *mn* Danish, of Denmark *ut*
Dániel *tul* Daniel
dánul *hsz* (in) Danish; **beszél/tud ~** speak* Danish; **~ tanul** learn* Danish; **~ van (írva)** it is (written) in Danish
dara *fn* **1.** *ált* coarse (ground) meal, *[búza]* semolina **2.** *[csapadék]* sleet; **~ esik** it is sleeting
darab I. *fn* **1.** (*röv* **db**) piece (*röv* **pc**), *[kis]* bit, *[alaktalan]* lump, *[rész]* part, *[töredék]* fragment, *[étel]* bite; **~ja harminc forint** thirty forints each (v. a/per piece); **egy ~ban** in one piece; **~okban** in pieces; **~okra tör** break* in(to) pieces **2. a gyűjtemény legszebb ~ja** the gem of the collection; **ritka ~** rarity **3.** *[idő, terület]* piece, stretch; **egy ~ig/~on elkísérlek** I shall go with you a little way; **egy ~ig** *[időben]* for a (little) while **4.** *[színdarab]* play, piece, drama; **a ~ megbukott** the play was a (complete) failure/flop; **a ~ tomboló sikert aratott** the play was a smash hit **5.** *zene* piece [of music] **II.** *mn* **egy ~ cukor** a lump of sugar; **egy ~ szappan** a cake/piece/bar of soap; **húsz ~ marha** twenty head of cattle; **hat ~ szék** six chairs
darabár *fn* price per piece

darabáru *fn* **1.** *[üzletben]* goods sold by the piece *tsz* **2.** *[vasúti]* piece goods *tsz*
darabbér *fn* **~ben dolgozik** be* on piecework, be* on piece rate
darabbérrendszer *fn* piecework system
darabka *fn* little piece, bit, morsel
darabmunka *fn* piecework
darabol *i* cut*/chop/parcel (*US* -l-) up, *[sültet]* carve
darabonként *hsz* piecemeal, piece by piece, piece-a-piece, *[pl. csomagmegőrzőben]* per item; **~ . . . Ft . . .** fts per item; *gazd* **~ ad el** sell* by the piece
darabont *fn tört* guardsman°
darabos *mn* **1.** *[anyag]* lumpy, coarse; **~ szén** lump/round coal **2.** *[ember]* rough, lumpish, awkward, *[stílus]* laboured, jerky
darabszám I. *hsz* by the piece/job **II.** *fn* number of pieces
daraeső *fn* sleet
daragaluska *fn* semolina noodles *tsz*
daragombóc *fn* semolina dumplings *tsz*
darakása *fn [búzából]* semolina pudding
darál *i* **1.** *[őröl]* grind*, *[finomra]* mill, *[kávét]* grind* [coffee], *[húst]* mince [meat] **2.** *átv* reel/rattle off; **~ja a mondanivalóját** rattle it off
daráló I. *mn* grinding, milling **II.** *fn* grinder, rough-grinding mill
darált *mn [kávé]* ground [coffee]; *ált* **~ hús** minced meat, mince; *[marhahús]* minced/ground beef, *US* hamburger
darás *mn* **~ metélt** ‹vermicelli with semolina›
daraszén *fn* slack
darázs *fn* wasp
darázscsípés *fn* wasp's sting
darázsderék *fn* wasp waist
darázsderekú *mn* wasp-waisted
darázsfészek *fn* wasps' nest; *átv* **~be nyúl** stir up a hornet's nest
dárda *fn* spear, lance, pike
dárdahegy *fn* spear-head
dárdahordozó *fn tört* lance-bearer
Dardanellák *földr* the Dardanelles
dárdavetés *fn tört* spear-throwing
dáridó *fn* carousal, junketings *tsz*
dáridózás *fn* carousal, revelry, merrymaking
dáridóz|ik *i* carouse, revel (*US* -l), make merry
daróc *fn* frieze, *[ruha]* frieze clothes *tsz*
daru *fn* **1.** *[madár]* crane **2.** *[gép]* crane; **~val emel** raise/lift by a crane, hoist with a crane; **~val kell áttenni** it will have to be moved by crane
darucsapat *fn* flock of cranes
daruhíd *fn* crane-bridge/girder
darukezelő, darus *fn* crane operator
darutoll *fn* crane-feather
darutollas *mn* crane-feathered
darvadoz|ik *i* languish
darwini *mn* Darwinian
darwinista *mn* Darwinist
darwinizmus *fn* Darwinism
datál *i* **1.** → **keltez 2.** (*vmtől*) date (sg) from
datálód|ik *i* (*vmtől*) date from, date back to
dativus *fn nyelv* dative (case)
datolya *fn* date
datolyapálma *fn* date-palm/tree
dátum *fn* date; **~mal ellát** date (sg), write* the date (on sg); **február 8-i ~mal** dated (the) 8th of February (*írva.* 8 February v. February 8th); **a mai ~** today's date
dátumbélyegző *fn* date stamp, *[levélen]* postmark
dátumváltás *fn* **a ~ problémája** the millennium bug, Y2K
dauer *fn* perm(anent wave)
dauerol *i biz* perm; **~tat** have* a perm, have* one's hair permed
Dávid *tul* David
db → **darab**

de I. *ksz [szembeállítás, kapcsolás]* but, still, however; **nem olcsó, ~ nagyon jó** it's not cheap, but it's very good; **csak semmi ~!** no ifs and buts!; **furcsa fiú, ~ nagyon intelligens** he is a strange boy; he is, however, very intelligent; **furcsa lány, ~ azért mégis muszáj szeretni** she's a strange girl, but/still (v. and yet) you can't help liking her **II.** *isz* **~ bizony!, ~ igen!** yes indeed!, why, certainly!, to be sure, of course; **~ hát nem sikerült** but it just didn't work out; **~ hiszen** but, well, after all, why; **ugye nem mégy el? ~ (bizony) elmegyek!** you won't go, will you? certainly (v. of course) I will!; **nem látod? ~!** can't you see it/him/her? (Oh) yes, I can; **~ még mennyire!** *biz* and how!, I should say so!; **~ szép!** how beautiful!
de. *röv* → **délelőtt**
deákos *mn* **~ műveltség** classical education
debella *fn biz* big/hefty wench
debilis *mn* imbecile
debreceni I. *mn* Debrecen, of Debrecen *ut* **II.** *fn kb. [kolbász]* ‹spicy Hungarian frankfurter›
debütál *i* debut, make* one's debut
debütálás *fn* debut
dec. *röv* → **december**
december *fn* (*röv* **dec.**) December (*röv* **Dec.**); **~ben, ~ folyamán** in/during December; **~ hóban/havában** in the month of December
decemberi *mn* December, in/of December *ut*; **egy ~ napon** one day in December, on a (certain) December day; **~ időjárás** December weather
decens *mn* decent
decentralizáció *fn* decentralization, devolution
decentralizál *i* decentralize
deci *fn biz* (*röv* **dl**) decilitre (*US* -liter) (*röv* **dl**)
decibel *fn fiz* decibel
decigramm *fn* decigram(me)
deciliter *fn* (*röv* **dl**) decilitre (*US* -liter) (*röv* **dl**)
decimális *mn* decimal; **~ osztályozás** decimal classification, Dewey decimal system; **~ rendszer** decimal system
deciméter *fn* (*röv* **dm**) decimetre (*US* -meter) (*röv* **dm**)
decis *mn* **két és fél ~ üveg** *kb.* a half-pint bottle; **két~** two decilitre (*US* -liter)
deck *fn [lemezjátszó]* (record-player) deck, turntable, *[magnó]* (tape v. tape-recorder) deck, cassette deck
dédanya *fn* great-grandmother
dédapa *fn* great-grandfather
dédelget *i* **1.** *[cirógat]* fondle, caress, pet **2.** *[kényeztet]* pamper **3.** *[melenget tervet stb.]* cherish
dédi *fn biz* great-grandpa/grandma, great-granny
dedikáció *fn* dedication, inscription
dedikál *i* **~ vknek egy könyvet** (s)he dedicate a book to sy; sign (a copy of a book) for sy; **~t példány** signed/autographed/inscribed copy
dédnagyanya *fn* great-great-grandmother
dédnagyapa *fn* great-great-grandfather
dedó *fn nép* nursery/infant school; **ez nem ~!** it's not a kindergarten
dedós *mn pej* childish, infantile
dédszülő *fn* great-grandparent
deduktív *mn* deductive
dédunoka *fn* great-grandchild°, *[fiú]* great-grandson, *[leány]* great-granddaughter
defekt *fn [gumié]* puncture, flat tyre (*US* tire), *US így is:* flat; **~et kap** *[gumi]* have* a puncture (v. a flat tyre); *[szerkezeti]* have* a breakdown
defenzív *mn* defensive
defenzíva *fn* defensive; **~ba megy át** go* on(to)the defensive; **~ban van** be* on the defensive
deferál *i* (*vkvel szemben*) yield/bow to, give* way (under pressure)
defetista *mn* defeatist
defetizmus *fn* defeatism
deficit *fn gazd* deficit, loss
deficites *mn gazd* loss-making, showing a deficit/loss *ut*

D

definiál *i* define, give* a/the definition (of sg)
definíció *fn* definition; ~ **szerint** by definition
defláció *fn gazd* deflation
deflorál *i* deflower
deformál *i* deform, distort
deformálód|ik *i* go* out of shape, lose* its original shape, become* deformed/warped
degenerált *mn* degenerate; ~ **ember** throwback, mentally retarded/handicapped
degeszre *hsz* ~ **eszi magát** *[sokat eszik]* eat* a lot; ~ **keresi magát** *[sok pénzt keres]* make* bundles (of money), earn a bomb
degradál *i* degrade
dehogy *isz* oh no!, by no means, not at all
dehogyis *isz* certainly not, by no means, no way
dehogy(is)nem *hsz* why not?; **Nem jössz? – Dehogyisnem!** Aren't you coming? – Of course I am/will!; **Nem voltál ott. – D~!** You weren't there. – Yes (v. Of course) I was.; *US így is:* – Sure I was., – I sure was.; **Ugye nem kérsz? – D~!** You don't want any, do you? – Yes/Certainly I do.; *US így is:* – Sure I do., I sure do.; ~ **láttad** you certainly did see it
dehonesztáló *fn* discreditable, degrading
deizmus *fn fil* deism
deka *fn* (*röv* **dkg**) decagram(me); **10 ~** a/one hundred gram(me)s, *GB kb.* a quarter (pound); **~nként mér** measure in decagram(me)s
dekád *fn* ten days *tsz*
dekadencia *fn* decadence, decline, decay
dekadens *mn* decadent, declining, decaying
dekagramm *fn* → **deka**
dékán *fn* dean [of a university faculty]
dékánhelyettes *fn* vice dean
dékáni *mn* dean's; ~ **engedély** permission of/from the dean; ~ **engedéllyel** by permission of the dean; ~ **hivatal** dean's office
dekáz|ik *i* **1.** *biz* fuss, waste time over trifles; **nem sokat ~ott** he didn't waste much time (in doing sg) **2.** *[labdával]* juggle [the ball]
dekkol *i biz* lie* doggo/low, keep* one's head down, couch/shelter/huddle swhere
deklamál *i* declaim, *pej* rant, spout
deklaráció *fn* declaration, proclamation
deklarál *i* declare, proclaim
deklasszálód|ik *i* become* déclassé/declassed, lose* caste
deklasszált *mn* declassed, déclassé
deklináció *fn* **1.** *nyelv* declension **2.** *csill* declination
deklinál *i nyelv [névszót]* decline
dekóder *fn el* decoder
dekódol *i* decode
dekoltált *mn [ruha]* décolleté
dekoltázs *fn* décolletage
dekonjunktúra *fn* recession
dekontamináció *fn* (radioactive) decontamination
dekopírfűrész *fn* jigsaw
dekoráció *fn* **1.** *[díszítés]* decoration, ornamentation **2.** *[kitüntetés]* decoration, medal
dekorál *i* **1.** *[díszít]* decorate, ornament, dress up **2.** *[kitüntetéssel]* decorate (with a medal)
dekoratív *mn* decorative, ornamental
dekrétum *fn* decree, edict
dél *fn* **1.** *[napszak]* noon, midday; **~ben** at noon/midday; **élete delén** in the prime of one's life **2.** *[égtáj]* (*röv* **D**) south (*röv* **S**), (the) South; **~en** in the south; **~ felé, ~re** southward(s), to (the) south; **~en levő/fekvő** southerly, (lying) in the south *ut*; **vmtől ~re (fekszik)** (lie*) south of sg; **a ház ~re néz** the house faces south; **~ felől, ~ről** from the south; **~ről fúj a szél** the wind is in the south
Dél-Afrika *földr* South Africa
dél-afrikai *mn/fn* South African; **D~ Köztársaság** Republic of South Africa
Dél-Amerika *földr* South America
dél-amerikai *mn/fn* South American
délceg *mn* → **daliás**
dél-délkelet *fn* south-south-east
dél-délnyugat *fn* south-south-west
deleál *i nyomd* delete
delegáció *fn* delegation, body of delegates
delegál *i* delegate, depute
delegátus *fn* delegate
delejes *mn elav* magnetic
delel *i* **1.** *[pihen]* take* a midday break **2.** *csill* culminate
delelő I. *mn* resting **II.** *fn* **1.** *csill* meridian **2.** *[pihenő]* midday break **3.** *[vk életéé]* zenith; **életpályájának ~jén** at the zenith of his career
délelőtt I. *hsz* (*röv* **de.**) in the morning (*röv* **a.m.** v. **am** *US* **AM**); ~ **tízkor** at ten (o'clock) in the morning, at 10 a.m. *[de széles körben terjed pont nélkül], US* AM; **ma ~** this morning; **egész ~** all morning, the whole morning **II.** *fn* morning; **szabad ~** morning off
délelőtti *mn* morning, in/of the morning *ut*; **a ~ órákban** in the late morning (hours), before noon
délelőttös *mn/fn* (sy) on/doing a/the morning shift *ut*, morning-shift worker; **jövő héten ~ vagyok** next week I am on/doing the/a morning shift
Dél-Európa *földr* Southern Europe
dél-európai *mn/fn* South(ern) European
delfin *fn áll* dolphin
deli *mn* → **daliás**
déli I. *mn* **1.** *[napszak]* noon, midday; **a ~ órákban** around/about noon; **~ pihenőt tart** take*/have* a midday break; **~ szünet** midday recess/pause; *[ebédszünet]* lunch break; **~ vonat** midday train **2.** *[égtáj]* south(ern), southerly; **~ fekvésű ház** house facing south; **~ irányban** southward(s), towards the south; **~ népek** *[földközi-tengeri]* the Mediterranean peoples; **D~ pályaudvar → II.**; **~ szél fúj** there is a southerly wind; **~ vérmérséklet** southern temperament **II.** *fn* **1.** *[ember]* southerner **2.** **a D~** *[pályaudvar]* the Déli Station [in Budapest], Budapest South
délibáb *fn* **1.** mirage, Fata Morgana **2.** *átv* castles in the air *tsz*, chimeras *tsz*; **~ot kerget** chase rainbows
délibábos *mn* **1.** mirage-haunted; **~ róna(ság)** mirage-haunted plain **2.** *átv* illusory, chimerical, dilettante
délidő *fn* midday, noonday, noontime; **előadás/hangverseny stb. ~ben** lunch-hour lecture/concert/etc.
déligyümölcs *fn* southern/tropical fruits *tsz*
Déli-Jeges-tenger *földr* Antarctic Ocean
delikvens *fn* **1.** *[tettes]* culprit, sinner **2.** *[vevő]* customer, *[beteg]* patient
delírium *fn* delirium
Déli-sark *földr* the South Pole, the Antarctic
déli-sarki *mn* Antarctic
Déli-sarkvidék *földr* the Antarctic
délkelet *fn* (*röv* **dk**) south-east (*röv* **SE**)
délkeleti *mn* south-east(erly), south-eastern; **~ fekvésű** south-easterly; **~ szél** south-east wind, south-easter
Dél-Korea *földr* South Korea
dél-koreai *mn/fn* South Korean
délkör *fn* meridian
Dél-Libanon *földr* South Lebanon
Dél-Magyarország *földr* Southern Hungary
délnémet *mn* South German
délnyugat *fn* (*röv* **DNy**) south-west (*röv* **SW**)
délnyugati *mn* south-western, south-westerly; **~ szél** south-wester(ly wind), sou'wester
délsarki *mn* Antarctic
délszaki *mn* southern, tropical; **~ növény** tropical plant
délszláv *mn* South(ern) Slav, Yugoslav(ian)
delta *fn* **1.** *[betű]* delta **2.** *[folyóé]* delta; **a Nílus ~ja** the Nile Delta
déltájban *hsz* about midday, around noon
deltás *mn biz* beefy

deltaszárnyú *mn* delta-wing, swept-wing
deltatorkolat *fn* → **delta** 2
délután I. *hsz* (*röv* **du.**) in the afternoon (*röv* **p.m.** v. **pm,** *US* **PM**); **ma ~** this afternoon; **~ 3-kor** at three (o'clock) in the afternoon, at three/3 p.m. v. pm; **ma ~ 6-kor** at 6 this evening; **kedden ~** (on) Tuesday afternoon; **minden ~** every afternoon; **késő ~** late in the afternoon **II.** *fn* afternoon
délutáni *mn* afternoon; **~ előadás** matinée
délutánonként *hsz* in the afternoons
délutános *mn/fn* afternoon-shift worker; **jövő héten ~ vagyok** next week I am on/doing the/an afternoon-shift
délvidék *fn* the South, the southern countries *tsz*
délvidéki *mn* southern; **~ ember** southerner
demagóg I. *mn* demagogic **II.** *fn* demagogue
demagógia *fn* demagogy
demarkációs *mn* **~ vonal** cease-fire line, line of demarcation
demilitarizál *i* demilitarize
demizson *fn* demijohn
demó *mn infor* **~ verzió** *[kipróbálásra]* demo/trial version
demobilizál *i* demobilize, disarm
demográfia *fn* demography
demográfiai *mn* **~ hullám** population bulge; **~ robbanás** population explosion
demokrácia *fn* democracy
demokráciaellenes *mn* anti-democratic
demokrata I. *mn* democratic; **~ párt** democratic party **II.** *fn* democrat, *[a demokrata párt tagja]* Democrat
demokratikus *mn* democratic; **~ centralizmus** democratic centralism
demokratikusan *hsz* democratically
demokratizál *i* democratize
demokratizálódás *fn* democratization
demokratizálód|ik *i* become* democratized
demokratizmus *fn* democratism
démon *fn* **1.** *[gonosz szellem]* demon, fiend **2.** *[nő]* vamp, siren
demonstráció *fn* **1.** *[tüntetés]* demonstration **2.** *[bizonyítás]* proof, *[szemléltetés]* display, demonstration
demonstrációs *mn orv* **~ műtő** operating-theatre
demonstrál *i* **1.** *[tüntet]* demonstrate **2.** *[bizonyít]* prove, show*, *[szemléltet]* display
demonstrátor *fn [egyetemen]* demonstrator, professor's (undergraduate) assistant
demoralizál *i* demoralize
demoralizálód|ik *i* get*/become* demoralized
demoralizált *mn* demoralized
dénár *fn [római]* denarius, *[régi angol]* penny
denaturált szesz *fn* methylated spirits *tsz*
Dénes *tul* Den(n)is
denevér *fn* bat
denevérujj *fn* batwing sleeves *tsz*, dolman sleeves *tsz*
dentális *mn* dental
denunciálás *fn* denunciation
denveri *fn* Denverite
depó *fn* store, repository, depot
deponál *i [értéket]* deposit, lodge
deportál *i* **1.** *pol [üldözöttet]* deport **2.** *tört [bűnöst]* transport, *[ma]* deport
deportálás *fn* **1.** *pol [üldözötté]* deportation **2.** *tört [bűnösé]* transportation, *[ma]* deportation
deportált I. *mn* deported **II.** *fn* **1.** *pol [üldözött]* deported person, deportee; **a ~ak** the deportees **2.** *[bűnös]* transported convict
depresszió *fn* **1.** *[légköri]* depression **2.** *orv [hangulati]* nervous depression **3.** *[gazdasági]* slump, depression, *[ma]* recession
depressziós *mn orv* depressed, suffering from depression
deprimál *i* depress (sy), sg weighs on sy's mind
deprimált *mn* depressed, disheartened
deputáció *fn* deputation, delegation
dér *fn* hoarfrost, frost, rime; *közm* **jön még kutyára ~!** (be sure) your sin will find you out!
derbi *fn GB* Derby
dércsípte *mn* frostbitten
dereglye *mn* lighter, barge, hoy
dereguláció *fn gazd* deregulation
derék[1] *mn* **1.** *[jellem]* honest, straight, brave; **ez egy ~ fickó** he is a fine fellow **2.** *[termet]* well-built, stalwart, fine **3.** *[tett]* excellent, admirable; **ez ~ dolog** well done!
derék[2] *fn* **1.** *[emberé]* waist, hip, back, trunk; **fáj a derekam** my back aches; **~ig érő** to the waist *ut*, waist-deep; **beadja a derekát** surrender, give* in/up; *biz* cave in **2.** *[ruháé]* waist; **karcsú a ~a** have* a slim waist; **~ban bevesz** take* in at the waist, take* in the waist of [a dress]; **~ban szűk** tight at the waist **3.** *[fáé]* trunk, bole; **~ba törik** break*/split* in two; *átv* be* cut short, be* ruined **4.** *[közép]* middle, central; **a nyár derekán** in the middle of (v. at the height of) summer; **túl van élete derekán** be* past middle age, be* no longer in (v. past) one's prime
derékalj *fn* feather-bed
derekas *mn* thoroughgoing, good; **~ munkát végzett** he did a good day's work (v. a good job)
derekasan *hsz* **~ megállta helyét** he stood his ground bravely
derékbőség *fn* waistline, waist-measurement; **~e 70 cm** waist: 70 cm; she measures 70 cm round the waist
derékfájás *fn* backache
derékhad *fn* the main body (of an army)
derékmagasság *fn* **~ig érő** waist-high
derékszíj *fn* (leather) belt, waist-belt
derékszög *fn* right angle; **~ben vmvel** at right angles to . . ., at a right angle to . . .; **nincs ~ben** it is out of square, it isn't square [on the wall]
derékszögű *mn* rectangular, right-angled, square; **~ háromszög** right-angled triangle; *US* right triangle; **~ vonalzó** square rule, set square; *US* triangle
deréktáji *mn* lumbar
derelye *fn* → **barátfüle**
dereng *i* **1.** *[hajnalban]* dawn, day breaks **2.** *átv* begin* to appear, loom; **kezd már ~eni előttem** it's beginning to dawn on me, I am beginning to see/realize it, I'm beginning to see the light
derengés *fn* dawn(ing), break of day
deres I. *mn* **1.** *[színű]* grey; **~ haj** hoary hair **2.** *[dértől]* frosty, frosted **II.** *fn tört* whipping post/bench
deresed|ik *i [haj]* turn grey
derít *i* **1.** *átv is [fényt vmre]* throw*/cast*/shed* light on sg **2.** *[jókedvre vkt]* cheer sy up **3.** *[folyadékot]* clarify, fine (down), purify **4.** *fényk* brighten
derítőszer *fn* clarifier
derivál *i mat* derive
derivált *mn* → **differenciálhányados**
derivátum *fn nyelv* derivative
dermed *i* **1.** *[vk hidegtől]* grow* numb **2.** *[anyag]* stiffen, grow* stiff, solidify; **jéggé ~ (a hidegtől)** be* frozen stiff (with cold)
dermedt *mn* numb, benumbed with cold *ut*, stiff; **félelemtől ~en** paralysed with fear, scared stiff
dermedtség *fn* numbness, stiffness
dermeszt *i* (be)numb, stiffen
dermesztő *mn* (be)numbing, stiffening; **~ hideg van** it is piercingly/bitterly cold; **~ látvány** stunning/numbing sight
derogál *i* **~ neki** it isbeneath his dignity, he finds it infra dig, it's infra dig for him/her
dérrel-dúrral *hsz* **nagy ~** with much noise/ado/clatter
derű *fn* **1.** *[idő]* bright weather, clear sky **2.** *átv* serenity; **~t áraszt maga körül** radiate optimism, radiate good spirits **3.** → **derültség**; → **ború**
derül *i* **1.** *[idő, ég]* clear up **2.** *[kedély]* cheer/brighten up; **jókedvre ~** cheer up; **~tek rajta** they were amused at/by it **3. fény ~ az ügyre** light is thrown on the matter
derűlátás *fn* optimism

derűlátó I. *mn* optimistic, *kif* see* the bright side of things **II.** *fn* optimist
derült *mn* **1.** *[ég]* clear, cloudless, bright; **~ idő** clear/fine weather; **átmeneti ~ idő** bright intervals *tsz* **2.** *[kedély]* cheerful, *[arc]* smiling, happy; → **villámcsapás**
derültség *fn* hilarity; **általános ~et kelt** cause general laughter
derűre-borúra *hsz* continuously
derűs *mn [vk hangulata]* cheerful, *[arc]* smiling, happy; **~ hangulat** *[emberé]* cheerful mood, high spirits *tsz*; **~ színben lát vmt** see* the bright side of things; **~sé tesz** (i) *[szobát]* brighten up (ii) *[társaságot]* amuse
despota *fn* despot, tyrant
despotizmus *fn* despotism, tyranny
destruál *i* corrupt, deprave
destruálás *fn* corruption, depravation
destrukció *fn* corruption (of morality), depravation
destruktív *mn* corrupting, depraving; *vall* **~ szekta** destructive sect
desz *fn zene* D flat
deszant *fn kat* descent
deszenzibilizáció *fn orv* desenstitization
deszenzibilizál *i orv* desensitize
deszka *fn* **1.** board, plank; **a világot jelentő ~kra lép** go* on (the) stage **2.** *biz [lapos mellű]* flat-chested woman°
deszkaállvány *fn* (wooden) scaffolding
deszkabélés *fn* timber/wood(en) frame
deszkabódé *fn* hut, shelter
deszkafal *fn [épületben]* partition, *[plakátoknak]* hoarding
deszkakerítés *fn* board fence, palings *tsz*
deszkalap *fn* board, plank
deszkapadló *fn* plank floor, planking
deszkapalánk *fn* → **deszkakerítés**
deszkáz *i* board, plank
desszert *fn* dessert, pudding; **~ek** *[étlapon]* desserts, sweets
desszertbor *fn gaszt* dessert wine
desztillál *i* distil (*US* distill); **~t víz** distilled water
detektív *fn* detective, *US* investigator, *US biz* sleuth
detektívfelügyelő *fn* (detective-)inspector
detektívfilm *fn film* detective film, mystery, whodunit
detektívregény *fn* detective novel/story, crime fiction/story, *biz* whodunit
detektor *fn el* detector
determinál *i* determine, fix
determináns *fn nyelv* determinant
determinizmus *fn* determinism
detonáció *fn* detonation, explosion
detoxikál *i* detoxify, detoxicate
detoxikálás *fn* detoxi(fi)cation
detroiti *mn/fn* Detroiter
detronizál *i* dethrone
detronizálás *fn* dethronement
dettó *fn* ditto (*röv* **do.**)
deus ex machina *fn irod* divine intervention, deus ex machina
dévaj *mn* playful, mischievous
dévajkod|ik *i* be* playful, (*vkvel*) play around (with sy)
devalváció *fn* devaluation, depreciation
devalvál *i* devalue, depreciate
devalválód|ik *i* be* devalued, depreciate
deviancia *fn tud* deviance, deviancy, deviation
deviáns *mn/fn* deviant
deviza *fn* foreign exchange/currency
devizaárfolyam *fn gazd* exchange rate, rate of exchange
deviza-bűncselekmény *fn [devizagazdálkodást sértő bűncselekmény]* an offence against the currency/exchange (control) regulations
devizaengedély *fn* exchange permit
devizagazdálkodás *fn* exchange control, currency/exchange (control) regulations *tsz*
devizakeret *fn* foreign exchange quota
devizakészlet *fn* (foreign) exchange reserves *tsz*
devizakorlátozások *fn* exchange controls, currency restrictions
devizanem *fn* currency
devizarendelkezések *fn* exchange control regulations
devizaszámla *fn* (foreign) exchange account, account in foreign currency; **saját ~ja terhére** to the debit of one's (foreign) exchange account, on one's exchange account
devizatartalék *fn gazd* currency reserves
dezavuál *i* disavow, repudiate
dezertál *i* desert
dezertőr *fn* deserter
dezinficiál *i* disinfect, *[mérges gázoktól]* decontaminate
dezodor *fn* deodorant
dezodorál *i* deodorize
dezorganizál *i* disorganize, undermine
dézsa *fn* tub, butt; **úgy esik, mintha ~ból öntenék** it is raining cats and dogs; *biz* it's bucketing down, the rain is coming down in buckets/sheets
dézsma *fn tört* tithe, tenth; **~t kiró** tithe sy, exact a tithe from sy
dia *fn* slide, transparency
diadal *fn* triumph, victory; **~ra visz** lead* to victory; **~t arat** (*vkn/vmn*) gain a victory (over sy/sg), triumph (over sy/sg)
diadalérzés *fn* triumphal feeling, triumph
diadalittas *mn* flushed with victory *ut*, exultant
diadalittasan *hsz* exultantly
diadalív, -kapu *fn* triumphal arch
diadalmámor *fn* exultation; **~ban úszik** be* flushed with victory, be* exultant
diadalmas *mn* victorious, triumphant
diadalmasan *hsz* with flying colours (*US* -ors)
diadalmaskod|ik *i* (*vk/vm felett/vkn/vmn*) triumph (over), be* victorious (over sy/sg), *[pl. az erény vk/vm felett]* prevail (against/over sy/sg)
diadalmenet *fn* triumphal procession/march
diadalmi *mn* triumphal
diadalordítás *fn* jubilant shout/cry
diadaloszlop *fn* triumphal column
diadalút *fn* triumphal march/procession
diadalünnep *fn* celebration of (a) victory/triumph
diadém *fn* diadem, coronet
diafilm *fn* film strip, slidefilm
diafragma *fn* diaphragm
diagnoszta *mn* diagnostician
diagnosztizál *i* diagnose
diagnózis *fn* diagnosis (*tsz* diagnoses); **~t megállapít** diagnose sg
diagonális *mn* diagonal (line)
diagram *fn* diagram, chart, graph; **oszlopos ~** bar chart; **vonalas ~** line chart
diák *fn [általános iskolás]* child°/student at the primary school, *[középiskolás]* grammar/secondary school boy/girl/student, *US* high school boy/girl, *[főiskolás, egyetemista]* student; **~ok** *[iskolások]* (school) pupils/children, (school)boys and (school)girls, *[főiskolások, egyetemisták]* students; **jó előmenetelű ~** pupil making normal/good progress
diákbérlet *fn* → **tanulóbérlet**
diákcsere *fn* student exchange
diákcsíny *fn* student prank
diákélet *fn* student/undergraduate/college life
diakeret *fn* (slide) frame
diákévek *fn tsz* schooldays; **diákévei alatt** while he was at school, in his schooldays
diákfiú *fn* schoolboy
diákgyerek *fn* schoolboy, schoolgirl
diákigazolvány *fn* student card
diákjegy *fn* student('s) ticket

diákjóléti *mn* ~ **intézmények** student welfare organizations
diákkor *fn* → **diákévek**
diáklány *fn* schoolgirl
diákmozgalom *fn* student movement
diáknyelv *fn* school slang
diakónia *fn vall* (church) welfare work
diakonissza *fn* deaconess
diakónus *fn* deacon
diákos *mn* schoolboyish, student-like
diákotthon *fn* (students') hostel, (students') hall (of residence), *US* dormitory, *biz* dorm
diákönkormányzat *fn* student council
diakritikus jel *fn nyelv* diacritic(al mark)
diakronikus *mn nyelv [nyelvvizsgálat]* diachronic [linguistics]
diákság *fn* **1.** *[diákok, főisolai* v. *egyetemi]* students *tsz*, undergraduates *tsz* **2.** → **diákévek**
diáksport *fn* school sport(s), sport in schools
diákszálló *fn* → **diákotthon**
diákszerelem *fn* puppy/calf/young love
diákszövetség *fn* student(s') union
diáktárs *fn* fellow-student, schoolmate
diákzavargás *fn* student riot
dialektika *fn fil* dialectic, dialectics *esz*
dialektikus *mn* dialectical; *pol tört* ~ **materializmus** dialectical materialism
dialektológia *fn nyelv* dialectology
dialektus *fn* dialect; **~ban beszél** speak* a/in dialect
dializál *fn orv* dialyse
dialízis *fn orv* dialysis
dialógus *fn* dialogue
dianéző *fn* slide viewer
diapozitív *fn* slide, transparency
diaré *fn* diarrhoea
diaszpóra *fn* diaspora
diatermia *fn* diathermy
diavetítés *fn* slide show
diavetítő *fn* slide projector
dibdáb *mn* ~ **ember** a man of no account
dicseked|ik *i* (*vmvel*) boast (of/about sg), brag (of/about), show* off
dicseksz|ik *i* → **dicsekedik**
dicsekvés *fn* boasting, bragging, braggadocio
dicsér *i* **1.** (*vkt/vmt vmért*) praise sy/sg for sg, speak* highly of sy/sg; **magát ~i** blow* one's own trumpet/horn **2.** (*vm vkt*) sg reflects credit on sy, sg does sy credit; → **agyba-főbe**
dicséret *fn* **1.** (*vké*) praise, commendation, *biz* a slap on the back; **~re méltó** praiseworthy, laudable **2.** *[protestáns egyházi]* hymn
dicséretes *mn* praiseworthy, laudable; ~ **buzgalom** commendable zeal
dicsérő *mn* commendatory; ~ **szó** words of praise *tsz*; **~en nyilatkozik vkről** praise sy, speak* in glowing terms (about sy/sg)
dicsértessék! *isz* praised be our Lord Jesus Christ!
dicsfény *fn* halo, nimbus, glory
dicshimnusz *fn* panegyric, eulogy; **~okat zeng vkről** sing* the praises of sy
dicső *mn* glorious, illustrious; ~ **tett** heroic deed
dicsőít *i* glorify, praise
dicsőítés *fn* glorification, praise
dicsőség *fn* glory, honour (*US* -or); **nagy ~ére válik** do* sy honour, do* sy great credit; **fejébe szállt a ~** success has gone to his head, sg has turned his brain, he's been getting above himself, he's got a swollen head; **~et szerez** win*/reap praises
dicsőséges *mn* glorious, illustrious
dicsőségesen *hsz* gloriously, triumphantly, with flying colours (*US* -ors)
dicsőségvágy *fn* → **dicsvágy**
dicstelen *mn* inglorious, ignominious; ~ **véget ér** come* to an ignominious end
dicsvágy *fn* ambition, desire for glory
dicsvágyó *mn* ambitious
didaktika *fn* didactics, teaching methods *tsz*
didaktikus *mn* didactic
didereg *i* shiver (with cold), get* the shivers
didergés *fn* shiver(ing)
didi *fn biz* boob
Diesel *fn* → **dízel-**
diéta *fn* **1.** *[étkezésben]* diet; **∸t rendel vknek, ∸ra fog vkt** put* sy on diet; **(szigorú) ∸t tart** be* on (v. observe) a strict diet **2.** *tört [országgyűlés]* Diet, legislative assembly
diétás *mn* dietary, dietetic; ~ **beteg** dieter; ~ **koszt** special diet, dietary regimen; ~ **konyha** dietetic kitchen; ~ **nővér** dietitian, dietician
diétáz|ik *i* be* on a diet, follow a dietary regimen
dietétika *fn* dietetics *esz*
dietetikus *fn* dietitian, dietician
diffamáló *mn* slanderous, defamatory
differencia *fn* difference
differenciál *fn* **1.** *[gép]* differential (gear) **2.** *mat* differential (calculus)
differenciálegyenlet *fn* differential equation
differenciálhányados *fn* differential coefficient, (first) derivative
differenciálmű *fn* differential gear
differenciálódás *fn* differentiation
differenciálód|ik *i* become* differentiated (from)
differenciálszámítás *fn* differential calculus
diffúzió *fn tud* diffusion
diftéria *fn orv* diphtheria
diftériás *mn orv* diphterial, diphteritic
diftongus *mn nyelv* diphthong
digitális *mn el infor* digital; ~ **felvétel** digital recording; ~ **kijelző** digital display unit; ~ **óra** digital clock/watch; ~ **számítógép** digital computer
digitalizál *i infor* digit(al)ize
digitalizálás *fn infor* digit(al)ization
digitalizáló *mn infor* ~ **kártya** digitizer
díj *fn* **1.** *[kitűzött]* prize; *[elnyert]* award; **~at nyer** win* a/the prize; **~at kitűz** offer a prize; **~at tűz ki vk fejére** put* a price on sy's head; **vkt ~jal kitüntet** award a prize (to sy); **Oscar-~** Academy Award; **Nobel-~** Nobel prize; **Országh László ~** László Országh award **2.** *[honorárium]* fee, *[munkáé]* pay, wages *tsz* **3.** *[szolgáltatásért]* fee, charge, *[illeték]* tax, dues *tsz*; **bérleti ~** → **bérleti**
díjas *fn* award-winning [musicial/scientist/writer etc.]; **Nobel-~** Nobel prize winner
díjátalányozva *hsz* postage paid
díjaz *i* **1.** *[fizet]* pay* for, recompense **2.** *[jutalmaz]* award (sy) a prize for, reward **3.** *biz [méltányol]* appreciate
díjazás *fn* remuneration, fee; **~ért** for money, for a fee; **csekély ~ért** for a (small) consideration
díjazatlan *mn* **1.** *[személy]* unpaid, unsalaried **2.** *[munka]* unpaid
díjbeszedő *fn* collector
díjbirkózó *fn* professional wrestler, prizefighter
díjcsomag *fn gazd* package
díjelengedés *fn* cancelling of fees, fee waiver
díjelőleges *mn* postage paid
díjelszámoló *mn* ~ **iroda/hivatal** billing department/office
díjemelés *fn* fee increase, increase of fees/tariffs
díjfizetés *fn* payment of fees
díjhajtás *fn sp* dressage
díjhátralék *fn* arrears
díjkedvezmény *fn* reduced rates *tsz*, *[utazási]* fare reduction
díjkiosztás, **díjkiosztó** *fn* prize-giving, distribution of prizes

díjköteles *mn* subject to dues/fees *ut*; ~ **autópálya** toll road; *US* turnpike
díjlovaglás *fn sp* dressage test
díjmentes(en) *mn/hsz* free (of charge) *ut*
díjmentesít *i* → **bérmentesít**
díjnok *fn elav* clerk paid by the day
díjnyertes I. *mn* prize-winning, award-winning **II.** *fn* prize-winner
díjnyugta *fn* receipt
díjövezet *fn távk* tariff zone; → **díjszabási**
díjszabás *fn* tariff, scale of charges; ~ **szerint** as per tariff
díjszabási *mn* ~ **övezet** charge band; *távk* tariff zone
díjtáblázat *fn* scale of charges, schedule of fees
díjtalan *mn [ingyenes]* free of charge *ut*, gratis *ut*; **a belépés** ~ admission free; **a ruhatár** ~ cloakroom free; **~ul** free of charge, gratis
díjtétel *fn* tariff, charge, *[közlekedésben]* fare
díjugratás *fn sp* show-jumping
díjvisszatérítés *fn* reimbursement, refund (of fees)
diktafon *fn el* Dictaphone
diktál *i [szöveget, feltételt]* dictate (sg) (to sy); **gépbe** ~ dictate (sg) to [assistant]; **~ja az iramot** set* the pace; **a józan ész azt ~ja, hogy** common sense demands that; *[ételt vkbe]* force sy to eat sg
diktálás *fn* dictation; **~ra ír** write* sg at sy's dictation, take* dictation
diktátor *fn* dictator
diktátori *mn* dictatorial
diktatórikus *mn* dictatorial
diktátum *fn pol* dictate
diktatúra *fn* dictatorship; **puha** ~ benign dictatorship
dilemma *fn* dilemma, quandary; **~ban van** be* in a dilemma/quandary
dilettáns I. *mn* amateurish, dilettante **II.** *fn* dilettante (*tsz* dilettanti), amateur
dilettantizmus *fn* dilettantism, amateurishness
diliház *fn* loony bin, *átv* bedlam
dilinyós *mn* → **dilis**
dilis *mn biz* crazy, cracked, soft in the head, nutty, touched (in the head), bonkers, have* bats in the belfry, batty, *kif* mad as a hatter
dimbes-dombos *mn* hilly
dimenzió *fn* dimension
din *fn fiz* dyne
dinamika *fn* **1.** *[tudományág]* dynamics *esz* **2.** *zene nyelv [lendület]* dynamics *tsz*
dinamikus *mn átv is* dynamic
dinamit *fn* dynamite
dinamizmus *fn* dynamism
dinamó *fn* dynamo
dínár *fn* dinar
dinasztia *fn* dynasty
dinasztikus *mn* dynastic
dinka *mn* → **dilis**
dínó *fn bec* dino
dínomdánom *fn* merry-making, revel(ry)
dinoszaurusz *fn biol* dinosaur
dinsztel *i* → **párol**
dinnye *fn* melon, *[görög]* water-melon, *[sárga]* honeydew melon, musk-melon
dinnyeföld *fn* melon bed
dinnyehéj *fn* melon rind
dinnyetermés *fn* melon-crop
dió *fn* nut, walnut; *átv* **kemény** ~ hard/tough nut to crack
dióbarna *mn* nutbrown, *[haj]* auburn
dióbél *fn* shelled walnuts *tsz*, walnut (kernel)
dióda *fn el* diode
diódaráló *fn* walnut-grinder
diófa *fn* **1.** *[élő]* walnut (tree) **2.** *[anyag]* walnut (wood)
dióhéj *fn* nutshell; *átv* **~ban** in a nutshell, in short
diólikőr *fn* walnut liquor
diónyi *mn* the size of a walnut *ut*
dióolaj *fn* walnut oil
diópálinka *fn* walnut brandy
dioptria *fn* dioptre (*US* -er)
dioptriás *mn* **két és fél** ~ **szemüveg** glasses with two and a half dioptre (*US* -er) lens
dioráma *fn* diorama
diós *mn* made with walnut *ut*; ~ **metélt/tészta** ‹vermicelli dusted with ground walnuts and sugar›; ~ **tekercs** *kb.* nut roll
diósbejgli *fn* nut roll
diószén *fn* nut coal, trebles *tsz*
diótörő *fn* nutcracker
dióverés *fn* nutting
diploma *fn okt* degree (in sg), *[egyéb]* certificate; **tanítói/tanári ~ja van** have* a teacher's degree; (*vmlyen*) **~t szerez** *[egyetemen]* obtain/take* a/one's degree (in sg); graduate in sg [engineering, education etc.]; **mérnöki ~t szerez** graduate (v. take* a degree) in engineering
diplomácia *fn* diplomacy
diplomáciai *mn* diplomatic; ~ **érzék** tact; ~ **jegyzék** (diplomatic) note; ~ **kapcsolatok** diplomatic relations/links; ~ **kapcsolatok megszakítása** breaking off of diplomatic relations; ~ **kar/testület** diplomatic corps/body; ~ **(ki)küldetésben** on a diplomatic mission, on an embassy; ~ **pálya** diplomatic career; ~ **pályára lép** enter/join the diplomatic service; ~ **szolgálat** diplomatic service; ~ **úton** through diplomatic channels
diplomamunka *fn okt* degree work/paper, thesis (paper)
diplomaosztó *mn* ~ **ünnepély** graduation day, *GB* degree day, *US kb.* commencement
diplomás *mn/fn [egyetemi/főiskolai diplomát szerzett személy]* professional, graduate, qualified; **a ~ok** the professional classes; → **okleveles**
diplomata *fn* diplomat; **hivatásos** ~ career diplomat
diplomatatáska *fn* briefcase
diplomatikus *mn* diplomatic; **nem** ~ undiplomatic
diplomatikusan *hsz* **~an** diplomatically
diplomavédés *fn okt* defence of one's thesis
diplomáz|ik *i* (*vmből*) take* a degree (in sg), graduate (in sg)/(*vhol* at/from swhere)
direkt I. *mn* direct, straight; ~ **módszer** direct method **II.** *hsz [közvetlenül]* intentionally, deliberately, *[akarattal]* on purpose; **ezt** ~ **csinálta** he did it on purpose
direktíva *fn* directive, guidelines *tsz*
direktor *fn* director, manager, *okt* headmaster
direktórium *fn tört [a Tanácsköztársaságban]* directorate, *[a francia forradalomban]* directory
diri *fn biz* head(master)
diribdarab *fn* bits, scraps *mind: tsz*; ~ **dolgok** odds and ends; **~ra tép** tear* to shreds
dirigál *i* **1.** *[irányít]* direct, *[parancsolgatva]* boss [people] about, rule the roost, run the show, have* the whip hand **2.** *zene* conduct
dirigens *fn zene* conductor
diskurál *i biz* chat, confab
diskurzus *fn biz* chat(ting), confab
disputa *fn* dispute, debate, controversy
disz *fn zene* D-sharp
dísz *fn* **1.** *[díszítés]* decoration, ornament; **a család ~e** the pride of the family; **az iskola ~e** (s)he is a credit to the/one's school; **a gyűjtemény ~e** the gem of the collection; **~ére válik vm** sg is to sy's credit, it does one credit **2.** *[pompa]* pomp, splendour (*US* -or), parade; **teljes ~ben** in full dress/fig
díszbemutató *fn* gala premiere/night
diszciplína *fn [tudományág]* branch of knowledge, discipline
díszcserje *fn* ornamental shrubbery
díszdoktor *fn* doctor honoris causa
díszebéd *fn* banquet
díszegyenruha *fn* (full) dress uniform
díszelgés *fn* parade, show

díszelnök *fn* honorary president
díszelőadás *fn* gala performance/night
díszemelvény *fn* dais, grandstand
díszes *mn* **1.** ornamental, decorative, *[pompás]* splendid; **~ fogadtatás** state/grand reception **2.** *biz* **~ egy alak** a sorry figure
díszfa *fn* ornamental/garden tree
díszfelvonulás *fn* festive/ceremonial procession, parade
díszhal *fn* ornamental fish
diszharmónia *fn* **1.** *[hangoké]* dissonance **2.** *[egyenetlenség]* disharmony, *[véleményeké]* difference of opinion
díszhely *fn* place of honour (*US* -or)
díszít *i* decorate, adorn, ornament
díszítés, **díszítmény** *fn* decoration, ornament(s), adornment
díszítőelem *fn* decorative element/motif
díszítőművészet *fn* → **ornamentika 2**
diszk *fn infor [lemez]* disk
díszkapu *fn* triumphal arch
díszkard *fn* ceremonial sword
díszkert *fn* pleasure/ornamental garden
díszkiadás *fn* de luxe edition
díszkíséret *fn* escort, guard of honour (*US* -or)
díszkivilágítás *fn* floodlight
diszkó *fn* dance club, disco
diszkóbaleset *fn* ‹accident caused by drunk youths on leaving a party› *kb.* drink driving
diszkontáruház *fn* discount shop/store
diszkosz *fn sp* discus
diszkoszvetés *fn sp* throwing the discus
diszkoszvető *fn sp* discus thrower
diszkózene *fn zene* disco music
díszkötés *fn [könyvé]* de luxe binding
díszközgyűlés *fn* festive general assembly
diszkréció *fn* **1.** *[tapintat]* discretion; **~val kezel** *[ügyet]* handle sg with discretion **2.** *[titoktartás]* secrecy; **szigorú ~val** in absolute secrecy
diszkrecionális *mn* discretionary; **~ jog** discretionary powers *tsz* [to act]
diszkreditál *i* discredit
diszkrét *mn* discreet, careful, *[tapintatos]* tactful, *[csendes]* quiet, unobtrusive
diszkrimináció *fn pol* discrimination; **pozitív ~** positive discrimination
diszkriminál *i* discriminate (against)
diszkriminatív *fn pol* discriminative; **~ intézkedések** discriminative measures
diszkvalifikál *i* disqualify; **~ják** be* disqualified
díszlépés *fn kat* march/parade step, goose step
díszlet *fn* scenery, set
díszletez *i* arrange the scenery
díszletezőmunkás *fn* sceneshifter, stagehand
díszletfestő *fn* scene(ry)-painter
díszlettervező *fn* stage-designer
diszlexia *fn orv* dyslexia
diszlexiás *mn orv* dyslexic, dyslectic
díszl|ik *i* flourish, *[virág]* bloom
díszlövés *fn* salvo, salute of guns; **~t lead** fire a [21-gun] salute
díszmagyar *fn tört* ‹Hungarian gala-dress›
díszmenet *fn kat* slow parade march; **~ben elvonul** march past, parade before
díszműáru *fn* fancy-goods/articles *tsz*
disznó *fn* **1.** pig; **~t hizlal** fatten pigs; **~t öl** kill/stick* a pig **2.** *[emberről]* swine, dirty pig; **~ beszéd** bad language, dirty talk; **~ vicceket mond** tell* offensive jokes **3.** *[kártya]* ace
disznóbőr *fn* pigskin
disznóhizlalás *fn* fattening of pigs, pig farming
disznóhizlalda *fn* pig farm, piggery
disznóhús *fn* pork
disznólkod|ik *i* behave* like a swine, *[beszédben]* use filthy language, talk dirty
disznóól *fn* pigsty, *US* pigpen
disznóölés *fn* pig-killing, pigsticking
disznópásztor *fn* swineherd
disznóság *fn* **1.** *ált* scandal, a shame; **~!** (what a) shame! **2.** *[beszéd]* dirty/filthy talk, *[tett]* dirty/lousy trick
disznósajt *fn* brawn, pork/pig cheese, *US* headcheese
disznótor *fn* ‹dinner on pig-killing day›
disznótoros *fn kb.* pork sausages and chitterlings *tsz*
disznózsír *fn* lard, hog's fat
dísznövény *fn* ornamental plant
díszoklevél *fn* honorary diploma
díszöltözet *fn* → **díszruha**
díszőrség *fn* guard of honour (*US* -or)
díszpáholy *fn* box of honour (*US* -or), *[elnöki]* presidential box [in theatre], *GB* royal box
díszpárna *fn* (ornamental) cushion
diszpécser *fn* dispatcher, *GB* charge hand
díszpéldány *fn pej* **te ~!** you are a fine one
diszperzió *fn kém* dispersion
díszpolgár *fn* freeman° [of a town/city]; **Kecskemét ~ává választották** ... was given the freedom of Kecskemét; **K. ~a** freeman° of K.
diszponál *i* (*vm fölött*) dispose of sg, be* in control (of sg)
diszpozíció *fn* **1.** *[rendelkezés]* disposition **2.** *[kedély]* frame of mind, mood
díszruha *fn* robes of state *tsz*, ceremonial/full/gala dress
díszsírhely *fn* ‹grave granted at public expense› honorary grave
díszszázad *fn* guard of honour (*US* -or)
díszszemle *fn* (dress) parade, march past
disszertáció *fn [magasabb tud. fokozatért]* thesis (*tsz* theses), *[alacsonyabb fokozatért]* dissertation; **doktori ~** Ph.D. (v. PhD) thesis; **megvédi a ~ját** defend one's thesis
disszertál *i* write* a thesis (on sg)
disszidál *i elav tört* **1.** *[külföldre]* defect, *[menekülve]* flee* [the country] **2.** *elav [elpártol]* go* into opposition, defect
disszidens *fn* **1.** *elav [külföldre távozó]* defector **2.** *tört* dissenter **3.** *pol [másként gondolkodó]* dissident
disszonancia *fn* dissonance
disszonáns *mn* dissonant, discordant
disszonánsan *hsz* **~ hangzik** it jars, it sounds discordant
dísztag *fn* honorary member
dísztányér *fn* ornamental/decoration plate
dísztárgy *fn [árucikk]* fancy goods *tsz*, *[lakásban]* bric-à-brac, ornament, *[apróbb]* trinket
dísztávirat *fn* congratulatory telegram
dísztelen *mn* undecorated, unadorned, plain, simple
dísztelenked|ik *i* → **éktelenkedik**
díszterem *fn* ceremonial/banqueting hall, *[iskolában]* hall, *[székházban]* assembly meeting hall
disztichon *fn* distich
disztingvál *i* distinguish, make*/draw* a distinction (v. disctictions) (between); **nem tud ~ni** (s)he does not know how to behave
disztingvált *mn irod* exquisite [manners]
disztribúció *fn tud* distribution
díszünnepély *fn* gala (night)
díszvacsora *fn* gala/ceremonial dinner, (state) banquet
díszvendég *fn* special guest
ditirambikus *mn irod* dithyrambic
ditirambus *fn irod* dithyramb
dívány *fn* divan, *[támlával, karfával]* couch, sofa
díványpárna *fn* cushion, bolster, squab
divat *fn* fashion, mode, style, *[szokás]* vogue, custom; **a legutolsó/legújabb (v. az utolsó) ~** the latest fashion, the last word (in); **most/ma ez a ~** *biz* it's the in thing, it's the order of the day, it's all the rage; **~ba jön** come* into fashion/vogue, become* fashionable, be* taken on; **~ban van** be* in vogue/fashion, be* fashionable; **kimegy a ~ból**

go* out of fashion, become* unfashionable, fall* into disuse; **~ját múlta** → **divatjamúlt**; **halad a ~tal** follow the (latest) fashion, keep* up with fashion

divatáru *fn [férfi]* men's wear, *[női]* ladies' wear → **divatcikk**

divatáru-kereskedés *fn* clothes/fashion shop/store, boutique

divatáruüzlet *fn* → **divatáru-kereskedés**

divatbemutató *fn* fashion-show

divatcikk *fn* article of fashion, accessories *tsz*

divatdiktátor *fn* top couturier/designer, fashion guru

divatékszer *fn* dress/costume jewellery

divathóbort *fn* **1.** *[ruházkodási]* craze, rage **2.** *[nem ruházkodási]* fad

divathölgy *fn* lady of fashion

divatjamúlt *mn* unfashionable, old-fashioned, dated, out *ut*

divatlap *fn* fashion journal/magazine

divatos *mn* fashionable, stylish, modish, smart, fashion-conscious, *[szokásos]* current, *[felkapott]* in vogue *ut*, be* in; **az idén ismét ~ a rövid szoknya** short skirts are in again; **hosszú szoknya a ~** long skirts are really in; **a mostanában ~ időtöltés** the in thing to do; **nem ~** unfashionable; *[igével]* be* out of fashion; **~ író** popular/fashionable author, author of the day; **~ kifejezés/szó** fashionable expression, vogue/buzz-word

divatosan *hsz* fashionably; **~ öltözködik** dress fashionably/fashion-consciously, wear* the latest fashion(s)

divatoz|ik *i GB* be* trendy, wear* way-out clothes

divatőrület *fn* craze; **a legújabb ~** the latest craze (in fashion)

divatszalon *fn* dressmaker's showroom

divatszín *fn* fashionable colour (*US* -or)

divatszó *fn* vogue/buzz-word

divattervező *fn* (fashion/dress) designer

divatújdonság *fn* latest fashion, novelty

divertimentó *fn zene* divertimento

diverzáns *mn/fn* saboteur, subversive; **~ csoport** group of subversives; **~ elemek** subversive elements, subversives

diverzió *fn* diversity

diverziós *mn* subversive; **~ tevékenység** subversive activities *tsz*

dív|ik *i* be* in fashion/vogue

divízió *fn kat* division, unit

dixieland *fn zene* Dixieland

dizájn *fn* design

dízelesít *i* dieselize

dízelesítés *fn* dieselization

dízelmotor *fn* diesel engine

dízelmozdony *fn* diesel(-electric) locomotive

dízelolaj *fn* diesel oil/fuel

dízelvillamos *mn* diesel-electric [locomotive, train etc.]

dizőz *fn elav* chanteuse, music-hall singer

dizsi *fn szl* → **diszkó**

DK *röv* → **délkelet**

dkg *röv* → **dekagramm**

dl *röv* → **deciliter**

dm *röv* → **deciméter**

DNS *röv [dezoxiribonukleinsav]* DNA [deoxyribonucleic acid]

DNy *röv* → **délnyugat**

dob[1] *i* **1.** *ált* (*vmt*) throw*, *[nagy erővel]* hurl **2.** *szl [vkn túlad]* throw* sy over/overboard, dump sy **3.** *[dobókockával]* **te ~sz!** it's your roll/turn

dob[2] *fn* **1.** drum; **~ra kerül** come* under the hammer; **~ra üt/ver** *[elárverez]* put* sg up for auction; *[elhíresztel]* trumpet abroad, proclaim (sg) from the housetops; **veri a ~ot** beat* the drum, drum **2.** *műsz* drum, cylinder, barrel, *[cséplőgépben]* threshing cylinder, *[mosógépben]* drum

dobál *i* **1.** (*vmt vhova*) keep* throwing sg, (*vkt vmvel*) pelt sy with sg **2.** *[hajigál]* scatter **3. hullámok ~ják a csónakot** waves are tossing the boat; **ide-oda ~ta az élet** he was tossed about in life

dobálódz|ik *i* be*/keep* throwing about; **nagy szavakkal ~ik** talk big

dobás *fn* **1.** *[cselekvés]* throw(ing) **2.** *[eredménye]* throw; **16 m-es ~** a throw of 16 metres (*US* -ers) **3.** *[játékban]* **kimaradsz a ~ból** you miss a turn

dobban *i [szív]* throb, beat*; **nagyot ~t a szívem** my heart gave* a leap

dobbanás *fn* throb, beat(ing)

dobbant *i* **1.** *[lábbal]* stamp (one's foot/feet) **2.** *[ugró]* take*/jump off **3.** *biz [disszidál]* defect, *szl* split*

dobbantódeszka *fn* springboard

dobhártya *fn orv* eardrum; **megrepedt a ~ja** he burst his eardrums; *orv* he has a perforated eardrum

dobkályha *fn* (round) iron stove

dobó *fn sp* thrower

dobó- és ugrószámok *kif sp* field events

dobog *i* **1.** *[szív]* beat*, throb, palpitate **2.** *[lábbal]* stamp (one's foot/feet)

dobogás *fn* **1.** *[szívé]* beating, throbbing, *[beteg szívé]* palpitation **2.** *[lábé]* stamping

dobogó I. *mn* beating, throbbing **II.** *fn [előadóé]* platform, *okt kb.* teacher's desk, *szính* stage, podium, *[szónoki, karmesteri]* rostrum

dobogós *mn sp* **~ helyezést ér el** receive a medal

dobókocka *fn* dice (*tsz* ua.)

dobol *i* drum, beat*/play a/the drum

dobolás *fn* drum(ming)

dobos *fn* drummer

dobostorta *fn* ‹round layered chocolate cake with hard caramel top›

dobószám *fn sp* **~ok** throwing contests (i.e. discus, hammer, javelin and shot put); → **dobó- és ugrószámok**

doboz *fn* **1.** box, *[karton]* cardboard box, carton, *[bádog]* tin, *US* can, *[nagyobb, rendsz. fa]* case; **egy ~ cigaretta** a packet (*US* pack) of cigarettes; **egy ~ tej** a carton of milk **2.** *[rádió, tv stb.]* cabinet

dobozol *i* box, pack in boxes

dobozos *mn* boxed, canned; **~ sajt** cheese in cartons; **~ sör** canned beer; **~ tej** milk carton, a carton of milk; **~ üdítő** a carton of (fresh) orange/pineapple/etc. juice

dobpergés *fn* roll of drums, drumbeat

dobszó *fn* drumming, drumbeat

dobszóló *fn zene* drum solo

dobverő *fn* drumstick

docens *fn kb. GB* reader, *US* associate professor

docentúra *fn kb. GB* readership, *US* associate professorship

dodzsem *fn* dodgem

dog *fn* mastiff; → **dán**

dogma *fn* dogma

dogmatika *fn* dogmatics *esz*

dogmatikus *mn* dogmatic

dogmatizmus *fn* dogmatism

doh *fn* mustiness, musty/mouldy (*US* moldy) smell

dohány *fn* **1.** *növ* tobacco **2.** *szl [pénz]* dough, bread

dohányáru *fn* tobacconist's wares/goods

dohányárus *fn* tobacconist

dohánybolt *fn* tobacconist's (shop), tobacconist

dohányfüst *fn* tobacco/cigarette smoke

dohányfüstös *mn* smoky; **~ szoba** smoke-filled room

dohánygyár *fn* tobacco factory

dohánylevél *fn* tobacco leaf°

dohányos *fn* smoker; **erős/nagy ~** heavy smoker; → **láncdohányos**

dohánytermék *fn* tobacco product

dohánytermelő I. *mn* tobacco-growing **II.** *fn* tobacco-grower

dohányültetvény *fn* tobacco plantation/field

dohányzacskó *fn* tobacco-pouch

dohányzás *fn* smoking; **tilos a ~!** no smoking, smoking (is) prohibited
dohányz|ik *i* smoke; **megengedi, hogy dohányozzam?** do you mind if I smoke?
dohányzó I. *mn* smoking; **~ szakasz** smoking compartment, smoker **II.** *fn* **1.** *[személy]* smoker **2.** *[helyiség]* lounge, smoking room/area, *[vasúti kocsi]* smoker
dohányzóasztal *fn* coffee table
dohog *i* **1.** *[személy]* grumble, mutter, mumble **2.** *[gőzgép]* puff
dohos *mn* musty, fusty, *[levegő]* stale, stuffy
dohosod|ik *i* go*/turn mouldy (*US* moldy)
dohosság *fn* mustiness, fustiness
dohszag *fn* musty smell
doki *fn biz* doc
dokk *fn* dock(yard)
dokkmunkás *fn* docker, dock worker, *US így is:* longshoreman°
dokkol *i hajó űr* dock
doktor *fn* **1.** *[egyetemi]* (*röv* **Dr.**) doctor (*röv* **Dr**); **jogi ~** *kb.* Doctor of Laws (*röv* **LL.D.** v. **LLD**); **az orvostudomány ~a** Doctor of Medicine; **a műszaki tudomány ~a** Doctor of Engineering; **a tudományok ~a** Doctor of [Chemical, etc.] Sciences; **~rá avat** confer a doctorate (up)on sy **2.** *[orvos]* physician, doctor; **~ úr, kérem** ... Doctor, ...
doktorál *i* take* one's doctorate (*vmből* in/on sg)
doktorandusz *fn* a PhD student
doktorátus *fn* doctorate; **~t tesz** take* one's doctorate
doktori *mn* doctoral; **~ cím/fokozat** doctorate, title of doctor; **~ diploma/oklevél** doctorate; **~ értekezés** doctoral dissertation, Ph.D. (v. PhD) thesis (*tsz* theses); **~ értekezést benyújt** submit a thesis for the PhD degree; **~ program** *[egyetemen]* PhD course programme
doktornő *fn* woman-doctor, lady-doctor; **~, kérem** ... Doctor, ...
doktrína *fn* doctrine, tenet
doktriner *mn* doctrinaire
dokumentáció *fn* documentation
dokumentációs *mn* documentary; **~ központ** documentation centre (*US* -er)
dokumentál *i* prove, certify, document
dokumentált *mn* documented
dokumentátor *fn* documentalist
dokumentum *fn* document, *infor* document (file); **~ot szerkeszt/ment/megnyit** *infor* edit/save/open a document
dokumentumablak *fn infor [szövegszerkesztőben]* document window
dokumentumfilm *fn* documentary (film)
dokumentumjáték *fn* (drama) documentary, docu-drama, faction
dolcsi *fn bec* buck, greenback
dolgavégezetlenül *hsz* having achieved nothing; **~ távozik** go* away empty-handed
dolgos *mn* industrious, hard-working; **~ élet** busy life
dolgozat *fn* **1.** *okt* paper, essay, *[vizsga~]* examination paper; **magyar ~** Hungarian essay; **~ot ír (vmből)** write* an essay on sg; **~ot írat történelemből** set* (sy) a history paper/essay; **~ot javít** *[a tanár]* mark (student's) papers/essays **2.** *[tudományos]* paper, dissertation
dolgozatfüzet *fn* exercise-book
dolgozatírás *fn* (written) test, *[fogalmazási]* set essay
dolgozatjavítás *fn* marking (of) papers/compositions/essays
dolgozgat *i* go* on working slowly, work at a leisurely pace; **a kertben ~** he is working away in the garden
dolgoz|ik *i* **1.** *ált* work, *[munkaviszonyban]* work [in a job], be* employed (at); **hol ~ik/~ol?** where do you work?; **mit ~ik?** what do you do (for a living)?; **vmn ~ik** work on sg, be* at sg; **már 6 órája ~ik rajta megszakítás nélkül** (s)he's been at it for six hours now without a break; **vknek ~ik** work for sy; **együtt ~ik vkvel** collaborate with sy; **keményen ~ik** work hard; **aki nem ~ik, ne is egyék** *kif* he that will not work, shall not eat **2.** *[átv vm célból]* endeavour (*US* -or) (to), strive (to); **az idő nekünk ~ik** time is on our side **3.** *[gép]* run*, work, function **4.** *[nyers fa]* warp, shrink*
dolgozó I. *mn* working, labouring (*US* -or-); **a ~ nép** the working people; **a ~ nő** (the) working woman°; **a ~ tömegek** the toiling masses **II.** *fn* **1.** *ált* employee, worker, working man°/woman°, *[fizikai]* manual worker, *[szakmában]* workman°; *ált* **fizikai ~** manual worker; *[gyári stb.]* blue-collar worker, *[építkezésnél, főleg segédmunkás]* labourer; **értelmiségi/szellemi ~** white-collar worker; **irodai ~** office worker; *ált* **a ~k** the working people; *[vállalat stb. ~i]* the staff, the workforce [of a plant etc.], the employees; **~k iskolája** workers'/night school **2.** *[méh]* worker (bee)
dolgozóasztal *fn* desk, writing table
dolgozóméh *fn* worker bee
dolgozószoba *fn* study, *biz* den
dolgozótárs *fn* fellow-worker/labourer (*US* -or-)
dolgoztat *i* **1.** *ált* make* sy work, *[alkalmazottat]* employ, engage; **tíz munkással ~** employ ten workers **2. kinél ~?** who is his [tailor etc.]?
dollár *fn* dollar; *elav* **~ elszámolású piac** convertible currency area/export
dollárkölcsön *fn* dollar loan
dolmány *fn* dolman, pelisse
dolog *fn* **1.** *[munka]* work, job, task; **sok a dolgom** I have a lot of things to do, I am very busy, I've got stacks of work to do; **meglehetősen nehéz ~ volt** it was quite a job (to do); **az a dolga, hogy** ... her/his job is to ...; **biztos a dolgában** be* sure of himself/herself; **~hoz lát** set* v. get* down to work; **teszi a dolgát** he does his share/work/job **2.** *[ügy]* matter, business, affair; **micsoda ~ ez?** what are you up to?, what does this mean?; **szép ~!** a fine affair!; **jelentéktelen ~** petty affair; **az/ez nagy ~** that's a great thing, it's no trifling matter, it's quite something; **nem nagy ~** it isn't so difficult (to do); **a dolgok állása** the state of affairs; **a dolgok jelenlegi állása szerint** as it stands; **a dolgok természetéből fakad/következik** it is in the nature of things; **ez az én dolgom** that's my business, I'll take care of it, I'll handle it; **nem az én dolgom** it's not (v. none of) my business; **az ő dolga, hogy** it's up to him to, he is supposed to; **dolga van vkvel** have* business with sy, deal* with sy; **hogy megy a dolgod?** how are you getting on?; **hogy mennek a dolgok?** how are things?, how goes it?; **becsület dolga** a matter of honour (*US* -or); **ez ízlés dolga** it's a matter/question of taste; **jó dolga van, jól megy a dolga** have* a good time of it; *[anyagilag]* be* doing well, be* well off; **rossz dolga van** have* a bad time of it, have* a hard time; *[anyagilag]* be* badly off; **elment a jó dolgod?** have you taken leave of your senses?; **pénz dolgában** as regards money, financially; **vknek a dolgában** in/on sy's behalf; **vallás dolgában** in matters of religion; **nem tartozik a ~hoz** it is irrelevant; **ne ártsd magad mások dolgába** mind your own business; **hagyjuk a dolgot ennyiben** let's leave it at that; **nem kell nagy dolgot csinálni belőle** there's no need to make such a fuss about it; **az csak egy ~, hogy** it is one thing to/that **3.** *[tárgy]* thing, matter, stuff, object; **rendben tartja a dolgait** he keeps his things/affairs in order **4. dolgát végzi** *[illemhelyen]* relieve oneself; **elvégzi a dolgát** *[kutya]* do* its/her/his job → **áll**[1]
dologház *fn elav* workhouse
dologi *mn* **~ jog** law of property; **~ kiadások** material expenditures
dologkerülő I. *mn* work-shy, idle, lazy **II.** *fn* shirker, idler
dologtalan *mn* idle, lazy
dolomit *fn* dolomite
dóm *fn* cathedral
domb *fn* hill, *[kisebb]* hillock, hummock
dombhát *fn* ridge of a hill
domboldal *fn* hillside, *[skót]* brae

domborít *i* throw* into relief, emboss
dombormű *fn* relief, *[magas]* high relief, *[fél]* bas-relief
dombornyomás *fn* **1.** *[folyamat]* relief printing, embossing **2.** *[tárgy]* embossed work, relief print
domborod|ik *i* swell* out, bulge, rise*
domború *mn* convex, bulging, curved, round; ~ **lencse** convex lens
domborulat *fn* **1.** *[domborúság]* convexity, bulge **2.** *[kis domb]* hillock, knoll
domborzat *fn* (features *tsz* of) the terrain
domborzati *mn* ~ **térkép** relief map; ~ **viszonyok** configuration of the terrain
dombos *mn* hilly, humpy; ~ **terület** hilly/rolling country
dombság *fn* → **dombvidék**
dombsor *fn* range of hills
dombtető *fn* crest/ridge of a hill
dombvidék *fn* hilly/rolling country
dominál *i* prevail (over sg), dominate (sg)
domináns I. *mn* dominating, dominant **II.** *fn zene* dominant
Dominica *földr* Dominica
dominikai *mn/fn* Dominican
Dominikai Köztársaság *földr* Dominican Republic
dominikánus *mn/fn vall* Dominican, Black Friar
domínium *fn* dominion
dominó *fn* domino (*tsz* dominoes), *[játék]* dominoes *esz*
dominóeffektus *fn* domino effect
dominóelv *fn* domino theory
dominóz|ik *i* play dominoes
domonkos *mn* → **dominikánus**
Domo(n)kos *tul* Dominic
dong *i* buzz, hum
donga *fn* stave
dongaboltozat *fn* barrel-vault
dongaláb *fn* club-foot°
dongó *fn* bumble-bee
dongólégy *fn* bluebottle, blowfly
Don-kanyar *földr* the bend of river Don, the Don bend
donor *fn* donor
dopping *fn* → **doppingszer**
doppingol *i* **1.** *[lovat, versenyzőt]* dope, *[csak vkt]* give* sy a stimulant **2.** *átv* (*vkt*) fire sy with passion, stimulate sy, put* sy on one's mettle
doppingozás *fn* doping
doppingoz|ik *i* dope, take* addictive drugs
doppingszer *fn* dope, stimulant, *[kábítószer]* drug, *biz* a shot in the arm
doppingvizsgálat *fn sp* dope test
dór *mn* **1.** *[oszlop]* Doric [pillar] **2.** *zene* ~ **hangnem** Dorian mode
dorbézol *i* carouse
dorgál *i* chide*, reprove, rebuke (*vmért mind:* for)
dorgálás *fn* reprimand, rebuke, admonition; **~ban részesít** reprimand, rebuke
dorombol *i* purr
dorong *fn* log, thick stick
Dorottya *tul* Dorothy
dosszié *fn* file, dossier
dotáció *fn [egyéné]* fees *tsz*, *[intézményé]* funds *tsz*, subsidy
dotál *i* **1.** *[intézményt]* endow, finance, fund, subsidize; **~t** subsidized **2.** *[alkalmazottat]* pay*, remunerate
Down-kór *fn orv* Down's syndrome
doyen *fn* doyen
dózerol *i biz* bulldoze
dózis *fn* dose
dózse *fn tört* doge
döbben *i* **tudatára** ~ suddenly realize (with dismay)
döbbenet *fn* consternation, dismay, shock and horror
döbbenetes *mn* horrifying, stupefying
döccen *i* jolt, jerk
döccenés *fn* jolt, jerk
döcög *i [kocsi]* jolt, jog (along), *[vonat]* trundle along, keep* stopping and starting, *[ember]* waddle/hobble (along)
döcögés *fn* jolting, slow advance
döcögős *mn* **1.** *[út]* jolty, bumpy **2.** *[stílus]* halting, jerky
döf *i* **1.** *[kést]* run* a knife° into sy/sg, *[tőrrel]* stab, thrust*, *[oldalba könyökkel]* poke, push **2.** *[szarvval]* butt
döfés *fn* thrust, stab, poke, push, butt
döfi *mn tréf* **ez már ~!** wicked!
dög *fn* **1.** carrion, carcass, carcase **2.** *durva* **lusta ~** lazy bugger/sod **3.** *biz* **~ivel van pénze** he has oodles of money
dögcédula *fn biz* dog-tag [of soldiers]
dögevő *fn* carrion-eating
dögfáradt *mn biz* dog/dead-tired, *GB* jiggered, done in, knackered
döghalál *fn elav* plague, pestilence
döghús *fn* carrion
dögkeselyű *fn* (Egyptian) vulture
döglégy *fn* green botfly, greenbottle
döglesztő *mn biz* **~ meleg van** it's boiling/swelteringly hot
dögletes *mn* pestilent, pestilential, noxious
dögl|ik *i* **1.** *[állat]* die, perish **2.** **egész nap az ágyon ~ik** be* lazing on the bed all day long, lie* around/about; → **légy**[2]
döglőd|ik *i* **1.** die a slow death **2.** → **döglik** 2
döglött *mn* dead [animal]
dögönyöz *i* **1.** *[ver]* punch, pound **2.** *[masszíroz]* massage
dögös *mn szl* ~ **maca** *[kihívó nő]* randy/foxy chick
dögrováson van *i* be* on one's last legs
dögszag *fn* putrid smell
dögtemető *fn* carrion pit, knacker's yard
dögunalmas *mn biz* dead boring
dögunalom *fn biz* a terrible bore
dögvész *fn elav* **1.** *[járvány]* pestilence, plague **2.** *[pestis]* Black Death
dől *i* **1.** *[hajlik]* lean* (to one side), (*vmnek*) lean* against, *[oldalt]* tilt **2.** *[esik, bukik]* fall*, topple/tip over, tumble down; **~ a fa!** timber!; **ágynak ~** take* to one's bed; **csak úgy ~ a nevetéstől** fall* about laughing **3.** *[eső]* pour, *[folyadék, vér]* gush (out/forth from); **~ róla a veríték** sweat pours from his brow; **~t belőle a vér** (the) blood gushed from his wound; **a füst ~ a kéményből** smoke is belching from the chimney; **~t belőle a pálinkaszag** he reeked of brandy; **csak úgy ~ hozzá a pénz** (s)he is coining money, money is just rolling in
dőlés *fn* leaning, tilt(ing), inclination
dőlt *mn [ferde]* slanting, oblique; **~ betű/szedés** italics *tsz*; **~ betűvel szed** italicize; **~ betűvel szedett, ~ betűs** printed in italics *ut*, italicized
dölyf *fn* arrogance, haughtiness
dölyfös *mn* arrogant, haughty
dölyfösség *fn* → **dölyf**
dömper *fn* dumper (truck), dump truck
dömping *fn* dumping
dömpingáru *fn* dumped/dumping goods *tsz*
döng *i* **1.** *ált* (re)sound **2.** *[méh]* buzz, hum
dönget *i* **1.** bang, batter, rag; **nyitott/tárt kapukat ~** try to force an open door **2.** *[kocsival]* belt down the road, spin* along, tear* along
döngicsél *i* buzz/hum around
döngöl *i* ram, pound, beat*, *[kéményre]* tamp
döngölő *fn* rammer, pounder, beater
döngölt *mn* stamped, rammed, beaten; **~ padló** rammed/dirt floor
dönt *i* **1.** *[felfordít]* upset*, overturn, turn over, throw* down, knock over, *[fát]* fell, uproot, *[féloldalra]* tilt **2.** *[rekordot]* break*/beat* [the record] **3.** *[elhatároz]* decide, make*/take* a decision, come* to a decision, *[bíróság]* rule, decree, adjudge; **úgy ~ött, hogy** ... he decided to, (s)he made up his/her mind to; *[a bíróság]* [the court] ruled that; **a bíróság az én javamra ~ött** the court has decided in my favour (v. found for me); **~ vk sorsáról**

decide sy's fate; ~ **vm mellett** decide (that ... v. to do sg), settle [(up)on sg], opt (for sg)

döntés *fn* **1.** *[feldöntés]* upsetting, overthrow, turning/knocking over, tilting, *[fáé]* felling **2.** *[elhatározás, mint cselekvés]* decision making, *[annak eredménye]* resolution, decision, *[bírósági]* ruling, judgment, *[nem jogi]* judgement, *[esküdtszéké]* verdict; **bírósági** ~ court ruling, judg(e)ment of the court; **~t hoz** decide, make* a decision; *[bíróság]* pass/give* judg(e)ment (on), hand down a decision; **~re jut** come* to (v. arrive at) a decision; ~ **született, ~t hoztak (arról, hogy)** it was decided (that/to), a decision was taken (on/about)

döntéselőkészítés *fn* preparation(s) of/for a decision

döntéshozatal *fn* decision-making

döntéshozó *fn* decision-maker

döntésképtelen *mn* unable to decide *ut*, incapable of making decisions *ut*

döntetlen *mn/fn* ~ **mérkőzés** a drawn game, a draw/tie; *[sakkban]* a draw; **~re állnak** they are all square (at), the score/match is level; **a mérkőzés ~ül végződött, ~re játszottak** the match was (v. ended in) a draw

döntnök *fn* judge, umpire

döntő I. *mn* decisive, deciding; ~ **bizonyíték** conclusive proof; ~ **fontosságú** of crucial/critical/decisive importance; *ut* ~ **mozzanat/pont** crucial point; ~ **pillanat** critical/crucial moment; **a ~ pillanatban** at the crucial moment; ~ **szavazat** casting vote; ~ **szó** decisive word; **kimondja a ~ szót** say* the last word **II.** *fn sp* final(s); **világbajnoki** ~ *[labdarúgás]* World Cup Final; **bejut a ~be** qualify for the finals, reach the finals

döntőbíró *fn* arbitrator, arbiter

döntőbíróság *fn* (court of) arbitration; **~i ítélet** arbitrament, arbitral decision

döntően *hsz* **1.** *[életbe vágóan]* ~ **fontos** of crucial importance **2.** *[javarészt, főképpen]* mostly, primarily, for the most part

döntős *fn sp* finalist

döntvény *fn elav jog* leading case

döntvénytár *fn* Law Reports *tsz*

dőre *mn [tett]* absurd, *[ember]* misguided, silly

dörej *fn* bang, detonation, *[puskáé]* report

dőreség *fn* folly, futility, absurdity

dörgedelem *fn biz* tongue-lashing

dörgedelmes *mn* fulminating, thunderous

dörgés *fn* **1.** *[égé]* thunder, *[ágyúé]* roar, boom(ing); ~ **és villámlás** thunder and lightning **2. ismeri a ~t** *biz* know* the ropes, know* what's what, know* the score

dörgő *mn [hang]* roaring

dörgöl *i* rub; **vmt vknek az orra alá** ~ rub it in

dörgölő(d)z|ik *i* **1.** (*vmhez*) rub (itself) against sg **2.** *biz* (*vkhez*) fawn on sy

dörmög *i* **1.** *[medve]* growl, grunt **2.** *[ember]* mutter, mumble, *[bosszankodva]* grumble

dörmögés *fn* **1.** *[medvéé]* growl(ing), grunt(ing) **2.** *[emberé]* muttering, *[bosszankodva]* grumbling

dörög *i* **1.** ~ **(az ég)** it is thundering **2.** *[ágyú]* boom, thunder, roar

dörömböl *i* ~ **az ajtón** hammer/bang at/on the door

dörren *i* give* a thundering/rumbling sound

dörrenés *fn* thunder, crack, detonation

dörzsfék *fn* friction brake

dörzsöl *i* rub, *[masszírozva]* rub down; **a ruha ~i a nyakát** the dress chafes/rubs her neck

dörzsölőd|ik *i* (*vm vmhez*) rub against sg, scrape (against) sg

dörzsölt *mn szl* ~ **fickó** a slippery customer, a sly old fox, *kb* he knows a trick/thing or two, *US* a tough/clever cookie

dörzspapír *fn* emery paper, sandpaper

dörzstörülköző *fn* bath/Turkish towel

dőzsöl *i* have* a feast, carouse, go* on a spree, go* out on the tiles

dőzsölés *fn* revelry, carousing, carousal

Dr. *röv* → **doktor**

drabális *mn biz* heavily built

drága *mn* **1.** *[költséges]* expensive, dear, costly; **nem is olyan** ~ not all that dear/expensive **2.** *[értékes]* precious, valuable **3.** *átv* dear; **~m** my dear, dearest, darling

drágakő *fn* precious stone, jewel, *[csiszolt]* gem

drágalátos *mn* **1.** *elav [szeretett]* beloved **2.** *iron* precious

drágáll *i* find*/consider/think* sg too expensive/dear/pricy

drágán *hsz* expensively, dear(ly); ~ **vesz** buy* at a high price; → **megfizet**

drágaság *fn* **1.** *[költségesség]* dearness, costliness, expensiveness (of sg), *ált* high prices *tsz*; **nagy a** ~ prices are high **2.** *[kincs]* treasure **3.** *biz* **~om** my dear, dearest

drágasági *mn* ~ **pótlék** cost-of-living allowance/bonus, weighting

drágít *i* make* sg more expensive, put* up the price of (sg), raise prices

dragonyos *mn tört* dragoon

drágul *i* its price has gone up, grow* dearer, get*/become* more expensive; **~t az élet** life has become so expensive

drágulás *fn* rise in prices, increase (in the cost of living)

drákói *mn* Draconian; ~ **szigor** Draconian severity; ~ **szigorral kormányoz** rule with a rod of iron

dráma *fn* **1.** *[színmű]* drama **2. családi** ~ domestic/family drama/tragedy

drámai *mn átv is* dramatic; ~ **hős** hero; ~ **költemény** poème d'humanité, dramatic poem; ~ **színész** dramatic/tragic actor

drámaírás *fn* play-writing

drámaíró *fn* dramatist, playwright

drámairodalom *fn* the drama; **a magyar** ~ (the) Hungarian drama

drámaiság *fn* drama, dramatic character (of sg)

dramatizál *i átv is* dramatize

dramatizálás *fn* dramatization, staging

dramaturg *fn szính* literary/dramatic advisor, *film* script consultant, scenario editor

dramaturgia *fn* theory of dramatic art, dramaturgy

drapéria *fn* drapery, hangings *tsz*; **~val díszít** drape sg with sg

drapp *mn* beige

drasztikus *mn* ~ **eszköz** drastic means *esz*; ~ **gyógymód** drastic cure; *[igével]* (it will) kill or cure; ~ **gyógyszer** desperate remedy; ~ **kifejezés** coarse expression

Dráva *földr* Drava

drazsé *fn* chocolate drop, dragée

dressz *fn* → **mez**

dresszing *fn gaszt* (salad) dressing

dresszíroz *i* train

drog *fn* drug; **kemény** ~ hard drug; **könnyű** ~ light drugs; **~ot szed/fogyaszt/használ** take*/use (v. be* on) drugs; → **kábítószer**

drogambulancia *fn* drug clinic

drogárusítás *fn* drug peddling

drogéria *fn* → **illatszerbolt**

drogfogyasztó *fn* → **drogos**

drogfüggő I. *mn* addicted to drugs *ut* **II.** *fn* drug addict

droghasználat *fn* drug-taking

droghasználó *fn* → **drogos**

drogos *fn* drug abuser, drug addict, *biz* druggie, junkie

drogoz|ik *i [általában]* take* drugs, do* drugs, *[intravénásan]* shoot* drugs

dromedár *fn* **1.** *[állat]* dromedary **2.** *átv* big hulking/lumbering fellow

drót *fn* **1.** *[huzal]* wire, *[vezeték]* cable; **vkt ~on rángat** have* sy on a string **2.** *szl* **leadja a ~ot** pass the dope; **~ot kap vmről** get* wind of sg

drótakadály *fn* barbed-wire entanglement

drótféreg *fn* wireworm

drótfonat *fn* wire mesh/netting

drótháló *fn* wire netting

dróthúzás *fn* wire-drawing

D

dróthúzógép *fn* wire-drawing machine
drótkefe *fn* wire brush
drótkerítés *fn* wire-fencing, *[szöges]* barbed-wire fence; **~sel elkerít** wire off
drótkötél *fn* cable(-rope), wire-rope/cable
drótkötélpálya *fn [bányában, gyárban]* ropeway, *[hegyoldalon]* cable railway, cable car, *[sikló]* funicular railway; → **libegő**
drótnélküli *mn el* wireless, cordless; **~ telefonkészülék** cordless phone
drótoz *i* bind* with wire, wire
drótposta *fn infor* e-mail
drótsövény *fn* → **drótakadály**, → **drótkerítés**
drótszeg *fn* (wire-)tack
drótszita *fn* wire sieve
drótszőrű *mn* wire-haired, rough-coated; **~ foxi** wire-haired terrier
drótszövet *fn* wire fabric/cloth, *[finom]* wire-gauze
drótüveg *fn* wire glass
drótvágó *fn [olló]* wire-cutters *tsz*
drótvezeték *fn* cable
drukk *fn biz* funk, cold sweat
drukker *fn biz* → **szurkoló**
drukkol *i* **1.** *[fél]* be* in a (blue) funk; **~ a vizsgáktól** he's scared stiff of the exams **2.** *biz (vknek)* keep* one's fingers crossed (for sy), pull for sy; *[csapatnak]* → **szurkol**
drukkos *mn biz* nervous
drusza *fn* namesake
du. *röv* → **délután**
dualizmus *fn* dualism
dublé *mn/fn* **~ (arany)** rolled gold
dublini *mn/fn* Dubliner
dubló *fn [csónak]* double scull; *ját [bridzsben]* double
dublőr, **dublőz** *fn* double, stand-in; → **kaszkadőr**
dúc *fn* **1.** *[támasztó]* prop, stay, strut **2.** *nyomd* (printing) block
dúcol *i* prop (up), shore up, support
duda *fn* **1.** *[hangszer]* bagpipes *tsz* **2.** *[autón]* horn, *GB* hooter, *[gyárban]* hooter **3.** *szl [női mell] tsz* boobs; **szépek a ~i** she's got a lovely set, she's got nice tits
dudál *i* **1.** *[hangszeren]* play the bagpipe(s) **2.** *[autós]* honk, hoot, toot/sound one's/the horn, *[gyár]* sound the hooter; → **kesztyű**
dudás *fn* piper
dudaszó *fn* bagpipe music, the sound of the bagpipes
dúdol *i* hum [a tune], *[halkan]* croon
dúdolás *fn* sing-song, hum
dúdolgat *i* keep* humming (a tune)
dudor *fn* **1.** *[testen]* swelling, protuberance, bump, *[ütéstől]* lump **2.** *[tárgyon]* boss, knob, protuberance, *[fán]* gnarl, knot
dudorodás *fn* → **dudor**
dudorod|ik *i* bulge, protrude
dudva *fn* weed
dudvás *mn* weedy
duett *fn* duet
dug *i* **1.** *(vmt vmbe)* stick*, put*, insert *(mindegyik:* sg into sg); **hüvelyébe ~ja a kardot** sheathe the sword; **zsebre ~ta a pénzt** he pocketed the money; **ágyba ~ja a gyereket** pack the child off to bed **2.** *[rejt]* hide*, conceal, *[fiókba stb.]* put*/stow sg away in sg; **~va** secretly, stealthily **3.** *durva szl* stuff/screw [a woman], screw (with sy)
dugába dől *i* fail, miscarry, fall* through
dugáru *fn* **1.** → **csempészáru 2.** *[hiánycikk]* ‹goods sold under the counter›
dugasz *fn* **1.** → **dugó 2. van egy kis pénze ~ban** *biz* he's got a bit salted away
dugaszol *i [palackot]* cork, *[lyukat]* stop (up), *[hordót]* bung
dugaszoló *fn el* plug; **~ aljzat** socket, *US* outlet
dugattyú *fn* piston
dugattyúgyűrű *fn* piston ring
dugattyúlöket *fn* piston stroke
dugattyúrúd *fn* piston rod
dugdos *i* **1.** *(vhová)* stick*/put*/thrust* sg into sg **2.** *(vk elől)* try to hide/conceal sg/sy from sy
dughagyma *fn* seed onion
dugi *mn biz kb.* **~ pénz** nest egg; → **dugasz** 2
dugig *hsz* full up, *biz* crammed (with), chock-full
dugó *fn* **1.** *[parafa, műanyag]* cork, *[üveg]* stopper, *[gumi, fa, nagyobb]* bung; **~t kihúz, kiszedi a ~t** uncork [a bottle], unstop (sg) **2.** *el* plug **3.** *[forgalmi]* (traffic) jam, *[autósor]* tailback
dugóhúzó *fn* **1.** *[eszköz]* corkscrew **2.** *rep* spin(ning dive)
dugós *mn* stoppered, provided with a cork/stopper *ut*; **~ csatlakozó** plug and socket, *US* outlet
dugpénz *fn* **1.** *kb. [félretett]* nest egg **2.** → **dugsegély**
dugsegély *fn* under-the-counter benefit payments (v. hand-outs) *tsz*
dugul *i* → **eldugul**
dugulás *fn* **1.** *[csőben]* blockage, obstruction **2.** → **székrekedés**
dugvány *fn* cutting, slip, scion
dugványoz *i* propagate [plants] by cuttings
duhaj I. *mn* dissolute, riotous, debauched **II.** *fn* reveller *(US* -l-), debauchee
duhajkodás *fn* revelry, revels *tsz*
duhajkod|ik *i* revel *(US* -l), have* a high old time, go* on a spree
dukál *i* **ez nekem ~** *biz* that's my due
dúl *i* **1.** *[pusztít]* ravage, lay* waste **2.** *[vihar, háború]* rage, *[érzés vkben]* agitate/upset* sy
dulakodás *fn* scrimmage, scuffle, brawl, fight
dulakod|ik *i (vkvel)* grapple/wrestle (with sy)
dúl-fúl *i* fume with rage
dúlt *mn* **~ arc** drawn (v. care-worn) face
duma *fn biz* chatter, gossip, hot air, gas, spiel; **elég a ~ból** cut the cackle
dumál *i biz* chatter, gossip, natter (away/on), yak, spiel
dumás *mn biz* **nagy ~** *[igével]* has the gift of the gab
dumcsiz|ik *i biz (vkvel)* have* a chat with sy, chat with sy
Duna *földr* Danube; **~ menti** (lying) along the Danube *ut*, beside/by the Danube *ut*; **~ba vizet hord** *kb.* carry coals to Newcastle; → **lefolyik**, → **víz**
dunai *mn* Danubian; **D~ Vasmű** Danube Iron Works *esz* v. *tsz*
Dunakanyar *földr* the Danube bend
Duna-medence *földr* the Danube basin
Dunántúl *földr* Transdanubia
dunántúli *mn/fn* Transdanubian
Duna-part *földr [kiépített]* Danube embankment, *[kiépítetlen]* bank(s)of the Danube
Duna-parti *mn* on the bank(s) of the Danube *ut*
dundi *mn* chubby, plump
dunna *fn* → **dunyha**
dunnalúd *fn* eider(duck)
dunsztol *i [befőttet]* steam
dunsztosüveg *mn* (jam/preserve) jar
dunyha *fn* eiderdown, duvet, continental quilt
dunyhahuzat *fn* eiderdown cover
dupla I. *mn* double, twofold; **~ vagy semmi** double or quits **II.** *fn [kávé]* espresso coffee
duplán *hsz* doubly
duplaszéles *mn* double-width
dupláz *i* double, *sp* repeaat (one's success)
duplázódik *i* double, be* doubled
duplikátum *fn* duplicate (copy)
duplum *fn* duplicate
dúr *mn/fn zene* major; **~ hangnem** major key; **~ hangsor/skála** major scale; **C-~** C-major
duránci *mn növ* clingstone; **~ barack** clingstone peach
durcás *mn* sulky, peevish, petulant
durcáskod|ik *i* sulk, be* in the sulks
durmol *i biz [alszik]* saw the wood

durr! *isz* bang!
durran *i [robbanószer]* explode, detonate, *[puska]* go* off (with a bang), *[más, pl. pezsgősüveg]* go* bang/pop
durranás *fn* explosion, detonation, *[fegyveré stb.]* bang; *átv szl* **nem egy nagy ~** nothing to write home about, (it's) no great shakes
durranó *mn* exploding, detonating
durranógáz *fn* oxyhydrogen (gas)
durrant *i* **1.** bang, detonate **2.** *biz* fart
durrdefekt *fn* burst tyre (*US* tire), blowout, flat (tyre)
durrog *i* explode/bang repeatedly
durrogás *fn* (repeated) bursts of gunfire *tsz*
duruzsol *i [ember]* murmur, mutter, *[főzet]* simmer; **vk fülébe ~** whisper/purr/murmur in(to) sy's ear; **~ a kályha** you can hear the fire drawing
durva *mn* **1.** *[ember, modor, viselkedés]* rough, coarse, rude, loutish, boorish, uncouth; **~ beszéd** coarse words *tsz*, rough/bad language; **~ hiba** gross error, glaring blunder; **~ lelk(ület)ű** unfeeling, callous; **~ tréfa** practical joke **2. ~ becslés** rough estimate **3.** *[anyag]* coarse, rough, *[elnagyolt]* clumsy, coarse; **~ arcvonások** hard/coarse features; **~ felületű** *[terméskő]* rough-hewn
durvahengermű *fn* roughing-mill
durván *hsz* **1. ~ őrölt** *[liszt]* coarse ground [flour] **2.** *[modorban]* roughly, rudely; **~ bánik vkvel** handle/treat sy roughly, ill-treat sy; **~ megsért vkt** offend sy greatly, outrage sy **3. ~ megmunkál** rough down **4. ~ (számítva)** roughly, at a rough guess
durvaság *fn* **1.** *[lelki]* roughness, rudeness, loutishness **2.** *[anyagi]* coarseness, grossness **3.** *sp* rough play
durváskod|ik *i* behave* rudely/roughly (*vkvel* towards sy), bully (*vkvel* sy), *sp* play rough
durvaszemcsés *mn* coarse/rough-grained
durvít *i* coarsen, roughen
durvul *i* **1.** coarsen, roughen **2.** *sp* play rough
dús *mn* **1. ~ haj** thick hair, a fine head of hair; **~ kebel** full (v. well-developed) bosom; **~ keblű** bosomy; **~ növényzet** rich/luxuriant vegetation **2.** *[bőséges]* rich (in sg), plentiful; → **vitamindús**
dúsgazdag *mn* immensely rich, *biz* dripping rich, *biz* rolling in money *ut*; **~ ember** moneyed man°, be* made of money, have* pots of money, Croesus, man° of means; *biz* moneybags *esz*
dúskál *i* (*vmben*) have* sg in abundance; **~ a pénzben** be* rolling in money
dúskeblű *mn biz* having big/large breasts *ut*, bosomy, well-endowed, well-equipped
dutyi *fn tréf biz* lockup, *szl* clink; **~ban** inside, doing time
dúvad *fn* beast of prey
duzzad *i* swell*, *[izom]* bulge (out), *[daganat]* swell* (up); **~ a lába** his leg is swelling up; **~ az egészségtől** be* bursting with health
duzzadás *fn* swelling, *orv* tumescence
duzzadó *mn* swelling (*vmtől* with), *[izom]* bulging; **életerőtől ~** lusty
duzzadt *mn* swollen (*vmtől* with), *[szem]* puffy
duzzaszt *i* swell*, inflate
duzzasztás *fn* swelling up (the water)
duzzasztómű *fn vízügy* weir, barrage
duzzog *i* sulk, be* in a huff (v. in high dudgeon)
duzzogás *fn* resentment, sulking, pouting
dübörgés *fn* rumbling noise, rattle, clatter
dübörög *i* rumble, rattle, clatter
düftin *fn* duvetyn
düh *fn* fury, rage, anger; **~be hoz** infuriate, enrage, make* (sy) angry/furious, anger; **~be hozott** it/(s)he made me angry/furious; **~be gurul/jön** lose* one's temper, become* enraged, fly* into a rage/fury, get* hot under the collar, lose* one's hair, fly* off the handle, see* red, get* one's hackles up; **~ében se lát se hall** become* blinded with passion
dühít *i* **1.** (*vkt*) enrage, infuriate (sy), make* (sy) mad **2. ~, hogy elfelejtettem** I am annoyed/angry (with myself) that I've forgotten (it)
dühítő *mn* maddening, enfuriating
dühkitörés *fn* → **dühroham**
dühödt *mn* furious, enraged, mad with rage *ut*
dühöng *i* rage, fume (*vm/vk miatt* at/against sg/sy), foam with rage, *[dúl-fúl]* fume, storm, be* ranting and raving; **~ vm miatt** sg has made him blow his top; **szélvihar ~** the storm is raging
dühöngés *fn* frenzy, (towering) rage, fury, raving
dühöngő *mn* raging, raving
dühös *mn* furious, (very) angry, livid, *US* mad (*vkre* at/with sy, *vm miatt* about sg), *kif* one's blood is up, *[nagyon]* be* at the boiling point, be* on the warpath; **olyan ~ vagyok, hogy majd szétrobbanok** I am livid/bursting with rage
dühösít *i* enrage, infuriate
dühroham *fn* burst/access/fit of anger/rage
dúl *i* → **dől**
düledez|ik *i [ház]* be* on the verge of collapse, be* on its last legs
düledező *mn [ház]* ramshackle, tumble-down
dülledt *mn* **~ szem** protruding/bulging eyes *tsz*; **~ szemű** goggle-eyed
dülmirigy *fn orv* prostate
dűlő I. *fn* **1.** *[területrész] kb.* field **2.** → **dűlőút 3. ~re jut vkvel** come* to an understanding with sy; **~re viszi a dolgot** bring* matters to a head, get* the matter/problem sorted out **II.** *mn* leaning
dülöng(él) *i* reel, stagger, totter
dűlőút *fn* path across the fields, track
dűlt *mn* → **dőlt**
dűne *fn* (sand) dune
dünnyög *i* mumble
dürgés *fn* → **dörgés** 2
D-vitamin *fn* vitamin D

Dz

Dz, **dz** *[betű]* (the d*i*graph) Dz, dz; **~-vel végződő szó** word *e*nding in dz

Dzs

Dzs, **dzs** *[betű]* (the tr*i*graph) Dzs, dzs
dzseki *fn* j*a*cket
dzsem *fn* jam, *[narancs]* m*a*rmalade
dzsembori *fn átv biz is* jamboree
dzsemesüveg *fn* jar
dzsentri *fn* (Hung*a*rian) g*e*ntry
dzsessz *fn* jazz
dzsesszdobos *fn* j*a*zz-band dr*u*mmer
dzsesszklub *fn* jazz club
dzsesszzenekar *fn* j*a*zzband
dzsesszzongorista *fn zene* jazz p*i*anist
Dzsibuti *földr* Djib*ou*ti
dzsibuti *mn/fn* Djib*ou*tian
dzsida *fn elav* lance
dzsidás *mn tört* l*a*ncer, *u*hlan
dzsigg *fn [tánc]* jig
dzsinn *fn* jinn, djinn
dzsip *fn* jeep
dzsiu-dzsicu *fn sp* j(i)u-j*i*tsu
dzsogging *fn [sport]* jogging; *[ruhadarab]* jogging suit
dzsoggingol *i* do* (some) j*o*gging
dzsóker *fn* the Jolly J*o*ker, j*o*ker
dzsörzé *fn* jersey
dzsúdó *fn* → **cselgáncs**
dzsumbuj *fn szl* mess
dzsungel *fn* j*u*ngle
dzsungelharc *fn kat* j*u*ngle fight
dzsúsz *fn* juice

E

E, e[1] *fn [betű]* (the letter) E, e
e[2] *nm [ez]* this; **~ célból** for that purpose, to that end, with this end in view; **~ héten** this week; **~ kérdésben** in this matter/question; **~ tekintetben** in this respect
É, é *fn [betű]* (the letter) É, é
É *röv* → **észak**
-e *utótag [vajon]* if, whether; **hogy elment-e?** whether he is gone; **szereted-e?** do you like it?, do you like ...?; **Megkérdeztem, megírta-e a cikket?** I asked him whether/if he had written the article; **A parlament állapítsa meg, törvényt sértett-e a miniszter.** Parliament should decide whether/if the minister has broken the law.
eb *fn* dog; **egyik kutya, másik ~** six of one and half dozen of the other; **~en gubát cserél** out of the frying-pan into the fire; **köti az ~et a karóhoz** make* boasting promises; **~ek harmincadjára jut** go* to the dogs; **~ül jött, ~ül ment** ill got ill spent, easy come easy go
ebadó *fn* dog-tax, *[a díj]* dog fee, *[az engedély]* dog licence (*US* -nse)
ebadta *mn* damned, confounded; **~ kölyke** little rascal/scamp
ebbe *nm* in/into this; **~ nem megyek bele** I won't agree to this, count me out
ebbeli *mn* relating to this, of that sort, referring to this *mindegyik: ut*
ebben *nm* in this, here(in); **~ maradunk!** it's settled!; **~ az esetben** in this case; **~ több van, mint az ember gondolná** (there is) more (to it) than meets the eye
ebből *nm* from/of this, out of this; **~ következik, hogy** ... it follows (from this) (that)
ebcsont *fn közm* **~ beforr** it takes more than that to kill him, you'll get over it
ebéd *fn* lunch(eon), midday meal, *[este]* dinner; **gyors ~** a quick lunch, a light (quick) meal, snack; **~ után** after lunch/dinner; **~ előtt** before lunch; **~ utáni** after-lunch/dinner; **mi lesz ~re?** what's for lunch/dinner?; **~et főz** cook/make* lunch/dinner
ebédel *i* lunch, take*/have*/eat* lunch, be* at lunch, *[este]* dine, have*/eat* dinner; **X bent van? – E~.** Is Mr X in? – He is at lunch.
ebédeltet *i* give* lunch/dinner (to), dine
ebédhordó *fn* → **ételhordó**
ebédidő *fn* lunch-time/hour, dinner-time
ebédjegy *fn* luncheon voucher
ebédlő *fn* dining-room, *okt* dining hall, restaurant, *[kollégiumi ebédlő, menza]* refectory
ebédlőasztal *fn* dining-table
ebédszállítás *fn* meals on wheels
ebédszünet *fn* lunch-break; **egy óra ~** an hour's break; → **ebédidő**
ében(fa) *fn* ebony
ébenfekete *mn* (black as) ebony
éber *mn* **1.** *átv* watchful, vigilant **2.** *[nem alvó]* wakeful, unsleeping, awake *ut*
éberen *hsz* **~ alszik** sleep* light(ly), be* a light sleeper; **~ figyel vmt/vkt** keep* watch
éberség *fn* watchfulness, vigilance, wakefulness, *pol* vigilance
ebgondolat *fn* **késő bánat ~** → **bánat 2**
ebhitű *mn/fn tört* giaour
ebihal *fn* tadpole
ebola *fn orv [vírus]* Ebola
ébred *i* wake* (up), awake*; **arra ~t, hogy** ... he awoke to (the fact that); *csak átv* he suddenly realized (that); → **(ön)tudat**
ébredés *fn* **1.** awak(en)ing, waking (up) **2.** *vall* revival
ébredez|ik *i* begin* to awake, be* stirring
ébren *hsz* **1. ~ van** be* awake/up; → **éberen 2. ~ tart** *[érdeklődést]* keep* alive
ébrenlét *fn* wakefulness, watchfulness
ébreszt *i* **1.** wake* (up) **2.** *[érzést]* (a)rouse, awaken, stir (up); **reményt ~** raise hope; **vágyat ~** create/inflame desire, *[erotikusan]* turn sy on
ébresztés *fn [telefonszolgálat]* (early-)morning call (service)
ébresztget *i* try to wake/rouse
ébresztő *fn kat* reveille; → **fúj**
ébresztőóra *fn* alarm-clock
ebszőlő *fn* black nightshade
ebtenyésztő *fn* dog breeder
ebzárlat *fn* muzzling order
éca *fn szl* idea
ecet *fn* vinegar
ecetes *mn* vinegary, vinegarish; **~ bor** sour wine; **~ lé** pickle; **~ uborka** pickled cucumber/gherkin; **~en készít vmt** prepare/season sg with vinegar
ecetesed|ik *i* become*/turn sour
ecetfa *fn* sumac(h)
ecet-olajtartó *fn* cruet(-stand)
ecetsav *fn* acetic/acetous acid
Ecuador *földr* Ecuador
ecuadori *mn/fn* Ecuador(i)an
ecset *fn* brush
ecsetel *i* **1.** *orv* paint (with) **2.** *[leír]* describe
ecsetelés *fn* **1.** *[leírás]* description **2.** *orv* painting (with)
ecsetkezelés *fn* brushwork
ecsetvonás *fn* stroke (of the brush); **az utolsó ~okat végzi** put* the finishing touches to sg
edami *mn gaszt [sajt]* Edam (cheese)
eddig *hsz* **1.** *[hely]* up to this point, as far as here; **~ vagyok vele!** *biz* I'm fed up with it/her/him **2.** *[idő]* (up) till now, up to the present, so far, hitherto; **~ még** as yet; **~ még nem** not (as) yet
eddigi I. *mn* (up) till now *ut*; **az ~ legnagyobb** the greatest ... yet; **az ~ legjobb** the best so far *ut* **II.** *fn* **az ~ek** the foregoing
Ede *tul* Ed(ward)
édeni *mn* paradisiac, heavenly
éden(kert) *fn* (Garden of) Eden
edény *fn* **1.** pot, bowl, (cooking/kitchen/household) utensil, kitchenware **2.** *biol növ* vessel
edényáru *fn [fém]* pots and pans *tsz*, *[kő, agyag]* crockery, earthenware, *[porcelán]* china(ware), *[konyhai]* kitchenware
edényes *mn* **~ növények** vascular plants
edényrendszer *fn biol* vascular system
edényszárító *fn [rács]* dish-rack
édes I. *mn* **1.** *[íz]* sweet; **jó ~** nice and sweet; **~ ízű** sweet-tasting **2.** *átv [dologról]* delightful, delicious **3.** *[személyről]* dear; **~ fiam** my dear son/boy; **~ szívem!** → **~ II II.** *fn* **~em!** (my) dear(est), darling, my sweet, sweetheart, honey
édesanya *fn* mother; **~m!** Mother, Mum(my); *US* Mom, Ma, *[megszólításként]* Mother dear
édesapa *fn* father; **~m!** Father; *biz* Dad(dy), *[megszólításként]* Father dear
édesbús *mn* sweetly plaintive
édesdeden *hsz* **~ alszik** be* in a sweet slumber
édesen *hsz* **~ szereti** he likes it sweet
édesget *fn átv* **magához ~** win* over
édesgyökér *fn* liquorice, sweet-root

édesipar *fn* confectionery/sweets industry
édesít *i átv is* sweeten, sugar
édesítőszer *fn* sweetener
édeskés *mn* **1.** *[íz]* sugary, sweetish **2.** *átv* saccharine, syrupy, sugary, cloying
édeskevés *szn* precious little
édes-nemes *mn* **~ paprika** sweet paprika
édesség *fn* **1.** *[tulajdonság]* sweetness, *átv* charm **2.** *[ennivaló]* sweet(s), *[cukrászati]* confectionery, *US* candy, *[mint fogás]* sweet, dessert, pudding
édességbolt *fn* sweet-shop, *US* candy store
édesszájú *mn [igével]* have* a sweet tooth
édestestvér *fn* full brother/sister
édesvíz *fn* fresh water
édesvízi *mn* fresh-water
Edit *tul* Edith
editál *i* → **szerkeszt**
Edvárd *tul* Edward
edz *i* **1.** *[acélt]* temper, harden, *[vasat]* steel **2.** *átv* harden, steel, *sp* coach, train; **~i magát** keep* fit, exercise, work out **3.** *sp* train, be* in training, have*/do* a work-out
edzés *fn* **1.** *[acélé]* hardening **2.** *átv* hardening, strengthening, steeling **3.** *sp* training, work-out; **~re jár** be* (in) training (for sg)
edzett *mn [test, ember]* fit, tough, hardy, steeled; **~ marad** keep* fit, keep* in shape
edző *fn sp* trainer, coach; **~(ként működik)** coach
edzőcipő *fn* trainer/training shoe(s), trainers *tsz*, *US* sneakers *tsz*
edződ|ik *i átv* harden
edzőfürdő *fn műsz* tempering/quenching bath
edzőmérkőzés *fn* practice match
edzőtábor *fn* fitness/training camp
EEG *röv* → **elektroencefalogram**
efelé *hsz* towards this, in this direction
efelől *hsz* on this/that account, about that; **~ nyugodt lehetsz** you need have no worries on that score, don't (you) worry about that (v. on that score), you can rest assured that ...
effajta *mn* → **efféle**
effektív *mn* real, actual, effective
effektíve *hsz irod* in actual fact
effektus *fn* effect
efféle *mn* such, suchlike, of this kind/sort *ut*; **vm ~** sg of that sort
efféleképpen *hsz* in such a manner/way
ég[1] *i* **1.** *[tűz]* burn*, be* on fire, be* burning, *[lánggal]* flame, be* in flames, blaze; **~ni kezd** *[tűz]* kindle, take*/catch* fire; *[lánggal]* blaze (up) **2.** *[gáz, villany]* be* on; **~ a lámpa** the light is on **3.** *átv* **~ az arca** his face is flushed; *[szégyentől]* blush with shame, flush; **~ a gyomra** have* heartburn; **~ a szemem** my eyes are stinging/smarting **4.** **~ a talpa alatt a föld** the place is getting too hot for him; **~ a kezében a munka** he's a demon for work; **~ a vágytól** be* inflamed with desire, be* anxious/eager (to), be* dying to, be* itching to; **~ek a kíváncsiságtól** I am burning with curiosity, be* dying to know **5.** *biz [kudarcot vall] kif* come* a cropper, do* badly, fail, *sp* be* losing
ég[2] *fn* **1.** *[égbolt]* sky, heavens *tsz*; **a szabad ~ alatt** in the open air, out of doors, outdoors; **az ~ alja** skyline, horizon; **~ és föld között** between heaven and earth, in mid-air; **~ig érő, ~be nyúló** sky-high; **egekig magasztal** praise to the skies; **eget verő** *[dolog]* colossal, enormous, immense, gigantic; *[zaj]* prodigious, infernal; **nem lesznek eget rengető változások** there will be no radical changes; **eget-földet megmozgat** move heaven and earth; **~re-földre kerestelek** I've been looking for you everywhere **2.** *[menny]* Heaven; **az ~ szerelmére!** for Heaven's/goodness' sake!; **~ és föld különbség** as different as chalk and cheese; **~ és föld távolságra vannak egymástól** be* poles apart; **~ből pottyant** heaven-sent; *kif* be* a godsend, [appear] out of the blue; **te jó ~!** Good grief/heavens!

egál *fn* **~ban vagyunk** we are quits/even
egalizál *i* equalize, adjust, even up
égbekiáltó *mn ált* flagrant, atrocious, blatant, *[hiba, viselkedés]* crass, atrocious; **~ igazságtalanság** gross/glaring/howling injustice
égbolt *fn* sky, firmament
Égei-tenger *földr* the Aegean (Sea)
egér *fn* **1.** mouse°; **szegény, mint a templom egere** poor as a church mouse; **itatja az egereket** turn on the waterworks; **futkos, mint a mérgezett ~** run* around like mad **2.** *infor* (computer) mouse; **~rel kattint vmre** click (the mouse) on sg
éger *fn* alder (tree)
egerész *fn* mouse-catcher
egerész|ik *i* catch* mice
egerészölyv *fn* buzzard
égerfa *fn* **1.** → **éger 2.** *[anyag]* alder
egérfogó *fn* mousetrap
egérgomb *fn infor* mouse button
egérkár *fn* damage done by mice
egérkurzor *fn infor* mouse cursor
egérlyuk *fn* mouse-hole
egérpad *fn infor* mouse pad
egérrágta *mn* nibbled by mice *ut*
egérutat nyer *kif biz* manage to escape, slip away
égés *fn* **1.** *[folyamat]* burning, combustion, *kém* oxidation **2.** *[seb]* burn, *[érzés]* burning (sensation) **3.** *biz [kudarc]* **nagy ~ volt** it was a flop
égésfolt *fn* burn, brand
égési *mn* **~ seb** burn, scald; **~ termék, égéstermék** combustion product, *[benziné]* exhaust
egész I. *mn* whole, entire, unbroken, complete, all; **~ éjjel** all night, the whole night, throughout the night; **~ életében** (in) all his life; **ez ~ embert igényel/kíván** it takes a man (to); **~ éven át** all (the) year round, throughout the year; **~ hangjegy** semibreve; *US* whole note; **az ~ házban** in the whole house, throughout the house; **~ héten** all the week, the whole week; **~ idő alatt** all the time/while; **~ nap** all day (long); **~ napos** all-day; *[állás]* full-time [job]; **~ szám** whole number, integer; **az ~ világ** the whole world, all the world; *átv* everybody **II.** *hsz* → **egészen**; **~ kicsi** quite/very small **III.** *fn* **1.** *[az egész]* the whole, totality; **kerek ~** rounded whole; **~(é)ben véve** on the whole, all in all, by and large; **a maga ~ében, teljes ~ében** in its entirety, in full, completely **2.** **ennyi az ~?** is that all?; **ez/ennyi az ~** that's all
egészbőr kötésben *kif* (bound) in full calf
egészen *hsz* entirely, wholly, quite, completely, altogether; **~ jól vagyok** I'm quite well; **~ Debrecenig** as far as D.; **~ hajnali kettőig** until two a.m. (v. two in the morning); **~ olyan, mint** just like; **ez a gyerek ~ az apja** the child is the very/spitting image of his father; **nem ~** not quite
egészpályás *mn* **~ letámadás** all-out attack (on sy/sg)
egészség *fn* **1.** (good) health; **hogy szolgál az ~e?** how are you (keeping)?; **jó ~nek örvend** enjoy (v. be* in) good health; **a jó ~ nagy kincs** good health is a great asset; **~re ártalmas/káros** unhealthy, injurious/harmful to health *ut*; **visszaállítja vk ~ét** bring* sy back to health **2.** **~ére!** (i) *[kívánságban] [iváskor]* cheers!, your (good) health!, here's to you!; *biz* bottoms up!, *US* here's mud in your eye! (ii) *[tüsszentéskor]* (God) bless you!; **vk ~ére iszik** drink* sy's health; **a házigazda ~ére!** I give you our host!
egészségbiztosítás *fn* health insurance
egészségbiztosítási *mn* **~ pénztár** health insurance company
egészségbiztosító *fn* health insurance company, *GB* National Health Insurance (*röv* **NHS**)
egészséges *mn* **1.** *[ember]* healthy, *[igével]* enjoy good health, be* in good health; **nem ~** (i) be* not in good health, be* unwell (ii) *[étel, küllem]* unhealthy, unwholesome; **~en** healthily, in good health; **~ élelmiszerek boltja** health-food shop; **olyan ~, mint a makk** as sound

E

as a bell; ~ **szervezet** sound constitution **2.** *[étel]* wholesome, healthy [food]; **nagyon ~!** it's very good for you **3.** *[gondolat]* sound [idea]

egészségház *fn* health/welfare centre (*US* -ter)

egészségi *mn* sanitary, relating to health *ut*; ~ **állapot** state of health; ~ **viszonyok** sanitary conditions

egészségkárosító *mn* injurious to health *ut*, harmful, detrimental

egészségtan *fn* hygiene, hygienics *esz*, *[iskolai óra]* hygiene class/lesson

egészségtelen *mn* unhealthy, unwholesome, injurious to health *ut*, *[étel]* it's not good for you

egészségügy *fn* (*röv* **eü.**) hygiene, public health, sanitation, *US* health care

egészségügyi *mn* (*röv* **eü.**) hygienic, sanitary; medical, health; ~ **bizonylat/bizonyítvány** health/sanitary certificate; *[hajóhoz]* (clean) bill of health; ~ **dolgozó** (public) health worker/officer; ~ **főiskola** (training) college for health workers/officers; **az önkormányzat ~ (fő)osztályának vezetője** chief medical/health officer; ~ **intézkedések** sanitary measures/regulations; ~ **katona** medical orderly, medic; ~ **kártya** health insurance card, *GB* NHS number card; ~ **miniszter** health minister; **E~ Minisztérium** Ministry of (Public) Health; ~ **papír** toilet paper/roll; ~ **séta** constitutional; ~ **szolgálat** medical/health service; *kat* medical corps; ~ **tampon** sanitary pad; **E~ Világszervezet** World Health Organization (*röv* **WHO**)

egészségvédelem *fn* sanitary regulations *tsz*, public health

egészvászon kötés *kif* cloth-binding, full cloth; **~ben** in (full) cloth

éget *i* **1.** *ált* burn*, *[jelet tüzes vassal]* mark/brand [sg with hot iron], *[meszet]* burn* [lime], *[nap]* scorch, *[téglát]* burn*, bake [bricks, tiles]; **egész nap ~i a villanyt** leave*/have* the light on all day **2.** *[csalán]* sting*, *[fűszer]* bite*, have* a sharp taste, *[gyomrot étel]* cause heartburn; **~i a nyelvét** *[forró dolog]* burn* one's tongue

égetés *fn* burning

égetett *mn* burnt, *US így is:* burned; ~ **cukor** caramel; ~ **mész** burnt/caustic lime; ~ **szeszes ital(ok)** spirits *tsz*

égető *mn* **1.** burning **2.** ~ **kérdés** burning question, vital topic; ~ **szükség** urgent necessity/need; **~en fontos** of utmost importance *ut*

égetőkemence *fn* (combustion) furnace, kiln

égetőmű *fn* incinerator

égett *mn* burnt; ~ **íz** burnt taste

éggömb *fn* (celestial) globe

éghajlat *fn* climate; **nem bírom az ~ot** the climate disagrees with me; *szl* **elküld melegebb ~ra** send* sy (straight) to hell

éghajlati *mn* climatic; ~ **viszonyok** climatic conditions

éghajlattan *fn* climatology

éghetetlen *mn* incombustible, non-flammable; ~ **film** safety film

éghető *mn* inflammable, *US* flammable

égi I. *mn* heavenly, celestial **II.** *fn* **az ~ek** the powers above

égiháború *fn* thunderstorm

égimeszelő *fn* spindle-shanks/legs *esz*

égisz *fn* **vknek/vmnek az ~e alatt** under the auspices/aegis of sy/sg

égitest *fn* heavenly/celestial body

EGK *röv* → **Európai Gazdasági Közösség**

egocentrikus *mn* self-centred (*US* -ter-), egocentric

egoista *mn* ego(t)ist, self-centred (*US* -ter-), selfish (person)

egoizmus *fn* ego(t)ism, selfishness

égő I. 1. *mn* burning, flaming, afire *ut*, blazing, ablaze *ut*, glowing; ~ **arccal** with a glowing/flushed face; ~ **cigaretta** lighted cigarette; ~ **gyertya** lighted candle **2.** *szl* embarrassing, humiliating; **tök ~** dead embarrassing; **tök ~ volt** it couldn't have been more humiliating, it was dead embarrassing **II.** *fn* **1.** *[villany]* (light) bulb, *[gáztűzhelyen]* (gas) burner **2.** → **égőfej**

égőfej *fn* burner

égöv *fn* zone; **forró ~** torrid zone, the tropics *tsz*; **hideg ~** frigid zone(s); **mérsékelt ~** temperate zone(s)

egres *fn* gooseberry

egresmártás *fn gaszt* gooseberry sauce

egri *mn* from/of Eger *ut*; ~ **bikavér** ‹a strong red wine from Eger› Bull's blood

égszakadás *fn* cloudburst; **~-földindulás** cataclysm

égszínkék *mn/fn* sky-blue, azure

égtáj *fn* point of the compass; **a négy ~** the four cardinal points

égvilágon *hsz* **az ~ mindenki** all the world and his wife; **azóta az ~ semmit nem csinált** he's done nothing at all since then; **az ~ minden** everything in the world, *US* everything from soup to nuts

egzakt *mn* exact, precise; ~ **tudományok** exact sciences

egzaltált *mn [viselkedés]* high(ly)-strung, hysterical

égzengés *fn [mennydörgés]* thunder, *[rövidebb]* thunderclap, *[villámlással]* thunderbolt

egzisztál *i* exist, make* a living

egzisztencia *fn* **1.** *[megélhetés]* living, livelihood, existence **2.** *[egyén]* **kétes ~** shady character

egzisztenciális *mn* → **anyagi**, → **létfenntartási**, → **megélhetési**

egzotikum *fn* exotism, exoticism

egzotikus *mn* exotic

egy[1] *szn* **1.** one; ~ **kettő!** one-two!; ~ **null(a)** one-nil (*írva:* 1-0); ~ **alkalommal/ízben** on one occasion, once, in one case; **nem ~** *[több]* numerous, a number of [cases etc.]; ~ **és más** one thing and another; **~nél több szó** more than one word; **még ~et** one more, another; **igyunk ~et** let's have a drink; ~ **mindenkiért, mindenki ~ért** one for all and all for one; **sétálok ~et** I am going for a walk; **~től ~ig** to a man, all (*utána: tsz*); every (single) one of them, one and all; **nem tud ~ről a kettőre jutni** get* stuck, be* unable to go on/ahead **2.** ~ **és ugyanaz** one and the same; ~ **személyben** (all) in one; ~ **véleményen vagyunk** we are of the same mind; **csak ~ dolog érdekli** (s)he has a one-track mind; ~ **házban lakunk** we live in the same house; **ebben ~ek vagyunk** we are agreed on this **3.** *[időpont]* ~ **órakor, ~kor** at one o'clock **4.** *[helyiségmegjelölés]* Number One, No. 1; **földszint ~** (flat, room) No. 1 (*kimondva:* number one) on the ground floor; → **egyet-mást**, → **egy s mást**; → **egyre**

egy[2] *[határozatlan névelő]* a, *[kiejtett magánhangzó előtt]* an; ~ **bizonyos Jones úr** a certain Mr. Jones; ~ **ismerősöm** an acquaintance, someone I know

egyágyas *mn* single; ~ **szoba** single room

egyáltalában *hsz* → **egyáltalán**

egyáltalán *hsz* at all; ~ **nem** not at all, not in the least, not a bit; **Tetszett a műsor? – Egyáltalán nem.** Did you enjoy the show? – Anything but!; ~ **nem ugyanaz** by no means the same (thing); **figyelsz ~?** are you paying attention?, are you with me?

egyaránt *hsz* alike, equally, both; **apa és fiú ~** both father and son, father and son alike; ~ **felelős** (*vmért*) equally responsible (for)

egyárbocos *mn* single-masted

egyazon *mn* (one and) the same

egybe(-) *előtag* together; → **össze-**

egybecseng *i* (*vmvel*) be* consonant (with), be* in harmony/accordance (with), tie in with sg

egybeépít *i* build* together

egybeesés *fn* coincidence

egybees|ik *i* (*vmvel*) coincide (with sg)

egybefonód|ik *i* be* bound up with sg, intertwine (v. be* intertwined) with sg

egybeforr *i* → **összeforr 1**

egybeforraszt *i* amalgamate, *átv* unite, integrate, coalesce

egybefüggő *mn* uninterrupted, continuous, successive

egybegyűjt *i* collect, gather together, assemble

egybegyűl|ik *i* **1.** *[emberek]* assemble, gather (together) **2.** *[tárgy]* be* collected
egybegyűltek *fn tsz* **az ~** the assembly, those present
egybehangol *i* → **összehangol**
egybehangzás *fn* **1.** *[hangoké]* harmony **2.** *[vallomásoké]* agreement (with)
egybehangz|ik *i* **1.** *[hang]* harmonize **2.** *[vallomás]* correspond (*vmvel* to/with), bear* out; **vallomásuk ~ik** their statements agree/tally
egybehangzó *mn* concordant, consonant, harmonious; **~ tanúvallomások** identical statements; **~ vélemény** unanimous opinion
egybehangzóan *hsz* unanimously
egybehív *i* call together, convoke
egybeilleszt *i* → **összeilleszt**
egybeír *i* write* as one word
egybeírás *fn* writing together (v. as one word)
egybekel *i* wed, marry (*vkvel* sy), get* married
egybekelés *fn* wedding, marriage
egybekovácsol *i* → **összekovácsol**
egybeköt *i* **1.** *[könyveket]* bind* in one (v. together) **2.** **vmvel ~ött** *[program]* ... coupled with [sight-seeing, wine tasting etc.] *ut*
egybemosód|ik *i* be*/become* blurred
egyben *hsz* **1.** *[egyúttal]* at the same time, simultaneously **2.** *[egy darabban]* in one piece/block, *gazd* as a whole
egybenyíló *mn [szobák]* (inter)communicating (rooms)
egybeolvad *i ált* unite, merge, fuse (with), *[intézmények]* amalgamate, merge, *[színek]* blend
egybeolvadás *fn* union, fusion, *[intézményeké]* amalgamation, merger, *[ízeké, színeké]* combination, blend(ing)
egybeolvaszt *i ált* blend, fuse, merge, *[intézményeket]* amalgamate, merge
egybesereglik|ik *i* come*/flock together
egybeszab *i* cut in one piece
egybeszabott *mn [ruha]* one-piece
egybetartoz|ik *i* → **összetartozik**
egybevág *i* (*vmvel*) coincide, agree, tally, harmonize, be* in accordance (*vmvel mindegyik:* with), be* in agreement, tie in/up (with sg); **az adatok ~nak** the figures tally/agree; **ez ~ terveinkkel** this fits in well with our plans
egybevágó *mn* concordant, agreeing, *mat is* congruent, *[mért]* coincident; **nem ~** incongruous, disagreeing
egybevet *i* → **összevet**
egyből *hsz [azonnal]* forthwith, on the spot, straightaway, at once; **~ sikerült** it worked first time
egycsövű *mn* single-barrelled (*US* -l-)
egyéb *nm* **1.** other, else; *[üzletben]* **lesz még valami ~?** anything else?; *[tárgyaláson]* **van még valami ~?** any other matter?; **nincs ~ dolga(, mint)** he has nothing (else/better) to do (but/than); **egyebek között** among others, among other things; **és még minden ~** and all the rest; **nem ~, mint** nothing less than, nothing else but, nothing short of; **nem tehettem egyebet** ... I could not do other than ... **2.** *[napirendi pontok végén]* any other matter
egyébiránt *hsz* → **egyébként** 2
egyébként *hsz* **1.** *[különben]* otherwise **2.** *[máskor, általában]* ordinarily, on other occasions, normally **3.** *[új mondanivaló bevezetésére]* by the way
egyébkor *hsz* on another occasion, at another time
egyebütt *hsz* elsewhere, somewhere else
egyed *fn* individual, entity
egyedárus *fn* → **egyedárusító**
egyedáruság *fn* monopoly, sole agency (of sg)
egyedárusítás *fn* → **egyedáruság**
egyedárusítási *mn* **~ joga van** enjoy exclusive rights, have* sole agency
egyedárusító *fn* sole agent
egyedfejlődés *fn biol* ontogeny, ontogenesis
egyedi *mn [személyre]* individual, *[gyártás]* non-series, one-off; **~ tervezésű/kivitelezésű** custom-designed/built
egyeduralkodó *fn* autocrat, monarch
egyeduralmi *mn* autocratic, monarchical; **~ rendszer** autocracy, monarchism
egyeduralom *fn* autocracy, monarchy, absolutism; *[párté, cégé]* monopoly
egyedül *hsz* **1.** *[magában]* alone, by oneself, *[segítség nélkül]* single-handed; **~ él** (s)he lives (all) by herself/himself, (s)he lives (all) alone, *kif* plough a lonely furrow; **~ áll** stand* alone; **~ álló** *[fa, épület stb.]* lone, solitary, isolated; **gyermekét ~ nevelő anya** lone mother with a young child; → **egyedülálló** **2.** *[csak]* solely, only, merely, exclusively
egyedülálló *mn* **1.** *[személy]* unmarried, single **2.** *[példátlan]* unique, unparalleled, singular; → **egyedül 1**
egyedüli *mn* sole, only, single
egyedüllét *fn* solitude, loneliness
egy-egy *szn* **1.** **adott nekik ~ szál virágot** gave them a flower each, gave one flower to each (of them); **mindenkinek egyet-egyet** one to each **2.** **néha jön ~ látogató** a visitor drops in (every) now and then
egyel *i mezőg* thin out
egyelemű *mn mat* **~ halmaz** a set consisting of a single element
egyelőre *hsz* for the time being, for the present, temporarily, *[ez idáig]* so far
egyemeletes *mn* two-storey(ed) (*US* -story/storied)
egyén *fn* individual, person; **polgári ~** civilian
egyenáram *fn* direct current (*röv* **D.C.**)
egyenáramú *mn* direct current (*röv* **D.C.**)
egyenérték *fn* equivalent, *gazd* exchange value, par (value)
egyenértékes *fn nyelv [vmnek a megfelelője]* equivalent
egyenértékű *mn* (*vmvel*) equivalent (to sg), on a par (with sg/sy)
egyenértékűség *fn* equivalence
egyenes I. *mn* **1.** *[vonal, út]* straight, direct [line], *[tartás]* erect, upright [gait]; **nem ~** not straight, curved, crooked, oblique; **~ irányú** rectilinear; **~ növésű** well-grown, erect; **~ tartású** upright; **~ vonalban** in a straight line; **~ vonalú** rectilinear **2.** *[közvetlen]* direct; **~ adás** live broadcast; **~ adásban közvetítik** is being broadcast/televised/covered live (from); **~ adó** direct tax; **~ ág** *[családi]* direct line; **~ beszéd** *nyelv* direct speech; *átv* plain talk **3.** *[becsületes]* straightforward, downright, honest, open, fair; **~ eljárás** square/honest deal; **~ lelkű** upright, honest, straightforward; **~ válasz** straight answer; **nem ~** false, deceitful, crooked, unfair **4.** *[határozott]* express; **~ kívánságára** at his express wish **II.** *fn [vonal]* straight (line), *mat* (straight) line, *[versenypályán]* straight; **~be kerül** get* oneself straightened out, get* back on(to) the rails, find* one's feet; *[pénzügyileg]* get* out of the red; **~be hoz** smooth out, straighten out; **a végén minden ~be jön** things will sort themselves out; → **arány**
egyenesen *hsz* **1.** *[egyenes vonalban]* straight, in a straight line; **~ áll** stand* erect/upright; **~ előre** straight on (to); **menj ~ előre** keep (going) straight on, follow your nose; **~ tartja magát** hold* oneself upright; **~ tovább** straight on (to); **ülj ~!** sit up! **2.** *[közvetlenül]* straight, directly; **~ hozzám fordult** he turned directly to me; **~ a tárgyra tért** he came straight to the point **3.** *átv* honestly; **~ járt el** he behaved honestly, it was a square deal **4.** *[fokozó értelemben]* expressly, downright; **hát ez ~ borzalmas!** well, that really is terrible/dreadful!, that is nothing short of dreadful!; **ez ~ nevetséges** that's perfectly/absolutely/downright ridiculous
egyenesség *fn* **1.** *[vonalé]* straightness, *[irányé]* directness **2.** *[becsületesség]* uprightness, honesty
egyenesszárnyúak *fn áll* Orthoptera *tsz*
egyenesszög *fn* straight angle
egyenest *hsz* → **egyenesen** 2
egyenetlen *mn* **1.** *[felület]* uneven, rough **2.** *átv* uneven
egyenetlenkedés *fn* dissension, discord
egyenetlenked|ik *i* (*vkvel*) disagree (with sy)

E

egyenetlenség *fn* **1.** *[felületé]* unevenness, roughness **2.** *átv* dissension; **~et szít** sow* discord
egyenget *i* level, make* even; **vknek/vmnek az útját ~i** make* things smooth for sy/sg, pave the way for sy/sg, smooth sy's path
egyéni I. *mn* individual, personal, particular, private; **~ érdek(eltség)** personal interest(edness); **~ felelősség** individual responsibility; **~ gazdálkodás** private management, individual farming; **~ kezdeményezésére** on one's own initiative; **~ tanulás** individual/private study, self-study; **~ természet** temper, character, disposition; **~ verseny** individual competition; **~ vállalkozó** a self-employed person **II.** *fn sp* → **~ verseny**
egyénileg *hsz* individually, personally; **~ gazdálkodó paraszt** smallholder
egyenirányító *fn* rectifier
egyéniség *fn* **1.** individuality, personality, character; **~éhez illő** congenial **2. érdekes ~** quite a character
egyénít *i* individualize
egyenjogú *mn* having/enjoying equal rights *ut*, *[kivívott]* emancipated
egyenjogúság *fn* equality of rights, emancipation; **a nők ~a, női ~** equal rights for women, the emancipation of women; *biz* women's lib; **női ~ híve** feminst; **teljes faji ~** racial integration
egyenjogúsít *i* emancipate
egyenjogúsítás *fn* emancipation; **a nők ~a** the emancipation of women, Women's Lib(eration), women's rights movement
egyenként *hsz* one by one, one after the other, *[egyszerre csak egyet]* one at a time; **a jegyek ára ~ 3 font** the tickets are £3 each
egyenleg *fn* balance; **mi az ~em?** what is my balance, please?; **~e tegnap estig** your balance as of last night
egyenlegátvitel *fn* balance (brought/carried) forward
egyenlet *fn* equation; **kétismeretlenes ~** equation with two unknown quantities (v. unknowns); **elsőfokú ~** simple/linear equation, first-degree equation; **másodfokú ~** quadratic equation; **harmadfokú ~** cubic equation; **~et felállít** set* up an equation; **~et megold** solve an equation; **~et rendez** reduce an equation
egyenletes *mn* **1.** *[felületű]* even, smooth **2.** *[arányú]* equal, uniform; **~ gyorsulás** uniform/constant acceleration; **~ mozgás** uniform motion; **~ sebesség** uniform/constant speed/velocity
egyenletesen *hsz* uniformly, evenly, smoothly
egyenletrendszer *fn* system of equations
egyenlít *i sp* equalize
egyenlítő I. *mn* **~ gól** (the) equalizer **II.** *fn* **az E~** the equator
egyenlítői *mn* equatorial
Egyenlítői Guinea *földr* Equatorial Guinea
egyenlítői-guineai *mn/fn* Equatorial Guinean
egyenlő *mn* (*vmvel*) equal (to), same (as), *átv* equivalent (to); **a ~ b-vel** a equals (v. is equal to) b; **nem ~** unequal; **a nem ~ b-vel** a is not equal to b; **~ feltételek mellett** under the same conditions; **~ mértékben** in an equal proportion/measure; **~ munkáért ~ bért** equal pay for equal work; **~ mértékben osztozik vmn** share and share alike; **~ nagyságú** of the same size *ut*; **~ súlyú** of equal weight *ut*; **~ szögű** equiangular; **~ távolságra levő** equidistant (from); **~vé tesz** equalize (with), make equal (with), level (*US* -l) with; **a földdel tesz ~vé** make* even with the ground; → **háromszög**
egyenlően *hsz* equally, alike
egyenlősdi *fn* egalitarianism
egyenlőség *fn* equality
egyenlőségjel *fn* equals/equality sign
egyenlőtlen *mn* unequal, *átv* uneven, irregular; **~ alakú** unlike, dissimilar, different; **~ oldalú háromszög** scalene triangle; **~ küzdelem** unequal struggle/battle, fight against heavy odds
egyenlőtlenség *fn* inequality, disparity, disproportion (*között* between)
egyenrangú *mn* of equal rank *ut*, equal, on a par (with sg); **a vele ~ak** his equals/peers, people of his own kind (v. at his own level); **~ként kezel vkt** treat sy as an equal
egyenruha *fn* uniform
egyenruhás *mn* uniformed, in uniform *ut*
egyensapka *fn* uniform cap
egyensúly *fn* balance, equilibrium; **~ban van** be* balanced, be* in (a state of) equilibrium; **~ban tart** (counter-)balance; **~t ér el** strike* a balance (between); **felborítja az ~t** upset the balance; **megtartja/elveszíti az ~át** keep*/lose* one's balance
egyensúlyérzék *fn* sense of equilibrium/balance
egyensúlyoz *i* **1.** (counter-)balance, (counter-)poise **2.** → **ellensúlyoz**
egyensúlyozás *fn* **1.** balancing, *[mutatvány]* balancing act **2.** → **ellensúlyozás**
egyensúly-politika *fn* policy of maintaining the balance of power
egyensúlyzavar *fn* equilibrium disturbance
egyértékű *mn kém* univalent, monovalent
egyértelmű *mn* **1.** *[félreérthetetlen]* unambiguous, clear; **~ válasz** an unequivocal answer **2.** *[egyhangú]* unanimous **3.** (*vmvel*) be synonymous with sg, be tantamount to sg; **ez azzal, hogy** ... that amounts to saying that ...
egyértelműség *fn* unanimity, agreement
egyes I. *mn* **1. az ~ szám** number one; **~ számú szoba** room No.1 *[kimondva:* room (number)one*]*; **~ autóbusz** a No.1 (bus) *[kimondva:* number one*]* **2.** *[külön]* single, individual; **~ kötetek** single/odd volumes **3.** *[bizonyos]* certain, some; **~ esetekben** in certain cases **4.** *nyelv* **~ szám** singular; **~ szám első személy** first person singular **5. ~ osztályzat** → **II 2 II.** *fn* **1.** *[szám]* (number) one; **az ~ek** *[tízes rendszerben]* the units *tsz* **2.** *[osztályzat]* very poor (marks *tsz*), a fail; **~re felelt** he got a 'one', he got very poor marks, he failed; *[vizsgán]* his results were unsatisfactory, he was given an unsatisfactory report **3. ~ek** certain people, some (people) **4.** *[busz]* → **I 1 5.** *sp [csónak]* scull **6.** *[verseny]* singles *tsz*; **férfi ~** men's singles *tsz*; **női ~** women's singles *tsz*
egyes-egyedül *hsz* **1.** *[magában]* quite/all alone **2.** *[csak]* only, exclusively
egyesével *hsz* one by one, *[sorban]* in single file, *[egyszerre csak egy]* one at a time
egyesít *i* unite, join, combine, *[vállalatokat]* amalgamate, affiliate, merge; **~ik erőiket** make a united effort, join forces (with sy)
egyesítés *fn* union, combination; **a német ~** the reunification of Germany
egyesített *mn* united, combined; **~ énekkar** massed choirs *tsz*; **~ zenekar** mass band
egyesül *i ált* unite, join (with), combine, fuse, link up (with), tie up, *[egyesületbe]* associate, *[intézmények]* merge, amalgamate, *[seregek]* join
egyesülés *fn* **1.** *[folyamat]* joining, union, uniting, *[intézményeké]* amalgamation, *[pártoké]* coalition **2.** *[eredmény]* union, *[vállalat]* syndicate, merger
egyesülési *mn* **~ és gyülekezési jog** the rights of association and assembly *tsz*
egyesület *fn* society, association, *sp* club; **~be belép** become* a member of a society, join an association; **~ben evez** row for a club; **~ben sportol** be* a member of a club (v. of the ... club)
egyesült *mn* united, *[vállalat, társaság]* amalgamated; **~ erővel** with united strength/forces; **E~ Államok** the United States (of America) (*röv* **USA,** *de többnyire rövidebben:* **US**); **E~ Királyság** the United Kingdom (*röv* **UK**); *[a teljesebb név]* **Nagy-Britannia és Észak-Írország Egyesült Királysága** United Kingdom of Great Britain and Northern Ireland; **E~ Nemzetek (Szervezete)** (*röv* **ENSZ**) United Nations (Organization) (*röv* **UN**)

Egyesült Államok *földr* → **egyesült**
Egyesült Arab Emirátusok *földr* United Arab Emirates
Egyesült Királyság *földr* → **egyesült**
egyetem *fn* university; **az ~ területe** the (university) campus; the Birmingham/Exeter etc. campus; **~re beiratkozik** be* at university, be* a university student, matriculate (at a university), register/read* for a degree, come* up to university; **~re felvesz** admit to the university; **~re megy** he is going (up) to university; **~en tanul, ~re jár, ~et végez** attend (courses/lectures at) a/the university, study at a/the university; be* a student at Pécs/Exeter etc. University; **~et végzett ember** a person with a university degree, graduate
egyetemben *hsz (vkvel/vmvel)* together/along with
egyetemes *mn* **1.** universal, general; **~ történelem** universal/world history **2.** *műsz* universal, all-purpose
egyetemesség *fn* universality
egyetemi *mn* university, academic; **~ előadás(ok)** university lecture(s); class(es); **~ előadó** (university) lecturer; **~ hallgató** university student, undergraduate; *US* college boy/girl; **~ ifjúság** (the) undergraduates *tsz*, university students *tsz*; **~ oktató** staff member, academic, *[igével]* be* on the teaching staff; **~ színpad** *kb.* collegiate theatre; **~ tanár** (university) professor; *US* full professor; **~ tanév** academic year; **~ tanulmányok** university studies; **~ terület** campus; **~ végzettség** university degree; **~ végzettségű** graduate (of a university)
egyetemista *fn* → **egyetemi hallgató**
egyetemleges *mn* joint, collective
egyetemlegesség *fn* joint liability
egyetért *i (vkvel vmben)* agree (with sy about/on sg); **ebben ~ek veled** I agree/am with you there, I go along with that; **messzemenően ~ek** I couldn't agree more; **~enek** they are in agreement; **nem ért egyet** disagree; **ebben nem értek veled egyet** I can't agree with you on that point; **~ek!** same here!; **nem ért egyet vkvel** differ on sg, be* at odds (with sy/over/on sg)
egyetértés *fn* agreement, concord, harmony; **kölcsönös ~** mutual understanding; **~ben vkvel** in agreement with sy, in tune/line (with sy/sg); **vk ~ével találkozik** sit* well (with sy)
egyetértőleg *hsz (vmvel)* in agreement (with)
egyetlen *mn* only, sole, single, *[példány]* only extant, unique (copy); **~ gyermek** an only child; **~em!** my darling
egyetlenegy *szn* a single, only one; **~ sem** not a/one single; **~szer** only once; **~szer sem** not once; **~szer sem jöttél el hozzám** not once did you come to see me
egyet-mást, egy s mást *nm* a few things, a couple of things *tsz*, this and that; **tud ~** he knows a thing or two
egyéves *mn [kor]* one-year-old, one year old *ut*, *[igével]* be* one year old, *[időtartam]* of one year *ut*, one year's; **~ tanfolyam** one-year course
egyevezős *mn* one-oared; → **egypárevezős**
egyévi *mn* for one year *ut*, lasting one year *ut*, *[fizetés]* annual
egyezés *fn* **1.** *(vmvel)* agreement **2.** *[igeidőké]* sequence, *[ragozási/nembeli]* concord
egyez|ik *i (vmvel)* agree/correspond with, be* in agreement (with), tie up, *nyelv* agree (with); **elveimmel nem ~ik** it is against my principles; **abban ~tek meg, hogy nem ~zik a véleményük** they agreed to differ
egyezkedés *fn* negotiations *tsz*, *[üzleti]* bargaining
egyezked|ik *i* negotiate, *[alkudozik]* bargain, haggle
egyezmény *fn* agreement, pact; **~t köt** sign an agreement (with)
egyezményes *mn* by agreement *ut*, *[pl. jelek]* conventional, agreed
egyező *mn [azonos vmvel]* identical (with), the same (... as); **az eredetivel ~** corresponding to the original *ut*; **nem ~** discordant, dissimilar, not identical *ut*
egyeztet *i* **1.** *[ellenfeleket]* (try to) reconcile (the parties) **2.** *[megbeszél vmt vkvel]* discuss, square (sg with sy), *[szövegezést]* harmonize, *[ellenőrizve]* check [text] against (another) **3.** *nyelv* make* sg agree with sg, *[szándékot, órát]* synchronize **4.** *pol [megbeszélést folytat]* negotiate, have*/hold* talks, discuss (sg/with sy); **az időpontot még ~nünk kell** we still have to agree on a time
egyeztetés *fn* **1.** *[ellenfeleké]* reconciliation **2.** *[szövegezésé]* harmonizing **3.** *[ellenőrizve]* checking; → **munkaügyi** **4.** *pol [megbeszélés, tanácskozás]* negotiation, discussion, talks *tsz*; **munkaügyi ~** employment talks *tsz*
egyeztető *mn* **~ bizottság** coordinating committee, board of arbitration, committee, *[munkáltatók és munkavállalók között]* conciliation service/committee; **~ eljárás** arbitration; **koalíciós ~ tanács** coalition coordination council
egyezség *fn* **1.** *[megegyezés]* agreement, unity **2.** *[kiegyezés]* compromise, *[bírói]* conciliation; **~et köt** (v. **~re lép) vkvel** come* to an arrangement with sy
egyfajta *mn* **1.** *[azonos]* of the same kind *ut* **2.** *[vmféle]* a kind of, a sort of, of a certain/special sort/kind *ut*, certain
egyfázisú *mn műsz* single-phase
egyfelé *hsz* in the same direction
egyféle *mn* **1.** *[azonos]* of the same kind *ut* **2.** → **egyfajta** 2
egyféleképpen *hsz* in one way only, in the same way
egyfelől *hsz* **1.** *[azonos irányból]* from the same direction **2. ~ ... másfelől** on the one hand ... on the other (hand)
egyfelvonásos I. *mn [színmű]* one-act [play] **II.** *fn* one-act play
egyfogásos *mn gaszt* **~ étkezés** one-course meal
egyfogatú *mn* one-horse [cab]
egyfolytában *hsz* uninterruptedly, continuously, without a break; **~ panaszkodik** (s)he keeps complaining all the time; for hours/days/weeks on end; **két hétig ~** (for) fourteen days running; **~ aludt egész éjjel** he slept through the night; **tíz órát aludt ~** he slept for ten solid hours (at a stretch v. at one go); **két órán át táncoltunk ~** we danced for 2 hours non-stop
egyforintos I. *mn* one-forint **II.** *fn* one-forint piece/coin
egyforma *mn* of the same form/shape/size *ut*, alike *ut*, uniform, the same; **~ a ruhájuk** they are wearing the same dress, their clothes are identical v. the same; **nem ~k** they are not alike; **teljesen ~k** they are/look alike/identical
egyformán *hsz* alike, equally, in the same way/manner
egygyermekes *mn* **~ család** one-child family
egyhamar *hsz* **nem ~** not before long; **~ nem látod** it will be long before you see him (again)
egyhangú *mn* **1.** *[unalmas]* monotonous, dull, tedious, uneventful **2.** *[szavazat]* unanimous
egyhangúlag *hsz* unanimously, with one accord/consent/voice
egyhangúság *fn* **1.** *[unalmas]* monotony, dullness **2.** *[szavazati]* unanimity
egyharmad *szn* a/one third
egyhasábos *mn* one-column
egyhavi *mn [egy hónapig tartó]* one month's, of one month *ut*; **~ fizetés** a month's (v. monthly) pay/salary
egyház *fn [intézmény]* the Church, *[egyházközség]* (local) church, parish church
egyházatya *fn* Father of the (Christian) Church
egyházellenes *mn* anticlerical, antichurch
egyházellenesség *fn* anticlericalism
egyházfejedelem *fn* Prince of the Church, prelate
egyházfenntartói *mn* **~ járulék** church rate
egyházfi *fn* sexton, sacristan
egyházfő *fn* Head of the Church
egyházi *mn* church, ecclesiastical; **~ adó** church rate; **~ átok** anathema, excommunication; **~ esküvő** church wedding; **~ házasságkötés** church marriage, (church) wedding; **~ méltóság** *[személy]* dignitary of the church, church dignitary, prelate; *[állás]* prelacy; **~ rend** holy order(s), ordination; **~ tilalommal sújt** place under an interdict; **~ zene** sacred/church music
egyházias *mn* clerical, ecclesiastical, *pej* churchy

E

egyházjog *fn* canon law
egyházjogász *fn* canonist
egyházjogi *mn* canonical, canonistic
egyházkerület *fn* church district
egyházközség *fn* (local) church, parish church, *[gyülekezet]* congregation
egyházlátogatás *fn* (canonical) visitation
egyházmegye *fn* diocese
egyházszakadás *fn* schism
egyháztanács *fn* consistory, *[protestáns]* presbytery
egyháztörténet *fn* ecclesiastical/church history
egyházzenei *mn* ~ **hangverseny** concert of sacred/ecclesiastical/church music
egyhetes *mn [időtartam]* a/one week's, of one week *ut*, *[kor]* a/one week old *ut*, *[jelzőként]* a week-old; ~ **üdülés** one-week holiday; ~ **szabadság** a week off, a week's holiday
egyheti *mn* a/one week's, of one week *ut*
egyhónapi *mn* a/one month's, of one month *ut*
egyhónapos *mn [időtartam]* one month's, one-month, of one month *ut*, *[kor]* a/one month old
egyhuzamban *hsz* → **egyfolytában**
egyidejű *mn* simultaneous (*vmvel* with)
egyidejűleg *hsz* at the same time, simultaneously
egyidejűség *fn* simultaneity
egyidős *mn* (of) the same age *ut*; ~ **velem** he is my age, he is the same age as me
egyik *nm* **1.** one (of); ~ **barátom** a friend of mine, one of my friends; ~ **éjszaka** one night; ~ **a másik után** one after the other, in turn; ~ **sem** *[kettő közül]* neither (of them), *[több közül]* not one (of them); ~ **a kettő közül** one or other of the two, either; ~ **olyan, mint a másik** one is like the other, they are all the same **2.** ~**e a legjobbaknak** one of the best; ~**ünk** one of us; ~**őtök** one of you; ~**ük** one of them
egyik-másik *nm* some, one or another
Egyiptom *földr* Egypt
egyiptomi *mn/fn* Egyptian
egyirányú *mn* one-way; ~ **forgalom/közlekedés** one-way traffic; ~ **utca** one-way street
egyismeretlenes *mn mat* ~ **egyenlet** equation in one variable
egyistenhit *fn* monotheism
egyistenhívő *fn/mn* monotheist
egyívású *mn* (of) the same age *ut*, of the same kidney/generation *ut*
egyjegyű *mn* ~ **szám** one-figure number, a single digit
egykamarás *mn* unicameral; ~ **parlament** single-chamber parliament
egykarú *mn* one-armed
egyke *fn* **1.** *[gyermek]* only child (in a family) **2.** *[rendszer]* only-childism
egykedvű *mn* indifferent, apathetic
egykerendszer *fn* only-childism
egy-két *szn* one or two, a few, a couple of; ~ **napon belül** in a day or two
egyketted *szn* one half
egy-kettő I. *szn* one or two, a few **II.** *isz* ~ **láss a dologhoz!** (come on,) get to work!, go to it!
egykettőre *hsz biz* in a second, very fast, in a trice; ~ **végez vmvel** polish off sg, make* short/light work of sg
egykor *hsz* **1.** *[régen]* at one time, formerly, once (upon a time); **mint** ~ **régen** like in the old days, as of old **2.** ~ **majd** some time in the future **3.** *[egy órakor]* at one (o'clock)
egykori *mn* former, one-time, sometime; ex-; **az** ~ **miniszterelnök** ex-Prime Minister Mr White
egykorú *mn* **1.** → **egyidős 2.** *[egy időben élt]* contemporary
egykönnyen *hsz* **nem** ~ not so easily, with difficulty
egykutya *mn/isz biz* all the same, *kif* it is as broad as it is long, it is neither here nor there
egylábú *mn* one-legged
egylaki *mn* monoecious
egylet *fn* society, association, club
egylovas *mn* one-horse; ~ **kocsi** hansom (cab)
egymaga *nm* alone, in itself, *[ember]* (all) by himself/herself; ~ **csinálta** *biz* he did it on his own (v. all by himself); ~**ban véve** in itself
egymás *nm* **1.** ~ **ellen vannak** they are at cross-purposes; **jól ismerjük** ~ **gondolatait** we know each other's minds very well; ~ **otthonában/lakásán** in one another's homes; ~ **közt** between/among ourselves/yourselves/themselves; ~ **mellé/mellett** side by side, next/close to each other; ~ **melletti** adjacent; ~ **után** one after the other, one after another, successively; → **egymásután**; **három nap** ~ **után** three days running, three days in succession, three days in a row, on/for three consecutive days **2.** *[raggal]* ~**éi leszünk** we will have one another; ~**ba illeszt** fit, join (together); ~**ba olvad** fuse; merge (into each other); ~**ba rohan/szalad** *[két jármű frontálisan]* collide; *[egyébként]* crash into each other, *[több jármű]* pile up; ~**ért** for one another, for each other; ~**hoz** to one another, together; **illenek** ~**hoz** they are/make a good match, go* well together; ~**hoz illeszt** fit together; ~**hoz tartoznak** belong together; ~**nak** (to) one another; **csak** ~**nak élnek** live for each other; **segítenek** ~**on** help each other, help one another; **haragszanak** ~**ra** they are angry with each other; ~**ra következő** consecutive, successive; ~**ra rak** put* one on top of the other; ~**ról** about each other; ~**t** each other, one another; ~**t éri** touch each other; **szeretik** ~**t** *[szerelemmel]* they are in love; **két** ~**t követő napon** on two consecutive/successive days, two days running; ~**tól** from one another; ~**sal** with one another, together; with each other; ~**sal szemben** facing one another (v. each other), opposite each other
egymásrautaltság *fn* interdependence
egymásután *fn* succession; **gyors** ~**ban** in quick/rapid succession; → **egymás**
egymillió *szn* a/one million
egymotoros *mn rep* single-engine
egynapi *mn* **1.** *[egy napig tartó]* one/a day's, one-day, of one day *ut*; ~ **út** a day's journey/walk (v. *kocsival:* run) **2.** *[egy napra szóló]* ~ **élelem** one day's food
egynapos *mn* **1.** *[csecsemő]* one-day-old **2.** ~ **kirándulás/út** a day trip; ~ **kirándulójegy** *[oda-vissza]* one-day return ticket
egynegyed *szn* a quarter (of)
egynéhány *nm* some, a few, several, one or two; **harminc-**~ thirty-odd; **jó** ~ quite a few; **50** ~ **éves** fifty-something years old
egynejűség *fn* monogamy
egynémely *szn* → **némely**
egynemű *mn* **1.** (*vmvel*) homogeneous, of the same sort/kind (as) *ut* **2.** *biol növ* unisexual
egynyári *mn biol* annual
egynyelvű *mn* monolingual
egynyelvűség *fn nyelv* monolingualism
egyoldalas *mn* one-page
egyoldali *mn* → **féloldali**
egyoldalú *mn* **1.** *[ember, felfogás]* one-sided/track, bias(s)ed **2.** ~ **szerelem** unrequited love **3.** *gazd pol* unilateral
egyórai *mn* **1.** *[egy óra hosszat tartó]* → **egyórás 2. az** ~ **vonat** the one-o'clock train
egyórás *mn* of an hour *ut*, an hour's, lasting one hour *ut*; ~ **előadás** a lecture lasting an hour, a sixty-minute lecture
egyöntetű *mn* uniform, similar
egyöntetűen *hsz* uniformly, unanimously, in unison
egyöntetűség *fn* uniformity, *[egységesség, pl. egy műben]* consistency
egypár *szn* one or two, a couple (of), a few, some; **voltunk** ~**an** there were two or three (v. a few) of us there
egypárevezős *fn [hajó]* scull

egypárszor *hsz* a few (v. a couple of) times, on a few (v. a couple of) occasions
egypártrendszer *fn* one-party system
egyperces *mn* one-minute; ~ **néma vigyázzállás/felállás** one minute's silence
egypetéjű *mn* ~ **ikrek** *tsz* identical twins *tsz*
egypúpú teve *fn* dromedary, Arabian camel
egyre *hsz* **1.** *[egy dologra]* **csak ~ kérem** all I ask is (this); ~ **megy** it is all/just the same **2.** *[egy órára]* ~ **itthon leszek** I shall be back/home by one (o'clock) **3.** *[mindig]* continually, uninterruptedly, on and on, ever, *[mindinkább]* more and more, increasingly; ~ **csak azt hajtogatja** he keeps repeating; *[unalomig]* he keeps harping on the same string; ~ **inkább** more and more, increasingly; ~ **jobban** better and better; ~ **nehezebb (lesz)** it is getting/becoming more and more difficult; ~ **nyilvánvalóbb** increasingly apparent; ~ **rosszabbul** worse and worse; ~ **több(et)** more and more
egyre-másra *hsz* one after the other, continuously
egyrészes *mn* ~ **fürdőruha** one-piece (swimming) costume
egyrészről *hsz* → **egyrészt** 2
egyrészt *hsz* **1.** *[bizonyos tekintetben]* in one respect **2.** ~ ..., **másrészt** partly ... partly, both ... and, on the one hand ... on the other (hand); ~ **fiatal, másrészt csinos** she is both young and pretty
egyről-másról *hsz* of/about this and that
egysávos *mn gk* one-lane, single-lane
egység *fn* **1.** *[matematikai, katonai stb.]* unit, *[katonai, rendőri]* squad **2.** *[egységesség]* unity, *[szövetség]* union; **~ben az erő** united we stand, divided we fall
egységár *fn [egységes ár]* flat/uniform price/cost/rate; **~on** at a flat rate (of), *[egy egység ára]* price per unit
egységbontó *mn* disruptive, subversive
egységcsomag *fn* package
egységes *mn* uniform, unified, *[pl. szerkesztés]* consistent; ~ **állásfoglalás** united stand; ~ **díjszabás** flat rate; ~ **egész** integral whole
egységesen *hsz* uniformly, on the basis of the same principle; ~ **járnak el** act in concert; **a belépő ~ 900 forint** all tickets 900 Forints
egységesít *i* **1.** *ált* unify, integrate, unite, consolidate **2.** *[minőségileg]* standardize
egységesítés *fn* **1.** *ált* unification **2.** *[minőségileg]* standardization
egységesség *fn [szerkesztésben]* consistency
egységfront *fn* united/common front
egységnyi *mn* a unit of
egységszervezet *fn* overall organization
egysejtű *mn* one/single-celled, unicellular
egysíkú *mn* **1.** two-dimensional **2.** *átv* unsophisticated, shallow
egysoros *mn* **1.** *[zakó]* single-breasted **2.** *[levél, vers]* one-line
egyszakaszos *mn* ~ **törvény** single article bill/act
egyszakos *mn* one-subject; ~ **hallgató** a student doing one subject (only), a single honours student, *US* student having one major only
egyszámjegyű *mn* one-digit; ~ **infláció** inflation below ten percent
egyszámla *fn* single account
egyszámlaszám *fn* single account number
egyszárnyú *mn* ~ **repülőgép** monoplane
egyszarvú *fn* unicorn
egyszemélyes *mn* one-man
egyszemélyi *mn* one-man; ~ **felelősség** individual responsibility
egyszer *hsz* **1.** *[egy alkalommal]* once; ~ **csak** suddenly, all of a sudden, all at once; ~ **eszik napjában** he eats but/only once a day; ~ **használatos** *[injekciós tű, fecskendő stb.]* disposable [hypodermic needle, syringe etc.]; ~ **négy az négy** once four is four; **ez ~** this/for once; **ha már ~ megteszed** once you do it; ~ **sem** not once; **még ~** once more/again, over again; **most az ~** for the nonce, just this once, this time; **nem ~** more than once, several times; ~ **így beszél, másszor úgy** (s)he blows hot and cold **2.** *[múltban]* once, one day, at one time, *[jövőben]* some day; ~ **volt, hol nem volt egy ember** once upon a time there was a man; **ha ~ megtalálom** if I ever find it, should I find it; ~ **s mindenkorra** once and for all, for good
egyszeregy *fn mat* **1.** elements of arithmetic *tsz* **2.** *[táblázat]* multiplication table; **nem tudja az ~et** (s)he doesn't know his/her tables (v. multiplication table); **megy, mint az ~** as easy/simple as ABC
egyszer-egyszer *hsz* once in a while, every now and then
egyszeres *mn* simple, single; → **könyvvitel**
egyszeri *mn* **1.** *[egyszer történő]* happening once *ut*, single; ~ **átutazás** single transit; ~ **étkezés** one/single meal; ~ **út/utazás** single journey; ~ **utazásra szóló jegy** single (ticket), *US* one-way ticket **2.** *elav* one-time, of yore *ut*; **az ~ ember** the man° in the tale; ~ **felvillanás/siker** a flash in the pan
egyszeribe(n) *hsz* at once, immediately
egyszer-kétszer *hsz* once or twice, now and again/then, occasionally
egyszer-másszor *hsz* once in a blue moon, once in a while, every now and then
egyszerre *hsz* **1.** *[hirtelen]* all at once, suddenly, all of a sudden; ~ **csak** suddenly **2.** → **egyidejűleg**; ~ **csak egyet** one at a time; ~ **lép** walk in step **3.** *[egy alkalomra]* for one occasion, *[egy kortyra]* at one gulp; **a kettő nem megy ~** you can't have it both ways, you can't eat your cake and have it
egyszersmind *hsz* at the same time
egyszerű *mn* simple, plain, *[viselkedés]* modest, unaffected; ~ **dolog ez** it is a simple matter; **az ~ emberek** simple folk; ~ **származású** of humble origin/birth *ut*; **ez nem olyan ~** it's not so/that simple; **mi sem ~bb** nothing could be simpler; **ez ilyen ~** it's as simple as that, that's all to it, there's no more to it
egyszerűen *hsz* **1.** simply; ~ **öltözködik** go* plainly dressed **2. csak úgy ~, egész ~** quite simply; **egész ~ lustaság** laziness pure and simple; **ez ~ nevetséges** it's simply ridiculous; ~ **azért, hogy** ... for the simple reason that ...
egyszerűség *fn* simplicity, plainness, *[lelki]* simple-mindedness, *[viselkedésé, öltözködésé]* modesty; **az ~ kedvéért** for the sake of simplicity
egyszerűsít *i* **1.** *ált* simplify, make* sg simple(r); **~i az ügyintézést** *kif* cut* corners **2.** *mat* reduce [a fraction]
egyszerűsítés *fn* **1.** *ált* simplification **2.** *mat* reduction
egyszerűsödik *i* become* simple(r)
egyszikű *növ* **I.** *mn* monocotyledonous **II.** *fn* monocotyledon; **~ek** monocotyledons, Monocotyledonae
egyszínű *mn* **1.** *[egyetlen színű]* single-coloured (*US* -colored), self-coloured **2.** *[azonos]* of the same colour (*US* -or) *ut*
egyszoba-konyhás *mn* → **szoba-konyhás**
egyszobás *mn* ~ **lakás** one/single-room flat/apartment; *GB* bed-sitter, bed-sit, *US* studio apartment
egyszólamú *mn* unison, unisonous, one-part; ~ **ének** plainsong
egyszótagú *mn nyelv* monosyllabic
egyszóval *hsz* in short/brief, in a word, to cut a long story short
egytagú *mn* **1.** *nyelv* monosyllabic **2.** *mat* ~ **kifejezés** monomial (term), single term
egytálétel *fn* one-course meal/dish
egyugyanazon *nm* (the) selfsame, identical, the very same
egyujjas *mn* ~ **kesztyű** mitten(s)
egyúttal *hsz* at the same time
együgyű *mn* simple(-minded), naive, *pej* foolish, silly; ~ **ember** simpleton

együgyűség *fn* simplicity, simple-mindedness, naiveté, *pej* foolishness, silliness
együléses *mn* single-seater; ~ **csónak** scull
együtt I. *hsz* together (*vkvel* with), in the company of; ~ **dolgozik** work together, collaborate; ~ **él** *[vkvel és átv vmvel]* live with, *[csak vkvel]* live together, *[élettársakként]* cohabit, live with/together; **már tíz éve ~ élnek** they have lived together for ten years; ~ **érez vkvel** sympathize with sy, feel* (compassion/sympathy) for sy, have* a feeling for sy; *biz* ~ **jár vkvel** be* going out with sy, be* going steady with sy, be* dating (sy); ~ **jár vmvel** [they] go* together; go* with sg, accompany sg, entail sg; **ez ~ jár vele** that's part of it; **a két dolog gyakran ~ jár** the two [things] often go together; **a pilóta életével ~ járó kockázat(ok)** the risks incident to the life of a pilot; ~ **laknak** they live together, they share a(n) apartment/flat/house; **mind ~ voltak** they were all there (together); **sokáig ~ maradtak** they were a long time together **II.** *nu* (together) with, including, inclusive of; **borravalóval ~** tip included; **adjon be egy önéletrajzot is a jelentkezéssel ~** hand in a CV along with your application; **feketekávéval ~ 20 frank** 20 francs including coffee
együttállás *fn csill* constellation; **nap-hold-föld ~** syzygy
együttélés *fn* **1.** *ált* living together, *átv* coexistence **2.** *biol* symbiosis **3.** *[élettársi]* cohabitation, *[együttlakás]* living together
együtterez *i* (*vkvel*) sympathize with sy, feel* for sy, join with sy in his/her sorrow
együttérzés *fn* sympathy, compassion
együttérző *mn* sympathizing, sympathetic
együttes I. *mn* joint, common, collective; ~ **felelősség** joint responsibility; ~ **fellépés** concerted action; ~ **tulajdon** co-ownership, joint property **II.** *fn zene [főleg kamara]* ensemble, *[zenekar]* orchestra, *[rock stb.]* group, band; **nagy ~** tutti; **pop/rock ~** pop/rock group
együttesen *hsz* jointly
együttható *fn* co-efficient, factor
együttjárás *fn* going out together, dating, girlfriend-boyfriend relationship
együttlakás *fn* living together
együttlét *fn* being together; **kellemes volt az ~** we had a good time together; **bizalmas ~** tête-à-tête
együttműködés *fn* cooperation, collaboration, *[betegé orvossal]* compliance
együttműködési *mn* ~ **megállapodás** cooperation agreement
együttműköd|ik *i* (*vkvel*) cooperate (with), collaborate (with), join forces with sy; **ha Johnnal jól együtt tudunk működni** if John and I can cooperate; **~ve vkvel** in cooperation with sy, in association with
együttműködő I. *mn* cooperating, cooperative, collaborating **II.** *fn* collaborator
együttnevelés *fn* coeducation
együttszülés *fn* → **apás** 2
együttvéve *hsz* altogether, (taken) all together, all in all
együvé *hsz* together; ~ **tartozik** belong together; belong to the same company/set
együvétartozás *fn* → **összetartozás**
egyvágányú *mn* single/one-track; ~ **vasút** single-track railway, monorail
egyvalami *nm* one thing; ~ **biztos** one thing is certain
egyváltozós *mn mat* ~ **művelet** unary operation; ~ **függvény** univariate function, a function containing one variable
egyvégben *hsz* → **egyfolytában**
egyvégtében *hsz* → **egyfolytában**
egyveleg *fn* mixture, miscellany, *[zenei]* potpourri, medley
éhbér *fn* starvation-wage(s), pittance; **~ért dolgozik** work for a mere pittance
ehelyett *hsz* instead; ~ **inkább tanulna** (s)he ought to study instead
éhen *hsz* ~ **hal** die of hunger, starve to death
éhenhalás *fn* death by starvation
éhenkórász *fn* starveling
éhes *mn* hungry; ~ **marad** go* hungry; **~, mint a farkas** be* ravenous(ly hungry), be* starving; ~ **ember nem válogat** beggars can't be choosers
ehetetlen *mn [pl. mérges]* inedible, *[étel]* uneatable
ehetnék *fn* **~em van** I am/feel hungry, I could do with some food
ehető *mn [étel]* eatable, fit to eat *ut*, *[vadon termő növény]* edible
éhezés *fn* starvation, hunger, famine
éhez|ik *i* **1.** *konkr* hunger, starve, famish **2.** *átv* (*vmre*) long (for), have* a craving for sg, yearn for
éhező I. *mn* hungry, starving **II.** *fn* starveling; **az ~k** the hungry
éheztet *i* starve, famish
éheztetés *fn* starving, starvation
éhgyomorra *hsz* on an empty stomach; ~ **veendő be** to be taken before meals
éhhalál *fn* death from starvation
ehhez *nm* to this; **mit szólsz ~?** what do you think of this?, what do you say to this?; ~ **képest** compared with/to this, in/by comparison (with this); ~ **képest fogunk eljárni** we shall proceed accordingly; **azt hittük, hogy hazamegy, ~ képest egész éjjel rulettezett** considering he told he was going home, in fact he played roulette all night; ~ **sok bátorság kell** it/this needs great courage; ~ **idő kell** this will take time
éhínség *fn* famine, starvation
éhség *fn* hunger; **~ét csillapítja** appease one's hunger
éhségérzet *fn orv* appetite, (sensation of) hunger; → **éhség**
éhségsztrájk *fn* hunger-strike
Eiffel-torony *tul* the Eiffel Tower
eisz *fn zene* E sharp
éj *fn* night; **jó ~t!** good night!; **~t nappallá téve dolgozik** work day and night [v. (a)round the clock]; **az ~ leple alatt** under cover of night
ej! *isz* oh!, ah!; ~ **de szép!** (oh) how beautiful/lovely!; ~ **de szeretnék elmenni!** oh, how I wish I could go (away/there)!
ejakuláció *fn* → **magömlés**
éjente *hsz* nightly, every night
éjfél *fn* midnight; **~kor** at midnight; **az ~ utáni órák** the small hours
éjféli *mn* midnight; ~ **mise** midnight mass
éjféltájban *hsz* about midnight, in the middle of the night
éjféltájt *hsz* → **éjféltájban**
ejha! *isz* bless me!, well, well!, wow!, whew!, *US* gee(-whiz)!, I like that!
éji *mn* nightly, nocturnal
éjjel I. *fn* night; **se ~e, se nappala** have* not a moment's rest/peace **II.** *hsz* at night, during the night, by night; **(el)múlt/tegnap ~** last night; **egész ~** all night (long), the whole night; **az előtte való ~** the night before; **késő ~** late at night; **ma ~** tonight; ~ **dolgozik** work at night; ~ **felkelt** (s)he got up in/during the night
éjjelenként *hsz* nightly, night after night, every night, at night
éjjeles *mn* → **éjszakás**
éjjelez *i* → **éjszakázik**
éjjelezés *fn* → **éjszakázás**
éjjeli I. *mn* night, nightly, nocturnal; ~ **díjszabás** night rate(s); ~ **lámpa** bedside lamp; ~ **menedékhely** night refuge; ~ **műszak** night-shift; ~ **műszakban dolgozik** be*/work (on) the night-shift; ~ **szolgálatban van** be* on night duty; ~ **ügyelet** night duty; ~ **vonat** night train, night rider **II.** *fn [~edény]* chamber-pot → **éjszakai**
éjjeliedény *fn* → **éjjeli** II
éjjeliőr *fn* night-watchman°
éjjeliszekrény *fn* bedside/night table
éjjelizene *fn elav zene* serenade; **~t ad vknek** serenade sy

éjjel-nappal *hsz* day and night, night and day, round the clock; ~ **nyitva** open 24 hours (a day)
éjjel-nappali *mn* ~ **közért** 24-hour/day-and-night supermarket/shop
ejnye! *isz* **1.** *[korholva]* ~, ~ **kisfiam!** now, now; now then **2.** *[haragosan]* gosh!, hey!, *[erősebb]* blast!
éjszaka I. *fn* night; **~ra ott marad** stay for the night, stay overnight; **jó ~t!** good night!; **az ~ közepén/csendjében** in/at the dead of night **II.** *hsz* → **éjjel II**
éjszakai *mn [éjszaka történő]* overnight; ~ **élet** night life; ~ **portás** night-porter; **a késő ~ órákig dolgozik** burn* the midnight oil → **éjjeli I**
éjszakánként *hsz* → **éjjelenként**
éjszakás I. *mn [kórházban]* on night duty *ut*, *[üzemben]* on the night shift; ~ **nővér** the night nurse **II.** *fn* **1.** *[éjszakai műszakban dolgozó]* night(-shift) worker, *[igével]* be* on the night-shift, work (on) the night-shift **2.** *[ügyeletes, főleg kórházban]* (sy) on night duty *ut*, *[igével]* be* on night duty
éjszakázás *fn* **1.** *[fennmaradás]* staying up, being up (v. working) all night **2.** *[mulatás]* night revel
éjszakáz|ik *i* **1.** *[fenn marad]* stay up (the whole night), keep* late hours, be* up all night **2.** *[mulat]* make* a night of it, see* the night through **3.** *[dolgozva]* work all night, sit* up, be* on the night shift, *[ügyeletes]* be* on night duty; → **éjszakás**
ejt *i* **1.** *ált* drop, let* (sg) fall; **foglyul ~** take* prisoner, capture; *átv is* **foltot ~** stain; **hibát ~** commit an error, make* a mistake; **módját/szerét ~i vmnek** see*/find* a way (to do sg), find* a time to do sg **2.** *[hangot, szót]* pronounce **3.** *biz* (*vkt*) dump sy, throw* sy overboard **4.** *[elképzelést]* drop*(the idea)
ejtés *fn* **1.** *[szóé]* pronunciation **2.** *[tárgyé]* dropping
ejtőernyő *fn* parachute; **~vel kiugrik** bale out, parachute
ejtőernyős I. *mn* airborne; ~ **alakulat** paratroops, airborne troops **II.** *fn* **1.** paratrooper, parachutist **2.** *átv biz kb.* outsider; **~ként érkezik vhova** *kb.* enter the scene as an outsider
ejtőz|ik *i biz* have* a rest (v. relax) after a meal, chill (out)
ék[1] *fn* wedge; **~et ver vkk közé** set* (them) at variance, drive* (them) apart
ék[2] *fn* → **ékesség**
ÉK *röv* → **északkelet**
ekcéma *fn* eczema
ékcsont *fn* sphenoid (bone)
eke *fn* plough, *US* plow
ekegerendely *fn* plough-beam (*US* plow-)
ékel *i* wedge (in)
ékes *mn* ornate, ornamented; ~ **bizonyíték** eloquent testimony
ékesít *i* ornament, adorn, decorate, *átv* be* an ornament to sg
ékesítés *fn zene is* ornament, embellishment
ékesked|ik *i* → **toll**
ékesség *fn* ornament, adornment, decoration
ékesszólás *fn* eloquence, elocution, rhetoric; **előveszi minden ~át** *[hogy elérjen vmt]* turn on one's/the charm
ékesszóló *mn* eloquent
ékesszólóan *hsz* eloquently
ekeszarv *fn* plough-handle (*US* plow-)
eketalp *fn* sole of a plough (*US* plow-)
ekevas *fn* ploughshare (*US* plow-)
ékezet *fn* diacritic(al mark), accent (mark); **kiteszi az ~eket** put* on the diacritics (v. diacritical marks v. accents v. accent marks)
EKG *röv/fn* ECG v. E.C.G. (*a készülék:* electrocardiograph; *a lelet:* electrocardiogram); **~ra küldött az orvos** the doctor ordered an ECG
ekhós *mn* ~ **szekér** covered wagon, *US kb.* prairie schooner
ékírás *fn* cuneiform (writing)
ékírásos *mn* cuneiform
ekként *hsz* → **ekképpen**
ekképp(en) *hsz* thus, so, (in) this manner/way
ekkor *hsz* then, at this time/moment
ekkora *nm* as large as this/that *ut*, this size/big *ut*
ekkorára *hsz* **1.** *[idő]* till then, by this time **2.** *[méret]* to that height/size
ekkoriban *hsz* at (about) that/this time
ekkorra *hsz* by this/that time
ekkortájt *hsz* → **ekkoriban**
ékkő *fn* precious stone, gem
eklatáns *mn* ~ **példa** typical/shining instance
eklekticizmus *fn* eclecticism
eklektikus *mn* eclectic
eklézsia *fn nép* congregation
ekloga *fn* eclogue
ekörül *hsz [idő]* about this/that time; → **körül**
eközben *hsz* meanwhile, in the meantime
ekrazit *fn* lyddite
ékszer *fn* jewel, piece of jewellery (*US* jewelry), *[apróbb]* bijou (*tsz* -joux)
ékszerbolt *fn* jeweller's (*US* -l-) (shop)
ékszerdoboz *fn* jewellery (*US* -l-) box
ékszerész *fn* jeweller (*US* -l-)
ékszerkereskedés *fn* → **ékszerbolt**
ékszíj *fn* V-belt, fan-belt
eksztatikus *mn* ecstatic
eksztázis *fn* ecstasy; **~ba jön** go* into ecstasies/raptures (over sg), be* ecstatic (about sg)
éktelen *mn [lárma]*; infernal; ~ **haragra gerjed** fly into a violent rage; ~ **ordításba tör ki** utter a dreadful howl
éktelenked|ik *i* (*vm vmn*) mar/spoil the beauty of sg, be* an eyesore; **ronda épületek ~nek az utcában** the street is disfigured by ugly buildings
éktelenül *hsz* ~ **csúnya** ugly, misshapen, ungainly
ekvivalens *mn/fn* equivalent
el *hsz* away, off; ~ **innen!** be off!, get out/away!; ~ **vele!** away with him/it!; *[színpadi utasítás]* exit, *[többen]* exeunt
el- *előtag* away, off; **Elolvastad a könyvet?** – **E~.** Have you read/finished the book? – I have.
él[1] *i* **1.** *ált* live, be* alive, exist; **~jen!** long live ...! hurray for ...!; ~ **még?** is (s)he still alive?; **nehezen ~** have*/lead* a hard life°; **jól ~nek** (i) *[házastársak]* they get on well together (ii) *[anyagilag]* they live well, they are well off, they live in clover; **rosszul ~nek** *biz* they lead a cat and dog life; ~ **vmből** live on/off (sg), support oneself by, earn/make* one's living by; **keze munkájából ~** live by the sweat of one's brow; **tanításból ~** he earns his living by teaching; **korábbi sikereiből ~** dine off one's former successes; **hivatásának ~** devote oneself to one's profession/calling **2.** (*vhol*) live, dwell*, reside; **falun/vidéken ~** live/reside in the country **3. ~t 50 évet** lived 50 years; *[sírkövön]* aged fifty; **a reformok korát ~jük** we live in the age of reforms **4.** (*vmvel*) **nem ~ek sörrel** I do not drink beer; ~ **vmnek a lehetőségével** take* advantage of sg; ~ **az alkalommal** make* the best of (v. use) an opportunity (to); **hogy Shakespeare szavaival ~jek** to quote Shakespeare's words, in Shakespeare's words; **~ni és ~ni hagyni** live and let live; **~ni akarás** will to live→ **gyanúper 5.** *biz [telefon]* ~ **a vonal** there's a hot line
él[2] *fn* **1.** *[késé]* edge, *[nadrágé]* crease **2. vmnek az ~én áll** *[vezet vmt]* head sg, be* at the head of sg; **a lista ~én áll** be* at the top of the list, *kif* top the bill; **~re kerül** come* to the fore, take* the lead; **~en jár** be* at/on the cutting edge of sg, lead* the way **3. ~ére állít vmt** push/carry things to extremes, (wish to) force an issue; **elveszi a dolog ~ét** take* the sting out of sg, take* the edge off; → **rak**
elaborátum *fn* memorandum (*tsz* -randa *is*)
elábrándoz|ik *i* muse, day-dream (*vmről* about), (*vmről*) be* lost in reveries of/about sg, moon about/around
elad *i* sell*; **kis tételben ad el** sell* retail; **nagyban ad el** sell* wholesale; **~ja magát/becsületét** sell* one's honour/soul (*US* -or)

E

eladás *fn* sale, selling (of); ~ **kis tételben** retail; ~ **nagyban** wholesale
eladási *mn* selling; ~ **ár** selling price; ~ **árfolyam** selling rates *tsz*; ~ **feltételek** terms/conditions of sale
eladatlan *mn* unsold
eladhatatlan *mn* unsal(e)able, unmarketable; ~ **áru** *biz* a drug on the market
eladható *mn* sal(e)able
eladhatóság *fn* sal(e)ability
eladó I. *mn* **1.** *[magánszemély részéről]* for sale; **az ~ áru** the goods on sale *ut*; **ez a ház ~** this house is (up) for sale **2.** ~ **lány** marriageable girl/daughter **II.** *fn* **1.** seller **2.** *[üzleti]* shop assistant, salesman° (*US így is:* salesclerk), *[nő]* salesgirl, saleswoman°
eladogat *i* sell* (off) one by one
eladólány *fn* salesgirl
eladományoz *i* (*vmt*) give* sg away, donate sg (to)
eladósodás *fn* running into debt, indebtedness
eladósod|ik *i* get*/run* into debt; **~ott** indebted; **oly mértékben ~ott az ország, hogy** ... the country has become insolvent to the extent that ...
eladótér *fn* selling area
elágazás *fn* **1.** *ált* ramification **2.** *[az ág]* arm, offshoot, branch **3.** *[közúti]* fork (in the road), turn-off, *[nagyobb]* junction, *[vasúti]* junction; **az ~nál forduljon jobbra** fork right [for Oxford etc.]
elágaz|ik *i* **1.** *[fa stb.]* ramify, branch out **2.** *[út]* branch (off) [to the left/right etc.], fork
elaggott *mn* aged, grown (very) old *ut*
elagyabugyál *i* thrash, beat* soundly, knock the sawdrest out of sy
elajándékoz *i* give* away (sg to sy), make* sy a present of sg
elájul *i* faint, black out, *[összeesik]* collapse
elakad *i* *[beszédben]* come* to a sudden stop, falter, *[előadás közben]* forget* one's lines, *biz* dry up, *[jármű]* be*/get* stuck, be* caught up in the traffic, *[motorhiba stb. miatt]* break* down, *[munka]* stop; ~ **a szava** the words stick in his throat; **~t a lélegzete** sg took his breath away, he couldn't get his breath; **~t a forgalom** there was a traffic jam (v. a tailback), the traffic (was) snarled up
elakadás *fn* **~t jelző háromszög** warning triangle
elaknásít *i* *[terepet]* mine, *[folyót]* lay* mines (in river)
elalél *i* → **elájul**
eláll *i* **1.** *[tárgy]* stand*/stick* out; ~ **a füle** his ears stick* out **2.** *[étel]* keep* **3.** *[megszűnik]* cease, stop; **az eső ~t** it (has) stopped raining; **~t a lélegzete** (*vmtől*) sg took his/her breath away, (s)he caught his/her breath, sg made him/her catch his/her breath; **~t a szava a meglepetéstől** he was struck dumb; **~t a szél** the wind has dropped/abated **4.** *átv* (*vmtől*) give* up, desist (from); ~ **a keresettől** withdraw* an action; **~t követelésétől** has waived one's claims, has waived all claim [to the money]; **nem áll el véleményétől** stick* to one's opinion/guns **5.** block, stop; **~ja az utat** block the way, obstruct the road, stand* in sy's path/way, *átv* stand* in sy's light
elállatiasod|ik *i* become* bestial/brutish
elálldogál *i* stand* about for a long time
elállít *i* **1.** *[vmt félre]* put* away/aside **2.** *[vérzést]* stop [bleeding] **3.** → **leállít**, → **megállít**
elálló *mn* ~ **fülű** jug-eared, with ears standing/sticking out *ut*
elálmélkod|ik *i* be* amazed, be* lost in astonishment
elálmodoz|ik *i* → **elábrándozik**
elálmosít *i* make* drowsy/sleepy, *[gyógyszeres dobozon felirat]* may cause drowsiness
elálmosod|ik *i* become*/get* sleepy
elalsz|ik *i* **1.** *[személy]* go* to sleep, drift off to sleep, fall* asleep **2.** **elaludt a gáz** *[lángja]* the flame has gone out **3.** **hagyja elaludni az ügyet** let* the affair fizzle out; **az ügyet hagyták elaludni** the affair has blown over **4.** (*vmt*) oversleep* and (so) miss sg
elaltat *i* **1.** (*vkt*) put*/send* to sleep; **~ja vk éberségét** lull sy's vigilance **2.** *orv* anaesthetize (*US* anes-), *[állatot végleg]* put* down
elaltatás *fn* **1.** *ált* putting to sleep **2.** *orv* anaesthesia (*US* anes-)
elaludni *i* → **elalszik**
elalvás *fn* (*vké*) falling asleep, going to sleep
elamerikaiasod|ik *i* become* Americanized
elámít *i* perplex, amaze, stun, daze
elámul *i* gape in astonishment, be* amazed
elán *fn* élan, zest, vigour; **nagy ~nal** with great elan, zestfully
elandalít *i* put* in a reverie, set* a-dreaming
elandalod|ik *i* fall* into a reverie
elangolosod|ik *i* become* English/Anglicized
elanyátlanod|ik *i* lose* heart/courage
elannyira *hsz* so much (so), to such an extent
elapad *i* cease flowing, become*/go* dry, dry up
elapaszt *i* dry up, drain (away)
elapróz *i* *[időt, tehetséget]* fritter away
elaprózód|ik *i* **1.** *[tárgy]* be* broken up into little bits **2.** *[idő, energia]* be* frittered away
eláraszt *i* **1.** *[vízzel]* inundate, flood, overflow; **fénnyel ~** flood with light **2.** *átv* swamp, overwhelm, shower sg upon sy, *[munkával]* be* snowed under with [work]; **jól ~ottak munkával** I'm snowed under with work; **az idegenek ~ják az országot** the country is overrun with foreigners; **dicséretekkel ~** heap/shower praises on/upon, overwhelm with praises; **meghívásokkal ~** shower invitations on sy; **~ják kérésekkel** be* inundated with requests
elárasztás *fn átv is* inundation
elárul *i* (*vmt*) **1.** *[általában, ügyet, hazáját, terveket stb.]* betray [one's country, the plans to enemy agents etc.], *[titkot]* reveal, disclose, divulge, let* on/out, *[önmagát]* give* (oneself) away; **a végén csak ~ta** (s)he let the cat out of the bag in the end **2.** (*vkt*) betray, denounce, give* (sy) away, sell* sy out **3.** *[jellemvonás vmt]* denote, proclaim, reveal
elárulás *fn* **1.** *[titoké]* divulgence, disclosure **2.** (*vké*) betrayal
elárusít *i* sell*
elárusító *fn* → **eladó II**
elárusítónő *fn* saleswoman°; → **eladó II**
elárverez *i* sell* (sg) by (*US* at) auction, auction off; **mindenét ~ték** he was sold up, all his goods came under the hammer
elárverezés *fn* selling by (*US* at) auction
elárvul *i* **1.** become* an orphan, be* left an orphan **2.** *átv* be* abandoned
elárvult *mn* **1.** orphaned **2.** *átv* abandoned
elás *i* bury
elasz|ik *i* **1.** *[elszárad]* wither **2.** *[ember]* waste away
elasztikus *mn* elastic, springy, flexible
elátkoz *i* curse, damn
elátkozott *mn* cursed, damned
elavul *i* become* obsolete/antiquated, fall* into disuse, go* out of date; **~óban van** be* obsolescent
elavulás *fn* obsolescence
elavult *mn* out of date, obsolete, old-fashioned, dated, *[régies]* archaic
eláz|ik *i* **1.** *[esőben]* get* drenched, get* sopping wet, get* soaked **2.** *biz [részeg lesz]* get* drunk/intoxicated; **alaposan ~ott** he got dead drunk
elázott *mn* **1.** soaked, drenched **2.** *biz [részeg]* sozzled
eláztat *i* **1.** *[eső]* soak through, drench **2.** *[vkt bemárt]* backbite* (sy), *biz* peach on (sy), get* (sy) into bad odour (*US* -or)
elbabrál *i* (*vmvel*) fiddle (with sg)
elbagatellizál *i* (*vmt*) *irod* brush sg away, laugh sg off, make* light of sg, play down (the significance of sg)
elbágyad *i* grow* tired/languid, languish, droop
elbágyaszt *i* make* sy tired/languid, enervate

elbajlód|ik *i* labour (*US* -or) away (at/over sg)
elbájol *i* charm, enchant, bewitch, *[lenyűgöz]* fascinate
elbájoló *mn* charming, enchanting, bewitching, captivating, attractive
elballag *i* **1.** *(vhonnan)* saunter/wander off **2.** *(vhova)* walk slowly to, stroll (over) to, *biz [iskolából]* finish school, say* farewell to the school, celebrate the end of one's studies at school
elbaltáz *i szl* bungle, blow*; **ezt ~tam!** I blew it!
elbámészkod|ik *i* go*/stand* gaping about
elbánás *fn* treatment; **komisz ~** *biz* a raw/rough/dirty deal; **egyenlő ~ban részesül** receive the same treatment (as sy), be* treated in the same way (as sy)
elbán|ik *i* *(vkvel)* treat sy (scurvily), deal* roughly with sy; **majd én ~ok vele** I'll teach him (to behave), I'll give it to him/her, I'll settle him
elbarikádoz *i* barricade, block(ade)
elbasz|ik *i durva* fuck (sg) up, screw up
elbátortalanít *i* inhibit
elbátortalanod|ik *i* lose* courage/heart, bottle/chicken out, get* cold feet
elbeszél *i* tell*, relate, narrate
elbeszélés *fn* **1.** *[folyamat]* narration, telling, relating **2.** *[novella]* (short) story
elbeszélget *i* **1.** *(vkvel)* have* a long (and friendly) conversation with sy, *[jelentkezővel, jelölttel vezető, professzor stb.]* have* an interview with sy, interview sy; **~nek vkvel** (s)he's being interviewed [for the job]; **hajnalig ~tek** they talked away into the small hours **2.** *[időt]* pass time in conversation; **jól ~tük az időt** we have talked away the time
elbeszélgetés *fn* interview; **nincs felvételi, csak ~** there is no entrance exam, just an interview
elbeszélő I. *mn* narrative, epic; **~ költészet** epic poetry; **~ költemény** epic (poem) **II.** *fn* narrator
elbír *i* **1.** *[súlyt]* be* able to carry/support/take **2.** *átv* bear*, stand*, endure, take*; **sokat ~** he can take/stand a lot **3.** *[pénzügyileg]* can afford
elbírál *i* judge, pass judgement (*US inkább:* judgement) (on sg/sy)
elbírálás *fn* judgement (*US inkább:* judgement); **egyenlő ~ alá esik** be* judged by the same criteria, receive equal treatment; **más ~ alá esik** it should be judged according to different criteria; **ez súlyosabb ~ alá esik** this comes under a less favourable category, this is a more serious matter
elbitangol *i [állat]* stray (away) (from)
elbizakodás *fn* (self-)conceit, presumption
elbizakod|ik *i* → **elbízza magát**
elbizakodott *mn* (self-)conceited
elbizakodottság *fn* → **elbizakodás**
elbízza magát *i* think* too much of oneself, be* conceited, be* full of oneself
elbliccel *i biz* give* (sg) a miss; **~ egy órát** cut*/skip a class
elbóbiskol *i* doze/nod off, take* a nap
elbocsát *i* **1.** *[alkalmazottat]* dismiss (from), discharge (from), *biz* give* sy the sack, sack (sy), send* away, *biz* fire, throw* out, *[munkást időlegesen]* lay* off; **~ották** (s)he got the axe **2.** *[foglyot, rabszolgát]* set* free, liberate, release, *[kórházból beteget]* discharge
elbocsátás *fn* **1.** *[alkalmazottól]* dismissal, discharge **2.** *[fogolyé]* release, liberation, discharge
elbocsátó *mn* **~ levél** discharge(-paper)
elbódít, elbódul *i* → **elkábít**, → **elkábul**
elboldogul *i* (be* able to) manage (somehow), get* by, rub along
elbolondít *i* **1.** *[becsap]* fool (sy), make* a fool of **2.** *[vhova]* send* sy on a fool's errand (to a place)
elboml|ik *i kém* dissolve
elbont *i* **1.** *[épületet]* → **lebont 2.** *[varrást]* undo*, unstitch
elborít *i* cover, envelop, overrun*, *[víz]* inundate, flood, swamp; **a sírt ~ják a virágok** the grave is covered with flowers; **arcát ~otta a pír** she flushed/blushed
elboronál *i átv* smooth over
elborozgat *i* have* a glass or two (of wine)
elborul *i* **1.** *[vk tekintete]* → **elkomorodik 2. elméje ~** fall* into a state of dementia, be(come)* deranged; *(vmtől)* sg makes sy mentally unbalanced, go* black; **elméje ~t** (s)he's totally deranged
elborzad *i* be* horrified, shudder *(vmtől* at sg)
elborzaszt *i* horrify, make* sy shudder
elbotl|ik *i* *(vmben)* slip (up) (on sg), trip over (sg), stumble (on sg)
elbődül *i* give* a bellow/howl/roar
elbőgi magát *i* **1.** → **elbődül 2.** *[sírva]* burst* out crying (v. into tears)
elbúcsúz|ik *i* *(vktől)* take* leave (of), say* goodbye (to), *[levél/rádióadás végén] biz* sign off; **~tak és távoztak** they said their goodbye and left
elbúcsúztat *i* **1.** *[eltávozót]* bid*/say* farewell (to), take* leave (from), *[utazót]* bid* sy godspeed **2.** *[halottat]* deliver a speech at the funeral (of sy)
elbujdos|ik *i* go* into exile/hiding
elbúj|ik *i* hide* (away), conceal oneself, *(vk elől)* hide* (from sy), take* cover/shelter
elbújtat *i* hide* away, conceal
elbuk|ik *i* **1.** *[elesik]* fall*, tumble (over) **2.** *átv* fail, *[küzdelemben]* go* under, *[vizsgán]* fail [the/an examination]
elbuktat *fn* **1.** *(vkt) [vizsgán]* fail sy, fail the candidate [in a subject, in several subjects]; *biz* flunk **2.** *[gánccsal]* trip up
elburjánz|ik *i [fegyelmezetlenség, bűnözés]* become* widespread/rampant, escalate, spread*; *[kertben a gyom]* get*/become* weedy
elbutít *i* make* stupid/silly, stupefy
elbutul *i* grow* stupid/dull/silly
elbutulás *fn* [reaching the state of] mental dullness, hebetude
elbürokratizálód|ik *i* become* bureaucratic/bureaucratized, develop a bureaucratic attitude, lose* the personal touch
elbűvöl *i* charm, enchant, cast* a spell over sy; **el van bűvölve** *(vktől/vmtől)* he is fascinated/charmed/enchanted (by sy/sg), he is taken with sy/sg
elbűvölő *mn* charming, enchanting, fascinating; **~ teremtés** she's an enchanting creature
élc *fn* jest, joke, (funny) story
élcelődés *fn* joking, raillery, banter
élcelőd|ik *i* joke, tease (sy), *(vkvel)* joke with sy, banter sy, chaff sy
elcipel *i* **1.** carry off, drag away **2.** *biz (vkt vhova)* drag sy along, *biz* lug away
elcsábít *i* **1.** *[nőt]* seduce; **~otta vk** (s)he was seduced by sy **2.** *biz (vkt vhova)* entice away (to)
elcsábul *i* let* oneself be enticed/seduced, fall into (v. yield to) temptation
elcsakliz *i biz* pinch, nick
elcsal *i* **1.** *(vkt vhonnan)* (al)lure, entice away **2.** *(vktől vmt)* wheedle sg out of sy
elcsap *i* **1.** *biz (vkt)* chuck out **2. vmvel ~ta a hasát** sg gave (v. has given) him diarrhoea (*US* diarrhea), *biz* sg has given him the runs
élcsapat *fn* van(guard), spearhead
elcsatangol *i biz* → **elkóborol**
elcsatol *i [területet]* disannex, detach
elcsattan *i* go* off, crack; **~t egy csók** there was the smack of a kiss; **~t egy pofon** sy got a resounding slap (on/across) the face
elcsavar *i* **1.** *ált* twist, *[fedelet]* twist off [lid, cap] **2.** *[vízcsapot, gázt]* turn off **3.** *átv* twist, distort; **~ja vk fejét** turn sy's head
elcsavarod|ik *i* turn round, twist

E

elcsavarog *i* loiter about, loaf (about); ~ **az iskolából** play truant, *US* play hook(e)y

elcsen *i biz* filch, pilfer, walk off with (sg)

elcsendesed|ik *i* **1.** *ált GB* quieten, *US* quiet, quiet(en)/calm down **2.** *[vihar]* abate, *[szél]* calm down, die away/down

elcsendesít *i* still, quieten, *US* quiet, quiet(en) down, silence, soothe, hush

elcsendesül *i* → **elcsendesedik**

elcsenevészed|ik *i* become* stunted/scraggy (v. *US* scraggly)

elcsépel *i* **1.** *[gabonát]* thresh **2.** *biz* (*vkt*) thrash (soundly), drub **3.** *biz [unalomig]* overwork, make* hackneyed/tedious by repetition, do* to death

elcsépelt *mn átv* trite, hackneyed

elcseppen *i* **mindjárt ~ az orrom** my nose will drip in a moment

elcserél *i* **1.** (*vmt vmért*) exchange (sg for sg), *biz* swap, swop **2.** *[tévedésből vmt]* mistake* sg for sg, muddle up

elcsesz *i tabu* → **elbaszik**

elcseveg *i* → **elbeszélget**

elcsigáz *i* tire/wear* out, overwork

elcsigázott *mn* tired out, weary, exhausted, jaded, knackered

elcsinál *i durva* ~ **egy gyereket** get* rid of a baby, do* away with a baby

elcsíp *i* **1.** *[vmből darabot]* pinch/nip off **2.** *biz* (*vkt*) collar, catch*, (*vmt*) get* hold of, catch*; **~i a buszt** catch* the bus; **még épp ~tük a film elejét** we just made it for the beginning of the film

elcsitít *i* → **elcsendesít**

elcsitul *i* → **elcsendesedik**

elcsodálkoz|ik *i* (*vmn*) be* astonished/amazed (at sg)

elcsomagol *i* pack (away)

elcsór *i biz* → **elcsen**

elcsorog *i* flow away/off

elcsoszog *i* shuffle off, shamble away

elcsökevényesed|ik *i* atrophy, *átv* wither away

elcsúfít *i* disfigure, deform, spoil*, mar, uglify

elcsuk *i* lock up/away

elcsukl|ik *i* **~ik a hangja** his voice falters, his voice fails him; *[zokogástól]* her voice is choked (with sobbing)

elcsukló *mn* ~ **hangon** in a faltering voice

elcsúnyul *i* → **megcsúnyul**

elcsúszás *fn* slip, slipping

elcsúsz|ik *i* **1.** (*vk*) slip (up) (on sg); **ezen az apróságon csúszott el** this little thing/matter was his undoing **2.** *biz* (*vm*) pass unnoticed; **(még) ~ik (valahogy)** it will just about get* by; → **banánhéj**

elcsüggед *i* lose* heart/courage, despair

elcsüggeszt *i* dishearten, discourage, dispirit

eldalol *i* sing*

eldarabol *i* cut* into pieces, cut*/chop up

éldegél *i [csendesen]* lead* a quiet (v. an uneventful) life

eldicseksz|ik *i* (*vmvel*) boast of/about (sg)

eldob *i* throw* away/off, cast* away, *[szemétbe]* dispose of, discard

eldobál *i* throw* away (one by one)

eldobható *mn [injekciós tű, papírpelenka stb.]* disposable, throwaway

eldolgoz *i [elvarr]* sew* up, finish; *átv* **~za az elvarratlan szálakat** tie up the loose ends

eldolgozgat *i* work at a leisurely pace

eldorbézol *i* squander

eldöcög *i* **1.** *[személy]* hobble away/along **2.** *[kocsi]* bump along

eldől *i* **1.** *[tárgy]* fall* down, tumble over **2.** *[ügy]* be* decided, be* brought to an issue; **még nem dőlt el** it remains to be seen, it is still in the balance

eldönget *i* thrash (soundly), give sy a (sound/good) hiding, beat*

eldönt *i* **1.** *[tárgyat]* upset*, knock over/down **2.** *átv* decide, settle, *kif* make* up one's mind (to), bring* to an issue; **~öttük, hogy**... we've decided that...; **ez ~i a kérdést** that settles it; **~endő** → **kérdés**; **még nincs ~ve** no decision has yet been taken (about/on/concerning sg)

eldöntetlen *mn* **1.** undecided, open; ~ **kérdés** open question; ~ **marad** remain undecided/unsettled, remain to be decided/settled, be*/hang in the balance **2.** *sp* → **döntetlen**

eldördül *i [puska, ágyú]* go* off (with a bang)

eldörzsöl *i [foltot]* smudge

eldúdol *i* hum [tune, song]

eldug *i* hide*, conceal

eldugaszol *i* stop up, choke (up), *[üveget]* cork

eldugott *mn* hidden, concealed [spot]; **egy ~ falu** a village in the back of beyond (v. in the middle of nowhere); *biz* ~ **helyen** (out) in the sticks

eldugul *i* **1.** *[cső stb.]* get* stopped/clogged up, be*/get* blocked (up) **2. ~t orr** stuffy nose

eldugulás *fn* stoppage, blockage

eldurran *i* go* off, explode, detonate

eldurvul *i* grow* coarse, coarsen, roughen

elé *nu* **vk ~ áll** *[sorban]* (go* and) stand* in front of sy; **lába ~ borul** throw* oneself at the feet of sy; **szeme ~ kerül** come* in sight of, catch* sight of; **vm ~ néz** have* sg to look forward to; *[rossznak]* (have* to) face sg, *[jónak]* be* looking forward to sg (to doing sg); **vk ~ tesz vmt** put*/set*/lay* sg before (v. in front of) sy; ~ **vág** (i) (*vknek*) overtake* (and cut* in on) sy (ii) (*vmnek*) forestall, anticipate; **~m** before me

elébe *hsz* before, in front of; ~ **ad** put*/set* sg before sy; *[ételt]* serve, dish up, *átv* submit to; ~ **áll** *[sorrendben]* stand* in front of sy; *[feltartóztatva]* stand*/get* in sy's way; **állok ~** (well,) I can take it!, here I am; ~ **dob** throw*/fling* before; ~ **helyez**, ~ **tesz** (i) (*vknek vmt*) put*/set*/place sg before sy (ii) *átv* (*vknek/vmnek vkt/vmt*) prefer sy/sg to sy/sg, like sy/sg better than sy/sg, consider sg more important; ~ **jön** (*vk vknek*) come* to meet sy; ~ **megy** (*vk vknek*) go* to meet sy; ~ **néz** → **elé**; **szép jövőnek néz ~** show* great promise, have* a fine future ahead of one; **derűs napnak nézünk ~** (we have) a sunny day to look forward to; ~ **tart** (*vmt/vknek*) hold* sg before sy; **ne vágjunk ~ az eseményeknek** let us avoid making (hasty) predictions, let us start from the beginning

éled *i* revive, come* to life again

eleddig *hsz* so far, up till now, hitherto

eledel *fn* food, provisions *tsz*, *[állaté]* fodder

éledez|ik *i* begin* to revive, recover gradually

elefánt *fn* **1.** *[állat]* elephant; *biz* ~ **a porcelánboltban** a bull in a china shop **2.** *átv biz [a felesleges harmadik] GB* gooseberry

elefántagyar *fn* tusk (of an elephant)

elefántcsont *fn* ivory

Elefántcsontpart *földr* Ivory Coast

elefántcsontparti *mn/fn* Ivory Coaster, Ivorian

elefántcsonttorony *fn* ivory tower

elefántfül *fn gk* quarter-light

elég[1] *i* burn* (away/up), *kém* oxidize, be* consumed

elég[2] **I.** *mn* enough, sufficient, ample; **nincs ~ vmből** be* short of sg; **mára ~ lesz!** that will do for today!; *[a munkából]* let's call it a day; **sokáig ~ lesz** it will go a long way, it will last (for) quite a while; **nekem ebből ~ volt** I've had enough of this; ~ **ideje van** he has plenty of (v. enough) time; ~ **volt!** enough!, stop it!; **parancsol még (levest)? köszönöm, ~!** (some) more (soup)? no more(,) thank you!; **szólj, ha ~** *[ital töltésekor]* say when; **2000 forint ~ lesz** 2000 forints will be enough; ~ **az hozzá** ... in a word, to cut a long story short, suffice it to say (that); ~ **baj!** that's a pity!, that's too bad! **II.** *fn* **nincs vmből elege** be* short of sg; **elege van vmből** *biz* be* fed up with sg, have* one's fill of sg/sy, sy has had enough (of sg), be* browned off with sg, be* tired of sg; **eleget tesz vmnek** *[ígéretnek]* keep* [one's word], fulfil (*US* fulfill) [a promise]; *[óhajnak]* meet*, satisfy [sy's wish], *[kérésnek]* fulfil [a request], comply with [the rules, sy's request/wish], meet* [the requirements]; **eleget tesz fizetési kötelezettségeinek** meet* one's debt obligations; **eleget alszik** get* enough sleep **III.** *hsz* fairly, rather, quite, tolerably, passably; **~ gyakran** quite often; **~ jól** fairly well, well enough; **~ soká időzik vhol** spend* quite a long time swhere

elegancia *fn* elegance

elegáns *mn* (*vk*) elegant, fashionable, *[ruha]* stylish, smart, *[hely]* fashionable, smart

elégedetlen I. *mn* discontented (with sg), dissatisfied (with sg), displeased (at sg, with sy) **II.** *fn* **az ~ek** the malcontents

elégedetlenked|ik *i [vm miatt, vmvel]* be* dissatisfied/discontented (with), grumble (at, about, over)

elégedetlenség *fn* discontent, (*vmvel*) dissatisfaction

elégedett *mn* content(ed), (*vmvel*) satisfied (with sg)

elégedetten *hsz* content(edly), with satisfaction

elégedettség *fn* contentment, satisfaction

elegen *hsz* enough (people), in sufficient numbers

elegendő *mn* sufficient, enough, *[igével]* suffice (*vknek* sy, *vmre* for, to); **nem ~** insufficient

eléget *i* **1.** burn* (up), incinerate, *[tetemet]* cremate **2.** *[ételt]* burn*, scorch

eléggé *hsz* sufficiently, fairly, pretty; **nem ~** insufficiently → **elég²** III

elégia *fn* elegy

elégikus *mn* elegiac

elégséges I. *mn* sufficient, enough, satisfactory, *[igével]* suffice (*vknek* sy, *vmre* for, to); **a még ~ szolgáltatás** *[sztrájk idején]* minimum production; **~ osztályzat** → **elégséges** II **II.** *fn [osztályzat]* pass (mark)

elégszer *hsz* often enough, quite often, enough times

elégtelen I. *mn* insufficient, inadequate, not enough, *[minőségileg]* unsatisfactory; **~nek bizonyul** prove insufficient, fall* short (of sg); **~ osztályzat** → **II II.** *fn [osztályzat]* a fail

elégtelenség *fn* insufficiency, inadequacy, shortage, *[erőfeszítésben]* shortcoming

elégtétel *fn* satisfaction, amends *tsz*; **~t kér** demand satisfaction (from sy for sg); **~t ad** (*vknek vmért*) give* satisfaction (to sy for sg), make* amends (to sy for sg); **~t vesz magának** get* even with sy, revenge oneself, avenge sg, get* one's own back (on sy); **~ül szolgál vknek vm** sg satisfies sy

elegy *fn* mixture; **vmnek furcsa ~e** a (strange) mishmash (of)

elegyed|ik *i* mix, mingle, blend (*mind:* with); **beszédbe/szóba ~ik vkvel** engage sy in conversation, strike* up [v. start (up)] a conversation with sy, *biz [ismerkedés céljából férfi nővel]* chat sy up

elegyenget *i* **1.** *ált* make* even, *[földet]* level (*US* -l) **2.** *átv* adjust, settle [matters]

elegyes *mn* mixed

elegyít *i* mix, mingle, blend

elegysúly *fn* gross-weight

eleink *fn tsz* our forebears/forefathers

eleinte *hsz* at first, in the beginning, to begin* with, initially, at the start, at the outset

eleje *fn* (*vmnek*) *ált* fore-part, *[állatnak]* forequarters, *[könyvnek]* first chapters *tsz*, early parts *tsz*, *[időnek]* beginning; **a nyár ~n** in early summer; **július ~n** *[jelenik meg]* [it will be published] early in July; **~t veszi** *[bajnak]* prevent, ward/stave off, guard against, forestall (sg); **~től végig** *[időben]* from beginning to end, from first to last; *[elolvas stb.]* from cover to cover; **rögtön az ~től fogva** right from the beginning/start/outset, all along, from the word go

eléje *hsz* → **elébe**

elejt *i* **1.** *[esni hagy]* drop, let* drop/fall **2.** *[vadat]* kill, bring* down **3.** *[indítványt]* abandon, *[tervet]* give* up, *[vádat]* withdraw*, *[célzást]* drop [a hint], *[szót]* let* drop

elejtett *mn* **1.** **~ vad** kill, bag **2.** **~ megjegyzés** chance remark

elektro- *előtag* electro-

elektród *fn* electrode

elektrodinamika *fn* electrodynamics *esz*

elektroencefalogram *fn* (*röv* **EEG**) *orv* electroencephalogram (*röv* **EEG**)

elektrofizika *fn* electrophysics *esz*

elektrokardiográf *fn* electrocardiograph (*röv* **ECG**)

elektrokardiogram *fn* electrocardiogram (*röv* **ECG**)

elektromágnes *fn* electromagnet

elektromérnök *fn* electrical engineer

elektromos *mn* electric(al); *gk* **~ ablakemelő** window lift; **~ áram** electric current; **~ feszültség** electric voltage; → **villamos I**; → **villany-**

elektromosság *fn* electricity

elektromotor *fn* electric motor

elektron *fn* electron, *összet* electron, electronic

elektroncső *fn* valve, vacuum/electron tube, *US* tube

elektronika *fn* electronics *esz*; **az ~ korszaka** the age of electronics

elektronikai *mn el* electronic; **~ rendszer** electronic system; **~ szaküzlet** electronics shop

elektronikus *mn* electronic; **~ aláírás** electronic signature; **~ fizetőeszközök** means of electronic payment; **írott és ~ sajtó** the media; **~ kereskedelem** e-commerce; **~ kiadványszerkesztés** electronic publishing; **~ könyvtár** electronic library; **~ médiumok/média** electronic media; **~ posta** e-mail

elektronmikroszkóp *fn* electron microscope

elektrosokk *fn orv [kezelés]* electro-shock

elektrosztatikus *mn* electrostatic

elektrotechnika *fn* electrical engineering

elél *i* **1.** *[egy ideig]* live (for a time), survive, remain, last **2.** → **eléldegél**

eléldegél *i* manage to rub along, scrape/scratch a living

élelem *fn* food, foodstuff(s), provisions *tsz*; **~mel ellát** supply with food/provisions, provision, cater for

élelmes *mn* practical, resourceful

élelmesség *fn* resourcefulness

élelmez *i* supply/provide with food, feed*, cater for

élelmezés *fn* supplying with food, feeding, catering, provisioning

élelmezési *mn* **~ költségek** cost of provisions; **~ szolgálat** (i) *ált* catering service (ii) *kat* commissariat (department); **~ tiszt** commissariat officer

élelmi *mn* food-; **~ cikk** foodstuff, food-product

élelmiszer *fn* foodstuffs, food-products, foods, *[szupermarketben]* groceries; *[útra]* provisions (*mindegyik: tsz*); **~rel ellát** provision, cater for, provide/supply with food; **~t halmoz** hoard food(stuffs)

élelmiszeradag *fn* (food) ration

élelmiszeráru *fn* groceries *tsz*

élelmiszer-áruház *fn* supermarket, *US* food-store

élelmiszer-behozatal *fn gazd* food imports *tsz*

élelmiszerbolt *fn* grocer's, grocery, *US* grocery store, food shop (v. *US* store)

élelmiszerdiszkont *fn* discount food shop (*US* discount food store)

élelmiszer-ellátás *fn* food-supply

élelmiszer-fejadag *fn* food ration

élelmiszer-fogyasztás *fn* food consumption

élelmiszerhiány *fn* food shortage(s)

élelmiszeripar *fn* food industry

élelmiszerjegy *fn* ration card

élelmiszer-kereskedelem *fn gazd* food trade

élelmiszerkészlet *fn* stock of provisions

élelmiszer-korlátozás *fn* food-rationing

élelmiszerosztály *fn [áruházban]* food department

élelmiszerüzlet *fn* → **élelmiszerbolt**
elélvez *i szl* come*, have* an orgasm, jerk off
elem *fn* **1.** *átv is* element; **~eire bont vmt** resolve into its elements, analyse; **~ében van** be* in one's element, be* in ones glory; *pol pej* **felelőtlen ~ek** irresponsible elements **2. az ~ek** *[vihar stb.]* the elements **3. vmnek az ~ei** *[alapismeretek]* the elements/rudiments/ABC of sg **4.** *kém* element **5.** *el* battery, *fiz* cell **6.** *épít* unit, piece, (prefabricated) part → **ceruzaelem**, → **épületelem**, → **laposelem**
élemedett *mn [korú]* ag(e)ing, aged, elderly
elémegy *i* → **elébe megy**
elemel *i* **1.** *konkr* remove, take* away, carry off **2.** *biz* → **elcsen**
elementáris *mn* ~ **erővel** with an extreme/intense force
Elemér *tul* ‹Hungarian masculine given name›
elemes *mn* **1.** *el [elemmel működő]* battery(-operated/ powered) **2.** ~ **bútor** unit furniture; *[konyha]* kitchen unit
elemészt *i* consume, kill; **~i magát** take* one's own life
elemez *i* **1.** *ált* analyse **2.** *nyelv* parse
elemi I. *mn* **1.** *ált* elementary, *jog* basic, fundamental; **az udvariasság ~ szabályai** the basic rules of etiquette; *elav* ~ **iskola** primary school; *US* grade school; *fiz* ~ **részecske** elementary particle **2.** *[természeti erők okozta]* elemental; ~ **csapás** act of God; ~ **erővel** with an overwhelming force; ~ **kár** heavy loss, heavy damages *tsz* **II.** *fn* → **elemi iskola**
elemista *fn elav* schoolboy, schoolgirl, *[több]* schoolchildren (is)
elemlámpa *fn* → **zseblámpa**
elemzés *fn* **1.** *műsz* v. *ált* analysis **2.** *nyelv* parsing
elemző I. *mn* analytical **II.** *fn* analyst
elénekel *i* sing*
elenged *i* **1.** *[kezéből]* let* go/drop, *[akaratlanul]* lose* one's hold (of sg) **2.** *[szabadon enged]* release, let* go, set* free, *[büntetés nélkül]* let* sy off, *[állatot]* let* loose **3.** *[vkt vhova menni]* let* sy go to [a place]; ~ **maga mellett** let* by **4.** *[vkt szolgálatból, munkaviszonyból]* allow (sy) to leave; **~i a füle mellett** *[szándékosan]* turn a deaf ear to sg **5.** *[tartozást]* remit, cancel (*US* -l) [debt], *[büntetést]* let* off, remit [punishment]; **~i a formaságokat** dispense with (the) formalities; **ezt a látogatást szívesen ~ném** that is a visit I could do without (v. would gladly forego); **~i a füle mellett** let* sg by/ride **6. ~i magát** let* oneself go, relax, *kif* let* one's hair down **7. a ragasztás ~ett** the adhesive let go (v. came unstuck); → **elereszt**
elengedés *fn* **1.** *[szabadon]* letting go, release, liberation **2.** *[büntetésé]* remission, remittal **3.** *[tartozásé]* cancelling (*US* -l-), remittal, remission
elengedhetetlen *mn* indispensable, essential
élenjáró *mn* leading, in the van of progress *ut*, (the most) advanced; ~ **vmben** be* at/on the cutting edge (of sg)
élénk *mn* lively, *[fürge]* agile, brisk, *[fantázia, stílus]* vivid, *[szem]* bright, *[szín]* vivid, fresh; ~ **érdeklődés** keen/active interest in sg; ~ **forgalom** lively/bustling traffic; ~ **színű** bright(ly-coloured); ~ **színekkel ecsetel** paint in vivid colours (*US* -ors), describe sg graphically; ~ **tevékenységet fejt ki** take* an energetic/active part in sg; **~en tiltakozik** protest vehemently
élénkít *i* animate, quicken, brighten, stimulate; **~i az elbeszélést** lend* colour to the story
élénkítőszer *fn orv* stimulant
élénkpiros *mn* bright red, vermilion
élénkség *fn* liveliness, animation, vivacity, briskness
élénkül *i* become* lively, brighten up, *[szél]* freshen
élénkzöld *mn* bright green
elenyész|ik *i* **1.** disappear, vanish, *[fokozatosan]* dwindle/ taper/fade away, *[hang]* die away **2.** → **eltörpül**
elenyésző *mn [csekély]* insignificant, tiny, slight, negligible; ~ **kisebbség** insignificant minority
eleped *i* **1.** ~ **vkért** pine/yearn for sy **2.** ~ **a szomjúságtól** be* almost dying of thirst
elér *i* **1.** *[kézzel]* reach, be* able to reach **2.** *[vkt üldözve]* catch* up (with sy), overtake* **3.** *átv* (*vkt*) reach, get* in touch with (sy), contact (sy) **4.** *[buszt stb.]* (manage to) catch*; **~i a vonatot** make* the train **5.** *átv* (*vmt*) reach, attain, achieve; **~i a célt** achieve one's aim/purpose/object/ goal; *átv* hit* the target; **eredményeket ér el** achieve/ obtain/get*/gain results; *átv* **vmt el akar érni** be* after sg, strive* for/after sg, aim at sg, reach out for sg; **ezzel nem érsz el semmit** this won't get you anywhere; **magas kort ér el** live to a great (v. ripe old) age; **jó árat ér el** make* a price; **~i a csúcspontját** reach a climax, come* to a climax, work up to a climax; **~i a milliós nagyságrendet** runs into the millions **6.** (*vhová*) reach, make*, arrive (at), get* to; **~tünk New Yorkba** we reached/made New York
elered *i* begin* to flow/run; **~t az eső** it began to rain; **~t az orra vére** his nose began to bleed
elérés *fn* **1.** *[kézzel vhova]* reaching **2.** *[célt]* obtaining, attainment, achievement **3.** *infor* access
elérési *mn infor* ~ **idő** access time; ~ **út** path
elereszt *i* **1.** *[kezéből]* let* go/drop **2.** *[szabadon bocsát]* release, let* go, set* free, *[állatot]* let*/turn loose **3.** *[vkt vhova menni]* let* sy go (to a place) **4. nincs valami jól ~ve** be* none too well off; → **elenged**
elérhetetlen *mn* **1.** *[fizikailag]* out of reach *ut*, *[ember]* inaccessible, *[igével]* be* impossible to get hold of **2.** *átv* unattainable, inaccessible, unavaible
elérhető *mn* **1.** *[kézzel]* within reach *ut*, accessible **2.** *átv* attainable, available; ~ **közelségbe kerül** (*vmhez*) come* within sight (of sg)
elérhetőség *fn* **mi az ~ed?** how can I contact you?, how can I get in touch (with you)?
elérkez|ik *i* **1.** (*vhova*) arrive (*nagyobb városba, országba:* in) (*kisebb helyre* v. *állomásra, repülőtérre stb.* at), come* (to), reach (swhere) **2.** *[idő]* come*; **még nem érkezett el az idő** the time has not yet come (v. is not yet ripe) (for doing sg)
elernyed *i* **1.** *[feszültség megszűnik]* relax, slacken, go* limp **2.** *[elfárad]* grow* weary, tire
elernyeszt *i* relax, weary, enervate
elerőtlened|ik *i* lose* one's strength, become* weak/ feeble
elerőtlenít *i* enfeeble, weaken, enervate
elért[1] *i* **1.** *[megért]* **~i a tréfát** can see the joke; **~i a célzást** take* a hint **2.** *[félreért vkt]* take* sy up wrongly
elért[2] *mn [cél]* attained *ut*; **az eddig ~ eredmények** the results (obtained) so far
elértéktelenedés *fn* (complete) loss of value, *[pénzé]* inflation
elértéktelened|ik *i* lose* (its) value, become* valueless/ worthless, *[pénz]* be* inflated
elérzékenyül *i* be* (deeply) touched/affected/moved (by)
éles *mn [kés]* sharp, *[arcvonások]* marked, pronounced, clear-cut [features], *[ész]* sharp, keen, quick, hair-trigger [mind], *[fájdalom]* sharp, shooting, *[fény]* strong, keen, piercing, *[fül, hallás]* sharp, keen, good [ear, hearing], *[hang]* shrill, harsh, *[kanyar]* sharp [turn, corner], *[megjegyzés]* cutting, biting [remark], *[szem]* keen [sight, eyes], *[töltés]* live [bomb, cartridge, ammunition]; ~ **hangon** shrilly; *[metszően]* sharply, in a biting tone; ~ **elme** acumen, brilliance, perspicacity, shrewdness; ~ **elméjű/ eszű** keen/sharp/quick-witted, bright, clear-sighted, discerning; ~ **körvonalú** clear-cut; ~ **látású/szemű** *átv is* sharp-eyed, keen/sharp-sighted, clear-sighted; *csak átv* perspicacious; ~ **a kép** be* in focus, be* sharp; **nem a kép** be* out of focus; **~en** sharply, keenly, acutely; **~en bírál vkt** criticize (sy for [doing] sg) strongly; **~re állít** *[lencsét]* (bring* into) focus; **~re tölt** load with ammunition
élés *fn* **1.** (*vhol*) living **2.** (*vmvel*) use
élesed|ik *i* **1.** *ált* sharpen **2.** *[helyzet]* worsen, grow* worse, *[vita]* grow* (more) embittered

eleség *fn* **1.** *[állaté]* provender, fodder, *[baromfinak]* (hen) feed **2.** → **élelem**
eleselméjűség *fn* discernment, shrewdness
elesett I. *mn* **1.** *[egészségileg]* be* in poor health **2.** ~ **ember** *átv* a wreck, a down-and-out **II.** *fn [háborúban]* **az ~ek** those killed in action, the fallen
elesettség *fn* **1.** *[egészségileg]* poor health **2.** *[nyomor]* affliction, distress
eles|ik *i* **1.** *[menés közben]* have* a fall, fall* (down/over) **2.** *[háborúban]* be* killed [in the war], be* killed in action/ battle (v. on active service) **3.** *[vár, város]* fall* **4.** (*vk vmtől*) lose* (sg), be* deprived of (sg) **5.** *[nem számítható be]* be* omitted/dropped, be* left out of account
élesít *i* **1.** *[tárgyat]* sharpen, make* sharp, grind*, whet, *[kövön]* hone **2.** *[elmét]* sharpen [wits] **3.** *[fegyvert]* cock [a gun] **4.** *[képet]* sharpen
éléskamra *fn* larder, pantry
éleslátás *fn átv* perspicacity, discernment, insight, clear vision
éleslátású *mn* → **éles**
éleslövészet *fn* live fire manoeuvre (*US* maneuvre)
élesség *fn* **1.** *[késé]* sharpness, keenness **2.** *[elméé]* subtlety, quickness, discernment **3.** *[fényképé]* clearness, sharpness
éléstár *fn* → **éléskamra**
eleste *fn* **1.** *[emberé]* death **2.** *[váré, városé]* fall, capitulation, surrender
elesz|ik *i* (*vmt vk elől*) eat*/hog sy else's share of sg, hog all the food
éleszt *i* **1.** *[embert]* resuscitate, revive, bring* (back) to life **2.** *[tüzet]* stir, poke [fire]
élesztget *i* try to rescuscitate/revive
élesztő *fn* yeast, *[kovász]* leaven
élesztőgomba *fn* saccharomyces
élesztős *mn* ~ **tészta** yeast-cake
élet *fn* **1.** life°; **az ~ minden területéről** from all walks of life; **~-halál kérdés** a matter of life and death; **egy ~re (megjegyezte)** (s)he remembered it for life; **ilyen az ~** that's the way of the world, that's life, c'est la vie; **nyomorúságos ~et él** lead* a dog's life; **az ~ével játszik** dice with death; **~be lép** come* into force; *US* become* effective/operative; **~be léptet** put* into force; *[törvényt]* enact; **~be léptetés** introduction; *[törvényé]* enactment; **~ben marad** survive; **az ~ben maradtak** the survivors; **~ben van** be* alive/living, be* above ground; **egyszer az ~ben** once in a lifetime; **egy ~en át tartó** lifelong; **~re kel** come* to life (again); *[újra]* revive; **új ~re kelt** revive, restore (to life), resuscitate; **~et ad** *[gyermeknek]* give* birth [to a child]; **léha ~et él** lead*/live a life of dissipation; **~et önt vkbe** infuse life into sy; **~ét veszti** *[balesetben]* be* killed, lose* one's life; **~ét áldozza** give* one's life **2.** *[megélhetés]* living, existence; **az ~ drága külföldön** life/living is dear/expensive abroad, the cost of living is higher abroad **3.** *[lendület]* life, vigour (*US* -or), go; **(ez a fiú) csupa ~** (this boy) is bubbling over with vitality; **~tel teli** full of life/go *ut*, lively; → **fizet**, → **kerül**
életadó *mn* life-giving
életbelépés *fn* coming into force/operation
életbevágó *mn* vital; ~ **dolog** a matter of life and death
életbevágóan *hsz* ~ **fontos** of vital importance *ut*
életbiztosítás *fn* life assurance/insurance; **~t köt** take* out life insurance (v. a life insurance policy)
életbiztosító *fn* life insurance company
életbölcsesség *fn* worldly wisdom
életcél *fn* object in life, sg to live for
életelem *fn* (*vké*) (sy's) (natural) element
életerő *fn* vital force, vitality, vigour (*US* -or)
életerős *mn* vigorous, full of vitality *ut*
életeszmény *fn* ideal in life
életév *fn* **20. ~ében** in his twentieth year
életfelfogás *fn* view of life, attitude towards life
életfeltétel *fn* → **létfeltétel**
életfenntartás *fn* → **létfenntartás**
életfogytig *hsz* for life; ~ **tartó** (v. **életfogytiglani**) **szabadságvesztés/börtön** life imprisonment
életfolyamat *fn* vital process
életforma *fn* way of life
életfunkció *fn orv* vital function
élethalálharc *fn* life-and-death struggle, fight to death; **~ot vív** fight* for one's life
élet-halál ura *kif [igével]* have* the power of life and death (over sy)
élethivatás *fn* calling, mission (in life)
élethosszig *hsz [egész életen át]* ~ **tartó** *[pl. tanulás]* lifelong (studies), *kif* (you/we) live and learn
élethossziglan *hsz* for life
élethű *mn* lifelike, true to life *ut*
élethűen *hsz* ~ **ábrázolva** drawn to the life
életigenlés *fn* will to live
életírás *fn* → **életrajz**
életjáradék *fn* life-annuity
életjel *fn* sign of life; **~t ad magáról** let* (sy) know that one is alive (and well)
életjelenség *fn* symptom of life
életkedv *fn* enjoyment/joy of life, interest in life, zest for life
életkép *fn [festmény]* conversation piece, genre-painting
életképes *mn* capable of living *ut*, fit for life *ut*, *[csecsemő és átv]* viable; **gazdaságilag ~** economically viable
életképtelen *mn* incapable of living, not viable *ut*, unviable
életkérdés *fn* question of vital importance
életkor *fn* age, time of life
életkörülmények *fn* circumstances of life
életközösség *fn* **1.** *[házastársi]* matrimony, married life; **az ~ megszüntetése** judicial/legal separation **2.** *biol* symbiosis
életlehetőség *fn* means/possibilities of earning a livelihood/living *tsz*
életlen *mn* blunt, dull, *fényk* fuzzy, out of focus
életmegnyilvánulás *fn* manifestation of life
életmentés *fn* life-saving
életmentő I. *mn* life-saving **II.** *fn [személy]* life-saver
életminőség *fn* quality of life
életmód *fn* way of life, life style; **vmlyen ~ot folytat** pursue a way of life
életmű *fn* life-work, life's work, oeuvre
életműdíj *fn* life achievement award
életműködés *fn* vital functions *tsz*
életművész *fn* ‹ one who knows how to get/make the most (out) of life, a master of the art of living ›
életnagyságú *mn* life-size(d), full length
életnedv *fn* sap, vital juice
életöröm *fn* joie de vivre, enjoyment of life
életösztön *fn* instinct for life
életpálya *fn* career, profession
életrajz *fn* biography, life°
életrajzi *mn* biographical
életrajzíró *fn* biographer
életre-halálra *hsz* ~ **megy** it is a life-and-death struggle, it is a matter of life and death
életrevaló *mn [ember]* resourceful, capable of getting on *ut*, *[ötlet]* clever, bright
életstílus *fn* life style
életszagú *mn* realistic, naturalistic, true to life
életszemlélet *fn* view of life, outlook on life
életszínvonal *fn* standard of living, living standard(s); **az ~ emelkedik** the standard of living is going up (v. is rising); **csökken az ~** there is a fall in (real) living standards
életszükséglet *fn* necessities of life *tsz*
élettan *fn* physiology
élettani *mn* physiological; ~ **intézet** institute of physiology

élettapasztalat *fn* practical experience, an experience of life; **van ~a** he is a man° of the world; **~ot szerez** see* life, see* the world
élettárs *fn* **1.** partner **2.** *jog* common-law wife/husband
élettársi *mn* **~ viszony** *jog* common-law marriage; **~ jogviszony** common-law relationship
élettartam *fn* lifetime, life span; **várható ~** *[születéskor]* life expectancy
élettelen *mn* **1.** *[holt]* lifeless, dead **2.** *átv* inanimate, inert, *[tekintet]* glassy; **~ anyag** dead/inert matter
életteli *mn* full of live/go/vitality *ut*
élettevékenység *fn* vital functions *tsz*
élettörténet *fn* biography, life story
élettudomány(ok) *fn* life science(s)
életunt *mn* tired/weary of life *ut*
életút *fn* path/course of life, *[pályázatban]* career
életvágy *fn* desire/will to live
életveszély *fn* mortal danger, great peril; **~ben forog** be* in danger of one's life; **túl van az ~en** he is out of danger; *[beteg]* he is off the danger list
életveszélyes *mn* perilous, endangering one's life *ut*; **~ állapotban van** (s)he is in a critical state/condition; **a vezeték érintése ~** danger! high voltage!
életveszélyesen *hsz* **~ megfenyeget vkt** threaten sy's life; **~ megsebesült** seriously/desperately wounded; **~ megsérült** be* seriously injured
életvidám *mn* brimming with life *ut*
életviszonyok *fn tsz* living conditions
életvitel *fn* life style, way of life
elevátor *fn* elevator
eleve *hsz [előre]* from the first, in advance; **ezt már ~ kizárhatjuk** we exclude this before we start; **~ elrendelés** predestination
eleven I. *mn* **1.** *[élő]* live, living, alive *ut*, *kif* full of beans *ut* **2.** *[élénk]* lively, vivid, brisk; **nem rossz gyerek ez, csak egy kicsit ~** (s)he is not a bad child, just a little lively/boisterous **II.** *fn* **1.** *vall elav* **~ek és holtak** the quick and the dead **2. az ~ébe vág vknek** cut*/touch sy to the quick; **~ére tapint vknek** touch sy on the raw, touch a sore point, wound sy's feelings, touch a raw/sensitive nerve
elevenen *hsz* **~ eltemet** bury alive
elevenség *fn* liveliness, vivacity
elevenszülő I. *mn* viviparous **II.** *fn* **az ~k** vivipara
elevez *i* (*vhonnan*) row/pull away, push off/out, (*vm mellett*) row by
elévül *i* be(come)* out of date, be(come)* (out)dated/obsolete, date, *jog* lapse
elévülés *fn* becoming obsolete/outdated, obsolescence, *jog* lapse
elévülési *mn* **~ határidő** term of limitation
elévülhetetlen *mn* undying, imperishable
elévült *mn* (out)dated, obsolete
élez *i* → **élesít**
éleződés *fn* intensification, sharpening
éleződ|ik *i [helyzet]* deteriorate, worsen; → **kiélesedik**
elfacsarod|ik *i* **~ik a szíve** eat* one's heart out (for); **~ott a szíve érte** she was eating her heart for him
elfagy *i [testrész]* be* frostbitten, *[termés]* be* destroyed/killed/damaged/blighted by frost
elfagyott *mn* frozen, *[testrész]* frostbitten, *[termés]* destroyed/killed/damaged by frost *ut*, frost-damaged
elfajul *i* degenerate, deteriorate, get* out of hand
elfajulás *fn* degeneration, degeneracy, deterioration
elfakul *i* fade, lose* (its) colour (*US* -or)
elfalaz *i* wall off
elfárad *i* **1.** (*vmtől/vmben*) get*/grow* tired (of); **~tam** I am tired/exhausted **2.** (*vhova*) take* the trouble to go (swhere)
elfáraszt *i* tire/wear* (out), fatigue, exhaust
elfásul *i* become* indifferent/insensible (*vm iránt* to); **~t** indifferent, insensible (*vm iránt* to)
elfaxol *i* fax, send* by fax
elfecseg *i* **1.** *[titkot]* → **kifecseg 2. ~i az időt** gossip/chatter away the time, spend* (all) one's time chatt(er)ing
elfecsérel *i [idejét]* waste [one's time], *[pénzt]* squander, fritter/trifle away [one's money], chuck away
elfed *i* cover up, conceal, obscure, paper over
elfehéred|ik *i* turn/go* white/pale, whiten; **~ett az arca** his/her face went white
elfeketed|ik *i* turn/go* black, blacken
elfeksz|ik *i* **1.** (*vk*) lie* for a time **2.** *[irat]* be* hidden/shelved (swhere)
elfektet *i [ügyet]* shelve, let* sg drag on, lay* by
elfekvő I. *mn* **~ (áru)készlet** dead stock **II.** *fn* hospital/ward for incurables; *[szanatórium jellegű, GB, US magán]* nursing home
elfekvőkórház *fn* → **elfekvő II**
elfeledtet *i* → **elfelejtet**
elfelejt *i* forget*, cease to think of, slip one's memory, omit [to do* sg]; **el ne felejtsd!** remember to [do sg], don't forget!, mind you [do* sg]; **ne felejts(en) el írni!** be sure to write!; **hogy el ne felejtsem!** before I forgot, by the way; **felejtsük el!** *[múltbeli sérelmet]* let* bygones be* bygones; *[kisebb káresetet]* forget it!
elfelejtet *i* (*vkvel*) make* sy forget* sg
elfelejtkez|ik *i* (*vmről*) forget* sg, overlook sg; **ne felejtkezzél el rólam** remember me
elfelejtőd|ik *i* be* forgotten, be* lost to memory
elfelhősöd|ik *i* cloud up/over
elfenekel *i* give* sy a (good) hiding/thrashing, *[gyereket]* spank
elfér *i* find*/have* room, (can) hold*; **még kettő is ~** there is room for two; **a kocsiban nyolcan is ~nek** the car has room v. seats for eight people
elferdít *i* **1.** *[hajlít]* bend*, twist sg out of shape **2.** *átv* distort; **~i vk szavait** twist sy's words; **~i a tényeket** distort/misrepresent the facts
elferdítés *fn* **1.** *[dologé]* bending, twisting **2.** *átv* distortion
elferdül *i* **1.** twist, get* out of shape, bend* **2.** → **eltorzul**
elfintorít *i* **~ja az orrát** screw up one's face/mouth, wrinkle one's nose (at sg)
elfog *i* **1.** (*vkt/vmt*) catch*, capture, lay* hold of, *[rendőrség]* catch*, hunt/run* down, *[letartóztat]* arrest, detain, *[levelet]* intercept; *kat [rakétát]* intercept [a missile] **2. ~ja a kilátást** block/obstruct the/sy's view; *[érzés]* overcome*, be* seized (with); **~ta a düh** he was seized with a fit of rage; **~ta a félelem** he was gripped by fear
elfogad *i* **1.** *[pénzt, ajándékot]* accept, receive, take*; **nem fogadja el** refuse, decline, reject **2.** *[belenyugszik]* accept, put* up with sg **3.** *[ajánlatot]* accept, take* up [offer, tender], *[feltételeket]* acquiesce in [conditions], *[javaslatot]* carry, adopt [a motion], consent to, agree to, approve, *[törvényt, költségvetést]* pass [bill, budget]; **a javaslatot egyhangúlag ~ták** the motion was passed nem con **4.** *[váltót]* accept, honour (*US* -or) [bill, draft]
elfogadás *fn* **1.** *ált* acceptance, approval, *[beleegyezés]* agreement (to sg); **el nem fogadás** non-acceptance, refusal, rejection, disapproval; *[váltóé]* dishonour (*US* -or) **2.** *[törvényé]* passing
elfogadhatatlan *mn* unacceptable, not acceptable *ut*, *[viselkedés, bizonyíték]* inadmissible
elfogadható *mn* acceptable, *[kifogás, kérés]* admissible, *[ár]* reasonable; **~ áron** at (quite) a reasonable price; **minden ~ ok nélkül** without (any) reasonable cause, without good reason; **el nem fogadható** unacceptable
elfogadó *fn [váltóé]* acceptor
elfogadott *mn* accepted, received; **egyre ~abbá válik** gain ground; **általánosan ~ szokás** the accepted custom (as regards sg); **általánosan ~ tény, hogy** ... it is generally admitted that ...; **~nak tekint vmt** consider sg done ... as read
elfogadtat *i* have* sg accepted, push through, put* across; **törvényjavaslatot ~** get* a bill (v. new law) through

(Parliament); **~ja véleményét** win* acceptance for one's views
elfogat *i* have* sy caught/arrested
elfogatóparancs *fn* warrant for (sy's) arrest
elfoglal *i* **1.** *kat* take*, take* possession of, occupy, invade, seize, take* over **2.** *[helyet vk]* take* [a/one's seat], occupy a seat; **~ta a helyét** he took his seat; **ez a hely el van foglalva** this seat is taken **3.** *[helyet/teret vm]* take* up, occupy; **sok helyet foglal el** take* up a lot of space; **túl sok helyet foglal el** it takes up too much room/space **4.** *[állást]* hold, take* up [post, station] **5.** *[vkt munka]* (sg) keeps* sy busy; **el van foglalva** be* busy/engaged, be* tied up; **el van foglalva vmvel** be* busy doing sg, be* busy with (sg), be* occupied in doing sg, be* bound up in sg; **minden időmet ~ja** (*vm*) (sg) takes up all my time; **~ja magát vmivel** occupy oneself in/with sg **6.** *[álláspontot]* take* up [a position]
elfoglalás *fn* **1.** *[helyé]* taking up, occupying, occupation **2.** *kat* taking possession of, invasion, *[ostrommal]* siege
elfoglalt *mn* **1.** *[tartomány]* occupied **2.** *[hely]* engaged, taken *ut* **3.** *[ember]* busy; **ma igen ~ vagyok** I am very busy today
elfoglaltság *fn* occupation, engagement, employment, activity; **~ nélkül van** be* at a loose end
elfogód|ik *i* be* (deeply) moved
elfogódott *mn* deeply moved *ut*
elfogulatlan *mn* unbias(s)ed, unprejudiced, impartial, objective; **~ marad** keep* an open mind
elfogulatlanul *hsz* impartially, without bias
elfogulatlanság *fn* impartiality
elfogult *mn* prejudiced, bias(s)ed, partial; **~ vkvel szemben** bias(s)ed against sy; **~ vknek a javára** be* predisposed in sy's favour (*US* -or); **~tá tesz vk/vm javára** prepossess sy in favour of sy/sg
elfogultság *fn [részrehajlás]* prejudice, partiality, bias
elfogy *i* **1.** *ált* run* out, give* out, be* used up, (*vknek vmje*) run*/be* out of sg, run*/be* short of sg, *[készlet]* become* exhausted, *[áru]* be* sold out, *[pénz]* be* spent, run* out, *[könyv]* be*/go* out of print; **~ott** *[áru, könyv stb.]* (be*) out of stock; *[könyv kiadónál]* be* out of print, *[színházjegy stb.]* be* sold out, *[étel]* be* off **2. ~ a türelme** lose* one's patience
elfogyaszt *i* **1.** *ált* use up, get* through sg **2.** *[ételt]* eat*, consume, *[italt]* drink*, consume
elfojt *i* **1.** *[tüzet]* extinguish, put* out **2.** *[érzelmet, indulatot]* stifle, suppress, keep* [one's feelings] under control, *[haragot]* subdue, *[könnyeket]* choke/gulp/fight* back, *[ásítást]* stifle, *[nevetést, tüsszentést]* suppress, *[kiáltást]* strangle **3.** *[lázadást]* suppress, put* down
elfojtás *fn* **1.** *[tűzé]* extinguishing, putting out **2.** *[érzelemé]* suppression, stifling **3.** *[lázadásé]* suppression, putting down
elfojtott *mn* suppressed, repressed, strangled
elfoly|ik *i* **1.** (*vm mellett*) flow/run* past **2.** (*vmből*) flow/drain away **3.** *átv [pénz]* drain/melt away, *[idő]* pass; **~ik a keze között a pénz** money (just) slips through his fingers, money burns a hole in his pocket
elfonnyad *i* fade/wither away
elfordít *i* **1.** turn away; **~ja a fejét** look the other way; **~ja tekintetét** *[szándékosan]* avert one's eyes/gaze (from sg) **2.** *[figyelmet]* divert [attention] **3.** *[lapot]* turn over [page]
elfordul *i* **1.** *ált* turn away/aside, *[hajó]* sheer away/off **2.** *[érzelmileg vktől]* become* alienated/estranged (from), (*vmtől*) abandon (sg), turn one's back on/to sg
elforgácsol *i [erőt]* fritter away, *[időt]* trifle away, *[tehetséget]* waste
elforgácsolód|ik *i [erő, tehetség]* be* frittered away (on sg)
elforgat *i* **1.** *ált* turn away/off/round **2.** → **elfordít** 2
elforr, elfő *i* boil away
elföldel *i [elás]* inter, bury
elfúj *i* **1.** *[szél]* blow*/carry away; **~ta a szél** (it is) gone with the wind **2.** *[gyertyát]* blow* out **3.** *[leckét]* rattle off, *[nótát]* sing*
elfúl *i irod* → **elfullad**
elfullad *i* **1.** choke, suffocate; **~ a lélegzete** get* out of breath, be* winded **2.** *[gép, motor]* seize up, jam, get* blocked
elfuserál *i* make* a mess/botch of, bungle, botch, mess/botch/foul/muddle up, make* a bad job of sg, make* a muck of sg
elfut *i* **1.** run* away/off, *[menekülve]* escape from, make* off, *biz kif* show* a clean pair of heels, *szl* scarper **2. ~ja a méreg** fly* into a rage, lose* one's temper; **arcát ~otta a pír** (s)he blushed (deeply)
elfuvaroz *i* cart/haul away/off, transport, deliver
elfuvarozás *fn* haulage, transportation, delivery
elfüggönyöz *i* curtain off
elfűrészel *i* **1.** *[fát]* saw* in two, saw* up **2.** *biz* (*vkt*) put* a spoke in sy's wheel
elfüstöl *i* **1.** *[füsttel elűz]* smoke out **2.** *biz [dohányra elkölt]* blow [money] on tobacco
elfütyül *i [dallamot]* whistle [a tune]
elgaloppoz|ik, elgaloppíroz|ik *i biz* overplay one's hand
elgáncsol *i* **1.** *[futball]* trip sy (up), bring* down **2.** *átv* cross/thwart sy's plans
élgárda *fn* vanguard, *átv* elite
elgázol *i [jármű]* run* down/over; **~ta egy autó** he was run/knocked down (v. run over) by a car; **~ták** (s)he was hit by a lorry
elgázosít *i* **1.** *[folyadékot]* gasify, *[karburál]* carburet, *US* carburet **2.** *[gázzal kivégez] tört* execute in a gas chamber
elgazosodik *i* be* overgrown/overrun with weeds, become* rank with weeds
elgémbered|ik *i* grow* numb/stiff
elgennyed *i* get* full of pus, go*/turn/become* septic, suppurate
elgennyesed|ik *i* → **elgennyed**
elgépesít *i* mechanize
elgépiesed|ik *i* become* mechanical/perfunctory/monotonous
elgereblyéz *i* level (*US* -l) with a rake, rake (over/smooth)
elgondol *i* **1.** *[elképzel]* imagine, fancy, picture to oneself **2.** *[megfontol]* consider, think* (over)
elgondolás *fn* **1.** *[eszme]* idea, concept, conception **2.** *[terv]* plan
elgondolható *mn* conceivable, imaginable, thinkable
elgondolkod|ik *i* reflect (on), meditate (on), ponder (on, over), be* lost in thought
elgondolkoztató, elgondolkodtató *mn* thought-provoking, giving food for thought *ut*
elgörbít *i* bend*, make* crooked
elgörbül *i* bend*, become*/get* crooked/bent, twist
elgördít *i* **1.** *[sziklát]* roll away **2.** *[akadályt]* remove [obstacle]
elgőzölög *i* evaporate
elgurít *i* roll away/off
elgurul *i* roll away/off
elgyalogol *i* (*vhová*) go* on foot (to), walk (to v. swhere)
elgyengít *i* weaken, enfeeble
elgyengül *i* weaken, become*/grow* weak(er), lose* one's strength; **teljesen ~t** all his strength drained out
elgyomosod|ik *i* → **elgazosodik**
elgyönyörköd|ik *i* (*vmben/vkben*) feast one's eyes on sg/sy, enjoy the beauty of sg/sy
elgyötör *i* torment, torture, plague, *[lelkileg]* worry, pester
elgyötört *mn* harrowed, distressed in mind *ut*, *[arc]* haggard
elhadar *i* rattle/reel off
elhagy *i* **1.** (*vk vkt*) leave*, abandon, forsake*, *[iskolát]* leave* [school], go* down [from university], *[idő előtt]* quit* school; **~ta a férje** her husband (has) left her (*biz*

E

v. has walked/run out on her) **2.** *[vonat állomást]* leave* [the station etc.]; **~ja a szobát** leave* the room; *[szállodában]* vacate the room; **~ja a pályát** (i) *ált* leave* one's profession (as), change one's career (ii) *sp [lovas]* (s)he is riding out of the ring **3.** *[abbahagy, felad pl. szokást]* leave*/throw* off, give* up; **hagyd el!** stop it!, give it a rest! **4.** *[mellőz, pl. szót, szöveget]* leave* out, omit, drop **5.** *[elveszít]* lose* (sg); **~tam az ernyőmet** I have lost my umbrella **6. ~ja magát** (i) *[elcsügged]* lose* heart, give* up (ii) *[elhanyagolja magát]* neglect oneself, let* oneself go; **ne hagyd el magad!** take a pull on yourself!, don't lose heart! **7. ~ta az ereje** his strength forsook/failed him (v. ebbed away)

elhagyás *fn* leaving, *[mellőzés]* omission

elhagyatott *mn* **1.** (*vk*) deserted, abandoned, *[magányos]* lonely, solitary **2.** *[hely, vidék]* desolate, uninhabited

elhagyatottság *fn* loneliness

elhagyatva *hsz* forsaken (by), lonely

elhagyott *mn* **1. ~ javak** abandoned property *esz* **2.** uncared-for; **~ gyermek** waif, child° left uncared-for **3.** → **elhagyatott**

elhájasodás *fn* obesity, fattyness

elhájasod|ik *i* grow* too fat, become* obese

elhajít *i* **1.** *[mint feleslegest]* → **eldob 2.** *[gerelyt stb.]* throw*, hurl

elhajlás *fn* **1.** *[vonalé]* bend, curve; **mágneses ~** (magnetic) declination, magnetic variation **2.** *pol* deviation(ism); **baloldali ~** leftist (v. left-wing) deviation(ism); **jobboldali ~** rightist (v. right-wing) deviation(ism)

elhajl|ik *i* **1.** *ált* deviate, diverge, be* deflected, *[vonal]* bend*, curve, *[iránytű]* dip **2.** *pol* be* out of line, deviate

elhajlít *i* bend*, turn aside, deflect

elhajló *mn pol* deviationist, deviator

elhajol *i* → **elhajlik**

elhajóz|ik *i* **1.** (*vhonnan*) put* off/out, sail away **2.** (*vhová*) sail to, set* sail for **3.** (*vm mellett*) sail past

elhajt *i* **1.** *[elterel]* drive* away/off, *[más marháját]* steal* **2. magzatot ~** procure/perform an abortion, get* rid of [a baby] **3.** *[kocsiban, kocsival]* drive* off/away, (*vm mellett*) drive* past

elhajtás *fn ált* driving away/off/past, *[más marhájáé]* cattle-lifting, *US* cattle-rustling

elhal *i* **1.** (*vk*) die, decease **2.** *[sejt, testrész stb.]* necrose, necrotize, *[testrész elzsibbad]* be* benumbed, *[növény]* wither, decay **3.** *[zaj]* die down/away, subside

elhál *i [házasságot]* consummate [marriage]

él-hal *i* (*vmért*) be* very keen on sg, be* extremely fond of sg, be* devoted to sg, (*vkért*) be* infatuated with sy; **~ a kertészkedésért** be* very keen on gardening, be* a keen gardener

elhalad *i* (*vm/vk mellett*) pass (by), go* past

elhalálozás *fn* death, decease

elhaláloz|ik *i* die, decease

elhalás *fn* **1.** *[emberé]* death, decease **2.** *[sejté, testrészé]* necrosis

elhalász|ik *i* snatch away, grab (sg)

elhalaszt *i* put* off, postpone, delay, *[tárgyalást, ülést]* adjourn; **egy hétre ~ották** [the meeting/etc.] was adjourned v. held/laid over for a week

elhalasztás *fn* putting off, postponement, delay, *[ülésé]* adjournment

elhalkul *i* grow* faint(er), die away/down, fade

elhallatszik *i [vk hangja]* carry (as far as ...), reach to, *[zaj]* (can*) be* heard as far as ...

elhallgat *i* **1.** *[nem beszél tovább]* stop speaking/talking, leave* off speaking/talking, *[hirtelen]* break* off, *[zaj]* stop **2.** (*vmt vk elől*) keep* back, suppress, conceal, withhold* (sg from sy), hush up, paper over, keep* sy in the dark about sg **3.** (*vmt*) *[szívesen]* listen (to); **~nám órák hosszat** I could listen to him/it for hours

elhallgattat *i* silence, reduce sy to silence, gag, *[letorkol]* shut* sy up

elhall|ik *i* → **elhallatszik**

elhalmoz *i* (*vkt vmvel*) shower sy with sg, lavish (sg/over sy), pile (sy/with sg), *[dicséretekkel]* heap [praises on/upon sy], *[kedveskedéssel]* heap [kindness on sy], *[munkával]* overburden (sy with work), overwork (sy); **~zák rendelésekkel** *biz* be* snowed under with orders; **el van halmozva munkával** be* up to the ears in work, be* snowed under with work

elhaló *mn* **~ hangon** in a faint voice

elhalt *mn* **1.** *orv [személy]* deceased **2.** *orv [testrész, szövet]* necrotic **3.** *átv is* pioneer, front-line fighter **4.** *csak átv* advocate, champion

elhalványod|ik, **elhalványul** *i* **1.** *[fény és emlék stb.]* grow* dim, dim, fade **2.** *[arc]* blanch, turn pale **3.** *[hírnév stb.]* become* eclipsed

elhamarkod|ik *i* be* rash/overhasty, do* sg in too great a hurry (v. in a haste), skimp (sg)

elhamarkodott *mn [döntés]* rash, hasty, precipitate, *[cselekedet]* hurried, thoughtless, done in the heat of the moment *ut*; **~ következtetéseket von le/~an dönt** rush/jump to conclusions

elhamvad *i* burn* (v. be* reduced) to ashes

elhamvaszt *i* **1.** burn*/reduce to ashes, incinerate **2.** *[halottat]* cremate

elhangol *i [hangszert]* put* out of tune; **~t** untuned, out of tune

elhangz|ik *i* **1.** (*vhova*) be* heard/audible in **2.** *[előadás]* be* delivered, *[parancs]* be* given/issued **3. ~ott** ... *[rádióban]* you have been listening to ...

elhantol *i* bury, inter

elhantolás *fn* burial, interment

elhány *i* **1.** *[eldobál]* throw* away, *[havat, földet]* shovel (*US* -l) away **2.** *[ismeretlen helyre]* mislay*

elhanyagol *i* **1.** neglect, be* neglectful of, *[ügyeket] biz* let* sg slide; **~ja a leckéit** neglect one's homework; **~ja magát** be* careless of one's appearance; **el van hanyagolva** *[épület]* be* in bad repair **2.** *[nem vesz figyelembe]* disregard, ignore

elhanyagolható *mn* negligible

elhanyagolt *mn* neglected, uncared-for; **~ külsejű** slovenly, untidy, scruffy; *[igével]* be* down at heel

elhányód|ik *i [elvész]* be*/get* mislaid/lost

elhappol *i biz* seize, snatch (sg from sy), *[pl. iskola a legjobb tanulókat]* skim off [the best students]

elharácsol *i* snatch/wrest sg from sy

elharangoz *i* **~ták a delet** the midday angelus has been (v. was) rung

elharap *i* **1.** → **kettéharap 2. ~ja a szavakat** clip (the ends off) one's words

elharapó(d)z|ik *i* spread*, gain ground, proliferate

élharcos *fn* **1.** *átv is* pioneer, front-line fighter **2.** *csak átv* advocate, champion

elhárít *i [akadályt]* clear away, move out of the way, remove, *[balesetet]* avert, prevent, *[betegséget]* prevent, *[felelősséget]* decline, disclaim, refuse to accept [responsibility], *[gyanút]* avert [suspicion]; *[kritikát]* fend off [criticism], *[kérdést]* turn aside; *[támadást]* beat* off, repel [attack], *[ütést]* parry, deflect, *[veszélyt]* avert [danger], ward off

elhárítás *fn [akadályé]* averting, removal, *[betegségé, balesetté]* prevention, *[ütésé]* parry(ing); **vm ~áról gondoskodik** provide against

elháríthatatlan *mn* inevitable, unavoidable

elhárul *i* be* averted; **gyanú ~ vkről** be* cleared of suspicion

elhasad *i* rend*, tear*, split*, crack

elhasal *i* **1.** *[hasra esik]* fall* flat on one's stomach/face **2.** *biz [vizsgán]* be* ploughed

elhasznál *i* use up, exhaust, *[élelmiszert]* consume, *[ruhát]* wear* out

elhasználás *fn* using up, exhaustion, *[élelmiszeré]* consumption

elhasználható *mn* that may be used up *ut*
elhasználód|ik *i* be* used up, be* depleted, be* consumed, *[elkopik]* wear* out/away
elhasznált *mn* used up, depleted, *[ruha]* worn-out, shabby; ~ **levegő** stale air
elhat *i* (*vmeddig*) reach (as far as)
elhatalmasod|ik *i* **1.** *[elterjed]* spread* **2.** (*vkn vm*) sg overcomes* sy, sg creeps up on sy
elhatárol *i* **1.** *[területet]* delimit, mark/rail off; **~ja magát vktől/vmtől** distance/dissociate oneself from sy/sg **2.** *[hatáskört]* circumscribe, define
elhatárolód|ik *i pol* (*vmtől*) dissociate/disassociate oneself (from sg), *[vádaktól]* repudiate accusations
elhatároz *i* (*vmt*) decide (to v. that), resolve (to v. on ... ing), settle/fix on sg; **~ta, hogy** ... (s)he decided to (v. that), (s)he resolved/determined to; **~za magát** make* up one's mind (to), resolve to, start/set* out to
elhatározás *fn* decision, resolution, determination; **arra az ~ra jutott, hogy** ... he decided/resolved to, he made up his mind to; **megváltoztatta ~át** he changed his mind; **szabad ~ából** at one's own sweet will
elhatározó *mn* decisive; ~ **lépés** decisive step
elhatározott *mn* decided, settled, determined, resolved
elhatol *i* ~ **vk tudatáig/agyáig** sink*/go* in; **nem hatolt el a tudatáig** (s)he didn't take it in, it didn't get through to him/her, it escaped him/her completely
elhavaz *i biz* **el vagyok havazva (munkával)** I'm snowed under [with work]
elhebeg *i* stammer
elhegedül *i [eljátszik]* play (sg) on the violin
elhelyez *i* **1.** (*vmt vhol/vhova*) place, put*, plant sg swhere, (*vmt vknél*) leave* sg with sy, *[épületet]* site, place, *[iratokat]* file (away), *[gépkocsit]* park, *[garázsban]* put* into a/the garage, garage **2.** *[elszállásol]* accommodate (sy swhere), put* sy up swhere, *[alakulatot]* station, *[vkt menhelyen]* place; **kórházban** ~ hospitalize, put* into hospital **3.** *[állásba]* find* a job (v. employment) for sy, find* sy a job (v. employment), fix sy up; **~ték az építőiparban** he (was) found a job in the building trade/industry **4.** *[áthelyez vkt]* move from ... to, transfer from ... to, transmote; **~ték Szegedről** he was transferred from Szeged **5.** *[írásművet]* place **6.** *[árut]* place, sell* **7.** *[pénzt bankban, értékmegőrzőben]* deposit, *[befektet]* invest
elhelyezés *fn* **1.** *[folyamat]* placing **2.** *[elszállásolás]* accommodation; **szűkös** ~ close quarters *tsz* **3.** *[állásba]* finding employment (v. a job/situation/position) for sy, *[áthelyezés]* transfer
elhelyezkedés *fn [állásban]* finding/getting a job, finding employment; **jó** ~ a good job
elhelyezkedési *mn* ~ **lehetőség** opening, vacancy, job opportunity; ~ **problémák** employment problems
elhelyezked|ik *i* **1.** *[állásban]* find* employment, find* a job **2.** *[leül]* take* a seat, seat oneself, settle down; **kényelmesen ~ik** make* oneself comfortable, sit* back **3.** *közl [sávban]* take* up position
elhenceg *i* boast, brag (about)
elhengerít *i* roll away/off
elherdál *i* squander, dissipate, waste, run* through
elhervad *i* fade (away), wither
elhervaszt *i* fade, wither (up)
elhesseget *i* **1.** *[állatot]* drive* away, *biz* shoo away/off **2.** *[gondokat, gondolatot]* brush/push aside, banish [care etc. from one's mind], get* sg off one's mind; **próbálta ~ni a gondolatot** he tried to banish the thought
élhetetlen *mn* unpractical, shiftless, helpless
elhibáz *i* **1.** *ált* make* a mistake in (sg); **~ta a számítást** (s)he (has) got the sum wrong **2.** *[lövést]* miss
elhibázott *mn* unsuccessful, mistaken, ill-conceived; ~ **dolog** abortive attempt; *kif* it is/was doomed to failure; ~ **élet** wasted life°; ~ **lépés** blunder, false step
elhidegül *i* (*vktől*) become* estranged/alienated from sy, grow* cool/cold towards sy, draw/drift apart
elhidegülés *fn* estrangement, alienation
elhint *i* scatter (about), strew*; **~i vmnek a magvát** *átv* sow* the seeds of sg; **~i a viszály magvát** sow* discord (between ...)
elhíresült *mn pej* (*vmről*) infamous for *ut*, notorious for *ut*; **a botrányairól ~ énekes** the singer infamous for his scandals
elhíresztel *i* **1.** *[hírt stb.]* bruit abroad/about, make* public, *biz* noise abroad **2.** (*vkt vmnek*) spread* slanderous stories about sy
elhisz *i* believe [sg to be true], give* credence (to sg), credit (sg), *[alap nélkül]* take* sg for granted, (*vknek vmt*) believe sy; **hidd el, jobb így** believe me, it's better this way; **nekem elhiheted** (you can) take it from me
elhitet *i* (*vkvel vmt*) make* sy believe sg, lead* sy to believe sg, put* [sg over (on)sy]
elhív *i* **1.** (*vkt vhova*) call sy swhere, ask sy to come/go swhere, ask sy round **2.** → **elhívat**
elhívat *i* send* for sy
elhivatottság *fn* calling, vocation
elhízás *fn* obesity, corpulence, fatness
elhíz|ik *i* grow* fat/corpulent/stout, run* to fat
elhízott *mn* fat, corpulent, overweight
elhódít *i* **1.** win* over, *[nőt vktől]* steal* sy's girl(friend) **2.** *[területet tenger]* encroach (up)on (the land)
elhomályosít *i* **1.** *[homályossá tesz]* dim, obscure, *[köd, pára]* mist (up/over), blur, cloud **2.** *[vmnek értelmét]* obscure [the meaning of sg], *[dicsőséget, hírnevet]* outshine*, overshadow, eclipse; **mindenki mást ~ott** (s)he stole the show
elhomályosod|ik *i* → **elhomályosul**
elhomályosul *i* **1.** *[dolog] ált* become* dim/obscure, darken, blur, *[üveg]* tarnish, become* dull **2.** *[vm jelentősége]* sink* into insignificance **3.** *[látás]* grow* dim **4.** *[elme]* cloud over
elhomályosult *mn nyelv* ~ **összetétel** obscured compound
elhord *i* **1.** *[elvisz]* carry away/off, bear* away **2.** *[ruhát]* wear* out [clothes] **3.** **~ja magát** move/make* off, clear out; **hordd el magad!** get out/lost!, take yourself off!, *szl* bugger off!
elhoz *i [magával]* bring*/carry along (with one), (*vhonnan*) fetch from swhere, *[csomagot]* collect
elhozat *i* have* sg brought/fetched/delivered, send* for (sg)
elhull *i* **1.** *[lehull]* fall* (off/down), drop **2.** *[állat]* die (off), perish
elhullajt *i* → **elhullat**
elhullat *i* **1.** *[útközben]* let* sg fall, drop (one by one) **2.** *[falevelet, szőrt]* shed*
elhuny *i* die, pass away, decease
elhunyt **I.** *mn* dead, deceased **II.** *fn* **vknek az ~a** sy's death/demise; **az** ~ the deceased
elhurcol *i* **1.** *[tárgyat]* drag away/off **2.** *[vkt börtönbe]* carry off
elhurcolás *fn* **1.** *[tárgyé]* dragging away/off **2.** (*vké*) carrying off
elhurcolkod|ik *i* move away
elhúz *i* **1.** (*vmt vhonnan*) draw*/drag away/off; **~za a függönyt** *[egyrészest]* draw* the curtain; *[kétrészest]* draw* the curtains (apart) **2.** *[nótát hegedűn]* fiddle, play **3.** *[időt, tárgyalást]* drag/spin* out, prolong **4.** *biz [vizsgán]* fail (sy), *US biz* flunk (sy); **~ták a vizsgán** (s)he was ploughed (v. *US* flunked), (s)he came a cropper **5.** (*vk mellett*) (overtake* and) pass sy, *sp* (*vktől*) draw* away from (sy); ~ **a többiektől** *[versenyen]* pull ahead → **csík**[1]
elhúzat *i* **~ja a nótáját** have* one's favourite tune played
elhúzód|ik *i* **1.** *[tárgyalás, ügy]* drag on; **késő éjjeli órákig ~ott** it lasted (v. continued) well into the night **2.** (*vktől*) draw* away from sy **3.** **a vihar ~ott** the storm passed **4.** *[fal, út vm mellett]* run* along, run* parallel (with)

elhűl *i* **1.** *[étel]* cool **2.** *átv* be* amazed/dumbfounded/aghast/astonished; **~t a vér az ereiben** it made one's blood run cold; **egészen ~tem** I was struck dumb (with surprise/horror)

elhülyül *i* grow* stupid/dull, go* crazy/nuts

elibe *hsz* → **elébe**

eliddogál *i* have* a few drinks, linger over a drink or two, have* a glass or two (of wine)

elidegenedés *fn* estrangement, alienation

elidegened|ik *i* (*vktől*) become* estranged/alienated from sy, grow* cold towards sy

elidegenít *i* **1.** *[tárgyat]* alienate [property] **2.** *[érzelmileg]* estrange, alienate (from)

elidegenítés *fn* **1.** *[tárgyé]* alienation **2.** *[érzelmileg]* alienation, estrangement

elidegeníthetetlen *mn* inalienable

elidőz|ik *i* (*vmnél*) linger over sg, (*vhol*) tarry swhere, *[tárgynál]* dwell* on

eligazít *i* **1.** (*vmt*) arrange, adjust, settle **2.** (*vkt*) direct, *főleg kat* brief

eligazítás *fn* **1.** (*vmé*) arrangement **2.** (*vké*) orientation, directing, *főleg kat* briefing; **~t ad** brief

eligazodás *fn* orientation, finding one's way

eligazod|ik *i* find* one's way, know* one's way around; **jól ~ik rajta** he's familiar with it, he knows its ins and outs; **nem lehet rajta ~ni** (*vkn*) you cannot make out what he is up to, you cannot make him out, I can't (v. I shall never) work her/him out, *US* you can't figure him/her out; (*vmn*) one cannot make head or tail of it; **jól ~ik a politikában** be* well up in politics

elígér *i* → **odaígér**

elígérkez|ik *i* promise to go (swhere); **már el vagyok ígérkezve** I am already engaged (to go swhere); **mivel korábban már ~ett** owing to a prior engagement

elijed *i* (*vmtől*) take* fright at sg, be* frightened (by sg)

elijeszt *i* frighten away/off, discourage

elillan *i* **1.** *[folyadék]* evaporate, vaporize, *[gáz]* escape **2.** *biz* (*vk*) slip/steal* away, make* off, skedaddle, take* win, take* to one's legs, shoot* off, take* off

elimádkoz|ik *i* **~ik egy imát** say* a prayer

eliminál *i* eliminate

elinal *i* → **elillan** 2

elindít *i* **1.** *ált* start, touch/trigger/set* (sg) off, *[gépet]* get* going, set* in motion, *[küldeményt]* dispatch, send* off, *[üzleti vállalkozást]* get* (sg) afloat, set* up (a business), get* sg off the ground; **~ja a beszélgetést** *kif* set*/start/get* the ball rolling **2.** (*vkt*) send* sy on his/her way **3.** *[támadást, vállalkozást, kampányt, űrhajót]* launch

elindul *i* (*vk*) start, leave*, depart, set* off/out, *kif* get* off the ground, (*vk vhová*) start/set* out for, *[kocsival]* drive* off, pull away, *[útra]* set* out/off, start [on one's journey], *[jármű]* start; **~tak** *[útra]* they're off; **~t az orra vére** his nose started bleeding; **~t a mezőny!** off they are!

elindulás *fn* start, departure

elintéz *i* **1.** *[ügyet]* settle, arrange, see* to (sg), fix sg up, *[bonyolult ügyet]* put* [things] straight, straighten out, *[lerendez]* sort out, *[utánanéz]* take* care (of sg), *[adósságot]* square [one's accounts], settle up; **~tem, el van intézve** it is all fixed up; **~ vknek vmt** fix sy up with sg; **~tem, hogy felvegyék** I secured his admission, I fixed him up with a job; **az ügy el van intézve** the matter is settled, it's all right/arranged, call it quits; **kérvényt/kérést kedvezően ~** comply with a request; **majd én ~em** I'll see to/about it, I'll sort it out, I'll fix it; **valahogy majd csak ~em** I shall manage it somehow; **~tem az igazgatóval** I've fixed it up with the headmaster **2.** *[gúnnyal]* settle accounts with sy; **van egy kis ~nivalója vkvel** have* an account to settle with sy, have* a bone to pick (with sy); **majd én ~lek!** I'll sort you out!, I'll give you what for! **3.** *szl [megöl]* finish (sy) off, do* (sy) in

elintézendő *mn* to be sorted out, to be settled, to do (*mindegyik: ut*)

elintézés *fn* arrangement, settling, settlement, *[ügyeké]* dispatch [of business]; **~ alatt áll** be* in hand; **~re vár** be* pending, await decision/settlement

elintézetlen *mn* not yet settled *ut*, pending *ut*, unsettled

elintézett *mn* settled; **ez egy ~ ügy** it's a settled affair/matter

elintéződ|ik *i* take* care of itself, be* settled somehow, work (itself) out

elír *i* miswrite*, misspell*, make* a slip of the pen, *[gépen]* mistype

eliramod|ik *i* shoot* off, bolt

elirányít *i* **1.** (*vkt vhova*) direct (sy swhere) **2.** *[vezet]* **egyedül is ~om ezt a repülőgépet** I can fly this plane on my own

elírás *fn* clerical error, slip of the pen, typo, printer's error, misprint

elismer *i* **1.** *[elfogad, beismer]* admit, acknowledge, *[hibáját]* admit [mistake]; **ezt ~em** I admit/concede/accept that; **ezt el kell ismerni** that must be acknowledged/admitted, there's no getting away from it **2.** *[igazol]* recognize, *[diplomát]* recognize, accredit, *[követelést]* admit; **nem ismer el** refuse to recognize/acknowledge **3.** *[értékel]* acknowledge, recognize, appreciate, give* sy credit (for sg); **vkt vmnek ~** recognize/acknowledge sy as sg

elismerés *fn* acknowledgement, *[adósságé]* admission, *[érdemeké]* appreciation, recognition, *[hibáé]* admission, *[kormányé]* recognition; **~t szerez magának** make* one's mark; **az átvétel ~e** acknowledgement of receipt; **magas ~ben részesül** receive the highest honours (*US* -ors) (for one's services); **~re méltó** laudable, praiseworthy; **nagy ~sel van vk iránt** have* the highest regard for sy; **~sel szól vkről/vmről** speak* in high terms (about sy/sg); **szolgálatainak ~éül** for services rendered, in appreciation/recognition of (his) services; → **adózik**

elismerésképpen *hsz* in acknowledgement/recognition of

elismerő *mn* appreciatory, appreciative; **~ oklevél** honourable (*US* -or-) mention, diploma of merit; **~ szavak** words of appreciation/acknowledgement

elismert *mn* recognized, acknowledged, wellknown; **~ szaktekintély vmben** be* a recognized authority (v. an authority) on sg; **általánosan ~ tény, hogy** ... it is generally admitted/believed that ...

elismertet *i* secure recognition for sy/sg

elismervény *fn* receipt, *[adósságról]* IOU, *[átvételi]* acknowledgement (of receipt)

elismétel *i* repeat, say* sg again

elismétlés *fn* repeating, repetition

eliszaposod|ik *i* silt up

eliszkol *i biz* skedaddle, beat* a hasty retreat, take* to one's legs

eliszogat *i* → **eliddogál**

eliszonyod|ik *i* → **elszörnyed**

elissza *i* **~ az eszét** drink* oneself stupid, befuddle oneself with drink; **~ a pénzét** squander one's money on drink, drink* away one's fortune

elit *mn/fn* élite v. elite; **kulturális ~** the cultural elite, the intelligentsia; **politikai ~** the political elite, the power elite; **társadalmi ~** the upper class; **az uralkodó ~** *GB* the Establishment

elítél *i* **1.** *ált* condemn, (*vmre*) sentence to, *[bíróság vkt vm miatt]* convict (sy of sg); **el van ítélve** be* under sentence (of); **~ték 5 évre (v. 5 évi börtönre)** he was sentenced to 5 years in prison **2.** *[erkölcsileg, vmt]* condemn (sg), denounce (sg), (*vkt*) disapprove of (sy), censure (sy)

elítélendő *mn* condemnable, blameworthy

elítélés *fn* **1.** *[bírói]* conviction, sentence **2.** *[erkölcsi]* condemnation, disapproval, disapprobation

elítélő *mn* condemnatory; **~ értelemben** in a pejorative/derogatory sense, pejoratively

elítélően *hsz* pejoratively; **~en nyilatkozik** speak* unfavourably/disapprovingly (of)
elítélt I. *mn* condemned **II.** *fn* convict, the condemned
elitiskola *fn okt* elite/exclusive school
elitképzés *fn okt* elite education
eljár *i* **1.** (*vhova*) go* frequently/repeatedly/regularly to, frequent [a place], *[előadásokra, értekezletekre]* attend [a course, meetings], *[társaságba]* go* out **2.** *[idő]* pass; **hogy ~ az idő!** how time flies!, how the years pass!; **~t felette az idő** be* past it **3. ~ a szája** be* indiscreet; *biz* shoot* one's mouth off, let* the cat out of the bag, blow* the gaff **4.** *[ügyben]* proceed, act, take* steps/measures, deal* with sg, see* to sg; **vk ügyében/érdekében ~** intervene on sy's behalf; **becsületesen járt el** he played fair, he dealt fair and square with sy **5. táncot ~** (perform a) dance
eljárás *fn hiv ált* **1.** (course of) action, procedure, *[bírósági]* proceedings *tsz*; **~ folyik vk ellen** he is being tried for (v. on a charge of) sg, be prosecuted for sg; *[hivatalos]* **~ra bocsátják** go* through the official/proper channels; **~t indít** (*vk ellen*) bring* an action, start/take* (legal) proceedings (*mindegyik:* against sy), file a suit; **~t megszüntet** stay proceedings **2.** *[viselkedés]* behaviour (*US* -or); **tisztességes ~** square deal, fair play; **ez nem ~!** that won't do!, it's not fair! **3.** *műsz* process, treatment, procedure, method
eljárási *mn* **~ költség** (legal) costs *tsz*
eljárásjog *fn jog* procedural law
eljárásjogi *mn jog* **~ hiba** procedural error
eljárásmód *fn* method, procedure, *[elvi]* policy
eljátszadoz|ik *i* **~ott a gondolattal, hogy** ... (s)he toyed with the idea (that)
eljátszás *fn* **1.** *[darabé]* playing, performance **2.** *[pénzé]* gambling away
eljátsz|ik *i* **1.** *[darabot, zeneművet]* play, perform; *[szerepet]* act [a part], play [rôle], *[jelenetet]* act out **2.** *[becsületét]* forfeit [one's honour] **3.** *[pénzt]* gamble away; *[vagyont]* dice away **4.** *[egy ideig]* play (about), go* on playing
eljegesed|ik *i* freeze* (over), be* covered with ice
eljegyez *i* **Mária el van jegyezve Péterrel, M. ~te magát P.-rel** P. and M. are/were/got engaged, Mary is engaged to Peter; **~ték egymást** they are/were/got engaged
eljegyzés *fn* engagement; **~t felbont** break* off one's engagement (to sy)
eljegyzési *mn* engagement; **~ ebéd** engagement lunch
éljen! *isz* (hip, hip,) hurray/hurrah!, three cheers for X!
éljenez *i* **1.** (*vkt*) cheer sy, applaud **2.** cheer
éljenzés *fn* cheers *tsz*, cheering, applause, ovation
eljön *i* **1.** (*vhonnan*) come*, come*/get* away from; *[állásból]* leave* **2.** (*vkért/vmért*) come* for, (come* to) fetch/collect v. pick up sy/sg **3. eljössz holnap?** are you coming tomorrow?; **gyere el hozzám meglátogatni** come and see me, come round to see me, pop in **4. majd ha ~ az ideje** in due time/course; **~ egyszer az idő, amikor** the time will come when
eljövendő *mn* to come *ut*
eljövetel *fn* coming, arrival, *[várt dologé]* advent
eljut *i* **1.** (*vhová*) get* to, come* to, reach (sg/a place), get* through to **2.** *átv* (*vmre*) attain sg
eljuttat *i* (*vmt vkhez*) get* sg to sy, send* sg over/along to sy, forward sg to sy
elkábít *i* **1.** *[ütés]* stun, daze, *[szag]* overpower, *orv* narcotize, anaesthetize (*US* anes-), drug **2.** *átv* stupefy, intoxicate, drug
elkábul *i* be* overpowered, get* stunned, become* stupefied/dazed
elkacagja magát *i* burst* out laughing, burst* into a laugh
elkalandozás *fn [tárgytól]* digression, divagation, *biz* excursion
elkalandoz|ik *i* **1.** *[konkrétan]* wander, stray (from); **messzire ~ik** go* (too) far afield **2.** *[tárgytól]* digress (from), stray from [the subject], divagate, ramble (on); **~ik a tárgytól** stray (v. get* away) from the subject
elkalauzol *i* guide sy (to a place)
elkallód|ik *i* get* lost, be* mislaid/missing, *[tehetség]* run* to waste
elkallódott *mn* missing, lost, *[tehetség]* wasted [talent]
elkámpicsorod|ik *i* be* down in the mouth
elkanászod|ik *i* go* to the bad
elkanyarod|ik *i* **1.** turn/veer (to the right/left), turn off, *[út]* bend*, veer **2.** *átv [tárgytól]* digress, go* off the point
elkap *i* **1.** *ált* (*vmt*) catch*, (*vk elől*) snatch away; **~ja a kezét vhonnan** snatch one's hand back/away; **~ja vk tekintetét** catch* sy's eyes **2.** (*vkt*) catch*, *biz* collar, nab, hunt down; **~ták** he was nabbed/collared **3.** *biz [buszt stb.]* catch* [the bus etc.] **4.** *[betegséget]* catch* [disease]
elkaparint *i* snatch away, snap up
elkapat *i* spoil*, make* conceited; **a siker ~ta** success has turned his head
elkapatott *mn* conceited, *biz* stuck-up
elkapkod *i* **1.** *[eleséget]* snap up **2.** *[árut]* snap/buy* up, scramble for; **egy-kettőre ~ták** it sold like hot cakes **3.** *[elhamarkodik vmt]* do* sg in haste; **ezt ~tad!** you should have been more careful, you've been a bit hasty
elkápráztat *i* **1.** *[fény]* dazzle **2.** *átv* dazzle, make* sy gape
elkárhoz|ik *i vall* be* damned, suffer eternal damnation
elkárhozott *mn* damned
elkáromkodja magát *i* break* out in curses, begin* to swear
elkártyáz *i [pénzt]* gamble away, lose* [one's money] at cards
elkedvetlened|ik *i* become* downhearted/discouraged, lose* heart
elkedvetlenít *i* discourage, damp sy's spirits, get* (sy) down
elkékül *i* become*/turn/go* blue, *[arc]* turn black (in the face)
elkel *i* **1.** *[áru]* find* a (ready) sale/market, sell*, be* sold; **25 000 Ft-ért kelt el** it went for 25,000 fts; **jól ~t** it had a ready market, it fetched a good price v. a high figure; **minden jegy ~t** all seats are sold/booked; *[kiírás]* "sold out", "House Full" **2.** *[szükséges]* be* necessary, be* needed; **~ne már egy jó eső** we could do with some rain
elken *i* **1.** *[akaratlanul]* smear, *[kenhetőt vmn]* spread* (over, on) **2.** *biz [ügyet]* hush up, gloss over, play down
elkendőz *i* → **elleplez**
elkenés *fn* **1.** *[kenőcsé]* smearing **2.** *biz [ügyé]* glossing over
elkenőd|ik *i* **1.** *[nyomtatás]* smear, smudge **2.** *biz* → **elkedvetlenedik**; **el van kenődve** feel* blue/low, be* out of sorts
elkényelmesed|ik *i* grow* more and more (v. very) fond of one's creature comforts, grow* lazy
elkényesed|ik *i* become* spoilt/pampered/fussy (v. *US* picky)
elkényeztet *i [lelkileg]* spoil*, pamper, *[testileg]* (molly)-coddle
elképed *i* be* stupefied/dumbfounded, be* taken aback
elképedve *hsz* **~ hallottam** I was amazed/stunned/shocked to hear/learn, *biz* I was flabbergasted to hear, I was struck dumb
elképeszt *i* stupefy, strike* sy dumb, astound, take* sy aback
elképesztő *mn* stunning, amazing, fantastic, astounding, staggering, shocking
elképzel *i* imagine, fancy, conceive, picture to oneself, think* of sg; **el tudom képzelni** I can imagine; **el nem tudom képzelni, miért** I can't imagine/conceive why; **képzeld (csak) el!** (just) imagine!
elképzelés *fn* idea, notion, conception, plan; **a kormány ~ei** the government's plans
elképzelhetetlen *mn* unimaginable, inconceivable, unthinkable

E

elképzelhető *mn* imaginable, conceivable
elkér *i* **1.** (*vktől vmt*) ask sy for sg, *[kölcsön]* borrow sg from sy **2.** *[áruért]* demand/ask [a price] for sg; **500 000 forintot is ~nek ezért a festményért** they are asking as much as 500,000 forints for this painting
elkéredzked|ik *i* ask to be* excused, ask to be* allowed to go* swhere, ask permission to leave
elkerget *i* chase/drive* away, expel, turn out (of doors)
elkerít *i [területet]* fence in/off; **~ett terület** enclosure
elkerül *i* **1.** *[forgalmas helyet]* bypass [the town etc.] **2.** (*vkt*) (szándékosan) avoid, shun, steer/keep* clear (of), keep* away (from), stay out of sy's way, (*vmt*) stay/keep* out/clear (*of sg*), *[büntetést, bajt]* evade, escape, *[problémát]* bypass [a/the problem]; **egy hajszálon múlt, hogy ~te a bajt** he had a narrow escape, he had (v. it was) a (very) close shave; **vkt messziről** (v. **nagy ívben**) **~** *biz* give* sy a wide berth, steer clear (of sy/sg) **3.** *[véletlenül]* miss; **~ték egymást** they missed each other; **~i vk figyelmét** escape one's attention **4.** (*vhová*) (happen to) get* swhere, come* to, (*vhonnan*) be* moved away from, leave*
elkerülhetetlen *mn* unavoidable, inescapable, inevitable, *[igével]* it is bound to happen
elkerülhető *mn* avoidable, *kif* it can be avoided
elkerülő *mn* **~ út** *[város körül]* by-pass (road), ringroad, *US* beltway
elkeseredés *fn* despair, exasperation, bitterness; **~ében** in his despair
elkeseredett *mn* bitter, embittered, desperate; **~en** desperately
elkesered|ik *i* despair, become* embittered/exasperated (*vm miatt* about/over); **ne keseredj el!** don't despair!, don't lose hope!; *biz* (keep your) chin up!
elkeserít *i* embitter, exasperate
elkeserítő *mn* exasperating
elkésés *fn* being/coming late
elkésett *i* late, out of time *ut*, tardy
elkés|ik *i* be* late (for sg), come* too late; **10 perccel/percet ~ett** he was ten minutes late; (*vmről*) he missed it by ten minutes; **~ik a vonatról** miss the train, not make* the train
elkeskenyedik *i* (grow) narrow
elkésve *hsz* late, *US* tardily
elkészít *i ált* (munkát) do*, achieve, finish (off), carry out, execute, *[készre csinál]* finish, complete, make*/get* sg ready, *[ételt]* prepare, cook, make*, *[gyógyszert]* make* up, dispense; *[leckét]* do* [homework], *[ruhát]* make* up, *[számlát]* make* out, *[tervezetet]* draw* up, draft; **~i a reggelit** get* the breakfast ready, make breakfast; **a hús kitűnően volt ~ve** *biz* the meat was done to a turn
elkészítés *fn ált [munkáé]* finishing, *[ételé]* preparation, cooking, *[gyógyszeré]* making up, dispensing; *[tervezeté]* drawing up, drafting
elkészül *i* **1.** **~(t)** (*vm*) be* finished, be* ready, be* done; *[munka teljesen]* be* complete(d), *[film]* be* in the can **2.** (*vk vmvel*) be* ready, finish sg, get* sg done; **~tél a munkáddal?** have you done/finished your work?, are you through with your work?; **mennyi idő alatt készülsz el vele?** how long will it take you (to do it)? **3.** (*vmre*) get* ready (for sg), make* preparations (for sg), prepare (oneself for sg); **~ni, vigyázz, rajt!** on your marks, get set, go!/ready, steady, go!; **el van készülve vmre** *[rosszra]* be prepared for sg, be resigned to sg; **el van készülve a legrosszabbra** be* prepared for the worst; **erre el lehettünk készülve** this could be expected; **erre nem voltam ~ve** I was not prepared for this, I did not expect this
elkever *i* mix, mingle, blend
elkevered|ik *i* **1.** (*vmben/vmvel*) mix, (inter-) mingle, get* mixed up (with/in) **2.** *[tömegben]* mingle with, get* lost in
elkezd *i* begin*, start, go* ahead, set* off, commence; **~ esni** it is beginning to rain, it starts raining; **~ett sírni** she burst out crying
elkezdőd|ik *i* begin*, start, commence
elkezel *i* **1.** *[sikkaszt]* embezzle **2.** *orv [beteget]* give*/apply/use the wrong treatment to
elkiabál *i* (*vmt*) speak* too soon; **nem szabad a dolgot ~ni** *kb.* touch wood
elkiált *i* **~ja magát** cry out, shout
elkínlód|ik *i* **1.** *[fájdalommal]* suffer agonies **2.** → **eltengődik 3.** *átv* take* great pains (with/over sg)
elkínzott *mn* tormented, distressed
elkísér *i* (*vkt*) go*/walk with, accompany, escort, see* sy to [a place], keep* sy company; **~ vkt hazáig** see* sy home
elkívánkoz|ik *i* (*vhonnan*) wish to go/get*/be* away (from)
elkóborol *i* roam/wander/rove about, wander off
elkoboz *i* confiscate, seize
elkobozható *mn* confiscable
elkobzás *fn* confiscation
elkobzási *mn* confiscatory
elkomolyod|ik *i* turn serious/grave
elkomorod|ik *i* become* gloomy/grave; **~ott** his brow darkened, *[vk arca]* cloud over
elkomorul *i* → **elkomorodik**
elkop|ik *i ált* wear* out/away, *[cipő]* wear* out, *[ruha]* become* threadbare, *[dörzsölődéssel]* rub away/off
elkopott *mn* worn(-out), threadbare
elkoptat *i* **1.** *ált [tárgyat]* wear* out/away, *[cipőt]* wear* down/out **2.** *átv* hackney, do* to death
elkorcsosod|ik *i* degenerate, deteriorate
elkorcsosul *i* → **elkorcsosodik**
elkorhad *i* moulder, decay, rot* (away)
elkorhadt *mn* rotten, rotted
elkormányoz *i* **1.** *[államot]* govern **2.** *[hajót]* steer
elkószál *i* → **elkóborol**
elkotród|ik *i* (*vhonnan*) move off, clear off/out, take* (oneself) off, make* off; **kotródj el!** *szl* bugger off!
elkótyavetyél *i [értéken alul elad]* sell* at any price, sell* at a loss; *[elherdál, pl. vagyont]* fritter away
elkotyog, **elkottyant** *i biz* (*vmt*) let* sg slip, let* on sg
elködösít *i* **1.** *kat* lay* down a smoke-screen **2.** *átv* obscure [the facts, the issue]
elkölt *i* **1.** *[pénzt]* spend* (*vmre* on), *[könnyelműen]* waste, squander (*vmre* on), get*/go* through (sg) **2.** *[ételt] irod* consume, eat*, take*, have* [meal]
elköltöz|ik *i* **1.** *[lakásból]* move (house), move away, move out (of), *[országból]* emigrate; *[otthonról]* leave* home; **~ött** *[postai küldeményre írva]* gone away **2.** **~ik az élők sorából** depart this life
elköltözköd|ik *i* → **elköltözik 1**
elkönyvel *i* **1.** *gazd* put* [amount] down to, enter [in one's books]; **~ vk számlájára** pass/enter to sy's account; *[sikert]* log up **2.** *átv biz [vk javára ír]* credit sy with sg **3.** *átv* (*vkt vmnek*) put* (sy) down as/for (sg), be* typed as sg; **~ték, mint karakterszínészt** he was typed as a character actor **4.** *[tudomásul vesz]* acknowledge
elköp *i szl [kifecseg]* spill the beans, blab, give* the game away, blow* the gaff
elköszön *i* (*vktől*) take* leave (of), say* goodbye (to), say* farewell (to); *[levél/rádióadás végén]* sign off; **még csak el sem köszönt** he went away without so much as saying goodbye
elköt *i* **1.** *[eret]* tie **2.** *[lovat, autót stb.]* steal*, lift, run* off (with sg)
elkötelez *i* **~i magát** (*vmre*) pledge oneself to (do) sg, commit oneself to (doing) sg
elkötelezett *mn* committed; **el nem kötelezett** uncommitted; **el nem kötelezett országok** non-aligned countries
elkötelezettség *fn* commitment, *pol* alignment; **el nem kötelezettség politikája** policy of non-alignment

E

elkövet *i* **1.** *[rosszat]* commit [fault, crime], perpetrate [crime, murder etc.]; **hibát követ el** make* a mistake/blunder; **igazságtalanságot követ el vkvel szemben** do* sy an injustice, wrong sy; **~tem azt a szamárságot, hogy** I was foolish enough to; **te követted el ezt a borzalmas verset?** did you perpetrate this terrible poem?; **semmit sem követett el** *[ártatlan]* (s)he has nothing on her/him **2.** *[megtesz]* do*; **mindent ~** leave* no stone unturned, do* one's best/utmost (to), do* all one can (to), *kif* go* to any/great lengths (to), go* out of one's way (to) → **emberölés**

elkövetés *fn [bűné]* perpetration [of a crime]

elkövetkez|ik *i* → **elérkezik**, → **eljön**

elkövetkező *mn* (forth)coming, to come *ut*, future

elkövető *fn jog* perpetrator [of a crime]

elkövetői *mn jog* **~ kör** circle of potential suspects/perpetrators

elkunyerál *i* (*vmt vktől*) wheedle/get* sg out of sy

elkúr *i tabu* → **elbasz**

elkurjantja magát *i* (cry) whoop, give* (v. let* out) a whoop (of joy)

elküld *i* **1.** (*vmt*) send* (off), dispatch, *[árut]* forward, consign; *[levelet]* post, *[pénzt]* remit **2.** (*vkt vhonnan*) send* away, *[alkalmazottat elbocsát]* discharge, dismiss, lay* off **3.** (*vkt vhová*) send* sy to; **~ vkt vkért/vmért** send* sy for sy/sg, send* sy to fetch sy/sg; *szl* **~ vkt melegebb éghajlatra** *[a fenébe]* tell* sy where to get off, tell* sy to go fly a kite

elküldés *fn* **1.** (*vmé*) sending (off), dispatch, forwarding **2.** (*vké*) sending away, discharge, dismissal

elkülönít *i* **1.** *[elszigetel]* separate, isolate, *[orvos fertőző beteget]* isolate, *[társadalmilag]* segregate; **~i magát** keep* oneself to oneself, keep*/hold* (oneself) aloof (from others) **2.** *[szétválaszt]* sunder, dissociate **3.** *[pénzt, összeget vmely célra]* earmark, allocate, set* aside

elkülönítés *fn* separation, isolation; **faji ~** segregation, apartheid

elkülönítő *mn [részleg]* isolation ward, *[kórház]* isolation hospital

elkülönül *i* separate, be* isolated, detach oneself (*vmtől mindegyik:* from), *[családjától]* break* with

elkülönülés *fn* separation, detachment

Ella *tul* Ella

ellágyít *i* soften, make* soft

ellágyul *i* **1.** *[anyag]* be* softened **2.** *[szíve]* be* moved/touched

ellankad *i* languish, grow* languid, droop; **nem hagy ~ni** *[lelkesedést]* keep* the pot boiling

ellankaszt *i* enfeeble, make* languid

ellanyhul *i [erőfeszítés]* abate, slacken, *[erő]* flag, weaken

ellapátol *i* shovel (*US* -l) away

ellapít *i* flatten, make* flat

ellaposod|ik *i* **1.** *[vonal]* level (*US* -l) out, flatten out **2.** *átv* go* stale/flat/insipid, become* uninteresting

ellát[1] *i* **1.** *[anyaggal, áruval]* supply/provide/furnish with, *[felszereléssel]* equip with, fit out with, *[készlettel]* stock with, *[pénzzel]* provide (with); *[segítséggel]* accommodate (with); **rosszul van ~va vmvel** be* badly off (for sg); **jól van ~va vmvel** be* fixed (for sg); **6 gyermeket és feleségét kell ~nia** he has a wife and 6 children to provide for (v. to support); **élelemmel ~ (vkt)** provision (sy), supply (sy) with food, cater (for sy), do* (for sy); **jó tanácsokkal ~** give* sy (some) sound/good advice **2.** *[vkt, beteget]* look after (sy), *[munkát stb.]* carry out (v. perform v. fulfil) one's [job, duties], *[sebet]* dress [a wound]; **jól ~ja munkakörét** he does a good job **3.** **~ja vk baját** give* sy what for, sort sy out, let* sy have it, give* sy the works; **majd ~om a baját!** I'll give him what for!, I'll fix him!, I'll fix his/her (little red) wag(g)on!

ellát[2] *i [vmeddig lát]* see* (as far as); **ameddig a szem ~** as far as the eye can reach/see

ellátás *fn* **1.** (*vmvel*) supply, provision, furnishing **2.** *[étkezés]* board; **teljes ~** full board; **lakás és ~, lakás teljes ~sal** board and lodging

ellátatlan *mn* unprovided for *ut*, *[eltartott]* dependent (on sg/sy) *ut*; **~ családtag** dependant

ellátmány *fn* appropriation, *[kisebb, személyi]* allowance

ellátogat *i* (*vkhez*) visit (sy), go* to visit (sy), call on (sy), pay* a visit (to sy); **gyakran ~** be* a frequent visitor; **látogasson el Magyarországra!** come to Hungary!

ellátott *mn* provided (with) *ut*, supplied (with) *ut*

ellátsz|ik *i* **messzire ~ik** can* be seen from (a)far (v. from far away v. from far a distance)

ellehet *i* → **elvan**

ellehetetlenít *i* make* unviable, *[pénzügyileg]* deprive of financial resources

ellehetetlenül *i* become* unviable

ellen *nu* against; **ember ember ~ küzdött** they fought man to/against man; **egymás ~** against each other; **tízet egy ~, hogy** ... ten to one that ...; **2:0 arányban győzött az Újpest ~** beat* U. 2-0 (two-nil); **holnap Anglia Franciaország ~ játszik** England are playing France (at football) tomorrow; **mit szedsz fejfájás ~?** what do you take for a headache?

ellen- *előtag* counter-, anti-

ellenajánlat *fn* counter-bid/offer/proposal

ellenakció *fn* counteraction, countermeasure

ellenáll *i* (*vmnek*) resist (sg), offer resistance (to sg), put* up resistance (to sg), withstand* (sg), make* a stand (against sg), put* up a fight; **~ a hőnek** be* resistant to heat, be* heat-resistant (v. heatproof); **kísértésnek ~** resist temptation; **a hadsereg napokig ~t az ellenséges támadásoknak** the army defied enemy attacks for several days; **az ablak minden próbálkozásnak ~t** the window defied all attempts to open it

ellenállás *fn fiz el is* resistance; **a legkisebb ~ irányában halad** follow/take* the line of least resistance; **~ nélkül** without the least resistance; **~t fejt ki** resist, put* up resistance

ellenállási *mn tört* **~ mozgalom** resistance movement, the Resistance

ellenállhatatlan *mn* irresistible

ellenálló I. *mn* **1.** *összet* -resisting, -resistant, -proof; **nem ~** unresisting, unresistant **2.** *[hatóságnak]* insubordinate, rebellious [person] **II.** *fn pol tört* resistance fighter

ellenállóképes *mn* resistant

ellenállóképesség *fn* capacity/ability to resist, resistance

ellenanyag *fn biol* antibody; *[méregnek]* antidote; *fiz* antimatter

ellenanyagképző *fn biol* antigen

ellenben *ksz* on the other hand, but

ellenbizonyíték *fn* counter-evidence

ellendarab *fn* counterpart, complement

ellene *hsz* against (sg/sy), in opposition to (sg/sy); **~ van vmnek** be* against sg, be* opposed/averse to sg, object to sg; **~ fordul vmnek** set* one's face (against sg); **~ fordul vknek** side (against sy), take* (against sy); **nem vagyok ~ egy pohár bornak** I wouldn't mind (v. won't/wouldn't say no to v. wouldn't be averse to) a glass of wine; **~ dolgozik** work against, counteract sg; **ki van mellette?** those for the motion?; **ki van ~?** those against?; **ki tartózkodik?** abstentions?; **kétszázan szavaztak mellette és csak tízen ~** there was a majority of 200 for it, with only 10 voting against; **hatan támadtak ~** he was set upon by six men; **~m** against me; **minden ~ szólt** everything told against him/her; **minden összeesküdött ~** (s)he had the cards stacked against him/her

ellenében *hsz [fejében]* against, in return/exchange for; **nyugta ~** against a receipt; **500 forint lefizetése ~** on payment of 500 fts

ellenére *hsz* in spite of, despite, notwithstanding; **a tiltakozás ~** in the teeth of the protest; **annak ~, hogy** ... in spite of the fact (that), all the same, nevertheless,

nonetheless; **akaratom ~** against my will, involuntarily; **nincs ellenemre** I don't mind (it), I've nothing against it; **a törvény ~** in defiance of the law
ellenérték *fn* equivalent, value, worth
ellenérv *fn* counter-argument
ellenérzés *fn* antipathy (to, against), aversion (to)
-ellenes *utótag* **alkotmány~** unconstitutional; **szovjet~** anti-Soviet
ellenez *i* be* against sg, be* opposed to (sg), oppose (sg), object to (sg), *[nem egyezik bele]* disapprove of (sg); **határozottan ~ vmt** be* dead against sg, stand* (against sg); **nem ellenzem** I don't mind
ellenfél *fn* opponent, adversary, rival, *sp* opponent, *[csapat]* opposition, *[futballban így is]* the other side; **méltó ~** a match (for sy); **erős ellenfelet fogott ki magának** (s)he found his/her match/equal
ellenfény *fn fényk* backlight
ellenforradalmár *fn* counter-revolutionary
ellenforradalmi *mn* counter-revolutionary
ellenforradalom *fn* counter-revolution
ellengőz *fn* reversed steam, back-steam
ellenhatás *fn* reaction; **~t vált ki** produce a reaction
elleni *mn* anti-; **tüdővész ~ védekezés** campaign/protection against tuberculosis; **fogfájás ~ szer** antiodontalgic, analgesic; **fejfájás ~ gyógyszer** drug for a headache; **az olaszok ~ mérkőzés** the game/match with the Italian team
ellenindítvány *fn* countermotion
ellenintézkedés *fn* countermeasure(s), *[előzetes]* preventive measure(s), precaution; **~eket tesz** *[utólag]* take* steps/measures to stop sg (v. to prevent the spreading of sg); *[előzetesen]* take* precautions, take* preventive measures, guard (against sg)
ellenirány *fn* opposite/contrary direction
ellenjavallat *fn orv* contraindication
ellenjavaslat *fn* counter-proposal
ellenjegyez *i* countersign, *[helyeslően]* endorse
ellenjegyzés *fn* countersignature; **ügyvédi ~ szükséges** it must be countersigned by a lawyer
ellenjelölt *fn* opponent, opposing candidate
ellenkezés *fn* **1.** *[ellenállás]* opposition, resistance; **~t vált ki** provoke resistance/defiance **2.** *[eltérés]* disagreement
ellenkez|ik *i* **1.** *[szembeszáll]* resist, *(vkvel)* defy (sy); **ne ~z vele!** don't contradict him, let him have his way **2.** *(vmvel)* conflict with, be* inconsistent with, go* against; **~ik a józan ésszel** be* inconsistent with common sense, be* contrary to right and reason; **~ik a tényekkel** disagree with the facts
ellenkező I. *mn* **1.** *[ellentétes]* contrary, opposing, opposite; **~ értelmű szó** antonym; **~ esetben** (or) else, otherwise, failing which, if all else fails; **~ irányban** in the opposite direction; **~ oldal** opposite side, the other side; *[könyvben]* opposite page; **~ végletbe csap át** go* to the other/opposite extreme; **~ véleményen van** think* just the opposite **2.** *[ellenálló]* resisting, *[makacsul]* recalcitrant, refractory, insubordinate **II.** *fn* the opposite/reverse/contrary (of sg); **az ~je** just the (very) opposite; **az ~jét állítja** assert the contrary; → **átcsap**
ellenkezőleg *hsz* on the contrary; **Sokat esett a nyáron? – E~, szinte semmi eső nem volt.** Did it rain a lot last summer? – On the contrary, there was practically no rain.; **Ő nem bánja. E~, nagyon örül.** He doesn't mind. In fact, he's very pleased.
ellenkormány *fn* rebel/rival government
ellenlábas *fn* opponent, adversary
ellenlépés *fn [sakk]* counter move
ellenméreg *fn* **1.** *[szervezetben termelt]* antitoxin **2.** *[gyógyszer]* antidote
ellennyomás *fn* counterpressure, negative pressure
ellennyugta *fn* counter-receipt
ellenőr *fn* controller, supervisor, inspector, *[járművön]* ticket inspector
ellenőriz *i ált* check, verify, keep* a check on sg, *[munkát]* supervise, superintend, oversee*, *[mennyiséget, adatokat]* check, go* (back) over (sg), *[kísérlet eredményeit]* control, *[útlevelet]* examine; **szigorúan ~ vmt** keep* sg under strict control/supervision; **~ze kérem** ... please check ...; **másodszor is ~** double-check
ellenőrizhetetlen *mn* difficult/impossible to verify/supervise *ut*, *[kormányozhatatlan]* uncontrollable; **~né válik** *[elszabadul]* go*/get* out of control/hand
ellenőrizhető *mn* controllable, verifiable
ellenőrzés *fn* check(ing), *[munkáé]* supervision, *[táskáé, biztonsági okokból]* security bag search; **orvosi ~** check-up; **állami ~ alatt** under government control; **minőségi ~** quality control; **személyi és gépkocsi-~, az iratok ~e** identity check; **szigorú ~** tight control; **~(e) alatt tart** supervise, keep* a check (v. an eye) on (sg); *[katonailag stb.]* control, keep* control of; **állandó ~ alatt tart** keep* (sg) under constant surveillance; **~(e) alatt áll** be* in hand; *pol kat* be* under sy's control
ellenőrző I. *mn* **~ bizottság** board of inquiry, control commission; **~ készülék** control device; **~ könyv** *okt kb.* (student's) mark-book; **~ körút** tour of inspection; **~ szelvény** counterfoil, stub **II.** *fn okt* → **ellenőrző könyv**
ellenőrzőpont *fn [versenyen, túrán, határon]* checkpoint; **megáll az ~nál** stop at the checkpoint
ellenőrzött *mn ált* checked, supervised; *jog* **~ szállítás** *[bűnüldözésben]* controlled delivery; **~ vásárlás** *[kábítószeré]* controlled buy
ellenpár *fn* counterpart, tally
ellenpárt *fn* opposing party, opposite side
ellenpélda *fn* counterexample
ellenpólus *fn föld átv* counterpole
ellenpont *fn* counterpoint
ellenpróba *fn* **~t kérek** *(miután az elnök megkérdezte: "Those for the motion?")* Those against?
ellenpropaganda *fn* counter-propaganda
ellenrakéta *fn* anti-missile
ellenreformáció *fn* Counter-Reformation
ellenrendszabály *fn* countermeasures *tsz*
ellenség *fn* enemy, *[ellenfél]* adversary, opponent; **halálos ~em** my mortal enemy; **~ kezébe kerül** fall* into enemy hands; **~e minden faji megkülönböztetésnek** he is against racial discrimination of any kind; **a haladás ~e** enemy of progress; **~et szerez magának** make* an enemy of sy
ellenséges *mn* hostile, enemy, inimical; **~ cselekedet** hostile act; **~ érzület** animosity; **~ magatartást tanúsít vkvel szemben** be* hostile/antagonistic towards sy; **~ ország** an enemy country; **~ terület** enemy (v. the enemy's) territory; **~ viszonyban van vkvel** be* on bad terms with sy, be* at daggers drawn (with sy)
ellenségeskedés *fn* **1.** *[személyi, családi]* hostility, enmity, quarrel, feud **2.** *[nemzeteké]* hostilities *tsz*
ellenségesked|ik *i (vkvel)* be* at enmity with sy, be* (always) at loggerheads with sy
ellensúly *fn konkr* counterweight, counterbalance
ellensúlyoz *i (vmt vmvel)* offset* sg, compensate sg for sg, counterbalance, balance out, even out
ellensúlyozás *fn átv* compensation, balancing out
ellenszámla *fn* check account
ellenszavazat *fn* (a vote of) no, a vote against (the motion), a "no" vote
ellenszegül *i (vknek/vmnek)* resist sy/sg, set* oneself against, go* against, fly* in the face of sg/sy, refuse to obey, disobey (sy), defy (sg/sy), offer (v. put* up a resistance/fight); **szülei akaratának ~ve férjhez ment** She defied her parents and got married
ellenszegülés *fn* **1.** *ált* resistance, refusal (to obey) **2.** *sp [díjugratásban, lóé]* refusal
ellenszegülő *fn* refractory, rebellious, recalcitrant, defiant
ellenszél *fn* headwind

ellenszenv *fn [vk ellen/iránt]* antipathy (to, towards, against), *[vm iránt]* repugnance (to), aversion (to), dislike (of); **~et érez vk iránt** feel* antipathy towards sy, dislike sy, not like sy, take* a dislike to sy

ellenszenves *mn [ember]* repulsive(-looking), unpleasant, (*vm*) repugnant, offensive, *[viselkedés]* unpleasant, obnoxious; **~ alak** disreputable-looking person

ellenszer *fn* **1.** *[méreg ellen]* antidote **2.** *átv* remedy (for)

ellenszolgáltatás *fn [anyagi]* **~ fejében** for money, for (adequate) remuneration; **~képpen** in (v. as) recompense for, in return (for); **~ nélkül** without compensation; without getting anything for one's pains/efforts, without getting paid (for sg), for free

ellentábor *fn ált* the opposing party/camp

ellentámadás *fn* **1.** *kat* counter-attack/offensive; **csapataink ~ba mentek át** our troops started a counter-attack, our troops carried the war into the enemy's camp **2.** *[vitában]* counterblast

ellentengernagy *fn* rear-admiral

ellentest *fn* antibody

ellentét *fn* **1.** *[vm ellenkezője]* opposite, contrast, contrary; **~e a bátyjának** he is the opposite of his brother; **~be állít vmt vmvel** contrast (sg) with sg, set* sg against sg, bring* (sg) into contrast with sg; **~ben áll/van vmvel** contrast with sg, be*/run* counter to sg; be* inconsistent with sg, conflict with sg, be* at variance (with sg); **szöges ~ben áll vmvel** stand in diametrical opposition with sg; **~ben vkvel** (as) contrasted with sy, in contrast to sy, by contrast, be* at variance (with sy); **~ben vmvel** in contrast with/to sg, as opposed to sg, out of accord/keeping (with sg) **2.** *[nézeteltérés]* antagonism, conflict, difference, divergence, *[súlyos]* hostility; **~be kerül vmvel/vkvel** come* up against sg/sy, come* into conflict with sy; **az ~ek kiélesednek** differences become* more pronounced/acute

ellentétel *fn* **1.** *fil* antithesis (*tsz* antitheses) **2.** *gazd* contra(-entry), credit(-entry)

ellentételez *i gazd [áremelést]* compensate

ellentételezés *fn* → **ellenszolgáltatás**

ellentétes *mn* **1.** *[ellenkező]* opposite, opposing, opposed *ut*, contrasted, contrasting, contrary; **~ álláspontra helyezkedik** take* the opposite course/line/view; **~ irányba(n)** in the opposite direction; **~ vélemény** opposite view **2.** *[ellenséges]* antagonistic, conflicting

ellentmond *i* **1.** (*vknek*) contradict (sy), oppose (sy), be* out of line (with sg); **~ önmagának** contradict oneself **2.** (*vmnek*) be* inconsistent with (sg), contradict (sg), clash with (sg)

ellentmondás *fn* contradiction, opposition, conflict; **~ba kerül vmvel** come* into conflict with sg; **~ban van vmvel** be* inconsistent with sg; conflict with sg; **~ba keveredik** contradict oneself; **~t nem tűrő hangon** in a(n) authoritative/peremptory manner/tone; **~ nélküli** free from contradictions, straightforward

ellentmondásos *mn* controversial; full of contradictions *ut*

ellentmondó *mn* contradictory; **egymásnak ~** conflicting; **~ hírek érkeztek** contradictory statements/reports have just come in

ellentüntetés *fn* counter-demonstration

ellentüntető *fn* counter-demonstrator

ellenvád *fn* counter-accusation/charge

ellenvélemény *fn* contrary opinion; **~t jelent be** voice one's objection (to sg)

ellenvet *i* **azt veti ellen, hogy** ... he objects that ...

ellenvetés *fn* objection (to), counter-argument, protest (against); **~t tesz** protest against, object to; **~ nélkül** without (a word of) protest, unopposed

ellenvonat *fn* ‹train going in the opposite direction›

ellenzék *fn* opposition; **az ~** the Opposition *esz* v. *tsz*; **~be megy** go* into opposition

ellenzéki I. *mn* of the opposition *ut*, opposition; **~ képviselő** member of the opposition; **~ pártok** the opposition parties **II.** *fn* **született ~** a born dissenter/objector

ellenzés *fn* opposition (to), disapproval (of)

ellenző I. *mn* opposing **II.** *fn* **1.** *[aki ellenez]* opposer, opponent **2.** *[szemen]* eyeshade, *[ló szemén]* blinkers *tsz*, *[sapkán]* peak, visor **3.** *[lámpán]* lampshade, *[kályha előtt]* screen, fender

ellenzős *mn* **~ sapka** peaked cap

ellep *i* cover, *[víz]* flood, *[növényzet]* overgrow*, *[rovarok]* infest, *[ellenség]* invade, *[tömeg]* swarm in/on to

ellép *i [vk előtt]* march past/by; **~ a díszszázad előtt** inspect the guard of honour

elleplez *i* cover up, conceal, *[elhallgat]* hush up

elles *i* (*vktől/vmt*) learn* by close observation, get*/learn* by watching, copy the technique/method (of sg)

ellés *fn [tehén]* calving, *[juh, kecske]* yeaning

ellesz *i* → **elvan**

ell|ik *i ált* bring* forth, throw* [young], *[juh]* yean, *[kutya]* have* puppies, *[ló]* foal, *[macska]* have* kittens, *[rőtvad]* fawn, *[tehén]* calve

ellipszis *fn* ellipse

elliptikus *mn* elliptic(al), ellipsoidal

ellobban *i* **1.** *[láng]* flicker/burn*/snuff out **2.** *[szenvedély] biz* blow* over

ellóg *i biz* **1.** → **meglóg**; **~ az óráról** cut* a class, play truant **2. ~ja az időt** loaf about; *US* goof off/around

ellop *i* **1.** (*vmt vhonnan*) steal* (from); *[boltból]* lift, walk off with, *[áruházból, munkahelyről kisebb dolgokat]* pilfer **2.** *[más szerzőtől]* lift, plagiarise [a paragraph, etc]; **~ták az órámat** my watch has been (v. was) stolen; **~ták az autómat** my car has been stolen

ellopás *fn* stealing, theft

ellovagol *i* (*vhonnan*) ride* away/off, *[vm mellett]* ride* by/past

éllovas *fn* top team/player

ellő *i* **1.** *[végtagot]* shoot* off **2.** *[töltényeit]* shoot* away [one's cartriges], use up [one's ammunition] **3.** *átv biz* **~tted a dolgot** you have bungled it, you have made a (right) mess of it, you have messed it up

ellök *i* thrust*/push away/off, (*vkt*) shove away

ellövöldöz *i* → **ellő** 2

ellustít *i* make* lazy

ellustul *i* grow*/become* lazy

elmagyaráz *i* explain (sg at length), give* a detailed explanation (of sg)

elmagyarosít *i* to Hungarianize

elmagyarosod|ik *i* become* Hungarianized, become* Hungarian

elmakog *i* → **elhebeg**

elmállaszt *i* (cause to) crumble

elmáll|ik *i* crumble (away), weather, *[rétegesen]* peel off; **~ott kőzetek** weather-beaten rocks, crumbling/decomposed rocks

elmar *i* **1.** (*vktől vmt*) take* sg by force **2.** *biz* (*vkt vhonnan*) hound sy out (of sg), oust (sy from)

elmarad *i* **1.** *[nem történik meg]* not happen/occur, not come* about, fail to come about, not take* place, *[előadás]* be* cancelled (*US* -l-), *[vessző, ékezet]* be* omitted, be* left out; **ez ~hatott volna** we could have been spared that, we could have done without that; **a hangverseny ~** the concert is off, the concert is (v. has been) cancelled; **a hatás ~t** there was no effect **2.** *[hátramarad]* lag/fall*/be* behind (*vmvel* with sg); **el van maradva** *[fizetéssel]* be in arrears with [one's payment/rent etc.], be*/drop behind in/with [one's payments, the rent etc.]; **~ (v. el van maradva) munkájával** be* behind with one's work/studies etc.; **~ az ütemtervtől** be* behind schedule **3. nem akar ~ni másoktól** try to keep* up with sy, keep* up with the Joneses; **~ a világtól** fall*/be* behind the times, be* out of touch with real life **4.** *[vhol sokáig]* be* long absent, stay out late, be* late; **ne maradj el sokáig!** don't be long! **5.** *[látogató]* stay/keep* away, discontinue visits **6.** *[növés-*

ben] be* undergrown*, be* stunted (in growth), *[fejlődésben, gyermek]* be* backward

elmaradás *fn* **1.** *[előadásé]* postponement, cancellation **2.** *(vké vhonnan)* absence, non-arrival, *[tárgyalásról]* default; **~át igazolja** *[kimenti magát]* apologize for one's absence; *[tanuló]* produce a note, have* a (good) excuse **3.** *[hátramaradás]* lag, *[fejlődésben]* backwardness

elmaradhatatlan *mn* bound to happen *ut*, certain; **a koncert végén következett az ~ ráadás** the concert ended with the customary encore

elmaradott *mn* **1.** *[szellemileg, gazdaságilag]* backward, underdeveloped; **~ országok** *[eufemizmussal] pol* developing countries, third-world countries, emerging markets; **~ ember** *biz* a slow-coach; *[igével]* he is behind his/the times; **értelmileg ~** mentally retarded **2.** *[hátramaradó]* straggling behind *ut*

elmaradottság *fn átv* backwardness

elmaradoz|ik *i* **1.** *[haladásban]* drop/fall* back/behind **2.** *[otthonról]* stay/stop out repeatedly, *[látogató]* stay/keep* away; **a hallgatók ~nak** the students are falling* away/off (v. dropping out)

elmaradt *mn* → **elmaradott**; **fejlődésben ~ ország** underdeveloped country

elmarasztal *i* **1.** *jog* find* guilty; **költségekben ~** order sy to pay (the) costs **2.** *[erkölcsileg]* condemn

elmarasztaló *mn* condemning, reproving, disparaging; **~ ítélet** verdict of guilty

elmaszatol *i* smudge, smear

elme *fn* mind, intellect, intelligence, wit, *[néha]* brain; **nagy ~** great brain, *[rendkívül okos]* (as) clever as paint; **~jében forgat** turn over in one's mind, meditate on; **vésd jól ~dbe** keep that well in mind; **vmt vknek az ~jébe vés** impress on sy [the importance of sg], imprint sg on sy's mind

elmeállapot *fn* mental state

elmebaj *fn* mental disorder/illness, psychosis, insanity

elmebajos I. *mn* insane, psychotic, (mentally) deranged *ut* **II.** *fn* lunatic, insane person, *[kórházban]* mental patient/case

elmebeli *mn* mental; **~ állapot** mental state; **~ fogyatékosság** mental deficiency/handicap

elmebeteg *mn/fn* → **elmebajos**

elmebetegség *fn* → **elmebaj**

elmegy *i* **1.** *(vhonnan)* go* away/off, leave*, depart, get* off, *[gyalog]* walk away, *[autón]* drive* off/away, *[kerékpáron, villamoson, lóháton]* ride* away/off; **~ hazulról** leave* home; **elment** he is gone, he has left; *[nincs itthon]* he is out; **elmentem!** *[már itt se vagyok]* I'm off!; **elmehet(sz)** you can/may go; **~ az esze** lose* one's wits, go*/be* out of one's mind **2.** *(vhova)* go* to, leave* for, *[gyalog]* walk to, *[autón]* drive* to, *[kerékpáron, villamoson, lóháton]* ride* to; **~ vmeddig** *átv is* go* as far as, *csak átv* go* to great lengths (to do sg); **tudja, meddig mehet el** know* one's distance; **~ vkért/vmért** go* for sy/sg, (go and) fetch sy/sg; **~ vm mellett** pass (along/by) **3. ~ katonának** enlist, join up, join the army **4.** *biz [elfogadható vmnek]* pass as/for; **itt még csak ~ színésznek** he may pass as an actor here (but he wouldn't in Budapest); **ez még valahogy ~** it will pass somehow, it will just about do, it would pass in a crowd, it will get by **5.** *szl [kielégül]* come* [have* an orgasm]; → **eligazodik**

elmegyenge *mn* mentally deficient

elmegyengeség *fn* mental deficiency

elmegyógyász *fn* → **elmeorvos**

elmegyógyászat *fn* psychiatry

elmegyógyintézet *fn* mental hospital/home, lunatic asylum

elmekórtan *fn* psychopathology

elméláz *i* muse (on sg), think* dreamily of sg, be* (deeply) lost in thought, be* in a brown study

elmélet *fn* theory; **~ben** in theory, theoretically; *[papíron]* on paper; **~et felállít** put* forward (v. construct) a theory

elméleti *mn* theoretical, speculative, hypothetical; **~ fizika** theoretical physics *esz*; **tisztán ~ kérdés** a purely academic/hypothetical question; **~ ember** theorist, theoretician

elméletileg *hsz* in theory, theoretically

elmélkedés *fn* meditation, reflection, contemplation

elmélked|ik *i (vmn)* meditate (on), reflect (on), ponder (sg/on/over sg)

elmélkedő *mn* meditative, contemplative

elmélyed *i (vmbe)* become* absorbed/immersed/engrossed in (sg), be* taken up with (sg); **~ gondolataiba** be* lost/rapt in thought; **teljesen ~ vmben** give* oneself up entirely to sg, be* wrapped up in sg

elmélyedés *fn* immersion (in), profound study (of)

elmélyít *i* **1.** *átv is [dolgot]* deepen **2.** *csak átv* intensify, *[kapcsolatokat]* strengthen [links], *[tanulmányokat]* go* deeply (v. delve) into; **~i tudását** extend one's knowledge (of sg); **~i a nemzetközi jóviszonyt** promote goodwill between nations

elmélyítés *fn* **1.** *átv is [dologé]* deepening **2.** *átv [tanulmányoké]* profound study, *[kapcsolatoké]* intensification, promotion, strengthening

elmélyül *i* **1.** *konkr [mély lesz]* deepen **2.** *(vk vmbe)* become* absorbed/immersed in (sg), be* taken up with (sg) **3.** *[válság]* become* more serious, deepen, take* a turn for the worse

elmenekül *i* get*/break* away, make* one's escape, escape, run* away from, *[börtönből]* break* out, *(vk elől)* fly*/flee from sy, *[országból]* flee* the country

elmenekülés *fn* escape, running away, getaway

elmenés *fn* → **elmenetel**

elmenet *hsz* → **elmenőben**

elmenetel *fn* going away, departure, leaving

elmenőben *hsz* on one's/the way out, on leaving

elment *i infor* save [a file]

élmény *fn* (interesting personal) experience, *[kaland]* adventure

élménybeszámoló *fn* account of one's experiences (swhere), *[utazásról]* travelogue (*US* -log); **~t tart** give* an account of one's experiences [v. of one's travel(s) etc.], give* a lecture on one's travel(s)

elmeorvos *fn* psychiatrist, mental specialist

elmeosztály *fn* mental/psychopathic ward

elmér *i* **1.** *[rosszul]* make* a mistake in weighing/measuring sg out, measure sg out wrong **2.** → **kimér** 2

elmereng *i* → **elábrándozik**

elmereved|ik *i* go*/become* stiff, stiffen (up)

elmérgesedés *fn [sebé]* purulence, suppuration

elmérgesed|ik *i* **1.** *[seb]* go*/turn/become* septic, suppurate; **~ett seb** suppurated/poisoned wound **2.** *[helyzet]* worsen, get* worse, become* aggravated; **~ett kapcsolat/viszonyok munkáltatók és munkások között** exacerbated/soured relations between employers and workers

elmérgesít *i* aggravate, embitter, sour, *[betegséget, indulatot]* exacerbate

elmerít *i (vmbe)* immerse/submerge/dip in

elmerül *i* **1.** *ált* sink*, be* submerged, *[hajó]* go* under/down, founder, *[fuldokló]* drown **2.** *átv (vmben)* be* immersed/absorbed/lost in sg, be* wrapped up (in sg)

elmés *mn* witty, smart, ingenious; **~ mondás** witticism; **~ szerkezet** clever/ingenious contraption/device

elmesél *i* tell* [a story], narrate, relate

elmésség *fn* wit, wittiness, *[mondás]* witticism, *biz* wisecrack

elmeszakértő *fn* **törvényszéki ~** court/police psychiatrist; *US* alienist

elmeszesedés *fn orv [mészlerakódás]* calcification

elmeszesed|ik *i* calcify

elmetsz *i* cut* (off), sever

elmezavar *fn* insanity, mental disturbance/disorder; **pillanatnyi ~** momentary mental aberration

elmezavarodott *mn orv* mentally disturbed

élmezőny *fn* leading group/bunch, leaders *tsz*, the front runners *tsz*
elmond *i* **1.** *[elbeszél]* tell*, narrate, relate [a story etc.], *[véleményt]* give* [one's opinion]; **nem mond el vmt** leave* sg untold, refuse to tell; **el ne mondd senkinek** you must not tell anybody, keep* it to yourself, (do) not (say) a word to anybody about it; *biz* mum's the word; **róla ~ható, hogy** ... it can be said of him that ...; **mindent ~** *[bevall]* make* a clear breast of it; **mondd már el!** *[ami nyomja a lelkedet]* get it off your chest! **2. mindennek ~ták** they called him names **3.** *[beszédet]* deliver, make*, give* [speech], *[verset]* recite [poem]
elmondás *fn* **1.** *[elbeszélés]* telling, narration **2.** *[beszédé]* delivery, *[versé]* recital **3.** *[vallomás]* **a tanúk ~a szerint** according to the witnesses' statements
elmondat *i* make* sy tell/relate sg, get* sy to tell sg
elmondhatatlan *mn* unspeakable, unutterable, inexpressible, indescribable, beyond/past expression
elmorzsálód|ik *i* crumble away
elmos *i* **1.** *[edényt]* wash up **2.** *[partot]* wash away, *[fát/épületet árvíz]* sweep*/carry away, *[írást, emléket]* efface, dim, blur **3. a kerti partit ~ta az eső** the garden-party was rained off (*US* out) (v. washed out by rain)
elmosód|ik *i* **1.** *[vonal]* become*/grow* blurred/indistinct/dim, wear* away **2.** *[emlék]* fade away, become* effaced/obscure
elmosódott *mn* **1.** *[vonal]* indistinct, blurred, dim **2.** *[emlék]* obscure, faded
elmosogat *i* wash up, wash the dishes; **már ~ott** she has done the washing-up
elmosolyod|ik *i* smile, break* into a smile
elmotyog *i* mutter
elmozdít *i* **1.** *[vmt helyéről]* remove, move; **el kell mozdítani a bútorokat** the furniture needs to be moved **2.** *[vkt állásából]* remove, discharge, relieve sy (of)
elmozdítás *fn* (*vmé, vké*) removal
elmozdíthatatlan *mn* **1.** *[tárgy]* immovable **2.** (*vk*) irremovable
elmozdítható *mn* **1.** *[tárgy]* mobile, *[alkatrész]* detachable, can* be moved *ut* **2.** (*vk*) removable
elmozdul *i* **1.** move, *[csak ember]* stir, budge, make* a move (*felé* towards); **nem mozdul el** stand* fast/still; **el sem mozdul hazulról** *biz* be* a stay-at-home, never go* out **2.** *átv* (*vmtől*) move away (from sg)
elmozdulás *fn pol [pozitív irányban]* improvement, progress; **a tárgyalások során a felek között pozitív ~ tapasztalható** there seems to be a positive change in the course of negotiations
elmúlás *fn* **1.** *[időé]* passing **2.** *[halál]* death, mortality
elmulaszt *i* **1.** *[vmt megtenni]* fail, omit (to do sg), *[alkalmat]* miss, let* slip, *[kötelességet]* neglect [duty], leave* sg undone, *[pénzügyi kötelezettséget, bírósági megjelenést]* default, jump bail, fail to appear, *[órát]* cut*, skip [class]; **~otta a vizsgát** he failed to take/sit the examination, (s)he did not turn up for his/her exam; **~ott alkalom** missed opportunity **2.** *[betegséget orvosság]* cure, *[fájdalmat]* stop, check
elmulasztás *fn [kötelességé]* omission, neglect (of); **kötelesség ~a** breach/neglect of duty; **ennek ~a esetén** failing this
elmulat *i* **1.** *[pénzt, időt]* spend* money on (v. time in) amusement **2.** *[magában]* amuse oneself, while away the time
elmúl|ik *i* **1.** *[idő]* pass, elapse, slip* by/past, *[év]* go* by, come* to an end; **5 óra ~t** it is past five (o'clock), *US* gone 5; **~t 50 éves** he is over fifty, he has turned fifty, (s)he is on the wrong side of fifty; **~tak az évek** the years have gone by; **ami ~t, ~t** *kb.* let bygones be bygones; **minden ~ik egyszer** the longest day must have an end **2.** *[eső, betegség]* be* (all) over, *[fájdalom]* stop, cease; **a veszély ~t** the danger is over/past; **a vihar/botrány ~t** the storm has blown over

elmúlt *mn* past, bygone, gone; **az ~ évben** last year; **az ~ években** in the years past, in the last/past few years; **vmkor az ~ napokban** the other day, (quite) recently, a few days ago
élmunkás *fn* ace-worker, outstanding worker
elnadrágol *i biz* whack, thrash, give* sy a (good) hiding, warm sy's jacket
elnagyol *i [munkát]* do* sg superficially/sketchily, do* sg in a rough-and-ready way
elnapol *i* adjourn, put* off, postpone, hang up, hold* over; **a gyűlést egy hétre ~ták** the meeting was adjourned for a week
elnapolás *fn* adjournment
elnáspángol *i* → **elnadrágol**
elnehezed|ik, elnehezül *i* **1.** grow*/become* too heavy, feel* bloated **2.** *átv [nehézkessé válik]* become* encumbered with/by sg
elnémetesed|ik *i* become* Germanized
elnémetesít *i* Germanize
elnémít *i* **1.** *[elhallgattat]* silence, reduce to silence, *szl* shut* sy up **2.** *[meglepetés]* (*vkt*) dumbfound **3.** *[hangszórókat]* mute
elnémul *i* **1.** (*vk*) *[meglepetéstől]* be* dumbfounded **2.** (*vm*) become* silent/quiet, be* silenced
elnéptelenedés *fn* depopulation
elnéptelenedett *mn* depopulated, deserted
elnéptelened|ik *i* become*/be* depopulated/deserted, *[tájék]* lose* its population
elnéptelenít *i* depopulate
elnevel *i [gyereket]* spoil*
elneveti magát *i* burst* out laughing, break* into laughter
elnevez *i* call (sy, sg), name (sy, sg), give* a name to sg; **vmnek ~ vkt** call/name sy sg, give* sy the name ...; **vmnek ~ vmt** call/name/term sg sg; **vkt vkről ~** name sy after sy, *US* name sy for sy
elnevezés *fn* **1.** *[folyamat]* naming **2.** *[név]* name
elnéz *i* **1.** *[vkt/vmt hosszan]* look at, watch, contemplate **2.** *[vknek hibát]* overlook, forgive (sg), shut*/close one's eyes to (sg) **3.** *[vmt tévedésből]* overlook, miss; **véletlenül ~tem** it escaped my notice/attention **4.** *[félrenéz]* look away, look another way, *[szándékosan]* look the other way **5. ~ vk feje felett** pretend not to see sy; *biz* cut* sy (dead), give* sy the go-by **6.** *biz [vkhez látogatóba]* pop in/along/round (to sy), drop in on sy
elnézeget *i* gaze at, contemplate, feast one's eyes on sy/sg
elnézés *fn* **1.** *[türelem]* lenience, leniency, forbearance; **~t kér** (*vktől vmért*) apologize (to sy for sg); **~t (kérek)!** (i) *[kérdezni akarok vmt]* excuse me... (ii) *[bocsánatkérően]* sorry!, *US* excuse me!; **~t kérek, amiért megvárakoztattam** sorry to have kept you waiting; **~t kérek a zavarásért** (I'm) sorry to trouble you **2.** *[tévedés]* mistake, error; **~ből** by mistake
elnéző *mn* indulgent, lenient, forbearing, *[igével]* shut* one's eyes to sy's faults
elnézően *hsz* indulgently, leniently
elnőiesed|ik *i* **~ik a tanári pálya** the teaching profession is (increasingly) becoming a female preserve
elnök *fn [államé stb.]* president, *[gyűlésen, konferencián, bizottsági]* chairman°, *[nő]* chairwoman°, *[semleges]* chairperson, chair, *[GB képviselőházi]* The Speaker; **E~ Úr!** Mr. President!; *[gyűlésen]* Mr. Chairman!, *[GB képviselőházban]* Mr. Speaker; **X.Y., az országgyűlés ~e** Speaker of Parliament YX; **~ asszony** *ált [gyűlésen]* chairwoman, *[semleges]* chairperson; **(Tisztelt) Elnök Asszony!** Madam President/Chairman!, *[házelnök]* Madam Speaker!
elnökhelyettes *fn* deputy/acting president, *[gyűlésen stb.]* deputy-chair(man)
elnöki *mn* presidential, of the president *ut*, *[gyűlésen stb.]* of the chairman *ut*; **~ ciklus** term; **Clinton második ~ időszaka** Clinton's second term; **~ kormányzás, közvetlen ~ irányítás** direct presidential rule; **~ emelvény**

[szabadban] presidential stand; *[helyiségben]* the platform; **elfoglalja az ~ széket** assume the presidency of sg; *[gyűlésen]* take* the chair; **~ tisztség** presidency; *[gyűlésen, bizottságban stb.]* chairmanship; **~ rendelet** presidential decree
elnöklés *fn* presidency, *[gyűlésen]* chairmanship; **átveszi az ~t** take* the chair
elnöklet *fn* → **elnöklés**; **X úr ~e alatt** *[gyűlésen stb.]* under the chairmanship of Mr. X, with Mr. X in the chair
elnöklő *mn ált* presiding, *[gyűlésen, konferencián]* in the chair *ut*
elnöknő *fn* lady president, *[gyűlésen stb.]* chairwoman°, chairperson, chair, *[megszólítva ülésen]* Madam Chairman
elnököl *i* preside at/over sg, *[ülésen]* chair [a meeting], be* in the chair, take* the chair, *[bizottságban]* head the committee; **az ülésen X ~t** the meeting was chaired by X
elnökség *fn* **1.** *[elnöki tisztség]* presidency, *[gyűlésen, bizottságban stb.]* chairmanship; **X ~e alatt** during/under X's presidency/chairmanship **2.** *[helyiség]* office of president/chairman° **3.** *[testület]* presidency, presidium, *[vállalaté]* board of directors, the management
elnökválasztás *fn* presidential election
elnyal *i szl* tumble, crash, fall* flat on one's face
elnyargal *i* gallop off/away
elnyel *i* **1.** swallow (up), *[ételt]* devour; **úgy eltűnt, mintha a föld nyelte volna el** he disappeared as though/if the earth had swallowed him up **2. majd ~te a szemével** *átv* he devoured her with his eyes **3.** *tud* absorb
elnyelés *fn* **1.** swallowing **2.** *tud* absorption
elnyer *i* **1.** (*vktől vmt*) win* (sg from sy), *[pályadíjat]* win*; **~te az első díjat** he won (the) first prize, *biz* (s)he ran off with the first prize, (s)he carried off the first prize; **~te a barátja minden pénzét** he took all his friend's money off him [at cards etc.] **2.** *átv [elér, megszerez]* win*, gain, obtain; **~ egy állást** obtain a position/post/job; **~i jutalmát** reap/get* one's reward
elnyíl|ik *i [virág]* lose*/shed* (its) petals
elnyisszent *i* snip
elnyom *i* **1.** *[népet, nemzetiséget]* oppress, crush, tyrannize, tread* down, *[forradalmat]* put* down, suppress, crush **2.** *[érzelmet]* repress, stifle, suppress, keep* down/under **3.** *[cigarettát]* put*/stub out **4. ~ta az álom** he was overcome with sleep, he dozed off
elnyomás *fn* **1.** *[népé]* oppression, *[forradalomé]* suppression **2.** *[érzelemé]* repression, suppression
elnyomó I. *mn* oppressive, tyrannical; *pol* **~ intézkedések** oppressive measures; **~ rendszer** an/the oppressive system **II.** *fn [népet]* oppressor, tyrant
elnyomorít *i* cripple
elnyomorod|ik *i* **1.** become* crippled/disabled/lame **2.** *átv* become* a pauper
elnyomorog *i* scrape a living
elnyomott *mn* oppressed, downtrodden; **~ nép/osztály** oppressed people/class, the underprivileged
elnyújt *i* **1.** *konkr* stretch/draw*/pull out **2.** *átv* drag/spin* out, extend; **~ja a beszédét** spin*/draw* out one's speech
elnyújtóz(kod)|ik *i* stretch (oneself) out at full length
elnyúl|ik *i* **1.** *[fekve]* stretch oneself out **2.** *[vmeddig ér]* reach (as far as v. to v. down to), extend (to) **3.** *[ülés]* drag on, last longer than expected/planned, continue into [the night], run* over time; **hosszan ~ó beszéd** a long-drawn-out speech
elnyű *i* wear* (out/away), *[ruhát]* wear* to threads; **~tte nadrágját** his trousers are wearing thin
elnyűhetetlen *mn* hard-wearing, *kif* it/that will never wear out
elnyűtt *mn* worn-out, threadbare
elodáz *i* put* off, let* sg lie over, delay, postpone, procrastinate
elodázás *fn* putting off
elodázhatatlan *mn* not to be (v. cannot be) delayed/deferred *ut*, *[sürgős]* urgent, imperative
elold *i* untie, unfasten, unbind*, undo*; *[igével]* requires immediate action, can no longer be postponed
eloldalog *i* slink* away/off
eloldód|ik *i [kötél vége]* work itself loose, come* undone
elolt *i [cigarettát]* put*/stub out, *[gázt]* turn off, *[gyertyát]* blow* out, *[lámpát, villanyt]* turn out/off, switch off [the light], *[tüzet]* extinguish, put* out [fire]; **oltsd el a villanyt** (mindenhol)! please switch off all lights, turn out all the lights, turn the light out
elolvad *i* melt, liquefy, *[csak hó]* thaw
elolvas *i* read* (through/over); **sok mindent ~ egy témában** read* in/up, learn* up, swot up
elolvasás *fn* reading
elolvaszt *i* melt, liquefy, thaw out
elordítja magát *i* cry out, give* a yell, *[állat]* give* a howl, roar out
eloroz *i* → **ellop**
elorzás *fn* → **ellopás**
eloson *i* steal* away, slide*/sneak away
eloszlás *fn* **1.** *[embertömegé]* breaking up, dispersion, dispersal **2.** *[szét-, megoszlás]* distribution
eloszlat *i* **1.** *[embertömeget]* disperse, scatter **2.** *[félelmet]* dissipate, dispel, relieve sy of [his fears], put* sy's mind at ease (about/over sg), *[félreértést]* clear up, *[gyanút, kétséget]* dispel
eloszl|ik *i* **1.** *[kétség]* be* resolved/dispelled/removed **2.** *[tömeg]* disperse, break* up, scatter; **a köd ~ik** the fog is lifting **3.** *[vm szétoszlik]* be* distributed/divided; **egyenletesen ~ik** be* spread evenly
eloszt *i* **1.** *[egészet részekre]* divide (into), *[több hónapra, törlesztést]* spread* (out) over [x months], *[munkát, földet]* parcel (*US* -l) out **2.** *[több dolgot vkk között]* distribute (among), divide, apportion (between, among); **egymás között ~ották a hasznot** they shared/split the profits **3.** *mat* divide (*vmennyivel* by)
elosztás *fn* **1.** *[egészet részekre]* division, parcelling (*US* -l-) out **2.** *[több dolgot]* distribution
elosztó I. *mn* distributive, distributing **II.** *fn [gépkocsiban]* distributor, *[konnektorhoz]* adapter
elosztó(fej) *fn [autóban]* distributor
elosztogat *i* distribute
elosztótábla *fn* switchboard
elő I. *hsz* **~ a pénzzel!** out with your money!, hand over the money! **II.** *előtag* **Előfizettél az újságra? E~.** Have you subscribed to the paper? I have.
élő I. *mn* living, live, alive; *[rádió, tv]* live; **~ adás/közvetítés** live broadcast/coverage/programme; **~ állat** livestock; **~ koncertfelvétel** live concert recording; **~ nyelv** *[beszélt nyelv]* spoken language; **~ (idegen) nyelvek** modern languages **II.** *fn* **1.** living person; **az ~k** the living; → **sor 2. ~ben közvetítik** is being covered/broadcast/televised live (from); **~ben közvetítjük** will be covered live, it is brought to you live (from) → **szó**
előad *i* **1.** *[elővesz, felmutat]* produce, show*, exhibit, *szl [lopott cuccot]* cough up **2.** *[kifejt]* expound, set* forth, *[bizonyítékokat]* present, produce, adduce [proof], *[kérést]* come* forward with [a request], submit, *jog [keresetet]* set* out [the cause of action], *[tényállást]* set* forth [facts], state [one's case]; **~ja panaszát** complain to sy about/of sy/sg **3.** *[eseményeket]* narrate, relate, describe, *[színdarabot]* perform, act, produce, *[történetet]* tell*, *[verset]* recite, *[zeneművet]* play, render **4. ~ja magát** *[előadódik]* happen, occur, take* place **5.** *[egyetemen stb.]* lecture (*amit/amiről* on), *[máshol]* give* a talk/presentation (on sg); **történelmet ad elő** lecture on history, *[státusban]* be* a lecturer in history
előadás *fn* **1.** *[színházi]* performance, *[a könnyebb műfajban így is]* show, presentation [of a musical etc.], *[zeneműé]* performance; **délutáni ~** matinée, afternoon performance; **~ra kerül** (will) be* performed played **2.** *[egyetemen, konferencián stb.]* paper; *[hosszabb]* full paper; *[rövidebb]* short paper, *ált* presentation; *[rádió-*

ban] talk; → **plenáris**, → **szekcióelőadás**; **X ~a Burnsről** a lecture on Burns by X; **~t tart vmről** give*/deliver a lecture on sg, lecture on sg; *[konferencián]* read*/give*/present a paper on sg; **~okra jár** attend a course (of lectures) on sg, attend lectures (on sg); **az ~ok szünetelnek** there are no lectures (today) **3.** *[közlés]* relation, narration, report(ing), presentation

előadásmód *fn* **1.** *[előadóé]* manner of lecturing, presentation, *[szónoké]* delivery **2.** *[színészi]* interpretation, performance, *[zenészé]* rendering, interpretation

előadássorozat *fn* series of lectures, course (of lectures)

előadásvázlat *fn* **1.** *[rövid, a kinyomtatott előadás elején]* abstract **2.** *[amit kiosztanak]* handout

előadó I. *mn* **1.** performing **2.** ~ **körút** *[tudományos]* lecture tour **II.** *fn* **1.** *[egyetemen]* lecturer, *[konferencián]* speaker; **jó** ~ he is a good lecturer, he has a good delivery **2.** *[hangversenyen]* performer **3.** *[munkakör]* official in charge of (sg); **lakásügyi** ~ housing officer

előadód|ik *i* happen, occur, take* place

előadóest *fn [verseké]* poetry evening, recital

előadói *mn* ~ **est** → **előadóest**

előadóművész *fn* artist, performer, *[szavaló]* reciter, elocutionist

előadóművészet *fn* performing arts *tsz*

előadóterem *fn* lecture room/hall, auditorium (*tsz* -ums v. -ria), *[emelkedő padsorú]* lecture theatre, *US* theater

előáll *i* **1.** *[előlép]* step forward, stand* forth, appear **2.** (*vmvel*) come* forward with, throw* out; **újabb követelésekkel áll elő** come* forward with (v. make*) further demands **3. a kocsi ~t** the carriage is at the door **4.** *[keletkezik]* come* into being, come* about, arise*

élőállat-állomány *fn* livestock *tsz*

előállít *i* **1.** *[készít]* produce, make*, turn out, *[iparcikket]* manufacture **2.** *[rendőrségen]* arrest, take* (down) to the police-station, bring* up, have* up, run* in

előállítás *fn* **1.** *[készítés]* making, production, manufacture **2.** *[rendőri]* arrest, apprehension

előállítási *mn* ~ **ár** cost price, prime cost; ~ **költség** cost of production, production costs *tsz*

előállító *fn* maker, manufacturer

előárboc *fn* foremast

Elő-Ázsia *földr* Asia Minor

előbb *hsz* **1.** *[korábban]* sooner, before, previously, earlier; **egy nappal** ~ (on) the day before, (on) the previous day; **minél** ~ as soon as possible, at the earliest opportunity; *[vktől várva vmt]* at your earliest convenience; **minél ~, annál jobb** the sooner the better; ~ **vagy utóbb** sooner or later; ~ **említett** above/afore-mentioned **2.** *[mielőtt vmt tesz]* first; ~ **eszem vmt** I shall have something (v. a bite) to eat first **3. az** ~ *[imént]* just now, a short while ago

előbbi I. *mn* preceding, earlier, former, previous **II.** *fn* former; **az ~ek** the former; **az ~ekben** in the foregoing

előbbre *hsz* nearer, more forward; **2 héttel ~ van a tervezettnél** be* a fortnight ahead of schedule; ~ **helyez** *[jobban kedvel]* prefer sg/sy (to sg/sy), *[fontosabbnak tart]* put* above/before, place before; ~ **hoz** *[időpontot]* bring* forward; ~ **jut** get* more forward, go* further/forward, advance, move ahead; **így nem jutunk** ~ we won't get anywhere this way, this is not getting us (v. won't get us) anywhere; ~ **való** more important; *[igével]* come* before sg; **ez mindennél ~ való** this comes first; ~ **visz** further, advance

előbb-utóbb *hsz* sooner or later

élőbeszéd *fn* spoken language

előbőr *fn [fityma]* foreskin, prepuce

előbúj|ik *i* creep* out, come* forward; **a felhők mögül ~t a nap** the sun broke through the clouds

előbukkan *i* appear (suddenly), emerge, come* into sight/view, crop up, come* to light

előcsarnok *fn* (entrance) hall, *[szállodáé]* (hotel) lobby, foyer, *[színházé]* foyer, lounge, *[középületé]* vestibule

előcsatározás *fn* skirmish

előd *fn* **1.** *[hivatali]* predecessor **2.** *[ős]* ancestor, forefather; **~eink** our fathers/forebears

elődöntő *fn* semifinals *tsz*, *[vívásban]* quarterfinal; **~be jut** qualify for (v. reach) the semifinals

elődöntős *fn* semifinalist

előélet *fn* past, *[rendőri szempontból]* police record; **büntetlen** ~ a clean record; → **büntetett**

előember *fn biol* prehistoric man

előénekes *fn [énekkari]* choir-leader

előerősítő *fn el* preamplifier, *biz* preamp

előérzet *fn* presentiment, premonition, intuition, feeling, hunch; **rossz ~e van** have* misgivings

előesés *fn orv* prolapse

előeste *fn* eve; **vmnek az ~jén** on the eve of

előétel *fn* hors-d'oeuvre, first course; starter

előfájások *fn orv* labour pains

élőfej *fn [szótárban]* catchword, *[szövegszerkesztőben] infor* header

előfeltétel *fn* prerequisite, precondition, prior condition; **vmnek az ~e** ... sg is a prerequisite for ...

előfelvétel(i) *fn [egyetemre, régebben]* deferred admission [to a university etc.]

előfizet *i* (*vmre*) subscribe to [a paper/periodical], take* out a subscription (to), *[járat]* take* [a journal]

előfizetés *fn* subscription

előfizetéses *mn* ~ **étkeztetés** *kb.* prepaid meals *tsz*

előfizetési *mn* ~ **díj** *[újságra stb.]* subscription, *[tévére]* TV licence fee, television rental

előfizető *fn [lapra, telefonra]* subscriber, *[televízióra]* licence holder; **~k jegyzéke** list of subscribers

előfordul *i* **1.** *[történik]* happen, occur, take* place; **az ilyesmi** ~ it happens, it is just one of those things, that can quite easily happen; **ez többet elő ne forduljon!** this must not/never happen again! **2.** *[található, felbukkan]* (to) be found, appear, figure, *biz* crop up; **~-e ez a szó a szövegben?** does this word occur in the text? **3.** *[állat, növény]* be* found

előfordulás *fn* occurrence, *[növényé]* presence, *[betegségé]* incidence

előfordulási *mn áll növ* ~ **hely** (natural) habitat

előforduló *mn* happening, occurring, *[növény stb.]* found (*mindegyik: ut*); **ritkán** ~ rare, scarce

előfőzött *mn gaszt* pre-cooked

előfutam *fn* (qualifying) heat

előfutár *fn* forerunner, precursor

előgyakorlat *fn* previous practice, training; **olvasás/magnóhallgatás előtti** ~ pre-reading/pre-listening task

előgyártás *fn* → **előregyártás**

előgyújtás *fn* advanced ignition

előhad *fn* vanguard, advance-guard

előhalad *i* → **előrehalad**

élőhalott *mn/fn [tetszhalott]* seemingly dead, *[súlyos beteg]* living corpse

előhang *fn* prologue, *US* prolog

előharcos *fn* skirmisher, *átv* pioneer

előhegység *fn* foothills *tsz*

előhírnök *fn* harbinger, herald

előhív *i* **1.** (*vkt*) call out/forth **2.** *fényk* develop

előhívás *fn fényk* developing

előhívó *fn fényk* developer

előhívótál *fn fényk* developing dish

előhívótank *fn fényk* developing tank

előhoz *i* **1.** *[tárgyat]* bring* up/out, fetch **2.** *[szóban]* bring* up, mention, make* mention of

előhozakod|ik *i* (*vmvel*) bring* up sg, plead, *[témával]* broach [a subject], come* out/up with

előhúz *i* draw* forth, *[zsebéből]* produce

előidejű *mn nyelv* antecedent

előidejűség *fn nyelv* antecedence

előidény *fn kb.* early season, pre-season

előidéz *i* cause, bring* about/on/forth, give* rise to sg, make*, create, *[állapotot]* induce, provoke, lead* to,

E

trigger; **mi idézte elő a bajt?** what seems to have been/caused the trouble/problem?

Elő-India *földr* East Indies

előír *i ált* prescribe, *[rendelet]* ordain, *[hatóság]* order, *gazd* specify, *orv* prescribe, order, *[tananyagot vizsgára]* set* (sy sg) (for an exam), set*/assign; **a törvény ~ja, hogy** the law states that; **gyógymódot ír elő** prescribe a cure/treatment

előirányoz *i* schedule, estimate, *[összeget]* set* aside, earmark (*mindegyik: ut vmre for*), *[költségvetésben]* allocate, appropriate (for); **kutatási célra ... összeget irányoztak elő** a sum of ... has been earmarked for research

előirányzat *fn* **1.** *[összeg]* provision **2.** *[költségtervezet]* statement of costs, budget; **állami költségvetési ~** *GB* the (government) Budget

előirányzott *mn* set aside, allocated (*mindegyik: ut vmre* for); **~ összeg** earmarked sum

előírás *fn* **1.** *ált* prescription, *gazd* specification, *orv* prescription **2.** *[használathoz]* instructions *tsz*, directions *tsz* **3.** *[szabály]* regulation, rule; **az ~oknak megfelelően tesz vmt** do* sg by the book

előírásos *mn* **1.** *ált* prescribed, stipulated, *gazd* specified **2.** *[szabályos]* regular, formal; **nem ~** informal

előírásosan *hsz* formally

előírásszerű *mn* → **előírásos**

előírásszerűen *hsz* in due form

előírt *mn* prescribed, stipulated, *gazd* specified; **törvény által ~** as prescribed by law *ut*; **~ étrend** prescribed diet

előismeret *fn* preliminary knowledge, *[tudományé]* rudiments *tsz*

előítélet *fn* prejudice, bias, preconception; **megszabadul ~eitől** get* rid of (v. slough off) one's prejudices; **~tel van/viseltetik vk/vm iránt** have* a prejudice/bias against sy/sg, be* prejudiced against sy/sg; *[vk iránt]* be* biased against sy; **~ nélküli** unprejudiced

előítélet-mentes *mn* unprejudiced, unbiased, impartial; *[etnikai kérdésekben]* politically correct

előjáték *fn* **1.** *átv zene* prelude; *[színdarabhoz]* curtain-raiser **2.** *[szeretkezéshez]* foreplay

előjegyez *i* **1.** *[feljegyez]* make* a note of (sg) **2.** *[vmt vm célra]* earmark (for), mark/put* down (for) **3.** *[jegyet, szállodai szobát]* book (in advance), *[lefoglal]* reserve, *[naptárba]* enter (an appointment), *[ideiglenesen]* pencil (*US* -l-) sg in

előjegyeztet *i [jegyet, szobát]* book [a ticket/room] in advance

előjegyzés *fn* **1.** *[feljegyzés]* note **2.** *[vm célra]* earmark; **~be vesz vkt** put* sy down for (sg) **3.** *[színházjegyé, szobáé]* (advance) booking **4.** *zene* key signature; **~ nélküli** *[hang]* natural

előjegyzési *mn* **~ naptár/napló** appointments diary/book

előjel *fn* **1.** *[jövőre nézve]* sign, omen, straw in the wind; **jó ~** good omen; *[vmnek jó előjele]* sg augurs well; **baljós/rossz ~** ill omen; *[vmnek baljós/rossz előjele]* sg augurs/bodes ill **2.** *mat* sign; **negatív ~** minus/negative sign; **pozitív ~** plus/positive sign

előjelű *mn* **negatív ~** negative, with negative sign *ut*; **pozitív ~** positive, with positive sign *ut*

előjog *fn* privilege, prerogative

előjön *i* **1.** (*vhonnan*) come* out (from/of), emerge (from) **2.** *[szóba kerül]* crop/come* up **3.** *[előhozakodik vmvel]* come* forward (with) **4.** → **előfordul**

előkalkuláció *fn* (preliminary) estimate

előkap *i* produce (v. pull out) suddenly, *[revolvert]* whip out

előke *fn* **1.** *[gyermeké]* bib **2.** *zene* appoggiatura

előkelő I. *mn* distinguished, illustrious, aristocratic, *[hely, társaság]* smart; **~ étterem** expensive/smart/posh restaurant; **~ gondolkodású** high/noble-minded; **~ körökben** in high places; **~ külső/megjelenés** distinguished appearance; **~ származású** high-born; **~ személy** person of (high) rank, notable; **~ társaság/világ** fashionable society/world, high society **II.** *fn* **az ~k** persons of high rank, notables, dignitaries, people of distinction, the upper class, the smart set

előkelőség *fn* **1.** *[személy]* notability, man° of rank/position; **~ek** people of distinction/fashion; **a város ~ei** notables of the town, (the) local dignitaries **2.** *[tulajdonság]* distinction, nobility, refinement

előkelősködés *fn* affected refinement

előkelősköd|ik *i* put* on airs, give* oneself airs

élőkép *fn* tableau (vivant), living picture

előképzés *fn* preliminary/previous training

előképzettség *fn* grounding, preliminary training; **alapos ~gel rendelkezik** have* a good grounding, have* plenty of previous experience

előképző I. *mn* **~ tanfolyam** preparatory/preliminary course **II.** *fn* **1.** → **előképző I 2.** *nyelv* prefix

előkeres *i* look up, *[hosszasan]* hunt out, try to find

előkerít *i* **1.** (*vhonnan*) find* (sy), bring* forth, produce (from swhere), *[elveszett dolgot]* hunt up, (*vkt*) get* hold of (sy) **2. honnan fogom a pénzt ~eni?** where am I going to get the money v. *irod* find the wherewithal (for this)?; → **előteremt**

előkert *fn* front garden, *US* front yard

előkerül *i* be* found (at last), turn up, come* to light

előkészít *i* **1.** *ált* (*vmt vmre*) prepare (sy/sg for sg), get*/make* ready (for), arrange (for), *US* ready (for); **~i a terepet (vmhez)** set* the scene (for) **2.** *[ügyet]* take* the preliminary steps (in sg); **~i az utazást** make* arrangements for the journey **3.** *ált* prepare (*vkt vmre* sy for sg), *[versenyre]* coach, train, *[vizsgára]* coach, prepare (*mindegyik:* for), bring* sy up to scratch

előkészítés *fn* **1.** *ált* preparation, making/getting ready, arrangement **2.** *[tanulóé]* coaching, preparing [for exams], *[versenyzőé]* coaching, training

előkészítő *mn/fn* preparatory, of preparation *ut*; **~ (tanfolyam)** *[főiskolára, egyetemre]* (college-)preparatory course

előkészül *i* (*vmre*) get* ready (for sg), prepare for (sg), make* preparations/arrangements (for sg)

előkészület *fn* preparations *tsz*, arrangements *tsz*; **~ben van** *[pl. könyv]* (be*) in preparation; **megteszi az ~eket** make* arrangements/preparations for sg

előkotor *i* **1.** dig*/rake out **2.** *[pénzt]* fork out/up, fish out

elöl[1] *i* kill off

elöl[2] *hsz* (*vhol*) ahead, in front; **~ megy** lead* the way; *[menet élén]* head the procession; **jó példával jár ~** set* a good example

elől *nu* **1.** (*vhonnan*) from before, away from; **takarodj a szemem ~!** (get) out of my sight!; **szem ~ téveszt** lose* sight of **2. ~em** from before me

élőláb *fn infor* footer

előlap *fn* face, front cover

előleg *fn [banktól]* advance (payment), payment in advance (*vmre* on), *[vásárláskor]* deposit, down payment, *[konferenciára jelentkezéskor]* deposit; **~et fizet** pay* a deposit (to), make* a down payment; **10 000 forint ~et kér** ask for a(n) advance/deposit of a ten thousand forints; **~et vesz föl** receive/accept an advance [of X forints]

előlegez *i* make* an advance (*amennyit* of), pay* in advance, advance [money to sy]; **~ett bizalom** confidence placed in sy

előlegképpen *hsz* as an advance (on sg), in advance

élőlény *fn* living being, creature

előlép *i* **1.** *[előáll]* step/come* forward, *[tömegből, ismeretlenségből]* emerge (from) **2.** *[rangban]* rise*, be* promoted, advance [in rank]

előlépés *fn [rangban]* promotion, rise, advancement

előléptet *i [rangban]* promote (sy to sg), advance (sy to sg); **~ik** be* promoted; *biz* get one's step

előléptetés *fn* promotion, advancement

elöl-hátul *hsz* before and behind

elöljáró *fn* **1.** *[hivatali]* superior, principal, chief, *biz* boss **2.** *nyelv* preposition **3. ~ban** by way of introduction
elöljárós *mn nyelv* prepositional
elöljáróság *fn [testület] GB* borough council
elölnézet *fn* front-view/elevation
elölről *hsz* **1.** *[nézve]* from the front **2.** *[kezdve]* from the beginning, *[újra]* afresh, anew, once more; **~ kezdi** begin*/start again, start afresh, restart, *US* start over; **~ kezdheti** be* back to square one; **teljesen ~** from scratch
elöltöltős *mn* **~ mosógép** front-loading washing machine
előmelegít *i* pre-heat
előmenetel *fn* progress, advance; **jó ~t tanúsít** show* proficiency, make* (good) progress (in sg), do* well (at); **jó ~ű diák** child° making normal/good progress, child° doing well [at school]
előmérkőzés *fn* match preceding the main match
előml|ik *i (vmn)* spread*/run* over, overflow
előmozdít *i* further, promote, advance, thrust forward
előmozdítás *fn* furtherance, promotion
élőmunka *fn [emberi munka]* living/live labour (*US* -or)
előmunkálat *fn* preparatory work, preparations *tsz*
előmunkás *fn* foreman°
előmutat *i* show*, produce
előnév *fn* → **nemesi**
elönt *i* **1.** *[folyadék]* inundate, flood, overflow **2. ~ a düh** it makes my blood boil, it makes me furious; **~ötte a méreg** (s)he became red in the face; → **pulykaméreg**
előny *fn* **1.** advantage, benefit, *[haszon]* profit; **~ben részesít vkt vkvel szemben** give* preference to sy (v. over others), prefer sy (to/over sy else), favour (*US* -or) sy; **maximálisan kihasználja az ~ét** press home an/one's advantage; **~ben van vkvel szemben** have* an advantage over sy, have* the edge on/over sy, be* one up on sy; **ennek az az ~e, hogy** the (great) advantage of this is (that), this has the (great) advantage of (...ing), the good thing about it is; **~ére van** it is to his advantage; **~ére válik** benefit sy; **vm/vk ~ére dönt** decide in favour (of sg/sy); **~ére változik** improve (with age/time); **mindkét helyzet ~eit élvezi** have* the best of both worlds **2.** *sp* advantage, *[vezetés]* lead; **~ az adogatónál** advantage server; **~ a fogadónál** advantage receiver; **behozza vk ~ét** overtake* sy, catch* up (with) sy, catch* sy up; **tíz perc ~t ad vknek** give* sy ten minutes' start (v. odds)
előnyomás *fn [hímzéshez minta]* stencilled (*US* -l-) pattern
előnyös *mn* advantageous, *[feltétel]* favourable (*US* -or-), *[anyagilag]* profitable; **~ helyzet** advantageous position, *biz* the inside track; **nem ~** → **előnytelen**; **vmnek az ~ oldala** the advantage/strength of sg; **~ oldaláról/színben mutatkozik** show* oneself at one's best, show* one's best side, put* one's best foot forward; **~ vétel** a bargain; **~ebb helyzetben van vknél** have* the advantage over sy; be* at an advantage compared with/to sy
előnyösen *hsz* to/with advantage, advantageously; **~ álló** *[ruha]* dressy, elegant
előnyösség *fn* advantage
előnyszabály *fn sp* advantage rule
előnytelen *mn* **1.** *[hátrányos]* disadvantageous; **~ színben tüntet fel** show* to a disadvantage; **~ helyzetbe hoz vkt** put* sy at a disadvantage **2.** *[nem csinos]* unbecoming
előnyverseny *fn* handicap (race)
előőrs *fn* advance guard/party, outpost
előrag *fn nyelv* prefix
előrajzol *i* **1.** *[mintát]* sketch, trace [a pattern] **2.** → **felvázol**
előrajz|ik *i* swarm/rush/storm/rage out
előráncigál *i* **1.** drag out **2. hajánál fogva ~t érv** ridiculous argument
előránt *i* pull/take* out suddenly, *[kardot, pisztolyt]* whip out, draw*
előre I. *hsz* **1.** *[térben]* forward(s), onward(s), ahead **2.** *[időben]* in advance, beforehand, in anticipation, first; **jó ~** well in advance; **~ beállít** preset*; **~ csomagolt** prepacked; **~ figyelmeztet** → **előzetesen figyelmeztet**; **~ fizet** pay* in advance; **~ gyárt** prefabricate; **~ gyártott** prefabricated; **~ gyártott elemek** prefabricated parts; **~ gyártott elemekből készült ház/épület** prefabricated house/building, prefab; **~ hoz** *[határidőt]* advance, bring* forward; **~ hozott választások** early elections; **~ jelez** forecast*; **~ is hálásan köszönöm** thank you in advance/anticipation; **~ lát** foresee*, forecast*, anticipate; **~ látható** presumable, predictable, foreseeable, to be expected *ut*; **ez ~ látható volt** this was to be expected; **~ látott** foreseen, anticipated, expected; **ezt ~ lehetett látni** it could be foreseen/expected, it was a foregone conclusion; **a választás eredményeit ~ lehetett látni** the election result was a foregone conclusion; **~ nem látható** unforeseeable; **~ nem látott** unforeseen; **~ megbeszél vmt** prearrange sg; **~ megmondtam** I told you so; **~ megfontolt** premeditated, deliberate; **~ megvált jegyet** book a seat (in advance); **~ váltott jegy** pre-booked ticket **II.** *isz* **~!** forward!, (go) on!
előreálló *mn* protruding, jutting out *ut*; **~ áll** underhung jaw
előrebocsát *i* **1.** *(vkt)* allow sy to go (on) ahead/forward **2.** *[beszédben]* mention sg at the outset; **~om azt, hogy ...** I would like to start by saying that ...
előrecsévélés *fn* fast forward (*röv* **FF**)
előredől *i* lean* forward
előreenged *i* → **előrebocsát 1**
előreesés *fn orv* prolapse
előrees|ik *i* fall* head first
előrefut *i* run* forward
elöregedett *mn* aged, (grown) old *ut*, *[lerobbant]* decrepit
elöreged|ik, elöregsz|ik *i* grow* old
előregyártás *fn* prefabrication
előregyártott *mn* prefabricated
előrehajol *i* lean*/bend* forward
előrehalad *i* **1.** *[térben]* make* progress, progress, go*/move forward/on, push ahead (with sg) **2.** *[fejlődésben, munkában stb.]* progress, get* on, make* headway **3.** *[építkezés stb.]* advance
előrehaladás *fn* progress, advance(ment); **nagy ~t ér el** make* great strides (in) → **előmenetel**
előrehaladott *mn* advanced; **~ állapotban** at an advanced stage; **~ korban van** be* well on in years, be* advanced in years
előre-hátra *hsz* backwards and forwards, back and forth
előrehoz *i (vmt)* bring* forward, put* forward, set* ahead
előrehozott *mn* **~ választások** early elections
előreigazít *i [órát]* put* [the clock/watch] forward/on; **egy órával ~ja az órákat** put* the clocks forward/on one hour
előreigazítás *fn [óráé]* putting (the clock) forward
előrejelzés *fn* forecast, *[időjárási]* weather forecast
előrejön *i* come/step forward
előrejut *i* get* on/ahead, make* headway
előrekeltez *i* antedate
előreküld *i (vkt/vmt)* send* sy/sg ahead (v. in advance), send* sy/sg on ahead
előrelátás *fn* foresight, *[óvatos]* caution, prudence, circumspection, anticipation; **~ hiánya** want/lack of foresight
előreláthatatlan *mn* unforeseen, unforeseeable
előrelátható *mn* presumable, predictable, foreseeable, to be expected *ut*; **ez ~ volt** this was to be expected; **előre nem látható** unforeseeable; → **előre**
előreláthatólag *hsz* in all probability/likelihood, in the foreseeable future
előrelátó *mn* farsighted, farseeing, provident, *[óvatos]* prudent, circumspect; **nem ~** improvident
előrelép *i* step/come* forward, advance
előrelépés *fn* **nagy ~** a (great) leap forward
előremegy *i* go* ahead/forward
előremutat *i* point ahead/forward
előremutató *mn* **~ változás** positive/favourable change, improvement

előrenéz *i* **1.** look ahead, look in front **2.** *átv* look ahead (to the future), cast* a glance into the future
előrenyomul *i* press/push forward/on, advance, march forward
előrenyomulás *fn* advance, pressing/pushing forward
előrerohan *i* rush/dash forward/ahead
előresiet *i* hurry forward/along/ahead
előrész *fn* front (part), forepart
előreszalad *i* **1.** run* forward/ahead **2.** *[elhamarkodva]* be* precipitate
előreszegez *i [tekintetet]* look straight ahead
előretaszít *i* push/shove/thrust* forward
előretekint *i* look ahead, see* ahead; **~ve** looking ahead to the future
előretol *i* push/move forward; **egy órával ~ja az óra mutatóját** put* the clock forward one hour
előretolakod|ik *i* press forward, push oneself forward
előretolaksz|ik *i [sorban]* jump the queue, *[tömegben]* push in/forward
előretolt *mn* **~ hadállás** advanced post
előretör *i* forge ahead, elbow/force one's way forward (v. to the front)
előretörés *fn* forging ahead, pushing forward, *kat* sudden advance
előreugr|ik *i* **1.** (*vk*) leap* ahead, start forward, rush to the front **2.** (*vm*) project, protrude, stick*/jut out
előreugró *mn* → **előreálló**
előrevesz *i [vkt/vmt a sorban]* deal* with sy/sg out of turn
előrevet *i* → **árnyék**
előrevisz *i* **1.** *[szállít]* carry forward/ahead **2.** → **előmozdít**
előrohan, **előront** *i* rush/dash forward
előrukkol *i* **~ egy kéréssel** *biz* spring* a request (on sy), come* out with a request
élősdi I. *mn* parasitic(al) **II.** *fn [állat, növény és ember]* parasite, *[csak ember]* hanger-on (*tsz* hangers-on), sponger
elősegít *i* help (on), further, promote, advance, be* conducive to (sg), foster, make* for, be* instrumental in; **tevékenységével ~ette a régi rezsim bukását** he was instrumental in bringing down the old régime; **a kellemes helyszín ~ette a konferencia sikerét** the nice venue was conducive to the success of the conference
előselejtezők *fn sp [mérkőzések]* pre-qualifying matches, *[futamok]* preliminary heats
élősköd|ik *i biz* (*vkn*) sponge/live/batten on sy, be* a sponger on sy
élősködő *fn* → **élősdi**
elősorol *i* enumerate, recount
élősövény *fn [főleg út mentén]* hedgerow, *[ház körül stb.]* hedge, *[galagonya]* quickset hedge
élősúly *fn* live weight; **~ban** on the hoof
előszámla *fn* pro forma invoice
előszed *i* → **elővesz**
előszele *fn* (*vmnek*) a straw in the wind, premonitory signs *tsz*
előszeretet *fn* predilection (for), partiality (for), preference (for); **~tel van vm iránt** show a preference for, be* especially fond of; **amit ~tel ...nek/nak hívunk/hívnak** which we call lovingly; **a rabló ~tel látogatja a magányos öregeket** the burglar shows a preference for flats with single elderly people
előszerkeszt *i* sub-edit
előszerződés *fn jog* preliminary agreement
előszezon *fn* → **előidény**
előszó *fn [ha a szerző írja]* preface, *[ha más]* foreword
élőszó *fn* **~val, ~ban** by word of mouth, orally
előszoba *fn* vestibule, *[angol házban]* hall, *[hivatalé]* anteroom
előszobafal *fn* hat-and-coat-rack/stand
előszobáz|ik *i* cool one's heels in anterooms
előszólít *i* call out/forth
először *hsz* **1.** *[első ízben]* (for) the first time, first **2.** *[sorrendben]* at first, first(ly), in the first place; **ő volt itt ~** he was here first; **~ is** *[mindenekelőtt]* first of all, to begin/start with; *[felsorolásban]* for one thing; **~, másodszor, senki többet, harmadszor** going, going, gone! **3.** *[eleinte]* (at) first, at the outset; → **legelőször**
előszöri *mn* (the) first, primary
előszörre *hsz* at one go, at the first attempt, *[első látásra]* at first sight
előtag *fn nyelv* prefix, combining form
előtáncos *fn* leading dancer
előtanulmány *fn* preliminary study
előtér *fn* **1.** *[terület]* foreground; **forgalmi ~** *[reptéren]* apron **2.** *[lakásban]* entrance-hall, passage, *[színpadon]* forestage, proscenium **3. ~be kerül/lép** come* to the front, come* into the limelight; *átv* **~be állít** emphasize, lay* stress upon; **~be tolja magát** assert oneself, push oneself forward
előteremt *i* **1.** (*vmt*) procure, produce; **pénzt ~** raise money/funds (for), find* the money **2.** (*vkt*) hunt out/up, find*
előterjeszt *i* submit (sg to sy), lay* before (sy), *[ügyet]* report, state, *[vkt kitüntetésre]* recommend (sy for sg); **javaslatot ~** table/propose/move a motion, put* forth/forward/up (a proposal); **kérést ~** make*/submit a request; **szeretném azt ~eni, hogy az ülést ebéd után folytassuk** I move that the meeting (should) be continued after lunch
előterjesztés *fn* **1.** *[folyamat]* submitting, submission **2.** *[irat]* report, *[javaslat]* proposal, proposition, suggestion; **~t tesz vmre, ~sel él** make*/move a motion, move (that), propose; **~t teszek (v. szeretnék tenni) arra, hogy** ... I move/propose that ..., I propose the motion that [the meeting (should) be adjourned etc.]
előtétlencse *fn* front/supplementary lens
előtoppan *i* pop up, turn up
előtör *i* **1.** break* forth/through **2.** *[víz]* gush out/forth (from), well out
előtt *nu* **1.** *[időben]* before, *[megelőzően]* prior to; **hétfő ~ (nem)** (not) before Monday; **jóval vm ~** long before sg; **befejezés ~ áll** be* nearing completion; **vizsgák ~ áll** be* about to take his examinations/exams **2.** *[térben]* in front of **3.** *[versenyen]* ahead of; **a ház ~** in front of the house; **ez ~ a kép ~** in front of this picture; **szemünk ~** before our very eyes **4.** *[vk jelenlétében]* in the presence of, *[vk személyében]* in the sight (of sy); **a bíróság ~** in court, before the court
előtte *hsz* **1.** in front of (v. before) him/her/it; **az ~ való napon** the day before; **még ~ áll vmnek** have* it still before him/her **2. ~d** before you, in front of you; **~m** before me, in front of me; *[jelenlétemben]* in my presence; **mindig ~m van** I can never forget her/him/it; **előttünk (mint tanúk előtt)** in our presence (as witnesses)
előttemez *i* notarize, witness
előtti *mn [időben]* ante, pre-, before *ut*, *[térben]* in front of *ut*; **a ház ~ kert** the garden at the front (of the house), the front garden; **a palota ~ tér** the square before (v. in front of) the palace; **a háború ~ évek** the pre-war years, the years before/preceding the war; **történelem ~** prehistoric
előtünet *fn orv* precursory symptom
előtűn|ik *i* appear, come* into sight
előugr|ik *i* (*vhonnan*) spring* forward/forth, leap* out
elővarázsol *i* conjure up
előváros *fn* **1.** → **külváros 2.** → **peremváros**
elővárosi *mn* suburban
elővásárlási *mn* → **elővételi** 2
elővéd *fn* advance(d) guard
elővesz *i* **1.** *[vhonnan, zsebből]* take*/bring* out (of), produce **2. minden ékesszólását ~i** summon up all one's eloquence (to ...); **elővette a jobbik eszét** he thought better of it **3. elővette a félelem** he was overcome/gripped by fear, fear came upon him/her **4. már megint elővették a médiaügyet** they've dragged up the media issue again

5. *[betegség]* exhaust, take* it out of sy **6.** *[pirongat]* take* to task, upbraid
elővétel *fn [jegyé]* advance booking; **a jegyek ~ben elkeltek** the performance is sold out; **~ben megvált** book [a ticket, seats on a plane etc.] (in advance); **~ben (meg)váltható** *[színházjegy stb.]* bookable
elővételi *mn* **1.** **~ pénztár** advance booking-office, *[színházi stb.]* box office **2.** **~ jog** (right of) pre-emption, pre-emptive right, first refusal
elővezet *i* lead* forward, bring* forth, *[foglyot]* bring* in, *[lovat]* trot/lead* out
elővezetési *mn* **~ parancs** habeas corpus
elővigyázat *fn* precaution, care; **~tal** with care
elővigyázatlan *mn* rash, careless, incautious, unwary, *kif* be* off one's guard
elővigyázatlanság *fn* rashness, carelessness
elővigyázatos *mn* cautious, careful, *[igével]* be* on (one's) guard
elővigyázatosság *fn* precaution, care; **kellő ~gal** with due/every precaution
elővigyázatossági *mn* **~ rendszabályok** precautionary measures; **minden ~ intézkedést megtesz** take* all necessary precautions (against sg)
élővilág *fn* living world, animal kingdom/life, fauna, *[vadvilág]* wildlife
előz *i* overtake*, *US* pass; **balról ~** overtake* on the left; **~ni tilos!** no overtaking!, *US* no passing!
előzékeny *mn* (*vk iránt*) obliging, attentive, courteous, civil (*mindegyik:* to), *[udvarias]* polite, *kif* show* sy attention, be* considerate towards sy
előzékenység *fn* obligingness, consideration, courtesy, civility; **~ből** out of courtesy, as a matter of kindness/courtesy
előzéklap *fn* flyleaf°, endpaper
előzés *fn* overtaking, *US* passing
előzetes I. *mn* **1.** previous, preliminary; **~ bejelentés/értesítés nélkül** without notice (given), without prior/previous/advance notice; **~ beleegyezés** previous consent **2.** **~ letartóztatás** detention, custody **II.** *fn* **1.** *[film]* trailer **2.** **~ben van** be* in detention/custody
előzetesen *hsz* in advance, beforehand, *[korábban]* previously; **~ értesít vkt** let* sy know (beforehand), inform sy beforehand (v. in advance); **~ figyelmeztet** warn sy beforehand, give* sy advance notice/warning (of sg), forewarn; **~ megbeszél vmt** prearrange sg
előzmény *fn* antecedents *tsz*, precedents *tsz*, preliminaries *tsz*, *[kiadói, nyomdai]* copy; **~ nélkül áll** be* unprecedented; **az ügy ~ei** the antecedents (of the case); **az ~ekből következik** it follows from the foregoing
előző I. *mn* previous, preceding, former; **az ~ hét** the previous week, the week before **II.** *fn* **az ~kben** in what has gone before, in the foregoing
előzőleg *hsz* previously, before(hand), first; **~ értesít vkt** inform sy (beforehand), let* sy know (beforehand)
elözönöl *i* **1.** *[folyadék]* overflow **2.** *[tömeg]* overrun*, *kat* invade
előzősáv *fn gk* overtaking lane
elpackáz *i biz* bungle, mess up, botch
elpáhol *i* thrash, give* sy a (good) drubbing, *szl* wallop
elpalástol *i* → **elleplez**
elpályáz|ik *i* decamp, make* off
elpanaszol *i* (*vknek*) tell* one's troubles (to sy)
elparentál *i* (*vkt*) give* the address (at a funeral/memorial service)
elparlagiasod|ik *i* become* boorish/rude
elpárolgás *fn* evaporation, vaporization
elpárolog *i* **1.** *[gőz]* evaporate, vaporize **2.** *átv* (*vk*) vanish into thin air, make* oneself scarce, steal* away **3.** *[bátorság]* ooze away
elpárologtat *i* evaporate, vaporize
elpártol *i* (*vktől*) turn away (from), desert (sy), forsake* (sy); **~t tőle a szerencse** his luck has run out
elpasszol *i biz* miss
elpatkol *i biz* kick the bucket, check out
elpattan *i [húr]* snap, break*, *[üveg]* crack
elpazarol *i* waste, squander, dissipate
elpepecsel *i biz* potter (about), *US* putter
elperel *i* obtain [sy's property] by litigation
elpihen *i* rest, *[ember]* retire to rest
elpilled *i* get* tired, grow* languid
elpirul *i* blush, turn red/crimson/scarlet, change colour *biz*
elpiszkol *i* make* (sg) dirty, dirty, stain, soil
elpiszkolód|ik *i* get*/become* dirty/soiled
elpiszmog *i* potter around/about/away
elpityered|ik *i* start crying, *kif* turn on the waterworks
elpletykál *i* blab, let* on
elpocsékol *i* waste, squander, dissipate
elpolgáriasod|ik *i* become middle-class
elporlad *i* crumble/fall* to dust, moulder (*US* molder)
elporlaszt *i* **1.** reduce to dust, powder **2.** *[benzint]* carburet (*US* -t)
elporl|ik *i* → **elporlad**
elposványosod|ik *i* become* marshy
elpotyogtat *i* keep* dropping
elprédál *i* squander (away), waste
elpróbál *i* rehearse
elpucol *i szl* **1.** (*vk vhonnan*) make* off, skedaddle, shoot* off **2.** *[pénzt]* get*/run* through, squander (money)
elpufogtat *i [minden töltényt]* use up [all one's powder/ammunition]
elpuhít *i* make* soft/effeminate, soften
elpuhul *i* become* effeminate/soft
elpuhult *mn* soft, enervate, effeminate
elpuhultság *fn* effeminacy, softness
elpukkan *i* burst*
elpuskáz *i biz* make* a mess of sg, bungle, make* a hash (of sg)
elpusztít *i* **1.** *[tárgyat, várost]* destroy, demolish, ruin, *[megsemmisít]* annihilate, wipe out, *[országot, területet]* lay* waste, devastate **2.** *[embert, állatot]* kill, *[kiirt]* exterminate, extirpate, kill off, wipe out
elpusztíthatatlan *mn* indestructible, imperishable
elpusztul *i* **1.** *ált [tárgy]* be* destroyed, *[ország]* be* laid waste **2.** *[élőlény]* perish (*vm miatt* for/through), die, be* killed
elpusztulás *fn* **1.** *ált [tárgyé]* destruction, ruination **2.** *[élőlényé]* death
elrablás *fn* carrying off, robbing, *[emberé]* kidnapping, *[nőé]* abduction
elrabol *i* **1.** rob (*vktől vmt* sy of sg), *[embert]* kidnap, *[nőt és gyereket így is]* abduct, *[repülőt, járművet]* hijack; **~ták az autómat** I have been robbed of my car **2.** **~ja vk idejét** (*vk*) trespass on sy's time, a drain on sy's time; **sok időmet ~ta** (*vm*) it took up a lot of my time
elrág *i* chew (up), *[hosszasan]* gnaw away at sg
elragad *i* **1.** (*vktől vmt*) snatch, take* away (from), *[erőszakkal]* tear* away; **az árvíz ~ta a hidat** the flood swept/washed away the bridge; **a járvány ~ta** the epidemic carried him off; **~ja a halál** suffer death, lay* down one's life, expire, depart, *biz* meet* one's Maker, pass away/on, *biz* join the majority **2.** **~ja vm** *[indulat]* be* overcome (by/with), be* carried/swept away (by), run* away (with sy)
elragadó *mn* delightful, charming, bewitching, enchanting, captivating
elragadtat *i* **1.** **~ja magát** (i) *[dühében]* lose* one's temper, fly*/get* into a rage (ii) *[szenvedélytől]* be*/get* carried away **2.** *[gyönyörűséggel]* enrapture; **egészen el van ragadtatva** be* in (v. go* into) raptures (at, over), be* delighted (by, with), be* taken (with sg); **el voltam tőle ragadtatva** I was delighted/enchanted with him/her/it
elragadtatás *fn* rapture, ecstasy, enthusiasm; **~sal beszél vmről** go* into ecstasies/raptures over sg; *biz* enthuse about/over sg
elragadtatott *mn* ecstatic, rapturous

E

elrágcsál *i* nibble/gnaw away (at sg)

elrágód|ik *i átv* (*vmn*) brood/ruminate over (sg)

elragoz *i [igét]* conjugate, *[névszót]* decline

elrak *i* **1.** (*vmt*) put* away, *[útból félre]* clear away, put* out of the way **2. ~ vmt későbbre** stow sg away, save **3.** *[élelmiszert]* → **eltesz** 2 **4.** *elav biz* (*vkt*) give* sy a good hiding

elrákosod|ik *i* become* cancerous

elraktároz *i* store, *[vmt emlékezetében]* file sg away in one's memory

elránt *i* tear*/snatch/pull away

elrebeg *i* falter out (sg), *[imát]* whisper/mumble [a prayer]

élregiszter *fn* thumb-index

elrejt *i* **1.** *[szem elől]* conceal, hide*, *[álcával]* camouflage, disguise **2.** *[érzelmet]* conceal [one's feelings], *[hibát]* disguise, keep* (sg) secret, cover

elrejtőz|ik *i* hide* away, take* cover; **~ik vk elől** hide* from sy

elreked *i* **1.** *[jármű]* get* stuck **2.** → **eldugul**

elrekeszt *i* **1.** *[elkülönít]* partition/box/fence off **2.** *[elzár]* shut* off, *[utat]* block [the way/road]

elrémít *i* terrify, scare (stiff), horrify, frighten

elrémítő *mn* frightful, terrifying

elrémül *i* (*vmtől*) be* scared (of), be* frightened/horrified (at/by)

elrendel *i* order, *[rendelettel]* decree, *[bíróság]* rule; **~i a törvény** the law sets down (that)

elrendez *i* **1.** *[rendbe tesz]* arrange, put* in order, *[kertet]* lay* out, *[szobát]* tidy (up) **2.** *[csoportosít]* arrange, marshal, classify, sort **3.** *[vitás ügyet, ellentétet]* settle, straighten out, have* it out (with sy), *[problémát]* sort out [a problem v. difficulties], get* [one's problem(s)] sorted out, square up, smooth over; **majd ~em valahogy** I'll fix it up somehow, I'll see to it, I'll sort it/things out, it'll be sorted out

elrendezés *fn* **1.** *[eredmény]* arrangement, order, *[folyamat]* arranging, setting in order, ordering, sorting **2.** *[szobáé]* tidying **3.** *[ügyé]* settlement, settling

elrendeződ|ik *i [dolog]* straighten out, be*/get* settled/sorted out

elreped *i* crack, *[ruha]* tear*, rend*

elrepeszt *i* crack, *[ruhát]* tear*, rend*

elrepít *i* fling* away, *[nyilat]* shoot*

elrepül *i* **1.** (*vk vm*) fly* away/off, *[repülőgép]* take* off, (*vhova*) fly* to **2.** *[idő]* fly*; **~t az idő** time just flew by

elrestelli magát *i* feel* ashamed

elreteszel *i [tolózárral]* bolt

elrettent *i* deter (sy from doing sg)

elrettentés *fn pol* deterrence

elrettentő *mn* deterrent; **~ eszköz** deterrent; **~ példa** warning (example), deterrent

elriad *i* start/draw*/shrink* back

elriaszt *i* scare/frighten away/off, *átv* discourage, deter

elringat *i* lull/rock to sleep

elrobog *i* **1.** *[járművön]* drive* away/off (at full speed), speed* away, *[zajjal]* roar off, *[vm mellett]* dash/rattle/drive*/roar past; **~ott a vonat** the train flew past **2.** → **elrohan**

elrohan *i* rush away/off, tear* off, dash off, *[autóval]* drive* away/off, (*vhova*) hurry (away) to; **~t az orvosért** he ran for the doctor

elroml|ik *i* **1.** *ált* go* bad/wrong, *[helyzet, állapot]* deteriorate, go* haywire, *[étel]* spoil*, go* bad/off; **~ott az időjárás** the weather has broken **2.** *[gép, készülék]* break* down, go* wrong, be* out of order, fail, *biz* conk out; **~ott a motor** the engine failed **3.** *[erkölcsileg]* become* corrupt(ed)/debauched

elrongyolód|ik *i* become* ragged/shabby/frazzled, wear* out

elront *i* **1.** *[szerkezetet]* put* out of order, *[kárt téve]* damage **2.** *[szemet]* ruin; **~ja a gyomrát** have* an upset stomach, have* a stomach upset; (*vmvel*) sg upset sy's stomach, be* sick, have* a stomachache; **~ottam a gyomrom** I have an upset stomach, my stomach is upset **3.** *[gyereket elkényeztet]* spoil*, *[embert erkölcsileg]* corrupt, debauch, deprave **4. ~ja vk örömét** spoil*/mar sy's pleasure/happiness, be* a killjoy **5.** *[munkát]* bungle, muck up, *US* louse up, bust up, make* a bad job (of sg), *biz* make* a botch/mess/hash of (sg) **6.** *[tervet]* spoil*, *[dolgozatot]* make* a botch of

elrothad *i* rot, decompose, putrefy

elrozsdásod|ik *i* become* rusty, rust

elröppen *i* fly* away/off, *[idő]* go* by, race by

elrúg *i [labdát]* kick away [ball]

elrugaszkod|ik *i sp* push off

elrugaszkodott *mn* **a valóságtól ~** unreal, unrealistic, far-fetched, hypothetical, speculative

elrútít *i* disfigure, make* ugly, deface

elsajátít *i* **1.** *[tudást]* acquire, attain, make* oneself master of, *[nyelvet]* master, learn* **2.** → **eltulajdonít**

elsajátítás *fn* **1.** *[tudásé]* acquisition, attaining, attainment, *[nyelvé]* mastery **2.** → **eltulajdonítás**

El Salvador *földr* El Salvador

elsáncol *i* entrench, barricade, *[sakkban]* castle

elsántikál *i* hobble away

elsápad *i* pale, turn/grow* pale, *biz* change colour

elsápaszt *i* make* pale, make* sy go/turn pale

elsárgul *i* turn/become* yellow

elsatnyul *i* become* stunted, *[szerv]* atrophy

elsatnyult *mn* stunted, dwarfed

elseje *fn* the first (day of the month); **~n fizetnek** I am/get paid on the first of the month

elsekélyesed|ik *i* **1.** *[víz]* become* shallow, shallow **2.** *átv* become* shallow/trivial

elsekélyesít *i átv* trivialize

elsenyved *i* waste (away), wither

elsétál *i* walk away/off (*vhová* to, as far as); **~ vmvel** *[ellop]* carry off, walk away/off (with sg), waltz off (with sg)

elsiet *i* **1.** hurry off/away (from), *[vk mellett]* rush past **2.** → **elhamarkodik**; **ne siesd el a dolgot** take* your time, don't rush

elsietett *mn* → **elhamarkodott**

elsikkad *i* get*/be* lost; **~t a lényeg** the essentials (v. the point) got lost (swhere v. on the way)

elsikkaszt *i* embezzle, misappropriate, *[közpénzt]* peculate [public money]

elsikl|ik *i* **~ik vm felett** (i) *átv [felületességből]*, skate over sg, fail to notice (sg) (ii) *[szándékosan nem vesz észre]* turn a blind eye to sg, gloss over sg

elsikoltja magát *i* cry out, give*/let* out a scream

elsimít *i* **1.** smooth away/out, make* even/level, flatten **2.** *átv* smooth over, *[nézeteltérést]* settle, arrange [differences], iron out, straighten out, patch up, heal [the breach]

elsimul *i* **1.** become*/get* smooth/even/level **2.** *[nehézség]* disappear, vanish, *[ügy]* be* smoothed over, blow* over; *[elrendeződik]* get* sorted out

elsinkófál *i biz* pinch, *szl* sneak

elsír *i* **1. ~ja bánatát** sob out one's grief **2. ~ja magát** burst* into tears, begin* to cry

elsirat *i* mourn (for) sy

elsivatagosodás *fn* desertification

elsivatagosod|ik *i* become* a desert

elsodor *i* sweep* away

elsodród|ik *i* **1.** *[vízen]* drift away **2.** *[tömegben]* be*/get* lost [in the crowd] **3.** *[két ember egymástól] átv* drift apart

elsomfordál *i* slink*/sneak away/off, edge away, sheer off

elsompolyog *i* → **elsomfordál**

elsorol *i* list, enumerate, recount

elsorvad *i* waste/pine away, *[szerv]* atrophy

elsorvaszt *i* waste, *[szervet]* atrophy

elsóz *i* **1.** *konkr* put* too much salt (in sg); **sok szakács ~za a levest** too many cooks spoil the broth **2.** *átv* fob/foist/palm off (*vmt vknek* sg on sy), pass off

első I. *szn/mn* **1.** *[sorrendben]* first (*számmal:* 1st), *[időben]* earliest, primary; *[valaha volt]* the very first, the first ever; **~ dolga volt, hogy** ... the first thing he did was to ...; **holnap ~ dolgom lesz, hogy** ... (I'll do it) first thing tomorrow; **~ emelet** first floor, *US* second floor; **~ fejezet** chapter one; **I. Henrik** Henry I (*kimondva:* the first); **~ fokú égési seb/sérülés** first-degree burn; **az ~ időben** at first, initially; **~ ízben** (for) the first time, at first; **~ kerék** front wheel; **~ kézből** at first hand, firsthand, *kif* straight from the horse's mouth; **~ látásra** at first sight/blush, on sight; **~ sebesség** first/bottom/low gear; **~ sor** *[ülések/székek sorában]* front row; **~ számú** No. 1 (*kimondva:* number one); **~ személy** first person; **~ (fokú) unokatestvér** first cousin; **~ ülés** front seat **2.** *[rangsorban]* first, foremost, principal, most important, supreme, leading; **~ díj** first prize; **~ hegedű** first violin; **~ hegedűs** first violinist; **a miniszter ~ helyettese** the first deputy minister; **~ osztály** first class; **~ osztályon utazik** travel first class; **~ osztályos** pupil/student in the first form, first-form pupil/boy/girl/student; **~ osztályú** first-class/rate; **~ osztályú szálloda** a first-class hotel; **ő az ~ sebész Budapesten** he is the top/leading/best surgeon in Budapest **II.** *fn* **1. számára ~ a kötelesség** he always puts (his) duty first; **~nek érkezett** he arrived first, he was (the) first (one) to arrive; **~nek érkezik a célba** he is first home, come* in first **2. ~n utazik** travel (*US* -l) first class; **~be jár** be* in the first form; **~re** *[az első próbálkozásra]* **letette a vizsgát** he passed the test first time (v. at the first attempt); → **elseje**, → **legelső**, → **utolsó**

elsőbbség *fn* priority, precedence, *jog* prior right/claim; **(áthaladási) ~** *[közlekedésben]* right of way, priority; **enyém volt az ~** it was my right of way, *biz* it was my road; **~et ad, megadja az ~et** (*vknek*) give* way (to), *US* yield (to); **~gel bír, ~e van (vkvel szemben)** have*/take* priority/precedence (over sy)

elsőbbségadás *fn* **~ kötelező!** give way, *US* yield; **állj! ~ kötelező** stop! and give way

elsődleges *mn* primary

elsőéves *mn/fn* first-year; **~ (egyetemi/főiskolai hallgató)** first-year student, freshman°, fresher

elsőfokú *mn* **~ bíróság** court of first instance; → **egyenlet**, → **első**

elsőként *hsz* first; **~ ismerte el az ország függetlenné válását** was (the) first to recognize the independence of the country

elsőkerék-meghajtás *fn* front-wheel drive

elsöpör *i* sweep* away, *átv* overthrow*, do* away with

elsöprő *mn* **~ győzelem** *[sportban]* a sweeping victory; a clean sweep; *[választáskor]* a landslide victory; **~ sikere van** carry all before one; *biz* be* devastating; **~ többség** overwhelming/sweeping majority

elsőrangú *mn* first-rate/class, of the first rank *ut*, of the first water, *biz* A1 v. A-1; **~ minőség** highest/top quality

elsőrendű *mn* → **elsőrangú**; **~ fontosságú, ~en fontos** of vital/especial/vital importance *ut*; **~ út** trunk-road, main road; **~ vádlott** principal defendant

elsős *mn/fn* **~ (tanuló)** first-form pupil/boy/girl/student

elsőség *fn* → **elsőbbség**

elsősegély *fn* first aid; **vkt ~ben részesít, vknek ~t nyújt** give* sy first aid

elsősegélyhely *fn* first-aid station

elsősegélykészlet *fn* first-aid kit

elsősegélynyújtás *fn* first aid

elsősegélytáska *fn* → **elsősegélykészlet**

elsősorban *hsz* in the first place, first (of all), above all, primarily

elsőszülött *mn/fn* firstborn

elsőszülöttségi *mn* **~ jog** (right of) primogeniture

elsötéted|ik *i* **1.** *[ég]* become/get*/grow* dark, darken, *[terem]* become* dark **2.** *átv* become* gloomy; **arca ~ett** his face darkened (v. clouded over); **~ett előttem a világ** everything went black, I blacked out

elsötétít *i* **1.** darken, make* dark **2.** *[légó]* black out [the windows]

elsötétítés *fn [légó]* black-out

elsötétül *i* → **elsötétedik**

élsport *fn sp* professional sport

élsportoló *fn* leading/top sportsman°/sportswoman°

elsuhan *i* glide, (*vm mellett*) fly*/glide/flit past (sg)

elsurran *i [mellette]* scurry/scamper past

elsül *i* **1.** *[puska]* go* off, fire; **nem sül el** misfire, fail to fire; *[vicc]* fall flat **2.** *biz [sikerül]* come* off, succeed; **rosszul sült el a dolog** the plan failed, it fell through; **a dolog visszafelé sült el** it had the opposite effect, it misfired, it went sour, *[vk számára]* he was caught in his own trap; **akár jól sül el a dolog, akár rosszul** for ill or well

elsüllyed *i* **1.** *[elmerül]* sink*, go* down/under, submerge, founder **2. majd ~ szégyenében** he is covered in shame; **itt süllyedjek el, ha** ... I'll be blowed!; **azt hittem, ~ek!** was my face red!

elsüllyeszt *i* **1.** *ált* sink*, *[hajót megfúrással]* scuttle **2.** *[zsebében, fiókban]* bury, hide*, *[aktát]* pigeonhole, shelve

elsüpped *i* get* bogged down, sink* (into)

elsüt *i* **1.** *[puskát]* fire (off) **2.** *biz [elsóz]* palm off, pass off, get* rid of; **~i a lányát** marry off his daughter **3.** *biz* **~ egy viccet** make*/crack a joke

elszab *i [rosszul szab]* cut* badly

elszabadul *i [ember, rab]* get*/break* away/out, (make* one's) escape, *[állat]* break* loose, run* away, *[csónak]* slip/break* its moorings, *[jármű, fékezhetetlenné válik]* go*/get* out of control; **~t a pokol** all hell broke loose, things have got out of hand

elszabotál *i* sabotage

elszaggat *i* tear* (to pieces)

elszáguld *i* run*/rush away/off, *[vk/vm mellett]* rush/shoot*/past (sy/sg)/fly*

elszakad *i* **1.** *[kötél]* break*, *[ruha]* tear*, be*/get* torn; **~t a szoknyám** I've torn my skirt **2.** (*vktől*) detach oneself (from), separate (from), *[tartomány országtól]* secede (from), declare itself independent, *[családtól]* break* away (from); **~ a tömegektől** lose* touch with the masses; **~tunk egymástól** *[utazás során]* we lost touch, we parted company

elszakadás *fn* **1.** *[kötélé]* breaking, *[ruháé]* tearing **2.** (*vktől*) separation, *[államtól]* secession, *[szervezettől]* breaking away (from)

elszakadó *mn* **~ hadműveletek** evasive manoeuvres, *US* maneuvers

elszakít *i* **1.** *[kötelet]* break*, snap, *[ruhát]* tear*, rip, rend* **2.** (*vmt vmtől*) detach (from), sever, break* off, (*vkt vktől*) separate, alienate, estrange (from); **míg a halál el nem szakít bennünket egymástól** till death us do part

elszakíthatatlan *mn* **1.** *[ruha]* everlasting **2.** *[kötelék, kapcsolat]* strong, unbreakable; *[egymástól]* inseparable

elszalad *i* run* away/off, make* off

elszalaszt *i* **1.** (*vkt vhová*) send* sy (running) to, (*vmért/vkért*) send* sy (out) for (v. to fetch) sg/sy **2.** *[alkalmat]* miss, let* slip, toss away, *US* pass up; **~ja az alkalmat** let* the opportunity slip; *biz* miss the bus/boat

elszáll *i [madár, gép]* fly* away/off, *[füst]* rise*, *[gáz]* escape; *[idő]* go* by; **el van szállva magától** be* big-headed

elszállásol *i* put* (sy) up, fix up, lodge, accommodate, *kat* billet/quarter (*vhol* swhere/on sy)

elszállingóz|ik *i* drift away one by one, drop off, trail off

elszállít *i* (*vhová*) convey, transport, carry; *[házhoz]* deliver; *[árut hajón]* ship (*mindegyik:* to)

elszállítás *fn* (*vhová*) transport, transportation, conveyance, forwarding, delivery, shipping

elszállíttat *i* have* sg forwarded/shipped (v. taken away)

elszámítja magát *i* miscalculate, misjudge, make* a miscalculation; **elszámítottam magam** I am/was out in my calculations/accounts/reckonings

E

elszámol *i* **1.** (*vmről/vmvel*) account for, render/give* an account of **2.** (*vkvel*) settle up with (sy), get* even with sy, settle with sy, square up with sy **3.** *biz* **~ja magát** → **elszámítja magát 4. ~ százig** count up to 100
elszámolás *fn* **1.** *[eljárás]* settling/settlement of accounts **2.** *[írásos]* accounts *tsz*; **~ (szerint)** (as per) account rendered; **~ra** (v. **utólagos ~sal) egyenlít vmt** have sg charged (charge sg) to one's account
elszámoltat *i* (*vkt vmről*) bring*/call sy to account (for sg)
elszámoltatás *fn* bringing/calling sy to account (for sg)
elszánja magát *i* (*vmre*) make* up one's mind (to do sg), resolve on sg (doing sg/to do sg), decide to go ahead with sg
elszánt[1] *i [más földjéből]* plough, *US* plow off (another's land)
elszánt[2] *mn* determined, resolute, desperate, decided; **mindenre ~ fickó** a desperate fellow; *kif* I wouldn't put anything past him
elszántság *fn* resolution, resoluteness, determination
elszaporít *i* multiply, breed*
elszaporodás *fn* (rapid) growth, increase, multiplication
elszaporod|ik *i* multiply, increase (in number), pullulate
elszárad *i* wither, dry, shrivel (*US* -l) (up)
elszáradás *fn* withering, drying (up), shrivelling (*US* -l-)
elszárít *i* wither, dry, shrivel (*US* -l) (up)
elszármaz|ik *i* emigrate (from)
elszaval *i* recite [a poem]
elszed *i* (*vktől vmt*) take* away (sg from sy), *[elkoboz]* seize (sg), confiscate (sg from sy), *[jegyeket]* collect; **~ték az összes pénzét** they cheated him/her out of his/her money
elszédít *i* **1.** *konkr* make* (sy) giddy/dizzy **2.** *átv* turn sy's head, dazzle (sy)
elszédül *i* become* (suddenly) dizzy; **~tem tőle** it made me (feel) dizzy/giddy, it made my head spin
elszegényedés *fn* impoverishment, *[általános]* pauperization
elszegényed|ik *i* grow* poor, be* reduced to poverty
elszegényít *i* impoverish, make* [people] poor
elszegődés *fn* going into service
elszegőd|ik *i* enter service, go* into service
elszegődtet *i* get* a place for sy, place sy swhere (in a job)
elszégyelli magát *i* feel* ashamed
elszéled *i* disperse, scatter
elszelel *i* → **elinal**
elszemtelened|ik *i* become* insolent/impertinent/impudent
elszendered|ik *i* → **elszenderül**
elszenderül *i* fall* into a slumber, drop off to sleep, doze off; **örökre ~t** he passed away
elszenesed|ik *i* char, be* charred, carbonize, be* reduced to carbon, be* incinerated
elszenesít *i* char, carbonize, incinerate
elszenved *i* endure, suffer, bear*, put* up with sg
elszeret *i* seduce, entice away; **~i vk feleségét** steal* sy's wife
elszerződ|ik *i* → **elszegődik**
elszí *i* → **elszív**
elszigetel *i* isolate (from), cut* off (from), shut* off
elszigetelés *fn* isolation
elszigetelődési *mn* **~ politika** isolationism
elszigetelőd|ik *i* become* isolated
elszigetelt *mn* isolated; **~ jelenség** isolated phenomenon (*tsz* -mena)
elszigetelten *hsz* **~ él** live in isolation, lead* a lonely life, live like a hermit, be* a recluse
elszigeteltség *fn* isolation, loneliness, solitude
elszíneződ|ik *i* discolour (*US* -or), fade
elszíntelenedés *fn* discolo(u)ration
elszíntelened|ik *i* lose* (its) colour (*US* -or)
elszipkáz *i biz* drain away, *[lefölöz]* cream off
elszív *i* **~ egy cigarettát** smoke a cigarette, have* a smoke
elszivárog *i* leak, ooze (away), escape, drain away
elszível *i* endure, suffer; **nem tudom ~ni** I cannot suffer/stand sy/sg
elszívó(készülék) *fn [bűzt, párát]* extractor (fan)
elszlávosít *i* slavicize
elszlávosod|ik *i* become* assimilated to Slav(onic) culture, become* slavicized
elszok|ik *i* **1.** (*vmtől*) grow*/get*/become* unused to sg, get* out of the habit (of doing sg) **2.** *[képességet elfelejt]* forget* how to
elszoktat *i* (*vkt vmtől*) wean sy from sg, get* sy to give up sg (doing sg)
elszól *i* **~ja magát** *kb.* let* the cat out of the bag, give* the game/show away; *[ostobán]* put* one's foot in it
elszólás *fn* slip (of the tongue), tell-tale sentence/word, blunder; **freudi ~** Freudian slip
elszólít *i* call away/off, summon to
elszomorít *i* make* (sy) sad, sadden
elszomorító *mn* saddening
elszomorod|ik *i* grow*/become* sad, sadden; **~tam, amikor** my heart sank when
elszontyolod|ik *i* lose* heart, one's spirit sinks, fall* into despondency; **~ott** disheartened, crestfallen, low(-spirited)
elszopogat *i* suck
elszór *i* scatter (about), strew*, spread*
elszórás *fn [magé]* sowing
elszórakoz|ik *i* (*vmvel*) amuse oneself with, *[vhol jól]* have* a good time, play around
elszórakoztat *i* entertain, amuse, divert
elszorít *i* press, exert pressure (on), compress
elszóród|ik *i* be* scattered about, disperse, be* dispersed
elszórt *mn* scattered, *átv* sparse, sporadic
elszórtan *hsz* sporadically, here and there, scattered
elszorul *i* **1.** *konkr* get* stuck/blocked **2. ~t a szíve** his heart sank; **a látványtól ~t a szívem** the sight tugged at my heartstrings
elszökés *fn* flight, escape
elszök|ik *i* run* away, escape (from); *biz* go* adrift; *[bűnöző, állat stb.]* get*/break* away, *[vk országból]* flee*/fly* [the country], *[vk ülésről]* slip/get* away
elszöktet *i [leányt]* elope with, abduct
elszörnyed *i* be* horrified/shocked (*vmn* at/by)
elszörnyedés *fn* horror, consternation
elszundít *i biz* doze off, have* a doze/napp/zizz
elszunnyad *i* → **elszenderül**
elszunyókál *i* → **elszundít**
elszúr *i szl* (*vmt*) bungle [a task/job v. sg], botch up (sg), make* a mess of (sg), muck up, bust up, make* a bad job of sg, *US* louse up, bugger up, srew up
elszürkül *i* **1.** *[színe]* turn/become* grey, grey **2.** *átv* become* monotonous/dull, wear* thin
eltagad *i* **1.** *[tettet]* deny, disavow **2.** *[amije van]* keep* back, conceal
eltájol *i átv biz* **el van tájolva** lose* one's bearings, be* off the beam; *US* be* off base
eltakar *i* cover (up), *[elrejt]* hide*, conceal; *biz* plaster over
eltakarít *i* clear away, remove
eltakarod|ik *i* clear/pack/move off, clear out, *[útból]* get* out of the way; **azonnal ~j innen!** get* out of here!, clear off!
eltaknyol *i szl* → **elnyal**
eltaktikáz|ik *i* **~za magát** misjudge (one's chances), miscalculate (the effects of sg)
eltalál *i* **1.** *[fegyverrel]* hit* (the target/mark); **nem találta el** he missed it; **~ta egy golyó** was hit (by a bullet) **2.** *[kitalál]* hit* upon, guess (right); **nem találta el** he guessed it wrong; **~tad!** you got it right!, you have hit/got it! **3.** *[hasonlóságot, biz]* hit* sy off; **nem találta el a hangot** he didn't strike the right note **4.** (*vhová*) find* the way (to)
eltanácsol *i* advise sy to leave, *[iskolából]* expel, *[egyetemről]* send* down
eltáncol *i [táncot]* dance, perform [a dance]

eltángál *i* thrash (soundly), drub

eltántorít *i* divert/swerve sy from his purpose, deter sy, dissuade sy; **nem hagyja magát ~ani** he sticks* to his point, he won't be swayed, he is adamant/determined

eltántoríthatatlan *mn* unswerving

eltántorod|ik *i* swerve (from one's purpose), falter

eltanul *i* learn* sg from sy

éltanuló *fn* star student, swot

eltapos *i* trample down/on, crush, tread* down

eltart *i* **1.** (*vkt*) keep*, support, maintain, provide for; **ebből nem lehet egy családot ~ani** that's not enough to support/maintain a family; **6 gyereket és egy feleséget kell ~ania** he has a wife and 6 children to provide for (v. to support); **nem tudja magát ~ani** he does not earn enough to live on; **magam tartom el magam** I keep myself, I pay my way **2.** *[magától el]* keep* away (from) **3.** *[vmennyi ideig]* last, go* on, continue; **estig ~** *[munka]* it'll take us all day (to do it) **4.** *[étel]* keep* **5.** *[ruha, cipő]* wear*, last **6.** *[elég]* be* enough, be* sufficient (for)

eltartás *fn* support, *jog* maintenance

eltartási *mn* **~ kötelezettség** obligation to pay maintenance/support; **~ szerződés** ‹ contract relating to support for life in return for accommodation ›

eltartó *fn* breadwinner

éltartó *mn [nadrág]* permanent crease

eltartott *fn* dependant; **vknek az ~ja** be* dependent on sy

eltaszít *i* **1.** *[tárgyat]* push off **2.** *[magától]* cast* off/aside, turn away, turn one's back (up)on (sy)

eltát *i* **~ja a száját** gape (with astonishment), open one's mouth wide, sy's mouth drops open

eltávolít *i* **1.** (*vkt*) remove, send* off/away **2.** (*vmt*) remove, clear away, *[foltot]* remove, wash off, *[vmt késsel]* cut* out, *[műtéttel]* remove, take* out, *[végtagot]* amputate; **vmt ~tat** have sg out

eltávolítás *fn* removal

eltávolodás *fn átv* estrangement, withdrawal, retirement

eltávolod|ik *i* **1.** *[térben]* move/go* away/off, *[hajó]* stand* away, clear off **2.** *átv* retire, withdraw*, *[lélekben]* become* estranged/alienated, drift apart/away

eltávozás *fn* **1.** *[folyamat]* going away, departure, leaving **2.** *kat* (short) leave

eltávoz|ik *i* go* away, leave*, depart, be* off; **~ körünkből** *[meghal]* depart

eltekint *i* (*vmtől*) disregard (sg), take* no notice (of), *[nem követel meg]* dispense (with), forbear* (from doing sg); **ettől ~ve** apart from this, disregarding this, this apart *[csak mondat elején]*

eltékozol *i* → **elpazarol**

eltel|ik *i* **1.** (*vmvel*) fill up (with), get* full (of), *[érzéssel]* fill (with), be* filled with; **önmagával ~t ember** a man who is (always) full of himself, an egoist **2.** *[idő]* pass, go* by; **évek fognak addig ~ni , mire** . . . it will be years (before), it will take sy years to; **évtizedek teltek el** decads elapsed

eltelte *fn [időé]* passing, *[határidőé]* expiration; **két év ~vel** when two years have/had passed, after two years

eltelve *hsz* full of, filled with

eltemet *i* bury, *átv* hide*

eltemetkez|ik *i* **1.** → **beletemetkezik 2.** *[világtól elvonul]* live a retired life

eltengőd|ik *i* manage to keep body and soul together, subsist [on 20,000 fts a month], just about manage to make ends meet, scratch along

eltép *i* tear* (to pieces), tear* up, rub along/through, scrape along

eltér *i* **1.** *[iránytól]* deviate from, turn aside/away from, veer **2.** *[elvtől]* swerve, deviate from [principle], *[szabálytól]* depart from [law, rules] **3.** *[vélemény]* differ, diverge, vary; **ebben ~ a véleményem** I beg to differ, I disagree with you there, I must part company with you there **4. ~ a tárgytól** digress v. get* away from the subject, go* off at a tangent, *US* be* get* off the track; **nem tér el a tárgytól** keep* to the subject, strick* to the point

elterel *i* **1.** *[állatot]* drive* off/away **2.** *[forgalmat]* divert; **~ik a forgalmat** the traffic is (being) diverted, there is a (traffic) diversion **3.** *[figyelmet]* divert, distract, draw* [one's attention (off)]; **~i a beszélgetést** change/turn the conversation, change the subject

elterelés *fn* **1.** *[figyelemé]* distraction **2.** *[forgalomé]* diversion, diverted traffic, *US* detour

elterelő *i* **~ kísérlet/hadmozdulat** *[beszélgetésben]* red herring

eltérés *fn* **1.** *[iránytól]* deviation, *[tárgytól]* digression, *[irányvonaltól, céltól]* departure **2.** *[különbség]* difference, divergence; **~ek vannak a szövegben** the texts differ **3.** *[természettudomány]* deviation, aberration

elterít *i* spread*, lay* out

eltérít *i* **1.** *[irányától]* divert [from its/his course]; *[repülőgépet]* hijack; **~i útjából** take* sy (make* sy go) out of his way **2.** *[figyelmet, vkt vmtől]* divert, distract; **~i vk figyelmét** divert/distract sy's attention (from sg); **~i szándékától** dissuade/divert from his intention; **~ vkt a tárgytól** take* sy far from the topic

eltérítés *fn [repülőgépé]* hijack(ing); *jog [legális szállítmányt illegális úton]* diversion

eltérítő *fn [repülőgépé]* hijacker

elterjed *i* spread*, *[hír]* spread*, get* about/(a)round, gain currency, *[szó]* come* into general use, *[szokás]* become* general/customary, *[vélemény]* be* gaining ground; **igen el van terjedve** be* current, be* in current use, be* quite widespread, be* widely used

elterjedés *fn* spread(ing), proliferation

elterjedt *mn [szokás stb.]* wide-spread, general, universal, *[szó]* in current/general use *ut*, current, widely used

elterjeszt *i [hírt]* spread*, propagate, *[szokást]* bring* into vogue/fashion, make* general, popularize, *[betegséget]* spread*, pass on

elterjesztés *fn* spreading, propagation, dissemination

eltérő *mn* different (from), dissimilar (to), unlike *ut*, divergent (from), *[rendestől]* abnormal, irregular; **a szokásostól ~** out of the ordinary, unusual; **~ vélemény** difference of opinion, dissent; *US* dissenting opinion

eltérően *hsz* (*vmtől*) differently (from), contrary (to), in contrast (to)

elterül *i* **1.** *[terület]* lie*, be* situated **2.** *[vk a földön]* fall* on the ground, *[ütéstől]* fall* flat on the floor

eltervez *i ált* plan, make* plans for, schedule

éltes *mn irod* elderly, aged, oldish, old

eltesz *i* **1.** *[helyére]* put* sg in its place, *[máshová]* lay* aside, *[félre]* put* away, set* aside; **tedd el a ruhádat/holmidat** put* your things in their place **2.** *[élelmiszert]* preserve, conserve, *[savanyúságot]* pickle **3.** *biz* **~ láb alól** do* away with, kill, put* sy out of the way, finish sy off

éltet *i* **1.** *[életben tart]* keep* sy alive; **Isten éltesse(n)!** *[születésnapon]* many happy returns!, happy birthday (to you)! **2.** *[éljenez]* cheer

éltető *mn* life-giving, animating, enlivening, vital; **vknek az ~ eleme** lifeblood of sy, the breath of life to sy

eltetvesed|ik *i* become* infested with lice

eltéved *i* lose* one's way, get* lost

eltévedés *fn* losing one's way, getting lost

eltévelyedés *fn* slip, fault, lapse, error

eltévelyed|ik *i átv* go* off the rails, go* astray

eltevés *fn* **1.** *[félre]* putting away/aside **2.** *[élelmiszeré]* preserving, conserving

eltéveszt *i [célt]* miss [one's aim/shot], *[két dolgot]* confuse, muddle up; **számolást ~** lose* count; **~i az utat** lose* one's way; **nem lehet ~eni** you cannot miss it, there's no mistaking it

eltévesztés *fn [célé, úté]* missing (sg), *[össze]* mistaking sg (for sg), confusion, muddling up

eltikkad *i* swelter, *[hőségtől]* be* overcome, grow* faint [with heat], *[szomjúságtól]* be* parched

eltikkaszt *i [hő, szomjúság]* make* faint [with thirst/heat]

eltilt *i* (*vkt vmtől*) forbid* (sy to do sg); **~ották a bortól** he is/was not allowed to have any wine, wine has been forbidden him
eltipor *i* **1.** *[lábbal]* trample down/on, crush **2.** *[népet zsarnok]* oppress, crush, tread* down
eltisztáz *i [varrást]* neaten [a seam]
eltitkol *i* keep* (sg) secret, keep* sg from sy, *[érzést]* hide*, conceal, keep* quiet about sg; *biz* shut* up about sg
eltol *i* **1.** *[térben]* move/push away, shift **2.** *[időben]* shift, *[későbbre]* put* off, postpone **3.** *szl [elhibáz]* bungle, make* a botch of (sg), botch/hash/mess up (sg), muck up, bust up, make* a bad job of sg, bugger up, muddle up, screw up, *US* louse up
eltolás *fn* **1.** *[térben]* moving away, shift **2.** *[időben]* putting off, postponement
eltolható *mn* (re)movable, mobile, *[csúsztatva]* sliding
eltolódás *fn* **1.** *[térben]* displacement, shift; **az erőviszonyok ~a** a shift in the balance of power **2.** *[időben]* postponement
eltolód|ik *i* **1.** *[térben]* shift, be* moved away, be* shifted **2.** *[időben]* be* postponed, be* put off
eltoloncol *i* deport, transport
eltompít *i* **1.** blunt, turn the edge (of sg) **2.** *átv* dull
eltompul *i* **1.** *konkr* become* blunt **2.** *átv* become* dull
eltompulás *fn* **1.** *konkr* blunting **2.** *átv* becoming dull
eltompult *mn átv* dull
eltompultság *fn* dullness
eltorlaszol *i* block (up/off), *[barikáddal]* barricade
eltorzít *i* deform, disfigure, *[arcvonásokat]* contort, distort, *[valóságot]* misrepresent, *[értelmet]* distort [sy's argument v. what one has said etc.], twist [sy's words] (around)
eltorzul *i* become* deformed/disfigured, *[arc]* be* contorted/distorted, *[értelem]* be* distorted/twisted, *[forma]* get* out of shape
eltorzulás *fn* deformation, disfiguration, *[arcvonásoké]* contortion, distortion, *[értelemé]* distortion
eltökél *i* decide (upon), resolve (on ...ing v. to ...), determine; **~i magát** make* up one's mind, resolve, set* one's jaw (and do sg), be* (dead) set (up)on doing sg, be* hellbent on sg; **~te, hogy** ... he resolved on ...ing, he resolved to ...
eltökélt *mn* **1.** *[ember]* resolved, resolute, determined **2.** **~ szándékom** I am firmly resolved (to), it is my fixed/firm intention (to do sg)
eltökéltség *fn* determination, resolve, resolution
eltölt *i* **1.** *átv* (*vmvel*) fill, *[bátorsággal]* inspire [with courage], *[szánalommal]* touch [with pity], *[gyűlölettel]* imbue [with hatred]; **szívemet szomorúság tölti el** my heart is full of sadness **2.** *[étel]* fill up; **~ a sok édesség** I am surfeited with all these sweets **3.** *[időt]* pass [the time], while away [the time], spend* [one's time doing sg]; **igen kellemesen töltöttük el időnket** we had a very good time
eltöm *i* stop/fill up, choke, block (up)
eltömőd|ik *i* become*/get* plugged/filled/choked, be* blocked (up)
eltöpreng *i* (*vmn*) brood on/over (sg), speculate over sg
eltör *i* break*, shatter, smash, splinter, crack; **~te a lábát** he broke/fractured his leg
eltördel *i* break* bit by bit, break* up into small bits
eltöredez|ik *i* break* into pieces gradually
eltörhetetlen *mn* unbreakable
eltör|ik *i* break* (into pieces), be* broken; **~t a karja** (s)he broke his/her arm
eltörlés *fn [törvényé]* repeal, abrogation, *[intézményé]* abolition
eltörlőd|ik *i [írás]* become* blurred
eltöröl *i* **1.** *[vm nyomait]* efface; **~ a föld színéről** wipe out **2.** *[edényt]* dry **3.** *[törvényt]* repeal abrogate, eliminate, *[intézményt]* abolish
eltörpül *i [vm mellett]* look small beside sg, be* dwarfed by sg, be* put/cast in(to) the shade, sg/sy pales beside sg/sy (else)
eltötyörész|ik *i* → **elpepecsel**
eltrafál *i szl* → **eltalál 1**
eltréfál *i* (*vkvel*) joke (with sy)
eltulajdonít *i* (mis)appropriate
eltulajdonítás *fn* (mis)appropriation
eltúloz *i* exaggerate, *[nyilatkozatban]* overstate, hype up; **~ta a kár mértékét** he overstated the extent of the damage
eltunyul *i* become* lazy/slothful/idle
eltussol *i* hush/cover up, paper over
eltűnés *fn* disappearance
eltűn|ik *i* disappear, vanish, *[távolban]* fade away; *[vmnek az éle, rajzolata]* wear* away; **~t a szemem elől** I lost sight of him/her/it, I lost track of it; **~t hazulról** (s)he is missing (from home); **~t az órám** *biz* my watch is gone; **tűnjön el!** make yourself scarce!, get lost!; **nyomtalanul ~t** vanished into thin air; **egyszerűen ~t** (s)he/it is just gone
eltűnőd|ik *i* (*vmn*) meditate (up)on (sg), brood over/on (sg), reflect on (sg)
eltűnt *mn* vanished, *kat is* missing; **~ személy** missing person
eltüntet *i* make* sy/sg disappear, *[elrejt]* hide*, conceal, *[foltot]* remove, clean off; **a gyógyszer ~te a fájdalmát** the pill conjured the pain away; **a nyomokat ~i** cover up one's tracks, obliterate the traces
eltűr *i* endure, tolerate, suffer, bear*; **~ vkitől vmit** take sg from sy; **ezt nem vagyok hajlandó ~ni** I won't put up with that, I won't swallow that
eltűz *i szl [vhonnan]* make* away/off, pop off, run* for it, shoot* out/through, take* off, tear away/off, shove/bugger off, *US* light* out; **tűzzél el innen!** *durva* bugger/fuck off!
eltüzel *i* burn* (up), put* on the fire
elugrás *fn* jumping off, *[ugródeszkáról]* take-off
elugr|ik *i* **1.** (*vhonnan*) jump/leap* off **2.** **ugorj csak el érte a patikába** (do) run along to the chemist's for it
elújságol *i* tell*, let*/pass on [information], spread* the news
elun *i* (*vmt*) get*/be*/become* bored with doing sg, be* bored by sg, weary of sg; **~ja magát** be* bored; **~ta a várakozást** he got tired of waiting
eluralkod|ik *i* **1.** (*vhol vm*) set* in, begin*; **~ott a pánik** panic broke out **2.** (*vkn vm*) be* overcome by; **~ott rajta a félelem** (s)he was overcome by fear
elúsz|ik *i* **1.** *[úszó]* swim* off/away, *[tárgy]* be* carried/borne away (downstream) **2.** *[pénz]* be* lost [in the/an enterprise etc.]; *[füstbe megy]* go* up in flames **3.** *biz [munkával]* fall* behind schedule
elutasít *i* **1.** (*vmt*) refuse, reject, decline, *[ajánlatot]* reject, turn down, *[fellebbezést]* dismiss, *[kérést]* refuse, *kif* give* a cold ear (to a request), *[vádat]* deny, repudiate; **indítványt/javaslatot ~** *[gyűlés]* throw* out a motion; **kérésüket/kérvényüket/pályázatukat ~ották** their applications have been turned down **2.** (*vkt*) turn away/down, give* sy the cold shoulder; **~ottak** I've been turned down [for the job]
elutasítás *fn* **1.** (*vmé*) refusal, rejection, *[ajánlaté]* rejection, turning down, *[fellebbezésé]* dismissal, *[vádé]* repudiation **2.** (*vké*) turning away/down
elutasító *mn* **~ válasz** negative answer, refusal
elutazás *fn* departure, leaving
elutaz|ik *i* leave* (*ahonnan* swhere, *ahová* for); **jövő héten utazunk el Budapestről** we are leaving Bp. next week; **~ott Sopronba** he has left for Sopron; **egy hétre ~ott** he has gone away for a week, he will be away for a week
elügyetlenked|ik *i* make* a mess of, bungle, *biz* foozle
elül *i* **1.** *[zaj]* die down, grow* quiet; **~t a szél** the wind has dropped; **~t a vihar** the storm is spent, the storm had blown itself out **2.** *[baromfi]* go* to roost, perch **3.** *[máshová]* sit* elsewhere
elüldögél *i* sit* about for some time
elüldöz *i* drive* away, expel
elülső *mn* front(-), fore-; **~ rész** front part

elültet *i* **1.** *[növényt]* plant, bed **2.** *[vkt máshová]* seat elsewhere, make* sy sit elsewhere
elültetés *fn* **1.** *[növényé]* planting **2.** *(vké)* seating elsewhere
elüt *i* **1.** *[labdát]* hit*, strike* off **2.** *[kártya]* trump, beat* **3.** *[autó vkt]* hit*, knock/run* down, run* over; **~ötték** he was hit/run over (by a car) **4.** *[óra]* strike* **5.** *(vmt/vkt vmtől)* prevent sy from getting/achieving sg; **~ötte a lányt a kezemről** he cut me out with my girl **6.** **~i az időt** while away the time, kill time; **tréfával üti el a dolgot** pass sg off with a joke **7.** *(vm vmtől)* differ (from), clash (with)
elütő *mn* different, dissimilar, contrasting
elűz *i* drive* away, expel, *[gondot]* banish, dispel
elv *fn* principle; **~ben** in principle; **ha ~ben egyetért(esz)** if you agree in principle; **~ből** on principle; **~ből nem megyek el/oda** I refuse to go there(,) on principle; **vm ~et vall** advocate a principle; **~einek megfelelően cselekszik** act up to one's principles; **kitart az ~ei mellett** stand* to one's principles; **nem enged az ~eiből** stick* to one's guns; *US biz* stand pat
elvacakol *i* → **elpepecsel**
elvadít *i* make* wild, *(vkt)* make* sy shy of sg, alienate (from sg)
elvadul *i* **1.** *[vad lesz]* become* wild/savage, run* riot; *[helyzet]* get* out of hand; **~t a játék** the game turned into a free-for-all **2.** *[emberektől]* be* alienated (from) **3.** *[növény]* grow*/run* wild
elvág *i* **1.** cut*; *[félbe]* cut* in two, cut* in half, halve; *[darabokra]* cut* up; **~tam az ujjam** I have cut my finger **2.** *átv [összeköttetést]* break* off, cut*, sever; **~ja a visszavonulás útját** cut* off sy's retreat **3.** *biz* **~ták a vizsgán** he was ploughed (v. *US* flunked); **~ták történelemből** (s)he was failed in history; *főleg US* (s)he was flunked in history
elvágás *fn* **1.** *konkr* cutting (in two) **2.** *[összeköttetésé]* severance, breakoff
elvágód|ik *i [földön]* fall* flat (on the ground/floor), fall* headlong, measure out one's length
elvágólag *hsz (vmvel)* flush (with), even (with)
elvágtat *i* gallop/dash/rush off/away
elvágy(ód)|ik *i (vhonnan)* wish to get away, wish one were/was somewhere else
elvakít *i* **1.** *[fény]* blind, dazzle **2.** *átv* delude, dupe, turn sy's head
elvakkantja magát *i* give* a bark/yelp
elvakul *i* be* blinded/dazzled (by sg)
elvakult *mn* blinded (by sg) *ut*, dazzled (by) *ut*; **~ vk hibáival szemben** be* blind to his/her faults/imperfections; **~tá tesz vkt vmvel szemben** blind sy to sg
elvakultság *fn* infatuation, blindness
elválás *fn* **1.** *[búcsú]* parting **2.** *[házassági, bíróilag]* divorce, *[különélés]* separation, breaking up
elválaszt *i* **1.** *ált* part, separate, set* apart, *[erőszakkal]* force/tear* asunder, *[összetartozót]* disconnect, divide, *[szót]* divide, *[hajat, verekedőket]* part **2.** *[házasfeleket]* separate, *[bíróilag]* divorce **3.** *[csecsemőt]* wean **4.** *[mirigy]* secrete
elválasztás *fn* **1.** *ált* parting, separation, *[erőszakkal]* tearing asunder, *[összetartozó dolgoké]* disconnection, *[szóé]* (word-)division, *[sorvégi]* end-of-line division **2.** *[házasfeleké]* divorce **3.** *[csecsemőé]* weaning **4.** *biol* secretion
elválaszthatatlan *mn* inseparable
elválasztható *mn* separable
elválasztó *fn* separating; **~ fal** partition (wall); **~ sáv** *[középső, autópályán]* central reservation, *US* median strip; **~ vonal** dividing line
elválasztójel *fn* hyphen
elvál|ik *i* **1.** *[ketté, külön]* part, separate, divide, *[részek]* come* apart, break* up, *[igekötő az igétől]* be separated (from the verb), *[háttértől]* stand* out against **2.** *[vktől egy időre]* take* leave of (sy), part from (sy), *[végleg]* part company (with sy), break* with (sy), split up; **útjaink ~nak** here we must part; **úgy váljunk el, mint barátok** let us part (as) friends **3.** *[házastárstól]* divorce (sy), get*/obtain a divorce (from sy), be* divorced (from sy); **~tak** they divorced; they (have) got a divorce, they have got divorced **4.** **majd ~ik!** we'll (have to wait and) see (whether ...), time will show/tell, it remains to be seen
elvállal *i* undertake*, take* (on), *[megbízást]* accept; **~ja a jelölést** *[pl. képviselőnek]* accept the nomination, stand* for [election]
elvált *mn* divorced; **~ asszony** divorced woman°, divorcée; **~ férfi** divorced man°, divorcé
elváltozás *fn* change, alteration; *orv* abnormality, deformity
elváltoz|ik *i* change, alter, become* different
elváltoztat *i* change, alter, *[hangot, írást]* disguise
elvámol *i* levy duty on (sg), *[árut]* clear [goods] (through the customs); **már ~ták a holminkat** our things have cleared customs
elvámolatlanul *hsz [számlában]* duty unpaid
elvámolnivaló *fn* **van ~juk?** have you got anything to declare?
elvámolva *hsz [számlában]* duty paid
elvan *i* **~ vm nélkül** do* without sg, manage without sg; **~ egyedül is** he/she doesn't mind being on his/her own; **jól ~nak egymással** they get* on well; **addig ellehet nálatok** (i) *(vk)* he can stay with you till then (ii) *(vm)* you may keep it till then
elvándorlás *fn [lakóhelyről]* migration
elvándorol *i* **1.** migrate (from, to), wander away (from) **2.** *[pályaelhagyó]* changing one's career
elvár *i (vktől vmt)* expect (sy to do sg); **~ják tőle, hogy ...** he is expected/supposed to ...; **~om, hogy pontos légy** I expect you to be on time
elvárások *fn* expectations, demands, requirements; **a társadalom elvárásainak eleget tesz** live up to society's expectations; **nagyok az elvárások** *[iskolában, egyetemen]* the school sets high standards (of sg)
elvarázsol *i (vmt/vkt)* cast* a spell over sg/sy, charm, enchant, *[más vmvé]* change into, conjure away
elvarázsolt *mn (vm/vk)* enchanted, *[más vmvé]* changed into (sg) *ut*; *szl* **teljesen ~ gyerek** (s)he lives in a different world, (s)he has his/her head in the clouds
elvárosiasodás *fn* urbanization
elvárosiasod|ik *i* become* urbanized
elvarr *i* sew* up, finish, neaten; **~ja a szálakat** *átv* tie up the loose ends
elvásárol *i* spend* [money] by buying [things]; *[pénzt]* spend* all one's money (on sg)
elvás|ik *i* **1.** *ált (vm)* wear* out/away **2.** **~ik tőle az ember foga** it sets one's teeth on edge
elvbarát *fn* comrade
élve *hsz* alive, living; **~ vagy halva** dead or alive
élveboncolás *fn* vivisection
elvégez *i* **1.** *[befejez]* finish, bring* to an end, complete; **~ted?** are you through with it?, have you done it? **2.** *[megtesz]* do*, perform; **elvégzi kötelességét** do*/fulfil (*US* -fill) one's duty; **elvégzi a dolgát** *[illemhelyen]* relieve nature/oneself **3.** *[tanulmányokat]* finish [one's studies], complete [a/the course], *[egyetemet]* graduate from [a university], take* one's degree; **~te az egyetemet** (s)he holds/has a (university) degree, (s)he is a graduate [of a university]
elvégeztet *i (vmt vkvel)* get* sy to do sg; *bibl* **"E~ett!"** "It is finished"
elvégre *hsz [hiszen]* after all
elvégzés *fn* **1.** *[befejezés]* finishing, completion, conclusion **2.** *[teljesítés]* performance **3.** *[tanulmányoké]* completion
elvégzetlen *mn* unfinished, incomplete
elvegyít *i* mix, mingle, blend
elvegyül *i* **1.** *[vegyileg]* mingle (with) **2.** **~ a tömegben** mingle with the crowd(s)

E

elvékonyod|ik *i* become*/grow* (very) thin, taper (off)
elver *i* **1.** (*vkt*) thrash, beat* soundly, take* a stick to sy, give* sy a good licking; **jól ~ vkt** give* sy a good thrashing **2.** *[vagyont]* squander, fritter/fiddle away; → **pénz 3. a jég ~te a vetést** the hail has destroyed the corn/crops
elvergőd|ik *i* (*vhová*) reach [a place] with much effort/difficulty
elvermel *i* cover with earth, store in a pit
elvérzés *fn* bleeding to death
elvérz|ik *i* **1.** *orv* bleed* to death **2.** *átv biz [elképzelés]* fail, bite* the dust; *[versenyen]* meet* one's Waterloo
elvesz[1] *i* **1.** *ált* take* sg away/off from sy, *[erőszakkal]* seize, lay* hold of, *[hatóság]* confiscate; *[félretett pénzből]* cut* into (one's savings); **az egyiktől ~, hogy a másiknak adhasson** rob Peter to pay Paul; **sok időt ~** takes up a lot of time **2. ~i a kedvét** spoil* sy's humour, discourage, dishearten, dispirit; **~i a kilátást** obstruct the view **3.** *[feleségül]* marry
elvesz[2], **elvész** *i* **1.** *[tárgy]* be*/get* lost; **elveszett az órám** I have lost my watch **2.** *[kárba vész]* be* wasted; **rossz pénz nem vész el** a bad penny always comes back **3.** *[eltűnik]* slip out of one's hands, *[levél]* be* lost in the post **4.** *[elpusztul]* perish
elveszett *mn* lost, missing; **~ ember** a lost man°; **nem ~ ember** *[igével]* there's no need to worry about him/her, (s)he's got his/her head (screwed) on right, (s)he knows which side of his/her bread is buttered, (s)he can take care of himself/herself, (s)he knows the ropes; **~nek tekint vkt** give* sy up for lost
elveszít *i [orvos, kórház beteget, gyermeket stb.]* lose*; **sajnos ~ettük** we've lost him/her/the baby → **elveszt**
elvesződ|ik *i* → **elpepecsel**
elveszt *i ált* (*vmt*) lose*; *sp [mérkőzést]* lose*, be* defeated; **~i az egyensúlyát** lose* one's balance; **~i a fejét** lose* one's head/nerve, get* flurried; **~ vkt a szeme elől** lose* sight of sy; **~i az eszméletét** lose* consciousness, faint; **mindenét ~i** lose one's all, *biz* lose* one's shirt; **nem veszti el a fejét** keep* one's head, keep* one's wit about one; → **per**
elveszteget *i* **1.** *[időt]* dawdle/idle away (one's time) **2.** *[pénzt]* waste, squander **3.** *[árut olcsón]* sell* ridiculously cheap
elvesztés *fn* loss
élveszülés *fn* live birth
elvet *i* **1.** *[magot]* sow **2.** *[eldob]* throw*/cast* away/off, fling* away **3.** *[elutasít]* reject, refuse, abandon (the idea), *[kifogást]* dismiss, rule out, *[tervet]* scrap; **~i a gondját vmnek** get* sg off one's mind → **sulyok**
elvét *i* → **eltéveszt**
élveteg *mn irod* sensual, voluptuous
elvetél *i* miscarry, abort, *[állat]* abort
elvétel *fn* taking away, *[erőszakosan]* seizure, confiscation
elvetemült *mn* depraved, infamous, wicked
elvetemültség *fn* depravity, infamy, (utter) wickedness
elvetendő *mn* **1.** *[visszautasítandó]* rejectable, to be rejected *ut*, unacceptable **2.** *[kifogásolható]* reprehensible, objectionable
elvetet *i* **1.** (*vmt*) have* sy take sg away, have* sg taken away **2.** *[feleségül]* force [a man] to marry [a woman] **3. ~i a gyereket** have* the baby aborted, have* an abortion
elvetőd|ik *i* **1.** (*vhova*) happen to get* swhere, find* oneself swhere **2.** *[kapus labdáért]* dive [for the ball]
elvétve *hsz* occasionally, now and then, once in a while
élvez *i* **1.** (*vmt*) enjoy, find*/take* pleasure (in), take* delight in (doing) sg; *biz [jól érzi magát]* have* a ball **2.** *[jogot]* enjoy, *[előnyöket]* benefit from [privileges], *[jövedelmet]* be* in possession of, have*, *[ösztöndíjat]* be* the recipient of [a scholarship] **3.** *biz [orgazmussal]* come*
élvezés *fn* enjoyment
elvezet *i* **1.** (*vhonnan*) lead*/walk away/off, (*vhová*) lead*/conduct/guide to, *[rabot]* march off **2.** *[járművet]* drive*, *[hajót]* navigate **3.** *[üzemet]* run*, direct, manage **4.** *[áramot]* conduct [current], *[folyót]* divert **5. az út ~ a ház előtt** the road goes past the house
élvezet *fn* pleasure, enjoyment, delight, joy; **~et talál vmben** love (doing) sg, find* pleasure in (doing) sg, *biz* get* a kick out of sg
élvezetes *mn* enjoyable, delightful, *[étel, ital]* delicious
élvezeti *mn* **~ cikkek** consumer goods
élvezhetetlen *mn* unenjoyable, *[étel]* unfit to eat *ut*, uneatable, *[ital]* undrinkable, *[könyv]* unreadable
élvezhető *mn* enjoyable, delightful, *[étel]* eatable, tasty, *[ital]* drinkable, *[könyv]* readable
élvező *fn* user, *[jövedelemé]* recipient, *[vagyoné]* usufructuary
élvhajhászás *fn* pleasure-hunting
élvhajhászó I. *mn* pleasure-seeking/loving **II.** *fn* pleasure-seeker, libertine, free-liver
elvhű *mn* true to (one's) principles *ut*, consistent
elvhűség *fn* consistency of principle
elvi *mn* of principle *ut*; **~ alapok** underlying principles; **~ alapon** on principle; on a matter of principle; **~ alapon nem szótározunk olyan szavakat** we don't include ... as a matter of policy; **~ jelentőségű** of fundamental importance *ut*; **~ jellegű** discipline-based; **~ kérdést csinál vmből** make* it a matter of principle (to ...), make* a point of (...ing)
elvigyorod|ik *i* grin, smirk
elviharz|ik *i* **1.** *átv* blow*/be* over **2.** (*vk vhonnan*) dash away; *biz* zoom off
elvilágiasodás *fn tud* secularization
elvileg *hsz* in principle, theoretically
elvirágz|ik *i* **1.** *[virág]* cease flowering, *[fa]* shed* its blossoms **2.** *átv* fade
elvirít *i* → **elvirágzik**
elvirul *i* → **elvirágzik**
elvisel *i* **1.** *[elnyű]* wear* out **2.** *[eltűr]* take*, stand*, endure, tolerate, suffer, bear*, put* up with sg; **nehezen viseli el a fájdalmat** (s)he tolerates pain badly, (s)he doesn't tolerate pain well
elviselhetetlen *mn* unbearable, beyond/past endurance *ut*; **~ látvány számomra** I cannot bear to see it
elviselhető *mn* tolerable, endurable, bearable
elvisz *i* **1.** *[tárgyat]* carry away/off, take* away, *[elszállít]* transport, *[magával vmt]* take* (sg) with one, take* along, run* away with, walk off with, *[víz vmt]* wash/sweep* away; **ezt nem viszed el szárazon** *biz* you won't get away with it this time; **mikor viszik el a leveleket?** when is the next collection? **2.** *[vkt magával]* take* along, *[járművel]* drive* sy to [a place], give* sy a lift; **~em hazáig** *[autóval]* I'll drive you home, I'll drop you at your door; **a rendőrség elvitte** he was taken into custody, he was arrested; *tört* **elvitték** *[pl. koncentrációs táborba]* (s)he was taken off [to a concentration camp] **3.** *[díjat]* win*, carry off, *[ütést kártyában]* take* [a trick] **4.** *[fegyver vmeddig]* carry [to a distance] **5.** *[út vm mellett]* pass by/near
elvitat *i* contest, dispute (sy's right to sg); **azt nem lehet ~ni** it has to be admitted, it cannot be denied
elvitathatatlan *mn* indisputable, undeniable
elvitatkoz|ik, **elvitatkozgat** *i [vkvel órákig]* argue away
elvitel *fn* carrying away/off, removal; **ebéd/vacsora ~re** *[kiírás]* takeaway meals/lunch; **~re vesz** it is take-away; *US* it is 'to go'
elvitet *i* have* sy/sg carried/taken away, have* sg removed; **~i magát vkvel** ask sy for (v. get*) a lift
elvitorláz|ik *i* (*vhonnan*) sail (away/off)
elvon *i* **1.** *[elhúz]* draw* away/off **2.** (*vktől vmt*) deprive sy of sg; *[kábítószert]* withdraw **3. ~ja a figyelmet** distract/divert/lead* away attention (from); **~ vkt a munkától** take* sy away from his work **4.** *[fogalmat]* abstract
élvonal *fn* forefront, *átv* vanguard, cutting edge

élvonalbeli *mn* in the forefront *ut*, leading; **~ sportoló** top/outstanding sportsman°/sportswoman°; **~ technika** state-of-the-art (v. cutting-edge) technology
elvonás *fn* **1.** *[elhúzás]* drawing away/off **2.** *[megvonás]* deprivation, withdrawal; *orv [kábítószeré]* withdrawal (of the drug); **az ~ tünetei** withdrawal symptoms **3.** *[figyelemé]* diverting (of attention) **4.** *[fogalomé]* abstraction, *nyelv [szóképzésnél]* back-formation
elvonási, **elvonásos** *mn* **~ tünetek** withdrawal symptoms
elvonatkoz|ik *i* (*vmtől*) disregard sg
elvonatkoztat *i* treat/consider sg in isolation; **vonatkoztassunk el attól, hogy** ... let us forget about sg for a moment
elvonókúra *fn [alkoholtól]* detoxication cure; **~ja sikeres volt** he appears to have dried out
elvonszol *i* drag/lug/tug away/along, (*vkt*) trundle sy away/along
elvont *mn* abstract; **~ fogalom** abstraction; **~ értelemben** in an abstract sense; *szl* **nagyon ~ fickó** he's rather weird, he's off-centre
elvontan *hsz* in the abstract
elvontat *i* tow/haul away
elvonul *i* **1.** *[vihar]* pass, pass/blow* over **2.** *[sokaság vhonnan]* withdraw*, *kat [vhonnan]* march away/off, withdraw, *[díszmenetben]* march past **3.** *[szobájába]* withdraw*, retire
elvonulás *fn* **1.** *[viharé]* passing **2.** *kat* withdrawal, *[díszmenetben]* (ceremonial) march-past; **szabad ~t enged** grant free (and honourable) withdrawal **3.** *[szobájába]* withdrawal, retirement
elvonultan *hsz* **~ él** live in seclusion
elvonultság *fn* seclusion, retirement
elvörösöd|ik *i* blush, flush, change colour
elvtárs *fn tört* comrade
elvtársnő *fn tört [megszólítás]* comrade
elvtelen *mn* without principles *ut*, unprincipled
elvtelenség *fn* want/lack of principles
elzálogosít *i* put* in pawn, pawn
elzálogosítás *i* pawning
elzár *i* **1.** (*vmt vhová*) lock/shut* up/in; **gyermekek elől ~va tartandó** keep out of the reach of children **2.** *[utat]* close, block; **az út ~va** road closed **3.** *[nyílást]* stop (up), close, *[csapot]* turn [the tap] off, *[gázt, vizet]* turn [the gas/water] off; *[gáz-, víz- áramellátást]* cut* off; *[készüléket]* switch off, *[villanyt]* turn/switch/put* off [the lights]; **zárd el!** *[gázt stb.]* turn it off; *[rádiót stb.]* switch/turn it off, *[zajos zenét stb.]* shut it off; **el van zárva a gáz** the gas is (turned) off **4.** *[vkt hatóság]* lock up, confine
elzarándokol *i* go* on (v. make*) a pilgrimage (to)
elzárás *i* **1.** (*vhová*) locking (up), shutting (up) **2.** *[úté]* closing, blocking **3.** *[nyílásé]* stop(ping), *[vízé, gázé, áramé]* shutting/turning off, *[rádióé stb.]* switching off **4.** *jog* custody; **kétheti ~ra ítélték** he was sentenced to a fortnight's imprisonment
elzárkózás *fn* **1.** *átv* reserve, isolation **2.** (*vm elől*) refusal (to consider sg)
elzárkóz|ik *i* **1.** (*vhová*) shut*/lock oneself in **2.** *átv* be* reserved, hold*/keep*/stand* aloof from **3.** *[kérés elől]* turn a deaf ear to, be* unwilling to consider; **nem zárkózik el vm elől** be* not averse to (doing sg)
elzárócsap *fn* stopcock
elzáród|ik *i [általában]* get* blocked, *[seb gyógyuláskor]* close up
elzárt *mn* closed, isolated
elzártság *fn átv* isolation
elzászi *mn* Alsatian
Elzász-Lotaringia *földr* Alsace-Lorraine
elzavar *i* → **elkerget**
elzokog *i* → **elsír**
elzúg *i* **1.** (*vm mellett/előtt*) roar past **2.** *szl [vizsgán]* be* ploughed, *US* be* flunked
elzüllés *fn* moral decay, corruption, depravity
elzülleszt *i* corrupt, deprave
elzüll|ik *i* sink*/fall* into depravity, go* downhill, go* to the dogs
elzsebel *i* pocket, pinch
elzsibbad *i* go* numb, *[végtag]* go* to sleep; **~tam** I've got pins and needles
elzsibbaszt *i* (be) numb, deaden
elzsírosod|ik *i* become* greasy/fatty
em. *röv* → **emelet**
e-mail *fn infor* e-mail; **~t küld** send* an e-mail; **küldj ~t!** e-mail me!; **kibontja/megnézi az ~jét** open/check one's e-mail; **küldd tovább ezt az ~t minden barátodnak!** forward this e-mail to all your friends!; **~ cím** e-mail address; **~en** by/via e-mail
e-mailezés *fn infor* sending e-mails, e-mailing
e-mailez|ik *i infor* send* e-mails
emancipáció *fn* emancipation
emancipál *i* emancipate
embargó *fn* embargo, ban (on); **~val sújt egy országot** put*/lay* an [oil etc.] embargo on [a country], embargo (-oe-) [a country]
ember *fn* **1.** man°, *[szemben az állattal]* human (being), *[néha]* person, *biz* fellow; **~ alkotta** man-made; **~ alakú** of human shape *ut*, manlike; **~ek** people, *US* folks; **az ~ek többsége** most people; **mit szólnak majd az ~ek?** what will people say?; **magyar ~** a Hungarian; **egy ~ként** as one man, unanimously; **száz ~** a hundred people/men; **~ ~ ellen harcol** engage in (v. there is) hand-to-hand fighting; **~ ~ hátán** *[tolong]* there is a dreadful crush/squash, (they are) packed like sardines; **~ legyen a talpán, aki ezt megteszi** it takes a man to do that; **nehéz ~** tough customer; **ő jó ~em** he is a friend; **~ére akadt/talált** he met his match, he has found his equal; *kif* [it was] diamond cut diamond [when they met] **2. az ~** *[mint általános alany]* one, people *tsz*, we, you; **az ~ sohasem tudja** one never knows, you never know, you never can tell; **nem ~nek való élet ez** it's a dog's life **3. vknek az ~ei** *[alkalmazottak]* sy's men; **ő az én ~em** *átv* he's the very man° (I need)
emberábrázolás *i* portrayal, *[irodalmi műben]* characterization
emberalak *fn* human form/figure/shape
emberáldozat *fn* **1.** *vall* human sacrifice **2. nagy ~ot követelt** it cost many lives, the number of casualties was very great, it took a heavy toll, it took it's toll
emberanyag *fn* manpower (resources *tsz*)
emberáradat *fn* steam of people, milling/surging crowd(s), crowd
emberarcú *mn* humanistic; **~ szocializmus** humanistic socialism, human-faced socialsm
emberbarát *fn* philanthropist, altruist, humanitarian
emberbaráti *mn* philanthropic(al), altruistic, humanitarian
embercsempész *fn* man-smuggler
embercsempészés *fn* smuggling people (out/in)
embercsempészet *fn* man-smuggling, man-trafficking
emberélet *fn* **1.** *ált* human life **2. ~ben nem esett kár** there are/were no casualties; **~et is követelt a vonatszerencsétlenség** the train crash cost [10 etc.] casualties, [10 etc.] people were killed in the train crash
emberemlékezet *fn* **~ óta** from time immemorial, in/within living memory; **~ óta a legnagyobb tűz** the greatest fire in/within living memory
emberevés *fn* cannibalism
emberevő I. *mn* man-eating, *[ember]* cannibal, cannibalistic **II.** *fn* man-eater, cannibal
emberfaj *fn* human race, man(kind)
emberfajta *fn tud* race
emberfej *fn* human head
emberfeletti *mn* superhuman
emberfia *fn* **egy ~ sem** not a soul

emberfő *fn* **kiművelt ~** educated/cultured person, highly trained intellect
emberföldrajz *fn* human geography
emberfölötti *mn* superhuman; **~ erőfeszítés** superhuman effort
embergyűlölő *mn/fn* misanthrope, man-hater
emberi *mn* human, *[emberies]* humane; **~ alak** human shape/form, human figure; **~ alakú** humanoid; **~ bánásmód** humane treatment, treating sy humanely; **tévedni ~ dolog** to err is human; **~ erővel** by main force, with human effort; **~ érzés** human/better feeling; **~ ész** human understanding; **~ jogok/jogi** human rights; **~ mulasztás okozta a szerencsétlenséget** the tragedy was caused by human error (v. neglect); **az ~ tényező** the human factor; **~ kéz műve, ~ mű** work of man; **~ közösség** the community, society; **~ módon** humanely, decently; **~ nem** human race, humanity, man; **~ sors** man(kind)'s/human destiny; **~ számítás szerint** as far as we can tell the future; **az ~ természet** human nature v. predict; **~ test** human body
emberies *mn* humane, benevolent
emberiesség *fn* humanity, benevolence
emberietlen *mn* → **embertelen**
emberileg *hsz* humanly, from a human viewpoint; **amenynyire ~ lehetséges** as far as possible, as is humanly possible
emberiség *fn* humanity, (hu)mankind; the human race; **~ elleni bűncselekmény** crime against humanity
emberismeret *fn* knowledge of mankind, insight into (sy's) character
emberismerő *mn* (keen) observer/judge of human nature; **jó ~** a good judge of character
emberjogi *mn* **~ konferencia** human rights conference, a conference on human rights
emberke *fn* **1.** *[gyerek]* little fellow **2.** *[kis növésű ember]* little wisp of a man
emberként *hsz* → **ember**
emberkereskedelem *fn* trafficking in human beings; → **embercsempészés, -szet**
emberkerülés *fn* misanthropy
emberkerülő I. *mn* unsociable, misanthropic(al) **II.** *fn* unsociable person, misanthrope
emberkínzás *fn* torture, torment; **ez valóságos ~** this is beyond endurance
emberlakta *mn* inhabited by man *ut*, populated
embermagasságú *mn* of a man's height *ut*
embernyi *mn* grown-up; **~ ember** full-grown man°
embernyúzás *fn* *[kizsákmányolás]* sweated labour (*US* -or), exploitation (of man by man)
embernyúzó I. *mn* sweating, exploiting; **~ főnök** a real tyrant of an employer **II.** *fn* tormentor, tyrant, *[munkást]* exploiter, bloodsucker
emberölés *fn* *[előre kitervelt módon elkövetett]* (wilful/premeditated) murder, homicide, *US* willful (v. first-degree) murder; **szándékos ~** *[pl. erős felindulásban elkövetett]* manslaughter
emberöltő *fn* generation
emberpalánta *fn* little fellow/one/chap
emberpár *fn* **az első ~** the first (human) couple
emberpróbáló *mn kb.* challenging
emberrablás *fn* kidnapping; **~t követ el** kidnap sy
emberrabló *fn* kidnapper
emberség *fn* **1.** → **emberiesség 2.** *[tisztesség]* honesty, integrity, decency **3. a maga ~éből** spontaneously, by his own efforts
emberséges *mn* **1.** *[humánus]* humane **2.** *[tisztességes]* honest, decent, fair
emberségesen *hsz* humanely
embersorba lép *kif* come* of age, become* a man
emberszabású *mn* hominoid; **~ majom** anthropoid ape
emberszámba megy *kif* count as a grown-up man
emberszeretet *fn* philanthropy, charity
emberszerető *mn* humane, charitable

embertan *fn* anthropology
embertani *mn* anthropological
embertárs *fn* fellow-creature/man°/being, fellow human being
embertelen *mn* inhuman, barbarous, monstrous, cruel, brutal
embertelenség *fn* inhumanity, cruelty
embertömeg *fn* multitude/mass of people, a huge crowd
emberül *hsz* manfully, like a man, in a manly manner; **~ megállta a helyét** he stood his ground (bravely)
embervadászat *fn* man-hunt
emberveszteség *fn* loss of life, casualties *tsz*, fatalities *tsz*, (death) toll
embléma *fn* emblem, symbol, *[kiadói]* imprint, *[egyéb, rövid szöveg]* logo
embólia *fn orv* embolism
embrió *fn biol* embryo
embrionális *mn* embryonic; *átv* **~ állapotban vannak (a tervek stb.)** [the plans etc. are still] in embryo, at an embryonic/germinal/early stage
eme *nm* this → **emez**
emel *i* **1.** *ált* lift, hoist **2.** *[épületet]* build*, put* up, erect, set* up, *[szobrot]* erect, raise, set* up **3.** *[árat, fizetést, magasságot, színvonalat stb.]* raise, *US* boost; **~i a tétet** raise the ante; **a munka termelékenységét ~i** increase the productivity of work, step up (v. *US* boost) production; **~i vmnek a színvonalát** give standards a boost, give quality to sg; **~ik az oktatás színvonalát** they are raising the standards of education **4.** *[kártyában]* cut*; **ki ~?** whose cut is it?; → **hatvány**, → **kéz**, → **szó**, → **vád**
emelés *fn* **1.** *ált* lifting (up), hoisting **2.** *[épületé]* erection, building, *[kártyában]* cutting **3.** *[növelés, pl. béré]* rise*, *US* raise, increase [in wages]
emelet *fn* (*röv* **em.**) storey (*US* story), floor; **az első ~en** on the first floor, *US* on the second floor; **felmegy az ~re** go* upstairs (to); **~et ráépít** add a storey [to a house], put* on another storey
emeletes *mn* **1.** (-)storeyed (*US* -ried), -storey; **egy~ ház** two-storey(ed) (*US* -story/storied) house; **három~ ház** a house of/having four storeys/stories, a four-storey(ed) (*US* -story/storied) house (v. block of flats); **~ autóbusz** doubledecker **2. ~ ágy** bunk-bed, *biz* bunk **3.** *mat* **~ tört** compound (v. complex) fraction
emeleti *mn* **1. ~ lakás** (the) upstairs flat; **második ~ lakás** flat/apartment on the second floor (v. *US* on the third floor), second-floor, *US* third-floor flat **2. ~ erkély** → **erkély 2; első ~ páholy** first tier box
emeletráépítés *fn* adding a storey (to a house)
emelget *i* **1.** *ált* keep* on lifting, lift repeatedly **2.** *[súlyát megbecsülve]* heft
emelkedés *fn* **1.** *ált* rise, *[értéké]* increase [of value], *[áraké]* rise [in prices]; **az életszínvonal ~e** rise in living standards, rise/improvement in the standard of living **2.** *[lejtőé]* ascent, *[talajé]* high/hilly/rising ground **3.** *[rangban]* rise [in rank], promotion
emelkedett *mn* *[gondolat]* lofty, sublime, dignified, *[stílus]* grand, high-flown, eloquent; **~ hangulat** elation, high spirits *tsz*
emelked|ik *i* **1.** *ált* rise*, *[repülőgép]* climb, ascend; **a levegőbe ~ik** *[repülőgép]* take* off; *[űrhajó, űrrepülőgép]* last off **2.** *[út]* climb, ascend, *[vm fölé]* tower over (sg); **az út végig ~ik** the road is uphill all the way; **házsorok ~nek** rows of houses have risen (on the site) **3.** *[érték, költségek, hőmérséklet stb.]* rise*, increase, go* up (*vmre, mind:* to); **a Duna ~ik** the Danube is rising; **az árak ~tek** prices have risen, prices have gone up; *[meredeken]* zoomed up **4.** *[vmlyen rangra, tisztségre]* rise* to, attain [the rank of ...], be* promoted to
emelkedő I. *mn* rising, ascending; **~ irányzat** upward tendency, uptrend, rise **II.** *fn* **1.** *[úté]* rise, incline, ramp, (upward) slope, hill, *[pályatesté]* gradient, *US* grade **2. ~ben van** be* on the rise, be* in the ascendant

emellett *hsz [ezenkívül]* besides, in addition, moreover; → **mellett**
emelő I. *mn* raising, elevating **II.** *fn [egyszerű gép]* lever, *[kocsin]* jack, *[felvonó, pl. építkezésnél]* hoist
emelőbak *fn* sheers, shearlegs, sheerlegs (*mindegyik: esz, ritk. tsz*)
emelődaru *i* crane
emelőgép *fn* lever, hoist
emelőkar *fn* lever arm
emelőrúd *fn* crow-bar, lever
emelővas *fn* crow-bar, iron lever
emelővillás targonca *fn* forklift (truck)
emelt *mn* **~ fővel** with head erect (v. held high); **~ hangon** in a loud voice; **~ díjas szolgáltatás** high-tariff services
emelvény *fn* platform, stand, *[szónoki]* rostrum, (speaker's) platform, podium; *[karmesteri]* rostrum, podium
émelyeg *i* be* seized with nausea, feel* sick, have* an upset stomach
émelygés *fn* nausea, sickness
émelygős *mn* **1.** queasy **2.** *átv* → **émelyítő** 2
émelyít *i* **1.** *konkr* sicken, nauseate, turn/upset* one's stomach **2.** *átv* nauseate, disgust
émelyítő *mn* **1.** nauseous, nauseating, sickening **2.** *átv* mawkish, disgusting, stomach-turning, sickening; *US* gross
ementáli *mn kb.* Gruyère (cheese)
emeritus *fn* → **professzor**
emerre *hsz* this way, in this direction
emészt *i* **1.** *[ételt]* digest **2. vkt vm ~** sg is preying on sy's mind, sy can't get over sg; **~i a bánat** grief is gnawing at his heart; **~i magát** worry (about), brood (over sg)
emésztés *fn* digestion; **jó az ~e** has a good digestion; **rossz ~** dyspepsia, indigestion
emésztési *mn* digestive, peptic; **~ zavar** indigestion, dyspepsia
emésztetlen *mn* undigested
emészthetetlen *mn* indigestible
emészthető *mn átv is* digestible; **könnyen ~** easy to digest *ut*, easily digested; **nehezen ~ étel** food that does not digest easily, heavy food/meal
emésztő *mn* **1.** *biol* digesting, digestive **2.** *átv* consuming, wasting; **~ gond** worry
emésztőcsatorna *fn* alimentary canal
emésztőd|ik *i átv* (*vmn*) sg is* preying on sy's/one's mind, worry (about); → **emészt** 2
emésztőgödör *fn* cesspit, cesspool
emésztőnedv *fn* gastric juices *tsz*
emésztőrendszer *fn* digestive tract
emésztőszervek *fn tsz* digestive organs, digestive tract *esz*
emez *nm* **~ szebb, mint az** this one here is prettier than that one; **~ a ruha** this suit/dress here
emiatt *hsz* **1.** *[ok]* this is why, for this reason, because of this **2.** *[efelől]* on this/that account, about that, on that score; **~ ne aggódj** don't (you) worry about that (v. on that account); **~ még eljöhetsz** you may come for all that
emide *hsz* here, to this place
emigráció *fn* **1.** *[kivándorlás]* emigration **2.** *[száműzetés]* exile
emigrál *i* **1.** *[kivándorol]* emigrate; *[menekül]* flee* **2.** *[száműzetésbe megy]* go* into exile, be* forced to emigrate
emigráns *fn* **1.** *[nem politikai]* emigrant **2.** *[politikai]* (political) exile, emigré
emígy *hsz* in this way
emil *fn biz tréf* → **e-mail**
eminens *mn* **~ tanuló** prize pupil, star student; *pej* swot
emír *fn* emir
emirátus *fn* emirate
emisszió *fn fiz [kibocsátás]* emission
emitt *hsz* (just) here
emleget *i* mention repeatedly, speak* often of sy/sg, be* v. keep* always talking about; **~nek** *[csukláskor]* are your ears burning?; **úgy ~ik majd, mint** (s)he/it will go down in history as
emlék *fn* **1.** *[tárgy]* souvenir (*US sou-*), keepsake, memento, *[régi becses]* relic; **~be kaptam** I received it as a keepsake, I got it as a souvenir **2.** *[emlékezet]* memory, rememberance; **kellemes ~eim vannak arról az évről** I have pleasant/ happy memories of that year; **vk ~ei** sy's reminiscences/ recollections; **~eiről beszél** reminisce, recall the past; **vk ~e** sy's memory; **vk/vm ~ére** in memory of, to the memory of; *[sírkövön]* in memoriam X.Y.; **első találkozásunk ~ére kaptam** I got it as a memento of our first meeting; **tiszteleg vk emléke előtt** pay* tribute to sy; **ápolja vk/vm emlékét** treasure/cherish the memories of sy/sg **3.** *[mű]* memorial; **~et állít vknek** erect/raise a monument to the memory of sy; → **emlékül**
emlékbélyeg *fn* memorial stamp
emlékbeszéd *fn* memorial speech
emlékdíj *fn* **Ferencsik János ~** János Ferencsik Memorial Award
emlékérem *fn* (commemorative) medal, medallion
emlékest *fn* memorial evening
emlékezés *fn* remembrance, recollection, reminiscence
emlékezet *fn* **1.** *[képesség]* memory, recollection; **legjobb ~em szerint** to the best of my memory, as far as I can recall/remember; **vknek az ~ébe idéz vmt** call sg to sy's mind, remind sy of sg; **a régi kép sok rossz dolgot ~ébe idézett** the old picture brought back many unpleasant memories; **~ébe vés, ~ében rögzít** commit (sg) to one's memory, make* a mental note of sg; **~ében tart** remember (sy/sg), keep*/bear* (sg/sy) in mind, keep* sy/sg in remembrance, treasure/cherish the memories of sy/sg; **kiesik vk ~éből** slip (from) one's mind; **ha nem csal az ~em** if my memory serves me well; **~ből** by heart **2.** *[emlék]* memory (of sg), remembrance (of sg); **X. Y. ~ére** to the memory of X.Y.
emlékezetes *mn* memorable, remarkable, unforgettable
emlékezetkiesés *fn* amnesia, *[pillanatnyi]* black-out
emlékez|ik *i* **1.** (*vmre*) remember, recollect, recall (*mindegyik:* sg); **ha jól ~em** as far as I can remember, unless I am very much mistaken; **nem ~em** I can't/don't remember, I forget, it escapes me, I can't recall it; **ő már nem ~ett rá** he could not recall it any more **2.** *[írásban]* write* one's memoires/reminiscences
emlékezőtehetség *fn* (power of) memory; **jó ~** good/ retentive memory; **kitűnő ~e van** (s)he has total recall, (s)he has got a good memory; **gyenge ~** poor memory; **~ére hagyatkozik** draw* on one's memory
emlékeztet *i* **1.** *[vkt figyelmeztet vmre]* remind (sy that .../sy to do sg/sy of sg); **emlékeztess kérlek, hogy írjak Péternek** (please) remind me to write to Peter **2.** *[vkben felidéz vmt/vkt]* resemble sg/sy, remind sy of sg/sy, be* reminiscent of sg; **~ apámra** he resembles my father, he reminds me of my father
emlékeztető I. *mn* (*vmre*) reminiscent of sg *ut*; **~ oltás** booster **II.** *fn* **1.** reminder, memento **2.** *[följegyzés]* memorandum (*tsz* -anda)
emlékhely *fn* (national) memorial
emlékirat *fn* **1.** *[hivatalos]* memorandum (*tsz* memoranda) **2.** *[magán]* memoirs *tsz*
emlékiratíró *fn* diarist
emlékkép *fn [lélektani]* (memory-)trace, engram
emlékkiállítás *fn* commemorative exhibition, retrospective
emlékkönyv *fn* **1.** *[kéziratos]* (keepsake) album **2.** *[tudósnak]* Festschrift, [book, essays etc. published] in honour (*US* -or) of X
emléklap *fn* certificate of merit/commendation
emlékmű *fn* monument, memorial; **hősi ~** war memorial; *[Londonban a két világháborúé]* the Cenotaph
emléknap *fn* memorial day
emlékoszlop *fn* monument, obelisk
emlékpark *fn* memorial park

E

emlékpénz *fn* commemorative coin
emléksorok *fn tsz* **1.** *[emlékkönyvben]* lines in sy's album **2.** (*vkről*) lines in memory of sy
emléksz|ik *i* → **emlékezik**
emléktábla *fn* memorial/commemorative plaque/tablet
emléktárgy *fn* souvenir, memento
emlékül *hsz* as a souvenir, as a remembrance (of), *[könyvajánlásban]* as a token of affection/friendship; **~ ad vmt** give sg as a souvenir
emlékünnep(ély) *fn* festival of remembrance, commemoration (festival), *[istentisztelettel]* memorial service, *[évfordulón]* anniversary
emlékvers *fn* memorial poem
említ *i* mention, make* mention of, refer to, *[futólag]* touch upon; **mint már ~ettük** as mentioned above/earlier; **nem ~** pass over, leave* unmentioned; **nem is ~ve** to say nothing of, let* alone, not to speak of; **nem lehet őket egy napon ~eni** they are not to be mentioned in the same breath; **Béla jól énekel, de nem lehet Pavarottival egy napon ~eni** Béla sings very well, but he isn't fit to hold a candle to Pavarotti (v. he is nothing like Pavarotti)
említés *fn* mention(ing), reference (to); **~re méltó** noteworthy, remarkable, worth mentioning *ut*; **~t tesz vmről** mention sg
említett *mn* mentioned, referred to *ut*; **az előbb ~** just mentioned *ut*; above-mentioned, referred to above *ut*, *hiv* aforesaid, aforementioned
emlő *fn [nőé]* breast, *tud* mamma (*tsz* mammae), *[állaté]* udder
emlőbimbó *fn* nipple, teat
emlődaganat *fn orv* breast tumor
emlőeltávolítás *fn orv* mastectomy
emlőgyulladás *fn* mastitis
emlőrák *fn orv* breast cancer
emlős *mn/fn* mammal; **~ök** mammals, *tud* Mammalia
emlősállat *fn* mammal
emóció *fn* emotion, feeling
emocionális *mn* emotional
e-moll *fn zene* E minor
empátia *fn pszich* empathy
empátiás *mn pszich* empathetic, empathic; **jó az ~ készsége** have* good empathetic/empathic abilities
empirikus *mn* empirical; **~ módszerrel** empirically
empirikusan *hsz* empirically
emse *fn* sow
emulzió *fn* emulsion
én I. *nm* **1.** *[személyes névmás]* I, me; **~ vagyok** it's me; **Ezt ki tette? – Én.** Who did it? – Me. (v. I did.); **~ magam** I (...) myself; **~belőlem** from me, out of me; **~bennem** in me; **~értem** for me, for my sake; **~felőlem** for all I care; **~hozzám** to me, to my place; **~mellém** to my side; **~nálam** *[hely]* with me, at my place; **senki ~nálam jobban nem méltányolja** there is no one who will appreciate it more than I do; **~nálam csak egy ezres van** I've got only a thousand forint note on me; **~nekem** (to) me; **~rajtam** *[konkrétan]* (up)on me; **~rajtam már nem lehet segíteni** I am past help; **~rám** *[konkrétan]* on me; **~rám nem gyakorolt különösebb hatást/benyomást** I was not particularly impressed by it/her/him; **~r(e)ám számíthat** you may depend upon me; **~rólam** (i) *[rólam]* from me (ii) *átv* of/about me; **~tőlem** (i) *[tőlem]* of/from me (ii) *átv* as far as I am concerned, for all I care; **~velem** (together) with me **2.** *[birt. jelzőként]* my; **az ~ anyám** my mother **II.** *fn [vk énje]* self°, ego; **a második ~em** my other self
encián *fn* gentian
enciklika *fn* encyclical
enciklopédia *fn* encyclop(*a*)edia
enciklopédikus *mn* encyclop(*a*)edic
endokrin *mn orv* **~ mirigyek** endocrine glands
Endre *tul* Andrew

ének *fn* **1.** *[dal]* song, *[egyházi]* hymn **2.** *[éneklés]* singing, *[madáré]* (bird) song, warble, warbling **3.** *[eposzé]* canto, book; → **karácsonyi 4.** *okt* → **énekóra**
énekbeszéd *fn zene* recitative
énekbetét *fn* song, aria
énekegyüttes *fn* chorus, choir, *[kisebb]* singers *tsz*
énekel *i* sing*, *[madár]* warble; **~ni kezd** begin* to sing, burst* into song; **tessék hangosabban ~ni!** sing up, please!
énekelhető *mn* easy to sing *ut*, singable
énekes I. *mn* singing; **~ bohózat** musical comedy, vaudeville **II.** *fn [ált és opera~]* singer; *[könnyűzenei]* lead singer, vocalist, *[templomi énekkarban]* chorister
énekeskönyv *fn* songbook, *[egyházi]* hymn-book
énekesmadár *fn* songbird
énekesnő *fn* (female) singer; → **énekes II**
énekhang *fn* singing voice; **jó ~ja van** (s)he has a good (singing) voice
énekkar *fn* chorus, choir; → **énekegyüttes**
énekkari *mn* choral; **~ tag** member of a choir
éneklés *fn* singing; *[együtt, szórakozásból]* sing-along
éneklő *mn* singing; **~ hangon olvas** read* in a sing-song voice
énekmondó *fn [középkori]* minstrel, scop
énekművészet *fn* the art of singing
énekóra *fn* singing lesson; *[iskolában, tantárgyként]* music lesson/class
énekpróba *fn* **1.** *[felvételi]* hearing, audition **2.** *[kari]* singing practice, rehearsal for singers/chorus
énekszám *fn* song, number
énekszó *fn* singing; **~val** singing, with songs
énekszólam *fn* vocal score/part
énektanár *fn* singing-master/teacher; *[iskolában]* music teacher
énektanárnő *fn* singing-mistress; *[iskolában]* music teacher
énektanítás *fn* instruction in singing
ének-zene *fn [tantárgy]* music; **~ óra** music lesson/class
enemű *mn* of that kind/sort *ut*
energetika *fn* energetics *esz*
energetikai *mn* **~ kormánybiztos** government commissioner of energetics
energetikus *fn* energetics expert
energia *fn* **1.** *műsz* energy, power; **az ~ megmaradásának elve** principle of the conservation of energy; **az ~ felhasználása** utilization of energy **2.** *[emberi]* vigour (*US* -or), drive, stamina, vitality; **sok ~́t fordít vmre** devote (all) one's energies to sg; **tele van ~́val** be* full of go, have* plenty of drive/push
energiaátalakítás *fn* conversion/transformation of energy, energy conversion/transformation
energiaátalakulás *fn* → **energiaátalakítás**
energiaellátás *fn* energy/power-supply
energiafogyasztás *fn* energy/power consumption
energiaforrás *fn* source of energy/power, energy source
energiagazdálkodás *fn* (planned) utilization/conservation of energy/power (resources), energy planning
energiahordozó *fn* energy source/carrier
energiaigényes *mn* energy-consuming
energiamegmaradás *fn fiz* conservation of energy, first law of thermodynamics
energiaszükséglet *fn* energy-needs/requirements *tsz*
energiatakarékos(sági) *mn* energy-saving [measures]
energiatermelés *fn* generation of energy/power, power generation
energiaveszteség *fn* loss of energy/power
energikus *mn* energetic, forceful, vigorous; **~ ember** a man° full of energy/drive/push, a real ball of fire
enervált *mn* enervated, enervate, worn out, fatigued
enged *i* **1.** (*vmt*) allow/permit (sy to do sg), let* (sy do sg); **nem ~ vmt vknek** refuse to allow sy (to do) sg, refuse sy sg, disallow; **nem ~ett leülni** he would not let me sit down;

apja nem ~i egyedül a moziba her father won't let her go to the cinema alone; **nem ~ szóhoz jutni** monopolize the conversation; **nem ~ vkt közel magához** keep* sy at arms length **2. vizet ~ a kádba** run* a bath (for sy) **3.** *[nem áll ellen]* yield, give* way (to), submit to, give* in; **~ az erőszaknak** yield to force; **vk kérésének ~** comply with sy's request; **az okosabb ~** discretion is the better part of valour; **nem ~** hold*/keep* one's ground **4.** (*vmből*) **~ az árából** reduce the price (of); **ötezer forintot ~ az árából** take* five thousand forints off the price; *biz* knock 5,000 fts off; **nem ~ a negyvennyolcból** stick* to one's guns, stand* firm, dig* one's heels in, insist on sg; *US biz* stand* pat **5.** *[megfeszített dolog, feszültség]* yield, give* way (under pressure), ease, slacken **6.** *[idő, hideg]* grow* milder, become* less severe; **a fagy ~** the frost is breaking; → **elv**, → **szabad II**

engedékeny *mn* yielding, (com)pliant, indulgent, permissive

engedékenység *fn* compliance, indulgence

engedelem *fn elav* permission, leave; **szíves engedelmével** with your (kind) permission; **engedelmet kérek** you will excuse me (but), I beg your pardon

engedelmes *mn* obedient

engedelmesked|ik *i* (*vknek*) obey (sy), be* obedient (to sy), *[kutya]* come* to heel; **nem ~** disobey (sy)

engedelmesség *fn* obedience (to); **az ~et megtagadja** refuse to obey sy

engedély *fn* **1.** *ált* permission, *[írott]* permit, *[hivatalos]* authorization; **~t kér vmre** ask for permission to do sg; **~t ad vmre** permit sg, give*/grant permission (to do sg); **~t megtagad vktől** deny permission **2.** *[ipari]* licence; **~t kap vmre** be* licensed for sg (to sell sg)

engedélyez *i ált* allow, permit, (*vknek vmt*) give*/grant (sy) permission (to do sg), *[hatóság]* authorize; **~ték a felvonulást/tüntetést** permission to hold the march/demonstration was granted/given; *[ipart]* grant a licence (for), license sg; **~nek vknek vmt** be* licensed [to sell sg]

engedélyezés *fn* **1.** *[folyamat]* grant(ing), authorization, licensing **2.** *[irat]* permission, permit, licence

engedélyezett *mn* **hatóságilag ~ italmérés** licensed house

engedélykérés *fn* asking/request for permission

engedetlen *mn* disobedient, unruly

engedetlenked|ik *i* be* disobedient, disobey

engedetlenség *fn* disobedience; **polgári ~** civil disobedience

engedmény *fn* **1.** *[vitában]* concession, yielding (of a point); **kölcsönös ~ekre van szükség a tárgyalások sikere érdekében** there must be give and take if the negotiations are to succeed **2.** *gazd* discount, reduction (in price); **X %-os ~t ad vknek vmre** let* sy have sg at a discount of X per cent; **fizetési engedménnyel** on easy terms; **10 %-os ~t ad** allow a discount of 10% (v. a 10% discount); 10% off **3.** *jog* cession, transfer

engedményes I. *mn* **~ ár** sale/bargain price; **~ vásár** sale **II.** *fn jog* transferee, assignee

engedményez *i* assign, transfer

engedményező *fn* transferor, assignor

engem *nm* me; **ami ~ illet** as for myself, as far as I'm concerned

engesztel *i* appease, conciliate

engesztelés *fn* appeasement, conciliation; **~ül** by way of appeasement, in propitiation

engesztelhetetlen *mn* implacable, unforgiving, relentless; **~ gyűlölet** undying hatred

engesztelő *mn* propitiatory, expiatory; **~ szentmise (áldozat)** Mass for the Dead

engesztelődés *fn* (re)conciliation, appeasement

engesztelőd|ik *i* become* reconciled

Enikő *tul* ‹Hungarian feminine given name›

énkép *fn pszich* self-image

énmiattam *hsz [miattam]* because of me; *[értem]* for me, for my sake

ennek *nm* **1.** *[birtokos]* of this; **~ az embernek a háza** the house of this man, this man's house; **~ ki az oka?** who is responsible for it/this? **2.** *[részeshatározó]* to/for this; **~ a fiúnak add oda** give it to this boy; **~ köszönhető, hogy** it is thanks/due to this that, this is why

ennél *nm* **1.** *[hely]* at this/that; **~ a pontnál** at this point **2.** *[középfok mellett]* than this/that; **nincs ~ jobb** there is none/nothing better; *biz* nothing can beat it

ennélfogva *hsz* consequently, hence, for this reason, thus

enni *i* → **eszik**

ennivaló I. *fn* food; **egy kis ~** something to eat/bite; *[bisztróban stb.]* snack **II.** *mn biz [csinos]* charming, *[aranyos]* lovely, delicious, sweet

ENSZ *röv* → **egyesült**

entyem-pentyem *fn biz [szerelmeskedés]* having it off

enzim *fn* enzyme

ÉNY *fn* → **északnyugat**

enyeleg *i* dally, wanton, trifle, *[nővel]* flirt

enyelgés *fn* dalliance, trifling, *[nővel]* flirting, flirtation

enyém *nm* mine; **ez a könyv az ~** this book is mine, this book belongs to me; **ezek az enyéim** these are mine, these belong to me; **az enyéim** *[családom]* my family/children/folks

enyészet *fn irod* death, decay, annihilation

enyh *fn elav* **~et ad** give* relief, soothe, ease

enyhe *mn [idő, tél]* mild, *[éghajlat]* genial, mild, *[szél]* light, *[fájdalom]* slight, *[büntetés]* light, mild, lenient [punishment]; **~ büntetéssel megússza** get* off light; **~ túlzás** *biz* slight exaggeration; **~n szólva** to use an understatement, to put it mildly, not to put too fine a point on it

enyheség *fn [időé]* mildness, *[ítéleté]* lightness, lenience, *[fájdalomé]* slightness

enyhít *i [bánatot, fájdalmat]* ease, mitigate, assuage, alleviate, soothe, relieve, lessen, *[éhséget]* appease, *[feszültséget]* ease, *[gondot]* lighten, *[ítéletet]* reduce, *[szomjúságot]* quench

enyhítés *fn [fájdalomé, bánaté]* easing, mitigation, alleviation, *[éhségé]* appeasing, *[feszültségé]* easing, *[ítéleté]* reduction, *[szomjúságé]* quenching

enyhítő *mn* mitigating, alleviating; **~ körülmény** mitigating circumstances *tsz*

enyhül *i [fájdalom]* subside, abate, lessen, *[feszültség]* ease, slacken, *US* let* up, *[idő]* turn/grow* milder

enyhülés *fn* **1.** *[fájdalomé]* abatement, subsidence, mitigation, softening, relief **2.** *[fagy után]* thaw **3.** *pol* détente

ennyi *nm* **1.** *[súly, terjedelem]* so much, *[számban]* so many; **~ az egész** that's all (there is to it), that's the lot; **hol voltál ~ ideig?** where have you been all this time?; **~be kerül** that/this is how much it costs; **~ben marad(t)unk** that is settled (then); **erről ~t** that's enough about it/that, enough said about it, so much for that; **~en** so many (of us/them); **~ért nem adom!** I can't let you have it for that; **~re** (i) *[eddig]* so far as that, thus (far) (ii) *[ilyen mértékben]* so (very) much, as much as that, that much; **azért nincs ~re hideg** it isn't all that cold; **~szer** so many times, so often **2.** *film* **~!** cut!, that's it!

enyv *fn* glue; **hideg ~** woodworking glue

enyves *mn* gluey; **~ hátú** adhesive; **~ festék** distemper

enyveskezű *mn* light-fingered

enyvez *i* glue

ép *mn* **1.** *[egész]* whole, intact, unbroken, unhurt, unharmed; **fogai ~ek** he has good teeth; **szellemileg teljesen ~** (s)he has got all his/her marbles **2.** *[egészséges]* healthy, sound; **~ bőrrel megmenekült/megúszta** (s)he escaped unscathed/unharmed (v. safe and sound); → **megúszik**; **~ ésszel senki ...** no one in his right senses/mind would ..., no-one with his wits about would ...; *közm* **~ testben ~ lélek** a sound mind in a sound body

epe *fn* bile; **elönti az ~** lose* one's temper, (it) makes sy's blood boil
epebaj *fn* bilious complaint
epebajos *mn* bilious [patient]
epebántalom *fn* gall-bladder disease
epebeteg *fn* bilious patient
eped *i* languish, *(vmért/vkért, vm/vk után)* long, yearn, pine *(mindegyik:* for); **~ve vár vkt** long for sy's arrival
epeda *fn* spring mattress
epedezik *i* → **eped**
epegörcs *fn* bilious attack, biliary colic
epehólyag *fn* gall-bladder
epeked|ik *i* → **eped**
epekő *fn* gallstone; **epeköve van** he has (got) gallstones; **~vel operálták** was operated on for gallstones
epekőműtét *fn* **~et végez vkn** operate on sy for gallstones
épelméjű *mn* of sound mind *ut*, sane, mentally sound
épen *hsz* **1.** *[tárgy]* in perfect condition, unbroken, (completely) undamaged, safe (and sound) **2.** *[személy]* safe and sound, unhurt, unharmed; **~ hazaértünk** we got home safely (v. in one piece); → **megússzik**
epeömlés *fn* bilious attack
eper *fn [földi~]* strawberry, *[fa~]* mulberry; → **szamóca**
eperdzsem *fn* strawberry jam
eperfa *fn* mulberry tree
eperszezon *fn* **most van az ~** strawberries are in (season)
epés I. *mn* **1.** *biz* → **epebajos 2. ~ megjegyzés** malicious/sarcastic/caustic remark **II.** *fn* → **epebeteg**
epeszt *i* **bánat ~i** be* grief-stricken
épeszű *mn* of sound mind *ut*, normal, sane; **~ ember nem** ... no one in his right senses/mind would ...
epevezeték *fn* bile-duct
epicentrum *fn* epicentre (*US* -ter)
epidurális *mn orv* epidural; **~ érzéstelenítés** epidural anaesthetic
epigon *fn* decadent/inferior successor, epigone
epigramma *fn* epigram
epigrammatikus *mn* epigrammatic
epika *fn irod* epic poetry
epikai *mn* epic
epikus *mn* epic; **~ költemény** epic (poem); **~ költő** epic poet
epilál *i [szőrtelenít]* depilate
epilepszia *fn orv* epilepsy
epilepsziás I. *mn* epileptic; **~ roham** fit of epilepsy, epileptic fit **II.** *fn* epileptic
epileptikus *mn* → **epilepsziás**
epilógus *fn* epilogue (*US* epilog)
episztola *fn irod* epistle
épít *i* **1.** *ált* build*, construct; **hajót ~** build* a ship; **hidat ~** build* a bridge, throw* a bridge (across a river); **utat ~** make* a road; **vasutat ~** lay* down (v. construct) a railway (*US* railroad) **2.** *átv* (*vmre*) build* (up)on, go* by sg, rely/depend on (sg); *[elméletet]* construct v. build up (a theory); **nem lehet a szavára ~eni** there is no relying on him
építés *fn ált* building, *[gépé]* construction; **~ alatt** under construction
építési *mn* building, construction; **~ engedély** building permit; **~ költség** building cost(s); **~ terület** building site; **~ vállalkozó** building contractor, builder
építésügy *fn kb.* housing and construction
építésvezető *fn* (building) site architect/manager/foreman°, clerk of the works
építész *fn* **1.** *biz* → **építészmérnök 2.** → **tervező**, → **építészmérnök 3.** → **építésvezető 4.** *[építési vállalkozó]* (general) builder, building contractor
építészet *fn* architecture
építészeti *mn* architectural
építészmérnök *fn* (qualified) architect, building engineer
építkezés *fn* building, *[nagyobb]* construction
építkezési *mn* constructional, building; **~ terület** building site
építkez|ik *i* build*, have* a house built
építmény *fn* building, structure
építő I. *mn* **1.** *konkr* (for) building **2.** *átv* constructive, positive; **~ kritika** constructive criticism **II.** *fn* builder
építőanyag *fn* building material
építőanyag-ipar *fn* building materials industry
építőipar *fn* the building industry/trade, the construction industry
építőipari *mn* **~ munkás** building/construction worker; **~ szakközépiskola** technical school for the building trade; **~ vállalat** construction/building company
építőjáték *fn* construction toy
építőkocka *fn [játék]* building blocks/bricks *tsz*
építőkő *fn* building stone, *[nagyméretű]* block
építőmérnök *fn* civil engineer
építőmérnöki *mn* **~ munka/szak/tudományok** civil engineering
építőmester *fn* (master) builder
építőmunkás *fn* construction/building worker, builder
építőművész *fn* architect
építőművészet *fn* architectural art
építőtábor *fn tört* ‹camp-holiday-cum-summer-work, usually on state co-operative farms for secondary school students, organized by the Young Communists' League (KISZ) until the late 1980's›
építtet *i* have* sg built/constructed
építtető *fn* developer
epizód *fn [filmben]* part, episode; *[életben]* incident, short period, episode
epizodista *fn* → **epizódszínész**
epizódszerep *fn* supporting part/role, *[rendszerint néma]* walk-on part
epizódszínész *fn* supporting actor
épkézláb *mn [ember]* sound, healthy, *[gondolat]* sound, *[ötlet]*[an idea] that will work, *[elképzelés]* workable, practicable
eposz *fn irod* epic (poem)
épp *hsz* → **éppen**
éppen *hsz* just, exactly, precisely; **~ akkor** just then; **~ akkor, amikor** just when; **akkor ~ távol voltam** I happened to be away at the time; **~ akkora** just as big (as), just the same size (as); **~ annyi/ennyi** just as many/much; **~ egy kiló** just/exactly one kilogram; **~ az, amire szükségem van** just the thing I need, the very thing I need, just what I need; **~ azért/ezért** for that very reason, that's exactly why; **~ ezen a helyen** in this very place; **~ hogy (elég)** only just (enough); **~ (hogy) csak** barely, just; **~ csak hogy olvasni tud** he can barely read; **~ csak hogy nem késtem le a vonatot** I was just in time for the train, I only just caught the train; **~ csak hogy elindultunk, Péter elesett** we had hardly started (v. hardly had we started) when Peter fell; **~ elkészültem a leckével, amikor belépett a szobába** I had just finished my homework when he came into the room; **~ itt** just here, in this very place, on this very spot, right here; **~ jókor** just in time, in the nick of time; **~ ma reggel** this very morning; **~ most** just (now), *US* right now; **Hallom, szereted az új állásodat. – Nem ~. Elég unalmasnak találom.** I hear you like your new job. – On the contrary, I find it rather dull.; **~ olyan** (exactly) the same; *[mint]* the same (as); **~ úgy** in the same way (as), just as; **~ úgy megtörténhetik vele is** it can just as well happen to him
éppenséggel *hsz* **~ nem** not at all, by no means; **én ~ nem bánom** it's all right as far as I am concerned; **hát ezt ~ nem kellett volna megtenned** you really shouldn't have done that; **vagy a férj, vagy ~ a feleség** either the housband or the wife as the case may be
épphogy *hsz* → **éppen**; **~ elérte** he only just caught it (v. the train etc.)
éppígy *hsz* → **ugyanígy**
éppily(en) *nm* → **ugyanilyen**
éppoda *hsz* → **ugyanoda**

éppoly(an) *nm* → **ugyanolyan**
éppúgy *hsz* → **ugyanúgy**
eprész|ik *i* gather/pick strawberries
épség *fn* soundness, completeness, *átv* safety; **~ben** *[megmarad vm]* intact; *[megérkezik pl. csomag]* safe, *[ember]* safe (and sound), safely; **~ben hazaértek** they got home safely (v. in one piece); **~ben találtuk a gyerekeket** we found the children safe and sound; **~ben átvészelte az utat** *[törékeny tárgy]* [the fragile china] survived the journey safe and sound
épül *i* **1.** *(vm)* be* built/erected/constructed, *[most]* be* being built, be* under construction **2.** *átv (vmn/vmre)* be* founded/based on, rest on **3.** *[okul vmből]* be* edified by, learn* from
épülés *fn [okulás]* edification; **~ére szolgál vknek** be* edifying to sy, do* sy good, be* of benefit to sy
épület *fn* building; **~et emel** put* up a building, erect a building
épületasztalos *fn* building joiner
épületelem *fn* prefabricated part, building panel/unit
épületelemgyár *fn* building panel factory
épületes *mn átv* edifying
épületfa *fn* timber, *US* lumber
épületgépészet *fn* building energineering
épületkár *fn* damage to buildings, structural damages *tsz*
épület-karbantartás *fn* maintenance
épületlakatos *fn* fitter
épületrész *fn* part/wing of building
épületszárny *fn* (side-)wing, annexe, *US* annex
épülettömb *fn* block (of houses)
épületvas *fn* structural iron
épülő *mn* **~ ház** the house in building (v. under construction)
épülőfélben *hsz* **~ van** be* under construction, be* being built
ér[1] *i* **1.** *(vhová)* get* to, arrive at, reach [a place], come* to; **egy faluhoz ~tek** they came to a village **2.** *(vmeddig)* reach to, extend/stretch as far as; **térdig ~ a víz** the water is knee-deep, the water comes up to the knees **3.** *(vmhez)* touch sg **4.** *[értéket]* be* worth (sg); **nem sokat ~** it is not worth much, it does not add up to much, it is not much use; *biz* **kutyagumit** (v. *durva* **szart) se ~** not worth a damn; **mennyit ~?** what is it worth?, how much is it worth?, what is the value of it? **5.** *[vmre megy vele]* be* of use (to sy); **nem sokat ~sz vele** it is not (v. will not be) (of) much use to you **6.** *(vm vkt)* sg happens to sy, be* hit by sg, have*/suffer sg (bad/good); **baleset ~te** he had an accident; **nagy szerencse ~t bennünket** we were (v. have been) very lucky, we (have) had a windfall (v. a stroke of luck) **7.** *(vkt vmn)* catch* [sy in the act of doing sg]; **hazugságon ~** catch* sy telling a lie; **tetten ~** catch* sy in the (very) act of [doing sg], catch* sy red-handed; *[szerelmeskedés közben]* catch* sy in flagrante delicto **8. nem ~!** *[játékban]* you're cheating!, that's against the rules!; **nem ~ a nevem!** I'm out of the game, *GB* fains I!
ér[2] *fn* **1.** *[testben]* blood-vessel, *[gyűjtőér]* vein, *[verőér]* artery; **eret vág vkn** bleed* sy, draw*/let* blood from sy; **felvágta ereit** he opened his veins **2.** *bány* vein, lode **3.** *[falevélen]* rib, vein **4.** *[vízi]* brook(let), rill **5.** *[kábelé]* heart, core wire
éra *fn* era, age, epoch, period
érbetegség *fn orv* vascular disease
érc *fn [nyers]* ore, *[fém]* metal, *[bronz]* bronze; **~ben gazdag** rich in ore *ut*; **~ben szegény** poor in ore *ut*; yielding little ore *ut*
ércbánya *fn* ore mine
érces *mn* **1.** *bány* metallic, ore **2.** *[hang]* sonorous, brazen
ércfedezet *fn* metallic reserve/cover
ércmosás *fn* washing of ore, ore washing
ércmosó *fn [berendezés]* ore-washer
ércolvasztó, **ércöntöde** *fn* smelting furnace
ércpénz *fn* coin(age)
ércszobor *fn* bronze statue
érctan *fn tud* metallurgy
érctartalmú *mn* metal-bearing, ore-bearing
ércsomó *fn orv* varix (*tsz* varices)
erdei *mn* wood-, forest-; **~ út** forest-path
erdeifenyő *fn* Scotch/Scots fir/pine
érdek *fn* interest; **a lakosság ~e azt kívánja** the welfare of the population requires that ...; **vknek az ~ében** in the interests of sy; **~e fűződik vmhez, ~ében áll vm** be* in sy's interest, have* an interest (v. interests) in sg, be* to sy's advantage; **saját ~e** be* in interest(s) (to); **saját ~ében** in his/your own interest, for his/your own good; **saját ~e is fűződik hozzá** have* an axe to grind, be* in one's best/particular interest(s) (to ...); **tudja, mi áll az ~ében** (s)he knows which side his/her bread is buttered; **~edben áll** it is in your own interest; **eljár vk ~ében** act on sy's behalf; **vk ~ében beszél** speak* for sy; **vmnek az ~ében** in the interest of sg, for the sake of sg; **az ügy ~ében** for the sake of the cause
érdekazonosság *fn* identity of interests
érdekcsoport *fn* pressure group, lobby
érdekegyeztetés *fn pol* reconciliation of interests; **az ~ lehetősége** the opportunity to reconcile interests
érdekegyeztető *mn pol* **É~ Tanács** Council for the Reconciliation of Interests
érdekel *i* **1.** *(vkt vm)* sg interests sy, sy is interested in sg, sy finds* sg of interest (v. interesting), *[meg akarja venni]* be* in the market for sg; **nagyon érdekli vm** take* great interest in sg, be* greatly/very interested in sg, be* keen on sg; **érdekli a zene** be* interested in music; **szeretném, ha jobban ~ne a munkád** I wish you'd take a bit more interest in your work; **ez a lány érdekli** he is interested in this girl; **~, hogy mi történt** I wonder what happened; **(ez) nem ~** I don't care (about it), I couldn't care less (about it); **nem ~, ki vagy** I don't care who you are; **nem érdekli vm** be* not interested in sg, have*/show* no interest in sg, not give* a rap for sg; **nem tudom, mit szól hozzá, de nem (is) ~** I don't know what (s)he thinks, but I don't care; **téged ez ne ~jen** it is none of your business **2.** *[kihat vkre]* affect, touch, concern (*mindegyik:* sy), be* of importance to (sy); **~ve van vmben** have* an interest (v. interests) in sg; *[többnyire kellemetlen dologban]* be* involved in sg, be* concerned in sg, have* a stake in sg
érdekellentét *fn* clash/conflict of interests
érdekelt I. *mn* interested, concerned, *(vmben)* have* a(n) share/stake/interest in sg; **~ek vagyunk abban, hogy a Duna ne elválasszon, hanem összekössön bennünket** we have an interest in having the Danube connect, not separate our countries; **nem ~** be* not interested (in sg/in doing sg), have* no axe to grind; **a cég nem ~ az európai piacon történő megjelenésben** the firm is not interested in selling its products in Europe; **az ~ felek** the interested parties, the persons/parties concerned; **~té tesz** make* sy interested (in sg) **II.** *fn* **az ~ek** those concerned/involved/affected
érdekeltség *fn* **1.** *[állapot]* interest, concern, involvement, *[pénzügyi]* interest, stake, share **2.** *[cég]* concern
érdekérvényesítés *fn* enforcing one's interests, clout
érdekes *mn* interesting; **nem ~** not (very) interesting; *[nem számít]* it's of no importance, it doesn't matter, uninteresting, it's neither here nor there; **igen/nagyon ~** very interesting, fascinating; **~ módon** interestingly enough
érdekesen *hsz* in an interesting way/manner
érdekesség *fn* **1.** *[vm érdekes volta]* being interesting, interest; *[érdekes mozzanat]* the interesting thing (about sg), point of interest, piquancy; **a dolognak az az ~e, hogy ...** the odd thing about it is ...; the funny thing is ... **2.** *[tárgy]* thing of interest, curiosity
érdekfeszítő *mn* fascinating, exciting, deeply interesting, thrilling

érdekházasság *fn* marriage of convenience; **~ot köt** marry (for) money
érdekképviselet *fn* representation of interests; **dolgozói ~i szervezet** (trade) union
érdekkör *fn* sphere of interest(s)/influence
érdekközösség *fn* community of interests, joint interest
érdeklődés *fn* **1.** *[figyelem]* interest (shown); **az ~ középpontjában áll** be* (very much) in the public eye; **felkelti vk ~ét** arouse sy's interest; **~t tanúsít vm iránt** show* (an) interest in sg, take* an interest in sg; **erős ~t mutat vm iránt** be* keenly interested in sg; **~e széles körű** (s)he has a wide range of interests; **nagy ~sel hallgat vkt** hang* upon sy's lips/words; **nagy ~re tarthat számot** will arouse public interest **2.** *[tudakozódás]* inquiry; **~emre megtudtam, hogy** ... on inquiry I learnt that ...
érdeklődési *mn* **~ kör** sphere/range of interests; *[speciális]* special subject, one's domain/field; **~ körén kívül van, nem tartozik ~ körébe** it's beyond one's range of intersts, it's not in his domain, that is outside his field
érdeklőd|ik *i* **1.** *(vm iránt)* show*/take* interest (in sg), be* interested (in sg), *[vm foglalkozás iránt]* go* in for sg; **~ik a nyelvek iránt** be* keen on v. interested in languages **2.** *[tudakozódik]* inquire v. enquire, ask for information, make* inquiries *(vm felől mind* about); **tessék bent ~ni** please inquire within; **~ik vm iránt** inquire/enquire about sg; **~ni szeretnék** ... I'd like to inquire about ...; **hirdetésünkre 400-an érdeklődtek** we had 400 enquiries about our advertisement; **~ik vk (v. vk egészségi állapota) iránt/felől** inquire/enquire/ask after/about sy('s health)
érdeklődő I. *mn* inquiring **II.** *fn* inquirer; **az ~k** those interested; **~ket szívesen látunk** visitors are welcome, a cordial welcome is extended to all
érdekszféra *fn* → **érdekkör**
érdekszövetkezet *fn* association for the protection of common interests, *gazd* pool, trust
érdektelen *mn* **1.** *[nem érdekes]* uninteresting, irrelevant; **nem ~** be* of some interest, (could be) relevant/important **2.** *[nem érdekelt]* disinterested, unconcerned
érdekterület *fn* → **érdekkör**
érdekvédelem *fn* protection/safeguarding of interests
Erdély *földr* Transylvania
erdélyi I. *mn* Transylvanian; **~ fejedelem** Prince of Transylvania; **az ~ magyar kisebbség** the Hungarian minority in Transylvania **II.** *fn* Transylvanian
érdem *fn* **1.** *(vké)* merit; **ez az ő ~e** this is due to him, it is his work/achievement; **ez nem az ő ~e** be* small/no thanks to him/her; **nem a te ~ed, hogy** ... it's no thanks to you that ...; **~e szerint** according to his deserts, duly, as he deserves; **~einek elismeréséül** for services rendered; **~eket szerez** gain distinction, distinguish oneself, get* v. be* given credit for sg **2.** *[ügyé]* the essentials/merits (of a case) *tsz*, main point/issue; **~ben** on its merits, in all detail, in effect/reality, fully; **~ben nem foglalkoztak vele** they did not deal with it in detail; **~ben tárgyal vmt** *[bíró]* judge sg on its merits
érdembeli *mn* → **érdemi**
érdemel *i* deserve, merit, be* worthy of; **jutalmat ~** he deserves (v. is deserving of) a reward; **szót sem ~** it's not worth mentioning; *[hálálkodást elhárítva]* don't mention it!, not at all!; *főleg: US* you're welcome!
érdemes *mn* **1.** *[ember]* worthy, excellent, brave; *elav* **~ művész** Merited Artist (of the Hungarian People's Republic) **2.** *(vmre)* worthy of ... *ut*, *[igével]* deserve (sg), *[vmt tenni]* be* worth ...ing, be* worth it, be* worth one's while (to do sg); **~?** is it worth while?, is it worth it?; **nem ~** (it is) not worth (one's) while, it is not worth it; **~ elolvasni** it's worth reading; **nem ~ várni rá** it isn't worth waiting for him; **~ lesz elmenni** it will be worth going; **~ megpróbálni** it's worth trying; → **szó**
érdemesít *i (vmre)* consider/make* worthy of (sg), entitle sy to sg; **válaszra sem ~ett** he did not deign to answer
érdemi *mn* on/concerning the merits (of a case) *ut*; **~ elintézés** decision on the merits of a case, a real/genuine solution
érdemileg *hsz* → **érdemben**, → **érdem 2**
érdemjegy *fn okt* mark
érdemjel *fn* decoration, honours *(US* -ors) *tsz*
érdemleges *mn [döntés]* definitive, final [answer, decision]; **semmi ~ nem történt** there was nothing worth mentioning v. worthy of mention, nothing of interest happened; **nem adott ~ választ** he evaded the main issue in his reply
érdemlő *mn (vmt)* deserving (sg) *ut*, worthy (of sg) *ut*; **figyelmet ~** noteworthy; **hitelt ~** credible
érdemrend *fn* decoration, order
érdemtelen *mn* **1.** *[ember]* undeserving, unworthy; **~né válik vmre** become* unworthy of sg **2.** *[meg nem érdemelt]* undeserved, unmerited; **~ül** undeservedly
érdes *mn* rough, rugged, *[felület]* uneven, *[hang]* rasping, harsh
érdesség *fn* roughness, ruggedness
erdész *fn* **1.** *[szakember]* forester, forest-ranger, woodsman **2.** *biz* → **erdőmérnök(-hallgató)**
erdészet *fn* forestry, silviculture
erdészeti *mn* (of) forestry; **~ főiskola** forestry college; **~ hivatal** *GB* Forestry Commission
erdészház *fn* forester's lodge
erdészlak *fn* → **erdészház**
erdő *fn [nagy]* forest, *[kisebb]* wood(s); **az ~ sűrűje/mélye** heart of the woods, woodland; **még nem vagyunk kinn az ~ből** we're not out of the wood; → **fa**
erdőgazdálkodás *fn* silviculture
erdőgazdaság *fn* forestry, management of a (public) forest
erdőipar *fn* forest industry
erdőirtás *fn* **1.** *[folyamat]* deforestation **2.** *[irtvány]* (forest) clearing
erdőkerülő *fn* (forest-)ranger, forest guard, *[vadőr]* gamekeeper
erdőkitermelés *fn* woodfelling, *US* lumbering
erdőmérnök *fn* forestry engineer/officer
erdőmérnök-hallgató *fn* forestry student
erdőmérnöki *mn* **~ kar** Department of Forestry
erdőmunkás *fn* forest worker, forester
erdőművelés *fn* forestry, silviculture
erdőőr *fn* → **erdőkerülő**
erdőpusztulás *fn* forest decline
erdőrészlet *fn [képen]* forest scene
erdős *mn* wooded, woody; **~ vidék** wooded country, woodland
erdősáv *fn* forest belt
erdőség *fn* forests *tsz*, woodland
erdősít *i* afforest, plant with trees; **újra ~** reafforest
erdősítés *fn* (af)forestation; **újra ~** reafforestation
erdőszél *fn* skirts of the forest *tsz*, fringe of the forest
erdőtelepítés *fn* forest plantation, afforestation
erdőterület *fn* woodland
erdőtörvény *fn* forest laws *tsz*
erdőtűz *fn* forest-fire
erdővágás *fn [irtvány]* clearing
erdővédelem *fn* protection of forests
erdőzúgás *fn* forest murmurs *tsz*
erecske *fn* **1.** *[vér]* veinlet **2.** *[víz]* rill, rivulet
ered *i* **1.** *[folyó vhol]* have* its source (in), rise* (in), spring* (from); **a Duna a németországi Fekete-erdőben ~** the Danube rises in the Black Forest in Germany **2.** *átv* issue, derive, be* derived, originate, result, arise* *(vmből mind:* from); **innen ~ a mondás** hence the saying; **az angol 'coach' szó a magyar 'kocsi'-ból ~** the English word "coach" derives/comes from Hungarian "kocsi"; **a baj onnan ~, hogy** ... the cause of (v. reason for) all the trouble is ... **3.** *[időből]* date from, date/go* back to **4. futásnak ~** take* (to) flight; *biz* take* to one's heels;

útnak ~ set* out, start off; **~j innen!** (be) off with you!, get/go away!

eredendő *mn* **~ bűn** original sin; **~ hiba** inherent defect

eredet *fn* **1.** *átv* origin, genesis, *[szóé]* derivation, origin [of a word]; **~e ...-re nyúlik vissza** *[időben]* it dates back to ...; **az angol "fish" szó ~e az óangol "fisc" szóra vezethető vissza** the origin/etymology of the word "fish" can be traced back to Old English "fisc" **2.** *[folyóé]* source

eredeti I. *mn* **1.** *[első]* original, *[igazi]* genuine; **~ példány** the original (copy) **2.** *[különös]* original, ingenious, odd, peculiar; **~ ember** a character, an original/eccentric; **~ ötlet** unusual/ingenious idea **II.** *fn [példány, mű]* (the) original; **~ben olvassa Shakespeare-t** read* Sh. in the original; **német ~ből fordít** translate from the German original

eredetiesked|ik *i* affect originality, play the eccentric

eredetileg *hsz* originally

eredetiség *fn* originality, ingenuity, *[igazi volta vmnek]* genuineness

eredetű *mn* of [a certain] origin *ut*; **latin ~ szó** word of Latin origin

eredetvizsgálat *fn gk [eredetiségvizsgálat]* examination of origin, authenticity check

eredmény *fn* result, issue, outgrowth, effect, *[cselekedeté]* outcome, consequence; *[munkáé]* product, *vál* fruit; *[számtani]* result, answer; **jó ~** success, happy issue, favourable result; **~ek** *[pl. gazdasági életben]* achievements; **tudományos ~ek** scientific (v. *humán tárgyakban:* scholarly) achievements; **~ nélkül** without success, in vain; **mi az ~?** *sp* what's the score?; *[meccs után]* what was the final score?; **az ~ 2:0** the score is 2-0 *[kimondva:* two-nil*]* [x won by] two goals to nil; → **végeredmény**; **~képpen** as a result of sg; **vmlyen ~re vezet** result in sg, come* to sg; **a tárgyalások nem vezettek ~re** the negotiations were unsuccessful; **jó eredménnyel jár** be* successful, succeed, *biz* come* off well; **jeles eredménnyel végzett** he left school with a very good record; **~t ér el** do* (very) well

eredményes *mn* successful, fruitful, effective; *sp* **a második félidőben X volt eredményes** X scored a goal in the second half

eredményesen *hsz* with good results, successfully

eredményez *i* result in, be* productive of, yield (sg)

eredményhirdetés *fn* publication/announcement of the results

eredményhirdető/-jelző *mn* **~ tábla** score-board

eredménykimutatás *fn gazd* profit and loss account

eredménytelen *mn* unsuccessful, vain, fruitless, futile, useless, to no purpose *ut*

eredménytelenül *hsz* unsuccessfully, to no avail

eredménytelenség *fn* lack of success, failure

eredő I. *mn [vmből]* resulting, springing, proceeding, arising (*mindegyik:* from és *ut*), due to; **a vezető tapasztalatlanságából ~ balesetek** accidents due to the driver's lack of experience; **gondatlanságból ~ kár** damage arising out of negligence; **~ erő** *fiz* resultant force **II.** *fn [erő]* resultant (force)

ereget *i* let* off/go; **füstkarikákat ~** blow* rings of smoke

erejéig *hsz* → **erő 1**

erekció *fn biol* erection; *szl* hard-on, *GB* stiffy

ereklye *fn* relic; **családi ~** family heirloom

érelmeszesedés *fn* arteriosclerosis, hardening of the arteries

érelmeszesedéses *mn* **~ beteg** arteriosclerotic

érelzáródás *fn orv* embolism

erély *fn* energy, force, firmness

erélyes *mn* energetic(al), forceful, firm, strict; **~ föllépés** commanding presence; **~ hangon** in a firm/commanding voice

erélyesen *hsz* energetically; **~ lép fel** take* firm measures (v. a firm stand), take* a tough line (with sy)

erélyesség *fn* → **erély**

erélytelen *mn* feeble, lacking (in) energy *ut*, weak

érem *fn* medal, *[nagyobb]* medallion; **az ~ másik oldala** the other/reverse side of the coin; **(arany)~mel kitüntetett** (gold) medallist; **érmet nyer** win* a medal, be* a medalist; **hány érmet hoztak haza úszóink?** how many medals have/has our team scored?; → **aranyérem**, → **ezüstérem**, → **bronzérem**

éremgyűjtemény *fn* collection of medals (and coins), medal cabinet

éremgyűjtő *fn* collector of medals, numismatist

éremtan *fn* numismatics *esz*

erény *fn [főleg vminek az előnyös oldala]* virtue; merit, strength; **a mű ~ei** the merits of this/the work

erénycsősz *fn* dragon of virtue, *biz* Mrs. Grundy

erényes *mn* virtuous

erényesség *fn* virtuousness, virtue

erényöv *fn tört* chastity belt

eres *mn* **1.** *[érrel kapcsolatos]* veined, veiny, venous **2.** *összet el* core; **három~ kábel** three-core cable

érés *fn [gyümölcsé]* ripening; *[emberé, boré]* maturing

eresz *fn* eaves *tsz*; **~ alá áll** (take*) shelter under the eaves

ereszcsatorna *fn* (eaves) gutter

ereszkedés *fn* descent, *[lejtő]* slope

ereszked|ik *i [alá]* descend, *[lejtő]* slope, slant, *[repülőgép]* lose* height, descend; **térdre ~ik** kneel* (down)

ereszkedő I. *mn* **1.** *[alá]* descending, downward, *[lejtő]* sloping, slanting **2.** *[hanglejtés]* falling **II.** *fn [lejtő]* slope

ereszt *i* **1.** (*vhová, vhonnan*) let* go/pass; **nem ~ettek** they would not let me go, I could not get away **2.** *átv* (*vmt*) **gyökeret ~** strike* root; **levet ~** give* off juice; **vizet ~ (a csapból)** turn on the tap; *[kádba]* run* a bath (for sy) **3.** *[kötelék lazul]* slacken, become* loose, give* **4.** *[hordó stb.]* run*; **~ az első kerék** one of the front tyres is flat (v. going flat); *[hajó]* spring* a leak, leak **5.** *[textilfesték]* run* **6.** *biz* **~ egyet** *[szellent]* fart, break* wind; → **enged**

ereszték *fn* joint, juncture, *[gerendán]* mortise, *[deszkán]* dovetail

eresztés *fn szl* **ez most egy jobb ~** *kb.* this is a better lot

éretlen *mn* **1.** *[gyümölcs]* unripe, green [fruit] **2.** *átv* immature, raw, *[tréfa]* silly, *[ifjú]* callow, childish

éretlenség *fn* **1.** *[gyümölcsé]* unripeness **2.** *átv* immaturity, childishness

eretnek I. *mn* heretical **II.** *fn* heretic

eretnekség *fn* heresy

érett *mn* **1.** *[gyümölcs]* ripe, *[bor, sajt]* mellow **2.** *átv* mature, fully fledged, full-grown, of age; **~ kor** mature/ripe age, maturity **3.** *biz [érettségin]* passed the final examination *ut*; **jelesen ~** passed with honours/distinction *ut*

érettség *fn* **1.** *ált* ripeness **2.** *átv* maturity

érettségi I. *mn* baccalaureate; **~ bankett** *kb.* school-leavers' party, *US* graduation ball; **~ bizonyítvány** certificate of baccalaureate; ‹ certificate of final examination in a Hungarian secondary school ›; **~ találkozó** class reunion, *US kb.* class day; **~ tárgy(ak)** baccalaureate subjects, subjects/topics of (the) baccalaureate, *kb.* school-leaving examination subject(s); ‹ a subject taken at "érettségi" ›; **~ tételek** school-leaving examination topics; **~ vizsgálat/vizsga** → **II II.** *fn* school-leaving examination/exam [at a Hungarian secondary school]; **~t tesz** sit*/take*/do* the/one's final (v. one's school-leaving) examination [at a secondary school]

érettségizett *fn* a high-school/grammar-school/secondary school graduate; ‹ one who has taken his/her school-leaving examination at a secondary school › *GB kb.* boy/girl with a GCSE, *US kb.* a high school graduate

érettségiz|ik *i* take*/sit* one's baccalaureate; → **érettségit tesz**

érettségiző *mn/fn* ‹ candidate for school-leaving examination at a secondary school › a baccalaureate candidate, school-leaver; **~ osztály** final-year class, school-leavers *tsz*, *GB* sixth form

erez *i* vein, streak, *[fát]* grain

E

érez *i* **1.** *[érzékel]* feel*, be* sensible/conscious of (sg), perceive, sense, experience, *[szagot]* smell*; **nem ~ szagot** he can smell nothing; **érzi a hideget** feel* the cold; **érzem a karomat** I can feel my arm, I have a pain in my arm; **minden tagomat érzem** I am aching/stiff all over **2.** *átv [érzelmileg]* feel*; **valami bajt érzek** something is wrong; *biz* there is something in the wind; **hatását ~ni fogják** the effect will be felt; **vmt ~ vk iránt** feel* sg towards sy; **előre ~ vmt** have* a presentiment/foreboding of sg; **úgy érzem, hogy/mintha** ... I feel that (v. as if) ...; **kötelességemnek érzem,** ... I feel it my duty to ...; **együtt ~ vkvel** sympathize with sy, feel* for sy **3. érzi magát** feel*; **hogy érzi magát?** *[betegtől]* how are you feeling?; *[máskor]* how are you (getting on)?; **jól érzem magam** I feel quite well, I am all right; *[szuperül]* I'm having a ball; **nem érzi jól magát** feel*/be* unwell, be* under the weather, be* off coulour; **jobban/könnyebben érzi magát** *[beteg]* feel* better, feel*/be* comfortable; **rosszul érzem magam** *[kicsit]* I don't feel quite the thing today, I feel a bit out of sorts, I'm not feeling up to the mark; *[egészségileg]* I feel unwell; **kutyául érzem magam** I am under the weather; **~d jól magad!** have* a good time, have* fun, enjoy yourself; **kitűnően ~tük magunkat** we had a (very) good time, we enjoyed ourselves, *US* we had a big time; **rosszul ~tem magam** (*vhol*) I had a bad time, I felt uncomfortable

erezet *fn [levélen]* veins *tsz*, venation, *[fáé]* graining, *[márványban]* veining

erezett *mn* nervate, veined

érezhető *mn* **1.** *[felfogható]* palpable, perceptible, perceivable, sensible, *[igével]* can/to be felt **2.** *[érzik vm vmn]* smack of, be* redolent of, (*vm vkn*) be* written all over sy

érezhetően *hsz* **~ hűvösebb van** (v. **lehűlt**) it is noticeably cooler

éreztet *i* (*vkvel vmt*) make* sy feel sg, make* sy conscious of sg

érfestés *fn orv* arteriography

érfogó *fn orv* artery forceps

ergonómia *fn tud* ergonomics *esz*

ergonomikus *mn tud* ergonomic

érgörcs *fn* vascular spasm

érgyulladás *fn orv* arteritis

érhálózat *fn* vascular/venous system

érhártya *fn [szemben]* choroid (membrane)

ér|ik *i* ripen, become*/grow* ripe, *[bor, sajt]* mature, mellow

erika *fn [hanga]* heather

érint *i* **1.** *konkr* touch, *[könnyedén]* touch lightly **2.** *[témát]* touch, touch (up)on, refer to, allude to, hint at **3.** *[érzelmileg, vonatkozik]* concern, affect, touch; **ez engem közelről ~** it concerns/affects me closely; **kellemetlenül ~ett** it touched me on a sore spot; **ez nem ~i jogait** this does not affect his/her rights; **súlyosan ~ vkt** sg touched (me, us etc.) deeply, be deeply affected by sg, bears hard on sy, sg hits sy hard

érintés *fn* touching, touch, physical contact; **a vezeték ~e életveszélyes!** danger! high voltage!; **a kiállított tárgy ~e tilos!** do not touch!; **~re** at a touch

érintésvédelem *fn* protection against electric shock

érintetlen *mn* **1.** *[nem érintett]* untouched; **vmt ~ül hagy** *[témát]* leave* sg; leave* sg untouched/unmentioned **2.** *[egész]* whole, intact, uninjured **3.** *[leány]* chaste, virgin

érintetlenség *fn* **1.** *[vm egész volta]* integrity **2.** *[nőé]* virginity, chastity

érintett *mn [kérdés]* concerned *ut*, referred to *ut*, *[szerv]* affected

érintettség *fn pol* (*vmben*) (personal) involvement (in); **személyes ~e van** be* personally involved

érintkezés *fn* **1.** *[emberi]* contact, relations *tsz*, connection, communication; **nemi ~** sexual intercourse; **~be lép vkvel** get* in touch with sy, contact sy; **~ben van vkvel** be* in touch/contact with sy **2.** *[tárgyaké]* contact, touching, communication, *el* contact

érintkezési *mn* **~ pont** point of contact

érintkez|ik *i* **1.** *[ember vkvel]* communicate, be* in contact/touch (*vkvel mindegyik:* with); *[munkája során]* rub shoulders with sy, rub up against sy, *[társaságba keveredik]* mix (up) with (sy); **nem ~ik senkivel** he keeps* to himself, (s)he does not talk to anybody **2.** *[tárgyak]* touch, *[vezetékek]* be* in contact

érintő I. *mn átv* concerning, affecting, involving (*mindegyik: ut*); **sokunkat ~ kérdés** a matter that affects many of us, a matter of concern to many of us; **500 családot ~ terv** a project involving 500 families **II.** *fn mat* tangent

érintőleges *mn* tangential; *átv* superficial

erjed *i* ferment, work

erjedés *fn* fermentation, *átv is* ferment; **~ben van** (i) ferment, be* fermenting (ii) *átv* be* in a state of ferment, ferment

erjeszt *i* ferment, set* in fermentation

erjesztés *fn* fermentation

erjesztőgomba *fn* yeast(-plant), *orv* Saccharomyces

erjesztőkád *fn* fermenting tub/vat

érk. *röv* → **érkezik**

erkély *fn* **1.** *[házé]* balcony **2.** *szính* circle, balcony; **első emeleti ~** dress circle, *US* balcony; **második emeleti ~** balcony, upper circle; **harmadik emeleti ~** gallery

erkélyjelenet *fn* balcony scene

erkélyülés *fn* dress circle, dress-circle seat

érkezés *fn* **1.** (*vhová*) arrival, coming; **~** *[kiírás reptéren]* arrivals; **~(e)kor** on (sy's) arrival **2. nincs rá ~em** *nép* I have* no time (for it)

érkezési *mn* **~ oldal** arrival platform/side; *[feliratként]* arrivals; **~ sorrendben** in (the) order of arrival; *[ha jó helyről van szó]* on a first come, first served basis; **~ vágány** arrival platform

érkez|ik *i* (*röv* **érk.**)(*vhová*) arrive (*nagyobb városba, országba:* in) (*kisebb helyre* v. *állomásra, repülőtérre stb.* at), come* (to), get* to, reach (sg), *[vonat állomásra, ahonnan továbbmegy]* call at; **autóval ~** drive* up; **mikor ~ik a gép Londonba?** what time does the plane arrive in London?; **éppen most ~ett** he has just arrived

érkező I. *mn* arriving; **~ vonatok** *[felirat]* arrivals **II.** *fn* arrival, person arriving; **az újonnan ~k** new arrivals

erkölcs *fn* morals *tsz*, morality, ethic; **romló ~ök** moral corruption, depravation

erkölcsbíró *fn* censor (of morals), moralist

erkölcscsősz *fn* → **erénycsősz**

erkölcsi *mn* moral, ethical; **~ bizonyítvány** character reference; **szigorú ~ felfogás** strict morals *tsz*; **~ támogatás** moral support; **~ tanulság** the moral [of a story]

erkölcsileg *hsz* morally

erkölcsiség *fn* moral character, ethos

erkölcsös *mn* moral, virtuous, ethical, *[nemileg]* chaste

erkölcsösen *hsz* **~ él** lead* a moral life

erkölcsösség *fn* morality, virtuousness

erkölcsprédikáció *fn* **~t tart vknek** *biz* give* sy a (long) spiel about morals; moralize, sermonize (to sy) (*vmről* about/on sg)

erkölcsrendészet *fn* depraving, the Vice Squad

erkölcsromboló *fn* demoralizing

erkölcsrontó *mn* → **erkölcsromboló**

erkölcstan *fn* ethics *esz*, moral philosophy

erkölcstani *mn* ethical

erkölcstelen *mn* immoral, *[feslett]* lewd, loose; **~ életet él** lead* an immoral life

erkölcstelenség *fn* immorality

erkölcsű *mn* **jó ~** moral, of good morals *ut*; **laza ~ nő** a woman° of loose morals; **rossz ~** immoral, morally bad/corrupt *ut*, depraved; **szigorú ~** of strict morals *ut*

érlel *i* ripen, make* ripe, *[bort]* mellow

érlelőd|ik *i* ripen, mature

érme *fn* coin, *[tantusz]* counter, token

érmelegítő *fn* woollen wristlet(s)

Ernő *tul* Ernest

ernyed *i* **1.** *[ember]* tire, lose* vitality, *[izom]* relax **2.** *[erőfeszítés]* slacken, relax
ernyedés *fn* **1.** *[emberé]* tiring **2.** *[erőfeszítésé]* slackening, relaxing
ernyedetlen *mn* → **lankadatlan**
ernyedt *mn [ember, test]* tired, weary, spent, *[izom]* slack, flabby, *átv* loose, enervated, enervate
ernyedtség *fn [emberé, testé]* weariness, *[izomé]* flabbiness, *átv* enervation
ernyő *fn* **1.** *[eső]* umbrella, *[lámpa]* shade, *[nap]* parasol, sunshade; **~t kinyit** put* up the umbrella; **~t összecsuk** put*/take* down the umbrella **2.** *műsz* screen **3.** *[virágé]* (compound) umbel
ernyős *mn [virágzat]* umbelliferous; **~ virágzat** umbel
ernyősvirág(zat)úak *fn* umbelliferous plants, Umbelliferae *tsz*
erodál *i átv is* erode, decay, deteriorate
erogén *mn* erogenous
erotika *fn* eroticism
erotikus *mn* erotic
erózió *fn* erosion
erő *fn* **1.** power, strength, might, vigour (*US* -or), *[hangé]* intensity, *fiz jog kat* force; **jó ~ben van** be* in good condition, be* in fine fettle, *[kora ellenére]* be* still going strong; **teljes ~ből** with all one's might; **a maga erejéből** unaided, through/by one's own efforts; **anyagi erején felül** beyond one's means; **erejéhez mérten/képest** to the best of one's power/ability; **milyen összeg erejéig számíthatok önre?** how much are you good for?; **20 000 forint erejéig** up to 20,000 fts, to the tune of 20,000 Fts; **~nek erejével** forcibly, at all costs; **erejének teljében** in the prime of life, in his prime; **erejénél fogva** by force of, by dint of; **~re kap** regain/gather strength, rally, recover one's strength, pick up, tone up; **~t ad neki** strengthen, fortify; **~t gyűjt** gather strength; **~t merít vmből** draw* strength from sg; **~t vesz magán** restrain oneself; **~t vett rajtam** *[félelem]* I was seized with [fear]; *[fáradtság]* I was overcome by/with [fatigue]; **összeszedte minden erejét** he gathered all his strength, he made a great effort; **minden erejével** with all one's might, for all one is worth; **minden erejével azon lesz, hogy** he will do his best/utmost to; *biz* he will go* all out for (sg), take* (great) pains to; **~től duzzadó** bursting with health/strength/energy *ut*; **nagy ~kkel vonult ki** *[rendőrség]* be* out in force, be* out in large numbers; **teljes ~vel nekifog** *biz* go* at it hammer and tongs, put* one's shoulder to the wheel, pull one's weight; **teljes ~vel üt** strike*/hit* with all one's might **2. fiatal ~ket alkalmaz** recruit fresh/new blood
érő[1] *mn* **sokat ~** valuable, of great value *ut*; **tízezer forintot ~** worth ten thousand forints *ut*
érő[2] *mn* **földig ~** reaching to the ground *ut*; **térdig ~** reaching to the knees *ut*; *[víz]* knee-deep
érő[3] *mn [gyümölcs]* ripening; **korán ~** early (ripening); **későn ~ típus** a late developer
erőátvitel *fn* power transmission
erőbedobás *fn* special effort, exertion; **teljes ~** all-out effort; **teljes ~sal** all out, with all one's might, at full stretch
erőd *fn* fortress, *átv* stronghold
erődítés, **erődítmény** *fn* fortification(s)
erődöv, **erődvonal** *fn* fortified line, line of fortifications
erőegyensúly *fn* balance of strength/power
erőfeszítés *fn* effort, exertion, endeavour (*US* -or); **nagy ~(eke)t tesz** make* strenuous efforts (to do sg), use every effort (to), try one's best (to); **minden ~ünk ellenére** do* what we would, no matter what we did
erőforrás *fn* source of energy/power, resources *tsz*
erőfölény *fn gazd* superiority, dominance; **erőfölénnyel való visszaélés** abuse of power
erőgép *fn* engine
erőgyűjtés *fn* concentration of energies, gathering (of) strength
erőhatás *fn* action/application of force
erőkar *fn* lever(age), arm
erőkifejtés *fn* display of strength, effort
erőleves *fn* clear soup, consommé; **~ csészében** consommé in cup
erőlködés *fn* strain, effort, exertion
erőlköd|ik *i* exert oneself (to), make* every effort (to do sg), (*vmvel*) struggle, toil, try hard (to do sg)
erőltet *i* **1. vmt vkre ~** force sg on sy; **csak rám~te az esernyőt** she insisted on my taking the umbrella **2.** *[vmnek elvégzését]* insist on (sg), urge (sg), pressurize sy (to do sg); **nem lehet a dolgot ~ni** there's no forcing the matter (v. it); **~i a témát** he won't let the matter/subject drop **3.** *[vmely szervét]* strain
erőltetés *fn* **1.** *[kényszerítés]* forcing, compulsion, constraint **2.** *[ragaszkodás vmhez]* insistence (on sg)
erőltetett *mn* **1.** *[kényszerített]* forced; **~ menet** forced march **2.** *[mesterkélt]* forced, (con)strained, unnatural, artificial; **~ mosoly** forced/pained smile
erőmérő *fn* dynamometer
erőmű *fn* power station/plant
erőművész *fn* strongman°
erőnlét *fn* (physical) condition, form, fitness, shape; **jó ~** staying power, stamina; **javítja az ~ét** improve one's fitness; **a játékosok ~e kitűnő** the players are in excellent form
erőpár *fn* couple of forces, force couple
erőpazarlás *fn* waste of energy/effort
erőpolitika *fn* power politics *esz*
erőpróba *fn* trial/test of strength, showdown
erős *mn* **1.** *ált* strong, powerful, vigorous, *[izmos]* muscular, brawny, robust; **~ és egészséges** hale and hearty; **mellben ~** buxom, *biz* bosomy; **~ testalkatú ember** a man of powerful/solid build; **jóval ~ebb nálam** *[ellenfél]* he is much stronger than me; **~ kézzel fog vkt** keep* a firm hand over sy **2.** *[akarat]* strong [will], *[jellem]* firm, resolute [character], *[meggyőződés]* firm [conviction]; **légy ~!** brace yourself! **3.** *[szavak, kifejezés]* strong, coarse [words]; **ezt kissé ~nek érzem** that's a bit much/steep/thick; **~nek találom** *[a tréfát]* I think that is going (a bit) too far **4.** *[bor]* strong, heady [wine], *[fény]* strong, intense [light], *[fűszer]* hot [spice], *[nátha]* heavy, bad [cold], *[szag]* penetrating, strong [smell], *[szél]* high [wind]; **~ kávé** strong coffee; **~ szemüveg** powerful spectacles *tsz* **5. ~ dohányos** heavy smoker; **ez az ő ~ oldala** that is his strong point (v. his forte); *[igével]* he is good at . . . **6.** *gk* **~ forgalom** heavy traffic **7.** *pol* **az orosz politika ~ embere** Mr. Strong of Russian politics
erősáram *fn* heavy/power current
erősáramú *mn* heavy-current, power(-current) [engineering etc.]; **~ elektronika** power electronics *esz*; **~ vezeték** high voltage cable
erősen *hsz* **1.** *ált* strongly, *[dolgozik]* hard, *[ellenáll]* sturdily **2.** *[nagyon]* very (much), considerably; **~ becsavar egy csavart** screw a nut up tight, tighten a screw; **~ fagy** freeze* hard; **~ fűszerezett** highly seasoned, very spicy; **~ keresik** *[árut]* be* much in demand; **~ kétlem** I have serious doubts (about); **~ megbírál** criticize severely, flay **3. én ~ szeretem** *[kávét, ételt]* I like it strong/hot
erősít *i* **1.** *ált* strengthen, make* stronger, reinforce, fortify **2.** *[beteget]* tone up, brace [patient], *[lelkileg]* fortify, steel, steady, nerve **3.** *kat [várost]* fortify [town] **4.** (*vmt vhová*) fix (to), fasten (to), affix (to) **5.** *el* amplify, step up, *[rádió hangját]* increase [volume]
erősítés *fn* **1.** *ált* strengthening, reinforcing, bracing, fortification **2.** *kat* fortification, reinforcement **3.** (*vmhez*) fastening (to) **4.** *el* amplification
erősítget *i* **1.** *[erőssé tesz]* strengthen **2.** *[állítva]* keep* asserting/repeating
erősítő I. *mn* **1.** *ált* strengthening, fortifying, reinforcing **2.** *[beteget]* bracing, invigorating **3.** *el* amplifying; **~ berendezés** amplifier **II.** *fn* **1.** *[szer]* tonic, (cor)roborant **2.** *el* amplifier

E

erősköd|ik *i* insist (that ... v. on sg); **addig ~ödött, míg be nem eresztették** at his/her repeated insistence (s)he was allowed to enter; **~ött, hogy ártatlan** (s)he insisted that (s)he was innocent, (s)he protested his/her innocence

erősöd|ik *i ált* get*/become* stronger, be* gaining strength, *[beteg]* improve in health, pick up, *[gyerek]* grow*, *[szél]* rise*, freshen; **egyre ~ik** be* getting stronger, go* from strength to strength

erősség *fn* **1.** *[erő]* strength, power, force; **9-es ~ű szél** gale force 9 **2.** *[erőd]* fort(ification) **3. A biológia nem az ~em.** Biology is not my strength.

erőszak *fn* force, violence, brute force, *[nemi]* rape, *[hatósági közeg elleni]* assault; **~hoz folyamodik** resort to force/violence; **enged az ~nak** yield to force; **~ot alkalmaz** resort to force, use force, coerce (sy to do sg); **~ot követ el vkn** do* violence to sy; *[nőn]* rape [a woman]; **~kal** by (main) force, with violence

erőszakhullám *fn pol* outbreak of violence

erőszakol *i* force [matters], press [things], insist on (sg); **nem kell (a dolgot) ~ni** (matters) should not be forced; *biz* don't force the pace; **vkre ~ vmt** force/press sg on sy

erőszakolt *mn* forced, unnatural

erőszakos *mn* violent, forcible, aggressive, brutal, insistent, importunate; **~ behatolás** forcible entry (into); **~ eljárás** arbitrary action; **~ ember/fráter** pushy/aggressive person, bully; **~ halál** violent death; **~ nemi közösülés** rape

erőszakosan *hsz* forcibly, violently

erőszakoskodás *fn* **1.** (act of) violence, bullying, brutality **2.** *[csökönyös]* importunity

erőszakoskod|ik *i* use violence, play the bully, (*vkvel*) bully (sy), treat (sy) in a brutal manner, maltreat (sy), push sy around/about, *[nővel]* rape (sy), *[csökönyösen]* be* importunate

erőszakosság *fn* → **erőszakoskodás**

erőszakszervezet *fn* power-enforcement (v. repressive) organization

erőtartalék *fn* power reserve

erőteljes *mn* powerful, strong, energetic

erőtér *fn el fiz* field

erőtlen *mn* weak, feeble, faint, enfeebled, *csak átv* powerless, ineffective

erőtlenség *fn* weakness, feebleness

erőveszteség *fn* loss of strength

erőviszonyok *fn tsz* power relations, balance of forces/power *esz*

erővonal *fn* line of force

erre *hsz* **1.** *[vmre rá]* on this, onto this; **~ tedd** put it on this **2.** *[idevonatkozólag]* to/concerning/about this; **~ nézve** with regard to this, on this point **3.** *[irány]* this way, in this direction; **~ tessék!** (step/come) this way please!; **ha ~ jársz** if you happen to be in the/this area (v. in these parts) **4.** *[időben]* at this, hereupon, thereupon, then; **~ fel** thereupon, upon that; **~ fogta magát és elment** thereupon he went away; *biz* he upped and left

erréb *hsz* nearer, further over this way

errefelé *hsz* **1.** *[irány]* in this direction, this way **2.** *[hely]* hereabouts, in these parts

érrendszer *fn* (cardio)vascular/circulatory system

érrendszeri *mn* vascular; **~ betegségek** circulatory diseases

érrög *fn* blood clot

erről *hsz* **1.** *[vmről le]* from/off this **2.** *[ebből az irányból]* from this direction, from here **3.** *átv* about this; **~ van szó!** that's the point, that is exactly what I mean

érsebészet *fn* vascular surgery

érsek *fn* archbishop

érseki *mn* archiepiscopal

érsekség *fn* archbishopric

érsérülés *fn* vascular lesion

erszény *fn* purse, *[kengurué]* pouch

erszényesek *fn* marsupials

érszűkület *fn orv* constriction/narrowing of the arteries, (aortic) stenosis

ért *i* **1.** *[megért]* understand*, follow, grasp, comprehend; **~esz?** do you understand what I am saying?, do you follow me?, are you with me?, do you take me?; **~ed, mire gondolok (v. mit akarok mondani)?** do you get my meaning?, do you see what I mean?; **~em!** yes, I understand!, all right!, I see!, I have it straight now!, I get the picture!; **~ettem!** *[katona felel parancsra]* Yes, Sir!; **nem ~em!** (i) *[rosszul hallom]* I didn't catch what you said!, I beg your pardon! (ii) *[felfoghatatlan]* I can't understand it!, it's (quite) beyond me; **nem egészen ~(ett)em** I don't/didn't quite follow (you), I didn't quite catch on; **nem ~em, hogy miért** I don't see why; **nem ~ed?** don't you see?; **ebből egy szót sem ~ek** it's double Dutch, it's gobbledygook (v. gobbledegook), I don't understand a word of it; **nem ~elek** I don't understand you, I don't take you, I don't get you, I've lost you there, I can't follow you; **~i a tréfát** get* the joke; **nem ~i a tréfát** he can't see the joke, he doesn't get the joke; **mit ~esz ezen?** what do you mean by this/that?; **hogy ~ed ezt?** what do you mean?; **rosszul ~etted** *[amit mondtam]* you have misunderstood me; *biz* you've got me wrong; **ha jól ~em, ...** I take it (that) ...; **tökéletesen ~i** have* a good grasp (of sg) **2.** (*vkre/vmre*) allude to, refer to; **ezt nem rád ~ettem** I did not mean you **3.** (*vmhez*) understand* sg, know* all about sg, be* proficient/competent in sg, be* well up in sg; *[gyakorlatilag]* be* skilled/expert in sg, be* a dab hand at sg; **ehhez nem ~ek** I don't know the first thing about it, it's not my cup of tea (v. bag v. up my street); **jól ~ vmhez** have* a good knowledge of sg, be* good/great at sg; **~ a számtanhoz** be* good at maths (*US* math); **~ a borokhoz** be* a connoisseur of wines **4. ~ angolul** (s)he understands English

értágító *fn [gyógyszer]* vasodilator

értágulás *fn* aneurysm

érte *hsz* **1.** (*vmért/vkért*) for it/him/her; **mit kér ~?** what do you charge/ask/want for it?; **~ jön** (*vmért*) come* to fetch sg, collect sg; (*vkért*) pick sy up; **~ fog jönni** he will call for it/him/her, he will come and pick it/him/her up; **~ küld** send* for sy/sg; **~ megy** (*vmért*) go* and get* it, go* for it, (go* and) fetch sg; (*vkért*) pick sy up (at), (*vkért/vmért*) collect (sy, sg); **majd ~d megyek** *[autóval]* I'll pick you up (at your house); **~m** for me; **~d** for you; **értünk** for us; **~tek** for you; **értük** for them **2.** *[érdekében]* for its/his/her sake **3.** *[miatta]* on its/his/her account

érték *fn* **1.** *ált* value, worth, *[pénzbeli]* value; **belső ~** intrinsic value; **névleges ~** face value; **minta ~ nélkül** sample (of no commercial value); **~éből veszít** lose*/fall* in value, depreciate; **~et tulajdonít vmnek** attach value to sg, set* value upon sg; **~ét veszti** lose* its value, become* worthless **2.** *[eszmei]* worth; *[becses tulajdonság]* merit, asset **3.** *[vagyontárgy]* **vknek az ~ei** sy's valuables **4.** *mat tud* value **5.** *[hangjegyé]* length, value

értékálló *mn* of stable value *ut*, *[értékpapírok]* gilt-edged

értékbevallás *fn* declaration/statement of value

értékcikkek *fn tsz* **postai ~** *kb.* stamps, money orders and stationary issued by the P.O.

értékcsökkenés *fn* fall/drop in value, depreciation

értékcsökkenési *mn gazd* **~ leírás** depreciation allowance, write-off, writing-off

értékel *i* **1.** *[megbecsül, méltányol]* appreciate, esteem, value; **nagyra ~** value/rate sg highly, set* a high value on sg, set* great store by sg; **nagyra ~ném, ha ...** I would (gratefully) appreciate it if ..., I would take it kindly of you to ...; **nagyra ~em mint költőt** I rate him high(ly) as a poet **2.** *[felbecsül]* value, appraise, estimate, *[pl. dolgozatokat]* assess

értékelés *fn* **1.** *[megbecsülés]* appreciation **2.** *[felbecsülés]* appraisal, valuation, *[pl. dolgozatoké]* assessment, evaluation

értékelmélet *fn* theory of value(s)

értékes *mn* valuable, precious, of (great/high) value *ut*; ~ **ember** a very worthy citizen (v. member of the community); ~ **munkaerő** an asset (to the company); **számomra nagyon ~ ez a fénykép** this photo is really precious to me

értékesít *i* **1.** *[elad]* sell*, realize, convert into money **2.** *átv* make* use of, turn [one's knowledge etc.] to (good) account

értékesítés *fn* **1.** *[eladás]* sale, realization **2.** *átv* making use of

értékesítési *mn gazd* sales; ~ **osztály** sales department; **éves ~ adatok** annual sales figures

értékesíthető *mn* **1.** *[eladható]* realizable, sal(e)able **2.** *[hasznos]* useful

értekezés *fn* dissertation, study, treatise, *[doktori]* thesis (*tsz* theses)

értekez|ik *i* **1.** (*vmről*) write* a study on (sg), write* about (sg) **2.** (*vkvel*) consult, confer, talk matters over (*mindegyik:* with sy)

értekezlet *fn* meeting, *főleg: US* conference; **~en van** be* in/at a meeting, attend a/the meeting, *US* be* in conference; **~et tart** have*/hold* a meeting, *US* conference

értékhatár *fn* limit (of value)

értékítélet *fn* value judgement

értékküldemény *fn* consignment of valuables, *[pénz]* remittance

értékkülönbözet *fn* difference in value

értékmegőrző *fn* safe deposit; **~ben elhelyez vmt** deposit sg

értékmérő *fn* standard of value

értéknövekedés *fn* increase in value

értéknyilvánítás *fn* indication of value

értékőrző *fn* → **értékmegőrző**

értékpapír *fn* securities *tsz*, bonds *tsz*

értékpapír-eladás *fn pénz* selling of securities/stocks

értékpapírpiac *fn gazd* stock market

értékrend *fn* values *tsz*, standards *tsz*

értéktárgy *fn* valuables *tsz*

értéktelen *mn* worthless, valueless, of no value *ut*

értéktelenség *fn* worthlessness, valuelessness

értéktöbblet *fn* surplus value

értéktöbbletadó *fn* value added tax, VAT

értéktőzsde *fn* the Stock Exchange; → **tőzsde**

értékű *mn* worth sg *ut*, of [great/little/etc.] value *ut*; **1000 Ft ~ holmi** [thing] worth a thousand forints; **nyolcad ~ hangjegy** eighth note; **kétes ~** of doubtful value *ut*; **maradandó ~** of lasting value *ut*

értékveszteség *fn* loss of value

értelem *fn* **1.** *[ész]* intelligence, intellect, mind, understanding, reason; **az ~ szikrája** *kb.* the glimmer of intelligence **2.** *[jelentés]* sense, meaning, *[cselekedeté]* purport, significance; **átvitt ~** figurative sense; **mi értelme van?** what's the good of it?, what's the point of/in (v. use of)...?; **nincs értelme** (i) *[cselekedetnek]* there's no sense/point in (...ing), there's no (earthly) reason for (doing sg), it's pointless, it just doesn't add up (ii) *[szónak]* it does not make sense; **a szónak ebben az értelmében** in this sense of the word; **abban az ~ben, hogy** ... in the sense that ..., to the effect that ..., in terms of ...; **egy bizonyos ~ben** in a sense; **melynek értelmében** which means that ..., according to which, in accordance with which, whereby; by virtue whereof; **a rendelet értelmében** in accordance with the decree; **az ön utasításainak értelmében** in accordance with your instructions; **a szó szoros értelmében** literally, in the proper sense of the word; **nem látom (az) értelmét** I can't/don't see the point/sense of it/sg

értelemszerűen *hsz [űrlap kitöltésénél]* where/as appropriate; **ebből ~ következik, hogy** ... it follows logically from this that ...

értelemzavaró *mn* ~ **sajtóhiba** misprint [that alters the meaning]

értelmes *mn* **1.** *[ember]* intelligent, *[gyerek így is:]* clever, *US* smart; ~ **ember** intelligent person, person of understanding; **rendkívül ~** remarkably/very intelligent; *[gyerek]* bright **2.** *[érthető]* intelligible, clear

értelmesen *hsz* ~ **beszél** talk sense/intelligently

értelmesség *fn* intelligence, intellectual faculty, understanding

értelmetlen *mn [beszéd]* unintelligible, meaningless, *[cselekedet]* senseless, foolish, pointless, beyond/past all reason, without rhyme or reason; ~ **vérontás** senseless/mindless slaughter

értelmetlenség *fn [beszédé]* unintelligibility, meaninglessness, *[cselekedeté]* senselessness, pointlessness; **~eket beszél** drivel, talk nonsense

értelmez *i* **1.** *[felfog]* interpret, explain, construe; **hibásan ~** misinterpret, misconstrue; **megjegyzéseimet rosszul ~ték** my remarks have been wrongly construed; **nem tudom ~ni** I can't make sense of it, I can't make head or tail of it **2.** *[szótáríró]* define [a word]

értelmezés *fn* **1.** *[felfogás]* interpretation, explanation; **... ~e szerint** as understood by X, in sy's interpretation **2.** *[szótári]* definition

értelmező I. *mn* **1.** ~ **jelző** apposition, appositive complement, apposition **2. A magyar nyelv ~ szótára.** A Dictionary of the Hungarian Language. **II.** *fn nyelv* apposition, *[igével]* be* in apposition

értelmi *mn* intellectual, mental; ~ **fogyatékos** mentally retarded, *US* mentally/intellectually challenged; ~ **fogyatékosság** mental retardation, *[enyhe, amely tanulási zavart okoz]* learning disability; ~ **képesség** intellectual/mental faculty/capacity/powers (*utóbbi: tsz*); ~ **szerző** originator, author; *[bűné]* instigator (of sg); **ki az ~ szerző?** *[bűné]* who is at the bottom of (v. behind) this (crime)?, whose idea was it?

értelmileg *hsz orv* mentally; ~ **elmaradott** mentally retarded, *US* mentally/intellectually challenged

értelmiség *fn* the intelligentsia, the intellectuals *tsz*

értelmiségi I. *mn* intellectual; ~ **dolgozó** intellectual worker **II.** *fn* intellectual; **~ek** the intellectuals, the (members of the) intelligentsia

értés *fn* understanding (of), comprehension (of); **~emre adták** I was informed (that), I was told (that), I was given to understand; **~ére ad vknek vmt** inform/tell* sy, give* sy to understand, let* sy know (about) sg

értesít *i* (*vkt vmről*) notify (sy of sg), let* sy know, inform (sy), *gazd* advise; **majd ~jük!** we will let you know (v. inform you) in time (v. in due course); **kérlek, ~s érkezésedről** please notify me of your arrival, please let me know when you're coming; **örömmel/sajnálattal ~jük, hogy** ... we are pleased/sorry to inform you (that ...); **~i a rendőrséget a balesetről** report the accident to the police; **rendszeresen ~ vkt vmről** keep* sy informed (v. in the picture) (about sg), keep* sy posted (on sg)

értesítés *fn* notification, communication, *[üzenet]* message, *[hivatalos]* notice, announcement, *gazd* advice; ~ **szerint** *gazd* as per advice; ~ **nélkül** without (prior/further) warning/notice; **minden külön ~ helyett** separate notices will not be issued; **további ~ig** until further notice

értesítő *fn* **1.** *[iskolai]* (school) report, *US* report card **2.** *[folyóirat]* bulletin, *[kormányé]* gazette

értesül *i* (*vmről*) hear* of sg, learn* of sg, get* to know sg, be* informed of sg; **úgy ~tem, hogy** ... I understand that ..., I was informed that ..., I take it that ...; **örömmel ~tem, hogy** ... I was pleased to learn that ...; **jól ~t** well-informed, in the know *ut*

értesülés *fn* information (*tsz* ua.), news (*tsz* ua.), *[szóbeszéd]* gossip, hearsay; **~e(i)m szerint** from what I hear (v. have heard); **~eket szerez** gather (v. pick up) information

értetlen *mn* uncomprehending, *[elme]* obtuse

értetlenül *hsz* ~ **áll vmvel szemben** be* at a loss [to know why ..., to explain sg, to learn of ... etc.]

értetlenség *fn* lack of comprehension, obtuseness

értetőd|ik *i* **magától ~ik** it goes without saying, of course, naturally enough, it is (only too) obvious (v. self-evident) (that)

értetődő *mn* **magától ~** obvious, self-evident, natural; **magától ~en** as a matter of course; **magától ~nek tekint vmt** take* sg for granted; → **értetődik**

érthetetlen *mn [értelmetlen]* unintelligible, meaningless, *[rejtélyes]* baffling, incomprehensible, *[füllel]* inaudible, not clear

érthetetlenül *hsz* **~ motyog** mutter/mumble (sg incomprehensible)

érthető *mn* intelligible, clear, perspicuous, *[belátható]* understandable, comprehensible, *[füllel]* audible, distinct, clear; **könnyen ~** *easy* to understand *ut*; **nehezen ~** difficult/hard to understand *ut*; **~vé tesz vmt** make sg clear; **most már ~** it all adds up, now it makes sense

érthetően *hsz* **~ ejt** (v. **mond ki** v. **beszél)** speak*/articulate carefully/clearly

érthetőség *fn* intelligibility, clarity

értő *mn [közönség]* appreciative, *[intelligens]* knowledgeable, *főleg műv [főnévvel]* connoisseur; **~ szemmel** with an expert eye

erupció *fn* eruption

érv *fn* argument; **a mellette és ellene szóló ~ek** the arguments for and against sg, the pros and cons of sg; **a legmeggyőzőbb ~** the most telling/convincing argument; **felhoz egy ~et** advance/present an argument; **egy igen meggyőző ~et hoz fel vk ellen** make*/present a strong/convincing argument against sy, make* a point; **nem állnak meg az ~ei** s/he doesn't have a leg to stand on

érvágás *fn* **1.** *konkr* opening a vein, *orv* venesection **2.** *átv biz* **nagy ~ volt!** *kb.* it made a big hole in my pocket/budget

érvel *i* argue, reason, make* a point, *[hatásosan]* press home a point

érvelés *fn* argumentation, reasoning, arguments *tsz*; **jól alátámasztja azt az ~t, hogy** sg makes out a (good) case for/against sg

érvény *fn* validity, force; **az útlevél ~e lejár** the (validity of the) passport expires; **~be lép** come* into operation/force, become* effective, take* effect; **~ben van** be* valid, be* in force/operation, be* operative, operate; **~ben levő** valid, in force *ut*; **nincs ~ben** be* not operative/valid, be* no longer in force; **~ét veszti** fall*/go* into abeyance; **~t szerez vmnek, ~re juttat vmt** enforce [a law/decision etc.], implement [a decision/plan, resolutions etc.], carry [plans etc.] into effect; **~t szerez jogának** assert one's rights

érvényes *mn* valid, effective, *[igével]* hold* good, *[jegy]* be* valid/good, *[jogszabály]* be* in force, be* operative, *[pénz]* current, good; **egyszeri utazásra ~** good for a single journey; **mennyi időre ~ a vízum?** how long is the visa valid (for)?; **2 hónapig ~** (be*) valid for 2 months; **nem ~** *[pl. jegy]* not valid/void; **ez a szabály nem ~ vmre** this rule does not apply (to)

érvényesít *i* **1.** *[igényt, jogot]* enforce, assert, *[követelést]* put* forward; **~i akaratát** get*/have* one's (own) way **2.** *[okiratot]* validate, *[csekket, számlát]* endorse

érvényesítés *fn [igényé]* enforcement, assertion, *[csekké]* endorsement, *[okiraté]* validation

érvényesíthető *mn* enforceable; **~ követelés** legally enforceable claim

érvényesíttet *i [repülőjegyet]* have (sg) confirmed, confirm

érvényesség *fn* validity, force; **~e lejárt** it is no longer valid/good, its validity has expired, it has expired

érvényesül *i* **1.** *[ember]* get* on, succeed, make* one's way, make* good, make* a career, make* sg of oneself **2. a többség akarata ~** majority opinion prevails; **az ő akarata ~ (mindig)** (s)he (always) has* her/his own way; **hatalma ~** his authority is felt **3.** *[szín, forma]* be* effective, stand* out

érvényesülés *fn* success, a (successful) career

érvényesülési *mn* **~ lehetőség** *kb.* chance (to mak good), career opportunity; *biz* break

érvénytelen *mn* invalid, void, null and void, *[szabály* inoperative, *[jegy]* not good/valid *ut*, cancelled (*US* -l-); **~ szavazat** spoiled ballot; **~nek nyilvánít** invalidate, cance **~né válik/lesz** lose* its force, become* void/invalid inoperative

érvénytelenít *i* invalidate, declare null and void, nullify annul, *[töröl]* cancel (*US* -l)

érvénytelenítés *fn* invalidation, nullification, annulmen *[törlés]* cancellation (*US* -l-)

érvénytelenség *fn* invalidity

érvényű *mn* → **általános**, → **kötelező**

érverés *fn* pulse, pulsation; **gyors ~** frequent/quick/rapi pulse

érverésszám *fn orv* pulse rate

érzék *fn* **1.** *[szerv]* sense **2.** *[tehetség]* sense, talent of/fo (sg), bent/feeling for (sg); **jó ~e van vmhez** have* a (real feeling (for sg) [eg the violin], be* good hand (at sg), have what it takes; **~e van a zenéhez** be* musical; **nincs ~e zenéhez** be* unmusical; **nincs semmi ~e vmhez** have* n bent/feeling/talent for sg

érzékcsalódás *fn* delusion, hallucination

érzékel *i* perceive, discern, register, feel*, sense

érzékelés *fn* perception, sensation

érzékelhető *mn* perceptible, discernible; **nem ~** imper ceptible; **nincs ~ változás** there is no noticeable change *[szemmel]* visible, *[füllel]* audible

érzékeltet *i* **1.** *[felfoghatóvá tesz]* make*/render percep tible, render palpable, demonstrate **2.** *[művész]* suggest bring* out

érzékeny *mn* **1.** *ált* sensitive (*vmre* to), *[betegségre* susceptible (to), allergic (to); **hidegre ~** sensitive to cold **~ pontja vknek** one's sore spot/point; **~ pontra tapin** touch sy on the raw, touch a raw/sensitive nerve; **túl ~ (vmre)** hypersensitive (*külső körülményekre:* to, *lelkiekre* about) **2.** *[idegileg]* highly-strung, *[sértődős]* sensitiv (about sg), easily upset, touchy, have* a thin ski **3.** *[jószívű]* tender(-hearted), affectionate, easily movec *ut*, feeling; **~ búcsút vesz** take* affectionate leave **4.** *[film lemez]* sensitized, sensitive, *[mérleg]* sensitive

érzékenyked|ik *i* be* touchy/hypersensitive, *[sértődé keny]* be* easily offended, be* quick to take offence at sg **ne ~j annyira** don't be so sensitive

érzékenykedő *mn* touchy, *[túlzottan]* hypersensitive

érzékenység *fn* **1.** *ált* sensitiveness, sensitivity, *[fogékony ság]* responsiveness, *[betegségre]* susceptibility (to) **2.** *[csal lelki]* sensibility **3.** *[sértődékenység]* touchiness, hypersen sitivity **4.** *műsz* sensitivity

érzéketlen *mn* **1.** *[testileg]* insensible (to) **2.** *[lelkileg* insensitive (to), apathetic, *[vk iránt]* unfeeling (towards sy) indifferent (to sy), *[vm iránt]* inured to (sg)

érzéketlenség *fn* **1.** *[testi]* insensibility **2.** *[lelki]* insensi tiveness, apathy, indifference

érzékfölötti *mn* supersensible, transcendental

érzéki *mn* **1.** *[érzékekkel kapcsolatos]* sensuous, sensory; **~ benyomás** sense impression; **~ észlelet** sensory percep tion; **~ világ** the world of senses **2.** *[buja]* sensual, carnal erotic, *irod* fleshly, voluptuous; **~ ember** sensualist; **~ örömök** sensual pleasures; **~ szerelem** carnal love

érzékiség *fn [buja]* sensuality, carnality

érzékszerv *fn* (organ of) sense, sense organ; **az öt ~** the five senses *tsz*

érzékzavar *fn* disturbance of the senses

érzeleg *i* sentimentalize, be* sentimental

érzelem *fn* sentiment, feeling, emotion; **érzelmet kel** evoke a feeling; **gyengéd érzelmeket táplál vk iránt** have* an affection for sy, have* a soft spot in one's heart for sy; **a érzelmek magasra csaptak** feelings ran high

érzelemdús *mn* emotional, passionate, sentimental, full o emotions *ut*

érzelemkitörés *fn* outburst of emotions

érzelgés *fn* sentimentality, *biz* mush
érzelgős *mn* mawkishly/s(l)oppily sentimental, *biz* mushy
érzelgősség *fn* sentimentalism, (mawkish/soppy) sentimentality
érzelmes *mn* sentimental, emotional
érzelmesség *fn* sentimentalism, sentimentality, emotionalism
érzelmi *mn* emotional, sentimental, *[lélektanilag]* emotive
érzelmileg *hsz* emotionally
érzelmű *mn* -hearted; **gyengéd ~** tender-hearted, gentle; **demokrata ~** having democratic sympathies *ut*
érzés *fn* **1.** *[lelki]* feeling, sentiment; **~sel énekel** sing* with expression/feeling; **~sel zongorázik** plays the piano with great feeling **2.** *[testi]* sensation, feeling **3.** *[benyomás]* impression, notion, feeling; **az az ~em, hogy** I have a/the feeling (v. the impression/suspicion) that, I rather think ..., I sort of feel that ..., I have a hunch that ...
érzéstelen *mn orv* anaesthetized (*US* anes-)
érzéstelenít *i orv* anaesthetize (*US* anes-)
érzéstelenítés *fn orv [folyamat]* anaesthetization (*US* anes-), *[állapot]* anaesthesia
érzéstelenítő *fn* **1.** *orv [szer]* anaesthetic (*US* anes-); **~ hatása alatt** under the anaesthetic **2.** *[orvos]* anaesthetist (*US* anes-)
érzésvilág *fn* range of sy's emotions, *[könyvé]* (emotional) atmosphere
érzet *fn* **1.** *[testi]* sensation, feeling, sense (of sg) **2. azt az ~et kelti bennem** it gives me the impression, it suggests to me (that)
érz|ik *i* (may) be* felt/perceptible; **~ik a hideg** one feels the cold; **vm ~ik vmn** smack of, be* redolent of; *(vkn)* be* written all over sy, smell* of sg; **~ik rajta, hogy idegen** you/one can tell it is foreign (v. he is a foreigner)
érző *mn* sensitive, feeling; **~ lélek/kebel** a feeling heart
érződ|ik *i* → **érzik**
érzőideg *fn* sensory nerve
érzület *fn* sentiment, feeling, disposition, temper; **demokratikus ~ű** democratically minded, democratic
Erzsébet *tul* Elizabeth; **II. ~** Elisabeth II (*kimondva:* Elisabeth the Second)
és *ksz* and; **~ a többi, ~ így tovább** and so on/forth, etc. (*kimondva:* etcetera); **~ aztán?** and then?, so what?; **ég ~ föld** *[különbség]* like chalk and cheese
esdekel *i irod* → **esedezik**
esedékes *mn* due, *[tartozás]* payable, due; **érkezése 4 órakor ~** he is due (to come/arrive) at four; **~ összeg** amount due; **már régóta ~ volt** it was long overdue; **~sé válik** become*/fall* due
esedékesség *fn* due-date, *[lejárat]* expiration; **~kor** when due
esedez|ik *i* implore, beseech, pray, beg (*vmért mindegyik:* for sg)
esély *fn* chance, *[kilátás]* prospect; **jó ~e van** stand* a good/fair chance (of ...); **jó ~ van rá, hogy** ... it is quite possible that ...; **semmi ~e nincs** has no chance whatever, hasn't an earthly chance, hasn't a ghost of a chance, hasn't a dog's chance, *kif* be* out of the running; **~e sincs rá** *biz* hasn't a ghost of a chance; **az ~ek szerint** the odds are ...; **egyenlő ~ek** equal opportunities *tsz*, the same chances *tsz*, *biz* a fair crack of the whip; **van ~e** have*/get* a chance [to do sg v. of doing sg], *biz kif* be* in the running
esélyegyenlőség *fn* (the principle of) equal opportunities; **~et biztosít** guarantee/grant equal opportunities; **~et biztosító vállalat** an equal opportunity/opportunities employer
esélyes I. *mn* having/possessing a (good) chance *ut*; **~ jelölt** strong candidate, front runner **II.** *fn* probable winner, favourite (*US* -or-)
esélynövelés *fn* increasing* one's chances
esélytelen *mn [igével]* have*/stand* no chance
esemény *fn* event, occurrence; **aktuális ~ek** current events/affairs; **rendkívüli ~** an incident, an unusual event
eseménydús *mn* eventful, crowded, busy
eseményjáték *fn* documentary drama, dramatized documentary
eseménynaptár *fn* event calendar
eseménysor *fn* course of events; **elindít egy ~t** trigger (off) a course of events, set* a stone rolling
eseményszámba megy *kif* it is quite an event
eseménytelen *mn* uneventful, dull
esendő *mn* fallible
esernyő *fn* umbrella
esernyőfogantyú *fn* umbrella handles *tsz*
esernyős, **esernyőjavító** *fn* umbrella-mender/maker
esés *fn* **1.** *[zuhanás]* fall(ing), plunge, *[lóról]* a nasty spill **2.** *[áré]* drop, fall, decline [in prices], *[meredek]* nose dive **3.** *[esőé, légsúlymérőé]* fall, *[feszültségé]* drop **4.** *[verslábban]* thesis
eset *fn* **1.** *ált* case, instance, *[esemény]* event, occurrence; **a szóban forgó ~** the case in point; **volt rá ~** it actually happened (that); **a legrosszabb** (v. **végső**) **~ben** at (the) worst, if the worst comes to the worst; **ellenkező ~ben** otherwise; **legjobb ~ben** at best; **ebben az ~ben** if so, in this case; **ilyen ~ekben** when this happens ..., in such cases; **abban az ~ben, ha** if, supposing that, should sg happen; *US* in case; **...~ében** in the case of ...; **vmnek ~én** *[főnévvel]* in case of, in the event of; *[mondattal]* for ..., supposing ...; **szükség ~én** if necessary/required, in case of emergency; **tűz ~én** in case of fire; **semmi ~re sem** certainly not!, on no account, by no means, in no way (whatever), no way!, under no circumstances; **arra az ~re, ha** ... (just) in case; **~ről ~re** from time to time, each time, in each case separately **2. nem az én ~em** (i) *[dologról] biz* it is not my cup of tea, it's not my scene (ii) *[személyről]* he/she is not the sort of person I care much for; *[nemi szempontból]* is not my type, does not appeal to me **3.** *[ügy]* affair, business, matter **4.** *[történet]* story, tale **5.** *nyelv* case
esetenként *hsz* in each case (separately), from time to time, each time
eseti *mn* **~ bizottság** ad hoc committee
esetkocsi *fn orv* ambulance
esetleg *hsz* perhaps, maybe, possibly; **ha ~ bemész** if you happen to go in; **ha ~** ... if, by any chance, ...; **ha ~ találkozol vele** if you happen to meet him; **~ nem ön az új tanár?** are you by any chance the new teacher?
esetleges *mn* possible, contingent, accidental, occasional, ad hoc; **az ~ reklamációkat elkerülendő** to avoid possible complaints
esetlegesség *fn* possibility, chance, contingency, unpredictability
esetleírás *fn orv* case-history
esetlen *mn* awkward, clumsy, gangling, ungainly
esetlenség *fn* awkwardness, clumsiness
esetnapló *fn orv* case-book
esetrag *fn nyelv* case-ending, case marker
esettanulmány *fn [szociológiai]* case study
eshetőség *fn* possibility, eventuality, *[lehetőség]* contingency; **minden ~re számítva** prepared for all emergencies/contingencies
es|ik *i* **1.** *[pottyan, zuhan]* fall*, drop, plunge **2.** *[vk vmbe kerül]* get* into, fall* into; **áldozatául ~ik vmnek** fall* prey/victim to sg; **baja ~ik** get* into trouble, *[megsérül]* be* hurt/injured **3.** *[eső]* rain; **~ik** *[az eső]* it rains; *[éppen most]* it is raining; **akár ~ik, akár fúj** (come) rain or shine; **~ni kezdett** it started raining; **alighanem ~ni fog** it looks like rain; **~ik, mintha dézsából öntenék** it's raining cats and dogs, the rain is coming down in buckets; **~ik a hó** it snows; *[éppen most]* it is snowing **4.** *[ár]* fall*, go*/come* down **5.** *[időpont, hangsúly vmre]* fall* on; **keddre ~ett** it fell on Tuesday **6. távol/messze ~ik** be* far off, be* a long way (away), be* distant; **merre ~ik Debrecen?** in which direction does Debrecen lie? **7.** *átv* (*vkre vm*) fall* to sy; **a választás Jancsira ~ett** the choice fell on Johnny; **rá 50 szavazat ~ett** he got 50 votes **8. rosszul ~ik vm vknek**

E

hurt* sy, hurt* sy's feelings, be* a disappointment to sy, feel* sore about sg; **rosszul ~ett, amit mondtál** I was hurt by what you said; **nehezemre ~ik** it is difficult/awkward for me (to), it is no easy matter for me (to); **hogyan ~nék neked az(, ha)** and how would you like it (v. feel) (if) **9. vm rendelkezés alá ~ik** be* subject to, come* under; *[paragrafus alá]* be* within section ..., fall* under; **adó alá ~ik** be* liable to taxation **10. szó ~ik vkről/vmről** mention is made of sy/sg, the question of sy/sg cropped up; **úgy ~ett a dolog** it so happened; → **puffan**

esket *i [házasulókat]* marry

esketés *fn* marrying, marriage ceremony

eskü *fn* oath; **~ alatt** under/on oath; **~ alatt tett nyilatkozat** declaration under oath; *[írásban]* affidavit, sworn statement; **~ alatt nyilatkozik** declare under oath; **~ alatt vall** testify (v. give* evidence) on/under oath, attest sg under oath; **~ alatt vádol vkt** testify against sy; **hamis ~** false oath, perjury; **hivatali ~** oath of office/allegiance; **leteszi a hivatali ~t** *[kormány]* be* sworn in; **~t kivesz vktől** administer an oath to sy, swear* sy in; **~t tesz** take*/swear* an oath (*vmre* on); *[esküdt]* be* sworn in; **~t megszeg** break* an oath; **~vel erősít** affirm, confirm by oath

esküdöz|ik *i* swear* repeatedly

esküdt I. *mn* sworn; **~ ellenség** sworn/mortal enemy **II.** *fn [bírósági]* juryman°, juror

esküdtbíráskodás *fn* trial by jury

esküdtbíróság *fn* → **esküdtszék**

esküdtszék *fn* (common) jury; **~i ítélet** verdict by jury

esküforma *fn* → **esküminta**

esküminta *fn* (form of) oath

esküszegés *fn* oath-breaking

esküszegő *fn* oath-breaker

esküsz|ik *i* **1.** swear* (*vmre* on, *vkre* by), take an oath; **~öm** ... *biz* so help me (God), I swear, my word; **nem ~öm rá** I wouldn't swear* to it; **~ik az X.Y. gyártmányra** she swears by XY; **~öm, hogy igaz** I swear it's true; **minden ellenem esküdött** everything conspired/was against me **2. örök hűséget ~ik vknek** plight one's troth to sy; → **hamisan**

esküszöveg *fn* → **esküminta**

eskütétel *fn* taking of the oath

eskütevő *fn* person taking an/the oath, juror

esküvő *fn* wedding, *[házasságkötés]* marriage (ceremony); **egyházi ~** church wedding; *[fehér ruhában]* white wedding; **polgári ~** civil marriage; **az ~ napja** wedding day; **~t tart** have* a wedding; **mikor lesz az ~(tök)?** when are you getting married? (have you named the day?)

esküvői *mn* wedding; **~ ebéd** wedding lunch, wedding party; **~ ebéd/vacsora** *[fogadás jellegű]* wedding reception; **~ értesítés/meghívó** wedding card; **~ ruha** wedding/bridal dress; **~ torta** wedding cake

eső I. *mn* **1.** *[zuhanó]* falling, dropping **2.** *[hanglejtés]* falling **3. adó alá ~** liable to taxation *ut*, taxable; **vm alá ~** falling under *ut*, subject to *ut* **II.** *fn* rain, *[szitáló]* drizzle; **esik az ~** it rains; *[most]* it is raining; **szakad/zuhog az ~** it is raining hard, it is pouring (with rain); *biz* it is raining cats and dogs; **szakadó ~ben** in (the) pouring rain, in the downpour; **elállt az ~** it has stopped raining; **~re áll, lóg az ~ lába** it looks like rain; **elmosta az ~** sg was rained off (*US* out)

esőálló *mn* rainproof, waterproof

esőcsatorna *fn* → **ereszcsatorna**

esőcsepp *fn* raindrop

esőfelhő *fn* rain-cloud

esőkabát *fn* → **esőköpeny**

esőköpeny *fn* raincoat, mackintosh, *biz* mac, *US [főleg a fényes fajta]* slicker

esőmérő *fn* rain-gauge (*US* -gage), pluviometer

esőnap *fn* ‹alternative day in case of rain› *US* rain date; **~: júl. 8.** ‹if interrupted by rain, the concert/performance will be held on 8 July›; *US* rain date: July 8th

esős *mn* rainy; **~ idő** rainy/wet weather; **beállt az ~ időszak** the rainy season has set in

esőtlen *mn* rainless

esővíz *fn* rainwater, storm-water

esőzés *fn* rainfall, rainy weather; **nagy ~ek voltak** there were heavy rains, there was a heavy rainfall

esőztető *fn [berendezés]* (lawn-)sprinkler

éspedig *ksz* → **mégpedig**

esperes *fn vall* dean

est *fn* **1.** *[napszak]* evening; **(ma) ~ig** till evening, by tonight, by (this) evening **2.** *[művészeti]* evening; **előadó ~** recital; *[rendezvény]* → **estély**, → **előeste**, → **karácsonyest**, → **szilveszterest**

este I. *fn* evening; **jó estét (kívánok)!** good evening!; **kedd ~t mondott** he said Tuesday evening **II.** *hsz* in the evening; **ma ~** this evening, tonight; **tegnap ~** yesterday evening, last night; **holnap ~** tomorrow evening/night; **kedd(en) ~** Tuesday evening; **kedd ~ érkezett** he arrived on Tuesday evening, *US* he arrived (on) Tuesday evening; **késő ~** late at night; **késő estig tartott** it continued (well) into the night

estebéd *fn elav* dinner

estefelé *hsz* towards evening, late in the afternoon

esteled|ik *i* evening is closing in, night is falling, it is getting dark; **korán ~ik** the days are drawing in (v. beginning to close in); **ránk ~ett** we were overtaken by night

estély *fn* (evening) party, (social) evening, soirée; **~t ad, rendez** give* a party; *US biz* throw* a party; **~re megy** go* to a party

estélyi *mn* **~ ruha** evening dress; **~ ruha kötelező** it's a white-tie occasion; *[csak nőknek]* evening dress, dress formal

esténként *hsz* in the evenings, *[minden este]* every evening

estére *hsz* by evening/night

esthajnalcsillag *fn [a Vénusz] [nyugaton, este]* evening star, *[keleten, hajnalban]* morning star

esti *mn* evening; **~ iskola** night/evening school; **~ iskolában tanul** study at (*US* in) night/evening school; **~ lap** evening paper; **~ mese** bedtime story; **~ szürkület** dusk; **~ tagozat** *[egyetemé]* university extension, extension course; **~ tagozatos** evening/night student; **~ tanfolyam** evening classes *tsz*

estike *fn növ* (night-smelling) rocket

esz *fn zene* E flat

ész *fn* reason, intellectual faculty, mind, brain; **nem nagy ~** (he is) no genius; **~ nélkül** without thinking, without stopping to think; **megáll az ember esze!** it is incredible, astounding (v. *biz* mind-boggling) to (see) ..., well I never!; **megáll az eszem** I am dumbfounded, I am at my wit's end; **eszem ágában sincs** I have not the slightest intention of (doing sg), I would not dream of (doing sg); **elment az eszed?** are you mad?, are you out of your mind/wits?, have you lost your senses?; **vmn jár az esze** be*/keep* (constantly/always) thinking of sg, one's mind is constantly running on sg, think* of doing sg; **majd megjön az esze** he will think better of it, he will come to his senses; **megjött az esze** he has sobered down, he has become (older and) wiser, he has sown his wild oats; **min/hol jár az eszed?** what are you thinking about?, *biz* a penny for your thoughts!; **folyton a lányokon jár az esze** he thinks of nothing but girls, he has girls on the brain; **máshol jár az esze** his thoughts are elsewhere, his mind is on other things; **nincs ott az esze** he is not all there; **legyen eszed!** don't be crazy/stupid/silly!, be sensible!; **van esze** he has brains, he has a good head on his shoulders; **helyén van az esze** (i) *[józanul gondolkodik]* he is in his right mind/senses; have* one's head screwed on right (v. the right way) (ii) *[odafigyel]* be* all there (iii) *[nem lehet rászedni]* have* one's wits about one; **jól vált az esze/(úgy) vág az esze(, mint a borotva)** (s)he has an acute (v. a quick) mind, (s)he is quick (in the uptake), (s)he has a keen/sharp mind, (s)he is sharp/ready-witted, be* sharp as a needle/tack; **az eszed**

tokja/tokját! *biz* nonsense!; **eszembe jut** it occurs to me; *[egy név/adat]* I remember; **nem jut eszembe** I (just) can't think of it, I can't recall it, it escapes me; **nem jut eszembe a neve** I forget his name, his name has slipped my mind, I can't recall his/her name, I can't think of his name; **az jutott eszembe, hogy** it struck me that; **senkinek sem jutott eszébe, hogy megmondja** nobody remembered to tell him; nobody thought of telling him; **mi jut eszedbe!** the idea!; **erről jut eszembe** that reminds me, by the way; **eszedbe ne jusson valahogy!** mind you don't . . ., be sure not to . . .; **eszébe juttat vknek vmt** remind sy of sg; **~be kap** suddenly realize sg; **mire ~be kapnál** before you know where you are, before you can (almost) blink; **eszében tart vmt** keep*/bear* sg in mind; **kiment az eszemből** it slipped my mind/memory; **eszeden légy!, ~nél légy!** keep* your wits about you!, be* careful!; **szedd össze az eszed!** keep* your wits about you; *[figyelj]* mind what you are doing!; **mióta az eszemet tudom** ever since I can remember, since the year dot; **eszét veszti** lose* one's reason, go* mad/crazy; **eszét vesztett** crazy, demented; **nem lehet fölérni ésszel** it is beyond one('s comprehension); *közm* **többet ésszel, mint erővel** more brain than brawn; **azt hittem, több eszed van** I have credited you with more sense; **~re tér** come* to one's senses, think* better (of); **~re térít** bring* to reason, bring* to one's senses

észak *fn* (*röv* **É**) (the) North (*röv* **N**), north; **~on** in the north; **~ felé, ~ra** northward, (towards the) north; **~ felé haladó** northbound, northerly; **vmtől ~ra fekszik** lie* north of sg; **~ felől, ~ról** from the north; **a szél ~ról fúj** there is a northerly wind

Észak-Afrika *földr* North Africa

észak-afrikai *mn/fn* North African

Észak-Amerika *földr* North America

észak-amerikai *mn/fn* North American

Észak-Anglia *földr* Northern England, the North of England

észak-atlanti *mn* **~ tömb** North Atlantic bloc; **É~ Szerződés Szervezete** North Atlantic Treaty Organization (*röv* **NATO**)

észak-északkelet *fn* north-north-east

észak-északnyugat *fn* north-north-west

Észak-Európa *földr* Northern Europe

észak-európai *mn* north(ern) European, of Northern Europe *ut*

északi *mn* northern, north, of the north *ut*, *[szél]* northerly; **~ fekvésű ház** house facing north; **~ félgömb/félteke** the northern hemisphere; **~ fény** northern/polar light; **~ irányban** northward(s), towards the north; **~ népek** the Nordic peoples; **~ országrész** the northern part [of a country]; **~ sízés/számok** Nordic events *tsz*; **~ szél fúj** there is a northerly wind

Északi-Jeges-tenger *földr* the Arctic Ocean

Észak-Írország *földr* Northern Ireland

észak-írországi *mn/fn* (of) Northern Ireland

Északi-sark *földr* the North pole, the Arctic

északi-sarki *mn* Arctic

Északi-sarkvidék *földr* the Arctic

északi-sarkvidéki *mn* Arctic

északkelet *fn* (*röv* **ÉK**) north-east, (the) North-East (*röv* **NE**)

északkeleti *mn* north-east(ern); **~ szél** north-easter(ly wind)

Észak-Korea *földr* North Korea

észak-koreai *mn* North Korean

északnyugat *fn* (*röv* **ÉNy**) north-west, (the) North-West (*röv* **NW**)

északnyugati *mn* north-west(ern); **~ szél** north-west(erly wind)

észbeli *mn* intellectual, mental

észbontó *mn* ravishing, fascinating, *biz* mind-boggling

eszcájg *fn biz* → **evőeszköz**

eszeget *i* eat* slowly, nibble away (at)

észellenes *mn* anti-intellectual

eszelős *mn* crack-brained, idiotic

eszelősség *fn* idiocy, idiotic behaviour (*US* -or)

eszemadta *mn* darling, sweet

eszem-iszom *i* feasting, wining and dining

eszencia *fn* essence

eszerint *hsz* **1.** *[ilyen módszerrel]* (in) this way, *[ilyen utasítás alapján]* according to this **2.** *[tehát]* if that is the case, accordingly, consequently → **szerint**

észérv *fn* rational motive/argument

eszes *mn* intelligent, clever, bright, *főleg: US* smart; **~ ember** man° of brains

eszeveszett *mn* frantic, mad

eszeveszetten *hsz* **~ menekül** be* in full flight; **~ ordít** shout like a madman

esz|ik *i* **1.** (*vmt*) eat*, *[elfogyaszt]* consume; **ön mit ~ik?** *[étteremben]* what will you have?; **~ik vmt** *[vm hideget]* have* sg (cold) to eat, have* a snack; **nem ennél vmt?** would you like (to have) sg to eat?; **egyél még!** help yourself!, have some more!; **mit ettél vacsorára?** what did you have for dinner/supper?; **betegre ~i magát** eat* oneself sick; **aki nem dolgozik, ne is egyék** he who does not work, neither shall he eat; **abból ugyan nem ~el!** not if I can help it!; **~i, nem ~i, nem kap mást** like it or lump it, take it or leave it; **~i a méreg** feel* angry, be* smouldering (*US* smold-) with rage; **a rozsda ~i** be* eaten up/away by rust, be* corroded **2.** *[étkezik]* eat*; *[reggel]* have* breakfast; *[délben]* lunch, eat*/have* lunch, *[este]* dine, eat*/have* dinner/supper, *[vhol rendszeresen]* have* one's meals swhere, board, eat*, *[nem otthon, rendszeresen]* board out, *[egyszer-egyszer]* eat* out, have* a meal out; **egy kitűnő magyar étteremben ettünk az este** last evening we dined at a splendid Hungarian restaurant **3.** (*vk vmn/vkn*) **csak tudnám, mit ~ik ezen a nőn** I wish I knew what he liked about this woman (v. he saw in this woman)

észjárás *fn* way of thinking, habit of mind/thought, cast of mind/thought, turn of mind; **gyors ~ú** ready/quick-witted; **lassú ~ú** slow-witted

észjog *fn* natural law

eszkábál *i* piece together, fabricate, make*

eszkaláció *fn* escalation

eszkimó *mn/fn* Eskimo

észkombájn *fn iron* **nem egy ~** (he is) not a great brain, not a powerhouse of ideas, thick, short on brain

eszköz *fn* **1.** (*vm célra*) *ált* instrument, device, *[szerszám]* tool, appliance, *[háztartási]* utensil, *[gazdasági]* implement; **termelési ~ök** means of production **2.** *átv* means *esz* v. *tsz*; **~ a cél elérésére** a means to an end; **a sztrájk mint végső ~** strike as a last resort, strike in the last resort; **a végső ~ökhöz folyamodik** have* recourse (v. resort) to extreme measures (v. drastic methods), go* to extremities; **~e vknek** be* the tool of sy; **vkt ~eként használ** make* a (blind) tool of sy **3. anyagi ~ök** resources, means, funds (*mindegyik: tsz*)

eszközlés *fn* carrying out, effectuation

eszközöl *i* carry out, accomplish, achieve; **fizetést ~** effect payment; **rendelést ~** place an order (with sy)

eszköztár *fn* **1.** *átv [módszerek, pl. oktatásban]* repertoire of methods/techniques **2.** *infor* toolbar

észlel *i* observe, notice, perceive, detect, sense

észlelés *fn* observation, cognition, perception

észlelhető *mn* observable, perceptible, noticeable

észlelő *fn* observer, *[gép]* detector, sensor

észlény *fn szl durva* dimwit, dumbo, knucklehead, thickhead; **érted már, te ~?** do you see now, dimwit?

eszme *fn* idea, thought, concept, *[tan]* doctrine, *[meggyőződés]* conviction

eszmeáramlat *fn* current/school of thought

eszmecsere *fn* exchange of views, conversation, talk, negotiation; **X ~t folytat Y-nal** X and Y are having talks, *biz kif* X and Y are discussing sg (v. exchanging ideas); **kötetlen ~t folytat vkvel** have* informal talks with sy

eszmefuttatás *fn* flight of wit, cerebration, *[írásmű]* short essay
eszmei *mn* ideal, of ideas *ut*; ~ **tartalom/mondanivaló** intellectual content, the ideas (contained in sg) *tsz*, message
eszmél *i [ájulásból]* come* to, come* to one's senses, regain consciousness
eszmélés *fn* **1.** *[ájulásból]* recovery of consciousness **2.** *[gyermeké]* the awakening of (self-)consciousness
eszmélet *fn* consciousness; **~én kívül van** be* unconscious; **~énél van** be* conscious; **~re tér, visszanyeri ~ét** recover/regain consciousness, come* to/round, be* brought to; **elveszti az ~ét** become* unconscious, lose* consciousness, faint, go* off
eszméletlen *mn* **1.** *[ájult]* unconscious; ~ **állapotban van** be* (lying) unconscious; **~ül feküdt** he lay unconscious **2.** *biz [döbbenetes]* fantastic, astounding, shocking; ~ **jó koncert volt** it was an astoundingly brilliant concert; *szl* ~ **hülye tud lenni** (s)he can be incredibly stupid
eszméletlenség *fn* unconsciousness
eszméletlenül *hsz* **1.** *orv [öntudatlanul]* unconscious(ly) **2.** *átv [nagyon]* extremely, frightfully, bloody; ~ **jó buli volt** it was a bloody good party
eszméletvesztés *fn orv* loss of consciousness
eszmény *fn* ideal, *[bálványkép]* idol
eszményi *mn* ideal
eszményít *i irod* idealize
eszményítés *fn irod* idealization, idealizing
eszménykép *fn* ideal, model, *[bálványkép]* idol; **a nagybátyám volt az ~em** my uncle was my idol
eszmerendszer *fn fil* ideology, system of ideas/beliefs
eszmetársítás *fn* association of ideas
eszmetársulás *fn* association of ideas
eszmetörténet *fn fil* history of ideas
eszmevilág *fn* world of ideas
eszperantó *mn/fn* Esperanto
eszperantóul *hsz* ~ **beszél** speak* Esperanto
eszpresszó *fn kb.* coffee-bar, *[nagyobb]* coffee-shop, café
eszpresszógép *fn* (coffee) percolator, coffee machine, espresso
eszpresszókávé *fn* espresso
észrevehetetlen *mn* imperceptible, unperceivable, unnoticeable
észrevehető *mn* perceptible, noticeable, appreciable; ~ **eredmény** tangible result; ~ **javulás** marked improvement
észrevehetően *hsz* perceptibly, noticeably, appreciably
észrevesz *i* observe, notice, perceive, become* aware of, discern, *[megpillant]* catch* sight of, see*; **nem vesz észre** fail to notice/see, miss, skip over, overlook; **vedd már észre magad!** please behave (normally)!; **nem veszik észre magukat, olyan bűz árad a lakásukból** they are oblivious to the stench leaking from the room
észrevétel *fn* **1.** → **észrevevés 2.** *[megjegyzés]* remark, comment, reflection; **~t tesz vmre** make*/pass a remark on sg, remark on sg; **~eket fűz vmhez** comment on sg, add; **nincs semmi ~e** have* no comment (to make); **nincs ~em!** no comment!
észrevételez *i* → **észrevételt tesz**
észrevetet *i* (*vkvel vmt*) call sy's attention to sg; **~i magát** call attention to oneself
észrevétlenül *hsz* unobserved, unnoticed, *[lopva]* by stealth; ~ **marad** pass unnoticed; ~ **távozik** leave* unnoticed, *biz* take* French leave
észrevevés *fn* observation, noticing, perception
esszé *fn* essay, paper
esszéíró, esszéista *fn* essayist
ésszerű *mn* reasonable, rational, sensible; ~ **határidőn belül** within a reasonable period (of time), by a reasonable deadline
ésszerűen *hsz* sensibly, in a reasonable/rational manner
ésszerűség *fn* rationality, reasonableness; **az ~ határain belül** within (the bounds of) reason, within reasonable limits
ésszerűsít *i* rationalize
ésszerűsítés *fn* rationalization
ésszerűtlen *mn* unreasonable, illogical
észt *mn/fn [ember, nyelv]* Estonian
esztelen *mn* unreasonable, foolish, mad, crazy, nonsensical; ~ **pazarlás** mindless waste
esztelenked|ik *i* behave foolishly
esztelenség *fn* folly
esztendei *mn* year's
esztendő *fn* year; **~re** this time next year, a year hence; **ma egy esztendeje** this day last year, a year ago today; **egy álló esztendeig** for a whole year
esztendős *mn* of ... years *ut*, ... years old *ut*; **tizenöt ~ fiú** a 15-year-old boy
Eszter *tul* Esther
eszterga *fn* lathe
esztergaforgács *fn* turnings *tsz*
esztergakés *fn* turning/lathe tool
esztergál *i* turn
esztergályos *fn* turner, lathe operator
esztergályosmunka *fn* turnery
esztergályosműhely *fn* turnery
esztergályoz *i* → **esztergál**
esztergapad *fn* lathe, turner's lathe, turn-bench
esztéta *fn* aesthete (*US* es-)
esztétika *fn* aesthetics (*US* es-) *esz*
esztétikai *mn* aesthetic (*US* es-)
esztétikus *mn* aesthetic, aesthetically (*US* es-) satisfying, pleasing
Észtország *földr* Estonia
esztrádműsor *fn elav kb.* revue
eszű *mn* -witted; **eleven ~** quick-witted; **jó ~** clever (*US* smart); **tompa ~** dull
észvesztő *mn* maddening, distracting
etalon *fn* paragon, model, standard
etap *fn* stage
etázsfűtés *fn* central heating [for each flat/apartment or floor/story]
étcsokoládé *fn* bitter/cooking chocolate
étel *fn ált* food, *[táplálék]* nourishment, *[nyersen]* eatables *tsz*, *[tálalva]* dish, meal, *[állatoké]* food, feed; ~ **és ital** meat and drink; **három tál ~** a 3-course meal/dinner, three courses *tsz*; **hagyományos magyar ~ek** traditional Hungarian cuisine/dishes
ételbár *fn* snack bar
ételfelvonó *fn* food lift, dumbwaiter
ételhordó *fn [edény]* food-container/carrier
ételízesítő *fn* stock (cube)
Etel(ka) *tul* Ethel
ételkülönlegesség *fn* food speciality (*US* specialty)
étellift *fn* → **ételfelvonó**
ételmaradék *fn* scraps/remains of food *tsz*, leftover
ételmérgezés *fn* ptomaine/food poisoning
ételrecept *fn gaszt* recipe
ételszag *fn* smell of food
ételtermosz *fn* vacuum food-container
éter *fn* ether
éteri *mn* ethereal
eternit *fn* asbestos slate
etet *i* **1.** (*vkt*) give* sy sg (to eat), feed*, *[állatot]* feed*, give food (to); **ez a keksz ~i magát!** these biscuits are really moreish! **2.** *átv biz [félrevezet]* **ezzel vk mást etess!** don't give me that (shit)
etetés *fn* feeding, *[szoptatás]* breast-feeding
etető *fn* feeder, *[vadé]* feeding place
etetőszék *fn* high chair
etetővályú *fn* feeding-trough
éthordó *fn* → **ételhordó**
éti csiga *fn* edible snail
etika *fn* **1.** *[hivatás körébe vágó erkölcs]* ethic, *[szabályok]* ethics *tsz* **2.** *[erkölcstan]* ethics *esz*, moral philosophy

etikai *mn* ethical; ~ **bizottság** *orv* ethical committee; ~ **kódex** code of ethics/honour; ~ **magatartásformák** standards of ethical conduct, code of conduct/behaviour; ~ **szempontból** ethically
etikátlan *mn* unethical
etikátlanul *hsz* ~ **jár el** act unethically
etikett *fn* etiquette, proprieties *tsz*
etikettszerű *mn* in conformity with etiquette *ut*
etikus *mn* ethical; ~ **magatartás** moral behaviour; **az ~ magatartás normái** standards of ethical conduct, ethical standards, code of conduct
etil-alkohol *fn* ethyl alcohol
etimológia *fn* etymology
etimológiai *mn* etymological
etimologizál *i* etymologize
etióp *mn/fn* Ethiopian
Etiópia *földr* Ethiopia
etiópiai *mn* Ethiopian
étkészlet *fn* tableware, dinner service/set, *[teázáshoz]* tea service
étkezde *fn [kisebb vendéglátóhely]* eating-house, eating place, *[étterem]* restaurant, *kat* mess(-room), *[üzemi]* canteen, *[hajón]* dining saloon, *okt* refectory, dining hall
étkezés *fn [egyszeri]* meal, *[rendszeres]* meals *tsz*, *[ellátás]* board; ~ **előtt/után** before/after meal(s); **~sel** with full board; **szállás ~sel** board and lodging, bed and board
étkezési *mn* ~ **hozzájárulás** food subsidy; ~ **jegy** meal voucher
étkez|ik *i ált* eat*, have*/take* one's meals, *[este]* have* dinner, dine, *[délben]* have* lunch, lunch, *[vhol rendszeresen]* take* one's meals, board, eat*; **nem otthon ~ik** board/eat* out, *[este]* dine out; *[egy alkalommal]* dine/eat* out, have* a meal out; **háromszor ~ik naponta** (s)he has three meals a day
étkező *fn* → **étkezde**
étkezőfülke *fn* dining recess, dinette
étkezőkocsi *fn* dining/restaurant car, *US* diner
étkezőkonyha *fn* → **lakókonyha**
étkeztet *i* feed*, provide meals (for sy)
étkeztetés *fn* feeding, boarding; **üzemi** ~ subsidized meals *tsz*
étlap *fn* menu, bill of fare; ~ **szerint** à la carte
étlen *hsz* hungry, famished
étlen-szomjan *hsz* hungry and thirsty, without food or drink
etnikai *mn* ethnic; ~ **alapon** ethnically; ~ **csoport** ethnic group; ~ **tisztogatás** ethnic cleansing
etnikum *fn* ethnic group/minority; **az ~ alapján** ethnically, on an ethnic (minority) basis
etnográfia *fn* ethnography
etnográfus *fn* ethnographer
etnológia *fn* ethnology
etnológus *fn* ethnologist
étolaj *fn* cooking-oil, edible oil
etológia *fn* ethology
etológiai *mn* ethological
étosz *fn* ethos
étrend *fn* diet
étrendi *mn* dietary, dietetic
etruszk *mn/fn* Etruscan
étterem *fn ált* restaurant, *[szállodáé]* (hotel) restaurant, *[kisebb szállodáé]* dining-room
éttermi *mn* ~ **árak** restaurant prices
ettől *hsz* **1.** (*vmtől/vktől*) from this; ~ **minden kitelik** he is capable of anything; ~ **az embertől** from this man **2.** ~ **kezdve/fogva** from this/that time onward, from now on
etűd *fn zene* etude
étvágy *fn* appetite; *közm* **evés közben jön meg az ~** appetite comes with eating; **jó ~a van** eat* well, have* an appetite; **jó ~at!** *[az angoloknál ezt nem szokás mondani] kb.* enjoy your meal!, bon appetit!; **~at csinál vknek** whet sy's appetite; **jó étvággyal eszik** eat* sg with relish, relish sg, have* a hearty meal, do* justice to [the dinner]; **nincs ~a** (s)he (has) lost his/her appetite, *kif* be* off one's oats/food
étvágygerjesztő I. *mn* appetizing, *[igével]* whet sy's appetite **II.** *fn* appetizer, *orv* stomachic
étvágytalan *mn* without an(y) appetite *ut*
étvágytalanság *fn* lack/loss of appetite
EU *röv* → **európai**
EU-csatlakozás *fn* EU-accession
eufemisztikus *mn* euphemistic
eufemizmus *fn* euphemism
eufória *fn* euphoria
eukaliptusz *fn* eucalyptus
EU-konform *mn* EU-compatible
eunuch *fn* eunuch
euró *fn pénz* Euro
euro-atlanti *mn* Euro-Atlantic
eurocsekk *fn gazd* eurocheque
eurokonform *mn* EU-compatible
Európa *földr* Europe, *[Nagy-Britannia nélkül]* the Continent; ~ **Tanács** *[Brüsszelben]* Council of Europe
Európa-bajnokság *fn sp* European Championship, *[főleg labdarúgásban]* European Cup
európai *mn/fn* European, *[Nagy-Britannia nélkül]* continental; **E~ Bizottság** European Commission; **E~ Parlament** European Parliament; **E~ Újjáépítési és Fejlesztési Bank** European Bank of Reconstruction and Development (*röv* **EBRD**); **E~ Unió** (*röv* **EU**) European Union (*röv* **EU**); ~ **uniós elvárások** EU expectations; ~ **uniós tagság** EU membership
európaias *mn* European
Európa-szerte *hsz* all over (v. throughout) Europe
européer *mn* pro-EU
euroszkeptikus *mn* Euro-sceptic (*US* Euro-skeptic)
Eurovízió *tul* Eurovision
Eustach-kürt *fn* Eustachian tube
EU-tagság *fn* EU membership
eutanázia *fn* euthanasia, mercy killing; **~t alkalmaz** practise euthanasia [on terminally ill patients]
eü. *röv* → **egészségügyi**
ev. *röv* → **evangélikus**
év *fn* year; **jövő ~** next year; **múlt ~** last year; **az ~ vége** the close/end of the year; ~ **végi** final, end-of-(the-)year, coming at the end of the year *ut*; **~ek hosszú során át** for many years; **~ek múltán** years after; **~ek múlva** several years later; **~ek óta** for many years; **ma egy ~e** a year ago today, this day last year; **három ~e, három ~vel ezelőtt** three years ago/*US* back; **ez ~ben** this year; **egy ~e annak, hogy** it is a year since ...; **élete tizenhetedik ~ében** in the seventeenth year of his life; **minden ~ben** every year; **~enként, ~ente** every year, yearly, once a year, annually, per annum; **~enként kétszer** twice a year; **~enként fizet** make* an annual payment; **egy álló ~ig** for a whole year; **X ~ig tartó** lasting X years, X years'...; **X ~re szóló** for X years *ut*, X years'...; **mához egy ~re** this day next year, a year from today; **~ekre visszamenőleg** for years back; **~ről ~re** from one year to the next, year after year, year in year out; **~ekkel ezelőtt** years ago; **néhány ~vel ezelőtt** a few years ago/*US* back
Éva *tul* Eve
évad *fn* season
évadnyitó *mn* ~ **előadás** first performance/night of the season
évadzáró *mn* ~ **előadás** closing/last performance of the season
evakuál *i* evacuate
evakuálás *fn* evacuation
evangélikus *mn* (*röv* **ev.**) Lutheran; **az E~ Egyház** the Lutheran Church
evangélista *fn* **1.** *[bibliai]* Evangelist **2.** *[evangelizátor]* evangelist

E

evangélium *fn vall* Gospel; **Máté ~a** the Gospel according to St. Matthew
evangéliumi *mn* evangelical
evangelizáció *mn* evangelical preaching, evangelization, evangelistic meeting/campaign
evangelizál *i* evangelize
evégből, **evégett** *hsz* for (this/)that purpose, to (this/)that end, with (this/)that object
évelő *mn* perennial (plant)
évenként, **évente** *hsz* → **év**
evés *fn* eating, *[étkezés]* meal
éves *mn* **1.** ... years old *ut*, ... -year-old; **hány ~?** (*vk/vm*) how old is he/she/it?, what age is he/she/it?; *[ön]* how old are you?; **megkérdezi, hány ~** ask sy's age; **ötvenöt ~ vagyok** I am fifty-five (years old); **tizenhat ~** (i) *[igével]* (s)he is sixteen (years old) (ii) *[jelzőként]* 16-year-old, 16/sixteen years old *ut*; aged sixteen *ut*; **három ~ kislány** a little girl of three, a three-year-old (little) girl; **tizennyolc ~ korában** at the age of eighteen, aged eighteen; **a tizenkét ~ek** the twelve-year-olds **2.** ~ **törlesztő részlet** annuity **3.** *[x évre szóló]* for ... years *ut*, *[x évig tartó]* lasting ... years *ut*; **két~ garancia** a guarantee for 2 years, 2 years' guarantee
evés-ivás *fn* feasting, eating and drinking, wining and dining, cakes and ale
evészet *fn* **nagy ~** *szl* blowout
evez *i* row, *[kajak]* paddle; **egyesületben ~** row for a club; **~ni megy** go* rowing; **jól ~** pull a good oar, be* a good oarsman
evezés *fn* rowing, *[kajakban]* paddling
evező I. *mn* rowing **II.** *fn* **1.** *[aki evez]* oarsman°, rower **2.** *[eszköz]* oar, *[rövidebb]* scull, *[kajakhoz, kenuhoz]* paddle; **meghúzza az ~ket** pull at the oars
evezőcsapás *fn* stroke
evezőlapát *fn* → **evező** II, 2
evezőpad *fn* seat for rowers
evezős I. *mn* rowing; **~ csónak/hajó** rowing-boat, *US* rowboat **II.** *fn* rower, oarsman°; **első ~** bowman°, bow oar
evezősbajnokság *fn* rowing championship
evezőssport *fn* rowing
evezősverseny *fn* boat-race
evezőtoll *fn* quill(-feather), wing-quill
evezővilla *fn* rowlock, *US* oarlock
évezred *fn* thousand years *tsz*, millennium (*tsz* millennia); **az új ~** the new millennium
évezredes *mn* a thousand years old *ut*, millennial, a thousand-year-old
évf. *röv* → **évfolyam**
évfolyam *fn* **1.** (*röv* **évf.**) *[folyóiraté]* volume (*röv* **vol.**) **2.** *okt* class, year (*röv* **yr.**); **az 53-as ~** the class of '53
évfolyamdolgozat *fn* ‹written examination/test for all students of a year›
évfolyamelső *fn* top of his class, first in his year; **~ként végez** be* top (of the class), come* top (in the examination)
évfolyamtárs *fn US* classmate; **~am volt** (s)he was in my year/class, we were at school/university together, *US* we were classmates
évforduló *fn* anniversary
évgyűrű *fn [fában]* annual ring
évi *mn* yearly, annual, year's; **~ bér** annual wages *tsz*; **~ fizetés** annual salary; **~ mérleg** annual balance (sheet); **tizenöt ~** fifteen years'; **ez ~** this year's, of this year *ut*
evickél *i* flounder (about)
evidencia *fn* **~ban tart** make* a (mental) note of (sg), keep* (sg) on file, keep* in mind
evidens *mn* evident, obvious, manifest
evilági *mn* worldly, earthly, mundane
évjáradék *fn* annuity
évjárat *fn* **1.** *[személyek]* generation, age-group **2.** *[bor]* vintage; **1960-as ~ból való bor** a wine of 1960 vintage
évkönyv *fn* **1.** *[almanach]* almanac, *[intézményé]* yearbook, *[ismeretterjesztő stb. társaságé]* annals *tsz* **2.** *tört* chronicle, annals *tsz*
évkönyvíró *fn* annalist, chronicler
évközi *mn* mid-year; **~ jelentés** interim report
évmilliók *fn tsz* millions of years
évnegyed *fn* quarter
évnyitó *fn* opening ceremony [of the school/academic year]
evolúció *fn* evolution
evolúciós *mn* evolutionary
evő I. *mn* eating *ut* **II.** *fn* eater; **sokat ~** a hearty eater, gourmand; **rossz ~** poor/bad eater
évődés *fn* (*vkvel*) banter, chaff
évőd|ik *i* (*vkvel*) chaff, tease (sy), *biz* pull sy's leg
evőeszköz(ök) *fn* cutlery, silver
evőkanál *fn* tablespoon; **egy ~ ecet** 1 tablespoon of vinegar; **három ~lal** three tablespoonfuls (of ...)
evőkanálnyi *hsz* tablespoonful
evőkészlet *fn* → **étkészlet**
évszak *fn* season; **az ~hoz képest hideg idő** cold weather (v. it's cold) for the time of the year (v. for the season)
évszám[1] *fn* date
évszám[2] *hsz* year after/by year, year in (and) year out
évszázad *fn* century
évszázados *mn* century/centuries old, age-long
évtized *fn* decade
évtizedes *mn* decennial, ten years old; **több ~ barátság** a friendship of many decades' standing (v. going back many/several decades)
evvel *nm/hsz* → **ezzel**
évzáró *mn okt* **~ ünnepély** speech-day
ex! *isz [ivásnál]* Bottoms-up!, Down the hatch!, drink up!, no heeltaps
excellenciás *mn* **~ uram!** Your Excellency
excentrikus *mn* eccentric, odd; **~ ember** eccentric
exegézis *fn* exegesis
exelnök *fn* ex-president, former president
exhibicionista *mn* exhibitionist
exhibicionizmus *fn* exhibitionism
exhumál *i* disinter, exhume
exhumálás *fn* disinterment, exhumation
exitál *i* die
exkavátor *fn* (mechanical) digger, excavator, *US* steam shovel
exkirály *fn* ex-king, former king
exkluzív *mn* exclusive, select; **~ interjú** exclusive interview; **~ jogok** exclusive/full rights
exkuzál *i* **1.** make* excuses (for), apologize (for sg) (*vk előtt* to) **2.** *okt kb.* ask to be excused homework
ex libris *fn* bookplate, ex-libris
exnej *fn* ex-wife, ex-misses
expanzió *fn* expansion
expedíció *fn* **1.** *kat tud* expedition **2.** *[üzemben]* dispatch (department)
explodál *i* explode, detonate
expó *fn* Expo
exponál *i* **1.** *fényk* make* an exposure, expose; **mennyit ~tál?** what exposure did you use? **2. ~ja magát vkért** take* up sy's cause (even at the risk of sacrificing one's own reputation)
exponálás *fn fényk* exposure; **~i idő** time of exposure
exponált *mn* **1.** *[film]* exposed **2.** **~ helyzetben** in an exposed/vulnerable position/situation
exponenciális *mn* exponential
export *fn* **1.** exportation, exports *tsz*; **~ból visszamaradt áru** export reject(s) **2.** *[jelzőként]* export(-)
exportál *i* export
exportálás *fn* exportation, exporting
exportálható *mn* exportable
exportáru *fn* export goods *tsz*, export(s)
exportcég *fn* export firm
exportcikk *fn* export (article)

exportképes *mn* exportable, ready/suitable for export *ut*
exportőr *fn* exporter
exportrendelés *fn* export order
exporttöbblet *fn gazd* export surplus
expozé *fn* (public) statement, speech
expozíció *fn* **1.** *[irodalom, zene]* exposition **2.** *fényk* exposure
expressz I. *mn [levél]* express, *GB* first class, *főleg: US* special delivery **II.** *hsz* ~ **ad fel** send sg express, *GB* send* sg first class **III.** *fn [vonat]* express (train)
expresszáru *fn* express goods *tsz*
expresszionista *fn* expressionist
expresszionizmus *fn* expressionism
expresszküldemény *fn* express mail, *GB* first-class mail, *US* special delivery mail
expresszlevél *fn* express letter, *GB* first-class letter/mail, *US* special delivery letter
expresszvonat *fn* express (train)
ex tempore *mn/hsz* extempore, off the cuff, offhand
extenzív *mn* extensive
exterritoriális *mn* ex(tra)territorial
extra I. *mn [különleges]* super-fine; ~ **méretű/nagy** *[ruhaféle]* outsize, extra large; *[cigaretta]* king-size **II.** *fn [ráadás]* extras *tsz*; **~kkal** *[autó]* with (many) extras
extraprofit *fn* extra/super-profit
extravagáns *mn* extravagant
extrém *mn* extreme
extrovertált *mn* extroverted, sociable
exvilágbajnok *fn* former world champion
ez *nm* this (*tsz* these), that (*tsz* those); *[ragos alakokat* **(ebbe, ebben, ennek, ezt stb.)** *l. a maguk ábécérendi helyén]*; ~ **a(z)** ... this; ~ **a ház** this house; ~ **az!** that's it!, that's right; **~(t) és csak ~(t)** this and only this; **~ek az emberek** these people; **~ek azok** these are the ones/ people; **~ek után** after that/these, thereupon, hereupon, at this stage; ~ **van, ~t kell szeretni** beggars can't be choosers; ~ **van** *[ilyen az élet]* that's the way of the world, that's the way it is/goes, *US kif* that's the way the cookie crumbles
ezalatt *hsz [időben]* in the meantime, meanwhile, during this/that time
ezáltal *hsz* hereby, by this means, by so doing, through this
ezelőtt *hsz* before, formerly, in former times, *[határozott időjelöléssel]* ago; **három héttel** ~ three weeks ago; **két évvel** ~ two years ago, *US* two years back; **sohasem láttam** ~ I've never seen him/her before
ezelőtti *mn* former, earlier
ezen[1] *hsz* (*vmn*) at/on this; ~ **az asztalon** on this table; ~ **nem kell csodálkozni** there is nothing surprising in/about this
ezen[2] *nm [ez]* this (*tsz* these); ~ **esetben** in this case; ~ **könyv** this book; ~ **emberek** these people
ezenfelül *hsz* → **ezenkívül**
ezenképpen *hsz* → **ekképpen**
ezenkívül *hsz* besides, in addition
ezenközben *hsz* → **eközben**
ezennel *hsz* herewith, hereby; ~ **igazoljuk** ... this is to certify (that)
ezentúl *hsz* henceforth, from now on, from this time on
ezer *szn* (a/one) thousand; ~ **dollár** a thousand dollars; **sok** ~ (many) thousands (of); **több** ~ **forintba került** it cost thousands of forints; **harminc~ lakos** thirty thousand inhabitants; ~ **éve nem láttalak!** I haven't seen you for ages!, long time no see!, I haven't seen you in a month of Sundays!; ~ **bocsánat!** awfully sorry!, a thousand pardons!; ~ **örömmel!** with pleasure!, with the greatest of pleasure; **(dollár)ezreket keres** he is making/earning thousands (of dollars)
ezerannyi *nm* a thousand times as many/much

Ezeregyéjszaka *tul* the Arabian Nights *tsz*, the Thousand And One Nights *tsz*
ezeresztendős *mn* a thousand years old *ut*, a thousand-year-old
ezeréves *mn* → **ezeresztendős**
ezerféle *mn* of a thousand kinds/varieties *ut*
ezerjófű *fn növ* centaury, dittany
ezermester *fn* jack-of-all-trades, handyman°
ezermillió *szn* one/a thousand million(s), *US* one/a billion (10^9)
ezernyi *mn* thousands of, *[igen sok]* millions of
ezerszer *hsz* a thousand times
ezerszeres *szn* a thousandfold
ezerszeresen *hsz* a thousandfold
ezerszerte *hsz* → **ezerszer**
ezért I. *hsz* **1.** *[emiatt]* therefore, for this/that reason, so, that/this is why **2.** *[evégett]* for that/this purpose, with that/ this object, to that/this end; ~ **vagyok itt** that's why I am here **II.** *nm* ~ **a könyvért jöttem** I have come for this book
ezirántl *hsz [erre nézve]* with regard to this, on this point, in that matter/question
ezóta *hsz* since this time, ever since
ezoterikus *mn* esoteric
ezr. *röv* → **ezredes**
ezred *fn* **1.** *kat* regiment **2.** *[rész]* thousandth part
ezredes *fn* (*röv* **ezr.**) colonel (*röv* **Col.**)
ezredesi *mn* ~ **rang** (the) rank of colonel
ezredév *fn* millennium (*tsz* millennia)
ezredforduló *fn* turn of the millennium
ezredik *szn* thousandth
ezredorvos *fn* regimental surgeon
ezredparancsnok *fn* regimental commander, commanding officer of the regiment
ezredparancsnokság *fn* regimental command/headquarters *utóbbi esz* v. *tsz*
ezredrész *fn* a thousandth (part)
ezredszer *hsz* for the thousandth time
ezredtörzs *fn kb.* regimental cadre, staff of a regiment
ezredvég *fn* the end of the millennium
ezrelék *fn* per thousand/mill/mil, one thousandth
ezres I. *mn [tízes rendszerben]* thousand; ~ **szám** the number 1,000 **II.** *fn [bankjegy]* a thousand dollar/forint note; **adj kölcsön egy ~t** could you lend me a thousand forints?
ezrével *hsz* by the thousand, thousands (upon thousands)
ezután *hsz [ezentúl]* henceforth, from now/then on, from this time on; → **után**
ezúton *hsz [így]* thus, *[hivatalosan]* hereby, herewith
ezúttal *hsz* this time, on this occasion
ezüst *fn* silver; ~ **evőeszköz** the silver; ~ **színű** silver (-coloured), silvery; ~ **veretű** silver-mounted
ezüstáru *fn* silver(-ware)
ezüstbánya *fn* silver-mine
ezüstcsengésű *mn* silvery, of a silvery tone *ut*
ezüstérc *fn* silver ore
ezüstérem *fn* silver medal
ezüstérmes *mn/fn* **olimpiai** ~ (Olympic) silver medallist (*US* -l-)
ezüstfenyő *fn* silver fir
ezüstfényű *mn* silvery
ezüstfólia *fn* silver-foil
ezüstlakodalom *fn* silver wedding
ezüstlánc *fn* silver chain
ezüstműves *fn* silversmith
ezüstművesség *fn* silver-work
ezüstnemű *fn* silver(-ware)
ezüstös *mn* silvery
ezüstöz *i* silver, plate (with silver)
ezüstözés *fn* silvering, silver-plating
ezüstözött *mn* silver-plated, silvered
ezüstpapír *fn* silver paper/foil, (tin)foil
ezüstpénz *fn* silver (coin)

E

ezüstpróba *fn* hallmark
ezüstróka *fn* silver fox
ezüstrúd *fn* bar of silver, silver ingot
ezüstszínű *mn* silver(-coloured), silvery
ezüsttálca *fn* silver tray, (silver) salver
ezüsttárgyak *fn tsz* silver-ware *esz*
ezüstvasárnap *fn* ‹the second Sunday before Christmas›
ezzel I. *nm* (*vmvel*) with this/that, herewith, hereby; **~ szemben** whereas, on the other hand, while **II.** *hsz [időben]* on this; **~ már el is szaladt** having said this he ran away/off; **és ~ mára végeztünk is** and that's it for today

F

F, f[1] *fn [betű]* (the letter) F, f
F, f[2] *fn zene* F; → **F-dúr**, → **F-kulcs**, → **f-moll**
f *röv* → **fillér**
f. *röv* → **folyó**
fa[1] *fn* **1.** *[élő]* tree; **fiatal ~** young tree, sapling; **nagy ~ba vágta a fejszéjét** *átv* bite* off more than one can chew; **azt sem tudja, mi ~n terem** *átv* have* not the slightest/ foggiest idea of sg; **maga alatt vágja a ~t** *átv* cut* the ground from under one's own feet; **nem látja a ~tól az erdőt** *átv* (s)he can't see the wood for the trees **2.** *[anyag; tüzelő]* wood, *[jelzőként]* wooden, wood-, of wood *ut*, *[építőanyag]* timber, wood, *US* lumber; **~ból készült/való** made of wood *ut*, wooden, wood-; **kemény ~ból van faragva** *átv biz* be* made of sterner stuff; **~ból vaskarika** squaring the circle; **~t vág** chop wood; **~t vághatnának a hátán** *átv* be* as patient as a packhorse; **rossz ~t tett a tűzre** *átv* he has got (himself) into hot water **3.** *[tekebáb]* pin **4.** *okt biz* → **elégtelen**
fa[2] *fn zene* fa(h)
faág *fn* branch, *[nagyobb]* bough
faanyag *fn* timber, wood, *US főleg:* lumber
faarcú *mn biz* deadpan, poker-faced
fababa *fn [játék]* wooden doll
fabatka *fn* **(egy) ~t sem ér** it is not worth a pin/straw
faberakás *fn* inlay, inlaid work
fabrikál *i* piece together; **mesét ~** fabricate a story
fabula *fn* fable
faburkolat *fn* panelling (*US* -l-), wainscot
fácán *fn* pheasant
fácánkakas *fn* cock-pheasant
fácános *fn* pheasantry
fácántoll *fn* pheasant feather
fácántyúk *fn* hen-pheasant
facér *mn [nő nélkül érkezik pl. házibulira]* stag, *[szabad]* free, to be had *ut*
fach *fn* pigeon-hole, compartment
facipő *fn* clog
facsap *fn* **1.** *[fakötés]* pin, dowel, tenon **2.** *[folyadéknak]* wooden tap
facsar *i* **1.** *[mosásnál]* wring* **2.** *[citromot]* squeeze, press **3.** *[vm vknek az orrát]* irritate (sy)
facsarás *fn* wringing; **~ nélkül szárad(ó)** drip-dry
facsavar *fn* (wood-)screw
facsemete *fn* sapling
facsoport *fn* grove, group of trees, thicket
fád *mn [ember]* dull, *[dolog]* tedious, *[íz]* insipid; **~ ember** a bore
fadarab *fn* piece of wood, stick
fadöntés *fn* felling, timbering, *US* lumbering
fadugó *fn* bung, plug
faecet *fn kém* wood vinegar
faeke *fn tört* wooden plough (*US* plow)
faesztergályos *fn* (wood-)turner
faesztergályozás *fn* wood-turning
fafaj(ta) *fn* **1.** *[élő]* species [of tree] **2.** *[anyag]* kind of timber
fafaragás *fn* (wood-)carving
fafaragvány *fn* (wood-)carving
fafejű *mn* **1.** *biz [ostoba]* thick **2.** *[makacs]* pig-headed
fafeldolgozás *fn* conversion of timber
fafeldolgozó *mn* **~ ipar** wood-working industry; **~ (munkás)** wood-worker; **~ telep** → **fatelep**
faforgács *fn* wood-shavings *tsz*, *[csomagoláshoz]* wood-wool, *US* excelsior
fafúvósok *fn* **1.** *[hangszerek]* woodwind *tsz*, woodwind instruments **2. a ~** *[zenészek]* the woodwind *esz* v. *tsz*
fafűtés *fn* wood-heating
fafűtéses *mn* **~ kályha** wood burning stove
faggat *i* interrogate (closely), cross-examine/question, *biz* grill, *[csökönyösen]* badger sy with questions
faggatás *fn* (close) interrogation, *biz* grilling
fagott *fn* bassoon
fagy I. *i* **1.** freeze*; **~ (odakinn)** it's freezing; **~ott az éjjel** there was a hard frost last night; *átv biz* **majd ha ~!** when hell freezes over! **2.** *[meg-, befagy]* freeze* (over), become* frozen **II.** *fn* frost, freezing, *[enyhe]* chill; **talajmenti ~** ground frost
fagyal *fn növ* privet
fagyálló I. *mn* frost-resistant/proof **II.** *fn [folyadék]* antifreeze
fagyapot *fn* wood-wool, *US* excelsior
fagyás *fn* **1.** *[jelenség]* freezing **2.** *[testen]* chilblain
fagyásos *mn* chilblained
fagyáspont *fn* freezing-point
fagyaszt *i* freeze*, *[ételt]* chill, refrigerate, deep-freeze*
fagyasztás *fn* **1.** *[élelmiszeré]* freezing, refrigeration **2.** *orv biz* freezing
fagyasztóláda *fn* (chest) freezer
fagyasztószekrény *fn [háztartási]* freezer, *[frizsiderrel egybeépített]* fridge freezer
fagyasztott *mn* frozen [food], *[mélyhűtött]* deep-frozen
fagycsípte *mn* frost-bitten
fagydaganat *fn* chilblain
fagyérzékeny *mn* frost-sensitive, sensitive to frost/cold *ut*
faggyaz *i* → **faggyúz**
faggyú *fn [kiolvasztva]* tallow, *[természetes állapotban]* suet
faggyúgyertya *fn* tallow candle
faggyúmirigy *fn* sebaceous gland
faggyús *mn* tallowy, greasy
faggyúz *i* (smear with) tallow, grease
fagyhatár *fn* frost-line
fagyhullám *fn* cold wave/spell
fagyi *fn biz* ice
fagykár *fn* frost damage, damage done by (v. due to) frost
fagykenőcs *fn* anti-frostbite ointment
fagylalt *fn* ice-cream, ice
fagylaltárus *fn* ice-cream man°/vendor
fagylaltgép *fn* ice-cream freezer/machine
fagylaltoz|ik *i* have* an ice-cream
fagylaltozó *fn [helyiség]* ice-bar
fagyos *mn* **1.** *[idő]* frosty, wintry, chilly, *[szél, út]* icy **2.** *átv [tekintet]* chilling, glacial, *[modor]* glacial; **~ fogadtatás** a frosty/cold/cool reception
fagyoskod|ik *i* stand*/sit* shivering, shiver/shake* with cold
fagyosszentek *fn népr* ‹frosty days in May›
fagyott *mn* frozen
fagyöngy *fn növ* mistletoe
fagypont *fn* freezing-point; **~ alatt** below freezing-point (v. zero)
fagytalanító *fn [szerkezet]* defroster, *[spray]* deicer
fagyveszély *fn* danger/risk of frost
fahamu *fn* wood-ashes *tsz*
fahancs *fn* → **háncs**
fahasáb *fn* (fire-)log, billet
faház *fn [lakóház]* wooden house, log cabin, *[kempingben]* chalet, hut
fahéj *fn [fűszer]* cinnamon
faipar *fn* wood/timber industry

faiskola *fn növ* nursery
faj *fn* **1.** *biol* species (*tsz* species); **az emberi ~** the human race, humankind **2.** *pol [emberfajta]* race **3.** *[válfaj]* type, species, sort
fáj *i* **1.** *[élesen]* hurt*, cause pain, *[tartósan, tompán]* ache; **~ a fejem** I have a headache, I have a bad head; **gyakran ~ a fejem** I often get headaches; **mi ~?** what's wrong with you?, what's the trouble?; **~ a torkom** I have a sore throat; **minden tagom ~** I ache all over; **~ a karja** he has a pain in the arm; **~ a gyomra** he has stomach-ache **2.** *[vm lelkileg vknek]* pain sy; **~ a szívem, ha rágondolok** it breaks my heart to think of (it/her/him); **ne ~jon ez neked!** *biz* don't let it bother you!; → **fog³ 1**
fajalma *fn* first-class apple
fajankó *fn biz* blockhead, dolt, *US* dummy
fajansz *fn* faïence
fájás *fn [kis]* ache, hurt, *[nagy, szervi]* pain, *[szülési]* (labour v. *US* labor) pains *tsz*; **jönnek a ~ok** she's gone into labour
fajbor *fn* vintage wine
fajd *fn áll* → **nyírfajd**, → **siketfajd**
fájdalmas *mn* **1.** painful, aching, sore; **~ műtét** painful operation **2.** *[veszteség]* grievous, sad, distressing
fájdalom I. *fn* **1.** *[testi]* pain, ache; **nagy fájdalmai vannak** suffer/feel* great pains, be* in (great) pain; **~ nélküli** painless, pain-free; → **szülési 2.** *[lelki]* grief, suffering, sorrow, pain; **~mal értesültem** (*vmről*) I was grieved to hear sg; **(mély) ~mal tudatjuk, hogy** it is with deep regret that we announce that **II.** *isz* alas!, unfortunately
fájdalomcsillapítás *fn* relief of pain, relieving pain
fájdalomcsillapító I. *mn* relieving pain *ut*, analgesic **II.** *fn* painkiller, analgesic
fájdalomdíj *fn biz* **~ként** by way of consolation
fájdalommentes *mn* painless
fájdít *i* complain of a pain (in sg); **~ja a fejét** complain of a headache
fájdogál *i* I get a little pain here or there, it still hurts a bit
fajelmélet *fn tört pol* racial theory, rac(ial)ism
fajfenntartás *fn* race preservation
fajgyűlölet *fn* racism
fajgyűlölő *mn/fn* racist
fajhő *fn* specific heat
faji *mn* racial; **~ előítélet** racial prejudices *tsz*, raci(ali)sm; **~ jelleg** racial characteristic; **~ megkülönböztetés** racial discrimination/segregation; *[Dél-Afrikában]* apartheid; **~ megkülönböztetés híve** segregationist
fajiság *fn* racial character
fajkereszte(ződ)és *fn* → **keresztez(őd)és**
fajkeveredés *fn* **1.** → **kereszteződés 2.** *pol pej* miscegenation
fajkutya *fn* pedigree dog
fájl *fn infor* file
fajlagos *mn* specific; **~ térfogat** specific volume; **~ vezetőképesség** conductivity
fájlal *i* **1.** → **fájdít 2.** *átv* regret, be*/feel* sorry for
fájlkezelő *fn infor* file manager
fájlnév *fn infor* file name
fajnemesítés *fn* selective breeding
fajnév *fn* specific name
fájó *mn* **1.** *[seb]* painful, aching **2.** *átv* suffering, sorrowful, pained; **~ pont(ja vknek)** a sore point (with one); **~ szívvel** with an aching (v. a heavy) heart
fájós *mn* aching, sore; **~ lábbal** footsore, having sore feet
fajsúly *fn* specific gravity/density
fajta I. *fn* **1.** *biol* variety **2.** *[féleség]* sort, kind, variety, type, class, *[áru]* brand, make; **az ő ~ja(beliek)** his like, people like him; **a feladatok különféle ~i** various kinds of tasks **II.** *mn [fajtájú]* of the ... kind/type *ut*; **bizonyos ~ emberek** certain types/kinds of people; **különböző ~ tárgyak** objects of various kinds
-fajta *utótag* of ... kind *ut*, **magam~, sok~** *[lásd az előtag helyén]*
fajtaazonos *mn* true to variety *ut*
fajtájú *mn* → **fajta**; ...-type
fajtalan *mn [perverz]* (sexually) perverted
fajtalankod|ik *i* **1.** *[bujálkodik]* fornicate **2.** *[perverzül]* practise sexual perversion
fajtatiszta, **fajtiszta** *mn [állat]* pure-bred, pedigree, *[főleg ló]* thoroughbred
fajul *i* (*vmvé*) degenerate (into sg); **a dolgok odáig ~tak** things have come to such a pass that ...; things have reached the point where ...
fajüldözés *fn* rac(ial)ism
fajüldöző *mn* **~ politika** rac(ial)ism
fajvédelem *fn tört pol* rac(ial)ism
fajvédő *mn/fn tört pol* rac(ial)ist
fajzat *fn pej* **pokoli ~** hell-hound, diabolical character
FÁK *röv pol [Független Államok Közössége]* CIS [Commonwealth of Independent States]
fakad *i* **1.** *[forrás]* spring* (from); → **ered 2.** *átv* (*vmből*) spring*/stem/arise* from **3.** *[virág]* blossom out, bloom, *[rügy]* burst* **4.** **sírva ~** burst* into tears
fakalapács *fn* mallet, maul
fakanál *fn* wooden spoon, stirrer
fakaszt *i* → **könny**
FÁK-beli *mn* from/of (the) CIS
faképnél hagy *kif* (*vkt*) leave* sy without a word, leave* sy standing, *[hűtlenül]* desert/abandon sy
fakéreg *fn* bark, rind (of tree)
fakereskedő *fn* timber merchant, *US* lumberman°
fakezű *mn biz [ügyetlen]* butterfinger, butter-fingered, be a dead loss
fakír *fn* fakir
fakít *i* fade, discolour (*US* -or)
fakitermelés *fn* woodfelling (and cutting), *US* lumbering
fáklya *fn* torch
fáklyás *mn* **~ felvonulás** torchlight procession
fáklyásmenet *fn* → **fáklyás felvonulás**
fáklyavivő *fn* torch-bearer
fakó *mn* pale, faded, dun, *[ló]* cream-coloured (*US* -or-), flea-bitten grey [horse]
fakopáncs *fn* woodpecker
fakorona *fn* tree-top, crown (of a tree)
fakszimile *fn* **~ kiadás** facsimile edition
fakszni *fn biz* fuss, bother, hassle
faksziniz|ik *i biz* fuss
fakt *fn biz* → **fakultáció**
faktor *fn [tényező]* factor
faktoriális *mn/fn mat* factorial
fakul *i* fade, lose* colour (*US* -or), discolour
fakultáció *fn okt* optional course of study, taking of optional subjects
fakultációs *mn* **~ osztály** *kb.* option group
fakultál *i* elect optional courses, take* optional subjects, take* an optional course (of study)
fakultás *fn [egyetemi]* faculty
fakultatív *mn* optional, *US* elective; **~ rendszerű oktatás** → **fakultáció**; **~ tantárgyak** optional subjects, optionals, *US* elective subjects, electives
fakutya *fn* **1.** *kb.* chair-ski **2.** **vigyorog, mint a ~** *biz* grin like a Cheshire cat
fal¹ *i* **1.** devour, eat* ravenously **2.** **~ja a könyveket** (s)he is a voracious reader
fal² *fn* wall; **négy ~ között** indoors; **fehér, mint a ~** white as a sheet; **~ mellett játszik** *kb.* play safe; *biz* **~hoz állít** *[becsap]* take* sy in; **akár a ~nak beszélne** it's like talking to a brick wall; **a ~nak is füle van** even walls have* ears; **~ra mászik kínjában** *biz* be* in agony; **~tól ~ig szőnyeg** wall-to-wall carpet, fitted carpet; **~lal elválaszt** partition (off) → **borsó**
falánk *mn* gluttonous, greedy, ravenous
falánkság *fn* gluttony, greed
falanszter *fn* phalanstery
falanx *fn* phalanx (*tsz* phalanxes v. phalanges)

falás *fn* **egy ~ra bekapta** he gulped it down
falat *fn* mouthful, bit, bite; **egy ~ kenyér** a bit of bread; **nincs egy betevő ~ja** have* not a bite/morsel to eat, have* nothing to eat; **egy ~ot sem ettem egész nap** I haven't had a bite all day
falatka *fn* tiny bit, morsel, crumb
falatnyi *mn biz* tiny, teeny
falatoz|ik *i* eat*, have* a snack
falatozó *fn [helyiség]* snack-bar, refreshment room
falaz *i* **1.** put* up a wall (v. the walls) **2.** *szl (vknek)* screen sy, act as sy's accomplice
falazás *fn* **1.** *épít* putting up a wall (v. walls) **2.** *szl* screening
falazat *fn* walling, masonry, brickwork
falazóblokk *fn* hollow block
falborítás *fn [fával]* panelling (*US* -l-), wainscot(ing)
falburkolat *fn [külső]* wall covering, cladding, *[burkolólappal]* panelling (*US* -l-)
faléc *fn* lath
falemez *fn* panel, *[többrétegű]* plywood
falevél *fn* leaf°
falfehér *mn* (as) white as a sheet *ut*
falfestés *fn* **1.** *[szobáé]* painting a/the wall (v. the walls) **2.** *műv* wall-painting
falfestmény *fn* wall-painting, fresco, mural
falfirka *fn* graffiti
fali *mn* mural, wall; **~ csatlakozó (aljzat)** (wall) socket, (power) points *tsz*, *[borotvához]* shaving point
falidugó *fn* (wall-)plug
falikar *fn* **1.** *[tartó]* wall bracket **2.** *[lámpa]* bracket light, wall lamp
falikút *fn [konyhai]* sink
falilámpa *fn* → **falikar** 2
falinaptár *fn* wall calendar
falióra *fn* wall-clock, hanging clock
faliszekrény *fn* (wall-)cupboard
faliszőnyeg *fn* tapestry, hangings *tsz*
falitábla *fn* **1.** notice board **2.** *okt* blackboard
falitérkép *fn* wall-map, chart
faliújság *fn* notice-board
falka *fn [kutya, farkas]* pack (of hounds/wolves); **~ban él/jár** go* about in herds
falkavadászat *fn* (fox-)hunting, the hunt; **~ra megy** follow the hounds
Falkland-szigetek *földr* Falkland Islands
fallabda *fn* squash (rackets *tsz*)
fallikus *mn* phallic
fallosz *fn* phallus
falmászás *fn sp* wall-climbing, ACW climbing
falmélyedés *fn épít* niche
falnyílás *fn* hatch, opening
faló *fn* wooden horse; **a trójai ~** the Trojan horse
falósejt *fn biol* phagocyte
falragasz *fn* poster, bill, placard
falrengető *mn* **1. ~ siker** unheard-of (v. tremendous) success; **~ taps** thunderous applause **2.** *biz* **~ ostobaság** sheer stupidity
fals *mn zene* out of tune *ut*, sing a false note
falsík *fn* wall-face; **~ iránya** wall line
faltörő *mn* **~ kos** battering ram
falu *fn* village; **a falvak népe** the villagers *tsz*, country folk, rural population; **~n él** live in a village, live in the country
falú *mn* **dupla ~** double-walled
falubeli *mn* villager; **falumbeliek** people of/from my village
falucska *fn* hamlet
faluhely *fn* **~en** in the country
falurádió *fn* **a ~ műsora** farming news *tsz*
falurombolás *fn tört* destruction of villages
falusi I. *mn* of the village/country *ut*, rural, village-, country-; **~ lakosság** rural population; **~ turizmus** → **turizmus II.** *fn* **a ~ak** country folk, the villagers
falusias *mn* rural, rustic
falvédő *fn* wall-hangings *tsz*; *biz* **nem ma jöttem le a ~ről** I wasn't born yesterday
fáma *fn* rumour; **a ~ szerint** rumour has it that ...
famegmunkálás *fn [épületfáé]* cutting and shaping
famentes *mn* wood-free [paper]
fametszet *fn* woodcut, (wood) engraving
fametsző *fn* wood-engraver
fanatikus I. *mn* fanatic(al) **II.** *fn* fanatic (for sg)
fanatizál *i* fanaticize
fanatizmus *fn* fanaticism
fancsali *mn biz* glum [look], sour [expression], dismal [face]; **~ képet vág** make* a long face
fanfár *fn zene* fanfare, flourish
fánk *fn* doughnut
fanszőrzet *fn* pubic hair, pubes
fantasztikus *mn* fantastic; **~ ár** fancy price
fantázia *fn* **1.** imagination; **nem látok benne ~t, nincs benne ~** I can't see much in it **2.** *zene* fantasia
fantáziadús *mn* imaginative
fantáziál *i* **1.** → **képzelődik 2.** *[félrebeszél]* rave, be* delirious
fantázianév *fn [terméké]* brand/trade name
fantáziaszegény *mn* → **fantáziátlan**
fantáziátlan *mn* unimaginative, insipid
fantazmagória *fn* phantasmagoria
fantom *fn* phantom, spectre
fantomcég *fn gazd* bogus company
fantomfájás *fn [amputált tagnál]* phantom pain(s)
fantomkép *fn* Identikit
fanyalgás *fn* reluctance, lack of enthusiasm
fanyalod|ik *i (vmre)* → **ráfanyalodik**
fanyalog *i* be* unenthusiastic (about sg); **~va tesz meg vmt** do* sg unenthusiastically; be* reluctant to do sg
fanyar *mn* **1.** *[íz]* tart, harsh, acerbic; *[bor]* rough/harsh [wine] **2.** *[mosoly]* wry [smile], *[humor]* dry, mordant [sense of humour]
fanyarság *fn* **1.** *[ízé]* tartness, acerbity **2.** *[mosolyé]* wryness, *[humoré]* mordancy
fanyelű *mn* with a wooden handle *ut*
fapác *fn* wood dye/stain
fapapucs *fn* clogs *tsz*
fapofa I. *fn biz* wooden/poker face **II.** *mn* → **faarcú**
far *fn* **1.** *[emberé]* bottom, *orv* buttocks *tsz*, *tréf* backside, bum, *[állaté]* hindquarters *tsz* **2.** *[hajóé]* stern, *[más járműé]* back; **~ral áll be a garázsba** back the car into the garage
farács *fn* lattice, trellis
farad *fn fiz* farad
fárad *i* **1.** *[elfárad]* get* tired; **könnyen ~** he tires easily **2.** *[fáradozik]* take* (great) pains (*vmvel* over/to do sg), take* the trouble (to do sg); **szíveskedjék ide ~ni** please come over here, please step this way; **köszönöm, ne ~j(on)!** please don't go to any trouble
fáradalmas *mn* → **fáradságos**
fáradalom *fn* fatigue; **az út fáradalmai** the strains of the journey
fáradatlanul *hsz* → **fáradhatatlanul**
fáradékony *mn* defatigable
fáradékonyság *fn* fatigability; **a szem ~a** asthenopia
fáradhatatlan *mn* indefatigable, tireless
fáradhatatlanul *hsz* untiringly, strenously; **~ azon van, hogy** ... spare no effort to ...
fáradozás *fn* trouble, pains *tsz*, effort; **(szíves) ~át hálásan köszönöm** thank you for the trouble you've taken (v. for taking all that trouble)
fáradoz|ik *i* **azon ~ik, hogy** he is devoting all his efforts to (doing sg); → **fárad** 2
fáradság *fn [fáradozás]* trouble, pains *tsz*, effort; **sok ~(á)ba került** it took him/her a lot of trouble (to); **nem éri meg a ~ot, kár a ~ért** it isn't worth the trouble/bother, it's not worthwhile; **veszi magának a ~ot, hogy** take* the

trouble to do sg; **köszönöm, hogy vette a ~ot és főzött neki ebédet** thank you for taking the trouble to cook her a meal; → **költség**
fáradságos *mn* tiring, fatiguing, exhausting
fáradt *mn* **1.** tired, *[kimerült]* fatigued, exhausted; **nagyon ~ vagyok** I am very tired, *biz* I'm completely knackered; **halálosan ~** *biz* (be*) dead tired, feel* exhausted; *kif* be* ready to drop; **a sok éjszakázástól ~** all that night-work has tired him out **2. ~ golyó** spent bullet; **~ gőz** dead/ waste/exhaust steam; **~ olaj** waste oil
fáradtan *hsz* (*vmtől*) wearily, tired (with sg), exhausted (by sg)
fáradtság *fn* tiredness, weariness, exhaustion, fatigue; **erőt vesz rajta a ~** be* overcome with fatigue
farag *i* **1.** *[fát]* carve, cut*, *[követ]* hew* trim, *[szobrot]* sculpt, sculpture, carve **2.** *átv* **vkből embert ~** make* a man of sy; **verseket ~** versify; be* a poetaster/versifier/ rhymester **3.** *[ceruzát]* sharpen, point [a pencil]
faragás *fn* **1.** *[művelet]* carving, hewing, cutting **2.** → **faragvány**
faragasztó *fn* wood-working glue
faragatlan *mn* **1.** *[kő]* undressed, *[fa]* uncut, not carved *ut* **2.** *átv* rough, rude, ill-mannered; **~ tuskó** bumpkin, boor
faragcsál *i* whittle, be* cutting away (on sg with a knife)
faragott *mn* *[fa]* carved, *[kő]* hewn; **~ dísztárgyak** carvings
faragvány *fn* carving, carved work
farakás *fn* wood-stack/pile
faramuci *mn* *biz* curious, odd
fáraó *fn* Pharaoh
fáraóhangya *fn* *áll* Pharaoh's ant
fáraszt *i* **1.** *[fáradttá tesz]* tire, fatigue, weary, exhaust, make* sy tired; **nem akarlak ezzel ~ani** I don't want to trouble you **2. bocsánat, hogy ide ~ottam** I'm sorry to have put you to the trouble of coming here **3.** *[halat]* play **4.** *biz [bosszant]* aggravate; **ne fárassz!** give me a break!
fárasztó *mn* **1.** *[kimerítő]* tiring, fatiguing, exhausting, back-breaking; **igen ~** *[igével]* it is very tiring; *biz* it takes it out of one; **~ munka** a (very) fatiguing job, fatiguing work; **~ nap** an exhausting/tiring day [at work]; **~ út** a tiring journey **2.** *[unalmas]* boring **3.** *biz [bosszantó]* aggravating
farcsont *fn* rump bone, *orv* coccyx
farfekvés *fn* *orv [magzaté]* breech presentation; **~es szülés** breech birth/delivery
farhullám *fn* *hajó* stern wave
farigcsál *i* → **faragcsál**
farizeus I. *mn* Pharisaic(al) **II.** *fn* Pharisee
farizeuskod|ik *i* be* a hyppocrite, dissemble
farizom *fn* *orv* gluteus
fark *fn* → **farok**
farkas *fn* wolf°; → **üvölt**
farkascsorda *fn* wolf pack
farkaséhes *mn* ravenously hungry, famished, *[igével]* be* as hungry as a wolf
farkasember *fn* *népr* werewolf°
farkasétvágy *fn* wolfish/ravenous appetite
farkasfű *fn* *növ* wolfsbane
farkaskölyök *fn* wolf-cub
farkaskutya *fn* Alsatian, *US* German shepherd
farkasordító hideg *fn* icy/numbing cold
farkasszemet néz *kif* (*vkvel*) stare sy out/down
farkastorok *fn* *orv* cleft palate
farkasvakság *fn* *orv* night-blindness
farkasverem *fn* wolf-trap/pit
farkatlan *mn* tailless; **~ majom** ape
farkcsigolya *fn* caudal vertebra (*tsz* -brae)
farkcsont *fn* caudal bone
farkcsóválás *fn* tail-wagging
farkcsóválva *hsz* **1.** wagging the tail, with a wag of the/its tail **2.** *átv* cringing
farkinca *fn* *[egéré]* little tail, *[nyúlé]* scut
farktoll *fn* tail-feather, quill
farm *fn* farm
farmakológia *fn* *orv* pharmacology
farmakoterápia *fn* *orv* pharmacotherapy
farmer *fn* **1.** *[gazdálkodó]* farmer **2.** → **farmernadrág**
farmeranyag *fn* denim
farmerdzseki *fn* denim jacket
farmergazdálkodás *fn* farming
farmergazdaság *fn* farm
farmernadrág *fn* jeans *tsz*, denims *tsz*
farmmunkás *fn* farm worker/hand
farmotor *fn* rear-engine
farmotoros *mn* rear-engined, rear-drive
farok *fn* **1.** tail; **farkával csapkod** swish its tail **2.** *[repülőgépé]* tail **3.** *durva US* cock, *US* pecker; → **behúz, csóvál**
farokrész *fn* **1.** *áll* posterior **2.** *[repülőgépé]* tail; *[hajóé]* stern
farol *i* **1.** *[csúszva oldalt]* skid, swerve **2.** *[hátra]* reverse, back
farostlemez *fn* chipboard, fibreboard (*US* fiber-)
farönk *fn* bole, trunk
farsang *fn* carnival (time)
fartő *fn* rump (of beef), *[hentesáru, étel]* rump steak
farúd *fn* pole
farzseb *fn* hip pocket
fás *mn* **1.** *[terület]* wooded **2.** *növ* woody, ligneous **3.** *[zöldségféle]* stringy
fasírozott *fn* meatball, hamburger (steak), beefburger; *[egyben]* meatloaf; *szl* **~at csinál vkből** make mincemeat of sy
fasírt *fn* → **fasírozott**
fasiszta *mn/fn* *pol* fascist
fásít *i* plant with trees, *[erdősít]* afforest
fásítás *fn* planting of trees, *[erdősítés]* afforestation
fasizálód|ik *i* turn fascist
fasizmus *fn* *pol* fascism
fáskamra *fn* wood-shed
fáskosár *fn* wood-basket
fásli *fn* bandage
fásliz *i* bandage, put* a bandage on
fasor *fn* avenue
fásult *mn* indifferent (*vm iránt* to); apathetic
fasz *fn* *tabu* **1.** dick, prick, cock **2.** *[ellenszenves ember]* dick, prick, wanker
faszállítás *fn* *[tűzifáé]* delivery of wood
faszeg *fn* (wood) peg, wooden pin
faszén *fn* charcoal
faszerkezet *fn* *épít* timbering
faszesz *fn* methyl alcohol
faszfej *fn* *tabu* dickhead, wanker
faszi *fn* *szl GB* bloke, guy
faszobrász *fn* wood-carver
fatális *mn* fatal; **~ tévedés** fatal error/mistake
fatalista I. *mn* fatalistic **II.** *fn* fatalist
fatalizmus *fn* fatalism
fatányéros *fn* *kb.* mixed grill [on a wooden plate]
fatartalmú *mn* containing wood *ut*; **~ papír** wood-pulp paper
fatelep *fn* timber/wood-yard, *US* lumber-yard
fater *fn* *szl* **a ~om** *biz* my old man
fátlan *mn* treeless
fatönk *fn* stump
fatörzs *fn* **1.** (tree-)trunk **2.** *[amire ülni lehet]* (tree-)stump
fatuskó *fn* **1.** → **fatönk 2.** *[ülésre, tűzre]* log (of wood)
fatüzelés *fn* wood-burning
fatüzeléses *mn* **~ kályha** wood-burning stove
fátyol *fn* veil; **borítsunk fátylat a múltra** let* bygones be bygones
fátyolfelhő *fn* veil-cloud
fátyolos *mn* veiled; **~ hang** veiled voice; **~ tekintet** bleary look
fátyolozott *mn* veiled
fátyolszerű *mn* gauzy

fattyaz *i mezőg* nip the suckers off
fattyú *fn* bastard
fattyúhajtás *fn* wild offshoot, sucker
fault *fn sp* foul→ **taktikai**
fauna *fn* fauna
fausti *mn irod* Faustian
faúsztatás *fn* timber-floating, *[tutajszerűen]* rafting
faültetés *fn* planting (of) trees
favágás *fn* **1.** *[erdőben]* felling (of) trees, logging **2.** *[tüzelőnek]* wood-cutting **3.** *átv* drudgery, slog
favágó *fn* **1.** *[erdőn]* woodman°, logger, *US* lumberman° **2.** *[tűzifáé]* woodcutter
faváz *fn* wooden framework, *[épületé]* timber skeleton/framing
favázas ház *kif* frame house
favicc *fn kb.* a bad pun
favorit *mn* favourite (*US* -or-)
favorizál *i* favour (*US* -or)
fax *fn* fax
faxkártya *fn infor* (plug-in) fax card
faxmodem *fn infor* fax modem
faxol *i* fax, send* a fax
fázás *fn* feeling cold, chilliness
fazék *fn* pot
fazekas *fn* potter
fazekaskorong *fn* potter's wheel
fazekasmesterség *fn* potter's craft, pottery
fazekasműhely *fn* pottery, potter's workshop
fazekasság *fn* → **fazekasmesterség**
fázékony *mn* sensitive/susceptible to cold *ut*, chilly
fáz|ik *i* **1.** be*/feel* cold, feel* chilly; **~om** I am/feel cold; **~ik a lábam** my feet are* cold **2.** *átv* (*vmtől*) shrink* from, be* shy of (doing) sg
fázis *fn* **1.** *[szakasz]* phase, stage **2.** *el* phase, live (wire)
fázisátalakító *fn/mn el távk* phase converter/adapter
fáziseltolódás *fn* phase shift
fázisfeszültség *fn el* star/phase voltage
fáziskereső *fn* phase-detector
fázismoduláció *fn el* phase modulation
fázisú *mn* -phase; *el* **három ~ áram** three-phase current
fazon *fn* **1.** *[ruháé]* cut [of a suit] **2.** *átv biz* character, guy
fazonigazítás *fn* (minor) alteration
fázós *mn* → **fázékony**
fazsindely *fn* shingle
F-dúr *fn zene* F major
f. é. *röv* → **folyó év**
febr. *röv* → **február**
február *fn* (*röv* **febr.**) February (*röv* **Feb**); **~ban, ~ folyamán, ~ hóban/havában** in (the month of) February; **~ 15-én** *[kimondva]* on the fifteenth of February; *[írva]* on 15(th) February, *US* on February 15th
februári *mn* February, of/in February *ut*; **egy ~ napon** on a (certain) February day, on a day in February; **~ hideg** February cold
fecni *fn biz* scrap of paper
fecseg *i* chatter, babble on, natter (on); **ne ~jetek!** stop chattering!
fecsegés *fn* **1.** *[folyamat]* chattering **2.** *[tartalma]* (idle) chatter, *[pletyka]* gossip
fecsegő I. *mn* chattering, fond of chattering *ut* **II.** *fn* chatterbox
fecsérel *i* → **elfecsérel**
fecsérlő *mn* wasteful, squandering
fecske *fn* swallow; *közm* **Egy ~ nem csinál nyarat.** One swallow does not make a summer.
fecskefarkkötés *fn* dovetail (joint), dovetailing
fecskefarkú *mn* **~ illesztés** → **fecskefarkkötés**
fecskefészek *fn* **1.** swallow's nest **2.** *[étel]* bird's nest (soup)
fecskefióka *fn* young swallow
fecskendez *i* **1.** squirt (*vmt vmbe* sg into sg), spray, *[tűzoltó]* play the hose (on sg) **2.** *orv* inject (*vkbe vmt* sy with sg)
fecskendő *fn orv* (hypodermic) syringe, *[tűzoltóé]* (fire-)hose
fecskendőautó *fn* water tender, fire engine
fed *i* **1.** *[takar]* cover (*vmvel* with sg); **hó ~i a hegyeket** the mountains are covered with snow, snow covers the mountains **2.** *[házat, tetőt]* put* a roof on; **palával ~i a házat** cover a roof with slates, slate a roof **3. ez nem ~i a valóságot** this does not accord with the facts
fedd *i* reprove, rebuke, castigate
feddés *fn* reproof, reprimand
feddhetetlen *mn* **~ (múltú/jellemű) ember** a man of unimpeachable character, a man with an irreproachable past
feddhetetlenség *fn* irreproachableness, blamelessness
feddő *mn* **~ szavak** words of reproach
feddően *hsz* reproachfully, reprovingly
feddőleg *hsz* → **feddően**
fedél *fn* **1.** *[házé]* roof; **egy ~ alatt lakik vkvel** live under the same roof with sy; **~ alá húzódik** take* shelter **2.** *[dobozé, edényé]* lid, *[csavaros]* cap **3.** *[könyvé]* cover
fedeles *mn* covered
fedélgerendázat *fn* timber framework, timberwork
fedélköz *fn [hajón]* between-decks, steerage
fedélszerkezet *fn* roof
fedelű *mn* covered with *ut*, -decked, -roofed
fedélzet *fn [hajóé]* deck; **felső ~** main deck; **a ~en tartózkodik** be* on deck; **felmegy a ~re** go* up on deck; **minden ember a ~re!** all hands on deck!; **a Queen Ann ~én** on board the "Queen Anne"; **a repülőgép ~én** on board the aircraft; **~én X-szel** *[űrhajóról]* with X on board
fedélzeti *mn* **1.** deck(-) **2. ~ számítógép** *[gépkocsiban, repülőgépen]* on-board computer; **~ mérnök** *[repülőgépen]* flight engineer
fedélzetmester *fn* boatswain, bos'n
federáció *fn* → **föderáció**
federalizmus *fn* → **föderalizmus**
fedés *fn [házé]* roofing (in), *[egyébé]* covering
fedetlen *mn [ház]* roofless, without a roof *ut*; **~ fővel** bare-headed, hatless
fedett *mn* **1.** covered, *[épület]* roofed; **~ pálya** *[atlétika]* indoor track; *[jég]* rink, *[tenisz]* covered/indoor court; **~ pályás** indoor; **~ pályás atlétikai Európa-bajnokság** European Indoor Championship (v. Games *tsz*); **~ uszoda** indoor (swimming-)pool **2.** *átv [titkos]* **~ nyomozó** undercover agent; *[EU]* undercover detective; **~ bűnüldözési akció** covert operation
fedettpálya-bajnokság *fn* indoor championships *tsz*, indoor games *tsz*
fedez *i* **1.** *kat [visszavonulást]* cover [the retreat], *[védve vkt]* protect (sy), *sp* cover [an opponent] **2.** *[költséget, kiadásokat]* cover, meet* [the cost(s), sy's expenses] **3.** *áll* cover **4.** *kat sp* fall* into line; **~z!** fall in!
fedezék *fn* entrenchment, trenches *tsz*
fedezékharc *fn* trench warfare
fedezés *fn* covering; **költségeinek ~ére** to cover/meet his expenses
fedezet *fn* **1.** *[arany, vagyontárgy stb.]* security, *[pénz]* funds *tsz*; *[kölcsöné]* collateral security **2.** *kat* escort, *[hátvéd]* rearguard; **rendőri ~ kíséri** be* escorted by the police; **~tel kísér** escort (sy), convoy **3.** *sp* half(back)
fedezetigazolás *fn gazd* coverage certificate
fedezetlen *mn gazd* uncovered, unsecured; **~ csekk** bounced cheque, *hiv* cheque referred to drawer; **~ hitel** blank/unsecured credit
fedezetsor *fn sp* half(back) line, halfbacks *tsz*
fedezőmén *fn* stallion
fedeztet *i [kancát]* have* [a mare] covered/served
fedlap *fn* → **fedőlap**
fedő *fn* (*vmn*) cover, top; *[edényen]* lid

F

fedőanyag *fn* roofing
fedőcég *fn* cover/front company
fedőfesték *fn* top coat
fedőképesség *fn [festéké]* opacity, hiding power
fedőlap *fn* **1.** *[könyvön]* cover; *[iraton]* cover sheet **2.** *[nyíláson]* lid **3.** *[bútoron]* top panel
fedőnév *fn* code-name
fedőpala *fn* (roof-)slate
fedőréteg *fn* top layer, coating
fedőszerv *fn* cover/front organization
fedőtoll *fn áll* coverts *tsz*
fegyelem *fn* discipline; **fegyelmet tart** keep*/maintain discipline
fegyelemsértés *fn* breach of discipline; *kat* insubordination
fegyelmez *i* discipline, keep* under (strict) discipline; **~i magát** control oneself
fegyelmezetlen *mn* undisciplined
fegyelmezett *mn* disciplined, orderly
fegyelmezettség *fn* discipline
fegyelmezhetetlen *mn* indisciplinable, unruly
fegyelmi I. *mn* disciplinary; **~ eljárás** disciplinary procedure; **~ úton** by way of disciplinary correction; **~ úton elbocsát** be* summarily dismissed; **~ vétség** disciplinary offence; **~ vizsgálat** departmental investigation **II.** *fn* disciplinary procedure; **~t indít vk ellen** take* disciplinary action against sy; **~t kap** be* disciplined/reprimanded (*vm miatt* for sg)
fegyenc *fn* convict, inmate [of a prison]
fegyenclázadás *fn* convict rising
fegyencmunka *fn* forced labour
fegyencnő *fn* female convict/prisoner
fegyencruha *fn* prison clothes *tsz*
fegyenctelep *fn tört* penal colony
fegyház *fn* **1.** prison, *US* penitentiary **2.** → **fegyházbüntetés**; **ötévi ~ra ítél** sentence (sy) to five years of penal servitude
fegyházbüntetés *fn* penal servitude
fegyházviselt *mn/fn* **~ ember** ex-convict
fegyintézet *fn* → **fegyház**
fegyőr *fn csak GB* gaoler, *GB és US* jailer, prison officer, (prison) guard
fegyver *fn* **1.** *ált* weapon, arms *tsz*, *[lőfegyver]* gun; **~be!** to arms!; **~ben áll** be* in/under arms; **~t fog vk ellen** take* up arms against sy; *[ráfogja]* point/aim a gun at sy; **~t lábhoz!** order arms!; **~rel a kezében** (he was) armed (with a gun); **~rel tiszteleg** present arms; **~rel kényszerít vkt vmre** force sy [to do sg] at gunpoint; *átv is* **leteszi a ~t** lay* down one's arms, surrender **2.** *átv* **~t kovácsol vk ellen** forge a weapon against sy; **~t szolgáltat maga ellen** give* a handle against oneself; **saját ~ét fordítja vk ellen** hoist sy with his own petard
fegyvercsempész *fn* gun-runner
fegyvercsörtetés *fn* sabre-rattling (*US* saber-)
fegyverengedély *fn* gun licence
fegyveres I. *mn* armed; **~ bandita** gunman°; **~ beavatkozás** armed/military intervention; **4 ~ ember** four armed men; **~ erők** armed forces; **~ felkelés** armed uprising; **~ összeütközés** armed clash; **~ rablótámadás** armed robbery; **~ szolgálat** military service **II.** *fn* armed man°
fegyveresen *hsz* armed with a gun
fegyverfogható *mn* fit for military service *ut*, able-bodied
fegyverforgatás *fn* handling of weapons
fegyvergyakorlat *fn* military exercise, manoeuvres (*US* maneuvers) *tsz*
fegyvergyár *fn* armaments/arms factory
fegyvergyáros *fn* arms manufacturer
fegyvergyártás *fn* manufacture of arms
fegyverhasználat *fn* use of firearms
fegyverkészítő *fn* gunsmith, gunmaker
fegyverkezés *fn* military preparations *tsz*, arming (for war)
fegyverkezési *mn* **~ verseny** arms/armament race
fegyverkez|ik *i* arm (oneself), prepare for war
fegyverkorlátozási *mn* **hadászati ~ tárgyalások** Strategic Arms Limitation Talks (*röv* **SALT**)
fegyverletétel *fn* laying down of arms, surrender, capitulation
fegyvermester *fn* armourer (*US* -or-)
fegyvernem *fn* service
fegyvernyugvás *fn* (short) cease-fire
fegyverolaj *fn* rifle oil
fegyverpiac *fn* arms market
fegyverraktár *fn* arsenal, armoury (*US* -or-), *[kisebb]* magazine
fegyverrejtegetés *fn* illegal/unlawful possession of (fire)-arms
fegyverropogás *fn* rattle of firearms
fegyverszakértő *fn* firearms expert
fegyverszünet *fn* armistice, cease-fire; **~et kér** call for an armistice; **~et köt** conclude/sign an armistice
fegyverszüneti *mn* armistice; **~ tárgyalások** armistice negotiations/talks
fegyvertár *fn főleg átv* arsenal, storehouse
fegyvertárs *fn* comrade-in-arms
fegyvertartás *fn* → **fegyverviselés**
fegyvertelen *mn* unarmed, weaponless
fegyvertény *fn átv* feat
fegyverviselés *fn* carrying of arms; **tiltott ~** illegal possession of arms; **~i engedély** firearms/gun licence
fegyverzet *fn* **1.** *kat* armament **2.** *el* armature
fegyverzetcsökkentés *fn* armament/arms reduction
fehér I. *mn* white, *[borosüveg]* clear; **~ bőrű** white-skinned; **a ~ bőrűek** the whites; **~ ember** white man°, *pej* honkie; **a Fehér Ház** *US* the White House; **~ kenyér** white bread; **~ hús** white meat; **~ könyv** *[diplomáciai]* White Paper; **~ vérsejt** white blood cell, *tud* leucocyte; **~en feketén** *[nyomtatásban]* in black and white, *átv* unambiguously; **megmondtam neki ~en feketén** I told him in so many words that ... **II.** *fn* white; **szeme ~je** white of the eye; **kimutatja a foga ~ét** show* one's true colours (*US* -ors)
fehérasztal *fn* **~ mellett** over dinner, informally
fehérbor *fn* white wine
fehéred|ik *i* whiten, become*/turn white
fehéres *mn* whitish
fehérfolyás *fn orv* leucorrhoea; *biz* whites *tsz*
fehérgalléros *mn* **~ bűnözés** white-collar crime
fehérít *i* **1.** whiten, make* white **2.** *tex* bleach
fehérítés *fn* **1.** whitening **2.** *tex* bleaching
fehérítő(szer) *fn* bleach
fehérizzás *fn* incandescence
fehérizzó *mn* white-hot, incandescent
fehérje *fn* **1.** *kém* albumin, protein **2.** *[tojás~]* white of egg, egg-white
fehérjedús *mn* rich in protein *ut*
fehérjetartalmú *mn* albuminous; **nagy ~** rich in protein *ut*
fehérjetartalom *fn* albumin/protein content
fehérköpenyes *mn* in a white frock/smock/overall *ut*
fehérl|ik *i* look/show* white
fehérnemű *fn* underwear, underclothes *tsz*; *biz [csak női]* undies *tsz*
fehérorosz *fn/mn* B(y)elorussian, White Russian
Fehéroroszország *földr* B(y)elorussia, White Russia
fehéroroszországi *mn/fn* Belorussian
fehérpecsenye *fn kb.* shank, rumpsteak
fehérrépa *fn növ* turnip
fehérség *fn* whiteness
fehérterror *fn* white terror
fehérvérsejt *fn orv* leucocyte, white blood cell/corpuscle
fehérvérűség *fn orv* leukaemia (*US* -kem-)
fehérzaj *fn fiz* white noise
fej[1] *i* **1.** *[tehenet]* milk **2.** *átv* (*vkt*) bleed* sy for sg

fej[2] *fn* **1.** *ált* head; **jó ~e van** he has a good head on his shoulders, he has brains; *biz* **jó ~** he's a good man, he's not a bad sort; *biz* **tök jó ~** (s)he's really cool, he's a cool guy; **kitűnő ~** he's got a very good brain; **~ ~ mellett** neck and neck; **~e lágya** fontanel(le); **benőtt már a ~e lágya** he has sown his wild oats, he's no longer a child; **nem esett a ~e lágyára** he is no fool, he is all there; **azt sem tudja, hol áll a ~e** he doesn't know which way to turn; **maga ~e után megy/cselekszik** go*/have* one's own way; **ha a ~ed tetejére állsz is** whatever you do; **minden a ~e tetején áll** everything is topsy-turvy; **mindent a ~e tetejére állít** turn everything upside down; **nem fér/megy a ~embe** I can't believe it, it is beyond me; **ez vknek a ~ébe kerül** someone's head must roll for that; **~be vág/ver vkt** hit*/knock sy on the head, deal* a blow on sy's head; **a hír ~be vágta** he was staggered (v. bowled over) by the news; **~ébe ver vknek vmt** hammer/beat* sg into sy, drum sg into sy's head, din sg into sy; **~ébe vesz vmt, ~ébe veszi, hogy** ... get*/take* it into one's head [that... v. to do sg]; **~ben számol** do* mental arithmetic; **~ben tart** keep*/bear* sg in mind; **vm jár a ~ében** be* turning sg over in one's mind, be* thinking of sg; **forgat vmit a ~ében** have* sg on one's mind; **~ből** from memory, by heart; **nem megy ki a ~emből** I can't forget it; **teljesen kiment a ~emből** it completely slipped my mind; **~en áll** stand* on one's head; **~ére nő vknek** *kb.* get* too big for one's boots; **vknek a ~ére olvas vmt** reproach sy with sg, take* sy to task for sg, *biz* tell* sy a few home truths; **teljesen elvesztette a ~ét** he completely lost* his head; **vmre adja a ~ét** go* in for sg, take* up sg; **a ~emet teszem rá, hogy** ... I'll bet (you) my bottom dollar (that) ...; **töri a ~ét vmn** rack one's brain; **vm rosszban töri a ~ét** be* up to mischief/no good; **~jel előre esik** fall* head first; **egy ~jel nagyobb** a head taller; **fel a ~jel!** cheer up!, (keep your) chin up!; **~jel megy a falnak** run*/hit*/bang/bash/knock one's head against a brick wall, be* foolhardy; **majd én beszélek a ~ével** I shall tell him what for **2.** *[testületé]* head, chief **3.** *[dologé]* head, (upper) end, top; **~ vagy írás?** heads or tails?; **döntsük el ~ vagy írással** let's toss (up) for it **4.** *[gabonáé]* ear [of corn], *[hagymáé]* bulb, *[káposztáé]* head; **két ~ hagymát kérek** two onions, please **5.** *[újságcím]* head(ing); → **búb**, → **fejében**, → **száll**, → **szeg**[2]

fejadag *fn* ration (per head)

fejadó *fn* poll-tax

fejbevágás *fn* (a) knock/blow* on the head

fejbólintás *fn* nod (of the head)

fejbólintó János *kif* yes-man°

fejbőr *fn* scalp

fejbőség *fn* hat-size/measurement

fejcsóválás *fn* shake of the head

fejdísz *fn* (ornamental) head-dress, *[ékszeres]* tiara

fejében *hsz* (*vmnek*) in return for sg; **jutalom ~** for a reward

fejedelem *fn* (reigning) prince; **erdélyi ~** the Prince of Transylvania

fejedelemség *fn* principality

fejedelmi *mn* princely

fejék *fn* → **fejdísz**

fejel *i [labdát]* head [the ball]

fejelés *fn [labdáé]* heading, header

fejenállás *fn* head-stand

fejenként *hsz* a/per head, each; **~ 5 fontba kerül** it costs £5 a/per head; **~ 10 forintot adott a fiúknak** he gave the boys 10 forints each

fejenkénti *mn* individual

fejes I. *mn* **1. ~ vonalzó** *T*-square **2. ~ káposzta** cabbage; **~ saláta** (cabbage) lettuce **II.** *fn* **1.** *[futballban]* header; **~ gól** headed goal **2.** → **fejesugrás**; **~t ugrik** dive/jump head first (into), take* a header [into the swimming-pool] **3.** *biz [vezető]* bigwig, top dog, big cheese

fejés *fn [tehéné]* milking

fejesugrás *fn* header, dive

fejetlen *mn* **1.** *[fej nélküli]* headless, without a head *ut* **2.** → **fejvesztett**

fejetlenség *fn* disorder, anarchy, confusion

fejezet *fn* (*röv* **fej.**) chapter (*röv* **chap.**)

fejfa *fn [síron]* wooden cross, wooden grave-post

fejfájás *fn* headache

fejfájós *mn* headachy

fejfedő *fn* headgear

fejfekvés *fn orv [magzaté]* cranial presentation

fejgörcs *fn* migraine, splitting headache

fejhallgató *fn* headphone(s), *US* headset, *[egy fülbe dugva]* earphone

fejhallgató-csatlakozás *fn* phone-jack

fejhang *fn* falsetto

fejhossz *fn* **~al győzött** [the horse] won* by a head

fejkendő *fn* kerchief, headscarf

fejkörzés *fn [torna]* rolling of the neck

fejkötő *fn* bonnet

fejkvóta *fn gazd* ration

fejléc *fn [levélen]* heading; *infor* header

fejléces *mn* **~ papír** letter-head stationary/paper

fejlemény *fn* developments *tsz*, outcome, issue; **új(abb) ~(ek)** new/recent development(s); **a legújabb ~** the latest development

fejleszt *i* **1.** *ált* develop, improve; *[vállalkozást]* promote, expand **2.** *[képességet]* develop, cultivate [talent] **3.** *[gőzt, áramot, hőt]* generate, produce

fejlesztés *fn* **1.** *ált* development, improvement, *[pl. mezőgazdaságé így is]* expansion **2.** *[áramé, gázé]* generation, production

fejlesztési *mn* **~ terv** development plan/project

fejlesztőcsoport *fn gazd* research and development group, R & D group

fejletlen *mn [pl. gyerek]* undeveloped, backward; **gazdaságilag ~ ország** underdeveloped country

fejlett *mn [testileg]* fully/well developed, *[technika stb.]* highly developed, advanced; **korán ~** precocious; **vmnek a ~ fokán** at the advanced stage of sg; **~ technika** advanced technology; **(iparilag) ~ ország** developed country; **~ gazdasági viszonyok** highly developed economy; **~ ízlés** refined taste; **~ kritikai érzék** highly developed sensibility (v. critical sense)

fejlettség *fn* state of development, advanced state

fejlettségi *mn* **~ fok** stage of development

fejlődés *fn* **1.** *[növekedés, kifejlődés]* development, evolution, growth; **a ~ éveiben** (*vkről*) in his/her formative years; **~ben elmaradott/elmaradt** *[gyermek, ország]* backward; *[csak ország]* underdeveloped [country], *[értelmi fogyatékos gyermek]* mentally retarded [child] **2.** *átv* progress, advance, improvement

fejlődés(bel)i *mn* developmental; **~ rendellenesség** developmental disorder/abnormality/anomaly, deformity

fejlődéselmélet *fn biol* theory of evolution, evolutionism

fejlődésképes *mn* capable of development/growth/progress *ut*

fejlődésképtelen *mn* not suitable for further development *ut*

fejlődéslélektan *fn pszich* developmental psychology

fejlődésmenet *fn* process/progress of development, evolution

fejlődésregény *fn irod* Bildungsroman *[német]*

fejlődéstan *fn* evolutionism

fejlődéstörténet *fn* evolution

fejlődésű *mn* developed, of ... development *ut*

fejlőd|ik *i* **1.** *[kifejlődik]* develop **2.** *átv* develop, progress, advance; **(jól) ~ik a mezőgazdaság** agriculture is making good progress; **vmvé ~ik** (i) develop into sg (ii) *átv* lead* to sg; **ha a dolgok így ~nek** if things go on like this; **a dolgok oda ~tek** things came* to such a pass, matters reached the stage (when)

fejlődő *mn* developing; **~ ország** developing country

fejlődőképes *mn* → **fejlődésképes**

fejlövés *fn* shot in the head, head wound
fejmagasságban *hsz* at eye level
fejmosás *fn* **1.** *[hajmosás]* shampoo **2.** *biz [szidás]* **(alapos) ~** dressing-down (*tsz* dressings-down)
fejmozdulat *fn* move of the head
fejnélküli *mn* → **fejetlen**
fejőgép *fn* milking-machine
fejőnő *fn* milk-maid
fejőstehén *fn átv is* milch cow
fejpánt *fn* headband
fejpénz *fn* **1.** *tört* → **fejadó 2.** *biz [jutalék]* commission, percentage
fejrázás *fn* shake of the head
fejrész *fn* head(-piece)
fejrevaló *fn* headgear, headwear
fejseb *fn* head wound
fejsérülés *fn* head injury
fejszámolás *fn* mental arithmetic
fejsze *fn* axe (*US* ax); **veszett ~ nyele** *kb.* make* the best of a bad job; **~vel vág** chop sg with an axe
fejszecsapás *fn* stroke/blow with an axe
fejt *i* **1.** *[varrást]* undo*, unstitch, *[kötést]* rip up **2.** *[babot]* shell [beans] **3.** *[követ]* quarry [stone], *[szenet]* mine [coal] **4.** *[bort]* rack, draw* off, decant [wine]; → **rejtvény**
fejtágító *fn tréf* refresher/cramming course
fejtámasz *fn* headrest, head restraint
fejtámla *fn* → **fejtámasz**
fejtartás *fn* carriage (of the head); **alázatos ~** hanging one's head submissively/humbly; **büszke ~** holding one's head erect/high
fejtartó *fn* → **fejtámasz**
fejteget *i* expound, explain, discuss, analyse, *[hosszasan]* dwell* (at length) (up)on sg
fejtegetés *fn* discussion, analysis, exposition, argumentation
fejtés *fn* **1.** *[kőé]* quarrying, *bány* mining, winning, ground breaking, *[széné]* drawing, cutting, hewing **2.** *[magé]* husking **3.** *[ruháé]* unstitching, undoing **4.** *[boré]* racking, drawing off, decanting
fejtető *fn* crown of head, top; **~re áll** stand* on one's head; **~re állít** turn upside down
fejtettbab-leves *fn kb.* bean soup
fejtorna *fn* → **agytorna**
fejtörés *fn* racking one's brains; **nagy ~t okoz (vknek)** give* sy plenty to think about, *biz* it is a real headache
fejtörő *fn* puzzle, brainteaser
fejű *mn* -headed
fejvadász *fn tört átv* head-hunter
fejvadászat *fn* head-hunting
fejvédő *fn sp [ökölvívásban]* headguard
fejvesztés *fn* beheading, decapitation, capital punishment; **~ terhe alatt** under penalty of death
fejvesztett *mn* crazy, crazed, panic-stricken; **~ menekülés** headlong flight; **~en menekül** flee* in terror, run* panic-stricken
fék *fn* **1.** *[járműé]* brake **2.** *átv* **a haladás ~je** an obstacle to progress; **~en tart** keep* in check, curb, restrain, bridle; **~en tartás** control (of/over sg), restraint (on sg), bridling (of sg); → **beletapos**
fekália *fn* faeces *tsz*
fekbér *fn* storage-charge
fékberendezés *fn gk* brake system
fékbetét *fn* brakepad
fékdob *fn műsz* brake drum
fekély *fn orv* ulcer
fekélyes *mn* ulcerous, ulcerated
fekélyesed|ik *i* ulcerate, fester
fekete I. *mn* black, *átv* dark, dusky; **~ bőrű** black (-skinned); **a ~ bőrűek** (the) blacks; **~ doboz** *biz* black box, *hiv* flight recorder; **~ festék** black paint; **~ karácsony** green Christmas; **~ ruhában** (dressed) in black; **~ szemű** black/dark eyed **II.** *fn* **1. ~re fest** (i) *ált* paint sg black (ii) text dye sg black **2.** *[kávé]* black coffee **3. ~ben** *[öltözve]* (dressed) in black **4.** *enyhén pej* **a ~k** the blacks
feketeárfolyam *fn* black-market price
feketed|ik *i* get*/become*/turn black, blacken
Fekete-erdő *földr* the Black Forest
fekete-fehér *mn* (*röv* **ff.**) *[film stb.]* black-and-white (*röv* **B/W**), monochrome; **~ tévé** monochrome TV
feketefenyő *fn növ* Austrian pine
feketefuvar *fn* unauthorised conveyance/load
feketegazdaság *fn gazd* black/shadow economy
feketejövedelem *fn gazd* blackmarket (v. illegal) income
feketekávé *fn* black coffee
feketekereskedelem *fn* the black market
feketeleves *fn* **hátravan még a ~** the worst is yet to come
feketelista *fn* blacklist; **rajta van a ~n** be* on the blacklist, be* in sy's black books
feketéll|ik *i* show*/look black; *[hegy]* loom black, *[felhő]* lower
feketemunka *fn gazd* black labour
feketén *hsz* **1. ~ látja a dolgokat** he (always) looks on the dark side of things **2. ~ vásárol** buy* on the black market; **~ üzletel** *[főleg utcán] US* hustle
feketepiac *fn* black market
feketepiaci *mn* black-market
feketerigó *fn* blackbird
feketeség *fn* blackness
Fekete-tenger *földr* the Black Sea
feketézés *fn* **1.** *[kávézás]* drinking/having black coffee **2.** *átv biz* (buying and selling on) the black market
feketéz|ik *i* **1.** *[kávézik]* drink* black coffee **2.** *átv biz* trade/deal in/on the black market
feketéző *fn* **1.** *[kávézó]* coffee-drinker **2.** *átv biz* black marketeer
fékevesztett *mn* unrestrained, beyond control *ut*
fékez *i* **1.** apply (v. use v. put* on) the brakes, brake **2.** *átv [szenvedélyt]* bridle, curb, keep* under control, restrain [passion]; **~i magát** control/restrain oneself
fékezés *fn* **1.** *műsz* braking **2.** *átv* curbing, bridling
fékezett *mn* restrained; **~ habzású mosópor** automatic washing powder
fékezhetetlen *mn* **1.** *[jármű stb.]* uncontrollable **2.** *átv* unmanageable, ungovernable, irrepressible; **~né válik** go*/get* out of control
fékező *fn [vasúti]* brakeman°
fékezőernyő *fn rep* drag chute
fékezőleg *hsz* **~ hat vmire** act as a break (on sg)
fékezőrakéta *fn* retro-rocket
fékfolyadék *fn* brake fluid
fekhely *fn* → **fekvőhely**
fékkar *fn műsz* brake lever
féklámpa *fn* brake light, *US* stoplight
féknyom *fn* skid marks *tsz*
fékpedál *fn* brake pedal
fékpofa *fn* brake-shoe
fékszárny *fn rep* flap
feksz|ik *i* **1.** *ált* lie* (*vmn* on); **az ágyban ~ik** be* in bed; **az ágyra ~ik** lie* down on the bed; **betegen ~ik** lie* ill, be* (ill) in bed, be* laid up (with); **influenzával ~ik** be* in bed (v. down) with a (bad) cold (v. the flu); **vmre/vhová ~ik** lie* down on; **feküdj!** *[vezényszó]* (lie) down! **2.** *[aludni megy]* go* to bed; **korán ~ik** go* early to bed; **későn ~ik** be* a night owl (v. nighthawk), stay up (late), *[tanulva]* burn* the midnight oil **3.** *[ingatlan]* lie*, be* situated, *[tárgy vmn]* lie* on sg, *[vagyon vmben]* lie* in sg, be* invested in sg **4. nekem ez a dolog nem ~ik** *biz* that is not to my taste, it disagrees with me, *biz* it's not my cup of tea
féktárcsa *fn műsz* brake disc
féktávolság *fn* stopping distance
fektében *hsz* lying
féktelen *mn* wild, unbridled, unrestrained; **~ jókedv** high spirits *tsz*; **~ harag** unbridled fury

féktelenked|ik *i* behave in an unruly manner, indulge in excesses
féktelenség *fn* unruliness, excess, lack of restraint
féktelenül *hsz* boisterously, wildly
fektet *i* **1. vkt ágyba ~** put* sy to bed **2.** (*vmt vhová*) lay*, put*, place **3.** *[pénzt vmbe]* invest/place [money] in sg
fékút *fn* braking distance
fekve *hsz* lying; **~ marad** remain/stay in bed; *[reggel, lustálkodva]* have* a lie-in
fekvenyomás *fn sp* bench press
fekvés *fn* **1.** *[cselekvés]* lying, *[helyzet]* recumbent position **2.** *[magzaté méhben]* presentation, position **3.** *zene [hangfekvés]* register, *[hegedűn stb.]* position **4.** *[vidéké]* situation, location, lie, *[házé]* aspect, exposure; **déli ~** southern (v. south-facing) aspect; **Budapestnek szép ~e van** Budapest is beautifully situated
fekvésű *mn [ház stb.]* (-)situated, lying . . .; **déli ~** having/ with a southern/south-facing aspect *ut*
fekvő *mn* lying, recumbent; **~ beteg** patient confined to bed; *[kórházi]* in-patient; **~ helyzet** horizontal/recumbent position/posture; **~ helyzetben** *sp [lő]* in the prone position
fekvőbeteg-ellátás *fn* hospital care
fekvőhely *fn* bed, *[hajón, hálókocsin]* berth
fekvőhelyes *mn* **három ~ lakókocsi** a three-berth caravan (*US* trailer)
fekvőkocsi *fn* couchette
fekvőkúra *fn* rest cure
fekvőrendőr *fn biz [sebességkorlátozó útakadály]* sleeping policeman°, speed hump
fekvőtámasz *fn* press-up, *US* pushup
fel *hsz* up; **~ és alá** up and down; **~ és alá járkál** walk/pace up and down; **~ a kezekkel!** hands up!; **~ az emeletre** upstairs; **hegynek ~** uphill
fél[1] *i* **1.** *[félelmet érez]* be* afraid, feel* fear, *[nagyon]* fear greatly, *biz kif* be* in a funk; **~ a sötétben** be* afraid of the dark; **~ vmt tenni** be* afraid of doing sg (v. to do sg); **~ kimenni egyedül** she is afraid to go (v. of going) out (alone); **~sz?** are you afraid/scared?; **ne ~j!** don't be afraid!, have no fear! **2.** (*vmtől/vktől*) fear sg/sy, be* afraid of sg/sy, *[nagyon]* have* a great fear of sg/sy, dread sg/sy, be* frightened of sg/sy; **~ tőle, mint a tűztől** shun/avoid sy like the plague; **~ a kutyá(k)tól** be* afraid of dogs **3.** *[udvariasan]* **~ek, hogy** I'm afraid that; **(attól) ~ek, hogy eljön** I'm afraid (that) he will/may come; **~ek, hogy nem jön el** I'm afraid he won't come, *vál* I fear he may not (v. won't) come; **~i az Istent** fear God; → **megijed**
fél[2] **I.** *fn* **1.** *[vmnek a fele]* half° (of sg); **az összeg fele** half the amount; **ennek a fele sem tréfa** this is* no joke; **felébe vág** cut* in half, halve; **a munka felén már túl vagyunk** we are halfway through the work, *biz* we are over the hump; **felére csökkent** (*vmt*) halve sg; **felét sem hiszem annak, amit beszél** I do not believe half the things he says **2.** *[rész, oldal]* side, half; **a hónap első fele** the first half of the month; **az utca túlsó fele** the far/other side of the street; **a jobb felemen** on my right (hand side); **a mi felünkön van** he is on our side **3.** *[határvonal]* halfway point **4.** *[időpont]* half past; **~kor** at half past; *[menetrendben]* (every hour) on the half hour; **felet üt** strike* the half hour **5.** *[ügyfél] gazd* customer, *[perben]* party, *[ügyvédé]* client; *[diplomáciában]* side; **érdekelt ~** the interested party; **a szerződő felek** the contracting parties, the signatories to a treaty **II.** *mn* **1.** half; **~ áron** at/for half-price; **~ év** half a year; → **félév**; **~ hangjegy** minim, *US* half note; **~ liter** half-litre, *GB kb.* a pint; **~ nap** half a day, a half day; **~ oldal** one side; **~ óra** half an hour; → **félóra**; **~ panzió** half/partial board; **~ szám** *[cipő]* half-size; **~ szóból is ért** know* how to take a hint **2.** *[páros dolgokról]* **~ fülére süket** be* deaf in one ear; **~ füllel hallottam** I have it only from hearsay; **~ kar** one arm; **~ kesztyű** *[fél pár]* one glove; **~ kéz** one hand; **~ kézzel** with one hand, single/one-handed; **~ láb** one foot/leg; **~ lábon ugrál** hop on one foot; **~ lábbal a sírban van** have* one foot in the grave; **~ szem** one eye; **~ szemére vak** blind in one eye **3.** *[időpont]* half past; **~ öt** half past four, *US így is:* half after four; **~ ötkor** at half past four **4. a fele almát nekem adta** he gave me half (of) the apple; **fele arányban** half-and-half, fifty-fifty; **fele áron** at half-price; **fele rész** half; **a fele utat megtette** he is half-way there
felad *i* **1.** *[vmt kézzel]* hand/pass sg up; **kabátot ~ vkre** help sy on with his coat **2.** *[levelet]* post, *US* mail [a letter], *[csomagot postán]* post, *US* mail [a parcel], send [a parcel] by post, *[poggyászt vasúton]* register; **rendelést ~** place an order for goods; **táviratot ~** send* (off) (v. dispatch) a telegram **3.** *vall* **~ja az utolsó kenetet** administer the extreme unction **4.** *[versenyt, küzdelmet, reményt, elveket]* give* up, abandon; *[sakkban]* resign; **~ta az akadályhajtást** he retired in the obstacle competition **5.** *[várat]* surrender, hand over [a fortress] **6.** *[iskolában feladatot, leckét]* set, assign/give a task/homework; **mi van mára ~va?** what's today's lesson/assignment? **7.** *[rendőrségnek vkt]* report, inform against; *[önmagát]* report oneself, give* oneself up
feladás *fn* **1.** posting, *US* mailing **2.** *[versenyé, harcé]* giving up, *[váré]* surrender, handing over **3.** *gazd [árué]* consigment, dispatching
feladat *fn* **1.** *okt* exercise(s), *főleg: US* assignment, *[matematikai, fizikai stb.]* problem; **házi ~** homework; **~ot megold** solve a problem **2.** *ált* task, work, *átv* mission, duty; **nem könnyű ~** the task is no easy one; **nekem jutott a ~** it fell to me (v. to my lot) to [do sg]; **teljesíti ~át** perform one's task, carry out one's task, fulfil (*US* -fill) one's duty; **azt a ~ot tűztem magam elé, hogy** . . . I've set myself (the task) to . . .; **~ul tűzi ki vknek** set* sy sg as a task
feladatgyűjtemény *fn okt* **1.** *[nyelvi feladatlapok]* language tests *tsz*, *[nyelvtani]* exercises *tsz*, *[matematikai, fizikai stb.]* problems *tsz* **2.** workbook
feladatkör *fn* range/scope of sy's duties
feladatlap *fn okt* test(-sheet)
feladó *fn [postai küldeményé]* sender, *[borítékon, csomagon]* From: . . .; *[áruküldeményé]* consigner
feladogat *i* hand over one after the other
feladóhely *fn [levélé, csomagé, táviraté]* office of origin
feladóhivatal *fn* office of dispatch
feladóvevény *fn [ajánlott levélé/küldeményé]* registration form/slip, receipt (for registered letter, etc.)
feladvány *fn [matematika, sakk]* problem
félágaskod|ik *i* → **ágaskodik**
felajánl *i* (*vknek vmt*) offer sg to sy (v. sy sg), make* an offer of sg to sy
felajánlás *fn* offer(ing)
felajánlkoz|ik *i* volunteer
félájult *mn* dazed
felajz *i* **1.** *[íjat]* draw* [a bow] **2.** *átv* (*vkt*) excite, set* sy (all) agog
felakad *i* get* caught/entangled (in/on sg)
felakaszt *i* **1.** (*vmt*) hang* up (*múlt ideje:* hung up) (*vmre* on), hang*/hook sg (up) on sg **2.** *[embert]* hang (*múlt ideje:* hanged); **~otta magát** he hanged himself
félakkora *mn* → **feleakkora**
fel-alá *hsz* → **fel**, → **fel s alá**
feláldoz *i* sacrifice
feláll *i* **1.** *[ülésből]* get*/stand* up, rise* [from one's seat], *[esés után]* pick oneself up; **a zenekar újra ~** the orchestra rises again **2.** (*vmre*) get* up on sg, stand* on sg **3.** *[pl. haj]* stand* on end **4.** *sp [csapat kezdéshez]* line up **5.** *átv [lemond]* resign **6.** *biz [hímvessző]* stand* erect
felállás *fn* **1.** getting/standing up **2.** *sp* line-up
félállás *fn* part-time job; **~ban dolgozik** work half-time
felállít *i* **1.** *[álló helyzetbe hoz]* stand* sg upright, *[eldőlt tárgyat]* right, set* upright, *[tekebábukat]* put* up, *[vkt ültéből]* make* sy get/stand up **2.** *[gépet]* install, put* up [machine], *[sátrat]* put*/set* up, erect **3.** *kat [csapatot]*

F

arrange [in position v. in fighting order], *sp [csapatot bizonyos alakzatba]* arrange, *[összeállít]* pick **4.** *[intézményt]* establish, set* up, found **5.** *[elméletet]* devise, set* up [a theory], *[egyenletet]* set* up [an equation] **6.** *[rekordot]* set* (up)
felállítás *fn* **1.** *[gépé]* installation, *[sátoré]* putting up, erection **2.** *kat* arrangement **3.** *[intézményé]* establishment, foundation **4.** *sp [csapaté]* picking (of a team)
félálom *fn* light sleep, doze; **~ban** half asleep
félannyi *hsz* half as much/many
felaprít *i* cut* up, chop (up)
felár *fn* extra/additional charge
félárboc *fn* half-mast; **~on** at half-mast; **~ra ereszt** fly* [a flag] at half-mast
félárnyék *fn* half-light
félárú *mn* **~ jegy** half-fare/price ticket; **~ jeggyel utazik** travel (*US* -l) (at) half fare (v. half-price)
félárva *mn* fatherless, motherless (boy/girl)
felás *i* dig* (up)
félautomata *mn* semi-automatic
felavat *i [új tagot]* initiate; *[szobrot]* unveil; *[épületet stb.]* inaugurate, open
felavatás *fn [új tagé]* initiation, *[épületé]* inauguration, opening
feláz|ik *i* become* sodden/soaked
félbarna *mn* **~ kenyér** standard bread
felbátorít *i* encourage, inspire (sy to do sg)
felbátorod|ik *i* take* heart/courage, gain confidence, *biz* screw/pluck up one's courage
felbecsül *i* appraise, assess, estimate, *[egy pillantással]* size up, *[mennyiségre]* take* stock of sg; **~i a kárt** assess the damage
felbecsülhetetlen *mn* priceless, inestimable, invaluable
félbehagy *i* break*/leave* off, stop, discontinue, interrupt
felbélyegez *i* **levelet ~** put* a stamp on a letter, stamp a letter
félbemarad *i* be* broken off, be* left unfinished/uncompleted
félbemaradt *mn [munka]* unfinished, uncompleted [work]
félben *hsz* unfinished, incomplete; **~ marad(t)** → **félbemarad(t)**
-félben *utótag* in the process/course of, on the point of, about to; **épülő~** in construction, in progress; **induló~** about to start/leave
felbérel *i* hire sy [to do sg unlawful]
félbeszakad *i* be* broken off, stop (suddenly), be* interrupted
félbeszakít *i [előadást, vitát, vkt]* interrupt, *[beszélgetést]* break* off, break* in [on the conversation], *[munkát]* break* off, discontinue
félbevág *i* halve, cut* in two/half
felbillen *i* tilt/turn/tip/roll over, tip up, overturn
felbillent *i* tilt/tip/roll/turn over, tip up, overturn, turn upside down
felbiztat *i* (*vkt vmre*) encourage/stimulate sy to do sg; *[rosszra]* incite
felbocsát *i [űrhajót]* launch
félbolond I. *mn* half-witted, crazy **II.** *fn* crank, half-wit
felbolydul *i* → **megbolydul**
felbolygat *i* → **megbolygat**
felbomlás *fn* disorganization, disintegration, dissolution, falling to pieces, *[vegyi]* decomposition, *[fegyelemé]* relaxation, falling off, *[hadseregé]* state of utter demoralization; **a rend ~a** confusion, anarchy
felbomlaszt *i* break* up, disorganize, disintegrate, *[hadseregben]* incite to disaffection
felboml|ik *i* **1.** *[varrás, kötés]* come* apart/undone **2.** *[szervezet]* dissolve, disintegrate, break* up, *[házasság, család]* break* up, *[eljegyzés]* break* off, *[fegyelem]* break* down; **5 házasság közül 2 ~ik** 2 marriages out of 5 break down **3.** *kém* decompose, break* down
felboncol *i* dissect
felboncolás *fn* dissection
felbont *i* **1.** *[levelet, csomagot]* open, *[csomót]* undo*, untie [a knot] **2.** *[vmt részeire]* break* down, dissolve, *[tervet]* break* down **3.** *[kapcsolatot]* break* off, *[eljegyzést]* break* off, *[házasságot]* grant (sy) a decree nisi, *[egyezményt, szerződést]* cancel (*US* -l), dissolve **4.** *kém* decompose
felbontás *fn* **1.** *[levélé, csomagé]* opening, *[csomóé]* undoing, untying, unfastening **2.** *[vmt részeire]* disintegration, breaking down; *tv* definition, *infor távk* resolution **3.** *[szerződésé]* dissolution, cancellation, cancelling (*US* -l-) **4.** *kém* decomposition, breaking down
felbontatlan *mn* unopened
felbonthatatlan *mn* indestructible, irrevocable, indissoluble
felbontóképesség *fn fiz* definition
felborít *i* **1.** push/knock over, overturn, upset*, turn upside down **2.** *átv [tervet]* upset*, spoil*
felborul *i* **1.** (*vk vm*) overturn, fall*/tip/keel over, *[csónak]* capsize, *[autóval]* turn over, have* a spill **2.** *[rend]* be* upset
felborzol *i* **hajat ~** ruffle (v. rough up) one's hair; **szőrét ~ja** *[állat]* bristle (up)
felborzolód|ik *i* bristle (up), *[haj]* stand* on end, get* tousled
felbosszankod|ik *i* (*vmért/vmn*) get* annoyed with sg, get* angry (v. worked up) about sg
felbosszant *i* make* (sy) angry, irritate
felbőg *i* roar
félbőr *mn* **~ kötés** half-calf, half(-leather) binding; **~ kötésű** half-calf, half-bound
felbőszít *i* enrage, infuriate, make* furious
felbőszül *i* fly* into a rage/temper, get*/become* furious, be* enraged
felbujt *i [bűntényre]* (aid and) abet, instigate
felbujtó *fn* instigator, inciter, abetter, abettor
felbukfencez|ik *i* tumble over, (turn a) somersault
felbuk|ik *i* tumble over, (stumble and) fall* (down); *[lovas, kerékpáros]* have* a (nasty) spill
felbukkan *i [személy]* appear (suddenly), *biz* pop up, *[nehézség]* crop up
felbukkanás *fn* (sudden) appearance, emergence
felbuktat *i* trip sy up
felbuzdít *i* encourage (sy to do sg)
felbuzdul *i* (*vmn*) get*/grow* enthusiastic (about sg), be* fired (to do sg)
felbuzdulás *fn* sudden (burst of) enthusiasm
félcédulás *mn biz* half-wit
felcicomáz *i* trick/deck out, *biz* tart up
felcihelőd|ik *i* → **szedelőzködik**
félcipő *fn* shoes *tsz*
felcukkol *i szl* take* the piss (out of sy)
felcsal *i* lure up, persuade to come/go up (to a place)
felcsaliz *i [horgot]* bait
felcsap *i* **1.** *[láng]* dart/shoot* up; **a hullám ~ott a fedélzetre** the wave swept on the board **2.** *[katonának]* enlist, join up, join the colours (*US* -ors), *[másnak]* turn (sg), become* a(n)... **3.** *[könyvet vhol]* open [a book at random], *[kártyát]* turn up [a card], *[ülést]* tip up, *[fedelet]* snap sg open
felcsapható *mn* **~ asztallap** table-flap; **~ ülés** tip-up seat
felcsapód|ik *i* **1.** *[ajtó]* fly*/fling* open, *[fedél]* snap open suddenly, *[rugós dolog]* dart/fly* up **2.** *[sár ruhára]* splash [on sy's clothes]
felcsatol *i [kardot]* buckle/gird* on (one's sword); *[sílécet]* bind on (skis)
felcsattan *i* **1.** snap, crack **2.** *[vk hangja]* snap
felcsavar *i [vm hajlékonyat vmre]* roll/wind* sg on (to) sg, *[csavart, anyát]* screw on, *[hajat]* put* up, *[hajcsavarókra]* set* in curlers
felcsendül *i* resound, be* heard

felcsenget *i* **1.** *[álmából telefonon]* awaken sy by the phone, *[vkt telefonon]* give* sy a ring, call **2.** *[lakásba vkhez]* ring* sy's bell

felcsepered|ik *i* grow*/shoot* up

felcser *fn* **1.** *elav* army doctor **2.** *biz pej* quack doctor

felcserél *i* **1.** *[sorrendben]* invert, transpose **2.** *[tévedésből]* mistake* for

felcserélhető *mn [hasonló rendeltetésű]* interchangable

felcsévél *i [fonalat, damilt]*, wind* up, reel, spool, *[kötelet]* wind*, coil up

felcsigáz *i* **~za vknek az érdeklődését** excite the curiosity of sy, key up

felcsillan *i* flash, gleam; **~t a szeme** her eyes sparkled (v. lit up); **~t előtte a remény** he (suddenly) had a gleam of hope, he suddenly saw a light at the end of the tunnel

felcsinál *i durva* knock up [a girl]

felcsúsz|ik *i [ruhadarab]* ride* up

feldagad *i* swell* (up)

feldarabol *i* **1.** *[darabokra vág]* cut* into pieces, cut*/chop up, divide up, *[szárnyast]* (dis)joint **2.** *[földet]* break* up, parcel (*US* -l) out [land], *[országot]* dismember **3.** *átv* divide up

feldarabolás *fn* **1.** *[darabokra vágás]* cutting up, cutting into pieces **2.** *[földé]* parcelling (*US* -l-) out, breaking up, *[országé]* dismemberment **3.** *átv* division

féldeci *fn biz* a double

felderít *i* **1.** *[rejtélyt]* clear up, find* out, throw* light on, bring* to light **2.** *[felkutat]* find* out, scout out/(a)round, *kat* reconnoitre (*US* -noiter) **3.** *[jókedvre hangol]* cheer (up), enliven

felderítés *fn* **1.** *[rejtélyé]* clearing up, *[tényeké]* fact-finding **2.** *kat* reconnaissance, reconnoitring (*US* -noitering), scouting; **~t végez** make* (v. carry out) a reconnaissance

felderítetlen *mn* unexplored, *[rejtély]* unsolved

felderítő I. *mn* exploratory, *kat* reconnaissance, reconnoitring (*US* -noitering); **~ repülőgép** spy-plane **II.** *fn* scout

felderül *i [hangulat]* cheer up; **arca ~t** his face brightened (v. lit up)

feldicsér *i* praise highly/lavishly, praise to the skies, extol, *biz* glorify

feldíszít *i* decorate, adorn, embellish

feldíszítés *fn* decoration, embellishment

feldob *i* **1.** throw*/fling* up, throw* in the air **2. fel van dobva** *biz* he's elated; *US* he's on cloud nine, he's on a high

feldolgoz *i* **1.** *[iparilag]* process, prepare, *[hulladékanyagot]* recycle; **számítógéppel** (v. **gépi úton**) **~** process [data] (by computer), computerize [data] **2.** *biol* assimilate **3.** *[író témát]* write*/work up, treat [a topic] **4.** *[lelkileg]* come* to terms with sg, get* over sg

feldolgozás *fn* **1.** *[iparilag]* processing **2.** *[témáé]* writing/working up, treatment

feldolgozóipar *fn* processing industry

féldombormű *fn* bas/low-relief

feldől *i* overturn, fall* over, upset*

feldönt *i* knock/push over, upset*, overturn, *[embert]* knock sy off his feet

feldörzsöl *i* chafe, rub till sore, rub up

féldrágakő *fn* semi-precious stone

feldudorodik *i* warp

feldúl *i* **1.** *[országot]* ravage, devastate, lay* waste **2.** *[boldogságot]* destroy, ruin [sy's happiness] **3. egészen fel vagyok dúlva** I am very upset (v. worked/wrought up)

feldúlás *fn* **1.** *[országé]* devastation **2.** *[boldogságé, családi életé]* destruction

feldúlt *mn* **1.** *[ország]* ravaged, laid waste *ut*, *[szoba]* ransacked, turned upside down *ut* **2.** *[arc]* agitated, distraught, *[boldogság]* destroyed; **~ idegállapot** state of great agitation; *[igével]* be* very upset, be* distraught

feldúltság *fn* agitation, state of excitement

feldúsít *i* enrich

felduzzad *i* **1.** *[arc stb.]* swell* (up), be*/become* swollen **2. ~t** *[folyó]* be* swollen **3.** *[létszám]* swell*

felduzzaszt *i* **1.** *ált* swell*, distend **2.** *[vizet]* dam (up)

feldühít *i* make* (sy) angry, annoy, anger, *biz* put* sy's back up

feldühöd|ik *i* → **felbőszül**

fele *hsz* → **fél²** I, II

felé I. *hsz* **1.** *[térben]* towards, toward, in the direction of, -ward(s); **a ~ a ház ~** towards that house; **dél ~** southwards, towards the south **2.** *[környékén]* near, around **3.** *[időben]* towards, about, around; **10 óra ~ gyere** come about ten; **dél ~** towards noon; **ötven ~ jár** be* pushing/nearly fifty; **a század vége ~** toward(s) the end of the century; *[részre]* **három ~ vág** cut into three (pieces) **II.** *nm* towards; **~m** towards me; **~je** *[amerre lakik]* his way; **~nk** around/over here, in our part of the world; **~je se néz vkinek** completely neglect

-féle *utótag* **1.** *[fajta]* a kind/sort of . . ., of a . . .kind; **vm kávé~ (folyadék)** coffee of sorts; **ilyen~** of this sort **2. a Newton-~ elmélet** Newton's theory, the Newtonian theory

feleakkora *mn* half the size, half as big (as)

felebarát *fn* fellow-man°/being

felebaráti *mn* **~ szeretet** charity, love of one's neighbours, fraternal love

felébred *i* **1.** *[álmából vk]* wake* up, awake*, awaken **2.** *[vágy]* awaken

felébredés *fn* waking up, (a)wakening

felébreszt *i* **1.** *[álmából vkt]* wake* (up), rouse, awake*, awaken **2.** *átv* arouse, awaken

feled *i* → **felejt**

feledékeny *mn* forgetful, absent-minded

feledékenység *fn* forgetfulness, absent-mindedness

feledés *fn* oblivion; **~be megy/merül** be* forgotten, fall*/sink* into oblivion

félédes *mn [bor stb.]* medium

feledhetetlen *mn* → **felejthetetlen**

feledtet *i* cause/make* sg to be forgotten; **~ vkvel vmit** make* sy forget sg

fele-fele arányban *hsz* fifty-fifty, half-and-half

felég *i [bőr]* get* badly sunburnt

feléget *i* burn* (up), reduce to ashes, *[várost]* burn down; *átv* **~i maga mögött a hidat** burn* one's bridges

felegyenesed|ik *i* rise* and stand* upright/erect, straighten up, *[ültében]* sit* up

félegyes *mn* **a ~ vonat** the twelve-thirty train

felejt *i* forget*; **sokat ~ett** he's very rusty (on sg); *[nyelvből]* his [English etc.] is rather/pretty rusty; **hamar ~** have* a short memory, have* a bad memory (for sg); **nyitva ~** leave* (sg) open, forget* (sg) to close; *[a gázt]* leave* on; **otthon ~** leave* (sg) at home, forget* (sg) to bring along

felejtés *fn* oblivion

felejthetetlen *mn* unforgettable, memorable

felékesít *i* decorate, adorn, embellish

felekezet *fn* denomination

felekezetenkívüli I. *mn* undenominational, non-denominational **II.** *fn* undenominationalist; **~ek** people not belonging to a/any (v. a particular) denomination; *[igével]* be* non-denominational

felekezeti *mn* denominational, adhering to a [particular] denomination *ut*; **~ iskola** denominational school

felel *i* **1.** *[válaszol]* answer, reply, make* a reply; **nem ~** make* no reply; *[telefonon]* there's no answer/reply **2.** *[iskolában]* answer the teacher's questions, *US* recite (the lesson); **jelesre/ötösre ~t** he got a "very good"; **egyesre/elégtelenre ~t** he got an "unsatisfactory"; *[vizsgán]* he failed (the examination) **3.** *[felelősséget vállal vkért/vmért]* be* responsible for sy/sg, answer/vouch for sy/sg, *[csak vmért]* guarantee sg **4.** *[vmért számot adva]* answer/account for sg

felél *i* consume, use up, *[vagyont]* run* through [a fortune]

feléled *i* **1.** *[magához tér]* revive, come* to/round, awaken **2.** *[tűz]* rekindle, flame/flare up **3.** *[felélénkül]* come* alive

feléledés *fn* **1.** *[magához térés]* revival, resuscitation, awakening **2.** *átv* revival, renaissance

félelem *fn* fear (of sg), dread (of sg), *[szorongó]* anxiety; **~ fogta el** he was seized by fear, fear gripped him; **~ben tart** terrorize, intimidate; **attól való félelmében, hogy** ... for fear of [sg happening], fearing that ..., fearing lest [sg should happen]; **a ráktól való félelmében** for fear of cancer; **félelmében tesz vmt** do* sg out of fear; **~mel tölt el** fill sy with fear/terror; **félelmet keltő** frightful, frightening

féleleмérzés *fn* sense of fear, alarm

felélénkít *i* vivify, revive, liven up

felélénkül *i* revive, liven up; *[fellendül]* warm up

felélénkülés *fn* reanimation, livening up

felelés *fn [iskolai]* repetition, answering the teacher's questions, *US* reciting (the lesson), *[vizsgán]* oral examination

féléleszt *i [élőlényt]* revive, resuscitate, *[tüzet]* stir up, rekindle [fire], *[szokást]* revive [custom]

felelet *fn* **1.** answer, reply; **~et ad** (give* an) answer, (make* a) reply **2.** *okt* **szép ~ volt** his answer was very good

feleletképpen *hsz* by way of answer

feleletválasztós *mn okt* **~ teszt** multiple-choice test

felelevened|ik *i* → **feléled**, → **felélénkül**

felelevenít *i [színdarabot]* revive, *[vm emlékét]* evoke, recall → **féléleszt**, → **felélénkül**

felelget *i* give* answers

félelme(te)s *mn* fearful, dreadful, frightful, formidable

felelős I. *mn* (*vmért*) *[okolható]* be* responsible for sg; (*vmért/vkért*) *[rá van bízva]* be* responsible for sg/sy, be* in charge of sy/sg; **~ szerkesztő** senior editor; **vkt ~sé tesz vmért** hold* sy responsible (for sg), take* sy to task, lay sg at sy's door **II.** *fn* person/official responsible for sg

felelősség *fn* responsibility (for sg), *[bajért]* blame; **kivonja magát a ~ alól** wriggle out of responsibility; **övé a ~** be* (left) responsible (for sg); **~re von vkt vmért** call sy to account for sg, hold sy responsible for sg, take* sy to task; **~re vonható** responsible for one's actions *ut*, amenable to law *ut*; **saját ~ére tesz vmt** do* sg on one's own responsibility, do sg at one's own risk; **vállalja a ~et** (*vkért/vmért*) assume/accept responsibility for sy/sg, take* the responsibility of sg; **másra hárítja/tolja a ~et** shift the responsibility (on) to someone else, *biz kif* pass the buck to sy

felelősségbiztosítás *fn [gépjármű]* third-party insurance

felelősségérzet *fn* sense of responsibility

felelősségteljes *mn* highly responsible

felelősségtudat *fn* (sense/awareness of) responsibility

felelősségvállalás *fn* taking responsibility

felelőtlen *mn* irresponsible; **~ beszéd/fecsegés** loose talk; *[összevissza]* wild talk; **~ elemek** irresponsible elements

felelőtlenked|ik *i* act recklessly/irresponsibly

felelőtlenség *fn* irresponsibility

feleltet *i okt* question [pupil in/on sg], examine [pupil in sg]; *US* quiz

felemás *mn [cipő stb.]* odd, *[helyzet]* ambiguous, awkward; **~ korlát** *sp* uneven/asymmetric (parallel) bars *tsz*

felemel *i* **1.** *[magasba]* lift (up), raise, *[földről tárgyat]* pick/take* up, *[autót emelővel]* jack up **2.** *[vm magasságát]* raise [the height of] sg **3.** *[árakat]* raise, mark/put* up [prices], *[fizetést]* raise, increase [salary], *US* boost **4. ~i a hangját** raise (v. lift up) one's voice; **~i a szavát vk/vm ellen** speak* out against, protest against; **~i a szavát vk/vm érdekében** speak* up for sy/sg

félemelet *fn* mezzanine, entresol

felemelkedés *fn* rise, rising, *[iparé]* progress, advance, *[országé]* rise; *[szociális]* upward mobility

felemelked|ik *i* **1.** *ált* rise*, *[földről]* get* up, *[magasba]* ascend, *[repülőgép]* take* off **2.** *[ország, gazdaságilag]* rise* **3.** *[magas állásba]* work one's way to the top (v. up), advance; *[szociálisan]* be* upwardly mobile; **semmiből emelkedett fel** he started on a shoestring and worked his way up

felemelkedő *mn* **~ társadalmi rétegek** upwardly mobile sections of society

felemelő *mn [élmény, látvány]* elevating, uplifting

felemelt *mn* raised; **~ helyárak** special/higher prices

felemészt *i* consume, use up

felemleget *i* mention, bring* up [the question of]; **~te sérelmét** he made a complaint (about sg); **folyton ~** rub it in *biz*

felemlít *i* → **felemleget**

felenged *i* **1.** (*vkt vhová*) let* sy go up **2.** *[hideg idő]* grow* milder, *[fagy]* ease off, *[jég]* melt, *[mélyhűtött élelmiszer]* defrost, thaw **3.** *[feszültség]* ease, *[ember]* unbend*, relax **4. ~i a kuplungot** engage the clutch

félénk *mn* shy, timid, timorous

félénkség *fn* shyness, timidity

felényi *mn* half (the size of), half as much

felépít *i* **1.** build*, erect, construct, set* up **2.** *átv* build* up

felépítés *fn* **1.** construction, building, setting up **2.** *[szerkezet]* make-up, structure, *[emberi szervezeté]* build

felépítésű *mn* **jó ~** *[vm]* well-constructed, *[vk]* well-built

felépítmény *fn* superstructure

felépül *i* **1.** *[épület]* be* built/completed **2.** *[betegség után]* recover, recuperate

felépülés *fn [betegségből]* recovery, recuperation

felér *i* **1.** *[vk kézzel vhová]* reach up to, (*vm vmeddig*) reach as far as, *[csúcsra]* reach, attain **2.** (*vmvel*) *[értékben]*, be* worth (as much as) sg, be* tantamount to sg; **nem ér fel vkhez** *biz* can't hold a candle to sy **3. ésszel ~ vmt** comprehend/grasp sg; **nem érem fel ésszel** it is beyond me

féleredmény *fn* half-success, partial success

felerészben *hsz* half(-and-half), fifty-fifty; **~ az övé** (s)he has a half-share in it, half of it belongs to him/her

felereszt *i* **1.** (*vkt*) allow sy to go up, *[léggömböt]* send* up **2.** *[levest]* add water to, water [soup]

félérett *mn* half-ripe

felérkez|ik *i* reach, attain to, get* (up) to

felerősít *i* **1.** (*vmt vhová*) fix/fasten/attach sg to sg **2.** *[hangot]* amplify **3.** *[beteget]* build* up, strengthen

felerősöd|ik *i* intensify, strengthen

felértékel *i* **1.** *[felbecsül]* appraise **2.** *[a valóságosnál többre]* overestimate (the value of) sg **3.** *[valutát]* revalue

felértékelőd|ik *i* become* more important/valuable

feles I. *mn* **1. 8 és ~ harisnya** size eight and a half stockings *tsz* **2. ~ bérlő** *kb.* share-cropper **II.** *fn* **1.** → **I 2** **2. ~ben csinál vmt vkvel, ~ben osztoznak** go* halves in doing sg with sy **3.** *biz* → **féldeci**

feleség *fn* wife°; **~ül vesz vkt** marry sy

féleség *fn* variety, kind

feleségestül *hsz* wife and all, with one's wife

felesel *i* answer back, *főleg: US* talk back; *biz* **ne ~j!** none of your lip!

feleselés *fn* answering back, *GB* backchat, *US* backtalk

felesket *i* swear* sy in; **~ték** (s)he was sworn in

felesküsz|ik *i* **1.** *[leteszi a hivatali esküt]* take* the oath (of office) **2.** (*vmre*) swear* to do sg

felesleg *fn* surplus, *[többlet]* excess, *[maradék]* residue

felesleges *mn [több]* superfluous, redundant, *[szükségtelen]* unnecessary, needless; **~ mondanom, hogy megtartotta ígéretét** needless to say(,) he kept his promise

feleslegesen *hsz* unnecessarily, needlessly; **~ vár** he is waiting to no purpose

felesz|ik *i* eat* up everything, consume/devour everything, *[másét]* eat* sy out of house and home

feleszmél *i* come* to/round, recover one's senses; **kezd ~ni** *átv* he begins to see (the) light; it begins to dawn on him

féleszű I. *mn* half-witted, crazy **II.** *fn* half-wit

felett *nu* **1.** *[vmnél magasabb helyen]* above, *[vmn át]* over; **a ~ a ház ~** above that house; **fejem ~** overhead; **a föld ~** above (the) ground **2.** *[vmt meghaladva]* over, above; **70 kg ~** weighing more than 70 kg, above/over 70 kg; **fagypont ~** above zero (centigrade) **3.** *átv* about, concerning; **vm ~ tanácskoznak** discuss sg, talk about sg; **ítélkezik vk ~** pass judgement on sy

felette *hsz* **1. felettünk lakik** he lives over us **2. ~ áll vmnek** *átv* be* above (doing) sg, be* superior to do sg; **~ áll vknek** *[rangban]* be* above sy **3.** *[fölöttébb]* very, exceedingly, extremely

felettes I. *mn* superior; **~ én** *pszich* superego; **~ hatóság** superior authority **II.** *fn* superior

feletti *mn* **1.** above *ut*; **a Dunának Bécs ~ szakasza** the reaches of the Danube above Vienna *tsz*; **10 fok ~ hőmérséklet** temperature above ten degrees centigrade/Celsius (*írva:* 10° C) **2. gyermeke elvesztése ~ bánata** his sorrow over the loss of his child; **kinevezése ~ örömében** in his joy at being appointed

feleúton *hsz* halfway, midway

félév *fn okt* semester, half-year, *GB [évharmad]* term, *US [ha évharmad]* session, *[ha félév]* semester; → **fél**[2] **II 1**

félévenként *hsz* half-yearly, biannually, every six month

félévenkénti *mn* biannual, half-yearly

féléves *mn* six month (old), six months'

félévi *mn* **1.** six months', biannual, half-yearly **2. ~ bizonyítvány** end-of-semester/term report; **~ vizsgák** end-of-semester/term (v. sessional) examinations, examinations at the end of term (v. the semester)

felez *i* halve, divide into halves; **~ vkvel** split* sg fifty-fifty (v. 50-50) with sy, go* halves/shares with sy (in sg); **~zünk!** let's go halves, *[számla fizetésekor] biz* let's go Dutch

felezés *fn* halving, *mat* bisection

felezési *mn* bisecting; **~ idő** *fiz* half-life

felező I. *mn* bisecting; **~ merőleges** perpendicular/normal bisector **II.** *fn* bisector, *[szögfelező]* bisectrix

felezőpont *fn* midpoint

felezővonal *fn* bisecting line, bisector, *sp* halfway-line

felfagyás *fn* **1.** *[talajé]* frost heave/heaving **2.** *[úttesten]* frost riving, *[igével]* the roads are frozen

felfakad *i [kelés]* burst*

felfal *i* eat*/gobble up, devour; **majd ~ja a szemével** devour sy with one's eyes

felfáz|ik *i* catch* a chill

felfed *i [arcot]* uncover, expose, *[titkot]* disclose, reveal [secret]; **~i magát** reveal one's identity; **~i a lapjait** put* one's cards on the table

felfedez *i* **1.** *[új vmt]* discover, *földr így is:* explore; *[feltalál]* invent **2.** *[hibát]* detect [mistake], *[titkot]* find* out, reveal, disclose [secret], *[elveszett dolgot]* unearth, trace, find*, *[észrevesz]* spot, discern

felfedezés *fn* **1.** *[vm újé]* discovery **2.** *[titoké]* revelation, disclosure

felfedező *fn* discoverer, *[földrajzi kutató]* explorer

felfedezőút *fn* voyage of discovery, expedition, journey of exploration [into China etc.], *[kutatóút]* exploratory (research) expedition

felfegyverez *i* arm, provide with arms; **újra ~** rearm, remilitarize

felfegyverkezés *fn* armament, preparations for war *tsz*

felfegyverkez|ik *i* arm (oneself), prepare for war; **újra ~ik** rearm

felfegyverzés *fn* arming

felfejlődés *fn kat* deployment (for action)

felfejlőd|ik *i* deploy, open out

felfejt *i* unstitch, undo*

felfeksz|ik *i* **1.** *orv* **feküdjön fel, kérem** *[vizsgálóasztalra]* please lie* down (on the bed/couch) **2.** *műsz* be* a good fit

felfektet *i* **1.** (*vmre*) lay* (sy/sg) on sg **2.** *[okmányt]* make* up, *[ügyiratot]* draw* up, write*, present; **könyveket fektet fel** start keeping books

felfekvés *fn* **1.** *[sebhely]* bedsore **2.** *[gerendáé]* bearing

felfelé *hsz* **1.** *[irány]* upwards, *US* upward, *[dombra]* uphill, *[folyón]* upriver, upstream; **~ megy** go* up(hill); *[lépcsőn]* go* up, climb [the stairs]; **~ a Dunán** up the Danube **2. ~ bukik** *szl* be* kicked upstairs; **hatéves kortól ~** six years onwards **3. ~ mennek az árak** prices are rising (v. going up) **4.** *[észak felé]* northwards **5.** *[álló helyzetbe]* upright

felfér *i* (*vmre*) there is room for sg/sy (swhere)

felfesl|ik *i* come* unstitched, tear*/rip along the seam(s)

felfest *i [útjelet]* paint (road marks)

felfeszít *i [ajtót, fedelet]* force/prise/break* (v. *US* prize/pry) sg open

felfigyel *i* (*vmre*) take* note/notice of sg/sy, sg/sy attracts the attention of sy

felfog *i* **1.** *[szoknyát]* gather/hold* up (one's skirt) **2.** *[esővizet]* collect **3.** *[ütést, vágást]* ward off, parry, *[fényt]* intercept, *[zajt]* deaden, muffle, *[rázkódást]* absorb **4.** *[rádiójeleket]* receive, pick up **5.** *[ésszel]* grasp, comprehend; **fel nem foghatom** it is beyond me; **ezt nem szabad úgy ~ni, mintha** ... this should not be taken/seen as if it ...

felfogad *i [dolgozót]* engage, take* on, employ; *[napszámost]* hire

félfogadás *fn* **1.** *[ténye]* reception **2.** *[ideje]* consulting hours *tsz*, business/office hours *tsz*

felfogás *fn* **1.** → **felfogóképesség**; **jó ~a van** have* a good grasp of sg, be* quick-witted **2.** *[vélemény]* opinion, notion, idea, *[megközelítés]* approach; **ez ~ kérdése/dolga** it is a matter of opinion; **~a a zenéről** one's approach of music; **ellenkezik a ~ommal** it is alien to me, it is just the opposite of what I think right

felfogásbeli *mn* conceptional; **~ különbség** divergence/difference in opinion

felfogásmód *fn* (mental) attitude, outlook, mentality

felfogású *mn* **gyors ~** nimble/quick-witted; *biz* quick on the uptake *ut*; **nehéz/lassú ~** slow-witted; *biz* slow on the uptake *ut*

felfoghatatlan *mn [ésszel]* incomprehensible, unintelligible; **~ dolog** something (quite) inconceivable

felfogható *mn* intelligible, comprehensible; **könnyen ~** easy to understand/follow *ut*

felfogóképesség *fn* grasp, (power of) comprehension

felfokoz *i* intensify, increase

felfokozott *mn ign* intensified, increased

felfordít *i* **1.** (*vmt*) upset*, overturn, turn upside down **2. ~ja a házat** turn the house upside down

felfordítva *hsz* upside down

felfordul *i* **1.** *[felborul]* overturn, turn over, roll over, upset*; *[csónak]* capsize; *[bukfencezve]* (turn a) somersault **2.** *[állat]* die, *[ember] biz* kick the bucket; **majd ~ok az éhségtől** I am starving/famished, I am ravenous(ly hungry) **3. ~ a gyomra** (*vmtől*) (it) makes one's stomach turn **4.** *[világ, helyzet]* upset*, turn upside down, (turn) topsy-turvy

felfordulás *fn [zűrzavar]* confusion, chaos, *[politikai]* upheaval, *[lakásban]* disorder, mess; **nagy ~ lesz** *[pl. festéskor]* there'll be an awful muddle; **őrült ~t csinál** raise hell/Cain *biz*

felfordult *mn ign* overturned, (turned) upside down *ut*, *[csónak]* capsized, *átv* chaotic; **~ világ** a mad world, topsy-turvydom

felforgat *i* turn upside down, overturn, upset*, *[társadalmi rendet]* upset*, undermine [social order]

felforgató I. *mn* subversive **II.** *fn* subversive element(s), subversive

felforr *i* **1.** *[folyadék]* (come* to the) boil **2.** *átv* **~ a vére** (*vmtől*) it makes* his blood boil; **~t benne a méreg** his blood was up, he was boiling with rage

felforral *i* boil (up), bring* to the boil

felfortyan *i* flare/blow* up, burst* out

felfortyanás *fn* outburst, flare-up

felföld *fn* highlands *tsz*, uplands *tsz*, *[Skóciában]* the Highlands
felföldi *mn* ~ **ember** highlander, uplander
felfőz *i* boil, cook
felfrissít *i* **1.** *[frissé tesz]* refresh, freshen up **2.** *[készletet]* restock, refurnish; *[adatot, fájlt]* refresh, update **3.** **~i vk emlékezetét** refresh sy's memory (about/of sg); **~i angol nyelvtudását** brush up one's English
felfrissül *i* be*/feel* refreshed, refresh oneself
felfröccsen *i* (*vmre*) splash on (to sg), squirt up (on sg)
felfúj *i* **1.** *[léggömböt]* blow* up, inflate **2.** *[ügyet]* blow* up (out of all proportion); **jelentéktelen nézeteltérés volt, de úgy ~ták** it was just a minor disagreement but it was blown up out of all proportion; **~ja a dolgot** *biz* make* a mountain out of a molehill **3.** *átv* **~ja magát** (*vk*) → **felfuvalkodik 4.** *[étel]* (*vkt*) make* sy (feel) bloated
felfújható *mn* inflatable; ~ **párna** inflatable cushion, air-cushion; ~ **csónak** air raft
felfújt I. *mn* **1.** inflated, puffed up **2.** *átv* exaggerated **II.** *fn* soufflé
felfut *i* **1.** *ált* run* up **2.** *[árbocra, fára]* swarm/shin up **3.** *[növény]* climb, creep* **4.** *átv* increase, boom
felfutás *fn [termelésé]* increased capacity/production/output, *gazd* boom
felfuttat *i [növényt vmre]* train [plant] on sg, make* [plant] grow on sg
felfuvalkod|ik *i* be* puffed up (v. bloated) with pride
felfuvalkodott *mn* puffed up *ut*, conceited, swollen-headed, *US* swelled-headed
felfuvalkodottság *fn* conceit, self-importance, self-righteousness
felfúvódás *fn* distension, flatulence, *[állaté]* bloat
felfúvód|ik *i [has]* become* distended/bloated, *[állat]* be*/become* bloated
felfüggeszt *i* **1.** *[tárgyat]* hang*/hook up **2.** *[vkt állásából]* suspend (sy) **3.** *[eljárást]* stay [proceedings], *[ülést]* suspend, interrupt [session], *[ítélet végrehajtását]* suspend, defer, stay
felfüggesztés *fn* **1.** *[tárgyé]* hanging up **2.** *[állásból]* suspension **3.** *[eljárásé]* stay(ing); **ítélet ~e** suspension/deferment of sentence **4.** *műsz* suspension
felfüggesztett *mn [ítélet]* suspended/deferred [sentence]
felfülel *i* (*vmre*) take* note of sg, prick up one's ears at sg
felfüstöl *i* smoke [ham, bacon]
felfűt *i* heat up, warm (up)
felfűtés *fn műsz* warm-up
felfűz *i [gyöngyöt stb.]* string* [beads]
felgerjeszt *i* infuriate, *[haragra]* enrage
felgombol *i* button up/on
felgombolyít *i* wind* (up) into a ball, roll up
félgömb *fn* hemisphere
felgöngyöl(ít) *i* **1.** *ált* roll/fold up, *[vitorlát]* furl, clew up, *[zászlót]* furl **2.** **~i az ellenség egyik szárnyát** roll up the enemy's flank **3.** *[rendőrség bandát, bűnszövetkezetet, terrorszervezetet]* crack down on sy/sg
felgördül *i [függöny]* rise*
félgőzzel *hsz [dolgozik]* at half steam
felgyógyul *i* recover, get*/become* well (again); **betegségéből ~** recover from one's illness
felgyógyulás *fn* recovery
felgyorsít *i átv is* speed* up, accelerate; *[eseményt]* hot up
felgyorsul *i* accelerate, speed* up; *[esemény]* hot up
felgyújt *i* **1.** *[lángra lobbant]* set* fire to sg, set* sg on fire **2.** *[lámpát]* turn/switch on (the light) **3.** *átv* inflame, arouse, stir up
felgyullad *i* **1.** *[tüzet fog]* kindle, catch*/take* fire **2.** *[fény]* light* up; **~tak a lámpák** the lights were lit
felgyülemlett *mn* accumulated, piled up *ut*, *[érzés]* pent up [feelings]
felgyüleml|ik *i* **1.** *[anyag, tennivaló]* accumulate, pile up **2.** *[keserűség]* accumulate
felgyűr *i [inget]* roll/turn up [one's sleeves]
felgyürkőz|ik *i átv is* roll up one's sleeves
felháborít *i* revolt, shock, scandalize; **~ja az, hogy** ... be* disgusted at/with sg, be* shocked at sg, be* outraged by
felháborító *mn* revolting, scandalous, shocking, disgusting, outrageous
felháborodás *fn* indignation, outcry
felháborod|ik *i* (*vmn/vm miatt*) be* indignant at sg, (*vk miatt* with sy), be* disgusted at/by/with sg, be* shocked at sg
felháborodott *mn* indignant (at)
felhabzsol *i* devour, gobble up, eat* up (greedily)
felhág *i* (*vmre*) go* up sg, ascend sg
felhagy *i* (*vmvel*) give* up sg, leave* off doing sg, stop doing sg; *[gondolattal]* abandon, dismiss, *[reménnyel]* abandon
felhajt[1] *i* **1.** (*vmt vhová*) drive* sg up to swhere **2.** *[járművel]* drive* up **3.** *[vadat]* beat*, rouse **4.** *biz [vkt keresve]* track down; (*vmt*) chase up (sg); ~ **(egy kis) pénzt** raise money; *kif GB biz* raise the wind, dig* up (some) money **5.** **~ja az árakat** raise (v. force up) prices; *kif* bull the market; **~ja vmnek az árát** force up the price of sg
felhajt[2] *i* **1.** *[vmnek a szélét]* turn up **2.** *[felvarr]* turn up **3.** *[italt]* down, gulp down, *biz* knock back, swig down
felhajtás[1] *fn* **1.** **járművel tilos a ~** no entry/access (for vehicles) **2.** *biz [hűhó]* fuss, to-do, ado; **nagy ~t csinál** (*vm miatt*) make* a fuss (over/about sg), make* a production (out) of sg
felhajtás[2] *fn [ruhadarabé]* hem, *[nadrágé]* turn-up(s), *US* cuff
felhajtó *fn* **1.** *[ügynök]* tout, *US* runner **2.** *[kocsinak házhoz]* drive(way), *[középülethez, emelkedő]* ramp
felhajtóerő *fn* buoyancy, *[levegőben]* lift
felhajtósáv *fn közl* slip road, *US* on-ramp
felhallatsz|ik *i* be* audible (up swhere), be* heard (up in)
felhalmoz *i* **1.** *[halomba rak]* heap/pile up, heap **2.** *[gyűjt]* accumulate, hoard, *[árukészletet]* stockpile
felhalmozás *fn* **1.** *[gyűjtés]* accumulation, stockpile **2.** *gazd* accumulation; **eredeti (tőke)~** original accumulation (of capital)
felhalmozódás *fn* accumulation
felhalmozód|ik *i* accumulate, pile up
felhám *fn orv* epidermis
felhang *fn* overtone
félhang *fn* **1.** *zene* minim, *US* half note **2.** **~on mond** speak*/say* in an undertone
felhangol *i [hangszert]* tune
félhangosan *hsz* in an undertone, in a subdued voice, under one's breath
felhangz|ik *i [dal]* (re)sound, be* heard; **~ott a Himnusz** the band struck up the national anthem
félhangzó *fn nyelv* semi-vowel
felhantol *i [sírt]* form a mound [on sy's tomb]
felhány *i* **1.** *ált* throw* up, *[földet]* dig*/shovel up **2.** *[kutatva] biz* turn over, rummage **3.** *biz [fölemlít]* (*vknek vmt*) mention (sg to sy), make a complaint about sg
felhánytorgat *i [felpanaszol]* reproach sy with sg, *kif* throw*/cast* sg in sy's teeth/face; **~ja a múltat** rake up the past
félhármas *mn* **a ~ előadás** the two-thirty show
felharsan *i* sound, be* sounded, *[trombita]* blare forth
felhas *fn orv* epigastrium
felhasad *i* **1.** *ált* split*, crack, burst*, *[szövet]* tear*, rip open **2.** *[kéz]* chap, get* chapped
felhasít *i* split*, slit*/cut* (open), *[fát]* chop/cleave* (wood)
felhasított *mn* ~ **szoknya** slit skirt
felhasogat *i* chop (up)
felhasznál *i* **1.** *[elhasznál]* use up, consume; *[erőforrást, vk erejét]* exhaust; *[pénzt vmre]* spend* [money] on, invest [money] in, *[vízi erőt]* harness [water power]; *[teljesen]* get*/run* through **2.** *[alkalmaz]* use, put* to use, employ,

[hasznosít] make* use of, utilize; **újból ~** reuse, recycle; **~ja az alkalmat** take* the opportunity (to do sg), avail oneself of the opportunity; **jól használ fel vmt** put* sg to good use, make* the most of sg; **rosszul használ fel** misuse, abuse **3.** (*vkt vmre*) employ sy as sg, make* use of sy('s services)
felhasználandó *mn* → **felhasználható**
felhasználás *fn* **1.** *[elhasználás]* use, using up, consuming, consumption, *[pénzé] ált* spending, *[vm célra]* appropriation **2.** *[alkalmazás]* use, employment, application; **az atomenergia békés célokra történő ~a** the peaceful use of atomic energy
felhasználható *mn* useable, employable, utilizable, serviceable; *[felirat terméken]* use/best before ...
felhasználó *fn infor is* user; **~ azonosító** user ID, user name
felhasználóbarát *mn* user-friendly
felhasználói *mn infor* **~ felület** user interface; **~ név** user ID; **~ program** application
felhasznált *mn* used, employed, spent; **fel nem használt** unspent, unused, unemployed
felhatalmaz *i* (*vkt vmre*) empower/authorize sy to do sg; *[ügyvédet]* confer powers of attorney on (sy)
felhatalmazás *fn* **1.** *[művelet]* authorization **2.** *jog [okmány]* authority, authorization, mandate, warrant
felhatalmazó *fn jog* the donor of the power, mandant
felhatalmazott I. *mn* authorized **II.** *fn jog* attorney, proxy, mandatory, the donee of the power
felhatol *i [pl. zaj]* penetrate/reach up to
félhatos *mn* **a ~ vonat** the five-thirty train
félhavi *mn* semi-monthly, *GB* fortnightly, two weeks', *GB* a fortnight's [pay etc.]
felheccel *i biz* incense (sy against sy), work sy up against sy
felhergel *i biz* incense, enrage; (*vkt vk ellen*) work sy up against sy
félhetes *mn* **a ~ londoni gép** the six-thirty London flight
felhevít *i* **1.** heat; **X fokra ~** raise the temperature (of sg) to X degrees, heat (sg) to X degrees **2.** *átv* excite, stir
felhevül *i* **1.** *[meleg lesz]* grow*/get* hot, warm up **2.** → **kihevül 3.** *[lelkileg]* get* excited
felhígít *i átv is* dilute; *[italt]* water down
felhint *i* → **behint**, → **felszór**
felhív *i* **1.** (*vkt vhova*) call for sy to come up, call up, invite/summon sy up **2.** *[telefonon]* ring* sy (up) v. ring* up sy, (tele)phone sy, give* sy a ring/call; call sy (up); **(ma) este ~lak** I'll ring/call you (up) this evening; **hívj(on) fel (telefonon)!** give me a ring/call!; call me (up)!; **később újra ~lak** I'll call you again (v. ring you back) later; **~tak telefonon** I received a phone call, I was rung/called up **3.** → **felszólít** → **figyelem**
felhívás *fn [hivatalos]* summons, summoning up; *[felkérés]* appeal, invitation, *[hivatalos hirdetmény]* warning, notice; **~t intéz vkhez** appeal to sy
felhívat *i* ask sy (to go/come) up, summon, order up
félhivatalos *mn* semi-official, unofficial
felhizlal *i* feed*/fatten up
félhold *fn* half-moon, crescent (of moon); **~ alakú** crescent(-shaped)
félholt *mn* half-dead, more dead than alive; **~ra ver vkt** beat* sy within an inch of his life
felhólyagz|ik *i [bőr, festék]* blister, get* blistered
félhomály *fn* semi-darkness, half-light, *[esti]* dusk, twilight; **a ~ban ült** (s)he was sitting in the half-light
felhord *i* **1.** *[felvisz]* carry/convey up **2.** *[festéket felületre]* apply
felhorkan *i* **1.** snort, give* a snort **2.** *[felháborodva]* fire/flare up
felhorzsol *i* chafe [the skin], graze [one's knee etc.], rub (sg) sore; **~ta a térdét** he grazed his knee
felhoz *i* **1.** (*vmt vhova*) bring* up, fetch, *[vkt kocsin]* drive* (up) (*vhová*) (to), *[árut piacra]* bring* [to the market]; **hozd fel az újságot** bring the paper up; **~ vkt (kocsin) Budapestre** drive* sy (up) to Budapest **2.** *[érvet, bizonyítékot, okot]* bring* up/forward, adduce [reasons, proof], *[esetet, példát]* mention, cite, refer to, *[felemlít] biz* drag/rake up; **~(nak) vk ellen vmt** bring* sg up against sy; sg is brought up against sy; **mit tud(sz) ~ni mentségedre?** what have you got to say for yourself? **3.** *biz [feljavít]* raise → **érv**
felhozatal *fn [piaci]* arrival, new consignment
felhő *fn* **1.** cloud; **~be borul** be* overcast **2.** *[atomrobbanás után]* mushroom
felhőátvonulások *fn* passing clouds
felhőfoszlány *fn* cloudlet
felhőkarcoló *fn* skyscraper
felhördül *i [tiltakozik]* exclaim in protest, flare up
felhörpint *i* down sg (in one), gulp down, *biz* knock back, swig down
felhős *mn [ég]* clouded, cloudy, *[erősen]* overcast [sky], *[idő]* cloudy, dull [weather]
felhősödés *fn* clouding over; **holnapra ~ várható** tomorrow will be cloudy
felhősöd|ik *i* cloud (over), become* cloudy
felhőszakadás *fn* cloudburst, downpour
felhőtakaró *fn* cloud cover
felhőtlen *mn* cloudless, *átv* unclouded
felhőzet *fn* clouds *tsz*
felhurcol *i* drag/haul up
felhúroz *i* string*
felhúz *i* **1.** *ált* draw*/pull up, *[terhet emelővel]* hoist, *[redőnyt]* draw* up, *[horgonyt]* weigh, heave (up) [the anchor], *[zászlót]* hoist, haul/run* up [flag], *[színházi függönyt]* ring* up [the curtain] **2.** *[ruhadarabot]* put* on; **~za a cipőjét** put* on one's shoes, get* into one's boots; **harisnyát ~** pull on one's stockings; **~za a nadrágját** put* on (v. step into) one's trousers, *[ha lecsúszott]* hitch up one's trousers **3.** *[órát]* wind* (up) [the clock v. one's watch], *[lőfegyver ravaszát]* cock [a gun] **4.** *[falat, épületet]* put* up [a wall v. the walls], erect [a building] **5.** *biz [felingerel vkt]* put* sy's back up, rile, nettle; **fel van húzva** be* (very) worked up **6.** *biz [vkt felakaszt]* string* up; → **orr**
felhúzható *mn [mechanikus]* wind-up, clockwork
felhúzó I. *mn* **~ szerkezet** hoisting/lifting gear/mechanism **II.** *fn [óráé]* winder, *[játéké]* key
felhúzód|ik *i* be* drawn up, *[terület]* stretch as far as...
felhúzódzkod|ik *i* draw* oneself up
felibe-harmadába *hsz* in a slapdash manner, anyhow
felidegesít *i* set* sy's nerves on edge
félidei *mn sp* **~ szünet** interval
felidéz *i* **1.** *[emléket]* recall, bring* (sg/sy) to mind; **nem vagyok képes ~ni a nevét** I can't seem to bring to mind his name **2.** *[előidéz]* cause, bring* about, evoke **3.** *[szellemet]* → **megidéz**
felidézés *fn* evocation
félidő *fn sp [tartam]* half, *[két félidő közti idő]* half-time
félig *hsz* half, partly; **csak ~ érti** he only half understands; **~ kész** half/semi-finished; **~ (át)sült** *[hús]* underdone *ut*, *főleg US* rare
féligazság *fn* half-truth
félig-meddig *hsz* partly, somewhat, more or less
felijed *i [álomból]* wake* (up) with a start
felijeszt *i* startle sy out of his sleep
felindul *i* be* greatly agitated, *[haragra]* be* roused, *[szánalomra]* be* touched (with pity)
felindulás *fn* emotion, excitement; **erős ~ból elkövetett emberölés** (voluntary) manslaughter, *US* second-degree murder
felindult *mn* excited, agitated, moved, touched
felindultság *fn* → **felindulás**
felingerel *i* irritate, rile, stir up, incite; (*vkt vk ellen*) set* sy against sy
felingerül *i* become* angry, become* irritated, get* riled (v. worked up), fly* into a temper/passion

F

felír *i* **1.** *[feljegyez]* write* down, take* sg down, note (down), make* a note of; **~ vmt a táblára** write* sg (up) on the blackboard; **~ vmt a noteszába** write* sg down in one's notebook; **~ja nevét a listára** put* one's name down (v. enter one's name) on the list **2.** *[orvos gyógyszert]* prescribe [medicine] (*vmre* for sg); **mit írt fel az orvos?** what did the doctor prescribe? **3.** *[vkt a rendőr]* take* sy's name and address, *[közlekedési szabálysértésért]* get* an endorsement, have* one's licence endorsed
felírás *fn* writing down, noting (down) → **felirat**
felirat *fn* **1.** *[emlékművön stb.]* inscription, *[érmén]* legend, *[sírkövön]* epitaph **2.** *[filmen]* (sub)titles *tsz*, *[kép alatt]* caption **3.** *[tájékoztató szöveg használati tárgyon]* label, *[kiírás utcán]* notice **4.** *[felsőbb hatóságokhoz]* representations *tsz*, petition
felírat *i* **1.** have* sg noted, have* sg written down, have* a note made of sg **2.** *[gyógyszert]* have*/get* [a medicine] prescribed
feliratkoz|ik *i* (*vmre*) put* one's name down (for sg), *[listára]* enter one's name [on a list], register, *[tanfolyamra stb.]* sign up [for a course]
feliratos *mn* *[film]* subtitled, with subtitles *ut*
felismer *i* **1.** (*vkt/vmt*) recognize (sy/sg), know* (sy), tell* (sy/sg) (*vmről, mindegyik:* by sg), *[betegséget]* diagnose **2.** *[rájön vmre]* realize (sg/how ...), *[igazságot]* perceive
felismerés *fn* recognition, *[tudatossá válás]* realization, *[igazságé]* perception; **korai ~** early detection
felismerhetetlen *mn* unrecognizable, indiscernible; **~ül, a ~ségig** beyond recognition
felismerhető *mn* recognizable, discernible
félisten *fn* demigod
felisz|ik *i* absorb, soak up/in, imbibe
felitat *i* *[tintát]* blot (up), *[vmt szivaccsal]* sponge (up), *[vizet padlóról]* mop up
felível *i* → **ível**
felivódik *i* be* absorbed
felizgat *i* excite, agitate, *[szexuálisan]* arouse, *biz* turn (sy) on; **nagyon ~ta a baleset** (s)he was very upset by the accident
felizgul *i* get* excited, be*/become* agitated, *biz* get* worked up
felizz|ik *i* flare up
feljajdul *i* utter a cry of pain, cry out in pain, wail
feljár *i* (*vhová*) be* a regular caller at, (*vkhez*) call frequently on sy
feljárat *fn* → **feljáró**
feljáró *fn* way up (to), *[kocsinak]* drive(way), *[rámpa]* ramp
feljavít *i* improve, upgrade, *[ételt]* enrich
feljavul *i* get* better, improve
feljebb *hsz [magasabban]* higher (up), *[magasabbra]* higher; **egy emelettel ~** on the floor above, on the next floor up; **lásd ~** see above; **a ~ lévő folyószakaszon, ~ a folyón** higher up the river; [40 miles etc.] upriver [from Budapest etc.]; **megint ~ mentek az árak** prices have gone up again; *biz* **még neki áll ~** what a nerve!, the nerve of him!
feljebbvaló *mn* superior
féljegy *fn* **féljeggyel utazik** travel (*US* -l) (at/for) half fare (v. half-price)
feljegyez *i* note (down), make* a note of, take* (sg) down, *[hivatalosan]* register (sg), enter (sg) on record
feljegyzés *fn* **1.** *[cselekedet]* noting (down), registration, recording **2.** *[jegyzet]* note, record **3.** *hiv [irat]* (internal) memorandum (*tsz* memoranda), *biz* memo
feljelent *i* (*vkt*) report/denounce sy [to the police], inform on/against sy
feljelentés *fn* reporting, information; **~t tesz vk ellen** inform on/against sy, report/denounce sy [to the police]; **~ elmulasztása** (criminal) failure to report an offence
feljelentő *fn* denunciator, informer

F

feljogosít *i* (*vmre*) authorize, entitle (*mindegyik:* to do sg), qualify
feljogosítás *fn* authorization
feljön *i* **1.** (*vk vhová*) come* (up) to, get* (up) to **2.** *[nap, hold]* rise* **3.** *[felszínre]* come* to the surface, surface **4.** *biz [feljavul, pl. futballcsapat]* do* better, move up the league table
feljövetel *fn* coming up, *[városba]* arrival (in town); *[holdé]* rise
feljut *i* (*vhová*) manage to reach sg, get* (up) to
felkacag *i* give* a laugh, break*/burst* into a laugh
felkajtat *i biz* → **felkutat** 2
felkantároz *i* bridle, put* the bridle on [a horse]
felkanyarod|ik *i* **1.** *[út]* wind* upwards **2.** *[jármű]* go*/turn (v. wind* its way) up [a hill etc.]
felkap *i* **1.** *[tárgyat vhonnan]* snatch (up), snap/whip up, pick up hastily **2.** *[ruhát magára]* put* on hastily, tumble into **3.** **~ja a fejét** look up suddenly **4.** *[divatos dolgot]* **(igen) ~ták** (sg) is coming into fashion, be* in vogue, be* all the rage, *biz* be* in
felkapar *i [vart]* scratch open [a scar]
felkapaszkod|ik *i* **1.** *[magaslatra]* climb (up), clamber up **2.** *[társadalmilag]* be* a social climber, worm one's way into [society, a job etc.]
felkapaszkodott *mn/fn pej* upstart, social climber, parvenue
felkapcsol *i* turn/switch on [the light]
felkapkod *i* pick up
felkapott *mn* in vogue *ut*, fashionable, *[igével] biz* be* in; **~ könyv** best-seller
felkar *fn* upper arm
felkarcol *i* scratch (open)
felkarol *i* **1.** *[ügyet]* espouse, take* up, embrace [a cause], *[kezdeményezést]* encourage **2.** (*vkt*) support
félkarú *mn* one-armed; **~ rabló** *[nyerőgép]* one-armed bandit
felkasíroz *i [képet]* mount
felkászálód|ik *i* → **szedelőzködik**
félkatonai *mn* paramilitary
felkattint *i [kapcsolót]* flick [a switch]
felkavar *i* **1.** *átv is* stir up, *[vizet]* trouble, *[szél port]* whip/churn up; **~ja a gyomrát** make* sy (feel) sick, nauseate **2.** *[lelkileg]* agitate, upset*
felkavarod|ik *i* **1.** be* stirred/churned up **2.** **~ik a gyomra** feel* sick, be* nauseated, one's stomach turns *átv is*; **~ik tőle a gyomrom** *átv is* it makes me sick
félkegyelmű I. *mn* halfwitted, idiotic, imbecile, *szl* loony **II.** *fn* halfwit, idiot
felkel *i* **1.** *[ágyból]* get* up, rise*, get* out of bed, *[helyéről]* get*/stand* up, rise*; **már ~t** *[beteg]* he is up and about; **holnap már ~het** he can* (v. is fit to) get up tomorrow; **~ az asztaltól** leave* the table **2.** *[nap, hold]* rise*; **a nap keleten kel fel** the sun rises in the east **3.** *[nép]* rise* (up), revolt (*vk ellen* against)
felkelés *fn* **1.** *[ágyból]* getting up, rising **2.** *[napé]* rise **3.** *[népé]* uprising, rising, insurrection, revolt
felkelő I. *mn* **1.** *[ágyból, nap]* rising **2.** *[nép]* rebellious [people], in revolt *ut* **II.** *fn* insurgent, rebel
felkelt *i* **1.** *[álmából]* wake* (up) **2.** *[érzést]* awake*, arouse, stir up [feeling], *[érdeklődést]* arouse, kindle [sy's interest]; *[csodálatot, gyűlöletet]* inspire [admiration, hate]; *[gyanút]* arouse, awaken [suspicion]; **~i vk kíváncsiságát** arouse sy's curiosity
felkeltés *fn [álomból]* waking up
félkemény *mn* semi-stiff/soft
felken *i* **1.** *[vajat]* spread* [butter on sg] **2.** *tört* **vkt ~ királlyá** anoint sy king
felképel *i* → **megpofoz**
felkér *i ált* ask, request, *[előadástartásra]* invite (to); *[táncra]* ask sy to dance; **(és) most ~em N urat** ... I now call upon Mr N to ...

felkéredzked|ik *i* **1.** *[ölbe]* beg to be picked/taken up **2.** *[kocsira]* ask for a lift, thumb a lift/ride, hitch a ride

felkereked|ik *i* **1.** *[elindul]* rise* and set* off **2.** *[szél]* spring* up

felkerekít *i [összeget]* round up [a figure/sum]

felkeres *i* (*vkt*) call on sy, visit sy; *[vkt vmlyen ügyben]* see* sy about sg

felkérés *fn* request, *[előadástartásra]* invitation (to)

felkért *mn* ~ **előadó** *[konferenciára]* guest/invited speaker; ~ **hozzászóló** discussant

felkerül *i* **1.** (*vhová*) get* (up) (swhere), *[városba]* come* up (to town); **~t a fővárosba** *[oda helyezték]* he moved to the capital **2.** *[listára]* get* on [the list]

félkész *mn* ~ **áru/termék** semi-finished product/article (v. goods *tsz*)

felkészít *i [versenyre, vizsgára]* coach sy (for), prepare sy for

felkészítés *fn [versenyre, vizsgára]* coaching, preparation

felkészül *i* (*vmre*) prepare for sg, *[útra]* get* ready for, make* preparations for [a journey], *[vizsgára]* prepare for, do* preparation for [the exam], *sp [versenyre]* train (for), prepare (for), *[tanulmányaira]* prepare (for)

felkészülés *fn* preparations *tsz*

felkészületlen *mn* unprepared, ill-equipped

felkészültség *fn [tudományágban]* thorough grounding (in), *[tudás]* learning, *[sportban]* training

felkészültségű *mn* **jó** ~ *[diplomások]* skilled, trained [graduates]

félkettes *mn* **a ~ gyors** the one-thirty express

felkever *i* stir (up)

félkezű *mn* one-armed, single-handed

felkiabál *i* shout up (to)

felkiált *i* cry out, shout, give* a shout, exclaim; **valaki ~ott** a cry went up

felkiáltás *fn* cry, shout, exclamation; **~sal megszavaz/megválaszt** carry/elect by acclamation

felkiáltójel *fn* exclamation mark, *US* exclamation point

félkilences *mn* **a ~ előadás** the eight-thirty performance

félkilós *mn* of half a kilo *ut*, weighing half a kilo *ut*, a half-kilo *esz*

felkínál *i* offer; **~ja magát** → **felkínálkozik**

felkínálkoz|ik *i* offer oneself (for sg), *pej* make* up to sy, *[nő]* throw* oneself at sy

felkísér *i* see*/accompany (up) to (v. upstairs)

félkomfortos *mn* ‹having/with internal bathroom and/or WC but without central heating›

felkoncol *i kat elav* put* to the sword, *ált* hack [sy, persons] to pieces

felkop|ik az álla *kif [éhen marad]* go* hungry

felkorbácsol *i* whip up; **~ja a szenvedélyeket** rouse the passions to a heat

felköltöz|ik *i* move (up) to

félkör *fn* semicircle; ~ **alakú** semicircular

félkörív *fn épít* rounded arch, *GB* Norman arch, *[egyéb európai országban]* Romanesque arch

felköszönt *i [lakomán]* drink* (to) sy's health, *[gratulál évfordulókor]* congratulate sy [on (the occasion of) an anniversary]

felköszöntő *fn [lakomán]* toast, *[évfordulókor]* congratulatory words *tsz*, congratulations *tsz*

felköt *i* **1.** *[karját]* bind*/tie up, *[kardot]* gird/buckle on (one's sword), *[haját]* put* up (one's hair); *biz* **~i a gatyáját** pull up one's sock **2.** *[embert] biz* string up, hang* (*múlt ideje:* hanged)

felkötöz *i [szőlőt]* tie [vine]

félkövér *nyomd* **I.** *mn* bold, (printed) in bold type *ut*; ~ **betűből szedett** set* in bold(face) **II.** *fn* boldface, boldface type, bold

felkunkorod|ik *i* curl/turn up

felkurbliz *i* crank up [a car engine]

felkúsz|ik *i* **1.** (*vk*) climb/clamber up, *[kötélre]* swarm up, *[fára]* shin up **2.** *[növény]* creep*, climb, trail

felkutat *i* **1.** *[átkutat]* go* over/through with a fine-tooth(ed) comb, turn sg upside down looking for sg **2.** *[kinyomozva]* track sy/sg down, ferret/seek* out **3.** *[új területet]* explore

felküld *i* send* up

felküzdi magát *i* work/fight* one's way up; **szegény sorból küzdötte fel magát** be* a self-made man

féllábú *mn* one-legged

fellángol *i* blaze/flame/flare up, burst* into flame(s); **~t a harc** fighting flared up (again)

fellángolás *fn [lelki]* burst (of feeling)

fellapoz *i* turn/look up (sg in sg)

fellármáz *i* give*/raise the alarm, *[álmából]* awaken with a noise

fellázad *i* rebel (v. rise* v. rise* up) against sg/sy, *[katonák]* mutiny

fellazít *i [talajt]* loosen, break* up [soil]

fellázít *i* incite to rebellion (v. to rise up) (against); **~ja a tömegeket vm ellen** rouse the people/masses against sg

fellebbent *i* **1.** *[fátylat]* lift, raise, draw* aside **2.** *átv* **~i a fátylat** reveal a secret

fellebbez *i* (*vhová*) appeal to [a higher court], lodge an appeal (to); ~ **vmlyen határozat ellen** appeal from/against a decision/judgment

fellebbezés *fn* appeal [to a higher court]; **~nek helye van** an appeal lies; **~nek helyt ad** grant an appeal

fellebbezési *mn* ~ **eljárás** appeals process; ~ **határidő** time for appeal; ~ **jog** right of appeal

fellebbvitel *fn* appeal to a higher court

fellebbviteli *mn* ~ **bíróság** Court of Appeal; ~ **tárgyalás** hearing of the appeal

felleg *fn* → **felhő**; **a ~ekben jár** have* one's head in the clouds

fellegvár *fn* citadel

fellel *i* find*, discover, hit*/come*/happen upon

fellélegz|ik *i* breathe (freely) again, breathe (a little) easier, give* a sigh of relief

fellelhető *mn* can be found (in) *ut*, traceable

fellelkesed|ik *i* become* enthusiastic about/over sg; **~ve példáján** roused by his/her example

fellelkesít *i* fill with enthusiasm, inspire, rouse

fellelkesül *i* → **fellelkesedik**

fellendít *i* **1.** swing* upwards **2.** *átv [ipart stb.]* give* a boost to, further, promote, advance, boost

fellendítés *fn* promoting, boosting, *biz* pepping up

fellendül *i* **1.** swing* up **2.** *átv* prosper, boom, flourish; **~t az ipar** industry is enjoying a boom, there has been a boom in industry; **~t az üzleti élet** business is booming/looking up; **~őben a kertészet (mint iparág)** the gardening industry is booming, gardening is a boom industry

fellendülés *fn* upswing, boom, upturn; **a gazdasági élet ~e** the recovery of the economy

fellengzős *mn [stílus]* high-flown, bombastic, highfalutin

fellengzősség *fn* bombast, rant

fellép *i* **1.** (*vmre*) step up (onto sg), go* up sg **2.** *[szerepben]* play, appear as; **Hamlet szerepében lép fel** play H., appear as H.; **az előadáson neves művészek lépnek fel** well-known artists will be appearing (v. making an appearance) **3.** ~ **képviselőnek, képviselőjelöltként lép fel** stand* for (Parliament) election, contest a seat (in Parliament) **4.** *[viselkedik]* act (as), behave, take* steps, act on; **erélyesen lép fel** put* one's foot down; *[vm ellen]* **erélyesen kell ~ni a korrupció ellen** firm steps must be taken to counter (v. against) corruption, firm action must be taken on/against corruption **5.** *[betegség]* set* in, occur; **szövődmény lépett fel** a complication set in

fellépés *fn* **1.** (*vmre*) stepping up **2.** *[színészé]* appearance; **első** ~ debut, coming out **3.** *[magatartás]* behaviour (*US* -or), action; **határozott** ~ self-assurance/confidence, knowing one's own mind; **jó a ~e** he makes a good/favourable (*US* -or-) impression **4.** *[betegségé]* first symptoms, outbreak

fellépte *fn* appearance (of sy on the stage); **John Gielgud ~vel** with J.G. as (v. in the role of) ...
felléptet *i [színészt]* present, engage [actor] for a role
fellépti díj *fn* fee
fellibben *i* flutter
félliteres *mn* half-litre (*US* -liter)
fellobban *i* **1.** *[tűz]* blaze/flame up **2.** *átv* flare up
fellobbanás *fn* **1.** *[tűzé]* blazing up, blaze **2.** *átv* blaze/outburst of passion/anger; **ez csak egy ~ volt nála** that was only a fleeting fancy with him
fellobbant *i* **1.** *[tüzet]* inflame, kindle **2.** *átv* fire, kindle
fellobog *i* flare/blaze up
fellobogóz *i* decorate/deck with flags; **az utcákat ~ták** the streets were decorated with (v. decked out in) flags
fellocsol *i* **1.** *[utcát]* sprinkle, water [the street] **2.** *[ájultat]* → **felmos** 2
felloval *i [felbiztat]* encourage sy to do sg, persuade sy into doing sg; (*vk ellen*) incite (against)
fellő *i [rakétát, űrhajót]* launch, send* up
fellök *i* (*vmt*) push/knock over
felmagasztal *i* exalt, *[dicsérve]* praise highly, glorify
felmagz|ik *i növ* go* to seed
felmálház *i* load, charge
felmar *i* eat* into/through, burn*, *[bőrt]* pit
felmarkol *i* **1.** grab, snatch, pick up **2.** *biz [pénzt]* pick up, rake in, shovel in
felmász|ik *i* (*vmre*) climb (up), clamber up sg; **~ik a fára** climb the tree
félmegoldás *fn* half-measure(s), stop-gap (arrangement)
felmegy *i* **1.** (*vhová/vmn*) go* up, get* up/on, *[gyalog]* walk up; **~ a lépcsőn** go* up the stairs; **~ (az emeletre)** go* upstairs; **~ Pestre** go* (up) to Budapest **2.** *[függöny]* rise* **3.** *[láz]* go* up; **a láza 40°-ra ment fel** his/her temperature reached (v. went up to) forty degrees (centigrade) **4.** *[ár]* rise*, go* up; **felmentek az árak** prices have gone up (v. risen) **5. ez a cipő nem megy fel a lábamra** I can't get these shoes on
felmelegedés *fn* **1.** *ált* warming up **2.** *[időjárás]* rise* in temperature; **globális ~** global warming
felmeleged|ik *i* **1.** *ált* grow*/get* warm, *[motor]* warm up, *[túlmelegedik]* overheat **2.** *átv [ember]* warm up
felmelegít *i* **1.** *ált* heat, warm up, *[szobát]* heat up [room], *[vmlyen hőfokra]* raise the temperature (to), *[ételt]* warm (up), (re-)heat **2.** *átv [ügyet]* dig*/rake up
felmelegsz|ik *i* → **felmelegedik**
felmenet *hsz* on the way up
felmenő I. *mn* **~ ágon** in the ascending line **II.** *fn* **a ~k** the ascendants, (one's) ancestors
felment *i* **1.** (*vm alól*) exempt (sy from sg), absolve (sy from sg); **eskü alól ~** release/free/disengage sy from his oath; **katonai szolgálat alól ~** exempt sy from military service **2.** dismiss, discharge; **állásából/hivatalából ~** relieve sy of his office, accept sy's resignation; **~ettek igazgatói állásomból** I was relieved of my position as director **3.** *[vádlottat vm alól]* acquit [the accused] of sg (v. on the charge) **4.** *kat* relieve, lift the siege
felmentés *fn* **1.** (*vm alól*) exemption, relief (*mindegyik:* from) **2.** *[állásból]* dismissal, discharge, release **3.** *[vádlotté]* acquittal, discharge, relief
felmentő *mn* **1. ~ ítélet** acquittal, discharge **2. ~ csapatok** *kat* relief troops
felmér *i* **1.** *[földterületet]* survey, measure [land], *[épület állagát]* survey [a house/building] **2.** *[lehetőséget]* size up, *[vm jelentőségét]* assess, appraise (the importance/significance of) sg, *[vk képességeit]* gauge (*US* gage) [sy's capacities], evaluate, *[ismeretet, tudásanyagot]* test [sy's knowledge of sg]; **~i a helyzetet** survey/assess/take* account of the situation, weigh things up
felmérés *fn* **1.** *[területé]* surveying **2.** *[bizonyos szempontú vizsgálat]* survey; **statisztikai ~** statistical survey **3.** *[felbecsülés]* assessment, appraisal; **a helyzet ~e** assessment of the situation
felmérgesít *i* → **felbosszant**
felmérhetetlen *mn* immeasurable, enormous
felmérő *fn okt* test, *[matematikából stb.]* a mathematics test; **~t írat** test sy on his/her knowledge of [literature/mathematics etc.]
felmérőlap *fn* survey sheet
felmerül *i* **1.** *[víz felszínére]* come* to the surface, emerge **2.** *[kérdés, nehézség]* arise*, crop/come* up; **komoly probléma merült fel** a serious problem has arisen; **értesítelek, ha bármi (probléma) ~(ne)** I'll let you know if anything comes up; **nehézségek ~hetnek** difficulties are liable to occur
felmerülő *mn ign* **1.** emerging, surfacing **2.** *átv* **vm közben** (v. **esetleg**) **~ problémák** incidental problems
felmerült *mn* **~ költségek** expenses incurred
félméteres *mn* half (a) metre long *ut*, (a) half-metre-long [stick]
felmetsz *i* cut* open
félmeztelen *mn* half-naked, stripped to the waist *ut*, *[nő]* topless
félmillió *szn* half a million
felmond *i* **1.** *[leckét]* say*/repeat/recite [one's lessons v. the lesson] **2.** *[lakást bérlőnek]* give* sy [two months' etc.] notice to leave/quit, *[lakást bérbeadónak]* give* sy notice (of leaving), *[szerződést]* cancel (*US* -l), abrogate [contract], denounce, terminate **3.** *[állást]* give* (one's employer) notice, give* in one's notice, quit* **4. ~ja a szolgálatot** *[gép]* break* down, *biz* pack up; give* out, fail; **a lábai felmondták a szolgálatot** his legs gave out **5.** *[munkavállalónak]* give* sy notice, *[munkavállaló]* give* one's employer notice, quit*
felmondás *fn* **1.** *[leckéé]* saying, repetition **2.** *[munkaviszonyé]* notice, *[szerződésé]* cancellation (*US* -l-), termination; **egyhavi ~** a/one month's notice
felmondási *mn* **~ idő** period/term of notice; **egyhavi ~ idővel felmond vknek** give* sy a month's notice
felmordul *i* give* a grunt
felmorzsol *i átv [ellenséget]* annihilate, wipe/mop up
felmorzsolód|ik *i* crumble, collapse
felmos *i* **1.** *[padlót]* scrub, wash [the floor], *[nyeles felmosóval]* mop up, *[vmt a padlóról]* mop/wipe up **2.** *[ájultat]* splash water in sy's face (to make her/him come to)
felmosó I. *mn* **~ rongy** floorcloth **II.** *fn* **nyeles ~** mop
félmunka *fn* **~t végez** do* sg in a slipshod manner, make* a poor job of sg; **sosem végez ~t** he never does things by halves
felmutat *i* **1.** *[okmányt]* show*, produce; **kérésre szíveskedjék ~ni** to be shown on demand **2.** *[eredményt]* show*, claim [to have done/achieved sg]
félművelt *mn* half-educated, semi-educated
felnagyít *i* **1.** *[fényképet]* enlarge, *biz* blow* up **2.** *[túloz]* exaggerate, overstate
félnapi *mn* **~ járóföld** half a day's journey; **~ kereset** half-day's pay
félnapos *mn* **~ elfoglaltsága/állása van** work half-time, have* a part-time job; **~ kirándulás** a half-day excursion/outing
felnégyel *i* quarter
félnégyes *mn* **a ~ vonat** the three-thirty train
félnehézsúly *fn sp* light-heavyweight
felnevel *i [gyermeket, családot]* bring* up [children], rear [children, a family], *US* raise [a family], *[állatot]* raise, breed* [stock], *[növényt]* raise, cultivate [plant]
felnevelked|ik *i* be* brought up, grow* up
felnevet *i* burst* out laughing, burst* into a laugh
felnéz *i* **1.** look up, lift up one's eyes **2.** *biz* (*vkhez*) drop in on sy **3.** *átv* (*vkre*) look up to sy
felni *fn* rim
félnivaló *fn* **nincs ~ja** he has nothing to fear (v. to be afraid of)
félnótás I. *mn* halfwitted **II.** *fn* halfwit

felnő *i* **1.** (*vk*) grow* up; **vidéken nőtt fel** (s)he was brought up (v. *US* raised) in the country **2.** *[színvonalhoz]* live/come* up to; ~ **a feladathoz** rise* to the occasion, prove* equal to/measure up to the task/occasion

felnőtt I. *mn* grown-up, adult; ~ **ember** a grown man; ~ **ésszel** in one's right mind **II.** *fn* adult, grown-up; **~é válik** grow* into a man°/woman°

felnőttkor *fn* adulthood, adult age

felnőttoktatás *fn* adult education

felnöveksz|ik *i* → **felnő**

felnövő *mn* **a ~ nemzedék** the coming generation

felnyal *i* **1.** lick/lap up **2.** *biz [felmos]* give* sg a quick wipe

felnyalábol *i* gather (sg) up in one's arms

felnyársal *i* put* on a spit, impale, *[bika]* gore, horn; **~ta a rúd** he was impaled by the rod

felnyergel *i* saddle

felnyerít *i* neigh

félnyers *mn* **1.** half-raw **2.** *[hús]* underdone, *US* rare

felnyíl|ik *i* open (up/out), *[ajtó hirtelen]* fly*/spring* open; **~t a szeme** *átv* it was an eye-opener (for him)

felnyír *i* crop

felnyit *i* open, *[zárat]* unfasten [lock], unlock [the door, a trunk etc.], *[kelést]* lance, cut* open, *[műtétnél]* slit* up; **ez ~otta a szemét** it opened his eyes

felnyitható *mn* opening up, that can be opened up (*mindegyik: ut*)

félnyolcas *mn* **a ~ párizsi gyors** the seven-thirty express to Paris

felnyom *i* press upwards, push up

felnyomul *i* push/press one's way up (to), press forward (to), *[egy vonalba vkvel]* come* abreast (of sy)

felnyög *i* give* out a groan, groan

felnyújt *i* hand/reach sg up to sy

felnyúl *i* reach up

felnyúl|ik *i* stretch up to, reach as far as, *[magasba]* rise* up high, point skyward(s)

felocsúd|ik *i [ájulásból]* recover consciousness, come* to (one's senses)

felold *i* **1.** *[folyadékban]* dissolve, melt* [in liquid] **2.** *[csomót]* undo*, untie **3.** (*vkt vm alól*) exempt, absolve (sy from sg) **4.** *[tilalmat]* lift [a ban] **5.** *[rövidítést]* write* out (sg) in full; **~ja a zárójelet** remove the parentheses/brackets **6.** *[zene]* resolve [discord], *[előjegyzést]* cancel

féloldalas *mn* **1.** one-sided **2.** *[cikk]* half-page [article]

féloldali *mn* on (the) one side *ut*, unilateral; ~ **bénulás** hemiplegia; ~ **tüdőgyulladás** (single) pneumonia

féloldalt *hsz* on one side, sideways, edgeways

feloldás *fn* **1.** *[folyadékban]* dissolving, dissollution, melting **2.** *[csomóé]* undoing, untying **3.** (*vm alól*) exemption **4.** *[rendelkezésé]* relief (from), *[tilalomé]* lifting [of ban] **5.** *[zene]* resolution, *[előjegyzésé]* cancelling

feloldhatatlan *mn* indissoluble, insolvable, *átv is* irresolvable; ~ **ellentétek** irreconcilable differences

feloldód|ik *i* **1.** *[folyadékban]* dissolve, melt* **2.** *[csomó]* come* untied/undone **3.** *átv* → **felenged** 3

feloldójel *fn zene* natural (sign)

feloldoz *i [pap]* absolve (from)

felolvad *i* **1.** *[jég]* melt*, dissolve **2.** *átv* → **felenged** 2

felolvas *i* **1.** *[hangosan]* read* (out), read* aloud, (*vknek*) read* (to) **2.** *[előad]* lecture (on sg), read* [a paper]

felolvasás *fn* **1.** *[hangosan]* reading (out/aloud) **2.** *[előadás]* lecture; **~ra kerül** *[előadás]* be* presented; **~t tart** read*/present a paper, deliver a lecture

felolvasóest *fn* literary evening/soirée

felolvasóülés *fn* ‹meeting of a learned society at which papers are read›

felolvaszt *i ált* melt*, dissolve, *[nap a jeget]* thaw, *[ércet]* smelt [metal], *[fagyasztott ételt]* defrost

felolvasztás *fn ált* melting, *[ércé]* smelting

félóra *fn [félórás előadás/műsor rádióban stb.]* a half-hour, a half-hour (programme) → **fél²** II 1

félóránként *hsz* every half an hour (v. half-hour), half-hourly, every thirty minutes

félórás *mn* of half an hour *ut*, half-hour, half-hourly; ~ **beszéd** a 30-minute speech; ~ **késés** half an hour's delay, a delay of half an hour; ~ **késéssel** half an hour (v. 30 minutes) late; ~ **időközben** half-hourly

felordít *i* yell, roar

feloszlat *i [testületet]* dissolve, *[céget]* liquidate, wind* up, *[katonai alakulatot]* disband [a unit], *[tömeget]* disperse, *[gyűlést]* dismiss, dissolve

feloszlatás *fn [testületé]* dissolution, *[cégé]* liquidation, winding up, *[katonai alakulaté]* disbanding, *[tömegé]* dispersal

feloszl|ik *i* **1.** *[részekre]* be* divided (into) **2.** *[hulla]* rot (away), putrefy **3.** *[testület]* dissolve, *kat* disband, *[tömeg]* disperse, break* up

feloszt *i* **1.** *[részekre]* divide (into), *[országot]* partition **2.** *[szétoszt]* distribute (among), divide (sg) (up) (*vkk között* between/among) **3.** *[rendszerez]* classify, *[fejezetekre]* divide into (chapters)

felosztás *fn* **1.** *[részekre]* division, dividing, *[országé]* partitioning **2.** *[szétosztás]* distribution **3.** *[rendszerezés]* classification, *[fejezetekre]* division (into chapters)

feloszthatatlan *mn* unapportionable, indivisible

felosztható *mn* divisible, *[szét]* distributable, apportionable

félő *mn* **~, hogy** it is to be feared that

felöklel *i [bika]* toss, gore, *[kecske]* butt

felől *nu* **1.** *[irány]* from; **a ~ a hegy ~** from the direction of that mountain **2.** *[róla]* about, concerning

felőle *hsz* **1.** *[róla]* about, concerning, of **2. ~m (akár)** as far as I am concerned, for all I care, do as you please, just as you like

felölel *i* **1.** *[átkarol vmt]* clasp in the arms, grasp **2.** *átv* embrace, *[tartalmilag]* comprise, cover, include

felölelő *mn* **nagy területet ~** *[kutatómunka]* wide-ranging [research]

felölt *i* **1.** *[ruhadarabot]* put* on, don **2.** *átv* assume

felöltő *fn* (over)coat

felöltöz(köd)|ik *i* **1.** dress, get* dressed, put* on one's clothes **2.** (*vmnek*) dress* (oneself) up (as sg)

felöltöztet *i* **1.** *[gyermeket]* dress [the baby/children etc.], *ált is* put* clothes on sy, *[mozgásképtelent]* dress, put* clothes on sy **2.** *átv* clothe sy, provide sy with clothes

felönt *i [vízzel]* pour water on, *[hígítva]* dilute, weaken; → **garat**

felőrlőd|ik *i [idegzet]* be* worn (away), be* in shreds, *US biz* be* shot

felőröl *i átv* wear* out, *[egészséget]* undermine, sap [sy's health]

félőrült *mn/fn* half-mad

félős *mn [ember]* timid, shy

felötl|ik *i* (*vknek vm*) strike* sy; **~ött nekem** I was surprised to see; *[eszembe jutott]* it struck (v. occurred to) me; **~ik a kérdés** one cannot help wondering (whether)

félötös *mn* **a ~ matiné** the four-thirty matinée

felpakol *i* **1.** (*vmt vhova*) put* on, load, *[kocsira]* load sg onto/into sg **2.** *[útra]* pack up

felpanaszol *i* complain (of), make* a grievance of

félpanzió *fn* half-board, partial board

felpaprikáz *i* anger, incense

felparcelláz *i* parcel (*US* -l) out, divide up (v. into plots)

felpattan *i* **1.** *[kinyílik]* burst*/fly*/spring* open **2.** *[helyéről]* spring*/jump up, *[mérgében]* leap* with anger **3.** (*vmre*) spring*/leap* onto sg; **~t a lóra** (s)he leapt/sprung onto the horse, (s)he swung her-/himself into the saddle

felpattogz|ik *i* crack; *[festék]* blisber, *[zománc]* chip, *[bőr]* chap

felpeckel *i [száját]* gag (sy's mouth)

felperes *fn* plaintiff, complainant, *[válóperben]* petitioner

felperzsel *i* burn* down, scorch
felperzselt *mn* ~ **föld taktikája** *kat* scorched earth policy
felpezsdít *i* liven up, lift one's spirits, give* sy a lift, thrill (sy), warm up
felpezsdül *i* become* livelier, liven up
felpillant *i* glance/look up
felpiszkál *i* **1.** *[tüzet]* stir (up), poke [the fire] **2.** *biz [felingerel]* needle sy **3.** *biz [firtat]* rake sg up, stir sg up again
felpofoz *i* box sy's ears, slap sy's face
felpolcol *i* stack/prop up
felpörget *i* **~i a motort** *biz* rev (up) the engine; **~i az eseményeket** *biz* hot up the affair/happenings
felpörög *i [felgyorsul] biz* hot up
felpróbál *i* try on
félprofi *mn* semi-professional
félprofil *fn* semi-profile
felpuffad *i* swell*, become* distended, bloat
felpuffaszt *i* → **felfúj 4**
felpuhul *i [talaj]* become* soft/soggy
felpumpál *i* inflate, pump/blow* up
felpúposod|ik *i [parketta]* warp, *[egyéb]* buckle
felragad *i* **1.** → **felkap 1 2.** *[hozzáragad]* get* stuck to sg
felragaszt *i* stick*/paste on, *[képet]* mount, *[plakátot]* put* up, post
felragasztás *fn* sticking/pasting on, *[képé]* mounting, *[plakáté]* posting; **hirdetések ~a tilos** no billposting, bill-posters will be prosecuted
felragyog *i* sparkle, shine*, flash; **~ott az arca** his face brightened; *átv* **~ott a napja** his day had come
felrajzol *i* draw*, sketch, *[körvonalakat]* outline
felrak *i* **1.** *[egymásra]* pile/heap up, *[terhet járműre]* load sg into/onto sg, load sg with sg **2.** *[festéket]* lay* on **3.** *[ékezetet]* put* on, add
felránt *i [ajtót]* throw*/fling* open; *[repülőgépet]* pull* up
felravataloz *i* lay* out [the body]; **~ták** (s)he lies* in state
felráz *i* **1.** *ált* shake* up; **~ta a párnát** (s)he plumped up the pillow; **használat előtt ~andó** shake well before use **2.** **~ vkt álmából** shake* sy out of his sleep **3.** *átv* stir up, rouse
félre *hsz* aside, on/to one side, *szính* aside; **~ az útból!** (get) out of the way!
félreáll *i* **1.** *[útból]* stand*/step aside, get* out of the way, *[autó]* pull over (to one side) **2.** *[közéletben]* withdraw*
félreállít *i* **1.** set* aside, move (sg) out of way, shift **2.** *átv* (*vkt*) remove (sy) from office, shelve, *[áthelyezve]* move (sy) sideways
felrebben *i [madár]* flush, be* flushed, start up
felrebbent *i [madarat]* flush
félrebeszél *i* be* delirious, rave
félrebeszélés *fn* delirium, raving
félrebillen *i* tilt, swing* to one side
félrecsúsz|ik *i* slip/get* out of place, slip sideways; **~ vknek a nyakkendője** sy's tie is askew/crooked
félredob *i* throw*/fling*/cast* aside, discard
félreért *i* misunderstand*, get* sg wrong; **~ettem, amit mondott** I mistook/misunderstood what he said; **ne értsük félre** it must be made clear (that); **félre ne értsen!** don't get me wrong, *biz* make no mistake; **~esz** you missed the point
félreértés *fn* misunderstanding; **~ ne essék** let there be no mistake (about it), *biz* make no mistake; **~re ad okot** give* rise to misunderstanding
félreérthetetlen *mn* unmistakable, plain; **~ célzás** broad hint
félreérthetetlenül *hsz* unambiguously, plainly, in plain English, in so many words; **~ megmondtam** neki I told him point-blank (v. in no uncertain terms), I specifically told him, I told him in so many words
félreérthető *mn* ambiguous, mistakable, easily misunderstood *ut*; **félre nem érthető** unambiguous, unequivocal
félrees|ik *i* (*vmtől*) stand* back from, lie* far from sg
félreeső *mn* out-of-the-way, remote, outlying; **~ helyen** in some/a remote spot
félrefordít *i* turn aside/away, *[kapcsolót]* give* a turn (to sg); **~ja a tekintetét** look away, avert one's eyes/gaze
félrefordul *i* turn away/aside, swerve
félrehív *i* call/take*/draw* sy aside (v. to one side)
félrehúz *i* **1.** pull/draw* aside, *[függönyt]* draw* back **2.** **~za a száját** make* a wry face
félrehúzód|ik *i* **1.** draw*/stand*/step aside, stand* clear (of) **2.** *átv* keep* out of the way, keep* oneself to oneself, *[közéletben]* hold*/keep* oneself aloof from sg
félreismer *i* mistake* (sy/sg), misjudge (sy/sy's character); **~telek** I have misjudged you; *[csalódást okoztál]* you have been a disappointment to me
félreismerhetetlen *mn* unmistakable
félrekap *i* **~ja a fejét** *[ütés elől]* duck (one's head)
félrelép *i* **1.** *[hibáz]* blunder, take*/make* a false step **2.** *biz [házasfél]* be* unfaithful, slip
félrelépés *fn [erkölcsi]* slip, moral lapse
félrelök *i* push/thrust*/shove aside
félremagyaráz *i* misinterpret, misconstrue
félremagyarázható *mn* equivocal
félremegy *i* **1.** *[félreáll]* go*/step aside **2.** *[iránytól eltér]* go* awry
felrendel *i* order (to come up), summon (to come up), send* for
félrenevel *i* spoil* [a child]
félrenéz *i* look away, turn one's head away
félreolvas *i [nevet stb.]* misread*
felreped *i* split* open, burst*, *[ruha]* split* (open), tear*
felrepedez|ik *i [bőr]* get* chapped
felrepeszt *i* split*, open, burst*, crack (up)
félrepillant *i* glance aside (v. to one side)
felrepít *i* let* sg fly, *[nyilat]* shoot* into the air
felrepül *i* fly* up, take* wing, *[repülőgép]* take* off
félrerak *i* → **félretesz**
félresikerül *i* fail, miscarry, go* awry
félresikerült *mn [törekvés]* abortive (effort); **~ ember** failure, *biz* washout, *biz* loser
félresöpör *i* **1.** sweep* aside **2.** *átv* brush aside
félreszólás *fn szính* aside
félretájékoztatás *fn* misinformation, *[szándékos]* disinformation
félretaposott *mn* **~ cipő** shoes with their heels worn down, down-at-heel shoes (*mindegyik: tsz*)
félretaszít *i* shove aside
félretesz *i* **1.** *ált* (*vmt*) put* away/aside, lay* aside/away, *[vmlyen célra]* earmark **2.** *[pénzt]* put* [money] by/aside/away, save (up) [money], (*vmre*) save (up) for sg; **mennyit teszel félre havonta?** how much can you save a/every month?; **egy (új) kocsira teszünk félre** we're saving (up) for a (new) car; **nehéz/szűkös időkre ~** save up for a rainy day **3.** *[munkát]* lay* aside, put* to/on one side; **minden egyebet félretéve** putting everything else aside **4.** *[árut későbbi fizetésre]* lay* away **5.** → **félreállít 2**
félretetet *i* → **lefoglal**
félretett I. *mn* **~ pénz** savings *tsz*; **~ áru** *[előleg lefizetve]* layaway **II.** *i* → **félretesz**
félretol *i* **1.** (*vkt/vmt*) push/shove aside, push sg/sy out of the way **2.** *átv* set* aside, rule out, (*vkt*) push into the background
félreugr|ik *i* jump aside, *[vm elől]* jump clear (of sg)
félrever *i [harangot]* toll the bell (as a sign of alarm), sound/ring* the alarm
félrevezet *i* mislead*, lead* astray, deceive, *biz* pull the wool over sy's eyes, *biz* lead* sy up the garden path
félrevezető *mn ign* misleading, deceptive, false
félrevon *i* → **félrehív**, → **félrehúz**
félrevonul *i* withdraw*, retire, *[világtól]* live in seclusion; → **félrehúzódik**
felriad *i* start up (in alarm), *[álmából]* wake* (up) with a start, be* startled out of one's sleep

felriaszt *i* startle, rouse, alarm; *[álmából]* startle sy out of his sleep; *[vadat]* beat*, start, rouse

felró *i* (*vknek vmt*) blame sy for sg, bring* sg up against sy

felrobban *i [tárgy]* blow*/go* up, *[robbanóanyag]* explode, detonate, blow* up

felrobbant *i [tárgyat]* blow* up, *[bombát]* explode, detonate, blow* up; **~ották a hidat** the bridge was blown up

felrobbantás *fn* blowing up, explosion

felrohan *i* rush/dash/run* up; **~ az emeletre** dash/run* upstairs

felróható *mn* ascribable/imputable to (sy) *ut*

felröpít *i* → **felrepít**

felruccan *i* **~ a városba** make* a trip to town

felrúg *i* **1.** kick over **2. ~ja a szabályokat** disregard/violate the regulations; **~ja a megállapodást** renege on (v. flagrantly violate) the agreement

felruház *i* **1.** *[ruhával ellát]* clothe, provide (v. kit out) sy with clothes **2.** (*vkt vmvel*) invest/endow sy with sg; **hatalommal ~** (*vkt*) (in)vest sy with authority/power, give* power to sy; **joggal/jogkörrel ~** (*vkt*) authorize/empower sy (to do sg) **3.** *[természet]* (*vmvel*) endow (with), be* endowed by nature (with)

felruházkod|ik *i* provide oneself with clothes, get* kitted out (with clothes)

felsál *fn* round (steak)

fel s alá *hsz* **~ jár** walk up and down

felsálszelet *fn* round of beef

felsámfáz *i* put* on the boot-tree, tree

felsebez *i* graze, bruise, wound

felség *fn* majesty; **F~ed** Your Majesty

felségárulás *fn* high treason

felségáruló I. *mn* treasonous **II.** *fn* traitor

felséges *mn* **1.** *[pompás]* splendid, magnificent, *[lakoma]* grand, magnificent, kingly **2.** *[rangban] elav* **~ úr/uram** Your Majesty

felségesen *hsz* **~ éreztem magam** I had a wonderful time

felsegít *i [földről]* help sy up, help sy to rise, *[járműre]* help sy on; **~i vkre a kabátot** help sy on with her/his coat

felségjel(vény) *fn [állami]* insignia, *[repülőgépen]* markings *tsz*

felségjog *fn* sovereignty, royal prerogative

felségsértés *fn* high treason

felségterület *fn* sovereign/national territory

felségvizek *fn* territorial waters; **brit ~en** in British (territorial) waters

félselyem *mn/fn* half-silk

felseper *i* sweep* up

felserdül *i* arrive at (v. reach) puberty, (*vmvé*) grow* up into (a man°/woman°)

felserken *i* awake*, wake* with a start

felsért *i* graze

felsikál *i* scrub

félsiker *fn* partial success, half-success

felsikolt *i* cry out, scream

felsír *i* cry out (weeping)

felsóhajt *i* heave a sigh, sigh; **megkönnyebbülten sóhajt fel** breathe again/freely, heave/give* a sigh of relief

felsorakoz|ik *i* **1.** *ált* line up, *kat* fall* in(to line) **2.** *átv [vk mögött]* range on sy's side, gather round sy

felsorakoztat *i* line up, *átv is* marshal (*US* -l)

felsorol *i* enumerate, list, *[forrásokat]* quote [one's authorities], list/give* one's references/sources

felsorolás *fn* **1.** *[cselekmény]* enumeration **2.** *[lista]* list

félsorompó *fn* half/short barrier

félsorompós *mn* **~ vasúti átjáró** half-barrier (level) crossing

felső I. *mn* upper, higher; **~ ajak** upper lip; **~ emelet** the upper storey; **~ érték** upper value; **a Duna ~ folyása/szakasza** the upper reaches of the Danube *tsz*, the Upper Danube; **~ korhatár** upper age limit; **~ rész** upper part; → **felsőrész**; **~ tagozat/osztályok** *GB* the middle school; **~ tízezer** the upper ten/crust; **~ vezeték** overhead (contact) wire, trolley wire **II.** *fn* → **felső tagozat**

felsőbb *mn* higher, upper; **~ helyen/körökben** in high quarters; **~ matematika** higher/advanced mathematics; **~ osztályok** (i) *okt GB* the middle school, upper forms (ii) *[társadalmi]* upper classes; **~ utasítás** orders from above *tsz*

felsőbbrendű *mn* **1.** *tud* **a ~ állatok** the higher animals **2.** *[minőségileg]* superior, higher, of superior quality *ut*; **~ ember** superman°

felsőbbrendűség *fn [minőségi]* superiority, *[rangbeli]* supremacy, primacy

felsőbbség *fn* **1.** *[hatóság]* the authorities *tsz* **2.** *[minőségi]* superiority

felsőéves *mn/fn [ált. iskolában] GB* boy/girl in the middle school, *[egyetemen]* finalist, *US* senior

felsőfok *fn* **1.** *nyelv* superlative (degree); **~ban áll** be* in the superlative **2.** *[egyéb]* highest/top grade

felsőfokú *mn* **~ angol nyelvvizsga** → **nyelvvizsga**; **~ oktatás** higher education

felsőház *fn* the Upper House, *GB* the House of Lords, *US* the Senate

felsőkabát *fn* overcoat, topcoat

felsőkar *fn* upper arm

felsőmosás *fn* wash(-down), carwash

felsőoktatás *fn* higher education; **~i intézmények** institutions of higher education

felsőosztályos *mn/fn* higher-form (student), higher-class (student)

felsöpör *i* → **felseper**

felsőrész *fn* **1.** *[cipőé]* uppers *tsz* **2. ~ nélküli** *[fürdőruha]* topless

felsőruha *fn* clothes *tsz*

felsős *mn/fn* senior (boy/girl), higher-form (student), higher-class (student); **a ~ök** *GB* the middle school

felsőszekrény *fn* Welsh dresser; *US* hutch

felsőtest *fn* trunk, the upper part of the body; **meztelen ~tel** stripped to the waist

Felső-Volta *földr* → **Burkina Faso**

felső-voltai *mn/fn* Upper Voltan

felsúrol *i* scrub, scour

felsül *i* fail, blunder

felsülés *fn* failure, fiasco

félsz I. *fn* (mild) fear; **benne van a ~** get* the jitters **II.** *i* → **fél**[1]

felszabadít *i* **1.** *ált* set* free, liberate, *[országot, megszállt területet]* liberate, *[várat]* relieve; *[rabszolgát]* liberate, emancipate **2.** *[zárolás alól]* release, declassify; *[árakat]* deregulate, *[kötött árucikket]* deration **3.** *[futballban]* clear **4.** *kém fiz [energiát]* free, release, discharge, disengage

felszabadítás *fn* **1.** *[országé idegen uralom alól]* liberation, *[elnyomottaké]* liberation, setting free, emancipation, *[rabszolgáé]* liberation, emancipation, setting free, freeing, *[váré]* relief **2.** *kém fiz* discharge **3.** *sp* clearing, clearance

felszabadító I. *mn* liberating; **~ hadjárat** war of liberation; **~ mozgalom** liberation movement **II.** *fn* liberator, emancipator

felszabadított *mn [terület]* liberated, *[elnyomott]* liberated, emancipated

felszabadul *i* **1.** *[ország]* be* liberated, *[erőd]* be* relieved, *[elnyomott ember/nép]* be* set free, be* emancipated, be* delivered from [tyranny] **2.** *[lelki nyomás alól]* be* relieved **3.** *[szakmunkástanuló]* have* served one's apprenticeship **4.** *[gáz, hő]* be* released/discharged

felszabadulás *fn* **1.** *[országé, népé]* liberation, *[rabszolgáé]* emancipation **2.** *[szakmunkástanulóé]* end/completion of apprenticeship **3.** *kém* release

felszabadult *mn* **1.** *[ország, nép]* liberated, *[rabszolga]* emancipated, *[gyarmat]* emergent/emerging country/nation **2.** *[gondtalan]* carefree, light-hearted

felszakad *i* split*, tear*, *[seb]* reopen; *[köd]* lift, clear
felszakadoz|ik *i [felhőzet]* be* breaking
felszakít *i* tear*/rip open
felszalad *i* **1.** *[lépcsőn]* run*/dash up **2.** *[láz]* rise* rapidly
felszáll *i* **1.** *[levegőbe]* fly* up, take* to the air, *[madár]* take* flight, *[repülőgép]* take* off **2.** *[köd]* lift, clear away **3.** *[lóra]* mount [a horse] **4.** *[vonatra]* get* into (v. on v. onto) [a/the train], board [a/the train], *[hajóra]* go* on board (the ship), embark, *[buszra, villamosra]* get* on/into [a/the bus/tram], *[repülőgépre]* get* on/onto [a/the plane], board [a/the plane]
felszállás *fn* **1.** *[levegőbe]* flying up, *[repülőgépé]* takeoff, *[űrhajóé]* lift-off, blast-off **2.** *[lóra]* mounting [on horseback] **3.** *[vonatra, buszra]* getting into/on, *[hajóra]* embarking, embarkation, *[reülőpgépre]* getting on(to), boarding; **~ hátul** the entrance is at the rear
felszállási *mn* **~ engedély** (takeoff) clearance
felszállít *i* (*vmt vhová*) transport/carry sg to swhere
felszálló I. *mn* **1.** *[magasba]* rising, soaring, ascending, *[repülőgép]* taking off *ut*; *műsz* **~ vezeték** riser **2.** *[járműbe]* getting into *ut*, boarding, embarking **II.** *fn* passenger
felszállópálya *fn* runway, tarmac, *[nem kiépített/beton]* airstrip
felszámít *i* charge sy [a sum] (for sg); **mennyit számít fel érte?** how much do you charge for it?; **a hazaszállításért külön díjat nem számítunk fel** no extra charge for delivery, free delivery
felszámítás *fn* charging; ... **~ával** at a charge of ...
felszámol *i* **1.** *[vállalatot]* wind* up, liquidate [a firm], *[kiárusít]* sell* off **2.** *[vmlyen jelenséget]* do* away with, abolish; *[lazaságot]* tighten up (on) sg **3.** → **felmorzsol** **4.** → **felszámít**
felszámolás *fn gazd* winding up, liquidation; **~ alatt van** be* in liquidation
felszámoló *fn/mn* liquidator
felszámolóbiztos *fn gazd* liquidator
felszánt *i* plough (*US* plow) up, till, break* up [the soil]
felszántatlan *mn [föld]* unploughed, untilled, unbroken [land]
felszántott *mn [föld]* ploughed, tilled [land]
felszaporod|ik *i* increase, multiply, swell*, grow*, *[kamat]* accrue
felszárad *i* dry* (up), get* dry
félszáraz *mn [éghajlat]* semiarid, *[ital]* medium dry
felszárít *i* **1.** *ált* dry* (up) **2.** *[könnyeket]* wipe away
felszarvaz *i [férjet]* cuckold (sy)
felszarvazott *mn* **~ férj** cuckold
félszáz *szn* fifty
felszed *i* **1.** *ált* pick/gather/take* up, *[répát, burgonyát]* gather, dig* up, get* in, *[kövezetet]* tear*/take* up, *[horgonyt]* weigh [anchor]; *[sátrat]* take* down **2.** *biz [jármű utasokat]* give* sy a lift **3.** *biz [vkt utcán]* pick up **4.** **~i a szemet a harisnyán** mend a ladder in a stocking **5.** *biz [betegséget]* contract, catch* [disease] **6.** *biz [vmenynyit hízik]* put* on; **két kilót szedett fel** he put on two kilos **7.** *[ismeretet, nyelvtudást]* pick up; → **sátorfa**
felszeg *i* **1.** *[ruhát]* hem **2.** *[fejét]* throw* back [one's head]
félszeg *mn* awkward, clumsy
felszegez *i* nail sg up/on/to sg
félszegség *fn* awkwardness, clumsiness
felszel *i* slice (up), cut* sg into slices, *[pecsenyét]* carve
felszeletel *i* → **felszel**
félszemű *mn* one/single-eyed
felszentel *i* **1.** *[papot]* ordain [clergyman], *[templomot]* consecrate **2.** *biz [új tárgyat]* use (sg) for the first time
felszentelés *fn [papé]* ordination, *[templomé]* consecration
félszer *szn* **~ annyi** half as much; **~ akkora** half as big
felszerel *i* **1.** *[készlettel]* stock/supply/provide with, *[berendezéssel]* equip, furnish (*mindegyik:* with), *[új gépekkel gyárat stb.]* refit, *biz* rejig, *[vk útra, túrára stb.]* fit/kit out, *kat* fit/kit out, equip, arm; **jól fel van szerelve** *[árukészlettel]* be* well stocked (up) with [wares/goods etc.] **2.** *[gépet]* install, mount, *infor* install; **~i(k) a telefont** *[a lakásban]* put* a phone in, have* a phone put in
felszerelés *fn* **1.** *[folyamat]* equipping, outfitting **2.** *[gépé]* installation, mounting, *infor* installation **3.** *[tartozékok, kellékek]* accessories *tsz*, gear, *[gépen]* mountings *tsz* fittings *tsz*, *[berendezés]* equipment, installation, apparatus, *[mezőgazdasági]* (farming) implements *tsz*, (farming) equipment, *[irodai]* (office) equipment, *[konyhai]* (kitchen) utensils *tsz*, *[lakásé]* fixtures *tsz*, *[turistáé stb.]* equipment, outfit, *[horgászé]* (fishing) tackle, *[sportolóé]* (sports) gear/kit/equipment, *[katonai]* outfit, equipment kit, *[tábori]* camping kit
felszerelési *mn* **~ tárgyak/cikkek** fittings, accessories → **felszerelés** 3
felszerelhető *mn* (*vmre*) mountable (on) *ut*
felszerelt *mn* **1. jól ~** well-equipped; **teljesen ~** *[lakás]* fully furnished **2.** *[felállított]* installed, assembled, mounted
felszereltség *fn [lakásé]* equipment, being [well etc.] equipped
felszerszámoz *i* harness [a horse]
félsziget *fn* peninsula, headland
félszigeti *mn* peninsular
felszíjaz *i* strap up
felszín *fn* surface; **~re hoz** bring* to the surface, bring* to light; *[ásatás útján]* excavate; **~re bukkan** *átv* turn up, come* to light; **újra ~re kerül** be resurfacing, turn up again
felszínes *mn* superficial, shallow
felszíni *mn* **~ munkás** surfaceworker
felszippant *i* **1.** snuff/sniff up **2.** *átv* snatch up
felszisszen *i* wince, flinch
felszít *i* **1.** *[tüzet]* stir/fan/kindle [the fire] **2.** *átv [gyűlöletet]* stir up (hatred), *[viszályt]* fan
felszív *i* **1.** suck up, *[szivattyúval]* pump up **2.** *[magába szív]* absorb, imbibe, *[szivacs]* soak up/in **3.** *átv* absorb
felszívód|ik *i [orvosság]* be* absorbed
felszól *i* (*vknek*) *[irodába portáról]* ring* sy up, call sy
felszólal *i [gyűlésen stb.]* rise* to speak, speak*, make* a speech, *[vitában]* take*/have* the floor, intervene in [a debate/dispute]; **vk mellett ~** speak* up for sy; **vm mellett ~** speak* for sg, take* a stand for [a proposal etc.]; **vm ellen ~** speak* against sg, remonstrate/protest against sg
felszólalás *fn ált* speech, *[ellenvetés]* objection, *[gyűlésen]* speech, statement, remarks *tsz*
felszólalási *mn* **csak ~ joggal rendelkező küldött** non-voting member
felszólaló *fn* speaker; **az előttem ~** the previous/last speaker
felszólamlás *fn* protest, complaint
felszolgál *i* **1.** *[ételt]* serve (up) [dishes]; **~ja a kávét** serve (the) coffee **2.** *[asztalnál]* wait at table
felszolgáló *fn* waiter, *[nő]* waitress, *[hajón, repülőgépen]* stewardess
felszólít *i* **1.** (*vmre*) call upon (sy to do sg), request to, invite to; **fizetésre ~ vkt** summon sy for debt, request sy to settle his/her account/debts; *[erélyesen]* dun sy, demand payment; **~ vkt, hogy ürítse ki a lakást** serve sy with a notice to quit [his/her flat]; **megadásra szólít fel** *kat* summon to surrender **2.** *[tanulót]* test/question [a pupil]
felszólítás *fn* call, invitation, *hiv [írásbeli]* notice, warning, *[fizetésre]* demand (for payment); **ügyvédi ~** solicitor's letter
felszólító *mn* **~ mód** imperative
felszór *i* (*vmvel*) *[behint]* strew (with sg)
felszök|ik *i* **1.** *[felugrik]* leap*/jump up **2.** *[ár, teljesítmény]* rise* suddenly, soar, *[árfolyam]* shoot* up
felszökken *i* → **felszökik**
felszúr *i* **1.** *orv [hólyagot]* prick, *[kelést]* lance, puncture **2.** *[villára]* fork

félt *i* (*vkt*) fear for sy, have* fears for sy, be* concerned/anxious about sy, be* worried about sy; **~i a bőrét** fear for one's life; **~i a pénzét** be* anxious for the safety of his/her money; **nagyon ~ vkt** worry too much about sy, spoil* sy; *biz* **nem kell őt ~eni** don't (v. there's no need to) worry about him/her

feltakarít *i [szemetet]* remove, clear away

feltalál *i* **1.** *[újat]* invent **2. ~ja magát** keep* one's presence of mind, quickly find* one's feet, rise to the challenge/occasion **3.** (*vhová*) find* the way up to; → **spanyolviasz**

feltálal *i [ételt]* dish/serve up

feltalálás *fn [újé]* invention

feltálalás *fn* dishing/serving up

feltaláló *fn* inventor

feltámad *i* **1.** *[halott]* rise* again [from the dead] **2.** *[vk ellen]* rise*/revolt against **3.** *[szél]* rise*, get* up

feltámadás *fn vall* Resurrection

feltámaszt *i* **1.** *[halottat]* raise from the dead **2.** *[düledező dolgot]* prop/shore up, *[fejét kezével]* rest one's head on [one's hand] **3.** *[emlékeket]* evoke, revive, bring* back [memories]

feltankol *i* fill up, *US* top off

feltápászkod|ik *i* struggle/stagger/stramble to one's feet

feltáplál *i* feed* up

feltár *i* **1.** *[bányát]* open up, *[régész]* excavate, open/dig* up; **a régészek egy római villát tárnak fel** archaeologists are excavating a Roman villa **2.** *[orvos műtétnél]* expose, approach **3.** *[szívét vk előtt]* open [one's heart to sy] **4.** *[helyzetet]* reveal [the situation], *[hibát]* disclose, lay* bare, *[titkot]* disclose, reveal, *[okokat, összefüggéseket]* explore

feltárás *fn* **1.** *[bányáé]* opening, *[régészeti]* excavation **2.** *[műtéti]* exposure, approach **3.** *[titoké]* disclosure, *[jelenségek okaié]* exploration

feltáratlan *mn* unexplored, unexploited

feltárcsáz *i* dial (sy), ring* sy up

feltart *i* **1.** *[magasba]* hold* up, raise **2.** → **feltartóztat**; *sp* block

feltartás *fn sp* block(ing)

féltartós *mn* **~ tej** long-life/ultrapasteurized milk, UHT *[ultra heat treated]* milk

feltartóztat *i* **1.** *[mozgást]* arrest, impede, *[eseményeket]* stay, stem [the course of events], *[ellenséget]* hold* up, *[határon]* stop, arrest **2.** *[útonálló]* hold* up, waylay* **3.** *[munkában]* keep* (sy from work), (*vkt vmben*) hinder (sy in sg), hold* up

feltartóztathatatlan *mn* irresistible

feltartóztathatatlanul *hsz* irresistibly

feltárul *i* **1.** *ált* open (wide), *[ajtó]* fly* open **2.** *[titok]* come* to light, *[látvány]* be* suddenly revealed; **micsoda látvány tárult fel szemem előtt!** what a scene met my eyes!

feltaszít *i* knock over, upset*

feltehető *mn* probable; **~, hogy** ... it is just possible that ..., presumably ...

feltehetően *hsz* presumably, probably

félteke *fn* hemisphere

féltékeny *mn* jealous (*vkre/vmre* of)

féltékenyen *hsz* **~ őriz** guard jealously, keep* a watchful eye on

féltékenyked|ik *i* (*vkre*) be* jealous of sy

féltékenység *fn* jealousy

felteker(csel) *i* coil up, spool, wind* up, wind* onto a reel (*US* spool)

feltekered|ik *i* coil/roll up, furl

feltekint *i* **1.** look up, lift up one's eyes (to) **2.** *átv* (*vkre*) look up to sy

féltengely *fn műsz* axle shaft

féltenivaló *fn* **nincs ~ja** he has nothing to lose

feltép *i* tear*/rip open

felterít *i [abroszt]* lay* the table/cloth

felterjeszt *i* **1.** *[iratot]* lay* before, send* up (to), submit (to) **2.** *[vkt előléptetésre]* put* sy up/forward for [promotion], *[kitüntetésre]* put* sy forward (v. recommend sy) for [decoration]

felterjesztés *fn* **1.** *[iraté]* submission, presentation **2.** *[javaslat]* proposal, recommendation

feltérképez *i* map, chart

féltermék *fn* → **félkész termék**

féltés *fn* **1.** fear, anxiety, concern (*mindegyik:* for) **2.** *[szerelmi]* jealousy

féltestvér *fn [férfi]* half-brother, *[nő]* half-sister

feltesz *i* **1.** (*vmt vhová*) put* (sg on), place (on); **~i a kalapját** put* on one's hat; **~i a szemüvegét** put* one's glasses/spectacles on; **~i a kezét** *[jelentkezésképpen]* raise (v. put* up) one's hand **2.** *[vmt tűzhelyre főni stb.]* put* sg on [the cooker]; **~i a levest** put* the soup on **3.** (*vmt vhová*) *[felerősít]* fasten, fix, attach, *[függönyt]* hang* **4. kérdést/kérdéseket tesz fel vknek** ask sy a question (v. questions), put* a question (v. questions) to sy; **~i a kérdést** put* the question; **~em a kérdést** I put it to you, I ask you **5. feltette magában** (s)he made up his/her mind to ..., (s)he resolved to ... **6.** *[feltételez]* suppose, assume; **~em, nem ismerik egymást** I take it you don't know each other; **tegyük fel, hogy** ... let us suppose that, suppose ...; **tegyük fel, (hogy) vm nem úgy alakul, ahogy szeretnénk** suppose/supposing something should go wrong ...; **tegyük fel, hogy AB egyenlő CD-vel** let AB be equal to CD **7.** *ját* stake (on); → **feltéve**, → **lap**

feltétel *fn* condition, term, *[kikötés]* stipulation, proviso; **fizetési ~ek** terms/conditions of payment; **~ nélküli** unconditional; **~hez köt** make* it a condition that ...; subject (sg) to conditions, attach conditions to sg; **három ~hez köti** he makes 3 stipulations; **megegyeztek a ~eket illetően** they agreed on the terms; **~eket szab** stipulate, make* conditions; **azzal a ~lel, hogy** on condition that; **egy ~lel** on one condition; *[körülmény]* **biztosítja a ~eit vmnek** provide the means for sg; **tárgyi és személyi ~ek** financial and human resources

feltételes *mn ált* conditional; **~ megálló(hely)** *[busz]* request stop; *[vasúti]* trains stop here only when signalled; *nyelv* **~ (mellék)mondat** conditional (clause/sentence); *nyelv* **~ mód** conditional; *biol* **~ reflex** conditioned reflex; *jog* **~ szabadságra bocsát vkt** place/put* sy on probation; **~ szabadlábon van** be* out on ticket of leave, be* out on parole

feltételez *i* **1.** *[feltesz]* suppose, presume, assume; **tételezzük fel, hogy** ... let us suppose that ..., suppose ...; **~ vkről vmt** assume/suppose sy (to be) sg; **~ik róla, hogy** ... he is assumed/supposed to be ...; **ezt nem tételeztem volna fel róla** I would not have thought it of him **2.** *[mint szükségszerűt]* postulate, take* (sg) for granted, *[megkíván]* require

feltételezés *fn* → **feltevés 1**

feltételezhető *mn* presumable, probable

feltételezhetően *hsz* presumably

feltétlen I. *mn [bizalom]* absolute, implicit [confidence], *[feltétel nélküli]* unconditional; **~ elsőbbség** top priority; **~ engedelmesség** unquestionning/blind obedience; **~ reflex** unconditioned reflex **II.** *hsz* → **feltétlenül**

feltétlenül *hsz* **1.** absolutely, definitely; **~ szükséges, hogy** ... it is indispensable/essential that ..., it is absolutely necessary that ...; **nem ~ következik belőle, hogy** ... it does not necessarily follow that ... **2.** *[okvetlenül]* by all means; **~ írj(on)!** be sure to write!

feltett *mn* **1. ~ kalappal** with one's hat on **2. ~ kérdés** question raised, question to be answered **3. ~ szándéka** it is his firm intention (to ...)

féltett *mn* jealously guarded, carefully kept/watched *ut*, precious

feltéve *hsz* **~, hogy** provided/supposing/granted/on condition that, as long as; **elmegyek, ~, hogy/ha te is elmész**

I'll go, provided (that) you go too; **~, hogy önnek igaza van** granted that you are right

feltevés *fn* **1.** *[feltételezés]* supposition, assumption, *[logikai]* premise; *[tudományos]* hypothesis **2. a kérdés ~e** the putting of the question

féltízes *mn* **a ~ vonat** the ten-thirty train

feltol *i* **1.** *[tárgyat]* push/shove up **2. ~ja magát** (i) thrust* oneself forward (ii) (*vmnek*) pose as/be* a self-styled [judge etc.]

feltorlód|ik *i [hó]* be* banked up, *[egyéb dolgok és tennivalók]* pile up; *[forgalom]* tail back (*vhol* from)

feltornász|ik *i* **1.** (*vmt*) force up, boost **2.** *átv* **feltornászsza magát** work one' way up, push oneself up

feltornyosul *i* **1.** *ált* pile up, tower, rise* high **2.** *[felhő]* bank up, mushroom **3.** *[hullám]* billow, be* mountainous

féltő *mn* **~ gonddal** with anxious/solicitous care

feltőkésít *i gazd* supplycapital to/for [an enterprise], *US* capitalize

feltölt *i* **1.** *[folyadékkal]* fill (up), *[kiegészít]* top up **2.** *[földdel]* bank up, *mezőg* earth (up) **3.** *[akkut]* (re)charge **4.** *[létszámot kiegészít]* bring* up to (full) strength **5.** *infor* upload

feltölthető *fn műsz* rechargable

feltöltő *fn műsz* charger

feltöltődés *fn el* static electricity

feltöltődik *i* **1.** *[meder]* silt up **2.** *el* charge (up)

feltör *i* **1.** *[erőszakkal kinyit]* break*/force/prise open, *[zárat]* force, pick [a lock]; *[páncélszekrényt]* crack (a safe) **2.** *[diót]* crack [nuts] **3.** *[földet]* break* [soil] **4.** *[ember bőrét]* chafe; **a cipő ~te a lábát** the shoes raised blisters on (v. blistered) his/her feet **5.** *[víz]* rush/well up, spout, gush **6.** *átv biz [versenyző]* forge/push ahead, *[felküzdi magát]* go* up in the world

feltöredezik *i* crack (up)

feltöreksz|ik *i* strive* to rise

feltörekvő *mn* ambitious

feltörés *fn* **1.** *[erőszakkal kinyitás]* breaking/forcing open, opening, *[záré]* forcing **2.** *[dióé]* cracking **3.** *[földé]* breaking up, ploughing **4.** *[lábon]* sore, blister **5.** *[vízé]* uprush

feltör|ik *i [bőr]* become* sore, blister, break*, *[kéz]* chap, be* chapped, *[felfekvéstől]* get* bed-sore; **(járástól) ~t a lába** be* (v. come* home) footsore

feltörlőrongy *fn* mop

feltöröl *i* wipe/mop up, *[foltot]* wipe off; *[padlót]* mop/wipe [the floor]

feltört *mn* **~ lábú/lábbal** footsore

feltrancsíroz *i* disjoint, cut* up

féltucatnyi *mn* half a dozen

feltupírozott *mn átv biz [eltúlzott]* exaggerated, blown out of all proportion *ut*

feltúr *i* **1.** grub/turn/dig* up; *[disznó]* root **2.** *[keresgélve]* ransack sg (for sg), rummage (through)

feltúráztat *i [motort]* rev (up) the engine

felturbósít *i szl [nem csak motort]* soup up

felturbózott *mn szl [feljavított]* souped-up

feltűnés *fn* **1.** *[felbukkanás]* appearance (of sg), coming into sight, rise **2.** *átv* sensation, stir; **~ nélkül** inconspicuosly, quietly; **~t kelt** cause/create a sensation, cause (quite) a stir, attract attention; **~t keltő** striking, sensational, ostentatious; **nem szeretem a ~t** I do not like to be in the limelight

feltűnési *mn* **~ viszketegségben szenved** be* craving the limelight

feltűn|ik *i* **1.** *[felbukkan]* appear, come* into sight, emerge **2.** *átv* strike* the eye, be* striking; **nekem úgy tűnik fel, mintha** it looks to me as if; **~t nekem** it struck me (that)

feltűnő *mn* conspicuous, prominent, *[meglepő, szokatlan]* uncommon; *[ruha]* showy, flashy; **~ helyen** in a prominent place; **~, hogy** ... it is remarkable/surprising that/how ..., it strikes one that ...; **a leg~bb az** ... the most remarkable feature is ...

feltűnően *hsz* strikingly, singularly; **~ csinos** outstandingly/remarkably pretty; **~ viselkedik** attract attention to oneself, make* oneself conspicuous (by ...ing)

feltüntet *i* **1.** (*vmlyennek/vhogyan*) make* sg appear (as) (re)present sg (as); **vmnek ~i magát** pass oneself off as/for sg; **úgy akarja a dolgot ~ni, mintha** he wants to give the impression that; **fontosnak tüntet fel vmt** blow* sg up (out of all proportion), inflate the importance of sg; **hamis színben tüntet fel vmt** misrepresent, put* a false construction on sg **2.** *[írásban stb.]* indicate, show*; **kérjük (itt) ~ni nevét és címét** (please) state your name and address below

feltüntetés *fn* **1.** *[vmlyennek]* (re)presentation **2.** *[vmi írásban]* indication

feltűr *i [ingujjat]* roll up [one's sleeves], *[nadrágszárat]* roll/tuck up, *[gallért]* turn up [one's collar]

feltűz *i* pin/fasten/fix/stick* on/up, *[haját]* pin up [one's hair]; *[pillangót]* mount (a butterfly on a pin)

feltüzel *i* **1.** (*vmt*) use/burn* up, consume **2.** (*vkt*) fire instigate, incite

felugrál *i* be* always jumping up, keep* jumping up

felugr|ik *i* **1.** *[magasba]* jump/leap*/spring* up; *[ültéből]* jump/leap* up, spring* to one's feet **2. ~ik vkhez egy pillanatra** drop in on sy, *biz* pop up to sy

felújít *i* **1.** *ált* renovate, *[épületet, lakást]* renovate, restore repair **2.** *[színdarabot]* revive [play], *[filmet]* rerun* **3.** *[barátságot]* take* up, renew [old friendship]

felújítás *fn* **1.** *ált* renovation, restoration, renewal **2.** *[színdarabé]* revival [of a play], *[filmé]* rerun, revival run **3.** *[ruhatáré]* renovation

felújul *i* be* renewed/revived, revive

felutaz|ik *i* go* (up) to, travel (up) to

félúton *hsz* half-way, midway

felüdít *i* refresh

felüdül *i* refresh oneself, revive

felügyel *i* **1.** (*vkre/vmre*) look after, take* care of (sy/sg), be* in charge of (sy), *[gyerekre]* mind [the baby], look after [the children]; **gyerekekre ~** *[rendszeresen]* be* a baby-sitter, baby-sit*, *[idősebbre]* be* a childminder **2.** *[vizsgán]* invigilate

felügyelet *fn* supervision, *[irányítás]* control; **vk ~e alatt áll/van** be* under the supervision of sy; **vk ~ére van bízva** be* in/under sy's charge; **~et gyakorol vm/vk fölött** supervise sg/sy, be* in charge of sg/sy, watch on/over sg/sy; *[ellenőrzés]* keep* a check on sg; → **orvosi**, → **rendőri**

felügyeleti *mn* **~ jog** right of supervision; **~ hatóság** supervisory authority

felügyelő I. *mn* **~ tanár** master in charge, *kb.* form/house master **II.** *fn* **1.** superintendent, supervisor, person in charge **2.** *[rendőr~]* (police) inspector, *[munkára]* overseer, inspector

felügyelőbizottság *fn* supervisory board

felügyelőnő *fn* inspectress, *[intézetben]* matron

felügyelőség *fn [állás]* inspectorship, *[banké, szervezet]* board of trustees, supervisory board, *[egyéb]* inspectorate

felül[1] *i* **1.** *[ágyban]* sit* up **2.** *[lóra]* get* on, mount [a horse], *[vonatra]* get* on, *[madár ágra]* perch on **3.** *biz* (*vknek*) be* taken in by, be* duped by

felül[2] **I.** *hsz* **1.** *[vmn rajta]* above, over, on (the) top; **~ről a harmadik sorban** in the third line from the top **2. ~ van** *[fölényben van]* have* the upper hand (*akivel szemben:* of sy); **~ marad** *[győztesen kerül ki]* come* out on top, win*/carry the day **II.** *nu* **1. vitán ~** beyond dispute; **minden kétségen ~ áll** be* beyond a shadow of doubt **2.** *[mennyiségen]* over, upwards (of); **100 Ft-on ~** over 100 forints

felülbélyegez *i* stamp

felülbírál *i* re-examine, reconsider, revise

felülemelked|ik *i* **1.** (*vmn*) rise*/be* above, be* superior to **2.** *[legyőzve]* overcome*, surmount

felület *fn* surface; *[falé, épületkőé]* face, facing, *[súrlódási]* bearing (surface)

felületes *mn [ember]* superficial, shallow, *[munka]* perfunctory, slapdash, *[tudás]* superficial, light, skin-deep; *[pillantás]* cursory *[look]*

felületesség *fn [emberé]* superficiality, *[munkáé]* perfunctoriness

felületi *mn* surface, *[külső]* external; **~ kezelés** surface treatment; **~ seb** superficial wound

felülfizet *i* overpay*, *GB* pay* over the odds (for sg)

felülfizetés *fn* extra payment, overpayment

felüli *mn* over, above; **5 éven ~ gyermekek** children over 5 (years of age); **csak 15 éven ~eknek** no persons under 15 years admitted; **csak 18 éven ~eknek való** *[film]* X film, only for those aged 18 or over; **az ötvenen ~ek** the over-fifties

felülígér *i* overbid*

felülír *i infor* overwrite*

felülírás *fn infor* typeover

felüljáró *fn* flyover, *US* overpass, *[csak gyalogos]* footbridge

felüljegyez *i gazd [értékpapírt]* over-subscribe

felülkereked|ik *i* (*vkn*) get* the upper hand (over sy), prevail (over sy), *[nehézségen]* overcome* [difficulty]

felülmúl *i [teljesítményben]* surpass, outdo*, outshine* (*vmben mindegyik* in); **~ja önmagát** surpass oneself; **minden képzeletet ~** it defies description, it is beyond belief

felülmúlhatatlan *mn* unsurpassable, unbeatable, second to none *ut*, unequalled

felülnézet *fn* view from above, bird's-eye view; *[épületé]* plan

felülnyomás *fn* overprinting, overprint

felülről *hsz* from above; **~ lefelé** downwards

felülső *mn* upper

felültet *i* **1.** (*vmre*) seat sy on sg; *[ágyban]* raise, help sy sit* up **2.** *átv [becsap]* fool sy, play a trick on sy, make* a fool of sy; **~ték** (s)he was taken in

felülüt *i ját* overtrump

felülvilágító ablak *fn* skylight

felülvizsgál *i* **1.** *ált* revise, (re-)examine; *[számlát]* check, inspect [account]; *[számadást]* audit; *[ítéletet]* review, re-examine, reconsider **2.** *[gépet]* examine, check, go* over, overhaul

felülvizsgálat *fn* **1.** *ált* revision, (re-)examination, *[számláé]* checking, auditing, *[pénztáré]* auditing, revision [of the cash], *[ítéleté]* re-examination, reconsideration **2.** *orv* checkup **3.** *[gépé]* examination, checking, overhauling

felülvizsgáló I. *mn* **~ bizottság** revisory board, auditing committee **II.** *fn* supervisor

felüt *i* **1.** *[tojást]* break* [egg] **2. ~i a könyvet** *[találomra]* open a/the book (at random) **3.** *[kártyát]* face **4. vm ~i a fejét** sg raises its head

felütés *fn zene* upbeat; *sp [ökölvívásban]* upper cut

felüvölt *i* cry out, howl

felüzen *i* send* (up) word (to sy that)

felv. *röv* → **felvonás**

félvad *mn* half-wild, semi-savage

felvág *i* **1.** cut* up/open, *[szeletekre]* cut* [into slices], slice up, carve, *[fát]* cut* up [wood], *[fát apróra]* chop **2.** *átv* **~ták a nyelvét, fel van vágva a nyelve** have* a ready/glib tongue **3.** *biz [kérkedik]* show* off, swagger, swank **4.** *sp [játékost]* hack

felvágás *fn biz* showing off

felvágatlan *mn [könyv]* uncut

felvagdal *i* cut* sg to pieces, shred, *[húst]* mince, *[mást is]* chop up

felvágós *mn biz* flashy; **~ alak** a show-off, a smart aleck

felvágott *fn [hideg]* (slices *tsz* of) cold meat, *US* cold cuts *tsz*

felvakar *i* scratch open, rub up

felvállal *i* undertake*, take* on

félvállról *hsz* **~ beszél vkvel** talk down to sy, look down one's nose at sy; **amúgy ~** quite casually, superciliously

felvált *i* **1.** *[pénzt]* give* sy change (for), change, break* into; **~ egy ötszázast** change (v. break* into) a five-hundred (forint) note; **fel tudna váltani egy fontot?** can you change a pound for me?, can you give me change for a pound?, have you got change for a pound? **2.** *[őrséget]* relieve [sentry, guard]; *[feladatát átveszi]* take* over sy's place/duty; **~ják egymást** *[emberek]* take* turns at doing sg **3.** *[helyébe lép]* be* succeeded/followed by

felváltás *fn* **1.** *[pénzé]* change **2.** *[őrségé]* relief

felváltva *hsz* by turns, alternately; **~ sír és nevet** alternate between laughter and tears; **~ végeznek vmt** take* turns at doing sg, take* it in turns; **M. és T. ~ virrasztanak beteg anyjuk mellett** M. and T. take turns at sitting up with their sick mother

felvarr *i* sew* sg on

felvarrat *i* **~ja a ráncait** have* one's face lifted, have* a face-lift

felvásárlás *fn* buying up

felvásárlási *mn* **~ láz** (a) run (on sg)

felvásárol *i* buy* up; *[készletet gyűjt]* hoard

félvászon kötés *fn* half-cloth (binding), half binding

felvázol *i átv is* sketch, outline

félve *h ign* timidly, anxiously, in fear; **attól ~, hogy**... afraid that [sg should happen], for fear of [sg happening]

felvehető *mn* **1.** *[pénz]* available **2.** *[állásba]* eligible (for a post), *[tagok közé]* admissible **3.** *[ruha]* fit to wear *ut*

felver *i* **1.** *[álmából]* awaken, rouse, alarm, *[vadat]* start, rouse, beat*; *[madarat]* flush **2.** *[tejszínt]* whip [cream], *[tojásfehérjét]* beat* (up) [eggs v. the white of an egg]; **verjünk fel 3 tojásfehérjét** beat (up) three egg whites (v. three eggs) (until stiff) **3.** *[sátrat]* pitch, put* up [a tent] **4.** *[árakat]* bid*/force/send* up prices, *kif* bull the market **5. ~i a gaz** *[kertet]* [the garden] is overgrown with weeds; → **por**

félvér *mn/fn* **1.** *[ember]* half-blood(ed), half-breed, half-caste, *[néger és fehér]* mulatto **2.** *[állat]* hybrid, *[ló]* half-bred

felvergőd|ik *i* work/make* one's way up (with difficulty)

felverőd|ik *i [tejszín]* whip

felvértez *i* **1.** *[harcost]* put* cuirass on sy, *[hajót]* armour-plate (*US* -or-) [ship] **2. ~i magát vm ellen** steel oneself against sg, arm oneself with sg against sg

felvés *i* engrave on, cut* in

felvesz *i* **1.** *[fölemel]* take*/pick/lift up; **~i a (telefon)kagylót/telefont** lift the receiver, answer (v. pick up) the (tele)phone; **nem veszik fel** *[telefont, mondja a központ]* sorry, no reply; **~ vmt a hátára** take* sg on one's back **2.** (*vkt*) *[járműre]* give* sy a lift, *[vonat utast]* pick/take* up [passengers] **3.** *[posta levelet/csomagot]* accept **4.** *[ruhát]* put* [one's hat, coat etc.] on; **milyen ruhát vegyek fel?** what (dress) shall I wear? **5.** *[pénzt bankban]* draw* [money at a bank, from one's account]; *[folyószámláról]* withdraw; *[járandóságot]* collect, draw*, *[hitelt, kölcsönt]* take* out/up, raise [a loan] **6.** *[munkahelyre]* take* on, engage, employ, *[iskolába, egyetemre]* admit, *[kórházba]* admit, *főleg: US* hospitalize, *[tagként társaságba, pártba]* admit, affiliate; **~nek vkt vhová** sy is admitted to, sy gains admission to; **felvették az egyetemre** (s)he has been admitted (v. has gained admission) to the/a university; **nem vették fel** (s)he has been rejected; **~ vkt egy tanfolyamra** put* sy on a course; **felveszünk:** *[hirdetésben]* wanted ...; *[álláshirdetésben]* situations vacant **7.** *[adatokat]* take* down, *[katalógusba, jegyzékbe, szótárba]* enter (*vmbe* in), *[vmt leltárba]* take* an inventory of sg **8.** *[lefényképez]* take* a photograph of, photograph sg; **(magnóra) ~ vmt** tape(-record) sg, record sg; **felvettem a Menuhin-koncertet** I recorded/taped the Menuhin recital; **~ vmt videóra** video sg, videotape sg, record sg on videotape **9.** *[egyetemi előadást, hallgatni]* put* one's name down for a course **10.** *[vm vmt magába vesz]* take* up, absorb, *[piac árut]* absorb **11.** *[vmnek az alakját, vmely jelleget, arckifejezést, álnevet]* assume; *[szokást, nevet]* adopt; **~i a magyar**

állampolgárságot assume Hungarian citizenship, take* Hungarian nationality **12. ~i az érintkezést** (v. **a kapcsolatot**) **vkvel** contact sy, get* in touch with sy; **(újra) ~i a munkát** resume work; **bárkivel ~i a versenyt** be* a match for anyone; *[erő dolgában]* be* as strong as the next man

felvet *i* **1.** *[levegőbe]* throw*/fling* up **2.** *[víz]* cast* up; **majd ~i a pénz** be* rolling in it/money, *biz* have* money to burn **3.** *[szemét]* cast* up, raise [one's eyes] **4.** *[kérdést]* raise [a question]; *[javasol]* suggest; **~i a kérdést** raise the question; *biz* wonder if; **ez egy másik dolog, amit fel akarok vetni** that's another point I want to make/raise; **~i a témát/gondolatot** bring* up (v. raise) the subject/issue; **~ették azt, hogy** ... it has been suggested that ...

felvét *fn pénz* → **felvétel**

felvétel *fn* **1.** *[földről]* taking/picking/lifting up **2.** *[adatoké]* inclusion, entering, entry **3.** *[postán csomagoké]* acceptance, *[helye]* parcels counter, *[vasúton poggyászé]* luggage/parcels office **4.** *[pénzé folyószámláról]* withdrawal **5.** *[állásba]* employment, *[munkásé]* hiring/engaging (v. taking on) of [workers], *[egyetemre, testületbe]* admission; **nincs ~** *[munkára]* no vacancies; **~re jelentkezik** apply for admission; **~t nyer (egyetemre)** be admitted, gain admission (to a university) **6.** *[fénykép]* photograph, snap(shot) **7.** *[film]* shooting, *[egyes jeleneté]* take, shot; **külső ~** shooting on location; **~ indul!** action! **8.** *[hangfelvétel]* recording, *[magnófelvétel]* tape recording, *[videofelvétel]* video (recording); **~t készít vmről** *[magnóval]* tape-record sg, tape sg; *[videóval]* video sg, videotape sg **9. diplomáciai kapcsolatok ~e** establishment of diplomatic relations

felvételez *i* **1.** *[katonai anyagot]* draw* [stores, supplies] **2.** *[térképész]* map, *[mérnök]* survey

felvételi I. *mn* **~ beszélgetés** *[GB egyetemre]* interview (with); **~ beszélgetést folytat vkvel** I have an interview with sy, interview sy [for a job]; **~ követelmények** admission requirements; **~ vizsga** entrance examination; *[GB public school-ba]* Common Entrance; **a ~ vizsgán a legmagasabb pontszámot érte el** (s)he won top marks in the (college) entrance exam; **~ vizsgát tesz** → **felvételizik II.** *fn* → **felvételi vizsga**

felvételiz|ik *i* sit* (for) an/the entrance examination

felvételvezető *fn film* location manager

felvetés *fn* **1.** *[kérdésé]* putting, posing, raising [a question] **2.** *[javaslat]* suggestion, proposal

felvetőd|ik *i [kérdés]* come* up, be* brought up

felvett *mn* **1.** *[poggyász]* registered **2.** *[alkalmazott]* employed *ut*, engaged *ut*, *[egyetemre]* admitted *ut* **3.** *[magatartás]* assumed, put-on, *[szokás]* adopted, affected; **~ név** *[hamis]* assumed name, pseudonym

felvevőfej *fn [magnóé]* (recording) head

felvevőképes *mn gazd* **~ piac** a good market (for sg)

felvevőképesség *fn gazd* demand, capacity to absorb goods

felvevőkészülék *fn* **1.** *[filmé]* cine-camera, camera **2.** *[hangé]* recorder

felvevőpiac *fn gazd* market

felvezet *i* lead* up

felvezetés *fn* **1.** *[rendőri kíséret]* escort **2.** *biz [bevezető]* intro, preamble

félvezető *mn/fn* semiconductor

felvidék *fn* the highlands *tsz*; *tört* **a F~** *[a régi Magyarország északi része]* Upper Hungary, *[ma] kb.* Slovakia

felvidéki I. *mn* of (v. relating to) a/the highland, *skót* Highland, *tört* of Upper Hungary **II.** *fn [ember]* highlander

felvidít *i* cheer (up), put* (sy) in a good humour (*US* -or)

felvidul *i* cheer up, become* cheerful, brighten up

felvigyáz *i* → **felügyel**

felvigyázó *fn* overseer, inspector

felvilágosít *i* enlighten, inform, instruct, give* sy (full) information; (*vkt vmről*) inform sy about sg; **a gyereket ~ja a nemi életről** provide [a child] with sex(ual) education

felvilágosítás *fn* **1.** *[tájékoztatás]* information, instruction, *[pályaudvari]* enquiries *tsz*, information; **~ utazási ügyekben** travel information; **nemi ~** sex(ual) education; **~t kér vmről** inquire about sg, ask for information about sg; **~t nyújt vknek vmről** inform sy about sg; **részletes ~t ad** give* detailed information (about); **további ~ért forduljon** ...**hoz** for further information/particulars apply to ... **2.** *[tudakozóhely]* inquiries (v. enquiries) *tsz*, information (desk)

felvilágosodás *fn* enlightenment; *tört* **a ~** the Enlightenment

felvilágosodott, **-világosult** *mn* enlightened

felvillan *i* **1.** *[fény]* flash, gleam, flare up; **szeme ~t** his eyes lit up **2.** *átv* **hirtelen ~t agyamban** a thought flashed through my mind

felvillanyoz *i* electrify, galvanize, thrill, exhilarate, stimulate

felvillanyozódik *i* become* invigorated/stimulated/exhilarated

felvirágoz *i* deck out with flowers

felvirágoztat *i* make* sg thrive/prosper

felvirágzás *fn* thriving, prosperity, boom

felvirágz|ik *i* thrive*, prosper, boom

felvirrad *i* dawn; **~t a (nagy) nap** the (long-awaited) day has come

felvirul *i* → **fellendül 2**

felvisz *i* **1.** (*vmt vhová*) carry/take* up; **~ vkt a Mátrába** *[kocsival]* drive* sy (up) into the Mátra Hills; **~ vkt Budapestre** *[kocsival]* drive* sy (up) to Budapest **2.** *[út vhová]* lead* up (to) **3. ~i vmeddig** attain to [a dignity] **4.** *[festéket]* apply

felvizez *i [bort, levest]* water down

felvon *i [vitorlát, zászlót]* hoist, raise; *[függönyt]* raise, *[horgonyt]* weigh, pull up

felvonás *fn* **1.** *szính* (*röv* **felv.**) act **2.** *[zászlóé]* hoisting, raising

felvonásköz *fn* interval, *US* intermission

felvonó *fn* lift, *US* elevator

felvonóhíd *fn* drawbridge

felvonókezelő *fn* lift attendant

felvonószerelő *fn* lift mechanic

felvonszol *i* drag up

felvont *mn* **~ lobogóval** with colours high; → **vitorla**

felvonul *i* **1.** *[tömegfelvonuláson]* march, take* part in a procession; *[tüntetni]* demonstrate **2.** *épít* [builders] move in

felvonulás *fn* **1.** *[ünnepélyes]* procession, *[tüntető]* demonstration **2.** *[építkezéshez]* preparatory works *tsz*

felvonulási *mn* **~ épület** site office

felvonultat *i [tüntetésre]* bring* out (crowds to demonstrate)

felzabál *i* → **felfal**

felzaklat *i* upset*, unsettle

felzárkóz|ik *i* **1.** *kat* close up [the ranks], join/line up **2.** *átv* (*vk mellé*) join forces (with sy), *[egy vonalba]* come* abreast of sy

felzárkóztatás *fn* → **felzárkóztató**

felzárkóztató *mn okt* **iskolai ~ program** remedial course/program

felzászlóz *i* → **fellobogóz**

felzavar *i* **1.** *[álmából]* rouse, startle [from sleep]; *[vadat]* start, rout out, *[szárnyast]* flush **2.** *[vizet]* stir, trouble [water]

felzendül *i* **1.** *[ének]* (re)sound; **a cserkészek ajkán ~t az ének** the scouts broke into song **2.** *[fellázad]* rebel (*US* -l)

felzet *fn* heading

felzörget *i* wake* sy by knocking, *GB* knock sy up

felzúdul *i* flare up, get* into a rage; *[tömeg]* rise* in protest/revolt

felzúdulás *fn* indignation, outcry, public protest

felzúg *i* **1.** *[tömeg elkeseredve]* protest loudly, *[diadalmasan]* burst* out in applause **2.** *[orgona]* peal forth

fém *fn* metal

fémáru *fn* hardware, metal ware

fémes *mn* metallic

fémfeldolgozó *mn* **~ üzem** metal works

fémfényű *mn* metallic, of a metallic lustre (*US* -ter) *ut*

fémfesték *fn* metal varnish

fémfólia *fn* metal-leaf/foil, foil

fémforgács *fn* bore-chips *tsz*, swarf, turnings *tsz*

fémforgácsolás *fn* metal cutting

fémfűrész *fn* hacksaw

fémgyártás *fn* metallurgy

fémhengermű *fn műsz* rolling mill/works

fémhulladék *fn* waste/scrap metal

feminin *mn* feminine; *pej [férfi]* effeminate

feminista *mn/fn* feminist

feminitás *fn pszich* femininity

feminizmus *fn* feminism

fémipar *fn* metallurgical/metal industry, metallurgy

fémjelez *i átv is* hallmark

fémjelzés *fn* **1.** hallmark **2.** *[művelet]* (hall)-marking, stamping

fémjelzett *mn [író]* established, well-known, *[alkotás]* bearing the stamp of genius

fémkereső *fn* metal detector; **~ kapu** detector gate

fémkohászat *fn* metallurgy

fémkohó *fn* foundry

fémlemez *fn* sheet-metal, (metal)plate

fémmegmunkálás *fn* metal-work

fémmunkás *fn* metal-worker

fémművek *fn* metal works *tsz*

fémöntvény *fn* casting

fémötvözet *fn* metallic alloy

fémpénz *fn* coin, specie

fémreszelék *fn* grit, shavings *tsz*, metal filings *tsz*

fémszerű *mn* metallic, metal-like

fémtartalmú *mn* metalliferous, metal-bearing

fémtömegcikk(ek) *fn* metal ware *esz*, hardware *esz*

fen *i* hone, whet, sharpen; **~i rá a fogát** (i) (*vmre*) hanker after sg, long for sg (ii) (*vkre*) wait for the hour of reckoning with sy

fene I. *mn* damned, devilish, devil of a, bloody; **~ nehéz** damned hard; **~ nagy lárma** devil of a din, hell of a row **II.** *fn* **a ~ egye meg!** damn/blast (it)!; **menj a ~be!** go to hell!; *szl* get stuffed!; **hol a ~ben voltál?** where the hell have you been?; **mi a ~?** what the hell?, well(,) I never!

fenegyerek *fn* enfant terrible (*tsz* enfants terribles), daredevil

fenék *fn* **1.** *ált* bottom; **~ig üríti a poharat** drain one's glass; **a fenekére ver** *biz [pénznek]* blow* [money], run* through [one's fortune]; **feneket ér** touch (v. strike*) bottom; **nagy feneket kerít vmnek** spin* a long yarn (about sg), be* too circumstantial **2.** *biz [emberé]* bottom, behind, *[nadrágé]* seat; **~be rúg vkt** give* sy a kick in the behind; *US* kick sy in the pants; **fenekére ver** *[gyereknek]* spank [a child], give* (him/her) a spank

fenékdeszka *fn* floor-timber/board

feneked|ik *i* (*vk ellen*) bear* sy a grudge, plot against sy

fenekestül *hsz* **~ felforgat** turn upside down

feneketlen *mn* **1.** *[tó]* bottomless; *[mélység]* abysmal, unfathomable **2.** *átv* fathomless; **~ nyomor** utter misery/destitution

fenékháló *fn* dragnet, trawl

fenékhorog *fn* ground-line

fenékkotrás *fn* dredging

fenéksúly *fn hajó* ballast

fenékvíz *fn* bilge (water)

fenemód *hsz [jól]* jolly (well), *[rosszul]* awfully, damn

fenés *fn [élesítés]* whetting, sharpening, *[kövön]* honing, *[szíjon]* stropping

feneség *fn* **az a ~, hogy** ... the worst of it is that ...

fenevad *fn* **1.** *[vadállat]* wild beast **2.** *[emberről]* brute, savage [person]

fenn *hsz* **1.** above, up; **ott ~** up there; **~ az emeleten** upstairs; **~ hordja az orrát** be* proud/haughty **2. ~ marad** (i) *[nem fekszik le]* stay/be*/sit* up (ii) *[vízen]* float, stay on the surface; **sokáig ~ marad** sit*/stay up late; **~ van** *[felkelt]* be* up; *[már nem beteg]* be* up and about; → **fent**

fennakad *i* **1.** *[beleakad]* get* caught/stuck **2.** *[megütközik vmn]* find* fault with [trifles], take* sg amiss; **állandóan ~ vmn** be* a stickler for sg **3.** *[megakad]* stop, come* to a standstill; *[forgalom]* be* blocked/jammed; → **megakad**

fennakadás *fn* **1.** *[beleakadás]* getting stuck/caught **2.** *[megállás]* stoppage, *[kisebb]* a slight hitch, *[forgalomé]* traffic-jam

fennáll *i* **1.** *[létezik]* exist, be* in existence **2.** *[érvényes]* be* valid, hold*; **~ annak a lehetősége, hogy** ... it is possible that ...

F

fennállás *fn* existence, continuance, *[intézményé]* life; **~a óta** since its foundation/establishment

fennálló *mn* **1.** *[létező]* existing, extant **2.** *[érvényes]* valid; **a ~ rendelkezések értelmében** according to the rules/regulations currently in force, as the law stands at present; **régóta ~** long-standing; *gazd* **~ követelések** live claims

fennen *hsz* **~ hangoztatja** proclaim/repeat aloud; **~ hirdet vmt** proclaim/shout sg from the house-tops

fennforgás *fn* (being in) existence, presence

fennforgó *mn* present, at issue *ut*; **a ~ esetben** in this particular case, in the case in point; **a ~ körülmények között** under the (prevailing) circumstances, as things are, as matters stand

fennforog *i* exist, be*, prevail; **csalás esete forog fenn** it is a case of fraud; **az a lehetőség forog fenn, hogy** ... the possibility exists that ..., it is possible that ...

fennhangon *hsz* aloud, audibly; **~ olvas** read* aloud/out

fennhatóság *fn* authority, supremacy, jurisdiction; **vk ~a alatt** under sy's authority/jurisdiction

fennhéjázás *fn* haughtiness, arrogance, superciliousness

fennhéjázó *mn* haughty, arrogant, supercilious, bumptious

fennkölt *mn* lofty, sublime, *[gondolkodás]* noble, high-minded

fennmarad *i* **1.** *[utókornak]* survive, remain, subsist **2.** *[mennyiség]* be* left over, remain

fennmaradás *fn* **1.** *[utókornak]* survival, continuance **2.** *[ébren]* staying up

fennmaradó *mn* **~ összeg** remainder, residue, surplus

fennmaradt *mn* subsisting, extant, still in existence *ut*, *[készlet]* leftover

fennsík *fn* plateau, tableland

fenntart *i* **1.** *[víz színén]* buoy (up), keep* afloat **2.** *[intézményt]* maintain, support, sponsor, *[rendet]* maintain, keep*, preserve, uphold* [order], *[megőriz]* preserve **3.** *[családot]* keep*, maintain, support [family]; **~ja magát** *[megél]* maintain/support oneself; **nehezen tartja fenn magát** he finds it hard to keep his head above water v. to make ends meet **4.** *[helyet]* reserve [a seat]; **minden jog ~va** all rights reserved **5.** *[kapcsolatot]* maintain, keep* up [relations] **6.** *[álláspontját]* maintain [one's opinion], *[ígéretét, kijelentését, vallomását]* stand* by [one's promise/statement/evidence], *kif* stick to one's guns; **~om kijelentésemet (v. amit mondtam)** I maintain my statement, I stand by what I have said (v. what I said earlier); **~om, hogy** ... I maintain that ...; **~ja az ajánlatát** his offer stands open

fenntartás *fn* **1.** *[intézményé]* maintenance, upkeep; **a rend ~ára** to maintain/keep order **2.** *[családé]* keeping, support; *[életé]* sustenance **3.** *[kapcsolaté]* maintenance, keeping up **4.** *[feltétel]* reservation, *[kikötés]* proviso, condition; **~ nélkül** without reserve/restraint/reservation(s); **~sal** with reservations/restraint; **azzal a ~sal** except for/that, with the proviso that, provided that; **~sal**

fogad vmt have* one's doubts, have* (some) reservations, accept sg with reservations, *biz* take* sg with a grain/pinch of salt; **~sal nyilvánít véleményt** speak* under correction, be* open to correction; *[megőrzés]* conservation
fenntartási *mn* **~ költség** maintenance costs, upkeep
fenntarthatatlan *mn* unmaintainable, *[állítás]* untenable
fenntartható *mn* maintainable, *[állítás, elmélet]*, tenable, supportable, justifiable; *gazd körny* **~ fejlődés/fejlesztés** sustainable development
fenntarthatóság *fn gazd körny* sustainability
fenntartó *fn* maintainer
fenntartott *mn* reserved; **~ hely** reserved/booked seat
fenol *fn kém* phenol
fenomén *fn* **1.** *[jelenség]* phenomenon **2.** *[zseni]* wonder, prodigy
fenomenális *mn* phenomenal, wonderful, prodigious
fenomenológia *fn fil* phenomenology
fenőacél *fn* knife-sharpener
fenőkő *fn* whetstone, hone
fenőszíj *fn [borotvához]* strop, razor-strap
fenség *fn* **1.** *[sajátság]* grandeur, majesty, sublimity **2.** *[cím]* Highness; **F~** Your Highness
fenséges *mn* majestic, grand, sublime, magnificent
fensőbbség *fn [tulajdonság]* superiority; *pej* haughtiness, superciliousness
fensőbbséges *mn* superior, *pej* haughty, supercilious
fensőséges *mn* superior
fent *hsz* → **fenn**; **~ lakik (az emeleten)** live upstairs; **mint ~** (the same) as above, as stated (above); **kelt, mint ~** date as above; **a ~ említett/jelzett** the above-mentioned, the afore-mentioned/aforesaid, the above, *[személy]* above-named; **~ről** from above
fentebb *hsz* higher/farther up; **mint ~ mondottuk** as stated above
fentebbi *mn* → **fenti I 2**
fenti I. *mn* **1.** *[helyileg]* above, *[lakó]* (sy) upstairs **2.** *[fent említett]* the above(-mentioned), the aforesaid; **a ~ példa** the above example, the example (given) above **II.** *fn* **a ~ek** the above/foregoing; **a ~ek értelmében** according to the above; **a ~ekben utalt** the afore-mentioned; **a ~ekből következik, hogy** ... it follows from the foregoing that ...
fentnevezett I. *mn* above-mentioned, afore-mentioned, aforesaid **II.** *fn* **a ~ek (voltak jelen)** the afore-mentioned [were present ...]
fény *fn* **1.** *ált* light, *[csillogó]* glitter, sparkle; *[ragyogó]* brilliance, shine, brightness, *[vakító]* glare, *[halvány]* gleam, glimmer; **leveszi a ~t** *[autós]* dip the headlights; **~t kapott** *[negatív]* the negative has been exposed to light, the negative is fogged **2.** *[tárgyé]* shine, gloss, polish; **fémes ~** metallic lustre; **~ét veszti** tarnish, lose* its gloss/lustre, become* dull, pale; **szeme ~e** *átv* the apple of one's eyes **3.** *átv* light; **vmnek a ~ében** in the light of sg; **~t derít vmre** bring* sg to light, throw*/shed* light on sg; **jó ~t vet vkre** reflect credit on sy, reflect favourably/well on sy; **nem jó (v. rossz) ~t vet vmre** reflect badly (up)on sg **4.** *átv* splendour (*US* -or), lustre (*US* -er), pomp, magnificence; **~ és pompa** pomp and circumstance
fényálló *mn* light-resistant/proof, *fiz* photostable, *[festék, papír]*, tex light-fast
fényállóság *fn* light-resistance/fastness, *fiz* photostability
fényár *fn* flood of light; **~ban úszik/úszó** (be*) brilliantly illuminated
fényáram *fn* light flux
fényáteresztő *mn* **~ képesség** translucency
fénybogár *fn* glow-worm
fényceruza *fn* light pen
fénycsapda *fn [rovarok ellen]* light-trap
fénycsóva *fn* beam of light
fénycső *fn* fluorescent light/lamp/tube, strip light
fénycsővilágítás *fn* fluorescent/strip lighting
fénydióda *fn fiz* light emitting diode (*röv* **LED**)
fenyeget *i* **1.** (*vkt vmvel*) threaten, menace (sy with sg), intimidate, browbeat; **azzal ~, hogy** ... threaten to do sg **2.** *[rejtett veszedelem]* overhang*, hang* over, loom (up), impend
fenyegetés *fn* threat, menace
fenyegető I. *mn* **1.** threatening, menacing, ominous **2.** *[veszély]* impending, imminent [danger]; **~ közelség/veszély** imminence **3.** *[arckifejezés]* scowling, threatening [expression]; **~ pillantás** a black/scowling look **II.** *fn* threatener, bully, browbeater
fenyegető(d)z|ik *i* threaten sy with sg, browbeat
fenyegetőzés *fn* menaces *tsz*, threats *tsz*; **üres ~** empty/idle threats *tsz*
fényegység *fn* unit of light
fényelem *fn fiz el* photocell, photoelectric cell
fényelhajlás *fn* diffraction
fényelmélet *fn* theory of light
fényelnyelő *mn* light-absorbing
fényerejű *mn fényk* **nagy ~ objektív** high-speed lens, fast lens
fényerő *fn* light intensity, *[objektívé]* speed [of lens]
fényerőmérő *fn/mn fiz* actinometer
fényerősség *fn* luminous intensity, brilliance, *fényk [negatívé]* speed
fényerősségmérő *fn* photometer
fényerő-szabályozó *fn* dimmer
fényérzékelő *fn* photovoltaic sensor
fényérzékeny *mn* light-sensitive, photosensitive
fényérzet *fn* sensation of light
fényes *mn* **1.** *[fénylő]* shining, bright, radiant, lustrous, *[fényesített]* shiny, polished, *[hordástól]* shiny; *[felület]* glossy, sleek, *[papír]* glazed, slick, *[haj]* glossy, lustrous; **~ felület** glossy surface; *[bútoron]* gloss finish; **~ nappal** in broad daylight **2.** *átv* splendid, brilliant, magnificent, *[győzelem]* glorious; **nem vm ~ dolog** *biz* it's nothing to write home about
fényesed|ik *i* grow* bright, become* shining; *[kopástól]* get* shiny
fényesen *hsz* **1. ~ ragyog** *[nap, csillag]* shine* brightly **2.** *átv* splendidly, superbly; **~ bizonyította, hogy** ... he gave clear proof (of); **nem él vm ~** *biz* he has a hard/rough time of it
fényesít *i* polish, brighten, *[fémet]* polish, burnish, rub [metal], *[padlót]* polish, (bees)-wax [the floor]; *[cipőt]* polish
fényesítőszer *fn* polishing cream/paste, polish(er)
fényesked|ik *i* **az örök világosság ~jék neki** may light eternal shine upon him/her
fényesség *fn* luminosity, brightness, brilliance, *[szöveté]* sheen, lustre (*US* -er)
fényév *fn fiz csill* light-year
fényez *i* **1.** *ált* give* a glossy surface to sg, polish, *[bútort, fát]* varnish, (French-)polish, *[autót]* spray **2.** → **fényesít**
fényezés *fn* **1.** *[cselekvés]* polishing, *[bútoré]* varnishing, *[autóé]* spraying **2.** *[felület]* varnish, gloss, *[bútoron]* French-polish, gloss finish, varnish, *[autóé]* paintwork; **a ~ sérülése** *[autón]* some damage to the paintwork on the/one's car
fényezetlen *mn [bútor]* unvarnished, plain, unpolished
fényezett *mn [bútor]* varnished, polished, *[rizs]* polished
fényezőanyag *fn* polish(ing agent)
fényfolt *fn* light spot
fényforrás *fn* source of light, illuminant
fényhatás *fn műv* light effect
fényhullám *fn* light wave
fényintenzitás *fn* → **fényerősség**
fenyít *i* punish, chastise
fenyítés *fn* punishment, chastisement; **testi ~** corporal punishment
fenyítő *mn* punitive, disciplinary
fényjelenség *fn* luminous phenomenon
fényjelzés *fn* light signal

fénykedvelő *mn biol* ~ **növény** heliophyte, sunplant
fénykép *fn* photo(graph), picture, *[amatőr]* snap(shot); ~**et készít/csinál** (*vkről/vmről*) take* a photograph/picture of sy/sg, photograph sy/sg; **sok ~et csinált** he took a lot of pictures/photos
fényképalbum *fn* photo(graph) album
fényképarc *fn* **jó ~a van** be* photogenic, photograph well
fényképes *mn* photographic, with a photograph *ut*; → **arcképes**
fényképész *fn* photographer
fényképészet *fn* photography
fényképészeti *mn* photographic; ~ **cikkek** photographic goods; ~ **felszerelés** photographic apparatus/equipment; ~ **kellékek** photographic accessories
fényképez *i* photograph, take* a picture/photograph of sy/sg; **jól ~** (s)he's a good photographer; **sokat ~** take* a lot of pictures/photo(graph)s; **~ni tilos** no photos
fényképezés *fn* photography, taking (of) photographs
fényképezőállvány *fn* tripod, stand
fényképezőgép *fn* camera; **kisfilmes ~** 35 mm (v. miniature) camera
fényképfelvétel *fn* **1.** → **fénykép 2.** *[művelet]* taking a picture/snapshot
fényképmásolat *fn* print
fényképmelléklet *fn [könyvben]* plate
fénykéve *fn* → **fénycsóva**
fénykibocsátó *mn biol* photogenic
fénykor *fn* golden/great age, (*vké*) the heyday (of sy); **~ában** (i) in his heyday ... (ii) in the heyday of sg; **~át éli** be* in one's prime, be* in the prime of one's life
fénykoszorú *fn* halo
fényl|ik *i* shine*, *[csillogva]* glitter, glisten, gleam, *[vakítva]* glare
fénylő *mn* shining, shiny, lustrous, radiant, bright
fénymásol *i* xerox, make* a photocopy of, photocopy
fénymásolás *fn* (photo)copying, xeroxing, xerography
fénymásolat *fn* photocopy, photostat, *biz* xerox, *[tervé]* blueprint; **~ot készít** make* a photocopy of (sg), photocopy (sg)
fénymásoló *mn* ~ **gép** (photo)copier, Xerox machine, Xerox
fénymáz *fn* varnish; *[cserépen]* glaze
fénymérő *fn fényk* exposure meter, light-meter
fénynyaláb *fn* beam of light
fénynyomás *fn* **1.** *nyomd* photogravure, photoengraving **2.** *fiz* radiation pressure
fenyő *fn* fir(tree), pine(-tree); → **erdei-**, → **ezüst-**, → **jegenye-**, → **luc-**, → **vörösfenyő**
fenyőág *fn* branch/bough of a fir/pine(-tree), fir/pine bough/branch
fenyőerdő *fn* pine-forest, fir-wood
fenyőfa *fn* **1.** *[élő]* → **fenyő 2.** *[anyag]* pinewood; ~ **bútor** pine furniture
fenyőillat *fn* pine scent
fenyőpálinka *fn* gin, hollands *esz*
fenyőtoboz *fn* fir/pine-cone
fenyőtű *fn* pine needle
fényözön *fn* flood of light
fénypont *fn* **1.** *[pályáé]* acme, zenith **2.** *[műsoré]* highlight, climax, *[revüben]* star turn; **az előadás ~ja** the highlight (v. high spot) of the performance
fényrekesz *fn fényk* diaphragm, stop
fényreklám *fn* neon sign
fénysebesség *fn* velocity/speed of light
fénysorompó *fn* flashing lights *tsz*, traffic-light operated level crossing
fénysugár *fn* ray/shaft/beam of light
fényszedés *fn infor nyomd* filmsetting, photocomposition, phototypesetting; **~sel készült** filmset by ..., computer typeset by [XY] in [Great Britain etc.]
fényszedőgép *fn* photocomposing machine, (electronic) phototypesetter
fényszóró *fn [kereséshez, forgatható]* searchlight; *gk* headlight(s); *[kereső, színpadi]* spot(light), *[épület megvilágításához]* floodlight; → **tompít(ott)**
fényszóró-beállítás *fn* lighting adjustment
fényszűrő *fn fényk* light filter
fénytan *fn* optics *esz*
fénytani *mn* optical
fénytechnika *fn* lighting, lighting technology
fénytelen *mn* dull, lustreless (*US* -ter-), dim; *átv is* pallid
fénytörés *fn* refraction of light
fénytörő *mn* refractive, refracting; ~ **közeg** refractor
fényudvar *fn* **1.** *csill* halo **2.** *fényk* halation
fényújság *fn* (electric) newscaster
fényű *mn* of a ... light *ut*; **piros ~ lámpa** red light
-fényű *utótag* of a ... light *ut*; **ezüst~** silvery; **gyöngyház~** nacreous
fényűzés *fn* luxury
fényűző *mn* luxurious, affluent, sumptuous
fényűzően *hsz* luxuriously; ~ **berendezett lakás** luxury flat; ~ **él** lead* a life of luxury
fenyves *fn* pinewood
fenyvescinege, -cinke *fn áll* coal tit
fenyvesmadár *fn áll* fieldfare
fényviszonyok *fn fényk* lighting conditions
fényvisszaverő *mn* (light-)reflecting; ~ **útburkolati jel** reflecting road stud
fényvisszaverődés *fn* reflection
fér *i* **1.** (*vmbe*) go* into sg, find* room in/on sg, get* in(to); ~ **még a zsebedbe?** is* there room for any more in your pocket?, will your pocket hold any more?; **sok ~ bele** you can get a lot into it; *biz* **nem ~ a bőrébe** he is itching for trouble, he's got ants in his pants **2.** (*vmhez*) *[hozzáfér]*, have* access to sg; **nem ~ a pénztárhoz** (s)he can't get to/near the cash desk (v. box-office); **nem ~ek a könyveimhez** I can't get at my books **3.** *biz* **rám ~(ne)** I could do with it **4. ehhez szó nem ~** there's no doubt (whatever) about that/it, there's no question about it; → **fej**, → **kétség**
férc *fn* tacking thread
fércel *i* tack, baste
fércmunka, -mű *fn kb.* hack work, shoddy/slipshod piece of work
ferde *mn* **1.** *[sík]* slanting, inclined, oblique, tilted, leaning to one side *ut*, *[él, szél]* bevel [edge] **2.** *[nézet]* wrong, false, perverse [view]; ~ **helyzetbe jut** get* into an awkward position; ~ **szemmel** (v. *~n*) **néz vkre** look askance at sy/sg, frown on sy
ferdén *hsz* **1.** obliquely, aslant, slantwise, slantways, on the skew/slant, askew; ~ **áll** slant, be* slanted **2.** *átv* wrongly, falsely, in a wrong way, perversely
ferdeség *fn* **1.** *[síké]* slant(ing), inclination **2.** *[helytelenség]* falsity, falseness, *[fonákság]* awkwardness
ferdeszög *fn* oblique angle
ferdeszögű *mn* oblique-angled
ferdít *i [értelmet]* twist, distort [the meaning of sg], *[igazságot]* twist, pervert [the truth]
féreg *fn* **1.** worm, *[férgek]* vermin, insect **2.** *átv* creep, *GB szl* rotter, *biz* skunk
féreghajtó *mn/fn* vermifuge
féregirtás *fn* disinfesting, disinfestation
féregirtó *fn [szer]* insecticide, pesticide, insect-powder
féregnyúlvány *fn orv* (vermiform) appendix (*tsz* -dixes v. -dices); ~ **eltávolítása** appendectomy
féregnyúlványlob *fn* appendicitis
féregtelenít *i* disinfest, *[tetűtől]* delouse
féregűző *mn/fn orv* vermifuge; → **féregirtó**
Ferenc *tul* Francis; **I. Ferenc József** Francis Joseph I (*kimondva:* Francis Joseph the first)
ferences *mn/fn* Franciscan; ~ **szerzetes** Fransiscan/Grey Friar
férfi *fn* **1.** (*röv* **ffi**)man°; **légy ~!** be a man!; **ehhez ~ kell** it takes a man (to do it); **~hoz nem méltó** unmanly; **~ak**

[illemhelyen] gents, gentlemen, *US* men's (room) **2.** *[jelzőként]* male; ~ **beteg** male patient; *[öltözködés]* men's; ~ **hosszúnadrág** men's trousers *tsz*; *sp* ~ **egyes** men's singles; *sp* ~ **páros** men's doubles; ~ **WC** gents (toilet)
férfiág *fn* male line, spear side
férfias *mn* manly, masculine, virile, *biz* red-blooded
férfiasan *hsz* ~ **elvisel vmt** bear* sg like a man; ~ **megállja a helyét** show* oneself a man; **viselkedj** ~ be*/act like a man
férfiasod|ik *i* become* manly, come*/grow* to man's estate
férfiasság *fn* manliness, masculinity, virility, manhood
férfiatlan *mn* unmanly, womanish, effeminate
férficipő *fn* men's shoes/footwear
férfidivat *fn* **1.** *[a divat]* fashion(s) for men, men's fashions *tsz* **2.** *[az áru]* men's clothing, men's clothes *tsz*, menswear, *US* haberdashery
férfidivatáru *fn* menswear, men's clothing, men's clothes *tsz*, *US* haberdashery; **~-üzlet** (gentle)men's outfitter, men's shop, *US* haberdasher
férfifodrász *fn* men's hairdresser, barber
férfigyűlölet *fn* misandry
férfigyűlölő *fn/mn* misandrist
férfihang *fn* male voice
férfihormon *fn* testosterone
férfikar *fn* *[énekkar]* male (voice) choir
férfikerékpár *fn* men's bycicle
férfikor *fn* manhood; **a legszebb ~ban** in the flower of manhood, in the prime of life
férfikórus *fn* → **férfikar**
férfimunka *fn* a man's job, a job that takes a man; **ez ~ volt!** that was a fine piece of work!
férfinadrág *fn* men's trousers *tsz*, *US* pants *tsz*
férfinév *fn* man's name
férfiruha *fn* men's clothing, menswear
férfiszabó *fn* tailor
férfiszépség *fn* Adonis; **kifejezett** ~ he is an Adonis
férfiú *fn* man°
férfiúi *mn* → **férfias**; ~ **kötelesség** (one's) duty as a man
férfiuralom *fn* male dominance
férfiutód *fn* male heir/descendant
férges *mn* wormy, *[tetűtől stb. ellepett]* verminous; *[gyümölcs]* maggoty; **hadd hulljon a ~e!** (and) the devil take the hindmost!
fergeteg *fn* storm
fergeteges *mn* stormy; ~ **éljenzés** storm of cheers
férj *fn* husband; **~hez adja a lányát** marry off one's daughter (to), marry one's daughter off to, marry her off; **~hez megy** get* married (to sy), marry (sy); **~nél van** she is married
férjes *mn* married [woman]
férjhezmenetel *fn* getting married
férjjelölt *fn* sy's fiancé, husband-to-be (*tsz* husbands-to-be)
férkőz|ik *i* (*vhová/vmbe*) gain access to; **vknek a közelébe ~ik** get* close to sy; **vknek a bizalmába ~ik** worm oneself into sy's confidence
fermentáció *fn* *kém* fermentation
fermentál *i* ferment, *[dohányt]* cure
Feröer-szigetek *földr* Faeroes/Faroes, Faeroe/Faroe Islands
férőhely *fn* space, room (for), *[szállás]* accommodation; **kórházi ~ek** hospital beds; **az autóbuszban 40 ~ van (ülő utasnak)** the bus seats 40 passengers; **50 emberre van ~ a teremben** the room can hold/seat 50 people
férőhelyes *mn* **800 ~ színház** 800-seat theatre; **400 ~ szálloda** hotel that can sleep 400
fertő *fn* *[erkölcsi]* slough (of crime)
fertőtlenít *i* *ált* disinfect, *[műszert]* sterilize [instruments]
fertőtlenítés *fn* disinfection, *[műszeré]* sterilization
fertőtlenítőberendezés *fn* *orv* disinfector, disinfecting apparatus
fertőtlenítőszer *fn* disinfectant, antiseptic
fertőz *i* *[anyag, élőlény]* infect, be* contagious/infectious
fertőzés *fn* *[kórokozó által]* infection, contamination; **~t kap** get* (v. pick up) an infection
fertőzéses *mn* ~ **megbetegedés** infectious/contagious disease
fertőzésgátló *fn* *[szer]* antiseptic
fertőző *mn* *[beteg, betegség]* infectious, *[közvetlen érintkezés útján]* contagious; ~ **beteg** infectious patient; ~ **betegség** infectious/contagious disease; ~ **osztály** *[kórházi]* infectious ward; *[elkülönítő]* isolation ward; **nem** ~ not infectious/contagious, non-contagious
fertőződ|ik *i* become* infected
fertőzött *mn* *[beteg, étel stb.]* infected, *[általánosabban, személyről]* diseased [person]
feslés *fn* *[szöveté]* fraying
feslett *mn* **1.** *[ruha]* frayed, threadbare **2.** *[életmód]* dissolute, profligate, debauched; ~ **nő(személy)** dissolute/loose woman°
feslettség *fn* *átv* debauchery, profligacy
fesl|ik *i* **1.** *[ruha]* come* unstitched **2.** *[bimbó]* burst*
fess I. *mn* smart, stylish, chic **II.** *i* → **fest**
fest *i* **1.** *[falat]* paint, decorate, colourwash (*US* -or-), distemper [walls], *[hajat, kelmét]* dye, stain [hair, cloth], *[arcot]* paint, make* up [one's face], *[kifest]* colour (*US* -or); **mikor ~etek?** when are you decorating?; **~i magát** make* up (one's face), put* on (one's)/use make-up **2.** *átv is [képet]* paint; **olajjal** ~ paint in oils; **~eni való** very beautiful; *átv* **derűs színekkel** ~ paint in bright/rosy colours; *átv* **sötét színekkel** ~ paint in dark colours **3. jól ~ vk** *[jól mutat]* look good; **jól ~ az új ruhájában** she looks great in her new dress; **úgy ~ a dolog, hogy** ... it looks as if ..., it would appear that ...
festék *fn* *ált* paint, *[vízfesték]* watercolours (*US* -ors) *tsz*, *[gyerekeké dobozban]* a box of paints, paintbox, paints *tsz*, *[arcra]* paint, rouge, make-up; *[nyomdafesték]* (printer's/printing) ink, *infor* toner; *[falfelületre]* paint, distemper, (colour)wash, *[hajnak, kelmének]* dye
festékanyag *fn* **1.** colouring matter, *tex* dye (solution) **2.** *biol* pigment
festékdoboz *fn* → **festékesdoboz**
festékes *mn* *[festékkel szennyezett]* stained
festékesdoboz *fn* *[készlet]* paintbox, *[folyékony]* tin (*US* can) of paint
festékeshordó *fn* drum of paint
festékez *i* *nyomd* ink
festékhiány *fn* *orv* depigmentation, leukoderma
festékipar *fn* paint/dye industry
festékkazetta *fn* *infor* toner cartridge
festékkereskedés *fn* paint shop
festékmaró *fn* paint stripper/remover
festékpárna *fn* ink-pad
festékréteg *fn* coat of paint, coating
festékszóró *fn* *[pisztoly]* spray gun, paint/hand spray, air brush
festéktubus *fn* tube of colour/paint
festés *fn* **1.** *ált* painting, *[lakásé]* decorating, decoration, *[hajé, kelméé]* dyeing; *[bútoré]* staining **2.** *[réteg]* (coat of) paint
festés-mázolás *fn* decoration
festészet *fn* *műv* (art of) painting; **Munkácsy ~e** the paintings of Munkácsy *tsz*
festet *i* have* sg painted
festetlen *mn* unpainted, plain; *tex* undyed
festett *mn* painted, coloured (*US* -or-); ~ **arc** made-up face; ~ **haj** dyed/hennaed hair; ~ **üveg** stained glass
festmény *fn* painting, picture
festő *fn* **1.** *[művész]* painter, artist **2.** *[szoba~]* house-painter, decorator
festőállvány *fn* easel
festőanyag *fn* colouring (*US* -or-) matter
festőecset *fn* paintbrush
festőhenger *fn* paint roller

festői *mn [látvány]* a picturesque; *[táj]* scenic
festőművész *fn* painter, artist
festőművészet *fn* (art of) painting
festőpálca *fn* maulstick, mahlstick
festővászon *fn* canvas
fésű *fn* comb
fésűcsiga *fn áll* scallop, pecten
fésűfog *fn* tooth° of a comb
fésül *i* comb; **~i a haját** comb one's hair
fésületlen *mn* uncombed, unkempt, *GB* dishevelled
fésülköd|ik *i* comb/do* one's hair
fésülködőasztal *fn* dressing table
fésülködőköpeny *fn* dressing gown
fésült *mn tex is* combed
fésűsfonó *fn tex* worsted mill
fésűsgyapjú *fn* worsted
fesz *fn zene* F flat
feszeget *i* **1.** *[zárat]* try to force open **2.** *[kérdést]* harp on sg, insist on sg
fészek *fn* **1.** *[madáré]* nest; **fészket rak** build* a nest, nest, nestle **2.** *[kisváros]* **unalmas kis ~** sleepy/dull little hole **3.** *[mozgalomé]* seat, hotbed
fészekalja *fn* brood
fészekrakás *fn* **1.** nesting, nest-building **2.** *átv* setting up home
feszélyez *i* embarrass, make* sy feel uneasy/awkward; **~ve érzi magát** be/feel uneasy/ill at ease
feszeng *i* **1.** *[fészkelődik]* fidget, be* restless **2.** → **feszélyez ve érzi magát**
fészer *fn* shed, lean-to, *[autónak]* car port
feszes *mn* **1.** *[kötél]* taut, stretched tightly ut; *[ruha]* tight, tight/close-fitting **2.** *[tartás]* upright, erect [bearing], *[viselkedés]* stiff, reserved
feszít *i* **1.** stretch, tighten, *[izmot]* flex, tense [muscle] **2.** *[hencegve]* swagger, strut, show* off
feszített *mn* **~ terv** stepped-up plan
feszítőcsavar *fn* tightening screw, adjusting nut
feszítőerő *fn fiz* tension, *[gázé]* expansive force
feszítőizom *fn* tensor, extensor (muscle)
feszítővas *fn* crowbar
fészkel *i* build* a nest, nest, nestle
fészkelőd|ik *i* fidget, be* restless/fidgety; **~ a széken** squirm/wriggle in one's seat
fészkesvirágúak *fn* compositae
feszmérő *fn* pressure-gauge (*US* -gage)
fesztáv(olság) *fn* span, *rep* wingspan
fesztelen *mn* uninhibited, relaxed, free and easy, unaffected
fesztelenség *fn* ease, easiness, informality, *[viselkedés]* free and easy manners
fesztivál *fn* festival
feszül *i* tighten, stretch, stiffen; *[kötél]* become* taut, strain; *[ruha]* fit tightly; *[has]* distend, *[vitorla]* fill, expand, swell*
feszület *fn* crucifix
feszülő *mn* expansive, *[kötél]* taut, tense, *[ruha]* skin-tight
feszült *mn* stretched, strained, taut, tight, *átv is [izmok, idegek]* tense; **~ figyelem** close/eager attention, intent look; **~ helyzet** tense situation; **~ légkör** tense atmosphere
feszülten *hsz* tensely; **~ figyel** pay* close attention (to sg), listen intently
feszültség *fn* **1.** *[feszült viszony]* strained relations *tsz*, *[politikai, lelki]* tension; **a ~ fokozódik** tension is increasing; **a ~ enyhül** there is an easing of tension **2.** *el* voltage, *fiz* stress, strain; **~ alatt lévő/alatti (vezeték)** live (wire)
feszültségátalakító *fn el* transformer
feszültségforrás *fn* source of tension
feszültségmérő *fn el* voltmeter
fétis *fn* fetish
fetisizál *i* make* a fetish of
fetreng *i* roll about (in sg), wallow (in sg)

fett *mn nyomd* **1.** → **kövér 2.** → **félkövér**
feudális *mn* feudal
feudalizmus *fn* feudalism
feudálkapitalizmus *fn* feudal-capitalism
fez *fn* fez
ff. *röv [fekete-fehér]* B/W
ffi. *röv* → **férfi**
f. h. *röv* **1.** → **folyó hó 2.** → **főiskolai hallgató**
fhdgy. *röv* → **főhadnagy**
fia *fn* → **fiú**
fiacskám *fn [megszólításként]* Sonny, little boy
fiadz|ik *i* bring* forth offspring, drop, *[macska]* have* kittens, *[szuka]* pup, *[vad]* whelp, have* cubs; *[pénz]* yield/bring* interest
fiáker *fn* fiacre, hackney-carriage, cab
fial *i [emse]* farrow, litter
fiaskó *fn* fiasco, failure; **~val végződik** come* to nought, end in disaster
Fiastyúk *tul csill* the Pleiades *tsz*
fiatal I. *mn* young, youthful, juvenile; **~abbnak látszik koránál** he does not look his age/years; **~ házasok** young couple, a newly married couple, the newly-weds; **egész ~** quite young, a mere boy/girl; **két évvel ~abb nálam** he is two years my junior, he is two years younger than I/me; **~on nősül** marry young **II.** *fn* young person, youth, juvenile; **a ~ok** the young (people); *[fiatal házasok]* the young couple; **a mai ~ok** young people today
fiatalasszony *fn* young (married) woman°, young wife°, *[megszólításként]* my dear, young lady
fiatalember *fn* young man°, youth, *[megszólításként]* young man
fiatalít *i* rejuvenate, make* young again; **~ja magát** *[ruhával]* make* oneself look younger; **ez a ruha ~** this dress makes one look younger
fiatalítás *fn mezőg* rejuvenation
fiatalító *mn* **~ műtét** face lift
fiatalkor *fn* youth, one's younger days *tsz*; **~ban** when one is young; **~omban** in my youth, in my younger days, when I was young
fiatalkori *mn* youthful, of one's youth *ut*; **~ bűnözés** juvenile delinquency; **~ írások/művek** juvenilia *tsz*
fiatalkorú I. *mn* youthful, juvenile, teenage, *jog* underage; **~ bűnöző** juvenile delinquent/offender, young offender **II.** *fn* juvenile, teenager; **~ak bírósága** juvenile court
fiatalodás *fn* rejuvenation
fiatalod|ik *i* become*/grow* young again
fiatalon *hsz* young *ut*; **~ halt meg** he died young
fiatalos *mn* youthful, youngish, *[külsőleg]* young-looking, of a youthful appearance *ut*
fiatalosan *hsz* youthfully, in a youthful/lively manner *ut*
fiatalság *fn* **1.** *[életkor]* youth **2.** *[állapot]* youthfulness **3.** *[fiatalok]* young people, youth, the young
ficam *fn* dislocation, sprain; **~ot helyretesz** reduce a dislocation, set* a sprain
ficánkol *i* **1.** *[jókedvében]* frisk about, caper (about), cavort, frolic **2.** *[ló]* prance, kick up its/his heels
fickó *fn* fellow, chap, lad, *biz* guy; **helyes ~** a nice guy/chap
ficsúr *fn pej* dandy, fop, *US* dude
Fidzsi-szigetek *földr* Fiji (Islands)
fidzsi(-szigeteki) *mn/fn* Fijian
fifika *fn* sophistry, guile, cunning
fifikus *mn* artful, cunning, shrewd, sly
figura *fn* **1.** *[alak]* figure **2.** *[sakk]* (chess-)piece, *[teke]* (nine)pin **3.** *[regényalak]* character **4.** *pej* **furcsa ~** a strange fellow, a queer fish, an oddball
figurás *mn* **~ kártya** court (v. *US* face) card, honour (*US* -or)
figuratív *mn* figurative
figyel *i* **1.** (*vkt*) watch, keep* (a) careful/close watch on, *[titkosan]* shadow sy, (*vmt is*) keep* an eye on sy; **~nek minket** we are being watched **2.** (*vmre*) follow sg with attention, pay* attention to, attend to; **~j a gyerekre!** look after (v. mind) the child/baby; **ide ~j!** look here!, listen!; **~j**

F

csak! look!, listen!; **ne ~j rá!** never mind him!, never mind what he says! **3.** *[tanuló]* listen attentively; **nem ~** be* not listening, be* inattentive; **~j!** listen!, pay attention!

figyelem *fn* **1.** *[érdeklődés]* attention, notice, *[figyelembevétel]* regard; **~!, figyelmet kérek!** (may I have your) attention (please)!; **csupa ~ volt** (s)he was all ears; **mindenre kiterjed a figyelme** nothing escapes sy's attention, think* of everything; **~be vesz vmt** take* sg into consideration/account, consider, bear* sg in mind; *[körülményeket]* make* allowances for sg, allow for sg; **nem vesz ~be vmt, figyelmen kívül hagy vmt** leave* sg out of consideration, take* no account/notice of sg, disregard sg, pass over; **ha nem vesszük figyelembe, hogy ...** leaving aside the fact that ..., except for; **mindent ~be véve** when all is said and done; **~be kell venni a fiú korát** you have to allow for the boy's age; **~be jön** come* into consideration; **nem jön ~be** does not come into consideration, be* disregarded; **figyelmébe ajánl vknek** (i) (*vmt*) draw* sg to sy's attention; commend sg to sy('s attention) (ii) (*vkt*) recommend sy to sy; **X úr figyelmébe** *[levélen]* for the attention of Mr X; *[levélben, telexen többnyire így:]* attn. Mr X; **nem méltat ~re** ignore, overlook (sy); **~re méltó** notable, remarkable, noteworthy, *kif* it deserves attention; **felhívja vknek a figyelmét vmre** call/draw* sy's attention to sg, remind sy of sg, bring* sg to sy's notice; **hadd hívjam fel a figyelmüket arra, hogy** let me point out that; **elkerüli a figyelmet** escape one's attention; **eltereli a figyelmet (vm kellemetlenről)** take sy's mind off sg; **figyelmet kelt** attract attention; **figyelmét vmre fordítja** turn/direct one's attention to sg; **figyelmet szentel vmnek** devote sg/sy one's attention; **~mel van vmre** take* sg into consideration, have* regard to/for sg; **~mel ...ra/re** as regards/for, regarding sg, with regard to sg; **~mel kísér vmt/vkt** keep* an eye on sg/sy, follow sg with attention **2.** *[figyelmesség]* thoughtfulness, consideration; **vk iránti ~ből** out of respect/consideration/regard for sy, for sy's sake; **~mel van vk iránt** be* attentive to sy, show* sy attention

figyelembevétel *fn* taking into consideration; **vmnek a ~ével** considering sg, in the light of sg, bearing sg in mind

figyelemreméltó *mn* → **figyelem 1**

figyelés *fn* **1.** attention, *okt* attentiveness **2.** *[tudományos]* observation **3.** *[rendőri]* shadowing, watching

figyelmes *mn* **1.** *[aki figyel]* attentive, observant, *[gondos]* careful, mindful **2.** *[előzékeny]* thoughtful, considerate; **~ vkvel szemben** show* sy attention, show*/have* consideration for sy; **~ kiszolgálás** *gazd* attentive service

figyelmesség *fn* **1.** → **figyelem 2 2.** → **figyelés**

figyelmetlen *mn* **1.** *[nem figyelő]* inattentive, careless, heedless, inadvertant **2.** *[más iránt]* inconsiderate, thoughtless, disregardful

figyelmetlenség *fn* **1.** *[nem figyelés]* inattention, carelessness, inadvertance; **~ből** through an oversight **2.** *[más iránt]* thoughtlessness, disregard

figyelmetlenül *hsz* **~ hajt** drive* without due care and attention

figyelmeztet *i* **1.** *[felhívja vknek a figyelmét vmre]* call/draw* sy's attention to sg, *[bizalmasan]* tif off **2.** *[eszébe juttat]* remind sy of sg (v. to do sg/that ...); *[óva]* warn (sy of sg), caution (sy), *[rendőr]* give* sy a warning

figyelmeztetés *fn [intő]* warning, notice, *[emlékeztető]* sg reminding sy of sg, reminder

figyelmeztető I. *mn* warning, reminding; **~ jel** warning signal, premonition; **~ sztrájk** strike of warning **II.** *fn* → **figyelmeztetés**

figyelmeztetőleg *hsz* by way of (a) warning, warningly

figyelő *fn* observer, watcher, spectator

figyelőállás *fn* observation/lookout post

figyelőszolgálat *fn [könyvtári]* abstracting service, documentation

figyelőtorony *fn* watchtower, lookout, *[hajón]* conningtower

F

fikarcnyi *mn/fn* **egy ~t sem ér** be* not worth a straw/rap; **egy ~t sem enged** not give*/yield an inch, stick* to one's guns

fikció *fn* fiction

fiktív *mn* fictitious, made-up

fikusz *fn növ* ficus

filagória *fn* arbour (*US* -or), bower; **összetéveszti a ~t az allegóriával** make* malapropisms

filantróp *mn/fn* → **emberbarát**

filantrópia *fn* philanthropy

filatélia *fn* → **bélyeggyűjtés**

filatelista *mn/fn* → **bélyeggyűjtő**

filc *fn* felt

filcesed|ik *i* felt, become* matted

filctoll *fn* felt-tip (pen), *[kiemelő]* marker

filé *fn* fillet (*US* -l-) (steak)

filéz *i* fillet

filharmóniai *mn* philharmonic

filharmonikus *mn/fn* philharmonic; **~ok, filharmóniai társaság (zenekara)** philharmonic society/orchestra

filigrán I. *mn* (small and) delicate, graceful **II.** *fn* **~ (ötvösmunka)** filigree

filiszter *fn* philistine, low-brow

filiszteus *mn/fn bibl* Philistine

filkó *fn ját* jack, knave

fillér *fn* ‹smallest Hungarian coin› fillér (*röv* **f**); **tíz ~** ten fillér; **nincs egy ~em se** I have not a penny (to my name), I'm (stony-)broke; **egy ~edbe sem kerül** it won't cost you a thing; **~ekért** for a few pennies, *átv* for a song

filléres *mn* cheap; **~ gondjai vannak** have* to count every penny

film *fn* **1.** *[filmszalag]* film, *[keskenyfilm]* cinefilm, 16 mm film; **8 mm-es ~** 8 mm film; **egy tekercs ~** a roll of film; *[mozi]* a reel (*US* spool) of film **2.** *[mozifilm]* film, picture, *biz* movie, *US* motion picture; **~et forgat** shoot*/make* a film **3.** *[filmművészet]* film, films *tsz*, the cinema/screen

filmalkotás *fn* film, (motion) picture

filmarc *fn* **jó ~a van** be* photogenic, be* filmable

filmbarát *fn* film/movie fan

filmbemutató *fn [első előadás]* film première, *[szakmai]* preview; *[előzetes]* trailer

filmcsillag *fn* film/movie star

filmdráma *fn* film drama

filmes *mn* film-maker, *kif* (s)he is in films; **~ek** film people

filmez *i* film, shoot* (a film), *[színész]* act in (v. make*) a film/picture

filmfelirat *fn* → **felirat 2**

filmfelvétel *fn* shooting/taking of a film, *[egyetlen]* shot, take; **helyszíni/külső ~** shot made on location

filmfelvevő (gép) *fn* cine camera, *US* movie camera

filmfesztivál *fn* film festival; **a cannes-i ~** the Cannes film festival

filmforgalmazó *fn* film distributor

filmgyár *fn* motion picture studio, film studio

filmgyártás *fn* film making, film (v. motion picture) industry

filmhíradó *fn* newsreel, newsfilm

filmipar *fn* film (v. motion picture) industry

filmkocka *fn* frame

filmmúzeum *fn* film archives *tsz*, *[Londonban]* National Film Theatre

filmművészet *fn* cinematic art, the cinema, film, films *tsz*

filmnyomás *fn tex* film-printing, screen printing

filmográfia *fn* filmography

filmoperatőr *fn* cameraman°

filmrendező *fn* director

filmstatiszta *fn* extra

filmstúdió *fn* film studio

filmszakma *fn* the film (*US így is:* motion picture) world/industry

filmszalag *fn* (roll of) film, reel, *US* spool

filmszínész *fn* film/cinema/screen actor

filmszínésznő *fn* film/screen/cinema actress
filmszínház *fn* cinema, *US* motion-picture theater
filmszövegíró *fn* scriptwriter, screenwriter
filmsztár *fn* film star
filmtekercs *fn [fotó]* roll of film, *[mozi]* reel (*US* spool) of film
filmtovábbító *fn fényk* **~ szerkezet** claw movement, film advance/travel mechanism
filmtörténet *fn* story(-line)
filmtrükk *fn* special effect(s)
filmváltozat *fn* screen version
filmvászon *fn* screen
filmvetítés *fn* screening, projection
filmvetítő *fn* (cine) projector
filmvígjáték *fn* comedy (film)
filmvilág *fn* the cinema, films *tsz*
filmzene *fn* music [for a motion picture], soundtrack, score
filodendron *fn növ* philodendron
filológia *fn* philology, textual scholarship
filológiai *mn* philological, textual
filológus *fn* philologist, modern languages scholar
filosz I. *mn* scholarly **II.** *fn kb.* arts man°
filoxéria *fn* phylloxera, grape-louse°
filozofál *i* philosophize
filozófia *fn [tudomány és átv elgondolás]* philosophy
filozófiai *mn* philosophical
filozófus *fn* philosopher
filter *fn* filter
filteres *mn* **~ cigaretta** filter-tip(ped) cigarette; **~ tea** *[egy db]* tea bag, *[doboz]* tea bags *tsz*
filterpapír *fn* filter paper
finálé *fn* finale
finánc *fn* revenue/excise officer, excise-man°
financiális *mn* financial, pecuniary
finanszíroz *i* finance, *[támogat]* subsidize, sponsor, back
fincsi *mn biz* yummy
finesz *fn* finesse, tact, delicacy
fineszes *fn* tactful, crafty
fingás *fn durva* fart
fing|ik *i durva* fart, break* wind, *szl* drop one's guts
finis *fn* → **hajrá**
finisel *i* → **hajrázik**
finn I. *mn* Finnish; **~ nyelven** → **finnül II.** *fn* **1.** *[ember]* Finn, Finlander **2.** *[nyelv]* Finnish, the Finnish language
Finnország *földr* Finland
finnországi *mn* of Finland *ut*, Finnish; **~ (ember)** Finn, Finlander
finnugor *mn* Finno-Ugric/Ugrian
finnül *hsz* **~ beszél** speak* Finnish; **~ mond vmt** say sg in Finnish; **~ van írva vm** is written in Finnish
finom *mn* **1.** *[minőségileg]* fine, delicate, *[íz]* delicious; **~ra** fine(ly) **2.** *[ízlés]* refined, fine, delicate, *[modor]* refined, gentle, polished, *[ember]* gentle **3.** *[célzás]* tactful (hint); **~ megkülönböztetés** subtle distinction **4. ~ munka** *[aprólékos]* delicate/precision work; **~ összeállítás** fine adjustement
finoman *hsz* gently, subtly
finomfőzelék *fn* ‹steamed green peas with diced carrots›
finomít *i* **1.** *ált* make* better, purify **2.** *[anyagában]* refine, purify; *[alkoholt]* rectify, re-distil (*US* -l); *[fémet]* (re-)fine [metal], *[kőolajat]* refine, purify **3.** *átv* polish, improve, refine
finomítás *fn* **1.** *ált* refinement, refining, purifying, purification **2.** *[alkoholé]* rectification, *[cukoré, fémé, olajé]* refining **3.** *átv* polishing, improving, improvement
finomítatlan *mn ált* unrefined, *[anyag, kőolaj]* crude, *[szesz]* raw, unrefined
finomító *fn [cukor~]* sugar-refinery, *[olaj~]* oil-distillery, oil-refinery
finomított *mn* refined
finomkodás *fn* overrefinement, affectation
finomkod|ik *i* mince, be* affected, be* full of affectation
finomkodó *mn* affected, overrefined, mincing
finomliszt *fn* plain flour
finommechanika *fn* precision-engineering/mechanics *esz*
finommechanikai *mn* **~ műszer** precision instrument
finomodik *i* grow* (more) refined, acquire refinement, refine
finomság *fn* **1.** *[felületé]* fineness, *[fonalé]* tenuity, *[képernyő felbontásáé]* picture definition **2.** *[finom minőség]* fineness, exquisitness, high quality, *[ízé]* delicacy, daintiness **3.** *[ízlésé]* refinedness, delicacy, *[gondolkodásmódé]* subtlety, *[modoré]* refinement, gentility **4.** *[finom étel]* delicacy, gourmetfood, *[finom falat]* dainty, tit-bit
finomságú *mn* **nagy ~** superfine, high-quality
finomszálú *mn* fine-fibred
finomszemcsés *mn* fine-grained, *fényk* fine-grain
finomul *i* → **finomodik**
fintor *fn* grimace, scrowl, frown
fintorog *i* pull faces, pull/make* a face, grimace, scrowl, frown, *[gőggel]* sneer at sy/sg
finnyás *mn* fastidious, fussy, finicky, finical, choos(e)y, picky
finnyáskod|ik *i* be* fastidious/finicky/fussy/choos(e)y (about sg)
fiók *fn* **1.** *[bútoré]* drawer **2.** *[banké, cégé]* branch
fióka *fn* young (of birds), nestling
fiókbérlő *fn [postán]* boxholder
fiókboltozat *fn épít* intersecting vault, Welsh vault
fiókhálózat *fn* branch-network
fiókintézet *fn* branch (office), sub-office/branch
fiókiroda *fn* branch office
fiókos *mn* drawered, with/containing drawers *ut*; **~ szekrény** chest of drawers; *[magas] GB* tallboy, *US* highboy
fióküzlet *fn* chain store, multiple shop/store
fiola *fn* vial, phial
Firenze *földr* Florence
firenzei *mn* Florentine
firkál *i* scribble, scrawl, doodle
firkálmány *fn* scribbling, scrawl, doodles
firkant *i* scribble (hastily), jot (a few words); **~ vknek pár sort** drop sy a line
firkász *fn pej* hack, scribbler, *[hivatalnok]* pen-pusher
firma *fn elav tréf* **jó ~!** he is a nasty piece of work!
firtat *i* pry into sg, be* inquisitive about sg; **ezt most ne firtassuk** let us not pursue the matter, let us leave it at that
fisz *fn* F sharp; **Fisz-dúr szonáta** sonata in F sharp
fitnesz *fn* fitness
fitneszszalon *fn* fitness studio
fitogtat *i* make* a show of (sg), parade, show off, flaunt
fitogtatás *fn* show, parade, display, flaunting
fitos (orrú) *mn* snub-nosed
fitotéka *fn kb.* health store
fitt *mn* healthy, in good health *ut*, physically fit
fityeg *i* dangle, hang* loose/down
fityegő I. *mn* dangling, hanging **II.** *fn* fob
fityfene *fn* **mi a ~́t akar?** what the hell/devil does (s)he want?
fitying *fn* farthing, button; **nincs egy ~em sem!** I haven't got a stiver (v. a brass farthing v. *US* a red cent)
fityisz *fn* fig; **~t mutat vknek** give* sy the fig
fityma *fn* foreskin
fitymál *i* turn up one's nose at, disparage, belittle, sneer at (sg), *biz* pooh-pooh
fitymálás *fn* disparagement, scorn
fitymaszűkület *fn orv* phimosis
fittyet hány (*vknek/vmnek*) *kif* snap one's fingers at, thumb one's nose at, cock a snook at
fityula *fn [ápolónőé]* cap
fiú *fn* **1.** *[fiatal fiú]* (young) boy, lad **2.** *[vknek a]* **fia** (sy's) son; **apja fia** a chip off the old block; like father(,) like son; **halál fia vagy!** you are a dead man!; **apáról ~ra** *[száll]* (go*) from father to son **3. a ~ja** *biz* her (latest) boyfriend, *US így is:* one's buddy

F

fiúgimnázium *fn* boys' grammar school
fiúgyermek *fn* male child°, boy
fiúi *mn* filial, a son's
fiúiskola *fn* boys' school, school for boys
fiúkórus *fn* boys' choir
fiús *mn* boyish; ~ **lány** tomboy
fiútestvér *fn* → **fivér**
fivér *fn* brother
fix *mn* fixed; ~ **fizetés** fixed salary
fixáció *fn pszich* fixation
fixál *i* **1.** *[rögzít]* fix, *[elintéz]* fix (up) (sg) **2.** *fényk* fix
fixálás *fn fényk* fixing
fixíroldat *fn fényk* fixing solution
fixíroz *i* **1.** (*vkt*) eye, ogle, stare at sy **2.** *fényk* fix
fixírsó *fn fényk* hypo, fixing salt
fixpontos *mn mat infor* fixed-point
fizet *i* **1.** *ált* pay*, *[fizetést teljesít]* make* a payment, *[adósságot, számlát]* discharge, settle (up), *[vendéglőben]* settle the bill (*US* check); **készpénzzel** ~ pay* cash; **csekkel** ~ pay* by cheque (*US* check); ~ **vmt vmért** pay sg for sg; **mennyit ~ek?** how much is it?; **800 Ft-ot ~ett a könyvért** (s)he paid 800 forints for the book; **~ek!** *[vendéglőben]* the bill, please!, *US* check, please!; **vknek ~ egy pohárral** stand* sy a drink; **~ve** *[számlán]* paid (in full) **2.** *[munkáért]* pay* sy sg for sg; **mennyit ~nek?** how much are they offering (to pay)?, how much do they pay? **3.** *átv* (*vk vmért*) pay for sg; **jóért rosszal** ~ return evil for good; **ezért ~sz!** you'll pay/smart for it; **nagy árat ~ett vmért** he paid dearly (v. a heavy price) for sg; **életével ~ett** it cost him his life **4.** *[termés]* yield, produce
fizetendő *mn* payable, to be paid *ut*, *[lejár]* due *ut*; **a ~ adókat és illetékeket beleértve** including taxes and fees payable; **szállításkor** ~ payable on delivery, cash on delivery (*röv* **COD**)
fizetés *fn* **1.** *[cselekvés]* payment, *[adósságé]* settlement; ~ **elmulasztása** non-payment; ~ **utánvéttel** cash on delivery (*röv* **COD**) **2.** *[vknek adott]* pay, salary, *[bér]* wages *tsz*; **kezdő** ~ commencing/starting/initial salary; **mennyi a havi ~e?** what is his monthly salary?, how much does he earn/make a month?; **~ből élők** the salaried classes; ~ **nélküli szabadság** unpaid leave
fizetéscsökkentés *fn* salary/wage-cut
fizetésemelés *fn* rise (in salary), *US* raise; **2000 Ft ~t kapott** he got a 2000 ft rise (v. *US* raise)
fizetéses *mn* paid, salaried, with pay *ut*
fizetési *mn* **1.** *[fizetés teljesítésével kapcsolatos]* ~ **engedmény/kedvezmény** discount; ~ **eszköz** means of payment *tsz*; currency, money; **törvényes** ~ **eszköz** legal tender; ~ **feltételek** terms/conditions of payment; ~ **haladék** respite, time allowed for payment; ~ **határidő** settlement/payment date; → **határidő**; ~ **kötelezettség** commitment, liability (to pay); **eleget tesz ~ kötelezettségeinek** *[ország]* meet* debt obligations; ~ **megbízás** money/banker's order; ~ **meghagyás/felszólítás** notice/order to pay, order for payment **2.** *[vk fizetésével kapcsolatos]* ~ **előleg** salary advance; ~ **jegyzék** pay-sheet, payroll; ~ **nap** payday; ~ **osztály** pay/salary category
fizetésimérleg-hiány *fn gazd* deficit of the balance of trade
fizetésimérleg-többlet *fn gazd* surplus of the balance of trade
fizetésjavítás *fn* rise/increase in pay/salary
fizetésképtelen *mn* insolvent, bankrupt
fizetésképtelenség *fn* insolvency, bankruptcy
fizetéskiegészítés *fn gazd* extra allowance/pay, supplement to salary, bonus, *szl* perk
fizetéskönnyítés *fn [részletfizetésnél]* easy terms *tsz*
fizetésletiltás *fn* stoppage (of pay)
fizetéslevonás *fn gazd* deduction from pay
fizetésrendezés *fn* new salary scale(s), revision/review of salaries
fizetéstelen *mn* without pay *ut*, unpaid
fizetésű *mn* of pay/wage *ut*; **kis** ~ poorly paid; **nagy** ~ highly paid
fizetetlen *mn* unpaid, unsettled
fizetett *mn* **1.** (*vk*) paid, salaried; **rosszul** ~ underpaid, badly paid **2.** ~ **szabadság** holiday(s) with pay, paid holiday/leave, *US* paid vacation
fizető I. *mn* paying **II.** *fn* **1.** payer; **jó** ~ good payer **2.** *biz* → **fizetőpincér**
fizető-autópálya *fn* toll-road
fizetőeszköz *fn* → **fizetési eszköz**
fizetőképes *mn* solvent; ~ **kereslet** effective demand
fizetőképesség *fn gazd* solvency, *[vállalaté]* soundness
fizetőparkoló *fn* paying car park, paying parking place, *US* parking lot
fizetőpincér *fn kb.* head waiter
fizetővendég *fn* paying guest; **~-szolgálat** paying-guest service
fizetség *fn* **1.** pay, remuneration, reward, payment; ~ **ellenében** on payment of, in consideration of **2.** *átv* reward
fizetve *hsz [számlán]* paid, settled
fizika *fn* physics *esz*; ~ **szakos tanár** → **fizikatanár**
fizikai *mn* physical; ~ **dolgozó** manual worker; ~ **munka** physical/manual work, manual labour
fizikailag *hsz* physically
fizikatanár *fn* physics teacher
fizikoterápia *fn* physiotherapy
fizikum *fn* physique, constitution, build; **erős ~a van** have* a good/strong build
fizikumú *mn* physiqued, of ... physique *ut*; **erős** ~ having a good/strong physique; **gyenge** ~ physically weak, with a slight build *ut*; constitutionally weak, *kif* (s)he has a weak constitution
fizikus *fn* physicist
fiziológia *fn* physiology
fiziológiás *mn orv* ~ **sóoldat** physilogical salt/saline solution
fiziológus *fn* physiologist
fizioterápia *fn* physiotherapy, *biz* physio
fizu *fn biz* pay, *GB* lolly, *US* dough
fjord *fn* fjord
F-kulcs *fn zene* bass clef
flakon *fn* bottle, flacon
flamand I. *mn* ~ **(nyelvű)** Flemish **II.** *fn [ember, nyelv]* Flemish; **a ~ok** the Flemish
flambírozott *mn gaszt* flambé *[francia]*
flamingó *fn áll* flamingo
flanc *fn pej* swank, showing off
flancol *i pej* show* off, dress oneself up
Flandria *földr* Flanders
flandriai I. *mn* Flemish **II.** *fn* Fleming
flanel *fn* flannel
flaneling *fn* flannel shirt
flanelnadrág *fn* flannels *tsz*
flangál *i biz* lounge/mooch about, hang* around/about, loaf
flaska *fn* bottle, flask
flastrom *fn* plaster, patch
flegma I. *fn* imperturbability, coolness, self-possession, *szl* (one's) cool **II.** *mn* → **flegmatikus**; *biz* ~ **alak** a cool customer
flegmatikus *mn* phlegmatic, imperturbable, calm
flekk *fn nyomd* typed page
flekken *fn ált kb.* barbecue, *[sertés]* barbecued pork, pork grill, grilled pork
flekkensütés *fn kb.* barbecue
flexibilis *mn* flexible
flexibilitás *fn* flexibility
flikflak *fn sp* flip-flop
flipper *fn* pinball machine
flitter *fn* spangle, sequin
flopi *fn infor* floppy disk, diskette

flóra *fn növ* flora
Florida *földr* Florida
floridai *mn/fn* Floridian, Floridan
flótás *fn régi* flautist, *US* flutist; **szerencsétlen ~** poor devil, *US* schlemiel
flotta *fn* fleet; → **hadiflotta**
flottilla *fn* flotilla
flört *fn* flirtation
flörtöl *i* (*vkvel*) flirt with sy
flöss *fn ját* flush
flúgos *mn biz [bolondos]*, hóbortos dippy, off-beat, nutty
fluktuál *i* fluctuate, see-saw, go* up and down
fluor *fn kém* fluorine
fluoreszcencia *fn kém* fluorescence
fluoreszkál *i* fluoresce
fluxus *fn fiz el* flux
f-moll *fn zene* F minor
fn. *röv* → **főnév**
fóbia *fn orv* phobia
foci *fn biz* soccer
focista *fn biz* soccer player
fociz|ik *i* play soccer
fodor *fn* **1.** *[ruhán]* frill, ruffle, flounce, ruche **2.** *[vízen]* ripple
fodormenta *fn növ* spearmint
fodrász *fn* hairdresser, hairstylist; **férfi ~** men's hairdresser, barber; **női ~** ladies' hairdresser
fodrászat *fn* **1.** *[mesterség]* hairdressing, hairstyling **2.** → **fodrászüzlet**
fodrásznő *fn* woman° hairdresser
fodrászszalon *fn [női]* (ladies') hairdressing salon
fodrászüzlet *fn* hairdresser's (salon), *[férfi]* barber's shop
fodros *mn* **1.** *[fodorral díszített]* frilled, frilly, ruffled **2.** *[felhő]* fleecy **3.** *növ [levél széle]* crisped, crispate
fodroz *i [vizet]* ripple
fodrozód|ik *i [víz]* ripple
fog[1] *i* **1.** *[tart]* hold*, *[megragad]* take*, seize, take* hold of, grasp, catch*; **kézen ~ vkt** take* sy by the hand; **~d ezt a könyvet** take this book; **~ja, ez a magáé** this is for you; **~ta magát és elment** off he went (without a word) **2.** *[állatot]* catch*; **halat ~** catch* fish, *[horoggal]* hook a fish; **férjet ~** catch*/hook a husband **3. puskát ~ vkre** point a gun at sy, turn a gun on sy; **vkre ~ vmt** impute/attribute sg to sy, lay* sg at sy's door **4.** *zene* play, get*; **nem jól ~ta a cét** *[hegedűn]* he didn't quite get the C **5.** *[rádión, tévén]* get*, pick up; **Bécset ~ja** (s)he is picking up (v. getting) Vienna; **jól lehet ma ~ni vmt** reception is good today **6.** *[kocsiba lovat]* → **befog** 2 **7. munkára ~ vkt** make* sy work, put* sy to work; **szigorúan ~ vkt** keep* a tight rein on sy **8.** (*vkn vm*) have* an effect/influence on sy; **nem ~ja a golyó** be* bullet-proof, be* invulnerable; **nem ~ rajta a szó** it's no use talking to him; **nem ~ rajta semmi** all efforts are wasted on him, (s)he doesn't take the slightest notice **9.** *[szerszám]* hold*, grip, bite*; **nem ~nak a kerekek** the wheels don't/won't bite/grip; **jól ~ az agya/esze** be* quick on the uptake **10.** *[toll]* write*, *[festék]* stain, dye, come* off, *[ragasztó]* stick*, hold*; **nem ~ a toll** the pen won't write; **~ a pad, ~ a festék a padon** *[festése]* the paint on the bench is still wet **11. vmbe/vmhez ~** begin* to do sg, take* up sg, set* about sg, start doing sg; **nem tudja, mihez ~jon** (s)he's at a loss, (s)he doesn't know what to do; → **gyanú**, → **kéz**, → **rövid**, → **szó**, → **tűz**
fog[2] *si* will, *[1. személyben shall is]*; **~ vmt tenni** *[készül rá, szándékában áll]* be* going to do sg; **meg ~om tenni** *[valamikor a jövőben]* I'll do it; *[máris]* I am going to do it; **nem ~ eljönni** he won't come; **ő tudni ~ja** *[valószínűség]* he will (v. is bound to) know; **~ esni?** is it going to rain?
fog[3] *fn* **1.** *[emberi, állati]* tooth°, *[vadállaté]* fang, tooth°; **~ak közötti** *[rés]* interdental; **lyukas ~** carious/decaying tooth°; **jön a ~a** *[gyereknek]* be* teething; **fáj a ~a** have* (a) toothache; *átv* **fáj a ~a vmre** long/yearn for sg, he would give his eye teeth (v. his right arm) for sg; **~ához veri a garast** count every penny; **~at ~ért** a tooth for a tooth; **~at húz** take* a tooth out, extract a tooth; **~at húzat** [is going to the dentist to] have* a tooth out/drawn, have* a tooth, have* a tooth taken out; **mintha a ~át húznák** most reluctantly, *kif* it's like getting blood from a stone; **~at (be)töm** put* a filling into a/sy's tooth, put* in a filling, fill a tooth; **megcsináltatja (v. rendbe hozatja) a ~ait** have* one's teeth done; **~at mos** brush/clean one's teeth; **otthagyja a ~át** bite* the dust; **~gal, körömmel harcol** fight* tooth and nail **2.** *[gereblyéé, fésűé]* tooth°, *[villáé]* prong, tine, *[fogaskeréké]* cog, tooth°, jag; → **beletörik**, → **fehér**, → **szív**[1]
fog- *előtag orv* dental
fogad *i* **1.** (*vkt*) *ált* receive, *[vendéget]* be* at home to, welcome, receive, entertain [guests], *[ügyfelet]* see*, *[kihallgatáson, hivatalosan]* receive, grant/give* sy a hearing; **nem ~ vkt** *[hivatalosan]* refuse to receive/see sy; *[lakásán]* be* not at home to sy; **vk köszönését ~ja** acknowledge/return sy's greeting **2. örökbe ~** adopt (sy); **fiává ~** adopt (sy as one's son); **házába ~** take* sy into one's house **3.** *[alkalmazottat]* engage, take* into one's service, hire, employ; **doktorrá ~** award a doctorate to sy; **ügyvédet ~** retain a lawyer/solicitor **4.** *[elfogad]* accept, receive, take*; **hogyan ~ták a dolgot?** how was it received?, how did they take it?; **~ja hálás köszönetemet** please accept my grateful thanks, many thanks **5.** *[szentül ígér vmt]* vow, promise solemnly, pledge (one's word) that, swear* (that) **6. szót ~ vknek** obey sy, be* obedient to sy; **nem ~ szót** disobey **7. adogatást ~** *[teniszben]* return the serve **8.** (*vkvel vmben*) bet*/wager sy sg; **~ egy lóra** back a horse, place a bet (v. put money) on a horse; **mennyibe ~unk?** how much will you bet?; **~ok, hogy** ... I('ll) bet (you) that ...; **100 Ft-ba ~ok, hogy** ... I('ll) bet (you) 100 forints that ... **9.** *[orvosi táblán]* **~ 3-5-ig** Consulting Hours 3-5 p.m.
fogadalom *fn* pledge, oath; **fogadalmat tesz** make* /take* a vow
fogadás *fn* **1.** (*vké*) reception, welcome, *[konferencián, követségen stb. álló]* reception; **~t ad** give*/hold* a reception **2.** *[pénzben]* wager, bet; **~t köt** lay* a wager (with sy), make* a bet (*vmre* on) **3.** *[tenisz]* return
fogadatlan *mn* **~ prókátor** *kb.* unwanted advocate, meddler
fogadkozás *fn* (repeated) promises *tsz*
fogadkoz|ik *i* promise (repeatedly), swear*
fogadó I. *mn* **~ ország** the host country **II.** *fn* **1.** inn, hostelry, lodge **2.** *[pénzben, totón stb.]* punter **3.** *[teniszben]* receiver; **előny a ~nál** advantage Miss Jones, Miss Jones is receiving service *[tehát az angolban mindig névvel]*
fogadóbizottság *fn* reception committee
fogadóiroda *fn* betting shop, bookmaker's office
fogadónap *fn* at-home, reception day
fogadóóra *fn ált* consulting hours *tsz*, *hiv* office/business hours *tsz*, reception
fogadóportás *fn [szállodai]* receptionist
fogadós *fn* innkeeper, landlord
fogadószoba *fn [magánházban]* drawing/reception room
fogadószülők *fn tsz* adoptive parents
fogadott *mn* **1.** *[gyermek]* adopted **2.** *[munkás]* hired
fogadtatás *fn* welcome, reception; **barátságos/meleg/szívélyes ~ban részesít vkt** give* sy a warm welcome/reception; **hűvös ~ban részesül** have* a cool reception; **szívélyes ~ban részesül** be* given a warm welcome/reception, be* received cordially; **kedvező ~ra talál vm** be* well received
fogalmaz *i* draw* up, draft, compose, *[szavakba önt]* word, put*; *okt* **a gyerek jól ~** the boy/girl is good at composition; *hiv* **a rendelet úgy ~, hogy** the wording of the decree is; **úgy ~ott, hogy** ... the way he put it was ...

fogalmazás *fn* **1.** *[művelet]* drawing up, drafting **2.** *[szöveg]* draft, *okt* composition
fogalmazvány *fn* (rough) draft, text
fogalmi *mn* conceptual
fogalom *fn* **1.** *fil* concept, notion **2.** *[elképzelés]* idea; **(halvány) fogalmam sincs vmről** I have no idea (of sg), I have not the faintest/slightest idea (of sg); **fogalmam sincs arról, hogy hol lehet** I've no idea where it/he/she might be; **fogalmam sincs, mit tegyek** I'm at a loss about what to do; **fogalmam sincs!** I have no idea!, I have not the faintest idea!, I haven't a clue; **ez egy valóságos ~** it is a household word/name; **a neve ~ a kardiológiában** he is a name in cardiology
fogalomalkotás *fn* concept-formation, ideation, formation of concepts, *[képessége]* conceptual ability
fogalomkör *fn* conceptual class/sphere, sphere of concepts, category
fogalomköri *mn* **~ szótár** thesaurus
fogalomrendszer *fn* ideology, set of ideas
fogalomzavar *fn* confusion of ideas
fogamzás *fn* conception
fogamzásgátlás *fn* contraception
fogamzásgátló *fn* contraceptive; **~ méhhurok** IUD (intrauterine device); **~ tabletta** oral contraceptive, contraceptive pill, *biz* the pill; **~ tablettát** (v. **~t) szed** take* the pill, go*/be* on the pill; **abbahagyja a ~ tablettát** come* off the (contraceptive) pill
fogamz|ik *i* → **fogan**, → **megfogamzik**
fogan *i* **1.** *[méhben]* conceive, become* pregnant **2.** *átv* originate (in), arise* from
foganat *fn* **nincs ~ja** have* no effect/result
foganatosít *i* put* into effect, carry out, execute, implement
fogantatás *fn* conception
fogantyú *fn* handle, holder
fogápolás *fn* dental hygiene/care
fogápoló *mn* **~ szer** dentifrice
fogas[1] **I.** *mn* **1.** *[lény]* toothed **2.** **~ kérdés** thorny/difficult question **II.** *fn* **1.** *[ruhának, fali]* coat-rack, *[álló]* coat-stand **2.** *biz* → **fogaskerekű vasút**
fogas[2] *fn [hal]* zander
fogás *fn* **1.** *[megragadás]* grip, grasp, hold, clasp **2.** *[vmnek a tapintása]* feel, touch **3.** *[halé]* catching; **jó ~t csinál** make* a good catch, strike* lucky/oil **4.** *[ügyes]* trick, knack, dodge, *[mesterségbeli]* technique, trick (of the trade); **ügyes ~** a good trick **5.** *[étel]* course, dish; **első ~** first course
fogaskerék *fn* cogwheel
fogaskerekű vasút *fn* rack/cog railway, cogway
fogásos *mn* **három~ ebéd** a three-course dinner/lunch
fogász *fn [szakorvos]* dentist, dental surgeon, *[fogtechnikus]* dental technician
fogászat *fn* **1.** *[tudomány]* dentistry, odontology **2.** *[rendelő]* dental surgery/clinic, *US* dental parlor, *biz* the dentist's
fogászati *mn* dental; **~ kezelés** dental treatment; **~ rendelő** dental/dentist's surgery, *US* dental parlor, dentist's office, *biz* the dentist's
fogat *fn* **1.** *főleg mezőg [lóval]* team (of horses) **2.** *[hintó]* equipage, *[hajtáshoz]* carriage (and horses), coach, *[négyes]* coach-and-four, four-in-hand
fogathajtás *fn ált* carriage/coach driving, driving, *[négyes]* four-horse carriage driving
fogathajtó I. *mn* **~ világbajnokság** world driving championships *tsz* **II.** *fn* coachman°, driver, *[négyesé]* four-horse coachman°
fogatlan *mn* toothless
fogazás *fn* cogging, toothing
fogazat *fn* **1.** *[szájban]* set of teeth, teeth *tsz*, dentition **2.** *[eszközön stb.]* dentation, teeth *tsz*, *[oszlopon]* dentils *tsz* **3.** *[falevélen]* serration, *[bélyegen]* perforation; **~ nélküli** *[bélyeg]* imperforate
fogbél *fn* dental pulp
fogcement *fn* (dental) cement
fogcsikorgatás *fn* grinding/gnashing of the teeth
fogcsikorgatva *hsz* gnashing one's teeth, *átv* very reluctantly
fogda *fn* lockup
fogdos *i* **1.** *[kézbe vesz]* finger, handle **2.** *biz [nőt]* paw, keep* pawing
fogékony *mn* (*vmre*) susceptible/responsive/sensitive to sg, *[betegségre]* susceptible to [illness], *[érzékeny]* impressionable; **~ szellem/elme** receptive mind
fogékonyság *fn* susceptibility, responsiveness, sensitivity, *[betegségre]* susceptibility (*vmre mindegyik* to)
fogfájás *fn* toothache
fogfúró *fn [gép]* tooth-drill, dental drill
foggyökér *fn* root (of tooth)
foghang *fn nyelv* dental (consonant)
fogható *mn* (*vmhez*) comparable to *ut*, (*vkhez*) to match sy *ut*, like sy *ut*; **hozzá ~** of that sort/stamp *ut*; (sy) to compare with him/her *ut*; **nincs hozzá ~, nem ismerek hozzá ~t** (s)he/it is peerless/matchless/unequalled, there is no one to compare with him/her, I do not know her/his like
fogház *fn* **1.** prison, jail, *GB így is* gaol; **két év ~ban letöltendő szabadságvesztésre ítélték** he was sentenced to 2 years' imprisonment **2.** → **fogházbüntetés**; *biz* **2 évi ~at kapott** he got 2 years
fogházbüntetés *fn* imprisonment
fogházőr *fn* jailer, *GB így is:* gaoler, (prison) warder
foghegyről *hsz* superciliously; **~ beszél vkvel** talk to sy in an offhand manner
foghíj *fn épít* vacant lot/site
foghíjas *mn* **1.** gap-toothed **2.** **~ telek** *[bombázás helyén]* bomb-site; *[még beépítetlen]* undeveloped (site)
foghús *fn* gums *tsz*
foghúzás *fn* extraction/drawing of tooth°, tooth extraction
fogideg *fn* (dental) nerve
fogíny *fn* gums *tsz*
fogínygyulladás *fn orv* gingivitis
fogínysorvadás *fn orv* pyorrhoea, *US* pyorrhea
fogkefe *fn* toothbrush
fogkezelés *fn [egészséges fogé]* care of the teeth, dental care, *[beteg fogé]* dental treatment; **~re jár** receive dental treatment
fogkorona *fn* crown (of tooth), *[arany]* gold crown, *[más]* jacket crown
fogkő *fn* tartar
fogkrém *fn* toothpaste
foglal *i* **1.** *[birtokba vesz]* seize, occupy, take* possession of, *[végrehajtó ingóságot]* distrain upon, seize; **(kérem,) ~jon helyet** please take a seat (v. sit down); **sok helyet ~** *[tárgy]* take* up much room; **asztalt ~** reserve a table; **szobát ~** book/reserve a room; **jó előre kell szobát/asztalt ~ni** you have to book well in advance **2.** *[keretbe]* (put* in a) frame; **írásba ~** put* in writing; **szavakba ~ vmt** put* sg into words, express sg **3.** **magában ~** (i) contain, comprise, include (ii) *[csak átv]* comprehend, involve, imply
foglalás *fn* **1.** *jog* seizing, seizure, occupation, *[bírói]* distraint **2.** *[szobáé]* reservation
foglalat *fn* **1.** *el* socket, (power) point **2.** *[drágakőé]* setting, mount(ing)
foglalatoskod|ik *i* be* busy (with/doing sg), be occupied (with sg)
foglalatosság *fn* occupation
foglalkozás *fn* **1.** *ált* occupation, business, line, *[állás]* employment, post, *[szakma]* trade, *[szellemi pályán]* profession; **mi a ~a?** what is his/her occupation/line/profession, what does (s)he do for a living?, what is (s)he by profession?; **~ára nézve** by trade/profession **2.** *okt* class; **(gyakorlati) ~** practical class; **szabad ~** free time **3.** *[tevékenység]* activity, *kat* drill

foglalkozási *mn* ~ **ág** (line of) occupation; ~ **ártalom** occupational hazard; ~ **betegség** occupational disease

foglalkozásnélküli *fn* unemployed worker/etc.; **a ~ek** the unemployed

foglalkozásszerű *mn* occupational, professional; **~en űz vmt** engage in sg, do* sg for a living

foglalkozásterápia *fn orv* occupational therapy

foglalkoz|ik *i* **1.** *[vmvel tartósan]* be* employed/occupied/engaged in (doing) sg; **mivel ~ik?** what is his/her profession/occupation/line, what does (s)he do for a living? **2.** *[érdeklődésből vmvel]* be* interested in sg, go* in for sg, *[kérdéssel]* deal* with, go* into, *[kutatási stb. témával]* study sg, specialize on sg, *[üggyel hivatalosan]* deal* with, treat, investigate, *[kérvénnyel]* consider; **a bíróság ~ik az üggyel** the case is before the court; **a jövő órán a 15. leckével fogunk ~ni** next time we'll go through lesson 15; **sokat ~ott azzal a gondolattal, hogy** *[vmt csinál]* he gave much thought to (the idea of) doing sg; **azzal a gondolattal ~ik, hogy** ... he is considering sg/doing sg, he is toying with the idea (of) **3.** *[vkvel orvos]* attend to sy, *[gyerekkel]* look after, keep* an eye on [the child] **4.** *[írás vmvel]* treat, deal* (with)

foglalkoztat *i* **1.** *[dolgozót]* give* employment/work (to), employ; **500 főt/embert ~** employ 500 people **2.** (*vkt vm*) be* concerned about sg; **erősen/nagyon ~ja vki/vmi** (s)he shows great concern about sy/sg

foglalkoztatás *fn* employment

foglalkoztatott *mn/fn* employee; **a ~ak** the employees, those in employment

foglalkoztatottság *fn* employment; **teljes ~** full employment; **részleges ~** partial employment

foglaló *fn* down payment, deposit; **~t ad/fizet vmre** make* a down payment on sg, put* down a deposit on sg

foglalt *mn [hely stb.]* occupied, engaged, *[asztal]* taken, "reserved", *[ajtón kiírás]* engaged, *[taxi]* hired, engaged; **ez a hely ~** this seat is taken/occupied; **~ (a vonal)** (the number is) engaged, *US* (the line is) busy; **a mai estém ~** I am booked up for this evening

foglaltat|ik *i* **benne ~ik** be* comprised/contained/included in sg

fogmosás *fn* cleaning the teeth, teeth-cleaning, tooth-brushing

fogmosópohár *fn* tumbler

fogműtét *fn* dental operation

fogó *fn* **1.** *[harapó~]* pincers *tsz*, *[kombinált, lapos]* pliers *tsz*, *[orvosi]* forceps *tsz*, *[foghúzó]* extraction forceps *tsz*, *[cukornak, szénnek]* tongs *tsz* **2.** *[fogantyú]* handle, holder **3.** *[fogócskában]* **te vagy a ~!** you are it!; **ki a ~?** who is it?

fogócska *fn* (game of) tag/tig

fogócskáz|ik *i* play tag/tig

fogódzkod|ik *i* (*vkbe/vmbe*) cling*/hold* (on)to, clutch/grasp at, hang* onto

fogódzó *fn* **1.** handhold, handrail **2.** *átv* starting/fixed point, reference

fogókesztyű *fn [konyhai]* oven glove

fogoly[1] **I.** *mn* captive; **~ madár** caged bird **II.** *fn [hadi~]* prisoner (of war), captive, *[letartóztatott]* convict, prisoner; **foglyul ejt** take* prisoner/captive, *[állatot]* catch*, capture

fogoly[2] *fn [madár]* (grey) partridge

fogolykísérő *fn* prisoner's escort

fogolytábor *fn kat* prison camp, prisoner-of-war camp (*röv* **P.O.W. camp**)

fogolytárs *fn* fellow prisoner/captive

fogorvos *fn* dentist, dental surgeon; **~hoz jár** go* to the dentist, receive dental treatment

fogorvosi *mn* dentist's, dental; **~ asszisztens** dental assistant/receptionist/hygienist; **~ kar** *[egyetemen]* dental school; **~ rendelő → fogászati rendelő**

fogorvoslás *fn [kezelés]* dental therapy/treatment → **fogászat 1**

fogorvostudomány *fn* → **fogászat 1**

fogorvostudományi *mn* **~ kar** dental school

fogós *mn* **1.** **~ szülés** forceps delivery; **~ szüléssel világra hozott baba** forceps baby **2.** **~ kérdés** thorny/difficult question

fogpaszta *fn* toothpaste

fogpiszkáló *fn* toothpick

fogpor *fn* tooth-powder, dentifrice

fogpótlás *fn* (dental) prosthesis, *[műfogsor]* dentures *tsz*, (dental) plate

fogság *fn* captivity, imprisonment; **~ban van** be* in prison/captivity, *[hadi]* be* a prisoner (of war)

fogselyem *fn* dental floss

fogsor *fn [saját]* row/set of teeth, *[hamis]* dentures *tsz*, false teeth *tsz*, set of false teeth, dental plate

fogszabályozás *fn* orthodontics *esz*

fogszabályozó *mn/fn* orthodontic; **~ (készülék)** brace(s), (dental) plate; *[ív]* dental splint

fogszakorvos *fn* dental surgeon

fogszuvasodás *fn* (dental) caries, (tooth) decay

fogtechnikus *fn* dental technician/mechanic

fogtisztítás *fn* teeth-cleaning

fogtömés *fn* **1.** *[művelet]* stopping/filling a tooth **2.** *[tömőanyag]* filling; *biz* stopping

fogú *mn* -toothed, with ... teeth *ut*

fogva **I.** *nu* **1.** *[időben]* from, since, ever since; **attól (az időtől) ~** from that time/moment (on); **régtől ~** long, for a long time **2.** **vm oknál ~** by virtue of, in consequence of, as a result of **II.** *hsz* **1.** **~ tart** keep* in prison, keep* sy prisoner, keep* sy confined, intern sy; **~ tartás** detention, restraint; **~ tartott** detained person, detainee **2.** *[megfogva]* by, by taking hold of, caught by; **karjánál ~** [take* sy] by the arm

fogvacogás *fn* chattering of the teeth

fogvacogva *hsz* with chattering teeth, shivering

fogvájó *fn* → **fogpiszkáló**

fogvédő *fn sp* mouthpiece

fogvicsorítva *hsz* baring one's teeth

fogzás *fn* teething, cutting of the teeth

fogz|ik *i* cut* one's teeth

fogzománc *fn* (dental) enamel

fogy *i* **1.** *ált* lessen, grow* less, decrease, diminish, *[áru]* sell*, be* selling, *[készlet]* be* running out/short/low, *[pénz]* be* running/giving out; **sok villany ~** a lot of electricity is being used/consumed; **~ az ereje vknek** lose* strength; **~ a pénzünk** we're running out of money **2.** *[súlyban ember]* lose* weight, become*/get* thinner; **hat kilót ~ott** he (has) lost six kilograms; **3 kg-ot fogynia kell** (s)he must shed/lose 3 kilos **3.** *[hold]* wane

fogyás *fn* **1.** *[árué]* sale, consumption **2.** *[testi]* loss of weight

fogyaszt *i* **1.** *[anyagot]* use up, consume, *[áramot, energiát]* consume; **8 litert ~ 100 kilométerenként** *[autó]* the car does 12 km per (v. to the) litre, a car that does 35 mpg; [*kimondva:* miles per (v. to the) gallon] **2.** *[ételt]* consume, eat*; **állva ~** eat* sg standing up; **itt ~ja, vagy elviszi?** to stay or to go? **3.** *[kötésnél]* cast* off, take* in **4.** *[soványra]* emaciate, reduce; **~ja magát** be* on a diet, be* slimming

fogyasztás *fn* **1.** *ált* consumption **2.** *[kötésnél]* intake **3.** *[soványítás]* slimming, thinning

fogyasztási *mn* **~ adó** excise (duty), consumption tax; **~ cikkek** consumer goods; **tartós ~ cikk(ek)** consumer durable(s)

fogyasztásmérő *fn [gáz]* gas meter, *[áram]* electricity meter

fogyasztható *mn [felirat terméken]* best before ..., use by ...

fogyasztó *fn [személy* v. *elektromos készülék]* consumer

fogyasztói *mn* **~ ár** consumer's/shop/retail price; **~ társadalom** a consumer society

fogyatékos **I.** *mn* **1.** *[hiányos]* deficient, insufficient, scanty, short, unsatisfactory **2.** **testileg ~ gyermekek** physically handicapped children; **értelmileg/szellemileg**

~ mentally handicapped, retarded, educationally subnormal (*röv* **ESN**); **értelmi ~ok, szellemileg/értelmileg ~ gyermekek** educationally subnormal (v. mentally handicapped) children, ESN children, retarded children **II.** *fn* **~ok** the disabled, the handicapped

fogyatékosság *fn* **1.** *[hiányosság]* insufficiency, deficiency, scantiness, inadequacy, *[főleg erkölcsi]* shortcomings *tsz*, fault **2. értelmi** ~ mental deficiency/handicap

fogyatkozás *fn csill* eclipse

fogyó *mn* diminishing, decreasing, lessening; ~ **hold** waning/decrescent moon

fogyóban *hsz* ~ **van** (be* on the) decrease; ~ **van a hold** the moon is waning

fogyóeszköz *fn* semi-fixed assets *tsz*, expendable material/tool etc.

fogyókúra *fn* slimming cure/diet/treatment, fat-reducing diet; **~t tart** be* on a slimming diet

fogytán *hsz* ~ **van** be* coming to an end; *[pénz]* be* running out, *[készlet]* be* nearly exhausted, be* running out/short/low, *[tüzelő]* be* low; ~ **a benzin** the car is running low on petrol; ~ **a türelmem** I'm at the end of my tether, I'm losing my patience; ~ **az ereje** be* growing/becoming exhausted/tired

fohász *fn* supplication, prayer

fohászkod|ik *i [imádkozik]* breathe a prayer, pray (earnestly)

fojt *i* choke, stifle, *[füst]* suffocate; **vízbe** ~ drown; **magába ~ja érzelmeit** repress/suppress one's feelings, bottle up one's feelings

fojtás *fn* **1. vízbe** ~ drowning **2.** *[töltényben]* wad(ding), plug

fojtó *mn [füst]* choking, suffocating [smoke], *[hőség]* stifling, sweltering [heat]

fojtogat *i* **1.** (*vk vkt*) try to strangle/throttle **2. ~ta a füst** the smoke almost choked him; **düh ~ja** choke with rage/anger; **sírás ~ja** choke down/back one's tears/sobs

fojtogató *mn* choking; ~ **érzés** *orv* choking sensation, breathlessness

fojtószelep *fn* throttle valve

fojtott *mn* subdued; ~ **hangon** in a subdued/soft voice

fok¹ *fn* **1.** *[baltáé, késé]* back, *[tűé]* eye **2.** *[tengerbe nyúló]* cape, promontory, headland **3.** *[hegyé]* peak, pinnacle

fok² *fn* **1.** *[létráé]* rung, *[lépcsőé]* step, stair **2.** *[fejlődési]* phase, stage, *[fokozat]* degree, grade, *[rokonsági]* degree *[of relationship]*; **egy bizonyos ~ig** to a certain degree; **végső ~on** ultimately, *kif* at the end of the day; **~ról ~ra** by degrees, gradually, step by step **3.** *[beosztásban]* degree, scale, *[hőé, szögelhajlásé]* degree; **~okra beoszt** grade, graduate, calibrate; **húsz ~ meleg** twenty degrees (above zero); **mínusz tíz ~ van** it's ten degrees below zero (v. below freezing point), v. of frost

fóka *fn* seal

fókaprém *fn* sealskin

fókavadász *fn* seal-hunter, sealer

fókavadászat *fn* sealing, sealery

fókazsír *fn* seal-oil

fokbeosztás *fn* graduation, calibration; **~sal ellát** graduate, calibrate

Fokföld *földr* Cape Province, *[régebben]* Cape Colony

fokföldiibolya *fn* African violet

fokhagyma *fn* garlic

fokhagymagerezd *fn* clove of garlic

fokhagymás *mn* seasoned/made with garlic *ut*

fokhagymaszag *fn* odour (*US* -or) of garlic, smell of garlic

fokhagymaszagú *mn* garlicky

fokmérő *fn átv* measure(ment), standard; **előmenetelének ~je** a measure of how (s)he's getting on

fokonként *hsz* gradually, by degrees

fokos¹ *mn* of ... degrees *ut*; **huszonhat ~ meleg** twenty-six degrees, 26° C

fokos² *fn kb.* halberd, tomahawk

fokoz *i* **1.** *[sebességet]* increase, *[termelést]* increase, step up [production], *[termelékenységet]* boost, improve [productivity] **2.** *[érzelmet]* heighten, raise **3.** *[melléknevet]* compare

fokozás *fn* **1.** *[termelésé]* increase, step-up, *[termelékenységé]* improvement **2.** *[érzelemé]* heightening **3.** *[melléknévé]* comparison (of adjectives)

fokozat *fn* **1.** *[tudományos]* degree, *[hivatali]* grade [of the civil service], class, *kat* rank, *[fizetési]* scale, class; **a "tudomány doktora" ~** *kb.* the degree of PhD; *[igével]* have/be a PhD in [history/linguistics/chemistry etc.] **2.** *[fejlődési]* stage, phase; *űr* stage

fokozatos *mn* gradual

fokozatosan *hsz* gradually, by degrees, step by step

fokozatosság *fn* **a ~ elve** the principle of gradualism

fokozódás *fn* increase, rise

fokozód|ik *i* be* on the increase, increase, grow*, intensify

fokozott *mn* increased; **~ mértékben** to a greater extent, to a marked degree; **~ közúti ellenőrzés** *kb.* a drive against traffic offenders

-fokú *utótag* of ... degree/grade *ut*, -grade, -degree; **első ~ unokatestvérek** cousins of the first degree, first cousins

fókusz *fn* focus (*tsz* focuses v. foci)

fokuszál *i* focus, bring* sg into focus

fókusztávolság *fn* focal length

Fokváros *földr* Cape Town

fokvárosi *mn/fn* Capetonian

foldoz *i* → **foltoz**

fólia *fn [fémből]* foil, *[háztartási, műanyagból]* clingfilm; *[írásvetítőhöz]* (overhead) transparency

fóliáns *fn* folio

fóliasátor *fn* plastic tunnel, polythene greenhouse

folklór, folklorisztika *fn* folklore (studies *tsz*)

folklorista *fn* folklorist

folsav *fn* folic acid

folt *fn* **1.** *[pecsét]* stain, smudge, spot, *[tinta]* blot(ch), blob; *[fényes felületen]* tarnish; *[arcon, bőrön]* blotch, freckle, mark; *[állat szőrén]* spot; **csupa kék-zöld ~ a karja** his arm is all black and blue; **~ot ejt vmn** stain sg; **~ot kivesz vmből** remove stain from sg **2.** *[felvarrt]* patch, piece, *[bőrből cipőn]* tap **3.** *[jellemen]* stain, blemish, blot; **~ esett a becsületén** there's a stain on one's reputation/honour/character, one's reputation has been tarnished

foltos *mn* **1.** *[pecsétes]* stained, smudgy, spotted, spotty, *[tintától]* blotched, *[arc, bőr]* mottled, freckled; *[állat]* spotted, freckled, *[ló]* piebald **2.** *[foltozott]* patched, tapped **3.** *[jellem]* stained, blemished, tainted, sullied

foltoz *i [ruhát]* patch, put* a patch on, *[fehérneműt]* mend

foltozás *fn [ruháé]* patching (up), *[fehérneműé]* mending

foltozó *fn* mender

folttisztítás *fn* stain removal

folttisztító *mn* **~ szer** stain remover

folyadék *fn* liquid, fluid; **mennyi ~ot fogyaszt?** what's your intake of fluid?

folyadékkristály *fn fiz* liquid crystal

folyadékkristályos *mn* **~ megjelenítő/kijelző** *infor* liquid crystal display (*röv* **LCD**)

folyadékveszteség *fn* loss of fluid

folyam *fn* **1.** *[folyó]* river, stream **2. új ~** *[folyóiraté]* new series

folyamán *nu* **vmnek ~** in the course of, during; **a nap ~** in the course of (v. during) the day; **április ~** during/in April

folyamat *fn ált és tud* process; **~ba tesz/helyez** commence; *jog* set* in motion, *[vizsgálatot]* institute; **~ban van** be* under way, be* going on, be* in progress; **~ban levő beruházások** investments in process; **a ~ban levő tárgyalások** the current negotiations

folyamatábra *fn infor* flow chart

folyamatirányítás *fn el* process control

folyamatos *mn* continuous, unbroken; **~ átdolgozás/korszerűsítés** *[pl. szótáré]* regular updating; **~ jelen (idő)** present continuous; **~ múlt** past continuous

folyamatosan *hsz* continuously; **~an tájékoztat vkt** keep* sy posted
folyamatosság *fn* continuity, (regular) flow
folyamhajózás *fn* river navigation
folyami *mn* river(-), fluvial; **~ hajó** river boat; → **kavics**
folyamkilométer *fn* river kilometre (*US* -er)
folyammeder *fn* river-bed
folyamod|ik *i* **1.** (*vmért*) apply for sg, request sg; **állásért ~ik** apply for a post; **~ik** (*vkhez vmért*) apply/turn to sy for sg **2.** (*vmhez*) resort to, have* recourse to; **vmlyen lépéshez ~ik** adopt (certain) measures
folyamodvány *fn* application, request
folyamőr *fn kat elav* member of the river police
folyamőrség *fn kat elav* river forces *tsz*
folyamrendészet *fn* river police
folyamrendszer *fn* water/river system
folyamszabályozás *fn* regulation/canalization of riverways
folyamtorkolat *fn* → **folyótorkolat**
folyás *fn* **1.** *ált* flow(ing), course, run **2.** *orv* discharge, flux(ion) **3.** *átv* **ilyen a világ ~a** such is life; **szabad ~t enged vmnek** let* things take their course, give* (free) rein to sg
folyásirány *fn* direction of flow; **~ban** downstream; **folyásiránnyal szemben** upstream
folyat *i* **1.** let* sg flow/run, cause to flow; **vizet ~ vmbe** run* (some) water into sg **2.** *[tartály]* leak
folydogál *i* flow slowly, trickle
folyékony *mn* **1.** *[halmazállapotú]* fluid, liquid, flowing **2.** *[beszéd]* fluent **3.** **~ hang** *nyelv* liquid
folyékonyan *hsz* **~ beszél angolul** speak* fluent English
foly|ik *i* **1.** *[folyadék]* flow, run*, stream; **egymásba ~ik** run*/flow* into one another; **~ik az orra vére** his nose is bleeding; **~ik az orra** *[náthás]* his nose is running **2.** *[hibás edény]* leak, run* **3.** *[tart]* go* on, be* (going) on, be* in progress, *[beszélgetés vmről]* run* on; **az előadás ~ik** the show is on; **javában ~ik** be* in full swing; **miről ~ik a beszélgetés?** what are they talking about?; **a tárgyalások ~nak** the talks/negotiations continue; **mi ~ik itt?** what's going on here? **4.** *[következik vmből]* follow, ensue, result
folyó I. *mn* **1.** **~ víz** *[csapból]* running water **2.** **~ év** (*röv* **f. é.**) this year, current year; **~ évi** (*röv* **f.**) this year's, of this year *ut*, of the current year *ut*; **~ hó** (*röv* **f. h.**) this month (*röv* **inst.**); **~ hó 14-én**, **~ hó 14-i kelettel** on the 14th inst.; **~ ügyek** routine work/matters, ordinary business **II.** *fn* river, stream; **~n felfelé** up the river, upstream; **~n lefelé** down the river, downstream
folyóág *fn* arm/branch of a river
folyóbeszéd *fn* running speech/text
folyóírás *fn* running/cursive (hand)writing, longhand
folyóirat *fn* periodical; *[tudományos]* journal; *[havi]* monthly, *[kéthetenkénti]* biweekly; *[negyedéves]* quarterly
folyóiratszemle *fn* review of periodicals/reviews
folyókanyar *fn* a bend in the river, river bend
folyomány *fn* outcome, result, consequence, issue
folyómeder *fn* river-bed, watercourse
folyóméter *fn* (running-)metre; **15 ~ polc** 15 metres (*US* -ters) of continuous shelving; **~enkénti ára** price per metre
folyondár *fn ált* creeper
folyópart *fn* (river-)bank, *[városban]* water-front; **a ~on** on/by the river-bank
folyós *mn* fluid, fluent, liquid, *[seb]* running, *[sajt]* runny
folyósít *i* pay (out), make* payable, order the payment (of sg); → **kölcsön**
folyosó *fn* corridor, passage, *[parlamenti]* lobby, *[nézőtéren]* gangway, aisle, *[vonaton fülkék előtt]* corridor, *[középen]* central gangway
folyószakasz *fn* reach
folyószám *fn* (running) number
folyószámla *fn [bankban]* (*röv* **fszla.**) bank/current account, *US* checking account (*röv* **C/A**); *[takarékpénztárban]* savings account; **üzleti ~** business account; **~ja van a ... Bankban** have* an account at (*US* with) (the) ... Bank; **~t nyit egy banknál** open an account with a bank; **hol van a ~d?** where do you bank?
folyószámla-egyenleg *fn* current account balance
folyószámlahitel *fn* overdraft credit, credit on current account
folyószámla-kivonat *fn* statement (of account)
folyószámla-követelés *fn* balance
folyótorkolat *fn* mouth (of river), estuary, *skót* firth
folyóvíz *fn [területé]* river, *[folyóból]* riverwater → **folyó 1**
folyóvölgy *fn* river valley
folytán *nu* (*vmnek*) as a result of, owing/due to
folytat *i* **1.** *ált* continue, go* on/ahead (with), carry on; *[megszakítás után]* resume, proceed with; **~ja a munkáját** go*/carry on with one's work; **~ja munkáját a leszerelési konferencia** the disarmament talks have resumed (v. continue); **~ja útját** continue/resume one's journey, walk/keep* on, proceed on one's way, go* ahead; **folytasd (csak)!** go on!, proceed!, carry on!; – **~ta a miniszter** – the minister went on; **ne folytasd** there's no need to go on, enough of that; **nem ~ vmt** stop sg, leave* off, give* up **2.** *[meghosszabbít]* extend, continue, prolong **3.** *[vmlyen életet]* live/lead* [a life], *[mesterséget]* follow, pursue; **vmlyen politikát ~** pursue a policy of; **tanulmányokat ~** pursue/continue studies; **tárgyalásokat ~** enter into negotiations (with), carry on talks (with); **viszonyt ~ vkvel** have* an affair with sy, have* relations with sy
folytatás *fn* **1.** *ált* continuation; **az ügynek nem lett ~a** the matter was dropped **2.** *[regényrészlet]* instalment; *[új regény/film]* continuation, sequel; **~a következik** (*röv* **folyt. köv.**) to be continued (*röv* **to be contd**); **~okban közöl** *[regényt]* serialize [a novel]; **~okban adták le** was serialized [on television]; **~okban megjelenő** *[regény]* serialization
folytatásos *mn* serial, serialized [story, novel]
folytatód|ik *i* continue, go*/keep* on, proceed, *[megszakítás után]* be* resumed; **a per holnap ~ik** the trial continues tomorrow
folytatólag *hsz [megszakítatlanul]* continuously, without a break
folytatólagos *mn* continuous, continued; **~ előadás** continuous/nonstop performances
folyt. köv. *röv* → **folytatás a követekezik**
folyton *hsz* always, continually, continuously, without a break; *[igével]* keep* doing (sg)
folyton-folyvást *hsz* on and on, perpetually
folytonos *mn [megszakítás nélküli]* continuous, continued, unbroken, *[nem szűnő, pl. vita, panasz stb.]* continual, never-ending, unceasing
folytonosság *fn* continuity, continuance
folytonossági *mn* **~ hiány** break, gap, hiatus
fon *i* **1.** *[fonalat]* spin* [yarn], *[hajat]* braid [hair], *[kosarat]* weave* [basket], *[kötelet]* twist [rope] **2.** **karját vk köré ~ja** twine/throw* one's arms round sy, embrace sg; **keresztbe ~ja a karját** cross one's arm (on one's breast)
fonadék *fn* texture, matting, braid(ing)
fonák I. *mn* **1.** absurd, anomalous, preposterous, awkward; **~ helyzetben van** be* in a false position **2.** **~ ütés** backhand (stroke) **II.** *fn* **1.** **a szövet ~ja** wrong/back side of cloth **2.** → **fonák ütés**
fonákság *fn* absurdity, preposterousness, awkwardness
fonal, **fonál** *fn* **1.** *ált* yarn, thread, *[kötéshez]* knitting wool **2.** *átv* thread; **vörös ~ként húzódik végig vmn** sg runs* right through sg, sg may be traced right through sg; **felveszi a beszéd ~át** resume the thread of one's discourse; **elveszti a beszéd ~át** lose* the thread (of conversation)
fonalféreg *fn* nematode, threadworm
fonalkereszt *fn [látcsőben]* cross hairs/wires *tsz*
fonás *fn* spinning, braiding, weaving
fonat *fn* → **fonadék**
foncsor *fn* amalgam, silvering [for mirrors], foil

foncsoroz *i* silver, folialite
fondorkod|ik *i* scheme, intrigue, plot
fondorlat *fn* machination, intrigue; **csalárd ~tal** on/under false pretences
fondorlatos *mn* fraudulent, sly
fondorlatosan *hsz* by fraudulent means, fraudulently
fondü *fn* fondue
fondükészlet *fn* fondue set
fonéma *fn* phoneme
fonemikus *mn* phonemic
fonendoszkóp *fn orv* phonendoscope
fonetika *fn* phonetics *esz*
fonetikai *mn* phonetic
fonetikus I. *mn* phonetic; **~ átírás** phonetic transcription; **~ jelek** phonetic symbols **II.** *fn* phonetician
fonó *fn* **1.** *[ember]* spinner **2.** *[hely]* spinning room, spinnery
fonoda *fn* spinning-mill, spinning-works *esz*, spinnery
fonód|ik *i* twine/coil round, *[vm köré]* entwine (itself) (a)round sg; **a karjai körém ~tak** she embraced me, she threw her arms around me
fonógép *fn* spinning-machine
fonográf *fn* phonograph
fonológia *fn* phonology
fonológiai *mn* phonological
fonológus *fn nyelv* phonologist
fonott *mn* spun, woven; *[haj]* braided; *[bútor]* wicker-(work) [furniture]; **~ munka** *[vesszőből]* wickerwork
font *fn* pound (*mint súly:* 453 gramm, *röv* **lb**; *mint pénzegység:* 100 pence, *röv* **£, GBP**), *biz [pénz]* quid (*tsz* ua.); **~ sterling** pound sterling; **egy ~** ... *[súly]* a pound of ...; **10 ~ba kerül** it costs £10 (*kimondva:* ten pounds); **heti 300 ~ot keres** (s)he earns £300 (v. *biz* 300 quid) a week
fontolgat *i* ponder (over), weigh, consider, think* over
fontolóra vesz *kif* (*vmt*) ponder/consider sg, think* sg over, give* sg a/some tought
fontonként *hsz* by the pound
fontos *mn* important, *[jelentős]* significant; *[nélkülözhetetlen]* essential, necessary, momentous; **igen ~** very important, of great importance *ut*; **nem ~** unimportant, of no importance/consequence *ut*; **nem ~** *[válasz kérdésre]* it doesn't matter, never mind; **nem ~, hogy ki** no matter who; **~nak tart vmt** consider sg important, attach importance to sg; **a leg~abb (dolog/szempont) az, hogy** the main thing is that, the important point is that; **a nap leg~abb eseményei** *[hírekben]* the highlights of the day
-fontos *utótag* **1.** *[pénz]* **ötven~ pulóver** a fifty-pound jumper **2.** *[súly]* of ... pounds *ut*; **öt~ csomag** a five-pound parcel **3.** *biz [bankjegy]* **öt~** fiver; **tíz~** tenner
fontoskodás *fn* officiousness, pompousness, self-importance, meddling
fontoskod|ik *i* be* officious, meddle
fontoskodó *mn* officious, self-important, meddlesome, obtrusive
fontosság *fn* importance, significance; **~ot tulajdonít vmnek** attach importance to sg, set* great store by sg; **~gal bír** be* of importance
fontossági *mn* → **sorrend**
fontosságú *mn* of ... importance *ut*; **nagy ~** of great importance *ut*, (a) highly/most important [issue]
fonnyad *i* wither, fade, droop, wilt
fonnyadás *fn* withering, fading, wilting
fonnyadt *mn* withered, *[szépség]* faded [beauty]
fonnyaszt *i* wither, shrivel (*US* -l) up, dry up
ford. *röv* → **fordít**
fordít *i* **1.** *[vmlyen irányba]* turn, *[lapot]* turn over [page], *[meg~]* reverse; **balra ~ vmt** turn sg to the left; **~s!** (*röv* **ford.**) *[lap alján]* please turn over (*röv* **P.T.O.**), *US* over **2. másra ~ja a szót** change the subject; **jóra ~** change for the better, improve **3.** *[más nyelvre]* translate (sg from sg into sg); **angolról magyarra ~ vmt** translate sg from English into Hungarian; **ezt a könyvet franciából ~ották angolra** this book has been translated from French into English; **~otta** ... (*röv* **ford.**) translated by ... (*röv* **trans.**); **angolból ~otta** ... translated from (the) English by ... **4.** *[tekintetet, energiát]* direct to, *[vmt vm célra]* devote to, *[összeget]* appropriate for; **vmre ~ja pénzét** spend*/expend money on sg; **erejét vmre ~ja** devote (all) one's energies to sg, give* oneself up to sg **5.** *infor* assemble, compile; → **fegyver**, → **figyelem**, → **gond**, → **hát**[1], → **köpönyeg**
fordítás *fn* **1.** *[vm irányba]* turning (round) **2.** *[más nyelvre, művelet]* translating, translation, *[eredmény]* translation; **ennek a szövegnek a ~a 3 hetet vett igénybe** the translation (v. translating) the text took 3 weeks; **meglehetősen szabad ~** a fairly free translation; **~ban** in translation; **~ban olvastam** I've read it in translation; **gépi ~** machine translation
fordítási *mn* **~ hiba** translation error, error in translation
fordító *fn* **1.** translator (*röv* **trans.**) **2.** *infor* compiler
fordítóiroda *fn* translation bureau (*tsz* bureaux *is*), translation agency
fordítós *mn* **~ film** reversible film
fordított I. *mn* **1.** *[megfordított]* reversed, inverse; **~ arányban** → **arány**; **~ sorrendben** in reverse order; **~ szórend** inversion **2.** *[nyelvből]* translated (from); **angolból ~** translated from (the) English *ut* **II.** *fn* **vminek a ~ja** the opposite/reverse of sg; **vmnek a ~ját csinálja** do* sg the wrong way
fordítva *hsz* **1.** inversely, conversely; *[sorrendben]* in reverse order, *[fejjel lefelé]* upside down, *[rossz sorrendben]* in the wrong order; **~ vesz fel vmt** put sg on inside out **2.** *[ellenkezőleg]* on the contrary; **a dolog éppen ~ van** it is just the other way round; → **arányos**
fordul *i* **1.** *[vmlyen irányba]* turn (round), *[meg~]* turn round, make* a turn, *[úszó a medence végén]* turn; **balra ~ az út** the road turns/bears left; **a kocsi az árokba ~t** the car overturned into the ditch; **vk/vm felé ~** turn to(wards) sg/sy; **feléje ~t az érdeklődés** (s)he/it attracted interest, (s)he/it aroused curiosity **2. háromszor ~t** *[oda-vissza]* he went there three times **3. jóra ~** take* a turn for the better, take* a favourable (*US* -or-) turn, take* a happy turn, improve; **rosszra ~** take* a turn for the worse, change for the worse, worsen; **a dolgok mind rosszabbra ~tak** things became worse and worse; **hidegre ~ az idő** the weather is turning cold; **másként ~t a dolog** things took a different turn, things turned out differently; **~ a kocka** the tables are turned; **ha úgy ~na a dolog** should it happen (that) **4.** (*vkhez*) turn to sy, apply/appeal to sy (for sg); **kihez ~hatok?** where shall/do I apply?, who do/can I go/turn to?; **azt mondták, ~jak ...hoz** I was referred to ...; **orvoshoz ~** (go* to) see* a doctor, consult a doctor **5. vk ellen ~** turn/rise* against sy
fordulás *fn* turn; **jobbra/jóra ~** change for the better
fordulat *fn* **1.** *[keréké]* revolution, rotation, turning **2.** *átv* (sudden) change, turn; **döntő ~** decisive change; **kedvező ~** a turn for the better; **~ áll be** the tide is turning; *tört* **a ~ éve** the year of change **3.** *[nyelvi]* phrase, idiom
fordulatos *mn* lively, eventful, busy, full of surprises *ut*
fordulatszám *fn* revolutions per minute (*röv* **rpm**) *tsz*
fordulatszámmérő *fn gk* tachometer
fordulékony *mn* easily manoeuvarable/steerable *ut*, easy to steer/manipulate/direct *ut*
forduló *fn* **1.** *[úté]* turn(ing), *[versenypályán]* bend, curve **2.** *[életpályán]* turning point **3.** *[lépcsőn]* landing **4.** *[oda-vissza megtett út]* journey, trip **5.** *[sp és egyéb verseny]* round, leg; **első ~** first round/leg
fordulópont *fn* turning-point, landmark; **~hoz érkezik vm** *[krízis]* come* to a head
forgács *fn [fa]* shavings *tsz*, *[esztergályozásnál]* turnings *tsz*, chips *tsz*
forgácsfánk *fn kb.* fritter
forgácslap *fn* chipboard

forgácsol *i [fémet]* cut*, chip, machine [metal]
forgácsolás *fn műsz* cutting, machining of metals
forgácsolószerszámok *fn* cutting tools
forgalmas *mn* busy
forgalmaz *i* **1.** *[forgalomba hoz]* market, distribute, put* into circulation, *[filmet]* distribute **2.** *gazd* bring* in, take*; **naponta 8000 Ft-ot ~** have* a turnover of (v. take*) 8,000 forints a day
forgalmazás *fn* distribution
forgalmazó *fn film* distributor, *gk* dealer
forgalmi *mn* **1.** **~ adó** purchase tax; **általános ~ adó** (*röv* **ÁFA**) value-added tax (*röv* **VAT**); **~ érték** market value **2.** **~ akadály/dugó** traffic jam/congestion, congested traffic, *biz* snarl-up; **~ torlódás** *[esetleg több kilométeres]* tailback; **~ csomópont** junction, interchange; **~ engedély** vehicle licence, registration document/log book, *US* automobile registration; **~ jelzőlámpa** traffic lights/signals *tsz*; **~ sáv** (traffic) lane
forgalmista *fn* traffic manager
forgalmú *mn* **1. nagy ~ útvonal** road carrying heavy traffic, a very busy thoroughfare **2. nagy ~ üzlet** shop with a big turnover
forgalom *fn* **1.** *[közúti]* traffic **2.** *gazd* turnover, trade; **nagy forgalmat bonyolít le** → **lebonyolít** **3.** *ált* **~ba hoz** put* into circulation, circulate, issue; *[filmet]* distribute; **~ban van** run*, circulate, be* in circulation; **~ból kivon** take* out of circulation, withdraw* (from circulation)
forgalomelterelés *fn* diversion, diverted traffic, *US* detour
forgalomirányítás *fn* traffic control
forgalomirányító I. *mn* **~ jelzőlámpa** → **forgalmi jelzőlámpa** **II.** *fn* traffic controller
forgalomkorlátozás *fn* traffic restriction(s)
forgandó *mn* **~ szerencse** changing fortune; **a szerencse ~** there are ups and downs in life
forgás *fn* turning round, *[tengely körül]* rotation, *[keréké]* turn, *[égitesté]* movement, motion, revolution
forgáspont *fn* centre (*US* -ter) of rotation, fulcrum (*tsz* -crums v. -cra)
forgástengely *fn* axis (*tsz* axes) of rotation
forgat *i* **1.** *ált* turn (round), revolve, rotate, *[kereket]* spin, revolve; **a történelem kerekét nem lehet visszafelé ~ni** you cannot put the clock back **2.** *[filmet]* shoot* [a film] **3.** *[kardot]* wield, brandish [sword] **4.** *mezőg [szénát]* ted **5. szemeit ~ja** roll one's eyes **6.** *[könyvet]* read* [a book], *kif* turn the leaves of a book **7.** *[pénzt]* reinvest, circulate, *[váltót]* endorse, negotiate [a bill] **8. vmt ~ a fejében** (i) turn over sg in one's mind, ponder (over) sg (ii) *[vm terve van]* have* sg in mind, be* up to sg
forgatag *fn* **1.** *elav [örvény]* whirlpool, *[forgószél]* whirlwind **2. az utcák ~a** the bustle of the streets/city
forgatás *fn* **1.** *ált* turning, revolving (sg), rotation (of sg), rotating (sg) **2.** *[filmé]* shooting **3.** *mezőg* (talajé) turning (over) [the soil], ploughing (up), *US* plowing (up), *[szénáé]* tedding [of hay]
forgatócsoport *fn* shooting/film crew/team
forgatóerő *fn* twisting/torsional force
forgatókar *fn* crank(-handle)
forgatókönyv *fn* **1.** *film [irodalmi]* script, screenplay; **technikai ~** shooting script, continuity; **a ~et írta ...** screenplay by ... **2.** *[rendezvényé]* scenario
forgatókönyvíró *fn* scriptwriter
forgatónyomaték *fn* torque, moment of rotation
forgó I. *mn* turning, revolving, rotating **II.** *fn* **1.** *[csontok között]* joint, articulation **2.** *[tolldísz]* plume, pompon **3.** *[játék]* windmill, *GB* whirligig, *US* pinwheel
forgóajtó *fn* revolving door
forgóalap *fn* floating capital, (current) assets *tsz*
forgóeszközök *fn gazd* current/floating assets
forgolódás *fn* **1.** *[sürögve]* bustle **2.** *[ágyban]* tossing and turning
forgolód|ik *i* **1.** *[sürögve]* busy oneself, bustle about, *[vm körökben]* move about (in), *[vk körül]* pay* marked attention to (sy) **2.** *[ágyban álmatlanul]* toss and turn [in bed]
forgópisztoly *fn* revolver, *US* handgun
forgórész *fn el [dinamóban]* rotor, armature, anchor
forgószék *fn* swivel chair
forgószél *fn átv is* whirlwind
forgószínpad *fn* revolving stage
forgótengely *fn* axle-tree
forgótőke *fn* working/floating capital
forgózsámoly *fn* bogie
forint *fn* **1.** *[magyar]* (*röv* **Ft**) forint (*röv* **ft** v. **HUF**); **tíz ~** ten forints (v. 10 fts); **5000/ötezer ~** 5,000 fts **2.** *[holland]* guilder, gulden
forintos I. *fn* → **egyforintos** **II.** *mn* **820 ~ könyv** a book costing 820 forints
forma *fn* **1.** *[alak]* form, shape, *[zenei, irodalmi]* form; **a ~ kedvéért** for form's sake, to keep up appearances; **~t ölt** take* shape **2.** *sp* form; **~ba lendül/jön** be* shaping up; **(jó) ~ban van** be* in (good) form/shape; **hozza a ~ját** do* oneself justice, get* into one's stride, come* into one's own; **nincs ~ban** be* out of form; **rossz ~ban van** be* in bad form; **ma nem vagyok vm jó ~ban** *[szellemileg]* I'm not too bright today, I'm not in great shape today; **~n alul játszott** *[a csapat]* they were not at their best; *iron* **ez az én ~m!** just my luck! **3.** *sp* **F~ I** Formula I **4.** *[minta]* mould (*US* mold), model; **~ba önt** *[fémet]* found, cast, *átv* shape, formulare, compose; **végső ~ba önt** give* sg its final shape; add the finishing touches to sg
formabontó *mn [film stb.]* avant-garde, experimental, innovative, revolutionary
formáció *fn* **1.** formation, configuration **2.** *geol* formation
formaérzék *fn* sense of form
formagazdagság *fn műv* variety of forms/motifs
formai *mn* formal, of/in form *ut*
formailag *hsz* formally
formájú *mn* -shaped, -like
formakészítő *fn* mould-maker (*US* mold-)
formál *i* form, mould (*US* mold), frame, model (*US* -l); **jogot ~ vmre** claim, make* a claim on; **véleményt ~ vmről** form an opinion of sg
formaldehid *fn kém* formaldehyde
formalevél *fn infor* form letter
formálható *mn* mouldable, plastic, ductile
formalin *fn kém* formalin
formális *mn* formal; **~ logika** formal logic
formálisan *hsz* **1.** *[formailag]* formally **2.** *biz [szabályosan]* practically
formalista I. *mn* formalistic **II.** *fn* formalist
formalitás *fn* → **formaság**
formalizmus *fn* formalism
formáló *mn* formative
formálód|ik *i* take* form/shape, be* formed
formanyomtatvány *fn* form
formaöntő *fn* moulder (*US* molder)
formaruha *fn* (special) uniform, *okt* school dress/uniform
formás *mn* shapely, well-shaped; **~ láb** well-turned leg
formaság *fn* formality, ceremony; **csak ~ az egész** it is just a formality, it is a mere formality; **ragaszkodik a ~okhoz** stand* on ceremony; **~okat elintéz** comply with (v. go* through) formalities; **a ~okat mellőzi** dispense with (the) formalities, [do*] not stand on ceremony
formaszerű *mn* formal
formaszó *fn* function/structural word
formatál *i* → **formáz 2**
formatervezés *fn* (industrial) design, *[mint munka]* design work
formatervezett *mn* [beautifully/well etc.] designed
formatervező *fn* (industrial) designer
formátlan *mn* shapeless, disfigured, deformed, out of shape *ut*
formátlanság *fn* shapelessness, deformity

F

formátum *fn* **1.** *[könyv, infor is]* format, *[más tárgyé]* size, shape **2.** *átv [emberé]* stature
formátumú *mn* ...-format, of ... format *ut*; *[ember]* **nagy ~ ember** a man of stature/eminence/importance
formáz *i* **1.** → **formál 2.** *infor* format
formázás *fn infor* formatting
formázóhomok *fn [öntéshez]* moulding/foundry sand
formula *fn* formula (*tsz* formulas v. formulae)
forog *i* **1.** *[körbe]* turn, revolve, turn/go* round, *[kerék]* spin; *[egy ponton felerősítve]* swivel, pivot; **a föld ~** the earth revolves; **~ velem a világ** I feel giddy, my head is swimming/spinning **2.** *[pénz, könyv, hír]* circulate, be* in circulation **3.** *[társaságban]* move (in society); **sokat ~ társaságban** be* a good mixer; **a legmagasabb körökben ~** move in the highest circles of society; → **kocka**, → **sír**, → **szőnyeg**, → **veszély**
forr *i* **1.** be* on the boil, boil, be* boiling, *[csendesen]* simmer; **~ a (tea)víz** the kettle is boiling **2.** *[bor]* ferment; **~ benne a méreg/düh** boil/seethe/simmer with anger, his blood is* up
forrad *i [seb]* heal over, *[törött csont]* set*
forradalmár *fn* revolutionary
forradalmasít *i* revolutionize
forradalmi *mn* revolutionary; **~ átalakulás** revolutionary transformation
forradalom *fn* revolution; **az 1956-os magyar ~ és szabadságharc** the Hungarian revolution and war of independence of 1956
forradás *fn* **1.** *[seb]* scar **2.** *[fémen]* seam
forradásos *mn [arc]* scarred, full of scars *ut*
forral *i* **1.** *[folyadékot]* boil, bring* to the boil, *[tejet]* scald **2.** *[gonosz tervet]* hatch; **mit ~?** what is he hatching up?; **rosszat ~, vmt ~** be* up to sg/mischief, brew/plot mischief
forralatlan *mn* unboiled
forralt *mn* boiled, *[tej]* scalded; **~ bor** mulled wine
forrás *fn* **1.** *[felforrás]* boiling; **~ban van** be* boiling; **~ban levő** boiling **2.** *[erjedéses]* fermentation **3.** *[víz előtörése]* spring, *[folyóé]* source **4.** *[eredet]* source, origin; **minden baj ~a** the root of all evil **5.** *[hírforrás]* source(s); **biztos ~ból tudom** I have it on good authority **6.** *[forrásmunka]* source; **~ok jegyzéke** list of sources, references *tsz*; **megadja/megnevezi ~ait** list one's sources, *kif* give* chapter and verse; → **megbízható**
forrásadó *fn* withholding tax
forrásanyag *fn* **1.** *[műé]* source material, sources *tsz* **2.** *[felsorolva]* bibliography, literature
forráselosztás *fn gazd* allocation of resources
forrásértékű *mn* authoritative, authentic, reliable, dependable *[source]*
forráshiány *fn gazd* resource gap
forrásjegyzék *fn* list of sources, references *tsz*
forráskód *fn infor* source code
forráskritika *fn tud* source criticism
forráskutatás *fn* study of sources
forráskutató *fn* student of source material
forrásmegjelölés *fn [műnél]* bibliographical reference
forrásmunka *fn* work/book of reference, authority, source(-book); **~k** *[jegyzéke]* (list of) sources *tsz*, references *tsz*, bibliography
forrásmű *fn* → **forrásmunka**
forrásnyelv *fn* source language
forráspont *fn* boiling-point
forrásvidék *fn* riverhead, source of [a river], headwater(s)
forrásvíz *fn* spring-water
forraszt *i* **1.** *[fémet]* solder **2.** **torkára ~ja a szót** make* the words die/freeze on one's lips
forrasztár *fn* solderer
forrasztás *fn* soldering
forrasztásmentes *mn* solderless
forrasztólámpa *fn* blowlamp, blow torch
forrasztóón *fn* soldering tin
forrasztópáka *fn* soldering iron
forrasztópálca *fn* soldering pin/tab
forráz *i* **1.** *ált* pour boiling water on sg, scald **2.** *[teát]* infuse, brew [tea]
forrázat *fn* infusion
forró *mn* **1.** *ált* (very) hot, *[étel, ital]* steaming/piping hot; **~ víz** boiling hot water; **~ a homloka** *[láztól]* her/his forehead is hot/burning; **~ nyomon** hot on the trail **2.** *[égöv]* torrid [zone] **3.** *[vágy]* ardent, fervent [desire], *[szerelem]* passionate; **~ fejjel** hotheadedly
forródrót *fn* hot line
forrófejű *mn* hotheaded
forrong *i* be* in ferment/revolt
forrongás *fn* agitation, turbulence, upheaval, turmoil, ferment
forróság *fn* **1.** *ált* hotness, *[hőség]* (tropical) heat, torridity **2.** *[láz]* (high) temperature, fever
forrósod|ik *i* heat (up), get*/grow* hot
forróvérű *mn* hot-blooded, fiery
forróvíz-tároló *fn* electric water heater, *US* hot water heater
forrpont *fn* boiling point
fortély *fn* trick; **érti a ~át** get*/have* the hang of sg
fortélyos *mn* **1.** (*vk*) wily, tricky, cunning **2.** *[eszköz, dolog]* tricky, awkward
fortyog *i [forráskor]* bubble, seethe; *átv [vk magában mormog]* seethe, mutter (to oneself)
fórum *fn* **1.** forum, *[hatóság]* authority **2.** *[tévében] kb.* panel (on sg), *[egyéb]* forum (on sg)
fos|ik *i durva* have* the runs
foszfát *fn* phosphate
foszfor *fn* phosphorus
foszforeszkál *i* phosphoresce
foszforsav *fn* phosphorous acid
foszladoz|ik *i* fray
foszlány *fn* **1.** *[anyagé]* shred, rag **2.** *átv* scraps *tsz*, snatches *tsz*
foszl|ik *i* fray, *[csak ruha]* get* threadbare/tattered
fosszília *fn geol* fossil
foszt *i [kukoricát]* strip [maize], *[tollat]* pick, strip, pluck [feather]
fosztogat *i* loot, pillage, plunder
fosztogatás *fn* looting, pillaging, plundering
fosztóképző *fn nyelv* privative prefix/suffix/particle
fotel *fn* armchair, easy chair
fotelágy *fn* convertible armchair, chair-bed
foto- *mn* photo-
fotó *fn* → **fénykép**
fotocella *fn* photoelectric cell, photocell, electric eye
fotocikk(ek) *fn* photographic article(s)/materials/supplies
fotogén *mn fénykép* photogenic
fotokémia *fn* photochemistry
fotokópia *fn* photocopy; **~t készít vmről** make* a photocopy of sg, photocopy sg
fotómodell *fn* model
fotómontázs *fn* photomontage
foton *fn fiz* photon
fotópapír *fn* photographic paper
fotóriport *fn* picture/camera report
fotóriporter *fn [állandó, szerkesztőségi]* press photographer
fotós *fn* → **fényképész**
fotósarok *fn* photo corner
fotoszintézis *fn biol* photosynthesis
fotózás *fn* → **fényképezés**; **~ra kész** *[kézirat]* camera-ready [copy]
fotózható *mn* → **fotózás ra kész** ; *[kézirat]* camera-ready [copy]
fotóz|ik *i* → **fényképez**
foxi *fn áll* fox terrier
foxtrott *fn* foxtrot
fő[1] *i* **1.** *[étel, ital]* boil, cook, be* cooked, *[lassú tűzön]* simmer; **~ a krumpli** the potatoes are boiling/cooking

2. *átv [hőségben vk]* swelter **3. ~ a fejem** sg gives me a headache, *biz* I've been worrying my head off

fő[2] **I.** *fn* **1.** *[fej]* head; **~be lő vkt** blow* out sy's brains, shoot* sy in the head, put* a bullet through sy's head; *[kivégez]* execute sy by shooting; **~be lövet** have* sy shot; **emelt ~vel** with head (held) up/high **2.** *[személy]* person; **három ~ből álló bizottság** a committee of three; **társaságunk 50 ~t számlál** our club is 50 strong; **egy ~re eső** per capita **3. az a ~, hogy** ... *[a legfontosabb dolog]* the main thing is that ... **II.** *mn [lényeges, fontos]* main, principal, (most) important, chief; **~ cél/törekvés** sy's main/chief object (in life); **vk ~ erőssége** sy's forte, sy's strongest point; **~ helyen közöl** *[újság]* feature; → **főhely**; **~ szempont** main principle, governing idea; → **legfőbb**

fő- *előtag* chief, principal, main, high

főág *fn* main branch

főalak *fn* principal figure, leading character, hero

főállamügyész *fn jog* Attorney General

főállás *fn* full-time job

főállású *mn* professional, full-time

főapát *fn vall* (arch-)abbot

főápoló *fn* male head nurse

főápolónő *fn* head nurse, matron

főáramkör *fn el* main/principal circuit

főárboc *fn hajó* mainmast

főbb *mn* main, principal, leading; **~ híreink röviden** here are the headlines

főbejárat *fn* main entrance, front door

főbenjáró *mn [bűn]* capital [crime]

főbérlet(i lakás) *fn* flat

főbérlő *fn* tenant [of a flat]

főbiztosíték *fn el* main/central fuse

főbűnös *fn jog* principal

főcím *fn* **1.** main title, *[újságban]* headline **2.** *[filmé]* credits *tsz*

főcímzene *fn film* title song

főcsap *fn* master/service cock

födél *fn* → **fedél**

födém *fn* floor

födémgerenda *fn* (cross-)beam, joist

födémszerkezet *fn* floor (structure)

föderáció *fn* **1.** federation **2.** *[mint rendszer]* federalism

föderalizmus *fn* federalism

föderatív *mn* federal

fődokumentum *fn infor* master document

fődolog *fn* main thing/point

födő *fn/mn* → **fedő**

főellenőr *fn* chief inspector, controller

főelőadó *fn* section head, chief official, executive

főemlősök *fn* primates

főépület *fn* main building

főesperes *fn vall* archdeacon, dean

főétel *fn* main dish/course, entrée

főétkezés *fn* main/principal meal

főfal *fn* main/bearing wall

főfelügyelő *fn* chief inspector, inspector general

főfoglalkozás *fn* principal/main occupation, full-time job

főfoglalkozású *mn* full-time [employee]

főgépész *fn* chief engineer

főhadiszállás *fn* general headquarters *esz* v. *tsz*

főhadnagy *fn (röv* **fhdgy.**, **főhdgy.**)*GB* lieutenant (*röv* **Lt, Lieut.**), *US* 1st lieutenant

főhajó *fn [templomi]* nave

főhajtás *fn* bow(ing)

főhangsúly *fn* **1.** *[szóé]* primary/main stress **2.** *átv* (main) emphasis

főhatalom *fn* supremacy

főhatóság *fn* supreme/highest authority

főhdgy. *röv* → **főhadnagy**

főhely *fn* place of honour (*US* -or); **~en ül** sit* at the head of the table, *[nem étkezésnél]* preside

főherceg *fn* archduke

főhivatalnok *fn* high(-ranking) official

főhivatású *mn* proffessional, full-time

főhomlokzat *fn* main front, façade

főhős *fn* hero, protagonist

főidény *fn [üdülési]* high season, *[színházi stb.]* the height of the season

főigazgató *fn* director general

főiskola *fn* college; **Külkereskedelmi F~** College for Foreign/Overseas Trade

főiskolai *mn* college; **~ hallgató** (*röv* **f. h.**) → **főiskolás**

főiskolás *fn* student, undergraduate

főispán *fn tört kb.* Lord Lieutenant [of a county], (high-) sheriff

főjavítás *fn* (general) overhaul

főjegyző *fn [városi] kb.* town-clerk (of Budapest/Debrecen etc.)

főkalauz *fn [vasút] kb.* chief guard/inspector

főkapitány *fn* commissioner/chief of police

főkapitányság *fn* police headquarters *esz* v. *tsz*, *[Londonban]* Scotland Yard

főkapu *fn* main gate, principal entrance

főként *hsz* mainly, chiefly, above all, mostly

főképpen *hsz* → **főként**

főkolompos *fn biz* ringleader

főkonzul *fn* consul general (*tsz* consuls general)

főkonzulátus *fn* consulate general

főkormányzó *fn* governor-general (*tsz* governors-general v. governor-generals)

főkönyv *fn* ledger, the books *tsz*

főkönyvelő *fn* chief accountant, chief financial officer

főkötő *fn* bonnet

föl[1] *fn [tejé]* the top of the milk, *átv* the cream (of sg)

föl[2] *hsz* up → **fel**

fől *i* → **fő**[1]

föld *fn* **1.** *[égitest]* the Earth, *[világ]* earth, world; **az egész ~ön** in all the world, all over the world; **~ön kívüli** extraterrestrial; **a legnagyobb gazember a ~ön** the greatest scoundrel alive **2.** *[égitestünk felszíne; talaj]* ground, earth, soil, dirt; **majd a ~ alá bújik szégyenében** he wishes the earth would swallow him up; **a ~ alatt** underground; **~ alatti** underground, subterranean; → **földalatti**; **~ feletti** overground; **~ körüli** round the world *ut*; **ég a ~ a talpa alatt** it is (getting) too hot for him; **még a ~ alól is** *[ti. előkerít vmt]* at any price; **a ~ népe** the peasantry, the agricultural population; **~be gyökerezik a lába** stand* rooted (v. fixed) to the spot; **~ből való** earthen; **~höz lapul** lie* low, be* couched on the ground; **~höz vág** (i) (*vmt*) throw* sg on the floor/ground (ii) (*vkt*) floor sy, knock/bring* sy down; **~ig ér** reach to the ground; **~ig lerombol, a ~del tesz egyenlővé** raze to the ground; **a ~ön** on the ground; *[padlón]* on the floor; **Magyarország ~jén** in Hungary, on Hungarian soil; **~re szegezi a szemét** cast* down one's eyes; **~et ér** *[repülőgép]* land, touch down **3.** *[szárazföld]* (dry) land; **~ a láthatáron!** land ho!, land within sight! **4.** *[birtok]* land, estate, property; **~ nélküli** landless; → **földnélküli**; **~höz juttat** ‹give sy land in the course of land reform› allot land to sy; **kimegy a ~jére** go* out to one's fields **5.** → **földelés**

földadó *fn* land/property tax

földalatti I. *mn* **~ mozgalom** underground/illegal movement **II.** *fn [vasút]* the underground (railway), *[Londonban]* tube, *US* subway; **~val** by underground, on the underground, *GB* by tube, on the tube; → **metró**

földalatti-állomás *fn* underground station, *GB biz* tube station

földbérlet *fn* farming lease

földbérlő *fn* tenant, lessee, leaseholder

földbirtok *fn* landed property/estate

földbirtokos *fn* landowner, *GB néha:* squire; **~ osztály** the landowning class, *GB* the squirearchy; **~ nemesség** landed gentry

földbirtokreform *fn* land/agrarian reform

földcsuszamlás *fn átv is* landslide, landslip
földdarab *fn* plot (of land)
földel *i el* earth, *US* ground
földelés *fn el* earth, *US* ground
földes *mn* (anyag) containing earth *ut*, earthen, covered with earth *ut*
földesúr *fn* landowner, landlord, squire
földfelszín *fn* surface (of the earth)
földfémek *fn tsz* earth metals
földfoglalás *fn* seizure of land/estates
föld-föld rakéta *fn* surface-to-surface missile
földgáz *fn* natural gas
földgázvezeték *fn* pipe-line (for natural gas)
földgolyó *fn* (the) globe
földgömb *fn* (the) globe
földgyalu *fn* grader, bulldozer
földhányás *fn* bank, mound
földhasználat *fn* leasehold
földhát *fn* ridge
földhitel *fn gazd* land mortgage
földhivatal *fn* land registry
földhözjuttatott *mn* new landholder
földhözragadt *mn [hétköznapi]* commonplace, dull, pedestrian; *[józan, higgadt]* down-to-earth, level-headed, realistic, unromantic
földi I. *mn* **1.** *[földön termő]* ground-, growing in the earth *ut* **2.** ~ **irányító központ**, ~ **irányítás** *[űrhajóé]* ground control, *[Houstonban]* Space Flight Center; *rep* ~ **személyzet** ground crew; *rep* ~ **kiszolgáló eszközök** ground service equipment (*röv* **GSE**) **3.** *[evilági]* earthly, terrestrial, wordly; **e** ~ **életben** here below, in this world; ~ **javak** wordly goods/possessions **II.** *fn* fellow-countryman°/townsman°, countryman°, compatriot; **~(e)k vagyunk** we are from the same part(s) of the country/world
földieper *fn* strawberry
földigénylő *fn* claimant for land
földigiliszta *fn* earthworm
földimogyoró *fn* ground-nut, peanut
földindulás *fn* earthquake
földjáradék *fn* (land) rent, ground rent
földkábel *fn* ground cable
földkéreg *fn* the earth's crust
földkéregmozgás *fn geol* crustal movement
földkerekség *fn* **a(z egész) ~en** in all the world, the world over, all over the world
földközel *fn csill* perigee
földközéppontú *mn* geocentric
Földközi-tenger *földr* the Mediterranean (Sea)
földközi-tengeri *mn* Mediterranean
földlabda *fn* ball of earth
földlakó *fn* earthling
föld-levegő rakéta *fn* surface-to-air missile
földlökés *fn* (earth) tremor
földmágnesség *fn* terrestrial magnetism, geomagnetism
földmarkoló *fn* (power) shovel, excavator
földmérés *fn* (land) survey
földméréstan *fn* geodesy
földmérő I. *mn* ~ **eszköz** surveying instrument **II.** *fn* surveyor
földmozgás *fn* earthquake motion
földmunka *fn* earthwork, excavation
földmunkagép *fn* excavator, power shovel
földmunkálatok *fn tsz* eathwork, excavation
földmunkás *fn elav* navvy, labourer (*US* -or-)
földművelés *fn* agriculture, farming
földművelésügyi *mn* **F~ Minisztérium** Ministry of Agriculture, *GB* Ministry of Agriculture and Fisheries, *US* Department of Agriculture
földművelő *mn* agrarian, agricultural, farming
földműves *fn [munkás]* agricultural worker, farmhand, farm labourer (*US* -or-), *[gazda]* farmer
földműves-szövetkezet *fn* agricultural (v. farmers') co-operative
földnélküli *fn* **a ~ek** (the) landless peasantry; *tört* **F~ János** John Lackland
földnyelv *fn* promontory
földnyilvántartás *fn gazd* land register
földomlás *fn* landslide, *[kisebb]* landslip
földosztás *fn* redistribution of land
földönfutó *mn/fn* homeless, down-and-out
földöntúli *mn [mosoly]* unearthly, *[boldogság]* heavenly, celestial
földpálya *fn* orbit of the earth
földpát *fn* fel(d)spar
földrajz *fn* geography
földrajzi *mn* geographical; ~ **helyzet** geographical position; ~ **hosszúság** (geographical) longitude; ~ **név** geographical name; ~ **szélesség** (geographical) latitude
földrajzinév-tár *fn* gazetteer
földrajzkönyv *fn* geography textbook
földrajztanár *fn* teacher of geography, geography master/teacher
földrajztudós *fn* geographer
földrakás *fn* hill, mound, hillock
földreform *fn* land/agrarian reform
földrengés *fn* earthquake
földrengésbiztos *mn* earthquake-proof
földrengésjelző *fn [készülék]* seismograph
földrengető *mn* earth-shattering, earthshaking
földrész *fn* continent
földsánc *fn* trench, entrenchment, rampart
földsáv *fn* strip/tract of land
földszint *fn* **1.** *[házban]* (*röv* **fszt.**) ground floor, *US* first floor **2.** *[színházban elöl]* (front) stalls *tsz*, *[hátrább] GB* pit, *US* parquet circle, parterre, *[US az egész]* parquet, orchestra
földszintes *mn* single-storey, *US* single-story
földszinti *mn* **1.** ~ **lakás** flat on the ground floor, ground-floor flat, *US* first-floor apartment **2.** *szính* ~ **páholy** pit box; ~ **ruhatár** ground-floor cloakroom; ~ **ülés** stall(s) seat, *US* parterre seat
földszoros *fn* isthmus, neck
földtan *fn* geology
földtani *mn* geological
földtávol *fn csill* apogee
földteke *fn* globe, terrestrial sphere; **e ~n** in this (our) world
földtengely *fn* axis (of the earth)
földterület *fn* area, territory
földtörténet *fn geol* geochronology
földtörténeti *mn geol* geochronological; ~ **kor** epoch
földtulajdon *fn* land(ed property)
földtúrás *fn* mound, hillock
földút *fn* minor road [not made up], dirt road
földvár *fn* earthwork
földvezeték *fn el [rádió]* earth(-line); *[földalatti kábel]* underground cable
földvonzás *fn* gravitation(al pull)
földzárlat *fn el* short circuit to earth/ground
fölé *hsz/nu* over, above; **~je hajol vknek** lean* over sy; **~be helyez vmnek** prefer sg to sg; **~be/~je kerekedik vknek** get*/gain the upper hand over sy
főleg *hsz* → **főként**
föléje *hsz* → **fölé**
fölény *fn* superiority, ascendancy, advantage, lead; **~be kerül vkvel szemben** (i) gain ascendancy over sy, get*/gain the upper hand over sy, get* the advantage over sy (ii) *[számbelileg]* outnumber sy; **~ben van vkvel szemben** have* the upper hand over sy, have* an advantage over sy; **nagy fölénnyel nyer** win* hands down (v. by a handsome margin)
fölényes *mn* **1.** superior, surpassing, preponderant; ~ **győzelem** easy win/victory, walkover; ~ **győzelmet arat**

win* hands down; ~ **tudás** formidable competence **2.** *[fennhéjázó]* supercilious, cocksure, uppish, *US* high-hat
fölényesen *hsz* airily, superciliously
fölényeskedés *fn* superciliousness, *kif* riding the high horse
fölényesked|ik *i* ride* the high horse, throw* one's weight about/around, lord sy/it
fölényeskedő *mn* supercilious, disdainful, high-handed
főlépcső *fn* main staircase, front stairs *tsz*
fölérendelt *mn/fn* superior
főlevéltáros *fn* director of the archive(s)
főlovászmester *fn GB* Master of the Horse
fölös *mn* extra, surplus; ~ **számban** in excess
fölösleg(es) *mn* → **felesleg(es)**
fölött(e) *hsz* → **felett(e)**
fölöttébb *hsz* very, exceedingly, extremely, excessively
fölöz *i [tejet]* skim (off) the cream from [the milk], skim [milk]
fölözés *fn [tejé]* creaming, cream separation
fölöző *fn [kanál]* skimming ladle
fölözőgép *fn* (cream-)separator
fölözött *mn [tej]* skimmed [milk]
főmérnök *fn* chief engineer
főmondat *fn* main/head clause
főmunkaidő *fn* regular working hours
főmunkatárs *fn* **1.** *[folyóiraté, lapé stb.]* executive/senior/ contributing editor **2. tudományos** ~ senior research fellow/worker
főműsoridő *fn tv* prime time; **~ben sugárzott** prime-time
főn *fn [szél]* foehn
főnemes *fn* aristocrat, noble(man°), *GB* lord, peer
főnemesi *mn* noble, aristocratic
főnemesség *fn* aristocracy, nobility, *GB* the peerage
főnév *fn* (*röv* **fn.**) noun (*röv* **n.**)
főnévi *mn* substantival; ~ **igenév** infinitive
főnévképző *fn* noun/substantival formative (suffix)
főnévragozás *fn* declension (of nouns)
Fönícia *földr* Phoenicia
föníciai *mn/fn* Phoenician
főnix *fn* phoenix
fönn *hsz* → **fenn**
főnök *fn* **1.** *[hivatali]* principal, head [of department], *biz* boss; **ki itt a ~?** who's in charge here?, *biz* who's running this show? **2.** *[megszólításban = uram] biz* governor, *szl* guv(nor)
főnöknő *fn* **1.** → **főnök 2.** *[főapáca]* mother superior
főnökség *fn* the management *esz* v. *tsz*, directorate; **vasúti** ~ (i) *[iroda]* office of (the) traffic-manager (ii) *[tisztség]* traffic-managership
főnővér *fn* head nurse, matron
fönt *hsz* → **fent**
főnyeremény *fn* **1.** *[szerencsejátékban]* top/first prize [in lottery] **2.** *átv* stroke of luck, windfall; *biz* ~ **ez az állás** it is a plum job; → **megüt**
főnyi *mn* **kb. száz ~ tömeg** a crowd of about a hundred (people); **tízezer ~ hadosztály** a division 10,000 strong
főnyomócső *fn* water main
főoltár *fn* high altar
főorvos *fn [kórházi]* head physician/surgeon, *[megyei]* chief medical/health officer, consultant; ~ **úr/asszony kérem!** please, doctor
főorvosnő *fn* woman consultant; → **főorvos**
főosztály *fn* (major) department
főosztályvezető *fn* head of department/section, *[minisztériumban]* assistant under-secretary
főpályaudvar *fn* central station
főpap *fn [keresztény]* prelate; *[zsidó]* high priest
főpapság *fn* prelates *tsz*, prelacy
főparancsnok *fn* commander-in-chief (*tsz* commanders-in-chief)
főparancsnokság *fn* **1.** *[hely]* general headquarters *esz* v. *tsz* (*röv* **G.H.Q.**) **2. X marsall ~a alatt** under the (high) command of Marshall X
főpénztár *fn* main cash desk, head cashier's office
főpilóta *fn* chief pilot
főpincér *fn* head waiter
főpolgármester *fn* the Mayor (of Budapest), *[London]* Lord Mayor, *[Skócia]* Lord Provost
főportás *fn* (chief) receptionist
főposta *fn* head post office
főpróba *fn* dress rehearsal
főrabbi *fn* Chief Rabbi
főrend *fn tört* member of the Upper House, *GB* member of the House of Lords
főrendező *fn szính* artistic director
főrészvényes *fn* principal shareholder
förmed *i* → **ráförmed**
förmedvény *fn* invective, libellous/scurrilous attack/ pamphlet
förtelem *fn* abomination, monstrosity, horror
förtelmes *mn* disgusting, loathsome, abominable
fős *mn* **30 ~ küldöttség** a 30-strong delegation
fösvény I. *mn* miserly, avaricious, tight-fisted, *biz* stingy **II.** *fn* miser, niggard
fösvényked|ik *i* be* mean/miserly/stingy
fösvénység *fn* niggardliness, miserliness, meanness, *biz* stinginess
főszak *fn* main/chief subject, *US* major
főszakács *fn* head/chief cook, chef
főszámvevő *fn gazd* chief auditor
főszámvevőség *fn gazd kb.* auditing department
főszerep *fn* leading part/role, lead; **a ~ben** ... starring ...
főszereplő *fn* protagonist, lead, hero, leading/main character; *[vmlyen ügyben]* central figure
főszerkesztő *fn* general editor, editor-in-chief, chief editor
főszezon *fn* → **főidény**
főszolgabíró *fn tört* ‹chief constable of a county› *kb.* (high) sherif
főtanácsos *fn kb.* (chief) counsellor
főtantárgy *fn GB* main subject; *US* major; **~ul választ** specialize in, *US* major in [history etc.]
főtanú *fn* material/chief witness
főtárgyalás *fn* trial, public hearing
főtéma *fn [beszélgetésben]* main topic, *zene* first/main theme/subject
főtér *fn* main/principal square
főtermék *fn* principal/main product, staple
főtermény *fn* primary/main crop
főtétel *fn* **1.** *[számlán]* principal item **2.** *[logikában]* major premise **3.** *zene* subject
főtiszt *fn kat* field-officer
főtisztelendő *mn* Most/Right/Very Reverend
főtisztviselő *fn* senior civil servant
főtitkár *fn* secretary-general (*tsz* secretaries-general)
főtlen *mn* unboiled, uncooked, raw
főtörzsőrmester *fn* regimental sergeant-major (*röv* **RSM**)
főtt *mn [burgonya, hús, tojás stb.]* boiled, *[étel]* cooked; ~ **étel** cooked food; ~ **marhahús** boiled beef; ~ **tojás** boiled egg; → **kifőtt tészta**
főúr *fn* **1.** → **főnemes 2.** → **főpincér**; **~, fizetek!** (the) bill please!, *[még udvariasabban]* could we have the bill please?; *US* check please!
főúri *mn* aristocratic, *átv [lakás]* palatial, grand, regal
főutca *fn* High (*US* Main) Street
főútvonal *fn* **1.** *[gépjárművek részére]* arterial road, main/ trunk/principal road, (busy) thoroughfare, *főleg: US* highway, *[városban, elsőbbséggel]* major/main road, thoroughfare **2.** *vasút* trunk/main line
főügyész *fn [állami]* public prosecutor
főv. *röv* → **fővárosi**
fővádlott *fn* principal defendant
fővállalkozó *fn* main/prime contractor

F

főváros *fn* capital
fővárosi *mn* (*röv* **főv.**) of the capital *ut*, metropolitan, of [pl. Budapest] *ut* (*röv* **cap.**)
fővédnök *fn [pl. konferencián]* patron
föveny *fn* sand, beach
fövenyes *mn* ~ **tengerpart** sands *tsz*, (sandy) beach
fővesztés *fn* beheading; ~ **terhe mellett** under pain of death/beheading
fővezér *fn* commander-in-chief (*röv* **C.-in-C.**)
fővezeték *fn [víz, gáz, villany]* main, *biz* mains *tsz*
fővilágosító *fn film* gaffer
fővonal *fn* **1.** *[vasút, távíró]* main/trunk line **2.** → **főútvonal**
főz *i* **1.** *[ételt, ált]* cook, prepare, *[húst]* stew, *[ebédet stb.]* prepare, make*, *US* fix [dinner etc.]; **lassú tűzön** ~ simmer; *biz* **amit ~ött, egye meg** as you make your bed so you must lie on it **2.** *[rendszeresen]* do* the cooking; **a feleségem** ~ my wife° does the cooking **3.** *[pálinkát]* distil [brandy]; *[sört]* brew; *[kávét, teát]* make* [coffee, tea], *[kávét kávéfőző gépen]* perk, percolate [coffee] **4.** *biz* (*vkt*) cajole sy, (try to) persuade sy to do sg, chat sy up
főzelék *fn* vegetable (dish)
főzelékfélék *fn* vegetables, greens
főzés *fn* cooking
főzési *mn* ~ **lehetőség(ek)** cooking facilities
főző *fn [gáz]* (gas-)cooker, (gas-)stove; **kétlapos** ~ two-burner cooker/stove
főzőcskéz|ik *i* **1.** *[gyermek]* have* a doll's dinner party **2.** concoct
főzőedény *fn* pot, pan
főzőfülke *fn* kitchenette
főzőkanál *fn* (wooden/stirring) spoon, stirrer
főzőlap *fn [villamos] GB* electric hob, *US* hot plate, *[villanytűzhelyé]* hot plate
főzőliszt *fn* fine white flour
főzőtanfolyam *fn* cookery class/course
főzőtasakos *mn* ~ **rizs** packet rice
főzővaj *fn* (cooking) butter
főzt(j)e *fn* sy's cooking
főzve *hsz [nem nyersen]* cooked
frakció *fn pol* (parliamentary) group [representing a party]; *néha pej* faction; *US* caucus
frakcióvezető *fn* leader of a parliamentary group [representing a party]
frakcióz|ik *i pej* form a faction (within a party), form a splinter group
frakk *fn* tailcoat, tails *tsz*
frakking *fn* dress shirt
franc *fn durva* **a ~ba!** damn!, shit; **menj a ~ba!** go to hell
francia I. *mn* French; ~ **ajkú/anyanyelvű (személy)** (i) sy whose native language is French, (a) French speaker, (a) native speaker of French; Francophone (ii) French-speaking, Francophone; ~ **kártya** playing card; ~ **kenyér** French stick; **F~ Köztársaság** French Republic; ~ **nyelven mond vmt** say sg in French; ~ **nyelven beszél** speak* French; ~ **nyelven beszélő/tudó** French-speaking; ~ **nyelvtudás** knowledge of French; (*vké*) one's French; ~ **nyelvű** French; *[szöveg stb.]* in French *ut*, *[emberek]* French-speaking; ~ **származású** of French birth/descent *ut* **II.** *fn* **1.** *[ember]* Frenchman°, Frenchwoman°; **a ~k** the French **2.** *[nyelv]* French, the French language; **~ból kölcsönzött szavak** words borrowed from (the) French, French loan words; **folyékonyan beszéli a ~t** (s)he speaks fluent French, (s)he is fluent in French; **~t tanít** teach French, be* a French teacher/master
franciaágy *fn* double bed
franciabarát *mn/fn* Francophil(e), pro-French
franciaellenes *mn* Francophobe, anti-French
franciakulcs *fn* (monkey-)wrench, adjustable spanner
franciaóra *fn* French lesson/class
Franciaország *földr* France
franciaországi *mn* French, of France *ut*
franciás *mn* in the French style/spirit *ut*; ~ **kifejezés** *[más nyelvben]* Gallicism; *[francia nyelvben]* French idiom
franciaság *fn [nyelvi]* French; **jó ~gal beszél** speak* good/idiomatic French
franciasaláta *fn kb.* mixed salad made with mayonnaise
franciásan *hsz* ~ **öltözik** dress in the French fashion/style
franciatanár *fn* teacher of French, French teacher, *[csak iskolában]* French master
franciául *hsz* ~ **beszél** speak* French; **jól beszél/tud** ~ (s)he speaks fluent French, (s)he is fluent in French; ~ **beszélő/tudó** French-speaking, fluent in French *ut*; ~ **tanul** learn* French; ~ **van (írva)** be* (written) in French
frank I. *mn* a *[néptörzs]* Frank(ish) **II.** *fn [pénz]* franc
frankó I. *hsz* (post-)free; ~ **hajóba rakva** free on board (*röv* **f.o.b.**) **II.** *mn szl* smashing, super, bang-up, great
fránya *mn biz* blasted, damn(ed)
frappáns *mn [találó]* striking, apt, apposite, apropos
frappíroz *i* surprise, strike* dumb
frász *fn szl* **1.** *[pofon]* slap in the face **2.** *[rémület]* fright; **majd kitöri a ~, ~ban van, majd ~t kap** *biz* have* kittens, have*/get* cold feet, jump out of one's skin; *biz* **a ~t hozza vkre** put* the wind up sy; *biz* **a ~t hozta rám** *biz* it gave me a start; **egy ~t!** *szl* a fat chance of that!
fráter *fn* **1.** *[szerzetes]* Brother **2.** *[megvetően]* fellow; **goromba** ~ churlish/rude fellow
frazeológia *fn* phraseology, idioms *tsz*
frazeológiai *mn* ~ **adat/egység** phraseological unit, fixed expression, phrase, idiom, *[tágabb értelemben]* collocation
frázis *fn* **1.** *pej [közhely]* platitude, commonplace, *főleg: pol* (empty) slogan; **elkoptatott** ~ cliché; **~okat pufogtat** mouth platitudes **2.** *zene* phrase
fregatt *fn hajó* frigate
fregattmadár *fn áll* frigate bird
fregoli *fn [ruhaszárító]* clothes drier/airer
frekvencia *fn* frequency; **igen nagy** ~ *[30-tól 300 MHz-ig]* very high frequency, VHF
frekvenciaátalakító *fn el* frequency changer/converter/transformer
frekvenciagörbe *fn* frequency response curve
frekvenciaingadozás *fn* frequency deviatino/wobbling
frekvenciamoduláció *fn távk* frequency modulation (*röv* **FM**)
frekvenciasáv *fn el távk* frequency scale/range
freskó *fn* fresco, wall-painting
freskófestő *fn* fresco painter
frézia *fn növ* freesia
fricska *fn* flip, fillip, flick, rap; *átv* **~t kap** receive a rebuff/snub
fricskáz *i* flip
frigy *fn ált [szövetség]* alliance, covenant, league, *[házasság]* matrimony; **~re lép** enter into alliance, *[házas]* be* joined in wedlock
friss *mn* **1.** *[gyümölcs, víz stb.]* fresh, *[levegő]* fresh, cool, refreshing; ~ **nyom** hot scent/trail; **nem egészen** ~ *[hús]* be* a bit off, be* not quite fresh **2.** *[hír]* recent, *[emlék]* green **3.** *átv* ~ **vér** new blood **4.** *[testileg]* energetic, vigorous, agile
frissen *hsz* **1.** *[újonnan]* fresh(ly), newly; ~ **borotválva** fresh-shaven; ~ **mázolva** *[mint felirat]* wet paint **2.** *[elevenen]* nimbly, briskly
frissensült *fn* roast à la carte; **~ek** dishes from the pan
frissesség *fn* **1.** *[emberé]* liveliness, spryness, sprightliness, *[mozdulaté]* briskness **2.** *[tárgyé]* freshness, newness
frissiben *hsz* straightaway, forthwith
frissít *i [vkt ital, pihenés stb.]* refresh, freshen (up); → **felfrissít**
frissítő I. *mn* refreshing, cooling **II.** *fn* **~k** *[étel, ital]* (light) refreshments
fritőz *fn GB* chip pan, *US* deep (fat) fryer; **~ben süt** deep-fry
frivol *mn* frivolous
frizbi *fn sp* frisbee
fríz *mn/fn* **1.** *[nép]* Frisian **2.** *épít* frieze

frizura *fn* hair-style, *[női]* hair(-do), coiffure, *[férfi]* (hair-) cut

frizsider *fn* refrigerator, *biz* fridge

front *fn* **1.** *kat* front (line), battle-line/front; **a ~on** at the front, in the front line; **kimegy a ~ra** go* to the front; **~ot változtat** (i) change one's line of attack (ii) *[védekezőleg is]* change tactics **2.** → **homlokzat 3.** *[meteorológiai]* front; **hideg/meleg ~** cold/warm front

frontális *mn [összeütközés]* head-on; **~ ütközés** head-on collision

frontáttörés *fn* breakthrough

frontátvonulás *fn* frontal passage

frontérzékeny *mn* be* sensitive to fronts

frontharcos *fn [tényleges]* front-line soldier, *[volt]* veteran

fronthatás *fn* front effect

frontszakasz *fn* front, sector (of the front line)

frontszolgálat *fn* service in the field

frottír *mn* towelling (*US* -l-), terry (cloth)

frottírtörülköző *fn* terry/Turkish towel

frottírzokni *fn* towelling (US -l-) socks *tsz*

fröccs *fn* spritzer

fröccsen *i* **sár ~t a kabátjára** mud spattered on his coat, his coat was splashed/spattered with mud

fröccsent *i* squirt, spurt, spirt; (*vmt vmre*) *[pl. sarat]* spatter/splash sg on/with sg

fröccsöntés *fn* injection moulding (*US* mol-)

fröcsköl *i* splash

frufru *fn* bang, fringe, curl; **~t visel** bang one's hair

fruska *fn* lass, filly

fszla. *röv* → **folyószámla**

fszt. *röv* → **földszint**

Ft *röv* → **forint**

fú *i elav* → **fúj**

fuga *fn épít [falon]* (wall) joint

fúga *fn zene* fugue

fugázás *fn* pointing

fúj *i* **1.** *ált* blow*, *[levest]* blow* on, cool [one's soup], (*vkre/vmre vmt*) blow* sg on/at sy/sg; **~ja az orrát, orrot ~** blow* one's nose **2.** *[fúvós hangszert]* blow*, sound; **ébresztőt ~** sound (the) reveille; **mindig ugyanazt (a nótát) ~ja** be* always harping on the same string; **egy követ ~ vkvel** be in cahoots with sy **3.** *[szél]* blow*; **~ a szél** the wind is blowing, it is windy; **északról ~ a szél** the wind is/lies in the north, there's a north wind blowing; *átv* **tudja, honnan ~ a szél** know* which way the wind is blowing **4.** *biz* **~ vkre** be* fuming at sy

fújdogál *i* keep* blowing, blow* gently/slowly; **szellő ~** there's a gentle breeze

fújtat *i* **1.** *[tüzet]* blow* [fire with bellows] **2.** *[ember]* pant, puff and blow

fújtató *fn* bellows *tsz*

fukar *mn* miserly, mean, niggardly, *biz* stingy

fukarkod|ik *i* (*vmvel*) be* miserly/niggardly (v. *biz* stingy) with sg

fukarság *fn* miserliness, meanness, *biz* stinginess

fúl *i* → **fullad**

fuldoklás *fn [vízben]* drowning, *[levegőhiány miatt]* gasping, choking, suffocation

fuldokl|ik *i [vízben]* be* drowning, *[nem kap levegőt]* gasp (for air/breath), choke, suffocate; **~ a nevetéstől/sírástól/dühtől** choke with laughter/sobs/rage

fullad *i* **1. vízbe ~** drown, be*/get* drowned **2.** *[nem kap levegőt]* be* suffocating/choking; → **kudarc**

fulladás *fn [vízben]* drowning, *[levegőhiánytól]* suffocation, *orv [oxigénhiánytól]* asphyxia

fulladoz|ik *i* have* fits of breathlessness, stifle

fullajtár *fn* outrider, postil(l)ion

fullánk *fn* sting

fullaszt *i* suffocate, choke, *[vízbe]* drown

fullasztó *mn* suffocating, stifling, choking, *[levegőtlen]* close, oppressive, *[hőség]* sultry, oppressive

fumigál *i biz* scorn sy/sg, disparage sg/sy, look down one's nose at sy

fundamentalista *mn/fn* fundamentalist

fungál *i* function, act, officiate

funkció *fn* **1.** *[működés]* function **2.** *[tisztség, feladat]* function, office, duty, job

funkcionál *i* function, act, work

funkcionárius *fn* official, executive

funkciózavar *fn* dysfunction

fúr *i* **1.** *[lyukat]* drill, bore [a hole], *[fogat]* drill, *[kutat]* sink* [a well], *[alagutat]* drive* [a tunnel through sg] **2.** *átv biz* (*vkt*) scheme/plot against sy, backbite* sy, *kif* have* one's knife in sy, *US* bad-mouth sy; → **oldal**

fura *mn* → **furcsa**; **~ alak** a queer customer/fish, *US* oddball; **~ módon** oddly enough, strange to say ...; **~kat mond** say* odd things

furakod|ik *i* push, intrude, (*vhova*) push/elbow one's way through to sg, jostle

furán *hsz* **~ viselkedik** behave in a peculiar/strange (v. an odd) way

fúrás *fn* **1.** *[művelet]* boring, drilling, sinking [hole, well], *[fogé]* drilling **2.** *[lyuk]* bore/drill-hole **3.** *átv* scheming/plotting (against), backbiting, *US* bad-mouthing

furat *fn* boring, bore(-hole), *[mint méret]* calibre (*US* -ber)

furcsa *mn* strange, odd, peculiar, curious, extraordinary, funny; **bármilyen ~ is** strange as it may seem; **~ mód(on)** strangely enough

furcsáll *i* find* sg peculiar/odd/unusal/strange

furcsaság *fn* **1.** *[különösség]* strangeness, oddity, peculiarity, curiousness **2.** *[furcsa dolog]* curiosity, oddity

furdal *i* **~ja a lelkiismeret** have* twinges/pangs of conscience, be* smitten with (v. feel*) remorse at (having done sg), his remorse pricks his conscience; **~ja a kíváncsiság** be* consumed with (v. devoured by) curiosity, be intrigued by sg

furdancs *fn* brace (and bit), *[amerikáner]* (breast-)drill

furfang *fn* trick, dodge, wiles *tsz*

furfangos *mn* smart, clever, wily, artful, *GB* dodgy

fúr-farag *i* do* woodwork

furgon *fn* (delivery) van, *US* delivery truck

fúria *fn [nőről]* fury, termagant, vixen, shrew

furikáz|ik *i biz* drive* around/about (for pleasure's sake)

furkósbot *fn* bludgeon, club

furnér *fn* **1.** *[felső réteg]* veneer **2. ~ (lap/lemez)** plywood

furníroz *i* veneer

fúró *fn [kézi]* gimlet, *[nagy kézi]* auger, *[mellfurdancs]* brace (and bit), *[amerikáner]* (breast-)drill, *[villany~]* electric drill, *[fog~]* drill

fúród|ik *i [falba stb.]* bury itself in, penetrate sg, pierce sg; **egymásba ~nak** *[balesetben kocsik]* telescope (together)

fúrófej *fn* bit

fúrógép *fn* drilling/boring machine, drill, *[fognak]* (tooth/dental) drill

fúrósziget *fn* oil rig

fúrótorony *fn* derrick, *[fúrósziget]* oil rig

fúróvég *fn* bit

furulya *fn* flute, pipe, recorder

furulyáz|ik *i* play the flute/pipe/recorder

furunkulus *fn* furuncle, boil, *[komolyabb]* carbuncle

fuser *fn pej* bungler, *GB* cowboy; **~ munka** a botched job

fut *i* **1.** *[szalad]* run*, *sp [rövid távon]* sprint, *[hosszú távon]* race; **nők után ~** run*/chase after women; **híre ~ott** the news (of sg) got around **2.** *[menekül]* flee*, run* away/off, fly*, escape; **fusson, ki merre lát!** run for your lives! **3. ~ja vmből** be* enough (for sg), it'll go a long way; **erre már nem ~ja** *[a pénzemből]* I can't afford it; **ha ~ja az időből** if I have the time **4.** *[versenyt]* run* [a race]; **milyen időt ~ott?** what was his/her time?; **a 100 m-t 10,5 (mp) alatt ~otta** he ran the 100 metres in 10.5 seconds **5. ~ a tej** the milk boils over **6.** *[film, színdarab]* be* on, run*, be* showing; **hosszú ideje ~** have* a long run

futam *fn* **1.** *sp* heat; **selejtező ~ok** eliminating/preliminary heats **2.** *[lóversenyen]* race **3.** *zene* run
futamidő *fn gazd [hitelé]* term period
futár *fn* **1.** *[küldönc]* messenger, *[motoros]* dispatch-rider, (motorcycle) courier, *kat* mounted orderly, *[diplomáciai]* courier, *GB* Queen's/King's messenger **2.** *[sakkban]* bishop
futás *fn* **1.** *[szaladás]* run(ning), *[menekülés]* flight, escape, bolt, *[megvert seregé]* rout; **~nak ered** start running; *[menekülve]* run* away, take* to one's heels **2.** *sp* running, (foot)race, track-racing, *[futószámok]* track events *tsz*
futball *fn* **1.** (Association) football, *biz* soccer; **amerikai ~** American football **2.** → **futball-labda**; → **labdarúgó**
futballbelső *fn* football bladder
futballbíró *fn* referee
futballcipő *fn* football boot(s)
futballcsapat *fn* football team/eleven
futballhuliganizmus *fn* football hooliganism
futballista *fn* football player
futballkapu *fn* goal
futball-labda *fn* football
futballmeccs *fn* football match
futballmérkőzés *fn* → **futballmeccs**
futballoz|ik *i* play football
futballpálya *fn* football pitch/ground/field
futballrajongó *fn* football/soccer fan
futkároz|ik *i* run*/rush about, run* to and fro, *[vmlyen ügyben]* run* around (trying to do sg)
futkos *i* → **futkározik**
futkosás *fn* running about
futó I. *mn* **1.** *[szaladó]* running, racing **2.** *[futólagos]* passing, hasty, superficial; *[szeszély]* passing, fleeting; **~ pillantást vet vmre** glance at sg, take* a quick/passing look at sg; **~ zápor** passing/sudden shower; **~ ismeretség** a casual acquaintance; **~ kaland** *biz* pick up; **~ szeszély** fleeting fancy/whim **3.** *infor [program]* active **II.** *fn* **1.** *sp* runner **2.** *[sakkban]* bishop
futóárok *fn* communication trench, sap
futóbab *fn* runner bean, scarlet runner
futóbolond *fn* fool, lunatic, looney, crackpot
futódaru *fn* mobile crane
futóhomok *fn* shifting sands *tsz*, (sand-)drift
futólag *hsz* cursorily, in passing; **~ ismer vkt** have* a passing/nodding acquaintance with sy; **~ érint** touch upon
futólagos *mn* → **futó I 2**
futólépés *fn* double quick pace, *[vezényszó]* at the double
futómű *fn gk* running gear, *rep* undercarriage, landing gear; **behúzható ~** retractable undercarriage v. landing gear
futónövény *fn* creeper, vine, climbing plant
futópálya *fn sp* running track, *[egy sávja]* lane
futórózsa *fn* rambler (rose)
futószalag *fn* assembly/production line; **~on gyárt** produce on the line, mass-produce
futószámok *fn sp* track events
futószerkezet *fn* → **futómű**
futószőnyeg *fn* runner (carpet)
futótűz *fn* wildfire; **~ként terjed** spread* like wildfire
futóvendég *fn* passing trade, walk-in costumer
futóverseny *fn* (foot)race
futtában *hsz* **1.** *[gyorsan]* rapidly, hastily **2.** *[futás közben]* while running, on the run
futtat *i* **1.** (*vkt vhová*) send* sy swhere **2.** *[vmt ezüsttel]* plate, silver, *[arannyal]* gild* **3.** *[versenyistállója van]* keep* a racing stable, race [horses] **4.** *[futónövényt]* train (a plant on) **5.** *szl [prostituáltat]* run* (a prostitute)
futtatás *fn sp* horse-race(s), racing
futurista I. *mn* futurist, futuristic **II.** *fn* futurist
futurizmus *fn* futurism
futurológia *fn* futurology
fuvallat *fn* gentle breeze
fuvar *fn* **1.** *[szállítás]* transport, freightage, carriage, *US* transportation; **~ fizetve** carriage/freight paid **2.** *[szállítmány]* freight, cargo **3.** *[szállítóeszköz]* conveyance carriage, transport **4.** *biz* → **fuvardíj**
fuvardíj *fn* freight carriage, truckage; freight(age), transport charges *tsz*; *[vasúti]* haulage
fuvarköltség *fn* freight/transport charges *tsz*
fuvarlevél *fn [vonaton]* waybill, bill of lading, consignment note
fuvaros *fn* carter, carrier, *US* trucker
fuvaroz *i* carry, transport, ship, *US* truck
fuvarozás *fn* transportation, transport, carriage, shipping *US* trucking
fuvarozási *mn* **~ vállalat** forwarding agent, shipping company, carrier, *US* express/transport company
fuvarozó I. *mn* carrying **II.** *fn* carrier
fuvarozóvállalat *fn* → **fuvarozási vállalat**
fúvócső *fn* blowpipe, *US* blowgun, *[gyermekjáték]* pea shooter
fúvóhangszer *fn* wind instrument
fúvóka *fn* **1.** *[hangszeren]* mouthpiece **2.** *műsz* jet, nozzle
fuvola *fn* flute
fuvolás *fn* flautist, flute-player, *US* flutist
fuvoláz|ik *i* play the flute, flute
fúvós I. *mn* **~ hangszer** wind instrument **II.** *fn [zenész]* wind (instrument) player; **a ~ok** the wind *esz* v. *tsz*
fúvósegyüttes *fn* wind ensemble
fúvósötös *fn* wind quintet(te)
fúvószenekar *fn* brass/wind band
fúzió *fn* **1.** *gazd* amalgamation, merger, *US* consolidation **2.** *fiz* (nuclear) fusion
fuzionál *i* amalgamate, merge, *US* consolidate
fúziós *mn fiz* fusion; **~ magreakció** thermonuclear fusion reaction; **~ reaktor** fusion reactor
fű *fn* **1.** *[gyep stb.]* grass, *[gyógyfű]* herb; **~be harap** bite* the dust; **~nek-fának elmondja** tell* all the world; **a ~re lépni tilos** keep off the grass; **~höz-fához kapkod** clutch at straws; **~t-fát ígér** promise everything/wonders **2.** *szl [marihuána]* grass, weed, pot
fűevő *mn* herbivorous, graminivorous
fű-fa *fn* → **fű 1**
fűfélék *fn* gramineae
füge *fn* fig; **~t mutat vknek** snap one's fingers at sy, cock a snook at sy
fügefa *fn* fig-tree
fügefalevél *fn* fig-leaf°
függ *i* **1.** *[lóg]* (*vmről*) hang* (down) from, be* suspended/hanging **2.** (*vmtől/vktől*) depend on sg/sy, hinge (up)on sg; **attól ~** it (all) depends; **attól ~, hogy van-e rá pénze** it depends on whether he can afford it/to; **minden attól ~, hogy ki lő először** everything hinges (up)on who shoots first; **amennyire tőlem ~** I'll do my best (v. what I can), to the best of my ability; **tőled ~** it's up to you, it's your decision, it rests with you
függelék *fn* **1.** *[könyvhöz]* appendix (*tsz* appendixes v. appendices), *[kiegészítés]* supplement **2.** *[karácsonyfára]* Christmas decorations *tsz*
függelemsértés *fn* (case of) insubordination
függélyes *mn műv* **~ stílus** *GB* perpendicular style
függés *fn* **1.** *[lógás]* hanging, suspension **2.** *átv* (*vmtől*) subordination (to), dependence (upon, on); *[függőség]* dependency, addiction; **kölcsönös ~** interdependence, mutual dependence
függeszt *i* **1.** *[akaszt]* hang* (up); (*vmre*) suspend from **2. szemét vmre ~i** fix/fasten one's eyes on sy/sg
független *mn* (*vktől/vmtől*) independent (of sy/sg); *[nincs köztük összefüggés]* unrelated, *[nem házas]* single, unattached; **ez teljesen ~ attól** this has* nothing to do with ...; **~ gondolkodású** of independent thought *ut*; **~ ember** *[anyagilag]* man° of independent means; *[igével]* be* independent; **anyagilag ~** (be*) financially independent; **~né válás** gaining independence; **~né váló ország** emergent country; **nemrég ~né vált ország** newly/recently emerged country

függetlenít *i* make*/render independent
függetlenség *fn* independence, *[államé]* sovereignty, independence, autonomy
függetlenségi *mn* ~ **harc** war of independence; *tört* **F~ Nyilatkozat** Declaration of Independence
függetlenül *hsz* independently; (*vmtől*) independently/ irrespective of sg; **ettől** ~ apart from this; **egymástól** ~ independently of one another
függő I. *mn* **1.** *[lógó]* hanging, suspended **2.** (*vktől/vmtől*) dependent on/upon sy/sg, subordinate to sy/sg, addicted to; **attól ~en, hogy** ... depending on whether ...; ~ **helyzet/ viszony** dependence, subordination; **vmt vmtől ~vé tesz** make* sg depend(ent) on sg **3.** *[függőben levő]* pending *ut*, in abeyance *ut*; ~ **játszma** *[sakk]* adjourned game; ~ **ügyek** matters pending **4.** *nyelv* ~ **beszéd** indirect/ reported speech; ~ **kérdés** indirect/reported question; ~ **mondat** dependent/subordinate clause **5.** *[pl. kábítószertől]* addicted to, dependent on *[mindegyik: ut]*; → **kábítószerfüggő II.** *fn* **1.** *[ékszer]* pendant **2.** **~ben hagy** leave* [the matter] open (v. undecided), let* sg hang fire; *[sakkjátszmát]* adjourn; **~ben marad** be* pending/postponed, hang* fire; **~ben van** be* still pending, be* in the balance/air, be* in abeyance; **~ben levő** pending *ut*, in abeyance *ut*
-függő *utótag* (*vmtől*) addicted to sg, dependent on sg
függőágy *fn* hammock
függőfolyosó *fn* open corridor
függőhíd *fn* suspension bridge
függőkert *fn* hanging garden
függőlámpa *fn* pendant/swing lamp
függőleges I. *mn* perpendicular, vertical **II.** *fn* **1.** perpendicular, vertical **2.** *[keresztrejtvényben]* down
függöny *fn szính is* curtain, *US [csak lakásban]* drape, drapes *tsz*, drapery; **felhúzza a ~t** raise the curtain; **~!** *[színházi utasítás]* curtain!; **a ~ legördül** the curtain falls/ drops; **a ~ felmegy** the curtain rises; ~ **elé hívás** curtain-call; **~t összehúz** draw* the curtain; → **elhúz**
függönykarika *fn* curtain-ring
függönyrúd *fn* curtain-rod/rail
függönytartó *fn* → **függönyrúd**
függőón *fn* plummet, (sounding) lead
függőség *fn* **1.** *ált* (state of) dependence, dependency, subordination **2.** *[kábítószertől]* dependency, dependence [on drugs], addiction (to)
függővasút *fn* cable-railway
függvény *fn mat* function; ... **~ében ábrázolva** plotted against ...
fül-, orr- és gégeszakorvos *fn* ear, nose, and throat specialist
fül *fn* **1.** *[testrész]* ear; **csupa ~ vagyok** I am all ears; **~em hallatára** in my hearing; **elereszt vmt a ~e mellett** turn a deaf ear to sg, be* deaf to sg, ignore (sg); **se ~e, se farka** one/you can't make head or tail of it, it is nonsense; **~ébe jut** come* to sy's ears; **~embe jutott, hogy** ... I have heard that ...; **mi lesz, ha a ~ébe jut?** what if he finds out?; **~ig** up to the ears; **~ig pirul** blush (to the roots of one's hair); **~ig szerelmes vkbe** be* head over heels in love with sy; **~ig szalad a szája** grin from ear to ear; **az egyik ~én be, a másikon ki** go* in (at) one ear and out (at) the other; **~ön fog** take* by the ears; **nem hisz a ~ének** he can't believe his ears; **elereszti ~ét, farkát** be* down in the dumps; **~ét hegyezi** prick up one's ears; **~ét rágja vknek** harry sy (about/into sg), pester, nag sy **2.** *[hallás]* (sense of) hearing, *[zenei]* ear (for music); **jó ~e van** (i) *[jól hall]* have* sharp ears, have* a fine ear (ii) *[zenéhez]* have* an ear for music **3.** *[fogó]* handle, *[sapkán, zseben]* flap **4.** *[könyv borítólapján]* blurb → **bot**, → **cseng**, → **fél**[2] II, → **megüt**, → **süket**
fülbaj *fn* ear disease/trouble
fülbemászó I. *mn* catching, catchy, melodious **II.** *fn áll* earwig
fülbetegség *fn* → **fülbaj**
fülbevaló *fn* ear ring/drop, pendant
fülcimpa *fn* earlobe
füldugó *fn* earplugs *tsz*
fülel *i* listen attentively/out, be* all ears, prick up one's ears
fülemüle *fn* nightingale
füles I. *mn* **1.** *[lény]* (long-)eared, having ears *ut* **2.** *[edény, kosár]* with a handle *ut*, with handles *ut*; ~ **csavar** wing-screw **II.** *fn* **1.** *[szamár]* (jack)ass, donkey **2.** *biz [értesülés]* tip-off, inside information
fülesbagoly *fn* long-eared owl
fülész *fn* ear-specialist
fülészet *fn* **1.** *[tudomány]* otology **2.** *[osztály]* ear, nose, and throat clinic
fülfájás *fn* earache
fülfolyás *fn* discharge from the ear, *orv* otorrhoea
fülhallgató *fn* earphone
fülhasogató *mn* → **fülsértő**
fül|ik *i* **nem ~ik a foga hozzá** (s)he doesn't feel like it (v. doing sg), *kif* it's not his cup of tea; **nem ~ik a fogam a munkához** I don't feel like working
fülkagyló *fn* auricle, outer ear
fülke *fn* **1.** *[falban]* niche **2.** *[hajón]* cabin, *[liftté]* car, *[telefoné]* call/(tele)phone box, (tele)phone booth, *[szavazó]* (voting)booth, *[vasúti]* compartment
fülledt *mn* close, sultry, muggy; ~ **nyári meleg** stifling/ sultry (summer) weather/heat; ~ **nyári nap** a stifling hot day
füllent *i* tell* a fib, fib
füllentés *fn* **1.** fib, white lie **2.** *[cselekedet]* fibbing
fül-orr-gégeklinika *fn* ear, nose, and throat clinic
fül-orr-gégészet *fn* **1.** *[tudomány]* oto(rhino)laryngology **2.** *[osztály]* ear, nose, and throat clinic
fül-orr-gégészeti *mn* ~ **megbetegedések** ear, nose, and throat diseases, ENT disorders
fülorvos *fn* ear-specialist
Fülöp *tul* Philip
Fülöp-szigetek *földr* the Philippine Islands, the Philippines
Fülöp-szigeteki *mn/fn* Philippine; ~ **Köztársaság** Republic of the Philippines
fülrepesztő *mn* ear-splitting
fülsértő *mn* **1.** *[túl hangos]* ear-splitting **2.** *[disszonáns]* jarring, cacophonous
fülsiketítő *mn* deafening
fülszaggatás *fn* shooting earache
fülszöveg *fn [könyvé]* blurb
fültanú *fn* ear-witness
fültő *fn* parotid region; **vkt fültövön üt** box sy's ear(s)
fültőmirigy-gyulladás *fn orv* parotitis, mumps
fültükör *fn* otoscope, ear-speculum (*tsz* -specula)
fülvédő *fn [sapkán]* ear-flap, *[fejre való]* earmuffs *tsz*; *[zaj ellen]* earplugs *tsz*
fülzúgás *fn* buzz(ing noises) in the ear, *tud* tinnitus
fülzsír *fn* ear-wax
fűmag *fn* grass-seed, hay-seed; **~gal bevet** put* [a plot] under grass
fűnyíró (gép) *fn* lawn mower
fürdés *fn [kádban]* bath, *[szabadban]* bathe, bathing
fürdési *mn* ~ **lehetőség(ek)** bathing facilities
fürdet *i* bath sy, give* sy a bath; **~i a babát** she is bathing the baby, she is giving the baby its bath
fürd|ik *i [kádban]* take*/have* a bath, bath, *[szabadban]* bathe, have* (v. go* for) a bathe/swim
fürdő *fn* **1.** *[kádban]* bath, bathing; **~t készít (vknek)** run* sy a bath; **~ket vesz** *[fürdőhelyen]* take* the waters **2.** *[intézmény]* public baths *tsz* **3.** → **gyógyfürdő**, → **uszoda**, → **fürdőhely**
fürdőcipő *fn* bathing/sand-shoes *tsz*
fürdőhely *fn* health-resort, spa
fürdőidény *fn* bathing season
fürdőkád *fn* bath, *US* (bath)tub

F

fürdőkályha *fn* bathroom stove, *[vízmelegítő]* water heater
fürdőköpeny *fn* bathrobe, *US* bathing wrap
fürdőlepedő *fn* bath sheet/towel
fürdőmedence *fn* swimming/bathing pool
fürdőnadrág *fn* swimming trunks *tsz*
fürdőruha *fn* bathing suit, swimming costume, swimsuit
fürdősapka *fn* bathing-cap, swim-cap → **úszósapka**
fürdőszoba *fn* bath(room); **~val** *[szállodában]* with private bath
fürdőszoba-berendezési *mn* **~ tárgyak** bathroom fixtures/fittings/fitments
fürdőszoba-felszerelések *fn tsz* bathroom accessories/fittings *tsz*
fürdőszoba-használat *fn* use of (the) bathroom; **~tal** use of bathroom included
fürdőszobamérleg *fn* bathroom scales *tsz*
fürdőszobaszőnyeg *fn* bath mat
fürdőváros *fn* spa; → **fürdőhely**
fürdővendég *fn* visitor (at a spa v. at a health-resort)
fürdővíz *fn* bath water; **~et enged vknek** run* sy a bath; **a ~zel együtt a gyereket is kiönti** throw* out the baby with the bath water
fürdőz|ik *i* **1.** *[gyógyfürdőhelyen]* take* the waters **2.** *[strandon]* bathe
fürdőző I. *mn* bathing **II.** *fn* bather
fűrész *fn* saw
fűrészáru *fn* (sawn) timber, *US* lumber
fűrészbak *fn* saw-horse/jack
fűrészel *i* saw* (off/up), cut* (sg) with a saw
fűrészelt *mn* sawn; **~ fa** sawn timber, *US* lumber
fűrészes *mn növ* serrated
fűrészfog *fn* sawtooth (*tsz* sawteeth)
fűrészfogú *mn* sawtooth(ed), serrated
fűrészgép *fn* sawing machine
fűrészhal *fn* sawfish (*tsz* ua. v. -es)
fűrészlap *fn [fémfűrészhez]* blade
fűrészpor *fn* sawdust
fűrésztelep *fn* sawmill, *US* lumber mill
fürge *mn* nimble, agile, quick, lively, *[csak mozgásról]* brisk; **~ észjárású** quick-witted
fürgén *hsz* **~ jár** walk at a brisk pace; **~ mozog** he is very agile/nimble
fürgeség *fn* nimbleness, agility, briskness, liveliness
fürj *fn* quail
fürkész *i* inspect, examine, scrutinize, *kif* keep* one's eyes open/peeled, search for
fürkésző *mn* searching, scrutinizing; **~ pillantást vet vkre** give* sy a searching look, scan sy's face; **~ szemek** eyes like gimlets
füröszt *i* → **fürdet**
fürt *fn* **1.** *[szőlő]* bunch; **egy ~ szőlő** a bunch of grapes **2.** *[haj]* lock (of hair), tress, curl
fürtös *mn* **1.** *[haj]* curly(-headed), tressy **2.** *növ* racemose; **~ virágzat** raceme
fürtvirágzat *fn* → **fürtös virágzat**
füst *fn* smoke; *átv* **egy ~ alatt** at the same time, in the same breath; **~be megy** go* up in smoke, come* to nothing, fall* through
füstbomba *fn* smoke bomb
füstcső *fn* stove-pipe, *[kéményben]* flue
füstfelhő *fn* clouds of smoke *tsz*
füsti fecske *fn* common swallow
füstjel *fn* smoke signal
füstkarika *fn* smoke-ring; **~kat ereget** blow* smoke-rings
füstköd *fn* smog
füstöl *i* **1.** *[kémény stb.]* give* off smoke, smoke **2.** *[dohányzik]* smoke **3.** *[húst]* smoke, cure
füstölés *fn [húsé]* smoking curing
füstölő *fn* **1.** *vall* incense burner, *[rúd]* joss stick **2.** *[füstölőhelyiség]* smoke-house
füstölög *i* **1.** *[kémény]* emit smoke, smoke, *[rosszul ég tűz]* smoulder **2.** *[ember]* fume
füstölt *mn [hús]* smoked, smoke-cured/dried [meat]
füstös *mn* smoky, full of smoke *ut*
füstszag *fn* smell of smoke
füstszűrős *mn* **~ cigaretta** filter-tipped cigarette(s), filter tip(s)
fűszál *fn* blade/leaf° of grass
fűszer *fn* spice
fűszeráru *fn* **1.** *[fűszerek]* spices *tsz* **2.** *[élelmiszerek]* groceries *tsz*
fűszeres I. *mn* **1.** *[étel]* spicy, (highly) spiced, seasoned **2.** *[történet]* spicy [story] **II.** *fn [kereskedő]* grocer, *[min üzlet]* grocer's (shop), *US* grocery (store)
fűszeresen *hsz* **~ főz** use a great deal of spice (in cooking
fűszerez *i* **1.** *[ételt]* season, spice **2.** *átv* spice, add relish to *[adomákkal]* interlard [with anecdotes]
fűszerezett *mn* **erősen ~** highly seasoned
fűszerfélék *fn* spices
fűszerüzlet *fn* → **fűszeres II**
fűt *i* **1.** *[szobát]* heat; **fával/szénnel ~** use wood/coal fo one's heating; **olajjal ~** have* oil heating **2.** *[kazánt]* stok (up), fire **3.** *átv* **~i a gyűlölet/ambíció** be* driven by hate ambition; **~i a lelkesedés** be* fired by enthusiasm
fűtés *fn* **1.** heating; **milyen a ~ nálatok?** (i) *[technikailag* what kind/sort of heating do you have? (ii) *[elég mele van-e?]* what is the/your heating like? **2.** *[kazáné]* stoking
fűtetlen *mn* unheated, cold
fűtő *fn* stoker, fireman°
fűtőanyag *fn* fuel
fűtőberendezés *fn* heating-system
fűtőérték *fn* thermal/calorific value
fűtőház *fn [vasúti]* engine/round-house
fűtőszál *fn* filament
fűtőtest *fn* radiator, heater
fűtött *mn* heated, warmed; **~ terem** well-heated room/hall **~ nézőtér** well-heated auditorium
fütyi *fn biz GB* willie
fütyörész|ik *i* whistle to oneself
fütty *fn* whistle, whistling
füttyent *i* give* a whistle, whistle
füttyentés *fn* whistle, whistling, *[csinos nő láttán]* wolf whistle
fütyül *i* **1.** whistle, *[színházban]* hiss, boo **2.** *[madár]* pipe sing*, warble **3.** *[golyó]* ping, zip **4.** *[mozdony]* hoot **5.** *bi* **~ök rá!** I couldn't care less, I don't care a rap (v. tw hoots); **~ a jó modorra** throw* good manners to th winds; **~ rá, hogy mit gondolnak az emberek** (s)h doesn't care a hoot what people think*
füves *mn* **1.** grassy, grass-covered; **~ pálya** grass cour **2.** *szl [marihuánás]* **~ cigaretta** joint
füvesít *i* put* (sg) under grass, turf
füvészkert *fn* botanical garden(s)
füvészkönyv *fn* herbal
fűz[1] **1.** *i [könyvet]* stitch, sew* [book], *[tűbe]* threa [needle] **2.** (*vmhez vmt*) attach, bind*, tie (*mindegyik:* s to sg), *[vmhez megjegyzést]* comment on sg **3.** *szl [udvarol* chat sy up, *[szédít, ámít]* jive, *US* snow; → **remény**
fűz[2] *fn* **1.** *[fa]* willow **2.** → **fűzfavessző**
fűzbarka *fn* pussy-willow, catkin
füzér *fn [gyöngy]* string, *[virág]* garland
füzérvirágzat *fn* spike, spica
füzes *fn* willow-plantation/bed/grove
füzet *fn* **1.** *[irka]* exercise/copy-book **2.** *[kis nyomtatot mű]* booklet, pamphlet, brochure **3.** *[folyóiratszám]* number, fascicle
fűzfa *fn* **1.** *növ* willow **2.** *[fája]* willow(-wood); **~ síp** willow whistle
fűzfapoéta *fn* poetaster, rhymester
fűzfavessző *fn* withe, withy, willow-twig
fűző *fn* **1.** *[női]* corset, *[csípőszorító]* girdle, *[egész* foundation garment, corselet, corselette **2.** *[cipőbe]* shoe-

lace, lace *főleg tsz*, (shoe)laces *tsz*, *US* shoestring, shoestrings *tsz*

fűződ|ik *i* (*vmhez*) be* connected/linked with sg, be* attached to sg, relate to sg; → **név 1.**

fűzőgép *fn* **1.** *nyomd* book-sewing machine **2.** *[irodai]* stapler

fűzőkapocs *fn* staples *tsz*

fűzőkészítő *fn* corset-maker

fűzöld *mn* grass-green, green as grass *ut*

fűzőlyuk *fn* eyelet

fűzős *mn* ~ **cipő** lace-up shoes *tsz*, lace-ups *tsz*

fűzőszalon *fn* corsetry

fűzött *mn* **1.** *[könyv]* stitched; ~ **könyv** paperback **2. a hozzá ~ remények** (i) (*vmhez*) the hopes set/pinned on it (ii) (*vkhez*) the expectations/hopes we have/had of him

fűzve *hsz* in paperback

G

G, g *fn* **1.** *[betű]* (the letter) G, g **2.** *[zene]* G
g *röv* → **gramm**
gabalyít *i* complicate [matters]
gabalyod|ik *i* → **belegabalyodik**
gabardin *fn tex* gabardine, gaberdin
gábli *fn [szörfön]* wishbone boom
Gabon *földr* Gabon
gabona *fn* grain, cereals *tsz*, *GB* corn
gabonabehozatal *fn* grain/corn import(s)
gabonabetakarítás *fn* grain harvest, gathering of grain
gabonafej *fn* ear (of corn)
gabonafélék *fn* grains, cereal crops, cereals
gabonaföld *fn* cornfield
gabonakereskedelem *fn* corn trade
gabonakereskedő *fn* corn merchant/dealer
gabonakereszt *fn* shock (of sheaves)
gabonakéve *fn* sheaf (of corn)
gabonakivitel *fn* grain/corn export(s)
gabonaneműek *fn* cereals
gabonanövények *fn* → **gabonaneműek**
gabonapálinka *fn US* whiskey, *GB* whisky (*tsz* -eys v. -ies)
gabonapehely *fn [reggelire]* (breakfast) cereal
gabonapiac *fn* corn market
gabonaraktár *fn* granary, *főleg: US* grain elevator
gabonarozsda *fn* (black) rust
gabonasiló *fn* grain silo
gabonaszem *fn* grain, (grain of) corn, kernel, seed
gabonaszesz *fn* grain alcohol
gabonatároló *fn* → **gabonaraktár**
gabonatermék *fn* cereal product, cereals *tsz*
gabonatermelés *fn* → **gabonatermesztés**
gabonatermelő *mn/fn* → **gabonatermesztő**
gabonatermés *fn* corn/grain crop, corn production
gabonatermesztés *fn* cultivation/growing of corn (v. of grain crops)
gabonatermesztő I. *mn* grain-producing/-growing, *GB* corn-producing/growing **II.** *fn* grain-farmer, *GB* corn-farmer
gabonatermő *mn* corn-producing/growing
gabonaüszög *fn* (black) rust
gaboni *mn/fn* Gabonese
Gábor *tul* Gábor, Gabriel
gácsér *fn* drake
gacsoslábú *mn* pigeon-toed
gael *mn/fn* Gaelic
gagát *fn geol* jet
gágog *i* cackle, gaggle
gagyog *i* babble, gurgle
gála *mn* gala
galacsin *fn* pellet
galacsinhajtó *fn [bogár]* dung-beetle
galád *mn* base, vile, low, sordid
galádság *fn* baseness, vileness
galádul *hsz* meanly, basely, vilely
gálaest *fn* gala night/evening
galagonya *fn* hawthorn, *GB* may(flower)
galaktika *fn csill* galaxy
galaktikus *mn csill* galactic
galamb *fn* **1.** *áll* pigeon, *[vad]* (turtle-)dove; **várja, hogy a sült ~ a szájába repüljön** expect to have everything handed to one on a plate **2.** *nép* **~om** (my) darling/sweetheart, dearest, dove
galambász *fn* pigeon-fancier/breeder
galambbúgás *fn* cooing
galambdúc *fn* dove-cot(e), loft
galambepéjű *mn* gentle-natured, soft/kind-hearted
galambfióka *fn* young pigeon/dove
galamblelkű *mn* → **galambepéjű**
galamblövészet *fn* pigeon/trap-shooting; → **agyaggalamb-lövészet**
galambősz *mn* grey-haired, hoar(y)
galambposta *fn* pigeon post
galambszívű *mn* tender-hearted
galambszürke *mn* dove-grey/coloured (*US* -or-)
galambtenyésztő *fn* → **galambász**
galandféreg *fn* tape-worm
gáláns *mn [udvarias]* gallant, polite, corteous; *[nagylelkű]* generous
Galápagos-szigetek *földr* Galapagos Islands
gálaruha *fn* gala/full dress
galeri *fn szl* gang (of hooligans)
galéria *fn* gallery
galiba *fn* mix-up, trouble, fuss; **~t csinál** make* a mess (of things)
gálic *fn* → **rézgálic**
Galícia *földr* Galícia
galíciai *mn* Galician
gall *mn/fn* Gallic, of Gaul *ut*; **a ~ok** the Gauls
gallér *fn* **1.** *[ruhán]* collar; **legombolható ~** button-down collar; *tört* **keményített ~** ruff, fraise **2.** *[köpeny]* cape, cloak
gallérgomb *fn* collar stud, *US* collar button
gallicizmus *fn* **1.** *[más nyelvben]* Gallicism **2.** *[francia nyelvi sajátosság]* French idiom
gallon *fn* gallon [brit = 4,54; amerikai = 3,78 l] (*röv* **gal.**)
galóca *fn* agaric; **légyölő ~** fly agaric; **gyilkos ~** death cap, amanita
galopp *fn* **1.** *[vágta]* gallop **2.** *[verseny]* the races *tsz*; **kimegyek a ~ra** I'm going to have a day at the races
galoppoz|ik *i* gallop, ride* (at) full gallop
galuska *fn* (small) dumplings *tsz*, gnocchi *tsz*
galvánáram *fn* galvanic current
galvánelem *fn* galvanic/voltaic cell
galvanizáció *fn* galvanization
galvanizál *i* galvanize
gálya *fn* galley
gályarab *fn* galley slave
gályarabság *fn* working at the oar in galleys, galley slavery
gally *fn* twig, sprig
gallyasod|ik *i* grow* twigs
gallyaz *i* prune [a tree], lop [branches/twigs] off [a tree]
gallyazófűrész *fn* pruning saw
Gambia *földr* Gambia
gambiai *mn/fn* Gambian
gamma *fn* gamma
gamma-globulin *fn* gamma globulin
gamma-sugarak *fn tsz* gamma rays *tsz*
gamma-sugárzás *fn* gamma rays *tsz*
ganaj *fn* → **ganéj**
ganajtúró *fn áll* → **galacsinhajtó**
gáncs *fn* **1.** *[lábbal]* trip; **~ot vet vknek** *átv* put*/throw* obstacles in sy's way, hinder sy **2.** → **gáncsoskodás**; **~ nélküli** blameless, irreproachable
gáncsol *i* → **elgáncsol**; *[gáncsot vet]* → **gáncsot vet**
gáncsoskodás *fn* carping, fault-finding, hair-splitting, cavilling (*US* -l-)
gáncsoskod|ik *i* find* fault with, cavil (*US* -l) at, carp at
gáncstalan *mn* irreproachable, blameless
ganéj *fn* dung, droppings *tsz*

gang *fn* → **függőfolyosó**
Gangesz *földr* Ganges
gangréna *fn orv* gangrene
garancia *fn* guarantee, warranty; **egy év** ~ one-year guarantee; **~t vállal vmért** guarantee for sg; **~t ad vmre** provide guarantee for sg; **még nem járt le a** ~ it's still under guarantee; **kétévi ~val** guaranteed for two years, with a two-year guarantee
garancialevél *fn* warranty
garanciális *mn* ~ **javítás** repair under guarantee
garanciaszerződés *fn* contract of guarantee
garantál *i* guarantee, warrant; **ezt ~om** I can assure you, I'll vouch for it
garas *fn* groat, farthing; **nem ér egy lyukas ~t sem** it's not worth a straw (v. a brass farthing), *US* it's not worth a red cent (v. a plug nickel); **fogához veri a ~t** pinch pennies; **letettem a ~t** it's my turn to speak, it's my say now
garasoskod|ik *i* → **krajcároskodik**
garasoskodó *mn [szűkmarkú]* penny-pinching; ~ **ember** penny pincher, skinflint
garat *fn* **1.** *[torokban]* pharynx (*tsz* pharynges v. -nxes) **2. felöntött a ~ra** he had a glass too many, he has had one over the eight
garathurut *fn* pharyngitis
garatmandula *fn* pharyngeal tonsils *tsz*, adenoids *tsz*
garat-nyelőcső *fn* gullet
garázda *mn* ruffianly, rowdy; ~ **ember** hoodlum, ruffian, hooligan, thug; ~ **vezető** *[autós]* road hog, speed merchant
garázdálkod|ik *i* go*/be* on the rampage, go* berserk
garázdaság *fn* hooliganism, rowdyism, *jog* breach of the peace, disturbing the peace
garázs *fn* garage
garazsíroz *i* garage, put* in a garage
garázsmester *fn* garage foreman°
garbó *fn* polo-neck (sweater/jumper), *US* turtleneck
garbóing *fn* polo-neck (*US* turtleneck) shirt
garbónyak *fn* polo-neck, *US* turtleneck
gárda *fn* **1.** *[testőrség]* the Guards *tsz* **2.** *[csapat, társulat]* team, crew, company
gardedám *fn* chaperon(e)
gardíroz *i* chaperon(e) [a girl]
gárdista *fn* guardsman°
gardrób *fn* **1.** *[szekrény]* wardrobe, *US* (clothes) closet **2.** *[vk ruhái]* wardrobe
gargarizál *i* gargle
garmada *fn* heaps/lots of sg *tsz*, pile; **~val van** have* heaps/loads/piles of sg, have* sg by the cartload
garnélarák *fn áll* prawn
garnírung *fn* → **köret**
garnitúra *fn* set; **egy** ~ **bútor** a suit (of furniture)
garral *hsz* **nagy** ~ with much ado, noisily; **nagy** ~ **beszél** be* loudmouthed, beat* the drum
garzonlakás *fn [kislakás]* flatlet; *[egyszobás]* one-room flat (*US* apartment), studio flat (v. *US* apartment), *GB [egyetlen szoba]* bedsitting room, *biz* bedsitter, bedsit
gasztronómia *fn* gastronomy
gasztronómiai *mn* gastronomical, culinary; ~ **világbajnokság** Culinary World Cup
gasztronómus *fn* gastronome
gát *fn* **1.** *[folyó menti]* dike v. dyke, embankment, *US* levee; *US [duzzasztó]* dam, weir, barrage; **~at emel** build*/erect a dam; **legény a ~on** a man° of courage **2.** *[akadály]* impediment, obstacle, hindrance; **~at vet vmnek** put* a stop to sg, check sg, make* an end of sg **3.** *sp* hurdle **4.** *orv* perineum
gátfutás *fn sp* hurdle race, the hurdles *tsz*
gátlás *fn* **1.** *[akadály]* hindrance, impediment **2.** *[lelki]* inhibition; **tele van ~sal** be very inhibited, be* full of inhibitions, *biz* be* full of hang-ups; **~októl mentes** uninhibited **3.** *[erkölcsi]* **nincsenek ~aim vm megtételét illetően** have* no scruples about doing sg
gátlásos *mn* inhibited, full of inhibitions *ut*, awkward, self-conscious
gátlásosság *fn* inhibition, awkwardness, self-consciousness
gátlástalan *mn* unscrupulous, unprinciped, amoral
gátló *mn* impeding, hampering; ~ **körülmény** impediment, obstacle
gátol *i* **1.** (*vmt*) hinder/impede/prevent sg, be* an obstacle to sg **2.** (*vkt vmben*) throw* an obstacle in sy's way, prevent/keep* sy from doing sg
gátőr *fn* dike-keeper
gátszakadás *fn* bursting of a dam, breach in the dike/dyke
gáttalan *mn* unrestrained, untrammeled, unshackled
gatya *fn* **1.** *biz [alsónadrág]* underpants *tsz*; *átv* **~ba ráz** knock/whip into shape; *biz* **tele van a ~ja** be* scared shitless/stiff; **fel kell kötnie a ~ját** (s)he must be on her/his mettle **2.** *[paraszti]* ‹ men's white linen culottes ›
gatyáz|ik *i biz* dilly-dally, fiddle about/around
gavallér *fn* **1.** *[jelzőként]* gallant, generous; ~ **módon** handsomely **2.** *elav* → **udvarló**
gavalléros *mn* **1.** *[bőkezű]* generous, liberal, open-handed **2.** *[lovagias]* chivalrous, gallant
gavallérosan *hsz* ~ **fizet** pay (up) like a gentleman
gaz I. *mn* villainous, wicked, infamous **II.** *fn* **1.** *[gyom]* weed, rank grass **2.** → **gazember**
gáz *fn* **1.** *[főzéshez stb.]* gas; **PB-~** *GB* Calor gas; **kinyitja a ~t** turn on the gas; **elzárja a ~t** turn off the gas, turn the gas off [*a főcsapnál:* at the mains] **2. ~t ad** *[motornak]* step on it, *GB* put* one's foot down, *US* step on the gas **3.** *szl* ~ **van!** bad news, (sy is) in a bind/mess/fix; **nincs** ~ the heat's off, cool it, stay cool; → **belelép**
Gáza *földr* Gaza
Gázai övezet *földr* Gaza Strip
gázálarc *fn* gas mask
gázbeton *fn épít* gas/foamed concrete, (gas) aerated concrete (block)
gázbiztos *mn* gas-proof/tight
gázbojler *fn* gas water heater, *GB* geyser
gázbomba *fn* gas-bomb
gázcsap *fn* gas-tap, *US* gas faucet
gázcserenyílás *fn növ* stoma
gázcserepalack *fn* (butane v. *GB* Calor) (gas) cylinder
gázcső *fn* gas-pipe
gazda *fn* **1.** *[földes]* farmer, smallholder **2.** *[tárgyé]* owner, proprietor, *[házé]* master, *[üzemé]* manager, owner; **~ja vmnek** *[felelőse]* be* in charge of sg; **ki a ~ja?** who is in charge?; **szabad a ~!** it's anybody's guess; **~t cserél** change hands **3.** *[főnök]* chief, boss
gazdag I. *mn* **1.** *[ember]* rich, wealthy, affluent, moneyed **2.** *[növényzet]* rich, luxuriant **3.** *átv* ample, abundant, plentiful; ~ **vmben** (be*) rich in sg *ut*, abounding in sg *ut*, full of sg *ut* **II.** *fn* **a ~ok** the rich/wealthy
gazdagít *i* enrich, make* rich
gazdagod|ik *i* become*/grow* rich/wealthy, make* a fortune, enrich (oneself), *[gyarapodik]* grow* richer; **a képtár új képekkel ~ott** new pictures were added to the collection
gazdagság *fn* **1.** *[vagyon]* riches *tsz*, wealth, affluence **2.** *[bőség]* richness, profusion, abundance
gazdálkodás *fn* **1.** *mezőg* farming, agriculture **2.** *[gazdasági rendszer]* economy, *[vállalati]* management; **kötött** ~ controlled economy; **rossz** ~ mismanagement; **takarékos** ~ economy, careful management
gazdálkod|ik *i* **1.** *mezőg* run*/have* a farm, be* a farmer, farm **2. helyesen/jól ~ik vmvel** make* good use of sg, manage sg well; **jól ~ik erejével** husband one's strength; **jól ~ik anyagi erőforrásaival/eszközeivel** husband one's resources; **takarékosan ~ik** economize, be* thrifty, save
gazdálkodó I. *mn* ~ **szervezet** economic organization **II.** *fn* farmer, smallholder

gazdaság *fn* **1.** *mezőg* farm, *[nagyobb]* estate; **állami ~** state farm; **családi ~** (family) farm **2.** *mezőg [gazdálkodás]* farming **3.** *[gazdasági rendszer/élet]* economy

gazdasági *mn* **1.** *mezőg* agricultural, farming, farm-; **~ épületek** farm-buildings; **~ felszerelés** farm(ing) implements *tsz*, farm equipment; **~ udvar** farmyard **2.** *[közgazdasági]* economic; **~ együttműködés** economic cooperation; **~ élet** economic life, economic conditions *tsz*, economy; **~ földrajz** economic geography; **~ hatékonyság** economic efficiency; **~ helyzet** economic situation; **~ kapcsolatok** economic relations; **a ~ növekedés lassulása** the slowdown in the rate of economic growth; **~ rendszer** economic system, economy; **~ szabályozó** economic regulator; **~ tanácsadó** economic adviser; **~ társaság** partnership; **~ válság** economic crisis (*tsz* crises), economic depression, slump; **~ viszonyok** economic conditions *tsz*, economic state **3.** *[anyagi ügyeket intéző]* financial; **~ hivatal** finance office/department; **~ igazgató** finance director, business manager; **~ vezető** chief accountant, business manager; *okt* bursar

gazdaságilag *hsz* economically; **~ elmaradt országok** economically underdeveloped countries; **~ fejlett országok** economically (highly) developed countries

gazdaságirányítás *fn* economic management; **a ~ új rendszere** new system of economic management, new economic (management) system

gazdaságos *mn* economical, profitable; **~ termelés** production at a profit; **nem ~** uneconomical, unprofitable

gazdaságosság *fn* (cost-)efficiency, cost-effectiveness

gazdaságossági *mn* **~ mutató** economic efficiency index; **~ számítások** efficiency calculations

gazdaságpolitika *fn* economic policy (v. policies *tsz*)

gazdaságtalan *mn* uneconomical, unprofitable

gazdaságtan *fn* economics *esz*; **politikai ~** economics *esz*, political economy

gazdaságtörténet *fn* economic history, history of economics

gazdász *fn* → **mezőgazdász**

gazdasszony *fn* housewife°

gazdatiszt *fn elav* farm manager/bailiff, overseer

gazdátlan *mn* **1.** *[tulajdon]* unclaimed, *[hajó, ház stb.]* derelict; **~ telek** empty/neglected plot (*US* lot) **2.** *[állat]* stray, ownerless

gazdi *fn biz [kutyáé]* mummy v. daddy

gázégő *fn* gas-burner/jet

gazella *fn* gazelle

gazember *fn* villain, scoundrel, crook, rogue, a bad lot

gazemberség *fn* villainy

gázfejlesztés *fn* gas generation/production

gazfickó *fn* scoundrel, villain, *tréf* rascal

gázfogyasztás *fn* gas consumption

gázfőző *fn* gas stove/cooker, *[főzőlap]* gas ring

gázfröccs *fn* kickdown

gázfűtés *fn* gas heating

gázgyár *fn* gasworks *esz* v. *tsz*

gázgyártás *fn* gas-making/manufacture

gáz-halmazállapotú *mn* → **gáznemű**

gázkályha *fn* gas-stove/heater, *GB* gas fire

gázkamra *fn* gas chamber

gázkészülék *fn* gas appliance

gázkitermelés *fn* gas production

gázkonvektor *fn* gas convector

gázlámpa *fn* gaslight, gaslamp

gázláng *fn* gas flame, gaslight

gázleolvasó *fn* gasman°

gázló *fn [folyóban]* ford, shallows *tsz*

gázlómadár *fn* wader, wading bird

gázmaszk *fn* → **gázálarc**

gázmérgezés *fn* gas-poisoning, asphyxiation, gassing

gázmérőóra *fn* gas meter

gázművek *fn* gasworks *esz* v. *tsz*, *US* gas-company

gáznemű *mn* gaseous

gazol *i* weed

gázol *i* **1.** *[autó]* run* over/down; **halálra ~** run* over and kill, crush to death; **halálra ~ta egy autó** was run down and killed by a car, was killed in a car (*US* automobile) accident; **~t és továbbhajtott** he failed to stop after an accident **2.** *[vízben]* wade; **térdig ~ a vízben** be* up to the knees in water; **vk becsületébe ~** blacken sy's good name, offend sy deeply

gázolaj *fn* gas/fuel/diesel oil

gázolás *fn* running over/down, street accident; **halálos ~** fatal road accident

gázoló *mn* **~ és továbbhajtó vezető** hit-and-run driver, a hit-and-run

gázóra *fn* gas meter

gazos *mn* weedy, rank/overgrown with weeds *ut*

gázos I. *mn* **1.** gassy, *[gázjellegű]* gaseous **2.** *szl* iffy **II.** *fn [szerelő]* gas fitter

gázosít *i* gasify

gazosod|ik *i* become* overgrown/rank with weeds

gázömlés *fn* escape of gas, gas escape/leak

gázöngyújtó *fn* gas lighter

gázpalack *fn [laboratóriumban]* gas holder/container, *[iparban]* gas cylinder; **háztartási ~** butane (v. *GB* Calor) gas

gázpedál *fn* accelerator (pedal), *US* gas pedal; **~ra lép** step on the accelerator, *US* step on the gas

gázpisztoly *fn* gas pistol

gázrezsó *fn* gas ring/cooker

gázrobbanás *fn* gas explosion

gazság *fn* villainy, baseness, outrage, knavery

gázszag *fn* smell of gas; **~ot érzek** I (can) smell gas

gázszámla *fn* gas bill

gázszerelő *fn* gas fitter

gázszolgáltatás *fn* gas supply

gáztartály *fn [gyári]* gasometer, gasholder, *[kisebb]* gastank

gáztermelés *fn* gas production

gaztett *fn* outrage, outrageous deed, villainy

gázturbinás *mn rep* **~ repülőgép** jet (aircraft)

gáztűzhely *fn* gas cooker/oven/range

gázüzemű *mn* gas-powered

gázvédelem *fn* anti-gas protection

gázvezeték *fn* gas piping (v. pipes *tsz*)

gázvilágítás *fn* gaslight(ing)

gázsi *fn [alkalomszerű]* fee, *[fizetés]* salary

gazsulál *i* (*vknek*) toady to sy, fawn (up)on sy

G-dúr *fn zene* G major

gebe *fn* nag, hack, jade

geci *tabu* **I.** *fn* **1.** *[ondó] GB* spunk, *US* scum **2.** *[ellenszenves ember]* scumbag, motherfucker, *tabu* cunt **II.** *mn* **1.** *[nyomatékosítószó]* fucking, *GB* sodding **2.** *[ellenszenves]* mean, obnoxious

geg *fn* gig, *US* boff

gége *fn* larynx (*tsz* larynges v. -nxes), throat

gégecső *fn műsz* flexible gooseneck

gégefő *fn* larynx (*tsz* larynges v. -nxes)

gégehang *fn* guttural

gégemetszés *fn* laryngotomy

gégemikrofon *fn* throat microphone/mike, laryngophone

gégerák *fn* cancer of the larynx, laryngeal carcinoma [*tsz:* carcinomata v. carcinomas]

gégész *fn* laryngologist

gégészet *fn* laryngology

gégetükrözés *fn orv* laryngoscopy

Geiger-Müller-számláló *fn fiz* Geiger-Müller counter

gejzír *fn* geyser; → **autogejzír**

gekko *fn áll* gecko

gél *fn* gel

gellert kap *i* ricochet

gém *fn* **1.** *[madár]* heron, *[kanalas]* spoonbill **2.** *[kúté]* sweep; *[darué]* jib

gémberedett *mn* numb, stiff with cold *ut*

gémbered|ik *i* → **elgémberedik**
gémeskút *fn* shadoof, sweep
gemkapocs *fn* (paper-)clip
gén *fn* gene
génállomány *fn biol [egyedé]* genome, *[fajé]* gene pool
genealógia *fn* genealogy, pedigree
genealógiai *mn* genealogical
genealógus *fn* genealogist
generáció *fn* generation
generációs *mn* ~ **ellentét** the generation gap; **harmadik ~ fényszedőgép** phototypesetter of the third generation
generális I. *mn [általános]* general, common **II.** *fn [tábornok]* general
generalisszimusz *fn* generalissimo, Commander-in-Chief (*röv* **C.-in-C.**)
generáljavítás *fn* (general) overhaul
generálkivitelező *fn* main contractor
generáloz *i [motort]* give* [a car] a general overhaul, overhaul [a car]
generatív *mn* generative
generátor *fn* generator, dynamo
generikus *mn* ~ **gyógyszer** generic drug
genetika *fn* genetics *esz*
genetikai *mn* genetic; ~ **kód** genetic code
genetikailag *hsz* genetically; ~ **módosított növények** genetically engineered plants/vegetables
genetikus *fn* genetic
Genezis *tul vall* Genesis
Genf *földr* Geneva
genfi I. *mn* ~ **egyezmény** the Geneva Convention **II.** *fn* Genevese, Genevan
Genfi-tó *földr* Lake Geneva
gengszter *fn* gangster; *US szl* mobster
genitáliák *fn tsz orv* genitals *tsz*
genitális *mn* genital; *pszich* ~ **szakasz** genital phase
genitivus *fn* genitive, possessive case
géniusz *fn* genius
génkezelt *mn* ~ **termékek** genetically modified (*röv* **GM**) products; *ételek* GM (genetically modified) foods, GM (foods)
génkutatás *fn* genetics, genetic research
génmanipuláció *fn* genetic manipulation
genotípus *fn biol* genotype
Genova *földr* Genoa
genovai *mn/fn* Genoese
génsebészet *fn* genetic engineering
géntérkép *fn biol* genome
genus *fn biol* genus (*tsz* genera)
genny *fn* pus
gennyed *i* suppurate, become* full of pus, become* purulent
gennyedés *fn [folyamat]* suppuration, purulence; **~t okoz** cause suppuration
gennye(d)z|ik *i* discharge (pus)
gennyes *mn* **1.** purulent; ~ **váladék** purulent discharge **2.** *szl* ~ **alak** toad, *GB* spiv **3.** *szl* **~re keresi magát** be* making money hand over fist, make* a mint (*vmvel* out of)
gennyesed|ik *i* → **gennyed**
geocentrikus *mn* geocentric
geodéta *fn* geodesist, surveyor
geodézia *fn* geodesy, surveying
geofizika *fn* geophysics *esz*
geográfia *fn* geography
geográfiai *mn* geographic(al)
geográfus *fn* geographer
geológia *fn* geology
geológiai *mn* geological
geológus *fn* geologist
geometria *fn* geometry; → **ábrázoló**
geometriai *mn* geometric(al)
geopolitika *fn* geopolitics *esz*
geostacionárius *mn űr [műhold]* geostationary
geotermikus *mn geol* geothermal, geothermic
gép *fn* **1.** *műsz fiz* machine, *[eszköz, készülék]* apparatus, appliance; *fiz* **egyszerű ~** simple machine; **nagy ~** *[számítógép]* mainframe; **~pel mosható** machine washable; **~pel varr** machine **2.** *[írógép]* typewriter; **~pel ír** type, typewrite*; **~pel írt** typewritten, typed **3.** *[repülőgép]* plane **4.** *[fényképezőgép]* camera **5.** *[számítógép]* computer; **~re visz** *[adatot]* enter (data) into a database, make* (data) available for (electronic data) processing, key in, tap [data] into a computer
gépágyú *fn* automatic gun
gépalkatrészek *fn* machine/engine parts, *[pót]* spare parts
gépállás *fn [amikor a gép áll]* standstill, disuse (of machines)
gépállási *mn* ~ **idő** down time
gépállomány *fn [farmé]* machine stock
gépállomás *fn mezőg* (agricultural) machine centre (*US* -ter)
gépápolás *fn* machine maintenance
gepárd *fn* cheetah
gépcsarnok *fn* engine hall, machine room/shop
gépegység *fn* unit
gépel *i [írógépen]* type
gépelem *fn* machine part, component(s)
gépelés *fn [írógépen]* typing
gépelési *mn* ~ **hiba** typing error, *biz* typo
gépelt *mn [írás]* typewritten, typed; ~ **kézirat** typescript, typewritten copy/manuscript/material
gépeltérítés *fn* → **géprablás**
gépereju *mn* power/motor-driven, power-, driven by a motor (v. an engine) *ut*
gépero *fn* **~re berendezett** power-driven, motorized
gép- és gyorsírás *fn* shorthand typing, *US* stenography
gép- és gyorsíró(nő) *fn* shorthand typist, *US* stenographer
gépesít *i* mechanize, *kat mezőg* motorize
gépesítés *fn* mechanization, *kat mezőg* motorization
gépesített *mn* mechanized, *kat mezőg* motorized; *kat* ~ **alakulatok/egységek** mechanized/motorized troops/units; ~ **háztartás** mechanized household; ~ **konyha** labour-saving kitchen (*US* labor-)
gépész *fn* **1.** *[gépkezelő]* mechanic, *[hajón]* (marine) engineer; *[moziban]* projectionist **2.** *[hallgató]* engineering student, student of (mechanical) engineering
gépészet *fn* (mechanical) engineering
gépészmérnök *fn* mechanical engineer (*röv* **M.E., Mech. E.**)
gépészmérnöki *mn* ~ **kar** department/faculty v. *GB* school of mechanical engineering
gépezet *fn* **1.** *műsz* machinery, mechanism **2.** *átv* machinery
gépfegyver *fn* → **géppuska**
gépgyár *fn* engine/machine factory, engine/machine works, engineering works *esz* v. *tsz*
gépház *fn* engine room; *[moziban]* projection room; *[gépszín]* engine-shed
géphiba *fn* **1.** *műsz* defect, engine/machine failure, breakdown **2.** → **gépelési hiba**
gépi *mn* **1.** mechanical, power(-driven); ~ **adatfeldolgozás** data processing; ~ **erő** (mechanical) power; ~ **erővel hajtott** motor-driven, power-; ~ **fordítás** machine translation; ~ **hajtású** powered, power-driven/ operated; ~ **kapcsolású** automatic; ~ **úton** mechanically; ~ **úton feldolgoz** *[adatokat]* process [data] (by computer), computerize [data] **2.** ~ **berendezés/felszerelés** machinery **3.** *[géppel készült]* machine-made
gépies *mn* mechanical, automatic, *[önkéntelen]* unconscious, reflex [response etc.]; ~ **munka** routine (work/job)
gépiesen *hsz* ~ **végez vmt** perform [a/the task] mechanically
gépikód *fn infor* machine code/language

G

gépipar *fn* engineering industry
gépipari *mn* ~ **dolgozók/munkások** engineering workers; ~ **műszaki főiskola** college/school of engineering
gépír *i* type
gépírás *fn* **1.** *[cselekedet]* typewriting, typing **2.** *[szöveg]* typescript
gépírásos *mn* typewritten
gépirat *fn* → **gépelt kézirat**
gépíró(nő) *fn* typist
gépírt *mn* → **gépelt**
gépjármű *fn* (motor) vehicle
gépjárműadó *fn* motor vehicle tax
gépjármű-felelősségbiztosítás *fn gk* liability/third-party (car) insurance
gépjárműforgalom *fn* (vehicular) traffic
gépjárművezető *fn* driver, motorist
gépjármű-vezetői *mn* ~ **igazolvány** driving licence, *US* driver's license; ~ **vizsga** driving test
gépjárművezető-oktató *fn* driving instructor
gépjárművezető-tanfolyam *fn* driving course, driving lessons *tsz*
gépkezelő *fn* machine minder/operator, machinist, *[hajón]* engineer
gépkocsi *fn* (motor) car, *hiv* (motor) vehicle, *US* automobile; **a ~ jelenlegi tulajdonosa** current owner of the car/vehicle; **a ~ üzembentartója** registered keeper of the vehicle/car; **bérelt ~** rental car; → **autó és összetételei**
gépkocsibaleset *fn* car (v. *US* automobile) accident
gépkocsi-ellenőrzés *fn* identity check
gépkocsiforgalom *fn* motor traffic
gépkocsikölcsönzés *fn* car-hire, *főleg: US* car rental(s)
gépkocsikölcsönzési *mn* ~ **díj** rental
gépkocsikölcsönző *fn* car-hire, *főleg: US* rent-a-car [service/ agency/business etc.], car rental
gépkocsiokmányok *fn* vehicle/car/registration documents, *US* registration papers
gépkocsiszín *fn* garage
gépkocsi-tulajdonos *fn* vehicle owner
gépkocsiút *fn [utazás]* ride, drive
gépkocsi-vámigazolvány *fn [nemzetközi]* carnet [Carnet de Passages en Douane]
gépkocsivezetés *fn* **~t tanul** take* driving lessons
gépkocsivezető *fn* driver, motorist, *[hivatásos]* chauffeur
gépkocsizás *fn* motoring
gépkocsizó I. *mn kat* motorized **II.** *fn* motorist
gépkölcsönző *fn* tool rental shop
géplakatos *fn* (engine) fitter, mechanic
gépmester *fn nyomd* machine minder
gépolaj *fn* machine/lubricating oil
géppapír *fn* typing paper
géppark *fn* machine stock/pool
géppisztoly *fn* submachine-gun
géppuska *fn* machine-gun
géppuskafészek *fn kat* machine-gun nest
géppuskás *fn* machine-gunner
géppuskatűz *fn kat* machine-gun fire
géppuskáz *i* machine-gun
géprablás *fn [repülőgépé]* hijacking, skyjacking
géprabló *fn [repülőgépé]* hijacker, skyjacker
géprajz *fn* **1.** *[tervezés]* machine design **2.** *[tantárgy]* technical drawing **3.** *[ábra]* diagram
géprész *fn* machine/engine part
géprombóló *mn/fn tört* Luddite
gépselyem *fn* machine-twist
gépsonka *fn* pressed ham
gépsor *fn [üzemi]* production line
gépszedés *fn* machine-setting
gépszíj *fn* **1.** *műsz* driving-belt **2.** *átv* **elkapta a ~** (i) *[bajba került]* he has had it (ii) *[belesodródott]* he's been dragged into doing sg
gépszín *fn* machine/engine-shed
géptan *fn* mechanics *esz*
gépterem *fn* machine room, *nyomd* print(ing) shop; *info* computer room/lab
gépvontatású *mn* machine/power-hauled, power-traction
gépzene *fn biz* canned music
gépzongora *fn* player piano
gépzsír *fn* grease, lubricant
gerbera *fn növ* gerbera, Transvaal daisy
gereblye *fn* rake
gereblyéz *i* rake
gerely *fn* **1.** *[fegyver]* spear, lance **2.** *sp* javelin
gerelyhajítás *fn sp* throwing the javelin, javelin throw
gerenda *fn* **1.** beam, *[szarufa]* rafter, joist, strut **2.** *sp* beam **3.** *kat* chevron
gerendázat *fn* timber frame(work)
gerezd *fn [gyümölcs, dinnye]* slice, *[narancs, grépfrút]* segment, *[fokhagyma]* clove
gerezna *fn* pelt, hide, fur
Gergely *tul* Gregory
Gergely-naptár *fn* Gregorian calendar, New Style (calendar)
gerilla *fn* guer(r)illa
gerillaharc *fn* guer(r)illa warfare
gerinc *fn* **1.** *[emberi]* spine, backbone, spinal column **2.** *[állaté sütve]* chine **3.** *[hegyé]* ridge, crest, *[könyvé]* spine, *[tetőé]* crest, ridge; *[hajóé]* keel, chine **4.** *átv [tartás]* backbone, firmness; *[lényeg]* pith, marrow
gerinccsigolya *fn orv* vertebra
gerinces I. *mn* **1.** *[lény]* vertebrate **2.** *[jellemes]* of strong character *ut*, steadfast, resolute, firm; ~ **ember** man° of principle **II.** *fn tsz* **~ek** vertebrata *tsz*
gerincesség *fn* firmness, resolution, backbone
gerincferdülés *fn orv* scoliosis
gerincgerenda *fn épít* roof-tree
gerinchúr *fn biol* notochord
gerinchúrosok *fn biol* Chordata, chordate
gerinclövés *fn* shot in the spine
gerincoszlop *fn* spinal/vertebral column
gerincsorvadás *fn orv* tabes dorsalis
gerinctáji *mn* spinal
gerinctelen I. *mn* **1.** *[állat]* invertebrate **2.** *átv* spineless, weak(-kneed) **II.** *fn tsz áll* **~ek** invertebrates *tsz*
gerinctelenség *fn átv* spinelessness, lack of backbone
gerincvelő *fn* spinal marrow/cord
gerincvezeték *fn műsz* main, trunk line
gerjed *i* **1.** *el* excitation is produced **2. haragra ~** → **harag**; **szerelemre ~ vk iránt** fall* in love with sy, lose* one's heart to sy **3.** *[áram]* be* induced/generated
gerjedelem *fn* **1.** *ált* agitation, emotion, passion **2.** *[érzéki]* (sexual) desire, lust
gerjeszt *i* **1. haragra ~** anger sy, make* sy angry; **szerelemre ~** awaken love (in sy's breast) **2.** *el* excite, induce, generate
gerjesztés *fn el* excitation
gerjesztőfeszültség *fn el* excitation voltage
gerjesztőmágnes *fn el* field (electro) magnet
gerle *fn* turtle-dove
gerlice *fn* → **gerle**
germán I. *mn* Germanic **II.** *fn* German
germanista *mn/fn* Germanist, German scholar
germanisztika *fn* German studies *tsz*
germanizmus *fn* **1.** *[más nyelvben]* Germanism **2.** *[német nyelvi sajátosság]* German idiom
gerontológia *fn* gerontology
gersli *fn* pearl barley
gerundium *fn nyelv* gerund
gesz *fn* G flat
gesztenye *fn* **1.** *[szelíd]* (sweet/Spanish) chestnut; **sült ~** roast(ed) chestnuts *tsz*; **mással kapartatja ki a tűzből a ~t** make* a cat's-paw of sy **2.** *[vad]* horse chestnut
gesztenyebarna *mn* chestnut(-coloured/brown)
gesztenyefa *fn* **1.** *[szelíd]* chestnut (tree) **2.** *[vad]* horse chestnut

gesztenyepüré *fn* chestnut puree
gesztenyés I. *mn* of/with chestnuts *ut* **II.** *fn [erdő]* chestnut grove
gesztenyesütő *fn [ember]* chestnut-man°/seller
gesztenyeszínű *mn* → **gesztenyebarna**
gesztikulál *i* gesticulate, gesture
gesztus *fn* **1.** *[mozdulat]* gesture, motion, movement **2.** *átv* **nemes ~** handsome/noble gesture/act
gesztusértékű *mn [igével]* it has symbolic value
gettó *fn* ghetto
géz *fn [sebkötöző]* (sterilized/antiseptic) gauze
Géza *tul* ‹Hungarian masculine given name›
gezemice *fn* **1.** *[savanyúság]* mixed pickles *tsz* **2.** *biz [kotyvalék]* hotchpotch, *US* hodgepodge
gézengúz *fn* rascal, scamp
Ghana *földr* Ghana
ghanai *mn/fn* Ghanaian, Ghanian
gibbon *fn áll* gibbon
gibic *fn* → **kibic**
gibicel *i* → **kibicel**
Gibraltár *földr* Gibraltar
gibraltári *mn/fn* Gibraltarian
Gibraltári-szoros *földr* Strait of Gibraltar
giccs *fn* kitsch, *US* trash
giccses *mn* kitsch, *US* trashy, cheap; **~ kép** kitsch painting
gida *fn* **1.** *[kecske]* kid **2.** *[őz]* fawn
gidres-gödrös *mn* uneven, rough, full of potholes *ut*
gigantikus *mn* gigantic, colossal
gigantománia *fn* ‹obsession with gigantic things› gigantomania
gigászi *mn* → **gigantikus**
gigerli *mn elav* coxcomb, fop
gikszer *fn biz [baklövés]* blunder, howler, *[hiba zenélésben, szövegmondásban stb.]* fluff
giliszta *fn* **1.** *[földi]* earthworm, (angle)-worm, *US* night crawler, nightwalker **2.** *[bélben]* tapeworm, threadworm, *biz* worms *tsz*
gilisztahajtó *mn* vermifuge, helminthic
gím *fn* hind
gimn. *röv* → **gimnázium(i)**
gimnasztika *fn* gymnastics *esz*
gimnazista *fn kb.* grammar-school student/boy/girl, *US* high-school student/boy/girl
gimnázium *fn* (*röv* **gimn.**) *GB* grammar school, *US* high school; **első ~ba jár** he is in his first year at grammar (v. *US* high) school
gimnáziumi *mn* (*röv* **gimn.**) of a grammar school *ut*, *US* of a high school *ut*; **~ tanuló** → **gimnazista**
gímszarvas *fn* red deer, *[hímje]* stag, *[nősténye]* hind
gipsz *fn [természetes]* gypsum, *[égetett]* plaster of Paris; **~be tesz** *[végtagot]* put* [a limb] in plaster; **mikor veszik le a ~et?** when does the cast come off?
gipszel *i* plaster, overlay*/cover with plaster, *[testrészt]* put* [a limb] in plaster
gipszkötés *fn* plastering, plaster-bandage
gipszminta *fn* plaster cast/model
gipszmodell *fn* → **gipszminta**
gipszöntvény *fn* plaster cast
gipszpép *fn* plaster paste
gipszvakolat *fn* plasterwork
girbegörbe *mn* winding, twisting
girhes *mn* **1.** *[ló]* lean(-flanked) **2.** *[ember]* skinny, sickly
girland *fn* garland, festoon, wreath
giroszkóp *fn* gyroscope
gisz *fn* G-sharp
gitár *fn* guitar
gitároz|ik *i* play the guitar
gitt *fn* putty
gittel *i* putty [a window]
G-kulcs *fn zene* G clef, treble clef
gladiátor *fn* gladiator
gladiólusz *fn növ* gladiolus
glasgow-i *mn/fn* Glaswegian, of Glasgow *ut*
glaszékesztyű *fn* kid gloves *tsz*
gleccser *fn* glacier
gleccseres *mn* glaciered
gleccserpatak *fn* subglacial stream
gleccsertó *fn* tarn
gléda *fn biz* **~ba állít** line/draw* up; **~ban áll** stand* in line
glett *fn épít* gypsum plaster, stopping, filler
glettel *i* fill in
glicerin *fn kém* glycerin(e), glycerol
glicerines *mn kém* glyceric, containing glycerin/glycerol
globális *mn* **1.** *[teljeskörű]* global, total, inclusive, overall, aggregate; **~ módszer** sight method, look-and-say method **2.** *[egész világra kiterjedő]* global, worldwide; **~ felmelegedés** global warming
globálisan *hsz* in the aggregate
globalizáció *fn gazd pol* globalization
glóbusz *fn* globe
glória *fn* halo, nimbus, glory
glóriás *mn* haloed, *[dicső]* glorious
glorifikál *i* glorify, extol (*US* extoll)
glossza *fn* **1.** *[margón]* gloss, marginal note **2.** *[cikk]* squib
glosszárium *fn* glossary
glukóz *fn* glucose
glükóz *fn* → **glukóz**
gnóm *mn/fn* gnome, dwarf (*tsz* -fs v. dwarves)
gnóma *fn irod* gnome
gnómikus *mn irod* gnomic
gnoszticizmus *fn fil* Gnosticism
gnosztikus *mn/fn fil* gnostic
gnú *fn áll* gnu
gobelin *fn* Gobelin (tapestry)
góc *fn [betegségé, fertőzésé]* focus, centre (*US* -ter); **a fertőzés ~a** the centre of infection
gócközpont *fn távk* head/zone exchange
gócpont *fn* **1.** *ált* focus (*tsz* -ses v. foci), focal point **2.** *[kereskedelmi]* commercial centre (*US* -ter)
goethei *mn irod* Goethean, Goethian
gofri *fn* waffle
gofrisütő *fn* waffle iron
gokart *fn* go-kart
gól *fn* goal; **~t rúg/lő** kick/score a goal; **egy ~lal vezet** be* one goal up/ahead; **~ nélküli** scoreless, no-score
gólarány *fn* score, goal average
gólem *fn* golem
golf *fn* golf
Golf-áram *földr* the Gulf Stream
golfjátékos *fn sp* golf player, golfer
golfnadrág *fn* plus-fours *tsz*
golfoz|ik *i* play golf
golfpálya *fn* golf course, golf links *tsz*
golfütő *fn* (golf) club
Golgota *földr* Golgotha
gólhelyzet *fn* chance to score, opportunity for/of scoring a goal
gólkirály *fn sp* top scorer
góllövő *mn/fn* (goal-)scorer
gólpassz *fn sp* goal pass
gólvonal *fn* goal line
gólya *fn* **1.** *áll* stork; *biz* **őt sem a ~ költötte** he knows how many beans make five **2.** *[elsőéves]* fresher, freshman°
gólyahír *fn növ* marsh marigold, *US így is:* cowslip
gólyaláb *fn* stilts *tsz*
gólyalábú *mn* long/spindle legged
golyó *fn* **1.** *ált* ball, *[játék ~]* marble; *[labdacs]* pill, pillet **2.** *[puskába]* bullet, cartridge, *[ágyúba]* shot, (cannon-) ball; **~ általi halálra ítél vkt** condemn sy to be shot (v. to death by shoot[ing]); **~t röpít az agyába** blow* one's brains out **3.** *szl [here]* ball, marble *[rendsz. tsz-ban]*
golyóálló *mn* bullet/shot-proof

G

golyós *mn* ~ **dezodor** roll-on deodorant; ~ **szelep** ball-cock
golyóscsapágy *fn* ball(-)bearing
golyóstoll *fn* ballpoint (pen), ball-pen, biro
golyóstollbetét *fn* refill
golyószóró *fn* (light) machine-gun, Bren gun
golyózápor *fn* hail/shower of bullets
golyóz|ik *i* play marbles
golyva *fn* goitre, *US* goiter
golyvás *mn* goitrous
gomb *fn* **1.** *[ruhán]* button **2.** *[ajtón, fiókon, sétapálcán]* knob **3.** *[csengőé]* button, bellpush; **megnyomja a ~ot** press/push the button
gomba *fn* **1.** *növ* fungus (*tsz* -gi v. -uses), *[ehető]* mushroom, *[mérges]* toadstool; ~ **alakú** mushroom-shaped; ~ **alakú felhő** *[atombomba robbanásakor]* mushroom cloud; ~ **mód szaporodik** mushroom **2.** *orv* fungus (*tsz* -gi v. -uses); ~ **okozta betegség, ~betegség** mycosis (*tsz* -ses)
gombafej *fn* **~ek rántva** fried buttonmushrooms
gombaismeret *fn* fungology, mycology
gombaleves *fn* mushroom soup
gombamérgezés *fn* mushroom poisoning
gombaölő *mn* fungicidal; ~ **szer** fungicide
gombapaprikás *fn* mushroom and paprika stew with sour cream
gombapörkölt *fn* mushroom and paprika stew
gombás *mn* **1.** *[étel]* with mushrooms *ut* **2.** ~ **megbetegedés/betegség** mycosis (*tsz* -ses)
gombásod|ik *i* become* mouldy
gombász *fn* *[gyűjtő]* mushroom gatherer
gombaszakértő *fn* mycologist
gombászat *fn* **1.** *tud* mycology **2.** *[gombatermesztés]* mushroom-growing, *[szedés]* mushroom-gathering
gombász|ik *i* gather mushrooms, go* mushrooming
gombatenyészet *fn* mushroom/fungus culture
gombatenyésztő *fn* mushroom culturist
gombavizsgáló *fn* *[hely]* *kb.* mushroom-checking booth
gombáz|ik *i* → **gombászik**
gombelem *fn* micro-battery, pill battery, cell (battery)
gombfesték *fn* paints *tsz*, cake(s) of paint
gomblyuk *fn* buttonhole
gombnyomás *fn* **~ra működő** push-button
gombóc *fn* dumpling, *[húsból, burgonyából]* ball; ~ **van a torkában** there is a lump in her/his throat
gombol *i* button (up)
gombolód|ik *i* button [at the back etc.]
gombolyag *fn* ball, *[fonal]* skein, hank; **egy ~ spárga** a ball of string
gombolyít *i* wind* into a ball, ball, wind* up, reel
gombolyod|ik *i* be* wound up, roll/coil up
gombos *mn* provided with buttons *ut*
gombostű *fn* pin
gombostűfejnyi *mn* of the size of a pinhead *ut*, not larger than a pinhead *ut*
gomolya *fn* *kb.* cottage-cheese
gomolyfelhő *fn* cumulus (*tsz* cumuli)
gomolyog *i* *[füst]* wreathe (around/up), [clouds of smoke] puff up, *[felhő]* swirl
gond *fn* **1.** *[aggódás, bánat]* worry, concern, anxiety, uneasiness, trouble, *[nehézség, probléma]* difficulty, problem; **ez nem ~** that's no problem; **ez már az én ~om** that'll be my problem, that's for me to worry about; **semmi ~!** no sweat!; **ez nem az én ~om** that's not my concern; **a legkisebb ~om is nagyobb annál** that is the least of my cares/worries; **sok a ~ja** be* full of cares, be* worried; **anyagi ~ok** financial difficulties; **anyagi ~jai vannak** have* difficulty (in) making ends meet, *biz* be* hard up; ~ **nélkül(i)** carefree; **sok ~ot okoz vknek** cause sy great anxiety, worry sy (very much); **egy ~dal kevesebb!** that's a load off my mind **2.** *[törődés]* care (for sg), concern, attention, carefulness, solicitude; **majd ~om lesz rá** I'll see to it, I'll attend to it, I'll look after him/it; **vk ~jaira bíz** entrust (sy/sg) to (the care of) sy; **~jaira van bízva vk/vmi** be* in charge of sy/sg; **nagy ~ot fordít vmre** devote great care to sg, take* pains with sg (v. to do sg); **~jaiba vesz vkt/vmt** take* charge of sy/sg, look after sy/sg; **~ját viseli** (*vknek*) take* care of sy, look after sy; (*vmnek*) look after sg, attend to sg, take* care/charge of sg, care for sg; **nagy ~dal csinál vmt** do* sg with great care; **nagy ~dal jár el** exercise care in doing sg
gondatlan *mn* careless, negligent, neglectful (of sg), thoughtless
gondatlanság *fn* carelessness, want of care, negligence, neglect; *jog* negligence, malpractice; **~ból okozott kár** criminal negligence; **~ból elkövetett emberölés** negligent manslaughter, *US* homicide through negligence
gondnok *fn* **1.** *[kiskorúé]* guardian **2.** *[örökségé]* administrator, trustee [of an estate] **3.** *[gazdasági]* steward, overseer **4.** *[intézményé, kollégiumé]* warden, *[üdülőé, kisebb épületé]* caretaker, *US főleg* janitor, *US hiv* custodian
gondnoknő *fn* *[diákszállóban, tanulóotthonban]* matron, *[intézményé ált]* warden, *[üdülőé, kisebb épületé]* caretaker
gondnokság *fn* **1.** *[kiskorúé]* guardianship, *[örökségé]* trusteeship, *[mint állás]* office of guardian/trustee/curator; ~ **alá helyez** place in charge of a guardian/curator **2.** *[intézményé]* board of trustees **3.** *[gondnoki hivatal]* warden's office
gondol *i* **1.** think*, consider, believe; **~od, esni fog? – azt hiszem, igen** do you think it will rain? – Yes, I think so; **mit ~(sz)?** what do you think?; **ezt komolyan ~od?** do you really mean it?, you don't (really) mean that?; **komolyan ~om** I mean it; **komolyan ~ja** he means business; **úgy ~om, hogy** ... I think/believe/expect/reckon (that) ..., I take it that ..., *US* I guess (that) ...; **igen, úgy ~om** Yes, I believe so; **ezt ~tam is, mindjárt ~tam** I thought as much; **~hattam volna** I might have known; **mást ~t** he changed his mind; **nem ~om** I don't think so, I wouldn't say so; **nem ~ja/~od?** don't you think? **2.** *[vmlyennek vél]* think*, imagine, judge, find*; **nagy költőnek ~ja magát** he thinks himself (v. he is) a great poet; **angolnak ~ták** he was thought/believed to be an Englishman, he was taken for an Englishman; **nem olyan nehéz, mint amilyennek ~tam** it is not as difficult as I expected (it to be) **3.** (*vkre/vmre*) think* of/about sy/sg, have* sy/sg in mind, (*vmre*) consider sg; **mire ~sz?** what are you thinking of?; **hova ~sz?** how can you think of such a thing?; **ne ~j rá!** put it out of your mind, forget (all about) it; **erre még ~ni sem szabad** perish the thought; **arra ~tam, hogy állást változtatok** I'm considering changing my job; **~tál már valaha arra, hogy ...?** have you ever thought of (v. considered [the fact] that) ...?; **~ok itt arra, hogy** ... what I have in mind is ...; **~ön vkre?** *[állás betöltésénél]* have you sy in mind?; **na, most mire ~sz?** a penny for your thoughts; **~tam rád** I have not forgotten about you; **sokat ~unk rátok** you are very much in our thoughts **4.** *[vmvel/vkvel törődve]* think* about, care for/about, concern oneself with, mind sy; **ne ~j velem** don't bother about me, you needn't worry about me; **csak magadra ~sz!** you only care about yourself, you're being selfish **5.** *[következtetve]* **miből ~od, hogy megbízható?** what makes you think you can trust him?; **az újságok alapján arra ~ok** I gather from the papers
gondola *fn* *[velencei és bolti]* gondola
gondolás *fn* *[hajós]* gondolier
gondolat *fn* thought, idea, reflection; **már maga a ~ is képtelenség** the very idea!; **már maga a puszta ~** the mere thought of it; **hagyj fel a ~tal!** perish the thought!; **ez kitűnő ~** an excellent idea, a happy thought; **az a ~ot támadt** it occurred to me, the idea occurred to me, the thought struck me; **~ban** mentally, in thought, in one's mind; **~ban veled leszek** I shall be with you in spirit; **~okba merülve** lost/deep in thought; **~okkal teli** thoughtful; *kif* [sg that] provides (much)food for thought

gondolatátvitel *fn* thought-transference, telepathy
gondolatébresztő *mn* thought-provoking, stimulating
gondolati *mn* of thought *ut*, conceptual, notional, mental, intellectual; **~ összefüggés** sequence/chain/line of thought; **~ tartalom** substance, thought-content
gondolatjel *fn* dash
gondolatkeltő *mn* → **gondolatébresztő**
gondolatkör *fn* sphere of thought
gondolatmenet *fn* chain/sequence/order of ideas, train of thought; **folytatva a ~et** developing the (train of) thought; **követi vk ~ét** follow sy('s train of thought)
gondolatolvasás *fn* thought/mind-reading
gondolatrendszer *fn* system of ideas, ideology, system of beliefs
gondolatsor *fn* chain of ideas
gondolatszabadság *fn* freedom of thought
gondolatszegény *mn* lacking ideas *ut*, barren of thoughts/ideas *ut*, vacuous
gondolattársítás *fn* association of ideas
gondolatvilág *fn* thoughts *tsz*, ideas *tsz*; **más ~ban él** live in a different world
gondolkodás *fn* **1.** *[művelet]* thinking, thought, meditation, cogitation; **~ nélkül** without hesitation, impulsively **2.** → **gondolkodásmód**
gondolkodási *mn* **~ idő** time to think; **~ idő nélkül** without due time to reflect; **~ időt kap** be* given time to think sg over
gondolkodásmód *fn* way of thinking, turn/cast of mind, mentality
gondolkod|ik *i* think* *(vmről, vmn* of/about), *[vmn hosszasan]* reflect (up)on, pore over/on/upon, *[fontolgatva]* consider (sg); **hangosan ~ik** think* aloud; **helyesen ~ik** take* right view of things, think* along the right lines; **saját fejével ~ik** use one's own head; **~j csak!** use your brains!, think (again)!; **hogyan ~ik erről?** what do you think of this?, what is your view of this?; **~om, tehát vagyok** I think, therefore I am; **azon ~ik, hogy ...** (i) *[vajon]* he wonders whether ... (ii) *[fontolgatva]* he's thinking about/of ...ing, he's considering ...ing; **azon ~om, hogy állást változtatok** I'm considering (v. thinking about/of) changing my job; **~ik a dolgon** give* [the matter] some thought, be* thinking (v. think) sg over; **kérem, ~jék a javaslaton** please think about the proposal; **nem ~tam rajta** I didn't give it a second thought
gondolkodó I. *mn* thinking, reasoning, reflective, thoughtful, pensive **II.** *fn* **1.** *[filozófus]* philosopher, thinker **2. ~ba ejt** set* sy thinking, make* sy reflect, give* sy pause
gondolkodóképesség *fn* reason, power of reasoning, power to think
gondolkoz|ik *i* → **gondolkodik**
gondos *mn* careful; *[pontos, körültekintő]* precise, thorough scrupulous; **~ ápolásra szorul** (s)he needs careful looking after; *[csak ember]* (s)he needs careful nursing
gondosan *hsz* carefully; **~ olvasd el** read it carefully/attentively; **~ kidolgozott** carefully thought/worked-out; **~ ügyel arra, hogy** make* a point of (doing sg), take* good care (to do sg)
gondoskodás *fn* care, provision (for); **~ történik vmről** provision is (being) made for sy; **szülői ~** parental care/solicitude
gondoskod|ik *i* *(vkről/vmről)* take* care of, provide for, look after, take* charge of, *(vmről)* see* to sg (doing sg), arrange for sg; **~jék róla, hogy ...** see (to it) that ...; **arról majd én ~om!** I shall see to it; **~tam arról, hogy egy kocsi várja önt** I have arranged for a car to meet you; **~ik magáról** fend for oneself, look after oneself
gondosság *fn* care(fulness), thoughtfulness; *[kivitelezésé]* accuracy, precision, exactness; *gazd* **kellő ~** ordinary care, due care and caution; **~ hiánya** want/lack of care; **a legnagyobb ~gal** with the utmost care
gondoz *i* **1.** look after, take* care of, attend to, *[beteget]* nurse, tend; *[kertet]* tend **2.** *[könyvet]* prepare [a book] for the press (v. for printing), edit
gondozás *fn* **1.** *(vké)* looking after, care; *[betegé]* nursing, tending, *[kerté]* tending **2.** *[gépé]* maintenance, servicing **3.** *[könyvről]* **vknek a ~ában** (copy-)edited by ...; (copy) editor ...
gondozatlan *mn* uncared-for, neglected, sloppy, *[külső]* slovenly, shabby, grubby, untidy [appearance]
gondozó *fn* **1.** caretaker, keeper, attendant **2.** *[egészségügyi]* health centre
gondozónő *fn* **területi ~** district-nurse; → **védőnő**
gondozószülő *fn* foster parent
gondozott I. *mn* well-kept, in good condition/repair *ut* **II.** *fn* foster-child°; **állami ~** child° in care
gondtalan *mn* free from care *ut*, carefree, light-hearted; **~ élet** life free from cares, easy life
gondtalanul *hsz* in a carefree manner; **~ él** live free from care
gondterhelt *mn* *[élet]* full of worries/anxiety/cares *ut*, careworn, troubled, worried; *[arc]* harassed
gondterhes *mn* → **gondterhelt**
gondűző *mn* consoling, diverting
gondviselés *fn* **1.** *[isteni Gondviselés]* Providence; **a ~ jóvoltából** by devine dispensation **2.** → **gondozás**, → **gondoskodás**
gong *fn* gong
gongütés *fn* (striking/sound[ing]/stroke of the) gong
gonorrhoea *fn orv* gonorrhoea, *US* gonorrhea
gonosz I. *mn* evil(-minded), wicked, vicious, vile; **~ szándék** ill will, malice; **~ szándékkal** with evil intent, malignantly; **~ tréfa** dirty/nasty/mean trick **II.** *fn* evil
gonoszkod|ik *i [huncutkodik]* be* naughty/mischievous
gonoszság *fn* **1.** *[tulajdonság]* evil, wickedness, viciousness **2.** *[tett]* evil/wicked deed/act; **merő ~ból** out of/pure malice; **~on töri a fejét** hatch evil thoughts; **minden ~ra képes** be* capable of any villainy
gonosztett *fn* crime, evil/wicked deed, outrage, wrongdoing
gonosztevő *fn* evildoer, wrongdoer, criminal
gordiuszi *mn* **kettévágja a ~ csomót** cut* the Gordian knot
gordon *fn* → **nagybőgő**
gordonka *fn* (violon)cello
gordonkaművész *fn* (violon)cellist
gordonkáz|ik *i* play the (violon)cello
góré[1] *fn [kukoricagóré]* barn
góré[2] *fn szl [főnök]* boss, *GB* guvnor; **ő a ~** he runs the show, he's (the) boss
gorilla *fn* **1.** *áll* gorilla **2.** *átv [testőr]* bodyguard, *[kidobóember]* bouncer
goromba *mn [ember]* rough, rude, boorish; **~ fráter** churlish fellow, boor(ish fellow); **~ hiba** gross error, glaring blunder/fault
gorombaság *fn* **1.** *[modor]* roughness, rudeness, boorishness **2.** *[bánásmód]* ill-treatment/usage **3.** *[kijelentés]* abuse (*tsz* ua.)
gorombáskod|ik *i [szóban]* be* rude/offensive/abusive (to sy)
gót I. *mn* Gothic; **~ betű** Gothic type, black letter; **~ nyelv** Gothic; **~ stílus** Gothic/ogival/pointed style **II.** *fn* Goth
gótika *fn* Gothic art
gótikus *mn* Gothic, ogival
göb *fn* knot, node, nodule
göcs *fn* knot, nodule
göcsörtös *mn* knotty, gnarled
gödény *fn* pelican
gödölye *fn* kid
gödör *fn* pit, hole, *[úton]* pothole
gödröcske *fn [arcon]* dimple
gödrös *mn [felület]* pitted, broken, uneven, *[út]* bumpy, full of potholes *ut*

G

gőg *fn* arrogance, haughtiness, pride, superciliousness; **letöri vknek a ~jét** take* sy down a peg
gőgicsél *i* gurgle (with delight), babble away
gőgicsélés *fn* gurgle, baby talk
gőgös *mn* arrogant, haughty, proud, high-handed, supercilious
gömb *fn* **1.** *ált* ball, orb; **~ alakú** -spherical, globular **2.** sphere **3.** *földr* globe
gömbcikk *fn* spherical section/wedge
gömbcsukló *fn* ball-and-socket joint/head
gömbfa *fn* round timber
gömbfejes írógép *fn* golf-ball typewriter
gömbfelület *fn* spherical surface
gömbi *mn* spherical; **~ eltérés** spherical aberration
gömböc *fn* **1.** *[ember]* fatty, roly-poly **2.** *[húsétel] kb.* black pudding, *US* blood sausage, *skót* haggis
gömbölyded *mn* roundish, *[arc]* round, full, chubby
gömbölyít *i* make* round, round (out)
gömbölyöd|ik *i* become*/grow*/get* round, round (out)
gömbölyű *mn* **1.** *[test]* round, spherical, globular, rounded **2.** *[emberről]* stout, round, fat
gömbsüveg *fn* spherical calotte
gömbszelet *fn* spherical section/segment
gömbvas *fn* round-iron
gömbvillám *fn* ball/globe lightning, fireball
gönc *fn biz* **1.** *[ócska ruha]* cast-off clothing, cast-offs *tsz* **2.** *[limlom]* odds and ends *tsz*, *US* junk
Göncölszekér *tul csill* the Great Bear, the Plough, *US* the Big Dipper
göndör *mn* curly
göndörít *i* curl, make* curly, frizz(le)
göndöröd|ik *i* curl
göngyöl *i* roll (up), pack (up), swathe
göngyöleg *fn* **1.** *[csomag]* bundle, bale, package **2.** *[begöngyölt dolog]* roll; **egy ~ dohány** a roll of tobacco **3.** *gazd* wrapping, packing material
göngyölet *fn* → **göngyöleg** 3
göngyölít *i* roll up
göngyölt *mn [hús] GB* collared, rolled
görbe I. *mn* **1.** *ált* curved, *[hajlított]* bent, twisted, crooked; **~ lábú** bandy-legged; **~ vonal** curve(d line); **~ vonalú** curvilinear; **~ tükör** distorting mirror **2.** *átv* **~ éjszaka** night on the tiles, spree; **~n néz vkre** look askance at sy, frown at sy; **~ utakon jár** have* shady dealings, be* a crook, be* not on the level **II.** *fn mat* curve, *[grafikon]* graph
görbeség *fn* crookedness, twist, bend
görbít *i* bend*, twist, deform, make* crooked, warp
görbül *i* curve, become* bent/crooked
görbülés *fn* curve, bend
görbület *fn* curvature, deflection, *[kanyarulat]* bend, curve, winding
görbült *mn* curved, deflected, bent
görcs *fn* **1.** *[fában]* knot, gnarl **2.** *[kötött]* knot **3.** *[izomé]* cramp, spasm; **~öt kap** have*/get* cramp, have* a spasm, be* seized with cramp (v. *US* cramps); **~öt kapott a lába** he had cramp in his leg(s)
görcsoldó *mn/fn* **~ szer** antispasmodic
görcsöl *i* **1.** have*/get* cramp, cramp, have* spasms, have* spasmodic pain(s) **2.** *átv biz* **ne ~j!** *[nyugodj meg]* take it easy!, relax, let it all hang out, *US* hang loose
görcsös *mn* **1.** *[fa]* gnarled, knotty, knotted **2.** *[fájdalom]* spasmodic, convulsive, *[ismétlődő]* fitful; **~ fájdalom** spasmodic pain; **~ rángatódzás** convulsions *tsz* **3.** *[gátlásos, erőltetett]* (con)strained, forced, overanxious
görcsösen *hsz* **~ ragaszkodik vmhez** hang*/hold* onto sg like grim death, cling*/stick* to sg tenaciously
görcsroham *fn* fit, spasm, convulsion
gördeszka *fn* skateboard
gördeszkázás *fn* skateboarding, skurfing
gördeszkáz|ik *i* ride* on a/the skateboard, skateboard
gördít *i* wheel, roll, trundle; *infor* scroll; → **akadály**
gördítősáv *fn infor* scroll bar
gördül *i* roll (along), travel (*US* -l), move, trundle, *[körbe]* revolve, turn
gördülékeny *mn [stílus]* easy(-flowing), fluent, smooth
gördülő *mn ált* rolling, moving, *[sínen]* sliding
gördülőanyag, -állomány *fn* rolling stock
gördülőcsapágy *fn [görgős]* roller bearing, *[golyós]* ball(-)bearing
gördülőellenállás *fn fiz* rolling friction
görény *fn* **1.** *áll* polecat, *US* skunk **2.** *átv szl [emberről]* skunk
görget *i* roll, trundle, wheel, push
görgeteg *fn [kövek]* boulders *tsz*
görgő *fn* roller, runner, *[bútoron]* caster v. castor
görgőscsapágy *fn* roller bearing
görhoki *fn sp* roller hockey
görkorcsolya *fn* rollerskates *tsz*
görkorcsolyáz|ik *i* roller-skate
görl *fn* chorus girl, showgirl
görnyed *i* bend*, bow, stoop; **vm fölé ~** bend*/lean* over sg; **könyvek fölött ~** pore over books
görnyedt *mn* bent, bowed, stooping; **~ hátú** stooping
görög I. *mn* Greek; *[ókori]* Hellenic, Grecian; **~ betű(k)** Greek letter(s); *[az ábécé]* Greek alphabet; **~ katolikus** Greek Catholic, Uniat(e); **~ kultúra** Greek civilization/culture; **~ nyelvtudás** (knowledge of) Greek **II.** *fn [ember, nyelv]* Greek; **a ~ök** the Greeks, the Greek people
görögdinnye *fn* watermelon
görögkeleti *mn* (Greek) Orthodox; **a ~ egyház** the (Greek) Orthodox Church, Eastern Church
Görögország *földr* Greece
görögösít *i* Hellenize
görögösödés *fn* Hellenization
görögség *fn [kultúra, szellem]* Greek culture, Hellenism
görögtűz *fn* Greek fire
görögül *hsz* **~ tanul** learn* Greek; **~ van (írva)** it is (written) in Greek
göröngy *fn* clod of earth, lump
göröngyös *mn* uneven, rough; **~ út** rough/bumpy road
görsí *fn sp* turf-skiing
gőte *fn áll* newt
göthös *mn* weak-chested, *[beteges]* sickly, weak in health *ut*
gőz *fn* **1.** *ált* vapour (*US* -or), *[kigőzölgés]* exhalation, evaporation, vapour; *[vízé]* steam **2.** *[mint hajtóerő]* steam; **teljes ~zel** (at) full steam/tilt, at full speed, *átv is* (at) full blast; **teljes ~zel előre!** *[hajó]* full steam ahead!; **fáradt ~** dead/exhaust steam **3.** → **gőzfürdő 4.** *biz* **halvány ~öm sincs róla** I haven't the faintest idea, I haven't got a clue; **kár a ~ért!** save your breath!
gőzelszívó *fn* steam extractor
gőzerejű *mn* steam(-driven/powered)
gőzerő *fn* **1.** *műsz* steam-power **2.** *átv* **~vel** (at) full steam/blast; **~vel folyik a gyártás** production is in full swing
gőzfürdő *fn* Turkish/steam bath
gőzfűtés *fn* steam-heating
gőzfűtésű *mn* steam-heated
gőzgép *fn* steam-engine
gőzhajó *fn [kisebb]* steamer, *[nagyobb]* steamship, steamboat, *[óceánjáró]* liner
gőzhajózási *mn* **~ társaság** steamship company
gőzhenger *fn* steam-roller
gőzkalapács *fn* steam-hammer
gőzkazán *fn* steam-boiler
gőzmalom *fn* steam-mill
gőzmeghajtású *mn* → **gőzerejű**
gőzmozdony *fn* locomotive, steam-engine
gőznyomás *fn* steam pressure
gőzöl *i* **1.** *[textilt]* hot-press, steam [textile] **2.** *[ételt]* steam, stew **3.** → **gőzölög**
gőzölgés *fn* (*vmé*) emission of steam, exhalation
gőzölgő *mn* steaming, *[leves stb.]* piping/steaming hot

gőzölög *i* steam, emit steam/vapour (*US* -or), *[étel]* steam, *[felhevült állat]* be* snorting
gőzölős *mn* ~ **vasaló** steam iron
gőzös I. *mn* steamy, vaporous **II.** *fn* **1.** → **gőzhajó 2.** → **gőzmozdony**
gőzturbina *fn* steam turbine
gőzüzemű *mn* → **gőzerejű**
gőzvasaló *fn* → **gőzölős vasaló**
Grácia *tul* **a három ~** the three Graces *tsz*
graffiti *fn* graffiti
grafika *fn* **1.** *műv* graphic arts *tsz* **2.** *[egyes kép]* graphic, drawing; **Dürer ~i** Dürer's graphics **3.** *nyomd [kiadványé]* artwork, graphics *tsz* **4.** *infor [rajz]* graphics *esz* v. *tsz*
grafikai *mn* graphic
grafikon *fn* graph, diagram, chart; **~t készít vmről** graph/chart sg, show*/represent sg on a graph/chart, represent sg graphically
grafikus I. *mn* graphic, diagrammatic **II.** *fn [művész]* graphic artist
grafit *fn* **1.** *ált* graphite **2.** *[ceruzában]* (black)lead
grafológia *fn* graphology
grafológus *fn* graphologist
Grál *tul* **a Szent ~** the Holy Grail
gramm *fn* (*röv* **g**) gram(me); **súlya 2 ~** it weighs two gram(me)s
grammatika *fn* grammar
grammatikai *mn* grammatical
grammatikus *mn nyelv* grammatical
gramofon *fn* gramophone, *US* phonograph
gramofonlemez *fn* gramophone record, *US* phonograph record
gránát[1] *fn [robbanó]* grenade, shell
gránát[2] *fn [kő]* garnet
gránátalma *fn* pomegranate
gránátos *fn kat tört* grenadier
gránátszilánk *fn* shell splinter
gránáttűz *fn* shell-fire; **~ alá vesz** shell
gránátvető *fn* trench-mortar, grenade-thrower
grandiózus *mn* grand(iose), imposing, monumental
gránit *fn* granite
granulált *mn* granulated
granulátum *fn* granules *tsz*
grasszál *i biz [sétál]* stroll, promenade, saunter
grátisz *hsz* gratis, free (of charge), for nothing
gratuláció *fn* congratulations *tsz*
gratulál *i [vknek vmely alkalomból]* congratulate sy (on sg); **~ok!** congratulations!, I congratulate you (on sg); **~ vknek abból az alkalomból, hogy levizsgázott** congratulate sy on having passed the/his examinations; *[főnévvel]* congratulations on passing your etc. exam; **~ok születésnapjára** (I wish you) many happy returns (of the day)
gravíroz *i* engrave
gravírozás *fn* engraving
gravitáció *fn* gravitation, (pull of) gravity
gravitációs *mn* gravitational; **a Newton-féle ~ törvény** Newton's law of gravitation
gravitál *i* (*vhová*) gravitate/tend towards
greenwichi középidő *fn* Greenwich Mean Time (*röv* **G.M.T.**)
gregorián *mn* ~ **ének** Gregorian chant, plainsong
grémium *fn* decision-making body, executive body
Grenada *földr* Grenada
grenadai *mn/fn* Grenadian
grépfrút *fn* grapefruit; **~lé** grapefruit juice
griff(madár) *fn* gryphon, griffin
grill *fn* **1.** → **grillsütő**; **~en süt** grill, *US* broil **2.** *[vendéglő]* grill(-room)
grillázs *fn* brittle
grillcsirke *fn* roast/grilled (*US* broiled) chicken
grillez *i* grill
grillsütő *fn [konyhában, rostély]* grill, *US* broiler, *[rostély, főleg faszénnel]* gridiron, *[szabadban, nyílt tűzzel]* barbecue
grimasz *fn* grimace; **~t csinál/vág** make*/pull a face; **~okat vág** make*/pull faces, grimace
grimbusz *fn* hullabaloo, fuss, row; **~t csinál** kick up a fuss/row
gríz *fn* semolina → **tejbedara**
grizzly *fn áll* grizzly
gróf *fn [a kontinensen]* count, *GB* earl
grófnő *fn* countess
grófság *fn* **1.** *[cím]* countship, (*GB* earldom) **2.** *[terület]* county, (*csak GB:* shire)
grog *fn* grog
groteszk *mn* grotesque, freakish
Grönland *földr* Greenland
grönlandi I. *mn* Greenlandic **II.** *fn* Greenlander
grund *fn biz* vacant site, *US* lot
grupp *fn* **1.** *[virág]* flower-bed **2.** *[csoport]* group
grúz *mn/fn* Georgian
Grúzia *földr* Georgia
grúziai *mn/fn* → **grúz**
guanó *fn* guano
Guatemala *földr* Guatemala
guatemalai *mn/fn* Guatemalan
guba *fn szl* dough, bread; **sok ~ja van** he's rolling in it, he's loaded
gubacs *fn* gall
gubacsdarázs *fn áll* gall wasp
gubanc *fn* **1.** tangle, snarl **2.** *biz [gond]* screw-up
gubancolód|ik *i* get*/become* entangled/matted
gubancos *mn [haj]* shaggy, matted
gubbaszt *i* huddle, cower, crouch
guberál *i* **1.** *biz [pénzt zsebből]* fork/dig* out [money] **2.** *[szeméttelepen]* rake/grab about (among the dustbins v. *US* garbage), scavange
guberáló *fn* scavanger, *[hajléktalan]* tramp, bum, *[nő]* (shopping-)bag lady
gubó *fn* **1.** *[rovaré]* cocoon **2.** *növ* capsule
guggol *i* squat (on one's heels), crouch (down)
Guinea *földr* Guinea
guineai *mn/fn* Guinean
gúla *fn* pyramid; **~ alakú** pyramidal, pyramidic(al); **fegyvert ~ba rak** pile arms
gulya *fn* herd [of cattle]
gulyás *fn* **1.** *[ember]* herdsman°, cowherd, *US* cowhand, cowboy **2.** *[étel]* (Hungarian) goulash
gulyásleves *fn* goulash soup
gumi *fn* **1.** *[anyag]* rubber, *összet* rubber, elastic **2.** → **gumiabroncs 3.** *[óvszer]* sheath, condom, *US* rubber; **mindig ~t használok** I always wear rubbers
gumiabroncs *fn* tyre, *US* tire; → **tömlő**
gumiarábikum *fn* gum(-arabic)
gumibélyegző *fn* rubber stamp
gumibot *fn [rendőri]* (rubber) truncheon, baton, *US így is:* nightstick, *US* billy
gumibugyi *fn* → **guminadrág**
gumicipő *fn [strandoláshoz]* beach/bathing shoe(s)
gumicukor *fn* jujube, jelly bean/baby
gumicsizma *fn* gumboots *tsz*, *GB* (a pair of) wellingtons *tsz*, wellington boots *tsz*, *US* gums *tsz*, rubber boots *tsz*, *[térden felül érő, horgásznak]* angling waders *tsz*
gumicsónak *fn [felfújható]* inflatable boat, rubber dinghy
gumidefekt *fn* blowout, flat tyre, puncture; **~et kaptam** I had a blowout, *biz* I('ve) got a flat
gumifa *fn* rubber-plant/tree
gumiharisnya *fn* elastic stocking/hose
gumikalapács *fn* rubber mallet
gumikerék *fn* (rubber) tyre (*US* tire)
gumikesztyű *fn* rubber gloves *tsz*
gumiköpeny *fn [esőkabát]* waterproof (coat), mackintosh, rubber cape

gumikötény *fn* rubber apron
gumilabda *fn* rubber ball
gumilepedő *fn* rubber sheet
gumilövedék *fn* rubber bullet
gumimatrac *fn* air mattress, airbed
guminadrág *fn [kisbabáé]* rubber panties/pants *tsz*
guminyomás *fn* airpressure
gumiobjektív *fn* zoom lens
gumi óvszer *kif* → **gumi 3**
gumiragasztó *fn* rubber cement
gumiragasztó-csomag *fn* puncture repair kit
gumíroz *i* elasticate
gumírozott *mn* elasticated, elastic
gumis I. *mn* → **gumírozott II.** *fn biz* → **gumiszerelő**
gumisapka *fn* rubber cap → **fürdősapka**
gumisarok *fn* rubber heel
gumiszalag *fn* rubber/elastic band
gumiszerelő *fn* tyre tracking and balancing workshop
gumiszervíz *fn gk* tyre repair workshop
gumiszövet *fn* rubber fabric
gumitalp *fn* rubber sole
gumiültetvény *fn* rubber plantation/estate
gumiz *i* → **gumíroz**
gumó *fn [pl. burgonyáé]* tuber, root
gumós *mn növ* tuberous
gúnár *fn* gander
gúny *fn* ridicule, mockery, *[finom]* irony; *[maró]* sarcasm; **~t űz vkből/vmből** make* fun of sy/sg, ridicule/mock sy; **~ tárgya** butt, laughing stock
gúnya *fn* clothes *tsz*
gúnydal *fn* satirical song
gúnyirat *fn* lampoon, squib, satire
gúnykacaj *fn* derisive laughter, jeering, jeers *tsz*
gúnykép *fn* caricature, cartoon
gúnynév *fn* nickname; **gúnynevet ad vknek** nickname sy, dub sy (sg)
gunnyaszt *i* → **gubbaszt**
gúnyol *i* mock, ridicule, make* fun of, jeer (at sy)
gúnyolódás *fn* mockery, mocking
gúnyolód|ik *i* be* derisive/sarcastic; **~ik** (*vkvel*) taunt sy (with sg), jeer (at sy)
gunyoros *mn* → **gúnyos**
gúnyos *mn* sarcastic, ironic(al), biting, scornful, mocking sardonic; **~ megjegyzés** sneer; snide/sarcastic remark; ~ **mosoly** derisive smile, sneer
gúnyosan *hsz* **~ mosolyog** smile derisively, sneer (at)
gúnyrajz *fn* caricature, cartoon
gúnyvers *fn* satirical poem, satire, pasquinade
guppi *fn áll* guppy, rainbow fish
gurguláz *i* gargle
guriguri *fn* double-runners *tsz*
gurít *i* roll, send* sg rolling, *[bútort, karikát]* trundle *[labdát, tekét]* bowl
gurtni *fn* strap, band
guru *fn* guru
gurul *i* **1.** *ált* roll, travel (*US* -l), *[repülőgép]* taxi **2. ~** **nevetéstől** be* convulsed (v. doubled-up) with laughter *[közönség]* roll in the aisle **3.** → **düh**
gurulás *fn [repülőgépé]* taxiing
gurulóülés *fn [csónakban]* roller/sliding seat
guszta *mn biz* → **gusztusos**
gusztál *i [nőt]* eye (up), ogle, give* sy the (glad) eye
gusztus *fn biz* **1.** *[ízlés]* taste; **~omra való dolog** sg to my taste; **~ok és pofonok különböznek** there is no accounting for tastes **2. ~a van vmre** fancy sg, feel like (doing) sg
gusztusos *mn* appetizing, inviting, tempting
gusztustalan *mn* disgusting, repulsive, unappetizing; ~ **ember** disgusting/revolting fellow
guta *fn* apoplexy, stroke; **megüt a ~, ha** ... I shall have a fi if ...; *[enyhébben]* I shall be very upset if ...; **a ~ kerülget** be* fuming with vexation
gutaütés *fn* → **guta**; **~ éri** have* a stroke; **~ben megha** die of apoplexy (v. a stroke)
gutaütött *mn* apoplectic
Guyana *földr* Guyana
guyanai *mn/fn* Guyanese, Guyanan
gúzs *i* **~ba köt** bind* hand and foot, *átv is US* hogtie
guzsaly *fn népr* distaff
gügye *mn* → **gyagya**
gügyög *i [kisbaba]* crow with pleasure
gügyögés *fn* crow with pleasure
gümő *fn* tubercle
gümőkór *fn* tuberculosis
gümőkóros *mn* tubercular, tuberculous
gürcöl *i biz* drudge, grind* away (at sg), plod (on)
güriz|ik *i* → **gürcöl**

Gy

Gy, **gy** *fn [betű]* (the digraph) Gy, gy

gyagya *mn* **I.** *mn biz* dotty, *GB* barmy, *US* balmy, gaga, off one's rocker/nut *ut*, *US* dumb **II.** *fn* nut(case)

gyakori *mn* frequent, recurrent, repeated

gyakoriság *fn* frequency; **előfordulási ~** *[betegségé]* (relative) incidence

gyakorisági *mn* **~ megoszlás** frequency distribution; **~ szótár** (word) frequency dictionary

gyakorító *mn nyelv* frequentative

gyakorlás *fn* practice, practising, *[testi képességeké]* exercise; **sok ~t kíván** it takes a great deal of practice; **jogok ~a** exercise/enforcement of rights; **vallás ~a** practice of (a) religion

gyakorlat *fn* **1.** *[elmélet ellentéte]* practice; **a ~ban** in practice; **átvisz a ~ba** put* into practice **2.** *[jártasság]* practice, (practical) experience, routine; **hosszú/nagy ~a van vmben** have* great/wide/extensive/long experience of/in sg; **~ teszi a mestert** practice makes perfect; **kijött a ~ból** be*/get* out of practice, *biz* be* rusty; **5 éves ~tal rendelkező tanár** a teacher with 5 years' experience **3.** *[foglalkozás végzése]* practice; **bírói ~** judicial practice, practice of the courts; **orvosi ~** medical practice; **~ot folytat** practise (*US* -ce), be* practising (*US* -cing); **ügyvédi ~ot folytat** he practises law **4.** *[gyakorló feladat] ált* exercise, *zene* étude, exercise, *sp ált* exercise, training, *[súlyemelésben versenyen]* attempt; **bemutatja ~át** *[zenére, tornász]* perform (to a musical accompaniment); **(nyári) szakmai ~** *GB* placement; *US* (summer) internship **5.** *kat* exercise, drill

gyakorlati *mn* practical; **~ érzék** (practical) common sense; *okt* **~ foglalkozás** training; **~ pályára megy** go* in for something practical

gyakorlatias *mn* practical, down-to-earth; **~ észjárás** a practical mind

gyakorlatilag *hsz* in practice, practically, virtually, in effect, for all (practical) purposes

gyakorlatlan *mn* inexperienced, unpractised (in), unskilled (in), untrained, undrilled

gyakorlatozás *fn kat* drill(ing), training, exercise

gyakorlatoz|ik *i kat* drill, do* exercises, train

gyakorlatvezető *fn [egyetemen]* demonstrator, *US* instructor

gyakorló *mn* **1.** *[vmlyen szakmában gyakorlatot folytató]* practising; **~ orvos** medical/general practitioner; **~ ügyvéd** practising lawyer **2.** *[gyakorlóévét töltő]* **~ tanárjelölt** student (v. *US* training) teacher **3.** *[gyakorlásra való]* for practice *ut*; **~ lőszer** practice ammunition

gyakorlóév *fn* probationary year, year on probation; **~ét tölti** do* a probationary year

gyakorlóéves *fn ált* probationer, *[tanárjelölt]* student (*US* training) teacher, *[igével]* be* on probation [for one year etc.]

gyakorlógimnázium *fn* teacher(s') training college/school

gyakorlóiskola *fn* → **gyakorlógimnázium**

gyakorlóruha *fn kat* fatigues *tsz*

gyakorlótér *fn kat* drill/parade ground

gyakorlott *mn* practised, trained, skilled, experienced

gyakorlottság *fn* practice, training, skill, experience, routine

gyakornok *fn ált gazd stb* trainee, *[irodában]* junior clerk, *[üzletben]* assistant, *[ipari tanuló]* apprentice

gyakornokoskod|ik *i* serve as a trainee (v. an assistant)

gyakorol *i* **1.** practise (*US* -ce); **~ja magát vmben** practise sg, get*/keep* one's hand in sg, train for sg; **~ja a zongorázást** practise the piano; **naponta 2 órát ~** practise (for) two hours a/every day **2.** *[mesterséget]* practise (*US* -ce), follow, pursue; **vallását ~ja** practise (*US* -ce) one's religion **3.** *biz [szakmai gyakorlatot folytat]* be* on probation, *[tanárjelölt]* be* doing (one's) teaching practice **4.** **befolyást ~ vkre/vmre** exert influence on sy/sg, influence sy/sg; → **felügyelet**, → **hatalom**, → **hatás**, → **nyomás**

gyakorta *hsz* → **gyakran**

gyakran *hsz* often, frequently; **~ beteg** (s)he is frequently ill; **~ jár vhova** frequent sy's house; **~ találkoznak** they see a great deal of each other; **igen ~** more often than not

gyaláz *i* abuse, revile, vilify, abuse, slander

gyalázat *fn* shame, ignominy, dishonour (*US* -or); **lemossa a ~ot** wipe out an insult

gyalázatos *mn* **1.** *[szégyenletes]* shameful, dishonourable, base, disgraceful **2.** *[szörnyű]* monstrous, outrageous, disgraceful, foul; *[rossz idő]* frightful, rotten, foul; **~ viselkedés** outrageous behaviour

gyalázkodás *fn* abuse, slander, mud-throwing

gyalázkod|ik *i* use abusive language, fling* abuse at sy, revile (at sy), *[káromol]* blaspheme

gyalázkodó *fn* slanderer

gyalog **I.** *fn [sakkban]* pawn **II.** *hsz* on foot; **~ megy vhova** walk (to)

gyalogáldozat *fn [sakkban]* pawn sacrifice

gyalogátkelőhely *fn* **(kijelölt) ~** zebra crossing, (pedestrian) crossing, *US* crosswalk

gyalogezred *fn* infantry/foot regiment

gyaloghíd *fn* foot bridge

gyaloghintó *fn* sedan chair

gyalogjáró *fn* **1.** *[járda]* pavement, *US* sidewalk **2.** → **gyalogos 1**

gyaloglás *fn* walk(ing), *kat* march, *sp* walking; **50 km-es ~** 50 km walking

gyalogol *i* **1.** *ált* go* on foot, walk **2.** *kat* march

gyalogos *fn* **1.** walker, pedestrian **2.** *kat* foot-soldier, infantryman°

gyalogos-felüljáró *fn* → **gyaloghíd**

gyalogösvény *fn* footpath, pathway

gyalogság *fn* infantry

gyalogsági *mn* of the infantry *ut*, infantry; **~ akna** land mine; **~ fegyver** infantry weapon; **~ kiképzés** infantry training/drill; **~ tábornok** general of the infantry

gyalogszerrel *hsz* on foot

gyalogtúra *fn* walking tour, hike; **~ra megy** go* hiking

gyalogút *fn* **1.** footpath, footway, lane **2.** *[megtett út]* walk; **kétórai ~** two hours' walk

gyalu *fn* **1.** *műsz* plane **2.** *[káposztának stb.]* slicer, cutter, *[zöldségnek]* shredder

gyaluforgács *fn* shavings *tsz*

gyalukés *fn* plane-iron, cutter, blade

gyalul *i* **1.** *műsz* plane; **simára ~ vmt** plane sg smooth **2.** *[káposztát]* slice [cabbages], *[zöldséget]* shred [vegetables]

gyalulatlan *mn* unplaned, rough(-hewn); **~ deszka** rough board

gyalupad *fn* work-bench, joiner's/carpenter's bench

gyalus *fn [munkás]* planer

gyaluvas *fn* → **gyalukés**

gyám *fn* **1.** *jog [gyermeké]* (legal) guardian, *[tulajdoné]* person in charge, trustee; **~ul kirendel vkt** appoint sy (as) guardian **2.** *[támasz]* prop, pillar, buttress, support

gyámanya/-apa *fn* → **nevelőanya/-apa**

gyámfal *fn* abutment, buttress

gyámfiú *fn* ward, foster-son
gyámgerenda *fn* joist, purlin
gyámhatóság *fn* court of guardians
gyámkodás *fn* **1.** *jog* guardianship **2.** *átv* patronage
gyámkod|ik *i* **1.** *jog* act as guardian/trustee **2.** *átv* **~ik vk felett** overprotect, patronize
gyámkő *fn épít* console, corbel
gyámleány *fn* ward, foster-daughter
gyámolít *i* support, aid, help, protect
gyámolítás *fn* support, aid, assistance, protection; **~ra szoruló** → **gyámoltalan**
gyámolt *fn* ward, *átv* charge, protégé
gyámoltalan *mn* helpless, weak, dependant
gyámoltalanság *fn* helplessness, dependence
gyámoszlop *fn* pillar, support
gyámság *fn jog* guardianship; **~ alá helyez** place under the care of a guardian, make* sy a ward of court; **vknek a ~a alá kerül** become* the ward of sy
gyámszülők *fn* → **nevelőszülők**
gyanakodás *fn* → **gyanakvás**
gyanakod|ik *i* (*vkre/vmre*) be*/feel* suspicious about/of sy/sg, have* suspicions about sy/sg, have* no confidence in sy/sg; suspect sy (of having done sg)
gyanakodó *mn* → **gyanakvó**
gyanakodva *hsz* with suspicion *ut*; **~va néz vkre** look askance at sy, treat sy with suspicion
gyanaksz|ik *i* → **gyanakodik**
gyanakvás *fn* suspicion, mistrust, distrust
gyanakvó *mn* suspicious, mistrustful; **~ természet** (s)he has a suspicious nature
gyanánt *nu* as, by way of; **kézirat ~** (published/printed as) manuscript
gyanít *i* **1.** *[vél, sejt]* suspect, presume; **(azt) ~om, hogy** ... I suspect (that) ..., I presume ...; **amit ~ottam is** just what I had suspected **2.** *[gyanú alapján vmnek vél]* suspect (sy of sg); **bűnösnek ~** presume sy guilty
gyanta *fn* resin, *[hegedűnek]* rosin, colophony; *[szőrtelenítő]* (depilatory) wax
gyantás *mn* resinous
gyantáz *i* resin, *[vonót]* rub [the bow] with rosin, rosin; *[szőrtelenít]* wax
gyanú *fn* suspicion; *jog* **alapos ~** well-founded/grounded (v. strong) suspicion; **~ alatt áll** be* under suspicion (of), be* suspected (of), be* under a cloud; **a ~ árnyéka sem** not a shadow of suspicion; **az a ~m, hogy** ... I suspect that ..., I have a suspicion that ...; *biz* I have a hunch that; **az a ~m, hogy ő** ... I have a suspicion that he is ..., I suspect he is ..., I suspect him to be ...; **~ba kerül/keveredik** fall* under suspicion, be* suspected of sg; **~ba kever vkt** cast* suspicion on sy, incriminate sy, *szl* fit sy up, *szl* frame; **~ba vesz vkt** form suspicions regarding/about sy, begin* to suspect sy; **~n felül áll** be* above suspicion; **~t fogott** he formed/had a suspicion, he began to suspect sg, *biz* he smelled a rat
gyanúper *fn* **él a ~rel** have* a suspicion that, *biz* smell* a rat
gyanús *mn* **1.** *ált* suspicious, suspect **2.** *[ügy]* shady, underhand; **~ ügy** *biz* monkey business; **valami ~ a dologban** *biz* there's something fishy about it, I don't like the look of the thing; **~ eredetű** of doubtful origin **3.** *[ember]* shifty; **~ alak** shady(-looking) customer, suspicious character; **~ külsejű** disreputable-looking
gyanúsít *i* suspect sy of sg, cast* suspicion on sy, incriminate, *[alattomosan]* insinuate [that sy is ... v. sy did sg]; **lopással ~ják** be* suspected of theft; **XY alaposan ~ható vmely bűncselekmény elkövetésével** there are strong grounds for suspecting that XY has committed some crime
gyanúsítás *fn* suspicion, *[alattomos]* insinuation
gyanúsított I. *mn* suspected, under suspicion of sg *ut*, accused of sg *ut*, charged with sg *ut* **II.** *fn* suspect
gyanútlan *mn* unsuspecting, naive v. naïve, guileless
gyanútlanul *hsz* unsuspectingly, innocently
gyapjas *mn* woolly (*US* -l-), fleecy
gyapjasod|ik *i* become*/get* woolly (*US* -l-)
gyapjú *fn* **1.** wool, *[állaton]* fleece; **tiszta ~** all/pure wool **2.** *[jelzőként]* woollen (*US* -l-)
gyapjúfonal *fn* woollen (*US* -l-) yarn, wool thread; *[kötéshez]* knitting wool
gyapjúfonás *fn* wool spinning
gyapjúfonoda *fn* wool-mill
gyapjúharisnya *fn* woollen (*US* -l-) stockings/socks *tsz*
gyapjúholmi *fn* woollens *tsz*, *biz* woollies *tsz* (*US* -l-)
gyapjúnyírás *fn* sheep-shearing
gyapjúsál *fn* woollen (*US* -l-) scarf°
gyapjúszál *fn* woollen (*US* -l-) thread/yarn
gyapjúszövet *fn* woollen (*US* -l-) cloth
gyapjútermelés *fn* wool-production
gyapjúzsír *fn* wool-oil/fat/grease
gyapot *fn* cotton
gyapotcserje *fn* cotton-plant
gyapotfonal *fn* cotton (yarn/thread)
gyapotmag *fn* cottonseed
gyapotosztályozás *fn* cotton stapling
gyapotszedés *fn* cotton picking/harvest
gyapotszedő *fn* cotton-harvester/picker
gyapotszövet *fn* cotton (cloth)
gyapottermés *fn* cotton crop
gyapottermesztés *fn* cotton growing/production
gyapotültetvény *fn* cotton-plantation
gyár *fn* **1.** factory, works *esz* v. *tsz*, plant; **~ban készült** factory-made, manufactured **2.** *[mint cég]* manufacturer
gyarapít *i* increase, add to, augment, enlarge, *[gyűjteményt, ismereteket]* expand, enrich
gyarapodás *fn* growth, increase, expansion, *[könyvtári]* accession, *[tudásbeli]* progress
gyarapod|ik *i* **1.** *[nő]* increase, grow*, be* added to **2.** *[testileg]* put* on flesh/weight, grow* strong(er), *[tudásban]* know* more about sg, increase one's knowledge of
gyarapsz|ik *i* → **gyarapodik**
gyárépület *fn* factory (building), works *esz* v. *tsz*
gyári *mn [áru]* factory/machine-made, manufactured, mass-produced [articles, goods]; **~ ár** factory/cost price; **~ áru/készítmény/termék** manufactured goods/articles *tsz*, manufactures *tsz*; **~ áron** at cost; **~ felszerelés** factory equipment; **~ hiba** → **gyártási hiba; ~ munka** work in a factory, factory work; **~ munkás** factory worker/hand
gyárigazgató *fn* manager [of a factory], factory manager
gyárilag *hsz* **~ előállított/készült** factory-made, manufactured
gyáripar *fn* manufacturing industry
gyárkémény *fn* factory chimney, smokestack
gyárlátogatás *fn* (guided) tour at a factory, open house
gyarló *mn [ember]* fallible, prone to error *ut*, imperfect, flawed, erring, frail, feeble, weak
gyarlóság *fn [emberé]* frailty, feebleness, fallibility
gyarmat *fn* colony
gyarmatáru *fn* colonial goods *tsz*
gyarmatbirodalom *fn* colonial empire
gyarmati *mn* colonial; **~ elnyomás** colonial opression; **~ helyzetben levő ország** country with colonial status; **~ rendszer** colonialism; **~ uralom** colonial rule
gyarmatos *mn* colonist, colonial, colonial settler
gyarmatosít *i* colonize
gyarmatosítás *fn* colonization, *[mint rendszer]* colonialism; **a ~ híve** colonialist
gyarmatosító *mn/fn* colonizer
gyarmatpolitika *fn* colonial policy
gyarmattartó I. *mn* colonial **II.** *fn* colonist
gyarmatügyi *mn* colonial
gyárnegyed *fn* industrial quarter, factory district
gyáros *fn* factory owner, industrialist, manufacturer

gyárt *i* manufacture, produce; **tömegesen/szériában ~** mass-produce; **tömegesen/szériában ~ott** mass-produced
gyártás *fn* manufacture, production, *[folyamat]* manufacturing
gyártás-előkészítés *fn* production engineering
gyártásfinanszírozás *fn* production financing
gyártási *mn* **~ eljárás** manufacturing/production process; **~ hiba** fault/flaw in manufacture; **kis ~ hibával** *[mint felirat]* (slight) seconds, substandard quality; **~ típus** (serial) model; **~ titok** trade secret
gyártásmenet *fn* production process/line
gyártásvezető *fn* **1.** *film* producer **2.** *[gyárban]* production manager
gyártelep *fn* (manufacturing) plant, factory/works and grounds *tsz*
gyártmány *fn* product, manufactured goods *tsz*, *[márka]* make; **milyen ~?** what make is it?; **hazai ~** home product; **magyar ~** [sg is] made in Hungary, Hungarian make; *[élelmiszer, italféle]* produce of Hungary, Hungarian produce
gyártmánycsalád *fn* product line/family
gyártmányfejlesztés *fn* research and development (*röv* **R & D**)
gyártmányú *mn* **magyar ~** made in Hungary *ut*, Hungarian made; *[élelmiszer, főnévvel]* produce of Hungary, Hungarian produce; **saját ~** *[főnévvel]* one's own make
gyártó (cég/vállalat) *fn* manufacturer
gyártott *mn* **tömegesen/szériában ~** mass-produced
gyártulajdonos *fn* → **gyáros**
gyárudvar *fn* factory-yard
gyárváros *fn* big industrial town, manufacturing town
gyász *fn* **1.** *[gyászolás]* mourning, sorrow (for the loss of sy), *[gyászeset]* bereavement **2.** *[gyászruha]* mourning (dress), black; **~ban van** mourn, be* in (deep) mourning, be* in black; **~t ölt** go* into mourning (for sy); **leteszi a ~t** go* out of mourning **3.** *[időtartama]* **letelt a ~** mourning is over
gyászbeszéd *fn* funeral oration/address, *[egyházi]* funeral sermon
gyászeset *fn* death, *[a családban]* bereavement
gyászév *fn* year of mourning
gyászfátyol *fn* black/mourning veil
gyászhír *fn* news of sy's death
gyászinduló *fn* funeral march, dead march
gyászjelentés *fn* death-notice, *[újságban]* obituary
gyászkarszalag *fn* mourning band, (black) crape/crepe
gyászkeretes *mn* **~ levélpapír** mourning paper
gyászkíséret *fn* funeral procession, the mourners *tsz*
gyászlepel *fn* funeral pall
gyászlobogó *fn* black flag, flag flown at half-mast
gyászmenet *fn* → **gyászkíséret**
gyászmise *fn* requiem, mass for the dead
gyásznap *fn* day of mourning
gyászol *i* **1.** (*vkt*) mourn for sy; **~ja vk halálát/elhunytát/elvesztését** mourn sy's death, mourn over the death/loss of sy **2.** mourn, be* in mourning, *[gyászruhát visel]* wear* mourning; **egy évig ~t** she was in mourning for a year
gyászoló I. *mn* mourning; **a ~ család** the bereaved; **a ~ közönség** the mourners *tsz* **II.** *fn* mourner; **a ~k** the mourners *tsz*
gyászos *mn* **1.** *[bánatos, szomorú]* mournful, funereal, sorrowful, woeful; **~ véget ér** come* to a bad end **2.** *[szegényes]* wretched, sorry, miserable
gyászrovat *fn* *[újságban]* obituary page/section
gyászruha *fn* mourning (dress)
gyászszertartás *fn* funeral/burial service
gyászvitéz *fn* *átv* sorry figure, coward
gyatra *mn* sorry, miserable, wretched, poor, *[középszerű]* mediocre, indifferent, of moderate quality *ut*
gyaur *fn* *tört* giaour
gyáva I. *mn* cowardly, *biz* yellow; **~ ember** coward; **~ népnek nincs hazája** faint heart never won fair lady **II.** *fn* coward
gyávaság *fn* cowardice, cowardliness
gyáváskod|ik *i* be* a coward, behave like a coward
gyed *fn* *[gyermekgondozási díj]* *kb.* maternity benefit/grant [given up to 3 years]; **~en van** *kb.* be* on 3 years' maternity leave
gyékény *fn* **1.** *[növény]* bulrush **2.** *[fonat]* mat(ting), *[lábtörlő]* door-mat; **egy ~en árulnak** be* hand in glove with sy, they are birds of a feather; **kirántja alóla a ~t** cut* the ground from under sy's feet, pull the rug out from under sy
gyémánt *fn* diamond; **csiszolt ~** cut diamond, brilliant
gyémántcsiszolás *fn* diamond cutting
gyémántcsiszoló *fn* diamond cutter
gyémántdiploma *fn* *[átadása]* diamond jubilee [of sy who graduated from a university 60 years ago]
gyémántgyűrű *fn* diamond ring
gyémántlakodalom *fn* diamond wedding
gyémántmező *fn* diamond-field
gyémántos *mn* **1.** *[fényű]* diamond-like **2.** *[dísz]* set/studded with diamonds *ut*, diamond-
gyémánttű *fn* diamond brooch/pin
gyenge I. *mn* **1.** *ált* weak **2.** *[csekély]* slender, slight **3.** *[erélytelen]* lenient, indulgent **4.** *[erőtlen]* feeble, infirm **5.** *[törékeny]* frail, fragile, delicate, tender; **a ~bb nem** the gentle(r) sex **6.** *[elégtelen fokú/mértékű/értékű]* poor, weak; **~ csapat** a weak team; **~ dohány** mild tobacco; **~ dolog** poor stuff/show; **~ egészség** poor health; **~ gyomor** weak digestion; **~ idegzetű** weak-nerved, nervy, neurotic; **nem ~ idegzetűeknek való** be* not for the faint-hearted; **~ (ki)ejtésű alak** weak form; **~ kifogás** lame excuse; **~ minőségű** of poor quality *ut*; shoddy, second/third-rate; **~ oldala/pontja** (i) (*vmnek*) vulnerable point, weakness, failing, flaw (ii) (*vknek*) sy's weak side/point/spot, sy's Achilles' heel; **~ vmben** be* weak in/at sg, be* no good at sg; **~ a matematikában** be* bad/weak (v. a poor hand) at mathematics; **~ tűzön süt/főz** cook in a (very) moderate oven, simmer (gently) **II.** *fn* **1. vknek a ~je** (i) → **gyenge oldala** (ii) *[aminek nem tud ellenállni]* weakness (for), soft spot (for); **az ital a ~je** drinking is his weakness **2. a ~bbek kedvéért** *kif* let me spell it out; **a ~bbnek fogja pártját** *biz* take* (v. be* on) the side of the underdog; → **vigasz**
gyengeáram *fn* light/weak current
gyengeáramú *mn* light/weak-current
gyengécske *mn* weak(ish), poor(ish)
gyengéd *mn* gentle, tender(-hearted), affectionate, mild, delicate; **~ pillantás** tender look; **~ szálak fűzik vkhez** be* tenderly attached to sy, be* (very) fond of sy
gyengéden *hsz* gently, kindly, fondly, affectionately; **~ néz vkre** look fondly at sy
gyengédség *fn* tenderness, gentleness, affection(ateness)
gyengeelméjű *mn* clefective, feeble-minded
gyengeelméjűség *fn* mental retardation, feeble-mindedness
gyengélked|ik *i* be* unwell/indisposed, be*/feel* off colour
gyengélkedő I. *mn* ill, ailing, indisposed **II.** *fn* **1.** *[személy]* invalid **2.** *[szoba]* sickroom, *[hajón v. kollégiumban]* sickbay
gyengén *hsz* **~ érzi magát** be*/feel* unwell/poorly/indisposed, feel* low; **~ szerepelt** *ált* (s)he put up a poor show, *[vizsgán]* (s)he did not do too well
gyengeség *fn* **1.** *[múló]* weakness, feebleness, faintness; **~et érez** feel* weak/low **2.** *[alkati, erkölcsi]* weakness, frailty, infirmity, failing, *[tehetetlenség]*impotence
gyengít *i* **1.** *ált* weaken, make* weak(er) **2.** *[csak testileg]* enfeeble **3.** *[lelkileg is]* enervate
gyengül *i ált* weaken, grow*/become* weak(er), *[emlékezet]* (be* beginning to) fail, *[erő]* decline, diminish; (*vk*) sy

Gy

is losing strength, sy's strength is declining; **a szeme ~** her/his sight is failing/going; **~ a vihar** the storm is letting up (v. dying down)

gyep *fn* grass, lawn

gyepes *mn* grassy, grass-grown; **~ pálya** grass court, green

gyepesít *i* put* under grass; *[gyeptéglával]* sod

gyeplabda *fn sp* (field) hockey

gyeplő *fn* reins *tsz*; **kezében van a ~** be* in the driver's seat, have* the whip hand; **megereszti a ~t** give full/free rein to sg/sy; **rövidre/szorosra fogja a ~t** take* sy in hand, keep* a tight rein on sy

gyeplőszár *fn* reins *tsz*

gyepmester *fn* dogcatcher

gyepsí *fn sp* turf-skiing

gyepszőnyeg *fn* lawn

gyeptégla *fn* turf (*tsz* turfs v. turves), sod

gyér *mn* **1.** *ált* sparse, scanty; **~ közönség** low/small attendance **2.** *[haj]* thin **3.** *[növényzet]* straggling, scattered, thinly-sown

gyere! *isz* come (on)!; **~ ide!** come (over) here!

gyerek *fn* **1.** child°, *[fiú]* boy, *[leány]* girl; **a ~ek** the children, *biz* the kids **2.** *[vk gyereke]* sy's child°; **~et vár** expect a baby, *biz* be* in the family way; **~e született** have* a child/baby **3.** *[felnőttről]* kid, fellow; **ne légy ~!** don't be silly/childish!, don't be such a child!, grow up!, act your age!; **nem vagyok mai ~** I wasn't born yesterday; *átv* **nevén nevezi a ~et** call a spade a spade; **jó ~ az öreg** the old man's not a bad sort

gyerek- *előtag* → **gyermek-**

gyerekágy *fn* cot, *US* crib

gyerekcsíny *fn* (childish) trick, prank

gyerekes *mn* childish, infantile, puerile

gyerekesked|ik *i* **1.** *[gyerekesen viselkedik]* behave childishly, behave in a childish way **2.** *[gyerekkorát tölti]* have*/spend* one's childhood (swhere)

gyerekesség *fn* childishness, puerility

gyerekhad *fn* troop of children

gyerekjáték *fn* **1.** *[könnyű dolog]* child's play; **~ volt** it was a piece of cake; **ez számomra ~** I could do it standing on my head **2.** → **gyermekjáték**

gyerekkocsi *fn* → **gyermekkocsi**

gyerekkor *fn* → **gyermekkor**

gyerekülés *fn gk* child seat, *US* car seat

gyéren *hsz* **~ lakott** underpopulated

gyerkőc *fn* lad, youngster, young fellow, stripling, youth

gyermek *fn* → **gyerek 1, 2**

gyermek- *előtag összet* children's, child's, *[csecsemő]* baby-

gyermekágy *fn* **1.** → **gyerekágy 2.** *orv* confinement, lying-in; **~ban fekszik** lie* in; **~ban halt meg** she died in childbirth; **közös ~ osztály** *[szülészeten]* rooming-in unit

gyermekágyas *mn* **~ asszony** woman° in confinement

gyermekágyi *mn* **~ láz** puerperal/childbed fever

gyermekáldás *fn* child°, children *tsz*, offspring

gyermekbénulás *fn* poliomyelitis, *biz* polio

gyermekbetegség *fn* children's disease/illness, infantile disorder

gyermekbíróság *fn* juvenile court

gyermekcipő *fn* **(még) ~ben jár** be* (still) in its infancy

gyermekdal *fn* children's song, nursery rhyme

gyermekded *mn* childish, infantile, naive

gyermekelőadás *fn* children's matinee/performance

gyermekes *mn* → **gyerekes**

-gyermekes *utótag* with ... children *ut*; **három~ anya** mother of three

gyermekestül *hsz* child(ren) and all, with one's child(ren)

gyermekgondozás *fn* child welfare, *[otthontalanoké]* childcare

gyermekgondozási *mn* **~ díj/segély** → **gyed**; → **gyes**

gyermekgondozó *fn [intézmény]* day-care centre (*US* center), childcare centre (*US* center)

gyermekgondozónő *fn* nanny, children's nurse

gyermekgyilkos *fn* child-murderer, infanticide

gyermekgyógyász *fn* paediatrician (*US* pedi-)

gyermekgyógyászat *fn* paediatrics (*US* pedi-) *esz*

gyermekhalandóság *fn* infant mortality

gyermekhang *fn* child's voice

gyermekhordó hátizsák *fn* baby/kiddy-carrier, papoose

gyermeki *mn* child's, childish, childlike; **a ~ értelem** the child's mind; **~ kedély** childish simplicity; **~ szeretet** filial devotion/piety

gyermekirodalom *fn* juvenile/children's literature

gyermekjáték *fn* **1.** *[fogócska]* children's game **2.** *[játékszer]* toy

gyermekjátszótér *fn* children's playground

gyermekjegy *fn* children's ticket

gyermekkereskedelem *fn* child trafficking/trade

gyermekklinika *fn* children's/p(a)ediatric clinic, *GB* child health clinic (*röv* **CHC**)

gyermekkocsi *fn [mélykocsi]* pram, *[összecsukható, könnyű]* pushchair, *[esernyőfogantyús, főleg US]* stroller, *US* baby carriage/buggy

gyermekkor *fn* childhood, *[korai]* infancy; **~a óta** since he was a child, from childhood; **boldog ~a volt** (s)he had a happy childhood; **második ~ában van** (s)he is in his/her second childhood (v. in his/her dotage)

gyermekkórház *fn* children's hospital

gyermekkori *mn* childhood-, of childhood *ut*; **~ pajtás** childhood friend

gyermekkórus *fn* children's choir

gyermekkönyv *fn* children's book

gyermekláncfű *fn* dandelion

gyermeklélektan *fn* child psychology

gyermekmegőrző *fn* crèche

gyermekmenhely *fn* home for destitute children

gyermekmérleg *fn* baby-scales *tsz*

gyermekmese *fn* fairy tale, stories for children *tsz*

gyermekmunka *fn* child labour

gyermeknyaraltatás *fn* → **gyermeküdültetés**

gyermekorvos *fn* paediatrician (*US* pedi-), specialist in p(a)ediatrics

gyermekosztály *fn [kórházban]* children's ward

gyermekotthon *fn* children's home

gyermekőrzés *fn* baby-sitting

gyermekőrző *fn [főleg éjszakára ill. rövidebb időre]* baby-sitter, *[főleg nappal]* childminder

gyermekparalízis *fn* → **gyermekbénulás**

gyermekrablás *fn* kidnapping (of a child)

gyermekruha, -ruházat *fn* children's wear, childswear

gyermekszeretet *fn* love of children

gyermekszerető *mn* child-loving, fond of children *ut*

gyermekszoba *fn* **1.** *[tényleges]* nursery, children's room, *US* playroom **2. nem volt ~ja** *átv* (s)he has no manners, (s)he has been badly brought up, (s)he was dragged up anyhow

gyermekszülés *fn* child-bearing, childbirth

gyermektápszer *fn* powdered milk

gyermektartás *fn* maintenance (of children); **kötelezés ~ra** *[házasságon kívül született gyermek esetén]* affiliation order; *[ha elváltak a szülők]* maintenance order

gyermektartásdíj *fn* child support/maintenance

gyermektelen *mn* childless, without children *ut*

gyermeküdülő *fn* children's holiday home/resort, *[tábor]* (children's) holiday camp

gyermeküdültetés *fn* children's holiday camp, (organized) holidays for children

gyermekvédelem *fn* protection of children, *[otthontalanoké]* childcare

gyermekvédelmi *mn* **~ törvény** child abuse prevention law

gyermeteg *mn* → **gyermekded**

gyertek! *isz* come (on)!; **~ ide!** come (over) here!

gyertya *fn* **1.** *[fényforrás]* candle; *[vékony]* taper; **két végén égeti a ~t** burn the candle at both ends **2.** *[autóban]*

spark plug, sparking plug **3.** *[tornában]* candle; *[futballban]* balloon; **~t rúg** balloon the ball
gyertyabél *fn* (candle-)wick
gyertyafény *fn [gyertyaláng]* candlelight
gyertyán(fa) *fn* hornbeam
gyertyaszál *fn* (a) candle; **egyenes, mint a ~** stiff as a ramrod
gyertyaszentelő *fn [febr. 2.]* Candlemas
gyertyatartó *fn* candlestick, *[fali* v. *füles]* sconce
gyérül *i* become* sparse, thin out, *[haj]* become*/get* thin on top
gyerünk! *isz* let's go, *[siettetve]* come/go on!, hurry up!; **na ~!** let's get going!; **~ odébb!** move on!; **~ a pénzzel!** out with the money!; *biz* cough up!
gyes *fn [gyermekgondozási segély] kb.* maternity benefit/grant [given up to 3 years]; **~en van** *kb.* be* on 3 years' maternity leave
gyí *isz* gee (up)
gyík *fn* lizard
gyilkol *i* **1.** murder, kill **2.** *átv [pl. gépet]* kill
gyilkos I. *mn* murderous, bloody, *[bírálat]* devastating; **~ iram** break-neck pace; **~ pillantás** withering look; *kif* if looks could kill **II.** *fn* murderer, killer, *pol* assassin; → **galóca**
gyilkosság *fn* **1.** *jog* murder; **a ~ színhelye** the scene of the murder; **~ot követ el** commit murder **2.** *pol* assassination
gyilkossági *mn* **~ kísérlet** attempted murder; **~ csoport** *biz* crack murder squad
gyilok *fn elav* dagger
gyógy- *előtag* medicinal, curative, therapeutic
gyógyáru *fn* medicines *tsz*, (medicinal) drugs *tsz*, pharmaceutical products *tsz*
gyógyászat *fn* medicine, therapeutics *esz*
gyógyászati *mn* therapeutic
gyógybetét *fn* arch support
gyógycukorka *fn orv* lozenge, (medicated) pastille
gyógyerejű *mn* → **gyógyhatású**
gyógyforrás *fn* mineral spring
gyógyfű *fn* → **gyógynövény**
gyógyfürdő *fn* **1.** *[víz]* medicinal bath(s) **2.** *[hely]* watering-place, spa **3.** *[vízgyógyintézet]* hydrotherapeutic/hydrotherapic establishment, health resort → **gyógyszálló**
gyógyfűző *fn* medical corset/support/belt
gyógyhatás *fn* curative effect/power, healing power
gyógyhatású *mn* medicinal, curative; **~ készítmények** medicinal products
gyógyhely *fn* health resort
gyógyidegenforgalom *fn* spa/medicinal tourism
gyógyintézet *fn [kórház]* hospital, *[szanatórium jellegű]* sanatorium (*tsz* -ums v. -ria) (*US* sanitarium)
gyógyír *fn átv* balm, salve
gyógyít *i* cure
gyógyítás *fn* curing, cure
gyógyíthatatlan *mn* **1.** *[betegség, beteg]* incurable; **~ beteg** incurable, hopeless case **2.** *átv biz* hopeless, irremediable
gyógyítható *mn* curable
gyógyító *mn* curative, curing, medicinal; **~ hatás** → **gyógyhatás**; **~ célból** for medicinal purposes
gyógykezel *i* treat sy (medically); **~teti magát** undergo* (medical) treatment
gyógykezelés *fn* (medical) treatment, cure
gyógymasszázs *fn* massotherapy
gyógymód *fn* cure, therapy
gyógynövény *fn* medicinal plant/herb, herb
gyógynövénykészítmény *fn* herbal/medicinal product
gyógypedagógia *fn ált* special education, education of backward/handicapped children
gyógypedagógiai *mn* **~ intézet/iskola** *ált és GB* special school, school/institution for the handicapped; **~ (tanárképző) főiskola** training college for teachers of the handicapped
gyógypedagógus *fn* special (needs) teacher, teacher of backward/handicapped children
gyógyszálló *fn* health hotel, *[gyógyvízzel]* spa/thermal-hotel
gyógyszer *fn* **1.** *[orvosság]* medicine, drug, medicament **2.** *átv* remedy
gyógyszerel *i* treat sy with medicine/drugs, medicate sy
gyógyszerérzékenység *fn orv* drug allergy/intolerance
gyógyszeres *mn* **~ kezelés** medicinal treatment, medication; **~ üveg** medicine bottle
gyógyszerész *fn* (dispensing) chemist, pharmacist, *US* druggist
gyógyszerészet *fn* pharmacy, pharmaceutics *esz*
gyógyszerészeti *mn* pharmaceutical
gyógyszerészhallgató *fn* student of pharmacy, pharmacy student
gyógyszergyár *fn* pharmaceutical factory, pharmaceutical works (*főleg esz*)
gyógyszeripar *fn* pharmaceutical industry
gyógyszerkészítmény *fn* pharmaceutical product, (medicinal) preparation
gyógyszerkönyv *fn* pharmacopoeia (*US* -peia)
gyógyszermérgezés *fn* drug-intoxication
gyógyszertan *fn* pharmacology
gyógyszertani *mn* pharmacological
gyógyszertár *fn* pharmacy, *GB* dispensing chemists [pl. Boots], *[illatszerbolt]* chemist's (shop), *[ezen belül a gyógyszerrészleg mint kiírás]* prescriptions *tsz*, *[csak kórházban, iskolában]* dispensary, *US* pharmacy, *US [illatszer, vegyesáru, büfé]* drugstore; **egész éjjel nyitva tartó ~** an all-night pharmacy
gyógytapasz *fn* plaster
gyógytea *fn* herb(al) tea
gyógytestnevelés *fn* physiotherapy, remedial gymnastic/exercise
gyógytorna *fn* physiotherapy, therapeutic/remedial exercises *tsz*
gyógytornász *fn* physiotherapist, *biz* physio (*tsz* -os)
gyógyturizmus *fn* → **gyógyidegenforgalom**
gyógyul *i* **1.** (*vk*) be* recovering (from sg), be* (a)convalescent, be* convalescing; **szépen ~** make* a good recovery, *biz* be* on the mend; **~óban/~ófélben van** be* getting better, be* on the way to recovery **2.** *[seb]* be* healing (up); **szépen ~** *[seb]* heal up nicely
gyógyulás *fn* **1.** (*vké*) recovery, convalescence **2.** *[sebé]* healing
gyógyüdülő *fn* convalescent home, health resort; *[gyógyfürdő]* spa
gyógyvíz *fn* (medicinal) waters *tsz*
gyógyvízkúra *fn* **~t tart** take* the waters
gyolcs *fn elav* (fine) linen, lawn, cambric
gyom *fn* weed(s)
gyomirtás *fn* weed killing, killing weeds, weed control
gyomirtó *mn/fn* **~ szer** weedkiller, herbicide
gyomlál *i* **1.** *[kertet]* weed **2.** *átv* weed out
gyomor *fn* **1.** *[emberi]* stomach; **jó ~ kell hozzá** it is hard to stomach/swallow; **fáj a gyomra** have* (a)stomachache; **elrontja a gyomrát** → **elront**; **kimosták a gyomrát** (s)he had his/her stomach pumped out; **reszket a gyomra az idegességtől** have* butterflies in one's stomach **2.** *[állaté, ált]* stomach, *[tehéné stb.]* maw **3.** *összet* gastric, stomach- **4. a föld gyomra** the bowels of the earth *tsz*; → **felfordul**
gyomorbaj *fn* gastric/stomach complaint/disorder/disease
gyomorbajos *mn* suffering from a gastric disease/complaint *ut*
gyomorbántalom *fn* gastric pains *tsz*; **gyomorbántalmai vannak** be* suffering from gastric pains
gyomorbeteg I. *mn* → **gyomorbajos II.** *fn* sufferer from a gastric disease/complaint
gyomorcseppek *fn tsz* (gastric) tonic *esz*, stomachic

gyomorégés *fn* heartburn, brash
gyomorerősítő *fn orv* stomachic, bitters *tsz*
gyomorfájás *fn* stomachache, pain in the stomach, gastric pains *tsz*
gyomorfekély *fn* gastric/peptic ulcer
gyomorgörcs *fn orv* stomach cramp, *[főleg gyermeknél]* colic
gyomorhurut *fn* gastric influenza
gyomoridegesség *fn* nervous stomach, *biz* the collywobbles *tsz*
gyomorkeserű *fn* bitters *tsz*
gyomormérgezés *fn* food/gastric poisoning
gyomormosás *fn* gastric lavage; **~t végeztek rajta** (s)he had his/her stomach pumped out
gyomorműtét *fn* gastric operation
gyomornedv *fn* gastric juices *tsz*
gyomorrák *fn* cancer of the stomach
gyomorrontás *fn* indigestion, an upset stomach; **~a van** he has a stomach upset, his stomach is upset

gyomorsav *fn* gastric acid
gyomorsavhiány *fn* acid deficiency
gyomorsavtúltengés *fn* hyperacidity; **~e van** suffer from an acid stomach
gyomorsüllyedés *fn* prolapse of the stomach
gyomorszáj *fn* cardia; **~on üt** hit* sy in the stomach
gyomortáji *mn orv* epigastric
gyomortükrözés *mn orv* gastroscopy
gyomorvérzés *fn* gastric haemorrhage
gyomos *mn* weedy
gyónás *fn* confession
gyónási *mn* **~ titok** seal of confession
gyón|(ik) *i* confess [to a priest], make* a confession
gyónó *mn/fn* confessant, confessor, penitent
gyóntat *i* confess [a penitent]
gyóntató *mn/fn* (father-)confessor
gyóntatószék *fn* the confessional
gyopár *fn* **havasi ~** edelweiss
gyors I. *mn* **1.** *ált* quick, *[állat]* swift, *[érverés]* quick, rapid, *[futó, játékos]* fast, *[mozgó tárgy]* fast, rapid; **~ beszédű** fast-talking, *kif* (s)he talks nineteen to the dozen; **~ lábú** swift/nimble-footed; **~ léptekkel** with rapid strides; **~ iramban** at a good pace **2.** *[rövid időt igénylő]* speedy, prompt, immediate; **~ cselekvés** prompt action; **~ egymásutánban** in quick/rapid succession **3.** *[mozgékony]* nimble, agile, brisk; **~ észjárású** smart, quick/ready-witted; **~ felfogású** quick to learn *ut*, *biz* quick on the uptake *ut*; **~ a keze** (i) *[ütésre]* be* quick, lightning-fisted (ii) *[gyorsan dolgozik]* be* quick with one's hands, be* a quick worker **II.** *fn* **1.** → **gyorsvonat 2.** → **gyorsúszás**; **100 m-es ~** 100 (metres) free
gyorsabban *hsz* quicker, faster, more quickly
gyorsan *hsz* **1.** *ált* quickly, swiftly, fast, rapidly, *biz* quick, *[sietve]* hastily; **~!** hurry up!, (be) quick!; **ne olyan ~!** not so fast, softly, *biz* easy does it; **túl ~ hajt** be* speeding **2.** *[bekövetkezésben]* speedily, prompt(ly), immediately **3.** *[mozgékonyan]* nimbly, briskly; **~ kapcsol** be* quick-witted, have* a ready wit
gyorsáru *fn* express goods *tsz*; **~ként küld** send* express
gyorsaság *fn* **1.** *ált* speed(iness), quickness, rapidity, swiftness, velocity **2.** *[azonnaliság]* promptness **3.** *[sietség]* haste **4.** *[szellemé]* readiness, quickness
gyorsasági *mn* **~ rekord** speed record; **~ verseny** speedway (racing)
gyorsbillentyű *fn infor* shortcut key
gyorsbüfé *fn* snack bar/counter
gyors- és gépírás *fn* shorthand typing, *US* stenography
gyors- és gépíró(nő) *fn* shorthand typist, *US* stenographer
gyorsétterem *fn* fast-food restaurant
gyorsfagyasztott *mn* quick-frozen
gyorsfénykép *fn* snap, street/instant photograph
gyorsfényképész *fn* street photographer
gyorsforgalmi út *fn GB* clearway, *US* freeway
gyorsforraló *fn [spirituszos]* spirit-lamp, *[villamos]* electric kettle
gyorsfutár *fn* courier
gyorshadtest *fn kat GB* Rapid Reaction Force (*röv* **RRF**), *US* Rapid Deployment Force
gyorshajtás *fn* speeding; **~ért megbüntetik** be fined for speeding; **~ért 20 000 Ft-ra megbüntették** he was found guilty of speeding and fined 20 000 fts, he was fined 20 000 fts for speeding
gyorshír *fn* news flash
gyorsír *i* write* (take* sg down) in shorthand, take* shorthand notes (*vmről* of/on sg)
gyorsírás *fn* shorthand, stenopgraphy; **~sal ír** → **gyorsír**
gyorsíró *fn* shorthand writer, *US* stenographer
gyorsít *i* **1.** increase the speed (of), step/speed* up, accelerate **2.** pick up speed, *[autó]* accelerate, *[gázt ad]* put* one's foot down, *US* step on the gas
gyorsítás *fn* acceleration, speeding/stepping up
gyorsító *fn fiz* accelerator, cyclotron
gyorsítósáv *fn* fast/overtaking lane
gyorsított *mn* accelerated, high-speed; *jog* **~ eljárás** summary proceeding; *kat* **~ menet** quick march
gyorsjárat *fn [busz]* express bus/coach service
gyorsjavítás *fn kif* repairs while you wait *tsz*, while-you-wait repairs
gyorskorcsolyázás *fn* speed skating
gyorskölcsön *fn gazd* overnight loan/money/funds
gyorslift *fn* express lift (*US* elevator)
gyorslista *fn* checklist [of winning numbers]
gyorsmásoló *fn* copier
gyorsmosás *fn* express laundry service
gyorsolvasás *fn* speed reading
gyorspisztoly *fn* rapid-fire pistol
gyorsposta *fn GB* express delivery service, *US* Express Mail
gyorsrizs *fn* packet rice
gyorssegély *fn* immediate/emergency relief/aid/assistance
gyorstalpaló *mn/fn* **~ tanfolyam** crash course
gyorstapasz *fn* Elastoplast, *US* Band-Aid
gyorstisztító *fn [szalon]* launderette, *US* laundromat
gyorstüzelő *mn* **~ puska** quick-firing/fire rifle
gyorsul *i* gather speed, pick up speed, speed* up, put* on speed, accelerate, quicken, become* faster/quicker
gyorsulás *fn* acceleration, increased speed, quickening; **nehézségi ~** *fiz* acceleration of gravity
gyorsuló *mn* accelerating; *fiz* **egyenletesen ~ mozgás** uniform acceleration, uniformly accelerating motion
gyorsúszás *fn [úszásnem]* (front) crawl (stroke); *[versenyszám]* freestyle (swimming); **100 m-es ~** 100 metre freestyle
gyorsúszó *fn* freestyle swimmer, sprinter (in freestyle)
gyorsvasút *fn* (urban) rapid transit system
gyorsvonat *fn* (*röv* **gyv.**) fast/express train, express (*röv* **exp.**); **~tal megy** take* a/the fast (v. an/the express) train
gyök *fn* **1.** *mat* root; **~öt von** extract a root **2.** *[fogé]* root **3.** *nyelv elav* root, stem
gyökér *fn* **1.** *[növ, fog és átv]* root; **mélyre nyúlnak a gyökerek** be* deep-rooted, its roots run deep; **gyökeret ver** take*/strike* root; **gyökeret vert a lába** stand* rooted to the spot; **gyökerestül kitép** uproot, tear*/pull up by the roots **2.** *[petrezselyemé]* parsley root
gyökeres *mn* **1.** *[növény]* having roots *ut*, rooted **2.** *átv* radical, thorough, fundamental
gyökeresen *hsz* radically; **~ megváltoztat** make* radical changes in sg, alter/change sg radically
gyökerez|ik *i* (*vmben*) be* rooted in sg; **földbe ~ik a lába** stand* rooted to the spot
gyökerező *mn* rooted in *ut*; **mélyen ~** deeply rooted, deep-rooted, ineradicable; **mélyen ~ előítéletek** ingrained prejudices
gyökérkezelés *fn [fogé]* root(-canal) treatment
gyökérkönyvtár *fn infor* root directory

gyökérszó *fn* root (word), stem
gyökérszőr *fn növ* root hair
gyökértelen *mn* **1.** *[növény]* without a root *ut*, without roots *ut* **2.** *átv [igével]* have* no roots, be* rootless
gyökértömés *fn [fogé]* root filling
gyökérzet *fn* roots *tsz*
gyökjel *fn* radical (sign), root-sign
gyökkitevő *fn* index (*tsz* indices), exponent
gyökvonás *fn* extraction of root [of a number]
gyömbér *fn* ginger
gyömöszöl *i* stuff, cram, press, squeeze (*vmbe mindegyik:* into)
gyönge *mn* → **gyenge**
gyöngy *fn* **1.** *[igazgyöngy]* pearl; **hamis ~** imitation pearl; **~eit a disznók elé dobja** cast (one's) pearls before swine **2.** *[üveg, izzadság]* bead; **~öt fűz** thread/string* (beads) **3.** → **gyöngysor 4.** *[italban]* bubble **5.** *átv* **titkárnők ~e** pearl/gem/jewel of a secretary
gyöngybagoly *fn* barn owl
gyöngybetűk *fn tsz* **1.** *nyomd* pearl (type) *esz* **2.** *[írott]* a neat hand
gyöngyélet *fn* a life of ease, easy life; **~e van** live like a lord, be* in clover
gyöngyhagyma *fn növ* pearl onion
gyöngyhalász *fn* pearl-diver/fisher
gyöngyház *fn* mother-of-pearl, pearl, nacre
gyöngyházfényű *mn* nacreous
gyöngykagyló *fn* pearl-oyster
gyöngyös *mn* pearly, ornamented/set with pearls/beads *ut*
gyöngyöz|ik *i* **1.** *[ital]* sparkle, bubble **2.** *[csillogva]* glisten, glitter; **izzadságtól ~ik az arca** his face is covered with beads of sweat/perspiration, his face is beaded with sweat
gyöngysor *fn* string/rope of pearls, pearls *tsz*, pearl necklace
gyöngyszem *fn* (a single) pearl, *átv* gem
gyöngyszínű, -szürke *mn* pearl-grey, pearly
gyöngytyúk *fn* guinea fowl
gyöngyvászon *fn [vetítéshez]* beaded screen, *átv* the silver screen
gyöngyvirág *fn* lily of the valley
gyönyör *fn* **1.** *[érzés]* pleasure; **érzéki ~** sensual pleasure **2.** *átv* delight, bliss, rapture, ecstasy
gyönyörittas *mn* drunk with pleasure *ut*, ecstatic
gyönyörködés *fn* (taking) delight (in sg), enjoyment of sg
gyönyörköd|ik *i* (*vmben*) take* delight in sg, enjoy sg, take*/find* (great) pleasure in sg, revel (*US* -l-) in sg; **~ik a tájban** (s)he is enraptured by the scenery; **~ik a zenében** (s)he really enjoys music
gyönyörködtet *i* delight (sy), please (sy) highly, enrapture (sy)
gyönyörű *mn* wonderful, (most) beautiful, magnificent, superb, splendid
gyönyörűen *hsz* beautifully; **~ beszél angolul** speak* English beautifully, speak* beautiful English; **~ énekel** be* a wonderful singer
gyönyörűség *fn* **1.** *[vmnek gyönyörű volta]* delightfulness, loveliness, splendour, magnificence **2.** *[élvezet]* pleasure, delight; **vmben ~ét leli** take* pleasure/delight in (doing) sg, delight in sg, sg is her/his (chief) delight; **vknek nagy ~ére** much to the delight of sy, to the great delight of sy
György *tul* George; **IV. ~** George IV (*kimondva:* George the fourth)
Györgyi *tul* Georgiana, Georgina
gyötör *i* **1.** *[testileg]* torture, torment, rack **2.** *[belsőleg]* worry, vex, *[zaklatva]* pester, harass; **a féltékenység gyötri** be* eaten up with jealousy, suffer the pangs/torments of jealousy; **balsejtelmek gyötrik** have* forebodings/misgivings; **gyötri magát** mortify oneself
gyötrelem *fn* **1.** *[testi]* pain, pang, suffering, torture, torment **2.** *[lelki]* anguish, worry, distress, mysery
gyötrelmes *mn* **1.** *[testileg]* tormenting, painful **2.** *[lelkileg]* agonizing, anxious
gyötrő *mn* → **gyötrelmes**; **~ éhség** gnawing hunger, pangs of hunger *tsz*
gyötrőd|ik *i [lelkileg]* worry, be* worried (about)
győz *i* **1.** *[harcban]* gain a victory, win*, be* victorious, *[választáson]* come*/get* in, win* **2.** *sp* win*, come* in first; **könnyen ~** win* easily, *biz* win* hands down; **ki ~ött?** who won?, who is/was the winner? **3.** *[munkát]* manage to do, get* through, keep* up/pace with; **nem ~i** *[a munkát stb.]* it is too much for sy, be* overwhelmed by, can't cope with; **nem ~i kivárni** become* impatient, can hardly wait to do sg; **nem ~tem csodálkozni** I couldn't admire (it/him) enough; **nem ~öm eléggé hangsúlyozni, hogy** ... I can hardly overstress/overemphasize the fact that ... **4.** *[pénzzel]* (can) afford; **nem ~öm** I can't afford sg; **nem ~zük pénzzel az építkezést** the flat/house we're building just swallows up money; **nem ~i szóval** he is not/never at a loss for words
győzedelmesked|ik *i* be* victorious/triumphant, win* through; (*vkn/vmn*) triumph over sy/sg, *biz* come* out on top
győzelem *fn* **1.** *ált* victory, triumph; **győzelmet arat** gain a victory, bear* (v. carry off) the palm **2.** *sp* win; **3:1 arányú ~** a 3-1 (*kimondva:* three to one) win; **könnyű ~** *easy* win/victory, walkover
győzelemittas *mn* triumphant, exultant
győzelmes *mn* victorious, triumphant
győzelmi *mn* triumphal, of victory *ut*; **~ esély** chance/prospect of winning/victory; **~ ének** triumphal song; **~ mámor** flush of victory
győzhetetlen *mn* invincible, unconquerable
győző *mn* → **győztes**
Győző *tul* Victor
győztes I. *mn* **1.** *[harcban, csatában]* victorious, triumphant, conquering **2.** *sp* winning; **~ csapat** winning team **II.** *fn* **1.** *[harcban]* victor, conqueror; **~ként kerül ki** be* victorious, *biz* come* out on top, carry the day **2.** *sp* winner
gyufa *fn* match; **egy doboz ~** a box of matches; **van ~d?** have you got any matches?; **~t gyújt** strike* a match; *átv biz* **kihúzza a ~t** be* for (*US* in for) it, get* it in the neck
gyufacímke *fn* matchbox label
gyufásdoboz *fn* → **gyufaskatulya**
gyufaskatulya *fn* match-box
gyufaszál *fn* match(-stick)
gyújt *i* **1. gyufát ~** strike* a light/match; **tüzet ~** light* a fire; **lángra ~ vmt** set* sg on fire, set* fire to sg; **rájuk ~otta a házat** set* their house on fire **2. villanyt ~** switch on the light **3. cigarettára ~** light* a cigarette, *biz* light* up **4.** *[motor]* spark, fire; **nem ~ a motor** the engine is misfiring (v. is not firing properly) **5. nótára ~** start singing, strike* up a song
gyújtás *fn* **1.** *[tűzé]* lighting **2.** *[motorban]* ignition; **bekapcsolja/ráadja a ~t** switch on the ignition
gyújtásbeállítás *fn* ignition/spark adjustment
gyújtáskapcsoló *fn* ignition (switch)
gyújtó *mn* **I.** *[hatású] átv* stirring, exciting, inflammatory **II.** *fn* **1.** *elav* → **gyufa 2.** *[készülék]* igniter, fuse
gyújtóanyag *fn* combustible/inflammable matter
gyújtóbomba *fn* firebomb, incendiary (bomb)
gyújtófej *fn* primer, blasting cap, detonator
gyújtogat *i* set* (sg) on fire, set* (sg) alight, set* fire to
gyújtogatás *fn* arson, fire-raising
gyújtogató *fn* **1.** *jog* fire-raiser, arsonist, *biz* firebug **2.** *átv* firebrand; **háborús ~** warmonger
gyújtógyertya *fn* → **gyertya** 2
gyújtóláng *fn [gázkészüléken]* pilot(-light), burner flame
gyújtólövedék *fn* incendiary projectile
gyújtómágnes *fn* magneto
gyújtópont *fn* focus (*tsz* -es v. foci), focal point; **vmnek a ~jában áll** be* in the focus of attention
gyújtós *fn* matchwood, kindling, firelighter(s)

gyújtószeg *fn* percussion-pin, firing pin
gyújtószerkezet *fn* firing mechanism, detonator, blasting cap
gyújtótávolság *fn* focal length
gyújtótekercs *fn* ignition coil
gyújtózsinór *fn* (detonating) fuse
gyúl *i* → **gyullad**
Gyula *tul* ‹Hungarian masculine given name›
gyúlékony *mn* inflammable, *US és GB műsz* flammable, combustible; **nem ~** non-flammable; **nem ~ film** safety film
gyúlékonyság *fn* (in)flammability, combustibility
gyullad *i* **1.** *ált* catch*/take* fire **2.** *orv* be* inflamed **3. szerelemre ~ vk iránt** fall* suddenly in love with sy; **haragra ~** fly* into a rage
gyulladás *fn* **1.** *ált* combustion, ignition, burning **2.** *orv* inflammation; **~ba jön** be* inflamed
gyulladáscsökkentő *mn/fn orv* antiphlogistic
gyulladásos *mn orv* inflamed; **~ szemű** red-eyed
gyulladáspont *fn fiz* flashpoint, combustion limit
gyulladt *mn orv* inflamed
gyúr *i* **1.** *[tésztát, agyagot]* knead [dough] **2.** *[masszőr]* massage, give* sy a massage v. give* a massage to sy, knead **3.** *átv biz [embert]* try to soften sy up, work on sy **4.** *sp szl [testépítést végez] US* pump iron
gyurgyalag *fn áll* bee-eater
gyurma *fn* kneading and modelling paste, Plasticine
gyurmázás *fn* Plasticine modelling (*US* -l-)
gyurmáz|ik *i* model (*US* -l-) (with Plasticine)
gyúró *fn* masseur
gyúródeszka *fn* pastry/paste-board
gyúszeg *fn* → **gyújtószeg**
gyutacs *fn* **1.** *kat* percussion-cap, fuse **2.** *bány* primer
gyűjt *i* **1.** *ált* gather (together), collect **2.** *[aláírásokat]* canvass, collect [signatures] **3.** *[adatokat, anyagot]* collect [data, material], *[bélyegeket]* collect [stamps], *[élelmiszerkészletet]* hoard [supplies], *[pénzt]* collect, *[vagyont]* amass, hoard [a fortune] **4.** (*vmre*) save (up) for sg; **autóra ~** save (up) for a car **5.** *[erőt]* gather [strength]
gyűjtemény *fn* collection
gyűjteményes *mn* collected; **~ kiadás** collected works/papers *tsz*, collected edition; **~ kiállítás** one-man exhibition/show; *[életműé]* retrospective; **~ kötet** *[egy író műveiből]* omnibus (volume), [volume of] collected/selected essays/studies
gyűjtés *fn* **1.** *[ált folyamat]* collection, gathering; *[népdaloké, nyelvi adatoké stb.]* fieldwork **2.** *[gyűjtött anyag]* collection **3.** *[pénzé vmlyen célra]* collection (for); **~t rendez** *biz* pass round the hat
gyűjtő I. *mn* collecting, gathering; **~ út** *[pl. néprajzi]* fieldwork **II.** *fn* collector, gatherer
gyűjtőállomás *fn* centre (*US* -ter), depot, collecting station
gyűjtőér *fn* vein
gyűjtőfogalom *fn* collective term
gyűjtőfogház *fn* transit prison
gyűjtöget *i* keep* collecting/gathering, glean; *[élelmet]* forage
gyűjtögetés *fn* gleaning, collecting
gyűjtögető *mn* **~ életmód** foraging, food-gathering
gyűjtőív *fn* list of subscriptions
gyűjtőlencse *fn* (bi)convex lens
gyűjtőmedence *fn* reservoir, cistern
gyűjtőmunka *fn* → **gyűjtés 1, 2**
gyűjtőnév *fn* collective (noun)
gyűjtőpersely *fn [templomban]* collection box, poor box
gyűjtőtábor *fn* reception centre (*US* -ter), transit camp
gyülekezés *fn* assembling, meeting
gyülekezési *mn* **~ hely** → **gyülekezőhely**; **~ jog** right of assembly, right to hold public meetings; **~ tilalom** ban on (v. prohibition of) (public) meetings
gyülekezet *fn [egyházi]* congregation
gyülekezeti *mn* congregational; **~ terem** vestry
gyülekez|ik *i* gather (together), assemble, come*/get* together, meet; **~nek a felhők** the clouds are gathering
gyülekező *fn* → **gyülekezés**
gyülekezőhely *fn* meeting-place, rallying point
gyűlés *fn* **1.** *[összejövetel]* meeting, assembly, rally, gathering, *[US párté]* caucus; **~t összehív** call/convene a meeting, convene/convoke an assembly; **~t megnyit** open the/a meeting (v. the proceedings); **~t bezár** close the/a meeting **2.** *[sebé]* suppuration
gyűlésez|ik *i* hold* a meeting, *[többször]* have*/hold* meetings, sit*
gyűlésterem *fn* assembly room/hall
gyülevész *mn pej* **~ népség** mob, rabble, riff-raff
gyűl|ik *i* **1.** *[tömeg]* assemble, come*/get* together, gather (together), congregate, rally **2.** *[seb]* gather **3.** *[pénz]* be* accumulating, be* piling up
gyűlöl *i* hate/loathe/detest sg/sy, abhor sg; **~öm, mint a bűnömet** I hate him like poison, I hate his guts
gyűlölet *fn* hatred, hate; **~et ébreszt/kelt** excite/arouse hatred; **~re uszít** stir up/instigate hatred, be* a hatemonger
gyűlöletes *mn* odious, abominable, hateful
gyűlölködés *fn* hatred, animosity, bad blood
gyűlölköd|ik *i* be* full of hatred, *[vkvel szemben]* bear* sy malice, bear* a grudge against sy
gyűlölködő *mn* full of hatred *ut*, spiteful
gyűlölt *mn* hated, detested, abhorred
gyümölcs *fn* **1.** *növ* fruit; **~öt terem** bear* fruit **2.** *[eredmény]* fruit(s), result
gyümölcsárus *fn* fruiterer, *[utcai]* fruitseller, *GB* barrow boy, *US* fruit vendor
gyümölcscentrifuga *fn* juice extractor
gyümölcscukor *fn kém* fructose, dextrose
gyümölcsfa *fn* fruit-tree
gyümölcshéj *fn* peel, rind, skin
gyümölcshús *fn* flesh (of fruit)
gyümölcsíz *fn* (fruit) jam
gyümölcskereskedés *fn* fruiterer's, *US* fruit store
gyümölcskereskedő *fn* → **gyümölcsárus**
gyümölcskertészet *fn* fruit farm, fruit-garden
gyümölcskocsonya *fn* jelly *GB*, Jell-O *US*
gyümölcskonzerv *fn* canned/tinned fruit
gyümölcskosárka *fn kb.* (fruit) flan
gyümölcslé *fn* (fruit) juice
gyümölcslégy *fn áll* fruit fly
gyümölcsmag *fn* stone, *US így is:* pit, *[apró]* pip
gyümölcsnap *fn [diétában]* fruit(-diet) day
gyümölcsoltó *mn* **~ Boldogasszony** *[márc. 25.]* Feast of the Annunciation (of the Blessed Virgin Mary), Lady Day
gyümölcsös *fn* orchard, fruit-garden, fruit farm
gyümölcsöskosár *fn* fruit-basket
gyümölcsöz|ik *i átv* bear* fruit, be* profitable
gyümölcsöző *mn átv* fruitful, profitable, lucrative
gyümölcsöztet *i* make* (good) use of, make* the best use of; **~i tehetségét** utilize one's abilities, make* the most of one's ability
gyümölcsrekesz *fn* crate
gyümölcssaláta *fn* fruit salad; *[apró kockákra vágva]* fruit cocktail (coll)
gyümölcsszedés *fn* fruit-picking/gathering
gyümölcsszörp *fn* fruit syrup
gyümölcstermelés *fn* → **gyümölcstermesztés**
gyümölcstermelő *fn* fruit grower, fruit-farmer
gyümölcstermés *fn* fruit crop
gyümölcstermesztés *fn* fruit growing/production, fruit-farming, *tud* pomology
gyümölcstermesztő *fn* → **gyümölcstermelő**
gyümölcstermő *mn* fruit-bearing
gyümölcstorta *fn* fruit cake
gyümölcsturmix *fn* milk shake
gyűr *i* crumple, rumple, crush, crease; (*vmbe*) stuff/cram (sg) into sg

gyűrhetetlen *mn* crease-resistant/proof
gyűrődés *fn* **1.** *[ruhaanyagon]* crease, wrinkle, crumpling **2.** *geol* flexure of strata **3.** *átv biz* **nem bírja a ~t** he can't take it
gyűrődéses *mn [földkéreg]* plicate(d)
gyűröd|ik *i* crease, crumple, become*/get* creased
gyűrődő *mn* creasable; **nem ~** → **gyűrhetetlen**
gyűrődött *mn* → **gyűrött**
gyűrött *mn* **1.** *[szövet]* crumpled, rumpled, creased **2.** *[arc]* worn, tired, wrinkled
gyűrű *fn* **1.** *[kézen]* ring; **~ alakú** ring-shaped/like **2.** *műsz* hoop, collet, circle **3.** *sp* rings *tsz* **4.** *[ellenséges]* encirclement; **áttör az ellenség ~jén** break* through the enemy's ranks **5. (külső) ~** *[város körül]* ring road, *US* beltway **6.** *csill [bolygóé]* ring, *[nap* v. *hold körül]* halo
gyűrűdz|ik *i* coil, form rings, circle, curl, wind*, *[víz bedobott kőtől]* ripple, *átv [vm tovább]* ripple across (sg)
gyűrűgyakorlat *fn sp* ring exercise(s), exercise(s) on the rings
gyűrűhinta *fn* the rings *tsz*, flying ring
gyűrűs *mn* ringed, provided with a ring *ut*, wearing a ring *ut*; *áll* **~ féreg** annelid
gyűrűsujj *fn* ring/third-finger
gyűrűváltás *fn elav* betrothal
gyűrűz *i [madarat]* ring, *[fát]* girdle
gyűrűz|ik *i* → **gyűrűdzik**
gyűszű *fn* thimble
gyűszűnyi *mn* thimbleful
gyűszűvirág *fn* foxglove, digitalis
gyv. *röv* → **gyorsvonat**

Gy

H

H, h[1] *fn [betű]* (the letter) H, h
h[2] *fn csak zene* B → **H-dúr**, → **h-moll**
h *röv* → **óra**
h. *röv* → **helyett**, → **helyettes**
ha[1] *ksz* if, supposing, when; ~ **én volnék a helyedben** if I were you; ~ **egyszer** should it happen (that), if one day, if ever; ~ **nem** if not, otherwise; ~ **nem tévedek** if I am not mistaken; ~ **nem esett volna** if it hadn't rained, but for the rain; ~ **tetszik,** ~ **nem** (whether you) like it or not; ~ **úgy tetszik** if you like; ~ **tudnám** if (only) I knew (it); ~ **János itt lenne, tudná** if John was/were here, he would know; ~ **hallgattál volna rám, most nem lennél ekkora bajban** had you (v. if you had) listened to me, you wouldn't be in such trouble now; ~ **ugyan** if indeed; ~ **elmész, kapcsold le a villanyt** when you leave(,) turn off the light (please); **és ~ mégis megpróbálnánk?** suppose (v. supposing) we tried?
ha[2] *röv* → **hektár**
hab *fn* **1.** *[parti hullámon]* surf, *[tengeren]* foam, spume, *[söré]* froth, *biz* head, *[főző levesen]* scum, *[szappané]* lather, *[tejszíné]* whipped cream, *[tojásé]* beaten white [of egg]; **~ot ver** *[tejszínt]* whip [cream]; *[tojásfehérjét]* beat* up, whisk [eggs]; *átv biz* **mese ~bal!** rubbish!, that's all moonshine! **2.** *[beteg szájában]* foam, *[lovon]* froth, foam, lather
habar *i* stir, mix, add to [while stirring]; **~t tojás** scrambled eggs *tsz*
habár *ksz* (al)though, even if/though, notwithstanding, whereas
habarás *fn gaszt* thickening
habarcs *fn* mortar
habbeton *fn épít* foamed concrete
habcsók *fn* meringue
habdauer *fn* cold perm
habfehér *mn* snow/lily-white
habfürdő *fn* foam bath
habilitáció *fn* habilitation
habilitál *i* habilitate
habitus *fn [lelki alkat]* disposition, temperament
habkönnyű *mn* as light as gossamer/a feather
hableány *fn* mermaid, water nymph
haboltó *fn [készülék]* foam extinguisher
háborgat *i* disturb, bother, pester; **ne háborgass** don't bother/disturb me, leave me alone
háborgatás *fn* disturbing, bothering, pestering
háborgó *mn* **1.** *[tenger]* rough, swelling, stormy [sea] **2.** *[tömeg]* tumultuous, turbulent, excited [crowd] **3.** *[gyomor]* upset, queasy
háboríthatatlan *mn* undisturbed, peaceful, quiet
háborodott *mn [elme]* deranged, demented [mind]
háborog *i* **1.** *[tenger]* be* stormy/rough/rising **2.** *[tömeg]* be* discontented, clamour for sg, *[ember]* grumble, protest **3.** *[gyomor]* feel* sick, be* upset
háború *fn* war; ~ **előtti** pre-war; ~ **idején** in wartime; **kitör a ~** war breaks* out; ~ **utáni** post-war; ~ **utáni újjáépítés** post-war reconstruction; **~t indít** start a war, make*/wage war (on/against); **~t kirobbant** unleash war; **~t visel** → **had at visel**
háborúellenes I. *mn* anti-war **II.** *fn* dove
háborúpárti I. *mn* pro-war **II.** *fn* warmonger, *biz* hawk
háborús *mn* war(-time), of war *ut*; ~ **adósság** war-debt; ~ **bűncselekmények** war crimes *tsz*; ~ **bűnös** war criminal; ~ **előkészületek/készülődés** preparations for war; ~ **évek** war-years, wartime *esz*; ~ **felek** powers at war, the belligerents; ~ **hangulat** war psychosis, warlike atmosphere; ~ **idő(sza)k** wartime *esz*; ~ **pusztítás** ravages of war *tsz*, devastation caused by war; ~ **uszítás** warmongering; ~ **uszító** warmonger; ~ **veszély** menace/danger of war; ~ **veszteség** war losses *tsz*; *[emberben]* casualties *tsz*
háborúság *fn* → **háborúskodás**
háborúsdi *fn* **~t játszik** play (at) soldiers
háborúskodás *fn* **1.** *[háború]* war(fare), belligerency, warring, waging war **2.** *[viszály]* feud, quarrel, strife
háborúskod|ik *i* **1.** *[háborút visel]* wage war (*vkvel* on/against), be* at war (*vkvel* with sy) **2.** *[viszálykodik vkvel]* quarrel (*US* -l) (with sy), feud
háborúz|ik *i* → **háborúskodik**
habos *mn* **1.** *ált* frothy, foamy, *[sör] GB* nappy, have* a head *ut* **2.** *[sütemény]* cream [cake], (filled) with whipped cream *ut*; ~ **kávé** coffee with whipped cream; *biz* **az élet nem ~ torta** life is not a bed of roses
habos torta *fn biz* **az élet nem ~** life isn't all beer and skittles
habozás *fn* hesitation, vacillation, doubt; ~ **nélkül** unhesitatingly, promptly; ~ **nélkül megtesz vmt** do* sg without a moment's hesitation/thought, *biz* do* sg right away, *biz* do* sg at the drop of a hat
haboz|ik *i* hesitate (about sg), vacillate, waver; **~ik vmt tenni** hesitate about doing sg, hesitate to do sg, be* reluctant to do sg
Habsburg *tul* Hapsburg; **a ~ok** the Hapsburgs, the Hapsburg family
Habsburg-ház *fn* House of Hapsburg, the Habsburgs *tsz*
habselyem *fn* (knitted/spun) rayon, milanese
habszifon *fn* cream-maker
habszivacs *fn* foam(-rubber)
habtejszín *fn* whipping cream
habverő *fn* egg-whisk, egg-beater
habzás *fn [folyadéké]* foaming, bubbling, *[pezsgőé]* fizzing, *[szappané]* lathering
habz|ik *i* **1.** *[szappan]* lather, *[sör]* froth, foam, *[pezsgő]* fizz **2.** *[ló]* foam; **~ik a szája** *[vknek, dühtől]* foam at the mouth (with rage)
habzó *mn* foamy, *[szappan]* lathery, *[bor]* fizzy; ~ **szájjal** foaming at the mouth
habzóbor *fn* sparkling wine
habzsol *i* **1.** *[ételt]* eat* greedily, raven, gorge, *biz* wolf (down), devour **2.** *átv* devour
hacsak *ksz* if only, if by any means, if at all; ~ **lehet** if (at all) possible; ~ **lehet, elmegyek** I'll go if I possibly can; ~ **(...) nem** unless; **nem megyek, ~ nem jössz te is** I won't go unless you're coming too; **mindennap sétálok, ~ az időjárás közbe nem szól** unless bad/the weather stops me, I go for a walk every day
had *fn* **1.** *[sereg]* army, troops *tsz*, forces *tsz*; **~ak útja** *csill* the Milky Way **2.** *[háború]* war, feud; **~ba száll/vonul** go* to war (against); **~ban áll** be* at war (with); **~at üzen** declare war (*vknek* on); **~at visel** be* at war (with sy), make*/wage war (*vk/vm ellen* on/against sy/sg); **~ra fogható** draftable; **~ra kelt sereg** mobilized/fighting forces/armies **3.** *[tömeg]* host, band, pack; **turisták ~a** a swarm of sightseers
hadakozás *fn* warring, warfare, fighting
hadakoz|ik *i* **1.** → **háborúskodik 1 2.** *[küzd vmért]* fight*/battle for sg, *[vm ellen]* fight*/battle against sg, make*/wage war on sg
hadakozó *mn* bellicose
hadállás *fn* position, post
hadapród *fn elav* (officer) cadet

hadapródiskola *fn elav* (officer) cadet school, military academy (*pl. GB ma is* Sandhurst)
hadar *i* jabber (away), gabble
hadarás *fn* jabber, gabble
hadaró *mn* gabbling, jabbering
hadászat *fn* strategy
hadászati *mn* strategic; ~ **fegyverek** strategic arms; ~ **fegyverkorlátozási tárgyalások** Strategic Arms Limitation Talks (*röv* **SALT**), Strategic Arms Reduction Talks (*röv* **START**)
hadbíró *fn* judge of military tribunal
hadbíróság *fn* military tribunal, court martial; ~ **elé állítják** be* court-martialled (*US* -ialed)
hadbiztos *fn* quartermaster, commissary
hadd *isz* ~ **lássam/lám!** let me see!; ~ **mondjam végig!** let me finish, hear me out; ~ **fusson!** let him run!
haddelhadd *fn* **most jön a ~!** now you are in for it, there'll be ructions (*US* a ruction)!
haderő *fn* military force, (armed) forces *tsz*; **szárazföldi ~** land forces *tsz*; **a szövetséges ~k** the Allied forces; **tengeri ~** naval forces *tsz*, navy
Hadész *tul [mitológiai alvilág]* Hades
hadfelszerelés *fn* armaments *tsz*
hadfi *fn elav* warrior
hadgyakorlat *fn* manoeuvres (*US* maneuvers), military/army exercises (*mindegyik: tsz*)
hadgyakorlatoz|ik *i* hold manoeuvres (*US* maneuvers)/war-games
hadi *mn* military, war-; ~ **jog** martial/military law; ~ **kitüntetés** (war) decoration; ~ **létszám** war strength; ~ **létszámon** on (a) war footing
hadiakadémia *fn* → **katonai főiskola**
hadiállapot *fn* state of war; **~ban** at war (with)
hadianyag *fn* war equipment, (war) matériel
hadianyaggyár *fn* war factory, factory producing (war) matériel
hadiárva *fn* war orphan
hadicsel *fn* feint, stratagem
hadiflotta *fn* naval force, fleet
hadifogoly *fn* prisoner of war (*röv* **POW**)
hadifogolycsere *fn* exchange of prisoners (of war)
hadifogolytábor *fn* prison camp, prisoner-of-war camp
hadifogság *fn* captivity; **~ba esik** be* taken prisoner of war
hadifontosságú *mn* strategic, of military importance *ut*; ~ **üzem** factory earmarked for war-production
hadigazdálkodás *fn* war(time) economy; **~ra állít át** mobilize [pl.: industries]
hadigépezet *fn* war/fighting machine
hadihajó *fn* warship, man-of-war (*tsz* men-of-war), *[csatahajó]* battleship
hadihajó-támaszpont *fn kat* naval base
hadiipar *fn* war/munitions industry
hadijáték *fn* wargame
hadijelentés *fn* communiqué, war bulletin/report
hadikiadás *fn* war costs *tsz*
hadikikötő *fn* naval port
hadikórház *fn* base/field hospital
hadikölcsön *fn tört* war-loan
hadilábon *hsz* ~ **áll vkvel** be* at daggers drawn with sy; ~ **áll vmvel** be* rather weak at sg, be* very poor at sg
hadiözvegy *fn* war-widow
hadirokkant *fn* disabled soldier, war invalid
hadisarc *fn* reparations *tsz*, war indemnity
hadiszállító *fn* army contractor/broker
haditámaszpont *fn* army base
haditanács *fn* council of war, war council
haditechnika *fn* military technology, military know-how
haditengerész *fn kat* marine, *GB [közlegény]* rating
haditengerészet *fn* the navy, naval forces *tsz*
haditengerészeti *mn* naval, of the navy *ut*
haditermelés *fn* war production
haditerület *fn* operational/military area
haditerv *fn* plan of campaign, *kat* operational plan; **~et dolgoz ki** work out a plan of campaign, work out a strategy
haditett *fn* action, feat (of arms)
hadititok *fn* military secret
haditörvényszék *fn tört* court-martial (*tsz* courts-martial v. court-martials); ~ **elé állít** court-martial (*US* -l-) sy
haditudósítás *fn* war report/correspondence, war correspondent's dispatch
haditudósító *fn* war correspondent
hadiüzem *fn* war factory
hadizsákmány *fn* (war-)booty, spoils of war *tsz*
hadjárat *fn* **1.** *kat* campaign, (military) expedition **2.** *átv* campaign, drive
hadkiegészítő *mn* ~ **parancsnokság** recruiting and replacement office
hadköteles *mn* liable to military service *ut*, of military age *ut*; ~ **kor** military age
hadkötelezettség *fn* compulsory military service, conscription
hadmentesség *fn* exemption from military service
hadmérnök *fn* officer of the engineer corps, *GB* officer of the Royal Engineers
hadmozdulat *fn* troop movement(s)
hadművelet *fn* military operations *tsz*, operation; **~et folytat egy ország ellen** take* military action against a country
hadműveleti *mn* operational; ~ **terület** operational area
hadnagy *fn* (*röv* **hdgy**) second (v. 2nd) lieutenant (*röv* **2nd Lt.**)
hadnagyi *mn* ~ **rang** rank of 2nd lieutenant
hadonász|ik *i* thrash, gesticulate (wildly), (*vmvel*) flail
hadoszlop *fn* column; **ötödik ~** fifth column
hadosztály *fn* division
hadosztályparancsnok *fn* commander of a division, divisional general
hadparancs *fn* general order [for the whole army]
hadsegéd *fn* aide-de-camp (*tsz* aides-de-camp), adjutant
hadsereg *fn* army; **állandó ~** standing army; **belép a ~be** join the army; **~ben szolgál** serve in the army; **~et szervez** raise an army
hadsereg-főparancsnok *fn* commander-in-chief [of an army] (*röv* **C.-in-C.**)
hadseregszállító *fn* → **hadiszállító**
hadseregtábornok *fn GB* field marshal, *US* general of the army
hadszíntér *fn* theatre of war/operations, seat of operations
hadtáp *fn* army service corps, military supply services *tsz*
hadtápterület *fn* line-of-communications area/zone
hadtest *fn* army corps
hadtestparancsnok *fn* commander [of an army corps]
hadtörténelem *fn* military history
hadúr *fn tört* **(a legfőbb) ~** supreme commander
hadügy *fn* military affairs *tsz*, national defence (*US* -se)
hadügyi *mn* war-, military-
hadügyminiszter *fn* Minister of War; → **honvédelmi miniszter**
hadügyminisztérium *fn* Ministry of War; → **honvédelmi minisztérium**
hadüzenet *fn* declaration of war; ~ **nélküli háború** undeclared war
hadvezér *fn* general, (supreme) commander
hadvezetőség *fn* high/supreme command
hadviselés *fn* **1.** *[háborúskodás]* war(fare) **2.** *átv* war (on/against sg)
hadviselő *mn* belligerent; ~ **felek** powers at war, the belligerents
hág *i* (*vmre*) step up on sg, ascend/mount sg; → **meghág**; → **nyak**; → **tetőpont**
Hága *földr* the Hague
hágcsó *fn* ladder, *[kötél~]* rope ladder
hágó *fn* (mountain) pass, col

H

hagy *i* **1.** let*, leave*, allow, permit; **~ja, hogy vk megtegyen vmt** let* sy do sg, allow/permit sy to do sg; **~juk ezt!** enough of this/that, let's drop the matter/subject; **~d!** leave it alone!, don't touch!, hands off!; **~d csak, majd megcsinálom (én)** it's all right (v. don't bother), I'll do it; **nem ~ja magát** not give* in, refuse to give in, hold* out/on, stick* up for oneself; **annyiban ~** leave* it at that; **békén ~** let sy be; **~j békén!** leave me alone!; **magára ~** leave* sy alone (v. to oneself); *[nem segít neki]* leave* sy to his own devices; **foltot ~ vmn** stain sg; **időt ~** give* time; **maga után/mögött ~** leave* behind **2.** *[örökül]* leave*/bequeath sg to sy (sy sg); → **faképnél**

hagyaték *fn* legacy, bequest, inheritance

hagyatéki *mn* **~ gondnok** administrator (of an/the estate); **~ tárgyalás/eljárás** probate

hagyatkoz|ik *i (vkre/vmre)* rely on sy/sg (for sg), leave* it (to sy)

hagyján *hsz* **ez még csak ~, de a másik** ... this is not so bad but the other ...; **az még csak ~, hogy szid, de még goromba is** not only does he tell me off – which is bad enough – but he's rude as well

hagyma *fn* **1.** *[vörös~]* onion, *[fok~]* garlic **2.** *[növényé]* bulb

hagymahéj *fn* onion skin

hagymakupola *fn* onion dome

hagymaleves *fn* onion soup

hagymamártás *fn* onion sauce

hagymás *mn* with onions *ut*; **~ rostélyos** steak and onions *tsz*

hagyomány *fn* tradition; **~okhoz ragaszkodó** traditionalist

hagyományos *mn* traditional, time-honoured (*US* -or-), long-established; **~ fegyverek** conventional weapons

hagyományoz *i* → **hagy 2**

hagyománytisztelő *mn/fn* traditionalist

hah *isz* ah!, oh!

hahó! *isz* hello/hullo there!, I say!

hahota *fn* loud laugh, roaring laughter, peal of laughter

hahotáz|ik *i* roar/howl with laughter

haiti *mn/fn* Haiti(an)

Haiti *földr* Haiti

haj[1] *fn* hair; **égnek áll a ~a** his hair stands on end; **~ba kap vkvel** quarrel (*US* -l-) with sy, have* a row with sy; **~ánál fogva** by the hair; **~ánál fogva előráncigált** farfetched, strained; **~at mos** *[saját magának]* wash/shampoo one's hair; *[másnak]* wash/shampoo sy's hair; **~at mosat** have* a shampoo, have* one's hair shampooed; **~at vág** cut sy's/one's hair; **~at vágat** have* one's hair cut, have* a haircut; **kisüti/besüti a ~át** curl one's/sy's hair

haj[2] *isz* o(h)!, *[sajnálkozva]* alas!

háj *fn* **1.** *[disznóé]* (leaf-)lard; **mintha ~jal kenegetnék** be*/feel* highly pleased/gratified/flattered, lap up compliments, lap it up; **minden ~jal megkent** wily, cunning, *[igével]* know a trick or two; **minden ~jal megkent gazember** the greatest scoundrel alive **2.** *[emberen]* fat, flab

hajadon I. *mn* unmarried, *[családi állapot, űrlapon]* single, *[igével]* lead* a single life **II.** *fn* girl, a single woman°, *[idős]* spinster

hajadonfőtt *hsz* bare-headed

hajaj *isz* **1.** *[sóhajtás, lemondás]* ah, well **2.** *[nyomatékosítás, helyeslés]* yes, indeed, you can say that again, sure

hajápolás *fn* hair care

hajas *mn* covered with hair(s) *ut*

hájas *mn* (very) fat, flabby, obese

hájasod|ik *i* grow* too fat, become* obese

hájastészta *fn kb.* shortcake

hajbalzsam *fn* hair conditioner

hajbeültetés *fn* hair implant

hajbókol *i [vk előtt]* bow and scrape (to sy), kowtow (to sy)

hajcihő *fn biz* fuss, to-do, ado

hajcsár *fn* **1.** *[állaté]* drover **2.** *átv pej* slave-driver

hajcsárkod|ik *i pej* be* a slave-driver

hajcsat *fn* hairgrip, hairpin, (hair) slide, *US* bobby pin

hajcsavaró *fn* hair-curler, *[készletben]* roller

hajcsi *fn* sleep, bye-byes; **~ba** (v. **hajcsizni**) **megy** go* to bye-byes, *US* go* bye-bye

hajcsipesz *fn* hairgrip, kirby grip

hajcsomó *fn [összetapadt]* mat, matted hair, *[kitépett is]* mop (of hair)

hajdan(ában) *hsz* in bygone/olden days/times, in times past, long ago

hajdani *mn* past, former, one-time

hajdina *fn* buckwheat

hajdú *fn tört* **1.** *[megyei]* liveried attendant [of county dignitaries], *[poroszló]* (bum)-bailiff, *[nemesi szolga]* seneschal; **annyit ért hozzá, mint ~ a harangöntéshez** he doesn't know the first thing about it, he hasn't the faintest/foggiest idea (about it) **2.** *[16-17. századi katona]* Haiduk, Heyduck (*tsz* Haiduks, Heyducks)

hájfejű *mn durva* fatheaded, fat-witted

hajfesték *fn* hair-dye

hajfestés *fn* (hair) dyeing

hajfixáló *fn [hab]* (styling) mousse, *[zselé]* styling gel

hajfonat *fn* plait, braid

hajformázó *fn* → **hajfixáló**

hajfürt *fn* lock (of hair)

hajgyökér *fn* root of a hair, hair-root

hajháló *fn* hair net

hajhász *i* run*/be* after

hajhullám *fn* wave, curl

hajhullás *fn* loss of hair, falling hair; **~ elleni szer** hair tonic, hair-restorer

hajigál *i* keep* throwing; **vkt kövekkel ~** pelt sy with stones

hajít *i* throw*, hurl, fling*

hajítás *fn* throw(ing), flinging, hurl(ing)

hajítófa *fn* **nem ér egy ~t se** it is not worth a brass farthing, it is not worth a straw

hajkefe *fn* hairbrush; **elektromos ~** electric hairbrush, hot styling brush

hajkurász *i* → **hajszol**, → **hajhász**

hajladoz|ik *i* **1.** *[szélben]* keep* bending, sway to and fro **2.** → **hajlong 1**

hajlakk *fn* hairspray

hajlam *fn* **1.** *(vmre)* inclination (to), propensity (for), bent (for), taste (for); **~a van** (v. **~ot érez) vm iránt** have* a bent for sg, show an/great aptitude for/in sg; *[hajlamosságot mutat vmre]* be*/seem inclined/disposed to do sg, show an inclination to do sg **2.** *[betegségre]* susceptibility (to), (pre)disposition (to), *tud* diathesis (*tsz* -ses); **~a van vmlyen betegségre** be* susceptible to, have* a (pre)disposition to a disease, be* prone to

hajlamos *mn* **1.** *ált (vmre)* (be*) susceptible/inclined/apt/prone to sg **2.** *[betegségre]* (be*) susceptible/prone to [cold etc.], *orv* diathetic

hajlamosít *i orv vmre* predispose (to), make* susceptible (to)

hajlamosság *fn* **1.** *(vmre)* proneness, (pre)disposition, propensity to/for **2.** *orv* diathesis

hajlandó *mn* **~ vmre** be* ready/willing/prepared/disposed/inclined to do sg; **nem ~** be* unwilling/reluctant/disinclined to do sg; **~ vagyok azt hinni, hogy** ... I am inclined to believe that ...; **~ volna vmre** have* half a mind to (do) sg; **ha ~ volnál** ... if you wouldn't mind doing sg; **~nak mutatkozik** be*/seem/appear willing to (do) sg, show* willing

hajlandóság *fn* willingness, inclination, readiness, disposition; **~ot mutat** *(vmre)* be*/seem willing/ready to do sg, show* willing; **nincs ~a vmre** have* no stomach for sg, don't feel like doing sg

hajlás *fn* **1.** *ált* bend, *[felületé]* inclination, slope, *[függőleges tárgyé]* lean(ing), *[úté horizontális]* bend, curve, *[úté vertikális]* gradient **2.** *[meghajlás]* bow

hajlásszög *fn* angle of inclination, pitch
hajlat *fn [tárgyé]* bend, curve, *[lejtőé]* slope
hajlék *fn* **1.** *[menedék]* shelter, cover, roof (over one's head) **2.** *[otthon]* home
hajlékony *mn* **1.** *[anyag]* flexible, pliable **2.** *átv* flexible, adaptable, pliable
hajléktalan I. *mn* homeless, *GB szl* dosser, *kif* be* on the streets; **~ná válik** be* made homeless **II.** *fn* **a ~ok** the homeless, vagrants, homeless people
hajléktalanszálló *fn* homeless shelter
hajl|ik *i* **1.** *ált* bend*, *[nem merev]* be* supple/flexible, *[ívben]* arch, *[vm oldalirányba]* curve, sweep*, *[tárgy vm fölé]* hang* over, overhang* (sg); **maga felé ~ik a keze** have* an eye to the main chance; → **hajol 2.** *átv* (*vmre*) incline to, tend to, show* an inclination towards; **~ik a jó szóra** be* amenable to advice, listen to sense (v. to what one is told)
hajlít *i [tárgyat]* bend*, *[térdet]* bend* [the knee]
hajlítás *fn* bending
hajlíthatatlan *mn* **1.** (*vm*) inflexible, unbending **2.** (*vk*) → **hajthatatlan**
hajlíthatatlanság *fn átv is* inflexibility
hajlítható *mn* **1.** (*vm*) flexible, pliable **2.** *átv* malleable
hajlítóizom *fn* flexor
hajlított *mn* curved, bent
hajlong *i* **1.** *[udvariasságból]* bow (low) repeatedly, curts(e)y, *[talpnyalón]* kowtow (to sy), bow and scrape **2.** → **hajladozik 1**
hajlongás *fn [udvariasságból]* low bows *tsz*, *[talpnyalóan]*.bowing and scraping, kowtowing
hajlott *mn* **1.** bent, curved, crooked; **~ hát** bent back; **~ hátú** round-shouldered; **~ orr** hook(ed) nose **2. ~ kor** advanced age
hajmeresztő *mn* hair-raising, terrifying, horrible; **~ sebességgel** at breakneck speed; **~ történet** hair-raiser
hajmosás *fn* shampoo, wash
hajnal *fn* dawn, daybreak, break of day; **(kora) ~ban** at dawn, in the small hours, at daybreak; **~ban kel** get* up (v. rise*) with the lark, rise* at (the crack of) dawn; **~ig dolgozik** work into/until the small hours
hajnalcsillag *fn* morning star
hajnalhasadás *fn* → **hajnal**
hajnali *mn* early (morning), dawn, of dawn *ut*; **~ köd** early morning mist; **~ órák** small hours; **~ vonat** *US biz* the milk train
hajnalka *fn növ* bindweed, morning glory
hajnalod|ik *i* dawn, day is breaking
hajnalpír *fn* the first blush of dawn
hajnaltájban *hsz* day was dawning (v. it was dawning) when..., towards dawn
hajnövesztő *mn/fn* hair restorer
hajnyírás *fn* haircut
hajó *fn* **1.** *[nagyobb]* ship, *[kisebb]* boat, *ált* vessel, *[óceánjáró]* (ocean) liner, *[luxushajó, rendsz. magánkézben]* yacht, *[teher~]* freighter; **~ alakú** vessel-shaped; **költségmentesen ~ra rakva** free on board (*röv* **f.o.b.**); → **rak**; **egy ~ban eveznek** be* in the same boat; **~n** on board (ship), on a ship; **~n/~val megy** sail, go* by ship/sea; **~ra száll** go* on board (ship), embark (*vhol* at); **Portsmouthnél szálltunk ~ra** we boarded (v. went aboard) the ship in Portsmouth **2.** *sp [sportolók nyelvén, ált]* vessel, *[versenycsónak]* (racing) boat, *[versenyvitorlás]* yacht **3.** → **templomhajó 4.** *[varrógépben]* shuttle
hajóablak *fn* porthole, scuttle
hajóács *fn* shipwright, ship's carpenter
hajóágyú *fn* ship's cannon/gun, chaser
hajóállomás *fn* landing place, *[óceánjáróé]* port of call
hajóbérleti *mn* **~ szerződés** charter party
hajócsavar *fn* screw, propeller
hajódaru *fn* ship crane
hajóépítés *fn* shipbuilding
hajóépítő I. *fn* shipbuilder **II.** *mn* **~ ipar** shipbuilding industry
hajófedélzet *fn* deck, (ship)board; **~ elülső része** forecastle; **~ hátulsó része** quarterdeck
hajófenék *fn* (ship's) bottom, hold
hajófuvar *fn* cargo, lade, lading
hajófuvardíj *fn* cargo charge
hajófuvarlevél *fn* bill of lading
hajófülke *fn* cabin, *[luxus]* stateroom
hajófűtő *fn* stoker
hajógépész *fn* engineer [of a ship]
hajógerinc *fn* keel
hajógyár *fn* dockyard, shipyard
hajóhad *fn* fleet
hajóhíd *fn* **1.** *[folyón]* pontoon/floating bridge **2.** *[hajóról partra]* gangway, gangplank **3.** *[hajón]* bridge
hajóhinta *fn* swing-boat
hajójárat *fn* (shipping) line, *[szolgálat]* boat service; **menetrendszerű ~ok** (a list of) sailings (from ...); regular sailings (from ...); **~ok indulása** sailing times ...
hajójegy *fn* (boat) ticket
hajókár *fn* average; **~t szenved** suffer an average
hajókáz|ik *i* go* boating, go* on a (pleasure) cruise
hajókerék *fn* paddle wheel
hajókirándulás *fn* boat-trip
hajókoffer *fn* cabin-trunk
hajókormány *fn* helm
hajókötél *fn* hawser, rope; *szl* **leütötte a ~** he's kicked the bucket, he's bought it
hajókürt *fn* (ship's) horn, *[ködben]* foghorn
hajol *i* bend* (down), stoop; **könyv fölé ~** pore over a book; → **hajlik**
hajolaj *fn* hair-oil
hajómodellezés *fn* ship modelling (*US* -l-)
hajómotor *fn* ship engine
hajónapló *fn* log(book)
hajóorr *fn* prow, cutwater
hajóorvos *fn* ship(')s) surgeon/doctor
hajópadló *fn* strip/jointed floor
hajópalló *fn* gangway
hajóparancsnok *fn* captain
hajópark *fn* fleet, tonnage
hajóraj *fn* squadron, *[kicsi]* flotilla
hajóraklevél *fn* bill of lading
hajórakomány *fn* shipload, cargo, shipment
hajóroncs *fn* (ship)wreck
hajós *fn* sailor, seaman°
hajósinas *fn* ship's boy
hajóskapitány *fn* captain, *[ker. hajón]* master
hajóslegénység *fn* crew
hajósnép *fn* seafaring/maritime nation
hajóstársaság *fn* shipping line/company
hajószakács *fn* (ship's) cook
hajószemélyzet *fn* ship's company, crew
hajótér *fn* (ship's) hold, shipping space
hajótér-kapacitás *fn* tonnage
hajótest *fn* hull
hajótörés *fn* shipwreck; **~t szenved** (i) be* shipwrecked, suffer shipwreck (ii) *átv* founder on sg, be* (ship)wrecked by sg
hajótörött I. *fn* castaway, shipwrecked (person); **a ~eket mind kimentették** the castaways were rescued **II.** *mn* shipwrecked
hajótulajdonos *fn* ship-owner
hajóút *fn* voyage
hajóútvonal *fn* sea/shipping lane, ocean lane
hajóvezető *fn* captain
hajózás *fn* shipping, sailing, *[navigáció]* navigation
hajózási *mn* shipping, nautical, *[navigációs]* navigation(al); **~ társaság/vállalat** shipping company/line; **~ tilalom** embargo

hajózható *mn* navigable, passable; ~ **csatorna** *mn* navigable channel; ship canal
hajóz|ik *i* sail, go* by sea, voyage; **Amerikába ~ik** sail for America
hajózó I. *mn* navigating; ~ **legénység** *rep* flying personnel; ~ **személyzet** cockpit crew **II.** *fn* navigator
hajózótiszt *fn* navigator
hájpacni *fn durva* fatty, *US* lardass, *[főként megszólításként]* fatso
hajpánt *fn* headband
hajpótlás *fn* hairpiece, *főleg: US* toupee
hajrá I. *isz* forward!, at it/'em! **II.** *fn* **1.** *[verseny finise]* sprint, the finish **2.** *[munkában]* rushing, *[egy bizonyos munka]* a rush job; **év végi** ~ last-minute rush; **nagy** ~ **van** there's a rush on at work
hajráz|ik *i* **1.** *[versenyző]* sprint, make* (v. put* on) a final spurt **2.** *[verseny közönsége]* cheer on a team, *US* root for a team **3.** *[munkában]* work flat/all out [to meet a deadline]
hajrögzítő *fn* → **hajfixáló**
hajsütő *mn* ~ **vas** curling tongs *tsz*, curling irons *tsz*
hajsza *fn* **1.** *[vm után]* hunt after sg, chase/pursuit of sg, *[vk ellen]* persecution of sy, campaign against sy **2.** *[munkával]* rush; **nagy ~ban van** be* snowed under (with work), to have enough v. as much as one can manage; **a modern élet ~ja** the (strains and) pressures of modern life *tsz*
hajszál *fn* (single) hair; **egy** ~ **híján** within a hair; **(egy) ~on függ** hang* by a hair (v. by a single thread); **csak egy ~on múlt** it was touch-and-go, *biz* it was a close shave/call, (s)he came within an inch (of doing sg); **~on múlt, hogy le nem késtük a vonatot** we caught the train (v. it) by the skin of our teeth; **~nyi** a hair's breadth; **~(nyi)ra** exactly, to a T/hair; **~ra kiszámítva tesz vmt** cut* it fine; **egy ~lal sem különb** not a whit better; **egy ~a sem fog meggörbülni** we/they/etc. won't touch a hair on his head
hajszalag *fn* hair-ribbno
hajszálcső *fn* capillary
hajszálcsövesség *fn* capillarity, capillary attraction
hajszálér *fn* capillary (vessel)
hajszálfinom *mn* **1.** *[vékony]* very delicate/fine **2.** *átv* subtle, nice
hajszálkereszt *fn* → **fonalkereszt**
hajszálpontos *mn* very exact/punctual, scrupulous
hajszálpontosan *hsz* ~ **érkezik** come* /arrive sharp (v. on the dot), be* dead on time; ~ **egyeznek** *[könyvelési tételek]* balance (exactly)
hajszálrepedés *fn orv* hairline fracture, *műsz* hairline
hajszálrugó *fn* hairspring, balance spring
hajszálvékony *mn* (as) thin as (a) hair *ut*, (as) thin as a thread *ut*
hajszárító *fn* (electric) hair dryer, *[kézi]* hand-dryer; *[bura]* drier
hajszás *mn [élet]* harassed, hectic, busy
hajszesz *fn* hair lotion/tonic
hajszín *fn* colour (*US* -or)of hair
hajszol *i* **1.** *ált* chase/hunt after, pursue **2.** *[hátaslovat]* bucket, to carry to excess, to overdo **3.** *[beosztottakat, munkásokat]* work [one's staff] very hard (v. to death)
hajt¹ *i* **1.** *[állatot]* drive*, *[noszogatva]* urge on, *[vadat]* beat* [game] **2.** *[gépet erő]* drive*, propel, work **3.** *[gépjárművet vezet]* drive*; **az állomásra ~ott** (s)he drove to the station; **jobbra ~s!** keep (to the) right! **4.** *[dolgoztat]* drive* sy (very) hard, be* a slavedriver; **~ja a munkát** keep* up a stiff/punishing pace of work **5.** *biz [erősen dolgozik]* slave away, work flat/all out; **nagyon** ~ *[mert kell a pénz]* he drives himself very hard **6.** *[hashajtó]* have* a purgative effect, loosen the bowels **7.** *szl* (*vkre*) make* a pass (at sy), have* a go/crack (at sy)
hajt² *i [hajlít]* bend*, turn in/down, *[papírt stb.]* fold; **térdet** ~ bend* the knee, kneel* down; **fejet** ~ bow the/one's head, bow (to); *átv* resign oneself (to); **álomra ~ja fejét** go* (off) to sleep
hajt³ *i* **1.** *[növény]* sprout (up), shoot* **2.** (*vmt*) grow*, sprout; **gyökeret** ~ strike* root; **ágat** ~ shoot* forth a branch; **leveleket** ~ put* out leaves **3.** → **haszon**
hajtány *fn* line inspection trolley
hajtás¹ *fn* **1.** *[állatoké]* driving, *[vadászaton]* beat(ing) [for game], battue **2.** *biz [nagy erőkifejtés/iram]* rush (at work); **év végi** ~ last-minute rush; **nagy ~ban vagyok ma** I'm rather pushed today; *sp* **nagy** ~ **volt a II. félidőben** the pace hotted up in the second half **3.** *[járművel]* driving, *[fogat~]* carriage/coach-driving
hajtás² *fn* **1.** *[ruhán]* pleat, fold **2. egy ~ra (kiitta)** [he drank/downed it] at a/one draught/gulp
hajtás³ *fn növ* sprout, bud, shoot
hajtású *mn* **gépi** ~ power-driven
hajtat¹ *i* **az állomásra ~ott** he was driven to the station; *[így is:]* he drove to the station
hajtat² *i növ* force
hajtatóágy *fn növ* forcing-bed
hajthatatlan *mn átv* unyielding, immovable, *[esztelenül]* hellbent (on) *ut*; **ebben a kérdésben** ~ on this point he is adamant; ~ **marad** stand* pat
hajtincs *fn* wisp, lock
hajtó *fn* **1.** *[vadászaton]* beater **2.** *[ügetőversenyen]* driver, *[egyéb fogaté]* coachman°, *sp* carriage-driver
hajtóanyag *fn* → **üzemanyag**
hajtóerő *fn* **1.** propelling power/force, motive power **2.** *átv* driving force, impetus
hajtogat *i* **1.** *[papírt]* fold (repeatedly), keep* folding, *[legyezőformára] US* accordion-fold, *US* fanfold **2.** *[ismétel]* keep* repeating, reiterate; **örökké csak azt ~ja** go* on about sg (all the time), be* always harping on the same theme/string
hajtogatás *fn* **1.** *[papíré]* folding, pleating **2.** *[ismételgetés]* repetition, reiteration
hajtógáz *fn* propellant
hajtóka *fn* **1.** *[kabáté]* lapel, (nadrágé) GB turn-up, *US* cuff, *[ujjé]* cuff **2.** *[paroli]* facings *tsz*
hajtókar *fn [motorban]* connecting/driving rod, *[kézi, kerépáré]* crank, *[csörlőé]* winch
hajtókerék *fn* driving-wheel
hajtómű *fn* **1.** *[közlőmű]* driving-gear **2.** *[motor]* engine, *rep* power plant
hajtószíj *fn* driving-belt, drive belt
hajtóvadászat *fn [átv is]* drive
hajtóverseny *fn* carriage/coach-driving
hajtű *fn* hairpin, hairgrip
hajtűkanyar *fn* hairpin bend
hajtüsző *fn* (hair-)follicle
hajú *mn* -haired; **hosszú** ~ long-haired
hajvágás *fn* haircut
hajvágószalon *fn [férfi-női]* (unisex) hairdressing salon
hajviselet *fn* hair(style), hairdo; **rövid** ~ wearing one's hair short
hajzat *fn* (head of) hair
háklis *mn biz* fussy, crochety
hakni *fn biz* gig
hakniz|ik *i biz* gig
hal¹ *i* die; **szörnyű halált** ~ die a terrible death; → **meghal**
hal² *fn* fish (*tsz* ua. *de több fajtából:* fishes); **sok** ~ a lot of fish; **három (különféle)** ~ three fishes; **úgy él, mint** ~ **a vízben** be*/live (quite well off)
hál *i* **1.** sleep*, spend*/pass the night; **(már) csak ~ni jár belé a lélek** be* very ill, look like a ghost, (seem to) be on one's last pins **2.** (*vkvel*) sleep* with sy
hála *fn* gratitude, thanks *tsz*, thankfulness, gratefulness; ~ **Isten(nek)!** thank God/goodness; **és** ~ **neked** and thanks to you; ~ **a kezelésnek** thanks to the treatment; **örök hálám** I'm most obliged; **~ra kötelez** oblige sy; **~t ad vknek** thank sy, give* thanks to sy (for sg)
hálaadás *fn* giving/rendering thanks, *vall* thanksgiving
halad *i* **1.** *[megy]* go*, make* way, advance, go* on, (*vm mellett*) come*/run*/pass along; *[jármű]* travel (*US* -l); **a**

vonat 80km/h-ás sebességgel ~t the train was travelling (*US* -l-) at 80 kilometres per hour; **lassan ~** inch along; **az idő ~** time passes **2.** *átv* make* headway, advance, get* along/on with sg, progress, make* progress, get* on, *[minőségileg]* improve; **a munka ~** the work is coming along; **jól ~** (i) *[munka, pl. építkezés]* be* coming along/on well/fine, be* shaping up (well) (ii) (*vk vmvel* v. *vmben*) be* doing well/fine in sg, make* good progress with/in sg; (*vk*) *ált* be* shaping satisfactorily; **~ a korral** keep* up with (v. abreast of) the times; **nagyot ~t** made great strides

haladás *fn* **1.** *[térben]* going, advance(ment) **2.** *átv* progress, advance, improvement; **~t ér el** make* progress, make*/take* (great) strides

haladásellenes *mn* opposed to progress *ut*

haladási *mn* **kötelező ~ irány** "ahead only"

haladék *fn* **1.** *[késedelem]* delay; **~ nélkül** without delay **2.** *[adósnak]* extension; **~ot kap** get* an extension of time, be* given/granted a few days' [v. 10 days' etc.] respite; **~ot ad** give*/grant an extension of time, give*/grant a few days' [etc.] respite

haladéktalan *mn* immediate, prompt

haladéktalanul *hsz* immediately, without delay/fail, at once, on the spot, right away; **~ megtesz vmt** lose* no time in doing sg

haladó I. *mn* **1.** *[jármű]* proceeding (along), travelling (*US* -l-); **az autópályán ~ forgalom/kocsik** the traffic on/along the motorway; **London felé ~ vonat** train going to London, train on its way to London **2.** *okt* advanced [course] **3.** *pol elav* progressive **II.** *fn okt* advanced student; **tanfolyam ~knak** an advanced course

haladvány *fn* **számtani ~** arithmetic(al) progression; **mértani ~** geometric(al) progression

hálaima *fn* thanksgiving, *[étkezésnél]* grace

halál *fn* death, passing (away), *biz* curtains; **inkább a ~** I'd die first; **~ fia vagy** you're a dead man; *biz* **az a ~om, ha** ... my pet aversion/abomination is (when) ...; **~ utáni** posthumous; **~akor** at the time of his death; **~án van** be* dying, be* at death's door; **~ra dolgozza magát** work oneself to death; **~ra gázolja vm** be* killed in an accident, be* run down/over and killed; **~ra ítél** sentence/condemn to death; **~ra ítélt** condemned to death *ut*; **orvosilag ~ra van ítélve** be* under a medical death sentence; **~ra rémül** be* frightened/scared to death, be* scared stiff; **~ra rémült** scared to death *ut*; **~ra szánt** prepared/determined to die (v. to face death) *ut*

halálbüntetés *fn* capital punishment, death penalty

haláleset *fn* death, *[balesetnél]* casualty; **6 ~ történt** six people were killed; **nem történt ~** there were no casualties, nobody was killed [in the accident]; **~ miatt zárva** closed due to bereavement

halálfej *fn* death's-head, skull

halálfejes *mn* death's-head; **~ lobogó** the skull and crossbones

halálfélelem *fn* fear of death, mortal fear/fright; **~ben él** live* in mortal fear, live in fear of one's life

halálhír *fn* news/announcement/word of sy's death

halálhörgés *fn* death rattle

haláli *mn szl* terrific, dead *[és utána melléknév]*; **hát ez ~!** that's a killer!

halálkanyar *fn* dangerous curve/corner

hálálkodás *fn* expression of gratitude, thanks *tsz*

hálálkod|ik *i* express one's gratitude, be* full of gratitude to sy for sg

halálküzdelem *fn* → **haláltusa**

halállomány *fn* population/stock of fish

halálmadár *fn* **1.** *[bagoly]* screech-owl **2.** *átv [rémhírterjesztő]* scaremonger

halálmegvető *mn* death-defying; **~ bátorsággal** braving death, intrepidly

halálnem *fn* manner of death

halálok *fn* cause of death

halálos *mn* deadly, mortal, lethal, *[végzetes]* fatal, *[gyilkos]* murderous; **~ adag** lethal dose; **~ ágy** death-bed; **3 ~ áldozata volt a balesetnek** three were killed in the accident; **~ (kimenetelű) baleset** fatal accident; **~ betegség** deadly disease, fatal/terminal illness; **~ bűn** deadly/mortal sin; **~ csend** dead/deathlike silence; **~ ellenség** deadly/bitter/mortal enemy; **~ ítélet** sentence of death, death-sentence; **~ veszély** peril of death, deadly peril

halálosan *hsz* mortally, *[végződik]* fatally; **~ beleszeret vkbe** fall* desperately in love with sy; **~ komoly** dead earnest; **~ megsebesül** be* fatally injured; **~ unalmas** deadly dull; **~ unatkozik** be* bored to death

halálozás *fn* **1.** *[meghalás]* death, decease **2.** *[statisztikailag]* mortality

halálozási *mn* mortality, of death *ut*; **~ arányszám** death (v. *US* mortality) rate; **~ lap** death certificate; **~ rovat** obituary page/section

halálpontosan *hsz biz* on the nose

halálraítélt *fn* man°/woman° condemned to death; **~ (fogvatartott)** death-row prisoner/inmate

halálsápadt *mn* deathly/deadly pale, cadaverous, ghastly

halálsejtelem *fn* foreboding/presentiment/premonition of death; **halálsejtelmek gyötrik** be* tortured/tormented by fear/forebodings of death

halálsikoly *fn* scream of death

haláltábor *fn* concentration/extermination/death camp

haláltánc *fn* danse macabre, dance of death

haláltusa *fn* **1.** *[haldoklás]* death throes *tsz*, (mortal) agony; → **vív 2.** → **élethalálharc**

halandó *mn/fn* mortal

halandóság *fn* mortality, being mortal, (our) mortal nature

halandzsa *fn* **1.** *ált* gibberish, nonsense, *biz* double Dutch **2.** *[bűvészé]* patter **3.** *[mellébeszélés]* hocus-pocus, *[tudományos, nagyképű, hivatali]* gobbledygook

halandzsáz|ik *i* talk gibberish (v. double Dutch)

halánték *fn* temple, *összet* temporal

hálapénz *fn* bribe, sop, *GB biz* backhander, *[jutalékként]* kickback

halárus *fn* → **halkereskedő**

halas I. *mn* **~ bódé** fish stall/stand **II.** *fn* fishmonger

hálás *mn* (*vknek vmért*) grateful (to sy for sg), thankful (for sg); **~ köszönet!** (many) thanks!, thank you very much, thank you ever so much; **~ vagyok, hogy** I am thankful that ...; **igen ~ vagyok** I am much obliged, I am most grateful; **nagyon ~ak lennénk, ha** we would greatly appreciate it if; **~ közönség** an appreciative (a sympathetic) audience; **~ téma** rewarding subject/topic/theme

hálásan *hsz* **~ köszönöm** thank you very (v. ever so) much

halaskofa *fn* fishmonger

halastó *fn* fish pond

halász *fn* fisher(man°)

halászat *fn* **1.** *[foglalkozás]* fishing, fishery **2.** *[telep]* fishery, fish farm

halászbárka *fn* fishing boat

halászcsárda *fn kb.* fish restaurant

halászcsónak *fn* fishing boat, drifter

halászfalu *fn* fishing village

halászfelszerelés *fn* fishing tackle

halászhajó *fn* fishing boat, *[vonóhálós]* trawler

halász|ik *i* fish (*vmre* for sg); **~ni megy** go* fishing

halászkunyhó *fn* fisherman's hut

halászlé *fn* fish soup, Hungarian chowder

halászmadár *fn áll* kingfisher

halásznadrág *fn [női]* pedal pushers *tsz*

halászsas *fn áll* sea eagle, osprey, fish-hawk

halaszt *i* postpone, defer, put* off/back, adjourn; **másnapra ~ vmt** put* off sg till tomorrow; **jövő hétre ~ják a ma esti hangversenyt** tonight's concert will be put off till next week

H

halasztás *fn* **1.** (*vmé*) postponement, deferring, putting-off, delay; **~t kér** *[pl. vizsgázó]* apply for a postponement; **nem tűr ~t** allow of no delay, be* pressing, brook no delay; **~t szenved** suffer delay **2.** *[adósnak]* extension; **~t kap** get* an extension of time, be* given/granted a few days' [v. 10 days' etc.] respite; **~t ad** give*/grant an extension of time, give*/grant a few days' [etc.] respite

halasztgat *i irod* keep* putting off, procrastinate

halaszthatatlan *mn* pressing, that cannot be postponed *ut*, urgent

halasztód|ik *i* be* postponed/deferred/adjourned (to), be* put off/back

halászzsákmány *fn* catch

hálatelt *mn* grateful, full of gratitude *ut*

hálátlan *mn* **1.** ungrateful (towards sy for sg) **2.** *[munka]* thankless; **~ feladat** thankless job

hálátlanság *fn* ungratefulness, ingratitude

hálátlanul *hsz* **~ viselkedik** show* ingratitude, be* ungrateful; *kif* bite* the hand that feeds one

halbiológia *fn* marine biology

halcsont *fn* **1.** whalebone, baleen **2.** *[merevítéshez]* (whale)bone

H

haldoklás *fn* dying, (death) agony

haldokl|ik *i* be* dying, be* at death's door

haldokló I. *mn* dying, moribound **II.** *fn* the dying man°/person

haleleség *fn* fish food

halenyv *fn* fish-glue

halétel *fn* fish (dish), seafood

halfélék *fn tsz* kinds/sorts of fish *tsz*

halfilé *fn* fillet of fish

halfogás *fn* **1.** *[művelet]* fishing **2.** *[eredménye]* haul, catch

halfogyasztás *fn* consumption of fish/seafood

halgazdaság *fn* fishery, fish-farm

halhatatlan *mn* immortal, *[hírnév]* everlasting, eternal

halhatatlanság *fn* immortality

halikra *fn [ehető]* roe, caviar, *[ívó halaké stb.]* spawn

halk *mn [hang]* soft, low, scarcely audible [voice]; **~ beszéd** whisper; **~ beszédű/hangú/szavú** soft-spoken, having a gentle quiet voice *ut*, quiet voiced; **~ zene** *[pl. áruházban]* background music, muzak, piped music; *[egyébként]* music played softly; **~ra fogott** low-key(ed)

halkabban *hsz* **~!** not so loud!; **~ beszél** lower one's voice

halkan *hsz* **1.** *[beszél]* in a low voice, softly, in a whisper, in a subdued voice **2.** *zene* piano, softly

halkereskedő *fn* fishmonger('s), *US [a kereskedő]* fish dealer, *[a bolt]* fish store

halkés *fn* fish knife°

halkít *i [beszédhangot]* lower one's voice, *[rádiót, tévét]* turn down

halkocsonya *fn* jellied fish

halkonzerv *fn* tinned (v. *US* canned) fish

halkul *i* become* faint, die/fade away

hall[1] *i* **1.** *[hangot, közlést]* hear*; **jól ~** have* good/keen hearing; **nagyot ~** be* hard of hearing, he does* not hear well; **hadd ~jam!** let me hear it, tell me; **~juk!** hear! hear!; **na ~od!** well I never!, that beats everything!; **soha nem ~ott dolgok** unheard-of things, matters never heard of (before); **volt mit ~ania** he got a good telling-off; **alig lehet ~ani** it is scarcely/barely audible, it is almost inaudible; **ezt már jónéhányszor ~ottam** I've heard it many/several times; *[türelmetlenül]* the same old story (again), I've heard all that before; **ezt a nevet már ~ottam** the name rings a bell **2.** *[értesül]* hear* (*vkről/vmről* of), learn* (*vmről* of), be* told; **~ vk felől** hear* from sy; **úgy ~om, hogy** ... I hear (v. have heard) that ..., I'm told that ...; **sajnálattal ~om, hogy** ... I am sorry to hear that ...; **~ani sem akar róla** he will have none of it, he won't hear of it; **ki ~ott már ilyesmiről?** did you ever hear the like?; **~ottál már ilyet?** can you beat it?

hall[2] *fn [lakásban]* hall, *US így is:* hallway, *[szállodában]* lobby, lounge

hallás *fn* (sense of) hearing, *[zenei]* ear for music; **jó ~a van** *[zeneileg]* have* an ear for music; **nincs jó ~a** have* no ear for music, be* tone-deaf; **~ után játszik** play by ear; **első ~ra** at first hearing

hallási *mn* auditive, auditory; **~ tartomány** *távk* range of audibility; **~ fogyatékos** hearing-impaired

hallásjavító *mn* **~ készülék** hearing aid

halláskárosult *mn* sy with impaired hearing

hallásküszöb *fn* threshold of hearing

hallásmérés *fn orv* audiometry

hallássérült *mn fn* hearing-impaired, defective in hearing *ut*

hallástartomány *fn orv* range of hearing

hallású *mn* **éles ~** sharp-eared; **finom/érzékeny ~** quick-eared, with a sensitive ear *ut*; **rossz ~** *[zeneileg]* tone-deaf, *[egészségileg]* of defective hearing *ut*

hallászavar *fn* hearing defect (v. defect), defective hearing

hallat *i* let* sg be heard; **~ magáról** let* sy hear from one; **~ja véleményét** voice one's opinion, give* voice to one's opinion; **hangokat ~** emit/produce sounds

hallatára *hsz* on hearing it/this; **fülem ~** in my hearing

hallatlan *mn* unheard-of, unprecedented, *[igazságtalanság]* monstrous [injustice], *[viselkedés]* outrageous [behaviour], *[siker]* enormous [success], *[szerencse]* extraordinary [luck]; **~!** (that's) incredible!, that's the limit!, well(,) I never!

hallatlanul *hsz* extremely, enormously

hallatsz|ik *i* be* heard/audible, sound, *[híresztelik]* be* rumoured (*US* -or-), be* said

halleluja *isz* hallelujah, alleluya, alleluia

halleves *fn* fish soup

hallgat *i* **1.** (*vmt, vkt*) listen to; **rádiót ~** listen to the radio, listen in, listen to a broadcast/play etc. on the radio; **zenét ~** listen to music; **~ja a híreket** be* listening (in) to the news **2.** *[egyetemi előadást]* attend [lectures on sg], take* [a course in sg]; **jogot ~** read* law; **misét ~** attend/hear* a sermon **3.** *[nem szól]* keep*/be*/remain silent, be* quiet; **hallgass!** silence!, be/keep quiet!; **~ vmről** keep* quiet about sg, keep* sg quiet; **~ni arany** silence is golden; **~ni fogok, mint a sír** I'll be as silent as the grave; **jobb, ha ~sz/~unk** least said soonest mended; **bölcsen ~** keep* one's own counsel; **~ni arany** silence is golden **4.** (*vkre*) listen to sy, *[tanácsra]* take*/follow sy's [advice]; **ha rám ~nának** if I were listened to; **ne hallgass rá!** you mustn't mind him/her; **~ a józan észre** listen to reason; **nem ~ a jó szóra** he won't listen to reason; **ide hallgass!** look here!, listen!; **nem ~ oda** he pays no attention to it **5. a kutya Bodri névre ~** the dog answers to the name of Bodri

hallgatag *mn* taciturn, silent, reticent; **~ ember** man° of few words

hallgatás *fn* **1.** *[nem beszélés]* silence; **a ~ beleegyezés** silence gives/implies consent; **~ra kényszerít** reduce to silence **2.** *[zenéé]* listening to [music], *[rádióé]* listening to the radio, *[egyetemen]* attendance [at/of a course]

hallgató I. *mn* **1.** *[nem beszélő]* silent **2.** (*vmt*) listening to *ut* **II.** *fn* **1.** *[rádióé]* listener; **~k** audience; **kedves ~im!** *[vegyes közönséghez]* Ladies and Gentlemen! **2.** *[egyetemi]* undergraduate, student, *biz* undergrad; **volt/végzett ~** *[egyetemé, főiskoláé]* graduate, *US* alumnus (*tsz* -ni)

hallgatódz|ik *i* **1.** *[illetéktelenül]* eavesdrop, *[telefonon]* listen in *[on a telephone conversation]* **2.** *orv* auscultate, sound

hallgatói *mn* **1.** *[diák]* student, of (the) students *ut*; **~ önkormányzat** student council **2.** *[rádiós]* listener, of listeners *ut*; **~ kérdések** listeners' questions

hallgatóközönség *fn* audience

hallgatólagos *mn* tacit, unspoken, implicit; **~ beleegyezés** silent consent; **~ megállapodás** tacit agreement; **vknek a ~ beleegyezésével** with the tacit approval of [the government etc.]

hallgatólagosan *hsz* ~ **beismer (v. tudomásul vesz) vmt** admit sg tacitly; ~ **beleegyezik vmbe** reach a tacit agreement on sg [a deal etc.]
hallgatóság *fn* audience, *[egyetemi]* students *tsz*, undergraduates *tsz*; **500 főnyi** ~ an audience/attendance of 500
hallgatottság *fn [műsoré]*audience share/participation, ratings *tsz*
hallgatózik *i* → **hallgatódzik**
hallható *mn* audible, to be heard *ut*; **nem** ~ inaudible
hallhatóan *hsz* audibly
halliszt *fn* fish meal
halló *isz* **1.** *[telefonban]* hello!, hullo!, hallo!; ~, **ott ki beszél?** hello, who's speaking, please? **2.** *[vkre rákiáltva]* hey!, I say!
hallócsiga *fn* cochlea (*tsz* cochleae)
hallócsontocskák *fn tsz* auditory ossicles, stirrup(,) anvil and hammer
hallócső *fn* **1.** *[orvosé]* stethoscope **2.** *[nagyothallóé]* ear-trumpet
hallóideg *fn* auditory/auricular nerve
hallójárat *fn* auditory meatus
hallóképesség *fn* (sense of) hearing
hallókészülék *fn* hearing aid
hallomás *fn* ~**ból tud vmt** have* sg from hearsay
hallószerv *fn* organ of hearing
hallótávolság *fn* earshot, hearing/hailing distance; ~**on belül** within earshot
hallucináció *fn* hallucination
hallucinál *i* hallucinate, have* hallucinations, *biz* see*/hear* things
hallucinogén I. *mn* hallucinogenic **II.** *fn* hallucinogen
halmaz *fn* **1.** heap, pile, stack, mass **2.** *mat* set
halmazállapot *fn* state, physical condition; **cseppfolyós** ~ liquid state
halmazelmélet *fn mat* set theory
halmérgezés *fn* fish poisoning
halmoz *i* **1.** *ált* heap/pile (up), amass, accumulate; **hibát hibára** ~ make* one mistake after another **2.** *[árut, készletet]* hoard, stock up (with), stockpile, lay* in, *[szerencsejátékban tétet]* parlay
halmozás *fn* heaping (up), piling (up), amassing, *[árué, készleté]* hoarding, stocking (up), stockpiling, storing (up)
halmozódás *fn* accumulation, increase
halmozód|ik *i* accumulate, heap/pile/run* up, be* amassed
haló *mn* → **por**
háló[1] *fn ált* net; *[halászé]* (fishing) net, *[hajóvontatású fenékháló]* trawl, *[vadászé]* net, mesh; ~**ba kerül** (i) *[vad, hal]* be* caught in a net (ii) *átv* be* caught in the toils, be* ensnared; **kiveti a** ~**ját vkre** *[nő] biz* set* one's cap for sy, try to get off with sy, have* designs on sy; ~**val fog** net, catch* (sg) with a net
háló[2] *fn* → **hálószoba**
haldódó *mn [intézmény]* dying, *átv* moribund
hálófülke *fn* **1.** *[lakásban]* sleeping area **2.** *[hálókocsin]* sleeping compartment, *[hajón]* cabin
halogat *i* keep* putting off, keep* postponing/delaying; **ne halogassa a dolgot** don't put it off any longer
halogatás *fn* (continual) postponement, putting off, deferring
halogató *mn* dilatory; ~ **politika** wait-and-see policy
halogén *kém* **I.** *fn* halogen **II.** *mn* halogenous
halogénlámpa *fn* halogen lamp
hálóhely *fn* **1.** *ált* sleeping place, bed, *[rögtönzött]* makeshiftbed, *biz* shakedown **2.** *[hajón, hálókocsiban]* berth
hálóing *fn [férfi]* nightshirt, *[női]* nightdress, nightgown, nightie
hálókabát *fn* → **hálóköntös**
hálókamra *fn* → **hálófülke 1**
hálókocsi *fn* sleeping-car, sleeper; ~**val megy/utazik** go* [up to London etc.] on the sleeper (v. in a sleeping-car)
hálókocsijegy *fn* sleeping-car ticket; ~**et rendel** book a berth/sleeper
hálóköntös *fn* dressing-gown, *US* bathrobe
halolajkapszula *fn* cod-liver oil capsules *tsz*
halom *fn* **1.** *[domb]* hill, hillock, mound **2.** *[tárgyakból]* heap, pile, stack, mass **3.** ~**ra dönt** *[érveket]* demolish, knock the bottom out of [sy's arguments]; *[reményeket, terveket]* dash [sy's hopes], ruin [sy's plans]; **érvei** ~**ra dőltek** *kif* he has not a leg to stand on
hálósapka *fn* nightcap
hálószem *fn* mesh
hálószoba *fn* bedroom; **kétágyas** ~ double bedroom
hálószobabútor *fn* bedroom suite/furniture
hálótárs *fn* bedfellow
hálóterem *fn* dormitory
halott I. *mn* dead, *[elhunyt]* deceased; ~**nak tetteti magát** feign dead, pretend to be dead, *biz* play possum **II.** *fn* a dead person, *[az elhunyt]* the deceased, *[holttest]* corpse; **a** ~**ak** the dead; ~**ak napja** All Souls' Day; **a** ~**ak száma** *[szerencsétlenségben]* the (death) toll [from the accident] is . . ., the number of casualties is . . ., those/persons killed [in the accident] amounted to . . .; **saját** ~**jának tekint** consider sy one's own dead; **annyit ér, mint** ~**nak a csók** it's like flagging a dead horse
halottas *mn* ~ **ágy** death-bed; ~ **ház** house of the deceased, house of mourning; ~ **menet** funeral procession, cortège
halottasház *fn* mortuary, morgue
halottaskocsi *fn* hearse
halotthalvány *mn* deathly/deadly pale, white as a sheet/ghost *ut*, pale as death *ut*
halotthamvasztás *fn* → **hamvasztás**
halotti *mn* death-, funeral; ~ **beszéd** funeral oration; ~ **bizonyítvány** death certificate; ~ **csend** deathly/dead silence; ~ **lepel** winding sheet, shroud; ~ **lista** death roll; ~ **maszk** death-mask; ~ **tor** funeral/burial feast; → **anyakönyvi**
halottkém *fn* coroner
halottszállító *mn* → **hullaszállító**
halottvirrasztás *fn* wake
halovány *mn* → **halvány**
hálóvendég *fn* overnight guest
hálózat *fn ált és műsz* network, *el* mains *esz* v. *tsz*; **közlekedési** ~ transport (*US* transportation) network; *infor* **számítógépes** ~ computer network; *infor* **helyi** ~ local area network (*röv* **LAN**)
hálózati *mn el* mains; ~ **feszültség** mains voltage
hálózsák *fn* sleeping bag
halpaprikás *fn* → **halászlé**
halpástétom *fn* fish paste/pâté
halpiac *fn* fish market
halpikkely *fn* scale (of fish) *[főként tsz-ban]*
halraj *fn* shoal (of fish), school (of fish)
halrúd *fn gaszt GB* fish fingers, *US* fish sticks *tsz*
halsütő *fn [üzlet]* fish-and-chip shop
halszálka *fn* **1.** *[halé]* fish bone **2.** ~ **mintázat** *[szöveten]* herring bone pattern
halszelet *fn* fish steak, *[filézett]* fillet (of fish)
halszemoptika *fn fényk* fisheye lens
haltenyésztés *fn* fish farming, pisciculture
halva *hsz* dead; ~ **találták** he was found dead; ~ **született gyermek** a stillborn fetus/baby/child°; **a gyermek** ~ **született** the child was stillborn; ~ **született ötlet** a stillborn idea/scheme, *biz* a nonstarter
halvány *mn* **1.** *ált* pale, *[arcú]* pale, wan, pallid, *[szín]* pale, faint **2.** *átv* faint, vague, foggy, dim; ~ **fogalmam/sejtelmem sincs róla** I haven't the faintest/foggiest/remotest idea; ~ **remény** faint hope; **leghalványabb remény sem** not the ghost of a chance
halványan *hsz* dimly; ~ **emlékszik vmre** have* a vague/dim recollection of sg, sg rings a bell (with sy)

halványít *i* **1.** *ált* make* pale, *[színest]* take* the colour out of sg, wash out, bleach **2.** *[sápaszt]* make* sy look pale(r)
halványkék *mn/fn* pale/light blue
halványod|ik *i* turn/grow* pale, blanch, *[fény]* grow* dim, *[szín]* fade, lose* [colour], lighten
halványpiros *mn/fn* pale/light red
halvaszülés *fn* stillbirth
halvérű *mn* dispassionate, phlegmatic
hályog *fn* **1. szürke ~** cataract; **zöld ~** glaucoma **2.** *átv* **lehullt a szeméről a ~** the scales fell from his eyes
hályogműtét *fn* cataract operation/extraction, an operation to remove cataracts
hályogos *mn* **1.** *orv* suffering from glaucoma/cataract *ut* **2.** *átv* dim, blurred
hám[1] *fn [lószerszám]* harness; **kirúg a ~ból** *átv* go* on the razzle, go* on a spree, paint the town red
hám[2] *fn orv* epithelium, *[felhám]* epidermis
hamar *hsz* soon, quickly, fast, promptly, immediately, in no time; **~ elmúlt az idő** time passed quickly; **~ elveszti türelmét** have* a short temper; **~ megcsinálta** he was not long about it; (s)he did it in a trice; **~ megharagszik** he is quick to anger, (s)he's easily riled; **ilyen ~?** so soon?, already?; **~ végez vkvel/vmvel** make* short work of sy/sg
hamarjában *hsz [sietve]* in haste, hastily, right away, *[e pillanatban]* for the moment, *[kapásból]* offhand
hamarkod|ik *i* be* (over)hasty/rash/precipitate, act precipitately/rashly
hamarosan *hsz [rövidesen]* soon, before long, shortly, in a little while, at an early date
hamburger *fn* hamburger
hamburgi I. *mn* Hamburger, of Hamburg *ut* **II.** *fn* Hamburger
hámfa *fn* swingletree, whippletree, whiffletree
hamis *mn* **1.** *[nem valódi]* false, not genuine, fake(d), *[pénz]* counterfeit, base, fake [coin, money], *[bankó, aláírás]* forged [banknote, signature]; **~ ékszer** imitation/paste jewellery; **~ fog** false/artificial tooth° **2.** *[megtévesztő]* false, *[érzelem]* feigned, insincere, untrue, *[ember lelkileg]* treacherous, cunning, shifty, deceitful; **~ eskü** false oath, perjury; **~ esküt tesz** swear* falsely, commit perjury; **~ kártya** marked card; **~ név** false/assumed name; **~ nyomra vezet** put* sy off the scent (v. on a false scent); **~ nyomon van** follow a false scent, *biz* be* barking up the wrong tree; **~ színben tüntet fel** put* a false complexion on sg; **~ tanú** false witness; **~ tanúvallomást tesz** bear* false witness; **~ vád** false charge/accusation, trumped-up charges *tsz*, frame-up **3.** *[hang]* false, wrong [note] **4.** *[kacér]* saucy, naughty; **kis ~** little rogue, saucy creature
hamisan *hsz* **1.** falsely, fallaciously **2. ~ énekel** sing* off key, sing* out of tune; **~ játszik** *[hangszeren]* play out of tune; **~ esküszik** swear* falsely, commit perjury; → **hamis esküt tesz**
hamisít *i ált* falsify, *[aláírást, bankjegyet, pénzt]* forge [signature, banknote], counterfeit [money], *[italt]* adulterate
hamisítás *fn* **1.** *[aláírásé, bankjegyeké]* forging, forgery, *[italé]* adulteration **2.** → **hamisítvány**
hamisítatlan *mn* unadulterated, unalloyed, genuine, veritable, *szl* the real McCoy
hamisító *fn ált* falsifier, *[aláírásé, bankjegyé]* forger, *[pénzé]* counterfeiter; *[műtárgyé]* forger, *[boré]* adulterator
hamisított *mn* → **hamis 1**
hamisítvány *fn* forgery, imitation, counterfeit; *[műtárgyé]* forgery
hamiskártyás *fn* card sharp(er)
hamiskás *mn* mischievous, roguish, arch
hamiskod|ik *i [huncutkodik]* play the rogue, play monkey-tricks, lead* sy on
hamisság *fn* **1.** *[vmnek nem valódi volta]* falseness, spuriousness **2.** *[kijelentésé]* falsehood, falsity **3.** *[ember megbízhatatlansága]* duplicity, insincerity, dishonesty double-dealing
hámlás *fn* peeling
háml|ik *i* peel; **~ik a bőre** his skin is peeling
hámoz *i [gyümölcsöt]* skin, *[burgonyát]* peel, *[diót]* hull
hámréteg *fn* epidermis, cuticle
hámsejt *fn* epidermic/epithelial cell
hamu *fn* ash(es), *[cigarettáé]* ash; **~vá ég** burn* to ashes **~t szór a fejére** be* in sackcloth and ashes
Hamupipőke *tul* Cinderella
hamuszínű *mn* ashen (grey, *US* gray), ashy, ash-coloured (*US* -or-); **~vé vált az arca** his face turned ashen, [he heard the tragic news] ashen-faced (v. his face ashen)
hamuszürke *mn* ashen (grey, *US* gray), ashy, ash-coloured (*US* -or-); → **hamuszínű**
hamutartó *fn [dohányosé]* ashtray
hamuz|ik *i* **a földre ~ik** spill* one's cigarette ash on the floor
hamuzsír *fn* potash
hamv *fn* **1.** → **hamu 2. vknek a ~ai** sy's ashes **3.** *[gyümölcsé]* bloom [on fruit] **4.** *biz* **~ába holt** *[kudarcra ítélt]* abortive
hamvad *i* burn*/turn to ashes, *[tűz]* burn* low, smoulder (*US* -ol-)
hamvas *mn* **1.** *[gyümölcs]* bloomy **2.** *[arc]* blooming, rosy [cheeks]
hamvasszőke *mn* ash-blond
hamvaszt *i [halottat]* cremate
hamvasztás *fn* cremation; **~ utáni búcsúztatás** cremation (will be) followed by funeral (service)
hamvasztókemence *fn US* crematory, *GB* crematorium (*tsz* -ria v. -riums)
hamvazószerda *fn* Ash Wednesday
hancúroz|ik *i* romp/frisk about, gambol (*US* -l), frolic (*múlt idő* frolicked, *melléknévi igenév* frolicking)
háncs *fn* phloem, bass, bast, *[pálmából]* raffia
háncsszövet *fn növ* phloem, bast sieve tissue
handabandázás *fn* blustering, bragging
handabandáz|ik *i* brag, bluster, blow* one's own trumpet
hanem *ksz* but → **nemcsak**
hang *fn* **1.** *ált* sound, *[emberé]* voice, *[állati]* cry, *[zenei]* note, *US így is:* tone, *[harangé]* sound, chime; **a hegedű ~ja** the sound of the violin; **a C ~** C; **egész ~** semibreve, *US* whole note; **magas ~** shrill/sharp/piercing sound; **jó/szép ~ja van** have* a fine voice; **nincs ~ja** (s)he has no voice; **megadja a ~ot** (i) *[énekkarnak]* sound the keynote (ii) *[zenekarnak]* give* the tuning A, give* an A; **egy ~ot se halljak!** don't let me hear a sound/word **2.** *[hangnem, modor]* tone, strain; **más ~on kezd beszélni, más ~ot üt meg** change one's tune, *biz* sing* another tune; **más ~on folytatta** he went on in another strain; **megtalálja a helyes ~ot** strike* the right note, touch the right key; **nagy ~on beszél** talk big, bluster **3. ~ot ad vmnek** give* voice to sg; **~ot adott annak a véleményének, hogy** ... he expressed his view that ...
hanga *fn* heather
hangadó I. *mn átv* leading, dominant, influential **II.** *fn* opinion leader, *pej* ringleader
hangalak *fn* phonetic/sound form
hanganyag *fn* **1.** *[oktatásban]* tapescript **2.** *zene* range/volume of voice
hangár *fn* hangar
hangbeli *mn* acoustic, *[csak emberi]* vocal
hangdoboz *fn* speaker
hangelnyelő *mn* sound-absorbing, damping, deadening
hangerő *fn* **1. teljes ~ből énekel** sing* at the top of one's voice **2.** *[rádió, tévé]* volume; **vedd le(jjebb) a ~t** turn the volume down; **teljes ~vel** at full blast
hangerősítő *fn* (sound) amplifier
hangerősség *fn* loudness, volume
hangerő-szabályozó *fn* volume control

hangérték *fn* sound value
hangfal *fn [sztereó berendezésé]* speaker
hangfelismerés *fn infor* speech recognition
hangfelvétel *fn* **1.** *[felvétel készítése]* recording **2.** *[a felvett szalag]* tape (recording); **~t készít vmről** record sg (on tape), tape(-record) sg
hangfelvételtár *fn* sound archive(s)
hangfestő *mn* → **hangutánzó**
hangfogó *fn* mute, sordino
hangforrás *fn* source of sound
hangfoszlány *fn [beszédé]* **~ok** snatches (of conversation); **~ok szűrődtek be a szobába** snatches/scraps of conversation drifted into the room
hanghatár *fn* sound/sonic barrier
hanghatások *fn* sound effects
hanghiba *fn [tévében]* (sound) fault
hanghordozás *fn* tone, intonation, accent
hanghordozó *fn* sound medium, medium of sound
hanghullám *fn* sound wave
hanghűségű *mn* **nagy ~** high-fidelity, hi-fi
hangjáték *fn* radio play
hangjegy *fn* note; **~ek** notes, musical notation *esz*
hangkazetta *fn* audio cassette (*röv* **MC**)
hangképek *fn tsz* report(s)
hangképzés *fn* **1.** *nyelv* phonation, articulation **2.** *[énekhangé]* voice training
hangkeverő *mn* **~ asztal** mixing panel, sound mixing desk
hangköz *fn* interval
hangkulissza *fn* background noise, *[film, rádió, tévé]* sound effects *tsz*
hanglejtés *fn* intonation
hanglemez *fn* record, disc (*US* disk)
hanglemezbolt *fn* record shop (*US* store)
hanglemezborító *fn* sleeve, cover
hangmagasság *fn* pitch
hangmérnök *fn [film, rádió]* sound/audio engineer/editor/mixer, *[hanglemezgyári]* recording engineer
hangnem *fn* **1.** *zene* key, *[tonalitás]* tonality, *[előírás]* key signature **2.** *átv* tone; **más ~ben beszél** change one's tune; **szelídebb ~ben beszél** moderate one's language; **~et vált** change one's tune
hangol *i* **1.** *[hangszert]* tune [instrument], *[rádiót]* tune in; **jókedvre ~** put* sy in a good humour, cheer sy up; **vkt vk ellen ~** set*/turn sy against sy **2.** *[zenekar]* tune up
hangolás *fn* tuning
hangolóegység *fn el* tuner
hangolókulcs *fn zene [zongoráé, csembalóé]* tuning lever
hangos *mn [zene, beszéd stb.]* loud, *[lármás]* noisy; **~ beszédű** *[igével]* be*/talk/speak* too loud
hangosan *hsz* **1.** → **fennhangon 2.** *[erős hangon]* loudly, at the top of one's voice, *[lármásan]* noisily; **beszéljen hangosabban!** speak up!, (speak) louder!; **ne beszélj olyan ~** keep your voice down
hangosbemondó *fn* loudspeaker
hangosfilm *fn* sound film, sound motion picture
hangosító *mn* **~ berendezés** public address system (*röv* **PA**)
hangoskod|ik *i* talk too loud, *[parancsolgat]* be* bossy/dictatorial, *[hencegve]* bluster, brag, *biz* shoot* one's mouth off
hangoztat *i* emphasize, stress, say, assert, insist (that); ... **~ta** ... he said; **~ja vmnek a fontosságát** stress the importance of sg
hangposta *fn távk infor* voice mail
hangrendi *mn* **~ illeszkedés** vowel harmony
hangrendszer *fn nyelv* sound system
hangrés *fn [gégében]* glottis
hangrezgés *fn* sound vibration
hangrobbanás *fn* sonic boom/bang
hangrögzítés *fn* sound recording
hangsáv *fn* soundtrack
hangsebesség *fn* speed of sound; **~ feletti** supersonic, break the sound barrier
hangsor *fn zene* scale, range, gamut
hangstúdió *fn* recording studio, sound studio
hangsúly *fn* **1.** *nyelv* stress **2.** *átv* emphasis, stress; **most nem ezen van a ~** this is of secondary importance, that is not the point; **vmre veti a ~t** lay* stress on sg, emphasize
hangsúlyjel *fn* stress mark
hangsúlyos *mn* stressed; **~ szótag** stressed syllable
hangsúlyoz *i* **1.** *[szótagot]* stress **2.** *átv* lay* stress/emphasis on/upon, emphasize, stress, underline; **nem kell ~nunk** needless to say; **~ni kívánom** I would like to stress
hangsúlyozás *fn átv nyelv* stressing
hangsúlyozottan *hsz* emphatically, expressly
hangsúlytalan *mn* unstressed
hangszál *fn* **~ak** vocal cords
hangszalag *fn* **1.** → **hangszál 2.** *[magnó]* (magnetic) tape
hangszedő *fn [lemezjátszón]* pickup, cartridge
hangszer *fn* (musical) instrument; **fúvós ~** wind instrument; **vonós ~** string instrument; **vmlyen ~en játszik** play an instrument; **eljátszik egy dallamot vmlyen ~en** play a tune on [the violin, etc.]; → **billentyűs**, → **húros**, → **ütőhangszer**
hangszerel *i* score, orchestrate, arrange (sg) for orchestra
hangszerelés *fn* scoring, orchestration, *[feldolgozás]* arrangement
hangszeres *mn* **~ zene** instrumental music
hangszerkereskedés *fn* music shop (*US* store)
hangszerkészítő *fn* instrument maker, maker of musical instruments
hangszigetelés *fn* soundproofing, sound insulation
hangszigetelt *mn* soundproof
hangszín *fn* timbre, tone(-colour)
hangszínszabályozó *fn* tone control
hangszóró *fn* (loud)speaker
hangtalan *mn* soundless, noiseless
hangtan *fn* **1.** *fiz* acoustics *esz* **2.** *nyelv* phonetics *esz*
hangtani *mn* **1.** *fiz* acoustic **2.** *nyelv* phonetic
hangterjedelem *fn* range of voice, register
hangtompító *fn* **1.** *[zongorán]* damper **2.** *[gépen]* silencer, *csak US* muffler, *[lőfegyveren]* silencer
hangtörvény *fn nyelv* sound law, phonetic law
hangú *mn* -toned, -sounding, *[ember]* -voiced
hangulat *fn* **1.** *[kedély]* mood, frame of mind, spirit(s), *[társaságé]* atmosphere, *[gyűlésé]* mood/feel [of the meeting]; **vmre van ~a** be* in the mood for sg, feel* like (doing) sg; **~a gyorsan változik** his/her moods change very quickly; **milyen volt a ~a?** *[társas együttlété]* what was the atmosphere like?; **jó ~ban van** be* in good/high spirits, be* in a good/merry mood; **rossz ~ban van** be* in a bad mood, be* in low spirits, feel*/be* low, not feel (like) oneself, *biz* be* out of sorts; **jó ~ot csinál** liven/cheer [the party/meeting etc.] up; **feloldja a ~ot** break* the ice; **~ot csinál vm mellett** arouse public opinion in favour of sg **2.** *[katonai alakulaté]* morale (of the troops); → **közhangulat 3.** *[tájé, helyé, időé]* atmosphere **4.** *[szóé]* connotation, overtones *tsz*
hangulatember *fn* man° of moods
hangulatjavító *mn* **~ szer** antidepressant, (psychic) energizer
hangulatkeltés *fn* campaign, influencing public (v. the climate of) opinion, whispering campaign
hangulatkeltő *mn* evocative
hangulatos *mn* **~ zene/dallam** ambient music/tune; **~ étterem** intimate restaurant, restaurant with an intimate atmosphere
hangulatrontó *mn* spoiling (sy's) pleasure *ut*; **~ alak** killjoy, wet blanket
hangulatú *mn* of ... atmosphere/mood/spirit *ut*
hangulatvilágítás *fn* atmospheric lighting
hangutánzó *mn* onomatopoe(t)ic [word]

H

hangváltozás *fn* **1.** *nyelv* sound/phonetic change **2.** → **mutálás**
hangverseny *fn* concert, *[szólóest]* recital; **~t ad** *ált* give* a concert/recital; *[hegedű- v. zongoraestet stb.]* give* a violin/piano etc. recital
hangversenybérlet *fn* (concert) season ticket
hangversenyez *i* give* a concert/recital, *[többször]* give* concerts, *[külföldön]* be* on a concert tour
hangversenyiroda *fn* concert agency (*US* bureau)
hangversenykalauz *fn* concert guide
hangversenykörút *fn* concert tour
hangverseny-látogató *fn* concertgoer
hangversenymester *fn* leader, *US* concert master
hangversenysorozat *fn* concert series
hangversenyterem *fn* concert hall
hangversenyzenekar *fn* orchestra
hangversenyzongora *fn* concert grand
hangvétel *fn* tone; **a jelentés optimista ~e** the optimistic tone of the report
hangvételű *mn* **modern ~** modern/contemporary in tone *ut*
hangvilla *fn* tuning fork
hangvisszaadás *fn* sound reproduction
hangvisszaverődés *fn* echo, reverberation
hangzás *fn* sound, tone, resonance, ring; **jó ~a van** it sounds good, it is pleasing to the ear; **rossz ~a van** *átv* have* a(n) unpleasant/nasty ring
hangzásbeli *mn* acoustic
hangzású *mn* **jó ~** euphonious; **jó ~ név** a name with a fine/pleasant ring to it
hangzat *fn [akkord]* chord
hangzatos *mn pej* (high-)sounding; **~ jelszavak/szólamok** fine/big words
hangzavar *fn* cacophony, discord, babel
hangz|ik *i* **1.** *[hang és átv]* sound; **ez nem ~ik valami jól** it doesn't sound too/very good to me **2.** *[szöveg]* run*, read*; **a következőképpen ~ik** it runs/reads as follows
hangzó I. *mn* sounding; **kellemetlenül ~** unpleasant-sounding **II.** *fn* vowel
hangya *fn* ant
hangyaboly *fn* anthill, ants' nest
hangyasav *fn* formic acid
hangyász *fn áll* anteater
hangyaszorgalmú *mn* assiduous
hangyaszorgalom *fn* assiduity, tireless industry
hangyászsün *fn áll* echidna, spiny anteater
Hannover *földr* Hanover
Hansaplast *fn [gyorskötés]* adhesive plaster, *GB* Elastoplast, *US* Band-Aid
hant *fn* **1.** *[rög]* clod, lump [of earth] **2.** → **sírhant**
hánt *i [fakérget]* strip, peel (off)
hanta *fn szl* blather, *GB* waffle
hantáz|ik *i szl* blather/blether (on), *GB* waffle on, talk a load of waffle
hantol *i* bury
hántol *i mezőg [rizst]* husk, hull [rice], *[árpát]* pearl, hull [barley]
hántolt *mn* husked, hulled, pearled
hány[1] *i* **1.** *[okád]* vomit, throw* up; *GB* be* sick, *biz* puke **2.** *[dob]* throw*, cast*, fling*; **havat ~** shovel (*US* -l) snow; → **bukfenc**, → **cigánykereket hány**, → **kardél**, → **szem 1**, → **szikra**
hány[2] *nm* how many?; **~ éves?** (i) *[ő]* how old is (s)he? (ii) *[vagy te, ill. ön]* how old are you?; **~ felé?** *[időben]* (at) about what time?; **~ óra van?** what is (v. what's) the time?, what time is it?; *[pl. utcán]* do you have the time?; **~ kiló?** how much does it/(s)he weigh?
hányad *fn* proportion (of), part; **a lakosságnak csak egy ~a él városban** only a fraction of the population lives in towns
hányadán *hsz* how?; **~ vagyunk?** how do we stand?; **tudja, ~ áll** (s)he knows what's what
hányadék *fn* vomit
hányadik *nm* which [of a given number]?, how many?; **~ lap?** which page?; **~ vagy?** what position are you?, when i[s] it your turn?; **~a van ma?** what is the date (today)?, wha[t] date is it today?; **~áig maradsz?** till when are you staying[?]; **~án van a születésnapja?** what date (v. when) (in *Augus[t]* etc.) is her/his birthday?; **~án érkezik?** (on) which day is h[e] arriving?
hányados *fn* quotient
hányadrész *fn* → **hányad**
hányadszor *hsz* how many times?, how often?; **~ járs[z] Angliában?** How often (v. how many times) have you bee[n] to England/Britain?
hanyag *mn* **1.** *[ember]* negligent (in/of sg/in doing sg), careless (about), neglectful (of), *[kötelességteljesítésben]* remiss (in) **2.** *[munka]* slipshod/slovenly [work], shodd[y] [workmanship]; **~ megjelenés** slippy/slovenly appearanc[e]
hanyagság *fn* neglect, negligence, carelessness
hanyagul *hsz* **~ teljesíti kötelességét** be* remiss in one' duty
hányan *hsz* how many (people)?, how many of them?; **~ érkeztek?** how many (people) have come?
hányas *nm ált* what number?, *[cipő, kalap]* what size?; **~ busz?** which bus?; **~ra feleltél?** how did you do in the test examination?; **~t adhatok?** *[cipő, ruha stb.]* what size d[o] you take?, what is your size?
hányás *fn* vomit(ing)
hanyatlás *fn* decline, decadence, decay, *[erkölcsi]* degeneration, corruption (of manners/morals), *[minőségi]* deterioration; **~nak indul** be* on the decline, go* downhill, go*/fall* into (a) decline
hanyatl|ik *i* **1. a földre ~ik** sink* to the ground, collaps[e] **2.** *átv* decline, decay, *[egészségileg]* sink*, fail, fall* off, *[erkölcsileg]* degenerate, become* corrupt, *[minőségileg]* deteriorate, fall* off (in quality); **~ik a tanuló** the student' work has fallen off
hanyatló *mn* **1.** *ált* declining, decadent; **~ban van** be* o[n] the decline; *[üzlet stb.]* be* at a low ebb **2.** *átv [erő]* be* failing, *[minőségileg]* be* deteriorating, be* falling off
hányatott *mn* **~ élet** life° of vicissitudes; **~ életű** tosse[d] about a good deal *ut*
hanyatt *hsz* **~ esik** fall* backwards, fall* on one's back; **~ fekszik** lie* on one's back; **majd ~esik** *[hír hallatán]* be* bowled over by *[the news]*
hányattatás *fn* vicissitudes, ups and downs, hardship (*mind: tsz*)
hanyatt-homlok *hsz* head over heels, headlong; **~ menekül** fly*/flee* in (a) panic
hányaveti *mn* **1.** *[nyegle]* flippant, overbearing, *[elbizakodott]* bumptious, *[hetyke]* cocky, impudent **2.** → **hanyag**
hányavetien *hsz* **~ viselkedik** throw* one's weight abou[t]
hányféle *nm* how many sorts/kinds/varieties (of)
hányinger *fn* nausea; **~e van** feel* sick, be* nauseate[d] (*vmtől* by sg); **~em van tőle** *átv is* it makes me feel sick, i[t] makes my stomach turn; **terhességi ~** morning sickness
hánykolódás *fn* **1.** *[ágyban]* tossing about, tossing an[d] turning **2.** *[hajóé]* rolling, pitching
hánykolód|ik *i* **1.** *[ágyban]* toss about, toss and turn [in] bed] **2.** *[hajó viharban]* be* tossed (about)
hányó I. *mn* throwing, *[okádó]* vomiting **II.** *fn* → **meddőhányó**
hányód|ik *i* **1.** *[hajó a vízen]* be* thrown/tossed abou[t] **2.** *[vk a nagyvilágban]* drift, roam
hányszor *hsz* how many times?, how often?; **~ van me[g] benne az öt?** how many times does five go into it?
hányszoros *mn* **~ nagyítás ez?** how many times is i[t] enlarged?, what size enlargement is it?
hánytató(szer) *fn* emetic
hánytorgat *i* → **felhánytorgat**
hapci! *isz* atishoo!, *US* a(t)choo!
hápog *i* **1.** *[kacsa]* quack, gaggle **2.** *[ember zavarában]* stammer, gasp

hapsi *fn biz* chap, fellow, guy, *GB* bloke
hapták *fn* **~ba vágja magát** spring* to attention; **~ban áll** stand* at attention
harácsol *i* fleece (sy)
harag *fn [vm miatt]* anger, *[vad]* rage, *[engesztelhetetlen]* wrath, *[bosszankodás]* irritation, vexation, resentment, *[összezördülés]* quarrel; **örök ~!** it is all over between us; *[gyermeknyelven]* and I won't speak to you again; **nincs ~!** no hard feelings!; **~ van közöttük** there is bad blood between them; **~ban van (v. ~ot tart) vkvel** be* on bad terms with sy; **~jában** in an outburst of passion, in a fit of temper; **~ra lobban/gerjed** fly* into a temper/passion/rage, lose* one's temper, *biz* see* red; **kitölti a ~ját vkn** vent one's fury/rage on sy; **~ot táplál vkvel szemben** bear* sy a grudge, have* a grudge against sy
haragít *i* anger, infuriate, incense; **magára ~** outrage, make* sy resentful, incur the hatred of sy, bring* down sy's wrath on one
haragos I. *mn* (*vk*) angry, furious, outraged, *[tenger]* raging, angry **II.** *fn* enemy; **sok ~a van** have* many enemies
haragsz|ik *i* be* angry, be* in a (bad) temper, *biz* be* mad, *[nagyon]* be* furious, *biz* be* livid; **~ik vm miatt** be* angry/furious/enraged at/about sg; **~ik vkre** be* angry/annoyed with sy, *biz* be* mad at sy; **ne haragudj(on), hogy zavarom/zavarlak** I'm sorry to (v. I hate to) disturb/trouble you (but...); **ne haragudj(on)!** (I am) sorry!
haragtartó *mn* unforgiving, irreconcilable, *[főnévként]* a good hater
haragú *mn* **hirtelen ~** quick/short-tempered, irritable, irascible
harakiri *fn* hara-kiri; **~t követ el** commit hara-kiri
harákol *i* clear one's throat, hawk (phlegm up)
haramia *fn* brigand, highwayman°, bandit
haramiavezér *fn* leader of a band of robbers
háraml|ik *i* (*vkre*) fall* to one's lot, *[vagyon]* fall* to sy, *[felelősség]* devolve on sy, be* incumbent upon sy
harang *fn* (church) bell; **szólnak a ~ok** the bells are ringing/tolling; **meghúzza a ~ot** ring*/toll the bell; **meghúzza a ~ot vm felett** ring* the knell of sg
haranggörbe *fn [statisztikai]* bell(-shaped) curve
harangjáték *fn* carillon, chimes *tsz*, *[hangszer]* glockenspiel
harangkötél *fn* bell rope
harangláb *fn* bell tower, belfry
harangoz *i* ring* the (church) bells, *[lassan, mélyen]* toll the (church) bells; **~nak** the bells are ringing
harangozó *fn* (bell-)ringer
harangöntés *fn* bell-founding → **hajdú**
harangöntő *fn* bell-founder
harangszó *fn* ringing, toll(ing), peal (of bells)
harangtorony *fn* bell tower, belfry, *[különálló]* campanile
harangvirág *fn* bluebell, harebell
harangzúgás *fn* peal (of bells)
haránt I. *mn* transversal, cross **II.** *hsz* transversely, diagonally, crosswise
harántfekvés *fn orv [magzaté]* transversal presentation
harap *i* **1.** *[ember, állat]* bite*; **vmbe ~** bite* into sg; **vmből ~** take* a bite out of sg; **amelyik kutya ugat, az nem ~** his bark is worse than his bite; **~ vmre** (i) *[hal]* rise* to the bait (ii) *biz* (*vk vmre*) leap*/jump at sg **2.** *biz* **~junk vmt!** let's have a snack (v. a bite to eat) → **fű**
harapás *fn* **1.** *[helye, nyoma]* bite **2.** *[cselekedet]* biting; **egy ~ra** at one bite **3.** *[falat]* mouthful, a bite (to eat), *[rövid étkezés]* snack
harapdál *i* keep* on biting, gnaw (at sg), *[ételt apró harapásokkal]* nibble
harapnivaló *fn* sg to eat, snack
harapófogó *fn* pincers *tsz*; **~val sem lehetett belőle kihúzni** wild horses could not drag it out of him
harapós *mn* **1.** biting; **~ kutya** vicious dog; *[kiírás]* beware of the dog **2.** *átv* snappish, testy, *biz GB* ratty; **~ kedvében van** be* like (v. be as cross as) a bear with a sore head
haraszt *fn* **1.** *[bozót]* brushwood, undergrowth; *közm* **nem zörög a ~, ha a szél nem fújja** there's no smoke without fire **2.** *növ* fern, brake
harc *fn* **1.** *[tényleges]* fight(ing), combat, battle; **~ nélkül** without fighting, without a blow being struck; **folynak a ~ok** fighting is going on (v. continuing); **~ban áll vkvel** (i) fight* with sy, be* at war with sy (ii) *átv* struggle/contend with sy; **~ban álló** fighting, warring, contending, engaged *ut*; **~ra kész** ready to fight *ut*, belligerent; **~ra szólít** challenge; **a ~ot felveszi** take* up arms (against sy/sg); **~ot folytat/vív vkvel** (i) fight* a battle against/with sy (ii) *átv* wage a struggle with sy **2.** *átv* battle, war (*vm ellen* against sg), struggle (*vmért* for)
harcászat *fn* tactics *esz*
harcászati *mn* tactical; **~ fegyverek** tactical (nuclear) weapons
harcedzett *mn* seasoned, hardened, battle-hardened, hardened by war *ut*
harcegység *fn* → **harci egység**
harcgáz *fn* poison gas
harci *mn* battle-, of battle *ut*, war-, of war *ut*; **~ bárd** battle-axe; → **csatabárd**; **~ cselekmény** (military) action; **~ egység** fighting/combat unit; *átv pol* **~ feladat** urgent task; **~ kedv** martial/fighting spirit; **~ kutya** fighting dog; **~ zaj** din/tumult of battle
harcias *mn* warlike, eager to fight *ut*, *[ember]* pugnacious, bellicose, aggressive
harcjáték *fn* **1.** *[régit fölelevenítő]* war game **2.** *[lovagi torna]* tournament
harcképes *mn* (fighting-)fit, fit to fight *ut*
harcképtelen *mn* disabled, unfit for fighting *ut*; **~né tesz** (i) (*vkt*) disable, render unfit for service (ii) *[hajót, ágyút]* put* out of action, knock out
harckészültség *fn* **a csapatokat ~be helyezték** the troops were placed/put on (full) alert
harckocsi *fn* tank
harckocsiakadály *fn kat* anti-tank obstruction/blockage
harckocsizó *fn* trooper
harckocsizó-hadosztály *fn* tank division
harcmező *fn* battlefield, field of battle
harcmozdulat *fn* manoeuvre (*US* maneuver), move
harcművészet *fn* martial arts *tsz* (*de:* karate is a martial art)
harcol *i* **1.** *[fegyverrel]* fight* (*vmért* for sg, *vk ellen* against sy, *vkvel* with sy), battle (*vkvel* with/against sy) **2.** *átv* fight* (*vkvel* with sy, *vmért* for sg, *vm ellen* against sg)
harcos I. *mn* **1.** *[harcoló, hadi, harci]* fighting, combative **2.** *[harcias]* bellicose, militant, combative **II.** *fn* soldier, fighter, warrior; **régi ~** veteran
harcostárs *fn* comrade in arms, brother-in-arms
harctér *fn* the front/field
harctéri *mn* battle-, war-, field-; **~ szolgálat** active service
harcvonal *fn* front/fighting line, front
harcsa *fn áll* catfish, sheatfish
harcsabajusz *fn [emberé]* walrus moustache
hardver *fn infor* hardware
hárem *fn* harem
háremhölgy *fn* odalisque, concubine
háremőr *fn* harem guard, *[kasztrált]* eunuch
hárfa *fn* harp
hárfás *fn* harpist
hárfáz|ik *i* play (on) the harp
harisnya *fn* **1.** *[hosszú]* stocking(s), pair of stockings; **~t húz** put* on stockings; **~ban** in one's stocking feet **2.** *[gázégőn]* gasmantle
harisnyakötő *fn [férfi]* suspender, *US* garter
harisnyanadrág *fn* tights *tsz*, *US* pantihose
harisnyatartó *fn [női]* suspender (belt), *US* garter (belt)

H

hárít *i* **1.** *[vkre felelősséget]* shift [the blame/responsibility onto sy], *biz kif* pass the buck (to sy) **2.** *[költségeket]* charge [the expenses to sy] **3.** *[ütést]* parry, fend/ward off

harkály *fn* woodpecker

harmad I. *szn [rész]* third (part); **két ~** two-thirds; → **kétharmad II.** *fn sp* period

harmadéves I. *mn* third-year; **~ hallgató** third-year student, *US* junior **II.** *fn* third-year student, *US* junior

harmadfokú *mn* of the third degree *ut*, third-degree; **~ égés(i seb)** third-degree burn; → **egyenlet**

harmadik I. *szn* third; **~ hatvány** third power; **mérkőzés a ~ helyért** a third place play-off; **~ osztály** third class; **~ sebesség** third gear; **~ személy** (i) *nyelv* third person (ii) *jog* third party/person; **~ világ** the Third World **II.** *fn* **1. ~nak ért be** came in third **2. f. hó 3-án** on the third of this month, *[csak üzleti levélben]* on the 3rd inst.; *okt* **~ba jár** be* in the third form/class (*US* grade)

harmadikos *mn/fn* **~ (tanuló)** pupil in the third class/form (*US* grade), third-form (*US* third-grade) pupil

harmadikutas *mn pol tört* middle-of-the-road [policy]; **~ politikus/író** *stb.* middle-of-the-roader

harmadkor *fn geol* Tertiary (Period)

harmadkori *mn geol* tertiary

harmadlagos *mn* tertiary

harmadmagával *hsz* (s)he and two others

harmadol *i* divide into three (equal) parts, trisect

harmadosztályú *mn* third-class

harmadrangú, -rendű *mn* third-rate, inferior

harmadrész *fn* third part, a third

harmadszor *hsz* **1.** *[harmadszorra]* for the third time **2.** *[felsorolásban]* third(ly); → **senki**

hárman *hsz* the three of us/you/them; **mi ~** the three of us; **az intézetből ~ vettek részt a konferencián** three people from the institute went to the conference; **csak ~ vannak** there are only (the) three of them

hármas I. *mn* **1. ~ szám** (the number/figure) three **2.** *[három részből álló]* threefold, treble, triple; **~ csere** *[lakásé]* a threeway exchange of (rented) flats; **(drámai) ~ egység** the (dramatic) unities *tsz*; **~ ikrek** triplets; **~ szövetség** the Triple Alliance; **~ tagolású** tripartite; *zene* **~ ütem** triple time **3. ~ villamos** a/the number three (v. No. 3) tram, tram number three (v. No. 3); **a ~ szoba** room (number) three **4.** *okt* satisfactory, fair **5.** *biz* **a ~ gyors** the three o'clock (train) **II.** *fn* **1.** *[szám]* (the number/figure) three **2. ~ban** the three of us/you/them **3.** *okt* satisfactory, fair C; **~ra felelt** he got a satisfactory/fair (mark) (v. a C)

hármashangzat *fn* common chord, triad

hármasság *fn* trinity

hármasszabály *fn* rule of three

hármasugrás *fn sp* triple jump

harmat *fn* dew

harmatcsepp *fn* dewdrop, drop of dew

harmatfű *fn növ* sundew

harmatos *mn* dewy, wet with dew *ut*

harmatoz|ik *i* dew is falling

harminc *szn* thirty; **~an** thirty of us/you/them; **~an voltak** there were thirty of them

harmincad *szn* (a) thirtieth, the thirtieth part

harmincadik *szn* thirtieth

harmincas *mn* of thirty *ut*; **a ~ évek** the thirties, the (19)30s; **jó ~ lehet** thirty if a day, must be on the wrong side of thirty

harmincéves *mn* thirty years old *ut*, thirty-year-old; **a ~ háború** the Thirty Years' War

harmincketted *fn zene* demisemiquaver, *US* thirty-second note

harmincszor *hsz* thirty times

harmónia *fn* harmony

harmonika *fn [tangó~]* (piano) accordion, *[kisebb]* concertina, *[száj~]* mouth organ, harmonica, *biz* harp

harmonikás *fn* accordion/concertina/harmonica-player, *biz* harpist

harmonikáz|ik *i* play (on) the accordion/concertina/harmonica

harmonikus *mn* harmonious, *[kiegyensúlyozott]* well-balanced; **~ családi élet** harmonious family life

harmónium *fn* harmonium

harmonizál *i* harmonize, agree, be* in tune (*mindegyik:* with)

három *szn* **1.** three; **~ darabból álló** three-piece; **~ felé** (i) *[térben]* in three different direction (ii) *[időben]* about three; **~ hónapi** → **háromhavi**; **~ hónapos** *[korú]* three months old *ut*, three-month-old, *[időtartamú]* three-month, lasting three-month *ut*, three months'; **~ órás hírek** thre o'clock news; **~ ízben** three times, on three occasions; **~ példányban** in triplicate; **~ részre oszt/szel** trisect; **~ (forgalmi) sávú út** three-lane road; **~ szótagú** trisyllabic; **~ vegyértékű** trivalent **2. ~ fontba kerül** it costs £3 **3. ~kor** at 3 (o'clock); **~ra** by 3 (o'clock), **~ra megjövök** I will be back by three

háromágú *mn* three-pointed/cornered

háromágyas *mn* **~ szoba** triple (bed)room

háromárbocos *hajó* **I.** *mn* three-masted **II.** *fn* three-master

háromdimenziós *mn* three-dimensional, three-D, 3-D, in 3 dimensions *ut*, *[fénykép, film]* stereoscopic, 3-D, three-D, three-dimensional

háromemeletes *mn GB* four-storeyed, *US* three-storied [building]; **~ ház** four-storeyed (v. *US* -storied) house, *[a földszintet nem számítva]* 2–storeyed (v. *US* -storied) house

háromerű *mn* **~ kábel** three-core cable

hároméves *mn [korú]* three years old *ut*, three-year-old, of three years *ut*, *[időtartamú]* three-year, lasting three years *ut*

hárömévi *mn* of three years *ut*, three years'

háromezer *szn* three thousand

háromfázisú *mn el* three-phase

háromféle *mn* three kinds/sorts of

háromfelvonásos *mn* three-act

háromfogásos *mn [étkezés]* three-course [meal]

háromgyermekes *mn* **~ család** a family with three children

háromhavi *mn* three months', of three months *ut*

háromhetes *mn* three weeks old *ut*, of three weeks *ut*, three weeks'

háromheti *mn* three weeks', of three weeks *ut*

háromjegyű *mn* **~ szám** three-digit/figure number

háromlábú *mn* **~ állvány** tripod

háromnapos *mn [3 napig tartó]* three days', of three days *ut*, three-day, *[korú]* three days old *ut*, three-day-old; *sp* **~ verseny** three-day event

háromnegyed *szn/fn* **1.** *[rész]* three-quarters *tsz* **2. ~ öt** a quarter to five, *US* a quarter of five

háromnegyedes *mn* **~ kabát** a three-quarter coat; *zene* **~ ütem** *GB* three-four (time), *US* three-quarter time

háromoldalú *mn* three-sided, trilateral

háromórai *mn* three hours', of three hours *ut*

háromórás *mn* three-hour, lasting three hours *ut*

háromosztatú *mn* tripartite

háromrészes *mn* three-part, *[öltöny]* three-piece [suit]

háromszáz *szn* three hundred

háromszintes *mn [ház]* three-storeyed (*US* storied)

háromszínű *mn* three-colour(ed); **~ lobogó** tricolour (*US* -or)

háromszobás *mn* three-room

háromszólamú *mn [ének]* three-part (song)

háromszor *hsz* three times, *irod* thrice; **~ öt az tizenöt** three times five is fifteen, three fives are fifteen

háromszori *mn* three times repeated *ut*; **~ figyelmeztetés** three warnings *tsz*

háromszoros *mn* triple, threefold, triplex; **~ éljen** three cheers; **~ára emel** treble, triple, increase threefold

háromszög *fn* triangle; **egyenlő szárú ~** isosceles (triangle); **egyenlő oldalú ~** equilateral triangle; **szerelmi ~** the eternal triangle
háromszögelési *mn* **~ pont** triangulation point
háromszögletű *mn* triangular; **~ kalap** three-cornered hat, tricorn(e) (hat)
háromszögű *mn* triangular; **~ hasáb** triangular prism
háromszögvonalzó *fn* triangle
háromtagú *mn* **~ bizottság** committee of three, committee consisting of three members
hárpia *fn* **1.** harpy **2.** *[csak nőről]* termagant, shrew, harpy
harrow-i *mn* Harrovian
hárs *fn növ* lime/linden-tree
harsan *i* sound, blare (out), resound
harsány *mn* loud, ringing, shrill, *[kacaj]* uproarious [laughter]
harsányan *hsz* in a stentorian voice
hársfa *fn* lime/linden-tree
hársfatea *fn* lime-blossom tea
harsog *i* blare, resound
harsogó *mn* **~ nevetés** roaring/uproarious laughter, gales of laughter *tsz*
harsona *fn* **1.** *zene* trombone **2.** *[régebben]* sackbut
harsonás *fn* trombonist
harsonaszó *fn* flourish of trumpets, fanfare
harsonáz|ik *i* play the trombone
hártya *fn* membrane, pellicle, film
hártyapapír *fn* parchment(-paper)
hártyás *mn* filmy, pellicular
hártyavékony *mn* diaphanous, paper-thin
hárul *i* (*vkre*) fall* to the lot of sy; **rám ~** *[kötelesség, feladat stb.]* it is my responsibility/duty to do sg, it falls to me (to do sg), it's incumbent (up)on me (to do sg)
háryjánoskodás *fn* braggadocio
has *fn orv* abdomen, *[ált, ill. gyomor]* stomach, *biz* tummy, belly, *[nagy]* paunch; **fáj a ~a** have* stomachache; **megy a ~a** have* diarrhoea (*US* -rhea); **~ ból beszél** *[találomra]* speak* off the top of one's head; **a ~án fekszik** lie* on one's stomach; **~on fekve** lying flat/prone; **~ra esik** fall* prone/flat, fall* on one's face; **~ra fekszik** lie* (down)on one's stomach; **~ra esik (v. hason csúszik) vk előtt** grovel (*US* -l)before/to sy; *átv* **~ára üt és** ... look at the ceiling and ...; **~át fogja nevettében** split*/burst* one's sides laughing (v. with laughter); **szereti a ~át** *biz* be* a greedy guts (v. glutton), make* a god of one's belly; **üres/teli ~sal** on a(n) empty/full stomach
hasáb *fn* **1.** *[fa]* log **2.** *[újságban]* column **3.** *mat* prism
hasábburgonya *fn* fried potato(es), *GB* chips *tsz*, *US* French fries *tsz*
hasábkorrektúra *fn nyomd* galley (proof), slip-proof
hasáblevonat *fn nyomd* → **hasábkorrektúra**
hasábos *mn [újságban]* in columns *ut*; **három ~ cikk** a three-column article
hasad *i* **1.** *ált* burst*, crack **2.** *[kő]* split*, splinter, chip **3.** *[szövet]* tear*, rip, rend* **4.** *fiz [atommag]* fission **5. ~ a hajnal** dawn is breaking
hasadás *fn* **1.** *[folyamat]* bursting, cracking, *[kőé]* splitting, *[szöveté]* tearing, rending **2.** *[tárgyon]* split, crack, *[szövetben]* tear, fissure, slit, *[sejté]* splitting, division, *[földben szárazságtól]* crack **3.** *biol fiz* fission
hasadék *fn* **1.** *[tárgyon]* split, crack, slit **2.** *[hegyben]* (mountain) gorge
hasadóanyag *fn* fissile material
hasadoz|ik *i* split*, crack
hasadt *mn* split, cloven
hasal *i* **1.** *[hasán fekszik]* lie* on one's stomach **2.** *biz [mellébeszél]* talk drivel, drivel (*US* -l), talk through one's hat; **ne ~j!** don't talk such drivel!
hasas I. *mn* **1.** *[pocakos]* fat, pot-bellied, corpulent **2.** *[vemhes]* pregnant **II.** *fn [ugrás]* belly flop; **~t ugrik** belly-flop
hasasod|ik *i* **1.** (*vk*) become* corpulent, put* on flesh **2.** *[állat]* become* pregnant **3.** → **öblösödik** 2
hasbeszélő *fn* ventriloquist
hascsikarás *fn* colic
hasé *fn [étel]* vol-au-vent, hash
hasfájás *fn* stomachache
hasfal *fn orv* abdominal wall
Hasfelmetsző Jack *tul* Jack the Ripper
hashajtó *fn* laxative, purgative; **~t bevesz** take* a laxative/purgative
hashártya *fn* peritoneum (*tsz* -nea)
hashártyagyulladás *fn* peritonitis
hasi *mn orv* abdominal
hasis *fn* hashish, *szl* hash
hasít *i* **1.** *ált* cleave*, split*, *[fát]* split*, chop (up), *[szövetet]* rip, tear*, rend* [cloth]; **darabokra ~** cut* into pieces **2.** *[levegőt]* cleave*, saw* [the air], *[hajó hullámokat]* plough (*US* plow) through [the waves]; **~ja a vizet/hullámokat** *[hajó]* be* ploughing/plowing (her way) through the (stormy) seas (v. the heavy waves); *[bálna]* be* ploughing/plowing the ocean **3. szívembe ~ott** it almost broke my heart (to see), it cut me to the quick; → **felhasít**
hasíték *fn* slit, slash, *[slicc]* fly
hasított *mn* **~ bőr** skiver, split skin; **~ fa** cut wood; **~ szoknya** slit skirt
hasizom *fn* stomach/abdominal muscle
hasizomgyakorlat *fn* sit-up [as a muscle-training movement]; **jó ~ hanyatt fekvésből felülni** *[legalább hússzor]* doing [some 20] sit-ups is an excellent muscle-training, to strengthen your stomach muscles do [twenty or so] sit-ups
haskötő *fn* support, abdominal belt
haslábúak *fn tsz áll* gastropods *tsz*
haslövés *fn* shot in the stomach, gunshot wound of the abdomen
hasmánt *hsz* on one's stomach
hasmenés *fn* diarrhoea (*US* -rhea)
hasműtét *fn* abdominal operation
hasnyál *fn* pancreatic juice
hasnyálmirigy *fn* pancreas
hasnyálmirigy-gyulladás *fn* pancreatitis
hasogat *i* **1.** (*vk vmt*) cut* (sg) up into pieces; **fát ~** cut* up (v. chop) wood **2. fájdalom ~ja** *[tagjait]* have* acute pains [in one's limbs]; **a fület ~ja** it grates on the ear, be* ear-splitting
hasogató *mn [fájdalom]* piercing, shooting, stabbing [pain(s)], *[fejfájás]* splitting [headache]
hasonít *i* (*vmhez*) assimilate (to)
hasonítás *fn* assimilation (to)
hasonlat *fn [szólásszerű]* simile, *ált* comparison; **~tal él** draw* a comparison/parallel
hasonlatosság *fn* → **hasonlóság**
hasonlít *i* **1.** (*vkhez/vmhez*/v. *vkre/vmre*) resemble sy/sg, look/be* like sy/sg, be* similar to sy/sg; **apjához ~** the boy takes after his father; **~anak** there is a likeness between them; **úgy ~anak egymáshoz, mint egyik tojás a másikhoz** they are as like as two peas (in a pod); **a megszólalásig ~ rá** be* a speaking likeness of sy, *biz* be* the spit and image (v. spitting image) of sy **2.** (*vkhez/vmhez vkt/vmt*) compare liken sy/sg to sy/sg; **nem ~ható vmhez** sg can't compare with sg
hasonlíthatatlan *mn* incomparable, unparalleled, unequalled (*US* -l-), beyond compare *ut*
hasonlíthatatlanul *hsz* incomparably; **~ jobb** incomparably better, beyond compare
hasonló *mn* similar; **~ vkhez/vmhez** *[igével]* be* similar to sy/sg, be*/look like sy/sg, resemble sy/sg; **vm ehhez ~** sg like it; **láttál már ehhez ~t?** have you seen anything like (v. the likes of) this?; **a hozzá ~k** people/those like him/her; **ő és a hozzá ~k** he/she and his/her like; **és más ~k** and the like; **a hozzánk ~k** *biz* the likes of us; **~ beállítottságú** → **beállítottságú**; **~ dolog** sg similar;

~ **eset** analogous/parallel case; ~ **korú** (of) about the same age *ut*; **nem** ~ unlike, dissimilar

hasonlóan *hsz* similarly, *[ugyanúgy]* in the same way, likewise; ~ **cselekszik** do* the same, follow suit

hasonlóképp(en) *hsz* → **hasonlóan**

hasonlóság *fn [nagyjában]* similarity, *[közelebbről]* likeness, *[külsőre]* resemblance; ~ **alapján** analogously

hasonmás *fn* **1.** *[kép]* likeness, portrait, image **2.** *[személy]* double, doppelgänger **3.** ~ **kiadás** facsimile (publication/edition)

hasonnemű *mn* of the same kind *ut*

hasonnevű *mn* of the same name *ut*

hasonszőrű *mn/fn biz* ~ **emberek,** ~**ek** people of that ilk, *kif* birds of a feather

hasonul *i* (*vmhez*) be* assimilated to sg, become* like sg

hasonulás *fn* assimilation

haspárti *mn/fn biz* greedy guts, glutton, guzzler

haspók *mn/fn* → **haspárti**

hastífusz *fn* typhoid (fever)

hasüreg *fn* abdominal cavity

használ *i* **1.** (*vmt/vkt*) use, make* use of, *[képességet]* utilize, *[módszert]* employ, apply; **rosszul** ~ misuse, misapply; **ne** ~**ja ezt a hangot velem szemben** don't take that tone with me; **minden idejét arra** ~**ja** spend* all one's time doing sg; **jól fogjuk tudni** ~**ni** it will come in handy, it will be very useful; **tudod valamire** ~**ni?** will it be any use to you? **2.** (*vm vknek*) be* of use, be* useful (to sy), help (sy), *[gyógyszer]* do* (sy)good, work; ~**t neki vm** sg did him good, sg proved beneficial to him; ~**t az orvosság?** did the medicine do the trick?; **nem (sokat)** ~**t** it was (of) no use, it/that didn't help much, it had no effect

használat *fn* use, usage, *[tárgyé]* handling, *[ruháé]* wear(ing), *[szóé]*usage, *[eljárásé]* application, employment; ~ **előtt felrázandó** to be shaken before use; ~**ba vesz** put* to use, take* over; ~**ban van** be* in use; **mindennapi** ~**ban** *[szóról]* in common usage; **már nincs** ~**ban** *[szó]* has virtually dropped out of usage, is not in current use; ~**on kívül van** *[tárgy]* be* out of (v. not in) use

használatbavételi *mn* ~ **díj** occupancy fee

használati *mn* **1.** of use *ut*; ~ **cikkek/tárgyak** consumer goods, articles for personal use; ~ **díj** charge (for use/loan); *[bérleti]* hire charge; ~ **utasítás** directions (for use) *tsz*, users instructions *tsz*, manual **2.** *nyelv* ~ **kör** sphere of applicability

használatlan *mn* unused, quite/brand new

használatos *mn* in use *ut*, usual, current; **nem** ~ not in use *ut*; **nem** ~ **szó** word not in current use

használhatatlan *mn* unusable, unserviceable, of no use *ut*, useless; ~**ná tesz** put* out of action

használható *mn* serviceable, usable, useful, *[igével]* (can) be used; ~ **ember** capable/useful man°; ~ **üdülőnek is** it can be also used as a holiday home; **nem** ~ unusable, useless, inapplicable (*vmre* to); **mindenre** ~ all-purpose

használó *fn* user

használt *mn* used, second-hand (*US* secondhand); **erősen** ~ *[tárgy]* the worse for wear *ut*, worn; ~ **autó** second-hand car; ~ **ruha** second-hand clothes *tsz* (v. dress/garment), reach-me-downs *tsz*, hand-me-downs *tsz*; ~ **holmik vására** *GB* jumble sale, *US* rummage sale; ~ **tárgyak boltja** second-hand shop

használtautó-kereskedés *fn* second-hand car dealer

hasznavehetetlen *mn* **1.** *[dolog]* useless, (of) no use *ut* **2.** *[ember]* good-for-nothing

hasznavehető *mn* useful

hasznos I. *mn* useful, serviceable, (be*) of use, *[vmre]* (be*) good for, (be*) of use for, *[egészségre]* beneficial; ~ **vk számára** be* of use/service to sy; **ez még igen** ~ **lehet** that/it will come in handy/useful; ~ **intézkedés** effective measure(s); ~ **tanácsok/tudnivalók** (useful) hints (for sy); ~ **teher** payload **II.** *fn* → **kellemes**

hasznosan *hsz* usefully, profitably; ~ **tölti az idejét** make* good use of one's time

hasznosít *i* utilize, make* use of, make* the most of, exploit, *[hulladékanyagot]* recycle, *[tudást, szabadalmat]* make* the most of, *[területet]* develop; **ebben az állásban jól** ~**hatja angol tudását** you can make good use of your English (knowledge) in this job; ~**ja magát** make* oneself useful

hasznosítás *fn* utilization, exploitation, *[területé]* development

hasznosság *fn* usefulness, use, utility

haszon *fn* **1.** *[előny, hasznosság]* advantage, benefit; **ebből nem lesz sok hasznod** it will not be any good (v. much use) to you; **mi haszna?** what is the use/good of it?, what good is it?, what's the point of ...?; **saját hasznára fordít vmt** turn sg to one's advantage, exploit sg, turn sg to good account; **hasznára van vm** gain from sg, profit/benefit by/from sg; **vm majd a hasznára válik vknek** sg will stand sy in good stea; **hasznát látja/veszi vmnek** (i) *konkr* make* use of sg (ii) *átv* profit/benefit by/from sg **2.** *[nyereség]* profit, gain, *[ügyleté]* proceeds *tsz*; **nagy forgalom, csekély** ~ small profits and quick returns; **tiszta** ~ (i) *konkr* net/clear profit (ii) *átv* (it's) all to the good; **mi a hasznom ebből?** *biz* what's in it for me?; **hasznot hajt** bring* in [profit, money], yield a profit; **hasznot hajtó** paying, profitable, productive; **hasznot húz vmből** make* a profit out of (v. on) sg; *átv* profit/benefit by/from sg; → **hoz 2**

haszonállat *fn* useful/farm/domestic animal

haszonbér *fn* **1.** *[bérlet]* lease; ~**be ad** let* (sg) by/on lease, lease (sg) **2.** *[összege]* rent

haszonbérlet *fn* lease; ~**i szerződés** (contract of) lease

haszonélvezet *fn* usufruct, use; **életfogytiglani** ~ life interest

haszonélvező *fn* usufructuary, beneficiary

haszonelvű *mn* utilitarian

haszongépjármű *fn* utility v. commercial vehicle

haszonkulcs *fn* mark-up (*US* markup), (profit-)margin

haszonlesés *fn* greed (of gain), self-interest, profiteering; ~**ből** out of selfishness, *biz* with an eye to the main chance

haszonleső *mn* greedy, grasping, mercenary, self-seeking; ~ **ember** self-seeker, money-grubber

haszonnövény *fn* cultivated/industrial plant

haszonrész *fn* share of the profit(s)

haszonrészesedés *fn* **1.** *[az elv]* profit-sharing **2.** *[az összeg]* a share of the profit

haszontalan I. *mn* **1.** *[hasznavehetetlen]* useless, of no use *ut*, to no purpose *ut*, *[próbálkozás]* futile **2.** → **hasztalan I 3.** *biz [ember]* good-for-nothing, worthless, *[kölyök]* naughty **II.** *fn [gyerek]* scamp, rascal, naughty child°

haszontalankod|ik *i [gyerek]* be* naughty

haszontalanság *fn* **1.** *[dologé]* uselessness, futility, idleness; ~**okkal tölti idejét** fool about/around, fritter away one's time **2.** *[rosszaság]* naughtiness

hasztalan I. *mn* useless, vain, futile, fruitless; **minden** ~ **volt** all one's efforts went for nothing **II.** *hsz* in vain; ~ **igyekezett (vmt tenni)** in spite of all his efforts

hat[1] *i* **1.** *[gyógyszer stb.]* act, be* effective, take* effect; **jól** ~ be* effective; **nem** ~ have* no effect, be* ineffective **2.** (*vm vkre*) impress/affect sy, make* an impression on sy, (*vk vkre*) influence sy, exercise an influence on sy; **ezek a szavak** ~**ottak rá** these words went home; ~**nak egymásra** they exercise mutual influence; **maga tud rá** ~**ni** you know how to work on him/her **3.** *[vmnek tűnik]* give* the impression of; **jól** ~ make* a good impression; **úgy** ~, **mintha fordítás volna** it reads like a translation

hat[2] *szn* **1.** six; ~ **hónapos** *[kor]* six months old *ut*, six-month-old; *[időtartam]* six months', for six months; ~ **láb magas** six feet high **2.** ~ **ötvenbe kerül** it costs six fifty **3.** ~**kor** at six (o'clock); ~**ra** by six (o'clock)

hát[1] *fn* **1.** (*vké, vmé*) back (of); *átv is* **vk** ~**a mögött** behind sy's back; **a** ~**a mögött rosszat mond vkről** backbite*/crab sy; **~ba támad** (i) attack (sy) from/in the rear (ii) *átv [orvul]* stab (sy) in the back; **a ~án fekszik** lie*/be* on one's back; **~án visz vkt** carry sy pickaback; **~on úszik** swim* on one's back, do*/swim* backstroke; **a ~ára vesz vmt** take* sg on one's back; *átv is* **~at fordít vknek** turn one's back on sy/sg; **tartja a ~át vmért** *biz* carry the can for sg; **~tal ül** (i) (*vmnek*) sit* with one's back to sg (ii) *[menetiránynak]* sit* with one's back to the engine **2.** *[vm visszája]* reverse

hát² *hsz/ksz* **1.** *[nos, bizony]* well, why, then, to be sure; **nos ~** well now/then, let me see **2.** *[kérdés bevezetése]* **~ aztán?** so (what)?, what about it?, what of it?; **~ nem?** don't you think?, isn't that so?; **~ még mit nem!?** what(ever) next, what do you take me for? **3.** *[kijelentés/felszólítás bevezetése]* **~ akkor** well then; **~ igen** well(,) yes, no doubt; **~ persze** of course, to be sure **4.** *[fokozó értelmű mondatban]* **~ még Feri!** and F. most of all!, let alone F.!; **most is szép a Margitsziget, ~ még nyáron** Margitsziget is quite beautiful now, but you should see it in summer **5.** *[igenlő felelet nyomósítása]* **voltam ~!** of course I was; **~ hogyne** yes(,) indeed; but/yes of course; **Most láttad? Most ~.** Did you see it just now? Yes, just now. **6.** *[bizonytalanság kifejezésére]* **~ nem tudom.** Well, I don't know.

hatalmas I. *mn* **1.** *[óriási méretű]* very large, huge, gigantic, vast, *[épület]* enormous, monumental, *[testileg]* huge, big; **~ fejlődés** immense/vast improvement; **~ összeg** large/vast amount (of money), *biz* a mint; **~ siker** tremendous/enormous success **2. ~ erejű** powerful, of immense strength *ut*, robust; **~ ütés** powerful/crushing blow **3.** *[uralkodó]* mighty, powerful **II.** *fn* **a ~ok** the mighty

hatalmaskodás *fn* arbitrary/despotic measures *tsz*, violence

hatalmaskod|ik *i* (*vkn*) domineer over sy, tyrannize/bully sy, lord it over sy

hatalmaskodó *mn* overbearing, domineering, despotic, bullying

hatalmasság *fn* **1.** *[állapot]* mightiness **2.** *[ember]* potentate; **a ~ok** the powers that be

hatalmi *mn* of power/might/force *ut*; **~ egyensúly** balance of power; **~ kérdés** question of (political) supremacy; **~ kör** sphere of power/influence; **~ mámor** intoxication with power, megalomania; **~ politika** power politics; **~ szóval** forcibly, by (the use of) force

hatalom *fn* **1.** *[erő, képesség]* power, might, strength, force, *[kormányzás, uralkodás]* power, rule, *[tekintély]* authority, power; **politikai ~** political power; **vk hatalma alatt van/áll** be* ruled by sy, be* under sy's control (v. *biz* thumb); **hatalmába kerít** get* control over (sg), seize, take* possession of (sg), make* oneself master over (sg); *[országot]* conquer; **hatalmába kerül** come*/get* under (sy's) control, come* under sy's influence; **hatalmában van/áll** (i) (*vknek vk*) be* under sy's control/influence/thumb, be* in sy's power, be* at the mercy of sy (ii) *[vknek vm lehetőség]* be* within sy's power; **hatalmában tart** have* sy in one's power, have* control (v. the whip hand) over sy; **nincs hatalmamban, hogy** it is not within my power to, it is beyond my power to; **hatalmon van** *[kormány, párt]* be* in power/office; **32 évig volt hatalmon** was in power for 32 years; **melyik párt van hatalmon?** which party is in power?; **~ra jut** come* to power; **átveszi a hatalmat** assume power, take* command/over; **magához ragadja a hatalmat** seize power; **hatalmat gyakorol** wield/maintain/exert power, be* in control/command/charge **2.** *[állam]* power

hatalomátvétel *fn* takeover

hatalomittas *mn* power-mad

hatalomvágy *fn* thirst/lust for power

hatály *fn* force, power, operation; **~ba lép** come* (v. be* put) into force/effect [next month/May etc.], take* effect [on July 1st etc. v. (from) next October etc.], become* effective/operative on [a day]; **~on kívül helyez** (i) *[törvényt]* repeal, abrogate; *[rendeletet]* revoke (ii) *[ítéletet]* quash, set* aside; **~át veszti** lapse, become* invalid/void; **augusztus 5-i hatállyal** as (v. with effect) from 5 August, effective (as from) 5th August; **azonnali hatállyal** with immediate effect

hatálybalépés *fn* coming into force/effect

hatályos *mn* effective, operative, valid; **~ jogszabályok** current legislation/laws/regulations/rules, laws in force

hatálytalanít *i* repeal, annul, make* void, cancel (*US* -l), nullify; **ítéletet ~** quash (v. set* aside) a decision, quash a verdict, set* aside a sentence

hatályú *mn jog* of ... effect *ut*

hatan *szn/hsz* six (people), six of them/us/you; **~ vagyunk** we are six, there are six of us

határ *fn* **1.** *[területé]* boundary, *[országé]* border, frontier, *[városé]* (city) limits *tsz*, outskirts *tsz*; **a falu ~a** the fields *tsz*; **~ menti** frontier, border(land); **~ menti lakos** frontiersman°, borderer; **~ menti terület** border/frontier region; **a ~on** at/on the border; **a ~on túl** beyond the frontier; **~on átnyúló rendőri együttműködés** cross-border police cooperation; **~on átnyúló szervezett bűnözés** transnational organised crime; **átlépi a ~t** cross the frontier **2.** *átv* verge, *[képességé]* limit, bounds *tsz*, *[két dolog között]* dividing line; **mindennek van ~a** that's the limit!, enough's enough!; **nincs ~/a csillagos ég a ~** *biz* the sky's the limit; **vmnek a ~ai között** within the confines of sg; **vmnek a ~án mozog** verge on sg; **vmnek a ~án van** be* on the verge of sg; **bizonyos ~ok között** within certain limits; **~t szab vmnek** set* limits to sg, set* a limit to sg, confine/limit sg; **vhol meg kell szabni a ~t** you have to draw the line somewhere; **nem ismer ~t** know* no bounds **3.** *[föld]* field

határállomás *fn* border/frontier station

határátkelő forgalom *fn* cross-border traffic

határátkelőhely *fn* (frontier) crossing point, checkpoint

határátlépés *fn* border/frontier crossing, *[az ország területének elhagyása]* leaving the country, exit; **tiltott ~** unauthorized crossing of the border/frontier

határérték *fn mat* limit

határeset *fn* borderline case

határfolyó *fn* boundary river

határforgalom *fn* cross-border traffic

határhegység *fn* frontier mountains *tsz*

határidő *fn [vm elkészítésére/benyújtására]* deadline, closing date/day, time limit; **a fizetési ~ aug. 31.** payment due by 31 August; **~ előtt** before the deadline; *[építkezés stb. így is]* ahead of schedule; **ésszerű ~n belül** within reasonable time; **~t kitűz** appoint/fix a day; **a kitűzött ~** the appointed time; **a kitűzött ~re (elkészít/szállít stb.)** meet* the deadline for doing sg, do* sg (v. be done) according to (v. on) schedule; → **záros**

határidőnapló *fn* date calendar, engagement diary

határidős *mn* with a time limit (v. deadline *ut*); **~ szállítás** future/deadline/forward delivery

határidőügylet *fn* time bargain, forward transaction/contract, futures *tsz*

határincidens *fn* border/frontier incident

határjel *fn* landmark

határkiigazítás *fn* readjustment of frontier(s)

határkő *fn* boundary-stone, landmark

határköltség *fn gazd* marginal cost

határnap *fn* date (fixed), the appointed day, *[határidő]* deadline; **~ot kitűz** fix/appoint a day

határol *i* border, form the boundary (of), bound

határos *mn* **1.** *[terület vmvel]* bordering on *ut*, adjacent to ... *ut*, contiguous, *[igével]* border (on); **~ országok** neighbouring (*US* -or-) countries; **hazánk Ausztriával ~** our country borders (on) Austria; **Franciaország és Svájc ~ak (egymással)** France and Switzerland border each other, Fr. borders (on) Sw. **2.** *átv* verging/bordering on *ut*, *[igével]* verge/border on (sg); **az ostobasággal ~** be* little short of folly

határoz *i* decide (*vmről, vmben* on sg v. to do sg), determine (sg), come* to a decision, *[hivatalos szerv]* resolve; **úgy ~ott, hogy, azt ~ta, hogy, vmre ~ta magát** (s)he decided/resolved to (do sg), (s)he decided on (doing sg); *[a bíróság/tanács]* [the ...] (has) ruled that; **másként ~** change one's mind, think* better of sg
határozat *fn* decision, resolution; **~ot hoz** (i) *[hivatalos szerv]* pass/adopt a resolution/motion, resolve (ii) *[bíróság]* give* one's decision, pass judg(e)ment/sentence; **~ot hozott, miszerint** ... [the Supreme Court etc.] resolved/ruled that ...
határozathozatal *fn* **1.** *[gyűlésé]* passing of a resolution **2.** *[bíróságé]* decision; **~ra vonul vissza** retire for deliberation
határozati *mn* **~ javaslat** draft resolution/proposal
határozatképes *mn [igével] GB* be* quorate, *[mondattal]* there is a quorum; **a közgyűlés ~** *GB* the meeting is quorate, there are enough members present to make a quorum/house
határozatképtelen *mn GB* inquorate *ut*, *[mondattal]* there is no quorum
határozatlan *mn* **1.** *[dolog]* indefinite, undetermined, indeterminate, unspecified; **~ felelet/válasz** vague reply **2.** *[ember]* indecisive, irresolute, hesitant **3.** *nyelv* **~ névelő** indefinite article; → **névmás**
határozatlanság *fn* **1.** *[dologé]* uncertainty **2.** *[emberé]* indecisiveness, irresoluteness, indecision, irresolution, hesitation
határozatlansági elv *fn fiz* (Heisenberg) uncertainty principle
határozó *fn nyelv* adverbial complement/phrase
határozói *mn* adverbial; **~ mellékmondat** adverbial clause; **~ segédszó** adverbial particle
határozószó *fn* adverb
határozott *mn* **1.** *[jellemben]* determined, resolute, strong-minded, *[fellépés]* self-confident [air], determined [manner]; **~ egyéniség** strong/forceful personality; **~ hangon** in a firm voice **2.** *[pontosan körülírt]* definite, precise, exact, accurate; **~ elutasítás** flat refusal; **~ kérés/kívánság** express wish; **~ névelő** definite article; **~ válasz** definite answer **3.** *[időpont]* definite, settled, stated, appointed, fixed; **~ időre szóló** for a definite/specific time (v. *időtartamra:* period); **~ napon** on a fixed day **4.** *biz [kétségtelen, nyilvánvaló]* clear, unquestionable; **~ javulás** definite/marked improvement
határozottan *hsz [pontosan]* definitely, precisely, *[kétségtelenül]* definitely, clearly, emphatically, *[céltudatosan]* resolutely, firmly; **~ tudom** I am quite/absolutely certain, I know (it) for certain; **a leghatározottabban nem** most definitely not
határozottság *fn [jellemé]* resoluteness, resolution, firmness
határőr *fn* frontier/border guard
határőrség *fn* frontier/border-guards *tsz*
határövezet *fn* frontier zone, borderland
határsáv *fn* → **határövezet**
határsértés *fn* violation of the frontier, frontier incident
határszél *fn* frontier-line, borderline
határszéli *mn* → **határ menti**
határtalan *mn átv is* unlimited, boundless, unbounded, infinite, immense; **~ lelkesedés** boundless enthusiasm
határtalanul *hsz* infinitely, extremely
határterület *fn* **1.** frontier (zone), borderland **2.** *[tudományágak közt]* borderland, borderline, overlap
határvám *fn* customs duty
határváros *fn* frontier town
határvédelem *fn* frontier defence(s) (*US* -se)
határvidék *fn* frontier zone, borderland
határvillongás *fn* (frontier) incidents *tsz*
határvonal *fn* **1.** *[országé]* border(line), boundary/frontier (line) **2.** *átv* dividing line; **~at húz vm közé** draw* the line between
határzár *fn* closing/sealing of the frontier(s)
hatás *fn* **1.** *ált* effect, influence, impression, *[mint következmény]* result, effect, *[erős]* impact, *[szellemi]* influence; **vk ~a alatt** under sy's influence; **vk ~a alá kerül** come* under the influence of sy; **a pillanat ~a alatt** on the spur of the moment; **nincs ~a** have* no effect; **~t gyakorol, ~sal van** (i) (*vkre*) have*/produce (quite) an effect on sy, make* an impression on sy, influence/impress sy; (*vm*) be* affected by sg (ii) (*vmre*) affect sg; **nincs ~sal vkre** be* lost upon sy; **~t kelt** produce an effect (on), be* effective; **azt a ~t kelti, hogy** it suggests that; **érezteti ~át** make* itself felt (in sg) **2.** *[vegyi, belső]* action, *[gyógyszeré]* effect
hatásfok *fn* efficiency, efficacy; **nagy ~kal** very efficiently; **rossz ~kal** inefficiently
hatáskeltő *mn* impressive, effective
hatáskör *fn* (sphere of) authority, powers *tsz*, remit, *[bírói]* competence, jurisdiction; **hivatali ~** official function/duty; **vk ~ébe tartozik** fall*/be* within the competence of sy; **saját ~én belül** on its own authority; **~én kívül** beyond one's range, off one's beat; **a bizottság ~én belül/kívül** within/outside the committee's terms of reference; **~ét túllépi** transgress one's competence, exceed one's powers/remit, overstep one's authority/competence
hatásköri *mn* **~ túllépés** misuse of power
hátasló *fn* saddle horse, riding horse
hatásos *mn* **1.** *ált* effective, effectual **2.** *[megjelenés]* impressive **3.** *[beszéd]* powerful, moving, rousing [speech], *[érv]* potent/effective [argument] **4.** *[orvosság]* effective, efficacious, potent [medicine]
hatásosság *fn* effectiveness, efficacy
hatásszünet *fn* pause of effect; **~et tart** pause for effect
hatástalan *mn* ineffective, ineffectual, *[beszéd stb.]* unimpressive, lacklustre (*US* -ter); **~ maradt** it had no effect
hatástalanít *i* **1.** *ált* neutralize, counteract **2.** *[bombát]* defuse (bomb), deactivate
hatástalanítás *fn [bombáé]* bomb-disposal, *[gyógyszeré]* counteraction, neutralization
hatásvadászat *fn* sensationalism, straining after effects
hatásvadászó *mn* sensationalist, attitudinizing
hatásvizsgálat *fn gazd* impact study
hátborzongató *mn* gruesome, eerie, *biz* creepy
hátcsigolya *fn* (dorsal) vertebra (*tsz* -brae)
hatékony *mn* efficient, effective, powerful
hatékonyság *fn* efficiency, effectiveness
hatéves *mn [korú]* six-year-old, six years old *ut*, *[tartamú]* of six years *ut*, six years'
hátfájás *fn* backache
hatféle *mn* six kinds/sorts of
hátgerinc *fn* spine, backbone, spinal column
hátgerincferdülés *fn* curvature of the spine, scoliosis
hátha *hsz [bizonytalanul]* supposing, suppose, if after all, maybe; **~ nincs is ott?** suppose(,) (s)he's not there?, *[abban az esetben, ha]* in case; **odaadom, ~ kell** I'll give it to you in case you need it; **~ bejön!** *[reménykedő]* it might (as well) come off
hathatós *mn* efficient, effectual, effective; **~ segítség** powerful help; **~an** efficiently, effectively
hathatósság *fn* efficiency, efficacy, effectiveness
hathetes *mn [korú]* six weeks old *ut*, six-week-old, *[tartamú]* of six weeks, six weeks'
hatheti *mn* six weeks', of six weeks *ut*
háti *mn* back, *orv* dorsal
hátirat *fn gazd* endorsement
hátitáska *fn* school-satchel/bag
hátizsák *fn* rucksack, *US* backpack; **vázas ~** framed rucksack, *US* framepack
hátlap *fn* back, *[képé, éremé]* reverse (side), verso; **lásd a ~on/~ot** see overleaf
hatlovas *mn* **~ hintó** coach-and-six, six-in-hand, coach drawn by six horses
hatlövetű *mn* **~ revolver** six-shooter

hatnapi *mn* six days', of six days *ut*

ható *mn* acting, effective, having an effect *ut*; **vmre ~** having an influence on sg *ut*, affecting sg *ut*

hatóanyag *fn* agent, active ingredient

hatod *fn* **1.** *[hatodrész]* (a/one) sixth **2.** *zene* sixth

hatodik I. *szn* sixth; **~ osztály** the sixth class/form (*US* grade) **II.** *fn* **1. f. hó 6-án** on the sixth of this month; *[üzleti levélben]* on the 6th inst. **2.** *okt* **~ba jár** be* in the sixth form/class (*US* grade)

hatodikos *mn/fn* **~ (tanuló)** pupil in the sixth class/form (*US* grade), sixth-form (*US* sixth-grade) pupil

hatodmagával *hsz* with five other persons

hatodrész *fn* a sixth part, (one) sixth

hatóerő *fn* (active) force, efficiency, *[gyógyszeré]* potency; → **hatóképesség**

hatóképesség *fn* **1.** *ált* efficacy, efficiency **2.** *[gépé]* mechanical power

hatókör *fn* range (of effect), influence

hatol *i* **1.** *[erőszakkal vmbe]* penetrate into, force/make* one's way into **2. vmnek mélyére ~** penetrate into sg, probe deeply into sg

hátoldal *fn* → **hátlap**; **lásd a ~t** see overleaf; **a ~t is ki kell tölteni** complete both sides of [the document/form etc.]

hátonúszás *fn* → **hátúszás**

hátország *fn* home front

hatos I. *mn* **1.** six(fold); **a ~ szám** → **hatos II 1**; **~ villamos** a/the number six (v. No. 6) tram (v. *US* streetcar) **2.** *biz* **a ~ vonat** the six-o'clock train **II.** *fn* **1.** *[számjegy]* (the number/figure) six **2.** *[villamos]* tram number six, the number six (No. 6) tram; **felszáll a ~ra** take* the number six tram (v. *US* streetcar) **3.** *zene* sextet(te)

hatóság *fn* authority; **felsőbb ~** higher authority; **a ~ tölti ki** for official use

hatósági *mn* of the authorities *ut*, official; **~ ár** official price; **~ közeg** official, officer of the law, public servant

hatóságilag *hsz* officially; **~ engedélyezett** licensed

hatósugár *fn* range, *[repülőgépé]* cruising radius

hatótávolság *fn* range, radius (*tsz* radii) (of action), reach

hatökör *fn* dolt, ninny, *GB* ass

hátra *hsz* **1.** *[irány]* back(wards), rear-; **~ arc!** about turn!, *US* about face! **2. ~ van vmvel** *[lemaradt]* be* behind in/with [one's work]; **nincs más ~ mint** there's nothing for it but (to do sg); **~ van a fejlődésben** be* backward, be* behind in development; → **hátravan**

hátraad *i* pass (sg) back(wards)

hátraarc *fn* **~ot csinál** turn about, *US* make* an about-face

hátrább *hsz* further/farther back, more in the background; **~ áll** stand* back; → **agár**

hátrabillen *i* tilt backwards

hátrabukfenc *fn* backward somersault

hátrabuk|ik *i* fall* backwards

hátradob *i* cast*/throw*/hurl/fling* back

hátradől *i [székben]* sit*/lean* back

hátraes|ik *i* fall* over/backward

hátrafelé *hsz* back(wards)

hátrafésül *i* comb back

hátrafordít *i* turn back

hátrafordul *i [testtel]* turn (a)round, *[csak fejjel]* look round/back

hátrahagy *i* **1.** *[otthagy]* leave* (sg) behind **2.** *[vknek örökséget]* leave*/bequeath (sg to sy/sy sg)

hátrahagyott *mn* left behind *ut*; **~ művek** remains

hátrahanyatl|ik *i* fall* backwards (*US* -ward)

hátrahőköl *i* recoil (*vmtől* from sg v. at the sight of sg)

hátrahúz *i* draw*/pull/drag back

hátrahúzód|ik *i* draw* back, withdraw*, retreat

hátraigazít *i* **(egy órával) ~ja az órát** set*/put* the clock back [one hour]

hátrakiált *i* shout/call back

hátraköt *i* **~i vknek a kezét** tie sy's hands behind his/her back, pinion sy's arms; **~öm a sarkad** *biz* I'll give you what for

hátraküld *i* send* back (v. to the rear)

hátrál *i* **1.** *[ember]* back away, draw* back, withdraw*; **nem ~** he won't budge **2.** *[sereg]* retreat, give* way **3.** *[jármű]* reverse, back, go*/move backward(s) **4.** *[tömeg, áradat]* recede, surge back

hátralék *fn* arrears *tsz*, remainder (of debt), residue, *[restancia]* backlog; **~ban van** (i) *[fizetéssel, pénzzel stb.]* be* in arrears with [the rent], be* behind in/with [one's payments, the rent etc.], be* behindhand with [the rent etc.] (ii) *[munkával]* be* behind with [one's work/studies etc.]

hátralékos *mn* outstanding, overdue, residuary; **~ követelés** outstanding debt

hátralép *i* step/draw* back

hátralevő *mn* remaining; **a ~ feladat az, hogy** what remains to be done is ...; **~ rész** remaining part, what is left over, the rest/remainder of sg

hátralök *i* push/thrust* back

hátráltat *i* hinder, impede, hold* back, retard

hátramarad *i* **1.** *[le-, elmarad]* lag/fall* behind, remain/stay behind; **~ a fejlődésben** be* backward, lag behind (in development) **2.** *[vk után, örökségképp]* be* left behind **3.** (*vmből*) remain, be* left (over)

hátramaradó *mn* remaining, leftover

hátramaradott *mn* **a ~ak** *[halálesetnél]* the bereaved

hátramaradt *mn* → **elmaradott**

hátramegy *i* **1.** (*vk*) go* back, walk/go* to the rear **2.** *[jármű]* → **hátrál 3**

hátramenet(i fokozat) *fn [gépkocsié]* reverse (gear); **hátramenetbe kapcsol** put* the car into reverse

hátramozdító *fn* nuisance (of a man), hindrance

hátranéz *i* look back/behind, (have* a) look round

hátrány *fn* disadvantage, drawback, *[súlyos, anyagi]* loss, detriment; **~ára van** be* a disadvantage/drawback to sy/sg

hátrányos *mn* disadvantageous, detrimental; **~ helyzetben** at a disadvantage; **~ helyzetben levő** underprivileged, disadvantaged; **~ helyzetű (v. helyzetben levő) gyer(m)ekek** (socially) disadvantaged children

hátrányosan *hsz* **vm ~ érint vkt** sg puts sy at a disadvantage

hátraparancsol *i* order sy to the rear

hátrapillant *i* → **hátratekint**

hátrarúg *i* **1.** *[puska]* kick, *[ágyú]* recoil **2.** *[állat]* fling*/lash out **3.** *[labdát]* kick back

hátraszaltó *fn* backward somersault

hátraszól *i* call back (over one's shoulder)

hátratámaszkod|ik *i* lean* back

hátratekint *i* look/glance back/behind

hátratesz *i* put*/set* (sg) back/behind

hátratett *mn* **~ kézzel** with one's hands behind one's back

hátratol *i* push/move (v. *biz* shove) back (v. to the back)

hátraugr|ik *i* jump/leap*/spring* back

hátravan *i* **1.** *[ezután kerül sorra]* be* still to come, remain (to be done), be* still left; **még ~ a java!** the best is yet to come; **~ még** sg still remains to be done, be* still to come; **~ még két akadály** *[díjugratásban]* two more (fences) to go!; **az utolsó akadály van hátra** just the last fence to go; **már csak két vizsgája van hátra** he has only two more exams to pass; **nincs más hátra, mint** there's nothing for it but to **2.** *[időből]* **még tíz perc van hátra** (there's) ten (more) minutes left (v. to go); → **hátra 2**

hátsó I. *mn* **1.** *[hátul levő]* back(-), rear(-); **~ ablak** *[járművön]* rear window; **~ épület** outbuilding, outhouse; *biz* **~ fele vknek** sy's behind, buttocks *tsz*; **~ kerék** back/rear wheel; **~ lábak** *[állaté]* hind legs; **~ lábára áll** rear; **~ lámpa** rear light; **~ lépcső** backstairs *tsz*; **~ rész** (i) (*vmé*) the back part of sg, (the) rear (ii) *[állaté]* hindquarters *tsz* (iii) → **hátsó fele vknek** ; **~ ülés** back seat; **~ világítás**

rear lights *tsz* **2.** ~ **gondolat** ulterior motive **II.** *fn biz* → **hátsó fele vknek**
hátsóablak-fűtő *fn [autóé]* rear window heater
Hátsó-India *földr* Indo-China
hátsó-indiai *mn* Indo-Chinese
hátsókerék-meghajtás *fn* rear-wheel drive
hatszáz *szn* six hundred
hátszél *fn* **1.** leading/following wind, *[hajó]* wind from astern; **~lel vitorlázik** sail before the wind **2.** *biz [protekció]* **jó hátszele révén kap meg egy állást** get* a job by riding on sy's coat tails
hátszín *fn* sirloin, rump(steak)
hátszínszelet *fn* fillet/undercut of sirloin
hatszor *szn/hsz* six times
hatszori *mn* repeated six times *ut*
hatszoros *mn* sextuple, sixfold
hatszög *fn* hexagon
hatszögű *mn* hexagonal
háttámasz *fn* backrest
háttámla *fn [széké]* back (of the chair)
háttér *fn* background; **kék ~ előtt** against a blue background; **~be húzódik** take* a back seat (*US* backseat); **~be szorít** overshadow, push/thrust* into the background, eclipse; **~be szorul** be* pushed/thrust into the background; **~ben marad** remain in the background, *[szerényen]* efface oneself; **~ből irányít** pull the strings
háttérinformáció *fn* background information
háttéripar *fn* background industry
háttérsugárzás *fn fiz* background radiation
háttérzene *fn* background music
hátul *hsz* at the back, in/at the rear, behind
hátulja *fn* (*vmnek*); → **hátsó rész**
hátulnézet *fn épít* back/rear elevation
hátulról *hsz* from behind, from the back/rear; ~ **ledöf** stab in the back
hátulsó *mn* → **hátsó I**
hátulütője *fn* (*vmnek*) *kif* it has the drawback that
hátúszás *fn* backstroke (swimming); **~ban első lett** came/finished first in the backstroke
hátuszony *fn* dorsal fin
hatvan *szn* sixty
hatvanadik *szn* sixtieth, 60th
hatvanan *szn/hsz* sixty (of them); ~ **voltak** there were sixty of them
hatvanas I. *mn* sixty; **a ~ évek** the sixties (v. the 60s v. 1960s); ~ **busz** bus number sixty (v. No. 60), the number sixty bus **II.** *fn* **1.** *[ember]* man°/woman° in his/her sixties, sexagenarian; **jó ~ lehet** is sixty if a day **2.** → **busz**; (stb.)
hatvány *fn* power [of a number]; **második ~** second power, square; **harmadik ~** third power, cube; **negyedik ~** fourth power, biquadratic; **~ra emel** raise [a number] to the power of [another number]; **a második ~ra emel** raise [a number] to the second power
hatványkitevő *fn* exponent, (power) index (*tsz* indices)
hatványoz *i* → **hatvány ra emel**
hatványozód|ik *i átv* be* increased/multiplied
hatványozott *mn átv* increased, redoubled [effort]; ~ **mértékben** to an increased degree, at a highly increased rate
hátvéd *fn* **1.** *kat* rear-guard **2.** *[futball]* (full-)back; **bal~** left back; **jobb~** right back
hattyú *fn* swan
hattyúdal *fn* swan song
Havanna *földr* Havana, Habana
havannai *mn* Havanan
havas I. *mn* **1.** *[hóval borított]* snowy, snow-covered/capped **2.** ~ **eső** sleet **II.** *fn* **a ~ok** snow-capped mountains
havasi *mn* alpine; → **gyopár**; ~ **kürt** alp(en)horn
havazás *fn* snowfall, (fall of) snow
havaz|ik *i* snow, be* snowing
haver *fn szl* pal, *US* buddy; **jó ~om** I am pally with him; **jó ~ok** they are old pals (*US* buddies)
haverkodik *i biz* (*vkvel*) chum (up) with sy, be* chummy/pally with sy
havi *mn* monthly, a month's; ~ **fizetés** monthly pay/salary; ~ **kereset** monthly income/pay; **mennyi a ~ keresete?** how much does (s)he earn/make a month?, what's his/her monthly income/pay/salary?; ~ **részlet** monthly instalment, [so much] a/per month; ~ **részletekben fizet** pay* in/by monthly instalments; **tizenkét ~ részletre** in twelve monthly instalments; ~ **vérzés** menstruation, period, *biz* monthly v. monthlies *tsz*; → **hónapi**
havibaj *fn biz* period, menstruation
havibér *fn* monthly wage/pay
havibérlet *fn* monthly season ticket, *[utazáshoz GB]* travelcard [monthly]
havidíj *fn* monthly pay/salary
havidíjas *mn* [clerk] paid by the month *ut*
havonként *hsz* → **havonta**
havonta *hsz* a/every/per month, monthly; ~ **kétszer(i)** twice a month, twice-monthly, *GB* fortnightly; → **kéthavonta**
hawaii *mn* Hawaiian; ~ **gitár** Hawaiian guitar
Hawaii *földr* Hawaii(an Islands)
ház *fn* **1.** *[ált. és családi]* house, *[nagyobb]* residence, *[otthon]* home; **~ába fogad** give* sy the run of the/one's house; **jó ~ból való** of good family *ut*; **~hoz szállít(ást végez)** deliver; **~hoz szállítás** *[árué]* delivery [of goods] to sy's door; *[tejé]* doorstep delivery; **~ról ~ra** from house to house, from door to door; **ahány ~, annyi szokás** customs vary; **az én ~am az én váram** my home is my castle; **~on kívül van** is out, is not in, has gone out; **~on kívül étkezik** eat* out; **~tól ~ig** *[feladott]* registered through **2.** *[képviselőház]* The House, *GB* House of Commons, *US* House of Representatives **3.** *[uralkodói]* (royal) house, dynasty **4.** *[csigáé]* shell **5.** *szính* house; **telt ~** full house, capacity audience; **üres ~** empty house
haza I. *fn* native land, country, mother country, home(land), *[szűkebb értelemben]* birthplace, home town, native village; **~nkban** in Hungary, *[ritkábban]* in this country; **második ~ja** the country of one's adoption; **elhagyja ~ját** leave* one's (own) country **II.** *hsz* home; **elindult ~** he started (back) for home
hazaad *i* **1.** *[keresményt]* send*/give* home, pay* in, give* (earnings to one's family) **2.** *sp [labdát]* pass back
hazaárulás *fn* (high) treason
hazaáruló *fn* traitor
hazabeszél *i biz* have* an axe to grind
házacska *fn* small house, cottage
házadó *fn* house-tax
hazaenged *i* **1.** *ált* let* sy (go) home **2.** *[iskolából tanítás után]* dismiss [class] **3.** *[hadifoglyot]* release
hazaér *i* → **hazaérkezik**
hazaérkezés *fn* homecoming, return (home), coming home
hazaérkez|ik *i* return/come*/arrive home; **~ett már?** is (s)he back yet?
hazafelé *hsz* homewards, on the way home; ~ **menet, útban** ~ on one's/the way home
hazafi *fn* patriot
hazafias *mn* patriotic
hazafiasság *fn* → **hazafiság**
hazafiatlan *mn* unpatriotic
hazafiság *fn* patriotism
hazafiúi *mn* patriotic
hazahív *i* call/summon (sy) home; **~ják** be* recalled (from abroad)
hazahoz *i* bring*/fetch home
hazai I. *mn* native, domestic, home, national; **a ~ csapat** the home team; ~ **hírek** *[rádióban stb.]* back home . . .; ~ **ipar** home industry; ~ **pályán** at home, on one's home ground; ~ **termék** home produce/product **II.** *fn* **kap egy kis ~t** *GB* get* a hamper from home
hazáig *hsz* (as far as) home, to one's house/home

hazajön *i* come* home, return; **ebédre hazajövök** I'll be back for lunch; **nem jön haza** stay/stop out; **ma nem jön haza** (s)he's not coming home tonight; **ma csak későn jön haza** (s)he'll be late home tonight; **amikor hazajött Angliából** after/on his return from England
hazajövet *hsz* on one's/the way home
hazajövetel *fn* → **hazaérkezés**; **~e után** on returning, on his/her return from ...
hazajut *i* (manage to) get* home
hazakísér *i* see*/take* sy home
hazakívánkoz|ik *i* long for home, feel* homesick
hazaküld *i* send* home
házal *i* **1.** *[áruval]* peddle, hawk **2.** *[aláírást gyűjtve]* canvass
hazalátogat *i* visit the land of one's birth/fathers
házaló I. *mn* **~ ügynök** door-to-door salesman **II.** *fn* peddler, hawker
hazamegy *i* go*/walk home, set* off homewards, homeward bound; **haza kell mennem** I must be/go home; **gyalog megy haza** walk home
hazamenetel *fn* going home
hazánkfia *fn* our compatriot, fellow countryman°
hazárd *mn* hazardous, risky
hazardíroz *i* risk, take* risks, venture
hazárdjáték *fn* gambling
hazárdjátékos *fn* gambler
hazarendel *i* summon/order home, recall
házas I. *mn* married **II.** *fn* **~ok** married couple, husband and wife; **fiatal ~ok** young marrieds
házasélet *fn* **1.** married life **2. ~et élnek** *[nemi életet]* live a normal married life
házasfél *fn* one of the married couple; **házasfelek** husband and wife°
házasod|ik *i* get* married, marry; **nem ~ik** remain single
házaspár *fn* (married) couple
házasság *fn [intézménye]* marriage, *[állapota]* married life, *irod* matrimony, wedlock; **szerelmi ~** love-match; **jó ~** good marriage; **~ előtti** premarital; **~on kívül született gyermek** illegitimate child°, child° born out of wedlock; **~on kívüli** *[viszony]* extramarital; **~ot kihirdet** put* up the banns; **~ot köt** get* married, *(vkvel)* marry sy
házassági *mn* marriage-, of marriage *ut*, matrimonial; **~ ajánlatot tesz** propose (marriage) (to sy); **~ akadály** impediment (to a marriage); **~ anyakönyvi kivonat** marriage certificate; **~ bontóper** divorce suit, divorce proceedings *tsz*; **~ évforduló** (wedding) anniversary
házasságkötés *fn* **1.** *[intézménye]* marriage **2.** *[az aktus]* marriage service
házasságkötő *mn* **~ terem** *kb.* register office
házasságközvetítés *fn* marriage bureau service
házasságközvetítő *mn/fn* **~ iroda** marriage bureau
házasságtörés *fn* adultery
házasságtörő *fn* adulterer, *[nő]* adulteress
házastárs *fn* spouse, one's husband/wife; **~ak** (they are) husband and wife, (married)couple; **~ával együtt** with one's wife°/husband, with one's spouse
házastársi *mn* marital; **~ civódás** marital strife; **~ kötelesség** conjugal duty, marital obligations *tsz*
házasulandó *mn fn* **a ~k** the bride and (bride-) groom, the engaged couple; **~ korú** marriageable
hazaszalad *i* run* home
hazaszállít *i (vmt) [pl. vásárolt árut]* deliver [goods etc.] to sy's door, *(vkt) [kocsin]* take* sy home, give* sy a lift home
hazaszállítás *fn [árué]* home delivery, delivery [of goods] to sy's door, *[tejé]* doorstep delivery
hazaszeretet *fn* love of one's country, patriotism
hazatalál *i* find* one's way home
hazatelefonál *i* (tele)phone/ring* home
hazatelepít *i* repatriate
hazatelepül *i* repatriate
hazatér *i* return/come* home
hazatérés *fn* return to (one's) home, homecoming
hazátlan *mn* homeless, displaced, exiled
hazaút *fn* homeward travel, homeward/return journey, *[repülővel]* return flight
hazautazás *fn* travelling (*US* -l-) home; → **hazaút**
hazavár *i (vkt)* expect sy home
házavató *fn [mulatság]* housewarming
hazavisz *i [vkt pl. kocsin]* take* sy home, give* sy a lift home, *[csak vmt]* carry home
házbeli I. *mn* of one's house *ut* **II.** *fn* **a ~ek** the tenants [of the house]
házbér *fn* rent
házelnök *fn pol [parlamenté]* the Speaker (of the House)
házépítés *fn* building a house, construction
házfelügyelő *fn* caretaker, porter, *US* janitor
házgondnok *fn kb.* warden
házgyári *mn* **~ ház** prefab (house)
házhely *fn* building site/plot, *[főleg US]* building lot
házi I. *mn* household, house-, home-, domestic, *[otthon készült, nem gyári stb.]* home-made; **~ feladat** homework, home task/assignment; **~ használatra** for domestic use; **~ kabát** smoking-jacket; **~ készítésű** home-made; **~ koszt** home cooking; **~ központ** *[telefon]* switch-board; **~ munka** *[otthon végzett munka]* work done at home; → **házimunka**; **~ őrizet** house arrest; **~ patika** *[vk lakásában]* medicine chest/cupboard/cabinet; **~ ruha** indoor clothes *tsz*; *[női]* housecoat; **~ sütésű** home-baked; **~ teendők** → **háztartási munka** ; **~ telefon** internal phone, intercom **II.** *fn* **a ~ak** (i) → **házbeliek** (ii) *[a család]* members of one's/the household
háziállat *fn* domestic/farm animal
házias *mn* domestic; *[férfi]* domesticated, *tréf* house-trained
háziasság *fn* domestic virtues *tsz*
háziasszony *fn* **1.** *[otthon]* lady of the house, housewife°, *[vendégségkor]* hostess **2.** *[szállásadó]* landlady
háziasszonyi *mn* **~ teendőket végez** keep* house, run* the house
házibarát *fn* friend of the family
házibuli *fn biz* party, get-together, *biz* bash, thrash
házicipő *fn* slippers *tsz*
háziegér *fn áll* house mouse (*tsz* mice)
házifecske *fn áll* house martin
házigazda *fn [otthon]* master/man° of the house, *[vendégségkor]* host
háziipar *fn* domestic/cottage industry, handicraft(s)
háziipari *mn* of/for domestic industry *ut*; **~ termék** (peasant) craft-product
házikenyér *fn* home-baked bread, *GB kb.* crusty bread
házikó *fn* small house, cottage
házikolbász *fn* home-made sausage
házikötös *fn* dressing gown, *US* bathrobe
házilag *hsz [készítve]* home-made
házilagos *mn* **~ kivitelben épül** the owner is building it himself
házimunka *fn* → **háztartási munka**
házinyúl *fn* domestic rabbit, hutch-rabbit
háziorvos *fn* family doctor
házipénztár *fn* finance office, cashier's office
házirend *fn* rules of the house *tsz*
házisárkány *fn tréf* virago, termagant
háziszőttes *fn [szőttesfajta]* homespun
házitanító *fn* (private) tutor
házitészta *fn* home-made vermicelli *tsz*, home-made pasta; → **tészta** 2
házityúk *fn* hen
háziúr *fn* landlord
házkutatás *fn* house search; **~i parancs** search warrant; **~t tart** search/raid sy's premises
házmester *fn* → **házfelügyelő**
házorom *fn épít* gable
házőrző *mn* **~ kutya** watchdog, house-dog

H

házrész *fn* part of a house property
házsor *fn* row of houses, terrace
házszabály *fn pol* standing orders *tsz*
házszám *fn* house number
házszentelő *fn* house-warming
háztáji *mn* ~ **gazdaság** household (farming) plot, small family plot, family farming plot; ~ **gazdálkodás** household (v. small-scale) farming
háztartás *fn* (*vké*) household, *[mint tevékenység]* housekeeping; **~t vezet** keep* house (*vkét* for sy); **vkvel közös ~ban él** live (together) with sy
háztartásbeli *fn* (*röv* **htb.**) housewife°, *US* homemaker
háztartási *mn* ~ **alkalmazott** domestic, (home) help; ~ **cikkek** household goods/commodities, *US* housewares; ~ **eszközök/felszerelések** household utensils/equipment; ~ **gépek/készülékek** household appliances, labour-saving devices; ~ **munka** (domestic) chores *tsz*, housework; ~ **szemét** (household) rubbish
háztartáspénz *fn* housekeeping (money)
háztartástan *fn* home economics
háztelek *fn* building site/plot, *[US]* building lot
háztető *fn* roof, housetop
háztömb *fn* block (of houses)
háztulajdonos *fn* house-owner
hazud|ik *i* tell* a lie, lie*; **nagyot ~ik** tell* a big lie; **nagyokat ~ik** tell* a pack of lies; **szemtelenül ~ik** lie* in one's throat/teeth; **úgy ~ik, mintha könyvből olvasná** be* an arrant liar
hazudoz|ik *i* be* given to lying
hazug *mn* **1.** *[ember]* lying, telling lies *ut*; ~ **ember** liar **2.** *[valótlan]* mendacious, untrue, not true
hazugság *fn* lie; **ártatlan** ~ white lie; **merő** ~ pure fabrication; **~on kap vkt** catch* sy telling lies; **~ra vetemedik** resort to lies
hazulról *hsz* from home
házvezetés *fn* housekeeping
házvezetőnő *fn* housekeeper
házsártos *mn* quarrelsome, cross-grained, cantankerous, *[nő]* shrewish; ~ **nő** shrew, termagant
házsártoskod|ik *i* quarrel (*US* -l), bicker, *[állandóan]* nag
hdgy *röv* → **hadnagy**
H-dúr *fn zene* B major
hé! *isz* hey!, hallo there!, hello!, *US így is:* hi!, *[állathoz]* whoa!
hebeg *i* stutter, stammer
hebegés *fn* stutter(ing), stammer(ing)
hebeg-habog *i [mindkét igét ragozzuk] GB* hum and ha/haw, *US* hem and haw
hébe-hóba *hsz* now and then/again, occasionally, once in a while
hebehurgya *mn* rash, thoughtless, scatter-brained, harum-scarum
héber *mn/fn* ~ **(nyelv)** Hebrew; **~ül tanul** learn* Hebrew; **~ül** (v. ~ **nyelven)** *[van írva]* (be* written) in Hebrew
Hebridák *földr* the Hebrides
hecc *fn [mulatság]* prank, joke; **jó ~ volt** it was a lark/scream, it was a great joke; **a ~ kedvéért, csak úgy ~ből** for the fun/hell of it
heccel *i* **1.** *[ugrat]* tease, chaff, kid, have* sy on, *[közbeszólásokkal]* heckle, *[vkt vk ellen]* egg sy on, stir it up (between X and Y) **2.** *[állatot]* set* on, urge on
hecsedli *fn* rosehip jam
hecsedlilekvár *fn* → **hecsedli**
hederít *i* **oda sem** ~ pay* no heed (to), ignore
hedonista I. *fn* hedonist **II.** *mn* hedonistic
hedonizmus *fn* hedonism
heg *fn* scar, cicatrix (*tsz* cicatrices)
heged *i [seb]* heal (up), skin/scar over
hegedű *fn* violin
hegedűest *fn* violin recital
hegedűgyanta *fn* rosin, colophony
hegedűhúr *fn* violin string
hegedűiskola *fn [kezdő]* violin tutor, *[részletes]* violin school
hegedűkészítő *fn* violin builder
hegedül *i* play the violin
hegedűművész *fn* violinist, violin virtuoso
hegedűóra *fn* violin lesson
hegedűs *fn* violinist, violin-player; **első** ~ leader
hegedűszó *fn* sound of violins (v. of the violin)
hegedűtanár *fn* violin teacher, teacher of (the) violin
hegedűtok *fn* violin case
hegedűverseny *fn* violin concerto; **D-dúr** ~ violin concerto in D major
hegedűvonó *fn* bow
hegeli *mn fil* Hegelian
hegeliánus *mn* → **hegeli**
hegemónia *fn* hegemony, supremacy (over)
heges *mn* scarred, cicatrized
hegesedés *fn* scar, cicatrix (*tsz* cicatrices)
hegesed|ik *i* scar over
hegeszt *i [fémet]* weld; **~ett** welded
hegesztő I. *mn* welding **II.** *fn* welder
hegesztőpisztoly *fn* welding torch
hegy[1] *fn földr* mountain, *[kisebb]* hill; **a ~ oldalán** on the hillside; **a ~ekben él** live in the mountains/highlands; **~nek föl** uphill; **~ről le** downhill; **~et mászik** climb mountains, mountaineer; *[rendszeresen, sportból]* be* a(n) mountaineer/alpinist
hegy[2] *fn [ceruzáé, kardé, késé, tűé]* point, *[lándzsáé, ujjé, nyelvé, nyílé, orré]* tip, *[tollé]* nib, *[toronyé]* top
hegycsoport *fn* range of mountains, mountain range
hegycsúcs *fn* peak (of mountain), mountaintop, summit
hegycsuszamlás *fn* landslide, *[kisebb]* landslip
hegyén-hátán *hsz* **egymás** ~ [being] topsy-turvy, all in a heap; **minden egymás ~ áll** everything is cluttered up
hegyen-völgyön *hsz* ~ **át** over hill and dale; ~ **túl** far away
hegyes[1] *mn [vidék]* mountainous [region, area]; ~ **(-dombos)** hilly [country]
hegyes[2] *mn [tárgy]* pointed, sharp; ~ **orrú** sharp-nosed; ~ **szerszám** sharp/pointed tool/instrument
hegyesszög *fn* acute angle
hegy- és vízrajzi *mn* **Magyarország ~ térképe** orographic and hydrographic map of Hungary
hegyetlen *mn [tompa]* blunt
hegyez *i* **1.** *[ceruzát]* sharpen [pencil] **2. ~i a fülét** prick up one's ears
hegyező *fn* sharpener
hegyfok *fn [tengerbe nyúló]* headland, *[meredek nyúlvány]* peak
hegygerinc *fn* (mountain) ridge
hegyhát *fn* ridge of a hill
hegyi *mn* mountain(-), of the mountain(s) *ut*; **H~ beszéd** Sermon on the Mount; ~ **lakó** mountain dweller, highlander; ~ **legelő** alpine pasture
hegyibetegség *fn* mountain sickness
hegyikerékpár *fn* mountain bike
hegyikerékpározás *fn* mountain biking
hegyivadász *fn* mountain rifleman°
hegykoszorú *fn* ring of mountains
hegyláb *fn* foot of the/a mountain
hegylánc *fn* mountain range, range of mountains, mountain chain
hegymászás *fn* mountaineering, alpinism
hegymászó *fn* mountaineer, alpinist; ~ **bot** alpenstock; ~ **cipő** climbing/mountaineering boot(s)
hegymászótechnika *fn épít [pl. tatarozásnál]* alpine technology
hegymenet *fn* uphill passage; **~ben** uphill
hegyoldal *fn* mountainside, hillside, slope
hegyomlás *fn* landslide, *[kisebb]* landslip
hegyrajz *fn* orography → **hegy- és vízrajzi**
hegység *fn* mountains *tsz*, mountain range/chain

H

hegyszoros *fn* (mountain) pass, defile
hegytető *fn* mountaintop, top/crest- (of the mountain/hill)
hegyű *mn* -tipped, -pointed
hegyvidék *fn* mountainous region/area, hilly country, mountains *tsz*, highlands *tsz*
hehezetes *mn* ~ **ejtés** aspiration
héj *fn [alma, körte, barack, burgonya, hagyma]* skin, *[tojás, dió]* shell, *[dinnye, sajt, alma]* rind, *[kenyér]* crust, *[lehámozott]* peel, peelings *tsz*, parings *tsz*; **~ában főtt burgonya** baked potato(es), potatoes cooked/baked in their jackets *tsz*; **kemény ~ú gyümölcs** hard-shelled fruit
hej! *isz* oh!, *[lelkesítve]* hey!, heigh-ho!
héja *fn* **1.** kite, hawk, goshawk **2.** *[háborúpárti]* hawk
héjas *mn* having a shell/skin *ut*, shelled
héjazat *fn épít* shell
hejehujázik *i biz elav* make* whoopee
hektár *fn* (*röv* **ha**) hectare (*röv* **ha**)
hektikus *mn* hectic
hektó *fn* → **hektoliter**
hektoliter *fn* (*röv* **hl**) hectolitre (*US* -ter) (*röv* **hl**)
hekus *fn biz* cop, *GB* bobby, *US* fuzz; **~ok** cops, *US szl* the fuzz *esz*
helikopter *fn* helicopter, *biz* chopper
helikopter-repülőtér *fn* heliport
heliocentrikus *mn* heliocentric
hélium *fn kém* helium
hellén I. *mn* Hellenic, Greek **II.** *fn* Hellene, Greek
helsinki *mn* Helsinki; **a ~ folyamat** the Helsinki process; **a H~ záróokmány** the Helsinki Final Act
hely *fn* **1.** *ált* place, *[férő~]* oom, space, *[ülő~]* seat, place; **nincs ~** there is no room, it is full up; **az ülésteremben 500 embernek van ~** the conference room seats 500 people; **~ből** *[azonnal] biz* out of hand, off hand; **a ~e és az ideje vmnek** the time and (the) place; **nincs ~e a tréfának** [this is] no laughing matter; **hol a ~e?** *[vm tárgynak]* where does it go?; **~ébe lép** succeed/replace sy, take* sy's place; **képzeld magad a ~embe** put yourself in my place/shoes; **~ben** (i) in/at the place, locally, on the spot/premises (ii) *[levélen]* local; **~ben vagyunk** *[erről van szó]* that's it, now you're talking sense; **(én) a (te) ~edben** if I were you; **~ből ugrás** standing jump; **~hez köt** localize; **maradj a ~eden** keep your place/seat, stay put!, stay where you are; **első/második ~en áll** be* in the first/second position, stand* in first/second place; **~én van a szíve** his heart is in right place; **nincs a ~én** *[tárgy]* it is not in its proper place, it's in the wrong place; **nincs ~én** *[megjegyzés]* be* out of place; **~ére tesz vmt** *[vissza]* return sg to its place, put* sg back (in its place); **~re váró utas** standby (passenger); **~éről elmozdít** shift, oust; **~t ad vmnek** admit sg; *[fellebbezésnek]* grant [an appeal]; **~et ad vknek** make* room for sy; *[ülőhelyet]* offer a seat/place to sy; **~et cserél vkvel** change places (with sy); **~et foglal** (i) take* a seat, seat oneself (ii) *[lefoglal]* reserve a seat; **(kérem,) foglaljon ~et** please take a seat, please be seated; **sok ~et foglal el** (*v.* **vesz igénybe)** take* up a lot of room; **~et kérek!** make way please!, mind your backs!; **hellyel kínál vkt** offer a seat to sy, ask sy to take a seat **2.** *[színhely]* spot, scene, *[épületé]* site, *[vidék, tájék]* locality, spot, place, district **3.** *[írásmű része]* passage, place; **az idézett ~en** (*röv* **i. h.**) in the passage quoted (*röv* **loc. cit.**) **4.** *[állás]* position, situation, job; **~et keres** look for a job; *[hirdetésben]* situations/jobs wanted **5.** *[ösztöndíjas]* place → **ész**, → **megáll**
helyár *fn* price of seat(s)
helybeli I. *mn* local, of this place *ut*; **~ lakosság** local/resident population, *biz* the locals **II.** *fn* **a ~ek** the local population *esz*, *biz* the locals
helyben *hsz* → **hely**
helybenhagy *i* **1.** → **jóváhagy 2.** *biz [megver]* thrash sy (within an inch of his life), give* sy a good hiding
helybenhagyás *fn* → **jóváhagyás**
helycsere *fn* change of place
helyenként *hsz* here and there, in some places, sporadically; **~ zivatarok** local showers
helyénvaló *mn* fitting, proper, appropriate, suitable; **~ megjegyzés** an apposite remark; **nem ~** out of place *ut*, improper; **nagyon is ~, hogy tudj róla** it is only right that you should know
helyes *mn* **1.** *[megfelelő, helyénvaló]* right, proper, fitting, sensible, *[korrekt]* correct, *[számszerűen]* accurate; **~ angolság** good English; **~ okoskodás** sound reasoning; **~ úton van** be* on the right track; **~nek bizonyult** it turned out to be right; **~nek talál** → **helyesel**; **nem ~** not right, incorrect; **ez nem ~** I disapprove (of it), I can't/don't agree **2.** *biz* (*vkről*) nice, sweet, (*vmről*) nice, lovely; **~ kis szoba** a nice little room **3. (nagyon) ~!** (that's) right!, quite right/so!; *[beleegyezően]* very well, all right!, (that's) agreed!; *biz* okay!, O.K.
helyesbít *i* correct, set*/put* (sg) right, rectify; **~ek** I'm sorry(,) I will read that again
helyesbítés *fn* correction, rectification
helyesebben *hsz* **(vagy) ~** or rather; or, to be precise, to be more exact, *biz* I mean; → **vagyis**
helyesel *i* (*vmt*) approve of sg, agree to/on sg, sg meetswith sy's approval; **teljes mértékben helyeslem** I fully agree, I'm all for it; **helyesli a tervet** favour the scheme/project/plan; **nem helyeslem** I disapprove (of it), I don't approve (of it), I don't agree
helyesen *hsz* rightly, properly, correctly, accurately; **~ ír** spell* correctly; **nem tud ~ írni** he can't spell; **~ ítéli meg a helyzetet** see* things in their true colours (*US* -ors), see* things in (their proper) perspective; → **helyesebben**
helyesírás *fn* spelling, orthography; **rossz ~sal ír vmt** misspell*, spell* sg wrong; **jó a ~a** sy's/one's spelling is good; **rossz a ~a** sy's/one's spelling is poor, be* a bad speller
helyesírási *mn* spelling, orthographical; **~ hiba** spelling mistake, misspelling; **~ szótár** spelling dictionary
helyeslés *fn* approval, approbation, *[lelkes]* acclamation, *biz* two thumbs up; **általános ~re talál** meet* with general acceptance/approval
helyeslő *mn* approving; **~ fejbólintás** nod of approval
helyeslően *hsz* **~ bólint/int** nod one's approval/assent/agreement
helyeslőleg *hsz* → **helyeslően**
helyett *nu* instead of, in place of, in lieu of; **e ~ a könyv ~** instead of this book; **az igazgató ~** *[aláírásnál]* for/p.p. the Director; **~em** instead of me, on my behalf
helyettes I. *mn* deputy, assistant, *[átmenetileg]* acting; **~ igazgató** deputy/assistant director/manager; **~ tanár** supply teacher **II.** *fn [állandó]* deputy, *[kisebb beosztásban]* assistant, *[alkalmilag]* sy's substitute, *[főleg orvosé, lelkészé] GB* sy's locum, *[igazgatóé stb. átmenetileg]* the acting director/manager/president etc.; **vállalatvezető-~** deputy manager; **~t állít** arrange for a substitute
helyettesít *i* **1.** (*vkt*) deputize/substitute for sy, stand* in for sy, be* sy's substitute/deputy [while he is away], *biz* sub for sy, *[orvost, lelkészt]* be* sy's locum **2.** (*vmt vmvel*) substitute sg for sg, replace sg by/with sg
helyettesítés *fn* **1.** (*vké*) deputyship, *okt* supply teaching; **sok ~ volt az idén iskolánkban** we had a lot of supply teachers at (the) school this year **2.** (*vmé*) substitution (of sg by/with sg)
helyez *i* **1.** (*vmt vhova*) place, put*, lay* (*mindegyik:* sg swhere); **a polcra ~i a könyveket** place/put* the books on the shelf; **a földbe ~ik a csöveket** lay* the pipes in the ground **2.** *sp* **~i a labdát** place the ball **3.** *[vkt munkakörbe, hivatalba]* appoint (sy) to, place sy swhere; **az irodára ~ték** (s)he was transferred to the office; **Pestre ~ték** *[pl. tanárt, bírót stb.]* he was transferred to Budapest **4. elébe ~ vmt vmnek** prefer (sg to sg); → **kilátás**; → **letét**; → **remény**; → **súly**; → **szabadlábra**; → **üzem**; → **vád**

helyezés *fn* **1.** *[cselekedet]* placing, putting **2.** *sp* place, placing; **jó ~t ért el** he was well placed
helyezetlen *mn [versenyző, versenyló]* unplaced, *[ló és átv]* also-ran
helyezett *fn sp* place winner; **első ~** winner; **második ~** placed second *ut*; *[főnévvel]* runner-up
helyezkedés *fn* **1.** *sp* positioning **2.** *átv* jockeying for position
helyezked|ik *i* **1.** (*vhol*) take* up a place somewhere; **kényelembe ~ik** make* oneself comfortable **2.** *sp* position oneself **3.** *[érvényesülést keresve]* jockey/manoeuvre (*US* maneuver) for position; **jól ~ik** *biz kif* he's a smooth operator **4. vm álláspontra ~ik** take* a (point of) view, take* the view (that ...)
helyfoglalás *fn* (seat) reservation, advance booking; **intézi a hely- és szobafoglalást** make* the bookings
helyfoglalási *mn* **~ díj** reservation fee
helyhatározó *fn* adverb of place
helyhatározói *mn* **~ mellékmondat** adverbial clause of place
helyhatóság *fn* local authority, *US* municipality
helyhatósági *mn* municipal, local; **~ bizonyítvány** certificate of the local authority
helyhiány *fn* → **helyszűke**
helyi *mn* local; **~ beszélgetés** local call; **~ érték** *mat* place-value; **~ érzéstelenítés** local anaesthesia (*US* anes-); **~ idő** local time; **~ lap** local paper; **~ önkormányzat** local government/authority/council, municipality; **~ választások** local/municipal elections; **~ vonat** local train; **~ vonatkozású** of local interest *ut*; → **helybeli**
helyiérdekű *mn* **~ vasút** (*röv* **HÉV**) suburban/local railway/line
helyiség *fn* room, premises *tsz*, *biz* place
helyismeret *fn* local knowledge; **kellő ~tel rendelkezik** has good/adequate local knowledge
helyjegy *fn* reserved seat (ticket); **~et vált** reserve a seat, make* a reservation
helykímélés *fn* **~ céljából** to save space
hellyel-közzel *hsz* here and there, now and then, at intervals
helymeghatározás *fn földr* determination/fixing of position, orientation
helynév *fn* place name
helyőrség *fn* garrison
helyrajz *fn* topography
helyrajzi *mn* topographical; **~ szám** (*röv* **hrsz.**) (topographical) lot number [of site]
helyreáll *i* **egészsége ~t** he got well again, he recovered (from an illness); **a rend ~t** order was restored
helyreállít *i* **1.** *[rongált tárgyat]* repair, *[újjáépít]* rebuild*, *[tataroz]* renovate **2.** *[rendet* v. *vmt eredeti állapotába]* restore; **~ják a forgalmat** (the) traffic is flowing again (swhere)
helyreállítás *fn [rongált tárgyé, épületé]* restoring, restoration, renovation, repair(ing), repairs *tsz*; **egészsége ~a céljából** to recover/restore one's impaired health
helyrehoz *i* **1.** *[megjavít]* repair, *[épületet]* restore, *[gyomrot]* settle **2.** *[jóvátesz]* put* sg right, make* amends for sg, remedy (sg)
helyrehozhatatlan *mn* irremediable, irreparable, beyond/past repair *ut*
helyrehozható *mn* reparable, redeemable
helyreigazít *i* **1.** *konkr* adjust, *[rendbe hoz]* set* (sg) right, set* (sg) to rights **2.** *átv* rectify, *[téves közlést]* correct
helyreigazítás *fn átv* rectification, correction, *[tiltakozó]* disclaimer
helyreilleszt *i [csontot]* (re)set*[a bone], treat sy for a dislocation
helyrejön *i [az egészsége]* get* well, be* restored to health
helyrepofoz *i* lick into shape
helyretesz *i [ficamot]* reduce [a dislocated joint etc.]
helyreugrik *i [kificamodott tag]* snap back into place
helyreutasít *i* put* sy in his place, reprimand
helyrezökken *i* **1.** jolt back (into position) **2.** *átv* **az élet ismét ~t** *biz* life got back to normal again **3.** *biz [személy, érzelmileg]* be* back on one's feet
helység *fn* **1.** *ált* place, locality **2.** *[község]* community
helységnév *fn* place name
helységnévtár *fn* gazetteer
helyszín *fn* locale, locality, the scene of sg, *[pl. konferenciáé]* venue; **a ~en** on the spot/scene; **(még) ott a ~en** then and there
helyszínelés *fn* → **helyszíni szemle**
helyszíni *mn* **~ bírság(olás)** on-the-spot fine; *[a cédula]* ticket, *[tiltott parkolásért]* parking ticket; **~ közvetítés** running commentary (on); *kif* sg is broadcast live, outside broadcast; **~ közvetítést láthatnak** (sg) is brought to you live (by); **~ szemle** examination on the spot, visit to the scene; **~ vizsgálat** on-the-spot investigation
helyszűke *fn* shortage of space; **~ miatt** for lack of space
helytáll *i* **1.** *[küzdelemben]* hold*/stand* one's ground, hold* on, *[megállja a helyét vmben]* hold* one's own (with sg), cope with sg; **~ a tanulásban** keep* up with one's work **2.** *[vállalja a felelősséget vmért]* take*/accept responsibility for sg; **~ szavaiért** stand* by one's word **3.** *[állítás, érv stb. érvényes]* be* (still) valid
helytállás *fn* pluck, courage, determination, resoluteness, resolution
helytálló *mn* **1.** *[megbízható]* reliable **2.** *[elfogadható]* acceptable, apposite, *[érv]* sound; **nem ~** untenable; *kif* it doesn't stand up, it won't hold water
helytállóság *fn* tenability
helytartó *fn* governor, (vice-)regent
helytelen *mn* **1.** *[nem pontos/igaz]* incorrect, inaccurate, faulty, wrong; **~ használat** wrong use; **~ nyelvhasználat** solecism **2.** *[viselkedés]* improper, inappropriate, unbecoming [conduct]
helytelenít *i* disapprove of, deplore, condemn
helytelenítő *mn* disapproving; **~ pillantás** look of disapproval
helytelenked|ik *i* misbehave (oneself), *[gyerek]* be* naughty; **ne ~j!** behave yourself!, be good!
helytelenül *hsz* wrongly, incorrectly; **~ jár el** act wrongly; **~ fejezi ki magát** express oneself incorrectly; **~ használ egy szót** use a word in the wrong sense; **~ ír egy szót** spell* a/the word wrong; **~ ítéli meg a helyzetet** misjudge the situation
helyváltoztatás *fn* change of place, displacement
helyzet *fn* **1.** *[tárgyé]* situation, position, *[testi]* posture, attitude, position; **fekvő ~ben** in a lying position, (lying) prostrate **2.** *[fekvés]* setting, site **3.** *[társadalmi]* social standing/status/position; **a munkások ~e** the situation/position/condition of the workers **4.** *[dolgoké ált]* situation, position, circumstances *tsz*, state of affairs/things; **kedvező ~** favourable/happy position; **akármi legyen is a ~** be that as it may; **ez a ~** (i) this is how things stand (ii) *[és ezen már nem lehet változtatni]* that's that, that's (all there is to) it; **mi a ~?** *biz* what's up?, how's it hanging?; **a ~ magaslatán áll** be up to (v. equal to) the situation; **lássuk, mi a ~** let's see how we stand; *biz* let's see how the land lies; **a ~ az, hogy** the fact/thing is (that); **miután az a ~(, hogy)** that being the case; **a ~ most egészen más** *biz* the shoe/boot is now on the other foot; **szép kis ~!** *biz* things have come to a pretty pass; **nehéz ~be hozott** he/it put me in an awkward position (v. on the spot v. in(to) a tight corner); **abban a ~ben van** *[hogy vmt megtehet]* be* in a position to do sg; **a jelen ~ben** as things stand, in the present situation, at this juncture; **kihasználja a ~et** use the opportunity, make* the best of it/sg; **megmenti a ~et** rise* to the occasion **5.** *sp* → **gólhelyzet**; → **kellemetlen**; → **magaslat**; → **nehéz**
helyzeti *mn* **~ energia** potential (energy); **~ előny** head start, advantage (*vkivel szemben* over)

helyzetjelentés *fn* report on the situation, progress report; **~t ad** give* a progress report, report progress
helyzetkép *fn* general survey
helyzetkomikum *fn* farce, farcical situation; **~ra épülő darab** situation comedy, sitcom
helyzetlámpa *fn* side lamp
hematológia *fn* haematology (*US* hem-)
hemofília *fn* → **vérzékenység**
hemoglobin *fn* haemoglobin (*US* hem-)
hempereg *i* roll/tumble about, *[dagonyázik]* wallow, welter (about)
hemperget *i* roll
hemzseg *i* **1.** *[emberektől]* swarm with, *[állatoktól]* teem with, be* alive with **2.** *[tévedésektől, hibáktól]* teem with, be* riddled with
henceg *i* brag, boast, swagger, talk big, (*vmvel*) show off
hencegés *fn* bragging, boasting, swagger
hencegő I. *mn* bragging, boastful **II.** *fn* braggart, showoff
hendikep *fn sp* handicap
henger *fn ált* cylinder, *[simító, mezei, textilnyomó]* roller, *[festéshez]* (paint) roller, *[írógépé]* cylinder, platen, *[gépkocsiban]* cylinder; **~ alakú** cylindrical
hengerel *i* **1.** *[utat]* roll (down) **2.** *[szövőüzemben]* calender, mangle **3.** *[fémet]* roll, flat(ten) **4.** *átv* sweep* into the lead, *[nyer]* win* hands down
hengerelt *mn* **1.** *[út, fém]* rolled **2.** *tex* calendered
hengeres *mn* cylinder-, cylindric(al), provided with rollers *ut*; **nyolc~ motor** an eight-cylinder engine, V-eight, V-8
hengerfej *fn műsz* cylinder head
hengerfejtömítés *fn* cylinder-head gasket
hengerít *i* roll, trundle
hengermalom *fn* rolling/cylinder mill
hengermű *fn* rolling mill
hengersor *fn* set of rollers
hengerűrtartalom *fn* cylinder capacity
Henrik *tul* Henry; **VIII.** ~ Henry VIII [*kimondva:* Henry the eighth]
hentereg *i* → **hempereg**
hentes *fn* butcher, *[az üzlet]* the butcher's; **a ~hez megy** go* to the butcher's
hentesáru *fn* (cooked) meats, sausages (*mindegyik: tsz*)
hentesüzlet *fn* butcher's shop, the butcher's, *[csarnokban]* butcher's stall
henye *mn* idle, lazy, indolent
henyél *i* idle/laze/lounge around/about, do* nothing
henyélés *fn* idling, lounging; **~sel tölti az idejét** laze away one's time
hepatitis *fn orv* hepatitis
hepciáskod|ik *i* bully, bluster, behave arrogantly
hepehupás *mn* bumpy, rough, uneven [road]
herbárium *fn* herbarium (*tsz* herbaria)
herbatea *fn* herbal tea
herceg *fn [GB királyi is]* prince, *[GB nem királyi]* duke
hercegi *mn [GB királyi]* princely, *[GB nem királyi]* ducal; **~ cím** the title of prince/duke
hercegkisasszony *fn [kontinensen, angol királyi]* princess, *[angol nem királyi]* duchess
hercegnő *fn [kontinensen, angol királyi]* princess, *[nem királyi]* duchess
Hercegovina *földr* Herzegovina
hercegség *fn* **1.** *[rang]* princely/ducal rank, *[cím]* the title of prince/duke **2.** *[terület]* principality, duchy **3.** *[mindkettő]* princedom, dukedom
hercehurca *fn* running around/about bother
herdál *i* squander, waste
here *fn* **1.** *[méh]* drone **2.** *[emberről]* drone, idler, parasite; **~ módjára él, ~ életmódot folytat** lead* an idle life **3.** *[testrész]* **~k** testicles, *biz* balls
herél *i [hímet, ált]* castrate, *[lovat]* geld, *[macskát]* neuter
herélés *fn [hímé, ált]* castration, *[lóé]* gelding, *[macskáé]* neutering
herélt I. *mn [hím, ált]* castrated, *[ló]* gelded, *[macska]* neutered **II.** *fn* **1.** *[ember]* eunuch **2.** *[ló]* gelding
herezacskó *fn* scrotum (*tsz* -ta v. -tums)
hergel *i* → **heccel**
hering *fn* herring; **(sózott és) füstölt ~** kipper; **mint a ~ek** packed like sardines
herkentyű *fn biz [szerkezet]* gadget
herkulesi *mn* Herculean [effort]
hermafrodita *fn* hermaphrodite
hermelin *fn* ermine
hermeneutika *fn* hermeneutics *esz*
hermetikusan *hsz* hermetically [sealed]
hernyó *fn* caterpillar, worm
hernyóselyem *fn* genuine/pure silk
hernyótalpas *mn* **~ traktor** caterpillar-tractor, *biz* cat
hernyóz *i* destroy caterpillars
heroikus *mn* heroic
heroin *fn* heroin
herót *fn szl* **~ja van vmtől** *GB* be* cheesed off with sg
herpesz *fn [herpes labialis]* herpes, cold sore
hervad *i* fade, wither, droop, languish
hervadhatatlan *mn* unfading, imperishable; **~ érdemeket szerez** win* sy's undying/everlasting gratitude by/with
hervadoz|ik *i* be* fading/withering, languish
hervadt *mn* **1.** *[virág]* faded, withered **2.** *[szépség]* faded [beauty], *[arc]* sagging [cheeks]
hervaszt *i* wither, wilt, fade
hervatag *mn* languid, inert
hess *isz* shoo!, boo!
hesseget *i* → **elhesseget 1**
hét[1] *szn* seven; **négytől ~ig** from four to/till seven; **este ~ig** until seven in the evening, till seven p.m.; **~ órakor, ~kor** at seven; **~re** *[időpont]* at seven; *[határidő]* by seven
hét[2] *fn* **1.** *[hét nap]* week; **két ~** two weeks *tsz*, *GB* a fortnight; **ma egy hete** this day last week, a week ago (today), it is just a week since ...; **három hete/három héttel ezelőtt** three weeks ago; **hetekig** for weeks on end; **jövő ~en** next week; **kétszer egy ~en** twice a week; **minden ~en** every week; **keddhez egy ~re** Tuesday week, a week on Tuesday, *US* a week from Tuesday; **mához egy ~re** today week, a week hence, a week (from) today; **holnaphoz egy ~re** tomorrow week; **egy ~re** for a week; **~ről ~re** from week to week, week in week out; **egy ~tel elhalaszt** postpone (v. put* off) for a week, put* sg back a week **2. a "hetek"** *pol* Group Seven
hétalvó *fn biz* dopehead
heted *fn* seventh; → **szeptim**
hetedhét országon túl far away, behind the beyond
hetedik I. *szn* seventh; **f. hó ~én** on the seventh of this month; *[csak üzleti levélben]* on the 7th inst.; **a ~ mennyországban van** be* in (the) seventh heaven; **~ osztály** the seventh class/from (*US* grade) **II.** *fn okt* **~be jár** be* in the seventh form/class (*US* grade)
hetedikes I. *mn* **~ tanuló** pupil in the seventh class/form (*US* grade) **II.** *fn* seventh-form (*US* grade) pupil
hetedíziglen *hsz* for generations
hetedszer *szn* for the seventh time
hetedszerre *hsz* at the seventh attempt
heten *szn/hsz* seven (people), seven of them/us/you; **~ vagyunk** we are seven, there are seven of us
hetenként *szn/hsz* weekly, every week; **~ egyszer** once a week
heterogén *mn* heterogeneous, dissimilar, mixed
hetes[1] I. *mn* **1. ~ csoportokban** in batches/groups of seven, seven at a time; **~ szám** the number seven; **~ számú szoba** room (number) seven (v. No. 7) **2.** *biz* **a ~ vonat** the train leaving at 7, the seven o'clock train **II.** *fn* **1.** *[szám]* (the number/figure)seven, *[kártya]* the seven **2.** *[busz]* the number seven (v. No. 7) bus, bus number seven
hetes[2] I. *mn [életkor]* ... weeks old *ut*, of ... weeks *ut*, *[vmennyi hétig tartó]* ... weeks', lasting ... weeks *ut*; **két~ csecsemő** a baby two weeks old, a two-week-old

baby; **több~ esőzés** several weeks of rain **II.** *fn [szolgálatban]* person on duty for a/the week, *okt* monitor

hetet-havat összehord *i* talk nonsense/drivel/balderdash, talk double Dutch, drivel (*US* -l) (about)

hétéves *mn [korú]* seven years old *ut*, seven-year-old, *[tartamú]* of seven years, seven years'; **H~ Háború** Seven Years' War

hétfejű *mn* **~ sárkány** seven-headed monster/dragon

hétféle *mn* seven kinds/sorts of

hétfő *fn* Monday; **~ reggel** Monday morning; **~n** on Monday; **jövő ~n** next Monday; **múlt ~n** last Monday; **minden ~n** on Mondays, every Monday, *US* Mondays; **~n este** Monday evening/night; **~re** by Monday

hétfői *mn* Monday, of Monday *ut*, Monday's; **a ~ nap folyamán** in the course of Monday, on Monday; **egy ~ napon** on a Monday; **a múlt ~ napon** last Monday; **a múlt ~ hangverseny** last Monday's concert; **a jövő ~ óra** the lesson next Monday, next Monday's lesson

hétfőnként *hsz* every Monday, on Mondays, *US* Mondays

heti *mn* weekly, (a) week's, of ... weeks *ut*; **~ 3 órában** three hours a week; **~ 3 órában tanul angolul** do*/study English (for) three hours a week; **e ~** this week's, of this week *ut*; **jövő ~** next week's; **múlt ~** last week's

hetibér *fn* weekly pay, a week's wages *tsz*

hetibérlet *fn* → **hetijegy**

hetijegy *fn* weekly season ticket, weekly pass, [weekly] travelcard

hetilap *fn* weekly (paper)

hetivásár *fn* weekly market/fair

hétköznap *fn* weekday; **~okon** on weekdays

hétköznapi *mn* **1.** *[hétköznapra eső]* weekday-; **~ ruha** everyday/casual clothes *tsz* **2.** *átv* everyday, *[érdektelen]* common, unremarkable, commonplace; **~ nyelven** in common parlance/usage, in everyday speech/language

hétpecsétes *mn* **~ titok** closely-guarded secret, top secret

hétpróbás *mn* **~ gazember** an utter/unmitigated scoundrel

hétrét *hsz* **~ görnyed** (i) stoop, bow very lowy (ii) *[vk előtt átv]* kowtow (to sy) (iii) *[fájdalomtól]* double up (with pain)

hétszámra *hsz* by the week, for weeks on end

hétszáz *szn* seven hundred

hétszer *szn* seven times

hétszeres *mn* sevenfold

hétszeri *mn* seven times repeated *ut*

hétszög *fn* heptagon

hétszögű *mn* heptagonal

hétvég(e) *fn* weekend; **vhol tölti a ~ét** spend* the weekend (at), weekend (at); **~eken** (at)weekends, during every weekend, *US* (on) weekends; **a ~én** during/at the weekend; **a ~ére** during/over the weekend; **~ére elmegy vhová** go* away for the weekend; **hosszú ~** long weekend

hétvégi *mn* weekend; **~ ház** weekend cottage; **~ kirándulás** weekend excursion/trip; **~ kirándulást tesz** go* away for the weekend; **~ kiránduló** weekender

hetven *szn* seventy

hetvenedik *szn* seventieth

hetvenes I. *mn* seventy; **a ~évek** the seventies (v. the 70s v. 1970s) **II.** *fn* **1.** *[szám]* (the number)seventy **2.** *biz* (*vk*) *[~ éveiben van]* be* in one's seventies, septuagenarian

hetvenéves *mn [korú]* seventy years old *ut*, seventy-year-old, septhagenenian, *[tartamú]* of seventy years, seventy years'

hetvenked|ik *i* bluster, brag

hetyke *mn* cocky, impudent, *[leány]* pert, *[fiú]* raffish

heurisztikus *mn* heuristic

hév *fn* **1.** *irod [hőség]* heat **2.** *átv* heat, ardour, fervour (*US* -or), zeal; **a pillanat hevében** in the heat of the moment; **csak ne olyan ~vel!** cool it!, simmer down!; **~vel** enthusiastically, (fired) with enthusiasm, zealously, ardently; **nagy ~vel dolgozik** hammer away (at sg)

HÉV *röv* → **helyiérdekű vasút**

heveder *fn* **1.** *ált* strap, band **2.** *[gépé]* belt

heveny *mn* acute

hevenyészett *mn* improvised, makeshift, stopgap, pe hasty; **~ vázlat** rough sketch

hever *i* **1.** (*vk*) lie*, be* lying, *[lustán]* lie*/loll about, have* a lie-in **2.** *[tárgy]* lie* (idle/unused), *biz* kick about/around *[szerteszét]* lie* scattered/about, be* strewn about

heverész|ik *i* be* lying, *[lustán]* lie*/loll about

heverő I. *mn* **1.** *[ember]* lying, *[lustálkodva]* idle **2.** *[tárgy* lying about *ut*, *[pénz]* idle, uninvested [money] **II.** *fn [bútor]* single bed, (studio-)couch, divan; **ágyneműtartós ~** storage divan

heves *mn* **1.** *ált* violent **2.** *[ember, természet]* impetuous violent, passionate, hot(-tempered) **3.** *[fájdalom]* violent intense, acute, sharp [pain] **4.** *[harc]* fierce, bitter [fighting **5.** *[szél]* high, keen, tempestuous [wind] **6.** *[vita]* heated [debate]

hevesked|ik *i* be* hot-tempered/headed, flare up; **ne ~j** *biz* cool it!, keep your shirt/hair on!

heveskedő *mn* hot-headed, hot/quick-tempered, fiery

hevesség *fn* **1.** *ált* violence **2.** *[fájdalomé]* violence intensity **3.** *[emberé, természeté]* impetuosity, violence passion, vehemence, hotness **4.** *[harcé]* fierceness, bitterness

hevít *i* **1.** *[forróvá tesz]* heat, make* hot **2.** *átv* fire, incite stimulate

hévíz *fn* **1.** *[meleg víz]* (thermal) waters *tsz* **2. H~** *[fürdőhely]* the thermal baths at/of Hévíz

hevül *i* **1.** *[tárgy]* get*/become*/grow* hot, *[izzva]* glow **2.** (*vk*) get* heated, fire, (*vmért*) be* enthusiastic (abou sg)

hevülékeny *mn* inflammable [temperament], fiery [temper], impulsive [nature]

hevülés *fn* **1.** (*vmé*) heating, growing hot **2.** (*vké* enthusiasm

hevület *fn* enthusiasm, ardour, zeal

hexaéder *fn mat* hexahedron

hexameter *fn irod* hexameter

hexensussz *fn orv* lumbago

hézag *fn* **1.** *[nyílás]* gap, *műsz* clearance **2.** *átv* deficiency shortcoming; **~ot pótol** fill a (long-felt) gap, supply a (long felt) want; **van vm~?** *szl* is there a hitch?

hézagbillentyű *fn* space bar

hézagmentes *mn* continuous, jointless

hézagos *mn* **1.** *[nem folytonos]* discontinuous **2.** *átv* imperfect, defective

hézagpótló *mn* much/long-needed, supplying a long-felt want *ut*, filling a long-felt gap *ut*, *[igével]* fill a gap

hí *i* → **hív**

hiába *hsz* **1.** in vain, to no purpose/effect/avail, vainly, for nothing; **~ minden!** all is in vain, nothing can be (v. to be) done; **~ beszél** waste one's breath; **nem ~** not for nothing **nem ~ félt** he was quite right to be afraid; **nem ~ jött el** it was worth his coming, he did not come in vain **2. ~, ő már csak ilyen** well(,) that's the way (s)he is; **~, nincs mit tenni** there's no helping it

hiábavaló *mn* useless, vain, futile, idle, fruitless, of no avail *ut*; **~ erőfeszítés/munka** fruitless effort, *biz* wild-goose chase; **nem volt ~** it was not in vain

hiány *fn* **1.** *ált* want (of sg), lack, absence, *[áruban stb.]* shortage of (sg), *[elégtelenség]* deficiency, *[műveltségben]* gap; **vízben nem volt hiány** there was no lack/shortage of water; **vmnek ~ában** for want/lack of sg; **~t szenved vmben** be* short of sg, be* in want of sg; **nem szenved ~t vmben** be* well off (for sg); *[semmiben]* wants for nothing; **vmnek ~át érzi** feel* the want of sg; **~t pótol** fill/stop a gap; **régóta érzett ~t pótol** (sg) meets a long-felt want **2.** *[költségvetési]* deficit, *[pénztári]* amount missing; **a ~om 10 dollár** I am 10 dollars short/out

hiánybetegség *fn* deficiency disease, vitamin deficiency

hiánycikk *fn* article/commodity/goods in short supply, scarce commodity, *[eladó válasza]* (sorry,) it's out of stock

hiányérzet *fn* **~e van** miss sg
hiányjegyzék *fn* missing-list
hiányjel *fn* **1.** *[szótag kiesését jelölő]* apostrophe **2.** *[beszúrást jelölő]* caret, insertion mark
hiányol *i [hiányát érzi]* miss (sg/sy), find* (sg) wanting (in sy)
hiányos *mn* defective, imperfect, deficient, incomplete, scant(y), insufficient; **~ táplálkozás** malnutrition; **~ öltözékben** scantily dressed/clad; **~nak bizonyul** be* found wanting
hiányosan *hsz* **~ öltözve** scantily dressed/clad
hiányosság *fn* deficiency, defectiveness, insufficiency, scantiness, shortcoming(s), *[műveltségben]* gap; **a táplálkozás ~a** malnutrition; **a munka ~ai** the deficiencies of the work; **eszközeink ~a** the inadequacy of our means
hiánypótló *mn* → **hézagpótló**
hiánytalan *mn* complete, entire, full, whole
hiánytalanul *hsz* in full, completely; **~ visszafizette** repaid the sum in full
hiányzás *fn* **1.** *[vm nincs meg]* lack, want (of sg) **2.** *[távollét]* absence
hiányz|ik *i* **1.** *[nincs jelen]* be* absent **2.** *[nincs meg]* be* missing/wanting/lacking, *[nem található]* be* not to be found; **a második kötet ~ik** the second volume is missing; **20 Ft ~ik** we are 20 fts short, 20 fts are missing; **~ik vkből vm (képesség)** be* lacking/wanting in sg **3.** *[hiányérzetet kelt]* be* missed (sg/sy); **ő nagyon ~ik nekem** I miss her/him very much; **nagyon fog hiányozni** (s)he/it will be sorely missed; **~ol (nekünk)** we miss you; **senkinek sem ~ik** nobody misses him/it, it's/he's no great loss **4.** *[szükség volna rá]* be* missed, be* needed, be* wanting (in) sg; **nagyon ~ik az eső** rain is sorely/badly needed; **még csak ez ~ott!** that's the last straw!, that puts the lid on it; **nem ~ik a nyavalygása** I can well do without her/his whining/bellyaching
hiányzó I. *mn* missing; **~ láncszem** missing link **II.** *fn* **a ~k** *okt* absent pupils
hiátus *fn* hiatus
hiba *fn* **1.** *[tévedés, mulasztás]* mistake, error, fault, slip, *[baklövés]* blunder; **ez nagy ~** that's a serious error/mistake; **kinek a ~ja** (v. **~ból történt)?** whose fault is it? who is to blame?; **minden ~ja ellenére** for all his faults; **ez az ő ~ja** it is his fault, he is to blame; **ez nem az én ~m** it is not my fault, I am not to blame; **nem az én ~mból** through no fault of my own; **a válást a férj ~jából mondták ki** *kb.* she was granted a divorce on the grounds of her husband's adultery; **~t követ el** make* a mistake/slip, make*/commit an error, err; **~t talál vmben** find* fault with sg, fault sg; **beismeri a ~ját** admit one's mistake, stand* corrected; **~ul ró fel vknek vmt** blame sy for sg **2.** *[tökéletlenség]* defect, deficiency, *[szervi]* defect, *[működési]* trouble, *[gépé, árué]* flaw, *infor biz* bug; **testi ~** deformity, bodily defect; **csekély gyári ~val** with a small defect; *[mint felirat]* (slight) seconds **3.** *[jellembeli]* flaw (of character), failing, blemish, fault, *[szépségbeli]* flaw, imperfection; → **becsúszik**
hibabejelentő *fn [telefonközpont]* fault-repair service, the engineers *tsz*, *[egyéb]* service department
hibaelhárítás *fn* troubleshooting
hibaelhárító *fn* troubleshooter
hibaforrás *fn* source of error, cause of trouble(s)
hibahatár *fn* limit/margin of error
hibajegyzék *fn [könyvben]* (list of) errata
hibakereső *fn* fault detector
hibapont *fn sp* fault, penalty (point), *[lovaglásban]* penalty; **~ nélkül lovagolt** (s)he had/finished a clear round; **~ nélküli lovaglás** *[díjugratáson]* a clear round; **~ot kap** be* penalized
hibás *mn* **1.** (*vm*) defective, deficient, faulty; **~ áru** damaged/bad/defective inferior goods *tsz*; *[mint felirat]* (slight) seconds **2.** *[bűnös]* guilty, at fault *ut*; **ki a ~?** who is to blame?; **ő a ~** (s)he is to blame; **nem ~** *kif* it's not his/her fault, (s)he is not to blame **3.** *[testileg]* deformed, having a bodily deformity/defect *ut* **4.** *nyelv* ungrammatical, bad
hibásan *hsz* defectively, wrongly; **~ beszél** speak* incorrectly, slur one's words; **~ ír** (s)he can't spell
hibátlan *mn* **1.** *ált* faultless, flawless, perfect *[igével]* has no mistakes (at all) **2.** *[áru]* undamaged, perfect **3.** *[jellem]* perfect, impeccable **4.** *[nyelvileg]* correct, good **5.** *[számítás]* exact, accurate
hibátlanul *hsz* faultlessly, perfectly, without mistake/fault, correctly; **~ beszél angolul** (s)he speaks faultless English, her/his English is perfect
hibaüzenet *fn infor* error message
hibáz|ik *i* **1.** *ált* make* a mistake, commit an error, *[nagyot, ostobán]* blunder **2.** *[lövésnél]* miss [the mark], fail [to hit]
hibáztat *i* blame (*vkt vmért* sy for doing sg), *kif* lay* sg at sy's door; **kit ~sz érte?** who(m) do you blame for it?, whose fault do you think it is?
hibbant *mn* cracked, mad, crazy
hibernál *i* hibernate
hibernálás *fn* hibernation
hibiszkusz *fn növ* hibiscus
hibrid *mn/fn* hybrid
híd *fn [birkózásban és fogászatban is]* bridge, *[hajóra felvezető]* gangway; **átmegy a ~on** cross the bridge; *[kocsival]* drive* across the bridge; **hidat épít** build* a bridge (over/across a river); **minden hidat felégetett maga mögött** he's burnt his boats/bridges
hideg I. *mn* **1.** *ált* cold, *[időjárás]* cold, chilly; **~ étel(ek)** cold foods/dish(es)/meal(s); **~ hús(étel)** cold meat, cold cuts *tsz*; **~ vacsora** buffet supper; cold table; **~ vérű állat** cold-blooded animal; → **hidegvérű**; **~ víz** cold water; *[hűtött, ivásra]* chilled water; **~ idő várható** there is cold weather on the way; **~re fordul** (v. **~ebb lesz) az idő** weather turns cold(er) **2.** *[arckifejezés]* stony [look/face], *[ember]* cold, stand-offish, aloof *ut*; **se ~, se meleg** neither hot nor cold, neither fish nor flesh **II.** *fn* cold, chill; **5 fok ~ van** it is 5 degrees below [zero]; **meddig tart még a ~?** how long will the cold weather last?; **rázza a ~** (i) be* shivering with cold (ii) *[láztól]* be* shivering with fever, have* (v. be* in bed with) the shivers; **kiráz tőle a ~** (s)he gives me the shivers; **~re tesz** (i) (*vmt*) put* in cold storage, put* in a cool place (ii) *[láb alól eltesz, biz]* do* for/in sy
hidegbüfé *fn* cold buffet
hidegen *hsz* **1.** *[tart]* cold; **~ kell tartani** keep cool/refrigerated, it must be kept in the refrigerator **2.** *átv* coldly, coolly; **~ hagy** (*vkt vm*) leave* sy/one cold, make* no impression on, fail to move (sy); **~ hagy a dolog** I'm completely unimpressed by it
hidegfront *fn* cold front
hidegfronti *mn* **~ hatás** effects of a cold front
hidegháború *fn* cold war
hideghullám *fn* cold wave/spell
hidegkonyha *fn* buffet meals *tsz*
hideglelés *fn* → **hidegrázás**
hideg-meleg *mn* hot and cold
hidegpadló *fn* cold flooring
hidegrázás *fn* the shivers *tsz*
hidegség *fn* coldness, chilliness
hidegsz|ik *i* → **hideg re fordul**
hidegtál *fn* cold dish/plate
hidegvágó *fn* cold-chisel
hidegvér *fn* coolness, sang froid, nerve; **~!** keep your shirt (*GB* hair) on!, cool it!; **megőrzi a ~ét** keep* one's head/temper (v. *szl* cool); **~rel** in cold blood; **~rel elkövetett** cold-blooded [murder]
hidegvérű *mn [nyugodt]* cool(-headed), calm, self-possessed → **hideg I**
hídépítés *fn* bridge-building
hídfő(állás) *fn* bridgehead
hídmérleg *fn* weighbridge, platform scale
hídpénz *fn* toll

H

hídpillér *fn* pier
hidratál *i* hydrate
hidratálókrém *fn* moisturising (*US* -zing) cream, moisturiser (*US* -zer)
hidraulika *fn* **1.** *[tudomány]* hydraulics *esz* **2.** *[szerkezet]* hydraulics *tsz*
hidraulikus *mn* hydraulic; ~ **fék** hydraulic brake(s)
hidrogén *fn* hydrogen
hidrogénbomba *fn* hydrogen bomb, H-bomb, fusion bomb
hidroglóbusz *fn* ‹spherical watertank›
hidroplán *fn* seaplane, hydroplane
hidroterápia *fn* hydrotherapy
hídvám *fn* *elav* (bridge-)toll
hiedelem *fn* belief, supposition; **abban a ~ben voltam** I was under the impression, I thought
hiéna *fn* hyena
hierarchia *fn* hierarchy
hierarchikus *mn* hierarchic(al)
hieroglif(a) *fn* hieroglyph
hieroglifikus *mn* ~ **írás** hieroglyphics *esz* v. *tsz*
HIFI *mn/fn* **HIFI-berendezés/torony, hifitorony** hi-fi equipment/set/system/unit, hi-fi, music centre
híg *mn* thin, watery, weak, *[dzsem, méz stb.]* runny
higany *fn* mercury, quicksilver
higanygőzlámpa *fn* mercury vapour (*US* -or) lamp
higanyoszlop *fn* column of mercury
hígeszű *mn* addlebrained, foolish
higgadt *mn* sober, settled, calm, cool, serious/sober-minded
higgadtan *hsz* calmly, coolly
higgadtság *fn* soberness, calmness, coolness
higiénia *fn* hygiene
higiénikus *mn* hygienic
hígít *i* *[bort]* dilute, water down, *[festéket]* thin (*vmvel* with), add thinner to [paint]
hígítás *fn* dilution, watering (down), thinning
hígító *fn* *[oldat]* thinner
hígul *i* become* diluted/thin(ner)
hihetetlen *mn* unbelievable, incredible, inconceivable
hihető *mn* credible, believable, authentic; **alig ~** hardly to be believed *ut*, inconceivable
híja *fn* **vmnek ~** lack/want of sg; **vk/vm ~n van vmnek** lack (for) sg, be* short of sg; **kis ~, hogy ... nem** all but, almost, nearly; **kis ~, hogy el nem gázolták** he was within an ace of (v. he only just escaped) being run over (v. hit) by a car; **jobb ~n** for want/lack of something better; **öt ~n száz** five short of a hundred; **megfelelő utasítás ~n** failing adequate instructions
hím I. *mn* male, he- **II.** *fn* male
Himalája *földr* Himalaya
himbál *i* rock, swing*, sway, dangle
himbálódz|ik *i* swing*, seesaw, rock, dangle
hímes *mn* **1.** *[hímzett]* embroidered **2.** *[tarka]* (many-)coloured (*US* -or-), variegated **3.** *[virágos]* flowery **4.** ~ **tojás** painted/Easter egg; **úgy bánik vele, mint a ~ tojással** treat/handle sy/sg with kid gloves
hímez *i* embroider
hímez-hámoz *i* hum (v. hem) and haw, beat about (*US* around) the bush
himlő *fn* smallpox, variola
himlőhelyes *mn* pockmarked, scarred by smallpox *ut*
himlőoltás *fn* vaccination
himlős *mn* infected with (v. suffering from) smallpox *ut*; ~ **beteg** smallpox patient
hímnem *fn* **1.** *biol* male sex **2.** *nyelv* masculine (gender)
hímnemű *mn* **1.** *biol* male **2.** *nyelv* masculine
hímnős *mn* *biol* hermaphrodite
himnusz *fn* **(nemzeti) ~** national anthem, *vall* hymn; **H~** Hungarian national anthem; **~okat zeng vkről** sing* (the) praises (of sy)
hímpor *fn* **1.** *növ* pollen **2.** *[lepkéé]* scale
hímringyó *fn* *pej* male prostitute, *szl* pansy
hímtag *fn* *[hímvessző]* member, penis
hímvessző *fn* penis
hímzés *fn* embroidery, embroidering
hímzett *mn* embroidered
hímzőkeret *fn* embroidery frame
hínár *fn* **1.** *[tengeri]* seaweed, *[édesvízi]* reed-grass **2.** *átv* tangle, mess
hindi *mn* Hindi
hindu *mn* Hindu
hinduizmus *fn* *vall* Hinduism
hint *i* → **behint**, → **por**
hinta *fn* **1.** *[kötélen]* swing **2.** *[libikóka]* seesaw, *US* teeter
hintaló *fn* rocking horse
hintapolitika *fn* policy of opportunism
hintás *fn* **1.** → **hintáslegény 2.** *biz* **nagy ~** rogue, *GB* wide boy
hintáslegény *fn* **1.** *[vurstliban]* barker, fairground attendant **2.** *átv* → **hintás** 2
hintaszék *fn* rocking chair, rocker
hintázás *fn* swing(ing) [in a swing], rocking [on a seesaw]
hintáz|ik *i* **1.** *[kötélen]* swing* **2.** *[libikókán]* seesaw, *[hintaszékben]* rock
hintáztat *i* **1.** *[kötélen]* swing* **2.** *[térden]* rock [on one's knees]
hintó *fn* coach, (four-wheeled) carriage, equipage
hintőpor *fn* talcum powder, talc; **(baba)~** baby powder
hiper- *mn* hyper-
hiperaktív *mn* hyperactive
hiperbola *fn* **1.** *mat* hyperbola **2.** *irod* hyperbole
hipermangán *fn* potassium permanganate
hipermarket *fn* *GB* hypermarket, *US kb.* shopping mall
hipermodern *mn* ultramodern
hipnotikus *mn* hypnotic
hipnotizál *i* hypnotize
hipnotizőr *fn* hypnotist
hipnózis *fn* hypnosis (*tsz* hypnoses), trance
hipochonder *fn* hypochondriac
hipochondria *fn* hypochondria
hipotalamusz *fn* *orv* hypothalamus
hipotézis *fn* hypothesis (*tsz* hypotheses)
hipp-hopp *isz* hey presto!
hippi *fn* *biz* hippie, hippy
hippokratészi *mn* ~ **eskü** Hippocratic oath
hír *fn* **1.** *[értesülés]* news *tsz* (*vmről* of sg), information *tsz*, *[egy hír]* a piece of news/information; **mi ~?** what's the news?, what have you heard?, what's/anything new?; **makacsul tartja magát a ~** there is a persistent rumour (*US* -or) that; **van vm újabb/friss ~?** any fresh news?; **jó ~em van számodra** I have some good news for you; **néhány érdekes(ebb) ~** some interesting items/pieces/bits of news, some exciting news; **~ szerint** it is said/reported, we are told (that), according to report/information received; **~ szerint X megüzente a háborút Y-nak** X is reported to have declared war on Y; **az a ~ járja, hogy** rumour has it that; **~ek** *[rádióban, tévében]* the news *esz*, news broadcast, *főleg: US* newscast; **főbb ~eink** here are the main points of the news, here are the (news) headlines; **a ~ekben hallottam** I heard it on the news; **most érkezett ~ünk** *[tévéhíradó közben]* just in; **~eink ...** that's from the news desk; **összefoglaljuk (leg)fontosabb ~einket** here is a summary of the news; **~e ment(, hogy)** the news got/went around (that ...); **vmnek a ~ére** on hearing sg, at the news of sg; **~t ad** (*vmről*) inform sy of sg, give* (sy) information about sg; **adj ~t magadról** let me/us hear from you; **~t hall vmről/vkről** have* news of sg/sy, hear* of sg/sy; **azt a ~t hallottam** I have been told (that), I have just heard (that); **~eket mondunk** (here's) the news; **~ül ad** (*vknek vmt*) make* sg known (to sy), report sg (to sy); *[elsőként]* break* the news (to sy) **2.** *[hírnév]* reputation, repute, fame, renown, character; **~be hoz vkt** *ált* get* sy talked about, get* sy into disrepute; **rossz ~be hoz**

discredit, defame; **vmnek a ~ében áll** be* said to be, have* a reputation as sg, have* the reputation of being sg, have* a reputation for being sg; **~ből ismer** know* sy (only) by repute/report; **nagy ~re tesz szert** become* famous, achieve a reputation; → **hírű**, → **rossz**

híradás *fn* information, message; **~unk tartalmából** here are the (news) headlines, here are the main points of the news

híradástechnika *fn* telecommunications *esz*, communication technology/engineering, communications (*esz* v. *tsz*)

híradó *fn* **1.** *[tévé]* (TV) news *esz*, *[moziban]* newsreel; **a ~ban hallottam** I heard it on the news **2.** *[vállalati, társasági stb.]* newsletter **3.** *kat* signaller, signalman°

híradó-alakulat *fn kat* signal corps/unit

híradós *fn* **1.** → **híradó 2.** **~ok** signal corps; **a ~oknál szolgál** serve with the signal corps

híranyag *fn* news *tsz*, *[kézirat]* copy

hirdet *i* **1.** *[eseményt tudtul ad]* announce, proclaim, make* sg known publicly, declare sg officially; **eredményt ~** declare/publish the result(s); **ítéletet ~** pass/give* judg(e)ment (on sy), pass sentence (on sy) **2.** *[újságban]* advertise, publicize, place/put* an ad-(vertisement) in a paper, *[rádióban, tévében]* place a commercial (on TV), *[plakáttal]* put* up a poster about sg; **előadást ~** announce a lecture; **pályázatot ~** announce a competition for; *gazd* **versenytárgyalást ~** invite tenders **3.** *[tant, eszmét]* advocate, profess, propagate; **igét ~** preach (the word of God); **új korszak kezdetét ~i** herald a new era

hirdetés *fn* **1.** *[cselekvés]* advertising **2.** *[szöveg]* advertisement, ad, *[apró]* (classified/small) ad, *[plakát]* poster, bill, *[rádió, tv]* commercial; **~ útján** through an advertisement; **~t tesz közzé** advertise (that), place/put* an ad(vertisement) [in a paper]; *[tané, eszméé]* preaching, propagation

hirdetmény *fn* **1.** *[bejelentés]* announcement, notice, declaration **2.** *[falragasz]* bill; **~t kifüggeszt** put* up a notice

hirdető **I.** *mn* advertising **II.** *fn* *[újságban, tévében]* advertiser

hirdetőiroda *fn* advertising agency

hirdetőoszlop *fn* advertising pillar

hirdetőtábla *fn* notice (*US* bulletin) board, message board, *[nagyobb]* hoarding, *US* billboard

hirdetővállalat *fn* advertising agency

híre-hamva *fn* **~ sincs** there's no sign of it anywhere

hírérték *fn* news value, newsworthiness

híres *mn* (*vk*), (*vm*) famous, celebrated, well-known, *[csak emberről]* illustrious, distinguished; **~ orvos** famous doctor; **vmről ~** famous/noted (v. well-known) for sg *ut*; **márványáról ~** famous for its marble; **paprikájáról ~ város** a town noted/famous (v. well-known) for its paprika; **~sé tesz** *[várost]* put* [a place] on the map; **~sé lesz** win* fame, make* a name for oneself (as sg)

híresség *fn* *[ember]* celebrity, personality, famous person, dignitary, *biz* celeb

híresztel *i* spread* a report of, trumpet; **azt ~ik, hogy** rumour (*US* -or) has it that, it is rumoured that

híresztelés *fn* report, rumour (*US* -or), talk; **alaptalan ~** baseless/unfounded rumour

hírforrás *fn* source of information, authority

hírharang *fn* newsmonger, gossip

hírhedt *mn* notorious, ill-famed, disreputable, infamous

hírközlés *fn* **1.** *műsz* (tele)communication **2.** *[rádióban, ügynökségé]* news service; **a ~ szervei** the means of communication, the (mass) media

hírközlő *mn* **~ szervek** the (mass) media *tsz* v. *esz*

hírközpont *fn* intelligence centre (*US* -ter), *kat* message centre (*röv* **M.C.**)

hírlap *fn* (news)paper, *[napi]* daily, *[feliratként]* Newspapers, *[a bolt]* newsagent('s)

hírlapárus *fn GB* newsagent, newsvendor, *US* newsdealer

hírlap-előfizetés *fn* subscription (to a paper)

hírlapírás *fn* journalism

hírlapíró *fn* journalist, newspaperman°, pressman°; → **újságíró**

hírlevél *fn* newsletter, news-sheet

hírl|ik *i* it is rumoured (*US* -or-), it is said, we are told, people say (that)

hírmagazin *fn US* newsmagazine

hírmagyarázat *fn* commentary

hírmagyarázó *fn* news commentator/analyst, *[TV-ben így is]* correspondent

hírmondó *fn* messenger, herald; **~ sem maradt belőlük** no one of them was spared

hírműsor *fn* the news *esz*

hírnév *fn* reputation, fame, repute, renown; **~re tesz szert, hírnevet szerez** make* a name for oneself, make* a/one's name as, become* famous → **örvend**

hírneves *mn* famous, renowned

hírnevű *mn* → **hírű**

hírnök *fn* → **hírmondó**

hírolvasó (bemondó) *fn* newsreader, announcer, newscaster

Hirosima *földr* Hiroshima

hírösszefoglaló *fn* the news, headlines

hírrovat *fn* news section

hírszerkesztő *fn* news editor

hírszerzés *fn* *[titkos értesüléseké]* intelligence (service/work)

hírszerző *kat* **I.** *mn* **~ szolgálat** intelligence (service); **~ tevékenység** intelligence (work) **II.** *fn* (intelligence) agent

hírszolgálat *fn* **1.** *[rádióban stb.]* news service, broadcast of news, newscast **2.** *[szerv]* news agency

hirtelen **I.** *mn* **1.** *ált* sudden, unexpected, abrupt; **~ elhatározással** on the spur of the moment; *sp* **~ halál** sudden death **2.** *[mozdulat]* quick, rapid [movement] **3.** *[ember]* hasty, impetuous, impulsive, precipitate; **~ haragú** quick/short-tempered, irritable, irascible **II.** *hsz* suddenly, all of a sudden, all at once; **~ megáll** come* to a sudden stop, pull up; **~ lefékez** brake suddenly; **~ abbahagy** cut* sg short

hirtelenében *hsz* in the first moment, all at once; **~ nem tudom** I can't tell you offhand; **~ azt sem tudta, mihez kapjon** for a moment (s)he didn't know which way to turn

hirtelenkedik *fn* be* rash/precipitate

hirtelenség *fn* **1.** *[eseményé]* suddenness, unexpectedness, rapidity **2.** *[természeté]* rashness

hirtelensült *fn* sauté, minute steak, quick-fried (meat)

hirtelenszőke *mn* pale blond, very fair

hírű *mn* **jó ~** of good repute *ut*, reputable, respectable; **rossz ~** ill-famed, disreputable; **európai ~** with a European reputation *ut*; → **nagy**

hírügynökség *fn* news agency

hírverés *fn* propaganda, advertising, publicity, *biz* hype

hírvivő *fn* messenger, courier

hírzárlat *fn* news blackout

história *fn* **1.** *[történelem]* history **2.** *[történet]* story, tale

hisz[1] *i* **1.** (*vmt/vmben*) believe (in) sg, believe sg to be true, hold* sg true, *vall* believe; **nem ~** disbelieve, have* no faith (in), does not believe (in); **nem ~em** *[nem ~ek benne]* I don't believe it; **akár ~ed, akár nem** believe it or not; **~ vkben** believe in sy, have* faith in sy; *vall* **te ~el?** are you a Christian/believer? **2.** *[vél]* believe, think*, expect, hold*, consider, imagine, fancy, *US* guess; **azt ~em, hogy ő** ... I think (s)he ..., I expect (that) (s)he ...; **azt ~em** *[igen]* (Yes,) I think/believe so, I suppose so, *US* I guess (so); **nem ~em** *[válaszként]* I don't think so; **nem ~em, hogy eljön** I don't think (s)he'll come; **alig ~em(, hogy)** I hardly think (that); **ki hitte volna!** who'd have thought it!, think of it!; **nem hittem volna róla** I would not have thought it of him; **vkt vmnek ~** put* down sy as sg; **nehogy azt hidd,** ... *biz* make no mistake, ... **3.** (*vknek*) believe sy, trust sy, take* sy's word, (put* one's) trust in sy, have* confidence in sy; **nem ~ vknek** does not believe sy, distrust sy; **ne higgyen**

neki do not believe him; **nem akart hinni a szemének** he couldn't believe his eyes; **~i a piszi** *biz* ha-ha
hisz² *fn zene* B sharp
hisz³ *hsz/ksz* → **hiszen**
hiszekegy *fn vall* Credo, the Apostles' Creed
hiszékeny *mn* credulous, gullible, naive
hiszékenység *fn* credulousness, gullibility, naivety
hiszemben *hsz* **abban a ~** in the belief (that)
hiszen *hsz/ksz* **1.** *[magyarázva]* for, as, since **2.** *[egyéni állásfoglalás]* but, surely, well, why, *[elvégre]* after all; **~ jól tudod(, hogy)** but you know very well (that); **de ~** but then, why
hisztamin *fn* histamine
hisztéria *fn* hysteria, hysterics *tsz*, *biz* tantrum, scene
hisztérika *fn* hysteric(al woman°)
hisztérikus *mn* hysteric(al); **~ rohama van** have* hysterics; **~ rohamot kap** go* into hysterics, *biz* blow*/flip one's lid; **~ sírás** hysterical sobs *tsz*
hisztiz|ik *i biz* create/throw* a tantrum, carry on, make* a scene
hit *fn* **1.** *[meggyőződés]* belief (in sg), faith, trust, confidence; **a jövőbe vetett ~** faith in the future; **erős a ~em, hogy** I am firmly convinced that, I firmly believe that; **legjobb ~em szerint** to the best of my belief, honestly; **abban a ~ben, hogy** in the belief that, thinking that **2.** *[vallás]* faith, religion; **vmlyen ~re tér** be* converted to [a faith]; **~re jut** get* converted **3.** *[esküvés]* **~emre!** on my oath!, upon my word!; **~et tesz vm mellett** (i) *[esküvel]* confirm sg by oath, take* an oath on sg (ii) *[kiáll vm mellett]* declare for sg, stand* by sg
hitbuzgó *mn* devoted, zealous, *pej* bigoted
hiteget *i* string* sy along, feed* (sy) with promises/hopes
hitehagyott *mn* apostate
hitel *fn* **1.** *gazd* credit; **~ nincs!** please do not ask for credit, sorry(,) no credit permitted; **~be/~re ad vmt** sell* sg on credit; **~be(n)/~re vesz** buy* sg on credit, *biz* buy* sg on tick; **~t megvon** withdraw* a credit; **~t nyit** open a credit account, extend credit to sy; **~t nyújt** give* sy credit, *[folyószámlára]* allow sy an overdraft **2.** *[hihetőség]* authenticity, trustworthiness, *[elhivés]* belief (in sg), credence, trust, confidence; **~t ad vmnek** believe sg, give* credence to sg; **~t érdemel** be* credible/reliable/trustworthy, be* worthy of credit; **~t érdemlő** authentic, authoritative, credible, worthy of belief, trustworthy; **~ét veszti** be* discredited, fall* into discredit/disrepute; **aminek ~éül** in witness whereof
hitelbank *fn* credit bank
hitelbiztosíték *fn gazd* collateral, security
hitelegyezmény *fn* credit agreement
hiteles *mn* **1.** *[valódi]* authentic, genuine, trustworthy, valid **2.** *[hitelesített]* authenticated, certified, verified; **~ másolat** certified/attested/true copy
hitelesen *hsz* authentically, genuinely
hitelesít *i* **1.** *ált* authenticate, certify, verify; **jegyzőkönyvet ~** confirm the minutes (of the meeting) **2.** *[mértéket]* check, test [measure], *[mérőedényt]* calibrate
hitelesítés *fn* authentication, certifying, verification
hitelesség *fn* authenticity, genuineness; **~ét megállapítja vmnek** authenticate sg
hitélet *fn* religious life
hitelez *i* **1.** *[pénzt]* credit sy with [an amount], credit [an amount] to sy; **nem ~ senkinek** grant credit to no one **2.** *[árut]* → **hitel be ad**
hitelező *fn* creditor
hitelfedezet *fn* → **hitelbiztosíték**
hitelfelhasználás *fn* credit appropriation
hitelfelvétel *fn* taking out a loan, borrowing
hitelfelvevő *fn* borrower
hitelfolyósító *fn* creditor
hitelintézet *fn* credit bank
hitelkamat *fn gazd* interest on credit
hitelkártya *fn* credit card
hitelképes *mn* creditworthy, trustworthy, solvent, *[igével]* enjoy credit
hitelképesség *fn* creditworthiness, financial standing
hitelkeret *fn* credit limit; **igénybe nem vett ~** dormant balance
hitelkonstrukció *fn gazd* credit arrangement
hitellevél *fn* letter of credit (*röv* **L/C**); **hitellevelet nyit egy banknál** establish a letter of credit with a bank
hitelmegállapodás *fn* → **hitelegyezmény**
hitelnyújtás *fn* granting of credit
hitelpiac *fn gazd* money market
hitelpolitika *fn* credit/financial policy
hitelrontás *fn* discredit, libel; **~ miatt pert indít vk ellen** sue sy for libel
hitelszámla *fn* credit (*US* charge) account
hiteltúllépés *fn* overdraft; **~t követ el** overdraw* (one's account), be* overdrawn, *biz* go* into the red
hitelügylet *fn* credit deal/operation
hites *mn* **1.** *[esküt tett]* sworn; **~ tolmács** sworn interpreter **2.** *[törvényes]* lawful, legitimate; **~ feleség** wedded/lawful wife; **~ könyvszakértő** → **okleveles könyvvizsgáló**
hitetlen I. *mn* **1.** *[kétkedő]* incredulous, sceptical (of sg); **~ Tamás** doubting Thomas **2.** *[nem hívő]* unbelieving, faithless **II.** *fn* unbeliever, infidel
hitetlenked|ik *i* refuse to believe, be* sceptical/incredulous
hitetlenség *fn* **1.** *ált* incredulity, disbelief **2.** *vall* unbelief
hitetlenül *hsz* doubtfully, incredulously
hitfelekezet *fn* denomination
hithű *mn* faithful, orthodox; **nem ~** unorthodox
hitközség *fn* (religious) community, parish
hitoktatás *fn* religious education/instruction
hitoktató *fn* teacher of religion (v. of religious education), RE teacher
hitrege *fn* myth
hitszegés *fn* perjury, perfidy
hitszegő I. *mn* perfidious, disloyal, treacherous **II.** *fn* perjurer, traitor, renegade
hitszónok *fn* preacher
hittan *fn* **1.** *[mint tantárgy]* religious education/knowledge/instruction, scripture; → **hittanóra 2.** *[elmélet]* theology, divinity
hittankönyv *fn* religion textbook, scripture book
hittanóra *fn* religious education/instruction (class/lesson), RE/RI class/lesson, scripture lesson
hittérítés *fn* mission(ary) work
hittérítő *fn* missionary
hittétel *fn* article of faith, tenet, dogma
hittudomány *fn* theology, divinity
hittudományi *mn* theological, of divinity *ut*; **~ főiskola** theological/divinity college; *[főleg r. kat]* (theological) seminary; **~ kar** Faculty of Theology/Divinity
hittudós *fn* divine, theologian, theologist
hitvallás *fn* **1.** *vall* confession (of faith), *[hiszekegy]* creed; **az Apostoli H~** the Apostles' Creed **2.** *átv* creed; **~t tesz vm mellett** declare one's adherence to sg (one's belief/faith in sg)
hitvány *mn* **1.** *[minőségileg]* worthless, valueless; **~ áru** rubbish, shoddy goods *tsz*, trash **2.** *[erkölcsileg]* base, contemptible, mean; **~ fráter** low/wretched fellow, *biz* rat; **~ módon** vilely; **~ módon viselkedik** behave dishonourably/disgracefully
hitványság *fn* baseness, vileness; **minden ~ra képes** *kif* I wouldn't put anything past him
hitves *fn [feleség]* wife°, *[házastárs]* spouse
hitvesi *mn* connubial, conjugal, matrimonial; **~ ágy** marriage bed
hiú *mn* **1.** *[ember]* vain, conceited; **~ vmre** be* inordinately proud of sg **2.** *[hiábavaló]* vain, illusory; **~ ábránd/remény** vain hope

hiúság *fn* **1.** *[emberi]* vanity, conceit; **sértett ~** wounded/offended pride/vanity **2.** *[hiábavalóság]* vanity; → **legyezget**
hiúz *fn* lynx
hiúzszemű *mn* lynx/sharp-eyed, keen-sighted
hiv. *röv* → **hivatalos**
hív¹ *i* **1.** (*vkt*) (*vhová*) call (to); **ebédre ~** invite/ask to dinner; **magához ~** ask sy to come, summon sy; **orvost ~** call a doctor, send* for a doctor; **segítségül ~** call sy to one's aid; **taxit ~** call a taxi/cab; **~j egy taxit** please call me a taxi, call a taxi for me **2.** *[telefonon]* ring* sy (up) v. ring* up sy, give* sy a ring, (tele)phone sy, call sy (up); **este ~lak** I'll ring/call you up this evening; **reggel ~talak** I called you this morning; **újra ~lak** I'll call again later, I'll ring/call you back (later); **rossz számot ~ott** you('ve) got the wrong number; **innen nem lehet közvetlenül/távhívással ~ni Londont** you can't telephone London direct here **3.** *[nevez]* call, name; **hogy ~nak?** what's your name?; **engem Ferencnek ~nak** my name is F., I am (called) F.; **hogy ~ják ezt angolul?** what do you call this in English?, what is the English for this?; **úgy ~ják, hogy** it is called . . ., it is referred to as, it is known as **4.** *ját* lead*
hív² *fn* **1. ~e** (*vknek/vmnek*) follower, adherent (of sy/sg); **vmnek a ~e** a believer in sg; *[igével]* adhere to sg, believe in sg, be* in favour (*US* -or) of sg, be* keen on sg; **nem vagyok ~e vmnek** I am not in favour of sg **2.** *vall* **a ~ek** the congregation/flock *esz*; **Kedves ~eim!** Beloved, . . .
hivalkodás *fn* ostentation, flaunting, showing-off; **~ nélkül** unostentatiously
hivalkod|ik *i* (*vmvel*) parade/flaunt sg, make* a show of sg
hivalkodó *mn* vain, ostentatious, conceited
hívás *fn* **1.** (*vhová*) call(ing); **~ ra házhoz megyek** house calls on request **2.** *[telefon]* call; **helyi ~** local call; **belföldi ~** inland/national call; **nemzetközi ~** international call **3.** *ját* lead
hívásátirányítás *fn távk* (call) forwarding
hívásvárakoztatás *fn távk* call waiting
hívat *i* send* for sy, have* sy called, *[magához]* summon sy; **orvost ~** send* for a doctor
hivatal *fn* **1.** *[hely]* office, bureau (*tsz* -s v. -x); **~ tölti ki** for official use **2.** *[állás]* position, function, post, job; **~ba lép** take* up (v. enter) office, come* into office; **~ból** officially; **~ból portómentes/díjátalányozva** *GB* On Her/His Majesty's Service (*röv* **O.H.M.S.**), official paid; **~ból kirendelt védő** appointed counsel (for the defendant); **~ból tagja vmnek** be* an ex-officio member of sg; **~t visel/betölt** hold* an office, occupy a post; **~ánál fogva** professionally
hivatalfőnök *fn* → **hivatalvezető**
hivatali *mn* official, professional; **~ helyiség** office; **~ kötelesség** official duty; **~ munka** official duty (v. duties *tsz*); **~ titok** official secret; **(hatalommal való) ~ visszaélés** abuse/misuse of authority, official misconduct
hivatalnok *fn* (state) official, civil servant, clerk
hivatalos *mn* **1.** (*röv* **hiv.**) *[hatóságtól eredő; hivatali]* official (*röv* **off.**), governmental, administrative, professional; **nem ~** unofficial, informal; *[közlés]* off-the-record; **nem ~ látogatás** unofficial visit, informal call; **~ idő** office/business hours *tsz*; **~ közlöny/lap** the (official) Gazette; **~ légi fuvarozó** official carrier; **~ meghívás/meghívó** formal invitation; **~ nyelv** (i) official language (ii) *[hivatali stílus] biz* officialese; **~ úton** through the official/normal channels; **~ úton van** (*vk*) be* (away) on business; **~ ügyben** on business; **csak ~ ügyben!** no admittance except on business; **~ ünnep** public holiday, *GB* bank holiday, *US* legal holiday **2.** *[vhová meghíva]* be* invited (to)
hivatalosan *hsz* officially, professionally, formally; **nem ~** unofficially; *[mond vmt]* (tell* sg) off the record
hivatalsegéd *fn* junior clerk, office boy
hivatalvezető *fn* head/director [of an office], principal
hivatás *fn* **1.** *[elhivatottság]* calling, vocation (to) **2.** *[hivatal]* profession, trade, career; **~ának él** live only for one's profession
hivatásos *mn* professional, *biz* pro; **~ katona** professional soldier, regular; **nem ~** non-professional, amateur
hivatásszerű *mn* vocational, professional; **~en foglalkozik vmvel** be* a professional sg, follow/practise a profession of sg
hivatástudat *fn* sense of vocation
hivatkozás *fn* (*vmre*) reference (to sg); **~sal vmre** with reference to sg
hivatkozási *mn* **~ szám** reference number; *infor* **~ táblázat** lookup table
hivatkoz|ik *i* **1.** (*vmre*) refer to sg; **aug. 10-i levelére ~va** with reference to your letter of 10 August; **válaszában kérjük O/L jelre ~ni** in reply please quote (reference) O/L; **betegségére ~ik** he says he is ill; **~ik egy könyvre** make* reference to a book, cite a book **2.** (*vkre*) *[pl. állásnál]* give* sy as a reference, *[tud. irodalomban]* cite sy, refer to sy
hívatlan *mn* uninvited; **~ vendég** unbidden/uninvited guest; *[betolakodó]* gatecrasher
hívatlanul *hsz* uninvited, unbidden; **~ beállít** come*/turn up uninvited
hivatott *mn* (*vmre*) with a talent (for sg), qualified (for sg), destined (for sg) (*mindegyik: ut*)
hivatva *hsz* **~ van vmre** be* qualified/destined for sg, be* (ideally) suited for sg; *[az ő kötelessége]* sg is one's duty, it is one's duty to do sg; **~ érzi magát vmre** feel* it incumbent upon one to do sg, feel* called upon to do sg
híve *fn* → **hív²**
híven *hsz* **vmhez ~** true to sg, in accordance with sg; **ígéretéhez ~** true to his word/promise; **parancsához ~** in compliance with his orders; **szokásához ~** as was his custom/wont
HIV-fertőzés *fn orv* HIV infection, being infected with HIV
hívó I. *mn* calling; **~ fél** caller; **~ szózat** call, summons **II.** *fn* caller
hívóállomás *fn* calling-station
hívogat *i* keep* calling/inviting, call often
hívójel *fn* dialing signal
hívólift *fn* automatic lift (*US* elevator)
hívószám *fn* calling/telephone number; **körzeti ~** area code; **(közvetlen) ~** direct number, *[országé]* country code
hívott *mn* **~ fél** called party
hívő I. *mn* believing **II.** *fn* believer, *[protestáns szóhasználatban így is]* Christian; **nem ~** non-believer
HIV-pozitív *mn orv* HIV positive
hízás *fn* putting on weight; **~nak indul** begin* to put on weight, be* getting fat; **~ra hajlamos** inclined to obesity *ut*
hízeleg *i* (*vknek*) flatter sy, fawn on sy, butter sy up; **(otrombán) ~** lay* it on thick
hízelgés *fn* flattery, blandishment, fawning
hízelgő I. *mn* flattering, fawning; **~ szavak** flattering words, *biz* blarney **II.** *fn* flatterer, toady, sycophant
híz|ik *i* **1.** *[ember]* gain weight, put* on weight, grow*/get* fat, *[állat]* fatten; **~ni kezd** begin* to put on weight, be* getting fat **2.** *[dicsérettől]* be* highly pleased/gratified; *biz* **~ a mája** be* proud as Punch; *[kárörömtől]* gloat (over sg)
hizlal *i* **1.** *[állatot]* fatten (up); **disznót ~** fatten pigs; **a gazda szeme ~ja a jószágot** the eye of the master will do more worth than both his hands, no eye like the eye of the master **2.** (*vm vkt*) make* (sy) fat, sg is fattening sy
hizlalás *fn [sertésé]* fattening (up), *[szárnyasé]* cramming
hizlaló I. *mn [étel]* fattening **II.** *fn* → **sertéshizlaló**
hízó *fn* porker
hízókúra *fn* fattening cure/diet/up
hízómarha *fn* store cattle, steer
hízósertés *fn* porker
hízott *mn [állat]* fattened; **~ disznó** porker, fattened pig
hja! *isz* heigh-ho
hl *röv* → **hektoliter**

hm *isz* humph, hm, ahem
h-moll *fn* B minor; ~ **szonáta** sonata in B minor
hó[1] *fn* snow; **esik a** ~ it is snowing
hó[2] *fn* → **hónap**
hóakadály *fn* snowdrift
hóbagoly *fn áll* snowy owl
hobbi *fn* hobby; ... **a ~ja** ... is his (chief) hobby
hóborította *mn* → **hófedte**
hóbort *fn* **1.** *[szeszély]* whim, fad, caprice, whimsy, fancy **2.** *[divat]* craze, mania, fad
hóbortos *mn* eccentric, cranky, crazy, wild; ~ **ember** crank, eccentric, faddist, *kif biz* have* bats in one's belfry
hóbucka *fn* heap of snow, snowbank
hócipő *fn* (rubber) overshoes, gumshoes, *US* arctics *(mind-egyik: tsz)*; *átv* **tele van a ~je vmvel** be* sick and tired of sg, be* fed up (v. browned off) with sg
hócsizma *fn* gumboots *tsz*, wellingtons *tsz*
hód *fn* beaver
hodály *fn* **1.** *[juhakol]* sheep-pen/fold **2.** *átv* barn
hódeszka *fn sp* snowboard
hódfarkú *mn épít* ~ **cserép** cogged/plain tile
hódít *i* **1.** *[földet]* conquer, *[népet]* vanquish, subdue [people]; **tért** ~ *[eszme stb.]* gain ground, spread* **2.** *[nő, férfi]* make* a conquest of sy, win* sy's heart/affection
hódítás *fn* conquest
hódító I. *mn* **1.** *[országot]* conquering; ~ **háború** war of conquest, aggressive war **2.** *átv* winning, captivating **II.** *fn* conqueror; → **Vilmos**
hódol *i* **1.** *(vknek)* pay* homage (to sy), pay* one's respects (to sy) **2.** *[szenvedélynek]* have* a passion (for sg), indulge (in sg) **3.** *[divatnak]* follow [fashion], *biz* be* trendy
hódolat *fn* homage, reverence; **~tal adózik vknek** pay/do* homage to sy
hódolatteljes *mn* reverential
hódoló I. *mn* respectful, paying/rendering homage (to sy) *ut* **II.** *fn* admirer, devotee, follower, *[nőé]* admirer
hódoltság *fn [terület]* territory under enemy rule; *tört* **török** ~ (i) *[korszak]* the Ottoman (Turkish) occupation (of Hungary) (ii) *[terület]* ‹ parts of Hungary under Ottoman (Turkish) rule ›
hóeke *fn* snowplough (*US* -plow)
hóember *fn* snowman°
hóesés *fn* snowfall
hófedte *mn* snow-covered/bound, *[hegy]* snowcapped
hófehér *mn* snow-white, white as snow *ut*
Hófehérke *tul* Snow White
hófelhő *fn* snow cloud
hófúvás *fn* **1.** *[hóvihar]* snowstorm, blizzard **2.** *[hóaka-dály]* snowdrift, snow-bank
hógolyó *fn* snowball
hógolyózik *i* snowball
hógörgeteg *fn* → **lavina**
hogy[1] *hsz* **1.** *[hogyan]* how, in what manner, by what means; ~ **vagy?** how are you (getting on)?, how are you doing?; ~ **van Péter?** and how is (it with) Peter?, how is Peter doing?; ~ **hívják?** what is his name?; *(vmt)* what do you call it?; ~ **mondta(d)?** what (did you say)?, (I beg your) pardon?; ~ **mondják ezt angolul?** what is the English for ...?, how do you say it/that in English? **2.** ~ **a szilva?** how much are the(se) plums?, what are plums selling at? **3.** ~ **volt!** encore! **4.** *[mennyire]* how; **de még ~!** and how!; *biz* **mi az ~!** you bet!; ~ **sajnálom!** I'm awfully sorry **5.** ~, ~ **nem** somehow or other
hogy[2] *ksz* **1.** *[kötőszó]* that; **világos,** ~ **tévedtél** it's clear (that) you've made a mistake; **jó,** ~ **jössz** you have come just at the right moment; **remélem,** ~ **eljön** I hope he will come **2.** *[célhatározó]* in order to/that, so that; **kért,** ~ **siessek** he asked me to hurry; **félve,** ~ **a dolog kisül** fearing that it might be discovered; ~ **úgy mondjam** so to say, as it were **3.** *[függő kérdésben]* whether; **kérdezte,** ~ **elmegyek-e** he asked me whether I was going; **megkérdeztem,** ~ **mi a baja** I asked her what was wrong (with her), I asked her what was the matter; **kérdezd meg,** ~ **akar-e inni vmt** ask him/her if he'd/she'd like a drink; **megkérdezte,** ~ **kölcsönadja-e a kocsiját** she asked him if he would lend her his car
hogyan *hsz* → **hogy**[1] **1**
hogyha *ksz* if, supposing, presuming, when
hogyhogy *hsz* what do you mean?, how can that be so?, *biz* how come?; ~ **itt vagy?** how come you're here?
hogyishívják *fn biz* what-d'you-call-him/her/it/etc., what's-his/her/etc.-name
hogyisne *isz* **1.** *[tagadólag]* certainly not, nothing of the sort!, *biz* nothing doing, not a bit! **2.** → **hogyne**
hogylét *fn* state of health, condition; **valaki ~éről érdeklődik** inquire after sy's health
hogyne *hsz* of course, naturally, yes indeed, sure, certainly, by all means, to be sure, *biz* not half; ~ **tudnám** (why) of course I know
hogysem *ksz* → **semhogy**
hogyvoltoz *i* (shout) encore
hóhányó *mn/fn biz* good-for-nothing
hóhatár *fn* snow line
hóhér *fn* executioner, hangman°
hohó *isz* not so fast!, whoa!
hójelentés *fn* snow report
hokedli *fn* kitchen stool
hoki *fn* (ice)hockey
hokikorong *fn sp* puck
hokipálya *fn sp [jég]* rink
hokiütő *fn* (hockey) stick
hokiz|ik *i* play (ice) hockey
hókotró *fn* snowplough (*US* -plow)
hóköpeny *fn [autógumi]* snow tyre (*US* tire)
hókristály *fn* snow crystal
hókuszpókusz *fn* **1.** *[csalás, szemfényvesztés]* hocus-pocus **2.** *[bűvész mondja]* hey presto
hol[1] *hsz* **I.** *[kérdő]* where?, in what place?, whereabouts?; ~ **jár az eszed?** a penny for your thoughts! **II.** *[vonatkozó]* → **ahol**
hol[2] *ksz* ~, ... ~ now ... now/then; ~ **hideg,** ~ **meleg** now hot now cold; ~ **így,** ~ **úgy** *[e kérdésre: hogy vagy?]* so-so, middling; ~ **volt,** ~ **nem volt** once upon a time there was ...
hólabda *fn* snowball
hólabdáz|ik *i* play (with) snowballs
hólánc *fn* tyre (*US* tire) chain, *US* skid chain
hólapát *fn* snow shovel
hold[1] *fn* **1.** *csill* moon, *[más bolygóé]* satellite, moon, *összet* lunar; **mesterséges** ~ earth satellite; ~ **körüli pálya** lunar orbit; **a** ~ **fogy** the moon is waning, the moon is on the wane; **a** ~ **nő** the moon is waxing; **a ~ban** *átv* in your imagination; **~ra szállás, ~at érés** moon landing **2.** *[körmön]* half-moon, lunule
hold[2] *fn [mérték]* ‹ 0,57 hectares or 1,42 English acres › Hungarian acre, "hold"; **3** ~ **föld** 3 Hungarian acres of land; **2** ~ **búza** two acres of wheat
holdas[1] *mn [holdfényes]* moonlit
holdas[2] *mn* **kétszáz** ~ *kb.* of two hundred Hungarian acres
holdfelvétel *fn* moon picture
holdfény *fn* moonlight; **~ben** by moonlight
holdfogyatkozás *fn* eclipse of the moon, lunar eclipse
holdhónap *fn* lunar month
holding *fn gazd* holding company
holdjármű *fn* mooncraft
holdkelte *fn* moonrise
holdkomp *fn* lunar module
holdkóros *fn* sleepwalker, somnambulist
holdrepülés *fn* lunar flight
holdtérkép *fn* moon chart
holdtölte *fn* full moon; ~ **van** there is a full moon
holdudvar *fn* halo/ring (a)round the moon
holdújulás *fn* new moon
holdutazás *fn* moon flight

holdváltozás *fn* lunar/moon's phases *tsz*, lunation
holdvilág *fn* moonlight
holdvilágképű *mn* moon-faced
holdvilágos *mn* moonlit
holland *mn/fn* Dutch; ~ **(nyelv)** Dutch; ~ **nyelven** → **hollandul**; ~ **férfi** Dutchman°; **a ~ok** the Dutch
hollandi I. *mn* Dutch **II.** *fn sp* **repülő ~** Flying Dutchman
Hollandia *földr* The Netherlands *tsz*, Holland
hollandiai I. *mn* Dutch, of the Netherlands (v. Holland) *ut* **II.** *fn* Netherlander; → **holland**
hollandul *hsz* ~ **beszél** speak* Dutch; ~ **tanul** learn* Dutch; ~ **mond vmt** say sg in Dutch; ~ **van (írva)** it is (written) in Dutch
hollét *fn* whereabouts; **~e ismeretlen** his (present) whereabouts is/are (still) unknown
holló *fn* raven; **ritka, mint a fehér ~** it is a rare bird; **~ a ~nak nem vájja ki a szemét** dog does not eat dog, there is honour among thieves
hollófekete *mn* jet-black; ~ **haj** raven hair
holmi I. *fn* sy's things *tsz*, belongings *tsz*; **ócska ~** lumber; **az összes ~jával együtt** *biz* bag and baggage **II.** *mn* sort of, some
holnap I. *hsz* tomorrow; ~ **reggel** tomorrow morning; ~ **ilyenkor** this time tomorrow; **~hoz egy hétre** tomorrow week, a week tomorrow; **~ra** (by) tomorrow; ~ **is nap lesz** tomorrow is another day **II.** *fn [másnap]* the next day, *irod és átv* the morrow
holnapi *mn* of tomorrow *ut*, tomorrow's
holnapután *hsz* the day after tomorrow
hologram *fn* hologram
holokauszt *fn* holocaust
holott *ksz* (al)though, whereas, when in fact
holt I. *mn* **1.** dead, deceased; ~ **hírét költik vknek** be* given out to be dead; **se ~, se eleven** more dead than alive; **~an esett össze** he dropped dead **2.** ~ **felszerelés/leltár** dead stock; ~ **idény/szezon** off season; ~ **idényben/szezonban** off season, in the low season, out of season; ~ **nyelv** dead language; ~ **tőke** unemployed capital **II.** *fn* **1.** **a ~ak** the dead; **~tá nyilvánít** declare sy legally dead; **~tá nyilvánítás** declaring sy legally dead **2.** *[halál]* death; **~a után** after his death, posthumously; **~ig tanul az ember/a jó pap ~ig tanul** you/we live and learn; **~áig/~a napjáig** till his death, until/to one's dying day
holtág *fn [folyóé]* blind (v. dead-end) channel (of a river), backwater, stagnant water
holtan *hsz* ~ **esik össze** drop dead; ~ **találták** (s)he was found dead
holtbiztos *mn* dead certain; ~ **dolog** dead cert(ainty); ~ **tipp** *biz* a surefire recipe
holtfáradt *mn* dog/dead-tired, tired to death *ut*, ready to drop *ut*
holtidő *fn* **1.** *[munkában]* idle time, idle hours *tsz* **2.** *sp* time out
holtjáték *fn műsz* play, *[túl nagy]* backlash
holtomiglan-holtodiglan *fn* till death do us part
holtpont *fn* **~ra jut** come* to a deadlock/standstill
holtrészeg *mn* dead/blind drunk
holtsápadt *mn* white as a sheet *ut*, pale as a ghost *ut*
holtsúly *fn* dead weight/load
Holt-tenger *földr* Dead Sea
holt-tengeri *mn* **a ~ (irat)tekercsek/iratok** the Dead Sea Scrolls
holttest *fn* dead body, corpse
holtvágány *fn* siding; *átv* **~ra jut** come* to a deadlock/standstill (v. dead end)
holtverseny *fn* dead heat, tie, draw; **~ben elsők lettek** they tied for first place, X tied with Y for first place, X finished in a dead heat with Y
hólyag *fn* **1.** *[szerv]* bladder **2.** *[bőrön]* blister **3.** *[emberről biz]* fathead, fool, idiot
hólyaghurut *fn orv* (catarrhal) cystitis
hólyagos *mn* blistered, full of blisters *ut*
hólyagosod|ik *i* blister
homály *fn* **1.** *[sötétség, árnyék]* obscurity, darkness, dimness, dusk, shadow **2.** *[esti]* twilight, dusk **3.** *átv* obscurity, mystery, uncertainty; ~ **fedi** sg has remained a mystery; **~ba burkol** obscure, shroud/wrap* in mystery
homályos *mn* **1.** *[sötét]* dim, obscure, dark, *[körvonal, tévékép stb.]* fuzzy, *[idő]* cloudy, dark [weather] **2.** *[fémfelület]* dull, tarnished **3.** *[nehezen érthető]* difficult/hard to understand *ut*, not clear *ut*, obscure, opaque
homályosan *hsz* ~ **emlékszem rá** I vaguely remember, I have a vague recollection of it
homár *fn* lobster
hómaró *fn* snowplough
hombár *fn* granary
homeopata *fn* homoeopath (*US* -meo), homoeopathist (*US* -meo)
homeopátia *fn GB* homoeopathy, *US* homeopathy
Homérosz *tul* Homer
homéroszi *mn* Homeric
hómező *fn* snowfield
homlok *fn* forehead, brow, front; **~ára üt** slap one's forehead/brow; **összeráncolja a ~át** knit one's brow
homlokegyenest *hsz* ~ **ellenkező** diametrically opposed, radically different
homlokfal *fn* front wall, facade
homloklebeny *fn orv* frontal lobe
homloknézet *fn* front view; **~ben** seen from (the) front; **~ben mutatja az épületet** [the drawing] shows the front elevation of the house/building
homlokpánt *fn [sportolón]* sweatband
homloktér *fn* **az érdeklődés homlokterében áll** be* in the centre (*US* -ter) of interest, be* in the foreground; *[emberről]* be* in the limelight
homloküreg-gyulladás *fn* sinusitis
homlokzat *fn* front, facade
homlokzati *mn* frontal
homofón *mn zene nyelv* homophonic
homofónia *fn zene nyelv* homophony
homogén *mn* homogeneous
homogénezett tej *fn* homogenized milk
homogenitás *fn* homogeneity
homok *fn* sand; **tengerparti ~** sands *tsz*, beach; **~ba dugja a fejét** put*/bury one's head in sand; **~ra épít** build* on sand
homokbánya *fn* sandpit
homokbucka *fn* sand hill, dune
homokfutó *fn [kocsi]* buggy
homokfúvás *fn műsz* sandblast
homokfúvó *fn műsz* sandblast (apparatus)
homokfürdő *fn kém orv* sand-bath, *[madáré]* dust-bath
homoki *mn* **1.** *biol* psammophytic; ~ **növény** psammophyte **2.** ~ **bor** wine grown on sandy soil
homokkő *fn* sandstone
homokóra *fn* sandglass, *[egyórás]* hourglass
homokos[1] *mn* sandy, sanded; ~ **(tenger)part** sandy beach, sands *tsz*
homokos[2] *mn/fn biz [homoszexuális]* gay, queer
homokoz|ik *i* play in the sand
homokozó *fn* sandpit
homoksivatag *fn* sandy desert, sandy waste
homokszem *fn* grain of sand
homokszóró *fn* ~ **készülék** sand-sprayer
homoktalaj *fn* sandy soil
homokvár *fn* sandcastle
homokvihar *fn* sandstorm
homokzátony *fn* sandbank, sand bar, shoal
homokzsák *fn* sandbag
homonima *fn nyelv* homonym
homonímia *fn nyelv* homonymity
homorít *i* **1.** *ált* make* concave/hollow **2.** *[fémet]* swage, dish **3.** (*vk*) draw* back the shoulders, *sp* hollow back
homorú *mn* concave, hollow; ~ **lencse** concave lens

H

homoszexuális *mn* homosexual
homoszexualitás *fn* homosexuality
hómunkás *fn* snow-sweeper
hon *fn irod* fatherland, homeland, native country
hón *fn* **~a alatt** under one's arm; **vknek a ~a alá nyúl** *átv* assist sy materially, lend* sy a helping hand; → **hónalj**
honalapító *fn* founder of the state, first settler
hónalj *fn* armpit; **~ban szűk** too tight under the arm(s)
hónap *fn* month; **egy ~ leforgása alatt** within a month, in the course of a month; **a hetedik ~ban van** *[nő]* she is seven months pregnant, she is in her seventh month
hónapi *mn* **1.** *[vmely hónappal kapcs.]* **múlt ~** last month's, of the last month *ut* **2.** *[vhány hónapig tartó]* ... months'; **három ~** three-months', of three months *ut*
hónaponként *hsz* a/per month, monthly, every month
hónapos *mn [korú]* ... months old *ut*, ...-month-old, monthly; **három ~ csecsemő** a baby three months old, a three-month-old baby; *[tartamú]* of...months, ...-month; **két ~ nyaralás** a vacation of two months, a two-months vacation; **~ retek** (small) earliest red radish
Honduras *földr* Honduras
hondurasi *mn/fn* Honduran
honfi *fn elav* patriot
honfitárs *fn* compatriot, fellow countryman°
honfoglalás *fn* conquest, *tört* the Hungarian/Magyar conquest
honfoglaló I. *mn* conquering **II.** *fn* **a ~k** (i) the first Magyar settlers of Hungary (ii) Hungarian conquerors (iii) the conquering Hungarians
Hong Kong *földr* Hongkong
hongkongi *mn/fn* Hong Kong
honi *mn* native, home; **a ~ légvédelem** *[magyar]* Hungarian national air/anti-aircraft defence
honlap *fn infor* home page
honleány *fn elav* patriotic woman°/girl
honnan *hsz* **I.** *[kérdő]* **1.** *[irány, hely]* from where?, whence?, where ... from?, from what place?; **~ ismered?** (*vkt*) where do you know him/her from?, where did you meet him/her?; **~ jössz?** (i) *[most]* where are you coming from?, where have you come from? (ii) *[honnan származol?]* where do you come from?; **~ fúj a szél?** (i) which way is the wind? (ii) *átv* which way the wind blows? **2.** *átv* how?, why?, for what reason?; **~ gondolod?** what makes you think so?; **~ tudja?** how do you know?; **~ tudjam?** how should I know?; **~ van az, hogy?** how is it that, why (is it that); **~ veszi?** where does he get it from? **II.** *[vonatkozó]* → **ahonnan**
honnét *hsz* → **honnan I**
honol *i* dwell*, reign, abide
honorál *i* recompense, requite [sy's services]
honorárium *fn* fee, *[szerzői]* royalty
honos I. *mn növ áll* native/indigenous (*vhol* to) **II.** *fn* citizen (of a state), national, native; **magyar ~** Hungarian citizen/subject; **külföldi ~** alien
honosít *i* **1.** (*vkt*) naturalize **2.** *[oklevelet]* have* [a diploma] accepted/registered
honosítás *fn* **1.** (*vké*) naturalization; **~át kéri** apply for naturalization **2.** *[oklevélé]* registration, acceptance
honosság *fn* → **állampolgárság**
honőr *fn ját* honour (*US* -or)
honpolgár *fn* citizen, subject
hontalan I. *mn* homeless, exiled **II.** *fn [hazátlan]* **~ személy** displaced person (*röv* **D.P.**)
honvágy *fn* homesickness, nostalgia; **~a van** be* homesick (*vm után* for sg)
honvéd *fn* (Hungarian) soldier
honvédelem *fn* national defence (*US* -se), defence of one's country
honvédelmi *mn* of national defence (*US* -se) *ut*, defence; **~ miniszter** Minister of Defence, *GB* Defence (*US* -se) Secretary; **~ minisztérium** *[nálunk és GB]* Ministry of Defence, *US* Department of Defense
honvédő *mn tört* **a nagy ~ háború** Great Patriotic War
honvédség *fn* Hungarian Army
hóolvadás *fn* thaw(ing of the snow)
hópehely *fn* snowflake
hopp! *isz* **1.** oops!; **~, most jut eszembe** by the way **2. ~on marad** (i) *ált* get* nothing for one's pains (ii) *[házasodni akaró nő]* be* left on the shelf
hoppá *isz* **1.** *[kisgyermeknek]* upsy-daisy, upsadaisy **2.** *[véletlen összeütközéskor]* oops, sorry
hord *i* **1.** *[visz]* carry; **magánál ~** have*/carry sg on one; **házhoz ~ja az újságot** he delivers the newspapers **2.** *[ruhát, cipőt]* wear*, have* sg on **3. magán ~ja vmnek a jellegét** carry/bear* the stamp of sg; **magában ~ja vmnek a csíráit** carry the seeds of sg (in itself) **4.** *[fegyver]* carry
horda *fn* horde
hordágy *fn* stretcher
hordalék *fn* alluvium, sediment, alluvial deposit(s)
hordalékos *mn* alluvial [soil, deposit]
hordár *fn* porter
hordás *fn [ruháé]* wear(ing)
horderejű *mn* **nagy ~** of great import(ance)/significance/consequence *ut*, of the utmost importance *ut*
hordképesség *fn* carrying/bearing capacity/load
hordó *fn [fa* v. *fém]* barrel, *[fa]* cask, *[kisebb sörös]* keg, *[olajnak, 159 l]* barrel; **ez a ~ 3 hektós** this barrel holds/contains three hectolitres; **~ba tölt** barrel (*US* -l), put* into a barrel/cask; **~ban tartott bor** wine in the wood; **az olaj ~nkénti ára** ... oil is $ ... a barrel
hordócsap *fn* tap, spigot, bibcock
hordódonga *fn* stave
hordóhasú *mn* potbellied
hordóíz *fn* **~e van** it tastes of the cask
hordószónok *fn* soapbox orator
hordoz *i* **1.** *[visz]* carry, keep* carrying, *[tárgyat magával]* have*/carry always on one **2.** *[súlyt, terhet]* bear*, carry, support
hordozható *mn* portable
hordozórakéta *fn* carrier rocket
hordszék *fn tört* sedan(-chair)
hordtávolság *fn [fegyveré]* carry, range
horgany *fn* zinc
horganylemez *fn* zinc-plate, rolled zinc
horganyzott *mn* zinc-plated, galvanized
horgas *mn* hooked, curved, crooked; **~ orr** hooknose, hooked nose; **~ orrú** hooknosed
horgász *fn* angler
horgászat *fn* angling, fishing
horgászbot *fn* fishing rod, rod and line
horgászfelszerelés *fn* fishing tackle, fishing/anglers outfit
horgász|ik *i* angle/fish (*vmre* for sg); **~ni megy** go* angling
horgászszövetség *fn* anglers' association
horgászzsineg *fn* (fishing-)line
horgol *i* crochet
horgolás *fn* **1.** *[folyamat]* crocheting **2.** *[eredménye]* crochetwork
horgolótű *fn* crochet hook
horgony *fn* anchor; **~t vet** let* go the anchor, cast*/drop anchor, anchor; **~t felszed** weigh/up anchor
horgonyoz *i* ride*/be*/lie* at anchor, anchor; **a flotta Gibraltárban ~** the fleet is anchored/stationed at Gibraltar
hórihorgas *mn* lanky, gangling, gawly
horizont *fn* horizon, *[város sziluettjével]* skyline
horizontális *mn* horizontal
horkant *i* snort
horkol *i* snore
horkolás *fn* snore
hormon *fn* hormone; **növekedési ~** growth hormone
hormonális *mn orv* hormonal
hormonkezelés *fn orv* hormone treatment

hormonzavar *fn* hormonal imbalance
hornyol *i [fát]* rabbet, groove, notch
horog *fn* **1.** *[kampó]* hook, *[horgászé]* fishhook; **~ra akad** *[hal]* take* the hook **2.** *[ökölvívásban]* hook
horogkereszt *fn* swastika
horogütés *fn* hook
horony *fn* rabbet, groove, notch
horoszkóp *fn* horoscope; **felállítja vk ~ját** cast* sy's horoscope/nativity
horpad *i* get* dented, stave/cave in
horpadás *fn* **1.** *ált* dent (in sg), indentation, hollow **2.** *[talajban]* dip, pan
horpadt *mn* dented, battered
horribilis *mn [ár]* exorbitant [price]
horrorfilm *fn* horror film/movie
hortenzia *fn* hydrangea
hortyog *i* snore
hórukk! *isz* heave!
horvát I. *mn* Croatian **II.** *fn [ember, nyelv]* Croatian, Croat
Horvátország *földr* Croatia
horvátul *hsz* **~ beszél** speak* Croatian; **~ van (írva)** is (written) in Croatian; **~ mond vmt** say* sg in Croatian
horzsakő *fn* pumice
horzsol *i* graze, chafe, scratch
horzsolás *fn* **1.** *[folyamat]* grazing, chafing **2.** *[sérülés]* graze, abrasion
hósapka *fn [hegyen]* snowcap
hospitál *i okt* observe
hospitálás *fn okt* classroom observation
hószemüveg *fn* snow goggles *tsz*
hossz *fn* **1.** length; **se vége, se ~a** → **vég**[1] ; **két óra ~áig** for two hours, two whole hours; **órák ~áig** for hours on end **2.** *sp* **egy teljes ~al nyer** *[úszó, ló stb.]* win* by a length; **az utolsó ~ban megelőzték** *[úszót]* was overtaken on/in the last leg
hosszában *hsz* lengthways, lengthwise; **vmnek ~** along(side) sg; **teljes ~** at full length
hosszabb *mn* longer; **3 cm-rel ~** 3 cm longer, longer by 3 centimetres; **~ időre/távra számítva** in the long run
hosszabbít *i* **1.** *ált* lengthen, make* longer **2.** *[időt]* prolong, spin* out **3.** *sp* extend the time, *[játékidőt]* allow for time wasted, add on injury/extra/penalty time
hosszabbítás *fn* **1.** (*vmé*) lengthening, elongation, *[könyvtári könyvé]* renewal **2.** *[időé]* prolongation **3.** *sp [főleg futball]* extra time, *US* overtime **4.** *[toldalék]* extension, lengthening piece
hosszabbító *mn* **~ zsinór** extension lead/cord
hosszabbod|ik *i* grow*/get* longer, lengthen; **~nak a napok** the days are getting longer, the days are drawing out
hosszabb-rövidebb *mn* **~ ideig** for shorter or longer periods
hosszadalmas *mn* **1.** *[beszéd]* lengthy, long-winded/drawn, prolix; **~ várakozás** a long/lengthy wait/queue; **~an** at great length **2.** *[unalmas]* wearisome, tedious, tiresome
hosszan *hsz* long, for a long time; **~ elnyúló** (i) *[beszéd, történet]* long-drawn-out (ii) *[föld]* a long stretch of; **~ tartó** long(-lasting), prolonged, persistent; *[taps]* prolonged [applause]; **~ tartó hideg idő** a long spell of cold weather
hosszanti *mn* longitudinal; **~ irányban** lengthways, *US* lengthwise
hosszas *mn [hosszadalmas]* lengthy, long-winded/drawn; **~ gondolkodás után** after due deliberation; **~ várakozás** a long wait
hosszasan *hsz* at great length, (for) long, endlessly; **~ tárgyal vmről** discuss sg at great length
hosszat *nu* **1.** *[hely]* along **2.** *[idő]* during, for; **órák ~** for hours on end; **egy óra ~ vártam** I was waiting for an hour
hosszirány *fn* longitudinal direction
hosszmérték *fn* linear measure
hosszmetszet *fn* longitudinal/vertical section
hossztengely *fn* longitudinal axis
hosszú *mn* (*vm*) long, *[emberről]* tall, lanky; **3 méter ~** three metres long, three metres in length *ut*; **meglehetősen ~** longish, fairly long; **~ életű** long-lived; **nem lesz ~ életű** he/it won't last long; **~ fülű** long-eared; **~ hajú** long-haired; **~ ideig** for a long time; **~ időre szóló** long-term; **~ lábú** long-legged, *[biz nő]* leggy; **~ lejáratú/távú** long-range, *[hitel]* long-term; **~ szőrű** long-haired; **~ távon/távra** in the long run; **~ra nyúlt** *[értekezlet, beszéd]* [the meeting v. his speech] dragged on; → **lé**; → **orr**
hosszúkás *mn* longish, elongated, oblong
hosszúlépés *fn kb.* wine-and-soda, spritzer
hosszúnadrág *fn* trousers, slacks, *US* pants *[mindegyik: tsz]*
hosszúság *fn* **1.** *ált* length; **~a tíz méter** its length is ten metres (*US* -ters), it is ten metres long; **teljes ~ában** at full length **2.** *földr* longitude
hosszúsági *mn* longitudinal, lengthwise; **~ fok** degree of longitude; **~ kör** line of longitude
hosszútávfutás *fn* long-distance running
hosszútávfutó *fn* long-distance runner
hosszútávúszás *fn* long-distance swimming
hótakaró *fn* blanket of snow
hótaposó (csizma) *fn* moon boot
hotel *fn* hotel → **szálloda(-)**
hotelcímke *fn* hotel label/sticker
hótoló *fn [gép]* snowplough (*US* -plow)
hótorlasz *fn* snowdrift, bank of snow
hova *hsz* → **hová**
hová *hsz* **I.** *[kérdő]* in which direction?, where?, which way?; **~ gondol(sz)!?** how can you think of such a thing!; *[nem!]* by no means!; **~ lett a kalapom?** what has happened to my hat?, I've lost my hat; **~ mész?** where are you going (to); **~ valósi (vagy)?** where do you come from?; **nem tud ~ lenni örömében** walk on air **II.** *[vonatkozó]* → **ahova**
hóvakság *fn* snow blindness
hovatartozás *fn* **politikai ~** party affiliation
hovatovább *hsz* before long, in a short time, as time goes/went on
hóvihar *fn* snowstorm, blizzard
hóvirág *fn* snowdrop
hoz *i* **1.** *ált* bring*, carry, *[érte menve]* fetch; **magával ~** (i) bring* along (ii) *[következményt]* bring* sg in its train, bring* about, cause, produce, involve; **tanúkat ~** produce witnesses; **Isten ~ott!** welcome!; **hát téged mi ~ott (ide)?** what brings you here? **2.** *[eredményez]* bring* in, *[jövedelmet]* yield [income], *[kamatot]* bear* [interest], *[gyümölcsöt]* produce, bear* [fruit]; **7 millió Ft hasznot ~ott** it brought in 7 million fts, they made a profit of 7 million fts on it [v. on the deal etc.]; **~ a konyhára** it's all grist to the/sy's mill; **szépen ~ott a szőlő** the grapes have done well; → **áldozat**; → **döntés**; → **düh**; → **ítélet**; → **méreg**; → **nyilvánosság**; → **szó**; → **tudomás**; → **világ**
hozadék *fn* proceeds *tsz*, returns *tsz*, profit
hozam *fn* output, yield
hozamú *mn* **nagy ~** highly productive
hózápor *fn* flurry of snow
hozat *i* send* for, *[rendel]* order
hózentráger *fn biz* braces, *US* suspenders
hozomány *fn* dowry, marriage portion
hozományvadász *fn* fortune hunter
hozomra *hsz biz* on tick/credit, *GB* on/the slate
hozott *mn* **a ~ anyagot elkészítjük** customer's own materials made up
hozzá *hsz* to/towards sy; **odalépett ~** he went/came up to her/him; **elég az ~** suffice it to say, to cut a long story short; **nem ismerek ~ fogható**t I do not know his like; **a ~ hasonlók** his equals/fellows/likes, those like him, the likes of him; **~m** to me; **~d** to you; **~d beszélek** I am talking to you; **~nk** to us; **~tok** to you; **~juk** to them; → **fogható**; → **hozzávaló**; → **képest**

H

hozzáad *i* **1.** (*vmhez vmt*) add (sg to sg); **~unk két tojást** add (in) two eggs; **hathoz ~unk hetet** add seven to six **2. ~ja a lányát vkhez** marry one's daughter (off) to sy

hozzáállás *fn* (*vmhez*) attitude, approach (to sg); **rossz a munkához való ~a** he doesn't have the right attitude (v. he has/takes the wrong attitude) to his work

hozzábújik *i* (*vkhez*) nestle/snuggle close/up to sy

hozzácsap *i biz [hozzászámít]* slap/clap/tack sg on(to) sg

hozzácsatol *i* **1.** (*vmhez*) fasten/attach (sg), *[kapoccsal]* hook/hang* on(to) **2.** *[kocsit]* couple (on)sg to sg **3.** *[területet]* annex sg to [country]

hozzáedződ|ik *i* be*/get* inured/hardened to

hozzáépít *i [épülethez szárnyat/szobát]* build* on [an extension], add [a wing/room] to [a building]

hozzáépítés *fn* extension

hozzáér *i* (*vmhez*) touch sg, come* into contact with sg, *[könnyedén]* brush

hozzáerősít *i* (*vmhez*) fasten/fix/attach sg to sg

hozzáértés *fn* expertise, competence, skill; **megvan a ~e (vmhez)** be* skilled in sg; **hozzá nem értés** ignorance

hozzáértő *mn* competent, expert, skilled (in sg); **hozzá nem értő** incompetent, inexpert, ill-qualified, ignorant, *kif* be* not good at sg

hozzáfér *i* (*vmhez*) reach (sg), be* able to get hold of sg, (*vkhez*) come*/get* near (enough) to sy; **nehéz ~ni** be* difficult/hard to get at; **(könnyen) ~ vmhez** have* (easy) access to sg; **kétség sem férhet hozzá** no doubt (whatever) about it, beyond the shadow of a doubt

hozzáférés *fn infor* access (*vmhez* to)

hozzáférhetetlen *mn* **1.** *[dolog]* inaccessible, out of reach *ut*, unavailable, *biz* ungetatable **2.** *[akit nem lehet megkörnyékezni]* incorruptible

hozzáférhető *mn* **1.** *[dolog]* accessible, approachable, available, *[igével]* be* within (one's) reach; **könnyen ~** easy of access *ut*; **~ kompaktlemezen** it is available/accessible on a compact disc; **~vé tesz** make* available, bring* within reach, open up **2.** *[ember]* approachable

hozzáférkőz|ik *i* (manage to)get* near/at

hozzáfog *i* (*vmhez*) set* about sg, start/begin* to do sg, start doing sg, start [work etc.], set* off/out to do sg, commence sg; **~ a munkához** get* down to work, start work, *[komolyan]* buckle down (to); **ha már ~tam** while I am about it

hozzáfűz *i* **1.** (*vmhez*) tie (sg) on (sg), bind*/fasten (sg) to (sg) **2.** *[megjegyzést]* add; **ehhez még ~ök néhány szót** I would just like to add a few words; **(ehhez) nincs mit ~ni** I've nothing to add; no comment

hozzágondol *i* add sg in thought

hozzáidomul *i* (*vmhez/vkhez*) adapt/adjust to, fall* in step with

hozzáigazít *i* **1.** (*vmhez*) adjust to **2.** *[órát]* set* [one's/the watch]by (sg); **~ja az órát a rádióhoz** set* one's watch by the radio; **~hatod az órádat** *[olyan pontos]* you can set your watch by him

hozzáilleszt *i* (*vmhez*) fit/apply (sg) to sg

hozzáill|ik *i* **1.** (*vkhez*) become*/suit sy, be* suited to sy **2.** (*vmhez*) suit sg, *[jól áll]* go* (well) with sg; **~ik a hajához** it goes with her hair

hozzáillő *mn* suitable, fitting, becoming, appropriate; *[ruházat]* to match *ut*; **színben ~** ... to match; **végy egy ~ kalapot** buy a hat to match

hozzájárul *i* **1.** *[vmhez okként]* contribute to (sg) **2.** *[anyagilag]* contribute to (sg), make* a contribution to (sg); **~ a költségekhez** contribute to the costs, *biz* help out with the costs **3.** *[beleegyezik]* assent, agree, consent (*vmhez* to)

hozzájárulás *fn* **1.** *[ténye, összege]* contribution (*vmhez* to); **étkezési ~** meals allowance, *GB* luncheon voucher, *US* meal ticket **2.** *[beleegyezés]* assent, consent, approval; **megadja ~át vmhez** approve of sg, assent to sg; *[hatóság]* approve (sg), *biz* give* the go-ahead to sg; **utólagos ~oddal** with your anticipated approval

hozzájön *i biz* **1.** (*vmhez még vm*) be* added to (sg), come* on top of sg; **amihez még ~** to which you must add (sg) **2. hogy jövök én hozzá?** what have I (got) to do with it?, it's no concern of mine

hozzájut *i* **1.** *[térben vmhez]* get* at, have* access to (sg) **2.** *[időben]* find* time (for sg or to do sg), get* (to do), get* round to; **ha ~ok, írok** I'll write if I find time **3.** *átv [utánjárással megszerez]* get* (hold of) (sg), obtain, *[álláshoz]* come* by, get*; **olcsón jutott hozzá** he got it cheap, it was a good bargain; **nehéz ~ni** be* difficult to come by

hozzájutási *mn* **~ bűnözés** *[kábítószerfogyasztóké]* acquisition crime

hozzájuttat *i* (*vkt vmhez*) help sy to (get/obtain) sg, get* sy sg

hozzákapcsol *i* → **hozzácsatol**

hozzákever *i* stir sg in(to) sg; → **hozzáad**

hozzákezd *i* → **hozzáfog**

hozzákölt *i [történethez]* embroider [a/the story]

hozzáköt *i* tie sg on (v. (on)to sg), fasten sg to (sg), attach sg to sg; **~i sorsát vkéhez** throw* in one's lot with sy; **sok minden köt hozzá** I'm attached to him/her in many ways

hozzálát *i [evéshez]* settle down to [a hearty meal], fall* to it → **hozzáfog**

hozzálép *i* step/walk up to sy

hozzámegy *i [feleségül vkhez]* marry (sy), get* married to (sy)

hozzámér *i* (*vmhez*) compare with (sg)

hozzánő *i átv* (*vkhez/vmhez*) become* (inseparably) attached to (sy/sg)

hozzányúl *i* **1.** (*vmhez*) touch/handle sg, lay* hands/fingers on sg **2.** *átv biz [megdézsmál]* help oneself to; **ne nyúlj hozzá!** don't touch (it)!, leave it alone, hands off!; **hozzá nem nyúlnék semmi pénzért** I wouldn't touch it with a barge (*US* ten-foot) pole

hozzáolvas *i* read* up (on) sg, *biz* bone up on sg

hozzáragad *i* (*vmhez*) cling*/stick* to, get* stuck to

hozzáragaszt *i* (*vmhez*) stick*/affix to

hozzásegít *i* → **hozzájuttat**

hozzásimul *i* **1.** (*vk*) (*vkhez*) snuggle/cuddle up to sy, cling* together **2.** *[ruha]* cling*, fit (sy) well

hozzászab *i* (*vmhez*) adapt/fit sg to sg, (*vkhez*) cut* sg to fit sy

hozzászámít *i* (*vmhez*) add on, include (in sg), reckon in (sg)

hozzászegőd|ik *i* (*vkhez*) join sy, team up with sy

hozzászok|ik *i* (*vmhez*) get*/become*/grow* accustomed to sg, get* used to sg; **hozzá van szokva** be* accustomed/used to sg

hozzászoktat *i* (*vkt vmhez*) accustom/habituate sy to sg, get* sy used to sg, *[nehézséghez]* inure (to)

hozzászól *i* (*vmhez*) speak* (on a subject), make* a comment (on), comment on sg, *[egy javaslathoz]* speak* to [a motion]; **mit szólsz hozzá?** what do you think (of it)?, what do you say (to this)?

hozzászólás *fn [ülésen]* contribution [to a debate], remarks *tsz* [at a meeting]; **van még vknek ~a?** does anyone else wish to speak?; **az elhangzott ~ok** the discussion

hozzászóló *fn* speaker [adding his remarks], *[felkért]* discussant

hozzátámaszt *i* (*vkt vmhez*) lean* sg on/against sg

hozzátapad *i* **1.** (*vmhez*) stick*/adhere to sg **2.** (*vkhez*) cleave*/cling* to sy, *biz* cling* like a leech

hozzátartoz|ik *i* **1.** (*vmhez*) belong to sg, be* (a) part of sg **2.** (*vkhez*) be* part/one of the [family etc.]; **~ik a családhoz** (s)he is one of the family

hozzátartozó I. *mn* **épület a ~ garázzsal** house with garage attached **II.** *fn [rokon]* relative, relation; **~im** my family/relatives, *biz* my folks; **legközelebbi ~** (one's) next of kin, closest/nearest relative; **az elhunyt ~i** the bereaved

hozzátesz *i* → **hozzáad 1; nincs semmi hozzátennivalóm** I have nothing to add, I have no comment to make; *[főleg pol]* no comment; ... **tette hozzá** ... he added
hozzáütődik *i* (*vmhez*) bump/knock/strike* against
hozzávág *i* (*vmt vkhez/vmhez*) throw*/hurl/fling* sg at sy/sg
hozzávaló *fn* **1.** *[kellékek]* accessories, *US* findings, *[szabóé]* trimmings, *US* fixings, *[ételhez]* ingredients (*mindegyik: tsz*) **2. megvan a ~ja** *[pénze]* he has the wherewithal
hozzá való *mn* **1.** *[vmhez tartozó]* belonging to *ut* **2.** *[szükséges]* requisite, required **3.** → **hozzáillő**
hozzávarr *i* (*vmhez*) sew* on (to sg)
hozzávesz *i* → **hozzászámít; ha még hozzávesszük azt is, hogy** and if we add that
hozzávetőleg *hsz* approximately, about, roughly (speaking)
hozzávetőleges *mn* approximate, rough [guess, calculation, estimate]; **~ becsléssel** at a rough guess; **~ számítás** rough estimate/calculation, *biz* guesstimate
hozsanna *fn* hosanna
hő I. *fn* heat; **~re keményedő** thermosetting; **~re lágyuló** thermoplastic; **~t fejleszt** generate/produce heat; **~ okozta** thermal **II.** *mn átv elav* fervent, ardent
hőálló *mn* heat-resistant, heatproof
hőátadás *fn* heat transmission
hőbörög *i biz [hangoskodik]* bawl, rant
hőegyenérték *fn* thermal equivalent
hőegység *fn* thermal unit, *GB [hivatalos]* British thermal unit (B.Th.U. v. btu) (= 1055,06 joule v. 252 kalória), therm (= 100 000 B.Th.U.)
hőelmélet *fn* theory of heat
hőemelkedés *fn* **1.** *[légköri]* rise in temperature **2.** *orv* slight fever/temperature; **~e van** have*/run* a temperature
hőenergia *fn* heat-energy, thermal energy
hőerőgép *fn* heat engine/motor
hőerőmű *fn* (thermal) power station
hőérzet *fn* temperature sensation
hőfejlesztés *fn* heat generation
hőfok *fn* **1.** degree of heat/temperature, temperature **2.** *átv [érzelmeké]* heat, warmth
hőfokszabályozó *fn* thermostat
hőforrás *fn* **1.** *[hősugárzó test]* source of heat/warmth **2.** *[víz]* hot/thermal spring
hőguta *fn* heatstroke, *[napszúrás]* sunstroke; **~t kap** get* sunstroke
hőháztartás *fn* balance of heat
hőhullám *fn* **1.** heat wave **2.** *orv [nőé]* hot flush, *US* hot flash
hőkezelés *fn műsz* heat treatment
hőkibocsátás *fn* heat emission
hőkiütés *fn orv* prickly heat, heat rash
hőlégballon *fn* hot-air balloon
hölgy *fn* lady; **H~eim és uraim!** Ladies and Gentlemen!; **~eké az elsőbbség** ladies first
hölgyfodrász *fn* ladies' hairdresser
hőmérő *fn* thermometer, *[orvosi]* (clinical) thermometer
hőmérőz *i* take* sy's temperature
hőmérséklet *fn* temperature
hőmérséklet-emelkedés *fn* rise of/in temperature
hőmérséklet-ingadozás *fn* temperature variation, fluctuation of temperature
hőmérséklet-változás *fn* change in temperature
hömpölyög *i* **1.** *[víz]* roll on/along, *[tenger]* heave*, billow, surge **2.** *[tömeg]* surge (forward)
hőn szeretett *mn elav* dear(ly beloved), treasured
hőpalack *fn* thermos (flask), (vacuum) flask, *US* thermos bottle
hőpapír *fn távk* thermal paper
hőpárna *fn* electric pad
hörcsög *fn áll* hamster
hörgés *fn* rattle (in one's throat)
hörghurut *fn* bronchitis
hörgő I. *mn [hang]* rattling **II.** *fn* bronchial tube
hörög *i* rattle (in one's throat)
hörpint *i* gulp down, take* a sip (of sg)
hős I. *fn* hero; **a nap ~e** the hero/man° of the hour; **a regény ~ei** the heroes (v. the main characters) of the novel **II.** *mn* heroic, valiant
hőség *fn* (great) heat; **nagy ~ van** it is very hot; **pokoli ~** a scorching day, *biz* a scorcher
hősi *mn* heroic, herolike; **~ eposz** heroic epic; **~ halál** (a) hero's death; **~ halált hal** be* killed in action; **~ halott** war dead, one killed in action, one killed in the war, war hero; **a ~ halottak** the war dead *tsz*
hősies *mn* heroic, valiant; **~en** heroically
hősiesség *fn* heroism, valiance, gallantry, *átv biz (vké)* heroics *tsz*
hőskor *fn* heroic age (of)
hősködés *fn* heroics *tsz*, bragging
hősköd|ik *i* brag, play the hero
hősköltemény *fn* (heroic) epic
hőskultusz *fn* hero worship
hősnő *fn* heroine
hősszerelmes *fn* lover [in a romantic play]
hőstett *fn* (act of) heroism/gallantry, heroic/brave feat/deed; **~eket visz végbe** perform/accomplish (heroic) feats/deeds
hősugárzás *fn* radiation of heat, heat radiation
hősugárzó *fn* radiator, (electric) heater; **fali ~** *[gáz]* gas heater
hőszabályozás *fn* temperature/thermostatic control
hőszabályozó *fn* thermostat
hőszigetelés *fn* heat insulation
hőszigetelő I. *mn* **~ üvegezés** double glazing **II.** *fn* heat insulator
hőszigetelt *mn* insulated
hőtágulás *fn* thermal expansion
hőtakaró *fn* electric blanket
hőtan *fn* science of heat
hőtároló *fn* storage heater
hővezető I. *mn* heat-conducting; **~ képesség** thermal conductivity **II.** *fn* heat conductor
hőzöng *i biz* → **hőbörög**
hrsz. *röv* → **helyrajzi szám**
htb. *röv* → **háztartásbeli**
húg *fn* younger sister
hugenotta *fn tört* Huguenot
húgy *fn* urine, water
húgycső *fn* urethra
húgyhólyag *fn* (urinary) bladder
húgykő *fn* urinary calculus, urolith
hugyoz|ik *i durva* piss, take* a leak/piss
húgysav *fn* uric acid
húgyvérűség *fn* uraemia (*US* uremia)
húgyvezeték *fn* ureter
huh! *isz* ugh!, *[csodálkozás]* wow!
huhog *i* hoot, to-whoo, ululate
huligán *fn* hooligan, (young) thug
huliganizmus *fn* hooliganism
hull *i* **1.** *[esik, leesik]* fall* (off), drop (down/off); **~ a hó** it is snowing, snow is falling; **térdre ~** fall* on one's knees **2.** *[könny]* flow **3. ~ a haja** he is losing his hair, his hair is falling out **4.** *[meghal]* die, *[állatok tömegesen]* die off; **úgy ~anak, mint ősszel a legyek** they are dying like flies
hulla *fn* corpse, (dead) body, *[boncolás előtt]* cadaver, *[állati]* carcass
hullaboncolás *fn* → **boncolás**
hulladék *fn ált* waste (material), refuse, *US* garbage, *[szemét]* litter, *[vas]* scrap iron
hulladékfeldolgozás *fn* recycling (v. re-use) of waste (materials)
hulladékgyűjtő *fn [utcai]* litter-bin, *US* litterbag
hulladékhasznosítás *fn* → **hulladékfeldolgozás**
hulladékveder *fn* dustbin, *US* garbage can
hullafáradt *mn biz* dead/dog-tired, done in

H

hullafolt *fn* cadaveric ecchymosis (*tsz* -ses)
hullagyalázás *fn* desecration/violation of the dead/corpse
hullaház *fn* mortuary, morgue
hullahegyek *fn tsz* heaps/mountains of corpses
hullám *fn* **1.** *ált* wave, *[nagy tengeri]* billow, *[nagy parti]* breaker; **az ellenség öt ~ban támadott** the enemy attacked in five waves; **nagy ~okat ver** *átv* cause great excitement (v. a stir) **2.** *[hajban]* wave; **tartós ~** permanent wave; **természetes ~** natural wave **3.** *fiz* wave
hullámbádog *fn* corrugated iron
hullámcsat *fn GB* hairgrip, kirby grip, *US* bobby pin
hullamerevség *fn* rigor mortis
hullamérgezés *fn* corpse poisoning
hullámfürdő *fn* swimming pool with artificial waves, wave pool, wave bath
hullámhossz *fn* wavelength
hullámlemez *fn* corrugated iron
hullámlovaglás *fn* surfriding, surfing
hullámlovas *fn* **1.** *[személy]* surfrider, surfer **2.** *[deszka]* surfboard
hullámmozgás *fn* wave motion
hullámos *mn* **1.** → **hullámzó 1 2.** *[haj]* wavy, curly
hullámpapír *fn* corrugated cardboard
hullámsáv *fn* waveband
hullámsír *fn irod* watery grave
hullámtaréj *fn* crest
hullámtér *fn [folyóé]* flood plain, foreshore
hullámtörő (gát) *fn* breakwater
hullámváltó *fn el* waveband switch, band select button(s)
hullámvasút *fn* roller coaster, *US így is:* coaster, *GB* switchback, big dipper
hullámverés *fn* rolling sea, swell of the sea, *[parti]* surf
hullámvonal *fn* wavy line
hullámvölgy *fn* **1.** trough [of the wave] **2.** *átv gazd* depression, *[vk életében] GB biz* bad patch
hullámzás *fn* **1.** *[tengeré]* surge of the sea, waves *tsz*, billows *tsz*, undulation **2.** *[áraké]* fluctuation
hullámz|ik *i* **1.** *[szelíden]* ripple, undulate, *[erősen]* surge, billow, swell*; **~ik a tenger** the sea is choppy; *[erősebben]* there is a rough sea **2.** *[áralakulás]* fluctuate
hullámzó *mn* **1.** *[víz]* billowy, rough, undulating, *[kis hullámokban]* rippling **2.** *[tömeg]* milling, surging [crowd]
hullarablás *fn* **1.** *[hulla elrablása]* body snatching **2.** *[hullától]* robbing a corpse
hullarészeg *mn biz* blind drunk, *szl* blotto, wasted, smashed, sloshed
hullaszag *fn* cadaverous smell
hullaszállító *mn* **~ kocsi** (motor) hearse
hullat *i* **1.** *[leejt, ledob]* drop, let* fall **2.** *[könnyet, vért, levelet]* shed* **3.** *[szőrt, hajat]* lose*
hull|ik *i* → **hull**
hulló *mn* falling, dropping
hullócsillag *fn* shooting star
hullott *mn* **~ gyümölcs** windfall; **~ alma** windfall apple
humán *mn* **1. ~ érdeklődésű/beállítottságú** interested in (v. oriented towards) the arts/humanities *ut*; **~ értelmiség** arts/humanities scholars/people *tsz*, those with arts degree *tsz*; **~ műveltség** education in the arts, arts education, education in the humanities/classics; **~ tárgyak/tudományok** (the) humanities, the arts; (the) non-scientific subjects, *[társadalomtudományok]* (the) social science(s) **2.** *gazd* **~ erőforrások** human resources (*röv* **HR**)
humánerőforrás-gazdálkodás *fn* human resource management
humanista *mn/fn* humanist
humanitárius *mn* humanitarian
humanitás *mn* humanity, humaneness
humanizmus *fn* humanism
humánpolitika *fn* human resource management, human resources *tsz*, personnel policy
humánpolitikai *mn* **~ ügyek/osztály** department of human resources, HR department
humánum *fn* humanity
humánus *mn* humane, humanitarian; **~an** humanely; **~an bánik vkvel** treat sy humanely (v. like a human being)
humbug *fn biz* humbug, eyewash, *[ostobaság]* baloney v. boloney, nonsense
humor *fn* humour (*US* -or)
humorérzék *fn* sense of humour (*US* -or); **nincs ~e** he has no sense of humour, he cannot see the joke
humoreszk *fn* humorous sketch/writing
humorista *fn [író]* humorous writer, humorist, *[előadó]* (stand-up) comedian
humorizál *i* crack jokes
humoros *mn* homorous, funny, comic
humusz *fn* humus
hun I. *mn* Hun(nish) **II.** *fn* Hun
huncut I. *mn* **1.** *[pajzán, tréfásan gonoszkodó]* waggish, prankish, impish, roguish, *[mosoly]* mischievous [smile] **2.** *[nem becsületes]* wily, crafty **3. egy ~ garast sem kaptak** they didn't get a bean **II.** *fn* rogue, rascal; **te kis ~** you little imp/rascal
huncutkod|ik *i* play pranks, play the imp, be* naughty
huncutság *fn* **1.** *[pajkosság, tréfás gonoszkodás]* impishness **2.** *pej* villainy
hungarocell *fn* Styrofoam, polystyrene
hungarológia *fn* Hungarian studies *tsz*
huny *i* → **szem**
hunyó *fn [fogócskában]* **ő a ~** (s)he is it
hunyorgat *i* blink, nictitate
hunyorít *i [egyet]* wink, *[tartósan]* narrow one's eyes
hunyorog *i [pl. csillag]* twinkle, glimmer
huppan *i* give* a thud, thud, plop
húr *fn* **1.** *[hegedűn]* string(s), *[zongorán]* (piano) string(s) **2.** *mat* chord **3. egy ~on pendülnek** they are thick as thieves, they are tarred with the same brush; **más ~okat penget** change one's tune, come* down a peg or two; → **túlfeszít**
hurcol *i* drag, haul, *biz* lug; **magával ~** drag along
hurcolkodás *fn* removal, moving
hurcolkod|ik *i* move (house), (re)move (*vhova* to)
huri *fn* houri
hurka *fn* **1.** *[étel]* sausage (made of chitterlings); **májas ~** liver sausage, *US* liverwurst, *GB* white pudding; **véres ~** black pudding **2.** *biz [bőrön vesszőütéstől]* wale, weal, welt
hurkapálcika *fn* wooden skewer
hurkol *i* loop, knot
hurok *fn ált* noose, slipknot, loop, *[állatfogó]* snare, mesh; **szorul a ~** *[vk nyakán]* the net is closing (on sy); **hurkot vet** set* a trap, lay* a snare; **~ra kerül** get* caught; **~ra kerít** catch*, snare
hurokvágány *fn* loop(line)
Huron-tó *fn* Lake Huron
húros *mn* **~ hangszer** string(ed) instrument
húroz *i [teniszütőt, zongorát]* string*
hurrá *isz* (hip, hip) hurray!; **háromszoros ~** three cheers (for sy)
hurrázás *fn* cheers *tsz*, cheering
hurut *fn* catarrh
hurutos *mn* catarrhal
hús *fn* **1.** *[élő]* flesh, *[ennivaló]* meat, *[vadé]* game; **se ~, se hal** neither fish nor flesh; **~ába vág** → **eleven ébe vág** ; *biz* **jó ~ban van** be* in good condition, be* well covered; **~ és vér** flesh and blood **2.** *[gyümölcsé]* pulp, flesh → **olcsó**
húsadag *fn* meat ration
husáng *fn* cudgel, club
húsbavágó *mn* crucial, fundemental
húsbolt *fn* butcher's (shop), the butcher's
húsdaráló *fn* mincer, *US* meat grinder
húsellátás *fn* meat supply
húsétel *fn* meat dish
húsevő I. *mn* carnivorous, meat-eating **II.** *fn* carnivore
húsgombóc *fn* meatball

húshagyókedd *fn* Shrove Tuesday
húsipar *fn* meat trade/industry
húskészítmény *fn* processed meat (product)
húskonzerv *fn* canned/tinned meat
húslégy *fn áll* blowfly, greenbottle (fly)
húsleves *fn* meat-soup, clear soup, *[sűrű]* broth
húsmérgezés *fn* ptomaine/food/meat poisoning, *[kolbász, hurka]* botulism
húsos *mn* **1.** meat-; **~ étel** *[fogás]* meat dish/course; **~ palacsinta** savoury/meat pancake **2.** *[személy, testrész]* well-covered, chubby, *[undorítóan]* fleshy
húsosfazék *fn átv biz* **ott ül a ~nál** be*/get* on the gravy train
húspogácsa *fn* meatball
huss! *isz* shoo!
hússaláta *fn* meat salad
hússertés *fn* porker, bacon pig, *[kb. 60 kilón felül]* hog
hússzelet *fn* steak
hústalan *mn [étkezés]* meatless; **~ nap** fish-day
hústermék *fn* → **húskészítmény**
húsüzem *fn* meat processing plant
húsvágó *mn* **~ deszka** *fn* chopping board/block; **~ bárd** cleaver, chopper
hús-vér *mn* **~ ember** the man in flesh and blood
húsvét *fn* Easter; **~kor** at Easter
húsvéti *mn* Easter; **~ locsolás** Easter sprinkling; **~ nyuszi** Easter bunny; **~ tojás** Easter egg; **~ ünnepek** Easter holidays
húsvétvasárnap *fn* Easter Sunday
húsz *szn* twenty, a score; **~ óra** twenty hours, 8 p.m.; **~on aluli** teenager
huszad *fn* a/one twentieth, twentieth part
huszadik *szn/mn* twentieth; **a XX. század** the 20th century
huszadszor *szn/hsz* for the twentieth time
húszan *szn/hsz* twenty (of them/us/you)
huszár *fn* **1.** hussar, cavalryman° **2.** *[sakkban]* knight
húszas I. *mn* twenty; **a ~ évek** the twenties, the (19)20s; **~ szám** (figure/number) twenty; **~ szoba** room number twenty (No. 20); **~ busz** bus number twenty, the number twenty (No. 20) bus **II.** *fn* **1.** → **~ szám 2.** *elav [húszforintos bankjegy]* twenty-forint note, *[érme]* twenty-forint piece
húszéves *mn* (*vk*) twenty-year-old, twenty years old *ut*, (*vm*) of twenty years *ut*; **még nincs ~** he is still in his teens
húszfilléres *fn elav* twenty-fillér (piece)
húszforintos *fn elav [bankjegy]* twenty-forint note, *[érme]* twenty-forint piece
huszita *fn/mn tört* Hussite
huszonegy *szn* twenty-one; **kivágtam, mint a ~et** I sent him packing
huszonegyes *fn* **1.** *[szám]* (the number)twenty-one **2.** *[kártya]* blackjack, *GB* pontoon, *US* twenty-one
huszonegyez|ik *i* play blackjack/*GB* pontoon/*US* twenty-one
huszonnégy *szn* twenty-four; **~ órán át** round the clock; **~ órán belül** (with)in twenty-four hours
huszonöt *szn* twenty-five; **~ éves évforduló** silver jubilee; *biz* **~öt érdemel** need the stick, deserve a stiff punishment
huta *fn* smelting-works, foundry, *[üveg]* glass-works
húz *i* **1.** *ált* draw*, pull, *[vonszolva]* drag, haul, pull; **közelebb ~za a széket** draw* one's chair up/nearer, pull up a chair; **~za vknek a haját** pull sy's hair; **~za a lábát** drag one's feet; **vizet ~ (a kútból)** draw* water (from a well); **~ egy kártyát** draw* a card **2.** *[ruhát]* put* on [clothes]; **cipőt ~** put* on one's shoes, put one's shoes on; **szemébe ~za a kalapot** pull* one's hat over one's eyes; **magára ~za a takarót** wrap the blanket around oneself; **ágyat ~** put* clean sheets on the bed, change/make* the bed **3. a hátizsák ~za a hátamat** the rucksack is weighing me down **4. nagyot/jót ~ az italból/üvegből** take* a swig (of [beer], at [a bottle]), drink* deep, (have* a) pull at the bottle **5.** *biz [ugrat vkt]* kid (sy), pull sy's leg, (*vmvel*) banter (sy about sg) **6.** *[motor]* **jól ~ a motor** the engine/motor is pulling well **7. jót ~ az evezőn** pull one's weight, pull a good oar **8.** *[borotva]* scratch **9.** *[vonzódik vkhez]* feel* attracted to sy, feel* drawn towards sy, *[vm vm felé]* be* drawn towards, gravitate towards **10.** *[madár]* fly* (in a direction), pass by **11. ~ (egyet) a csavaron** tighten the screw, give* the screw another turn **12.** *[sakkozó]* (make* a) move; **ki ~?** whose move is it? **13.** *[vk vmeddig]* **nem sokáig ~za már** he is not long for this world, he has one foot in the grave **14.** *[írásból töröl]* cut*, make* cuts in [an article], cut* out [of play] **15.** *[huzat]* there is a draught, it is draughty **16.** *biz* **vkre nagyot ~** thump sy (one); → **fog**[3], → **haszon**, → **idő**, → **karó**, → **rövidebb**, → **sors**, → **ujj**
huzagolt *mn* rifled; **~ cső** rifled bore
huzakod|ik *i* **1.** → **vonakodik 2.** *[verekszik]* quarrel (*US* -l), wrangle, bicker
huzal *fn* wire, *[erősebb]* cable
huzalozás *fn* wiring; **~i rajz** wiring diagram
huzam *fn* **egy ~ban** at one go
huzamos *mn* protracted, (long-)lasting, of long duration *ut*; **~ (külföldi) távollét** a longer stay (abroad); **~ időre** for a long time
húzás *fn* **1.** *ált* pull, pulling, draw, drawing, *[vonszolva]* drag, dragging, haul, hauling **2.** *[evezővel]* stroke **3.** *[madaraké]* flight **4.** *[italból]* draught (*US* draft), swig **5.** *[sorsjegyé, kötvényé]* drawing **6.** *[írásból]* cut **7.** *biz* → **sakkhúzás 8.** *biz [tett]* trick; **ez csúnya ~ volt részéről** that was a mean trick
huzat *fn* **1.** *[léghuzat]* draught (*US* draft); *biz* **mint a ~** like a shot **2.** *[bútorra]* cover, *[párnára]* case, slip; **barna ~tal** covered in a brown cover
huzatos *mn* draughty (*US* drafty)
huzavona *fn* wrangling, delays *tsz*
húz-halaszt *i* keep* putting off, keep* postponing, *[elnyújt]* drag out
huzigál *i* → **ráncigál**
húzódás *fn [végtagfájdalom]* strain; **~a van** he has strained/pulled a muscle/ligament
húzód|ik *i* **1.** *[anyag]* stretch **2.** *[ügy]* drag on, take* a long time (in getting done) **3.** *[terület vmeddig]* extend to/over (v. as far as), spread* as far as **4.** *[vk vhová bújik]* withdraw* to, retire to, hide* in
húzódoz|ik *i* (*vmtől*) fight* shy of sg, be*/feel* reluctant/loath to do sg, shrink* from sg, be* unwilling to do sg
húzódzkod|ik *i [nyújtón]* pull up at/to the bar
húzós *mn szl* risky, dodgy, *[drága]* stiff
húzott *mn [szoknya]* gathered (skirt)
húzózár *fn* → **cipzár**
hű[1] *mn* faithful, loyal, true, devoted (*vkhez, vmhez mind* to sy/sg); **~ marad elveihez** stay true to one's principles, stick* to one's guns; **~ marad vkhez** remain faithful/loyal to sy; **~ fordítás** close/faithful translation
hű[2] *isz* oh!, wow!
hűbelebalázs *fn* **~ módjára** in a slapdash way, recklessly, without weighing the pros and cons
hűbér *fn tört* feudal tenure, fief
hűbérbirtok *fn tört* (estate in) fee, fief
hűbéres *fn tört* feoffee, vassal
hűbéri *mn tört* feudal; **~ állam** feudal state
hűbériség *fn tört* feudal system, feudalism
hűbérúr *fn tört* liege lord
hűdés *fn* (paralytic) stroke, paralysis
hűdéses, **hűdött I.** *mn* paralysed, paralytic **II.** *fn* **hűdött (beteg)** paralytic
hűen *hsz* → **híven**
hűha *isz* by golly!, oh dear!, gosh!
hűhó *fn* ado; **sok ~ semmiért** much ado about nothing, a storm in a teacup; **nagy ~t csap vmért** make* a fuss about sg
hűl *i* cool, grow*/get* cool; **hadd ~jön** let it cool
hüledez|ik *i* be* dumbfounded/flabbergasted/astounded, be* struck dumb

hűlés *fn* **1.** *[folyamat]* cooling **2.** *[meghűlés]* cold, chill
hüllő *fn* reptile
hűlt *mn* ~ **helyét találták** sy is found gone, sy/sg has disappeared/vanished into thin air
hülye I. *mn* idiotic, half-witted, stupid **II.** *fn* idiot; **te ~!** you fool/idiot!; **~nek nézel?** do you take me for a fool?
hülyegyerek *fn biz* dummie, dolt, clot
hülyén *hsz* ~ **fest** look* silly/stupid; ~ **néz** look* stupidly/vacuously; ~ **vigyorog** grin like an imbecile
hülyeség *fn* idiocy, stupidity; **~!** (stuff and) nonsense!, rubbish!; **~eket beszél** talk nonsense/rot; **ilyen ~et!** what nonsense!, isn't that crazy?
hülyésked|ik *i* act foolishly, play silly pranks; **ne ~j!** (i) don't be silly! (ii) *[komolyan?]* no kidding?
hülyít *i biz* fool sy, pull sy's leg
hülyül *i* → **hülyéskedik**
hümmög *i* hum/hem (and haw)
hűs *mn* cool, fresh, refreshing
hűség *fn* **1.** *ált* faithfulness, fidelity, *[ragaszkodó]* devotion **2.** *[párthoz]* loyalty
hűséges *mn* faithful, loyal, true, devoted
hűségeskü *fn* oath of loyalty/allegiance
hűségnyilatkozat *fn* profession of loyalty/allegiance
hűsít *i* refresh
hűsítő I. *mn* refreshing, cooling; ~ **italok** soft drinks **II.** *fn [ital]* soft drink
hűsöl *i* rest in the shade, rest in a cool place; **árnyékban ~** enjoy the cool of the shade
hűt *i ált* cool, make* cold, *[ételt hűtőkészülékkel]* refrigerate, chill
hűtés *fn* cooling, chilling, refrigeration, cold storage
hűtlen *mn [barát stb.]* faithless, unfaithful, disloyal, *[házastárs]* unfaithful; ~ **elhagyás** (wilful) desertion; ~ **kezelés** misappropriation, embezzlement, defalcation; **~né válik vkhez** betray sy, desert sy
hűtlenség *fn* **1.** *ált* faithlessness, disloyalty, breach of faith **2.** *[házastársi]* infidelity
hűtő I. *mn* cooling, chilling, refrigerating, freezing **II.** *fn* **1.** *[autóé]* radiator **2.** *[szekrény]* refrigerator, *biz* fridge
hűtőborda *fn műsz* cooling flange/gill
hűtőfolyadék *fn* coolant
hűtőgép *fn* → **hűtőszekrény**
hűtőház *fn* cold store, cold-storage depot/plant; **~ban** in cold storage/store
hűtőházi *mn* cold-storage
hűtőkamra *fn* ice-room
hűtőkészülék *fn* → **hűtőszekrény**
hűtőkocsi *fn* refrigerator van
hűtőláda *fn* chest freezer
hűtőpult *fn* (display-type food) freezer
hűtőrács *fn [autón]* grille
hűtőrendszer *fn [gépkocsié]* cooling system
hűtőszekrény *fn* refrigerator, *biz* fridge, *US így is:* icebox; ~ **mélyhűtővel egybeépítve** fridge freezer
hűtőtáska *fn* freezer bag, coolbox, coolbag, *US* cooler
hűtött *mn* chilled, iced
hűtővitrin *fn* cold-storage (show)case
hűtővíz *fn* cooling water
hüvely *fn* **1.** *[kardé]* scabbard, sheath, *[töltényé]* cartridge case, *[tok]* case, cover, *műsz* sleeve, jacket, casing; **~be dug** *[kardot]* sheathe [one's sword] **2.** *növ* legume, pod **3.** *biol* vagina
hüvelyes I. *mn* **1.** *növ* leguminous, papilionaceous [plant]; ~ **termés** legume **2.** *[más]* having a sheath/case *ut* **II.** *fn* **~ek** leguminous/papilionaceous plants, pulses
hüvelyk *fn* **1.** *[kézen]* thumb, *[lábon]* big toe; **H~ Matyi** Tom Thumb **2.** *[mérték]* inch (= 2,54 cm)
hüvelykujj *fn* → **hüvelyk 1**
hüvelytermés *fn* legume, pod
hűvös I. *mn* **1.** *[idő, kellemesen]* cool, fresh, refreshing, *[kellemetlenül]* chilly, chill; ~ **van,** ~ **a reggel ma** it is a bit chilly, there's (quite) a chill in the air (this morning); ~ **helyen tartandó** to be kept in a cool place **2.** *[modor]* stiff, icy, unresponsive; ~ **fogadtatás** cold/frosty reception; **~en fogad** give* sy a (very) cool reception; **~en kezel vkt** treat sy coldly, *biz* give* sy the cold shoulder **II.** *fn biz [börtön]* the cooler; **~re tesz** clap (sy) in jail/jug
hűvösöd|ik *i* become* colder, turn cool/chilly

I

I, i, Í, í *fn [betűk]* (the letters) I, i, Í, í
iá *isz* heehaw
iáz|ik *i [szamár]* bray, heehaw
Ibériai-félsziget *földr* Iberian Peninsula
ibolya *fn* violet; **alulról szagolja az ~t** be* pushing up the daisies
ibolyántúli *mn* ultraviolet; **~ sugarak** ultraviolet rays
ibolyaszínű *mn* violet(-coloured) (*US* -or-)
ibrik *fn biz* mug, pot
icce *fn elav* ‹old liquid measure: 0.88 litre (*US* liter)›
icipici *mn* tiny, teeny(-weeny), *skót* wee
id. *röv* → **idős(eb)b**
idahói *mn/fn* Idahoan
idáig *hsz* **1.** *[időben]* up to now, till now, up to the present, so far, hitherto **2.** *[térben]* as far as here, right here, this far **3. hát ~ jutottak a dolgok?** have things come to that?
iddogál *i biz* sit* over a bottle (v. some wine/beer/etc.) (with sy)
ide *hsz* here, to this place; **gyere ~!** come here!; **~ meg ~** to such and such a place; **~ figyelj!, hallgass ~!, ~ süss!** listen!, look (here); **~ vele!** let me have it!, give it to me!; → **idetartozik**, → **idevágó**
idead *i* give*, hand over; **kérlek, add ide a sót** please pass (me) the salt
ideál *fn* ideal
ideális *mn* ideal
idealista I. *mn* idealistic **II.** *fn* idealist
idealizál *i* idealize
idealizmus *fn* idealism
ideáll *i* come* over (this place), stand* here
ideát *hsz* over here
idébb *hsz* further this way, nearer here
idebenn, -bent *hsz* in(side) here, here inside
idebolondít *i* send* sy here on a fool's errand
idecsal *i* entice here
idecsatolt *mn* enclosed, attached
idecsatolva *hsz* enclosed, attached; **~ megküldjük a jegyzéket** enclosed(,) please find the list ..., attached to the letter is the list ...
ideértve *hsz* including, together with
idefelé *hsz* on the way here
idefenn, -fent *hsz* up here
idefigyel *i* listen (to), pay* attention (to); → **ide**
ideg *fn* **1.** nerve; **az ~ei felmondják a szolgálatot** his nerves are shattered/ruined (*US* shot); **az ~eire megy vm/vk** sg/sy gets on one's/sy's nerves, sg grates on sy (on sy's nerves); **~et öl** *[fogorvos]* kill the nerve [of a tooth] **2.** *[íjé]* (bow)string
idegbaj *fn* → **idegbetegség**
idegbajos *mn/fn* → **idegbeteg**
idegbénulás *fn* paralysis
idegbeteg *mn/fn* neuropathic
idegbetegség *fn* nervous disease, neuropathy
idegcsillapító *fn* sedative, tranquillizer (*US* -l-)
idegdúc *fn* ganglion
idegember *fn* highly strung person, nervous person
idegemésztő *mn* → **idegőrlő**
idegen I. *mn* **1.** *[ismeretlen, szokatlan]* foreign, strange, unknown, unfamiliar (*vk számára mind* to); **számára ~ ez a gondolat** this idea is foreign to him **2.** *[külföldi]* foreign, alien; **~ ajkú** speaker of a foreign language, non-native speaker; **~ állampolgár** alien, foreigner; **~ nyelv** foreign language; **~ nyelvű** (i) → **~ ajkú** (ii) *[írás]* written in a foreign language *ut*, foreign; **~ szó** foreign word **3.** *[anyag]* foreign; *nyomd* **~ betű** wrong fount (*röv* **wf**); **~ test** foreign body **II.** *fn* **1.** *[ismeretlen, nem helybeli]* stranger, outsider; **~eknek tilos a bemenet** no entry except to authorized persons, no admittance (except on business) **2.** *[külföldi]* foreigner, alien; → **külföldi 3. ~ben** in a strange country, abroad; **otthon vagy ~ben játszik-e a csapat?** is our next (football) match at home or away?; **~ben játszott mérkőzés** away game
idegenforgalmi *mn* **~ hivatal/iroda** tourist office/agency; **~ idény** tourist season; **~ központ** tourist centre (*US* -ter); **~ tájékoztató szolgálat** tourist information (centre)
idegenforgalom *fn* tourism, *[mint iparág]* the tourist industry/trade
idegengyűlölet *fn* xenophobia
idegengyűlölő I. *mn* xenophobic **II.** *fn* xenophobe
idegenkedés *fn* **1.** (*vmtől*) aversion (to), antipathy (to, towards, against) **2.** (*vktől*) aversion (to, for, from), dislike (of)
idegenked|ik *i* **1.** (*vmtől*) be* averse to sg **2.** (*vktől*) dislike sy, have* an aversion to sy
idegenlégió *fn* (the French) Foreign Legion
idegenlégiós *fn* legionnaire
idegennyelv-ismeret *fn* knowledge/command of a foreign language v. foreign languages
idegennyelv-oktatás *fn* the teaching of foreign languages, language teaching
idegenrendészet *fn kb.* immigration authorities
idegenszerű *mn* strange, unfamiliar, unusual, peculiar, *[külföldies]* outlandish
idegenül *hsz* **~ érzi magát** feel* out of place
idegenvezető *fn* guide
ideges *mn [ingerlékeny]* edgy, touchy, irritable, testy, *[nyugtalan]* anxious, upset, jittery, *[gyenge idegzetű]* nervous, excitable, high-strung; **nagyon ~ volt** her nerves were all on edge
idegesen *hsz [ingerlékenyen]* irritably, testily, *[nyugtalanul]* anxiously, nervously
idegesít *i* (*vkt vm*) trouble, vex, set* sy's teeth on edge, (*vkt vk/vm*) get* on sy's nerves, irritate sy, be* a pain in sy's neck(/*szl* ass)
idegesítő *mn* nerve-racking, exasperating, tiresome, irritating
idegeskedés *fn* irritation, anxiety, nervousness
idegesked|ik *i* be* jumpy/jittery/edgy; **nem kell ~ned** you need not worry, calm down
idegesség *fn* nervousness, jangled nerves *tsz*
idegfájdalom *fn* neuralgia
idegfeszítő *mn* nerve-racking
ideggáz *fn kat* nerve gas
ideggörcs *fn* nervous fit
ideggyenge *mn* neurotic, neurasthenic
ideggyógyász *fn* neurologist, nerve specialist
ideggyógyászat *fn* neurology
ideggyógyintézet *fn* neurological clinic, neurological nursing home (v. hospital)
ideggyulladás *fn* neuritis
idegháború *fn* war of nerves
idegkimerültség *fn* nervous exhaustion/breakdown
idegmunka *fn* nerve-racking work
idegosztály *fn* neurological ward
idegőrlő *mn* nerve-racking
idegösszeomlás *fn* nervous breakdown
idegösszeroppanás *fn* → **idegösszeomlás**
idegrendszer *fn* nervous system

idegroham *fn* attack of nerves, fit of nerves/hysteria, hysterics *tsz*; **~ot kap** go* into hysterics
idegroncs *fn* nervous wreck
idegrost *fn* nerve fibre (*US* -ber)
idegsebész *fn* neurosurgeon
idegsebészet *fn* neurosurgery
idegsejt *fn* nerve cell
idegsokk *fn* (nervous) shock
idegszál *fn* nerve; **minden ~ával** straining every nerve
idegvégződés *fn* nerve ending
idegzet *fn* nervous system, nerves *tsz*
idegzetű *mn* of ... nerves, ... nerved; **gyenge ~** weak nerved, neurotic
idegzsába *fn* neuralgia
idehallatsz|ik *i* [it] can be heard from here
idehallgat *i* → **ide**, → **idefigyel**
idehaza *hsz* here, at home, in; **nincs ~** he is not in (v. at home), he is out
idehív *i* call/summon (sy) here
idehoz *i* bring* (sg/sy) here, fetch (sg)
idehúz *i* pull (sg) here
idei *mn* **(ez) ~** this year's, of this year *ut*
ideiglenes *mn* **1.** *[átmeneti]* temporary, provisional, interim, *[pillanatnyi]* momentary; **~ intézkedés** interim/temporary measure(s); **~ kormány** caretaker government; **~ megoldás** temporary solution, makeshift, stopgap **2.** *[rögtönzött]* makeshift, stopgap [accommodation, table etc]
ideiglenesen *hsz* temporarily, for the time being, provisionally; **~ beír/bejegyez vmt/vkt** pencil (*US* -l-) in sg/sy; **~ szabadlábra helyez** release (sy) on parole
ideig-óráig *hsz* for a short time; **~ tartó** short-lived, momentary
ideill|ik *i* it belongs/fits here; **nem illik ide** it is out of place here
ideillő *mn* right, proper, appropriate
ideje *hsz* → **idő 1**
idejében *hsz* → **idő 1**
idejekorán *hsz* in (good) time, in plenty of time
idején *hsz* → **idő 1**
idejétmúlt *mn* out-of-date, outdated, old-fashioned, out of fashion *ut*, outmoded, obsolete
idejön *i* come* here
idejövet *hsz* on one's way here
idejövetel *fn* (*vké*) sy's coming here (v. arrival); **1982-ben történt ~e óta** since arriving [in Hungary] in 1982, (s)he ...
idejut *i* **hát ~ottál?** have you sunk as low as that?
idekinn, -kint *hsz* out here
idekívánkoz|ik *i* **1.** (*vk*) be* longing to come here **2.** *[ideillik]* seem to belong here, seem appropriate here
ideküld *i* send* here, send* to this place; **~ött érte** he has sent (sy over) for it
idelát *i* be* able to see us (v. see this far)
idelátsz|ik *i* may/can be seen from here, is visible from here
idelenn, -lent *hsz* down here, here below
idén *hsz* this year; **ez ~** this year; **~ tavasszal** this spring
idenéz *i* look here, look this way, look in our direction, *[rám néz]* look at me
identitás *fn* identity
idény *fn sp is* season, time (of the year)
idényjelleg *fn* seasonal character
idényjellegű, -szerű *mn* seasonal
idénymunka *fn* seasonal employment/work
idénymunkás *fn* seasonal/migrant worker
ide-oda *hsz* here and there, *[előre-hátra]* to and fro, back and forth; **~ jár(kál)** (i) *[mindenfelé, rendszertelenül]* go* this way and that (ii) *[rendszeresen oda-vissza]* move to and fro, shuttle; **~ küldöz** send* from pillar to post
ideológia *fn* ideology
ideológiai *mn* ideological; **~ szempontból** ideologically; considering the ideological aspects of [the dispute etc.]
ideológus *fn* ideologist
idestova *hsz* nearly, almost; **~ húszéves lesz** (s)he is getting on for twenty
ideszámít *i* **1.** include (in), reckon (in) **2.** → **idetartozik 2**
idetartoz|ik *i* **1.** (*vk, vm*) belong here, *[hozzánk]* be* one of us; **ön ~ik?** do you belong here?, are you with us? **2.** *[ügyhöz átv]* pertain/relate to; **~ik az az eset is(, amikor)** the case [of sy/sg] also comes under/into this category/heading; **ez (már) nem tartozik ide** this has nothing to do with the question/subject, (but) that is another story
idétlen *mn* **1.** *[alakra]* misshapen, unsightly **2.** *[megjegyzés, gondolat]* inept, foolish, silly, *[tréfa]* stupid [joke] **3.** *[ügyetlen]* clumsy, awkward, ungainly
idétlenked|ik *i biz* fool around, behave in a foolish/silly way; **ne ~j már** act your age, will you?
idetol *i* move/push here/over; *biz* **ide mered tolni a képed?** you have the cheek to come here?, how dare you come here?
ideutaz|ik *i* travel (*US* -l) here, come* (over) here
idevágó *mn* relevant, referring/pertaining to this *ut*; **az ~ adatok** the relevant data; **~ eset** a case in point; **~ megjegyzése** his comment on the subject; **az ~ határozat** the relevant resolution/decision; **nem ~** be* out of place here, be* irrelevant
idevaló *mn* **1.** local; **~ vagyok** I belong here, I am a native here; **nem vagyok ~** I am a stranger here **2.** *[ideillő]* suitable, proper, appropriate, relevant; **~ idézet** apposite/apt quotation; → **idevágó**
idevalósi *mn/fn* → **idevaló 1**; **az ~ak** the locals
idevonatkozó *mn* → **idevágó**
idéz *i* **1.** *[szöveget]* quote (*vmt* sg, *vkt* sy, *vmből* from sg, *vktől* from sy), cite (*sy* v. *sg*); **Adyt ~i** (s)he quotes (from) Ady; **Petőfitől ~** (s)he quotes from Petőfi; **a Bibliából ~** (s)he quotes from the Bible; **azt mondta, ~em: 'Sose felejtem el'** he said(,) quote "I will never forget it" **2.** *[hatóság elé]* summon, summons, cite, give* a summons to; → **beidéz**, → **emlékezet**, → **idézett**
idézés *fn* **1.** *[szövegé]* quoting, citing **2.** *[bírósági, hatósági]* summoning, citation **3.** *[irat]* summons (*tsz* -ses), *[bírósági]* subpoena (*tsz* -nas); **~t kézbesít vknek** serve a summons on sy; **~t kapott** (s)he was summonsed, (s)he was served with a summons, (s)he was subpoenaed, (s)he was ordered to appear before the court
idézet *fn* **1.** quotation (from); quote (from) **2. most ~ következik** quote "..."; **eddig az ~** unquote
idézett *mn* quoted (above) *ut*; **az ~ részlet** the passage quoted (above); **az ~ szavak** the words quoted; **az ~ műben** (*röv* **i. m.**)in the work cited (*röv* **ibid., op.cit.**); **az ~ helyen** (*röv* **i. h.**) loc. cit.
idézőjel *fn* quotation marks *tsz*, *biz* quotes *tsz*, inverted commas *tsz*; **~ bezárva** unquote; **~be tesz** put* in inverted commas, *biz* put* in quotes; **~ben van** be* (enclosed) in quotation marks
idill *fn* idyll
idilli(kus) *mn* idyllic
idióma *fn* idiom
idiomatikus *mn* **~ kifejezés** idiomatic expression, idiom
idióta I. *mn* idiotic **II.** *fn* idiot
idom *fn* **1.** *mat* figure **2.** *[női]* figure, form; **telt ~ok** full figure *esz*; **telt ~ai vannak, telt ~ú** she has a full figure, she is curvaceous/voluptuous (v. well-rounded), *biz* [she is] a woman of impressive vital statistics **3.** *[öntő]* mould (*US* mold)
idomcső *fn műsz* fitting, section pipe
idomdarab *fn* fitting, part
idomít *i* **1.** *[állatot]* train, *[vadállatot]* tame **2.** (*vmhez*) adapt/fit/adjust to sg
idomítás *fn [állaté]* training, *[vadállaté]* taming

idomító *fn* trainer, tamer

idomított *mn* tame(d), trained

idomszer *fn* gauge (*US* gage *is*), callipers (*US* -l-) *tsz*

idomtalan *mn* shapeless, unshapely

idomul *i* **1.** *[felveszi vmnek az alakját]* take* the shape of sg **2.** (*vmhez/vkhez*) adjust/adapt oneself to sg/sy, conform to sg/sy

idő *fn* **1.** *ált* time, *[~tartam]* (length of) time, period, duration, term, while, *[~pont]* (point of) time, date, *[kor]* time, times *tsz*, days *tsz*, age, period; **mennyi az ~?** what's the time?, what time is it?, *biz* what time do you make it?; **tízre jár az ~** it is nearly ten (o'clock), it is getting on for ten; **a pontos ~** ... time now ...; **az ~ eljár** time flies/passes; **nehezen telik számára az ~** time hangs heavily on one's hand; **sürgeti/szorítja az ~** be* pressed for time; **lejárt az ~!** time is up; **az ~ pénz** time is money; **ez ~ alatt** meanwhile, during that/this time; **az egész ~ alatt** all the time/while, all along; **rövid ~ alatt** *[pl. készen áll]* (be* ready) at short notice; **igen rövid ~ alatt** in no time; **mennyi ~ alatt érünk oda?** how long does it take to get there?; **~ előtt** prematurely, ahead of time, too soon; **~ előtti** premature, untimely, immature; **kis ~ múlva** after a while/time/bit, before long, soon, presently; **hosszú ~ múlva/után** after a long while, considerably later; **egy ~ óta** for some time (past), of late, lately; **a legrégibb ~k óta** from the earliest times, from time immemorial; **ez ~ szerint** at present, at the moment, (as of) now; **az ~ tájban/tájt** (at) that time; **ez ~ tájban/tájt** (at) this time of the day; **elmúlt már az az ~, amikor** the times are past when, gone are the days when; **(csak) ~ kérdése** it is (only) a question/matter of time; **(most van) itt az ideje (annak), hogy** ..., **ideje, hogy** ... the time has come to ..., it is time to ..., now is the time to ...; **itt az ideje, hogy megtanítsanak viselkedni** it's time sy taught you to behave (yourself); **ideje (volna) hazamenni/elindulni, ideje, hogy hazamenjek/elinduljak** (v. **menjünk/elinduljunk**) it's time I was (v. we were) going, it's high time we went, time I/we went, it's time for me/us to go (home), it's time to go (home); **legfőbb ideje, hogy** ... it is high time (that) ...; **jó ideje** a good while (ago), for a long while; **már jó/egy ideje** for some time (past), for quite a while/time; **nincs rá ideje** (s)he has no time to spare; **van elég ideje** (s)he has plenty of time, (s)he has time and to spare (to); **sok idejébe került** it took him a long time, it took him long; **~ben, idejében** *[korán]* in (good) time; *[a kellő pillanatban]* in the nick of time, in good time; **egy ~ben** *[valamikor]* at one time; **kellő/megfelelő ~ben** in good time, in time, in due course/time; **minden ~ben** at all times, always; **mindent a maga idejében** there is a time for everything, all in good time; **az ő idejében** in his time; **Shakespeare idejében** in the days of S., in S's days/time; **az Árpádok idejében** in the time(s) of the Árpáds; **a francia forradalom idejében** at the time of (v. during) the French Revolution; **lopja vknek az idejét** trespass (up)on sy's time; **~höz kötött** it has to be done in/by a certain time *ut*; **mennyi ideig?** (for) how long?; **mennyi ideig tart?** *[pl. hangverseny]* how long does [the concert] last?; *[út vhová]* how long does it take to (get swhere)?; **ez ideig** up to now, so far, as yet; **mind ez ideig** so/thus far, till now, up to now, up to the present; **egy kis ideig** for a short time, for a while; **a legújabb ~kig** until quite/very recently, down to recent times; **vknek/vmnek az idején** in the days/time of; **annak idején** (i) *[akkor]* in those days, at the/that time (ii) *[jövőben]* when the time comes; **háború idején** in wartime; **tél idején** in (the) wintertime; **egy ~re** for a while/time; **nehéz/szűkös/rossz ~kre félretesz** save sg (put* sg away) for a rainy day; **a háború idejére** as long as the war lasts, for the duration of the war; **~ről ~re** from time to time; **húzza az ~t** be* marking time; be* playing for time, temporize; **vmvel tölti (az) idejét** spend* one's time (doing sg), pass the time in/by doing sg; **sok ~t tölt vmvel** spend* a lot of time doing sg; **sok ~t elvesz/elrabol** it/sg takes* up (v. involves) a great deal of time; *kif* it is (v. may be) a drain on your time, be* time-consuming; **~t ad/enged** give* time; **~t nyer** gain time; **~t veszít** lose* time; **~t megtakarító** time-saving; **idejét múlta → idejétmúlt**; **ettől az ~től kezdve** from this time on; *irod* henceforth; **~vel** in (the course of) time, by and by, in due course **2.** *[időszámítás]* time; **kelet-európai ~** East(ern) European Time; **közép-európai ~** Central European Time; **budapesti ~ szerint este 8-kor** at 8 in the evening(,) Budapest time **3.** *[időjárás]* weather; **milyen ~ van?** what's the weather like (today)?; **szép ~ van** it's fine, it's a nice/fine day (today); **rossz ~ van** the weather is bad, it's rotten/foul weather; **jó ~ esetén ebéd a teraszon** lunch will be served on the terrace(,) weather permitting **4.** *nyelv* tense

időálló *mn* lasting, durable

időarányos *mn gazd* pro-rata

időbeli *mn* temporal, in time *ut*; **~ egymásután** chronological succession/order; **~ sorrendben** in (strict) chronological order; chronologically

időbeosztás *fn* timetable, schedule

időegység *fn [perc, óra stb.]* unit of time

időelemzés *fn* time(-)and(-)motion study

időelemző *fn [üzemben]* time(-)and(-)motion expert, piece-rate fixer

időeltolódás *fn* time difference

időérzék *fn* sense of time

időfecsérlés *fn* waste of time

időfutam *fn sp* time trial

időhatározó *fn* adverb of time

időhiány *fn* lack of time; **időhiánnyal küzd** work against the clock

időhúzás *fn* marking time, playing for time, temporization

időigényes *mn* time-consuming

időjárás *fn* weather; **a várható ~** ... today's/the weather/forecast..., the weather outlook...; **az évszaknak megfelelő ~** seasonable weather; **az ~ra érzékeny** (be*) meteorologically inclined

időjárás-érzékeny *mn* → **időjárásra érzékeny**

időjárási *mn* **~ térkép** weather map/chart; **~ viszonyok** (weather) conditions

időjárás-jelentés *fn* weather report, *[előjelzés]* weather forecast

időjelzés *fn* time-signal, *[rádióban biz]* (the) pips *tsz*, *[telefonon]* speaking clock

időkapcsoló *fn* timer, time switch

időkiesés *fn* → **időveszteség**

időkímélés *fn* timesaving; **~ céljából** to save time

időkímélő *mn* timesaving

időköz *fn* interval, space of time; **meghatározott ~ökben** at stated intervals; **ötperces ~ökben** at five minute intervals

időközben *hsz* meanwhile, (in the) meantime

időközi *mn* **~ országgyűlési választások** by-election

időleges *mn* → **ideiglenes**

időmérés *fn* timing, measurement of time; **~sel működik** *[telefon] kb.* metered calls *tsz*

időmérő *fn [személy]* timekeeper, *[stopper]* stopwatch; **~ edzés** *[autóversenyen]* trial/test run

időmérték *fn [verstani]* quantity, measure

időmértékes *mn* metrical; **~ vers** metrical poem; **~ verselés** metrical poetry/verse

időmilliomos *mn [igével]* have* plenty of time; **nem vagyok ~** *[sietek]* I haven't got all day

időnként *hsz* from time to time, (every) now and then/again, occasionally, once in a while, off and on

időosztás *fn infor* time-sharing

időpont *fn* (point of) time, date; **megbeszél egy ~ot vkvel** arrange to meet sy [at a particular time], make*/fix an appointment with sy (to see sy); **megbeszéltem egy ~ot X-szel** I made/fixed an appointment with X

időpont-egyeztetés *fn* making an appointment (with sy)

időrabló *mn* time-consuming, *kif* (sg) may be (v. is) a drain on one's/sy's time
időrend *fn* chronological order
időrendi *mn* chronological; → **időbeli**
idős *mn* old, aged, elderly; **milyen ~?** how old is (s)he?; **mikor ennyi ~ voltam** when I was your age; **nem látszik annyi ~nek** he does not look his age
idősb *mn elav [személynévvel kapcsolatban] (röv* **id.**) Senior (*röv* **Sr.** v. **Snr.**) *ut*; **id. Horváth Zsolt** Zsolt Horváth Snr.
idősebb *mn* **1.** older, *[csak közeli családtagról, de nem összehasonlításban]* elder; **az ~ testvérem** my elder brother/sister; **~ mint** older than; **öt évvel ~ nálam** he is five years older than me, he is five years my senior **2.** (*röv* **id.**); → **idősb**
idősödő *mn* elderly, ageing
időszak *fn* period, term, *[szakasz]* phase, *[időjárás]* spell; **hűvös ~** (a) cold spell
időszaki *mn* periodic; **~ kiadvány/sajtótermék** periodical
időszakos *mn* periodic, *[munka]* seasonal; **~ kiadvány** → **időszaki**
időszámítás *fn* **1.** *[rendszere]* time; **helyi ~** local time; **nyári ~** summer time, *US* daylight saving time; → **idő** 2 **2. ~unk előtt** (*röv* **i. e.**) BC (before Christ); **~unk szerint** (*röv* **i. sz.**) AD *[Anno Domini]*, (in the year of our Lord); **az ~unk előtti IV. sz.-ban** in the fourth (v. 4th) century BC; **~unk előtt 400-ban** in 400 BC; **az ~unk szerinti VI. sz.-ban, ~unk VI. századában** in the 6th century (of our era); **~unk szerint 650-ben** in 650 AD
időszerű *mn* timely, topical; **igen ~** *kif* it is very much on the agenda; **nem ~** → **időszerűtlen**; **~ kérdések** topical/current problems/issues, questions of the hour/day/moment
időszerűség *fn* timeliness, opportuneness, topicality
időszerűtlen *mn* untimely, ill-timed, inopportune, out of place *ut*
időszűke *fn* → **időzavar**
időtartam *fn* length of time, period, duration; **2 évi ~ra** for a period of two years
időtlen *mn* timeless, immemorial; **~ idők óta** since/from time immemorial; *biz* since the year dot
időtöltés *fn* pastime, recreation, hobby, spare time activity; **hasznos ~** useful/profitable way of passing the time; **kedvenc ~em a zenehallgatás** listening to music is my favourite (*US* -or-) pastime; **~ül** to pass the time, to while away the time
időváltozás *fn* break/change in the weather
időveszteség *fn* loss of time, lost time, waste of time
időzár *fn [pl. bankban]* time lock
időzavar *fn* **~ba kerül, ~ban van** be* pressed for time
időzés *fn* stay, sojourn
időz|ik *i* **1.** stay (*vknél* with sy, *vhol* at/in), *irod* sojourn (*vknél* with sy, *vhol* at/in) **2.** *[tárgynál]* dwell* on [a subject]; **hosszasan ~ik vmnél** dwell* at length on sg
időzít *i* time
időzítés *fn* timing
időzített *mn* **1. ~ bomba** time bomb, delayed-action bomb/mine **2. jól ~** well-timed
időzítő *fn* timer
időzóna *fn* time zone
idus *fn* **március ~a** the Ides of March
idült *mn* chronic
i. e. *röv* → **időszámítás** 2
ifi *fn* **1. ~k** young people; the youth [of the church etc.] *esz* v. *tsz* **2.** *sp* junior; **az ~ csapat/az ~k csapata** juniors, junior team *esz*
ifj. *röv* → **ifjabb**
ifjabb *mn* **1.** *ált* younger **2.** *[személynévvel kapcsolatban]* **~ Szabó Béla** (*röv* **ifj.**) Béla Szabó, Junior (v. Jnr. v. Jr.), the young Mr Szabó
ifjú I. *mn* **1.** young; **az ~ nemzedék** the rising/younger generation; **az ~ pár** the young (v. newly married) couple, the newly weds **2.** → **ifjabb** 2 **II.** *fn* young man°, youth, lad, *[tapasztalatlan]* youngster; **ifjak** *[főleg tizenévesek]* youths, *ált* young people *tsz*
ifjúi *mn* youthful; **~ lelkesedés** youthful enthusiasm
ifjúkor *fn* youth, younger years/days *tsz*; **~omban** in my youth, in my younger days
ifjúkori *mn* of youth *ut*; **~ barát** friend of one's youth
ifjúság *fn* **1.** *[kor]* youth, days of youth *tsz*; **~a teljében** in the full bloom of youth; **kora ~ában** in his childhood **2.** *[ifjak]* youth, young people *tsz*, the young *tsz*; **egyetemi ~** (the) undergraduates *tsz*, university students *tsz*
ifjúsági *mn* of/for youth *ut*, youth, *sp* junior; **~ egyesület/klub** youth club/centre (*US* -ter); **~ előadás** school children's matinee/performance, matinee for the young; **~ irodalom** juvenile literature, books for the young *tsz*; **~ kiadás** edition for young people, school edition; **~ mozgalom** youth-movement; **~ nyelv** *kb.* (school) slang; **~ szervezet** youth organization; **~ (turista)szálló** youth hostel; **~ válogatott** junior team; **~ versenyszám** junior event
ig. *röv* → **igazgató**
iga *fn* yoke; **~ba hajt** *átv* subjugate, subdue; **~t lerázza** throw* off the yoke
igás *mn* yoke, draught
igásállat *fn* draught animal
igásló *fn* draught/plough-horse (*US* plow-)
igavonó *mn* **~ állat/barom** draught animal
igaz I. *mn* **1.** *[tényeknek megfelelő]* true; **~-e, hogy ...?** is it true (to say) that...?; **~, hogy ...** *[állításban]* true (enough) (that) ..., to be sure, no doubt; *[elismerem]* admit that ...; **(nem) ~?** isn't that so?, don't you agree?; **~ de** true, but; yes, but; **~ állítás** true/correct statement; **~ történet** true story; **~ ugyan (, hogy)** ... true enough; **ami ~, (az) ~** ... there is no getting away from it, there is no getting round it, as a matter of fact; **egy szó sem ~ belőle** there is not a word/grain of truth in it; **~nak bizonyult** it proved to be true; **~nak hangzik** it rings/sounds true; **~nak tartom** I believe it to be true **2.** *[valódi]* true, genuine, real, authentic; **egy ~ barát** a true/real friend; **~ híve** *[levélben]* yours sincerely/truly *US* sincerely/faithfully yours **3. ~ (is)** *[most jut eszembe]* by the way **4.** *[becsületes]* true, straight, just, honest, *[hű]* loyal; **egy ~ ember** a just person; **~ úton jár** be*/keep* straight **II.** *fn [valóság]* truth; **~a van** he is right; **nincs ~a** he is wrong/mistaken; **~ad van!** you are right!, quite so!; **nincs ~ad!** you are entirely mistaken!; **~at ad vknek** admit that sy is right, agree with sy; **~at mond** tell*/speak* the truth; *[eskü szövegben]* **az ~at és csakis az ~at** [tell*] the truth, the whole truth, and nothing but the truth; **az ~at megvallva** to tell the truth, strictly speaking
igazán *hsz* **1.** *[állítva]* really, truly, in truth, indeed **2.** *[kérdve]* really?, indeed?, is that so?
igazgat *i* **1.** *[vállalatot]* manage, direct, conduct, *[hivatalt]* administer, *[területet]* govern **2.** *[ruhát]* adjust, arrange [one's clothes]
igazgatás *fn [vállalaté]* management, direction, administration; **rossz ~** mismanagement, maladministration
igazgató I. *mn* (*röv* **ig.**); **~ főorvos** *kb.* senior consultant, hospital superintendent **II.** *fn* **1.** *[banké]* manager, *[fölötte]* director, *[nagyobb banké]* governor, *[bankfióké]* branch manager, *[vállalaté]* manager, director, head, *[múzeumé]* custodian, keeper, curator **2.** *okt* headmaster, *[nő]* headmistress, (the) head [of the school], *főleg: US* principal
igazgatóhelyettes *fn* **1.** (*röv* **igh.**), *[banké, vállalaté]* deputy/assistant manager **2.** *okt* deputy headmaster (*nő* headmistress)
igazgatói *mn* **1.** *[banknál, vállalatnál]* manager's, director's, of manager/director *ut* **2.** *okt* headmaster's
igazgatónő *fn* **1.** *[banké, vállalaté]* directress, director **2.** *okt* headmistress

igazgatóság *fn* **1.** *[testület]* management, board of directors **2.** *[állás]* managership, directorship **3.** *[helyiség]* manager's/director's office
igazgatósági *mn* **~ tag** member of the board of directors/ trustees; *biz [igével]* be* on the board
igazgatótanács *fn* board of directors/trustees, governing board/body; **az ~ elnöke** chairman of the board of directors/trustees
igazgyöngy *fn* real/genuine pearl
igazhitű *fn* follower of the true faith
igazi *mn* true, real, genuine, authentic; **ez az ~!** that's the real thing/McCoy!; **~ angol** a real Englishman°, a true-born Englishman°; **a szó ~ értelmében** in the true/proper sense of the word; **~ból** *[nem játékból]* for real
igazít *i ált* put* (sg) right, *[beállít]* adjust, set*, (re)arrange, *[órát]* set*; **előre ~ja az órát** advance the clock [one hour]; **hátra ~ja az órát** set* the clock back [an hour]; *[javítva]* repair, mend, *US* fix, *[hajat, nő]* adjust, *US* fix
igazítás *fn* **1.** *[javítva]* repair(ing), repairs *tsz*, *US* fixing **2.** *[hibáé]* correction **3.** *[ruháé]* alteration [of a dress etc.] **4.** *[hajé]* trim(ming); **~t kér** *[férfifodrásznál]* ask for a trim
igazmondás *fn* veracity, truthfulness, telling the truth
igazodás *fn* **1.** (*vmhez*) alignment (with) **2.** *csak kat* dressing
igazod|ik *i* **1.** (*vk vmhez*) go* by sg, be* guided by sg, adjust to sg **2.** (*vk vkhez*) adjust to sy, take* one's cue from sy
igazol *i* **1.** *[cselekedetet]* justify, give* reason for, account for [one's actions], *[állítást]* verify, prove the truth of, *[tudományosan]* prove*, verify, demonstrate; **tételét a kísérletek ~ták** the experiments proved him right; **az események őt ~ták** he was justified by the events, events proved him right **2.** *[mulasztást]* excuse [absence] **3.** *[gyanúsított egyént]* exonerate, clear, exculpate **4.** *[azonosságát]* prove/establish one's identity, identify oneself, *[okmánnyal]* certify, certificate, *[vmnek átvételét]* acknowledge [receipt of]; **~ja magát!** your identity card please!; **alulírott ezennel ~om** ... I (the undersigned) hereby certify (that) ...; **ezennel ~juk, hogy** ... this is to certify that ...; **~juk május 5-i levelének vételét** we acknowledge receipt of your letter of 5 May **5.** *sp [játékost]* register, *[átigazol]* transfer **6.** *sp* (*vhová*) be* transferred to, be* given a transfer by [another club]
igazolás *fn* **1.** *[cselekedeté]* justification, *[állításé]* verification **2.** *[személyazonosságé]* proof of one's identity, *[okmánnyal]* certification **3.** *[az irat]* certificate; **~t ad vmről** give*/issue a certificate to sy about sg, certificate sg; **~t hoz vmről** produce a certificate of sg
igazolatlan *mn* **~ hiányzás/mulasztás** unjustified/uncertified/uncertificated absence
igazoló *mn* vindicatory, verificatory; **~ iratok** credentials
igazolt *mn* justified, authorized, verified, certified; *sp* **~ játékos** registered player; *okt* **az ~ órák száma** number of classes attended, number of credits
igazoltat *i* (*vkt*) ask to see sy's papers, carry out an identity check
igazoltatás *fn* identity check
igazolvány *fn* certificate, *[engedély]* pass; **személy(azonosság)i ~** identity card
igazolványkép *fn* passport(-size) photo(graph)
igazság *fn* **1.** *[valóság]* truth, fact, *[állításé]* truth, veracity; **az ~ az, hogy** the plain/simple truth is that, to tell the truth; as a matter of fact, *biz* the thing is; **a színtiszta ~** the unvarnished/pure truth; **~ szerint** to tell the truth; by rights, as a matter of fact **2.** *[mint eszmény]* truth, *[igazságtétel]* justice; **az nem ~, hogy** it is not just/fair that/if; **az ~ a mi oldalunkon van** truth is on our side; **az ~ napfényre jön** truth will out; **~ot szolgáltat** (i) *[bíróság]* administer justice (to) (ii) *átv* do* justice to, give* sy his due
igazságérzet *fn* sense of justice
igazságos *mn* just, fair(-minded); **~ tanár** fair-minded teacher; **nem ~** it is not fair; **~ háború** just war; **legyünk ~ak** let's be fair/just; **ha ~ak akarunk lenni** in all fairness
igazságszeretet *fn* love of justice/truth, love of fair play
igazságszolgáltatás *fn* administration of justice, jurisdiction; **az ~ szervei** the judiciary; **a maga kezébe veszi az ~t** take* the law into one's own hand
igazságtalan *mn* unjust, unfair; **~ vkvel szemben** do* sy an injustice; **~ háború** unjust war
igazságtalanság *fn* injustice, unfairness
igazságtétel *fn* (doing) justice
igazságügy *fn* justice, judicature
igazságügyi *mn* of justice *ut*, judicial; **~ miniszter** → **igazságügy-miniszter**; **~ minisztérium** Ministry/ Department of Justice
igazságügy-miniszter *fn* Minister of Justice, *GB* Lord Chancellor, *US* Attorney-General; **XY, ~** Minister of Justice, YX
igaztalan *mn* false, wrong
ige *fn* **1.** *nyelv* verb **2.** *vall* the Word; **igét hirdet** preach (the Word v. the Word of God)
igealak *fn* ver(bal) form; **cselekvő/szenvedő ~** active/ passive voice
igehirdetés *fn* **1.** *[tevékenység]* preaching (the Gospel) **2.** *[prédikáció]* sermon
igehirdető *fn* preacher
igei *mn* verbal, verb(-)
igeidő *fn* tense
igeidő-egyeztetés *fn* sequence of tenses
igekötő *fn* verb prefix
igemód *fn* mood
igen[1] **I.** *isz* yes; **Esik (az eső)?** – **I~.** Is it raining? – Yes, it is; **Nem is láttad.** – **De ~!** You didn't see it. – But I did (v. Oh yes, I did); **azt hiszem, ~** (Yes,) I think so; **~ is, nem is** yes and no **II.** *fn* yes; **~nel felel** answer in the affirmative, say* yes
igen[2] *hsz [nagyon]* very, greatly, extremely, exceedingly, *[igét nyomósítva]* very much; **nem (is) ~** not very much, scarcely, almost never; **nem is ~ tud róla** he knows hardly anything about it; **nem olvas, nem is ~ sportol** he doesn't read, nor does he even like sports very much; **ő se ~ szeret olvasni** he doesn't like reading much either; **~ szereti** love sy/sg very much, be* very fond of sy/sg → **nemigen**
igencsak *hsz* → **nagyon**
igenév *fn* participle; **főnévi ~** infinitive; **melléknévi ~** participle
igenévi *mn* participial
igenis *isz* **1.** *[igen]* yes (sir)!, yes indeed!, *[felszolgálótól stb.]* very good sir/madam! **2.** *[ellentétes]* **de ~ így lesz!** well(,) that's what I have decided (on); well(,) that's how it's going to be
igenlő *mn* affirmative, positive; **~ esetben** if so/yes, if the answer is yes; **~ válasz** a positive answer; **~en válaszol** answer in the affirmative
igény *fn* **1.** (*vmre*) claim (to), title (to), demand (on); **~be vesz** (i) *[eszközt]* make* use of, use, employ; *[alkalmat]* take* advantage of; *[anyagiakat]* draw* on, utilize (ii) *kat* requisition; **vegye ~be az útpadkát** use hard shoulder; **sok időt vesz ~be** it takes up a lot of (v. a great deal of) time, it is very time-consuming; **nagyon ~be vesz vmt** make* great demands (on sg); **~be vehető** be* available (for use); **~t elutasít** disclaim sg, reject a claim; **~t kielégít** meet* a claim; **~t támaszt/tart vmre** lay* claim to sg; **~től eláll** waive a claim **2.** *átv [anyagi stb.]* pretension, (the) expectations *tsz*, *[munkában]* demand; **nagyok az ~ei** (i) *[anyagilag]* have* great pretensions, be* hard to please (ii) *[munkában stb.]* be* exacting, be* (very) demanding; **túl nagyok az ~ek/~ei(k)** they have too many expectations; **~ei vannak** *[igényes]* be* demanding; *kif* (s)he has (very) high standards; **minden ~t kielégít** satisfy every demand, meet* every requirement

I

igénybevétel *fn* **1.** *[eszközé]* employment, making use of, *[alkalomé]* taking advantage of, *[anyagiaké]* utilization, use, recourse/resort to **2.** *műsz* bearing force, stress **3.** *kat* requisitioning

igényel *i* **1.** *[jogot formál vmre]* claim (sg), lay* claim to (sg) **2.** *[vm szükségessé tesz vmt]* demand, require, call for [skill, care etc.]; **igényli, hogy foglalkozzanak vele** *[gyerek]* (s)he demands (constant) attention, be* (very) demanding; **ez (némi) magyarázatot ~** that demands an explanation; **sok időt ~** it takes up a lot of time, it is (very) time-consuming

igényes *mn* **1.** *[vk minőség dolgában]* exacting, demanding, *kif* (s)he has (very) high standards, *[válogatós]* particular (about), fastidious (about), *[növény]* delicate **2.** *[munka stb.]* exacting, demanding, taxing [piece of work], demanding care *ut*, *[színvonalas]* of a high standard *ut*

igényesség *fn* fastidiousness

igénylés *fn* **1.** *[vmé ált]* claiming (of), claim (to), demand (of) **2.** *[kiutalást kérő irat]* application(-form); **benyújtja az ~t** hand in an/the application (for sg)

igénylő I. *mn [gondot stb.]* requiring/demanding [much care etc.] *ut* **II.** *fn* claimant, applicant

igénytelen *mn* **1.** *[szerény]* unassuming, modest **2.** *[egyszerű]* simple, plain, undemanding **3.** *[jelentéktelen]* insignificant **4.** *pej [silány]* slipshod, shoddy **5.** *pej [megjelenésében]* slovenly, unkempt; **szellemileg ~** unintellectual

igénytelenség *fn* **1.** *[szerénység]* modesty **2.** *[egyszerűség]* simplicity, plainness **3.** *[jelentéktelenség]* insignificance

ígér *i* **1.** (*vk vmt*) promise; **sokat ~** be* promising, bid* fair; **ez semmi jót nem ~** nothing good will come out of that **2.** *ker* bid*, offer; **többet ~ vknél** make* a higher bid (than sy), outbid* sy

igerag *fn* verbal suffix

igeragozás *fn* conjugation

ígéret *fn* **1.** promise, *[ünnepélyes]* pledge, word; **az ~ földje** the Promised Land; **~et tesz vmre** make* a promise (that), promise to do sg, pledge oneself to do sg; **~ét megtartja** keep* one's promise/word; **~ét megszegi** break* one's promise/word **2. ő a hegedű nagy ~e** (s)he is showing great promise as a violinist

ígéretes *mn* promising, full of promise *ut*, *[igével]* promise well

ígérget *i* keep* promising

ígérkez|ik *i* **1.** (*vmnek*) promise to be sg; **a termés jónak ~ik, jó termés ~ik** the harvest looks promising, the crops promise well **2.** (*vhová*) promise to go (swhere), engage oneself to go (swhere)

ígérvény *fn* promissory note v. voucher

igeszemlélet *fn nyelv* aspect

igető *fn* stem, root, base (of verb)

igéző *mn* enchanting, magic, bewitching

igh. *röv* → **igazgatóhelyettes**

így I. *hsz* so, thus, in this way/manner; **a szöveg ~ szólt** the text went as follows; **~ történt** that/this is how it happened; **~ áll a dolog** that's how it is, this is how matters stand; **ha ~ áll a dolog** if such/that is the case, if (it is) so; **és ~ tovább** (*röv* **stb.**) and so on/forth (*röv* **etc.**); **~ is, úgy is** either way, anyway; **~ vagy úgy** in some way/form or other, somehow; **~ van?** am I right?; **~ van ez** that's the way it is, it is so, that's so **II.** *ksz* **1.** *[eszerint]* so, thus **2.** *[tehát, következésképpen]* thus, consequently, therefore

igyekezet *fn* effort, endeavour (*US* -or), exertion; **minden ~e az volt, hogy** he did his best/utmost to

igyekez|ik *i* → **igyekszik**

igyeksz|ik *i* **1.** *[szorgalmas]* work hard, exert oneself, be* hard-working, be* industrious; **nem nagyon ~ik** he isn't trying very hard **2. ~ik vmt tenni, azon ~ik, hogy** ... try/do* one's best to (do sg), make* an effort to, endeavour (*US* -or) to (do sg) **3.** (*vhová*) make*/head for [a place]; **igyekezzünk!** let's get a move on!, hurry up!

igyekvés *fn* → **igyekezet**

igyekvő *mn* hard-working, ambitious, industrious, diligent

i. h. *röv* → **idézett**

ihatatlan *mn* undrinkable, not fit to drink *ut*

iható *mn* drinkable; **~ víz** drinkable water, drinking-water

ihlet I. *i* inspire, give* inspiration to **II.** *fn* inspiration; **~et merít vmből** draw* inspiration from sg, be* inspired by sg

ihletett *mn* inspired, enthusiastic

íj *fn* bow

íjász *fn* archer, bowman°

íjászat *fn* archery

íjaz *i* shoot* with a bow (and arrow)

ijedelem *fn* fright, scare, alarm

ijedez(ik) *i* get* easily scared, keep* taking fright

ijedős *mn* easily frightened/scared *ut*, timorous; **~ ló** bolter, shy horse

ijedség *fn* → **ijedelem**

ijedt *mn* frightened, scared, alarmed; **halálra ~** (be*) in a deadly fright *ut*, be* frightened/scared to death

ijedtében *hsz* in his alarm, overcome by fear

ijedten *hsz* scared, in a fright

ijedtség *fn* fright, alarm, fear, terror; **~en kívül nem lett más baja** he escaped with nothing worse than a good fright

ijeszt *i* frighten, alarm, terrify; **úgy rám ~ett, hogy** he gave me such a fright that

ijesztés *fn* frightening (of sy); **~ül** (in order) to frighten sy

ijesztget *i* keep* frightening (sy with sg), keep* sy in terror of sg

ijesztő *mn* frightening, frightful, alarming, fearsome, appalling

ijesztően *hsz* frightfully, awfully, dreadfully

íjpuska *fn* crossbow

ikebana *fn* ikebana

iker *fn* twin; **Péter és János ikrek** Peter and John are twins; **hármas ikrek** triplets; **négyes ikrek** quadruplets, *biz* quads; **ötös ikrek** quintuplets, *biz* quins; **ikreket szül** give* birth to twins; **ikreik születtek** they had twins; **Ikrek** *csill* Twins, Gemini

ikerágy *fn* double bed

ikerállomás *fn* → **ikertelefon**

ikerház *fn* semidetached (*US* duplex) (house)

ikerpár *fn* twins *tsz*

ikerszó *fn* doublet, reduplicated form

ikertelefon *fn* party line (telephone)

ikertestvér *fn* twin brother/sister; **~ek** twins; **az ~em** *[fiú]* my twin brother; *[lány]* my twin sister

ikervilla *fn* semi-detached (*US* duplex) villa/house

ikon *fn infor is* icon

ikonográfia *fn* iconography

ikra *fn* → **halikra**

ikrás *mn* **1.** having roe *ut* **2. ~ méz** crystallized honey

ikszedik *hsz* umpteenth → **x**

iksz-lábú *mn* knock-kneed

iktat *i* **1.** *[hivatalban]* file, register, enter [in records] **2. törvénybe ~** enact, codify **3.** → **beiktat 1**

iktató *fn* **1.** *[tisztviselő]* filing clerk, *[a részleg vezetője]* registrar **2.** *[hivatal]* registry, office files *tsz*

iktatókönyv *fn* register

iktatószám *fn* reference (number), registry number

Ildikó *tul* ‹Hungarian feminine given name›

ildomos *mn* → **illő**

ill. *röv* → **illetőleg**, → **illetve**

illan *i* volatilize, evaporate

illanó *mn* volatile

illat *fn* fragrance, (pleasant/sweet) smell, scent, odour (*US* odor); **jó/kellemes ~a van** have a pleasant smell/scent, smell* sweet; **vm ~ot áraszt** exude an aroma of, give off a scent

illatos *mn* fragrant, sweet-smelling/scented

illatosít *i* scent, perfume

illatoz|ik *i* smell* sweet, be* fragrant

illatszer *fn* scent, perfume; **~(ek)** *[részleg áruházban]* perfumery

illatszerbolt *fn kb.* chemist's (shop), *US* drugstore
illatszerszóró *fn* scent-spray
illatszertár *fn* → **illatszerbolt**
illatú *mn* smelling of ..., of a ... smell; **édes ~** sweet-smelling, fragrant; **barack ~ légfrissítő** air freshener with an apricot smell
illedelmes *mn* well-behaved/mannered, polite, courteous
illedelmesség *fn* politeness, courteousness
illegális *mn* **1.** *ált* illegal **2.** *pol* underground
illegalitás *fn* **1.** *ált* illegality **2.** *pol* underground (activity); **~ba vonul** go* underground; **~ban él** live underground
illeget *i* **~i magát** mince, pose, affect airs and graces
illegitim *mn* illegitimate
illem *fn* propriety (of conduct), proper/decent behaviour (*US* -or), decency, good manners *tsz*; **az ~ úgy hozza magával** the proper thing to do is...; **~re tanít vkt** teach* sy a lesson in/of politeness, teach* sy manners
illemhely *fn* lavatory, toilet, *[női]* powder room, *US* washroom, *[nagyobb épületben]* rest room; **nyilvános ~** public convenience/lavatory
illemkódex *fn* etiquette, decorums *tsz*, code of conduct/behaviour
illemszabály *fn* **~ok** rules of conduct, proprieties *tsz*, etiquette; **vét az ~ok ellen** commit a faux pas
illemtan *fn* → **illemszabályok**
illemtudó *mn* well-brought-up, polite
illendő *mn* proper, becoming, decent
illendőség *fn* propriety, decency
illeszked|ik *i* **1.** *[tárgy vmbe]* fit in (to sg) **2.** *[ember vhová]* → **beilleszkedik**
illeszt *i* **1.** *[tárgyat vmbe/vmhez]* fit (to, into), join (to), *[ajtót, ablakot]* true up; **egymásba ~** fit, join **2.** *[szövegbe vmt]* insert into, *[meghamisít]* interpolate
illesztés *fn [folyamata]* fitting (in)to, joining (to), *[eredménye]* joint, fit, *[ajtóé, ablaké]* making true, truing up
illet *i* **1.** *[vm vké]* belong/appertain to sy, be* sy's right/due; **az elsőség engem ~** I have priority, I am the first; **a pénz őt ~i** it is his money, the money is rightfully his; **őt ~i a szó** it is his turn to speak **2.** *[vonatkozik vkre/vmre]* concern sy/sg, refer/relate to, have* to do with; **ahhoz, akit ~** to whom it may concern; **ami engem ~** as for/regards me, as far as I am concerned, as for myself, personally, for my part; **ami ...t ~i** as for [sy/sg]; *[hivatalosabban]* with reference/regard to sg, regarding sg/sy, as regards sg/sy; **ami azt ~i** as a matter of fact **3. sértő szavakkal ~** abuse/insult sy; **vm váddal ~** accuse sy of (having done) sg
illeték *fn [kisebb jelentőségű eljárásért]* dues *tsz*, fee, duty, tax, *[nagyobb]* duty, *[ingatlan adásvételénél]* stamp duty; **örökösödési ~** → **örökösödési**; **5000 Ft ~et kell fizetni** duty/tax of 5,000 fts must be paid, a stamp duty 5,000 fts is to be imposed on it; **~et kiró vkre házeladás után** levy a tax on house-sales; **~ lerovása** payment of duty/tax
illetékbélyeg *fn* fee/official stamp
illetékes *mn* competent (to), authorized (to); **az ~ bíróság** court of competent jurisdiction; **a lakóhely szerint ~ önkormányzat** the local authority/council; **ebben ő az ~** (s)he is the one competent to deal with this; **ebben (az ügyben) nem vagyok ~** this (case) is beyond my competence; **~ helyen** in responsible quarters; **~ szerv** competent authority
illetékesség *fn* competence
illetékkiszabás *fn* assessement of duty
illetékköteles *mn* subject/liable to duty *ut*, dutiable
illetékmentes *mn* free/exempt of (stamp) duty *ut*, duty-free
illetéktelen *mn* unauthorized, not competent; **~ beavatkozás** gratuitous/unwarranted interference; **~ haszon** illicit profit
illetlen *mn* improper, indecent, ill-bred; **~ szó** four-letter word; **~ viselkedés** improper behaviour (*US* -or), improper conduct
illetlenked|ik *i* behave improperly/indecently, behave in an unseemly manner
illetlenség *fn* impoliteness, indecency, impropriety, immodesty
illetmény *fn* pay, salary; **~ek** emoluments; **havi ~e** ... his/her monthly pay/salary is ...
illetményrendezés *fn* regrading/readjustment of salaries
illető I. *mn* **1.** *[szóban forgó]* in question/point *ut*, the said ...; **az ~ ember** the person in question **2.** *[vkre vonatkozó]* concerning, relating/referring to, *[vknek járó]* due/belonging to (*mindegyik: ut*) **II.** *fn [ember]* the person in question, man°, person; **mit mondott az ~?** what did the man (in question) have to say?; **egy ~ keresett** there was a (certain) gentleman looking for you
illetőleg I. *hsz* (*vkt/vmt*) concerning/regarding sy/sg, as regards sy/sg **II.** *ksz* **1.** (*röv* **ill.**); *[ki-kire vonatkozó]* or ...(, as the case may be); **ki-ki megkapta a fizetését, ~ a nyugdíját** they each received their salary or pension, as the case may be; **ez az igazgatónak, ~ helyettesének a dolga** this is a matter for the director or his deputy **2.** *[szakszövegben így is]* ... respectively (*röv* **resp.**); **a bányászok és szállítómunkások 6, ~ 10% béremelést kaptak** miners and transport workers received pay rises of 6% and 10% respectively (v. resp.); **5, ~ 8% a kamat** interest is 5 and 8 per cent resp./respectively **3.** *[pontosabban, helyesebben]* or rather
illetőségű *mn* **pécsi ~** be* domiciled in Pécs
illetve *ksz* → **illetőleg II**
ill|ik *i* **1.** (*vhova/vmbe*) *[pl. alkatrész]* fit (into) **2.** (*vmhez vm*) go* (well) with sg, (*vkhez vm*) become*/suit sy; **nem ~ik hozzá** (*vmhez*) it doesn't go (well) with it, (*vkhez*) it doesn't suit him/her; **a kék ruha jól ~ik a szeméhez** the blue dress goes well with her eyes; **a kék mindig jól ~ik hozzá** blue always looks very becoming on her; **~enek egymáshoz** (i) *[házasok]* they are/make a nice couple, they are made for each other (ii) *[ruhadarabok]* they match well; *[színek]* the colours go well together; **nem ~enek egymáshoz** (i) *[házasok]* they are ill suited, they are not made for each other (ii) *[színek]* they clash, they don't match **3.** *[viselkedésben]* **nem ~ik vkhez vm** it does not become him/her to ...; **ahogy ~ik** as is right and proper, in a due manner, duly; **úgy ~ik, hogy** the correct thing to do is, it is the done thing to; **nem ~ik** *[vmt tenni]* it's not the done thing to, it isn't done (to); **mennyit ~ik adni?** how much are you supposed to give?
illinois-i *mn/fn* Illinoisian
illír *mn/fn* Illyrian
illó *mn kém* volatile
illogikus *mn* illogical, contrary to reason *ut*
illojális *mn* disloyal
illojalitás *fn* disloyalty
illóolaj *fn* essential/volatile oil
illő *mn* **1.** *ált* proper, fitting, due, suitable; **nem ~** indecent, (*vkhez*) unbecoming for sy; **~ módon** properly, in a proper manner, duly, suitably **2.** (*vkhez, vmhez*) appropriate (for/to) *ut*; **rangjához ~ szerénységgel** with a modesty becoming to his rank; **a témához ~ stílus** a style appropriate to the subject; **állásához nem ~ viselkedés** conduct incompatible with (v. out of keeping) with his position/status **3. az öltönyhöz ~ nyakkendő** a tie to match the suit; → **illik 3**
illően *hsz* properly, duly
illuminált *mn biz* **~ állapotban van** be* lit up
illusztráció *fn* illustration
illusztrál *i* illustrate
illusztrált *mn* illustrated
illusztris *mn* celebrated, illustrious
illúzió *fn* illusion; **~kban ringatja magát** cherish an/the illusion (that); **nincsenek ~i vkt/vmt illetően** have* no illusions about sy/sg; **~t kelt** produce the illusion of sg
illuzionista *fn* illusionist
illuzórikus *mn* illusory

Ilona *tul* Helen
ily *nm* such; ~ **módon** in this manner/way, thus, consequently, so; **(no) de ~et!** well, well!, well I never!, my word!; **ki hallott ~et!** whoever heard of such a thing?
ilyen I. *nm* such, such a(n), of this/the kind/sort *ut*, that/this kind of . . .; ~ **esetekben** in such cases, in cases of that/this kind; **az én táskám is** ~ my bag is/looks just like yours; ~ **az élet** such is life, that's life; ~ **és** ~ **számú** of such and such a number *ut*; ~ **még nem volt** it is unprecedented; *biz* it's a turn-up for the book(s); **én már** ~ **vagyok** I'm built that way, you can't teach an old dog new tricks; **se ~, se olyan** neither this nor that **II.** *hsz* so, such a(n); **egy ~ okos ember** such a clever man°; **kár volna ~ szép autót eladni** it would be a pity to sell so fine a car, it would be a pity to sell such a fine car **III.** *fn* **nekem senki se mondjon ~t/~eket!** don't try to fool me!, I wasn't born yesterday
ilyenfajta *nm* of this sort/nature *ut*, of the kind *ut*; **valami** ~ some such (thing)
ilyenféle *nm* → **ilyenfajta**
ilyenformán *hsz* **1.** *[így]* in this manner/way, in such a way **2.** *[így tehát]* thus
ilyenkor *hsz* **1.** *[ilyen időben]* at such a time, at such times, when(ever) this happens/happened; **holnap** ~ tomorrow at this time, this time tomorrow **2.** *[ilyen esetben/alkalommal]* under such (v. in these) circumstances, in such a case
ilyesféle *nm* → **ilyenfajta**
ilyesmi *nm* such a thing, sg of the kind; ~ **nem létezik** no such thing exists; **no de ~t!** → **ily**
i. m. *röv* → **idézett**
ima *fn* prayer
imád *i* **1.** adore, worship **2.** *biz [túlzó]* ~ **táncolni** (s)he loves dancing/to dance
imádás *fn* adoration, worship
imádat *fn* → **imádás**; **~tal néz vkt** worship the ground sy walks on
imádkoz|ik *i* pray, say* one's prayers
imádó *fn* (*vké*) admirer
imádott *mn* adored, beloved
imádság *fn* prayer; **csak az ~ tartja össze** it hangs by the eyelids
imaház *fn* place/house of worship, chapel, house of prayer; **baptista** ~ Baptist Tabernacle
imakönyv *fn* prayer book, book of prayers
imaközösség *fn* prayer meeting, prayers *tsz*
imamalom *fn* prayer wheel
imaóra *fn* prayer meeting
imaszőnyeg *fn* prayer rug/mat
imázs *fn* image
imbecillis *mn/fn* imbecile
imbisz *fn* canapé
imbolygás *fn* tottering, rocking
imbolyog *i* **1.** *[járva]* totter, stagger **2.** *[hajó]* rock **3.** *[fény]* flicker
imbuszcsavar *fn műsz* Allen screw
imbuszkulcs *fn műsz* Allen key
íme *isz* there (you are)!, lo!; ~ **néhány példa** here are some examples
imént *hsz* just now; **az ~ volt itt** he has just gone/left; **az ~ láttam** I saw him a moment ago
iménti *mn* recent
imitáció *fn* imitation, copy
imitál *i* imitate, copy
imitt-amott *hsz* here and there
immár *hsz* (right) now, already, by this time; ~ **nem érvényes** no longer valid
ímmel-ámmal *hsz* reluctantly, indifferently, dragging one's feet/heels
immunhiány *fn* immune deficiency, immunodeficiency
immúnis *mn* immune (*vmvel szemben* to/against sg, *oltás után* from sg)
immunitás *fn* immunity (to)
immunizál *i* immunize, make* immune (against)
immunológia *fn* immunology
immunológiai *mn* immunological
immunreakció *fn* immunoreaction, immunoreactivity, immune/immunological response
immunrendszer *fn* immune system
impassz *fn [bridzsben]* finesse; **~t ad** finesse
imperfektum *fn nyelv* imperfect (tense)
imperialista *mn/fn pej* imperialist, imperialistic
imperializmus *fn* imperialism
implantátum *fn orv* implant
imponál *i* (*vknek*) impress sy, make* a great impression on sy
import *fn* **1.** *[művelet]* importation, importing, import **2.** *[cikk, rendsz tsz]* import(s)
importál *i* import
importáru *fn* import(s) *ált tsz*
importcikk *fn* → **importáru**
importőr *fn* importer
impotencia *fn* impotence
impotens *mn* impotent
impozáns *mn* stately, grand, imposing, formidable(-looking)
impregnál *i* **1.** *[átitat]* impregnate **2.** *[vízhatlanít]* (water)proof
impregnált *mn* waterproof, proof (against sg)
impresszárió *fn* (artist's) agent (v. business mnager), impresario
impresszió *fn* impression; **mi volt az ~d?** how did it strike you?, what did you think of it?, what was your impression (of it)?
impresszionista *mn/fn* impressionist
impresszionizmus *fn* impressionism
impresszum *fn* imprint
imprimál *i* pass (the proofs) for (the) press
imprimatúra *fn* **1.** *[az engedély]* imprimatur, permission to print **2.** *[a levonat]* final corrected proof
improduktív *mn* unproductive, nonproductive
improvizáció *fn* improvisation
improvizál *i* improvise, extemporize
impulzív *mn* impulsive; ~ **ember** man° of impulse
impulzus *fn [mozgató erő]* impulse, impetus; *távk* pulse, impulse
Imre *tul* Emery
ín *fn orv* tendon, sinew; *átv* **inába száll a bátorsága** get*/have* cold feet, have* one's heart in one's boots
inaktív *mn* inactive
inas[1] *mn* tendinous, sinewy, *[hús]* stringy
inas[2] *fn elav* **1.** *[ipari tanuló]* apprentice **2.** *[háziszolga]* valet, man-servant (*tsz* men-servants), footman°
inaszakadtáig *hsz* ~ **dolgozik** toil/work like a galley slave, work one's fingers to the bone
Ince *tul* Innocent; **XI.** ~ Innocent XI (*kimondva:* Innocent the eleventh)
incidens *fn* incident
incselkedés *fn* teasing, mockery, raillery, jest, joke
incselked|ik *i* **1.** *[enyeleg]* (*vkvel*) tease sy, trifle/flirt/coquette (with sy) **2.** *[bosszant]* mock, chaff (*mindegyik:* sy)
ind. *röv* → **indulás**
inda *fn [kapaszkodó]* trailer, creeper, bine, *[gyökér]* runner
indás *mn* sarmentose, sarmentous
indeterminizmus *fn fil* indeterminism
index *fn* **1.** *[szám]* index (*tsz* indices), b_1 (*kimondva:* bé egy v. bé index egy) b one, b subscript one; → **indexszám** **2.** → **irányjelző** **3.** *[műszeren]* pointer, hand, indicator **4.** *okt kb.* record/report (card), course record **5.** *[név-, tárgy- és szómutató]* index (*tsz* indexes) **6.** **~re tesz** *[könyvet stb.]* ban, blacklist
indexál *i gazd [árszínvonalhoz igazít]* index, *GB* index-link
indexálás *fn gazd* indexation, *GB* index-linking
indexel *i gk* indicate

indexszám *fn mat* index (*tsz* indices), *[statisztikában]* index number; **alsó ~** subscript; **felső ~** superscript
India *földr* India
indiai I. *mn* Indian *[hindu]* Hindu **II.** *fn* Indian *[hindu]* Hindu
Indiai-óceán *földr* Indian Ocean
indián *mn/fn* (American) Indian
indianai *mn/fn* Indianian
indigó *fn* **1.** *növ* anil, indigo **2.** *[szín]* indigo **3.** *[átírópapír]* carbon (paper)
indikátor *fn kém* indicator
indirekt *mn* indirect
indiszkréció *fn* indiscretion; **~t követ el** commit an indiscretion, be* indiscreet, *[elárul vmt] biz kif* let* the cat out of the bag
indiszkrét *mn* indiscreet, tactless
indiszponált *mn* **1.** *[lehangolt]* gloomy, downhearted, depressed **2.** *[gyengélkedő]* off-colour (*US* -or), indisposed **3.** *[képességeinek nem teljesen birtokában levő]* out of form, not in form, below par (*mindegyik: ut*)
indiszponáltság *fn* **1.** *[lehangoltság]* gloom, low spirits *tsz*, depression **2.** *[gyengélkedés]* being/feeling off-colour (*US* -or)/indisposed, indisposition **3.** *[képességek nem teljes jelenléte]* beeing/feeling out of form (v. below par)
indít *i* **1.** *[járművet, gépet]* start (up) [the car/engine etc.], get* (sg) going, set* (sg) in motion, *[űrhajót]* launch; *biz* **~s!** (let's) get going/started!, *biz* chop chop! **2.** *sp [futókat jeladással]* give* the starting signal, start [the race] **3.** *sp [versenyzőt versenyen]* enter [a competitor in/for a competition/race] **4.** *[forgalomba állít]* **új autóbuszjáratot ~anak** a new bus service will come into operation **5.** *[vm tevékenységet ált]* launch, get* (sg) off the ground, *[mozgalmat]* set* up, start (up), get* under way, initiate; **folyóiratot ~** launch a periodical; **pert ~** bring* an action (against) **6.** *[vmre ösztönöz]* move (sy to); **ez ~ja őt arra, hogy** ... that's what makes him do sg, that's what prompts him to ... **7.** *orv [szülést]* induce; **~ani kellett a szülést** she had to be induced; → **eljárás**, → **vizsgálat**
indítás *fn* **1.** *[járműé, gépé]* starting, *[űrhajóé]* launching **2.** *[vállalkozásé, ügyé]* starting, launching
indításgátló *fn gk* immobilizer
indíték *fn* motive, reason; **~ok** motives, motivation *esz*
indítóállás *fn [űrhajóé]* launching pad/site
indítógomb *fn* starter-button
indítókábel *fn gk GB* jump lead, *US* jumper/booster cable
indítókapcsoló *fn* starter-switch
indítókar *fn* starting-lever (*GB* -handle), crank
indítókulcs *fn* ignition key
indítómotor *fn* starter (motor)
indítóok *fn* → **indíték**; **tettének ~a** the motive for his deed (v. for the crime)
indított *mn* **~ szülés** induction of labour (*US* -or), induced birth/labour (*US* -or)
indíttatás *fn* impulse
indíttatva érzi magát *i* (*vmre*) feel* obliged/bound to do sg, have* an/the urge to do sg
indítvány *fn* motion, proposal, *[szűkebb körben tett]* proposition, suggestion; **~t elutasít** throw* out a motion; **~t tesz** make* a proposal, put* forward a motion, suggest/move sg
indítványoz *i* move (that .../for sg), propose, suggest, *[tervet]* put* forward; **~om, hogy menjünk** I suggest/propose that we go; **~om, hogy az ülést ebéd után folytassuk** I move that the meeting (should) be continued after lunch
indítványozás *fn* (making a) proposition
individuális *mn* individual
individualista I. *fn* individualist **II.** *mn* individualistic, individualist
individualizmus *fn* individualism
individuum *fn fil* individual
indoeurópai *mn/fn* Indo-European; **~ nyelvcsalád** Indo-European family of languages; **~ nyelvek** Indo-European languages
indok *fn* motive, reason, ground, *[érv]*argument; **vmt ~ul felhoz** give* arguments/reasons/grounds for sg, come* up with the argument that ...
Indokína(i-félsziget) *földr* Indochina, Indo-China
indoklás *fn* → **indokolás**
indokol *i* (*vk vmt*) give*/offer (one's) reasons (v. the grounds) for sg, give* grounds for sg, account for sg, *[szavait, tetteit]* explain oneself, (*vm vmt*) account for sg, be* the reason for sg
indokolás *fn [ítéleté stb.]* reasons for a/the judg(e)ment *tsz*; *[tetteké]* account; **~ nélkül** without offering an explanation
indokolatlan *mn* unjustified, unwarranted, unprovoked; **félelme ~ volt** he had no cause to be (so) alarmed
indokolatlanul *hsz* without cause/reason
indokolt *mn* justified, *[pontról pontra]* reasoned; **~ esetben** for good cause
indonéz *mn/fn* Indonesian
Indonézia *földr* Indonesia
indonéziai *mn/fn* Indonesian
indukál *i* induce
indukált *mn* induced
indukció *fn* induction
indukciós *mn* **~ áram** induced current; **~ ellenállás** inductive resistance
induktor *fn* inductor
indul *i* **1.** *[gép]* start, *[repülőgép]* take* off, *[hajó]* sail, *[busz, vonat]* depart, leave (*vhonnan* from, *vhová* for), *[vk útnak]* start (on a journey), set* out/off, leave* (*vhová* for); **mikor ~?** *[a vonat/repülőgép/hajó]* when does it leave?; **az 5. vágányról ~** ... leaves from platform 5; **~j!** *kat* march!; **~junk!** let's go/start!; **(éppen) ~ni készül** be (just) about to start/leave **2.** *sp* take* part, compete [in a race], enter for [a race/competition] **3.** (*vmerre*) start out for, leave* for **4. vk után ~** follow sy, follow in sy's footsteps **5.** *[mozgalom]* be* set on foot
indulás *fn* **1.** *[gépé]* start, *[hajóé]* sailing, *[buszé, vonaté]* departure, *[repülőgépé]* takeoff, *[útnak]* setting out, *[kiírás pályaudvaron, reptéren]* (*röv* **ind.**) departures (*röv* **dep.**) *tsz*; *biz* **~!** let's go, let's get going!; **~ ideje** time of departure, departure time; **~ napja** departure day; **~ra készen** about to start, ready to leave/depart/sail **2.** *sp* start
indulási *mn* of departure *ut*; **~ idő** departure time; **~ oldal** *[kiírás]* departures (of trains/buses/flights) *tsz*; *[reptéren]* departure lounge; **~ vágány** departure platform
indulat *fn* **1.** *[harag]* temper; **~ba jön** lose* one's temper, *biz* get* worked up **2.** *[beállítottság]* mood, disposition (towards); **ellenséges ~tal viseltetik vk iránt** be* ill-disposed towards sy
indulatos *mn* irascible, passionate, hot-tempered; **~an** heatedly, emotionally, testily
indulatoskod|ik *i* show* (v. be* in a) temper, lose* one's temper
indulatszó *fn* interjection
induló I. *mn* starting, departing, of departure *ut*; **Bécsbe ~ vonatok** trains to Vienna; **~ járatok** departures *tsz*; **~ vágány** departure platform; **~ vonatok** *[kiírás]* departures **II.** *fn* **1.** *zene* march **2.** *sp* competitor, entrant, *[autóversenyen, lóversenyen]* starter; **hány ~ van?** how many (competitors) have (been) entered?; **közel ötven ~ a maratonon** nearly fifty entries for the Marathon; **sok az ~ 5000 m-en** there's a large entry for the 5,000 metres race **3. ~ban/~félben van** be* about to start/leave/depart/sail
indusztriális *mn* → **ipari**
indusztrializmus *fn* industrialism
infantilis *mn* infantile, puerile, immature
infantilizmus *fn* infantilism
infarktus *fn orv* (myocardial) infarction, infarct, *biz* heart attack

I

infinitivus *fn* infinitive
infláció *fn* inflation
inflációellenes *mn* anti-inflationary; ~ **intézkedések** anti-inflatory measures
inflációgerjesztő *mn* inflationary
inflációkövető *mn* indexed, *GB* index-linked
inflációs *mn* inflationary; ~ **pénz** inflated currency
influenza *fn* influenza, *biz* (the) flu; **egy kis** ~ *biz* a touch of flu; **~ban megbetegszik** *biz* come* down with (the) flu; **~val ágyban fekszik** (s)he's in bed with flu
influenzajárvány *fn* influenza epidemic
influenzás *mn* ~ **megbetegedés** a bout of influenza; ~ **vagyok** I am down with (the) flu, I am in bed with flu
információ *fn* **1.** *[tájékoztatás]* information (*tsz* ua.), *[értesülés]* (a piece of) information, *[adatok]* particulars *tsz*; **rossz/téves** ~ misinformation **2.** *[vkről munkavállalásnál]* reference, *GB* character; **~t kér vktől vkről** ask (sy) for references (v. for a reference); **kedvezőtlen** ~ unfavourable reference/report (on sy) **3.** *[kiírás állomáson stb.]* Information, Enquiries (*US* In-) *tsz*
információcsere *fn* exchange of information
információelmélet *fn* information theory
információs *mn* ~ **iroda** information bureau, enquiry office (*US* in-); *[kiírás]* Information, Enquiries; ~ **pult** information desk; ~ **társadalom** information society
informál *i* (*vkt vmről*) inform sy of sg, give* sy information/particulars on/about/regarding sg; **rosszul ~ták** you've been misinformed (v. wrongly informed)
informálód|ik *i* make* inquiries (about sg/sy), inquire/enquire/ask about sg/sy; → **információt kér vkről**
informatika *fn* information science, informatics *esz*, information technology (*röv* **IT**)
informátor *fn* *[rendőrségi]* informer, informant; *[sajtóban]* source
infrastruktúra *fn* infrastructure
infrastrukturális *mn* infrastructural; ~ **fejlesztés** infrastructural development
infravörös *mn* infrared; ~ **felderítőkészülék** infrared scanner
infúzió *fn* *orv* infusion
ing *fn* shirt; **se ~em, se gallérom** (s)he has/is nothing to do with me; **akinek nem ~e, ne vegye magára** if the cap fits wear it; **odaadná az ~ét is** he would give the very shirt off his back; **~e-gatyája rámegy** *biz* lose* one's shirt [in a deal]
inga *fn* pendulum
ingadozás *fn* **1.** *[mennyiségé]* fluctuation **2.** (*vké*) vacillation, hesitation, irresolution
ingadoz|ik *i* **1.** *[ár, mennyiség]* fluctuate (between ... and ...) **2.** (*vk*) vacillate, hesitate, waver, fluctuate (between ... and ...); **félelem és remény között ~ik** waver/hover between hope and fear
ingadozó *mn* **1.** *[mennyiség]* fluctuating **2.** (*vk*) irresolute, vacillating, hesitant, wavering; **szándékában** ~ infirm of purpose
ingajárat *fn* shuttle(-service)
ingamozgás *fn* swing of the pendulum, pendular movement
ingaóra *fn* pendulum clock, *[nagy és padlón álló]* grandfather clock
ingás *fn* **1.** *[ingáé]* swing, oscillation **2.** *[hajóé]* tossing
ingat *i* **~ja a fejét** shake/wag one's head
ingatag *mn* **1.** *[tárgy]* unstable, unsteady, wobbly, shaky **2.** (*vk*); → **ingadozó 2**; ~ **természetű** fickle-minded
ingatlan *fn* real estate, property
ingatlanközvetítő *fn* ~ **(iroda)** *GB* estate agency, *US* real estate agency; *[személy]* estate agent
ingáz|ik *i* *biz* commute
ingázó *mn* *biz* commuter
ingblúz *fn* shirtwaister, *US* shirtwaist
inger *fn* **1.** *[érzékszervi]* stimulus (*tsz* -li), urge; **nevetési** ~ [have*] an urge to laugh **2. ami szemnek szájnak ~e** a feast (fit for a king)
ingerel *i* **1.** *[érzékszervet]* stimulate, excite, *[irritál]* irritate **2.** *[bosszantva]* irritate, nettle, vex
ingerked|ik *i* tease, chaff, banter (*vkvel* sy)
ingerküszöb *fn* (stimulus) threshold limen
ingerlékeny *mn* irritable, excitable, *[lobbanékony]* hot/short-tempered, irascible, inflammable
ingerlés *fn* **1.** *[érzékszervé]* stimulation, *[irritálás]* irritation **2.** *[bántó]* provocation
ingerlő *mn* **1.** *ált* stimulating **2.** *[pikánsan]* provocative, arousing **3.** *[bosszantó]* provoking, annoying
ingerület *fn* *biol* response, reaction
ingerült *mn* irritated, exasperated; ~ **hangon** irritably, exasperatedly, in exasperation
ingerülten *hsz* irritably, crossly, in anger, testily
ingerültség *fn* (state of) exasperation, irritation
inggallér *fn* (shirt-)collar
inggomb *fn* (shirt-)button, *[gallérfelerősítő]* (collar-)stud
ingkabát *fn* blouson
ingó *mn* **1.** *[mozgatható]* movable; ~ **vagyon** personal/movable property, (personal) effects *tsz* **2.** → **ingadozó 1**
ingóságok *fn tsz* personal/movable property *esz*, belongings, (personal) effects
ingovány *fn* bog, swamp, fen, marsh
ingoványos *mn* swampy, marshy; *átv* ~ **talaj** shaky ground
ingruha *fn* shirtwaister, shirtwaist dress, *US* shirtwaist
ingujj *fn* (shirt-)sleeve; **~ban** in (one's) shirt-sleeves
ingyen *hsz* free (of charge), gratis, for nothing, for no charge; ~ **adják** it can be had gratis (v. for the asking); **ez ~ van!** *[olcsó]* it is a gift, *biz* it is dirt cheap; **szinte** ~ *biz* for a song; ~ **sem kell!** not for all the world, not for anything; **semmit sem adnak** ~ you cannot get something for nothing, there's no such thing as a free lunch; **úgy veszik, mintha ~ adnák** it is selling like hot cakes; *tréf* ~ **és bérmentve** free, gratis, and for nothing
ingyenélő *mn* parasite, sponger, freeloader
ingyenes *mn* free, gratuitous, *[ajándék]* complimentary; ~ **hely** *okt* scholarship, free place
ingyenjegy *fn* free/complimentary ticket
ingyenkonyha *fn* soup kitchen
ingyenmunka *fn* unpaid work/labour (*US* labor), labour (*US* labor) of love
inhalál *fn* inhale
ínhüvely *fn* tendon sheath
ínhüvelygyulladás *fn* tendovaginitis
iniciálé *fn* initial; **díszes ~kkal ellátott** illuminated
iniciatíva *fn* initiative
injekció *fn* injection; **bőr alá adott** ~ hypodermic/subcutaneous injection; **~t ad** → **injekcióz**; **~t kap** get* an injection; **~ra jár** get* a course of injections
injekciós *mn* ~ **fecskendő** hypodermic syringe; ~ **tű** hypodermic needle; **eldobható (v. egyszer használatos)** ~ **tű** disposable (hypodermic) needle
injekcióz *i* give* sy an injection
inka I. *fn* Inca **II.** *mn* Incaic
inkább *hsz* rather, sooner, ... instead; ~ **meghalok** *[mintsem ...]* I'd die first; ~ **várok** I prefer to wait, I'd rather wait; ~ **sétálok** I prefer to walk, I'd sooner walk; **esik, ~ úszni megyünk** it's raining(,) we'll go swimming instead; **annál (is) ~** all the more (because), so much the more; **annál is ~, mert** especially as; **minél ~ ..., annál ...bb** the more ... the more ...; **minél ~ ..., annál kevésbé** ... the more ... the less ...; **~ mint** rather than; **nem annyira szép, mint ~ érdekes** she is not so much good-looking as interesting; **~ nem** (I'd) rather not; **még ~** even more, so much more; **sokkal ~** much rather; → **leginkább**, → **mint**
inkasszál *i* collect, recover
inkasszó *fn* collection

inkluzíve *hsz* inclusive of, including (sg), all in *ut*
inkognitó *fn* incognito
inkompatibilis *mn* incompatible
inkompatibilitás *fn* incompatibility
inkompetencia *fn* incompetence
inkompetens *fn* incompetent
inkontinencia *fn orv* incontinence, incontinency
inkorrekt *mn* (*vk*) unfair, *[viselkedés]* incorrect [behaviour], improper [conduct]
inkriminált *mn* **az ~ rész** the passage objected to
inkubátor *fn* incubator
inkvizíció *fn* inquisition
inkvizítor *fn* inquisitor
innen *hsz* **1.** *[hely]* from here, from this place; **el/menj ~!** be off!, get out of here! *biz* scram!; **~ 2 kilométerre** 2 kilometres hence; **ötkor ment el ~** he left us/here at five **2. ~ magyarázható** (v. **~ van az), hogy** ... that is (the reason) why ..., that's why ..., hence ... **3. vmn ~** (on) this side of sg; **még ~ van az ötvenen** he is on the right side of fifty
innen-onnan *hsz [különböző helyekről]* from here and there, from various places
innenső *mn* hither (side), this (side)
innentől *hsz* **~ kezdve** *[hely]* from here on(wards), *[idő]* from now on
inni *i* → **iszik**
innivaló *fn* (sg to) drink
innováció *fn* innovation
innovatív *mn* innovative
inog *i* **1.** *[tárgy]* be* unsteady, wobble, shake*, sway; **~ni kezd** *[létra]* wobble, wabble **2.** *[vk állásában]* sy's position is shaky, have* a precarious hold, *[kormány]* totter
ínrándulás *fn* sprain, wrench
ínség *fn* penury, poverty, destitution, want, need
ínséges *mn ált* poverty-stricken, poor, miserable, *[ember így is]* destitute; **~ időkben** in times of want
inspekció *fn* → **ügyelet**
inspekciós *mn* → **ügyeletes**
inspekcióz|ik *i* → **ügyeletet tart**
inspiráció *fn* inspiration
inspirál *i* inspire
instabil *mn* unstable
installáció *fn műv* installation
instrukció *fn* instruction
instrumentális *mn zene* instrumental
ínszakadás *fn* rupture of a tendon
ínszalag *fn* tendon, ligament
ínszalagszakadás *fn* torn ligament
inszinuáció *fn* insinuation
int *i* **1.** make* a sign, *[kézzel]* beckon, wave, motion, *[fejjel]* nod, *[szemmel]* wink; **csendre ~** bid* sy be silent, enjoin silence (on); **~ vknek, hogy üljön le** motion sy to sit down; **~ vknek, hogy menjen el** wave sy away **2.** (*vkt vmre*) warn, exhort sy to do sg, (*vkt vmtől*) warn/admonish sy against sg; **óva ~ vkt** (*vmtől*) caution/warn sy against sg, strongly advise (v. urge) sy not to do sg
intarzia *fn* marquetry, inlay
intarziás *mn* inlaid
integet *fn* wave (one's hand) (*vknek* to sy), beckon
integráció *fn* integration; **európai ~** European integration
integrációs *mn* integration
integrál I. *i* **1.** *ált* integrate (sg) (into sg) **2.** *mat* find* the integral of **II.** *fn mat* integral; **kiszámítja vmnek az ~ját** determine the integral of sg
integrálszámítás *fn* integral calculus
integrált áramkör *fn* integrated circuit (*röv* **IC**)
intelem *fn* admonition, warning, exhort
intellektuális *mn* intellectual
intelligencia *fn* **1.** *[értelem]* intelligence; **mesterséges ~** artificial intelligence (*röv* **A.I.**) **2.** *[értelmiségiek]* the intellectuals *tsz*, intelligentsia
intelligenciahányados *fn* intelligence quotient (*röv* **IQ**)
intelligenciateszt *fn* intelligence test
intelligenciavizsga *fn* intelligence test
intelligens *mn* intelligent, bright; **nagyon ~** highly/very intelligent; **nem ~** unintelligent
intenzitás *fn* intensity
intenzív *mn* intensive; **~ nyelvtanfolyam** intensive (language) course, intensive language training; *orv* **~ osztály/szoba** intensive care (unit) (*röv* **ICU**); **az ~ osztályon van** be* in (the) ICU, be* in (the) IC unit
interaktív *mn* interactive
interdiszciplináris *mn* interdisciplinary
interferencia *fn* interference
interjú *fn* interview; **~t készít vkvel** interview sy
interjúalany *fn* interviewee
interkontinentális *mn* intercontinental; **~ ballisztikus rakéta** intercontinental (ballistic) missile
Internacionálé *fn pol* **1.** *[induló]* **az ~** the Internationale **2. i~** *[szervezet]* [socialist, etc] International
internacionális *mn* international
internacionalista *mn/fn pol elav* internationalist
internacionalizmus *fn pol elav* internationalism
internál *i tört* intern
internálás *fn tört* internment, preventive detention
internálótábor *fn tört* internment/concentration camp
internátus *fn* boarding school
Internet *fn infor* Internet
internetez|ik *i infor* use the Internet, *biz* surf the Web
internet-hozzáférés *fn infor* Internet access, access to the Internet; **van ~ed?** do you have Internet access?
internetszolgáltató *fn infor* Internet service provider (*röv* **ISP**)
interpelláció *fn* interpellation, question (to a/the minister); **~k ideje** question time
interpellál *i* interpellate, question
interpretáció *fn* interpretation, reading
interpretál *i* interpret; **tévesen ~ja vk szavait** misinterpret/misconstrue sy's words, put* a wrong construction on sy's words
interregnum *fn* interregnum
interurbán *mn* **~ beszélgetés** long-distance call
intervallum *fn* interval
intervenció *fn* intervention
intervenciós *mn* **~ háború** war of intervention
intés *fn* **1.** *[kézzel]* wave, waving, motion, *[fejjel]* nod **2.** *[figyelmeztetés]* warning, caution, admonishment, exhortation
intéz *i* **1.** *[ügyet]* manage, conduct, direct **2.** *[elrendez]* arrange; **úgy ~te, hogy** he arranged to/that; **mit ~tél az önkormányzatnál?** what have you managed to do at the council?; **ügyesen ~i a dolgait** play one's cards well **3.** (*vmt vkhez*) address sg to sy; **megjegyzéseit a miniszterhez ~te** he levelled his remarks at the minister
intézet *fn* **1.** *[tudományos stb.]* institute **2.** → **nevelőintézet**; **~ben nevelkedett** (s)he was brought up in state care
intézeti *mn* **~ növendék** *[bentlakó]* boarder; *pej* **~ gyerek** a child in care
intézkedés *fn* measure(s), step(s), order(s), arrangement(s), *[törvényé]* provision, clause; **energiatakarékossági ~ek** energy-saving measures; **sürgős ~re van szükség** immediate steps/action must be taken; **további ~ig** until further notice, for the present; **megteszi a szükséges ~eket** take* the necessary measures/steps
intézked|ik *i* **1.** (*vk*) take* measures/steps, make* arrangements, (*vmről*) arrange for sg (to be done), arrange for doing sg, see* to/about sg (doing sg); **~em, hogy János kimenjen eléd a reptérre** I'll arrange for John to meet you at the airport; **~tem, hogy egy kocsi várja önt** I have arranged for a car to meet you; **majd ~ni fogunk** we shall see to it, measures will be taken **2.** *[törvény]* provide; **a törvény úgy ~ik, hogy** ... the law provides that ...

intézmény *fn* institution, establishment, institute
intézményes *mn* institutional, established, regular, systematic
intézményesít *i* institutionalize, (re)organize sg on an institutional basis
intéző *fn elav [gazdasági]* (estate) manager/steward, bailiff
intézőbizottság *fn* executive committee/board
intézvény *fn* bill of exchange, (banker's) draft
intézvényez *i [váltót]* draw* [a bill] on sy; **~ett váltó** drawn bill, (banker's) draft drawn on sg/sy
intim *mn* intimate, personal, private
intimbetét *fn* sanitary *GB* towel; *US* napkin/pad
intimitás *fn* intimacy; **~ok** *[vk életéből]* personal gossip, details [of sy's private life]
intolerancia *fn* intolerance, lack of tolerance
intoleráns *mn* intolerant
intonáció *fn* intonation
intő I. *mn* exhorting, warning; **~ példa** object lesson, warning; **szolgáljon ez ~ példa gyanánt** let this be a warning **II.** *fn okt kb.* warning
intranet *fn infor* intranet
intravénás *mn* intravenous [injection]
intrika *fn* intrigue(s), machinations *tsz*; **~́t sző vk ellen** hatch a plot against sy
intrikál *i* intrigue, plot, scheme (*vk ellen* against)
intrikus *fn* schemer, *pol* scheming politician, intriguer
introvertált *mn pszich* introvert, introverted; **~ személy** introvert
intuíció *fn* intuition
invázió *fn* invasion
invesztál *i* invest
invitál *i* invite
inzert *fn tv film* insert, cut-in
inzulin *fn* insulin
inzultál *i* insult
inzultus *fn* insult
íny *fn* **1.** *[szájpadlás]* palate **2.** *[fogíny]* gums *tsz* **3. ~ére van** be* to sy's taste/liking; **nincs ~emre** it is not to my taste/liking, it does not suit me, *biz* it's not my cup of tea
ínycsiklandó *mn* appetizing, savoury (*US* -ory)
ínyenc *fn* gourmet
ínyencfalat *fn* delicacy, titbit (*US* tidbit)
ínysorvadás *fn* periodontal disease
ion *fn fiz* ion
ionizáció *fn* ionization
ionizál *i* ionize
ipar *fn* **1.** *[gazdaság ága]* industry, *[egy bizonyos]* trade **2.** *[mesterség]* trade, (handi)craft; **vmlyen ~t űz** be* engaged in a trade, be* in a trade
iparág *fn* (branch of) industry
iparcikk *fn* (industrial) product, manufacture, manufactured/consumer goods *tsz*
iparengedély *fn* trade licence (*US* -se); **~t kap vmre** be* licensed for sg (to sell sg)
iparfejlesztés *fn* industrialization, development of industry
ipari *mn* industrial, of industry *ut*, industry-, trade-; **~ állam** industrial state; **~ áram** industrial/rate current; **~ célokra** for industrial purposes; **~ formatervezés** industrial design; **~ forradalom** industrial revolution; **~ kémkedés** industrial espionage; **~ központ** centre of industry, industrial centre; **~ minisztérium** industrial ministry; **~ munkás** industrial/factory worker; **~ növény** industrial crop/plant; **~ pályára lép** go* into trade/business; **~ szakmunkásképző intézet/iskola** industrial/trade school; **~ tanuló** (industrial/trade) apprentice; **~ televízió** closed-circuit television, industrial television; **~ termelékenység** industrial productivity; **~ termelés** industrial production, output; **~ vásár** trade/industrial fair; **~ vezetés módszerei** ways of directing industry
iparigazolvány *fn* trade licence (*US* -se)
iparilag *hsz* industrially; **~ fejlett ország** (industrially) developed country
iparkamara *fn* chamber of industry
iparkodás *fn* assiduity, diligence, industry, endeavour (*US* -or)
iparkod|ik *i* → **igyekszik**
iparkodó *mn* → **igyekvő**
iparmágnás *fn* tycoon, captain/leader of industry, big industrialist
iparművész *fn [tervező]* industrial designer/artist, *[reklám stb.]* commercial artist
iparművészet *fn* industrial design, applied art(s), arts and crafts *tsz*
iparművészeti *mn* **~ bolt** arts and crafts shop, craft shop; **~ főiskola** school of applied arts, school of arts and crafts
iparos *fn* **1.** *[kis]* craftsman°, *[nő]* craftswoman°, artisan **2.** *[nagy]* industrialist
iparosít *i* industrialize
iparosítás *fn* industrialization
iparosod|ik *i* become* industrialized
iparossegéd *fn* journeyman°
iparpolitika *fn* industrial policy
iparszerű *mn* professional; **~en foglalkozik vmvel** be* a professional [photographer, gardener etc.]
ipartelep *fn* industrial establishment/plant, factory
ipartestület *fn* trade association
iparügy *fn* industry, industrial affairs *tsz*
iparvállalat *fn* industrial company
iparvidék *fn* industrial(ized) area/region
ipi-apacs *fn* hit-and-run (play)
ipse *fn biz* chap, guy, *GB* bloke
IQ *röv* → **intelligenciahányados**; **magas az ~-ja** have* a high IQ
ír[1] *i* **1.** *ált* write*, *[írógéppel]* type; **szépen ~** write* a good/fine hand; **csúnyán ~** have* poor handwriting; **jól ~** *[író]* be* a good writer, have* style; **levelet ~** write* a letter; **cikket ~** write* an article; **újságba/lapokba ~** *[cikkeket stb.]* contribute to (v. write* for) a paper (v. to papers/magazines etc.); **újságcikkeket ~** contribute to papers/magazines, contribute newspaper articles; **~ta** ... *[könyv stb. címoldalán]* by ..., *[film főcímében]* screenplay by ...; **~j majd pár sort!** drop me a line!; **~ja!** *[a következőket]* write/take this down; **~ja a többihez!** *GB* (just) chalk it up; **majd ~ok** you will hear from me; **az újságok azt fogják ~ni** ... the papers will say (that) ... **2.** *[vhogyan, helyesen]* spell*, write*; **hogyan ~juk ezt a szót?** how do you spell it?, how is it spelt? **3. javára ~** give* sy credit for; **terhére ~** debit [sy v. sy's account] with [a sum]
ír[2] *fn elav [kenőcs]* balm, ointment
ír[3] **I.** *mn* Irish; **Ír Köztársaság** Republic of Ireland, Irish Republic; **~ köztársasági** (of the) Irish Republic; **az ~ nép** the Irish **II.** *fn* **1.** *[férfi]* Irishman°, *[nő]* Irish woman°; **az ~ek** the Irish **2.** *[nyelv]* Irish
Irak *földr* Iraq
iraki *mn/fn* Iraqi
iram *fn* pace, speed; **őrült ~ban** at a furious pace, at a breakneck speed; **diktálja az ~ot** set* the pace; **nem győzi az ~ot** (s)he can't stand the pace
iraml|ik *i* run*, rush, hurry, scurry, sweep*
Irán *földr* Iran; *[korábban]* **Perzsia** Persia
iráni *mn/fn* Iranian
iránt *nu* **1.** *[vk/vm felé]* towards, to, in the direction of, about, for **2.** *átv* towards, to; **érdeklődik vm ~** inquire after/about sg, show* interest in sg; **érdeklődik vk ~** ask after sy; **az ~ érdeklődöm** ... I'd like to inquire about ... (v. whether ...), I'd like to know [when/what/whether ... etc.]; → **érdeklődik**; **részvéttel van vk ~** have* compassion for sy, feel* sympathy for sy; **az ön ~ tanúsított érzelmei** his/her feelings for you
iránta *hsz* towards him/her; **~m** towards me, with regard to me, concerning me

iránti *mn* concerning *ut*, regarding *ut*; **az ön ~ tiszteletből** out of respect for you
irány *fn* **1.** *[földrajzi]* direction, course, *[hajó]* bearing; **~ London!** destination London; **vmlyen ~ba(n)** in the direction of, towards sg; **milyen ~ba?** which way?, in what direction?; **rossz ~ba halad** be* off course; **minden ~ból** from every quarter/direction; **északi ~ban** northward(s), towards the north, north; **déli ~ból** from the south; **minden ~ban** in every direction; **~omban** towards/with me; **~t ad vmnek** shape the course of sg; **~t szab vmnek** determine (the course of) sg; **~t változtat** change (one's) direction, alter one's course/route, change course; **~t vesz vmre** (i) *átv is* head towards/for (ii) *átv* concentrate on sg, decide to follow the policy of (doing sg) **2.** → **irányzat**
irányadó I. *mn* setting a trend (v. the pace/tone) *ut*, trendsetting, *[mérvadó, megbízható]* authoritative, influential **II.** *fn* sg/sy that sets a trend (v. the pace/tone), trendsetter
irányár *fn* guiding/guide price
irányelv *fn* directive, guiding principle; **~ek** guidelines, *[pártté]* policy *esz*
irányít *i* **1.** (*vkt vhova*) direct (to), guide (to), (*vkt vkhez*) refer sy to sy, *[küldeményt vhova]* send*, direct, address; **lépteit vmerre ~ja** direct/bend* one's steps towards; **más útvonalra/repülőtérre ~** re-route **2.** *[intézményt]* direct, manage, run*, *[forgalmat]* control [road traffic] **3.** *műsz [vezérel]* control, *[hajót]* steer, pilot [ship] **4.** *[fegyvert]* level [a gun at] **5. figyelmét vmre ~ja** turn one's attention to sg
irányítás *fn* **1.** direction, guiding, control, guidance; **vk ~a alatt áll** be* under sy's direction/leadership/guidance **2.** *[vezérlés]* control, *[hajóé]* steering **3.** *[vállalkozásé]* leading, management, control
irányítástechnika *fn* control engineering
irányítható *mn* controllable; **nem ~** beyond control
irányító I. *mn* directing, directional, guiding, leading **II.** *fn [vezető személy]* leader, *irod* leading light
irányítóközpont *fn* control centre (*US* center)
irányítószám *fn [postai]* postal code, postcode, *US* zip code
irányítótorony *fn rep* control tower
irányított *mn* guided, controlled; **~ gazdálkodás** planned economy; **~ (rakéta)lövedék** guided missile
irányjelző *fn [gépkocsin] GB* (turn) indicator, *US* direction indicator, turn/directional signal, *GB és US* flasher; **villog a bal oldali ~je** his/her left-hand indicator is flashing; **használja az ~t** indicate
iránymutatás *fn* direction, guiding
irányoz *i [fegyvert, látcsövet]* train [a/one's gun, field glass on sy/sg], level/aim [a/one's gun at sy/sg]; → **irányít**
irányregény *fn* Tendenzroman, novel with a purpose
iránytaxi *fn* jitney service
iránytű *fn* compass, magnetic needle
irányul *i* (*vmre*) be* aimed at, be* directed towards, tend towards/to; **ellene ~** it is directed against him; **minden figyelem feléje ~t** all eyes were (focussed/riveted)on him/it; **minden igyekezetem oda ~, hogy** I do my utmost to
irányuló *mn* aiming/pointing/directed at *ut*; **a feléje ~ figyelem** the attention (s)he receives/received
irányváltoztatás *fn* change of direction, *pol* changeover
irányvonal *fn pol* line, policy
irányzat *fn* tendency, trend, *műv fil* school
irányzék *fn [fegyveren]* (rear and front) sights *tsz*
írás *fn* **1.** *[művelete és eredménye]* writing; **~ és olvasás** reading and writing; **vknek az ~ai** sy's writings/works; **~ba foglal vmt** write* sg down, put*/give* sg in writing, commit sg to writing, set* sg down in black and white; **~ban** in writing; **~ban ad meg (v. rögzít) vmt** write*/put* it/sg down, give* sg in writing, record sg; **erről kérek ~t** can I have that in writing? **2.** *[kézírás]* (hand)writing; **szép ~a van** he writes a good/fine hand **3.** *[írásrendszer]* script, alphabet; **cirill betűs ~** Cyrillic alphabet **4.** *vall* **az Í~** → **Szentírás 1**
írásbeli I. *mn* written, in writing *ut*; **~ értesítés** notice (in writing); **~ szerződés** written agreement; **~ vizsga** written examination, (examination) paper; **~ vizsgát tesz** sit* (for) the/a written examination, take* the/a written examination/paper (on/in sg) **II.** *fn* **1.** *[dolgozat]* composition, essay, (written) paper **2.** → **írásbeli vizsga**
írásbeliség *fn* literacy
írásbeliz|ik *i biz* → **írásbeli vizsgát tesz**
íráshiba *fn* slip of the pen, *[helyesírási]* spelling mistake, misspelling
írásjegy *fn* character, letter
írásjel *fn [vessző stb.]* punctuation mark; **~ek kitétele** punctuation; **kiteszi az ~eket** punctuate [a text]; → **ékezet**
íráskép *fn nyelv [szóé]* written form
íráskészség *fn okt* writing skills *tsz*, *[jó]* facility in writing
írásmód *fn* way of writing, *átv* style
írásmű *fn* piece of writing, literary work
írásos *mn* written, in writing *ut*; **(a konferencia) ~ anyaga** working papers *tsz*; *[kötetben megjelent]* proceedings [of the ...]; **~ emlék** written record
írásszakértő *fn* handwriting expert, criminal graphologist
írástudatlan *mn* illiterate
írástudatlanság *fn* illiteracy; **funkcionális ~** functional illiteracy
írástudó I. *mn* able to read and write *ut*, literate **II.** *fn [bibliában]* scribe, *[középkorban]* clerk
írásvetítő *fn* overhead projector
irat *fn* **1.** *[hivatalos stb.]* document; **az ~ok** *[egy ügyről]* the file (on) *esz*; documents (relating to a case) **2.** *[személyi]* **~ok, vknek az ~ai** sy's papers; **az ~aim** my papers **3.** *irod* writing
írat *i* **1.** have* sg written **2. nevére ~ vmt** have* sg registered in one's name, transfer sg in writing to sy
iratcsomó *fn [akta]* file, dossier
iratgyűjtő *fn* folder; **gyűrűs ~** [three-]ring binder; **~ szekrény** filing cabinet
iratkapocs *fn* paperclip
íratlan *mn* unwritten; **~ törvény** an unwritten law
iratmásolás *fn* photocopying
iratmásoló *fn* → **fénymásoló**
iratmegsemmisítő *mn* **~ gép** shredder
iratrendező *fn* binder
iratszekrény *fn* filing cabinet, files *tsz*
irattár *fn* archives *tsz*, *[kisebb]* filing cabinet, files *tsz*; **~ba helyez** file
irattárca *fn* wallet, *US* pocketbook
irattáros *fn* archivist
irattáska *fn* attaché case, briefcase
irdal *i gaszt* slit* (in)
Irén *tul* Irene
irgalmas I. *mn* merciful, compassionate, charitable; **Isten legyen neki ~** may God have mercy on him; **az I~ Rend** Brothers/Sisters of Mercy/Charity **II.** *fn vall* **az ~ok** → **Irgalmas Rend**
irgalmasság *fn [könyörületesség]* mercifulness, mercy, compassion
irgalmatlan I. *mn* merciless, unmerciful, pitiless, unpitying **II.** *hsz biz* very; **~ nagy** enormous, tremendous
irgalmaz *i* (*vknek*) be* merciful to sy, have* pity/mercy on sy
irgalom *fn* **1.** *[könyörület]* mercy, pity, compassion; **~ nélkül** ruthlessly; **~ból** out of pity (for sy) **2.** *[kegyelem]* clemency, pardon
irha *fn* (animal's) hide, pelt, skin; *átv biz* **menti az ~ját** run* for dear life; *átv biz* **hordd el az ~dat** get out (of here)!; be off!, *biz* get lost!
irhabunda *fn* sheepskin coat/jacket
irhakabát *fn* suede jacket
írható *mn infor* recordable

irigy I. *mn* envious, jealous (*vkre, vmre* of sy/sg); **~ kutya** dog in the manger **II.** *fn* **sok az ~e** he is envied by many
irigyel *i* (*vkt/vmt*) envy (sy, sg), be* envious/jealous (of); **~ vkt vmért** v. **vktől vmt** envy sy sg; **nem irigylem tőle a sikert** I do not envy him his success; **nem irigylem** *biz* I would not like to be in his shoes
irigyelt *mn* (much) envied
irigyked|ik *i* be* envious/jealous (*vkre/vmre* of sy/sg), be* filled/green with envy
irigylésre méltó *mn* enviable
irigység *fn* envy, enviousness, jealousy; **sárga az ~től, majd megeszi az ~** be* green with envy, be* eaten up with envy; **az ~ beszél belőle** it's just envy, (s)he's just jealous
írisz *fn* **1.** *biol [a szem része]* iris, iris diaphragm **2.** *növ* iris
irka *fn* exercise/copy-book
irkafirka *fn* scribbling, scribble, scrawl
irkál *i* scribble
írni-olvasni *kif* **~ tudás** reading and writing, literacy; **~ tudó** able to read and write *ut*; **~ nem tudó** illiterate
írnok *fn* clerk
író¹ *fn* writer, author, man° of letters
író² *fn [tejtermék]* buttermilk
íróasztal *fn* (writing) desk, writing table; **redőnyös ~** *GB* bureau, *US* roll-top desk
íróasztali *mn* **~ lámpa** desk/table lamp; **~ munka** deskwork, paperwork
iroda *fn* office, bureau (*tsz* -s v. -x); **központi ~** head office
irodagép *fn* business machine
irodaház *fn* office block, office building
irodai *mn* office; **~ dolgozó** office worker, white-collar worker; **~ munka** clerical/office work, white-collar job; **~ órák** office hours
irodalmár *fn* literary man°, man° of letters
irodalmi *mn* literary, of/in literature *ut*; **~ alkotás** literary work; **~ nyelv** standard language; **az angol ~ nyelv** standard English, *GB* the King's/Queen's English; *[ma inkább:]* Standard British English, *US* Standard American English; **a magyar ~ nyelv** standard Hungarian
irodalom *fn* **1.** *[írott művek]* literature **2.** *[könyvészet, felhasznált]* bibliography, *[folyóiratcikk végén]* references *tsz*
irodalomelmélet *fn* literary theory
irodalomkritika *fn* literary criticism
irodalomtörténész *fn* literary historian, historian of literature
irodalomtörténet *fn* history of literature, literary history [of England/Hungary etc.]
irodalomtörténeti *mn* literary historical, of/concerning the history of literature *ut*
irodalomtudomány *fn* (literary) criticism, (study of) literature, literary studies *tsz*
irodaszerek *fn tsz* office supplies *tsz*/stationery *esz*
íróeszköz *fn* writing implement, *biz* something to write with
írogat *i* scribble, *[néha levelet]* write* [a letter] every now and then
írógép *fn* typewriter; **~pel írott** typewritten
írógépel *i* type
írógéppapír *fn* typing paper
írógépszalag *fn* typewriter ribbon
írói *mn* literary; **~ (ál)név** pen name, nom de plume; **~ pálya** (profession of) writing
irokéz *mn/fn* Iroquoian
iromány ok *fn* papers, writings
irónia *fn* irony; **a sors ~ja, hogy** ... ironically ...; it's ironical that ..., it is an irony that ...
ironikus *mn* ironic(al)
ironizál *i* speak* ironically (of sg), say* sg tongue in cheek
írónő *fn* woman writer (*tsz* women writers)
írópapír *fn* writing paper
Írország *földr* Ireland, *[írül]* Eire; → **ír³**
írországi *mn* Irish, of Ireland *ut*
írószerbolt *fn* stationer('s)
írószerek *fn tsz* stationery *esz*
írószövetség *fn* writers' association
írótömb *fn* notepad
írott *mn* written, *[megörökített]* recorded; **kézzel ~** handwritten, written by hand *ut*; **géppel ~** typewritten; **~ források** records
irracionális *mn* irrational; **~ szám** irrational number, surd
irracionalitás *fn* irrationality
irreális *mn* unrealistic [plan]
irredenta *mn/fn* irredentist
irredentizmus *fn* irredentism
irreleváns *mn* irrelevant
irritál *i* irritate
irt *i* **1.** *[élősdit]* destroy, exterminate [vermin], *[gyomot, növényt]* kill, get* rid of [weeds]; **erdőt ~** deforest a region, cut* down a forest; **patkányt ~** clear a place of rats **2.** *[tömegesen gyilkol]* butcher, slaughter, massacre **3. tyúkszemet ~** remove corns
irtás *fn* **1.** *[élősdié]* destruction, extermination, *[gyomé, növényé]* killing, eradication, *[erdőé]* deforestation, cutting down, clearing **2.** *[tömeges gyilkolás]* massacre, slaughter **3.** *[erdőben]* clearing
irtó *hsz biz [szörnyen]* awfully, terribly
irtózás, **irtózat** *fn* horror, terror, dread
irtózatos *mn* horrible, horrific, dreadful, awful, monstrous
irtóz|ik *i* (*vmtől*) have* a horror/dread (of sg), (*vktől*) be* repelled by sy, find* sy repugnant
irtóztató *mn* → **irtózatos**
irtvány *fn* clearing
irul-pirul *i* blush/flush with embarrasment
írül *hsz [beszél]* [speak*] Irish, *[írva]* [written] in Irish
is *ksz* also; **én ~ ott leszek** I'll also be there, I'll be there, too; **én ~ voltam Bécsben** I too have been to Vienna; **Bécsben ~ voltam** I have been in Vienna, too; **még akkor ~** even if; **még Feri ~** even F.; **~ ... ~** both; **látni fogod Pestet ~, Budát ~** you will see both Pest and Buda; **itt ~, ott ~** here as well as there; **én ~!** me too!; **tízen ~ látták** no fewer than ten people saw it, at least ten people saw it; **tudom ~ én!** how should I know?, don't ask me!; **hogy ~ történt?** (let me see) how did it happen, how did it come about?; **Katiról nem ~ beszélve** not to mention K., to say nothing of K.
isiász *fn orv* sciatica
iskola *fn* **1.** *[épület, intézmény]* school; **általános ~** primary school; **~ba adja a fiát** send one's son to school; **~ba jár** go to school, attend school, be* at school; **~t kerül** play truant/*US* hooky; **~n kívüli elfoglaltság** extracurricular activity **2.** *[oktatás, tanulmányok]* education, studies *tsz*; **~it Angliában végezte** (s)he studied (v. was educated) in Britain; **~it elvégzi** leave* school, complete one's (course of) studies; **ma nincs ~** there are no classes today; **mi volt az ~ban?** how was school? **3.** *[irányzat]* school, school of throught **4. az ~ját!** blast/darn (it)
iskolaépület *fn* school (building), *US* schoolhouse
iskolahajó *fn* cadet/training-ship
iskolai *mn* school-, of school *ut*, educational; **~ dolgozat** composition, school exercise, essay, test(paper); **~ előmenetel** school progress; **~ értesítő** (school)report, *US* report card; **~ sport(ok)** school sports *tsz*
iskolaigazgató *fn* → **igazgató 2**
iskolakerülő *fn* truant, *[igével]* play truant
iskolaköpeny *fn kb.* school uniform
iskolaköteles *mn* of school age *ut*, schoolable; **~ kor** school age
iskolakötelezettség *fn* compulsory education
iskolalátogatás *fn [diáké]* school attendance, *[tanfelügyelőé]* school inspector's visit
iskolaorvos *fn* school doctor
iskolapad *fn* school desk

iskolapélda *fn* **vmnek az ~ja** a textbook/classic example of sg, a textbook case of sg, an object lesson [in how to... v. how not to...]

iskolarádió *fn* **1.** *[iskoláknak sugárzott]* school broadcasts *tsz* **2.** *[az iskola házi közlésére]* school radio

iskolarendszer *fn* educational system

iskolaruha *fn [egyenruha]* (school) uniform

iskolás I. *mn* school, of school *ut*; **~ gyermek** schoolboy, schoolgirl (*tsz* schoolchildren), pupil; **~ leány** schoolgirl **II.** *fn [diák]* pupil, schoolboy, schoolgirl; **~ok** schoolchildren, pupils

iskoláskor *fn* school age; **~ előtti** pre-school; **(még) ~ában** while (still) at school, in one's schooldays

iskoláskorú *mn* **~ gyermekek** children of school age

iskolaszék *fn elav* school board

iskolaszerek *fn tsz* school supplies, school equipment *esz*

iskolaszünet *fn* vacation, holiday

iskolatárs *fn* schoolmate, schoolfellow; **~ak voltunk** we were at school together

iskolatáska *fn* (school) satchel, schoolbag

iskolatelevízió *fn* schools television

iskolaügy *fn* educational affairs *tsz*

iskoláz *i* give* sy basic training, train

iskolázatlan *mn* uneducated, unschooled, untutored

iskolázott *mn* educated, (well-)trained

iskolázottság *fn* learning

iskoláztat *i* send* [one's child] to school, provide schooling for one's child

iskoláztatás *fn* schooling, education

ismer *i* (*vkt/vmt*) know* (sy, sg), be* acquainted with (sy, sg), *[jártas vmben]* be* familiar with (sg), have* a knowledge of (sg); **személyesen ~ vkt** know* sy personally, be* personally acquainted with sy; **évek óta ~em** I've known him/her for years; **régóta ~em** I have known him/her for a long time; **jól ~i ezt a könyvet** (s)he knows that book well, (s)he is familiar with that book; **jól ~i az angol nyelvet** (s)he has a good command of English; **jól ~i Londont** (s)he knows London well; **alaposan ~ egy tárgyat** be* well up (v. well-versed) in a subject, know* all about it/sg; **nem ~** (*vkt/vmt*) (s)he doesn't know sy/sg, has not much knowledge of sg, be* unfamiliar with sg; → **dörgés**, → **tenyér**

ismeret *fn* knowledge; **a tények ~ében** with full knowledge of the facts; **az angol nyelv alapos ~e** a good command of the English language; **a latin nyelv ~e** one's/sy's acquaintance with Latin; **vannak némi spanyol nyelvi ~ei** he has some (acquaintance with) Spanish

ismeretanyag *fn* factual knowledge/material

ismeretelmélet *fn* epistemology

ismeretes *mn* (well-)known; **~, hogy/mint** ... as is well-known ...

ismeretkör *fn* one's field (of knowledge), *[összesség]* one's range of interests, one's interests *tsz*

ismeretlen I. *mn ált* unknown (to sy), not known, *[arc]* unfamiliar, *[holttest]* unidentified; **~ ember** unknown man, stranger; **a címzett ~** "not known"; **az ~ katona (sírja)** (the tomb of) the Unknown Soldier/Warrior; **~ terület** unexplored area, *átv is* terra incognita **II.** *fn mat* unknown (quantity); → **egyenlet**

ismeretlenség *fn* anonymity

ismeretség *fn* acquaintance; **~ben van vkvel** know* sy (personally), be* acquainted with sy; **~et köt vkvel** make* sy's acquaintance, make* the acquaintance of sy, get* to know sy

ismeretségi *mn* **~ kör** circle of acquaintances

ismeretterjesztő *mn* educational; **~ előadás** educational (v. popular science) lecture; **~ film** educational/documentary film, documentary; **~ könyv** popular work

ismerkedés *fn* getting acquainted (with)

ismerkedési *mn* **~ est** social (evening), *[konferencia alkalmából így is]* wine and cheese party

ismerked|ik *i* (*vkvel*) get* to know [people], make* contacts/acquaintances, (*vmvel*) familiarize oneself with sg, get* to know sg, *biz* get* the hang of sg

ismerő I. *mn* **a kérdést alaposan ~ ember** a man° well-informed on a matter/subject; **határt nem ~** unbounded, immense **II.** *fn* **vmnek kiváló ~je** an expert in; → **alaposan ismer**

ismerős I. *mn* known (*vk számára* to), *[arc, hang stb.]* familiar [face, voice etc.]; **ebben a városban nem vagyok ~** I am a stranger here, I do not know anybody here, *US* I have no contacts here; **ez ~en hangzik** that sounds familiar **II.** *fn* acquaintance, *[kapcsolat]* contact; **egy (jó) ~öm** an (old) acquaintance of mine

ismert *mn* (well-)known, *[népszerű]* popular; **vk által ~** known to sy *ut*; **az ~ nevű** the famous; ...; **néven ~** known as ...; **kevéssé/alig ~** little-known, not widely known *ut*; **~té tesz** make* it/sg known (that); **~té válik** become* known

ismertet *i* **1.** *[ismertté tesz]* make* sg known, set* forth, *[álláspontot]* state, expound, *[tényállást]* set* forth, state, *[tervet]* outline, describe **2.** *[könyvet]* review, write* a review/notice of [a book]

ismertetés *fn* **1.** *ált* making known, *[véleményé]* statement (of views), expounding, *[helyzeté]* survey, overview, exposé **2.** *[könyvé]* review **3.** *[reklámszerű]* prospectus → **ismertető** 2

ismertető *fn* **1.** *[könyvé]* review **2.** *[nyomtatvány]* brochure, information sheet, prospectus, guide

ismertetőjegy *fn* → **ismertetőjel**

ismertetőjel *fn* distinguishing mark, distinctive feature, characteristic; **különös ~** *[vké, pl. útlevélben]* distinguishing mark

ismertség *fn* being known, *[népszerűség]* popularity; **széles ~nek örvend** be* widely known, have* a wide reputation [as ...]

ismérv *fn* criterion (*tsz* criteria)

ismét *hsz* again, once more

ismétel *i* repeat, *[összefoglalva]* recapitulate, *okt [vizsgára]* do* some revision (for the examination), revise (sg); **osztályt ~** repeat the/a year, stay down (for the year); **unalomig ~ vmt** harp on (about) sg; *biz* go* on about sg

ismételt *mn* repeated

ismételten *hsz* repeatedly, over and over (again)

ismétlés *fn* **1.** *ált* repetition, *okt* revision, review; **~ekbe bocsátkozik** repeat oneself **2.** *[tévéközvetítésben]* replay, *[műsoré]* rerun **3.** *zene* repetition, repeat

ismétlő *fn okt* repeater

ismétlődés *fn* repetition, recurrence

ismétlőd|ik *i* repeat itself, recur, be* repeated

ismétlődő *fn* recurring, recurrent, repeating, *[időszakonként]* periodic

ismétlőfegyver *fn* repeating rifle/gun, repeater, magazine rifle

ismétlőjel *fn [kottában]* repeat(-mark)

ismétlőpisztoly *fn* automatic (pistol), repeater

ispán *fn elav* bailiff (of estate), overseer

istálló *fn [ló]* stable(s), *[marha]* cowshed; **az ~ját!** blast/darn it!

istállófiú *fn* stableboy

istállótrágya *fn* farmyard manure

istápol *i* support, assist, help, succour

isten *fn* (*tulajdonnévként:* **Isten**) god, God; **~ bizony!** honest(ly), on my honour, believe/trust me; **~ hozott!** welcome!; **~ hozta Magyarországon** welcome to Hungary; **~emre!** on my honour!, so help me (God)!; **~ vele(d)!** goodbye!; **~ ments!** God/heaven forbid; **~ engem úgy segéljen** so help me God; **az ~ért!** for heaven's sake; **az ~ háta mögött lakik** live in the back of beyond; **~ háta mögötti** godforsaken, in the back of beyond *ut*; **és mit tesz ~,** ... as chance would have it, ...

istenadta *mn* **1.** *[sajnálkozva]* poor, wretched **2.** **~ tehetség** *[személy]* a born poet/musician/artist etc.

istenáldotta *mn* → **istenadta** 2
istencsapás *fn* scourge; **valóságos ~a** (i) *[dolog]* a veritable disaster (ii) *[személy]* (he is) a wretched nuisance
istenfélő *mn* god-fearing, pious, godly
istenhit *fn* belief in God
istenhívő I. *mn* godly, pious **II.** *fn* believer
istenhozzád I. *isz* goodbye, farewell, fare thee well **II.** *fn* **~ot mond vknek** bid* farewell to sy, say goodbye to sy
isteni *mn* **1.** *[Istennel kapcsolatos]* divine, of God *ut* **2.** *[pompás]* superb, divine
istenigazában *hsz* really and truly; → **amúgy**
istenít *i* idolize, worship, (*vmt*) praise (sg) to the skies
istenítélet *fn [idő, elemi csapás] kb.* disaster
istenkáromlás *fn* blasphemy
istenkísértés *fn* **~ vmt tenni** it is tempting providence/fate (to)
istennő *fn* goddess
istennyila *fn* lightning, thunderbolt; **hova az ~ba?** where in/the hell?
istenség *fn* divinity, deity
istentagadás *fn* atheism
istentagadó I. *mn* atheistic **II.** *fn* atheist
istentelen *mn* **1.** *[nem hívő]* godless, ungodly, atheistic **2.** *átv [gyalázatos]* wretched, abominable, wicked
istentelenül *hsz* **~ rossz** execrable
istentisztelet *fn* service; **~en részt vesz** attend a/the service, worship (swhere)
istenverte *mn* wretched, damned, cursed, goddam(n)
istráng *fn* traces *tsz*
István *tul* Stephen
i. sz. *röv* → **időszámítás** 2
iszákos I. *mn* drunken, given/addicted to drink(ing) *ut*, alcoholic **II.** *fn* drunkard, hard drinker, alcoholic
iszákoskod|ik *i* → **iszik** 2
iszákosság *fn* drunkenness, alcoholism
iszap *fn* **1.** *ált* mud, *[folyóhordalék]* silt, *körny* sludge **2.** *[kohászatban]* dross
iszapbirkózás *fn* mud-wrestling
iszapfürdő *fn* mud-bath
iszapkezelés *fn* mud-cure
iszapkúra *fn* → **iszapkezelés**
iszapos *mn* muddy, muddied
iszappakolás *fn* mud pack
isz|ik *i* **1.** *ált* drink*; **~ik vmből** (i) *[italból]* drink* (of) sg (ii) *[pohárból, forrásból]* drink* from sg; **~ik egyet** have* a drink; **mit ~ol?** what will you drink/have?, what's yours?; **vk egészségére ~ik** drink* to sy, drink* a toast to sy, drink* the health of sy **2.** *[iszákos]* drink*, be* a drunkard, *biz* booze; **nem ~ik** *[alkoholt]* be* on the wagon; **inni kezd** take* to drink*, take* to the bottle; **~ik, mint a gödény/kefekötő** drink* like a fish
iszkol *i* take* to one's heels, flee, take* flight
iszlám *fn* Islam
iszogat *i* → **iddogál**
iszony *fn* horror, terror, dread, repulsion
iszonyat *fn* horror, horrible sight
iszonyatos *mn* horrible, horrific, terrible, dreadful, awful, monstrous
iszonyod|ik *i* (*vmtől*) have* a horror (of sg), be* horrified by sg, *[túlzó]* dread sg
iszonyú *mn* → **iszonyatos**
Isztambul *földr* Istanbul
ital *fn* drink, *[gyűjtőnév]* beverage; **meleg ~ok** *[tea, kávé]* warm/hot beverages; **szeszes ~** alcohol, alcoholic drink(s)/beverage(s), *US* liquor; **palackozott ~ok boltja** *GB* off-licence, *US* liquor store; *[bornak]* wine shop/merchant; **~nak adja magát** take* to drink; **bírja az ~t** he can carry/hold his liquor (well); **nem bírja az ~t** he can't take alcohol
italautomata *fn* vending/*GB* slot machine
italbolt *fn* **1.** *[főleg helyben fogyasztással]* pub(lic house), bar, *[csak bort árusító]* wine-bar **2.** → **palackozott italok boltja**
Itália *földr* Italy
itáliai *mn/fn* Italian
italmérés *fn* → **italbolt**
italmérési *mn* **~ engedéllyel rendelkező vendéglős** licensed victualler
italos I. *mn* tipsy **II.** *fn [pincér]* wine-waiter
italozás *fn* drinking, tippling, *biz* boozing
italoz|ik *i* drink*, tipple, *biz* booze
itat *i* **1.** *[inni ad]* give* sy sg to drink, make* sy drink sg, *[állatot]* water; *biz* **~ja az egereket** turn on the waterworks **2.** *műsz* (*vmvel*) saturate with **3. ~ja magát** *[bor]* it goes* down well
itató *fn [hely]* watering-place, *[vályú]* (watering) trough
itatós(papír) *fn* blotting paper, blotter
ítél *i* **1.** *[bíróságon]* pass sentence on, (*vmennyire*) sentence sy to ... years, sentence sy to pay a fine of ...; **börtönre ~** sentence sy to imprisonment, send* sy to prison; **halálra ~** sentence sy to death; **egy hónapra ~ték** he received thirty days; **3 évi börtön(büntetés)re ~ték** he was sentenced to 3 years in jail/prison, the sentence was 3 years in jail/prison (v. 3 years' imprisonment); **a gyermekeket az anyának ~ték** the mother was given custody of the children **2. vmlyennek ~ vmt** consider, hold*, think*; **szükségesnek ~** deem/find necessary (that sg should be done); **úgy ~em, hogy** I judge that **3.** (*vmt vknek*) award/adjudge sg to sy **4.** *[ítéletet alkot]* form an opinion (of sg), pass judg(e)ment on sg, conclude (that), (*vmből*) draw* a conclusion (v. conclusions) from, judge by/from; **tévesen/rosszul ~** misjudge
ítélet *fn* **1.** *[bírói]* judgement, *US és jog* judgment, decision, *[büntető]* sentence; **~et hoz** give*/pass/pronounce sentence/judg(e)ment (on sy), pass a sentence [of imprisonment of ... months/years]; **~et hirdet** deliver judg(e)ment (v. a/the sentence); **~et végrehajt** execute (v. carry out) a sentence **2.** *[vélemény]* opinion, judgement, conclusion, verdict, *[logikai]* judg(e)ment; **a közvélemény ~ére bízza magát** lay* the matter before the public; **~et alkot (magának) vmről** form one's/an opinion about sg; **~et mond vmről** form one's own opinion about sg, pass judg(e)ment on sg, give* one's judg(e)ment on sg; → **utolsó**
ítélethirdetés *fn* delivery of judg(e)ment, (declaration of) sentence
ítélethozatal *fn* verdict, sentence; **a bíróság ~ra visszavonul** the court retires to deliberate
ítéletidő *fn* stormy weather, tempest
ítéletnap *fn* **~ig** till doomsday, for ever
ítélkezés *fn* passing of judg(e)ment/sentence
ítélkez|ik *i* judge, administer justice, pass sentence (on)
ítélőerő *fn* → **ítélőképesség**
ítélőképesség *fn* (faculty/power of) judg(e)ment, discrimination, discernment; sound judg(e)ment; **jó ~e van** have* a good/sound judg(e)ment, be* a man of (good) judg(e)ment; **jó ~ről tett tanúságot** (s)he showed (excellent) judg(e)ment
ítélőképességű *mn* **jó ~, jó ~ ember** discriminating, discerning, judicious
ítélőtábla *fn* High Court (of Justice)
itt *hsz* here, in this place, on this spot; **~ nálunk** over here; **~ az ősz** autumn has come/arrived; **~ és ~** at such and such a place; **~ van** here he/it is; **~ vagyok** here I am; **~ lakók** locals, inhabitants; **~ a vonat** the train has come (v. is) in; **tessék, ~ van** here you are; **~ kell leszállni** this is where you get off; **~ maradt** (*vm*) (sg) was left here; **~ Kovács beszél** *[telefonon]* (this is) Kovács speaking; **~ London** this is London
ittas *mn* drunk, tipsy, intoxicated; **~ állapotban** in a drunken state, under the influence of drink *ut*; **~ vezetés**

GB drink-driving, *US* drunk driving; ~ **vezető** *GB* drink-driver; *US* drunk-driver
ttasan *hsz* drunkenly; ~ **vezet** drink-drive, drive* while under the influence of alcohol
tteni *mn* of this place *ut*, (from) here *ut*; **az ~ emberek még nem hallottak róla** people here haven't heard of it yet
tthon *hsz* (here) at home, in this place/country; ~ **van** he is (at) home, he is in; **nincs ~** he is not at home, he is not in, he is out; **nem leszek ~ ma** I won't be in today; **egy óra múlva ~ leszek** I'll be back in an hour
ttlét *fn [vmlyen más országból]* sy's stay (over) here; **~ekor** when/while (s)he was here, during her/his stay (over) here
tt-ott *hsz* here and there
tt-tartózkodás *fn* → **ittlét**
v *fn* **1.** *[boltozat]* arch, *[hídé]* span, *mat fiz* arc; ~ **alakú** arched, curved **2.** *[vonal]* curve **3.** *[papírlap, bélyeg]* sheet **4.** **nyomdai ~** printed sheet; **kiadói/szerzői ~** *author's* sheet; → **elkerül**, → **jelenléti**
ivadék *fn* issue, progeny, descendant, offspring
ivadékgondozás *fn* care for one's young/brood/spawn
ivarérett *mn* (sexually) mature
ivarmirigy *fn* sexual/genital gland
ivarsejt *fn* gamete, *[férfi]* spermatozoon (*tsz* -zoa), *[női]* ovum
ivarszerv *fn* sexual organ, *[külső]* genitals *tsz*
ivartalan *mn* neuter, asexual, sexless; ~ **szaporodás** asexual reproduction
ivartalanít *i* neuter, *[hímet]* castrate, *[nőstényt]* spay; *biz* do*; **~ottuk a macskát** we had the cat done
ivartalanítás *fn [hímé]* castration, *[nőstényé]* spaying, ovariectemy
ivás *fn* **1.** *ált* drink(ing) **2.** *[szeszes italé]* drinking (of alcohol), *[megrögzött]* alcoholism; → **ivászat**
ivás *fn* spawning (of fish)
ivászat *fn* drinking (bout), carousal, binge, spree
ível *i* arch, bend*, vault, curve; **pályája felfelé ~** his star is rising, he is making a name for himself
ívelőd|ik *i* form an arch
ívelt *mn* arched, curved
íves *mn* **1.** *épít* arched **2.** **tíz ~ könyv** a book of 160 pages
ívfény *fn* arc light
ívhegesztés *fn* arc welding
ívhúr *fn* chord [of arc in circle]
ív|ik *i* spawn
ívlámpa *fn* arc lamp/light
ivó *fn* **1.** *[ember]* drinker; **nagy ~** hard drinker **2.** *[kocsma]* bar, taproom
ivócimbora *fn* drinking companion
ivócsarnok *fn [gyógyforrásnál]* pump room
ivóedény *fn* drinking vessel
ivókúra *fn* drinking cure; **~t tart** take* the waters
ivólé *fn* juice
ivópohár *fn* tumbler, glass, (drinking-)cup
ivóvíz *fn* drinking water
ívpapír *fn* **1.** *[irodai]* flat paper **2.** *nyomd* sheet-paper
íz[1] *fn* **1.** *[ennivalóé]* taste, flavour (*US* -or), relish; **vmlyen ~e van** taste like/of sg, savour (*US* -or) of sg; **nincs ~e** be* tasteless; **se ~e, se bűze** (i) *[konkrétan]* insipid, wishy-washy, without any flavour *ut* (ii) *átv [unalmas]* dull as ditch-water; **vk szája ~e szerint** to suit sy('s taste), to sy's taste/liking; **rájön vmnek az ~ére** take* a liking to sg, acquire a taste for sg **2.** *[lekvár]* jam, *US* jelly, *[narancs~]* marmalade
íz[2] *fn [tagolt rész]* joint, limb; **minden ~ében katona** every inch a soldier; **minden ~ében remeg** tremble/shake* all over; **~ekre szed** (dis)joint; *átv is* tear* to pieces/shreds, pull to pieces *tsz*, *[gondolatmenetet]* make* mincemeat of; → **ízben**
ízben *hsz* **három ~** three times, on three occasions; **első ~** (for) the first time, at first; **több ~** several times, on several occasions
izé *fn [dolog]* what's-it('s name), what-d'you-call-it, thingummy, *[ember]* what's-his-name, what's-her-name, *[mondat elején]* I say, *[közben]* er
izeg-mozog *i* fidget, be* restless
izél *i* **1.** *biz* **ne ~j már!** knock it off!, oh(,) come on **2.** *szl [közösül]* have* it off
ízelítő *fn* sample, a taste of sg; **hideg/vegyes ~** hors d'oeuvre (*tsz* hors d'oeuvres); **~nek** to give sy a foretaste (an inkling of sg)
ízeltlábúak *fn tsz* arthropoda
ízérzet *fn* sensation of taste
ízes *mn* **1.** *[jóízű]* tasty, delicious, flavourful (*US* -or-), *[gyümölcs]* juicy **2.** *[lekváros]* with jam *ut*, ... and jam
ízesít *i* flavour (*US* -or), *[fűszerrel]* season, spice
ízesítő *fn* seasoning, condiment
ízetlen *mn* **1.** *[konkrétan]* tasteless, flavourless (*US* -or-), insipid, *átv [ritka]* vapid **2.** *átv [száraz, lapos]* dull, vapid, flat, stale **3.** *[ízléstelen]* tasteless, (be) in bad taste, *[igével]* sg lacks taste
ízetlenked|ik *i* [tell* a joke v. make* a remark] in bad taste, *[ízetlenül viselkedik]* be* tasteless/silly
ízetlenség *fn átv [beszéd]* tasteless [remark(s)], *[viselkedés]* silly [behaviour]
izgága *mn* excitable, quarrelsome, rambunctious, *[nyugtalan]* unruly
izgágáskod|ik *i* pick quarrels, be* quarrelsome, behave in an unruly manner
izgalmas *mn* exciting, *[esemény]* sensational, thrilling; ~ **élet** hectic life; ~ **olvasmány/regény** thriller; ~ **történet** gripping story; **nem ~** unexciting; *biz [nem számít]* it doesn't matter, *US* no sweat
izgalmi *mn* ~ **állapot** (state of)excitement
izgalom *fn* excitement, thrill, *[aggodalom]* anxiety; **nagy volt az ~** there was great excitement, feeling ran high; **csak semmi ~!** take it easy!; **~ba jön** get* excited; **~ban van** (i) (*vk*) be* excited, be* upset; *kif* be* (all) in a flutter (ii) *[tömeg]* be* agog with excitement; **izgalmat kelt** cause great excitement
izgat *i* **1.** *[vkt kellemetlenül érint]* excite, upset*, make* anxious/uneasy, disturb; **ne izgassa magát!, ne izgasd magad!** don't worry (about it), don't get excited!, keep calm!, take it easy!; **ne izgasd magad a szervezéssel** don't bother yourself about the arrangements [for your holiday etc.]; **vm ~ja** be* worried by sg; *biz* **~ja a kérdés** sg intrigues sy, be* keenly interested in sg; **ez nem ~ja** that leaves him cold; **miért izgatod magad a jövő(d) miatt?** why worry about the future? **2.** *[érzéket, testileg]* excite, stimulate **3.** *[tömeget]* stir (up), inflame, provoke, incite
izgatás *fn* **1.** *ált* incitement (to), instigation, stirring up **2.** *jog* subversion, sedition, *kat* incitement to disaffection
izgató *mn* **1.** *ált* exciting, agitating, stirring **2.** *[beszéd]* seditious, inflammatory, subversive; → **izgalmas**
izgatószer *fn* stimulant, *sp* dope; → **ajzószer**
izgatott *mn* excited, agitated; **igen ~** be* very much upset, be* all agog (with excitement); ~ **jelenetek játszódtak le** there were tumultuous scenes; ~ **várakozás** suspense
izgatottan *hsz* ~ **várakozik** *[pl. eredményre]* be* on pins and needles; ~ **várja, hogy** be* all agog (with excitement) to ...
izgatottság *fn* **1.** (*vké*) (state of) excitement, excited/nervous state, agitation **2.** *[tömegé]* commotion
izgés-mozgás *fn* fidget(ing)
izgul *i* **1.** *[aggódik]* be* excited/anxious, worry, fret (*vm miatt, mindegyik:* about sg); **ne ~j!** don't get excited!, don't worry!; refrain from becoming angry/impatient **2.** (*vkért*) keep* one's fingers crossed; → **szurkol**
izgulékony *mn* excitable, nervy
izgulós *mn* high-strung, excitable
íziben *hsz* at once, without delay, immediately, promptly
-íziglen *utótag* **harmad~** to the third generation
ízig-vérig *hsz* out-and-out, thorough(-going), to the backbone/core *ut*; ~ **amerikai** a hundred per cent American;

~ sportember every inch a sportsman°, a sportsman all over
Izland *földr* Iceland
izlandi I. *mn* Icelandic, of Iceland *ut* **II.** *fn* **1.** *[ember]* Icelander **2.** *[nyelv]* Icelandic
ízlel *i* taste, try
ízlelés *fn* tasting, trying
ízlelőbimbó *fn biol* taste bud
ízlelőszerv *fn* organ of taste
ízlés *fn* **1.** *[ízek érzékelése]* faculty/sense of taste, tasting, gustation; **tégy hozzá cukrot ~ szerint** add sugar to taste **2.** *átv* taste; **jó ~** (good) taste; **~ kérdése** a matter of taste; **az ~ek és pofonok különbözőek** tastes differ, there is no accounting for tastes; **nem az én ~em** (s)he/it is not (much) to my taste/liking, (s)he/it is not my cup of tea; **~sel öltözve** neatly/stylishly dressed
ízléses *mn* tasteful, neat, trim
ízlésesen *hsz* **~ öltözködik** dress with/in style
ízléstelen *mn* tasteless, in bad/poor taste *ut*, *[csicsás]* garish, mawkish
ízléstelenség *fn* tastelessness, bad/poor taste; → **ízetlenség**
ízléstelenül *hsz* tastelessly; **~ öltözve** dressed tastelessly/badly
ízlésű *mn* of (. . .) taste *ut*; **finom ~** discriminating, refined; **jó ~** of good taste *ut*; aesthetic; **jó ~ ember** man° of taste/discrimination; **rossz ~** without any taste *ut*
ízletes *mn* → **ízes 1**
ízl|ik *i* taste good, be* to one's taste, (*vknek vm*) sy likes sg; **hogy ~ik?** how do you like it?, what do you think of it?; **nagyon ~ik** it is excellent, it tastes very good/nice, I like it very much; **nem ~ik neki** (i) *[étel]* he does not like it (ii) *átv* he finds it disagreeable, he dislikes it
izmos *mn* muscular, sinewy, brawny, strong(-muscled)
izmosod|ik *i* become* muscular/strong
izolál *i* isolate
izolálód|ik *i* become* isolated
izolált *mn* isolated
izom *fn* muscle
izomerő *fn* muscular strength, muscle, brawn
izomgörcs *fn* spasm, cramps *tsz*, *[megerőltetéstől]* *US* charley horse
izomláz *fn* stiffness (after overexertion); **~a van** feel* (rather) stiff, *US biz* suffer a charley horse [in one's left thigh etc.]
izommunka *fn* physical exertion, muscle work
izomösszehúzódás *fn* muscular contraction
izompacsirta *fn biz* hunk, *[pl. magazinban]* beefcake, *[testépítő]* muscleman
izomrost *fn* muscle fibre (*US* -ber)
izomsorvadás *fn* atrophy of muscle, *orv* my(o)atrophy
izomszövet *fn* muscular tissue
izomzat *fn* muscles *tsz*, muscular system
izomzatú *mn* **fejlett ~** with well-developed muscles *ut*, muscular
izotóp *fn fiz* isotope
izr. *röv* → **izraelita**
Izrael *földr* Israel
izraeli *mn/fn* Israeli
izraelita I. *mn* (*röv* **izr.**) Jewish **II.** *fn* Jew, *[bibliai]* Israelite
íztelen *mn* → **ízetlen 1**
ízű *mn* tasting of sg *ut*, -tasting, -flavoured (*US* -or-); **vmlyen ~** *[igével]* taste of sg; **sós ~** salty; **víz ~** watery
ízület *fn orv* joint
ízületi *mn orv* of the joints *ut*, articular; **~ bántalom** pain in the joints; **~ gyulladás** arthritis
izzad *i* **1.** sweat, be* in a sweat, perspire **2.** *átv [munkában]* toil (away), *biz* sweat one's guts out
izzadás *fn* sweat(ing), perspiration
izzadásgátló *mn/fn* **~ dezodor** antiperspirant (deodorant)
izzadmány *fn* exudation, exudate
izzadság *fn* sweat, perspiration
izzadságmirigy *fn* sweat-gland
izzadságszag *fn* smell of sweat/perspiration, *biz* BO [body odour (*US* odor)]; **~a van** (i) *konkr* be* sweaty, smell* of sweat, *biz* have* BO (ii) *átv [könyvnek]* smell* of the lamp
izzadt *mn* sweaty, sweating, perspiring
izzadtság *fn [állapot]* sweating, perspiring
izzás *fn* glow, incandescence, heat; **fehér ~** white heat; **vörös ~** red heat; **~ban van** be* in a glow; **~ig hevít** raise sg to a red/white heat
izzaszt *i* make* sy sweat/perspire
izzasztás *fn* (causing) sweating, *orv* sudation
izzasztó I. *mn* sweltering, causing to sweat *ut*, *orv* sudorific, diaphoretic [activity, drug]; **~ munka** sweaty work; **~ hőség** sweltering heat **II.** *fn* **1.** *[kalapé]* sweatband **2.** *[lovon]* sweat-cloth
ízzé-porrá *hsz* **~ tör** break*/shatter/smash/crush to pieces/smithereens/smithers
izz|ik *i* glow, *[vörösen]* be* red-hot, *[fehéren]* be* white-hot
izzít *i [fémet]* heat, make* red/white-hot
izzó I. *mn* **1.** *[parázs]* glowing, in a glow *ut*, burning; **(vörösen) ~** red-hot; **fehéren ~** white-hot **2.** *átv* ardent, fervent, passionate; **~ gyűlölet** fervent/burning hatred **II.** *fn* (light) bulb
izzólámpa *fn* incandescent lamp, (light) bulb
izzószál *fn* (incandescent) filament

J

J, j *fn [betű]* (the letter) J, j

J *röv* → **joule**

j. *röv* → **jobb**

ja *isz* **1.** ah; **~ úgy?** oh I see!; **~ igaz is!** by the way! **2.** *szl [igen]* yeah

jacht *fn* yacht

jachtklub *fn* yacht club

jachtoz|ik *i* yacht

jácint *fn* hyacinth

jade *fn geol* jade

jaguár *fn* jaguar

Jahve *tul vall bibl* Yahweh v. Yahveh

jaj *isz* **1.** *[fájdalom]* ow!, ouch!, oh!, ah!; **~ de fáj!** (ouch,) it hurts **2.** *[csodálkozás]* **~ de szép!** how beautiful **3.** *[baj]* woe; **~ nekem!** oh dear!, woe is me!; **ó ~!** alas!

jajgat *i* wail, lament, moan, *átv* complain

jajgatás *fn* wail(ing), lamentations *tsz*, moans *tsz*

jajkiáltás *fn* cry of pain

jajong *i* → **jajgat**

jajszó *fn* cry (v. cries *tsz*) of pain

jajveszékel *i* wail, lament, moan

jajveszékelés *fn* wail(ing), lamenations *tsz*, moans *tsz*

jak *fn áll* yak

Jakab *tul* James

Jákob *tul* Jacob

jakobinus *mn/fn* Jacobin

Jalta *földr* Yalta

Jamaica *földr* Jamaica

jamaicai *mn/fn* Jamaican

jambikus *mn* iambic

jámbor *mn* **1.** *[vallásos]* pious, devout **2.** *[jó]* simple, meek; **~ ember** man° of good will, simple/good soul **3.** *[állat]* tame [animal]

jambus *fn* iamb (*tsz* iambs), iambus (*tsz* iambi v. iambuses)

jambusos *mn* iambic

jampec *fn* spiv, *US* dude

jan. *röv* → **január**

jancsiszeg *fn* hobnail

Jani *fn biz* **azt hiszi, hogy ő a ~** he thinks he's Jack the Lad

janicsár *fn* janissary, janizary

Janka *fn* Jane, Janet, Joan, Jean

János *fn* John

január *fn* (*röv* **jan.**) January (*röv* **Jan.**); **~ban, ~ folyamán** during January, in (the course/month of) January; **~ hóban/havában** in the month of January; **~ 9-én** on 9th January, *US* on January 9th, *[levélben dátum]* 9 January (v. *US* January 9th) 1989

januári *mn* January, in/of January *ut*; **egy ~ napon** on a (v. one) day in January; **~ időjárás** January weather

japán I. *mn* Japanese; **~ nyelv** Japanese; **egy ~ csoport** a group of Japanese **II.** *fn [ember, nyelv]* Japanese; **a ~ok** the Japanese

Japán *földr* Japan

japánbirs *fn* Japanese quince

japánul *hsz* **~ beszél** speak* Japanese; **~ mond vmt** say sg in Japanese; **~ van (írva)** is (written) in Japanese

jár *i* **1.** *[helyét változtatja]* go* (about), move (about), *[jármű közlekedik]* go*, run*; **gyalog ~** walk (to); go* on foot; **autón ~** go* by car; **kerékpárral ~ a gyárba** ride* a bicycle to the factory; **busszal/buszon ~** *[dolgozni]* go* by bus, take* a bus (regularly) (to); **villamoson ~** go* by tram (*US* streetcar); **nem ~ a villamos** *[üzemzavar miatt]* the tram (*US* streetcar) is not running; **~ egyet** *[sétál]* strech one's legs; **lassan ~j, tovább érsz** more haste less speed **2.** *[vhol időt tölt]* be* swhere; **hol ~tál ennyi ideig?** where have you been so long?; **~tam az orvosnál** I went to see the doctor; **~tál már Londonban?** have you (ever) been to London?; **sohasem ~tam Londonban** I have never been to London; **tíz éve Londonban ~tam** I was in London ten years ago; **iskolába ~** go* to school, be* at school, attend school; **harmadik osztályba ~** be* in the third form/class (*US* grade) [of a school], be* a third form pupil; **egyetemre ~** study/be* at (a)university, attend (a) university; **sokat ~ színházba** go* to the theatre a lot, be* a regular theatregoer; **úszni ~** (s)he swims regularly; **vkhez ~** be* a frequent caller/visitor at sy's house; **sűrűn ~ hozzánk** (s)he comes to see us a lot, (s)he's a regular visitor **3.** *[vmlyen ruhában]* wear* sg, be* always dressed (in sg); **feketében ~** wear* black; *[gyászoló]* be* in mourning **4. dolga után ~** go* about one's work/business, be* busy with one's work; **állás/lakás után ~** be* looking for a job/flat; → **utánajár**; **vk után ~** go*/be* after sy; **lányok után ~** be* always going after girls **5.** *biz* **~ vkvel/~nak** go* out with [a girl/boy], Y is her boy(friend), X is his girl(friend); **a fiú, akivel ~** her boy(friend); **a lány, akivel ~** his girl(friend); **már legalább két éve ~nak (együtt)** they have been going out for at least two years **6.** *[gép, szerkezet]* work, be* working, run*, be* running, be* in operation; **nem ~ az óra** the watch/clock has stopped; **az órám jól ~** my watch keeps good time; **gyorsan ~ a keze** (s)he has nimble fingers **7. vmn ~ az esze** be* (always) thinking of sg, his mind is constantly running on sg, think* of doing sg; **vmn ~nak a gondolatai** one's thoughts run* on sg; **~ a szája** his tongue is (always) going/wagging **8.** *[idő]* **az idő már későre ~** it is getting late; **nyolcra ~ az idő** it is nearly eight, it is getting on for eight, *US* it is close on eight; **őszre ~ az idő** autumn is coming/here; **ötven felé ~** (*vk*) he is getting on for fifty **9.** *[vm állapotba jut]* **én is úgy ~tam** the same thing happened to me, *[az előző mondat igéjétől függően]* so did/had I; **jól ~t** he was fortunate/lucky, he came off well; **jól ~t vele** (*vmvel*) it was a good choice, (s)he did well out of (v. with) it; (*vkvel*) he was lucky with her; **jobban ~ vmvel** be* better off with sg; **így ~ az, aki** that's what happens to people who … **10. milyen újság ~ hozzátok?** what paper(s) do you get/take? **11.** *[vmhez mint tartozék]* **tok is ~ hozzá** it comes with a cover/hood *stb.* **12.** *[vknek pénz stb.]* sg is due to sy, sy is owed sg; **mennyi ~ (ezért)?** what (v. how much) do I owe you (for this)?, what do you charge (for this)? **13.** *[büntetés vmért]* sg is punishable (by sg); **5 év szabadságvesztés ~ érte** it carries a sentence of five years' imprisonment, it is punishable by 5 years in prison (v. 5 years' imprisonment) **14.** *[vmvel, következménnyel]* involve sg, be* accompanied by sg, bring* about sg, entail sg, lead* to sg; **súlyos következményekkel ~t** it involved (v. lead to) grave/serious consequences **15.** *[területet]* go* through/over [region], travel (*US* -l) through, visit; **~ja az erdőt** (s)he is tramping the woods **16. az a hír ~ja, hogy** there's a report that, rumour (*US* -or) has it that **17. ez nem ~ja!** that's not fair, that's unfair, that won't do; → **lassan**, → **vég**[1]

járadék *fn* allowance, *[évi]* annuity

járadékos *mn* annuitant

járandóság *fn* emolument(s), remuneration, pay, allowance

járás[1] *fn* **1.** *[menés]* walking, going **2.** *[ahogyan vk jár]* gait, walk, bearing, way of walking; **megismeri a ~áról** recognize/know* sy by his/her walk/gait **3.** *[távolság]* walk; **10 perc ~** a ten-minute walk; **egy óra ~nyira van** it is (only) an hour's walk **4.** *[gépé]* working, running, functioning, *[óráé]* movement; **az óramutató ~ával ellenkező irányba(n)** anticlockwise, *US* counterclockwise **5.** *[csillagoké]* course **6. nem ismeri a ~t** he does not know his way around, he is a stranger here

járás² *fn [közigazgatási]* district

járásbíró *fn* judge (of the district court)

járásbíróság *fn* district court

járási *mn* of the district *ut*, district

járat I. *i* **1. a bolondját ~ja vkvel** make* a fool of sy, send* sy on a fool's errand; **iskolába ~** send* to school **2.** *[gépet]* race [the engine], run*, operate **3.** *[közlekedtet]* run*; **miért nem ~nak később is buszt?** why don't they run a later bus?; **újságot ~** take* a paper; **a Magyar Nemzetet ~ja** (s)he takes/gets Magyar Nemzet **II.** *fn* **1.** *[hajó]* line, service, *[busz]* service, *[repülő]* flight; **az 5-ös ~** Service Number 5 **2.** *bány* gallery, level, *[egyéb anyagban]* channel **3. mi ~ban van?** what are you doing here?, what brings you here?

járatinformációs *mn rep* **~ pult** flight information desk; **~ tábla** flight board

járatlan *mn* **1.** *[út]* untrodden, unbeaten [path] **2.** (*vmben*) inexperienced in sg, unfamiliar with sg, unaccustomed to sg, *[munkában]* unskilled in sg (*mindegyik: ut*)

járatlanság *fn* inexperience, lack of skill

járatos *mn* **1.** *[vhová: igével]* be* a frequent visitor (at), go* often (to) **2.** *[vmben]* → **jártas**

járda *fn* pavement, *US* sidewalk; **~ felőli oldal** the nearside [of a vehicle]

járdakő *fn* flagstone, paving stone

járdaszegély *fn* kerb, *US* curb

járdasziget *fn* (traffic) island, *US* safety island

járgány *fn* **1.** *vasút* → **hajtány 2.** *tréf* car

járhatatlan *mn* **1.** *[út]* impassable, *[hozzáférhetetlen]* inaccessible **2.** *átv* impracticable

járható *mn* **1.** *konkr [út]* passable **2.** *átv* **~ út** practicable plan; **az út ~nak bizonyult** *átv* the plan worked, it was a feasible arrangement; **nem ~** not feasible, impracticable

járkál *i* walk/stroll/roam about; **fel s alá ~** walk up and down

járkálás *fn* coming(s) and going(s)

jár-kel *i* come and go, wander about

jármód *fn [lóé]* gait, pace

jármű *fn* vehicle; **minden ~ forgalma mindkét irányból tilos** closed to all vehicles

járműforgalom *fn* vehicular traffic

járműjavító *fn* vehicle/transport repair shop

járműpark *fn* vehicle/car fleet

járműtelep *fn* vehicle park/pool

járművezető *fn* driver

járó *mn* **1.** (*vhol*) going, walking, moving (swhere, *mindegyik: ut*); **ötven felé ~ ember** man° getting on for fifty **2.** *[pénz]* due to *ut*; **a nekem ~ pénz** the money due to me **3.** (*vmvel*) consequent (up)on sg, inherent in sg, running with sg, entailing/involving sg, leading to sg (*mindegyik: ut*); **súlyos következményekkel ~** pregnant with consequences *ut*

járóbeteg *fn* outpatient

járóbeteg-rendelés *fn [hely]* outpatients (department)

járóföld *fn* **kétnapi ~** two day(s') journey

járógipsz *fn* walking plaster cast

járóka *fn [ketrec]* playpen, *[kerekes]* baby-walker, *US* go-cart

járókelő *fn* passer-by (*tsz* passers-by)

járóképes *mn [beteg]* ambulant

járóképtelen *mn* unable to walk *ut*, confined to bed *ut*

járókeret *fn orv* walking frame, walker

járom *fn* yoke; **~ alá hajt** *átv* subjugate

járomcsont *fn* cheekbone, zygomatic/malar bone

járószerkezet *fn* mechanism/movement [of a clock]

járótávolságnyira *hsz* within walking distance

járőr *fn* patrol

járőrautó *fn [rendőrségi]* patrol car

járőrtevékenység *fn* patrolling activity

járt *mn* **~ út** the beaten track, the (well-)beaten path

jártában-keltében *hsz* on the/one's way, *biz* on one's travels

jártányi *mn* **~ ereje sincs** be* scarcely able to walk

jártas *mn* (*vmben*) be* well up (v. well-versed) in sg, be* familiar/acquainted with sg; *[szakemberként]* be* an expert in sg, *[jól értesült]* be* well-informed on sg, *[szakmában]* be* skilled in [a trade]

jártasság *fn* expertise, expertness, skill [in a particular field]

jártat *i* **1.** *[lovat]* walk **2. száját ~ja** gossip, *biz* shoot* one's mouth off

járul *i* **1.** (*vk elé*) appear (before sy), present oneself (before sy), (*vk vmhez*) approach (sg), make* one's way (to sg) **2.** (*vmhez vm*) add to (sg); **gondjaihoz betegség is ~t** her/his illness added to her/his worries; **ehhez ~ még az is ...** add to this (that ...), besides, moreover

járulék *fn* **1.** *[amit vknek fizetnek]* allowance, benefit *[amit vk fizet]* contribution **2.** *[mellékes rész]* accidental, subsidiary (feature/thing)

járulékos *mn* collateral, additional, secondary; **~ juttatás(ok)** fringe benefit(s), perquisite(s), *biz* perk(s); **~ költségek** incidentals

járvány *fn* epidemic

járványfészek *fn* source of infection

járványkórház *fn* isolation hospital

járványos *mn* epidemic; **~ megbetegedés** communicable, infectious/contagious disease

járványtan *fn orv* epidemiology

jász *fn* Jazygian

jászol *fn* manger, crib

jassz *fn elav* hooligan, hoodlum

jassznyelv *fn elav* (thieves') cant, *[tágabban]* slang, argot

játék *fn* **1.** *ált sp* play, *[csapatjáték ált és tenisz]* game; **a labda ~ban van** the ball is in play **2.** *[szerencsejáték]* gambling, gaming; **~ban nyer** win* the game **3.** *[színdarab]* play, *[színészi]* acting, playing, *[hangszeren]* play(ing) **4.** *átv* play, sport, fun, joke; **~ból** for fun, in sport/play **hagyj ki a ~ból** leave me out of it, count me out **5.** *[játékszer]* toy **6.** *műsz* clearance, play

játékáru *fn* toys *tsz*, playthings *tsz*

játékasztal *fn* **1.** *[szerencsejátékhoz]* gaming table **2.** *[orgonáé]* console

játékautó *fn* **1.** *[kicsinyített mása]* model car **2.** *[hajtány]* toy (motor) car

játékautomata *fn* game machine, *biz* one-armed bandit *GB* fruit-machine, slot machine

játékbaba *fn* doll

játékbank *fn* bank

játékbarlang *fn* gambling den, *US* gambling joint

játékbolt *fn* toyshop

játékelmélet *fn* theory of games, game theory

játékengedély *fn sp* clearance

játékfilm *fn* feature film

játékgép *fn* → **játékautomata**

játékidő *fn sp* playing time

játékkard *fn* toy sword

játékkártya *fn* playing cards *tsz*

játékkaszinó *fn* casino, gam(bl)ing house

játékkatona *fn* toy soldier

játékmester *fn* **1.** *[játékkaszinóban]* croupier **2.** *[tévében stb.]* quizmaster, question master

játékmód *fn* manner of playing, style (of play)

játékos I. *mn* playful **II.** *fn* **1.** *sp* player, *[csapatban]* member/one of the team, man° **2.** *[szerencsejátékban]* gambler, punter

játékpénz *fn* counter, chip, token (money), *[társasjátékhoz]* toy money

játékprogram *fn infor* computer game

játékszabály *fn* laws/rules of the game *tsz*; **megtartja a ~okat** *átv is* play the game, go* by the book

J

játékszalon *fn* gambling house
játékszenvedély *fn* passion for gambling
játékszer *fn* **1.** *[gyermeknek]* toy **2.** *átv* plaything
játéktér *fn sp* (playing) field, *[futball]* pitch
játékterem *fn [játékautomatákkal] GB* amusement arcade, *US* gaming room/hall, arcade
játékvezető *fn* **1.** *[futball, jégkorong, kosárlabda, röplabda, vízilabda]* referee, *biz* ref, *[asztalitenisz, tenisz, tollaslabda]* umpire **2.** *[vetélkedőben]* quizmaster, host
játszadoz|ik *i* play (with), toy (with)
játszi *mn* playful, sportive; **~ könnyedséggel** with the greatest (of) ease
játsz|ik *i* **1.** *ált sp* play; **jól ~ik** *[játékos]* play a good game (of), be* a good player; **~ik vkvel** (i) *sp* play (against) sy (ii) *átv* play with sy; **~ik a gondolattal** toy/dally with the idea; **egymás ellen ~anak** are playing against each other; **ma játsszák a döntőt** they are playing the final today; **minden az én kezemre ~ik** everything is coming my way (v. falling into my hands) **2.** *[előadóművész]* perform, play, *[színész]* play, perform, act; **filmen ~ik** play/appear/act in a film/picture; **hangszeren ~ik** play an instrument; **fuvolán ~ik** play the flute; **Bartókot ~ik** play Bartók; **jól ~ik** *[művész]* play well, be* a good performer; *[színész]* be* a good actor, act well **3.** *[szerencsejátékban]* gamble, *[pénzben]* play (for money); **kicsiben ~ik** play for small stakes; **nagyban ~ik** play for high stakes; **miben játszszunk?** what shall we play for?; **életével ~ik** trifle with one's life, risk one's life; **fejével ~ik** risk one's head **4. bújócskát ~ik** play (at) hide-and-seek; **katonásdit ~ik** play (at) soldiers **5.** *[szerepet színész]* act, perform, play [a part]; **X Otellót játssza a Nemzetiben** X is playing/acting Othello at the National Theatre; **az Otellót játsszák** Othello is on (at the ... theatre); **most mit ~anak?** what's on (at present)? **6.** *[tettet]* play, act, pretend; **játssza az előkelőt** be* a snob
játszma *fn átv [sakk, kártya]* game, *[tenisz]* set; **a ~ elveszett** the game is up
játszó *mn* playing; **vmlyen színben ~** verging on *ut*, tending towards *ut*; **vörösbe ~ narancs** orange tending towards red
játszód|ik *i [cselekmény]* take* place (in), happen; **a történet Londonban ~ik** the story is set in London
játszópajtás *fn* playmate, playfellow
játszóruha *fn [gyermeké]* playsuit, *[kisgyermeké]* rompers *tsz*, crawlers *tsz*
játszótárs *fn* playmate, playfellow
játszótér *fn* playground
játszva *hsz [könnyen]* easily, with (the greatest) ease, with the greatest (of) ease, without the slightest effort; **~ győz** have* an easy win, win* hands down
jatt *fn szl [borravaló]* tip; **~ot ad** tip sy [money]
jattol *i szl* **1.** *[kezet fog]* shake hands **2.** *[borravalót ad]* tip sy [money]
java *fn* **1.** *[nagyobb része vmnek]* the better best/greater part of sg, the bulk of sg; **az emberek ~ (része)** most people; **a magyar csapat ~ atlétákból fog állni** the thrang of the Hungarian team will consist of athletes; **megette a kenyere ~t** he is past his prime; *[legjobb része vmnek]* the best (part) of sg, the cream of sg; **a ~ még hátra van** the best is yet to come; *[jellemző egyed]* **férfi a ~ból** a man's man, a real man **2.** *[üdve]* good, benefit, advantage; **a közösség ~ra** for the good/benefit of the community; **~ra válik** do* sy (a world of) good, benefit sy; **~dra írható, hogy** ... it has to be said for you (that), it is to your credit (that ...); **vknek a ~t akarja** mean well (by sy); **csak a ~dat akarom** it is only for your own good, I mean well; *gazd* **~ra ír (összeget)** credit sy (v. sy's account) with (an amount) **3.** *sp* **3:1 a Fradi ~ra** three-one (3-1) to F.; **egy null a ~dra** it is one up to you; **szabadrúgás a Vasas ~ra** a free kick for V.
Jáva *földr* Java
javában *hsz* at its height; **~ csinál vmt** be* busy doing sg; **még ~ áll/folyik** it is still going strong; **~ állt a buli** the party was in full swing; **már ~ alszik** (s)he's (already) fast asleep
javadalmaz *i* pay*
javadalmazás *fn ált* allowance, grant, *[hivatalnoké]* salary, payment
javadalom *fn* **1.** *[fizetés]* salary, pay **2.** *tört [papi]* benefice
jávai *mn/fn* Javanese, Javan
javak *fn tsz* goods *tsz*, possessions *tsz*
javakorabeli *mn [élete delén]* in the prime of (one's) life *ut*
javall *i* suggest, advise
javára *hsz* → **java**
javarészben *hsz* → **jórészt**
javasasszony *fn* wise-woman°
javaslat *fn* proposal, suggestion, proposition, *[ülésen]* motion; **~ot tesz** put* foward a proposal (for sg), propose a/the motion (that); **~ot elfogad** carry/adopt a motion
javaslattétel *fn* proposal
javaslattevő *fn* proposer, mover
javasol *i* **1.** *ált* propose, suggest, recommend, put* forward (v. make*) a proposal/suggestion, advise, *[tervet, megoldást]* put* forward, suggest, (*vkt vmre*) propose, nominate, put* forward (for), *[ülésen]* move; **azt ~ta, hogy** ... (s)he proposed/suggested that ...; **Elnök úr! ~om, hogy** ... Mr Chairman, I move that ...; **őt ~ták az állásra** he was proposed for the post/position **2.** *[törvényjavaslatot]* bring* in [a bill], *GB* table [a bill]; → **indítványoz**
javít *i* **1.** *[tárgyat]* mend, repair, fix, *[épületet]* restore [a building] **2.** *átv* better, improve, *[hibát, tévedést]* correct, *[dolgozatot tanár]* mark [an exercise]; **~ anyagi helyzetén** better oneself (v. one's circumstances); **~ott földrajzból** he has improved his marks (*US* grade) in geography **3.** *[rekordot]* break*, better [record]
javítás *fn* **1.** *[tárgyé]* mending, repairing, repairs *tsz*, fixing; **~ alatt** under repair **2.** *átv* improvement, bettering, betterment, *[hibáé, tévedésé]* correcting, correction
javítási *mn* **~ munkák** repairs
javítgat *i* correct, touch up
javíthatatlan *mn* **1.** *[tárgy]* irreparable **2.** *[ember]* incorrigible, *biz* hopeless, *[erkölcsi hiba]* incurable
javítható *mn [tárgy]* reparable
javítóintézet *fn GB* community home, young offender institution; *[régebben]* approved school, Borstal, *US* reformatory, reform school
javítóműhely *fn* garage, *főleg: US* service station, workshop
javító-nevelő *mn* **~ intézet** *GB* young offender institution; *[korábban]* Borstal v. borstal; **~ munka** corrective training
javított *mn* improved, *[szöveg]* emended; **~ és bővített kiadás** revised and enlarged edition; **~ utánnyomás** revised reprint
javítóvizsga *fn* repeat exam/examination; **~t tesz** retake* an exam/examination
jávorfa *fn* → **juharfa**
jávorszarvas *fn [amerikai]* moose, *[európai]* elk
javul *i ált* improve, get*/become* better, *[egészségileg]* be* getting better, improve in health, *[idő, körülmény]* change for the better; **~ a helyzet** things are looking up; **~ az állapota** he is picking up
javulás *fn* improvement, advance, upturn, upswing, *[nemzetközi helyzeté]* improvement; **határozott ~** distinct improvement; → **jobbulás**
javuló *mn* **~ban van** be* improving
jázmin *fn* jasmine
jazz *fn* → **dzsessz**
jé *isz* wow!, gosh!, *US* gee!
jég *fn* **1.** ice; **a ~ hátán is megél** he's got his wits about him, he can always manage; **megtöri a jeget** break* the ice; *átv* **és ezzel megtört a ~** after that the ice was broken; **~gé fagy** freeze* solid; **~be hűt** put* on ice, ice; **~be hűtött** iced, ice-cooled, on ice *ut*; *[jégkockákkal]* on the rocks

2. *[jégeső]* hail; ~ **esik** it hails, it's hailing; **elverte a** ~ → **jégverés 3.** *biz* → **jégpálya**
jégakku *fn* cooler block
jégár *fn [gleccser]* glacier
jégárpa *fn orv* stye, chalazion
jégcsákány *fn* ice pick, *[hegymászóé]* ice axe (*US* ax)
jégcsap *fn* icicle
jégcsapretek *fn növ* daikon, Chinese radish
jegecesed|ik *i* become* crystallized
jegel *i* put* on ice, ice, *orv* put* on an ice pack/bag
jegelés *fn orv* ice pack/bag
jegelt *mn* iced, on ice *ut*
jegenye(fa) *fn növ* poplar
jegenyefenyő *fn növ* fir, silver fir
jegenyés *fn* poplar wood/forest
jegenyesor *fn* avenue of poplars
jéger alsóruha *fn* thermal/woollen underwear, *[felső rész]* thermal top/vest; **jéger alsónadrág** thermal/woollen (under-) pants *tsz*
jeges I. *mn* **1.** *[konkrét]* iced, icy, *[jéghideg]* cold as ice *ut*, *[halmazállapotú]* glacial; ~ **borogatás** ice pack/bag **2.** → **jégbe hűtött 3.** *[fogadtatás]* chilly, frosty, icy [welcome, reception] **II.** *fn* iceman°
jegesedésgátló *fn gk* antifreeze
jegesed|ik *i* freeze* over, turn to ice; *[szélvédő]* ice up
jegeskávé *fn* iced coffee
jegesmedve *fn* polar bear
jégeső *fn* hail, *[egy szem]* hailstone; ~ **esik** it is hailing
Jeges-tenger *földr* → **Északi-**, → **Déli-**
jégfelhő *fn* hail-cloud
jéggyár *fn* ice factory
jéghártya *fn [pocsolyán]* cat-ice
jéghegy *fn* iceberg; **de ez csak a** ~ **csúcsa** but this is only the tip of the/an iceberg
jéghideg *mn* **1.** *[konkrét]* ice-cold, icy, cold as ice *ut* **2.** *átv* ice-cold, chilly, icy, frosty
jéghoki *fn* → **jégkorong**
jéghokibot *fn* ice hockey stick
jégkár *fn* damage caused by hail, damage from hail
jégkárosult *fn* ‹person who has suffered damage from hail›
jégkéreg *fn* covering/layer of ice
jégkocka *fn* ice cube; **~val** *[ital]* on the rocks
jégkockatál *fn* ice tray
jégkor *fn* → **jégkorszak**
jégkori *mn* glacial
jégkorong *fn* **1.** *[játék]* ice hockey **2.** *[maga a korong]* puck
jégkorongpálya *fn sp* ice hockey rink
jégkorszak *fn* ice age, glacial period
jégkrém *fn* ice cream; *[pálcás]* ice lolly
jégkunyhó *fn* igloo
jégmadár *fn* kingfisher
jégmentesítő *fn* deicer
jégmező *fn* ice field, glacier
jégoldó *fn* de-icer
jégpálya *fn* ice rink, skating rink
jégpáncél *fn* thick ice
jégréteg *fn* layer of ice
jégrevü *fn* ice show
jégsaláta *fn növ*iceberg lettuce
jégsport *fn* winter/ice sport(s)
jégszeg *fn* crampon, calk
jégszekrény *fn [jéggel hűtő]* icebox, *[villamos]* refrigerator, *biz* fridge, *US* icebox
jégszem *fn* hailstone
jégtábla *fn* **1.** *[tengeren]* ice floe **2.** *[jégszekrényben]* block of ice
jégtakaró *fn* ice sheet/cover(ing)
jégtánc *fn* ice dancing
jégtelenít *i [pl. szélvédőt]* deice, *[hűtőszekrényt]* defrost
jégtelenítő *fn [spray]* deicer
jégtorlasz *fn* ice-pack/barrier, *[úszó]* pack ice
jégtömb *fn* block of ice
jégtömlő *fn* ice bag/pack
jégverem *fn* ice-pit, ice house
jégverés *fn* hailstorm
jégvirág *fn [ablakon]* frostwork
jégvitorlás *fn* iceboat, ice yacht
jégzajlás *fn* breaking up (v. break-up) of ice, ice drift
jégzokni *fn* ski socks *tsz*
jegy *fn* **1.** *[közlekedési, színház- stb.]* ticket; **~et vált/vesz** *[vasúton]* buy*/book a ticket (*vhová* to, for); *szính* book a seat; **~ek válthatók 10–20 óráig** *[pl. színházba, moziba]* tickets on sale from 10 a.m. to 8 p.m.; **a ~eket kérem!** *[járművön]* tickets please!; **~eket kezel** look at the tickets **2.** *[élelmiszer]* ration book/card; **~re ad vmt** ration sg, sg is rationed (v. on ration); **~re adják a cukrot** sugar is rationed (v. on ration) **3.** *[ismertetőjel]* (distinguishing) mark, characteristic, (distinctive) feature, *[jel]* sign, token, *[beleégetett]* brand, *[gyártási]* trademark; **vmnek a ~ében** in the spirit of sg, [think*] in terms of sg **4.** *[horoszkópban]* sign (of the zodiac) **5.** *okt* mark, *US* grade; **jó ~eket kapott** (s)he got high marks (*US* grades) **6. ~ben jár vkvel** be* engaged to sy; **~ben járnak** they are engaged
jegyárusítás *fn* booking (of tickets); ~ **10–20 óráig** tickets on sale from 10 a.m. to 8 p.m.
jegybank *fn gazd* central bank, bank of issue
jegybanki *mn gazd* ~ **alapkamat** base rate (of interest)
jegycsalás *fn* ticket fraud, *biz* fiddling
jegyellenőr *fn* ticket collector/inspector
jegyellenőrzés *fn* checking/inspection of tickets
jegyelővétel *fn* advance booking
jegyes[1] *mn [jegyre kapható]* rationed
jegyes[2] *fn [férfi]* fiancé, *[nő]* fiancée
jegyespár *fn* engaged couple, *[az esküvőn]* the bride and groom
jegy- és poggyászkezelés *fn [helye reptéren]* check-in (counter); **a ~t 12.30-ig be kell fejezni** you have to check in by 12.30
jegyesség *fn* engagement
jegyez *i* **1.** *[ír]* make*/take* notes (of sg), note/write* down, *[gyorsírással]* take* down; **jegyzi a pontokat** (v. **az eredményt)** keep* the score **2.** *gazd [céget]* sign (the firm) **3.** *gazd [kölcsönt]* subscribe to [a loan], *[részvényt]* underwrite* [shares], subscribe for [shares]; **hogy jegyzik a fontot?** what is the (ex)change rate of the pound?; **jegyzik a tőzsdén** be* quoted on the Stock Exchange (at ... p)
jegyfüzet *fn* book of tickets, *[élelmiszeré]* ration book
jegygyűrű *fn [esküvő előtt]* engagement ring, *[utána]* wedding ring
jegyiroda *fn* booking/ticket office/agency
jegykezelő I. *mn* ~ **pult** *[reptéren]* check-in desk, *US* check-in counter, *[átszálló utasoké]* transfer (check-in) desk **II.** *fn [reptéren]* check-in agent
jegykiadás *fn* issue of tickets, *[felirat]* booking/box office
jegypénztár *fn ált* ticket office, *[főleg vasút]* booking office, ticket office, *szính* box office
jegypénztáros *fn* booking clerk
jegyrendelés *fn* (advance) booking
jegyrendszer *fn* rationing
jegyszedő *fn szính* usher, attendant, *[nő]* usherette, *vasút* ticket collector
jegyszelvény *fn* (ticket) stub
jegyű *mn* -figure, -digit; **öt~ szám** five-digit/figure number
jegyüzér *fn GB* ticket tout, *US* scalper
jegyváltás *fn vasút* booking (tickets), *szính* booking (seats)
jegyvizsgáló *fn* → **jegyellenőr**
jegyzék *fn* **1.** *[áruké]* list [of articles/goods], inventory, specification, *[számlát helyettesítő árujegyzék]* invoice, *[könyvekről]* catalogue (*US* -log), list, inventory, *[csak személyekről]* list, *[névsor]* roll, *[választókról]* register;

fizetési ~ pay-sheet, payroll; **~be vesz** register, inventory, list **2.** *[diplomáciai]* (diplomatic) note, memorandum (*tsz* -da v. -dums); **~et intéz vkhez** address/hand a note (to); **~et vált** exchange notes

jegyzékszám *fn zene* classification number

jegyzékváltás *fn* exchange of (diplomatic) notes [between two governments]

jegyzés *fn [kölcsöné]* underwriting (of a loan); *[részvényeké]* subscripton

jegyzet *fn* **1.** *[feljegyzés]* note, jotting; **~ek nélkül beszél** speak* without a note (v. notes), talk from memory; **~ek alapján ad elő** speak* from notes; **~(ek)et készít (vmről)** make*/take* notes (of sg); *[jegyzetfüzetben]* keep* a notebook on sg **2.** *[könyvben]* note, *[lapalji]* footnote, *[magyarázó]* annotation; **~ek** *[könyv végén]* Notes; **~ekkel ellátott kiadás** annotated edition **3.** *[egyetemi]* lecture notes *tsz*

jegyzetblokk *fn* → **jegyzettömb**

jegyzetel *i* make*/take* notes (*vmt* of sg); **~ az előadáson** take* notes in the lecture

jegyzetelés *fn* → **jegyzetkészítés**

jegyzetfüzet *fn* notebook

jegyzetkészítés *fn* making/taking (of) notes

jegyzettömb *fn* (scratch) pad, memo pad/block

jegyző *fn* **1.** *[városi]* town clerk **2.** *[bírósági]* clerk (of the Court) **3.** *[ülésen]* keeper/writer of the minutes, recorder, minutes/recording secretary

jegyzőkönyv *fn [ülésen, tárgyaláson]* minutes *tsz* [of a meeting], *[diplomáciai]* protocol, *[rendőré]* police record; **~be foglal/vesz vmt** *[ülésen]* enter/record sg in the minutes; *[bíróságon]* record sg, take* sg down (on record v. in evidence), place/put* sg on (the) record; **~et felvesz/készít** *[ülésen stb.]* take* (down) the minutes; *[bíróságon stb. vmről]* record sg, place sg on record, draw* up a record of sg, *[rendőrségen]* take* a/the statement down, take* sg down (on record); **~et vezet** keep*/take* the minutes [of a meeting]; **~ön kívül** off the record

jegyzőkönyvez *i* → **jegyzőkönyvbe foglal** , → **jegyzőkönyvet vezet**

jegyzőkönyvvezető *fn* → **jegyző 3**

Jehova *tul vall* Jehovah; **~ Tanúja** Jehova's Witness

jel *fn* **1.** *ált* sign, mark, *[betegségé]* symptom, trace, *[vmre utaló]* indication, *[bizonyíték]* token, mark; *[megkülönböztető]* mark, stamp; **a zsenialitás ~e** the stamp of genius; **minden ~ arra mutat, hogy** all the signs are that, everything points to ..., all indications are that ..., to all appearances ...; **minden ~ szerint** according to all indications, there is every indication (that); **~ét adja vmnek** give* evidence of sg, manifest sg; **~éül annak, hogy** as a proof that, as a sign/token of ...; **szeretetem ~éül** as a token/mark of my affection **2.** *mat kém* symbol, sign; **a többes szám ~e** the plural marker/affix **3.** *[figyelmeztető]* signal, sign; **~t ad** give* a/the signal, signal (*US* -l), make* a sign **4.** *nyelv* **nyelvi ~** linguistic sign; *[végződés]* marker; **a többes szám ~e** the plural marker **5.** *el távk* signal **6.** *[előjel]* sign, omen, augury

jeladás *fn* signal(ling) (*US* -l-)

jelátalakító *fn távk* modem, signal converter

jelbeszéd *fn* sign language

jelen I. *mn* present; **a ~ esetben** in the present case, in this particular case; **~ idejű melléknévi igenév** present participle; **~ idő** present tense, the present; **a ~ levél** the present (v. this) letter; **a ~ pillanatban** at present, for the moment; **a ~ szerző** the present writer; **a ~ ügy** the case at issue **II.** *fn* **1.** (the) present, today, the present time **2.** *nyelv* → **jelen idő III.** *hsz* **~ van** be* present, attend (sg); *[tanúként]* witness (sg); **a ~ levő tagok** the members present, those present; **nincs ~** be* absent **IV.** *isz* here!, present!; *[névsorolvasásban]* Sir! v. Madam!

jelenés *fn* **1.** *[kísértet]* apparition, vision **2.** *[színészé]* entrance **3.** *bibl* **J~ek könyve** Revelation, *biz* Revelations *tsz*, the Apocalypse

jelenet *fn* scene; **rövid ~** *[filmből]* a short excerpt (from); **~(ek)et csinál/rendez** make* a scene, make* scenes, *[hisztizik]* create/throw* a fit

jelenkor *fn* the present (time), our age

jelenkori *mn* contemporary, modern, of today *ut*

jelenleg *hsz* at present, for the time being, now, for the moment

jelenlegi *mn* present, *[mai]* present-day; **a ~ helyzetben** in/under the circumstances

jelenlét *fn* presence, attendance; **vk ~ében** in the presence of sy, with sy present

jelenléti *mn* (of) presence; **~ ív** *[előadáson]* attendance list/sheet; *[munkahelyen]* time sheet

jelenlevő I. *mn* present *ut* **II.** *fn* person present; **a ~k** those present; **a ~k száma 2000** an attendance of 2,000

jelenség *fn* **1.** *[előfordulás]* occurrence, incident **2.** *[tünet]* phenomenon (*tsz* -mena), symptom

jelent *i* **1.** *[közöl]* report (sg to sy), announce (sg to sy), notify (sy of sg), let* sy know (about/of sg); **a főhadiszállás ~i** G.H.Q. announces/reports that; **Chicagóból ~ik** it is reported from Chicago; **kiküldött tudósítónk ~i Londonból** from our special correspondent in London; **~i a balesetet** report the accident [to the police]; **beteget ~** report sick **2.** *[vm jelentése van]* mean*, signify, indicate, denote, have* the meaning (of), be* equivalent (to); *[jelöl]* stand* for; **(ez a szó) mit ~?** what does it (v. this word) mean?, what is the meaning of this (word)?; **mit ~ az, hogy RSPCA?** what does RSPCA stand for?; **mit ~ ez a francia szó?** what does this French word mean?; **mit ~ ez a vers?** what is the meaning of this poem?; **ez annyit ~, hogy várnunk kell egy órát** this means waiting for an hour; **nem ~ semmit** it does not mean anything, it is of no significance; **mit ~sen ez?** what do you mean by this?, what's the meaning of this? **3.** *[vm szerepe* v. *következménye van]* mean*, be* equivalent to, amount to; **ami annyit ~, hogy kevesebb emberre van szükség** (all of) which amounts to less people needed; **mit ~ ez anyagilag?** how much is it going to cost me/us/etc.?, what does this mean in financial terms?; **az egész azt ~i, hogy** ... all of which is to say (that) ...

jelentékeny *mn* important, significant, considerable; **~ ember** person of distinction/note, important person; **~ mértékben** considerably; **~ összeg** considerable amount

jelentéktelen *mn* unimportant, insignificant, of no importance/consequence/account *ut*; **~ ember/alak** nobody, nonentity, *pej* pipsqueak; **~ összeg** a trifling sum

jelentés *fn* **1.** *[közlés]* report (*vmről* on), account, announcement, information, *[hivatalos]* official statement/report/announcement, communiqué, bulletin; *[mint cselekedet]* reporting; **~t tesz vmről** report sg, make* a report (on sg), give* an account of sg; *[az eddig végzettekről, az ügy állásáról]* report progress, make* a progress report (on sg) **2.** *[szóé]* meaning, sense; **eredeti ~** literal/original sense; **minden egyes ~** each sense; **(a szó) különféle ~ei** the different meanings [of the word]

jelentésárnyalat *fn* shade/nuance of meaning

jelentésátvitel *fn* figurative use, transfer(ence) of meaning, metonymy

jelentésbeli *mn* semantic, denotational

jelentésbővülés *fn* widening/expansion of meaning, extension

jelentésírás *fn* reporting, report writing

jelentéskör *fn nyelv* semantic range

jelentésmező *fn nyelv* semantic field

jelentésszűkülés *fn* narrowing/restriction of meaning

jelentéstagolás *fn* meaning discrimination

jelentéstan *fn* semantics *esz*

jelentéstani *mn* semantic

jelentéstartalom *fn* semantic content

jelentéstétel *fn* report(ing)

jelentéstevő *fn* reporter

J

jelentésű *mn* **x ~** with/in/having the meaning x *ut*, in the sense of x *ut*
jelentésváltozás *fn* change of meaning, semantic change; **~on megy át** undergo* a change of/in meaning
jelentésváltozat *fn* variant meaning, semantic variant; **a különféle ~ok** the different meanings
jelentkezés *fn* **1.** (*vké*) reporting, presenting oneself, *[vhol]* registering (for), *[repülőtéren]* check-in **2.** *[betegségé]* manifestation, first symptoms *tsz* **3.** (*vmre*) application (for sg); **~ egyetemre** application for admission to a university
jelentkezési *mn* **~ határidő** (i) *[pályázatra stb.]* closing date (ii) *[repülőtéren]* check-in time; **~ lap** application form
jelentkez|ik *i* **1.** (*vk*) present oneself, report, make* one's appearance, (*vknél*) call on (sy), *[állásra, egyetemre]* apply for [a job/university], *kat* report oneself (to sy), *[hivatalnál]* report (to), *[munkára]* report [for work], *[munkaközvetítőnél]* register [for work at the employment agency], *[repülőtéren]* check in, *[bűnös a rendőrségen]* give* oneself up, *[tagnak]* apply for [admission to], *[vizsgára]* enter for, sit* (for), present oneself for [examination]; *[iskolában]* put* one's hand up, *[névsorolvasáskor]* answer to the roll; **önként ~ik** (i) *[vmt tenni]* volunteer for sg (to do sg) (ii) *[bűnös]* give* oneself up; (*vmre*) send*/hand in one's application for sg, apply for sg, put* in for sg; **angol nyelvtanfolyamra ~ik** register as a student on the English course **2.** *[betegség]* break* out, manifest itself, *[nehézség]* arise*
jelentkező *fn [állásra]* candidate, applicant [for a post], *[vizsgára]* candidate [for an exam]; **egyetemi felvételre ~k** university applicants
jelentő *mn* **1.** *[jelentést tevő]* reporting **2.** *nyelv* **~ mód** indicative (mood) **3. sokat ~ pillantás** a meaning(ful) look
jelentős *mn* → **jelentékeny**
jelentőség *fn* importance, significance; **nincs ~e** be* of no importance/significance/account; **nagy ~et tulajdonít vmnek** set* a high value on
jelentőségteljes *mn* (very/most) significant, of great/considerable importance *ut*
jelentőségű *mn* **nagy ~** → **jelentőségteljes**
jelentősen *hsz* significantly, considerably
jelenvolt *fn* **a ~ak** those present
jelerősítő *fn távk* booster
jeles I. *mn* **1.** *okt* excellent, very good, eminent; **~ rendű** eminent, excellent; **~ tanuló** outstanding pupil, pupil who passes with distinction **2.** *[nevezetes]* excellent, famous, illustrious; *[esemény]* momentons, significant **II.** *fn [osztályzat]* very good (mark), excellent, *US* A; **~t kap, ~re felel** get* a very good (mark), get* top marks, be* given a very good, *US* be* given an A
jelesked|ik *i* excel/shine* in sg, distinguish oneself in/at sg
jelez *i* **1.** *[jelt ad]* signal (*US* -l), make* a signal, give* signals **2.** *[mutat]* indicate, show*; **a tábla azt jelzi, hogy** the sign indicates that; **a piros fény az áthaladás tilalmát jelzi** the red light indicates that it is forbidden to cross (the road); **előre ~** give* notice, notify (in advance), announce; **az óra jelzi az időt** the clock tells the time **3.** *[céloz rá]* hint at, intimate, imply; **jelzem, már el is késtünk** mind you(,) we are already late **4.** → **indexel**
jelfogó *fn el* relay
jelige *fn* **1.** *[jelszó, -mondat]* motto, slogan, catchword **2. választ 'Október' jeligére kérek** replies/offers should be marked "Október"
jeligés *mn [jeligéjű]* bearing a code-name *ut*; **'~ válaszokat várunk'** *[hirdetéseknél] kb.* write/reply (to) Box (No.) 99
jelkép *fn* symbol, emblem
jelképes *mn* symbolic, emblematic; **~ ajándék** token gift
jelképesen *hsz* symbolically
jelképez *i* symbolize, represent symbolically/allegorically
jelkulcs *fn* key (to signs), code, cipher, *[térképen]* legend
jelleg *fn* character, type, nature, quality; **más a ~e** it is different in character/nature
jellegtelen *mn* characterless
jellegű *mn* of ... character/nature *ut*, összet -like, (-)style; **műemlék ~ épület** historic building; **azonos ~** of the same order/type *ut*; **helyi ~** local; **katonai ~** military style
jellegzetes *mn* typical, characteristic
jellegzetesen *hsz* typically, chracteristically; **~ amerikai szó/kifejezés** Americanism
jellegzetesség *fn [vonás]* characteristic, (characteristic) feature, peculiarity
jellem *fn* (personal) character, personality; **erős ~** man° of (strong) character; **gyenge ~** (man°) of weak character
jellemábrázolás *fn* characterization, portrayal/depiction of character
jellemes *mn* of strong character *ut*; **~ ember** man° of character/principle
jellemez *i* **1.** (*vkt*) characterize (sy), draw* sy's character/profile, describe (sy), *[író, festő]* portray; **~te az esetet** he outlined the case **2.** *[egy vonás vkt]* be* characteristic of (sy), characterize (sy)
jellemfestés *fn* → **jellemábrázolás**
jellemgyengeség *fn* foible, weakness (of character)
jellemhiba *fn* fault of character, a weak spot (in one's character), failing
jellemkép *fn* character sketch, portrait, profile
jellemkomikum *fn* humour (*US* -or) of the character
jellemrajz *fn* character study/sketch, portrait, profile
jellemszilárdság *fn* strength of character, integrity
jellemtelen *mn* unscrupulous, dishonest, unprincipled
jellemtelenség *fn* unscrupulousness, lack of scruple, dishonesty
jellemű *mn* of ... character *ut*
jellemvonás *fn* characteristic, feature, trait
jellemzés *fn* **1.** characterization, description of character, character-drawing **2.** *[munkavállalóról]* reference, *GB* character; **~t ad vkről** give* a reference of sy; *GB* write*/give* a character of sy
jellemző *mn* **I.** (*vkre*) characteristic/typical of sy, (*vmre*) peculiar to sg, typical of sg; **ez ~ rád!** that's typical (of you)!, just like you!; **~ módon** characteristically; **~ jegy** characteristic feature; **~ sajátság/tulajdonság** characteristic quality, (characteristic) feature; *[igével]* mark sy/sg; **~ vonás** characteristic, (characteristic) feature, peculiarity; *[főleg vké]* trait **II.** *fn* → **jellemző vonás**
jelmagyarázat *fn* signs and abbreviations *tsz*, key (to signs), *[térképen]* legend
jelmez *fn* szính stb. costume, *[jelmezbálon]* fancy dress
jelmezbál *fn* fancy-dress ball
jelmezes *mn* **~ főpróba** dress rehearsal; **~ (szín)darab** costume piece/drama
jelmezkölcsönző *fn* fancy dress hire
jelmondat *fn* motto, *pol [reklám]* slogan
jelnyelv *fn* sign language
jelöl *i* **1.** (*vmt vmvel*) mark/indicate (sg with sg), *[jelez]* indicate, show*, point to; *nyelv* **a főneveknél végződés ~i a többes számot** in nouns inflection marks plurality **2.** *[állásra]* propose as [candidate], nominate (for); **elnökségre ~ték** he has been nominated for president (v. for the presidency)
jelölés *fn* **1.** (*vmvel*) marking, designation **2.** *[a jel]* mark, *[jelrendszer]* notation **3.** *[állásra, tisztségre stb.]* nomination, proposal
jelölésmód *fn* notation
jelöletlen *fn nyelv* unmarked
jelölő *mn nyelv* signifier, signifiant
jelölt I. *mn* marked **II.** *fn* **1.** *[személy tisztségre, vizsgára]* candidate (for), *[csak tisztségre, állásra]* nominee **2.** *nyelv* signified
jelölteti magát *i* stand*/run* for [election etc.]
jelöltség *fn* candidature, candidacy

jelrendszer *fn [jelölési rendszer]* (system of) notation, *[jelek rendszere]* system of signs, *[titkos]* code; **~t megfejt** decode, decipher a code
jelszó *fn [párté]* slogan, watchword; *kat infor* password, *biz* mantra; **kiadták a ~t** they adopted the slogan
jeltan *fn* semiotics *esz*, semiology
jeltelen *fn* unmarked
jelvény *fn [kitűzhető]* badge
jelzálog *fn gazd* mortgage; **~ot bejegyeztet** register a mortgage; **~gal terhel** mortgage
jelzáloghitel *fn gazd* mortgage (credit)
jelzálog-hitelezés *fn gazd* credit on mortgage
jelzálogkölcsön *fn gazd* mortgage (loan); **~t vesz fel** raise a mortgage [on one's house]
jelzés *fn* **1.** *[megjelölés]* marking, stamping, labelling (*US* -l-), *[a jel]* mark, stamp, *gazd* brand, label, *[aktán]* (classification) mark, *[turista]* blaze, trail; **a sárga ~ mentén halad** follow the yellow blaze/trail (to) **2.** *[jeladás művelete]* signalling (*US* -l-), *[figyelmeztető]* warning, *[amit észlelünk]* signal; **közúti ~ek** traffic signs and signals; **piros ~** red (light); **a sárga/piros ~ van érvényben** there is a yellow/red alert; **~t ad, megadja a ~t** give* a/the signal (for), signal (*US* -l) sg, indicate sg
jelzésértékű *mn* **~, hogy** ... it should serve as a warning that ..., it is quite symbolic that ...
jelzet *fn [könyvtári]* pressmark, shelfmark
jelzett *mn* **1.** *[tárgy]* marked, stamped; **~ út** (marked) trail **2.** *[könyvben]* above-mentioned, mentioned (above) *ut*, indicated *ut*; **a ~ időben** at the appointed hour/time **3. ~ szó** *nyelv* word qualified by an adjective
jelző *fn nyelv* attribute, *[díszítő]* epithet
jelzőberendezés *fn* signalling (*US* -l-) equipment/device/ system, *[műszer]* indicator
jelzőfény *fn* beacon; *[reptéri]* approach lights *tsz*, ground-lights *tsz*
jelzői *mn* attributive; **~ használatban** (used) attributively; (used) as modifier; **~ mellékmondat** attributive clause
jelzőkészülék *fn* → **jelzőberendezés**
jelzőlámpa *fn [forgalmi]* traffic lights *tsz*, traffic light/ signal, *US* stoplight; **nyomógombos ~** *[gyalogosoknak]* push-button signal (for pedestrians)
jelzőoszlop *fn* signpost
jelzőőr *fn* signalman°
jelzőrendszer *fn biol* signalling (*US* -l-)
jelzős *mn* **~ szerkezet** adjectival/attributive construction
jelzőszám *fn* index number
jelzőtábla *fn [közúti]* (road/traffic) sign, *[tilalmi]* signs giving orders *tsz*, *[veszélyt jelző]* warning signs *tsz*, *[tájékoztatást adó]* information signs *tsz*, *[utasítást adó]* mandatory signs *tsz*, *[feloldó]* end of [speed limit, prohibition etc.]
jelzőtárcsa *fn vasút* target
jelzőtűz *fn* beacon (light)
Jemen *földr* Yemen
jemeni *mn/fn* Yemeni
jénai *mn* **~ tál** *kb.* Pyrex dish/bowl
jenki *fn* Yankee
Jenő *tul* Eugene
jérce *fn* pullet
Jeremiás *tul* Jeremiah
jersey *fn* jersey
jeti *fn* yeti, Abominable Snowman
Jézus *tul* Jesus; **~ Krisztus** Jesus Christ
Jézuska *fn* **mit hozott a ~?** what did you get for Christmas?
jezsuita I. *mn* Jesuit, Jesuitic(al) **II.** *fn* Jesuit
jiddis *fn/mn* Yiddish
jó I. *mn* **1.** *ált* good, *biz* great, *[alkalmas, célszerű]* fit, proper; **mi erre a ~ szó?** what's the proper word for this?; **ez ~ lesz** this will/should do, that will be fine, *biz* that should do the trick; **ez még ~ lesz vmre** this will come in handy later (v. some day); **ez nem ~ rám** *[pl. ruha]* it doesn't fit me **2.** *[vmre való]* **ez mire ~?** what's this (good) for?, what do you use this for? **3.** *[megbízható, pl. ember]* good, decent; **~ kezekben van** be* in safe hands **4.** *[kellemes]* pleasant, *biz* great, wicked; **~ lenne, ha el tudnál jönni** it would be great if you could come, I wish you could come; **minden ~, ha a vége ~** all's well that ends well; **~, hogy itt vagy** lucky (v. I'm glad) you're here **5.** *[érvényes]* valid, *[vmeddig fogyasztható]* best before ..., *[igével]* use by ... **6.** *[szorgos]* **~ tanuló** a diligent/ industrious pupil/student; **~ vmben** be* good at sg **7.** *[levegő]* fresh [air] **8.** *[meglehetős, elég sok]* rather, fairly, pretty, very; **~ adag** a great deal of; **~ (egy)néhány** quite a few; **~ ideig** for quite some time, for quite a while, for a good while; **~ ideje már, hogy itt van** (s)he's been here for quite some time; **~ ideje, hogy elment** he left a good while ago; **~ nagy** fairly/pretty big; **~ sok** quite a lot, a good deal **9.** *[beleegyezés]* **~!** (all) right, okay, O.K., *biz* sure; **Eljössz? J~, elmegyek.** Will you come (along)? All right (I will.); *[ráhagyás]* **még ~, ha el nem késünk** we're lucky if we don't get there late **10.** *szl* **~ vknél** be* well in with sy **II.** *fn* **1.** *ált* good, good thing; **~ban van vkvel** be on good terms with sy; **ez már sok a ~ból!** *biz* it's too much of a good thing; **~nak lát** think* sg proper/fit, find*/ deem sg advisable; **tegyen, amit ~nak lát** do as you think fit, take what action you think fit; **~ra fordul** take* a turn for the better; **~t akar vknek** mean* sy well, have* good intentions towards sy; **~t ígér** look/be* promising; **nem sok ~t ígér** bode ill; **~t nevet vmn** have* a good laugh at sg, laugh heartily at sg; **csak ~t mondhatok róla** I have nothing but praise for him/her, I can only say nice things about him/her; **~t tesz vknek** do* sy good; **~t fog tenni** it will do you good; **nem tesz ~t vknek** *[étel, ital, éghajlat]* sg doesn't agree with sy, sg disagrees with sy **2.** *[osztályzat]* good, *US* B
jóakarat *fn* goodwill, benevolence; **megvan benne a ~** (s)he is/shows willing, (s)he is well-intentioned, his/her intentions are good
jóakaratú *mn* kindly/well-disposed, benevolent
jóakaró *fn* well-wisher, patron, benefactor
jóban-rosszban *hsz* through thick and thin
jobb[1] *mn* **1.** *[a jó középfoka]* better (*vmnél* than); **annál ~** all the better, so much the better; **erről ~ nem beszélni** the least/less said (about it,) the better; **vmvel ~ vmnél** a shade better than; **~ vknél** *[pl. író]* be* better than; **~ volna, ha** ... it would be better (to/if) ..., one had better (do sg) **2. ~á tesz** improve (up)on, better; **~nál ~** better and better, one better than the other; **~ra fordul** change for the better, *[vk sorsa]* take* a turn for the better; **~ híján** for want of a better one v. something better **3.** *[átlagon felüli]* **~ iparos** a fine craftsman, a craftsman of a better sort; **'jobb' családból származik** be*/come* from a good family; → **veréb**
jobb[2] *mn/fn* **1.** *[kéz, oldal stb.]* (*röv* **j.**) right [hand], right(-hand) [side] (*röv* **rt.**); **~ kéz, vknek a ~ja** right (hand); **~ kéz felől** to the right, on one's right(-hand) side; **~ kéz felőli** right-hand; *átv* **~ oldal** (i) *ált* the right, the right-hand side (ii) *[hajóé]* starboard; **a ~ oldalon** on the right(-hand)side; **az út ~ oldalán** on the right-hand side of the road; **~ oldali** right-hand; → **jobboldali**; **Magyarországon ~ oldali közlekedés van** traffic in Hungary keeps to the right; **~ parti** of the right bank *ut*, right(-)bank; **vknek a ~ján** on sy's right; **~ra, ~ felé** to(wards) the right, right; **~ra hajt(s)!** keep (to the) right!; **~ra kanyarodik** turn right; **~ra kanyarodni tilos!** no right turn; **~ra tolódik** veer/drift to(wards) the right; **~ra át!** right turn!; **~ra igazodj!** dress right!; **~ra nézz!** eyes right!; **~ra tart** keep* to the right; **~ról, ~ felől** from the right; **~ról balra** *[képen]* (from) right to left **2.** *pol* → **jobboldal**; → **szélsőjobb**
jobbágy *fn tört* serf, bond(s)man°, villein
jobbágyfelkelés *fn tört* peasant revolt
jobbágyfelszabadítás *fn tört* emancipation of serfs

J

jobbágymunka *fn tört* serf labour (*US* -or), serf work
jobbágyrendszer *fn tört* serfdom
jobbágyság *fn tört* **1.** *[intézmény]* serfdom, villeinage **2.** *[a jobbágyok]* serfs *tsz*, villeins *tsz*
jobbágytelek *fn tört* land in villein tenure
jobban *hsz* better, *[erősebben]* more, harder; ~ **van** be* better, be* feeling better; **egyre** ~ better and better; *[erősebben]* more and more; **sokkal** ~ much better; ~, **mint valaha** more than ever; ~ **jársz ha** ... you would do better to ...; ~ **meggondolva** on second thought; ~ **mondva** or rather, that is to say; ~ **szeret** (*vmt vmnél/vmt tenni*) prefer sg to sg, prefer to do sg; ~ **tennéd, ha mennél** you'd better leave now
jobbára *hsz* mostly, for the most part
jobbfajta *mn* → **jobbféle**
jobbfedezet *fn sp* right half°
jobbféle *mn* of a better kind/sort *ut*
jobbhátvéd *fn sp* right back
jobbhorog *fn sp* right hook
jobbik *mn/fn* the better of the two; **a** ~ **énje** one's better half
jobbkeze *fn átv* (*vké*) sy's right hand, sy's right-hand man
jobbkezes *mn* right-handed; ~ **ütés** right-hand stroke, right-hander
jobbkéz-szabály *fn* priority to traffic from the right, priority on the right, *US* yield to traffic from the right
jobbkor *hsz* **soha** ~**!** it could not have come at a better time, none too soon, *[érkezett vm]* just what was wanted/needed
jobbkormányos *mn gk* right-hand-drive; **az autó** ~ this car is right-hand drive; ~ **autó** a car with right-hand drive
jobbközép *fn pol* right centre (*US* -ter)
jobblábas *mn* ~ **cipő** right-foot shoe; ~ **lövés** right-foot kick
jobblétre szenderül *i* pass away/on, die
jobbmenetes *mn* right-handed [screw, thread etc.]
jobbmódú *mn* fairly well-off, better-off
jobboldal *fn pol* the Right; → **jobb²**
jobboldali I. *mn pol* right(-wing), conservative, rightist **II.** *fn* right-winger, rightist
jobboldaliság *fn* rightist attitude
jobboldalt *hsz* → **jobbra**
jobbos *mn* **1.** *műsz* closing/opening to the right *ut*, right-(-hand), right-handed [screw etc.] **2.** *pol biz* rightist
jobbösszekötő *fn sp* inside right
jobbratolódás *fn pol* swing to the right
jobbszárny *fn pol* right wing
jobbszélső *fn sp* outside right, right-wing(s)
jobbulás *fn* improvement, betterment, getting better; ~**t kívánok!** get better quickly!, (I wish you a) speedy recovery!
jócskán *hsz* pretty much, considerably
jód *fn* iodine
jódliz|ik *i* yodel (*US* -l)
jódos *mn* iodous, iodized
jódoz *i* iodize, *[jóddal ecsetel]* paint with iodine
jódtinktúra *fn orv* tincture of iodine
jóérzés *fn* goodwill, decency
jóérzésű *mn* ~ **ember** a kind/tender-hearted (v. decent) person
jófajta, **-féle** *mn* first-rate, excellent, (of a) good quality
jófejű *mn* bright, smart
jóformán *hsz* practically, virtually, as good as; ~ **semmi nem volt rajta** (s)he was as good as naked
jog *fn* **1.** *[rendszer]* law, *[tudomány]* law, jurisprudence; ~**ot tanul** read* law, be* a student of law, study law; ~**ot végzett** *[személy]* graduate in law **2.** (*vmhez*) right (to), title (to); **minden** ~ **fenntartva** all rights reserved; ~ **szerint** according to the law, by right(s), de jure; **emberi** ~**ok** human rights; ~**a van vmhez** have* the right to (do) sg, be* entitled to sg, have* the power to (do) sg; **nincs** ~**a vmt tenni** have* no business doing sg; ~**ában áll** be* free/entitled (to), have* the right/power (to), be* at liberty [to do sg]; **ragaszkodik a** ~**aihoz** stand* on/assert one's rights; **mi** ~**on?** by what right?; **vmlyen** ~**on, vmnek a** ~**án** by right of; **saját** ~**án** in one's own right; ~**ot formál vmre** claim sg, have* a claim on sg; ~**gal** rightly, with good reason; ~**gal kérdezhetjük** we may well ask, it would only be proper to ask/say/remark
jóga *fn* yoga
jogalany *fn* subject
jogalap *fn* legal ground/title/cause, claim; ~ **nélküli** unjustified, groundless
jogalkalmazás *fn jog* implementation of law/regulations, law enforcement
jogalkotó I. *mn* legislative **II.** *fn* legislator, lawmaker
jogállam *fn* constitutional state, state under the rule of law
jogállamiság *fn jog* the rule of law, constitutionality; **a** ~ **normái** the normos of the rule of law
jogállás *fn* legal status
jogar *fn* sceptre (*US* -ter)
jogász *fn* **1.** *[ügyvéd]* lawyer, *US* jurist; **a** ~**ok** the legal profession **2.** *[diák]* law student
jogászi *mn* juristic(al), legal; ~ **körökben** in legal circles
jogászkod|ik *i* **1.** *[jogi pályán működik]* practise (*US* -ce) law **2.** → **jogot tanul**
jógáz|ik *i* practise (*US* -ce) yoga
jogbitorlás *fn* usurpation of rights
jogbitorló *fn* usurper
jogbiztonság *fn* legal security
jogbölcselet *fn* philosophy of law
jogcím *fn* (legal) title; **azon a** ~**en** by right/virtue of, on/under the pretext of; **milyen** ~**en?** (up)on what grounds?, by what right?; ~ **nélküli** illegal, unauthorized; ~ **nélküli beköltöző/lakó** squatter
jogdíj *fn* royalties *tsz*, royalty
jogdíjköteles *mn* subject to royalties *ut*
jogegyenlőség *fn* equality before the law
jogellenes *mn* unlawful, illegal, contrary to the law *ut*
jogelőd *fn* legal predecessor
jogerő *fn* ~**re emelkedik** become* effective/final/absolute, enter into effect
jogerős *mn* legally binding, valid, final, non-appealable; ~ **ítélet** absolute/final judg(e)ment; ~**sé válik** → **jogerőre emelkedik**
jogérvényes *mn* legally valid
jogeset *fn* (legal) case
jogfenntartás *fn* legal reservation
jogfolytonosság *fn* continuity of right, legal continuity
jogforrás *fn* source of law
jogfosztás *fn* deprivation of civil rights
jogfosztott *mn/fn* sy deprived of/dispossessed of one's rights
joggyakorlat *fn* court/legal practice, practice of the law
joghalál *fn* → **justizmord**
joghallgató *fn* law student
jogharmonizáció *fn jog* legal harmonization
joghatály *fn* legal force
joghatóság *fn* legal authority, judicial authorities *tsz*, jurisdiction
joghézag *fn* legal loophole
joghurt *fn* yog(h)urt
jogi *mn* legal; ~ **doktor** Doctor of Laws (*röv* **LLD**); ~ **kar** faculty/department of law; ~ **képviselő** legal representative, counsel, *US* attorney; ~ **nyelv(használat)** legal terminology; ~ **osztály** legal department; ~ **pályán van/működik** be* in the legal profession, be* a lawyer, practise (*US* -ce) law; ~ **szakértő** legal expert; ~ **szakszó/szakkifejezés** legal term; ~ **személy** legal entity/person, body corporate, corporate body; ~ **személyiség** legal personality; ~ **tanácsadó** legal adviser; ~ **tanácsot kér** ask for (v. take*) legal advice
jógi *fn* yogi
jogigény *fn* legal claim; ~**ét bejelenti vmre** lodge (v. put* in) a claim for sg
jogilag *hsz* legally, by right

jogintézmény *fn* legal institution
jogkör *fn* sphere of authority, jurisdiction
jogkövetkezmény *fn* legal consequence
jogorvoslat *fn* legal remedy, relief; **~tal él** resort/go* to law, lodge an appeal, seek* redress
jogos *mn* lawful, rightful, legitimate, legal, *[igény]* just [claim]; **~ panasz/reklamáció** justified complaint; *kif* the complaint was upheld; **ez az ő ~ tulajdona** it belongs to him by right
jogosan *hsz* rightly, by right, de jure; **~ jár el** act by right, be* in the right
jogosít *i* entitle (to), authorize (to); **egy/két** *stb.* **személy belépésére ~** admits one/two etc.
jogosítvány *fn* **1.** *ált* licence (*US* -se), authorization; **jogosítvánnyal rendelkezik** *[fel van jogosítva]* authorized/entitled to ...; **a köztársasági elnöknek ~a van az Alkotmánybírósághoz fordulni** the President of the Republic has the powers (v. is entitled) to take the case to the Constitutional Court **2.** → **vezetői engedély**
jogosulatlan *mn* unjustified, unauthorized, illegal
jogosult *mn* entitled (to) *ut*, *[illetékes]* authorized; **~ vmre** be* (legally) entitled to sg
jogosultság *fn* title, competence, power, authority
jogrend *fn* law and order
jogrendszer *fn* legal system
jogsegély *fn [ingyenes]* (free) legal aid
jogsegélyszolgálat *fn* legal advice service
jogsérelem *fn* grievance, actionable injury
jogsértés *fn* infringement of lawful rights; **~ történt** the case was an infringement of lawful rights
jogsértő *mn* unlawful, illicit, illegal
jogsi *fn biz* → **vezetői engedély**
jogszabály *fn* law, rule; **a ~oknak megfelelő** lawful, legal
jogszerű *mn* lawful, legal; **~ követelés/igény** legal/just/equitable/legitimate claim (to sg); **nem tudom ezt az intézkedést ~nek elfogadni** I cannot consider these measures lawful
jogszerűen *hsz* lawfully, by right, according to law
jogszokás *fn* legal custom, unwritten law
jogszolgáltatás *fn* administration of justice, jurisdiction
jogtalan *mn* unlawful, illegal, illegitimate, unauthorized, lawless; **~ birtoklás** illegal/unlawful possession, usurpation; **~ követelés** unjust/unreasonable claim
jogtalanság *fn* illegality, wrong, unlawfulness
jogtalanul *hsz* wrongfully, unlawfully, illegally; **~ jár el** act unlawfully/illegally
jogtanácsos *fn* legal adviser, counsel; **vállalati ~** company solicitor/lawyer
jogtiprás *fn* crushing/defying the law
jogtiszta *fn [pl. szoftver]* registered, licenced (*US* -sed), legal
jogtörténet *fn* legal history, history of law
jogtudomány *fn* law, jurisprudence
jogtudományi *mn* **~ kar** faculty/department of law
jogtudós *fn* (great) jurist
jogutód *fn* legal successor
jogügy *fn* (legal) case/matter
jogügyi *mn* **~ előadó** legal adviser; **~ osztály** legal department/branch
jogügylet *fn* legal transaction
jogvédelem *fn* legal remedy/defence (*US* -se), legal protection
jogvédő *mn* **~ iroda** legal aid office; **szerzői ~ iroda** copyright office/agency/bureau
jogvégzett *mn* graduate in law *ut*
jogvesztés *fn* loss of rights
jogviszony *fn* legal relation(s)/relationship; **~ban van vkvel** have* a contractual relationship with
jogvita *fn* legal dispute/debate
jóhangzás *fn* euphony, harmony
Johanna *tul* Joan
jóhiszemű *mn* **1.** *[ember]* well-meaning, honest; **~en cselekszik** do* sg in good faith **2.** *[cselekedet]* well-meant/intentioned
jóhiszeműség *fn* good faith, bona fides *esz* v. *tsz*, honest intentions *tsz*
jóindulat *fn* goodwill, benevolence; **~tal van vk iránt** be* well-disposed towards sy, mean* well by sy
jóindulatú *mn* **1.** *[ember]* well-meaning/disposed/intentioned, friendly, kind(ly) **2.** *[betegség]* benign [disease]; **~ daganat** benign tumour (*US* -or)
jóízű *mn* **1.** *[étel]* tasty, delicious, *[igével]* it tastes nice **2.** *[történet]* (highly) amusing, splendid
jóízűen *hsz* **~ eszik** eat* with relish, relish (sg); **~ nevet** laugh heartily (at sg)
jojó *fn* yo-yo
jókedv *fn* high spirits *tsz*, good humour (*US* -or), mirth, gaiety → **kedv**
jókedvű *mn* cheerful, jolly, merry, in good/high spirits *ut*
jóképű *mn* good-looking, handsome, *[igével]* have* good looks
jókívánság *fn* best wishes *tsz*; **születésnapi ~ok** [a card with] birthday greetings
jókor *hsz* **1.** *[idejében]* in (good) time; **éppen ~** just in time, at the right moment, in the nick of time; **nagyon is ~** none too soon **2.** *[korán]* early **3.** **~ mondod!** *[túl későn]* now you tell me!
jókora *mn* considerable, sizeable, fair-sized, fairly large
jókötésű *mn* strapping, well-built
jól *hsz ált* **1.** well, *[helyesen]* properly, fairly, *[hibátlanul]* correctly, without a mistake **2.** *[igével]* **~ áll** (*vknek*) suit sy; *[ruha]* fit sy well; **nem áll ~** (*vknek*) does not suit sy; **~ él** live a life of ease, be* in clover, live in style, be* comfortably off; **~ élnek** (i) *[házastársak]* they get on well together (ii) *[anyagilag]* they live well; **~ érzi magát** feel* (quite/pretty) well, be* well/fine, be* all right; **nem érzi ~ magát** feel*/be* unwell, feel* off-colour (*US* -or), be* under the weather; **~ járt vele** (*vmvel*) it was a good choice, he was lucky with it; (*vkvel*) he was lucky with her; → **jár**; **~ jön** (*vknek vm*) come* in useful/handy; **~ megy** *[vállalkozás, ember boldogul]* thrive*, prosper, get* along/on; **~ van** be*/feel* well, be* keeping well; **nincs ~** be* unwell; **~ vagy?** are you feeling well?, are you all right?; **~ van!** *[rendben]* (all) right, OK; *[dicséret]* well done! **3.** *[melléknévvel]* **~ értesült** well-informed; **~ fésült** well-groomed; **~ fizetett** highly-paid; **~ ismert** well-known; **~ menő** *[vállalkozás]* going [concern]; **~ nevelt** well-bred/educated; *[igével]* know* how to behave; **~ táplált** well-fed **4.** *[fokozást kifejező határozószóként]* **~ megmondja neki a magáét** tell* sy off, give* sy a piece of one's mind
Jolán *tul* Yolanda
jólelkű *mn* kindhearted, kind, charitable
jóles|ik *i* (*vknek vm*) be* pleased/flattered by (sg), sg gives* pleasure (to sy), be* agreeable (to sy); **~ett a vacsora** the dinner was delicious, *biz* the dinner went down a treat; **tégy, ahogy ~ik** do as you please; **~ik ránézni** she is nice to look at
jóleső *mn* pleasant, pleasing, agreeable; **~ érzés** a good feeling
jólét *fn [anyagi]* welfare, well-being, *[bőség]* wealth, plenty, abundance, prosperity; **~ben él** be* well off, live a life of ease, be* comfortably off, live like a lord, be* in clover
jóléti *mn* welfare; **~ állam** welfare state
jóllak|ik *i* eat* one's fill, have* enough; **~tál?** have you had enough?
jóllakott *mn* full, satisfied
jóllehet *ksz* (al)though, albeit
jóllét *fn [egészség]* well-being
jól-rosszul *hsz* anyhow, somehow or other, after/in a fashion
jómadár *mn/fn biz* a bad lot, ne'er-do-well, *[igével] pej* he's a fine one, he's a bad lot
jómagam *fn* I myself

jómód *fn* wealth, plenty, abundance, prosperity; **~ban él** → **jólétben él**
jómódú *mn* well-to-do, wealthy, well-off, better-off, prosperous, affluent, *kif* be* well off; **~ családból jött** came from affluent backgrounds
jón *tört* **I.** *mn/fn [nép]* Ionian **II.** *mn épít* Ionic
Jónás *tul* Jonah
Jonatán *tul* Jonathan
jonatánalma *fn* Jonathan (apple)
jópofa *fn* jolly good fellow, *biz* a real card, *[jelzőként]* funny
jóravaló *mn* honest, decent, upright
jordán *mn/fn* Jordanian
Jordán *földr* Jordan
Jordánia *földr* Jordan
jordániai *mn* Jordanian
Jóreménység foka *fn* Cape of Good Hope
jórészt *hsz* for the most part, mostly, mainly, chiefly
jós *fn* soothsayer, prophet, seer, oracle
jóság *fn* goodness, kind(li)ness, charity
jóságos *mn* good, kind(ly), charitable, kind-hearted
jósda *fn* oracle
jóslás *fn* prophesying, prediction; **nem akarok ~okba bocsátkozni** I do not want to make any prophecies/predictions, it is not for me to make any prophecies/predictions
jóslat *fn* prophecy, prediction, soothsaying
jósnő *fn* prophetess, sibyl, fortuneteller
jósol *i* prophesy, foretell*, predict; **nem sok jót ~ok neki** I do not expect much (good) of him/it, I do not think it will amount to much; **jó időt ~** *[a meteorológia]* there's a forecast of good weather
jóstehetség *fn* gift of prophecy
jószág *fn* **1.** *[állat]* cattle *tsz*, domestic animals *tsz* **2.** *elav [birtok]* (landed) estate, property
jószágigazgató *fn elav* manager (of a large estate), landsteward
jószántából *hsz* **a maga ~** of one's own choice/accord, of one's own free will, voluntarily, unasked, spontaneously
jószerével *hsz* → **jóformán**
jószívű *mn* softhearted, kind(hearted), warmhearted, generous
jószívűség *fn* kindheartedness, generosity
jószolgálati *mn* **~ bizottság** goodwill committee; **~ küldöttség** goodwill delegation/mission; **~ látogatás/út** goodwill visit/tour
jószomszédi *mn* neighbourly; **~ viszony** neighbourliness; *pol* good-neighbour policy, neighbourly relations *tsz*
jótáll *i* (*vkért*) stand* surety for sy, go*/stand security for sy, (*vmért*) guarantee sg, vouch for sg
jótállás *fn* surety, guarantee; **kétévi ~** a guarantee for two years, a two-year guarantee/warranty; **kétévi ~t vállal vmért** guarantee sg for two years; **kétévi ~ van rá** it is guaranteed for two years
jótállási *mn* **kétévi ~ idő** two years' guarantee, a two-year guarantee/warranty (with/on sg); **~ időn belül van** be* under warranty; **~ jegy** service voucher/coupon, guarantee, repair coupon; **~ kötelezettség** legal obligation to guarantee sg
jótálló *fn* guarantor
jótékony *mn* **1.** *[bőkezű]* charitable, philanthropic, generous; **~ cél** charitable object; **~ célú hangverseny** *[... számára]* a benefit concert (for ...) **2. ~ hatás** beneficial result, good influence; **~ hatású** beneficial; *[egészségre]* salutary, wholesome
jótékonykod|ik *i* practice (*US* -se) charity
jótékonyság *fn* charity, beneficence
jótékonysági *mn* **~ intézmény** charitable institution, charity; **~ koncert** charity concert
jótétemény *fn* → **jótett**
jótett *fn* good deed/turn; **~ért jót várj** one good turn deserves another; **~ helyébe jót ne várj!** *kb.* do not count on gratitude
jótevő *fn* benefactor, *[nő]* benefactress
jottányi *fn* **~t sem** not an iota, not a jot/whit; **~t sem enged az álláspontjából** stick* to one's guns
joule *fn fiz* (*röv* **J**) joule (*röv* **J**)
jóvágású *mn [ember]* good-looking, *kif* a fine figure of a man
jóváhagy *i [tervet stb.]* approve (sg), endorse (sg), agree to (sg), sanction (sg), *biz* okay (sg), *[ítéletet]* uphold* [a judg(e)ment/sentence], *[kinevezést]* confirm [an appointment], *pol [szerződést]* ratify [a treaty/pact]
jóváhagyás *fn* approval, endorsement, sanction(ing), *[ítéleté]* upholding, *[kinevezésé]* confirmation, *pol [szerződésé]* ratification; → **utólagos**
jóváír *i* credit [an amount v. sy with an amount], credit [an amount] to [a customer], enter sg to sy's credit
jóváírás *fn* credit entry, crediting
jóval *hsz* much, quite, well, far; **~ előbb** long before; **~ vm előtt** long before ...; **~ vm fölött** well over sg; **~ idősebb** much older; **~ több a kelleténél** far too many
jóvátehetetlen *mn* irredeemable, irreparable, inexpiable
jóvátesz *i* **1.** *[hibát]* remedy, repair [a fault], *[sérelmet]* make* amends/reparation for [a(n) wrong/injury]; *[bűnt]* make* expiation (for) **2.** *[veszteséget]* compensate for, make* up for [a loss]
jóvátétel *fn* **1.** *[hibáé, sérelemé]* reparation **2.** *pol [békeszerződés után]* reparations *tsz*, *[békeszerződés feltételeként követelt]* indemnity; **~t fizet vknek** indemnify sy; *[államnak]* pay* reparations to
jóvátételfizetés *fn* reparations *tsz*
jóvérű *mn* thoroughbred
joviális *mn* jovial, sociable
jovialitás *fn* joviality
jóvoltából *hsz* **vknek a ~** thanks to sy, through/owing to the good offices of sy
józan *mn* **1.** *[nem iszik]* temperate, *[nem részeg]* sober **2.** *[higgadt]* sober, restrained; **~ ész** common/good sense; **elvesztette a ~ eszét** be* out of one's mind; **~ eszű ember** man° of (common) sense; **~ gondolkodású** right-minded, sensible, sane
józanság *fn* **1.** *[alkoholtól tartózkodás]* temperance, *[mértékletesség]* sobriety, soberness **2.** *[józan gondolkodás]* soundness, common sense, sensibleness
józanul *hsz* **~ gondolkodik** be* reasonable/sensible (about sg)
József *tul* Joseph
jön *i* **1.** *ált* come*, be* coming, *[érkezik]* arrive; *[pl. vihar]* be* approaching; **rögtön jövök** I'll be back in a minute; *[kiírás]* back soon; **te is jössz a kirándulásra?** will you join us on the trip?; **újra jövök** I'll call again; **jöjjön, aminek ~nie kell** come what may **2. jól ~** (*vm vknek*) come* in handy/useful **3.** *[származik]* come* (from); **(ön) honnan ~?** where do you come from? **4.** *biz* **ő ~** *[az ő száma stb. következik]* (s)he comes on; → **következik 1 5.** *biz [vknek vmvel, pl. pénzzel]* owe; **mennyivel jövök?** what's the damage? **6.** *biz [köze van]* **hogy ~ ő ahhoz, hogy ...?** (s)he has no business to do (v. doing) sg; → **divat**, → **gyere**, → **gyertek**, → **gyerünk**, → **kapóra**, → **méreg**, → **világ**
jön-megy *i* come* and go*; **folyton ~** be* always on the move
jöttment *mn/fn* **1.** *[otthontalan]* vagrant, vagabond; **~ek**, **~ népség** flotsam and jetsam **2.** *pej* **az első ~tel összeállt** *szl* she shacked up with the first bum (to come her way)
jövedék *fn* inland revenue
jövedéki *mn* **~ adó** excise; **~ termék** excised product; **~ engedély** permit/license to sell excised products
jövedelem *fn [magán]* income, *[vállalaté]* receipts *tsz*, *[állami]* revenue; **bruttó ~** gross income; **kiegészítő ~** supplementary income; **nemzeti ~** national income; **havi jövedelme 50 000 Ft** (s)he earns 50,000 fts a month; **nettó ~** net income; **összes ~** total income; **személyi ~** personal

income; **jövedelmet hoz** bring* in, yield an income; **jövedelmet húz vmből** derive/draw* profit from sg
jövedelemadó *fn* income tax; **személyi ~** (personal) income tax, personal tax; **~-bevallás** (income-)tax return
jövedelembevallás *fn* (income-)tax return
jövedelemforrás *fn* source of income
jövedelemkategóriák *fn tsz* income groups/brackets
jövedelemkiegészítés *fn [fizetésé]* additional/supplementary wage/pay, *[mellékkereset]* additional income
jövedelemtöbblet *fn* excess profit
jövedelmez *i* **1.** yield an income, yield/return a profit, bring* in; **mennyit ~?** how much does it bring in?; **ez a befektetés százezer forintot ~ett** this investment has yielded 100,000 forints **2.** show* good returns, pay*, be* profitable
jövedelmező *mn [üzlet]* paying, profitable, *[igével]* pay*, be* profitable; **~ dolog** it is a paying proposition/business, it will show a profit; **nem ~** unprofitable
jövedelmi *mn* **~ adó** income tax
jövedelmű *mn/fn* **kis/szerény ~** low-income, having a modest income *ut*; **csekély ~ek** those in lower income brackets, the low-paid
jövendő *fn* the future, the time to come; **~t mond** tell* fortunes, tell* sy his/her fortune
jövendőbeli I. *mn* future, to be/come *ut*, would-be **II.** *fn* sy's future wife/husband, sy's intended; **a ~m** *[nőről]* my bride-to-be
jövendöl *i* → **jósol**
jövendőmondó *fn* → **jós**
jövés *fn* coming, arrival
jövés-menés *fn* comings and goings *tsz*
jövet *hsz* on the way here
jövetel *fn* coming, arrival
jövet-menet *hsz* there and back, going and coming
jövevény *fn* newcomer, new/fresh arrival
jövevényszó *fn* loan word
jövő I. *mn* **1.** (*vhonnan*) coming (from) *ut* **2.** *[eljövendő]* future, coming, to come/be *ut*; **a ~ évben** next year, in the coming year; **~ évi** next year's; **~ héten** next week; **~ idő** future tense; **~ idejű** in the future tense *ut* **II.** *fn* **1.** *[jövendő]* the future, the time to come; **ő a ~ embere** he is a coming man; **mit hoz a ~?** what has the future in store (for us)?; **nagy ~ vár rá** have* fine prospects; **a ~ titka/zenéje** it remains to be seen; **~be lát** forsee* the future; **~be néz** look into the future, look ahead; **a ~ben** in the future; **a ~re is gondolva** with an eye to the future, looking ahead **2.** *[nyelvtani idő]* future tense
jövőbeli *mn* → **jövőbeni**
jövőbeni *mn* future, prospective, coming
jövőkutatás *fn* futurology
jövőre *hsz* next year
jubilál *i* celebrate one's jubilee
jubileum *fn* jubilee, anniversary
jubileumi *mn* jubilee
júdáscsók *fn* Judas kiss
júdáspénz *fn* blood money
Júdea *földr* Judea
judícium *fn* → **ítélőképesség**
Judit *tul* Judith
jugó *fn biz* → **jugoszláv**
jugoszláv I. *mn* Yugoslav, Yugoslavian **II.** *fn* Yugoslav
Jugoszlávia *földr* Yugoslavia
jugoszláviai *mn* Yugoslavian
juh *fn* **1.** *[élő]* sheep (*tsz* ua.), *[anya]* ewe **2.** *[húsa]* mutton
juhakol *i* sheepfold
juhar *fn* → **juharfa**
juharfa *fn* **1.** *[élő]* maple(-tree) **2.** *[faanyag]* maple(-wood)
juhász *fn* shepherd
juhászbojtár *fn* shepherd boy
juhászbot *fn* shepherd's crook
juhászkutya *fn* sheepdog, shepherd dog; **német ~** Alsatian, German shepherd; **skót ~** collie
juhászlegény *fn* young shepherd
juhhús *fn* mutton
juhlegelő *fn* sheep-run/walk
juhnyáj *fn* flock (of sheep)
juhsajt *fn* sheep's/ewe's milk cheese
juhtej *fn* sheep's milk, ewe-milk
juhtenyésztés *fn* sheep-farming
juhtenyésztő *fn* sheep-farmer
juhtrágya *fn* sheep manure
juhtúró *fn* sheep's cottage cheese, curded ewe-cheese
juj *isz* oh!, my goodness!
júl. *röv* → **július**
Júlia *tul* Julia, *[Rómeóé]* Juliet
Julianna *tul* Julianna
Julianus *tul* Julian
július *fn* (*röv* **júl.**) July (*röv* **Jul.**); **~ban, ~ folyamán** in (the course/month of) July; **~ hóban/havában** in the month of July; **~ 15-én** on 15th July, *US* on July 15th; *[levélben dátumként]* **1989. ~ 15.** 15 July (v. *US* July 15th) 1989
júliusi *mn* July, of/in July *ut*; **egy ~ napon** on a (certain) July day, on a day in July; **~ kánikula** the sweltering heat of July

J

jún. *röv* → **június**
június *fn* (*röv* **jún.**) June; **~ban, ~ folyamán** in (the course/month of) June; **~ hóban/havában** in the month of June; **~ 7-én** on 7th June, *US* on June 7th; *[levélben dátumként]* **1989. ~ 7.** 7 June (*US* June 7th) 1989
júniusi *mn* June, of/in June *ut*; **egy ~ napon** of a (certain) June day, on a day in June; **~ meleg** the heat of June
Jupiter *fn* **1.** *[az isten]* Jove **2.** *csill* Jupiter
jurakor *fn geol* Jurassic period
jura korabeli *mn geol* Jurassic
juss *fn* **1.** *jog* sy's right **2.** *[örökrész]* share [of inheritance], patrimony
justizmord *fn* judicial murder
jut *i* **1.** *[vhová térben]* come* (to), get* to, arrive at **2.** *átv* (*vmre*) arrive at, *[állapotba]* become* (sg); **a dolog már annyira ~ott** things have gone/got so far; **ezzel nem ~sz messzire** it will not take you far; **mennyire ~ottál?** how far have you got?; **semmire se fog ~ni** (s)he will never get anywhere (v. amount to anything); **vmlyen eredményre ~** obtain (v. arrive at) a result **3.** (*vmhez*) get* at sg, come* by sg, obtain sg; **álláshoz ~** come* by a job; **nehéz jó álláshoz ~ni** a good job is hard to come by; **pénzhez ~** come* by money, get*/obtain money; **szóhoz ~** have*/get* a chance of speaking (v. to speak); **nem ~ottam szóhoz** I could not get a word in (edgeways) **4.** (*vknek vm*) fall* to the share/lot of sy; **neki 200 000 Ft ~ott** his share was 200,000 forints, he got 200,000 forints, 200,000 forints were left for him; **~ is, marad is** there is enough and to spare; **nekem ~ott az a feladat/megtiszteltetés** *stb.* it falls/fell to me to [thank sy for ... etc.]; **mindenkinek ~ étel?** is there enough food to go around?; → **ész**
juta *fn növ* jute
jutalék *fn [közvetítőé]* commission, percentage, *[fizetésen felül]* premium, bonus
jutalékfizetés *fn* commission/bonus payment
jutalmaz *i* reward, *[pályaművet]* award sg a/the prize
jutalmazás *fn* rewarding
jutalmazott I. *mn* rewarded, earning a reward *ut* **II.** *fn* prize-winner, prizeman°
jutalom *fn [jó teljesítményért]* reward, *[pályadíj]* prize, award, *[pénzbeli]* prize-money, *[teljesítménytöbbletért]* premium, bonus; **~ban részesít vkt** reward sy; **~ban részesül, jutalmat kap** *[jó munkáért, ünnep alkalmából stb.]* get* a [Christmas] bonus, get* a reward/premium [for one's good/fine work v. results etc.]; **szolgálatai jutalmául**

for services rendered; **elnyeri a jutalmat** carry off (v. take* v. land) the prize; *[gúnyos ért.]* **elnyerte méltó jutalmát** he has got his just deserts

jutalomdíj *fn* **1.** *[megtalálónak]* reward **2.** *[szerzőnek]* prize

jutalomjáték *fn* benefit performance (v. *sp* match)

jutalomkiosztás *fn* **1.** *ált* prize-giving **2.** *okt* speech-day

jutalomkönyv *fn* book award, gift book

jutalomüdülés *fn* bonus trip

jutányos *fn* cheap at the price *ut*, a bargain, reasonable [price]

juttat *i* **1.** (*vkt vhová*) bring*/get* sy to, place sy in; **álláshoz ~** find* a place (v. employment) for sy, get* sy a job; **börtönbe ~** (i) *[vkt saját tette]* get* into (v. land v. end up in) prison (ii) *[más vkt]* have* sy imprisoned; **hálóba ~ja a labdát** land the ball in the net **2.** (*vkt vmhez*) let* sy get sg, *[kiutalva]* allocate (sg to sy); **lakáshoz ~ vkt** get* sy a flat, help sy get a flat → **örvény**, → **ész**, → **koldusbot**

juttatás *fn* **1.** (*vmhez*) assignment, allotment **2.** *[béren felüli]* allowance, grant; **pénzbeni és természetbeni ~ok** allowances in money and in kind; **szociális ~ok** social benefits; → **járulékos**

juttatott *mn* **~ föld** allotted land

J

K

K, k *fn [betű]* (the letter) K, k
k. *röv* → **kötet**
K *röv* → **kelet**
kába *mn* → **kábult**
kabala *fn* **1.** *[babona]* superstition; **~ból** out of superstition (v. superstitious belief) **2.** *[tárgy]* mascot
kabaré *fn* **1.** *szính kb.* cabaret, *GB* music hall **2.** *[műsor szórakozóhelyen]* cabaret, floor/variety show, *GB* music hall, *US* vaudeville; **politikai ~** a satirical political revue, a political satire; *iron* **ez tiszta ~!** this is a farce!, this is sheer comedy!
kabarétréfa *fn* skit, sketch
kabát *fn [felső]* (over)coat, *[meleg]* topcoat, *[zakó]* jacket
kabátbélés *fn* lining
kabbala *fn fil* cabala, cabbala, kabala, kabbala
kabbalista *fn* cabalist
kábel *fn [huzal]* cable; *[vékonyabb]* cord; **~t lerak** lay* a cable
kábelér *fn* core
kábelez *i* (*vknek*) cable sy, send* a cable-(gram) to sy
kábelfektetés *fn* cable-laying
kábelköteg *fn gk* (wiring) harness
kábeltársaság *fn tv* cablecaster
kábeltelevízió *fn* cable television/TV
kabin *fn* **1.** *[strandon, uszodában]* (changing) cubicle, beach hut, *US* cabana **2.** *[hajón stb.]* cabin, stateroom, *[űrhajón]* (space) capsule
kabinet *fn* **1.** *[kormány]* cabinet, government, *US* administration **2.** *okt [terem]* room, *[kémia, biológia]* lab
kabinetfőnök *fn pol* chief of staff
kabinetkérdés *fn átv* question of vital importance
kabinos *fn* swimming-pool attendant
kábít *i átv is* daze, *[kábítószer]* drug, dope, narcotize; *szl [ámít]* gas
kábító *mn [hatású]* inducing/producing/causing narcosis/stupor *ut*, narcotic
kábítószer *fn* (narcotic) drug, narcotic; *szl* dope; **~ rabja** (drug) addict; **~t szed/fogyaszt**, **~ekkel él** take* drugs, be* on drugs, be* a drug addict; **~t túladagol** OD, overdose
kábítószercsempész *fn* drug smuggler
kábítószer-csempészet *fn* drug smuggling
kábítószer-élvező *fn* drug addict/abuser; *biz* druggie, dophead; *[heroint fogyasztó] szl* junkie
kábítószerez|ik *i* take* illicit drugs
kábítószer-fogyasztás *fn* the taking of illicit drugs, *[rendszeres, függőség]* drug abuse
kábítószer-fogyasztó *fn* [person] who takes illicit drugs, *[függő]* drug abuser/addict
kábítószerfüggő *fn* drug addict/abuser
kábítószer-függőség *fn* drug abuse
kábítószer-használat *fn* drug abuse, drug-taking/addiction
kábítószer-kereskedelem *fn* drug trade/trafficking
kábítószer-kereskedő *fn* drug dealer, drugpusher
kábítószer-túladagolás *fn* OD, overdose
kábítószer-turizmus *fn* drug tourism
kabóca *fn áll* cicada
kabriolet *fn gk* cabriolet, convertible
kábul *i* → **elkábul**
kábulat *fn ált* daze, stupor, torpor, *orv* narcosis, *[mély]* coma
kábult *mn* dazed, *[ütéstől]* stunned, *[szertől]* stupefied, drugged
kábultság *fn* daze, stupor, *orv* narcosis
kacag *i* laugh heartily, have* a good laugh (*vmn* at)
kacagás *fn* loud/hearty laugh(ter)
kacaj *fn* loud/hearty laugh(ter)
kacarász|ik *i* giggle, snicker, titter
kacat *fn biz* junk, lumber, clutter
kacér *mn* coquettish, flirtatious; **~ nő** coquette, flirt
kacérkodás *fn* coquetry, flirtation, flirting
kacérkod|ik *i* (*vkvel*) flirt with sy; **~ik a gondolattal** flirt/toy with the idea (of doing sg)
kacérság *fn* coquetry
kacifántos *mn* convoluted, complicated
kackiás *mn [bajusz]* smart, trim
kacs *fn* tendril
kacsa *fn* **1.** *[állat]* duck **2.** *[hírlapi]* false report, canard, hoax
kacsacsőrű *mn áll* **~ emlős** duckbill(ed platypus), platypus
kacsasült *fn* roast duck
kacsáz|ik *i* **1.** *[járás közben]* waddle **2.** *[vadász]* shoot* duck **3.** *[kővel]* play ducks and drakes
kacsingat *i* **1.** (*vkre*) keep* winking (at); *[kacéran]* make* eyes at sy, *biz* give* sy the glad eye **2.** (*vm felé*) have* an eye to, toy with the idea of
kacsint *i* wink; (*vkre*) wink at sy, give* sy a wink (v. the wink)
kacsintás *fn* wink
kacskaringós *mn [vonal, út]* winding, circuitous, tortuous, *[írás]* full of flourishes/curlicues *ut*
kacskaringóz|ik *fn* be* winding, *[patak]* meander
kacsó *fn* [woman's/child's] little hand
kád *fn [fürdő]* bath, *US* bath(tub), *[erjesztő, cserző]* vat
kádár *fn* cooper
kadarka *fn* ‹a Hungarian red wine›
kádárműhely *fn* cooper's workshop
kadencia *fn zene* **1.** *[zárlat]* cadence **2.** *[versenyműben]* cadenza
káder *fn pol elav* cadre
káderez *i pol elav* screen/vet sy (politically)
kadét *fn* cadet
kádfürdő *fn* bath
kaftán *fn* caftan, *[mohamedánoké]* jibbah
kagyló *fn* **1.** *[állat]* shellfish, mollusc (*US* -sk), cockle, bivalve; **~k** molluscs (*US* -sks); *tud* Lamellibranchia; *[ehető fajták]* mussel, cockle, clam **2.** *[kagylóhéj]* (cockle)-shell, scallop(-shell) **3.** *[emberi fülé]* concha **4.** *[telefoné]* receiver; **felveszi a ~t** lift (v. pick up) the receiver; **leteszi a ~t** replace the receiver; *[mielőtt a másik befejezi]* hang* up (on sy) **5.** *[mosdóé]* wash basin, *US* sink
kagylóhéj *fn* → **kagyló**
kagylóülés *fn* bucket seat
kagylóz|ik *i szl [hallgatózik]* eavesdrop, *[fülel]* listen attentively
kaja *fn szl* grub, nosh, eats *tsz*
kajak *fn* (Eskimo's) kayak, canoe, *[összecsukható túrakajak]* faltboat, foldboat, collapsible boat; **~ egyes** the single, K-1; **~ páros** the pairs, K-2
kajakos *fn* canoeist
kajak(ozás)-kenu(zás) *fn sp* canoeing
kajakoz|ik *i* paddle a kayak/canoe, canoe
kajakozó *fn* → **kajakos**
kajál *i szl* eat*, nosh
kaján *mn* rejoicing at sy's misfortune *ut*
kajla *mn [lekonyuló]* bent (downwards), droopy; **~ bajusz** walrus moustache (*US* mu-)
Kajmán-szigetek *földr* Cayman Islands

K

kajmán-szigeteki *mn/fn* Cayman, *[személy]* Cayman Islander
kajszi(barack) *fn* apricot
kajüt *fn* cabin, *[nagyobb]* stateroom
kajütablak *fn* porthole
kaka *fn* → **kaki**
káka *fn* (bul)rush, reed; **~n is csomót keres** cavil (*US* -l), be* always nitpicking (v. picking holes in sg), be* finding fault(s)
kakál *i* → **kakil**
kakaó *fn* **1.** *növ* cacao **2.** *[por és ital]* cocoa, *[ital]* hot chocolate
kakaóvaj *fn* cocoa/cacao butter
kakas *fn* **1.** *[állat]* cock, *csak US* rooster **2.** *[lőfegyveré]* cock; **felhúzott ~sal** at full cock
kakaskod|ik *fn* **1.** strut **2.** (*vkvel*) pick a fight with sy
kakaskukorékolás *fn* crow
kakastaréj *fn* cockscomb
kakastoll *fn* sickle feather
kakasülő *fn* roost, perch, *szính* gods *tsz*, upper balcony
kakasviadal *fn* cockfight
kaki *fn biz GB* pooh, *US* poo-poo
kakil *i biz GB* pooh, do* number two, *US* poo-poo
kakofónia *fn* cacophony
kaktusz *fn* cactus (*tsz* -es v. cacti)
kakukk *fn* cuckoo
kakukkfióka *fn* the young of the cuckoo
kakukkfű *fn* thyme
kakukkol *i* cry cuckoo, cuckoo
kakukkos *mn* **~ óra** cuckoo clock
kakukktojás *fn [játék]* odd one out
kalács *fn kb.* milk loaf°
kalamajka *fn biz* muddle; *biz* jam, fix; **szép kis ~!** fine kettle of fish
kaland *fn* adventure, *[szerelmi]* (love) affair; **~ja akadt** he had an adventure
kalandor *fn* adventurer
kalandorpolitika *fn* adventurism, reckless policy
kalandos *mn* adventurous; **~ utazás** eventful/adventurous journey, odyssey
kalandozás *fn* adventures *tsz*, *[kószálás]* roaming/wandering about, roving
kalandoz|ik *i* **1.** → **portyázik 2.** *[kószál]* roam/wander about, rove **3.** *átv* wander
kalandregény *fn* picaresque novel, adventure story
kalandvágy *fn* spirit/love of adventure
kalandvágyó *mn* adventurous
kalap *fn* **1.** *[fejfedő]* hat; **~ van a fején** have* a hat on; **egy ~ alá vesz** lump together, treat (sy) alike, judge (sy) by the same standard; **egy ~ alá veszik őket** they are treated alike; **leveszi/megemeli a ~ját** take* off (v. raise) one's hat; **leemeli a ~ját vk előtt** take* one's hat off to sy; *biz* **megeszem a ~om, ha** ... I'll eat my hat if ...; **le a ~pal!** I take my hat(s) off to you/him etc. **2.** *[gombáé]* cap
kalapács *fn* **1.** *[szerszám és sportban a szer]* hammer; *[fából]* mallet; *[elnöki, árverező]* gavel; **~ alá kerül** come* under the hammer **2.** *sp* hammer **3.** *[fülben]* hammer, malleus
kalapácsnyél *fn* handle (of hammer); *szl* **elszarja/elszúrja a kalapácsnyelet** *[elront vmt]* balls (*US* ball) sg up (*múlt idő* ballsed, *ill. US* balled); *biz* **eldobta a kalapácsnyelet** he told a (real) whopper
kalapácsvetés *fn sp* throwing the hammer, hammer; *US* hammer throw
kalapácsvető *fn sp* hammer-thrower
kalapál *i* **1.** *[kalapáccsal]* hammer **2.** *[szív]* pound
kalapos I. *mn* hatted, wearing a hat *ut* **II.** *fn* hatter, hatmaker, *[női]* milliner
kalaposnő *fn* milliner
kalapszalon *fn* milliner's
kalaptartó *fn* hat-rack
kalaptű *fn* hatpin
kalarábé *fn* kohlrabi, turnip cabbage
kalász *fn* ear; **~ba szökken** ear
kalászosod|ik *i* ear, form/develop ears
kalászosok *fn tsz* cereals *tsz*
kalauz *fn* **1.** *[villamoson, buszon]* conductor, *[vonaton]* ticket-inspector; **~ nélküli** one-man (operated) **2.** *[ember, kalauzoló]* guide **3.** *[útikönyv]* guide(-book)
kalauznő *fn [villamoson, buszon]* conductress
kalauzol *i* guide (sy), *[körbevezetve]* show* (sy) round
kalcium *fn* calcium
kaleidoszkóp *fn* kaleidoscope
kalendárium *fn elav* calendar, almanac
kaliba *fn* (shepherd's) hut, shack; **~ negyed** shantytown
kaliber *fn* **1.** *[cső belső mérete]* calibre (*US* -ber), *[furat]* bore **2.** → **idomszer 3.** *[szellemi kiválóság]* calibre
kaliberű *mn* **nagy ~ ember** a man of high calibre
kalibrál *i* **1.** *[hitelesít]* calibrate **2.** *[idomszerrel mér]* gauge (*US* gage)
kalibrálás *fn* calibration
kalifa *fn* caliph, calif, kalif, kaliph, khalif
Kalifornia *földr* California (*röv* **CA, Cal., Calif.**)
Kaliforniai-öböl *földr* Gulf of California
kalimpál *i* **1.** *[kéz]* beat* the air, *[láb]* fling* about, kick **2.** *[szív]* beat* feverishly, palpitate **3.** *[zongorán]* tinkle (the piano), *[egy dallamot]* bang out a tune on the piano
kálisó *fn kém* potassium chloride
kalitka *fn* cage
kálium *fn* potassium
kalkuláció *fn* calculation, reckoning, *[áré]* costing
kalkulál *i* calculate, reckon, estimate, compute, *[árat]* cost sg; (*vmvel*) reckon with sg
kalkulátor *fn* calculator
Kalkutta *földr* Calcutta
kallantyú *fn* latch, bolt
kalligrafikus *mn* calligraphic
kallód|ik *i* be* thrown about, try/fail to find one's niche
kallódó *mn* neglected
kallózás *fn* crawling, front crawl
kallóz|ik *i [úszó]* crawl
Kálmán *tul* ‹Hungarian masculine given name›
kalmár *fn* merchant
kalmárkod|ik *i [nyerészkedik]* profiteer
kalmárszellem *fn* mercenary spirit
kalocsni *fn* galoshes *tsz*, overshoes *tsz*, *US* rubbers *tsz*
kaloda *fn tört* stocks *tsz*, pillory
kalória *fn* calorie
kalóriadús *mn* rich in calories *ut*
kalóriaérték *fn* calorific value
kalóriapénz *fn sp* ‹money for special diet›
kalóriaszegény *mn* low in calories *ut*; *biz* low-cal
kalóz *fn* pirate
kalózhajó *fn* pirate, privateer
kalózkiadás *fn* pirate(d) edition
kalózkod|ik *i* be* a pirate, practise piracy, pirate
kalózlobogó *fn* skull and crossbones, (the) Jolly Roger
kalózrádió *fn* pirate radio/broadcaster
kalózszoftver *fn infor* pirated/illegal software
kalucsni *fn* → **kalocsni**
kálvária *fn* **1.** *vall* Calvary **2.** *átv* sufferings *tsz*; **~t járat vkvel** put* sy through the mill
kálvinista I. *mn* Calvinistic, Calvinist **II.** *fn* Calvinist
kálvinizmus *fn* Calvinism
kályha *fn* stove
kályhacsempe *fn* (Dutch/glazed) tile
kályhacső *fn* flue, stovepipe
kályhás *fn [kályharakó]* stove maker
kalyiba *fn* → **kaliba**
kamara *fn [testület]* chamber; → **ipari**, → **kereskedelmi**, → **ügyvédi**
kamarahang *fn* concert pitch
kamarás *fn tört* chamberlain
kamaraszínház *fn* studio theatre; *[amatőr]* fringe theatre

kamaraterem *fn* small concert room/hall
kamarazene *fn* chamber music
kamarazenekar *fn* chamber orchestra
kamasz *fn* adolescent, teenager; **nagy ~** big booby
kamaszkor *fn* adolescence, (the age of) puberty
kamaszkori *mn* adolescent, pubertal, pubescent
kamaszod|ik *i* reach (v. arrive at) puberty, reach the awkward age
kamaszos *mn* youthful, adolescent
kamat *fn* interest; **kamatos ~** compound interest; **5 % ~ra ad kölcsönt** lend* money at 5% (*kimondva:* per cent) interest; **~ot fizet** pay* interest; **5 %-os ~ot fizet** pay 5% interest; **~ot hoz** yield/bear* interest
kamatláb *fn* rate of interest, interest rate
kamatmentes *mn* interest-free, free of interest *ut*
kamatos *mn* → **kamat**
kamatostul *hsz* **~ megfizet/visszaad** (*vknek*) *átv* repay* sy with interest, get* back at sy
kamatoz|ik *i* pay*/yield interest (at ... per cent); **20 000 Ft-ot ~ott a pénze** he received 20,000 forints interest on his money
kamatozó *mn* interest-bearing
kamatoztat *i* **1.** *[pénzt, tőkét]* invest [one's capital] **2.** *[tudást]* make* good use of [one's knowledge], profit by [one's knowledge]
kamatszámítás *fn* calculation of interest
Kambodzsa *földr* Cambodia, Kampuchea
kambodzsai *mn/fn* Cambodian, Kampuchean
Kamcsatka-félsziget *földr* Kamchatka
kaméleon *fn áll átv is* chameleon
kamélia *fn növ* camellia
kamera *fn fényk film tv* camera
kameraman *fn* cameraman°
Kamerun *földr* Cameroon
kameruni *mn/fn* Cameroonian
kámfor *fn* **1.** camphor **2. ~rá vált** he vanished/melted into thin air
kamikáze *fn* kamikaze
kamilla *fn* camomile
kamillatea *fn* camomile tea
kamion *fn GB* (articulated) lorry, *biz* juggernaut, *US* truck
kamionvezető, **kamionos** *fn GB* lorry-driver, *US* trucker
kampány *fn* campaign
kampánycsend *fn pol* campaign moratorium
kampányol *i [választás előtt]* canvass, campaign
kampec *msz biz* **ennek a cipőnek már ~** these shoes have had it; **nekem már ~** I'm done for
kampó *fn* hook, crook
kampós *mn* hooked, *[görbe]* crooked
kampósbot *fn* crook
kamra *fn* **1.** *[éléskamra]* pantry, larder; *[egyéb] GB* boxroom, *[lomtár] GB* lumber room **2.** *[gépé, zsilipé]* chamber **3.** *[szívé]* ventricle
kamu *fn biz durva* a load of bollocks, bullshit
kámzsa *fn* cowl, *[csuklya]* hood
kan *fn* **1.** *[állat hímje]* male [animal]; **~ kutya** (male) dog **2.** *[disznó]* boar **3.** *durva [férfiról]* **nagy ~** a wolf, a Casanova, a Don Juan
kán *fn* khan
Kánaán *földr bibl* Canaan, *átv* promised land; **tejjel-mézzel folyó ~** a land of milk and honey
Kanada *földr* Canada
kanadai *mn/fn* Canadian
kanál *fn* spoon, *[merítő]* ladle; **két ~ cukor** two spoonfuls of sugar; *biz* **nagy ~lal eszik** wine and dine; → **lé 2**
kanalas *mn* **~ orvosság** liquid medicine, mixture
kanalasgém *fn áll* spoonbill
kanalaz *i* **1.** *[kanállal eszik]* eat* with a spoon, spoon **2.** *biz [evez]* paddle
kanális *fn [szennyvíznek]* sewer, *[házból kivezető]* drain-pipe, drains *tsz*; *[hajózó csatorna]* canal
kanálnyi *fn* (a/two/etc.) spoonful of (sg)
kanapé *fn* settee, sofa, couch, *US* davenport
kanári *fn* canary
kanárisárga *mn* canary yellow
Kanári-szigetek *földr* Canary Islands
kanász *fn* swineherd
kanaszta *fn ját* canasta, *[hét lap a játékban]* canasta, meld
kanasztáz|ik *i* play canasta
kanavász *fn* canvas, *[könyvkötő]* buckram
kanbuli *fn* → **kanmuri**
kanca *fn* mare
kancacsikó *fn* filly
kancellár *fn* chancellor
kancellária *fn* chancellery
kancsal *mn* cross/squint-eyed, *[igével]* have* a squint
kancsalít *i* squint, have* a squint, be* cross/squint-eyed
kancsalság *fn* squint, *tud* strabismus
kancsó *fn [italnak]* pitcher, jug, *[bornak, víznek]* carafe, *[sörös]* tankard
kancsuka *fn* knout
kandalló *fn* fireplace
kandallópárkány *fn* mantelpiece
kandallórács *fn* fender, fireguard
kandallószerszámok *fn* fire irons
kandeláber *fn* candelabrum
kandidatúra *fn* candidature
kandidátus *fn* **a nyelvtudomány ~a** *kb.* candidate of linguistics
kandidátusi *mn* **~ fokozat** *kb.* candidate's degree; → **kandidátus**
kandikál *i* peep, peek, peer, pry
kandírozott *mn* candied, crystallized
kandisznó *fn* boar
kandúr *fn* tomcat
kánikula *fn* heatwave, dog days *tsz*
kánikulai *mn* **~ nap** a scorching day, *biz* a scorcher
kankalin *fn* primrose, cowslip
kánkán *fn* cancan
kankó *fn orv* gonorrhoea (*US* gonorrhea); *szl* the clap
kanmuri *fn* stag party
kanna *fn* **1.** *ált* can, *[tejes]* milk can, *GB* churn **2.** *[teás]* (tea)pot, *[vízforralásra]* (tea)kettle
kannibál *fn* cannibal
kannibalizmus *fn* cannibalism
kanóc *fn* **1.** *[gyertyáé, lámpáé]* wick **2.** *elav [robbantó]* fuse
kánon *fn* **1.** *[egyházi]* canon **2.** *zene* canon, round; **~t énekel** sing* a canon/round
kánonjog *fn* canon law
kanonok *fn* canon
kanos *mn szl* horny
kansasi *mn/fn* Cansan
kántál *i* chant
kantár *fn [lóé]* bridle
kantáros *mn* **~ nadrág** (pair of) dungarees *tsz*
kantároz *i* bridle, put* a bridle on [a horse]
kantárszár *fn* reins *tsz*; **megereszti a ~at** (i) give* a horse his head (ii) *átv* give* (free/full)rein to, give* sy his/her head; **rövid(ebb)re fogja a ~at** keep* a tight rein on
kantárszíj *fn* → **kantárszár**
kantáta *fn* cantata
kanti *mn fil* Kantian
kantin *fn* canteen; *GB* (the) Naafi/NAAFI, *US* the PX; *[étkező]* mess (hall); **vesz vmt a ~ban** buy* sg at the Naafi/PX
kantni *fn [sílécen]* edge
kántor *fn* cantor, (parish) choirmaster, organist
kánya *fn áll* kite
kanyar *fn* bend, curve, turn(ing); **éles ~** sharp bend/turn, elbow; **az első ~ jobbra** the first turning on the right; **kettős ~** double bend; **veszi a ~t** take* the bend, turn a corner [on the road], negotiate a corner; **jól veszi a ~t** corner well

kanyargó(s) *mn* winding, twisting, zigzag(ging)
kanyarít *i* **1.** *[kenyérből]* cut* (oneself) a slice of sg **2.** *[aláírást]* sign/write* [one's name] with a flourish **3.** *[cikket]* dash off [an article]
kanyaró *fn* measles *esz* v. *tsz*; *orv* morbilli *tsz*; **~ja van** be* down with measles
kanyarodás *fn* **1.** *[járműé]* turn(ing), cornering **2.** *[úté]* turn, bend [in the road], *[folyóé]* bend, turn [in the river]
kanyarod|ik *i* turn, bend; **balra ~ik** *[jármű]* turn left; *[út]* turn/bend* left; **jobbra ~ik** *[jármű]* turn right; *[út]* turn/bend* right; **jobbra ~ni tilos!** no right turn!
kanyarodó *fn* → **kanyar**
kanyarodósáv *fn* turning lane
kanyarog *i* wind*, meander, zigzag
kanyarós *mn* measly, infected with measles *ut*, *[igével]* have* measles
kanyarulat *fn* → **kanyar**
kanyon *fn földr* canyon
kaolin *fn* kaolin(e), china clay
káosz *fn* chaos, confusion
kaotikus *mn* chaotic
kap *i* **1.** *[pénzt, ajándékot stb.]* get*, receive, be* given, *[hozzájut]* get* (hold of), obtain, find*; **levelet ~ott** he got/had a letter; **~ott egy bírságcédulát** (s)he had a ticket, (s)he was ticketed; **két évet** (v. **két évi börtönt) ~ott** he was given two years, he was sentenced to two years, he got two years; **mennyit ~tál érte?** how much did you get for it?; **sok pénzt ~ott érte** he made a lot of money on it; **ezt nem ~ni sehol** you can't get it for love or money, it is nowhere to be had; **tetszik már ~ni?** are you being served (v. attended to)? **2. ruhát magára ~** slip on one's clothes, tumble into one's clothes; **~ta magát és** ... all of a sudden he ..., he suddenly decided to ... **3.** *[betegséget]* catch, contract [a disease] **4. ezért még ~sz!** you'll catch it!, you shall smart for this! **5.** *[kezével vmhez]* get/take* hold of, seize/catch*/touch suddenly; **fejéhez ~** clutch one's head; **szívéhez ~ott** he clutched his chest; **utána ~** try to catch/reach, clutch/snatch at, reach after **6.** *átv* (*vmbe*) fall* to, begin*; **sokba ~ egyszerre** he has too many irons in the fire **7.** *átv* (*vmn*) grasp/snatch/jump at, be* eager to get; **~ az alkalmon** seize an opportunity, jump/catch* at the chance; **~va ~ vmn, két kézzel ~ vmn** jump at sg
kapa *fn* hoe
kápa *fn* **1.** *[nyereg~]* pommel **2.** *[hegedűvonóé]* nut, *US* frog
kapacitál *i* (*vkt vmre*) try to persuade sy to do sg, try to talk sy into sg
kapacitás *fn* **1.** *fiz* capacity **2.** *[képesség, rátermettség]* capacity, ability **3.** *közg* productive capacity; **nincs ~a** he can't take on any more work
kapál *i* **1.** *[kapával]* hoe (*jelen idejű igenév:* hoeing) **2.** *[ló lábával]* paw the ground
kapálás *fn* hoeing
kapálódz|ik *i* writhe, struggle; **(kézzel-lábbal) ~ik** saw* the air; **(kézzel-lábbal) ~ik vm ellen** kick/protest against sg, *US* buck/protest sg
kapanyél *fn* (hoe) handle
kapar *i* **1.** *konkr* scratch, scrape **2.** *[torkot vm]* irritate, tickle; **~ a torkom** I've got a tickle in my throat **3.** *[csúnyán ír]* scrawl
kaparás *fn* **1.** *[karcolás]* scratching, scraping **2.** *[csúnya írás]* scrawl **3.** → **méhkaparás**
kaparász(ik) *i* scrape, be* scraping, scrabble (about)
kapargál *i* → **kaparász**
kaparint *i* **kezébe ~** get* hold of, lay* hands on
kaparós *mn* **~ sorsjegy** scratchcard
kapás *fn [horgászat]* bite; **ma nincs ~** the fish aren't biting today
kapásból *hsz* off the cuff, on the spot, right away, extempore, impromptu; **~ fordít** translate sg extempore (v. off the cuff v. at sight); **~ lő** (i) *[futballista]* volley [the ball] (ii) *[vadász]* take* a pot/flying shot (at sg); **~ válaszol** answer like a shot, shoot* back an answer; **erre most nem tudok ~ válaszolni** I can't tell you off hand
kapáslövés *fn sp* volley
kapásnövény *fn* root crops *tsz*
kapaszkod|ik *i* **1.** (*vmre fel*) climb up (on) **2. ~ik vmbe** grasp sg, hang*/hold* on to sg, cling* (on) to sg, clutch sg, take* hold of sg; **~ik** (*vkbe*) hold*/hang* on to sy; **~j belém!** hold/hang on to me!; **egymásba ~nak** (i) *[személyek]* hold* on to each other, cling* together (ii) *[fogaskerekek]* engage
kapaszkodó *fn* steep rise [in a road], steep ascent/incline
kapaszkodósáv *fn* crawler lane
kapatos *mn* tipsy, inebriated, slightly elevated
kapca *fn* foot clout/cloth; **szorul a ~** be* in a spot/fix, be* up the creek (v. *US* a tree)
kapcsán *nu* **vmnek (a) ~** in connection with sg, with reference to sg; *[alkalmából]* on the occasion of sg
kapcsol *i* **1.** *ált* connect, couple (up), join, *[kocsit vmhez]* couple/hitch [a carriage] on (to sg) **2.** *[áramkört]* connect [the wires] (*párhuzamosan:* in parallel, *sorosan:* in series), *[telefonon]* connect sy (to/with), put* (sy) through to; **kérem, ~ja a 12-70-et** can you put me through to 12-70?; **kérem, ~ja Londont** can you connect me with London?; **rossz számot ~t** you've connected me to the wrong person; *[rádióban, tévében]* **~juk a Zeneakadémiát** we now go over to the Academy of Music **3.** *[gépkocsit nagyobb sebességre]* change up, *[kisebbre]* change down; **második sebességre** (v. **másodikba) ~** move/go*/shift into second (gear) **4.** *biz [megért]* catch* on, latch on (to); **gyorsan ~** be* sharp/quick(-witted), be* quick on the uptake; **~tam (végre)** it has clicked for me; **nem ~t (azonnal)** (s)he didn't get it (at once/first)
kapcsolás *fn* **1.** *ált [folyamat]* connecting, joining, linking (*vmvel mind:* with) **2.** *[kapcsolóval]* switching **3.** *el távk* connection; **téves ~** (you've got the) wrong number **4.** *[autóban]* putting into gear, shifting
kapcsolási *mn* **~ rajz** circuit diagram
kapcsolat *fn* **1.** *[személyes]* connection, contact, relationship, relation(s), *[érzelmi]* attachment; **baráti ~ban vannak** they are on friendly terms, X has friendly relations with Y; **személyes ~ok** personal connections/relations; **üzleti ~ok** business relations, dealings (with); **üzleti ~ot létesít** establish business contacts with; **~(ok) két ország között** relations between two countries; **államközi ~ok** inter-state relations/contacts; **kulturális ~ok** cultural relations; **jó ~ai vannak, jó ~okkal rendelkezik** have* good contacts/connections, be* well connected; **~ba lép vkvel** contact sy, get* in touch with sy; **~ban van vkvel** be* in touch/contact with sy, have* contacts with sy; **~ban van vkvel telefonon** be* in touch by telephone; **közeli ~ban van vkvel** be* closely associated with sy, have* close connections with sy; **szoros ~ban állnak** they keep* in close touch; **~ot tart fenn vkvel** have* connections with sy, be* in communication with sy, maintain relations with sy; **megszakítja a ~okat** break* off relations with sy; **elveszti a ~ot vkvel** lose* touch (with sy) **2.** *[ismerős, akitől vmt várni lehet]* contact **3.** *[dolgoké]* link, tie(s), connection, relation(s), relationship (between); **~ba hoz** connect; **vmvel ~ban** in connection with sg, with regard to sg, with reference to sg; **ezzel ~ban megjegyzem** while we're on the subject, talking of that; **~ban levő** related to *ut* **4.** *távk* connection; → **viszony**
kapcsolatépítés *fn [összeköttetéseké]* networking
kapcsolati *mn [összeköttetéseké]* **~ háló** network (of personal relations)
kapcsolatos *mn* connected with *ut*, related to *ut*; pertaining to *ut*; **az ezzel ~ kérdések** questions related/pertaining to this (issue)
kapcsoló *fn* switch
kapcsolóasztal *fn* switchboard
kapcsolódási *mn* **~ pontok** *átv is* points of contact *tsz*

K

kapcsolód|ik *i* (*vmhez*) be* connected/joined/linked with sg, be* attached to sg, *[fogaskerekek egymáshoz]* engage; **X nevéhez ~ik** it is associated/linked with the name of X
kapcsológomb *fn* switch knob, button
kapcsolókar *fn el* switch lever, *[gépen]* coupling lever/arm
kapcsolószó *fn* copula, linking verb
kapcsolótábla *fn* switchboard
kapcsos *mn* **~ zárójel** brace, curly bracket
kapdos *i* → **kapkod**
kápé *fn biz [készpénz]* cash, (the) ready, dosh
kapható *mn* **1.** *[megszerezhető]* obtainable, available, *[igével]* to be had/obtained; **nem ~** be* out of stock, be* sold out, be* unavailable; *[könyv, boltban]* be* out of stock, *[kiadónál]* be* out of print; **minden könyvesboltban ~** be* available in all bookshops; **nehezen ~ cikk** scarcity **2.** *biz* **mindenre ~** be* equal to anything, be* game for anything, *pej* be* up to anything, (s)he will stop at nothing
kapirgál *i [baromfi]* scratch about
kapiskál *i biz [kezdi már érteni]* begin* to understand sg, *[kezd rájönni]* get* the hang of sg
kapitalista *mn/fn* capitalist; **~ rendszer** capitalist system
kapitalizmus *fn* capitalism
kapitány *fn* **1.** *ált* captain; *rep* pilot-in-command (*röv* PIC); → **hajóskapitány 2.** *sp* captain, skipper; **szövetségi ~** coach, *GB* manager
kapitányság *fn [rendőri, kerületi]* local/district police station
kapituláció *fn* surrender, capitulation
kapitulál *i* surrender, capitulate
kapkod *i* **1.** *[árut a vevők]* snap up, buy* up; **(csak úgy) ~ják az emberek** sell* (v. be* going) like hot cakes **2. ruháit magára ~ja** fling* one's clothes on, tumble into one's clothes **3.** (*vm után*) catch*/grab/snatch at sg, keep* catching/snatching (at); **levegő után ~** gasp/pant for breath, be* short of breath **4.** *[zavarában]* be* in a flurry/fluster, *[következetlenségből]* be* inconsistent
kapkodás *fn [zavarodottságból]* confusion, flurry, fluster
kapkodó *mn [zavarodottságból]* flustered, confused
káplán *fn* → **segédlelkész**
káplár *fn elav* corporal
kapocs *fn* **1.** *ált* hook, fastener, *[ruhán]* hook and eye, *[patent]* snap (fastener), *[papírnak, gem~]* clip, *[fűző~]* staple, *[ács~]* cramp (iron), *orv [sebé]* (wound) clamp, clip **2.** *[szellemi]* tie, bond, link; → **kapcsán**
kápolna *fn* chapel
kapor *fn* dill
kapóra jön *i* (*vknek vm*) come* just at the right moment, come* in very handy, (*vk is*) come* in the nick of time, come* just in time
kapormártás *fn* dill sauce
kapós *mn biz* **1.** *[áru]* be* selling like hot cakes, be* (very much) sought after *ut*; **legkapósabb** *[könyv]* best-selling; → **kelendő 2.** (*vk*) popular, much in demand *ut*
káposzta *fn* cabbage; → **rakott**, → **savanyú**, → **töltött**, → **kecske**
káposztaágy *fn* cabbage patch
káposztafej *fn* cabbagehead
káposztagyalu *fn* cabbage slicer/shredder
káposztalepke *fn* cabbage butterfly
káposztaleves *fn* cabbage soup
káposztás I. *mn* **~ kocka** cabbage ravioli; **~ rétes** cabbage strudel **II.** *fn* cabbage field/patch
káposztasaláta *fn* coleslaw
káposztatorzsa *fn* cabbage-stalk/stump
kappan *fn* capon
kappanháj *fn tréf* middle-age(d) spread, spare tyre
kappanhang *fn* high-pitched male voice, falsetto
káprázat *fn* **1.** *[nem valóság]* illusion, mirage, vision **2.** *átv is [fény]* dazzle, glare, *csak átv* glamour (*US* -or)
káprázatos *mn* dazzling, astounding
képráz|ik *i* **~ik a szeme** *[fénytől]* be* dazzled; **azt hittem, ~ik a szemem, amikor** ... I thought my eyes were deceiving me when ..., I couldn't believe my eyes when ...
kápráztató *mn* dazzling, astounding
kapribogyó *fn gaszt* caper
kapros *mn* made with dill *ut*, dill ...
kapszula *fn* capsule
kaptafa *fn* (shoemaker's) last; **varga, ne tovább a ~nál!** the cobbler should stick to his last; **marad a ~nál** stick* to one's last; **egy ~ra húz mindent** do*/make* everything after the same pattern, treat all alike
káptalan *fn vall* chapter; **nem ~ a fejem** I am not a walking encyclop(*a*)edia
kaptár *fn* (bee)hive
kaptató *fn* steep slope
kapu *fn* **1.** *[kerti]* gate, *[házé]* (street) door, entrance door; **hátsó ~** back door; **kerti ~** (garden) gate; **utcai ~** (i) *[házé]* front door (ii) *[előkerté]* gate; **megnyitja a ~it** *[intézmény megkezdi működését]* be* opened (to the public) **2.** *[futballban]* goal; **belőtte a labdát a ~ba** he kicked the ball into the goal, he scored a goal; **~ra lő** shoot*/aim at the goal
kapualj *fn* gateway, doorway, entrance
kapubejárat *fn* doorway, gateway
kapucíner *fn* cappuccino, white coffee
kapucni *fn* hood
kapucsengő *fn* doorbell
kapucsere *fn sp* change of ends, *[igével]* [the teams] change ends
kapufa *fn sp* (goal-)post; **~t lő** hit* the post
kapufélfa *fn* doorpost, gatepost
kapukirúgás *fn sp* goal-kick; **~t végez** take* the goal-kick
kapukulcs *fn* (latch)key
kapunyitás *fn [ideje]* opening time
kapupénz *fn kb.* gate-money
kapuralövés *fn sp* shot on goal
kapus *fn* **1.** *[portás]* gate/door-keeper, porter **2.** *[futball]* goalkeeper, keeper, *biz* goalie; **X a ~** X keeps (the) goal; → **kapuvédő**
kapusfülke *fn* porter's lodge
kapuszárny *fn* wing of door
kaput *mn biz* kaput
kaputelefon *fn* entryphone, (entry) buzzer
kapuvédő *fn sp* goalkeeper, keeper; **az angol csapat ~je** *[igével]* he has kept goal for England; → **kapus 2**
kapuzárás *fn [ideje]* locking-up time, closing-time
kapzsi *mn* greedy, grasping, avaricious
kapzsiság *fn* greed, avarice, rapacity
kar[1] *fn* **1.** *[emberé]* arm; **~ba tett kézzel** with (one's) arms crossed; **~jába/~jaiba vesz vkt** take* sy in one's arms; **~jába zár vkt** embrace sy, enfold/clasp sy in one's arms; **~on fog** take* sy by the arm; **~on ragad vkt** seize sy by the arm; **~on ülő gyermek** child°/babe in arms; **~jánál fogva vezették be** (s)he was taken by the arm and led away **2.** *műsz [pl. emelőé]* arm, *[mérlegé]* (scale-)beam, *[darué]* jib **3.** *[állapot]* condition, state; **jó ~ban** in good repair/condition; (*vk*) in good shape/condition, (*vm*) in good state of preservation; **rossz ~ban van** be* in bad repair; **jó ~ban tart** *[gépet]* keep* sg in good repair; **jó ~ban tartja magát** keep* oneself in good shape/condition; → **karbantart**
kar[2] *fn* **1.** *[egyetemi]* faculty; **bölcsészettudományi ~** Faculty/School of Arts, Arts Faculty/Department; *US* Faculty of (the) Humanities; **orvosi ~** *[egyetemen]* Medical School, Faculty/School of Medicine; **tanári ~** (teaching) staff, masters *tsz* **2.** *[ének~]* choir, chorus, *[tánc~]* (corps de) ballet **3.** *tört* **K~ok és Rendek** the Estates of the Realm
kár *fn* **1.** *[anyagi]* damage, loss, *[pénzbeli]* cost, expense, *[erkölcsi]* detriment, harm, injury, wrong; **~ba vész** be* wasted, be* all for nothing; **~ba veszett** futile, useless, fruitless; **saját ~án** to one's cost; **más ~án** at the expense of others; **más ~án tanul az okos** learn* from the mistakes

K

of others; **saját ~án tanulta meg, hogy** ... he learnt to his cost that ...; **vknek a ~ára** at the expense of sy; **~ára van vm** do* sy a disservice; **~át látja vmnek**, **~t szenved/vall** suffer/sustain a loss, incur/suffer losses, suffer damage; **~t okoz** (*vknek/vmnek*) cause/do* damage (to sy/sg), do* sy a lot of harm, injure sy/sg; **~t tesz vmben** damage sg, injure sg; **~t vall vmvel** be* a loser by sg **2. de ~!** what a pity/shame!, that's a great pity, that's too bad!; **~, hogy** ... it is unfortunate that ..., what/it's a pity (that) you ...; **~ érte!** (*vmért*) it is much to be regretted; (*vkért*) poor fellow (I'm sorry for him), he is much to be pitied; **nem ~ érte** it's no loss; **~ a fáradságért** it's not worth the trouble; **~ a gőzért!** *biz* save your breath; **~ beszélni róla** it's no use talking about it
karabély *fn* rifle
karabiner *fn* karabiner, carabiner
karácsony *fn* Christmas (*röv* **Xmas**); **~ első napja** Christmas Day; **~ más(od)napja** Boxing Day; **~ hete** Christmastime, the Christmas season; **fekete ~** green Christmas; **~kor**, **~ hetében** at Christmas
karácsonyest *fn* Christmas Eve
karácsonyfa *fn* Christmas tree
karácsonyfadísz *fn* Christmas-tree ornament/decoration, Xmas decorations *tsz*
karácsonyfaégők *fn tsz [villany]* Christmas lanterns, Christmas tree lights (set)
karácsonyi *mn* Christmas; **~ ajándék** Christmas present; *[alkalmazottaknak]* Christmas-box; **~ ének** (Christmas) carol; **~ üdvözlőlap** Christmas card; **~ üdvözlet** Christmas greetings *tsz*; **kellemes ~ ünnepeket (kívánok)!** (I wish you a) merry Christmas
karácsonyikaktusz *fn növ* Christmas cactus
karaj *fn [sertés]* (pork) chop
karakán *mn* **~ legény** man° of mettle, forthright fellow
karakter *fn* **1.** → **jellem 2.** → **jelleg(zetesség) 3.** *nyomd infor* character
karakterfelismerés *fn infor* optical character recognition (*röv* **OCR**)
karakterisztika *fn mat* characteristic
karakterisztikus *mn* → **jellemző**
karakterkészlet *fn infor* character set
kárál *i [tyúk]* cluck, *átv [panaszkodik]* carp
karalábé *fn növ* kohlrabi, turnip cabbage
karám *fn* (sheep-)pen, sheepfold
karambol *fn* **1.** *[forgalmi]* collision, (road) accident, smash-up **2.** *[billiárd] GB* cannon, *US* carom
karamboloz|ik *i* **1.** *[járművel]* collide, have* an accident, crash (into sg) **2.** *[billiárdban] GB* cannon, *US* carom
karamell *fn* caramel
karamella *fn* toffee, caramel(s)
karantén *fn* quaarantine; **~ba helyez** quaarantine
kárász *fn áll* crucian carp
karát *fn* carat
karate *fn sp* karate
karátos *mn* -carat; **14 ~ arany** fourteen-carat gold
karattyol *i* chatter, prattle, jabber
karaván *fn* caravan; → **kutya**
karbantart *i* maintain, keep* in good repair/condition
karbantartás *fn* maintenance, servicing
karbantartó *mn* **~ munkás** maintenance worker/man
kárbecslés *fn* assessment of damage, loss adjustment/assessment
kárbecslő *fn* insurance (claims) adjuster, loss adjuster/assessor
kárbejelentés *fn* damage claim
karbidlámpa *fn* acetylene lamp
karbunkulus *fn orv [ásvány]* carbuncle
karburátor *fn* carburettor (*US* -t-)
karc *fn* **1.** *[karcolás nyoma]* scratch **2.** *műv* etching **3.** → **karcolat**
karcol *i* **1.** *[kapar]* scratch, scrape **2.** *[torkot]* irritate (one's throat)
karcolás *fn [folyamata]* scratching, scraping, *[nyoma]* scratch
karcolat *fn irod* sketch
karcsapás *fn [úszóé]* stroke
karcsont *fn [felkaré]* humerus (*tsz* -ri)
karcsú *mn* slim, slender, svelte
karcsúság *fn* slimness, slenderness
karcsúsít *i* **1.** make* slender, *US* slenderize **2.** *gazd [vállalatot]* streamline, downsize
karcsúsítás *fn gazd [vállalaté]* streamlining, downsizing
kard *fn* **1.** sword, *[lovassági és sport]* sabre (*US* -ber), *irod* steel, iron; **~jába dől** fall* on one's sword; **~ot ránt** draw* one's sword; **kivont ~dal** with a drawn sword; **jól bánik a ~dal** be* a fine swordsman° **2.** *sp* → **kardvívás**
kardántengely *fn* cardan shaft
kardcsapás *fn* stroke of one's sword; **egyetlen ~ nélkül** without striking a blow
kardcsapat *fn* sabre (*US* -ber) team
kardcsörtetés *fn* sabre-rattling (*US* -ber-)
kardcsörtető *mn* sabre-rattling (*US* -ber-)
kardél *fn* **~re hány** put* to the sword
kardforgatás *fn* fencing, swordsmanship
kardforgató *fn* swordsman°
kardhal *fn áll* swordfish
kardhüvely *fn* scabbard
kardigán *fn* cardigan
kardinális I. *mn [nagy fontosságú]* cardinal, principal, fundamental **II.** *fn [bíboros]* cardinal
kardiográfia *fn orv* cardiography
kardiogram *fn orv* cardiogram
kardiológia *fn orv* cardiology
kardiológus *fn orv* cardiologist
kardlap *fn* flat of the sword
kardlapoz *i* strike*/beat* with the flat of the/one's sword
kardmarkolat *fn* (sword-)hilt, *[vívókardé]* handle, grip
kardos *mn átv* **~ menyecske** bossy/shrewish/pugnacious woman°
kardoskod|ik *i* (*vm mellett*) insist on sg (energetically), fight* for sg; **amellett ~ik, hogy** ... he insists that (v. on ...ing)
kardvágás *fn* sword-cut
kardvirág *fn növ* gladiolus, sword lilly
kardvívás *fn* sabre (*US* -ber) fencing; **~ban** at sabre
kardvívó *fn* (sabre) fencer
karéj *fn [kenyér]* slice (of bread)
karemelés *fn sp* raising the arm
karének *fn* **1.** *[éneklés]* choral singing **2.** *[énekkari óra]* choir practice; **~re jár** be* a member of a choir (v. choral society), sing* in a chorus; *okt* sing* in the school choir
karénekes *fn [templomi]* chorus-singer, chorister
káreset *fn* damage
karfa *fn [hídé]* railing, *[lépcsőé]* banister, *[ülőbútoré]* armrest
kárfelvétel *fn* assessment of damages
kárfelvételi *mn* **~ jegyzőkönyv** *[balesetnél]* accident report form
karfiol *fn* cauliflower
karhatalom *fn* force of arms, armed force; **~mal** by force
kárhozat *fn* (eternal) damnation
kárhozott *mn* damned, lost
kárhoztat *i* **1.** *[hibáztat]* blame, reprove, condemn **2.** (*vkt vmre*) reduce/compel/condemn sy to sg; **~va van vmre** be* doomed to sg
kari *mn okt* **~ ülés** faculty meeting
kariatida *fn épít* caryatid
karib *mn* Caribbean
Karib-szigetek *földr* Caribbean Islands
Karib-tenger *földr* Caribbean Sea, the Caribbean
karib-tengeri *mn* Caribbean
karigazgató *fn* choir/chorus-master

K

kárigény *fn* claim for damages; **~t jelent be** (*vkvel szemben*) lodge a complaint (against sy), claim damages (from sy)
karika *fn* **1.** *ált* ring, *[rajzolt]* circle **2.** *[játék, abroncs]* hoop **3.** → **függönykarika 4. egy ~ szalámi** a slice of salami
karikacsapás *fn biz* **úgy megy, mint a ~** go* like clockwork, be* a piece of cake
karikagyűrű *fn* → **jegygyűrű**
karikalábú *mn* bow-legged
karikás *mn* ringed; **~ a szeme** have* rings round one's eyes; **~ ostor** stock whip
karikatúra *fn* caricature, cartoon; **~t rajzol vkről** caricature sy
karikaturista *fn* caricaturist, cartoonist
karikáz|ik *i [gyerek]* trundle a hoop
karikíroz *i* caricature
karima *fn* edge, border, rim, *[kalapé]* brim, *[csőé]* flange
karimájú *mn* **széles ~ kalap** broad-(b)rimmed
karitatív *mn* charitable, philanthropic(al); **~ szervezet** charity
karizma *fn* charisma
karizmatikus *mn* charismatic
karizom *fn* brachial muscle, biceps
kárjelentés *fn* report of damage
karjelzések *fn tsz* arm signal(s)
karkivágás *fn* armhole
karkötő *fn* bracelet
karmantyú *fn műsz* sleeve
karmazsin *fn* crimson
kármegállapítás *fn* → **kárfelvétel**
karmester *fn* conductor, *[fúvósoké]* bandmaster; **~:** ... conducted by ...
karmesteri *mn* **~ pálca** baton; **~ pulpitus** rostrum, podium
karmol *i* claw, scratch with the/one's (finger-)nails
karnagy *fn* → **karmester**, → **karvezető**
karnevál *fn* carnival
karnis *fn* pelmet, *US* valance, *[függönyrúd]* curtain-rod
karnyújtásnyira *hsz* at arm's length
karó *fn* **1.** *mezőg* stake, pale, post, *[szőlőé, futónövényé]* stick, stake, prop, support; **~ba húz** impale sy **2.** *szl [egyes osztályzat]* fail (mark)
káró *fn [kártya]* diamond; **~ ász** the ace of diamonds
károg *i [holló]* croak, *[varjú]* caw
kárókatona *fn áll* cormorant
károkozó *fn* → **kártevő**
Károly *fn* Charles; **Nagy ~** Charlemagne
karom *fn* claw, *[ragadozó madáré]* talon; **vk karmai közé kerül** get* into sy's clutches; **karmai között tart** hold* in one's power; **behúzza a karmát** draw* in one's claws
káromkodás *fn* **1.** *[cselekedet]* swearing, cursing **2.** *[szövege]* oath(s), curse, bad/foul language
káromkod|ik *i* swear*, curse (and swear*), use bad language; **~ik, mint a jégeső** swear* like a trooper
káromol *i* blaspheme [the name of God]
karonfogva *hsz* arm in arm (with sy)
karóra *fn* wrist watch
káros *mn* injurious, harmful, damaging (*vmre mindegyik:* to sg); **~ az egészségre** it is injurious/harmful/damaging to one's health; *konkr* [cigarettes] can seriously damage your health; **~ szenvedély** harmful habit
károsan *hsz* injuriously, harmfully; **~ befolyásol** affect (sy/sg) adversely, have* an adverse effect on
károsít *i* damage
károsodás *fn* loss suffered, damage, *[testi]* injury (sustained)
károsod|ik *i* suffer/sustain a loss
karosszék *fn* armchair, easy chair
károsult *mn/fn* injured/damaged person, *[elemi csapástól]* victim of a disaster; **a ~ fél** the party adversely affected
karosszéria *fn* bodywork
karosszériajavítás *fn* repair of the bodywork
karosszérialakatos *fn GB* panel mechanic
karotin *fn kém* carotene, carotin
karöltve *hsz* (*vkvel*) arm in arm with sy, hand in hand with sy, together with sy
káröröm *fn* malicious joy/glee (at sy's misfortune), Schadenfreude, gloating; **~öt érez vmn** gloat over sg; ..., **jegyezte meg ~mel** ... he gloated
kárörvendez|ik *i* → **káröröm öt érez**
kárörvendő *mn* rejoicing at sy's misfortune *ut*
Kárpátalja *földr* Sub-Carpathia
kárpáti *mn* Carpathian
Kárpát-medence *földr* Carpathian basin
Kárpátok *földr tsz*, the Carpathians
Kárpátontúl, Kárpátontúli terület *földr* Transcarpathia(n territory)
karperec *fn* bracelet, bangle
kárpit *fn [függöny]* curtain, hangings *tsz*, *[ajtón]* doorcurtain, *[autóé]* upholstery
kárpitos *fn* upholsterer
kárpitoz *i [bútort, autót]* upholster
kárpitozás *fn [művelet és eredménye, autóban is]* upholstery
kárpitozott *mn [bútor]* upholstered, padded
kárpótlás *fn* compensation (given for sg), recompense, *[pénzbeli]* indemnity
kárpótlásul *hsz* by way of compensation
kárpótol *i* (*vkt vmért*) compensate/indemnify/recoup sy for sg, make* amends to sy for sg, make* up for sg, *kif* make* it up to sy for sg; **~ja magát** recoup oneself (for sg at the expense of sy)
kárrendezés *fn* loss adjustment, adjustment of a loss
karrier *fn* career; **~t csinál** get*/rise* to the top, make* one's fortune
karrierdiplomata *fn* career diplomat
karrierista *mn/fn pej* careerist, *biz* pusher, pushing/pushy fellow
karrierizmus *fn pej* careerism
karszalag *fn* armband
karszt *fn* karst
karsztos *mn* karstic, dolomitic
kartács *fn* grapeshot, case/canister shot
kártalanít *i* → **kártérítés t fizet**
kártalanítás *fn* → **kártérítés**
kartámasz *fn* armrest
kartávolságnyira *hsz* → **karnyújtásnyira**
ártékony *mn* harmful, damaging, detrimental, *[hatás így is]* pernicious, *[ártalmas]* noxious; **~ állat** pest
kartell *fn* cartel, trust; **~be lép** form a cartel
kartellellenes *mn* antitrust, antimonopoly
kartempó *fn* (arm) stroke
karter *fn* crankcase
kártérítés *fn* compensation, damages *tsz*, indemnity, indemnification, *US* smart money; **~ért beperel vkt** sue sy for damages, bring* an action for damages against sy; **~t fizet vknek vmért** pay* damages to sy for sg, make* amends to sy for sg, compensate/indemnify sy for sg; **~t igényel vmért** demand/claim damages/compensation for sg; **~t kap vktől** recover damages from sy, be* paid damages; **50 000 Ft ~t kapott** (s)he got 50,000 fts in damages
kártérítési *mn* **~ igény** claim for damages; **~ igényt jelent be** put* in a claim for damages, claim (for) damages, demand/claim damages for sg; **~ összeg** damages *tsz*; **~ per/kereset** damage suit, action/suit for damages
kártétel *fn* → **kártevés**
kártevés *fn* damage, harm
kártevő I. *mn* harmful, causing damage *ut*, noxious **II.** *fn* **1.** *[szándékos]* vandal, saboteur **2.** *[állat]* pest
karteziánus *mn fil* Cartesian
Karthágó *földr tört* Carthage
kartográfia *fn* cartography

K

kartográfus *fn* cartographer
kártol *i tex* card
kártoló *fn [munkás]* carder
kártológép *fn* card(ing machine)
kártolt *mn* ~ **gyapjú** carded wool
karton[1] *fn* **1.** *[papír]* cardboard, *[keményebb]* pasteboard **2.** *[kártya]* card **3.** *[doboz]* carton; **egy ~ cigaretta** a/one carton of cigarettes
karton[2] *fn tex* cotton, print
kartonált *mn [könyv]* paperback
kartondoboz *fn* cardboard box, carton
kartonpapír *fn* → **karton**[1]
kartonruha *fn* print dress
kartoték *fn* card index, file
kartotéklap *fn* card
kartotékol *i* (card-)index, file
kartotékrendszer *fn* filing/indexing system
kartotékszekrény *fn* filing cabinet
kartörés *fn* fracture of an/the arm; **~t szenved** break* one's arm
kártya *fn* **1.** *[játék]* card; **csal a ~ban** cheat at cards; **~n nyer** win* at cards; **mindent egy ~ra tesz fel** put* all one's eggs in(to) one basket; *átv* **keveri a kártyát** stir it/things up, be* intriguing; **~t vet** tell* fortune by cards; **nyílt ~val játszik, felfedi ~it** put*/lay* one's cards on the table, show* one's hands/cards **2.** *[cédula]* slip **3.** *gazd* (cash/credit) card; **fizethetek ~val?** can I pay by card?; **~val vásárol** pay* by card
kártyaadósság *fn* card-debt
kártyaasztal *fn* card table
kártyabarlang *fn* gambling den
kártyacsomag *fn* pack of cards
kártyajáték *fn* card-game, game of cards
kártyamutatvány *fn* card trick
kártyaparti *fn* a game of cards
kártyapartner *fn* partner (at cards)
kártyás I. *fn* (inveterate/keen) cardplayer, *[hazárd]* gambler **II.** *mn* ~ **telefon** cardphone; ~ **vásárlás** card purchase
kártyatrükk *fn* card trick
kártyavár *fn átv is* house of cards
kártyavetés *fn* fortune-telling by cards
kártyavető *fn* fortune teller
kártyázás *fn* card-playing, playing cards
kártyáz|ik *i* play cards, *[nagyban, pénzben]* gamble
kárvallott *fn* loser, the injured party
karvaly *fn* sparrow hawk
karvalyorrú *mn* hawknosed
karvezető *fn* choir/chorus-master, leader of the chorus/choir
karzat *fn szính* gallery, *[templomi]* choir, loft, gallery
kas *fn* **1.** *[kocsié]* wicker framework [of a carriage] **2.** *[méheké]* (bee-)hive, (bee-)skep **3.** *bány* cage
kása *fn ált* mush, pap, *[kukoricából]* cornmeal mush; *[darából]* gruel, *[zab~]* porridge; → **kerülget**
kasanadrág *fn* flannel trousers *tsz*, flannels *tsz*
kásás *mn [gyümölcs]* mushy, *[jég]* slushy
kasíroz *i [képet]* mount
Kasmír *földr* Kashmir
kasmíri *mn* Kashmiri
kasmírszövet *fn* cashmere
kaspó *fn* ceramic plant pot
kastély *fn* mansion (house), *GB* country house, manor (house), *[palota]* palace, *[vár~]* castle; **kacsalábon forgó ~** *kb.* fairy-tale (v. mysterious) castle
kasza *fn* scythe
kaszabol *i* slaughter, massacre
kaszakő *fn* whetstone
kaszál *i* **1.** *[füvet]* mow, cut* down, scythe [grass]; **szénát ~** make* hay **2.** *átv* scythe **3.** *szl [sokat keres vmn]* rake in (large profits), make* a cleanup (on sg)
kaszálás *fn* mowing, cutting, *[széna~]* hay-making
kaszáló *fn* **1.** *[ember]* mower **2.** *[föld]* hayfield, grassland
kászálód|ik *i* be* getting ready, gather one's thing (together)
kaszálógép *fn* mowing machine, mower
kaszárnya *fn elav* → **laktanya**
kaszás I. *mn* mower **II.** *fn* **a Kaszás** *[halál]* Grim Reaper
kaszáspók *fn áll* harvestman, *US* daddy-longlegs
kaszinó *fn* club, *[játék~]* casino
kaszinótojás *fn* egg mayonnaise
kaszkadőr *fn* stunt man°
kaszkó(biztosítás) *fn* → **casco biztosítás**
kaszni *fn* **1.** *szl US* clinker, *GB [autóé]* banger **2.** *[börtön* clink, can, *GB* choky
Kaszpi-tenger *földr* Caspian Sea
kassza *fn* **1.** *[boltban]* cash desk, *[pénztárgép]* cash register, *[szupermarketben]* checkout, *[színház, mozi stb.* box office; *[doboz]* till; **a ~nál tessék fizetni** please pay at the desk **2. ~t csinál** cash up, balance (up) one's/the cash **3.** *[kártya]* pool (of stakes), kitty
kasszafúrás *fn* safe-breaking/cracking
kasszafúró *fn* safe-breaker/cracker
kasszasiker *fn* box-office hit/smash
kaszt *fn* caste
kasztanyetta *fn* castanets *tsz*
Kasztília *földr* Castile
kasztráció *fn* castration
kasztrál *i* castrate
kasztrendszer *fn* caste system
kat. *röv* → **katolikus**, → **katonai**
Kata *tul* Kate
kataklizma *fn* cataclysm
katakomba *fn* catacombs *tsz*
katalán *mn/fn* Catalan
Katalin *tul* Katherine, Catharine, Catherine, Kathleen; **II Katalin** Catherine II (*kimondva:* the second)
katalizátor *fn* **1.** *kém* catalyst **2.** *[autóban]* catalytic converter
katalogizál *i* catalogue (*US* -log), list, make* a catalogue o
katalógus *fn* **1.** *[jegyzék]* catalogue (*US* -log); **~ba vesz** catalogue (*US* -log) [books etc.] **2.** *[névsorolvasás]* roll call **~t tart** call the roll **3.** *[csomagküldő szolgálaté]* mail-order catalogue (*US* -og)
katalógusáruház *fn* mail-order company/firm
Katalónia *földr* Catalonia
katamarán *fn hajó* catamaran
katapultál *i* **1.** *rep [üléssel együtt]* eject **2. ~tam a szélvédőn keresztül** I was catapulted through the windscreen
katapultülés *fn* ejector (v. *US* ejection) seat
Katar *földr* Qatar
katari *mn/fn* Qatari
katarzis *fn irod* catharsis
kataszter *fn* cadaster
kataszteri *mn* cadastral
katasztrális hold *fn* cadastral acre, "hold" (= 1.42 acres)
katasztrófa *fn* catastrophe, *[természeti]* disaster
katasztrofális *mn* catastrophic, devastating
katasztrófasújtotta *mn* ~ **terület** disaster area
káté *fn* catechism
katedra *fn* **1.** *[iskolai dobogó]* platform, *[tanári asztal]* teacher's desk **2.** *[egyetemi]* chair
katedrális *fn* cathedral
katedrálüveg *fn* cathedral glass
kategória *fn* category, *[osztály]* class
kategorikus *mn [kijelentés]* categorical, *[visszautasítás]* flat [refusal]
kategorikusan *hsz* categorically; ~ **tagad** deny sg categorically
kategorizál *i* categorize, classify
katekizmus *fn* catechism
katéter *fn orv* catheter
katéterez *i orv* catheterize
Kati, **Katica** *tul* Cathie, Kitty, Katie

katicabogár *fn* ladybird, *US* ladybug
kation *fn fiz* cation
katlan *fn* **1.** → **üst 2.** → **kráter 3.** → **völgykatlan**
katód *fn fiz el* cathode
katódsugárcső *fn fiz el* cathode-ray tube
katolicizmus *fn* Catholicism
katolikus *mn/fn* (*röv* **kat.**) Catholic (*röv* **C., Cath.**); **a ~ egyház** the (Roman) Catholic Church
katona *fn* soldier, serviceman°, *[köz~]* private (soldier); **~k** soldiers, troops, men; **4000 ~t küldtek a helyszínre** 4,000 troops were sent to the area; **~nak megy, fölcsap ~nak** enter the army, enlist, join the army/services, *biz* join up; **~ volt** he saw service, he was in the Army
katonadal *fn* marching song
katonadolog! *isz* never mind!, cheer up!
katonaélet *fn* military life, *[vké visszatekintve]* one's army days *tsz*
katonaév *fn* year of military service
katonai *mn* (*röv* **kat.**) military (*röv* **mil., milit.**); **~ behívó** call-up (papers *tsz*), *US* draft call; **~ felszerelés** kit; **~ főiskola** military academy/college; **~ iskola** *[közép]* military/cadet school; **~ kiképzés** military training; **~ megszállás** military occupation; **~ pályára megy** join (v. go* into) the army, become* a soldier; **~ parancsnokság** headquarters *tsz*, military command; **~ rendőrség** military police (*röv* **M.P.**); **~ szolgálat** military service; **~ szolgálatra alkalmas** fit for service *ut*, able-bodied; **~ szolgálatra alkalmatlan** unfit for military service; **~ szolgálatot teljesít** do* (one's) military service, be*/serve in the army; **~ térkép** ordnance/military map
katonakönyv *fn kb.* (army) ID card
katonaköteles *mn* **eléri a ~ kort** come* of military age
katonakötelezettség *fn* conscription, compulsory military service
katonaláda *fn kb.* kit-bag/box
katonaorvos *fn* army/military surgeon
katonaruha *fn* army clothes *tsz*, uniform
katonás *mn* soldierly, soldierlike; **nem ~** unsoldierly; **~ magatartás** soldierlike bearing
katonaság *fn* the army/military, armed forces *tsz*; **a ~nál** in the army
katonásdi *fn* **~t játszik** play (at) soldiers
katonáskod|ik *i* do* (one's) military service, serve as a soldier, serve/be* in the army
katonaszökevény *fn* deserter
katonatárs *fn* fellow soldier
katonatiszt *fn* (army) officer
katonaviselt *mn* **~ ember** ex-serviceman°, *US* veteran
katonavonat *fn* military/troop train
katonazene *fn* military music
katonazenekar *fn* military band
kátrány *fn* tar
kátránylemez, **-papír** *fn* tar(red) board, tarpaper, roofing/tarred felt
kattan *i* click
kattanás *fn* click
kattint *i* click
kattog *i* click (repeatedly), clack, rattle, *[gépfegyver]* rattle
kattogás *fn* click, clack
kátyú *fn* **1.** *[úton]* pothole, puddle **2.** *átv* **~ba jut** get* bogged down, stall
kaució *fn* security
kaucsuk *fn* caoutchouc, rubber
Kaukázus *földr* Caucasus
kaukázusi *mn* Caucasian
káva *fn [perem]* rim, *[kúté]* well-curb, *[ablak, ajtó]* jamb, reveal
kavalkád *fn* motley, mixture
kavar *i* stir
kavargás *fn* whirl(ing), swirl(ing)
kavargat *i* keep* (on) stirring
kavargó *mn [folyadék]* whirling, swirling, eddying
kavarodás *fn* disorder, confusion, mixup, hurly-burly, stir, chaos
kavarod|ik *i* **összevissza ~ik** get* mixed up
kavarog *i* whirl, swirl, *[csak folyadék]* eddy; **~ a gyomra** feel* sick, one's stomach turns
kavarógép *fn szl* wheeler-dealer, spin doctor
kávé *fn* coffee, *[eszpresszókávé]* espresso, *[tejes]* white coffee; **kérsz egy (csésze) ~t?** would you like a cup of (v. some) coffee?; **~t főz** make* coffee; **kérek két ~t** two (black) coffees, please
kávébab *fn* coffee bean
kávébarna *mn* coffee-coloured (*US* -or-)
kávécserje *fn* coffee tree
kávédaráló *fn* coffee mill, *[elektromos]* coffee grinder
kávéfőző *fn [gép]* (coffee) percolator, *[nagyobb]* coffee maker
kávéház *fn* café
kávékeverék *fn* blend (of coffees)
kávékrémpor *fn* creamer
kávépótló *fn* ersatz coffee, coffee substitute
kávépörkölés *fn* roasting of coffee
kávépörkölő *fn* coffee-roaster
kaverna *fn orv* cavern
kávés *mn* coffee-, made of coffee *ut*
kávéscsésze *fn* coffee cup
kávéskanál *fn* teaspoon; **2 ~lal** 2 teaspoonfuls (of)
kávéskanálnyi *mn* teaspoonful; **2 ~nyi** 2 teaspoonfuls (of)
kávéskanna *fn* coffeepot
kávéskészlet *fn* coffee set
kávészem *fn* coffee bean
kávészünet *fn* coffee break
kávétejszín *fn* coffee cream
kávéültetvény *fn* coffee plantation
kávézacc *fn* coffee grounds
kávézás *fn* coffee-drinking, having (a) coffee, *[munkahelyen pihenésképpen]* coffee break
kávéz|ik *i* have*/drink*/take* (a) coffee
kávézó *fn* coffee bar, coffee shop
kaviár *fn* caviar
kavics *fn* pebble(s *tsz*), *[kerti úton apró]* gravel, *[tengerparton]* shingle, pebbles *tsz*; **folyami ~** river gravel/ballast, river pebbles *tsz*
kavicságy *fn* gravel bed, bottom ballast
kavicsburkolat *fn [úté]* pebble-work, pebble(d) surface
kavicsburkolatú *mn* gravelled (*US* -l-)
kavicsos *mn* pebbly, covered with pebbles *ut*, *[kerti út]* gravelled (*US* -l-), gravel-, *[tengerpart]* shingly; **~ út** gravel path/road
kavicsoz *i [utat]* gravel (*US* -l), pebble
kavicsréteg *fn* layer/bed of gravel, gravel bed
kavicsút *fn* gravel road
kazah *mn/fn* Kazakh
Kazahsztán *földr* Kazakhstan
kazal *fn* rick, stack
kazamata *fn* casemate
kazán *fn* boiler, furnace
kazánfűtő *fn* stoker, boilerman°
kazánház *fn [önálló épület]* boiler house, *[épületrész]* boiler room, *[hajón]* stokehold
kazánkovács *fn* boiler maker/mechanic
kazánkő *fn* boiler scale
kazánrobbanás *fn* bursting [of a boiler], boiler explosion
kazetta *fn* **1.** *[ládika]* case, *[ékszeres]* casket **2.** *[mennyezeti]* (sunk) panel, coffer **3.** *[fényk, magnó, video]* cassette
kazettás *mn* **~ magnó** cassette recorder
kazettatartó *fn* cassette case
kazettatöltés(ű) *mn/fn fényk* cassette-loading
Kázmér *tul* Casimir
kázus *fn* **nagy ~t csinál vmből** *biz* make* a song and dance about sg
kb. *röv* → **körülbelül**

K

kebel *fn* **1.** *[mell]* bosom, breast, *átv* heart; **keblére ölel/szorít** clasp/fold (sy) in one's arms **2. vmnek a ~ében** (with)in sg, belonging to sg
kebelbarát *fn* intimate/bosom friend
kebelbeli *fn* one of us
kecmec *fn szl* **nincs (sok) ~** there's no messing/fooling about/around
kecsege *fn* sterlet, sturgeon
kecsegtet *i* hold* out promises of sg, be* promising, bid* fair; **szép reményekkel ~** hold* out the best hopes of sg, be*/look promising
kecsegtető *mn* promising, alluring
kecses *mn* graceful, charming, dainty, pretty
kecsesen *hsz* gracefully
kecsesség *fn* grace(fulness), charm, daintiness
kecske *fn* **1.** *áll* goat, *[bak]* he/billy-goat, *[nőstény]* she/nanny-goat; *közm* **a ~ is jóllakik, a káposzta is megmarad** have* one's cake and eat it (too); **nem lehet, hogy a ~ is jóllakjék és a káposzta is megmaradjon** you can't have your cake and eat it (too); **~re bízza a káposztát** set* the fox to watch the geese **2.** *iron* **vén ~** old goat
kecskebak *fn* he/billy-goat
kecskebéka *fn* greenfrog
kecskebőr *fn* goatskin
kecskegida *fn* kid
kecskeköröm *fn* fossil shell [on the shore of Lake Balaton at Tihany]
kecskepásztor *fn* goatherd
kecskerágó *fn* spindle-tree
kecskeszakáll *fn [emberé]* goatee
kecsketej *fn* goat's milk
kedd *fn* Tuesday; **~en** on Tuesday; **jövő ~en** next Tuesday; **múlt ~en** last Tuesday; **minden ~** on Tuesdays, every Tuesday; **~(en) este** Tuesday evening/night; **~re** by Tuesday
keddenként *hsz* every Tuesday, on Tuesdays
keddi *mn* Tuesday, of Tuesday *ut*, Tuesday's; **a ~ nap folyamán** in the course of Tuesday, on Tuesday; **egy ~ napon** on a Tuesday; **a múlt ~ napon** last Tuesday; **a jövő ~ óra** next Tuesday's lesson, the lesson next Tuesday; **a múlt ~ hangverseny** last Tuesday's concert, the concert (of) last Tuesday
kedély *fn* temper(ament), humour (*US* -or), spirit, mood; **jó ~** good humour, high spirits *tsz*, cheerfulness; **lecsillapítja a ~eket** pour oil on troubled waters
kedélyállapot *fn* frame/state of mind; **rossz ~ban van** be* in poor/low spirits, be* depressed
kedélybeteg I. *mn* melancholy, melancholic, depressed **II.** *fn* melancholiac
kedélyes *mn* jovial, merry, convivial; **~ ember** breezy/jovial/cheerful character/fellow
kedélyesség *fn* joviality, conviviality, good humour (*US* -or), heartiness
kedélyhullámzás *fn* sudden changes of mood *tsz*, mood swings *tsz*
kedélytelen *mn* dull, bleak, dreary, cheerless, gloomy
kedélyű *mn* of a ... frame of mind *ut*, ... tempered, of a ... disposition *ut*; **aranyos ~** with a lovable nature *ut*; **jó ~** jovial, breezy, jolly, even/good-tempered
kedélyvilág *fn* feelings (of sy) *tsz*, mentality, frame of mind
kedv *fn [hangulat]* mood, temper, *[hajlam]* disposition, frame of mind, *[öröm vmben]* liking, pleasure; **jó ~e (v. ~ében) van** be* in good humour (*US* -or), be* in a good mood, be* in high spirits; *[mulatozónak]* have* a good time; → **jókedv**; **jobb ~e lesz** cheer up; **rossz ~e van** be* in bad humour, be* in a bad mood, be* out of sorts, *US* feel* blue; → **rosszkedv**; **~e telik benne** take*/find* great pleasure in sg, (take*) delight in sg; **ahogy ~e tartja** as the fancy takes him; **amikor ~ed tartja** when you like, when/if you feel like it; **ha ~ed tartja, ha van hozzá ~ed** if you feel so inclined/disposed, if you feel like it; **~e van vmhez** feel* like ...ing; **semmi/nincs ~em hozzá** I don't feel like it, I haven't the slightest intention of [doing sg], I have no stomach for it (v. doing sg); **~e volna vmt tenni** have* a great mind to (do sg), feel* like doing sg; **volna ~e(d)...?** would you care to/for ...?, how about a ...?; **volna ~e(d) sétálni?** how about a walk?; **nincs ~e(d) vmt inni?** would you care for a drink?; **elmegy a ~e vmtől** lose* interest in sg, be* no longer in the mood for sg, go* off sg; **~e szerint(i)** to one's liking *ut*, to one's heart's content *ut*; **igyekszik vknek a ~ében járni** try to please sy, try to butter sy up, try to stay/keep in sy's good books; **vknek a ~éért** for the sake of sy, for sy's sake/benefit; **vmnek a ~éért** *[vm érdekében]* because of sg, for the sake of sg; **a forma ~éért** for the sake of appearances/formality, as a matter of formality; **nehéz a ~ére tenni** be* hard to please; **~ére való** (much) to sy's mind/liking *ut*; **~et kap vmhez** take* a fancy to sg; **~ét leli vmben** take*/find* (great) pleasure in sg, (take*) delight in sg; **~ét szegi vknek, elveszi vknek a ~ét vmtől** discourage sy from (doing) sg, spoil* sy's interest in sg, turn/put* sy off sg
kedvcsináló *fn* appetizer
kedvel *i* like, be* fond of, have* a liking for; **nem ~** dislike, does not like, *[csak vmt]* does not care for
kedvelő *fn* lover of, *összet* GB -fancier, -enthusiast, *biz* -fan, buff; **a sajtot (igen) ~ ember** a cheese-buff
kedvelt *mn* popular, fashionable, much liked
kedvenc I. *mn* favourite (*US* -or-), *[egyetlen]* pet; **~ étele** his favourite dish **II.** *fn* favourite; **a közönség ~e** a favourite with the audience
kedves I. *mn* **1.** *[szeretett]* dear; **~ barátom!** Dear Friend; **~ hallgatóim!** *[előadáson]* Ladies and gentlemen!; **ha ~ az élete** if you value your life **2.** *[nyájas]* kind, gentle, decent, nice, pleasant; (*vkhez*) be* kind/nice to sy; **ez igen ~ tőled** that's very kind/nice of you; **legyen olyan ~ és ...** be so kind as to (do sg) **3.** *[bájos]* pretty, sweet, charming, lovely **II.** *fn* **1.** *irod* **vknek a ~e** *[nő]* his beloved/sweetheart; *[férfi]* her beloved/lover **2. ~em!** my dear!, dearest!, darling!
kedvesen *hsz* kindly, gently
kedvesked|ik *i* (*vknek vmvel*) favour sy with sg, give* sy sg as a (surprise) gift
kedvesnővér *fn* sister, nurse
kedvesség *fn* **1.** *[modoré]* kindness, courtesy, gentleness, kind manners *tsz*; **~ből** out of kindness **2.** *[szívesség]* kindness, favour (*US* -or)
kedveszegett *mn* disappointed, discouraged, disillusioned
kedvetlen *mn [rosszkedvű]* moody, dispirited, depressed, out of sorts *ut*, downhearted; *[nem lelkes]* halfhearted, listless, indifferent
kedvetlenség *fn* low spirits *tsz*, bad humour (*US* -or), listlessness, indifference
kedvez *i* **1.** (*vk vknek*) favour (*US* -or) sy, give* sy an advantage, *[előnyben részesít]* prefer sy (over sy else) **2.** (*vm vknek/vmnek*) be* favourable (*US* -or-) to sy/sg; **~ neki a szerencse** be* lucky, be* in luck
kedvezmény *fn [előny]* advantage, favour (*US* -or) granted to sy, *[engedmény]* allowance, reduction, discount; **alkalmazotti ~ kérhető** allowance can be claimed; **legnagyobb ~ záradéka** most favoured (*US* -or-) nation clause; **vasúti ~** reduced fares *tsz*; **~ben részesít** grant/give* sy a (special) discount; **~ben részesül** obtain a reduction; **~t ad** (*vmre*) make* a reduction on sg
kedvezményes *mn* preferential, reduced; **~ ár** reduced/discount price; **~ áron vesz** buy* at a reduced price; **~ árú jegy** *[vasúti, repülő]* reduced fare, *[csak repülő]* APEX (ticket); **~ árú utazás** low cost travel; **~ díjszabás/tarifa** special tariff, reduced rate; **~ (árú) repülőút** *[menetrendszerű járaton]* APEX flight; *[turistaosztályon]* economy(-class) flight, *[bérelt gépen]* charter flight; **~ (vasúti) jegy** reduced rates/fares *tsz*; **~ vám(tarifa)** preferential tariff/rate

kedvezményezett *mn/fn* **a ~** *[biztosításban]* the beneficiary
kedvező *mn* favourable (*US* -or-), advantageous, *[pillanat]* opportune, propitious [moment]; **~ feltételek mellett** under favourable conditions; *[részletre]* on easy/deferred terms; **~ szél** fair wind; **~ szél esetén** if the wind is favourable (to us); **~ színben tüntet fel vmt** show* sg to its best advantage, give* a favourable account of sg
kedvezően *hsz* favourably (*US* -or-); **~ nyilatkozik vkről** speak* favourably of sy
kedvezőtlen *mn* unfavourable (*US* -or-), disadvantageous, *[időjárás]* adverse, inclement; **~ feltételek** adverse/unfavourable conditions; **a körülmények ~ek voltak** conditions were against us
kedvezőtlenül *hsz* unfavourably; **~ fogadták** *[könyvét]* [his/her book] was reviewed unfavourably; **~ vélekedik vmről** have* an unfavourable opinion of sg
kedvtelen *hsz* → **kedvetlen**
kedvtelés *fn [öröm]* pleasure, fancy, delight, *[időtöltés]* diversion, pastime, hobby; **~ből tesz vmt** do* sg for pleasure (v. for the love of it)
kefe *fn* brush, *[súroló]* scrubbing brush
kefehaj *fn* crewcut
kefekötő *fn* brush-maker; **iszik, mint a ~** drink* like a fish
kefél *i* **1.** brush, give* sg a brush up/down **2.** *szl* screw (*vkvel* with sy)
kefelevonat *fn* (galley-)proof, proof-sheet; **~ot javít** read* the proofs
kefír *fn* kephir, kefir
kégli *fn szl [lakás]* pad, *[szeretkezésre]* love-nest
kegy *fn* favour (*US* -or), grace, benevolence, kindness, goodwill, patronage; **~eibe fogad vkt** show* favour towards sy, take* sy into one's good graces; **nagy ~ben áll vknél** stand* in great favour with sy, be* in sy's good books; **kiesik vk ~eiből** fall* out of grace/favour with sy; **vknek a ~eit keresi** curry favour with sy; → **visszafogad**
kegydíj *fn elav* civil-list pension
kegyed *nm elav kb.* you
kegyelem *fn* **1.** *ált jog* mercy, *[büntetés enyhítése]* clemency, *[elengedése]* pardon, *[halálraítéltnek]* reprieve; **nincs ~** no quarter (given); **~ért folyamodik, kegyelmet kér** present a petition for pardon (v. a plea for clemency), submit a clemency plea; **kegyelmet gyakorol** grant sy a pardon; *[halálraítéltnek]* grant sy a reprieve; **~re felterjeszt** recommend sy to mercy; **kegyelmet kap** be* pardoned, receive pardon **2.** *vall* grace
kegyelemdöfés *fn átv is* coup de grâce, finishing stroke
kegyelemkenyér *fn* **~en él** live on the charity of others
kegyelet *fn* reverence, veneration; **~tel adózik vknek** pay (a)tribute to (the memory of) sy
kegyeletes *mn* reverential, venerative, respectful
kegyeletsértés *fn* profanity
kegyeletsértő *mn* irreverant, profane, sacrilegious, disrespectful
kegyelmes *mn elav* **~ Uram/Asszonyom** Your Excellency; **~ úr** His Excellency
kegyelmez *i* (*vknek*) have* mercy on sy
kegyelmi *mn* **~ kérvény** plea for clemency, clemency plea, petition for a pardon; *[halálraítéltė]* petition for a reprieve/pardon
kegyelt *mn/fn* → **kegyenc**
kegyenc *mn/fn* minion, favourite
kegyes *mn* **1. volt olyan ~, hogy** → **kegyeskedik** **2.** *vall* pious, devout **3. ~ hazugság** white lie; **~ halál** *[eutanázia]* mercy killing
kegyesked|ik *i iron* deign (to do sg), bring oneself to (do sg); **~nél felállni?!** would you be so kind as to stand up?, would you have the kindness to stand up?
kegyesség *fn vall* piety
kegyetlen *mn* **1.** cruel, merciless, brutal (*vkhez mindegyik:* to) **2.** *biz* **~ hideg van** it is dreadfully/terribly cold
kegyetlenkedés *fn* cruelties *tsz*, atrocities *tsz*, barbarity
kegyetlenked|ik *i* commit atrocities, (*vkvel*) treat sy cruelly/barbarously
kegyetlenség *fn* cruelty, inhumanity, brutality, savageness (of sg)
kegyetlenül *hsz* cruelly, brutally; **~ bánik vkvel** treat sy cruelly, maltreat sy
kegyszer *fn* → **kegytárgy**
kegytárgy *fn* devotional object
kegyvesztés *fn* disgrace
kegyvesztett *mn* (fallen) out of favour (*US* -or) (with sy) *ut*, in disfavour/disgrace *ut*; **~é lesz** lose* favour, fall* out of favour, fall* into disgrace (*vknél mind:* with sy)
kehely *fn* **1.** *[ivó]* drinking cup, *vall [katolikus haszn.]* chalice, *[protestáns haszn.]* (communion) cup **2.** *[virágé]* calyx (*tsz* calyces v. calyxes), flower-cup
kehes *mn* **1.** *[ló]* broken-winded **2.** *[ember]* with a cough *ut*
kéj *fn* **1.** *[nemi]* (sexual) pleasure **2.** *átv* pleasure, delight
kéjeleg *i* **1.** *[nemileg]* enjoy carnal pleasures **2.** (*vmben*) revel (*US* -l) in (doing) sg, delight in (doing) sg
kéjelgés *fn [nemi]* lust, carnal pleasure(s); *jog* **üzletszerű (titkos) ~** soliciting, prostitution
kéjenc *fn* voluptuary, sensualist; **vén ~** old goat/lecher
kéjérzet *fn* (sexual) pleasure, orgasm
kéjes *mn* **1.** *átv* delicious, delightful, blissful **2.** *[csak nemi]* voluptuous, sensual, lustful
kéjgyilkos *fn* sex murderer, rapist and murderer
kéjgyilkosság *fn* sex murder, rape and murder
kéjnő *fn* prostitute
kéjsóvár *mn* lecherous, lustful; **~ ember** pleasure-seeker
kéjutazás *fn* pleasure trip
kéjvágy *fn* lust, carnal desire
kék I. *mn* blue; **~ folt** *[ütéstől]* bruise, contusion; *pol* **~ könyv** blue book; **~ szemű** blue-eyed **II.** *fn* **1.** *[szín]* blue; **~re fest** (i) *ált* paint (sg) blue (ii) *tex* dye/stain sg blue **2. az ég ~je** the blue (of the sky), the azure
kékcinege *fn* blue tit
kékcinke *fn* → **kékcinege**
kekecked|ik *i biz* piss about/around
kékes *mn* bluish, *[ajak, arc]* livid
kékesfekete *mn* blue-black
kékharisnya *fn* bluestocking
kékít *i [fehérneműt]* blue (*mn ign:* blueing v. bluing) [linen]
kékítő *fn* blue, blu(e)ing
kékl|ik *i* look/appear blue, *[hegyek távolból]* loom, be* hazy (in the distance)
kéklő *mn* bluish, *[hegyek]* hazy, looming
kékmoszat *fn biol* blue-green algae *tsz*
kékre-zöldre *hsz* **~ verték** (s)he was beaten black and blue
kékróka *fn* blue/Arctic fox
kéksisakos *mn/fn [ENSZ katona]* **~ok** *UN* troops
keksz *fn* **1.** biscuit, *US* cookie, *[sós]* cracker **2.** *biz [söralátét]* beer mat
kékszakáll *fn* Bluebeard
kékül *i* become*/turn blue
kékvérű I. *mn* blue-blooded **II.** *fn* blue blood
kel[1] *i* **1.** *[ágyból]* rise*, get* up; **korán ~** rise* early; *közm* **ki korán ~, aranyat lel** the early bird catches the worm **2.** *[égitest]* rise* **3.** *[növény magról]* shoot*, sprout, come* up, spring*; **már ~ a búza** the corn is out **4.** *[tészta]* rise*, swell* **5.** *[áru]* **(jól) ~** sell* (well), find* a (ready) market; → **kelendő** **6. levele okt. 25-én ~t** his letter was dated 25 October (*US* October 25th) (*kimondva:* the twenty-fifth of October); **~t Kaposvárott, 1928. június 7-én ...** is dated from Kaposvár, 7 June 1928; **~t, mint fent** date as above; → **élet**, → **kelt**[3], → **láb**, → **út**
kel[2] *fn* → **kelkáposzta**
kelbimbó *fn* Brussels sprouts *tsz*
kelekótya *mn* scatter/hare-brained, harum-scarum
Kelemen *tul* Clement
kelendő *mn* marketable, saleable, *[igével]* [goods that] sell* well, find* a ready market, *[kapós]* be* much in

K

demand/request, be* popular, *biz kif* be* selling like hot cakes; ~ **áru** marketable/saleable goods *tsz*, goods much in demand *tsz*, goods that sell well (v. are popular), *biz kif* these are selling like hot cakes; **legkelendőbb** *[könyv]* best-selling

kelendőség *fn* marketableness saleability; ~**nek örvend** → **kelendő**

kelengye *fn [menyasszonyé]* trousseau (*tsz* -seaux v. -seaus)

kelep *fn sp* hip circle

kelepce *fn* trap, pitfall, snare; ~**be csal** lure into a trap, entrap, enmesh

kelepel *i [gólya]* clatter, *[vm szerkezet]* rattle

kelés *fn* **1.** *orv* boil, furuncle, abscess **2.** *[ágyból]* getting up; **korai** ~ getting up early **3.** *[tésztáé]* rising [dough]

keleszt *i [tésztát]* raise [dough]

kelet[1] *fn* **1.** (*röv* **K**) *[égtáj]* East, east; ~ **felé** eastward(s); ~**en** in the east; ~**re** to(wards) the east, eastbound; **vmtől** ~**re fekszik** lie* east of sg; ~**re utazik** go* east; ~**ről**, ~ **felől** from the east **2.** *[vidék]* the (far) East, the Orient

kelet[2] *fn [keltezés]* date; **f. hó 15-i** ~**tel** on the 15th inst.

kelet[3] *fn* **nagy** ~**(j)e van** be* much in demand; → **kelendő**

Kelet-Afrika *földr* East Africa

kelet-afrikai *mn* East African

Kelet-Ázsia *földr* the Far East

kelet-ázsiai *mn* Far Eastern

keletbélyegzés *fn* dating (stamp)

keletbélyegző *fn* date stamp

keletelés *fn épít* orientation

Kelet-Európa *földr* Eastern Europe

kelet-európai *mn* East European

keleti I. *mn* eastern, of the East/east *ut*, east, in the East *ut*, *[távol~]* oriental, Oriental; ~ **fekvésű ház** house facing (the) east; ~ **irányban** eastward(s), towards the east, eastbound; **meg van oldva a** ~ **kérdés** that clears it up, that's one problem out of the way, that's that; ~ **nép** oriental people; **K~ pályaudvar** Budapest East (railway station); ~ **szél fúj** there is an easterly wind, the wind is/lies in the east **II.** *fn* **K~** → **Keleti pályaudvar**

Kelet-India *földr* the East Indies *tsz*

kelet-indiai *mn* East Indian

Keleti-tenger *földr* the Baltic (Sea)

keleti-tengeri *mn* Baltic

keletkezés *fn* rise, origin, beginning, genesis, *[kőzeté]* formation

keletkez|ik *i* come* into being, be* producted/made/born, (*vmből*) originate in/from sg, (a)rise*/issue from sg, *[szél]* arise*, spring* up, *[tűz, vihar]* break* out

keletkező *mn* originating in *ut*, arising from *ut*; ~**ben van** be* in the making; *[vihar]* be* brewing, *[mozgalom]* be* starting/afoot, be* in the offing

Kelet-Közép-Európa *földr* Eastern Central Europe

kelet-közép-európai *mn* Eastern Central European

keletlen *mn [tészta]* unleavened, stodgy

Kelet-Németország *földr tört* East Germany

kelet-nyugati *mn* east-west; ~ **tárgyalások** East-West talks (on)

Kelet-Timor *földr* East Timor

keletű *mn* **új(abb)** ~ recent; **régi** ~ longstanding

kelevény *fn* → **kelés**

keljfeljancsi *fn [játékszer]* tumbler

kelkáposzta *fn* savoy cabbage; ~**-főzelék** boiled savoy cabbage

kell *i* **1.** *[vm szükséges]* be* needed, (*vknek vm*) sy wants/needs sg; **mi** ~**?** what do you want?, what is needed?; **mi** ~ **még?** what else is needed (v. do you want)?; **nem** ~ **neki a pénz** he doesn't need the/any money, he has no need of money; ~ **vagy nem** ~**?** take it or leave it; ~**ett ez neked?** is that what you wanted?; **úgy** ~ **neki!** it serves him right!; ~**ene már egy kis eső** we could do with some rain; **még csak az** ~**ene!** that's all I (etc.) need! **2.** (*vmhez*) be* necessary/required for sg; **2 méter anyag** ~ **hozzá** you need 2 metres of material for it (v. to make it); **ehhez idő** ~ it will take (some) time to ...; **ehhez Jani** ~ J. is the (very) man (for the job) **3.** *[kedvére van]* (sg) is to sy's taste/liking; **nem** ~ **nekem!** not for me, thanks!; *biz GB* it's not my cup of tea! **4.** *[muszáj vmt tenni]* must (do sg), have* to (do sg); have* got to (do sg), *[erkölcsi kényszerből]* be* obliged to (do sg); *[múlt időben]* ~**ett** had to (do sg); **nem** ~ *[vmt tenni]* needn't (do sg), don't have to (do sg), haven't got to (do sg), don't need to (do sg); **el** ~ **mennem, mennem** ~ I must go; I have to go; I've got to go; **el** ~**ett mennem** I had to go; **nem** ~ **elmenned oda** you don't need to go there; **nem** ~**ett elmennem** I didn't have to go; **csak szólnod** ~ you have only to say the word; **meg** ~ **vallanom, hogy** ... I must confess/admit that ..., I am bound to say that ...; **nem** ~ **megijedni** don't worry, not to worry, don't be afraid; **mondanom sem** ~ I need hardly say, needless to say; **nem** ~**ett neki kétszer mondani** he didn't need to be told twice **5.** *[biztosan]* must (do sg); **sok pénzének** ~ **lennie** he must have a lot of money; **jól** ~**ett, hogy érezd magad** you must have had a great time; **el** ~ **jönnie** *[egészen biztos]* he's bound to come **6.** *[feltételes]* ~**ene** should (do sg); *[illene]* ought to (do sg); ~**ett volna** (*vmt tenni*) should have done sg, ought to have done sg; **el** ~**ett volna hoznom** I should (v. ought to) have fetched/brought it; **nem** ~**ett volna felvenned a vastag kabátot** *[kár volt]* you needn't have put on your thick coat; **nem** ~**ett volna bíznom benne** *[hiba volt]* I shouldn't have trusted him; **nem** ~**ett volna idejönnöd** *[hiba volt]* you ought not to have come here

kellék *fn* ~**ek** *[felszerelések]* accessories, *US* fixings; *[főzéshez]* ingredients, *[varráshoz]* trimmings, materials, *[ruhához]* accessories, *[színpadi]* props

kellékes *fn szính* property man°, propman°

kelléktár *fn* **1.** properties *tsz*, *[mint helyiség]* property-room **2.** *átv* repertoire

kellemes I. *mn* pleasant, nice, agreeable, *[élvezetes]* enjoyable; ~ **ember** (s)he's a nice person, he's pleasant company, a good fellow; ~ **érzés** agreeable/pleasant sensation/feeling; ~ **ízű** pleasant-tasting, delicious; *[igével]* be* most pleasing to the taste; ~ **ünnepeket!** *[karácsonykor]* I wish you a merry Christmas; *[formálisabban]* the season's greetings **II.** *fn* **összeköti a** ~**t a hasznossal** combine business with pleasure

kellemesen *hsz* ~ **csalódtam** I was pleasantly surprised, it was a pleasant surprise

kellemetlen *mn* unpleasant, disagreeable, *[helyzet, ügy]* awkward, troublesome, annoying, *[szag]* offensive, bad; ~ **alak/fráter** nasty person, tough/rough/ugly customer; ~ **helyzet** awkward/embarrassing situation/position, *biz* a fine/pretty kettle of fish; ~ **helyzetbe hoz vkt** embarrass sy, get* sy into an awkward situation; ~ **helyzetbe kerül** get* into an awkward position; ~ **helyzetben van** be* in an embarrassing situation, *biz* be* in a spot (*US* fix); ~ **hír** unpleasant/unwelcome news; ~ **időjárás** bad/foul weather; ~ **ízű** foul-tasting, with an unpleasant taste *ut*; ~ **ügy** trouble, a nasty business, a hot potato; **milyen** ~**!** how annoying!, what a nuisance!; **ha önnek nem** ~ if you don't mind; **a dologban az a** ~**, hogy** ... the annoying thing is that ...; ~ **számomra, hogy** ... it irks me to ..., it annoys me to ...

kellemetlenked|ik *i* behave in a disagreeable/objectionable manner, (*vknek*) pester/bother/annoy sy

kellemetlenség *fn* **1.** *[tulajdonság]* unpleasantness **2.** *[eset]* trouble, bother, inconvenience, nuisance; **sok** ~**em volt** I had a lot of trouble; ~**et okoz vknek** give* trouble to sy, cause inconvenience to sy, get* sy into difficulties/trouble; ~**e lesz belőle** *biz* he is in for it

kellemetlenül *hsz* disagreeably; ~ **érint vkt** it makes one feel uneasy/uncomfortable, *biz* it touches one on the raw, it is mighty inconvenient; ~ **érzi magát** feel* uncomfortable, feel* uneasy (v. ill at ease)

kellemked|ik *i* (*vknek*) try to please sy, curry favour (*US* -or) with sy

kellet *i* **~i magát** coquet (*vk előtt* with sy), try to attract sy's attention
kellete *fn* **a ~nél jobban** (only) too well, excessively, more than necessary; **a ~n felül, a ~nél több** too much/many, more than enough/necessary; **a ~nél többször** once too often
kelletlen *mn* unwilling, reluctant, unenthusiastic
kelletlenked|ik *i kif* drag one's feet
kelletlenül *hsz* unwillingly, reluctantly, *kif* dragging one's feet/heels
kellő *mn* proper, right, due, adequate; **a ~ formában** in due form, properly, duly; **~ időben** at the right/proper time, in due time, duly; **~ mértékben** duly, properly; → **kellős**
kellően, kellőképpen *hsz* duly, properly, as required
kellős *mn* **vmnek a ~ közepén** in the very/exact centre (*US* -ter) of sg, right in the middle of sg
kelme *fn* material, fabric, cloth, *GB [gyapjú]* stuff
kelmefestő *fn* dyer; **~ üzem** dye works *esz* v. *tsz*
kelő *mn [felkelő]* rising, getting up *ut*, *[nap]* rising; **korán ~ ember** an early riser
kelt[1] *i* **1.** *[alvót]* wake* (up); **életre ~** *[ájultat]* revive, resuscitate **2.** *[gyanút]* give* rise to [suspicion], *[hatást]* produce, bring* about [effect], *[szánalmat]* arouse [pity]; **izgalmat ~** cause great excitement, give* rise to great excitement; **azt a benyomást ~i, hogy** ... it gives the impression of ...ing (v. that ...); → **feltűnés**, → **illúzió**, → **remény**
kelt[2] *mn* **~ tészta** leavened/raised dough/pie/cake
kelt[3] *mn* **hivatkozva f. hó 10-én ~ levelére** with reference to your letter of the 10th inst.; **válaszolva július 15-én ~ levelére** in reply to your letter of 15 July; **~, mint fent** (*röv* **k. m. f.**) date as above; → **kel**[1] **6**
kelta I. *mn* Celtic; **~ nyelv** Celtic **II.** *fn [ember]* Celt; *[nyelv]* Celtic
kelte *fn* date of sg; **az érme ~1390** a coin dated 1390, the date of the coin is 1390
kelteget *i* try to wake up
keltet *i* hatch (out), incubate [eggs]
keltetés *fn* hatching, incubation; **gépi ~** artificial incubation
keltető(gép) *fn* incubator, brooder
keltez *i* date [a letter]; **előbbre ~** antedate; **későbbre ~** postdate; **~ett** → **kelt**[3], → **keltezésű**
keltezés *fn* date, *[folyamat]* dating
keltezésű *mn* **budapesti ~ levél** a letter dated from Budapest; **az Önök március 16-i ~ levele** your letter dated from 16 March, your letter of 16 March; **a levél okt. 24-i ~** the letter is dated 24 October (*US* October 24th)
keltezetlen *mn* undated
keltő *mn* producing/creating sg *ut*; **feltűnést ~** sensational, striking; **gyanút ~** suspicious; **nagy hatást ~** effective, striking
kelvirág *fn* cauliflower
kém *fn* spy, *[rendőri]* informer; *tréf* **~eim jelentették** a little bird told me (that)
kémcső *fn* test tube
kémelhárítás *fn* counterintelligence (work), counterespionage
kémelhárító *mn/fn* **~k** counterintelligence (corps); **~ tiszt** counterintelligence officer
kemence *fn [péké]* oven, *[olvasztó]* furnace, *[téglaégető, szárító]* kiln; **~ben süt/éget** bake (sg in an oven)
kemencepadka *fn* chimney corner
kemény *mn* **1.** *konkr* hard, stiff; **~ ceruza** a hard/fine pencil; **~ izmok** hard/steely muscles; **~ kötésben** in hardback; **~ kötésű** hardbacked, hardbound, hardcover; **~ kötésű** *[könyv]* hardback; → **keménykötésű**; **~ tojás** hard-boiled egg **2.** *átv* hard, severe, *[bánásmód]* hard, harsh, *[elhatározott]* resolute, unyielding, *[hideg]* severe, bitter [cold], *[szavak]* hard, harsh [words]; **~ edzés** intensive/tough training; **~ feladat** stiff/arduous task; **~ harc** hard fight; **~ hideg** severe cold; **~ ítélet** stern/harsh sentence; **~ kézzel bánik vkvel, ~ vkvel szemben** be* hard/rough on sy; **~ kritika** severe criticism; **~ lecke** sharp/hard lesson; **~ legény** sturdy lad, tough chap; **~ munka** hard work; **~ tél** hard/severe winter **3. ~ víz** hard water **4. ~ valuta** hard currency **5.** *fényk* hard; → **dió**
kémény *fn [házon]* chimney, *[gyáré]* factory chimney, (chimney-)stack, *[hajón, mozdonyon]* funnel, *US [főleg mozdonyon]* smokestack
keményedés *fn* **1.** *[folyamat]* hardening, stiffening **2.** *[bőrön]* callus
keményed|ik *i* harden, stiffen, grow*/become* hard/stiff
keményen *hsz* hard, severely; **~ bánik vkvel** deal* severely with sy, be* hard on sy; **~ dolgozik** work hard
keményfa *fn* hard wood
kéményfej *fn* chimney-top
keményfejű *mn [makacs]* headstrong, stubborn, obstinate
keményít *i* harden, make* hard(er), stiffen, *[acélt]* temper [steel], *[inget]* starch [shirt]
keményített *mn* hardened; **~ ing** dress shirt, *biz* boiled shirt
keményítő *fn* starch
keménykalap *fn GB* bowler (hat), *US* derby
keménykötésű *mn [legény]* sturdy [lad], tough [chap] → **kemény 1**
keménység *fn* **1.** *konkr* hardness, stiffness, *[acélé]* temper; *[vízé]* hardness **2.** *átv* severity, *[bánásmódé]* harshness, severity, *[szigor]* sternness, strictness, *[időé]* bitterness, *[kegyetlenség]* cruelty
keménységi *mn* **~ fok** *[vízé]* degree of hardness
kéményseprő *fn* chimney sweep, *biz* sweep
keményszívű *mn* hardhearted, heartless
kéménytűz *fn* chimney fire
keményvonalas *pol gazd* **I.** *mn* hard-line **II.** *fn* hardliner
kémfilm *fn* spy movie
kémhálózat *fn* → **kémszervezet**
kémhatás *fn* pH; **savas ~** acidity; **semleges ~** neutrality; **lúgos ~** alkalinity
kémia *fn* chemistry
kémiai *mn* chemical; **~ kötés** chemical bond; **~ reakció** chemical reaction
kémiatanár *fn* teacher/master of chemistry, chemistry teacher/master
kemikália *fn* chemical
kémikus *fn* chemist
kémkedés *fn* spying, espionage
kémked|ik *i* act as a spy, spy (*vk után* on sy); **~ik vknek** spy for sy
kémközpont *fn* espionage/spy centre (*US* -ter)
kémlel *i [fürkészve]* pry into, scrutinize, investigate
kémlelőlyuk, -nyílás *fn* peephole, eyehole
kémnő *fn* (female) spy
kémper *fn* spy trial
kemping *fn* campsite, camping ground/site, *US* campground, *GB [kiépített, üdülőtelep faházakkal stb.]* holiday camp
kempingágy *fn* camp bed, *US* cot
kempingasztal *fn* camping table
kempingbicikli *fn* fold-up bicycle
kempingcikkek *fn tsz* camping articles *tsz*
kempingezés *fn* camping
kempingez|ik *i* camp; **~ni megy** go* camping
kempingező *fn* camper
kempingfelszerelés *fn* camping equipment
kempingfőző *fn* camp(ing) stove
kempinggondnok *fn* camp warden
kempinglámpa *fn* camp light, hurricane lamp
kempingsátor *fn* tent
kempingszék *fn* camp-chair/stool, garden/picnic chair, *US* *így is:* lawn chair

kempingszolgáltatások *fn tsz* camping facilities *tsz*
kempingtűzhely *fn* camp(ing) stove
kémpróba *fn* random-sampling/test
kémszer *fn kém* reagent
kémszervezet *fn* spy network, spying organization/agency
kémszolgálat *fn* secret/intelligence service
kémtevékenység *fn* espionage
kémtörténet *fn* spy story/thriller
ken *i* **1.** (*vmt vmvel*) smear sg with sg, (*vmt vmre*) smear/spread* sg on/over sg, *[gépet]* grease, lubricate [machine]; **krémmel ~i a kezét** put* cream on one's hands; **vajat ~ a kenyérre** spread* butter on the/one's bread, spread* a piece/slice of bread with butter, butter one's/the bread **2.** *átv biz* **másra ~ vmt** pass the buck (to sy), lay* sg at sy's door; *biz* **falhoz ~ vkt** knock sy flat **3.** *biz [veszteget]* grease sy's palm, bribe sy, *US* soap sy
kén *fn* sulphur, *US* sulfur
kence *fn* varnish
kend *nm nép* you
kender *fn* hemp
kenderfonal *fn* hemp yarn
kenderike *fn áll* linnet
kenderkötél *fn* hemp rope
kendermagos *mn* speckled, spotted, pied
kén-dioxid *fn kém* sulphur (*US* sulfur) dioxide
kendő *fn* **1.** *[fejre, vállra]* shawl, *[nyakra, vállra]* scarf° **2.** *[törölgető]* duster
kendőz *i [leplez]* camouflage, hide*, disguise, *[tussol]* hush/cover up
kendőzetlen *mn* plain, unvarnished [truth]
keneget *i* be*/keep* smearing/greasing; *orv* paint sg with sg, apply (ointment/salve) on sg
kenés *fn* **1.** *[gépé]* lubrication, greasing, *[másé]* smearing, *orv* unction **2.** *biz [vesztegetés]* greasing sy's palm, bribing, bribe, slush money, *US* soap
kénes *mn* sulphurous, sulphuric (*US* -lf-)
kenet[1] *i* have* smeared/lubricated
kenet[2] *fn* **1.** *orv [kenőcs]* ointment, *[híg]* liniment, *[testrészből vett]* smear **2.** *vall* **utolsó ~** extreme unction
kenetes, **kenetteljes** *mn [szavak]* unctuous
kénez *i* treat/fumigate with sulphur, sulphur(ate) (*US* -lf-)
kénezés *fn* sulphur(iz)ation (*US* -lf-), fumigation
kenguru *fn* **1.** *[állat]* kangaroo, *[kis fajtájú]* wallaby **2.** *[gyermekhordó]* (baby) carrier
kengyel *fn* **1.** *[lovagláshoz]* stirrup **2.** *[fülben]* stapes (*tsz* ua.), stirrup(-bone)
kengyelfutó *fn tört* runner, courier
kengyelszíj *fn* stirrup leather
kénkő *fn elav* sulphur (*US* -lf-), brimstone
kénköves *mn elav* sulphurous (*US* -lf-)
kénmáj *fn* sulphur liver (*US* -lf-)
kenőanyag *fn* lubricant, grease
kenőcs *fn [testre, sebre]* ointment, cream, *[híg]* liniment
kenőmájas *fn* liver pâté, chopped liver, *[hurka]* liver sausage, *US* liverwurst
kenőolaj *fn* lubricating oil, lubricant
kenőpénz *fn biz* grease, slush money, boodle, *US* soap
kenőszappan *fn* liquid soap
kénrúd *fn* roll/stick of sulphur (*US* -lf-)
kénsárga *mn* brimstone-coloured (*US* -or-)
kénsav *fn* sulphuric acid (*US* -lf-)
kentaur *fn [mitológiában]* centaur
kenter *fn biz* **~ben győz** win* at a canter, win* hands down
kentuckybeli *mn/fn* Kentuckian
kenu *fn* (Canadian) canoe; **~ egyes** the single, C-1; **~ páros** the pairs, C-2; **~ban evez** paddle (a canoe)
kenus *fn* canoeist, paddler
kenuzás *fn* canoeing
kenuz|ik *i* canoe, paddle a canoe
kénvirág *fn* flowers of sulphur (*US* -lf-) *tsz*

K

Kenya *földr* Kenya
kenyai *mn/fn* Kenyan
kénye-kedve *fn* **~ szerint** (v. **kénye-kedvére) cselekszik** do* as one pleases; **vk kénye-kedvétől függ** depend on sy's pleasure; **vk ~nek van kiszolgáltatva** be* at the mercy of sy
kényelem *fn* comfort, ease, convenience; **~be teszi/helyezi magát** make* oneself comfortable; *[vk másnál]* make* oneself at home; **~ből** for the sake of convenience; **teljes ~ben él** live a life of ease
kényelemszeretet *fn* love of comfort; **~ből** for comfort's sake
kényelmes *mn* **1.** (*vm*) comfortable, *[kedvesen, melegen]* cosy, *US* cozy, snug, *[alkalmas]* convenient; **~ állás** sinecure, comfortable job; **~ élet** a life of ease; **~ kis szoba** a cosy/snug little room; **~ ruha** loose/easy-fitting clothes *tsz* **2.** *[emberről]* comfort-loving, easygoing, *pej* indolent
kényelmesen *hsz* comfortably, *[lakályosan]* cosily; **~ csinálja** take* one's time, do sg leisurely; **~ elfér** there's plenty of room for it; **~ ül** be* comfortable; **~ ülsz?** are you comfortable, are you sitting comfortably?
kényelmetlen *mn* uncomfortable, *[alkalmatlan]* inconvenient, *[kellemetlen]* awkward
kényelmetlenség *fn* discomfort, lack of comfort, *[kellemetlenség]* inconvenience
kényelmetlenül *hsz* **~ ül** be* uncomfortable in this/his chair; **~ érzi magát** be*/feel* ill at ease, be* embarrassed, feel* uncomfortable/awkward
kényelmi *mn* **~ szempont** (*vké*) one's own convenience
kenyér *fn* **1.** *ált* bread, *[nem szeletelt, nem pirítósnak]* crusty bread/loaf; **egész ~, egy ~** a loaf° (of bread); **egy darab ~** a piece of bread; **friss ~** new bread; **ropogós ~** crusty bread; **vajas ~** a slice of bread and butter; **kenyere javát megette** be* past one's prime; **~en és vízen** on bread and water **2.** *[kereset]* livelihood, a living, bread and butter; **~ nélkül marad** be* left without a means of making a living, be* left without a livelihood; *biz* **nem a kenyerem** that's not my field/line; **nem kenyerem a beszéd** I'm a man/woman of few words; **a maga kenyerén él** be* one's own master; **kenyeret keres** earn one's living/bread; **írással keresi a kenyerét** earn one's living (v. bread and butter) by writing; **éppen csak a száraz kenyerét keresi meg** earn a bare living
kenyéradó *mn* **~ gazda** employer
kenyérbél *fn* the soft/white part of (the) bread
kenyérdoboz *fn* bread bin
kenyérellátás *fn* bread-supply
kenyeres *mn nép* **~ pajtás** close friend, *biz* pal
kenyereslány *fn* bread-girl [in a restaurant]
kenyérgabona *fn* cereals *tsz*
kenyérgondok *fn tsz* difficulties in making ends meet, material cares
kenyérgyár *fn* (large) bakery
kenyérhéj *fn* (bread)crust
kenyérjegy *fn elav* bread coupon
kenyérkérdés *fn* matter concerning/affecting one's livelihood
kenyérkereset *fn* living, livelihood
kenyérkereső *fn* breadwinner
kenyérkés *fn* bread-knife°
kenyérkosár *fn* breadbasket
kenyérleső *fn tréf GB szl* cake hole, gob, kisser
kenyérliszt *fn* flour for bread
kenyérmorzsa *fn* breadcrumb(s)
kenyérpirító *fn* toaster; **automata ~** automatic toaster
kenyérpusztító *fn tréf* mouth to feed
kenyérsütés *fn* bread-baking/making
kenyértartó *fn* bread bin
kenyértészta *fn* dough
kenyértörés *fn* **~re került a dolog/sor** things have come to a head

kenyérvágó *fn [kés]* bread knife°, *[gép]* bread-slicing machine
kenyérvég *fn* heel (of bread)
kenyérzsák *fn kat* haversack, kit bag
kényes *mn* **1.** *[nem ellenálló]* delicate, tender, fragile, frail; *[pl. műszer]* delicate, sensitive **2.** *[ízlésre]* refined, fastidious, critical; **~ vmre** *[érzékeny]* be* sensitive to sg; *[finynyás]* be* (rather/very) particular about sg; **~ ízlésű** finicky, hard to please *ut* **3.** *[kínos]* thorny, awkward, embarrassing; **nagyon ~ helyzet** a very delicate situation; **~ pont** a tender spot; **~ ügy** delicate matter, ticklish affair
kényesked|ik *i* be* sensitive/touchy, *[finnyás]* be* fastidious (about)
kényeztet *i* pamper, spoil*, coddle
kényeztetés *fn* pampering, spoiling
kényszer *fn* compulsion, constraint, force, pressure, *összet* compulsory; **~ hatása alatt tesz vmt** do* sg under duress/pressure, feel* constrained to do sg; **minden ~ nélkül** without any compulsion, out of one's own free will; **~ből** *jog* under coercion/duress; **enged a ~nek** yield to pressure/force; **~t alkalmaz** employ force, bring* pressure to bear on sy
kényszercselekvés *fn pszich* compulsive behaviour/action
kényszeredett *mn* constrained; *[mosoly]* forced, wry
kényszeredetten *hsz* with a bad grace
kényszeregyezség *fn* compulsory settlement/agreement
kényszereladás *fn* forced sale
kényszeres *mn pszich* compulsive
kényszergyógykezelés *fn* compulsory treatment
kényszerházasság *fn [terhesség miatt]* shotgun wedding
kényszerhelyzet *fn* (time of) necessity, difficult situation, exigency; **~ben volt** his hands were tied
kényszerintézkedések *fn tsz* emergency provisions *tsz*
kényszerít *i* (*vkt vmre*) compel/force/press sy to do sg; **~ve van vmre** be* constrained/forced/compelled to do sg
kényszerítő *mn* **~ körülmények** the pressure of circumstances
kényszerképzet *fn* idée fixe (*tsz* idées fixes), obsession
kényszerképzetes *mn pszich* obsessive-compulsive
kényszerlépés *fn* emergency step
kényszerleszállás *fn* forced/emergency landing, *[géptöréssel]* crash-landing; **~t hajt végre** make* a forced landing; *[géptöréssel]* crash-land
kényszermunka *fn jog* penal servitude, hard/forced labour (*US* labor)
kényszerneurózis *fn pszich* obsessive/compulsive/compulsion neurosis
kényszernyugdíjaz *i* force into retirement
kényszernyugdíjazás *fn* forced/compulsory retirement
kényszerpálya *fn* involuntary path
kényszerpihenő *fn* involuntary rest/break
kényszerrendszabály *fn* emergency measure
kényszerű *mn* forced, *[kötelező]* compulsory, *[nem önként vállalt]* involuntary
kényszerül *i* (*vmre*) be* constrained/forced/driven/compelled to do sg; **arra ~, hogy** ... have* no choice but to ...
kényszerűség *fn* necessity, compulsion; **~ből tesz vmt** do* sg under compulsion
kényszervágás *fn* emergency slaughter(ing)
kényszerzubbony *fn* straitjacket
kénytelen *mn* **~ vmre** (v. **vmt tenni**) be* forced/compelled/obliged to (do sg); **~ vagyok** I can't help (doing sg), I cannot choose but, I am compelled/forced to
kénytelen-kelletlen *hsz* willy-nilly, unwillingly, reluctantly
kényúr *fn* despot, tyrant, oppressor
kép *fn* **1.** *ált* picture, *[arckép]* portrait, picture, *[fénykép]* photo(graph), snap(shot), *[papírkép]* print, *[festmény]* painting, picture, *[képmás]* image, likeness; *[tükörben]* reflection; *[könyvben]* picture, illustration, *[tv]* picture; **jó/tiszta ~** *[tévében]* [get* a] clear picture [on the TV]; **nincs ~, de hang van** *[tévében]* we have lost the picture (v. video) but are still receiving sound (v. audio); **a ~en** in the picture; **~ekkel ellát/díszít** *[könyvet]* illustrate; **~et fest** paint a picture; **ördög ~ében** in the shape/form of the devil; **vk ~ére és hasonlatosságára** in sy's likeness **2.** *biz [arc]* face, *szl* mug; **nem tetszik nekem a ~e** I don't like the look of him; **van ~e hozzá** have* the nerve/cheek/face to sg; **~en töröl/teremt vkt** slap sy's face, box sy's ear(s); **rossz ~et vág vmhez** look anything but pleased, take* sg with a bad grace; **jó ~et vág a dologhoz** grin and bear* it, put* a good/bold face on sg, make* the best of a bad business/job **3.** *[látvány]* picture, sight, view, prospect **4.** *[vmről alkotott]* picture, image, *[fogalom]* idea, notion; **a mai fiatalok Ady-~e** the image of Ady among young people; **~ek a falu életéből** scenes of village life; **~et alkot magának vmről** be* able to imagine/picture sg, form a notion (v. an opinion) of sg, size sg up; *biz* **~ben vagyok** I get the picture; *biz* **nem vagyok ~ben** I'm not in the picture **5.** *[külső képe vmnek]* look(s), appearance, aspect, shape; **így már más ~e van a dolognak** this puts a different complexion on the matter **6.** *szính* scene **7.** *[költői]* image, figure of speech, trope; → **megnyúlik**, → **savanyú**
képaláírás *fn* caption
képanyag *fn* illustrations *tsz*
képátló *fn* frame diagonal
képcsarnok *fn* (art) gallery
képcső *fn tv* television/picture tube
kepe *fn mezőg* shock
képélesség *fn* definition [of picture]
képernyő *fn tv* (television/TV) screen; *infor* display, monitor; **a ~n** on (the) television, on TV; *infor* on the screen
képernyőjű *mn* **nagy ~** large-screen
képernyőkímélő *fn infor* screen saver
képes[1] *mn* **1.** *[képpel ellátott]* with pictures *ut*, illustrated; **~ folyóirat** illustrated magazine/journal; **~ levelezőlap** (picture) postcard **2.** *[képletes]* figurative, metaphorical; **~ értelemben** figuratively, metaphorically; **~ kifejezés** metaphor, metaphorical expression
képes[2] *mn* **1.** *[képessége van vmre; tud, bír]* (be*) able (to do sg), (be*) capable of (doing) sg, *[igével]* can* (do sg), be* fit/qualified to do sg; **nem ~ vmre** (be*) unable to do sg, (be*) incapable of doing sg, (be*) unfit for sg; **nem ~ vmt megtenni** be* unable to do sg; **nem vagyok rá ~** I am unable to do it, I am not up to it, it is too much for me, I can't manage (to do) it; **~sé tesz vkt vmre** enable sy to do sg **2.** *biz* **~ vmre** *[kitelik tőle]* be* quite capable of (doing) sg; **~ rá** he is capable of doing it; **mindenre ~** be* capable of everything; *pej* be* (quite) capable of anything, he will stop at nothing
képesít *i [képesítést ad vknek]* qualify sy for sg
képesítés *fn* qualification; **~t szerez** qualify; *[egyetemit]* take*/obtain a/one's degree [at a university], graduate [from Debrecen etc. v. in arts etc.]; **angoltanári ~e van** be* qualified to teach English; **~ nélküli** unqualified [teacher etc.]
képesített *mn* qualified, certificated, trained
képesítő I. *mn* qualifying **II.** *fn* → **képesítővizsga**
képesítővizsga *fn okt* qualifying examination
képesítőz|ik *i okt* get* one's teacher's certificate/diploma, pass the teacher's qualifying examination
képeskönyv *fn* picture book
képeslap *fn* **1.** *[újság]* (illustrated) magazine **2.** *[levelezőlap]* (picture) postcard
képeslapgyűjtő *fn* cartophilist
képesség *fn* ability, capacity, aptitude, faculty, *[különleges]* talent, gift, *[ügyesség]* ability, capability, skill; **~e van vmre** have* the ability to (do sg), have* a talent/gift for sg; **legjobb ~em szerint** to the best of my ability; **vk ~eit meghaladó dolgok** things that are beyond one's depth
képességű *mn* **jó ~** showing aptitude *ut*; gifted, talented

képességvizsgálat *fn* aptitude test
képest *nu* **(vmhez)** ~ compared to/with sg, in/by comparison with sg; **ahhoz** ~ considering (that); **hozzá** ~ compared to/with her/him/it; **hozzám** ~ compared to/ with me; **korához ~ magas** he is tall for his age; **ahhoz ~, hogy férfi, egész jól csinálja** he's doing it very well for a man; **ahhoz ~, hogy még csak 6 éves, jól/szépen olvas** (s)he reads well for a six-year-old; → **ehhez**
képez *i* **1.** *[tanít]* instruct, train, teach*; **~i magát** learn* sg, study/train (on one's own), teach* oneself sg **2.** *[alkot]* form, constitute, compose; **vmnek az alapját ~i** constitute the basis/foundation of sg **3.** *nyelv* form
képfelbontás *fn* definition
képfeldolgozás *fn infor* image processing
képfelvevőcső *fn* camera tube
képfrekvencia *fn* frame frequency
képgyűjtő *fn* collector of pictures
képhamisítás *fn* forgery
képhamisító *fn* forger
képhiba *fn* picture/image distortion
képi *mn* ~ **világ** *irod* imagery
képírás *fn* picture-writing, *[egyiptomi]* hieroglyphics *tsz*
képjel *fn* **1.** *[képírásjel]* hieroglyph **2.** *tv* video signal
képkereskedés *fn* art/picture gallery, art shop, picture(-dealer's) shop
képkereső *fn fényk* viewfinder, finder
képkeret *fn* (picture) frame
képkeretezés *fn* picture framing, *[kiírás]* pictures framed here
képkiállítás *fn* exhibition (of pictures)
képkocka *fn film* frame
képlékeny *mn* easy to shape *ut*, plastic, pliable
képlet *fn* formula (*tsz* -las v. -lae)
képletes *mn* figurative, metaphorical, allegorical, symbolic
képletesen *hsz* figuratively, metaphorically; ~ **szólva** figuratively/metaphorically (speaking)
képmagnó *fn* videorecorder, video tape recorder, *biz* video; **kazettás** ~ video cassette recorder (*röv* **VCR**), *biz* video; **~ra felvesz** video(tape) sg, record sg on (one's) video
képmás *fn* picture, image, likeness, *[arckép]* portrait; *átv* **vknek hű ~a** the very picture/image of sy
képmelléklet *fn* illustration, plate
képméret *fn* picture size
képmező *fn* picture area
képminőség *fn tv* image/picture quality
képmutatás *fn* hypocrisy
képmutató I. *mn* hypocritical **II.** *fn* hypocrite
képmutatóskod|ik *i* be* a hypocrite
képpont *fn tv infor* pixel
képregény *fn* comic strip(s), *GB* strip cartoon, *főleg: US* comics *tsz*; *[füzet]* comic
képrejtvény *fn* picture puzzle
képriport *fn* photo essay/story
képrögzítés *fn* video recording, telerecording
képszalag *fn* videotape
képszöveg *fn* caption
képtár *fn* picture/art gallery
képtelefon *fn* videophone
képtelen *mn* **1.** (*vmre*) incapable of, unable to, *[alkalmatlan]* unfit for, not qualified for *[mindegyik: ut]*; ~ **vagyok megérteni** I am unable to understand, I am at a loss to understand **2.** *[lehetetlen]* absurd, impossible, ridiculous, *[értelmetlen]* unreasonable, nonsensical; ~ **állítás** absurd assertion
képtelenség *fn* **1.** (*vmre*) incapacity (for), incapability (to), inability (to) **2.** *[lehetetlenség]* absurdity, absurdness, impossibility; ~ **azt állítani, hogy** ... it is absurd to suggest that ...
képtorzítás *fn tv* distortion
képújság *fn [tévében]* teletext
képvisel *i* **1.** *ált* represent (sy), *[vk képviseletében eljár]* act on behalf of sy, act for sy, *[országgyűlésen]* be* (the) member for [a constituency]; **vk érdekeit ~i** promote/ protect sy's interests; **a bíróság előtt ~ vkt** *[ügyvéd]* act (as counsel) for sy, plead sy's cause, represent sy in court; **a vádat ~i** act as public prosecutor, prosecute (sy); **a védelmet ~i** appear for the defence (*US* -se) **2.** *[megjelenít]* represent, stand* for
képviselet *fn* **1.** *ált* representation; **vknek a ~ében van jelen** appear on behalf of sy; **XY, a vád ~ében** XY, prosecuting, ... **2.** *gazd* agency
képviseleti *mn* representative; ~ **demokrácia** representational democracy
képviselő *fn* **1.** *ált* representative, *[küldött]* delegate; **a gyár ~je** the representative of the factory **2. (országgyűlési)** ~ *GB* Member of Parliament (*röv* **MP**, *tsz* **MPs**); *US* representative, Congressman°, Congresswoman°; **(a) debreceni** ~ member (v. Member of Parliament) for D., MP for D., *US* representative from D. **3.** *[önkormányzati]* councillor; → **fellép**
képviselőfánk *fn kb.* vanilla cream puff
képviselőház *fn GB* House of Commons, *US* (és Ausztrália, valamint több országban) House of Representatives, *GB* és US the House; **a ~ elnöke** the Speaker (of the House); → **országgyűlés**
képviselőházi *mn* of the House *ut*
képviselői *mn* ~ **hely** *[mandátum]* seat
képviselőjelölt *fn* candidate (for Parliament), prospective Member of Parliament; → **fellép**
képviselőség *fn* membership (of parliament), mandate
képviselőtestület *fn [önkormányzat] GB* (city/town) council, *US* local government
képviselő-választás *fn [általános]* general/parliamentary election, *[időközi]* by-election; *[önkormányzati]* local election
képviselteti magát *i* be* represented (*vkvel* by sy)
képzavar *fn* mixed metaphor
képzel *i* imagine, suppose; **sokat ~ magáról** have* a high opinion of oneself, be* conceited; **~d magad az ő helyzetébe** put/suppose yourself in his place; **nem is ~ed** you can't imagine, you have no idea; **magát vknek/ vmnek ~i** he imagines/fancies himself (to be) sy/sg; **ezt komolyan ~i?** do you really mean it?, *biz* you're pulling my leg; **~je (csak), mi történt!** just imagine what happened!; → **elképzel**
képzeleg *i* → **képzelődik**
képzelet *fn* imagination, fantasy, *irod* fancy; ~ **alkotta/ szülte** imaginary; **minden ~et felülmúl** it's beyond belief, it defies description; **minden ~et felülmúló** *[csodálatos]* out of this world *ut*, defying description *ut*; *[hihetetlen]* beyond belief *ut*
képzeletbeli *mn* imaginary, fictitious
képzeletű *mn* **élénk** ~ imaginative, with a vivid imagination *ut*
képzeletvilág *fn* (realm of) imagination/fancy
képzelhető *mn* ~ **a meglepetése** you/one may imagine his astonishment
képzelődés *fn* illusion, delusion, (mere) imagination
képzelőd|ik *i [ábrándozik]* daydream, fantasize; *[hallucinál]* be* imagining things, hallucinate
képzelőerejű *mn* **nagy** ~ highly imaginative
képzelőerő, -tehetség *fn* imaginative/creative faculty/ power, (the power of sy's) imagination, *[nem létező világot alkotó]* fancy; **nagy ~vel megáldott** (highly) imaginative
képzelt *mn* imaginary, fictitious, invented; ~ **beteg** hypochondriac
képzés *fn* **1.** *[oktatás]* instruction, teaching, training **2.** *[alkotás]* forming, formation, making **3.** *nyelv* formation, derivation
képzet *fn* idea, notion, concept
képzetalkotás *fn* mental imagery

képzetes *mn* imaginary, unreal; ~ **szám** imaginary number
képzetlen *mn* unskilled, untrained, unqualified
képzett *mn* **1.** *[tanult]* educated, trained, skilled, *[művelt]* cultivated, *[előképzettséggel bíró]* qualified **2.** *nyelv* ~ **szó** derived word, derivative
képzettársítás *fn* association (of ideas)
képzettség *fn [szellemi]* education, culture, *[előképzettség]* qualification
képző I. *mn [alkotó]* forming *ut*, constituting *ut* **II.** *fn nyelv* affix, (lexical) formative
képződés *fn* formation
képződ|ik *i* form, be* formed, develop
képződmény *fn [szerves]* growth, *geol* formation
képzőművész *fn* artist
képzőművészet *fn* the fine arts *tsz*
képzőművészeti *mn* of the fine arts *ut*; ~ **főiskola** academy of fine arts, school of art, art school
ker. *röv* → **kereskedelem**, → **kereskedelmi**, → **kerület**, → **kerületi**
kér *i* **1.** *ált* (*vmt*) ask for (sg), request (sg), *hiv* solicit (sg); **csendet ~ek!** silence please!, be quiet!; **~ek** ... I would like to have ..., please give me ...; *[kínálásra válaszként]* thank you; **~(sz) kávét? Igen, ~ek** would you like some coffee? Yes, please, *US* (yes) sure; **kávét vagy teát kér?** do you want coffee or tea?; **egy kávét ~ek** (I'd like) a coffee(,) please, could I have a coffee(,) please?; **~jük, hogy** ... you are requested to ...; **~em a menetjegyeket** tickets/fares, please; **csak ~ned kell, és a tied** it's yours for the asking; **csak ~ned kellett volna** you had only to ask; **engedélyt ~ vmre** ask permission to ... **2.** (*vktől vmt*) ask sy for sg; **pénzt ~ vktől** ask sy for money; **engedélyt ~ vktől vmre** ask sy for permission to ... **3.** (*vkt vmre*) ask/request sy to do sg; **~te, hogy menjek vele** he asked me to go with him; **~tem, hogy nyissa ki az ablakot** I asked him to open the window; **~te, hogy 7 órakor ébresszék fel** she asked to be woken at 7 o'clock; **~ve ~** entreat, implore, beseech **4.** (*vmből*) want, ask for; **~ek a húsból** (please) could/may I have some (of the) meat, *[még udvariasabban]* may I trouble you for some (of the) meat; **~ek még** could I have some more (please), may I trouble you for some more; **~(sz) még?** will you have some more?, can I give you some more?; **köszönöm, nem ~ek belőle** no (more) thank you; **szabad ~nem** may I trouble you for ..., if you don't mind ... **5.** *[telefonon]* **kérem a 20-36-ot** give me (v. can I have) two-o-three-six (please), put me on to two-o-three-six; **Juditot ~em a telefonhoz** can I speak to Judith?; **önt ~ik (v. téged ~nek) a telefonhoz** you are wanted on the phone **6.** *[felszámít]* ask, charge, want; **mit ~ ezért?, mennyit ~ érte?** how much do you want/charge (v. are you asking) for this/it?; **túl sokat ~ vmért** ask/charge too much for sg, overcharge sy for sg; **nem ~ek érte semmit** you may have it free (of charge) **7.** *[kérvényez]* apply for **8.** *[gúnyosan]* **ebből nem ~ek** no thanks, no thank you, I will have none of it, that's not for me; *[méltatlankodva]* **de ~em!** well, really!; **~lek!** *[ahogy jónak látod]* as you wish **9.** *[udvariassági kifejezések]* **~em** (i) *[könyörögve]* please (ii) *['köszönömre'-re adott válaszban]* don't mention it!, not at all!, you're welcome! (iii) *[mint megszólítás]* excuse me, *US* pardon me (iv) *[tessék?]* sorry?, (I beg your) pardon? excuse me?; **~em, jöjjön be** come in, please; **~lek** (i) *[vmre]* please, be so kind, will you be kind enough (ii) *[beszédbe közbevetve, ha fordítjuk:]* you see; **~jük az ajtót becsukni** (will you) please/kindly close/shut the door; → **bocsánat**, → **elnézés**, → **szívesség**, → **tanács**
kerámia *fn* **1.** *[szakma]* ceramics *esz*, pottery **2.** *[tárgyak]* ceramics *tsz*, *[egy db]* a piece of pottery, *biz* pot; **egy szép ~t kaptam karácsonyra** I was given a fine piece of pottery for Christmas
kerámiai *mn* ceramic; ~ **termékek/dísztárgyak** ceramics
keramikus *mn/fn* potter, ceramist, ceramicist
keramit *fn* glazed tile
keramittégla *fn* clinker brick
kérd *i* → **kérdez**
kérdés *fn* **1.** *ált* question, *[érdeklődés]* query, inquiry; **jó ~!** *iron* that's a good question; *biz* ask me another!; **~t tesz fel vknek** ask sy a question; **~t intéz vkhez** put* a question to sy; **~eket tesz fel vknek** put* questions to sy, ask sy questions, question sy (about sg); **~(ek)re válaszol** answer a question (v. questions); *gazd* **~ére válaszolva értesítjük, hogy** ... in reply to your inquiry we would like to inform you that ... **2.** *nyelv* question, *[kérdő mondat]* interrogative (sentence); **eldöntendő ~** yes or no (v. yes/no) question; **simuló ~** (question) tag **3.** *[kétséges dolog]* **~, hogy/vajon** ... I wonder whether/if ..., the question is: ...; **az még ~, hogy** ... it remains to be seen whether ...; **~, hogy eljön-e?** I wonder if he'll come **4.** *[probléma]* question, problem, issue; **a lexikográfia főbb ~ei** fundamental issues in (v. aspects of) lexicography; **ez etikai ~** it's a question of ethics; **politikai ~eket vitat meg** debate/argue political issues; **a ~ (lényege) az, hogy** ... the (real) issue is that ...; **a szóban forgó ~** the question under discussion, the point/matter at issue; **ez más ~** that's another matter **5. vmnek a ~e** a question/matter of; **napok ~e** (it's) a matter of days; **ízlés ~e** (it's) a matter/question of taste; → **idő**
kérdéses *mn* **1.** *[szóban forgó]* in question/hand *ut*, *[tárgyalt]* under discussion *ut* **2.** *[eldöntetlen]* problematical, undecided, *[bizonytalan]* questionable, doubtful, uncertain; **~sé tesz** question; **nem ~** there can be no doubt/question about/that
kérdésfeltevés *fn* (formulation of the) question, *átv* (statement of the) problem; **rossz a ~** the question is wrongly put/stated/formulated
kérdez *i* **1.** *ált* ask, put* a question; (*vktől vmt*) ask sy sg, ask sy a question; **azt ~te, hogy/vajon** ... he asked if/whether ...; **~te (tőlem), hol lakom** he asked (me) where I lived, *hiv [pl. rendőr]* he inquired where I lived **2.** *[érdeklődve]* inquire (about/after sg); **~tem (tőle), mit akar** I asked him what he wanted **3.** *[vizsgán]* examine, ask/put* questions; **a leckét ~i** hear* the lesson
kérdezés *fn* asking, questioning
kérdezget *i* keep* asking, inquire after, be* always asking (questions)
kérdezőbiztos *fn [közvélemény-kutatásban]* pollster, poll taker
kérdezősködés *fn* inquiring, inquiry
kérdezősköd|ik *i* (*vknél vm/vk után*) put* questions to sy about sg/sy, question sy about sy/sg, inquire after sy/sg (about sg)
kérdő I. *mn* **1.** *nyelv* interrogative; **~ mondat** interrogative (sentence), question; **tegye ~ mondatba** put [this statement] into the interrogative, make [the sentence] interrogative, turn [the following statements] into questions; **~ névmás** interrogative pronoun **2. ~ pillantás** inquiring/questioning look/glance **II.** *fn* **~re von vkt vmért** call sy to account (for sg), take* sy to task (about sg v. for doing sg)
kérdően *hsz* inquiringly, questioningly
kérdőív *fn* questionnaire, form; **~et kitölt** fill in/out a form/questionnaire
kérdőíves *mn* questionnaire; **~ módszer** questionnaire method
kérdőjel *fn* question mark, *US* interrogation point/mark
kérdőleg *hsz* → **kérdően**
kérdőszó *fn* interrogative (word), question-word
kérdőszócska *fn* interrogative particle
kerecsensólyom *fn áll* saker
kéredzked|ik *i* (*vktől vhová*) ask (sy's) permission to go swhere
kéreg *fn* **1.** *[fáé]* bark, *[a földé]* crust; **kérget lehánt vmről** bark/strip sg **2.** *[cipőben]* counter, stiffener
kéreget *i* beg (alms), go* begging
kéregetés *fn* begging

K

kéregető *fn* beggar
kéregpapír *fn* cardboard, pasteboard
kéregvasút *fn* subsurface railway
kerek I. *mn* **1.** *[kör alakú]* round(ed), circular; **~ fejű** round-headed; **a ~ világon** in the whole world; **~ zárójel** round brackets *tsz* **2.** *[egész]* round; **~ egész** well-rounded; **~ mondat** well turned phrase; **~ összeg** a round sum; **~ egy millió(t)** *biz* a round (*US* cool) million; **~ szám** round number **3.** *[nyílt]* flat; **~ elutasítás** flat refusal; *biz* **~ perec** flatly, bluntly, straight; → **kereken II.** *fn* **a föld ~én** (all) the world over, all over the world
kerék *fn* wheel; **első ~** front wheel; **hátsó ~** rear wheel; **hiányzik egy kereke** *átv* have* a screw loose, he is not all there, have* bats in the belfry; **~be tör** (i) *tört* break* sy on the wheel (ii) *biz [nyelvet]* murder, say* sg in broken [English/French etc.]; **kereket old** take* to one's heels; **visszafelé forgatja a(z) idő/történelem kerekét** put* the clock back
kerékabroncs *fn* tyre (*US* tire)
kerékagy *fn* (wheel) hub
kerekasztal *fn* round table, round-table discussion; **ellenzéki ~** opposition round table
kerekasztal-konferencia *fn* round-table conference/discussion
kerékbetörés *fn tört* breaking on the wheel
kerékbilincs *fn GB* (wheel) clamp, *US* (Denver) boot; **~et helyez fel** *GB* wheel-clamp, clamp, *US* boot [a car]
kerekded *mn* round(ish), rotund
kereked|ik *i* **1.** *[kerek lesz]* become* round, round **2.** *[keletkezik]* arise*, *[szél]* spring* up; **vihar ~ett** a storm arose **3. vk fölé ~ik** overcome*, get* the better of sy, get* the upper hand (over)
kereken *hsz [nyíltan]* bluntly, flatly, explicitly; **~ megmondja** tell* (sy sg) straight, *[véleményét]* not mince one's words; **~ tagad** flatly deny; **~ visszautasít** flatly refuse sg
kerekes *mn* wheeled; **~ kút** draw-well
kerekez|ik *i biz* bike, pedal (*US* -l)
kerékfog *fn* cog
kerékgyártó *fn* wheelwright
kerekít *i* round (off), make* round
kerékkötő *fn* **1.** *konkr* (wheel-)drag **2.** *átv* obstacle, hindrance, drag
keréknyom *fn [földben]* track, rut
kerékpár *fn* bicycle, *biz* bike
kerékpárabroncs *fn* bicycle tyre (*US* tire)
kerékpárbelső *fn* inner tube
kerékpárgumi *fn* bicycle tyre (*US* tire)
kerékpárjavító *mn* **~ műhely** cycle shop
kerékpárkormány *fn* handlebars *tsz*
kerékpármegőrző *fn* parking place for bicycles, bicycle-park
kerékpáros I. *mn* cycling; **~ futár** cycle courier **II.** *fn* cyclist
kerékpározás *fn* cycling
kerékpároz|ik *i* cycle, ride* (on) a bicycle, *biz* bike, pedal (*US* -l)
kerékpárpumpa *fn* (bicycle) pump
kerékpársáv *fn* bicycle lane
kerékpársport *fn* cycling
kerékpárút *fn* cycle path
kerékpárverseny *fn* cycle/cycling race
kerekség *fn* roundness; **a föld ~én** in the whole world, all over the world; **sehol a föld ~én** nowhere all over the world
kerékvágás *fn* **1.** *[földben]* rut, track (of wheel) **2.** *átv* the daily round, routine; **életünk a rendes ~ban halad** our life goes on as before, we're settled (back) into the old routine; **kizökken a rendes ~ból** get* out of the rut/groove; **visszazökken a régi/rendes ~ba** take* up the daily round again, *[helyzet]* be*/get* back to normal
kérelem *fn [kérés]* request, plea, *[kérvény]* application, petition; **saját kérelmére** at one's own request; **~nek helyt ad** grant a request; **azzal a ~mel fordulok** ... I would like to approach you with the following request: ..., I would be very much obliged if you would kindly ...
kérelmez *i* request sg, *[kérvénnyel]* apply (to sy) for sg, make* an application for sg
kérelmező *fn* petitioner, *[állást, lakást]* applicant (for sg)
kerepel *i [gólya]* clatter, *[vk kerepelővel]* rattle
kerepló *fn* rattle
keres *i* **1.** (*vmt*) look for sg, seek* sg, *[kutatva]* search for/after sg, hunt for sg, be* in search of sg, *[állást]* seek*, look for [a job]; → **állás 4; mit ~el?** what are you looking for?; **maga mit ~ itt?** what's your business here?, what are you doing here?; **~i a szavakat** be* at a loss for words; **ahol nincs, ott ne ~s** you cannot get blood out of a stone; **ezt az árut nagyon ~ik** this article is in great demand (v. much sought-after); **~ve sem találni jobbat** it's the best you can get **2.** (*vkt*) seek*, look for, *[alkalmazottat]* want; **senki sem ~ett?, ~ett vk?** did anyone ask for me?, did anybody call (to see me)?; **Budai urat ~ik** Mr. Budai is wanted; **kit tetszik ~ni?** who did you want?, who are you looking for?; **a főnököt ~em** I'm looking for the man in charge; **gépírónőt ~ünk** *[hirdetésben]* typist wanted **3.** *[pénzt]* earn, *[üzlettel]* make* [money]; **kenyeret ~** earn one's living/bread; **jól ~** earn a good living, be* doing well; **mennyit ~?** how much does (s)he earn?, *biz* what does (s)he make?; **havi 85 000 Ft-ot ~** he earns (v. *biz* makes) 85,000 fts a month; **akkoriban évi 8000 fontot ~tem** I was making £8,000 a year at that period of my life; **mennyit ~ett rajta?** how much did he make on it?; **50 000 forintot ~ett rajta** he made 50,000 forints on it; **hárman ~nek a családból** there are three breadwinners in the family
kérés *fn* request; **ez túl nagy ~ vktől** that's too much to ask (of sy); **volna egy ~em** may I ask (for) a favour (*US* -or)?; **vk ~ére** at sy's request; **~re** *[pl. házhoz jövök]* on request; **~ nélkül** unasked; **~t előad** submit/make* a request
keresés *fn* search, seeking, pursuit; **vknek/vmnek a ~ére indul** set* out in search of sg/sy
kereset *fn* **1.** *[megélhetés]* living, *[jövedelem]* income, earnings *tsz*, *[fizetés]* salary, *[munkabér]* wages *tsz*; **~ nélküli** having no income *ut*; **mennyi a havi ~e?** how much does (s)he earn a month?; **havi ~e 50 000 Ft** his/her monthly salary is 50,000 fts **2.** *jog* action, suit; **~et benyújt/indít vk ellen** bring*/enter/institute an action (v. *US* bring*/file a suit) against sy; **~et elutasít** dismiss an action; **~nek nincs helye** no action will lie
kereseti *mn* **~ adó** income tax; **~ forrás** source of income; **~ kimutatás** statement of income
keresetképes *mn* → **keresőképes**
keresetképtelen *mn* → **keresőképtelen**
keresetlen *mn [mesterkéletlen]* unaffected, artless, informal, *[szavak]* simple, plain; **néhány ~ szóval** in a few simple words, in plain words; *biz* **volt hozzá néhány ~ szavam** I gave him/her a piece of my mind, I gave him/her what for
keresett *mn* **1.** *[cikk]* in demand *ut*; **nagyon ~** much in demand (v. sought-after) *ut*; → **kapós** 2; *[felkapott]* popular, fashionable **2.** → **mesterkélt**
keresgél *i* rummage, *[vm után kutat]* search for, rummage for, try to find
kereskedelem *fn* (*röv* **ker.**)trade, commerce (*röv* **com., comm.**); **elektronikus ~** e-commerce; **kereskedelmet folytat/űz** trade
kereskedelmi *mn* (*röv* **ker.**)commercial (*röv* **com., comm.**), of commerce *ut*, of trade *ut*, trade, business; **~ alkalmazott** (commercial) clerk; **~ attasé** commercial attaché/representative; **~ bank** bank of commerce, commercial bank; **~ cég** commercial firm; **~ dolgozó** (commercial) clerk, commercial employee; **~ egyezmény** trade agreement; **~ gócpont** trade/commercial centre (*US* -ter), centre (*US* -ter) of commerce; **~ hajó** merchantman°, merchant ship, trading vessel; **~ hajózás** *GB* merchant navy, *US* merchant marine; mercantile marine, commercial

shipping; ~ **iskola** school of commerce, commercial school/college; ~ **kamara** Chamber of Commerce, *US* board of trade; ~ **kapcsolatok** commercial/trade/business relations/links; ~ **küldöttség** trade/commercial delegation; ~ **levelezés** commercial correspondence; ~ **levelező** (foreign) correspondence clerk, secretary dealing with foreign correspondence; ~ **megállapodás** trade agreement; ~ **pályára megy** (s)he'll do business; ~ **szellem** business spirit/acumen, *pej* mercantile spirit; **nem ~ szellemű** unbusinesslike; ~ **szerződés** commercial treaty, trade agreement; ~ **tanuló** trade apprentice; ~ **tárgyalások** trade talks; ~ **televízió** commercial television; ~ **tengerészet** → **kereskedelmi hajózás**; ~ **tengerész** merchant seaman°; ~ **utazó** commercial traveller (*US* -l-), travelling (*US* -l-) salesman°

kereskedés *fn* **1.** *[folyamat]* trade, trading, business **2.** *[üzlet]* shop, *US* store

keresked|ik *i* **1.** *[kereskedést folytat]* trade, be* in business, carry on trade; **~ik vkvel** transact/do* business with sy, trade with sy; **~ik vmvel** trade/deal* in sg **2. rossz helyen ~ik** be* barking up the wrong tree, have* come to the wrong shop

kereskedő *fn* **1.** *[boltos]* tradesman°, shopkeeper **2.** *[üzletember]* merchant, trader, dealer, businessman°

kereskedőház *fn* commercial house

kereskedőnegyed *fn* business quarter

kereskedőnép *fn* merchant nation, nation of traders

kereskedősegéd *fn* shop assistant, *US* (sales)clerk

kereslet *fn* demand; **élénk ~** booming demand; **élénkül a ~** demand is booming; **~ és kínálat** supply and demand; **(nagy) ~nek örvend** be* (much) in demand; **~et kielégít** meet*/satisfy the demand, supply a demand

keresletcsökkenés *fn* decrease of demand

keresmény *fn* earnings *tsz*

keresnivaló *fn* **itt nincs semmi ~d** you have no business here

kereső I. *mn* **1.** (*vmt/vkt*) seeking sg/sy *ut*, looking/searching for sy/sg *ut* **2. ~ foglalkozás** gainful employment/occupation **3. ~ családtag** wage earner (in/of the/a family) **II.** *fn* **1.** *fényk* viewfinder **2.** *[kenyeret]* (wage) earner, breadwinner

keresőképes *mn* capable of earning one's living *ut*, *[munkaképes]* fit for work *ut*; **~ korban van** be* of employable/working age

keresőképtelen *mn* incapable of earning (v. unable to earn) one's living *ut*, disabled, dependent

keresőkifejezés *fn infor* search string

keresőprogram *fn infor* search engine

kérész *fn* mayfly

kérészéletű *mn* ephemeral, short-lived

kereszt *fn* **1.** *ált* cross, *[feszület]* crucifix; **~ alakú** cross-shaped, cruciform; **mindenkinek megvan a maga ~je** everyone has his cross to bear; **~re feszít vkt** crucify; **~et vet** cross oneself; **~et vet vmre** give* up sg as lost **2.** *[gabona]* shock **3.** *zene* sharp (sign) **4.** *[lábjegyzetjel]* dagger; **dupla ~** double dagger

keresztanya *fn* godmother

keresztapa *fn* godfather

keresztárfolyam *fn gazd* cross rate

keresztbe *hsz* across, crosswise; **~ teszi a karját** cross/fold one's arms; **~ teszi/rakja a lábát** cross one's legs

keresztben *hsz* across, crosswise, crossways, *[átlósan]* diagonally; **~ áll a szeme** squint, be* cross-eyed; *[ittas is]* see* double

keresztboltozat *fn* cross-vaulting

keresztcsont *fn* sacrum

keresztel *i* baptize, christen; **Pálnak ~ték** [the child] was christened Pál; **reformátusnak ~ték** (s)he was baptized a Calvinist

keresztelés *fn* baptism, christening

keresztelő *fn* baptism, christening (ceremony)

keresztelőmedence *fn* (baptismal) font

keresztény *mn [protestáns szóhasználatban* **keresztyén***]* Christian; **~ erkölcs** Christian ethic; **~ hitre tér** convert to Christianity, turn Christian

keresztényi, **keresztyéni** *mn* Christian

kereszténység, **keresztyénség** *fn* **1.** *[hit]* Christianity, Christian faith **2.** *[hívek]* Christianity, Christendom, the Christians *tsz*

keresztes I. *mn* bearing a cross *ut*; **~ hadjárat** crusade; **~ lovag/vitéz** crusader **II.** *fn* crusader

keresztespók *fn* (common) garden/cross spider

keresztesvirágú *mn/fn* cruciferous; **~ak** cruciferae

keresztez *i* **1.** *[ált vmt]* cross; **~i(k) egymást** *[utak, vonalak]* intersect, cross each other; **leveleink ~ték egymást** our letters have crossed in the post **2.** *[meghiúsít]* cross, thwart; **~i vknek az útját** cross sy's path; **~i vknek a terveit** cross sy's plans **3.** *mezőg [állatot]* cross(breed*), *növ* cross(fertilize), hybridize

keresztezés *fn* **1.** *[út]* → **kereszteződés 2.** *[biol, mezőg folyamat]* crossbreeding, *növ* cross-fertilization, hybridization **3.** *[biol, mezőg eredménye]* cross(breed), hybrid

keresztezett *mn* **~ fajta** crossbreed

kereszteződés *fn ált* crossing; → **útkereszteződés**

kereszteződ|ik *i* **1.** → **keresztezi(k) egymást 2.** *biol* interbreed*, cross, hybridize

keresztfiú *fn* godson

keresztfűrész *fn* two-handed saw, crosscut saw

keresztgerenda *fn* crossbeam

keresztgyermek *fn* godchild°

kereszthajó *fn* transept

kereszthalál *fn* crucifixion

kereszthúros *mn [zongora]* cross-strung, overstrung

keresztirányú *mn* transversal, transverse

keresztkérdés *fn* cross-question; **~ek alá fog vkt** cross-question sy, cross-examine sy

keresztkötés *fn [csomagolásnál]* wrapper

keresztlabda *fn sp* cross

keresztlány *fn* goddaughter

keresztléc *fn sp* crossbar

keresztlevél *fn* certificate of baptism

keresztmetszet *fn* cross section; → **szűk**

keresztnév *fn GB* first/Christian name, *US* given name

keresztöltés *fn* cross stitch

keresztrejtvény *fn* crossword (puzzle)

keresztrím *fn* alternate rhyme

keresztség *fn* baptism; **a ~ben a Béla nevet kapta** he was baptized B.

keresztszál *fn tex* woof, weft, cross fibre (*US* -ber)

keresztszülők *fn tsz* godparents

kereszttűz *fn átv is* crossfire; **~be kerül** *konkr* be* caught in the crossfire; **a kérdések kereszttüzében** under fire, in the barrage of questions; **a vita kereszttüzében** [caught] in the crossfire of the dispute [over sg]

keresztút *fn* **1.** *[keresztező út]* crossroad(s), side turning **2.** *vall* the stations of the Cross *tsz*

keresztutca *fn* side street; **jobbra az első ~** [take*] the first turning on the right

keresztül *hsz* **1.** *[térben]* through, across, over, *[utazásnál]* via; **a réten ~** across the fields; **Bécsen ~** via Vienna **2.** *[segítségével]* by means of, through; **egy barátomon ~** through a friend of mine; **a sajtón ~** by means of (v. through) the press; **egy munkaközvetítő irodán ~** through an employment agency **3.** *[időben]* for, during, through(out); **tíz éven ~** (for) ten years; **az egész időn ~** all the time, all along

keresztüldöf *i* stab, pierce (through)

keresztülenged *i* let* through, allow to pass

keresztülerőszakol *i* force/push/ram through

keresztüles|ik *i* **1.** *[térben]* traverse, drop over **2.** *[betegségen]* get* over [an illness]

keresztülfoly|ik *i* flow through/across; **a folyó ~ik a síkságon** the river crosses/traverses the plain

keresztülfut *i* **1.** *konkr* run*/race through **2.** *[szemmel]* run* through
keresztülgázol *i* **1.** *[vízen]* wade through **2.** *[ellenfélen]* cut* a (wide) swath(e) through
keresztülhajszol *i* rush through
keresztülhalad *i* pass (through)
keresztülhúz *i* **1. ~za a cérnát a tű fokán** thread a needle **2.** *[töröl]* strike*/cross out, *[érvénytelenít]* cancel (*US* -l) **3.** *átv* thwart, frustrate; **~za vk számításait** upset*/ruin sy's plans, *kif* put* a spoke in sy's wheel; *kif* upset* sy's apple-cart, queer sy's pitch
keresztüljár *i* pass (through)
keresztüljut *i* get* through
keresztül-kasul *hsz* through and through, from one end to the other
keresztüllát *i* see* through
keresztüllő *i* shoot* through
keresztülmegy *i* **1.** *[halad]* pass (through), cross **2.** *[átél]* undergo*, go* through, *[egy ország vmn]* pass through, *[szenvedésen, betegségen]* go*/come*/pull through [an illness] **3.** *[vizsgán]* pass; → **átmegy**
keresztülnéz *i* **1.** (*vmn*) look through **2. ~ vkn** cut* sy dead/cold, ignore/snub sy
keresztülszúr *i* stab, pierce (through)
keresztültör *i* break* through
keresztülvág *i* **1.** *[elvág]* cut* across/through **2. ~ja magát vmn** cut*/force one's way through sg **3.** (*vmn*) take* a short cut [across the fields etc.], cut* through [the forest etc.], cross, traverse
keresztülvezet *i* (*vmn*) lead* through, cross, traverse
keresztülvihetetlen *mn* impracticable, unworkable, infeasible
keresztülvihető *mn* feasible, practicable, *[terv]* workable; **könnyen ~** easy to accomplish *ut*
keresztülvisz *i* **1.** *[terhet]* take*/carry through/across **2.** *átv* carry out/through, go* through with, carry/put* sg into execution; **~i az akaratát** have* one's way **3.** → **keresztülvezet**
keresztülvitel *fn [kivitelezés]* execution, *[teljesítés]* carrying out, achievement
keresztvas *fn* angle-bar, crossbar, crosspiece
keresztvíz *fn* (baptismal) water; **leszedi vkről a keresztvizet** curse sy roundly, *[lehord]* tear* sy off a strip
keresztyén (...) *mn* → **keresztény (...)**
keret *fn* **1.** *[képnek stb.]* frame, *[szemüvegkeret]* frame, frames *tsz*; **~be foglal/illeszt** frame, mount **2.** *[embereké]* cadre, *[ált létszám]* a given/stated number of people; *[személyzeti]* skeleton staff; *sp [olimpiai, labdarúgó stb.]* squad **3. pénzügyi ~** earmarked/available/allocated funds *tsz*, allocation; **nincs rá ~** it is not budgeted for, it has not been allowed for in the estimates, there is no money for it **4.** *[határ]* compass, range, limits *tsz*, *[váz]* framework; **szűk ~ek között** within a narrow compass/range, within narrow bounds; **vm ~ében** (with)in the scope/framework of sg; **az előadás ~ében** in the course of the performance/lecture
kéret *i* ask (sy) to come, send* for sy; **magához ~ vkt** invite sy to appear before one, send* for sy; **~i magát** take* much asking/persuading (to do sg); *szl [akinek udvarolnak]* play hard to get; **nem ~te magát** he didn't need telling twice
keretantenna *fn* frame/loop aerial (*US* antenna)
keretes *mn* framed, set in a frame *ut*, mounted; *irod* **~ szerkezet** frame, framed structure; **~ írás** *[újságban]* box
keretez *i* set*/fit in a frame, frame, mount
keretezés *fn* framing, mounting
keretező *mn/fn* framer
keretfűrész *fn* frame-saw
kéretlen *mn* unasked, uninvited
kéretlenül *hsz* unasked; **~ tesz vmt** do* sg unasked
keretprogram *fn infor* shell
keretszerződés *fn gazd* general contract, skeleton agreement

kerettanterv *fn okt GB* National Curriculum
kerettörténet *fn* story line
kerevet *fn* divan
kerge *mn* **1.** *[állat]* suffering from the staggers *ut* **2.** *átv* (*vk*) wild, crazy
kergemarhakór *fn orv [szivacsos agysorvadás]* bovine spongiform encephalopathy (*röv* **BSE**), *biz* mad cow disease
kérges *mn [kéz]* horny, callous; **~ szívű** callous, insensitive
kerget *i* chase, pursue, hunt; **halálba ~ vkt** drive*/hound sy to death; **az őrületbe ~sz!** *biz* you drive me crazy/nuts
kergető(d)z|ik *i* chase about, *[fiatal állatok]* frisk, gambol (*US* -l)
kering *i* **1.** *[bolygó]* revolve (*vm körül* round), *[űrhajó]* orbit, *[vm a levegőben]* circle, *[folyadék, gáz]* circulate; **vér ~ a testben** blood circulates round/through the body **2.** *[hír]* circulate, go* (a)round; **hírek ~enek vmről** there are news of [sg happening], rumour has it that ...
keringés *fn [bolygóé]* revolution, *[más tárgyé]* circling, *[folyadéké, véré stb.]* circulation
keringési *mn orv* **~ elégtelenség** circulatory failure, disturbance; **~ rendszer** circulatory system; **~ idő** *csill* (period of) revolution
keringő *fn [tánc]* waltz
keringőz|ik *i* waltz, dance a/the waltz
kerít *i* **1.** *[szerez]* get*, get* hold of, obtain, go* and fetch; **orvost ~** find* a doctor; **pénzt ~** raise money **2.** *[nőt]* procure; → **fenék**, → **hatalom**, → **kéz**, → **sor**
kerítés *fn* **1.** *[vm körül]* fence, fencing, railing; *[fa]* picket fence, paling, *[drót]* wire netting fence **2.** *[nőkkel]* procuring; **~sel foglalkozik** procure, pimp, be* a pimp/procurer
kerítetlen *mn* unfenced
kerítő *fn* procurer, pimp
kerítőháló *fn* drag/sweep-net
kerítőnő *fn* procuress
kérkedés *fn* boasting, bragging, braggadocio, big talk
kérked|ik *i* talk big, brag, *[vmvel]* vaunt sg, boast of sg
kérkedő I. *mn* bragging, vaunting, boastful **II.** *fn* boaster, braggart
kérlel *i* beg, entreat, implore, plead
kérlelés *fn* entreaty, imploring, pleading
kérlelhetetlen *mn* implacable, relentless, inexorable
kéró *fn szl [lakás]* pad
kerozin *fn kém rep* kerosene
kérő I. *mn* asking, requesting; **~ szóval fordul vkhez** entreat sy **II.** *fn [leányé]* suitor
kérődzés *fn átv is* chewing of the cud, rumination
kérődz|ik *i átv is* chew the cud, ruminate
kérődző *mn* ruminant
kérően *hsz* entreatingly
kérőjegy, -lap *fn [könyvtári]* request/call slip, order form
kert *fn* garden, *[gyümölcsös]* orchard, *[veteményes, konyha~]* kitchen garden
kertajtó *mn* garden-gate/door
kertel *i* mince matters, beat* about the bush, hedge
kertelés *fn* mincing matters, beating about the bush; **~ nélkül** bluntly, frankly; **~ nélkül megmond vmt** *biz* make* no bones about it, not mince one's words
kertépítés, **kertépítészet** *fn* landscape architecture, gardening
kertépítő *mn* **~ mérnök** landscape architect/gardener
kertes *mn* having/with a garden *ut*; **~ ház** house with a garden; *GB* detached house
kertész *fn* gardener, *tud* horticulturist
kertészet *fn* **1.** *[foglalkozás]* gardening, *tud* horticulture **2.** *[üzem]* garden, nursery(-garden), *[piacra termelő]* market garden, *US* truck farm
kertészeti *mn* of gardening *ut*, gardening, *tud* horticultural; **K~ és Élelmiszeripari Egyetem** University of Horticulture and Food Industry; **~ kiállítás** horticultural show

ertészkedés *fn* gardening, *tud* horticulture
ertészked|ik *i* do* some/the gardening, garden
ertészkés *fn* pruning knife°
ertészlak *fn* gardener's lodge
ertészlegény *fn* undergardener
ertészmérnök *fn* horticulturist
ertésznadrág *fn* dungarees *tsz*
ertészolló *fn* garden shears *tsz*; *GB* secateurs *tsz*
ertgazdálkodás *fn* horticulture
ertgazdaság *fn* → **kertészet**
erthelyiség *fn* (beer) garden
erti *mn* **1.** garden; **~ növény** garden plant; **~ olló** secateurs *tsz*; **~ szerszámok** gardening tools; **~ törpe** garden gnome; **~ ünnepély/parti** garden party; **~ vetemény** garden produce, vegetables *tsz* **2.** → **kertészeti**
ertkapu *fn* garden gate
ertkultúra *fn* horticulture
ertmozi *fn* open-air cinema
ertművelés *fn* gardening, *tud* horticulture
ertváros *fn* garden city/suburb
ertvárosi *mn* suburban
ertvendéglő *fn* garden restaurant
erub *fn* cherub
kerül *i* **1.** (*vhova*) get* somewhere, arrive at, come*/get* to; **kórházba ~** be* taken/sent to hospital (v. *főleg: US* to the hospital), be* hospitalized; **a külügyhöz ~t** *[állásba]* he was appointed to the Foreign Ministry; **vidékre ~t** he was transferred to the provinces; **hát te hogy ~tél ide?** how (on earth) did you get here?; **hogy ~t ide ez a könyv?** how did this book get here?; **a hajó viharba ~t** the ship hit bad weather **2.** (*vmre*) come* to, result/end in; **perre ~t a dolog** they went to law about it; **rá ~ a sor** it is his/her turn now; → **sor 3.** *[jut]* **~ neked is vm** there will be something left for you too **4.** *[vmbe, pénzbe]* cost*, come* to, *[időbe]* take*/require [time]; **~, amibe ~** cost what it may, at any cost, at all costs, no expense(s) spared; **hozd a pénzt, ~, amibe ~** get the money, regardless!; **mibe/mennyibe ~?** how much is it?, what does it cost?, what is the price of it?; **mibe fog ez ~ni?** how much is this going to cost?; **ez körülbelül 2000 Ft-ba fog ~ni** this is going to cost about 2,000 fts; **5000 forintba ~t** it cost (sy) 5,000 fts, it came to 5,000 fts, we paid 5,000 fts for it; **sokba ~** it costs a lot, it costs a great deal, it is very expensive; **sok időmbe ~t** it took me a long time (to do), *biz* it took me ages; **sok munkámba ~t** I worked a lot on it; **az életébe ~t** it cost him his life; **csak egy szavadba ~** you need only say a/the word **5.** (*vkt/vmt*) *ált* avoid, keep away from, steer clear of, *[elővigyázatosságból]* give* sg/sy a wide berth, shun, keep* out of the way (of); **~i az embereket** be* unsociable, avoid people; **~i a témát** skirt the issue(s) **6.** *[kerülőt tesz]* go* a round-about/circuitous way, go* round; **nagyot ~t** went a/the long way round; → **baj**, → **iskola**, → **kéz**, → **sor**
kerület *fn* **1.** *[körvonal]* outline, contour, circle, *mat* circumference **2.** *[városi, közigazgatási]* (*röv* **ker.**) district, *GB* borough; **a XII. ~** the 12th district
kerületi *mn* **1.** *[városi kerülettel kapcs.]* (*röv* **ker.**) district; **~ bíróság** local/district court; **~ önkormányzat** district/local council; **a Bp. XII. ~** (*röv* **ker.**) **Önkormányzat** the Local Government of the 12th District in Budapest **2.** *mat* circumferential
kerül-fordul *i* → **térül-fordul**
kerülget *i* **1.** *biz* **~ vkt** *[udvarlási szándékkal]* hang* around sy **2.** *[témát]* talk round [the subject], skirt [the issue]; **~i, mint macska a forró kását** beat* about the bush; → **guta**
kerülő I. *mn* **~ út** detour; **~ úton** (i) *konkr* by a roundabout route (ii) *átv* in a roundabout way; **~ utat tesz** make* a detour; **társaságot ~ ember** loner, person shunning company **II.** *fn [út]* detour; **nagy ~** it is a long way round; **~t tesz** make* a detour
kérvény *fn* application, request, *jog [főleg közügyben, válókereseti]* petition; **~t bead/benyújt** *[vkhez vm ügyben]* make*/submit an application (to sy for sg), apply (to sy) for (sg); *főleg: jog* file a petition (for sg)
kérvényez *i* make*/submit an application for sg, apply for sg
kérvényező *fn* applicant, *[főleg közügyben, ill. jog válóperben felperes]* petitioner
kérvényűrlap *fn* application form
kés *fn* knife°; **~ek** *[háztartásban]* cutlery; *biz* **~ alá fekszik** *[műtétnek veti alá magát]* go° under the knife
késdobáló *fn biz [rosszhírű szórakozóhely]* dive
késedelem *fn* delay, *[fizetési]* default; **~ nélkül** without delay, forthwith, at once; **nem tűr késedelmet** it brooks no delay; **késedelmet szenved** suffer delay, be* delayed/postponed
késedelmes *mn* dilatory, slow, delayed, *gazd* defaulting, in default *ut*
késedelmi *mn* **(500 Ft) ~ díj** *[könyvtárban]* a fine (of 500 fts); **~ kamat** interest for/on default, default interest
kései *mn* **~ vendég** late-night guest; **ezen a ~ órán** at this late hour; **~ gyermek** late(-born) child
késel *i* stab (sy) with a knife, knife
késél *fn* knife-edge
késelés *fn* knifing
keselyű *fn* vulture
keserédes *mn átv is* bittersweet
kesereg *i* (*vmn*) grieve at/over/about sg, lament (over) sg
kesergés *fn* lament, lamentation
kesergő I. *mn* grieving, lamenting **II.** *fn [zene]* lament, dirge
keserít *i* grieve, embitter, sadden; **~i az életemet** sy/sg makes my life a burden
kesernyés *mn* bitterish
keserű *mn* bitter → **pirula**
keserűség *fn* **1.** *[íz]* bitterness **2.** *[szomorúság]* bitterness, grief, distress
keserűsó *fn* Epsom salts *tsz*, bitter salt
keserűvíz *fn* bitter water
keserves *mn [fájó]* painful, *[keserű]* bitter, grievous, sorrowful, *[nehéz]* troublesome, hard, laborious; **~ csalódás** bitter disappointment; **~ kenyér** hard way of living; **~ sírás** bitter tears *tsz*
keservesen *hsz* bitterly; **~ csalódik** have* the disappointment of one's life; **~ zokog** sob bitterly, sob/cry one's heart out
késes *fn* cutler; **~ (és köszörűs)** knife grinder
késés *fn [vonaté stb.]* delay; *[érkezéskor]* late arrival; *[induláskor]* late departure; **mennyi ~e van a vonatnak?** how late is the train running?; **a vonatnak 25 perc ~e van** the train is (running) 25 minutes late, the train was delayed for 25 minutes; **háromórás ~** a delay of three hours; **nincs ~ünk** the train is on (v. is running to) time; **elnézést a ~ért** sorry for being late
késhegy *fn* **~re menő vitát folytat** be* at daggers drawn
kés|ik *i* **1.** *[vk]* be* late, *[vonat]* be* (running) late; **két órát ~ett** he was two hours late; **a forgalom miatt ~tem** I was delayed by the traffic; **~ik** *[kiírás reptéren]* delayed; **(a vonat) 25 percet késik** the train is (running) 25 minutes late, the train has a 25 minutes delay; **2 órát ~ett a vonat** the train was delayed (for) two hours; **a köd miatt ~nek a gépek/járatok** incoming flights will be subject to delay because of the fog, planes are delayed by fog; **ami ~ik, nem múlik** everything comes to him who waits; **~ik a válasz** the answer is overdue **2.** *[óra]* be* slow; **~ik az órám** my watch is slow; **öt percet ~ik az órája** his watch is five minutes slow, his watch loses five minutes (a day)
keskeny *mn* narrow, tight, *[szűk]* strait; **~ nyomtávú/vágányú vasút** narrow-gauge (*US* -gage) railway
keskenyed|ik *i* become* narrow(er), narrow; *[vége felé]* taper
keskenyfilm *fn* 16 mm film, cinefilm
keskenyít *i* make* narrower, narrow

K

késlekedés *fn* tardiness; **nincs idő a ~re** there is no time to lose
késleked|ik *i* fall*/lag behind, linger, (*vmvel*) be* slow in (doing sg)
késleltet *i* **1.** *[feltart]* detain, keep* (back), hold* up **2.** *[lassít]* delay, retard, hold* up/back
késleltetés *fn* retardation, delay(ing)
késleltetett *mn* delayed, retarded
késnyél *fn* knife-handle
késő I. *mn [elkésett]* late, belated, coming (too) late *ut*; **~ éjszakáig** far into the night; **~ éjszakáig fenn marad** stay up late; **~ este** late in the evening; **~ ősz** late autumn (*US* fall); **~ ősszel** late in the autumn (*US* fall) **II.** *hsz* (too) late; **már ~ van** it is getting late, it is late in the day; **már ~** *[nincs tovább]* it is too late **III.** *fn* **~re jár az idő** it is getting late
később *hsz* later (on), afterwards; **egy évvel ~** a year later; **~re hagy/tesz/halaszt vmt** put* off sg, defer/delay sg; → **legkésőbb**
későbbi I. *mn* later, *[rákövetkező]* subsequent, following **II.** *fn* **a ~ek során/folyamán** later on, subsequently
későn *hsz* (too) late; **~ érkező/jövő** latecomer; **~ érő (típus)** *[gyermekről]* a late developer; **~ fekszik le** stay up late; **~ fekvő (ember)** night owl/hawk; **~ kel(ő)** get* up late, be* a late riser; **jobb ~, mint soha** better late than never
késpenge *fn* blade (of knife)
késszúrás *fn* thrust*/stab with a knife
késtapasz *fn* → **glett**
kesudió *fn növ* cashew nut
kész *mn* **1.** *[befejezett]* ready, finished; **~ vagyok** I am ready; (*vmvel*) I have finished/done it; **~ tények elé állít vkt** face sy with a fait accompli **2. ~ vmre, ~ megtenni vmt** be* willing/ready/prepared to (do) sg, be* prepared for sg; **mindenre ~** be* ready/prepared to do everything, be* ready for anything **3.** *[készen kapható]* ready-made, ready-to-wear **4.** *[készséges]* obliging, willing; **~ örömmel** with pleasure, gladly, most happily/willingly **5.** ... **és ~!** and that's that/it, that's all; *biz* **teljesen ~ van** *[fáradt stb.]* be* done for **6.** *[valóságos]* accomplished, perfect, complete, *[gúnyosan]* proper, quite; **~ cirkusz/kabaré** it's (quite) ridiculous; **~ hülyeség** it's completely silly/mad, it's sheer madness
készakarva *hsz* deliberately, on purpose, intentionally
készáru *fn* finished product, finished goods *tsz*
keszeg I. *fn áll* bream **II.** *mn [vékony, csontos]* lanky
készen *hsz* **1.** *[befejezetten]* ready, finished, done, accomplished; **~ van** (*vk/vm*) be* ready; (*vm*) be* finished/done, *[írásmű]* be* written; **~ vagy vele?** are you ready (with it)?, have you done it? **2.** *[felkészülten]* ready, prepared; **~ áll vmre** be* ready/prepared/set for sg; → **kész 1**
készenlét *fn* readiness, preparedness; **~ben áll/van** be* on (the) alert, stand* by (to do sg), be on call/standby; *[rendőrség]* be* on standby; **~ben tart** keep* in store/stock, have* in reserve
készenléti *mn* **~ hitel** standby credit; **~ táska** ever-ready case, camera case
készétel *fn* **1.** *[élelmiszerüzletben]* ready-to-eat meal/food, instant/convenience meal/food, *US* TV dinner **2.** *[étteremben]* dish [on the menu]
készfizetés *fn* → **készpénzfizetés**
készgyártmány *fn* finished product, wholly manufactured goods *tsz*
készít *i* **1.** *[csinál]* make*, prepare, *[ebédet stb.]* prepare, make*, *US* fix; **~hetek egy italt?** *US* can I fix you a drink?; **orvosságot ~** prepare a medicine, make* up a medicine; **tervet ~** make*/devise a plan/scheme, draw* up a plan/scheme **2.** *[előállít vmből]* produce, make*, *[gyárilag]* manufacture, *[ételt]* prepare, make* ready, cook **3.** *[összeállít]* construct
készítés *fn* **1.** *[csinálás]* making, preparation, preparing **2.** *[előkészítés]* preparation, preparing **3.** *[előállítás]* producing, production, manufacture, manufacturing, preparing
készítésű *mn* **házi ~** home-made
készítmény *fn* product, manufacture, *kém* preparation *[gyógyszer]* specific; **gyári ~ek** industrial goods/products
készítő *fn* maker, *[előállító]* manufacturer
készíttet *i* have* sg made
keszkenő *fn [zsebkendő]* handkerchief → **kendő 1**
készkiadás *fn* out-of-pocket expense(s)
készlet *fn* **1.** *[áru]* store, stock (in hand), inventory *[tartalék]* reserve (fund), supply; **~et gyűjt** lay* in a store (of), stockpile (sg); **amíg a ~ tart** while stocks last **2.** *[összetartozó dolgok]* set, *[edények]* set, service, *[személyes számok]* kit
készletez *i* stockpile
készletezés *fn* stockpiling
készletgazdálkodás *fn gazd* inventory management
keszon *fn* caisson
keszonbetegség *fn* caisson disease, decompression sickness, *biz* the bends *esz* v. *tsz*
keszonmunkás *fn* caisson-worker
készpénz *fn* (*röv* **kp.**)cash, ready money; *biz* ready; **nincs nálam ~, fizethetek csekkel?** I've no cash on me, can I pay by cheque?; **~ben/~zel fizet** pay* in cash, pay cash (down) **~nek vesz vmt** take* sg for granted
készpénzfizetés *fn* payment in cash, cash payment
készpénzkészlet *fn* cash balance, cash in hand
készruha *fn* ready-to-wear (v. off-the-peg) clothes *tsz*; **~ vesz** buy* sg off the peg
készség *fn* **1.** *[szerzett]* skill; **~e van** (v. **~re tett szert vmben** be* (very) skilled at/in sg **2.** *[hajlandóság]* readiness, willingness; **~gel** readily, willingly; *[örömmel]* gladly with pleasure; **~gel elismeri, hogy** ... he is ready/happy to admit that ...
készséges *mn* ready, willing, helpful; **nem ~** unhelpful
készségesen *hsz* readily, willingly; *[örömmel]* gladly with pleasure; → **készség**
késztermék *fn* finished product/article
késztet *i* (*vmre*) induce/get*/prompt/urge sy to do sg; **mi ~te erre?** what made him do it?
késztetés *fn pszich* urge, drive
kesztyű *fn* glove(s), *[egy- és kétujjas]* mitten(s); **~t húz** put* on gloves; *kif* **megtanít vkt ~be dudálni** put* the fear of God into sy; *átv* **~t dob vknek az arcába** throw down the gauntlet; *átv* **felveszi a ~t** take* up the gauntlet
kesztyűbőr *fn* glove leather
kesztyűs I. *mn* gloved; **~ kézzel bánik vkvel** handle/treat sy with kid gloves, treat sy leniently **II.** *fn* glover, glove-maker
kesztyűtartó *fn [kocsiban]* glove compartment
készül *i* **1.** *[munkában van]* be* in hand, be* being made *[javítás alatt]* be* under repair, *[építés alatt]* be* being built, be* going up; **~ az ebéd** lunch is on the way; **mikor ~t ez a ruha?** when was this suit made? **2. vmből ~(t)** be* made/composed of sg; *[gyártott]* be* manufactured from sg, be* made from/of sg **3.** *[előkészületeket tesz]* make* (oneself) ready for, make* preparations/arrangements for, *[szándékozik vmt tenni]* be* going to do sg, be* about to do sg; **éppen lefeküdni ~t** he was about to go to bed; **(éppen) indulni ~tem** I was/am just about to leave **4.** (*vhova*) be* about (v. get* ready) to go somewhere; **szabadságra ~** be* preparing/about to go on holiday; **~ az útra** make* preparations for the journey, be* preparing to go **5.** *[pályára]* be* going to be/become sg, want to be/become sg, go* in for sg, *[vmre tanul]* study (for) sg, read* [physics etc.], be* reading for a degree in [physics etc.]; **érettségire ~** prepare for the/one's school leaving examination; **mérnöknek ~** he is studying to be an engineer; **orvosnak ~** want to become a doctor; *[tanul]* study medicine, study for the medical profession; **vizsgára ~** prepare/study for an examination, study (hard) for one's examinations/exams **6.** *[diák* v. *tanár a másnapi órákra,*

lelkész igehirdetésre stb.] prepare for; **tanár úr kérem, nem ~tem** please sir, I haven't prepared anything **7.** *[közeledik]* approach, be* in the offing; **vm ~** there is sg in the wind/air; *biz* there is sg up; → **vihar**

készülék *fn* apparatus, appliance, machine, *[rádió, tévé]* (radio/TV) set; **új fajta ~ek** *biz* modern gadgetry; **ügyes kis ~** *biz* a clever little gadget

készülés *fn ált* preparation, getting ready, *okt* preparation, *GB biz* prep, *[vizsgára]* studying/reading for [one's examinations]

készületlen *mn* unprepared

készületlenül *hsz* unprepared, without preparation, *[váratlanul]* unexpectedly; **~ éri vm** *biz* be* caught napping, be* caught with one's pants down

készülő I. *mn* **1.** *[munkában levő]* in hand/preparation *ut*; **~ mű** the work in hand/preparation/propress **2.** (*vmre*) preparing for *ut*, *[vizsgára]* preparing/studying for [one's exams] *ut* **3.** *[közeledő]* imminent, approaching **II.** *fn* **~ben van** (*vm*) be* under way, be* in preparation/progress, be* in the making; *[meglepetés]* be* in store, *[főleg vm rossz]* there is sg brewing, there is sg in the air/wind; **a ~(fél)ben levő munka** the work in hand/preparation

készülődés *fn* preparation(s), getting ready

készülőd|ik *i* (*vmre*) prepare (oneself) for sg, get* ready for sg; → **készül 3, 4**

készült *mn* → **készül 2**

készültség *fn* **1.** → **készenlét**; *[készenlét]* preparedness, readiness, standby; **~ben van** *[katonaság, rendőrség stb.]* be* on (the) alert, be* (kept) on standby; *[orvos]* be* on call **2.** *kat [alakulat]* squad on standby **3.** → **felkészültség**

két *szn* two; **~ kézzel kap vmn** jump/leap* at sg; **~ legyet egy csapásra** kill two birds with one stone; → **kettő**

kétágú *mn* forked, two-pronged, bifurcate

kétágyas *mn* **~ szoba** double (bed)room

kétajtós *mn* **~ kocsi** coupé, two-door model

kétárbocos I. *mn* two-masted **II.** *fn* two-master, two-masted vessel/ship

kétarcú *mn pej is* double-faced, Janus-faced, *pej* two-faced

kétbalkezes *mn* ham-fisted/handed, clumsy, *[főnévvel] biz* butterfingers *tsz*, *kif* he is all (fingers and) thumbs

kétcsövű *mn [puska]* double-barrelled (*US* -l-)

kétdimenziós *mn* two-dimensional

kételkedés *fn* doubt(ing), scepticism

kételked|ik *i* doubt, (*vmben*) call (sg) in(to) question, question (sg), be* doubtful/sceptical (about), have* (one's) doubts (about)

kételkedő I. *mn* doubting, unconvinced, sceptical **II.** *fn* sceptic

kétell *i* doubt, call in(to) question, question; **kétlem!** I (rather) doubt it, hardly!; **kétlem, hogy eljön** I doubt if/whether/that he'll come, I really wonder if he's coming; **nem kétlem, hogy eljön** he's sure to come, I don't doubt that he'll come

kétéltű I. *mn* amphibious; **~ jármű** amphibious vehicle, amphibian **II.** *fn* amphibian; **~ek** amphibia

kétélű *mn átv is* two/double-edged; **~ fegyver** it's a double-edged weapon, *[igével]* it cuts both ways; **~ bók** backhanded compliment

kétely *fn* doubt, mistrust, misgivings *tsz*; *[vm helyességét, igazságát illetően]* scruple

kétemeletes *mn* **~ ház** three-storey(ed) (v. *US* storied) house, *[a földszintet nem számítva]* 2-storey(ed) (v. *US* -storied) house

kéteres *mn műsz* **~ kábel** twin-core cable

kétértelmű *mn* **1.** having a double meaning *ut*, ambiguous, equivocal **2.** *[illetlen]* risqué, double entendre

kétes *mn* doubtful, dubious, *[bizonytalan]* uncertain, *[vitás]* disputed, contestable, *[nem megbízható]* untrustworthy, unreliable, *[gyanús]* suspicious; **~ egzisztencia** shady/dubious character; **~ értékű** of doubtful/questionable value *ut*, equivocal; **~ értékű bók** left-handed compliment; **~ hírű** ill-reputed; **~ külsejű** suspicious-looking; **~ kimenetelű dolog** a long shot

kétévenként *hsz* every two years, biennially

kétévenkénti *mn* biennial, happenning/occurring every two years *ut*

kétéves *mn* **1.** two years old *ut*, two-year-old **2.** *[két évig tartó]* lasting two years *ut*, two-year

kétevezős *mn [hajó]* pair(-oar)

kétévi *mn* (of) two years, lasting two years *ut*, two-year

kétezer *szn* two thousand

kétezredik *szn/mn* **a ~ év problémája** the Y2K problem

kétfázisú *mn el* two-phase, biphase

kétfedelű *mn rep* **~ repülőgép** biplane

kétfejű *mn* two/double-headed; **~ sas** two-headed eagle

kétfekhelyes *mn* two-berth, having two berths *ut*

kétfelé *hsz* **1.** *[félbe]* in two/half **2.** *[két irányba]* in two/opposite directions; **~ ágazik** bifurcate, branch (off), fork

kétféle *mn* of two (different) kinds/sorts *ut*, alternative, alternate

kétféleképpen *hsz* in two (different) ways; **~ értelmezhető** ambiguous, having a double meaning *ut*; *kif* can be taken two ways

kétfelvonásos *fn* two-act play

kétfogásos *mn* two-course [meal]

kétforintos I. *mn* two-forint **II.** *fn* two-forint coin/piece

kétharmad *hsz* two-thirds *tsz*

kétharmados *mn* **~ többség** two-third majority; **~ törvény** bill passed with a two-third majority

két-három *szn* two or three

kéthasábos *mn* double/two-column

kéthavi *mn* **1.** *[kéthavonként megjelenő]* bimonthly **2.** *[két hónapra szóló]* two month's, for two months *ut*

kéthavonként *hsz [történő, megjelenő]* bimonthly, every two months

kéthavonta *hsz* → **kéthavonként**

kéthetenként *hsz* every two weeks, *GB* fortnightly, biweekly; **~ megjelenő** biweekly

kéthetente *hsz* → **kéthetenként**

kéthetes *mn [időtartam]* two weeks', *GB* a fortnight's, *[kor]* two weeks old *ut*, two-week-old

kétheti *mn* two weeks', *GB* a fortnight's

kéthónapi *mn* two months', for two months *ut*

kéthónapos *mn [időtartamú]* two-month, of two months *ut*; *[korú]* two months old *ut*, two-month-old

kétirányú *mn* two-way, two directional; **~ forgalom** two-way traffic

kétivarú *mn biol* hermaphrodite, hermaphroditic

kétjegyű *mn* **~ betű** digraph; **~ szám** double figures *tsz*, two-figure/digit number

kétkamarás *mn* bicameral [legislature], two-chamber, consisting of two chambers *ut*

kétkarú *mn* **~ emelő** two-armed lever

kétkazettás *mn* **~ magnó** tape to tape (v. double) cassette recorder

kétked|ik *i* → **kételkedik**

kétkerekű *mn* two-wheeled

kétkezes *mn* two-handed

kétkezi *mn* **~ munkás** manual worker

kétkezű *mn* two-handed

kétkulacsos I. *mn* double-dealing **II.** *fn* double-dealer

kétkulacsoskod|ik *i* be* two-faced, be* a double-dealer, *kif* run* with the hare and hunt with the hounds

kétlábú *mn* two-legged, biped

kétlakásos *mn* **~ ház** house with two flats, *US* duplex house

kétlaki *mn* **1.** *növ* di(o)ecious **2.** *biz* **~ életet él** lead* a double life

kétlem *i* → **kétell**

kétméteres *mn [magas]* two metres tall *ut*, *[hosszú]* two-metre, two metres (*US* meters) long *ut*

kétnapi *mn* two-days', of two days *ut*

kétnapos *mn [tartamú]* two-day, of two days *ut*; *[korú]* two days old *ut*, two-day-old
kétnejűség *fn* bigamy
kétnemű *mn* **1.** *[kétféle]* of two different kinds *ut* **2.** *orv áll* bisexual
kétnyelvű *mn* bilingual; ~ **szótár** bilingual dictionary
kétnyelvűség *fn* bilingualism
kétoldali *mn* ~ **bénulás** bilateral paralysis, diplegia; ~ **tüdőgyulladás** double pneumonia
kétoldalt *hsz* on two/both sides, on each side
kétoldalú *mn* bilateral, *[szövet]* double-faced; ~ **kereskedelmi kapcsolatok** bilateral commercial relations; ~ **megállapodás** bilateral agreement
kétórai *mn* **1.** → **kétórás 2. a ~ vonat** the two-o'clock train
kétóránként *hsz* every two hours, bihourly
kétórás *mn* two hours long *ut*, lasting two hours *ut*, two hours', two-hour
kétpályás *mn* ~ **autóút/autópálya** dual carriageway road
kétpárevezős *fn* double scull
kétpártrendszer *fn* two-party system
kétpetéjű *mn* ~ **ikrek** fraternal twins
kétpólusú *mn* bipolar; *pol* ~ **világ** bipolar world
kétpúpú *mn* ~ **teve** Bactrian (v. two-humped) camel
ketrec *fn* cage, *[baromfinak]* coop
kétrészes *mn* two-piece; ~ **fürdőruha** two/2-piece bathing suit (v. swimsuit), bikini
kétrét *hsz* ~ **görnyed** bend* double; ~ **hajt vmt** fold sg in two/half
kétsávos *mn [magnó]* double-track
kétség *fn* doubt; **nem lehet ~ afelől, ehhez ~ nem fér** there is no doubt about it; *biz* and no mistake; **semmi ~, jól főz** *biz* she's a good cook(,) and no mistake; **nincs semmi ~em** I have no doubt whatever, I have not the slightest doubt; **~be ejt** drive* sy to despair/desperation, fill sy with despair; **~be von** call (sg)in question, question, doubt, cast* doubt on; *[vitat]* dispute, *[tagad]* deny, refuse to believe; **~be vonható** doubtful, disputable, questionable; **minden ~et kizáró módon** without any doubt whatever, undoubtedly
kétségbeejtő *mn* desperate, hopeless; ~ **helyzetben van** be* in a desperate situation/state; *szl* be* up shit creek; **ez ~** it makes one (feel) desperate
kétségbeejtően *hsz biz* terribly, dreadfully, awfully
kétségbeesés *fn* despair, desperation
kétségbeesett *mn* desperate; ~ **erőfeszítés(ek)** desperate/frantic effort(s), last-ditch attempts
kétségbees|ik *i* despair, lose* heart; **~tem** my heart sank; **kétségbe van esve** be* desperate, be* in despair
kétségbevonhatatlan *mn* → **kétségtelen**
kétséges *mn* doubtful, dubious, uncertain; **nem ~, hogy** ... it is beyond doubt/question that ..., it is indisputable that ...
kétségkívül *hsz* undoubtedly, without/no/beyond doubt, doubtless, *[valóban]* surely, certainly
kétségtelen *mn* unquestionable, indisputable, certain, sure
kétségtelenül *hsz* → **kétségkívül**
kétsoros *mn* **1.** *[két sorból álló]* in two rows *ut*, double-rowed, *[írás]* of/in two lines *ut* **2.** *[ruha]* double-breasted
kétszakos *mn* ~ **tanár** teacher qualified to teach two subjects
kétszáz *szn* two hundred; ~ **méteres síkfutásban első lett** he won the 200 metres
kétszázéves *mn* ~ **évforduló** bicentenary, 200th anniversary, *főleg: US* bicentennial
kétszemélyes *mn* for two (people) *ut*; ~ **ágy** double bed; ~ **beutaló/üdülés** a holiday for two
kétszer *szn/hsz* twice; ~ **annyi** twice as much/many; ~ **annyit eszik, mint te** (s)he eats twice what (v. the amount that) you eat; ~ **kettő négy** twice two is/are four; ~ **is meggondolja** think* twice (before doing anything); **havonta ~ megjelenő** biweekly (magazine/journal)
kétszeres I. *mn* double, twofold, duplicate **II.** *fn [mennyiség]* double (amount); **~ére emelkedik** be*/become* doubled, double
kétszeresen *hsz* doubly, twofold, twice
kétszeri *mn* done/occurring twice *ut*, double
kétszersült *fn* zwieback, rusk
kétszerte *hsz* twice, doubly
kétszikű *mn* dicotyledonous
kétszintes *mn [ház]* two/2-storey(ed), *US* two/2-storied; ~ **lakás** *GB* maisonette, *US* duplex (apartment)
kétszínű *mn* **1.** *konkr* two-coloured (*US* -or-), of two colours *ut*, bicolour(ed) (*US* -or-) **2.** *átv* hypocritical, double-dealing, two-faced; ~ **ember** double-dealer
kétszínűség *fn* duplicity, double-dealing, hypocrisy
kétszínűsköd|ik *i* be* a hypocrite, be* a double-dealer, play a double game
kétszobás *mn* two-room(ed), with two rooms *ut*
kétszólamú *mn* for two voices *ut*
kétszótagú *mn* disyllabic
kéttagú *mn* **1.** *[két részből álló]* having/of two parts/members *ut*; ~ **szó** disyllable **2.** *mat* binomial
ketté- *előtag* in two (halves), asunder
kettéágaz|ik *i* bifurcate, branch off, fork
kettecskén *hsz* just the two of (us), tête-à-tête
ketted *szn/fn* **(egy)~** one half
kettéharap *i* bite* in two
kettéhasad *i* split* in two
kettéhasít *i* split*/cleave* (in two)
kettejük *szn* → **kettő**
ketten *szn/hsz* (in) two, two of, *[együtt]* together; **mi ~** the two of us; **ők ~** the two of them; **mind a ~** both (of them/us/you)
kettéoszl|ik *i* → **kettéválik**
kettéoszt *i* halve, divide in two (v. into two parts), split* in(to) two
kettes I. *mn* **1.** ~ **szám** (number)/figure two/2; ~ **villamos** tram number two (v. No. 2), the number two tram **2.** ~ **számrendszer** binary system; ~ **számrendszerbeli szám** binary digit **II.** *fn* **1.** *[számjegy]* figure/number two/2 **2.** *[kártyában, kockában]* deuce **3.** *[osztályzat]* rather weak (mark); **~re felelt** he was found rather weak **4.** *[autóbusz, villamos]* bus/tram number two (v. No. 2), the number two bus/tram; **szállj fel a~re** take* tram/bus number two **5.** → **kétpárevezős**
kettesben *hsz* **1.** *[párosan]* in pairs/twos **2.** *[együtt]* (the two of them/us/you) together, in private
kettesével *hsz* by/in twos, two by/and two
kettészakad *i* split*/rend in two, be* torn in two
kettészakít *i* tear*/rip in half/two, tear* apart
kettétör *i* break* in two
kettétör|ik *i* break* in two/half, snap
kettévág *i* cut* in(to) two, cut* in half
kettéválaszt *i* separate, *[hasít]* sever, cleave*
kettéválik *i* fall* apart, separate, divide in two (v. into two parts), part; → **kettéágazik**
kettő *szn* **1.** two, *(vmből)* a couple of; **mind a ~** both; *[személyről]* both (of them); **kettejük közül B. az okosabb** of the two(,) B. is the smarter; **~n áll a vásár** it takes two to make a bargain; **~nk közül Mihály az okosabb** M. is brighter/*US* smarter than I/me, of the two of us M. is the brighter/smarter (one); **~nkre hárult a feladat, hogy** ... it fell on (the two of) us to ...; **olyan, mintha ~ig sem tudna számolni** he wouldn't say boo to a goose, he looks as if butter would not melt in his mouth **2. délután ~kor** at two in the afternoon (v. p.m.) **3. ~ negyvenbe kerül** it costs two-forty → **két**
kettőnk *szn* → **kettő**
kettős I. *mn [kétszeres]* double, twofold, duplicate, *[kettő vmből]* double, twin; ~ **állampolgárság** dual citizenship; ~ **életet él** lead a double life; ~ **kereszt** cross of Lorraine,

patriarchal cross; ~ **könyvvitel** double-entry bookkeeping; ~ **morál/nevelés** *kb.* double standard; ~ **sorokban** in pairs/twos, in double file, two abreast; ~ **ügynök** double agent; ~ **vágány** double track; ~ **vágányú** double-track; ~ **villáskulcs** double-ended spanner **II.** *fn [zene]* duet

kettőshangzó *fn nyelv* diphthong

kettőspont *fn* colon

kettősség *fn* duality

kettőszáz *szn* two hundred

kettőz *i* double, duplicate, *nyelv* reduplicate

kettőzés *fn* doubling, duplication, *nyelv* reduplication

kétujjas *mn* ~ **kesztyű** mitten, mittens *tsz*

kétüléses *mn* ~ **autó** two-seater

kétütemű *mn* **1.** ~ **motor** two-stroke engine **2.** ~ **verssor** two-beat line

kétvágányú *mn* double-track

ketyeg *i* tick

ketyegés *fn* ticking

ketyere *fn biz* gadget, gizmo

kettyen *i* click, tick

kéve *fn* sheaf°, bundle; **~t köt vmből** bind* sg into sheaves, sheave

kévekötő *fn* sheaf-binder

kevély *fn* disdainful, haughty, presumptuous, supercilious, arrogant

kevélyked|ik *i* behave arrogantly, give* oneself airs

kevélység *fn* haughtiness, presumption

kever *i* **1.** *[össze~]* mix, *[főzéskor]* stir, (*vm közé*) mix (with), *[vegyileg]* combine; **italt ~ vknek** get* (*US* fix) sy a drink **2.** *[kártyát]* shuffle **3.** *átv [vmbe]* involve/embroil in, get* sy mixed up in; **bajba ~ vkt** get* sy into trouble (v. a fix); → **kártya**

keveredés *fn* **1.** *[egybe]* mixing, blending **2.** *[fajoké]* interbreeding, crossing **3.** *[zűrzavar]* confusion, chaos, *biz* muddle

kevered|ik *i* **1.** *[több egybe]* mix, blend, *[vegyileg]* combine **2.** *[fajilag]* interbreed*, cross-breed*/fertilize **3.** (*vk vmbe*) become*/get* involved in sg; **bajba ~ik** get* into trouble; **rossz társaságba ~ik** get*/fall* into bad company

kevereg *i* → **kavarog**

keverék *fn ált* mixture, *[dohány, kávé stb.]* blend, *[üzemanyag]* fuel mixture, *[rendszertelen]* medley, mish-mash, *átv* amalgam; ~ **faj(ú)** mixture of breeds, hybrid, crossbreed; *[kutya]* mongrel

keverés *fn* **1.** *[össze~]* mixing, mingling, *[főzéskor]* stirring, *[vegyítés]* combination **2.** *[kártyáé]* shuffling

keverési *mn* ~ **arány** mixing ratio

keverget *i* keep* (on) stirring

keverő *fn* **1.** *[eszköz]* stirrer, mixer, *[gépi]* mixer, mixing machine **2.** *[személy]* mixer

keverőasztal *fn el* mixing desk

keverőberendezés *fn el* mixing unit/equipment

keverőgép *fn* mixer, mixing machine, *[háztartási]* liquidizer, blender

kevert *mn* **1.** *[anyag]* mixed, blended **2.** *[faj]* hybrid, crossbred

kevés *szn* little, few *[utána: tsz]*, small, *[valamennyi]* some, *[idő]* short, *[csekély]* slight, limited, scanty, *[nem elég]* wanting, insufficient, not enough, too little/few; **ez ~** that's not much, that's insufficient/unsatisfactory; ~ **kivétellel** with few exceptions; ~ **a benzin** *[fogytán van]* the car is running low on petrol; ~ **a pénzem** I have little money, I am short of money; **van egy ~ pénz nálam** I've got some money with/on me; ~ **van belőle** sg is in short supply; **egyike azon keveseknek, akik** ... be* one of the few (people) who ...; **~re becsül** set* little by, attach little value/importance (to); *[lebecsül]* do* not think much (of), think* little (of); **mindenből egy keveset** a little bit of everything; **keveset érő** of little value/worth *ut*; **keveset keres** earn (very) little, earn a pittance; **keveset tud** doesn't know much, knows little (about sg); **~sel ezelőtt** a short time ago, not long ago; **~sel azelőtt** not long before, a little before, a little earlier; **~sel azután** shortly/soon after

kevésbé *hsz* (the) less; **annál ~, mert** ... all the less since ..., especially as ...; **egyre ~** less and less, decreasingly; **még ~** still less

kevesbed|ik *i* grow* less, diminish, be* reduced, lessen

kevesbít *i* make* less, reduce, diminish, lessen

kevesebb *mn* less, fewer; ~ **lesz** → **kevesbed|ik**; **nem ~, mint** ... no(t) less than ...; **vmvel ~** a little/trifle less; **egyre ~et** less and less; **mennél ~ett eszik, annál soványabb lesz** the less she eats, the thinner she gets; → **legkevesebb**

kevesell *i* find* unsatisfactory/insufficient, find*/think* sg too little

kevesen *hsz* (a) few (people), some (people); ~ **voltak** (*vmn*) it was poorly attended

kevéske *mn* a trifle, little (v. *skót* wee) bit, a spot

kevéssé *hsz* a little/trifle, somewhat, a little bit; ~ **ismert** lesser-known [languages etc.]

kéz *fn* **1.** hand; ~ **alatt** *[vásárol]* second-hand; ~ **kezet mos** if you scratch my back I will scratch yours; **keze munkájából él** he works for his living; **benne van a keze** have* a hand in it, have* a finger in the pie; **keze ügyében van** be* near at hand, be* at one's elbow, be* within (one's) reach; **kezébe vesz** take, pick up; (*vmt*) *[átv vkt is]* take* sy/sg into one's hands; **nem való gyerek kezébe** it is not for children; **kezébe (v. keze közé) kerül vknek** get*/fall* into sy's hands; **kezébe kerül vm** chance upon sg, lay* (one's) hands on sg; **saját kezébe!** into sy's own hands; **~be vesz vkt** take* sy in hand; *átv* **vmt (jól) ~ben tart** keep* one's hands on sg, keep* a firm hand on sg; *főleg pol* control sg, be* in control of sg; **~ben tartja az inflációt** have* inflation under control; **~ből kiad** part with; **első ~ből tud vmt** learn/hear* sg at first hand (v. firsthand), *kif* have* sg (straight) from the horse's mouth; **~hez kap/vesz vmt** receive/get* sg; *hiv [levelet]* be* in receipt of; **X úr kezéhez** *[levélen]* attn./attention Mr X; **átmegy vknek a kezén** pass/go* through sy's hands; **~en fog vkt** take* sy by the hand; **~en fogva** hand in hand; **~nél van** be* to hand, be* (near) at hand; **mindig ~nél tartom** I always keep it by me (v. at my elbow)(*zsebemben:* on me); **vk kezére játszik** play into sy's hands (the hands of sy); **~re kerít** get* hold of; *[bűnözőt]* hunt down; **~re kerül** (*vk*) be* arrested/captured, *biz* be* caught; **~ről ~re** from hand to hand; **~ről ~re ad** pass/hand/send* (sg) round, pass/hand/send* round sg; **~ről ~re jár** go* round, circulate; **kezet ad vknek** shake* hands with sy; **kezet ad vmre** give* one's hand on sg; **kezet rá!** your hand on it!, put it there!; **kezet emel vkre** raise/lift one's hand to/against sy; **kezet fog vkvel** shake* hands with sy; **kezet foghatnak** they are in the same boat; **mossa kezeit** wash one's hands of (sy/sg); **kezet nyújt vknek** give*/offer sy one's hand; **kezét csókolom** *[az angolban pontos megfelelője nincs, helyette csak ez mondható:]* good morning/afternoon/evening (Madam/Sir); how do you do?, *biz* hello, Mrs Smith etc.; **leveszi a kezét vkről** withdraw* one's support assistance/protection from sy, *biz* drop sy; **~zel** by hand; **~zel írták** it was written by hand; **~zel festett** hand-painted; **el a kezekkel!** hands off!; **fel a kezekkel!** hands up! **2.** *biz [labdarúgásban]* hands *tsz*, handling; → **biztos**, → **megkér**

kézadás *fn* handshake

kézállás *fn* handstand

kézápolás *fn* manicure, skin care

kézbesít *i* deliver, hand; **levelet ~ vknek** deliver a letter to sy; **idézést ~ vknek** serve a summons on sy, serve sy (with) a summons; **'~ve'** "by hand"

kézbesítés *fn* delivery, handing (over); **téves ~** misdelivery

kézbesítési *mn* ~ **díj** delivery charge

kézbesítetlen *mn* undelivered

kézbesíthetetlen *mn [levélen]* "unknown"; ~ **levél** dead letter
kézbesíthető *mn* deliverable
kézbesítő *fn [vállalaté stb.]* messenger, *[postás]* postman°
kézbesítőkönyv *fn* delivery receipt book
kézcsók *fn* kissing of sy's hand; **add át ~jaimat** *[az angolban pontos megfelelője nincs, helyette kb. ez mondható:]* please remember me to Mrs/Miss/Ms X, please give her my respects
kezd *i* (*vmt/vmbe/vmhez*) begin*/start (v. *hiv* ill. *US* commence) (sg v. to do sg), set* out to (do sg); **azzal ~te, hogy** he began by (...ing); **~jük azzal, hogy nem is tud énekelni** she can't sing(,) to begin with; **beszélgetésbe/beszélgetést ~ vkvel** strike* up a conversation with sy; **levelezésbe ~** enter into correspondence; **munkába ~** begin*/start work; **vállalkozásba ~** launch out on an enterprise; **énekelni ~** start singing, begin* to sing; **most mihez ~jünk?** what (are we to do) now?; **(már) ~em érteni** I'm beginning to understand, it has just dawned on me; **~em megszokni** I'm getting used to it; **egész lent ~te** he started at the bottom of the ladder; **nem tudom, mihez ~jek** I don't know what to do; **nem tud az idejével mit ~eni** time hangs heavy on his hands; **nem lehet vele semmit sem ~eni** one can do nothing with him/her, he is hopeless; **már megint ~i!** there (s)he goes again!, (s)he's at it again
kezdeményez *i* take* the initiative (in sg), start (sg), set* sg going, initiate (sg), propose
kezdeményezés *fn* initiative; **egyéni ~** private venture, an individual initiative; **saját ~ére** on one's own initiative; **a ~t magához ragadja** seize/take* the initiative
kezdeményező I. *mn* initiative **II.** *fn* initiator, originator, starter
kezdeményezőkedv *fn* initiative, enthusiasm, readiness to make initiatives
kezdeményezőkészség *fn* → **kezdeményezőkedv**
kezdés *fn* beginning, start; *[futballban]* kick-off, *[kártyában]* lead
kezdet *fn* beginning, start, outset, opening, commencement, *[első lépés]* first step/attempt, *[időszakasznak]* opening, *[eredet]* origin, source; **minden ~ nehéz** every beginning is difficult; **~ben** in the beginning, at first, to start with; **a ~ ~én** at/in the very beginning, at the outset; **~ét veszi** commence, begin*, start; *[érvénybe lép]* come* into force; **~től fogva** from the beginning/outset
kezdeti *mn* initial; ~ **nehézségek** teething troubles, growing pains; ~ **stádium/szakasz** early/initial stage
kezdetleges *mn* primitive, elementary; *[fejletlen]* rudimentary
kezdetlegesség *fn* primitiveness, primitive character/nature of sg, rudimentariness
kezdő I. *mn* **1.** (*vmt*) beginning, commencing, *[kezdeti]* initial; ~ **fizetés** starting/initial salary; *nyelv* ~ **ige** inchoative verb **2.** *[tapasztalatlan]* inexperienced; ~ **író** budding author; ~ **orvos** young doctor; ~ **tanfolyam** a course [in English v. in car maintenance etc.] for beginners **II.** *fn* beginner, tyro v. tiro, *biz* greenhorn, tenderfoot° *(tsz -foots v. -feet)*, *[tanuló] US* beginning student; **~knek, ~k számára** for (complete/near) beginners
kezdőbetű *fn* initial (letter); **~k** initials; **nagy ~** capital letter; **nagy ~vel ír** capitalize
kezdőd|ik *i* **1.** *[kezdetét veszi]* begin*, start, commence; **~ik a tanítás/tanév** teaching begins (on ...); **rosszul ~ött** it made (v. got off to) a bad start, it started badly **2.** *[származik vhonnan]* originate in/from, derive from
kezdődő *mn* beginning, *[betegség]* incipient
kezdődően *hsz* **1971-gyel ~** 1971 onwards; **15-étől ~** from the 15th, on and after the 15th; → **kezdve**
kezdődőleg *hsz* → **kezdődően**
kezdőkör *fn sp* centre (*US* -er) circle
kezdőlépés *fn [sakk]* opening (move); *átv is* first/initial step
kezdőpont *fn* starting/zero point; *átv* cornerstone, base, starting point
kezdőrúgás *fn* kickoff
kezdősebesség *fn* initial velocity
kezdőtőke *fn* seed money, capital to start [an enterprise]
kezdve *hsz* from ... on(wards), as of ...; **1953-tól ~** 1953 onwards; **május 30-tól ~** as of 30 May; **ettől az időtől ~** from this time on; **mostantól ~** from now (on), henceforth, as of now; → **kezdődően**
kezel *i* **1.** *[beteget]* treat (*vkt vm ellen* sy for sg), attend (sy) **2.** *[gépet]* handle, operate, work, *[szerszámot]* work with, *[karbantart]* maintain, service **3.** *[jegyet]* inspect, check, control **4.** *[pénzt]* be* in charge of, administer, handle; *[inflációt]* take* anti-inflation measures; *[ügyeket]* manage, have* charge of, administer, look after, *[kérdést, helyzetet, témát]* handle [a problem/situation, issues, a theme etc.] **5.** *[vkt vhogyan]* treat (sy), deal* with (sy), handle (sy) **6.** *biz* (*vkvel*) shake* hands with sy
kezelés *fn* **1.** *orv* treatment, therapy **2.** *[gépé]* handling, operation **3.** *[jegyeké]* check, control; **a jegyeket ~re kérem!** fares/tickets please! **4.** *[pénzé, ügyeké]* administration, managing, management; **ennek a kérdésnek a ~e** handling (of) this/the problem/issue; **~be vesz** (i) *átv* (*vmt*) take* sg in hand (ii) *biz* (*vkt*) take* sy in hand; **rossz ~** mismanagement
kezelési *mn* ~ **költség** service/handling charge(s), administrative costs *tsz*; ~ **utasítás/útmutató** (operating/service) manual/handbook (v. instructions *tsz*); ~ **kézikönyv** *[pl. autóhoz]* owner's/owners manual/handbook
kezelésmód *fn* (manner/method of) treatment, way of dealing with sg, *orv* treatment, therapy
kezeletlen *mn [jegy]* unchecked
kezelhetetlen *mn [pl. gyerek]* intractable, unmanagable, ungovernable; **~né válik** (*vm*) get* out of control
kezelhető *mn* manageable, treatable; **könnyen ~** easy to manage/handle *ut*; **könnyen ~ ember** an amenable person; **~ adósság** manageable debt; **nehezen ~** difficult, difficult to handle/manage *ut*; *[vk, igével]* be* hard to handle, be* unruly; **nehezen ~ gyermek** (he is) a problem/difficult child°
kezelő *fn* **1.** *[gépé]* operator, mechanic **2.** *[ügyé]* administrator, manager, *[vagyoné]* trustee **3.** *[kórházi helyiség]* operating room, surgery; *[kiírás így is]* treatment
kézelő *fn* cuff, *[rávarrt]* wristband
kezelőasztal *fn* **1.** *műsz* operating-board **2.** *[kórházi]* operating table, *[rendelői]* couch
kezelőfülke *fn [darun]* cab
kézelőgomb *fn* cuff links *tsz*
kezelőorvos *fn* consultant, *US* medical advisor; **ki a ~od?** which specialist/doctor is treating you?, *US* who is your medical advisor?
kezelőszemélyzet *fn* operating staff
kezelt *fn orv* patient
kezeltet *i* **1.** have* sg/sy treated; **~i magát** undergo* treatment **2.** *[jegyet]* show*/produce [one's ticket] (for inspection)
kézemelés *fn* → **kézfelemelés**
kézenállás *fn* handstand
kézenfekvő *mn* obvious, (self-)evident, clear
kézen-közön *hsz* ~ **elvész** get* lost eventually
kezes[1] *mn [szelíd]* tame, meek; **olyan, mint a ~ bárány** he feeds out of one's hand, (as) gentle as a lamb
kezes[2] *fn [összegért]* guarantor
kezesked|ik *i* **1.** (*vmért*) guarantee sg, vouch/answer for sg, (*vkért*) stand*/be* security/surety for sy, vouch/answer for sy, *[feltételesen szabadlábra helyezettért]* go* bail for sy **2.** *[biztosít vkt vmről]* guarantee (sg); **~em (róla), hogy** ... I guarantee that ...; **~hetem róla, hogy** ... I can assure you that ...; **erről ~em** *biz* I'll go bail for that
kezeslábas *fn* **1.** *ált* overalls *tsz*, *[szerelőruha]* boiler suit **2.** *[gyermeké]* rompers *tsz*, *[téli, orkán]* snow-suit

kezesség *fn* surety(ship), security, guarantee; **~et vállal vkért** → **kezeskedik**
kezez *i sp* handle (the ball)
kezezés *fn sp* handling (the ball), hands *tsz*
kézfej *fn* hand, *orv* metacarpus (*tsz* metacarpi)
kézfelemelés *fn* **~sel szavaz** vote by a show of hands
kézfogás *fn* handshake
kézfogó *fn elav* engagement, betrothal
kézhezvétel *fn* receipt; **~től számítva** from (the) date of delivery
kézi *mn* **1.** *[kézzel kapcsolatos]* hand-, of the hand(s) *ut* **2.** *[kézzel végzett]* manual, *[kézi működtetésű]* hand-operated; **~ csomózású szőnyeg** hand-knob ted carpet; **~ (gyártású)** handmade, made by hand *ut*; **~ kapcsolású** manually operated, hand-operated; **~ kapcsolású belföldi beszélgetés** operator controlled local call; **~ munka** *[nem gépi]* manual labour (*US* -or), handwork; → **kézimunka**; **~ szedésű** hand-set; **~ vezérlés** manual controls *tsz*
kézifegyver *fn* small arms *tsz*, *[egy kezes]* handgun
kézifék *fn* handbrake; **be van húzva a ~** the handbrake is on; **kiengedi a ~et** take* off (v. release) the handbrake
kézifúró *fn* gimlet, *[nagy]* auger
kézifűrész *fn* handsaw
kézigránát *fn* (hand)grenade
kézikamera *fn* hand-held camera, *[video]* handycam
kézikocsi *fn* handcart
kézikönyv *fn* manual, handbook, reference book
kézikönyvtár *fn* reference library
kézilabda *fn* handball
kézilabdáz|ik *i* play handball
kézilámpa *fn* (hand-)lantern, *[villamos]* electric torch
kézilány *fn [konyhai]* kitchen maid
kézimunka *fn* **1.** *[kötés, hímzés, horgolás]* needlework, fancy work, *[főleg hímzés]* embroidery **2.** *[a tárgy]* (a piece of) needlework/fancywork/embroidery; → **kézi 2**
kézimunkakosár *fn* workbasket
kézimunkázás *fn* needlework
kézimunkáz|ik *i* do* needlework
kézipénztár *fn* petty cash
kézipoggyász *fn* hand luggage (*US* baggage), personal luggage (*US* baggage), *[repülőgépen így is:]* passengers' baggage
kézírás *fn* (hand)writing; **szép ~** *[igével]* write* a very good hand; **rossz ~** scrawl, poor handwriting
kézírásos *mn* handwritten, written by hand *ut*
kézirat *fn* manuscript; **~ gyanánt** as (a) manuscript, for private circulation; **~ban maradt ránk** has come down in manuscript (form); **~ot előkészít** *[nyomda számára]* copy-edit (sg)
kézirat-előkészítő *fn* copy editor
kézirattár *fn* manuscript archive/room
kézisajtó *fn* hand-press
kéziszedő *fn* (hand-)compositor, (type-)setter
kéziszótár *fn* concise dictionary
kézitáska *fn [női]* handbag, *US* purse, *[kis bőrönd]* suitcase
kézitusa *fn* hand-to-hand fight/combat
kézitükör *fn* hand-mirror
kézizálog *fn* pledge
kézjegy *fn* initials *tsz*; **~ével ellát** initial (*US* -l) (sg), set* one's name to [a document]
kézkímélő *mn [pl. mosogatószer]* kind to the hands *ut*
kézkrém *fn* hand-cream
kézlegyintés *fn* wave of one's/the hand; **egy ~sel intéz el vmt** deal* with sg in an offhand manner
kézmosás *fn* washing of one's hands
kézmozdulat *fn* movement of the hand, motion, gesture
kézműáru *fn* hand-made article
kézműipar *fn* (handi)craft(s)
kézműipari *mn* crafted
kézműves *fn* craftsman°, artisan
kézművesipar *fn* → **kézműipar**
kézművesség *fn* (handi)craft, craftsmanship
kézrátétel *fn vall* imposition, laying on of hands, *[gyógyítás]* laying on of hands
kéztő *fn* wrist(joint), *tud* carpus (*tsz* carpi)
kéztörlő *fn* (hand-)towel
kezű *mn* -handed
kézügyesség *fn* manual skill, handiness; **jó a ~e** be* good with one's hands
kézzelfogható *mn [konkrét]* tangible, palpable, *[kézenfekvő]* evident, obvious, clear
kézzel-lábbal *hsz* **~ tiltakozik** protest vigorously, resist (oppose/fight sg) tooth and nail
kézszorítás *fn* handshake, handgrip
kft. *röv* → **korlátolt**
kg *röv* → **kilogramm**
KGST *röv* → **kölcsönös**
khaki *mn [színű]* khaki
ki¹ *nm* **1.** *[kérdő]* who?; **~ az?** who is that/it/there?; **~ mondta?** who said it/so/that?, who told you so/that?; **vajon ő ~?** I wonder who (s)he is?; **~ lehetett az?** who(ever) could that be?; **~ a csoda?** who on earth?; **~ tudja, mit rejt a jövő?** who knows what future holds (in store) for us; **~be szerelmes?** who is he/she in love with?; **~é?** whose?; **~é ez a könyv?** whose book is this?, who does this book belong to?, to whom does this book belong?; **~d neked az az ember?** who/what is that man to you?; **~ért?** for whom?, for whose sake?; **~hez?** to whom?; **~hez megy férjhez?** who is she going to marry?; **~n akarsz bosszút állni?** on whom doyou want to be avenged/revenged?; **~n láttál ilyen ruhát?** who(m) did you see wearing such a dress?; **~nek?** for/to whom?; **~nek adtad a pénzt?** who did you give the money (to)?; **~nek a tolla ez?** whose pen is this?, who doesthis pen belong to?; **~nek tart engem?** what do you take me for?; **~nél voltál tegnap látogatóban?** who did you see/visit yesterday?; **~re gondolsz?** who are you thinking of?, who have you (v. do you have) in mind?; **~t?** whom?; **~t láttál?** who did you see?, *[formálisabban]* whom did you see?; **~re/~t vár?** who are you waiting for?; **~től?** from whom?, who ... from?; **~től kaptad ezt a könyvet?** who did you get this book from?, from whom did you get this book?; **~vel?** with whom?, who ... with?; **~vel sétáltál tegnap?** who did you go walking (v. go for a walk) with yesterday?, *[formálisabban]* with whom did you go for a walk yesterday? **2.** *[vonatkozó: aki]* who; **nincs, ~ megcsinálja** there is no one to do it **3.** *[határozatlan: némelyik]* **~ jobbra, ~ balra fut** some run to the right, others to the left; **~ erre, ~ arra** some this way and some that (way); → **aki**
ki² *hsz [irány]* out, *[kifelé]* outwards; **~ innen!** get out!, be off!, out you go!, *US* scram!; **~ vele!** (i) *[vkt kidobva]* out with him! (ii) *[mondd]* out with it!, go on then!, speak up!
kiabál *i* **1.** *[ember]* shout, cry, *[ordít]* bawl; **ne ~j!** keep your voice down! **2.** *[szín]* be* loud/gaudy/glaring; → **kiált**, → **torok**
kiabálás *fn* shouting, *[lárma]* uproar, clamour (*US* -or)
kiábrándít *i* disillusion, disappoint; **~ vkt** (*vmből*) disabuse sy of sg
kiábrándító *mn* disappointing, disillusioning; **vm ~** a letdown
kiábrándítólag *hsz* **~ hat** it destroys one's illusions [to see sg], it has a disillusioning/sobering effect
kiábrándul *i* (*vmből*) be* disappointed in sg/sy (with sg)
kiábrándulás *fn* disappointment, disillusion(ment), letdown
kiábrándult *mn* disappointed, disillusioned, let down
kiad *i* **1.** (*vhonnan*) give* out, *[raktárból vknek vmt]* issue (sy with sg/sg to sy) **2.** *[kiszolgáltat]* deliver, give* up, hand over, surrender, *[bűnözőt, politikai menekültet saját országa hatóságának]* extradite **3.** *[kihány]* bring* up, vomit **4.** *[kézből]* part with sg **5.** *[munkára]* give* sg out (to be made), *[munkát]* assign, distribute **6.** *[parancsot]* give*, issue, *[rendeletet]* publish, issue **7.** *[sajtóterméket]* pub-

K

lish, issue; **~ták új regényét** her/his new novel is out **8.** *[útlevelet, jegyet]* issue **9.** *[házat]* let*, *[szobát, lakrészt]* let* (out), rent (sg) out; **szobát ad ki** *[megélhetésből]* let* (out) a room to sy; **ez a szoba ki van adva** this room is let (out) [to a student] **10.** *[pénzt]* spend*, expend, *[félretett pénzből]* disburse, *[nagyobb összeget]* lay* out; **ma ~tam 50 000 Ft-ot** I have spent 50,000 fts today; **~ta minden pénzét** he has run out of cash/money, he has spent all his money **11. ~ja a mérgét** give* vent to one's rage, vent one's spleen (on sy/sg); **~ja a lelkét** breathe one's last; **~ta minden erejét** his strength is all spent, he is completely exhausted **12. ~ja magát** (*vmnek/vknek*) pass oneself off as, pretend/claim to be (sy/sg) **13. ~ja az útját vknek** dismiss/sack/fire sy, turn sy off/away, *biz* send* sy packing, *kif biz* give* sy his/her walking papers

kiadagol *i* dole out

kiadás *fn* **1.** *[kiszolgáltatás]* handing out, delivery, surrender, *[bűnözőé saját országa hatóságának]* extradition **2.** *[sajtótermékė]* publication, issue, *[könyvé, szótáré főleg]* edition; **első ~** first edition; **új ~** new edition; **ötödik ~a van forgalomban** it is in its fifth edition; **(X.Y.) ~ában** published/edited by **3.** *[útlevélé, jegyé]* issue; **~ kelte** date of issue **4.** *[költségek]* expenses *tsz*, *[kormányé stb.]* expenditure; **apró ~ok** sundry/incidental expenses, sundries; **előre nem látott ~ok** incidental expenses; **sok ~om volt ebben a hónapban** I've had a lot of outgoings/ expenses this month **5.** *[lakásé stb.]* letting (out)

K

kiadatás *fn jog* extradition

kiadatlan *mn* unpublished

kiadó I. *mn [bérbe vehető]* to (be) let *ut*, vacant, *US* for rent *ut*; **~ lakás/szoba** flat/room to let; *[hirdetésben]* accommodation vacant, *US* apartment to/for rent; **bútorozott szoba ~** (furnished) room to let; **ez a ház ~** this house is to (be) let (v. *US* for/to rent) **II.** *fn [vállalat]* publisher, publishers *esz*, publishing house

kiadóhivatal *fn* publisher

kiadói *mn* **~ jog** copyright

kiadós *mn* abundant, plentiful; have great influence (on); **~ ebéd** a substantial lunch; **~ étkezés** a (good)square meal; **~ eső** ample/abundant rain

kiadóvállalat *fn* publisher, *[gyakran]* publishers *tsz*, publishing house

kiadvány *fn* publication, *[tud. társaságé így is]* proceedings *tsz*, transactions *tsz*

kiadványszerkesztés *fn* editing; **számítógépes ~** desktop publishing (*röv* **DTP**)

kiagyal *i* → **kieszel**

kiakad *i szl [megdöbben]* be/become* flummoxed/nonplussed, be bowled over, *[dühös lesz]* become* pissed (v. *GB* cheesed v. *US* ticked/teed) off

kiakaszt *i* **1.** (*vhová*) hang*/put* (out) **2.** *szl [megdöbbent] biz* throw*, flummox, *[feldühít] szl* piss off, *GB* cheese off, *US* tick/tee off

kiaknáz *i* **1.** *[felhasznál]* exploit, utilize, *[bányát]* work, *[ország természeti kincseit]* develop **2.** *[lehetőséget]* make* the best/most of, capitalize on, make* capital of

kiaknázás *fn* **1.** *[felhasználás]* exploitation, utilization **2.** *átv* making the best/most of sg

kiaknázatlan *mn* unexploited

kialakít *i* form, shape, fashion, put* into shape, mould (*US* mold), *[kifejleszt]* develop; **egy nagy lakásból két kisebbet alakít ki** convert a large flat into two smaller ones; **konyhát és fürdőszobát alakít ki** put* in a kitchen and a bathroom

kialakul *i* **1.** form, take* shape, *[kifejlődik]* develop, evolve, *biz* shape up; **kezd ~ni** be* taking shape, be* getting under way, things are working out; **az a vélemény alakult ki** it was generally felt, it was the view [of the meeting etc.] (that), the opinion/conviction/feeling arose **2.** *biz [elrendeződik]* be* settled, get*/be* sorted out; *[biztatásképpen]* **ne izgulj, majd ~** don't worry(,) it will all sort itself out (v. get sorted out); don't worry(,) it'll work out somehow

kialakulás *fn* formation, development

kialakulatlan *mn [bizonytalan]* inchoate, unsettled

kialakulófélben van *i* be* beginning to take shape, be* in the making

kialakult *mn* established, *[vélemény]* formed, set

kiáll *i* **1.** (*vk vhová*) go*/stand* out, *[vhonnan előlép]* step out, come*/step forward **2.** (*vm vmből*) stand*/stick* out, *[hegyesen]* jut/stick* out, protrude, project, *[kidomborodik]* bulge (out) **3.** (*vkvel*) stand* up to (sy), accept the challenge of **4.** (*vmért/vkért vm/vk mellett*) fight* for sg, defend sg, stand*/speak* up for sg/sy, stand* by sy, stand* by [one's word/promise], *kif* take* up the cudgels for sg/sy, go* to bat for sy; **~** (v. **ki mer állni**) **meggyőződése mellett** have* the courage of one's convictions **5.** *[fájás megszűnik]* cease, stop; **~t belőle a fájás** does not hurt/ ache any more **6.** *[kibír vmt]* endure, go* through, suffer, stand*, bear*, tolerate; **~ja a próbát** pass/stand* the test; **~ja a versenyt** hold* one's own against, be* a match for, stand* one's ground against; *gazd* compete successfully with; **~ja a vihart** *[hajó]* weather the storm **7. ki nem állhatom** I can't stand/bear him, I hate (v. can't bear) the (very) sight of him; **ki nem állhatom a spenótot** I loathe spinach

kiállás *fn* **1.** (*vm mellett*) upholding (the banner of) sg **2.** *[emberé]* bearing

kiállású *mn* **jó ~** good-looking

kiállhatatlan *mn* odious, *[viselkedés, modor]* insufferable, intolerable, unbearable, *[pasas]* tiresome

kiállít *i* **1.** (*vhová*) put*/place out, (*vhonnan*) order out, *sp* send* off, exclude; **~ották** *[játékost]* he was sent off **2.** *[kiállításon]* exhibit, *[bemutat]* display, show*; **ki van állítva** be* on show*; be* exhibited, *[közszemlére]* be* on display **3.** *[külsőt ad]* finish, get* up, make* (sg) presentable **4.** *[okmányt, számlát]* make* out [invoice], *[űrlapot]* fill in, complete, *US* fill out [a form]

kiállítás *fn* **1.** *[művészi alkotásoké, muzeális tárgyaké]* exhibition, *[ipari stb. termékeké]* (trade) exhibition, show **2.** *[külső]* finish, get-up, presentation **3.** *sp [játékosé]* send(ing)-off, expulsion **4.** *[okmányé, iraté]* issue; **~ napja** date of issue

kiállítási *mn* **~ csarnok** exhibition hall; **~ tárgy** exhibit; **~ terem** *gazd* showroom, *műv* gallery

kiállításmegnyitás *fn* opening

kiállítású *mn* **szép ~ könyv** a well produced (v. got-up) book

kiállító I. *mn* **~ hatóság** ... *[okmányé]* issued by ..., issuing authority is ... **II.** *fn [kiállításon]* exhibitor

kiállítóterem *fn* → **kiállítási terem**

kiállított *mn* **~ tárgy** exhibit

kiálló *mn* projecting, protruding, standing/sticking/jutting out *ut*; **~ fog** bucktooth°

kialsz|ik *i* **1.** *[lámpa]* go* out, *[tűz]* burn* (itself) out, be* extinguished, die out; **kialudt a tűz** the fire is (v. has gone) out **2.** *átv* die away, fade **3.** (*vmt*) sleep* off; **kialussza a fejfájását** sleep* off a (bad) headache; **kialussza részegségét** *biz* sleep* it off **4. kialussza magát** have* a good night's rest; **nem tudtam kialudni magam** I couldn't get enough sleep

kiált *i* **1.** cry (out), shout, exclaim, call (out); **segítségért ~** cry/shout/call for help **2.** *átv* (*vmért*) *[követel]* cry out for, call for; **ez bosszúért ~** this cries out for vengeance

kiáltás *fn* cry, shout, call

kiáltó *mn* **1.** *konkr* crying, shouting, screaming **2.** *átv* sharp, striking, flagrant; **~ ellentét** striking contrast; **~ igazságtalanság** crying/flagrant injustice

kiáltoz *i* → **kiabál**

kiáltozás *fn* → **kiabálás**

kiáltvány *fn* proclamation, manifesto, appeal; *tört* **Kommunista K~** Communist Manifesto

kialudt *mn [tűzhányó]* extinct

kialvatlan *mn* (*vk*) needing/lacking sleep *ut*
kialvófélben *hsz* ~ **levő** nearly extinguished, flickering
kiapad *i* **1.** *[kiszárad]* dry up, run* dry **2.** *átv* be* exhausted; **~nak vknek/vmnek a pénzforrásai** be* starved of funds
kiapadhatatlan *mn* inexhaustible
kiapaszt *i* **1.** *konkr* drain, dry up **2.** *átv* exhaust
kiárad *i* **1.** *[folyó]* flood, overflow (its banks), (*vmre*) inundate, overrun* **2.** *[gáz]* escape, *[fény]* stream out, emanate
kiáramlás *fn* outflow, effluence
kiáraml|ik *i* flow/stream out
kiáramló *mn* ~ **folyadék** efflux, effluent (liquid); ~ **gáz** escaping gas
kiárusít *i [végleg]* sell* off/out, liquidate
kiárusítás *fn* selling off/out, (clearance) sale
kiás *i* **1.** *[földből]* dig* out/up, *[ásatás során]* excavate **2.** *átv* → **kibányász** 2
kiaszott *mn* parched, dried up, withered, *[emberről]* emaciated, wizened
kiátkoz *i vall* excommunicate
kiátkozás *fn vall* excommunication
kiáz|ik *i* soak/steep thoroughly
kiáztat *i* soak, steep, *fényk* wash
kibabrál *i biz* (*vkvel*) take* it out of sy, play a (dirty) trick on sy
kibányász *i* **1.** *konkr* extract, get* **2.** *átv [előkotor]* dig out/up, unearth
kibasz|ik *i durva* (*vkvel*) *GB biz* do* the dirty on sy, *US szl* do* sy dirty, *durva* fuck sy
kibaszott *mn durva* fucking
ki-be *hsz* in and out; ~ **kapcsolás/kapcsoló** on-off switch
kibékít *i* (*vkt vkvel*) reconcile sy with sy
kibékíthetetlen *mn* (*vk*) unforgiving, implacable, *[ellentétek]* irreconcilable, antagonistic; ~ **ellentét** antagonism
kibekkel *i biz* ride* sg out
kibékül *i* **1.** (*vkvel*) be* reconciled (with sy), make* peace (with sy), make* it up (with sy), make* friends again; **miért nem békülsz (már) ki vele?** why don't you make it up with her? **2.** *[vmvel, belenyugodva]* resign oneself to sg, acquiesce in sg; **kezd ~ni a helyzettel** (s)he is coming to terms with the situation
kibékülés *fn* reconciliation
kibélel *i* line, *[vattával]* pad
kibelez *i* disembowel (*US* -l), *[vadat, halat]* gut, *[szárnyast]* clean, draw*
kibérel *i [csónakot stb.]* hire (out), *[házat hosszabb időre* v. *földet]* lease, *[házat/szobát rövidebbre* v. *autót]* rent
kibérelhető *mn* for hire *ut*, rentable, *US* for rent *ut*
kibernetika *fn* cybernetics *esz*
kibernetikai *mn* cybernetic
kibeszél *i* **1.** *[titkot]* let* out/slip, divulge **2.** **~i magát** (i) *[sokat beszél]* have* a (good) chat, talk one's fill (ii) *[kimenti magát]* talk one's way out of sg, extricate oneself; **~i magát vkvel** have* a long/confidential (v. heart-to-heart) talk with sy; **~i a lelkét** talk oneself hoarse **3.** *[megszól]* speak* ill of (sy), *biz* run* (sy) down behind his back, bad-mouth (sy)
kibetűz *i* make* out, decipher, *[jeleket]* decode
kibic *fn US biz* kibitzer; **a ~nek semmi se(m) drága** *kb.* be* brave/gallant at the expense of someone else
kibicel *i* (*vknek*) *US biz* kibitz
kibicsakl|ik *i [testrész]* be* sprained/dislocated; **~ott a bokája** have* a sprained ankle, (s)he sprained his/her ankle; **~ik tőle az ember nyelve** be* a tongue twister
kibillen *i* topple/tip/tilt over
kibillent *i* topple/tip/tilt over, tip out
kibír *i* **1.** *[elbír]* bear*, support **2.** *[elvisel]* endure, bear*, stand*; **nem bírom ki** I cannot stand/endure it (any longer); **sokat ~** (s)he has great endurance, *biz* (s)he can stand/take a lot; **bírd ki!** *biz* stick it out
kibírhatatlan *mn* unbearable, intolerable; ~ **alak** insufferable fellow/person
kibocsát *i* **1.** *ált* send* out, *[hőt, szagot]* emit, give* off/out, *[sugarat, fényt]* radiate, pour out/forth **2.** *[bankjegyet]* put* into circulation, issue, *[részvényt]* float, *[rendeletet]* publish, issue **3.** *[egyetem szakembereket]* turn out
kibocsátás *fn* **1.** *ált* letting out, *műsz* emission, radiation **2.** *[bankjegyé]* issue, *[részvényé]* floating
kibogarász *i* → **kibetűz**
kibogoz *i* **1.** *[csomót]* untie, undo*, *átv is* unravel (*US* -l) **2.** *átv* solve, puzzle out, unravel
kibogozhatatlan *mn átv is* inextricable, *csak átv* unsolvable, impossible to unravel *ut*
kibogozód|ik *i* **1.** *[csomó]* come* undone/untied **2.** *átv* **~ott** a solution was found, it has been resolved
kibombáz *i* bomb out
kibombázott *mn* bombed-out
kiboml|ik *i* **1.** *[kötés, varrás]* come* undone, come*/get* untied **2.** *[szirom]* unfold
kibont *i [csomót stb.]* undo*, untie, *[csomagot]* open, unpack, unwrap, *[hajat]* take*/let* down, *[levelet]* open, tear* open, unseal, *[vitorlát, zászlót]* unfurl, unfold
kibontakozás *fn [kifejlődés]* development, *[bonyodalomé]* unravelling (*US* -l-), *[cselekményé]* denouement, *[nehézségből]* way out, solution; **a reménytelen helyzetből való ~ egyetlen útja** ... the only way out of the hopeless situation ...
kibontakoz|ik *i* **1.** (*vmből*) free/extricate/disentangle oneself from sg, *[nehézségből]* (manage to) find* (a v. the only) way out (of sg), find* a solution **2.** *[ködből]* emerge **3.** *[kifejlődik]* develop, blossom out, *[cselekmény]* be* unravelled (*US* -l-)
kiborít *i* **1.** *[edényt]* overturn, upset*, *[folyadékot]* spill*, *[kocsiból]* throw* out **2.** *biz* (*vkt*) upset* sy, *US* faze sy, *kif* throw* sy off the balance
kiborotvál *i* shave* close(ly); **~ja a hónalját** she shaves under her arms; **~t arc** clean/close-shaven face
kiborul *i* **1.** *[edény]* be* upset/overturned/spilt **2.** *[járműből]* be* thrown out, fall* out **3.** *biz [kijön a sodrából]* get*/be* upset, *biz* blow* one's top, *[idegileg]* crack up, break* down; **ki van borulva vmtől** be* (all) cut up by sg; **teljesen ~** go* to pieces
kiböjtöl *i* wait patiently for sg
kibök *i* **1.** *[szemet]* poke out; *átv* **majd ~i a szemét** it is staring one in the face **2.** *biz [szót]* utter, blurt out, *[titkot] kif* spill* the beans, let* the cat out of the bag; **bökd (már) ki!** out with it!
kiböngész *i* make* out, decipher
kibővít *i* **1.** *konkr* widen, make* wider, enlarge, *[ruhát]* let* out **2.** *átv* extend, expand
kibővül *i* widen, become*/get* wider, *[gyarapodik]* increase, develop
kibuc *fn* kibbutz (*tsz* kibbutzim)
kibuggyan *i* bubble/gush out/forth; → **kitüremkedik**
kibúj|ik *i* **1.** (*vhonnan*) creep*/crawl out, emerge from **2.** (*vmből*) come* out, emerge; **gyorsan ~t a ruhájából** she slipped out of her clothes; **~ik a szög a zsákból** show* the cloven hoof **3.** **~ik vm alól** wriggle/duc out of sg; **sikerült ~nia az alól, hogy részt vegyen a konferencián** he managed to wriggle out of taking part in the conference
kibuk|ik *i* **1.** *[kiesik]* fall*/tumble out **2.** *átv* be* defeated [at the elections] **3.** → **kiborul** 3
kibukkan *i* appear suddenly, turn up suddenly, *[vízből, ködből]* emerge suddenly
kibuktat *i* oust, defeat [at the elections]
kibuliz|ik *i szl* wangle (magának vmt oneself sg); **~ott egy külföldi ösztöndíjat** he managed to wangle (himself) a scholarship overseas
kibúvó *fn [ürügy]* pretext, *[mentség]* excuse; **~t keres** try to find a loophole
kicéduláz *i* (card-)index, put* (sg) on (filing) cards, card
kicentrifugáz *i* spin-dry

kicicomáz *i biz* tart up
kicifráz *i* flourish, embellish
kicipel *i* drag/lug out
kick-box *fn sp* kick-boxing
kicsal *i* **1.** (*vkt vhonnan*) coax into coming out, *[állatot rejtekhelyéről]* lure (out) [an animal] **2.** (*vkből vmt*) wheedle/worm/draw* sg out of sy, *[pénzt vktől]* cheat/swindle/do* sy out of sg, screw [money etc.] out of sy, *[titkot]* get* [a secret] out of (sy) **3. könnyeket csal ki vk szeméből** draw* tears from sy's eyes, bring* tears to sy's eyes
kicsalogat *i* → **kicsal**
kicsap *i* **1.** *biz [iskolából]* expel, *[egyetemről]* send* down, expel **2.** *kém* precipitate **3.** *[láng]* leap* up, shoot* up, *[medréből]* overflow
kicsapód|ik *i* **1.** *kém* be* deposited/precipitated/condensed **2.** *[ajtó]* fly* open, be* flung open
kicsapong *i* lead* a riotous/dissipated life, be* dissolute
kicsapongás *i* debauch(ery), dissipation
kicsapongó *mn* dissolute, rakish; ~ **életet él** lead* a dissolute/dissipated life
kicsattan *i* **majd ~ az egészségtől** be* bursting with health
kicsavar *i* **1.** *[csavart]* unscrew **2.** *[vizes ruhát]* wring* (out) **3.** *[gyümölcsöt]* squeeze [a lemon, an orange etc.], squeeze the juice out of [the oranges etc.] **4. ~ vmt vk kezéből** wrest sg from (v. out of) sy's hands; **tövestül csavarja ki a fákat** tear* up trees by the roots **5. ~ja a szavak eredeti értelmét** twist sy's words, wrench the words from their context
kicselez *i* dodge, elude
kicsempész *i* smuggle out
kicsempéz *i* cover with tile(s), tile
kicsengés *fn* note, hint
kicsenget *i okt* **~tek** the bell went
kicsengetés *fn okt* bell
kicsepeg *i* trickle out, drip (out); **hagyd ~ni** *[kimosott ruhaneműt]* let it drip-dry, hang it up (to dry)
kicsépel *i* thrash/beat* out
kicserél *i* **1.** (*vmt vmért/vmre*) exchange sg for sg, *biz* swap (sg for sg), *[újjal, újra]* replace (sg with/by sg), *[becserél]* trade in [a car] for [a new one], trade sg for sg, *[boltban vásárolt dolgot másra]* exchange (sg for sg); **küldje vissza a hibás terméket és mi azonnal ~jük** return the faulty item and we will promptly send you a replacement; **~te régi tévéjét egy újra** he replaced his old TV set with a new one; *biz* **mintha ~ték volna** he looks a different man° **2.** *[nézeteket]* exchange [views], *[tapasztalatokat]* share one's experiences (with sy)
kicserélés *fn* (ex)change
kicserélhető *mn* replaceable, exchangeable
kicserélőd|ik *i* be* exchanged, *[megváltozik]* be* changed/altered; **egészen ~ött** *[vk hosszabb pihenés után]* he is a new man°
kicserepesed|ik *i [ajak]* crack, chap; **~ett a(z) ajkam/szám** my lips are chapped, I have chapped lips
kicsi I. *mn* little, small, *[nagyon kicsi]* tiny, *skót* wee, *[termetre]* short, *[filigrán]* tiny, of small build *ut*, diminutive, *[jelentéktelen]* puny, petty, insignificant, trifling; **~ korában** as a child, in his childhood; **~ a bors, de erős** *kb.* he is strong for his size **II.** *fn* **1.** *[gyerek]* little (v. *skót* wee) one/boy/girl, *csak US* junior; **a ~k** the little ones **2.** *[kifejezésekben]* **sok ~ sokra megy** many a little makes a mickle; **~ben játszik** play for low/moderate stakes; **~re nem adunk/nézünk** we are not so very particular; **egy ~t** a little/bit/trifle, just a touch; **maradj még egy ~t** stay little longer; **egy ~t nehéz** it is a bit difficult
kicsikar *i* (*vkből vmt*) *ált* wring*/force sg from sy; *[pénzt]* press/sqeeze [money] out of sy, bleed* sy out, *[ígéretet, titkot]* extract [a promise/secret] out of sy

kicsike I. *mn* very little/small, tiny, *biz* weeny, *skót* wee **II.** *fn* little one, baby, infant; *biz* ~**m** *[nőről]* darling, (my) dear; *szl* **megvan a ~/megvagy, ~m** gotcha!
kicsinál *i biz* (*vkt*) *[megöl]* do* sy in
kicsinosít *i* **~ja magát** smarten/spruce (oneself) up; **~ja a szobát** smarten up the room
kicsiny I. *mn* → **kicsi II.** *fn* **1.** *[gyermek]* little one, (tiny) tot; **a ~ek** the little ones, the children **2.** *[állaté]* cub, whelp
kicsinyel *i [lebecsül]* belittle, undervalue, depriciate
kicsinyell *i [kicsinek tart]* find*/think* sg (too) little/small
kicsinyes *mn [jelentéktelen dolgokra figyelő]* petty, small/petty-minded; *[szőrszálhasogató]* captious, hair-splitting; *[szűkmarkú]* mean, niggardly
kicsinyesked|ik *i* be* small-minded; fuss, *[szőrszálhasogató]* split* hairs, be* captious
kicsinyesség *fn* small-mindedness, pettiness
kicsinyít *i* **1.** (*vmt*) make* smaller, diminish **2.** → **kicsinyel 3.** *[optikai lencse]* reduce
kicsinyített *mn* reduced; **~ más(olat)a vmnek** a reduced-size copy of sg
kicsinyítő *mn* **1.** *fiz* **~ lencse** reducing glass, concave lens; **~ tükör** reducing glass **2.** *nyelv* **~ képző** diminutive (suffix)
kicsinység *fn* **1.** *[állapot]* smallness, littleness **2.** (*vm*) trifle, trifling/insignificant matter/thing
kicsíp *i* **1.** (*vmt vhonnan*) pluck out **2.** *[hideg]* nip, bite* **3.** *biz* **~i magát** trick oneself out (in sg), put* on one's best bib and tucker, be* dressed to (*GB* up to) the nines
kicsipkéz *i* pink (out), jag
kicsíráz|ik *i* sprout, bud, germinate
kicsiség *fn* → **kicsinység**
kicsiszol *i* **1.** *[felületet]* polish/furbish/buff (up), smooth **2.** *[modort, stílust]* polish, refine
kicsoda *nm* who(ever)?, who on earth?
kicsomagol *i* unpack
kicsontoz *i* bone
kicsontozott *mn* off the bone *ut*
kicsorbít *i* blunt, chip
kicsorbul *i* chip, get* blunt
kicsordul *i* overflow, run* over/out, spill*; **~t a könnye** tears came to her/his eyes
kicsorog *i* run*/flow out/away, trickle out
kicsődít *i* draw*/bring* [a crowd to a place]
kicsődül *i* flock/swarm swhere
kicsúfol *i* mock sy, make* fun of sy, jeer/scoff at
kicsuk *i* shut*/lock sy out
kicsúsz|ik *i [kézből]* slip (out); **~ott vm a száján** sg slipped from his lips, he let it slip that ..., he blurted it out (out sg); **~ik a talaj a lába alól** (i) *konkr* lose* one's footing/grip (ii) *átv [tönkremegy]* go* to the wall (iii) *átv [elbizonytalanodik]* lose* (one's) confidence/grip
kidagad *i [levegőtől]* puff out/up, rise*, swell* (out/up), *[vitorla]* fill/belly (out), *[zseb stb.]* bulge/swell* out, *[vmtől]* be* bulging with sg; **homlokán ~tak az erek** the veins swelled on his forehead
kiderít *i* find* out, clear up, bring* to light, *[tényt]* ascertain, *[rejtélyt]* unravel (*US* -l), clear up, *[igazságot]* hunt out, seek* after; **a vizsgálat ~ette, hogy** ... the investigation has revealed/established/proved that ...
kiderül *i* **1.** *[idő]* clear up, get* brighter, *[ég]* clear; **~t (az idő)** it's turned out nice and sunny (again) **2.** *[kitudódik]* turn out (to be ... v. that ...), come* to light, be* discovered; **~t, hogy** ... it turned out that ..., it came to light that ..., it appeared that ..., it turned out to (be ...); **~t, hogy szélhámos volt** he proved (v. turned out) to be an impostor; **~t, hogy Londonban él** it turned out that he lived in L.; **~t, hogy kijelentése/állítása hamis** his statement turned out to be false; *kif* **majd ~ a vallatásnál** it will all come out in the wash
kidíszít *i* decorate, embellish, ornament

kidob *i* **1.** (*vmt*) throw* out, *[haszontalant]* throw* away/out, discard, scrap, *[pénzt]* throw* away, waste **2.** *biz* (*vkt vhonnan*) throw*/turn* sy out (of swhere), *[erőszakkal] biz* chuck out, *[állásából]* give* sy the sack/boot, axe (*US* ax), sack sy, *[szeretőjét]* dump, send* sy packing, brush off
kidobál *fn* throw* out, junk, *biz* chuck out
kidobóember *fn biz* bouncer, chucker-*out*
kidobott *mn* ~ **pénz** money down the drain, a waste of money
kidolgoz *i* **1.** *[anyagot]* make* up, fashion, model (*US* -l), *[kikészít]* process, finish **2.** *[részleteiben vmt]* work out [sg in (great) detail v. the details of sg], work up (sg), elaborate (sg), *[számtanpéldát]* work out, *[módszert]* work out, *[tervet]* draw* up, prepare [a plan] **3.** **~za a munkaidejét** (v. **nyolc órát**) work/do* an eight-hour day, do* an honest day's work
kidolgozás *fn* **1.** *[anyagé]* making (up), finish **2.** *[témáé]* working up/out, elaboration, composition
kidolgozatlan *mn* unfinished, rough
kidolgozatlanul *hsz* still in (the) rough
kidolgozott *mn* ~ **izomzatú** brawny; ~ **kéz** a worker's hands *tsz*
kidomborít *i átv* dwell* (at length) on, stress, emphasize
kidomborod|ik *i* **1.** *konkr* rise*, swell*, bulge **2.** *átv* become* evident/manifest, stand* out, be* thrown into relief
kidögl|ik *i szl durva* be*/get* fagged out (v. *US* pooped)
kidől *i* **1.** *[fa]* fall*, *[fal]* tumble down **2.** *[folyadék]* be* spilt **3.** *átv [fáradtságtól]* drop (down); ~ **a sorból** drop out; **~t sorainkból** *[meghalt]* he has left us for ever
kidőlt-bedőlt *mn* → **düledező**
kidönt *i* **1.** *[fát kivág]* fell, *[fát a szél]* uproot, *[falat]* pull/knock down, demolish **2.** *[kiborít]* spill*, overturn, upset*
kidörzsöl *i* **1.** *[pecsétet ruhából]* rub off **2.** *[testrészt vm]* chafe, rub (till) sore, gall
kidudorodás *fn* bulge, protuberance
kidudorod|ik *i* bulge, protrude, swell* up/out
kidug *i* stick*/thrust*/poke sg out (of sg); **~ja a nyelvét** stick* out one's tongue
kidugaszol *i* uncork
kidurran *i [gumi]* burst*, blow* out
kiduzzad *i* swell* (up/out), bulge (out)
kidühöngi magát *i* give* vent to one's rage, *[vihar]* blow* itself out, spend* its fury/force
kidülled *i* bulge, swell* (out), *[szem]* goggle
kidülledt *mn* ~ **szemmel** goggle/pop-eyed
kidülleszt *i [mellet]* throw* out, swell*, expand
kié *nm* → **ki**[1]
kiebrudal *i biz* throw*/turn/chuck out, oust
kiég *i* **1.** *[ház]* burn* out; **~ett a ház** the house was burnt out (v. gutted by fire) **2.** **~ett az égő** the bulb has gone (v. burned out); **~ett a biztosíték** the fuse has blown
kiegészít *i* complete, make* sg complete, complement, round out, make* up (*vmre* to), supplement; **~i (a család) jövedelmét** supplement one's income (v. the family income)
kiegészítendő *mn nyelv* ~ **kérdés** open-ended question
kiegészítés *fn* **1.** *[folyamat]* completion, addition, supplement; **~ül hozzátette, hogy** ... he added that ... **2.** *[pénzben]* supplement, *[jövedelemé]* a supplement to incomes (v. to one's income), *[alacsony nyugdíjhoz, ill. munkanélküli segélyhez]* supplementary benefit **3.** *[könyvben]* addendum (*tsz* addenda)
kiegészítő *fn* supplementary, additional, complementary; ~ **lámpa** *[forgalmi] GB* filter; ~ **parancsnokság** *kb. US* draft board; ~ **színek** complementary colours (*US* colors)
kiegészül *i* be* completed/supplemented
kiéget *i* **1.** *[tűzzel]* burn* (out); **~i a szőnyeget** burn* a hole in the carpet **2.** *[cserépárut]* bake, fire **3.** *[biztosítékot]* blow* (out) **4.** *[sebet]* cauterize, sear
kiégett *mn [ház stb.]* burnt out, gutted, *[tűzhányó]* extinct, *[biztosíték]* blown; *[tehetség]* spent
kiegyenesed|ik *i* straighten (out), *[kihúzza magát]* draw* oneself up (to one's full height)
kiegyenesít *i* straighten (out), make* straight
kiegyenget *i* make* level, level (*US* -l), make* even, level off, smooth (down), flatten (out)
kiegyenlít *i* **1.** *[egyenlővé tesz]* equalize, set*/put* aright, straighten, even out/up, level (*US* -l) off **2.** *sp* equalize **3.** *[számlát]* settle [a bill], *[adósságot]* clear, pay* (off), settle up, discharge [debt]; **kérjük ~eni** kindly remit
kiegyenlítés *fn* **1.** *[egyenlővé tevés]* equalization **2.** *[számláé]* settlement, *[adósságé]* settling (up), clearing, paying
kiegyenlítetlen *mn [tartozás, számla]* unpaid, unsettled, outstanding, *[erőviszonyok]* unbalanced
kiegyenlített *mn [tartozás]* satisfied, *[számla]* settled, paid, *[erőviszonyok]* balanced
kiegyenlítő *mn* ~ **gól** equalizing goal, equalizer
kiegyenlítőd|ik *i* equalize, be* equalized/balanced, be* levelled (*US* -l-) up, level (*US* -l) off
kiegyensúlyoz *i* (counter)balance, equilibrate
kiegyensúlyozatlan *mn* unbalanced
kiegyensúlyozatlanság *fn* lack of balance, imbalance
kiegyensúlyozott *mn* balanced; ~ **ember** well-balanced man°
kiegyezés *fn* compromise, conciliation, accord, *[csődben]* composition; *tört* **a 67-es** ~ the Settlement/Compromise/Ausgleich of 1867
kiegyez|ik *i* (*vkvel*) come* to an arrangement, agree on a compromise (with sy), reach an agreement, (*vmvel*) come* to terms (with sg); **10 000 forintban ~ik** he will settle for 10,000 forints
kiéhezett *mn* **1.** *konkr* starving, starved, famished **2.** (*vmre átv*) craving for sg *ut*
kiéheztet *i* famish, starve, *kat* starve into surrender/submission
kiejt *i* **1.** *[kezéből]* drop, let* sg fall/slip **2.** *[szót]* pronounce; **a 'méh' szóban a h-t nem ejtjük** in the word "méh" the "h" is not pronounced/sounded
kiejtés *fn [szóé]* pronunciation; **idegen ~sel beszéli az angolt** he speaks English with a foreign accent; **jó a ~e** his pronunciation is good
kiejtési *mn* ~ **hiba** mispronunciation, a(n) error/mistake in pronunciation; ~ **jelek** phonetic/pronunciation symbols; ~ **szótár** pronouncing dictionary
kiejtésjelölés *fn* phonetic transcription, *[szótárban stb.]* the indication of pronunciation [in a dictionary], marking the pronunciation [of English etc. words]
kiejthetetlen *mn* unpronounceable
kiejthető *mn* pronounceable; **nehezen** ~ **szó** a word that is hard to pronounce, *biz* jawbreaker, tongue-twister
kiékel *i* wedge, put* a wedge in sg, put* wedges in sg
kiél *i [szenvedélyt]* gratify one's desires/wishes, indulge oneself; **~i magát vmben** indulge in sg; **a sportolásban éli ki magát** sport is his main gratification
kielégít *i* **1.** *ált* (*vkt*) satisfy, give* satisfaction to, *[éhséget]* satisfy, appease, *[óhajt]* fulfil (*US* -fill), comply with; **~i az igényeket** meet*/satisfy all demands/requirements; **minden igényt** ~ cater for all tastes; **~i a vevőket** satisfy the/one's customers **2.** *[anyagilag]* satisfy, pay* off
kielégítés *fn* satisfaction, satisfying
kielégítetlen *mn* unsatisfied
kielégíthetetlen *mn* **1.** *[ember]* impossible to satisfy/please *ut*, not to be satisfied *ut* **2.** *[vágy]* insatiable, unquenchable
kielégítő *mn* satisfactory, *[megfelelő]* adequate, *[elég]* sufficient; **nem** ~ unsatisfactory
kielégítően *hsz* satisfactorily; **a munka** ~ **halad** work is proceeding at a satisfactory pace
kielégül *i* **1.** (*vmben*) find* satisfaction in sg **2.** *[vágy stb.]* be* gratified/appeased, *[nemileg]* reach orgasm/climax
kielégülés *fn* satisfaction, contentment, *[nemi]* orgasm, climax
kielégületlen *mn* unsatisfied, frustrated

kielemez *i* analyse
kiélesedés *fn* intensification, sharpening
kiélesed|ik *i [helyzet]* become* critical/strained, come* to a crisis/head, *[harc, vita]* intensify, grow*/become* more acute/intense
kiélesít *i [kést]* sharpen, grind*, whet, hone
kiélez *i [helyzetet]* increase the tension, *[ellentétet]* sharpen, deepen, intensify, *[vitát]* intensify/sharpen [a debate]; **~i a kérdést/problémát** point up the difficulty
kiélezett *mn* **~ helyzet** tense/explosive situation
kiéleződés *fn* → **kiélesedés**
kiéleződ|ik *i* **~ik a válság** the crisis is deepening (v. becoming more acute); → **kiélesedik**
kiélt *mn [ember]* debauched, dissipated
kiélvez *i* enjoy sg to the full, make* the most of sg
kiemel *i* **1.** (*vmből*) take*/lift sg out (of sg), *[a sok közül]* pick (out), *[hajóroncsot]* salvage, raise **2.** *[hangsúlyoz]* stress, emphasize, point out; **~i vmnek a fontosságát** stress the importance of sg **3.** *[feltűnővé tesz]* set* off, enhance, *[mint fontosat]* highlight (sg) **4.** *átv [vkt vhonnan]* advance sy, *[üzemből]* promote (from ... to) **5.** *biz* **~ vmt vk zsebéből** pick sy's pocket **6.** *sp [játékost]* seed; **~ték** has been seeded; *[nem teniszben]* be* a favourite (*US* -or-)
kiemelés *fn* **1.** *[vmből, vhonnan]* taking/lifting out, picking (out) **2.** *[hangsúlyozás]* stress, emphasis **3.** *nyomd* **~ tőlem** italics/emphasis mine
kiemelkedés *fn* **1.** *[folyamat]* rising, *[vízből]* emergence **2.** *[domborulat]* elevation, mound **3.** *[kitűnés]* rise, eminence, prominence
kiemelked|ik *i* **1.** (*vhonnan*) rise* (from), *[vízből]* emerge (from), come* out of, *[vm felett]* tower above, overlook **2.** *[szembetűnik]* be* conspicuous/striking; **erősen ~ik a háttérből** it is in sharp contrast to the background **3.** *[kitűnik]* excel, rise* above the others, distinguish oneself, be* preeminent [above one's rivals]
kiemelkedő *mn* **1.** *[kiugró]* projecting, prominent **2.** *[kiváló]* outstanding, excellent, distinguished, eminent; **~ fontosságú** of overriding importance *ut*; **~ teljesítmény** outstanding achievement
kiemelkedően *hsz* eminently, exceptionally; **~ a legérdekesebb** of surpassing/exceptional interest *ut*; **~ a legjobb** by far the best
kiemelt *mn* **1.** *[hangsúlyozott]* stressed **2.** *sp* **~ játékos** seeded player
kiemelten *hsz* **~ fontos** of high priority
kienged *i* **1.** (*vkt*) let* (sy) out, *[országból]* allow to leave [the country]; **~ vmt a kezéből** let* sg go (v. slip out of one's hand); **nem enged ki vmt a kezéből** hold on to sg; **nem engedték ki** he was not allowed out; *[országból]* he was not allowed to leave [the country]; *átv* **~i a szellemet a palackból** let* the genie out of the bottle **2.** (*vmt*) emit, let* escape, *[gázt/levegőt vmből]* deflate sg, *[folyadékot]* run* off; **~i a gőzt** let/blow off the steam **3.** *[ruhát]* let* out **4.** *[fagy]* thaw (out) **5.** *biz [lazít]* relax, unwind*, sit* back
kiengesztel *i* conciliate, appease
kiengesztelés *fn* conciliation
kiengesztelhetetlen *mn* unpacifiable, unappeasable
kiengesztelőd|ik *i* be*/become* reconciled/placated
kiépít *i* **1.** *[várost]* build* up, develop, *[partot]* embank [the Thames/Danube etc.] **2.** *átv* build* up, *[szervezetet]* build* up, expand [organization, network etc.], develop
kiépítés *fn* **1.** *[városé]* building up **2.** *átv* building up, extension, development
kiépül *i [város]* grow*, develop, *[városrész]* be*/become* built up
kiér *i* (*vk vhová*) get* to [a place], arrive at [a place] (in time); **~t a vonathoz** (s)he managed to catch the train
kiérdemel *i* merit, deserve, earn
kiérdemesült *mn* → **kivénhedt**
kiereszt *i* **1.** (*vkt vhová*) let* (sy) out **2.** *[lazít]* slack(en), *[köteléket]* pay* out; **vitorlát ~** start the sail; **~i a nadrágszíjat** let* out one's belt **3.** *biz* **~i a hangját** bawl, let* out a cry/scream etc. → **kienged**
kiérez *i* **~te a szavából, hogy** ... he gathered/felt from her words that ...; **gúnyt érzett ki szavaiból** she detected a note/hint of sarcasm in his words/voice, she seemed to detect some sarcasm in his voice
kiérlel *i [tervet]* perfect, complete, mature, ripen
kierőszakol *i* **1.** (*vkből vmt*) wring*/force/extort sg from sy; **~ vkből egy ígéretet** extract a promise from sy **2.** (*vmt*) enforce sg, insist (up)on sg; **~ja a győzelmet** gain a hard-won victory
kiért *nm* → **ki**[1]
kiértékel *i* evaluate, appraise, size/weigh up, *[fölmérve]* assess; **~i az eredményt** appraise the results; **~i a helyzetet** size up the situation
kiértékelés *fn* evaluation, appraisal, assessment
kiértesít *i* notify (sy of sg), inform (sy about sg)
kiérz|ik *i* **1.** *[szag]* smell* (of), *[íz]* taste (of); **~ik belőle a bors** it tastes of pepper **2.** *átv* can*/may* be felt; **~ik szavaiból** one can sense/feel (it) in/from his words; → **kiérez**
kies *mn irod* pleasant, delightful
kiesés *fn* **1.** (*vhonnan*) falling/dropping out, drop-out **2.** *[hiány]* shortfall, deficiency, *[megszakítás]* break, interruption **3.** *sp [versenyből]* elimination [from the competition]
kieséses *mn* **~ verseny** knockout contest, elimination race/tournament
kies|ik *i* **1.** *[vhonnan, vmből]* fall*/drop out (of sg) **2.** *sp* drop out (of), be* eliminated (from); **~ett** X has been eliminated **3.** **~ik az emlékezetéből** sg escapes sy, sg slips one's mind; **~ik a szerepéből** act out of character **4.** *[messze van]* be* out of one's/the way
kieszel *i* invent, think*/dream* up, conceive, plot
kiesz|ik *i* **1.** (*vmből*) eat* sg (up) from sg, eat* sg (up) out of sg, *[teljesen]* empty, clear **2.** *[rozsda]* corrode, eat* through/away, *[moly]* eat* away/through; **a moly kiette a ruháját** the clothes have got moth in them, the clothes have become moth-eaten
kieszközöl *i* secure, obtain; **~** (*vknél vmt*) induce/get* sy to do/permit/grant sg
kiesztergályoz *i* finish (sg) on the lathe
kietlen *mn* dreary, bleak, desolate
kievez *i* row out (to/onto)
kievickél *i* **1.** *[vízből]* paddle out (of) **2.** *[bajból]* extricate oneself (from), wriggle/get* oneself out (of)
kifacsar *i [ruhafélét]* wring* (out), *[gyümölcsöt]* squeeze [a lemon, an orange etc.], squeeze the juice out of [the oranges/lemons etc.]
kifacsart *mn [ruha]* wrung-out; **~ citrom** (i) *konkr* squeezed lemon (ii) *átv* (*vk*) a squeezed orange
kifaggat *i* question in detail, interrogate, *biz* grill
kifakad *i* **1.** *[kelés]* burst*, break* (open), *[bimbó]* burst* open, open **2.** (*vk*) break* out into angry words, *[megmondja véleményét]* speak* one's mind, *[vk ellen]* attack sy, (let*) fly* at sy, *[panaszkodva]* complain bitterly about sy
kifakadás *fn* **1.** *[kelésé]* opening, breaking, bursting, *[bimbóé]* budding **2.** *[szavakban]* attack, outburst
kifakaszt *i* make* sg burst
kifakít *i* fade
kifakul *i* fade, (grow*) pale, lose* colour (*US* -or)
kifárad *i* **1.** (*vmtől*) tire (of), become*/get*/grow* tired (of/from), be* exhausted (by/from), *biz* be* fagged out (by); *[anyag]* fatigue **2.** **lesz szíves ~ni** kindly/please go/come out
kifáradás *fn* exhaustion, tiredness
kifarag *i* carve (out), *[követ]* cut*
kifáraszt *i* tire (out), make* sy tired/weary, wear* out, weary, exhaust (*vmvel* by doing sg, with sg), *[halat]* play [a fish]
kifarol *i [autó]* back out, reverse

kifecseg *i* blurt out; **titkot ~** *biz* let* the cat out of the bag, spill the beans
kifehéred|ik *i* bleach
kifehérít *i* bleach, whiten
kifejez *i* **1.** *[szavakkal]* express, voice, give* expression to; **köszönetét fejezi ki vknek vmért** express one's thanks to sy for sg; **~i magát** express oneself **2.** *[megjelenít]* represent, symbolize, denote **3.** *mat* **vmben ~ve** in terms of sg
kifejezés *fn* **1.** *[kinyilvánítás]* expression, utterance; **~re jut** be* expressed, manifest itself, be* shown; **~re juttat vmt, ~t ad vmnek** express/voice sg, give* expression/voice to sg **2.** *[szókapcsolat]* expression, phrase, *[nyelvben sajátos]* idiom, idiomatic/fixed expression; **angolos ~** English idiom **3.** *mat* expression, term
kifejezésmód *fn* mode of expression, (one's) way of expressing oneself, choice of words, *műv* idiom
kifejezéstelen *mn* expressionless, lacking in expression *ut*; **~ arc** vacant/blank/expressionless look, poker face
kifejezésteli *mn [arc]* expressive
kifejezett *mn* **1.** *[kimondott]* expressed **2.** *[határozott]* express, explicit; **~ kívánságára** at his explicit request
kifejezetten *hsz* expressly, definitely, professed(ly); **~ szép** truly beautiful; **~ erre a célra készült** purpose-built, specially-made/constructed, be* made expressly for [this purpose]
kifejező *mn* expressive/eloquent (*vmt* of), suggestive (*vmt* of); **~ arc** face full of expression, an expressive face
kifejeződ|ik *i* be* expressed, manifest itself
kifejezőerő *fn* expressiveness, force/power of expression, eloquence
kifejezőeszköz *fn* means of expression *esz*
kifejezőkészség *fn* (the) faculty of expression, expressiveness
kifejleszt *i* develop, *[tehetséget]* improve [one's abilities], cultivate
kifejlesztés *fn* development, *[tehetségé]* improvement
kifejlet *fn* outcome, *[drámában]* dénouement
kifejlett *mn* fully developed, fully-fledged, full-grown, mature
kifejlődés *fn* development, growth, evolution, *[tehetségé]* development, blossoming
kifejlőd|ik *i* develop (*vmvé* into sg), grow*, *[tehetség]* blossom; **vita fejlődött ki** a debate arose
kifejt *i* **1.** *[varrást]* undo*, unpick **2.** *[babot, borsót]* hull, shell **3.** *[képességet]* display, show*, *[erőt]* exercise, exert; **~i minden erejét** spare no effort, do* one's utmost; **ellenállást fejt ki** offer (v. put* up) resistence **4.** *[szavakban]* expound, *[magyaráz]* explain, make* clear, set* out, expand on sg, *[véleményt]* express, put* forward, state; **~i nézeteit** expound/state/give* one's views; → **álláspont**
kifejtés *fn* **1.** *[varrásé]* undoing, unpicking **2.** *[hüvelyből]* hulling, husking **3.** *[tehetségé]* display, exertion, *[erőé]* exertion **4.** *[szavakban]* expounding, explanation, exposition
kifejtő *mn* explanatory, explanative
kifeksz|ik *i* **1.** (*vhová*) lie* down (swhere outdoors) **2. kifeküdte a hat hetet** he was laid up (v. confined to bed) for six weeks, he had to stay in bed for six weeks **3.** *szl* **ettől egészen kifeküdtem** I was flabbergasted (v. *GB* knocked for six)
kifelé *hsz* **1.** *[irány]* out, outward(s); **~ menet** on the way out, while going out; **(mars) ~!** out you go! **2.** *[külsőleg]* outwardly, seemingly
kiféle *nm* what sort of ...?
kifelejt *i* leave* (sg/sy) out (by mistake), forget* to put in
kifen *i* whet, sharpen, hone, *[borotvát, szíjon]* strop
kifényesed|ik *i [hordástól]* get*/become* shiny/sheeny
kifényesít *i* polish, shine*, buff up
kifér *i* **1.** (*vm/vk vmn*) get* out through, pass through sg; **kiabál, ahogy csak a torkán ~** shout at the top of one's voice **2.** *[van még hely]* there is (enough) room (for sg swhere)
kifesl|ik *i* **1.** *[bimbó]* open, unfold **2.** *[varrás]* come*/get* unstitched/undone
kifest *i* **1.** *[szobát]* paint, (re)decorate, *GB biz* do out (*pl. kékre* in blue) **2.** *[arcot]* make* up, paint; **~i magát** make* up (one's face), make* oneself up, put* on make-up, do* one's make-up **3.** *[kiszínez]* colour
kifestet *i* have* [one's flat/etc.](re)decorated
kifestőkönyv *fn* colouring (*US* -or-) book
kifésül *i [hajat]* comb (out/thoroughly) [one's hair]; **~t haj** combings *tsz*
kifeszít *i* **1.** *[feszessé tesz]* stretch (out), tighten, make* tight, *[mellkast]* expand, throw* out, *[vk vitorlát]* set*, *[szél vitorlát]* fill **2.** *[felfeszít]* break*/force/prise (*US* prize) open
kifeszül *i* stretch, tighten, expand
kificamít *i* sprain, dislocate, *GB* put* out; **~otta a bokáját** (s)he sprained his/her ankle, (s)he has a sprained ankle
kificamod|ik *i* be*/become* sprained/dislocated; **~ott** sprained
kifiguráz *i* caricature, *[utánoz]* mimic (-ck-), *[nevetségessé tesz]* guy, make* fun of, ridicule
kifigyel *i* spy (on/out)
kifinomít *i* refine, *[modort]* polish, *[ízlést]* refine
kifinomod|ik *i* become* (more) refined/polished/subtle
kifinomult *i [modor, ízlés]* refined; **~ ízlésű** of (a refined) taste *ut*, fastidious
kifizet *i* **1.** *[megfizet]* pay* (up/out), disburse, *[adósságot]* pay* [a debt], *[teljesen]* pay* off [a debt], pay* [a debt] in full, *[számlát]* pay* [a bill], settle/square [an account]; **~ vkt** pay* sy (off); **ígéretekkel fizet ki vkt** *kb.* put* sy off with promises **2. ~i magát** → **kifizetődik**
kifizetés *fn* paying (up/out), disbursement, *[adósságé, számláé]* settlement, payment
kifizetetlen *mn* unpaid, unsettled
kifizetőd|ik *i* it pays (its way), it is a paying proposition; **nem fizetődik ki** it does not pay; *biz [nem éri meg]* be* not worth the candle/hassle
kifizetődő *mn* paying, profitable, lucrative, remunerative; **nem ~** (it) does not pay (its way) *ut*, (it is) unremunerative
kifizetőhely *fn* paying-office
kifli *fn* croissant, roll
kiflikrumpli *fn* kidney potato
kifog *i* **1.** *[vízből]* fish, land, take* out, *[halat]* catch*; *biz* **ki kell fogni** *[ritka árucikket]* you've got to be lucky to get it **2. ezt jól ~tuk** *[rosszat]* it's not our day, that's just our luck; *[jót]* we're in luck; **~ egy jó állást** land a good/plum job; **rossz napot fogott ki** it's one of his/her off-days, it's just one of those days **3.** *[lovat]* unharness **4.** *biz* (*vkn*) get*/have* the better of sy; **rajtam nem lehet ~ni** (there are) no flies on me, you can't catch me out/napping; **ez a kérdés ~ott rajtam** I was stumped by this question; **ez ~ott rajtam** that beats me, *US biz* that has/had me beat; → **szél**
kifogás *fn* **1.** *[helytelenítés]* objection, disapproval, *[panaszos]* complaint, protest, *jog* objection, plea; **ha nincs ellene ~od** if you don't mind; **nincs semmi ~om ellene** I have no objection(s) to it, I have nothing (to say) against it, I don't mind; **van vm ~a az ellen, ha ...?** do you mind if I ...?; **~ alá esik** be* objectionable; **~t emel** raise an objection, put* in a plea **2.** *[mentség]* pretext, excuse, plea; **üres/olcsó ~** shallow pretext, lame/thin excuse; **azzal a ~sal, hogy** ... on the pretext that ..., with the excuse that ...
kifogásol *i* object to, protest against, raise objections to/against, *[hibáztat]* disapprove of, find* fault with, *[bírálólag]* censure, criticize
kifogásolható *mn* objectionable, reprehensible
kifogásolt *mn* contested, disputed, objected to *ut*

K

kifogástalan *mn* unexceptionable, unobjectionable, blameless, *[hibátlan]* faultless, *[viselkedés]* above reproach *ut*, irreproachable, correct, *[minőség]* excellent, top
kifogy *i [elfogy]* come* to an end, run*/be* short, give* out, *[készlet]* give*/run* out, run* low; **~ott vmből** (*vk*) be* out of sg; **~ott** (i) *[pl. mosogatószer]* it's run out (ii) *[áru]* be* out of stock; *[könyv]* be* out of print
kifogyhatatlan *mn* inexhaustible, unfailing
kifoltoz *i* patch up, mend, put* a patch on
kifolyás *fn* outflow, efflux
kifoly|ik *i* flow*/run* out, *[lyukas edényből]* leak (out)
kifolyó *fn [csatornáé stb.]* outfall, *[gáz/folyadék számára]* vent, *[tölcsér alakú]* spout, nozzle, *[kádban]* plug-hole, *[konyhai]* sink
kifolyócső *fn* waste-pipe
kifolyólag *nu* **vmből ~** in consequence of, as a result of, owing/due to, on account of; **ebből ~** for this reason, owing to this, as a result, consequently
kifon *i [hajat]* unplait, unbraid
kifordít *i* **1.** *[megfordít]* reverse, turn (sg) inside out, *[ruhát]* turn (out/over); **~ja a zsebét** turn one's pocket out **2.** *[értelmet]* twist
kifordítás *fn [szótáré]* reversal
kifordítva *hsz* inside out
kifordul *i* **1.** *[kézből]* slip, drop, *[járműből]* fall* out **2. alighogy ~t a kapun** he was scarcely/hardly out of the house/room (when) **3.** *[belülről kifelé]* turn inside out; **~ tőle az ember gyomra** make* one's gorge rise, it turns one's stomach
kiforgat *i* **1.** *[vihar fákat]* tear* up, *[zsebet]* turn (inside) out **2.** (*vkt vmből*) cheat/do*/diddle sy out of sg; **~ták vagyonából** he was done out of his money **3.** *[értelmet]* twist [sy's words], distort, misinterpret [sg said]
kiformál *i* form, shape, mould (*US* mold), *[művész]* model (*US* -l), mould
kiformálód|ik *i* take* shape, form, develop
kiforr *i* **1.** *[a fazékból]* boil over **2.** *[bor]* cease fermenting, settle; **~ja magát** (i) *[bor]* cease fermenting settle (ii) *átv* mature, settle
kiforratlan *mn* **1.** *[egyéniség]* immature, unsettled **2.** *[bor]* unfermented
kiforráz *i [edényt]* scald
kiforrott *mn [egyéniség]* mature, settled
kiforszíroz *i* → **kierőszakol**
kifoszt *i* (*vkt*) rob, *biz* fleece, skin, *[főleg háború idején]* plunder, pillage, *[várost]* sack, *kat* loot
kifő *i* boil thoroughly
kifőtt *mn* **~ tészta** *ált* pasta, *[cérnametélt]* vermicelli, *[vastagabb]* spaghetti; → **tészta**
kifőz *i* **1.** *[ételt stb.]* boil (down) (thoroughly), *[tésztát]* boil [pasta/vermicelli etc. in water], cook [pasta] **2.** *[fertőtlenít]* sterilize (sg by boiling) **3.** *[tervet]* brew, plot, concoct
kifőzde *fn* → **kifőzés**
kifőzés *fn* **1.** *[ételé]* boiling (down), *[fertőtlenítés]* sterilization (by boiling) **2.** *[étkezde]* eating-place/house, *[elvitelre]* takeaway; *szl* eatery, greasy spoon, *US* diner, beanery, hash house
kifröccsen *i* splash, spurt (out)
kifúj *i* **1.** *[füstöt stb. vmből]* blow* out, *[gázvezetéket, kazánt stb.]* blow* (sg clean); *[dohányfüstöt]* exhale; **~ja az orrát** blow* one's nose **2. a szél ~ta az arcát** (s)he is windswept **3.** *biz* **~ja magát** get* one's breath (back), take* a breather
kifullad *i* get* out of breath, *biz* run* out of steam; **~t** be* out of breath, be* winded
kifullaszt *i* run* sy out of his/her/etc. breath
kifundál *i* → **kitervel**
kifúr *i* **1.** *[fúróval]* bore (out/through), drill **2.** *[állásából]* try to elbow sy out [of his job], drive*/cut*/edge sy out [of a/his/her job]; → **oldal**
kifut *i* **1.** *[kirohan]* run* out **2.** *[hajó]* sail, put* out to sea, *[vonat]* pull out, draw* out from the station **3.** *[tej]* boil over **4.** *biz* **~ az időből** run* out of time
kifutás *fn* **1.** (*vké*) running out **2.** *[tejé]* boiling over **3.** *biz [érvényesülési lehetőség]* opening, break
kifutó *fn* **1.** *[fiú]* shop/office-boy, errand-lad/boy **2.** *[teniszpályán]* run-back **3.** *[baromfiaké]* chicken run **4.** *[divatbemutatón]* runway
kifutópálya *fn [reptéren]* runway, *[kisegítő]* airstrip
kifüggeszt *i* hang* out, display, *[hirdetményt]* put*/post/stick* up
kifürkész *i* ferret out
kifürkészhetetlen *mn* inscrutable
kifüstöl *i [helyiséget]* fumigate, *[állatot* v. *vkt vhonnan]* smoke out
kifűt *i* heat up/thoroughly
kifütyül *i* boo at/off sy, catcall sy, hiss (sy) off the stage, howl sy down; *biz* **~ik** get* the bird, be* catcalled
kifűz *i* unlace, undo*, loosen, untie
kigabalyod|ik *i* (*vmből*) extricate/disentangle oneself from sg
kigazol *i* weed [a garden]
kigázol *i* (*vmből*) wade out (of sg)
kigolyóz *i* blackball
kigombol *i* unbutton
kigombolkoz|ik *i* unbutton [one's coat/jacket/etc.]
kigombolód|ik *i* be*/come* unbuttoned, unbutton
kigondol *i* think* up, conceive, invent, *[tervet]* think*/work out [a plan], *[megoldást]* think* of sg
kigöngyöl *i* unroll, unfold
kigördül *i [vonat]* pull out
kigőzöl *i* steam
kigőzölgés *fn* exhalation, evaporation, vapour (*US* -or)
kigőzölög *i* give* off [fumes, a smell], exhale, evaporate
kiguberál *i biz* cough up, fork up/out [money]
kigúnyol *i* ridicule, mock, make* game/fun of sy; take* the piss out of sy, *biz [parodizál]* send* sy up
kigúnyolás *fn* mocking, derision, mockery, *biz [paródia]* send-up
kigurít *i* roll sg out
kigurul *i* roll out
kiguvad *i* **~t a szeme** her eyes popped
kiguvadt *mn* **~ szemmel** with eyes popped
kígyó *i* snake, *irod* serpent, *[emberről]* snake in the grass, viper; **~t melenget keblén** nurse a viper in one's bosom; **~t-békát kiált vkre** shower abuse on sy
kígyóbőr *fn* snakeskin
kígyóbűvölő *fn* snake charmer
kigyógyít *i* (*vkt vmből*) cure sy of sg, *átv* cure (sy of sg), *[káros szenvedélyből stb.]* reclaim sy from [a dependence on alcohol etc.]; **~ vkt bajából/betegségéből** cure sy of a disease, restore sy to health
kigyógyítás *fn* restoration to health, curing, cure
kigyógyul *i* recover, be* cured, get* well again; **~ bajából/betegségéből** be* cured of one's/a disease
kígyómarás *fn* snakebite
kígyóméreg *fn* snake-poison/venom
kigyomlál *i [kertet]* weed [the garden]
kígyóvonal *fn* spiral (curve), wavy line
kígyózás *fn* winding, spiral motion, *[folyóé]* meandering
kígyóz|ik *i [út, folyó]* twist and turn, wind*, weave* [through the valley etc.], *[folyó stb.]* meander
kigyönyörködi magát *i* enjoy the sight of sg
kigyullad *i* **1.** *[lámpa, fény]* be* lit, light* up; **6.50-kor gyulladnak ki a lámpák** lighting-up time is 6.50 (tonight) **2.** *[tűz]* take* fire, *[tüzet fog]* catch* fire, burst* into flames **3. ~t az arca** his/her cheeks are aglow/glowing/burning
kigyúrt *mn szl [izmok]* pumped-up
kihágás *fn elav* contravention (of the law), petty offence; **~t követ el** commit an offence (against the law), infringe the regulations, violate the rules

kihagy *i* **1.** *[mellőz]* leave* out, omit, cut* out, *[vkt csapatból] biz* drop, *[elhagy, töröl]* omit, *[lehetőséget]* miss, throw* away [a chance]; ~ **a névsorból** omit from the list, leave* off the list; **~ott egy szót** (s)he has left out a word; **ezt nyugodtan ~hatod** *[mellőzheted] biz* you can give it a miss (v. a body swerve) **2.** *[kimarad]* miss, *[motor]* misfire; **~ott az emlékezete** (s)he had a lapse (v. lapses), his memory failed him/her; **~(ott) a pulzusa** his pulse missed a beat; → **ziccer**

kihagyás *fn* **1.** *[mellőzés]* omission, *[elnézésből]* oversight **2.** *[megszakadás]* interruption, *[érverésé]* intermission, *[motoré]* misfire **3.** *[üres rész]* blank

kihajít *i* **1.** (*vmt*) throw*/fling*/hurl/chuck out, dump **2.** *biz* (*vkt*) turn out, dump, send* sy packing

kihajl|ik *i* vm overhang*, stick* out

kihajol *i* lean* out (of); **~ni veszélyes** do not lean out of the window

kihajóz *i [partra szállít]* disembark

kihajóz|ik *i* **1.** *[hajó]* put* out to sea **2.** (*vk*) sail (for swhere)

kihajt *i* **1.** *[állatot]* drive* out **2.** *[gallért]* turn down [one's collar] **3.** *növ* sprout, put* out shoots, *[rügyezik]* bud, put* out buds **4.** *[kocsin]* drive* out

kihajtó *fn [galléré]* lapel, revers (*tsz* ua.)

kihal *i [család]* die out, *[terület elnéptelenedik]* become*/be* deserted/depopulated, *[állatfaj stb.]* become* extinct; **~t belőle minden érzés** his feelings are dead

kihalász *i* **1.** *[halat]* catch*, *[vmt a vízből]* fish up [sg from water], fish (sg) out [of the water] **2.** *biz [előkotor]* fish out [sg from one's pocket], fish sg out of [one's pocket]

kihall *i* (*vmből*) (think* one can) hear* sg from sg, seem to detect sg in sg

kihallatsz|ik *i* be* audible, can be heard (outside)

kihallgat *i* **1.** *[meghallgat]* hear*, *[kikérdez]* interrogate, question; **~ja a tanúkat** hear* the witnesses **2.** *[beszélgetést titokban]* overhear* [a conversation], eavesdrop [on a conversation]

kihallgatás *fn* **1.** *[kikérdezés]* interrogation, examination, questioning, hearing **2.** *[államfőnél stb.]* audience; **~on fogad** grant/allow sy an audience [of 20 minutes]; **~on fogadta X** ... was granted an audience with X, was received in audience by X; **~ra jelentkezik** (i) (*vknél*) seek* an audience with sy (ii) *kat* report

kihaló *mn/fn* **~ban van** be* vanishing, be* dying out, be* near extinction, be* almost extinct; **~ban lévő állatfaj** a species on the verge of extinction

kihalt *mn* **1.** *[faj]* died out, extinct **2.** *[vidék]* desolate; ~ **utca** deserted street

kihámoz *i* **1.** *konkr* shell, peel (off) **2. nehéz ~ni, mit akar mondani** it is difficult to make out what he means/wants

kihangosít *i* amplify

kihangosító *mn/fn* ~ **(készülék)** hands-free device/system

kihány *i* **1.** *[kidob]* throw*/fling* out **2.** *[ételt]* vomit, throw*/bring* up [food, one's dinner etc.]

kiharangoz *i nép* (*vkt*) sound sy's death-knell, ring*/toll the (passing-)bell for sy

kiharap *i* take* a bite out of sg

kiharcol *i* gain/obtain (sg) by fighting (for), *[elér]* (manage to) obtain, secure, attain, win*

kihasad *i* split*/burst* (open)

kihasít *i* tear* out, *[kivág]* cut* out

kihasznál *i* **1.** (*vmt ált*) utilize, exploit, take* (full)-advantage of (sg), *[anyagi haszonra]* profit by/from, *[energiaforrást]* harness, *[kimerít]* exhaust, use up; **jól ~ vmt** make* the most of sg; **~ja az alkalmat** take* (advantage of) the opportunity; **~ja vk gyengeségét** take* advantage of (v. exploit) sy's weakness; *[tévedéseit]* capitalize on (v. cash in on) sy's errors; **~ta a helyzetet** he took advantage of the situation; **(jól) ~ja az idejét** make* the best use of one's time; **~ vmely lehetőséget** have* the/a(n) chance/opportunity to do sg (of doing sg) **2.** (*vkt*) *[nem fair módon]* take* advantage of sy, exploit sy (shamelessly)

kihasználás *fn ált* utilization, exploitation, *[haszonra]* profiting, *[energiaforrást]* harnessing

kihasználatlan *mn* unexploited, unutilized, unused, *mezőg* uncultivated

kihat *i* (*vmre*) have* an effect/impact on, influence/affect sg/sy

kihatás *fn* effect, influence, impact, *[eredmény]* result, *[következmény]* repercussions *tsz*, consequence; **~a/sal van vmre** have* an effect/impact/bearing on sg; bear* on/upon sg, affect sg; **milyen ~sal van ez a problémára?** how does this bear on the problem; **rossz ~sal van vmre** have* a bad effect on sg; **ez rossz ~sal lehet az ügy menetére** this could have an adverse effect on the matter (in hand)

kihátrál *i* back out (*vhonnan* of)

kiházasít *i* marry off (one's daughter with a dowry)

kihegyez *i* sharpen, point [a pencil]

kihelyez *i* **1.** *ált* (*vmt*) place/put* out **2.** ~ **vkt vidékre** transfer sy to the provinces **3.** *[pénzt]* lend* out [money at interest]

kihelyezés *fn* **1.** (*vké*) transfer (to the provinces) **2.** *[pénzé]* placing, lending out at interest

kihelyezett *mn* ~ **tanfolyam** extension/extramural course

kiherél *i* castrate

kihever *i* *[bajt]* get* over, *[betegséget]* recover from, *[csapást]* survive, *[balesetet]* get* over

kihevül *i* get*/become* hot

kihez *nm* → **ki**[1]

kihímez *i* embroider

kihirdet *i* proclaim, publish, announce, *[közöl]* notify, give* notice of; **~i az eredményt** announce/publish the result(s); **házasságot ~, ~ vkket** *[templomban]* publish the banns; **~i az ítéletet** pronounce sentence, deliver judg(e)ment

kihirdetés *fn* proclamation, announcement, publication; **házasulandók ~e** the banns *tsz*

kihív *i* **1.** (*vkt vhová*) call out/to; **~ták a folyosóra** he was called out of the room; **~ja a mentőket** call (v. ring* for) an ambulance; **~ja a rendőrséget** call (out) the police **2.** *[küzdelemre, párbajra]* challenge; **~ja a veszélyt** court danger; **~ maga ellen vmt** provoke sg; **~ja a sorsot maga ellen** be* tempting fate **3.** *okt [diákot felelni]* ask sy questions, test/quiz sy; **~ták felelni** he was tested on his homework

kihívás *fn* provocation, *[tágabb ért.]* challenge; **elfogadja a ~t** accept the challenge, *kif* take* up the gauntlet

kihívó *mn* provocative, provoking, defiant; **~ arccal/hangon** defiantly; **~ viselkedés** provocative behaviour (*US* -or), insolence

kihíz|ik *i* **~ta a ruháját** she has grown too plump for her dress

kihord *i* **1.** (*vhonnan*) carry/take* out, *[elszállít]* convey, transport **2.** *[házhoz]* deliver, *[leveleket]* distribute, deliver **3.** *[gyermeket]* bear* [a child] [to (full) term] **4. lábon ~ betegséget** not go* to bed with an illness

kihordás *fn* **1.** *[szállítás]* delivery **2.** *[magzaté]* (normal) pregnancy

kihorgász *i* → **kihalász**

kihoz *i* **1.** (*vhonnan*) bring*/get*/take* out; **~ vkt a vízből** *[aki beleesett]* fish sy out of the water **2.** *biz [vmből vm eredményt]* produce, manage to show/prove, *[következtet szövegből]* infer (from), draw* the conclusion (from), conclude (that); **ebből azt hozta ki, hogy** ... from all this he concluded that ... (v. he came to the conclusion that ...) **3. ~ vkt a béketűréséből** exasperate sy, provoke sy, try sy's patience; **~ vkt a sodrából** → **sodor**[2] **4.** *[írásművet]* publish, bring* out, *[filmet]* release

kihozat *i* have* sg brought out

kihörpint *i* knock [a drink] back, drain/down [one's glass]

K

kihull *i* **1.** fall* out/from; **~ott a kard a kezéből** the sword fell from his hand; **~ott a kezéből a toll** he sighed his last **2.** **~ a haja** lose* one's hair, one's hair is falling out
kihuny *i [tűz]* be* extinguished, *[szenvedély]* burn out
kihurcol *i* drag out, *biz* lug out
kihurcolkod|ik *i* move (out)
kihúz *i* **1.** *(vhonnan)* draw*/pull out, *[ágyból]* drag out of (v. from), *[asztalt]* pull/fold out, *[íjat]* draw* [the bow/string]; **~ vkt a vízből** *[aki beleesett]* fish sy out of the water; **dugót ~ az üvegből** uncork a bottle; **falidugót ~** unplug sg, take* the plug out of the socket; **fiókot ~** open a drawer; **fogat ~** extract a tooth°, pull out a tooth° **2.** *[töröl]* cross/strike* out, erase, delete, *[szerkesztő]* cross out [words], cut* sg [out of sg], *[cenzúra]* blue-pencil (*US* -l) [words/parts in a work] **3.** **~za magát** straighten up/out, draw* oneself up, square one's shoulders; *[büszkeségében]* walk tall **4.** **~za magát vmből (v. vm alól)** wriggle out of sg, evade (doing sg), back out of (sg) **5.** *[tussal]* ink in sg **6.** **majd csak ~zuk tavaszig** we'll last out till the spring somehow **7.** *[sorsjegyet, kötvényt]* draw*; **~ták a számát** his number came up (v. was drawn) **8.** *átv* **~ vkből vmt** drag/draw* sg out of sy **9.** *[vonat állomásról]* pull out
kihúzás *fn* **1.** *(vhonnan)* drawing/pulling out, drawing, *[fogé]* extraction **2.** *[törlés]* crossing (out), deletion **3.** *[tussal]* tracing, redrawing
kihúzat *i* **~ja a fogát** have* a tooth (pulled) out
kihúzható *mn* **~ asztal** folding/extending table
kihűl *i* cool, get* cold/cool, *[étel]* go* cold
kihűt *i* cool
kihüvelyez *i* **1.** *növ* shell **2.** *[rejtélyt]* solve, work/make*/puzzle out
kiigazít *i* adjust, straighten out, *[hibát]* correct, set*/put* right
kiigazítás *i* adjustment, correction
kiigazod|ik *i* *(vhol/vmben)* get*/find* one's bearings (swhere), find* one's way (a)round sg, orient oneself; **nem tud ~ni** *[pl. új helyen]* he is all at sea; *[pl. íráson stb.]* he cannot make head or tail of it
kiigényel *i* claim (and obtain)
kiiktat *i* eliminate, strike* out, *műsz* disconnect, eliminate
kiindul *i* **1.** *(vhonnan)* start/set* out/off, pull out (of) **2.** *(vmből)* set* out from, take* sg as its starting-point
kiindulás *fn* start, starting-point, point of departure
kiindulási *mn* **~ állomás** station of departure; **~ pont** starting-point, point of departure
kiindulópont *fn* → **kiindulási pont**
kiír *i* **1.** *[kimásol]* copy out, *[vhonnan adatokat]* write* out, *[számítógép adatokat]* print out **2.** *[teljesen, pl. nevet]* write* out [one's name], write* [one's name] in full **3.** *[pályázatot stb. meghirdet]* announce; **pályázatot ír ki** (i) *[vmlyen alkotó munkára]* announce a competition (for sg) (ii) *[állásra]* invite applications for [a post, position]; **választásokat ~** call an election, call elections **4.** *orv biz [táppénzesnek]* give* sy a medical certificate (v. a doctor's note), put* sy on sickness benefit, *[újból munkaképesnek]* declare sy fit for work **5.** **~ta magát** *[író]* has written himself out
kiírás *fn* **1.** *(vhonnan)* copying, *[adatoké]* writing out, *[számítógépen]* printout **2.** *[kihirdetés]* publication, announcement, *[felirat]* inscription, notice; **pályázati ~** competition, *gazd* invitation to tender; *[állásra]* advertisement of vacancies; **választások ~a** declaration of (general) elections
kiirt *i* **1.** *ált* wipe out, *[gyökerestől]* destroy sg root and branch, root out, *[erdőt]* clear, *[megsemmisít]* annihilate, destroy, extirpate, *[állatfajt]* kill (off), *[férget]* exterminate **2.** *[lakosságot, népet stb.]* exterminate, commit genocide **3.** *[vmnek emlékét]* blot out
kiirtás *fn ált* wiping out, *[elpusztítás]* destruction, *[erdőé]* clearance, *[féregé, lakosságé]* extermination, *[népé]* genocide

kiismer *i* **1.** *(vmt)* come* to know (sg) thoroughly, *(vkt)* come*/get* to know sy, *[átlát vkn]* see* through sy; **nem ismeri ki** not know* what to make of sy, cannot* make sy out **2.** **~i magát** *(vhol)* find*/know* one's way about/around; **nem ismeri ki magát** *(vhol)* be* lost; *[dolgokban]* be* (all/completely)at sea, have* lost one's bearings, *[írásban, szövegben]* (s)he cannot make it out, (s)he cannot make head or tail of it; **kezdi ~ni magát** (begin* to) get* one's bearings, find* one's feet
kiismerhetetlen *mn* inscrutable
kiisz|ik *i* drain [one's glass], drink* up [one's tea, a bottle of gin etc.], gulp down [one's coffee etc.]
kiizzad *i* **1.** get* hot, work up a sweat; **alaposan ~t** he was sweating profusely; **ki van izzadva** he is hot and sweaty, he is covered/beaded with sweat **2.** *[náthát]* sweat out [a cold] **3.** *biz [szellemi alkotást]* manage to get sg out (put sg together) with great difficulty **4.** *biz [pénzt]* scrape together/up and pay, *szl* cough up
kiizzaszt *i* make* sy sweat/perspire
kijár *i* **1.** *[vk vidékre]* visit the countryside **2.** *[lábadozó]* **már egy hete ~** he has been up and about for a week **3.** *(vm vmből)* come* off/out, keep* falling out **4.** *(vknek vm)* be* due/owing to, be* sy's due **5.** *(vknél vk számára vmt)* manage to obtain/get sg for sy **6.** *[iskolát]* finish/complete one's studies
kijárás *fn* **1.** going out **2.** *[vmnek az elintézése]* the securing/obtaining [of sg]
kijárási *mn* **~ tilalom** curfew; **~ tilalmat rendel el** impose a curfew [on a town]; **~ tilalmat felold** lift the curfew
kijárat *fn ált* way out, exit, *[autópályáról]* exit, *[reptéren gépekhez]* gate
kijáró I. *mn* **1.** *(vhová)* going/coming out *ut* **2.** *(vknek)* due to *ut*; **a neki ~ összeg** the money due to him [will be paid ...]; **a neki ~ tisztelet** the respect due to him (v. that is his due) **II.** *fn [kijárat]* way out, exit
kijátszás *fn átv* outwitting, *[törvényé]* evasion
kijátsz|ik *i* **1.** *[kártyát]* lead* [card] **2.** *[becsap]* cheat, outwit (sy), take* (sy) in; **kijátssza a törvényt** evade the law, get* (v. find* a way) round the law, find* a loophole in the law/legislation; **~ik vkt** take* sy in, outwit sy, *biz* sell sy down the river; **~ik vkt vk ellen** play off one person against the other; → **ütőkártya**
kijavít *i [hibát, dolgozatot]* correct, *[szöveget]* revise, correct, emend, *[helyesbít]* rectify, put* (sg) right, *[gépet, vízvezetéket stb.]* repair, fix, *[cipőt]* repair, *[házat]* repair, renovate, *[ruhát]* mend, do* up; *okt* **~otta a hármasát** he improved his low grade/mark
kijavítás *fn [hibáé, dolgozaté]* correction, *[helyesbítés]* rectification, *[gépé]* repair(ing), *US* fixing, *[házé]* repair(ing), renovation, *[ruháé]* mending
kijavíttat *i* have* sg repaired, get* sg fixed
kijegecesed|ik *i* crystallize, gel, *US* jell
kijegyez *i (vmből)* note down (from), write* out (from)
kijegyzetel *i* make* notes on sg (while reading it), take* notes from sg
kijelent *i* **1.** *(vmt)* declare, state **2.** *[vkt rendőrileg]* report sy's departure; **~i magát** → **kijelentkezik** **3.** *vall* reveal
kijelentés *fn* **1.** *[nyilatkozat]* declaration, statement **2.** *[távozásé]* notification of departure **3.** *vall* revelation
kijelentkezés *fn [szállodából]* checking out
kijelentkez|ik *i* **1.** *[lakásból]* notify one's departure, *[szállodából]* check out **2.** *infor* log off/out
kijelentő *mn* **1.** *nyelv* **~ mondat** declarative sentence **2.** **~ lap** form for notification of departure
kijelöl *i [helyet megjelöl]* designate, indicate, point/mark/stake out, assign, *[időt]* fix, set*, appoint, *[diáknak feladatot]* set* (sy) a task, give*/set* sy an assignment, *[vknek vmlyen munkát]* assign [a/the job] to sy, assign sy [a/the job], *[vkt állásra]* assign sy [to a job]; **~ részeket könyvben** mark passages in a book; **~i a vkt megillető helyet** assign sy's role in/as sg, assign sy his/her role in/as sg; **~i az irányt** point out the direction; *átv* set* the course

kijelölés *fn [helyé]* designation, indication, assignment, marking, *[időé]* fixing, appointment
kijelölt *mn* appointed, set; **a ~ helyen és időben** at the appointed place and time
kijelzés *fn el* display
kijelző *fn el* display
Kijev *földr* Kiev
kijjebb *hsz* farther/further out/away
kijózanít *i* **1.** *[részegségből]* sober (sy) up **2.** *[ábrándokból]* disenchant sy (of his illusions), disillusion, sober (sy)
kijózanítólag *hsz* **~ hat vkre** sg has a sobering effect on sy
kijózanodás *fn* **1.** *[részegségből]* sobering up, becoming sober **2.** *átv* disenchantment, disillusionment
kijózanod|ik *i* **1.** *[részegségből]* sober up, become* sober **2.** *átv* get*/become* disenchanted/disillusioned, sober down
kijön *i* **1.** (*vhonnan*) come* out (of), *[fiók]* pull out **2.** *[szín, folt vmből]* come* out **3.** *[számítás]* be* right, *[számtanpélda]* work out; **ebből az jön ki, hogy** ... this proves that ..., it follows from this that ...; **az jól kijött az ülésen** it became quite clear in/at the meeting; **így jött ki a lépés** this is how it worked out **4. kijött a gyakorlatból** he is out of practice, be* a bit/little rusty; **~ a latinból** lose* one's Latin **5. valahogyan ~ a pénzéből** he manages to make ends meet; **ebből nem lehet ~ni** this is not enough to make ends meet; **ebből ki lehet jönni** that is enough (to manage on); **ebből talán ki tudunk jönni** perhaps we can manage with that; **nem jön ki a fizetéséből** he can't manage on his salary, (s)he can't make ends meet **6.** *biz* (*vkvel*) get* on well with sy; **jól ~nek egymással** they get* along/on well (together); **nem lehet vele ~ni** he is not easy to get on with; → **sodor**[2]
kijövet *hsz* on the way out, on coming out of
kijövetel *fn* coming out, exit
kijut *i* **1.** (*vhonnan*) (manage to) get* out (of), (*vhova*) reach (swhere), find* one's way (to); **segít vknek ~ni** *[az épületből]* help sy out **2. vknek ~ vmből** have* one's share (of sg); **ugyancsak ~ott neki!** he (has) had a hard time (of it)!
kijuttat *i* (*vkt*) help sy (to) get out (to), (*vmt*) manage to pass/get/send sg out; **egy levelet ~ a börtönből** (manage to) smuggle out a letter from prison
kikacag *i* laugh at
kikalapál *i* hammer/beat out
kikalkulál *i* calculate
kikanalaz *i* empty with a spoon, scoop out (with a spoon)
kikandikál *i biz* peep/peer out/through
kikanyarod|ik *i* turn/swerve out
kikap *i* **1.** *[kiragad]* snatch (sg/sg from sy/sg out of sy's hand) **2.** *[megkap]* get*, receive, obtain **3.** *[megszidják]* be* told/ticked off, get* a telling off (*vmért mind:* for sg); **~sz!** you will catch it! **4.** *biz [vereséget szenved]* be* defeated/beaten; **alaposan ~ott** got a good/sound beating/hiding, got quite a beating/hiding; **~tak 3:1-re** they were beaten 3-1 (*kimondva:* (by) three goals to one); **~tak a dánok tegnap** *biz* the Danes tripped up yesterday
kikapál *i* weed/hoe out
kikapar *i [edényt stb.]* scrape out, *[írást]* scratch (sg) out/off; **~ja a szemét** scratch sy's eyes out; → **gesztenye**
kikapás *fn [szidás]* telling/ticking off, scolding
kikapcsol *i* **1.** *[ruhát stb.]* undo*, unfasten, unhook **2.** *[áramot, gázt]* cut* off, *[telefont, áramot véglegesen]* disconnect **3.** *[elektromos készüléket, gépet]* switch/turn off; **ki van kapcsolva** *[pl. tévé]* ... is off **4.** *[gép automatikusan]* be* switched off (automatically)
kikapcsolás *fn* **1.** *[ruháé stb.]* undoing **2.** *[áramé, gázé]* cutting off, *[elektromos készüléké]* switching off, *[végleg]* disconnection
kikapcsolódás *fn [pihenés]* recreation, relaxation, *biz* getting away from it all
kikapcsolód|ik *i* **1.** *[kapocs, ruha stb.]* come* undone/unfastened **2.** *[gép stb.]* be* switched off (automatically) **3.** *[pihen]* relax, *biz* get* away from it all, wind* down a bit
kikapós *mn* **~ nő** fast woman, floozie
kikászálód|ik, -kecmereg *i* (*vmből*) struggle out of sg, *átv* extricate oneself from, wriggle out of [a difficulty]
kikefél *i [ruhát]* brush, give* sg a brush, *[cipőt]* polish
kikel *i* **1.** *[ágyból]* rise* (from bed) **2.** *[tojásból]* hatch out, be* hatched, *növ* spring*, sprout **3.** *átv* **~ magából** lose* one's temper/patience, be* beside oneself, *biz* blow* one's top; **~ vk ellen** let fly at sy, inveigh against sy; *biz* run* sy down; **~ vm ellen** lash out at/against sg, inveigh against sg, rail at sg; **magából ~ve** infuriated, beside oneself
kikelet *fn irod* spring
kikelt *i* → **kikölt**
kikeményít *i* starch, stiffen
kikémlel *i* spy out, explore [the ground/land], *[felderít]* reconnoitre (*US* -ter), discover, find* out
kiken *i* **1.** *[zsírral/vajjal edényt]* grease [the tin with lard/butter] **2.** *pej [arcot]* make* up [one's face v. sy]; **~i magát** (**v. az arcát**) make* oneself up
kikényszerít *i* obtain sg by force, (*vkből vmt*) wring*/force/extort sg from (v. out of) sy; **~ egy ígéretet** extract a promise (from sy)
kiképez *i* **1.** (*vkt*) train, give* sy training in sg, instruct, teach*, *kat* drill, train; **~i magát vmben** acquire training in, teach* oneself **2.** *[kialakít]* form, shape
kiképzés *fn* **1.** *[iskoláztatás]* training, schooling, instruction, *kat* (military) training, drilling **2.** *[építményé]* shape, form
kiképzetlen *mn kat* untrained, raw
kiképzett *mn kat* trained, *[vizsgázott]* skilled, qualified, qualified for *ut*, *US* certificated
kiképzőtiszt *fn* instructing/training officer
kikér *i* **1.** (*vmt*) ask for, request; **~i vknek a véleményét** ask the opinion of sy, consult sy **2.** *[vkt cégtől]* ask for (v. request) sy's transfer, *[államok egymás közt bűnöst]* ask for the extradition of sy **3.** *biz* **~ magának vmt** protest against sg, object strongly to sg, take* exception to; **~em magamnak az ilyen megjegyzéseket** I won't stand for such remarks
kikérdez *i* **1.** *[rendőr stb.]* (cross-)question, interrogate **2.** *okt [gyereket] kb.* ask [the/a child] to go over his/her homework; **~i a leckét** hear* the lesson
kikéredzked|ik *i* (*vhonnan*) ask permission to go out, *[gyerek vécére]* ask to be excused
kikerekít *i átv* complete, round out, *[összeget]* round up
kikeres *i ált* look/search for, seek* (out), *[kiválogat]* choose*, select, *[szót]* look up [a word in a/the dictionary]; **~i a számot a telefonkönyvből** look sy up in the directory
kikérés *fn [alkalmazotté]* request for transfer, *[bűnösé államok között]* demand for extradition
kikeresztelked|ik *i* be* converted to the Christian faith (v. to Christianity)
kikerget *i* (*vhonnan*) drive*/chase (sy/sg) out [from swhere, of the room etc.]
kikerics *fn növ* **(őszi) ~** meadow-saffron, autumn crocus
kikerül *i* **1.** *[tócsát stb.]* go*/walk round, *[autóval álló járművet]* drive* round **2.** *[ütést]* evade/duck [a blow], (*vkt*) get* out of the way of sy, evade sy, give* sy a wide berth, *[bajt stb.]* avoid; **~i a nehézségeket** skirt/evade/avoid (the) difficulties **3.** (*vk vmből*) come* out, emerge from, *átv* get* out of, escape; **közülük kerülnek ki azok, akik** ... they are the ones from whom ... are chosen; **győztesen kerül ki a küzdelemből** come* out on top (v. the winner) **4. ebből a szövetből ~ egy öltöny** this cloth will be enough for a suit
kikerülhetetlen *mn* inevitable, unavoidable, inescapable
kikészít *i* **1.** *[előkészít]* put*/set* out, arrange, prepare; **~i a ruháját** lay* out one's clothes **2.** *[bőrt]* curry, *[cserzéssel]* tan, *tex* finish **3.** *biz* (*vkt vm*) *[kifáraszt]* finish sy (off), knock sy out/sideways, take* it out of sy; → **kiborít** 2 **4. ~i**

K

magát make* oneself up, make* up one's face, put* on make-up; **nem nagyon készíti ki magát** normally she wears little make-up
kikészítés *fn* **1.** *[előkészítés]* making/getting ready **2.** *[gyártásnál]* finish(ing), *[bőré]* currying, *tex* finish **3.** *[kozmetikai]* make-up
kikészül *i biz [kifárad]* be* ready to drop, be* worn/knocked out, *csak US* be* pooped; **egészen ~tem vmtől** I am worn out from/with sg; → **kiborul 3**
kikever *i* stir, mix
kikevered|ik *i* (manage to) scramble out of sg, *[bajból]* extricate oneself from, get* out of [a spot v. US a fix]
kikézbesít *i* deliver, hand over
kikezd *i* **1.** *[vmt rozsda]* corrode, eat* away; **egészségét ~te az ital** his health was undermined by drink **2.** *[vkvel veszekedni akar]* pick a quarrel with **3.** *[nővel]* make* a pass at, chat up [a woman], *US biz* mess around with [a woman]
kikezel *i* treat (sy successfully), cure
ki-ki *nm* everybody, everyone, each; **~ alapon ebédel** *stb. biz kb.* go* Dutch
kikiabál *i* cry/shout out; **~ az ablakon** shout from the window
kikiált *i* **1.** (*vhonnan*) shout out **2.** (*vkt vmvé*) proclaim sy sg **3.** *[eredményt]* announce, publish
kikiáltási ár *fn* reserve price, upset price
kikiáltó *fn [árverésen]* auctioneer, *[vásári]* barker
kikísér *i [ajtóig]* show* sy to the door, show*/see* sy out, *[állomásra, reptérre]* see* sy off [at the railway/bus station v. airport], *[gyalog]* walk sy [to the station]
kikísérletez *i* work out experimentally
kikívánkoz|ik *i* want/wish to come/get/go out; **~ik belőle a szó** he feels impelled to speak
kikocsiz|ik *i* drive* out, take* (v. go* for) a drive/ride
kikop|ik *i* **1.** *[ruha]* fray, become*/get* frayed/threadbare/shabby **2.** (*vk vmből*) (gradually) lose* touch (with)
kikopog *i* (*vmt*) rap/tap out
kikopogtat *i* **1.** (*vmt*) rap out **2.** *[beteget]* sound, percuss
kikosaraz *i biz* (*vkt*) *ált* turn sy down, refuse sy
kikosarazás *fn* refusal, turning sy down
kikotor *i* sweep* out/clean, *[tó fenekét]* dredge
kikotyog *i* blurt/let out sg; → **kifecseg**
kikottyant *i* → **kikotyog**
kiköhög *i* (*vmt*) cough sg up, expectorate sg; **~te magát** he had a good cough
kikölcsönöz *i* borrow
kikölt *i [fiókát, tojást]* hatch
kiköltekez|ik, kiköltekezi magát *i* run* out of money, spend* all one's money
kiköltözés *fn* removal
kiköltöz|ik *i [a lakásból/házból]* move (out), (re)move [from one's flat/home/house]; **~ik falura** go* to live in the country, move [from Budapest etc.] to the country
kikönyököl *i [az ablakon]* lean* out (of the window)
kikönyörög *i* (*vmt vktől*) beg and beg until one obtains sg from sy
kiköp *i* spit* out
kiköpött *mn* **~ apja** *biz* be* the very/spitting image of his father, be* a dead ringer for his father
kiköszörül *i* put* an edge on, whet, sharpen; → **csorba**
kiköt *i* **1.** *[megköt]* bind*, tie, fasten, *[állatot vmhez]* tie [an animal] to sg, *[csónakot]* tie up [a boat] **2.** *[feltételt szab]* stipulate; **~ magának vmt** reserve [the right] to sg for oneself; **azt is ~ötte, hogy** ... he also stipulated/specified that ... **3.** *[hajó]* put* in, put* into port, call at [a port] **4.** *biz [vk vmnél* v. *vm mellett, válogatás után]* (finally) choose*/pick, fix on; **végül is ~ött egy Opel mellett** finally he's chosen an Opel
kikötés *fn* **1.** (*vmhez*) tying, fastening (*vmhez* to) **2.** *[feltétel]* stipulation, condition; **azzal a ~sel, hogy** ... on (the) condition that ..., with the reservation that ... **3.** *[hajóval stb.]* landing, mooring
kikötő *fn [nagyobb, tengeri]* harbour (*US* -or), port, *átv is* haven, *[menetrendszerű]* port of call, *[kisebb, pl. balatoni]* (landing-)pier, jetty, *[csónakoknak]* landing-stage; **~t érint** call at a port
kikötőbak *fn* bitts *tsz*
kikötődíj *fn* port/harbour (*US* -or) dues/duties *tsz*
kikötőgát *fn* pier, breakwater, mole
kikötőhely *fn* landing stage, mooring(s), berth
kikötőhíd *fn [folyón]* landing stage, *[hajóról]* gangway, gangplank
kikötőmunkás *fn* docker, stevedore, *US* longshoreman°
kikötőnegyed *fn* dockland, harbour (*US* -or) area
kikötőváros *fn* port, seaport
kikötőzár *fn* harbour (*US* -or) barrage
kikövetkeztet *i* deduce, infer (from), reason (sg) out
kikövez *i* pave, cobble
kiközösít *i* **1.** *[társaságból, közösségből]* expel, exclude (from), ostracize **2.** *[egyházból]* excommunicate
kiközösítés *fn* **1.** *ált* expulsion, exclusion **2.** *[egyházból]* excommunication
kiközvetít *i [dolgozót]* [the employment/labour exchange] finds work/employment for sy
kikristályosod|ik *i átv is* crystallize
kikukkant *i* peep out
kikukucskál *i* peep out
kikunyerál *i* wheedle out of (sy)
kikupálód|ik *i biz* acquire social polish
kikuplungoz *i* declutch
kikúrál *i* cure (sy of sg)
kikutat *i* **1.** *[fiókot, zsebet]* rummage through **2.** *[feltár]* search out, *biz* dig* up
kiküld *i* **1.** (*vhonnan*) send* out (of), (*vhová*) send* out (to), dispatch (to); **~ vkt vk elé az állomásra** send* sy to meet sy [at the station]; **~ külföldre** send* (sy) abroad; **tanulmányútra ~ték Angliába** was sent on a study trip to GB **2.** *[szétküld]* **~ik a meghívókat** send* out (the) invitations **3.** *[megbíz]* delegate, depute, commission; **bizottságot küld ki** appoint a committee; **szakértőt küld ki** send* (out) an expert
kiküldés *fn* **1.** (*vhonnan*) sending out **2.** *[megbízásból]* commissioning
kiküldetés *fn* posting, mission, *[megbízatás]* commission, assignment; **~ben van** he is on a posting, hold* an appointment (v. a post) [abroad v. in Paris etc.]; *[diplomata]* he is en poste
kiküldött I. *mn* delegated, commissioned, sent, sent out *ut*; **~ munkatársunk/tudósítónk jelenti Londonból** [news] from our own/special correspondent in London **II.** *fn* delegate, envoy, *[képviselő]* representative, deputy
kikürtöl *i kissé pej* trumpet abroad, broadcast*, shout from the roof/house tops
kiküszöböl *i* **1.** eliminate, do* away with, get* rid of; **~i a hibákat** get* rid of the mistakes/errors **2.** *mat* eliminate [x]
kiküszöbölés *fn* elimination, removal
kilábal *i [betegségből]* recover (from), *[bajból]* get* out of, escape from
kilakoltat *i* evict (from); **~ják** be* evicted
kilakoltatás *fn* eviction
kilát *i* see* (out); **~ az ablakon** see* out of the window; **innen ~ni a Balatonra** from here one has (v. you get) a view of Lake Balaton
kilátás *fn* **1.** (*vhonnan*) view, prospect, panorama; **szobám ablakából ~ nyílik a hegyekre** my window looks out on the hills, there's a view of the hills from my window; **szép ~ nyílik a völgyre** there's a beautiful/fine view/prospect over the valley, you get a fine view/prospect of the valley [from our hotel window]; **a szobánkból nincs ~ a tóra** there's no view of the lake from our bedroom window, you can't see the lake from our window **2.** *átv [távlati]* outlook, prospect(s) (for sg), *[egyéni]* chance; **~ van vmre** there's a prospect of sg; **erre nincs semmi ~** there is no chance of it, it is very unlikely, there's not much prospect of sy's/one's

K

doing/being . . .; **~a van rá** he has a/the prospect of; **állásra van ~a** he has a job in the offing (v. lined up); **semmire** (v. **semmi munkára) nincs ~a pillanatnyilag** he has nothing in prospect at present; **~ba helyez** hold* out the prospect of, promise (sg); **szép ~okkal biztat/kecsegtet** (*vk*) sy holds out bright prospects (to me), (*vm*) sg/it offers a good chance of sg
kilátástalan *mn* without prospects *ut*, hopeless, bleak
kilátó *fn [hely]* lookout tower
kilátogat *i* visit
kilátótorony *fn* look-out (tower)
kilátsz|ik *i* be* visible, show*; **~ik a kombinéja** her slip is showing; **ki se látszik a munkából** be* overwhelmed (v. snowed under) with work; → **lóláb**
kilazul *i* loosen, slacken
kílbót *fn* four-oared gig, touring boat
kilégzés *fn* → **kilélegzés**
kilehel *i* breathe out, exhale; **~i a lelkét** breathe one's last, *biz* give* up the ghost
kilélegzés *fn* breathing out, exhalation, *főleg orv* expiration
kilélegz|ik *i* breathe out, exhale, *főleg orv* expire
kileli a hideg *kif biz* get* the shivers
kilenc *szn* nine
kilenced *fn* ninth
kilencedik *szn/mn* ninth (9th); **f. hó 9-én** on the 9th inst.
kilencedszer *szn/hsz* for the ninth time
kilencen *szn/hsz* nine (people); **~ vagyunk/vagytok/vannak** we/you/they are nine, there are nine of us/you/them
kilences I. *mn* **~ szám** number/figure nine; **~ villamos** number nine (v. No. 9) tram, tram number nine **II.** *fn* **1.** *[számjegy]* (the number) nine **2.** *[villamos, autóbusz]* tram/bus number nine, the number nine tram/bus; **felszáll a ~re** take* tram/bus number nine
kilencszáz *szn* nine hundred
kilencszer *szn/hsz* nine times
kilencszeres *mn* ninefold
kilencven *szn* ninety
kilencvenedik *szn/mn* ninetieth
kilencvenes I. *mn* **a ~ években** in the nineties (v. 90s v. 1990s) **II.** *fn* (the number) ninety
kilencvenéves I. *mn* ninety-year-old, ninety years old *ut* **II.** *fn* nonagenarian, ninety-year-old
kilencvenszer *szn/hsz* ninety times
kilencvenszeres *mn* ninetyfold
kilendít *i* set* sg swinging, set* sg in motion
kilendül *i* swing* out
kileng *i* **1.** *konkr* oscillate, swing* **2.** *átv biz kif* paint the town red (for once)
kilengés *fn* **1.** *[ingáé stb.]* oscillation, swing, *[eltérés]* amplitude, *[toronyé, hídé]* swaying **2.** *biz [kimaradás] GB* a night (out) on the tiles
kilép *i* **1.** (*vhonnan*) step/come* out; **~ az ajtón** step outside, leave* the room; **~ a sorból** leave* the queue/line, step out of the line **2. a folyó ~ett a medréből** the river overflowed its banks **3.** *[siet]* walk quickly, quicken one's pace, step out, put* one's best foot forward; **lépjünk ki, késő van!** let's step out (v. get a move on), it's late **4.** *átv* **~ egy pártból** resign from (v. leave*) a party; **szolgálatból ~** retire from service, leave* the service; **~ a vállalattól** leave* the company/firm **5.** *infor [hálózatból]* log off/out **6.** *[távolságot]* pace (out)
kilépés *fn* **1.** *átv* (*vmből*) withdrawal, retiring, retirement, *[ideiglenes] kat is* leave **2.** *infor* logging off/out
kilépési *mn* **~ engedély** permit to leave, pass; **~ nyilatkozat** notice of retirement/resignation
kilépő *fn [cédula]* pass
kiles *i* **1.** *[kinéz]* peep/peer out **2. ~i az alkalmat** watch (v. keep* an eye open) for the opportunity
kilét *fn* identity; **felfedi ~ét** state/disclose one's identity; **megállapítja vk ~ét** identify sy

Kilimandzsáró *földr* Kilimanjaro
kilincs *fn* door handle, *[kerek]* (door)knob
kilincsel *i* **1.** *[koldul]* go* begging from door to door **2.** *[házal]* peddle **3. befolyásos embereknél ~** try to get sy to pull strings for one
kilo- *előtag* kilo-
kiló *fn biz* kilogram(me); **kérek 2 ~ krumplit** 2 kilos of potatoes, please
kilobban *i* go*/flicker out
kilociklus *fn* kilocycle
kiloccsan *i* spill*, splash; **~t az agyveleje** sy's brains were dashed out
kilocsog *i* → **kifecseg**
kilódít *i* → **kihajít 1**
kilóg *i* **1.** (*vm vhonnan*) hang*/stick* out, *[nyelv]* loll (out) **2.** *[látszik]* show*; **~ az inge** his shirt is hanging out (v. is showing); → **lóláb 3. ~ja magát** *[ruha]* the creases will fall* out (if it is hung up) **4.** *biz [nem illik bele]*; **~ a társaságból/sorból** be* the odd one out **5.** *biz [kiszökik]* slip out
kilógat *i* make*/let* (sg) hang/stick out, *[nyelvet]* loll/hang* out (its tongue)
kilogramm *fn* (*röv* **kg**) kilogram(me) (*röv* **kg**)
kilombosod|ik *i* come*/burst* into leaf
kilométer *fn* (*röv* **km**) kilometre (*US főleg:* kilometer) (*röv* **km**); **hány ~ van a kocsiban?** how much mileage has the car done?; **~ per óra** (*röv* **km/ó**) kilometres (*US* kilometers) per hour (*röv* **kmph**); **~enként X Ft** X Fts a kilometre (*US* kilometer)
kilométeres *mn* **óránként 80 ~ sebességgel haladt** he drove at (a rate of) 80 kilometres (*US* -meters) per hour (*röv* at 80 **kmph**)
kilométerkő *fn* kilometre mark/stone, *GB* milestone
kilométer-mutató *fn* **1.** *[tábla]* kilometre indicator **2.** *[műszer gépkocsiban]* mil(e)ometer
kilométeróra *fn* **1.** → **kilométer-mutató** 2 **2.** → **taxaméter**
kilométerpénz *fn* mil(e)age (allowance)
kilop *i* steal* sg out of, filch
kilopakod|ik *i* (*vhonnan*) steal*/creep* away/out
kilopódz|ik *i* → **kilopakodik**
kilós *mn biz* **1. 25 ~ csomag** a parcel weighing 25 kg, a 25 kg parcel **2. ~ ruha** *[mosodában]* washing/laundry by weight
kilovagol *i* ride* out, go* for a ride
kilowatt *fn* (*röv* **kW**) kilowatt (*röv* **kW**)
kilowattóra *fn* (*röv* **kWó**) kilowatt-hour (*röv* **kWh**)
kilő *i* **1.** (*vhonnan*) shoot*/fire out (of) **2.** *[puskából]* fire, shoot*, *[rakétát]* launch [missile, rocket], *[nyilat]* shoot, let* fly, loose, discharge; **mintha puskából lőtték volna ki** he was off like a shot **3.** *kat [tankot]* shoot* up, knock out **4.** *[vadat]* shoot*, bag
kilök *i* push/thrust*/cast*/throw* out
kilökődés *fn orv* rejection
kilökőd|ik *i orv [implantátum]* be* rejected
kilöttyen *i* be* spilt
kilöttyent *i* spill*, pour out
kilövell *i* throw* out, spurt/gush out, ejaculate
kilövés *fn [puskából]* shot, firing, shooting, *[rakétáé]* launching; **a ~ pillanata** blastoff
kilövőállás *fn [rakétának]* launching site/pad
kilúgoz *i* wash/steep in lye, (*vmből vmt*) leach
kilyuggat *i* make* holes (in), perforate
kilyukad *i* **1.** *[lyukas lesz]* wear* through, wear* into holes, become* worn out; **~ a feneke** the bottom is coming through **2. hova akarsz ezzel ~ni?** what are you driving/aiming/getting at?, what are you working up to?
kilyukaszt *i* **1.** *ált* perforate, hole (sg), make* a hole in (sg), *[jegyet]* punch, clip **2.** *[vmt koptatással]* wear* through

K

kimagasl|ik *i* **1.** *[kiemelkedik]* stand* out, rise*, *[vm fölé]* tower above (sg) **2.** *átv* be* eminent/distinguished, surpass [sy in sg]
kimagasló *mn* outstanding, eminent, distinguished; **~ teljesítmény** outstanding achievement
kimagaslóan *hsz* prominently, eminently; **~ szerepel** perform with distinction
kimagoz *i* stone, pit
kimagyaráz *i* explain away, find* an excuse for, *[félreértést]* clear up
kimagyarázás *fn* explanation, clearing up
kimagyarázkod|ik *i* explain one's conduct/behaviour (*US* -or), explain oneself
kimanikűröz *i* manicure
kimar *i* **1.** *[rozsda]* corrode, *[sav]* erode, eat* into **2.** (*vkt vhonnan*) push sy out, oust, drive*/force (sy) away through intrigues
kimarad *i* **1.** *[kihagyták]* be* left out, be* omitted **2.** (*vk vmből*) *[szándékosan]* stay out/away, fail to come, *[iskolából]* drop out **3.** *[sokáig távolmarad]* stay away too long, overstay, linger, *[nem alszik otthon]* sleep* out, *[mulatozik]* stay out (all night), *GB kif biz* be* (out) on the tiles
kimaradás *fn* **1.** *[listából]* omission **2.** (*vk vmből*) staying out/away **3.** *[távolmaradás]* absence, *kat* leave
kimaradási *mn* **~ engedély** permission to leave, leave (of absence)
kimarat *i* etch, corrode, bite*, *[marógéppel]* grind*
kimarkol *i* (*vmből*) take* /grab (a handful) out of sg
kimártogat *i* scoop out, sop up
kimásol *i* copy out
kimász|ik *i* **1.** (*vhonnan*) climb/creep*/crawl/clamber out (of) **2.** *átv* get* out (of); **~ik a bajból** get* out of a difficulty/scrape/mess
kimázol *i* paint, daub, *[lakást]* (re)decorate; **~ja magát** paint one's face
kimegy *i* **1.** (*vhonnan*) go*/pass/get* out (of), go* swhere; **~ vk elé az állomásra/reptérre** *stb.* go* to meet* sy at the station/airport etc; **~ vkhez** *[az orvos]* do* one's house call; **kiment a szobából** he left* the room; **~ a Dunára (evezni)** go* rowing on the Danube; **a kutya ki akar menni** the dog wants out; **ki kell mennem (a vécére)** I need to go (to the toilet), *biz* nature calls, *US* I need to see the bathroom **2. ~ a folt a ruhából** the spot comes* out; **~ a fejéből** go* out of (v. slip) one's mind, escape one's memory, be* forgotten; **(tökéletesen) kiment a fejemből** it (completely) slipped my mind; **~ a színe** fade, lose* colour **3.** → **kificamodik**, → **divat**
kímél *i* **1.** *[óv]* take* care of, be* careful (of); **nem ~i magát** he doesn't spare himself; **nem ~i az egészségét** be* not careful of his health **2.** *[megtakarít]* spare; **nem ~i a fáradságot** spare no pains, be* unsparing in one's efforts, go* to great lengths to do sg
kimeleged|ik *i* → **kimelegszik**
kimelegsz|ik *i* **1.** *[vk mozgástól]* get* hot **2.** *[idő]* warm up, get* warm
kímélet *fn* forbearance, regard, consideration; **~tel van vk iránt** be* considerate towards sy, show* consideration for sy (for sy's feelings); **~ nélkül** relentlessly, pitilessly
kíméletes *mn* considerate (*vkvel szemben* towards sy)
kíméletesen *hsz* **~ közöl vkvel vmt** break* sg gently to sy; **~ közöld vele a hírt** break the news to her gently
kíméleti idő *fn* **1.** *[vadászat]* close season/time **2.** *gazd* grace days
kíméletlen *mn* (*vkvel szemben*) *[tapintatlan]* inconsiderate (to v. towards), *[kegyetlen]* cruel (to), unsparing (of/in), ruthless (to), pitiless (towards), *[kérlelhetetlen]* relentless; **~ másokkal szemben** he shows no consideration for others
kíméletlenül *hsz* relentlessly, ruthlessly, cruelly
kímélő *mn* **~ étrend/menü** (special) diet
kimélyít *i* *[mélyebbé tesz]* deepen, make* deeper, *[kivájl]* hollow out, excavate
kimélyül *i* **1.** *[mélyebb lesz]* become*/grow* deeper, deepen **2.** *átv* be* strengthened
kimenekül *i* escape (from), get* away (from), get* out (of), make* one's escape (from), get* out
kimenet I. *fn* **1.** *[kijárat]* way out, exit **2.** *el infor* output **II.** *hsz* on the way out, going out
kimenetel *fn* issue, outcome, result; **kétesélyes a ~e** the outcome of sg/it is in the balance
kimenetelű *mn* **halálos ~ baleset** fatal accident
kimeneti *mn el* output
kimenő I. *mn* outgoing **II.** *fn* leave, day off; **~je van** have* a day off
kimenőjel *fn el* output signal
kimenőnap *fn* → **kimenő II**
kimenőruha *fn* one's Sunday best
kimenőteljesítmény *fn* output
kiment *i* **1.** (*vkt vmből*) rescue/save sy from sg; **~ vkt a vízből** save/rescue sy from drowning, *biz* fish (sy) out of the water **2. ~i magát** excuse oneself from [the party etc.]; **~ette magát a késésért** he gave an excuse for being late; **~ette magát** ... *[ülésen való meg nem jelenés miatt]* apologies (for absence) were received from X, Y
kimentés *fn* **~ét kérte X, Y** apologies (for absence) were received from X, Y
kimer *i* (*vmt vmből*) scoop out sg from sg, scoop sg out of sg, *[levest]* ladle (out); **~i a csónakból a vizet** bail/bale out (the boat)
kimér *i* **1.** *ált* *[távolságot]* measure (out), *[földet]* survey, *[szobát]* measure up [a room] **2. ~(ve árusít)** sell* (sg) retail, retail; *[bort]* sell* by the litre, *[húst]* weigh (out) **3.** *[büntetést]* inflict, impose [punishment/penalty (up)on sy]
kimered *i* **~ a szeme** his/her eyes are popping out (of their sockets), be* goggle-eyed, goggle
kimérés *fn* **1.** *[távolságé stb.]* measuring (out), *[súlyra]* weighing **2.** *[árué]* (selling) retail; → **borkimérés**
kimerészked|ik *i* venture out, venture to go out/abroad
kimereszt *i* **~i a szemét** goggle, stare
kimerevít *i* *[képernyőn, filmen]* freeze*
kimerevítés *fn* *[képernyőn stb.]* freeze-frame, still frame
kimerít *i* **1.** *[tartalékot]* exhaust; *[bányát]* work out **2.** *[témát]* exhaust; **~i vm fogalmát** be* tantamount to, amount to, qualify as sg **3.** *[kifáraszt]* wear* out, weary, tire (out), *biz* fag (out)
kimeríthetetlen *mn* inexhaustible, unlimited, infinite, *[bőséges]* abundant, plentiful
kimerítő *mn* **1.** *[alapos]* exhaustive, detailed, comprehensive **2.** *[fárasztó]* exhausting, tiring, wearying, backbreaking
kimért *mn* **1.** *[megmért]* measured; **~ bor** wine sold retail (by the litre) **2.** *átv* formal, *kissé pej* cool, prim, *[tartózkodó]* reserved; **~ léptekkel** with measured steps, slowly; **~ udvariasság** formal/cool politeness
kimérten *hsz* formally, *[tartózkodóan]* reservedly
kimértség *fn* formality, reserve, *kissé pej* coolness
kimerül *i* **1.** *[elfárad]* get* exhausted, get* worn out, be* tired out, be*/feel*/look run down; **teljesen ki vagyok merülve** I am thoroughly run down, I am worn out, I am exhausted, *biz* I am dead tired, *US* I'm pooped **2.** *[elfogy]* be* used up, be* exhausted, *[készlet]* give* out, *bány* be* worked out, *[talaj]* become* impoverished; **~t az akkumulátor** the battery is flat/dead **3. teendője nem merül ki abban, hogy** ... his duties are not confined to [doing sg]
kimerülés *fn* *[elfáradás]* exhaustion; **teljes testi és szellemi ~** exhaustion, (nervous) breakdown
kimerült *mn* **1.** *[ember]* exhausted, tired, run-down, worn-out, *[igével]* be*/feel* worn out (v. washed out), be* exhausted **2.** *bány* worked-out, *[talaj]* worn-out, *[akkumulátor]* run-down
kimerültség *fn* exhaustion, weariness
kimeszel *i* whitewash

kimetsz *i ált* (*vmt*) cut*/carve out, *orv* excise, resect, remove (sg) surgically
kimetszés *fn ált* cutting out, *orv* excision, resection
kimoccan *i biz [hazulról]* go* out, leave* the house, *[helyéből]* budge/move from
kimódol *i* contrive, devise, find* the means for
kimond *i* **1.** *[szót]* pronounce, utter, *[érthetően]* articulate **2.** *[kijelent]* state, declare; **bűnösnek mond ki vkt** find*/declare sy guilty **3.** *[véleményt]* express, put* into words; **őszintén ~ vmt** not mince one's words, make* no secret of sg; (*vknek*) give*/tell* sg to sy straight; **~ja, amit gondol** speak* one's mind, speak* out **4.** *[határozatként]* rule/decide/decree that; **a rendelet ~ja, hogy** ... the regulation stipulates/states that ...
kimondatlan *mn* unsaid, unstated
kimondhatatlan *mn* unspeakable, unutterable, *[kifejezhetetlen]* inexpressible
kimondott *mn* **1.** *[kiejtett]* pronounced, uttered, spoken; **a ~ szó** the spoken word **2.** *átv* pronounced; **nem az a ~** (*vm*) not what you would call a real (sg)
kimondottan *hsz* really, definitely
kimonó *fn* kimono (*tsz* -os)
kimos *i* **1.** *[ruhát]* wash, *US* launder, *[sebet]* bathe, irrigate, rinse, *[üveget]* rinse; **~ vmt vmből** wash/rinse sg out of sg **2.** *[partot a víz]* undermine, wash away, erode **3.** *biz* **~sa magát** *[vád alól]* clear/acquit oneself [of charges]
kimosott *mn biz [fáradt]* washed-out
kimozdít *i* **1.** *[helyéből]* move sg from its place, remove **2.** *[állásából]* dismiss, (re)move
kimozdul *i* move, get* displaced; **nem mozdul ki a helyéből** doesn't leave* the spot, stay (on), *kif* stay put
kimúl|ik *i [állat]* die
kimunkál *i* work out (sg in great detail), elaborate, develop, *[kialakít]* shape, form
kimunkálás *fn* elaboration, development
kimustrál *i* → **kiselejtez**
kimutat *i* **1.** *[megmutat]* show* **2.** *[bebizonyít]* prove, demonstrate, *[felfed]* reveal, disclose **3.** *[tulajdonságot]* exhibit, show*; → **fehér II**
kimutatás *fn [jelentés]* statement, report, *[számadatoké, pénztári stb.]* return(s), account; **~t készít vmről** make* a statement/report on sg
kimutatható *mn* demonstrable, evident
kiművel *i* educate, cultivate, improve
kiművelés *fn* education, cultivation
kiművelt *mn* (highly) cultivated, educated; **~ emberfő** civilized person
kin *nm* → **ki**[1]
kín *fn* pain, torture, torment; *átv* **nagy ~ban van** be* in agony/agonies, be* on tenterhooks
Kína *földr* China
kinagyít *i* magnify, *fényk* blow* up
kinagyol *i [szobrot]* hew* out
kínai I. *mn* Chinese; **~ nagyfal** The Great Wall of China; **K~ Népköztársaság** People's Republic of China; **~ nyelv** Chinese, the Chinese language **II.** *fn* **1.** *[ember]* Chinese **2.** *[nyelv]* Chinese
kínaiul *hsz* (in) Chinese; **~ beszél** speak* Chinese; **~ van (írva)** be* (written) in Chinese; *biz* **ez nekem ~ van** this/it is double Dutch to me
kínál *i* **1.** (*vkt vmvel*) offer sy sg, make* an offer of sg to sy; **hellyel ~** offer sy a seat; **étellel ~** help sy to [food], offer food to **2.** *[árut]* offer (sg) for sale, put* up for sale, *[áruért összeget]* offer [a price], bid* [£5 etc.] (for sg); **többet ~** (*vmért*) bid* higher, overbid*; **többet ~, mint vk más** outbid* sy
kínálat *fn gazd* supply, *[árverésen]* bid(ding); → **kereslet**
kínálati *mn gazd* **~ piac** buyer's market
kínálgat *i* be* offering
kínálkoz|ik *i* offer/present itself; **alkalom ~ik vmre** opportunity/chance offer/presents itself
kínáltat *i* **ne kínáltasd magad!** please help yourself!
kincs *fn* treasure, riches *tsz*; **a világ minden ~éért sem** not for (all) the world
kincsesbánya *fn átv* goldmine, treasury, treasure trove; **az adatok ~ja** a treasury of (useful) information
kincsesház *fn* treasure house, treasury; **a magyar irodalom ~a** a treasury/thesaurus of Hungarian literature
kincseskamra *fn* treasury
kincsesláda *fn* treasure-chest, jewel-box
kincslelet *fn* treasure trove
kincstár *fn [állami]* treasury, *GB* the Exchequer
kincstári *mn* treasury-, belonging to the treasury/Exchequer *ut*; **~ tulajdon** government property
kincstárjegy *fn gazd* treasury bill
kincstárnok *fn elav* treasurer
kinek *nm* → **ki**[1]
kinél *nm* → **ki**[1]
kinetika *fn* kinetics *esz*
kinevel *i* **1.** *[felnevel]* educate sy, bring* up **2.** *[vkből vm rosszat]* get* sy to give up sg, get* sy out of the habit of
kinevet *i* (have* a) laugh at, ridicule, make* fun of
kinevettet *i* **~i magát** make* oneself (look) ridiculous, make* a fool of oneself
kinevez *i [állásba]* appoint (sy sg/sy to be sg), put* in [position], *[tisztségre]* name (as/for); **~ vkt igazgatónak** appoint sy manager; **X-et nevezték ki igazgatónak** X was appointed/made manager; **~ték tanárnak** they appointed him (to be a) teacher, he was appointed (to be a) teacher; **két új tanárt neveztek ki** they appointed two new teachers, two new teachers have been appointed; **őt nevezték ki elnöknek** *[társaság, bizottság stb. élére]* (s)he was named as chairman (for chairmanship); **~ték a bizottság tagjait** they named the members of the committee; **az elnök ~te a bizottság tagjait** the President has appointed a committee [to consider/investigate ...]
kinevezés *fn* appointment, nomination, *[előléptetés]* promotion; **igazgatói ~(e)** his appointment as (v. to be) manager/director; *okt* her appointment as head of the school board; **megkapta a ~ét** he got his promotion
kinéz *i* **1. ~ az ablakon** look out of the window **2. jól néz ki** look well; *[csinos]* look fine/good; **jól nézel ki** you look well; **rosszul néz ki** look ill/unwell; **jól nézünk ki!** now we are in a fine mess!; **jól néz ki benne** it suits him; **nem néz ki olyan idősnek, amennyi** he doesn't look his age; **hogyan nézett ki?** how did he/it look?, what was he/it like?; **úgy néz ki a dolog, hogy/mintha** ... it looks as if/though...; **úgy néz ki, hogy esni fog** it looks like rain, it's going to rain; **úgy néz ki, kell egy kis segítség** it looks like we need some help, we seem to need some help **3.** *[magának vmt]* pick/look out, choose*, select; **~tem magamnak egy színes tévét** I've got my eyes on a colour TV **4.** (*vkből vmt*) **nem sok jót nézek ki belőle** I have no great confidence in him; **~em belőle** I wouldn't put it past him/her **5.** (*vkt vhonnan*) freeze* sy out
kinézés *fn [megjelenés]* appearance, looks *tsz*
kinézésű *mn* **jó ~** good-looking; **rossz ~** evil-looking
kínhalál *fn* death by torture
kinin *fn* quinine
kínlódás *fn* **1.** anguish, distress, worry **2.** hassle, *biz* headache
kínlód|ik *i* **1.** *[szenved]* anguish, feel distress, suffer pain **2.** *átv* (*vmvel*) struggle (with), bother with/about sg, take* trouble/pains with/over sg; **sokat ~ik vmvel** have* a lot of trouble with sg
kinn *hsz* outside, out (of doors), outdoors, *[külföldön]* abroad; **~ a szabadban** in the open (air), outdoors; **~ marad** stay outside; **~ reked** remain outside; *[kizárják]* get*/be* locked out; **~ van** (i) *ált* be* out (ii) *[kijött belőle]* is out (iii) *[pl. fog, kihúzták]* have* it out, is out (iv) *[könyvtári könyv]* is (taken) out (v) *[vk külföldön van]* be* abroad
kinnlakás *fn* living out
kinnlakó *fn [diák]* day-boarder/pupil, dayboy, daygirl

K

kinnlevő *mn* ~ **követelés** → **kinnlevőség**
kinnlevőség *fn* outstanding debt, amount outstanding
kínos *mn* **1.** *[fájdalmas]* painful **2.** *[kellemetlen]* embarrassing, awkward, unpleasant; ~ **helyzetben van** be* in a tight corner, be* in an awkward situation **3.** *[túlzott]* scrupulous, meticulous; ~ **csend** awkward silence; ~ **pontossággal** [prepared] with meticulous care; ~ **gondosság** painstaking care
kínosan *hsz* awkwardly, uneasily; ~ **érzi magát** feel* ill at ease, feel* uneasy/uncomfortable/awkward; ~ **pedáns** scrupulous, meticulous; ~ **udvarias** over-polite; ~ **érint vm vkt** sg is awkward/embarrassing for sy
kínoz *i* **1.** *[gyötör]* torment, torture **2.** *[bosszant]* plague, harass, pester
kinő *i* **1.** *[földből]* grow*, spring* forth **2.** *[fog]* be* teething, cut one's teeth, *[haj, köröm]* grow* **3.** *[ruhából, ruhát]* grow* out of, outgrow* [one's clothes]; ~ **a gyermekkorból** be* no longer a child; **ebből már ~tél** *kif* you are a bit long in the tooth **4.** *[rossz szokást, hibát stb.]* grow* out of, outgrow* [bad habits]; **majd kinövi!** (s)he'll grow out of it **5. kinövi magát vmvé** become* sg, develop/grow* into
kinőtt *mn [ruha]* outgrown
kinövés *fn* **1.** *[testen]* excrescence, (out)growth **2.** *átv* excess, aberration
kínpad *fn* rack; **~ra feszít vkt** put* sy to the rack, torture sy
kínrím *fn* crambo
kínszenvedés *fn* torture
kint *hsz* → **kinn**
kinti *mn* outside, *[külföldi]* foreign, from abroad *ut*
kintorna *fn* barrel/hand/street-organ
kintornáz *i* play (on) the barrel-organ
kínvallatás *fn* torture
kínzás *fn* torturing, tormenting, torture
kínzó I. *mn* **1.** *[testileg]* torturing, tormenting; ~ **éhség** pangs of hunger *tsz*; ~ **fejfájás** excruciating headache, migrain(e) **2.** *átv* worrying, harassing **II.** *fn* torturer, tormentor
kínzóeszköz *fn* instrument of torture
kínzókamra *fn* torture chamber
kinyal *i* **1.** *[nyelvével]* lick up/out; *durva* **~ja vk seggét** kiss/lick sy's arse/*US* ass **2.** *biz pej* **~ja magát** spruce oneself up, get* spruced up
kinyer *i* extract
kinyiffan *i szl* **~t** he's snuffed it
kinyilatkoztat *i* **1.** → **kinyilvánít 2.** *vall* reveal
kinyilatkoztatás *fn* **1.** *ált* manifestation, declaration **2.** *vall* revelation
kinyíl|ik *i* open, *[virág]* blossom, bloom; **~t az ajtó** the door opened; **~ik a szeme** *átv* he begins to see clearly, the scales fall* from his eyes
kinyilvánít *i* manifest, declare, *[véleményt]* express
kinyír *i szl* (*vkt*) get* rid of sy, eliminate, do* away with sy, dispatch, do* in, *US szl* ice
kinyit *i* **1.** *[ablakot, ajtót]* open, *[zárat]* unlock, *[boltot]* open (up); *[üveg bort stb.]* crack a bottle [of wine]; **újra** ~ reopen; **kinyissam az ablakot?** shall I open the window?; **a legjobb borát nyitotta ki** he broke out his best wine **2.** open (up); **az üzlet 10-kor nyit ki** the shop opens at 10 a.m. **3.** *[összecsukott vmt]* open, *[kibont]* unfold, *[borítékot]* open, *[levelet]* unfold, *[csatot]* undo*, open, *[esernyőt]* put* up [one's umbrella]; **~ja a száját** open one's mouth/lips; → **száj**; **~ja a szemét** open one's eyes (wide), (*vkét*) open sy's eyes (to sg); **ez ~otta a szemem** that was an eyeopener **4.** *[vm csavarosat]* unscrew, *[csapot, gázt, vizet]* turn on [the gas/water]; **~ja a rádiót/tévét** turn/switch on the radio/TV, turn the radio/TV on
kinyom *i* **1.** *[levet stb.]* press/squeeze (out), squeeze sg out of sg; ~ **egy citromot, ~ja egy citrom levét** squeeze (the juice out of) a lemon **2.** *[kiszorít]* press/push/crowd out, *átv* drive*/chase away **3. ~ja vk szemét** gouge sy's eyes out **4.** *nyomd* print
kinyomat *i [kéziratot]* have* (sg) printed/published
kinyomoz *i* trace, track (down), hunt down; **a rendőrség ~ta** ... the police traced it/him/her, the police (have) discovered/found...
kinyomozhatatlan *mn* untraceable, that cannot be solved/found *ut*
kinyomtat *i nyomd* have* (sg) printed/published, *[kinyom]* print
kinyomul *i* force one's way out
kinyög *i biz* spit* sg out; **nyögd már ki!** spit it out
kinyújt *i* **1.** *[kezét stb.]* stretch/reach out; **~ja a lábát** stretch one's legs; **~ja kezét vm után** stretch out (one's hand) to catch/reach sg, reach for sg; **~ja a nyakát** crane one's neck; **~ja a nyelvét** put*/stick* one's tongue out **2.** (*vmt vhonnan*) hand sg out **3.** *[meghosszabbít]* draw*, pull out, lengthen **4.** *[tésztát]* roll out **5.** *[pulóvert]* stretch
kinyújtóz|ik *i* stretch (out), stretch one's limbs
kinyújtózkod|ik *i* → **kinyújtózik**
kinyúl *i* (*vk*) reach out (from swhere), (*vmért*) reach out (after/for sg)
kinyúl|ik *i* **1.** *[kiáll]* protrude, project, stand*/stick*/jut out, *[vm fölé]* hang* over **2.** *[megnövekszik]* widen, stretch (out), distend, get* larger/wider **3.** *[pulóver]* stretch
kiokád *i* vomit (up), disgorge, throw* up
kiokosít *i* (*vkt*) inform sy (of sg), acquaint sy with the facts, enlighten sy, *biz* give* sy the lowdown (on sg), put* sy wise (to sg)
kiokoskod|ik *i* (*vmt vmből*) make* sg (out) of sg, rely on sg [for a purpose]; **ebből kell vmt ~nunk** we have only this to rely on
kiokosod|ik *i* find*/know* one's way (around); **ebből nem tudok ~ni** I cannot make head or tail of it
kioktat *i* **1.** (*vmre*) brief (sy on sg), instruct sy in sg **2.** *[bántó módon]* lecture sy (on/about sg)
kioktatás *fn biz* lecture, sermon
kioktató *mn* ~ **hangnem** sermonizing tone
kiókumlál *i* figure/work out
kiold *i* **1.** *[kibont]* undo*, untie, unfasten, *[csomót]* undo*, *[ejtőernyőt]* release **2.** *[bombát]* release, *[tengelykapcsolót]* withdraw*, disengage
kioldó *fn fényk* release (button)
kioldód|ik *i* **1.** *[csomó]* come* undone/unfastened/loose/apart, work (itself) loose **2.** *kém* dissolve
kioldószerkezet *fn* releasing/tripping device/mechanism, release
kiollóz *i* **1.** *[újságból]* clip, cut* out **2.** *átv* plagiarize, *biz* lift [entire passages]
kiolt *i* **1.** *[tüzet]* put* out, extinguish, quench **2. ~ja vknek az életét** exterminate/kill sy **3.** *[hatások egymást]* cancel, neutralize, destroy
kiolthatatlan *mn* inextinguishable, unquenchable
kiolvad *i* **1.** *[zsír]* run*, melt **2.** *[biztosíték]* blow*, *[csapágy]* burn* out; **~t a biztosíték** the fuse has blown
kiolvas *i* **1.** *[könyvet]* finish (reading) a book, read* [a book] through; **még nem olvastam ki a könyvet** I haven't finished (reading) that book yet **2. leveléből azt olvasta ki, hogy** ... he gathered from (reading) his letter that ... **3.** *infor* read* out **4.** *[pénzt]* count out [money]
kiolvaszt *i* melt, *[zsírt]* render (down) [lard]
kiondolál *i* wave [hair]
kiont *i* pour out, *[vért]* shed*
kioperál *i* **~ták a manduláit** (s)he had his/her tonsils out
kioson *i* slink*/sneak/slip/steal* out
kioszk *fn* kiosk, stall, stand
kioszt *i* **1.** *[vmt szét]* distribute, give*/share/hand out, divide (among), *[díjat]* award, give*, present, *[kiadagol]* portion out, *[szerepet]* assign [sy a role in a play], cast* [the parts in a play]; **~ották az idei Nobel-díjakat** this year's Nobel Prizes have been awarded (to) **2.** *szl* ~ **vkt** give* sy a (good) dressing down, tell* off sy
kiosztás *fn* distribution, sharing out; **jutalmak ~a** prize-giving

kiöblít *i* rinse (out), wash out
kiöblösöd|ik *i* open/widen out
kiöklöz *i [labdát]* punch (the ball)
kiöl *i* kill (off), murder, extirpate, *[érzést]* kill, extinguish, *[fogideget]* devitalize
kiölt *i* **~i a nyelvét** put*/stick* one's tongue out
kiöltöz|ik *i* dress up, trick oneself out; **nagyon ~ött** be* dressed to kill
kiöltöztet *i* dress/doll sy up
kiöml|ik *i* run*/pour/spill* out
kiönt *i* **1.** *[vizet stb.]* pour out, spill*, empty, *[szilárd anyagot]* dump, deposit **2. az árvíz ~ vkt házából** be* flooded out **3.** *[szobrot]* cast* [statue] **4. ~i a szívét** pour one's heart out, unburden oneself (to sy); **~i haragját** vent one's anger/spleen, give* vent to one's anger **5.** *[folyó]* overflow, burst* its banks
kiöntés *fn* **1.** *[folyamat]* pouring out, spilling **2.** *[árvíz]* flood
kiöntő *fn [konyhában]* sink
kiöregedett *mn* superannuated
kiöreged|ik *i* become*/grow* too old (for sg)
kiöregszik *i* → **kiöregedik**
kiőrlésű *mn* **teljes ~ liszt** wholeweat, *GB* wholemeal; **teljes ~ liszttel készült kenyér** wholewheat/*GB* wholemeal bread
kiötöl *i* invent, think*/dream* up, concoct; **ezt ő ötlötte ki** it was he who invented it, it is his brain-child
kiözönl|ik *i* pour/stream out, come* pouring/streaming out
kipakol *i* **1.** *[kicsomagol]* unpack **2.** *átv biz* **~ vmvel** come* out (with), get* sg off one's chest, pour one's heart out, let* it all hang out
kipáll|ik *i* chap, crack
kipanaszkodja magát *i* tell* (all) one's troubles, pour one's heart out
kipányváz *i [lovat]* tether [a horse]
kiparancsol *i [kizavar]* order out, show* sy the door
kipárnáz *i* upholster, cushion, pad
kipárolgás *fn* **1.** *[folyamat]* evaporation **2.** *[pára]* exhalation, vapour (*US* -or)
kipárolog *i* evaporate, vaporize, exhale
kipattan *i* **1.** *[rügy]* burst*, *[szikra]* fly* out **2.** *[titok, hír]* leak/come* out
kipattogz|ik *i* erupt, a rash erupted [all over his chest]
kipécéz *i biz* **1.** *[vkt vm kellemetlen feladatra]* pick on sy, single sy out (for sg) **2.** *[hibát, leleplezve]* point sg out
kipellengérez *i átv* expose, unmask, pillory, take*/blow* the lid off sg
kipenderít *i biz* bundle/throw*/turn (sy) out
kipenget *i* → **kiperkál**
kipereg *i [mag]* drop from the ear
kiperkál *i szl [kifizet] biz* shell out, *GB biz* stump up
kipihen *i* **~i a fáradalmakat** recover one's strength; **~i magát** rest, have* a rest
kipillant *i* glance out
kipipál *i* tick, *US* check
kipirosít *i* paint (sg) red; **az öröm ~ja arcát** joy brings a flush to her cheeks
kipirosodik *i* → **kipirul**
kipirul *i* flush, be*/get* flushed
kipiszkál *i* **1.** (*vmt*) prise/get* sg out of swhere, pick sg out (of), *biz* winkle sg out (of sg); **~ja a fogát** pick one's teeth **2.** *biz* (*vkt*) lever/edge sy out of [a job]
kipisszeg *i* boo, hiss, hoot sy (off)
kiplakátoz *i* put* up a bill/hoarding (v. *US* billboard)
kipletykál *i* gossip (about)
kipofoz *i* **1.** (*vkt vhonnan*) kick sy out **2.** (*vkből vmt*) get* sg out of sy by force/grilling
kipontoz *i* **1.** replace sg with suspension points; **~za a illetlen szavakat** print/put* dots instead of four-letter words, not spell out the four-letter words **2.** *[útvonalat térképen]* plot
kipontozás *fn* deletion, suspension points *tsz*
kiporcióz *i [ételt]* dole/share out, ration
kiporol *i* dust, *[szőnyeget, ruhát]* beat* (the dust from) [carpet, clothes]; **jól ~ják a nadrágját** get* a sound thrashing
kiporszívóz *i* vacuum (out), vacuum [the room/car/carpet etc.], *GB* hoover (sg)
kipótol *i [hiányzó dolgot, mennyiséget, összeget]* supply, add, *[kiegészít]* supplement, make* up [sum, money], *[veszteséget]* make* sg good, make* good [a loss], make* up [the loss], *[mulasztást]* make* up for sg
kipotyog *i* fall*/drop out
kipottyan *i* **1.** (*vmből*) fall* out of sg **2.** *átv* get*/be* thrown out
kipödör *i [bajuszt]* twist [one's moustache]
kipreparál *i* **1.** *[állatot]* mount **2.** *[szöveget]* look up the unknown words [in a/the text]
kiprésel *i* **1.** *[szőlőt]* press [the grapes], *[egyéb gyümölcsöt]* squeeze [an orange, a lemon], *[levet]* squeeze [the juice] out [of a lemon etc.] **2.** (*vkből/vmből vmt*) squeeze/screw sg out of sy/sg, *[csak vkből]* extort sg from sy
kipróbál *i* (*vmt*) try sg, try sg out, (*vkt*) try sy out, put* sy to the test, *[tankönyvet]* pilot
kipróbált *mn* **1.** *[gyógyszer, módszer, barát]* tried (and tested), well-tried, proven **2.** *átv* **~ harcos** *GB* veteran
kiprovokál *i* provoke; **~ja vk ellenszenvét** arouse sy's displeasure/antipathy, rile sy; **~ja a vitát** start a debate on sg
kipucol *i ált* clean, *[cipőt, evőeszközt]* shine*, polish
kipufogó(cső) *fn* exhaust (pipe), *US* tailpipe
kipufogódob *fn* silencer, *US* muffler
kipufogógáz *fn* exhaust gas, exhaust fumes *tsz*
kipuhatol *i biz [óvatosan megtudakol]* (try to) find* out, *[helyzetet]* assess, *[vk szándékát]* sound out [the intention(s) of sy], sound sy out (on sg)
kipukkad *i* burst*, split*, *[gumi]* puncture, be* punctured; **majd ~ a nevetéstől** burst* with laughter
kipukkan *i* → **kipukkad**
kipukkaszt *i* puncture, burst*
kipúposod|ik *i* hump, bulge
kipurcan *i szl [pl. mosógép]* conk out, break* down; **~t** (*vk*) he's snuffed it
kipuskáz *i biz* crib sg from swhere
kipusztít *i* exterminate, wipe out, eradicate, destroy; → **kiirt**
kipusztíthatatlan *mn* ineradicable
kipusztul *i [faj, állat]* die out, become* extinct
kirabol *i* **1.** *[házat, személyt]* burgle, *[vkt úton]* rob, hold* up; **~tak** *[házban]* I've been burgled (v. *US* burglarized), *[úton]* I've been robbed; **~ták a bankot** the bank was robbed **2.** *biz [kereskedő áraival]* rip off
kiradíroz *i* rub out, efface, erase
kiradírozhatatlan *mn* ineffaceable
kirág *i* **1.** *[állat]* gnaw out **2.** *[fémet]* corrode, eat* away
kiragad *i* **1.** *[kitép]* tear*/pull out, *[vmt kikap]* snatch (sg from swhere/sy), *[erőszakkal]* wrench (sg from/out of); **~ vmt a kezéből** snatch sg from sy (out of sy's hand), wrench sg from (v. out of) sy's grasp/hand **2. (találomra) ~** pick (out) (at random), choose* sg at random; **~ egy jellemző esetet** pick (out) a typical case
kiragadott *mn* **~ részletek** selections, extracts; *pej* passages taken out of context
kiragaszt *i [plakátot]* post/stick* (up) [a placard/bill on a wall/hoarding v. an advertisement in one's shop window etc.], *[hirdetményt]* display [a notice]
kirajz|ik *i* swarm (out)
kirajzol *i* draw*, trace, *[körvonalakban]* outline
kirajzolód|ik *i* be* outlined, take* shape, become* distinct
kirak *i* **1.** (*vmt vmből*) take* sg out of sg, *[árut]* unload, *[hajót]* unload [a ship]; **~ja a fiókot** turn/clear out the drawer; **~ja a kocsit** unload the car **2.** *[megtekintésre]*

K

display **3.** (*vmvel*) stud, set*, trim (with), *[utat]* pave, surface (with) **4.** *biz [állásból]*; → **kitesz** 3

kirakás *fn* **1.** *[árué]* unloading **2.** *[megtekintésre]* display **3.** *[díszítés céljából]* studding, decoration, trimming(s)

kirakat *fn* shop window, display; **~o(ka)t néz(eget)** *[vásárlás nélkül]* window-shop

kirakatnéz(eget)és *fn [vásárlás nélkül]* window-shopping

kirakatper *fn* show trial

kirakatpolitika *fn* political window-dressing

kirakatrendezés *fn* window dressing

kirakatrendező *fn* window dresser

kirakatüveg *fn* (shop-window) plate glass

kirakodás *fn* unloading

kirakod|ik *i* **1.** *[szállítóeszközből]* unload, *[hajóból]* unload, unship **2.** *[piacon, kirakodóvásáron]* put* out, put* on display

kirakodóvásár *fn* fair, open(-air) market, flea market

kirakójáték *fn* jigsaw puzzle

kirakóvásár *fn* → **kirakodóvásár**

király *fn* king

királydráma *fn GB irod* historical/chronicle play, history

királyellenes *mn* anti-royalist

királyfi *fn* prince

királygyilkosság *fn* regicide

királyhű *mn* royalist

királyi *mn ált* royal, *[királyhoz méltó/illő]* regal, kingly, king's; **~ hatalom** royal power; **~ ház** dynasty; **~ palota** royal palace; **K~ Természettudományi Akadémia** *GB* the Royal Society; **~ udvar** royal court, the Court; *GB* the Court of St James's; **~ vár** Royal Castle

K

királykék *mn/fn* royal blue

királykisasszony *fn* princess

királyleány *fn* princess

királyné *fn* queen (consort)

királynő *fn* **1.** *[uralkodó]* queen; **az angol ~** the Queen of England; **II. Erzsébet angol ~** Elizabeth II, queen of the United Kingdom (of Great Britain and Northern Ireland); **a ~ férje** the prince consort **2.** *[sakkban]* queen

királynői *mn* queenly

királypárti *mn/fn* royalist

királyság *fn* **1.** *[ország]* kingdom, realm **2.** *[államforma]* kingdom, monarchy

királysas *fn* golden eagle

királytigris *fn* Bengal tiger

királyválasztás *fn* election of a king

kirámol *i* **1.** *[szekrényt]* clear, empty; **~ja a szobát** empty the room **2.** *biz* → **kirabol**

kiráncigál *i* pull/drag out

kirándít *i* dislocate, sprain

kirándul *i* **1.** (*vhova*) go* on an excursion/outing (to), take* a trip (to); *[túrázik]* go* hiking; *[egy napra, hideg élelemmel]* go* on a picnic, have* a picnic, *[autóval]* go* for a ride (to) **2. ~t a bokája** he has sprained his ankle, have* a sprained ankle; **~t a karja** his arm was dislocated

kirándulás *fn* excursion, outing, trip, *[hideg élelemmel]* picnic; **~ra megy, ~t tesz** go* on an excursion/outing (to)

kiránduló *fn* day-tripper, hiker, picnicker

kirándulóhely *fn* beauty spot

kirándulójegy *fn* excursion ticket, *[egynapos]* day return (*tsz* day returns)

kirándulóvonat *fn* excursion train

kirángat *i [egyenként]* tear*/pull out (one by one)

kiránt[1] *i* (*vmt vhonnan*) pull out (violently)

kiránt[2] *i [húst]* fry (sg) in breadcrumbs; **~ani való csirke** broiler; → **rántott**

kiráz *i* **1.** (*vmt*) shake* out **2. ~za a hideg** shiver with cold, have* the shivers

kirázód|ik *i* be* shaken out

kire *nm* → **ki**[1]

kirekeszt *i* (*vmből*) (de)bar/exclude from, shut*/leave* out, *pol* discriminate against sy

kirekesztés *fn pol* discrimination

kirekesztő *mn pol* discriminatory

kirendel *i* (*vhova*) delegate/order sy swhere; **hivatalból ~** appoint officially; → **kivezényel**

kirendelés *fn* (*vhova*) order [to be at an appointed place], *[kiküldetés]* delegation

kirendelt *mn* **hivatalból ~ védő** assigned counsel

kirendeltség *fn* local/branch office, branch agency

kireped *i [zsák]* burst*; → **kicserepesedik**

kirepedez|ik *i* → **kicserepesedik**

kirepít *i* **1.** (*vmt*) throw*/fling* (out), *[rakétát]* launch [a rocket] **2.** *biz* → **kirúg állásból**

kirepül *i* **1.** *[madár]* fly* away, take* wing, leave* the nest **2.** *[golyó puskából]* fly*/shoot* out

kireszel *i* sharpen sg with a file, file (down)

kireteszel *i* unbolt, unbar

kirgiz *mn/fn* Kyrgyz

Kirgizisztán *földr* Kyrgyzstan

kirí *i* (*vmből*) stand* out (from sg), be* in startling contrast (to sg), not match well (with sg); **~ a környezetéből** stick* out like a sore thumb; **~ a társaságból** be* the odd one/man out

kiritkít *i* thin/space out

kirívó *mn* glaring, flagrant, striking, conspicuous; **~ hiba** glaring error/mistake; **~ igazságtalanság** flagrant/blatant injustice

kiró *i [vkre büntetést]* inflict [a severe etc. penalty/punishment] (up)on; **bírságot ró ki vkre** fine sy; **200 000 Ft bírságot róttak ki rá** he was fined 200,000 fts → **kivet** 3

kirobban *i átv* burst*, break* out; **~t a válság** there was a sudden crisis; **~t a botrány** a row blew up (over sg)

kirobbanó *mn* **~ nevetés** a burst of laughter; **~ siker** an overwhelming success

kirobbant *i átv* cause to break out, *[háborút]* trigger/set* off, start [war]; *[válságot]* spark off [a conflict]

kirobbantás *fn* **nukleáris háború ~a** the triggering (off) of a nuclear war

kirobog *i* **1.** (*vk*) dash/hurry out [of a room] **2.** *[vonat]* roll out [of the station]

kirohan *i* **1.** (*vhonnan*) run*/rush/dash out **2.** (*vk ellen*) run* sy down, lash out against sy/sg **3.** *kat elav* break* out

kirohanás *fn* **1.** *kat* sally **2.** (*vk ellen*) attack on sy/sg, outburst against sy/sg

kirojtosod|ik *i* fray, become* frayed

kirókáz *i* throw* up, vomit

kiront *i* → **kirohan** 1, 3

kirostál *i [gabonát, átv egyebet]* sift/sort (out)

kirótt *mn [büntetés]* inflicted

kirovás *fn* imposition, imposing

kiröhög *i durva* (*vkt*) laugh in sy's face, sneer at sy

kiről *nm* **I.** *[kérdő]* about whom?; **~ beszél?** who are you talking about? **II.** *[vonatkozó] [akiről]*; → **aki**

kiröpít *i* → **kirepít**

kiruccan *i biz* **1.** *[kirándul]* go* for a spin **2.** *[mulat egyet]* have* a fling

kiruccanás *fn biz*outing, spin

kirúg *i* **1.** (*vmt*) kick out; **~ja a labdát** *[kapukirúgást végez]* take* the goal kick **2.** (*vkt*) turn/kick out, turn sy out of doors, *[állásból]* sack, fire, give* sy the sack; **~ták** *[munkahelyről]* he got the sack/boot, he was sacked; **úgy ~ja, hogy a lába sem éri a földet** send* sy packing **3.** *[ló]* kick out **4.** *biz* (*vkre*) have* it in for sy; → **hám**[1]

kirúgás *fn* **1.** *[futball]* goal kick **2.** *[állásból]* (getting) the sack/boot

kirukkol *i biz* (*vmvel*) *[tervvel stb.]* come* out (v. up) with sg, *[pénzzel]* come* down with [£50], cough up [£50], shell out [£50]

kirúzsoz *i [száját]* put* on lipstick v. put* lipstick on, use lipstick; **ki van rúzsozva a szája** wear* lipstick

kirügyez|ik *i* bud; **~tek a rózsák** the roses are in bud

kis *mn* little, small, *[nem magas]* short; **~ betűkkel ír** write* in small letters, he's got tiny writing; **egy ~** a little, a bit of, some; **egy ~ ideig** for a (little) while, for a/some time; **egy ~ idő múlva** shortly, in/after a (short) while; **egy ~ kenyér** some bread, a little bread, a bit of bread; **szép ~ alak!** what a nice chap (*US* guy)

kisagy *fn* cerebellum (*tsz* -s v. -bella)

kiságy *fn* crib, *GB* cot

kisajátít *i* **1.** *[hatóság]* expropriate **2.** *átv [vmt magának]* monopolize

kisajátítás *fn* **1.** *[hatósági]* expropriation, dispossession [of property] **2.** *[saját magának]* monopolization

kisajtol *i* → **kiprésel**

kisállattenyésztés *fn* raising/breeding (of) small animals

kisarjad *i* (*vmből*) spring*/sprout from

kisárutermelés *fn* production on a small scale

kisárutermelő I. *mn* **~ mezőgazdaság** system of smallholdings producing for the market **II.** *fn* small-scale producer, small-holder

kisasszony *fn* miss, young lady; **Erzsébet ~** miss/Ms E.

kisautó *fn* small car, mini, *US* compact

Kis-Ázsia *földr* Asia Minor

kis-ázsiai *mn* of Asia Minor *ut*

kisbaba *fn* baby, infant; **~t vár** be* expecting a baby

kisbefektető *fn gazd* small investor, *biz* little man

kisbérlet *fn* smallholding

kisbérlő *mn/fn* smallholder

kisbetű *fn* small letter, *nyomd* lower case

kisbetűs *mn* lower case [letters]; **~ szöveg** *[szerződésben]* fine/small print

kisbíró *fn elav* town crier

kisbirtok *fn* smallholding, farm

kisbirtokos *fn* smallholder

kiscica *fn* kitten

kiscserkész *fn [farkaskölyök: 8–10 éves]* cub (scout), *[10–12 éves]* junior scout; *[lány]* a brownie; **~ek** *[fiúk]* The Cubs, *[lányok]* The Brownies

kiscsirke *fn* chick

kisded I. *mn iron* **~ játékai** his little tricks **II.** *fn elav* infant, baby

kisdiák *fn* schoolboy, schoolgirl

kisdobos *mn* **1.** *tört* drummer-boy **2.** *tört kb.* young pioneer

kisebb *mn* **1.** *[méretre]* smaller, *[mennyiségre, fontosságra]* less; **~, mint** smaller than; **jóval ~ a kelleténél** much too small; **egy számmal ~et kérek** do you have the next size down?, do you have it one size smaller?; **nem ~ személy, mint az elnök** no less a person than the President **2.** *[fiatalabb]* younger; **a ~ testvér** (the) younger brother/sister, *US* kid brother/sister **3.** *[kisebbfajta, kevésbé fontos]* lesser, minor; **~ javítások** minor repairs; **~ kiadások** out-of-pocket expenses; **~ műtét** minor operation; → **gond**

kisebbed|ik *i [térfogat]* become* smaller, decrease/reduce in size, *[mennyiség]* diminish, decrease, lessen, grow* less

kisebbfajta *mn* → **kisebb 3**

kisebbik *mn* **1.** *[méretre]* the smaller, *[fontosságra]* the lesser/minor; **ez a ~ baj** that's a minor problem **2.** *[fiatalabb]* younger

kisebbít *i [mértéket]* make* smaller, reduce, *[mennyiséget]* diminish, decrease, reduce, lessen; *átv [értéket]* minimize, lessen; **~i vk érdemeit** disparage sg; *biz* do* sy down

kisebbítés *fn* diminution, reduction, *[mennyiségé]* diminishing, reducing

kisebb-nagyobb *mn* various, diverse, of all sizes *ut*

kisebbrendűségi *mn* **~ érzés/komplexus** inferiority complex

kisebbség *fn ált pol* minority, *[nemzetiség]* ethnic minority; **nemzeti ~** national/ethnic minority; **a magyar (nemzeti) ~** the Hungarian (ethnic) minority, the ethnic Hungarians *tsz* [in Romania etc.]; **~ben marad** be* in the/a minority; **a hazai német ~** the ethnic German minority (v. the ethnic Germans) in Hungary

kisebbségi *mn pol* minority; **~ kormány** minority government

kisebesed|ik *i [bőr]* become*/get* abraded/excoriated

kisegít *i* **1.** (*vkt vmből*) help sy out [of the car] **2.** *[vkt munkájában]* assist/help sy [in his work], *biz* give* sy a hand [with sy's work] **3.** (*vkt vmvel*) help sy out with [money etc.] **4.** *[helyettesítést végez]* deputize (for sy), *[orvos]* be* a locum

kisegítés *fn* **1.** (*vmből*) helping out (of), *[munkában]* assisting (sy) **2.** *[helyettesítés]* deputizing (for sy)

kisegítő *mn/fn* auxiliary, subsidiary; **~ alkalmazott** (member of the) auxiliary/ancillary staff; **~ iskola** special school; **~ munkát végez** deputize for sy; **~ tanerő** supply (v. *US* substitute) teacher

kiselejtez *i* throw* aside, discard, weed out

kiselőadás *fn* talk, mini-lecture

kisember *fn* man-in-the-street (*tsz* men-in-the-street), *biz* little man

kisemmiz *i* (*vkt vmből*) cheat/elbow sy out of sg

kiseper *i* sweep* out

kísér *i* **1.** (*vkt*) go* with, accompany, escort (sy), keep* sy company, *[gardíroz]* chaperon(e), *kat* escort; **rabot ~** escort a prisoner; **az ajtóhoz ~** see* sy to the door **2. zongorán ~** accompany on/at the piano; **zongorán ~i** ... accompanied (at/on the piano) by ... **3.** (*vmt vm*) follow; → **figyelem**

kíséret *fn* **1.** (*vké*) train, suite, followers *tsz*; **vk ~ében** in sy's company, accompanied/escorted by sy; **~ nélkül** unaccompanied, unescorted **2.** *[katonai, rendőri stb.]* escort; **rendőri ~tel** under police escort **3.** *zene* accompaniment; **gitár~tel énekel** sing* to the guitar (v. with a simple guitar accompaniment); **zongora~tel énekel** sing* to the accompaniment of a piano

kísérget *i* (*vkt*) go* out with, escort, be* constantly seen with [a girl]

kiserked *i* **1.** *[bajusz]* show*, begin* to grow **2.** → **kiserken**

kiserken *i* **~ a vér** blood shows*/appears, sg draws* blood

kísérlet *fn* **1.** *[megpróbálás]* attempt (*vmre* at sg); **~et tesz vmre** make* an attempt at sg (to do sg), attempt sg, try to do sg; **első ~re** at the first attempt; **gyilkossági ~** attempted murder **2.** *tud* experiment, *[kipróbálás]* trial; **~et hajt végre** make* (v. carry out v. perform v. conduct) an experiment [in chemistry etc.]

kísérletezés *fn* experimenting, experimentation, experiments *tsz*

kísérletez|ik *i* (*vmvel*) make* experiments, experiment (with sg); **kutyákkal ~ik** experiment upon dogs

kísérletező *mn* experimenting; **~ kedv** experimentalism, fondness for experimenting/innovating, innovative spirit

kísérleti *mn* experimental; **~ állomás** experimental/research station/centre (*US* -ter); **~ atomrobbantás** nuclear test; **~ gazdaság** pilot/experimental farm; **~ léggömb** pilot/trial balloon; **~ módszer** experimental method; **~ nyúl** guinea pig; **~ úton** experimentally; **~ üzem** pilot plant

kísérletképpen *hsz* experimentally, as an experiment

kísérő I. *mn* accompanying, attending, *[velejáró]* concomitant, attendant; **~ tünet** concomitant symptom **II.** *fn* **1.** *[társ]* companion, follower, attendant, *[gyerek mellett]* guardian; **~ nélkül(i)** unaccompanied **2.** *[tünet, körülmény]* concomitant **3.** *zene* accompanist **4.** *biz [ital]* a glass of soda (water), *[gyengébb alkohol]* chaser

kísérőjelenség *fn* concomitant phenomenon (*tsz* -mena)

kísérőzene *fn film* score, *[külön kiadva]* soundtrack

kísért *i* **1.** *[megkísért]* tempt **2.** *[szellem]* haunt; **~i a gondolat** be* haunted by the thought/idea

kísértés *fn* temptation; **~be esik** be* (sorely) tempted; **~be hoz/visz** (*vkt*) tempt sy; **enged a ~nek** yield (v. give* in) to temptation

kísértet *fn* ghost, phantom, spirit

kísértethistória *fn* ghost story

K

kísérteties *mn* ghostly, ghastly, *[túlzó]* startling
kísértetiesen *hsz* ~ **hasonlít vmre** bear* an uncanny resemblance to (sg)
kísértetjárás *fn* haunting (of ghosts), visitation
kísértő *fn* tempter, *[nő]* temptress
kisestélyi *fn* cocktail dress
kisétál *i* **1.** *(vhonnan)* walk out of [the room] **2.** *[sétálni megy]* go* (out) for a walk; **~ok veled az állomásra** I'll walk you to the station **3.** *[kijut]* get* out easily
kisevő *fn* small eater
kisfeszültség *fn el* low voltage
kisfilm *fn* **1.** *[játékfilm]* short (film), *[dokumentumfilm]* (short) documentary (film) **2.** *[fényképezőgépbe]* 35 mm film
kisfilmes *mn* **~ (fényképező)gép** 35 mm camera
kisfiú *fn* little boy; *[megszólítás]* **kisfiam!** son!, sonny!
kisfiús *mn* boyish
kisfizetésűek *fn tsz* (those in the) lower income brackets, low-income group *esz*
kisfröccs *fn* ‹ one decilitre of wine and one of soda-water › a small wine-and-soda
kisgazda *fn* smallholder, small landowner
kisgazdaság *fn* small farm, smallholding, *[a gazdálkodás]* small-scale farming
kisgyerek *fn* small/little child°; **a ~ek** the little ones
kishatárforgalom *fn* (local) border traffic
kishitű *mn* faint/half-hearted
kishitűség *fn* faint/half-heartedness, defeatism
kisíbol *i biz* smuggle out (of the country)
kisiet *i* hurry/run*/rush/dash out
kisiklás *fn* **1.** *[vonaté]* derailment **2.** *átv* a blot on one's copybook
kisiklat *i* derail
kisikl|ik *i* **1.** *[vonat]* get* derailed, jump (v. go* off) the rails **2.** *(vhonnan)* slip out of; **~ik a kezéből** slip out of one's hands
kisilabizál *i [írást]* decipher, make*/figure out, *[nehezen]* manage to read out
kisimít *i [textíliát]* smooth (out), *[ráncot]* smooth away
kisimul *i* become* smooth
kisinas *fn [szállodai]* page (boy), *US* bellboy, bellhop
kisipar *fn* small(-scale) industry, *[egy ága]* craft
kisipari *mn* **1.** ~ **termelőszövetkezet** craftsmen's cooperative **2.** *[minőségű]* handcrafted, hand-made; **legjobb ~ termékek** [products] made by the finest craftsmen
kisiparos *fn* craftsman°, *[nő]* craftswoman°; **ács ~** self-employed carpenter; **asztalos ~** self-employed joiner (v. cabinet-maker)
kisír *i* **jól ~ja magát** have* a good cry; **~ja a szemeit** cry one's eyes/heart out
kisírt *mn* **~ szemmel** with red(-rimmed) eyes
kiskabát *fn* jacket
kiskacsa *fn* duckling
kiskanál *fn* teaspoon; **egy ~ só** one teaspoon of salt; **2 ~ cukor** two teaspoonfuls of sugar
kiskapu *fn* **1.** door gate **2.** *átv biz* the back door, backstairs influence; **megtalálta a ~t(, úgy jutott be) az egyetemre** he's got in the University through/by the back door
kiskatona *fn* soldier (boy/lad), boy soldier, (young) serviceman°
kiskedd *fn biz*; **holnapután ~en** when two Sundays come in a week, tomorrow never comes
kisképfilm *fn* 35 mm film
kiskereskedelem *fn* retail trade
kiskereskedelmi *mn* **~ ár** retail price
kiskereskedés *fn* retail/small shop
kiskereskedő *fn* retailer, shopkeeper
kiskert *fn* small/front garden, small plot
kiskerttulajdonos *fn* small-plot owner
kiskésit *isz* **a ~!** darn it!
kiskirály *fn* tsar, autocrat; **úgy él, mint egy ~** live like a lord
kiskocsi *fn [autó]* small car, mini, *US* compact, *[mint taxi]* minicab
kiskocsma *fn* pub, inn, tavern
kiskorú I. *mn* not of age *ut*, under age *ut* **II.** *fn* minor
kiskorúság *fn* minority, being under age
kiskosztüm *fn* skirt suit
kisközség *fn* village, hamlet
kiskutya *fn* puppy, doggy
kislakás *fn* small flat, flatlet, maisonette
kislány *fn* **1.** little/young girl **2.** *[akinek vk udvarol]* [one's] girl(friend), *skót* lass(ie)
kislányos *mn* girlish
kislemez *fn* a single
kismalac *fn* piglet
kismama *fn* young mother(-to-be), mother-to-be, mum
kismamaruha *fn* maternity dress/clothes
kisméretű *mn* small, small-scale, miniature
kismillió *szn biz* umpteen
kisminkel *i biz [magát]* make* (oneself) up, *[mást]* make* up sy
kismise *fn* low mass
kismotor *fn [kerékpár]* moped, small motorcycle
kismutató *fn* hour hand
kisnemes *fn tört* member of the lower nobility/gentry
kisnemesség *fn tört* lower nobility, the lower gentry
kisodródik *i gk* skid
kisokos *fn kb.* vade-mecum, handbook
kisomfordál *i (vhonnan)* slink*/sneak out (of), edge off/away
kisorsol *i* draw*, select (sg) by a draw; **~ják** (will) be selected by a draw
kisöbű *mn* **~ puska** small-bore rifle
kisöcs *fn* young/kid brother
kisöpör *i* **1.** sweep* out **2.** *átv* drive*/chase out/away
kispad *fn sp* (substitutes') bench; **a ~on ül** *biz* be* on the subs bench, be* on the bench
kispályás *mn* **~ foci** five-a-side (football)
kispap *fn* seminarist
kisparaszt *fn* smallholder
kispárna *fn* (small) cushion, *[alváshoz]* pillow
kispárnahuzat *fn* pillowcase, pillowslip
kispekulál *i biz* think*/dream* up, invent, concoct
kispénzű *mn [ember]* of small means *ut*, impecunious
kisplasztika *fn* **1.** *[mint művészet]* small sculpture **2.** *[egy mű]* statuette, figurine
kispolgár *fn* petty bourgeois, petit bourgeois (*tsz* petits bourgeois), *pej* philistine
kispolgári *mn* petty/petit bourgeois, lower middle-class, *[ízlésében]* philistine
kispórol *i (vmt)* skimp on sg
kisportolt *mn* athletic(-looking), muscular
kispriccel *i* squirt/spurt out
kispuska *fn* small-calibre (*US* -ber) rifle
kisregény *fn* long short-story, short novel
kissé *hsz* a little (bit), a bit, slightly; **egy ~** a little, rather, somewhat
kisstílű *mn* petty, small-time
kisszámú *mn* small, not numerous
kisszótár *fn* pocket dictionary
kisszövetkezet *fn* cooperative, small company
kistafíroz *i [leányt]* provide with a trousseau, *[mást]* fit out (with)
kistányér *fn* dessert plate
kistermelő *fn* small-scale producer
kistisztviselő *fn* white-collar worker, clerk
kisugároz *i* radiate, emit [rays, heat etc.]
kisugárzás *fn* **1.** *[sugár kibocsátása]* radiation **2.** *[fájdalomé]* reflection, radiation, *[a fájdalom]* referred pain
kisugárz|ik *i* **1.** radiate **2.** *orv [fájdalom]* feel* a referred pain
kisugárzó *mn* **~ fájdalom** referred pain

kisujj *fn* little finger; **a ~ában van** know* the ins and outs of sg, be* the master of sg, he has* it at his fingertips; **a ~át sem mozdítja meg érte** he will not lift a finger for (v. to help) him
kisúrol *i* scour/scrub (out)
kisurran *i* slip/steal* out
kisül *i* **1.** *[kenyér, tésztaféle]* get* baked, *[hús]* get* roasted, be* well done **2.** *[föld/növény a melegtől]* get*/become* scorched/parched **3.** *[kiderül]* turn/come* out, come* to light, become* known; **végre ~t, hogy** ... at last it came out that ..., it turned out that ...; **semmi jó nem sülhet ki belőle** nothing good will come out of it, it will come to no good **4.** *fiz* discharge
kisülés[1] *fn fiz* (electric) discharge
kisülés[2] *fn [kocsiban]* back-seat, fold-down seat
kisüsti *mn/fn* home distilled (brandy)
kisüt *i* **1.** *[kenyeret, tésztafélét]* bake, *[húst sütőben]* roast, *[forró zsírban]* fry, *[roston]* grill, *[zsírt]* render [lard] **2.** *[hajat]* curl [one's hair], wave [one's hair with an iron] **3.** *fiz* discharge **4.** *biz* (kieszel) dream* up, concoct, invent **5.** *biz* → **kiderít**; **~ötték, hogy** ... they came to the conclusion that ... **6.** *[nap]* begin* to shine, come* out
kisüzem *fn* small business/firm/enterprise
kisüzemi *mn* ~ **termelés** *fn* small-scale production
kisvad *fn* small game
kisvállalkozás *fn* small company/business/firm/venture, private enterprise, small-scale undertaking
kisvállalkozó *fn* small businessman°, entrepreneur
kisváros *fn* small/provincial town
kisvárosi *mn* provincial
kisvártatva *hsz* shortly after, presently, in a little while
kisvasút *fn* narrow-gauge (*US* -gage) railway
kisvendéglő *fn* intimate/small restaurant
kisvérkör *fn* pulmonary circulation
kiszab *i* **1.** *[ruhát]* cut* out **2.** *[határidőt]* fix, set* [a date] **3.** *[büntetést vkre]* impose [a fine/punishment on sy], fine sy
kiszabadít *i* **1.** *[rabot]* liberate, release, set* free, *[állatot]* let* out, release **2.** *[veszedelemből]* rescue, save
kiszabadítás *fn* **1.** *[szabadon bocsátás]* release, freeing, liberation **2.** *[kimentés]* rescue, saving
kiszabadul *i* get* out/away (from), be* set free, be* set at liberty, *[börtönből]* be* discharged/released [from prison]; *[megszökik]* escape, *[állat]* escape (from), get* free, break* loose
kiszabás *fn [büntetésé]* imposition
kiszabható *mn* **a ~ legnagyobb büntetés** the maximum punishment
kiszaglász, kiszagol *i* → **kiszimatol**
kiszakad *i* **1.** *[szövet]* tear*, rip, get* torn **2.** *átv [környezetéből]* lose* contact with, become* estranged from
kiszakít *i* **1.** *[ruhát]* tear*, rend*, rip **2.** ~ **vkt a környezetéből** tear* sy from his environment, displace/uproot sy
kiszalad *i* **1.** *(vhonnan)* run*/rush/tear*/dash out (of swhere) **2.** *[szó a száján]* slip out, escape; **~t a száján a káromkodás** an oath (v. swear-word) escaped him (v. slipped out)
kiszalaszt *i (vhova)* send* sy running (swhere), dispatch (to)
kiszáll *i* **1.** *[járműből]* get* off/out (*vhol* at), get* out of [a/the bus etc.], *[hajóból]* land, go* ashore, disembark (from), *[repülőgépből]* get* off (v. down from) [an aeroplane]; **hol kell ~ni?** where do I get out/off? **2.** *[helyszínre]* visit the scene/spot; ~ **vidékre** conduct (v. carry out) an investigation on the spot **3.** *[játszmából, üzletből]* pull/get*/back out, opt out (of sg)
kiszállás *fn* **1.** *[járműből]* getting off/out, *[hajóból]* landing, disembarkation; **~!** all change! **2.** *[hatósági]* investigation, visit to the scene/spot, *[helyszínre]* examination on the spot, on-the-spot investigation
kiszállási *mn* **~i díj** *[szerelőé stb.]* travel allowance
kiszállít *i (vhova)* convey/transport swhere, *[külföldre]* export
kiszállítás *fn* **1.** *[külföldre]* exporting, export, transporting, transport, *US* transportation **2.** *[helyben]* delivery
kiszállókártya *fn* landing card
kiszámít *i* calculate, count, compute, work out; **~ja a költségeket** count the cost; **~ja, meddig tart vm** work out how long sg will take/last
kiszámíthatatlan *mn* **1.** *[vm pl. következmények]* unforeseeable, unpredictable **2.** *[ember]* unpredictable, erratic; ~ **ember** an unpredictable man°
kiszámítható *mn* calculable, *átv* predictable
kiszámított *mn* **1.** *konkr* calculated, figured/worked out *ut*, computed **2.** *átv* premeditated, studied, calculated
kiszámlál *i [pénzt]* count out, put* down, pay* out; **~ja a pénzt az asztalra** (s)he counts out the money onto the table
kiszámol *i* **1.** → **kiszámít 2.** → **kiszámlál 3.** *[bokszolót]* count out
kiszárad *i* **1.** *[kút, víz tóból stb.]* dry up, run*/go* dry **2.** *[élő fa]* die, *[növény]* wither, shrivel (*US* -l) **3.** *[torok]* get* parched/dry **4.** *orv* dry (out), be* desiccated
kiszáradás *fn* **1.** *[kúté stb.]* drying up/out, running dry **2.** *[növényé]* withering **3.** *orv* drying out, dehydration
kiszáradt *mn* dry
kiszárít *i* **1.** *[földet, tavat, patakot nap, hőség]* dry up, *[növényt, bőrt a szél, hőség]* scorch, wither, [plant], dry [skin] **2.** *[lecsapol]* reclaim [land from the sea], drain [marsh]
kiszárítás *fn [földé, tóé]* drying up/out, drainage, *[lecsapolás]* reclamation
kiszed *i* **1.** *(vhonnan)* take* out (of swhere), pick out, *[válogatva]* sort out, *[burgonyát földből]* lift, dig* up, *[kenyeret kemencéből]* draw* [from the oven], *[leveleket postaszekrényből]* collect [letters] **2.** *nyomd* set* up; **ki van szedve** be* in type **3.** *biz (vkből vmt)* get*/drag/wheedle sg out of sy, prise [information] out of sy; **semmit sem lehet ~ni belőle** *GB biz* you can get no change out of him
kiszegez *i* nail up
kiszélesedés *fn* widening, broadening, expansion
kiszélesed|ik *i* widen/broaden out, *[háború]* escalate
kiszélesít *i* widen, broaden, extend; → **kitágít**
kiszellőz|ik *i* be* aired (thoroughly)
kiszellőztet *i* air, ventilate; **~i a fejét** get* some fresh air; **~i a füstöt** clear a/the room of smoke; **~i a lakást** air the rooms/flat
kiszemel *i (vkt vmre)* select/choose*/pick sy for sg, *US* slate sy to be/do sg (sy for sg), *[kiválaszt vmt]* look/pick out sg (*vknek* for sy); ~ **magának vmt** have* (got) one's eyes on sg
kiszenved *i irod* expire, pass away
kiszerel *i* **1.** *(vmből)* dismantle, dismount **2.** *[árut szállításra]* package, prepack(age)
kiszerelés *fn [árué]* packaging
kiszerelt *mn [árucikk]* prepacked
kiszerepez *i [színdarabot]* cast* parts/roles (for a play)
kiszeret *i (vkből)* fall* out of love with sy
kiszerkeszt *i elav* expose sy in a/the newspaper
kiszidoloz *i* rub sg clean
kiszikkad *i* dry up
kiszimatol *i* find* out, ferret out, get* wind of, *[alattomosan]* spy out
kiszínez *i* **1.** *konkr* colour (*US* -or), *[képet gyerek]* colour in [a/the picture] **2.** *átv* embellish, embroider
kiszipolyoz *i (vkt)* suck sy dry, bleed* sy white, *[élősködve]* sponge on sy, *[munkásokat]* exploit [labourers]
kiszitál *i* sift out, pass through a sieve
kiszív *i* **1.** *[folyadékot]* suck (out), drain, *[levegőt]* extract **2. a nap ~ta** the sun has faded it, the sun has discoloured it **3. ~ja vknek az erejét** exhaust sy, wear* sy out, drain sy

K

kiszivárog *i* **1.** *[folyadék, gáz stb.]* leak (out) **2.** *[hír]* leak out
kiszivárogtat *i* leak sg to sy [the news etc.]
kiszivárogtatás *fn* leak
kiszivattyúz *i* pump/suck out
kiszól *i* (*vhonnan*) call out (from swhere), (*vkért*) call out (for sy)
kiszolgál *i* **1.** (*vkt*) serve (sy), attend on sy, look after sy, *[magas rangú személyt]* wait (up)on, *pej* dance attendance on, *[hatalmat, rendszert]* serve, be* in the service of; **szolgáld ki magad** help yourself **2.** *[étteremben]* wait on, serve [guests], *[üzletben]* serve, attend to [customers]; **hamar ~tak** I didn't have to wait long to be served **3.** *[gépet]* operate, handle [machine] **4.** *[ruha/eszköz vkt]* last sy out, outwear sy; **ez a toll még ~ egy ideig** this pen will do for a little longer **5. ~ja három évét** serve his three years in the army
kiszolgálás *fn* service, serving, *[étteremben]* serving; **itt jó a ~** the service is excellent; **előzékeny/udvarias ~** attentive/friendly service; **csapnivaló a ~** the service is shocking; **a ~ért 10%-ot számítunk** service 10 per cent; **~sal együtt** service included
kiszolgálási *mn* **~ díj** service charge; **~ díjjal együtt (értendők)** *[árak]* service included
kiszolgáló I. *mn* **~ személyzet** attendants *tsz*; *[hajón, repülőgépen stb.]* crew **II.** *fn* → **eladó**, → **felszolgáló**
kiszolgált *mn* → **kiszuperált**
kiszolgáltat *i* **1.** *[vmt átad]* deliver, hand over (sg) **2. ~ja magát vkvel** *[elvárja, hogy kiszolgálják]* demand/require to be served, demand to be attended upon **3.** *[vknek átad vkt]* give*/hand sy over to sy, *[bűnöst, foglyot stb. kiad saját országának]* extradite; **~ja magát vknek** surrender (oneself) to sy, throw* oneself on sy's mercy; **ki van szolgáltatva vk kényére-kedvére** be* at the mercy of sy
kiszolgáltatás *fn* (*vmé/vké*) delivery, handing out/over, *[bűnösé, fogolyé, menekülté saját országának]* extradition
kiszolgáltatottság *fn* defencelessness, being at sy's/others' mercy
kiszólít *i* **1.** (*vhonnan*) call/summon sy out **2.** *okt* → **kihív**
kiszop *i* suck out, suck (dry)
kiszór *i* scatter, disperse; **az ablakon szórja ki a pénzét** spend* recklessly, throw* (one's) money down the drain (v. out of the window)
kiszorít *i* **1.** *[helyéből]* squeeze/drive*/push out **2.** (*vkt vhonnan/vmből*) oust sy from sg, elbow sy out (of sg) **3.** (*vkből vmt*) extort sg from sy, get* sg out of sy
kiszóród|ik *i* scatter, spill, get* spilt
kiszorul *i átv is* be* driven/squeezed out
kiszótároz *i [szövegrészt]* look up the words [in a/the dictionary]
kiszögellés *fn* projection
kiszögell|ik *i* protrude, project, jut out, *[vm fölé]* overhang* sg, hang* over sg
kiszök|ik *i* **1.** (*vhonnan*) escape from, *[országból]* slip [the country], flee* [the country] **2.** *[víz, folyadék]* gush/spurt (out)
kiszöktet *i [börtönből]* help sy (to) escape [from prison], *biz* spring* sy [from prison/jail], *[országból]* help sy (to) flee [the country]
kiszőkül *i* turn/become fair/blonde
kiszuperál *i* **1.** *kat* discharge (from service) **2.** *biz [tárgyat]* discard, pension off
kiszuperált *mn* pensioned-off
kiszúr *i* **1.** *[hegyes tárggyal]* pierce, prick; **majd ~ja a szemét** it is glaringly obvious, *biz* it sticks out a mile, it's under your very nose; **ezzel akarja ~ni a szememet** she wants to fob off this on me **2.** *átv biz* (*vkt*) pick on sy **3.** *biz [kiszemel]* pick out **4.** *[hibát]* pick up, *biz* be* down on [any little mistake] **5.** *biz* (*vkvel*) do* sy in, give* sy the works
kiszűr *i* filter/sift out
kiszüreml|ik *i* → **kiszűrődik**
kiszűrőd|ik *i* filter out/through, can be heard/seen
kit *nm* → **ki**[1]
kitagad *i [gyereket]* disown, *[örökségből]* disinherit, cut* sy off with a shilling
kitagadás *fn [gyermeké]* disowning, *[örökségből]* disinheriting
kitágít *i* **1.** *[rugalmas dolgot]* stretch, expand, *[cipőt]* stretch, *[ruhát, övet]* loosen, slacken, *[lyukat]* enlarge **2.** *átv [látókört]* widen/broaden [one's horizons]
kitágul *i* dilate, expand, *[cipő]* stretch, *[nyílás]* widen, broaden, extend
kitakar *i* uncover, bare
kitakarít *i [szobát]* do* [the room], clean up, clean [the room] up, tidy up [the room]
kitakarítás *fn [szobáé]* cleaning (up), tidying (up)
kitakarod|ik *i* clear/get* out, make* off; **takarodj ki!** get out!, *szl* beat it!
kitakaródz|ik *i* kick the bedclothes/blanket off (while asleep)
kitalál *i* **1.** *[eltalál]* guess, find* out, hit* upon; **~ja vk gondolatát** read* sy's thoughts **2.** *[kiötöl]* invent, devise, *[történetet]* invent, *[nem tisztességes dolgot]* make* up, concoct; **ezt ő találta ki** he made it up, he invented it; **ezt nem nekem találták ki** it's not my cup of tea **3.** (*vhonnan*) find* one's way out (from v. of swhere)
kitálal *i* **1.** *[ételt]* serve (up), dish up [a meal] **2.** *tréf [véletlenül kiborít]* spill*, upset* **3.** *átv biz* wash (one's) dirty linen in public
kitalálás *fn* **1.** *[eltalálás]* guessing, finding out **2.** *[kiötlés]* invention; **ez üres ~** this is pure invention/fabrication/fiction
kitalált *mn* made-up, invented, fictitious
kitámaszt *i* support, prop up
kitámolyog *i* stumble/stagger/totter out (of)
kitanít *i* **1.** *[iskoláztat]* educate/train sy; **vkt vmlyen mesterségre ~** teach* sy a craft/trade **2.** *átv* (*vkt vmre*) teach* sy sg, *pej* put* sy wise about sg, give* sy lessons in sg (doing sg)
kitaníttat *i* put* sy through school/college
kitántorog *i* → **kitámolyog**
kitanul *i* **1.** *[mesterséget]* learn* [a craft/trade] **2.** finish one's studies
kitanult *mn* **1.** *[szakmában]* trained, qualified, skilled **2.** *átv pej* **~ ember ő** he knows the ropes, he knows what's what, he's an old hand (at it)
kitapaszt *i [kályhát]* smear the insides (with clay)
kitapasztal *i* learn* by experience, get* to know the ins and outs (of sg)
kitapétáz *i [falat]* paper [a/the room], hang [wallpaper] on the wall
kitapint *i* feel* (for); **~ja vk pulzusát** feel sy's pulse
kitapintható *mn* palpable, tangible
kitapogat *i* touch, feel*, *átv* sound out
kitapos *i [utat]* tread* [a path]
kitaposott *mn átv* **a ~ út** the beaten track
kitapsol *i* call sy before the curtain; **többször ~ták** (s)he got several curtain-calls
kitár *i* **1.** *[ablakot, ajtót]* open (wide), throw* open [the door]; **karját ~ja** open one's arms wide; **ki van tárva** be* wide open **2. szívét ~ja vk előtt** open (v. pour out) one's heart to sy
kitárgyal *i* discuss in detail, thrash out
kitart *i* **1.** *[kezével]* hold* out **2.** *[nőt]* keep* [a mistress] **3.** *[állhatatos]* be* persistent, hold* out/on, persevere; **~ a végsőkig** endure (v. hold* out) to the end, stick* it out (till the end) **4. ~ vk mellett** remain loyal to sy, stand* by sy, stick* by/to sy; **~ vm mellett** persist in, keep*/stick* to sg, insist on; *[ügy mellett]* hold* firm to; **~ amellett, hogy ...** (s)he maintains that ...; **~ álláspontja mellett** stick* to one's guns; **~ elhatározása mellett** stand* by one's decision; **~ elvei mellett** stick* (v. be* true) to one's

K

principles; ~ **ígérete mellett** stick* to one's promise **5.** *[készlet, pénz]* last (out)
kitartás *fn [állhatatosság]* persistence, perseverance, steadfastness, *[vk mellett]* sticking (to sy), standing by sy, backing (sy), *[vm mellett]* persisting (in sg), standing by sg, sticking (to sg); **csak ~!** hold out!, stick it out!, *US* hang in there!
kitartásos *mn sp* ~ **magasugratás** *[lóval]* puissance
kitartó *mn* persistent, steady, perseverant, firm, steadfast, *[szorgalmas]* assiduous, keen on one's work *ut*, *[hű]* loyal
kitartóan *hsz* persistently, perseveringly; ~ **csinál vmt** do* sg persistently, keep* at sg; ~ **tanul** study hard/perseveringly
kitartott *mn* ~ **nő** a kept woman°
kitárul *i* open (out), be* thrown open
kitárulkoz|ik *i* (*vknek*) open (v. pour out) one's heart to sy, unbosom oneself to sy
kitaszít *i* (*vhonnan*) expel (sy from), throw*/turn sy out (of/from); **ki van taszítva a társadalomból** be* an outcast, be* ostracised, *szl* be* a leper
kitaszított *mn/fn* outcast
kitát *i* **~ja a száját** open one's mouth wide
kitataroz *i* renovate, repair
kitavaszod|ik *i* spring is coming; **(már) ~ott** spring is/has come
kiteker *i* **1.** *[kicsavar]* wring*/twist out; ~ **vmt vk kezéből** wrest/wrench sg from (v. out of) sy's hands; *átv is* **~i a nyakát** wring* sy's neck **2. ~i a szó értelmét** distort the meaning of a word
kitekered|ik *i* uncoil/unwind* itself
kitekint *i* look out (of/from swhere)
kitekintés *fn* **1.** *konkr* glancing/looking out **2.** *[tanulmány végén]* conclusion
kitelel *i* winter, pass the winter (in), *áll* hibernate
kiteleped|ik *i* settle (down) swhere (else)
kitelepít *i* **1.** *[személyeket, családokat]* resettle, remove [people, families], deport **2.** *[gyárat]* relocate [a factory]
kitelepítés *fn* **1.** *[személyé]* resettlement, *[kényszerből]* deportation, internal exile **2.** *[gyáré]* relocation
kitelepített *mn/fn* ~ **személy** deportee
kitelepül *i* (re)settle (swhere), emigrate (to)
kitel|ik *i* **1.** (*vmből*) be* enough/sufficient (for); **ebből minden költség ~ik** it will cover all the costs; **két nadrág is ~ik belőle** *[anyagból]* this (material) will do for two trousers **2.** *[idő]* elapse, expire **3.** (*vm vktől*) be* capable of sg; **ez ~ik tőle** I wouldn't put it past him; **minden ~ik tőle** he's capable of anything **4.** *[kerekre]* fill out, (*vk*) put* on weight; **~ik az arca** his face is rounding/filling out
kiteljesed|ik *i* be* fulfilled, fulfil (*US* -fill) itself, achieve/fulfil its purpose
kitenyészt *i [állatot]* breed*, raise, *[baktériumot]* culture, grow* [microorganisms] in a culture medium
kitép *i* tear*/pull out, *[gyökerestől]* uproot, tear* out by the roots, *[kiragad]* snatch (sg from swhere/sy)
kitér *i* **1.** *[útból]* get* out of the way, *[helyet adva]* make* way, let* pass, *[vk elől]* shun/avoid sy; *[ütés elől]* dodge/duck [a blow], *[nehézség elől]* get* round, evade [difficulties]; ~ **egy kérdés elől** dodge/evade/sidestep a question **2.** (*vmre*) (also) touch upon sg, mention, *[hosszasan]* dwell* on **3.** *műsz [mutató]* swing* out
kitérdel *i* **1.** *[büntetésképpen]* kneel* down **2.** *[nadrágot]* wear* out [trousers] at the knee
kitérdesed|ik *i* get* baggy
kiterebélyesed|ik *i* swell*/fill/spread* out
kitereget *i* **1.** *[ruhát száradni]* hang* out/up **2.** *átv* **~i a szennyesét** wash one's dirty linen in public
kitérés *fn* **1.** (*vm elől*) evasion (of sg); → **kitérő 2.** *[elbeszélésben]* digression **3.** *műsz [mutatóé]* deflection
kiterít *i* **1.** *[leterít]* spread*/lay* out **2.** *[halottat]* lay* out [corpse]
kitérít *i* (*vhonnan*) turn aside/off, divert
kiterjed *i* **1.** *[test növekszik]* expand, dilate **2.** *[terület vmeddig]* extend (to/over), spread* over, range (as far as) **3.** (*vmre*) cover/comprise/include sg; **a biztosítás ...ra/re is ~** the (insurance) cover includes ...; **érdeklődése** (v. **érdeklődési köre) ~ vmre** his/her interests spread* over (v. include) [several subjects etc.]; **figyelme mindenre ~** nothing escapes his attention/eye
kiterjedés *fn* **1.** *[test növekedése]* expansion, dilation **2.** *[terjedelem]* extension, *fiz* dimension **3.** *átv* extent, scope
kiterjedésű *mn* **nagy ~** vast, extensive, wide
kiterjedt *mn* extensive, wide, vast, wide-spread; ~ **rokonság** large number of relatives
kiterjeszked|ik *i* → **kiterjed**, → **kitér**
kiterjeszt *i* **1.** *[szárnyakat]* spread* [wings] **2.** *átv* (*vmt vmre*) extend sg to/over sg, *[háborút]* escalate
kiterjesztés *fn* extension, spreading, *[háborúé]* escalation
kitermel *i* **1.** *[ásványkincset]* mine, exploit, work, *[fát]* lumber **2.** *[terméket]* produce
kitermelés *fn [ásványkincsé]* mining, production, exploitation, *[fáé]* lumbering
kitérő I. *mn* ~ **válasz** an evasive answer/reply **II.** *fn* **1.** *vasút* → **kitérővágány 2.** *[közúti]* lay-by **3.** *[kerülő út]* detour, roundabout route; **tesz egy kis ~t** make* a detour **4.** *[beszédben]* digression
kitérővágány *fn* siding, side track
kitervel *i [ravaszul]* lay* a scheme (to do sg), scheme (to do sg)
kitervez *i* plan, devise, project
kitessékel *i* ask sy to leave (the room), show* sy the door
kitesz *i* **1.** *[kihelyez]* put* out(side), *[hirdetményt]* post/stick* up, *[kirakatba]* display, show* (in the shop-window) **2.** *[írásjeleket]* punctuate [a text], *[ékezeteket]* put* on (the) diacritics **3.** *[állásból]* turn out, dismiss, discharge, *[lakásból]* evict, turn out; *[gyermeket]* abandon/expose [a child] **4.** *biz [vkt kocsiból]* drop sy (swhere) **5. vmnek ~ vkt** subject/expose sy to sg; *[vmlyen hatásnak]* **tesz ki vmt** expose sg to sg; **~i magát vmnek** expose oneself to sg, lay* oneself open to sg, run* the risk of sg; **veszélynek teszi ki magát** expose oneself to danger, court danger; **ki vagyok téve annak, hogy** ... I run the risk that (of sg) **6.** *[összegszerűen]* amount/run* to, total (*US* -l) add up to; **az ára (összesen) 5000 Ft-ot tesz ki** the price amounts to (v. totals) 5,000 fts **7. ~ magáért** do* one's utmost, do* oneself proud; → **lélek**, → **szűr**[2]
kitétel *fn* **1.** *[vmlyen hatásnak]* exposure (to sg) **2. az írásjelek ~e** punctuation **3.** *[vké állásból]* dismissal **4.** *[kifejezés]* term, expression, phrase; → **kitevés**
kitetsz|ik *i* → **kitűnik**
kitett *mn* ~ **gyermek** foundling
kitevés *fn* putting out; → **kitétel**
kitevő I. *mn [összeg]* amounting to *ut*; **2000 Ft-ot ~ összeg** a sum amounting to 2,000 fts; **10 000 Ft-ot ~ adósság** debt(s) totalling (*US* -l-)10,000 fts **II.** *fn mat* exponent
kitikkad *i* be* parched
kitilt *i [országból, városból]* expel/banish (from), *[iskolából]* expel (from), *[házból]* forbid* (to enter) the house
kitiltás *fn* (*vké*) expulsion, banishment
kitin *fn* chitin
kitisztít *i* clean, *[beleket]* purge, *[sebet]* clean out
kitisztul *i* **1.** *ált* (*vm*) become* clean, *[folyadék]* clarify, fine down **2.** *[idő]* clear/brighten up
kitódul *i [tömeg]* stream/swarm out (of), come* streaming out (of)
kitol *i* **1.** (*vmt*) push/thrust* out **2.** *biz [időpontot későbbre tesz]* defer, postpone, put* off, *[meghosszabbít]* prolong, extend **3.** *szl* (*vkvel*) *GB biz* do* the dirty on sy, do* sy down, *US szl* do* sy dirty
kitolás *fn* **1.** *[időponté]* postponement **2.** *szl* (*vkvel*) doing the dirty (on); **ez aljas ~ volt (velem)** that was a dirty/mean trick (to play on me)

K

kitolód|ik *i [időpont]* be* postponed/delayed/deferred, be* put off/back
kitoloncol *i* deport, expel
kitombolja magát *i* (*vk*) let* off steam, *[fiatalember]* sow* one's wild oats, *[vihar]* spend* its fury
kitől *nm* → **ki**[1]
kitölt *i* **1.** *[folyadékot edénybe]* pour out **2.** *[űrt]* fill in/up, stop/plug [the gap] **3.** *[űrlapot]* fill in, *US* fill out [the/this form, blank], complete [the form]; **a hatóság tölti ki** for official use only **4. ~i a büntetését** serve one's term/sentence; *biz* do* one's time **5.** *[időt]* fill, pass [time]; *[műsor]* **~i az egész estét** provide a whole evening's entertainment **6. ~i a haragját vkn** → **harag**
kitöltés *fn* **1.** *[folyadéké]* pouring out **2.** *[űrlapé]* filling in (*US* out) **3.** *[büntetésé]* serving (of sentence)
kitöm *i* (*vmvel*) stuff, pad, *[állatot]* stuff [dead animal]
kitömött *mn* stuffed
kitör *i* **1.** *[ablakot]* break*, smash **2.** *[testrészt]* break*, fracture; **~te a karját** (s)he broke his/her arm **3.** *[háború, járvány, tűz, vihar]* break* out, *[tűzhányó]* erupt; **~t rajta az influenza** (s)he had an attack of influenza (*biz* flu) **4.** (*vk vmben* v. *vkből vm*) burst* into; **könnyekben tör ki** burst* into tears, burst* out crying; **nevetésben tör ki, ~ belőle a nevetés** burst* out laughing, break*/burst* into laughter; **~t belőle a düh** he boiled over with rage, *biz* he blew his top **5.** *[ló]* ba(u)lk **6.** *kat* break* out (of)
kitörés *fn* **1.** *[testrészé]* fracture **2.** *[betegségé, háborúé]* outbreak, *[tűzhányóé]* eruption **3.** *kat* sally, sortie
K
kitör|ik *i* break* (off), chip, *[testrész]* be*/get* fractured; **~t a karja** he broke his arm
kitörlőd|ik *i* get* erased, *átv* fade, be* effaced
kitörő *mn* **~ lelkesedés** tremendous enthusiasm, ecstasy; **~ lelkesedéssel fogadták** he was given a tremendous reception (v. a rapturous welcome); **~ örömmel hallották, hogy** ... were overjoyed to hear that ...
kitöröl *i* **1.** *[edényfélét]* wipe (out), dry, *[könnyet]* wipe away/off **2.** *[írást]* erase, efface, rub out, *[könyvből]* expunge, *[emlékezetből]* wipe [from memory]
kitörölhetetlen *mn* indelible, ineffaceable
kitörölhető *mn* effaceable
kitudód|ik *i* come* out (v. to light), get*/become* known, leak out
kitúr *i* **1.** *[földből]* unearth, dig* out/up, *[disznó]* root out **2.** *[vkt állásból]* edge sy out (of)
kituszkol *i* hustle/push sy out
kitűn|ik *i* **1.** *[több közül]* excel, be* prominent/conspicuous among, (*vmben*) excel [*szellemiekben, pl. tantárgyban:* in sg; *sportban:* at sg]; **~t jó emlékezőtehetségével** he was noted/notable for his excellent memory **2.** (*vmből*) appear (from), be* evident (from), be* clear (that), be* shown (by); **könyvéből ~t, hogy** ... it was clear from his book that ...; **amint később ~t** as it later transpired (v. turned out)
kitűnő I. *mn* excellent, eminent, splendid, first-class/rate, prominent; **~ minőség** top quality **II.** *fn okt* (an) excellent (mark); **~t kap** get* an excellent
kitűnően *hsz* excellently, splendidly; **~ érzi magát** feel* fine/splendid
kitűnőség *fn* **1.** *[tulajdonság]* eminence, excellence **2.** *[személy]* celebrity, notability, notable
kitüntet *i* **1.** (*vmvel*) reward (with), honour (*US* -or) (with), favour (*US* -or) (with), *[rendjellel]* award sy [a medal]; **az OBE-vel tüntették ki** he was awarded an/the OBE **2. ~i magát** distinguish oneself, earn distinction **3. ~ vkt a bizalmával** honour (*US* -or) sy with one's confidence
kitüntetés *fn* **1.** *[jutalom, rendjel]* medal, decoration, order, *[címmel járó]* title, distinction, honour (*US* -or); **nagy ~ben részesül** a great honour/distinction is conferred upon him; **~eket ad át** *[pl. államfő, király(nő) stb.]* hand over awards/decorations; **~t kap** be* decorated, receive an award (for sg) **2.** *okt* **~sel érettségizik** obtain/achieve a first-class (v. excellent) school-leaving certificate; **~sel végez** *[egyetemen] kb.* take* an honours (*US* -ors) degree, be* awarded first-class honours, *US* be* awarded a degree (summa) cum laude
kitüntetett *mn/fn* favoured (*US* -or-), honoured (*US* -or-), *[rendjellel]* decorated; **a ~ek listája** *GB* honours list
kitüntető *mn* **~ bizalom** flattering confidence
kitüremked|ik *i* bulge, distend, protrude
kitüremlés *fn orv* protrusion, *[sérvé]* herniation
kitűz *i* **1.** *[jelvényt]* pin on/up, put* on, *[zászlót]* fly*, hoist, set* up **2.** *[helyet]* mark/set* out **3.** *[időt]* set*, appoint, fix [a day/time, a firm date for sg, the date of sg etc.]; **a vitát mára tűzték ki** the debate is to take place today; **határidőt ~** fix/appoint a day; **a ~ött határidő** the appointed time **4.** *[célul]* set* [oneself a(n) aim/target], *[díjat]*offer, set* [a prize], *[témát]* set* [a paper]; **~ magának egy feladatot** set* oneself a task, set* oneself to do sg; **~ vkinek egy feladatot** set* sy to do sg, set* sy a task
kitűző *fn* badge, pin *[konferencián]*, *[névvel]* name tag
kiugrás *fn* **1.** *[repülőgépből]* baling (v. bailing) out **2.** *[szövetségből]* desertion, flight, breakaway
kiugraszt *i* make* sy/sg jump out; → **nyúl**[2]
kiugrat *i* → **kiugraszt**
kiugr|ik *i* **1.** (*vhonnan, vmből*) jump/leap* out, *[repülőgépből]* bale (v. bail) out **2.** *átv biz* (*vk vmből*) break* away (from), drop out (of), desert sg **3.** *biz [kimegy rövid időre]* nip/pop/slip out **4.** *sp [rajtnál]* jump the gun **5.** *orv [ízület]* be* dislocated **6.** → **kiszögellik 7.** *[szembetűnik]* stand* out (clearly), leap* out at sy (from swhere) **8.** *[vk teljesítménnyel]* soar above [others], be* outstanding; → **bőr**
kiugró *mn* **1.** *[térben]* jutting, protruding, projecting **2.** *[teljesítmény]* outstanding
kiugrott *mn* **1. ~ pap** ex-priest **2.** *orv* dislocated
kiújul *i* be* renewed/resumed, *[harc, seb]* flare up (again)
kiúsz|ik *i* **1.** *[vízből partra]* swim* [to the bank/shore] **2.** *[parttól messze]* swim* out **3. kiússza formáját** swim* one's best
kiút *fn* way out; **nincs más ~, mint** ... there is no way out (v. no choice) but ..., there is nothing for it but (to do sg)
kiutal *i* (*vmt vknek*) allocate/assign sg to sy, *[pénzt]* remit, grant, pay* out
kiutál *i* (*vkt vhonnan*) freeze* (sy) out
kiutalás *fn* allocation, *[pénzé]* paying out, remittance
kiutasít *i* (*vkt vhonnan*) order/turn sy out (of), show* sy the door, *[országból]* declare sy persona non grata, expel, banish (from the country)
kiutasítás *fn* (*vhonnan*) ordering/turning out, *[országból]* expulsion
kiutazás *fn* going abroad, *[kifelé való út]* outward journey, exit
kiutazási *mn* **~ engedély** permit to leave; exit visa
kiutaz|ik *i [külföldre]* go* abroad, leave* for, go* to
kiuzsoráz *i* exploit, bleed* (sy) white
kiügyesked|ik *i* (*vmt*) wangle (sg out of sy); **~ik magának egy jó állást** *biz* wangle oneself a good job
kiül *i* **1.** (*vhova*) sit* (down) outside/outdoors **2. ~ arcára a bánat** sorrow/grief shows* on his face **3.** *[vm végét]* sit*/see* it out
kiüldöz *i* hound/drive*/chase sy out (of)
kiültet *i növ* plant/bed out
kiürít *i* **1.** *ált* empty, *[fiókot]* clear out, *[poharat]* drain, *[zsebet]* empty **2.** *[helyiséget]* vacate, quit; **~i a termet** *[bíróság]* clear the court **3.** *kat [és természeti csapás elől/miatt várost]* evacuate **4.** *biol orv [beleket hashajtó]* purge; **~i beleit** *[ürüléket kibocsát]* clear the bowels, defecate; → **ürít**
kiürítés *fn* **1.** *ált* emptying, *[helyiségé]* vacating, *kat [városé]* evacuation; **a bíróság elrendelte a terem ~ét** the judge ordered the court to be cleared **2.** *[beleké]* evacuation, discharge, defecation, *[vizeleté]* passage
kiürül *i [edény, hordó]* become* empty, empty, *[terem, szoba]* clear, empty

kiüt *i* **1.** *[vkt bokszban]* knock out, KO *[alakjai:* KO's, KO'ing, KO'd], *[sakkfigurát]* take*, remove [chess-man°] **2.** *[tűz, járvány, háború stb.]* break* out **3.** *biz* (*vm vhogyan*) turn out; **rosszul üt ki vm** sg hasa bad ending; → **nyereg**
kiütés *fn* **1.** *[boksz]* knockout, KO **2.** *[bőrön]* rash, spot(s), eruption
kiütéses *mn [betegség]* eruptive; ~ **tífusz** typhus, spotted fever
kiütköz|ik *i [tulajdonság]* stand* out, be* manifest/conspicuous/striking
kiűz *i* (*vhonnan*) drive*/chase/hound out
kiüzen *i* send* (out) a message, send* a message to
kivág *i* **1.** *[ollóval, késsel]* cut*/clip* (sg) out **2.** *[fát]* fell, cut* down [tree], *[erdőt]* cut* down [the forest(s) swhere], disafforest [a place] **3.** *[rögtönöz]* improvise, get* up; **~ja a magas c-t** reach top C **4.** **~ja magát** *[mentséget talál]* give* a plausible excuse; *[talpraesetten válaszol]* give* a smart answer, *[nehézségekből]* extricate/free oneself (from), *[ellenség gyűrűjéből]* break*/burst* out **5.** *[szél az ablakot]* fling*/burst* open **6.** *átv* (*vkt vhonnan*) throw*/turn sy out, send* sy packing; → **huszonegy**, → **réz**
kivágás *fn [ruhán]* neckline, décolletage
kivágat[1] *i* (*vmt vmből*) have* sg cut out, *[fát]* have* sg felled
kivágat[2] *fn [újságból]* press clipping/cutting
kivágód|ik *i [ajtó, ablak]* burst*/fling* open
kivágott *mn* cut out; ~ **nyakú** *[ruha]* décolleté, low-cut [dress]
kivagyiság *fn* self-importance, arrogance, hauteur
kiváj *i* hollow/dig* out, excavate
kivajaz *i* butter
kivakar *i* scratch/rub out, erase; **én vakartalak ki a mocsokból** it was I who picked you up from the gutter
kivakarás *fn* scratching/rubbing out, erasure
kivakarhatatlan *mn* indelible
kivakol *i* plaster
kiválás *fn* (*vhonnan*) leaving (sg), separation (from), *[intézményből]* resignation, *[nyugalomba vonulás]* retirement
kiválaszt *i* **1.** *[több közül]* choose*, select, pick/single out **2.** *biol* secrete, excrete
kiválasztás *fn* **1.** *[több közül]* choice, selection **2.** *biol* secretion
kiválasztó *mn* ~ **szerv** secretory organ
kiválasztódás *fn* selection; **természetes** ~ natural selection
kiválasztódik *i biol* be* secreted
kiválasztott I. *mn* **1.** *[választott]* selected, chosen; *tört* **a ~ nép** the chosen people, the elect **2.** *biol* ~ **anyag(ok)** excretion, excreta *tsz* **II.** *fn* **a ~ak** the elect, the chosen (few)
kivál|ik *i* **1.** *[több közül]* excel, be* prominent/outstanding (among), surpass **2.** (*vhonnan*) leave*, separate/part from, quit (sg), *[intézményből]* resign/retire (from); *[csoportból, szervezetből]* cede, break* away from; → **különválik**
kivallat *i* question (sy) closely, interrogate, cross-examine, *biz* grill sy
kiváló *mn* **1.** eminent, excellent, outstanding, prominent; ~ **vmben** be* very good at sg; ~ **egyéniség** an outstanding personality, a person of distinction; ~ **minőségű** high/top quality; ~ **tisztelettel** yours faithfully **2.** *[mint kitüntető cím]* outstanding, eminent; **K~ Pedagógus** Eminent Public Educator
kiválogat *i* select, pick/sift/sort out
kiválóság *fn* **1.** *[személy]* VIP (*kimondva:* ví-áj-pí), notable, prominent/eminent person **2.** *[tulajdonság]* eminence, prominence
kivált[1] *i* **1.** *[tárgyat, zálogot]* redeem [article in pawn], *[foglyot]* ransom, buy*/bail out; **~ja a (feladott) poggyászt** collect (v. take* out) one's luggage **2.** *[bérletet]* take* out, buy* [a season-ticket], *[jogosítványt]* take* out [a licence] **3.** *[valutát]* buy* [foreign currency] **4.** *[hatást]* produce, elicit, bring* about, evoke, trigger, *[betegséget]* trigger **5.** *[helyettesít]* replace, *épít [terhet elosztva]* discharge; **~ható** can be replaced, (be*) dischargeable
kivált[2] *hsz* especially, in particular, above all
kiváltás *fn* **1.** *[fogolyé]* ransom(ing), *[tulajdoné]* redemption, *[zálogé, csomagé]* taking out **2.** *átv* bringing about/on, producing of, triggering **3.** *[helyettesítés vmvel]* replacement; *épít* discharge
kiváltképp *hsz* → **kivált**[2]
kiváltság *fn* privilege, prerogative
kiváltságlevél *fn* charter
kiváltságos *mn* privileged; **a ~ osztályok** the privileged classes
kivan *i biz [fáradt]* be* exhausted, be* whacked (out), be* dog tired, be* all in, *szl* be* done in, *US* be* pooped
kíván *i* **1.** (*vknek vmt*) wish (sy sg); **jó estét ~ok!** good evening!; **minden jót ~ok!** (my) best wishes, all the best; **sok sikert ~unk!** we wish you every success; **sok boldogságot ~ok!** I wish you every happiness **2.** (*vmt*) wish/want sg, *[vágyódik vm után]* desire sg, long/yearn for sg; **nem ~om az ételt** I have no appetite, I don't feel like eating; **~ja a cigarettát** long/crave for (v. crave) a cigarette; **nem ~om látni** I don't wish to see him **3.** *[megkövetel vmt vktől]* demand/expect sg of sy; **mit ~sz tőlem?** what can I do for you?; **túl sokat ~sz tőle** you expect too much of him **4.** *[vm igényel vmt]* demand, require, call for; **így ~ja az illendőség** propriety would have it; → **kívánt**
kívánalom *fn* requirement, demand; **~nak megfelel** meet* the requirements; **a kívánalmaknak megfelelő** adequate, suitable, fitting, appropriate
kívánatos *mn* desirable, wanted, *[igével]* it is desirable (that); ~ **(lenne), hogy ..., ~nak látszik, hogy ...** it is most desirable that ...; ~ **lenne tudni** it is desirable to know (whether); **nem** ~ undesirable, unwanted; **nem ~ személy** persona non grata, undesirable person
kíváncsi *mn* curious, *[főleg állat]* inquisitive; *közm* **aki ~, hamar megöregszik** curiosity killed the cat; ~ **vmre** be* curious/eager to know/learn, wonder (about); ~ **vagyok, vajon** ... I wonder whether/if ..., I would like to know if ...; ~ **vagyok, mi történt** I wonder what happened; **erre aztán ~ vagyok!** I wonder!; **ha ~ vagy a véleményemre** if you want my opinion
kíváncsian *hsz* curiously; ~ **várjuk a folytatást** we look forward to a sequel
kíváncsiság *fn* curiosity; **fúrja az oldalát a ~** (s)he is dying of (v. burning with) curiosity; **~ból** out of (sheer) curiosity; **~tól hajtva** spurred by curiosity
kíváncsiskod|ik *i* be* inquisitive/indiscreet
kíváncsiskodó *mn pej* inquisitive, indescreet
kivándorlás *fn* emigration
kivándorló I. *mn* emigrating **II.** *fn* emigrant
kivándorló-útlevél *fn* emigrant's passport
kivándorol *i* emigrate (to)
kívánkoz|ik *i* (*vhova*) long to be/go swhere, (*vk/vm után*) long/yearn for sy/sg
kívánnivaló *fn* **(sok) ~t hagy hátra** (v. **maga mögött)** sg leaves* much (v. a lot) to be desired, there's much room for improvement
kívánság *fn* wish, desire, request; **vknek ~ára** at sy's request, at the request of sy; **~a szerint** according to sy's wish/desire, as requested; **a legjobb ~ait küldi újévre** he sends his best wishes for the New Year; **~ra** on request/application, as requested; **~ra jelentkezési lapot küldünk** application forms (are) sent/available on request
kívánsághangverseny *fn* request concert
kívánságműsor *fn* request programme
kívánt *mn* **1.** desired, wanted; **nem ~** undesired, unwanted **2.** *[igényelt]* requested; **a ~ iratok beküldése** the furnishing of the necessary documents; **a nem ~ rész törlendő** delete whichever does not apply (v. is not applicable)
kívántat|ik *i elav* be* required/wanted

K

kivár *i* **1. ~ja a kedvező alkalmat** (v. **az alkalmas pillanatot)** bide* one's time; **alig tudja ~ni, hogy** he itches to, he can hardly wait to **2.** *[futball]* ... takes his time ...
kivarr *i* embroider (with sg), trim [sg with a fancy stitch]
kivasal *i* **1.** *[ruhafélét]* iron, press **2.** (*vkből vmt*) extort sg from sy, *[pénzt]* screw/get*/wheedle [money] out of sy
kivásárol *i gazd* buy* out
kivattáz *i átv is* pad
kivéd *i* ward/fend off, parry, *átv* hold* one's ground; *[futball]* **lövést ~** save a shot
kivégez *i* execute, put* sy to death
kivégzés *fn* execution
kivégzett *mn/fn* executed; **a ~ek** those/the executed
kivégzőosztag *fn* firing squad
kivehetetlen *mn [láthatatlan]* indiscernible, *[hang is]* indistinct
kivehető *mn* **1.** (*vmből*) removable, detachable **2.** *[látható]* discernible, visible, perceivable, *[hang]* distinct, audible; **szavaiból ~ a félelem** there is fear in his voice
kivel *nm* → **ki**[1]
kivénhedt *mn* overage, superannuated
kivénül *i* get* too old (for sg)
kivénült *mn* → **kivénhedt**
kiver *i* **1.** *[ellenséget]* drive* out, chase away **2.** *[pipát]* knock out [one's pipe], *[ruhát, szőnyeget]* beat* [the dust out of] **3. ~ vmt a fejéből** drive* sg out of one's head, try to forget; **ezt verd ki a fejedből** get that out of your head, put it out of your mind **4. egész testét ~te az izzadság** he was bathed in sweat, he was streaming with perspiration **5.** *konkr [erőszakkal]* **~ vkből vmt** bludgeon sg out of sy
kivereked|ik *i* **1. ~te magát vmből** he managed to fight his way out (of sg) **2.** *biz* (*vmt*) fight* for sg and get/obtain it, obtain sg by fighting for it
kivergőd|ik *i [szorult helyzetből]* extricate oneself (from), get* out of [a spot v. *US* a fix]
kivert *mn átv* **~ kutya** outcast, outsider, pariah
kivés *i [fémet]* engrave, chisel (*US* -l), *[falat csőnek stb.]* cut* away
kiveséz *i biz [kitárgyal]* thrash out
kivesz[1] *i* **1.** (*vmből vmt*) take* out (of), remove (from) **2.** *[foltot, szálkát]* remove, take* out **3.** *[könyvet könyvtárból]* take*/check out, borrow; **~ egy összeget (a bankból)** (with)draw* a sum of money, draw*/take* out [money], take* [money] out (of one's account); **~i a gyermeket az iskolából** withdraw* one's child from school; **~i a szabadságát** take* one's/a holiday; **szabadságot vesz ki** take* a holiday; **~i a részét vmből** (i) *[részesedik]* take* one's share (of sg) (ii) *[munkából]* do* one's share/bit **4. kivették a manduláját** he has had his tonsils removed/out **5.** *[lakást]* rent, take* (out) **6.** *[szemmel]* discern, make* out, *[következtetve]* infer (from), gather (from); **mit veszel ki belőle?** what do you make of it?; **szavaiból azt veszem ki, hogy** ... I gather (from his words) that ... **7.** *[vkből titkot stb.]*; → **kiszed** 3
kivesz[2], *irod* kivész *i* → **kiveszőben van**
kiveszés *fn [fajé stb.]* extinction, dying out
kiveszőben *hsz* **~ van** *[állatfaj]* be* dying out, be* a dying breed, be* becoming extinct, be* on the verge of extinction, *[mesterség]* be* dying out, be* becoming extinct
kivet *i* **1.** *[kihajít]* throw*/cast*/fling* out, *[idegen anyagot]* reject; **~i a víz a partra** be* washed ashore **2.** *[társadalomból]* cast* out, make* an outcast of sy **3. adót vet ki vkre** impose/levy a tax on sy; **150 000 Ft adót vetettek ki rá** a tax of 150,000 fts was imposed/levied on him; → **háló**[1]
kivét *fn [bankból]* withdrawal
kivétel *fn* exception; **a ~ erősíti a szabályt** the exception proves the rule; **ez alól nincs ~** no exceptions can be made; **~ nélkül** without exception; **vmnek/vknek ~ével** with the exception of, except(ing), except for; **a jelenlevők ~ével** present company excepted; **János ~ével mindenki fáradt volt** everyone except/but J. was tired; J. excepted everyone was tired, except for J.(,) everyone was tired
kivételes *mn* exceptional, uncommon; **~ állapot** state of emergency; **~ tehetség** exceptional talent
kivételesen *hsz* **1.** *[rendkívülien]* exceptionally **2.** *[most az egyszer]* just this once
kivételez *i* (*vkvel*) make* exceptions (with sy), be* partial (to sy), favour (*US* -or) (sy) unduly
kivételezés *fn* favouritism (*US* -or-), bias, partiality
kivetés *fn* **1.** *[hálóé, horogé]* casting **2.** *[adóé]* assessment, imposition, levying
kivetett *mn/fn [társadalomból]* outcast
kivetít *i pszich is* project
kivetítés *fn pszich is* projection
kivetítő *fn* projector
kivetkőz|ik *i* **~ött önmagából** he is beside himself
kivetnivaló *mn* objectionable; **ebben semmi ~ nincs** there is nothing to be said against it, it is unobjectionable/unexceptionable
kivetőd|ik *i* **~ik a partra** be* cast/washed ashore
kivéve *hsz* except, but for, all but, barring, apart/aside from; **mindig ráérek, ~ kedden** I am free except on Tuesday(s); **~, ha** unless; **otthon maradok, ~, ha meghívnak** I'll stay at home unless I'm invited; **~ (azt), hogy** ... except that ...; **semmit sem tudok róla, kivéve azt, hogy a szomszédban lakik** I know nothing about him except that he lives next door; **Jánost sem ~** not excepting János, including János
kivezényel *i* (*vkt vhová*) order sy swhere, *[katonaságot]* call out [the armes forces]
kivezet *i* **1.** (*vkt vhonnan*) lead*/see* sy out, show* sy the way out **2.** *[könyvelésnél]* strike* out, cancel (*US* -l) [an entry] **3.** *[út vhová]* lead* swhere
kivezető *mn* **~ út** way out, exit; → **kiút**
kiviharz|ik *i* storm out [of the room]
kivihetetlen *mn* impracticable, unrealizable, unfeasible
kivihető *mn átv* practicable, realizable, feasible
kivilágít *i* **1.** (*vhonnan*) shine* out (of swhere) **2.** *[szobát]* light* up, *[épületet stb.]* illuminate, floodlight*; **esténként ~ják a Várat** the Castle is floodlit/illuminated at night **3.** *[járművet]* light* up [the car], turn on the/one's lights; **ki van világítva a kocsi?** have you got your lights on?
kivilágítás *fn [szobáé]* lighting up, *[épületé stb.]* floodlighting, illumination, *[járműé]* lights *tsz*; → **világítás**; **ünnepi ~** floodlighting on ceremonial occasions
kivilágítatlan *mn [jármű]* without the lights on *ut*, *[igével]* the lights are not on
kivilágított *mn* **~ kocsival** with the/one's lights on
kivilágl|ik *i* (*vmből*) *átv* appear (from), be* evident/clear (from); **az adatokból ~ik, hogy** ... it is clear/evident from the data that ..., the data clearly show that ...
kivilágos-kivirradtig *hsz* till morning, until dawn/daybreak
kivilágosod|ik *i* **1.** *[nap]* day is breaking, it is getting light **2.** *átv* become* clear/obvious, dawn on sy
kivillan *i* flash (out)
kivirágz|ik *i* begin* to blossom, burst* into bloom/flower
kivisz *i* **1.** *ált* (*vmt*) take*/carry out, *[árut]* transport/convey (to), *[külföldre]* export (*vhova* to) **2.** *[mosószer piszkot]* take* out, remove **3.** *[megvalósít]* carry out, see* sg through, achieve, manage (to do sg); **sikerült kivinnie, hogy** ... he managed to [do sg] **4. ez az út ~ a városból** this road leads out of (the) town; **ez az út ~ a temetőbe** this road/street leads to the cemetery
kivitel *fn* **1.** *[külföldre]* export, *főleg: US* exportation, *[ennek összessége]* exports *tsz*; **~re kerül** be* exported **2.** *[kivitelezés]* workmanship, execution, finish, quality; **igen erős ~ben** for extra hard wear *ut* **3.** *[jégtáncban]* technical merit
kivitelez *i* make* (up), execute, finish, carry out
kivitelezés *fn* **1.** *[tevékenység]* making (up), execution, *épít* building **2.** → **kivitel** 2

kivitelező *fn [építkezésnél]* contractor, *[kisebb]* builder, *[egyéb]* maker, technician; ~ **építészmérnök** building/civil engineer; **van már ~?** do you have a contractor?
kiviteli *mn* export; ~ **cikk(ek)** exports *tsz*, export goods *tsz*; ~ **engedély** export licence/permit; ~ **tilalom** embargo, prohibition of export
kivitelű *mn* of ... quality/make/finish *ut*; **igen jó ~ű** (very) good quality..., of quality *ut*; **silány ~ű** poor-quality
kivív *i* achieve, reach, effect, *[célt]* attain, *[eredményt]* obtain, *[győzelmet]* win*; **~ta a győzelmet** he was (v. ended up) the winner
kivizsgál *i* **1.** (*vmt*) examine, investigate, *[ügyet]* look into [the matter], inquire into sg **2.** *orv* (*vkt*) check up, give* sy a checkup; **~ják a klinikán** have*/get* (v. be* given) a checkup at the hospital
kivizsgálás *fn* **1.** examination, inquiry **2.** *orv* checkup; **~ra megy** go* for a checkup
kivon *i* **1.** *[kihúz]* drag/draw*/pull out **2.** ~ **a forgalomból** withdraw* from circulation; **katonaságot ~ vhonnan** withdraw* troops from swhere; **~ja magát vm alól** back out of sg; *[munka alól]* keep* away from, shirk [a job, one's duty etc.], avoid, *[felelősség alól]* avoid, evade **3.** *mat* subtract; **vonjon ki 4-et 10-ből, marad 6** subtract 4 from 10 and 6 remains (v. and you have 6 left over) **4.** *[kardot]* draw*, unsheathe [one's sword]
kivonandó *mn/fn* subtrahend
kivonás *fn* **1.** *[kihúzás]* drawing/dragging/pulling out **2.** *[forgalomból]* withdrawal; **a csapatok ~a** the withdrawal of troops **3.** *mat* subtraction
kivonat *fn* **1.** *[irat]* extract; **(születési) anyakönyvi ~** birth certificate **2.** *[könyvé]* abridgement, summary, *[főleg tud. cikké]* abstract; **~ot készít** → **kivonatol** **3.** *kém* extract, essence
kivonatol *i* make* an abstract (of sg), make* a précis, abridge/summarize sg
kivonatolás *fn* abridgement, summarizing, making of an abstract
kivonatos *mn* abridged, abbreviated
kivonszol *i* drag/lug/pull/tug out
kivonul *i* **1.** *[tömeg vhova]* turn out **2.** *[mentők, tűzoltók]* turn out; **~tak a tűzoltók** the fire-brigade turned out; **a balesetben ~tak a mentők** an ambulance went to the scene of the accident **3.** (*vhonnan*) withdraw* from, *[tüntetően]* walk/march out [of the room etc.]; **a küldöttség (tüntetően) ~t a teremből** the delegation withdrew from (v. walked out of) the room (in protest) **4.** *kat* (*vhonnan*) withdraw* (troops) from
kivonulás *fn* **1.** *[ünnepi]* march, parade, turn-out **2.** *[teremből stb.]* withdrawal, *[tüntetően]* walk-out **3.** *kat* withdrawal, evacuation
kivörösöd|ik *i* (*vk/vm*) turn/go* red/scarlet/purple/crimson, (*vk*) blush, flush
kívül I. *hsz [vhol kinn]* outside, outdoors, out of doors; ~ **van/áll** be* out of sg, be* outside sg; *átv* stand* apart, stand*/keep*/hold* aloof; ~ **álló** standing outside *ut*; → **kívülálló**; ~ **fekvő** outlying, out of the way, far away, distant; ~ **marad** stay outside; *átv* keep*/stand* aloof/ apart, keep* out (of) **II.** *nu* **1.** *[helyileg]* outside (of), (*vmből*) out of; **a kapun ~** outside the gate; **rajta ~ álló okokból** for reasons beyond his control **2.** *[vk/vm kivételével]* **rajta ~** besides him, apart from him; **Jánoson ~ mindenki átment a vizsgán** all of us passed except John; **vmn ~** *[vmtől eltekintve]* apart/aside from sg; **ezen ~ a ruhán ~ nincs neki több** this is his only suit (v. her only dress) **3.** *[vkn/vmn felül]* beside(s), in addition to, outside, beyond; **ezen ~** beyond that; **a lányán ~ fia is van** apart from a/his/her daughter (s)he also has a son; **hivatali munkáján ~ tudományos munkát is végez** on top of his work in the office he also undertakes research **4.** *[nélkül]* **önhibáján ~** through no fault of his (own); **tréfán ~** joking apart, seriously; → **ház**, → **házasság**, → **magánkívül**, → **tudta**
kívülálló *fn* stranger, outsider, spectator, non-member, third party, impartial observer; → **kívül álló**
kívül-belül *hsz* inside and out, within and without; **vkt ~ ismer** know* sy inside out; ~ **rendbe hozták a házat** the house was renovated inside and out
kívüli *mn* outside of, beyond, extra-; **Európán ~** non-European; **házon ~** outdoor; **iskolán ~** extracurricular
kívülről *hsz* **1.** *[helyileg]* from (the) outside; ~ **nézve** seen from without **2.** *[könyv nélkül]* by heart; ~ **tud vmt** know* sg by heart; ~ **beszél** speaks (v. gives one's talk) without a note (v. notes), talks from memory
kizár *i* **1.** *[kapun]* lock/shut* out; **~ja magát** lock oneself out **2.** *[egyesületből]* exclude; *[egyetemről]* expel, *GB* send* down [from (the) university], *[iskolából]* expel (from), *[pártból]* expel (from), throw* out (of), *US* read* out [of the party], *[versenyből]* disqualify **3.** *[vmnek a lehetőségét]* rule out (sg), preclude (the possibility of) sg; **~ja a gyilkosság lehetőségét** preclude (v. rule out) murder; **nem zárják ki, hogy szabotázs történt** sabotage has not been ruled out; **ez ~ja vmnek a lehetőségét** it precludes the possibility of sg **4.** *nyomd* justify; → **kizáró**, → **kizárt**, → **kizárva**
kizárás *fn* **1.** *[kapun]* shutting/locking out **2.** *[iskolából, pártból]* expulsion, *[egyesületből]* exclusion; *[egyetemről]* expulsion, *GB* sending down, *[versenyből]* disqualification **3. a nyilvánosság ~ával** behind closed doors, in camera
kizáró *mn* disqualifying; ~ **ok** disqualification
kizárólag *hsz* exclusively, solely, alone
kizárólagos *mn* exclusive, sole, absolute
kizárólagosan *hsz* → **kizárólag**
kizárólagosság *fn* exclusiveness, absoluteness
kizárt *mn* **1.** (*vmből*) excluded/expelled from *ut* **2. ez ~ dolog!** it is impossible (v. out of the question), no way!
kizárva *hsz* **ki van zárva** it is out of the question, no way; **nincs ~, hogy eljön** it's just possible that he'll come, he may (as well) come
kizavar *i* → **kikerget**
kizökken *i átv* be* upset; ~ **a munkájából** be* put* off one's stride/stroke; → **kerékvágás**
kizökkent *i átv* disturb, *GB* throw* out, *US* throw* off; **~ette a munkájából** it put* him off [his work/stride]
kizöldül *i [fa]* come* into leaf
kizúdul *i [folyadék]* gush/stream/pour out; → **kitódul**
kizuhan *i* fall*/tumble out
kizsákmányol *i* **1.** *[munkást]* exploit **2.** *[energiaforrást]* exploit, utilize, harness
kizsákmányolás *fn* **1.** *[munkásé]* exploitation; **embernek ember által való ~a** exploitation of man by man **2.** *[energiaforrásé]* exploitation, utilization
kizsákmányoló I. *mn* exploiting **II.** *fn* exploiter
kizsákmányolt *mn/fn* exploited; **a ~ak** the exploited
kizsarol *i* **1.** *[pénzt vktől]* extort [money from sy], *biz* bleed* sy **2.** *[földet, bányát]* exploit
kizsebel *i* **1.** *biz [kirabol]* (*vkt*) pickpocket (sy) **2.** *[pénzt kicsal]* fleece (sy)
kizsigerel *i* **1.** disembowel, unbowel, gut, eviscarate **2.** *átv biz* sweat, exploit
kizsíroz *i* grease
klán *fn* clan
klappol *i biz* pan out fine
klarinét *fn zene* clarinet
klarinétos *fn zene* clarinettist (*US* -etist)
klassz *mn szl* super, great, slick, classy, smashing; **állati/ haláli ~ volt** it was terrific/smashing/supercool
klasszicizáló *mn* neoclassical
klasszicizmus *fn* classicism
klasszika-filológia *fn* (the) classics *tsz*, classical studies *tsz*
klasszika-filológus *fn* classical scholar
klasszikus I. *mn* **1.** *tört irod zene stb.* classical; ~ **fizika** Newtonian/classical physics; ~ **irodalmat tanul** do*/read* classics; ~ **közgazdaságtan** classical economics; ~ **mű** a

classic, classical work; ~ **műveltség/nevelés** classical education; ~ **nyelvek** the classical languages; ~ **szerzők** the standard/classical authors/writers; ~ **stúdiumok/tanulmányok** classical studies; ~ **zene** classical music **2.** *[mintaszerű]* classic; ~ **esete/példája vmnek** a classic example of sg, a textbook case of sg **II.** *fn* classic; **az angol ~ok** the English classics

klasszis *fn* **külön ~ a maga nemében** be* in a class by oneself/itself (v. of it's own); **~okkal jobb más(ok)nál** outclass sy/sg; *biz* be* streets ahead of sy/sg, be* head and shoulders above [others]; **igazi ~** real class

klasszisjátékos *fn* outstanding sportsman°

klasszul *hsz biz* fine, marvelously, roaringly

klausztrofóbia *fn* claustrophobia

klauzula *fn* clause, proviso

klaviatúra *fn* → **billentyűzet**

kleptománia *fn pszich* kleptomania, cleptomania

kleptomániás *mn/fn pszich* kleptomaniac, cleptomaniac

klerikális *mn* clerical

klerikalizmus *fn* clericalism

klérus *fn* clergy

kliens *fn [ügyvédé]* client, *gazd* customer

klientúra *fn [ügyvédé, orvosé]* clientele, practice

klikk *fn* clique

klíma *fn* **1.** *[éghajlat]* climate **2.** → **klímaberendezés**; **van ~ a kocsiban?** does the car have air conditioning?

klímaberendezés *fn [a rendszer]* air conditioning, *[a készülék]* air conditioner

klimatikus *mn* climatic

klimatizáció *fn* air conditioning

klimatizál *i* air-condition

klimatizálás *fn* air-conditioning

klimatizált *mn* air-conditioned

klimax *fn* **1.** climax **2.** *orv* menopause, climacteric

klimpíroz *i biz* hammer at [the piano]

klinika *fn* teaching/university hospital, *US* clinic, *[egyes klinikák]* department of ...; **sebészeti ~** (department of) surgery, surgical department; **szemészeti ~** eye clinic

klinikai *mn* clinical; **a ~halál állapotában van** be* clinically dead; **~ kezelés** clinical treatment; **~ kép** clinical picture

klinikus *fn* clinician; ‹physician/doctor attached to a teaching/university hospital›

klinkertégla *fn épít* clinker (brick)

klipsz *fn [kerékpáron]* toe clip

klíring *fn gazd* clearing

klisé *fn* **1.** *nyomd* plate, block **2.** *[közhely]* cliché, commonplace, stereotyped/hackneyed phrase

klón *fn biol* clone

klónoz *i biol* clone

klónozás *fn biol* cloning

klór *fn* chlorine

klórmész *fn* chloride of lime, bleaching powder

klorofill *fn* chlorophyll (*US* -phyl)

kloroform *fn* chloroform; **~mal elkábít** chloroform

klóros *mn* chloric, chlorous

klóroz *i* chlorinate

klórtalanít *i* dechlorinate

klórtartalmú *mn* → **klóros**

klott *mn* sateen

klotűr *fn GB* the guillotine

klotyó *fn biz* loo, *US szl* john

klozet *fn durva* → **klotyó**

klozetpapír *fn* toilet paper

klub *fn* club

klubélet *fn* club life

klubház *fn* clubhouse

klubhelyiség *fn* clubroom, dayroom

klubtag *fn* club member, member (of a club)

klubtárs *fn* fellow member, *biz* stable companion

km *röv* → **kilométer**

km² *röv* → **négyzetkilométer**

k. m. f. *röv* → **kelt³**

km/ó *röv* → **kilométer**

KO *röv/fn [kiütés bokszban]* KO, knockout

koala *fn áll* koala

koalíció *fn* coalition; **~ba lép** form a coalition

koalíciós *mn* **~ kormány** coalition government

koaxiális *mn távk el* coaxial; **~ kábel** coaxial cable, coax

kobak *fn [fej]* pate, *biz* nut

kobalt *fn* cobalt

kobaltkék *mn/fn* cobalt blue

kobold *fn* kobold, goblin, elf

kóbor *mn* vagrant, roving, strolling, vagabond; **~ kutya** stray dog; **~ lovag** knight errant (*tsz* knights errant)

kóborlás *fn* rambling, roaming, roving, vagabondage, strolling, roving

kóborol *i* roam/wander/stroll about, rove, tramp, ramble, *[állat]* stray

kobra *fn áll* cobra

kóc *fn* oakum, tow

koca *fn* sow

kocadohányos *fn biz* party smoker

koccan *i* knock against (sg), clink, *[két autó]* bump each other

koccanás *fn [autóé]* bump, knock, *US* fender-bender

koccanásos *mn* **~ baleset** a (slight) bump

koccint *i* clink [glasses]; **~ vknek az egészségére** drink* sy's health

koccintás *fn* clinking (of glasses)

kocka *fn* **1.** *mat* cube; **~ alakú** cube-shaped **2.** *[dobó]* dice (*tsz* ua.); **a ~ el van vetve** the die is cast; **megfordult a ~** the tables are turned; **~n forog** be* at stake; **~ra tesz vmt** risk/hazard sg; **mindent egy ~ra tesz** risk everything on one throw, put* all one's eggs into one basket **3.** *[kocka alakú dolog]* cube; **~ra vág** dice, cut* into squares/cubes **4.** *[mintában]* square, check

kockacukor *fn* lump sugar, *[darab]* a lump (of sugar), a sugar cube; **egy vagy két ~ral iszod?** do you take one lump or two?

kockajáték *fn* (game of) dice

kockakő *fn [utcai]* flag(stone), paving stone/block

kockás *mn* squared, checked, chequered (*US* checkered); **~ minta** check pattern; **~ papír** graph paper; **~ szövet** checked/chequered (*US* checkered) cloth

kockatészta *fn [száraz]* (dried) pasta [cut into small squares]

kockázat *fn* risk, hazard, venture, chance; **~ot vállal** run*/take* a risk, take* risks, run*/take* the risk of (doing) sg, risk/chance sg, take* a chance of sg; **saját ~ára** at one's own risk

kockázati *mn gazd* **~ tőke** venture capital

kockázatos *mn* risky, hazardous; **igen ~** high-risk

kockázatvállalás *fn* taking risks, assumption of risks

kockáz|ik *i* play dice, dice

kockáztat *i* risk, chance, venture, run*/take* the risk of (doing) sg; **sokat ~** run* a grave risk; **az állását ~ja** he risks losing his job; **életét ~ja** risk one's life; **nem ~ semmit** be* on the safe side, play safe

kocog *i* **1.** *[ló]* trot, jog along **2.** *[ember]* jog

kocogás *fn [testedzésből]* jogging

kocogó *fn* jogger

kócos *mn* tousled, dishevelled, unkempt

kócsag *fn* heron, egret

kócsagtoll *fn* aigrette, egret feather

kocsány *fn* stalk, peduncle, pedicel, pedicle

kocsányos *mn* pedunculate(d)

kocsi *fn* **1.** *[autó]* car, *US biz* auto, *[taxi]* taxi, cab; **~n/~val** by car *[tehát nem gyalog]*; *[de]* **a(z új) kocsimon/kocsimmal** in my (new) car; **~n visz** (*vkt*) drive* sy swhere, take* sy by car; *[terhet]* convey, take* sg by car/van; **ne izgulj, Jim levisz az állomásra a kocsiján** don't worry(,) Jim will run you down to the station in the/his car **2.** *[lófogatú]* carriage, *[kétkerekű, teherhordásra]* cart,

[négykerekű] cart, wagon, *[hintó]* coach, *[kétkerekű, egylovas]* gig, trap; **egy ~ homok** a cartload of sand; **~ra rak** load a cart with (sg), load sg on (to) a cart **3.** *[vasúti, metró]* carriage, *főleg: US* car, *[villamos]* tram(car), car, *US* streetcar, *[troli]* trolley bus, *[kötélpályán]* car, cabin **4.** *[kézikocsi]* handcart, *[pályaudvaron stb. poggyásznak]* trolley **5.** *[írógépé]* carriage → **autó**
kocsiállás *fn [távolsági buszé]* bay
kocsibejáró *fn* gate
kocsiemelő *fn* (car) jack, *US* (auto) lift
kocsifékező *fn* (*vk*) brake-man°
kocsifelhajtó *fn* drive(way)
kocsifeljáró *fn* → **kocsifelhajtó**
kocsifényező *fn* car-painter/sprayer
kocsiforduló *fn* turnaround
kocsigyár *fn* carriage works *esz* v. *tsz*
kocsigyártó *fn* coach builder
kocsikázás *fn* joyride, going for a drive, driving about
kocsikáz|ik *i* take* a drive*, go* for a drive, drive* out, go* for a joyride
kocsikenőcs *fn* cart/axle-grease
kocsikerék *fn* cart/carriage-wheel
kocsikísérő *fn* lorry/truck guard, driver's mate
kocsikulcs(ok) *fn tsz* car keys *tsz*
kocsimosás *fn* car wash
kocsimosó *fn [személy]* car washer, *[hely]* car wash
kocsipark *fn [vasút]* (wagon) rolling stock, *[gépjármű]* carpool, pool of cars/vehicles
kocsiponyva *fn* car cover
kocsirakomány *fn* carload, wagonload
kocsirúd *fn* (carriage) beam
kocsis *mn* driver, coachman°, *[kétkerekű kocsié]* carter
kocsisor *fn* row/line of cars
kocsiszekrény *fn* (car) body
kocsiszín[1] *fn [szekérnek stb.]* coach house, shed, *[villamosé]* depot, *US* streetcar shed, *[autóé]* garage
kocsiszín[2] *fn* **~ek** paintwork colours (*US* -ors)
kocsitakaró *fn* car cover
kocsiút *fn* dirt road, track
kocsivezető *fn [villamosé]* (tram) driver
kocsiz|ik *i* **1.** *[lovas kocsin megy]* go* by coach **2.** *film* dolly, truck; → **autózik**
kocsma *fn* inn, tavern, pub, bar, *US* saloon
kocsmai *mn* **~ verekedés** tavern brawl
kocsmáros *fn* innkeeper, landlord, tavern-keeper, *US* saloon keeper
kocsmárosné *fn* landlady, innkeeper's wife°
kocsmatöltelék *fn* pub-crawler
kocsmáz|ik *i* be* a regular, go* pubbing
kocsonya *fn* meat jelly, cold pork/fish in aspic, pig pudding
kocsonyás *mn* jellylike, gelatinous
kód *fn* code; *infor* **~ot megfejt/feltör** decipher, decrypt
kóda *fn zene* coda
Kodály-módszer *fn* Kodály method
kodein *fn* codeine
kódex *fn* codex (*tsz* codices)
kodifikál *i* codify
kódleolvasó *fn* light pen
kódmegfejtés *fn infor* deciphering
kódol *i* code, encode
kódolt *mn ign* encoded
kódolvasó *mn* **~ ceruza** light pen
kódszám *fn* code (number)
koedukáció *fn* coeducation
koedukációs *mn* coeducational
koefficiens *fn* coefficient
kofa *fn* **1.** *[piaci]* fish wife°, market woman° **2.** *átv biz* gossip, chatterbox
koffein *fn* caffeine
koffeinmentes *mn* decaffeinated; **~ kávé** *biz* decaf (coffee)
koffer *fn* → **bőrönd**
kofferkuli *fn* luggage (v. *US* baggage) trolley
kognitív *mn pszich tud* cognitive; **~ nyelvészet** cognitive linguistics; **~ pszichológia** cognitive psychology
kohász *fn* **1.** *[munkás]* metalworker, foundry worker **2.** *tud* metallurgist
kohászat *fn* metallurgy
kohászati *mn* metallurgic(al)
koherencia *fn* coherence
koherens *mn* coherent
kohézió *fn* cohesion
kohó *fn* furnace, *[nagyolvasztó]* blast furnace
kohóipar *fn* metallurgical industry
kohol *i* invent, fabricate, forge
koholmány *fn* forgery, fiction, fabrication, invention
koholt *mn* invented, fabricated, fictitious, made-up; **~ ürüggyel** under false pretences; **~ vád** trumped-up charge(s), *US* frame-up; **~ vádak alapján elítél** convict sy on trumped-up charges (of), frame a charge against sy; → **koncepciós per**
kohómérnök *fn* metallurgical engineer
kohómunkás *fn* → **kohász 1**
kohómű *fn* foundry, ironworks, smelting works
koitusz *fn* coitus
kojot *fn áll* coyote, prairie wolf
kókad *i* wilt, fade
kokain *fn* cocaine, *szl* coke
kokainista *fn* cokehead, coke fiend, snow bird *mind: szl*
kokárda *fn* cockade, rosette
kokettál *i* (*vkvel*) flirt/coquette with sy, (*vmvel*) dally/trifle with sg
kókler *fn* fraud, impostor, swindler
koksz *fn* **1.** coke **2.** *szl [kokain]* coke
kokszkályha *fn* coke oven/stove
kokszkosár *fn* brazier
koktél *fn* cocktail
koktélkeverő *fn* (cocktail) shaker
koktélparti *fn* cocktail party, cocktails *tsz*
kókuszdió *fn* coconut
kókuszolaj *fn* coconut oil
kókuszpálma *fn* coconut palm
kókuszreszelék *fn* shredded coconut
kókuszszőnyeg *fn* coconut matting
kókusztej *fn* coconut milk
kóla *fn biz* Coke
kolbász *fn kb.* sausage, *GB [vékony]* chipolata
kolbászáru *fn* sausages (and cold meats) *tsz*
kolbászhús *fn* sausage meat
kolbászmérgezés *fn* botulism
koldul *i* beg; **úgy megverlek, hogy attól/arról ~sz** I'll beat you within an inch of your life
koldus *fn* beggar
koldusbot *fn* **~ra jut** be* reduced to beggary, become* a beggar; **~ra juttat vkt** make* a beggar of sy, reduce sy to beggary
kolduskenyér *fn* **~en él** live* off the parish
koldusszegény *mn* destitute, beggarly, *kif* poor as a church mouse
koldustarisznya *fn* beggar's pouch
kolera *fn* cholera
kolerás *mn/fn* cholera patient
kolerikus *mn tud* choleric
kolesz *fn biz [kollégium] US* dorm
koleszterin *fn* cholelesterol
koleszterinmentes *mn* cholesterol-free
koleszterinszint *fn* level of cholesterol
kolhoz *fn tört* kolkhoz, collective farm
kolhoztag *fn tört* kolkhoz member, member of a collective farm (v. kolkhoz)
koli *fn biz [kollégium] US* dorm
kólibaktérium *fn* colon bacillus, bacillus coli
kolibri *fn* hummingbird

K

kólint *i* **fejbe ~** knock/hit sy on the head; **fejbe ~ja a hír** be* struck all of a heap by the news
kollaboráció *fn* collaboration
kollaborál *i* collaborate
kollaboráns *fn* collaborator
kollázs *fn* collage
kolléga *fn* **1.** colleague **2.** *[diplomáciában]* **vknek a ~ja** *[brit stb.]* sy's [British etc.] counterpart (v. opposite number)
kollegiális *mn* friendly, fraternal
kollegina *fn* (female) colleague
kollégista *fn* boarder; → **kollégiumi tag**
kollégium *fn* **1.** *okt tört [bennlakásos, 8 osztályos]* college **2.** *[főiskolásoknak, főleg szállás]* students' hostel, hall (of residence), *US* dormitory, *biz* dorm **3.** *[testület]* board, college **4.** *[előadássorozat egyetemen]* course (of lectures)
kollégiumi *mn* college(-), collegiate; **~ tag** member (of a college), collegian; student
kollekció *fn* collection, *gazd* samples *tsz*
kollektív *mn* collective; **~ biztonság** collective security; **~ felelősség** joint/collective responsibility; **~ gazdálkodás** collective farming; **~ szerződés** collective (bargaining) agreement; **~ tulajdon** public/collective ownership; *[a tulajdon]* public property; **~ vezetés** collective leadership
kollektíva *fn* collective
kollektivizál *i* collectivize, take* sg into public ownership
kollektivizálás *fn* collectivization, taking into public ownership
kollektivizmus *fn* collectivism
kolloid *kém* **I.** *mn* colloidal **II.** *fn* colloid
kolloidkémia *fn* colloid chemistry
kollokáció *fn nyelv* collocation
kollokvál *i okt* sit* for (v. pass) an oral (examination) (*vmből* in)
kollokvium *fn* **1.** *okt* oral (examination) **2.** *tud* colloquium
kolofon *fn nyomd* imprint
kolomp *fn* cattle/cow/sheep bell
kolompol *i* sound the bell
kolompos *fn* **1.** bell-wether, leader **2.** *átv* ringleader
kolonc *fn* **1.** *[teher]* clog **2.** *átv* handicap, burden, nuisance; **~ vk nyakán** a stone round one's neck
kolónia *fn* colony, community; **az ádeni magyar ~** the Hungarian community in Aden
koloniál *mn [bútor]* colonial [furniture]
kolonializmus *mn* colonialism
kolonizáció *fn* colonization
kolonizál *i* colonize
koloradóbogár *fn* Colorado/potato beetle
koloratúra *fn* coloratura
koloratúraénekes *fn* coloratura soprano
kolorit *fn műv* colour (*US* -lor-)scheme, colouration (*US* -lor-)
kolostor *fn* monastery, cloister, *[apáca~]* convent, nunnery; **~i életet él** lead*/live a sheltered/cloistered life
kolosszális *mn* colossal, huge, enormous, *csak átv* grand, remarkable
kolosszus *fn* colossus, goliath
kolumbárium *fn* columbarium (*tsz* -baria)
Kolumbia *földr* Colombia
kolumbiai *mn/fn* Colombian
koma *fn* **1. a ~m** *[gyermekem keresztapja]* godfather (of my child), godparent, sponsor **2.** *[barát]* crony, old friend, *US* brother; **róka ~** master fox, *US* Brer Fox
kóma *fn* coma
komaasszony *fn* **~om** *[gyermekem keresztanyja]* godmother (of my child), godparent, sponsor
komámasszony *fn* **~, hol az olló?** puss in the corner
komaság *fn* sponsorship
komáz *i* (*vkvel*) fraternize, be* on familiar terms, hobnob (*mindegyik:* with sy)
kombájn *fn* combine (harvester)
kombi *fn gk [önállóan]* estate (car), *US* wagon, station wagon, *[összetételben]* ...estate, *US* ...wagon [*pl.* Ford Escort wagon]
kombináció *fn* **1.** *mat* combination **2.** *[feltevés]* conjecture, hypothesis (*tsz* hypotheses), scenario
kombinációs *mn* **~ zár** combination lock
kombinál *i* **1.** (*vmvel*) combine sg with sg **2.** *[következtet]* conclude, reason; **jól ~** (be* able to) think* (far) ahead
kombinált *mn* combined; **~ fogó** pliers *tsz*; **~ szekrény** *kb.* multi-purpose (v. combination) wardrobe
kombinát *fn* combine, (building/sports) complex; **mezőgazdasági ~** agricultural complex/combine
kombinatív *mn* combinative; **~ készség** power(s) of reasoning/deduction
kombinatorika *fn mat* combinatorial analysis, *nyelv is* combinatorics *esz*
kombiné *fn* slip
komcsi *mn/fn biz pej* commy, commie
komédia *fn* comedy, farce; **szép kis ~!** *biz* a fine kettle of fish!
komédiás *fn* **1.** *elav [színész]* (stage-)player, actor, *[vígjátéki]* comedian, comic **2.** *átv* charlatan, fraud
komédiáz|ik *i biz [bolondozik]* play the fool, fool about/around
komfort *fn* comfort, ease, convenience, amenities *tsz*; **~ nélküli lakás** cold water flat; **~ osztály** *[repülőgépen]* comfort class
komfortos *mn [lakás]* [house/flat] *GB* with all mod. cons. *ut*, with all modern conveniences [but no central heating] *ut*
komika *fn* comedienne
komikum *fn* humour (*US* -or); **a helyzetnek a ~a az, hogy** the funny/strange/odd thing is that
komikus I. *mn* comical, droll **II.** *fn* comedian, comic
komissió *fn biz* errands *tsz*
komissióz|ik *i [vknek a részére]* run* (v. go* on) errands for sy, *ált [vásárol]* go* shopping
komisz *mn* **1.** *[erkölcsileg]* bad, vile, nasty, mean; **~ kölyök** naughty brat; **~ kutya** nasty creature **2.** *[dolog]* abominable, wretched, wicked
komiszkod|ik *i* treat sy badly/shabbily, ill-treat sy
komiszság *fn* villainy, nastiness, meanness, illwill
komiszul *hsz* **~ bánik vkvel** ill-treat sy
komisszár *fn tört* commissar
komló *fn növ* hop(s)
kommandó *fn* commando, *US* SWAT (team)
kommandós I. *mn* **~ akció** commando raid **II.** *fn [személy]* **~ok** commando(e)s
kommentál *i* comment (up)on sg, make* comments on sg
kommentár *fn* **1.** (*vmhez*) commentary (on sg); **~t fűz vmhez** comment (up)on sg, make* comments on/upon sg **2.** *tud* commentary
kommentátor *fn főleg sp* (sports) commentator
kommerciális *mn* commercial, *[felfogás]* mercantile, *pej* mercenary
kommersz *mn [áru]* mass-produced; *szính* cheap/popular [comedy]
kommuna *fn* commune
kommunális *mn* communal; **~ épületek/létesítmények** public works; **~ beruházások** public works projects
kommunikáció *fn* communication
kommunikációelmélet *fn* information/communication theory
kommunikál *i* communicate
kommunista I. *mn* communist; **a ~ diktatúra áldozatai** victims of the communist dictatorship/regime; *tört* **K~ Párt** Communist Party **II.** *fn* communist
kommunistabarát *mn* pro-Communist
kommunistaellenes *mn* anti-Communist
kommunizmus *fn* communism
kommün *fn tört* the Commune
kommüniké *fn* communiqué, statement
komód *fn* chest of drawers

komoly *mn* **1.** serious, *[szigorú* v. *ünnepélyes]* grave, *[arc]* stern, *[ember]* earnest; **nincs ~ alapja** *[hírnek stb.]* there are no serious grounds (for sg); **~ erőfeszítés** considerable effort; **~ formában figyelmeztet vkt** give* sy a serious warning; **~ képet ölt** try to look serious; **~ sérülés** bad/serious injury; **~ szándékai vannak** his intentions are honourable (*US* -or-); **~ vevő** ready customer; **ez ~?** do you really mean it?, are you serious? **2.** *[jelentős]* considerable, serious; **~ra fordul(t) az ügy** things are becoming/looking serious, it has become a serious matter
komolyan *hsz* seriously, earnestly, in earnest; **~?** really?, do you really mean it?, are you serious?; **~ gondolja** he is quite serious (about it), he is very much in earnest, he means it (v. what he says); **nem gondolta ~** he did not mean it; **~ udvarol vknek** be* going steady (with sy); **~ vesz vmt** take* sg seriously, be* in earnest about sg
komolykod|ik *i* affect seriousness, assume a grave air
komolyság *fn* earnestness, seriousness, gravity, *[szigor]* sternness; **megőrzi ~át** preserve one's dignity, keep* a straight face
komolytalan *mn* unserious, trivial, *[beszéd]* irresponsible, *[egyén]* unreliable, *[ígérgetés]* airy, *[viselkedés]* frivolous, flippant
komolytalanság *fn* immaturity, *[beszédben]* irresponsibility, *[egyéni]* unreliability, *[viselkedésben]* frivolousness, flippancy
komolyzene *fn* classical music
komondor *fn* ‹Hungarian sheepdog› komondor
komor *mn* gloomy, sombre (*US* -ber), *[ember]* grave, morose, *[idő]* dreary, *[tekintet]* sullen, grim, *[vidék]* bleak
komorna *fn* lady's maid
komornyik *fn* footman°, valet, servant, *[fő]* butler
komorság *fn* sombreness, gravity, sulenness, *[helyé]* bleakness, *[időjárásé]* dreariness
komótos *mn [lassú]* leisurely, slow-moving
komótosan *hsz* at an easy pace *ut*; **~ csinál vmt** take* one's time at doing sg; **~ leül** make* oneself comfortable
komp *fn* ferry(boat); → **komphajó**
kompakt I. *mn* compact, solid **II.** *fn [púder]* compact
kompaktlemez *fn* compact disc (*röv* **CD**); **~ek** compact discs, CDs
kompaktlemezjátszó *fn* compact disc player
kompánia *fn biz* **1.** *[társaság, baráti kör]* companions *tsz*, crew **2.** *[banda]* company, set, gang
kompatibilis *mn infor is* compatible
kompatibilitás *fn infor is* compatibility
kompátkelőhely *fn* ferry crossing
kompenzáció *fn* compensation
kompenzál *i* compensate
kompetencia *fn* competence → **hatáskör**, → **illetékesség**
kompetens *mn* competent [to deal with sg], responsible (*vmben* for) *ut*
komphajó *fn* ferry(boat), *[autós]* car-ferry
kompiláció *fn* compilation
kompilál *i* compile
kompjárat *fn* ferry service
komplett *mn* complete, entire, whole, full; **~ reggeli** (full) English breakfast; **nem ~** *biz [bolond]* be* not all there, be* soft/weak in the head
komplex *mn* complex, compound; **~ szám** complex number
komplexum *fn* complex, *[épületkomplexum]* (building) complex
komplexus *fn pszich* complex
komplikáció *fn orv is* complication
komplikál *i* complicate
komplikálód|ik *i* become* complicated
komplikált *mn* complicated
komponál *i* compose
komponens *fn* component, constituent
komponista *fn* composer
komposzt *fn* compost, leaf mould (*US* mold)
kompót *fn* stewed fruit(s), compote, *[eltett]* preserved/bottled fruit, *[konzerv]* tinned (*US* canned) fruit
kompozíció *fn* composition
kompresszió *fn* compression (of air)
kompresszor *fn* compressor
kompromisszum *fn* compromise, concession; **~ot köt vkvel** make*/reach a compromise with sy
kompromittál *i* compromise (sy); **~ja magát** compromise oneself (with sg/sy)
komputer *fn* → **számítógép**
komputerizál *i* computerize
komputertechnika *fn* computer technology
komputertomográf *fn orv* CT scanner
komputertomográfia *fn orv* computerized (axial) tomography (*röv* **CT**)
konc *fn* **1.** *[kutyának]* (juicy) bone **2.** *átv* juicy/fat titbit (*US* tid-bit); **marakodnak a ~on** wrangle over the bones, quarrel over the spoil(s)
koncentráció *fn* concentration
koncentrációs *mn tört* **~ tábor** concentration camp
koncentrál *i* concentrate; (*vmre*) concentrate on sg, give* all one's attention to sg
koncentrált *mn* concentrated
koncentrikus *mn* concentric
koncepció *fn* **1.** *[felfogás]* conception, idea **2.** *[elgondolás]* plan, design, scheme
koncepciójú *mn* **nagy ~ ember** man° of vision
koncepciós *mn* **~ per** show trial
koncert *fn* **1.** *[előadás]* concert **2.** *[versenymű]* concerto
koncertdobogó *fn* (concert) platform, podium
koncertez *i* give* a concert, *[turnén]* give* concerts, be* on a concert tour
koncertkörút *fn* concert tour
koncertmester *fn* leader, *US* concertmaster
koncertpódium *fn* → **koncertdobogó**
koncertszerű *mn* **~ előadás** *[operáé]* concert version
koncertzongora *fn* concert grand (piano)
koncesszió *fn gazd* concession, franchise
koncessziós *mn gazd* consessionary
konda *fn* herd (of swine/pigs)
kondás *fn* swineherd
kondenzál *i* condense
kondenzált *mn* **~ tej** condensed/evaporated milk
kondenzátor *fn el* condenser
kondenzcsík *fn rep* contrail, condensation/vapor trail
kondenzor *fn fényk* condenser
kondér *fn* ca(*u*)ldron, (large) kettle
kondi *fn biz* → **kondíció 2**
kondíció *fn* **1.** *[feltétel]* condition, terms *tsz* **2.** *[erőnlét]* (physical) condition, form, fitness; **jó ~ban van** (i) (*vk*) be* fit, be* in good condition/form/shape (ii) *[dolog]* be* in a good state, be* in good repair; **jó ~ban tartja magát** keep* fit; **javítja a ~ját** improve one's fitness → **erőnlét**
kondicionál *i* condition
kondicionáló *mn* **~ torna** keep-fit exercises/classes *tsz*; **~ tornára jár** go* to keep-fit classes, go* to (one's) keep-fit
kondicionálóterem *fn* gym, *US* health club
konditerem *fn biz* → **kondicionálóterem**
konditorna *fn biz* keep-fit; → **kondicionáló torna**
kondoleál *i* (*vknek*) offer one's condolences to sy, express one's sympathy to sy
kondoleáló *mn* **~ levél** letter of sympathy
kondom *fn* condom
kondorkeselyű *fn áll* condor
konduktív *mn orv* **~ pedagógia** conductive education
konduktor *fn orv* conductor
konfekció *fn* ready-to-wear articles/clothes *tsz*, off-the-peg clothes *tsz*, ready-made clothes *tsz*
konfekcióipar *fn* ready-to-wear industry, *US* the garment trade/industry
konfekciós *mn* **~ ruha** → **konfekció**

konferál *i* announce, introduce, compère
konferanszié *fn* master of ceremonies (*röv* **M.C.**), host, compère, *biz* emcee
konferencia *fn* conference, meeting; **tanári ~** faculty/staff meeting; **~n részt vesz** take* part in (v. attend) a conference; **lexikográfiai ~** conference/congress on lexicography
konferencia-beszélgetés *fn távk* conference call
konferenciaközpont *fn* conference centre (*US* -ter)
konferenciáz|ik *i* hold* a conference/meeting, *pej [gyakran]* be* constantly going to (v. holding v. taking part in) conferences
konfetti *fn* confetti
konfidens *mn* impudent, cheeky
konfiguráció *fn infor csill* configuration
konfirmáció *fn vall* confirmation
konfirmál *i vall* **1.** (*vkt*) confirm **2.** *[konfirmáláson vesz részt]* be* confirmed
konfirmandus *fn vall* confirmation candidate
konfliktus *fn* conflict, dispute, quarrel; **~t felold** resolve a conflict
konflis *fn elav* hansom-cab
konformista *mn/fn* conformist
konformizmus *fn* conformism, conformity
konföderáció *fn* confederation, alliance
konföderatív *mn pol* confederative
konfrontáció *fn* confrontation
konfucianizmus *fn fil* Confucianism
konfuciánus *mn/fn fil* Confucian
konfúzió *fn* confusion, disorder, chaos, mess
konfúzus *mn* confused
kong *i* **1.** ring*/sound hollow/empty, resound **2. ~ az ürességtől** be* utterly empty/deserted
kongat *i [harangot]* sound, toll, ring*
konglomerátum *fn* conglomerate
Kongó *földr* Congo
kongói *mn/fn* Congolese
kongresszus *fn* **1.** *[tud. tanácskozás]* congress **2.** *US pol* convention, *[törvényhozó testület]* Congress; → **konferencia**
kongresszusi *mn* congressional; **~ küldött** *[párté]* delegate of the party congress, congress delegate; *US* **~ tag** congressman°; **~ terem** congress hall; **~ turizmus** congress tourism
konjugáció *fn* conjugation
konjugál *i* conjugate
konjunktúra *fn* **1.** *ált [gazdasági helyzet]* economic situation, (present) (economic) circumstances *tsz*, overall economic climate, (the present state of) economy **2.** *[fellendülés]* boom, prosperity; **~ja van vmnek** there is a boom in sg, sg is rather flourishing, business is booming
konjunktúraciklus *fn* trade cycle
konjunkturális *mn* economic, due to economic factors *ut*
konkáv *mn* concave
konklúzió *fn* conclusion
konkoly *fn* corn cockle; **~t hint** sow the seeds of dissension
konkordancia *fn infor is* concordance
konkrét *mn* concrete, particular; **~ adatok** (hard)facts/information, facts and figures; **ebben a ~ esetben** in this particular case; **van vm ~ javaslatod?** *[arra nézve, hogy ...]* have you any concrete suggestions [on how to do sg]?; **nem lehetnél egy kicsit ~abb?** can you be a bit more specific?
konkrétan, **konkréten** *hsz* in the literal sense of the word, concretely, literally; **mondd meg konkrétabban, mikor** ... please specify when you ...; **egész ~ mire gondolsz?** what exactly do you have in mind (v. do you mean)?
konkretizál *i* put* sg concretely, spell* sg out, specify, give* sg a positive form
konkrétum *fn* fact, specific, concrete thing
konkurál *i* (*vkvel*) compete with, enter into competition with
konkurencia *fn* competition; **éles/erős ~** fierce competition
konkurens I. *mn* competing **II.** *fn* competitor
konnektor *fn [dugója]* plug, *[aljzata]* socket, *US* outlet, *GB* power point
konok *mn* obstinate, stubborn, headstrong, hard-headed
konspiráció *fn* conspiracy, plot(ting)
konspirál *i* conspire, plot
konstans *fn* constant
Konstantinápoly *földr* Constantinople, *[ma]* Istanbul
konstatál *i* state, *[tényt]* fund*, ascertain
konstelláció *fn csill* constellation
konstitúció *fn* constitution
konstruál *i* construct, design
konstrukció *fn* construction, *[szerkezet]* structure
konstruktív *mn* constructive, positive; **~ bírálat** constructive criticism
konstruktivista *mn/fn műv* constructivist
konstruktivizmus *fn műv* constructivism
konstruktőr *fn műsz* constructor
konszenzus *fn* consensus, agreement; **~ra törekvő politika** consensus politics
konszern *fn* concern
konszolidáció *fn [banké is]* consolidation, stabilization
konszolidál *i [bankot is]* consolidate, stabilize
konszolidálód|ik *i* be*/become* consolidated/stabilized
konszolidált *mn* **~ állapotok** consolidation, stability; **~ viszonyok** normal conditions; **~ úriember** a respectable gentleman
kontaktlencse *fn* contact lens
kontaktszemüveg *fn* contact glasses *tsz*
kontaktus *fn* contact
kontár I. *mn* bungling, bungled, amateurish; **~ módon** in an amateurish way, in a bungling manner; **~ módon csinál (meg) vmt** make* a botch of sg, botch sg up; **~ munka** botched (piece of) work, botched job **II.** *fn* bungler, botcher, butcher
kontárkod|ik *i* bungle, botch
kontemplál *i* **1.** *[elmélkedik]* meditate, reflect on **2.** *[szándékol]* contemplate (doing sg), intend (to do sg/that ...), think* of (doing sg)
konténer *fn* container
konténeres/konténerszállító kamion *fn* container truck
kontextuális *mn* contextual
kontextus *fn* context
kontinens *fn* continent
kontinentális *mn* continental; **~ éghajlat** continental climate
kontingens *fn* quota, share, *[főleg emberekből]* contingent
kontinuitás *fn* continuity
kontinuum *fn* continuum
kontó *fn biz* **vk ~jára** at sy's cost
kontra I. *hsz* v. (versus) **II.** *fn [kártya]* double
kontrafék *fn [kerékpáron]* coaster brake
kontrás *fn* second violin (player)
kontraszelekció *fn kb.* Buggins'(s) turn
kontraszt *fn* contrast
kontrasztanyag *fn orv* radiopaque medium/material
kontrasztív *mn* contrastive [analysis, study]
kontrasztpép *fn orv* barium/contrast meal
kontráz *i* **1.** *[boksz, kártya]* double **2.** *zene* accompany; *átv* (*vkinek*) back sy up, support sy
kontroll *fn* check(ing), *[pl. minőségi]* control
kontrollál *i* check, supervise, *[gazd és kísérlet eredményeit]* control; → **ellenőriz**
kontrollcsoport *fn orv* control group
kontúr *fn* contour, outline
konty *fn* knot (of hair), bun
konvektor *fn* convector (heater)

konvenció *fn* **1.** *[társadalmi]* convention(s), form(ality) **2.** *US [elnökjelölő]* convention **3.** *[államközi]* convention
konvencionális *mn* conventional, customary
konveniál *i* (*vknek vm*) suit sy('s convenience), be* convenient for/to sy (to do sg); **ez nem ~ nekem** this doesn't suit me
konvent *fn* convent
konvertál *i gazd infor* convert
konvertálás *fn gazd infor* conversion
konvertibilis *mn* convertible; **~ valuta** convertible currency
konvertibilitás *fn* convertibility
konvex *mn* convex
konvoj *fn* convoy
konzekvencia *fn* consequence, issue, outcome; **levonja a ~t** draw* one's own conclusions (v. the conclusion) (from sg)
konzekvens *mn* consistent, logical
konzerv *fn [fémdobozban tartósított élelmiszer]* tinned/*US* canned food, *[a doboz]* tin/*US* can, *[gyümölcs]* preserve, conserve; *összet* tinned/*US* canned ..., a tin/*US* can of ...
konzervál *i ált* preserve, *[főleg gyümölcsöt]* conserve, preserve, *[fémdobozban]* tin, *US* can
konzervatív I. *mn* conservative, *kissé pej* old-fashioned **II.** *fn* conservative
konzervativizmus *fn* conservatism
konzervatórium *fn zene GB* conservatoire, *US* conservatory
konzervdoboz *fn* tin/*US* can
konzervgyár *fn* canning factory, cannery
konzervgyümölcs *fn* tinned/*US* canned/preserved fruit, conserve, preserves *tsz*
konzervhús *fn* tinned/*US* canned meat
konzervipar *fn* tinned food industry, *US* canning industry
konzervnyitó *fn* tin/*US* can opener
konzílium *fn orv* (medical) consultation
konzol *fn* bracket, console
konzorcium *fn gazd* syndicate, consortium, group
konzul *fn* consul
konzulátus *fn* consulate
konzulens *fn [egyetemen] kb.* tutor
konzuli *mn* consular, consul's; **~ útlevél** consular passport; **~ ügyek** consular inquiries
konzultáció *fn* consultation
konzultál *i* (*vkvel vmről*) consult (sy on/about sg)
konzultáló *mn* **~ tanár** *[egyetemen] kb.* tutor
konzultatív *mn* **~ találkozó** consultative meeting
konzumnő *fn* taxi dancer
konyak *fn* cognac, brandy
konyakos *mn* **~ meggy** liqueur(-filled) chocolate, liqueur
konyha *fn* **1.** *[helyiség]* kitchen, *[repülőgépen]* pantry, galley; **beépített ~** built-in kitchen units *tsz* **2.** *[főzésmód]* cuisine, cooking; **jó ~juk van** keep* a good table; **francia ~** French cuisine; → **hoz** 2
konyhabútor *fn* kitchen furniture, *[beépített, egy elem]* kitchen unit, *[az egész]* kitchen units *tsz*
konyhaedény(ek) *fn* kitchen/cooking/household utensils, kitchenware, pots and pans
konyhafelszerelés *fn* kitchen equipment, kitchen utensils (v. *biz* things) *tsz*, accessories for the kitchen *tsz*
konyhafőnök *fn* chef
konyhagép *fn* kitchen/domestic appliance
konyhai *mn* **~ felszerelés → konyhafelszerelés**
konyhakert *fn* kitchen/vegetable-garden
konyhakertészet *fn GB* market garden, *US* truck farm
konyhakerti *mn* **~ növények** vegetables (from the garden)
konyhakés *fn* kitchen-knife°
konyhakész *mn GB* oven-ready; **~ étel** convenience food
konyhalány *fn* kitchen maid
konyhamalac *fn [gép]* waste disposal unit
konyhaművészet *fn* art of cooking, cookery
konyhanyelv *fn pej* (a kind of) pidgin, pidgin German/English/French etc., *[pozitívan]* [speak*/know*] a smattering of English/German/Italian etc.
konyhapénz *fn* housekeeping (money)
konyharuha *fn* dish-cloth
konyhasó *fn* (table/common) salt
konyhaszag *fn* kitchen-smell
konyhaszekrény *fn* kitchen cupboard/cabinet
konyít *i* (*vmhez*) know* something (v. a little) about sg
kooperáció *fn* cooperation
kooperál *i* cooperate (with)
kooptál *i* coopt
koordináció *fn* coordination
koordinációs *mn* **~ zavarok** *orv* imbalance, dysergia; **~ bizottság** coordinating committee
koordinál *i* coordinate
koordinálatlan *mn* uncoordinated
koordináta *fn mat* coordinate; **derékszögű ~k** rectangular coordinates
koordináta-rendszer *fn mat* coordinate system
koordinátatengely *fn* coordinate axis; **~ek** the axes of coordinates
kopácsol *i* hammer, beat*, peck
kopár *mn [föld]* barren, bare, *[fa]* leafless, *[fal]* bare, naked
kopárság *fn [földé]* barrenness, bareness
kopás *fn* wear and tear, *műsz* attrition, abrasion, *geol* erosion
kopasz *mn* bald(headed), hairless; **~ ember** baldhead, *biz* baldie; **~ fej** bald head; **~ra nyírott** close cropped
kopaszodás *fn* becoming/getting bald
kopaszod|ik *i* become*/go* (v. be* going) bald
kopaszság *fn* baldness
kopaszt *i [baromfit]* pluck
kópé *fn biz* **1.** *[furfangos ember]* rascal, rogue **2.** *[pajkos gyerek]* scamp, imp
kopejka *fn* kopeck
kópéság *fn biz* **1.** *[felnőtté]* rascality, roguery **2.** *[gyereké]* impishness
kópia *fn* **1.** *ált* copy, *[papírkép]* print, *[film]* print, copy **2.** *[utánzat]* copy, imitation
kop|ik *i* wear* away/out/off, get* thin from wear, fret, *[szövet]* become* threadbare/frayed
kopíroz *i* copy, *[rajzot]* trace
kopírpapír *fn* carbon (paper)
kopjafa *fn* wooden headboard [on a tomb]
koplal *i* **1.** *[szándékosan]* diet, fast **2.** *[nincs mit ennie]* starve
koplalás *fn* **1.** *[szándékos]* diet, fast(ing) **2.** *[éhezés]* starvation, starving
koplaltat *i* starve (sy)
kopó *fn* **1.** *[kutya]* hound, foxhound **2.** *átv iron* sleuth, private eye
kopog *i* **1.** *[ajtón]* knock (at the door), *[máson]* tap/rap at/on sg, *[eső, láb]* patter; **~tak!** *[az ajtón]* there was a knock (at the door); **~ a szeme az éhségtől** suffer the pangs of hunger **2.** *[motor]* knock, pink
kopogás *fn* **1.** *[ajtón]* knock(ing), *[máson]* tap(ping), rap(ping), *[eső, láb]* patter(ing) **2.** *[motoré]* knock(ing)
kopogtat *i* **1.** *[ajtón]* knock (at the door), *[máson]* rap at/on sg **2.** *orv* percuss, sound [sy's chest]
kopogtatás *fn* **1.** *[ajtón]* knock(ing), rap(ping) **2.** *orv* sounding, percussion
kopogtatócédula *fn* **~t gyűjt** *kb.* canvass
kopoltyú *fn* gill, *tud* branchia *tsz*
kopoltyús I. *mn* gilled, *tud* branchiate **II.** *fn* branchiate
koponya *fn* **1.** skull **2.** *átv* head, brain; **kitűnő ~** first-class (v. good) brain
koponyaalapi *mn* **~ törés** fracture of the skull-base
koponyalékelés *fn* trephination
koponyatörés *fn* fracture of the skull, cranial fracture
koporsó *fn* coffin, *US* casket

kopott *mn* **1.** *ált* (*vm*) worn, *[ruha]* shabby, threadbare, frayed **2.** *átv* (*vk*) *[megjelenése]* shabby, seedy, *kif* down-at-heel

kopottas *mn [ruha]* rather shabby, slightly worn, *[külső]* somewhat shabby(-looking), seedy

koppan *i* knock, thud, strike*, *[csepp]* patter

koppanás *fn* knock, thud, *[csepp]* patter

koppant *i* rap, tap, slap; **körmére ~ vknek** *GB* rap sy's knuckles; **orrára ~ vknek** *GB biz* give* sy a wigging

koppantó *fn elav [gyertyának]* snuffers *tsz*

Koppenhága *földr* Copenhagen

koppint *i* **1.** → **koppant 2.** *biz [utánoz]* me-too

koppintás *fn biz [utánzat]* mee-too (product), *[a gyakorlat]* me-tooism

koprodukció *fn* joint production, coproduction

koptat *i* wear* out/down/away, use up

koptatás *fn* wearing out/away/down, using up

koptató *fn [nadrágon]* turnup protector

koptatott *mn tex [farmer]* distressed [denim]

kor *fn* **1.** *[életkor]* age; **~a** age ...; **15 éves ~a óta** since he was fifteen (years old); *US így is:* since age 15; **nem látszik meg rajta a ~a** he doesn't look his age; **abban a ~ban van (, hogy/amikor)** (s)he is of an age [to/when ...]; **az én ~omban** at my time of life; **30 éves ~ában** at (the age of) thirty; **~ához képest nagy** be* tall for one's age; **18 éves ~ára** by the time he is/was eighteen **2.** *[időegység]* age, epoch, era, days *tsz*, period, time; **(a) mai ~** our age/time, the present day; **Shakespeare ~ában** in the age (v. days) of Shakespeare, in the Shakespearian age; **megelőzi a ~át** be* ahead of one's time; **magas ~t ért meg** *irod* died full of years; **~unk problémái** the problems of our time/age; **~unkig** to this day

kór *fn* disease, illness

kora *mn* early; **~ délután** early in the afternoon; **~ ifjúságában** in his early youth; **~ reggel** early in the morning, in the early morning; **~ tavasszal** in early spring; **~ tavaszi** early spring, of (the) early spring *ut*

korább(an) *hsz* **1.** *[hamarabb]* earlier, sooner; **ő kel ~** (s)he gets up earlier/first; **10 perccel ~ jött** (s)he came/was 10 minutes early; **leg~** at the earliest **2.** *[azelőtt]* previously, before; **korábbra keltez** antedate [a letter]; **korábbról ismerem** I know him from before

korábbi *mn* former, earlier, previous, preceding

korabeli *mn* **1.** *[egyidejű]* contemporary, contemporaneous **2.** *[akkori]* period-, of the age/time *ut*; **~ bútor** period furniture; **Mátyás ~** belonging to the period of Matthias *ut*; **Erzsébet ~** Elizabethan; **Viktória ~ költők** Victorian poets

koraérett *mn* premature, *[gyermek]* precocious

korai *mn* early, *[idő előtti]* premature, untimely; **~ felismerés** *[betegségé]* early detection [of an illness]; **~ gyümölcs** early fruit; **~ halál** untimely death; **~ zöldség** early vegetables *tsz*; **~ lenne az öröm** it would be premature to rejoice; **~nak tart/tekint** find* sg early/untimely

korál *fn zene* chorale

korall *fn* coral

koráll *i nép* find* sg too early, find* sg premature/untimely

korallpiros *mn* coral-red

korallsziget *fn* coral-island

korallzátony *fn* coral reef

korán *hsz* early, in good time; **jó ~** in good time, *[reggel]* early in the morning; **~ fekszik** go* early to bed; **~ kel** rise* early; *[rendszeresen]* be* an early riser (*biz* bird); **~ fekszik és kel** keep* early hours; **~ kelő** early riser (*biz* bird); **ki ~ kel, aranyat lel** the early bird catches the worm; **~ érő** *[gyümölcs]* early (ripening); **~ jön** arrive/come* too soon; **~ reggel** early in the morning, in the early morning; **még ~ van** it's early yet, it's not yet time (to do sg); → **kel**[1] 1, → **korábban**

Korán *tul vall* the Koran

koránt *hsz* **~ sincs még ezzel elintézve** this by no means settles the matter

korántsem *hsz* by no means, not at all, not in the least, far from it, *biz* not by a long chalk

koraszülés *fn* premature birth; **~e van** have* a premature birth/baby

koraszülött *fn* premature baby

koravén *mn* prematurely old/aged, *[gyerek]* precocious

korbács *fn* lash, whip, scourge

korbácsol *i* lash, whip, flog

kórboncnok *fn* prosector, pathologist

kórbonctan *fn* pathologic anatomy

korcs I. *mn* **1.** *[keverék]* crossbred, hybrid **2.** *[nyomorék]* crippled, freakish **3.** *[elfajzott]* degenerate **II.** *fn [állat]* crossbred, freak, *[kutya]* mongrel

korcsolya *fn* skate(s)

korcsolyacipő *fn* (ice) skating boot(s)

korcsolyapálya *fn* skating/ice rink

korcsolyázás *fn* (ice) skating, *[mű~]* figure skating

korcsolyáz|ik *i* skate; **~ni megy** go* skating

korcsolyázó I. *mn* (ice) skating **II.** *fn* (ice)skater

korcsoport *fn* age group/category

kord *fn* → **kordbársony**

kordában tart *i biz* keep* sy well in hand, keep* a tight rein/hold on sy, keep*/hold* sg in check

kordbársony *fn* corduroy; **~ nadrág** corduroys *tsz*, cords *tsz*

kordé(ly) *fn [kézi]* handcart, *[lófogatú]* cart, trap

kordélyos *fn* carter, (cart) driver

kordnadrág *fn* → **kordbársony nadrág**

kordon *fn* cordon; **~t húz, ~nal lezár/körülvesz** cordon off sg (v. cordon sg off); **~nal lezárták** sg has been cordoned off

Korea *földr* Korea

koreai *mn/fn* Korean

kórélettan *fn* pathophysiology

korelnök *fn* president/chairman° by seniority, *átv* doyen

kórelőzmény *fn* (case) history

korengedély *fn* dispensation, waiving of age limit, *[házassághoz]* permission to marry under age

koreográfia *fn* choreography

koreográfus *fn* choreographer

kóreset *fn* case

koreszme *fn* idea(s)/thought(s)of an age

korfa *fn [szociológiában]* population pyramid

Korfu *földr* Corfu

korgás *fn* rumbling (in the/one's stomach), rumble

korgó *mn* rumbling; **~ gyomorral** with one's stomach rumbling

korhad *i* moulder (*US* molder), rot, decay, decompose

korhadt *mn* rotten, rotting, decayed, crumbling; **~ fa** decayed wood, punk

korhatár *fn* age limit; **alsó ~** lower age limit, minimum age; **felső ~** upper age limit; **~ nélküli** *[film] GB* universal (*röv* **U**)

kórház *fn* hospital; **~ba szállít vkt** take* sy to hospital; **~ba szállították** (s)he was taken to hospital; **~ba beutal/küld** send*/refer* sy to hospital; **~ba felvesz vkt** admit sy to hospital, hospitalize sy; **~ba való felvétel/beutalás** hospitalization, referral [to a hospital]

kórházi *mn* hospital; **~ ágy** (hospital) bed; **~ ápolás** hospital care/treatment; **~ beutaló** referral [to a hospital]; **~ beteg/ápolt** in-patient, patient [in hospital]; **~ orvos** *[osztályos]* ward physician/doctor; *[főorvos, bennlakó]* house physician/surgeon, *[kezdő, bennlakó]* houseman°, *US* intern; **~ osztály** (hospital) ward; **~ segítő személyzet** hospital ancillary workers

kórházvonat *fn* hospital train

korhely I. *mn* rakish, dissolute, debauched **II.** *fn* rake, drunkard

korhelyked|ik *i* revel (*US* -l), carouse, *biz* go* on a binge

korhelyleves *fn kb.* cabbage soup [consumed after heavy drinking]
korhol *i* chide*/scold/reprove sy
korhű *mn* exact, faithful [representation of an epoch]; ~ **jelmez** period dress
kori *mn* **reneszánsz ~ műveltség** Renaissance civilization; → **korabeli** 2
koriander *fn növ* coriander
korifeus *fn* leader, chief
Korinthosz *földr* Corinth
korinthoszi *mn/fn* Corinthian
kórisme *fn* diagnosis (*tsz* -ses)
kórista *fn* chorus singer, *[fiú]* choirboy, chorister, *szính [férfi]* chorus boy, *[nő]* chorus girl
kóristalány *fn* chorus girl
korkép *fn* mirror/portrait of an age/era
kórkép *fn* pathography, clinical picture
korkülönbség *fn* difference of age (between)
kórlap *fn* case-history/sheet/record
korlát *fn* **1.** *[védő]* bar, barrier, guard, *[karfa]* banister, railing, *[hajón, mozgólépcsőn]* handrail **2.** *[tornaszer]* parallel bars *tsz* **3.** *átv* limit, bounds *tsz*; **~ok közé szorít vmt** limit/restrict/restrain sg, place restrictions on sg; **~ok között tart** hold* back, keep* (sg) under control; **bizonyos ~ok között** within bounds
korlátlan *mn* boundless, *[lehetőség]* unlimited, *[mennyiség]* unrestricted, *[hatalom]* absolute, unbounded; **~ úr** absolute master, autocrat; **~ lehetőségek vannak** there are unlimited possibilities, the sky's the limit
korlátlanul *hsz* without restraint/stint, unlimited
korlátolt *mn* **1.** *[korlátozott]* limited, restricted; *gazd* **~ felelősségű társaság** (*röv* **kft.**) limited liability company (*röv* **Ltd.**) **2.** *[szellemileg]* dull, stupid, narrow/small-minded
korlátoltság *fn* **1.** *[szellemi]* stupidity, narrow-mindedness **2.** *[terjedelemben]* restrictedness
korlátoz *i* restrict, limit, set* limits to, keep* within limits, confine, narrow (down), restrain; **~za magát vmre** restrict/limit oneself to sg
korlátozás *fn* restriction, limitation, restraint, *[főleg anyagi]* cutback; **~ok** restrictions; **a ~okat megszünteti** lift/abolish restrictions, lift controls; **~okat vezet be vmre** place restrictions on sg
korlátozód|ik *i* (*vmre*) be* limited/confined (to)
korlátozott *mn* restricted, limited
korláttalan *mn* unbounded, limitless
kórleírás *fn* case-report, pathography
kormány *fn* **1.** *[kerék]* steering wheel, *[szerkezet]* steering gear, *[hajón a kerék]* (steering/pilot) wheel, helm, (a lapát) rudder, *[hajón]* steering mechanism/apparatus, *[kerékpáron]* handle-bar(s), *[repülőgépen]* control stick/column, wheel, *biz* joystick; **a ~nál** at the wheel; *hajó átv* at the helm **2.** *pol* government, cabinet, *US* administration; **a Thatcher-~** the Thatcher government; **~on van** be* in power; **~ra jut** take* office, take* over the government; **~t alakít** form a cabinet/government; **~t átalakít** reshuffle a/the cabinet/government; **a ~t megbuktatja** defeat a/the government
kormányalakítás *fn* forming (v. formation of) a cabinet/government
kormányátalakítás *fn* reshuffle in/of the cabinet, a Cabinet reshuffle
kormánybizottság *fn* government committee/delegation
kormánybiztos *fn* (government) commissioner
kormánybot *fn rep* control stick, *biz* joystick
kormánycsapatok *fn tsz* government troops
kormányellenes *mn* anti-government, opposition, *[igével]* be* against the government
kormányférfi *fn* statesman°
kormányforma *fn* form of government
kormányfő *fn* premier, prime minister
kormányhatalom *fn* supreme authority, ruling power
kormányhivatalnok *fn* government official
kormányhivatalok *fn tsz* government offices
kormányhű *mn* loyal to the government *ut*, loyal
kormánykerék *fn* steering wheel, *[hajón]* steering/pilot wheel, helm
kormánykitüntetés *fn* honour (*US* -or), order
kormánykoalíció *fn pol* government coalition
kormánykörök *fn tsz* government circles/quarters *tsz*
kormányközi *mn* intergovernmental
kormányküldöttség *fn* government representatives *tsz*, government delegation
kormánylap *fn [újság]* pro-government paper
kormánylapát *fn* rudder
kormánylista *fn* members of the government/cabinet *tsz*
kormánymű *fn* steering gear
kormánynyilatkozat *fn* official statement/announcement, communiqué
kormányos I. *mn [versenycsónak]* coxed; **~ négyes** coxed four; **~ nélküli** coxless **II.** *fn [hajón]* steersman°, helmsman°, *[csónakban]* cox
kormányosfülke *fn* wheelhouse, pilot house
kormányoszlop *fn gk* steering coloumn
kormányoz *i* **1.** *[járművet]* steer **2.** *sp [hajót]* cox **3.** *pol* govern, rule
kormányozhatatlan *mn* ungovernable, uncontrollable; **~ná vált az autó** the car ran/went out of control
kormánypálca *fn* sceptre (*US* -ter), mace
kormánypárt *fn* government/governing party
kormányprogram *fn* government programme (*US* -ram)
kormányrendelet *fn* order in council, decree, (government) edict, *US* executive decree
kormányrúd *fn* steering column
kormányszerkezet *fn [autó]* steering gear, *[hajó]* steering/rudder mechanism/apparatus
kormányszerv *fn* government authority/office
kormányszóvivő *fn* government spokesman°
kormánytisztviselő *fn* high government official
kormányülés *fn* cabinet meeting
kormányválság *fn* government/cabinet crisis (*tsz* crises)
kormányváltás *fn* → **kormányváltozás**
kormányváltozás *fn* change of government/cabinet
kormányváró *fn [reptéren]* VIP lounge [at the airport]
kormányzár *fn gk* steering wheel lock
kormányzás *fn* **1.** *[járműé]* steering **2.** *pol* governing, ruling
kormányzat *fn* government, *US* administration
kormányzati *mn* governmental; **~ szerv** government organization; **nem ~ szerv** non-governmental organization (*röv* **NGO**)
kormányzó I. *mn* governing, ruling; **~ párt** governing/ruling party; **~ testület** governing body **II.** *fn [US és magyar tört. 1849]* governor, *[magyar tört., 1920 után]* regent; **Magyarország ~ja** regent of Hungary
kormányzóság *fn* **1.** *[tisztség, ált]* governorship, *[tört, pl. Magyarországon]* regency **2.** *[terület]* province
kormeghatározás *fn* dating, chronology, *[radiokarbon-]* carbon dating
kormorán *fn áll* → **kárókatona**
kormos *mn* sooty, smoky
kormoz *i* make* sooty, cover with/in soot; **~ott** *[üveg]* smoked [glass]
korner *fn sp* corner
kornyikál *i* caterwaul
kóró *fn* dry stalk [of weed], *biz [virág]* weed
korog *i* rumble, *[ritkábban]* grumble; **~ a gyomra** his stomach is rumbling
kórokozó *fn* pathogen
korom *fn* soot
koromfekete *mn* jet/pitch-black
koromfolt *fn* smut
korommentes *mn* sootless

koromsötét *mn* pitch-dark/black; **~ben ment haza** (s)he went home in the dead of night, it was pitch-dark when (s)he went home
koromszem *fn* black, flake of soot
korona *fn* **1.** *[uralkodói]* crown; **ez felteszi rá a ~t, ez mindennek a ~ja** (and) to crown/cap it all **2.** *[pénz]* crown **3.** *[fáé]* crown **4.** *[fogé]* crown **5.** *zene* pause, fermata
koronabirtok *fn* crown lands *tsz*
koronaékszerek *fn tsz* crown jewels, regalia
koronagyarmat *fn* crown colony
koronaőr *fn* keeper of the crown
koronás *mn* **1.** *[fő]* crowned [head] **2.** *[koronával ellátott]* with [a/the] crown *ut*
koronatanács *fn* privy council
koronatanú *fn* chief/principal/crown witness, *[bűntársai ellen valló] GB* Queen's/King's evidence, *US* State's evidence
koronaüveg *fn* crown glass
koronáz *i* crown; **vkt királlyá ~** crown sy king; **fáradozásait siker ~ta** his efforts were crowned with success
koronázás *fn* coronation, crowning
koronázási *mn* **~ jelvények** regalia, crown jewels; **a magyar ~ jelvények** the Hungarian coronation regalia
koronázatlan *mn* uncrowned, *átv biz*; **vmnek a ~ királya** the uncrowned king/queen of sg
korong *fn* **1.** *ált* disc, *US* disk **2.** *[hoki]* puck **3.** *[fazekasé]* potter's wheel
korongecset *fn* sweep-brush
korongoz|ik *i [fazekas vmt]* throw* sg
koronként *hsz* periodically, from time to time, from period to period
koros *mn* elderly, aged, advanced in years *ut*
kóros *mn* morbid, pathological, diseased, abnormal; **~ elváltozás** pathological change, abnormality; **~ lelki alkatú egyén** psychopath
korosod|ik *i* grow* old, advance in years
korosztály *fn* age group/bracket
korpa *fn* **1.** *[őrlési termék]* bran; *közm* **aki ~ közé keveredik, megeszik a disznók** *kb.* he must have a long spoon that sups with the devil, who keeps company with the wolf will learn to howl **2.** *[fejbőrön]* dandruff, scurf
korpakenyér *fn* → **korpás kenyér**
korpás *mn* **1.** *[korpából való]* bran-, made of bran *ut*; **~ kenyér** wholemeal (*US* whole wheat) bread; **~ liszt** second flour; **~ pehely** bran flakes *tsz* **2.** *[fejbőr]* scurfy; **~ a feje** have* dandruff
korpásodás *fn* dandruff formation; **~ elleni sampon** anti-dandruff shampoo
korpótlék *fn* age-bonus, long-service allowance/bonus
korpusz *fn nyelv* corpus (*tsz* corpora v. -es)
korrajz *fn* description/portrait of an age/era (v. of a period)
korreferátum *fn [tudományos tanácskozáson]* supplementary paper
korrekció *fn* correction
korrekt *mn* correct, straight, fair; **nem ~** unfair; **nem (valami) ~ eljárás/dolog** it's not fair, it's not playing the game
korrektor *fn* **nyomdai ~** proofreader, printer's reader
korrektség *fn* fairness, being fair/correct, fair play
korrektúra *fn nyomd* proof, proofs *tsz*, *[korrektúrázás]* proofreading, reading of proofs, *[hasáb]* galley (proof), slip proof, *[tördelt]* page-proof(s); **szerzői ~** author's proof; **~t olvas/végez** read* the proofs, correct proofs, proofread*
korrektúrajelek *fn tsz* proofreader's marks *tsz*
korrektúraolvasás *fn* proofreading
korrektúrázás *fn* proofreading, reading of proofs, correcting proofs
korrektúráz|ik *i* do* (the) proof-reading, read* the proofs, correct proofs, proofread*
korrektül *hsz* fairly, correctly, properly, *biz* according to Hoyle; **~ viselkedik vkvel** treat sy fairly, be* fair with/to sy, play fair
korreláció *fn mat* correlation
korrepetál *i* coach/teach*/tutor/cram sy, give* sy extra tuition, prepare sy for (an/his/her) examination(s)
korrepetálás *fn [egy gyereké] kb.* (one-to-one) tutoring, *[csoporté] kb.* remedial teaching/training/course [in maths etc.]
korrepetitor *fn* **1.** coach, teacher, (private) tutor **2.** *zene* répétiteur, coach
korrigál *i* **1.** *[helyesbít]* correct, rectify, check **2.** *nyomd* read* the proofs
korrodál *i* corrode
korrózió *fn* corrosion
korrózióálló *mn* corrosion-proof
korróziógátló *mn/fn* anticorrosive
korrumpál *i* corrupt, *[veszteget]* bribe
korrumpált *mn* corrupted
korrupció *fn* corruption, *[vesztegetés]* bribery, graft
korrupt *mn* corrupt, rotten
kórság *fn átv* malady
korsó *fn* jug, *[agyag~]* pitcher, *[kő~]* jar, pot, *[sörös~]* mug, stein, *[üveg/vizes]* carafe; **egy ~ sör** a pint/mug of beer; **két ~ ...t kérek** two pints of [Newcastle Brown etc.], please; *közm* **addig jár a ~ a kútra, amíg el nem törik** the pitcher goes so often to the well that it is broken at last
korszak *fn* period, era, epoch
korszakalkotó, korszakos *mn* epoch-making, *[igével]* marks the beginning/end of an era
korszellem *fn* spirit of the age/time
korszerű *mn* modern, up-to-date, *[pl. technológia]* advanced, state-of-the-art, *[igével]* (be*) up to date
korszerűség *fn* up-to-dateness, modernity
korszerűsít *i* modernize, bring* up to date, *[pl. szótárt]* update
korszerűsítés *fn* modernization, *[pl. szótáré]* updating
korszerűsített *mn* modernized, updated; **~ kiadás** update
korszerűtlen *mn* out-of-date, *[igével]* (be*) out of date, *[anakronisztikus]* anachronistic; **~ jelenség** anachronism
korszerűtlenség *fn* being out of date, being behind the times
kórtan *fn* pathology
kortárs *fn* contemporary; **~ak vagyunk** we are of the same age; **~ irodalom** contemporary literature
kórterem *fn* (hospital) ward
kortes *fn* canvasser, election agent
kortesfogás *fn* electioneering trick
korteskedés *fn* electioneering, canvassing
kortesked|ik *i* canvass, electioneer; **~ik vk mellett** canvass for sy
korteskörút *fn* **~ra megy** canvass [an area]; *biz* barnstorm [the country]
kortévesztés *fn* anachronism
kortörténet *fn* history of an age (v. a period)
kórtörténet *fn* case history/record
kortörténeti *mn* historical, documentary
kórtünet *fn* symptom, sign [of disease]
korty *fn [nagy]* draught, *[kis]* sip, drop, mouthful (of sg); **(csak) egy ~ bor** *biz* a drop of wine; **egy ~ra** at a gulp; **iszik egy ~ot vmből** *biz* have* a drop of [tea/brandy etc.]
kortyol *i* sip; **~ja a teáját** be* sipping (at) one's tea
korú *mn* of ... age *ut*; **hasonlú ~ emberek** people of about the same age, people in the same age group
kórus *fn* **1.** *[énekkar]* choir, chorus; **egyházi ~** church choir; **vegyes ~** mixed choir; **~ban feleltek** answered in chorus **2.** *[kórusmű]* chorus, choral work **3.** *sp [szurkolóké] US* yell
kórusfesztivál *fn* choirs festival
kórusmű *fn* → **kórus 2**
kórustag *fn* member of a choir/chorus; *[fiatal]* chorister → **kórista**
kórusvezető *fn* choirmaster, leader of the chorus/choir, *US [templomi előénekes]* chorister

korvett *fn* corvette
korvina *fn* → **corvina**
korviszonyok *fn tsz* conditions of an age *tsz, [mai]* prevailing conditions
Korzika *földr* Corsica
korzikai *mn/fn* Corsican
korzó *fn* promenade, walk, esplanade
korzóz|ik *i* promenade, saunter, walk
kos *fn* ram
kosár *fn* **1.** *ált* basket, *[fonott, bevásárló]* wicker (shopping-)basket; **kosarat ad vknek** turn sy down, refuse sy; **kosarat kap** be* turned down, be* refused **2.** *sp* basket; **kosarat dob** make* a basket, score a goal
kosáráru *fn* basketwork, wickerwork
kosaras *fn biz* → **kosárlabdázó**
kosaraz|ik *i biz* → **kosárlabdázik**
kosárfonás *fn* basketwork, basket weaving, basketry
kosárfonó *fn* basket-maker/weaver
kosárlabda *fn* basketball
kosárlabdapálya *fn* basketball court
kosárlabdáz|ik *i* play basketball
kosárlabdázó *fn* basketball player
kosbor *fn növ* orchis
kóser *mn* **1.** *vall [étel, ital]* kosher **2.** *biz* **ez nem ~ (dolog)** it's fishy, it's not quite kosher
koslat *i szl (vk után)* dog (sy), pursue (sy), lech after sy
Kossuth-díj *fn* Kossuth-prize
Kossuth-díjas I. *mn* Kossuth-prize winning [writer] **II.** *fn* Kossuth-prize winner
kóstol *i* taste, try, sample
kóstolgat *i* keep* tasting, sample, *[italt]* sip
kóstoló *fn [ételből]* a bit/taste (of sg), titbit (*US* tidbit)
kosz *fn* dirt
kósza *mn* stray, idle; **~ hírek** vague rumours (*US* -ors)
kószál *i* stroll, rove, ramble, roam
koszekáns *fn mat* (*röv* **cosec**) cosecant (*röv* **cosec**)
koszfészek *fn biz* (dirty) hole, dump
koszinusz *fn mat* (*röv* **cos**) cosine (*röv* **cos**)
koszinusztétel *fn* cosine formula
koszolód|ik *i* get* soiled/dirty/grubby
koszorú *fn* **1.** *[ált. és temetésre]* wreath; **~t elhelyez** *[síron]* lay* a wreath (v. wreaths) [on sy's grave] **2.** *épít* cornice
koszorúér *fn* coronary artery
koszorúér-elmeszesedés *fn* coronary sclerosis
koszorúérműtét *fn orv* coronary bypass
koszorúér-trombózis *fn* coronary thrombosis
koszorúfa *fn műsz* crossbeam
koszorúmegváltás *fn* no flowers by request, donations may be sent to ...
koszorús *mn* wreathed, garlanded; **~ költő** poet laureate
koszorúslány *fn* bridesmaid
koszorúz *i* crown with a wreath, wreathe, *[sírt]* lay* flowers (v. a wreath) at/on [a grave], attend a wreath-laying ceremony
koszorúzás *fn* wreath-laying (ceremony)
koszos *mn* dirty
koszt *fn nép ált [élelem]* food, *[étkezés]* meal(s), *[rendszeres]* board, *[főzésmód]* cooking, cuisine; **rossz ~** poor food; **milyen a koszt?** how is the food?; *elav* **~ és szállás** v. **kvártély** board and lodging; **~ot ad vknek** provide sy with (full) board
kosztol *i nép* board, eat*, take* one's meals; **hol ~sz?** where do* you take your meals?
kosztos *mn nép* boarder; **~okat tart** take* in boarders
kosztosdiák *fn nép* boarder
kosztpénz *fn nép* **1.** *[ellátásért]* keep, cost of board **2.** *[háztartásra]* housekeeping (money)
kosztüm *fn* **1.** *[női]* suit, ensemble, outfit **2.** *[korabeli viselet]* costume
kosztümkabát *fn* jacket
kosztümös *mn* **~ (történelmi) (szín)darab** costume piece/drama
kotangens *fn mat* (*röv* **ctg**) cotangent (*röv* **cot**)
kotkodácsol *i* cluck, cackle
kotkodácsolás *fn* clucking, cackling, cackle
kotlett *fn* cutlet
kotl|ik *i* **1.** *[tyúk]* brood, hatch [eggs] **2.** *átv* **(soká) ~ik vmn** brood over sg (for a long time)
kotlóstyúk *fn* brood hen, brooder
kotnyeles *mn* inquisitive, meddling, meddlesome
kotnyeleskedés *fn* inquisitiveness, meddling (in sg)
kotnyelesked|ik *i* be* inquisitive/indiscreet, meddle, pry
koton *fn biz* sheath, condom, rubber
kotor *i* scoop, *[medret]* dredge, sweep*
kotorász|ik *i biz (vmben, vhol)* rummage/delve in sg, *[vmk között]* search among
kotorék *fn* warren, burrow
kotorékeb *fn áll* terrier
kotró *fn* → **kotrógép**, → **kotróhajó**
kotród|ik *i [el]* clear out/off; **~j innen!** get out (of here)!, get lost!, scram!
kotrógép *fn* excavator, dredger
kotróhajó *fn* dredge(r)
kotta *fn* (sheet) music, *[partitúra]* score; **~ból játszik** play from music; **tud ~t olvasni** can* read music
kottaállvány *fn* music stand
kottafej *fn* head of a note
kottaolvasás *fn* music/score reading, *[blattolás]* sight-reading
kottapapír *fn* music-paper
kottatartó *fn* **1.** *[állvány]* music stand, *[zongorán]* music rest **2.** *[borító]* music-case
kottáz *i* → **lekottáz**
koturnus *fn szính* cothurnus
kótyagos *mn [italtól]* tipsy, dizzy
kótyavetyél *i* → **elkótyavetyél**
kotyog *i* **1.** *[tyúk]* cluck, chuck **2.** *[folyadék]* gurgle **3.** *biz* vk chatter, jabber (away) **4.** *műsz* knock, be* knocking
kotyogás *fn* **1.** *[tyúké]* cluck **2.** *[folyadéké]* gurgle **3.** *biz [fecsegés]* chattering, jabbering **4.** *műsz* play, slack, knocking
kotyvalék *fn* concoction, *[ital]* brew
kotyvaszt *i biz [ételt] csak GB* knock up [a meal], concoct
kova *fn* flint
kovács *fn* (black)smith, *[patkoló]* farrier; *közm* **ki-ki a maga szerencséjének a ~a** every man is the architect of his own fortunes
kovácslegény *fn* journeyman°/apprentice smith
kovácsmester *fn* (master) (black)smith
kovácsmesterség *fn* smithery
kovácsmunka *fn* forge-work, smithing
kovácsműhely *fn* smithy, forge
kovácsol *i [kovács]* forge, hammer; → **tőke**
kovácsolható *mn* forgeable, malleable; **nem ~** unmalleable
kovácsolt *mn* wrought, beaten, hammered; **~ áruk** wrought iron(work)
kovácsoltvas *fn* wrought iron, *[jelzőként]* wrought-iron
kovácsszén *fn* (black)smith coal
kovácstűzhely *fn* forge-hearth, smith's hearth
kovaföld *fn* siliceous earth, silica
kovakő *fn* flint-stone, quartz
kóvályog *i* **1.** *[kóborol]* wander about, stroll **2.** **~ a fejem** my head is swimming, my head is going round; **~ a gyomra** feel* sick/nauseated/nauseous
kovasav *fn* silicic acid
kovász *fn* leaven
kovászol *i* leaven
kovászos *mn* leavened; **~ uborka** leavened cucumber (preserve)
kovásztalan *mn* unleavened
kozák *mn* Cossack

kozma *fn* burnt food
kozmás *mn* burnt, scorched
kozmásod|ik *i* get* burnt/scorched
kozmetika *fn* beauty culture, cosmetology, *[kezelés]* beauty treatment
kozmetikai *mn* cosmetic; **~ kezelés** beauty treatment; **~ készítmény** cosmetic (preparation), beauty-care product; **~ műtét** cosmetic/plastic surgery/operation; **~ szalon** beauty salon (*US* parlor); **~ szerek** cosmetics
kozmetikáz *i biz [írásművet]* touch up, improve, *biz* face-lift, *[statisztikai adatokat]* massage; *[könyvelést]* cook the books
kozmetikum *fn* cosmetic, beauty-care product
kozmetikus *fn* beautician, cosmetician, beauty specialist, cosmetologist; **~hoz megy** go* for a beauty treatment, go* to a/the beauty salon/parlour (*US* -or)
kozmikus *mn* cosmic; **~ fegyverek** space weapons; **első ~ sebesség** orbital velocity
kozmológia *fn csill fil* cosmology
kozmopolita I. *mn* cosmopolitan; **~ eszmék** cosmopolitan ideas (v. ideology *esz*) **II.** *fn* cosmopolitan
kozmopolitizmus *fn* cosmopolitanism
kő *fn* **1.** *ált* stone; **~ kövön nem maradt** everything was razed to the ground, everything was reduced to ruins; **nagy ~ esett le a szívemről** (it's) a load/weight off my mind!; **üsse ~!** I don't care!, to hell with it!; **egy követ fújnak** they are as thick as thieves, they are in cahoots with sy (v. each other); **minden követ megmozgat** leave* no stone unturned, spare no effort; **~vé dermed/mered** be* petrified, be* rooted to the spot [when ...], stand* transfixed with [fear/horror/amazement etc.]; **az vesse rá az első követ, aki nem követett el hasonló hibát** let he who is blameless cast the first stone **2.** *[drágakő]* precious stone, *[órában]* jewel **3.** *orv [epe~, vese~]* stone, calculus (*tsz* -li v. -luses)
köb *fn* cube, *összet* cubic; **~re emel** cube, raise to the third power
kőbalta *fn* stone axe (*US* ax)
kőbánya *fn* quarry
köbcenti(méter) *fn* (*röv* **cm³**) cubic centimetre (*US* -ter) (*röv* **cc**)
köbgyök *fn* cube root; **27-nek a ~e 3** the cube root of 27 is 3
köbláb *fn* cubic foot°
köbmérték *fn* cubic measure
köbméter *fn* (*röv* **m³**) cubic metre (*US* -ter) (*röv* **cu. m.**)
köböz *i* cube
köbözés *fn* cubage
köbtartalom *fn* cubic capacity, volume
köcsög *fn* **1.** jug, *US* pitcher **2.** *szl pej [ellenszenves ember]* jerk, bastard, *GB* bugger
köd *fn [sűrű]* fog, *[ritka]* mist, haze; **~ van** it's foggy, there's fog; **(sűrű) ~ van vhol/ (sűrű) ~ borít vmt** sg is fogbound; **gyakran van ~ nálunk** we often have fogs; **~be borult** (be*) blanketed/shrouded in fog/mist, be* fogbound; **~ben veszteglő** fogbound; **~ előttem, ~ utánam** off I go!
kődarab *fn* stone, (fragment of a) rock
ködfátyol *fn* veil of mist, haze
ködfénylámpa *fn gk* → **ködlámpa**
ködfolt *fn* patch of fog, *csill* nebula (*tsz* -lae)
ködfüggöny *fn* veil of mist
ködgép *fn* smoke machine
ködkamra *fn fiz* cloud chamber
ködkürt *fn* foghorn
ködlámpa *fn* fog lamp/light
ködl|ik *i* loom, appear through the mist
ködmön *fn* sheepskin waistcoat
kődobásnyira *hsz* → **kőhajításnyira**
ködös *mn* **1.** *[sűrű]* foggy, *[párás]* hazy, misty **2.** *[gondolat]* foggy, nebulous, vague, *[agy]* confused; **~ elmélet** muddled theory, hazy idea
ködösít *i átv* try to obscure/obfuscate (sg)
ködréteg *fn* fogbank
ködszerű *mn* foggy, mistlike, hazy
ködszitálás *fn* (misty) drizzle
kőedény *fn* earthenware, stoneware, (piece of) pottery
kőemlék *fn* stone monument, *[őskori]* megalith, menhir
kőépület *fn* stone building
kőfal *fn* stonewall, stonework
kőfaragás *fn* stonecutting, stonemasonry
kőfaragó *fn* stonecutter, stonemason
kőfejtő *fn* **1.** *[kőbánya]* (stone)quarry, stonepit **2.** *[munkás]* quarryman°
kőgát *fn* rock-filled dam
kőgörgeteg *fn* rubble
kőhajításnyira *hsz* (within) a stone's throw, a stone's throw away
kőhalom *fn* heap of stones
köhécsel *i* cough slightly
köhint *i* cough, give* a (little) cough
köhintés *fn* little cough, hem(ming)
köhög *i* cough, have* a cough
köhögés *fn* cough(ing); **erős (száraz) ~** hacking cough; **~ elleni** cough-relieving; **~ elleni szer** cough medicine/remedy; *[kanalas]* cough mixture
köhögéscsillapító *fn [szer]* cough medicine/remedy, *[cukorka]* cough drop
kőkemény *mn* **1.** stone-hard, stony, hard as stone *ut* **2.** *átv [hajthatatlan]* adamant
kökény *fn növ* blackthorn, wild plum, *[bogyója]* sloe
kökényszemű *mn* sloe-eyed
kőkerítés *fn* stonewall
kőkocka *fn* paving stone, block
kőkoporsó *fn* sarcophagus (*tsz* -phagi)
kőkori *mn* of the Stone Age *ut*, Stone Age
kőkorsó *fn* earthenware jug
kőkorszak *fn* Stone Age
kökörcsin *fn* pasqueflower, (wood) anemone
kőlap *fn* slab, flag(stone)
kölcsön I. *fn* **1.** *[bankból]* (bank) loan; **személyi ~** personal loan; **~t ad vknek** (i) lend* sy [money] (ii) *[bank]* grant a loan; **~t felvesz** (i) (*vktől*) borrow money (from sy) (ii) *[bankból]* take* out (v. get*)a loan, raise a loan; **~t folyósít** (*vknek*) lend* [a sum of money] to sy; **~t jegyez** subscribe (to)a loan; **visszafizeti/megadja a ~t** (i) repay* the loan (ii) *átv* pay* off old scores, pay* sy back, get* one's own back (on sy); **egyszer még visszaadom neki a ~t!** I'll be quits with him some day **2.** → **államkölcsön**; **~t bocsát ki** float a loan **II.** *hsz [kölcsönbe]* on loan; **elviszem ezt ~** I'll borrow that/it **III.** *mn* borrowed, on loan *ut*; **~ írógép** a borrowed typewriter, a typewriter on loan/hire
kölcsönad *i* (*vmt vknek*) lend* sg to sy (sy sg), *US* loan sg to sy (sy sg); **tudnál ~ni 50 000 forintot jövő hét végéig?** could you lend me 50,000 fts until the end of next week?
kölcsönadás *fn* loan, lending
kölcsönadó *fn* loaner, lender
kölcsönállomány *fn gazd* loan portfolio
kölcsönbérlet *fn* (lend-)lease
kölcsöndíj *fn* → **kölcsönzési díj**
kölcsönhatás *fn* interaction
kölcsönjegyzés *fn* subscription of a loan, loan subscription
kölcsönkap *i* **Bélától kaptam kölcsön** B. lent it to me, I borrowed it from B.
kölcsönkenyér *fn* **~ visszajár** pay* sy back in his own (v. in the same) coin, tit for tat
kölcsönképpen *hsz* as a loan
kölcsönkér *i* (*vktől vmt*) borrow sg from sy; **~hetem a bringádat?** may I borrow your bike?
kölcsönkibocsátás *fn* flo(a)tation of a loan
kölcsönkönyvtár *fn* lending library
kölcsönkötvény *fn [állami] GB* government security, *US* state/government bond

kölcsönös *mn* mutual, reciprocal; ~ **bizalom** mutual confidence; ~ **biztonság** *pol* collective security; ~ **megegyezés** mutual understanding/agreement; ~ **segélynyújtási szerződés** mutual assistance pact; *tört* **K~ Gazdasági Segítség Tanácsa** (*röv* **KGST**) Council for Mutual Economic Assistance (*röv* **Comecon**)

kölcsönösen *hsz* mutually, reciprocally; ~ **jól jártak** they both fared/did well

kölcsönösség *fn* reciprocity, mutuality

kölcsönöz *i* **1.** (*vknek vmt*) lend* sg to sy (sy sg), *US* loan sg to sy (sy sg) **2.** (*vktől vmt*) borrow sg from sy, *[kölcsönző-vállalattól rövidebb időre]* hire [a boat, car etc.], *[hosszabb időre]* rent [a television etc.] **3.** *átv* lend*, add (to); **vmlyen jelleget ~ vmnek** endow sg with sg; **biztonságot ~ vknek** provide sy (with) security

kölcsönszó *fn* loanword

kölcsönügylet *fn* loan transaction

kölcsönvesz *i* (*vktől vmt*) borrow sg from sy

kölcsönvétel *fn* borrowing, loan

kölcsönvevő *fn* borrower

kölcsönzés *fn* **1.** (*vknek*) lending, *US* loaning **2.** (*vktől*) borrowing (from) **3.** *[könyvtári]* loan, lending; **a ~ határideje 4 hét** an item may be borrowed for four weeks **4.** *nyelv [folyamat]* borrowing, *[kölcsönszavak]* loanwords, borrowings; **nyelvek közötti ~** interlingual borrowing

kölcsönzési *fn* ~ **díj** *[könyvtári]* loan fee, subscription, *[egyéb]* rental, hiring charge, charge for hire/hiring; **havi ~ díj 28 font** *[színes tévéé stb.]* [for a colour TV etc.] monthly rental £28

kölcsönző *fn* **1.** *[kölcsönadó]* loaner, lender **2.** *[kölcsönzővállalat]* hire/leasing service/company; *[kéziszerszámoké]* tool rental shop; *[nagyobb gépeké]* equipment/plant hire (company), *[autóé]* car-hire firm, car rental (firm) **3.** *[kölcsönvevő]* borrower

kölcsönzőjegy *fn [könyvtári]* borrower's/reader's/library ticket/card

kölcsönzővállalat *fn* → **kölcsönző 2**

köldök *fn* navel

köldöknézés *fn* omphaloskepsis, *pej* navel-gazing

köldökzsinór *fn* umbilical cord

köles *fn* millet; **fizet, mint a ~** (i) *[nagy haszonnal jár]* be* very lucrative, pay* well (ii) *[sok pénzt ad ki]* pay* through the nose

Köln *földr* Cologne, Köln

kölni *fn* → **kölnivíz**

kölnisüveg *fn* scent bottle

kölnivíz *fn* eau de cologne

költ¹ *i [felébreszt]* wake* (up)

költ² *i* **1.** *[madár]* brood **2.** *[fiókákat]* hatch [chickens, young etc.]

költ³ *i [pénzt]* spend* (*vmre* on); **keveset ~** spend* little, live modestly; **többet ~, mint amennyit keres** he lives beyond his means; **ne ~s többet, mint a jövedelmed** never spend in excess of (v. more than) your income

költ⁴ *i* **1.** *[verset]* compose/write* [a poem], *[versel]* write* poetry **2.** *[hírt, mesét]* dream*/make* up, invent

költekezés *fn* lavish spending, extravagance, *[egyszeri]* spending spree

költekez|ik *i* spend* money, *[pazarló]* spend* lavishly, be* extravagant, be* a spendthrift, *kif* throw* one's money about

költekező **I.** *mn* extravagant, lavish, prodigal **II.** *fn* spendthrift

költemény *fn* poem, piece of poetry/verse

költés¹ *fn [ébresztés]* waking (up)

költés² *fn [madár]* brooding, *[tojásé]* hatching

költés³ *fn [pénzé]* spending

költés⁴ *fn [versé]* the writing of poetry

költészet *fn* poetry

költő *fn* poet

költői *mn ált* poetic, *[művekre, azok részleteire vonatkoztatva]* poetical; ~ **igazságszolgáltatás** poetic justice; ~ **leírás** poetic description; **X ~ művei** the poetical works of X, the poetry of X; ~ **nyelv** poetic language; ~ **szabadság** poetic licence; ~ **tehetség** poetic gift

költőies *mn* poetic

költőiség *fn* poetic quality

költőnő *fn* poetess

költőpénz *fn* pocket/spending money

költött *mn [nem valódi]* invented, made-up, fictitious

költözés *fn* **1.** (*vké*) move, removal **2.** *[madáré]* migration

költöz|ik *i* **1.** (*vk*) move (*vhova* to, *vmbe* in), remove (*vhova* to); **új lakásba ~ött** he (has) moved (in)to a new flat; **hozzánk ~ött** he came to live (v. moved in) with us; **vidékre ~ik** remove (in)to the country **2.** *[madár]* migrate

költözködés *fn* moving, removal(s)

költözköd|ik *i* move (house)

költöző *mn* ~ **madár** bird of passage, migratory bird

költöztet *i* move sy to [a place]

költöztető *fn* movers *tsz*

költség *fn* expense(s), *[kiadás]* expenditure, cost; **~ek** expenses, charges, costs; **megélhetési ~ek** living costs; **szállodai ~ek** hotel charges; **ügyvédi ~** lawyer's fees *tsz*; **~ekbe veri magát** put* oneself to expense, spend* large sums on sg; **~ekbe ver vkt** put* sy to the expense of [buying sg]; **saját ~én** at one's own expense; **vknek a ~én** at sy's expense; **vk ~ére** at sy's expense; **fedezi/vállalja vmnek a ~eit** (v. **a költségeket**) cover/meet* the cost(s)/expense(s) of sg, *kif biz* foot the bill; **viseli vmnek a ~eit** bear* the costs/expenses of sg; **az összes ~et a vállalat viseli** all the costs [of the repairs] will be borne/met by the company; **megtéríti a ~eket** defray costs/expenses, *[kártalanítva]* refund sy; **~et és fáradságot nem kímél** spare no expense or effort; **kevés ~gel** at small/low cost

költségátalány *fn gazd* flat charge

költségcsökkentés *fn* reduction of costs/expenses, cutback(s)

költség-előirányzat *fn* expenditure forecast, (first) estimate(s)

költségelszámolás *fn* cost accounting

költséges *mn* expensive, costly, dear

költségjegyzék *fn* statement of expenses/costs

költségmentes *mn* free of charge *ut*, gratis *ut*

költségmentesen *hsz* free of charge, gratis

költségszámla *fn* bill (of costs/charges)

költségtérítés *fn* defrayal/defrayment (of expenses), *[igével]* defray costs/expenses, *[visszafizetés]* refunding

költségtérítéses *mn okt* non-subsidized

költségvetés *fn* estimate (of the cost), calculation, *[állami, vállalati stb.]* budget, *[egy munkáé]* estimates *tsz*; **szerepel a ~ben** be* in the budget; **~t készít** (i) make* (v. give* sy) an estimate (of the cost), estimate for [the repairs to the roof etc.], calculate the costs (ii) *[miniszter]* prepare the budget; **a vállalat/cég ~e szerint a munka 10 000 000 Ft-ba kerül** the firm estimated the cost of the work at 10,000,000 fts

költségvetési *mn* budget(ary); ~ **év** budgetary/financial/fiscal year; ~ **hiány** budget deficit; ~ **szerv** publicly financed institution; ~ **támogatás** public financing; ~ **terv** budget plan

kölykez|ik *i ált* litter, *[kutya]* pup, *[macska]* kitten; **négyet ~ett** *[a macskánk]* [our cat] had a litter of four (kittens)

kölyök *fn* **1.** *[állaté]* young [of an animal], *[kutya]* pup(py), *[macska]* kitten, puss(y); **négy kölyke lett** had a litter of four [kittens etc.] **2.** *[gyerek]* kid, brat; **haszontalan ~** naughty boy/girl, little devil/scamp

kölyökkutya *fn* pup(py)

kömény *fn* caraway (seed)

köménymag *fn* caraway seed

köménymagos *mn* with caraway seeds *ut*; ~ **leves** caraway-seed soup

kőműves *fn* bricklayer, (brick)mason, stonemason, builder; ~ **kisiparos** builder
kőműveskalapács *fn* bricklayer's hammer
kőműveskanál *fn* (laying-on) trowel
kőművesmester *fn* (master) builder/mason
kőművesmunka *fn* bricklaying, bricklayer's trade
kőművessegéd *fn* mason's help/mate, apprentice mason
köntörfalaz *i* beat* about the bush, palter, equivocate
köntörfalazás *fn* beating about the bush; **minden ~ nélkül** point blank, outright, straight out
köntös *fn [köpeny]* (dressing)gown, *US* (bath)robe
könny *fn* tear; **~be lábadt a szeme** her eyes filled with tears; **~ek között** in tears; **~ekig meg van hatva** be* moved to tears; **~ekre fakad** break*/burst* into tears; **~ekre fakaszt** reduce sy to tears, sg brings* tears to one's eyes; **~eket ejt/ont** shed* tears
könnyáztatta *mn* tear-stained
könnycsatorna *fn biol* tear duct
könnycsepp *fn* tear(drop)
könnyebb *mn* **1.** *[súly]* lighter **2.** *átv* easier; **~ baleset** minor accident; **~ mondani, mint megtenni** it's easier said than done; **~ sérülés** minor injury; **kérdezz ~et** ask me another
könnyebbed|ik *i* **1.** *konkr* get*/become* lighter **2.** *átv* get*/become* easier
könnyebben *hsz* more easily
könnyebbik *mn* **a ~ megoldás** *biz* soft option
könnyebbség *fn* relief, ease; **nagy ~ nekem** it is a great help/relief to me, it makes it much easier for me
könnyed *mn* easy, *[lépés, mozdulat]* light, airy, *[modor]* unaffected, free (and easy), *[stílus]* easy-flowing, fluent
könnyedén *hsz* lightly, easily, without effort, with (the greatest of) ease; **~ vette a dolgot** he took it lightly, he didn't make a song and dance about it, she took it in her stride; **~ vette az akadályt** (i) *átv* s/he took it in her/his stride (ii) *[ló]* [the horse] cleared the fence (easily)
könnyedség *fn* ease, lightness, *[mozdulaté]* grace, airiness, *[stílusé]* elegance, gracefulness; **játszi ~gel** with the greatest/utmost ease
könnyelmű *mn ált* light-headed, rash, *[veszélyben]* heedless, thoughtless, rash, *[nemtörődöm]* happy-go-lucky, careless, thoughtless, foolish, *[pénzügyileg]* prodigal, wasteful
könnyelműség *fn* rashness, heedlessness, thoughtlessness, folly; **~ volt részéről** it was very rash/foolish of him
könnyelműsköd|ik *i* be* heedless/reckless/rash, *[pénzügyileg]* throw* one's money about
könnyen *hsz* easily, with ease, lightly, freely; **~ lehet, hogy már ott van** she may well/easily be there already; **~ lehet, hogy elválnak** their divorce is in the cards; **a dolog ~ megy** it's going well/smoothly, things are running smoothly, *biz* it's a cinch/pushover; **nem ment ~** it was a difficult/hard job, it wasn't such an easy job; **~ győz** have* an easy win, win* hands down, walk off with [the first prize v. one's competitors]; **~ megfázik** be* prone to colds; **~ van öltözve** be* lightly dressed; **ő ~ beszél** it's easy for him to talk; **~ megközelíthető** be* easily accessible, be* within reach, be* easy to reach; **~ veszi a dolgokat** take* things easy, be* easygoing; **~ emészthető** be* easily digestible, be* easy to digest
könnyes *mn* tearful, filled/wet with tears *ut*; **~ szemmel** with tears in one's eyes
könnyez|ik *i* shed* tears, weep*
könnyfacsaró *mn* tearjerking; **~ történet** tearjerker
könnygáz *fn* tear gas
könnygázbomba *fn* tear bomb/granade
könnyhullatás *fn* shedding of tears
könnyít *i* **1.** *[terhen]* lighten **2.** *átv* (*vmn*) make* sg easier, facilitate, *[fájdalmon]* ease, lessen, alleviate, mitigate; **~ a lelkén** ease one's consciousness; **~ magán** unburden oneself (of sg), make* it easier for oneself; **ez nem sokat ~ rajtam** it is not much help to me, it doesn't help me much
könnyítés *fn* relief, ease; **fizetési ~** deferred term, easy payments plan; **fizetési ~sel** on easy terms, by easy payments
könnymirigy *fn* lachrymal/lacrimal gland
könnyű *mn* **1.** *[súly]* light, *[anyag]* thin **2.** *átv* easy, light; **~ bor** light wine; **~ dolga van** have* an easy job; **neki ~** he's lucky, it's all very well for him; **~ étel** light food; **~ fajsúlyú nőcske** a fast woman°/one; *kif* she plays around, *durva* an easy lay; **~ ezt mondani** that's easy to say; **~ kereset** easy money, money for old rope; **~ keze van** have* a light/delicate touch; **~ munka** light task/work; **~ műfaj** light entertainment; **~ műtét** minor operation; **~ olvasmány** light reading; **~ sérülés** minor/slight injury; **~ testi munkás** light worker; **~ testi sértés** assault; **~ vágtában megy** canter
könnyűatlétika *fn* track and field athletics *tsz*
könnyűbúvár *fn* skin/scuba diver
könnyűbúvárkodás *fn* skin/scuba diving
könnyűbúvár-légzőkészülék *fn* scuba, aqualung
könnyűbúvár-tevékenység *fn* skin/scuba-diving
könnyűfém *fn* light metal
könnyűipar *fn* light industry
könnyűsúly *fn sp* lightweight
könnyűszerkezetes *mn* **~ építkezés** lightweight construction
könnyűszerrel *hsz* easily, with no difficulty, with ease, with one's eyes shut
könnyűvérű *mn [nő]* fast, loose, easy
könnyűzene *fn* light/pop music
könnyzacskó *fn* lachrymal/lacrimal sac; **~(k)ra pályázó írás/film** *stb.* sob stuff/story, tearjerker
könnyzápor *fn* flood of tears
kőnyomás *fn* lithography
kőnyomat *fn* lithograph
kőnyomatos *mn* lithographic [print]
könyök *fn* elbow; **már a ~ömön jön ki** I am fed up with it
könyökcső *fn* elbow(pipe), knee joint
könyöklő *fn [fal]* parapet, *[ablaké]* window sill/ledge
könyököl *i* **1.** *konkr* lean* on one's elbows **2.** *átv* elbow, be* pushing/pushy
könyöradomány *fn* alms *tsz*, charitable gift; **~okból él** live on charity
könyörgés *fn* entreaty, *[ima]* prayer
könyörög *i* (*vmért*) beg/supplicate for sg, (*vkhez*) beg, entreat, beseech, implore (*mindegyik*: sy); **térden állva ~** beg sy on one's knees
könyörtelen *mn* merciless, unmerciful, pitiless, ruthless
könyörtelenség *fn* mercilessness, ruthlessness
könyörül *i* (*vkn*) show* mercy to sy, have* mercy/pity on sy, take* pity on sy
könyörület *fn* mercy, compassion, pity; **~ből vk iránt** out of pity for sy; **~tel van vk iránt** show* sy mercy, feel* compassion/pity for sy
könyörületes *mn* merciful
könyörületesség *fn* mercy, mercifulness, pity
könyv *fn* **1.** book, *[kötet]* volume; **~ alakban** in book form; **~ nélkül megtanul** commit (sg) to memory, learn* (sg) by heart; **~ nélkül tud** know* (sg) by heart; **a ~eket bújja** be* always at his/her books, be* a bookworm **2.** *gazd* **(üzleti) ~** books (of account) *tsz*, (financial/account) books *tsz*; **~et vezet** keep* the books (v. business accounts), keep* the accounts
könyvállvány *fn* bookstand, bookshelf°, bookcase
könyvárus *fn* bookseller, *[utcai/pályaudvari]* bookstall
könyvbarát *fn* booklover, bibliophile
könyvbírálat *fn* book review
könyvborító *fn* (book) jacket, dust jacket
könyvbúvár *fn* bookworm
könyvdráma *fn* closet drama
könyvecske *fn* small book, booklet

K

könyvel *i gazd* **1.** *[bevezet vmt]* enter sg into the books **2.** *[könyvelést végez]* keep* the books, keep* the business accounts, *[foglalkozása]* do* the bookkeeping
könyvelés *fn* **1.** *[művelet]* bookkeeping, accounting **2.** → **könyvelőség**
könyvelési *mn* ~ **tétel** entry; ~ **hiba** erroneous entry, posting error
könyvelő *fn* bookkeeper, accounts clerk
könyvelőség *fn* bookkeeping department, accounts department
könyves I. *mn tört* **K~ Kálmán** Coloman Beauclerc **II.** *fn [lóversenyen]* bookmaker, *biz* bookie
könyvesbódé *fn* bookstall
könyvesbolt *fn* bookshop, *US* bookstore
könyvespolc *fn* bookshelf°, *[többnyire zárt]* bookcase
könyvészet *fn* bibliography
könyvészeti *mn* bibliographical
könyvhét *fn* book week
könyvismeretetés *fn* book review
könyvízű *mn* bookish
könyvjegyzék *fn* book-list, catalogue (*US* -log)
könyvjelző *fn* bookmark(er)
könyvjutalom *fn* book prize
könyvkedvelő *mn/fn* booklover, bibliophile
könyvkereskedelem *fn* bookselling, the book trade
könyvkereskedés *fn* bookshop, *US* bookstore; **minden ~ben kapható** it is available in every bookshop/bookstore
könyvkereskedő *fn* bookseller
könyvkiadás *fn* publishing (of books)
könyvkiadó *fn* publisher, publishing house; → **kiadó**
könyvkölcsönzés *fn* → **kölcsönzés 3**
könyvkötés *fn* bookbinding
könyvkötészet *fn* **1.** *[foglalkozás]* bookbinding **2.** *[műhely]* bookbinder's workshop, bindery
könyvkötő *fn* bookbinder
könyvmoly *fn* bookworm
könyvművészet *fn* typographic art
könyvnélküli *mn* [lesson] to be learnt by heart *ut*
könyvnyomda *fn* press, printing house
könyvnyomtatás *fn* printing (of books)
könyvpiac *fn* book market
könyvsátor *fn* bookstall
könyvsiker *fn* bestseller
könyvszagú *mn* bookish
könyvszakértő *fn gazd* **hites** ~ *[nálunk 1950-ig]* → **okleveles könyvvizsgáló**
könyvszekrény *fn* bookcase
könyvszemle *fn* (book) review
könyvtámasz *fn* bookends *tsz*
könyvtár *fn* library; **nyilvános** ~ public library
könyvtárbusz *fn* mobile/travelling library, *US* bookmobile
könyvtári *mn* library; ~ **kérőlap** → **kérőlap**; ~ **könyvek** library books
könyvtárközi *mn* ~ **kölcsönzés** interlibrary loan
könyvtáros *fn* librarian
könyvtártan *fn* library science
könyvtártudomány *fn* library science
könyvterjesztés *fn* distribution of books, book distribution
könyvtok *fn* slipcover
könyvújdonság *fn* new book
könyvutalvány *fn* book-token
könyvvitel *fn* bookkeeping, accounting; **egyszerű** ~ single entry (bookkeeping); **kettős** ~ double entry (bookkeeping)
könyvvizsgálat *fn* auditing, accounting, accountancy
könyvvizsgáló *fn* auditor, accountant; **okleveles** ~ (*régebben:* **hites könyvszakértő**) *GB* chartered accountant, *US* certified public accountant
kőolaj *fn* (crude) oil, petroleum; **K~-exportáló Országok Szervezete** Organization of Petroleum Exporting Countries (*röv* **OPEC**)
kőolajbányászat *fn* → **kőolaj-kitermelés**
kőolaj-finomító *fn* oil/petroleum refinery
kőolajipar *fn* oil/petroleum industry
kőolaj-kitermelés *fn* oil production
kőolajmező *fn* oilfield
kőolajszármazék *fn* petroleum derivative
kőolajtelep *fn [üzem]* oil-processing plant
kőolajvezeték *fn* pipeline
kőoszlop *fn* stone pillar
köp *i* **1.** spit*, *orv* expectorate; **vért** ~ spit* (up) blood; *durva* ~ **vkre** *[és átv vmre]* spit* at/on sy/sg **2.** *biz* **(csak úgy) ~i az adatokat** (s)he just showers/swamps you with facts and figures **3.** *szl [bűnöző]* sing*, squeal, cough up, *GB szl* grass (on sy)
kőpadló *fn* tile floor
köpcös *mn* stocky, dumpy, (s)tubby
köpdös *i* spit* (about), sp(l)utter
köpedelem *fn átv* abomination, horror; **ez igazán** ~ it's disgusting/abominable/abhorring
köpeny *fn* **1.** *[ruhadarab]* cloak, gown, *[női]* wrap, *[ujjatlan]* cape, *[munkaköpeny]* white coat; **orvosi** ~ [doctor's] white coat **2.** *[autógumi]* tyre (*US* tire)
köpés *fn* **1.** *[cselekvés]* spit(ting), *orv* expectoration **2.** *[köpet]* spittle, spit, *orv* expectoration
köpet *fn* spittle, phlegm, *orv* sputum
köpköd *i* → **köpdös**
köpködő *fn szl [ócska kocsma]* spit and sawdust pub, dive, dump
kőpor *fn* rock flour, sandstone powder
köpőcsésze *fn* spittoon, *US* cuspidor
köpönyeg *fn* cloak, cape; **eső után** ~ lock the stable door after the horse has bolted; **~et fordít** change/switch sides/colours (*US* -ors)
köpönyegforgatás *fn* timeserving, coat-turning
köpönyegforgató *fn* timeserver, turncoat
köpper *fn* twill
köptető *fn orv* expectorant
köptető(szer) *fn* expectorant, cough mixture
kőpúder *fn* powder compact
köpű *fn [vajkészítő]* churn
köpül *i* churn
köpülő *fn* churn
kör *fn* **1.** *[vonal]* circle, *[emberekből stb. álló]* ring; ~ **alakú** circular, round, spherical; ~ **alakú épület** rotunda; **~be áll** make*/form a ring/circle; → **körbeáll**; **~ben forog** rotate, go* round, circle; **~ben forgó** rotating, rotary; **teljes ~t ír le** come* full circle **2.** *földr* **hosszúsági** ~ (line of) longitude; **szélességi** ~ (line of) latitude **3.** *[céltáblán]* (scoring) ring **4.** *[versenypályán]* lap; **három ~t ír le** do* three laps **5.** *[társas]* club, circle; **baráti** ~ circle of friends; **a mi ~ünkben** in our circles/society, among us; **írói ~ökben** in the literary world; **politikai ~ökben** in political circles; **a nép ~ében** among the people; **szűk ~ben** within narrow bounds/limits; → **érdeklődési**, → **körbe**, → **működési**
kőr *fn [kártya]* heart(s); **két** ~ *[bemondás]* bid* 2 hearts; ~ **ász** ace of hearts
kőrakás *fn* stone heap
körbe *hsz* round; ~ **ad** hand/pass round; → **kör 1**
körbeáll *i [köréje áll]* stand* round sy, surround sy→ **kör 1**
körbejár *i* **1.** walk/go* (a)round **2.** *átv [hír]* go* round, make*/go* the rounds
körbe-körbe *hsz* round and round
körbélyegző *fn* round (rubber) stamp
körben *hsz* (a)round; → **kör 1**
körcikk *fn* sector
kördiagram *fn* pie chart, pie/circle graph
köré *hsz/nu* (a)round; **az asztal** ~ **ülnek** sit* round the table; **maga** ~ **gyűjt** rally/gather around oneself, surround oneself with; **vk** ~ **tömörül** gather/rally round sy
körégő *fn* collar/ring burner
kőrengeteg *fn [nagyvárosé]* asphalt jungle

K

köret *fn* trimmings *tsz*, vegetables and potatoes/chips (v. *US* French fries) *tsz*, *[díszítés]* garnish(ing); **~tel** [roast turkey etc.] (served) with all the trimmings, served with vegetables and potatoes/chips (v. *US* French fries); *[díszítve]* garnished with [slices of lemon, pieces of tomato etc.]
körfésű *fn* semicircular comb
körfolyamat *fn* cycle; → **körforgás**
körfolyosó *fn* circular gallery
körfordulat *fn* turn, round (turn), revolution; **teljes ~ot tesz** come* (v. make* a) full circle, turn (a)round
körforgalom *fn GB* roundabout, *US* traffic circle, rotary
körforgás *fn* circulation, rotary motion, rotation, *[égitesté]* revolution, *[jelenségeké]* recurrence, cycle
körfűrész *fn* circular saw, *US* buzz saw
körgallér *fn* cape
körgát *fn* circular dike
körgyűrű *fn* **1.** *mat* annulus (*tsz* annuli) **2.** *[forgalmi] GB* ring road, *US* belt(way)
körhagyó *mn* eccentric
körhinta *fn* merry-go-round, roundabout, *US* carousel
körirat *fn* **1.** *[érmén]* legend **2.** → **körlevél**
kőris *fn* ash
kőrisbogár *fn* blister beetle, Spanish fly
kőrisfa *fn* ash (tree)
körít *i* (*vmvel*) garnish/trim with; → **köret**
körítés *fn* → **köret**
körív *fn* **1.** *mat* arc **2.** *épít* arch, bow
körjárat *fn* round, beat, circuit
körjegyző *fn kb.* district notary
körkép *fn* **1.** → **körkilátás 2.** *[festmény]* cyclorama, panorama **3.** *[áttekintés]* panorama, survey
körkérdés *fn* (general) inquiry (by circular v. questionnaire), poll, survey; **~t intéz** conduct a poll
körkilátás *fn* panorama, panoramic view
körkörös *mn* circular, annular
körkötő(gép) *fn* circular knitting machine
körlet *fn kat* (military) district, area
körlevél *fn* circular
körmagyar *fn elav* ‹old Hungarian ballroom dance›
körmenet *fn vall* procession
körmérkőzés *fn* tournament
körmondat *fn* period, complex sentence
körmozgás *fn* circular motion, rotation
körmöl *i* scribble, scrawl
körmönfont *mn* **1.** *[ravasz]* wily, cunning, artful, shrewd **2.** *[bonyolult]* complicated, subtle; **~ okoskodás** (a piece of) sophistry
körmös *fn okt elav* rap on the knuckles
környék *fn [vmely helységet körülvevő]* environs *tsz*, *[vidék]* countryside; **a város ~e** the environs/outskirts of a/the town *tsz*; **London ~én** in the London area/region; **azon a ~en lakik** he lives thereabouts/nearby; **a seb ~e** periphery of the wound
környékbeli *mn/fn* **a ~ek** people from/of/in the neighbourhood
környékez *i* **ájulás ~i** be* on the verge of fainting, feel* faint
környezet *fn [vkt körülvevő, természeti]* environment, surroundings *tsz*, *[személyi]* milieu, surroundings *tsz*
környezet- *előtag* environmental
környezetbarát *mn* environment-friendly
környezetgazdálkodás *fn* enviromental management
környezet-gazdaságtan *fn* enviromental economics *esz*
környezeti *mn* environmental; **~ ártalmak** environmental damages/effects; **~ katasztrófa** environmental disaster; **~ szennyezés** → **környezetszennyezés**
környezetkímélő *mn* → **környezetbarát**
környezetszennyezés *fn* environmental pollution, pollution of the environment
környezettanulmány *fn* study of surroundings, study of living conditions

környezetváltozás *fn* enviromental change, change of environment
környezetvédelem *fn* environmental protection, conservation/protection of the environment
környezetvédelmi *mn* environmental, environment; **~ kártya** *kb.* green card; **~ osztály** department of the environment; **~ szakember** environmentalist
környezetvédő *fn* environmentalist
környező *mn* surrounding, near(by), neighbouring, ambient
körorvos *fn* (rural) district doctor/physician
köröm *fn* **1.** *[emberé]* (finger)nail, *[lábujjakon]* toenail; **körmére ég a dolog** be* (hard) pressed for time; *biz* **körmére néz vknek** keep* a close eye on sy; **körmére koppint** rap sy on the knuckles; **körmét piszkálja** pick/clean one's nails; **rágja a körmét** bite one's nail; **körmöt ápol** *[kézen]* manicure; *[lábon]* pedicure; **körmöt vág** clip/cut*/pare one's nails **2.** *[állaté]* claw; → **karom**, → **lekap**
körömágy *fn* nail matrix
körömágygyulladás *fn* onychia
körömápolás *fn* manicure, *[lábon]* pedicure
körömcipő *fn* pumps *tsz*
körömfájás *fn* → **száj- és ~**
körömfeketényi *mn/fn átv biz* a jot (of), the tiniest (part of)
körömhold *fn* lunula
körömkefe *fn* nailbrush
körömlakk *fn* nail polish/varnish, enamel
körömlakklemosó *fn* nail-polish (v. -varnish) remover
körömnyi *mn/fn* a tiny bit of (sg)
körömolló *fn* nail scissors *tsz*
körömpörkölt *fn* Hungarian stew of trotters
körömráspoly, **-reszelő** *fn* nail file
körömszakadt(á)ig *hsz* **~ tagad** deny sg vehemently
körömvágó *mn* **~ olló** nail scissors *tsz*
körömvirág *fn növ* calendula, pot marigold
köröND *fn* circus
körös-körül *hsz* all (a)round, round and round
köröz *i* **1.** *[kört ír le]* circle, describe circles **2.** (*vkt*) issue a warrant for the arrest of sy; **~i a rendőrség** he is wanted by the police, the police are after him **3.** *[írást]* send*/pass round, circulate
körözés *fn* **1.** *[körleírás]* circling **2.** *[keresés]* warrant (for sy's arrest) **3.** *[körbeadás]* passing round, circulation
körözőlevél *fn* warrant (for sy's arrest)
körözött I. *[személy]* wanted (person) **II.** *fn* ‹spiced sheep's cheese› *[étel]* Liptauer
körözvény *fn* circular
körpálya *fn* **1.** *csill* orbit **2.** *[autóverseny] GB* circuit, motordrome
körpecsét *fn* round (rubber) stamp
körrendelet *fn* general order, decree
körséta *fn* (sightseeing) tour, walk round/around town; **az igazgató vezetésével ~t tesznek a gyárban a diákok** the director is showing a party of students (a)round the factory
körszakáll *fn* full beard
körszálló *fn* tower hotel
körszelet *fn mat* segment
körszínház *fn [mai]* theatre-in-the-round, arena theatre (*US* -er), *[ókori]* amphitheatre
körtánc *fn* round/ring dance
körte *fn* **1.** *[gyümölcs]* pear **2.** *[égő]* (light) bulb
körtefa *fn* pear tree
körtelefon *fn* round call
körtér *fn* circus
körút *fn* **1.** *[utca]* (*röv* **krt.**) boulevard (*röv* **blvd.**) **2.** *[utazás]* tour, trip, *[szolgálati]* round, beat; **körutat tesz** make* a tour, do* the rounds (of sg)
körutazás *fn* round trip
körű *mn* **szűk ~** exclusive, restricted, select; **teljes ~** complete, thorough, total

körül *nu* **1.** *[körben]* (a)round; **az asztal ~** (a)round the table; **a ház ~** about the house; **minden e ~ forog** everything centres/turns around/on this **2.** *[időben: táján]* (at) about, round; **1900 ~** round (about) 1900; **9 óra ~** around v. at about 9 o'clock; **9 (óra) ~ ott leszek** I'll be there around/at about 9 (o'clock), I'll be there ninish **3.** *[megközelítőleg]* about, near; **az ára 1000 Ft ~ lehet** it costs about 1000 fts, 1000 fts or thereabouts

körülajnároz *i* dance attendance on sy

körülállí *i* surround, encircle

körülálló *fn* bystander

körülás *i* dig* round

körülbástyáz *i* surround with ramparts; *átv* **~za magát vmvel** entrench oneself behind/in sg

körülbelül *hsz* (*röv* **kb.**) about, roughly, approximately (*röv* **approx.**), some, *[időben]* around (*röv* **ca.**); **~ ötvenen voltak ott** there were about/some/approximately 50 people there; **~ egy hét múlva** in a week or so; **ez ~ olyan, mint(ha)**... it is (something) like...

körülépít *i* surround with buildings, enclose, build* up

körülér *i* (*vmt*) go* round sg, embrace sg

körülfog *i* (*vmt*) surround, enclose, encircle, *[vk személyt]* gather/stand* round, surround, form a ring (a)round; **a járókelők ~ták a tolvajt** the people in the street surrounded the thief

körülfut *i* run* round

körülhajóz *i* circumnavigate, sail round

körülhatárol *i* **1.** *[körülkerít]* encircle, encompass **2.** *[körülír]* circumscribe, delimit, define; **jól ~t** well-defined

körülhízeleg *i* fawn (up)on, court (sy)

körülhord(oz) *i* take*/carry round, *[városban]* show* round

körüli *mn* about *ut*, (a)round *ut*; **a város ~ vidék/táj** the country(side) around the town; **hatvan év ~ férfi** a man (round) about sixty

körülír *i* **1.** *[szépítve]* use a euphemism/circumlocution **2.** *[részletezve]* paraphrase, *[közelebbről]* specify

körülírás *fn ált* circumlocution, *[szépítő]* euphemism, *[részletező]* paraphrase, periphrasis (*tsz* -ses)

körülírt *mn orv* circumscribed

körüljár *i* **1.** *(vk/vm körül)* go*/walk round **2.** *[bejár, területet]* tour [a country etc.]

körülkerít *i* surround, enclose

körülkerül *i* go*/get* round

körülkötöz *i* tie round

körülmegy *i* go*/walk round, make* a round, tour; **körülmentem a városban** I walked around (in) the city/town

körülmény *fn* **1.** *jog* circumstance **2. ~ek** circumstances, conditions; **ilyen ~ek között** in/under the circumstances, *biz* at this rate; **minden ~ek között** by all means, in any case; **semmi(lyen) ~ek között** in/under no circumstances, on no condition/account, no way; **nehéz ~ek között él** be* badly off, live in reduced circumstances, find* it hard to make ends meet; **jobb (anyagi) ~ek között él** be* better off (than); **a ~ekhez képest** in/under the circumstances, relatively (speaking); **a ~ekhez képest elég jól** not bad(,) considering; **a ~ektől függően** as the case may be

körülményes *mn* **1.** (*vm*) circuitous, complicated, roundabout **2.** *[személy]* formal, ponderous, fussy

körülményeskedik *i* be ceremonious/formal/fussy, fuss

körülmetél *i* circumcise

körülmetélés *fn* circumcision

körülnéz *i* look/glance (a)round, take*/have* a look round; **~ az üzletekben** look (a)round the shops; *biz [hogy minél olcsóbban vásárolhasson]* shop around

körülölel *i* sorround, *[növény]* entwine, twine about/around

körülötte *hsz* (a)round/about him/her/it

körülrajong *i* swarm round, admire; **~ták** she was lionized

körülrak *i* (*vmvel*) put*/place/lay* sg round sg, encircle/sorround (sg with sg)

körülrepül *i* fly* round, fly* about

körülszaglász *i* sniff/smell* round, *[keresve]* ferret around, *[üzletekben] biz* shop around

körültáncol *i* dance (a)round

körülteker *i* (*vmt/vmvel*) wind* /lap sg around sg

körültekint *i* look (a)round; → **körülnéz**

körültekintés *fn* **1.** *[szemlélve]* looking round **2.** *átv* circumspection, caution; **kellő ~sel** cautiously, with circumspection, with due precautions

körültekintő *mn átv* circumspect, wary, cautious, prudent

körültekintően *hsz* circumspectly, cautiously, with circumspection

körüludvarol *i biz* dance attendance on sy

körülutazza a világot *kif* go* round the world

körülül *i* sit* (a)round

körülvág *i* cut* round, pare, *[hajat]* trim

körülvesz *i* **1.** (*vmt*) surround, enclose, encircle (*vmvel mind:* with); **kerítéssel vesz körül** fence off **2.** (*vkt*) surround sy, stand* round sy; **talpnyalók veszik körül** he is attended by toadies/fawners **3.** *kat* → **körülzár**

körülvezet *i* show* sy (a)round [a place]

körülvisz *i* take*/carry round, *[körülvezet]* show* sy (a)round [a place]

körülzár *i* surround, encircle, *kat* cut* off, blockade, hem in

körvasút *fn* circular railway (network)

körvonal *fn* **1.** *[kontúr]* outline, contour, *[városé távolból]* skyline **2.** *átv [szellemi tartalomé]* sketch, rough draft, outline; **~aiban (összefoglalva)** in outline; **~akban vázol vmt** make*/give* an outline of sg, outline sg

körvonalaz *i átv* outline/sketch sg, produce an outline (v. a rough draft) of sg

körvonalazódik *i* take* shape/form, take* on character, crystallize

körzet *fn [igazgatási]* district, zone, *[terület]*area

körzeti *mn* district; **~ hívószám** area code; *elav* **~ orvos** general practitioner (*röv* **GP** v. **G.P.**), panel/district/local doctor; → **háziorvos**

körzetparancsnok *fn* district commander

körző *fn* compasses *tsz*; **~vel mér** measure with compasses

körzőkészlet *fn* compass set

körzőnyílás *fn* span of compasses

körzőszár *fn* leg of compasses

kősó *fn* rock salt

kösz! *isz biz* thanks, *GB biz* cheers, *szl* ta

kőszáli *mn* **~ sas** golden eagle

kőszén *fn* (hard) coal

kőszénbánya *fn* coal mine/pit, colliery

kőszéntermelés *fn* coal production/output

kőszerszám *fn* stone implement

kőszikla *fn* rock, cliff

kőszirt *fn* cliff, crag

kőszívű *mn* heartless, stony/cold-hearted, hardhearted, *[igével]* have* a heart of stone

köszméte *fn növ* gooseberry

köszön *i* **1.** *(vknek) [üdvözölve]* greet sy **2.** *(vknek vmt)* thank sy for sg, say* thank you to sy for sg; **~öm!** thank you (very much)!, (many) thanks!; **~öm, hogy** ... thank you for (... ing); **~öm (, kérek)** thank you; **~öm, nem (kérek)** no, thank you; **előre is ~öm** thank you in anticipation, thanks in advance; **nagyon szépen ~öm** thank you very much, thank you ever so much, I am much obliged; **~öm szeptember 5-i levelét** thank you (very much) (v. many thanks) for your letter of 5 September **3.** *[vknek köszönhet vmt]* have* sy to thank for sg, be* indebted to sy for sg, owe (sg to sg/sy); **neki ~hetjük/~hetem, hogy** ... it was thanks to him that ...; **segítségednek ~hetjük, hogy sikerült** thanks to your help we were successful; **magadnak ~heted** *[a bajt]* you have brought it on yourself, you asked for it; **sikerét a szerencsének ~heti** he owes his success to fortune; **magának ~hetem az életem** I owe my life to you; **csak magának ~hette** he had only himself to thank for it; → **kösz**, → **köszönhető(en)**

K

köszönés *fn* greeting

köszönet *fn* thanks *tsz*, acknowledgement; **hálás ~!** thank you ever so much, thank you very much; **nincs benne ~** it's a thankless/unrewarding job/task; **fogadja előre is hálás ~emet** thank(ing) you in advance/anticipation; **~et mond/nyilvánít vknek vmért** thank sy for sg, express/offer one's thanks to sy for sg; **~tel felvettem** received with thanks; **~tel tartozik vknek vmért** owe sy thanks for sg, (sy's) grateful acknowledgements are due to sy; **~tel vesz** receive with thanks, be* grateful/thankful for

köszönetnyilvánítás *fn* expression of thanks, *[könyvben]* acknowledgements *tsz*

köszönhető *mn* **1.** (*vmnek*) due/thanks to; **bátorságának volt ~, hogy** thanks to his courage; **a baleset figyelmetlen vezetésének volt ~** the accident was due to his careless driving; **az egész annak ~, hogy...** it all goes back to (sg) **2.** (*vknek*) **neki ~, hogy ...** it is due/thanks to him that ..., we are indebted to him for ...; → **köszön 3**

köszönhetően *hsz* owing/due to... *[mindig pozitív ért.-ben]* thanks to...; **a ködnek ~ nem szállnak fel a gépek** owing to (v. because of v. due to) the fog, all planes are grounded

köszönő *mn* **~ viszony** nodding acquaintance; **~ viszonyban van vkvel** have* a nodding acquaintance with sy

köszönőember *fn [áruházi]* commissionaire

köszönőlevél *fn* letter of thanks, *[szíveslátásért] biz* bread-and-butter letter

köszönt *i* **1.** *[üdvözöl]* greet, welcome, salute, *[kalapemeléssel]* take* one's hat off to **2.** *[ünnepélyes alkalommal]* congratulate sy [on sy's marriage/birthday, on having passed the examinations etc.], *[itallal]* drink* to the health of, toast (sy) **3.** *[beszéddel]* address; **X ~ötte a kongresszust** X addressed the congress

köszöntés *fn* **1.** *[üdvözlés]* greeting, salutation **2.** *[ünnepélyes alkalommal]* congratulation(s)

köszöntő I. *mn* congratulatory, complimentary; **~ szavak** *[érkezéskor]* words of welcome **II.** *fn [szavak]* congratulations *tsz*, *[pohárral]* toast

köszöntővers *fn* poetic address

köszörű *fn* grinding machine, grinder

köszörűkerék *fn* grinding wheel

köszörűkő *fn* grindstone, whetstone

köszörül *i* **1.** *[élesít]* grind*, sharpen **2.** **torkát ~i** clear one's throat

köszörületlen *mn* unwhetted, blunt

köszörűs *mn* (knife-)grinder

köszvény *fn* gout, *[lábé]* podagra

köszvényes *mn* gouty

köt *i* **1.** *[megköt]* bind*, tie (*alakjai:* tied, tying), (*vmhez*) tie/fasten/attach to; **kötényt ~ maga elé** put* on an apron; **csomót ~** tie/make* a knot (in sg); **~ni való gazember** scoundrel, gallows bird; **~ni való bolond** raving mad, mad as a hatter **2.** *[pulóvert]* knit* [sy a pullover], *[kosarat, koszorút]* make* [basket, wreath] **3.** *[könyvet]* bind* [book]; **újra ~** rebind* **4.** **barátságot ~** make* friends (with sy); **biztosítást ~** take* out insurance; **házasságot ~ vkvel** marry sy; **szerződést ~ vkvel** enter into a contract with sy; **üzletet ~** do*/transact business (*vkvel* with sy) **5.** **~i az esküje** be* bound by one's oath; **~i magát vmhez** insist (up)on sg, make* a point of (doing sg) **6.** *[beton]* set*; → **béke**, → **beleköt**, → **eb**, → **kötve**

köt. *röv* → **kötet**

kőtábla *fn* slab of stone

kötbér *fn* penalty, forfeit; **~t fizet vknek** make* a penalty payment (to sy), pay* a penalty for sg to sy

köteg *fn* bundle, parcel, packet, bunch, *[széna]* truss

kötekedés *fn* provocation, provocative remark

köteked|ik *i* **1.** *[szemtelenül]* provoke, (try to) pick a quarrel (with) **2.** *[tréfásan]* banter, chaff

kötekedő *mn* quarrelsome, cantankerous, provocative

kötél *fn* cord, rope, *[hajó]* cable, rope, *[vontató]* towline, hawser; **~ általi halál** *[büntetés]* death/execution by hanging, the gallows *tsz*; **~ általi halálra ítél** condemn sy to be hanged, sentence sy to death by hanging; **ha minden ~ szakad** at worst, if the worst comes to the worst, as a (v. in the) last resort; *biz* **~ből vannak az idegei** have* nerves of steel/iron; **~nek áll** toe the line; **~re mászik** climb up the rope

kötelék *fn* **1.** *[kötés]* tie, bond, link, band **2.** *[érzelmi]* ties *tsz*, bonds *tsz*; **baráti ~ek** ties/bonds of friendship **3.** *kat* unit, *rep* formation; **a hadsereg ~éből elbocsát** discharge from the army; **~ben repül** fly in formation

kötelem *fn jog* obligation, duty, engagement

köteles *mn* **1.** *[kötelező]* obligatory; **~ példány** deposit/copyright copy; **~ tisztelet** due respect **2.** **~ vmt megtenni** be* bound/obliged/required to do sg; *[feladata]* be* supposed to do sg; **nem vagyok ~ ablakot mosni** I'm not supposed to clean the windows

kötelesség *fn* duty, obligation, task, function; **~em vmt megtenni** I am obliged/bound to do sg, it is my duty to do sg; **~ének tartja** feel* (oneself) bound to do sg, feel* called upon to do sg; **~ét megteszi/teljesíti** do* (v. fulfil, *US* fulfill) one's duty (*vkvel szemben* by sy); **nem teljesíti a ~ét** fail in one's duty; **hív a ~** duty calls (me)

kötelességérzet *fn* sense of duty/responsibility

kötelességmulasztás *fn* neglect of one's duty (v. duties), *[szándékos]* dereliction

kötelességszegés *fn* breach of duty

kötelességszerű *mn* dutiful, duty-bound

kötelességteljesítés *fn* fulfilment (*US* fulfillment) of one's duty, execution of one's duty; **~ közben** while on duty

kötelességtudás *fn* sense of duty

kötelességtudó *mn* conscientious, dutiful

kötelez *i* (*vmre*) oblige, bind*, compel (sy to do sg); **~i magát** (*vmre*) undertake* (to do sg), bind*/commit oneself (to do sg); **~zük magunkat** we herewith undertake; **a törvény ~i vmre** the law compels/obliges sy to do sg

kötelezettség *fn* obligation, engagement, duty, liability; **~ nélkül** without liability/engagement/obligation; **~et vállal** undertake* (to), assume an obligation

kötelezettségvállalás *fn* undertaking of obligation(s)

kötelező *mn* obligatory, compulsory; **~ elmenni** one/sy is required to go; **~ megnézni** *[pl. tévében] biz* it's a must!; *[vkre nézve]* **~ érvényű** [a decision] binding on sy; **~ felelősségbiztosítás** → **gépjármű-felelősségbiztosítás**; **~ gyakorlat** *[műkorcsolyában]* set figure; **~ haladási irány** *[közlekedés]* ahead only; **~ ígéret** a binding promise; *okt* **~ olvasmány** compulsory/required reading, set text, prescribed book/text, *[általában]* reading material; **~ olvasmánynak ír elő** set* a text/book [for an examination]; **a ~ orosznyelv-oktatás eltörlése** abolishing of the obligatory teaching of Russian, abolishing the teaching of Russian as an obligatory subject

kötelezvény *fn* bond, promissory note

kötélgyártó *mn* ropemaker

kötélhágcsó *fn* rope ladder, *[árbocra]* ratlines *tsz*

kötélhíd *fn* cable/rope bridge

kötélhúzás *fn* tug-of-war

kötélidegzetű *mn kif* have* nerves of steel/iron

kötélmászás *fn* rope-climbing

kötelmi *mn* **~ jog** contract law

kötélpálya *fn* cable railway, ropeway, *[elektromos, könnyebb]* telpher

kötéltáncos *fn* tightrope walker, rope dancer

kötélzet *fn hajó* rigging, tackle

kötény *fn* apron, *[kislányé]* pinafore

kötényruha *fn* pinafore (dress), *US* jumper

kötés *fn* **1.** *[művelet]* binding, tying, *[csomóra]* knotting, *[a csomó]* knot, tie, *[seben]* bandage, dressing; **~t cserél** *[seben]* change/replace a bandage **2.** *[kézimunka]* knitting **3.** *[könyvé, művelet]* (book-)binding, binding books, *[a könyv kötése]* binding, cover **4.** *műsz* bond, link, joint

K

5. *[sílécen]* bindings *tsz* **6.** *[cementé]* set(ting), *[tégláé]* bonding **7.** *kém* bond **8.** *gazd* transaction, deal
kötésterv *fn nyomd* cover design
kötésű *mn* **kemény ~ könyv** hardcover, hardback; **kézi ~ pulóver** hand-knit sweater
kötet *fn* (*röv* **köt.**) volume (*röv* **vol.**)
kötetes *mn* -volume; **két~ regény** novel in two volumes; **a hét~ értelmező szótár** the seven-volume dictionary of the Hungarian language
kötetlen *mn* **1.** *[könyv]* unbound **2. ~ beszéd/forma** prose **3.** *[társalgás]* informal
kötetszám *fn* volume number
kötni való → **köt 1**
kötő I. *mn* **1.** *[kézimunkát]* knitting **2.** *műsz* binding; **gyorsan ~ cement** quick-setting cement **II.** *fn* **1.** *[kézimunka]* knitter **2.** *[kötény]* apron, pinafore
kötőanyag *fn* binder/bonding agent/material, binder
kötöde *fn* knitwear works *esz* v. *tsz*, knitwear factory
kötődés *fn* **1.** (*vkhez*) attachment (to sy), affection (for sy) **2.** *kém* linkage **3.** (*vkvel*) banter, teasing, ribbing
kötőd|ik *i* **1.** (*vkhez*) be* attached to sy **2.** *kém* link **3.** (*vkvel*) banter/tease sy (playfully)
kötőfék *fn* halter [of horse]
kötőfonal *fn* knitting yarn, wool
kötőgép *fn* knitting machine
kötöget *i* be* knitting
kötőhangzó *fn nyelv* link(ing) vowel, glide
kötőhártya-gyulladás *fn orv* conjunctivitis, pink eye
kötőjel *fn* hyphen; **hosszú ~** (em) dash; **~lel ír/tagol** write* with a hyphen, hyphenate; **~lel írt** hyphenated
kötőmód *fn* subjunctive
kötőnő *fn* knitter, knitting woman°
kötőpamut *fn* knitting thread/yarn/cotton
kőtörmelék *fn* rubble, chippings *tsz*
kőtörő *fn* stone-breaker
kötőszó *fn* conjunction
kötőszövet *fn orv* connective tissue
kötött *mn* **1.** *[össze]* tied, bound, *[vmhez erősített]* fixed, attached, fastened (*mindegyik:* to) **2.** *[kézimunka]* knitted; **~ kabát** cardigan; **~ ruha** knitted dress **3.** *[könyv]* bound **4.** *[meghatározott]* defined, settled, *[nem szabad forgalmú]* fixed; **~ ár** fixed price; **~ gazdálkodás** controlled economy **5.** *irod* **~ beszéd** poetry, verse
kötöttáru *fn* knitwear
kötöttáru-kereskedés *fn* knitwear shop
kötöttfogású birkózás *fn* Graeco-Roman wrestling
kötöttség *fn* restriction, constraint
kötőtű *fn* (knitting) needle
kötőüzem *fn* knitwear works/factory
kötöz *i* **1.** *[megköt]* tie (up), fasten, bind (up), *[szőlőt]* tie up **2.** *[sebet]* dress, bandage
kötözés *fn* **1.** *[megkötés]* tying, fastening, binding up **2.** *[sebé]* dressing, bandaging
kötözköd|ik *i* → **kötekedik**
kötözőállomás *fn* dressing/ambulance station
kötözőhely *fn orv* dressing/ambulance station, *kat* first-aid post
kötözőpólya *fn orv* (roller)bandage, gauze
kötözőszer *fn* → **kötszer**
kötszer *fn* dressing, bandage
kötszerdoboz *fn* first-aid kit
kötszövött *mn* **~ áru** knitwear
kőttes *fn táj* → **kelt**[2] **tészta**
köttet *i* **1.** *[könyvet]* have* [a book] bound **2.** *[pulóvert stb.]* have* sg knitted
kötve *hsz* **1.** *[aligha]* **~ hiszem** I very much doubt it, it is hardly credible (that) **2.** *[könyv]* bound; **vászonba ~** cloth(bound)
kötvény *fn* **1.** *[pénz]* bond, security **2. biztosítási ~** insurance policy
köv. *röv* → **következő**
kővágó *fn* stonecutter

kövecses *mn* pebbly, gravelly
kövér *mn* **1.** *[ember]* fat, stout, corpulent, *[nagyon]* obese, *[hús, állat]* fat **2. ~ betű** boldface type, bold(face); **~ betűkkel** (v. **~rel**) **szedett** (is) in boldface, (is) in bold type **3.** *[föld]* rich, fertile
kövérít *i [ruha]* make* sy look fat/plump
kövérkés *mn* fattish, plump
kövérség *fn* fat(ness), stoutness, corpulence, plumpness, obesity
köves *mn* **1.** *[talaj]* stony, full of stones *ut* **2. 15 ~ óra** watch with 15 jewels
kövesztett *mn* **~ szalonna** (boiled) green bacon
követ[1] *i* **1.** *[utána megy]* follow (sy), go*/be* after; **észrevétlenül/távolról ~ vkt** shadow/trail sy, follow sy secretly; **a zöld jelzést ~i** follow the green marking(s) **2. érdeklődéssel ~** follow with attention; **tud(sz) ~ni?** can/do you follow (me)?, *biz* are you with me? **3.** *[sorrendben]* succeed, follow, come* after (*mindegyik:* sy/sg) **4.** *[példát]* imitate, *[utasítást]* observe, obey; **~i vk példáját** follow sy's lead; **~i vk tanácsát** take* sy's advice; **~i vk utasításait** obey sy's instructions **5.** *[filmfelvevő géppel]* pan; → **nyom**[2]
követ[2] *fn* **1.** *[diplomáciai]* minister; **rendkívüli ~ és meghatalmazott miniszter** envoy/ambassador extraordinary and minister plenipotentiary; → **nagykövet 2.** *[képviselő] elav* deputy, Member of Parliament **3.** *tört elav [küldött]* delegate
követel *i* **1.** (*vktől vmt*) claim, demand; **~ vmt vkn** press sy for sg; **~i jussát** demand/assert one's rights...; **(új) emberéleteket ~ nap mint nap** [bombings etc.] claim new lives every day; **sokat ~** *[pl. tanár]* be* exacting **2.** *gazd* **~ oldal/rovat** credit side; **a számla ~ oldalán** on the credit side of the account **3.** *[szükségessé tesz]* require, necessitate → **tartozik**
követelés *fn* **1.** claim, demand; **~e van vkn** have* a claim on sy **2.** *gazd* credit balance, *US* account receivable, *[folyószámláé]* balance; **~ behajtása** recovery of debt
követelmény *fn* requirement, demand; **a ~eknek megfelel** comply with (v. meet*) the requirements
követelődzés *fn* excessive (repeated) demands *tsz*
követelődz|ik *i* put* in excessive claims, make* (excessive) demands, clamour one's demands
követelődző *mn* clamorous, insistent, aggressive
követendő *mn* **1.** *[követésre méltó]* exemplary, worthy of imitation *ut*; **~ példa(kép)** model/example to be followed, exemplar, model **2. ~ eljárás** procedure to be followed, recommended procedure
követés *fn* **1.** (*vké*) following **2.** *[sorrendben]* succession **3.** *[példáé]* imitation
követési *mn* **~ távolság** safety gap; **szépen betartja a ~ távolságot** sy is keeping a nice even distance
következés *fn [sorrendi]* succession, sequence, order
következésképpen *hsz* consequently, in consequence, as a consequence, therefore, it follows from this (that), thus(,) ...
következetes *mn* consistent
következetesség *fn* consistency
következetlen *mn* inconsistent, illogical, contradictory
következetlenség *fn* inconsistency, contradiction
következ|ik *i* **1.** *[sorrendben]* follow, come* (after/next), succeed; **soron ~ik** it is sy's turn; be*/come* next; **ki ~ik?** who is/comes next?, whose turn is it?; **Jancsi után Miska ~ik** after Johnny it is Mike's turn, Mike comes after Johnny; **Mátyás király után Ulászló ~ett** King Matthias was followed/succeeded by Wladislas; **folytatása ~ik** to be continued (in our next issue); **most én ~em** it is my turn (now); **~ik** *[rádióban]* there now follows ..., now you will hear ...; **most Beethoven V. szimfóniája ~ik** now you will hear Beethoven's Fifth Symphony; *szính* **X ~ik** X comes on **2.** (*vmből*) result (from), follow (from), ensue; **ebből ~ik(, hogy)** it follows (from this) (that); **mi ~ik ebből?** what does this mean?, what follows from this?; **a fentiekből**

K

~ik, hogy from what has been said above (v. from the foregoing) it is clear that, it follows from the foregoing that
következmény *fn* consequence, *[eredmény]* result, upshot, outcome, *[főleg káros]* aftermath, *[kedvező]* issue, *[szükségszerű]* corollary; **az a ~e, hogy** ... it results in ...; **vállalja/viseli a ~eket** take* the consequences, *biz [saját tettének]* face the music; **ez ~ekkel jár** this carries consequences; **vállalnia/viselnie kell tettének ~eit** he has to bear the consequences of his actions
következményes *mn* **~ mellékmondat** consecutive clause
következő I. *mn* (*röv* **köv.**) following, *[legközelebbi]* next; **rá ~** following, next; **a ~ alkalommal** next time; **kérem a ~ beteget!** next (v. the next one) please; **a ~ hét(en)** the following week; **a ~ napon** on the following day; **a ~ évben** in the following year; **válaszom a ~** my answer is the following, my answer is as follows **II.** *fn* **1.** *[személy]* the next; **ki a ~?** who is/comes next?, whose turn is it?; **kérem a ~t!** next (v. the next one) please; **a ~k játszanak a holnapi mérkőzésen** the following have been chosen to play in tomorrow's match **2.** *[közlendő]* the following; **a ~kben** in the following; **kérdései a ~k voltak** his questions were as follows (v. the following); **a ~ket mondta nekem** he told me the following
következőképpen *hsz* as follows, in the following manner, thus
következtében *hsz* **vmnek ~** in consequence of sg, as a consequence (of sg), because of sg, owing/due to sg, on account of sg; **ennek ~** therefore, whereupon, thereupon; **baleset ~ meghalt** (s)he died as a/the result of an accident
következtet *i* (*vmből vmt/vmre*) deduce sg from sg, infer sg from sg, conclude from, come* to the conclusion; **arra enged ~ni, hogy** it may be concluded/inferred/deduced that, the conclusion can be drawn that, this suggests (sg)
következtetés *fn* **1.** *[eredménye]* conclusion, inference, deduction; **arra a ~re jut, hogy** come* to (v. reach) the conclusion that; conclude that; **levonja a ~t vmből** draw* the/a conclusion from sg; **azt a ~t vonta le (belőle), hogy**... he concluded that...; **a bíróság a bizonyítékok alapján arra a ~re jutott, hogy**... the jury concluded from the evidence that... **2.** *fil* inference, conclusion, reasoning, deduction; **helytelen ~** faulty reasoning
követő I. *mn* following, subsequent, succeeding; **egymást ~ öt napon** five days running, on five consecutive days; **az ezt ~ vita** the ensuing debate; **vmt ~en** following sg **II.** *fn* (*vké*) follower, adherent, disciple
követség *fn* **1.** *[hivatal]* legation, *[nagykövetség]* embassy **2.** *[küldöttség] elav* mission; **~be küld vkt vkhez** send* sy on a mission to sy
követségi *mn* legation, embassy; **~ tanácsos** counsellor (*US* -selor); **~ titkár** secretary at a/the embassy/legation; **~ ügyvivő** chargé d'affaires
kövez *i [utcát]* pave, flag
kövezés *fn [utcáé]* paving, flagging
kövezet *fn* paving, road surface
kövezett *mn* paved; **nem ~** unpaved
kövező *fn [munkás]* paver, paviour (*US* -or)
kövirózsa *fn* sempervivum, houseleek
kövület *fn* petrifaction, *[állati]* fossil
köz *fn* **1.** *[idő]* interval, pause, break **2.** *[tér]* distance, intermediate space **3.** *[utcácska]* close, lane, passage **4.** *[közösség]* community, public; **a ~ érdekében** in the public interest, for the common good **5.** **~e van vmhez** have* to do with sg; **nincs ~e vmhez** have* nothing to do with sg; *szl* **~e sincs hozzá** *[nem tud róla]* be in the dark (about sg); **mi ~öd hozzá?** (it's) none of your business, mind your own business; **mi ~öm hozzá?** it's no business/concern of mine, I've nothing to do with it; **semmi ~ük egymáshoz** they have nothing in common with each other; **a két ügynek nincs semmi ~e egymáshoz** these two things/matters have nothing to do with each other
köz- *előtag* public-, common, general

K

közadakozás *fn* public subscription, public contributions *tsz*
közadó *fn* public tax
közakarat *fn* **~tal** unanimously
közalkalmazott *fn* civil servant, public (v. civil-service) employee, *US* sy in public service; → **köztisztviselő**
közállapotok *fn tsz* the general conditions
kőzápor *fn* hail of stones
közbeavatkozik *i* → **közbelép**
közbecsülés *fn* public esteem
közbeékelőd|ik *i* be* wedged in, be* sandwiched (between)
közbees|ik *i* **1.** *[térben]* be* in between **2.** *[időben]* fall*/come* in between
közbeeső *mn [időben]* intervening, intermediate, *[térben]* intermediate
közbeiktat *i* insert, interpolate, put* in, *biz* sandwich in (between), *[lapot]* inset*
közbejön *i* intervene, occur, happen, come* up; **hacsak vm közbe nem jön** unless something happens, unless sg crops/comes up; **sajnálom, vm közbejött** sorry, sg has come up; **ha a háború nem jött volna közbe** had it not been for the war
közbejött *mn* **~ akadály** unforeseen obstacle; **~ akadályok miatt** due to unforeseen circumstances, due to circumstances beyond one's/our control
közbekiált *i* interrupt, shout in
közbe-közbe *hsz* every now and then, from time to time, occasionally
közbelép *i* step in, intervene, interfere
közbelépés *fn* intervention, interference
közben I. *hsz* **1.** *[egyidejűleg, ezalatt]* meanwhile, (in the) meantime **2.** *[térben]* in between, in the midst of **II.** *nu [idő]* during, while; **beszélgetés(ünk) ~** as/while we were talking ...; **előadás ~** during the performance/play; **játék ~** while playing
közbenjár *i* (*vkért*) intercede with sy for sy, use one's influence with sy to do sg, mediate between sy and sy
közbenjárás *fn* intercession, mediation; **szíves ~ával, ~uk eredményeképpen** through the good offices of sy v. through sy's good offices
közbenjáró *fn* intermediary, mediator, go-between
közben-közben *hsz* → **közbe-közbe**
közbenső *mn* → **közbülső**
közbeszéd *fn [amiről beszélnek]* common talk, *[beszédmód]* public discourse; **~ tárgya** topic on everybody's lips, the talk of the town
közbeszól *i* put* one's/a word in, interrupt (sy), get* a word in, *biz* chime/cut* in; **az élet ~t** fate decided otherwise
közbeszólás *fn* interruption, interference; **~okkal megzavarja a szónokot** *[politikai gyűlésen]* heckle the speaker [at a meeting]
közbeszóló *fn* interrupter, *[politikai gyűlésen, zavarólag]* heckler
közbeszúr *i* insert, put* in, interpolate → **közbevet**
közbeszúrás *fn* insertion, interpolation
közbetold *i* interpolate, insert, intercalate, *[lapot]* inset*
közbevág *i* interrupt, *biz* cut* in
közbevegyül *i* mix, mingle (with)
közbevet *i* interpose, interject [a remark]; **sikerül pár szót ~nie** get* a word in edgeways
közbevetés *fn* interjection, interpolation
közbevetett *mn* incidental, interpolated; **~ mondat** interpolated clause
közbevetőleg *hsz* incidentally, by the way
közbiztonság *fn* public security/order
közbotrány *fn* public scandal
közbotrányokozás *fn* causing (a) public scandal
közbülső *mn [középső]* middle, centre (*US* -ter), *[közbeeső]* intermediate
közbűntényes *fn* common/ordinary criminal

közcél *fn* public purposes *tsz*
közcsendháborítás *fn* breach of the peace, public nuisance
közé I. *hsz* in between, among(st); **~jük való** be* one of them; **állj (be) ~nk!** join us!, be one of us! **II.** *nu* **kiment a gyerekek ~** (s)he went out to join the children; **vknek a szeme ~ néz** look sy in the eye, look into sy's eyes; **a rendőrök a tömeg ~ lőttek** the police fired into the crowd
közeg *fn* **1.** (*vm*) medium (*tsz* media), agent **2.** (*vk*) official; **hivatalos ~** official, functionary
közegellenállás *fn* drag
közegészségtan *fn* public hygiene
közegészségügy *fn* public health, sanitation
közegészségügyi *mn* sanitary, public-health
közel I. *hsz* **1.** *[térben]* near, not far off; **a házhoz ~** near the house; **egészen ~** close to, within easy reach (of), close/near by, close/near at hand, no distance at all; **~ áll vkhez** (i) *konkr* stand* near sy (ii) *átv* be* on intimate/friendly terms with sy; **~ álló** standing near *ut*; → **közelálló**; **~ fekvő** near, close, close at hand *ut*; **~ jár vmhez** be* close to sg, come* near to sg, be* on the verge of sg; **~ jár az igazsághoz** be* near the truth; **~ lakik** live nearby; **~ van** be* near; **~ s távol a legjobb** far and away the best **2.** *[időben]* near, towards, around; **~ jár az ötvenhez** be* approaching fifty, be* getting on for fifty; **~ kettőig** close on two, until approximately/approx. two; **~ már az az idő, amikor** the time/day is not far off when, the time/day is approaching when, the day is coming when **3.** *[csaknem]* nearly, about; **~ ezer forint** about/almost a thousand forints; **~ sem** not by a long way/chalk, not nearly, very far from it, far from ...; **nagyon ~ áll/jár ahhoz(, hogy megtegyen vmt)** come* within an ace of (doing sg) **II.** *fn* vicinity, proximity, neighbourhood (*US* -bor-); **~ébe sem kerül** → **közelít**; **a ~ben marad** stick* around; **a ~ben** in the vicinity, not far off/away, nearby, at hand; **Budapest ~ében** near Budapest, in the vicinity/neighbourhood of Budapest
közelálló *mn/fn* **a ~k** (i) *[barátok]* close friends, intimates (ii) *[bennfentesek]* the inner circle, those in the know, the insiders; → **közel I 1**
közelebb *hsz* nearer
közelebbi I. *mn* closer, *[részletesebb]* fuller, more particular/detailed; **~ tájékoztatás** fuller/further information, further details *tsz*; **~ ismerősei** those who know him/her better **II.** *fn [adat]* details *tsz*, particulars *tsz*; **~t megtudhat X-től** for further details please apply to (v. contact) X; **nem tud semmi ~t az ügyről** (s)he knows nothing further about the matter, (further) details are not available
közelebbről *hsz* **1.** *[térben]* more closely **2.** *átv [pontosabban]* in (more) detail; **~ megjelöl/meghatároz** specify; **~ megvizsgálva** on closer examination
közeledés *fn* approach, coming, *átv is* advance, *pol* rapprochement (between)
közeled|ik *i* **1.** (*vmhez*) approach/near sg, come* nearer/closer to sg, *[egymáshoz]* come* closer, draw* near; **~ik az óra** the hour draws near, the hour is at hand; **az ötvenedik évéhez ~ik** he is approaching fifty, he is getting on for fifty; **vészesen ~ik a vizsga(időszak)** examinations are looming up **2. ~ni próbál vkhez** make* approaches to sy
közeleg *i* → **közeledik 1**
közélelmezés *fn* public supply, national food supply
közélelmezési *mn* food-, of food *ut*
közélet *fn* public life
közéleti *mn* public; **~ ember/személyiség** public figure; **~ szereplés** public appearance
közelgő *mn* approaching, coming, advancing, nearing, *[veszély]* imminent [danger]
közelharc *fn* close (v. hand-to-hand) combat
közeli *mn [közel levő]* near, close, neighbouring (*US* -bor-), *[jövő]* immediate, *[napok]* coming, *[veszély]* imminent; **a ~ napokban** before long, in the near future; **~ barátok** they are close friends; **~ rokonok** they are close/near relatives, be* closely related; **~ felvétel** *film* closeup, close shot
közelít *i* (*vmhez*) approach sg, come*/draw* near to sg, near sg; **helyesen ~ a kérdéshez** his approach to the question is right, he has the right idea; **meg sem ~ vmt** *[minőségben]* is not a patch on sg, is nowhere near as [good] as sg
közelítés *fn* approach(ing), advance, advancing; **fokozatos ~ módszere** trial and error
közelítő *mn mat* **~ érték** approximation
közeljövő *fn* near/immediate future, foreseeable future; **a ~ben** in the immediate future, one of these days, before long, some day
Közel-Kelet *földr* the Middle East, *US* the Mideast
közel-keleti *mn* Middle Eastern, *US* Mideast, of/in the Middle East *ut*
közelkép *fn* closeup, close shot
közellátás *fn* public supply
közellenség *fn* public enemy
közellét *fn* nearness, closeness, proximity, vicinity
közelmúlt *fn* recent past; **a ~ban** recently, lately, not long ago
közelre *hsz* close, at close range, at a short distance
közelről *hsz* from a short distance, closely; **~ érint** (*vkt*) affect sy, concern sy greatly; **~ ismer vkt** know* sy well
közelség *fn* nearness, closeness, proximity
közember *fn* man° in the street, *biz* Mr Average
közép *fn* **1.** *[vmnek a közepe]* the middle of sg, the centre (*US* -ter); **vmnek a (kellős) közepén** right in the middle of sg, in the very centre of sg; **június közepén** in the middle of June, in mid-June; **a tél kellős közepén** in midwinter, in the depths of winter; **~re ad** *[labdát]* centre [the ball] **2.** *mat* mean; **számtani ~** arithmetical mean; **mértani ~** geometrical mean
közép- *előtag* **1.** *ált* middle, centre- (*US* center-), central, mid- **2.** *[érték]* mean, *[átlagos]* average
Közép-Afrika *földr* Central Africa
közép-afrikai *mn* Central African, of Central Africa *ut*; **Közép-afrikai Köztársaság** Central African Republic
Közép-Amerika *földr* Central America
közép-amerikai *mn* Central American, of Central America *ut*
Közép-Anglia *földr* the Midlands *tsz*
középangol *mn nyelv* Middle English
középarányos *mn mat* → **közép 2**
középárfolyam *fn gazd* middle rate
Közép-Ázsia *földr* Central Asia
közép-ázsiai *mn* Central Asiatic, of Central Asia *ut*
középbirtok *fn* medium-sized farm/estate
középbirtokos *fn* medium landowner, medium estate-owner
középcsatár *fn* centre (*US* -ter) forward, striker
középdöntő *fn* semifinal
középdöntős *mn* semifinalist
középen *hsz* in the middle/centre (*US* -ter)
középérték *fn mat* mean (value), average; **~et vesz** take* the mean/average
közepes I. *mn* **1.** *[minőségű]* medium, *ált pej* mediocre (in quality), *biz* middling, so-so; **~ eredmény** *okt* satisfactory, fair [mark]; **~ tehetség(ű ember)** *[igével]* have* moderate ability; **~ teljesítményt nyújtott** *[pl. színész]* his performance was undistinguished (v. rather run-of-the-mill) **2.** *[átlagos]* mean, average; **~ hatótávolságú rakéta** intermediate/medium range missile; **~ méretű/nagyságú** medium(-)sized, of medium/moderate size *ut*, moderate-sized, middle-sized; **~ magasságú** (s)he is of/about medium/average height **II.** *fn* **1. ~en alul** below average; **~nél jóval nagyobb** well above (the) average **2.** *[osztályzat]* satisfactory, fair, *US* C; **~re felelt** (s)he got a satisfactory/fair, *US* (s)he got a C
közepesen *hsz* so-so, tolerably; **~ szerepelt** she gave an undistinguished performance

K

közepette *hsz* amid, in the midst/middle of
Közép-Európa *földr* Central Europe
közép-európai *mn* Central European, of Central Europe *ut*; ~ **idő** Central European time
középfedezet *fn sp* centre (*US* -ter) half, half back
középfinom *mn* second-rate
középfok *fn* **1.** *[tudásfokozat]* **~on beszél/tud angolul** have* a fair knowledge of English **2.** *nyelv* comparative
középfokú *mn okt* **1.** secondary; ~ **oktatás** secondary education **2.** ~ **(angol stb.) nyelvtudás** a satisfactory/fair knowledge of [a language]; → **nyelvvizsga**
középfolyás *fn* middle course
középfutam *fn sp* heat(s)
középfül *fn biol* middle ear
középfülgyulladás *fn* inflammation of the middle ear, [have*] an inflamed middle ear, *tud* otitis
középhajó *fn épít* nave
középhaladó *mn* intermediate
középhátvéd *fn sp* centre (*US* -ter) half, half back
középhegység *fn* ‹mountain range of medium height›
középhőmérséklet *fn* mean/average temperature; **évi ~** mean yearly temperature
középhullám *fn* medium wave
középidő *fn* mean time
középiskola *fn ált* secondary school, *GB [állami]* comprehensive (school), *GB [zártkörű, magán, rendsz. bentlakással]* public school, *GB [kb. a mi gimnáziumunknak felel meg]* grammar school, *US* high school, secondary school; **a ~t Kaposvárott végezte** he went to (v. completed) secondary school in Kaposvár, *US* he graduated from high school in K.
középiskolai *mn* secondary school, *US* high school; ~ **oktatás** secondary school education, *US* high school education; ~ **tanár** secondary school teacher; ~ **tanulmányok** secondary school (studies); ~ **tanuló** secondary/grammar school student, *US* high school student, high-schooler
középiskolás *fn* secondary/grammar school student, *US* high school student, high-schooler
középjátékos *fn sp* → **középpályás**
Közép-Kelet *földr* the Middle East, *US* Mideast
Közép-Kelet-Európa *földr* East-Central Europe
közép-keleti *mn* Middle Eastern, of the Middle East *ut*
középkezdés *fn sp [labdarúgás]* kick off, *[gól után]* restarting [the game], kick off
középkor *fn* Middle Ages *tsz*; **korai ~** early Middle Ages *tsz*; **késői ~** late Middle Ages *tsz*
középkori *mn* medieval, of the Middle Ages *ut*
középkorú *mn* middle-aged, of middle age *ut*
középmagas *mn* of medium/average height *ut*
középméret *fn* medium size
középméretű *mn* → **közepes méretű**
középminőség *fn* medium/middle quality, *ált pej* mediocre quality, sg mediocre in quality, *biz* middling quality
középnagyságú *mn* → **közepes nagyságú**
középnemesség *fn tört kb.* the (landed) gentry
Közép-Nyugat *földr US* Midwest
középosztály *fn* the middle class
középosztálybeli I. *mn* of the middle class *ut*, middle-class **II.** *fn* middle-class person, member of the middle class
középpályás *fn sp* midfield player, midfielder
középparaszt *fn pol tört* middle peasant
középparasztság *fn tört* middle peasantry (v. peasants *tsz*)
középpárt *fn* centre (*US* center)
középpont *fn* centre (*US* center), central point, middle; **az érdeklődés ~jában** in the centre of interest, in the limelight; **szeret a ~ban lenni** loves to hold the stage
középponti *mn* central, middle
középrész *fn* central part, middle
középréteg *fn pol* middle layer
középső *mn* central, centre (*US* -ter), middle; ~ **elválasztó sáv** *[autópályán]* central reserve, *US* median strip; ~ **nyom/sáv** middle/overtaking lane; ~ **ujj** middle finger
középsúly *fn sp* middleweight
középsúlyú *mn sp* middleweight
középszerű *mn* middling, average, *pej* mediocre, run-of-the-mill; **~en** *biz* so-so
középszerűség *fn* mediocrity
középszint *fn* intermediate level
középszintű *mn* intermediate
középtáv(futás) *fn* middle-distance running
középtávfutó *fn* middle-distance runner
középtávú *mn* ~ **előrejelzés** *[időjárásé]* extended forecast
középtermet *fn* medium height/build
középtermetű *mn* of medium height/build *ut*
középút *fn átv* middle course, middle-of-the-road; **az arany ~** the golden mean; **a ~on halad** follow the middle course
középutas *mn* middle-of-the-roader
középület *fn* public building
középütt *hsz* in the middle/centre (*US* -ter)
középvállalkozás *fn* medium-size enterprise, mid-size(d) company
középvonal *fn* axis, centre (*US* -ter) line, *[futball]* halfway line
közérdek *fn* general/public interest
közérdekű *mn* of (v. in the) public/general interest *ut*; ~ **bejelentés** *US* public service announcement
közerkölcs *fn* public morality; **~be ütköző cselekedet** offence against public morality
közért *fn* → **élelmiszerbolt**
közérthető *mn* clear, clear to all *ut*, easy to understand/follow *ut*, easily intelligible
közérzet *fn* general state of health, general feeling; **rossz ~** indisposition, malaise, (the general feeling of) being unwell; **rossz a ~em** I feel low/unwell; **jó a ~em** I feel well
kőzet *fn* rock
közétkeztetés *fn* canteen meals *tsz*
közfal *fn* partition (wall)
közfelfogás *fn* public opinion, *[igével]* it is generally held/believed that...
közfelháborodás *fn* general indignation, public outcry
közfelkiáltás *fn* public/general acclamation; **~sal** by acclamation
közfeltűnés *fn* general stir; **~t kelt** create/cause a general stir, make* a splash
közfigyelem *fn* the public eye
közforgalmi *mn* ~ **repülőtér** civil airport
közforgalom *fn* traffic
közgazdasági *mn* economic
közgazdaságtan *fn* economics *esz*
közgazdaság-tudomány *fn* economics *esz*
közgazdaság-tudományi *mn* ~ **kar** faculty of economics
közgazdász *fn* economist, *[hallgató]* student of economics
közgondolkodás *fn* (general) thinking, public thinking
közgyógyellátás *fn* health service; **~ra jogosult beteg** *GB* sy entitled to NHS treatment
közgyűlés *fn* general assembly
közhangulat *fn* general/public feeling, (political) climate
közhasználat *fn* common/general use; **~ban van** *[szó]* be* in current use; **~ra** for public use
közhasználati *mn* ~ **cikkek** consumer goods
közhasználatú *mn* ~ **szó** word in current use
közhasznú *mn* ~ **munka** community service
közhely *fn* cliché, commonplace, banality, platitude; **~eket mond** talk in clichés
közhelyszerű *mn* banal, commonplace
közhiedelem *fn* popular/common belief; **a ~mel ellentétben** contrary to popular belief
közhír *fn* **~ré tesz** inform the public, announce, make* known to the public

közhit *fn* public belief
közhivatal *fn* public office
közhivatali tisztviselő, közhivatalnok *fn* → **köztisztviselő**
közigazgatás *fn* (public) administration, the executive (branch of government), the civil service
közigazgatási *mn* administrative, executive; ~ **államtitkár** administrative undersecretary; ~ **eljárás** administrative procedure; ~ **gépezet** bureaucracy; ~ **hatóság** administrative authority; ~ **negyed** civic centre (*US* -ter); ~ **szerv** organ of administration, administrative organ
közintézmény *fn* public institution/corporation/body
közíró *fn* publicist
közismereti *mn* ~ **tárgyak** general subjects/studies
közismert *mn* well-known, widely known, famed (for) *ut*, *pej* notorious (for) *ut*; ~ **dolog, hogy** ... it is a well-known fact that ..., it is common knowledge that ...; ~ **tény, hogy**... it's common knowledge that ...
közismerten *hsz* ~ **fukar** he is a byword for meanness
közízlés *fn* general taste
közjáték *fn* interlude, entr'acte
közjegyző *fn* notary (public)
közjegyzői *mn* notarial; ~ **iroda** notary's office
közjegyzőileg *hsz* ~ **hitelesít** attest, authenticate, *csak US* notarize
közjó *fn irod* public welfare, common good
közjog *fn* public/constitutional law
közjogi *mn* → **méltóság**
közjólét *fn* public/social welfare
közkapcsolat-szervezés *fn* public relations *tsz* (*röv* **PR**)
közkapcsolat-szervező *fn* public relations officer/man° (*röv* **PRO**)
közkatona *fn* private, common soldier, *GB biz* Tommy, *US* enlisted man°, *US biz* GI; ~**k** the ranks
közkedvelt *mn* popular, much-loved, well-liked
közkedveltség *fn* popularity; ~**nek örvend** (i) (*vk*) be* popular (ii) (*vm*) be* in great demand, be* much sought-after
közkegyelem *fn* (general) amnesty, (general) pardon; ~**ben részesül** be* amnestied/pardoned
közkeletű *mn* in/of current use *ut*, current, everyday, common, popular; ~ **kifejezés** common phrase/expression; ~ **nevén** generally/commonly called...
közkézen forog *kif* be* in common use, pass through many hands, *[pénz, könyv stb.]* be* in circulation, circulate
közkincs *fn* common/public property
közkívánatra *hsz* by popular request; ~ **megismételve** (to be) repeated (v. performed again) by public/popular demand; *[főnévvel]* request/repeat performance
közkórház *fn* general hospital
közköltség *fn* public expense/cost; ~**en** at public expense
közkönyvtár *fn* public library
közlegelő *fn* common (pasture)
közlegény *fn* → **közkatona**
közlekedés *fn* traffic, transport, *főleg: US* transportation, *[járat]* service; **egyirányú** ~ one-way traffic; **jobb/bal oldali** ~ right/left rule of the road; **vasúti** ~ train service
közlekedésbiztonság *fn* road/traffic safety
közlekedésgépész-mérnök *fn* automobile engineer
közlekedési *mn* traffic, transport, service; ~ **baleset** *[közúti]* road accident, traffic accident; ~ **eszköz** means of transport, vehicle; ~ **hálózat** transport/traffic system/network; ~ **miniszter** Minister of Transport; ~ **minisztérium** Ministry of Transport; ~ **módok** means of communication; ~ **rendőr** (traffic) policeman°; ~ **szabályok/szabályzat** rules of the road *tsz*, the Highway Code; ~ **szabálysértés** infringement of traffic regulations, traffic/motoring offence (*US* violation); ~ **viszonyok** traffic conditions
közlekedésrendészet *fn* traffic department/control
közlekedésügy *fn* transport
közleked|ik *i* **1.** *[részt vesz a közúti forgalomban, jármű]* go*, be* on the road *[gyalogos]* walk, go* on foot **2.** *[menetrendszerűen jár: vonat, busz]* run*, *[busz így is]* ply (*vhol* swhere, *vm között* between), *[hajó]* ply (... *között* between ...); **autóbuszok tíz percenként ~nek** buses run every ten minutes; **~ik autóbusz Pécsre?** is there a coach service to Pécs?; **nem ~ik** is not running, be* out of service
közlekedő *mn* **Budapest és Debrecen között ~ vonatok** the train service between Bpest and D., the Budapest-Debrecen service; **Fonyód és Badacsony között ~ hajók** boats plying between F. and B.
közlekedőedények *fn* communicating vessels
közlékeny *mn* communicative, talkative; **nem** ~ uncommunicative reserved; *[igével]* keep* oneself to oneself
közlékenység *fn* communicativeness, talkativeness, readiness to talk
közlemény *fn* communication, notice, announcement, *[hivatalos]* communiqué, statement, *[közéleti személy egészségi állapotáról]* bulletin, *[hírlapi]* article, newsitem, *[rádióban, tévében rövid]* newsflash; **~ek** *[kiadvány]* publication; *[tud. társaságé]* proceedings *tsz*, bulletin
közlendő *fn* communication; **fontos ~m van** I have an important announcement to make
közlés *fn* **1.** *[folyamata]* communication, *[hírlapban]* publication **2.** *[közölt dolog]* communication, message, news *esz*, *[hírlapban]* publication; → **bizalmas**
közlőmű *fn* transmission gear
közlöny *fn [kormányé]* gazette, *[egyéb]* journal, bulletin
közmegbecsülés *fn* **~nek örvend** be* in high public esteem
közmegbotránkozás *fn* public/general indignation/outcry
közmegegyezés *fn* general agreement, *főleg: pol* consensus; **~sel** by common consent, by general agreement
közmegelégedés *fn* general satisfaction; **~re** to everyone's satisfaction
közmegvetés *fn* general contempt
közmondás *fn* proverb
közmondásos *mn* proverbial
közmunka *fn* (compulsory) communal work/labour (*US* -or)
közmű *fn [főleg tsz]* public utility/-ties *tsz*, utility/-ties *tsz*, *US így is:* public-service corporation; → **közműszolgáltató**
közműfejlesztés *fn* public works *tsz*
közműszolgáltató *fn* public utility/service, *US* public-service corporation
közművek *fn tsz* essential services/essentials *tsz*; → **közmű**
közművelődés *fn* general education
közművelődési *mn* educational, cultural
közművesít *i* supply (v. provide with) public utilities (v. essentials)
közművesítés *fn* supply/provide with (public) utilities
közműves(ített) *mn [telek]* supplied with essentials *ut*
köznap *fn* weekday
köznapi *mn* **1.** *[mindennapi]* everyday, daily **2.** *átv* plain, ordinary, common(place)
köznemes *fn tört* member of the lesser/lower nobility
köznemesség *fn tört* lesser/lower nobility
köznép *fn* the common people
köznév *fn nyelv* common noun
köznevelés *fn* public/general education
köznyelv *fn* standard language, *[még tágabban]* everyday language; **az angol** ~ standard English; **a magyar** ~ standard Hungarian; **átmegy a ~be** enter (the) everyday language
köznyelvi *mn* standard, popular, of/in the everyday/standard language *ut*; ~ **szó** standard/everyday word
közóhaj *fn* general desire
közokirat *fn* official document, deed
közokirat-hamisítás *fn* forgery of (official) documents

K

közoktatás *fn* public/general education
közoktatási *mn* of public education *ut*; → **oktatási**
közoktatásügy *fn* public education
közöl *i* **1.** *[hírt stb.]* tell*, report, announce, disclose, make* known, *[rádióban]* announce, *[árat]* quote [a price]; ~ **vkvel vmt** tell* sy sg, inform sy of/about sg; **közlöm önnel, hogy**... I would like to tell/inform you that...; **bizalmasan ~ vkvel vmt** tell* sy sg in confidence; **~ték, hogy**... it was announced that...; **sajnálattal közlöm** I regret to inform you; → **kíméletesen 2.** *[közzétesz]* publish; **cikket ~** publish an article (*vmről* on), *[lap]* carry an article (on, about)
közölhető *mn [lapban]* publishable, *[imprimált]* passed for publication/press *ut*
közölnivaló *fn* → **közlendő**
közömbös *mn* **1.** *[vk számára]* indifferent, of little/no interest *ut* **2.** *[közönyös]* indifferent, uninterested, passive, *pol* apolitical; ~ **vm iránt** be* indifferent to sg, show* indifference to sg **3.** *kém* neutral, inert
közömbösít *i kém* neutralize
közömbösség *fn* → **közöny**
közönség *fn [nagy~]* the public, *[szính stb.]* audience, public; **nyitva (van) a ~ számára** be* open to the public; **van ~e az efféle könyvnek?** is there a public for that sort of book?
közönséges *mn* **1.** *[nem különleges]* general, usual, common, everyday, ordinary, (postai küldemény) *GB* second class; **a ~ beszédben** in common usage/parlance, in everyday speech/language; **~ bűnöző** ordinary/common criminal **2.** *pej* vulgar, gross, coarse, low; **~ kifejezés** coarse/vulgar expression/phrase; **~ szélhámos** a scoundrel/rascal; **~ nő** tramp, low woman° **3.** *mat* **~ tört** vulgar fraction
közönségkapcsolatok *fn* public relations (*röv* **PR**)
közönségsiker *fn ált* great success, *[színdarab]* box-office hit, smash-hit, *[könyv]* bestseller
közönségszervezés *fn* audience canvassing
közönségszervező *fn* audience canvasser
közönségszolgálat *fn [vállalati]* public relations department (*röv* **PR**), public relations *tsz*, *[tájékoztató szolg.]* information service, agency
közöny *fn* indifference, unconcern
közönyös *mn* indifferent, uninterested
közös I. *mn* common, collective, public, joint, *[kölcsönös]* mutual, *[közösen használt, pl. tévé]* communal; **~ akarattal** with one accord; **~ állásfoglalás** a joint stand; **~ barátunk** our mutual/common friend; **~ ebédlő** *[pl. kollégiumban]* (dining) hall, refectory; **~ érdek** common interest; **~ étkezés** communal/institutional eating/catering; **~ fürdő** (i) *[fürdés]* mixed bathing (ii) *[helyiség, pl. diákszálláson]* shared bathroom; **~ használatban van** *[pl. konyha]* the kitchen is shared (by all), they share a/the kitchen; **~ kiadás** *[könyvé]* co-edition; [sg] published jointly by ... and ...; **~ konyha** communal kitchen; *[társbérleti, diákszálláson stb.]* shared kitchen, kitchen-sharing; **~ kórterem** public/general ward; **~ nevező** (i) *mat* common denominator (ii) *átv* common currency; **~ nevezőre hoz** (i) *mat* reduce [fractions]to a common denominator (ii) *átv [különböző érdekeket]* reconcile [different interests]; **~ nevezőre jut vkvel** come* to terms (with sy), reach an agreement (with sy); **nem sikerült ~ nevezőre jutniuk** *kif* they agreed to differ; **(legnagyobb) ~ osztó** (highest) common factor, *US* (greatest) common divisor; **K~ Piac** *tört* the Common Market [European (Economic) Community *röv* (**EEC** v. **EC**)]; **~ szerzemény** common/joint acquisition; **legkisebb ~ többszörös** lowest common multiple; **~ tulajdon** joint property; *jog* collective/joint/public ownership; **~ vállalat** joint venture; **~ek vmben** they have sg in common; **nem sok ~ vonásuk van** they have very little in common; **~ minden gondolatuk** they are bound up in each other **II.** *fn* → **termelőszövetkezet**; **bent van a ~ben** be* in the co-operative

közösen *hsz* jointly, in common (with); **~ ad ki** publish jointly, coedit; **~ használnak vmt** use sg in common, share sg; **~ használják a fürdőszobát** they share the bathroom; **~ viselik a költségeket** they share the expenses/costs
közösköd|ik *i* (*vkvel*) own/manage/use sg in common with sy; **nem ~ik senkivel** keep* oneself to oneself, refuse to share (sg) with anyone
közösség *fn* **1.** community; **~et vállal vkvel** make* common cause with sy, identify oneself with sy **2.** *vall* fellowship
közösségi *mn* communal; **~ szellem** esprit de corps, public mindedness/spirit; **~ ház** community centre (*US* -er)
közösteres *mn épít* open-plan; **~ irodahelyiség** open-plan office (floor)
közösül *i* (*vkvel*) have* sexual intercourse (with), *biz* have* sex (with); **~tek** they had (sexual) intercourse
közösülés *fn* (sexual) intercourse, *biz* sex
között *hsz/nu [kettőnél]* between, *[több mint kettőnél, ha a viszonyt nem egyedenként vesszük]* among; *[több, mint kettőnél, ha a viszonyt egyedenként vesszük]* between; **a fák ~** among the trees; **a három fa ~ lévő tér** the space between the three trees; **a három fél ~ lévő megállapodás** the agreement between the three parties; **a három első helyezett ~ 10 000 fontot osztottak szét** £10,000 were distributed among the first three contestants; **többek ~ (v. közt)** among others, inter alia; ... **~ mozog** range from ... to ...; **aug. 10-e és 15-e ~** from 10th to 15th *Aug*, between 10 and 15 *Aug*, *US* from *Aug* 10th through *August* 15th; **a ~ a két ház ~** between those/the two houses
közötte *hsz* → **közte**
közötti *mn* between *ut*; **a kettő ~ különbség** the difference between them; **a hármójuk ~ megállapodás** the agreement between the three (of them)
közpénz *fn* public funds *tsz*; **~en** at public expense
központ *fn* **1.** *[középpont]* centre (*US* center), middle **2.** *[hivatal]* central office, centre (*US* center), headquarters *tsz* **3.** *[telefon~]* (telephone) exchange; *[intézményé]* operator; → **középpont**
központi *mn* central; **~ címjegyzék/katalógus** union catalogue (*US* -log); **~ fűtés** central heating; *biol* **~ idegrendszer** central nervous system; **~ kérdés** key issue/question; **~ vezetőség** central board/committee; *gk* **~ zár** central lock
központifűtés-szerelő *fn* central heating installer
központilag *hsz* centrally
központosít *i* centralize
központosítás *fn* centralization
központozás *fn* punctuation
közpréda *fn biz* [sg] up for grabs
közraktár *fn* warehouse, storehouse
közread *i* publish, bring* out, issue
közrebocsát *i* publish, bring* out, issue
közrefog *i* surround; **két rendőrtől ~va** between v. flanked by two policemen
közrejátsz|ik *i* (*vmben*) take* part in, contribute to sg, have* an influence on sg
közreműködés *fn* contribution, co-operation, assistance, (*vm/vk*); **~ével** *[nem szính]* through the agency of (sg/sy), *szính* featuring ...; *[pl. szakértő]* with ...
közreműköd|ik *i* (*vmben*) take* part in, participate in, contribute to; **~ik** *[hangversenyen stb.]* (i) *[nem szólistaként]* with (the participation of)..., performed by... (ii) *[szólistaként]* soloist...; **~tek**... *[film, tévé, közreműködők névsora]* the credits *tsz*
közreműködő *fn [műsorban stb.]* performer; **~k névsora** *[film, tévé]* the credits *tsz*
közrend *fn* law and order, public order
közrendőr *fn* policeman°, police officer, *GB* police constable, PC, *biz* cop
közrevesz *i* (*vmt*) surround, encircle
közröhej *fn durva* public/general derision/ridicule; **~ tárgyát képezi** be* a laughing-stock

község *fn* village, *[közigazgatásilag]* community
községbeli *mn* village-, of the village *ut*; **a ~ek** the locals
községháza *fn elav* village hall
községi *mn* communal, parish, village-, local; **~ adót fizet** pay the rates, pay the rate-bill; **~ elöljáróság** parish council
közszájon forog *kif* be* the talk of the town
közszellem *fn* public spirit
közszemérem *fn* **~ elleni vétség** public indecency
közszemle *fn* **~re kitesz** exhibit in public, display; **~re kitették** be* on display, be* (put) on show
közszeretet *fn* **~nek örvend** be* loved by all, be* a general (v. everybody's) favourite (*US* -or-), be* very popular
közszféra *fn* public sphere
közszokás *fn* general custom
közszolgálat *fn* civil/public service, *US* public service
közszolgálati *mn* → **köztisztviselő**; **~ televízió/média** public service television/broadcasting/media
közszolgáltatás *fn* services *tsz*
közszükségleti cikkek *fn tsz* consumer goods *tsz*
közt *hsz* **egymás ~** between/among ourselves/yourselves/themselves; **magunk ~** between you and me, between ourselves → **között**
köztársaság *fn* republic; **a Magyar K~ elnöke** President of the Hungarian Republic
köztársasági *mn* **1.** of the republic *ut*; **~ elnök** president of the republic **2.** *[köztársaságpárti]* republican
köztársaságpárti *fn* republican
köztartozás *fn* taxes and dues *tsz*
közte *hsz* between; **~m és ~d** between you and me; **köztünk maradjon/szólva** between you and me, (just) between ourselves; **van köztük olyan, aki** ... there are some of/among them who ...
közteherviselés *fn* equality of sacrifice
köztelevízió *fn* public television
köztemető *fn* (public) cemetery
közterhek *fn tsz* rates and taxes
közterület *fn* public place/property
közterület-felügyelő *fn kb.* traffic warden
köztes *mn* **~ állapot** intermediate phase/stage; *mezőg* **~ növény** companion crop, intercrop
köztestület *fn* public body
köztetszés *fn* general approval; **~t aratott** met with general approval
közti *mn* → **közötti**
köztisztaság *fn* public sanitation/hygiene
köztisztasági *mn* **~ alkalmazott** refuse collector; **~ hivatal** street cleansing department
köztisztelet *fn* **~ben áll** be* universally/highly respected, enjoy prestige
köztisztviselő *fn* civil/public servant, government official/worker, official, *US* officeholder
köztisztviselői *mn* **~ kar** the civil service
köztörvényes *mn* **~ bűnöző** ordinary/common criminal
köztudat *fn* common knowledge; **átmegy a ~ba** become* a household term, become* public, become* generally/widely known
köztudomás *fn* **~ szerint** to everyone's knowledge; **~ra jut** → **átmegy a köztudatba**
köztudomású *mn* generally known; **~, hogy** ... it is well-known that ...; **~ tény** everyone knows (that ...), it is a generally known fact
köztudomásúlag *hsz* as is well known
köztudott *mn* → **köztudomású**
köztulajdon *fn* **1.** *[viszony]* public ownership; **~ba megy át** pass into public ownership, be* nationalized; **~ba vesz** place under public ownership, nationalize **2.** *[tárgya]* public/common property
köztünk *hsz* → **közte**
közút *fn* public road, *US* highway
közutálat *fn* **~nak örvend** be* hated by everybody, be* universally loathed

közúti *mn* road; **~ baleset** road accident; **~ híd** road/highway bridge; **~ ellenőrzés** traffic check; **~ forgalom** (road) traffic vehicular traffic; **~ jelzőtábla** traffic/road sign; **a ~ közlekedés szabályai** → **KRESZ**; **~ szállítás** road transport
kőzúzalék *fn [útépítéshez]* macadam, *GB* road metal
közügy *fn* public affair/matter/concern; **~ek** public affairs, matters of public interest
közül *nu* from (among), among, one (of), (out) of; **melyik a kettő ~** which of the two; **egy a sok ~** one among/of many; **hat ~ kettő** two out of six; **a vendégek ~ többen** several of the guests; **~ük való** one of them; **~ünk három/hárman** three of us; **~ünk többen voltak** there were several of us
közület *fn* public institution/corporation, *[vállalat]* company
közületi *mn* public
közüzem *fn* public utility (company), *US* public-service corporation; **~i díjak** heating and lighting charges/costs
közvádló *fn* public prosecutor
közvágóhíd *fn* abattoir, slaughterhouse
közvagyon *fn* public property, national wealth
közvélemény *fn* public opinion; *[a nagyközönség]* the (general) public, the public at large; **tájékoztatja a ~t** *[a fejleményekről]* keep* the public informed of (further) developments
közvélemény-kutatás *fn* public-opinion poll, (opinion) poll, *csak US és GB* Gallup poll; **~t rendez/tart** take*/conduct a public-opinion poll
közveszélyes *mn* a danger to the public *ut*, dangerous; **~ őrült** a lunatic, a raving lunatic/maniac/madman°
közvetett *mn* indirect; **~ úton/módon** indirectly, in a roundabout way
közvetít *i* **1.** *[vm ügyben]* mediate, act as (a) go-between; **~ két barát között** mediate between two friends **2.** *[üzletet]* act as a (v. be* the) middleman°, *[állást]* secure/obtain [a job for sy], *[házasságot]* arrange, bring* about **3.** *[rádión]* broadcast*, *[televízión]* broadcast*, cover, televise; **a miniszterelnök beszédét a televízió ~i** the Prime Minister's speech will be (shown) on television, the P.M. will speak on television; **a mérkőzést a televízió ~i** the match will be (shown) on television (v. will be televised); **a Parsifalt a televízió is ~i** "Parsifal" will also be broadcast/shown on television; → **élő** **4.** *[továbbít]* transmit [a message, knowledge, ideas etc.], communicate (to)
közvetítés *fn* **1.** *[ügyben]* mediation; **vk ~ével** on sy's intervention, through the medium of sy, (with) sy acting as a go-between (v. an intermediary); → **közbenjárás** **2.** *[rádió, televízió]* coverage, broadcast; **helyszíni ~** (i) *ált* outside/live broadcast; *[igével]* ... is brought to you live from ... (ii) *[sporteseményről]* running commentary; **élő televíziós ~** live coverage; **~ vezetője** anchorman°/anchorwoman°
közvetítési *mn* **mennyi ~ idő(d) volt?** how much air time have you got?
közvetítő **I.** *mn [vm ügyben]* mediatory; **~ indítvány** compromise (proposal) **II.** *fn* mediator, *ker* middleman°, go-between, intermediary
közvetítőállomás *fn* relay station
közvetítői *mn* **~ jutalék** commission
közvetítőkocsi *fn* outside broadcast vehicle/van
közvetlen **I.** *mn* **1.** *[direkt]* direct, immediate; **~ csatlakozás/összeköttetés/vonat** through train (to ...); **~ értesülés** first-hand information; **~ kocsi** *[vasúti]* through carriage (to ...); **~ közelében** near, hard/close by; **~ szomszédságában** in the immediate vicinity/neighbourhood (*US* -bor-) of, next (door)to; **~ szomszédom** my next-door neighboor; **~ tárcsázás** *távk* direct (distance) dialling (*US* -l-); **~ veszély** immediate danger; **~ veszély esetén** in an emergency **2.** *[modor]* informal, free and easy, relaxed, unstuffy **II.** *hsz* → **közvetlenül**

közvetlenség *fn* **1.** (*vmé*) directness, immediacy **2.** (*vké*) informality, lack/absence of reserve
közvetlenül *hsz* **1.** *[térben]* directly, *[időben is]* immediately; ~ **mellette** (right) next to sy, right/hard by; ~ **a megérkezése után** right/immediately after his arrival; ~ **utána** right after, immediately afterwards **2.** *átv* in an informal/relaxed manner
közvetve *hsz* indirectly, in a roundabout way
közvilágítás *fn* public/street lighting
közzene *fn zene* intermezzo
közzétesz *i* publish, release, bring*/put* out, *[nyilatkozatot]* make* [an announcement]
közzététel *fn* publication, publishing; **a nyilatkozat ~e óta**... since the announcement
kp. *röv* → **készpénz**
krach *fn biz* crash, failure
krajcár *fn kb.* penny
krajcároskod|ik *i* be* penny-pinching, be* stingy/niggardly
Krakkó *földr* Cracow
krakkolás *fn kém* cracking
krákog *i* clear one's throat, croak
krákogás *fn* clearing one's throat, croak
krampusz *fn kb.* bogeyman°, *[dobozból kiugró]* jack-in-the-box
krapek *fn szl* chap, guy, *GB* bloke, chappie
kráter *fn* crater
Kr. e. *röv [Krisztus előtt]* before Christ (*röv* **BC** v. **B.C.**); → **i. e.**
kreáció *fn* creation, production, *[divat]* design, model
kreál *i* design, create, produce
kreatív *mn* creative
kreativitás *fn* creativity; **~t fejlesztő** *[pl. játék]* creative [toy]
kredenc *fn* sideboard, dresser
kredit *fn okt [egyetemi]* credit (hour/point)
kreditrendszer *fn okt* credit system
krém *fn* **1.** *[étel]* cream, mousse **2.** *[kozmetikai]* (skin/face) cream **3.** *átv* **vmnek a ~je** the cream/pick of sg
krematórium *fn* crematorium (*tsz* -ums v. -ria)
krémes I. *mn* filled with cream *ut*, cream **II.** *fn kb.* cream bun/cake
krémleves *fn* cream of... soup; **zeller~** cream of celeriac/celery soup
krémpor *fn* custard powder
krémsajt *fn* cream cheese
krémszínű *mn* cream-coloured (*US* -or-), creamy
kreol *mn/fn* creole, *[mint nép]* Creole; ~ **arcbőr** dark complexion/skin
krepp *fn* crepe
krepp-papír *fn* crepe (paper)
krepptalp *fn* crepe sole
KRESZ *röv [A közúti közlekedés szabályai]* the Highway Code, rules of the road *tsz*
KRESZ-tábla *fn* traffic/road sign, *[feloldó tábla]* derestriction sign, end of [speed limit etc.]
KRESZ-vizsga *fn* driving test
kréta *fn* chalk, *[színes]* crayon, pastel; **hiba van a ~ körül** there's something wrong
Kréta *földr* Crete
krétafehér *mn* white (as chalk), chalk-white
krétakor *fn geol* the Cretaceous (period)
krétarajz *fn* crayon (drawing)
krétáz *i [billiárdákót]* chalk
kretén *fn* cretin
kreton *fn* cretonne
krikett *fn* cricket
krikettez|ik *i* play cricket
krikettjátékos *fn* cricketer, *[ütőjátékos]* batsman°; **jó ~** he is a good bat
krikettkapu *fn* wicket
krikettmérkőzés *fn* cricket match; **nemzetközi ~** test match
krikszkraksz *fn biz* scrawl, scribble
Krím-félsziget *földr* Crimea
krimi *fn* (crime) thriller, *biz* whodunit, crime story/film (v. *US* movie); **folytatásos tv-~** crime series *esz*
kriminális *mn biz* abominable, dreadful
kriminalista *fn* criminalist
kriminalisztika *fn* criminalistics *esz*
kriminológia *fn* criminology
kriminológus *fn* criminologist
krinolin[1] *fn [szoknya]* crinoline, hoop skirt
krinolin[2] *fn [felvágott] kb.* polony, sausage
kripta *fn* burial vault, tomb; *[templomi]* crypt
kripton *fn kém* krypton
kristály *fn* crystal
kristálycukor *fn* granulated sugar
kristályos *mn* crystalline, crystal(lized); ~ **kőzet** cryptalline rock; ~ **szerkezet** crystal structure
kristályosít *i* crystallize
kristályosodás *fn* crystallization
kristályosod|ik *i* crystallize
kristályrács *fn* crystal lattice
kristályszerű *mn* crystallike, crystalline
kristálytan *fn* crystallography
kristálytiszta *mn* crystal-clear, pure/clear as crystal *ut*
kristályüveg *fn* crystal (glass)
kristályváza *fn* crystal vase
kristályvíz *fn* mineral water
Kristóf *tul* Christopher; **Kolumbusz ~** Cristopher Columbus
Krisztina *tul* Christina
Krisztus *tul vall* Christ; **Jézus ~** Jesus Christ
krisztustövis *fn növ* Christ's-thorn
kritérium *fn* criterion (*tsz* -ria v. -rions)
kritika *fn [rövidebb, szóban is]* criticism, *[írásban]* review, *[hosszabb, tudományos, írásban]* critique; **jó ~t kapott** it had good reviews, it was well received, [the play] received very good notices; **~n aluli** beneath contempt (v. all criticism) *ut*; **~val olvas** be* a critical reader, read* critically
kritikai *mn* critical; ~ **kiadás** critical edition; ~ **megjegyzések/észrevételek** critical remarks; ~ **szellem** critical sense
kritikátlan *mn* uncritical, undiscriminating
kritikus I. *mn* **1.** (*vm*) critical, *[döntő]* crucial; ~ **helyzet** critical situation; **a ~ pillanatban** when it comes to the crunch; **jelen van a ~ pillanatban** be* in at the death **2.** (*vk*) critical; ~ **elme** critical mind; ~ **magatartást tanúsít** adopt a critical attitude; **~an** critically; ~ **szemmel** (v. **~an**) **néz/vizsgál vmt** look at (v. examine) sg with a critical eye **3.** *fiz* critical; ~ **állapot** critical state; ~ **hőmérséklet** critical temperature **II.** *fn ált* critic, *[ismertetés/kritika írója]* reviewer; → **válságos**
kritizál *i* criticize, find* fault with
kritizálás *fn* criticism, criticizing
krizantém *fn* chrysanthemum
krízis *fn* crisis (*tsz* crises)
krokett *fn* **1.** *sp* croquet **2.** *[étel]* croquette
kroki *fn* sketch, skit
krokodil *fn* crocodile
krokodilbőr *fn* crocodile skin, *[jelzőként]* crocodile; ~ **cipő** crocodile shoes *tsz*
krokodilcsipesz *fn műsz* crocodile/alligator clip
krokodilkönnyek *fn* crocodile tears
krókusz *fn növ* crocus
króm *fn kém* chromium, *műsz* chrome
krómacél *fn* chrome steel
kromatikus *mn* chromatic
kromoszóma *fn* chromosome
kromoszóma-rendellenesség *fn biol* chromosomal aberration

kromoszómaszám *fn biol* chromosome number
krómoz *i* chrome, plate with chromium
krómozott *mn* chromed, chromium/chromeplated
krónika *fn* **1.** chronicle, *átv is* annals *tsz* **2.** *[rádióban]* newscast; **reggeli ~** the (morning) news *esz*
krónikás *mn* chronicler
krónikus *mn* **1.** *orv* chronic **2.** *átv* lingering, lasting
kronológia *fn* chronology
kronologikus *mn* chronological
kronométer *fn* chronometer
Krőzus *tul* Croesus
krt. *röv* → **körút**
Kr. u. *röv [Krisztus után]* anno Domini (*röv* **AD** v. **A.D.**); → **i. sz.**
krúda *fn* book in sheets
krumpli *fn biz* spud, potato (*tsz* potatoes); → **burgonya-**
krumplinudli *fn kb.* potato vermicelli *tsz*
krumplinyomó *fn* potato-masher, *US* ricer
krumpliorr *fn* snub/stumpy nose
krumplipaprikás *fn* → **paprikás krumpli**
krumplipüré *fn* mashed potatoes *tsz*, potatoe purée
krumplis *mn* → **burgonyás**
krupp *fn orv* croup
kruppos *mn orv* croupy, affected with croup *ut*
Kuba *földr* Cuba
kubai *mn/fn* Cuban
kubikol *i* work as a navvy, be* a navvy
kubikos *fn* navvy, pick-and-shovel-man°, *US* construction laborer
kubista *fn műv* cubist
kubizmus *fn műv* cubism
kuckó *fn* nook, recess, retreat
kucorog *i* crouch hunker (down)
kucsma *fn* furcap
kucsmagomba *fn* morel
kudarc *fn* failure, defeat, setback, fiasco; **~ba fullad, ~cal végződik** end in failure, be*/prove (v. end in) a fiasco/failure, come* to nothing/naught, founder, fall flat/through; **~ot vall** fail, be* defeated; **~ra van ítélve** be* doomed to fail
kudarcélmény *fn* frustration
kufár *fn pej* pedlar, hawker, huckster, shark, profiteer
kufárkod|ik *i pej* hawk, peddle, profiteer
kugli *fn* (tenpin) bowling, *US* tenpins *esz*; → **teke**, → **teke-**
kuglibábu *fn* pin
kugligolyó *fn* bowl
kuglipálya *fn* bowling-alley
kuglizás *fn* → **kugli**
kugliz|ik *i* bowl, go* bowling, play tenpin bowling
kuglizó *fn* bowler
kuglóf *fn kb.* ring cake, deep-dish cake
kujon *fn biz* rake, roué, lecher, rakehell
kujtorog *i* hang* about/around, loiter
kuka[1] *mn biz [néma]* tongue-tied, dumb
kuka[2] *fn [szemétnek]* dustbin, rubbish bin, *US* garbage/trash can
kukac *fn* **1.** *[giliszta]* worm, *[gyümölcsben]* maggot, *[sajtban]* cheese-mite **2.** *átv biz* **gyáva ~!** you've no guts, you're yellow **3.** *infor [e-mail címben]* at
kukacos *mn* **1.** *konkr* maggoty, wormy, worm-eaten **2.** *átv* fussy, nitpicking
kukacoskod|ik *i* be* fussy/nitpicking/persnickety
kukás *fn [köztisztasági alkalmazott]* sanitation worker, *GB* dustman, *US* garbageman
kukáskocsi *fn GB* dustcart, *US* garbage truck
kukázó *fn [guberáló]* scavanger, *[nő]* shopping-bag lady
kukáz|ik *i [guberáló]* scavange
kukk *fn* **egy ~ot sem értek** I can't understand a (single) word, it's all Greek to me; **egy ~ot sem szól** doesn't utter a sound; **egy ~ot sem tud franciául** she doesn't speak a word of French
kukkol *i biz* peep
kukkoló *fn biz* Peeping Tom, voyeur
kukorékol *i* crow
kukorica *fn GB hiv* maize, Indian corn, *US* corn, *[csemege~]* sweetcorn; **főtt ~** sweetcorn, corn on the cob
kukoricacső *fn* maize-ear, ear of maize/corn
kukoricacsuhé *fn US* cornhusk
kukoricacsutka *fn* maize-cob, (corn) cob
kukoricadara *fn* maize/corn-grits *tsz*
kukoricafosztás *fn* maize/corn-husking
kukoricaföld *fn* → **kukoricatábla**
kukoricagóré *fn* cornloft, maize shed/barn
kukoricahaj *fn* floss, *US* corn silk
kukoricakása *fn GB* maize porridge, *US* mush, samp
kukoricakenyér *fn* corn bread
kukoricalevél *fn* **1.** *GB hiv* leaf/blade of maize, *US* corn blade **2.** *[szobanövény]* aspidistra
kukoricaliszt *fn* maize/corn meal, *[nagyon finom]* maize flour, cornflour, *US* cornstarch
kukoricamálé *fn US* (corn) pone, hoecake
kukoricamorzsolás *fn* corn-shelling
kukoricamorzsoló *fn* corn-sheller
kukoricapehely *fn* cornflakes *tsz*
kukoricás I. *mn* corn-, of corn *ut* **II.** *fn* → **kukoricatábla**
kukoricaszár *fn* maize/corn-stalk
kukoricaszem *fn* grain/corn of maize, corn
kukoricatábla *fn* maize-field, cornfield
kukoricatermés *fn* corn/maize yield
kukoricatermesztés *fn* maize/corn-growing
kukoricáz|ik *i* (*vkvel*) trifle with sy; **nem lehet vele ~ni** he is not a man to be trifled with
kuksol *i* crouch, cower, squat
kukta *fn* **1.** *[fiú]* cook's/kitchen boy **2.** *[edény]* pressure cooker, steamer
kukucs! *isz* peekaboo!
kukucskál *i* peep/peek at/into
kukurikú! *isz* cock-a-doodle-doo!
kukutyin *fn* **elmehetsz ~ba zabot hegyezni** *GB szl* you can hop it
kulacs *fn* canteen, flask
kulák *fn elav* kulak
kulákság *fn elav* the kulaks *tsz*
kulcs *fn* **1.** *[zárba]* key; **~ra/kulccsal zár** lock (up); *biz* **beadja a ~ot** kick the bucket, snuff it, *GB biz* turn up one's toes **2.** *[rugó felhúzására]* key, *[húros hangszeren]* tuning peg/pin, *[szardíniás dobozon]*opener; **nem ~ra járó** keyless **3.** → **csavar-**, → **francia-**, → **villáskulcs 4.** *zene [kottán]* clef; → **basszus-**, → **violinkulcs 5.** *[feladatok megoldásához]* key **6.** *átv [vmnek a nyitja]* key, clue; **a helyzet ~a** the key to the situation
kulcsállás *fn* key position
kulcsátadásos szerződés *fn* turnkey contract
kulcscsomó *fn* bunch of keys
kulcscsont *fn* collarbone, clavicle
kulcsember *fn* key man°/person
kulcsfigura *fn* key figure
kulcsfontosságú *mn* key(-), pivotal; **~ helyzet/pozíció** key position
kulcshelyzet *fn* key position
kulcsipar *fn* key/basic industry
kulcskarika *fn* key/split ring
kulcskérdés *fn* key issue
kulcslyuk *fn* keyhole
kulcsmásolás *fn* key cutting
kulcsol *i [kezet]* clasp, join, fold [one's hands]
kulcsos *mn* keyed, (provided) with a key *ut*; *biz* **~ gyerek** latchkey child°
kulcsosház *fn* rented holiday chalet/cabin
kulcspozíció *fn* key position; **~ban levő ember** key man°
kulcsrakész *mn* turnkey; **~ átadás** turnkey tradition
kulcsregény *fn* roman-à-clef (*tsz* romans-à-clef)
kulcsszám *fn* **1.** *[kulcs száma]* key number **2.** *[fizetésé]* category

K

kulcsszereplő *fn* key player/figure
kulcsszó *fn* key word
kulcstartó *fn [tábla]* keyboard, *[tok]* key-case
kuli *fn* coolie, *átv* slave, drudge
kulimász *fn* cart-grease
kulimunka *fn* hard work, drudgery, toil, donkey work
kulináris *mn* culinary
kulipintyó *fn* cabin, chalet, *[szegényes]* shanty
kulissza *fn szính* wings *tsz*; **~k mögött** behind the scenes, backstage
kulisszatitok *fn* backstage secret, *kif* the inside story
kulisszatologató *fn* stagehand, scene-shifter
kuliz|ik *i* work like a trojan/horse, toil hard, drudge
kullancs *fn* **1.** *áll* tick **2.** *átv* barnacle; **olyan, mint a ~** he sticks like a leech
kullog *i [baktat]* trudge; **hátul ~** lag behind (the others); **vk után ~** trail after sy
kulminál *i* culminate, reach its highest pitch/point
kultikus *mn* cultic
kultivál *i [tevékenységet, ismeretséget]* cultivate, *[helyet]* frequent
kultivátor *fn* cultivator
kultúr- *mn* cultural; → **művelődési**
kultúra *fn* **1.** *ált* civilization, culture; **a görög ~** (ancient) Greek culture, the civilization of Ancient Greece **2.** *(vké)* culture, taste; **nincs zenei ~ja** his/her taste in music is poorly developed **3.** *biol [tenyészet]* culture
kulturálatlan *mn* uncivilized, uncultured
kulturális *mn* cultural; **~ események/műsorok/rovat** *[újságban]* entertainments *tsz*; **~ fórum** Cultural Forum; **~ antropológia** cultural anthropology; **~ különbségek** *tsz* cultural gap; **~ javak** *tsz* cultural assets; **~ miniszter** Minister of Culture, Cultural Secretary, *GB* the Education Secretary
kultúrállam *fn* civilized country
kulturált *mn [nép]* civilized, *[személy]* civilized, cultured, cultivated, educated; → **művelt**
kultúrattasé *fn* cultural attaché
kultúrcsere *fn* cultural exchange
kultúregyezmény *fn* cultural agreement; **a brit–magyar ~ keretein belül** under the British-Hungarian Cultural Exchange Agreement
kultúrember *fn* civilized man°/woman°, person of culture
kultúrérték *fn* cultural value
kultúrfelelős *fn elav* ‹organizer of cultural activities [in a factory etc.]›
kultúrforradalom *fn tört* cultural revolution
kultúrház *fn* → **művelődési ház**
kultúrigény *fn* cultural needs/demands *tsz*
kultúrintézmény *fn* cultural institution
kultúrkapcsolatok *fn* cultural relations
kultúrmérnök *fn* civil engineer
kultúrmunka *fn* cultural work
kultúrműsor *fn* cultural/educational programme (*US* -ram)
kultúrnép *fn* civilized nation/people
kultúrnövény *fn* cultivated plant
kultúrpolitika *fn* → **művelődéspolitika**
kultúrszínvonal *fn* → **műveltségi színvonal**
kultúrszomj *fn* desire/thirst for education
kultúrterem *fn* hall [for cultural events]
kultúrtörténet *fn* → **művelődéstörténet**
kultusz *fn* worship, cult; **~t űz vmből** make* a cult of sg; → **személyi**
kultuszfilm *fn* cult movie/film
kultuszminiszter *fn elav* Minister of Education
kultuszminisztérium *fn elav* Ministry of Education
kumisz *fn* koumiss, kumiss
kun *fn* Cumanian
kuncog *i* chuckle, chortle, titter, giggle
kuncogás *fn* chuckle, titter, giggle
kuncsaft *fn biz* customer, client
kungfu *fn sp* kung fu
kunkori *mn* curly
kunkorod|ik *i [haj]* curl (up), frizz
kunszt *fn biz* stunt, trick; **ez nem (nagy) ~** big deal, that's not saying much
kunyerál *i pej* cadge (sg from/off sy), scrounge (sg off/from sy), sponge (sy for sg)
kunyhó *fn* hut, hovel, cabin
kunyorál *i* → **kunyerál**
kúp *fn* **1.** cone; **~ alakú** conical, cone-shaped **2.** *orv* suppository
kupa *fn* **1.** *[serleg]* cup, goblet, *sp* cup **2.** *biz [fej]* noddle, nut; **~n vág vkt** bash sy on the head
kupac *fn* small heap/pile, mound
kupadöntő *fn* cup final
kupagyőztes *fn* cup winner
kupak *fn [palackon]* cap; **visszahelyezi a ~ot** *[pl. golyóstollét]* recap [after use]
kupaktanács *fn tréf kb.* assembly of wiseacres
kupamérkőzés *fn GB* cup tie
kúpcserép *fn épít* crest/ridge tile
kupé *fn [vasúti]* compartment
kupec *fn* horse-dealer, (horse-)coper
kupecked|ik *i* be* a middleman° [for farm-produce]
kupica *fn* liqueur glass; **egy ~ pálinka** a shot/snort/short/snifter
kúpkerekek *fn tsz* bevel gear(s)
kuplé *fn* (music-hall v. vaudeville) song
kupleráj *fn biz* **1.** brothel, *US* whorehouse **2.** *átv biz* **szép kis ~!** what a mess
kuplung *fn gk* clutch; **felengedi a ~ot** let* in/up the clutch; **kioldja/kinyomja a ~ot** step on the clutch, declutch, let* the clutch out
kuplungoz *i* use the clutch
kuplungpedál *fn* clutch pedal
kupola *fn* dome, *[kisebb]* cupola
kupolacsarnok *fn* great vaulted hall
kupolás *mn* domed, with a dome *ut*
kupon *fn* coupon
kuporgat *i* scrape together (penny by penny)
kuporod|ik *i* cower, crouch, *US* hunker down
kuporog *i* → **kuporodik**; **~va** squatting (down), *US* on one's hunkers
kúpos *mn* conical, cone-shaped
kúppalást *fn* surface of cone
kúpszelet *fn* conical section
kúra *fn* cure, (course of) treatment; **injekciós ~** a course of injections; **~t tart** take* a cure, undergo*/receive treatment (for ...)
kúrál *i* treat, cure
kurátor *fn* trustee
kuratórium *fn* board of trustees
kúráz|ik *i* → **kúrát tart**
kurázsi *fn biz* pluck, guts *tsz*
kurbli *fn* crank/starting handle
kurd I. *mn* Kurdish **II.** *fn* Kurd
Kurdisztán *földr* Kurdistan
kúria *fn* **1.** *[vidéki]* country-house/mansion **2.** *tört* → **legfelsőbb bíróság**
kuriózum *fn* curiosity, oddity
kuriózumképpen *hsz* as a curiosity, just for the novelty/fun of it
kurjant *i* shout (with joy), whoop
kurjantás *fn* shout, whoop
kurrens *mn* **1.** *[folyó]* current **2.** *gazd* → **keresett 3.** *nyomd* lower-case [letters]
kurta *mn* short, *átv* brief, curt, laconic(al)
kurtán *hsz* curtly; **~ bánik vkvel** be short/curt with sy, give* sy short shrift
kurtán-furcsán *hsz* brusquely, off-hand; → **kurtán**
kurtít *i [ruhát]* shorten, *[szöveget]* cut*, abridge, *[hajat]* bob
kurtizán *fn elav* courtesan

K

kuruc[1] **I.** *mn tört* ~ **korszak** ‹period of the Hungarian insurrection at the turn of the 17th and 18th centuries› **II.** *fn* ‹Hungarian insurrectionist in the 17th and 18th centuries›
kuruc[2] *fn biz* → **kurva**
kuruttyol *i* croak
kuruttyolás *fn* croak(ing)
kuruzslás *fn* quackery, charlatanry
kuruzsló *fn* quack(-doctor), charlatan
kuruzsol *i* practise (*US* -ce) quackery
kurva *fn durva* **1.** whore, hooker **2.** *[nőre, sértően]* bitch **3.** *[jelzőként] kb.* fucking
kurválkodik *i durva* whore
kurváz|ik *i durva* whore
kurzív *mn nyomd* italic; ~ **szedés** italics *tsz*; ~ **szedésű** (printed) in italics *ut*
kurziválás *i* italicize, print in italics
kurzor *fn infor* cursor
kurzus *fn* **1.** *[tanfolyam]* course **2.** *[árfolyam]* (exchange) rate **3.** *pol elav* line, regime
kuss *isz durva* **1.** *[kutyának]* sit!, down! **2.** *[embernek]* shut up/it!, shut your trap!
kussol *i durva* **1.** *[kutya]* lie* down **2.** *[ember]* hold* one's tongue, keep* one's head down
kusza *mn* **1.** *ált* (en)tangled, *[haj]* dishevelled (*US* -l-), ruffled, tousled **2.** *[beszéd]* confused, incoherent
kuszál *i* → **összekuszál**
kuszált *mn* tangled, *[haj]* dishevelled (*US* -l-), ruffled, tousled
kuszáltság *fn [rendetlenség]* disorder, confusion, tangle
kúszás *fn* creeping, crawling
kuszaság *fn* → **kuszáltság**
kúsz|ik *i* creep*, crawl
kúszók *fn tsz* → **kúszómadarak**
kúszómadarak *fn tsz* climbing/scansorial birds, creepers, *tud* Scansores
kúszónövény *fn* creeper, runner, climber
kút *fn* **1.** *[vízé]* well, *[szivattyús]* pump; **kutat ás** dig*/sink*/spring* a well; **kutat fúr** bore a well; **~ba esik** *átv* fall* flat/through, come* to nothing/nought **2.** *[benzintöltő állomás]* filling station, *US* gas station, *[a szerkezet]* petrol pump; **a 3-as ~** *[tankolásnál]* pump 3
kutacs *fn* fontanel(le)
kútágas *fn* (well-)sweep, *[gémeskút része]* (forked) upright post
kutakodik *i* → **keresgél**
kutas *fn* → **benzinkutas**
kútásás *fn* well-making/sinking
kútásó *fn* well-maker/sinker
kutasz *fn* probe
kutat *i* **1.** *[vm után]* try to find, look for, (*vhol*) search [a place] thoroughly (for sg), *[fiókban, zsebeiben]* search through, ransack [the drawers v. one's pockets] (for sg), *[vk után]* search for sy, *bány [érc után]* prospect for (sg); ~ **az emlékei közt** ransack one's mind, rake about in one's memory **2.** *[tudományosan]* be* engaged in research, *[vmlyen témakörben/területen]* do* research on/into sg, carry out research(es) into sg, do* (some) research on sg, research (into/on sg)
kutatás *fn* **1.** *[vm/vk után]* search, quest **2.** *[tudományos]* research, researches *tsz*; **tudományos ~t végez vmlyen területen** do* (some) research on/into sg, research into sg, carry out research(es) into/on sg, *US* research [a problem/subject]; *gazd* ~ **és fejlesztés** research and development (*röv* **R & D**)
kutatásfejlesztés *fn gazd* research development
kutatási *mn* research; ~ **terület** field of research
kutatható *mn [pl. levéltári anyag]* researchable
kutató I. *mn* **1.** *[kereső]* searching, *[elme]* inquiring, inquisitive, *[tekintet]* searching **2.** *tud* ~ **professzor** *kb.* senior research fellow; ~ **vegyész** research chemist **II.** *fn [tudományos]* researcher, research worker/fellow/student, *[csak term. tud.]* scientist; → **kutat 2**
kutatócsoport *fn* research group/team
kutatóév *fn kb.* sabbatical (year)
kutatóexpedíció *fn* research expedition
kutatóintézet *fn* research institute, institute for research into/on
kutatólaboratórium *fn* research laboratory
kutatóléggömb *fn [meteorológiai]* sounding/weather balloon
kutatómunka *fn* research, researches *tsz*; **~t végez** be* engaged in research, do* research (on), be* researching (on/into sg); → **tudományos kutatást végez**
kutatónap *fn* day off for research/laboratory work
kutatóösztöndíj *fn* research fellowship/scholarship
kutatóterem *fn [levéltári, könyvtári]* reading/research-room, students' room, *[másutt]* laboratory
kutatóút *fn* research expedition, field trip
kútfő *fn* **1.** *[forrás eredete]* wellhead **2.** *[forrásmű]* source, authority
kútfúrás *fn* well-boring/drilling
kútfúró *fn [munkás]* well sinker/borer
kútgém *fn* sweep
kútkáva *fn* brim of well
kútkezelő *fn* → **benzinkutas**
kútvíz *fn* well/spring-water
kutya I. *fn* dog; **egyik ~, a másik eb** six of one and half a dozen of the other; **ez se ~!** it is not to be sneezed at, it is not so bad either; **úgy élnek, mint a ~ meg a macska** live/lead* a cat-and-dog life; **amelyik ~ ugat, az nem harap** his bark is worse than his bite; **a ~ ugat, a karaván halad** time and tide wait for no man; **a ~ se törődik vele** nobody cares for him; **~ba se veszi** not give* a damn about sy/sg, not care a straw/rap/fig about sy/sg, snap one's fingers at; **~ból nem lesz szalonna** you cannot make a silk purse out of a sow's ear; **a ~nak sem kell** be* beneath contempt; **~t tart** keep*/have* a dog **II.** *mn biz* ~ **baja sincs** he is as fit as a fiddle, there's nothing wrong with him, he is alive and kicking; **ez neki ~ kötelessége** he damned well has (got) to do it!, there is no doubt that he has (got) to do it **III.** *hsz [nagyon]*; ~ **nehéz lecke!** it's a damned difficult lesson; ~ **nehéz munka** it is damned hard work, it is sheer drudgery; ~ **hideg van** it is bitterly/damned cold; → **eb**, → **harapós**
kutyaadó *fn* dog-tax
kutyabarát *fn* dog-fancier/lover
kutyabőr *fn [nemesi]* letters patent of nobility
kutyaeledel *fn* dog food, dog biscuit(s), pet food
kutyafáját *isz* **(azt) a ~!** well I never!, damn (it)!, blast (it)!
kutyafajta *fn* breed of dog; **a puli egy magyar ~** "puli" is a breed of Hungarian (sheep)dog
kutyafalka *fn* pack of dogs
kutyafejű *mn* dog-headed/faced
kutyafuttában *hsz* in a hurry, hurriedly, hastily, in haste; ~ **csinál vmt** do* sy in a slapdash manner; ~ **átolvas** flick/skim through; ~ **elintéz** dash off
kutyafülű *mn* rascally; **te ~!** you little rascal!
kutyagol *i* go* on foot, tramp, trudge
kutyagumi *fn* **~t sem ér** it's not worth a straw (v. anything)
kutyaharapás *fn* dog-bite; **~t szőrével (gyógyítják)** (take*) a hair of the dog that bit you
kutyaház *fn* kennel, *US* doghouse
kutyaházi *mn* scoundrel, rascal
kutyakiállítás *fn* dog show
kutyakiképzés *fn* dog training
kutyakomédia *fn biz* farce, joke, preposterous scene
kutyakorbács *fn* (dog-)whip
kutyakölyök *fn* pup(py)
kutya-macska *mn* ~ **barátságban élnek** live/lead* a cat-and-dog life
kutyanyelv *fn* slip (of paper)
kutyaól *fn* kennel, *US* doghouse
kutyapecér *fn* dogcatcher
kutyasétáltatás *fn* walking one's dog

K

kutyaszán *fn* dogsled, dog sledge
kutyaszar *fn durva* dog shit/crap
kutyaszorító *fn* **~ban van** be* in a tight corner, be* in a spot (v. *US* fix), be* between a rock and a hard place
kutyatartó *fn* dog-owner
kutyatej *fn növ* spurge, wolf's-milk
kutyatenyésztés *fn* dog breeding
kutyaugatás *fn* bark(ing) (of dogs)
kutyául *hsz* **~ van** (v. **érzi magát**) feel* wretched/miserable, *[beteg]* be* sick as a dog
kutyus *fn* doggie
Kuvait *földr* Kuwait
kuvaiti *mn/fn* Kuwaiti
kuvasz *fn* ‹a breed of Hungarian sheepdog› kuvasz
kuvik *fn* little owl
kuvikol *i* hoot, screech, prophesy (gloom and) doom
kübli *fn* slop pail/bucket
külalak *fn* outward form, exterior, (external) appearance, *[könyvé]* getup, *okt* neat ness
küld *i* send*, *[árut]* dispatch, consign, *[levelet]* send*, forward, *[pénzt]* remit; **levelet ~ vknek** send* sy a letter; **~ vkért** send* for sy; **érte ~** (*vkt vmért*) send* sy to fetch sg; (*vkért*) send* for sy; **az igazgatóhoz ~tek** I was referred to the manager; **~i:** ... *[borítékon]* From ...
küldemény *fn gazd* consignment, parcel, *[pénz]* remittance
küldés *fn* sending, *[árué]* dispatch(ing), consigning, consignment, *[levélé]* sending, forwarding, *[pénzé]* remittance
küldetés *fn átv is* mission, *[az életben]* calling
küldetéstudat *fn* (sense of having a) calling, zeal
küldő *fn* sender, *gazd* dispatcher, consignor, *[pénzé]* sender, remitter
küldönc *fn* messenger, runner, *[kifutó]* errand-boy, dispatch rider
küldöncszolgálat *fn* courier service
küldött *fn* delegate
küldöttgyűlés *fn* conference (of delegates)
küldöttség *fn* delegation, *[főleg alkalmi]* deputation
küldöttségileg *hsz* **~ képviselteti magát** have* oneself (v. be*) represented by a delegation/deputation
küldöz(get) *i* **1.** (*vmt*) send* again and again **2.** (*vkt*) make* sy run errands, order sy about/around
külföld *fn* foreign countries/lands *tsz*; **~ön** abroad, *GB* overseas; **~ön él** live abroad, *GB* live overseas; **~ön élő** living abroad *ut*; **~ön van/tartózkodik** be* abroad; **~ön tanuló diákok** students overseas; **~re megy/utazik** go* abroad; **~ről** from abroad; **a ~del kereskedik** trade with foreign countries
külföldi I. *mn* foreign, *[udvariasabban] GB* overseas, *[csomag stb.]* ...from abroad *ut*; **~ áruk** imports; **~ diákok** *GB* overseas students, students from abroad/overseas; **~ fizetőeszköz/pénznem/valuta** foreign currency; **~ hírek** news from abroad, *GB [lapokban]* overseas news; **~ kapcsolatok** foreign/external relations; **~ képviselet** → **külképviselet**; **~ képviselő/megbízott** foreign representative; **~ kirendeltség** → **külkereskedelmi**; kirendeltség; **~ látogató(k)/vendégek** foreign visitor(s)/guest(s), visitor(s)/guest(s)from abroad; **~ rendelés** export order; **~ út/utazás** trip abroad, foreign travel; **~ útra indul** go* abroad **II.** *fn* foreigner; **~ek** foreigners, *[udvariasabban]* people from overseas/abroad; overseas visitors
külföldies *mn* outlandish, exotic
külgazdaság *fn* external economy, foreign trade
külgazdasági *mn* external economic, foreign trading; **~ kapcsolatok** external economic relations
külkapcsolatok *fn* → **külföldi kapcsolatok**
külképviselet *fn* foreign representation
külker. *röv* → **külkereskedelmi**
külkereskedelem *fn* foreign/international trade
külkereskedelmi *mn* (*röv* **külker.**) foreign trade/trading, of/for foreign trade *ut*; **~ kapcsolatok** foreign trade relations/ties; **magyar–amerikai ~ kapcsolatok** Hungarian-American trade contacts; **~ kirendeltség** *[követség részlege]* commercial section [of legation/embassy]; *[ahol nincs követség]* trade representation; **~ mérleg** (foreign) trade balance; **~ miniszter** Minister of Foreign Trade; **~ szerződés** foreign trade contract; **~ vállalat** foreign trade company, trading company
küllem *fn* (outward) appearance, looks *tsz*
küllő *fn* spoke
külön I. *mn* **1.** *[mástól elválasztott]* separate, different, distinct, *[saját]* private, (sg) of one's own *ut*; **~ autóbusz** private coach; **~ bejáratú szoba** room with a private entrance; **három ~ jelentése van** *[szónak]* (this word) has three separate/distinct meanings; **~ levélben/borítékban** under separate cover; **~ repülőgép** → **különgép**; **~ utakon jár** go* one's own way **2.** *[pótlólagos]* extra, supplementary; **~ díjak** extra/supplementary charges, extras; **~ kiadások** extras, extra costs **3.** *[különleges]* special, particular, peculiar; **~ engedély** special permit; **~ figyelmet érdemel** merit/deserve special/particular attention; **~ tudósító** special correspondent **II.** *hsz* **1.** *[elválasztva]* separately, separated, apart; **~ költözik vktől** move away from sy, move out (of sy's house/flat), find* separate lodgings; **~ élnek** *[házasok]* they are separated, [husband and wife] live separately/apart; **~ megnézte mindegyiket** (s)he looked at each one separately/individually **2.** *[magában]* by itself, on one's/its own, individually; **~ ehető** can be eaten by itself **3.** *[kizárólag]* (e)specially, particularly; **~ azért jön, hogy** come* particularly to/for, come* (e)specially to/for; **~ megmondtam neked** I (have) particularly/specially told you; → **értesítés**
különágy *fn* extra bed
különáll *i* be* separate (from), be* standing on its own
különálló *mn [független]* independent, *[elkülönített]* separate, separated, freestanding, isolated; **~ ház** detached house; **~ lap** loose leaf°
különb *mn* **~ vknél/vmnél** (be*) better than sy/sg, (be*) superior to sy/sg; (*vmnél*) (be*) finer than sg; **semmivel sem ~ vknél** have* nothing on/over sy
különbéke *fn* separate peace
különben *hsz* **1. ~ is** besides, in any case, moreover, furthermore, after all, anyhow; **~ sincs kedvem hozzá** and I don't feel like it anyway **2.** *[másként]* otherwise, or else
különbizottság *fn* special committee
különbözés *fn* difference, divergence
különbözet *fn* difference, *[viteldíjé]* excess, excess fare; **megfizeti a ~et** pay* the excess
különbözeti *mn* **~ vizsga** supplementary/qualifying examination
különböz|ik *i* (*vmtől*) differ (from sg, *vmiben* in sg), (*vk vktől*) be* different (from sy), *[eltér]* diverge (from), *[megkülönböztethető]* be* distinct (from)
különböző *mn* **1.** *[egymástól eltérő tulajdonságú]* different; **~ emberek** different people; **~ helyről jöttek** they came from different places; **ízlésük ~** their tastes differ, they differ in their tastes; **két ~ eset** two (quite) distinct/different cases; **~ színű bútorok** furniture of various colours **2.** *[különféle]* various, diverse, several; **~ érdekek** diverse interests; **~ okoknál fogva** for various (v. a variety of) reasons; **ennek a feladatnak ~ megoldásai vannak** (i) *[eltérő]* this problem has alternative solutions (ii) *[többféle]* this problem has various (v. a number of) solutions; **~ módjai vannak** sg has various ways of ... ing; **~ témák** various subjects/themes/topics
különbség *fn* difference (between), disparity, variance; **~ nélkül** without distinction/difference; **mi a ~?** what's (v. can you tell) the difference (between...)?; **~et tesz két dolog között** distinguish/differentiate one thing from another, distinguish/discriminate between two things, draw* a distinction between two things
különbségtevés *fn* discrimination, differentiation, (drawing of a) distiniction

különc I. *mn* eccentric, queer, odd(ball) **II.** *fn* eccentric, odd person, *biz* queer/odd fish, oddball
különcködés *fn* eccentric behaviour (*US* -or), eccentricity
különcköd|ik *i* be* eccentric
különcség *fn* eccentricity, oddity
különdíj *fn* **1.** *[fizetendő]* extra charge, surcharge **2.** *[versenyben]* special prize
különélés *fn* separation, living apart
különélési *mn jog* **~ pótlék** separation allowance
különféle *mn* various, several, diverse (*mindegyik után: tsz*); **~ érdekek** diverse interests; **~ okok játszottak közre** there were several contributory factors; *[az ülésen]* **~ kérdésekről volt szó** various matters were discussed (at the meeting)
különféleképpen *hsz* in different/various ways, variously
különféleség *fn [sokféleség]* variety, diversity
különgép *fn [repülőgép]* private/special aeroplane (*US* airplane)
különír *i* write*/spell* as two words
különírt *mn* **~ szókapcsolat** open/spaced compound
különítmény *fn kat* detachment, commando (*tsz* -dos v. -does)
különjárat *fn [busz]* special bus/coach (service), *[kiírás buszon]* private, *[repülőgép, bérelt]* charter flight
különkiadás *fn* special (edition), *[tévében]* (television)-special
külön-külön *hsz* separately, severally, one by one; **~ 50 000 forintot kaptak** they were given 50,000 fts each; **~ behívott mindenkit** (s)he called in (v. saw) each person individually; **~ és együttesen** jointly and severally
különleges *mn* special, particular, peculiar, extra; **~ méretek boltja** outsize shop; **egészen ~ (minőségű)** special (quality), particularly fine
különlegesség *fn* speciality, *főleg: US* specialty
különlenyomat *fn* offprint
különmegbízott *fn [diplomáciai]* special envoy
különmunka *fn* extra work; **~t végez** do* extra work; *[túlórázik]* do*/work overtime; **sok ~t végez** he has/does a lot of work on the side, he has/does a lot of private jobs/work
különnemű *mn* **1.** *[másjellegű]* different, diverse **2.** *[gyerekek]* of different sexes *ut*
különóra *fn [tanulásban]* private lesson
különös *mn [furcsa]* strange, unusual, peculiar, *[személy így is]* odd, strange, *[különleges]* special, particular; **semmi ~** nothing special, nothing in particular, *biz* nothing to write home about; **elég ~ módon** curiously enough; **~ ismertetőjel** special peculiarity; **~ tekintettel vmre** with special regard to sg; **~ gonddal végez vmt** take* particular care doing sg; **hangozzék bármilyen ~nek** strange as it may sound
különösebb *mn* **minden ~ ok nélkül** for no apparent/obvious reason, without special reason
különösebben *fn* particularly; **nem ~ gazdag** (s)he's not particularly rich
különösen *hsz* **1.** *[főként]* in particular, particularly, especially, *[nagyon]* specially, particularly; **~ alkalmas vmre** be* cut out for sg **2.** *[furcsán]* oddly, peculiarly, strangely, singularly
különösképp(en) *hsz* → **különösen 1**
különszoba *fn* private room, *[kórházi]* private ward
különterem *fn [vendéglőben]* banqueting hall, *[kisebb]* private room
különtudósító *fn* special correspondent
különválás *fn [házastársaké]* (marital) separation
különválaszt *i* (*vmtől*) separate, isolate, set* apart (*mindegyik:* from)
különválasztás *fn* separation, segregation
különvál|ik *i* separate, become* separate(d), split* (off) (*vmtől, mindegyik:* from), *[testülettől]* split off/away (from), leave* [an organization]
különváltan élnek *kif* they are separated, they live apart/separately
különvélemény *fn* dissent(ing opinion); **~en van** dissent, differ (in opinion) from sy, disagree with sy('s opinion); **~t jelent be** put* in a minority report
különvonat *fn* special (train)
külpiac *fn gazd* **~ok** foreign markets
külpolitika *fn* foreign affairs *tsz*, foreign policy
külpolitikai *mn* **~ helyzet** the international situation; **~ kérdések** foreign affairs, questions (v. current issues) of foreign policy
külsejű *mn* -looking, of ... appearance *ut*; **elegáns ~ nő** woman° of smart/elegant appearance
külső I. *mn* exterior, external, outside, outward, outer, *[szabadban lévő]* outdoor; **~ épület** outbuilding; **~ felület** outside; **~ felvétel** *[filmé]* shot filmed on location; **~ forma/megjelenés** outward appearance(s); → **külsőségek**; **~ méret** overall measurements *tsz*; **~ munkatárs** (outside) contributor, contributor/correspondent on a part-time basis; outside/casual worker; **~ övezet** *[városé]* environs *tsz*, outskirts *tsz*, fringe; **~ sáv** *[autópályán] GB* inside/nearside lane; *[másutt]* outside lane; **~ szög** *mat* exterior/external angle; **~ tag** *[Akadémiáé]* associate member (of an/the Academy of Sciences) **II.** *fn* **1.** *[személyé]* (outward) appearance, looks *tsz*, *[tárgyé]* exterior, surface; **csinos ~** good looks *tsz*, a pleasing appearance; **ad a külsejére** care about how one looks, care about one's looks **2. vmnek a külseje** the outside/exterior of sg, *[felszín]* surface **3.** *[autókerék, biciklikerék köpenye]* tyre (*US* tire), *[labdáé]* cover
külsőleg *hsz* **1.** *[kívülről nézve]* outwardly, externally, seen from without, to all appearances, on the surface **2.** *orv* for external use/application only
külsőség(ek) *fn tsz [külső forma/megjelenés]* the outside *esz*, outward appearances, externals, *[formaságok]* formalities, ceremony *esz*; **sokat ad a ~ekre** attach too much importance to externals/form, judge [people] by appearances/externals
külszín *fn* outside appearances *tsz*, semblance, externals *tsz*; **a ~ után ítél** judge [people/things] by appearances/externals
külszíni *mn bány* **~ fejtés** opencast mining
külszolgálat *fn* foreign service
kültag *fn [tud. intézményé]* associate member, *[külföldi]* overseas member; *gazd [gazdasági társaságban]* sleeping/silent partner
kültelek *fn* → **külterület**
kültelki *mn* suburban, in/from a poor district of the town *ut*, from a poor neighbourhood (*US* -or-) on the outskirts (of the city) *ut*
külterjes *mn mezőg* extensive
külterület *fn* the outskirts *tsz*, the outer areas *tsz*, the fringes [of a town/city]
külügy *fn* **1. ~ek** foreign affairs **2.** *biz* → **külügyminisztérium**
külügyi *mn* pertaining to foreign affairs *ut*, foreign affairs; **~ államtitkár** (permanent) under-secretary for foreign affairs; **~ előadó** (junior) clerk in the Foreign Ministry (v. *GB* Foreign Office); **~ szolgálat** diplomatic/foreign service
külügyminiszter *fn* Foreign Minister, Minister of/for Foreign Affairs, *GB* the Foreign Secretary, Secretary of State for Foreign Affairs, *US* Secretary of State
külügyminisztérium *fn* Ministry of Foreign Affairs, Foreign Ministry, *GB* Foreign Office, *US* State Department
külváros *fn* suburb, the outskirts *tsz* [of a city/town]
külvárosi *mn* suburban
külvilág *fn* outside world
kűr *fn sp* free/voluntary exercise
küret *fn* → **méhkaparás**
kürt *fn* **1.** *zene* horn, *kat* bugle; **~ön játszik** blow*/play the horn **2.** *[autón]* horn, *[gyárban]* hooter, factory whistle

K

kürtjel *fn* bugle/trumpet call, horn signal
kürtjelzés *fn* **~t ad** *[autón]* sound the horn
kürtő *fn* **1.** *épít* flue, chimney stack **2.** *[vulkáné]* chimney
kürtöl *i* sound/blow* a horn, trumpet, *[autón]* sound/blow*/toot the/one's horn; **világgá ~** trumpet abroad
kürtölés *fn* trumpeting, sounding a horn
kürtös *fn* **1.** *kat* bugler, trumpeter **2.** *[zenekari]* horn player
kürtszó *fn* bugle call
küszködés *fn* **1.** *[erőlködés]* struggle, drudgery **2.** *[nyomorgás]* penury
küszköd|ik *i* struggle, strive* (hard), *[vesződik vmvel]* struggle/grapple with sg
küszöb *fn* **1.** threshold, doorstep; **a ~ön áll** *átv* be* imminent/impending/approaching, be* at hand; **vmnek a ~én** on the verge of sg **2.** *pszich* threshold, limen
küszöbérték *fn tud* threshold value
küszöbönálló *mn* forthcoming, impending, imminent
küzd *i* **1.** *ált* struggle, fight*, (*vmért*) struggle/fight*/strive* for sg, *[ügyért]* battle for, stand* up for [a cause], (*vk/vm ellen* v. *vkvel/vmvel*) fight*/battle/combat against/with sy/sg; **jogaiért ~** stand* up (v. fight*)for one's rights; **nehézségekkel ~** struggle, have* difficulties; **~ a betegségek ellen** battle against disease/illness **2.** *sp* fight*, compete (with/against sy for sg)
küzdelem *fn ált* struggle, fight, battle, combat, strife, *sp* fight; **létért való ~** struggle for life; **nagy ~ árán** with a tremendous effort; **küzdelmet vív** fight* a battle
küzdelmes *mn* hard, strenuous; **~ élete volt** (s)he had a hard life
küzdés *fn* struggle, struggling, fight(ing)
küzdő I. *mn* struggling, fighting **II.** *fn* fighter, struggler
küzdőfél *fn* combatant, *sp* fighter, contestant
küzdőhely *fn* battlefield
küzdőképesség *fn* fighting ability/power
küzdősportok *fn* combat sports
küzdőszellem *fn* fighting spirit
küzdőtér *fn* battlefield, arena, *[stadionban]* arena
kvalifikáció *fn* qualification
kvalifikál *i [minősít]* qualify
kvalitás *fn* quality
kvalitatív *mn* qualitative
kvantitás *fn* quantity
kvantitatív *mn* quantitative
kvantum *fn* quantum (*tsz* quanta)
kvantumelmélet *fn* quantum theory
kvantummechanika *fn* quantum mechanics *esz*
kvarc *fn* quartz
kvarcfény *fn* quartz light/radiation
kvarclámpa *fn* quartz lamp, sunlamp
kvarcol *i* **1.** (*vk*) treat oneself with (v. use) a sunlamp (v. an ultraviolet lamp) **2.** (*vkt*) treat (sy) with sunlamp (v. ultraviolet lamp)
kvarcóra *fn* quartz clock/watch, *[ha ébresztő, így is:]* quartz alarm
kvarcüveg *fn* quartz (glass)
kvart *fn* **1.** *zene* fourth **2.** *[vívás]* quart
kvártély *fn elav* quarters *tsz*, lodging; **~t csinál** *kat* billet
kvartett *fn zene* quartet
kvaterkázik *i tréf elav* → **iddogál**
kvázi *hsz* quasi; **~ beismerte, hogy tévedett** he admitted, as it were that he was wrong, he practically (v. in effect) admitted that he was wrong
kvéker *fn vall* Quaker
kvint *fn zene* fifth
kvintesszencia *fn* quintessence
kvintett *fn zene* quintet
kvittek vagyunk *kif* we are quits, we are (now) square/even
kvíz *fn* → **vetélkedő**
kvóciens *fn mat* quotient
kvóta *fn* share, quota; **olimpiai ~** Olympic quota
kW *röv* → **kilowatt**
kWó *röv* → **kilowattóra**

K

L

L, l *fn [betű]* (the letter) L, l
l *röv* → **liter**
l. *röv* **1.** → **lap 2.** → **lásd**
L. *röv* → **látta**
la *fn zene* la
láb *fn* **1.** *[lábszár]* leg, *[lábfej]* foot°; **mellső/első ~** front leg/foot°, foreleg; **hátsó ~** hind leg/foot°; **szép/jó ~a van** *[nőnek]* have* shapely legs **2.** *[bútoré]* leg, *[hegyé]* foot°; **az ágy ~ánál** at the foot of the bed **3.** *műsz* rest, stand, support, leg, *[hídé]* pier, pillar **4.** *[hosszmérték]* foot°; **3 ~ széles** 3 foot/feet broad **5.** *[kifejezésekben]* **~ alatt van** be* in the/one's way, be* underfoot; **eltesz ~ alól** → **eltesz 3**; **~a alá néz** look where one treads; **~a kel vmnek** disappear, get* lost, take* wings; **úgy kidobja, hogy a ~a sem éri a földet** send* sy packing, throw* sy out (unceremoniously); **~hoz!** *kat* order arms!; **~on álló gabona/termés** standing corn/crop; **alig áll a ~án** *[fáradságtól]* be* ready/fit to drop; **biztosan áll a ~án** be* steady on one's legs; **megáll a saját ~án** look after oneself, fend for oneself; **saját ~án jár** stand* on one's own two feet (v. own legs); **tudása gyenge ~on áll** his knowledge is* rather shaky; **nagy ~on él** live in (great/grand) style; **~ra áll** (i) *[beteg]* get* about again, recuperate (ii) *[anyagilag]* get* back on one's feet; **~ra kap** gain ground, come* into vogue, *biz* be* in; **~(á)ra állít** (i) *konkr* help/set* sy up (ii) *átv* give* sy a leg up; *[gyógyszer vkt]* the medicine will soon have you on your feet again; **eltörte a ~át** he has broken his leg; **keresztbe teszi a ~át** cross one's legs; **sose teszem a ~amat a házadba** I'll never set foot in your house again; **be ne tedd a lábadat hozzám!** don't you dare set foot in here!, never darken my doors again!; → **betesz 1**; **~bal tapos/tipor** *átv* trample sg underfoot, ride* roughshod over sg; **fél ~bal a sírban van** have* one foot° in the grave; **~ával szavaz** vote by one's absence; → **kicsúszik**, → **levesz**, → **megvet**, → **szed**
lábad *i* → **könny**
lábadoz|ik *i* convalesce, be* recovering, be* getting better, recuperate
labanc *fn tört* ‹in the 17th and 18th centuries› pro-Hapsburg
lábápolás *fn* pedicure, *orv* chiropody
lábápoló *fn* pedicurist, *[orvos]* chiropodist
lábas *fn* (cooking) pot, casserole, *[nyeles]* (sauce)pan
lábasfejű *fn áll* cephalopod; **~ek** Cephalopoda
lábasjószág *fn* livestock, grazing stock
lábatlankod|ik *i [útban van]* be*/stand* in the/one's way, be* underfoot; **folyton ott ~ik** hover about the place
lábazat *fn épít* skirting board, *US* baseboard, mopboard
lábbeli *fn* footwear
labda *fn* ball; **megszerzi a ~t** seize the ball; *biz* **nemigen tud ~ba rúgni** (s)he won't get to first base; *biz* **most nálad a ~** the ball is in your court, the ball is with you
labdabirtoklás *fn sp* possession
labdacs *fn* pill, pellet, pilule
labdaérzék *fn* feel for the ball
labdajáték *fn* ball game
labdakezelés *fn* handling (of) the ball
labdamenet *fn [tenisz stb.]* rally
labdarózsa *fn növ* guelder rose
labdarúgás *fn* (Association) football, soccer
labdarúgó *fn* footballer, football-player; → **futball-**
labdarúgó-bajnokság *fn* football championship
labdarúgócsapat *fn* football team/eleven
labdarúgó-mérkőzés *fn* football match
labdarúgópálya *fn* football field/ground/pitch
labdarúgó-szövetség *fn* Football Association
labdarúgó-válogatott *fn* national team
labdarúgó-világbajnokság *fn* World Cup
labdaszedő *fn [fiú]* ballboy, *[lány]* ballgirl
labdatechnika *fn sp* technique with the ball
labdavezetés *fn [futball]* ball control, *[cselezve]* dribbling
labdáz|ik *i* throw* the ball about, play (at/with a) ball
lábdobogás *fn* stamping of feet
lábfájás *fn* pain in the foot, *[feltörés]* foot-soreness
lábfej *fn* foot°
lábfék *fn* foot-brake
lábfürdő *fn* foot-bath
lábhajtásos *mn* driven by foot *ut*, pedal(led) (*US* -l-)
labiális *mn/fn nyelv* labial
lábikra *fn* calf°
labilis *mn* unstable, unsteady, rickety
labirintus *fn* maze
lábizzadás *fn* sweating of the feet
lábjegyzet *fn* footnote
lábközépcsont *fn* metatarsal bone
lábmelegítő *fn* foot warmer, *[lábszáron]* leg warmer
lábmosás *fn* washing (of) the feet
lábmunka *fn sp* footwork
lábnyi *mn* a/one foot long; **két ~** *[2 láb hosszú/magas]* 2 feet/foot long/high etc.
lábnyom *fn* footprint; → **nyom**
laboda *fn növ* orach(e)
labor *fn biz* lab(oratory); **nyelvi ~** language lab(oratory)
laboráns *fn* laboratory technician/assistant
laboratórium *fn* laboratory
laboratóriumi *mn* laboratory; **~ asszisztens** laboratory technician/assistant; **~ berendezés** laboratory equipment; **~ leletek** laboratory results/findings *tsz*; **~ vizsgálat** laboratory test/analysis
laborleletek *fn* → **laboratóriumi leletek**
lábpumpa *fn* foot pump
lábsérülés *fn* foot/leg injury
lábszag *fn* smell of sweaty feet
lábszár *fn* leg
lábszármelegítő *fn* leg warmer
lábszárvédő *fn* **1.** *ált* leggings *tsz* **2.** *[labdarúgóé]* shin guard
lábszőnyeg *fn [ágynál]* bedside rug
lábtartó *fn* footrest
lábtörés *fn* fracture of leg, *[lábfejé]* fracture of foot, broken leg/foot°; → **láb 5**
lábtörlő *fn* doormat
lábú *mn* with … legs *ut*, *[lábfejű]* with … feet *ut*, of foot *ut*, *összet* -legged, -footed; **fájós/feltört ~** footsore; *[igével]* have* sore feet; **gyors ~** nimble/swift-footed
lábujj *fn* toe; **nagy ~** big toe
lábujjhegy *fn* tiptoe; **~en jár** (walk on) tiptoe; **~re áll** stand* on tiptoe
lábvíz *fn* foot-bath
lábzsák *fn* foot-muff
lacipecsenye *fn kb.* barbecue, fry-up
láda *fn* **1.** *ált* chest, box, *[csomagolásra]* (packing) case; **~ba csomagol** pack (sg) in a case, case (sg), *[rekeszbe]* crate sg **2.** *[pénzes]* coffer **3.** *[úti]* (travelling) trunk (*US* -l-)
ladik *fn* barge, punt
ládika *fn* small case/box, *[ékszeres]* (jewel-) casket
láger *fn* lager, camp
lagúna *fn* lagoon
lagzi *fn biz* → **lakodalom**

lágy I. *mn* **1.** *ált* soft; ~ **kenyér** new/fresh bread; ~ **tojás** (soft) boiled egg; ~ **víz** soft water **2.** *[akaratgyenge]* soft, weak, *[szív]* soft, tender **3.** *[hang]* soft, gentle, sweet, mellow **4.** *[szellő]* soft, gentle, light **II.** *fn* **feje ~a** → **fej²** 1
lágyan *hsz* soft(ly)
lágyék *fn orv* groin, *összet* inguinal
lágyéksérv *fn* inguinal hernia
lágyéktáj *fn* inguinal region
lágyít *i* **1.** *ált* soften, make* soft **2.** *[mássalhangzót]* palatalize
lagymatag *mn* wishy-washy, lukewarm, half-hearted
lágyság *fn* **1.** *ált* softness **2.** *[akaratgyengeség]* soft/weak character/nature, *[szívé]* tenderness **3.** *[hangé]* softness, gentleness, sweetness **4.** *[szellőé]* gentleness, lightness
lágyszívű *mn* soft/tender-hearted
lágyul *i* soften, grow*/become* soft(er)
lágyvas *fn* soft/mild iron
laikus I. *mn* **1.** *[nem hozzáértő]* without skill/experience *ut*, amateurish, *[nem hivatásos]* non-professional, unprofessional, lay **2.** *vall [világi]* lay **II.** *fn* **1.** *[nem hozzáértő személy]* amateur, layman° **2.** *vall* layman°; **a ~ok** the laity
lajhár *fn* **1.** *áll* sloth **2.** *átv* sluggard, lazybones (*tsz* ua.)
Lajos *tul* Lewis; *tört* **Nagy** ~ Louis the Great
lajstrom *fn* list, catalogue (*US* -log), register
lajstromoz *i* list, catalogue (*US* -log) (*mn igenév:* cataloguing, *US* -loging), register
lajtos *mn* ~ **kocsi** water-car
lak *fn* dwelling, lodge, *[nyári]* villa, cottage
lakáj *fn* **1.** *[szolga]* lackey, footman° **2.** *átv pej* lackey, flunkey
lakályos *mn* comfortable, cosy (*US* cozy), homy (*US* homey)
lakás *fn* **1.** *[nagyobb házban]* flat, *US* apartment, *[otthon]* home, *[albérleti]* lodgings *tsz*, rooms *tsz*; ~ **és ellátás** board and lodging, bed and board; **állandó** ~ permanent place of residence, domicile, permanent address; **háromszobás** ~ three-room(ed) flat; **kiadó** ~ (i) *ált* flat/rooms to let (ii) *[hirdetésben]* accommodation vacant; *US* apartment to rent; **~omon** at my place, where I live; **jöjjön el a ~omra** come over to my place; **~t bérel/kivesz** rent rooms, take* a flat (*US* an apartment); **~t cserél** change flats, move flat(s); **~t keres** look for accommodation/lodgings; **~t hajszol** be* house-hunting; **~t kiad** rent a flat (to sy), let* out rooms (to sy); **~t változtat** move flat(s), move to another flat **2.** *[tartózkodás]* living, residence, *[átmenetileg]* stay
lakásátruházás *fn* transfer of tenancy/flat
lakásbejelentés *fn* registration of (permanent) place of residence
lakásberendező *fn* interior decorator
lakásbérlet *fn* leasing/lease (of) a flat
lakásbővítés *fn* house extension/conversion
lakáscím *fn* (home) address
lakáscsere *fn* (ex)change of flats
lakásépítés *fn* building (of) flats/houses, *[lakásügy]* housing
lakásépítési *mn* ~ **program** home building program(me), housing scheme
lakásfelszerelési *mn* ~ **tárgyak** household fittings, household equipment *esz*
lakásfelújítás *fn* redecoration
lakásgazdálkodás *fn* flat management and distribution, housing management
lakáshiány *fn* housing shortage
lakáshirdetés *fn* (classified) advertisement of rooms/lodgings/flats (*US* apartments)
lakáshivatal *fn* housing department, *US* Housing Board
lakásigény *fn* application to be placed on the (council) housing list
lakáskérdés *fn* housing problem
lakáskiutalás *fn* house/flat allocation/assignment
lakásleválasztás *fn* ‹conversion of part of a flat into a separate flat› *kb.* subdividing a flat
lakásmegosztás *fn* → **lakásleválasztás**
lakásrendelet *fn* housing regulations *tsz*
lakásügy *fn* housing
lakásügyi *mn* ~ **előadó** housing official; ~ **osztály** housing department, *US* Housing Board
lakásváltoz(tat)ás *fn* change of address
lakásvásárlás *fn* house buying
lakásviszonyok *fn* housing conditions
lakásszentelő *fn* housewarming
lakat *fn* padlock; ~ **alá kerül** *[bűnöző]* be* locked up, be* put behind bars; ~ **alatt van** *[bűnöző]* be* locked up; **~ot tesz a szájára** seal one's lips, keep* one's lips sealed
lakatkulcs *fn* key [to padlock]
lakatlan *mn* uninhabited, *[ház]* unoccupied, vacant, *[elhagyatott]* deserted, derelict, *[sziget]* desert [island]
lakatos *fn* **1.** *[lakásokkal, zárakkal stb. foglalkozó]* locksmith **2.** *[gépalkatrészekkel foglalkozó]* mechanic, fitter
lakatosinas *fn* locksmith's apprentice
lakatosmesterség *fn* locksmith's trade
lakatosmunka *fn* **1.** *[zárak, lakatok stb. javítása]* locksmith's work/trade, *ált* metalwork **2.** *[karosszérialakatosé]* mechanic's/fitter's work/job **3.** *[munkadarab]* ironwork, metalwork
lakatosműhely *fn* locksmith's workshop
lakatossegéd *fn* journeyman° locksmith
lakatosszerszám *fn* locksmith's tool
lakatosüzem *fn [nagyipari üzem része]* fitter's shop
lakbér *fn* (house-)rent
lakbéremelés *fn* rise in rent(s)
lakberendezés *fn* **1.** *[bútorzat]* (interior) furnishings *tsz*, furniture, set/suite of furniture **2.** *[lakberendező munkája]* interior decorating
lakberendezési *mn* ~ **tárgyak** furnishings
lakberendező *fn* interior decorator
lakbérhátralék *fn* arrears of rent *tsz*, back rent
lakcím *fn* (home) address
lakcímváltozás *fn* change of address
lakhatási *mn* ~ **engedély** residence permit, permit of stay
lakhatatlan *mn* uninhabitable
lakható *mn* (in)habitable
lakhely *fn* → **lakóhely**
lak|ik *i* **1.** *[állandóan]* live, *hiv* reside; **hol ~ik/~sz?** where do you live?; **itt ~om** this is where I live; **vknél ~ik** (i) *[állandóan]* live in sy's house/flat, live at sy's (ii) *[átmenetileg]* lodge with sy at sy's house/flat, stay with sy, *US* room with sy at sy's house/apartment; *[rövid időre]* stop with sy **2.** *[lakást, épületet]* occupy; → **lakozik**
lakk *fn* lacquer, shellac, varnish; → **körömlakk**, → **lakkfesték**
lakkbenzin *fn* white spirit
lakkbőr *fn* patent leather
lakkcipő *fn* patent-leather shoes *tsz*
lakkfesték *fn* varnish(-colour) (*US* -or)
lakkoz *i* lacquer, shellac (*múlt időben:* shellacked); **parkettet** ~ lacquer the parquet (floor)
lakkozás *fn* lacquering
lakkozott *mn* **vörösre ~ körmök** nails varnished/polished red
lakli *mn biz* gangling fellow
lakmározás *fn* feasting, banqueting
lakmároz|ik *i* eat* heartily, feast, banquet
lakmuszpapír *fn* litmus paper
lakó I. *fn* **1.** *[bérházé]* tenant, *[társasházé, öröklakásé]* owner, occupier, occupant, *[lakrészé, szobáé bérlőként]* lodger; **a ~k névjegyzéke** list/register of tenants; **a bérház ~i** the tenants/residents **2.** *[városé]* inhabitant, resident **3.** *összet* -dweller (*pl.* town-dweller) **II.** *mn* living [in a place] *ut*; **az első emeleten ~ család** the family on the first (*US* second) floor

lakóautó *fn* motor caravan, *US* camper
lakodalmas *mn* ~ **ház** house where a wedding is celebrated; ~ **nép** wedding-guests *tsz*; ~ **tánc** wedding dance
lakodalmi *mn* wedding-; ~ **ebéd** wedding feast; *GB* wedding breakfast; ~ **torta** wedding cake
lakodalom *fn* wedding (celebrations *tsz*), nuptials *tsz*; **lakodalmát üli** celebrate one's wedding
lakóépület *fn* → **lakóház**
lakógyűlés *fn* ‹meeting of tenants/residents›
lakóház *fn* (dwelling) house, *[nagyobb, soklakásos]* block of flats, *US* apartment house/building/block
lakóházépítés *fn* building houses, *[mint program]* housing scheme
lakóhely *fn* *[állandó]* permanent address/residence, *hiv* domicile; ~ **szerint illetékes bíróság** legal jurisdiction of the domicile
lakójegyzék *fn* → **lakók névjegyzéke**
lakókocsi *fn* caravan, mobile home, *US* trailer, *[önjáró]* motor caravan, *US* motor home, camper; **utazás ~val** caravanning; **~ban/~val utazik** caravan, take* (v. go* for a holiday in a caravan), be*/go* caravanning
lakókocsitábor *fn* caravan site
lakókocsizás *fn* caravanning
lakókonyha *fn* kitchen-diner, eat-in kitchen
lakol *i* atone, pay*, suffer (*vmért* for sg); **ezért még ~ni fogsz!** you'll pay*/smart for it!
lakoma *fn* feast, (rich) repast; **ünnepi ~** (festive) banquet; **nagy ~t csap** throw*/give* a big dinner
lakomáz|ik *i* **1.** have* a feast **2.** feast (on sg), partake* of a rich/luxurious repast
lakónegyed *fn* residential district/area/quarter
lakonikus *mn* laconic
lakópark *fn* residential park
lakos *fn* inhabitant, *[állandó]* resident; **Papp János budapesti ~** Budapest resident J.P., J.P. a Budapest resident, J.P. resident in/of Budapest
lakosság *fn* inhabitants *tsz*, population, the local residents *tsz*; **polgári ~** civilian population
lakossági *mn* community, *[városi]* municipal; **~ szolgáltatások** services, service industries, *[városi]* municipal undertakings; **~ folyószámla** current account; **a ~ fogyasztás nem csökken tovább** private consumption is no longer on the decrease
lakószoba *fn* living/sitting room
lakosztály *fn* suite, apartments *tsz*
lakótárs *fn* *[házban]* house-sharer, *[kollégiumban, kaszárnyában]* roommate, *[társbérletben]* sharer (of a flat); **~ak vagyunk** *[szobában]* we share a flat/room, *US* we room together
lakótelep *fn* (*röv* **ltp.**) housing/council estate, *főleg: US* housing project/development
lakótelepi *mn* ~ **(bér)ház** council block/house, estate house; *[szegényesebb]* tenement (house); ~ **lakás** *kb.* flat in a housing estate
lakótér *fn* living space
lakóterület *fn* *[városé]* residential area
lakott *mn* inhabited by *ut*; **sűrűn ~ terület** densely populated area; ~ **terület** *[közlekedési szempontból]* in town; ~ **területen kívül** in open country
lakoz|ik *i* → **lakik**; **ki tudja mi ~ik benne?** who knows what he may have in him?
lakrész *fn* part of house/flat
laktanya *fn* barrack(s), *US* army post, fort
laktanyafogság *fn* confinement to barracks (*röv* **C.B.**)
laktató *mn* *[étel]* filling, substantial, rich
lám *isz* *[íme]* (you) see!, well!; **~, ~!** well well!; **~ megmondtam!** I told you so!, didn't I tell you?, haven't I told you?; **hadd ~ csak!** let me see!
láma[1] *fn* *[buddhista szerzetes]* lama
láma[2] *fn* *áll* llama
La Manche-csatorna *földr* the English Channel
lambéria *fn* panel(ling), wainscot(ing)
lamentál *i* lament (*vm miatt* sg/for sg), bewail sg
laminált *mn* laminated
lámpa *fn* **1.** *ált* lamp; **asztali ~** table/desk-lamp; **~nál** by lamplight **2.** *[járművön]* light(s), *[fényszóró]* headlight; **hátsó ~** rear light **3.** *[forgalmi jelzőlámpa]* traffic lights *tsz*; **~t kap** be* caught at the lights, get* a red light **4.** *[rádiócső]* valve, *US* tube
lámpabél *fn* (lamp)wick
lámpabél *fn* (lamp)wick
lámpabura *fn* lampshade
lámpafény *fn* lamplight; **~nél** by lamplight
lámpagyújtás *fn* *[ideje]* lighting-up (time)
lámpaláz *fn* stage fright
lámpaolaj *fn* lamp oil
lámpaoszlop *fn* lamppost
lámpás *fn* lantern
lámpaüveg *fn* (lamp-)chimney, lamp-glass
lampion *fn* Chinese/Japanese lantern
lánc *fn* **1.** *ált* chain, *[rablánc]* chains *tsz*, *[lábra]* irons *tsz*, *átv* fetters *tsz*; **~on lóg** hang* on/by/from a chain; **~ra köt** *[kutyát]* chain up [a dog]; **~ra ver vkt** put* sy in chains; **~ra verve** [be*] in chains; **~ról elold** *[kutyát]* let* [a/the dog] loose, unchain; **~tól megszabadít** *[rabot]* loose the chains [of a prisoner], unfetter [prisoner] **2.** *[üzletlánc]* chain store **3.** *[hivatali jelvényként]* chain (of office); **rektori ~** dean's chain of office **4.** → **láncolat**; **~ban adogat** hand/pass (sg) in a chain; **~ot alkot** form a chain; → **szállodalánc**, → **üzletlánc**
láncdohányos *fn* chain-smoker, *[igével]* chain-smoke
láncfonal *fn* warp (thread)
láncfűrész *fn* chain-saw
lánchegység *fn* mountain chain/range
lánchíd *fn* chain/suspension bridge
lánckövetkeztetés *fn* syllogistic argument/reasoning
láncol *i* **1.** (*vmt vmhez/vhova*) chain sg to sg, join [things] with/by a chain **2. magához ~ vkt** bind*/tie/link sy to oneself
láncolat *fn* chain, train, series (*tsz* ua.), succession; **események ~a** chain/train of events
láncos *mn* **1.** *[lánccal felszerelt]* fitted with chains *ut*, equipped with chains *ut*, chain **2.** *[láncra kötött]* chained up
láncöltés *fn* chain/loop(ed)stitch
láncreakció *fn* chain reaction
láncszem *fn* **1.** *konkr* link, ring, loop (of a chain), chain-loop **2.** *átv* link; **hiányzó ~** missing link
lánctalp *fn* caterpillar
lánctalpas *mn* ~ **traktor** caterpillar (tractor)
landol *i* land
lándzsa *fn* lance, spear; **~t tör vk/vm mellett** take* up the cudgels for sg (on behalf of sy); *biz* stand*/stick* up for sy
láng *fn* **1.** *ált* flame; **felcsap a ~** flame darts/shoots up; **~ba borít vmt** set* sg on fire, set* fire to sg; **~ba borul** burst* into flames; **~(ok)ban áll** be* (all) in flames, be* ablaze, be* on fire; **~ra kap** catch* fire, burst* into flames; **~ra lobban** (i) *konkr* catch* fire, burst* into flames, flame/blaze/flare up (ii) *átv* flare up; **nagy ~gal ég** be* blazing **2.** *[égő tűzhelyen stb.]* burner; **nagy ~on ég** *[konvektor]* the heater is running on high; **kis ~on főz** cook sg gently (v. in a slow oven); *[párol]* simmer (sg) **3.** *átv* **a szenvedély ~ja** the flame/fire/heat of passion; **a szerelem ~ja** the flames of love *tsz*, the fire of love
langaléta I. *mn* lofty, lanky **II.** *fn* beanpole, gangling fellow
lángelme *fn* genius
lángész *fn* genius
lángeszű *mn* brilliant, having/of genius *ut*
lángnyelv *fn* tongue of flame
lángol *i* **1.** *[tűz]* be* flaming/blazing, be* aflame, blaze, *[ég]* be* in flames, be* on fire **2.** *[arc]* glow, blaze; **arca haragtól ~** sy's face is glowing/blazing with anger; **bosszú ~ vk szívében** burn* for revenge

L

lángoló *mn átv* flaming, glowing, blazing, burning (for); ~ **szemek** blazing eyes; ~ **szenvedély** ardent/consuming passion; **lelkesedéstől** ~ glowing with enthusiasm *ut*
lángos *fn* ‹fried dough› [pronounced: langosh]
lángossütő *fn* (man° with a) "langosh" stand/stall, langosh-seller
lángszóró *fn* flame-thrower
lángtenger *fn* sea of flames
-lángú *utótag* -burner; **három~ gáztűzhely** 3-burner gas cooker
lángvágó *fn* blow torch/lamp
lángvörös *mn* flaming/fiery red, *[indulattól stb.]* blazing with anger *ut*
langymeleg *mn* lukewarm, tepid
langyos *mn* **1.** *[víz]* lukewarm, tepid, *[túlzóan: nem eléggé hideg sör stb.]* lukewarm **2.** *[idő]* mild
lanka *fn [lejtő]* gentle slope
lankad *i* **1.** *ált* flag, droop, *[bágyad]* grow* languid, *[gyengül]* weaken, grow* faint/feeble; *[érdeklődés]* drop off, flag, decline; *[figyelem]* flag, fade; ~ **az érdeklődése** his interest has dropped off **2.** *[hervad]* wilt, wither
lankadatlan *mn* unflagging; ~ **buzgalommal** with unflagging/unremitting zeal/enthusiasm
lankadt *mn* flagging, drooping, droopy, *[bágyadt]* languid
lankás *mn [lejtős]* gently sloping; ~ **vidék** downs *tsz*
lankaszt *i* **1.** *ált* make* flag/droop, cause to flag/droop, *[fáraszt, gyengít]* make* languid/faint **2.** *[hervaszt]* wilt, wither
lanolin *fn* lanolin, wool-fat
lant *fn* **1.** *zene* lute **2.** *átv* **leteszi a ~ot** call it a day
lantjátékos *fn* → **lantos 1**
lantos *fn* **1.** *[lantjátékos]* lutenist, lute-player **2.** *[középkori dalnok]* minstrel, gleeman°
lány *fn* **1.** *[nőnemű gyerek]* girl, *[fiatal nő]* young woman°, *skót* lass; **tizenöt éves** ~ a girl of fifteen **2.** *[vknek a ~a]* (sy's) daughter; **a fiatalabbik ~a** the younger daughter **3.** *[férjhez nem ment nő]* unmarried woman°; **még** ~ (i) *[még nem ment férjhez]* she is still unmarried (ii) *[még szűz]* she is still a virgin **4.** *[háztartási alkalmazott] elav* maid, girl, *[GB ma inkább]* (mother's) help, au pair
lány- *előtag* → **leány-**
lanyha *mn* **1.** *[enyhe]* mild, *[langyos]* lukewarm, *[érdeklődés]* waning, lukewarm **2.** *gazd [piac]* sagging, bearish; **az üzlet(i élet)** ~ business is slack, business lags
lanyhul *i* **1.** *[enyhül]* grow*/become*/get* mild **2.** *[gyengül]* lose* vigour (*US* -or), lose* intensity; **érdeklődése/lelkesedése** ~ one's interest/enthusiasm is flagging **3.** *[alábbhagy]* relax; ~ **az igyekezete** slacken/relax in one's efforts/endeavours (*US* -ors)
lanyhulás *fn* **1.** *[enyhülés]* growing/getting mild **2.** *[gyengülés]* loosening **3.** *[alábbhagyás]* relaxing, relaxation
lányka *fn* → **leányka**
lányos *mn* **1.** ~ **ház** (house/home of) family with marriageable daughter(s) **2.** *[külső viselkedés]* girlish, girl-like; ~ **arcú/képű** baby-face
Laosz *földr* Laos
laoszi *mn/fn* Laotian
lap *fn* **1.** *[sima felület]* (flat) surface, flat, *mat [síklap]* plane **2.** *[fémből]* plate, sheet, *[papírból]* sheet, leaf, *[fából, burkoló]* panel, wainscot **3.** *[vmnek lapos része]* (flat) surface, flat side, *[kardé]* flat (of sword) **4.** *[könyvé]* page, leaf°; **a 30. ~on** on page thirty; **az más ~ra tartozik** *átv* that's quite another thing/matter **5.** *zene* **~ról énekel/játszik** sing*/play at sight, sight-read°; **~ról éneklés** sight-singing **6.** *[hírlap]* newspaper, paper, journal; **a külföldi ~ok** foreign papers (and magazines), the foreign press **7.** *[levelező~]* (post)card **8.** *[egy kártya~]* card; **jó ~ja van** have* a good hand; **rossz ~ja van** have* a bad hand; **mindent egy ~ra tesz (fel)** *átv* put* all one's eggs in one basket; *biz* **veszi a ~ot** (i) *[érti]* catch* on, get* the message, get* the picture (ii) *[belemegy a tréfába]* join in
láp *fn* bog, fen, marsh(-land), moor, swamp

lapalji *mn* ~ **jegyzet** footnote
lapály *fn* plain, flat, lowland
laparoszkóp *fn orv* laparoscope
laparoszkópos *mn* ~ **sebészet** laparoscopy, keyhole surgery
lapát *fn* **1.** *[szerszám]* shovel, *[öblös]* scoop; **egy ~ra való** scoop, shovelful, scoopful; *szl* **~ra tesz vkt** give* sy the sack, give* sy his/her marching orders, give* sy the chop, sack sy, *US* give* sy the hook; *biz* **rátesz még egy/néhány ~tal** (i) *[tovább dolgozik]* knock on (ii) *[fokoz]* add insult to injury, rub salt into one's wounds; *[túloz]* pile it on, lay* it on thich, lay* it on with a trowel **2.** *[evező]* oar, *[kajakhoz]* paddle **3.** *[turbináé, ablaktörlőé]* blade
lapátkerék *fn [hajóé]* paddle, wheel
lapátol *i* **1.** *konkr* shovel (*US* -l), scoop **2.** *sp biz* paddle
lapértesülés *fn* ~ **szerint** as we know it from the press
lapít *i* **1.** *[lapossá tesz]* make* flat, flat(ten) **2.** *biz [rejtőzik]* lie* low/doggo
lapjárás *fn* run (of the cards)
lapkiadó *fn* ~ **vállalat** (newspaper) publishing company/house, (newspaper) publisher
lapkihordó *fn* paperboy, papergirl
lapkivágás *fn* cutting, *US* clipping
lapocka *fn* shoulder-blade
lapolvasó *fn infor* scanner
lapos[1] **I.** *mn* **1.** *ált* flat, *[sík]* plain, even; ~ **mellű** hollow-chested, flat-chested; ~ **sarkú** *[cipő]* low-heeled (shoes); ~ **sarok** *[cipőn]* low-heel; ~ **tető** flat roof; **~, mint a deszka** (*vk*) be* flat as a pancake/board; *biz* **~ra ver vkt** beat* sy hollow, wipe the floor with sy **2.** *átv [unalmas, nívótlan]* flat, dull, *[stílus]* flat, prosy **II.** *fn* **~akat pislant** (i) (*vkre*) eye sy, wink at sy (ii) *[álmos]* have* lids as heavy as lead
lapos[2] *mn* of ... pages *ut*; **hány ~ ez a könyv?** how many pages does this book have?; **500 ~ könyv** a 500-page book, a book of 500 pages
lápos *mn* boggy, marshy, swampy
laposan *hsz átv is* flatly
laposelem *fn* (4.5 V) battery
laposfogó *fn* flat-nose pliers *tsz*
lapostányér *fn* dinner plate
lapostetű *fn* crab-louse°
lapoz *i [egyet]* turn the/a page, *[egymás után többet]* turn over pages/leaves [of book], leaf (through) [a book]; **~z** *[oldal alján, rendszerint % jellel jelölve]* P.T.O. *[please turn over]*
lapozgat *i* thumb [a book], leaf (through) [a book]
lapp I. *mn* Lapp(ish) **II.** *fn* **1.** *[ember]* Lapp, Laplander **2.** *[nyelv]* Lapp(ish)
lappang *i* **1.** *[rejtőzik]* lurk, be*/lie* hidden, be*/lie* in hiding; **e mögött ~ vm** there is something going on behind the scenes, *biz* it sounds a bit fishy to me **2.** *[szunnyad vkben vm]* be* latent (in sy), *[betegség]* incubate; **betegség ~ vkben** be* sickening for [an illness]
lappangás *fn orv* incubation
lappangási *mn* ~ **idő** latent/latency period
lappangó *mn orv* latent; ~ **betegség** latent disease; ~ **láz** masked fever
Lappföld *földr* Lapland
lapszám *fn* number of page, page number
lapszámozás *fn* pagination
lapszél *fn* margin
lapszéli *mn* marginal; ~ **jegyzet** marginal note, shoulder note
lapszemle *fn* press review, review of the press
lapszerkesztő *fn* editor (of a newspaper)
lapszus *fn* slip (of the tounge), mistake
laptop *fn infor* laptop
laptudósító *fn* (newspaper) correspondent
laptulajdonos *fn* newspaper owner/proprietor
lapul *i* **1.** *[laposodik]* become* flat(tened out) **2.** **falhoz ~** stand* back (v. press/flatten oneself) against the wall **3.** *[észrevétlenül marad]* lurk, skulk, *biz* lie* doggo/low

lapzárta *fn* deadline, closing date; **~ utáni hírek** stop-press (news)
lárifári *fn biz* fiddlesticks!, rubbish!, hogwash!
lárma *fn* (loud) noise, din, *[kiabálás]* clamour (*US* -or), *[ordítozás, verekedés]* brawl(ing), tussle, *[kavarodás]* uproar, racket; **nagy ~t csap** (i) *[lármázik]* make* a great noise, kick up a fuss/row (ii) *[kavarodás]* cause/create an uproar/disturbance, kick up (v. raise) the dust
lármás *mn* noisy, clamorous
lármáz|ik *i* **1.** *[zajong]* make* a noise **2.** *[követel, tiltakozik]* clamour (*US* -or), *[veszekszik]* quarrel (*US* -l) (about), squabble (with sy about sg) **3.** *[okvetetlenkedik]* fuss (about); **mit ~ol?** what's all this row? **4.** *[rajcsúrozik]* romp
lárva *fn áll* larva (*tsz* larvae)
lásd (*röv* **l.**) see; **~ a 6. lapon** see page 6; **~ még** (*röv* **l. még**) see also, compare (*röv* **cf.**)
lasponya *fn növ* medlar
lassacskán *hsz* gently, gradually, by degrees, little by little
lassan *hsz* slowly *[ige előtt* v. *után állhat]*, slow *[csak ige és how után állhat]*, *[ráérősen]* in a leisurely way; **~ csinál/végez vmt** do* sg slowly, be* slow in doing sg; take* one's time (doing sg); **de ~ telik az idő!** how slow/slowly the time passes!; **~!** slowly!, not so fast!, take it easy!; **~, de biztosan** slowly but surely; **szép ~ jobbra fordulnak a dolgok** things will get better by and by; **~ gyógyul** (i) *[beteg]* be* mending slowly (ii) *[seb]* be* slow in healing; **~ beszél** speak* slowly; **~ hajt** drive*/go* slow; **~ jár/megy** walk slowly, walk at a slow pace; *[ráérősen]* walk in a leisurely way; **~ megy** *[a dolog]* it is a slow process/business; *közm* **~ járj, tovább érsz** more haste less speed; **~ tanul** learn* slowly; **~ a testtel!** take it easy!, gently does it!; **hogy vagy? – csak úgy ~!** how are you? – fair (to middling)
lassanként *hsz* **1.** *[fokozatosan]* gradually, little by little, bit by bit **2.** *[nemsokára]* before long; **~ talán indulhatnánk!** it is time to go, we had better start/leave now
lassít *i* (*vk/vm*) slow (down/up), *[autóval]* slow down; **~s!** drive slow!, reduce speed!; **~ja a munkatempót** go* slow
lassított *mn [felvétel]* slow-motion (picture)
lassú *mn* **1.** slow, *[ráérős]* leisurely, *[hosszadalmas]* lingering; **ez (egy) ~ dolog** it is a slow process; **~ ember** *biz* a slowcoach, *US* slowpoke; **~ észjárású** slow(-witted), dull; *zene* **~ tétel** slow movement; **~ tűzön (főz/süt)** [cook/roast sg] in a gentle/slow oven; *[párol]* simmer; *közm* **~ víz partot mos** still waters run deep **2.** *[csendes, halk]* low, quiet, soft, gentle
lassúbbod|ik *i* → **lassul**
lassúd|ik *i* → **lassul**
lassul *i* slow down/up, become* slow(er)
lassúság *fn* slowness, *[ráérősség]* leisureliness, leisurely way(s), *[hosszadalmasság]* lingering
lassúzás *fn biz* footdragging
László *tul* ‹masculine given name› *kb.* Ladislas
lasszó *fn* lasso, *főleg: US* lariat
lasztexnadrág *fn* stretch slacks (*US* pants) *tsz*, *US* ski-pants *tsz*
lat *fn* **~ba veti befolyását** use one's influence, pull strings; **~ba veti erejét** put*/throw* one's power/authority into the scale(s); **sokat nyom a ~ban** be* of great account/weight; **nálam ez nem nyom sokat a ~ban** it cuts no/little ice with me
lát[1] *i* **1.** *konkr* see*; **jól ~** have* good eyes, one's eyesight is good; **rosszul ~** have* poor eyesight, not see well; *biz* **az orráig se ~** (be*) as blind as a bat, see no further than (the end of) one's nose; **se ~, se hall** he neither sees* nor hears*; **futólag ~ vmt** get*/catch* a glimpse of sg; **~nod kellett volna** you should have seen it; **~od?, ~ja?** can you see it?; **~sz még (olvasni)?** can you still see (to read)?; **~tad ezt a filmet?** have you seen that picture/film?; **mit ~ok?** *[meglepődve]* what is this (that I see)?; **"láttam"** *[okmányon]* seen and approved, *biz* O.K.; **akkor lássam, amikor a hátam közepét** I don't care if I never see him again; **hadd lássam!** let me see!; **lássuk, mi megy a tévében** let's see what's on the tele(vision)/telly; **lássuk csak!** let us/me see!; **~ni sem bírom/kívánom** I can't bear (even) the sight of him/it; **lásd kivel van dolgod** you'll see who(m) you are dealing with; → **lásd 2.** *[felfog, ért]* see*, perceive, *[vmlyennek ítél]* think*, find*, deem, consider; **jónak ~ vmt** think* sg proper/fit, find*/deem sg good/advisable; **nem ~om az értelmét** I don't see the point; **~ja a lényeget** see the point; **ha jól ~om** if I'm not mistaken, if my eyes don't deceive me; **te ezt hogy ~od?** what is your view/opinion of this?; **én ezt így ~om** this is how I see it, this isthe view I take of it; **én ezt úgy ~om, hogy** ... in my view, it appears to me that ...; **én nem így ~om (a dolgot)** I do not look upon it in that light; **úgy ~tam, jobb ha megyek** *US* so I figured I better leave; **ahogy én ~om** in my view/opinion; **másképp ~ja a dolgokat** see* things differently; **tégy, ahogy jónak ~od** do as you please, do as you think fit; **~ja, kérem** ... you see!; **amint ebből ~ni lehet** as this shows, as may/can be seen/concluded from this; **ebből azt kell ~nom(, hogy ...)** from this I can only conclude (that) **3.** *[tapasztal]* see*; **sokat ~ott** he has been around (for quite a while), he has seen a good deal, he has seen life; **ki ~ott már ilyet?** did you ever see the like (of it)?, well I never!; **azt szeretném (én csak) ~ni!** that'll be the day!, let me see you do/try it! **4. szívesen ~ vkt** welcome sy; **vendégül ~ vkt** entertain sy to [dinner] **5.** (*vmhez*) set* to do sg, see* about sg; **munkához ~** set* to work; → **álom**, → **haszon**, → **kár**, → **napvilág**, → **szín**, → **világ**
lát[2] *fn gazd* **~ra fizetendő** payable at/on sight *ut*; **~ra szóló váltó** sight/demand bill (v. *US* draft)
látás *fn* **1.** *[látóképesség]* sight, eyesight, vision; **romlik a ~a** his sight is failing; **~tól vakulásig** day in, day out, from dawn to dusk, from daybreak till nightfall, from morning till night **2.** *[cselekvés]* seeing; **első ~ra** at first sight; **~ból ismer vkt** know* sy by sight
látási *mn* visual, optic(al); **~ viszonyok** visibility; **~ zavar(ok)** disturbance of vision, trouble seeing
látásmód *fn* attitude, way of seeing things, way of looking at things
látásvizsgálat *fn* sight-testing; **számítógépes ~** computer-aided sight testing
látatlan *mn* unseen, unexamined, not inspected *ut*
látatlanban *hsz* unseen, unexamined; **~ vásárol vmt** buy* a pig in a poke, buy* sg sight unseen; **~ vett egy tévét** (s)he bought a TV sight unseen
látatlanul *hsz* **~ beleegyezik vmbe** consent to sg without having seen/examined it first
látcső *fn [kétcsövű]* binoculars (*US* binocular is) *tsz*, field glasses *tsz*; *[egycsövű]* telescope; *[színházi]* opera glasses *tsz*
látens *mn* latent
láthatár *fn* horizon, skyline
láthatás *fn jog* visitation (rights *tsz*)
láthatatlan *mn* invisible, imperceptible (to the eye *ut*), *kif* is not to be seen; **~ jövedelem** unreported income
látható *mn* visible, *[kivehető]* discernible, *kif* be* (with)in sight, *[igével]* that can be seen; **~ helyen** in/on a conspicuous place/spot; **~ lesz, ~vá válik** come* into view/sight, show itself; **ebből ~** this goes to show (that); it is apparent (that); **nem ~** [it] is out of sight, [it] is not to be seen; **ritkán ~** rarely to be seen *ut*; **szabad szemmel is ~** visible to the naked eye *ut*; **a kiállításon sok értékes festmény ~** many valuable paintings are on view at the exhibition; **amint a 4. sz. ábrán ~** as can be seen (v. as shown) in Fig. 4
láthatóan *hsz* visibly, perceptibly, noticeably
latin I. *mn* Latin; **~ betűk** Roman letters/characters; **~ betűs írás** Roman script; **a ~ nyelv** Latin; **~t/~ul tanul** learn* Latin; **nem tud ~ul** (s)he has no Latin **II.** *fn* **a ~ok** the Latin people; → **újlatin**

Latin-Amerika *földr* Latin America
latin-amerikai *mn* Latin American
latinos *mn* ~ **műveltség** classical education/culture
latinság *fn [nyelv]* Latin
latintanár *fn* teacher of Latin, Latin teacher/master
látkép *fn* view, panorama
látlelet *fn* doctor's/medical statement/report
látnivaló *fn* sight(s), place(s)of interest; **megnézi/megtekinti a ~kat** see* the sights [of London etc.], go* sightseeing, visit the places of interest; **a ~k megtekintése** sightseeing; **nincs sok ~** not much to see
látnok *fn* seer, prophet
látnoki *mn* prophetic(al)
látó *fn [nem vak]* sighted; **a ~k** sighted people, the sighted
látogat *i* **1.** (*vkt*) visit sy, pay* a visit to sy v. pay* sy a visit, call on sy, see* sy **2.** *[tanfolyamot]* attend **3.** *[vmt gyakran felkeres]* frequent
látogatás *fn* **1.** (*vknél*) visit, *[rövid]* call; **vknél ~t tesz** pay* sy a visit, go* and/to see sy; **vknek visszaadja a ~át** return sy's visit/call; **hivatalos ~** *[kormányfőé stb.]* state visit; **hivatalos ~t tesz vhol** make* a state (v. an official) visit to [a country]; **nem hivatalos ~t tesz** pay* an unofficial visit (to); **beszámol Angliában tett ~áról** give* an account of one's visit to Great Britain **2.** *[tanfolyamé]* attendance **3.** *[kórházban betegeké]* visiting times/hours *tsz*; **szerdán, pénteken és vasárnap van ~** visitors are allowed in the hospital on Wednesdays, Fridays and Sundays
látogatási *mn* visiting, calling; ~ **idő** *[kórházban, múzeumban]* visiting hours/times *tsz*
látogató *fn* visitor, caller, *[könyvtáré, múzeumé, más országé stb.]* visitor; **hangverseny-/mozi-/színház~** concert-/cinema-/theatre-goer; **~ban van vknél** be* on a visit to sy; **~ba megy** call on sy, go*/call to see sy; **kedden jön (el) ~ba** he'll call on Tuesday
látogatójegy *fn [belépő]* ticket of admission, *[könyvtári]* library ticket, membership card
látogatott *mn* much frequented, popular
látogatottság *fn* popularity, *[előadásé]* attendance; **nagy ~nak örvend** be* much frequented, be* well-attended
látogatóvízum *fn* visitor's visa
látóhatár *fn* horizon, skyline
látóideg *fn* optic nerve
látóképesség *fn* vision, (eye)sight
látókör *fn* *átv* horizon, scope
látókörű *mn* **széles ~** with a wide intellectual horizon *ut*, of wide(-ranging) interest *ut*; **szűk ~** narrow-minded
latolgat *i* ponder [the matter], *[kérdést]* consider (sg), deliberate (over sg); **~ja az esélyeket** be* considering (v. weighing up) the pros and cons
látomás *fn* vision, *[jelenés]* apparition
lator *fn* rascal, rogue
látószerv *fn* visual organ, organ of sight/vision
látószög *fn* visual angle
látószögű *mn* **nagy ~ objektív** wide-angle lens
látótávolság *fn* range/distance of vision, visual distance; **~ban, ~on belül** within sight/eyeshot
látótér *fn* field of vision, visual field
látszat *fn* **1.** *[aminek tűnik]* appearance; **~ és valóság** illusion and reality; **a ~ csal** appearances can be deceptive; **a ~ kedvéért** for the sake of appearances, for show; **a ~ szerint** to all appearances, on the face of it; **minden ~ ellenére** in spite of (all) appearances; **a ~ után ítél** judge by appearances; **~ra** in appearance; **azt a ~ot kelti** (i) *[vk, hogy]* have* the appearance of (...ing) (ii) (*vm*) suggest sg; **fenntartja a ~ot** keep* up appearances **2.** *[eredmény, hatás]* (visible) effect, result; **nincs meg a ~a vk munkájának** have* little/nothing to show for one's work, sy's work is of no avail
látszateredmény *fn* sham (result), pretences (*US* -ses) *tsz*, *biz* eyewash
látszatintézkedés *fn* half measures *tsz*
látszatmegoldás *fn* papering over the cracks, specious solution
látszerész *fn* optician
látsz|ik *i* **1.** *[látható]* be* visible/seen/noticeable, can* be seen, *[kilátszik, kirajzolódik]* sg shows; **az ablakomból jól ~ik a híd** you get/have a good view of the bridge from my window; **alig ~ik a sebhely a homlokán** the scar on his forehead hardly shows **2.** *[nyilvánvaló, vélhető]* appear, seem, look; **úgy ~ik** so it appears; **úgy ~ik, hogy** ... it appears/seems that ..., (s)he seems to (have ...d); **úgy ~ik, (hogy) nem** it appears not; **úgy ~ik, elfelejtette** he seems to have forgotten about it; **úgy ~ik, elfelejtetted ígéretedet** you seem to have forgotten your promise; **úgy ~ik, igaza van** he appears/seems to be right; **úgy ~ik, esni fog** it looks like rain; **úgy ~ik, mintha** ... it looks as if ...; **már úgy ~ott, hogy** ... it seemed as though/if ... **3.** (*vmlyennek*) seem (to be), look [ill/tired/sad etc.], appear (to be); **betegnek ~ik** he seems (to be) ill, he looks ill; **szomorúnak ~ik** (s)he seems (to be) sad, (s)he looks/appears sad; **nem ~ik annyinak** she does not look her age; **~ik (rajta), hogy beteg** he is obviously ill, he looks ill; **~ik (rajta), hogy gondtalanul él** he has a carefree air; **ez a megoldás jónak ~ik** this solution seems (to be) good, this seems to be the right solution
látszólag *hsz* apparently, seemingly, in appearance; **~ minden rendben volt** apparently everything was in order, everything seemed to be all right (v. in order)
látszólagos *mn* apparent, seeming; **~ ellentmondás** seeming/apparent contradiction
látta *i* (*röv* **L.**) seen and approved, O.K. v. OK
láttamoz *i [okmányt]* countersign, initial (*US* -l), endorse
láttamozás *fn* signature, countersigning, initials *tsz*, endorsement
láttára *hsz* (*vmnek*) at the sight (of sg); **szemem ~** before my very eyes
látvány *fn* **1.** *ált* sight, view, *[látványosság]* spectacle; **kellemes/szívderítő ~** a sight for sore eyes; **nagyszerű ~** a sight for the gods; **szánalmas ~t nyújt** (i) *konkr* be* a sorry sight (ii) *iron* cut* a sorry/miserable figure; **szomorú ~** a sad spectacle **2.** *[tájé]* prospect, scenery **3.** *[jelenet]* scene
látványos *mn* spectacular
látványosság *fn* **1.** *ált* spectacle, sight; **~ok megtekintése** sightseeing **2.** *[vásári]* show, side-show
latyak *fn* slush
latyakos *mn* slushy
láva *fn* lava
lavina *fn* avalanche
lavíroz *i* **1.** *hajó* tack (about) **2.** *átv biz* tack, manoeuvre (*US* maneuver)
lavór *fn* basin, bowl
láz *fn* **1.** *[betegé]* temperature, *[magas]* fever; **magas ~** high fever, (very) high temperature; **van ~a(d)?** have you got a temperature?; **~a van** have*/run* a temperature; **nagyon magas ~a van** (s)he has (v. is running) a very high fever; **hirtelen felszökött a ~a** (s)he suddenly had a high temperature; **nincs magas ~a** (s)he is not running a temperature, (s)he hasn't much fever; **~at mér** take* sy's temperature **2.** *[izgalom]* fever; **vkt ~ba hoz** throw* sy into a fever **3.** *[divatőrület]* craze; **vásárlási ~** shopping spree
laza *mn* loose, slack; *[embertípus]* easy-going, laid-back, happy-go-lucky, casual; **~ erkölcs** loose/lax morals *tsz*; **~ fegyelem** lax discipline
lazac *fn* salmon
lázad *i [nép]* be* in (a state of) revolt, (*vm/vk ellen*) revolt/rebel/rise* against sg/sy
lázadás *fn* revolt, rebellion, *kat* mutiny; **nyílt ~ban tör ki** rise* in open rebellion/revolt, break* out in revolt; **~t szít** incite rebellion, stir up rebellion
lázadó I. *mn* rebellious, in revolt *ut*, *kat* mutinous **II.** *fn* rebel
lázadoz|ik *i* **1.** → **lázad 2.** *[elégedetlenkedik vm miatt]* revolt against/at sg, grumble/protest at/about sg, *[kapáló-*

dzik vm ellen] biz kick against sg; **a jobbik énje ~ik vm ellen** sy's better self rises in protest against sg
lázálom *fn [rémkép]* nightmare
lazán *hsz* loose(ly), slack(ly); **~ lóg** *[kötél]* slack, hang* loose(ly); *[ruha vkn]* be* loose fitting, be* baggy; **~ van összekötve** be* loosely tied, be* slack
lázas *mn* **1.** *[lázzal járó]* feverish, febrile; **~ állapot** feverish condition; *tud* pyrexia **2. ~ (beteg)** [patient] with a fever/temperature *ut*; → **láza van** **3.** *átv* feverish; **~ izgalom** fever of excitement, fever pitch, breathless suspense; **~ izgalomban** at fever pitch; **~ sietség** feverish haste; **~ tevékenység** feverish activity; **~ tevékenység folyik vhol** it is humming with life; **~an csomagol** pack feverishly
lazaság *fn* **1.** *[kötésé]* looseness, slackness **2.** *[erkölcsi, munkabeli]* looseness, slackness, laxness
lázcsillapító *mn/fn* antipyretic, febrifuge
lázgörbe *fn* fever/temperature curve
lazít *i* **1.** *[kötést]* loosen, slacken **2.** *[talajt]* loosen **3.** *[vk sportban, munkában]* relax, ease up
lázít *i [lázadásra késztet]* incite sy to revolt/rebel/rebellion; (*vkt vk ellen*) incite sy to revolt/rebel/rebellion against sy
lazítás *fn* (*vké*) relaxing, relaxation
lázítás *fn* incitement, instigation, sedition
lázító I. *mn* inciting, incendiary, seditious; **~ propaganda** inflammatory/subversive/seditious propaganda **II.** *fn* subversive, inciter, instigator
lázkiütés *fn* heat rash/spot, fever-blister/sore
lázlap *fn* temperature chart
lázmentes *mn* [patient] free from fever (v. without fever) *ut*, *[igével]* have* no temperature
lázmérő *fn* clinical thermometer
lázong *i* be* turbulent/unruly, be* in excitement/agitation, be* in (a) turmoil; → **lázad**
lázongás *fn* turbulence, unruliness, agitation, turmoil
lázongó *mn* turbulent, unruly
lázroham *fn* attack/bout of fever
lázrózsa *fn* fever-spot [on face]
láztábla *fn* temperature chart
láztalan *mn* → **lázmentes**
lazul *i* **1.** *ált* loosen, slack(en), *[csavar]* work itself loose, *[kötél]* slack, yield **2.** *[fegyelem]* (begin* to) become* lax
lazsál *i* go* slow, idle (at work), take* it easy, *kif* swing* the lead
le I. *hsz* down, *[felülről lefelé]* downwards, *[hegyről lefelé]* downhill, *[folyó folyása irányában]* downstream; **~ a Dunán** down the Danube; **~ a kalappal!** hats off!; **~ vele!** down with him! **II.** *ik* ‹többnyire: ige+down›; **~megy** go* down; **Lementek? – Le.** Do you go (down v. to the Balaton etc.)? Yes, we do.
lé *fn* **1.** *[folyadék]* liquid, fluid, *[gyümölcsé]* juice **2. minden ~ben kanál** have* a finger in every pie; **hosszú ~re ereszt vmt** dwell* (on sg), enlarge/dilate (up)on sg, spin* out [the conversation, the time by talking, a story, etc.]; **vmnek megissza a levét** *kb.* have* to pay the piper/price, (have to) pay* dearly for sg; → **összeszűr**
LE *röv* → **lóerő**
lead *i* **1.** *[nyújt]* give*/hand down **2.** *[letétbe]* deposit; **~ja a kulcsot a portán** leave*/deposit the key at the reception desk (v. at reception); **~ja a névjegyét vknél** leave* one's card on sy **3.** *[lövést]* fire [a shot], let* off [a gun] **4.** *[sp labdát]* pass **5.** *[kéziratot közlés végett]* deliver, hand in **6.** *biz* **~ott tíz kilót** he lost ten kilos **7.** *biz* **~ja a napi négy óráját** give*/have* one's four classes everyday (v. a day); → **drót**, → **névjegy**, → **szavazat**
leadás *fn* **1.** *[lenyújtás]* handing down **2.** *[letétbe]* depositing **3.** *sp* (long) pass
leágazás *fn [autópályáról]* exit road, slip road
leágaz|ik *i műsz* branch off, fork
leágazó *mn* **~ cső** branch; **~ sáv** exit road, slip road
leakaszt *i* **1.** *[szegről]* take* down/off [from the hook/peg] **2.** *szl* **~ egy pofont** fetch sy one in the face
lealacsonyít *i* debase, lower, degrade
lealacsonyító *mn* debasing, degrading, lowering, derogatory
lealacsonyod|ik *i* debase/degrade/demean oneself; **odáig alacsonyodott le, hogy** ... he stooped to doing sg, he was not above doing sg
lealáz *i* humiliate, humble, degrade
lealázó *mn* humiliating, degrading
leáldozóban van *i* **1.** *[nap]* (the sun) is sinking/setting **2.** *[dicsőség]* (one's glory) is fading (v. is on the wane)
lealjasít *i* debase, degrade, bring* down
lealjasodás *fn* debasement, degradation
lealjasod|ik *i* debase/degrade/demean oneself, become* debased
lealkusz|ik *i* **6000 Ft-ból lealkudtam (tőle) 500 ft-ot** I succeeded in knocking/cutting him down by 500 fts, I cut/beat/knocked him down to 5500 fts; **~ik 100 forintot vmnek az árából** get* 100 forints off the price of sg, bargain down the price by 100 forints
leáll *i* **1.** *[megáll]* stop, halt, *[forgalom]* come* to a standstill, *[motor, gép]* stall, break* down; **havazás miatt ~t a forgalom** traffic was held up by the snow(fall); **a gyár ~t** the factory ceased work, the factory shut down; **~t a motor** *[autóé]* the engine stalled (v. cut out v. seized up) **2.** *biz [vkvel beszélni]* stop [to have a talk with sy]
leállás *fn [megállás]* stop(page), halt, *[forgalomé, gépé]* (coming to a) standstill, *[motoré]* breakdown
leállít *i* **1.** *[földre]* let* sg stand on the floor, put*/place/stand* sg on the floor **2.** *[megállít]* stop, bring* to a stop/standstill/halt, *[motort, kocsit]* stop, *[taxit]* hail [a cab], *[járművet karjelzéssel]* flag down, *[mozgást]* arrest; **~ja a motort** stop (v. *biz* kill) the engine; *biz* **állítsd le magad!** knock it off!, *[maradj csöndben] GB* put a sock in it! **3.** *[abbahagyat]* cancel (*US* -l), call off, suspend **4.** *[munkát]* halt [production]
leállósáv *fn* hard shoulder, lay-by (*tsz* lay-bys)
leány *fn irod* → **lány**
leányág *fn* female line
leányálom *fn tréf* **nem ~** *[csúnya férfi]* be* no Adonis, not the answer to a maiden's prayer
leányanya *fn* unmarried mother
leánycserkész *fn GB* guide, *[korábban]* girl guide, *US* girl scout, *[7–10 év között]* Brownie (Guide) v. brownie; **~ek** (girl) guides, *US* girl scouts, *[mint szervezet]* the Guides *esz*, *US* Girl Scouts; *[kicsik]* the Brownies
leánygimnázium *fn kb.* girls' grammar school
leányinternátus *fn* girls' boarding school
leányiskola *fn* girls' school
leányka *fn* **1.** little/young girl, *skót* wee/little lass, lassie **2.** *[ruhaméret]* miss
leányképű *mn* → **lányos képű**
leánykérés *fn* proposal (of marriage), suit
leánykereskedelem *fn* white slave traffic/trade, white slavery
leánykérő *fn* **~be megy** go* to make a formal proposal of marriage, plead one's suit
leánykor *fn* girlhood; **még ~ából ismerem** I used to know her before she was married
leánykori *mn* **~ neve** *[űrlapon]* maiden name
leánynév *fn* **1.** *[leányé]* girl's name **2.** *[leánykori]* maiden name
leánynevelő *mn* **~ intézet** girls' boarding school
leánynéző *fn* **~be megy** go* to look (v. looking) for a wife
leányos *mn* → **lányos**
leányregény *fn kb.* teenage love story
leányság *fn [állapot]* maidenhood, girlhood
leányszoba *fn* girl's room
leányszöktetés *fn* **1.** *[erőszakkal]* abduction **2.** *[közös akarattal]* elopement, runaway marriage
leányvállalat *fn* affiliated company
leányzó *fn* girl, *skót* lassie; *tréf* **ez nem változtat a ~ fekvésén** that doesn't change things in the least

L

leapad *i* **1.** *ált* ebb, abate, subside **2.** *[tömeg]* decrease, diminish, *[vagyon]* dwindle
learat *i [gabonát]* reap; **~ja a dicsőséget** reap the laurels
leáraz *i* mark down [goods/prices]; *biz* knock down [goods/prices]
leárnyékol *i távk* screen, shade
leás *i* **1.** *[földbe]* dig* into the ground **2.** *[elás]* bury, hide* in the ground, *[cölöpöt stb.]* sink*
leáz|ik *i* soak off, wash off
leáztat *i* soak off, wash off, take* off by soaking
lebabáz|ik *i biz* have* a/one's baby
lebarnít *i biz [leszid]* blast (off at) sy
lebarnul *i* get* a tan, get* tanned/sunburnt
lebasz *i tabu* give (sy) a bollocking
lebben *i* **1. szellő sem ~t** not a breeze was stirring **2.** *[suhan]* flit
lebbencsleves *fn kb.* Hungarian pasta soup
lebecsmérel *i* disparage, belittle
lebecsül *i* **1.** *[alábecsül]* underrate, under-estimate, undervalue; **~i a veszélyt** make* light of danger, disregard danger **2.** *[ócsárol]* disparage, belittle, depreciate
lebeg *i* **1.** *ált* float **2.** *[madár egy helyben]* hover **3.** *[függ vm fölött]* hang*, be* suspended (over sg) **4.** *[tárgy vízen]* float, drift (on) **5. vm nagy cél ~ előtte** have* a noble object in view, aim at sg great; **képe mindig a szemem előtt ~** her image is always before my eyes; **élet és halál között ~** sy is (hovering) between life and death
lebegés *fn* **1.** *ált* floating, flo(a)tation **2.** *[madáré egy helyben]* hovering **3.** *[függés vm fölött]* hanging **4.** *[tárgyé vízen]* floating, drifting
lebegtet *i [kendőt]* wave, *[szél]* flutter, waft
lebélyegez *i* **1.** → **lepecsétel** 1 **2.** *[bélyegzővel ellát]* cancel (*US* -l), postmark
lebeny *fn [fülé, tüdőé]* lobe
lebernyeg *fn* **1.** *[marháé]* dewlap **2.** *[kabát]* loose cape/wrap/cloak
lebeszél *i* (*vkt vmről*) reason/persuade/talk sy out of (doing) sg, dissuade sy from (doing) sg
lebeteged|ik *i* **1.** *[nő]* be* confined, lie* in **2.** *biz* take* sick
lebetűz *i* **1.** *[szót]* spell* **2.** *[bélyeget]* cancel (*US* -l)
lebiggyeszt *i* **~i az ajkát** pout, purse one's lips
lebilincsel *i* captivate, enthral, fascinate, charm; **~i a közönséget** hold* the audience spellbound
lebilincselő *mn* captivating, enthralling, fascinating
leblendéz *i fényk* stop down
leblokkol *i* **1.** *[pénztárgépen]* register [on a bill] **2.** *[bélyegzőórán]* clock in/out **3.** *biz [zavarában]* go* blank, one's mind goes blank, *[gondolkodni sem tud]* get* a complete mental block, *[dolgozatnál]* freeze* on a test
lebocsát *i* → **leereszt** 1
lebombáz *i* bomb (out), destroy with bombs (v. by bombing)
lebont *i* **1.** *[házat]* pull/knock/tear* down, demolish **2.** *[tervet]* give* a break-down of **3.** *kém* break* down
lebontás *fn* **1.** *[házé]* pulling down, demolition **2.** *kém közg* break-down
lebonyolít *i* arrange, settle; **ügyletet ~** close/complete/conclude a deal (with sy); transact business, transact a sale/bargain, handle/manage a bargain/business, effect a sale; **nagy forgalmat bonyolít le** (i) *[egy vonal]* this is a busy line, this is a line with heavy traffic (ii) *[áruház stb.]* have* a large/great/high turnover, be* very busy; *[vasútállomás stb.]* be* very busy
lebonyolítás *fn* arrangement, settlement
lebonyolód|ik *i* **1.** *[végbemegy]* take* place **2.** *[lezárul]* get* settled
leborít *i* **1.** (*vmvel*) cover sg (with sg) **2.** (*vmt vhonnan*) knock down, cause sg to tip over (and fall down)
leborotvál *i* shave off
leborul *i* **1.** (*vhonnan*) tumble down **2.** (*vk előtt*) fall* on one's knees before sy, kowtow, bow (one's head)
lebuj *fn biz* rough pub/tavern, *US* joint
lebukás *fn biz [bűnözőé stb.]* being/getting nabbed/caught/collared/pinched
lebukfencez|ik *i* tumble down [the stairs]
lebuk|ik *i* **1.** (*vhonnan*) tumble down **2.** *[vízbe]* plunge, dive **3.** *biz [rendőrileg]* be* caught/nabbed/collared/pinched
lebuktat *i* **1.** *[vízbe]* plunge **2.** *biz [rendőrileg]* grass on sy, get* sy pinched/collared/arrested
lebzsel *i* loiter/idle/hang* around/about
léc *fn* lath, batten, slat, *[magasugró]* bar
lecke *fn* homework, *átv is* lesson; **~t felad vknek** give* sy a lesson/task to do, set* sy homework; **felmondja a ~t** say*/repeat/recite the lesson; **kikérdezi a ~t** hear* the lesson; *átv* **tudja a ~t** know* the right answers; **jó ~ volt ez neked!** let that be a lesson to you!
leckekönyv *fn kb.* (official) transcript
léckerítés *fn* (wooden) paling/railing
leckéztet *i* censure, lecture, sermonize
leckéztetés *fn [feleségtől]* curtain-lecture
lecövekel *i átv* be* paralyzed, be* glued to the spot
lecsap *i* **1.** *[madár vmre]* swoop (down)on sg, pounce on sg, *[rendőrség bűnözőre]* pounce on sy, *kat [ellenségre]* bear*/swoop down on [enemy], (*vk*); **~ vmre** *[hogy megszerezze]* pounce on sg, snap sg up, snatch sg (away); **~ (egy) hibára** pounce on a mistake; **~ vkre** rush/charge/pounce on sy; *[bűnözőre]* crack down on sy **2.** *[villám]* thunderbolt strikes; **~ott a villám** lightning struck swhere, sg was struck by lightning **3.** *[ledob]* throw*/fling* down; **~ja a telefont** hang* up on (sy) **4.** *[vm fedelét]* bang/slam sg shut **5.** *[teniszlabdát]* smash, kill [the ball] **6.** *[levág]* strike*/lop/cut* off **7.** *[nőt vk kezéről]* cut* sy out
lecsapható *mn* **~ (lapú) asztal** drop-leaf table; **~ ülés** tip-up seat
lecsapódás *fn* **1.** *[bombáé]* hit, impact **2.** *kém* precipitation
lecsapód|ik *i* **1.** *[fedél]* come* down with a bang/snap **2.** *[bomba]* fall*, drop, hit* **3.** *kém* precipitate, be* precipitated, *[pára]* condense
lecsapol *i* **1.** *[vizet]* drain, draw*, *[kiszárít]* dry out **2.** *[földet művelhetővé tesz]* reclaim [land] **3.** *[kohót]* tap **4.** *orv* drain, draw* off
lecsapolás *fn* **1.** *[vízé]* drainage, draining, *[kiszárítás]* drying out **2.** *[földé]* (land) drainage, draining **3.** *[kohóé]* tapping **4.** *orv* draining, drawing off
lecsatol *i* unbuckle, unhitch, undo*
lecsavar *i* **1.** (*vmt vmről*) unscrew, screw off **2.** *[leteker]* unroll, uncoil, wind* off **3.** *[lámpát]* switch/turn off [light] **4.** *[fűtést, zenét]* turn down
lecsavarható *mn [tetejű]* screw-top(ped); **~ tető** screw top
lecsavarod|ik *i* come* unscrewed, unscrew, work itself off
lecsendesed|ik *i* **1.** *[vihar]* subside, abate, calm/die down **2.** (*vk*) compose (oneself) **3.** *[helyzet]* settle down
lecsendesít *i [haragos embert]* calm, pacify, soothe, appease
lecseng *i* wither away
lecsepeg *i* drip down, fall* drop by drop
lecseppen *i* **1.** *[egy csepp]* drop (down) **2.** *átv* **ebből talán nekem is ~ vm** perhaps there will be something in it/this for me too
lecsepül *i* (*vkt*) disparage, denigrate, run* down, (*vmt*) pan, slate, slam
lecserél *i* replace, *biz* swap, *sp [játékost]* substitute; **~te a kocsiját újra** he traded his old car in for a new one
lecsillapít *i* → **lecsendesít**; **~ja a kedélyeket** pour oil on troubled waters
lecsillapod|ik *i* → **lecsendesedik**
lecsíp *i* **1.** *[csipesszel]* pinch/nip off **2.** *[pénzből]* cut* [a sum], reduce
lecsiszol *i [simít]* smooth, *[ledörzsöl]* scrape, (*vmt vhonnan*) rub off

lecsitít *i ált* calm (down), *[haragvót]* pacify, appease, soothe, *[síró gyereket]* quiet
lecsó *fn* ‹pepper and tomato stew› [pronounced: "letcho"]
lecsordul *i* run*/trickle down
lecsorgat *i* let*/make* sg trickle/run down
lecsorog *i* → **lecsurog**
lecsökken *i* decrease, diminish; **~t húszra** it dropped/fell to twenty
lecsökkent *i* decrease, diminish, reduce, lower; **~ húszra** cut* down to twenty
lecsöpög *i* → **lecsepeg**
lecsuk *i* **1.** *[fedelet]* close, shut*; **~ja a szemét** (i) close/ shut* one's eyes (ii) *átv [meghal]* fall* asleep **2.** *[börtönbe]* lock up, run* in
lecsukat *i* (*vkt*) have* (sy) locked up
lecsukód|ik *i* close, shut*
lecsurog *i* **1.** → **lecsorog 2.** *[csónakban folyón]* drop/ drift downstream
lecsúsz|ik *i* **1.** *[lesiklik]* slide*/slither/glide/slip down, *[szánkón]* coast down **2.** *[harisnya stb.]* slip down **3.** *átv* (*vk*) come*/go* down in the world, fail **4.** *átv (vk vmről)* fail to achieve/reach sg, *kif* miss the bus/boat
lecsúszott *mn* **~ ember** a has-been, sy who has gone down in the world, a down-and-out
lecsúsztat *i* slide* down, let* sg slip down, cause sg to slip
lecsutakol *i [lovat]* rub/dress down, curry [a horse]
lecsüggeszti a fejét *i* hang*/bow one's head
lecsüng *i* **1.** *[lelóg]* hang* down **2.** (*vhonnan*) hang* (from), *[leér vmeddig]* come* down (to)
LED *röv* LED [light-emitting diode]
ledarál *i* **1.** *[kávét]* grind*, mill **2.** *[leckét stb.]* rattle off
ledér *mn* licentious, lascivious; **~ nő** a loose/fast woman°; *durva* an easy lay; **~ hálóing** see-through nightie; **~ öltözékben van** she is dressed to kill
ledob *i* throw* down, *[bombát]* drop, release [bombs]; **~ja a kabátját** throw*/slip off one's coat; **~ja magát a székre** fling* oneself onto the chair; **~ta a ló** the horse threw/spilt him, he had a spill
ledoktorál *i* take*/gain/obtain one's doctorate
ledolgoz *i* **1.** *[munkaidőt]* work/do* [one's 8 etc. hours] **2.** *[restanciát, tartozást]* work off, pay* off in labour (*US* -or), clear a debt by working **3.** *[hátrányt]* catch* up (on/ with sg)
ledorongol *i* → **lecsepül**
ledöf *i* stab
ledől *i* **1.** (*vm*) collapse, tumble/topple/come* down, fall* in/down **2.** *[szunyókálni]* take* a siesta/nap, *biz [rövid időre]* have* forty winks
ledöngöl *i [földet]* ram (down), pack
ledönt *i* **1.** *[falat]* pull/knock down, *[fát]* fell, cut* down, *[szobrot]* demolish, hurl down **2.** *[vhonnan lever vmt, bábut tekében]* knock down; **lábáról ~** *[vkt betegség]* strike* down **3.** *biz [italt]* knock back/down
ledörzsöl *i* **1.** (*vmt*) rub/scrape off **2.** *[vkt törülközővel]* give* sy a rub-down
lédús *mn* juicy
leég *i* **1.** *[ház]* burn* down, be* burnt down; **~ a kályha/ tűz** the stove/fire has burnt out/down, the fire is out/dead; **porig ~ett** be* burnt to ashes (v. to a cinder) **2.** *[bőr]* become* sunburnt, get* sunburn **3.** *[kudarcot vall]* fail, come* a cropper **4.** *biz [anyagilag]* go* broke, lose* one's shirt, get* cleaned out
leéget *i* **1.** (*vmt vhonnan*) burn*/singe off **2.** *[ételt]* burn* **3.** *[nap bőrt]* burn* **4.** *biz [szégyenbe hoz]* take* sy down a peg or two, put* sy to shame
leegyszerűsít *i* simplify, (*vmre/vmvé*) reduce sg to; **túlzottan ~** over-simplify
leejt *i* drop, let* (sg) fall, slip
leél *i [életet]* live, spend*, pass [one's life]; **itt élte le egész életét** he lived here all his life
leelőlegez *i* (*vmt*) put* down a deposit on sg
leemel *i* **1.** (*vhonnan*) lift/take*/get* down from **2.** *[bank vmely összeget]* transfer [money from sy's account to sy else's]
leendő *mn* future, prospective, -to-be *ut*; **~ anya** expectant mother, mother-to-be; **~ elnök** the president-elect; **~ vevő** the prospective buyer/customer
leenged *i* **1.** (*vkt vhova*) allow sy to go/come down; **~i a gyerekeket a térre** allow the children out into the playground/square **2.** *[árat]* reduce, lower; **mennyit enged le az árából?** what reduction will you make on it?; **3 %-ot ~** allow 3 per cent; → **leereszt**
leépít *i* **1.** *[alkalmazottat]* lay* sy off, dispense with [sy's services], *biz* give* (sy) the chop/axe/sack, *[létszámot]* reduce [the workforce, staff, personnel], cut* down/back; **~ették** (s)he got the chop/axe, (s)he has been axed **2.** *[ismerőst]* drop [an acquaintance]
leépítés *fn [létszámé]* lay-off, reduction, cutting down, cut(back), *biz* the axe
leépül *i biz [leépülőben van]* go* loony
leér *i* **1.** (*vmeddig*) come*/hang*/reach down (to), *[földig]* touch the ground, *[lába a tó v. az uszoda fenekéig]* touch bottom **2.** *[leérkezik vhova]* get* down
leereszkedés *fn* **1.** *[kötélen]* letting oneself down, *[hegyről]* descent **2.** *pej* (*vkhez*) condescension, patronizing
leereszked|ik *i* **1.** *[vk kötélen]* let* oneself down, *[hegyről]* descend **2.** *[köd]* descend, fall* **3.** *pej* (*vkhez*) be* condescending to sy, *[vállveregetően]* patronize sy; **~ik vk színvonalára** put* oneself on a level with sy, come* down to sy's level, speak*/talk down to sy
leereszkedő *mn átv* condescending, patronizing; **~ modorban** with a condescending tone, in a patronizing manner
leereszt *i* **1.** *ált* (*vmt*) let* down, lower, *[függönyt, redőnyt]* let* down, *[színházi függönyt]* drop, lower, ring* down [the curtain], *[horgonyt]* cast*, drop [anchor], *[mentőcsónakot]* lower **2.** *[ruhát]* let* down **3.** *[gumi]* go* down/flat, be* deflated; → **leenged**
leérettségiz|ik *i* pass/take* the final examination [at a secondary school], *US* graduate [from a high school]
leérkezés *fn* landing, touchdown
leérkez|ik *i* get*/come* down; **felülről még nem érkezett le az utasítás** we have had no (official) instructions as yet from higher quarters
leértékel *i* **1.** *[érdemet]* underrate, undervalue **2.** *[pénzt]* devalue; **~ték a forintot** the forint has been devalued, [the Government] has devalued the forint **3.** *[árucikkek árát]* mark down [goods], reduce the price of; **~t áru** goods at reduced prices *tsz*, cutprice goods; **~t áruk** *[áruházban]* bargain counter
leértékelés *fn* **1.** *[pénzé]* devaluation; **a forint csúszó ~e** → **csúszó 2.** *[áraké]* price reduction, markdown, *[vásár]* sale
lees|ik *i* **1.** *ált* fall* (down/off); **~ett vm a földre** it fell to the ground; *átv* **~ett a tantusz/húszfilléres** it has clicked for me **2.** *[láz]* abate **3.** *[ár]* fall* **4.** *biz [kis összeg]* pick sg up, sg comes one's way; → **áll²**, → **kő**, → **ló**
lefagy *i* **1.** *[számítógép]* freeze* **2.** *[gyümölcs]* be* nipped (by the frost) **3.** **~ott egy lábujja** his toe was frostbitten/ frozen, have* a frozen toe
lefagyaszt *i* freeze*, put* in the freezer
lefarag *i* **1.** *[kőből, fából]* whittle down, chisel (*US* -l) off, cut* away/off **2.** *biz [pénzösszeget, kiadást]* cut* down (on)
lefátyoloz *i* veil, cover with a veil
lefed *i* cover, put* a cover/lid over/on
lefedettség *fn* coverage
lefegyverez *i* disarm
lefegyverzés *fn* disarming, disarmament
lefegyverző *mn átv* disarming
lefejez *i* behead, cut* sy's head off, decapitate

lefejt *i* **1.** *[hámoz]* peel/strip off **2.** *[ruháról vmt]* unpick **3.** *[bort]* draw* off, decant

lefékez *i* **1.** *[járművet a vezető]* brake, apply the brakes, put* on the brakes; **hirtelen ~ett** (s)he braked suddenly **2.** *átv* slow down, hold* back, *[fejlődést]* arrest

lefeksz|ik *i* **1.** (*vmre*) lie* down **2.** *[aludni]* go* to bed; **nem fekszik le** *[fennmarad]*) stay/be* up; **ideje lefeküdni** it's bedtime; **korán szokott lefeküdni** go* to bed early **3.** *biz* **~ vkvel** *[férfi nővel]* go* to bed with sy, sleep* with sy, have* sex (with sy); **fűvel-fával ~ik** she sleeps around **4.** *[meghajol vmnek]* take* sg lying down, lie* down under sg

lefektet *i* **1.** (*vmt*) lay*/put* down, *[kábelt, vezetéket]* lay* (down) **2.** *[gyereket]* put*/send* to bed **3.** *[írásba foglal]* put* into writing, record, *[elveket, szabályt]* lay* down; **írásban le van fektetve** it is in black and white, it is in writing, is on file; **szabályt ~** make* a rule, lay* down a rule **4.** *biz [magáévá tesz]* sleep* (with sy), *durva* screw (sy)

lefekvés *fn* **1.** (*vmre*) lying down **2.** *[aludni]* going to bed; **~ ideje** bedtime; **nem sokkal ~ után** shortly after going to bed

le-fel *hsz* up and down

lefelé *hsz* down(wards); **fejjel ~** upside down; **~ fordít vmt** turn sg upside down; **~ menő** downward; *[jármű hegyről]* downhill; **~ néz** look downwards; **a folyón ~** down the river, downriver

lefelel *i okt biz* pass an oral

lefényképez *i* take* a picture/photo(graph) (v. *biz* snap/snapshot) of sy/sg, photograph sy/sg

lefényképezteti magát *i* have* one's photograph taken

lefest *i* **1.** *[festő]* paint [a portrait/picture of sy/sg] **2.** *[szavakkal]* depict, portray; *biz* **jól ~ett!** *[téged]* he ran you down

lefeszít *i* wrench off, force [a lock]

lefetyel *i* **1.** *[kutya]* lap (up sg) **2.** *biz [fecseg]* jabber, blather, prattle on

lefirkant *i* put*/jot down, *[verset, cikket]* dash off

lefitymál *i* belittle, pooh-pooh

lefixál *i [időpontot]* fix [time/date for sg with sy], make* an appointment (with sy for sg)

lefizet *i* **1.** *[összeget]* pay* down deposit [money/sum] **2.** *[megveszteget]* bribe (sy)

lefizetés *fn* **1.** *[pénzösszegé]* payment **2.** *[megvesztegetés]* bribery

lefog *i* **1.** *[erőszakkal]* hold*/keep* down; **alig tudták ~ni** they could hardly hold him down **2.** *biz [bűnözőt]* arrest, seize, apprehend **3.** *[halott szemét]* close **4.** *[bért]* retain, withhold*, hold* back

lefogad *i* (*vmt*) bet*, put* a bet on sg; **~om, hogy** ... I('ll) bet (you) that ...

lefogat *i* have* sy arrested

lefoglal *i* **1.** *[helyet, jegyet, szobát stb.]* book [a seat/ticket/room etc.] (in advance), reserve [a seat etc.], make* the reservations/bookings [on the train to Glasgow, for one's holiday/journey etc.]; **~ egy helyet** *[repülőgépen]* book (v. *főleg: US* reserve) a seat [on a/the plane]; **~ egy asztalt** *[étteremben]* make* a reservation, reserve/book a table; **~tam két jegyet a ma esti előadásra** I have booked/reserved two tickets for tonight's show; **jó előre le kell foglalni (a szobát)** you have to book well in advance **2. minden idejét ~ja vm** sg takes up all her/his time; **munkája (teljesen) ~ja** be* (completely) engrossed in one's work, be* tied up with work; **~ja a család** her/his family takes up a lot of her/his time **3.** *[hatóság ingatlant]* seize, *[ingóságot]* distrain (upon) [sy's goods]

lefoglalóz *i* put* down a deposit (on sg)

lefogy *i* (*vk*) lose* weight, grow* thin; **3 kilót kell ~nia** she must lose/shed 3 kilos

lefogyás *fn* loss of weight, growing thin

lefogyaszt *i* make* thin; **~ja magát** slim (down), reduce one's weight

lefokoz *i kat* reduce (sy) to the ranks, demote

lefokozás *fn kat* reduction to the ranks, demotion

lefolyás *fn* **1.** *[vízé]* outflow, flow(ing) **2.** *[eseményeké, betegségé]* course, process; **enyhe ~** mild course

lefolyású *mn* **enyhe ~ú skarlát** a mild form of scarlet fever

lefoly|ik *i* **1.** *[felülről]* flow, run*, trickle (down); **sok víz ~ik még a Dunán** a lot of water will have to flow/run (v. can run) under the bridge (before sg happens), we'll cross that bridge when we come to it **2.** (*vm vhogy*) take* a ... course, pass off, take* place, *[betegség]* run*/take* its course; **az ülés botrány nélkül folyt le** the session passed off without scandal; **hogy folyt le a vita?** how did the debate go?

lefolyó *fn [kagylón]* plug-hole, outflow pipe, *[konyhai mosogató]* sink

lefolyócső *fn* **1.** *[lakásban, házban]* waste-pipe, outflow pipe **2.** *[ereszcsatornából]* gutter/rain(water) pipe, downpipe, *US* downspout

lefolytat *i [tárgyalásokat]* conduct [negotiations], *[vizsgálatot]* make* [an investigation], hold*/institute [an inquiry], *[kísérletet]* carry out [an experiment]

lefordít *i* **1.** *[tárgyat]* turn (upside) down **2.** *[vmlyen nyelvből vmlyen nyelvre]* translate (from ... into ...), make* a translation of sg (into French/Hungarian etc.); **vmt angolról magyarra ~** translate sg from English into Hungarian; **ezt a regényt 6 nyelvre fordították le** this novel has been translated into 6 languages; **ezt a kifejezést nem lehet ~ani magyarra** this expression/idiom cannot be translated into Hungarian

lefordítás *fn* translating, translation

lefordíthatatlan *mn* untranslatable

lefordul *i* **1.** (*vmről*) fall* from/off (sg), tumble down (from sg); **holtan fordul le a székről** drop/fall* dead from one's chair **2.** *[útról]* → **letér 1**

leforgás *fn* **öt hét ~a alatt** within five weeks, in five weeks' time, during/in the space of 5 weeks; **öt hét ~a után** after (a/the lapse of) five weeks

leforgat *i [filmet]* shoot* a picture/film; *[hangfelvételt]* play

leforráz *i* **1.** *[forró vízzel]* scald, pour boiling water (over), *[teát]* infuse [tea] **2.** *átv* **ez a hír nagyon ~ta** he was completely stunned/dumbfounded by this piece of news; **~va távozott** he left rather crestfallen/deflated

lefoszl|ik *i* come* off (in shreds/flakes), flake off

le-föl *hsz* up and down

leföldel *i el* earth, ground

lefölöz *i* **1.** *[tejet]* skim (off) the cream from [the milk], cream off the top of [the milk], skim* [milk], *[géppel]* separate [the milk] **2.** *átv* take* the best part of sg, cream off

lefőz *i* **1.** *[levest]* boil down **2.** *biz* (*vkt*) outdo* sy, go* one better than sy, run* rings round sy

lefröcsköl *i [vkt vízzel]* sprinkle [with water], *[sárral]* (be)spatter/splatter [with mud]

lefúj *i* **1.** *[port]* blow* off; **a szél ~ja vknek a kalapját** the wind blows* sy's hat off **2.** *[lepermetez festékkel]* spray **3.** *kat* sound the dismiss; **~ja a légiriadót** sound the "all-clear" **4.** *[mérkőzést bíró]* stop [the fight/match] **5.** *[lemond rendezvényt stb.]* call off, cancel (*US* -l); **~ták** ... has been called off

lefullad *i biz* **1.** *[mozgalom]* lose* momentum **2.** *[motor]* stall

lefut *i* **1.** *[hegyről]* run* down, come*/go* running down **2.** *[befejeződik]* be* over, *biz* be* history **3.** *sp* run*/dribble down the field **4. ~ott egy szem a harisnyámon** I've got a ladder in my stocking **5.** *[távolságot]* run*, cover a distance; **~ három kört** do* 3 laps; **a versenyt vasárnap futják le** the race will be run on Sunday; **már ~ották** it/sg has been run

lefutás *fn* **1.** *[hegyről, lépcsőn]* running (down/downstairs/downhill) **2.** *[harisnyán]* ladder, run

lefutott *mn biz* **~ ügy** *kb.* past affair

lefüggönyöz *i* curtain off

lefülel *i* collar, run* to earth, nab

lefűrészel *i* saw* off
lefűzhető *mn* ~ **tasak** plastic paper protector/pocket
leg- *előtag* **1.** *[egyszótagú mellékneveknél, ill. -er, -y, -ly végű kétszótagúaknál ált]* -(e)st; **~fiatalabb** youngest; **~csinosabb** prettiest **2.** *[két- és többszótagúaknál]* most ... [+ melléknév]; **~gondosabb** most careful; **~szebb** most beautiful → *a melléknevek alapfokánál is*
lég *fn* **1.** *[légkör, levegő]* air; **~be röpít** blow* up, blow* sky-high; **~ből kapott** unfounded, groundless; **~ből kapott hírek** groundless rumours (*US* -ors), groundless allegations, fabrications **2.** *összet* air-, aerial
légakna *fn* air-shaft
legalább *hsz* at least, at the very least; ~ **egy évig tart** it takes (v. will take) at least a year; ~ **80 éves** he is 80 if a day; **ehhez ~ 1000 Ft kell** this will need/cost at least 1,000 fts; **ennyit ~ megtehetnél** that's the least you can do, you might at least do that much; **jól megjárta, de most ~ óvatosabb lesz** he came a cropper, but at least he'll be more careful in the future; **~ megpróbálnád** you should at least try; **ha ~ igaz volna!** if only it were true!
legalábbis *hsz* **1.** *[helyeselve]* at least, or rather; **~ én nem hiszem** I for one don't believe it; **~ én így gondolom** I think so, anyway; well, that's how I see it **2.** *[legalább]* at least, not less than; **úgy tesz, mintha ~ igazgató lenne** he behaves as if he were the managing director at the very least
legális *mn* legal; ~ **úton** legally, by legal means
legalizál *i* legalize
legalja *fn átv* the dregs (of society) *tsz*, scum
legalsó *mn* lowest, bottom; ~ **polc** bottom shelf°
legalul *hsz* down below, lowest down; **a ládában ~** at the very bottom of the box
légáramlás, **légáramlat** *fn* air current, breeze; **meleg ~** warm current of air
legázol *i* **1.** *konkr* trample (sg) down/underfoot, crush (sg) **2.** *átv* run* down/over, *sp* foul
legbelseje *fn* (*vmnek*) in(ner)most part (of sg), the very centre (*US* -ter) (of sg)
legbelül *hsz* **1.** *ált* deep inside **2.** *átv [érzésről]* deep in one's heart
légbuborék *fn* air-bubble
légcsavar *fn* airscrew, propeller
légcső *fn* windpipe, *orv tud* trachea
légcsőhurut *fn orv* tracheitis, a cold on the chest
legel *i* graze, browse [in the fields], pasture
legeleje *fn* **1.** (*vmnek*) foremost/front part (of sg), the very front (of sg) **2.** *[időben]* **~n vmnek** at the very beginning, right at the beginning/start
légelhárítás *fn* → **légvédelem**
légelhárító *mn* → **légvédelmi**
légellenállás *fn* drag, air resistance
legelő *fn* pasture, grazing ground
legelöl *hsz* in the very front, in the forefront, *[sorban]* at the head of the line/row, *[rangban, eredményességben]* at the (very) top
legelőször *hsz* first(ly), at first, first of all; **~ is lássuk ezt az ügyet!** first of all let's look at/into this matter; **ki érkezett ~?** who came/was first?, who was the first to arrive?
legelső *mn* (the very) first, *[legelülső]* foremost; **a ~ tette az volt, hogy** ... the first thing he did was to ...; **vkt a ~ helyen javasol** recommend sy for the first place
legeltet *i* **1.** *[állatot]* graze, pasture **2. ~i a szemét vmn** feast one's eyes on sg
legeltetés *fn* grazing, pasturing, pasturage
legenda *fn* legend; **élő ~** (*vkről*) a living legend
legendás *mn* legendary, fabled, mythical
legény *fn* **1.** *[fiatal ember]* young man°, lad; **~ a talpán** quite a lad, plucky fellow; **nagy ~** swaggerer, swanker; **ne légy olyan nagy ~** come* off your high horse **2.** *[nőtlen]* bachelor
legénybúcsú *fn* stag party/night
legényélet *fn* life of a bachelor, single life, bachelorhood
legényember *fn* bachelor
legényked|ik *i [henceg]* do* sg out of bravado, bluster, swagger, swank
legénylakás *fn* bachelor flat
legénység *fn* **1.** *kat* men (of the rank and file) *tsz*, the rank and file, troops *tsz*, *US* enlisted men *tsz* **2.** *[hajóé]* crew, the lower deck, *[repülőgépé]* (air)crew, *[űrhajóé]* crew (of the spaceship)
legénységi *mn kat* of the rank and file *ut*; ~ **állományú** serving in the ranks *ut*; ~ **állományú katona** (common) soldier, serviceman°, *US* enlisted man°
legépel *i* type
legesleg- *előtag* **~jobb** the very best, the best of all, *biz* tops; **~rosszabb(ul)** worst of all
légfegyver *fn* air gun, *US* B-B gun
legfejlettebb *mn* most advanced; ~ **technika** state-of-the-art/cutting-edge technology
légfék *fn* air brake(s)
legfeljebb *hsz* at most, at the (very) most, at (the) worst, not more than; ~ **egy évig** for one/a year at (the) most, for not more than a year; ~ **20 000 Ft-ot tudok fizetni** I can pay only 20,000 fts at (the) most; ~ **40 éves** he is forty at the most, he can't be more than forty; ~ **elkésünk** we'll be late, that's all; ~ **megharagszik** he might get angry (*US* mad), that's all
legfelső *mn* **1.** *[legmagasabb]* highest, uppermost, top(-most); **a ~ fiókban** in the top drawer; **~ szinten folytatott tárgyalások** top-level talks **2.** *[hatóság]* supreme
legfelsőbb *mn* supreme; ~ **bíróság** supreme court (of justice)
legfelül *hsz* uppermost, topmost, at the top (of sg)
legfőbb *mn* chief, main, most important, principal, cardinal, greatest; ~ **ideje (már), hogy** ... it is high time that ...; **~ ideje, hogy (el)induljunk** it's high time we went; → **ügyész**
legfőképpen *hsz* chiefly, mainly, especially, above all; ~ **arra vigyázz, hogy** ... be (e)specially careful to ...
légfrissítő *fn* air-freshener
légfürdő *fn* airbath
légfűtés *fn* hot-air heating
léggömb *fn* balloon, *[gyermeké]* (toy-)balloon
léggömbkosár *fn* gondola, balloon basket
léghajó *fn* airship, ballooning; **kormányozható ~** dirigible (airship)
léghajózás *fn* ballooning
leghátul *hsz* farthest/right back/behind, at the very back of sg, at the end/rear of sg; ~ **menetel/megy** bring* up the rear
leghátulsó *mn* last, hindmost, backmost; ~ **sor** last/back row, rear rank
léghólyag *fn* air-bubble
leghosszabb(an) *hsz* longest
léghuzat *fn* draught, *US* draft
léghűtés *fn* air-cooling (system)
léghűtéses *mn* air-cooled
légi *mn* aerial, of/in the air *ut*, *összet* air-; *kat* ~ **biztosítás/fedezet** air-cover/support; ~ **felderítés** air reconnaissance; ~ **forgalom** air transport/traffic; ~ **fölény** mastery of the air, air superiority; ~ **felvétel/fénykép** aerial photograph; ~ **folyosó** air corridor; ~ **fuvar** air cargo; ~ **háború** aerial warfare; ~ **haderő** airforce; ~ **harc** aerial combat, *biz* dog fight; ~ **járat** (i) *[viszonylat]* flight, air service (ii) *[társaság]* airline; ~ **jármű** aircraft; ~ **közlekedés** air transport/service; ~ **küldemények** airmail *esz*; ~ **mentőszolgálat** airborne ambulance service; ~ **szállítás** air transport, transport by air; ~ **támaszpont** air base; ~ **úton** by air; ~ **úton szállított** airborne; ~ **útvonal** air route, airway
légibázis *fn* air base/station
légibeteg *mn* airsick
légibetegség *fn* airsickness
légibusz *fn* airbus
légicsapás *fn* air strike/raid

légideszant *fn* airborne [troops]
légideszantegység *fn* airborne unit
légierő *fn* airforce
légierőd *fn* flying fortress
légies *mn* (light and) airy, ethereal
légiesítés *fn* **a határok ~e** making borders transparent
légiflotta *fn* air fleet, airforce
légiforgalmi *mn* **~ társaság** airline (company); **~ irányítás** air traffic control
légihíd *fn* airlift
légiirányító *fn* air traffic controller
légikalóz *fn* hijacker
légikalózkodás *fn* hijacking
légikikötő *fn* airport, *[kezdetlegesebb]* landing field
légikisasszony *fn* → **légiutas-kísérő**
leginkább *hsz* most(ly), mainly, for the most part, most of all, principally, especially, above all (things); **ami a ~ lekötött** what fascinated me more than anything
légió *fn tört* legion
legionárius *fn tört* legionary
légiposta *fn* airmail; **~val** by airmail
légipostai *mn* airmail; **~ levél** *[önborítékoló]* air letter, aerogram
légiriadó *fn* air-raid warning, alert; **~ elmúlt jelzés** "all-clear" signal; **~t lefúj** sound the "all-clear"
légitámadás *fn* air raid/attack
légitársaság *fn* → **légiforgalmi társaság**
légitaxi *fn* air-taxi
légitér *fn* airspace
legitim *mn* legitimate
légiutas *fn* air passenger
légiutas-kísérő *fn* air steward/stewardess (*US* stewardess), air hostess; **~k** cabin crew
légiveszély *fn* (*air*) alert, air-raid warning, "enemy aircraft approaching"; **~ elmúlt** all clear
legjava *fn* **1.** (*vmnek*) choice (of sg), the best part (of sg); **ez aztán a ~!** that beats everything!; **elmulasztottad a ~t!** you have missed the best of it **2.** *[jelzőként]* (the) (very) best, choice(st), *biz* topnotch; **a ~ még hátravan** the best is still to come
legjobb *mn* best; **az volna a ~, ha** the best plan/thing would be, you had better (*US* best) do sg; **~ lesz, ha** *[vmt teszel]* you had better (*US* best) do sg, it would be better (*US* best), if . . .; **a ~ az egészben az, hogy** . . . (what is) the best of it is that . . .; **a ~ esetben** at best, at the very best; **a ~ formában van** (i) *sp* be* at the top of one's form (ii) *átv* be* at one's best; **~ képessége/tudása szerint** to the best of one's ability; **~ minőségű** top quality, finest grade; **~ tudomásom szerint** to the best of my knowledge, as far as I know; **a ~ úton halad** (*vm felé*) be* on the right road to; **a ~ viszonyban vagyunk** we are the best of friends
legjobban *hsz* (the) best, best of all; **a ~ az lep meg, hogy** . . . what strikes me most is that . . ., what strikes me above all is that . . .
legjobbkor *hsz* **a ~** just in time, none too soon, in the nick of time; **nem a ~ telefonált** it wasn't the best time for him to phone
légkalapács *fn* pneumatic hammer
legkésőbb *hsz* at the latest, not later than; **~ 6-ra itt leszek** I'll be here/back by 6 (o'clock) at the latest
legkevésbé *hsz* (the) least, least of all; **~ ismert** the least known; **a ~ sem** not in the least; **a ~ sem számít** it doesn't matter in the least
legkevesebb *mn* least, smallest, slightest, the minimum (. . .); → **legalább**; **~ öt napig tart** it lasts/takes at least 5 days; **~ 30 000 Ft-ba kerül** it costs 30,000 fts at the very least, it costs 30,000 fts minimum
legkisebb *mn* smallest, slightest, least, minimum; **a ~ gyerek** the youngest child°; **~ közös többszörös** least/lowest common multiple; **a ~ mértékben sem** not in the least/slightest
legkivált *hsz* → **leginkább**
légkondicionálás *fn* air-conditioning
légkondicionáló *mn* **~ berendezés** air-conditioning, air-conditioner
légkondicionált *mn* air-conditioned
legkorszerűbb *mn [technika, fegyverzet stb.]*, state-of-the-art, cutting-edge
légköbméter *fn* **beépített ~** cubic space; **a szoba 38 ~** the room has a volume of 38 cubic metres
légkör *fn* **1.** atmosphere **2.** *átv* atmosphere, climate
légköri *mn* atmospherical, meteoric; **~ nyomás** atmospheric pressure; **~ viszonyok** atmospheric conditions; **~ zavarok** static, atmospherics *tsz*
legközelebb *hsz* **1.** *[térben vmhez]* nearest to sg, *[közvetlenül]* next to sg **2.** *[időben]* next (time), very shortly/soon; **ha/amikor ~ találkozunk** when next we meet, next time we meet
legközelebbi *mn* **1.** *[térben]* nearest, *[közvetlen]* next **2.** *[időben]* next; **a ~ jövőben** in the very near future; → **hozzátartozó**
legmagasabb *mn [hegy]* highest, *[ember]* tallest; **a munkanélküliek száma elérte az eddigi ~ értéket** the number of (people) unemployed reached an all-time high; **~ szintű tárgyalások** top-level talks
legmélye *fn* (*vmnek*) the depths *tsz* (of sg); **szívem ~n** deep down, in the depths of my heart, in my heart of hearts
légmentes *mn* airtight, hermetically sealed; **~ tömítés** hermetic seal
légmentesen *hsz* hermetically, airtight; **~ elzárt** hermetically sealed; **~ záródó** airtight, hermetic; **~ záródó fedél/kupak** hermetic seal
legnagyobb *mn* biggest, largest, greatest; **a ~ gyerek(e vknek)** sy's eldest child°; **a ~ kedvezmény záradéka** the most-favoured-nation clause; **a ~ mértékben** to the greatest extent; **a ~ örömmel** with the greatest of (v. utmost) pleasure; **a ~ sebességgel** at top speed; **~ terhelés** maximum load; → **osztó**
legnagyobbrészt *hsz* for the most part
legnehezebb *mn* **1.** *[súlyra]* heaviest **2.** *átv* most difficult
légnemű *mn* gaseous, aerial
légnyomás *fn* **1.** *fiz* (atmospheric) pressure, *[autógumiban]* air pressure **2.** *[bombarobbanáskor]* blast (of explosion)
légnyomásmérő *fn* barometer
Lego *fn [építőjáték]* Lego
légó *fn biz* → **légoltalom**
légoltalmi *mn* civil defence (*US* -se); **~ óvóhely** air-raid shelter; **~ parancsnok** civil defence (*US* -se) officer
légoltalom *fn* civil defence (*US* -se)
legombol *i* **1.** (*vmt*) unbutton **2.** *átv biz* **~ vkről 20 000 forintot** touch/tap sy for 20,000 forints, screw 20,000 forints out of sy
legombolyít *i* reel/wind* off, uncoil
légópince *fn* air-raid shelter
legorombít *i biz* (*vkt*) abuse sy, eff and blind at sy; *[leszid]* scold, rebuke, reproach, reprimand, dress sy down
legömbölyít *i* round (sg) off
legörbít *i* bend*/curve down
legörbül *i* bend*/curve down
legördít *i* roll down
legördül *i* roll down; **a függöny ~** the curtain drops/falls
légörvény *fn* whirlwind, air eddy
légpálya *fn* aerial railway/ropeway; → **libegő**, → **sífelvonó**
légpárna *fn* aircushion
légpárnás *mn* **~ hajó/jármű** hovercraft
légpisztoly *fn* air gun, *US* B-B gun
légpuska *fn* air rifle, *US* B-B gun
légréteg *fn* layer of air, air-layer
legrosszabb *mn* worst; **az a ~, hogy** the worst of it is that; **a ~ esetben** at worst, the worst case/scenario is . . ., if the worst comes to the worst; **el van készülve a ~ra** be* prepared for the worst; **a ~tól kell tartania** he has to fear

the worst; **a ~ul jár** get* the worst of it; **a ~ formját hozta** he did his worst
légsúly *fn sp* flyweight
légsúlymérő *fn* barometer
légsűrítés *fn* compression of air
légsűrítő *fn* (*air*)compressor
légsűrűség *fn* density of air
legszélső *mn* outermost, farthest, extreme; → **szélső**
légszennyezés *fn* air pollution
légszennyezettség *fn* air pollution; **a ~ mértéke** air pollution level
légszennyező *fn* air pollutant
légszennyeződés *fn* air pollution
légszigetelő *fn [szalag]* weather strip
légszivattyú *fn* vacuum/air pump
legszívesebben *hsz* → **szívesen**
légszomj *fn* laboured (*US* -or-) breathing, dyspnoea (*US* -nea)
légszűrő *mn* **~ betét** air filter/cleaner (element), replacement filter
légtelenít *i* remove air (from)
légtér *fn* airspace
légterelő *fn gk* spoiler
legteteje *fn* top; **a szemtelenség ~** the ne plus ultra (v. the height) of insolence
légtornász *fn* acrobat, trapeze artiste
legtöbb *mn* most, the greatest number/quantity/part (of sg); **ez a ~, amit megtehet** that is the utmost/best he can do; **a ~en** most people, the (vast) majority of people
legtöbbnyire *hsz* mostly, for the most part, in most cases, most often
legtöbbször *hsz* most often/times, more often than not
leguggol *i* crouch (down), squat (oneself) down, *US* hunker down
legújabb *mn* newest, latest; **~ divat** latest fashion, the latest thing [in shoes etc.]; **~ fejlemények** latest developments; **~ hírek** the latest news, a news update, the latest update; **a ~ időkig** → **a legutóbbi időkig**
legurít *i* roll down
legurul *i* roll down
légutak *fn tsz orv* respiratory tract/system *esz*, air passages
légúti *mn* respiratory; **~ fertőzés** infection of the respiratory tract/organs
legutóbb *hsz* **1.** *[nemrég]* recently, lately, the other day **2.** *[utoljára]* last
legutóbbi *mn* recent, latest, last, *[legújabb]* newest; **a ~ években** in the last few years, of late, in recent years; **a ~ időkben** recently, of late; **a ~ időkig** until recent times, until (quite) recently; **a ~ levelemben** in my last letter
legutoljára *hsz* **1.** *[utoljára]* last (of all), in the last place **2.** *[végül]* at last, finally, in the end
legutolsó *mn* (very) last, latest, last of all *ut*; **~ ár** lowest price, rock-bottom price; → **legújabb**
légügyi *mn* air-, of air *ut*, aviation; **~ attasé** air attaché; **~ miniszter** Aviation Secretary, Secretary for Aviation; **~ minisztérium** Air Ministry
légüres *mn* airless, devoid of air *ut*; **~ tér** vacuum, *átv* void, vacuum
légvárak *fn tsz* castles in Spain, castles in the air; **~at épít** build* castles in Spain, live in cloud cuckoo land
légvédelem *fn* anti-aircraft defence (*US* -se), air defence (*US* -se)
légvédelmi *mn* anti-aircraft; **~ óvóhely** air-raid shelter; **~ tüzérség** anti-aircraft artillery
legvége *fn* (*vmnek*) extremity, the very/extreme end (of sg); **az asztal ~n** at the foot/bottom of the table
legvégső *mn* (very) last, extreme, ultimate, final; **a ~ esetben** in the last resort; **a ~ eszköz** the last resort
legvégül *hsz* at the (very) end, at last, last (of all), lastly, finally
légvezeték *fn* overhead wire
légvonal *fn* **~ban 10 kilométer** 10 kilometres as the crow flies, 10 air kilometres
légzés *fn* breathing, respiration; **mesterséges ~** artificial respiration; **nehéz ~** difficult/laboured (*US* -or-) breathing; *tud* dyspnoea (*US* -nea); **nehéz ~e van** have difficulty in breathing
légzési *mn* breathing, respiratory; **~ zavarok** respiratory trouble *esz*, respiratory disturbances
légzésszám *fn [frekvencia] orv* respiratory rate
légzőcső *fn [könnyűbúváré]* snorkel
légzőkészülék *fn [könnyűbúváré]* aqualung
légzőpipa *fn sp [búvárúszás]* snorkel
légzőrendszer *fn* respiratory system
légzőszervek *fn tsz* respiratory organs *tsz*
légzőszervi *mn orv*; **~ megbetegedés** respiratory disease, disease of the respiratory system
légzsák *fn* **1.** *gk* airbag **2.** *[levegőben]* airpocket **3.** *[reptéren]* windsock, windsleeve
légy[1] *i* be; **~ olyan szíves** ... would/could you ..., do you think you could ..., do me a favour (*US* -or), (will/would you) be so kind as to ..., would you mind ...-ing; → **legyen**
légy[2] *fn* (house) fly; **szemtelen, mint a piaci ~** as cheeky as a cock-sparrow; **még a ~ zúgását is hallani lehetett volna** you could have heard a pin drop; **tudja, mitől döglik a ~** (s)he knows on which side his bread is buttered, (s)he knows what's what, (s)he knows his onions, *US* (s)he knows the score; **egy csapásra két legyet üt** kill two birds with one stone; → **árt**, → **bekap**
legyalul *i [simára]* plane, make* even, smooth (down)
legyárt *i* produce, manufacture, ready, complete
légycsapó *fn* (fly-)swatter, swat
legyen *i* be; **~ itt 8-ra** (will you) be here by 8; **~ olyan szíves** would/could you ..., do you think you could ..., do me a favour (*US* -or), (will/would you) be so kind as to ..., would you mind ...-ing; **hadd ~ ez az enyém** let me have it; **~ 4 óra** *[megbeszélésnél]* let's make it four; **ne ~ több!** it should/must not be more; **úgy ~!** so be it
legyengít *i* weaken, make* (sy/sg) weak, enfeeble, *[betegség]* bring* low/down
legyengül *i* grow*/become* weak(er)/weakened/feeble(r), *[betegségtől]* be* laid/low, be* debilitated [by illness/disease]
legyesked|ik *i biz* **folyton a nők körül ~ik** he is always chasing around/after women
legyez *i* fan
legyezget *i* fan (gently); **vk hiúságát ~i** flatter sy (v. sy's vanity)
legyező *fn* fan
légyfogó *fn [papír]* flypaper
legyilkol *i* **1.** (*vkt*) murder (sy) (in cold blood), kill **2.** *[tömegesen]* massacre, slaughter
legyint *i* **I.** *[kézével]* wave one's hand, *[lemondóan]* wave one's hand in resignation, make* a gesture of resignation **II.** *[gyengén megüt]* slap, flick; **pofon ~** slap sy on the cheek
legyintés *fn* **1.** *[kézlegyintés]* wave of the hand **2.** *[könnyed ütés]* slap, flick
légyott *fn irod* tryst, date; **~ot ad vknek** make* a date with sy; *US* date sy
légyölő *fn* **~ galóca** *[gomba]* fly agaric
legyőz *i* **1.** *[ellenfelet]* defeat, conquer, overcome*, subdue **2.** *sp ált* beat*, *[birkózásban]* floor **3.** *[nehézséget, indulatot]* overcome*, conquer, surmount, *[betegséget]* fight* off; **erős szervezete ~te a betegséget** his strong constitution fought off (v. overcame) the illness; **akadályokat ~** surmount/overcome* (one's) difficulties, surmount/overcome (the) obstacles; **minden akadályt ~** surmount every obstacle
legyőzhetetlen *mn* **1.** *[ember]* invincible, unconquerable **2.** *[nehézség]* insurmountable, inextricable, insuperable [difficulty]

L

legyőzhető *mn* ~ **akadályok** obstacles that can be surmounted

legyőzött *mn/fn* defeated; **a ~ek** the defeated

légypapír *fn* flypaper

légypiszkos *mn* fly-blown

légypiszok *fn* fly-speck/mark/spot/blow

legyűr *i* **1.** (*vkt*) overcome*, subdue, get* the upper hand of sy, *[nehézséget]* overcome* **2.** *[ingujjat]* turn/roll down **3.** *[ételt]* get* down [food]

léha *mn* frivolous, light-minded, *[életmód]* loose, idle

lehagy *i* **1.** *[megelőz]* outstrip, outrun*, *[egy körrel]* lap, *[járművel]* pass, overtake*, *[vkt tanulásban stb.]* get* ahead of (sy), do* better than (sy), leave* sy far behind **2.** *[lefelejt]* leave* out/off, omit

lehajl|ik *i* bend*/bow down

lehajlít *i* bend*, bow, curve (down)

lehajol *i* bend*/bow down, *[csak vk]* stoop; ~ **és fölvesz vmt,** ~ **vmért** bend* down to pick sg up

lehajt *i* **1.** *[állatot]* drive* [animals] down **2.** *[lefelé fordít]* bend* down, *[gallért]* turn down; **~ja a fejét** lower/bow one's head; **nincs hova ~ania a fejét** have* nowhere to lay one's head **3.** *[italt]* gulp down, knock back **4.** *[járművel]* drive* (down) (to) **5.** *[lekerget]* chase down

lehalkít *i* soften, tone down, *[rádiót]* turn down; **~ja a hangját** lower one's voice; **legyen/légy szíves kicsit ~ani a rádiót/tévét** could you turn down the radio/telly a bit?, please turn the radio/telly down (a bit)

lehallgat *i [hangfelvételt]* play back, *[telefonbeszélgetést]* tap sy's phone; **az a gyanúm, hogy ~ják a telefonomat** I suspect that (v. I think) my phone is being tapped

lehallgatás *fn [telefoné]* tapping *[poloskával]* bugging

lehallgatási *mn* ~ **botrány** bugging scandal, illegal surveillance scandal

lehallgatókészülék *fn biz* bug, tap; **~et elhelyez vhol** bug [a room etc.], tap [a telephone/line/wire]

lehámI|ik *i* peel (off), be* peeling off

lehámoz *i* peel off, hull, husk, strip

lehangol *i [hír vkt]* depress, dispirit, distress, deject, cast* (sy) down

lehangolód|ik *i [hangszer]* be*/go* out of tune

lehangolt *mn* **1.** *[hangszer]* out of tune *ut* **2.** *átv* depressed, dejected, downcast; **nagyon** ~ *biz* feel* blue/low

lehangoltság *fn átv* depression, dejection, gloom

lehánt *i* peel off, *[hüvelyes héját]* husk, hull, shell

lehány *i* **1.** *[ledob]* throw*/hurl/fling* down; **~ja magáról a ruhát** tear*/throw* off one's clothes **2.** *[leokád]* vomit on (sg)

lehanyatl|ik *i* **1.** *[fej]* droop (suddenly) **2.** *átv* decline, decay, come* down; **dicsősége kezd ~ani** sy's glory is on the wane

leharap *i* bite* off; **nem harapom le az orrát/orrod!** I won't bite your head off!

leharcolt *mn biz* ~ **állapotban van** be* run-down

léhaság *fn* frivolity, frivolousness, idleness

lehasal *i* lie* flat on one's stomach

lehazudik *i* **lehazudja a csillagot is az égről** swear* black is white

lehel *i* breathe, *[erősen]* blow*, puff

lehelet *fn* breath; **utolsó ~éig** *[küzd]* [fight*] to one's dying/last breath; to the last ditch

leheletfinom(ságú) *mn* wispy, gossamer-fine/thin; ~ **érintés** feather touch

leheletnyi *mn* a touch of sg; ~ **fokhagymaszag** a touch of garlic

leheletszerű *mn* as light as air (v. as a feather)

lehelyez *i* put* down, place, deposit

lehengerel *i* **1.** *[utat]* roll down [with a roller] **2.** *[ellenfelet]* bowl over, crush; **mindenkit** ~ wipe the floor with one's opponent(s); *[nagy sikert arat]* sweep* the board

lehervad *i ált* **1.** *[virág]* wither, wilt, droop **2.** *átv* be* down (v. on the ground)

lehet *i* **1.** *[lehetséges, valószínű]* be* possible, (it) may/can be, *[talán]* maybe, perhaps, possibly; **~, hogy most otthon van** he may/could be (at) home now; **nem ~ itthon, mert az ajtó be van zárva** he cannot be (at) home, the door is locked/closed; **~, hogy holnap esik** it may rain tomorrow; **~, hogy igazad van** you may (well) be right; **~, hogy késni fog** he is likely to be late, he may be/come/arrive late; **Eljössz?** – **L~** Will you come (with us)? – Possibly (v. maybe v. perhaps); **ki ~ az?** who can/could/might that be?; **lejfeljebb 30 éves ~** he can't be more than 30; **még baj ~ belőle** it could lead to (some) trouble, it may turn out bad; **mihelyt ~** as soon as possible; **ahogy/amennyire (csak) ~** as far as possible; **az nem ~!** that/it is impossible, that's/it's out of the question; **~ is meg nem is** it is as likely as not; maybe; **~, hogy igaz, ~, hogy nem** it may or may not be true **2.** *[meg van engedve, szabad]* sy can/may do sg; **be ~ menni** you can/may enter (v. go* in); **itt nem ~ játszani!** you may/must not play here!, you are not allowed/supposed to play here!; **Szó se ~ róla!** It's quite out of the question **3.** *[képes]* **hogy ~ ilyen szemtelen?** how can/could (s)he be so insolent/rude?; **el ~ érni** *[buszt stb.]* you can (still)catch it **4.** *[feltételes]* **~ne már melegebb is** we could do with being a little warmer; **jobb már nem is ~ne** it can't/couldn't be better(ed)

lehetetlen *mn* **1.** *[nem lehetséges]* impossible; **(ez) ~!** it is impossible!, it can't be (possible/true)!, it is out of the question; **~t kíván** ask sy to do the impossible; *kif* cry/ask for the moon; **megkísérli a ~t** attempt the impossible, reach for the moon/stars; *kif* try to make bricks without straw **2.** *[képtelen]* impossible, absurd; ~ **helyzet** an impossible situation; *US biz* a fix; ~ **helyzetbe hozza magát** *biz* get* oneself into a spot (*US* fix); **~né tesz** *[társadalmilag vkt]* wreck sy, ruin sy's reputation; **~né válik helyzete** his life becomes* impossible/unbearable

lehetetlenség *fn* impossibility; **~gel határos** next to impossible *ut*, verging on the impossible *ut*

lehetetlenül *hsz* impossibly; ~ **viselkedik** make* a nuisance of oneself, behave impossibly

lehető *mn* possible; **a ~ legjobb** the best possible; **a ~ legjobb megoldás** the best solution possible; **minden ~t megtesz(, hogy)** leave* no stone unturned (to), do* one's (level) best (to); **vmt ~vé tesz** render/make* sg possible

lehetőleg *hsz* if possible, possibly, as far as possible; ~ **de.** preferably a.m. (v. in the morning)

lehetőség *fn* possibility; *[érvényesülési]* opportunity, chance, opening, *[lappangó]* potentialities *tsz*, *[főzési, sportolási stb.]* [cooking/sports etc.] facilities *tsz*, *[kétféle/többféle]* alternative, alternative possibility, option; ~ **szerint, a ~hez mérten** as far as possible; ~ **van/nyílik vmre** an opportunity presents itself; **ha csak egy ~ van is rá** should there be the slightest hope/chance of it, if at all possible; **a választás ~e** option; **többféle ~(e van)** (have*) several alternative possibilities; **két ~e van** have* two alternatives; **nincs más ~e** have* no option/alternative (but to ...); **további ~ek** potentialities [of a situation]; **új ~ekre mutat rá** open up new dimensions/horizons/vistas; **él vmnek a ~ével** take* advantage of sg

lehetséges *mn* possible; *[megvalósítható]* feasible, practicable; **nagyon ~** very/most likely, it looks like (it); **vmt ~nek tart** think* sg possible; → **lehet 1**

lehevered|ik *i* lie* down (at full length)

lehiggad *i* **1.** *[dühös ember]* calm down, regain one's composure **2.** *[fiatal ember]* settle down

lehív *i* **1.** (*vkt vhová*) call down, ask sy (to come) down **2.** *gazd [számláról felvesz]* draw out of/from one's account **3.** *gazd [kölcsönt]* call in **4.** *infor [adatot]* retrieve **5.** *[kártya]* play [a card]

lehívat *i* (*vkt vhonnan*) ask sy (to come) down

lehord *i* **1.** (*vmt*) carry*/bring* down (piecemeal) **2.** (*vkt*) upbraid, *kif* haul sy over the coals, give* sy a ticking-off, *biz* tear* sy off a strip, carpet sy

lehorgaszt *i* **~ja a fejét** hang*/bow one's head

lehorgonyoz *i* cast*/drop anchor, anchor
lehorzsol *i [bőrt]* graze, scrape off [skin]
lehoz *i* **1.** *(vhonnan vmt)* bring*/fetch down **2.** *[leközöl]* publish, print
lehull *i* fall* (down), drop; **~ott a szeméről a hályog** the scales fell from his eyes; **~ott az álarc** the mask is off
lehuny *i* **~ja a szemét** close one's eyes; **egész éjjel nem hunyta le a szemét** (s)he didn't sleep a wink all night, (s)he didn't have a wink of sleep all night
lehurrog *i* shout sy down, catcall (sy), jeer at (sy)
lehúz *i* **1.** *[felülről]* pull down; **az ágat ~za a gyümölcs** the branch is* weigh(t)ed down by/with the fruit; **~za a vécét** flush the toilet **2.** *(vmt vmről)* pull/strip sg off/from sg; **~za a cipőjét** take* off one's shoes **3.** *nyomd* strike*/run* off [a copy], take* proofs of **4.** *[kritikus]* slate, savage, pan **5.** *sp (vkt)* pull away from sy, lap sy; → **redőny**
lehúzód|ik *i* **~ az út szélére** pull over/off
lehűl *i* cool down; **~t a levegő** it has turned cold/cool/chilly
lehülyéz *i biz* call sy a fool (v. an idiot), call sy names
lehűt *i* **1.** *ált* cool (down), chill **2.** *[olvadt fémet]* quench **3.** *[lelkesedést]* cool; **~i a kedélyét** damp(en) sy's spirits
léhűtő *fn* idler, loafer, ne'er-do-well, lazybones
leigáz *i* subjugate, subdue, conquer
leigázás *fn* subjugation
leigazol *i* **1. ~ja magát** *[rendőr felszólítására]* produce one's papers, produce proof of one's identity **2.** *[játékost]* sign on [a player]
leint *i* **1.** *(vkt)* warn sy not to do sg **2.** *[taxit]* hail [a taxi]
leír *i* **1.** *ált* write*/take*/put* down, *[másol]* copy, *[jegyzeteket tisztába téve, szalagra felvett anyagot stb.]* transcribe **2.** *[eseményt, jelenséget stb.]* describe, *[ábrázol]* depict, paint a picture of sg **3.** *[adósságot, veszteséget]* write* off; **~ták a kocsit** the car has been written off, the car was a write-off **4.** *mat* describe [a circle]
leírás *fn* **1.** *ált* writing down, *[másolás]* copying **2.** *[eseményé, jelenségé]* description, *[ábrázolás]* depiction, *[adósságé, veszteségé]* writing off, write-off
leirat *fn* rescript, ordinance
leírat *i (vmt)* have* sg written down, *[másoltat]* have* sg copied (out); **legyen szíves írassa ezt le három példányban** have this typed/made out in triplicate, please
leírhatatlan *mn* indescribable, beyond description *ut, kif* it defies description
leíró I. *mn* descriptive; **~ nyelvtan** descriptive grammar **II.** *fn* copyist, *[írógépen]* copy-typist
leírt *mn* **~ adat** record
leisz|ik *i* **1.** *(vmennyit)* drink* off **2. leissza magát** *[itallal]* get* drunk; **leissza magát a sárga földig** get* as drunk as a lord; → **amúgy**
leitat *i (vkt)* make* sy drunk, drink* sy under the table
leiterjakab *fn* gross mistranslation, (schoolboy) howler
lejár *i* **1.** *[eljárogat]* come*/go* (regularly/frequently) down to, visit frequently; **gyakran ~ a Balatonra** *[nyaralni]* (s)he often goes down to (the) Lake Balaton (for a holiday) **2.** *[levehető]* be* detachable/removable **3.** *[szerkezet]* run* down, *[óra]* stop **4.** *[határidő]* expire, lapse, fall* due, *[árukon]* sell* by, best before, *[igazolvány, jegy, vízum stb.]* expire, be* no longer valid, *[váltó]* expire, fall*/become* due; **~t az idő** time is up **5.** *[letapos]* tread*/trample down; **~ja a lábát** be* (clean) run off one's feet
lejárat I. *fn* **1.** *(vhová)* way/passage/exit leading down, *[földalatti vasúté]* underground entrance, subway **2.** *[határidőé, jegyé, jogosítványé, vízumé stb.]* expiry, expiration, *gazd [kölcsöné, váltóé]* falling due, maturity; **~ előtt fizet** anticipate a payment, settle sg early; **~ig** till due; **~kor** when due, upon expiry; **~ napja** day/date of expiry, expiry date; *[adósságé stb.]* due-date; **a ~ napján fizet** pay* on the day/date due **II.** *i (vkt)* discredit (sy); **~ja magát** lose* face, make* oneself cheap, discredit oneself
lejáró *fn* way/passage/exit leading down
lejárt *mn ált* expired, no longer valid, *[követelés]* overdue, *[szerződés]* expired, *[váltó]* mature
lejátszás *fn [magnón]* playback, replay
lejátsz|ik *i* **1.** *[mérkőzést]* play **2.** *[színművet]* perform, act **3.** *[hangfelvételt]* play back, replay
lejátszód|ik *i* take* place, be* played out
lejátszófej *fn* pick-up
lejátszómagnó *fn* personal (stereo) cassette player, Walkman (*tsz* -mans)
lejegyez *i* take*/make* a note of sg, note sg down; **gyorsírással ~ vmt** take* down (sg) in shorthand
lejjebb *hsz* lower (down), below, deeper, further down; **~ vesz** *[fűtést, hangerőt]* turn sg down; **~ enged** (i) *[redőnyt]* lower [the Venetian blind] (a little bit); *[rolót]* roll (a bit) down [the blind] (ii) *[árat]* lower, cut* [price]; **~ ment az ára** sg has become cheaper, sg has gone down in price; **lásd ~** see below
lejön *i* **1.** *(vk vhonnan)* come* down, descend **2.** *(vm vmről)* come* off; **a festék kezd ~ni** the paint is wearing off, the paint is starting to come off **3. ebből még ~ 24 forint** 24 fts is to be deducted from this, less 24 fts
lejövet *hsz* coming down, on one's way down
lejt *i [út]* slope
lejtmenet *fn* descend, downhill ride; **~ben** downhill
lejtő *fn* **1.** *[hegyé]* slope, gradient, *US* grade, *[mint közlekedési fogalom]* hill; **veszélyes ~** *[közúti jelzés]* "steep hill"; **30 fokos ~** a slope of 30 degrees; **~n lefelé** downhill; **~n felfelé** uphill **2.** *[lépcső helyett, kórházban]* ramp **3.** *átv* **~re kerül** *[ember]* go* to the bad/dogs, go* downhill
lejtős *mn* sloping, inclining; **~ út** gradient, *US* grade
lejut *i (vhova)* (manage to) get* down (to ...)
lék *fn [hajón]* leak, *[jégen]* ice hole; **~et kap** spring* a leak; **~et betöm** stop/plug a leak
lekáderez *i elav* screen/vet/clear sy; **le kell káderezni** (s)he must be thoroughly vetted
lekanyarít *i* cut* off [slice]
lekanyarod|ik *i* turn off
lekap *i* **1.** *(vmt)* remove, snatch off; **~ta a sapkáját** he whipped off his cap; **~ja a fejét** duck **2.** *fényk biz* snap, take* a snap(shot) of (sg/sy) **3.** *biz (vkt)* tell* sy off; **~ vkt tíz körméről** give* sy a rap on/over the knuckles
lekapar *i* scratch/scrape (off)
lekapcsol *i* **1.** *(vmről)* unbuckle **2.** *[lámpát]* turn sg off, put* sg out **3.** *[vasúti kocsit]* uncouple, disconnect **4.** *[bűnözőt]* nab, pinch
lekaszabol *i* cut*/mow* down, *[tömegesen]* massacre, put* to the sword
lekaszál *i* scythe, cut* [grass, corn] (with a scythe), *[füvet]* mow*
lekefél *i* brush (down)
leken *i* **~ vknek egy pofont** *biz* slap sy in/across the face, fetch sy one in the face
lekenyerez *i* buy* sy off
lekér *i* **1.** *[iratokat]* call down, ask for sg to be sent down (v. handed over) **2.** *biz [táncban]* cut* in (on) **3.** *infor [adatot]* retrieve
lekerekít *i* **1.** *[sarkot stb.]* round sg off **2.** *[összeget]* round down (to)
lekerget *i* drive*/chase down/away (from)
lekerül *i* **1.** *[lejut]* get* down **2.** *[leveszik]* come* off, be* removed; **~ a napirendről** be* struck off/from the agenda, *[ad acta teszik]* be* shelved
lekés|ik *i (vmről/vmt)* come*/arrive late for (sg), miss (sg); **~ik a vonatról** miss the train; **éppen ~tük a vonatot** we just missed the train; → **csatlakozás**
leketyeg *i átv biz* calm down
lekever *i szl* **1.** → **leken 2.** *[vmlyen műsort]* fade out **3.** *biz [belefojtja a szót vkbe]* cut* sy short, be* short with sy
lekeverés *fn [zenéé]* fade-out
lekezel *i* **1.** *[kezet ráz vkvel]* shake* hands with (sy) **2.** *pej (vkt)* treat (sy) in an off-hand manner, be* condescending

(towards sy) **3.** *[jegyeket]* inspect [tickets] **4.** *sp [labdát]* handle [the ball]
lekiált *i* (*vhonnan*) shout down (from above)
lekicsinyel *i* belittle, make* little/light of (sg), minimize, pooh-pooh, look down one's nose at sy, play sg down
lekicsinyítés *fn infor* minimization
lekicsinylés *fn* disparagement, scorn, pooh-poohing
lekicsinylő *mn* disparaging, disdainful
lekísér *i* see* (sy) down
lekollokvál *i* pass one's/an oral (examination)
lekonyul *i* bend* down, droop, flag
lekopaszt *i* denude, bare, *[baromfit]* pluck [a hen etc.]
lekop|ik *i* **1.** wear* off/down **2.** *szl* **kopj le!** shove off!, get lost!, beat it!, buzz off!
lekopog *i* **1.** *[írógépen]* type (out) **2.** *biz [babonából]* **kopogjuk/kopogd le!** touch wood!, *US* knock on wood!
lekoppint *i biz [ötletet ellop, lemásol]*, knock off sy else's idea
lekoptat *i* wear off/away/down, fray, *[cipőt]* wear* down/out
lekottáz *i* write*/take* down [a tune]
leköltöz|ik *i* **1.** *[alacsonyabb emeletre]* move (to a lower storey), move down(stairs) **2.** *[vidékre]* move to [the country], go* to live in [the country]
leköp *i* spit* on (sy); *durva* **le se köpi** spit* on sy
leköröz *i* (*vkt*) lap sy, *átv* run* rings round sy
leköszön *i [tisztségről]* resign [one's post v. position as president/secretary etc.], resign/retire from [a committee, the presidency etc.]; bow out, step down, withdraw; **a ~ő/~t elnök/kormány** *stb.* the outgoing/retiring president/government/etc.
leköt *i* **1.** *[kötelékkel]* bind*, tie/fasten down, *[eret]* ligate, tie, *[sebet]* dress **2.** *[árut]* contract, secure an option on goods, *[szerződéssel]* bind* (sy by contract), *[zálogul]* pledge, *[ingatlant]* mortgage, *[utat utazási irodában]* book [a tour], *[szobát]* book [a room]; *[pénzt bankban]* make* a deposit; **lakások ~hetők** *kb.* new flats for sale; **~ött 800 tonna cementet** contract [with a firm] 800 tons of cement; they contracted to supply X with 800 tons of cement **3.** *[figyelmet, érdeklődést]* hold*/arrest [sy's attention/interest], hold* [the audience], engage [sy's interest]; **~i a gyermek érdeklődését** the child's interest is engaged (by ...); **~i a hallgatóságot** hold* an/the audience (spellbound) **4.** *[munka]* occupy, absorb; **nagyon le vagyok kötve** *[elfoglalt]* I am very busy, *US* I'm all tied up; **nagyon ~i a munkája** be* completely absorbed in his work; sg keeps sy busy **5. ~i magát vm mellett** commit oneself to [an action], pledge to do sg **6.** *kém* absorb, neutralize, fix
lekötelez *i* oblige, place (sy) under an obligation; **vkt vmvel ~** oblige sy by (...ing); **nagyon ~ne ha** ... I would be much obliged to you if ...; **le van vknek kötelezve** be* indebted/obliged to sy (for sg), be* under an obligation to sy
lekötelező *mn* obliging
lekötés *fn gazd* (making a) deposit; **újra ~** new fixation
leközöl *i* publish, print [an article] in a newspaper/periodical
lekritizál *i* criticize (sg) adversely/severely, pan sg
lektor *fn* **1.** *[egyetemen]* lector, visiting/exchange lecturer, *US* instructor **2.** *[könyvkiadónál]* (publisher's) reader, copy editor, *[szótáré stb.]* consultant/consulting/contributing editor
lektorál *i [kéziratot]* read* [a manuscript] [for a publisher], *[nyelvileg]* check sg linguistically; **~ta** ... *kb.* contributing/consultant editor ...
lektorátus *fn* **1.** *[egyetemen]* modern languages department, language centre (*US* -ter) **2.** *[könyvkiadónál]* readers' department
lektűr *fn műv* pop fiction
lekuporod|ik *i* → **leguggol**
leküld *i* **1.** (*vk vkt*) send* down **2. ~ vkt a pályáról** *sp* send* sy off the field
leküzd *i [akadályokat, nehézségeket]* overcome*, get* over, surmount [difficulties], *[betegséget szervezet]* (manage to) overcome*, fight* off [an/the illness]
leküzdhetetlen *mn [akadály]* insurmountable, insuperable [obstacle]
lekvár *fn* jam, preserve, *[citrom, narancs]* marmalade
lekváros *mn* **~ bukta** *kb.* jam roll; **~ kenyér** bread and jam
lekvárosüveg *fn* jam-jar/pot, jar
lel *i* **1.** *[talál]* (happen to) find*, hit*/come*/light* (up)on sg, come* across (sg); **halálát ~te** he met his death; **abban ~i örömét, hogy** ... he finds/takes pleasure in ..., he derives pleasure from (doing) **2. mi ~te?** what has come over him?
lelakatol *i* padlock, lock up
lelak|ik *i* (*vmt*) pay* a reduced rent in return for [the maintenance of a flat]
lelakott *mn [lepusztult]* run-down, crummy
leláncol *i* fasten with a chain, chain up
lelapít *i* → **ellapít**
lelassít *i* **1.** *[jármű]* slow down/up **2.** *[mozgást]* slacken [the/one's pace]
lelassul *i* slow down
lelátó *fn* grandstand
leledz|ik *i [helyzetben]* be* in a (...) situation, find* oneself in a (...) situation; **tévedésben ~ik** labour (*US* -or) under a misapprehension/delusion
lélegeztetés *fn* **mesterséges ~** artificial respiration
lélegeztetőgép *fn orv* life-support system/machine, respirator
lélegeztetőkészülék *fn* → **lélegeztetőgép**
lélegzés *fn* breathing, respiration
lélegzet *fn* breath; **~et vesz** take* (a) breath, breathe; **~hez jut** (i) *konkr* get* one's breath/wind (ii) *átv* gain/obtain a breathing space, take* breath; **egy ~re** in one breath, in the same breath; **~ét visszatartja** hold* one's breath; → **eláll**
lélegzetelállító *mn* breath-taking
lélegzetvétel *fn* **1.** *[egy]* breath **2.** *[légzés]* breathing, respiration
lélegzet-visszafojtva *hsz* with bated breath, holding one's breath
lélegz|ik *i* breathe; **mélyet ~ik** take* a deep breath
lélek *fn* **1.** *[test ellentéte]* soul, spirit **2.** *[lényege/mozgatója vmnek]* (life and) soul, moving/leading spirit **3.** *[kifejezésekben]* (*vk*) ; **jó ~** (sy) is (such) a good soul; **egy (árva) ~ sem volt ott** not a (living) soul was there; **600 ~** (a population of) 600 people; **nem visz rá a ~, hogy** ... I haven't the heart to (do sg), I couldn't bring myself to (do sg); **~ az ajtón se be, se ki!** stay where you are!, let no one leave or enter the room!; **lelkem!** *[kedveskedve]* my dear!, darling!, dearest (heart); **se testem, se lelkem nem kívánja** (i) (*vmt*) I am against it body and soul (ii) (*vkt*) he is my pet hate; **lelkem mélyén** in my heart of hearts; **lelke rajta** he is to blame; it's his funeral; **~ben veled leszek!** I shall be with you in spirit; **lelkemből beszélsz** you speak words of gold; **az ő lelkén szárad** he will have it on his conscience; **könnyebb a lelkének, ha** he feels better if [he can do it], he takes a perverse delight in [doing it], *biz* he gets a kick out of [doing it]; **lelkére beszél vknek** appeal to sy's better nature/feelings; **vmt vknek lelkére köt** make* it sy's duty/task to (do sg), urge sy to do sg; **lelkére vesz vmt** take* sg to heart; **lelket önt vkbe** raise sy's spirits, put* new life into sy; **vkben a remény tartja a lelket** hope buoys sy up, hope keeps sy going, hope keeps his spirits up; **kiteszi a lelkét vkért** do* one's utmost for sy (to do sg); **kiadja a lelkét** breathe one's last; **vm nyomja a lelkét vknek** have* sg on one's conscience, sg is on one's mind; **nyugodt ~kel** *[megtesz/állít vmt]* (do*/state sg) in all conscience; → **hál**

lélekbúvár *fn* psychologist
lélekelemzés *fn* psychoanalysis
lélekemelő *mn* elevating, uplifting
lélekharang *fn* deathbell; **a ~ szava** knell; **megcsendíti a ~ot** toll/ring* the bell, sound a knell; **megkondul a ~ vm felett** sg sounds the death-knell of/for sg
lélekjelenlét *fn* presence of mind, composure
lélekölő *mn* soul-destroying; **~ munka** drudgery, *biz* grind, slog
lélekromboló *mn* depraving, demoralizing
lélekszakadva *hsz* out of breath, breathless(ly); **~ fut** run* at breakneck speed
lélekszám *fn* number of inhabitants, [a] population [of 50,000 etc.]
lélektan *fn* psychology
lélektani *mn* psychological; **~ pillanat** psychological moment
lélektelen *mn* soulless, spiritless, *[unalmas]* dull, uninspiring; **~ munka** soulless work, drudgery; **~ül dolgozik** work like a robot (v. an automaton)
lélekvándorlási *mn* reincarnational
lélekvesztő *fn kb.* dinghy
leleményes *mn* inventive, ingenious; **~ ember** resourceful man°, *kif* he is never at a loss
lelenc *fn elav* foundling, waif
lelép *i* **1.** *[vk vhonnan]* step* down/off, *[járműről]* get* off **2.** *biz* → **meglép 3.** *kat* **~ni!** dismissed! **4.** *sp biz [ellenfelet]* crush, walk over **5.** *[megmér]* pace
lelépési díj *fn [lakásért]* key money, premium
leleplez *i* **1.** *[szobrot]* unveil **2.** *átv [összeesküvést, csalást stb.]* expose, uncover, reveal; *[szervezett bűnözést]* take* the lid off sg; *[összeesküvőket, csalókat]* expose, unmask, *[szervezett bűnözést]* take* the lid off sg; *[kémet] biz* blow* sy's cover
leleplezés *fn* **1.** *[szoboré]* unveiling **2.** *átv* exposure
leléptet *i sp* disqualify, *[pályáról]* send* sy off the field
lelet *fn* **1.** *ált* finding, *[régészeti]* find **2.** *orv* **~ek** (laboratory) findings (v. report *esz*)
levelez *i* settle (v. deal* with) sg by/through correspondence
lelkendez *i* be* enthusiastic about sg, rave (about sg), enthuse (over sg)
lelkendezés *fn* (burst of) enthusiasm
lelkes *mn* enthusiastic, keen, ardent, zealous; **~ éljenzés/ünneplés** ovation, loud cheers *tsz*; **~ fogadtatásra talál** meet* with a warm reception; **~ híve/tisztelője vknek** a fervent/ardent admirer of sy; **néhány ~ ember** a handful of enthusiasts; **~ kertész** [(s)he is] a keen gardener; **~ sportember** keen sportsman°; **~ szavakkal ecsetel** paint in glowing colours; **~ szurkoló** (big) sports fan; **~ taps** warm/rapturous applause
lelkesedés *fn* enthusiasm, ardour (*US* -or), zeal, fervour (*US* -or)
lelkesed|ik *i* (*vmért*) be* enthusiastic (about sg), enthuse (over sg), *biz* be* sold on sg, (*vkért*) be* a fervent admirer of sy, be* sold on sg
lelkesen *hsz* enthusiastically; **~ beszél vmről** rhapsodize about sg, go* into raptures over sg, enthuse over sg
lelkesít *i* animate, inspire, fire (sy) with enthusiasm (for sg), enthuse (sy), boost sy's morale
lelkesítő *mn* animating, inspiring, rousing
lelkész *fn [katolikus, anglikán]* parson, vicar, rector, *[protestáns ált.]* minister, *[nem GB prot.]* pastor, minister, *[ritkábban kat.]* (parish) priest, *[zsidó]* rabbi
lelkészi *mn* **~ hivatal** vestry; **~ pályára megy** go* into the ministry/Church
lelkészség *fn* **1.** *[a lelkész pályája, főleg prot.]* ministry **2.** *[kat. egyházközség]* parish
lelketlen *mn* heartless, unfeeling, callous
lelketlenség *fn* heartlessness, callousness
lelki *mn pszich* mental, *tud* psychic(al), *vall és ált* spiritual; **~ alkat** mentality, mental/spiritual constitution, cast of mind; **kóros ~ alkatú beteg** mentally ill, psychopathic; *[főnévvel]* psychopath; **~ folyamat** mental process; **~ rokona vknek** find* in sy a kindred spirit; **~ rokonság** spiritual affinity, congeniality; **~ tusa** inner struggle; **~ üdvösség** salvation; **~ vigasz** consolation, comfort
lelkiállapot *fn* state/frame of mind, mood
lelkibeteg I. *mn* distraught, distressed, mentally ill **II.** *fn* a mental patient
lelkierő *fn* strength of mind, moral strength
lelkifröccs *fn biz pej* dressing-down, lecture
lelkifurdalás *fn* guilty conscience
lelkigyakorlat *fn vall* retreat
lelkiismeret *fn* conscience; **a ~ szava** the still small voice (within); **tiszta a ~e** have* a clear conscience; **rossz a ~e** have* a (guilty/bad)conscience; **~e nem engedi** have* scruples about doing sg, it goes against his conscience to do sg; **~ének megnyugtatására** for conscience's sake; **megvizsgálja a ~ét** examine one's conscience, search one's heart; **nyomja vm a ~ét** sg is weighing (have* sg) on one's mind/conscience; → **furdal**
lelkiismeretes *mn* conscientious, *[aggályosan]* scrupulous; **~ munka** a conscientious/respectable piece of work
lelkiismeretesség *fn* conscientiousness
lelkiismeret-furdalás *fn* pangs/qualms of conscience *tsz*, a twinge of conscience, remorse; **~a van** have* a (guilty) conscience (about sg), be* filled with remorse (for sg), have*/feel* qualms (about sg)
lelkiismereti *mn* of conscience *ut*; **~ kérdés** a matter of conscience; **~ kérdést csinál belőle** make* it a matter of conscience; **~ aggályai vannak** have* scruples; **katonai szolgálatot ~ okból megtagadó (személy)** conscientious objector; **~ szabadság** liberty of conscience
lelkiismeretlen *mn* unconscientious, unconscionable, unscrupulous, conscienceless, *[igével]* have* no conscience
lelkiismeretlenség *fn* unconscientiousness, lack of conscience, unscrupulousness, *[hanyagság]* carelessness, negligence
lelkiismeret-vizsgálat *fn* **~ot tart** search one's heart, examine one's conscience
lelkipásztor *fn ált* minister, *nem GB* pastor
lelkisegély-szolgálat *fn* helpline
lelkivilág *fn* frame of mind, mentality; **beleéli magát vk ~ába** emphatize with sy
lelkiz|ik *i szl [elbeszélget]* have* a heart-to-heart
lelkű *mn* -souled, with/of a ... soul *ut*, -minded
lelkület *fn* disposition, temper(ament), cast of mind
lelocsol *i* spill* water on (sy/sg), slop sy, splash [liquid] (up)on sy
lelóg *i* hang* (down)
lelohad *i* **1.** *[daganat]* go* down, subside **2.** *[lelkesedés]* abate, cool off, *[harag]* subside
lelohaszt *i* **1.** *[daganatot]* reduce, bring* down [a swelling] **2.** *[buzgalmat]* cool, dash, damp **3.** *[reményeket]* dash, throw* cold water on [sy's hopes]
lelombozód|ik *i biz* someone's heart sinks (into his/her boots), have* the blues
lelő *i* shoot* (down); **~ttek két bombázót** two bombers were brought/shot down
lelőhely *fn [ásványé stb.]* quarry, place of occurrence, *[áll, növ]* home, *[eredet]* source, provenance
lelök *i* (*vhonnan*) push/shove/thrust*/knock down/off (from)
leltár *fn* **1.** *[jegyzék]* inventory; **~ba vesz vmt** enter sg in an/the inventory, make*/take* an inventory of (sg), make* a list of sg; **~t készít vmről** make*/take* an inventory of sg **2.** → **leltározás**
leltári *mn* inventory, of inventory *ut*; **~ szám** inventory/stock number; **~ tárgy** an item listed in the inventory, item of inventory
leltárkönyv *fn* inventory, stock book
leltároz *i* inventory, take*/make* an inventory of (sg), make* a list of sg, *[leltározást végez]* take* stock

leltározás *fn* taking an inventory, stock-taking
lemáll|ik *i* come*/peel/scale off
lemar *i [sav]* eat* away
lemarad *i* **1.** *[csoporttól]* drop/fall*/lag behind **2.** *[tanulásban stb.]* slip/fall*/lag behind, *[fejlődésben, termelésben]* lag behind, be* backward; **le van maradva munkájával** be* behind in/with one's work; **le van maradva** *[fejlődésben, korszerűségben]* be* behind the times; **nem akar ~ni másoktól** keep* up with sy **3.** *(vk vmről)* be* late for sg, miss sg; **~ a vonatról** miss the train
lemaradás *fn* lag(ging behind), *[munkával]* backlog, arrears *tsz* [of work]; **~a van** *[munkával]* be* behind in/ with one's work; **~ a terv teljesítésében** underfulfilment, falling behind with the plan
lemaradoz|ik *i* → **lemarad 1**
lemarat *i [vegyszerrel]* remove (sg) with corrosive(s)
lemarház *i biz* call sy an idiot, call sy names
lemásol *i* **1.** *[másolatot készít]* copy, make* a copy (of sg) **2.** *[stílust]* imitate, copy, *[más művét]* plagiarize
lemász|ik *i* climb/crawl down/off sg
lemázsál *i* weigh
lemberdzsek *fn* (casual) jacket, anorak, *[bélelt]* parka
lemegy *i* **1.** *(vk vhová)* go* down, descend, *[lépcsőn]* go* downstairs; **~ a Balatonra** go* (down) to the Balaton (v. to Lake B.); **~ vidékre** leave* for the country; *[vidékre költözik]* move (down) to the country; **~ Pécsre** go* (down) to P.; **~ a pályáról** *[pl. labdarugó]* leave* the field **2.** *[árvíz, láz]* abate, subside, drop, *[árak]* fall*, come* down, plummet; **~ a láza vknek** his/her temperature goes/ went down **3.** *[nap]* go* down, set* **4.** *[felületi réteg]* come* off; **a folt még szappannal se megy le** not even soap can remove this stain
lemenet I. *fn* way/passage (down) **II.** *hsz* on one's way down, going down
lemenetel *fn* descent
lemenő *mn* **1. a ~ nap** the setting sun **2. ~ ágon** *jog* in the descending line
lemér *i* **1.** *ált* measure, *[szövetet]* measure off **2.** *[mérlegen]* weigh; **le nem mérhető** *[apró]* infinitesimal **3.** *[felmér]* gauge (*US* gage); **~i vk képességeit** *biz* get* the measure of sy, assess sy's abilities
lemereved|ik *i [izom]* tense/stiffen up
lemerül *i* **1.** plunge, dive, sink*, *[tengeralattjáró]* submerge **2.** *[akku]* go* flat; **~t az akku** the battery is flat/ dead; **~t akku** flat/dead battery
lemészárol *i ált* butcher, slaughter, murder, *[embereket]* massacre
lemeszel *i biz [autót]* flag down, shaft
lemetsz *i* cut*/chop/snip off
lemez *fn* **1.** *[fém]* plate, *[vékonyabb]* sheet **2.** *[hanglemez]* record, disc, *US* disk; **mikrobarázdás ~** long-playing record (*röv* **LP**) **3.** *infor* disk; **hajlékony ~** floppy (disk)
lemezcsavar *fn műsz* tinner('s) screw, sheet-metal screw, self-tapping screw
lemezjátszó *fn* **(sztereó) ~** stereo record-player
lemezlovas *fn* disc (*US* disk) jockey (*röv* **DJ, dj**)
lemezmeghajtó *fn infor* disk drive
lemezolló *fn* plate shears *tsz*
lemeztányér *fn* turntable
lemeztárcsa *fn gk* wheeldisc (*US* -disk)
lemezváltós *mn* **~ lemezjátszó** record changer, autochange(r)
lemond *i* **1.** *[ált vmről]* give* up, *[igényről, követelésről stb.]* renounce, give* up, waive, *[örökségről írásban]* sign away [ownership, share in sg etc.], *[mint reménytelenről]* despair of sg (of doing sg), *[vkről, pl. orvos betegről]* give* up [patient], *[vkről, mint eltűntről]* give* up sy (as/for lost); **~ vmről vk javára** renounce sg in sy's favour (on sy's behalf) **2.** *[élvezetről]* give* up [smoking etc.]; **arról nehezen tudnék ~ani** I couldn't easily do without it **3.** *[tisztségről]* resign (from), step down (as sg), give* up [one's job/career], *[trónról]* abdicate [the throne]; **~ott az elnökségről** he resigned (from) the presidency; *[ülésen]* he gave up the chair; **~ott a kormány** the Cabinet/Government has resigned **4.** *[meghívást]* cry off [sg v. doing sg], excuse oneself from [a party etc.]; **~ja a (vacsora)meghívást** send* one's regrets (to sy), cry off the party **5.** *[előadást, fellépést, jegyet, rendelést, utazást stb.]* cancel (*US* -l), call off; **a versenyt ~ták** the race has been called off **6.** *[folyóiratot, újságot]* discontinue, cancel (*US* -l) (one's) subscription to
lemondás *fn* **1.** *[ált vmről]* giving up, *[igényről, jogról stb.]* waiver, *[örökségről, követelésről]* renunciation **2.** *[tisztségről]* resignation; **benyújtja ~át** offer (v. send*/ hand in) one's resignation **3.** *[meghívásé, találkozóé stb.]* cancelling (*US* -l-), calling off, *[udvarias formában]* regrets *tsz* **4.** *[beletörődés]* resignation, renunciation; **csupa ~ az élete** he has denied himself all his life
lemondó *mn [beletörődő]* resigned, submissive; **~an legyint** wave/gesture resignedly, make* a gesture of resignation
lemorzsolódás *fn* dropout, fall(ing)-off
lemorzsolód|ik *i [tanuló]* drop out (of)
lemos *i* **1.** *[kocsit stb.]* wash (down) [the car etc.], wash [the car etc.] down, *[tömlővel]* hose down [the car]; **~ vmt vhonnan** wash sg away/off; **~ vkt** give* sy a sponge-down; **szivaccsal ~sa magát** sponge oneself down; *átv* **~sa a gyalázatot** wash away (v. wipe out) a disgrace **2.** *[legyőz] biz* wipe the floor (with sy)
lemosakod|ik *i* have* a (thorough) wash, wash (oneself) from top to toe
lemosás *fn [kocsié stb.]* wash(-down), *[az egész testé]* sponge-bath
lemosható *mn* **~ kötény** wipe-clean apron; **~ tapéta** spongeable wallpaper
lemosófolyadék *fn [kontaktlencséhez]* saline cleaner
len *fn* flax
lencse *fn* **1.** *növ* lentil; **egy tál ~ért** for a mess of pottage **2.** *[üveg]* lens **3.** *[bőrön]* freckle, mole
lencsefőzelék *fn* dish of lentils
lencseleves *fn* lentil soup
lencsenyílás *fn fényk* aperture
lendít *i* **1.** *konkr* swing*, fling* **2.** *átv* (*vkn*) give* sy a lift, push sy, (*vmn*) give* a stimulus (v. an impetus) to sg; **ez nem sokat ~ a dolgon** it is not much use/help, that doesn't help much
lendítőerő *fn* force of impulse, impetus
lendítőkerék *fn* flywheel
lendkerék *fn* flywheel
lendül *i* (begin* to) swing*, *[előre/felfelé]* swing*/sweep* forwards/upwards; **mozgásba ~** come* into motion; **támadásba ~** charge, start attack, be* roused to attack
lendület *fn* **1.** *[cselekvésre]* impetus, drive, impulse; **~be jön** gather/gain momentum, be* getting under way, get* going, get* into gear, *[vm szellemi munkánál]* get* into one's stride; **~et ad vmnek** give* sg momentum, give* sg a stimulus; **~et vesz** *[pl. sportoló]* run* up **2.** *[emberben]* energy, drive, vigour (*US* -or), dash, élan **3.** *[fejlődésé]* rate (of progress), pace **4.** *[szónoki]* dynamism
lendületes *mn ált* energetic, vigorous, lively, dynamic, *[ember]* brisk, dynamic
lenéz *i* **1.** *[fentről vkre]* look down at/on sy **2.** *pej* (*vkt*) look down on sy, despise/disdain/scorn sy, *kif biz* look down one's nose at sy **3.** → **lemegy**
lenézés *fn* contempt, disdain, scorn
leng *i* **1.** *[műszer mutatója, inga]* swing*, oscillate **2.** *[zászló]* fly*, flutter
lenge *mn* very light, ethereal, *[ruha]* light (and loose), skimpy [dress]
lengés *fn* **1.** *[műszer mutatójáé]* oscillation; **inga ~e** swing of the pendulum **2.** *sp [tornában]* swinging
lengéscsillapító *fn* shock absorber
lenget *i* **1.** *[karját]* swing* **2.** *[zászlót, kalapot]* wave, flourish, *[zsebkendőt]* wave, flutter **3.** *[szél ágakat]* sway

lengő *mn [mozgás]* swinging [movement, motion], *[zászló]* waving, flowing, flying [colours]
lengőajtó *fn* swing(ing) door
lengőállvány *fn* cradle
lengőmozgás *fn* swinging (motion), *[ingáé]* pendular motion
lengőtengely *fn* swinging axle
lengyel I. *mn* Polish **II.** *fn* **1.** *[ember]* Pole **2.** *[nyelv]* Polish
Lengyelország *földr* Poland
lengyelországi *mn* Polish, of Poland *ut*
lengyelül *hsz* **beszél/tud ~** speak* Polish; **~ mond vmt** say sg in Polish; **~ van** *[szövegről]* it's (written) in Polish
lenhaj *fn* flaxen hair
lenmag *fn* linseed, flaxseed
lenn *hsz* (down) below, down, *[a földszinten]* downstairs; **~ van** (i) *[a földön]* be* down, be* lying on the ground, be* down below (ii) *[vidéken, a Balatonnál stb.]* be* (down) by/at
lenne *i* → **lesz**
lenni *i* to be; **mi akar ~?** what is (s)he going to be?, what does (s)he want to do?; **mérnök akar ~** (s)he wants to be an engineer; → **lesz**, → **van**
lenolaj *fn* linseed oil
lenövés *fn orv* adhesion
lenszőke *mn* flaxen(-haired)
lent *hsz* → **lenn**
lenti *mn* **1.** *[hely]* lower, (sg) below, *[lakó]* (sy) downstairs **2.** *[lejjebb említett]* mentioned below *ut*
lenulláz *i el* zero (*alakjai:* -oes, -oed, -oing)
lenvászon *fn* linen
lény *fn* **1.** (living) being, individual, person **2. vknek a ~e** sy's nature/temper/character
lényeg *fn* essence, substance, *[beszédé, írásműé]* meat; **a ~ az, hogy** ... the (main) point/thing is that/to; **ez (itt) a ~** that's the point; **a ~** *(vmé)* the bottom line; **a dolog ~e az, hogy** the essence of the question/problem/matter is that; basically ..., the root of the matter is that, [it all v. the wole matter] boils down to this ...; **~ében** in essence, essentially, basically, fundamentally; **hozzátartozik a dolog ~éhez** it is the very essence of the thing, it is an integral part of it; **ez nem tartozik a ~hez, ez nem érinti a ~et** that's beside the point/mark, that's not the point; **ez nem változtat a ~en** that makes no difference; **a dolog ~ére tapint (rá)** get* at/to the heart of the matter, put* one's finger on it; **a ~re tér** get*/come* to the point; *biz* get* down to brass tacks; **csak a ~et mondd el / szorítkozz a ~re** stick/keep to the essentials, just give the gist of it
lényegbevágó *mn* vital, all-important, of primary/prime/vital importance *ut*; **~ különbség** fundamental/essential difference
lényeges I. *mn* substantial, essential, *[alapvető]* fundamental, *[fontos]* important; **ez nem ~** it is not of primary importance, it is not important/essential **II.** *fn* **a ~re szorítkozik** stick* to the relevant facts, stick* to the essentials
lényegesség *fn* **~ szintje** materiality level/limit/threshold
lényegileg *hsz* essentially, basically, substantially
lényegtelen *mn* unimportant, of no importance *ut*, *[nem tartozik a lényeghez]* be* beside the point/mark; **vmt ~nek tekint** make* light of sg
lenyel *i átv is* **1.** swallow, *[egyszerre]* gulp (down), swallow (sg) at a mouthful; **~i a békát** bite* the bullet, swallow the bitter pill; **~i a sértést** swallow/pocket the insult, take* an/the insult lying down; **azt nem nyeli le** (s)he can't stomach it **2.** *[elhallgat vmt]* hold* one's tongue, bite* one's words back
lenyes *i* cut* off (sg from sg), lop off
lenyír *i* **1.** *[hajat]* cut* (off), *[rövidre]* crop, trim, *[birkát]* shear* [a/the sheep], shear* off [the sheep's wool]; **tövig ~t** close-cut/cropped **2.** *[füvet]* mow*
lenyom *i* **1.** *[ált. vmt]* press down, depress, *[súlyával]* weigh(t)down, *[vkt erővel]* hold*/get*/force (sy) down, *[víz alá]* duck, submerge; **~ja a kilincset** turn the handle/doorknob **2.** *[árakat]* force [prices] down **3.** *biz [munkát]* (manage to) get* sg done
lenyomat *fn* **1.** *[vm nyoma]* mark, print, impression **2.** *nyomd* **(új) ~** impression, reprint, printing; **2. kiadás 1960, 3. ~ 1961** second edition 1960, third impression 1961
lenyomoz *i [ügyet]* investigate (sg), inquire into (sg); *[vk személyét]* track (sy/sg) down, screen sy, vet sy, *US* check sy out
lenyugsz|ik *i* **1.** *[égitest]* set*, go* down **2.** *[nyugovóra tér]* go* to bed **3.** → **megnyugszik 1**
lenyújt *i* (*vhova*) reach down
lenyúl *i* **1.** (*vmért*) reach down (for sg) **2.** *szl [pénzt]* touch sy for [a sum], *US* shake* sy down for [money]; *[egyebet]* rip sg off (v. rip off sg)
lenyúl|ik *i* stretch, reach (down)
lenyúz *i [bőrt]* strip/pull off [skin]
lenyűgöz *i* fascinate, captivate, hold* sy spellbound, *biz* knock sy out
lenyűgöző *mn* fascinating, captivating; **~ látvány** entrancing sight/spectacle
leokád *i* (*vmt*) vomit (up)on
leold *i [csatot, övet]* unfasten, loosen and take* off
leolt *i [villanyt]* switch off, turn out [the light]
leolvas *i* **1.** *[műszert]* read*; **gázórát ~** read* the gas meter **2.** *[vmt vknek az arcáról]* see*/read* sg in sy's eyes **3.** *[pénzt]* count out
leolvasó *mn* **~ ceruza** light pen
leolvaszt *i [hűtőszekrényt]* defrost; **~ó automata** defroster
leolvasztás *fn [hűtőszekrényé]* defrost
leoml|ik *i* **1.** *[fal]* fall* in, collapse, *[vakolat]* fall* (off), *[part]* cave in **2.** *[haj]* fall* (over), cascade
leopárd *fn* leopard
leoperál *i* (*vmt*) remove (sg) by an operation
leöblít *i* **1.** *[edényeket stb.]* rinse **2.** *[vécét]* flush [the toilet] **3.** *biz* **~i a vacsorát** wash [one's dinner] down with [some wine etc.]
leöl *i* kill, *[disznót így is]* stick*
leönt *i* **1.** *[abroszt]* spill* sg [on the tablecloth]; **~ vkt vízzel** spill* water on sy, throw* water over sy **2.** *[fölösleget]* pour off
lép[1] *i* **1.** (*vk ált*) step, *[egyet]* take* a step; **vmre ~** step/tread* on sg; **kettőt ~ előre** take* two steps forward; **aprókat ~** (i) *[felnőtt]* take* mincing steps (ii) *[gyerek]* toddle; **egyszerre ~** keep* in step; **lábára ~ vknek** tread* on sy's foot°/toes; **nagyokat ~** stride* (along) **2.** *[sakkban]* move [a piece], make* a move [with a piece]; **ki ~?** whose move is it? **3. a kormánynak most már ~nie kell** the government should resolve to ...; **neki kell ~ni** the ball is in his court **4.** *[kifejezésekben]* **huszadik évébe ~** turn twenty; **házasságra ~ vkvel** marry sy, be*/get* married to sy; → **egyezség**, → **érintkezés**, → **nyom**[2], → **szövetség**, → **trón**
lép[2] *fn [szerv]* spleen
lép[3] *fn [méhé]* honeycomb
lép[4] *fn [madárlép]* bird-lime; **~re csal** take* in sy v. take* sy in, ensnare; **~re megy** be* caught in a/the trap, be* taken in
lepaktál *i pej* enter into a (secret v. an illicit) pact (with sy), *[ellenséggel]* be* in league with [the enemy]
leparkol *i* park [one's/the car]
lepárlás *fn* distillation
lepárlókészülék *fn* distilling apparatus, still
lepárol *i* distil (*US* distill)
lepasszol *i* pass
lepattan *i* **1.** *[gomb]* fall*/fly* off **2.** *[golyó]* glance off/aside, *[labda]* rebound
lepattanó *mn/fn sp* **~ labdát** (v. **~t) megszerez** catch* a ball on the rebound
lepattogz|ik *i* **1.** *[egy darabka]* crack/chip off **2.** *[festék]* crack, chip/flake off

L

lépcső *fn* **1.** *[sor]* stairs *tsz*, stair, *[lépcsőfok]* step, stair, *[autóbuszé]* platform, *[vasúti kocsié]* steps *tsz*; **hátsó ~** backstairs *tsz*; **vigyázat, ~!** mind the step!; **felmegy a ~n** go* upstairs, climb the stairs; **lemegy a ~n** go* downstairs **2.** *[rakétáé]* stage
lépcsőfok *fn* step, stair
lépcsőforduló *fn* landing
lépcsőház *fn* staircase, stairway
lépcsőkorlát *fn* banisters *tsz*
lépcsős *mn* **1. ~ út/feljáró** steps/stairs *tsz* up to swhere **2. három~ rakéta** 3-stage rocket **3.** *kat* **~en** in echelon
lépcsősor *fn* flight of stairs, stairs *tsz*, steps *tsz*
lépcsőzetes *mn* **1.** *konkr* stepped, terraced **2.** *átv* gradual, step by step, staggered; **~ munkakezdés** stagger(ed working) hours *tsz*, *GB* flexitime **3.** *kat* echeloned
lepecsétel *i* **1.** *[hiv. iratot]* stamp (sg), seal (sg), *[postabélyeget]* cancel (*US* -l), postmark **2.** *[levelet stb. pecsétviasszal]* seal (up) **3.** *[hatóság lakást stb.]* seal up
lepedék *fn orv* fur
lepedékes *mn orv* furred [tongue]
lepedő *fn* **1.** *[ágyon]* sheet **2. ráhúzzák vkre a vizes ~t** make* sy the scapegoat (v. whipping-boy), be hauled/raked over the coals **3.** *szl [ezres]* grand
lépeget *i* **1.** *[gyorsan]* trot **2.** *[kimérten]* pace **3.** *[kényelmesen]* amble (along)
lepel *fn* veil; *átv* **lehullt a ~** the truth/secret is out; **vmnek a leple alatt** under cover of sg; **lerántja a leplet vkről** → **leleplez**
lepenget *i szl* cough up, fork out
lepénzel *i* bribe (sy), *biz kif* grease/oil sy's palm
lepény *fn* flan, *[töltött]* pie
lepereg *i* **1.** *[homok]* run* down **2.** *[könny]* run*/trickle down **3.** *[idő]* elapse, pass, go*/slip by **4. ~ róla** *[hatástalanul] kif* it's like water off a duck's back (to him/her)
leperget *i [filmet]* show*
leperkál *i* cough up, fork out
leperzsel *i* scorch
lépes *mn* **~ méz** honey in the comb
lépés *fn* **1.** *[egy]* (foot)step, *[járásmód]* step, tread, walk(ing pace), amble; **~ indulj!** march!; **~ben** at walking pace (v. footpace); *[autóval]* dead slow, at a very slow pace; **~ben megy** *[lóval]* ride* at walking pace, ride* at an amble, amble; *[autóval]* go* dead slow (v. at a very low pace); **így jött ki a ~** that's how it/things worked out; **ha kijön a ~** if things work out, if (it) all goes according to plan; **nem jött ki a ~** it just didn't work out; **az első ~** *[kezdete vmnek]* the first step/move; **~ről ~re** step by step, gradually, a step at a time; **~t tart vkvel/vmvel** *átv is* keep* pace/up with sy/sg, *átv* keep* in touch (with sg); **~t tart a korral** keep* abreast of the times **2.** *[távolság]* step, pace; **20 ~(nyi)re vmtől** twenty paces from sg; **csak egy ~ ide** it's only a few steps away; **megtartja a három ~ távolságot** keep* sy at arm's length **3.** *[sakk]* move; **kié a következő ~?** whose move is it? **4.** *[intézkedés]* step(s), measures *tsz*; **~eket tesz** *[vmnek az érdekében]* take* steps (to do sg), take* measures *[vm ellen]* against sg; **megtettem a szükséges ~eket** I took the necessary steps
lépéselőny *fn* **~ben van vkvel szemben** be* one step ahead (of sy), be* one up on sy
lépéshiba *fn sp [kosárlabdában]* travelling
lépéskényszer *fn* **~ben vagyunk** we are forced to move
lépfene *fn* anthrax, splenic fever
lepihen *i* have* a rest, lie* down
lepipál *i biz* (*vkt*) beat* sy hollow, *kif* run* rings round sy
lepisszeg *i [színészt, szónokot]* hiss/boo (off)
lepke *fn* butterfly, *[éjjeli]* moth; *áll* **~k** Lepidoptera
lépked *i [kimérten]* pace, *[kényelmesen]* amble (along)
lepkegyűjtő *fn* butterfly collector, lepidopterist
lepkeháló *fn* butterfly-net
leplez *i* **1.** *[érzelmeket, szándékot]* conceal, hide*, disguise; **nem tudta ~ni nevetését** she couldn't hide her amusement (v. couldn't help laughing); **nem tudta ~ni csalódottságát** (s)he couldn't disguise her/his disappointment **2.** *kat* camouflage
leplezés *fn* disguising; **vm ~éül** as a disguise, as a cloak for sg
leplezetlen *mn* open, plain, unconcealed, undisguised; **~ igazság** the unvarnished/naked truth; **~ örömmel** with undisguised pleasure; **~ káröröm** undisguised/unconcealed schadenfreude
leplezetlenül *hsz* openly, frankly, outright
leplombál *i* seal
lepocskondiáz *i* (*vkt*) run* (sy) down; **~zák egymást** they are* slinging mud at each other
lepontoz *i [igazságtalanul]* mark sy down
leporelló *fn [könyvben]* gatefold, foldout
leporol *i* dust (off), *[felfrissít pl. ismeretet, nyelvtudást]* brush up
lepotyog *i* fall*/drop down one by one
lepottyan *i* drop/fall*/tumble (from)
lepra *mn/fn* **1.** *[betegség]* leprosy **2.** *szl [jelzőként]* stinking
leprás I. *mn* leprous **II.** *fn* leper
leprésel *i [virágot]* press
lepriorál *i* check up on (sy), vet sy
léptek *fn tsz* (foot)steps, tread *esz*; **lépteit vk felé irányítja** direct one's steps towards sy; **meglassítja lépteit** slacken one's pace; **lassú ~kel** with slow steps; **hatalmas ~kel halad előre (az ügy)** sg is making good progress, sg is progressing by leaps and bounds, great/tremendous strides have been made [in the field of ...]
lépték *fn* scale; **a ~: 1:20 000** a scale of 1:20,000
léptékes *mn* **~ vonalzó** scale rule
lépten-nyomon *hsz* at every step/turn/moment
lepuffant *i biz* shoot* (down), pot
lepuskáz *i okt* crib [exercise]
lepusztít *i* lay* waste
lepusztult *mn* run down, crummy; **~ állapotban van** be* run-down
leradíroz *i átv is* erase, *[megsemmisít]* wipe (sg/sy) out
lerág *i* gnaw off/away; **~ott csontok** gnawed bones
leragad *i* **1.** *[odaragad]* stick* **2.** *[sárba]* get* stuck (v. bogged down) **3. már majd ~ a szeme** one's eyes are heavy with sleep
leragaszt *i* stick* (down), *[levelet]* seal
lerajzol *i* draw*, sketch
lerak *i* **1.** *[letesz, lehelyez]* put*/set*/lay* down, deposit; *[terhet kocsiról]* unload **2.** *[iratokat]* file; **~va** on file **3.** *[folyó üledéket]* deposit, lay* down **4.** *[tojásokat, petéket]* lay* [eggs] **5. ~ja vmnek az alapjait** lay* the foundations of sg **6.** *biz* **vizsgát ~** pass (v. get* through) an examination
lerakat *fn* depot, store, warehouse
lerakodás *fn [kocsiról]* unloading
lerakódás *fn* **1.** *[folyamata]* deposition, depositing **2.** *[eredménye]* deposit, *[üledék]* sediment
lerakod|ik *i [kocsiról]* unload
lerakód|ik *i [üledék]* settle, be* deposited, form a deposit
lerakóhely *fn* unloading place/area, *körny* dumping/disposal ground/site, *[feltöltésre]* landfill
lerándul *i* **1.** (*vhová*) make* an excursion to, make*/take* a trip to **2.** *sp* sprain one's leg/foot
leránt *i* **1.** (*vmt/vkt*) (*vhonnan/vmről*) pull/tear*/strip off (violently), whip off **2.** *biz [megkritizál]* run* (sy) down, tear* sy off a strip
leráz *i* **1.** *[gyümölcsöt]* shake* down **2.** *[igát]* shake* off [yoke] **3.** *[magáról vkt]* shake*/brush sy off, get* rid of sy; **nem lehet ~ni ezt az embert** one/you can't get rid of him; **nem hagyja magát ~ni** he will not take "no" for an answer **4.** *[gondot, felelősséget]* brush (sg) off
lereagál *i* abreact (sg), react (to sg)
lerendez *i biz [ügyet, problémát]* sort out, see* to sg, *[adósságot, vitás kérdést]* settle
lerészeged|ik *i* get* drunk/intoxicated

erészegít *i* make*/get* sy drunk, intoxicate
ereszel *i* file (down/off)
erí *i* ~ **róla (v. az arcáról) a butaság** stupidity is written on (v. all over) his face; ~ **róla a szegénység** cry poverty
eró *i [illetéket, tartozást]* discharge, pay* off, settle, *[kötelezettséget]* fulfil (*US* -fill), discharge; **azzal rója le háláját, hogy** ... show* (v. give* proof of) one's gratitude (by doing sg); **~ja tiszteletét/kegyeletét vk iránt** pay* a tribute to sy
erobban *i biz* **1.** *[autó stb.]* conk out, break* down, have* a breakdown, stall; **~t a kocsink** our car (v. we) had a breakdown [on the motorway], the car broke down [on the way to the airport], the car has conked out **2.** (*vk*) **~(t)** (i) *[egészségileg]* be* (thoroughly) run down, crack up (ii) *[anyagilag]* get* cleaned out, go* bust
erobbant *mn* → **lepusztult**
erogy *i* **1.** *[székbe]* sink*/drop (*into a chair*) **2.** *[ájultan]* (faint and) sink* to the ground, collapse
erohad *i szl* → **lerobban 1**
erohan *i* **1.** (*vk vhová*) run*/rush (down), *[lépcsőn]* run*/rush downstairs **2.** (*vkt*) rush at sy, crush sy, *[váratlanul]* storm sy **3.** *[országot ellenség]* overrun* [a country]
erombol *i* **1.** *[épületet]* pull down, demolish; **földig ~** raze sg to the ground **2.** *átv* destroy, ruin
eroml|ik *i* **1.** *[minőség]* deteriorate **2.** *[értékben]* fall* (in value), depreciate **3.** **~ott** (i) *[vk egészségileg]* be* in poor/weak health, be* in poor shape (ii) *[strapában]* be* run down, be* worn out
erongyolód|ik *i [ember]* go*/run* to seed
erongyolódott *mn* be on one's uppers, be* out at the elbows, be* down at heel
eront *i* **1.** (*vhonnan*) rush down **2.** *[eredményt, hatást]* destroy, wipe out
eroskad *i* → **lerogy 1**
erögzít *i* **1.** *[tárgyat]* fix/fasten sg to sg **2.** *átv* fix, settle, establish
erövidít *i [szöveget]* cut*, abridge, shorten
eruccan *i biz* (*vhová*) take* a trip/jaunt to
erúg *i* **1.** *[cipőt]* kick off **2.** *[labdarúgót]* hack sy's shins, foul; **~ták** he was* fouled
es I. *i* (*vkt/vmt*) watch/eye sy/sg, (*vkre/vmre*) watch (out) for sy/sg, *[rossz szándékkal]* lie* in wait for sy; **~i az alkalmat** watch for one's opportunity; **azt bizony ~heti!** he is not likely to get it, he can sing/whistle for it **II.** *fn* **1.** *ált és kat* ambush; **~ben áll** (*vmre, vkre*) be*/lie in ambush/wait (for) **2.** *sp* **~!** offside!; **~en van** be* offside, be* in an offside position; **Brown legalább 10 m-es ~en volt** Brown was at least ten metres offside; **nincs ~en** be* onside
lesállás *fn* **1.** → **leshelyzet 2.** → **leshely**
lesántikál *i* hobble down
lesántul *i* become*/get* lame, get* a limp
lesegít *i* **1.** *[vkt járműről stb.]* help (sy) down, help (sy) get off **2.** **~i vkről a kabátot** help sy off with his coat
leselked|ik *i* **1.** (*vkre*) be* on the watch/lookout for sy, look out for sy, lie* in wait for sy, (*vk után*) spy (up)on sy **2.** **vm veszély ~ik vkre** there is danger ahead for sy, sy is endangered by sg
lesérül *i sp* be* injured, *biz* be* out of commission
lesgól *fn* off-side goal
leshely *fn* **1.** *ált* cover, hiding/lurking-place, *főleg: US* hideaway, *[vadászé]* hide **2.** *kat* ambush
leshelyzet *fn sp* offside
lesifotós *fn* paparazzo (*tsz* paparazzi)
lesikál *i* → **lesúrol**
lesiklás *fn sp [sí]* downhill
lesikl|ik *i* **1.** *ált* slide* down, *[repülőgép]* glide (down), *[sível]* go*/race/run*/ski downhill **2.** *[vmről hirtelen]* slip off (sg)
lesiklópálya *fn* downhill course
lesimít *i ált* smooth/level/press down, make* (sg) smooth/level/even, *[hajat]* slick down
lesimul *i* become* smooth/level/even

lesipuskás *fn biz* **1.** → **orvvadász 2.** *átv* sniper; **~ fotóriporter** paparazzo, freelance journalist
lesír *i* **1.** *[kijár, elintéz]* wangle, manage to have sg waived **2.** **~ az arcáról** → **lerí**
leskelőd|ik *i* → **leselkedik**
leskiccel *i* sketch (sg out)
Lesotho *földr* Lesotho
lesothoi *fn* Sotho (*tsz* ua. v. -thos)
lesoványod|ik *i* grow* thin, lose* weight; **~ott arc** thin/haggard face, hollow cheeks *tsz*; **le van soványodva** look thin
lesóz *i [besóz, tartósít]* salt
lesöpör *i* **1.** *[járdát]* sweep*, (*vmt vmről*) sweep*/brush (sg) off/away/down; **lesöpri az asztalról a morzsákat** brush the crumbs off the table **2.** *átv [érveket]* knock down, *[érvekkel vkt]* argue (sy) down, brush (sy) off, give* (sy) the brush-off, *[ellenfelet]* knock sy into a cocked hat, wipe the floor with sy
lespriccel *i* (*vmvel*) sprinkle [water etc.] on sg, sprinkle sg with sg, splash sg over sy
lesrófol *i* **1.** → **lecsavar 1 2.** *[csavarral megerősít]* screw down **3.** *biz [árat]* beat* down
lestrapál *i* **1.** (*vkt*) overwork, tire/wear* (sy) out; **~ja magát** overwork, get* run down; **le van strapálva** be*/feel* run down **2.** *[ruhaneműt]* wear* out
lesújt *i* **1.** *[villám]* → **lecsap 2 2.** *[vkt ököllel]* knock/strike* down **3.** *[vkre törvény]* come* down on sy, *[pl. bűnözőkre]* clamp down on **4.** **(mélyen) ~otta a (szomorú) hír** (s)he was stunned by the (sad) news, (s)he felt much/deeply afflicted at/by the news; → **megrendít**
lesújtó *mn [hír]* stunning, appalling; **~ pillantás** withering look, look of scorn; **~ vélemény** damning opinion; **vkre nézve ~** disastrous for sy *ut*
lesúrol *i* scour, scrub (sg) down/clean, clean (sg)
lesül *i* **1.** *[ember]* get* sunburnt/tanned; **jól/szépen le van sülve** look/be* (sun)tanned, have* a nice tan **2.** *[hús]* be*/get* burnt **3.** *átv* **hogy nem sül le a bőr a képéről!** he has the cheek to [do sg]/what a cheek!
lesülés *fn* suntan, *[fájdalmas]* sunburn
lesüllyed *i* **1.** *konkr* sink* (down), dip **2.** *[erkölcsileg]* degenerate, come* down
lesüllyeszt *i* sink* (down), lower
lesüt *i* **1.** *[húst]* roast, brown **2.** **~i a szemét** stare at the ground; **~ött szemmel** with downcast eyes
lesz *i* **1.** *[történni fog]* will be; **~, ami ~!** come what may; *kif* in for a penny, in for a pound; **ez jó ~?** *[boltban]* will that (one) do?; **ennyi elég is ~!** that'll do!; **mi ~?** what next?; **mi ~ veled?** what about you?, what will you do?; **mi ~ velünk?** what will become of us?, what is to become of us?, what are we to do?; **félek, hogy beteg ~** I'm afraid he is going to be ill; **~/lenne olyan szíves** ... would you (please) ..., would you kindly ...; **jó ~ sietni** we'd better hurry (up); **ott ~ (az)!** *[ott kell lennie]* it/he must be there; **ott ~ünk** we'll be there, we shall/will come (along); **rajta ~ek, hogy** I'll do my best to, I'll see (to it)that [sg is done]; **semmi sem lett belőle** it's all come to nothing, nothing came of it; **hová lett a tollam?** where has my pen got to? **2.** (*vmvé*) become* (sg), make* [a good husband/doctor etc.], (*vmlyenné*) become*, get*, grow*; **sohase ~ belőle író** he'll never make an author; **mi lett belőle?** what has become of him?; **tanár lett belőle** he became a teacher, he took up teaching; **profi lett** he turned pro(fessional); **jóképű fiatalember lett belőle** he has grown into a good-looking young man° **3.** *[birtokába jut]* come* by, obtain, get*; **lakása lett** (s)he's got (*US* gotten) a flat; **ha ~ időm** if I have time; → **legyen**
leszakad *i* **1.** *[gomb]* come* off; **majd ~ a lábam** I'm too tired to stand **2.** *[építmény]* give* way, fall* in, collapse **3.** *biz [hátramarad]* drop behind/back
leszakít *i* **1.** tear* down, (*vmt vmről*) tear* (sg from/off sg), *[virágot]* pluck, pick [flower] **2.** *szl [pénzt]* rake in/off, *[rendszeres jövedelemként]* pull down/in

leszalad *i* **1.** (*vk vhová*) run* down, *[lépcsőn]* run* downstairs; **~ok veled az állomásra** *[kocsin]* I'll run you down to the station **2. ~ egy szem a harisnyáján** she has laddered her stocking

leszáll *i* **1.** *[madár ágra]* settle, perch [on a twig], (a)light **2.** *[repülőgép]* land, touch down, *[űrhajó vízre]* splash down, *[szárazföldre]* touch down, land; **hol szállunk le útközben?** where do we touch down? **3.** *[mélybe]* descend, go* down **4.** *[vm fentről]* fall* (down), drop, come* down **5.** *[járműről]* get* off [the bus/train], alight [from the bus/train], *[lóról]* dismount from [a horse] **6.** *átv biz* (*vkről*) *[nem molesztálja tovább]* get*/keep* out of sy's hair; **nem száll le vkről** keep* on at sy; **napok óta nem száll le rólam** he's been on my back for days; **szállj le rólam!** *szl* get off my back(, will you)! **7.** *[köd]* descend, fall*, come* down; **~ az éjszaka** night is falling, night is setting/closing in **8.** *[ár]* go*/come* down, fall*, drop **9.** → **leülepedik**, → **ló**

leszállás *fn* **1.** *[járműről]* getting off, alighting, *[lóról]* dismounting **2.** *[repülőgépé]* landing; **~ nélkül teszi meg az utat** *[repülőgép]* make* a non-stop flight; **repülőgépet ~ra kényszerít** force an aeroplane (*US* airplane) to land **3.** *[mélybe]* descent

leszállási *mn* **~ engedély** permission to land; *[okmány]* landing permit

leszállít *i* **1.** (*vkt vhonnan*) make*/order/force (sy) to get down/off **2.** *[árakat]* reduce, lower, cut*, mark down, knock off, *[fizetést]* reduce, cut* [sy's salary], *[színvonalat]* level (*US* -l) down, *[igényeket]* lower [one's pretensions], *kif* tighten one's belt **3.** *[házhoz szállít]* deliver; → **ló**

leszállított *mn* **1. ~ ár** reduced price; *[vásáron, alkalmi]* sale/bargain price; **~ áron** at a reduced price; **~ árú** cut-price, *US* cut-rate; **~ helyárak** (seats at) reduced prices **2.** *[házhoz szállított]* delivered

leszálló I. *mn* descending, downward **II.** *fn [utas]* passenger getting off

leszállóhely *fn* **1.** *rep* landing ground **2.** *[autóbuszról stb.]* this is where to get off, terminus

leszállópálya *fn rep* landing strip, runway

leszámít *i* **1.** *[összegből]* take* off, deduct **2. ha ezt ~juk** if we leave this out of consideration/account, that apart; **mogorvaságát ~va rendes ember** apart from his gruffness he is a decent fellow (*US* guy)

leszámítás *fn* reduction, deduction

leszámítol *i* discount

leszámol *i* **1.** *[elszámol]* settle up, settle/balance one's account, *biz [nem tartozik vknek]* be* quits with sy **2.** *[pénzt asztalra]* count out **3.** *átv* (*vkvel*) get* even/square with sy, settle accounts with sy; **~ vkvel régi sérelmekért** pay* off old scores

leszámolás *fn* **1.** *[elszámolás]* settling, settlement [of account], *US* pay-off **2.** *átv* settling (off) the score, *biz* showdown

leszámolásos *mn* **~ bűncselekmény** vendetta; **~ gyilkosság/merénylet** gangland killing

leszárad *i növ* wither and fall* (off)

leszárít *i* wipe (sg) dry; **~ja magát** *[törülközővel]* wipe oneself dry [with a towel], rub oneself down

leszármazás *fn* descent, lineage; **egyenes ági ~** lineal descent

leszármaz|ik *i* (*vktől*) be* descended from, be* a/the scion of

leszármazott *fn* descendant; **vk ~jai** sy's progeny/descendants

leszavaz *i* **1.** *[szavazatát leadja]* vote (*mellett*: for; *ellen*: against) **2.** *[indítványt]* vote/turn down, *[kormányt]* outvote, defeat, *[törvényjavaslatot]* throw* out [a bill]; **~ták** be* voted down, be* defeated

leszázalékol *i* pension sy off, invalid sy out

leszázalékolt *mn* be* on a disability allowance/pension

leszed *i* **1.** *[virágot]* pick, pluck, *[gyümölcsöt]* pick, *[termést, pl. almát]* harvest **2.** (*vmt vmről*) take*/pick sg off sg, remove sg (from sg); **~i az asztalt** clear the tabl **3. ~i a tej fölét** skim (off) the cream from the milk; **~ vmnek a javát** *átv* skim the cream off sg **4.** *[egyenként lelő* pick off, *[repülőgépet]* bring* down **5.** *[áramot]* collect/ta [the current] → **levesz**

leszeg *i* **1.** *[levág pl. kenyeret]* cut* /slice off **2.** *[feje lehajt]* hang* down one's head

leszegez *i [ládát]* nail down; → **leszögez**

leszel *i [levág]* slice/cut* off

leszerel *i* **1.** (*vmt vmről*) strip (sg off sg), take* dowr *[gépet vmről, alkatrészt gépről]* take* off/down, remov **2.** *kat* demobilize, *GB biz* demob; **~ik** be* demobilized; **~ katona** demobilized soldier, ex-service man°; *csak U* veteran **3.** *átv biz* (*vkt*) get* round sy, disarm sy **4.** *s [támadást]* check, stop, *[játékost]* tackle

leszerelés *fn kat* disarmament, arms reduction; **nukleári ~** nuclear disarmament

leszerelési *mn* **~ bizottság** disarmament commission; **~ értekezlet** disarmament conference

leszerepel *i [csúfosan]* be* badly beaten/defeated, *biz* be a washout, lose* face

leszerszámozás *fn* unharnessing

leszerződ|ik *i [munkára]* sign on, take* on [work] *[színházhoz színész]* be* taken on [by a theatre etc.], sig a contract with

leszerződtet *i* engage, employ

leszid *i* give* sy a (good) dressing-down (v. talking-to) tell*/tick sy off, tear* sy off a strip, tear* a strip off sy, *bi* give* sy stick; **~ták őket** they got/took (a lot of) stick (fron sy), they got a tongue-lashing (from sy for sy)

leszigorlatoz|ik *i [vmlyen tárgyból]* pass one's (univer sity) examination(s) in [a subject]

leszíjaz *i* strap down, fasten with straps

leszív *i* **1.** *[füstöt]* inhale **2.** *orv [váladékot]* drain

leszok|ik *i* (*vmről*) give* up sg, *US szl* kick the habit; **~ik a dohányzásról** give* up smoking

leszoktat *i* (*vkt vmről*) get* sy out of the habit of [doin sg], make* (sy) give up sg

leszól *i* **1.** *[fentről]* shout down **2.** (*vkt*) speak* disparag ingly of sy, run/call/pull sy down

leszolgál *i* **~ja az idejét** serve one's time

leszólít *i* (*vkt*) accost sy, *biz [nőt]* make* a pass at

leszór *i* sprinkle sg on sg

leszorít *i* **1.** *[tárgyat]* press/hold*/tie/pin down **2.** (*vk vhonnan*) push/force sy off **3.** *[árat]* bring*/force down

leszorul *i* (*vk vhonnan*) be* pushed/forced off

leszögez *i [tényt]* state, make* it clear, establish, nai down; **~i álláspontját** make* one's point of view (abou sg) unmistakably clear, nail one's colours (*US* -ors) to the mast; *[elvet, szabályt]* lay* down [principle, policy, rule]; **le kell szögeznünk, hogy** ... we must make it absolutel clear that ...; → **leszegez**

lesszabály *fn sp* the offside rule

leszúr *i* **1.** (*vkt*) stab sy (to death) **2.** *[disznót]* stick* [a pig **3.** *[karót]* stick* **4.** *biz* **~ 2000 forintot** shell out (v. stump up v. come* down with) 2000 forints **5.** *biz* rip sy's head off give* sy stick; → **leszid**

leszurkol *i biz* → **leszúr 4**

leszűkít *i* **1.** *ált* narrow down, limit **2.** *fényk* stop down [lens]

leszűr *i* **1.** *[folyadékot]* filter, strain **2. ebből azt a tanulságot szűri le, hogy** ... from this he draws the conclusion that ..., the lesson from this was that ...

leszüretel *i* gather (in) the grapes, harvest grapes (from) vintage

lét *fn* **1.** *[létezés]* existence, (state of) being, life°; **küzdelem a ~ért** struggle for life **2. Lillafüreden ~emkor** during my stay at/in L., while/when (I was) (staying) at/in L. **3. öreg ~ére** old as he is, in spite of his age, though old; **lány ~ére verekszik** although a girl she likes fighting; **kisfiú ~ére túl nagy** he's too tall for a small boy

letáboroz *i* pitch one's tent swhere, pitch (v. set* up) camp swhere

letagad *i* deny [the truth/fact]; **nem lehet ~ni, hogy** ... there is no denying it (v. the fact that) ...

letagadhatatlan *mn* undeniable

letaglóz *i [hír vkt]* be* stunned/shocked (v. badly shaken) by [the news]

letakar *i* cover (over/up), lay* a cover (over sg)

létalap *fn* **1.** *átv* justification, raison d'être **2.** *[anyagi]* financial basis, means *tsz*

letámad *i* → **lerohan**

letapogat *i el* scan

letapogatás *fn el* scanning

letapos *i* tread*/trample/stamp down, tread* (sg) underfoot; **~ott sarok** worn-down heel

letargia *fn* lethargy

letargikus *mn* lethargic

letárgyal *i [kérdést]* discuss, talk sg over, *[végleg]* settle

letarol *i* **1.** *[lepusztít]* devastate, lay* (sg) waste, ravage **2.** *[erdőt]* cut* down **3.** *[hasznot]* pocket

letartóztat *i* arrest, take* (sy) into custody, put* sy under arrest, detain, apprehend (sy), *biz* run* sy in

letartóztatás *fn* arrest, detention; **~ban van** be* under arrest, be* detained; **előzetes ~ban van** be* (detained) on remand, be* in custody, be* in pre-trial detention

letartóztatott *fn* detained person, detainee, person under arrest, person kept in custody

letaszít *i* push/throw* down/off

létbizonytalanság *fn* uncertainty of existence

leteker *i* unroll, uncoil, wind* off

letekered|ik *i* uncoil, unroll

letekint *i* look down, cast* a glance down

letelepedés *fn* settling, settlement

letelepedési *mn* **~ engedély** residence permit, permission to reside

leteleped|ik *i* **1.** *[állandó lakhelyen]* settle (down), take* up residence swhere **2.** *[székbe]* settle (oneself) down [in a chair]

letelepít *i* settle

letel|ik *i* **1.** *[határidő, bérleti idő]* come* to an end, expire **2.** *[idő]* elapse; **~t az idő** time is up; **~t a szabadsága** one's holiday has come to an end (v. is over)

letelte *fn* **~ vmnek** the end/expiration/termination of sg; **vmnek ~vel** on the expiration of sg; **egy hét ~vel** after a week (has elapsed/passed)

letép *i* **1.** *ált* tear*/rip off/away **2.** *[virágot]* pluck, pick **3.** *[szelvényt]* tear* off, detach [the slip]

leteper *i* throw*/pin sy to the ground/floor, floor/overcome* sy

letér *i* **1.** *[útról]* turn off, leave* [a/the road], get* off the track **2.** *átv* **~ a helyes útról** go* wrong, leave* the straight and narrow (path), go* off the rails; **~ az aranyalapról** go*/come* off the gold standard

létérdek *fn* vital interest

letérdel *i* kneel* down, go* down on one's knees

leteremt *i* → **lehord** 2

leterít *i* **1.** *[földre vmt]* spread*/lay* out [sg on the ground/grass/floor], *[kártyáit]* show* [one's hand] **2.** *[letakar vmt vmvel]* cover (sg) with (sg) **3.** *[vadat]* bring* down, kill **4.** (*vkt*) knock/strike* (sy)down, floor sy

letérít *i [vkt útjáról]* take* sy (make* sy go) out of his way, *[nyomról]* throw* sy off the track

létesít *i* institute, establish, set* up; **kapcsolatot ~** establish contact (with sy), enter into relations with sy; **sportpályát ~** lay* out a sports ground

létesítés *fn* instituting, institution, establishing, establishment

létesítmény *fn* **1.** *[szervezet]* establishment, *[intézmény]* institution **2.** *[beruházási]* (construction) project, *[műtárgyak]* constructive works; **nagyobb ~** *[pl. vízlépcsőrendszer]* a major construction project

létesül *i* be* established, be* set up

letesz *i* **1.** (*vmt vhová*) put*/set*/lay* down, *[fegyvert]* lay* down [arms]; **~i a telefont/kagylót** hang* up (v. replace the phone/receiver), *[mielőtt a másik befejezi]* hang* up on sy; **ne tedd le (a kagylót/telefont)!** don't hang up!; **azt mondta, újra hív, és azzal letette (a telefont)** she said she'd call again, and hung up on me; **~i a gépet** *[pilóta]* put*/let* the plane down **2.** *[megőrzésre]* deposit, leave* (sg with sy) **3.** *[ruhát]* take* off **4.** *[járműből vkt]* drop (sy); **hol tegyelek le?** where shall I drop you? **5.** *[vkt hivatalról]* dismiss, remove [sy from office] **6. esküt ~** take*/swear* an oath **7.** *[vizsgát]* pass, get* through [an/the examination] **8.** *[ötletről]* abandon, drop, give* up → **garas**, → **lant**

letét *fn [megőrzésre átadott értéktárgy]* deposit; **~be helyez vmt** deposit sg, leave* sg in safe custody; **~ben van** be* in safe custody (v. safe-keeping), be* deposited

letéteményes *fn* depositary (v. depository), *átv így is* repository

letéti *mn* **~ jegy** bank deposit; **~ számla** deposit account; **~ társaság** deposit company (*röv* **DC**)

létezés *fn* existence, being

létez|ik *i* exist, be* (in existence), subsist; **már nem ~ik** be* no more; **(az) nem ~ik!** it can't be (true)!, it is out of the question!, nonsense!; **nem ~ik!** *[semmilyen körülmények között, semmiképpen sem]* no way!

létező I. *mn* existing, living; **a ~ legjobb** the best ever **II.** *fn* sg that exists, (living) being

létfeltétel *fn* condition of existence/survival, sine qua non

létfenntartás *fn* existence, subsistence, livelihood; **megkeresi a ~hoz szükséges pénzt** earn one's keep, keep* the pot boiling

létfenntartási *mn* **~ költségek** the cost of living *esz*, living expenses; **~ ösztön** instinct of self-preservation; **~ problémák/gondok** cost-of-living problems

létfontosságú *mn* of vital importance *ut*

létforma *fn* mode of existence

létharc *fn* struggle for life/existence; **mindennapos ~** the rat race

létige *fn* the verb "to be"

letilt *i* **1.** *[bankkártyát]* cancel (*US* -l) [a bank card] **2.** *[fizetést]* stop [payment]; **~ották a fizetését** his salary was stopped/withheld **3.** *[vm működést]* prohibit, forbid*

letiltás *fn* **1.** *[bankkártyáé]* cancelling (*US* -l-); *[fizetésé]* stoppage, suspension [of payment]; **fizetési ~** stoppage of payment **2.** *[működésé]* prohibition, banning

letipor *i* **1.** *[lábbal]* tread*/tramp(le) on sg, trample sg underfoot **2.** *átv is* crush

letisztáz *i* make*/write* a fair copy (of sg), copy out

letisztít *i* clean, make* sg clean, (*vmt vmről*) clean sg off sg

létjogosultság *fn* reason for the existence of sg, raison d'être

létkérdés *fn* question/matter of life and death, question of vital importance

létminimum *fn* **1.** *[mint életszínvonal]* subsistence level, the poverty line **2.** *[kereset]* living/subsistence wage, the minimum wage; **csak a ~ot keresi meg** earn a bare living, live out one's life at subsistence level; **~ alatt él** live below the poverty line; **~ alatt élők** minimum-wage earners

letol *i* **1.** (*vmt*) push/shove down; **~ja a nadrágját** drop one's trousers (*US* pants) **2.** *biz* (*vkt*) give* sy a dressing-down, haul (sy) over the coals, tear* sy off a strip, blast off (at sy); **őt tolják le (más helyett)** he has to take the rap (v. carry the can); **jól ~ta a főnöke** his boss tore him off a strip (v. tore a strip off him)

letolás *fn biz* dressing-down, tongue-lashing

letompít *i* **1.** *[éles tárgyat]* blunt, take* the edge off (sg) **2.** *[hangot]* deaden, damp, *[fényt, szint]* subdue, soften, *[fényt autón]* dim/dip the headlights/beam **3.** *átv* tone down, soft-pedal (*US* -l), take* the edge off sg

letorkol *i* jump down sy's throat

letölt *i infor [az internetről]* download; **~hető a honlapról** downloadable from a/the website

L

letör *i* **1.** konkr vmt break* down, *(vmről)* break* off/away; **~öm a derekad!** I'll give you what for!, I'll break your neck! **2.** *[lázadást]* put* down, crush, suppress **3.** *[elcsüggeszt]* discourage, dispirit, depress, bring* sy down; **~te a hír** (s)he was stunned by the news; **le van törve** be* in utter despair

letöredez|ik *i* **1.** *ált* break* and come* off (in fragments/chips), flake off **2.** *[kő]* crumble (away)

letör|ik *i* **1.** *konkr* break* down/off, come* off; **majd ~ik a karom** my arms are* breaking (under the load) **2.** *[elcsügged]* lose* heart/courage, despair, *[kimerül]* break* down; **a rossz hír hallatára teljesen ~t** be* in utter despair (up)on hearing the news, the bad news filled him with despair

letörleszt *i [tartozást]* pay* off

letöröl *i* **1.** *[tárgyat]* wipe (sg) (down/off), wipe (sg) clean, *[porosat]* dust (sg), wipe the dust off sg, *[nedveset]* dry (sg), *[könnyet]* wipe [the tears] away; **töröld le a lábad!** wipe your feet/shoes! **2.** *el [felvételt]* wipe sg (off/from sg)

letörölhetetlen *mn átv is* indelible

letört *mn átv* cut up *ut*, downcast *ut*, in despair *ut*, in low spirits *ut*

létra *fn* ladder; **felmegy a ~n** go* up the ladder, mount the ladder; **támaszd a ~t a falnak** place/put* the ladder against the wall

létrafok *fn* rung [of ladder]

létrehoz *i* **1.** *[intézményt]* bring* into existence, establish, found **2.** *[folyamatot]* bring* about, originate **3.** *[művet]* create, produce, accomplish **4.** *[egyezményt]* conclude, reach [an agreement]

létrejön *i ált* come* into being/existence, *[intézmény, szervezet]* be* established (v. set up), *[esemény]* happen, take* place, come* about; **megállapodás jött létre** an agreement has been reached/concluded; **nem jött létre megegyezés** no agreement was reached; **az üzlet létrejött** the deal has been struck (v. has gone through)

letromfol *i* silence sy, shut* sy up, score off sy

létszám *fn* **1.** number [of people on the staff of an office etc.], staff (numbers), *[résztvevőké]* number of participants; **~ feletti** supernumerary, redundant; → **létszámfeletti**; **teljes ~ban** with nobody missing/absent, at full strength, all present and correct **2.** *kat* strength; **békebeli ~** peace-establishment/footing; **hadi ~** war-footing/strength

létszámcsökkentés *fn* reduction of staff, staff reduction, lay-off, staff/job cut(s)

létszámemelés *fn* raising/increase of strength/numbers, increase in staff (numbers)

létszámfelesleg *fn* redundancy, redundant numbers *tsz*, redundant personnel, supernumeraries

létszámfeletti *mn/fn* redundant labour (*US* -or); **~ek** supernumeraries

létszükséglet *fn* basics/essentials of life *tsz*; **a csokoládé/munka számomra ~** I can't live without chocolate/work, I'm a chocaholic/workaholic

lett[1] *i* → **lesz**

lett[2] **I.** *mn* Latvian, Lettish **II.** *fn* **1.** *[ember]* Latvian, Lett **2.** *[nyelv]* Latvian, Lettish

Lettország *földr* Latvia

letud *i biz* **1.** *[munkát]* get* done with, get* sg over/through (with); **ezt legjobb, ha ~juk!** let's get it over! **2.** *[tartozást]* work off

letűn|ik *i* **1.** *[eltűnik]* disappear, vanish, pass out of sight **2.** **~őben van** *[közéletből]* be* on the way out, be* history

letűr *i* turn/roll down

letűz *i* **1.** *[földbe szúr]* stick*/drive* [a stake] into the ground/earth, pin sg down **2.** *[levarr]* stitch down **3.** *[nap]* beat*/shine* down

leugrás *fn sp [torna]* dimount

leugr|ik *i* **1.** jump down/off **2.** → **leutazik**

leukémia *fn* leukaemia (*US* -kemia)

leukoplaszt *fn* (adhesive) plaster, *GB* elastoplast, *US* bandaid

leutaz|ik *i (vhova)* make* a journey (down) to, take* a trip (down) to

leül *i* **1.** *[székre]* sit* down, take* a seat, *[étkezéshez]* sit* down to eat; **üljön le kérem!** *[udvariasan]* will you sit down please, please take a seat, *US* please be seated; **na üljön le egy kicsit!** do sit down!, won't you sit down?; **majd ~t meglepetésében** (s)he was thunderstruck; **majd ~tem meglepetésemben** *kif* you could have knocked me down with a feather, *biz* I almost fell through the floor (when...) **2.** *[büntetést]* serve one's sentence **3.** *biz [holtpontra jut]* come* to a standstill, grind* to a halt, be* on its knees

leüleped|ik *i [üledék]* sink* to the bottom, settle

leültet *i* **1.** *[székre]* seat, make* (sy) sit down **2.** **~ték** *[börtönbe]* he was put behind bars (v. put away)

leüt *i* **1.** *(vkt)* knock/strike* down; **~ötték és kirabolták** (s)he was mugged **2.** *(vmt)* knock/strike* off **3.** *[hangot zongorán]* strike* [a note] **4.** *sp [labdát]* smash **5.** *biz* **vknek a kezéről ~ vkt** cut* sy out **6.** *[árverésen]* knock sg down

levadász|ik *i* hunt down

levág *i* **1.** *ált* cut* (off), chop off, *[ollóval]* cut* off, *[ollóval egyenletesre]* clip, trim, *[ágat]* lop off, *[hajat]* cut*, crop [sy's hair]; *[szakállat, bajuszt]* shave sg off, *[füvet]* mow; **~ egy szelet kenyeret** cut* off a slice (of bread) **2.** *orv [végtagot]* amputate **3.** *[állatot]* slaughter, butcher, kill **4.** **~ja magát** throw*/fling* oneself down **5.** *biz [művet kritikus]* cut* (sg) to ribbons/shreds; **csúnyán ~ták** was badly cut up **6.** *biz [felületesen megír pl. egy cikket]* knock off; **nagy dumát vág le** give* a long spiel **7.** *szl [vkt vmely összeg erejéig]* sting* sy for ... fts/pounds etc. **8.** *[útrövidítést tesz]* take* a short cut to

levágat *i* have* (sg) cut; **~ja a haját** have* one's hair cut

levágód|ik *i* fall* (to the ground), throw*/fling* oneself to the ground

levakar *i* scrape down/away/off

leválaszt *i* **1.** *ált* detach, separate, sever **2.** *[lakást]* convert (a large flat v. *US* apartment) into two smaller ones

levál|ik *i* **1.** *ált* come*/break* off, separate **2.** *[festés]* peel (off), scale, flake off, *[tapéta]* peel off

levált *i* **1.** *[állásból]* relieve [sy of one's post etc.], replace sy, relieve sy of one's job; **~ották az igazgatót** the director was relieved of his position/post **2.** *[kat őrséget]* relieve

leváltás *fn* **1.** *[állásból]* replacement, *[elbocsátás]* being relieved of one's position/post **2.** *kat* relief

levarr *i* sew* down/up

levasal *i [ruharészt]* iron down, press

levegő *fn* **1.** *konkr* air; **rossz a ~** *[szobában]* it is stuffy in here; **tiszta a ~** *átv* the coast is clear; **~ után kapkod** gasp/pant for breath; **a ~be beszél** (i) *[hiábavalóságokat]* be* talking through one's hat (ii) *[senki sem hallgat rá]* his/her words fall* on stony ground; **~be repül** blow* up, be* blown up; **a ~ben** (up) in the air; **a ~ben lóg** (i) *[hírlik]* it is in the air (ii) *[nem komoly]* it has no foundation; **vm lóg/van a ~ben** there's sg in the air; **a ~ből él** live by one's wits; **a szabad ~n** in the fresh/open air; **~nek néz vkt** look through sy, cut* sy dead; **kimegy a ~re** go* out for a breath of fresh air, go* out into (the) fresh air; **friss ~t szív** have* a breath of fresh air, take* some fresh air; **csak rontja a ~t** *átv* he is a good-for-nothing; **ne rontsd itt a ~t** you had better clear out; **úgy beszél, hogy közben ~t sem vesz** talk the hind legs off a donkey/mule **2.** *átv* atmosphere

levegőellenállás *fn* drag, air resistance

levegő-föld rakéta *fn* air-to-ground rocket/missile

levegőhiány *fn* lack of air

levegő-levegő rakéta *fn* air-to-air rocket/missile

levegőréteg *fn* layer of air, stratum (*tsz* strata) of air

levegős *mn* **1.** airy, breezy **2.** *[tágas]* spacious

levegőszennyezés *fn* air pollution

levegőszűrő *fn* → **légszűrő(betét)**

levegőtlen *mn* airless, *[szoba]* stuffy, close

levegőváltozás *fn* change of air; **~ra van szüksége** he needs a change of air
levegővédelem *fn körny* air protection, protection of air
levegőz|ik *i* take* the air; **kimegy ~ni** go* out for a breather (v. for a breath of fresh air)
levehető *mn* removable, detachable
levél *fn* **1.** *[fán]* leaf°; **leveleit hullatja** lose*/shed* its leaves **2.** *[írott]* letter; **~ megy** letter follows; **~ben** by letter/mail/post; **külön ~ben** under separate cover; **becses levele** *gazd* your letter; **márc. 6-i levelére válaszolva** in reply to your letter of 6 March; **Tokaji úr leveleivel** *[borítékon]* c/o Mr. Tokaji [care of...]; *hiv* **f. hó 10-i levelük** your letter of the 10th inst.; **köszönettel megkaptam június 7-i levelét** thank you very much for your letter of 7 June; *hiv gazd* I am in receipt of your letter of 7 June **3. egy ~ (varró)tű** a book of needles; **egy ~ aszpirin** a strip of aspirin
levélbélyeg *fn* (postage-)stamp
levélbomba *fn* letter-bomb
levélboríték *fn* envelope
leveles *mn* **1.** *[ág]* leafy, leaved, leaf-covered **2. ~ tészta** puff pastry
levelez *i* correspond (with sy); **~nek egymással** they write to each other (regularly)
levelezés *fn* correspondence; **~ útján** by correspondence; **üzleti ~** business correspondence; **~be lép vkvel** start corresponding with sy, begin* to write to sy; **állandó ~ben áll vkvel** be* in constant touch with sy by post/letter
levelezési *mn infor* **~ lista** mailing list
levelező I. *mn* **1. ~ társ** pen friend/pal **2.** *okt* **~ hallgató** correspondence student; **~ oktatás** correspondence course(s), postal tuition; **~ tag** corresponding member; **~ tagozat** correspondence department/school; **~ tanfolyam** correspondence course **II.** *fn* **1.** correspondent; **kereskedelmi ~** correspondence clerk; **külkereskedelmi (idegen nyelvű) ~** foreign correspondence clerk **2.** → **levelező hallgató/tagozat/tanfolyam**
levelezőlap *fn [nyílt]* postcard; **képes ~** picture postcard
levelezőlista *fn infor* mailing list
levelibéka *fn* tree-frog
levélírás *fn* letter-writing, correspondence
levélíró *fn* letter-writer, correspondent
levélkézbesítő *fn* postman°, *[női]* postwoman°, *US* mailman°
levélmérleg *fn* letter-balance
levélnehezék *fn* paper-weight
levélpapír *fn* writing paper, notepaper, stationery
levélposta *fn* mail, letter post, *US* first-class mail; **~i díjszabás** rates of postage *tsz*
levélrügy *fn* leaf-bud
levélszekrény *fn [falon, falban] GB* postbox, letterbox, *US* mailbox, *GB [járdán]* pillar box, *[lakásajtón]* letterbox
levéltár *fn* archives *tsz*; **Állami/Országos L~** State/National Archives, *GB* Public Record Office
levéltárca *fn* wallet, *US* billfold
levéltári *mn* **~ anyag** archives *tsz*, archival material; **~ kutatások** archival research, research in the archives
levéltáros *fn* archivist, keeper of records
levéltávirat *fn* overnight/letter telegram, *US* night letter
levéltetű *fn* plant louse°, aphid, greenfly; **levéltetvek** plant lice, *tud* Aphididae
levéltitok *fn* privacy of letters, secrecy of the mails; **~ megsértése** violation of the secrecy of correspondence
levélváltás *fn* exchange of letters
levélzet *fn* leaves *tsz*, foliage
levendula *fn* lavender
levente *fn elav tört* **1.** knight, champion **2.** *tört* ‹member of a military youth organization in Hungary, 1928-44›
lever *i* **1.** *[vmt földbe]* drive* (sg into the earth) **2.** *[tárgyat véletlenül]* knock down/off; **~i a cigarettája hamuját** knock off the ashes **3.** *sp [akadályt ló]* knock down **4.** *[eső gabonát]* beat* down **5.** *[ellenfelet]* beat*, defeat, *[felkelést]* put* down, suppress **6.** *[kedélyileg]* depress, dispirit, cast* down; **~te a hír** he was cast down (v. depressed) by the news; **a betegség ~te a lábáról** he's been laid low (with sg); → **levesz 2**
leverő *mn [hír]* depressing, crushing; **vkre ~leg hat** have* a depressing effect on sy
levert *mn* depressed, dejected, down in the mouth *ut*; **~nek látszik** he looks blue; **olyan ~ vagyok** I feel blue
levertség *fn* depression, dejection, low spirits *tsz*, *biz* the blues *tsz*
leves *fn* soup; **zacskós ~** packet soup, *[azonnal oldódó]* instant soup; **többe kerül a ~, mint a hús** *kb.* it's not worth the candle; *biz* **beleköp a ~ébe** put a spoke in sy's wheel
leveses *mn* **1.** juicy, succulent **2.** *[szereti a levest]* soup-eater
leveseskanál *fn* table-spoon
levesestál *fn* (soup-)tureen
levesestányér *fn* soup-plate
leveshús *fn* meat for soup
leveskocka *fn* stock/bouillon cube
levestészta *fn* vermicelli, noodles *tsz*
leveszöldség *fn* vegetables/greens [for soup/stock] *tsz*
levesz *i* **1.** *ált* take*/get* down, *(vmről)* take* off, remove (from), *[ruhát, cipőt, kalapot]* take* off; **~ egy könyvet a polcról** take* down a book from the shelf; **~i a kötést** *[sebről]* remove the bandage/dressing; **levett kalappal** hat in hand, bareheaded **2.** *sp [labdát]* bring* down, trap [the ball] **3. ~ vkt a lábáról** (i) *[betegség]* put* sy out of action/circulation (ii) *[megtöri ellenállását]* get* round sy, charm sy off his feet; *US* sweet-talk sy (into doing sg); **~ vmt a napirendről** strike* off the agenda, shelve sg, take* sg off (v. remove from) the agenda; **~ik a darabot a műsorról** the play is being taken off; **terhet ~ vkről** relieve sy of the burden of sg, free sy from sg; **nem tudja levenni a szemét vmről** he cannot take his eyes off sg **4.** → **lefényképez 5. ~i a vért** take* a sample of sy's blood **6.** *[leoperál]* take* off **7. ~i a fényt** dip/dim the headlights/beam
levet *i* **1.** *[ruhadarabot]* take*/get* off **2.** *[ledob]* throw*/hurl/fling* down; **~i magát a díványra** throw* oneself on the sofa; **~i magát a szakadékba** throw* oneself into the abyss, jump (down) into the abyss **3.** *[rossz szokást]* throw* off, break* [the (bad) habit]
levétel *fn* taking down/off, removing
levetet *i (vmt vhonnan)* have* sg taken down/off
levetít *i [filmet]* show*, screen
levetkőz *i* → **levet 3**
levetkőz|ik *i* undress, take* one's clothes off; **egészen ~ik** strip to the skin, strip off; **derékig ~ik** *[pl. orvos előtt]* strip to the waist
levetkőztet *i* undress, strip; **meztelenre ~** strip sy naked (v. to the skin v. *biz* buff)
levezekel *i* expiate, atone for
levezényel *i [pl vizsgákat]* conduct (examinations)
levezet *i* **1.** *(vkt)* lead* (sy) down **2.** *[vizet]* carry away/off **3.** *[indulatot]* vent [one's anger, ill-temper etc.], work off [one's temper], *[fölös energiát]* find* an outlet for [one's energies]; **ez ~te a feszültséget** it cleared the air; **felesleges energiáját ~i** let* off steam **4.** *[ülést]* chair [a meeting, session etc.], *[szülést]* conduct [a delivery], assist [at birth], *[mérkőzést]* referee, umpire **5.** *átv (vmt vmből)* trace (sg) back (to sg), deduce, *[mat. tételt]* deduce, obtain, work out **6.** *[út vhova]* lead* down (to/into)
levezetés *fn* **1.** *[vízé]* carrying off/away, draining **2.** *[ülésé]* chairing, chairmanship, *[szülésé]* assistance, *[mérkőzésé]* refereeing, umpiring **3.** *átv (vmből)* deduction **4.** *mat* demonstration, proof
levezető *mn* **~ elnök** *[ülésen]* chair, XY chairing the meeting
levilágítás *fn nyomd GB* filmsetting, *US* photosetting
levilágító *fn nyomd GB* filmsetter, *US* photosetter
levisz *i* **1.** *(vmt)* carry/take* down **2.** *(vkt)* take* (down) to; **~lek (kocsival) az állomásra** I'll run you (down) to the

L

station; ~ **vkt a Balatonra** take*/drive* sy (down) to Lake Balaton **3.** *[szél]* blow* off; **a bomba levitte a tetőt** the bomb tore/swept away the roof; **a bomba levitte a karját** the bomb ripped off his arm **4.** *[piszkot]* take* out **5.** *[út, lépcső vhová]* lead* down to **6.** *[lázat]* reduce, relieve, alleviate

levitézlett *mn* discredited, come down in the world *ut*; ~ **ember** sy who has had his day, a has-been

levizitel *i* pay* the/an official visit, call on sy (officially)

levizsgáz|ik *i* **1.** pass one's/an examination, get* through one's examination/exam(s) **2.** *átv* **alaposan ~ott!** he's disgraced himself, he's made an exhibition of himself

levizsgáztat *i* examine sy (in sg)

levlap *fn* → **levelezőlap**

levon *i* **1.** *[zászlót, vitorlát]* haul down **2.** *[mennyiségből elvesz]* take* away, subtract, *[pénzösszegből]* deduct, *[engedményként]* discount, *[fizetésből]* deduct, keep* back, *[visszatart]* withhold; **3 %-ot ~** *[árból]* discount 3 per cent, allow a discount of 3%, allow 3 per cent (off); **20 Ft-ot ~ az ár(á)ból** *biz* knock 20 fts off the price; **az adót automatikusan ~ják a bérből** tax will be deducted automatically from the/your wages; **ez nem von le semmit sem az ő érdeméből** that does not detract from his merit; → **konzekvencia**, → **következtetés**, → **levonható**, → **tanulság**

levonás *fn [összegből]* deduction, discount, *[fizetésből]* deduction, sum kept back; **6 % ~ával** less 6%; **fizetés ~ nélkül** net (cash)

levonat *fn nyomd* proof (sheet)

levonható *mn* **adóból ~** tax-deductible [income etc.]

levonókép *fn* transfer(-picture)

levonul *i* **1.** march down, go*/come* down, *[csapat pályáról]* leave* [the field] **2. az ár ~t** the flood has passed/subsided

levő *mn* (*vhol*) being, *[létező]* existing, that exist(s) *ut*; **a birtokomban ~ okmányok** the documents in my possession; **a nálam ~ pénz** (all) the money on me; **jó karban ~ kerékpár** a bicycle in good condition/repair

lexéma *fn nyelv* lexeme, lexical item

lexika *fn nyelv* → **szókészlet**

lexikai *mn nyelv* lexical; ~ **egység** lexical unit/item, lexeme

lexikális *mn nyelv* **1.** *[adatszerű, lexikonba illő]* encyclopaedic (*US* -pedic) **2.** *[a szókészlettel kapcsolatos]* lexical; ~ **jelentés** lexical meaning

lexikalizálódás *fn nyelv* lexicalization

lexikalizálód|ik *i nyelv* be*/become* lexicalized

lexikográfia *fn nyelv* lexicography

lexikográfiai *mn nyelv* lexicographical, lexicographic

lexikográfus *fn nyelv* lexicographer

lexikológia *fn nyelv* lexicology, lexis

lexikológiai *mn nyelv* lexicological

lexikon *fn* **1.** *[ismerettár]* encyclopaedia (*US* -pedia); **ez az ember valóságos ~** he is a walking encyclopaedia (*US* -pedia) **2.** *nyelv [lexikai egységek halmaza]* lexicon

lezajl|ik *i* go*/pass off, take* place, run* its course; **a láznak le kell zajlani** the fever must run its course

lezár *i* **1.** *[kulccsal]* lock (up) **2.** *[levelet]* close, seal **3.** *[számadást, listát]* close [account/list] **4.** *[útvonalat]* close [road to traffic]; **~ták a forgalom elől** [the street/road etc.] has been closed to through traffic **5.** *[vizet, fűtést stb.]* turn off **6.** *[ügyet]* close, settle, *[vitát]* end, finish, conclude; **és ezzel a dolog le van zárva** and that settles it

lezáród|ik *i* **1.** *[fedél stb.]* shut* down **2.** *[ügy]* close, end, terminate, be* concluded

lezárol *i* → **zárol**

lezárolás *fn* → **zárolás**

lezárul *i* → **lezáródik**

lezavar *i biz* **~tunk 200 km-t** we did 200 km

lézeng *i* **1.** *[lődörög]* linger, loiter, hang* around **2.** *[tengődik]* vegetate, drag out (one's existence); **már alig ~** be* on one's last legs

lézer *fn fiz el* laser

lézerbesugárzás *fn fiz* laser (ir)radiation

lézergravírozás *fn [pl. útlevélgyártásban]* laser engraving

lézernyomtató *fn* laser printer

lezúdít *i* **1.** *ált* dump **2.** *[köveket]* hurl down **3.** *[vizet]* pour down

lezúdul *i* **1.** *[eső]* pour, come* down in torrents, *[víztömeg]* rush/cascade down, come* rushing/cascading down **2.** *[lavina]* crash down

lezuhan *i* **1.** *ált* fall*/tumble down, plummet, *[robajjal]* thud/crash down, come* down with a bang **2.** *[repülőgép]* crash **3.** *[ár]* plummet, fall*, drop

lezuhanyoz|ik *i* take*/have* a shower, shower

lezülleszt *i* corrupt, deprave, bring* down

lezüll|ik *i* **1.** (*vk*) come* down in the world, go* to the dogs **2.** (*vm*) go* off, deteriorate

liba *fn* **1.** *áll* goose° **2.** *iron* **buta ~** silly/stupid goose°

libaaprólék *fn* goose-giblets *tsz*

libabőr *fn átv* gooseflesh, goose pimples *tsz*, goose bumps *tsz*; **~ös lesz vmtől** sg gives him/her the creeps (v. goose bumps), sg makes* his/her flesh creep

libamáj *fn* goose-liver

libamájpástétom *fn* pâté de foie gras, *biz* foie gras

libamell *fn* breast of a goose

Libanon *földr* Lebanon

libanoni *mn/fn* Lebanese

libapecsenye *fn* roast goose°

libasorban megy *i* go* in single/Indian file

libasült *fn* roast goose°

libatepertő *fn* goose cracklings *tsz*

libazsír *fn* goose fat/grease/dripping

libeg *i* **1.** *[felfüggesztve]* dangle, hang* loose **2.** *[vm szélben]* flap, flutter, float **3.** *[láng]* flicker, waver

libegő *fn* chair-lift, *[kétüléses]* double chair-lift

liberális *mn* **1.** *[párti]* liberal; ~ **párt** Liberal Party **2.** *átv* broad/open-minded, laissez-faire, *kif* have* an open mind

liberalizáció *fn* **1.** liberalization **2.** *[szabályok eltörlése]* deregulation

liberalizál *i* **1.** liberalize **2.** *[szabályokat eltöröl]* deregulate **3.** *[árat]* liberalize [prices]

liberalizmus *fn* liberalism

Libéria *földr* Liberia

libériai *mn/fn* Liberian

libériás *mn* ~ **inas** servant/footman° in livery

Líbia *földr* Libya

líbiai *mn/fn* Libyan

libikóka *fn* see-saw

libretto *fn* libretto

licenc *fn* licence (*US* license)

líceum *fn* **1.** *elav [középiskola]* lycée **2.** *[tanárképző főiskola]* teacher training college

licit *fn* bid(ding)

licitál *i* make* a bid, bid*; **te ~sz** your bid

licitálás *fn* bidding

lidérc *fn* nightmare

lidérces *mn [nyomasztó]* nightmarish

lidércnyomás *fn* nightmare

Liechtenstein *földr* Liechtenstein

liechtensteini *mn/fn* Liechtenstein, *[személy]* Liechtensteiner

lift *fn* lift, *US* elevator; **a ~ nem működik** the lift is* out of order; → **sílift**

liftakna *fn* lift/elevator shaft/well

liftes I. *mn* with a lift *ut* **II.** *fn biz* ~ **(fiú)** *[szállodában]* bellboy, *US* bellhop

liftez|ik *i átv biz* **~ik a gyomrom** have/get* butterflies in one's stomach/tummy

liftfülke *fn* car (of lift/elevator)

liftkezelő *fn* lift/elevator attendant/boy, liftman°, lift operator

liga *fn* league; **Bajnokok Ligája** *sp* League of Champions

liget *fn* park, grove, green wood; **a L~** *[Városliget]* City Park

lignit *fn* lignite, brown coal
liheg *i* pant, gasp (for breath), be* out of breath; **bosszút ~** be* thirsting for revenge
likacsos *mn* → **lyukacsos**
likőr *fn* liqueur
likőrös *mn* **1.** *[készítmény]* with liqueur *ut* **2.** *összet* liqueur; **~ cukor(ka)** liqueur(-filled) chocolate/sweet (*US* candy)
likőröspohár *fn* liqueur glass, pony
likvidál *i* **1.** *[céget]* liquidate, wind* up [firm] **2.** *pol* liquidate
likviditás *fn* liquidity
likviditási *mn* **~ gondokkal küzd** *[pl. kórház]* have* liquidity problems
lila *mn [szín]* violet, *[orgona]* lilac
liliom *fn* lily
liliputi *mn* Lilliputian, tiny, diminutive
limlom *fn* odds and ends *tsz*, lumber, junk
limonádé *fn* **1.** *[ital]* lemonade, lemon-squash, *US* lemon soda **2.** *átv [olvasmány]* romance, pap, sob stuff, pulp fiction, trash lit(erature)
lincsel *i* lynch
lincselés *fn* lynching, mob rule
lineáris *mn* linear
link I. *fn infor [világhálón]* link **II.** *mn biz* **~ alak** good-for-nothing, layabout, shady character; **~ duma** blah, bunkum; **~ ürügy** thin/lousy excuse
linkeskedik *i biz* (s)he is being unreliable, dodgy
linóleum *fn* linoleum, *biz* lino
linzertészta *fn kb.* (sweet) shortcrust pastry
Lipcse *földr* Leipzig
Lipót *tul* Leopold
líra *fn* **1.** *[pénznem]* lira **2.** *[görög lant]* lyre **3.** *[lírai költészet]* lyric poetry
lírai *mn* **1.** *irod* lyric; **~ költészet** lyric poetry; **~ költő** lyric poet; **~ vers** lyric (poem) **2.** *[bensőséges]* lyrical
lírikus I. *mn* lyric(al); **~ költő** lyric poet **II.** *fn* → **~ költő**
lista *fn* list, roll, register, catalogue (*US* -log)
listakezelő *fn infor* **~ szerver** listserver
listaszerver *fn infor* listserver
listavezető *fn* (person) at the head of the poll/list *ut*, *[igével]* head/top the poll/list; *[könnyűzenében]* number one in the top ten/five/etc.
listáz *i infor* list
listázás *fn infor* listing
liszt *fn* flour, *[durvább]* meal; **~tel behint** sprinkle with flour
lisztérzékeny *mn orv* **~ vagyok** I am sensitive/allergic to flour
lisztérzékenység *fn orv* (hyper)sensitivity/allergy to flour
lisztes *mn* floury, mealy
liszteslada *fn* flour-bin, meal-chest
liszteszsák *fn* flour-bag
lisztharmat *fn* powdery-mildew
litánia *fn vall* litany
liter *fn* (*röv* **l**) litre, *US* liter (*röv* **l**); **5 ~ bor** 5 litres of wine
literes *mn* holding/containing a litre (*US* -ter) *ut*; **~ üveg** one-litre bottle/flask; **500 ~ hordó** a 500-litre barrel
litográfia *fn* lithography
liturgia *fn* liturgy
litván *mn/fn* Lithuanian
Litvánia *földr* Lithuania
liverpooli I. *mn* Liverpudlian, of Liverpool *ut* **II.** *fn* Liverpudlian
lízing *fn gazd* leasing
lízingel *i gazd* lease
lízingelhető *mn gazd* **~ autók** cars to lease
lízingelő *fn gazd* leaser
lízingfeltételek *fn gazd* leasing conditions
lízingszerződés *fn gazd* leasing agreement/contract
ló *fn* **1.** *áll* horse; *közm* **ha ~ nincs, a szamár is jó** half a loaf is better than none (v. no bread); **lovon jár/megy** ride*, go* on horseback; **lovon ül** be*/sit* on horseback; **~ra ül** mount [a/one's horse], get* on horseback; **~ra ültet** horse (sy), sit* sy on a horse; *átv* **felül a magas ~ra** get* on one's high horse, be* uppish, get* above oneself; **~ra!** to horse!; **mindent egy ~ra tesz fel** put* all one's eggs in one basket; **leesik a ~ról** fall* from [a/one's] horse, have* a spill, take* a toss; **~ról leszáll** dismount (from a horse), get* off a horse; *átv* **leszállít vkt a magas ~ról** take*/bring* sy down a peg (or two); *átv* **leszállt a (magas) ~ról** he has come down a peg (or two); *átv* **nem ilyen lovat akartam** it is quite different from what I expected, that's not what I bargained for; *átv* **lovat ad vk alá** aid and abet sy, egg sy on (to do sg); **~vá tesz** make* a fool of sy, dupe, *biz* bamboozle, take* sy in **2.** *[sakk]* knight **3.** *[tornaszer]* horse; **kápás ~** pommel(led) horse
lóállomány *fn* stock (of horses)
lóápoló *fn* → **lovász**
lob *fn orv* inflammation
lóbab *fn* horse/broad-bean
lóbál *i ált* swing*, dangle; **~ja a lábát** dangle one's legs
lobban *i* **lángra ~** → **láng**; **szerelemre ~ vk iránt** fall* in love with sy, lose* one's heart to sy
lobbanáspont *fn* flash-point
lobbanékony *mn [természetű]* (in)flammable, *[ingerlékeny]* irascible, inflammable, explosive
lobbant *i* **lángra ~** (i) (*vmt*) ignite, set* on fire (ii) *[szenvedélyt]* inflame, kindle, stir up [passion]
lobbi *fn pol* lobby
lobbiz|ik *i pol* lobby
lobbot vet *i* blaze/flare up
lobog *i* **1.** *[tűz]* flame, blaze **2.** *[zászló]* wave; **hosszú haja ~ a szélben** her long hair is streaming in the wind
lobogó *fn* flag, standard, banner
lobogtat *i* **1.** *[kendőt]* wave **2.** *[vmt diadalmasan]* flourish
lóca *fn* bench, form
loccsan *i* splash, plop
lócsiszár *fn* horse-dealer
locsog *i* (*vk*) chatter/prattle on/away, rabbit on/away, babble
locsogás *fn [fecsegés]* chatter(ing), tittle-tattle, twaddle, chitchat, babble
locsol *i [virágokat stb.]* water, sprinkle (water on) sg; → **öntöz**
locsolás *fn* → **öntözés**
locsolási *mn* **~ tilalom** → **öntözési**
locsolócső *fn* hose
locsolókanna *fn* watering pot/can
locspocs *fn* slush, sludge
lódarázs *fn* hornet
lóden(kabát) *fn* loden (coat)
lódít *i* **1.** *[egyet vmn]* give* sg a push/toss, shove **2.** tell* a fib/lie, fib, talk through one's hat; **nagyokat ~** be* having sy on, be* always telling whoppers
lódobogás *fn [futó lóé]* clatter of hoofs
lódul *i* **~j!** off you go!
lóerő *fn* (*röv* **LE**) horsepower (*röv* **HP** v. **h.p.**)
lóerős *mn* **100 ~ autó** a 100 HP. v. h.p. v. horsepower car
lófarok(frizura) *fn* ponytail
lófogatú *mn* horse-drawn
lófogú *mn* big-toothed
lóg *i* **1.** *konkr* hang*, be* suspended (from), dangle; *biz* **~ az eső (lába)** it looks like rain **2.** *biz [kószál]* loaf (about/around), *[iskolából]* play truant, *US* play hook(e)y, skip class(es), *[üzemből, munkából]* swing* the lead, be* an absentee, *kat* malinger, shirk **3.** *biz* **~ vkn** hang* around sy, tag along (with sy) **4.** *biz [tartozik vknek]* owe sy sg **5.** *biz [buszon]* be* a fare-dodger; → **levegő**, → **orr**
logaritmus *fn* logarithm; **~t keres** take* the logarithm, look up the logarithm
logaritmustábla *fn* logarithmic table
lógás *fn biz okt* playing truant, skipping classes, *US* playing hook(e)y, *[munkából]* swinging the lead

lógat *i* hang*, swing*, dangle; **~ja a lábát** *idle*, lounge around/about, kick one's heels; → **orr**
loggia *fn* loggia
logika *fn* **1.** *[tudomány]* logic **2.** *[ésszerű gondolkodás]* logic; **nincs benne ~, amit mond** he makes* no sense; **a történelem ~ja** the laws of history *tsz*
logikai *mn* **1.** logical **2.** *infor* logic; **~ áramkör** logic circuit; **~ művelet** logic operation; **~ programozás** logic programming
logikátlan *mn* illogical
logikus *mn* logical, *[ésszerű]* reasonable, *[magától értetődő]* natural; **~ érvelés** logical argument; **~ gondolkodás** logical mind; **~ következtetés** logical conclusion; **nem ~** illogical; **~an felépített** *[érvelés]* closely reasoned
logisztika *fn* **1.** *[ellátási folyamatok szervezése]* logistics *tsz* **2.** *kat [hadtápellátás]* logistics *esz*
logisztikai *mn* logistic
logo *fn gazd* logo
lógó *mn* → **orr**
logopédia *fn* speech therapy
logopédus *fn* speech therapist
lógós *mn* **1.** *biz [ember]* malingerer, shirker, *csak US* goldbrick **2.** *nép [ló]* relay/trace horse
lohad *i [daganat]* (begin* to) subside, go* down
lóhalálában *hsz* at breakneck speed; **~ nyargal** ride*/gallop hell-for-leather
lóhát *fn* **1. ~on** on horseback; **~on megy** (v. **teszi meg az utat**) ride*, go* on horseback **2.** *átv* **~ról beszél** be* on one's high horse, be* uppish/uppity
lóhere *fn* **1.** *növ* clover, trefoil **2.** *[különszintű csomópont]* cloverleaf junction, cloverleaf (*tsz* -leafs v. -leaves)
lohol *i konkr* pant/hurry (along), *átv* (*vm után*) run* after, chase after
lóhosszal *hsz* **~ győz** win* by a length
lóhús *fn* horse-flesh/meat
lóistálló *fn* stable
lojális *mn* loyal, faithful, honest; **~an cselekszik** act on the straight
lokalizál *i* **1.** *[terjedését megakadályozza]* localize **2.** *[megállapítja a helyét]* locate
lokálpatriotizmus *fn* parochialism, localism
lokátor *i kat távk el* radar
lokomotív *fn* locomotive, steam engine, (railway) engine
lókötő *fn átv* scoundrel, rogue
lókupec *fn* horse-dealer, coper
lóláb *fn* **kilátszik/kilóg a ~** the cloven hoof is showing
lólengés *fn sp* pommel(led)horse exercises *tsz*
lom *fn* lumber, odds and ends *tsz*, junk
lomb *fn* foliage, leaves *tsz*; **a ~ok alatt** under the leafy boughs
lomberdő *fn* broad-leaved forest, leafy forest
lombfűrész *fn* fretsaw; **lombfűrésszel kivág** fretsaw*
lombhullás *fn* falling of the leaves
lombhullató *mn* deciduous
lombik *fn* test-tube
lombikbébi *fn* test-tube baby
lomblevelű *mn* broad-leaved, deciduous
lombos *mn* leafy, in leaf *ut*
lombosod|ik *i* come* into leaf, put* out leaves, leaf
lombozat *fn* foliage, leaves *tsz*
lombtalan *mn* leafless, bare
lombtalanít *i* defoliate
lombtalanító *mn/fn* **~ (harcanyag)** defoliant
lomha *mn* sluggish, inactive
lomkamra *fn* junk/lumber room
lompos *mn* slovenly, slatternly; **~ nő(személy)** sloven, slattern
lomtalanít *i* clear sg out, clear sg of rubbish/junk, remove lumber
lomtalanítás *fn* house/junk-clearance
lomtár *fn* junk/lumber room, boxroom
londiner *fn* boy, page, porter, *US* bellhop, bellboy
London *földr* London
londoni I. *mn* of London *ut*, London **II.** *fn* Londoner
lop *i* **1.** *ált* steal*, *[apróságot]* pilfer, filch; **ne ~j!** *[biblia parancsolat]* thou shalt not steal **2. ~ja a napot** idle/fritte away one's time, loaf around/about; → **idő 1**
lopakod|ik *i* (*vhova*) go* where stealthily, creep* along towards, *[vhova be]* steal* into
lopakodó *mn kat* **~ (bombázó)** stealth bomber
lopás *fn* **1.** *ált* stealing, *[jog]* theft, larceny, *[üzletben]* shop lifting; **betöréses ~** burglary **2.** *[kártyában]* trump(ing) ruff
lopásgátló *fn gk* anti-theft device
lópatkó *fn* horseshoe
lopkod *i* keep* stealing, steal* repeatedly, go* on stealin things
lopó *fn [lopótökből]* gourd, *[üvegből]* sampling-tube
lopódz|ik *i* → **lopakodik**
lópokróc *fn* horse-blanket/rug
lopótök *fn* (bottle-)gourd, calabash
lopva *hsz* stealthily, furtively, *[csak titokban]* secretly; **vm ~ megnéz** cast* a furtive look/glance at, steal* a glance a
Loránd, **Lóránt** *tul* Roland
lornyon *fn elav* lorgnette
lósport *fn* horse-racing, the turf
lószerszám *fn* harness
lószőr *fn* horsehair
lótakaró *fn* horse-cloth, *[pokróc]* horse-rug/blanket
lótás-futás *fn* running/rushing about/around
lótenyésztés *fn* horse-breeding
lótetű *fn* mole-cricket
lót-fut *i* run*/rush (a)round/about
lótrágya *fn* horse dung/manure
lottó *fn* **1.** lottery; **20 ezer forintot nyert a ~n** (s)he wo 20 thousand fts in the lottery **2.** → **lottószelvény**; **kitölt a ~t** fill in one's lottery coupon
lottószelvény *fn* lottery ticket/coupon
lottóz|ik *i* play (in) the lottery, *biz* do* the lottery
lotyó *fn nép* slut, an easy lay
lóugrás *fn* **1.** *[sakk]* knight's move **2.** *átv* **~ szerint** a random, unpredictably
lovacskáz|ik *i* play at horses
lovag *fn* **1.** knight; **~gá üt** knight sy; **a királynő ~gá ütött** he was knighted by the queen **2.** *átv tréf* sy's boyfriend steady
lovagi *mn tört irod* knightly; **~ eposz** court epic; **~ rangr emel** confer a knighthood on sy; **~ torna** tournament tourney
lovagias *mn* **1.** *ált* chivalrous, *[nőkkel]* gallant [to/toward women] **2. ~ ügy** affair of honour
lovagiasság *fn ált* chivalrousness, chivalry, *[nőkkel]* gallantry; *átv biz* **a ~ szabályai szerint** in a gentlemanl manner/way
lovagiatlan *mn ált* unchivalrous, lacking in chivalry *ut* *[nőkkel]* ungallant
lovagkor *fn tört* age of chivalry
lovaglás *fn* **1.** *ált* riding, *[olimpiai versenyszám]* equestrian events *tsz*, *[öttusában]* riding **2. hibapont nélküli ~** *[versenyen]* a clear round
lovaglócsizma *fn* riding-boots *tsz*
lovaglóiskola *fn* riding-school
lovaglónadrág *fn [csizmához]* riding-breeches *tsz*, *[csizma nélkül]* jodhpurs *tsz*
lovaglóostor *fn* riding whip, horsewhip
lovaglópálca *fn* (riding/hunting) crop, riding whip/switcl
lovaglóruha *fn* riding clothes *tsz*, riding-habit
lovagol *i* **1.** *[lovon]* ride* (a horse); **jól ~** be* a good rider horseman°; **hibapont nélkül ~(t)** *[versenyen]* have (had) clear round **2.** *[lóversenyen lovat]* ride*; **Star, ~ja Black** Star with Black up **3.** *átv* **~ vk hátán** *[gyerek]* ride* on sy' back; **~ a széken** sit* astride a chair; **térden ~** ride* cockhorse **4.** *biz* **semmiségeken ~** make* mountains ou

of molehills, split* hairs; **mindig ugyanazon ~** be* *a*lways h*a*rping on sg, that's his/her hobbyhorse

lovagregény *fn* rom*a*nce, tale of ch*i*valry

lovagrend *fn tört* order of kn*i*ghthood

lovagtörténet *fn* → **lovagregény**

lovagvár *fn* knight's c*a*stle, baronial c*a*stle

lóvakaró *fn* curry-comb

loval *i* **1.** (*vkt vmre*) urge sy to do sg, egg sy on to do sg **2.** (*vkt vk ellen*) set* sy ag*ai*nst sy

lovarda *fn [intézmény]* r*i*ding-school, *[hely]* (r*i*ding) arena

lovas I. *mn* **1.** *ált* (mo*u*nted) on horseback *ut*; **~ bemutató** horse-show; **~ kocsi** horse/horsed c*a*rriage, horsedrawn vehicle; **~ nép** equestrian people; **~ rendőr** mo*u*nted pol*i*ceman°; **~ szobor** equestrian st*a*tue **2.** *kat* **~ csapat** mo*u*nted troops; **~ katona** c*a*valry-man°; **~ tüzérség** horse art*i*llery **II.** *fn* r*i*der, horseman°, *[nő]* horsewoman°; **jó/kitűnő ~** be* a (very) good r*i*der/horseman°/horsewoman°

lovascsapat *fn* troop of mo*u*nted men, troop of men (on horseback)

lovasháromtusa *fn sp* threeday event

lovasiskola *fn* r*i*ding-school; **spanyol ~** the Spanish R*i*ding School [in Vienna]

lovaspálya *fn sp* ring, arena

lovaspóló *fn* polo

lovasportya *fn tört kb.* raid, foray

lovasroham *fn* c*a*valry charge

lovasság *fn* c*a*valry; **könnyű ~** light c*a*valry

lovassport *fn* equestrian sport(s), (horse) r*i*ding

lovasszázad *fn* c*a*valry troop/company

lovastiszt *fn* c*a*valry officer

lovastúra *fn* r*i*ding tour

lóvasút *fn* horse tr*a*mway

lovasverseny *fn* equestrian/r*i*ding compet*i*tion, equestrian events *tsz*, *[díjugratás]* showjumping

lovász *fn* groom, st*a*bleman°, *[fiú]* st*a*ble boy/lad, *[lány]* st*a*ble girl

lóverseny *fn* horse-race, *[több futamos]* r*a*ce-meeting, the r*a*ces *tsz*; **~re jár** go* to the r*a*ces, be* a r*a*cegoer

lóversenyez *i* go* to the r*a*ces

lóversenypálya, -tér *fn* r*a*cecourse, the turf

lóversenyzés *fn* horse-racing, the turf

lő *i* **1.** *ált* shoot*, *[tüzel]* fire, *[ágyúval]* shell, *[vadat]* shoot*; **jól ~** be* a good shot; **~ni kezd** *o*pen fire; **~ni fognak rá (ha)** he will be met by g*u*nfire (if); **2 nyulat ~tt** (s)he b*a*gged/shot two hares; **semmit sem ~tt** *[vadászaton]* he came* home *e*mpty-h*a*nded **2.** *sp [labdát]* shoot*; **gólt ~** shoot*/kick a goal **3.** *biz* **annak már ~ttek** the game is up, it's all up, it/he/she has had it; → **cél**

lőállás *fn* shooting-stand, (r*i*fle) range

lőcs *fn* stake brace

lőcsláb *fn* b*a*ndy, bow legs *tsz*

lőcslábú *mn* bow-legged, b*a*ndy-legged

lődörgés *fn* lo*a*fing/lo*i*tering/h*a*nging ab*ou*t

lődörög *i* loaf/lo*i*ter/hang* ab*ou*t/ar*ou*nd

lőfegyver *fn* f*i*rearm, gun

lőgyakorlat *fn* t*a*rget-practice

lőhető *mn* **~ vad** fair game

lök *i* **1.** *ált* give* (sg) a push/shove, push, *[durván]* thrust*, knock, *[hirtelen]* jerk **2.** *[könyökkel]* nudge, dig/poke [in the ribs] **3.** *[földre]* throw* [to the ground], *[mélybe]* hurl down; **vkt a folyóba ~** push sy *i*nto the r*i*ver

lökdös *i [ide-oda]* keep* jerking/pushing, *[tolongásban vkt]* jostle, elbow (sy)

lökdösőd|ik *i* push and shove, jostle

lökés *fn* **1.** *konkr* push, shove, *[durvább]* toss, thrust, butt, *[könyökkel]* nudge, dig, poke **2.** *átv* *i*mpetus, *i*mpulse; **~t ad vmnek** *átv* give* sg a push/f*i*llip, get* the thing moving/going, give* sg a boost

lökésszerű *mn* jerky; **~en** by fits and starts, jerkily

löket *fn* **1.** *[dugattyúé]* stroke [of p*i*ston] **2.** *biz [injekció]* shot

lökettérfogat *fn* displ*a*cement

lökhajtásos *mn* jet-propelled, jet-; **~ repülőgép** jet(-plane)

lökhárító *fn* b*u*mper

lőmester *fn* shot-firer

lőpor *fn* powder, g*u*npowder

lőporos *mn* **~ hordó** powder-cask/barrel/keg; *tört* **~ összeesküvés** the Gunpowder Plot (1605)

lőre *mn* plonk

lőrés *fn* loop-hole, crenelle, embr*a*sure

Lőrinc *tul* L*a*wrence, L*au*rence

lösz *fn* loess

lőszer *fn* ammun*i*tion, mun*i*tion(s)

lőszergyár *fn* ammun*i*tion-factory/works

lőszerraktár *fn* (ammun*i*tion-)m*a*gazine

lőszerszállítmány *fn* ammun*i*tion tr*a*nsport

lőszerutánpótlás *fn* replenishment of ammun*i*tion, ammun*i*tion suppl*y*

lőtávol(ság) *fn* range, g*u*nshot; **~ban, ~on belül** with*i*n range/g*u*nshot; **~on kívül** out of range

lőtér *fn* r*i*fle/shooting-range, *[zárt, kisebb]* shooting-g*a*llery

lőtt *mn* **~ seb** g*u*nshot wound, b*u*llet wound; **~ vad** (shot) game

lötyög *i* **1.** *[ruha vkn]* hang* loose(ly) (on sy), *[bőszárú nadrág]* be* baggy **2.** *[géprész]* have* some play, *ált [egyéb tárgy]* be* loose **3.** *[folyadék vmben]* slop ab*o*ut (in sg)

lötty *fn* wash, *[leves, bor, kávé, tea]* thin/w*a*tery soup/wine/coffee, slop, w*i*sh-wash, d*i*shwater

lövedék *fn* projectile, shot, b*u*llet, m*i*ssile; **irányított ~** gu*i*ded m*i*ssile; **légvédelmi ~** *a*nti-*ai*rcraft m*i*ssile

löveg *fn* gun, c*a*nnon

lövegállás *fn [süllyesztett]* gun pit, *[kiépített]* g*u*n empl*a*cement/pl*a*tform

lövegkezelő *fn elav* cannone*e*r, art*i*lleryman°; **~ legénység** gun crew

lövegtalp *fn* g*u*n-carriage

lövegtorony *fn kat* t*u*rret

lövell *i* **1.** *[folyadék]* spurt (out), squirt (out) (*vmből mindegyik:* from) **2. fénysugarat ~ vmre** throw* rays of light (up)on sg **3.** *átv irod* **mérges tekintetet ~t felé** he shot/flashed a glance of h*a*tred at her; **szeme villámokat ~t** his eyes flashed

lövés *fn* **1.** *[cselekvés]* shooting, f*i*ring, *[ágyúval]* shelling; **~re készen** r*e*ady to fire **2.** *[egy]* shot, *[sorozat]* round; **~ érte** he was shot (and wo*u*nded); **lead egy ~t** fire a shot

lövésálló *mn* → **golyóálló**

lövész *fn kat* r*i*fleman°, fusil*ie*r; **kiváló ~** sh*a*rpshooter, a good m*a*rksman°; *[mesteri]* crack shot

lövészárok *fn* trench; **lövészárkot ás** dig* a trench

lövészet *fn* **1.** *kat* musketry, r*i*fle/t*a*rget pr*a*ctice **2.** *sp* shooting

lövet *i* **1. ~i a várost** have* the town shelled/bomb*a*rded **2.** (*vkre*) give* the order to shoot/fire (at sy)

lövetű *mn* -shooter; **hat~ fegyver** s*i*x-shooter

lövőhelyzet *fn sp* shooting chance

lövölde *fn* → **céllövölde**

lövöldöz *i* **1.** *[vadra]* shoot* *ai*mlessly, blaze aw*a*y (at game) **2.** *[emberek egymásra]* fire aw*a*y (at), snipe at the *e*nemy

lövöldözés *fn* fusill*a*de, *[tűzharc]* g*u*n-fight/battle, shoot-out, shooting affr*a*y

ltp. *röv* → **lakótelep**

lubickol *i* p*a*ddle, splash

lucerna *fn növ* medick, *US* medic, *[takarmány]* alf*a*lfa, lucerne

lucfenyő *fn növ* spruce

lucskos *mn* **1.** *[idő]* wet, d*i*rty **2.** *[izzadságtól]* bathed in perspir*a*tion *ut*, stre*a*ming with perspir*a*tion *ut* **3. ~ káposzta** boiled c*a*bbage with meat

lucsok *fn* slush, sludge, slime

lúd *fn* goose°; **ha (már) ~, legyen kövér** (one might) as well be hung for a sheep as a lamb, go* the whole hog; **sok ~ disznót győz** *kb.* little strokes fell great oaks
ludas *mn biz* (*vmben*) have* a finger in the pie; **ki a ~?** who is the culprit?
lúdbőrösség *fn* → **libabőr**
lúdbőröz|ik *i* → **libabőr**
lúdtalp *fn* flatfoot°, fallen arch(es), splayfoot°
lúdtalpas *mn* flat-footed
lúdtalpbetét *fn* arch-support, *[rugalmas]* arch cushions *tsz*
lúdtojás *fn* goose egg
lúdtoll *fn elav [írásra]* quill(pen)
lufi *fn biz* → **luftballon**
luftballon *fn* balloon
lúg *fn* lye, strong caustic, *kém* alkali
lugas *fn* **1.** *[pihenőhely]* bower, arbour **2.** *[növény felfuttatására]* trellis
lúgkő *fn* caustic soda
lúgos *mn* alkaline; **~ kémhatású** alkaline
lúgoz *i* **1.** *[kilúgoz]* leach **2.** *[szennyest]* wash [linen] in lye
luk *fn* → **lyuk**
Lukács *tul [bibliai]* Luke
lukas *mn* → **lyukas**
lukulluszi *mn* **~ lakoma** Lucullan feast/banquet
lumbágó *fn orv* lumbago
lumbális *mn orv* **~ szakasz** the lumbar region
lúmen *fn biz* **nem nagy ~** he won't set the Thames on fire, he is no genius
lumpol *i biz* carouse, *kif* have* a night out on the tiles, be*/go* on the spree
lurkó *fn biz* urchin, little rogue/scamp/rascal
lusta *mn* **1.** *[munkára]* lazy, idle; **~ ember** sluggard; *biz* lazybones **2.** *[mozgásban]* sluggish, sleepy **3.** *[észjárás]* dull, sluggish
lustálkodás *fn* idling, slacking
lustálkod|ik *i* idle (away one's time), laze; **a karoszékben ~ik** he is lolling in the armchair
lustaság *fn* laziness, idleness
lutheránus *mn vall* Lutheran
lutri *fn biz* **1. kihúzta a ~t** he has had it **2.** *[kockázatos dolog]* a risky business
Luxemburg *földr* Luxemburg
luxemburgi *mn/fn* Luxemburg, *[személy]* Luxemburger
luxus *fn* **1.** luxury, luxuriousness; **nagy ~ban él** live in luxury, lead* a life of luxury; **megengedi magának azt a ~t, hogy** ... indulge in (the luxury of) doing sg; **ez számomra már ~** that would be an indulgence for me **2.** *összet* luxury; **~ kivitel(ben)** de luxe (v. superior) quality
luxusadó *fn* luxury tax
luxusautó *fn* luxury/saloon car
luxuscikk *fn* luxury article/item, luxury goods *tsz*
luxushajó *fn* cruise liner, yacht
luxuskiadás *fn* de luxe edition
luxuslakás *fn* luxury (v. de luxe) flat
luxusszálloda *fn* luxury (v. a five-star v. de luxe) hotel
luxusüdülő *fn* luxury holiday home
lüke *mn* dumb, dim, dippy
lüktet *i* **1.** *[szív, ér]* beat* (strongly/rapidly), pulsate **2.** *[seb]* throb, pulsate **3.** *[élet]* throb (*vmtől* with)
lüktetés *fn* beat(ing), throb(bing), pulsation
lüktető *mn* **1.** pulsating, throbbing **2. ~ élet** hectic life, bustle
Lyme-kór *fn orv* Lyme disease

Ly

Ly, **ly** *fn* (the digraph) Ly, ly
lyuggat *i* make* holes (in), pierce (sg)
lyuggatott *mn* punched
lyuk *fn* **1.** *ált* hole, *[nyílás]* opening, gap, mouth, *[egéré, vakondé]* hole, *[nyúlé, rókáé]* burrow, hole, *[fogban]* cavity, *[sajtban]* hole, eye; **csupa ~ a zoknim** my socks are full of holes; **~at betöm** (i) stop (up) a gap (ii) *átv* bridge/fill/stop a gap; *átv* **egyik ~at a másikkal tömi be** *[egyik adósságból a másikba zuhan]* rob Peter to pay Paul; **~at fúr vmbe** make* a hole in sg, burrow in sg; *biz* **~at beszél vk hasába** talk sy's head/ear off, talk the hind legs off a donkey **2.** *[rossz lakás]* (rotten) hole (of a place), hovel
lyukacsos *mn [lyukakkal teli]* full of holes *ut*, *[szerkezetű]* porous
lyukas *mn* **1.** *[ruha]* holed, with holes (in it) *ut*, full of holes *ut*, in holes *ut*, *[fog]* decayed, hollow [tooth], *[autógumi]* punctured, flat [tyre]; **~ a zoknim** there's a hole in my sock; **~ a cipője** his boots let* in water; **egy ~ vasam sincs** I haven't got a red cent **2.** *okt* **~ óra** free hour, an hour off
lyukaskezű *mn biz* butter-fingered
lyukaszt *i* make* a hole (in sg), hole sg, pierce, *[jegyet]* punch, clip
lyukasztás *fn* **1.** *[cselekvés]* making holes, *[jegyé]* punching, clipping **2.** *[helye]* punch-mark
lyukasztó *fn* punch, *[kalauzé]* ticket-punch
lyukasztott *mn* punched
lyukfúró *fn* gimlet
lyukfűrész *fn* compass saw
lyukkártya *fn* punch(ed) card
lyukkártyarendszer *fn* punch(ed) card system
lyukszalag *fn* punched/paper tape

M

M, m *fn [betű]* (the letter) M, m
m *röv* → **méter**
m² *röv* → **négyzetméter**
m³ *röv* → **köbméter**
M0 *mn/fn* (*ejtsd:* em nullás) the M0 [ring road] v. the M0 bypass
ma *hsz* **1.** *[mai nap]* today; **~ reggel** this morning; **~ délben** today (at) noon; **~ este** this evening, tonight; **~ egy hete** this day last week, a week ago today; **~ nekem, holnap neked** today it is my turn, tomorrow yours; **mához egy hétre** today week, a week today, this day week; **mához két hétre** a fortnight today; **máig** up to this day, up to now, hitherto, so far; **máig sem találtam meg** I haven't found it so far, I still haven't found it; **mára** (i) *[a mai napra]* for today (ii) *[legkésőbb máig]* by today; **mára elég** that'll do for today, let's call it a day; **máról holnapra** (i) *[hirtelen]* overnight, from one day to the other (ii) *[nehezen]* [live] from hand to mouth; **mától fogva** from now on, (as) from today, *US* as of today; **a ~ embere** the man of the hour **2.** → **manapság**, → **év**
macedón *mn/fn* Macedonian
Macedónia *földr* Macedonia
macera *fn biz* **ez nagy ~, nem vállalom** it's too much hassle
macerál *i biz* vex, pester, nag, go* on at sy
macerás *mn biz* **ez nagyon ~ (dolog)** it's real hassle
macesz *fn* → **pászka**
machináció *fn* scheming, machination(s), plot(ting)
maci *fn* teddy (bear)
mackó *fn* **1.** *[állat]* bear (cub), *[mesékben]* Bruin **2.** *[játék]* teddy (bear) **3.** *szl [páncélszekrény] GB* peter
mackóruha *fn biz* sports top and trousers *tsz*, jogging suit
mackós *fn szl* safe-cracker/breaker
macska *fn* cat; → **kerülget**
macskaasztal *fn* side-table (laid for children)
macskaeledel *fn* cat's-meat
macskajaj *fn* hangover
macskakaparás *fn [írás]* (spidery) scrawl, scribble
macskakő *fn* cobble(stone)
macskakölyök *fn* kitten
macskakörmök *fn* inverted commas, quotation marks
macskaköves *mn* **~ út** cobbled road
macskanadrág *fn kb.* (winter/thermal) tights *tsz*
macskanyelv *fn [csokoládé]* langue-de-chat
macskaszem *fn gk közl [záróvonalba építve]* Cat's-eye, *[járművön]* reflector
macskaugrás *fn* **egy ~nyira** a stone's throw (away)
macskaügyesség *fn* **~gel** deftly, nimbly
macskazene *fn* caterwaul(ing), charivari; **~t ad vknek** give* sy a mock serenade (v. *US* shivaree)
Madagaszkár *földr* Madagascar
madagaszkári *mn/fn* Madagascan, Malagasy
madám *fn [szülésznő]* midwife°
madár *fn* **1.** *áll* bird; **fiatal ~** nestling, young bird; *[röpülni tanuló]* fledgling; **mit keresel itt, ahol a ~ se jár?** what are you doing in this out-of-the-way place (v. in this neck of the woods)?; **madarat lehetne fogatni vele** be* on cloud nine, be* tickled pink, be* happy as a lark (v. sand-boy); **madarat tolláról, embert barátjáról** birds of a feather flock together **2.** *biz [pasas]* bird
madarász *fn* fowler, bird-catcher
madárdal *fn* birdsong, singing (of birds), warbling
madáreleség *fn* bird-seed
madáretető *fn* bird table
madárétkű *mn* little eater
madárfészek *fn* bird's nest
madárfióka *fn [fészekben]* young bird, nestling, baby bird, *[röpülni tanuló]* fledgling
madárfütty *fn* → **madárdal**
madárház *fn* aviary
madárijesztő *fn átv is* scarecrow; **olyan, mint egy ~** she is a veritable scarecrow
madárka *fn* little bird
madárkalitka *fn* bird-cage
madártan *fn* ornithology
madártani *mn* ornithological
madártávlat *fn* bird's eye view (of sg)
madártej *fn [étel]* oeufs à la neige, floating islands *tsz*
madártoll *fn* bird's feather
madárvédelem *fn* protection of birds
madárvonulás *fn* migration/passage of birds
madrigál *fn* madrigal
madzag *fn* string, twine, packthread
maffia *fn* mafia
mafla I. *mn* stupid, thick(headed), *US* klutzy **II.** *fn* blockhead, thickhead, booby, *US* klutz
mag *fn* **1.** *növ ált* seed, *[csonthéjasé]* stone, pit, *[belseje]* kernel, *[almáé, körtéé, narancsé]* pip, *[szőlőé]* seed; **~ról nő** grow* from seed **2.** *[atommag]* nucleus, *összet* nuclear **3.** *műsz* core [of mould] **4.** *biol* semen, sperm; **~va szakad** die childless, die without progeny/issue/children *[királyi háznak]* **5.** *átv* seed; **elveti/elhinti vmnek a ~vát** sow* the seeds of sg **6. vmnek a ~va** *[lényege]* the nub/gist/kernel of sg, the main point of sg **7.** *átv* **a kemény ~** the hard core
maga¹ I. *nm* **1.** *[visszaható]* **(én) ~m** (I) myself; *[egyedül]* (all) by myself; **(te) ~d** (you) yourself; *[egyedül]* (all) by yourself; **(ő) ~** (i) (*vk*) (he) himself, (she) herself (ii) *[az ember ált.]* oneself (iii) *[egyedül]* alone, (all)by himself/herself (iv) (*vm*) (by) itself; *[egyedül]* (all) by oneself; **(mi) magunk** (we) ourselves; *[egyedül]* (all) by ourselves; **magunk között szólva** between you and me, between ourselves; **(ti) ~tok** (you) yourselves; **(ők) maguk** they themselves; *átv biz* **~ alatt van** be* under the weather, be* beside oneself, (*vmtől*) be* cut up (with sg), be* cast down, be* down in the dumps, be* in the blues, be* down in the face; **~ban foglal** include, contain, comprise; *[költséget stb.]* be* inclusive of; **mindent ~ban foglaló** *[ár]* all-in [price], inclusive [terms]; *[társasutazás]* all-inclusive [tour]; **~ba fojt** *[haragot]* bottle up; **~ba száll** retire within oneself; *[bűnbánóan]* repent, feel* remorse; **~ban** (i) *[egyedül]* alone, apart (ii) *[magában véve]* in itself; **~ban beszél** talk to oneself, soliloquize; **gondolta ~ban** he said/thought to himself; **~ban nevet** laugh to oneself; **~ban véve** in itself, as such; **magunkban akarunk lenni** we want to be (left) alone; **~ból kikelve** beside oneself, in a rage/fury; **~hoz kéret vkt** send* for sy, ask sy to come; *[erősebb]* summon sy; **~hoz ragadja a hatalmat** seize power; **~hoz tér** (i) *[ájult]* recover/regain consciousness, come* to/round (ii) *[gyengeségből]* recover/gather strength, pull through/round, pull oneself together; **nem tudok ~mhoz térni a meglepetéstől** I'm lost in astonishment!, I can't get over it!; **van ~hoz való esze** he can take care of himself, he knows on which side his bread is buttered; **~hoz vesz** (i) (*vmt*) take* possession of, take* over (ii) (*vkt*) take* in, take* sy to live with one; **a ~m részéről** on my part, personally (speaking); **uralkodik ~n** keep* one's temper, control one's feelings; **~nak árt** do* oneself harm; **~nak él** live a lonely/retired life, live in seclusion; **~nál tart** *[igazolványt]* have* [one's identity card] on one(self); **~nál van** be* conscious; **nincs ~nál** be* unconscious;

~ra hagy vkt leave* sy to oneself; **~ra hagyott** *[ember]* lonely (man°), loner; **~ra marad** (i) *[egyedül]* be* left alone, be* lonely (ii) *[nézetével]* find* no support; **a csapat végre ~ra talált** the team discovered itself at last; **~ra vesz vmt** *[ruhát]* put* on (sg); **~ra vállal/vesz** (i) *[dolgot, gondot]* take* upon oneself (ii) *[felelősséget]* assume/take* [full responsibility] for (iii) *[célzást]* take* sg personally; **többet vállal ~ra, mint amennyit el tud végezni** he takes on more than he can manage; **~ra vonja a figyelmet** attract attention; **folyton ~ról beszél** he keeps (on) talking about himself; **megkapja a ~ét** get* one's due, get* his/her/one's (just) deserts; **megmondja a ~ét** (i) *ált* speak* one's mind (ii) (*vknek*) tell* sy a few home truths; **megteszi a ~ét** do* one's best/duty/share/utmost/bit; **~tól** *[beavatkozás nélkül]* by/of itself/oneself, of one's own accord; *[kérés nélkül]* [do sg] unasked; **~tól értetődik/értetődő** it goes without saying, it is only too obvious/natural; **~évá tesz** (i) *[nézeteket]* make* ... one's own, accept (ii) *[ügyet]* take* up, embrace, espouse, adopt [a cause] (iii) *[nőt]* have* sy, make* love (to sy); **nem teszem a ~mévá** I do not subscribe to it; **~val hoz** bring* along; **~val visz vmt** take* sg along; (*vkt*) take* sy along, take* sy with him/her; **~val ragadta a hallgatóit** he carried his audience with him **2.** *[saját]* one's own; **törődj a ~d dolgával** mind your own business; **a ~ egészében** in its entirety; **a ~ erejéből** unaided, through/by one's own efforts; **a ~ erejéből lett azzá, ami** be* a self-made man, pull oneself up (v. raise oneself) by one's (own) bootstraps; **tégy mindent a ~ helyére** put everything in its right/proper place; **a ~ lábán jár** be* independent, stand* on one's own legs/feet; **a ~ számára** for himself/herself; **~m és a feleségem részére** for myself and my wife; **a ~ ura** one's own master **3.** *[nyomatékosan]* **~ az igazgató jött el** the director himself came; **ő ~ mondta nekem** he told me himself, he himself told me; **ő ~ sem hiszi** he doesn't believe it himself; **~ a gondolat** the very idea; **~ a megtestesült egészség** the picture of health; **~ a kedvesség** (s)he is kindness itself, be* the perfection of kindness; **~ a puszta tény** the mere fact (in) itself; **őt ~t** himself, herself; **azt ~t** itself **II.** *hsz [egyedül, saját maga]* alone, (all) by himself/herself; **~ készítette** (s)he made it (all) by himself/herself; **~ varrja a ruháit** make* one's own dresses/clothes; → **I. 1**

maga² *nm* **1.** *[ön]* you; **megkérném ~t vmre** I would like to ask you to ...; **maguk(at)** you; **~nak hoztam** I brought that/this for you; **van ~nak ...?** have you got ...? **2.** *[birtokos]* your; **ez a ~/maguk háza?** is that your house?; → **magáé**, → **maguké**

magában *nm* → **maga¹ I. 1**

magábaszállás *fn* self-examination

magabízó *mn* self-confident/reliant

magabiztos *mn* sure of oneself *ut*, confident, self-assured, *pej* cocksure; **~an** full of confidence, sure of oneself

magad *nm* → **maga I. 1**

magadfajta *mn/fn* → **magamfajta**

magáé *nm* **1.** *[sajátja]* sy's/one's own; **~nak tudhat** *[vmvel büszkélkedhet]* pride oneself on having sg, boast **2.** *[öné]* yours; **az én hajam szőke, a ~ barna** my hair is blond yours is brown

magakellető *mn pej* coquettish, flirtatious

magam *fn* → **maga¹ I. 1**

magamfajta *mn/fn* like me *ut*, such as I *ut*; **a ~ (szegény) embernek** for the likes of me; **szóba sem áll a ~kkal** he won't speak to the likes of me; **nem a magunkfajtáknak való** is not for the likes of us

magamutogatás *fn* exhibitionism

magamutogató *mn biz [férfi]* flasher

magán- *előtag ált* private, *[vállalkozó stb.]* self-employed

magánakvaló *mn* self-contained, unsociable, unforthcoming

magánalkalmazott *fn* employee [of a private firm/office]

magánautó *fn* private car

magánberuházó *fn* private investor

magánbeszélgetés *fn* private talk/conversation/interview, *[telefonon]* private call/conversation

magánbeteg *fn* private patient

magáncég *fn* (private) firm

magáncélra *hsz* for personal use

magánegyesület *fn* (private) society, association

magánélet *fn* private/personal life, privacy; **a ~ben** in private (life)

magánember *fn* private individual

magánemberként *hsz* unofficially, in an unofficial capacity; **~ úgy vélem** personally I believe

magánénekes *fn* soloist

magánérdek *fn* private interest

magánfél *fn* (private) client

magángazdálkodás *fn mezőg* individual farming

magángazdaság *fn mezőg* privately-owned farm

magángyűjtemény *fn* private collection

magánhangzó *fn nyelv* vowel

magánhangzó-illeszkedés *fn nyelv* vowel harmony

magánhasználat *fn* private/personal use; **~ra** for personal use

magániskola *fn* private school

magánjellegű *mn* private, *[bizalmas]* confidential

magánjog *fn* civil law

magánkéz *fn* **~be ad** *[vállalatot]* privatize, take* over by private owners; **~ben van** be* privately owned, be* in private hands; **~ben levő házak** owner-occupied houses; **~be ad** privatize

magánkezdeményezés *fn* private initiative

magánkihallgatás *fn ált* private interview/hearing, *[uralkodónál]* private audience; **vkt ~on fogad** receive sy in private, give*/grant sy a private interview/audience/hearing

magánkívül van *kif [dühtől]* be* beside oneself (with anger), be* in a rage, be* furious, *[örömtől]* be* transported, be* beside oneself (with joy)

magánkönyvtár *fn* (private) library

magánlakás *fn* private flat (*US* apartment)

magánlaksértés *fn* violation of the privacy of sy's house/home, *US* breach of domicile

magánlátogatás *fn* **1.** *ált* private call/visit; **~t tesz vhol** make* a private visit [to a country] **2.** *[hiv. közegé]* visit in an unofficial capacity

magánnyomozó *fn* private detective, *biz* private eye

magánnyugdíjrendszer *fn* private pension scheme

magánóra *fn* private lesson; **~kat ad** give* private lessons, tutor (sy), *US így is* take* pupils

magános I. *mn* **1.** *[különálló]* isolated, solitary, *[félreeső]* secluded; **~an álló épület** isolated/detached building **2.** *[egyedül élő]* unmarried, single, unattached; → **magányos II.** *fn* → **magánszemély**

magánosít *i* privatize

magánosítás *fn* privatization

magánosítási *mn* **~i törvény** Privatization Act

magánpraxis *fn* private practice (*US* -ise); **~t folytat** he receives private patients

magánszám *fn [ének, zene]* solo

magánszektor *fn* private sector [of trade/production]

magánszemély *fn* (private) individual/person

magánszféra *fn* **1.** *gazd* private sector **2.** *biz* privacy

magánszorgalomból *hsz* on one's own, spontaneously

magántanár *fn* **(egyetemi) ~** *[1951 előtt]* Privatdocent, *[ma] kb. GB* reader, *US* associate professor

magántanítás *fn* private tuition

magántanító *fn* private teacher, private tutor

magántanítvány *fn* private student

magántanuló *fn* private pupil

magántaxi *fn* private cab/taxi

magántermészetű *mn* private

magánterület *fn* private property, *[kiírás]* Private

magántisztviselő *fn* → **magánalkalmazott**

magántitkár *fn* private/confidential secretary

magántulajdon *fn* **1.** *[viszony]* private ownership; **~ba ad** privatize; **~ban levő** privately owned, in private ownership *ut*; **a ~ szentsége** the sanctity of private property **2.** *[tárgyak]* private property

magánúton *hsz* privately, through private channels; **~ tanul** study privately; **vkt ~ előkészít** *[vizsgára]* coach sy privately; → **magánóra**

magánügy *fn* private/personal affair/matter, private business

magánvagyon *fn* private means *tsz*, private property/estate

magánvállalat *fn* private enterprise/company/firm/business

magánvállalkozás *fn* private enterprise/venture/business

magánvállalkozó *fn* (private) entrepreneur, owner of a business (enterprise) (v. private firm)

magánvélemény *fn* private/personal opinion

magánvizsga *fn* private examination

magánzárka *fn* **1.** *[hely]* cell **2.** *[büntetésnem]* solitary confinement

magánzó *fn* person of independent means, person with private means

magány *fn* solitude, loneliness

magányos *mn* **1.** *[elhagyatott]* lonely, solitary; **~ ember** *[magára hagyott]* lonely man°, loner; *[társaságkerülő]* odd man° out; **~ nő** an unattached woman°; **~ életet él, ~an él** lead* a lonely/secluded life, live in seclusion **2.** *[különálló]* isolated, *[félreeső]* secluded, isolated

magas I. *mn* **1.** *ált* high, *[hegy, épület]* high, *[ember, termet, torony]* tall, *[tetőszerkezet]* high-pitched; **2 m ~ fal** a two-metre high wall, a wall 2 m high; **188 cm ~** *[vkről]* he is six foot two, he is 6 feet 2 inches tall; **~ nyakú pulóver** turtleneck (sweater); *[garbó]* polo-neck sweater, polo; **~ szárú cipő** boots *tsz*; **~ termetű** tall; **~ vízállás** high water (level) **2.** *[hang, magánhangzó]* high, front; **~ és mély magánhangzók** front and back vowels; **~ hangú** high-pitched **3.** *[árak, hőmérséklet]* high [prices, temperature], *[állás, rang]* high, *[szint, színvonal]* high(-level); **~ állás** high office/position; **~ állású tisztviselő** high-ranking official, top man°/official; **~ áron** at a high price; **az árak ~ak** prices are up; **~ elismerésben részesül** be* highly commended; **~ fizetés** high salary; **~ fokú** highclass, superior, of a high degree *ut*; **~ kor** advanced age; **~ kort ért meg** lived to (v. reached) an advanced age; **~ politika** high politics *esz* v. *tsz*; **~ rangú** high-ranking, of high rank *ut*; **a ~ szerződő felek** the high contracting parties; **~ színvonalú** high-class/level/standard; **~ szintű tárgyalások** high-level talks; **~ tápértékű** (highly) nutritious; **~ termelékenység** high productivity/capacity; **~ vérnyomás** high blood-pressure; *biz* **ez nekem ~** this beats me, it's beyond me, it's above my head **II.** *fn* **~ba emelkedik** *[repülőgép]* take* off, rise* (into the sky); **~ba nyúlik** rise* high; **~ba tör** aim high; **~ban** high up (in the air); **fenn van a ~ban** be* high up; **az indulatok ~ra csapnak** feelings run high; **~ra emel** raise/lift high; **az árak ~ra szöktek** prices have gone through the roof, prices have rocketed; **~ra tartja az árat** keep* the price up/high; **~ra tör** aim high; **~ra törő ember** ambitious person; **~at ugrik** practise (*US* -ce) the high-jump; → **ló**

magasabb *mn* **1.** *[tárgy]* higher, loftier, *[ember, oszlop]* taller; **~ vknél** be* taller than sy **2.** *[állás, rang]* higher **3.** *[matematika]* higher, advanced [mathematics]

magasan *hsz* high; **nagyon ~ van** he is very high up; **~ repül** fly* high; **~ felette áll** (i) (*vmnek*) stand*/soar high above sg (ii) *átv* surpass/exceed sg; **~ hordja a fejét** carry/hold* one's head high

magasantenna *fn* overhead aerial (*US* antenna)

magasépítés, -építészet *fn* surface construction, overground building

magasfényű *mn [bútorfelület]* gloss finish

magasfeszültség *fn* → **nagyfeszültség**

magasföldszint *fn* mezzanine

magasház *fn* high-rise building

magasít *i* raise, heighten

magaslat *fn* **1.** *konkr* height, elevation, altitude **2. a helyzet (v. hivatása) ~án van** be* on top of sg [eg. a task or a situation or the problems or the job], be* equal to the task; **a helyzet ~ára emelkedik** rise* to the occasion/challenge

magaslati *mn* high-altitude, alpine; **~ hely** mountain-resort; **~ levegő** mountain-air

magasles *fn* high-stand

magasl|ik *i* rise*, project, jut out, be* prominent, *[vm fölött]* tower above/over sg

magasnyomás *fn nyomd* letterpress (printing)

magasnyomású *mn [pl. mosóberendezés]* high-pressure

magasod|ik *i* **1.** *[magasabb lesz]* become*/grow* high(er)/taller **2.** → **magaslik**

magasrendű *mn* high-class, of high quality *ut*, exquisite

magasröptű *mn [beszéd]* elevated, lofty

magasság *fn* **1.** *ált* height, *[csak dolgoké, repülőgépé, mértani]* altitude, *[vízé]* depth; **tengerszint feletti ~** altitude/height above sea-level; **a Duna ~a Budapestnél 3,60 m** the Danube rises to 3.6 m at Budapest; **a hajó Aberdeen ~ában süllyedt el** the ship sank off Aberdeen; **3000 m ~ban repül** fly* at (an altitude v. a height of) 3000 metres; **nagy ~ban** very high, at a great height **2.** (*vké*) height; **~a 180 cm** he is six feet (in height), he is six foot/feet tall, he is a six-footer

magassági *mn* height-, altitude-; **~ kormány** control column, elevator (control); **~ rekord** record height, altitude record

magasságmérő *fn* altimeter

Magas-Tátra *földr* High Tatra, Tatra Mountains *tsz*

magasugrás *fn* high jump

magasugró *fn* high-jumper

magasvasút *fn* elevated railway (*US* railroad), *US biz* el

magasztal *i* praise (highly), extol (*US* extoll), eulogize; **vkt az egekig ~** praise/extol/laud sy to the skies, sing* sy's praises

magasztalás *fn* (high) praise, glorification, glorifying, extolling

magasztaló *mn* laudatory, eulogistic

magasztos *mn* exalted, elevated, lofty, sublime; **~ eszmék** high ideals

magatartás *fn [viselkedés]* conduct, behaviour (*US* -or), *okt* conduct, *[állásfoglalás]* attitude; **politikai ~a vknek** sy's politics *tsz*, sy's political views; **helytelen ~** misconduct; **vmlyen ~t tanúsít** behave [in a way]; → **magaviselet**

magatartáskutatás *fn pszich* behavioural (*US* -oral) science

magatartáskutató *fn pszich* behavioural (*US* -oral) scientist

magatartásminta *fn pszich* behavioural (*US* -oral) pattern(s), pattern(s) of behaviour (*US* -or)

magatehetetlen *mn* helpless, crippled, *[béna]* lame

magatokfajta *mn/fn* → **magamfajta**

magaviselet *fn* conduct, behaviour (*US* -or); **jó ~** good conduct; **jó ~ű** well-behaved/conducted; **rossz ~** bad/poor conduct; **rossz ~ű** ill-behaved, badly behaved

magáz *i* ‹address sy formally as "maga"›

magazin *fn* **1.** *[folyóirat]* (illustrated) magazine **2.** *elav kat [raktár]* magazine

Magda *tul* ‹Hungarian feminine given name›

Magdolna *tul* Magdalen, Madeline

Magellán-szoros *földr* Strait of Magellan

magenergia *fn* nuclear energy

magfizika *fn* nuclear physics *esz*

magfúzió *fn fiz* nuclear fusion

maghasadás *fn fiz* nuclear fission

magház *fn* **1.** *[virágé]* ovary **2.** *[almafélék gyümölcséé]* core

mágia *fn* magic, black art, wizardry

mágikus *mn* magic(al); ~ **erő** magic power, spell
magkémia *fn* nuclear chemistry
magkereskedés *fn* seed shop (*US* store)
magkutatás *fn fiz* nuclear research
máglya *fn* **1.** bonfire, pile of logs **2.** *tört [kivégzéshez]* the stake
máglyahalál *fn tört* the stake, death by burning, *[az inkvizíció idején]* auto-da-fé
máglyarakás *fn [étel] kb.* jam pudding
Magna Charta *fn GB tört* Magna Carta (v. Charta)
mágnás *fn* magnate, aristocrat, *GB* peer
mágnes *fn* magnet
mágnescsík *fn* magnetic strip
mágneses *mn* magnetic; ~ **erő** magnetism; ~ **késtartó** magnetic rack; ~ **mező/tér** magnetic field; ~ **pólus** magnetic pole; ~ **vonzás** magnetic attraction; **~sé válik** be* magnetized; → **elhajlás**
mágnesez *i* magnetize
mágneskártya *fn* credit card, cash card, cheque card, plastic (card)
mágneslemez *fn* (magnetic) disk; **hajlékony** ~ floppy disk
mágnespatkó *fn* horseshoe magnet
mágnesség *fn* magnetism
mágnestű *fn* magnetic needle
mágnesszalag *fn* magnetic tape
magnetikus *mn* magnetic
magnetofon *fn* tape-recorder, *[mint hifitorony része]* tape deck; → **magnó**
magnetofonfelvétel *fn* tape-recording; **~t készít vmről** tape (v. tape-record) sg
magnetofonszalag *fn* (magnetic) tape
magnézium *fn* magnesium
magnéziumfény *fn* magnesium light, *fényk* flash-light
magnó *fn* tape-recorder, *[kazettás]* cassette recorder; **~ra felvesz** tape sg [off/from the radio etc.]; → **magnetofon**, → **magnós**
magnófelvétel, -szalag *fn* → **magnetofon-**
magnókazetta *fn* (audio)cassette
magnós I. *mn* ~ **rádió** radio/cassette recorder; **sztereó** ~ **rádió** stereo radio cassette recorder **II.** *fn* tape-recording buff
magnóz|ik *i [felvesz]* tape-record, *[hallgat]* listen to tapes
magnövény *fn* seed-plant
magol *i biz* **1.** *[leckét]* swot/mug up sg, bone up on sg; **~ja a nyelvtant** be* swotting up (his/one's) grammar, *US* be* grinding away at grammar **2.** *[vizsgára]* cram, swot, mug; **vizsgára** ~ cram/swot/mug for an/one's exam, *US* grind* (away) for one's exam(s)
magolás *fn biz* swot(ting), cram(ming), *US* grind(ing)
magoló *fn* swot, *US* grind
magömlés *fn* ejaculation
magtalan *mn* **1.** (*vk*) barren, sterile, childless **2.** *növ* seedless
magtár *fn* granary, barn
magtechnika *fn fiz* nucleonics *esz*
magtermés *fn növ* seed-crop
magtisztító *fn* seed-cleaner/dresser
maguké *nm* **1.** *[sajátjuk]* their own **2.** *[önöké]* yours
magu(n)k *fn* → **maga**[1]
magunkfajta *mn/fn* → **magamfajta**
mágus *fn* magus (*tsz* magi)
magva *fn* → **mag**
magvas *mn* **1.** *[növény]* having/bearing seeds/grain *ut*; ~ **növények** seed plants **2.** *átv* pithy, substantial, *biz* meaty; ~ **tanulmány** a concise study, a solid piece of work
magvaszakadás *fn* death of a house/lineage
magvaszakadt *mn* dead [house/lineage]
magvaszakadtság *fn* death of a house/lineage
magvaváló *mn* freestone [peach etc.]; **nem** ~ clingstone
magvető *fn* **1.** *konkr* sower **2.** *átv* disseminator, propagator (of sg)
magzat *fn* **1.** *biol [embrió]* embryo, *[a terhesség 9. hetétől kezdve]* f(o)etus; → **elhajt** **2.** *[utód]* descendant, offspring, issue
magzatelhajtás *fn* (procured) abortion; **~t elkövet** procure an abortion, get* rid of [a baby]
magzati *mn* f(o)etal, prenatal; **a ~ élet védelme** protection of foetal life
magzatvíz *fn* amniotic fluid
magyal *fn* holly
magyar *mn/fn* Hungarian, Magyar; ~ **ajkú/anyanyelvű** Hungarian-speaking; **a ~ ajkúak/anyanyelvűek** (native) speakers of Hungarian, Hungarian-speakers; **M~ Államvasutak** → **MÁV**; ~ **ember** a Hungarian/Magyar; ~ **kisebbség** Hungarian ethnic minority; **a romániai ~ kisebbség** the ethnic Hungarians in Romania *tsz*; **M~ Köztársaság** Hungarian Republic; ~ **köztársasági** (of the) Hungarian Republic; ~ **nyelv** Hungarian (language), Magyar (language); ~ **nyelvű** *[személy]* Hungarian-speaking, *[folyóirat stb.]* Hungarian; ~ **származású** of Hungarian birth/descent *ut*, Hungarian-born; **M~ Tudományos Akadémia** Hungarian Academy (of Sciences) (*röv* **MTA**); ~ **szakos tanár** teacher of Hungarian; **~–angol szakos hallgató** student of Hungarian and English; **~–angol szótár** Hungarian-English dictionary; **M~ok Világszövetsége** World Federation of Hungarians; **~t tanít** teach* Hungarian (language and literature)
magyarán *hsz* frankly, bluntly, clearly, openly; ~ **megmond vmt** make* no bones about sg, speak* from one's heart; ~ **mondva/szólva** frankly speaking
magyaráz *i* explain, *[kifejt]* expound, *[értelmezve]* interpret, *[eseményt, szöveget]* comment on [event, text], *[vmt indokol]* account for (sg); **azzal ~za, hogy** ... he explains it by saying that ..., he gives* (it) the following explanation; **jóra ~ vmt** put* a favourable (*US* -or-) construction on sg, take* sg in good part, interpret sg favourably; **rosszra ~ vmt** put* the wrong construction on sg, take* sg in bad part
magyarázás *fn* explaining, explanation, explication
magyarázat *fn* explanation, explication, *[értelmezve]* interpretation, *[eseményhez, szöveghez]* comment(ary), *[irodalmi szöveghez]* gloss, annotation, *[indok, ok]* reason, motive; **~képpen** by way of explanation; **~ra szorul, ~ot igényel** it calls for an explanation, it needs explaining (v. to be explained); **nem szorul ~ra** no explanation is needed, that speaks* for itself, be* self-explanatory; **~ot fűz vmhez** comment on sg; **~ot kér** ask for an explanation (of sg), ask to be given an explanation (of sg); **~tal ellát** *[irodalmi művet]* annotate
magyarázatos *mn* ~ **kiadás** annotated edition
magyarázkodás *fn* explanation of one's conduct, excuse/apologies for one's conduct
magyarázkod|ik *i* explain oneself, *[mentegetődzve]* excuse oneself, apologize (for)
magyarázó *mn* explanatory, illustrative; ~ **jegyzet** explanatory note, annotation; ~ **szöveg** commentary
magyardolgozat *fn* Hungarian essay/homework
magyarellenesség *fn* anti-Hungarian sentiment/attitude
magyarfaló *fn kb.* anti-Hungarian fanatic
magyargyűlölet *fn* anti-Hungarian xenophobia
magyargyűlölő *fn kb.* anti-Hungarian xenophobe
magyarít *i* **1.** *[magyarra fordít]* translate into Hungarian **2.** *[magyaráz]* explain
magyaróra *fn* class in Hungarian, Hungarian class
Magyarország *földr* Hungary; **~on** in Hungary
magyarországi *mn* of/from/in Hungary *ut*, Hungarian, Magyar; ~ **út** a/one's trip/visit to Hungary; ~ **rokonság** relatives/relations in Hungary *tsz*; ~ **viszonyok** conditions in Hungary
magyaros *mn* (typically/characteristically/genuine) Hungarian; ~ **étel** Hungarian dish

magyarosan *hsz* in (true) Hungarian/Magyar fashion/style, *[ételnév]* à la hongroise; ~ **főz** cook (in the) Hungarian style
magyarosított *mn* Magyarized; ~ **név** Magyarized name
magyarság *fn* **1.** *[nép]* Hungarians *tsz*, the Magyars *tsz*, the Hungarian people/nation; **a romániai** ~ ethnic Hungarians in Romania *tsz* **2.** *[nyelvi]* Hungarian; **jó** ~ good/correct Hungarian (speech)
magyarságtudomány *fn* Hungarian studies *tsz*
magyartalan *mn* un-Hungarian/Magyar, *[beszéd]* bad Hungarian (speech)
magyartanár *fn* teacher of Hungarian, Hungarian teacher
magyarul *hsz* **1.** (in) Hungarian; ~ **beszél** speak* Hungarian; ~ **beszélő** Hungarian-speaking; *[főnév]* speaker of Hungarian; ~ **tanul** learn* Hungarian; ~ **van (írva)** is (written) in Hungarian **2.** *[érthetően]* clearly, plainly; **beszélj ~!** speak clearly
mahagóni *fn* mahogany
maharadzsa *fn* maharaja(h)
maholnap *hsz* sooner or later, before long, sometime, someday
mai *mn* **1.** *[a mai nappal kapcsolatos]* today's, this day's, of today *ut*, of this day *ut*; ~ **napi** today's, of today *ut*; **(mind) a ~ napig** to date, up to now, up to the present, so far, as yet; **a ~ napon** today, (on) this day; **a ~ naptól** from this date/day; **a ~ posta** today's post **2.** *[mostani, jelenlegi]* present-day, contemporary, of today *ut*, modern; **a ~ élő angol nyelv** present-day English; **a ~ magyar irodalom** modern/contemporary Hungarian literature; **a ~ fiatalok** young people today; *biz* **nem ~ csirke** she is no spring chicken; **nem vagyok ~ gyerek** I was not born yesterday, I am long in the tooth; **a ~ időkben** these days, nowadays; **a ~ világban** these days, nowadays, in today's world **3.** *[korszerű]* up-to-date, modern
máig *hsz* → **ma 1**
máj *fn* **1.** *[szerv, étel]* liver **2.** *átv* **hamis a ~a** she knows a thing or two; **jót tett a ~amnak** it did me a power of good
máj. *röv* → **május**
maja I. *fn [nép és nyelv]* Maya **II.** *mn* Mayan
majális *fn* picnic (in May)
májas *mn* ~ **hurka** → **hurka**
májbaj, -betegség *fn orv* liver disease/trouble
majd *hsz* **1.** *[egyszer, valamikor]* sometime, someday (in the future), *[később, aztán]* then, later (on); ~ **ha eljön az ideje** in due course; ~ **adok én neki!** I'll give him what for; **mi lesz ~ akkor, ha** ... what is going to happen if ...; ~ **csak akkor** only then, not until then; ~ **megélünk valahogy** we'll manage somehow; ~ **egyszer** someday, one day; **ezt én ~ elintézem** I'll settle/arrange it, I'll see to it; **ha ~ elkészül, szólj** tell me if it is ready; **szétnézett, ~ így szólt** ... he looked about/around and then said ...; ~ **teszek róla** I'll see about/to it/that; ~ **valahogy megcsinálom** I'll do/manage it somehow **2.** ~ ..., ~ ... now ..., now ...; ~ **ez,** ~ **az** now this, now that **3.** *[majdnem]* almost, nearly; **úgy fáj a fejem, hogy ~ szétmegy!** my head is splitting, I have a splitting headache
majdan *hsz* someday, sometime; → **majd 1**
majdani *mn* future, to come/be *ut*
majdnem *hsz* almost, (very) nearly, all but; ~ **tíz** almost ten; ~ **tíz óra van** it is nearly ten (o'clock); ~ **egy óráig tart** it/sg takes just under an hour; **már ~** ... be* about (to do sg), be* going (to do sg); **a vonat már ~ indult, amikor** ... the train was about/going to leave when ...; ~ **belehalt sérüléseibe** he all but (v. nearly) died of his wounds; ~ **kész vagyok a munkámmal** I have nearly/almost finished my work, *US* I am nearly through with my work; ~ **semmi** next to nothing, practically nothing; ~ **agyonütött** it came near to killing me; **ez ~ talált** it was a near miss (v. a close thing)
májfolt *fn* liver-spot
májgombóc *fn* liver dumplings *tsz*
májgombócleves *fn* soup with liver dumplings
májgyulladás *fn orv* hepatitis
májkrém *fn* liver paste, pâté
majmol *i* ape, imitate/copy slavishly
Majna *földr* Main
majolika *fn* majolica
majom *fn* **1.** *áll* monkey, *[emberszabású]* ape **2.** *átv* ape; **Nagy ~ ez az alak!** He's the missing link!
majomszeretet *fn* doting love (of parents for children), blind adoration (of); **~tel szeret** dote on, smother sy (with love)
majonéz *fn* mayonnaise
major *fn* farm, grange
majoránna *fn* marjoram
majorett *fn* (drum) majorette
majorság *fn* **1.** *[baromfi]* poultry **2.** *[major]* farm(stead)
májpástétom *fn* liver paste, pâté
majszol *i* **1.** *[lassan eszik]* munch, nibble **2.** *[fogatlanul]* mumble
május *fn* (*röv* **máj.**) May; **~ban,** ~ **folyamán** in (the course of) May; ~ **hóban/havában** in (the month of) May; ~ **4-én** on 4(th) May, *US* on May 4th; *[levélben]* **1967. ~ 15.** 15 May (v. *US* May 15th) 1967; ~ **elseje** 1st May, *US* May 1st; *[mint ünnep]* May Day
májusfa *fn* may-pole
májusi *mn* May, of/in May *ut*; **egy ~ napon** on a (certain) May day; one day in May; ~ **eső** May rain
májzsugorodás *fn orv* cirrhosis of the liver
mák *fn* **1.** *[növény]* poppy **2.** *[magja]* poppy-seed **3.** *biz* **~ja van** (s)he is in luck fall* on one's feet
makacs *mn* **1.** *[ember]* stubborn, obstinate, headstrong **2.** *[láz]* persistent, *[köhögés]* hacking [cough]
makacskod|ik *i* show* obstinacy, be* stubborn/obstinate
makacsság *fn* stubbornness, obstinacy
makacsul *hsz* stubbornly, obstinately; ~ **kitart amellett, hogy** persist in maintaining that, maintain persistently that, insist on ...ing; ~ **ragaszkodik véleményéhez** stick* to one's opinion doggedly, *biz* stick* to one's guns; ~ **tagad vmt** deny sg stubbornly/doggedly
makadámút *fn* macadam(ized) road
Makaó *földr* Macau
makaróni *fn* macaroni
mákdaráló *fn* poppy-seed grinder
makedón *mn/fn* Macedonian
makett *fn* model, mock-up
mákfej *fn* poppy-head
maki(majom) *fn* lemur, macaco
makk *fn* **1.** *[termés]* acorn, *[disznóeleség]* mast; *közm* **éhes disznó ~kal álmodik** a hungry horse dreams of oats **2.** *[kártya]* club(s) **3.** *orv [penis része]* glans penis
makkegészséges *mn* (as) fit as a fiddle *ut*, (as) sound as a bell *ut*, be* hale and hearty
makkoltat *i* feed* [swine] on mast
makog *i* **1.** (*vk*) mumble, mutter, bleat **2.** *[nyúl]* squeal, screech
makogás *fn* mumbling, mumble, muttering, bleating
mákony *fn* opium
mákos *mn* ~ **bejgli/tekercs** poppy-seed roll; ~ **kalács** poppy-seed cake; ~ **metélt/tészta** ‹vermicelli dusted with ground poppy-seed and sugar›
makrancos *mn* recalcitrant, refractory, *[gyerek]* unmanageable, disobedient, unruly; **A ~ hölgy** The Taming of the Shrew
makrancoskod|ik *i* **1.** (*vk*) be* fractious/recalcitrant/unruly **2.** *[ló]* jib
makréla *fn* mackerel
makro- *előtag* macro-
makrobiotikus *fn orv* macrobiotic
makrogazdaság *fn közg* macroeconomics
makrogazdasági *mn közg* macroeconomic; **a ~ mutató rossz** poor macroeconomic indices
mákszem *fn* (grain of) poppy-seed

mákszemnyi *mn* **1.** *[nagyon kicsi]* very tiny, Lilliputian **2.** *(vmből)* a grain/speck of sg; **~(t) sem** not a bit
makulátlan *mn* spotless, immaculate
mákvirág *fn iron* **díszes/gyönyörűséges ~** bad lot, scapegrace
malac I. *fn* **1.** *áll* (young) pig, piglet, *[hússertés kb. 100 kilón felül]* hog **2.** *[emberről]* pig **3.** *átv biz* **~a van** some people have all the luck; *GB* he's a jammy bastard **II.** *mn* obscene, foul(-mouthed); **~ vicc** dirty/blue joke/story
malackodás *fn* obscenities *tsz*, obscene/dirty talk, obscene/dirty jokes/stories *tsz*
malackod|ik *i [beszédben]* tell* obscene/dirty jokes/stories
malaclopó *fn biz* cape, cloak
malacpecsenye *fn* roast pig
malacság *fn* obscenity, smut
maláj *mn/fn* Malay(an)
Maláj-félsziget *földr* the Malay Archipelago
Malajzia *földr* Malaysia
malajziai *mn/fn* Malaysian
malária *fn* malaria
maláriás I. *mn* malarial, malarian, malarious **II.** *fn* person suffering from malaria
malaszt *fn vall* divine grace; **írott ~ marad** remain a dead letter
maláta *fn* malt
malátacukor *fn* malted bonbon, cough sweet
malátakávé *fn* malt-coffee
malawi *mn/fn* Malawian
Malawi *földr* Malawi
Maldív-szigetek *tsz földr* Maldive Islands, Maldives
Maldív-szigeteki *mn/fn* Maldivian
málé[1] I. *mn [mafla]* doltish, stupid, thick(headed) **II.** *fn* dolt; → **mamlasz**
málé[2] *fn US* corn pone, hoecake
málészájú *mn* gawping, stupid
malgas *mn/fn* Malagasy
málha *fn* luggage, *US* baggage, *kat* kit
málhakocsi *fn* luggage van, *US* baggage car
málhás *mn* **~ állat** pack animal; **~ ló** packhorse
málház *i* pack, load (up)
mali *mn/fn* Malian
Mali *földr* Mali
maliciózus *mn* malicious, spiteful, ill-natured, nasty
máll|ik *i* crumble (away), become* crumbly/brittle, disintegrate
malmoz|ik *i* **1.** *[malmot játszik]* play nine-men's morris **2.** *[ujjával]* twiddle one's thumbs
málna *fn* raspberry
málnabokor *fn* raspberry bush
málnaszörp *fn* raspberry-juice
malom *fn* **1.** (flour-)mill, *US* gristmill; **két ~ban őrölnek** they are at cross-purposes; **az ő malmára hajtja a vizet** it's (all) grist to the/one's mill **2.** → **malomjáték**
malomárok *fn* millrace
malomipar *fn* milling industry
malomjáték *fn* nine-men's morris
malomkerék *fn* mill-wheel
malomkő *fn* millstone; **két ~ között őrlődik** be* between the upper and the nether millstone, be* between the devil and the deep blue sea
malőr *fn* mishap, accident
Málta *földr* Malta
máltai *mn/fn* Maltese; **~ kereszt** Maltese cross
malter *fn* mortar
malteroskanál *fn* trowel
malterosláda *fn* mortar trough
mályva *fn* mallow, hollyhock
mályvaszínű *mn* mauve, pinkish-purple
mama *fn biz* mum(my), ma, *US* mom(my), ma(ma); **sírjon az ő ~ja** it's/that's not my funeral
mamlasz I. *mn* simple(-minded); → **mafla**, → **málé[1]** **II.** *fn* simpleton, pudding-head, dolt
mámor *fn* **1.** *ált* intoxication **2.** *[szesztől]* drunkenness, *biz* tipsiness, *[könnyű]* dizziness, giddiness **3.** *[örömtől]* rapture, ecstasy; **győzelmi ~** flush of victory; **győzelmi ~ban** flushed with victory
mámorító *mn* intoxicating, ecstatic
mámoros *mn* **1.** *ált* intoxicated; **~sá tesz** intoxicate **2.** *[szesztől]* drunk, *biz* tipsy, mellow; **~ fővel** the worse for drink (*US* liquor) **3.** *[örömtől]* rapturous, ecstatic; **sikertől ~** drunk with success *ut*, intoxicated with/by success *ut* **4.** **~ tekintet** glossy eyes *tsz*
mámorpor-tabletta *fn* ecstasy tablet, *biz* e
mamusz *fn* felt slippers *tsz*
mamut *fn átv is [jelzőként is]* mammoth
mamutjövedelem *fn* huge income
mamutvállalat *fn* mammoth (business) enterprise (v. corporation), a business giant
manapság *hsz* nowadays, these days
mancs *fn biz* paw
mandarin *fn* **1.** *[gyümölcs]* mandarin (orange), tangerine **2.** *[kínai]* mandarin; **A csodálatos ~** The Miraculous Mandarin
mandátum *fn* **1.** *[megbízás, meghatalmazás]* mandate **2.** *[képviselői]* seat (in Parliament); **lemondott ~áról** (s)he resigned his/her seat; **elveszítette ~át a választáson** (s)he lost her/his seat in Parliament at the election; **a ... párt 16 ~ot szerzett** the ... party won 16 seats (in Parliament) **3.** *tört pol* mandated territory; **~ alá helyez** mandate, put* under a mandate
mandolin *fn* mandolin(e)
mandragóra *fn* mandrake, mandragora
mandula *fn* **1.** *növ* almond **2.** *[szerv]* tonsil; **kiveszik vk ~ját** have* one's/sy's tonsils removed/out
mandulafa *fn* almond(-tree)
mandulagyulladás *fn* tonsillitis
mandulakivétel *fn* removal of tonsils, tonsillectomy
mandulaszappan *fn* almond soap
mandulavágású *mn* **~ szeme van** be* almond-eyed
mandzsetta *fn* → **kézelő**
mandzsu *mn* Manchurian
Mandzsúria *földr* Manchuria
maneken *fn* → **manöken**
manézs *fn* **1.** *[porond]* ring, arena **2.** *[lovarda]* riding-school, manège
mangalica *fn* "mangalica" pig; ‹a Hungarian breed of pig›
mangán *fn* manganese
mángorló *fn* mangle, wringer, *műsz* calender
mángorol *i* **1.** *[ruhaneműt]* mangle **2.** *műsz* calender
mánia *fn* mania
mániákus I. *mn* maniacal, obsessive; **~ depresszió** manic-depressive psychosis; **~ depressziós** manic-depressive **II.** *fn* **1.** *orv* manic **2.** *[megszállott]* fanatic
mániás *mn orv* maniacal, manic
manifesztáció *fn* manifestation
manifesztál *i* manifest
manifesztum *fn* manifesto (*tsz* -s v. -oes), proclamation
manikűr *fn* manicure
manikűrkészlet *fn* manicure set
manikűrös *fn* manicurist
manikűröz *i* manicure [sy's hands], give* a manicure to [the/one's hands]
manióka *fn növ* manioc, cassava, tapioca
manipuláció *fn* wheeling and dealing, underhand practices *tsz*
manipulál *i* **1.** *[mesterkedik]* be* wheeling and dealing, scheme, manoeuvre (*US* maneuver), *[számokkal, számlákkal]* juggle (with) [figures, accounts], manipulate [accounts] **2.** *[befolyásol]* manipulate [public opinion], *[választást]* rig [the elections]
manipulatív *mn* manipulative; **~ célú kiszivárogtatás** managed/manipulative leak

mankó *fn* crutch, pair of crutches, crutches *tsz*
mankópénz *fn* risk-money
manna *fn* manna
manó *fn* mischievous sprite, imp, goblin, hobgoblin; **vigye el a ~!** the devil take him!, confound him!
manométer *fn* manometer
manöken *fn* model
manőver *fn* manoeuvre (*US* maneuver)
manőverez *i* **1.** *kat és ált* manoeuvre (*US* maneuver) **2.** *[kocsijával]* manoeuvre [one's car into a parking space]
Man-sziget *földr* Isle of Man
Man-szigeti I. *mn* Manx **II.** *fn [férfi]* Manxman°, *[nő]* Manxwoman°; **a ~ek** the Manx
Mantova *földr* Mantua
manuális *mn* manual
manufaktúra *fn tört [a termelési forma]* manufacture, *[az üzem]* manufactory
manzárd *fn* mansard, garret, attic
manzárdlakás *fn* garret/attic room
manzárdszoba *fn* garret/attic room
manzárdtető *fn* mansard/garret roof
mappa *fn [írómappa]* (writing) pad, notepad, block, *[konferencián stb.]* folder
mar[1] *i* **1.** *[állat]* bite*; *átv* **~ják egymást** they fight like cats, they are at each other's throat, they are always bickering **2.** *[sav]* bite*, corrode, *[rozsda]* fret, corrode; **~ja a nyelvet** it burns* one's tongue **3.** *műsz* mill → **bír 3**
mar[2] *fn [lóé]* withers *tsz*
már *hsz* already, *[kérdésben]* already, yet, *[kérdésben: valaha/egyáltalán]* ever, *[tagadásban]* any more; **~ amennyire** (in) so far as; **~ akkor is** even then; **~ 1914-ben** as far back as 1914; **~ az V. sz.-ban is** as early as the 5th century; **~ dolgozol?** are you working yet/already?; **igen, ~ dolgozom** yes, I am at work already; yes, I am working already; **~ egy éve beteg** (s)he has been ill for a year; **~ nem dolgozom** I do not work any more; **~ nem** no longer/more, not now; **~ nem a régi** he is no longer what he used to be, he is no longer his former/old self; **ez ~ beszéd!** now you're talking; **~ csak kettő van** only two are left; **~ csak azért is** for the very reason, if only because; **megjött ~?** has he come yet?; **~ éppen menni akartam** I was (just) going/about to leave; **~ megint** again; **megyek ~!** I'm on my way (v. coming/going); **siess ~!** come on now!, get a move on, will you!; **~ most** *[nem máskor]* right now, here and now; **~ nincs** (*vm*) there is no more (of it); **~ találkoztunk** we have met before, we have already met; **~ ott kell(ene) lenniük** they should be there by now; **~ ott volt, amikor a barátja megérkezett** he was already there when his friend arrived
mára *hsz* → **ma 1**
marad *i* **1.** *[vm állapotban]* remain, rest; **életben ~** survive; **hű ~ vmhez** remain faithful/loyal to sg; **magára ~** → **maga**[1] **1; minden ~ a régiben** everything remains unchanged, there will be no change(s); **~ok kiváló tisztelettel** I remain yours respectfully/truly; **ennyiben ~unk** we'll leave it at that, that's that; **ez nem ~hat ennyiben!** something must be done about it!, it can't go on (like that), it can't be left at that; **köztünk ~jon!** this is strictly between ourselves, this is between you and me; *biz* **~j már!** go away! **2.** (*vhol*) stay, remain, make* a stay, stop (swhere); **ágyban ~** stay in bed; **ott ~** stay there; **otthon ~** stay in, stay at home; **külföldön ~t** (s)he stayed abroad; **nem ~ok soká** I shan't/won't stay long; **ne ~j soká!** don't be long; **hol ~tál ilyen sokáig?** where have you been so long?; *tv* **~janak velünk** stay with us **3. vm mellett ~** stick*/adhere to sg, abide* by sg; **~jon meg annál, amihez ért** sy should stick to one's knitting; **vm mögött ~** be* inferior to sg, fall* short of sg; **~junk a tárgynál** let us stick to the point/subject **4. vkre ~** be* left to sy, fall* to sy('s lot) **5.** (*vmennyi*) be* left (over), remain; **semmi sem ~t** nothing was left (of it), nothing remained; **nem ~t más, mint** … nothing was left to me but …; **már csak kettő ~t** there are only two left; **egy vasam sem ~t** I haven't got a penny left, I am stone/stony broke **6.** *mat* **ha 5-ből elveszünk 2-t, ~ 3** five minus two leaves three **7. ez holnapra ~** this will have to wait until tomorrow **8. nem ~ meg nála a pénz** money burns his fingers **9.** *[vendégségben]* **túl soká ~** outstay/overstay one's welcome, *US* wear* out one's welcome
maradandó *mn* lasting, enduring, permanent
maradás *fn* **nincs ~a** (i) *[nem akar maradni]* (s)he doesn't want to stay, (s)he won't stay (ii) *[mozgékony]* be* restless, be* always on the go; **nincs ~a vktől** be* pestered/plagued by sy
maradék I. *fn* **1.** *ált* remainder, remains *tsz*, rest, *[kevés]* remnant(s) **2.** *[étel]* leftover(s), remains [of a meal] *tsz* **3.** *[kivonásnál, osztásnál]* remainder, *[összeadásnál]* carry-over, *[számlán]* balance [of an/the account]; **~ nélkül osztható** → **osztható II.** *mn* remaining, residual, left *ut*; **~ étel** the leftovers *tsz*, food left, remainder of the food; **a ~ pénzem** what remained of my money
maradéktalan *mn* **nem ~ az öröm** it's a mixed blessing
maradéktalanul *hsz* fully, entirely; **~ megfizet** pay*/settle in full
maradi I. *mn* **1.** (*vk*) backward(-looking), old-fashioned **2.** *[eszme]* old-fashioned, antiquated; **~ gondolkodás** old-fashioned ideas *tsz* **II.** *fn* fuddy-duddy, old fogey
maradiság *fn* old-fashioned ideas *tsz*, (*vké*) backwardness, fustiness
maradó *mn* **~ fog** adult/permanent tooth°
maradvány *fn* **1.** *[pusztulás után]* **~ok** remains *tsz* **2.** *[régi dolgoké]* relic, survival (of times past) **3.** (*vk*) **földi ~ai** mortal remains (of sy); → **maradék**
marakodás *fn* quarrel(ling), bickering, wrangling
marakod|ik *i [állatok]* fight* (over), *[emberek]* quarrel, bicker
marás *fn* **1.** *[állaté]* bite **2.** *[savé]* biting/corrosive effect **3.** *műsz* milling
marasztal *i* (*vkt*) detain, ask (sy) to stay (on/longer)
marat *i* **1.** *[savval]* corrode **2.** *műsz* mill
maratonhajtás *fn* marathon driving
maratoni *mn* **~ futás** marathon
márc. *röv* → **március**
marcangol *i* **1.** *konkr* lacerate **2.** *[kín]* torment, torture, gnaw
Marci *tul bec* Mart(in); **él, mint ~ Hevesen** live the life of Riley, live like a lord, be*/live in clover, be* on easy street, live like a king, lord it up
marcipán *fn* marzipan
március *fn* (*röv* **márc.**) March; **~ban, ~ folyamán** in (the course of) March; **~ hóban/havában** in (the month of) March; **~ 20-án** on 20(th) March, *US* on March 20(th); *[levélben]* **1989. ~ 6.** 6 March (v. *US* March 6th) 1989; **~ tizenötödike/15.** ‹a day remembering the 1848 fight for freedom› the Fifteenth/15th of March; **~ idusán** on the Ides of March, on the 15th of March
márciusi *mn* March, in/of March *ut*; **egy ~ napon** on a (certain) March day, one day in March; **~ napsütés** March sunshine
marcona *mn* grim(-looking), martial
mardos *i [kín]* gnaw (at), torment, torture, *[lelkiismeretfurdalás]* prick; **~ a tudat, hogy** … it pains me to know that …; **az önvád ~sa** feel* the pricks/pangs of conscience
marék *fn [mennyiség]* handful; **egy ~** … a handful of …; → **marok**
maréknyi *mn* a handful of
marékszám *hsz kb.* by the handful
márga *fn* marl
margaréta *fn* daisy
margarin *fn* margarine, *GB biz* marge
marginális *mn* marginal
marginalizáció *fn gazd* marginalization
Margit *tul* Margaret
margó *fn* margin; **keskeny ~jú** with a narrow margin *ut*

marha I. *fn* **1.** *[állat]* cattle (*tsz* ua.) **2.** *[ember]* blockhead, fathead, idiot **II.** *mn durva* **1.** *[emberről]* idiotic, stupid, *GB* gormless **2.** ~ **nagy** (*vm*) great big sg **3.** ~ **jó** bloody (*US* damn) good, jet good; *kif* it's great
marhaállomány *fn* livestock
marhabélszín *fn* sirloin (steak)
marhabőr *fn* oxhide, rawhide
marhahús *fn* beef; **sült** ~ roast beef
marhahúskivonat *fn* beef extract
marhahúskonzerv *fn* canned/corned beef
marhaistálló *fn* cow/cattle-shed, byre
marhanyelv *fn* ox-tongue
marhapörkölt *fn* beef-stew with paprika, Hungarian stew of beef
marharépa *fn* swede (turnip)
marhaság *fn* nonsense, rubbish; **~ot mond** talk rot/nonsense; **nagy ~ot csinált** he's been a (damn) fool, he's been and gone and done it
marháskod|ik *i* (s)he is being silly
marhasült *fn* roast beef, beefsteak
marhaszelet *fn [hirtelen sült]* beefsteak
marhavagon *fn* cattle-truck
marhavész *fn* cattle-plague, rinder-pest
Mari *tul bec* Mary, Moll(y), Poll(y), May
Mária *tul* Mary, Maria
Marianna *tul* Marianna
máriaüveg *fn* mica, isinglass
marihuána *fn* marijuana; *szl* ganja, grass, pot
marihuánás *mn* ~ **cigaretta** joint, *szl* spliff
mariníroz *i* marinade (v. marinate); **~ott hal** marinated fish
marionett *fn* marionette
máris *hsz* **1.** *[azonnal]* at once, immediately, right/straight away **2.** *[már most]* already, just now, *US biz* right now
Márk *tul* Mark
márka *fn* **1.** *[védjegy]* trademark **2.** *[gyártmány]* make, brand **3.** *[pénz]* mark; **német** ~ Deutschmark
márkahűség *fn gazd* brand loyalty
márkajelzés *fn gazd* logo
márkakereskedés, -ő *fn* (authorized) dealer
markáns *mn [vonások]* striking(ly marked), sharp; ~ **(arc)vonások** rugged/strong features; ~ **arcú** sharp-featured/faced; ~ **profilja van** be* hatchet-faced
márkás *mn* a good brand (of sg), quality; ~ **áru** branded goods *tsz*, quality products *tsz*; ~ **bor** choice/vintage wine; ~ **óra** a good watch
márkaszervíz *fn* dealer, *hiv* authorized dealer
markecol *i szl* roll (sy)
marketing *fn* marketing
marketing- és reklámmenedzser *fn* marketing and advertisement manager
marketingpolitika *fn gazd* marketing policy/strategy
márki *fn* marquis, marquess
márkiné *fn* marchioness
markíroz *i* **1.** *[kiemel, hangsúlyoz pl. arcvonásokat sminkkel]* emphasize **2.** *szính [játékával csak éppen jelez]* hint, display a touch of sg, touch on/upon sg
markol *i* grasp, grip, clutch, seize; **ki sokat ~, keveset fog** he who grasps much holds little; grasp all, lose all; **vknek a szívébe** ~ cut* sy to the heart/quick, wring* sy's heart
markolat *fn [kardé]* hilt
markolatkosár *fn [vívókardé]* guard
markolódaru *fn* grab-crane
markológép *fn* excavator
markos *mn [férfi]* muscular, strapping
markotányos *fn elav* sutler, canteen-keeper
markotányosnő *fn elav* (female) sutler, canteen-keeper
már-már *hsz* almost, (very) nearly, *kif* be* on the point of ...ing; ~ **azt hitte** ... he was (just) beginning to think ...; ~ **utolért** he had almost caught up with me
mármint *ksz* **1.** *[tudniillik]* namely (*röv írásban:* **viz.**), that is to say (*röv írásban:* **i.e.**) **2.** *[kérdésben]* (do) you mean ...?
marmonkanna *fn* jerrycan
mármost *hsz* now (then), and now, well now
márna *fn* barbel
maró *mn kém* **1.** corrosive, corroding; ~ **anyag** corrodent, corrosive **2.** *[megjegyzés]* biting, cutting, caustic, scathing, stinging; ~ **gúny** sarcasm, scathing irony
marógép *fn* milling machine
marok *fn* **1.** *[kéz]* (hollow/palm of the) hand; **markába nevet** laugh up (*US* in) one's sleeve; **vknek vmt a markába nyom** hand sg to sy, thrust* sg in(to) sy's hand; **markában tart vkt** hold*/have* sy in the palm of one's hand, have* sy in one's pocket/power; **~ra fog vmt** grasp/grip sg; **tartja a markát** have* an itching palm **2.** *[mennyiség]* a handful/fistful of ...
marokfegyver *fn* handgun
Marokkó *földr* Morocco
marokkói *mn/fn* Moroccan
marokkó(játék) *fn* spillikins *tsz*, *US* jackstraws *tsz*
maroknyi *mn/fn* a handful of ...
marokszedő *fn* swath-layer, harvester
maroktelefon *fn [mobil telefon]* mobile (tele)phone
marólúg *fn* caustic lye
marónátron *fn* caustic soda, sodium hydroxide
maróni *fn* chestnut, marron
marós *fn* miller
márpedig *ksz* **1.** *[ellenkezés]* but **2.** *[megokolás]* and
mars *isz* **1.** *zene [induló]* march **2.** ~ **ki!** get out (of here)!, *US* scram!
marsall *fn* marshal, *GB* field marshal
marsallbot *fn* field marshal's baton
Marshall-szigetek *földr* Marshall Islands
marslakó *fn* Martian
márt *i [ált folyadékba]* dunk (in), dip (into), immerse (in), plunge (into), *[gyertyát]* dip; **~ott keksz** *kb.* chocolate biscuit
Márta *tul* Martha
martalék *fn* prey, booty; **a lángok ~a lett** [the factory/car etc.] went (v. had gone) up in flames
martalóc *fn elav* marauder, freebooter, *[útonálló]* highwayman°
mártás *fn [húshoz]* sauce, gravy
mártásoscsésze *fn* sauce/gravy-boat
martinász *fn* open-hearth furnaceman°
martinkemence *fn* open-hearth furnace
mártír *fn* martyr
mártírhalál *fn* a martyr's death; **~t halt** (s)he died a martyr [in the cause of freedom etc.]
mártíromság *fn* martyrdom
mártogat *i* dunk/dip [one's bread in the gravy]
Márton *tul* Martin
márvány *fn* marble
márványburkolat *fn [padlón]* marble flooring, *[falon]* marble panelling
márványlap *fn* marble slab
márványos *mn* marbly, marbled
márványoszlop *fn* marble column/pillar
márványpapír *fn* marbled paper
márványsajt *fn* Roquefort, *kb.* blue Stilton
márványsima *mn* as smooth as glass
márványszobor *fn* marble statue; **márványszobrok** marbles
márványtábla *fn* marble tablet
Márvány-tenger *földr* the Sea of Marmora/Marmara
marxi *mn [személyére vonatk.]* Marxian, *[elméletére vonatk.]* Marxist
marxista I. *mn* Marxist, Marxian **II.** *fn* Marxist
más I. *nm/mn* other, different; ~ **idők, ~ emberek** other days/times, other ways/manners; **most ~ időket élünk** times have changed; ~ **néven** otherwise, alias, also known as (*röv* **a.k.a.**), also called; ~ **szóval** in other words; ~

M

vallású of another religion/faith *ut*, of a different religion/faith *ut*; **az én helyzetem ~** my position is different **II.** *nm/fn* **1.** (*vk*) somebody/someone else, *[kérdésben]* anyone else, (*vm*) something else, *[kérdésben]*anything else; **az már ~!** that's more like it, that puts a different complexion on the matter; **ez ~** that's different, that's something else; **ez egészen ~!** that's quite another story/matter, that's a very different story; **bárki ~** anyone else; **semmi ~** nothing else; **nincs** (v. **nem marad**) **~ hátra, mint (hogy)** there is nothing (else) to be done but, you might as well . . ., there is nothing for it but; **~ok** others, other people; **és ~ok** *[bibliográfiában]* et al.; **még sokan ~ok** many more besides; **~on jár az esze** his mind is wandering, he is miles away; **~ra gondol** (s)he is thinking of something else; **beszéljünk ~ról** let's speak about something else, let's change the subject; **~ dolga is van** have* other fish to fry; **~nak adja ki magát** sail under false colours (*US* -ors); **nem ~ mint rablás** nothing short of robbery; **'~sal beszél'** *[telefon]* Sorry! The line's/number's engaged (*US* busy); **'~sal beszél' jelzés** engaged (*US* busy) signal **2.** *[vk mása]* (sy's) alter ego, second self; **vknek a szakasztott ~a** (s)he is a carbon copy of her/his [sister etc.] **3.** *[vm mása]* copy, duplicate, replica

mása *nm/fn* → **más II 2, 3**

másállapot *fn* pregnancy; **~ban van** be* pregnant

másé *nm* somebody/someone else's, that of somebody/someone else *ut*; **ne vedd el a ~t** don't take what is another's, don't take what belongs to somebody else

másfajta *nm* another/different kind/sort of . . ., other, different

másfél *szn* one and a half; **~ óra** an hour and a half

másfelé *hsz* the/some other way, *[máshova]* elsewhere, somewhere else; **~ néz** look another way

másféle *nm* of another kind/sort/type *ut*, a different kind of, other, different

másféleképpen *hsz* otherwise, differently (from sy)

másfelől *hsz* **1.** *[irány]* from another direction, from a different direction **2.** *[viszont]* on the other hand, then

másfélszer *szn/hsz* **~ akkora** half as big again; **~ annyi** half as much again

máshogyan *hsz* → **másképpen**

máshol *hsz* elsewhere, somewhere else

máshonnan *hsz* from elsewhere, from somewhere else

máshova *hsz* elsewhere, somewhere else; **~ néz** look the other way, look in another direction

másik *nm* another; **egyik is, ~ is** both; **egyik a ~ után** (i) *ált* one after the other (ii) *[egyesével]* one by one (iii) *[sorban]* one behind the other; **nem tudom, melyik ~** I don't know which is which, I can't tell one from the other; **egyik csapás a ~ után érte** he suffered blow after blow

masina *fn* **1.** *biz [gép]* contraption **2.** *elav [mozdony]* engine

masiniszta *fn* engine driver

masírozik *i* march

maskara *fn* **1.** *[jelmez]* fancy dress, masquerade **2.** *[nevetséges öltözet]* grotesque/ridiculous clothes *tsz* (v. outfit)

másként, **másképpen** *hsz [eltérően]* differently, in another manner/way, in a different manner/way, otherwise; **~ nem is lehet** it must be so, it can't be otherwise; **én ~ gondolkozom(, mint** . . .) I think differently (from . . .), I am of a different mind/opinion (to . . .); **~ gondolkodó** independent thinker, dissident; **hogyan ~** how else

máskor *hsz* another time, (at) some other time/date, on another occasion; **mint ~** as usual/before, as at other times; **~ra hagy/halaszt** postpone, put* off, defer [sg to a later date]

máskülönben I. *hsz* otherwise, (or) else **II.** *ksz [egyébként, amúgy]* by the way

más-más *nm* other, different, various, several

másmilyen *nm* → **más I**, → **másféle**

M

másnap I. *hsz* the next day, (on) the following day; **~ reggel** the following/next morning; **minden ~** every other day **II.** *fn* **karácsony ~ja** *GB* Boxing Day, *US* December 26

másnapi *mn* of the next/following day *ut*, the next/following day's

másnapos *mn* **1.** *[ivás után]* hung-over, liverish, *kif* feel* a bit hung-over, have* a hangover; **~ érzés/hangulat** hangover, *biz* the morning after **2. ~ szakáll** a second day's growth of beard

másnaposság *fn* hangover

masni *fn* bow, ribbon

másod *fn zene* second

másod- *előtag* **1.** *[második]* second **2.** *[al-]* vice-, sub-

másodállás *fn* second(ary) job/employment, part-time job, moonlighting; **~ban dolgozik** moonlight

másoddiploma *fn* second degree

másodéves *mn/fn* **~ (hallgató)** second-year student, *US* sophomore; **~ jogász** law-student in his/her second year, *csak US* sophomore law-student

másodfokú *mn* of the second degree *ut*; **~ égés** second-degree burn; **~ ítélet** judgement of the court of the second instance (v. of the second appeal court); **~ unokatestvér** second cousin → **egyenlet**

másodhegedűs *fn* **1.** *zene* second violinist **2.** *átv* **vk mellett ő csak a ~** play second fiddle to sy

második I. *szn/mn* second (*számmal*: 2nd); **~ emelet** second floor, *US* third floor; **~ gimnazista** student in his/her second year at high/secondary school; *zene* **~ hegedű** second violin; **~ helyezett** runner-up (*tsz* runners-up); **minden ~ héten** every other/second week, every two weeks; **M~ Richárd** Richard II (*kimondva*: Richard the Second); **~nak fut** be* the/a runner-up (to sy) **II.** *fn* **1. május ~a** *[kimondva:]* the second of May, (*írásban*: 2 May, 2nd May, *főleg*: *US* May 2(nd)) **2. ~on utazik** travel (*US* -l) second(-class) **3.** *okt* **~ba jár** go* to (v. attend) the second form/class

másodiki (2-i) *mn* **Május 2-i levelét köszönettel megkaptam/-kaptuk.** Thank you for your letter of 2 May (v. *US* May 2(nd)) (v. *gazd* your letter of the 2nd inst.)

másodikos I. *mn* **~ tanuló** student in the second form/class; **~ tankönyv** textbook for the second form/class **II.** *fn* second-form student [in a Hungarian school]

másodízben *hsz* (for) the second time

másodkézből *hsz* second-hand; **~ vesz vmt** buy* sg second-hand; **~ hall vmt** get* the news second-hand

másodlagos *mn* secondary, subsidiary; **~ fontosságú** of minor importance *ut*

másodlat *fn* duplicate (copy)

másodmagával *hsz* he/she and another (person), he/she and sy else

másodnaponként *hsz* every other day, on alternate days

másodnövény *fn* second crop, after-crop

másodosztályú *mn* second-class; **~ jegy** second-class ticket; **~ vendéglő/étterem** a Class/Grade II restaurant

másodpéldány *fn* duplicate (copy)

másodperc *fn* second; **egy ~ ezredrésze alatt** in a split second

másodpercmutató *fn* second hand

másodpercnyi *mn [idő]* a second('s time); **~ pontossággal** (punctual) to the second, *biz* [he was] dead on time

másodpilóta *fn rep* co-pilot; *US* first officer

másodrangú *mn* → **másodrendű 1, 2**; **~ kérdés** side-issue; **~ szerepet játszik vmvel szemben** take* second place to sg

másodrendű *mn* **1.** *[áru]* second-rate/class/best, inferior (*vmhez képest* to); **~ áru** seconds *tsz* **2.** *[jelentőségre]* non-essential **3. ~ vádlott** accused of the second order

másodsorban *hsz* secondly, in the second place

másodszor *hsz* **1.** *[másodízben]* (for) the second time **2.** *[másodsorban]* secondly, in the second place

másodszori *mn* second; **~ figyelmeztetésre** at the second warning

másodtitkár *fn* second secretary

másod-unokatestvér *fn* second cousin

másodvetés *fn* after-seed; → **másodnövény**

másodvirágzás *fn* **1.** *[virágé]* second flowering/blossoming **2.** *átv* rejuvenescence

másol *i* **1.** *[szöveget]* copy, make*/take* a copy of sg, *[kazettát]* copy **2.** *fényk* print, take* a print from a negative **3.** *[fénymásolóval]* copy, photocopy, xerox **4.** *[utánoz]* mimic

másolás *fn* copying; **gépi ~** reprography, photocopying

másolat *fn [szövegé]* copy, duplicate (copy), *[műalkotásé]* replica, reproduction, *fényk* print; **(gépelt) ~** carbon (copy); **hiteles ~** certified/attested copy; **'a ~ az eredetivel teljesen megegyezik'** examined/certified copy; **~ot készít vmről** (i) *[iratról]* make*/take* a copy of, duplicate (sg); *[géppel]* photocopy; xerox [a letter etc.]; *[többet]* run* off ... copies of sg (ii) *[festményről]* make* a replica/reproduction of sg (iii) *[fényképről]* make* a copy of, print (sg); **két ~ot csinál róla** make* it out in triplicate; **két ~tal kérem** I want one original and two carbons, please

másoló I. *mn* copying, photocopying **II.** *fn* copier, photocopier

másológép *fn* copier, *[xerox]* Xerox machine

másolópapír *fn* **1.** *[fénymásoló géphez]* xerox paper **2.** *[karbonpapír]* carbon (paper) **3.** *fényk* contact paper

másrészről *hsz* on the other hand

másrészt *hsz* on the other hand; → **egyrészt**

másság *fn [fogalom]* otherness; **a ~ tisztelete** ethnic/religious/sexual tolerance, tolerance of otherness

mássalhangzó *fn* consonant

mássalhangzó-torlódás *fn* consonant cluster

másszor *hsz* → **máskor**; **egyszer** ... **~** ... now ... now/then ...

másszóval *hsz* (to put it) in other words

másutt *hsz* elsewhere, somewhere else; **akárhol/bárhol ~** anywhere else

másvalaki *nm* somebody/someone else

másvilág *fn* the other world, the beyond; **vkt a ~ra küld** *biz* send* sy to glory (v. kingdom come), bump sy off; **a ~ról** from beyond the grave

maszat *fn* stain, dirt, smear

maszatol *i* stain, dirty, smudge, smear

maszatos *mn* stained, dirty, smeared, smudged

maszek I. *fn [kisiparos, kiskereskedő]* self-employed person, entrepreneur **II.** *mn [nem állami]* private

maszekol *i* do* private work, work on the side, moonlight

mász|ik *i* **1.** *(vmre)* climb sg; **fára ~ik** climb a tree **2.** *[csúszik]* crawl, *[négykézláb]* creep* **3.** *[hegyet]* climb [a hill]

maszk *fn ált* mask, *[színészé]* make-up; **halotti ~** death-mask

mászkál *i [vk céltalanul]* ramble, stroll, roam, loaf (*mindegyik:* about)

maszkíroz *i* mask, *[színészt]* make* up [actor]

maszkírozás *fn* masking, make-up

maszkmester *fn* make-up artist/man°

maszlag *fn* **1.** *növ* thorn-apple **2.** *átv* eye-wash, bunkum, humbug; *US durva* bull shit

mászóka *fn [játszótéri]* climbing frame, jungle gym

mászókötél *fn* climbing rope

mászórúd *fn* climbing pole

mászóvas *fn* climbing irons *tsz*

massza *fn* mass, paste, pulp; *biz* goo

masszázs *fn [orvosi]* (medical) massage

masszázsszalon *fn* massage parlour (*US* -or)

masszíroz *i* massage, give* a massage to, *biz* knead

masszív *mn* massive, solid, bulky, robust

masszőr *fn* masseur, *[női]* masseuse

masztiff *fn áll* mastiff

maszturbál *i* masturbate, excite oneself

matador *fn* matador

matat *i* rummage

Máté *tul* Matthew

matek *fn biz* maths *esz* v. *tsz*, *US* math

matematika *fn* mathematics *esz*

matematikai *mn* mathematical; **nagy ~ tehetség** a mathematics genius

matematikatanár *fn* teacher of mathematics, mathemathics/maths teacher

matematikus *fn* mathematician; **jó ~** *[gyerekről]* be* good at maths

matéria *fn* matter, substance

materiális *mn* material

materialista I. *mn* materialistic, *[az elmélettel kapcs.]* materialist; **~ történelemszemlélet** materialist conception/view of history **II.** *fn* materialist

materializmus *fn* materialism

matiné *fn* morning performance/concert, matinée

mátka *fn elav* fiancée

mátkapár *fn elav [esküvőn]* the bride and groom

mátkaság *fn elav* engagement

matrac *fn* mattress

matrica *fn* **1.** *[felragasztható]* sticker **2.** *nyomd* mould (*US* mold), matrix (*tsz* matrices v. matrixes); → **autópálya-matrica**

matróna *fn irod* old lady, matron

matróz *fn* sailor, (ordinary) seaman°, man° before the mast, *[hadihajón]* bluejacket, *biz* tar, leatherneck; **~ként szolgál** sail/serve before the mast

matrózblúz *fn* sailor/middy blouse

matrózruha *fn [fiúé]* sailor suit

matrózsapka *fn* sailor hat

matt[1] *mn* **1.** *[fém]* mat(te), unpolished, *[bútor]* unvarnished **2.** *[szín]* dull, flat

matt[2] *fn [sakk]* (check)mate; **~!** checkmate!; **~ot ad vknek** checkmate sy; **~ három lépésben** mate in three (moves)

matúra *fn elav* → **érettségi**

maturál *i elav* → **érettségit tesz**

Mátyás *tul* Matthias; **~ király** King Matthias

matyó *mn* **~ hímzés** "matyó" embroidery; ‹traditional folk embroidery of the Mezőkövesd area in Hungary›; **~ baba** a matyó doll

Mauritánia *földr* Mauritania

mauritániai *mn/fn* Mauritian

Mauritius *földr* Mauritius

mauritiusi *mn/fn* Mauritian

mauzóleum *fn* mausoleum

MÁV *röv [Magyar Államvasutak]* Hungarian State Railways

max. *röv* → **maximum**

maxi *mn* maxi

maximál *i [vm árát]* set* a ceiling on [the price of sg]

maximális *mn* maximum, greatest/highest possible, utmost, top; **~ ár** maximum/ceiling price; **~ árszint** price ceiling; **~ megterhelés** (i) *ált* maximum load (ii) *el* peak load (iii) *hajó* maximum tonnage; **~ sebességgel** at maximum/top speed; **~an kihasznál vmt** make* the most of sg

maximalista *mn/fn* perfectionist

maximum I. *fn* (*röv* **max.**) maximum; *biz* max **II.** *hsz* at the (very) outside, at (the) most, at the very most; **~ 100 ember számára való férőhely** room for 100 people at the outside

maxiszoknya *fn* maxi (skirt)

máz *fn* **1.** *[kerámián]* glaze, *[fémen]* enamel **2.** *[tortán stb.]* glaze, icing **3.** *átv* veneer, varnish

mázas *mn [edény]* glazed [earthenware]

mázli *fn szl* bit/stroke of luck, fluke; **micsoda ~!** what a fluke!; **micsoda ~m van!** my lucky star

mázlista *fn szl* lucky beggar/dog

mazochista I. *fn* masochist **II.** *mn* masochistic

mazochizmus *fn* masochism; **szado-mazochizmus** sadomasochism (*röv* **S-M**)

mázol *i* **1.** *[mázoló]* paint; **vigyázat ~va!** wet paint **2.** *[rossz festő]* daub

mázolás *fn* paint(ing); **a ~ még friss** it's freshly painted

mázolmány *fn* daub
mázoló *fn [szobafestő]* (house-)painter
mázolóecset *fn* paintbrush
mázsa *fn* **1.** *[100 kg]* 100 kilos, quintal, *kb.* two hundredweight **2.** *[mérleg]* weighing machine, *[járművek-nek]* weigh-bridge
mázsál *i* weigh
mázsáló *fn* **1.** *[hely]* weigh-house **2.** *[lóverseny]* weighing-enclosure
mázsás *mn* **1.** *[egy mázsás]* weighing a quintal *ut* **2.** *átv* crushing [weight]; **~ súllyal nehezedik rá** he is crushed by the weight of it, he is weighed down by sg
mazsola *fn* **1.** currant, raisin, sultana **2.** *átv biz [kezdő autóvezető] kb.* learner driver
mazsoláz *i* pick and choose
mb. *röv* → **megbízott**
mecénás *fn* patron [of art], Maecenas
mecenatúra *fn* patronage (of art)
mechanika *fn* **1.** *fiz* mechanics *esz* **2.** *[szerkezet]* mechanism, *[zongoráé]* action
mechanikai *mn* mechanical
mechanikus I. *mn átv is* mechanical **II.** *fn* mechanic, technician
mechanizál *i* mechanize
mechanizmus *fn műsz és tud* mechanism; **gazdasági ~** economic mechanism; **új gazdasági ~** new system of economic management, new economic mechanism
mécs *fn* night-light, wick
meccs *fn* match
mécses *fn* → **mécs**; *biz* **eltörött a ~** turn on the waterworks
mecset *fn* mosque
medál, **medalion** *fn [nyakban]* medallion, pendant, *[nyitható-csukható]* locket
meddig *hsz* **1.** *[térben]* how far? **2.** *[időben]* (for) how long?, till/until when?; **~ tart?** how long does/will it take/last?
meddő *mn* **1.** *[nő, ill. nőstény állat]* infertile, barren, sterile, *[föld]* unproductive, infertile **2.** *[munka]* unproductive, fruitless, ineffective, vain [effort], *[vita]* sterile [dispute]
meddőhányó *fn* slag/waste heap, mine dump
medence *fn* **1.** *[edény]* basin, *[úszó]* (swimming) pool **2.** *földr* basin **3.** *orv* pelvis
medencecsont *fn orv* hip-bone
meder *fn* **1.** *[folyóé]* bed; **visszatér a medrébe** *[folyó]* retreat, recede, return to its bed **2.** *átv* channel; **a tárgyalások jó ~ben folynak** the negotiations are going well; **visszatér eredeti medrébe** *[pl. az élet]* be*/get* back to normal
média *fn* (mass) media *tsz*
médiacézár *fn* media mogul
médiasztár *fn* celebrity, *biz* celeb
médiatörvény *fn* Media Act
medika *fn* ‹female medical student›
medikus *fn* (male) medical student, *GB biz* medic
meditáció *fn* meditation, contemplation
meditál *i* meditate, *[vmn tűnődik]* ponder
mediterrán *mn* Mediterranean
médium *fn* **1.** medium; *[tévé, rádió]* **az elektronikus ~ok** the media **2.** *[szellemekkel érintkező személy]* medium (*tsz* mediums)
medúza *fn áll* jellyfish
medve *fn* **1.** *áll* bear **2. ne igyál előre a ~ bőrére** don't count your chickens before they are hatched, first catch your hare, then cook it **3.** *biz* **vén tengeri ~** old salt, sea-dog
medvebocs *fn* bear-cub
medvebőr *fn* bearskin
medvecukor *fn* (black) liquorice
medvetáncoltató *fn* bear-leader

meg *ksz* **1.** *[felsorolásban]* and; **kettő ~ kettő az négy** two and/plus two make/is/are four **2.** *[nyomatékul]* **én ~ nem érek rá** as for myself I have no time to . . .; **te ~ mire vársz?** and what are you waiting for?; **újra ~ újra** again and again, over and over (again), time and again
még *hsz* **1.** *[időben: ami még tart]* still, *[tagadó mondatban]* yet; **~ mindig** still; **~ (mindig) esik** it is still raining; **ma ~ itt leszek** I'm still here today, today is my last day; **~ nem érkezett meg** he hasn't arrived yet; **~ nem** not yet; **eddig ~ nem** [not] so far v. as yet; **~ eddig** so far, as yet; **~ él** he is still alive; **~ semmi sem történt** nothing has happened yet; **~ nem kész** it is not yet ready; **ilyet ~ nem hallottam** I have never heard (of) such a thing (v. heard anything like it) **2.** *[időben: a jövőre utalva]* **(most) ~ lehet jelentkezni** you can still apply, it is not too late to apply; **~ ma délután** this very afternoon; **~ ma** *[megcsinálom]* [I'll do it] before the day's out, this very day; **~ a télen megcsinálom** I'll do it this winter **3.** *[időben: a múltra utalva]* **~ csak ma** only today, as late as today; **hiszen ~ tegnap** (but) only yesterday; **~ 1914-ben** as far back (v. long ago) as 1914, *US* way back in 1914; **~ a télen vettem** I bought/got it last winter; **~ (valamikor) a 60-as években** back in the sixties **4.** *[ismét]* **~ egyszer** once more/again, over again; **~ egyszer átél** re-live, live over again; **~ egyszer lemásol vmt** copy sg out again, recopy; **~ egyszer annyi** as much/many again **5.** *[ezenkívül]* **~ ki?** who else (besides)?; **ki volt ~ ott?** who else was there?; **és ~ sok más** and much/many more besides; **~ csak egy szót!** (just) one word more!; **akarsz ~ vmt mondani?** have you anything more to say?; **parancsol ~ vmt?** will there be anything else(, Madam/Sir)?; **van ~?** is there any more?; **kérek ~!** may/can I have some more?; **végy/vegyen ~** *[kínálás]* (do) have some more, (please) help yourself; **és ~ hozzá** and what is more; **~ mit nem!** *biz* not in the least!, by no means! **6.** *[fokozó ért.]* **~ inkább** even/still more; **~ kevésbé** even/still less; **~ . . . is** even; **~ akkor is, ha** even if; **~ ha olyan jó is** however good it is, good as it may be; **~ ők is** even they (themselves); **~ ha eljön is** even if he comes, even if he came; **~ ha igaz volna sem** . . . not even if it were true; **(sőt) ~ . . . sem** nor even/yet; **nem hallgat rám, sőt ~ rá sem** he won't listen to me nor even/yet to her; **~ csak nem is láttam soha** I have never even seen him; **~ csak nem is biccentett** without so much as a nod; **de ~ mennyire!** of course, surely; *biz* you bet!
mega- *előtag* mega-
megacéloz *i* steel, harden
megaciklus *fn* megacycle
megad *i* **1.** *ált* (*vknek vmt*) grant sy sg, grant sg to sy; *[ami megilleti]* give* sy his/her due; **mindent ~ neki** he lets him/her have everything; **~ja az engedélyt vknek** give*/grant sy permission to do sg; **nem ad meg vmt** refuse (to give) sy sg, deny sy sg; **~ja a gólt** *[játékvezető]* allow the goal; **nem adta meg a gólt** he disallowed the goal; *átv* **~ja vmnek az árát** pay* (dearly) for sg; **jól ~ta neki** he gave him a piece of his mind, (s)he gave as good as (s)he got **2.** *[adósságot]* repay* sy [a sum], pay* (sy) back [the money] **3.** *[adatféléket]* give*, supply [information], *[címet]* tell*, give* [one's/sy's address], *[árat]* state, quote [price]; **~ja forrásait** list one's sources; **a ~ott időben és helyen** at a given time and place **4. ~ja magát** surrender, yield, give* in, *biz kif* throw* in the towel, lower/strike* one's flag; **~ta magát sorsának** he bowed/submitted to his fate; **~ja a módját vmnek** do* it in style
megadás *fn* **1.** (*vmé*) granting **2.** *[tartozásé]* repayment **3.** *kat* surrender; **feltétel nélküli ~** unconditional surrender; **a terroristákat ~ra kényszerítették** the terrorists were forced to give in **4.** *[beletörődés]* resignation, submission; **~sal viselte sorsát** he met his fate with resignation
megadóztat *i* put*/levy a tax (on sy/sg), tax (sg/sy)
megadóztatás *fn* taxation

megafon *fn* loudspeaker, *[kézi]* megaphone, *[rendőrségi, ill. ált. tömeg mozgatásához]* loud-hailer, *csak US* bullhorn
megagitál *i* win* sy over (to ...)
megágyaz *i* make* the bed(s)
megahertz *fn* megahertz
megajándékoz *i* (*vkt vmvel*) present sy with sg, present sg to sy
megajánl *i* **1.** *[felajánl]* offer, pledge **2.** *[megszavaz]* vote
megakad *i* **1.** *[szerkezet]* stop, *[alkatrész]* catch*, get* stuck/caught, *[sárban* v. *feladat teljesítése során]* get* stuck **2.** *[beszélő, szavaló]* falter, dry up, get* stuck **3. a szálka ~t a torkán** the fish-bone stuck in his throat; **~ vmn a szeme** sg strikes*/catches* one's eye **4.** *[folyamat, ügy]* get* stuck
megakadályoz *i* **1.** (*vkt vmben*) prevent (v. keep* back) sy from (doing) sg **2.** (*vmt*) cross, stymie, impede, interfere (with sg)
megakaszt *i* **1.** *ált* stop, check, block **2.** *[szerkezetet, forgalmat]* jam, stop [the machinery] **3.** *[vkt beszédben]* interrupt (sy), cut*/stop (sy) short, *[vkt munkájában]* put* sy off his stride
megalakít *i* form, organize, *[bizottságot]* set* up [a committee], *[kormányt]* form
megalakítás *fn* forming, formation
megalakul *i* be* formed/founded/established, be* set up
megalakulás *fn* forming, formation
megalapít *i ált* found, establish, *gazd [társaságot]* set* up, start [a business], launch [a company]
megalapoz *i átv* establish, *[vádat]* substantiate; **hírnevét fordításai alapozták meg** he first made his name through/with his translations
megalapozatlan *mn* unfounded
megalapozott *mn* **jól ~** well-founded/established
megaláz *i* humiliate, humble, bring* sy low, cut* sy off at the knees
megalázás *fn* humiliation, humbling
megalázkodás *fn* self-abasement
megalázkod|ik *i* humble/abase oneself (*vk előtt* before sy), be* on one's knees
megalázó *mn* humiliating, degrading
megaláztatás *fn* humiliation, degradation
megáld *i* **1.** *[pap]* bless; **az Isten áldjon meg!** (i) *[jókívánságként]* God bless you! (ii) *[felháborodva]* for Heaven's sake!; **meg van áldva vele** *iron* he is afflicted/blessed with (sy, sg) **2.** *[vkt vmlyen képességgel]* bless, endow (sy with sg)
megalkot *i* create
megalkusz|ik *i* **1.** (*vkvel*) come* to an agreement with sy about sg **2.** *átv* come* to terms with sg (v. a/the situation); **~ik a helyzettel** make* the best of it (v. a bad job)
megalkuvás *fn átv* compromise, *pej* opportunism; **meg nem alkuvás** intransigence, uncompromising attitude; **~t nem ismer** be* uncompromising/intransigent
megalkuvó *mn átv* compromising; **~ ember** compromiser, opportunist, time-server; **~ politika** opportunism, policy of compromise; **meg nem alkuvó** uncompromising, intransigent
megáll *i* **1.** *ált* stop, come* to a stop/stand still, *[egy időre]* halt, come* to a halt, pause, *[jármű ház előtt stb.]* pull/draw* up, *[vonat állomáson]* call at, stop (at), *[kiírás pályaudvaron]* calling at ...; **útközben ~** *[autóval]* make* a stop on the way; **többször ~ útközben** *[pl. hosszabb külföldi úton]* travel in easy stages; **~t a szívverése** *[izgalomtól]* his heart stands still; *biz* **~ benne az ütő** *[a meglepetéstől megbénult]* he froze in his tracks; **~t a vonat** the train stopped; **~ ez a vonat Markotabödögén?** does this train stop at M.?; **a vonat minden állomáson ~** the train calls at every station; **~ni tilos!** no stopping, stopping prohibited; *[mint jelzőtábla]* clearway; **állj meg!** stop there!, hold/hang on!; *biz* **~j (csak)!** (i) *[várj egy kicsit]* wait a bit/minute!, stop a moment! (ii) *[fenyegetés]* (just) wait till I catch you!; **~junk csak** let me see, let's see **2.** *[munka]* come* to a standstill, grind* to a halt, *[gép leáll]* stall, stop, *[meghibásodik]* break* down **3.** *[beszédben]* stop short, break* off **4.** *[támaszték nélkül]* stand* up; **~ a saját lábán** fend for oneself, pay* one's way; *biz* roll one's own **5.** *[helyesnek/érvényesnek bizonyul]* hold* (good), *biz* hold* water; **ez az elmélet nem áll meg** this theory doesn't stand up (v. *biz* doesn't hold water) **6. ~ja a sarat/helyét** (i) (*vmben*) bear* up (under sg), cope with sg, hold* one's own (in sg), give* a good account of oneself; *biz* come* up to scratch (ii) *[ellenféllel szemben]* hold*/keep*/stand* one's ground **7. nem/alig tudja ~ni, hogy ne** ... he can't help doing sg, he can't refrain from doing sg; **nem álltam meg nevetés nélkül** I couldn't help (v. keep from) laughing; **nem állja meg szó nélkül** he can't resist a comment, he must have his say; **~ja nevetés nélkül** (manage to) keep* a straight face; → **ész**, → **láb**, → **szó**
megállapít *i* **1.** *[kiderít]* establish, ascertain; **már amennyire meg tudom állapítani** as far as I can see/tell **2.** *[kijelent]* state **3.** *[kimutat]* find*, point out (that), show*, *[hibát]* find*, locate; **~ották, hogy** it was (v. has been) found that, it was established that **4.** *[meghatároz]* determine, fix, settle, decide, *[árat]* fix, settle [the price], *[időpontot]* fix, appoint, assign, set* [a date], *[kárt, értéket]* assess **5.** *[betegséget]* diagnose
megállapítás *fn* **1.** *[kiderítés]* establishing, establishment, *[kijelentés]* statement, *[tud. műben]* findings *tsz*; **hivatalos ~** official statement; **~t nyert, hogy** ... it was found/proved/ascertained that ... **2.** *[áré]* fixing, *[káré]* assessment
megállapítható *mn* ascertainable, determinable, provable; **~, hogy** ... it can be ascertained/stated/proved that ...
megállapított *mn* **1.** *[tény]* established, ascertained, stated, proved **2.** *[ár]* fixed; **~ áron** at the price stated/agreed
megállapodás *fn [két fél között]* agreement, understanding, *[szerződés]* contract; **~ szerint** according to the agreement, as agreed (upon); *[találkozóra vonatkozólag]* by appointment; **ár ~ szerint** price by arrangement; **~ jött létre** (an) agreement was reached; **tartja magát a ~hoz** abide by the agreement; **~ra jut vkvel** come* to (v. arrive at v. wrap up) an arrangement/agreement with sy; **~t köt vkvel** make*/conclude (v. enter into) an agreement with sy
megállapodástervezet *fn* draft agreement
megállapod|ik *i* **1.** (*vkvel vmben*) agree with sy on/about sg (v. as to how ...), make* (v. come* to v. arrive at v. reach) an agreement (with sy on/about sg), make* (v. come to) an arrangement (with sy); **~ik egy időpontban vkvel** make*/fix an appointment with sy (for); **~tunk abban, hogy** ... it was agreed/arranged that ..., we (all) agreed to ..., we are (all) agreed on (...ing) (v. that); **~tak-e az árakat illetően?** have you agreed on (the) prices? **2.** *[mozgó tárgy megáll]* come* to a standstill **3.** *átv* (*vk*) settle (down)
megállapodott *mn* fixed, settled
megállás *fn* stop(ping), stoppage, halt, standstill; **~ nélkül** (i) *[halad]* without stopping, without a stop, non-stop (ii) *[szünet nélkül]* without a break; *[szakadatlanul]* incessantly, unceasingly; **~ nélkül dolgozik** keep* at it, work non-stop
megállít *i* **1.** *ált* stop, bring* (sg) to a stop, *[járművet]* stop, pull/draw up, *[karjelzéssel]* flag down, pull up; **hirtelen ~ották** was brought up short, was flagged down (v. pulled up) **2.** *[munkában, beszédben]* interrupt, bring*/pull sy up short **3.** *[mozgalom terjedését]* contain
megállj *fn* **~t parancsol magának** see* the red light; **~t parancsol vknek** blow* the whistle on sy
megálló(hely) *fn* stop; **feltételes ~** request stop
megálmod|ik *i* see* sg in a dream, *[megsejt]* dream* of/about (sg) beforehand
megalománia *fn* megalomania
megalomániás *mn* megalomaniac

M

megalsz|ik *i* **1.** *[tej]* curdle **2.** (*vk vhol*) put* up for the night
megalvad *i [vér]* clot, cake
megalvaszt *i [vért]* congeal, coagulate
megannyi *hsz* **1.** *[ugyanannyi]* as/so many **2.** *[számtalan]* lots of ... *[és tsz, megszámlálható főnevek esetén]*
mégannyira *hsz* **ha ~ próbálja is** hard as he may try, even if he tries hard
megáporod|ik *i* turn/go* stale, go* off
megapprehendál *i* (*vmért*) take* offence (at sg), be offended (at/by sg, by/with sy), go* into a huff (about sg)
megárad *i* rise*, swell*, flood, overflow; **~t a Duna** the Danube is rising
megaranyoz *i* **1.** *[tárgyat]* gild* **2. ~za vk öregségét** brighten/light* up sy's old age (v. declining years)
megárt *i* **1.** (*vknek/vmnek*) do* (sy/sg) harm, be* harmful/injurious (to sy/sg); **jóból is ~ a sok** too much is as bad as nothing at all, enough is as good as a feast; **nem fog ~ani neked** it won't harm you, it will do you good (v. no harm) **2.** *[gyomornak]* upset* (sy/sy's stomach), disagree (with sy)
megás *i* **1.** *konkr* dig* **2.** *átv* **~sa vk sírját** be* the undoing/death of sy
megaszal *i* dry, desiccate, dehydrate
megaszalód|ik *i* become* dry, parch
megátalkodott *mn* **1.** *[bűnöző]* confirmed, hardened, obdurate **2.** *[makacs]* stubborn, obstinate
megátalkodottság *fn* **1.** *[bűnözőé]* obduracy **2.** *[makacsság]* stubbornness, obstinacy
megátkoz *i* curse, damn
megavasod|ik *i [vaj, szalonna]* go*/turn/become* rancid
megáz|ik *i* (*vk*) get* wet, (*vm*) become* wet, *[bőrig]* get* sopping wet, get* soaked to the skin
megbabonáz *i* **1.** *[varázsló]* bewitch **2.** *átv* cast* a spell on sy, entrance, fascinate, enchant, charm
megbámul *i* gaze/stare/gape at (sy, sg)
megbán *i* **1.** *vall [bűnt]* repent (of) [one's sins v. what he has done]; **bánjátok meg bűneiteket** repent (of your sins) **2.** *[hibát stb.]* regret [a mistake v. one's decision v. what one said etc.], be* sorry for [a mistake etc.]; **ezt még ~od!** you'll be sorry!, you'll live to regret it; **nem bánod meg** you'll not be sorry, you won't regret it
megbánás *fn* regret, sorrow, *vall* repentance; **~t mutat** show* repentance; **semmi ~t nem mutat** show* no (signs of) repentance/regret
megbánt *i* offend (sy), hurt* sy's feelings; **nem akar(ta)lak ~ani** no offence meant, I mean(t) no offence/harm; **~va érzi magát** be*/feel* aggrieved (*vm miatt* at/over sg), be* very (much) hurt (by sg)
megbántás *fn* (giving) offence, insult
megbántód|ik *i* be* offended (at sg)
megbántottság *fn* hurt; **kimutatja a ~át** reveal one's hurt
megbarátkoz|ik *i* **1.** (*vkvel*) become* friends, make* friends (with sy) **2.** (*vmvel*) familiarize oneself with (sg), come* to terms with sg
megbarnít *i* brown, tan
megbarnul *i* (become*) brown, tan
megbecstelenít *i [nőt]* rape (sy)
megbecstelenítés *fn* rape
megbecsül *i* **1.** *[értékel vkt]* appreciate, esteem, value **2.** *[vm értéket]* guess, take* a guess, value, appraise, estimate, *[kárt]* assess [damage]; *[árat]* put* a price on sg; **tévesen becsüli meg** be* out in one's guess **3.** *nyomd [könyv terjedelmét]* cast* off **4. ~i magát** behave oneself/properly
megbecsülés *fn* **1.** *[személyé]* esteem, appreciation; **~t vív ki magának** win*/gain one's spur; **minden iránta érzett ~em ellenére** with all my/due respect for him (I still ...); **a jó munka ~e** appreciation of (v. respect for) work well done **2.** *[vm értéké]* estimation, valuing, valuation, *[káré]* assessment
megbecsülhetetlen *mn* → **felbecsülhetetlen**
megbékél *i* make* one's peace with sy, be* reconciled (*vkvel* with sy), calm down
megbékélés *fn vall* atonement, *ált pol* reconciliation [between former enemies]
megbékít *i* → **kiengesztel**, → **kibékít**
megbéklyóz *i* **1.** *[lovat]* hobble **2.** (*vkt*) shackle, fetter
megbékül *i* be* at peace with sy; → **kibékül**, → **megbékél**
megbélyegez *i* **1.** *[tüzes vassal]* brand **2.** *átv [erkölcsileg elítél]* condemn **3.** *átv* **~ték** *[rásütötték vmnek a bélyegét]* has been stigmatized/branded as ...
megbélyegzés *fn* **1.** *[tüzes vassal]* branding **2.** *átv* condemnation
megbélyegzett *mn átv* condemned, branded/stigmatized (as) *ut*
megbénít *i átv is* paralyse (*US* -lyze), *[megállít, pl. forgalmat]* bring* to a standstill, tie up
megbénul *i átv is* be*/become* paralysed (*US* -lyzed); **(valósággal) ~t a forgalom a belvárosban** traffic in the city is at a complete standstill
megbeszél *i* **1.** *ált* talk (sg) over, *[megvitat]* discuss, debate, talk out, (*vkvel vmt*) have* a talk (with sy about sg); **beszéld meg a feleségeddel** talk it over with your wife **2.** *[találkozót stb.]* arrange [a meeting v. to meet sy]; *[vmely napot]* set* a date; **~ egy időpontot/találkozót vkvel** make*/fix an appointment with sy; **2 órára beszéltem meg (a találkozót) X-szel** I have arranged to meet X at 2 o'clock, I have an appointment with X at 2 p.m.; **~t időpont/találkozó** appointment; **ahogy ~ték** as (was) agreed, as arranged; **előre ~t** prearranged; **meg van beszélve?/ ~ték?** have you (v. do you have) an appointment (with X)?
megbeszélés *fn* **1.** *ált* talk, discussion, *[értekezlet]* meeting, *főleg: US* conference, *hiv [két ember között]* interview; **~t folytat** (v. **~e van) vkvel** have* a talk with sy; **~en van** be* in/at a meeting, *US* be* in conference; **bizalmas ~t folytat vkvel** have* a private conversation/interview with sy **2.** *[megbeszélt találkozó]* appointment; **~ szerint** by appointment **3.** *[megegyezés]* arrangement, agreement
megbetegedés *fn* **1.** *ált* illness, disease **2.** *[szervé]* disorder, trouble **3.** *[eset]* case
megbetegsz|ik *i* fall*/get* ill, be* taken ill, *US így is* fall* sick; **már megint megbetegedett?** has (s)he fallen ill again?; **influenzában megbetegedett** he fell ill with influenza, *biz* be*/go* down with (the) flu
megbicsakl|ik *i* **~ott a hangja** his voice faltered
megbicskáz *i* knife sy
megbikáztat *i [indítókábellel beindít]* jump [the car]
megbilincsel *i* shackle, fetter, put* (sy) in chains/irons, *[kezén]* handcuff
megbillen *i* (*vm*) tilt, tip (up/over), overbalance, (*vk*) lose* one's balance
megbillent *i* tilt, tip (up/over); **~i a kalapját** tip one's hat
megbírál *i* criticize
megbirkóz|ik *i ált* (*vmvel*) wrestle with sg, (can*) manage sg, cope with sg; *[helyzettel]* keep* up with the situation, come* to grips with sg; *[betegséggel]* overcome* [an illness], *[ellenállással]* overcome*, bear* down [resistance], *[kérdéssel]* tackle [a problem], *[nehézséggel]* overcome*, cope with [difficulties], *kif* come* to grips with [a difficult problem]; **meg tud vele birkózni** can* manage it, can* cope with it/sg, be* equal to [the occasion]; **nem tud ~ni vmvel** she can't cope with it, she is floored by it; **nehezen birkózik meg vmvel** find* it hard to come/get to grips with sg, have* a hard time [trying to do sg]
megbírságol *i* fine; **~ták 500 Ft-ra** he was fined 500 fts; **~ták gyorshajtásért** (s)he was fined for speeding
megbíz *i* (*vkt vmvel*) charge/entrust sy with sg, commission sy to do sg; **~zák vmvel** be* charged with (doing sg)
megbízás *fn* **1.** *ált* commission, charge, assignment, authority, *pol* mandate [to do sg]; **vk ~ából** on behalf of sy, on sy's authority; **~ához híven** in accordance with one's

instructions; **~t kap vmre** be* charged with (doing) sg, be* commissioned to do sg; **~t ad vknek vmre** commission sy to do sg; *pol* give* sy a mandate to ...; **~t kapott gazdasági reformok végrehajtására** has been given a mandate to reform the economy; **~okat bonyolít le** go* on errands (for sy), run* errands **2.** *gazd* order; **eladási ~** selling order; **vételi ~** order (to buy); **~t teljesít** fulfil (*US* -fill) an order

megbízatás *fn* **1.** → **megbízás 2.** *pol* **lejárt a ~a** his term has run out, his term is up/over

megbízhatatlan *mn [ember, adat]* unreliable, not to be relied on *ut*, *kif* there is no relying on him, (*vk*) untrustworthy, not to be trusted *ut*, a broken reed

megbízhatatlanság *fn* unreliability, untrustworthiness

megbízható *mn* **1.** *[ember]* reliable, dependable, trustworthy **2.** *[adat]* accurate [fact, information], *[értesülés]* reliable [information], *[szótár stb.]* authoritative, reliable [dictionary]; **~ forrás** reliable/trustworthy/authoritative source; **~ forrásból tudom** I have it on good authority

megbízhatóság *fn* **1.** (*vké*) reliability, dependability, trustworthiness **2.** *[adaté]* authenticity

megbíz|ik *i* (*vkben/vmben*) trust sy/sg, put* trust in sg, rely/depend on sy, believe in sy/sg; *biz* put* one's money on sg; **teljesen ~om benne** I have every confidence in him; **nem lehet benne ~ni** he is not to be trusted, you cannot depend/rely/count on him

megbízó *fn* assignor; *[ügyvédé]* client, *gazd* consigner

megbízólevél *fn [diplomatáé]* credentials *tsz*, letter of credence; **átadja megbízólevelét** present his credentials, present his letter of credence

megbizonyosod|ik *i* (*vm felől*) make* sure/certain of sg, ascertain sg

megbízott I. *mn* (*röv* **mb.**) (*vmvel*) in charge of sg *ut*; **~ előadó** (temporary) lecturer; *okt* **~ igazgató** acting headmaster; **~ képviselő** *gazd* business agent/representative **II.** *fn* **1.** *pol* deputy; **~ elnök** the acting president **2.** *[diplomáciai]* representative **3.** *jog* delegate **4.** *gazd* agent

megbocsát *i* **1.** (*vknek vmt*) forgive* (sy sg/sy for doing sg), pardon (sy sg/sy for sg), excuse sy (for sg/for doing sg), *[bűnt, sérelmet stb.]* forgive* [wrongs, offences, sins]; **bocsásd meg, hogy kibontottam a levelet** excuse my opening the letter, forgive* me for opening the letter; **bocsáss(on) meg!** excuse me!, I'm sorry!, I beg your pardon!; **nem bocsátok meg** I refuse to (v. I won't) forgive him; **ez egyszer még ~ok (de ...)** I'll let you off this time (but ...) **2.** *vall [bűnt]* forgive* [sins]

megbocsátás *fn* forgiveness, pardon

megbocsáthatatlan *mn* unforgivable, unpardonable

megbocsátható *mn* forgivable pardonable, venial

megbocsátó *mn* forgiving, lenient; **meg nem bocsátó** unforgiving

megbokrosod|ik *i* **1.** *[ló]* bolt, run* away; *átv is* take* / have*/get* the bit between/in one's teeth (v. in the mouth) **2.** *átv [vk megmakacsolja magát]* dig* one's heels in

megboldogult *mn/fn* **a ~** the deceased; *[csak jelzőként]* the late ...

megbolondít *i* drive* sy mad/crazy, madden sy

megbolondul *i* go* mad/crazy, go* out of one's mind

megbolydul *i* begin* to swarm, burst* into activity

megbolygat *i [rendet, ügyet]* interfere with sg, stir up sg

megboml|ik *i* **1.** *[rend]* break* down **2.** **~ik az agya** → **meghibban**

megbont *i* **1.** *[egységet]* disrupt, break* (up) [unity] **2.** *[rendet]* disturb [peace]

megbonthatatlan *mn* **~ szövetség** inseverable/indissoluble alliance

megborjadz|ik *i* calve

megborotvál *i* shave*

megborotválkoz|ik *i* shave* (oneself), *[borbélynál]* get* shaved, have* a shave

megborsoz *i* pepper, season (sg)with pepper

megborzad *i* (*vmtől*) be* horrified/shocked (at sg/to see/hear sg)

megborzong *i [hidegtől, félelemtől]* shiver/shudder [with cold/horror]

megbosszul *i* **1. ~ vmt (vkn), ~ja magát vkn** avenge/revenge sg on sy, revenge/avenge oneself on sy, take* vengeance/revenge on sy (for sg) **2. (vm) ~ja magát** sg brings its own punishment, there is a (heavy) price to be paid for sg; **ez még ~ja magát** this may (prove to) be your/sy's undoing

megbotl|ik *i* (*vmben*) stumble (on/over sg), trip (over sg); **~ott és elesett** his foot slipped and he fell, he stumbled/tripped and fell; **~ik a nyelve** make* a slip (of the tongue), trip

megbotoz *i* cane, beat*, thrash

megbotránkozás *fn* indignation, disgust, shock, outrage; **mindenki ~ára** to the disgust of everybody; **általános ~t okozott** it caused a general uproar

megbotránkoz|ik *i* (*vmn*) be* scandalized/shocked (at/by sg)

megbotránkoztat *i* (*vkt*) scandalize/shock/disgust/offend/outrage sy

megbotránkoztató *mn* scandalous, outrageous, shocking

megbök *i* push (gently), give* (sy/sg) a slight push, poke (sy)

megbuggyan *i biz* **1.** *[megromlik pl. gyümülcslé]* go* off, *[gyümölcs]* go* bad, rot **2.** *[megbolondul]* **meg vagy bugygyanva** you must be off your chump

megbúj|ik *i* hide*, be*/lie* in hiding

megbuk|ik *i* **1.** *[vizsgán]* fail (to pass) an/the examination, fail (in an/the exam/examination); *biz* go* down, get* left; **~ott történelemből** (s)he (was) failed in history, *biz* (s)he got a fail in history, *biz* (s)he was ploughed in history **2.** *[elgondolás, vállalkozás stb.]* fail, fall* through, *biz* go* under, fold; *biz* cave in, blow* up in one's face, fall* to the ground, tumble down; *[pénzügyileg]* go*/become* bankrupt; *szl* go* bust **3.** *[kormány]* fall*; **~ott a kormány** the government fell (v. has fallen); **a ~ott kormány** the defeated government, *[finoman kifejezve]* the outgoing government; **~ik a választásokon** get* voted out **4.** *[színdarab]* fail, be* a failure (v. *biz* flop); flop **5.** *[lebukik, betörő stb.] szl* the jig is/was up, get* pinched, be* caught/arrested

megbuktat *i* **1.** *[vizsgán]* fail sy [in an examination], *biz* plough sy, *főleg: US* flunk sy **2.** *[elgondolást, tervet]* wreck, *kif* bring* about the failure (of a plan) **3.** *[pénzügyileg]* bankrupt, ruin **4.** *[kormányt]* overthrow*, bring* down, topple

megbundáz *i biz [meccset]* rig [the match]

megbutul *i* become*/grow* stupid/dull

megbüdösöd|ik *i* be*/go* off, begin* to stink, *[és rothad]* putrefy

megbűnhőd|ik *i* (*vmért*) suffer for [one's sins], expiate sg, smart for sg

megbüntet *i* **1.** *ált* punish, come* down on sy; *[példásan]* make* an example of sy, *[szigorúan]* bear* down on sy, *[kegyetlenül]* come* down on sy like a ton of bricks **2.** *[pénzbírsággal]* fine

megbűvöl *i átv* charm, enchant, entrance, cast* a spell over sy

megcáfol *i* **1.** *[érvekkel]* refute, prove (sg) wrong, *[elméletet]* disprove **2.** *[hírt]* contradict, deny **3.** *[vádat]* rebut, repudiate

megcáfolhatatlan *mn* irrefutable, undeniable, incontrovertible

megcéloz *i* (*vmt/vkt*) aim (sg) at sg/sy, take* aim/sight at sg/sy; *biz* shoot* for sg, *átv [vm felé tart]* make* for sg; *[fegyverrel]* aim/point [a gun] at sy; *átv* set* one's sights on sg

megcenzúráz *i* censor, *biz* blue-pencil (*US* -l)

megcibál *i* (*vmt*) tug (at)sg, pull at sg

megcímez *i* address

megcirógat *i* caress, stroke, fondle

megcukroz *i* sugar, put* sugar in, sweeten, *[hintve]* sprinkle/dust (sg) with sugar

megcsal *i* **1.** *ált* deceive, cheat **2.** *[házastársat]* be* unfaithful to (one's husband/wife), be* cheating on (one's wife/husband); *biz* step out on sg, two-time sy; **fűvel-fával ~ vkt** sleep* around, have* many on the side

megcsap *i* **1.** *[ostorral]* whip, lash **2. vmnek a szaga ~ja az orrot** get* a whiff of sg; **~ja a hideg** (s)he suddenly feels cold **3.** *biz [elcsen]* filch, walk off with (sg), *GB* whip

megcsapol *i [hordót]* tap, broach

megcsappan *i* diminish, decrease, *[haszon, jövedelem]* fall* (off)

megcsavar *i [csavaros dolgot]* screw, twist, give* sg/it a twist/turn, tighten [a screw]

megcsendül *i* ring*/peal (out)

megcserél *i* → **felcserél**

megcsiklandoz *i* tickle

megcsillan *i* **1.** *konkr* flash, gleam, glint; **~t a szeme az örömtől** a flash of joy came into his eyes; **könny csillant meg a szemében** tears glistened/shone in her eyes **2.** *átv* **~ előtte a remény** he has a gleam of hope

megcsillant *i* (*vmt vk előtt*) dangle sg before (v. in front of) sy

megcsinál *i* **1.** *[elkészít]* do*, *[készre]* get* sg ready, carry out, finish (off), *[ételt]* prepare, cook, make* [meal], *[gyógyszert]* make* up, prepare, dispense, *[isk. feladatot, leckét]* do* [one's homework, a paper etc.], prepare, *[ruhát]* make* up, *[számlát]* make* out/up, *[tervezetet]* draw* up, draft; **~jam-e vagy se?** shall I (v. am I to) do it or not?; **~ja a reggelit** get* (the) breakfast ready; **~tad a leckéidet?** have you done your homework?; **veszi a fáradtságot és ~ja** *kb.* take* the trouble to do sg **2.** *[megjavít]* repair, fix, mend, set* sg right; **~ta a rossz csapot** he fixed the leaky/leaking tap; **meg tudod csinálni?** can you do/repair/fix it? **3.** *iron* **ezt jól ~tad** you've made a fine mess (v. bad job) of it! **4.** *[sikerül neki]* make* it; **M~ta!** He made it!; → **szerencse**

megcsíp *i* **1.** *[ujjával]* pinch, nip **2.** *[élősdi]* bite*, *[csalán, darázs, méh]* sting* **3.** *[fagy]* bite*, nip; **~te a dér/fagy** be* bitten by the frost **4.** *[rajtakap]* catch* sy (at sg); **most ~telek!** I've got caught you! **5.** *szl [megszerez]* manage to get, score (sg)

megcsipogtat *i biz [személyi hívón felhív]* bleep sy, call sy on his/her bleeper

megcsodál *i* admire, gaze at sy in wonder

megcsókol *i* give* sy a kiss, kiss sy

megcsomósod|ik *i [rántás]* go* lumpy, *[erek]* form lumps, swell* into knots

megcsonkít *i* **1.** (*vkt*) mutilate, cripple **2.** *[országot]* dismember, carve up

megcsontosodott *mn átv* confirmed, inveterate, hardened; **~ agglegény** confirmed bachelor

megcsóvál *i* **1.** *[fejét]* shake* **2.** *[farkát]* wag

megcsömörl|ik *i* (*vmtől*) grow* disgusted with sg, grow* sick of sg, be* satiated/cloyed with sg; *biz* go* off sg

megcsúfol *i [tettével vmt]* make* a mockery of sg

megcsúfolás *fn* **minden emberi érzés ~a** an outrage against humanity, a mockery of (all) human feelings

megcsúnyul *i* grow*/become* ugly/plain, lose* one's looks

megcsúsz|ik *i* **1.** (*vk*) slip; **~tam és elestem** my foot slipped and I fell **2.** *[jármű]* skid

megdagad *i* swell* (up)

megdarál *i* grind*, mill

megdermed *i* **1.** *[hidegtől vk]* be* numbed with cold **2.** *[ijedtségtől]* become* paralysed/numb(ed) with fear/terror

megdézsmál *i biz* lift, filch, pinch

megdicsér *i* (*vkt vmért*) praise (sy for sg), give* sy credit for sg, give credit to sy for sg

megdicsőülés *i* apotheosis, transfiguration

megdinsztel *i* simmer

megdob *i* (*vkt vmvel*) throw*/cast* sg at (sy); **~ vkt egy kővel** throw*/fling* a stone at sy

megdobban *i* **~t a szíve** his heart throbbed, his heart leapt (for joy)

megdobogtat *i* **~ja vk szívét** make* one's/sy's heart throb/flutter, set* one's/sy's heart beating/throbbing, stir one's blood; *biz* do* sy proud

megdohosod|ik *i* mildew, go*/turn mouldy (*US* moldy)

megdolgoz *i* **1.** *[rábeszél]* talk sy into sg; *[lebeszél]* talk sy out of sg **2.** *átv [tanút ügyész]* press; *[megfélemlít]* get* at, intimidate

megdolgoz|ik *i* (*vmért*) work hard for sg; **~ott érte** he deserves it, get*/have* a good run for one's money

megdolgoztat *i* (*vkt*) make* sy work, give* sy (plenty of) work to do; **keményen/alaposan ~ vkt** drive* sy hard, put* sy through his paces, hold* sy's nose to the grindstone; **alaposan ~ták érte** he was made to work hard for it

megdorgál *i* reprimand, rebuke, reprove

megdöbben *i* (*vmtől*) be* shocked/appalled (at sg), be* startled/astonished (at sg/to see/hear sg); **~tem erre a gondolatra** I was startled at (v. taken aback by) the thought/idea; **~ve látja, hogy** ... be* astonished/shocked to see that ..., it shocked me to see that/how ...

megdöbbenés *fn* shock, astonishment; **nagy ~ére** to his great astonishment; **~sel hallottam, hogy** ... I was shocked to hear that ..., I heard to my astonishment that ...; **általános ~t keltett** it caused general consternation

megdöbbent I. *i* shock, appal (*US* appall), startle, stun, take* sy aback **II.** *mn* shocked, appalled, *[erősen]* horrified, stunned; **~en nézett rám** (s)he looked at me in astonishment; → **megdöbben**

megdöbbentő *mn* shocking, appalling, startling; **~ hasonlatosság** startling/striking resemblance; **~ látvány** shocking sight

megdöf *i* **1.** *[karddal]* lunge/thrust* at, stab **2.** *[szarvval]* toss

megdögl|ik *i tabu* die, perish

megdögönyöz *i* **1.** *[masszíroz]* knead, massage **2.** *[elver]* thrash, pummel (*US* -l)

megdől *i* **1.** *[gabona]* be* beaten down **2.** *[hajó]* lurch, heel over **3.** *[érv, tétel, elmélet]* prove a failure, prove false/untenable/wrong, *kif* come* to the ground; **így ~t az a feltevés, hogy** ... and so the theory/notion/idea that ... (was) proved false; **összes érvei ~tek** he has not a leg to stand on **4.** *[hatalom, uralom]* collapse, be* overthrown **5. két csúcseredmény dőlt meg** two records fell (v. were broken)

megdönget *i* batter at, bang on

megdönt *i* **1.** *[gabonát]* beat*/blow* down **2.** *[hatalmat, uralmat]* overthrow*; *[kormányt]* bring* down **3.** *[reményt, tervet, szándékot]* disappoint, frustrate **4.** *[rekordot]* beat*, break* [a record] **5.** *[állítást, érvet]* refute, disprove, knock down, knock the bottom out of [an argument]

megdöntés *fn* **1.** *[gabonáé]* beating down **2.** *[hatalomé, uralomé]* overthrow **3.** *[rekordé]* beating, breaking **4.** *[állításé, érvé]* refutation, rebuttal

megdönthetetlen *mn* **1.** *[érvelés]* irrefutable, unanswerable [argumentation] **2.** *[bizonyíték]* incontestable, incontrovertible [evidence] **3.** *[szabály* v. *alibi]* cast-iron

megdördül *i [ágyú]* begin* to roar/thunder, *[ég]* begin* to thunder

megdörzsöl *i* rub; **~i a szemét** rub one's eyes

megdrágít *i [árut]* raise the price of sg

megdrágul *i* go* up (in price), become* more expensive; **~(t) a benzin** the price of petrol (*US* gas) is going up, petrol is going up (in price), there is an increase in the price of petrol (*US* gas)

megdrótoz *i* mend/repair (sg)with wire, wire

megdug *i durva* (*vkt*) screw/lay* sy

megdumál *i szl* **1.** *[rábeszél]* talk sy into sg **2.** *[megbeszél]* talk (sg) over

megdupláz *i* double

megduzzad *i* swell* (up), become* swollen

megduzzaszt *i* swell*

megdühö(sö)d|ik *i* become* enraged/furious, lose* one's temper

megebédel *i* have* (one's) lunch, lunch

megecetesed|ik *i* acetify, turn acid

megédesít *i* sweeten; → **pirula**

megedz *i* **1.** *[vasat, acélt]* harden, chill **2.** *átv* harden, toughen (sy) up; **a nélkülözések ~ették** privations hardened him (v. toughened him up)

megedződ|ik *i* become* hardened, toughen up (*vmvel szemben* to sg); **~ött vmvel szemben** be* (v. has become) hardened/inured to sg, he seems to have toughened up (a lot) [since last year]

megég *i* burn*, get*/be* burnt

megéget *i* **1.** *konkr* burn*; **~i a nyelvét** burn*/scald one's tongue **2.** *átv* **~i az ujját** burn* one's fingers, get* one's fingers burnt

megegyezés *fn* **1.** *[egyetértés]* agreement, harmony, concord **2.** *[megállapodás]* contract, agreement; *[szemben álló feleké]* settlement; **közös ~ alapján** by mutual/common assent/consent, by (general) agreement; **(közös) ~ szerint** as per agreement, as agreed (on), as stipulated; **~ szerinti** agreed (on) *ut*; **közös ~en alapuló** based on common assent/consent/agreement *ut*; **(közös) ~re jut vkvel** arrive at an agreement with sy, come* to (v. make*) an arrangement with sy, come* to an understanding; **hajlandó ~re** meet* sy halfway **3.** *[egyformaság]* congruence, conformity

megegyez|ik *i* **1.** *[vkvel vmben* v. *vmre nézve]* agree (with sy on sg), come* to (v. arrive at) an agreement (with sy on sg), come* to terms with sy, be* in agreement (with sy); **~tek abban, hogy** ... they (all) agreed to ..., they are (all) agreed on sg (v. that ...); **~tünk?** agreed?, is it a deal?; **~tünk!** agreed!, it's a deal!, all right!, done!, *US* O.K. **2.** *[egyező vmvel]* correspond to/with, agree/accord with, be* the same (as sg); **pontról pontra ~ik** be* the carbon copy, be* the exact same (sg); **a fordítás az eredeti szöveggel mindenben ~ik** the foregoing is a true and correct translation of the original text; **sok szempontból ~nek** they have a lot in common **3.** *[tervvel, elmélettel]* fit/fall*/chime in with, be* consistent with; **~ik terveimmel** it suits my plans, *kif* that'll suit (v. it suits) my book **4.** *nyelv* agree (with) **5.** *[hitelezőkkel]* compound [with one's creditors] **6.** *[peres felek peren kívül]* reach a settlement out of court

megegyező *mn* agreeing/concordant with *ut*, (being) in agreement/accord with *ut*, corresponding/true to *ut*, *[azonos]* identical (with), same (as); **az eredetivel ~ másolat** copy corresponding to the original; **vmvel ~en** in line/agreement/harmony with sg

megéhez|ik *i* get*/feel*/grow* hungry

megejt *i* **1.** *[vizsgálatot]* hold* [an inquiry], make* [investigations] **2.** *[megigéz]* seduce, charm **3.** **~ egy lányt** get* a girl into trouble

megél *i* **1.** *[eleget keres]* earn/make* one's/a living; **évi 30 000 dollárból ~** he lives on $30,000 a year; **írásból nehéz ~ni** it is difficult to live off writing; **éppen hogy ~** he can hardly make ends meet, he can hardly keep body and soul together, scrape along; **a jég hátán is ~** survive (v. make* good) anywhere; **nem tud ~ni a fizetéséből** he cannot manage on his salary/pay, he can't live on his salary; **ígéretekből nem lehet ~ni** fine words butter no parsnips; **nekem is meg kell élnem vmből** I too have a living to make **2.** *[pl. eseményt]* live to see sg **3.** *[eseménysorozatot, időszakot stb.]* experience, live through [the 50s etc.]

megelégedés *fn* content(ment), (*vmvel*) satisfaction; **~ére** to one's satisfaction; **~ét fejezi ki** express one's satisfaction

megelégedett *mn* **1.** *[eredménnyel]* satisfied **2.** *[élettel]* contented, pleased

megelégedettség *fn* → **megelégedés**

megeléged|ik *i* → **megelégszik**

megelégel *i* have* enough of; **~te** he could not stand/stomach it any longer

megelégsz|ik *i [elégedett]* (*vmvel*) be* pleased/satisfied/content(ed) (with); *elav [jobb híján]* make* shift with; **~ik azzal, hogy** he confines himself to, he contents himself with doing sg; **meg van elégedve vmvel/vkvel** be* pleased/satisfied with sg/sy; **hogy vagy megelégedve vele?** how do you like him/her/it?, are you satisfied with him/her/it?; **meg van elégedve önmagával** be* pleased with himself/herself

megélénkül *i* **1.** *[ember, társalgás]* liven up, come* to life **2.** *[forgalom]* become* lively; **~t a forgalom az M7-esen** traffic has picked up on the M7 motorway; **~t a ház** the house was astir/humming

megélesít *i* sharpen, sharpen the edge of (sg), put* an edge on (sg)

megelevened|ik *i* **1.** → **megélénkül 2.** *[életre kel]* revive, come* to life (again)

megelevenít *i* **1.** *[megélénkít]* bring* to life **2.** *[életre kelt]* animate, revive, restore (to life), put* new life into

megélhetés *fn* living, *[szűkösen]* subsistence; **jó ~e van** make* a good living, be* provided for; **biztos ~** safe/secure job; **nehéz a ~** times are hard, the cost of living is high

megélhetési *mn* **~ gondjai vannak** have* difficulties in making ends meet, he finds* it difficult to keep body and soul together; **~ költségek** cost of living; **~ lehetőség** means of subsistence *tsz*

megéljenez *i* give* sy a cheer, cheer sy/sg

megell|ik *i ált* bring* forth young, *[kecske, juh]* drop, *[tehén]* calve, *[ló]* foal, *[kutya]* whelp, *[macska]* kitten

megelőz *i* **1.** *[balesetet]* avert, *[betegséget, veszélyt]* prevent, ward/head off; **a balesetek ~hetők** accidents can be averted/prevented [by careful driving] **2.** (*vkt/vmt*) precede, go*/come* before; **~te korát** is ahead of his time, was born before one's time **3.** *[jármű]* overtake*, *US* pass **4.** *[rangban, sorrendben]* take*/have* precedence over, precede **5.** *[felülmúl]* surpass, outrival (*US* -l), outstrip; **~i a vetélytársait** beat* one's rivals, *kif* steal* a march on one's rivals, beat* sy to it

megelőzés *fn* **1.** *[balesetté, veszélyé]* prevention, warding off **2.** *[rangban, sorrendben]* precedence **3.** *átv* (*vké*) outstripping **4.** *orv* prevention, prophylaxis

megelőző *mn* **1.** *[előző]* previous, preceding, former, *[előzetes]* preliminary; **~ intézkedéseket tesz** *[pl. járvány terjedése ellen]* introduce preventive/preventative measures **2.** *orv* preventive, prophylactic

megelőzően *hsz* previously, prior to

megemberel *i* **~i magát** *[összeszedi magát]* pull oneself together, pick up; *[nekibátorodik]* pluck up (v. summon) (one's) courage

megemberesed|ik *i* grow* into a man, reach (v. come* to) man's estate

megemel *i* **1.** *[erőfeszítéssel]* raise (with effort), lift up [weight], heave*, *[súlyt becsülve]* heft; *biz* **~te magát** he has (over)strained himself by lifting **2.** *[kalapot]* raise/doff [one's hat to sy] **3.** *[kártyát]* cut* **4.** *[teljesítményt]* increase, step up

megemészt *i átv is* digest; *átv biz* dig* over

megemészthetetlen *mn* indigestible

megemleget *i* **ezt még ~ed!** you'll smart for it/this!

megemlékezés *fn* **1.** *ált* commemoration; **~ül** as a memorial to, in commemoration of **2.** *[nekrológ]* obituary (notice)

megemlékez|ik *i* **1.** *[halottról, eseményről]* commemorate sy/sg; **~ róla a történelem/utókor** go* down (in history) [as sg/sy] **2.** *[megemlít]* refer/allude to, mention, give* tribute to

megemlít *i* mention, make* mention of, touch on/upon sg

megénekel *i irod* sing* (*vmt* of)

M

megenged *i* **1.** (*vknek vmt*) allow/permit sy sg, give* sy leave/permission (to ...); **tessék ~ni, hogy** ... please allow/permit me to ...; **nincs ~ve** be* not allowed/permitted; **~ magának vmt** *[élvezetet stb.]* allow oneself to ..., indulge in sg; **nem engedhet meg magának vmt** (s)he can't afford sg (to do sg); **nem engedhetem meg magamnak** I can't afford it; **~heti magának** he can afford [sg v. to do sg]; **sokat enged meg magának** take* (too many) liberties, indulge oneself, make* (so) bold (as) to (do sg); **azt hiszi, hogy mindent ~het magának** he thinks he can do anything he likes, he thinks he can get away with anything, he thinks he is above/beyond the law; **túl sokat ~ magának (vkvel szemben)** take* liberties (with sy) **2.** *[lehetővé tesz]* sg admits/allows of sg; **ha az időjárás ~i** weather permitting **3.** *[udvariassági forma]* **~i?** (i) *[elnézést kérek]* excuse me! (ii) *[szabad?]* may I?; **engedje meg (kérem), hogy** ... (please) allow me to, let me ...; **engedje meg, hogy én fizessek** let me settle (v. look after) the bill **4.** *[elfogad, elismer]* admit/grant sg [as a fact]; **~em, hogy így van** I grant that you may be right, supposing that it is so; **meg kell engedni, hogy** ... it must be admitted that; **feltéve, de meg nem engedve** supposing but not granted/admitting (that)

megengedett *mn* **1.** *ált* allowable, permissible, *[igével]* be* allowed/permitted; **teljesen ~ dolog** it is entirely in order (that); **~ legnagyobb sebesség** (maximum) speed limit; **~ terhelés** permissible load **2.** *[törvényes]* legitimate, lawful; **meg nem engedett** (sg) not allowed/permitted; *jog* illicit, illegal, unlawful; **a ~nél gyorsabban hajtott** (s)he was speeding, (s)he was exceeding the speed limit

megengedhetetlen *mn* inadmissible, unpardonable, *[viselkedés]* improper

M

megengedhető *mn* permissible, allowable, admissible

megengedő *mn* **~ mellékmondat** concessive clause

megengesztel *i* → **kiengesztel**

megengesztelőd|ik *i* → **kiengesztelődik**

megenyhül *i* **1.** *[időjárás]* turn/grow* milder; **~t a hideg** it has become/turned a little less cold **2.** *[fájdalom]* abate, subside **3.** (*vk*) become*/get* friendlier

megépít *i* build*

megépül *i* be* built/finished

megér[1] *i [él addig]* live to see; **nem fogjuk ~ni** we shall not live to see it; **~i a százéves kort** he'll live to be a hundred; **a beteg nem éri meg a holnapot** the patient will not live through the night; **a könyv ~te a tizedik kiadást** the book ran into ten editions, the book has been reprinted for the ninth time

megér[2] *i [értékben]* be* worth; **~i?** *biz* is it worth it?; **nem éri meg** it isn't worth it; **~i az árát** it is worth the money; **ezer forintot testvérek között is ~** it is a real bargain for a thousand forints; **nem éri meg a pénzt** it's not worth the money, it's poor value for money; **~i a fáradságot** be* worth one's while, be* worth the trouble (taken); **nem éri meg a fáradságot** it's not worth the trouble/candle; *biz* **~ed a pénzed** and a nice sort of chap you are

megérdeklőd|ik *i* (*vmt*) inquire about sg, make* inquiries about sg, find* out about sy; **érdeklődd meg a vonatok indulását** inquire about the trains; **~tem, hogy jutok el az állomásra** I inquired the way to the station

megérdemel *i* deserve; **~te!** *[úgy kell neki!]* it serves him right, he had it coming, he (has) asked for it

megérdemelt *mn* well-deserved; **~ büntetés** just deserts *tsz*, well-deserved punishment; **~ jutalom** due (v. well-deserved) reward; **jól ~ pihenés** a well-earned rest; **meg nem érdemelt** (i) *[jutalom stb.]* undeserved, unmerited (ii) *[igazságtalan]* unjust, undeserved

megered *i* **1.** *[eső]* begin* to rain, start raining, *[könny]* begin* to flow, start flowing; **~t az orra vére** his nose began to bleed **2. ~ a nyelve** find* one's tongue, become* talkative **3.** *[oltás]* take*; **az oltás nem eredt meg** the vaccine has not taken **4.** *növ [palánta]* take* root

megereszked|ik *i [kötél, rugó]* slacken

megereszt *i* **1.** *[lazít]* slacken, loosen, *[gyeplőt]* slacken [the reins] **2.** *[csapot]* turn on **3.** *átv biz* **~ egy levelet** send* off a letter; **~ egy káromkodást** let* out an oath; **~ egy tréfát** crack a joke

megérez *i* **1.** *[vmnek a szagát/ízét]* can* smell/taste sg, *[ösztönösen felfog]* feel*, become* conscious/aware of sg, *[vm rosszat]* scent, smell*, *[vmt előre]* have* a presentiment of sg; **megérzi a veszélyt** have* a presentiment/feeling of danger **2.** *[vmnek hatását]* be* affected/influenced by sg

megér|ik *i* **1.** *[gyümölcs]* grow*, become* ripe, ripen **2.** *átv* be*/become* ripe/fit for sg; **~ett a döntésre** [the matter] is ripe for decision

megérint *i* touch (lightly), brush against

megerjed *i* ferment

megérkezés *fn* arrival; **~(e)kor** on (one's) arrival

megérkez|ik *i* arrive [*országba, nagyvárosba:* in, *kisebb helységbe, reptérre stb.:* at], come*; **amint ~ik** the minute (v. as soon as) (s)he arrives; **szerencsésen ~ik** arrive safely; **háromkor kell ~nie** he/it is due at three (o'clock); **~ett már a vonat?** has the train arrived (yet)?, is the train in?; **~ett a gép?** has the plane arrived/landed?; **~tünk!** here we are, we have arrived

megérlel *i* **1.** *[termést]* ripen **2.** *átv* **az események ~ték bennem a gondolatot** the events led/forced me to crystallize my thoughts (and I decided to/that ...)

megérlelőd|ik *i [vkben elhatározás]* (gradually) take* shape

megerőltet *i* **1.** (*vkt*) overwork, (over)strain; **~i magát** overtax oneself (v. one's strength), overdo* it; **nem erőlteti meg magát** he does not over-exert (v. overwork) himself **2.** (*vmt*) strain; **~i a szemét** strain one's eyes

megerőltetés *fn* **1.** *[fizikai]* exertion, effort; **~ nélkül** effortlessly; **minden nagyobb ~ nélkül végez el vmt** take* sg in one's stride **2.** *[szellemi]* mental strain **3.** *[anyagi]* (a) strain on one's resources

megerőltető *mn [munka]* exhausting, demanding, *[kiadások]* ruinous [expense]

megerősít *i* **1.** *[kötelet]* make* fast, fix, fasten **2.** *[erősebbé tesz]* strengthen, reinforce, *[fizikailag]* tone up; *[izmot]* tone/build* up **3.** *kat [várost]* fortify **4.** *átv [hírt, jegyet, tervet stb.]* confirm, *[állítást, vallomást]* confirm, bear* out, *[vkt gyanújában]* confirm [sy's suspicions]; **ez csak ~ette elhatározásában** this has only steeled/strengthened his resolve/resolution; **a hírt nem erősítették meg** the report has yet to be confirmed; **meg nem erősített hírek szerint** ... there are unconfirmed reports that ...; **XY utazásának tervét hivatalosan még nem erősítették meg** there has been no official confirmation as yet of the planned visit by XY to ... **5.** *[megállapodást]* set* the seal on sg

megerősítés *fn* **1.** *[kötélé]* fastening, fixing **2.** *[erősebbé tevés]* strengthening, reinforcement, reinforcing **3.** *[városé]* fortification **4.** *átv* confirmation; **a hír ~re szorul** the news/report has yet to be confirmed; **~t nyer** be* confirmed

megerősítő *mn* **~ végzés** confirmation order

megerősödés *fn* **1.** *konkr* strengthening **2.** *pol* consolidation

megerősöd|ik *i* become*/grow* stronger, strengthen; *[fizikailag]* gain strength; **~ött benne az érzés** the feeling grew in him (that); **~ött a szél** the wind has picked up

megerőszakol *i* (*vkt*) rape (sy)

megért *i* **1.** *[felfog]* understand*, comprehend, *[nehezen]* make* out; **azt még ~em, hogy** I have nothing to say against it if, it is all very well that; **nem érti meg a tréfát** (s)he doesn't get/see the joke; **nem tudom ~eni** I can't make any sense of it (v. head or tail of it), I can make nothing of it; **~ette?** is that clear?, do you understand (me)?, *biz* (you) get me?; **ebből ~ette(, hogy** ...**)** this made it clear to him (that ...); **végre ~ette** (at last) the penny dropped, at last he caught on, she saw the light; **~ettem!** I get (v. I've got) it, (all) right!, *biz* OK **2. ~elek** *[bele tudom élni magam a problémádba stb.]* I can understand you; **jól ~ik egymást** they are on good/friendly terms (with each other), they understand* each other, *biz* they are on the same wavelength; **nem értik meg egymást** they don't get on well (together)

megértés *fn* **1.** *[felfogás]* understanding, comprehension; *átv is* **meg nem értés** incomprehension, lack of understanding **2.** *[együttérző]* understanding, goodwill; **kölcsönös ~** mutual understanding, an understanding between [two persons]; **~t tanúsít (v. ~sel viseltetik) vk iránt** be* considerate to sy, be*/feel* sympathetic to/towards sy, show* understanding to(wards) sy; **több ~t vártam tőle** I expected more sympathy/understanding from him/her

megértet *i* (*vkvel vmt*) bring* sg home to sy, make* sy understand sg, get* the message over (to sy); **~i magát** (i) *ált* make* oneself understood/clear (ii) *[zajban]* make* oneself heard

megértő *mn* sympathetic, understanding, considerate (*vkvel* to sy); **légy vele ~** please be understanding to her/him, do be considerate to her/him; **~ pillantás** sympathetic look

megérzés *fn* **1.** *[jövőé]* anticipation **2.** *[ösztönös]* intuition

megérz|ik *i* **1.** *[vkn vm szag]* smell*/reek of; **~ik rajta a borszag** he reeks/smells of wine **2.** (*vmn vm*) smell*/taste of

meges|ik *i* **1.** *[megtörténik]* happen, occur, take* place; **~ik néha, hogy** ... it sometimes happens that ... **2.** (*vkvel vm*) sg happens to sy, sg befalls sy **3. ~ik a szíve vkn** be* sorry for sy, feel* pity/compassion for sy **4.** *elav irod [leány]* get* pregnant, be* got into trouble; → **család**

megesket *i* **1.** *[esküt kivesz]* make* sy swear/vow, administer an oath to sy, swear* sy in, put* sy on oath; **~te titoktartásra** she swore/pledged him to secrecy **2.** *[házaspárt]* marry

megesküsz|ik *i* **1.** *[esküt tesz]* take*/swear* an oath (to), swear* (amire on); **~ik a Szentírásra** kiss (v. swear* on) the Book; **meg tudnék esküdni (arra), hogy őt láttam** I could have sworn that I saw him/her **2.** *[házasságot köt]* get* married (to sy)

megesz *i* **1.** (*vkt*) eat* (up), swallow; **nem esz meg!** he won't eat you! **2. ~i a méreg** (*vkt*) be* consumed with anger; **~i a piszok** be* unkempt and dirty; **~i a rozsda** rust away

megesz|ik *i* **1.** (*vmt*) eat* up, *biz* polish/finish off; **~ik az mindent** he will eat everything **2. egye meg, amit főzött** as you make your bed so you must lie on it; **~em a kalapomat, ha** ... I'll eat my hat if ... **3.** *szl [elhisz]* buy*, *kif* swallow (sg) hook, line and sinker, swallow sg whole

megetet *i* **1.** *[állatot, gyereket, beteget]* feed* **2.** *[csak embert]* give* sy food, give* sy to eat **3.** *szl [elhitet vkvel vmt] kif* sy swallows sg hook, line and sinker; **~i a közvéleménnyel** sell* an idea to the public

megétet *i elav [megmérgez]* poison

megfagy *i* **1.** *[folyadék]* freeze*; **0 fokon ~ a víz** water freezes at the temperature of 0 degrees centigrade; **csontkeményre ~ott** it has frozen solid; **a vér ~ott ereimben (erre a látványra)** it scared me to death (v. stiff), [that/the sight] made my blood freeze (v. run cold), my blood froze at the sight of it **2.** *[élőlény]* freeze* to death, *[testrész]* freeze*, become* frozen; **majd ~ok!** I am freezing, I am chilled to the bone/marrow

megfagyaszt *i* freeze*

megfájdul *i* begin to hurt/ache, become* painful; **~t a feje** she has a headache

megfakul *i* fade, lose* colour (*US* -or), bleach

megfarag *i* **1.** *[követ, botot]* carve; **szobrot márványból ~** carve a sculpture from a single block of marble **2.** *[ceruzát]* sharpen [pencil]

megfarol *i* skid, swerve (to the right/left)

megfásul *i* become insentibile to

megfázás *fn* a cold/chill

megfáz|ik *i* catch* (a) cold; **(alaposan) ~ott** he caught/has a (bad) cold

megfedd *i* reprimand, rebuke, reprove

megfej *i* **1.** *[állatot]* milk **2.** *átv biz* (*vkt*) bleed*, fleece

megfejel *i [cipőt]* toe, vamp

megfejt *i* **1.** *ált* solve, explain **2.** *[kódot]* decode, decipher, break* [a code] **3.** *[titkot]* unravel (*US* -l); → **rejtvény**

megfejtés *fn* **1.** *[cselekvés]* solving, decoding, deciphering **2.** *[eredménye]* solution, explanation, *[rejtvényé]* answer; **a helyes ~** the correct/right solution

megfejthetetlen *mn* **1.** *ált* insoluble, unsolvable, *[rejtély]* unfathomable **2.** *[szöveg]* indecipherable

megfejtő *fn* solver; **a helyes ~k jutalomban részesülnek** all who have solved the puzzle will get a prize

megfeketed|ik *i* blacken, become*/turn black

megfékez *i* **1.** *[betegséget]* control, arrest, check **2.** *[szenvedélyt]* curb, master, control **3.** *[támadást]* stop, slow up **4.** *[embert, tűzvészt]* bring* sy/sg under control; **sikerült ~ni a tüzet** the fire was brought under control **5.** *[lovat]* bridle, curb

megfeksz|ik *i* **vm ~i a gyomrát vknek** sg lies heavy on one's stomach

megfeledkez|ik *i* **1.** (*vkről/vmről*) forget* sy/sg; **~ik az ígéretéről** fail to keep one's promise (to sy); **nem feledkezik meg vmről** keep* (v. bear*) sg in mind, not forget* sg (to do sg); **ugye nem feledkezel meg róla?** you won't forget, will you? **2. ~ik magáról** forget* oneself, lose* control (of oneself)

megfelel *i* **1.** *[válaszol]* answer sy [v. the question etc.], reply to sy, give* sy an answer; **jól ~ vknek** give* as good as one gets, *US* give* sy a smart answer **2.** *[vmlyen célra]* be* suitable for, be* equal to, (*vknek vm*) sg suits sy; **~ a célnak** it answers/serves the purpose, it/that will do; **~-e az idő?** will that time suit you?; **~?** *[üzletben]* will that be all right?; **nem felel meg** *[vknek vm, pl. időpont]* that time won't suit me; *[árucikk]* it won't do, it's unsuitable; *[étel, éghajlat]* it disagrees with me; **bármi ~** anything will do; **ez a kalap ~** this hat will do; **ha így ~ önnek** if this is convenient to you; **tökéletesen ~ nekem** it suits me fine (v. down to the ground); **~ a kívánalmaknak/követelményeknek** suit/meet* the/sy's requirements, *biz* that'll fill the bill; **~ a várakozásnak** live up to one's/sy's expectations; **nem felel meg a várakozásnak** fall* short of (v. doesn't live up to) sy's/one's expectations; **nem felelt meg a feladatnak** was not equal/up to the task, did not live/match/measure up to the task **3.** *[vm megegyezik vmvel]* correspond to, equal (*US* -l) (sg), be* the equivalent of, be* in accordance with sg; ... **font ~ ... (magyar) forintnak** ... is the equivalent of ... forints in Hungarian currency; **~ a tényeknek/valóságnak** it squares with (v. corresponds to) the facts; **~ a leírásnak** answer (to) the description; **az elmélet nem felel meg a tényeknek** the theory does not square with the facts

megfelelés *fn [megegyezés vmvel]* correspondence, agreement

megfelelő I. a (alkalmas) suitable (for, to), adequate, *[hely, idő]* convenient, *[megkívánt]* appropriate, required, adequate, proper; **~ áron** at a fair price; **ez a megoldás ~ volna nekem** this arrangement would suit me; **a ~ embert a ~ helyre** the right man in the right place; **~ intézkedéseket foganatosítottak** appropriate action has been taken; **~ lehetőségeket teremt** secure/provide adequate facilities; **~ szerszám** right/appropriate tool; **~ méretű/nagyságú** of an appropriate size *ut*, of a suitable size *ut*; **nem ~** (i) *ált* unsuitable, inadequate (ii) *[időben]* inconvenient; **~ módon** → **megfelelően II.** *fn nyelv* equivalent; **ennek a szónak nincs magyar ~je** this word has no equivalent in Hungarian

megfelelően *hsz* **vmnek ~** in accordance/conformity/compliance with sg, according to sg; **ennek ~** accordingly,

M

in compliance with it; **kívánságának ~** according to one's desire(s)/wish(es); **rendelkezésének ~** *gazd* in compliance with your orders

megfélemlít *i* intimidate, frighten, terrify

megfélemlítés *fn* intimidation, terrorization

megfélemlített *mn* intimidated, terror get* infected

megfélemlítettség *fn* intimidiation

megfelez *i* halve, cut* in half, divide in(to) two; **~i a különbözetet** split* the difference; **felezzük meg!** let's go halves

megfellebbez *i [ítéletet]* appeal against [a sentence/decision]

megfellebbezhetetlen *mn* **1.** *[döntés stb.]* unappealable, final **2.** *[ellentmondást nem tűrő]* magisterial

megfen *i [kést]* sharpen, grind*, *[borotvát]* strop, hone, *[kaszát]* whet*

megfenekl|ik *i* **1.** *[hajó]* run* aground, founder, be* stranded, *[kocsi sárban]* get* bogged down (v. stuck) [in the mud] **2.** *[folyamat]* get* bogged down, founder, come* to a deadlock (v. standstill), fall* through

megfenyeget *i* (*vmvel*) threaten/menace sy (with sg); **~te az ujjával** he wagged/shook his finger at him

megfenyít *i* punish, chastise

megfér *i* **1.** (*vkvel*) get* on/along (with), be* on good terms (with); **jól ~nek** they get on well (together), *biz* they hit it off well, they rub along well; **nem férnek meg egymással** they can't/don't get on (well with each other); **nehéz ~ni vele** she is difficult to get on with **2.** (*vm vhol*) there's room for sg

megfertőz *i [élőlényt]* infect, *[levegőt, vizet]* pollute, poison

megfest *i* **1.** *[vmlyen színűre]* paint [sg red etc.], *[textilt]* dye **2.** *[képet]* paint; **~ette a felesége arcképét** (i) *[maga]* he painted a portrait of his wife (ii) *[mással]* he had his wife's portrait painted

megfésül *i* **~i a haját** comb one's hair; **~ vkt** comb sy's hair

megfésülköd|ik *i* comb one's hair

megfeszít *i* **1.** *[húrt, kötelet]* tighten, *[íjat]* bend*, draw* [a bow] **2.** *[izmot]* flex, tense [one's muscles] **3.** *elav [keresztre]* crucify **4.** *átv* **minden erejét ~i, hogy** ... strain every nerve to, do* one's utmost/best to [achieve sg]; **minden erejét ~ve dolgozik** keep* one's nose to the grindstone; **minden erejét ~ve fut** run* hard

megfeszítés *fn* **1.** *[húré, kötélé]* tightening **2.** *[izomé]* flexing, extending

megfeszített *mn* **~ erővel dolgozik** work/be* at full stretch, *biz* pull out all the stops; **~ munka** strenuous work

megfeszül *i* **1.** *[anyag]* tighten, stretch (out), *[izom]* tense; **~t izmokkal** with muscles tensed **2. ha ~sz sem tudod ezt elvégezni** you can strain till you are blue in the face but you won't do it

megfiadz|ik *i* → **megellik**

megfiatalít *i* **1.** *[üdülés stb.]* make* sy young again, rejuvenate sy, give* sy a new lease of (*US* on) life **2.** *[ruha vkt]* make* sy look younger

megfiatalod|ik *i* grow*/get* younger, be* rejuvenated, get* a new lease of (*US* on) life

megfigyel *i* **1.** *ált tud* observe, notice, (*vkt/vmt*) watch, have*/keep* one's eye on, *[orvosilag]* observe, keep* under observation **2.** *[rendőrileg]* shadow, tail, keep* under surveillance

megfigyelés *fn* **1.** *ált tud orv* observation, (*vké/vmé*) watching **2.** *[rendőri]* shadowing, police surveillance

megfigyelhető *mn* observable, noticeable

megfigyelő *fn* **1.** observer, spectator; **jó ~** keen observer **2.** *[értekezleten stb. és pol.]* observer; **~ként vesz részt vmn** be* an observer at sg, sit* on sg as an observer

megfigyelőállomás *fn tud* observation hut, *kat* observation post, lookout

megfigyelőképesség *fn* an eye for detail; **jó a ~e** nothing escapes his/her attention

megfigyelőszolgálat *fn [pl. ENSZ békefenntartó helikopteré]* monitor mission

megfigyelt *mn* **a ~ személy** shadowed/observed person

megfilmesít *i* film, make* a film of, adapt for the screen

megfingat *i durva* shaft

megfizet *i* **1.** *[tartozást stb., kiegyenlít]* pay* [one's debts v. what one owes], pay* sg to sy, pay* (sy) back [money], pay* [money] back, repay* (sy) [money], *[számlát]* settle; **nem fizetted (még) meg (a pénzt), amivel tartozol** you haven't paid me the money you owe me; **~tem a tartozásomat** I have paid (off) my debts **2.** (*vmt vmért*) pay* for (sg), (*vkt vmért*) pay* sy for sg; **~te az árát vmnek** (s)he paid the price of sg; **bőven ~ vkt** pay* sy in full measure; **~ik (érte)** he is paid for it (v. to do it); **jól ~ik** *[munkát]* it is well paid, (*vkt*) he is paid well **3.** *[megveszteget]* bribe (sy), *biz* grease/oil sy's palm **4.** *[lakol vmért]* pay* for (sg); **ezt drágán fogod ~ni!, ezért ~sz!** you'll (have to) pay dearly for that **5.** *[sérelemért]* pay* off (v. settle) old scores, pay* for sg, get* even with sy

megfizethetetlen *mn* **1.** *[ár]* exorbitant, extravagant **2.** *átv* priceless, inestimable, above/beyond/without price

megfizethető *mn* affordable

megfog *i* **1.** *[kézzel]* seize, catch*, take*/get*/catch* hold of, *[megragad]* grip, grasp, *[vmnél fogva]* take* by [the hand etc.]; **~ja vknek a kezét** take* sy's hand **2.** *[állatot]* catch*, trap **3.** *[tolvajt stb.]* catch*, seize, stop, collar; **fogják meg!** stop him!, stop thief!; **~tam!** I've got him; *átv biz* **most ~tál** *[nem tudok felelni]* You've got me there!, you have me here **4.** *biz [férfit férjnek]* hook (sy) **5.** *[festék]* stain; **a kávé ~ta az abroszt** coffee stained the tablecloth; **a szalag ~ta a ruháját** the colour (*US* -or) of the ribbon has come off on her dress; **~ja a rozsda** get* rusty **6.** *biz átv* **rossz oldaláról fogja meg** *[helytelenül fogja fel]* get* the wrong end of the stick

megfogad *i* **1.** *[megígér vmt]* pledge (oneself) to do sg, make*/take* a vow, vow; **~ta, hogy többé nem iszik** he vowed never/not to touch another drop; **~tam magamban** I resolved (to) **2. ~ja vk tanácsát** take* sy's advice **3.** *[lovat]* bet* on [a horse]

megfogalmaz *i* draft, draw* up, formulate, put* sg into words; **~za felszólalását** (s)he is drafting/preparing his/her speech

megfogalmazás *fn [folyamata]* drafting, drawing up, formulation, *[eredménye]* wording

megfogamzás *fn* **1.** *[állaté, emberé]* conception **2.** *növ* taking/striking root

megfogamz|ik *i* **1.** *[élőlény]* be* conceived **2.** *[növény]* take*/strike* root **3.** *[oltás]* take*; → **megered** 3 **4.** *[gondolat]* be* conceived, *[tanítás, intelem stb.]* take* hold

megfogan *i* → **megfogamzik**

megfogdos *i* **1.** (*vmt*) keep* touching/feeling/fingering **2.** *[nőt]* paw, *biz* touch up

megfoghatatlan *mn átv* inconceivable, mind-boggling, unfathomable

megfogható *mn [ésszel]* conceivable, understandable

megfoghatóan *hsz átv [érzékelhetően]* noticeably palpably, tangibly

megfogódz|ik *i* (*vmben*) grip sg, hold* on to sg (tightly), cling* (on) to sg, hold* sg tight

megfogyatkoz|ik *i* **1.** *ált* diminish, shrink*, decrease, *[erő]* ebb away **2.** *[készlet]* run* low

megfojt *i [vkt nyakánál és átv]* strangle, *[máshogyan, légzést akadályozva]* suffocate, *[vízben]* drown; **~aná egy kanál vízben** hate sy like poison

megfoltoz *i [ruhát]* mend, patch (up)

megfontol *i [latolgatva]* weigh (up), think* (sg) over, ponder, *[meggondol]* consider (sg) (carefully), give* the matter some thought, *biz* put* on one's thinking cap; **fontold meg jól!** (do/just) think it over!; **előre ~** premeditate, think* (sg) over in advance; **~ja szavait**

M

weigh one's words; **ezt alaposan meg kell fontolni** this needs careful consideration, give sg thought
megfontolás *fn* consideration; **alapos/érett ~ után** on thinking it over, after due/careful consideration; **hosszas ~ után** after long/much deliberation [they decided ...], after much thought; **~ tárgyává tesz** ponder [a question], consider, take* (sg) into consideration; **~ra visszaküld** *[köztársasági elnök törvényt parlamentnek]* return [a bill] for reconsideration
megfontolt *mn [tett stb.]* carefully thought out (v. considered), deliberate, *[vélemény]* considered [opinion], *[ember]* judicious, thoughtful; *jog* **előre ~** premeditated, deliberate
megfontoltan *hsz* deliberately, prudently; **~ beszél** weigh one's words, speak* prudently; **~ cselekszik** act with due consideration, mind one's p's and q's, act/speak* prudently
megfordít *i* **1.** *ált* turn (over/round); *[fejjel lefelé]* turn upside down; *[ellenkezőjére fordít]* reverse, turn (sg) over **2.** *[mozgást, sorrendet]* reverse; *[hajót]* put* about **3.** *[folyamatot]* turn the tide
megfordítható *mn* **~ folyamat** reversible process
megfordul *i* **1.** *ált* turn (round), *[visszafordul]* turn back; **~ a sírjában** it makes him turn in his grave; **~t a kocka** the tables are turned, the tide has turned, *biz* the boot is on the other foot; **~nak utána** she turns heads, she makes heads turn **2.** *[vk hirtelen]* turn/swing* round, *[vk után]* turn round, look back (after) **3.** *[autó]* turn (back/round), make* a U-turn; **~ni tilos!** no U-turns **4.** *[szél]* shift round, *[hirtelen]* chop about **5.** *[utat oda-vissza megjár]* be* back; **egy óra alatt ~ok** I'll be (here and) back in an hour; **többször is ~t (fuvarral)** he went there and back several times (with the load) **6.** *[vk vhol, társaságban]* mix (in society v. with people), move (in society); **sokszor ~tam náluk** I've been in and out of their house a good deal **7. a dolog azon fordul meg, hogy** the matter hangs/turns/hinges on; **minden azon fordul meg, hogy** ... everything hinges on [what we do next] **8. ~t a fejemben** it occurred to me, it (has) struck me **9.** *[közvélemény, ár]* be* on the turn
megforgat *i* **1.** *ált* turn sg (several times v. again and again v. *US* over and over), rotate, *[szénát]* turn, ted, *[húst zsírban]* roll (in); *átv* **~ja a kést a szívében** turn the knife in the wound **2.** *[megtáncoltat]* dance a few turns with [a girl/woman] **3.** *gazd* invest *[money]*
megformál *i* fashion, form, *átv* formulate
megformáltság *fn* **művészi ~** artistic expression, rendering
megforraszt *i* solder
megfoszt *i* (*vmtől*) deprive (sy/sg) of sg, *[kenyerétől]* take* the bread (out of sy's mouth), *[állástól]* remove [from office], dismiss; **hatalmától ~** divest sy of power; **jogaitól ~** deprive of one's rights; **szabadságától ~** deprive sy of his/her liberty; **trónjától ~** dethrone; *[csalással]* swindle sy out of sg
megfosztottság *fn* **a társadalom ~a** divided ness
megfő *i* cook, boil, *[lassú tűzön]* simmer; **~tt az ebéd** lunch/dinner is ready; **~tt a krumpli** the potatoes are done/ready
megfőz *i* **1.** *[ételt]* cook, boil, *[ebédet, vacsorát]* make*, cook, prepare; **~i az ebédet** (v. **a vacsorát)** cook/make*/prepare (the) dinner/lunch **2.** do* the cooking; **~ök, mire megjössz** I'll have cooked the meal/dinner by the time you come back **3.** *biz* **~ vkt** talk sy round, talk sy into (doing) sg, soft-soap sy, win* sy over; **~te a nőt** he got her dead stuck on him
megfricskáz *i* give* sy a fillip [on the nose etc.]
megfúj *i* **1.** *[trombitát]* sound, blow* **2.** *[ételt]* blow* **3.** *biz [elcsen]* walk off with (sg), nick (sg)
megfullad *i ált* suffocate, stifle, *[torkán akadt vmtől]* choke (to death), *[gáztól stb.]* be* asphyxiated [by fumes], *[vízben]* drown, be* drowned; *[fojtogatástól]* be* strangled to death; **majd ~t a füsttől** the smoke almost choked him
megfúr *i* **1.** *[fúróval]* drill, bore, *[páncélszekrényt]* crack [a/the safe] **2.** *[tárgyalást, tervet]* torpedo (*alakjai*: torpedoed, torpedoing) **3.** (*vkt*) stab sy in the back, *US* badmouth sy; → **kifúr** 2
megfut *i* **1.** *[távot]* run*, cover [distance] **2.** → **megfutamodik**
megfutamít *i* put* to flight
megfutamodás *fn* flight, running away, escape; *kat* retreat
megfutamod|ik *i* run* away, take* to one's heels, flee*; *kat* retreat, *biz* turn tail
megfürdet *i* give* a bath to, *[kisbabát]* bath (*US* bathe) [the baby]
megfürd|ik *i* **1.** *[szabadban]* bathe, *[kádban]* have* (*US* take*) a bath **2.** *átv* **itt állok megfürödve** I've been done!, a lot of good it has done me!; *[benne vagyok a pácban]* I'm in a stew
megfürösztt *i* → **megfürdet**
meggátol *i* (*vkt vmben*) hinder sy in (doing) sg, prevent sy from doing sg, impede sy in doing sg
meggazdagodás *fn* getting/growing rich
meggazdagod|ik *i* grow*/get*/become* rich, make* a/one's fortune; *biz [hirtelen]* strike* it rich
meggebed *i biz* **ha ~sz akkor sem!** not on your life!
meggémbered|ik *i* grow* numb, *[hidegtől]* grow* stiff with cold; **hidegtől ~ett** benumbed/numb with cold *ut*
meggondol *i* **1.** *[megfontol, átgondol]* think* (sg) over, consider; **jól gondold meg!** think it over!, give the matter some thought; **kétszer is ~ja, mielőtt** think* twice before (doing sg); **ezt jól meg kell gondolni** this requires reflection, it is worth thinking over; **ha jól ~om** when you come to think of it; **ha ~juk, hogy csak egy éve tanul angolul** if you consider (the fact) that she's only been studying English for a year ...; **de jobban ~va a dolgot** ... on second thoughts, but, on reflection, ...; **mindent ~va** all things considered, taking all things into consideration, after due/careful consideration, all in all **2. ~ja magát** change one's mind, think* better of sg, have* second thoughts (*US* second thought); **~va a dolgot, úgy döntöttem, elmegyek** on second thoughts, I decided to leave
meggondolandó *mn* **ez ~** this needs careful consideration
meggondolás *fn* **1.** *[átgondolás, megfontolás]* consideration, thought; **~ nélkül** without thinking, unthinkingly, thoughtlessly; **~ nélkül cselekszik** act rashly/inconsiderately; **~ tárgyává tesz** take* sg into consideration/account; **hosszas ~ után** on (mature) reflection, after long/much deliberation; **azon a ~on alapul** it is based on the consideration **2.** *[indítóok]* reason, motive; **gazdasági ~ból** on economic grounds
meggondolatlan *mn* **1.** *[beszéd]* foolish, *[cselekedet]* ill-considered/advised, irresponsible, thoughtless, hasty **2.** *[ember]* unthinking, inconsiderate
meggondolatlanság *fn* **1.** *[tulajdonság]* thoughtlessness, inconsiderateness **2.** *[tett]* thoughtless action, a rash thing to do, imprudent act
meggondolatlanul *hsz* without due reflection, unthinkingly, rashly
meggondolt *mn* **1.** *[cselekedet, vélemény]* deliberate, considered **2.** *[ember]* thoughtful, serious
meggörbít *i* bend*, crook
meggörbül *i* bend*, crook; **egy hajszála sem fog ~ni** we'll not harm a hair on his head
meggörnyed *i* become* bent/bowed; **~ve jár** walk with a stoop
meggyaláz *i* **1.** *ált* (*vkt*) disgrace, dishonour (*US* -or), *[tárgyat]* deface, desecrate **2.** *[nőt]* violate, ravish
meggyalázás *fn* **1.** *ált* insult (against), disgrace **2.** *[nőé]* violation, ravishment
meggyalul *i* plane
meggyanúsít *i* accuse/suspect sy of [doing] sg

meggyászol *i* **1.** (*vkt*) mourn (for) sy **2.** *[gyászt ölt]* go* into mourning/black (for sy)
meggyengít *i* weaken, enfeeble
meggyengül *i* grow*/become* weak(er), lose* one's strength
meggyilkol *i* murder, *[főleg politikust]* assassinate
meggyógyít *i* cure [sy of a disease], restore (sy) to health; *biz [válságos állapotból]* pull sy through sg
meggyógyul *i* **1.** (*vk*) recover (*vmből* from), be* cured (of sg), get* over [an illness], get* well (again); **a beteg ~t** the patient recovered; **már ~t és kijár** he is up and about again; **gyógyulj meg!** get well/better! **2.** *[seb]* heal (up); **~t a sebe** her/his wound has healed (up)
meggyón *i* confess (one's sins)
meggyóntat *i* confess (sy), hear* sy's confession
meggyorsít *i* accelerate, speed* up; **~ja lépteit** he quickens his pace
meggyorsul *i* accelerate, speed* up, become* faster
meggyökeresed|ik *i* **1.** *növ* take*/strike* root **2.** *átv* put* down roots, become* established, become* deeply rooted (v. ingrained)
meggyötör *i* torture, torment; *biz* put* sy on the racks
meggyőz *i* (*vkt vmről*) convince/persuade sy of sg, bring* sy (a)round (v. over) to sg, *[vmnek a szükségességéről]* talk sy into doing sg, *[hogy ne tegyen meg vmt]* argue sy out of doing sg
meggyőzés *fn* convincing, persuasion
meggyőző *mn* convincing, persuasive; **ez nem ~** it does not carry conviction; **~en hangzik** what you say carries conviction
meggyőződés *fn* conviction, persuasion, belief; **szilárd ~** firm belief/conviction; **~ nélkül** half-heartedly, in a half-hearted manner; **az a ~e, hogy** ... be* convinced that ...; **(az a) ~ünk, hogy** ... we are convinced that ...; **~e ellenére** against one's conviction; **jobb ~e ellenére** against his better judgement; **ki mer állni ~e mellett** have* the courage of one's convictions; **abban a szent ~ben** in the firm belief; **~ből** from (v. out of) conviction; **~ből tesz** act from conviction; **teljes ~sel állít(hat)om, hogy** ... I speak in the full conviction that ..., it is my considered opinion that ...
meggyőződéses *mn* convinced, out-and-out, to the core ut
meggyőződ|ik *i* **1.** *[bizonyosságot szerez vmről]* make* sure of sg, make* sure/certain (that) ..., *[ellenőrizve]* check (sg); **győződjék meg róla, hogy** ... make sure/certain that ...; **győződj meg a saját szemeddel** see for yourself! **2. meg van győződve vmről** be* convinced/persuaded of sg (v. that ...); **(szilárdan) meg vagyok róla győződve** it is my belief, I am (firmly) convinced, I firmly believe (*mindegyik:* that)
meggyújt *i* **1.** *[cigarettát, pipát, tüzet]* light*, *[gázt]* turn on **2.** *[villanyt]* switch turn on
meggyullad *i* catch* fire, *[lángra kap]* burst* into flame(s), flame out/up
meggyúr *i* **1.** *[tésztát]* knead **2.** *biz* (*vkt*) *[megmasszíroz]* knead (sy) **3.** *átv biz* (*vkt*) soften sy up, talk sy round
meggyűl|ik *i* **1.** *orv* fester, suppurate, gather; **~t ujj** purulent/gathered finger **2. ~ik a baja vkvel** have* a lot of trouble with sy, get* into trouble with sy; **velem gyűlik meg a baja** he will be up against me, he will catch/get it from me if ...
meggyűlöl *i* come*/begin* to hate/detest
megháborod|ik *i* lose* one's reason, go* mad (*US* crazy), go* off one's head; **~ott** be* deranged/unbalanced
meghág *i [mén]* cover, serve, *[bika]* cover, *[kankutya]* mount, *[kos]* tup
meghagy *i* **1.** *[vmely állapotban]* keep*, leave* [in a certain state] **2.** (*vknek vmt*) let* sy keep sg **3.** *[hátrahagy]* have* sg left over **4.** *[utasít]* order/charge (sy to do sg); **~ta, hogy várjuk meg** he left word that we should wait for him, *biz* he said to wait for him **5.** *kif* **meg kell hagyni, hogy** ... it must be granted that ...
meghagyás *fn* charge, order; → **fizetési**
meghajlás *fn* **1.** *[köszöntés]* bow(ing) **2.** *[tárgyé]* bending, yielding
meghajl|ik *i* **1.** *ált* bend*, be(come)* bent **2.** (*vk/vm előtt*) bow before sy/sg
meghajlít *i* bend*, bow, curve
meghajol *i* bow (*vk előtt* before sy, *átv* to sy); *[függöny előtt]* take* a curtain; **~ vk érvei előtt** bow/yield to sy's arguments, back down (*US* off)
meghajt[1] *i [fejet]* bow (one's head), incline, *[zászlót]* lower the colours (*US* -ors); **~ja magát** bow
meghajt[2] *i* **1.** *[lovat]* whip on **2.** *orv* purge **3.** *[erdőt vadász]* beat* [a wood] **4.** *műsz* drive*
meghajtás[1] *fn [fejé]* bow(ing)
meghajtás[2] *fn műsz* drive; **elsőkerék-~** front wheel drive; **négykerék-~** four-wheel drive
meghajtó *fn infor* drive; → **lemezmeghajtó**
meghajtómotor *fn* drive motor
meghal *i* die, *irod vál* pass away, expire, perish, decease, *tréf* snuff it, join the majority; **ereje teljében halt meg** he died with his boots on, he died in bed; **fiatalon hal meg** die young; **munka közben hal meg** die in harness; **nehezen hal meg** die hard; **~ vmben** die of sg; **rákban halt meg** (s)he died of cancer; **baleset következtében ~t** (s)he died in an accident; **és még ma is élnek, ha meg nem haltak** and they lived happily ever after; **majd ~ vmért** be* dying (for sg)
meghalad *i* **1.** *[árban, súlyban stb. több mint]* exceed (sg), be* in excess of (sg), *[erőben, teljesítményben, képességben]* surpass (sg/sy in sg), go*/be* beyond sg/sy; *[anyagi erejét]* be* beyond sy's means (v. purse), *[értelmi képességeit]* be* above sy's head, be* beyond the scope of sy's mind, *[hatáskörét]* be* beyond sy's scope; **nem halad meg 50 fontot** it/sg will not exceed £50; **~ja az átlagot** it is above the average; **minden képzeletet ~** it is beyond comprehension, it defies description; **~ja erejét** it is beyond his power/strength, it is too much for him; **ez a munka ~ja képességeimet** this work is beyond me **2.** → **túlhalad**
meghaladott *mn* **~ álláspont** exploded/discredited idea/theory
meghálál *i* show* one's gratitude (for), repay* sy for sg (v. sy's help, kindness*stb.*)
meghalás *fn* dying, decease, passing away
meghall *i* **1.** *[füllel]* hear* sg **2.** *[véletlenül]* overhear* **3.** *[megtud]* hear* of/about, get* to know/hear (of)
meghallgat *i* **1.** (*vkt/vmt*) listen to, hear* (sy); **hallgasson meg!** listen to me, (listen and) attend; *[kihallgatáson]* give me a hearing; **nem akarja ~ni** turn a deaf ear to; **~ja a kétórás híreket** listen in to the 2 o'clock news (broadcast) **2.** *[kérést]* grant [a request] **3.** *orv* sound, examine by auscultation **4.** *[énekest stb.]* audition
meghallgatás *fn* **1.** *[vké hivatalban stb.]* hearing, interview; **~ra talál, ~t nyer** win*/gain/have* a hearing **2.** *[énekesé stb.]* audition; **~t tartanak** they're auditioning [for new members of ...]; **~on vesz részt** be* auditioning [for ...] **3.** *orv* auscultation, sounding
meghamisít *i ált* falsify, tamper with; *[italt, pl. tejet vízzel hígít]* adulterate; *[pl. bizonyítványt]* doctor; *[írást, okmányt]* forge, *[számlát, könyveket]* fiddle [the accounts, the books]; *biz* cook/salt the books
meghamisítás *fn ált* falsification, tampering (with), *[írásé, okmányé]* forging, forgery
meghámoz *i* peel, pare, skin
meghánt *i* **1.** *[fát]* take*/strip the bark off, bark [a tree] **2.** *[rizst]* husk
meghány-vet *i [magában]* turn sg over (and over) in one's mind, *biz* chew sg over; examine minutely the pros and cons, toss up sg about/around; **meghánytuk-vetettük a dolgot** we put our heads together, we talked it over

megharagít *i* make* sy angry
megharagsz|ik *i* get* angry (*vkre* with sy)
megharap *i* bite*; **a kutya ~ta a lábamat** the dog bit my leg, the dog bit me in the leg
megháromszoroz *i* treble, triple
megharsan *i* sound, blare
meghártyásod|ik *i [tej]* skim/skin over
meghasad *i* tear*, split*, crack, burst*; **majd ~ a szíve** it breaks one's heart
meghasonlás *fn* quarrel, discord, disagreement, *biz* split
meghasonl|ik *i* **1.** (*vkvel*) quarrel/break* with sy, *biz* split* with sy; **~anak egymással** be* at odds/loggerheads (with each/one another); **~ott a férjével** *biz* she fell out with her husband **2. ~ik önmagával** be(come)* unbalanced, *biz* crack up, break* down
meghasonlott *mn* disunited, *[nemzet]* divided against itself *ut*, *[lélek]* unbalanced
meghat *i* touch, move, affect; **könnyekig ~ vkt** move/reduce sy to tears; **nem hatja meg** be* unimpressed/unaffected/unmoved by sg
meghatalmaz *i* **1.** (*vkt vmre*) authorize (sy to do sg) **2.** *[követet]* accredit (sy to swhere)
meghatalmazás *fn [cselekvés]* authorization, *[irat]* authorization (in writing), *[banknak, egyénnek pl. pénz/okmányok felvételére]* authorization; **ügyvédi ~** power/letter/warrant of attorney; **~t ad vknek** *ált* authorize sy to do sg, give* sy authority to do sg; *[ügyvédnek]* brief [a solicitor/lawyer], give* sy power(s) of attorney
meghatalmazó *fn [személy]* principal, mandator
meghatalmazott I. *mn* authorized; **~ miniszter** minister plenipotentiary **II.** *fn ált* (appointed) representative, *[ügyvéd]* counsel (*tsz* ua.), *főleg US* attorney; **ő a ~am** *[ügyvéd]* he is my counsel, *főleg US* he holds my power of attorney
meghatároz *i* **1.** *[értéket, fajtát, területet]* determine, *[vmt közelebbről]* specify; **mennyiségileg ~** quantify **2.** *[fogalmat]* define **3.** *tud [vm vmt szükségszerűen]* determine **4.** *[időpontot, tervet]* fix, settle, appoint [a day], *[helyet]* appoint [a place]; **~za helyzetét** *[hajó]* fix one's position, take* one's bearings **5.** *[növényt]* classify, identify **6.** *orv* diagnose **7.** *kém* determine [the quantity of], titrate
meghatározás *fn* **1.** *[értéké, fajtáé, területé]* determination, *[közelebbi]* specification **2.** *[fogalomé]* definition; **~ánál fogva** by definition **3.** *[időponté, tervé]* fixing, settling **4.** *[rendszerezés, besorolás, pl. növényé]* classification, identification, categorization, labelling (*US* -l-) **5.** *orv* diagnosis **6.** *kém* quantity determination, analysis, titration
meghatározatlan *mn* indeterminate, undefined, unspecified; **~ időre** without a day fixed, sine die, for an indefinite period
meghatározhatatlan *mn* indefinable, indeterminable, unidentifiable
meghatározó *mn* **~ tényező** determining/determinative/key factor, determinant
meghatározott *mn ált* definite, well-defined, determined, *[megállapított]* set, stated, *[közelebbről]* specific, *[konkrét]* particular, *[szám, idő]* given, *[hely]* appointed [place], *[nap]* fixed, appointed; **~ feladat** specific task; **~ időpontban** at a stated time, at the time stated; **~ időközökben** at stated intervals, at set hours; **~ időre** (i) *[időpontra]* by a certain date, by ... (ii) *[időtartamra]* for a set time/period, for ...; **~ napokon** on set/certain days; **~ összeg** set amount, sum stated
megható *mn* moving, touching, affecting
meghatód|ik *i* be* moved/touched/affected
meghatott *mn* moved, touched, affected
meghatottság *fn* emotion
meghátrál *i* **1.** *konkr* move*/step back, back away **2.** *átv* retreat, give* way to, ba(u)lk at, draw* back (from), shrink* (from), *[feladja]* back out, give* in
meghátrálás *fn átv* retreat, ba(u)lking at, drawing back (from), shrinking (from)
meghatványoz *i átv* multiply, increase
megházasít *i* marry off, find* a wife°/husband for sy
megházasod|ik *i* marry, get* married; **~tak** they got/were married; **újra ~ik** remarry, marry again
meghazudtol *i* **1.** (*vkt*) give* the lie to, belie (*j. mn igenév:* belying) **2.** (*vmt*) deny; **~ja korát** belie sy's age
meghegeszt *i* weld (sg) (together)
meghegyez *i [ceruzát]* sharpen
meghibásodás *fn [gépé, készüléké]* fault, failure, *[járműé]* breakdown
meghibásod|ik *i [gép, készülék]* develop a fault, go* wrong, stop working, *[jármű]* break* down; **~ott** be* out of order, be* faulty; *[jármű]* have* a breakdown
meghibban *i* go* mad, become* unbalanced; **~t** deranged, unhinged
meghint *i* **1.** *[porfélével]* dust/powder sg with sg **2.** *[folyadékkal]* sprinkle [water etc.] on sg, sprinkle sg with [water etc.]
meghirdet *i* **1.** *[előadást]* announce, advertise **2. pályázatot ~** announce a competition (for); *[állásra]* invite applications (for), *gazd [versenytárgyalásra]* invite tenders
meghiszem azt! *kif* I should think so, I dare say, I bet!
meghitelez *i [vkt vmely összeg erejéig]* credit sy with [a sum], give* sy [a certain amount of] credit; **~vkt 10 000 forint erejéig** give* sy 10,000 forints (worth of) credit
meghitelezés *fn* letter of credit (*röv* **L/C**)
meghitt *mn* intimate, familiar; **~ barát** close/intimate/bosom friend; **~ beszélgetés** heart-to-heart talk; **~ sarok** cosy (*US* -z-) corner; **~ viszonyban áll/van vkvel** be* very close to sy, be* on intimate terms (v. on terms of intimacy) with sy
meghittség *fn* intimacy, familiarity
meghiúsít *i* **1.** *ált* hinder, obstruct, bring* (sy/sg) to nought, *[reményeket]* frustrate, blight, *[tervet]* upset*, defeat [sy's aims/purpose] **2.** wreck, thwart, *biz* stymie, throw* a hammer in the works
meghiúsul *i* fail, fall* through, be* frustrated; *[tárgyalás]* collapse, flop, fizzle, go* up in smoke; *[terv]* come* to grief/nought/naught, fail, *biz* be stymied; **kísérlete ~t** he failed in his attempt, he was frustrated in an attempt to [do sg]; **reményei ~tak** his hopes were blighted; **tervem ~t** my plan came to grief
meghiúsulás *fn* frustration
meghív *i* **1.** *ált* invite (*vhová* to one's house, *vmre* to a conference/party etc.), ask sy to come, call sy over; **~ vkt vacsorára** (i) *[saját házába]* ask/invite sy to dinner, have* sy for dinner (ii) *[étterembe]* take* sy out to dinner; **~hatlak egy kis összejövetelre?** will you come to a party?; **~tak vacsorára** I have been invited/asked to dinner; **tisztelettel ~juk vacsorára okt. 10-én 7 órára** Mr. and Mrs. X request the pleasure of the company of Mr. and Mrs. Y to dinner on Thursday, 10th October at 7 p.m. **2.** *[állásra, tanszékre]* appoint; **~ták a debreceni angol tanszékre előadónak** he was appointed to a lectureship in English at/in the University of Debrecen
meghívás *fn* **1.** *ált* invitation; **eleget tesz a ~nak** accept the invitation; **~t kap ebédre** get*/receive an invitation to lunch, be* invited for/to lunch **2.** *[állásra, tanszékre]* appointment by invitation
meghívásos *mn* **1. ~ beszélgetés** person-to-person call **2. ~ verseny** challenge competition
meghívó *fn* invitation (card)
meghívólevél *fn* letter of invitation
meghívott I. *mn* invited; **~ előadó** *[egyetemen]* visiting/guest lecturer **II.** *fn* **a ~ak** the guests
meghíz|ik *i* put* on weight (v. a few pounds), grow*/get* fat, flesh out
meghízlal *i* fatten (up)
meghódít *i* **1.** *[területet]* conquer **2.** (*vkt*) make* a conquest of sy **3.** *átv* **~ egy csapásra** take* sg/sy by a storm, sweep* sy away, sweep* sy off his/her feet
meghódítás *fn* conquest

meghódol *i* yield (to sy), give* in, surrender (to)
meghomályosod|ik *i* darken, get*/grow*/become* dark/obscure/faint/dim
meghonosít *i* **1.** *áll növ* naturalize, introduce, domesticate **2.** *[divatot, szokást]* introduce, bring* into fashion
meghonosodás *fn* **1.** *áll növ* naturalization, domestication **2.** *[divaté]* coming in, *[szokásé]* catching on, *[szóé]* naturalization
meghonosod|ik *i* **1.** *[ember, állat, növény]* be*/become*/get* naturalized/acclimatized **2.** *[divat, szokás]* catch*/take* on, come* in(to vogue/fashion), *[szó]* be*/become* generally accepted, come* into general use, *[más nyelvben]* be(come)* naturalized [in a particular language or in many languages]
meghosszabbít *i* **1.** *[tárgyat]* lengthen, elongate, make* longer **2.** *[határidőt, érvényességet stb.]* extend, *[könyvet könyvtárban]* renew, *[tartózkodást stb.]* prolong; **~tatja a vízumot** have* one's visa prolonged/extended
meghosszabbítás *fn* **1.** *[tárgyé]* lengthening, elongation **2.** *[határidőé, útlevélé stb.]* extension, prolongation **3.** *sp* extra time
meghosszabbod|ik *i* get*/become* longer
meghoz *i* **1.** *(vmt)* bring* (in), *[érte menve]* fetch **2.** **~za gyümölcsét** bear*/yield fruit **3.** *[ítéletet]* pass [judg(e)ment]
meghozat *i [árut, könyvet]* order
méghozzá *ksz* besides, moreover, what's more, in addition, at that; **láttam a filmet, ~ kétszer** I've seen the film – twice, in fact; **itt egy toll, ~ egy jó toll** here's a pen, and a good one, at that; **megtörtént, ~ gyorsan** and happened it had, and quickly at that
meghökken *i* be* taken aback, be* startled/astounded
meghökkent I. *i* take* sy aback, amaze, astonish, startle **II.** *mn* astounded, startled, thunderstruck
meghökkentő *mn* amazing, astonishing, startling, unexpected
meghőköl *i* start, give* a jump, *(vmtől)* draw* back from sg, be* startled by sg
meghőmérőz *i* → **hőmérőz**
meghunyászkodás *fn* submissiveness, grovelling (*US* -l-)
meghunyászkod|ik *i* humble oneself, grovel (*US* -l), come* to heel, sing* small
meghunyászkodó *mn* submissive, servile, grovelling (*US* -l-)
meghunyászkodva *hsz* [go*] cop in hand
meghurcol *i átv* calumniate, slander, vilify, drag sy's name/reputation through the mud, drag sy through the mire
meghúz *i* **1.** *ált* pull, give* sg a pull; **~za a ravaszt** *[fegyveren]* pull the trigger **2.** *[vk fülét/orrát]* tweak [sy's car/nose playfully] **3.** *[gyeplőt]* pull in **4.** *[csavart]* screw in/tight, tighten (up), drive* in; **~tad a csavarokat rendesen?** have you tightened all the screws up properly? **5.** **~za a karját** pull/strain one's arm **6.** **~za magát** (i) *[szerényen]* draw* back, withdraw* (ii) *(vhol)* crouch/huddle/shelter somewhere, hide*; *szl* crash swhere (v. at sy's place) **7.** *[cikket stb.]* cut*; **jól ~ egy darabot** cut* [a play] savagely **8.** *biz [vizsgán]* plough (*US* plow), flunk; **~tak kémiából** I've been flunked in chemistry; **vhol meg kell húzni a határt** you have to draw the line swhere
meghúzat *i szl* **Meg vagy húzatva?** Are you out of your mind?
meghúzód|ik *i* **1.** *[vm mögött]* hide*/conceal oneself behind sg, lurk/lie* behind sg **2.** *[vk mögött]* take* cover/shelter behind sy **3.** **~ott a dereka** (s)he has pulled/strained his/her back, (s)he's put his/her back out
meghűl *i* catch* (a) cold; **~t, meg van hűlve** have* a cold; **könnyen ~** catch cold easily; **erősen ~t** he has a bad cold
meghűlés *fn* (common) cold, chill
meghülyül *i* go* crazy/mad, *GB* go* round the bend, *US* go* nuts

megidéz *i* **1.** *[vkt vhová]* summon, order to appear [in court], serve a summons on sy **2.** *[szellemeket]* call, conjure up
megifjít *i* → **megfiatalít**
megifjod|ik *i* → **megfiatalodik**
megigazít *i* **1.** *[elrendez]* adjust, put*/set* right/straight; **~ja a nyakkendőjét** set* one's tie straight, straighten one's tie **2.** *[szabó]* alter, make* alterations to **3.** *[órát]* set*, adjust
megigazul *i vall* be* justified
megígér *i* promise (*vknek vmt* sy sg/sy that . . .)
megigéz *i* bewitch, charm, cast* a spell over/on sy
megihlet *i* inspire, give* inspiration to sy
megijed *i* be*/become*/get* frightened, take* fright; **meg van ijedve** be*/feel* frightened, have* a fright; **~ vmtől/vktől** be*/get* frightened of sg/sy, take* fright at sg/sy, be* scared by/at sg; **könnyen ~** (s)he scares easily; **ne ijedj meg!** don't worry!, don't be afraid!, have no fear!; *közm* **jobb félni, mint ~ni** prevention is better than cure
megijeszt *i* frighten, scare, alarm, terrify, make* sy afraid, give* sy a start; *biz* give* sy a turn; **nagyon ~ vkt** frighten/scare sy to death, frighten/scare sy out of his wits
megillet *i* **1.** *elav [kézzel]* touch (gently) **2.** *[jár vknek]* be* due to, be* sy's due; **megadja neki, ami ~i** give* sy his due; **annak, akit ~** to whom it may concern; **jog szerint ~ vkt** be* sy's legal due
megillető *mn* **vkt ~ rész** sy's share; **az őt ~ pénz/díj** money due to him; **az őt ~ helyre** in his rightful place
megilletődés *fn* (deep) emotion
megilletőd|ik *i* be* (deeply) moved/touched
megindít *i* **1.** *[mozgásba hoz]* start, set* (sg) in motion, *[motort]* start [an/the engine], *[villamos készüléket]* press the button **2.** *[háborút]* start [war], *[mozgalmat]* launch, start up **3.** *[nyomozást]* begin*/institute [an investigation]; **eljárást ~ vk ellen** bring* an action against sy, start/take* (legal) proceedings against sy **4.** *[meghat]* affect, touch, move
megindítás *fn* **1.** *[mozgásba hozás]* setting in motion **2.** *[motoré]* starting **3.** *[háborúé]* starting [a war], *[mozgalomé]* launching, starting up
megindító *mn* moving, touching
megindokol *i* give* grounds/reasons for (doing) sg; → **megokol**
megindul *i* **1.** *[elkezdődik]* begin*, commence, get* under way **2.** *[gép, jármű]* start, get* moving/going; **a bírói eljárás ~t ellene** legal proceedings were started/instituted against him
megindultság *fn* (deep) emotion
megingat *i* *(vkt)* shake* sy, make sy falter; **~ vkt elhatározásában** shake* sy's resolution; **~ták hitében** be* shaken in one's faith
megingathatatlan *mn [elhatározás]* firm, *[szándék]* unwavering, unswerving, *[hit]* unshakeable [conviction, faith]
meginog *i átv* *(vk)* vacillate, waver, falter; **~ elhatározásában** waver in one's resolution; **~ hitében** be* shaken in one's faith; **~ vknek a helyzete** sy's position turns out to be insecure/shaky; **~ tőle az ember bizalma** it knocks the bottom out of one's confidence
megint[1] *i* warn
megint[2] *hsz* again, once more; **már ~!** (and) again!; **már ~ itt vagyok** here I am again; **mi van már ~?** what is the matter now (v. this time)?; **már ~ kezdi** (s)he is at it again
meginterjúvol *i* interview sy (about sg)
megintés *fn* warning
meginvitál *i* invite, ask sy (to come)
megír *i* *(vmt)* write*, *[vknek vmt]* write* sy about sg; **~tam a cikket** I have written the article; **~tam a levelet** I have written a/the letter; **~ta, hogy szerdán érkezik** (s)he wrote that (s)he'd be arriving/coming on Wednesday; **amint azt levelemben ~tam** as I (have) said in my letter; **meg van írva, hogy** . . . it is on (*US* in) the cards that . . .;

meg volt írva, hogy it was bound to (happen); **hol van az ~va, hogy** why should I (do it if I don't want to)?, who says?

megirigyel *i* (*vkt/vmt*) grow*/become* envious of sy/sg

mégis *hsz* yet, nevertheless, notwithstanding, still; **de azért ~** all the same, nevertheless; **(és) ~** all the same, nevertheless, still, yet; **~ ő az** it is him (v. he is the one) all the same, it is he for all that; **és ha ~ így lenne?** supposing it were so?

mégiscsak *hsz* after all

megismer *i* **1.** *[megismerkedik vkvel]* get*/become* acquainted with sy, make* sy's acquaintance, make* the acquaintance of sy, come*/get* to know sy; **örülök, hogy ~hetem** pleased to meet you **2.** *[ismeretet szerez vmről]* get* to know* sg, become* acquainted with sg, familiarize oneself with sg **3.** *[felismer vkt]* recognize (*vmről* by/from sg), know* (by sg); **~ vkt járásáról** recognize/tell/know* sy by his walk/gait; **vkt szándékosan nem ismer meg** *kif* cut* sy dead/cold

megismerés *fn* **1.** (*vké/vmé*) getting/becoming acquainted with (sy/sg) **2.** *[felismerés]* recognition **3.** *fil* cognition

megismerhetetlen *mn* unknowable, unfathomable

megismerhető *mn* recognizable, distinguishable

megismerked|ik *i* **1.** (*vkvel*) meet* sy, get*/become* acquainted with sy, make* sy's acquaintance **2.** (*vmvel*) get* (v. make* oneself) acquainted with sg, make* oneself familiar with sg

megismertet *i* (*vkt vkvel/vmvel*) acquaint sy with sy/sg, make* sy acquainted with sy/sg, introduce sy to sy/sg

megismétel *i* repeat, say*/do* sg (over) again; *[rádió- v. tévéműsort]* rerun*, repeat

megismételt *mn* **~ kísérlet** second attempt

megismétlődés *fn* repetition

megismétlőd|ik *i* repeat itself, occur again

megisz|ik *i [italt]* drink*; **~ik vkvel egy pohár bort** have*/take* a glass of wine with sy, crack a bottle with sy; **de meginnék egy csésze teát!** I could do with a cup of tea → **lé**

megitat *i* **1.** (*vkt*) give* sy a drink **2.** (*vkvel vmt*) make* sy drink (sg) **3.** *[jószágot]* water

megítél *i* **1.** *ált* (*vmt/vkt*) judge (*vmnek alapján* by), form an opinion of; **helyesen ítéli meg** judge sg correctly, be* right in one's judg(e)ment, appreciate [a problem]; **rosszul ítéli meg** misjudge, be* mistaken in one's judgement of **2.** (*vknek vmt*) adjudge (sg to sy), *[kártérítést]* award [sy damages v. a sum in damages]; **100 000 Ft kártérítést ítéltek meg neki** he finally got 100,000 fts in damages, the court awarded 100,000 fts (in) damages to him

megítélés *fn* **1.** *ált* (*vmé*) judgement (of); **~em szerint** in my opinion/view/judgement; **~ére bízom, hogy** ... I leave it to you whether ...; **Magyarország külföldi/külső ~e (szempontjából)** (with regard to) Hungary's image (v. the image of Hungary) abroad **2.** *[bírói]* awarding, adjudication

megittasodik *i* **~ az örömtől** be overwhelmed with joy

megízlel *i* taste, get* a taste of

megízlelés *fn* tasting

megizmosod|ik *i* **1.** (*vk*) become*/grow* strong/robust/muscular, toughen up **2.** *átv* gain strength

megizzad *i* (begin* to) sweat, get* into a sweat; **~ bele amíg** he will have to sweat (it out) until ...

megizzaszt *i* make* (sy) sweat, sweat (sy)

megjár *i* **1.** *[utat]* do*, cover [distance]; **3 nap alatt ~ta** he did it in 3 days; **~ta a vásárt** (s)he has been to the fair/market **2.** *[bajba kerül]* get* into trouble **3.** *[rosszul jár vmvel]* make* a bad bargain with sg; **~ja vkvel** be* taken for a ride, be* taken in (*mindegyik:* by); **jól ~ta!** he's been had/done; **alaposan ~ta ezzel az emberrel** this man° got the better of him **4.** *[tűrhető]* **~ja** not (so) bad, passable; **ez még ~ja** that will (just about) do, that is passable

megjárat *i* **1.** *konkr* (*vkt*) make* sy walk **2.** *átv* (*vkt*) play sy a trick, take* sy for a ride

megjártat *i [lovat]* walk [horse]

megjátsz|ik *i* **1.** *[szerepet]* act, play **2.** *[színlel]* pretend, feign, act a part; **megjátssza magát** put* on airs, play-act, put* on an act; *biz* camp it up; **ne játszd meg magad!** stop putting it on! **3.** *[lovat]* back, *[tétet]* stake

megjavít *i* **1.** *[továbbfejleszt]* improve, make* better, better **2.** *[gépet kijavít]* repair, mend, fix **3.** *[földet]* improve, enrich **4.** *[rekordot]* better, improve on, *[megdönti]* break* [a/the record]

megjavítás *fn* **1.** *[továbbfejlesztés]* improvement **2.** *[gépé]* repair(ing), mending, fixing **3.** *[földé]* improvement, enrichment **4.** *[rekordé]* bettering/breaking [of record]

megjavíttat *i* (*vmt*) have*/get* sg repaired/fixed; **elromlott/megállt az órám, meg kell javíttatnom** my watch has stopped/broken – I'll have to have it repaired (v. – it needs fixing)

megjavul *i* **1.** *ált* improve, get*/become* better; **egészségi állapota ~t** his health improved, he has recovered (from his illness) **2.** *[motor stb.]* be* running again, pick up **3.** *[vk erkölcsileg]* mend one's ways; *[új életet kezd]* turn over a new leaf

megjegyez *i* **1.** *[emlékezetébe vés]* remember sg, memorize sg, note sg, make* a mental note of sg; **~ magának vmt** note, make* a mental note of sg; **ezt megjegyzem magamnak!** I'll remember that; **jegyezd meg amit mondok** mark my words; **jegyezze meg magának** keep that in mind, remember it well, *biz* put that in your pipe and smoke it **2.** *[megjegyzést tesz]* remark (that), observe (that), remark/comment on/upon sg; **meg szeretném jegyezni, hogy** ... I should like to say/mention that ...; **ha szabad ~nem** if I may say so; **van vknek ~ni valója?** has anyone any comment(s) to make?, any comments?; **nincs semmi ~ni valóm** I have no comment to make, *biz* no comment!; ... **jegyezte meg** he added/said; **helyesen jegyezte meg** he very aptly remarked; **megjegyzendő, hogy** ... it is to be noted that ..., it is worth mentioning that ...

megjegyzés *fn* remark, observation, note, comment; **nincs ~em!** *biz* no comment!; **~ nélkül hagy** let* sg pass/go* unchallenged; **a ~ talált** the thrust went home, (s)he hit the nail on the head, touché!; **~re méltó** worth mentioning; **~t tesz vmre** remark/comment on/upon sg, make* comments on sg; **~eket tesz vkre** pass remarks on sy; **rosszindulatú ~** hostile/malicious remark, *biz* low blow, cheap shot; **~re méltó** remarkable

megjelenés *fn* **1.** (*vké vhol*) appearance, presence, *[reptéren]* check-in; **~ estélyi ruhában** *[meghívón]* evening dress, black tie; **~ frakkban** white tie; **~ szmokingban** black tie; **meg nem jelenés** non-appearance, failure to appear; *[reptéren]* no-show; **~ére számítunk** your presence is requested (at) **2.** *[könyvé]* publication; **~ alatt(i)** forthcoming; to appear **3.** *[külső]* (outward) appearance, look; **jó ~e van, jó ~ű** (be*) good-looking (*de főnévvel:* good-looking); *kif* (s)he cuts a dashing/fine figure; → **megnemjelenési**

megjelenési *mn* **~ idő** *[reptéren]* check-in time

megjelen|ik *i* **1.** *ált* appear, *[személy]* make* one's appearance, show*/turn up; **bíróság előtt ~ik** come* before the court, appear in court; **időnként ~ik** turn up from time to time; **személyesen ~ik** put* in an appearance, appear in person; **~ik a színen** come* on the scene; **újra ~ik** reappear **2.** *[könyv]* be* published, come* out, *[újság]* appear*, be* published; **most jelent meg** just out/published; **az a könyv, amelyet (annyira) vártál, ~t** the book you wanted is out; **öt kiadás jelent meg belőle** the book ran into five editions **3.** *[rendelet]* be* issued

megjelenít *i* **1.** *[ábrázol]* represent; *[előad]* perform, enact, *[színpadon]* act out, stage **2.** *[képernyőn]* display

megjelenítő *fn infor* display, monitor

megjelenő *mn* **rövidesen ~ könyvek** forthcoming books

megjelent I. *mn* **most ~ könyvek** books just out (v. recently published) **II.** *fn* **a ~ek névsora** a list of those present/attending

megjelentet *i [könyvet, cikket]* publish, write*
megjelöl *i* **1.** *[jellel]* mark **2.** *[árral]* price **3.** ~ **egy napot** fix/set* a day/date **4.** *átv* indicate, point out; **pontosabban/közelebbről** ~ specify, state sg precisely, determine
megjelölés *fn* **1.** *[jellel]* marking **2.** *[tulajdonságé]* indication
megjósol *i* **1.** *ált* (*vmt*) predict, foretell*, prophesy **2.** *[időjárást]* forecast*
megjósolható *mn* predictable, foretellable
megjön *i* **1.** *[megérkezik]* come*, arrive, *[visszatér]* get* home/back, be* back, return; **megjött** (i) (*vk*) is back, has arrived (ii) *[havi vérzés]* she's/I'm having a period (iii) *[vonat stb.]* is in, has arrived; **megjött már?** has (s)he arrived (yet)?, is (s)he here?; **mindennek** ~ **az ideje** everything in its time **2.** ~ **az esze** → **ész**; ~ **az étvágya** feel* like eating (again)
megjövendöl *i* → **megjósol**
megjuhász(k)od|ik *i [ember]* sober/calm/simmer down, *[állat]* calm/settle down
megjutalmaz *i* reward (*vkt vmért* sy for sg)
megkap *i* **1.** *[birtokába jut vmnek, amit várt]* get*, receive, *[elnyer]* win*, obtain; **~hatnám?** may I have it; **~tam levelét** I have received/got your letter; *[udvariasabban]* thank you for your letter [of 20 April], *gazd hiv* I am in receipt of your letter; **~ja az állást** get* the job; **~ja a felmondást** be* dismissed, *biz* get* the sack; **~ja a választ** obtain/receive the answer/reply; **~ta a nőt** he got her, she became his; **~ja a magáét** get* one's just/deserts, *biz* get* it in the neck, get* hauled over the coals; *biz* they gave it to him, he got it hot and strong, he got/took (a lot of) stick; **meg akar kapni vmt** she is after sg; **~tad a magadét** you got what you deserved **2.** *[visszakap pl. kölcsönt]* get* back **3.** *[betegséget]* catch*, get*, contract, develop **4.** *[mély hatást tesz vkre]* affect sy deeply; **igen ~ta őt nagylelkűsége** he was struck (v. most/very impressed) by her generosity **5.** *[megmar, pl. kutya]* bite*
megkapál *i* hoe
megkapar *i* scrape, scratch
megkaparint *i* get* one's hands on sg, snatch/grab sg, get* hold of sg; **igyekszik ~ani vmt** make* a pitch for sg; ~ **egy állást** land/grab* a job
megkapaszkod|ik *i* (*vmben*) hold* on to sg, clutch at, cling* to
megkapó *mn* engaging, fascinating, striking
megkarcol *i* scratch, scrape, *[lehorzsol]* graze [one's knee etc.]
megkarmol *i* claw, sratch
megkárosít *i [anyagilag]* cause loss/damage to sy, damage sy; **vevőt** ~ cheat the/a customer
megkárosítás *fn* loss, damage
megkárosított *fn* **a ~ak** the victims [of the fraud etc.]
megkárosul *i* suffer a loss (v. damage)
megkártyáz *i biz* (*vmt*) wangle (oneself sg), work sg
megkásásod|ik *i [gyümölcs]* become* overripe, go* sleepy
megkavar *i* **1.** *[folyadékot]* stir, give* sg a stir **2.** *biz [vm megzavar vkt]* embarrass (sy), be* shaken (by sg)
megkedvel *i* (*vkt/vmt*) take* to sy/sg, take* a liking/fancy to sy, come* to like sy/sg, grow* fond of sy/sg
megkedveltet *i* (*vmt vkvel*) make* sy like sg, foster sy's interest in sg; **~i a gyerekekkel a sportot** get* the children (to become) keen on sports; **~i magát vkvel** endear oneself to sy, win* sy's love/sympathies/favour (*US* -or) (v. liking)
megkefél *i* **1.** *[hajat]* brush [one's hair], give* [one's hair] a (quick) brush, *[vmt megtisztítva]* brush (sg), clean (sg) with a brush, give* (sg) a brush **2.** *tabu* (*vkt*) screw/lay* sy
megkegyelmez *i* **1.** *ált* (*vknek*) pardon (sy), have* mercy on; **most az egyszer még ~ek neked** I will let you off this time/once **2.** *[elítéltnek]* pardon, exonerate; *[halálraítéltnek]* reprieve/pardon sy; ~ **vk életének** spare the life of sy (sy's life)
megkegyelmezés *fn* **1.** *ált* pardon **2.** *[halálraítéltnek]* reprieve, pardon
megkékül *i* become*/turn blue
megkel *i [tészta]* rise*
megkeményed|ik *i* **1.** *konkr* set*, become* hard/solid, harden, solidify **2.** *átv* harden, become* callous
megkeményít *i* **1.** *konkr* make* (sg) hard, harden, *[vasat]* temper **2.** *átv* **~i szívét** harden one's heart
megken *i* **1.** **~i a kenyeret vajjal** butter the bread, spread* butter on bread, spread* a piece of bread with butter **2.** *[gépet]* lubricate, grease **3.** *átv* (*vkt*) bribe/square sy, buy* sy (off/over), pay* sy off, slip sy money, grease/oil sy's palm; **meg kell kenni** he has to be squared; **minden hájjal ~t ember** he's got his wits about him, he knows a thing or two, *kif* he knows all the ins and outs of sg, he knows which side his bread is buttered
megkér *i* **1.** (*vkt vmre*) ask/request sy to do sg; ~ **vkt arra, hogy** ... ask sy to (do sg) **2.** **~i vk kezét** propose to sy, ask for sy's hand, *biz* pop the question (to sy) **3.** **jól ~i vmnek az árát** set* a high price (for sg)
megkérdez *i* **1.** (*vkt*) ask sy; ~ **vktől vmt** ask sy sg, ask sy a question; **~tem, hol van** I asked where he was; **kérdezd meg, hol van az állomás** ask (him)where the station is; **kérdezd meg a nevét** ask him his name **2.** *[megérdeklődik vmt]* ask sy about sg, inquire about sg; **~tem, el akar-e jönni** I asked (him) if/whether he would come; **~tem, hogy van egészségileg** I inquired about his health; **kérdezd meg a vonatok indulását** inquire about the trains; **~tem, hogy jutok el az állomásra** I inquired the way to the station; **~tük az utca emberét** we asked the man in the street
megkérdezés *fn* inquiry, question, asking; **~e nélkül** without asking/consulting him, behind sy's back, over sy's head
megkérdezett *fn* **a ~ek** *[nyelvi adatközlők]* the informants; *[kérdőíven közvéleménykutatásban stb.]* the respondents
megkérdőjelez *i* query, question
megkeres *i* **1.** *ált* look for, try to find; *[felkutat]* (*vmt*) hunt (sg out), (*vkt*) hunt (sy down) **2.** *[szót a szótárban]* look up [a word in the dictionary]; **keresd meg a szótárban** look it up in a/the dictionary; **keresd meg a telefonszámát** look up his telephone number (in the directory v. *biz* book) **3.** *hiv [vkhez fordul]* apply/turn to, *[folyamodik]* appeal to, request (sg of sy) **4.** *[pénzt]* earn; ~ **80 000 Ft-ot** he earns 80,000 fts (a month); **~i a kenyerét** (v. **ami a megélhetéséhez kell**) earn one's living; **~i a rezsijét** *[vállalat]* break* even; **éppen csak a kiadásait keresi meg** earn one's keep; **nem keresi meg a hideg vizet sem** he doesn't earn his keep
megkeresés *fn hiv* request; **XY ~ére** at the request of YX
megkeresztel *i* **1.** *ált* (*vkt*) christen, *csak vall* baptize; **~ik** be* christened/baptized **2.** *[hajót stb.]* christen, name
megkeresztelked|ik *i* be* baptized
megkérgesed|ik *i* **1.** *[tenyér]* grow* hard/horny; **~ett** calloused [hand] **2.** *átv* become*/grow* callous/hard
megkerget *i* chase
megkergül *i* **1.** *[állat]* get* the staggers **2.** (*vk átv*) go* mad/crazy, go* out of one's mind
megkerít *i* (*vmt*) hunt out, find*, *[embert]* hunt down
megkerül *i* **1.** *[előkerül]* be* found, turn up **2.** *[járva]* go*/walk/come* round, skirt **3.** *átv [kérdést]* evade, skirt, get* round [a/the question], skate over/round sg, *[törvényt]* get* (a)round, evade [a law, the laws], scrub* round [the rules]; **~i a hivatalos utat** *biz* cut* through the red tape
megkerülés *fn [törvényé]* evasion
megkérvényez *i* apply for, make* an application for
megkésel *i* wound (sy) with a knife, knife
megkeserít *i átv* embitter; **~i vk életét** give* sy a hard time, be* a pain in the neck, be* the bane of sy's life, poison/embitter sy's life; **~ette örömünket** it has marred/blighted/overshadowed our joy

M

megkeserül *i* regret sg bitterly; **ezt még ~öd** you will be sorry for this, you shall smart for this!, you'll rue the day (when you did sg)
megkés|ik *i* be*/arrive late, turn up late
megkétszerez *i* double
megkétszereződ|ik *i* double
megkettőz *i* **1.** *[tételt]* double, duplicate **2.** *nyelv* double, reduplicate **3. ~i lépteit** quicken one's pace
megkettőződ|ik *i* double
megkever *i* **1.** *[folyadékot]* stir **2.** *[kártyát]* shuffle
megkezd *i* **1.** *ált* (*vmt*) begin*/start (to do) sg, *hiv* commence; **~i az utazást** begin*/start a journey/trip, start off, set* out (on a journey v. camping trip etc.); **minden ~ett óra 200 Ft** 200 fts an hour or part of an hour **2.** *[munkát]* start work [at 7.30], get* down to (work), begin* working/writing/etc., set* about (sg), set* out to (do sg), *hiv* commence (sg), *[új szakmát stb.]* set* up [as a builder v. in business] **3.** *[kenyeret]* cut*, *[borosüveget]* open
megkezdőd|ik *i ált* begin*, start, *hiv* commence; **az előadás ~ött** the performance/show has started (v. is on)
megkímél *i* **1.** (*vkt vmtől*) save/spare sy sg; **sok bajtól kímélte meg** he saved her a lot of trouble; **ez (a körülmény) sok bajtól kímél (még) meg minket** that will save us a lot of trouble; **~ vkt vmnek a költségétől** save sy the expense of ...; **~i vk életét** spare sy('s life) **2.** *[megóv, pl. ruhát]* look after, take care of
megkínál *i* (*vmvel*) offer sy sg; **~hatom egy csésze teával?** may I offer you a cup of tea?; **~hatom egy szelet hússal?** may/can I offer you some more meat? (v. serve you with some more meat)
megkínlódik *i* (*vmvel*) have* a hard time (with sg), *biz* go* through the hoops, be* put through the hoops
megkínoz *i* torment, torture, rack
megkísérel *i* attempt (sg/to do sg), make* an attempt (to do sg/at doing sg), try (to do sg), try one's hand at sg, have*/make* (v. *US* take*) a shot at sg
megkísért *i [kísértésbe visz]* tempt sy, lead* sy into temptation
megkíván *i* **1.** (*vk vmt*) desire/want sg (suddenly), wish for sg, *[szexuálisan]* lust after sy **2.** *[elvár vmt vktől]* require sg of sy (sy to do sg); **~om az engedelmességet** I expect to be obeyed **3.** *[vm megkövetel vmt]* demand, require, need; **rendszeres karbantartást kíván meg** *[gép]* need regular servicing/maintenance
megkockáztat *i* **1.** *[kockázatot vállalva tesz]* risk/chance sg, take*/run* the risk/chance of doing sg; **vmt ~va** at the risk of sg **2.** *[kényes ügyet szóvá tesz]* venture; **~om azt a megjegyzést/véleményt, hogy** ... I venture to say that; if I may venture an opinion, I would/must say that ..., if I may be so bold as to ..., if I may make so bold...
megkocsonyásod|ik *i* jellify, turn (in)to jelly, gel
megkomolyod|ik *i* become* wiser, become* more serious, settle down
megkondít *i [harangot]* ring*, toll; **~ja a vészharangot** *[indokolatlanul]* cry wolf
megkondul *i* ring*, (begin* to) toll, peal
megkongat *i* → **megkondít**
megkonstruál *i [gépet, mondatot]* construct
megkontráz *i [kártyában]* double, *átv [megcáfol]* contradict/counter sg
megkopaszod|ik *i* get*/become* bald, lose* one's hair
megkopaszt *i* **1.** *[szárnyast]* pluck **2.** *átv* (*vkt*) fleece/skin sy, bleed* sy white, take* sy to the cleaners
megkop|ik *i* **1.** *[ruha]* become* threadbare, *[ruha, cipő, lemez]* wear* out **2.** *[ember]* run*/go* to seed **3.** *átv* wear* thin
megkoplal *i* pinch and scrape (to save money) for sg, scrimp and save for sg
megkopogtat *i* **1.** *[ajtót]* knock, tap, rap **2.** *orv* sound, percuss; **~ja a beteg mellét** sound/percuss the chest of the patient
megkorbácsol *i* (horse)whip, flog, scourge
megkoronáz *i átv is* crown; *átv* (*vmt vmvel*) top sg off (with sg)
megkóstol *i* taste, try
megkoszorúz *i* **1.** (*vkt*) crown (with a wreath/garland), wreathe **2.** *[sírt, emlékművet]* lay* a wreath on, place a wreath at [the foot of the memorial]
megkoszosod|ik *i [piszkos lesz]* get*/become* filthy/dirty
megkottyan *i biz* **meg sem kottyan neki** (i) *[olyan kevés]* it is a drop in the bucket/ocean (ii) *[olyan könnyű]* he makes short work of it, it's child's play for him, he thinks nothing of it, it is a cakewalk for him
megkozmásod|ik *i* catch* (in the pan); **az étel ~ott** the food has caught*
megkölykez|ik *i* bring* forth; **~ett a kutya** the bitch/dog has littered/pupped
megkönnyebbed|ik *i* → **megkönnyebbül**
megkönnyebbít *i* → **megkönnyít**
megkönnyebbül *i* **1.** *ált* (*vk*) feel* relief/relieved, relax; **~t sóhaj** a sigh of relief; **~ten sóhajt fel** heave*/breathe a sigh of relief **2.** *[beteg]* feel*/be* better
megkönnyebbülés *fn* (a sense of) relief; **micsoda ~!** what a relief!
megkönnyez *i* weep* (v. shed* tears) (over sg)
megkönnyít *i* **1.** *[terhet]* ease, make* lighter **2.** *[vk helyzetét/feladatát]* facilitate, make* it/sg easier/easy for sy
megkönyörül *i* (*vkn*) have*/take* pity on sy, have* mercy on sy
megkörnyékez *i* get* at sy, try to get* at sy, make* approaches to sy; **~ egy kis kölcsön erejéig** *US* make* a touch
megkörnyékezhető *mn* corruptible
megköszön *i* thank sy, give* thanks to sy, express one's thanks (*mindegyik:* for sg); *US* appreciate; **azt nem köszönöd meg!** you'll pay for it, you'll be sorry
megköszönnivaló *fn* **nincs semmi ~ja** (s)he has nothing to thank for
megköszörül *i* **1.** *[kést]* sharpen, grind*, *[borotvát, kést]* whet, hone **2. ~i a torkát** clear one's throat; *[fűrészt]* set* [a saw]
megköt *i* **1.** *[csomóra vmt]* tie (up), knot (sg); **~i a nyakkendőjét** knot one's tie (*US* necktie); **~i a kendőt** tie a/one's scarf **2.** *[odaköt vmhez]* **~i a kutyát** tie the dog to [the fence etc.] **3.** *[ruhadarabot]* knit **4.** *[szerződést]* sign/contract to do sg, enter into [a contract] (*vkvel* with sy), sign [a contract], *[üzletet]* do*/transact business, do* (*US* make*) a deal, *biz* close a/the deal (*vkvel mind* with sy), *[házasságot]* contract a marriage (with sy), *[békét]* sign [a peace treaty] **5. ~i magát** stick* to one's guns, dig* one's heels in, sit* tight; **meg van kötve a keze** have* one's hands tied, be* fenced in; **a szerződés ~i a kezemet** I am bound by the contract **6.** *[beton]* set*
megkötés *fn* **1.** *[csomóra]* tying **2.** *[szerződésé]* signing **3.** → **megszorítás** 2
megkötött *mn* **1.** *[nyakkendő]* knotted, tied **2.** *[szerződés]* concluded; **~ szerződés** the contract signed **3.** *[üzlet]* effected; **~ üzletek után 5 % jutalék** five per cent commission on effected sales
megkötöttség *fn* constraint, *[korlátozó körülmények]* restrictions *tsz*
megkötöz *i* bind*, truss/tie (up); **~i vk kezét** bind* sy's hands
megkövesed|ik *i* petrify, turn (in)to stone
megkövet *i nép elav* (*vkt*) ask for sy's pardon; **~em** saving your presence
megkövetel *i* **1.** (*vk vktől vmt*) demand [that sy (should) do sg], require (sy to do sg/sg of sy); **ezt ~em!** this is an order!, I mean/expect to be obeyed; **~i az engedelmességet** exact obedience (from sy); **~i, hogy** ... he demands that [sy (should) do sg], he insists on sy doing sg; **a**

M

körülmények ~ik the circumstances demand it **2.** *[vm vmt szükségessé tesz]* require, call for, demand

megkövez *i* stone (sy to death)

megkövül *i* **1.** → **megkövesedik 2.** *átv* **~ a félelemtől** be* paralysed with terror/fear

megközelít *i* **1.** *[közelébe megy]* approach, come* near (to), near (sg), come* close to **2.** → **megkörnyékez 3.** *[minőségileg]* be* nearly as (good/bad) as, be* comparable to/with, *kif* go* a long way towards sg, *[mennyiségileg]* approximate, come* near to, *biz* be* getting on for; **meg sem közelíti** be* far from, be* nowhere near sg, be* no match for; *kif* be* as different as chalk and cheese; *(vkt vmben)* nobody can touch him in sg **4.** *[kérdést]* approach, tackle

megközelítés *fn* **1.** *konkr* approach, drawing near(er) **2.** *[mennyiségileg]* approximation **3.** *[kérdésé]* approach, line

megközelíthetetlen *mn* **1.** *(vk/vm)* inaccessible, unapproachable, out of (v. beyond) reach **2.** *[erkölcsileg]* incorruptible

megközelíthető *mn* **1.** *[hely]* accessible, approachable, within (sy's) reach *ut*; **könnyen ~ hely** place easy to reach (v. to get to); *(vhonnan)* within easy reach (of sg); **nehezen ~ hely** place difficult to reach (v. to get to) **2.** *átv (vk)* approachable, *biz* getatable

megközelítő *mn [számítás, becslés]* approximate, rough

megközelítőleg *hsz* approximately, roughly; *[főleg évszámmal]* circa (*röv* **ca**)

megkrepál *i szl* kick the bucket, give* up the ghost, snuff it

megkritizál *i ált* criticize, *[keményen]* criticize severaly, censure; *biz* pour/throw* cold water on sg, put* sg down, shoot* sy down in flames, *(vkt)* pick (on sy)

megkukacosod|ik *i* get* full of maggots

megkurtít *i* **1.** *ált* shorten, make* shorter, curtail **2.** *[hajat]* cut* [sy's hair] short, trim [sy's hair], crop [sy's hair] **3.** *[állat farkát]* dock

megküld *i* **1.** *[levelet, csomagot]* send*, *gazd így is:* dispatch, forward *(vknek mindegyik:* to sy) **2.** *[pénzt]* remit, *[tartozást]* pay* back

megkülönböztet *i* **1.** *ált (vmt)* distinguish [things, persons etc.], *(vmt/vkt vmtől/vktől)* distinguish/discriminate/differentiate sg/sy from sg/sy, distinguish/discriminate/differentiate between [2 things or people], tell* sg/sy from sg/sy; **~i az egyik jelentést a másiktól** distinguish one meaning from another; **meg tudja különböztetni a jót a rosszától** (s)he can distinguish between right and wrong, (s)he can tell/distinguish right from wrong, (s)he knows the difference; **nem tudom ~ni** I cannot distinguish between them, I can't tell one from the other (v. tell/know them apart) **2.** *[vmt vmnek az alapján]* distinguish sg/sy by sg, *[vkt kitüntet]* confer a distinction on **3. ez a tulajdonság különbözteti őt meg a többiektől** his quality marks him off/out (v. sets him apart)

megkülönböztetés *fn* distinction, differentiation; **hátrányos ~** discrimination (against sy); → **faji**

megkülönböztető *mn* distinctive, characteristic; **~ jegy** distinctive feature

megküzd *i* **1.** *(vmért)* fight*/struggle for sg **2.** *(vkvel)* fight* with **3.** *[nehézségekkel]* tackle, brave, fight* [difficulties], *[problémával]* wrestle with [a problem]; *[sikeresen]* cope (with sg/sy); **~ a betegséggel** fight* a/the disease, fight* off an/the illness

meglágyít *i* **1.** *[anyagot]* soften **2. ~ja vk szívét** move sy to pity/mercy, soften sy's heart

meglágyul *i* **1.** *[anyag]* soften, become* soft **2. ~ a szíve** be* moved/touched (by sg), relent

meglakol *i* → **megbűnhődik**

megláncol *i* chain up, put* in chains

meglangyosít *i [ételt]* take*/get* the chill off sg

meglapul *i (vhol)* lie* flat/low (v. *szl* doggo), cower, keep* one's head down, crouch

meglassít *i [sebességet]* slacken, slow down/up; **~ja lépteit** slacken one's pace

meglassul *i* slacken, slow up/down

meglát *i* **1.** *[megpillant]* catch* sight of, catch* a glimpse of, set* eyes on **2. majd ~juk!** we'll/I'll see, that remains to be seen; **no majd ~od!** just wait and see!, mark my words; **majd ~om** *[meggondolom]* I'll see (about that/it) **3.** *[észrevesz]* notice; **~tam rajta, hogy sírt** I could see that she had been crying

meglátás *fn [észrevétel]* perception, observation; **költői ~** intuition; **mély ~** deep insight; **jó ~ai vannak** he has keen insights, he is a person of insight, he is a perceptive person

meglátogat *i (vkt)* pay* sy a visit, visit sy, call on sy; **látogass meg** come round, come and see me; *biz [a tengeren túlról]* come over; **majd ~lak** I'll look you up

meglátsz|ik *i* appear, *[észrevehető]* show*, *[nyilvánvaló]* be* evident/noticeable; **~ik rajta, hogy beteg volt** you can see he was ill; **nem látszik meg rajta a kor** (s)he does not look his/her age; **a folt meg fog látszani** the stain will show

meglazít *i* **1.** *ált* loosen, slacken, ease off; *[csavart]* work loose **2.** *[fegyelmet]* relax

meglazul *i* **1.** *ált* slacken, *[kötés]* loosen, come* loose, *[csavar]* get*/become*/come*/work loose **2.** *[fegyelem]* relax

meglebben *i* flutter

megleckéztet *i* **1.** *[jobb belátásra térít] (vkt)* give* sy a lecture, teach* sy (a lesson), sermonize to (sy), lecture *(vkt* sy for doing sg) **2.** *[elővesz, megró]* take* sy to task (for/about/over sg)

meglegyint *i* touch/stroke lightly

meglehet I. *i* **1. ~ vm nélkül** can* manage/do without **2.** *[valószínűleg megvan]* may be; **ez ~ a mi könyvtárunkban is** we probably have this in our library too; **~ neki is a maga baja** he is sure to have troubles of his own **II.** *hsz [lehetséges, talán]* maybe, perhaps; **~, hogy** ... maybe he etc..., it may be that ..., it is quite possible/probable that, (the) chances are that ..., as like(ly) as not

meglehetős *mn* passable, tolerable, decent

meglehetősen *hsz* **1.** *[eléggé]* rather, fairly, pretty, quite, reasonably [good, broad etc.], *[jelentékeny mértékben]* considerably; **~ gyakran** quite/pretty often; **~ hosszú ideig** a good while; **~ hosszú** fairly/rather long, longish; **~ jó** pretty/fairly good; **~ jó állapotban van** [the car] is in reasonably good order; **~ jól tud angolul** his English is pretty good; **~ jól olvas** (s)he is reasonably good at reading; **~ kicsi** fairly small, smallish; **~ messze** a good way off; **~ nagy** sizable, fairly large; *[mennyiség]* considerable; **~ sok** considerable; **~ sokan** quite a few, a fair number; **~ tiszta** fairly/tolerably clear **2.** *["hogy vagy?" kérdésre válaszolva]* passably, tolerably, not (too) bad

meglékel *i* **1.** *[hajót]* scuttle, *[tó jegét]* cut* a hole in the ice, *[dinnyét]* cut* [a wedge] from **2.** *orv* trepan, trephine

meglel *i nép* find*, *[véletlenül]* chance (up)on

meglendül *i* begin* to swing/sway

meglep *i* **1.** *[meglepetést okoz]* surprise (sy), *[megdöbbent]* astonish; **ez őt ~te** he was surprised at it, he was astonished to hear/see that, he was taken aback (by it); **nem lepne meg, ha** ... I shouldn't be surprised if ...; **nem lep meg egy ilyen embertől** that is what one would expect from such a person **2.** *[rajtakap]* take* sy/sg by surprise, come* upon sy/sg unexpectedly **3.** *[váratlanul ér]* take*/catch* sy unawares, *[vkt vmvel pl. ajándékkal]* surprise sy with sg; *biz* spring* (sg) on sy; *[váratlanul fölkeres]* surprise sy with a visit; *biz [rajtaütésszerűen]* catch* sy napping, walk in on sy; **~te az eső útközben** he was caught in the rain on the way

meglép *i* → **meglóg**; clear out, take* to one's heels/legs, make*/pop off *US* dig* out, *szl (vmvel) [ellopja]* get*/run* away with sg, got*/run* off with sg, *(vkvel)* go* away with sy, *[fizetés nélkül]* do* a moonlight (flit)

meglepetés *fn* **1.** *ált* surprise, *[megdöbbenés]* astonishment, amazement; **~ volt, hogy** ... it was a surprise that, we were surprised at (v. to hear) sg; **milyen nagy volt a ~e, amikor** ... how great was his astonishment/surprise when ...; **~ében** in his surprise; **nagy ~emre** to my great surprise, much to my surprise; **~t szerez vknek** give* sy a surprise; **nem tud hová lenni a ~től** he can't get over it, he is lost in astonishment; *biz* he is flabbergasted (when...) **2.** *[ajándék]* present, gift

meglepetésszerű *mn* **1.** → **meglepő 2.** *[váratlan]* sudden, unexpected, surprising; **~ támadás** surprise attack

meglepetésszerűen *hsz* unexpected, out of the blue; **~ elfoglal egy várost** take* a town by surprise/storm

meglepő *mn* surprising, astonishing, amazing; **nem ~, hogy** no wonder that; **nem ~ módon** unsurprisingly; **ez ~** that surprises me!, you don't say!, *GB biz* that's a turn-up

meglepőd|ik *i* be* surprised/astonished (*vmn* at sg/to hear sg), be* taken aback; **ezen nincs mit ~ni** it's nothing to be surprised/astonished about/at; **egyáltalán nem lepődnék meg, ha** ... I shouldn't wonder if ..., it wouldn't surprise me if ...; **~ve hallottam, hogy** ... I was surprised to hear/learn that ...; **nagyon ~ött** he was very surprised, he was taken aback

megles *i [kiles]* watch sy, spy (up)on sy

meglesz *i* **1.** *[elkészül]* be* ready; **holnapra ~** you can have it tomorrow **2.** *[előkerül]* turn up **3.** *[megszületik]* **a gyerek egy órán belül ~** the baby will be born in an hour **4. majd csak ~ünk valahogy** we'll get by, we'll survive; **jól ~ünk egymással** we'll get along fine **5. ~ek nélküle** I'll do without it/him

meglett *mn* adult, grown(-up), mature

meglevő *mn [készlet stb.]* available, disposable; **ma is** (v. **még**) **~** existent, extant, still in existence *ut*

meglincsel *i* lynch

meglóbál *i* **1.** *[farkát kutya]* wag, *[ló]* whisk about **2. ~ja a karját** wave one's arm

meglobogtat *i [szél zászlót]* wave, flourish

meglocsol *i* **1.** *[kertet, növényt]* water, *[kertet öntözőcsővel]* hose [the garden] **2.** *[vkt húsvétkor]* sprinkle water/perfume on

meglódul *i* get* going

meglóg *i biz ált* decamp, skip off, slip away, bundle off, fly* the coop, (*vmvel*) make*/walk/waltz off with [the cash etc.], skip sg, (*vm elől*) skip off; **~ott a jómadár** the bird has flown

meglop *i* (*vkt*) rob sy of sg

meglovagol *i* **1.** *[lovat]* → **megül** 2 **2.** *átv* (*vmt*) make* the most of sg, cash in on sg

meglovasít *i biz [ellop]* nick, walk/make* off with, *US* heist; **mielőtt vk más ~ja** before the rats get it

meglő *i* shoot*; *biz* **meg vagyok lőve** I'm stumped, I'm high and dry, it's knocked me for six

meglök *i* (*vkt*) knock/jostle (against) sy, (*vmt*) shove/push sg; **~ted a könyökömet** you jogged my elbow

megmacskásodik *i [elzsibbad]* go*/feel numb

megmagyaráz *i* explain, make* sg clear, clarify; **mindjárt ~om** I shall explain it (to you) at once; **ez ~za** this explains it, this accounts for it, this accounts for the milk in the coconut

megmagyarázás *fn* explanation, clarification, account

megmagyarázhatatlan *mn* inexplicable, unexplainable

megmagyarosít *i [vezetéknevet]* Magyarize, *[idegen szót]* Magyarize, replace with/by a Hungarian word

megmagyarosod|ik *i* get*/become* Magyarized, become* a Hungarian

megmakacsolja magát *i* (*vk*) *biz* dig* one's heels in, *[ló]* jib, ba(u)lk (at sg)

megmámorosod|ik *i irod* get*/become* mellow/tipsy; **~ik az örömtől** be* drunk/elated with joy

megmar *i [kutya]* bite*, *[kígyó]* sting*, bite*

megmarad *i* **1.** (*vhol*) stay, remain; **nem tud egy helyben ~ni** be* unable to keep still, be* unable to stay put; **~t állásában** he held*/kept* his job, he continued in office **2.** *[vmely állapotban]* remain; **~t annak, aki volt** he has remained his old self, he is still what he used to be **3.** *[életben marad]* survive; **akik ~tak** the survivers, those who survived; **csupán három ember maradt meg** only three (men) survived **4.** *[fennmarad]* last, endure; **emléke ~** his memory will live on; **a láz ~t** the fever has continued; **a hó nem maradt meg** the snow did not lie **5.** (*vmből*) be* left, remain; **ez maradt meg a házból** that is what remained of the house, that is what was left of the house; **~t két zsömle** there are two rolls left **6.** *[vm mellett]* stick*/keep*/adhere to, stand* by; **maradjunk meg ennél** let's abide by that; **~t elhatározásánál** he kept his resolve

megmaradás *fn* → **energia**

megmarkol *i* grip, seize, grasp, catch* hold of

megmárt *i* dip; **~ja magát** → **megmártózik**

megmártóz|ik *i* go* for (v. have*) a dip

megmásít *i* modify, alter, change; **~ja szándékát/tervét** change one's mind, think* better of it

megmásíthatatlan *mn* unalterable, irreversible, irrevocable; **~ elhatározás** an irrevocable decision; **~ szándék** unswerving determination/purpose

megmász|ik *i [hegyet]* climb

megmattol *i [sakk]* (check)mate

megmázsál *i* weigh

meg-megáll *i* stop every now and then

megmeleged|ik *i* get*/become* warm/hot; **~ett a tűznél** he warmed himself by the fire

megmelegít *i* warm (up), *[ételt]* warm up, heat (up)

megmenekül *i* **1.** (*vhonnan/vmből*) escape (from), make* one's escape (from); **ép bőrrel ~** escape unscathed/unharmed, get* off unscathed; *biz* get* off scot-free; **ez egyszer ~tem, hajszálon múlt, hogy ~tem** I escaped by the skin of my teeth, it was (v. I had) a narrow escape **2.** (*vmtől/vm elől*) escape/evade/avoid sg; **~ a büntetéstől** go* unpunished, save one's skin; **~ az akasztófától** cheat the gallows **3.** (*vktől/vk elől*) escape sy, get* rid of sy, get* away from sy, *[kijátszva]* elude sy

megment *i* **1.** *ált* save (*vmtől/vhonnan vkt* sy from sg), rescue (sy from sg); **~i vknek az életét** save sy's life; **~ vkt a haláltól** deliver/save sy from death; **~i a helyzetet** save the situation/day, rise* to the challenge/occasion *[pl. színész beugrással]*, step into the breach (v. fill the breach); **~i a becsületét** save one's honour (*US* -or), *kif* save one's face **2.** *[megóv vkt vmtől]* save/protect sy (from sg), keep* sy safe (from sg); **ez ~ette egy csomó kiadástól** that saved him a lot of expense

megmentés *fn* saving, rescuing, rescue

megmér *i* **1.** *[hosszt, mennyiséget]* measure **2.** *[hőmérsékletet]* take* the/one's/sy's temperature **3.** *[súlyt]* weigh; **~i magát** weigh oneself **4. ~i az erejét (vkvel szemben)** match against sy, test one's strength against sy, measure one's strength with sy **5. ~etett és könnyűnek találtatott** he was weighed in the balance and found wanting **6. jó bőven ~** give* sy good weight; **szűken mér meg** give* sy short weight

megméredzked|ik *i* weigh oneself, get* weighed

megméretés *fn* **nagy ~ lesz vk számára** it will put him to the test

megmérettetés *fn* **(egy-egy nemzetközi zenei versenyen való részvétel) nagy ~ egy fiatal hegedűs számára** participating in international musical competitions is a real challenge for a young violinist (v. violin player)

megmerevedés *fn* stiffening

megmerevedett *mn [izom]* stiff(ened) [muscle]

megmereved|ik *i* **1.** *konkr* grow* stiff, stiffen, go* rigid, *[izom]* tense/stiffen up, *[lágy/folyékony anyag]* set*, become* firm, solidify; **~ik/~ett a hidegtől** be* stiff/numb with cold **2.** *átv* stiffen

megmerevít *i* **1.** *ált* stiffen **2.** *[kötelet]* tighten, make* taut **3.** *[merevgörcs izmot]* constrict, *orv* tetanize **4.** *átv* ossify

megmérgesed|ik *i* get*/become* angry (*US* mad), fly* into a rage

megmérgesít *i* make* sy angry (*US* mad), rile sy

megmérgez *i* **1.** *konkr* poison (sy, sg); **~i magát** poison oneself, take* poison **2.** *átv* poison, envenom

megmerít *i* **vödröt ~** draw* a bucketful (of water)

megmérkőz|ik *i* (*vkvel*) measure one's strength with sy; *sp [labdajátékban]* play against, *[küzdősportban]* fight* sy

megmételyez *i* infect, taint, pollute; **~i vk lelkét** poison sy's mind

megmetsz *i [szőlőt]* prune, cut* back

megmikróz *i* microwave

megmintáz *i [szobrász vkt]* sculpt(ure), carve (sy) in stone/marble

megmoccan *i* stir, move; **meg ne moccanjon!** don't move!, freeze!, stay put!; **meg se moccant** he never budged

megmond *i* **1.** *[közöl, utasít]* tell* (sy sg); **vknek ~ vmt** tell* sy sg, tell* sg to sy; **mondd meg neki, hogy várjon** tell him/her to wait; **~tad neki, hogy hívjon föl?** did you tell him to ring (*US* call) me?; **meg tudod mondani, hány óra van?** can you tell me the time (v. what time it is)?; **~ja a nevét** (s)he gives his/her name; **~jam?** shall I tell you?; **~ták neki, hogy induljon** he has been told to leave/start; **~tam, hogy ne menj el** I told you not to go (there); **~tam, hogy** [*ezt* v. *azt tedd*] I told you to...; **~jam, mire gondolok?** shall I tell you what I'm thinking of? **2.** *[kijelent]* tell*; **~ja az igazságot** tell* the truth; **~ja a véleményét vmről** give* one's opinion of/on sg, tell* sy (v. say) what one thinks of sg, speak* one's mind; **nyíltan ~ vmt** (s)he doesn't mince matters (v. his/her words), *biz* level with sy, lay* sg on the line, put the record straight; **őszintén ~ja** get* sg off one's chest; **ezt jól ~tad!** you said a mouthful!, well said!; **~ja a magáét, magyarán/kereken ~ja neki** tell* sy a few home truths, speak* one's mind, be* very sharp wih sy, tell* sy straight, make* no bones about sg; **jól ~ja vknek a magáét** give* sy the (rough) edge of one's tongue, give* sy a piece of one's mind, tell* sy where to get off **3.** *[megjósol]* tell* (sy), predict; **nem ~tam?** didn't I say so?, didn't I tell you?, there you are!, I told you so!; **ugye ~tam** I told you so; **már amennyire én meg tudom mondani** as far as I can tell **4.** *[elárul]* **ezzel már meg is mondtuk, hogy** ... this implies that ..., which is to say that ... **5.** *okt biz [beárul]* tell*/split* on sy; **~alak!** I'll tell on you! **6.** *[megír]* **levélben ~ja, miért jött el** his letter gives his reasons for coming

megmondható I. *mn [előre]* predictable, that can be predicted *ut* **II.** *fn* **Isten a ~ja** God only knows, Heaven knows

megmondogat *i* **1.** *[ismételten megmond]* repeat, say* sg over and over (again), reiterate **2. jól ~ vknek** tell* sy a few home truths, give* sy a piece of one's mind

megmorog *i [kutya]* snarl/growl at

megmos *i* **1.** (*vmt*) wash sg; **~sa a kocsit** wash the/one's car, hose down the car, give* the car a (good) wash(-down) (v. hose down) **2.** *biz* **~sa a fejét vknek** *átv* haul sy over the coals, give sy a good/real roasting, give* it (to sy) hot, give* sy a lecture, give* sy a talking-to

megmosakod|ik *i* → **megmosdik**

megmosaksz|ik *i* → **megmosdik**

megmosdat *i* give* sy a wash, wash sy

megmosd|ik *i* wash (oneself), have* a wash, get* washed

megmosolyog *i* smile at

megmotoz *i* search (sy), go* through sy's pockets; *US* body-search sy

megmozdít *i* move, shift, stir; **a kisujját se mozdította meg** he didn't stir/lift a finger

megmozdul *i* move, stir, make* a move, *[elmozdul]* shift, *[magzat]* quicken; **meg sem tud mozdulni** (s)he can't move (an inch); **~ benne a lelkiismeret** his conscience (was) awakened/stirred/roused; **az egész nemzet ~t** the nation rose as one man; **mozdulj már meg!** get a move on!; *szl* get cracking!; **~ni sincs hely** no (v. not enough) room to swing a cat

megmozdulás *fn* **1.** *[mozgás]* stir, movement, motion, *[elmozdulás]* shifting **2.** *[akció]* (collective) action, movement), *[mozgalom]* movement, *[tüntetésszerű]* demonstration, *[felkelés]* rising; **forradalmi ~** revolutionary action

megmozgat *i* move, stir, set* (sg) in motion/action; → **kő**

megmukkan *i* open one's mouth; **meg se mer mukkanni** he does not dare to say a word; **meg sem tudott mukkanni** words failed him, he was tongue-tied, he was speechless

megmunkál *i [anyagot]* work, turn

megmunkálás *fn* **1.** *[anyagé]* working, turning **2.** *[áru kidolgozottsága]* finish, workmanship

megmunkálatlan *mn [anyag]* unworked, unwrought, rough, crude

megmutat *i* **1.** *ált* show* (*vknek vmt* sy sg/sg to sy); **~ja a jegyét** show*/produce/present one's ticket; **~ja vknek az utat** show* sy the way; **~ja vknek a várost/látnivalókat** show* sy the sights, go* with (v. take*) sy to do some sightseeing, show* sy (a)round (the town/city); **~ja magát** make* (v. put* in) an appearance **2.** *[rámutat vmre/vkre]* point to sg/sy, point sg/sy out to sy; **~ja, hol a hiba** put* one's finger on the flaw **3.** *[kimutat]* show*, prove*, (*vm*), demonstrate; **világosan ~ vmt** show* sg clearly/plainly; **majd ~om neki** I'll teach/show him, *biz* I'll make him sit up; **~ja kicsoda, ~ja igazi arcát** show* one's true colours (*US* -ors), come* out in one's true colours; **~ja, milyen fából faragták** show* one's mettle **4.** *[műszer]* indicate

megmutatkoz|ik *i* appear, manifest oneself/itself, present itself, become* visible

megmutogat *i* show*, point out (in detail); **~ mindent a házban** take*/show* sy round the house; → **megmutat**

megműt *i* → **megoperál**

megművel *i [földet]* cultivate, till [land]

megművelés *fn [földé]* cultivation

megműveletlen *mn* uncultivated

megművelhető *mn* arable

megművelt *mn* **~ terület** cultivated area

megnagyít *i fényk* enlarge; **~tat** [képet] have* [a photograph] enlarged

megnagyobbít *i* enlarge, extend, make* larger, increase

megnagyobbod|ik *i* enlarge, grow* larger

megnáthásod|ik *i* catch* (a) cold

megnedvesed|ik *i* **1.** *[dolog]* get*/become* wet/damp/moist **2.** *[szem]* water, get* misty (with tears)

megnedvesít *i* moisten, wet, dampen

megnehezít *i* **1.** *[súlyra]* make* (sg) heavy/heavier **2.** *átv* render/make* sg more difficult; **~i vk életét** make* things/it lively for sy

megneheztel *i* (*vkre*) be* offended with sy, feel* resentful towards sy

megnémít *i* strike* sy dumb, deprive sy of (the power of) speech, make* sy speechless

megnemjelenési díj *fn [reptéren]* no-show charge; → **megjelenés**

megnemtámadási *mn* **~ egyezmény** *fn* non-aggression treaty/pact; **~ egyezményt köt vkvel** conclude a non-aggression treaty/pact with sy

megnémul *i* become* mute/dumb, be* struck dumb, be* dumfounded

megneszel *i* scent sg, smell* out sg, *biz* get* wind of (sg); **nem akarom, hogy ~jék** I do* not want them to get wind of it

megnevel *i* train/educate sy, *biz [viselkedésre tanít]* knock the corners off sy, lick sy into shape

megnevettet *i* make* sy laugh, raise a laugh; **az egész asztalt ~te** he set* the table in a roar

megnevez *i* **1.** *ált* name, denominate **2.** *[közelebbről]* specify; **közelebbről meg nem nevezett** unspecified **3.** *[napot, időpontot]* fix, appoint

megnevezett *mn* named

megnevezhetetlen *mn* unnamable, nameless

megnéz *i* **1.** *ált* look at, take*/have* a look at; **alaposan/jól ~** take* a good/long/close look at, scrutinize, examine; **erősen ~** gaze/stare at; **~i magát a tükörben** look at oneself in the mirror; **~i a menetrendet** consult the timetable; **nézd meg a következő vonat indulását a menetrendben!** look up the time of the next train in the timetable; **~i az órát** look at the time; **~i a szótárban** look it (v. the word etc.) up in the dictionary, consult a dictionary, refer to the dictionary; **nézd meg a "chip" jelentését (a szótárban)!** (consult your dictionary to) look up the meaning of "chip"; **nézd meg a számát a telefonkönyvben!** look up his number in the telephone directory (v. *közületiben:* in your/the yellow pages); **nézd meg magad is!** see for yourself **2.** *[előadást]* see* (v. go* to see) [a play/performance/film etc.], attend [concert/lecture etc.], *[tévében]* watch sg [on (the) television]; **~ted a tegnap esti filmet a tévében?** did you see/watch the film on (the) television last night?; **érdemes ma ~ni vmt a tévében?** is there anything good on (the) television tonight?; **~i a látnivalókat** go* sightseeing, do* some sightseeing, see* the sights [of London etc.] **3.** *biz* **nézze meg az ember!** what insolence/cheek!, this/that is the limit!; well, I never! **4.** *biz* **~heti magát!** Now he's in trouble.

megnő *i* **1.** *[ember]* grow* up/tall; **majd ha ~sz!** when you are grown up, when you are old enough; **hogy ~tt!** how (tall) he has grown **2.** *[növény]* shoot*/sprout up, grow* **3.** *átv* increase, *[gyakoriság]* be* on the increase

megnősít *i* make* [a man] marry sy, get* sy a wife

megnősül *i* marry (sy), get* married

megnöveked|ik *i* **1.** *[nagyságra]* grow*, shoot* up **2.** *[terjedelemben]* grow*, increase

megnövel *i [terjedelemben]* enlarge, *[mennyiségben, hatásfokban]* increase, add to, augment; *[hirtelen]* boost

megnöveszt *i* make* sg grow; **~i a bajuszát** grow* a moustache (*US* mus-)

megnyal *i* lick; **~ja a szája szélét** smack one's lips, lick one's lips/chops

megnyálaz *i* lick, moisten

megnyálkásod|ik *i* become*/get* slimy

megnyer *i* **1.** *[háborút, versenyt, játszmát stb.]* win* **2.** *[díjat]* obtain, get*, win* **3. ~i a pert vk ellen** win* one's case against sy **4.** *[vknek a barátságát]* win* [sy's friendship], *[vkt vm ügynek]* win* sy over/round to sg, get*/fetch sy round; *[maga számára]* swing* sy round, *[meggyőz]* talk sy over; **már ~te** *[legalábbis azt hiszi]* have* sg in one's pocket

megnyergel *i* **1.** *[lovat]* saddle, put* a saddle on [a horse] **2.** *átv* (*vmt*) make* the most of sg, *biz* cash in on sg, *kif* it's all grist to the mill, all is grist that comes to his mill

megnyerő *mn [modor, külső]* winning, pleasuring, engaging, attractive, captivating; **van benne vm ~** have* a way with sy

megnyes *i* **1.** *[fát]* prune, trim, *[ágakat]* lop (off) **2.** *biz [labdát] [tenisz]* chop [the ball]

megnyikkan *i* squeak; **meg se nyikkan** (i) *[nem beszél]* he does not say a word, he keeps mum (ii) *[félelmében]* he does not dare (to) open his lips

megnyilatkozás *fn* manifestation, *[kijelentés]* statement, *[nyelvi]* utterance

megnyilatkoz|ik *i* show*, show*/reveal/manifest itself; **őszintén ~ott** he opened his heart, *biz* he opened up

megnyíl|ik *i* open; **~t az idei könyvhét** this year's Book Week (v. book week v. Book Fair v. book fair) was opened

megnyilvánul *i* show*/reveal/manifest itself, come* out, become* evident/clear/apparent

megnyilvánulás *fn* manifestation; **~i lehetőség** outlet

megnyír *i* **1.** *[hajat]* cut*, *[rövidre]* trim, clip **2.** *[birkát]* shear*

megnyiratkoz|ik *i* have* one's hair cut, get*/have* a haircut; **meg kellene nyiratkoznod** you need a haircut

megnyirbál *i* **1.** *konkr* clip, cut* (down) **2.** *átv* whittle away, erode [rights, privileges]; *[költségvetést]* cut*, *[kiadást]* cut* dow on sg

megnyit *i* **1.** *ált* open, *[iskolát, intézményt]* open; *[üzletet]* open [one's shop], *biz kif* hang* out one's shingle; *[ünnepélyesen]* inaugurate; **~ja kapuit** *[intézmény]* be* opened to the public **2.** *[kiállítást, tárlatot]* open, *[ülést]* open [the meeting/session]; **az ülést ~om** I declare the session/meeting open; *biz* kick off [the meeting] **3.** *orv* cut* open **4.** *sp [adogat]* serve

megnyitás *fn* **1.** *[kiállításé, konferenciáé, tárlaté]* opening; **ünnepélyes/hivatalos ~** *[intézményé]* official opening, opening ceremony, an inaugural ceremony to open [the new hospital etc.], inauguration (of) **2.** *sp [labdajátékban]* service, serve

megnyitó *mn/fn* **~ (beszéd)** opening speech/address, inaugural address; **~ előadás** *[konferencián]* key-note lecture; **~ (ünnepély), hivatalos ~** official opening, opening ceremony

megnyom *i* **1. ~ja a gombot** press/push the button; **~ja a csengőt** ring* the bell **2. minden szót ~** stress/emphasize every word **3.** *[a nagy ebéd]* **~ta a gyomromat** (the rich dinner) weighs on my stomach **4.** *[autót]* dent

megnyomódik *i [autó]* be* dented

megnyomorgat *i* torment, plague

megnyomorít *i* **1.** *konkr* maim, cripple **2.** *átv* cripple, afflict, paralyse (*US* -ze)

megnyomorod|ik *i* become* maimed/crippled/disabled

megnyugsz|ik *i* **1.** *ált* relax, calm down; **nyugodj meg!** calm down!, don't take on **2.** (*vmben*) resign/reconcile oneself to sg, acquiesce in sg, be* resigned to sg; **~ik az ítéletben** acquiesce in the sentence

megnyugtat *i* **1.** *[aggódót]* reassure (*vkt vm felől* sy about sg), set* [sy's mind/fears] at rest, put* sy at ease, *[izgatottat]* calm/soothe sy; *biz* stroke sy down, *[higgadt beszéddel] US* talk sy down; **~ja a kedélyeket** pacify/soothe/calm public opinion; **próbáltam ~ni** I was trying to reassure her ...; **~lak** ... *[biztosíthatlak]* I (can) assure you ... **2.** *[vkt gyógyszerrel]* sedate (sy), put* (sy) under sedation

megnyugtatás *fn* reassurance, calming, soothing; **a beteg ~a** the comforting of the patient; **lelkiismerete ~a végett** for one's conscience's sake, (do* sg) to salve/soothe one's conscience

megnyugtató *mn [jelenség, hír]* reassuring, comforting; **~ hatás** soothing/calming effect

megnyugvás *fn* calming down; **nagy ~ára** to his great satisfaction

megnyújt *i* **1.** *[tárgyat]* extend, stretch (out) **2. ~ja lépteit** stride* out

megnyújtás *fn [tárgyé]* extension, stretching (out)

megnyúlás *fn* **1.** *ált* extension, lengthening **2.** *[ruháé]* stretching **3.** *[fémé]* elongation

megnyúl|ik *i* stretch, lengthen, grow*/become* longer; **~t az arca/képe** he made a long face, his face/jaw fell; **túlságosan ~ik** *[serdülő]* outgrow* one's strength

megnyúlósod|ik *i [ragacsos lesz]* become* sticky/gluey, *[bor]* become* ropy

megnyuvaszt *i* give* sy heil

megnyúz *i* **1.** *[állatot]* flay, skin **2.** *átv* fleece, *[munkást]* sweat; **elevenen ~** skin sy alive

megokol *i ált* give* (one's) reasons for (doing) sg, *[állítást, döntést, tettet]* justify; **alaposan ~t esetekben** in well-founded/grounded cases

megokolás *fn* reasons (for) *tsz*

megokolatlan *mn [félelem]* groundless, *[tett]* motiveless, unmotivated

megokosod|ik *i* become* prudent/wise

megolajoz *i [gépet]* oil, lubricate

megold *i* **1.** *[csomót]* untie, undo*, loose(n) **2.** *[problémát, mat. feladatot, egyenletet]* solve, *[kérdést]* solve, settle, *[rejtélyt]* solve, clear up; *[ügyet]* sort out, *biz* pull sg off; **~ egy számtanpéldát** work out a sum; **feladványt ~** solve a problem; **nehéz feladatot ~** tackle (v. deal* with) a difficult problem, carry out a difficult task; **problémát ~** solve a problem; **a probléma, amit meg kell oldania** the problem he has to solve, the problem facing him; **majd**

~**juk** *[a dolgot]* we shall deal with it, we shall sort/work it out (somehow); **maga kell, hogy ~ja a problémáját** *biz* he'll have to work out his own salvation **3. ~ja vk nyelvét** loosen sy's tongue

megoldanivaló *fn* **még sok a ~** we still have a lot to do, there are still things on our agenda

megoldás *fn [problémáé, egyenleté, mint eljárás]* solving, *[mint eredmény]* solution, *[kérdésé]* solving, solution, settling, *[példáé, feladványé, rejtvényé, mint eredmény]* answer, solution, *[vm műszaki feladaté]* device; *[nyelvkönyvben]* **~ok** key [to the exercises]; **ez nem jó ~** that's not a good solution, that's no good, that won't do; **a kérdés ~a** answer to the question; **a válság ~a** resolution of the crisis; **jobb ~t talál vmre** hit* upon a better way of doing sg, find* a better solution; **könnyebb ~** soft option, easy way out; **~t talál vmre** work sg out; **legvégső ~ként** in the last resort

megoldatlan *mn* unsolved, unresolved

megoldhatatlan *mn [probléma]* insoluble, unsolvable; **~ helyzet** deadlock

megoldható *mn [probléma]* (re)solvable, *[feladvány]* answerable

megoldód|ik *i* **1.** *[csomó]* come* undone **2.** *[probléma, rejtély]* be* solved, work out **3. ~ik a nyelve** find* one's tongue

megoldókulcs *fn [tesztnél]* key

megoltalmaz *i* (*vmtől*) protect/guard against/from (sg), shield from (sg)

megolvad *i [fém]* melt, run*, *[hó, jég]* thaw, melt

megolvas *i* count

megolvaszt *i ált* melt

mégoly *hsz* **ha ~ fiatal vagy is** young as you are

megoperál *i* operate on sy (*vmvel* for sg), perform an operation on sy (*vmvel* for sg); **tegnap ~ták** he was operated on yesterday, he underwent an operation yesterday; **az orvosok elhatározták** (v. **úgy döntöttek), hogy azonnal ~ják** the doctors decided to operate (on her) immediately; **meg kell operálni a lábát** your/his/her leg will have to be operated on

megorrol *i* (*vmért*) take* sg amiss/badly

megorront *i irod* get* wind of sg

megostromol *i* **1.** *[erődöt]* siege, lay* siege to **2. ~ják a pénztárt jegyekért** storm/besiege the box-office for tickets

megoszlás *fn* division, distribution

megoszl|ik *i* be* divided/distributed; **a vélemények ~anak** opinions vary/differ (v. are divided)

megoszt *i* **1.** *[több személy közt]* divide (sg among/between people) **2.** (*vmt vkvel*) share sg with sy **3. lakást ~ → leválaszt 4.** *[szembeállít]* divide, split, break* up, *[kettészakít]* tear* apart; **a politika családokat is ~** politics divides families, too

megosztás *fn [vkk között]* division, (*vkvel*) sharing

megosztoz|ik *i* (*vmn vkvel*) share sg with sy; **~ik a hasznon** share/split* the profits, go* halves in the profits

megóv *i* **1.** (*vkt/vmt vmtől*) preserve/protect/safeguard sy/sg from sg, *[biztonságossá tesz]* secure sg against sg; **~ja a látszatot** save/preserve appearances **2.** *[zsűri határozatát]* protest against (sg), lodge a protest against (sg)

megóvás *fn* (*vmtől*) preservation, protection, safeguarding, safe-keeping

megöl *i* **1.** (*vkt*) kill, murder, put* sy to death, make* away with sy; *szl* take* sy out, do* for sy; **~i magát** kill oneself, commit suicide, make* away with oneself **2.** *[állatot]* kill, slaughter **3.** *sp* **~i a labdát** smash the ball **4.** *biz* **~ az unalom** I am bored to death

megölel *i* embrace, put* one's arms round (sy), enfold sy in one's arms

megöntöz *i [növényt, utcát]* water, *[tömlővel kertet]* hose [the garden]; *biz* **~i a torkát** *[iszik]* wet* one's whistle

megöreged|ik, megöregsz|ik *i* get*/grow*/become* old; **nem fog ~ni** *[nagy kort megérni]* he won't make old bones; *közm* **aki kíváncsi, hamar ~ik** curiosity killed the cat

megőriz *i* **1.** *[tárgyat]* preserve, protect, keep* (sg) safe, (safe)guard, *[megtart]* retain, hold*; **~te a rábízott értéktárgyakat** he looked after the valuables entrusted to him; **~te a titkot** she kept the secret, she kept it to herself **2. megőrzi vk emlékét** preserve/keep* sy's memory; **emlékét ~zük** his/her memory will stay with us; **~zük a szebb napok emlékét** we'll treasure memories of happier days; **megőrzi hidegvérét/nyugalmát** keep* one's head, remain cool, keep* one's temper; *biz* keep* one's hair/shirt on; **megőrzi komolyságát** keep* one's countenance; **nem tudta ~ni komolyságát** he couldn't keep a straight face; **~te a tekintély/méltóság látszatát** he saved his face; **megőrzi az értékét** keep* its vaule

megőrjít *i* madden, drive* sy mad/crazy/frantic/wild/nuts (v. out of his/her mind v. up the wall)

megörökít *i* record, *[lefényképez]* photograph (sy), *[halhatatlanná tesz]* immortalize

megörököl *i* inherit

megőröl *i [gabonát]* grind*, mill

megörül *i* (*vmnek*) welcome (sg), be* glad of, be* delighted at/with sg; **~ egy hírnek** welcome a piece of news

megőrül *i* go* mad, go* out of one's mind; **~tél?** are you crazy?, are you out of your mind?; **majd ~ök a fájdalomtól** the pain is driving me mad/wild

megörvendeztet *i* please/delight (sy) (*vmvel* with sg), give* pleasure to sy

megőrzés *fn* preservation, guarding, retaining, *[letétbe helyezett értéktárgyaké]* safe custody, safekeeping; **a béke ~e** the maintenance of peace; **~ végett** (v. **~re) átad** (*vknek vmt*) entrust sy with sg (v. sg to sy), give* sg to sy (v. hand sg over to sy) for safekeeping; **~re átvesz vmt** take* sg into (accept sg for) safekeeping; **~re van nála** hold* sg on/in trust, keep* sg in trust

megőrzési *mn* **~ díj** storage fee, *[állomáson]* charge (for looking after left luggage)

megőrző(hely) *fn [bútoroké stb.]* depository, *[értéktárgyaké]* safe-deposit, *[poggyászé]* left-luggage (office), *US* checkroom

megőszül *i* get*/turn/become* grey (*US* gray); **becsületben őszült meg** he turned grey in honourable service; **munkában ~** grow* grey/old in harness

megözvegyül *i* be* widowed, *[férfi]* become* a widower, *[nő]* become* a widow

megpályáz *i [állást]* apply for, put* in for [a post/job], go* for [a job]; *[ösztöndíjat]* apply for [a scholarship]

megpaprikáz *i* season sg with (Hungarian) paprika

megparancsol *i* order/direct/bid* sy to do sg, *főleg: kat* command sy to do sg [v. that sy (should) do sg]; **~ták, hogy induljak el** my orders are to leave, I've been ordered to leave

megpaskol *i* tap, rap, pat, slap, smack

megpatkol *i* shoe*

megpattan *i* **1.** *[üveg stb.]* burst*, crack **2.** *biz [meglóg]* split*, get* (the hell) out of [here], take* to one's heels, show* a clean pair of heels; *[politikai okokból elhagyva hazáját]* defect

megpecsétel *i* **1.** *[barátságot, szövetséget]* seal, set* the seal on, confirm, consolidate; **vérével ~i** seal with one's blood **2. (vm) ~i vknek a sorsát** sg seals sy's doom/fate; **sorsa meg van pecsételve** his fate is sealed

mégpedig *ksz* namely *[írásban gyakran: viz.]*, or, to be more precise; **~ azért, hogy** ... for the simple reason that ...

megpendít *i* **1.** *[húrt]* touch [a chord], pluck [the strings] **2.** *[eszmét]* launch **3.** *[kérdést]* raise, bring* up

megpenészed|ik *i* mildew, go* mouldy (*US* moldy)

megpenget *i [hangszert]* sound, pluck, touch, twang

megperdít *i* twirl, whirl, spin* (a top), make* sy/sg turn round

megperdül *i* **1.** *ált* turn round (and round), whirl, twirl **2.** *[felfüggesztett tárgy]* spin* **3.** *[táncosnő]* pirouette

M

megpermetez *i [növényt]* spray
megperzsel *i* singe *(j. mn igenév:* singeing), scorch
megperzselőd|ik *i* get*/become* singed/scorched, scorch
megpezsdül *i* **~ a vére** feel* a sudden impulse/urge (to do sg), be* roused (to do sg) by sg
megpihen *i* have* a rest, take* a break, rest, relax
megpillant *i* catch* sight of, catch* a glimpse of, glimpse, set*/clap eyes on
megpillantás *fn* glimpse, sight, glance
megpipál *i [listán]* check/tick off [names/items on a list]
megpirít *i [húst]* brown, *[kenyeret]* toast
megpirongat *i (vmért)* tick sy off for sg, scold sy (for sg)
megpirosod|ik *i* redden, become*/turn/go* red
megpirul *i [hús]* turn brown, brown, *[kenyér]* toast
megpiszkál *i* **1.** *[tüzet]* stir*, poke up **2.** *átv biz [kérdést]* drag/rake up
megpofoz *i* slap sy's face, slap sy in the face (v. on the cheek), smack sy, box sy's ears; **meg tudtam volna pofozni magamat, amiért** I could have kicked myself for, I felt* like kicking myself for
megportóz *i* surcharge sg; **~ták** he has been surcharged on sg; **~va érkezett** [the letter]arrived postage due, [the letter] was surcharged
megposhad *i [víz]* stagnate, become* stagnant, *[étel, ital]* go* off
megpöccköl *i* flip*, flick
megpödör *i* **megpödri bajuszát** twirl one's moustache (*US* mus-)
megpörget *i* whirl/twirl/spin* (a)round
megpörköl *i* **1.** *ált* roast, *[cukrot]* burn* **2.** *[odaéget]* scorch, singe *(j. mn igenév:* singeing), burn*
megpróbál *i* **1.** *ált* try, *[megkísérel]* attempt sg, make* an attempt (at sg/to do sg), *biz* have* a bash/crack at; **próbáld meg!** have a try!, make an effort!; **meg ne merd próbálni!** don't you dare! **2.** *[kipróbál]* test, give* sg a try
megpróbálkoz|ik *i (vmvel)* make* an attempt at (doing) sg, *biz* have* a try/shot/stab (v. *szl* bash) at (doing sg), have* a fling/snack (at sg); **másodszor is ~ik** *kif* have* a second bite at the cherry
megpróbáltatás *fn* trial, ordeal, affliction; **sok ~on ment át** be* sorely tried
megpucol *i* **1.** clean, *[fényesít]* polish **2.** *[meghámoz]* peel **3.** *szl* → **meglóg**
megpudvásod|ik *i [fás lesz]* go* woody/spongy
megpuhít *i* **1.** *konkr* soften, *[húst]* tenderize, *[bőrt]* dress, soften **2.** *átv (vkt)* bring* sy round (to one's point of view etc.), soften (sy) up
megpuhul *i* **1.** *konkr* soften, grow* soft **2.** *átv* soften, weaken
megpukkad *i* **(majd) ~ a méregtől** (v. **mérgében)** be* hopping mad, be* foaming/bursting with rage/anger; **majd ~ a nevetéstől** (nearly/almost) split*/burst* one's sides (laughing), laugh one's head off; *biz* **pukkadjon meg!** (i) the devil take him/her! (ii) I don't care a damn!
megpumpol *i* touch/tap sy for money
megrág *i* **1.** *[ételt vk]* chew **2.** *[féreg]* eat* into **3.** *[egér]* nibble (away) at sg, chew holes in sg **4.** *átv biz* **jól ~ja a dolgot** chew on sg, chew/dig* sg over, ruminate about/over/on sg; **jól rágd meg ezt a dolgot!** put it in your pipe and smoke it; **~ja minden szavát** weigh one's words
megragad *i* **1.** *[kézzel]* seize, grasp, catch*, lay* one's hands on **2.** *átv* **minden eszközt ~** use every means, leave* no stone unturned; **~ja az alkalmat** take*/seize the opportunity; **~ja a lehetőséget** jump at the chance, take* one's chance; **~ja figyelmét** catch*/arrest one's attention **3.** *átv [magával ragad]* captivate, fascinate, grip **4.** *(vmhez)* stick* (firmly), adhere (to); **jól ~t** it stuck fast
megragadó *mn* fascinating, captivating; **~ beszéd** rousing speech; **~ látvány** gripping/thrilling sight
megrágalmaz *i [szóban]* slander, *kif* cast* aspersions on sy, *[írásban]* libel (*US* -l)
megragaszt *i* **1.** *ált* glue, stick* (together), join (sg) with glue **2.** *[tömlőt]* seal [a puncture]
megrajzol *i* **1.** draw* **2.** *átv [leír]* describe, depict [in words], characterize
megrak *i* **1.** *[kocsit, hajót stb.]* load sg (up) *(vmvel* with); **ne rakd meg annyira a kocsit** don't load the car up too much; **~ott** heavy-laden, piled high (with sg) *ut*; **túlságosan ~** overload **2. ~ja a tüzet** (i) *[előkészíti]* make* a fire (ii) *[rárak]* feed* the fire, make* up the fire **3.** *biz [megver]* give* sy a good hiding/licking, tan sy's hide
megrakod|ik *i* load (up)
megráncigál *i biz* pull (aboout), tug (at); **~ja a fülét** *[gyereknek]* tweak sy's ears
megráncosod|ik *i* wrinkle, become* wrinkled
megrándít *i* **1.** *[bokát stb.]* sprain; **~ottam a bokámat** I've sprained my ankle, I have a sprained ankle **2. ~ja a vállát** *[nemtörődés jeléül]* shrug (one's shoulders)
megrándul *i* **1. ~t a bokám** I've sprained my ankle, I have a sprained ankle **2. egy arcizma sem rándult meg** he didn't bat an eyelid, he didn't move a muscle
megránt *i* jerk, pull (on); **~ja a vészféket** pull the communication cord
megráz *i* **1.** *konkr* shake*; **~za vknek a kezét** shake* hands with sy; **~za a fejét** *[tagadólag]* shake* one's head **2.** *[áram vkt]* get* a(n electric) shock **3.** *[lelkileg]* shake* sy (up), be* shaken by sg
megrázkód|ik *i* **1.** *(vk)* shudder, get*/have* a shock **2.** *[tárgy]* shake*, be* shaken
megrázkódtat *i* **1.** *konkr* shake* **2.** *átv (vkt)* shake* sy, give* sy a shock, shock sy, *[országot]* convulse, shake*
megrázkódtatás *fn* shock, *[társadalmi]* convulsion; **lelki ~** (mental) shock; **~ érte** he has had a shake, he was shaken/shocked; **különösebb ~ nélkül fogad** take* sg in one's stride; **politikai ~hoz vezetett** ... led to political convulsions
megrázó *mn* shocking, upsetting, harrowing; **~ jelenet** harrowing/agonizing scene
megrebben *i* flicker, quiver, wince; **meg se rebbent a szeme** he didn't bat an eyelid
megreformál *i* reform
megreggeliz|ik *i* have* (one's) breakfast
megreked *i* **1.** *[jármű]* be*/get* stuck, *[sárban]* get* bogged down (v. bog down) in the mud **2.** *[ügy]* come* to a deadlock/standstill
megrekken *i [levegő]* be* close/sultry/stifling
megreklamál *i* complain about (sg), lodge a complaint against/about sg, *[megsürget]* chase sg up
megremeg *i* shudder, shiver, quiver, tremble
megrémít *i* frighten, terrify, scare, horrify, give* sy a jump
megrémül *i (vmtől/vktől)* take* fright (at sg/sy), be* terrified/frightened/scared (of sg/sy)
megrendel *i* **1.** *gazd [árut stb.]* order sg, place an order with sy for sg, give* sy an order for sg **2.** *[szobát, jegyet stb.]* book (*US így is:* reserve) [a ticket v. tickets for a journey, a seat v. seats at a theatre (v. on a train/coach/plane, a room at a hotel)] etc.; **~tem a repülőjegyet** I've booked my flight; **előre ~ vmt** book sg in advance, *US így is:* make* a(n advance) reservation; **~i a szobát** book (*US így is:* reserve) a room [at a hotel]; **~i a repülőjegyet** book (*US így is:* reserve) a seat on a flight/plane, book (*US így is:* reserve) seats on a flight/plane
megrendelés *fn* order; **~nek eleget tesz** carry out an order, execute an order; **~re** to order
megrendelési *mn* **~ könyv** order book; **~ űrlap** order form
megrendelés-igazolás *fn* order confirmation
megrendelő *fn gazd* customer
megrendelőlap *fn* order form
megrendez *i* **1.** *[hangversenyt, ünnepélyt]* arrange, organize, put* on **2.** *szính* stage, *átv* stage-manage; **~ett** prearranged; **~ett dolog** put-up job

M

megrendít *i* **1.** *konkr* shatter, stagger **2.** *[vknek hitét]* shake* [sy's faith]; **~ette a hír** he was (badly)shaken/shocked/staggered by the news, the news was (v. came as) a terrible shock to him; **halála mindnyájunkat ~ett** his/her death was a shock to us all, we were shocked at the news of his/her death, we were shaken by the news of his/her death

megrendítő *mn* shocking, staggering, *[szerencsétlenség]* tragic, fatal

megrendszabályoz *i* (*vkt*) discipline sy, *biz* crack down on sy, put* sy in his place, bring* sy to heel, *[csapatot]* pull sy together

megrendül *i* **1.** *[ált és hatalom]* be* undermined; **~t vknek az egészsége** one's health is impaired (v. has broken down), he has had a shake; **~t a hite, ~hitében** be* shaken in one's faith, one's faith is shaken; **~t a bizalma vkben/vmben** (s)he has lost confidence (in sy/sg) **2.** *[vm következtében]* be* shaken by sg, be* shocked at/by sg; **~t a hír hallatára** (s)he was badly shaken (up) by the news

megrendülés *fn* **mély ~sel értesültem a hírről** I was shocked to hear the (sad) news (of sg), I was shaken by the (sad) news [of his/her death]

megrendült *mn [egészség]* impaired, broken [health]

megrenget *i* **alapjaiban rengette meg** it has shaken the foundations of sg

megreped *i [kemény tárgy]* split*, crack

megrepedez|ik *i* crack, become* cracked

megrepeszt *i [kemény tárgyat]* crack, split*

megrészeged|ik, megrészegsz|ik *i* get* drunk/tipsy, become* intoxicated; *átv* **~ik vmtől** be* drunk/intoxicated with sg

megrészegít *i* **1.** *[itallal]* intoxicate, make*/get* sy drunk/tipsy **2.** *átv* **~i vm** be* intoxicated by/with sg

megreszel *i [fémet]* file (down), *[ételfélét]* grate

megreszkíroz *i* → **megkockáztat**

megretten *i* → **megrémül**

megrettent *i* → **megrémít**

megrezdül *i [egyet rezdül]* tremble, shudder, *[rezegni kezd]* begin* to tremble/shiver/vibrate

megrezzen *i* **1.** *[tárgy]* → **megrezdül 2.** *[személy]* give* a start, quiver, shudder

megriad *i* start, be* startled, be* frightened (by/of sg/sy/at sg)

megriaszt *i* frighten (away), terrify

megríkat *i nép* make* sy cry/weep

megritkít *i* thin (out)

megritkul *i* **1.** *[levegő]* rarefy, become* rarefied **2.** *[haj, növény]* become* thin, thin; **haja ~t** *biz* he has gone thin on top **3.** *[vmnek előfordulása]* tail off, become* sparse/scanty (v. less frequent)

megró *i* (*vkt vmért*) blame/reprimand/rebuke sy for sg, take* sy to task (for/about/over sg)

megroggyan *i* bend* [under a strain], sink* [under a burden], *[bokszoló]* become* groggy; **térdei ~tak** his knees gave way

megrohad *i* rot, decay, become* rotten

megrohamoz *i* **1.** *kat* attack, make*/launch an assault on **2.** *átv* besiege (sg/sy with sg)

megrohan *i [szállóvendég]* descend (on/upon sy); **~ták az üzleteket** there was a run on the shops; **~ják az emlékek** memories crowd/pile in (on/upon sy)

megrokkan *i* become* disabled/invalid

megroml|ik *i* **1.** *[étel]* go* off/bad, spoil* **2.** *[egészség]* be* becoming worse, deteriorate **3.** *[látás, emlékezet]* be* failing/going **4.** *[helyzet]* worsen, deteriorate, grow* worse

megrongál *i [tárgyat]* spoil*, do* damage to, damage (sg), *[telefont stb. utcán]* vandalize

megrongálód|ik *i [tárgy]* spoil*, get* spoiled/damaged; **~ott áru** damaged goods *tsz*

megront *i* **1.** *nép [varázslással]* bewitch, practise magic on **2.** *[erkölcsileg]* corrupt, deprave **3.** *[leányt]* seduce

megrontás *fn [erkölcsileg]* corruption, depravation, *[leányé]* seduction

megropogtat *i* **1.** make* crack, crack, *[ropogtatva megrág]* crunch **2. ~ja az r-t** roll one's r's

megroppan *i* crack, break*

megrostál *i* **1.** *[átszitál]* sift **2.** *átv* screen, sift (through)

megrothad *i* → **megrohad**

megrovás *fn* censure, rebuke, *hiv* reprimand; **~ban részesít** reprimand, censure

megrozsdásod|ik *i* rust, get* rusty

megrögzít *i* secure, fix, make* (sg) firm/fast

megrögzött *mn* **1.** *pej* **~ bűnöző** habitual/hardened criminal, *biz* an old lag; **~ alkoholista/iszákos** confirmed/inveterate/habitual drinker/drunkard; **~ hazudozó** an incorrigible liar **2.** *[vmhez konokul ragaszkodó]* **~ agglegény** confirmed bachelor; **~ idealista** incurable idealist **3. ~ előítélet** inveterate prejudice; **~ szokás** confirmed/ingrained habit

megrökönyödés *fn* astonishment, stupefaction

megrökönyöd|ik *i* stand*/be* dumbfounded/astounded, be* taken aback, be* stupefied

megröntgenez *i* X-ray (sy), take* an X-ray of sy['s hand etc.]; **~ik** be* X-rayed, have* an X-ray (examination) *[terjedőben az* x-ray *írásmód]*

megrövidít *i* **1.** *konkr* shorten, make* shorter, *[utat]* take* a short cut **2.** *[cikket]* cut* (down), *[ügyintézést]* speed* up **3.** *[megkárosít]* give* sy short measure; *[túl sokat számol vknek]* overcharge sy, defraud sy (of); **~ vkt jogaiban** encroach/impinge (up)on sy's rights

megrövidítés *fn* **1.** *konkr* shortening **2.** *[úté]* short cut **3.** *[megkárosítás]* defrauding

megrövidül *i* **1.** *konkr* become*/get*/grow* shorter, shorten **2.** *[károsodik]* be* deprived of sg [*pl.* one's rightful share v. one's rights], be* given short measure; *[túl sokat számolnak fel neki]* be* overcharged

megrúg *i* kick, give* sy/sg a kick

megruház *i biz elav* do*/work sy over, *[alaposan]* thrash, *US szl* give* sy beans

megrühesed|ik *i* become* scabby/mangy

megsaccol *i biz* size sg up, make* a guesstimate

megsajnál *i* (*vkt*) have*/take* pity (on sy), feel* pity/sorry for sy, pity sy

megsántul *i* (*vk*) go*/fall* lame, begin* to limp

megsarcol *i tört* hold* (sy) to ransom

megsárgul *i* **1.** *ált* become*/grow*/turn yellow **2.** *[papír]* be* foxed **3.** *[falevél]* wither

megsarkal *i [cipőt]* (re-)heel

megsarkantyúz *i* spur; **~za lovát** dig* one's spurs into one's horse

megsavanyít *i* sour, make*/turn sour

megsavanyod|ik *i* turn/go* sour, sour; **~ott a tej** the milk has turned (sour)

mégse I. *hsz* not ... after all **II.** *ksz* **nem titok, de ~ említsd** it's no secret but don't mention it anyway; → **mégsem**

megsebesít *i* **1.** *[csatában]* wound **2.** *[balesetben]* injure

megsebesül *i* **1.** *[csatában]* be* wounded; **súlyosan ~t** be* badly/seriously wounded; **halálosan ~t** be* fatally wounded **2.** → **megsérül 1**

megsebez *i irod* **1.** → **megsebesít 2.** *[megbánt]* grieve

megsegít *i* help sy (out), give*/lend* sy a hand, aid (sy)

megsegítés *fn* help, assistance, aid

megsejt *i* have* a presentiment/feeling, guess, *[rosszat]* suspect, *biz* get* wind of (sg), have* a hunch (that)

mégsem *hsz/ksz* not ... after all, still not; **~ hiszi el** he still (v. and yet) does not believe it

megsemmisít *i* **1.** *[elpusztít]* annihilate, wipe out, *biz* blow* sg sky-high **2.** *jog [érvénytelenné tesz]* declare sg null and void, annul, cancel (*US* -l), *[törvényt]* repeal, abolish, set* aside, *[ítéletet]* quash, *[szerződést, egyezményt]* cancel (*US* -l), annul **3.** *[iratot]* shred **4.** *mat* **kölcsönösen ~ik egymást** cancel (*US* -l) (each other)

megsemmisítés *fn* **1.** *[elpusztítás]* annihilation, destruction **2.** *jog* annulment, cancellation, nullification

megsemmisítő *mn* **1.** *[elpusztító]* annihilating, destroying; ~ **hatása van** have* a disastrous effect; ~ **bírálat/kritika** devastating criticism/review/critique; ~ **vereség** crushing defeat **2.** *jog* annulling

megsemmisül *i* be* destroyed/annihilated, be* wiped out, come* to nothing

megsemmisülés *fn* annihilation, destruction

megsemmisülten *hsz* ~ **áll** be* desolate(d)/dumbfounded

megsért *i* **1.** *[vkt testileg]* injure, hurt*, (*vmt*) damage **2.** *átv* (*vkt*) affront/insult/offend sy; **mélyen** ~ offend sy deeply, sting*/cut* sy to the quick; **senkit sem akart ~eni** he didn't want to offend anybody; **ha meg nem sértem (önt)** if I may say so **3.** *[törvényt]* infringe, impinge, break* [the/a law]

megsértés *fn* **1.** (*vké*) offence (*US* -se), insult **2.** *[törvényé]* infringement, breaking, *főleg: US* violation [of the law]

megsértőd|ik *i* (*vmtől/vmn*) be* offended at/by/with sg, get*/be* hurt at sg, take* sg ill; **~ik az egész világra** *kif* have* a chip on one's shoulder; **könnyen ~ik** be* touchy, have* a chip on one's shoulder, be* thin-skinned; **sose sértődik meg** he never takes anything amiss; **nem sértődött meg ezen** he took it in good part

megsérül *i* **1.** (*vk*) be*/get* injured, *[kicsit]* be*/get* hurt; **súlyosan ~t** was badly/seriously injured; **halálosan ~t** (was) fatally injured, received fatal injuries **2.** (*vm*) become*/get* damaged

megsétáltat *i [kutyát]* walk [the dog], take* [the dog] for a walk; **jól ~tál minket!** you had us walk our leg off

megsimogat *i* caress, fondle, stroke

megsínyli *i* suffer for (v. on account of), be* hard hit by

megsirat *i* mourn/weep* for/over

megsodor *i* **1.** *[cigarettát, tésztát]* roll **2.** *[bajuszt]* twirl [one's moustache] **3.** *[szálat]* twist, twine, spin*

megsokall *i* have* enough (v. one's fill) of, *biz* get*/be* fed up with (sg)

megsokasod|ik *i* → **megszaporodik**

megsokszoroz *i* multiply, proliferate

megsokszorozód|ik *i* be* multiplied, proliferate, be* increased in numbers

megsoroz *i [ellenfelet]* rain blows on sy

megsoványod|ik *i* grow* thinner, lose* weight

megsóz *i* salt (sg), add salt to, put* salt in/on

megsötéted|ik *i* **1.** *ált* grow* dark(er), become* obscure/dim **2.** *[szín]* darken, deepen, *[vk haja]* go* dark

megsötétít *i [színt]* deepen/darken the colour (*US* -or) of sg

megspékel *i* **1.** *konkr* lard (with) **2.** *átv* (inter)lard with; **idézetekkel ~ve** (inter)larded with quotations

megspórol *i biz [pénzt]* save, *[fáradságot]* spare, save [trouble]

megstoppol *i* darn, mend

megsúg *i* (*vknek vmt*) whisper (sg) in sy's ear; **~om neked** just between us, between you and me

megsuhint *i [ló a farkát]* whisk, swish, *[lovat pálcával]* whack

megsuhogtat *i* brandish, flourish, swish

megsüketít *i* deafen

megsüketül *i* go*/become* deaf; **bal fülére** ~ become* deaf in the left ear

megsül *i* **1.** *[hús]* roast, get* roasted; **~t a hús** the meat is done (to a turn) **2.** *[kenyér, tésztaféle]* get* baked **3.** *[húst stb. olajban]* be* fried, *[olajsütőben]* be* deep-fried **4.** *átv* **majd ~ az ember** it's baking here, it's boiling here

megsürget *i* urge, press for, *[hivatalt stb.]* chase [the Gas Board v. the Council etc.] up about sg, expedite [visa application etc.]

megsürgönyöz *i* wire, *[tengeren túlra]* cable

megsűrűsöd|ik *i* **1.** *[főzésnél]* thicken, become* thick **2.** *[gyakoribbá válik]* become* more frequent

megsüt *i* **1.** *[húst]* roast **2.** *[kenyeret]* bake **3.** *[húst, halat olajban]* fry, *[olajsütőben]* deep-fry **4.** *átv biz* **süsd meg** *[a tudományodat stb.]* hang it all!, confound it!

megszab *i* determine, lay* down, prescribe, fix; **~ja a feltételeket** dictate/set* the terms; **~ja vmnek az árát** fix the price of sg; **~ja vknek a bérét** fix the rate for sg

megszabadít *i* **1.** (*vkt/vmt vmtől/vktől*) free/liberate sy/sg from sg/sy, set* sy/sg free from sg/sy; **~vkt nehéz táskájától** relieve sy of his heavy suitcase; ~ **vkt terheitől** relieve sy of [his burdens etc.]; **vmlyen veszélytől** (v. **vmből) szabadít meg vkt** rescue/save sy from [danger, drowning etc.]; ~ **vkt a szenvedéstől** bring* an end to sy's suffering(s); *[állatot]* put* [animal] out of its misery; ~ **vkt kötelékeitől** untie sy from sg; ~ **vkt kötelezettségtől** relieve/exempt sy from one's obligation(s); *bibl* **'szabadíts meg minket a gonosztól'** deliver us from evil **2.** *tréf* **~ják vmtől** *[ellopják vmjét]* be* relieved/eased of sg

megszabadítás *fn* **1.** (*vmből*) liberation, setting free (from) **2.** *[veszélyből]* rescue **3.** *[kötelezettségtől]* exemption (from)

megszabadul *i* **1.** (*vktől*) rid oneself of sy, get* rid of sy, *[elteszi láb alól]* do* away with sy, *[nem kívánt személytől]* throw* off [reporters, police etc.], get sy off one's hands; **rövid úton ~ tőle** drop sy like a hot potato; **rövidesen ~unk Johntól** we'll soon see the back of John; ~ **nem várt látogatótól** get* rid of an unwelcome visitor; **nem lehet ~ni tőle** you cannot shake him off; **végre ~tam tőle!** good riddance! **2.** (*vmtől*) get* rid of sg, rid oneself of sg, *[árutól]* clear off, *[fölösleges dolgoktól]* clear sg out, make* a clean sweep of sg, *[gondoktól]* sing* [one's cares] away, *[felelősségtől]* cast* sg off, *[kétségektől]* dispose of [the doubts about ...]; ~ **a fölösleges kilóktól** be* working off a few kilos; ~ **adósságától** rid* oneself of (v. free oneself from/of) debt **3.** *[kötelékeitől, kötelezettségeitől]* free oneself from [one's bonds/obligations]; ~ **régi szokásoktól** throw* off old habits; ~ **előítéleteitől** rid* oneself of (one's) prejudices

megszabott *mn* ~ **feltételek** terms/conditions agreed (up)on, terms/conditions stipulated; ~ **idő** appointed time, fixed date; ~ **mennyiség** prescribed quantity; **a ~ módon** in the prescribed way/manner

megszagol *i* **1.** *[ételt]* smell* sg, have* a smell of sg **2.** *átv biz* scent sg, get* wind of sg

megszakad *i* **1.** *ált* break* **2.** *[folyamat]* be* interrupted, be* cut/broken off, break* off; **az elbeszélés ~(t)** the thread of the discourse/narrative is broken; **a tárgyalások ~tak** the negotiations were broken off **3.** *[telefon-összeköttetés]* be* cut off, be* disconnected **4.** *átv* **majd ~ a nagy erőlködésben** break* one's back, work one's fingers to the bone; **majd ~ nevettében** be* convulsed/bursting with laughter, laugh one's head off; **majd ~ a munkában** work one's head off; **nem szakad meg a munkában** he isn't killing himself over the job, make* light work of sg; ~ **a szíve** break* one's heart over sg, be* heartbroken; **majd ~ a szívem látva** ... it breaks my heart to see him/her (...ing); **a szíve majd ~t** her heart was ready to burst

megszakadás *fn* **~ig dolgozik/gürcöl** break* one's back, work like a dog, work from dawn to dusk, keep* one's nose to the grindstone

megszakít *i* **1.** *ált* break*, interrupt, be* broken/interrupted by; **terhességet ~** terminate (a/the) pregnancy, have* an abortion **2.** *[beszélgetést]* interrupt, break* off [a conversation] **3.** *[távbeszélő-összeköttetést]* cut* off [telephone communication], *[áramot]* disconnect **4.** *[kapcsolatot]* break* off relations (with sy), break* (with sy); **minden kapcsolatot ~ vkvel** break* off all relations with sy; **~ja a diplomáciai kapcsolatokat** break* off diplomatic relations (with) **5.** *[utazást]* break* [one's journey in/at]; **~ja az útját** *[ha autóval* v. *vonaton megy]* stop off [for ... days in ...], *[ha repülővel]* stop over [in/at ...]; **Bécsben 2 napra ~ottam utamat** I broke my journey (v. stopped off) for 2 days in Vienna

M

megszakítás *fn* **1.** *[folyamaté]* break, interruption; **~ nélkül** without a break, uninterrupted; *[munkaviszonyról]* continuously, *[repül]* [fly*] non-stop (to); **~okkal** intermittently, on and off; **~okkal (ugyan), de egész nap esett** it rained on and off all day; **sok ~sal utazik** travel (*US* -l) by easy stages **2.** *[diplomáciai kapcsolatoké]* breaking off, severance **3.** *[áramé]* switching off
megszakító *fn el* contact breaker
megszáll *i* **1.** *[szállóban]* stay at, put* up at [a hotel], (*vknél*) stay with sy, put* up with sy, *[egy éjszakára]* stay overnight [at a friend's house], stay the night with sy, put* up for the night (at), stay/stop over [at a small town, in a hotel etc.]; **szállodában száll meg** stay in a hotel, put* up at a [small] hotel [for the night] **2.** *kat* occupy/invade [a country], *[egyéb]* take* possession of, *[sztrájkolók gyárat]* take* over, occupy; **a nyaralók ~ták a legjobb üdülőhelyeket** holidaymakers invaded the best resorts **3.** *átv* (*vkt vm*) seize, possess; **~ta az ördög** be* possessed (by the devil); **~ta a félelem** be* overcome with fear; **amikor ~ja a Szentlélek** when the Spirit moves him
megszállás *fn kat* occupation; **idegen ~ alatt** under foreign occupation
megszálló I. *mn* occupying, invading; **~ erők** invading forces; **~ hadsereg** army of occupation, occupation army; **~ hatalom** occupying power **II.** *fn* occupier, invader
megszállott I. *mn* obsessed, obsessive, possessed **II.** *fn [személy]* fanatic, person possessed/obsessed with an idea; **egy gondolat ~ja** he is obsessed with an idea; **a munka ~ja** *biz* be* a workaholic, be* a demon for work, be* a glutton for work/punishment
megszállottság *fn* obsession
megszállt *mn [terület]* occupied [territory, area]
megszámít *i* charge; **drágán számít meg vmt** overcharge (sy for sg), charge exorbitant prices for sg, *kif biz* make* sy pay through the nose
megszámlál *i* count; **napjai meg vannak számlálva** his/her days are numbered
megszámlálhatatlan *mn* countless, innumerable
megszámol *i* count; **egy kezemen meg tudnám számolni** you can count up (sg) on the fingers of one hand
megszámoz *i* number; **~za egy könyv lapjait** paginate a book; **meg van számozva** be* numbered
megszán *i* pity, feel* pity for, *[megkönyörül, megsegít]* have*/take* pity on
megszaporáz *i* **lépést ~** hasten one's steps, quicken one's pace
megszaporod|ik *i* increase, grow*, multiply
megszárad *i* become* dry, dry
megszárít *i* dry
megszavaz *i* **1.** *[indítványt]* adopt, carry [a motion] **2.** *[kölcsönt, hitelt]* vote, grant [a loan v. credit]; **hitelt szavaz meg vknek** grant sy credit **3.** *[törvényjavaslatot]* vote for, vote [a bill] through, pass, carry [a/the bill]; **meg van szavazva** (it is) carried; **a törvényjavaslatot ~ták** the bill was carried/passed, the bill has gone through, *[meg van szavazva]* the ayes have it; **nem szavaz meg** vote (sg) down, *[ellene szavaz]* vote (against sg)
megszavazás *fn [törvényjavaslaté]* passing/passage [of a bill]
megszavaztat *i* put*/submit sg to a/the vote, poll; **törvényjavaslatot ~** (i) *ált* get* a bill through Parliament (ii) *[sebtében, erőszakkal]* railroad a bill, rush a bill through; **~ja a jelenlévőket/lakosságot/tagságot** take* a vote on sg; *[titkosan]* ballot the members on sg
megszázszoroz *i* multiply by a hundred
megszed *i* **~i magát** feather one's nest, line one's pocket, make* one's pile, strike* it rich
megszédít *i* **1.** *[ütés]* stun, daze, shock **2.** *átv* (*vm vkt*) turn sy's head
megszédül *i* be*/become* dizzy, feel* giddy; **~t a sikertől** success has turned his head
megszeg *i* **1.** *[esküt]* break*; *[ígéretet]* break* one's word, break* faith (with sy), renege on [a promise, one's word etc.], go* back on [one's word/promise etc.], *[megállapodást, szerződést, törvényt]* break*, violate, offend against; *[parancsot/tilalmat]* contravene, break* bounds; **~te a szavát** he went back on his word **2.** *[kenyeret]* cut*
megszegel *i* → **megszegez**
megszegez *i* nail sg
megszégyenít *i* put* sy to shame, shame, *[felülmúl]* outdo*, beat*, get* the better of sy
megszégyenítés *fn* shaming, humiliation
megszégyenül *i* be* humiliated, be* put to shame, suffer humiliation, *kif* lose* face
megszégyenülés *fn* humiliation
megszelídít *i* **1.** *[állatot]* tame, domesticate **2.** *[embert]* tame, make* submissive
megszelídítés *fn* taming, domestication
megszelídül *i* **1.** *[ember]* mellow, sober down **2.** *[állat]* grow* tame, be* domesticated
megszemélyesít *i* personify
megszemélyesítés *fn irod* personification, prosopopoeia
megszemlél *i* → **megtekint**
megszenesedett *mn* charred
megszenesed|ik *i* carbonize, char, turn into charcoal
megszentel *i* consecrate, sanctify
megszentségtelenít *i* profane, desecrate, defile
megszentségtelenítés *fn* profanation, desecration
megszenved *i* **1.** *[vm célért megküzd]* toil/labour (*US* -or) for sg, go* (v. be* put) through the hoops **2.** *[bűnhődik]* atone for, expiate [sins etc.] **3.** *[vmért sokat szenved]* suffer (for), endure (for) [unbearable pain etc.]
megszépít *i* embellish, beautify, *[a valóságnál szebbnek mutat]* flatter, gild*, (*vkt*) make* (sy) more beautiful, flatter (sy); **az idő ~i a múltat** *kb.* distance lends enchantment to the view
megszeppen *i* be*/get* scared of/at, get*/have* cold feet; **~ve áll vk előtt** stand* in awe (of sy)
megszépül *i* grow* more handsome/beautiful
megszeret *i* **1.** (*vkt*) become* attached to, become* fond of, take* to sy, (*sg*) grow* on sy; **mindjárt ~tem** I took to him at once **2.** (*vmt*) come*/begin* to like, take* to sg **3.** *[szerelemmel]* fall* in love with sy; **meglátni és ~ni** (it was) love at first sight
megszerettet *i* → **megkedveltet**
megszerez *i ált* get*, obtain, get* hold of, acquire, *[információt]* pick (sg) up, *[győzelmet]* chalk [another victory] up, *[tudományos fokozatot]* take*, earn, win, obtain, *[magának bajt]* lay* up trouble for oneself; **~ egy lakást** secure a flat; **~ egy (jó) állást** *biz* land a (good) job, *[könnyűszerrel]* walk into [a job]; **~ vknek vmt** get* sy sg, get* sg for sy; **nehéz ~ni** it's hard to come by; **meg akar szerezni** be* after sg, angle for sg, make* a bid for sg
megszerkeszt *i* **1.** *[szöveget]* draw* up, draft, word, write*, formulate **2.** *[kéziratot, könyvet]* edit, *[főleg nyomdai előkészítés stádiumában]* copy-edit, *[szótárt]* compile, edit, *[szótári szócikket]* write* sg up **3.** *[gépet]* construct, design
megszervez *i* organize, arrange, plan sg up, *biz* fix sg up, *[eseményt]* pull sg together
megszervezés *fn* organization, organizing
megszerzés *fn* acquisition, acquiring, obtaining; **vmnek a ~e nagy nehézségekbe ütközik** sg is almost/practically unobtainable, it is very difficult to get (hold of); **vm ~én mesterkedik** jockey for sg
megszid *i* scold, reprimand, rebuke (*vkt vmért* sy for sg), *biz* tell*/tick sy off
megszigorít *i ált* make* (sg) more severe/rigorous, tighten up (on) sg; **~ják a (jog)szabályokat** the rules are (to be) tightened up; [the Government] are tightening up (on) [the driving laws etc.]; **~ják a biztonsági rendszabályokat** [the

police] are tightening up on safety [for the President's visit etc.]
megszikkad *i* dry up, get* parched
megszilárdít *i* **1.** *konkr* strengthen, reinforce **2.** *átv* strengthen, firm up, stabilize, consolidate, confirm
megszilárdul *i* **1.** *[anyag]* set*, solidify, firm **2.** *átv* be* firmly established, be(come)* consolidated; **a fegyelem ~t** discipline was tightened up
megszilárdulás *fn* **1.** *[anyagé]* hardening, solidification, setting **2.** *átv* stabilization, consolidation
megszimatol *i* **1.** *[kutya]* scent, smell*/nose (out) **2.** *[odaszagol]* sniff at **3.** *[veszélyt]* smell*, scent, suspect
megszínesed|ik *i* colour (*US* -or), assume a colour
megszitál *i* sift, screen, pass (sg) through a sieve
megszív *i* **1.** suck on/at sg, *[egyszer]* have* a suck on/at sg **2. ~ja magát** *[pl. vízzel]* soak up/in [water] **3.** *átv szl [pórul jár, megjár vmt, ráfizet]* get* screwed, get* a kick in the ass (*GB* arse)
megszívat *i* **1.** *szl [kellemetlenséget okoz vknek]* screw sy, kick sy in the ass (*GB* arse), *[újoncot, gólyát] US* haze **2.** *[becsap]* take* sy for a ride, pull a fast one **3.** *[nagyon megdolgoztat]* be* run/rushed off one's feet, give* sy the works
megszívlel *i* take* sg to heart, keep*/bear* (sg) in mind; **~i vk tanácsát** take*/follow (v. act on) sy's advice
megszívlelendő *mn* well worth taking to heart (v. into consideration), worth bearing/keeping in mind (*mindegyik: ut*)
megszokás *fn* **1.** (*vmé*) custom, usage, habit; **~ dolga** it is just a matter of habit; **~ból** out of habit, from force of habit, as a matter of routine; *közl* **ne vezessen ~ból** *kb.* do not rely on routine (only) while driving a car **2.** (*vhol*) acclimatization, adaptation
megszok|ik *i* **1.** (*vmt*) get*/become* used/accustomed to sg, get* into the habit of doing sg, make* a habit of doing sg, (*vkt*) get* used to sy; **hamar meg fogod szokni** you will soon be/get used to it; **kezdem ~ni** I'm getting used to it; **~ta a kemény munkát** (s)he got/is used to hard work (v. working hard); **~ta, hogy** he has got used to, be* accustomed to; **mi már ~tuk** we are used/accustomed to it, it is nothing new to us; **kezd ~ni vmt** settle down to sg **2.** (*vhol*) get*/become* acclimatized, adapt to [different conditions], get* used to; **vagy ~ik, vagy megszökik** it's sink or swim, *biz* we'll have to like it or lump it, mend or end **3.** *[elvisel]* put* up (with sg)
megszokott *mn [szokásos, szokásszerű]* usual, habitual, customary, *[rendszeres]* regular, *[látvány]* everyday; **~ dolog** routine matter, business as usual, it's all in the/a day's work; **a ~ időben** at the usual time; **~á válik** (i) *ált* become* usual/everyday/customary (ii) *[már nem újszerű]* wear* off, begin* to pall (on me/us etc.); **nem a ~ módon/helyen stb.** not in the usual way/place, *biz* off the beaten track
megszoktat *i* (*vkvel vmt*) accustom sy to sg, make*/get* sy used/accustomed to sg
megszól *i* (*vkt*) speak* ill/badly of sy, backbite* sy, run* sy/sg down, *csak US* badmouth sy
megszólal *i* **1.** (*vk*) begin* to speak, start speaking; **szólalj meg már!** say something! **2.** *[telefon]* ring*, *[harang]* ring* out
megszólalás *fn* speaking; **a ~ig hasonlít vkhez** be* the living image of sy, *biz* be* the spitting image of sy, be* a carbon copy of sy['s sister etc.]; **~ig hű arckép** lifelike portrait, a speaking likeness
megszólaltat *i* **1.** (*vkt*) make* sy speak **2.** *[hangszert, szirénát]* sound; **~ja a vészcsengőt** sound/ring* the alarm
megszólás *fn* scandal-mongering, backbiting, *csak US* badmouthing
megszolgál *i nép [kiérdemel]* earn fairly
megszólít *i* speak* to, address (sy), *[idegent, főleg nőt]* accost
megszólítás *fn* **1.** *[szóval]* address, *[barátkozás céljából]* approaches *tsz*, *[főleg idegen nőé]* accosting **2.** *[levélben]* form of address
megszomjaz|ik *i* become*/get* thirsty
megszomorít *i* make* sy sad, sadden sy
megszondáz *i* **1.** *[autóst]* breathalyse (*US* -ze)(sy), give* sy a breath test, breath-test sy **2.** *átv [emberek reagálását]* check people's reaction, *kif* test the water, *[közvéleményt]* see* what people will think of it, *kif* fly* a kite
megszoptat *i* suckle, nurse [a/the baby]; **már ~tam** I've fed him/her
megszorít *i* **1.** *[csavart]* give* it another turn, tighten (up), *[kötést]* tighten; **~ottad az összes csavart?** have you tightened all the screws up properly? **2.** *[kezet]* shake* hands with **3.** *[korlátoz]* limit, restrict, restrain
megszorítás *fn* **1.** *[csavaré]* tightening, screwing fast/tight **2.** *átv* restriction, restraint, constraint; **anyagi ~ok** financial constraints; **azzal a ~sal érvényes, hogy** ... it is valid with the stipulation/proviso that...; **bizonyos ~okkal** with certain restrictions/reservations; **~ nélkül** without reservation
megszorongat *i* **1.** *ált* squeeze **2.** *átv* corner
megszoroz *i* multiply (*vmt vmvel* sg by sg)
megszorul *i* **1.** *[tárgy]* get*/be* stuck/wedged (*vmben* in) **2.** *[levegő]* get* stuffy **3.** *[pénzben]* be* short of money, be* hard up, feel* the pinch, *kif* be* in a tight corner
megszorult *mn [bajban levő]* in dire straits *ut*, *[főleg pénzben]* (be*) hard up, (be*) needy, (be*) in straitened circumstances *ut*
megszorultság *fn* tight corner, dire straits, *[igével]* be* up the creek (without a paddle)
megszögez *i* → **megszegez**
megszök|ik *i* **1.** (*vhonnan*) escape/flee* from, run*/break* away from, *[börtönből]* break* out of, escape from [prison], have* it away, crash out, *US szl* bust* out, *[fogságból]* run* away; *[értekezletről]* slip out; **~ik az igazságszolgáltatás elől** fly* from justice **2. ~ik vkvel** elope with sy, run* away with sy; *[más házastársával]* run* off with **3.** *biz [titokban távozik]* take* French leave, skip/slip off **4.** *[folyadék, gáz]* escape, leak out
megszőkít *i* dye/bleach blond
megszöktet *i* **1.** *ált* (*vkt*) help sy to escape (v. break out of) [prison], *biz* spring* sy [from prison] **2.** *[nőt]* elope with, run* away with sy, *[más házastársát]* run* off with
megszöktetés *fn* **1.** *ált* helping sy to escape, *biz* springing **2.** *[nőé]* elopement, eloping (with sy), running away/off (with sy)
megszövegez *i* draft, draw* up, formulate
megszúr *i* **1.** *[késsel, tőrrel vkt]* stab **2.** *[vkt darázs]* sting*, *[tövis]* prick; **~ta a darázs** (s)he was stung by a wasp; **~ta a tüske a kezét** the thorn pricked his/her hand
megszuvasod|ik *i [fog]* grow* carious, decay
megszűkít *i* **1.** *ált* make* narrow(er), *[ruhát]* take* in [garment] **2.** *átv [korlátoz]* restrict, narrow (down)
megszül *i* give* birth to [a baby]
megszület|ik *i* **1.** *[gyerek]* be* born **2.** *átv* be* born, come* into being/existence
megszűnés *fn* **1.** *ált* cessation, ceasing, stopping **2.** *[fizetésé]* suspension, stoppage (of payment) **3.** *[szerződésé]* expiration, expiry, termination **4.** *[fájdalomé]* easing **5.** *[üzleté]* liquidation, *[cégé, vállalaté]* winding-up
megszűn|ik *i* **1.** *[véget ér]* stop, come* to an end, *[vihar, eső]* cease, stop; *[fájdalom]* wear* away **2.** *[intézmény]* be* wound up, *[üzlet, gyár stb.]* close down; **ez az üzlet ~ik** this shop is closing down **3.** *szl* **szűnj már meg!** lay off, come off it, *[maradj csendben]* dry up, snap out of it
megszüntet *i* **1.** *ált* stop, end, cease, discontinue, put* an end to, *[eltöröl]* do* away with sg, *[adót]* take* off; **korlátozást ~** lift control **2.** *[eljárást]* stop [proceedings], *[intézkedést]* terminate, abandon; *[határozatot, rendeletet]* revoke, abolish, *[ítéletet]* revoke, annul; *[közlekedési*

M

járatot] take* sg off **3.** *[fájdalmat]* ease/relieve sy of [pain, suffering], take* away [the pain, etc.]

megszüntetés *fn* **1.** *ált* stopping, ceasing, discontinuance **2.** *[eljárásé]* abandonment (of proceedings), nonsuit **3.** *[fájdalomé]* easing, relief [of pain]

megszüntető *mn* ~ **végzés** revocation, annulment, overruling decision

megszűr *i* **1.** *[folyadékot]* filter, strain **2.** *[fényt]* soften

megszürkül *i* grey, *US* gray, turn/become*/go* grey (*US* gray)

megtagad *i* **1.** *[nem teljesít vmt]* refuse (sg/to do sg), deny (sg); **~ja a katonai szolgálatot** be* a conscientous objector (*röv* **CO**); **~ja a korábbi álláspontját** retract/withdraw one's statement, eat* one's word; **~ja a segítséget** refuse to help; **~ja az engedelmességet** (v. **a parancsot)** refuse to obey; **~ja az átvételt** refuse to take delivery (of sg); ~ **vktől vmt** refuse/deny sy sg; **ha ~ják tőlem** if I am denied/refused; **nem tagadja meg magát** he can't be other than what he is, run* true to form; **nem tagadja meg tőle** he does not refuse/deny sy sg; ~ **magától vmt** deny/begrudge oneself sg; **nem tagad meg magától semmit** (s)he denies himself/herself nothing **2.** *pej* (*vkt*) disown/deny sy, turn one's back on sy **3.** *[nem fogad el vmt]* refuse, reject, decline, *[vádat]* repudiate

megtagadás *fn* **1.** (*vktől*) refusal, denial; **vízum ~a** refusal of visa; *kat* **engedelmesség ~a** insubordination **2.** (*vké*) disowning, disavowal

megtágít *i [cipőt stb.]* stretch

megtágul *i* widen/broaden out, stretch

megtakarít *i* **1.** *[pénzt]* save (up) [money], lay* by [some savings] **2.** *[időt, energiát]* save, spare

megtakarítás *fn* **1.** *[folyamata]* saving, economy **2.** *[eredménye]* savings *tsz*; **nagy ~t ér el** make* a considerable/sizeable saving, save a considerable sum of money

megtakarított *mn* ~ **összeg/pénz** savings *tsz*, nest egg

megtalál *i* **1.** *[keresés után]* find*; **~ja a módját** find* a way (of doing sg/to do sg), find* the way (to do sg) **2.** *[véletlenül]* discover, come* across; → **számítás**

megtalálható *mn* to be found *ut*, *[igével]* (sg) can* be found; **könnyen** ~ easy to find *ut*

megtaláló *fn* finder; **a becsületes ~ jutalomban részesül** a reward will be paid to the finder (of sg)

megtalpal *i* (re-)sole

megtáltosod|ik *i* get* wings

megtámad *i* **1.** (*vkt*) attack, assault, charge/go* at sy; **~ták** he was attacked, he was set on (by sy); **~ták az utcán** (s)he was attacked in the street; **~ták és kirabolták** (s)he was mugged **2.** *kat* attack, make* an assault on **3.** *[országot]* attack, invade; **~ták** *[ellenséget, országot]* ... came under attack, has been attacked/invaded **4.** *[véleményt]* challenge, impugn; *[írásban, szóban erősen megbírál]* attack, assault; **~ták elvei miatt** he was assaulted for his ideas/principles **5.** *jog [végrendeletet stb.]* contest **6.** *[sav vmt]* corrode, eat* into, attack **7.** *orv* affect, attack; **a bal tüdő van ~va** the left lung is affected

megtámadás *fn* attack, assault

megtámadhatatlan *mn* unassailable, invulnerable, incontestable, indisputable

megtámadható *mn* **1.** *kat* exposed, vulnerable **2.** *[vitatható]* disputable, contestable, questionable

megtámadott *mn orv [szerv]* affected

megtámadtatás *fn* unprovoked assault; **személyes ~okán** as I was personally assaulted

megtámaszkod|ik *i* lean*/rest on/against

megtámaszt *i* → **alátámaszt 1**

megtámogat *i átv* shore sg up, *[érvekkel]* support sg [with arguments]

megtanácskoz|ik *i* talk it (v. the matter) over with sy, consult sy about sg, discuss sg with sy

megtáncoltat *i* **1.** *[leányt]* dance with sy **2.** *átv* order sy about, lead* sy a merry dance, make* things warm/lively for sy; **jól ~ták!** he got a good run for his money

megtanít *i* **1.** *ált* teach*; (*vkt vmre/vmt vknek*) teach* sy sg [v. (how) to do sg]; ~ **vkt úszni** teach* sy (how) to swim **2.** *[fenyegetésként]* **majd én ~alak!** I'll teach you (manners v. a lesson)!

megtántorod|ik *i* **1.** *konkr* reel (back), lose* one's balance, begin* to sway, totter; **~ott és elesett** (s)he reeled (back) and fell **2.** *átv* → **meginog**

megtanul *i ált* learn*, *[könyv nélkül]* learn* by heart, commit to memory, get* sg off, *[nyelvet]* learn*, acquire; ~ **olvasni** learn* (how) to read; ~ **angolul** learn* English; *[angol nyelvterületen, rátapad]* pick up English; **~tad a leckét?** *[gyerektől]* have you learnt your lesson(s)?, have you done your homework?

megtapad *i* (*vhol/vmn*) stick*, adhere (to)

megtapasztal *i* experience (sg), go* and see* sg (for oneself)

megtapint, magtapogat *i* feel*, touch

megtapos *i* stamp (on) [the ground], tread* (out) (sg), trample on/underfoot; **~sa a szőlőt** tread* grapes

megtapsol *i* (*vkt*) applaud/clap sy, *biz* give* sy a hand; **jól ~ják** be* loudly applauded, be* given a big hand

megtárgyal *i* (*vmt*) discuss sg, talk sg over/through, *[alaposan]* talk/argue/trash sg out; **ezt majd ~juk** we'll talk it over

megtart *i* **1.** *[birtokában]* keep*, retain, *biz* hang*/hold* on to, *[magának]* keep* (sg) for/to oneself; **csak tartsa meg a többit!** *[nem kérek vissza]* keep the change!; **~hatom?** may/can I keep it?; **tartsa meg magának (a véleményét)!** keep it (v. your remarks) to yourself **2.** *[előadást]* give*, deliver [a lecture], present, read* [a paper], *[értekezletet]* hold* [a meeting]; **nem tartják meg a(z) értekezletet/megbeszélést** the meeting has been called off [v. cancelled (*US* -l-)]; **a mérkőzést nem lehet ~ani** the match had to be cancelled (*US* -l-); **hétfőn ~ották az évi közgyűlést** the annual general meeting was held on Monday; *okt* **~ja óráját** (s)he is taking his/her class; *[egyetemen]* (s)he is lecturing, (s)he is giving his/her lecture **3.** *[ígéretet]* keep* [one's promise/word], *[határidőt]* keep* [the time limit], *[szabályt, törvényt]* keep* to [the rules], observe [the law], comply with [the rules/regulations]; *[titkot]* keep* [a secret]; **nem tartja meg ígéretét/szavát** go* back on one's word; **~ja a határidőt** keep* to time/schedule, meet* the deadline, keep* to (v. observe) a/the time limit, keep* within a time limit; **nem tartja meg a határidőt** transgress the time limit **4.** *[esküvőt]* celebrate [one's wedding]; **nem tartják meg az esküvőt** the wedding has been called off **5.** *[szokást, ünnepet]* observe, keep* [a custom/holiday etc.]; **~ják a karácsonyt?** do they observe Christmas Day? **6.** *[vmt/vkt emlékezetében]* keep*/bear* sg/sy in mind, remember sg/sy

megtartóerő *fn [vonzerő]* attraction

megtartóztat *i* **~ja magát** abstain/refrain from (doing) sg

megtáviratoz *i* wire/cable/telegraph sy sg

megtébolyod|ik *i* → **megőrül**

megtekint *i* inspect, view, examine, *[kiállítást]* visit, view; **a miniszterelnök ~ette az új forgalmi csomópontot** the prime minister visited/inspected the new road junction; **~i a látnivalókat** see* the sights [of London etc.], go* sightseeing

megtekintés *fn* **1.** inspection, viewing, survey; **a látnivalók ~e** sightseeing, seeing the sights **2.** *gazd* **(szíves) ~re** on approval; **~re küld** *[árut]* send* [goods] on approval

megtekinthető *mn* be* on show/wiew/display, be* exhibited

megtelefonál *i* (*vmt vknek*) (tele)phone sy sg, (tele)phone through sg to sy, (tele)phone sy about sg, ring* (v. *US* call) up sy about sg; **~tam neki a hírt** I (tele)phoned him the news; **majd ~om az eredményt** I'll (tele)phone through the result

megtelepedés *fn* settling (down), settlement

megteleped|ik *i* settle (down)

megtel|ik *i* **1.** *[edény stb. tele lesz]* fill (up) (*vmvel* with sg), be*/become* full; **~t a vödör** the pail is/was full (to the brim); **szeme ~t könnyel** her/his eyes brimmed/filled with tears, tears filled her/his eyes; **vknek a szíve ~ik bánattal** sy's heart fills with sorrow **2.** *[terem stb. emberekkel]* fill* (up) [with people], be* full (up); **~t** *[szálloda]* be* fully booked up, *[kiírva]* no vacancies; **~t a terem** the room filled with (v. was full of) people; **~t a busz** the bus is full (up); **~t!** full up!; **(a) parkoló ~t** car park full

megtépáz *i* **1.** *konkr* (*vkt*) tear* at sy, *biz* rough sy up **2.** *[vihar vmt]* batter, buffet; **a vihar ~ta** ... ... was/were buffeted by the wind and the rain (v. storm) **3.** *átv [vk hírnevét]* damage sy, leave* [sy's reputation] in tatters

megtér *i* **1.** *[visszaérkezik]* return, come* back; **~ őseihez** be* gathered to one's fathers, *elav* join the majority **2.** *vall [hitre jut]* be* converted [to Christianity]

megterem *i* **1.** (*vmt*) bear* [fruit], produce, yield **2.** (*vm*) grow*

megteremt *i* create, produce, *[egységet]* bring* about, *[kapcsolatot]* establish; **~i vmnek a feltételeit** create the (right) conditions for sg

megtérés *fn vall* conversion

megterhel *i* **1.** *[rakománnyal]* weigh/load (down) (*vmvel* with sg), *[túlságosan]* overload, overburden (*vmvel* with sg) **2. vm ~i a gyomrát** sg lies heavy on one's stomach **3.** *átv* (*vkt*) trouble/burden sy (*vmvel* with sg); **nem akarlak ~ni** I don't want/wish to impose on you; **~i az emlékezetét adatokkal** burden one's memory with data/information **4.** *[számlát vm összeggel]* charge/debit [sy's account with]; **~i vk számláját 100 000 Ft-tal** debit sy's account with 100,000 forints, charge 100,000 forints to one's account; **jelzáloggal ~** mortgage [one's house etc.]; **a ház jelzáloggal van ~ve** the house is mortgaged [to the bank] (for £40,000 etc.)

megterhelés *fn* **1.** *[súllyal]* load, weight **2.** *átv [vk számára]* burden, encumbrance **3.** *[számlán]* debit(-side)

megterít *i* lay* the table, spread* a cloth on the table, (*vknek*) lay* a place for sy at the table; **~ vacsorához** set* the table for dinner

megtérít *i* **1.** *[pénzt visszatérít]* refund [the cost of sg v. sy the/his etc. money], pay* back [the money to sy], repay* [sy the money], *[megfizet]* pay* [a sum] for sg; **megérkezésekor ~i vknek a repülőjegyét** reimburse sy on arrival the cost of his/her air ticket **2.** *[kárt]* pay* for sg, pay* compensation for [damage] **3.** *[vm hitre]* convert sy to [a faith]

megtérítés *fn* **1.** *[pénzé]* refunding, *[pl. útiköltségé]* reimbursement, *[káré]* compensation (for sg); **a költségek ~ére ítél** order to pay costs **2.** *[vm hitre]* conversion

megtermékenyít *i* **1.** *biol [petesejtet]* fertilize [an ovum], *[nőnemű lényt]* make* sy pregnant, *tud* impregnate, *növ* pollinate **2.** *átv* enrich, *[új gondolatokra ihlet]* inseminate

megtermékenyítés *fn biol* fertilization, *növ* pollination; **mesterséges ~** artificial insemination

megtermékenyül *i biol ált* become* fertile, *[nő]* conceive, become* pregnant

megtermékenyülés *fn biol* fertilization, fecundation, impregnation, *[nőé]* becoming pregnant, *tud* conception

megtermel *i* produce; **~i a hazai szükségletet** produce enough to meet/satisfy the home market's needs

megtermett *mn* **jól ~** *[ember, férfi]* robust, sturdy, well-built

megtért *fn vall* a convert [to Christianity/to the Christian etc. faith]

megtérül *i [vknek a pénze]* get* one's money back, be* refunded [the/one's money]; **~t a pénzem** I got my money back; **kiadásaim ~tek** I (re)covered my costs/expenses; **a kár ~t** the damage was recovered

megtérülés *fn gazd* returns *tsz*

megtérülési *mn gazd* **~ arány/ráta** rate of return; **~ küszöb** break-even point

megtervez *i* design, draw* up (the) plans for sg, plan sg, *[kialakít pl. kertet]* arrange in a certain order

megtestesít *i [eszmét, fogalmat]* embody, incarnate, personify; **a fukarság ~ője** he is a byword for meanness, he is meanness incarnate

megtestesül *i* become* incarnate/embodied

megtestesülés *fn* incarnation, embodiment

megtestesült *mn* **maga a ~ egészség** (be* the) picture of health; **~ jóság** (be*) the embodiment of human kindness; **maga a ~ pontosság** the (very) soul of punctuality

megtesz *i* **1.** (*vmt*) do*, *[teljesít]* perform, achieve, accomplish; **~i a kötelességét** do* one's duty; **~i a magáét** do* one's share/part/duty/bit/stuff; **~ minden tőle telhetőt** do* one's utmost/best, do* everything possible, do* one's level best; **megteheti** (i) *ált* can/may do, be* able to do (ii) *[pénzügyileg]* (s)he can afford it; **megtehetné, ha akarná** he could if he wanted to, he could afford/do it; **megteheted, hogy** you are free to, it is entirely up to you whether; **amit ma megtehetsz, ne halaszd holnapra** never put off till tomorrow what may be done (v. what you can do) today, (there is) no time like the present; **nem tesz(i) meg** he fails/refuses to do sg, he won't do it; **meg kell tenned** you have (got) to do it, you must do it; **nehéz megtenni** it is hard/difficult to do **2.** (*vkt*) (*vmnek*) make* sy sg, appoint sy (to) sg **3.** *[utat, távolságot]* do*, cover; **óránként 100 km-t tesz meg** do*/go* 100 kilometres an/per hour; **átlag napi 600 km-t tett meg** he averaged 600 km a day; **az utat négy óra alatt tette meg** he made/did/covered the distance in four hours; *[a vonat]* **a 400 mérföldes utat Glasgow-tól Londonig 4 óra 14 perces csúcsidő alatt tette meg** it did the 400-mile trip from G to L in a record four hours fourteen minutes; **az út egy részét repülővel tette meg** he flew part of the way; **a megtett út** the distance covered, travel, run **4.** *biz* **az is ~i** that'll do; **akármelyik ~i** either of them will do **5.** *[lovat]* back [a horse]; → **előkészület**

megtetéz *i* heap sg on sg, pile sg on top of sg; **a bajt még ~te azzal, hogy** to make* matters worse he ...

megtetsz|ik *i* (*vknek vk*) be* taken with sy, *biz* fall* for sy; **Péternek ~ett Mari** Peter was taken with Mary; **ami csak ~ik neked** anything that catches your fancy; (*vknek vm*) fall* for sg, take* a liking to/for sg; **rögtön ~ett nekem** I fell for her at once

megtetvesed|ik *i* get*/be* covered in/with lice

megtéved *i [erkölcsileg]* go* wrong/astray, stray, err

megtévedt *mn [erkölcsileg]* fallen into sin; **~ bárányka** lamb gone astray

megtéveszt *i* (*vkt*) deceive/delude/mislead* sy; **nem szabad, hogy megtévesszen minket** we should not be led astray (v. be deceived) by it/him etc.

megtévesztés *fn* deceit, delusion, deception, fraud; **a ~ig hasonlít vkhez** you can't tell him/her from [his/her brother/etc.]

megtévesztő *mn* delusive, deceptive, misleading; **~ hasonlóság** striking resemblance

megtilt *i* (*vknek vmt*) forbid* sy sg (sy to do sg), prohibit sy from doing sg; **~om, hogy odamenj** I forbid you to go there

megtisztel *i* (*vkt vmvel*) honour (*US* -or) sy with sg, do* sy the honour (*US* -or) of sg, oblige (sy/with sg); **~ve érezzük magunkat** we are/feel (highly) honoured (by), we are obliged to you (for sg)

megtisztelő *mn* flattering; **az a ~ feladat hárult rám** I have the honour to (do sg); **~ ajánlat** an offer that does sy great honour (*US* -or); **~ volt rám nézve, hogy a nagy tenorral, Simándy Józseffel léphettem fel egy műsorban** I felt/was deeply honoured to appear with the great tenor, József Simándy once

megtiszteltetés *fn* honour (*US* -or), privilege; **~nek tekint vmt** consider sg a great honour, feel* it a privilege, feel*/be* flattered at/by sg (v. that ...); **~ volt számunkra,**

M

hogy hallhattuk énekelni it was a privilege to hear her sing
megtisztít *i* **1.** *ált* (*vmt*) clean sg (*vmtől* of sg), give* sg a (good) clean, *[sebet]* cleanse, *átv* cleanse **2.** *[csirkét]* clean, *[halat]* clean/scale (and gut), *[zöldséget]* peel, pare, clean **3.** *[folyadékot]* clarify, filter, purify **4.** *[területet stb. ellenségtől]* clear **5.** *[pártot]* purge
megtisztítás *fn* **1.** *ált* cleaning, cleansing **2.** *[zöldségé]* peeling, cleaning **3.** *[folyadéké]* clarification, purification **4.** *[ellenségtől]* clearing **5.** *[párté]* purge, purging
megtisztul *i* **1.** *konkr* clean, become* clean, be* cleaned **2.** *[terület]* be* cleaned up **3.** *átv* purify
megtizedel *i* decimate; **(járvány) ~te a lakosságot** [an epidemic] decimated the population
megtízszerez *i* increase/multiply sg tenfold
megtol *i* give* sg a push, push sg
megtold *i* add sg to sg, make* (sg) longer, lengthen; **~otta a hírt** (s)he embroidered/coloured (*US* -ored) the story, give* a coloured (*US* -ored) account of [the story]
megtollasod|ik *i* **1.** *[madár]* grow* feathers, fledge **2.** *biz* make* one's pile, feather one's nest
megtorlás *fn* reprisal, retaliation, revenge, vengeance; **~képpen** in retaliation (for), by way of reprisal; **~sal él** take* reprisals against sy
megtorló *mn* repressive, retaliatory; **~ intézkedéseket tesz** take* retaliatory measures, retaliate (by doing sg/with sg)
megtorol *i* **1.** *[megbosszul]* avenge, requite, revenge (oneself for), retaliate (for sg), get* one's own back on sy; **ezt még megtorlom** I'll get even with him **2.** *[megbüntet]* punish
megtorpan *i* stop short, come* to a sudden stop/standstill
megtorpedóz *i* **1.** *kat [hajót]* torpedo (*alakjai*: torpedoed, torpedoing) **2.** *[meghiúsít]* thwart, *biz* stymie; **~za az ötletet** torpedo an/the idea/plan
megtöbbszöröz *i* multiply
megtölt *i* **1.** *[teletölt]* fill (up) (*vmvel* sg with sg); **~i az üveget** fill up the bottle **2.** *[töltelékkel]* stuff (sg with sg) **3.** *[puskát]* charge, load
megtöm *i* **1.** *ált* stuff, *[pipát]* fill; **jól ~ött pénztárca** a well-lined purse, a bulging wallet **2.** *[libát]* cram; *átv biz* **~i magát (v. a gyomrát)** (*vmvel*) stuff oneself with sg; **~i vknek a fejét** *[ismeretekkel]* cram sy (with sg), fill sy's head (with sg) **3.** *szl durva [közösül]* bonk, bone, rub offal, sink the sausage
megtör *i* **1.** *ált* break*, crush, *[diót]* crack, *[borsot]* grind* **2.** *[fénysugarat]* refract **3.** *[csendet]* break* [the silence] **4.** *[ellenállást]* bear*/wear* down, crush [opposition, resistance]; **a vallatás nem tudta ~ni** the interrogation could not break him (v. his spirit) **5.** *[vkt bánat/csapás]* crush, break*; **~te a betegség** her/his health broke down, the illness shattered his health
megtör|ik *i* **1.** *[deszka stb.]* break*, crack, snap, *[kelme, papír stb. a hajtás mentén]* crinkle, crease **2. a hullámok ~nek a sziklán** the waves break* against the rocks; **vm ~ik vk ellenállásán** founder on the opposition/resistance of sy **3.** *[vmnek a folytonossága]* break* **4.** *[vk vallatásnál]* crack under [questioning, torture]; **~t** *[vk betegség következtében]* be* broken down; **nagyon ~t** be* shattered
megtöröl *i ált* (*vmt*) wipe (sg), *[nedveset]* dry, *[portalanít]* dust; **megtörli a lábát** wipe one's feet (on the mat); **megtörli az orrát** wipe one's nose (on/with one's handkerchief); **megtörli a kezét** dry/wipe one's hands
megtört *mn* **1.** *ált* broken **2.** *[ember]* broken; **~ hangon** in a broken voice; **fájdalomtól ~ szívvel jelentjük** we are grieved to announce ... **3.** *[bor]* cloudy [wine]
megtörtén|ik *i* **1.** *ált* happen, take* place, come* about; **~tek az előkészületek** (the) preparations have been made (for sg), everything is ready (for sg); **~t a találkozás** the meeting took place; **ilyesmi gyakran ~ik** it is a frequent occurrence, this kind of thing often happens; *[főleg, ha vm rossz]* (this is) (just) one of those things; **~hetik, hogy** ... it may happen/occur/be that ...; **ha ilyesmi ~nék** should it occur, in case of, in the (unlikely) event of; **ez nem fog ~ni** this won't happen; **ez ~t dolog** it is a(n established) fact; **egy ~t történet** a true story, a story from real life; **~tnek lehet tekinteni** it is as good as done; **meg nem történtnek tekint vmt** declare/consider sg null and void; **ami történt, ~t** what is done cannot be undone, no use crying over spilt milk; **hogy történhetett meg?** how could it come to pass? **2. ~ik vkvel vm** sg happens to sy; **~t vele, ami még soha: elaludt** he fell asleep, something that had never happened (to him) before
megtörténte *fn* **az eset ~ után** after the event
megtörülköz|ik *i* dry oneself (with a towel), rub oneself down
megtrágyáz *i [természetes v. műtrágyával]* manure/fertilize [the soil], *[csak természetessel]* spread*/put* manure/dung on [the soil etc.]
megtréfál *i* play a (practical) joke on sy, play games (with sy), play tricks (v. a joke) on sy, *US biz* slip sg over on sy; **a beteg lábam megint ~t** my bad leg has been playing me up again
megtud *i* **1.** come*/get* to know, learn*, hear*, *[információt]* pick sg up; **ha ezt apád ~ja** should it come to your father's ears; **mindent ~ott** he discovered everything; **tudd meg, hogy** I would (v. I'll) have you know that **2.** *biz [megtudakol]* find* out (where/why/what etc. ...)
megtudakol *i* (*vmt*) inquire about sg, make* inquiries about sg, find* out (where/why/what etc. ...), ask after sg
megtűr *i* tolerate, bear*, endure, *[hallgatólagosan]* turn blind eye to sg, close one's eyes to sg; **nem tűri meg a visszaéléseket** will not stand for (v. put up with) such abuses
megtűz *i* **1.** *[tűvel]* pin (on), fix, fasten (with a pin) **2.** *[steppel]* quilt
megtűzdel *i* **1.** *[szalonnával]* lard (with) **2.** *[idézetekkel]* (inter)lard (with)
megtüzesed|ik *i* get*/become* red-hot
megtüzesít *i* make* red-hot
megugat *i* bark at
megugr|ik *i* **1.** *[ló]* rear (up) and bolt **2.** *biz [megszökik]* bolt, give* sy the slip, skip off, *GB* do* a bunk, *[országból]* flee* the country **3.** *sp [magasságot, távot]* clear; **megugorja a 2 m-t** (s)he cleared 2 metres
megújhodás *fn* renewal, regeneration, revival, rebirth
megújhod|ik *i* revive, be* renewed/regenerated
megújít *i* **1.** *[bérletet, ígéretet, szerződést, szövetséget]* renew [lease, promise, contract, alliance] **2.** *[átalakítva]* renovate
megújítás *fn* **1.** *[bérleté, ígéreté]* renewal **2.** *[átalakítás]* renovation
megújráz *i* **1.** *[közönség ismételtet]* encore [the pianist etc.], call for a repetition [of a song etc.]; **ötször is ~ták** (s)he was encored five times **2.** *[ráadást ad]* give* an encore, repeat (sg)
megújul *i* **1.** *ált* be* renewed/refreshed, regenerate **2.** *[természet, remény]* revive
megújulás *fn* **1.** *ált* renewal, regeneration **2.** *[természeté]* revival
megun *i* (*vmt/vkt*) get*/be* bored with sg/sy (doing sg), get*/be* tired of sg/sy, *[elege van vmből]* have* enough of sg, *biz* be*/get* fed up with sg (doing sg)
megundorod|ik *i* (*vmtől*) become*/get*/be* disgusted with, take* a dislike to, get*/grow* sick of sg
megúsz|ik *i* **éppen, hogy ~ta** (s)he had a narrow escape, it was a near/close thing; **épen (v. ép bőrrel v. sértetlenül) ~ta** (s)he got away/off unscathed/unharmed, he got (v. managed to get) away/off in one piece (v. by the skin of his teeth), *[balesetet]* walk away from, escape/miss an accident by a hair's breadth; **~ta a dolgot** he got away with it, he was saved by the bell; *szl* **~ta a balhét** *US* he beat the rap; **ezt nem úszod meg** you can't get away with it, you'll never get away/by/off with it; **nem fogod simán ~ni!** you

won't easily get away with it!; **olcsón ~ta** he got off cheap; **olcsón ~tuk** Good riddance!; **dorgálással ~ta** he was let off with a warning, he got off/away with a warning, he got off lightly; **pénzbüntetéssel ~ta** he got off with a fine; **büntetlenül ~ta** he got off scot-free; **meg akarja úszni** he's trying to save his skin

megutál *i* take* a dislike/loathing (v. an aversion) to, *biz* go* off sy

meguzsonnáz|ik *i* have* (one's) afternoon tea, *[bőségesen]* have* (one's) high tea

megül *i* **1.** *(vhol)* remain sitting, *[hosszasan vknél] kif* hang* up one's hat swhere, overstay/outstay sy's welcome **2. ~i a lovat** *[biztosan ül rajta]* ride* a horse, be* in the saddle, keep* one's seat, (s)he's got a good seat **3.** *[lakodalmat, ünnepet]* celebrate

megünnepel *i [ünnepet, évfordulót stb.]* celebrate, *[rendszeresen, általában]* observe, *[megemlékezik vkről/vmről]* commemorate

megünneplés *fn* celebration, *[megemlékezés]* commemoration

megüresedés *fn* vacancy

megüresed|ik *i* **1.** *[ház, lakás]* become* empty/vacant, empty **2.** *[állás]* fall*/become* vacant

megürül *i* → **megüresedik**

megüszkösöd|ik *i [seb]* become* gangrenous, *[növény]* mildew, be* tainted with mildew, canker, become* smutted; *[fa]* char

megüt *i* **1.** *konkr* strike*, hit*; **~ vkt** strike*/hit* sy; **~i a fejét** bump one's head (on/against sg); **~i a lábát** hurt* one's foot; **~i magát** hurt* oneself; **~ötted magad?** did you hurt yourself? **2.** *átv* **~ vmlyen hangot** strike* a note/chord; **rossz hangot üt meg** touch the wrong chord; **vm ~i a fülét** sg comes* to sy's ears **3. ~ötte a guta** he had a stroke, he had (an attack of) apoplexy; **azt hittem, ~ a guta** I was ready to burst **4. ~i az áram** get* an electric shock **5. ~i a mértéket** meet* the requirements, be*/come* up to the mark, be* up to standard, *biz US* cut* the mustard, make* the grade; *biz* be* up to scratch; **nem üti meg a mértéket** be* below standard, come*/fall* short of sg **6. ~i a főnyereményt** win* (the) first prize, *átv biz* hit* the jackpot; *biz* **majd ha ~öm a főnyereményt** *GB* when I win the pools, *US* when I hit the jackpot, when my ship comes in/home

megütközés *fn [megbotránkozás]* indignation, annoyance; **~t kelt** sg scandalizes/shocks sy; **~t kelt vkben** set* sy back on his/her heels; **általános ~t keltett** it caused a public outcry; **~sel hallja, hogy** ... be* shocked to hear that ...

megütköz|ik *i* **1.** *[ellenséggel]* encounter, give* battle to [the enemy] **2.** *átv (vmn)* be* shocked by/at, be*/become* indignant at, take* exception to sg; **meg sem ütközött rajta** he wasn't even surprised

megüvegesed|ik *i* **1.** *konkr* vitrify **2.** *átv* **~ett a szeme** his eyes glazed over (v. went glassy)

megüzen *i* **1.** *(vknek vmt)* send*/give*/leave* sy a message, leave* a message for sy, leave*/send* sy word that ... **2.** *[háborút]* declare [war on]

megvacsoráz|ik *i* have* (one's) dinner/supper

megvadít *i* enrage, make*/drive* (sg/sy) wild

megvádol *i (vkt vmvel)* accuse sy of sg, charge sy with sg (doing sg)

megvadul *i* **1.** *ált* get*/become* wild *(vmtől* with sg), run* riot, lose* control (over oneself v. one's emotions), *[megmakacsolja magát]* take*/have*/get* the bit between/in one's teeth **2.** *[ló]* bolt, shy

megvág *i* **1.** *ált* cut; **~ta magát** he cut himself (v. his finger etc.) **2.** *[felapróz]* chop (up) **3.** *biz* **vkt ~ 5000 forintra** sting*/tap/touch sy for 5,000 forints **4.** *[megbuktat]* flunk sy

megvagyonosod|ik *i* grow* rich, make* a/one's fortune, *biz* make* one's pile

megvajaz *i* spread* [a slice of bread] with butter, spread* butter on [bread]

megvakar *i* **1.** *[viszkető testrészt]* scratch; **~ja a fejét** scratch one's head **2.** *[lovat]* curry, rub down

megvakít *i* make* sy blind, blind sy

megvakul *i* go* blind, be* blinded, lose* one's (eye)sight; **bal szemére ~** go* blind in the left eye

megválaszol *i* reply to [a/sy's letter], answer [a/sy's letter]; **még nem válaszolták meg levelemet** I've had no answer/reply yet (to my letter)

megválaszolatlan *mn [levél]* unanswered

megválaszolatlanul *hsz* unanswered

megválaszt *i* **1.** *(vkt vmnek)* elect sy (as) sg (to be sg); **~ották képviselőnek** (s)he has been elected/returned as Member of Parliament, he has been voted in, he has won a seat in Parliament; **~ották bizottsági tagnak** he has been voted onto the Committee; **nem választották meg újra képviselőnek** he has been voted out (v. lost his seat); **~ották elnöknek** they elected him (as) President (v. *társaságba:* chairman/chairperson); **~ották a bizottságot** a committee was elected (v. set up) **2.** *(vmt)* choose*, select

megvál|ik *i* **1.** *(vmtől)* part with sg, *(vktől)* part company (with sy), *(vktől/vmtől)* say* goodbye to sy/sg **2.** *[állástól]* vacate, give* up, leave* [office, post], *[lemond]* resign [one's post]

megvall *i* **1.** *[bűnöket]* confess **2.** *[elismer]* admit, acknowledge; **~om**... I (must) confess/admit ...; **meg kell vallanom** I must say...; **az igazat ~va** to tell the truth, as a matter of fact, frankly

megvállasod|ik *i* become* broad-shouldered

megválogat *i* choose*, select; **~ja szavait** choose* one's words carefully, pick one's words; **nem válogatja meg a szavait** *kif* pack a hard punch, let* it all hang out; **válogassa meg a szavait!** mind/watch your language

megvalósít *i* **1.** *ált* realize, carry out/through, bring* to fruition, accomplish **2.** *[gyakorlatilag]* put* into practice/effect, carry out, implement, follow sg through

megvalósítás *fn* realization, accomplishment, achievement, *[gyakorlati]* implementation

megvalósíthatatlan *mn* unrealizable, impracticable, unfeasible; **~ vállalkozás** pie in the sky

megvalósítható *mn* realizable, workable, practicable, realistic, feasible, viable

megvalósíthatóság *fn* practicability, feasibility

megvalósíthatósági *mn* **~ tanulmány** feasibility study; **~ tanulmányt készít vmről** carry out a feasibility study on sg

megvalósul *i* **1.** *ált* be* realized/attained, be* carried out, materialize **2.** *[álom, jóslás]* come* true

megvalósulás *fn* realization, fulfilment, materialization

megvált *i* **1.** *[jegyet], [előre is]* book [a/one's ticket]; **~ja a jegyét** *[vonatra stb.]* buy*/book one's ticket; *[előre]* book *(US* buy*) one's ticket (in advance); **~ja a repülőjegyeket** book *(US* reserve) seats on a plane; **végig ~ja a jegyét Rómáig** book through to Rome **2.** *[pénzzel]* redeem, buy* off **3.** *vall* redeem, save

megváltás *fn vall* redemption; **~ volt neki a halál** death was a blessed release for him/her

megváltó *fn vall* (Krisztus) the Redeemer/Saviour *(US* -or), Our Savio(u)r

megváltozhatatlan *mn* unalterable, irreversible, irrevocable

megváltoz|ik *i* change, be* changed/transformed; **az időjárás ~ik** there is a break in the weather; **vk véleménye ~ik** he has quite turned round

megváltozott *mn* **~ munkaképességű** incapacitated, disabled

megváltoztat *i* change, alter; **~ja álláspontját** change/shift one's ground; **~ja elhatározását** change one's mind; **gyökeresen ~ vmt** alter/change sg radically, make* radical changes in sg; **ez teljesen ~ja a dolgot** that makes all the difference

megváltoztatás *fn* change, alteration

M

megváltoztathatatlan *mn* unalterable, unchangeable; ~ **elhatározás** a decision past recall
megváltoztatható *mn* changeable, alterable, modifiable
megvámol *i* impose/levy a duty on sg
megvan *i* **1.** *[létezik]* exist, be*; ~ **neki** (s)he has (got) it; **ez a könyv nekem** ~ I have (got) this book; ~ **neked a teljes Shakespeare?** do you have (v. have you got) S's works?; ~ **mindened?** have you got all your things?; ~ **mindene** *[semmit sem nélkülöz]* (s)he's got everything (you/one could wish for); ~ **benne az a jó tulajdonság** it's one of his good qualities (that); ~ **(rá) a lehetőség** there is a possibility of, it is possible (to); ~ **rá az okuk** they have their (private) reasons **2.** *[kész]* (be*) ready/finished/done; **egy óra alatt** ~ it will be done/ready in an hour; **délre mindig** ~ **a főzéssel** she is always done with the cooking by noon; *biz* **megvagyok a házi feladatommal** I've done my homework; **most** ~ **a baj** now we are in trouble, now we are (in) for it; ~ **jó 50 éves** be* well into his/her fifties **3.** *[végbemegy]* take* place; **megvolt az esküvő** the wedding has taken place **4.** ~ **vm nélkül** do*/go* without sg, (can) manage without sg, dispense with sg, make* shift without sg; **megleszek nélküle** I can do without him, I can manage (all right) **5.** *[egészségileg]* **Hogy van?** – **(Csak) megvagyok.** How are you? – I'm not too bad./I'm all right.; ~ **valahogy** be* tolerably well, be* so-so; **valahogy majd csak megleszek** I shall manage somehow **6.** *[megfér]* **jól ~nak egymással** they get on/along well (together) **7.** *[amit kerestünk]* ~ **a kalapod?** have you got your hat?; ~! here it is!, (I've) got it **8.** ~! *[sikerült! pl. súlyemelő kinyomta a súlyt]* there goes!, he made it! **9. Hányszor van meg a kettő a kilencben?** – **Négyszer van meg és még marad egy.** How many times does two go into nine? – Two goes into nine four times and one over. **10.** *biz [él]* kick/knock around
megvár *i* **1.** *ált* (*vkt/vmt*) wait for sy/sg; **~ja, hogyan alakulnak az események** *biz* wait for the cat to jump, see* which way the cat jumps **2.** *[állomáson vkt]* (go* to) meet sy at the station/airport etc.
megvárakoztat *i* keep* sy waiting, make* sy wait, *biz* let* sy cool his heels
megvárat *i* keep* sy waiting
megvarr *i* sew*
megvasal *i* **1.** *[lovat]* shoe* **2.** *[tárgyat]* put* a ferrule on
megvásárol *i* **1.** (*vmt*) buy*, purchase **2.** *[megveszteget vkt]* buy* sy off
megvásárolható *mn* be* for/on sale, purchasable, *[kapható, igével]* be* obtainable/available, sg is to be had; **mindenki** ~ *[megvesztegethető]* everyone has his price
megvastagod|ik *i* thicken, become* thick
megvéd *i* **1.** *[vk/vm ellen]* defend sg/sy against sy/sg, *[vk/vm védelmet nyújt]* protect sg/sy from sg/sy, shield sy from sy/sg, *[megelőzve]* safeguard sg/sy against sg; **~i hazáját az ellenségtől** defend one's country against the enemy; **~i a békét** defend peace; **ez ~i a hidegtől** this protects it/him/her against/from (the) cold **2.** *[kiáll vk mellett]* stand* up for sy **3.** *tud* **~i disszertációját** defend one's thesis **4.** *sp* **~i a bajnoki címet** defend one's title
megvédés *fn* defence (*US* -se); **értekezésének sikeres ~e után** having successfully defended his/her thesis ...
megvehető *mn* → **megvásárolható**
megvendégel *i [otthon]* entertain sy to [dinner, tea etc.], invite sy to [dinner, tea etc], *[vendéglőben]* take* sy out [to dinner etc.], stand* sy [a dinner/drink], treat sy [to dinner], *[pompásan]* do* sy prond
megvénül *i* grow* old, age
megver *i* **1.** *konkr* beat* (up), *biz* thrash; **~ték** he was beaten; *biz [gyereket]* he got a beating **2.** *[ellenséget]* defeat, overcome* **3.** *sp [futball]* defeat, *[tenisz, sakk stb.]* beat*; **2:1-re ~ték** was defeated 2-1 [*a számot kimondva*: two (goals) to one]
megvereget *i* pat, tap; **~i a vállát** pat/clap/slap sy on the back; **~i a lovat** is patting his/her neck
megvereked|ik *i* (*vkvel*) fight* (with) sy, have* a fight with sy
megvesz[1] *i* **1.** *[megvásárol]* buy*, purchase; **100 fontért vesz meg vmt** buy* sg for £100 **2. majd ~i az Isten hidege** be* almost frozen to death, be* chilled to the bone/marrow
megvesz[2] *i* **1.** *[állat]* go* mad, get* rabid **2.** *biz* **majd ~ vmért** be* mad about sg, be* dying for sg, have* a rage for sg, be* bitten by the bug; **majd ~ vkért** be* mad (*US* crazy) about sy, be* madly in love with sy
megveszekedett *mn biz* **nincs egy ~ vasa sem** not have two pennies to rub together, be* flat broke
megveszteget *i* bribe, buy* sy off, get* at sy, corrupt sy
megvesztegetés *fn* bribing, bribery
megvesztegethetetlen *mn* incorruptible, unbribable
megvesztegethető *mn* bribable, corruptible, corrupt
megvesztegető *fn [aki veszteget]* briber
megvet *i* **1. ~i az ágyat** *biz* make* the bed **2. ~i vmnek az alapját** lay* the foundations of **3. ~i a lábát vhol** (i) *konkr* plant one's feet firmly (ii) *átv* gain a footing, get* a foothold, get* a foot in the door, establish oneself swhere; get* a footing/foothold **4.** *[lenéz]* despise, scorn, hold* (sy) in contempt; **nem vetnék meg egy pohár bort** I wouldn't say no to a glass of wine; **nem veti meg a lopást sem** he is not above stealing
megvétel *fn* purchase, acquisition
megvetemed|ik *i* warp, buckle; **~ett** be* out of true
megvetendő *mn* **nem** ~ not to be disdained/despised *ut*, *biz* not to be sneezed/sniffed at *ut*; → **megvetés**
megvetés *fn* detestation, contempt, scorn, disdain; **~re méltó** detestable, despicable, contemptible, be* beneath contempt
megvétóz *i* veto (*alakjai:* vetoes, vetoed, vetoing)
megvető *mn* contemptuous, scornful, disdainful; ~ **értelemben használt szó** word used in a derogatory sense, word used contemptuously; ~ **pillantás** scornful/withering look; ~ **pillantást vet vkre** cut* one's eye after/at/on sy, give* sy a withering look
megviccel *i* trick sy, play sy up
megvigasztal *i* cheer sy up, console, comfort
megvigasztalód|ik *i* **1.** be* consoled/comforted, cheer up **2.** *[kárpótlást talál]* find* consolation (with sy/in sg)
megvilágít *i* **1.** *konkr* light* (up), illuminate **2.** *átv* illuminate, shed* light on, clarify, illustrate; **példákkal** ~ illustrate (with examples); **kellően** ~ shed* light on **3.** *fényk* make* an exposure, expose
megvilágítás *fn* **1.** *ált* lighting, illumination **2.** *fényk* exposure **3. kellő ~ban** in perspective; **helyes ~ba helyez vmt** get* sg in/into perspective; **más ~ba helyez** put* the matter in different new light, put* a different complexion on [the matter etc.]
megvilágítási *mn* ~ **idő** exposure time
megvilágításmérő *fn* exposure/light meter
megvilágosít *i* **1.** *[felvilágosít]* enlighten **2. vm ~ja az elméjét** sg makes it/sg all clear to sy, sg makes sy see the light
megvilágosod|ik *i* **1.** *konkr* light*/brighten up **2.** *[kérdés]* clear up, become* clear, be* clarified; **egyszerre ~ott előttem** in a flash (v. suddenly) it (all) became clear to me, it suddenly dawned on me (that ...)
megvillan *i* **1.** *konkr* flash, glint, flare up **2. ~t agyában** it flashed through his mind
megvirrad *i* day/it is dawning, day is breaking
megvisel *i* (*vkt*) try, wear* sy out, take* a heavy toll of sy, tell* on sy, *[egészségileg]* wear* down; **a nehéz munka ~i** be* worn out with hard work, the work is telling on him/her (v. on his/her health); **ez a csapás nagyon ~te** he has been sorely tried by this blow; **ez ~te az idegeit** his/her nerves were frayed by sg, it took a heavy toll of his/her nerves, *biz kif* (s)he was worn to a frazzle
megviselt *mn* worn(-out); ~ **arc** care-worn face; **~nek látszik** look worn-out, look run-down

megvitat *i* discuss, talk sg over, debate; **~ják a kérdést** argue the issue, *[alaposan]* talk sg out/through
megvitatás *fn* discussion, debate; **~ra kerül** come* up for discussion
megvív *i [csatát]* fight*, (*vkvel*) cross/measure swords with sy; **~ja a harcát** fight* it out, fight* to the finish
megvizez *i* **1.** *ált* wet*, moisten, damp **2.** *[bort]* water down, adulterate [wine with water]
megvizsgál *i* **1.** *[vmt, kérdést]* examine, investigate, inquire/look into, consider [a problem etc.]; **alaposan/behatóan ~ vmt** examine sg closely, scrutinize sg; **hivatalosan ~ vmt** hold* an official inquiry into sg; **minden vonatkozásában ~ egy kérdést** consider a question from every angle **2.** *[könyvelést]* audit [accounts], inspect, *[poggyászt]* examine, search, go* through [luggage] **3.** *[vkt orvos]* examine (sy), give* sy a check-up, check sy over; **~tatja magát** have* (v. go* for) a (medical) check-up **4.** *kém* analyse
megvizsgálás *fn* examination, investigation
megvon *i* **1.** *[megfoszt, elvesz]* withdraw*, deprive of, cut* off; **~ja a szájától a falatot** stint oneself (of food); **~ja vktől a szót** silence sy, call sy to order; **~ja vktől a támogatást** withdraw* one's support from sy, withdraw*/stop sy's subsidy/grant **2. ~ja a határt** draw* the line (between)
megvonagl|ik *i* **1.** *[élőlény]* jerk, twitch, give* a jerk/twitch **2.** *[száj, arc]* quiver, flinch, wince
megvonalaz *i* line, rule
megvonalazás *fn* ruling, lineation
megvonás *i* **1.** *[elvevés]* withdrawal **2.** *[adagé, fizetésé]* stopping
megvörösöd|ik *i* redden, go*/turn red
megzabál *i durva* wolf (sg) down, gabble (sg) up, *GB* scoff
megzaboláz *i átv is* bridle
megzápul *i* addle, *átv* come* to grief
megzavar *i* **1.** *[vmlyen körülmény vkt/vmt]* disturb sy/sg, be* disturbed by sy/sg, put* sy off, *biz* spin* sy out, *US* throw* sy off, *[munkát, forgalmat]* disrupt, *[tájékozódást megnehezít]* confuse; **~ja a csendet** break* the silence; **~ja a beszélgetést** break* into the conversation **2.** (*vkt vmben*) disturb/interrupt sy while (s)he is doing sg; **~ vkt a tanulásban** disturb sy while (s)he is studying
megzavarod|ik *i* **1.** *[víz]* get* muddy **2.** *átv* (*vk*) get*/become* confused, lose* one's bearings; **teljesen meg van zavarodva** be* all in a fog [about sg] **3.** *[elme]* become* deranged
megzenésít *i* **1.** set* [words] to music; **~ette: ...** music by ... **2.** *biz [pénzt]* fiddle sg away, squander one's money [on drink, revelry etc.]
megzenésítés *fn* setting to music
megzöldül *i* go*/turn green
megzördül *i* rattle, clatter, clank
megzörget *i* rattle, clatter; **~i az ablakot** tap on the window
megzörren *i* rattle, clatter, clang, cling
megzsarol *i* blackmail (sy), *US biz* shake* sy down
megzsíroz *i* **1.** *[gépet]* grease, lubricate **2.** *[cipőt, használati tárgyat]* dubbin **3. ~za a kenyeret** spread* [one's] bread with lard/dripping, spread* lard on [one's] bread
megy *i* **1.** *[vhova, vmn, vhogy]* go* (*vhova* to), *[utazik]* go*, travel (*US* -l); **mennem kell** I must go, I must get/be going; **menni készül** be* about to go; be* (just)leaving; **Budapestre ~** go* to Budapest; **autón ~** go* by car; **repülőn/repülővel ~** fly*, go*/travel (*US* -l) by air; **vasúton ~** go*/travel (*US* -l) by train/rail; **villamoson ~** go* by tram, take* a/the tram to; **~ek már! / már ~ek!** (I'm) coming!, I'm just coming; *[indulok]* I'm off, I'm on my way; **menj az ördögbe!** go to hell!; **menjen!** go away!; **menj innen!** go away!, get out (of here)!; *biz* **ugyan, menj(en) már!** come come/now!, nonsense!, pull the other one!; get along with you!; **nem mész innen!** clear out!, hop it!, scram! **2.** *[közl. eszköz, út]* go*, *[hajó]* sail, *[vonat, kocsi]* go*, travel (*US* -l); **az út lefelé ~** the road descends, the road goes downhill **3.** *biz [működik, jár]* work; **~ a motor** the motor is working **4.** *[tárgy vmre/vmbe/vmhez]* **ez a cipő nem ~ a lábamra** these shoes won't go on (v. don't fit) my feet, it's not my size; **lábába ment egy tövis** (s)he ran a thorn into his/her foot°; **vm a szemébe ment** sg has got/gone into his eye; **zöld pulóver nem ~ kék szoknyához** a blue skirt doesn't/wouldn't go with a green pullover; **a blúz ~ a szoknyájához** the blouse matches her skirt **5.** *orv* **vmjére ~ vm** sg affects sy's [heart etc.] **6.** *biz [folyamatban, műsoron van]* be* on; **hát itt meg mi ~?** what's going on here?; **mi ~ a színházban?** what's on today?; **mi ~ a tévében?** what's on (the) television/TV?; **a darab kétszázszor ment** the play had a run of 200 performances/nights; **hosszú ideje** (v. **régóta**) **~** *[film, darab]* it's having a long run, it's been on for a long time **7.** *[sors, siker, eredmény]* **nagyszerűen ment** it went off (with a bang), *US* it went over with a bang; **hogy ~ a sora?** how are you doing (v. getting on)?, how goes the world with you?, how goes* it?; **jól ~ vknek** (i) *[munka, tanulás]* be* going well, be* on the up-and-up (ii) *[anyagilag]* be* well off, be* doing well, be* thriving; **rosszul ~ neki** be* doing badly, be* badly off, be* in a bad way; **ha minden jól ~** if all goes well; **~ a dolog?** can you manage it?; **ez nem ~** nothing doing, (it's) no good, no go, it won't work; **nem mész vele sokra, sokra mégy vele!** a fat lot of use that will be to you, it won't carry/get you very far; **már évek óta így ~** this has gone on for years; **fog ez menni!** (don't worry) you'll manage (it) all right, *US biz* that will fill the bill **8.** *[vmlyen állapotba jut, megkezd vmt]* **férjhez ~** marry, get* married (to); **tanárnak ~** go* in for (v. take* up) teaching, become* a teacher; **ápolónőnek ~** take* up nursing **9.** *biz [idő]* fly* by; **gyorsan ~ a vakáció** the holidays are flying by **10.** *[mennyiség]* **évente ezrekre ~ a beküldött könyvek száma** the number of books sent in adds up to thousands a year **11.** *[divat]* **most ez ~** it's in, that's (quite) the thing; → **érte**, → **gyalog**, → **lépés**
megye *fn* county, *GB néha* shire; **Baranya ~** Baranya county
megyegyűlés *fn tört* meeting of the county council
megyeháza *fn tört* county hall
megyei *mn* county; **~ bíróság** county court; **~ tanács** county council
megyerendszer *fn tört* the county system
megyeszékhely *fn* county town
megyeszerte *hsz* all over the county, throughouty, county-wide
meggy *fn* morello (cherry), sour cherry
meggybefőtt *fn* botled sour cherry
meggyes *mn* **~ rétes** sour cherry strudel
meggyfa *fn* morello tree, sour cherry (tree)
meggylikőr *fn* maraschino
meggypiros *mn* cherry/deep-red
méh[1] *fn* (honey-)bee
méh[2] *fn* **1.** *[testrész]* womb, uterus (*tsz* uteruses v. *tud* uteri); **~en belüli** intrauterine; **~en kívüli terhesség** ectopic/extrauterine pregnancy **2.** *átv* **a föld ~e** the bowels of the earth *tsz*; **a föld ~ének kincsei** the earth's mineral resources/wealth; **az idők ~e** the womb of time
méh- *előtag orv* uterine
méhcsalád *fn* colony of bees
méhcsípés *fn* bee-sting, sting of a bee
méhdaganat *fn orv* uterine tumour (*US* -or)
méhes *mn* apiary
méhész *fn* bee-keeper, apiarist
méhészet *fn* **1.** *[tudomány]* bee-keeping **2.** *[hely]* apiary
méhészkalap *fn* beekeeper's hat, bee-veil
méhészked|ik *i* keep* bees
mehetnék *fn* **~je van** feel* like going
méhgyulladás *fn orv* metritis, inflammation of the uterus/womb
méhgyűrű *fn orv* pessary

M

méhkaparás *fn orv* curettage, *biz* D and C; **~t végez** perform curettage on sy, perform a D and C
méhkaptár *fn* beehive
méhkas *fn* beehive
méhkirálynő *fn* queenbee
méhkürt *fn orv* Fallopian tube, oviduct
méhlepény *fn orv* placenta
méhnyak *fn orv* (uterine) cervix, cervix (of the womb) (*tsz* cervices v. cervixes)
méhnyakrák *fn orv* cervical cancer, cancer of the cervix
méhpempő *fn* Royal jelly
méhraj *fn* swarm of bees
méhrajzás *fn* swarming of bees
méhrák *fn* uterine cancer, cancer of the uterus/womb
méhszáj *fn orv* orifice of the uterus, cervical orifice
méhűri *mn orv* **~ betét** *[spirál]* intra-uterine device (*röv* **IUD**), *biz* the coil
méhvérzés *fn orv* uterine haemorrhage (*US* hem-)
méhviasz *fn* beeswax
mekeg *i* bleat, baa
mekegés *fn* bleating [of goat]
Mekka *földr* Mecca
mekkora *nm* **1.** *[kérdés]* how large/big?, what size? **2.** *[felkiáltás]* what a(n) ...; **~ tornya van!** what a big tower it's got!; **~ összeggel rendelkezik?** / **~ összeg erejéig számíthatok Önre?** how much are you good for?
méla *mn* dreamy, musing, wistful; **~ tekintet** dreamy/dreaming/musing look; **~ undor** mild disgust
mélabú *fn* mournfulness, melancholy, gloom
mélabús *mn* melancholy, gloomy
melák *mn [ember]* clumsy, awkward, lumbering; **(nagy) ~ ember** a big hulk of a man, *US* klutz
Melanézia *földr* Melanesia
melanéziai *mn/fn* Melanesian
melankólia *fn* melancholy
melankolikus *mn* melancholy, mournful
melasz *fn* treacle, *US* molasses *tsz*
méláz *i* muse (on), ponder over
meleg I. *mn* **1.** *konkr* warm, hot; **~ étel** hot food; **~ ruha** warm clothes *tsz*; **~ alsó(ruha)** warm/thermal underwear; **~ szendvics** toasted sandwich, *[sajtos]* Welsh rarebit/rabbit; **~ takaró** warm blanket; **~ szoba** a warm room; *áll* **~ vérű állat** warm-blooded animal; **~ víz** hot water; **~ van itt** it is* warm/hot (in here); **nagyon ~** hot; **szörnyű ~ volt** the day was baking hot **2.** *átv* **~ fogadtatás** warm reception/welcome; **~ szív** warm heart; **~ üdvözlet** cordial/warmest greetings *tsz* **3.** *[szín]* mellow **4.** *biz [homoszexuális]* gay [person, man etc.] **II.** *fn* **1. ~em van** I am hot; **nem bírom a ~et** I can't stand heat; **kis ~et ad a szobának** get* the chill off the room **2.** *[meleg időszak]* warm weather, heat, hot season; **a nagy ~ben** in the heat, when it is very hot **3. vm ~et eszik** have* a hot meal, eat* hot food **4. azon ~ében** straight away, immediately, instantly, on the spot, there and then **5. szívem egész ~ével** with all my heart **6.** *biz [homoszexuális ffi* v. *nő]* gay; *biz [ffi]* poof(ter), queer, batty-boy, *[nő]* lesie, lizzie
melegágy *fn* **1.** *mezőg* hotbed; → **melegház 2.** *átv* **a korrupció ~a** hotbed of corruption
melegágyi *mn* hothouse(-); **~ növény** hothouse plant
melegcsap *fn* hot water tap (*US* hot water faucet)
meleged|ik *i* **1.** *[idő]* get*/become* warm(er) **2.** (*vk*) **a napon ~ik** sit*/bask in the sun, sun oneself; **a tűznél ~ik** warm oneself by the fire, sit* over the fire **3.** *[motor]* be* overheating, run* hot
melegedő *fn [jégpályán]* warming room
melegen *hsz* **1. ~ öltözik** dress warmly, wrap up well/warmly, wear* warm clothes; **~ tálal** serve up hot; **~ tart** keep* sg warm/hot **2.** *átv* warmly; **~ ajánl** recommend warmly/cordially; **~ fogad** give* sy a hearty/warm welcome/reception; **~ üdvözöl** (i) *[szóban]* greet sy warmly (ii) *[levél befejezése]* kind regards from ...
melegforrás *fn* hot/thermal spring
melegfront *fn* warm front
melegfront-érzékeny *mn* sensitive to warm front *ut*
melegfronti *mn* **~ hatás** warm front effect
melegház *fn* green house, hothouse, *GB* glasshouse, forcing house
melegházi *mn* hothouse, forced
melegít *i* warm (up), heat (up), *[sportoló]* limber (up)
melegítés *fn* warming, heating
melegítő *fn* **1.** *[tréningruha]* tracksuit, *US így is:* sweat suit **2.** *[ágyba, villany]* electric underblanket **3.** *[főző]* (electric) dish-warmer, heater
melegítőalsó *fn* sweatpants *tsz*, tracksuit bottoms
melegítőfelső *fn* sweatshirt, tracksuit tops
melegpadló *fn* insulated warm flooring
melegség *fn átv is* warmth
melegsz|ik *i* → **melegedik**
melegszívű *mn* warm-hearted
melegvérű I. *mn [élénk vérmérsékletű]* warm-blooded, *[ló]* hot-blooded **II.** *fn áll* **~ek** warm-blooded animals; *tud* homoiothermic animals
melegvízellátás *fn* hot water supply!
melegvízfűtés *fn* hot-water heating
melegvíz-szolgáltatás *fn* hot-water supply
melegvíz-tároló *fn* immersion heater
melenget *i* **1.** *konkr* warm (up); **kezét ~i a tűznél** warm one's hands by the fire **2.** *átv [gondolatot stb.]* cherish, nurse; → **kígyó**
melíroz *i [hajat]* highlight
mell *fn* **1.** *[ált. főleg férfié, gyereké]* chest, *[ált. főleg nőé]* breast, *[irod* v. *nőé]* bosom, *[női emlő]* breast, *[mellbőség nőknél]* bust (measurement), *[férfiaknál]* chest (measurement); *biz* **jó ~e van** be* shapely, *biz* have* nice tits; **~ben bő** *[ruha nőnél]* too wide/full in/round the bust *ut*, *[férfinél]* too wide/full round the chest *ut* **2.** *irod átv* **~be vág vkt** touch sy on a tender spot, knock sy back; **~ének szegezi a fegyvert** aim/point/level (*US* -l) the/a gun at sy; **~ének szegezi a kérdést** spring* the question at sy; **~re szív** (i) *[füstöt]* inhale deeply [cigarette smoke] (ii) *átv* take* sg to heart, take* sg too seriously; **nem kell ~re szívni** *átv* chin up!, take it easy!, don't take it to heart, don't make a song and dance about it; **~ét veri** *[henceg]* brag, pat* oneself on the back **3.** *[csirkemell]* breast [of chicken] **4.** *sp* → **mellúszás**
mell. *röv* → **mellékelten, mellékelve**, → **melléklet**
mellbedobás *fn sp* **~sal** *[igével]* thrust* one's chest forward, *átv* making a special/great effort, taking pains
mellbevágó *mn* shocking
mellbimbó *fn* nipple, teat, *tud* mamilla (*pl.* -llae)
mellbőség *fn [férfiaknál]* chest (measurement), *[nőknél]* bust (measurement)
mellcsont *fn* breast-bone
melldöngetés *fn* bragging, braggadocio
mellé *nu/hsz* next to, beside, close to, at one's side; **ülj (ide) ~m** come and sit by my side, sit beside/by me; **vk ~ ad** (*vkt*) give*/assign sy to sy as an assistant; **vk ~ áll** stand* beside sy, *átv* side with sy, line up with sy; **~ áll/hajt** *[autó]* pull alongside
melléáll *i* → **mellé**
mellébeszél *i* **~ a kérdésnek** talk beside/around the point, waffle (about), be* waffling on [for hours]
mellétog *i biz* be*/fall* wide of the mark, make* a blunder, blunder, *[találgatásban]* be* way off, be* out in one's guess
mellétogás *fn* blunder
mellehúsa *fn [csirkéé]* breast (of chicken)
melléje *hsz* → **mellé**
mellék *fn* **1.** *[környék, vidék]* **vmnek a ~e** the environs/surroundings of sg *tsz*, its environs/surroundings *tsz*; **a Duna ~e** the Danube region **2.** *[telefon]* **15-ös ~** extension 15, ext. 15; **a 39-es ~et kérem** extension 39, please

mellék- *előtag* **1.** *[kisebb]* secondary, subordinate, by-, side- **2.** *[kiegészítő]* auxiliary, additional
mellékág *fn* **1.** *[folyóé, fáé]* branch [of river/tree] **2.** *[családé]* collateral
mellékajtó *fn* side door, back door
mellékalak *fn* **1.** *ált* subordinate person/character **2.** *[képen]* accessory figure **3.** *[irod. műben]* minor figure/character; *szính film* → **mellékszereplő**
mellékállás *fn* part-time job
mellékállomás *fn [telefon]* extension
mellékbolygó *fn* satellite
mellékbüntetés *fn* secondary/supplementary punishment
mellékel *i* (*vmt vmhez*) add, attach (to), *[csatol, iratot]* enclose, attach; **pályázatomhoz a következő okmányokat ~em** to my submission I have appended/attached the following documents (v. please find enclosed the following documents)
mellékelt *mn* enclosed; **~ ábra** illustration, annexed diagram; **~ levél** (i) *ált* enclosed letter (ii) *[kísérő]* covering letter
mellékelten, mellékelve *hsz* (*röv* **mell.**) enclosed (*röv* **encl.**); **~ tisztelettel megküldöm** enclosed/herewith please find; **a kért kimutatást ~ megküldöm** enclosed please find the figures (you) asked for; **~ küldök Önnek** ... I am sending you herewith ..., enclosed please find ...
melléképület *fn* outhouse, outbuilding
mellékértelem *fn* connotation
mellékes I. *mn* subsidiary, secondary, subordinate, of minor importance *ut*; **~ (dolog)** minor matter, side-issue, *kif* [sg is] beside the point; **ez ~** *[nem akadály]* no object; *[nem tartozik ide]* that's neither here nor there **II.** *fn* perks *tsz*
mellékesemény *fn* episode
mellékesen *hsz* **1.** *[közbevetőleg]* by the way; **~ említem** by the way/by, incidentally; **csak úgy ~** casually, in passing; **~ (meg)említem, hogy** ... I might mention, by the way, that ...; **~ megjegyezte, hogy** ... he noted in an aside that ...; he happened to mention that ... **2. ~ is keres** he makes some money on the side
mellékfoglalkozás *fn* second job/occupation, sideline, secondary occupation, *[részfoglalkozás]* part-time job
mellékfoglalkozású *mn* part-time
mellékfolyó *fn* tributary
mellékhajó *fn* side-aisle
mellékhangsúly *fn* secondary stress
mellékhatás *fn* side-effect
mellékhelyiség *fn [illemhely]* lavatory, *US* the bathroom, restroom, *GB biz* the loo, *US biz* the john
mellékíz *fn* after-taste
mellékjövedelem *fn* second(ary)/side/additional/supplementary income, extra earnings *tsz*
mellékkereset *fn* → **mellékjövedelem**
mellékkiadások *fn tsz* incidental/minor expenses *tsz*, extras *tsz*
mellékkörülmény *fn* incidental fact, accessory circumstance
mellékiépcső *fn* backstair(s)
melléklet *fn* **1.** (*röv* **mell.**) *[újsághoz]* supplement; **vasárnapi ~** Sunday magazine section, Sunday supplement/review **2.** *[levélhez]* enclosure **3.** *[könyvben]* insert
mellékmondat *fn* dependent clause
melléknév *fn nyelv* adjective
melléknévi *mn nyelv* adjectival; **~ igenév** participle; **jelen/múlt idejű ~ igenév** present/past participle; **~ jelző** attributive adjective
mellékoltár *fn* side-altar
mellékszárny *fn [épületé]* annexe (*US* annex)
mellékszerep *fn szính film* supporting role, *ált* subordinate/secondary part/role; **~et játszik** (i) *ált* play a subordinate/secondary part (v. a minor role) (ii) *[vk mellett]* play second fiddle (to sy)
mellékszereplő *fn* **1.** *szính film* supporting character/actress/actor **2.** *átv* sy of little consequence, extra
mellékszoba *fn* adjoining room, closet
mellékszög *fn mat* adjacent angle
melléktantárgy *fn* minor/subsidiary (subject)
melléktéma *fn zene* second theme
melléktermék *fn* **1.** *ált* by-product, secondary product, *biz* spin-off **2.** *kém* derivative
mellékutca *fn* side street, *US* back alley; **jobbról a negyedik ~** the fourth turning on the right
mellékút(vonal) *fn* minor/secondary road
melléküzemág *fn* sideline
mellékvágány *fn* **1.** *[vasút]* shunt-line, side-track/rail **2. ~ra terel** *[kérdést]* side-track [a/the question]; **vitát ~ra visz** *kif* start a hare; bring* up a red herring; **a beszélgetés ~ra siklott** the discussion got/was side-tracked
mellékvese *fn* adrenal glands *tsz*
mellékvesekéreg *fn* adrenal cortex
mellékvesekéreg-hormon *fn orv* adrenocorticotrophic hormone (*röv* **ACTH**)
mellékzönge *fn átv* (unpleasant) overtones *tsz*
mellékzörej *fn* **1.** *el* howl **2.** *orv* accessory murmur
mellélép *i* miss a/the/one's step
mellémegy *i* **1.** *[nem talál célba]* miss the mark **2.** *[töltéskor]* spill*; **vigyázz! ~** you're spilling it **3.** *[telefonkapcsolás)]* **mellément! elnézést!** sorry I('ve) got the wrong number
mellény *fn* **1.** *[férfi]* waistcoat, *US* vest, *[bebújós]* slipover; **nagy a ~e** *átv* he is too big for his boots **2.** *[női]* bodice, sleeveless jacket, *[ujjas]* jersey
mellényzseb *fn* waistcoat/vest-pocket; **ezt a ~éből is kifizeti** it is nothing/peanuts for him
mellérendelés *fn nyelv* co-ordination
mellérendelő *mn nyelv* **~ kötőszó** co-ordinating conjunction, co-ordinator; **~ viszony** co-ordinate relation
mellérendelt *mn nyelv* **~ mondat** co-ordinate clause
melles *mn [nő]* buxom, full/broad/large/deep-bosomed, bosomy
mellesleg *hsz* by the way, by the by(e), besides; **~ neki sincs igaza** by the way, he isn't right either
mellesnadrág *fn* bib and brace overall
mellétalál *i* miss the target, strike*/shoot* wide of the mark
mellett *nu* **1.** *[hely]* beside, by, by the side of, next to, adjoining; **a ház ~** beside/near the house, by the side of the house; **a ~ a ház ~** beside/near that house, next to that house; **e ~** next to this; **a fal ~ áll** stand* by the wall; **elmegy vk ~** pass sy by; **egymás ~** side by side, next/close to each other; **egymás ~ ülnek** they sit side by side (v. next to each other); **nővére ~ ül** he is sitting beside his sister (v. next to his sister); **közvetlenül vm ~** close by, close to sg; *[a szomszéd házban]* next door to; **vk ~ lakik** live next door to sy **2. vk ~ áll** *átv* back sy (up), stand* by sy, stand* up for sy; **vk ~ dönt** decide in favour (*US* -or) of sy; **e ~ van** be* in favour of it/this; **minden a ~ szól, hogy állást változtassak** everything points to my changing jobs; **minden e ~ szól** there is everything/much to be said for it; **vk ~ szólal fel** speak* for sy; **ilyen feltételek ~** under these conditions/circumstances, on these terms, on condition that; **a mai viszonyok ~** in the existing circumstances, as matters/things stand **3.** *[vmn felül]* in addition to, over and above; **hivatala ~ mást is csinál** undertake* (some) work in addition to one's official duties; **egyéb munkái ~** ... among other works
mellette *hsz* **1.** *[hely]* by/near/beside him/her/it; **közvetlenül ~** close/next to him/her/it; **~ áll/van** (i) *konkr* be*/stand* near (v. next to) him/her/it (ii) *átv* be*/speak* for sy/sg, stand* by/behind sy/sg **2. minden ~ szól** he has everything in his favour, have* the cards stacked in one's favour (*US* -or); **a ~ és ellene szóló érvek/dolgok** the pros and cons; **~ szavaz** vote for sy, go* with sy

M

mellfurdancs *fn műsz* breast drill
mellhártyagyulladás *fn* pleurisy
mellkas *fn* chest; **~át kidomborítja** throw* out one's chest; **domború ~ú** deep-chested; **széles ~ú** full/broad-chested
mellkas-átvilágítás *fn* chest X-ray
mellkép *fn* half-length portrait
mellmagasságban *hsz* chest-high
mellől *nu* from beside, from the side of; **felkel az asztal ~** leave* the table; **Győr ~ való** he comes from the Győr area/region
mellőz *i* **1.** *[cselekvést]* omit (to do sg), leave* out, *biz* skip [a meeting etc.] **2.** *[nem vesz figyelembe]* ignore, disregard, put*/set* aside, miss sg out; **ezt a szempontot ~hetjük** we needn't bother about that angle **3.** *[vkt háttérbe szorít]* slight, ignore, neglect, *[előléptetésnél]* pass sy over/by; **úgy érezte, hogy ~ik** (s)he felt slighted **4. kérjük ~zék a dohányzást** please refrain from smoking
mellőzés *fn* **1.** *[cselekvésé]* omission; **részvétlátogatások ~ét kérjük** no visitors by request **2.** *[figyelmen kívül hagyás]* disregard, omission **3.** (*vké*) slighting, disregard; **~ érte** he suffered a slight
mellőzött *mn* **1.** (*vm*) disregarded, neglected, set/put aside *ut* **2.** (*vk*) slighted, ignored
mellőzöttség *fn* state of being ignored/neglected/slighted
mellrák *fn orv* breast cancer
mellső *mn* anterior, front-, fore-; **~ lábak** forelegs; **~ rész** front (part)
mellszélesség *fn* **teljes ~gel kiáll vm/vk mellett** give* sg/sy one's unconditional support, support sg/sy wholeheartedly
mellszobor *fn* bust
melltartó *fn* brassiere, *biz* bra
melltű *fn* breast-pin, brooch
mellúszás *fn* breast-stroke
mellű *mn/utótag* -breasted, -chested, *[csak nő]* bosomed
mellüreg *fn* thoracic/chest cavity
mellvéd *fn* **1.** *[erődön]* breastwork, parapet **2.** *[korlát]* banister, hand-rail
mellvért *fn* breastplate
meló *fn biz* work, *biz* slog
melódia *fn* melody, tune
melodráma *fn* melodrama
melós *fn biz* manual/heavy worker, workman°, sweater, hand
melóz|ik *i biz* work (hard), drudge, work like a slave, be* on the job, do* one's daily stint; **tovább ~** plod on
méltán *hsz* deservedly, justly, rightly, with reason; **~ tartják nagy tudósnak** he is reckoned as (v. considered) an outstanding scholar and rightly so; **~ mondhatja, hogy** ... he is entitled to say that ...
méltánylás *fn* appreciation
méltányol *i* appreciate
méltányos *mn* **1.** *[elbánás]* fair (and square), equitable, just; **~nak tart** consider fair/equitable; **~nak tartom** I think it only fair; **hogy ~ak legyünk vele szemben** in all fairness to him; **~an** fairly, evenly; **~an járnak el vele** treat sy fairly (v. evenhandedly), do* justice to sy, give* sy a fair show **2.** *[ár]* reasonable [price]
méltányosság *fn* equity, fairness
méltányossági *mn* **~ alapon** *[méltányosságból]* at the discretion of; **~ keret** discretionary powers, *[igével]* apply discretionary measures
méltánytalan *mn* unfair, inequitable
méltánytalanság *fn* unfairness, inequity, injustice; **~ érte** he has been slighted
méltat *i* **1. vkt vmre ~** deem a person worthy of; favour (*US* -or) sy with; **levelét válaszra sem ~ja** he did not deign to give him a(n) answer/reply (v. to answer him); **figyelemre sem ~ vkt** ignore/overlook sy; **arra sem ~ta, hogy megemlítse** did not condescend/deign to mention him **2.** *[vkt/vmt írásban]* write* an appreciation of sy/sg; **cikkében a mű érdemeit ~ta** his article was an appreciation of the work; **~ja az elhunytat** write*/speak* highly of sy
méltatás *fn* appreciation, estimation, praise; **~t ír vmről** write* an appreciation of sg
méltatlan *mn* **1. ~ vmre** be* unworthy/undeserving of sg **2.** *[igaztalan]* unmerited, undeserved, unjust; **~ul bánik vkvel** treat sy unfairly, do* wrong to sy; **~ul bűnhődik** be* punished undeservedly, suffer undeservedly
méltatlankodás *fn* indignation
méltatlankod|ik *i* be* indignant (*vm miatt* at sg), express indignation (at sg)
méltatlanság *fn* unworthiness, indignity
méltó *mn* **1.** (*vmre*) be* worthy/deserving of sg **2.** (*vkhez*) be* worthy of sy, come* up to sy; **ez nem ~ hozzád** this is beneath you, this is unworthy of you **3. ~ büntetés** fit/deserved/just punishment; **~ ellenfélre talál** meet* one's match; **~ folytatása azoknak az eseményeknek** worthy sequel to those events; → **jutalom**
méltóképp(en) *hsz* worthily, deservedly, suitably; **~ megbüntették** he was rightly punished; **~ megünnepelték** he was deservedly honoured (*US* -or-)
méltóság *fn* **1.** *[fogalom, állás]* dignity, honour (*US* -or); **emberi ~** human dignity; **~án alulinak tart vmt** think* it beneath one to ..., think* it beneath one's dignity to ..., do* not lower oneself, *biz* it's infra dig for him/her to [wash the dishes etc.], disdain to do (v. doing sg) **2.** *[személy]* dignitary; **a legfőbb állami/közjogi ~ok** *[az államelnök, az országgyűlés elnöke, a miniszterelnök, ill. még a Legfelsőbb Bíróság elnöke és az Alkotmánybíróság elnöke]* state/public dignitaries
méltóságos *mn* **1.** *[méltóságteljes]* dignified, majestic **2.** *[a magyarban elavult cím]* (Right) Honourable, Worshipful; **~ asszonyom** *kb.* your ladyship, mylady; **~ uram** *kb.* your lordship, mylord
méltóságteljes *mn* dignified, stately, majestic
méltóztat|ik *i* deign to, be* pleased to; **méltóztassék helyet foglalni** kindly sit down, kindly take a seat
mely *nm* **1.** *[kérdő]* which? **2.** *[vonatkozó]* → **amely**
mély I. *mn* deep, *[alacsonyan fekvő]* low, *átv [elme]* profound; **~ álom** deep/sound sleep; **6 méter ~ kút** well six metres deep, a six-metre-deep well; **~ érzésű** of deep feeling *ut*; **~ gyász** deep mourning; **~ hang** deep voice; **~ hangú** low/deep voiced, of a deep voice *ut*, booming; **~ szakadék** deep chasm/abyss; **~ tisztelet** high respect; **~ titok** profound/dark/deep secret; **~ebbé válik** deepen; **~ víz** deep water; **~ víz! csak úszóknak** for swimmers only; *átv* **~re süllyed** fall* low; **~et lélegzik** take*/draw* a deep breath; *átv is* **bedob a ~ vízbe** throw* sy in at the deep end; **~ hangrendű magánhangzó** back vowel **II.** *fn* the deep, the depth(s); **az erdő ~e** the depths/heart of the forest/wood; **lelke ~én** in one's heart of hearts, at the bottom of one's heart, deep in one's heart; **vmnek a ~ére hatol** get* to the core/bottom of sg, go* to the root/heart of the matter; **nézzünk a dolgok ~ére** let us look into the matter thoroughly
mélyed *i* **1.** (*vmbe*) sink* into sg **2.** *átv* (*vmbe*) be*/become* absorbed/immersed in, plunge into sg; **gondolatokba ~** be* lost in thought
mélyedés *fn* **1.** (*vmben*) cavity, dent **2.** *[földben]* depression
mélyen *hsz* deeply, *csak átv* profoundly; **10 m ~** 10 m deep; **~ alszik** sleep* fast/soundly, be* fast/sound asleep; **~ hallgat vmről** hush sg up; **~ érint vmt** touch sy to the core; *átv* **~ gyökerező** deep-rooted/seated; **~ meghajol vk előtt** bow low/deeply to sy; **~ tisztelt közönség!** Ladies and Gentlemen!; **~ ülő szem(ek)** deep-set eyes
mélyenjáró *mn* → **mélyenszántó**
mélyenszántó *mn átv [elme, gondolatok]* profound, penetrating, *[tanulmány]* indepth [study]
mélyépítés *fn* civil engineering
mélyeszt *i* sink* (*vmbe* into)

mélyföld *fn földr* low(land)
mélyfúrás *fn bány* deep-boring/drilling
mélygarázs *fn* underground car park, *US* underground parking-lot
mélyhegedű *fn* viola
mélyhűt *i* deep-freeze*, *[zöldséget szárítva]* freeze-dry
mélyhűtés *fn* deep-freeze
mélyhűtő *fn [frizsider része]* freezing/freezer compartment, *[önálló]* freezer, *[fagyasztóláda]* (chest-type) deep-freeze, chest freezer, *[frizsiderrel egybeépített]* fridge freezer
mélyhűtőláda *fn* chest freezer
mélyhűtött *mn* deep-frozen [foods], *[zöldség]* freeze-dried
melyik *nm* **1.** *[kérdő]* which (one)?, *[csak személyre]* who?; **~ a kettő közül?** which of the two?; **~ tetszik jobban?** which (one) do you like best?, which do you prefer?; **~nek** to which?; **~et?** which one?; **~től** of/from which? **2.** *[vonatkozó]* → **amelyik**
mélyít *i ált* deepen, sink*
mélykék *mn* deep blue
mélykocsi *fn* pram
mélylélektan *fn* depth psychology
mélynyomás *fn nyomd* photogravure
mélypont *fn* lowest/deepest point, *[pl. vk pályájának]* nadir; **~ra jut** touch bottom, reach rock bottom, plumb the depths [of despair]; **túl vagyunk a ~on** the worst is over, we are after the worst; **még nem vagyunk túl a ~on** the worst is yet to come
mélyreható *mn* **~ elemzés** searching/thorough (going) analysis; **~ kutatás** extensive research; **~ változások** radical/profound (v. far-reaching) changes; **~ vizsgálat** thorough/intensive examination
mélyrepülés *fn* low-altitude flying
mélység *fn átv is* the deep, the depths *tsz*; **~et mér** sound, take* soundings
mélységélesség *fn fényk* depth of field/focus
mélységélesség-állítás *fn fényk* adjustment of focus
mélységes *mn* very deep, *átv* bottomless; **~ tudatlanság** abysmal/crass ignorance; **~ utálat** utter contempt; **~en hallgat** be*/keep* absolutely/completely silent, not to utter a word; **~en megvet** hold* sy in supreme contempt, detest
mélységi *mn orv* **~ mámor** *[pl. búváré]* diver's malaise
mélyszántás *fn* deep-ploughing (*US* -plowing), tillage
mélyszegénység *fn* deep poverty
mélytányér *fn* soup-plate
mélytengeri *mn* deep-sea; **~ halászat** deep-sea fishing; **~ kábel** deep-sea cable
mélyül *i* deepen, sink*
mélyütés *fn* blow under (v. hit below) the belt
mélyvörös *mn* deep red
membrán *fn biol* membrane, *el* diaphragm
memoár *fn* memoirs *tsz*
memorandum *fn* memorandum (*tsz* -dums v. -da), note, memo
memória *fn* **1.** *[emberi]* memory **2.** *[számítógépé]* memory; → **memóriaegység**
memóriaegység *fn [számítógépé]* memory (unit), storage (unit), (main) store
memoriter *fn* sg learnt by heart
mén *fn* stallion
mendegél *i* saunter, stroll
mendemonda *fn* hearsay, rumour (*US* -or), (idle) talk/gossip
menedék *fn* refuge, shelter; **~et keres** take* (v. look for) shelter/refuge/cover (*vm elől* from, *vhol* in, under etc.); **futásban keres ~et** seek* safety in flight, flee* for one's life; **~et talál** find*/take* refuge/shelter (*vhol* in, under etc., *vknél* with sy); **~et nyújt vknek** give* shelter to sy, harbour (*US* -or) sy; **politikai ~et ad vknek** grant sy political asylum; **utolsó ~ként** as a (v. in the) last resort
menedékes *fn pol [aki a háború miatt kényszerül elhagyni hazáját]* refugee
menedékház *fn [turistáké]* (tourist) hostel, *[kunyhó]* shelter, hut
menedékhely *fn* (place of) refuge, haven, asylum, *[éjjeli]* night-shelter/refuge
menedékjog *fn* **politikai ~ot kér** ask for political asylum; **politikai ~ot ad vknek** grant sy political asylum
menedékjogi *fn* **~ törvény** Asylum Act
menedéklevél *fn tört* safe-conduct
menedzsel *i* **1.** *gazd* (*vmt*) manage, run, *[pénzügyileg fenntart]* sponsor, finance, support, promote **2.** *biz* **~ vkt** promote/push sy; **jól ~i magát** he's good at self-promotion, take* care (v. look after) number one
menedzser *fn* **1.** *ált* manager **2.** *szính* impresario
menedzserbetegség *fn orv* manager's disease
menedzser-kalkulátor *fn* personal organizer
menedzsment *fn* management
menekül *i ált* flee*, fly*, run*/break* away, take* (to) flight, *[vk vm elől v. vhonnan]* escape from, make* one's escape from, (*vhová*) take* to swhere; **~ni próbál** make* a break for it; **a vihar elől egy fa alá ~t** (s)he took refuge under a tree; **külföldre ~** escape to foreign parts, seek* refuge abroad, flee* the country; **ezúttal nem ~sz** this time you won't get away; **~jön aki tud** every man for himself; **~ a feladat elől** run* a mile
menekülés *fn* flight, escape, *[bűnözőé]* getaway; **~re kényszerít** put* sy to flight
menekülésszerűen *hsz* **~ távozik** cut* and run*
menekülő *fn* fugitive, runaway, escapee
menekült *fn* refugee
menekülttábor *fn* refugee camp
menekülttörvény *fn jog* Refugee Act
menekvés *fn* **nincs ~** (there is) no escaping it
menés *fn* going, walk(ing)
ménes *fn* stud (farm)
meneszt *i* **1.** (*vhová*) send* sy swhere **2.** *[állásból]* dismiss, *biz* fire, sack; **~ik** *[létszámcsökkentés miatt]* get* the axe
menet I. *fn* **1.** *[vonulás]* march, procession; **a ~ élén halad** head the procession, lead* the way; **(be)zárja a ~et** bring* up the rear **2.** *[menés]* **~ közben** (i) on the way, under way (ii) *átv* as (we) go along, on the way; **~ közben a vezetővel beszélgetni tilos** speaking to the driver is forbidden en route **3.** *[lefolyás]* course; **a fejlődés ~e** the course of development; **az események ~e** the order/course of events; *biz* **álljon meg a ~!** stop!, hang on a minute!, not so fast!, hold on for a second **4.** *[gépé]* working, motion **5.** *sp* round; **az első ~ben Papp győz** round one to Papp **6.** *[csavaré]* thread; **~et vág** cut* a thread, thread sg **7.** *kif szl* **nagy ~ volt** that was tough **II.** *hsz* **(vm felé) ~** on the/one's way [to a place]; **hazafelé ~** on the way home, homeward bound
menetdíj *fn* fare
menetdíj-visszatérítés *fn* refund (of/on unused tickets)
menetel *i* march, be* on the march
menetelés *fn* march, marching
menetes *mn* **1.** *sp* of ... rounds *ut* **2.** *[csavar]* threaded
menetfelszerelés *fn kat* kit
menetgyakorlat *fn* route-march
menetidő *fn* running-time, journey time, *[repülőgépé]* flight time
menetirány *fn* direction, course; **~ban ül** sit* facing the engine (v. the direction of travel); **a ~nak háttal ül** sit* with one's back to the engine
menetirányító *fn* dispatcher
menetjegy *fn* (railway/bus/tram-)ticket; **félárú ~** half price/fare ticket; **~et vált** *[vonatra]* buy*/purchase a ticket; *[hajóra]* book one's passage
menetjegyiroda *fn* travel/tourist agency, *US* ticket bureau, *[pályaudvaron] GB* travel centre
menet-jövet *hsz* there and back, going and coming
menetkész *mn* **1.** *ált* ready to start *ut* **2.** *kat* ready to march *ut*

menetlevél *fn* waybill
menetmetszés *fn [külső meneteké]* screw cutting, cutting an external thread
menetmetsző gép *fn* screw die
menetoszlop *fn kat* marching column
menetöltözet *fn kat* **~ben** in marching order
menetparancs *fn kat* marching orders *tsz*
menetrend *fn* **1.** *ált* timetable, *US* schedule, *[vasúti, nagyobb]* railway guide, *US* railroad schedule, *[GB kis füzetek címe]* train services *tsz*; **megnézi a ~et** look up [the time of the next train etc.] in the timetable; **~ szerint** according to (the) timetable *átv is*, on schedule; **a vonatok ~ szerint járnak** trains are running on schedule; **~ szerint 13:10-kor érkezik a vonat** the train is scheduled to arrive at 13.10, according to the timetable the train arrives/comes in at 1.10 p. m.; **a szombati ~ érvényes** normal Saturday timetable will operate; *rep* **~ szerinti járat** scheduled flight **2.** *[rendezvényé]* programme (*US* -gram), *US* schedule
menetrendszerű *mn ált* according to the timetable *ut*, scheduled, regular; **~ járatok** *[busz]* regular services; *[hajó]* regular sailings; **~en közlekedik** be* running to time, *US* be* operating/running on schedule
menetsebesség *fn* **1.** *ált* average/travelling (*US* -l-) speed **2.** *hajó* cruising speed, rate
menetszázad *fn kat elav* marching-company
menettérti *mn* **~ jegy** return (ticket), *US* round-trip ticket; **egy napig érvényes ~ jegy** day-return (to); **~ jegy ára** return fare
menetvágó (gép) *fn* thread/screw-cutter
menház *fn elav* alms-house, home, asylum; **aggok ~a** home for the aged
menhely *fn* **1.** → **menház 2.** *[gyermekmenhely]* home for destitute children
menlevél *fn* safe-conduct, free pass
mennél *hsz* **~ ..., annál ...** the ... the ...; **~ több, annál jobb** the more the better/merrier
menni *i* → **megy**
menopauza *fn biol* menopausa
menő *mn/fn GB szl* wicked, *főleg: US* (way) cool, *US* (totally) awesome, *[ember]* hot shot, ace; **ez a ~** (that's) wicked
menőfélben van *i* be* about to leave
menstruáció *fn* menstruation, menses *tsz*, *biz* period
menstruál *i* menstruate, *biz* have* one's period
ment[1] *i* **1.** *[megment]* save, rescue, snatch (from); **életet ~** save sy's life; **vízből ~** rescue sy about to drown; **~i, ami ~hető** save what one can; **Isten ~s!** God forbid! **2.** *[eljárást]* excuse, pardon, justify; **ez ~i sok hibáját** this makes up for his many faults; **ezt nem lehet semmivel sem ~eni** there can be no excuse for this; → **bőr**
ment[2] *mn* (*vmtől*) free/immune/safe from sg, secure/proof against sg; **előítéletektől ~** unprejudiced, free from all prejudices, unbias(s)ed, impartial
menta *fn növ* mint
mentálhigiénés *mn* concerning (relting to) mental hygiene; **~ program** *US* a mental hygienics programme
mentálhigiénia *fn* mental health
mentalitás *fn* mentality, disposition
mente *fn elav* short fur-lined coat
mentében I. *hsz* → **menet közben II.** *nu* along; **a part/folyó ~** down-stream, along the bank/river
menteget *i* make*/find* excuses (for), excuse (sy), (*vmvel*) use/plead* sg as an excuse for; **~i a késését** apologize for being late
mentegetődzés *fn* excuses *tsz*, apology
mentegetődz|ik *i* (*vmért*) make* apologies/excuses, apologize, excuse oneself (for sg/for doing sg)
méntelep *fn* stud-farm
mentelmi *mn* **~ bizottság** committee of immunity; **~ jog** parliamentary privilege/immunity; **felfüggesztik a ~ jogát vknek** waive one's (diplomatic) immunity, waive the parliamentary immunity of a member; **~ jog megsértése** violation of immunity

M

menten *hsz [rögtön]* at once, on the spot, immediately, forthwith
mentén *nu* along, by the side of; **a part ~** along the bank (v. tengernél beach); **az út ~** along the road; **vm ~ halad** go*/run* along sg
mentes *mn* **1.** (*vmtől*) free from, devoid of; **betegségtől ~** immune (from); **előítéletektől ~** unprejudiced, free of all prejudice(s) *ut*, unbias(s)ed, impartial **2.** (*vm alól/vmtől*) exempt from [taxation etc.]; **illeték alól ~** exempt from stamp duty *ut*, duty-free; **katonai szolgálattól ~** exempt from military service
mentés *fn* life-saving, rescue; **a ~ munkálatai még folynak** rescue/salvage operations are still being carried out
mentesen *hsz* **vmtől ~** exempt from sg, free from sg devoid of sg, *[előítéletektől]* unbiassed (*US* -s-), unprejudiced
mentési *mn* rescue-, salvage-; **~ munkálat** rescue operation, salvage, rescue work
mentesít *i* (*vkt vm alól*) exempt sy from sg, *[felment]* relieve sy of sg, let* sy off; **katonai szolgálattól ~** exempt sy from military service
mentesítés *fn* exemption, release
mentesítő *mn* **~ vonat** relief train
mentesség *fn* exemption, discharge, waiver
mentesül *i* (*vm alól*) be* exempted/freed from sg
menthetetlen *mn* **1.** *[meg nem menthető]* lost, irretrievable, *[mulasztás]* irremediable; **~ beteg** patient past recovery/help; *[igével]* the patient('s condition) is past/beyond hope/recall (v. is past praying for) **2.** *[megbocsáthatatlan]* inexcusable, unpardonable
menthetetlenül *hsz* irremediably, irretrievably; **~ elvész** be* irretrievably lost, be* irrecoverable, be* gone beyond recall
menthető *mn* **1.** *[megmenthető]* can be saved/salvaged, be* recoverable **2.** *[eljárás]* excusable, pardonable; **nem ~** it is inexcusable
menti *mn* → **part**, → **út**
mentol *fn* menthol
mentő I. *mn* life-saving, rescue, rescuing; **~ gondolat/ötlet** saving idea; **~ kérdés** rescue question; **~ körülmény** excuse; *[enyhítő körülmény]* attenuating circumstances *tsz*; **~ tanú** witness for the defence **II.** *fn* **1.** *ált* (life-)saver, rescuer **2.** *orv* **a ~k** ambulance; **(fel)hívja a ~ket** ring* for an ambulance
mentőalakulat *fn kat* rescue team/party
mentőállomás *fn* ambulance station
mentőautó *fn* ambulance
mentőbrigád *fn* rescue party/team
mentőcsónak *fn* lifeboat
mentődoboz *fn* first-aid box/kit
mentőexpedíció *fn* rescue party/team, search party
mentőkocsi *fn* ambulance
mentőláda *fn* first-aid box/kit
mentőmellény *fn* life-jacket
mentőorvos *fn* ambulance officer/doctor
mentőosztag *fn* rescue party/team
mentőöv *fn* life-belt/buoy
mentős *fn* ambulanceman°, *[női]* ambulancewoman°, paramedic; **~ök** ambulancemen, ambulance officers/members, paramedics
mentőszekrény *fn* → **mentőláda**
mentőszolgálat *fn ált* life-saving service, *[pl. hófútta utakon]* rescue service/team, *[mentők]* ambulance (service), *[tengerparton]* lifeguards *tsz*
mentség *fn* excuse; **arra nincs ~** there is no excuse for that, it is inexcusable, it admits of no excuse; **~ére legyen mondva** be it said in his favour (*US* -or); **~ére azt hozta föl, hogy ...** he excused himself on the plea that [he had to visit his mother]; **~ül** by way of an excuse, in excuse of sg; → **felhoz**

mentsvár *fn* retreat, resource, refuge; **utolsó ~ként** as a last resort
menü *fn* **1.** *[étteremben]* set menu, table d'hôte (meal/ menu) **2.** *infor* menu
menüett *fn* minuet
menükártya *fn* menu
menza *fn* refectory, canteen, *US* commons *esz*, cafeteria
menzakoszt *fn* college/canteen food, *US* commons *esz*
meny *fn* daughter-in-law (*tsz* daughters-in-law)
menyasszony *fn* fiancée, *[esküvő napján]* bride
menyasszonyi *mn* bridal; **~ ruha** wedding dress; **~ torta** wedding cake
menyecske *fn* young wife°
menyegző *fn* wedding-feast; **a kánai ~** the wedding feast at Cana
menyét *fn áll* weasel
menny *fn* heaven; **a ~ek országa** the Kingdom of Heaven
mennybeli *mn* celestial, heavenly
mennybemenetel *fn* Ascension
mennybolt *fn* sky, firmament
mennydörgés *fn* thunder, thunder-clap
mennydörgő *mn* thundering; **~ hang** thundering/stentorian voice; **~ taps** thunderous applause
mennydörgős *mn* **~ mennykő!** damn it!, damnation!
mennydörög *i* thunder, it is* thundering
mennyei *mn* heavenly, celestial
mennyezet *fn* **1.** *[szobáé]* ceiling **2.** *[ágyé]* canopy
mennyezetes *mn* canopied; **~ ágy** four-poster (bed), canopied bed
mennyezetkép *fn* ceiling piece/picture
mennyezetlámpa, **mennyezetvilágítás** *fn* ceiling light
mennyi *nm* **1.** *[kérdő] [megszámlálható mennyiség]* how many?, *[nem megszámlálható]* how much?; **~ ember** (i) *[kérdve]* how many people? (ii) *[csodálkozva]* what a lot of people!; **~ az idő?** what's the time?, what time is it?; **~ ideig?** (for)how long ...?; **~be kerül?** how much is it?, what's the/its price?, what are you asking/charging for it?; **~be került?** what did it cost?, how much was it?, how much did it come to?, what was its price?, *biz* what's the damage?; **~en vannak?** how many are there?; **~ért?** for how much?, at what price?; **~ért adják?** what are they/you asking/ taking/charging for it?, what is the/its price?; **~ért vetted?** how much did you pay/give for it?; **~t kaptál érte?** how much did you get for it?; **~t kér?** how much (do you charge)?; **~t parancsol?** how much do you want?; **~vel tartozom?** how much do I owe you? **2.** *[vonatkozó]* → **amennyi**
mennyiben *nm* **1.** *[mértékben]* to what extent?, how far?; **~ igaz?** what truth is there in it? **2.** *[vonatkozásban]* in what respect?, wherein?; **~ érint ez bennünket?** how far does it concern us?
mennyire *nm* **1.** *[milyen messze]* how far?; **~ van ide Bécs?** how far is Vienna?; **~ van oda a Duna?** how far is it (from there) to the Danube? **2.** *[milyen mértékben]* how far?; **~ jutottál a munkáddal?** how far have you got with your work? **3.** *[felkiáltásban]* how; **de még ~!** I should think so!, by all means!, and how!, not half!, sure enough!, *biz* I'll say!, *US biz* sure thing!, absolutely!; **~ megijedt amikor meglátta** how it frightened him to see it; **~ szereti!** how fond he is (of her)
mennyiség *fn* quantity, *[tömeg]* mass; **nagy ~ben** in large quantities, in bulk
mennyiségi *mn* quantitative; **~ elemzés** quantitative analysis; **~ változás** quantitative change
mennyiségtan *fn* → **matematika**
mennyiségtani *mn* → **matematikai**
mennyiségtantanár *fn* → **matematikatanár**
mennyiségű *mn* of ... quantity *ut*; **tekintélyes ~** of a considerable quantity *ut*, *biz* a great deal of
mennyiszer *nm* how many times?, how often?
mennykő *fn* thunderbolt; **a ~ üssön belé!** the devil take him!, confound him!
mennykőcsapás *fn* thunderbolt
mennyország *fn* heaven; **a hetedik ~ban érzi magát** be* in Seventh heaven
meó *fn* quality control (section)
meós *fn* (quality) checker
meóz *i* (*vmt*) check sg for quality
mer[1] *i [vizet]* draw*, scoop (out); **~j egy vödör vizet** draw* a bucketful of water; **~j a levesből** take* a ladleful of soup, help yourself to (some) soup
mer[2] *i* dare (to do sg), *[nem fél]* be* not afraid to do sg, *[veszi a bátorságot]* make* (so) bold (as) to do sg; *közm* **aki ~, az nyer** nothing ventured, nothing gained; fortune favours the brave; faint heart never won fair lady; **~em állítani** I dare say (v. daresay) (that); **~em hinni** I dare say (v. daresay) (that), I venture to think (that); **fogadni ~nék** I could/would bet; **nem ~ vmt (meg)tenni** [I/he etc.] dare not (v. daren't) do sg, be* afraid to do (v. of doing) sg; **hogy ~sz ilyet mondani?** how dare you say such a thing?; **hogy ~i (v. ~ olyat) állítani, hogy** ... how dare he/you suggest that ...; **azt ~i mondani, hogy** ... he has the cheek/impudence to say that ...; **meg ~i mondani a véleményét** he is not afraid to speak his mind (v. speak out)
mér *i* **1.** *ált* measure **2.** *[súlyt]* weigh; **mikor ~ted magad?** when did you weigh yourself? **3.** *[italt]* retail, draw* **4.** *[időt, sebességet]* clock, time **5. csapást ~ vkre** strike*/ level (*US* -l) a blow at sy; **büntetést ~ vkre** inflict a punishment on sy, sentence sy
mérce *fn* measure, scale
mered *i* **1.** *[kiáll]* stand* (up), rise*; **minden hajaszála égnek ~** (*vmtől*) sg makes one's hair stand on end **2. kővé ~** turn to stone, petrify, be* petrified **3.** *[tekintet vhová]* stare, gaze; **a semmibe ~** stare/gaze into space (v. into the air)
meredek I. *mn* **1.** *[emelkedő]* rise, *[ereszkedő]* descent, *[lejtő]* steep; **~ hegyoldal** steep slope (v. mountain-side); **~ szikla(fal)** bluff, steep promontory, cliff; **~en lejt** be* steep(ly sloping); **~en emelkedik** *[repülőgép]* zoom **2.** *átv biz* **ez (egy) kicsit ~** that's (a bit) steep **II.** *fn* slope
meredt *mn* **1.** *[test]* stiff, torpid, benumbed **2.** *[tekintet]* staring, fixed
méredzked|ik *i* weigh oneself
méreg *fn* **1.** *konkr* poison, *[állaté]* venom, *[állati v. növényi]* toxin; **erős ~** violent poison; **lassan ölő ~** slow poison; **tiszta ~** rank poison; **mérget ad vknek** poison sy; **mérget vesz be** take* poison; **mérget lehet rá venni** you may swear to it, it's in the bag, you may be quite sure of that; **arra mérget vehetsz** you bet, you can bet your life/boots, depend on it; *biz* **ez neki ~** *[pl. sok fűszer gyomorbajosnak]* it's fatal for him **2.** *átv* anger, *[bosszúság]* annoyance, vexation, anger, bother; **eszi a ~** be* bursting/choking with rage; **forr benne a ~** boil with rage; **sok ~ van ezzel a gyerekkel** this child is a handful; **~be hoz** make* sy angry, put* sy into a rage, send* sy into temper, *biz* get* sy's goat; **~be jön** get*/fly* into a passion/ rage, lose* one's temper, go* off (at) the deep end; **elönti a ~** become* hot under the collar; **sok mérget nyel** pocket/ swallow a lot of affronts; **kiadja mérgét** (i) *[dühöng]* vent one's spleen, let*/blow* off steam (ii) *[csillapodik]* his rage is spending itself; **kitölti a mérgét vkn** vent one's gall on sy, have* it out on sy
méregdrága *mn* very steep/expensive/dear, prohibitive [price]
méregerős *mn [paprika]* extremely hot
méreget *i* **~ik egymást** eye each other
méregfog *fn* (poison-)fang; **kihúzza a ~át** (*vmnek*) take* the sting out of sg; (*vknek*) draw* sy's sting, draw* sy's teeth
méregkeverő *fn átv* trouble-maker, *biz* stirrer
méregkönyv *fn* inventory of poisonous substances
méregpohár *fn* poison(ed) cup

M

méregtelenít *i* detoxicate; **a szervezet ~ése** detoxication, detoxification, disintoxication
méregzöld *mn* ivy green
méregzsák *fn [férfi]* spitfire, hot-head, *[nő]* shrew, termagant
mereng *i* muse, meditate, day-dream*
merengés *fn* reverie, day-dream(ing), musing, pipe-dreams *tsz*
merengő *mn* musing, day-dreaming
merénylet *fn* attempt; **~et követ el vk ellen** make* an attempt on sy's life; **~et követtek el ellene** an attempt was made on his life; **számos ~et kíséreltek meg ellene** there were numerous attempts on his life
merénylő *fn* assailant, would-be assassin
mérés *fn* **1.** *ált* measuring **2.** *[földé]* surveying **3.** *[súlyé]* weighing
méréshatár *fn* measuring range
méréstechnika *fn* measurement technology
merész *mn* bold, daring, audacious, *[igével] biz* have* guts; **~ általánosítás** sweeping generalization; **~ tett** daring/bold action/deed; **kissé ~** *[pl. vicc]* risqué; **gondol egy ~et** take*/make* a bold decision, take* a risk/chance
merészel *i* dare, make* bold to do sg, make* so bold as to do sg, take* it upon oneself to do sg, have* the audacity/face to; **hogy ~ ilyet mondani?** how dare you say such a thing?; **hogy ~i Ön?** how dare you?; **Ön azt ~te mondani** you have had the face/audacity to say; → **mer**[2]
merészked|ik *i* venture, take* the risk, take* the liberty to ...; **odáig ~ik, hogy** ... sg goes so far as to ..., sg has the cheek to ...
merészség *fn* daring, audacity, boldness, *biz* nerve guts; **nagy ~ kell hozzá** it takes a lot of guts
mereszt *i* **szemét ~i vkre** goggle at sy, stare at sy (goggle-eyed), *[főleg nőre]* ogle at sy; **nagy szemeket ~** open one's eyes wide, goggle, be* all eyes, look goggle-eyed; *durva* **~i a seggét** *[nem dolgozik] GB* swing* the lead, moon around, *US* futz (with sg/around with sg)
méret *fn* **1.** *konkr ált* measurement, dimension, *[öltözékdarabé]* size; **a szoba ~ei** the dimensions of the room; **~et vesz vkről** *[szabó]* measure sy up **2.** *átv* magnitude, proportions *tsz*; **nagy ~ekben** on a large scale; **nemzetközi ~ekben** on an international scale; **nagy ~eket ölt** grow* to considerable size/proportions; **óriási ~eket ölt** grow* out of (all) proportion, grow* to huge dimensions
méretarány *fn* scale; **1 : 1 000 000 ~ú térkép** a map on the scale of 10 kilometres to the centimetre; **nagy ~ú** large-scale
méretarányos *mn* **~ modell** scale model
méretez *i* measure out, proportion
méretű *mn/utótag* -sized, of ... size *ut*; → **nagy I**
merev *mn* **1.** *ált* stiff, rigid **2.** *[testrész]* numb, benumbed **3.** *[tekintet]* fixed, set, stony [stare/glare] **4.** *átv* rigorous, inflexible, stiff, *[szabály]* hard-and-fast, *[mozgás, viselkedés]* angular; **~en kitart elvei mellett** stand* rigidly by one's principles; **~en visszautasít** give* (sy) a flat refusal, refuse (sy) point-blank (v. categorically)
merevedés *fn [hímvessző́é]* erection, *biz* hard-on
mereved|ik *i* grow* stiff, stiffen, get* rigid
merevgörcs *fn* tetanus, lockjaw
merevít *i* make* stiff/rigid, stiffen, *[kötéllel, rúddal]* stay, prop, brace
merevítő *fn* stay, prop, brace
merevlemez *fn infor* hard disk
merevlemez-meghajtó *fn infor* hard disk drive (*röv* **HDD**), disk drive
merevség *fn* **1.** *ált* stiffness, rigidity **2.** *átv* inflexibility, stiffness, rigidity, severity, rigour (*US* -or)
mérföld *fn* mile; **angol ~** statute mile *[1609,34 m]*; **tengeri ~** nautical mile *[1852 m]*; **~ek száma** mileage; **5 ~nyi távolságra** at a distance of 5 miles
mérföldes *mn* (of) one mile, of ... miles *ut*, -mile; **15 ~ távolság** a 15-mile distance, a distance of 15 miles; **hét~ csizma** seven-league boots *tsz*
mérföldkő *fn* milestone
mérföldteljesítmény *fn* mileage
mérgelőd|ik *i* be* angry (*vm miatt* at/about sg, *vk miatt* with sy), *biz* fume (and fret) (*vm miatt* about/at sg, *vk miatt* at sy); **ne ~j!** keep your hair/shirt on!
mérges *mn* **1.** *[állat]* poisonous, venomous **2. ~ gáz** poison-gas **3. ~ gomba** toadstool **4.** *biz [dühös]* angry, *US biz* mad; **~ vkre** be* angry/cross with sy; **rettentő ~ volt** he was furious, he was livid (with anger); *szl* **baromi ~** be* cut up about sg, do* one's nut; **~en válaszol** give* a tart reply, snap back
mérgesít *i* anger, vex, irritate, enrage
mérgez *i átv is* poison, envenom
mérgezés *fn* poisoning
mérgezett *mn* poisoned
mérgező *mn* poisonous, toxic
mérhetetlen *mn* **1.** *[mennyiség]* immeasurable **2.** *átv* immense, vast, huge
mérhető *mn* measurable
méricskél *i* measure slowly and leisurely
merinó *fn* **~ juh** merino (*tsz* -nos), merino sheep
merinógyapjú *fn* merino
merít *i* **1.** (*vmbe*) dip (sg) into (sg) **2.** (*vmből*) draw* (sg) from (sg) **3.** *átv* (*vmből*) take*/derive (sg) from (sg), *[átvesz vmből]* draw* on (sg); **bátorságot ~** take* heart/courage; **az eredeti forrásokból ~** draw* on the original authorities/sources
merítőháló *fn* landing net
merítőkanál *fn* scoop, ladle
mérkőzés *fn sp* match; **barátságos ~** a friendly (match) [between ... and ...]; **~t vezet** *[futball, boksz]* referee [a match], *[tenisz, krikett stb.]* umpire [a match]
mérkőzéslabda *fn sp* match point
mérkőzésvezető *fn [futball, boksz]* referee, *[tenisz, krikett stb.]* umpire
mérkőz|ik *i* **1.** *ált átv* compete with sy; **nem ~hetsz vele** *[tudásban]* (intellectually) you are no match for him **2.** *sp* play against
mérleg *fn* **1.** *[eszköz] ált* pair of scales, scales *tsz*, *[konyhai]* scale, scales *tsz*, *[patikamérleg]* balance; **~ karja** scale-beam **2.** *gazd* balance (sheet); **kereskedelmi ~** balance of trade; **~et készít** balance one's/the accounts/books, draw* up a balance sheet; **megvonja vmnek a ~ét** draw* the lesson from sg, draw* some lessons from sg, consider gains and losses, *átv* strike* a balance; **ha megvonjuk a ~et** on balance...; **vk javára billenti a ~et** tilt/tip the balance/scales in sy's favour (*US* -or) **3.** *csill* **M~** Libra; *[a Mérleg jegyében született]* Libran
mérlegbeszámoló *fn* balance sheet report
mérlegel *i* **1.** *konkr* weigh **2.** *átv* weigh, ponder [matter], consider; **~i a helyzetet** take* stock of (v. size up) the situation; **~i az összes szempontot** consider all aspects, *kif* count the cost
mérlegelés *fn átv* examination, consideration, reflection; **hosszas ~ után** after due deliberation, after careful consideration
mérleghiány *fn* **fizetési ~** balance of payment deficit; **kereskedelmi ~** trade deficit
mérleghinta *fn* see-saw
mérlegképes *mn* **~ könyvelő** chartered accountant, *US* certified public accountant
mérnök *fn* engineer; **mezőgazdasági ~** agricultural engineer
mérnökhallgató *fn* engineering closing accounts, student of
mérnöki *mn* engineering; **~ diploma** degree/diploma in engineering; **~ pályára megy** is going to become an engineer; **~ tudomány** engineering
mérnök-üzletkötő *fn* sales-engineer

M

merő *mn [tiszta]* pure, mere, sheer; ~ **hazugság** downright lie; ~ **képtelenség** absolute/sheer impossibility; ~ **rosszindulatból** out of pure malice; ~ **véletlen** a mere (v. sheer) accident
mérő *fn (vk)* measurer, weigher
merőben *hsz* wholly, totally, entirely
mérőedény *fn* measure, measuring-dish, graduated container, *US* graduate
merően *hsz* ~ **néz** stare (at sy/sg) unblinking(ly)/fixedly/intently
mérőeszköz *fn* measuring tool/instrument
merőkanál *fn* ladle, *US így is:* dipper
mérőkészülék *fn* measuring apparatus
merőleges I. *mn* perpendicular; ~**en vmre** at right angles to sg **II.** *fn* perpendicular; ~**t húz** draw* a perpendicular (on sg)
mérőműszer *fn* measuring instrument, gauge (*US* gage), *[utótagként]* -metre (*US* -meter)
mérőón *fn* sounding lead, plumb(-line), plummet; ~**nal mér** plumb
mérőszalag *fn* (measuring) tape, tape measure
mérővessző *fn* folding rule
merre *hsz* **1.** *[kérdő: hol?]* where?, whereabouts? **2.** *[hová?]* which way?, in which direction?; **megkérdi,** ~ **kell menni** ask one's/the way **3.** → **amerre**; **fusson, ki** ~ **lát** every man for himself; → **amerre**
merről *hsz* **1.** *[kérdő]* where ... from?, from where?, from which direction?; ~ **jössz?** where do you come from? **2.** → **amerről**
mérsékel *i* **1.** *ált* moderate, tone sg down, *[fájdalmat, büntetést]* mitigate **2.** *[árat]* reduce **3.** ~**i magát** control/restrain oneself, draw* it mild, *biz* not pull one's punches
mérsékelt *mn* **1.** *[éghajlat]* temperate; ~ **égöv** temperate zone **2.** *[ár]* moderate, reasonable **3.** *[politika, nézet]* moderate **4.** ~ **siker** moderate success; ~**en** moderately; restrainedly
mérséklés *fn* **1.** *ált* moderation, restraint **2.** *[büntetésé]* mitigation, reduction [of penalty] **3.** *[áré]* reduction [of price]
mérséklet *fn* moderation, moderateness, restraint; ~**et tanúsít** show* restraint
mérséklő *mn* moderating, restraining
mérséklőd|ik *i ált* lessen, *[iram]* slacken, *[hőség]* abate
mersz *fn biz* pluck, courage; **nincs** ~**e** lack pluck/courage; **van** ~**e vmt tenni** get* up the nerve, get* up enough nerve to do sg, dare to do sg, show* (a lot of) pluck to do sg, have* the nerve to do sg; **ha van** ~**e** if he has* (the) pluck; **legyen** ~**ed!** be a devil
mert *ksz [objektív ok]* because, *[a beszélő szubjektív szempontja]* for, since, as; ~ **különben** or else
mértan *fn* geometry
mértani *mn* geometrical; → **haladvány**, → **közép** 2, → **test**
mérték *fn* **1.** *[a mérés egysége]* measure(ment); **a térfogat** ~**e** measures of capacity *tsz* **2.** *[vké, ruházati]* measurement(s); ~**et vesz vkről** take* sy's measurements; ~ **után készült (ruha)** made-to-measure, tailor-made, made-to-order [suit/garment], *US főleg:* custom-made; ~ **utáni/szerinti szabóság** → **mértékszabóság 3.** *[versmérték]* metre (*US* meter), measure **4.** *[térképen]* scale **5.** *[határ]* ~ **nélkül** excessively, to excess; ~ **nélkül iszik** drink* to excess; ~**en felül** beyond measure; **egy bizonyos** ~**ig** to a certain extent; ~**et tart** *[evésben, ivásban]* be* moderate, keep* within bounds **6.** *[mérce]* **szigorú** ~**kel mér** judge strictly, apply a tough standard; **egyenlő** ~**kel mér** judge fairly, apply equal standards; **kétféle** ~**kel mér** apply double standards **7.** *[mennyiség]* **bizonyos** ~**ben** in some/a measure, to some degree, to a certain degree; **kisebb** ~**ben** to a lesser degree; **a legcsekélyebb** ~**ben (sem)** (not) in the slightest (degree); **jelentékeny** ~**ben** considerably; **a legnagyobb** ~**ben** to the full, all the way, to the highest degree; **teljes** ~**ben** fully, completely; **teljes** ~**ben támogat** give* whole-hearted support, fully support sy/sg; **a legnagyobb** ~**ben támogatom** I am all for it; **minden** ~**en túl** beyond the bounds; **(mindent csak)** ~**kel (tesz)** [keep* to] the golden mean, moderation in all things, [smoke, drink* etc.] in moderation; → **betelik**, → **megüt**
mértékadó *mn* authoritative, competent, influential; ~ **körök** responsible quarters
mértékegység *fn* measure, unit (of measurement); ~**ek táblázata** weights and measures (table), table(s) of weights and measures
mértékes *mn [vers]* metrical
mértékhatározó *fn nyelv* adverb of quantity
mértékhitelesítés *fn* testing/gauging of measures
mértékletes *mn [személy]* temperate, sober; ~ **vmben** (be*) moderate in sg, [smoke, drink* etc.] in moderation
mértékletesség *fn [ételben, italban]* temperance, moderation, sobriety
mértékrendszer *fn* system of weights and measures
mértékszabóság *fn* bespoke (v. *US* custom) tailor(s)/tailoring
mértéktartás *fn* moderation, temperance, temperateness
mértéktartó *mn* moderate, temperate, restrained
mértéktelen *mn* **1.** *ált* immoderate, excessive, extreme, unrestrained; ~ **élet** loose living **2.** *[evésben, ivásban]* intemperate, insatiable, free-living; ~ **alkoholfogyasztás** excessive drinking, the consumption of an excessive amount of alcohol, *[igével]* there's too great a consumption of alcohol; ~ **ember** free-liver
mértéktelenség *fn* **1.** *ált* immoderateness, extravagance **2.** *[evésben, ivásban]* intemperance
mértéktelenül *hsz* beyond measure, excessively
mérten *hsz* **vmhez** ~ (as) compared to/with sg; **igényeihez** ~ in proportion (v. according)to one's claims/pretensions
merül *i* **1.** *[vízbe]* dive, dip, submerge, plunge; **3 méternyire** ~ draw* 3 metres of water **2. álomba** ~ fall* asleep; **gondolatokba** ~ be* absorbed/deep in thought; → **feledés**
merülőfal *fn [olajszennyeződés ellen]* floating barrier, absorbant
merülőforraló *fn* immersion heater, cup heater
mérv *fn* extent, degree, measure, rate
mérvadó *mn* authoritative, competent, *(vm)* standard; **ez nem** ~ this is not authoritative; → **mértékadó**
mérvű *mn* **vmlyen** ~ of some proportions/extent *ut*; **igen nagy** ~ rather/very extensive, of high proportion
mese *fn* **1.** *[gyermek~]* (nursery) tale, *[tündér~]* fairy tale/story, *[tan~]* fable; ~**be illő** fabulous, like a fairy tale *ut*; **a** ~**k világába tartozik** belong to the world of fantasy **2.** *[regényé stb.]* story, plot **3.** *biz [kitalálás]* story, yarn, tale, fabrication; *biz* ~ **habbal!** that's all just a fairy tale (v. fairy tales), that's all moonshine, that's a tall story (*US* tale); **nem** ~ and no mistake!, there's no mistaking in it; *biz* **nincs** ~**!** there's no getting away from it; *biz* **nem volt** ~ *[nem volt mit tenni]* that was all, there was to it; **ezt a** ~**t már ismerem** I've heard that tale before
mesebeli *mn* mythical, fictitious; ~ **királyfi** fairy prince; → **mesés**
mesebeszéd *fn biz* flim-flam, stuff and nonsense, rubbish
meseíró *fn* story-writer, fabulist
mesejáték *fn* fairy play
mesekönyv *fn* story-book
mesél *i* **1.** *[mesét mond]* tell* a tale/story, narrate [a fable/story] **2.** *[elbeszél]* tell*, relate, narrate; *biz* **azt** ~**ik** there is a story afloat, people are saying; **arról én is tudnék** ~**ni** I have been through the mill myself, I could also say a thing or two about that **3.** *szl [hazudik]* spin* a yarn, tell* a (tall) story; ~**je ezt másoknak!** *[hitetlenkedve]* pull the other leg, tell it to the marines; tell* stories, *US szl* shoot* the bull; ~**d ezt a nagymamádnak!** tell that to the marines; **na ne** ~**j!** tell me another, *GB* get on/along with you
mesélő *fn* story-teller, *[elbeszélő]* narrator
mesemondó *fn* story-teller, tale-teller

M

meseország *fn* fairyland
mesés *mn* fabulous, fabled, legendary
meséskönyv *fn* story-book
meseszép *mn* wonderful, ravishing
meseszerű *mn* like a fairy tale *ut*, as in a fairy-tale *ut*
meseszövés *fn [színdarabé stb.]* plot
messiás *fn vall* **a M~** *[Krisztus]* Messiah; **úgy vár vkt, mint a (zsidók a) ~t** await sy's coming with burning impatience
mester *fn* **1.** *[önálló iparos]* (master) craftsman°, master; **vízvezetékszerelő-~** (a master) plumber **2.** *[művész, sakk és átv]* master; **M~!** *[főleg nagy zeneművész megszólítása]* Maestro ..., (v. névvel) Maestro Doráti; **nagy ~e a zongorának** an absolute maestro on the piano; **~e a szónak és a tollnak** be* a master of both the written and spoken word; **nagy ~ vmben** be* a past master at sg, be* an old hand at sg, be* a dab (hand) at sg, *US* be* ace at sg; **~ére talál** meet* one's master **3.** *átv [vk szellemi vezetője]* sy's mentor; → **gyakorlat**
mesterdalnok *fn* mastersinger, Meistersinger
mesterdetektív *fn* detective
mesterember *fn* craftsman°, artisan
mesterfogás *fn* master stroke, trick of the trade
mestergerenda *fn* crossbeam
mesterhármas *fn sp* hat-trick
mesterhegedű *fn kb.* master violin, *[pl. Stradivari]* (a) Stradivarius, *biz* (a) Strad
mesteri *mn* masterly, *biz* superb, brilliant; **~ módon, ~en** in a masterly manner, superbly
mesterkazetta *fn* master tape
mesterkedés *fn átv pej* machinations *tsz*, plot, intrigue, manoeuvring (*US* -neuver-)
mesterked|ik *i biz* plot, machinate, manoeuvre (*US* maneuver); **miben ~sz?** what's your little game?; **már megint miben ~el?** what are you up to again?; **abban ~ik, hogy** ... he is scheming to; **vmnek a megszerzésén ~ik** jockey for sg
mesterkéletlen *mn* natural, artless, ingenious, plain, unsophisticated
mesterkélt *mn* **1.** *[személy, viselkedés]* affected, (over-)sophisticated **2.** *[hamis]* false, artificial, pretentious, ostentatious
mesterkéltség *fn* **1.** *[személyé, viselkedésé]* affectation, affected manner **2.** *[hamisság]* artifice, pretentiousness
mesterkurzus *fn [előadóművészé]* master class
mesterlegény *fn* journeyman°, journeyman-worker
mesterlevél *fn [mestervizsga bizonyítványa]* certificate of mastership
mesterlövész *fn [hivatásos]* marksman°, sharpshooter, *[jó lövő]* a crack/good shot
mestermű *fn* masterpiece
mesterség *fn* trade, profession, craft; **mi a ~e?** what is his trade/profession?; **nem nagy ~** it is not difficult, no particular skill is needed; **vm ~et tanul** learn* a trade
mesterségbeli *mn* professional, vocational, of trade *ut*; **~ tudás** craftsmanship
mesterséges *mn* artificial, man-made; **~ intelligencia** artificial intelligence; **~ légzés** artificial respiration; **~ megtermékenyítés** artificial insemination; **~ nyelv** artificial/auxiliary language; **~ táplálás** artificial nutrition/feeding, hand/bottle-feeding; **~en, ~ úton** artificially; **~en táplált** artificially fed, bottle-fed, brought up by hand (v. on the bottle) *ut*; **~en előidézett** induced
mestervizsga *fn* ‹examination for master craftsman's diploma/certificate› *kb.* master's examination
mész[1] *fn* lime; *[meszeléshez]* whitewash, whitening, *[az emberi szervezetben]* calcium; **oltatlan ~** quicklime; **oltott ~** slaked/slacked lime; *biz* **nem ettem meszet** I wasn't born yesterday, what do you take me for?, *GB* stone the crows!
mész[2] *i* → **megy**
mészárlás *fn [embereké]* massacre, slaughter(ing)
mészárol *i [embert]* massacre, slaughter
mészáros *fn* butcher
mészárszék *fn* **1.** *elav [húsbolt]* butcher's shop **2.** *átv* **~re viszi az ifjúságot** send* youth to be massacred, lead* our young men to Armageddon
mészégetés *fn* lime-burning
mészégető *fn* **1.** *[kemence]* lime-kiln **2.** *[munkás]* lime burner
meszel *i* whitewash, whiten
meszelés *fn* whitewash(ing), whitening
meszelő *fn [szerszám]* whitewash/lime brush
meszes *mn* limy, lime-; **~ talaj** calciferous soil; **~ víz** calcareous water
meszesedés *fn [szervezetben]* calcification
meszesed|ik *i [szervezet]* calcify, become* calcified
meszesgödör *fn* lime-pit
meszez *i [földet]* spread* lime/chalk on, lime, chalk [land]
mészhabarcs *fn* lime-mortar
mészhiány *fn [szervezetben]* calcium deficiency
mészhomok *fn* calcareous/lime sand
mésziszap *fn [cukorgyári]* beet potash
mészkő *fn* limestone
mészlerakódás *fn orv* calcification
mészoltás *fn* slaking/slacking (of) lime
mészpát *fn* calc-spar, calcite
messze I. *mn* far-off, faraway, remote, distant; **~ földön híres** far-famed; **~ idegenben** in a far(away) country, in a strange country **II.** *hsz* **1.** far; **nagyon ~ van** be* very far (away), be* far/away off; **~ a hegyekben** way up in the mountain; *[távoli országban]* be* in a far(-away) (v. distant) country, be* very far from home; **nem ~** not far off/away, within easy reach; **~ lakik** *[a munkahelyétől]* live far away (from his work); **amilyen ~ csak ellát az ember** as far as the eye can reach; **~ ható** far-reaching, long-range; **~ hordó ágyú** long-range gun; **nincs ~ innen** it is not far from here, it is no distance; **~ vagyunk még attól** we are still far from that, it is still a far/long cry from sg; **~ vezetne, ha** ... it would lead us too far away if ...; **~bb** farther, further; *átv* **ez ~ van attól, amiről én beszéltem** it is far removed from what I said; **~ jár a valóságtól** be*/fall*/go* wide of the mark **2.** *[kimagaslóan]* by far, far and away; **~ a legjobb** by far the best, much the best, the best by a long chalk; **~ jobb** *[sokkal jobb]* much/far better, better by long odds, *biz* way better; **~ ver vkt** *[sokkal jobb nála]* win* hands down
messzebb *hsz* farther
messzehangzó *mn* resoundig, plangent, *[emberi hangról]* stentorian
messzelátás *fn orv* long-sightedness *US* far-sightedness, hypermetropia *US* hyperopia
messzelátó I. *mn orv* long/far-sighted **II.** *fn* field glasses *tsz*, binoculars *tsz*, *[egy csövű]* telescope
messzemenő *mn* considerable, far-reaching, extensive; **~ engedmények** considerable concessions; **~ következmények** far-reaching consequences; **~ ok** remote cause
messzemenően *hsz* **~ egyetértek** I couldn't agree more
messze-messze *hsz* far, far away (from swhere)
messzeség *fn* distance, remoteness; **a ~ben** far away, in the distance; **előbukkan a ~ből** loom up in the distance
messzi *hsz* → **messze**
messzire *hsz* far, a long way, to a great distance; **~ megy** go* far; **(igen) ~ utazott** he travelled (*US* -l-) far (from home); **evvel nem jutsz ~** it won't be of much use to you, it won't carry/get* you far; **~ vezetne, ha** ... it would lead us too far if ...; **~ elkerülte** gave him/it a wide berth; **~ elér a keze** have* a long arm/reach
messziről *hsz* from afar, from a great distance; **~ jött** (s)he has come a long way, *[külföldről]* (s)he came from a distant country; **már ~ megismerte** she recognized him from afar
mésztartalmú *mn* calciferous, lime-bearing
mésztej *fn* (fluid) slaked lime, lime cream
mesztic *mn/fn* mestizo

M

metafizika *fn* metaphysics *esz*
metafizikus I. *mn* metaphysical **II.** *fn* metaphysician
metafora *fn* metaphor, figure of speech
metaforikus *mn* metaphorical, figurative
metallurgia *fn* metallurgy, smelting
metamorfózis *fn* metamorphosis (*tsz* metamorphoses), transformation
metán *fn* methane, marsh gas
metél *i* chop (sg) up (small), mince
metélő *fn [eszköz]* chopper, mincer
metélőhagyma *fn* chive
metélt *fn* vermicelli, noodles *tsz*; **diós ~** ‹vermicelli dusted with ground walnuts and sugar›; **mákos ~** ‹vermicelli dusted with ground poppy-seed and sugar›
métely *fn* **1.** *[féreg]* fluke **2.** *[állatbetegség]* (the) rot [in sheep] **3.** *átv* corruption, infection, contagion; **elhinti a ~t** spread* the contagion
meteor *fn* meteor
meteorológia *fn* meteorology
meteorológiai *mn* meteorological; **M~ Intézet** (The Central) Meteorological Office, *biz* Met Office, *US* Weather Bureau; **~ előrejelzés** weather forecast; **~ jelentés** weather report/forecast; **M~ szolgálat** Meteorological Service
meteorológus *fn* meteorologist
meteorraj *fn* meteor swarm
méter *fn* **1.** (*röv* **m**) metre, *US* meter (*röv* **m**); **5 m széles és 10 m hosszú** 5 metres wide and 10 metres long, 5 metres in width and 10 (metres) in length; *sp* **100 ~en nagyon jó** (s)he is very good at 100 metres; **~enként ad el** sell* by the yard **2.** *biz [méterrúd]* measuring-rod, metre-stick
méteráru(-kereskedés) *fn* drapery, draper's shop, *US* dry goods *tsz*, *US* yardage
méteres *mn* of a metre (*US* -ter) *ut*; **egy ~ oszlop** a column one metre high/long; **100 ~ síkfutás** 100 metres race/sprint, (men's/women's) 100 metres (*US* meters)
métermázsa *fn* → **mázsa 1**
méterrendszer *fn* metric system; **áttérés ~re** metrication
méterrúd *fn* → **méter 2**
metilalkohol *fn* methyl alcohol, methanol, wood-spirit/alcohol
metodika *fn* methodology
metodikus *mn* methodical
metodista *fn* Methodist
metódus *fn* method, system, way
metrika *fn* prosody, metrics *esz*; **~ilag súlyos ütemrész** strong beat
metrikus *mn* **1.** *[méterrendszeren alapuló]* metric; **~ mértékek** weights and measures in the metric system **2.** *irod* metrical [poetry]
metró *fn* (the) underground, *GB biz* the tube, *US* subway, *[Európában több országban]* metro; **~val megy** go*/travel (*US* -l) by underground/tube/metro (v. *US* subway)
metronóm *fn* metronome
metropolita *fn* metropolitan, *GB* archbishop
metróz|ik *i* → **metróval megy**
metsz *i* **1.** *[vág]* cut* **2.** *mezőg* prune, dress **3.** *[művészileg]* engrave (sg on sg) **4.** *mat* intersect; **AB és CD vonal E pontban ~i egymást** the lines AB and CD intersect at E
metszés *fn* **1.** *[vágás]* cut(ting), *orv* incision **2.** *mezőg* pruning, dressing **3.** *[művészi]* engraving **4. finom ~ű arcvonások** [a woman with] (finely) chiselled (*US* -l-) features **5.** *mat* intersection
metszéspont *fn* point of intersection
metszésvonal *fn* line of intersection
metszet *fn* **1.** *[szelet]* cut, segment **2.** *[művészi]* engraving **3.** *[ábra]* section
metszett *mn* engraved, cut, chiselled (*US* -l-); **~ üveg** cut glass
metsző *mn* **~ fájdalom** acute/sharp pain; **~ gúny** piercing irony, pungent sarcasm; **~ hang** sharp voice/tone; **~ hideg** piercing/bitter cold; **~ szél** keen/piercing/sharp/cutting wind
metszőfog *fn* incisor
metszőkés *fn* pruning knife°
metszőolló *fn* pruning scissors/shears *tsz*
mettől *hsz [időben]* from what time?, since when?, *[térben]* from where?; **~ meddig?** *[terjed?]* [extend] from where to where?; **~ meddig voltál Angliában?** for how long were you in England (v. Great Britain)?
Mexikó *földr* Mexico
mexikói I. *mn* Mexican, of Mexico *ut* **II.** *fn* Mexican
Mexikói-öböl *földr* Gulf of Mexico
mez *fn* **1.** *elav [ruha]* garb, guise **2.** *sp* strip, *US* jersey, colours (*US* -ors) *tsz*; **zöld-fehér ~ben játszik Írország** Ireland are playing in the green and white strip
méz *fn* honey
mezaliansz *fn elav [igével]* marry beneath oneself, a mismatch
mézédes *mn [gyümölcs és átv]* honey-sweet, sweet as honey *ut*, *csak átv* honeyed; → **mézesmázos**
mezei *mn* **1.** *ált növ* field-, meadow-, *mezőg [vidéki]* country, agricultural, farm-; **~ egér** field-mouse°; **~ munka** work in the fields, agricultural work; **~ munkás** farm/agricultural labourer (*US* -or-); **~ nyúl** hare; **~ pacsirta** skylark; **~ tücsök** field-cricket; **~ út** country lane, path across the fields; **~ virág** wild flower, flowers of the field *tsz* **2.** *sp* **~ futás** cross-country (race/running/run)
mézelő *mn* melliferous, honey-bearing; **~ méh** honey-bee
mézes *mn* **1.** *[mézet tartalmazó]* honeyed, melliferous **2.** *[mézzel készített]* honeyed, honey- **3.** *átv* → **mézesmázos**
mézesbáb *fn* (doll shaped) honey-cake
mézeshetek *fn tsz* honeymoon *esz*; **a ~et Velencében töltik** they are honeymooning in Venice
mézeskalács *fn* honey-cake
mézeskalácsos *fn* honey-cake maker
mézesmadzag *fn* **elhúzza a ~ot vknek a szája előtt** hold* out a carrot to sy
mézesmázos *mn* honeyed, soapy, *[igével]* be* all sugar and honey; **~ beszéd** sweet talk
mézga *fn* **1.** *növ* resin, rosin **2. arab ~** gum arabic
mézhozam *fn* honey production
mezítelen *mn* → **meztelen**
mezítláb *hsz* barefoot, barefooted
mezítlábas *mn* barefoot, barefooted, unshod
mező *fn* **1.** *[föld]* field **2.** *fiz nyelv* field; **mágneses ~** magnetic field; **szemantikai ~** semantic field **3.** *átv* field, domain, realm; **az ipar mezején** in the field/realm of industry
mezőgazda *fn [gazda]* farmer, *[okleveles]* agriculturist, agronomist
mezőgazdaság *fn* agriculture
mezőgazdasági *mn* agricultural, agrarian; **~ dolgozók** agrarian workers; **~ főiskola** agricultural college; **~ gép** agricultural/farm machine; **~ gépek** agricultural/farm machinery; **~ gépészmérnök** agricultural engineer; **~ gépgyár** agricultural machine factory; **~ kamara** Chamber of Agriculture; **~ kiállítás** agricultural show; **~ munkás** agricultural labourer (*US* -or-), agricultural worker, farm hand; **~ növényvédelmi szolgálat** agricultural plant protection service; **~ szerszámok** agricultural implements; **~ termék** agricultural/farm produce; **~ termelés** agricultural production; **~ termelőszövetkezet** (*röv* **mgtsz**) farmers'/agricultural co-operative, co-operative farm
mezőgazdaság-tudomány *fn* agricultural science, agriculture
mezőgazdász *fn* **1.** agriculturist, agronomist **2.** *biz* student/undergraduate of/at an agricultural college
mezőny *fn sp* **1.** *[futballban]* midfield **2.** *[a versenyzők; egy futamban induló lovak]* field; **a ~ legjobbjai** the best of those on the field; **elindult a ~!** off they are!; **széthúzza a ~t** scatter the field
mezőnyjáték *fn* midfield play
mezőnyjátékos *fn* midfield player

mezőőr *fn kb.* ranger
mezőváros *fn tört* market-town
mézsör *fn* mead
meztelen *mn* **1.** *[ember]* naked, nude, unclothed; **anyaszült ~** stark naked; *[igével]* have* nothing on, *kif* she hasn't got a stitch on, *[vállak, tagok]* bare; **~re vetkőzik** undress completely, take* off one's clothes; *[vetkőzőszámban]* strip **2. a ~ igazság** the naked truth
meztelenség *fn* nakedness, nudity
meztelenül *hsz* naked, with nothing on, in a state of nature, in the raw, *szl* in the buff
mezzoszoprán *fn* mezzo-soprano
mezsgye *fn* ridge, boundary
mgtsz *röv* → **mezőgazdasági termelőszövetkezet**
mi[1] *nm* **1.** *[személyes névmás]* we; **~ magunk** we ourselves **2.** *[birtokos jelzőként]* our; **a ~ házunk** our house
mi[2] *nm* **1.** *[kérdőszó]* what?; **~ az?** what's that?, what's going on?, *biz* what's cooking?; **~ történt/baj?** what happened?, what's up?, what's the matter?; *biz* **(na) ~ van?, ~ van itt?** what's up?; **~ van X-szel?** how about X?; **~ kell még?** what else do you want?; **~ az hogy!** *[válaszként]* not half!, you bet!; *[de még mennyire!]* and how!; **~d fáj?** what's wrong with you?, what's the trouble?, Where does it hurt?; **~ az ördög!** (what the) hell!, the deuce!; **megmondom, hogy ~** I'll tell you what [happens], I'll tell you what [it is]; **~ okból?** for what reason?, why?; **~ megy ma?** *[moziban stb.]* what's on (today)?; **~ van ma a tévében?** what's on TV tonight?; **~ újság?** what gives?, what's the news?; **~ célból/végett?** for what purpose?, what for?; **~be** → **mennyibe**; **~ben lehetek szolgálatára?** what can I do for you?; **~ből él?** what does he (v. do you) live on?; **~ből van?** what is it made of?; **most ~hez kezdjek?** what am I to do now?; **~n ül(sz)?** what are you sitting on?; **~n dolgozol?** what are you working at/on?; **~ről beszél?** what is he talking of/about?; **~ről híres?** what is he/it famous for?; **~ről ismerhetem meg?** by what may/can I recognize/know him?, how may/can I recognize/know him?; **~ről szól?** what is it about?; **~t?** what?; **~t csináljak vele?** what shall I do with it?; **(hát) még ~t nem!** what next?, like fun!, not on your life!; **hát te ~t keresel itt?** what on earth are you doing here?; **~től függ?** what does it depend on?; **~től félsz?** what are you afraid of? **2.** *[vonatkozó]* **nincs ~be kapaszkodnia** he has nothing to hang on to; **nem volt ~ről írnia** he had nothing to write about/on; **nincs ~t inni** there is nothing to drink; **~t sem** not (...) anything; **nincs ~től tartani** there is nothing to be afraid of; → **min, minek, minél, mire, mivel**
miákol *i* meow, miaou
mialatt *hsz* while
miáltal *hsz* **1.** *[kérdőszó]* by what (means)? **2.** *[ami által]* whereby, that's why
Mianmar *földr [korábban Burma]* Myanmar
mianmari *mn/fn* Myanmar
miatt *nu* **1.** (*vm*) because of, owing to, in consequence of, on account of, by reason of, due to; **haláleset ~ zárva** closed on account of bereavement; **a~ jött(, hogy ...)** he came to/because ...; **a ~ a hiba ~ kellett kihívni a szerelőt** it was because of that fault that we had to call the mechanic **2.** (*vk*) for the sake of, for sy's sake
miatta *hsz* because of [it/him/her], on sy's account; **~ van az egész!** it's his fault!; **~m ne változtasd meg a tervedet** don't change your plans on my account
Miatyánk *tul/fn vall* the Lord's prayer; **úgy tudja, mint a m~ot** have* sg word-perfect
miau *msz/isz [macska]* miaow, mew
mibe *nm* → **mi**[2]
miben *nm* → **mi**[2]
mibenlét *fn* state, nature
miből *nm* → **mi**[2]
micisapka *fn* cloth cap
micsoda *nm* **1.** *[kérdés]* what (on earth)? **2.** *[meglepődéskor]* what do you mean? **3.** *[felkiáltásban]* what a(n) ...; **~ kérdés!** what a question!; **~ színész!** what an actor!

midőn *hsz irod* when
miegymás *nm* whatnot
mielőbb *hsz* as soon as possible, *[levélben]* at your earliest convenience
mielőbbi *mn* early, the earliest possible; **~ javulást!** get better quickly!; **~ (szíves) válaszát várva** please reply at your earliest convenience; **~ viszontlátásra** see you again soon; *[levélben főleg]* I am (v. we are all) looking forward to seeing you again soon, *US* I'll be seeing you
mielőtt *ksz* before; **~ elmegyek** before I go*/leave*, before leaving
mienk *nm* ours; **ez a ház a ~** this house is ours, this house belongs to us; **ezek a mieink** these are ours, these belong to us
miért *hsz [mi okból?]* why?, for what reason?, *[mi célból?]* why?, for what purpose?, what for?; **~ ne?** why not?; **~ nem mondta?** why has he not said so?; **~ késtél ennyit?** what makes you so late?, why are you so late?; **~ mentél el?** why did you go?, what made you go/leave?; **nincs ~** *[válaszként a köszönetre]* you're welcome, don't mention it, *US* that's all right; **nincs ~ kétségbeesni** there is no reason to/for despair
miféle *nm* what kind/sort of?, what?; **~ ember ez?** what manner/sort of a man is this?; **~ beszéd ez?** what language is this?
mifelénk *hsz* in our parts, *biz* round our way
míg *hsz/ksz* **1.** → **amíg 2.** *[ellentétes ért.]* while; **~ azelőtt egy is elég volt, most** ... while formerly one was enough, now ...; **~ ellenben/viszont** whereas
migráció *fn* migration
migrációs *mn* migrational; **a legsúlyosabb ~ betegség az AIDS** AIDS is the most severe migrational disease
migrén *fn orv* migraine
Mihály *tul* Michael
mihaszna *mn* good-for-nothing, a bad penny/egg
mihelyt *ksz* as soon as, the moment that, no sooner... than...; **~ hazajött, észrevette a beázást** no sooner had he got home than he noticed the leak [on the roof]; **~ megérkezett** the moment/minute he arrived; **~ megláttam** as soon as I caught sight of him; **~ az utcára (ki)ért** once in the street ...
mihez *nm* → **mi**[2]
miheztartás *fn* **~ végett közlöm** for your information
miként, miképp(en) *hsz* **1.** *[kérdő]* how?, in what manner?, by what means? **2.** *[vonatkozó]* as
Miklós *tul* Nicholas
mikológia *fn* mycology
mikor I. *hsz* **1.** *[kérdő]* when?, at what time? **2.** *[vonatkozó]* when; **~ hogy!** it depends **II.** *ksz* **1.** *[hiszen]* since **2.** *[ha]* when
mikorra *hsz* by when?, by what time?; **~ tudod ezt befejezni?** what time could you finish it by?
mikortól *hsz* since when?, from what time?
miközben *hsz* while
mikro- *előtag* micro-
mikró *fn [mikrosütő]* microwave
mikroba *fn biol* microbe
mikrobarázdás *mn* **~ lemez** long-playing record, LP (*tsz* LPs)
mikrobiológia *fn* microbiology
mikrochip, mikrocsip *fn infor* (micro)chip
mikrofiche *fn* → **mikrokártya**
mikrofilm *fn* microfilm
mikrofilmlap *fn* → **mikrokártya**
mikrofon *fn* microphone, *biz* mike
mikrohullám *fn* microwave
mikrohullámú *mn* microwave [engineering]; **~ sütő** microwave (oven/cooker)
mikrokártya *fn* microfiche; **~n van** is stored on microfiche
mikrokord *fn* needlecord
mikrokristály *fn* microcrystal
mikrolemez *fn* → **mikrobarázdás lemez**

mikrométer *fn* micrometer
mikron *fn* micron
mikronéz *mn/fn* Micronesian
Mikronézia *földr* Micronesia
mikroorganizmus *fn* microorganism
mikroprocesszor *fn el* microprocessor
mikrosebészet *fn* microsurgery
mikrosütő *fn* microwave (oven)
mikroszálas *mn* microfibre
mikroszámítógép *fn* microcomputer, *biz* micro
mikroszkóp *fn* microscope; *átv is* **~ alatt** under the microscope
mikroszkopikus *mn* microscopic(al)
mikroszkópos *mn* **~ sebészet/műtét** microsurgery
Miksa *tul* Max, Maximilian
Mikulás *fn* Father Christmas, Santa Claus, Santa
Milánó *földr* Milan
milánói *mn* Milanese
milícia *fn* militia (*tsz* militia troops)
miliő *fn* **1.** *[környezet]* surroundings *tsz*, environment **2.** *[asztalon]* table-centre/mat
militarista *fn* militarist
militarizál *i* militarize
militarizmus *fn* militarism
millecentenárium *fn* 1100th anniversary, millecentenary
millecentenáriumi *mn* **~ ünnepségek/megemlékezések** Millecentennial/-nary Celebrations; ‹Ceremonies commemorating the arrival of the Magyars in the Carpathian Basin 1100 years ago›
millenáris *mn* millennial, millenary
millennium *fn* millennium (*tsz* millennia)
millenniumi *mn* millennial; **~ ünnepségek** millennial celebrations; ‹commemorating the founding of the Hungarian state›
milliárd *szn* a thousand million, *US* billion
milliárdos I. *mn* a thousand million, *US* a billion **II.** *fn* multimillionaire, *US* billionaire
millibar *fn* (*röv* **mbar**) millibar
milligramm *fn* (*röv* **mg**) milligram(me)
milliméter *fn* (*röv* **mm**) millimetre (*US* -ter) (*röv* **mm**); **~enként** inch by inch
milliméteres *mn* **tizenkét ~, 12 mm-es** 12 millimetres (*US* -ters) in length, 12 millimetres long; **35 ~ film** a 35 mm film
milliméterpapír *fn* squared-plotting paper, graph/scale paper
millió *szn* million; **két~ lakosa van** has two million inhabitants; **három~ forint** three million forints/fts; **harminc~ font** £30 million(s); **220 ~ dollár** $220 million; **30 ~ dollár(os alap)** a $30-million fund
milliomodik *szn/mn* millionth
milliomos *fn* millionaire; **többszörös ~** multimillionaire
milliós *mn* of (a) million *ut*; **~ példányszám** a million copies *ut*, millions of copies *ut*; **~ sikkasztás** an embezzlement of a million, an embezzlement of several millions
milliószor *hsz* [you've told me that] a million times
milyen *nm* **1.** *[kérdésben]* what?, what kind/sort of?, what is ... like?; **~ az idő?** what is the weather like?; **~ messze van?** how far is it?; **~ színű?** what colour is it?; **~ széles?** how wide (is it)?; **~ nap van ma?** what day is it today?; **nem tudom, ~ lesz** I don't know what it will be like; **~ címen?** by what right?, (up)on what score/grounds?; **~ módon?** by what means?, in what way? **2.** *[felkiáltásban]* how, what a(n)...; **~ szerencse!** what luck!; **~ piszkos!** how dirty (it is)!
milyenfajta *nm* what sort of?
mímel *i* feign, pretend, sham
mimika *fn* facial expression
mimikri *fn* mimicry, mimesis
mimóza *fn növ* mimosa, sensitive plant
mimózalelkű *mn* (over-/hyper-)sensitive
min *nm* → **mi**[2]
minap *hsz* **a ~** the other day, recently, lately
mind I. *nm* **1.** *[valamennyi]* all *[utána többes szám]*, every, each *[utánuk egyes szám]*; **a fiúk ~** all the boys, every (single) boy; **~ elvitte** carried/took all away; **~ az egész család** all her/his/the family; **~, kivétel nélkül** one and all; **~ a kettő** both; **~ a két kezem** both my hands; **~ az öt ember** all five men; **~ az öten** the/all five of us/them/you; **~ az öt nyelv(b)en** in all five languages; **ez ~ szép, de ...** it is all very fine and good, but ... **2.** *[teniszben]* **15:15** *[kimondva: tizenöt mind]* fifteen-all; **40:40** *[kimondva: negyven mind]* deuce, a score of 40-40 **II.** *hsz* **1. ~ a mai napig** to this (very) day, (down/up) to the present (day); **~ ez ideig** (i) *[állításban]* so/thus far, till now, up to now, to the present, hitherto (ii) *[tagadásban]* as yet **2.** *[középfokkal]* **~ jobban és jobban** better and better; **~ nagyobb lesz** it is getting larger and larger, it is growing continually, it keeps (on) growing; **a repülőgép ~ magasabbra emelkedett** the airplane rose higher and higher **III.** *ksz* **~ ..., ~ ...** both ... and ...; **~ az egyik, ~ a másik** both the one and the other
mindaddig *hsz* **~, amíg** until, as/so long as
mindamellett *ksz* nevertheless, all the same, notwithstanding, however, in spite of all/everything
mindannyian *nm* all (of us/you/them)
mindannyiszor *hsz* every/each time
mindaz *nm* all, all that/those; **~(t), amit** all that; **jegyezd meg ~t, amit mond** note carefully all that (s)he says; **~ok, akik** all those who
mindazonáltal *ksz* nevertheless, nonetheless, after all
mindeddig *hsz* so/thus far, till now, up to now, up to the present, *[tagadásban]* [not ...] as yet
mindegy *[állítmányként]* (it is) all the same; **nekem ~** it is (all) the same to me, it doesn't make any/much difference to me, it's all one to me, it makes no/little odds, I do not mind/care (if ...); **~, hogy hol/mit** *stb.* no matter where/what etc.; **~, hogy milyen nagy** no matter how big; **~ hogyan** no matter how, bizany old how; *biz* **nem ~?** what's the odds?, does it matter?; **~, hogy mikor** no matter when
mindegyik *nm* each, each/either one, every, every (single)-one (of); **~ oldalon** on each/either side, on both sides; **sorjában ~** each in turn, one after the other; **~ fiú** each boy, each of the boys; **~ünk** each (one) of us, every one of us; *[ha kettőről van szó]* both of us; **kivétel nélkül ~** each and every one of them
mindegyre *hsz* time after time, time and time again
minden I. *nm* every *[utána egyes szám]*, all *[utána többes szám]*; **~ alkalommal** every time, on all occasions; **~ egyes** each (and every), every single; **~ ember** all men/people, every man/person, everybody, everyone; **~ esetben** every time, in every case, always; **~ este** every evening/night; **nem ~ fáradság nélkül** not without effort; **~ ízében** every inch, through and through; → **íz**[2]; **~ lehetőt elkövet** leave* no stone unturned, leave* no avenue unexplored; **~ jót (kívánok)!** best wishes, *[születésnapra]* many happy returns!; **nem ~ ok nélkül** not entirely without reason; **nem ~ nehézség nélkül** not without some difficulties; **~ könyvkereskedésben kapható** available in all bookshops; **~ második napon (v. másnap)** every other day; **~ második héten** every other week; **~ órában** hourly, every hour; *[indul]* on the hour; **~ percben megjöhet** I expect him any minute; **~ rendben!** it's all right, *[tiszta a levegő]* all clear; **~ segítség nélkül** without any help; **~ tekintetben** in every respect, all round; **~ teremtett lélek** every man Jack; → **bizonnyal II.** *fn* all, everything, *[bármi]* anything; **ez ~** that's all, that's the lot; **~ nélkül maradt** he lost his all, (s)he was left unprovided for; **~ jó, ha jó a vége!** all's well that ends well; *biz* **meg ~** and whatever, and what have you; **~, csak nem jó** anything but good; **ez ~, csak nem pihenés** it's anything but a rest; **ez volt ~, amit tehetett** it was all he could do; **itt ~ lehetséges** anything goes here, anything is possible here; **~e fáj** (s)he is aching all over; **megvan ~e** (s)he has (got) everything; **ő a ~em**

he/she is my all, he is everything to me; **~ben** in all; **~ben azonos** every bit/inch the same; **~ben rendelkezésére állok** I am (entirely)at your service/disposal; **~ben rá hallgat** (s)he hangs on his every word; **~nek vége** it is all over, this is the end; **~re képes** capable of anything *ut*; **mi ~t láttál?** what have you seen?, tell (us) all you have seen; **~t megad** (*vknek/vmnek*) *[szolgáltatásban]* give* sy/sg the (whole/entire) works; **~t összevéve** after all, taking everything into consideration, when all is said and done; **~t tud** he knows everything, he's a mine of information; **már ~t tudok** I know everything, no need to waste any more words; **~t összevásárolt** (s)he has bought the whole shop; **a ~it!** the deuce!, the hell!, damn!, hang it!

mindenáron *hsz* at any price, at all costs, *biz* by hook or by crook; **~ inni akart** he was all for getting a drink, he wanted a drink at any cost

mindenekelőtt *hsz* first of all, first and foremost, in the first place/instance, above all, *[minden más napi program előtt]* first thing [in the morning]

mindenekfölött *hsz* above all, in the first place; **~ való** chief, paramount

mindenes *fn* general servant, *[nő]* maid-of-all-work, *[férfi]* utility man°

mindenesetre *hsz* in any case, at all events, by all means, at any rate, certainly

mindenestül *hsz [az összes holmijával]* bag and baggage, *[teljesen]* entirely, completely; **~ elköltözött** he has moved, lock, stock and barrel

mindenevő *áll* **I.** *mn* omnivorous **II.** *fn* omnivorous animal, omnivore

mindenfajta *nm* → **mindenféle**

mindenfelé *hsz* **1.** *[irány]* in every direction, in all direction **2.** *[mindenhol]* everywhere, all over, on all sides, on every side

mindenféle *nm* all sorts/kinds of, of all sorts/degrees *ut*; **~ ember** all manner of people

mindenfelől *hsz* from all sides/directions/parts

mindenható I. *mn* almighty, all-powerful, omnipotent **II.** *fn* **a M~** the Almighty, God Almighty

mindenhatóság *fn* omnipotence, almightiness; **az állam ~a** the omnipotence of the state

mindenhogyan *hsz* anyhow, in any case, at any rate

mindenhol *hsz* everywhere, on all sides

mindenhonnan *hsz* from everywhere, from every direction

mindenhova *hsz* everywhere, in/to all directions, to all places

mindenképp(en) *hsz* in any case, whatever happens, by all means, anyway

mindenki *nm* everybody, everyone *[utánuk esz]*, all *[utána tsz]*, *[bárki]* anyone, whoever *[utána esz]*; **~, aki** whoever, anyone that/who; **~ tudja** everybody knows (it), it is an open secret; **~ jól érezte magát** (they) all enjoyed themselves; **~ szemében** in the sight of the world, under/before every eye; **~ szeme láttára** for all to see; **~be beleköt** find* fault with everyone; **~nek elmeséli** tell* it to all and sundry; **~ egyért, egy ~ért** all for one and one for all

mindenkor *hsz* always, at all times, *[bármikor]* (at) any time; → **egyszer**

mindenkori *mn* prevailing, current; **a ~ kormány** the government in power; **a ~ miniszterelnök lakása** the prime minister's residence; **a ~ piaci helyzet** the prevailing market situation

mindennap *hsz* every day, daily; **~ megjelenő** published/appearing daily *ut*, daily

mindennapi *mn* **1.** *konkr* daily, day-to-day; **a ~ életben** in everyday life; **a ~ kenyér** one's daily bread; **~ kötelesség** one's daily duty, *biz* one's daily stint/grind/round; **~ ügy** routine work **2.** *[hétköznapi]* everyday, familiar, common; **~ (szó)használat** everyday use; **nem ~** uncommon, unusual; **nem ~ felfordulás volt** it was a rare to-do; **nem a ~ dolgokról beszél** get* off the beaten track

mindennapiság *fn* ordinariness, commonness

mindennapos *mn [mindennap megtörténő]* daily, day-to-day, *[hétköznapi, közönséges]* everyday, ordinary, common; **~ dolog** an ordinary (v. a common) thing, commonplace, *kif* it is in a/the day's work; **nem ~** less ordinary *ut is*, above (v. out of) the ordinary *ut*; **~ látvány** common/everyday sight; **~ vendég** daily visitor

mindennemű *mn* all kinds/sorts of, of all sorts *ut*, sundry, various

mindenség *fn* **1.** *[világegyetem]* universe, world **2.** *biz* **az egész ~** the whole caboodle/shebang; **a ~it!** the deuce!, damn!

mindenszentek (napja) *fn* All Saints' Day, All Hallows' Day, Allhallows

mindentudó *mn* omniscient, *iron* know-all

mindenünnen *hsz* from everywhere, from every direction

mindenütt *hsz* everywhere, all over [the place, the house], near and far/wide; **~ jó, de legjobb otthon** there's no place like home

mindenüvé *hsz* to all places, everywhere

mindez *nm* all this/these; **~ek a példák** all these examples; **~ek alapján** on the basis of all these

mindhalálig *hsz* to the very last, to the grave, till death, to the last ditch

mindhárman *szn/hsz* all three (of us/you etc.)

mindhárom *szn* all three of ...; **~ gyermekük tovább tanult** all three of their children continued their studies

mindhiába *hsz* all for nothing, (all) in vain, to no end, all for naught

mindig *hsz* **1.** *[minden időben]* always, at all times, *[változatlanul]* invariably; **még ~** still **2.** *[mindinkább, középfokkal]* more and more, increasingly; **~ erősebb lesz** it is growing stronger and stronger, its strength is increasing

mindinkább *hsz* more and more, increasingly, all the more

mindjárt *hsz* **1.** *[időben]* instantly, immediately, right away, at once, promptly; **~!** just a minute!, *biz* half a tick/sec!; **~ jövök!** coming/back in a minute **2.** *[térben]* immediately, right [on ..., at ...]

mindjobban *hsz* more and more, increasingly

mindkét *szn* both *[utána tsz]*, either *[utána esz]*; **~ irányból** from both directions, from either direction/side; **~ részről** from both sides/directions, from either side/direction; **~ szemére vak** blind in both eyes

mindketten *szn* both (of us/you/them); **~ jól vannak** they are both well, both (of them) are well

mindkettő *szn* both (of us/you/them); **~ diák** both (of them) are students

mindmáig *hsz* (up) till now, up to the present day

mindnyájan *nm* all (of us/you/them), one and all; **mi ~** (we) all of us; **ti ~** all of you, you all; **mindnyájatokat sokszor ölel** ... *[levél végén]* (give my) love to all from ...

mindörökké *hsz* for ever (and ever), *US* forever, forevermore; **~ ámen** for ever, amen

mindörökre *hsz* for ever (and ever)

mindössze *hsz* altogether, all in all, no(t) more than; **~ 5 fontba került** it cost no more than £5; **~2 hónap(ig)** only for a matter of 2 months, only for a couple of months

mindösszesen *hsz* altogether, *[számok összeadásakor]* sum total

mindszentek *fn* → **mindenszentek**

minduntalan *hsz* incessantly, perpetually, time after time, time and (time) again, at every turn

mindvégig *hsz* from first to last, all the time, to/till the (very) last

minek I. *nm* **1. ~ nézel (te engem)?** who do you think I am?, what do you take me for? **2.** *[birtok]* **~ az árát kérdezted?** what did you ask the price of? **3.** *[vonatkozó]* **~ következtében** as a consequence of which **II.** *hsz [cél]* why?, what ... for?, for what purpose?; **~ ez?** what is this for?; **~ ez neked?** what do you want it for?; → **ami**

minekutána *ksz elav* after (having done sg), when

minél *hsz* **1.** ~ **előbb** as soon as possible (*röv* **ASAP** v. **a.s.a.p.**); *[levélben]* at your earliest convenience; ~ **többet** as much as possible **2.** ~ ...**bb**, ... **annál** ...**bb** the + *középfok* ..., the + *középfok*; ~ **előbb, annál jobb** the sooner the better; ~ **inkább** ..., **annál kevésbé** the more ... the less; ~ **jobban (meg)ismerem, annál jobban szeretem** the better I know him/her, the more I like him/her

minélfogva *ksz* on account of which (fact), as a consequence (of which)

mini *fn biz* → **miniszoknya**

mini- *előtag* mini-

miniatúra *fn* miniature

miniatűr I. *mn* miniature **II.** *fn* miniature

minibusz *fn* minibus

minigolf *fn* minigolf

minimál *mn orv* ~ **invazív sebészet** keyhole surgery

minimálbér *fn* minimum wage

minimális *mn* minimum, minimal, lowest, smallest

minimum I. *fn* minimum, bottom; **a ~ra csökkenti** cut* down to the bone **II.** *hsz* at the least

minimumhőmérő *fn* minimum thermometer

ministrál *i vall* assist [a priest], serve as an altar-boy (v. acolyte)

ministráns *fn vall* altar-boy, server

miniszoknya *fn* mini(skirt)

miniszter *fn* Minister, *GB* Secretary of State, *US* Secretary; **rendkívüli követ és meghatalmazott** ~ Envoy Extraordinary and Minister Plenipotentiary

miniszterelnök *fn* Prime Minister, Premier

miniszterelnök-helyettes *fn* Deputy Prime Minister

miniszterelnöki *mn* **M~ Hivatal** the Prime Minister Office

miniszterelnökség *fn* the Prime Minister's office, *GB* Downing Street

miniszterhelyettes *fn* Deputy Minister

miniszteri *mn* ministerial; ~ **rendelet** departmental order, ministerial act, *GB* Order in Council, *US* executive decree; ~ **tárca** (ministerial) portfolio

minisztérium *fn* ministry, department; **~ok** government offices

minisztériumi *mn* ministerial; ~ **szinten** on ministerial level

miniszterség *fn* ministry

mínium *fn* minium, red lead

minnesotai *mn/fn* Minnesotan

minorita *mn* Minorite, (Friar) Minor

minoritarend *fn vall* Order of Friars Minor

minő *mn elav* → **micsoda**, → **milyen**

minőség *fn* **1.** *[árué, munkáé]* quality, class, variety, kind; **elsőrendű** ~ high/top/first quality; **jó** ~ good quality; **közepes** ~ medium/middling quality; **rossz** ~ inferior quality; **~et kap a pénzéért** get* value for money **2.** *[szerep]* capacity; **milyen ~ben?** in what capacity?, by what right?; **vmlyen ~ben** in one's capacity as, in the quality of; **orvosi ~ében** as a doctor, in his capacity as (a) doctor

minőségbiztosítás *fn* quality assurance

minőségellenőrzés *fn* quality control

minőségfejlesztés *fn* quality development

minőségi *mn [minőséggel kapcs.]* qualitative, *[kiváló minőségű]* quality; ~ **áru** quality product (v. goods *tsz*); ~ **ellenőr** quality controller/checker; ~ **lakáscsere** *kb.* change to a better flat (*US* apartment); ~ **munka** quality work, first-class work; ~ **változás** qualitative change

minőségileg *hsz* qualitatively, in quality; ~ **rendben** checked for quality

minőségmegjelölés *fn* quality mark, grade labelling (*US* -l-), *US* grademark

minőségromlás *fn gazd* deterioration

minőségszabályozás *fn* quality control/management

minőségű *mn* **jó** ~ good-quality, first-rate; **elsőrendű/kiváló** ~ of excellent (v. first-rate) quality *ut*, first-class, first-rate, excellent, top quality, *biz* A1, super; **kívánt** ~ up to standard *ut*

minősít *i* **1.** (*vmlyennek*) qualify (sg as) **2.** *[osztályoz]* classify (as), rate (as), grade [according to quality/size etc.], *[szótári adatot]* label (*US* -l)

minősítés *fn* **1.** classification, qualification **2.** *tud [rang]* degree **3.** *[szótári, cselekvés]* labelling (*US* -l-); **stiláris** ~ *[tevékenység]* stylistic labelling; *[a jelzés]* (stylistic) label, usage/status label

minősített *mn* **1.** qualified; **kitűnően** ~ with an excellent record *ut*, with excellent qualifications *ut* **2.** *jog* ~ **lopás** aggravated larceny; ~ **többség** *kb. [parlamentben]* two-thirds rule, overall majority

minősíthetetlen *mn [gyalázatos]* unspeakable, beyond words *ut*, base

minősíthetetlenül *hsz* ~ **beszél/viselkedik** put* oneself out of court, behave disgracefully

minősül *i* (*vmnek*) be* qualified (as), rank/count as, rate among

mint[1] *ksz* **1.** *[azonos, ténylegesen olyan, vmlyen minőségben tevékenykedő]* as, *[hasonló]* like; *biz* ~ **a sicc/huzat/karikacsapás** like one o'clock, *[válaszban]* you bet, you're telling me!, *[gyorsan]* like crazy; ~ **hivatásos teniszezik már öt éve** he has been playing tennis as a professional for five years; **úgy teniszezik,** ~ **egy hivatásos/profi** he plays tennis like a professional; ~ **akadémikus** *[akadémikusi minőségben]* in his capacity as an academician, as an academician; **olyan,** ~ be* like; **olyan nagy,** ~ **én** he is as tall as I/me; **utálom,** ~ **a bűnömet** I hate him like poison/sin; **nem kérek mást,** ~ **hogy írj** I ask for nothing but that you write **2.** *[összehasonlítás középfokkal]* than; **jobban beszél,** ~ **ír** he speaks better (v. more correctly) than he writes; **több,** ~ more than **3.** as; ~ **a 4. sz. ábrán látható** as can be seen (v. as shown) in Fig. 4; ~ **ahogy(an)** as; ~ **amikor** when; ~ **például** (*röv* **pl.**) as for example (*röv* **e.g.**), such as ...; **inkább** ~ rather than

mint[2] *hsz* **1.** *[kérdő]* how **2.** *[vonatkozó]* as

minta *fn* **1.** (*vmből*) sample, specimen; ~ **érték nélkül** sample; *[mint felirat így is]* sample of no commercial value; **~́t vesz vmből** take* a sample of sg, take* samples of sg, sample sg **2.** *[modell]* model, pattern; **~́ul szolgál** serve as a model; **vm ~́jára** after the fashion of sg; **~́val egyező** up to sample **3.** *[dísz]* pattern, design; **csíkos** ~ striped pattern/design **4.** *összet* model(-)

mintaanya *fn* (she's a) model mother, an ideal mother

mintabolt *fn* showroom

mintadarab *fn* sample, model

mintafeleség *fn* model/ideal wife

mintaférj *fn* model/ideal husband

mintagazdaság *fn* model farm

mintájú *mn* **osztrák** ~ **semlegesség** neutrality along Austrian lines

mintakép *fn* model, pattern, example, *[ember]* [sy's] hero; **a szorgalom ~e** a model of diligence (v. hard work); **~ül szolgál** serve as a model/example; **~ül vesz** model (*US* -l) oneself on (sy)

mintakollekció *fn* collection of samples, samples *tsz*, (sample) ranges *tsz*, range of patterns

mintaoldal *fn* specimen page

mintapéldány *fn [mintának tekinthető példány]* specimen, *[gépé]* prototype, *[könyvé]* specimen copy

mintás *fn [szövet, tapéta stb.]* patterned

mintaszerű *mn átv* model, exemplary, ideal; ~ **rend** perfect order, apple-pie order

mintaterem *fn* showroom

mintavétel *fn* sampling

mintáz *i* **1.** *[szobrász]* model (*US* -l), sculpture (sy), carve sy (sy's portrait) in stone **2.** *tex* figure

mintázat *fn* pattern, design

mintegy *hsz* **1.** *[körülbelül]* about, some, approximately; ~ **húszan voltak** there were some twenty (of them) **2.** *[mondhatni]* as it were, so to say/speak, practically (speaking)

M

mintha *ksz* as if/though; ~ **azt akarná mondani** as if he was going to say, as much as to say; ~ **láttam volna** I thought I saw him; **úgy tesz,** ~ pretend to; **nem** ~ not that; **úgy tett,** ~ **nem tudna semmiről** he pretended to know nothing about it; **nem** ~ **nem próbálta volna** it was not for want/lack of trying, not that he had not tried
minthogy *ksz* as, since, due to the fact that ...; ~ **igen meleg van** since/as it is very hot, owing to the heat; ~ **nem tudok angolul** since I do not speak English, not knowing English; ~ **nincs pénze** for want of money, since he has no money; → **mint**
mintsem *ksz* than; **ravaszabb,** ~ **gondolnánk** foxier than one might think; **előbb megjött,** ~ **vártuk** (s)he arrived earlier than we expected
minuciózus *mn* meticulous, fastidious, painstaking
mínusz I. *mn* **1.** *[zéró alatt]* minus; ~ **10 fok van** it is minus ten degrees, it is ten degrees below zero; ~ **szint** → **alagsor 2.** *[kivonásnál]* minus, less; **8 ~ 5 az 3** eight minus five leaves/is three **II.** *fn [hiány]* deficit, lack
mínuszjel *fn* minus (sign)
minyon *fn [cukrászsütemény]* [sugar-coated] (fancy) cake, petits fours *tsz*
mióta *hsz* **1.** *[kérdő]* since when?; ~ **lakik itt?** since when have you been living here? **2.** *[amióta]* since; ~ **csak** ever since ...
mire I. *nm* **1.** *[kérdő: cél]* for what?, what ... for?; ~ **fogod használni?** what are you going to use it for (v. to do with it)?; ~ **jó/szolgál/való ez?** what is the use of this/it?, what is it good for?; **nem tudom,** ~ **megy vele** I wonder if that will be of any good to him; **nem tudom** ~ **vélni** I do not know what to think/make of it; ~ **vársz?** what are you waiting for?; ~ **számítasz?** what do you expect?, what are you counting on? **2.** *[hely]* on/upon what?; ~ **ülsz?** what will you sit on? **3.** *[amire]* **nincs** ~ **leülnöm** there is nothing (for me) to sit on **II.** *hsz* **1.** *[és erre]* thereupon; **rászóltam,** ~ **megsértődött** I warned him, whereupon he took offence **2.** *[amikorra]* by the time ...; ~ **elindultunk** by the time we left/started
mirelit *fn* (deep-)frozen, *[mint főnév]* frozen food; ~ **borsó** (deep-)frozen peas *tsz*; ~ **étel** deep-frozen food
mirha *fn* myrrh
miriád *szn* myriad; **csillagok ~ja** myriads of stars
mirigy *fn orv* gland, *összet* glandular
mirigydaganat *fn orv* adenoma
Mirjam *tul* Miriam
miről *hsz* → **mi**[2]
mirtusz *fn* myrtle
mirtuszkoszorú *fn* myrtle wreath
mise *fn vall* mass
miseing *fn* alb, surplice
misekönyv *fn* missal
miseruha *fn* chasuble
misé|ik *i* celebrate mass
miskárol *i elav [hím állatot]* geld, *[nőstény állatot]* spay
mismás *fn* whatnot, bric-a-brac, knick-knacks
mísz I. *mn pej* ~ **alak** a wet blanket, dead loss **II.** *fn* **~e van** be* cheesed off, be* in a bad mood, have* the blues, feel* blue; (*vmtől*) be* fed up with it/sg
miszerint *ksz hiv* that, *[azaz]* that is, in other words
misszió *fn* **1.** *[küldetés]* mission **2.** *[diplomáciai képviselet]* (diplomatic) mission
misszióvezető *fn* head of mission
misszionárius *fn* missionary
misztérium *fn* mystery
misztériumjáték *fn* mystery (play)
miszticizmus *fn* mysticism
misztifikáció *fn* mystification, *biz pej [ködösítés]* eyewash, hokum, hoax
misztikum *fn* mystery, the mysterious
misztikus I. *mn [titokzatos]* mysterious, obscure, enigmatic **II.** *fn* mystic
mit *nm* → **mi**[2]
mitesszer *fn* comedo, black-head
mitévő *mn* ~ **legyek?** what am I to do?; **nem tudja,** ~ **legyen** be* at a loss, not know which way to turn, be* at one's wit's end, *[bajban van]* be* all at sea, be* in a quandary
mitikus *mn* mythical
mitológia *fn* mythology
mítosz *fn* myth, legend
mitől *nm* → **mi**[2]
mitőlünk *nm* from us
miután *ksz* **1.** *[idő]* after (having ...), when; ~ **hazaérkeztem** after/on my return home, having reached/arrived home ...; ~ **megnézte, visszaadta** having looked at it he gave it back **2.** *[mivel]* because, since, as
mivel[1] *nm* **1.** *[kérdő]* with/by what?, what ...?; ~ **foglalkozol?** *[mostanában, mi érdekel]* what is your field (of interest)?; *[dolgozva]* what are you working on (now)? **2.** (*vmvel*); **nem volt** ~ **írnia** he had nothing to write with
mivel[2] *ksz [mert]* because, since, as
mivelünk *nm* with us
míves *mn* wrought, elaborate
mivolta *fn* (*vmnek*) nature, character, quality; **kiforgatja eredeti ~ból** rob/divest sg of its original character
mívű *mn* → **művű**
mixer *fn* **1.** *[bárban]* barman°, *[nő]* barmaid, *US főleg:* bartender, barkeep **2.** *[keverőgép]* mixer, blender, food processor
mizéria *fn [élelmezési]* shortage
mm *röv* → **milliméter**
MNB *röv [Magyar Nemzeti Bank]* Hungarian National Bank
mobilizál *i* mobilize
mobiltelefon *fn* mobile phone/telephone
mobiltelefon-előfizető *fn* mobile phone subscriber
mobiltelefon-szolgáltató *fn* mobile phone company
moccan *i* budge, stir, move; **nem** ~ **a helyéről** *biz* sit* tight; **ne ~j!** don't stir/move!; **~ni sem mernek előtte** no one dares move an eyelid in his presence
moccanás *fn* move, stir; ~ **nélkül** stock still, without a movement
mocorog *i* move, stir, fiddle, fret, fidget
mocsár *fn* marsh, bog, fen, swamp
mocsaras *mn* marshy, swampy, boggy; ~ **terület** marshland, moorland
mocsárgáz *fn* marsh gas, methane
mocsári *mn* marsh-, paludal; *növ* ~ **gólyahír** marsh marigold; *áll* ~ **teknős** pond tortoise
mocsárláz *fn* marsh fever, malaria
mócsing *fn biz* tendon, sinew, gristle [in meat]
mócsingos *mn biz* gristly, stringy
mocskol *i [gyaláz]* abuse, slander, defame
mocskolódás *fn [alaptalan vádaskodás, főleg politikában]* mudslinging
mocskolód|ik *i* **1.** *[mocskos lesz]* get* dirty/soiled **2.** *átv* be* abusive, use abusive language, (*vk ellen*) dig* some dirt up on sy, dig* up some dirt on sy
mocskos *mn* **1.** *[piszkos]* dirty, soiled, filthy **2.** *átv* dirty, smutty; ~ **beszéd** foul/obscene words *tsz* (v. language); ~ **fráter** scoundrel; ~ **szája van** he is a scurrilous talker; he talks dirty; ~ **szájú** foul-mouthed; ~ **viccek** obscene jokes, dirty stories
mocsok *fn* **1.** *[piszok]* dirt, filth **2.** *átv* squalor, dirt
mód *fn* **1.** *[eljárásé]* mode [of action], manner, fashion, method, way, procedure; **érti a ~ját** have* the knack of doing sg; **az a ~, ahogy** the way/manner in which; **ezen a** (v. **ilyen**) **~on** in this way/manner, thus; **mi ~on?** how?; **a szokott ~on** in the usual way/manner; **a következő ~on** in the following way/manner/fashion, as follows; **a maga ~ján** after his/her own fashion, in his/her own way **2.** *[mérték]* measure; **megadja a ~ját** he does it in style, he does it properly/unstintingly; ~ **jával** keeping within bounds, temperately; **csak ~jával!** easy does it! **3.** *[lehetőség]* possibility; **nincs** ~ **rá** there is no way (of doing sg/to

do sg), sg is not possible/feasible; **ha csak egy ~ van (is) rá** if there is the least/smallest chance/possibility (of doing sg); **~ot talál vmre, ~ját ejti vmnek** see*/find* a way to do sg, find* means to do sg; **~omban áll** it lies within my power [to do it] **4.** *nyelv* mood **5.** *[anyagi helyzet]* resources *tsz*, means *tsz*; **nincs** (v. **nem áll**) **~jában** he can't afford it (to do sg) **6.** *[ételről]* **Pékné ~ra** à la Pékné, Pékné style

módbeli *mn nyelv* **~ segédige** modal auxiliary

modell *fn* **1.** model **2.** *[festőé, szobrászé, fényképészé]* model, sitter; **~t ül/áll** sit* for/to an artist, pose (*vknek, vmhez* for)

modellértékű *mn* model, exemplary

modellez *i* build*/make* models, model (*US* -l)

modellezés *fn* modelling (*US* -l-)

modellező *fn* modeller (*US* -l-)

moderál *i* **~ja magát** control oneself

modern *mn* modern, up-to-date, new, recent; **~ kor** modern era (v. times *tsz*); **~ külső** new look; **~ nyelv** modern language

modernizáció *fn* modernization

modernizációs *mn* **~ törekvések** modernization efforts

modernizál *i* modernize, bring* up-to-date

modernség *fn* modernity, up-to-dateness

módfelett *hsz* excessively, extremely, exceedingly, exceptionally, in the extreme, beyond measure

módhatározó *fn nyelv* adverb of manner, manner adjunct

módhatározói *mn* **~ mellékmondat** adverbial clause of manner

módjával *hsz* in moderation

modor *fn* **1.** *[viselkedés]* manners *tsz*; **jó ~** good manners *tsz*, good breeding; **rossz ~** bad manners *tsz*, unmannerliness; **jó ~a van** be* well-mannered, have* good manners; **rossz ~a van** be* bad/ill-mannered, have* bad manners, lack polish **2.** *[stílus]* manner; **X ~ában** after X, in the style/manner of X **3.** *[hangnem]* tenor

modoros *mn* affected, mannered

modortalan *mn* ill-mannered, boorish, rude, *kif* he has no manners at all

modortalanság *fn* unmannerliness, ill-breeding; **~ megbámulni vkt** it is bad manners/form (v. rude) to stare at sy

modorú *mn* of ... manners *ut*, -mannered; **jó ~** good/well-mannered, [man] of (good) breeding *ut*, polished; **rossz ~** bad/ill-mannered, unmannerly

módos *mn* well-to-do, wealthy, of means *ut*

módosít *i ált* modify, alter, change, *[helyesbítve]* rectify, *[javaslatot]* amend, revise; **addig ~otta, hogy ...** he amended it to the effect that ..., he modified/altered it in the sense of ...

módosítás *fn ált* modification, alteration, change, *[helyesbítve]* rectification, amendment, *[javítva]* improvement; **~okat eszközöl vmben** make* modifications in sg

módosító *mn* modifying; **~ javaslat** motion for an amendment; **~ indítványt ad be** table an amendment

módosítójel *fn zene* accidental(s)

módosítószó *fn nyelv* modifier

módosított *mn [alapokmány]* amended, revised

módosítvány *fn* amendment

módosul *i* be* changed/altered, change, alter

módozat *fn* method, procedure; **a jelentkezés ~ai** ways of applying; **fizetési ~ok** methods of payment

módszer *fn ált* method, *műsz* process, treatment, procedure, method; **új ~** new method; **ez az ő ~e** that is his way/method

módszeres *mn* methodical, systematic

módszeresség *fn ált* method, *[ahogy vk egy témához hozzáfog]* systematic approach, method

módszertan *fn* methodology

módszertani *mn* methodological

modul *fn műsz* module

mogorva *mn* peevish, sullen, sour, surly, morose, gruff; **~ ember** cross-patch, *US* grouch; **~n néz** scowl, glower, frown (*vkre/vmre* at sy/sg); **ne nézz olyan ~n** don't look so surly!

mogorvaság *fn* sullenness, peevishness, crossness, surliness, gruffness

mogyoró *fn [bokron termő]* hazel-nut; *[földimogyoró]* peanut; **sós ~** salted peanuts

mogyoróbokor *fn* hazel bush

mogyorós *mn* hazel(-nut); **~ (tej)csokoládé** whole nut (milk)chocolate

mogyorótorta *fn* hazel-nut cake

moha *fn* moss; **~val benőtt** → **mohlepte**

Mohamed *tul* Mohammed, Muhammad, Mahomet; **ha a hegy nem megy ~hez** ... if the mountain will not come Mahomet, Mahomet will go to the mountain

mohamedán *mn/fn* Mohammedan v. Muhammadan, Muslim, Moslem

mohikán *fn* Mohican; **az utolsó ~** the last of the Mohicans

mohlepte *mn* moss-grown, mossy

mohó *mn* eager, greedy, avid; **~n lesi szavait** hang*/wait on sy's every word

mohos *mn* → **mohlepte**

mohóság *fn* eagerness, greed(iness), *[evésnél]* greed, voraciousness

mohosod|ik *i* become* moss-grown, get* mossy

móka *fn* fun, joke, prank

mókamester *fn* clown, joker, *[másokat megtréfáló]* prankster

mokány *fn [ember]* plucky, *US* spunky, *kif* have* plenty of pluck

mókás *mn* witty, droll; **~ ember** joker, wag

mokaszin *fn* moccasin

mókáz|ik *i* joke, jest, play tricks, make* fun

mokkacukor *fn* lump sugar, sugar cubes *tsz*

mokkáscsésze *fn* coffee-cup

mokkáskanál *fn* coffee-spoon

mókus *fn áll* squirrel

mól *fn fiz* mole

moldáv *mn/fn* Moldovian

Moldávia *földr* Moldova

molekula *fn fiz* molecule

molekuláris *mn* molecular

molekulasúly *fn* molecular weight

molesztál *i* molest, importune, pester, bother

molett *mn* roundish, plump, buxom

moll *mn/fn zene* minor [key/mode]; **~ skála** minor scale; **c-~** C minor; **h-~ szonáta** sonata in B minor

molnár *fn* miller

molnárka *fn [péksütemény] kb.* bun, roll

molnárlegény *fn* miller's man°, mill-hand

móló *fn* pier, jetty, mole, breakwater

Molotov-koktél *fn* Molotov cocktail

moly *fn* (clothes) moth

molyálló *mn* mothproof

molyirtó *mn* **~ szer** moth/insect powder, insecticide (powder/spray), *[naftalin]* mothball

molykár *fn* insect damage

molyos *mn* mothy, moth-eaten

molyosod|ik *i* become* mothy

molyrágta *mn* moth-eaten

molytalanít *i* make* [clothes] mothproof, mothproof

molyzsák *fn* mothproof bag

momentán I. *hsz* momentarily, for the time being, temporarily, for the moment/nonce **II.** *mn* momentary, sudden

momentum *fn* circumstance

Monaco *földr* Monaco

monacói *mn/fn* Monegasque, Monacan

monarchia *fn* monarchy; → **osztrák–magyar**

monarchikus *mn* monarchical, monarchist

monarchista *mn/fn* monarchist

mond *i* **1.** *ált* say* (sg), *[közöl vmt vkvel]* tell* sy sg; **igent ~** say* yes; **nemet ~** say* no; **~ valamit** there is some truth in

M

what he says; **~d neki, hogy várjon** tell him to wait; **azt ~tam neki, hogy tanuljon angolul** I told him/her to learn English; **nekem azt ~ták, hogy** ... I was told that/to ...; **~ták, hogy vegyek részt az ülésen** I was told to attend the meeting; **ez sokat ~** that says a lot, that is very telling; **~juk, hogy** ... *[tegyük fel]* let's say/suppose, shall we say; **~juk** ... *[például]* say *[mindig két vessző között]*; **~om** ... *[közlés bevezetésére]* well, ...; I mean ..., as I say; **azt ~ják, hogy** ... it is said/reported that; **azt ~ják apjáról, hogy** ... his father is said/supposed to ...; **hogy ~ják angolul?** how do you say that/it in English?; **~ja csak!** go on, just tell me; **ne ~d!, ne ~ja!** really!, you don't say (so)!, you don't mean it; **~d már!** *[na és aztán]* so what?; well, what of it?; **nekem ~ja?** you are telling me?; **hogy úgy ~jam** so to say/speak; **ahogy ~ani szokás** as the saying/phrase goes, as we/they say, as one/you might say, so to speak; **ahogy mindenki ~ja** by/from all accounts; **mit akarsz ezzel ~ani?** what do you mean by (saying) that?, what are you getting/driving at?; **csak nem akarod azt ~ani, hogy** ... you don't mean to say that ...; **amit ~ani akarok, az** ... the point I want to raise is this; **azt akarod (ezzel) ~ani, hogy** ...? (do) you mean to say that ...?, are you saying that ...?; **komolyan ~od?** do you really mean it?; **komolyan ~om** I mean it; **könnyebb ~ani mint megtenni** easier said than done; **nem kellett neki kétszer ~ani** he did not need to be told twice, no sooner said than done; **mindennél többet ~** it speaks volumes; **nem sokat ~** doesn't add up to much; **nincs mit ~ani** there is nothing to say; **~asz vmt** you have a point there; **~anom sem kell** I need hardly say, needless to say; **csak ~ja a magáét/szöveget** (just) matter on, rabbit on, *(vknek)* talk at sy, talk one's/sy's head off, *(vmről)* ride*/flog sg to death; **de ha ~om!** but I can assure you (it is so); **én ~om neked!** take it from me; **~hat(sz), amit akar(sz)** say what you will/like; **na ~hatom!** well, I never!, well, I declare!; **~hatnám** *[akár, szinte]* I might as well say, as it were; **nem én ~tam** you can say that again; **ezt se nekem ~ták** that is a hit/dig at you; **jobban ~va** to be more precise, or rather **2.** *[említ]* mention, say*; **neveket nem ~ott** he mentioned no names; **sokat ~ok** *[legfeljebb]* at (the) most **3.** *[vmnek nyilvánít]* call, declare, pronounce; **vmnek ~ja magát** profess/pretend to be, call himself/herself [a doctor etc.], set* oneself down as sg; **ostobának ~ta** she called him a fool; **magáénak ~hat vmt** call sg his/her own, can* claim sg **4. beszédet ~** make*/deliver/give* a speech; *[gyűlésen]* address the meeting etc.; **búcsút ~** bid* farewell, say* good-bye; **igazat ~** tell* the truth; **köszönetet ~** *(vknek vmért)* thank sy for sg, express one's thanks/gratitude to sy for sg; **rosszat ~ vkről** speak* ill of sy; **véleményt ~** give*/express/offer an opinion (of/about sy/sg) **5.** *[szöveg, írásmű kifejez vmt]* express sg; **ez a vers semmit sem ~ nekem** this poem leaves me cold (v. means nothing to me); **ezek a szavak nem ~anak nekem semmit** these words convey nothing to me; → **több**

monda *fn* legend, saga, myth

mondai *mn* legendary, mythical, fabulous

mondakör *fn* cycle; **az Artúr-~** the Arthurian cycle

mondanivaló *fn* what one has got to say, *[főleg írásműé stb.]* message; **nincs semmi ~ja** have* nothing to say; **van vm ~m** I have sg to say, I have a few things to say, I have/say my say; **~jának lényege** what (he etc.) says in essence is (that); **~jának eszmei tartalma** the purport of his message

mondás *fn* (common) saying, phrase; **ahogy a ~ tartja** as the saying goes

mondat *fn nyelv* sentence, period; **kérdő ~** interrogative sentence; **két ~ot sem beszéltem vele** I haven't exchanged more than half a dozen words with him

mondatelemzés *fn nyelv* parsing, syntax analysis

mondatfűzés *fn* sequence of sentences, syntax

mondathangsúly *fn nyelv* sentence stress

mondatrész *fn nyelv* part of a sentence, phrase

mondatszerkesztés *fn nyelv* sentence construction, formation of sentences

mondatszerkezet *fn nyelv* structure (of sentence), syntactic structure

mondattan *fn nyelv* syntax

mondattani *mn nyelv* syntactic; **~ szerkezet** syntatic structure; **~ szempontból, ~lag** syntactically

mondattípus *fn nyelv* sentence/verb pattern

mondavilág *fn* world of legends/sagas

mondhatatlan *mn* unutterable, unspeakable

mondhatni *hsz* one might as well say

mondogat *i* keep* saying, repeat

mondóka *fn* (sy's) say, short speech; **elmondja ~ját** have* one's say, say* one's piece/say

mondott I. *mn* said; **a ~ időben** at the appointed time **II.** *fn* **a ~ak után** after what has been said; **a ~akból világos** from the foregoing it is clear (that)

mondvacsinált *mn* trumped up, invented

mongol I. *mn* Mongolian **II.** *fn* **1.** *[ember]* Mongol, Mongolian **2.** *nyelv* Mongol, the Mongolian language

Mongólia *földr* Mongolia

mongóliai *mn* Mongolian

mongoloid *mn/fn orv* mongoloid (person)

Mónika *tul* Monica

monitor *fn* **1.** *infor* monitor **2.** *kat* monitor, gunboat

monitoring *fn el stb.* **~ rendszer** monitoring system

monitorszűrő *fn infor* screen filter

mono *mn [nem sztereó]* mono, monophonic, monaural; **~ lemez** mono (record)

monoblokk(os vécé) *fn* close-coupled lavatory unit

monográfia *fn* monograph

monogram *fn* monogram, initials *tsz*

monokli *fn* **1.** *[üvegből]* monocle (eye-)glass **2.** *[ökölcsapástól]* black eye

monolitikus *mn épít* monolithic

monológ *fn* monologue (*US* -log), soliloquy

monologizál *i* soliloquize

monománia *fn* monomania, obsession

monopolhelyzet *fn* monopoly, *biz* a corner (in sg)

monopolista I. *mn* monopolistic **II.** *fn* monopolist

monopólium *fn* monopoly

monopolizál *i* monopolize

monopolkapitalizmus *fn* monopoly capitalism

monopoltőke *fn* monopoly capital

monoton *mn* monotonous [voice, work etc.], dull [life]; **~ hangon** in a sing-song voice, monotonously

monstrancia *fn vall [római katolikus]* monstrance, ostensory

monstre *mn* huge, colossal, gigantic; **~ per** mass/spectacular trial

monstrum I. *fn* monster **II.** *mn* monstrous

monszun *fn* monsoon

montanai *mn* Montanan

montázs *fn* montage

Montenegró *földr* Montenegro

montenegrói *mn/fn* Montenegrin

montíroz *i* **1.** *[gépet]* mount, assemble, set* up **2.** *[fényképet]* mount

Montserrat *földr* Montserrat

montserrati *mn/fn* Montserratian

monumentális *mn* monumental, huge; **~ hülyeség** monumental/staggering/massive stupidity

moped *fn* moped

mopszli *fn* pug(-dog)

mór I. *mn* Moorish **II.** *fn* Moor, Saracen

Mór *fn* Maurice, Morris

moraj(lás) *fn* **1.** *ált* murmur **2.** *[hullámoké]* roar, roaring **3.** *[ágyúzásé, tengeré]* boom [of the guns v. of cannon, of the sea]

morajl|ik *i* **1.** *ált* rumble, rustle **2.** *[tenger]* sound, boom, roar **3.** *[dörgés távolról]* boom

morál *fn* morality, morale, ethics *tsz*, morals *tsz*; **kettős ~** double standard
morális *mn* moral
moralista *mn* moralist
moralizál *i iron* moralize, sermonize
morbid *mn* morbid; **~ humor** black humour (*US* -or)
morc *mn* → **mogorva**
morcos *mn* peevish, sullen, sour, surly, morose, gruff
mord *mn* grim, stern, sinister
mordály *fn elav* blunderbuss
mordul *i* (*vkre*) snarl at, turn on
mordvin I. *mn* Mordvinian **II.** *fn [ember, nyelv]* Mordvin
móres *fn* **~re tanít vkt** teach* sy manners, teach* sy how to behave, *kif* teach* sy a lesson (v. what's what), have* sy's guts for garters, make* sy toe the line
morféma *fn nyelv* morpheme
morfin *fn* morphine
morfinista *mn* morphinist, morphine addict
morfium *fn* morphine
morfológia *fn tud* morphology
morfondíroz *i biz* (*vmn*) brood over sg, ruminate/cogitate over sg, chew the cud (of sg)
morgás *fn* **1.** *[vadállaté]* growling, snarling **2.** *[emberi]* muttering, grumbling
morgolód|ik *i* keep* grumbling/growling
Móric *tul* Maurice, Morris
mórikál *i nép* **~ja magát** simper, smirk
mormog *i* mumble, mutter
mormogás *fn* mumbling, muttering, murmur(ing)
mormol *i* murmur, mumble, mutter
mormon *mn/fn* Mormon
mormota *fn* marmot, *US* woodchuck; **alszik, mint a ~** sleep* like a log
morog *i* **1.** *[állat]* growl, snarl **2.** *[ember]* grumble (*vm miatt* at/over/about sg) **3.** *[mérges]* (*vkre*) be* cross with sy, *biz* (*vkre/vmre*) bitch about sy/sg
morózus *mn* morose, surly, sullen
morva *mn/fn* Moravian
morzejel *fn* Morse signal
morzéz|ik *i* send* Morse signals, use the Morse code
morzsa *fn* **1.** *[kenyér]* (bread)crumbs *tsz* **2.** *átv* morsel, bit, crumbs *tsz*
morzsál *i* crumble
morzsalék *fn* crumbs *tsz*
morzsálód|ik *i* crumble (away)
morzsányi *mn/fn* **egy ~ ... (sem)** (not) a morsel of [common sense, patience etc.]
morzsaporszívó *fn* dustbuster, worktop hoover, worktop vacuum (cleaner)
morzsol *i* **1.** *ált* crumble, *[kukoricát]* shell **2.** *[gyűr]* crumple **3.** *[rózsafüzért]* tell* (one's beads)
morzsolód|ik *i* **1.** *[kukorica]* shell easily **2.** *[morzsálódik]* crumble (away)
mos *i* wash; **~ vkre** do* sy's washing/laundry; **holnap ~unk** tomorrow is washday; **fogat ~** brush one's teeth; **a haját ~sa** wash/shampoo one's hair; **kezet ~** wash one's hands; *átv* **~sa a kezeit** wash one's hands of sg; **vkt tisztára ~** clear sy (of crime/accusation)
mosakodás *fn* **1.** *konkr* washing **2.** *átv* excuses *tsz*, apology
mosakod|ik *i* **1.** *konkr* wash (oneself), have* a wash, *US* wash up **2.** *átv* try to exculpate/clear oneself of sg, make* excuses
mosás *fn* **1.** *ált* wash(ing); **szerdán ~ lesz** Wednesday is washday; **~ba ad ruhát** send* clothes to the laundry; **~t vállal** take* in washing **2.** *[fodrásznál]* **~ és berakás** shampoo and set
mosatlan *mn/fn* unwashed
mosdás *fn* wash, *US* washup
mosdat *i* wash sy, give* sy a wash
mosdatlan *mn* unwashed, dirty, filthy; **~ szájú** foul-mouthed
mosd|ik *i* → **mosakodik 1**
mosdó *fn* **1.** → **mosdókagyló 2.** *[helyiség]* lavatory; *közm* **amilyen a ~, olyan a törülköző** *[hasonló hangnemben válaszol]* return the lead
mosdófülke *fn* washbasin alcove
mosdókagyló *fn* washbasin, basin, *US így is:* washbowl
mosdókesztyű *fn* face cloth, flannel, *US* washcloth
mosdószappan *fn* toilet soap
mosdószer *fn* toilet articles/requisites *tsz*
mosdótál *fn* basin, washbowl
mosdóvíz *fn* water [for washing oneself]
mosható *mn* washable, washproof, washfast; **jól ~** it washes/launders well; **nem ~** it won't wash
moslék *fn* **1.** *konkr* swill, slop(s), kitchen waste, *[disznónak]* pigswill, pigwash, hogwash **2.** *átv* wish-wash, dishwater
mosócédula *fn* laundry list
mosoda *fn* laundry, *[önkiszolgáló] GB* launderette, *US* laundromat; **~ba küldi a szennyest** send* [clothes, bedclothes etc.] to the laundry
mosófazék *fn* wash-tub
mosogat *i* wash up, do* the dishes, do* the washing-up; **sok a ~ni való** there's a lot of washing-up to be done
mosogatás *fn* washing-up
mosogató *fn* **1.** *[személy]* washer-up, dish-washer **2.** *[medence]* sink, washing-up bowl
mosogatógép *fn* dish-washer
mosogatólé *fn* dishwater, slop(s)
mosogatórongy *fn* dish-cloth; *átv* **olyan, mint a ~** *kb.* feel* like a wet rag, be* worn to a frazzle/shadow
mosógép *fn* washing-machine; **automata ~** automatic washing-machine; *[és szárító]* washer-dryer/drier
mosókefe *fn* scrubbing-brush
mosókonyha *fn* wash-house, *US* laundry
mosoly *fn* smile; **gúnyos ~** derisive smile, sneer; **~ futott át az arcán** a smile flitted across his face; **~ játszott az ajkán** a smile hovered about her lips; **~ra húzta a száját** he broke into a smile, his face broke into a smile; **~ra késztet** provoke a smile; **~t kelt** evoke a smile
mosolygó *mn* smiling, jolly, jovial
mosolyog *i* smile (*vmn/vkn* at sg/sy, *vkre* at/upon sy); **mindig ~** keep* smiling; **min ~sz?** what are you smiling at?; **helyeslően ~** smile one's approval; **fájdalmat ~va tűr** grin and bear* it; **rám mosolygott a szerencse** good luck smiled upon me
mosolyszünet *fn biz* have* a down on sy, cooling-off period
mosómedve *fn* raccoon
mosónő *fn* washerwoman°, washwoman°, laundress
mosópor *fn* washing-powder
mosószalon *fn* **önkiszolgáló ~** launderette, self-service laundry; *[pénzbedobós]* coin-op, *US főleg:* laundromat
mosószappan *fn* household/washing soap
mosószer *fn* detergent; → **mosópor**
mosóteknő *fn* wash-tub, washing-trough
most *hsz* now, at present; **éppen ~** this very moment, right/just now; **~ nem** not now; **~ is** still, even now; **~ egy éve** this time last year; **~ azonnal** here and now, right now; **~ az egyszer** for/just this once; **~ jelent meg** *[könyv]* just out/published; **~ kell (vmt) tenni** now is the time to do sg; **~ vagy soha** now or never, (there's) no time like present; **~, hogy** now that
mostan *hsz* now, at present; **~ig** → **mostanáig**; **~ra** by this time, by now; **~tól (fogva)** from now on, from this time on, as of now
mostanában *hsz* **1.** *[nemrég]* lately, (quite) recently, of late, not long ago **2.** *[manapság]* nowadays
mostanáig *hsz* until now, by this time, by now, up to now, up to the present, so far
mostani *mn* present(-day); **a ~ ifjúság** the youth (v. young people) of today, today's young people; **a ~ nők** women today

M

mostantól *hsz* ~ **(fogva)** → **mostan**
mostoha I. *mn átv* harsh, hostile, cruel, *[természet]* unkind; ~ **körülmények** adverse circumstances; ~ **sors** hard fate **II.** *fn [~anya]* stepmother, *[~apa]* stepfather
mostohaanya *fn* stepmother
mostohaapa *fn* stepfather
mostohafiú *fn* stepson
mostohafivér *fn* stepbrother
mostohagyermek *fn* stepchild°
mostohaleány *fn* stepdaughter
mostohanővér *fn* stepsister
mostohaszülő(k) *fn* step-parent(s)
moszat *fn* seaweed
moszkitó *fn* mosquito
moszkovita *mn/fn tört* Muscovite, hard-liner communist
Moszkva *fn* Moscow
moszkvai I. *mn* of Moscow *ut*, Moscow **II.** *fn* inhabitant of Moscow, Muscovite
motel *fn* motel
motetta *fn zene* motet
motiváció *fn* motivation
motivál *i* **1.** *[cselekvést]* motivate **2.** *[ítéletet stb.]* state the reasons for, give* the grounds for
motívum *fn* **1.** *[indíték]* incentive, motive **2.** *[díszítőmintában]* motif, motive, pattern
motolla *fn* reel, winder
motor *fn* **1.** *[gép, főleg villany]* motor, *[főleg autóé]* engine **2.** → **motorkerékpár 3.** *átv* **ő a csapat ~ja** (s)he gives the team the cutting edge
motorbicikli *fn biz* → **motorkerékpár**
motorcsónak *fn* motor boat, powerboat, *[gyorsasági]* speedboat
motordefekt *fn* engine trouble, breakdown
motorfék *fn* engine brake
motorházfedél, -tető *fn* bonnet, *US* hood
motorhiba *fn* engine trouble/failure, breakdown
motorhűtés *fn* cooling
motorikus *mn* motor-; ~ **erő** motor force; **~an jó a kocsi** the engine is good
motorizáció *fn* motorization
motorizál *i* motorize, mechanize
motorizált *mn* ~ **kapu** *[távirányítóval]* automatic gate
motorkerékpár *fn* motorcycle, motorbicycle, *biz* (motor)-bike
motorkerékpáros *fn* motorcyclist; ~ **küldönc** dispatch-rider
motorkocsi *fn* **1.** *[vasúti]* railcar, powercar **2.** *[villamosé]* motor/driving carriage
motorolaj *fn* motor oil
motoros I. *mn* motor-(driven), power(-); ~ **fűnyíró** petrol mower; ~ **fűrész** petrol chainsaw **II.** *fn* motorcycle rider, motorcyclist
motorosszemüveg *fn* goggles *tsz*
motoroz|ik, motorkerékpároz|ik *i* ride* a (v. go* by) motorcycle, *biz* bike
motorsport *fn* motoring
motorszerelő *fn* car/motor mechanic
motorteknő *fn* crankcase
motorverseny *fn* speed-race, motorcycle race
motorvonat *fn* motor-train
motoszkál *i* fumble/grope about, rummage; **vm ~ a fejében** sg is running through one's head, have* sg at the back of one's mind
motoz *i* (*vkt*) search sy, go* through sy's pockets
motozás *fn* (*vké*) search(ing)
motring *fn* skein, hank
mottó *fn* motto, saying
motyó *fn biz* one's goods and chattels *tsz*, junk, *GB szl* clobber
motyog *i* mumble, mutter
mountain bike *fn* → **hegyikerékpár**
mozaik *fn* mosaic
mozaikjáték *fn* jigsaw puzzle
mozaikkép *fn* an Identikit picture, a Photofit picture
mozaiklap *fn* tile
mozaikszerű *mn* mosaic-like
Mozambik *földr* Mozambique
mozambiki *mn/fn* Mozambican
mozdít *i* move, stir, remove; **kisujját sem ~otta** he never lifted/stirred a finger
mozdítható *mn* movable, mobile
mozdony *fn* engine, locomotive
mozdonyvezető *fn* engine-driver, *US* engineer
mozdul *i* stir, move, budge; **nem ~** do* not stir/budge/ move, stay put
mozdulat *fn* movement, move, motion
mozdulatlan *mn* motionless, still, unmoved, immobile; ~ **arc** set face; ~ **marad** remain still, stay put; **teljesen ~ul** stock still; **~ul álltam** I stood motionless, I stayed put
mozdulatlanság *fn* immobility, motionlessness, standstill
mozdulatművészet *fn* eurhythmics *esz*, cal(l)istenics *esz* v. *tsz*
Mózes *tul* Moses
mózeskosár *fn* carry-basket, Moses basket, *[könnyű, műanyag]* carry-cot, *US* portacrib
mozgalmas *mn [eseménydús]* eventful, busy, crowded, lively; ~ **nap** a busy day, *biz* a hectic day
mozgalom *fn pol* movement, campaign, drive; **részt vesz a ~ban** participate in (v. work actively for) the movement
mozgás *fn* **1.** *ált* movement, motion, moving; **~ba hoz vmt** put*/bring* sg in motion, set* sg going, start sg, get* sg moving; **~ba jön** begin* to move, get* going/started/ moving, get* under way; **~ban van** be* moving, be* in motion; **állandó ~ban van** be* on the run/move; **~!** move on!, get a move on!, make it snappy!, shake a leg there!, hurry up! look lively! **2.** *[testedzés]* exercise; ~ **hiánya** lack of exercise; **kevés ~** little exercise **3.** *[helyváltoztatás]* **szabad ~t enged** grant freedom of movement
mozgásforma *fn* form of motion
mozgáshiány *fn* lack of exercise
mozgási *mn* motive, kinetic, driving; ~ **energia** kinetic energy; ~ **irány** direction of movement; ~ **lehetőség** scope of movement/action; ~ **szabadság** freedom of movement
mozgásképtelen *mn* **1.** *[személy]* disabled, crippled; ~ **személy** disabled person, cripple; *[béna]* spastic person, a spastic **2.** *[kocsi]* immobilized
mozgáskorlátozott *mn/fn* physically challenged, (partially) disabled, physically handicapped, handicapped [person], spastic; **a ~ak** the disabled, the physically handicapped, the spastics
mozgássérült *mn/fn* → **mozgáskorlátozott**
mozgásterápia *fn orv* remedial therapy/gymnastics/exercise, physiotherapy
mozgásterápiás *mn orv* physical therapy
mozgásszabadság *fn* scope for action, room for manoeuvre (*US -euver*)
mozgásszervi *mn* ~ **megbetegedés/betegség** *orv* locomotor disease/disorder
mozgásszínház *fn* pantomime theatre
mozgat *i* **1.** *konkr* move; **~ja a karját** move one's arm **2.** *átv* **~ja az eseményeket** pull the strings; **~ja az ügyet** *[nem hagyja elaludni]* keep* the log rolling
mozgatható *mn* movable, mobile
mozgató I. *mn* moving, motive **II.** *fn* mover; **az ügy ~ja** prime mover of sg, the champion of sg
mozgatóerő *fn* motive power/force
mozgatórugó *fn átv* motive, motiavation
mozgékony *mn* mobile, agile, lively, nimble, brisk, *biz [ember]* be* full of beans, be* a live wire
mozgékonyság *fn* agility, nimbleness, mobility, briskness
mozgó *mn* **1.** *[mozgásban levő]* moving, mobile, in motion *ut*; **~háború** active/mobile warfare; **~harc** running fight/ battle; **~kiállítás** travelling (*US* -l-) exhibition **2.** *[nem*

M

rögzített] movable, sliding; ~ **bérskála** sliding scale of wages
mozgóbüfé *fn* (light) refreshment car/vendor
mozgójárda *fn* moving pavement, travolator, travelator, *US* moving sidewalk
mozgókonyha *fn* field kitchen
mozgókönyvtár *fn* mobile library, *US* bookmobile
mozgólépcső *fn* escalator, moving staircase
mozgolódás *fn* **1.** *konkr* movement, moving **2.** *átv* commotion, turmoil
mozgolód|ik *i* be* moving/stirring/bustling about
mozgóposta *fn* travelling (*US* -l-) post office
mozgósít *i kat gazd* mobilize
mozgósítás *fn kat* mobilization
mozi *fn* **1.** *[hely, szórakozás, művészet]* cinema, the pictures *tsz*, *US [szórakozás és művészeti ág]* (the) movies *tsz*, *US [hely]* movie (v. motion-picture) theater; **~ba megy** be* going to the cinema/pictures, *US* be* going to the movies; **sokat jár ~ba** be* a regular filmgoer, go* to the cinema/pictures (v. *US* to the movies) often **2.** → **film**, → **játékfilm**
mozibérlet *fn* cinema season ticket
mozielőadás *fn* (cinema) performance/show/screening
mozifilm *fn* → **film 2**
mozigépész *fn* projectionist
mozijegy *fn* cinema ticket, ticket for the cinema, *US* movie ticket
moziműsor *fn* cinema programme, *[újságban így:]* cinemas
mozinéző *fn* picture-goer, cinema-goer, *US* moviegoer
mozipénztár *fn* box office
moziszínész *fn* → **filmszínész**
mozivászon *fn* (film-)screen, *biz* the silver screen *[filmgyártás értelemben is]*
mozlim *vall* **I.** *fn* Muslim, Moslem, Muslem **II.** *mn* Islamic, Muslim
mozog *i* **1.** *(vk)* move; **fiatalosan ~** (s)he is spry, (s)he moves like a young man/woman; **nem ~** stand* still **2.** *[szerkezet]* work, go*, run* **3.** *[vm pályán]* travel (*US* -l); **körben ~** go* round, revolve **4.** *[inog]* shake*, totter; **~ a fogam** my tooth is loose **5. ~j!** hurry up!, look lively!; **~junk!** get a move on! **6.** *[testedzést végez]* exercise; **keveset ~** *[kevés testedzést végez]* have* little exercise; **nem ~sz eleget** you don't exercise enough; **~junk egy kicsit** *[sétáljunk]* let us go for a walk/stroll **7. az árak 15 000 és 20 000 Ft között ~nak** the prices range from 15,000 and 20,000 fts
mozzanat *fn* **1.** *ált* moment **2.** *[körülmény, tényező]* circumstance, motif, element, *[történésben]* phase, momentum, moment
mozsár *fn* **1.** *[konyhai]* mortar; **~ban tör** pound (in a mortar) **2.** *kat* **~(ágyú)** mortar, howitzer
mozsártörő *fn* pounder, pestle
mögé *nu* behind; **a ház ~ rejtőzik** he is hiding behind the house; **a ~ (a ház ~)** behind that (house); **e ~** behind this
mögött *nu* behind, at the back of, *US* (in) back of (sg); **e~** behind this, at the back of this; **a ~ a ház ~** behind that house; **maga ~ hagy vkt** leave* sy behind, *[megelőz]* overtake* sy; **messze maga ~ hagyja őket** he leaves them far behind; **sorban egymás ~** one after the other, in single/Indian file; **vm ~ marad** remain/lag behind sg; **vknek a háta ~** behind sy('s back); **e~ vm van/rejlik** there's sg shady/fishy about it; **más is van e~** there's more to it than that
mögötte *hsz* behind me/you/him etc.; **közvetlenül ~** immediately behind sy/sg; *biz* close on sy's/sg's tail; **szorosan ~ megy** *[autóval] főleg: US* tailgate
mögöttes *mn* **1.** situated behind *ut*, *[ok, motívum]* underlying; **a ~ országrész/terület** the hinterland, the land behind **2.** *átv [ok, motívum stb.]* underlying
mögötti *mn* placed behind *ut*, behind sg *ut*
mögül *nu* from behind sg/sy
MTA *röv [Magyar Tudományos Akadémia]* Hungarian Academy of Sciences
MTI *röv [Magyar Távirati Iroda]* Hungarian News Agency
mucsai *fn pej* yokel, bumpkin, *US* hillbilly
muff *fn* muff
muflon *fn* mouf(f)lon
mufurc *fn biz elav* lout, yokel
muhar *fn* Hungarian grass
muki *fn* → **pasas**
mukk *fn* **egy ~ot sem szól** not to say/breathe a word, *kif* mum's the word
mukkan *i* breathe a word/sound, utter a word/sound
mukkanás *fn* **~ nélkül** without (breathing) a word
muksó *fn* → **pasas**
mulandó *mn* fleeting, short-lived, transitory, ephemeral, written in water
mulandóság *fn* transitoriness, transitory/ephemeral character/nature of sg, mutability
múlás *fn* passing, flow; **az idő ~a** the progress/passing/march of time
mulaszt *i* **1.** *[alkalmat]* miss, let* slip [opportunity]; **sokat ~ottál** you missed a lot; **nem sokat ~ottál** you haven't missed much **2.** *[távol marad]* be* absent (from), fail to appear (swhere), *[órát, előadást]* miss, *biz* cut*, skip [a class], *[hiányzik iskolából]* be* absent (from school); **két napot ~ott** (s)he missed two days(' school), (s)he was absent (from school) for two days **3.** *[nem teljesít]* neglect [duty], omit/fail to [do sg, fulfil obligation], *jog* default, be in default of [appearing etc.] **4.** *[fájdalmat]* stop, check
mulasztás *fn* **1.** *isk* absence; **igazolta ~át** (s)he gave a good reason for his/her absence **2.** *[kötelességé]* omission, neglect (of), *jog* default; **~ terheli** be* guilty of negligence; **~t követ el** be* guilty of an omission; *jog* default, be in default of [appearing/answering]; **a balesetet emberi ~ okozta** the accident was a result of (v. was caused by) negligence
mulat *i* **1.** *[szórakozik]* pass time, amuse/enjoy oneself, have* (great) fun at [the party etc.]; **mulass jól** have a good time!; **hogy ~tál a kiránduláson?** how did you enjoy the excursion?; **kitűnően ~tunk** we had a good (v. an excellent) time **2.** *[lumpol]* carouse, revel (*US* -l), *kif* have* a fling, *biz* be* out on the tiles; **nagyot ~** paint the town red **3.** *[nevet vmn]* laugh at, be* amused at/by sg; **mindenki ~ rajta** everybody laughs at him, everybody makes fun of him; **azon ~tam, hogy** I was highly amused by, it was great fun to ...; **jót ~tunk viccein** we were amused at his jokes/stories, it was great fun to hear his stories
mulatás *fn* **1.** *[szórakozás]* amusement, fun, merry-making; **jó ~t!** have a good time!, have fun! **2.** *[lumpolás]* carousal, revels *tsz*, revelry; **nagy ~t csap** whoop it up
mulató I. *mn (vk)* making merry *ut* **II.** *fn* **1.** *(vk)* reveller (*US* -l-) **2.** → **mulatóhely**
mulatóhely *fn* night-club, bar
mulatós *mn* merry, jolly, rollicking; **~ ember** reveller (*US* -l-), carouser
mulatozás *fn* revels *tsz*, revelry, jollification
mulatoz|ik *i* carouse, revel (*US* -l), have* a good time
mulatság *fn [szórakozás]* amusement, entertainment, fun; **csak úgy ~ból** (just) for the fun of it (v. of the thing), (just) for the hell of it; **nem olcsó ~** a pretty penny
mulatságos *mn* amusing, entertaining; **rendkívül ~** highly amusing; **a ~ a dologban az, hogy** ... the funny thing is/was that ...
mulatt *mn/fn* mulatto (*tsz* mulattos v. *főleg: US* mulattoes)
mulattat *i* amuse, entertain, divert
mulattatás *fn* entertainment; **az ő ~ára** for his amusement
mulattató I. *mn* amusing, entertaining **II.** *fn* entertainer, *[komikus]* comedian
múlékony *mn* passing, ephemeral, momentary, transient

M

múlhatatlan *mn* admitting of no delay *ut*, urgent; **~ szükségszerűség** imperative necessity; **~ul meg kell tenned** you must do this urgently

múl|ik *i* **1.** *[idő]* pass, elapse; **ahogy ~nak az évek** as the years go* by; **~tak az évek** the years have gone by; **egy hete ~t, hogy** it happened a week ago that; **nehezen ~ik az idő** time hangs heavy on one's hands; **5 óra múlt** it is past five (o'clock), it's just turned 5 o'clock, *US* gone 5; **6 (óra) ~t tíz perccel** it is ten past six, *US* ten after six; **25 éves ~t** he is past 25, he has turned 25 **2.** *[fájdalom]* stop, cease **3. vkn/vmn ~ik** depend on sy/sg; **rajtad ~ik, hogy** ... it rests/lies with you to, it depends on you, it's up to you to; **rajtatok ~ik a győzelem** winning depends on you; **ha csak ezen ~ik** if it is only a question of this, it rides/turns/hinges on this; **rajtam nem fog ~ni** it will be no fault of mine (if it does not ...); **hajszálon/kevesen ~t, hogy** ... it was touch and go, it was a close shave, he very nearly [died etc.]; **ezen ~t, hogy elvesztette a mérkőzést** that lost him the match; **már amennyire rajtam ~ik** as far as in me lies; → **késik**

mull-lap *fn* (steril) pad of gauze

mullpólya *fn* muslin/gauze bandage

múló *mn* passing, fleeting, momentary, transitory; **~ sikerek** ephemeral successes/hits

múlófélben *hsz* **~ van** be* passing (away), be* easing (off)

múlt I. *mn* past, last; **~ alkalommal** last time; **~ évi** last year's, of last year *ut*; **~ havi** in/during the previous month *ut*; **~ héten** last week; **~ idő** past tense; **~ idejű melléknévi igenév** past participle; **a ~ órán** during/in our last class **II.** *fn* **1.** past; **ez most már a ~é** it is a thing of the past **2.** *nyelv* past tense

múltán *hsz/nu* after (the lapse of); **évek ~** years after; **két hónap ~** after the lapse of two months

múltával *hsz/nu* after; **évek ~** years after; **idő ~** in (the course of) time

múltbeli *mn* past, bygone, historic, former

multi *fn [multinacionális cég]* **a ~k** multinationals

multidiszciplináris *mn* multidisciplinary

multikulturális *mn* multicultural

multikulturalizmus *fn* multiculturalism

multilaterális *mn* multilateral

multimédia *fn* multimedia

multinacionális *mn* multinational; **~ cég** multinational company (v. business organization)

multiplex *mn* **~ mozi** multiplex cinema, multiplex

multivitamin *fn* multivitamin

múltkor *hsz* the other day, not long ago, (the) last time

múltkori *mn* recent, of late *ut*

múltú *mn* **nagy ~ nemzet** nation with a history; **nagy ~ egyeteme van** has an ancient university

múlva *hsz* in; **3 hét ~** in three weeks, *hiv* 3 weeks hence; **(kb.) egy óra ~ jövök** I'll come in an hour (or so); **további tíz év ~** in another ten years; **évek ~** several years later

mulya I. *mn* simple, foolish **II.** *fn* simpleton, dolt

múmia *fn* mummy

mumpsz *fn* mumps *esz*

mumus *fn* bogy(-man)°, bugaboo

mundér *fn nép elav* uniform, garb; **megvédik a ~ becsületét** *[kiállnak vk mellett]* close ranks behind sy

muníció *fn* ammunition, *biz* ammo

munka *fn* **1.** *ált* work, *[elfoglaltság, állás]* job, *[erőfeszítés]* effort, toil; **~ nélkül van, nincs ~ja** be* out of work/employment (v. a job), be* unemployed; **annyi a ~ja, hogy alig győzi** have* one's work cut out (for one), have* (got) one's hands full; **~ nélküli jövedelem** unearned income; **kemény ~** hard work; **nehéz testi ~** hard physical work; **a napi ~ után** after the daily grind; **~ba áll** enter work/service, sign on; **~ba állít vkt** set* sy to work, employ sy, sign sy on; **~ba megy** go* to work; **~ba vesz** take* [a task/job] in hand; **~ban van** (i) (*vk*) be* at work (ii) (*vm*) be* in hand, be* in the making; **~ban levő mű** work in progress; **~hoz lát** set* to work, get* down to work, set*/put* one's mind to work; **~hoz való jog** right to work; **~hoz való viszony** the (right/wrong) attitude to one's work; **~ra!** to work!, get on with your work!; **~t ad vknek** engage/employ sy, give*/find* sy work; **ez sok ~t ad** it gives one a lot to do, it keeps one busy; **~t keres** look for work, look for a job; **kerüli a ~t** dislike/shun work, be* work-shy; **~t kerül** play truant; **~t talál** find*/get* work, find* a job; **~t vállal** take* on a job, accept work; **~t végez** do* the work; **jó ~t végez** do* good work; **nem fél a ~tól** (s)he's not afraid of work; **befejezi a ~t** finish work, *biz* book off; **befejez egy ~t** finish/complete a job, *[kellemetlent]* get* over sg **2.** *[feladat]* task, job **3.** *[munka eredménye, mű]* (piece of) work

munkaadó *fn* employer

munkaadói *mn* employer's; **~ igazolás** certificate of employment

munkaalkalom *fn* opening, situation, opportunity to work, job

munkaanyag *fn [konferenciáé]* working papers *tsz*

munkaasztal *fn* work-bench/table

munkabér *fn* wage(s), pay

munkabéralap *fn* wage fund

munkabéremelés *fn* raising of wages

munkabeszüntetés *fn* **1.** *[sztrájk]* strike **2.** walkout, stoppage

munkabírás *fn* working ability/capacity; **nagy ~ú** capable of hard work *ut*, high-powered; *kif* be* a glutton for work

munkabíró *mn* capable of work(ing) *ut*, able-bodied

munkabizottság *fn [tudományos testületé]* working committee; **az MTA Szótári M~a** Dictionary Committee of the Hungarian Academy of Sciences

munkabrigád *fn* worker's brigade, team, working party

munkabuzi *mn biz* workaholic

munkacsoport *fn* (work)team

munkadarab *fn* work(-piece), job, piece of work

munkadíj *fn* **1.** *[elkészítési díj]* cost, charge, price, (set) fee **2.** *[munkabér]* wage(s), pay

munkaebéd *fn* workng lunch(eon)/dinner, *[tárgyalással egybekötött, étteremben]* business lunch, *[szendvics az irodában]* brown paper lunch

munka-egészségügy *fn* labour (*US* -or) health/hygiene

munkaegység *fn* unit of work, work unit

munkaerkölcs *fn* work ethic

munkaerő *fn* **1.** *[munkabírás]* working power/ability/capacity, capacity for work; **eladja munkaerejét** sell* one's labour (*US* -or) **2.** *[munkások összessége]* manpower, *[egy ország iparáé* v. *egy gyáré]* workforce, labour (*US* -or) force; **elegendő ~vel nem rendelkező** undermanned **3.** *[munkavállaló, fizikai]* worker, workman°, (common) labour, *[alkalmazott]* employee, clerk; **jó ~** he is an outstanding worker

munkaerő-áramlás *fn* flow of workforce, mobility of labour (*US* -or)

munkaerő-átcsoportosítás *fn* reallocation of manpower

munkaerő-csábítás *fn* labour (*US* -or) piracy

munkaerő-elosztás *fn* distribution of workforce

munkaerő-fölösleg *fn* redundancy, surplus labour (*US* -or)

munkaerő-gazdálkozás *fn* manpower-management

munkaerőhiány *fn* manpower/labour shortage, shortage of labour (*US* -or)

munkaerő-közvetítés *fn* **1.** *[tevékenység]* recruitment **2.** *[intézmény neve]* job/employment centre (*US* -er)

munkaerőpiac *fn* labour market (*US* -or)

munkaerő-szükséglet *fn* labour/manpower demand (*US* -or)

munkaerő-tartalék *fn* manpower/labour reserve(s) (*US* -or)

munkaerő-toborzás *fn* manpower recruitment

munkaerő-vándorlás *fn* migration of manpower, *biz* floating

munkaértekezlet *fn* (staff) meeting
munkaeszköz *fn* (working) tool, implement; **~ök** tools, set of tools *esz*, equipment *esz*
munkafegyelem *fn* work(shop) discipline, discipline at work
munkafeltételek *fn* working conditions
munkafelügyelő *fn* foreman°, overseer
munkafüzet *fn* workbook
munkagép *fn [energiát munkavégzésre hasznosító gép]* machine, *[lassú jármű]* machine, vehicle, construction vehicle, *[építkezésnél, útépítésnél]* power tool
munkahely *fn* **1.** *[a vállalat, üzem stb.]* place of work/employment, work, *US* workplace, work; **4.30-kor hagyta el a ~ét** he left work at 4:30 pm; **a ~én van** be* at work, be* in the office; **négykor ment el a ~éről** he left his work at 4 p.m. **2.** *[állás, munkaalkalom]* employment, job; **~et változtat** change one's job, move on
munkahelyi *mn* **~ légkör** atmosphere of/at the/one's place of work; **~ telefonszám** work telephone number
munkahely-teremtés *fn gazd* job creation/generation
munkahelyteremtő *mn* job-creating, creating (new) jobs *ut*; **~ beruházás** an investment that will create new jobs
munkahely-változtatás *fn* change of (one's) job/employment
munkahét *fn* working week, *US* work week; **40 órás ~** a 40 hour week (at work)
munkahiány *fn* lack of work, unemployment
munkahipotézis *fn* working theory, working hypothesis (*tsz* hypotheses)
munkaidő *fn* working hours *tsz*, working time, hours of work *tsz*; **részleges (v. nem teljes) ~ben dolgozik** work part-time; **teljes ~ben foglalkoztatott (v. teljes munkaidejű) dolgozó** full-time; worker/employee, *[igével]* work full-time; **nem teljes ~ben foglalkoztatott** *[dolgozó]* part-timer, part-time worker; **rugalmas ~** flexible working hours; **~ után** after hours
munkaidő-kedvezmény *fn* time off, reduction in sy's working time/hours, *[munkaidő melletti tanulás miatt]* *GB* day release, *[kutatási célra]* *US* release time
munkaigényes *mn* requiring much labour *ut* (*US* -or), labour-intensive; **~ termelőfolyamatok gépesítése** mechanization of production processes with a high manpower requirement
munkairányító *fn* dispatcher
munkajog *fn* law of labour, labour (*US* -or) law
munkakedv *fn* love of work, feeling for (one's) work
munkaképes *mn* able to work *ut*, fit for/to work *ut*, able-bodied
munkaképesség *fn* ability to work, fitness for work
munkaképtelen *mn* **1.** *[átmenetileg és ált]* unable to work *ut*, unfit for/to work *ut*, out of action *ut* **2.** *[állandó jelleggel]* permanently disabled, invalid
munkaképtelenség *fn* **1.** *[átmeneti és ált]* inability to (v. unfitness for) work **2.** *[állandó]* (permanent) disablement/disability, invalidity
munkakerülés *fn* work-shyness, idleness
munkakerülő I. *mn* workshy **II.** *fn* (work-)shirker, slacker, *GB szl* skiver, *US szl* gold brick
munkaköpeny *fn* overalls *tsz*, smock
munkakör *fn ált* sphere/field of work/activity, *[feladatkör]* range/scope of (sy's) duties, occupation, job, *[beosztás]* duty; **nem tartozik a ~ömbe** it is not (with)in my field (of work), it's not in my job description
munkaköri *mn* **~ beosztás** duty, duties *tsz*; **~ kötelesség** duty, responsibility; **~ leírás** job description
munkakörülmények *fn tsz* working conditions
munkaköteles *mn* liable to work *ut*
munkakötelezettség *fn* obligation to work
munkaközösség *fn [állandó]* co-operative, collective, *[alkalmi, főleg szellemi munkára]* team, work(ing)/study-group; **gazdasági ~** (*röv* **gmk**) *kb.* (business) partnership
munkaközvetítés *fn* finding jobs/employment → **munkaközvetítő**
munkaközvetítő *mn/fn* **~ (hivatal/iroda)** *ált* employment agency; *GB [főhivatal]* Employment Service Agency, *[részlege]* jobcentre, *US* job bank, *US* employment agency
munkakutya *fn* work-dog
munkalap *fn* **1.** *[dokumentum]* work-sheet, work-list, job-card **2.** *[konyhabútor vízszintes felülete]* worktop, *US* (kitchen) counter
munkalassítás *fn* work-to-rule, go-slow, industrial action, *[szakszervezeti akció]* ca'canny
munkálat *fn* work, operation; **a ~ok folynak** work is in progress; **szervezési ~ok** work of organization
munkalátogatás *fn [üzleti élet]* business trip, *pol hiv* official visit
munkalehetőség *fn* → **munkaalkalom**
munkálkodás *fn* activity, work(ing)
munkálkod|ik *i* **1.** *ált* be* active, work (hard) **2.** (*vmn*) be* engaged in sg (doing sg), be* occupied with sg, work on sg, labour (*US* -or) at sg, busy with sg
munkáltató *fn* employer
munkáltatói *mn* employer's; **~ igazolás** certificate of employment
munkamániás *mn [főnévvel]* workaholic
munkamegosztás *fn* division of labour (*US* -or)
munkamegtagadás *fn jog* downtools, walkout, suspension of work
munkamenet *fn* working process
munkamennyiség *fn* amount of work
munkamódszer *fn* working method, method of working; **~t átad vknek** impart one's skill to sy
munkamódszer-átadás *fn* passing on (v. transfer/exchange) of working methods
munkamorál *fn* work ethic
munkanadrág *fn* work trousers *tsz*, *[melles]* overalls *tsz*
munkanap *fn* working day (v. *főleg: US* workday); **nyolcórás ~** eight-hour working day (v. *főleg: US* workday)
munkanélküli I. *fn [igével]* be* unemployed/jobless (v. out of work); **a ~ek** the unemployed/jobless; **a regisztrált ~ek száma** the number of registered unemployed persons **II.** *mn* laid off, redundant, *[színész]* resting
munkanélküli-járadék *fn [régen]* unemployment benefit, job-seekers' allowance, *biz* dole; → **munkanélküli-segély**
munkanélküliség *fn* unemployment
munkanélküli-segély *fn* unemployment benefit, *biz* dole; **~t kap / ~en él** *biz* be* on the dole
munkanyelv *fn [konferenciáé]* working language(s)
munkaóra *fn* man-hour
munkapad *fn* workbench
munkaprogram *fn* programme (v. *US* program) of work
munkareggeli *fn* working breakfast
munkarend *fn* scheme/plan of work, work schedule
munkaruha *fn* working-clothes, work clothes, overalls (*mind: tsz*)
munkás *fn [gyári, ipari stb.]* worker, *[ált pl. építkezésen stb.]* workman°; **fizikai ~** labourer (*US* -or-), manual worker, blue-collar worker, heavy manual worker; **~ok** workers, workpeople; **szellemi ~** white-collar worker
munkásasszony *fn* working woman°
munkásbiztosítás *fn* workers' insurance
munkásember *fn* workman°, worker
munkásfelvétel *fn* hiring/engaging (v. taking/signing on) of workers; **~ nincs** no vacancies
munkásfiatal *fn* young worker, working youth
munkásgyer(m)ek *fn* child° of a worker (v. of workpeople), child° of working-class origin
munkáshiány *fn* labour/manpower shortage, shortage of labour (*US* -or)
munkáskérdés *fn* labour (*US* -or) question
munkáskizárás *fn* lock-out
munkáslakás(ok) *fn* houses/lodgings for workmen

munkásl(e)ány *fn* working(-class) girl
munkáslétszám *fn* number of workers/hands, workforce, *[munkaerő]* manpower; **a ~ csökkentése** reduction of the workforce
munkásnegyed *fn* working-class district
munkásnő *fn* working woman°, woman(-)worker (*tsz* women(-)workers), woman labourer (*tsz* women labourers) (*US* -or-)
munkásosztály *fn* working class
munkásotthon *fn* workers' home
munkás-paraszt *mn tört* **~ szövetség** worker-peasant alliance
munkáspárt *fn* workers' party, *GB* Labour Party
munkáspárti *mn/fn GB* adherent/member of the Labour Party; **~ képviselő** Labour MP; **~ vezetők** Labour leaders
munkásság *fn* **1.** *[mint osztály]* working class, workers *tsz*, *[egy üzemé]* workers *tsz*, workmen *tsz*; **gyári ~** factory workers *tsz* **2. vknek a ~a** sy's activity, sy's (life-)work; *[tudományos]* academic/scientific achievement, scholarly activities *tsz*, *[életmű]* oeuvre
munkásszállás *fn* workers' lodgings *tsz* (v. *US* dormitory)
munkásszálló *fn* workmen's/workers' hostel/home
munkásszervezet *fn* workers' organization
munkássztrájk *fn* (workers') strike
munkásszülő *fn* **~k gyermeke** child° of workpeople
munkástanács *fn tört* workers' council
munkastílus *fn* working method
munkástömegek *fn tsz* labouring (*US* -or-) masses, working masses, the masses
munkásújító *mn* worker-innovator
munkásüdülő *fn* workers' holiday home
munkásvándorlás *fn* floating
munkásvédelem *fn* labour (*US* -or) safety, safety at work
munkásvonat *fn* workmen's train
munkaszeretet *fn* love for work
munkaszervezés *fn* organization of work
munkaszerződés *fn* contract of employment, employment/labour contract
munkaszociológia *fn* sociology of labour, industrial sociology
munkaszolgálat *fn tört* forced labour (*US* -or), "labour service" [in a labour camp]
munkaszolgálatos *fn tört* ‹inmate of a labour camp›; **~ század** labour-service company
munkaszünet *fn* holiday, rest
munkaszüneti *mn* **~ nap** bank/public holiday
munkatábor *fn* labour camp
munkatárgy *fn* job, work (in hand)
munkatárs *fn* **1.** *[fizikai munkában]* fellow worker **2.** *[egyéb munkában]* colleague, *[szakkönyv szerkesztőjének ~a]* contributor; **~ak** *[szerkesztőségben]* editorial staff/team; *[segédszerkesztők]* assistant editors **3.** *[mint beosztás és cím]* employee (of); **a rádió ~a** producer/editor (of the Hungarian Radio); **tudományos ~** research fellow/worker; **külső/részfoglalkozású ~** *[szerkesztőségben]* stringer, *[szabadúszó]* free-lancer, contributor/correspondent on a part-time basis, outside contributor
munkateljesítmény *fn* output, production, performance
munkatempó *fn* rate/speed of work(ing); **fokozza a ~t** speed* up (the) work
munkaterápia *fn orv* occupational therapy
munkatermék *fn* product (of labour)
munkaterület *fn* **1.** *[tárgykör]* sphere/area/field of work, scope of activities **2.** *[hely, építési]* building/construction area/site
munkaterv *fn ált* work(ing) plan, work schedule/scheme, *[ösztöndíjasé]* scheme of study/work, *[gyárban]* production schedule
munkatöbblet *fn* excess/surplus labour (*US* -or), excess/surplus work
munkaügyi *mn* labour (*US* -or), of labour *ut*, employment; **~ osztály** work/personnel department, human resources department; **~ vita** labo(u)r dispute
munkavacsora *fn* working dinner
munkavállaló *fn* employee
munkavédelem *fn* industrial safety, safety provisions (for workers) *tsz*
munkavédelmi *mn* **~ szabályok** workers' protection legislation/law, *GB* Factories Act
munkavezető *fn* foreman°, overseer
munkaviszony *fn* **1.** *[munkáltató és munkavállaló között]* employee–employer (v. employment) relationship, employment; **~ban van** be* employed, *[teljes munkaidőben]* work full-time, be* in regular full-time employment **2. ~ok** working conditions
murci *fn* stum
muri *fn biz* fun, lark, spree, beanfeast; **nagy ~** a big do; **pompás ~ volt** it was a perfect scream; **nagy ~t rendeznek** have* a high jinks
muris *mn biz* funny
muriz|ik *i biz* **1.** *[mulat]* go* out on a spree, have* fun, revel (*US* -l) **2.** *[veszekszik]* kick up a shindy/row
murok *fn növ* **1.** wild carrot **2.** → **sárgarépa**
murva *fn* **1.** *[kő]* gravel **2.** *növ* bract
musical *fn* musical
muskátli *fn* geranium, pelargonium
muskétás *fn elav* musketeer
muskotály *fn* **1.** *[szőlő]* muscat grapes **2.** *[bor]* muscatel, muscat
muslica *fn* vinegar/fruit/wine fly
must *fn* must
mustár *fn* mustard
mustárgáz *fn [méreg]* mustard-gas
mustármag *fn* mustard-seed
mustfokmérő *fn* alcoholometer, oenometer
muszáj I. *i* must, be* obliged to, have* (got) to; **ha (éppen nagyon) ~** if absolutely necessary, *kif* at a pinch, at a push/stretch; **~ volt elmennem** I (simply) had to go **II.** *fn* necessity, compulsion, constraint; **nagy úr a ~** necessity knows no law; **~ból** under pressure
muszlin *fn* muslin, mull
mutál *i* sy's voice breaks
mutálás *fn* break(ing) of voice
mutáns *mn biol* mutant, mutation
mutat *i* **1.** *ált* show*, (*vmt vknek*) show* sg to sy, show* sy sg; **~ja az utat** (*vknek*) show* sy the way, show* the way to sy; **mutasd csak!** let me see (it)! **2.** (*vmre/vkre* v. *vm/vk felé*) point to/towards sg/sy; *[ujjával]* point (one's fingers) at sg/sy **3.** *[műszer]* read*, register, show*; **az óra ~ja az időt** the clock tells the time; **az óra 10-et ~** the clock shows ten (o'clock); **a hőmérő 7 fokot ~** the thermometer reads/registers 7 degrees; **az árammérő 8391-et ~** the meter reads 8391 **4.** *[jelez, bizonyít vmt]* show*/indicate sg, point at sg, show* signs of sg, show*/give*/bear* evidence of sg, suggest sg; **mint a neve is ~ja** as shown/indicated by its name; **ez azt ~ja, hogy** this/it shows/indicates that, it goes to show that; *[arra utal]* this seems to be pointing at sg; **a jelek arra ~nak, minden (jel) arra ~, hogy** ... everything points to ...; *kif* to all appearances, it appears that; **a történelem azt ~ja, hogy** ... history shows (v. teaches us the lesson) that ... **5.** *[kifejez érzést]* show*, express; **nem ~ja érzéseit** (s)he makes no display of (v. does not exhibit) her/his feelings **6.** *[vmlyennek látszik, vhogyan fest]* look, seem, appear, give* the impression of; **jól ~ az új ruhájában** she looks great in her new dress, her new dress suits her well (v. be* seen to one's best/great advantage); **jól ~ filmen** she screens/films well, she is photogenic; **nem ~ vm jól** she is not much to look at **7.** *[színlel]* feign, pretend; **csak úgy ~ja** he only pretends; → **ajtó**
mutatkoz|ik *i* **1.** (*vk vhol*) show* up, show* (oneself), be* in evidence **2. hiány ~ik** there is a shortage/shortfall **3.** (*vmnek/vmlyennek*) look, seem; **hasznosnak ~ik**

promise to be useful; **a termés jónak ~ik** the crop looks promising

mutató *fn* **1.** *[órán]* hand, *[mérőműszeré]* pointer **2.** *[könyvé]* index (*tsz* indexes) **3.** → **mutatószám 4.** *[minta]* sample, specimen; **~ba küld vmt** send* sg as a sample; **még ~ba sem maradt belőle** not a single one/piece was left

mutatós *mn ált* showy, *[látványos]* spectacular, *[jó megjelenésű]* good-looking, decorative, of good appearance *ut*

mutatószám *fn* index number, index (*tsz* indexes v. indices)

mutatóujj *fn* forefinger, index finger

mutatvány *fn* **1.** *[közönség előtt]* spectacle, exhibition, show; **(cirkuszi/nyaktörő) ~** stunt **2.** *[szemelvény]* specimen **3.** *[áruból]* sample(s)

mutatványos *fn* showman°

mutatványosbódé *fn* sideshow

mutatványszám *fn* specimen copy

mutogat *i* **1.** (*vmt*) keep* showing/displaying/exhibiting (sg), *[vmt dicsekedve]* boast of/about sg; **~ja magát** make* an exhibition of oneself **2.** *[jelez]* make* signs, *[jelel]* use sign language, signal (*US* -l)

mutogatós *mn biz* **~ (bácsi)** *[exhibicionista]* flasher

mutyiban *hsz biz* **fizessünk ~** let's go halves/shares, let's split it

mutyiz|ik *i biz* go* fifty-fifty (with sy), halve/share (the) expenses

muzeális *mn* **~ darab/tárgy** museum piece; **~ érték** a priceless piece

muzeológia *fn* museology

muzeológiai *mn* museological

muzeológus *fn* museologist, custodian, keeper, curator [of a museum]

múzeum *fn* museum

múzeumbogár *fn áll* museum beetle

múzeumi *mn* **~ bolt** museum shop; **~ tájékoztató** museum guide; **~ teremőr** guard, warden, attendant; *[rendész]* security warden, guard

múzeumvezető *fn* curator [of a museum]

muzikális *mn* musical, talented in music *ut*

muzulmán *mn/fn* Muslim, Moslem, Mussulman

múzsa *fn* Muse; **homlokon csókolta a ~** be* muse-inspired

muzsika *fn* music

muzsikál *i* make* music, play (an instrument); **~sz vmlyen hangszeren?** do you play any instrument?; **szépen ~** (i) (s)he plays (the piano/violin etc.) very well (ii) *átv [kitesz magáért]* be* on a song; **~j valamit** (do) play sg for us

muzsikaszó *fn* (sound of) music; **vidám ~ mellett** accompanied by merry music

muzsikus *fn* musician

mű *fn* **1.** *ált* work, *[irodalmi]* (literary) work, writing, *[zenei]* opus, composition, (musical) work; **Ady Endre összes ~vei** the complete works of Endre Ady **2. egy pillanat ~ve volt** it happened in an instant; **a véletlen ~ve volt** it was a matter of chance; *pej* **ez a te ~ved volt** it was one of your doings **3.** *[nagy ipari stb. létesítmény]* (the) works *tsz*

mű- *előtag* **1.** *[művészeti]* artistic, art- **2.** *[mesterséges]* artificial, man-made **3.** *[színlelt]* feigned, artificial, imitation

műalkotás *fn* work of art

műanyag I. *fn* plastic **II.** *mn* made of plastic *ut*, plastic; **~ esőköpeny** plastic mac/mackintosh; **~ fólia** clingfilm, plastic film

műanyag-feldolgozás *fn* plastics industry

műasztalos *fn* → **műbútorasztalos**

műbalhé *fn szl* **ez csak ~ volt** don't get into a fuss about nothing!

műbeszövés *fn* invisible mending

műbírálat *fn* (art) criticism

műbíráló *fn* art critic

műbolygó *fn* (artificial) satellite

műbőr *fn* imitation leather, leatherette

műbútor *fn* cabinet-work, furniture (of fine craftsmanship)

műbútorasztalos *fn* cabinet-maker

műcsarnok *fn* art gallery

műdal *fn* (art) song

műegyetem *fn* → **műszaki egyetem**

műemlék *fn [épület]* historic building, listed building, (ancient/historic/national) monument; **~ épület** ancient/historic building, monument, *GB* listed building; **~ ház** *GB* listed house; **~ké nyilvánít** declare sg a public/historic monument/building

műemlékvédelem *fn* protection of monuments (v. historic buildings)

műépítész *fn* architect

műértő *fn* connoisseur, art expert

műfaj *fn* (literary) genre

műfelháborodás *fn* feigned indignation

műfog *fn* false tooth°

műfogás *fn* **szakmai ~** trick of the trade

műfogsor *fn* set of false/artificial teeth, false teeth *tsz*, denture, *biz* (dental) plate

műfordítás *fn* translation [of literary works], literary translation

műfordító *fn* translator [of literary/works], literary translator

műgond *fn* **~dal készült** done/made with great care *ut*

műgumi *fn* synthetic rubber

műgyanta *fn* synthetic resin

műgyűjtemény *fn* art collection

műgyűjtő *fn* art collector

műhely *fn* **1.** *konkr* workshop, *[autójavító szerviz]* garage; **a ~ (dolgozói)** shop floor **2.** *átv tud* workshop [on dictionary-making, translation etc.] **3.** *[képzőművészeti]* studio

műhelyfőnök *fn* (shop-)foreman°, overseer

műhelymunka *fn [tudományos* v. *alkotó munkáé]* workshop, *[csapatmunka]* team work

műhelytitok *fn* workshop secret, trick/secret of the trade

műhiba *fn* **1.** *[orvosi]* malpractice **2.** *ált* error, fault

műhímzés *fn [gépi]* machine embroidery

műhold *fn* (artificial) satellite; **távközlési ~** communications satellite (*röv* **comsat**)

műholdas *mn* satellite; **~ adás** satellite broadcast; **~ hírközlés** satellite communication; **~ követés** *[jeladóval]* satellite tracking; **~ műsorszórás** satellite broadcast(ing) transmission; **~ televízió** satellite television/TV; **~ navigációs rendszer** GPS (Global Positioning System)

műholdfelvétel *fn* satellite picture

műholdas *mn* **~ felvétel** satellite picture

műholdvétel *fn távk* satellite reception

műholdvevő *fn* satellite dish

műízlés *fn* artistic taste

műjég(pálya) *fn* (skating) rink

műkedvelő I. *mn* amateur, non-professional; **~ előadás** amateur performance; **~ színtársulat** amateur theatrical company **II.** *fn* amateur

műkereskedés *fn* art(-dealer's) shop, gallery

műkereskedő *fn* art-dealer

műkertész *fn* landscape gardener

műkifejezés *fn* → **szakkifejezés**

műkincs *fn* art treasure

műkorcsolya *fn* **M~ Európa-bajnokság** European Figure Skating Championship

műkorcsolyázás *fn* figure skating

műkorcsolyázó *fn* figure skater; **~ bajnok** figure skating champion

műkő *fn* artificial/cast stone

működés *fn* **1.** *ált* function(ing), *[gépé]* working, operation; **~be hoz** (i) *ált* set* sg going, put*/set* sg into action/

operation, bring*/call into play (ii) *[gépet]* set* [a machine] going; **~be jön** get* going/working, begin* to work, come into action; **~ben van** be* working/going, be* in operation/action **2.** *[emberé]* activity; **megkezdi ~ét** (*vk*) take* up one's duties

működési *mn* **~ bizonyítvány** record of service, testimonial; **~ engedély** (operational) permit; *[orvosé]* licence (to practice); **~ idő** time of service; **~ kör** sphere/scope/field of activity/action; **~ tér/terület** field of action/activity, range of action; **~ zavar** (i) *[szervé]* functional disorder, dysfunction (ii) *[szerkezeté]* faults/troubles in working/functioning *tsz*

működ|ik *i* **1.** *[gép, szerkezet]* work, run*, operate, function, be* in operation/service, *[hat, munkál]* be* at work; **jól ~ik** be* running smoothly, be* in good working/running order, *[sínen van]* be* on the rails; **teljes erővel ~ik** be* in full play/swing; **hogy ~ik?** how does it work?; **a lift nem ~ik** the lift (v. *US* elevator) is out of order/action/gear; **a fék nem ~ött** the brakes did not work **2.** *[szerv]* function; **a szíve jól/rendesen ~ik** his heart is functioning regularly/properly **3.** *[ember]* work, act as; **mint tanár ~ik** be* a teacher; **vm pályán/szakmában ~ik** follow a profession/trade; **ez így ~ik** that's the way it works; **ez nem így ~ik** that's not how things are, that's not the way things work

működő *mn* **1.** *ált* active; **~ tűzhányó** active volcano; *közg* **~ tőke** working capital, *US* current capital; **a ~ tőke beáramlása** inflax of working (*US* current) capital **2.** *[gép]* working; **jól ~ motor** engine in good working order; **rosszul ~** out of gear *ut*, faulty; **nem ~** not operating, idle, faulty **3.** *közg* **~ tőke** working capital

működőképes *mn* operating, (fully) operational, in good working order *ut*

működőképesség *fn* **megőrizni az ország ~ét** keep* the country up and running

működtet *i [gépet]* operate [a machine]

műköröm *fn* artificial finger/toe nail

műköves *fn [szakiparos]* artificial stone manufacturer

műkritika *fn* (art) criticism

műkritikus *fn* art critic

műláb *fn* artificial foot°/leg

műlégy *fn* (artificial) fly, dry/wet fly

műleírás *fn* specification, description

műlesiklás *fn* slalom, downhill (run)

műlovarnő *fn [cirkuszi]* circus rider

műmelléklet *fn* **1.** *[könyvhöz]* (full-page) plate **2.** *[újsághoz]* artistic supplement

München *földr* Munich

műnyelv *fn [mesterséges]* artificial language

műnyomó papír *fn* art paper

műpártoló *fn* patron of art, Maecenas

műremek *fn* work of art, masterpiece; **valódi ~** a veritable work of art

műrepülés *fn* stunt flying, aerobatics *[mint sportág: esz; a mutatványok: tsz]*; **~t végez** do* stunt flying, perform stunts, execute a series of aerobatics

műrost *fn* synthetic fibre (*US* -ber)

műselyem *fn* rayon

műsor *fn* **1.** *ált* programme (*US* program), *[könnyű műfajbeli]* show; **most van ~on** *[film, színdarab]* now showing; **~on van** be* running/on; **mi van ~on?** what's on (just now)?; **Macbeth van ~on** Macbeth is on; **két hónapig volt ~on** it had a run of two months; **~on lesz** *[pl. tárgyalni fogják]* be* up for [discussion]; **~ra kerül** coming on; **~ra tűz** *[filmet, színdarabot]* bill **2.** *[állandóan játszott darabok]* repertoire **3.** *[műsorfüzet* v. *-lap]* (theatre) programme, playbill

műsorajánlat *fn [tévében] kb.* coming up, *[előzetes]* preview

műsorfüzet *fn* → **műsor** 3

műsoridő *fn* running time (of programme)

műsorközlő *fn* announcer

műsoros *mn* **~ est** evening (with entertainment/programme); **~ kazetta** (audio/video) pre-recorded cassette/tape (v. video cassette), *[csak magnó]* musicassette (*röv* MC)

műsorszám *fn* item (of programme); **állandó ~** standing/stock piece

műsorszórás *fn* broadcast(ing)

műsorszóró *mn* **~ vállalat** radio/television transmission company

műsorváltozás *fn* change of programme (*US* -m)

műsorvezető(-szerkesztő) *fn [rádió]* broadcaster, presenter, *[tévé]* presenter, anchorman°, anchorwoman°, anchorperson, *[igével]* this programme was presented by . . .

műstoppolás *fn* invisible mending

műszak *fn* shift, turn; **éjjeli ~** night shift; **nappali ~** day shift; **napi két ~ban dolgoznak** work two shifts a day; **8 órás ~ban dolgozik** work an eight-hour shift; **három ~ban dolgoznak** work in three shifts, work around the clock

műszaki I. *mn* technological, *[korábban, és ma is néhány kapcsolatban]* technical; **~ áru** *[szerelvények]* fittings *tsz*; **~ beállítottságú** technically minded; **~ csapatok** engineer(ing) corps; **~ egyetem** technological university; *GB* College of Advanced Technology; **~ eljárás** technology, process, treatment, method; **~ értelmiség** technical intelligentsia, (the) technocrats *tsz*, technocracy; **~ fejlesztés** advances/improvements in technology *tsz*; **~ főiskola** college of technology, *GB* polytechnic; **~ (és tudományos) haladás/fejlődés** advances in technology (and science) *tsz*, technological (and scientific) advances *tsz*; **~ hiba** breakdown, mechanical trouble; *[tévében]* transmitter failure; **~ hiba miatt csak egy lift üzemel** due to defect there's only one lift in service; **~ igazgató** works manager; **~ jártasság** mechanical skill; **~ leírás** (technical) specifications *tsz*; **~ oktatás** polytechnic courses *tsz*, technical education; **~ példány** *[könyv]* advance copy; **~ rajz** technical drawing; **~ rajzoló** draughtsman°, *US* draftsman°; **~ segélyhely** *[autópályán stb.]* mechanical help/assistance; **~ szakember** technologist, expert/specialist in technology; **~ szótár** technological dictionary, dictionary of technology; **~ tanulmányok** technical/technological studies; **tudományos és ~ tárgyak** scientific and technical subjects; **~ tiszt** engineer officer; **~ tudományok** technological sciences, technology; *[gépészmérnöki]* engineering; **~ vélemény** expert('s) opinion; **~ vezető** operations/technical manager/director; **~ vizsga** *[gépkocsié]* GB MOT (test); **nem ment át a kocsim a ~ vizsgán** my car failed its MOT (test) **II.** *fn* **a ~ak** the technical staff; *kat biz* the sappers

műszakilag *hsz* technologically

műszakváltás *fn* shift

műszál *fn* synthetic fibre (*US* -ber)

műszem *fn* artificial eye, *[üveg]* glass eye

műszempilla *fn* false eyelashes *tsz*

műszer *fn* instrument, *[készülék]* apparatus, appliance, *[méréshez]* gauge (*US* gage); **finommechanikai ~** precision instrument; **optikai ~** optical instrument

műszeres *mn* **~ leszállás** instrument/blind landing; **~ repülés** instrument/blind/unmanned flying

műszerész *fn* mechanic, technician

műszerfal *fn ált* instrument board/panel, *[autóé]* dashboard, *[repülőgépé]* instrument panel

műszerpark *fn* set of tools/instruments, stock of tools/machines

műszerszekrény *fn orv* instrument case

műszív *fn* artificial/mechanical heart

műszó *fn* technical term

műszótár *fn* technical dictionary

műt *i orv* operate (on sy), perform an operation (on sy), perform surgery (on sy)

műtárgy *fn* **1.** *[művészi]* work of art **2.** *műsz* **~ak** (construction) works *tsz*

műterem *fn* studio, *[csak művészé]* atelier
műtét *fn orv* (surgical) operation, surgery; **kisebb ~** minor surgery; **nagyobb ~** major operation/surgery; **~nek aláveti magát** undergo* an operation; **~et végez** (v. **hajt végre**) **vkn** operate on sy (for sg), perform an operation on sy (for sg); **~et hajtanak végre vkn, ~en esik át** undergo* surgery; **sürgős ~en esik át** undergo* emergency surgery
műtéti *mn orv* operative, surgical; **~ beavatkozás** surgical intervention/treatment, surgery; **~ beavatkozásra nem volt szükség** surgery was not necessary; **~ eltávolítás** (surgical) removal; *orv* **~ terület** operative field, field of operation; **~ úton, ~leg** by operation, surgically
műtő *fn orv* (operating) theatre, *US főleg:* operating room
műtőasztal *fn orv* operating table; **a ~on meghalt** died on the operating table (v. during operation)
műtős *fn* theatre orderly, medical orderly, *[betegszállító] GB* hospital porter
műtősfiú *fn* surgeon's assistant, *[betegszállító]* porter
műtősnő *fn* theatre nurse
műtrágya *fn* artificial fertilizer
műtrágyáz *i* fertilize
műtrágyázási *mn* **~ mód** fertilizer practice/system
mütyürke *fn* frippery, knick-knack, *US* doodad
műugrás *fn* springboard diving
műugró *fn* (springboard) diver
műúszás *fn* **páros ~** synchronized swimming
műút *fn* high road, highway
művégtag *fn* artificial limb, prosthesis (*tsz* prostheses)
művek *fn* works *esz* v. *tsz*; **elektromos ~** electricity works; → **mű**
művel *i* **1.** *[tesz]* do*; **mit ~sz?** what are you doing?, *biz* what are you up to?; **csodát ~** work miracles/wonders **2. földet ~** cultivate the land, farm **3.** *[tudományt]* study **4.** (*vkt*) educate, polish, refine; **~i magát** improve one's mind, educate oneself
művelés *fn* **1.** *[földé]* cultivation (of land/soil); **~ alatt álló** under/in crop *ut* **2.** *[tudományé, művészeté]* study
művelet *fn* **1.** *ált mat* operation **2.** *gazd* transaction
műveletlen *mn [ember]* uneducated, uncivilized, lacking culture *ut*
műveletlenség *fn* lack of education
művelhető *mn* **~ terület** arable land
művelődés *fn* education, culture
művelődési *mn* cultural; **~ ház** *kb.* community (arts) centre (*US* -ter), arts centre
művelődéspolitika *fn* cultural and educational policy
művelődéspolitikai *mn* cultural and political, politico-cultural; **~ ügyek** cultural questions
művelődéstörténet *fn* history of civilization/culture, cultural history
művelődéstörténeti *mn* historico-cultural, relating to the history of civilization *ut*; **~ tanszék** Department of the History of Civilization, Department of Cultural History
művelődésügy *fn* public education
művelőd|ik *i* improve (one's) mind/manners
művelt *mn [ember]* educated, cultured, cultivated, highbrow, *[főnévvel] biz* egghead, *[nagy tudású]* erudite, *[nép]* civilized; **igen ~** highly cultured, sophisticated; **~ beszéd** educated/standard speech, spoken standard, *[konkrétan így is]* standard English/Hungarian etc. (speech); **~ ember** educated person, person of culture; **~ társalgás** polite conversation
műveltető *mn nyelv* **~ ige** causative
műveltség *fn* **1.** (*vké*) education; **humán ~** arts education; **irodalmi ~** literary education; **klasszikus ~** classical education; **természettudományos ~** science/scientific education **2.** *[népé]* civilization; **ókori ~** ancient civilization
műveltségi *mn* of culture/civilization *ut*, cultural; **~ fok** cultural level/standard
műveltségű *mn* **nagy ~ ember** a highly cultured man°
művese *fn* artificial kidney, kidney machine
művesekezelés *fn orv* dialysis
művész *fn [képző-, zene- és ált.]* artist; *[előadóművész, főleg a szórakoztató műfajokban]* entertainer, performer; **a ~ úr** Mr . . . v. Maestro . . . *[és vezetékneve]*; → **érdemes**, → **kiváló**
művészegyüttes *fn* ensemble
művészet *fn ált* art, *[képzőművészet]* fine art(s), beaux arts, *[előadóművészet]* performing arts
művészeti *mn* artistic, art-, of art *ut*; **~ alkotás** work of art; **~ iskola** art school, school of (fine) arts, *US* arts college; **~ lexikon** encyclopedia of fine art(s); **~ rovat** art column; *[pl. a The Timesban]* the arts; **~ rovatvezető** art editor; **~ vezető** artistic director
művészettörténész *fn* art historian, historian of art
művészettörténet *fn* history of art
művészi *mn* artistic; **~ érzék** artistic sense, artistry; **~ film** art film; **~ igényű** highly artistic; **~ kivitel/hatás** *[jégtáncban]* artistic impression; **~ kivitelű** of artistic finish *ut*, de luxe; **~ munka** artistic work; **~ tehetség** artistic talent/gift; **~ téma** artistic subject (of composition); **~ torna** eurhythmics, *US* eurythmics *[mindegyik: esz]*
művészies *mn* artistic, tasteful
művészieskedő *mn* arty
művészietlen *mn* inartistic, artless
művészkedő *mn* arty, *durva* art(s)y-fart(s)y
művészlélek *fn* have* an artistic bent/streak
művészlemez *fn* classical record
művésznév *fn szính* stage-name
művésznő *fn* artist
művésznövendék *fn* art student
művészszoba *fn* green room
művésztelep *fn* colony of artists/painters/sculptors
művezető *fn* works manager
művi *mn* **1.** *orv* → **műtéti**; **~ vetélés** induced abortion **2.** *átv [mesterséges]* artificial; **~ úton** artificially
művirág *fn* artificial flower
művű *mn* **finom ~** finely wrought
müzli *fn* muesli, *US* granola

M

N

N, **n** *fn [betű]* (the letter) N, n

n. *röv* → **nap(i)**

na! *isz* **1.** *[biztatólag]* go on! **2.** *[kérdőleg]* **~?** what's the news?, well?; *biz* **~ és (aztán)?** so what?; *[nagy ügy!]* big deal!; **~ mi (baj) van?** what's up? **3. ~ nem baj!** well, it doesn't matter; **~ végre!** at (long) last!

nábob *fn* nabob

náci *mn/fn tört* Nazi

nácibarát *fn tört* pro-nazi

náciellenes *mn tört* anti-nazi

náció *fn iron* nation; **ki tudja, miféle ~** who knows what country he comes from

nacionálé *fn* identity (of sy)

nacionalista *mn/fn* nationalist; **~ eszmék** nationalistic ideas; **~ párt** nationalist party

nacionalizmus *fn* nationalism

nácizmus *fn tört* Nazism

nád *fn* **1.** *növ* reed, *[bambusz/cukornád szára]* cane; **~dal fed** cover [a roof/house] with reeds/thatch, thatch [a roof]; **~dal befon** *[széket stb.]* cane **2.** *zene* reed

nádas I. *mn* reedy **II.** *fn* reeds *tsz*

nádaz *i* cover/thatch with reeds, *[bútort]* cane

nádcukor *fn* cane sugar

nádfedél *fn* thatch

nádfedeles *mn* thatched

nádi *mn áll* **~ poszáta** → **nádirigó**; **~ sármány/veréb** reed bunting

nadír *fn* nadir

nádirigó *fn áll* great reed warbler

nádor *fn tört* palatine [of Hungary]

nádorispán *fn* → **nádor**

nádpálca *fn* cane

nadrág *fn* **1.** *[hosszú]* a pair of trousers, trousers *tsz*, *US* pants *tsz*, *[könnyebb, mindennapi használatra]* slacks *tsz*, a pair of slacks; **~ot húz** put* one's trousers on, put* on trousers; **az asszony viseli a ~ot** the grey mare is the better horse **2.** *[női alsó]* briefs, panties, knickers, pants *[mindegyik: tsz]*

nadrágkosztüm *fn* trouser suit, *US* pant suit

nadrágpelenka *fn* all-in-one disposable nappy, "Smarty Pants" *tsz*

nadrágszár *fn* leg (of one's trousers), trouser leg

nadrágszíj *fn* (waist-)belt; *átv* **összehúzza (v. összébb húzza) a ~at** tighten one's belt (v. one's/the purse-string)

nadrágszoknya *fn* culottes *tsz*

nadrágtartó *fn* braces *tsz*, *US* suspenders *tsz*

nadragulya *fn növ* **(maszlagos) ~** deadly nightshade

nadrágzseb *fn* trouser(s) pocket, *[hátsó]* hip pocket

nádszál *fn* (single) reed; **karcsú, mint a ~** slender as a reed

nádszék *fn* cane chair

nádtető *fn* thatch(ed roof)

nádvágás *fn* reed cutting

naftalin *fn* naphthalene, *biz* mothball

Nagaszaki *földr* Nagasaki

nagy I. *mn* **1.** *[méretre, mennyiségre, intenzitásra]* big, large, *[magas vk]* tall; **ez a kabát** *stb.* **~ neked** this coat etc. is too big for you; **~ arányokban** on a large scale; **~ A-val** with a capital A; **~ családja van** has a large family; → **nagycsalád**; **~ erejű** powerful, of great strength *ut*; **~ értékű** precious, extremely valuable, of great value/worth *ut*; **~ fejű** big-headed; *orv* macrocephalic; → **nagyfejű**; **~ hasú** portly, corpulent, *biz* pot-bellied; **~ hideg** bitter/severe cold; **2 év ~ idő** two years is quite a long time; **~ kezdőbetű** a capital (letter); → **nagybetű**; **~ kort ért meg** he lived to a great age; **~ mennyiségű** a lot of ..., great many; **~ méretarányú** large-scale; **igen ~ méretű** extra large, outsize(d); → **nagyméretű**; **~ múltú** with a great past *ut*; **~ orrú** large/big nosed; **~ sikerű** highly successful; **~ számban** in large numbers; **~ számban voltak jelen** they were present in large numbers; **~ szemű** (i) *[ember, állat]* big/bug-eyed, with large/big eyes *ut* (ii) *[mag]* coarse(-grained); **~ teljesítményű** (i) *[ember]* (very) efficient, high-powered, *[főnévvel] biz* whiz(z) kid (ii) *[gép stb.]* high-powered, heavy-duty; **~ terjedelmű** *[könyv]* voluminous; big, large; **~ többség** the (vast/great) majority; **~ tömegben** in quantity, en masse; **~ út** long way, *[utazás]* a long journey/trip **2.** *[belső tulajdonságra nézve, erkölcsileg]* great, grand; **~ ember** great man°; **~ bajban vannak** they are in great/big trouble; **~ befolyású** highly influential; **~ boldogan** gleefully, joyously; **~ bölcsen** wisely, *US* smartly; **~ fontosságú/jelentőségű** very/most significant/important, of considerable/great importance *ut*; **~ hatású** highly effective; **~ hírű** famous, of great renown *ut*, reputable, well-known, celebrated; **~ idők** historic times; **~ kegyesen** condescendingly; *[igével]* condescend to sg; **~ komolyan** (dead) seriously; **~ múltú** historic; **~ műveltségű** highly cultured, of great erudition *ut*; **~ név** (a) name; **a ~ nyelvek** the major languages; **~ reményű** promising; **~ részben** primarily, preponderantly; **~ tehetségű** highly talented/gifted; **~ többséggel** by a majority; **~ ügy/dolog!** *[lekicsinylően]* big deal!; **nem valami ~ ügy/dolog!** it's no great shakes!; **~ tudású** very learned, erudite, scholarly **3.** *[felnőtt]* grown up; **ha ~ leszek** when I grow up; *biz* **~ gyerek** a big baby **II.** *fn* **1. a ~ok** *[felnőttek]* the grown-ups **2. az ország ~jai** the great and the good, the leaders of the country **3.** *[vm zöme]* **vm ~ja** the greater part of sg, the bulk of sg **4.** *[kifejezésekben]* **~ra becsül** appreciate, esteem, have* a high opinion (of), respect, think* highly of (sy); **~ra becsült** esteemed, appreciated; **~ra nőtt** grown very big/tall, *ut átv* enlarged; **~ra tart vkt** hold* sy in great esteem (v. high); **~ra tart vmt** set*/lay* great store by sg, value sg highly; **~ra tör** be* very ambitious; **~ra törő** (very) ambitious; **~ra vágyik** be* ambitious, be* full of ambition, aim high; **~ra van vmvel** pride oneself on (doing) sg, flaunt sg; *pej* make* a parade of sg; **nagyon ~ra van (ön)magával** think one is the cat's whiskers, he thinks a lot of himself, he is full of himself (v. of his own importance); *biz kif* he thinks no small beer of himself, he thinks he is the bee's knees; **~ot esik** fall* heavily, *biz* come* a cropper; **~ot halad** make* good progress, make* great/rapid strides (in/with) sg; **~ot üt** strike* heavily; **~okat lép** stride* along; **~okat mond** talk big; *[lódít]* draw* the longbow, fib; **naggyá tesz** make* sy/sg great/famous, aggrandize **III.** *hsz* **~ bölcsen** *pej* foolishly/stupidly (enough); **~ búsan** very sadly, gloomily; **~ hamar** hurriedly, in a hurry/haste, hastily; **~ néha** → **néha**; **~ nehezen** after much exertion, with (great) difficulty; **~ nehezen megszerezte a diplomát** with great difficulty (s)he managed to get his/her degree; **~ nehezen lábra állt** he struggled to his feet; **~ ritkán** seldom, very rarely; **~ sokára** after a long time, at long last; → **látószögű**, → **legnagyobb**, → **nagyban**, → **nagyobb**, → **nevet**, → **néz**, → **sóhajt**

nagyadag *mn* **~ fagylalt** large portion of icecream

nagyagy *fn* cerebrum (*tsz* -brums v. -bra)

nagyágyú *fn tréf biz* **1. jön a ~val** bring* out/up the/one's big guns **2.** *[tekintélyes személy]* big gun

nagyanya *fn* grandmother, *biz* grandma, grandmama, granny

nagyapa *fn* grandfather, *biz* grandpa(pa)

nagyarányú *mn* large-scale, vast

nagyarányúan *hsz* on a large scale

nagyáruház *fn* department store

nagybácsi *fn* uncle, *[szülőké]* great-uncle, granduncle

nagyban *hsz* **1.** *gazd [nagy mennyiségben/tételekben]* (at) wholesale, in bulk; **~ vásárol** buy* sg wholesale; **~ játszik** play for high stakes **2.** → **nagymértékben 3.** *[javában]* **ekkor már ~ állt a bál** the ball was already in full swing; **~ készülődik vmre** (s)he is preparing for sg in earnest, *biz* be* all in a flutter

nagybani *mn* wholesale; **~ ár** wholesale price; **~ kereskedelem** wholesale trade

nagybátya *fn* → **nagybácsi**

nagybecsű *mn elav* **~ soraira válaszolva** in answer to your esteemed letter/favour (*US* -or)

nagybélű *mn vulg* gluttonous, voracious; **~ ember** a glutton, a pig

nagyberuházás *fn* large project, large scale investment

nagybeteg I. *mn* seriously/desperately ill **II.** *fn* desperately/seriously ill person, dangerous case

nagybetű *fn* **1.** *[kezdő]* capital (letter), *biz* cap(s); **~kkel ír** capitalize, write* (sg) in capital letters (v. in block letters/capitals); **kérjük ~kkel írni** please write [your name etc.] in block letters, *biz* caps please **2.** *[méretben]* large characters *tsz*, large type

nagybetűs *mn* **1.** *[kezdőbetű]* capitalized, written/printed in capital letters *ut* **2.** *nyomd [méretben]* printed in large type *ut*

nagybirtok *fn* large estate

nagybirtokos *fn* big landowner

nagybőgő *fn zene* double bass

nagybőgős *fn zene* double-bass player, contrabassist

nagyböjt *fn* Lent

Nagy-Britannia *földr* Great Britain, *biz* Britain; **~ és Észak-Írország Egyesült Királysága** United Kingdom of Great Britain and Northern Ireland

nagy-britanniai *mn* of Great Britain *ut*, British

Nagy-Budapest *földr* Greater Budapest

nagy-budapesti *mn elav* of Greater Budapest *ut*

nagycirkusz *fn* circus

nagycsalád *fn* large family

nagycsarnok *fn* great market hall

nagycsoport *fn [óvodában]* ‹one's final year at nursery school v. kindergarten›

nagycsoportos *mn* child° in his/her final year at kindergarten/nursery school

nagycsütörtök *fn* Maundy Thursday

nagydíj *fn* grand prize, *[autóversenyen]* Grand Prix

nagydob *fn zene* bass drum; **veri a ~ot** beat*/bang the drum (for)

nagydobos *fn zene* bass drummer

nagydolog *fn biz* **nagydolgát végzi** do* number two; *[gyermek]* do* one's duty

nagyérdemű *mn* **~ közönség!** ladies and gentlemen!

nagyestélyi *fn* evening dress, ball gown

nagyeszű *mn* highly intelligent, *biz* brainy

nagyevő *mn* a big/hearty eater

nagyfejedelem *fn* grand duke

nagyfejű *mn* → **fejes II 3**

nagyfeszültség *fn el* high voltage

nagyfeszültségű *mn* high-tension/voltage; **~ áram** high-voltage current; **~ vezeték** high-tension (v. power) line

nagyfilm *fn* feature (film)

nagyfokú *mn* intense, considerable, the highest degree *ut*; **~ hanyagság** gross negligence

nagyfontosságú *mn* (be*) of great account *ut*

nagyfőnök *fn biz* big boss

nagyfrekvencia *fn* high frequency

nagyfrekvenciás *mn* high-frequency

nagyfröccs *fn* wine and soda

nagygazda *fn* wealthy farmer

nagygazdaság *fn mezőg* big/large farm

nagygép *fn infor* mainframe

nagygyakorlat *fn kat* army manoeuvres (*US* maneuvers) *tsz*

nagygyűlés *fn* congress, general assembly

nagyhangú *mn* **1.** *[ember]* loud-mouthed, ranting; **~ alak** *biz* a loud-mouth **2.** *[kijelentés]* grandiloquent, oratorical, declamatory, bombastic; **~ kijelentés** bombastic declaration

nagyhatalmi *mn* **~ politika** power politics *esz*

nagyhatalom *fn* Great Power

nagyherceg *fn* grand duke

nagyhercegnő *fn* grand duchess

nagyhercegség *fn* grand duchy

nagyhét *fn vall* Holy Week

nagyigényű *mn [színvonalas]* very demanding, exacting, *pej* hard to please *ut*

nagyipar *fn* big industry, large-scale industry

nagyiparos *fn* industrialist, tycoon, [beef, etc.] baron

nagyít *i* **1.** *fényk* enlarge, *[optikailag]* magnify **2.** *[túloz]* exaggerate, magnify

nagyítás *fn* **1.** *fényk* enlargement, *[optikai]* magnifying **2.** *[nagyított kép]* enlargement, *[kinagyítás]* blow-up **3.** *[túlzás]* exaggeration, magnification

nagyító *fn* **1.** *[üveg]* magnifying glass, magnifier, reading glass; *átv* **~ alatt vizsgál vmt** home in on sg **2.** → **nagyítógép**

nagyítógép *fn fényk* enlarger

nagyítólencse *fn* magnifying/convex lens

nagyított *mn [kép]* enlarged

nagyítóüveg *fn* → **nagyító 1**

nagyjában(-egészében) *hsz* on the whole, by and large

nagyjából *hsz* by and large, roughly, roughly/broadly speaking, on the whole

nagyjavítás *fn* (general) overhaul; **már esedékes a ~** the engine is* due for an overhaul

nagykabát *fn* overcoat, topcoat

nagykapitalista *mn* → **nagytőkés**

nagykendő *fn* shawl

nagyképű *mn* bumptious, pompous, self-important; *biz* **~ alak/fráter** bumptious fellow, stuffed shirt, show-off; *kif* a fly on the wheel; **~ halandzsa** gobbledygook

nagyképűség *fn* bumptiousness, pompousness, self-importance

nagyképűsköd|ik *i* ride* a high horse, give* oneself airs, talk big

nagykereskedelem *fn* wholesale trade

nagykereskedés *fn* wholesale (ware)house/establishment/store

nagykereskedő *fn* wholesaler, wholesale dealer, merchant, *US így is:* distributor

nagykereskedői *mn* **~ ár** wholesale price

nagykocsi *fn gk* large car, *[típus] GB* saloon (car), *US* sedan

nagykorú *mn* major, of age *ut*; **~ lesz** → **eléri a nagykorúságot**

nagykorúság *fn* (one's) majority; **eléri a ~ot** come* of age, reach/attain one's majority

nagykönyv *fn* **ahogy a ~ben meg van írva** by v. according to the book

nagykötőjel *fn* (em) dash

nagykövet *fn* ambassador; **a budapesti brit/angol ~** the British Ambassador in Budapest

nagykövetség *fn* **1.** *[hely]* embassy **2.** *[tisztség]* ambassadorship

nagyközönség *fn* the (general) public, the public at large; **a ~ számára nyitva 10-től 2-ig** open to the public from 10 a.m. to 2 p.m.

nagyközség *fn* large village [an incorporated municipality]

nagykun *mn/fn* ‹inhabitant of Great Cumania›

Nagykunság *földr* Great Cumania

nagykutya *fn biz [fontos személy]* bigwig, V.I.P. v. VIP, *szl* big gun, big noise, *US* big shot

nagylány *fn* big girl, a grown-up girl; **a ~om** my eldest daughter
nagylélegzetű *mn* **~ munka** major project/job, outstanding job
nagylelkű *mn* generous, magnanimous, kindhearted
nagylelkűség *fn* generosity, magnanimity
Nagy-London *földr* Greater London
nagymama *fn* grandma(ma), granny; *átv* **meséld ezt a ~dnak!** tell that to the horse marines!
Nagymedve *tul csill* the Great Bear, Ursa Major
nagymenő *fn biz [sok pénze van]* a fat cat
nagyméretű *mn* large-size(d), large-scale, of great size *ut*; → **nagy I**
nagymértékben *hsz* to a great extent, in large measure, considerably
nagymértékű, **nagymérvű** *mn* considerable, substantial, extensive, large-scale
nagymester *fn* **1.** *[sakkban]* grandmaster; **nemzetközi ~** International Grandmaster **2.** (*vmben*) past master (at/in/of sg/at doing sg)
nagymise *fn vall* high mass
nagymosás *fn* washing-day, wash-day
nagymutató *fn [órán]* minute hand
nagynéni *fn* aunt, *[szülőké]* great-aunt, grandaunt; **~kém** auntie, aunty
nagynevű *mn* famous, well-known, renowned
nagynyomású *mn* high-pressure
nagyobb *mn* **1.** *[összehasonlítás, méretre]* larger, bigger, *[magasabb]* taller (... *mint:* than), *[belső tulajdonságra nézve]* greater (than), *[kiválóbb]* superior (*vknél/vmnél* to) **2.** *[elég nagy]* fairly big, *[fontosabb, főbb]* major; **~ nehézségek nélkül** without major difficulties; **~ összeg** a good (round) sum
nagyobbacska *mn* fairly large, *[gyermek]* tallish
nagyobbfajta *mn biz* major, biggish
nagyobbik *mn* **1. a ~ fiam** my elder son **2. a ~része/fele vmnek** the major/better/best part of sg; **a ~at kérem** the bigger one, please
nagyobbít *i* increase, enlarge, make* (sg) larger, augment
nagyobbítás *fn* enlargement, augmentation
nagyobbodás *fn* expansion, growth, *[növekedés]* increase
nagyobbod|ik *i* expand, grow* larger, become* greater, *[növekszik]* increase
nagyobbrészt *hsz* mostly, for the greater/most part
nagyocska *fn* fairly big/large/tall
nagyoll *i* find*/consider sg too large/big/great
nagyolvasztó *fn* blast-furnace
nagyon *hsz* **1.** *[melléknévvel, határozószóval]* very, *[rendkívül]* most, highly, *[meglehetősen]* quite; **~ helyes!** quite right!; **~ nagy** very big/large; **~ sok** very much, a great many, ever so many, quite a lot; **~ kevés** very little; **~ szívesen** with (great) pleasure; **~ lassan** dead slow; **nem ~** *[és melléknév]* not too ..., not very ...; *[nem valami]* none too ...; **nem ~ drága** not too expensive **2.** *[igével]* very much; **~ akar** *[vmt tenni]* be* very keen on (doing sg); **~ esik** it is raining very hard; **~ örülök** I am very pleased/glad/happy; **~ szépen köszönöm** thank you very much, thank you ever so much; **nem ~ tetszik** I don't (very) much like it; **~ sajnálom** I am very sorry (for ... v. that ...) **3. ~ is** very much so; **~ is gyakran** far too often; **~ is igaz** (that's) only too true; **ismered őt? ~ is!** do you know him? rather! (v. only too well!)
nagyopera *fn* grand opera
nagyoperett *fn* light opera, operetta
nagyos *mn [gyerek]* imitating the grown-ups *ut*, precocious
nagyothall *i* be* partially deaf, be* hard of hearing
nagyothallás *fn* partial loss of hearing
nagyothalló *mn* hard of hearing *ut*, partially deaf; **~ készülék** hearing aid
nagypapa *fn* grand-dad, grandpa(pa)
nagypéntek *fn* Good Friday
nagypénzű *mn* having much money *ut*, with/of large resources *ut*, rich, *[igével]* be* well off
nagypolgár *fn* member of the upper middle-class
nagypolgári *mn* upper middle-class
nagypolitika *fn* power/high politics *esz* v. *tsz*
nagyra- *előtag* → **nagy II 4**
nagyrabecsülés *fn* (high) esteem, appreciation, respect; **fogadja ~em kifejezését** *[levél végén]* (I am) yours very truly, (I am) yours most respectfully; **~em jeléül** as a token of my esteem; *[dedikálásnál]* **~e jeléül – a szerző** with the compliments of (the author), with the author's compliments
nagyravágyás *fn* ambition, ambitiousness
nagyravágyó I. *mn* ambitious, high-flying, *[igével]* be* flying (too) high **II.** *fn* high-flier (v. -flyer), *biz* whiz(z) kid
nagyrészt *hsz* **1.** *[nagyobb részben]* largely, mostly, for the most part, in the main **2.** *[rendszerint]* as a rule, mostly, usually
nagyroham *fn orv [epilepsziában]* grand mal [serious form of epilepsy]
nagysád *fn elav* **~ kérem!** please Madam/Ma'am!
nagyság *fn* **1.** *ált* bigness, largeness, *[fokozat]* extent, scale, grade, *[kiterjedés]* dimension, extent, *[magasság]* height, *[mennyiség]* volume, *[méret]* size, measure, magnitude; **a szoba ~a** the size (v. dimensions *tsz*) of the room; **ez a ~ megfelel** this is my size, this size will do; **~ szerint** in order of size/height; **~ szerint osztályoz** sort according to size **2.** *[lelki, szellemi]* greatness [of soul/mind] **3.** *[fontosság]* significance, dimensions *tsz*; **a feladat ~a** the size (v. magnitude) of the task/challenge; **a ~ átka** noblesse oblige **4.** *[személyiség]* notability
nagyságos *mn elav* ‹obsolete middle-class form of address in Hungary› *[levélborítékon kb.]* Esq. *ut*; **~ asszony** Mrs. Szabó etc.
nagyságrend *fn* order (of magnitude)
nagyságrendű *mn* of the order of ...; **ezres ~ összeg** a four-figure sum; **80 000 fontos ~ jövedelem** an income in/of the order £80,000
nagyságú *mn* -sized; **közepes ~** medium size
nagystílű *mn* **1.** *[terv]* large-scale, grand, bold, *[épület]* splendid, magnificent, grandiose **2.** (*vk*) high-living (and high-spending); **~ életmódot folytat, ~en él** live in (the grand v. some) style
nagyszabású *mn* vast, large-scale, monumental; **~an** on a large scale
nagyszájú *mn pej [lármás]* noisy, loud-mouthed, *[feleselő]* saucy, pert; **~ ember** loudmouth
nagyszálló *fn* Grand Hotel
nagyszámítógép *fn* mainframe
nagyszámú *mn* many, numerous; **~ közönség** a large audience
nagyszerű *mn* **1.** grand, magnificent, splendid, wonderful, super, *biz* great, super; **~ ötlet!** what a great idea; (*vk vmben*) be* great at sg **2.** *[felkiáltás]* splendid!, that's fine!, *biz* great!
nagyszerűen *hsz* splendily, magnificently, wonderfully; **~ éreztük magunkat a Mátrában** we had a great/wonderful/marvellous (*US* -l-) time in the Mátra hills
nagyszombat *fn* Easter Eve, Holy Saturday
nagyszótár *fn* comprehensive/unabridged dictionary
nagyszülők *fn tsz* grandparents
nagytakarítás *fn* **1.** big cleaning, housecleaning; **tavaszi ~** spring-cleaning **2.** *átv pol [szervezeten belül]* a clean sweep; **~t hajt végre** make* a clean sweep (of sg)
nagyterem *fn* big/banqueting hall, assembly hall/room, (main) auditorium (*tsz* -ums v. -ria)
nagytiszteletű *mn* reverend; **~ úr** *[ha vele beszélünk]* Mr. *[és a vezetéknév]*; *[ha róla beszélünk]* the Reverend *[és a teljes név]*; **N~ Kovács Márton ref. lelkipásztor úrnak** *[címzésben]* The Rev. Márton Kovács
nagytőke *fn* big business; *átv* **a ~** the capitalists *tsz*, plutocracy

nagytőkés *fn* great capitalist/financier, plutocrat, tycoon
nagyujj *fn [kézen]* thumb, *[lábon]* big toe
nagyüzem *fn [ipari]* large-scale (v. mammoth) works *esz* v. *tsz* (v. plant)
nagyüzemi *mn* **~ gazdálkodás** farming on a large scale; **~ termelés** bulk/serial production, mass-production
nagyvad *fn* big game
nagyvakáció *fn [középisk.]* summer holidays *tsz*, *US* summer vacation
nagyvállalat *fn [ipari]* big/large industrial/enterprise/company
nagyvállalkozás *fn* big business/enterprise
nagyvállalkozó *fn* big businessman/entrepreneur
nagyváros *fn* city
nagyvárosi *mn* city-; **~ élet** city life; **~ lakos** city dweller; **~ fények** city lights, the bright lights (of the big city)
nagyvezér *fn tört* Grand Vizier
nagyvilág *fn [sok külföldi ország együttvéve]* **a ~ban** in the big wide world
nagyvilági *mn* fashionable; **~ élet** high life; **~ ember** man° about town, man° of the world
nagyvizit *fn [kórházban]* round; **~en van** (doctors) do* their rounds
nagyvonalú *mn* **1.** *[ember]* generous, open-handed, liberal **2.** *[terv]* grandiose, bold
nagyvonalúan *hsz* generously, *[csak pénzt illetően]* handsomely
nagyvonalúság *fn* generosity, largeness
nagyzás *fn [hencegés]* showing off, big talk, boasting
nagyzási *mn* **~ hóbort/mánia** delusion(s) of grandeur
nagyzol *i [henceg]* show* off, swagger, swank
nagyzolás *fn* → **nagyzás**
nahát! *isz [meglepődés]* well, I never!, come come!, you don't say (so)!
naiv *mn* **1.** *[jóhiszemű]* naive v. naïve, artless, ingenuous, *biz* green **2.** *[hiszékeny]* simple-minded, credulous; **~ kérdés** a naive/childish question **3.** *műv* naive; **~ festő** naive artist/painter
naiva *fn szính* ingénue
naivitás, **naivság** *fn* naivety, naïveté
nála *hsz* **1.** (*vknél, vkvel, vhol*) with him/her etc.; **én ~ lakom** I live at his place; **nálunk** *[lakásunkban]* with us; *[országunkban]* over here, in this country **2.** *[birtokában]* on him; **~m** on me, *US* by me; **nincs nálunk pénz** we have no money on us; **~d van a személyi igazolványod?** have you got your identity/ID card on you? **3.** *[összehasonlításnál]* than he/him; **én idősebb vagyok ~** I am older than he (is)/him
Namíbia *földr* Namibia
namíbiai *mn/fn* Namibian
nana! *isz* not so fast!
naná! *isz* sure (enough)!, sure it is/does!, for real!
nanométer *fn tud* nanometre, *US* nanometer
nap *fn* **1.** *[égitest]* sun; *összet* solar; **süt a ~** the sun is shining/out, it is sunny; **nincs semmi új a ~ alatt** there is nothing new under the sun; **felkel a ~ja** his star is rising; **~nál világosabb** it is as plain as the nose on your face, it is quite (v. so blindingly) obvious **2.** *[napsütés]* sun(shine); **a tűző ~on** in the blazing sun; **a ~on sütkérezik** be* basking in the sun, be* sunning oneself; **kiül a ~ra** sit* (out) in the sun **3.** *[24 óra, röv* **n.***]* day; **a ~ folyamán** in the course of the day; **egy-két ~ alatt** in a day or two; **~ ~ után, ~ mint ~** day after/by day, day in day out; **egész ~** all day (long); **hétfői ~** Monday; **milyen ~ van ma?** what day is (it) today?; **több ~, mint kolbász** *kb.* put* sg aside for a rainy day; **jó ~ja van** he is in good spirits today; **rossz ~ja volt** it was one of his off days; **(no,) ez nem az én ~om!** *[ma semmi sem sikerül]* this has not been my day; *[nem érzem valami jól magam]* I don't feel quite the thing today; **a ~ok hosszabbodnak** the days are drawing out; **~jai meg vannak számlálva** his days are numbered; **a ~okban** recently, the other day; **az utóbbi ~okban** lately; **kétszer ~jában** twice a day; **~jainkban** in our time, nowadays, these days; **három ~ig marad** stay three days; **a mai ~ig** to date, up to now, as yet; **mind a mai ~ig, ~jainkig** to date, to this day, until now, so far; **három ~on át** for three days, three days running; **egész napon át** all day (long); **egy ~on** (i) *[régen]* one day (ii) *[majd]* some day; **egy szép ~on** one of these (fine) days, some day, one fine day; **a szerdai ~on** on Wednesday; **ugyanazon a ~on** the same day; **néhány ~on belül** in a few days, in a day or two; **~okon át** for days (on end); **~ról ~ra** from day to day, every day; **~ról ~ra szebb lesz** she is becoming prettier by the day (v. every day); **a helyzet egyik ~ról a másikra megváltozott** the situation has changed overnight; **jó ~ot (kívánok)** good morning/afternoon; **jobb ~okat látott** he has seen better days, he has had his day; **a mai (v. e) ~tól** from this day/date; → **említ**, → **napjában**, → **naponként**
napálló *mn* sunproof
napbarnított *mn* sunburnt, sunburned, suntanned, brown
napéjegyenlőség *fn* equinox
napelem *fn* solar cell
napelemes *mn* solar
napelemtábla *fn el* solar panel
napellenző *fn* **1.** *[ernyő]* sunshade, parasol, *[ablak fölött]* awning, *[ponyva]* canopy, *[autóban]* sun-shield/visor **2.** *[sapkán]* peak, visor
napenergia *fn* solar energy; **fűtés ~val** solar heating
napernyő *fn* parasol
napestig *hsz* **~ dolgozik** he is working from morning till/to night
napév *fn* solar year
napfelkelte *fn* → **napkelte**
napfény *fn* **1.** *konkr* sunlight, *[napsütés]* sunshine **2.** *átv* **~re hoz vmt** bring* sg to light, disclose/reveal sg; **~re kerül/jut** come* to light; *[hír]* come* out; **az igazság ~re jön** truth will out
napfényes *mn* sunlit, sunny
napfénykezelés *fn [ibolyántúli sugarakkal]* sun-ray treatment
napfénytető *fn gk* sunroof, sunshine roof
napfénytöltés *fn fényk [az elv]* daylight-loading, *[a film]* daylight(-loading) film/cartridge
napfogyatkozás *fn* eclipse of the sun, solar eclipse; **részleges ~** partial eclipse (of the sun)
napfolt *fn* sunspot
napfolttevékenység *fn* sunspot activity
napforduló *fn* solstice
napfürdő *fn* sun bath
napfürdőzés *fn* sun-bathing, having a sun bath
napfürdőz|ik *i* sun-bathe, take* a sun bath, bask in the sun
naphosszat *hsz* all day long
napi *mn* **1.** (*röv* **n.**), *[egy napra vonatkozó]* a/the day's, day(-), *[mindennapi]* daily, *[naponta ismétlődő]* day-to-day, daily; **~ ár** current/market price; **~ áron** at the current/market price; **~ jelentés** daily report, *orv* bulletin; **~ kereset** daily (v. a day's) income (v. earnings *tsz*); **~ munka** a/the day's work; **~ posta** (today's) post **2. két~, öt~** *stb.* two/five etc. days'; **egy~ járásra van innen** it is a days' walk from here
napibér *fn* (a) day's wage
napidíj *fn [kiszállásnál]* per diem (allowance), daily/travel allowance
napihír *fn* news in brief *tsz*, news bulletin, a roundup of today's/the news
napijegy *fn [vonaton stb.]* day ticket, *[oda-vissza]* day return
napilap *fn* daily (paper)
napiparancs *fn* order of the day, general orders *tsz*; **~ban megemlít** *[elismerésképpen]* mention sy in dispatches
napirend *fn [ülésé stb.]* agenda (*tsz* agendas), *[parlamentben]* order of the day; **~ előtti felszólalás** speech (v. remarks *tsz*) before the order of the day; **~en**

szerepel/van be*/appear on the agenda; **ez a kérdés van most ~en** (i) *[gyűlésen]* this topic is now (high) on the agenda (v. on the order of the day) (ii) *átv* this is the question of the day, (this is) the question/point at issue; **~en levő ügy** the point/case/matter at issue; **itt ~en vannak a lopások** thefts are a common occurrence here; **~re tér vm fölött** *átv* get* over sg, let* bygones be bygones; **~re tűz/felvesz egy kérdést** put*/place sg (v. an item) on the agenda, add an item to the agenda; **levesz egy kérdést a ~ről** remove (v. take* off) an item from the agenda, drop the matter

napirendi *mn* **~ indítvány/javaslat** procedural motion; **~ pont** item [No. 5 etc.] on the agenda; **~ pontok** (items on the) agenda

napisajtó *fn* daily press, daily papers *tsz*

napjában *hsz* daily, ... a/every day; **~ háromszor** three times a day

napkelet *fn [világtáj]* East, Orient

napkeleti *mn* eastern, oriental; **a ~ bölcsek** the (three) Magi

napkelte *fn* sunrise; **~kor** at sunrise/daybreak

napközben *hsz* in the daytime, in the course of the day, during the day, by day

napközel *fn* perihelion

napközi *fn* **~ (otthon)** day-nursery, day-care centre; **a lányom ~be jár** my daughter goes to a day-care centre (after school); **öregek ~ otthona** day centre for the elderly

napközis *fn* day-care boy/girl/child, *[igével]* go* to a/the day-care centre; **a ~ek** day-care children

napkúra *fn* sunlight treatment, *orv* heliotherapy

napkúráz|ik *i* sunbathe

naplemente *fn* sunset, sundown; **~kor** at sunset/sundown

napló *fn [személyi]* (personal) diary; **~t vezet** keep* a diary

naplóállomány *fn infor* log file

naplójegyzetek *fn* (diary) notes, memoranda *tsz*

naplopás *fn* idling, loafing, loitering

naplopó *mn* idler, lounger, loafer, *biz* lazybones *tsz*

naplórészlet *fn* **~ek** excerpts from a/sb's diary

naplóvezető *fn film* continuity girl

napnyugat *fn* West, Occident

napnyugati *mn* western, occidental

napnyugta *fn* → **naplemente**

napolaj *fn* suntan oil/lotion

Napóleon-arany *fn [aranypénz]* napoleon

Nápoly *földr* Naples

nápolyi I. *mn* Neapolitan, of Naples *ut*; **~ (szelet)** cream slice, (creamy) wafer biscuit **II.** *fn* Neapolitan

naponként *hsz [egy-egy napon belül]* a/per day, *[mindennap]* every day, daily; **mennyit tudsz megcsinálni ~?** how many (of these) can you do a/per day?; **~ és személyenként 60 000 Ft** 60,000 fts per day and per person; **~ meg kell neki magyaráznom** I have to explain it to him every day; **~ ismétlődő** day-to-day, daily; **~ kétszer** twice a day, twice daily

naponkénti *mn* daily

naponta *hsz* → **naponként**

napóra *fn* sun-dial

napos[1] *mn [amikor/ahol a nap süt]* sunny; **~ lakás** sunny/bright flat

napos[2] **I.** *mn* **1.** *[korra vonatkozóan]* ...days old *ut*, ...-day-old [baby]; **12 ~ csecsemő** a baby 12 days old, a 12-day-old baby **2.** *[valahány napig tartó]* lasting ... days *ut*; **31 ~ hónap** a 31-day month; **öt~ hajóút** a five-day voyage **3.** *[szolgálatra beosztott]* on duty *ut* **II.** *fn biz* person on duty; → **napostiszt**

naposcsibe *fn* (baby) chick(en), day-old chicken

napostiszt *fn kat* orderly officer, officer of the day

napozás *fn* sunbathing

napoz|ik *i* sunbathe, bask in the sun, sun oneself; → **napfürdőzik**

napozó *fn* **1.** *[személy]* sunbather **2.** *[hely]* beach, sun-terrace **3.** *[ruha]* sun-dress, *[gyereké]* sunsuit

nappal I. *hsz* by day, during the day, in the daytime, *[nappali világításban]* while it's light (v. still daylight); **fényes/világos ~** in broad daylight **II.** *fn* day(time); **rövidülnek a ~ok** the days are drawing in (v. getting shorter)

nappali I. *mn* day-, of the day *ut*; **~ elfoglaltság** daytime occupation; **~ fény** daylight; **~ hallgató** *[szemben a levelezővel]* regular student; **~ (arc)krém** day/vanishing cream; **~ műszak** day-shift; **~ műszakban dolgozik** be*/work on the day-shift; **~ pénztár** *szính* (advance) box-office; **~ világítás mellett (v. világításban)** by/in daylight, while it's still daylight **II.** *fn [szoba]* sitting/living-room

nappalod|ik *i* **már ~ik** day/dawn is breaking, the day is dawning

nappalos *fn* day(-shift) worker, *[igével]* be* on the day-shift, work (on) the day-shift; **a jövő héten ~ vagyok** next week I am on the day-shift

nappálya *fn* ecliptic, sun's orbit

napraforgó *fn* sunflower

napraforgóolaj *fn* sunflower-seed oil

naprakész *mn* current, daily; **~ állapotba hoz** bring* sg up-to-date, update sg; *[feljegyzéseket, naplót stb.]* write* up (notes etc.); **~en** up-to-date; **~en tartott** regularly updated

naprendszer *fn* solar system

napsugár *fn* sunbeam, ray of sunlight, sunshine

napsugaras *mn* **1.** *konkr* sunny, sunlit **2.** *átv* radiant, bright, cheerful

napsütés *fn* sunshine; **erős/szikrázó ~** brilliant sunshine; **ragyogó ~ben** in the bright sunshine; → **tűző**

napsütéses *mn* **~ idő** sunny weather/day

napsütötte *mn* sunlit, sunny

napszak *fn* part of the day

napszám *fn* **1.** *[bér]* day's wage/pay **2.** *[munka]* day labour (*US* -bor), daywork; **~ba jár** be* a day-labourer

napszámos *fn* day-labourer/worker, day-wage man°, *US* hired man°

napszámosmunka *fn* day-labour (*US* -bor)

napszemüveg *fn* sunglasses *tsz*

napszúrás *fn* sunstroke; **~t kap** get* a touch of sunstroke; *[enyhét]* have* a touch of the sun

naptár *fn* calendar; **2002-ig betelt a ~a** his calendar is fully booked until 2002

naptári *mn* **~ év** calendar/civil year

naptáros *mn* **~ (kar)óra** calendar watch

naptelep *fn el* solar battery

naptevékenység *fn* solar activity

napvédő *mn* **~ krém/szer** sunblock, sunscreen, sun cream

napvilág *fn* daylight, sunlight; **~ra hoz/kerül/jut** → **napfényre hoz/kerül/jut**; **~ot lát** come* to light; *[hír]* come* out; *[könyv]* appear, be* published, be* out

narancs *fn* **1.** *[gyümölcs]* orange **2.** → **narancsfa**

narancsdzsem *fn* marmalade

narancsdzsúsz *fn* orange juice

narancsfa *fn* orange-tree

narancshéj *fn* orange-peel

narancsital *fn [üdítőital, rendszerint szénsavas]* orangeade, orange drink/squash

narancsízű *mn* orange-flavoured (*US* -or-)

narancslé *fn [a narancs kipréselt leve]* orange juice, *[sűrítmény, amit hígítani kell]* orange squash

narancslekvár *fn* marmalade

narancslikőr *fn* orange liqueur

narancsmag *fn* orange-pip/seed

narancssaláta *fn* orange salad

narancssárga *mn* orange(-coloured) (*US* -or-)

narancsszínű *mn* orange(-coloured) (*US* -or-)

narancsszörp *fn* orange drink/squash, orangeade

nárcisz *fn* narcissus (*tsz* narcissi)

narkó *fn biz* narcotics *tsz*, dope, gear, stuff, drug; *durva* shit

narkománia *fn* drug/narcotic addiction
narkomániás *mn/fn* drug-addict
narkós *mn biz* junkie, drug-addict; *kif* be*/get* high [on cannabis etc.], *kif US* have* monkey on one's back
narkotikum *fn* narcotic(s), drug
narkóz|ik *i* be* a drug-addict, *kif biz* trip out
narkózis *fn* narcosis
narrátor *fn* narrator
naspolya *fn* medlar
nassol *i* eat* titbits (*US* tidbits), snack
nassolás *fn biz* snack
nász *fn* **1.** *[esküvő]* wedding, marriage, nuptials *tsz* **2. ~om** father-in-law of my son/daughter
naszád *fn* sloop, cutter
nászajándék *fn* wedding-present
nászasszony *fn* **a ~om** the mother-in-law of my son/daughter
nászéjszaka *fn* wedding/bridal night
nászinduló *fn* wedding/bridal march
násznagy *fn [vőlegény részéről]* best man°
násznép *fn* the wedding guests *tsz*
nászút *fn* honeymoon; **~ra megy** go* on (one's) honeymoon; **~on van** be* on one's honeymoon; **hol voltatok ~on?** where did you go for your honeymoon?
nászutasok *fn tsz* newly wedded couple, newly weds, couple on their honeymoon, honeymoon couple, honeymooners (*mindegyik: esz* v. *tsz*)
nászutazás *fn* → **nászút**
Natália *tul* Natalie
nátha *fn* (common) cold; *[száraz]* a cold in the head; **~t kap** catch* (a) cold
náthás *mn* having a cold *ut*; *[folyik az orra]* one's nose is running; **(nagyon) ~ vagyok** I have (got) a (bad) cold; **nagyon ~ voltam** I had a bad cold
NATO *röv* [North Atlantic Treaty Organization] *[Észak-atlanti Szerződés Szervezete]*, NATO
NATO-csatlakozás *fn* ascension to (v. joining) NATO
NATO-kompatibilis *mn* NATO-compatible
NATO-tagság *fn* NATO-membership
nátrium *fn kém* sodium
nátrium-karbonát *fn kém* sodium carbonate
nátron *fn kém* natron
nátronlúg *fn kém* caustic soda
natúra *fn* **~ bolt** health-food shop
naturalista I. *mn* naturalistic **II.** *fn* naturalist
naturalizmus *fn* naturalism
naturista *mn* naturist, nudist
naturizmus *fn* naturism, nudism
natúrszelet *fn* veal/pork cutlet/escalope
natúrszínű *mn* self-coloured
Nauru *földr* Nauru
naurui *mn/fn* Nauruan
navigáció *fn hajó rep* navigation
navigációs *mn* navigational; **~ műszerek** navigational aids; **~ tiszt** navigation officer, navigator; *infor* **~ gomb** navigation button
navigál *i* navigate
navigálás *fn* → **navigáció**
navigátor *fn* navigator
nazális *mn nyelv* nasal
NB. *röv* → **nota bene**
ne *isz* **1.** *[felszólító módú igével]* don't; **~ menj(en) el!** don't go!; **~ tedd ezt!** don't do that!; **~ mondd!** *[nem hiszem]* you don't say (so)!, well I never!; **jól öltözz fel, hogy meg ~ fázz** dress warmly so you don't catch cold **2.** *[kérdésben]* **~ üljünk le egy padra?** why don't we sit down on a/this bench/seat; **miért ~?** why not?; **miért ~ menjünk?** why not go?, why shouldn't we go? **3.** *[feltételes módú igével]* **bár ~ jönne** I wish he wouldn't come, I wish he weren't coming; **ki ~ tudná?** who doesn't know it?, surely everybody knows (that)!; **csak ezt ~ tetted volna** if only you had not done that **4.** *[tiltószó]* no!, don't!, stop it/that!
-né *utótag* **1.** *[családnévvel]* Mrs ...; **Kovácsné** Mrs Kovács; **Kovács Pálné** Mrs Pál Kovács; **Székelyné Bácsy Katalin** Mrs Katalin Székely, née Bácsy / Mrs Székely, née Bácsy **2.** *[köznévvel]* the wife of ..., ...'s wife; **a gyógyszerészné** the chemist's wife
nebáncsvirág *fn* **1.** *növ* balsam, touch-me-not, impatiens **2.** *átv* oversensitive person, *biz* shrinking violet
nebuló *fn elav* urchin
necc *fn biz* net
necclabda *fn sp* netball
n-edik *mn mat* **az ~ hatványra emel** raise to the power of n (v. to the nth power)
nedű *fn [ital]* nectar, (sweet)drink
nedv *fn* moisture, fluid, *[gyümölcsé, húsé]* juice, *[növényé]* sap, *[testben]* (body) fluid
nedvdús *mn* juicy, *[növény]* sappy, sapful
nedves *mn ált* wet, humid, *[kissé]* moist, damp, *[nagyon]* watery, *[egészségtelenül]* dank, *[időjárás]* wet; **~ kéz** clammy hand; **~ lakás** damp flat
nedvesed|ik *i* become*/grow* moist/wet/damp
nedvesít *i* moisten, (make*) wet, damp(en)
nedvesség *fn* **1.** *[tulajdonság]* wetness, humidity, moistness, dampness **2.** *[nedv]* moisture, water
nedvez|ik *i [nedvet ereszt]* ooze, sweat, *[seb]* sweat, weep*
nedvszívó *mn* hygroscopic
nefelejcs *fn* forget-me-not
negáció *fn* negation
negatív I. *mn* negative; *mat* **~ előjel** minus sign; **~ hős** anti-hero; *orv* **~ lelet** negative findings *tsz*; *mat* **~ szám** negative number; **~ válasz** negative answer, refusal **II.** *fn fényk* negative
negatívum *fn* the negative side, a minus factor, *[hátrányos oldal]* drawback; **~okat mondott csak** he did not say anything positive
negédes *mn* demure, dainty, *[stílus]* affected
néger *pej* **I.** *mn* Black, Negro; **~ nő** a Black woman°, Negress **II.** *fn* **1.** (a) Black (*tsz* the Blacks), Negro (*tsz* -oes); **az amerikai ~ek** the Blacks of the U.S.A. **2.** *biz [más helyett dolgozó]* ghost(-writer)
négerez|ik *i* ghost-write*, *GB* devil (for sy)
négerkérdés *fn* the colour (*US* -or) problem, the "Negro" question
négerüldözés *fn* persecution of the Blacks/Negroes
negligál *i* neglect, ignore, disregard
neglizsé *fn* **~ben** in undress, in negligee/negligé
négy *szn* four; **~ lábon jár** walk on all fours; **~ részre oszt** divide into four/quarters; **a ~ben laknak** they live at number four; **~kor kezdődik** it begins at four (o'clock); **~re megjövök** I will be back at/by four; **~et ütött az óra** the clock (has) struck four; → **négyen**
négyajtós *mn* four-door
negyed I. *mn* (a) quarter (of); **~ hangjegy** crotchet, *US* quarter note; **~ kettő** (a) quarter past (*US* after) one; **~ kettőkor** at a quarter past one; **a buszok ~kor és háromnegyedkor indulnak** the buses leave twice every hour on the quarter; **~ kiló** quarter (of a) kilo(gram); **~ liter** quarter of a litre, *kb.* half a pint **II.** *fn* **1.** *ált* quarter, fourth part **2.** *[hangjegy]* crotchet, *US* quarter note **3.** *[városrész]* district, quarter **4.** → **negyedév** **5.** *sp [vízilabda]* period; **a 3. ~** period 3
negyedannyi *mn/fn* **~ sincs** not a quarter the value; **~ért** for quarter the price
negyeddöntő *fn* quarter-finals *tsz*
negyedel *i* quarter, split* in four
negyedév *fn* quarter [of a year]
negyedévenként *hsz* every quarter, every three months, quarterly
negyedéves I. *mn* **1.** *[negyedévre szóló]* quarterly **2.** *[negyedik éves]* of the fourth year *ut*, in its fourth year

N

ut, fourth-year **II.** *fn [egyetemista]* fourth-year student, *[US, ha ötéves az egyetem]* senior

negyedévi *mn* quarterly

negyedfél *szn/mn* three and a half

negyedhang *fn zene* **1.** crotchet, *US* quarter note **2.** half a semitone

negyedik I. *szn/mn* fourth; **IV. Béla** Béla IV (*kimondva:* Béla the Fourth); **a ~/4. oldalon** on page 4/four; **a IV. A-ba jár** attend (v. be* in) class 4/A **II.** *fn* **1. (május) 4-e** the fourth (of May); **január 4-én/~én** on January (the) fourth, on the fourth of January, on 4(th) January (*főleg: US* on January 4th) **2. ~be jár** attend (v. be* in) the fourth class/form (v. *US* grade v. class/form/grade 4)

negyedikes I. *mn* **~ tanuló** pupil in the fourth class/form (v. *US* grade) **II.** *fn* fourth-form pupil/boy/girl, fourth-former

negyediki *mn* **Július 4-i levelét köszönettel megkaptuk/-tam** Thank you for your letter of 4 July (v. *US* July 4th) (v. *gazd* your letter of the 4th inst.)

negyedmagával *hsz* the four of them, he and three others

negyedóra *fn* a quarter of an hour

negyedórányi *mn/fn* a quarter of an hour's, of a quarter of an hour *ut*; **~ra innen** it is a quarter of an hour's walk/drive from here

negyedrész *fn* quarter, fourth part

negyedrét *fn* quarto (volume)

negyedszer *szn/hsz* for the fourth time, *[felsorolásnál]* fourthly

négyemeletes *mn* **~ ház** a house on/of four storeys (*US* five stories); a four-storey(ed) (*US* five-storied) house

négyen *szn/hsz* four; **~ vannak/vagyunk** *stb.* there are four of them/us etc.; **~ jöttek (el)** four of them came; **~ kész vannak** four are ready

négyes I. *mn* **1. ~ fogat** four-horse carriage, coach and four, four-in-hand; **~ sorokban** in fours, four deep; **~ osztályzat** good (mark/grade); **~ szám(jegy)** number/figure four/4; **~ találata van** *[a lottón]* win*; **~ villamos** tram number four, tram No. 4, the number four tram **2. a ~ gyors** the four-o'clock train/express **II.** *fn* **1.** *[szám, mennyiség]* four **2.** *[osztályzat]* good; **~re felelt** (s)he got a "good", (s)he was given a "good" **3.** *sp [hajóegység]* four(s *tsz*); **kormányos nélküli ~** coxless four(s); **kormányos ~** coxed four(s) **4.** *zene* quartet

négyesével *hsz* in fours, four at a time; **~ álljatok fel!** form fours!

négyéves *mn* **1.** *[életkor]* four years old *ut*, four-year-old; **~ gyerek** a four-year-old child, a child of four **2.** *[négy évig tartó]* four years', four-year, lasting four years *ut* **3.** *[négy évre szóló]* for four years *ut*, four years'

négyevezős *mn* four-oar; → **négyes II 3**

négyévi *mn* four years', four-year, of four years *ut*; **~ időtartamra** for a period of four years

négyfelé *hsz* **~ vág** cut* into four; **~ futottak** they ran in four (different) directions

négyféle *mn* four kinds/sorts of

négyhatalmi *mn* four-power; **~ egyezmény** four-power pact

négyhengeres *mn* four/4-cylinder [engine, car]

négykerék-meghajtás(ú) *fn/mn* four-wheel drive, 4-wheel drive

négykerekű *mn* four-wheeled

négykezes *fn [zenedarab]* piece for four hands, four-handed piece; **~t játszanak** play four-hands (on the piano)

négykézláb *hsz* on all fours

négylábú *mn* four-legged, *áll* quadruped

négylevelű *mn* **~ lóhere** four-leaved/leaf clover

négylovas *mn* **~ kocsi/hintó** four-horse carriage, four-in-hand, coach and four

négyméteres *fn [büntetődobás vízilabdában]* penalty throw

négymillió *szn* four million

négymotoros *mn* four-engined

négynapi *mn* four days', of four days *ut*, four-day

négynapos *mn* **1.** *[kor]* four days old *ut*, four-day-old, 4-day-old **2.** *[négy napig tartó]* four-day; **~ munkahét** four-day week

négynegyedes *mn zene* four-four (time); **~ (tempóban)** in four-four time

négyoldalú *mn* four-sided

négyórai *mn [időtartam]* four hours', four-hour

négyötöd *szn* four-fifths

négyrét *hsz* (folded) into four

négysávos *mn [út]* four-lane; *[magnó]* four-track

négysoros *mn* of four lines *ut*; **~ vers** quatrain

négyszáz *szn* four hundred; **~ éves évforduló** quatercentenary, 400th anniversary

négyszemélyes *mn [autó]* four-seater

négyszemközt *hsz* in private, privately, between ourselves, between you and me

négyszemközti *mn* **~ beszélgetés** private talk, confidential conversation, *biz* heart-to-heart

négyszer *szn/hsz* four times, *[négy alkalommal]* on four occasions; **~ annyi** four times as much/many

négyszeres *mn* fourfold; **vmnek a ~e** the quadruple of sg, four times as many/much as

négyszeri *mn* done/occurring four times *ut*, repeated four times *ut*

négyszobás *mn [lakás]* a four-room flat/apartement

négyszólamú *mn* four-part

négyszótagú *mn* four-syllable(d), quadrisyllabic

négyszög *fn mat* quadrilateral, quadrangle; **~ alakú** quadrangular; **derékszögű ~** parallelogram, rectangle

négyszögletes *mn* square, four-sided/cornered, *mat* rectangular

négyszögletesítés *fn biz* **megoldja a kör ~ét** *[a lehetetlenre vállalkozik] kif* put* a quart into a pint pot

négyszögöl *fn* ‹ = 3,57 m^2 = 38.32 square feet›

négytagú *mn* **1.** *mat* quadrinomial **2. ~ család** family of four

négyüléses *mn* with four seats *ut*, four-seat; **~ autó** four-seater

négyütemű *mn* **1.** *zene* in/of quadruple time/rhythm *ut*; **~ verssor** tetrameter **2.** *[motor]* four-stroke, *US* four-cycle

negyven *szn* forty; **túl van a ~en** he is over forty

negyvened *fn* fortieth (part); **~magammal** the forty of us

negyvenedik *mn/fn* fortieth

negyvenen *hsz* forty (people), forty of you/them/us; → **negyven**

negyvenes I. *mn* **a ~ (v. 40-es) évek** the forties (40s); **~ szám** number/figure forty/40 **II.** *fn* **1.** *[számjegy]* number/figure forty, *[autóbusz, villamos]* [bus/tram] number forty, the No. 40 [bus/tram] **2. ő jó ~** he is well over forty, he is a good forty

negyvenéves *mn* forty years old *ut*, forty-year-old

negyvenezer *szn* forty thousand

negyvennyolc I. *szn/mn* forty-eight **II.** *fn* (the year) 1848; → **enged 4**

negyvennyolcas I. *mn* of 1848 *ut*; **~ politikus** politician upholding the principles of 1848 **II.** *fn* freedom-fighter of 1848

négyzet *fn mat* **1.** *[alakzat]* square; **~ alakú** square, quadrate **2.** *[hatvány]* square; **2-nek a ~e 4, 2 a ~en egyenlő 4** ($2^2 = 4$) the square of 2 is 4, 2 squared is/equals 4; **~re emel** raise to the second power, square

négyzetcentiméter, cm^2 *fn* square centimetre (*US* -meter), sq cm; **30 ~ lemez** a 30 sq cm board, a board of 30 sq cm(s)

négyzetes *mn* quadratic

négyzetgyök *fn mat* square root; **81 ~e (v. ~ 81) = 9** the square root of 81 is 9, 9 is the square root of 81

négyzetkilométer, km^2 *fn* square kilometre (*US* -meter), sq km; **5 ~ erdő** a forest of 5 square kilometres (*US* -meters)(v. 5 sq kms)

négyzetláb *fn* square (v. sq) foot°

négyzetmérföld *fn* square (v. sq) mile

négyzetméter, m^2 *fn* square metre (*US* -meter), sq m(etre)
négyzetméterár *fn [eladó házé, lakásé stb.]* price per square metre (*US* -meter)
néha *hsz* sometimes; *[időnként]* at times; **(nagy) ~** (every) now and then/again, once in a while, off and on
néhai *mn* late; **~ Szántó István** Mr. I. Szántó, deceased / the late Mr. I. Szántó
néha-néha, **néhanapján** *hsz* now and then/again, *[hébe-hóba]* off and on/on and off, once in a while, *biz* once in a blue moon
néhány *nm* some, a number of, a few, several; *[egy-két]* one or two; **~ ember** some people, a few people; **~ nappal ezelőtt** some (v. a few) days ago; **jó ~ éve** a long time ago, several years ago (v. *US* back)
néhányan *nm* some/a few (of us/them/you)
néhányszor *hsz [többször]* several times, repeatedly, again and again, on several occasions; *[párszor]* once or twice; **jó ~** time and time again, time after time
nehéz I. *mn* **1.** *[súly]* heavy; **milyen ~?** how much does it weigh? **2. ~ bor** strong/heavy wine, full-bodied wine; **~ étel** heavy/stodgy/rich/indigestible food **3.** *átv* difficult, hard, *[fárasztó]* tiring, fatiguing, wearisome, laborious, *[felelősségteljes]* responsible, *[probléma]* knotty, intricate; **~ dolga van** he has an uphill task, he is finding it difficult (to . . .), *biz* he is having a job to cope with it; **nem olyan ~ dolog** it is not so difficult (to do); **éppen ez a ~ (benne)** that's precisely the difficulty, *biz* there's the rub; **(ő) ~ ember** he is difficult to get on (v. deal) with, he is a difficult person; **~ eset** (i) *[emberről]*; *biz* an awkward v. a tough customer, a tough proposition (ii) *[nehéz ügy]* a difficult case; *biz* tough going; **~ feladat** hard/uphill task, *biz* difficult job, *kif* hard nut to crack; **~ felfogású** be* rather slow, be* slow-witted; **~ fiú → ~ pasas**; **~ helyzetben van** be* in an awkward (v. a difficult) situation, *biz* be* in a tight/awkward spot; *[dilemmában]* be* between the devil and the deep (blue) sea, *[anyagilag]* be* badly off, *biz* be* hard up; **~ helyzetbe hoz vkt** land sy in a difficulty; **~ helyzetben van** *biz* be* in a tight corner/spot; **~ idők** hard times; **~ időket él át** have* a rough time; **~ időkre** *[félretesz]* [save] for/against a rainy day; **~ kérdés** a difficult question, a knotty problem; *[válaszként kérdésre]* ask me another; **~ munka** *[fizikai]* hard (manual) work; *[szellemi]* difficult/hard (piece of) work; **~ testi munka** hard manual work/labour (*US* -or); **~ testi munkás** labourer (*US* -or-), manual worker; **a ~ napokban** in the days of hardship, in hard times; **~ órákban** in time of need; **~ pasas** *biz* a(n) awkward/tough customer, (he is) a tough proposition; **~ sorba/sorsra jut** fall* on hard times (v. evil days); **~ sor(s)a van** his is a hard (v. not easy) lot; *[visszatekintve]* fate has been unkind to him; **~ szívvel utaztam el** I left with a heavy heart; **~ szülés** difficult confinement/birth; **~ természetű ember** (s)he is a difficult person, (s)he is hard to get on with; **~ ügy** a difficult case, *biz* tough going **4. ~ a fejem** my head feels/is heavy; **~ légzés** heavy/laboured breathing **II.** *fn* **túljut** (v. **túl van) vmnek a nehezén** *kif* turn the corner, be* over the hill; **a nehezén már túl vagyunk** we are over the worst, the worst is over, *biz* we are over the hump, it's downhill all the way; **még nem vagyunk túl a nehezén** the worst is yet to come, we are not yet out of the wood; **túl ~nek talál vmt** *[sok baja van vmvel] kif* make* heavy weather of sg; **nehezemre esik ezt mondani** it pains me to have to say it, it is hard for me to say this; **nehezemre esik elhagyni őt** I am loath to leave him, it is hard/difficult for me to leave him; **nehezére esik a beszéd** she has difficulty in speaking; **nehezére esik (a munka)** (the work) is getting on top of him/her; **nehezet cipel** carry a heavy load; **nehezet kérdez** ask a difficult question, *biz kif* that's a tough one (to answer)
nehézbombázó *fn kat* heavy bomber
nehezebb *mn* **1.** *[súly]* heavier (than) **2.** *átv* more difficult, *[igével]* outweigh (sg)
nehezed|ik *i* **1.** *[nehezebb lesz]* become*/grow* heavier **2.** *átv* become* harder, become* more difficult **3.** (*vmre/vkre*) press/weigh/lie* heavily on sg/sy
nehezék *fn* **1.** *[mérlegen]* (balance) weight **2.** *[hajón, léggömbön]* ballast
nehezell *i* find* sg too heavy, *átv* find* sg too hard/difficult
nehezen *hsz* with difficulty *ut*; **~ halad vmvel** make* slow progress with sg, find* sg heavy/hard going; **~ kezelhető** *[ember, tárgy]* difficult to manage/handle *ut*; **~ kezelhető gyerek** that child is a handful, (s)he is a problem/difficult child; **~ megállapítható** difficult to determine *ut*; **~ hal meg** die a slow death; **~ lehet megérteni** be* hard to understand; **~ megy** it goes very slowly, it is difficult to do/manage (sg); **~ olvasható** difficult to read/decipher *ut*; **~ tanul** he is a slow learner; **~ vártuk ezt a percet** we were waiting impatiently for this moment, we could hardly wait for this moment
nehézfejű *mn* dull, slow, slow to understand *ut*
nehézfém *fn* heavy metal
nehézipar *fn* heavy industry
nehézipari *mn* of heavy industry/industries *ut*
nehezít *i* **1.** *[súlyban]* make* sg heavy/heavier **2.** *átv* make*/render (sg) (more) difficult, hamper, impede
nehézked|ik *i* (*vmre/vkre*) lean*/weigh on sg/sy
nehézkes *mn* clumsy, cumbrous, *[stílus]* ponderous, laboured, *[átv, személy]* difficult, unaccommodating; **~en mozog** move with difficulty, lumber along, drag one's feet
nehézkesség *fn* clumsiness, cumbrousness, *[stílusé]* ponderousness, *[személyé]* difficult character
nehézlégzés *fn orv* laboured breathing, dyspnoea
nehezményez *i* **1.** *[rossz néven vesz vmt]* take* exception to sg, be* offended by sg, take* offence at sg **2.** *[helytelenít]* disapprove of sg, object to sg; **én éppen ezt ~tem** that was exactly what I objected to
nehézség *fn* **1.** *[súly]* heaviness **2.** *átv* difficulty, *[technikai]* hitch, snag, trouble; **~ei vannak** be* up against difficulties, have* difficulty in doing sg, *kif* be* in deep water; **váratlan ~ bukkan fel** *biz* strike* a snag, come* upon a snag; **a ~ek szaporodnak/növekednek** the difficulties are piling up; **~ nélkül** easily, without difficulty; **új ~ támad** a further problem crops up; **~ek várnak ránk** *kif* there are rocks ahead; **~(ek)be ütközik** meet* with some difficulties, come* up against difficulties, come* upon a snag, strike* a snag; **~ekbe ütközött** it ran into (v. it encountered) difficulties; **a ~eken segít** meet* the difficulties; **~eket támaszt** make*/raise difficulties; **legyőzi/legyűri a ~eket** overcome* the difficulties; **ez ~ekkel jár, sok ~et okoz** sg gives sy a rough time, this involves difficulties; **~ekkel küzd** have* difficulties; *[pénzügyileg]* be* hard up
nehézségi *mn fiz* **~ erő** gravitational force/pull; *sp* **~ fok** degree of difficulty
nehézsúly *fn sp* heavyweight
nehézsúlyú *mn sp* heavyweight; **~ ökölvívó/bokszoló** heavyweight boxer
neheztel *i* **~ vkre vmért** bear*/have* a grudge against sy for sg, bear* sy a grudge for sg, be* annoyed with sy at/about sg; **nem ~ek rá** I bear him/her no grudge
neheztelés *fn* rancour (*US* -or), resentment, grudge, ill feeling
nehéztüzérség *fn* heavy artillery
nehézvegyipar *fn* heavy chemical industry
nehogy *ksz* so that . . . not, lest, so as not to . . ., for fear of . . .ing; **vigyen ernyőt, ~ megázzék** take* your umbrella so that you don't/won't get wet, take* your umbrella lest you (should) get wet; **~ elfelejtsd!** (mind you) don't forget (it)!; **~ megmondd neki** (mind you) don't tell him; **megkért, ne zajongjunk, ~ felébresszük a babát** she asked us not to be noisy, for fear of waking the baby
néhol *hsz* here and there, in (some) places

neje *fn* his wife; **hogy van a kedves ~?** how is Mrs. . . .?
nejlon *fn* nylon
nejlonharisnya *fn* nylons *tsz*, a pair of nylons, (nylon) stockings *tsz*
nejlonkendő *fn* nylon kerchief
nejlonszatyor *fn* carrier bag
nejlonzacskó *fn* plastic bag/carrier, polythene (v. *US* polyethylene) bag
neki *hsz* **1.** *[személyragos alakok]* (to/for) him, (to/for) her; **nekem** (to/for) me; **neked, nektek** (to/for) you; **nekünk** (to/for) us; **nekik** (to/for) them **2.** *[számára, felé]* **~ való** suiting him/her *ut*; suitable for him/her *ut*; **~ való szerep** be* cut of the part role; **küldök ~ csomagot** I am sending him/her a parcel; **~ hoztam** I brought it for her/him; **írtam ~ egy levelet** I wrote him/her a letter; **nekem jöttek** they ran into me (v. my car); **nekem adta** he gave it to me; **megmondtam ~k** I told them **3.** *[birtoklás]* **~ van** he has, he has (v. he's) got (sg); **nekem van** I have*, I have (v. I've) got (sg); **neked/nektek van** you have, you have (v. you've) got (sg); **nekünk van** we have, we have (v. we've) got (sg); **~k van** they have, they have (v. they've) got (sg); **nekem nincs vm** I haven't got [a pen etc.], I have no [pen etc.]; *[egy sem]* I have none, I haven't (got) any, I haven't got one; **nekünk nincs** we haven't got sg etc. **4. ha neked volnék** if I were you
nekiajándékoz *i* give* sg to sy, present sy with sg
nekiáll *i* → **nekilát**
nekibátorod|ik *i* take* heart/courage, pluck/summon up one's (v. enough) courage (to)
nekibúsul *i* give* way to grief
nekibuzdul *i* set* about (doing) sg enthusiastically, redouble one's zeal, muster up enthusiasm (for sg)
nekidől *i* (*vmnek*) lean*/rest against sg, prop oneself against sg
nekidurálja magát *i* (*vmnek*) set* about sg in earnest, have* a go at, knuckle down to sg, apply oneself v. one's mind to sg
nekiereszt *i* **1.** (*vmt*) let* go, let* in rip **2.** (*vmnek*) let* (sy) loose on
nekies|ik *i* **1.** (*vmnek*) fall*/bump against sg **2.** *[támadólag]* turn on (sy), set* about (sy), attack (sy); **~ vknek (és veri)** hit* out at sy **3.** (*vmnek*) set* upon (sg), fall* to; **~ik az ételnek** fall* to (eagerly), pitch into one's food, attack one's food, fall* on one's food; *biz* dig* into one's meal; *biz* **van elég kaja, essetek neki!** there's food enough, so dig in!
nekifeksz|ik *i* (*vmnek*) set*/buckle/fall* to, *[minden erejével]* put* one's back into, give* one's full attention to; **~ a munkának** *kif* put*/set* one's shoulder to the wheel
nekifog *i* → **nekilát**; **~ egy probléma megoldásának** tackle (v. get* to grips with) a problem; **rosszul fog neki vmnek** begin*/start at the wrong end
nekifohászkod|ik *i biz* get* down to (doing) sg, have* a go at (it)
nekifut *i* **1.** (*vmnek/vknek*) run* at/against (sg/sy) **2.** *[lendülettel]* take* a run at, run* up to **3. másodszor is ~** *kif* have* a second bite at the cherry, get*/have* two bites at the cherry
nekifutás *fn sp* run-up, approach; **ugrás ~ból** running jump; **első ~ra levizsgázott** (s)he passed the test first go
nekigyürkőz|ik *i* **1.** *[ingujját feltűri]* turn/roll up one's sleeves **2.** *biz* (*vmnek*) buckle (down) to [a task, work etc.], set* about doing sg, put* one's back into [the job etc.], knuckle down to [some hard study], address oneself to sg
nekihajt *i* (*vmnek/vknek*) drive*/run* against sg/sy, *[autóval]* bump/drive*/crash into
nekiindul *i* start off, set* out
nekiiramodás *fn* dash
nekiiramod|ik *i* start off at a run, start running (for sg), dash forward
nekikesered|ik *i* become* embittered
nekikészül *i* (*vmnek*) get* ready for sg, prepare (v. make* ready) for sg (to do sg)
nekikezd *i* → **nekilát**
nekikoccan *i* bump/knock into
nekilát *i* (*vmnek*) set about (doing) sg, set*/fall* to, fall* to doing sg, buckle (down) to [a work, task, job etc.]; **~ a munkának** get* down to work, set*/fall* to, buckle
nekilendül *i* get* under way
nekilök *i* (*vkt/vmt vmnek*) throw*/bump/knock sy/sg against sg
nekimegy *i* **1.** *[ütközve vmnek/vknek]* knock/run*/bang into/against sg, come* up against sg, bump into sy **2.** *átv is* (*vknek*) attack sy, fall* (up)on sy, *biz* set* about sy, tear* into sy, sail into sy **3.** *biz [vizsgának]* have* a go at [an examination]
nekirepül *i [repülőgéppel]* crash into sg
nekirohan *i* → **nekiront**, → **nekiszalad**
nekiront *i* **1.** (*vmnek/vknek*) dash into/against sg/sy **2.** *[támadólag vknek]* pitch into sy, fall* on sy
nekirugaszkod|ik *i* → **nekilát**, → **nekifekszik**
nekiszalad *i* → **nekifut**
nekiszegez *i [fegyvert vknek]* point/aim/level (*US* -l) [a gun] at sy; **~tem a kérdést** I sprang the question on him
nekitámad *i* (*vknek*) attack sy, make* a dead set at sy, turn on sy
nekitámaszkod|ik *i* (*vmnek*) lean*/rest against sg, lean* on to sg, prop oneself against [the door etc.]
nekitámaszt *i* (*vmt vmnek*) lean*/prop/rest sg against sg
nekiugrat *i* **~ja lovát az akadálynak** put* one's horse to the fence (v. across the hedge), put* one's horse over
nekiugr|ik *i* **1.** (*vmnek*) spring*/jump at sg **2.** *biz* (*vknek*) fly* at sy, fling* oneself at sy
nekiül *i* (*vmnek*) set* about; **~t a munkának** he sat down to work
nekiütköz|ik, nekiütőd|ik *i* (*vmnek*) bump/knock/hit* against sg
nekivadul *i átv* become* more and more infuriated/savage, be* carried away by fury, let* oneself go; *[gyerek]* run* wild; **hagyja ~ni a gyerekeket** let the children run wild
nekivág *i* **1.** (*vmt vmnek*) hurl/dash/fling* sg against sg **2.** set*/go* about (doing) sg, set* out (to do sg); **vágj neki!** go ahead!; **merészen ~ vmnek** start boldly on sg, attack [a job/problem etc.]; *kif biz* take* the bull by the horns, grasp the nettle
nekrológ *fn* obituary (notice)
nektár *fn* nectar
nélkül *nu* without; **könyv ~** by heart, from memory; **baj ~ megérkezett** he arrived safe and sound; **szó ~** without (wasting/uttering) a word; **e ~** without/lacking that/this; **e/a ~ a szerszám ~** without this/that tool; **megvan vm ~** do* without sg, (can) manage without sg
nélküle *hsz* without him/her; **~d/~tek** without you; **~m** without me; **nélkülünk** without us; **nélkülük** without them; **meg tudsz lenni ~?** can you do/manage without it?
nélküli *mn* without, -less; **állás~** jobless, unemployed
nélkülöz *i* **1.** *[megvan vm nélkül]* be*/do* without, lack (sg); **nem tudom ~ni az ön segítségét** I can't do without your help, I can't dispense with your help **2.** *[hiányol]* miss (sy, sg), be* in want of (sg); **nagyon ~tük ezt a szótárt** we badly needed this dictionary; **igen ~ött** badly needed **3.** *[ínséget szenved]* live/be* in want/privation, suffer (many) privations
nélkülözés *fn* want, privation; **~ek között él** live in privation/want
nélkülözhetetlen *mn* indispensable, essential; **~ követelmények** basic/fundamental requirements, essentials
nélkülözhető *mn* not indispensable, superfluous; **nem ~** indispensable, (sg) that cannot be done without (v. dispensed with) *ut*
nem[1] *fn* **1.** *[nő, férfi]* sex; **~e** *[űrlapon]* sex; **~ek szerinti (megoszlás)** distribution, by/according to gender/sexes, breakdown by gender/sex **2.** *[rendszertani kategória]*

genus (*tsz* genera); **az emberi ~** human race/species, mankind **3.** *[fajta]* kind, sort; **páratlan a maga ~ében** unique in its kind **4.** *nyelv* gender

nem[2] **I.** *hsz* **1.** *ált* not; **~ csak** not only; → **nemcsak**; **~ egy** more than one; **~ éppen** not exactly; **~ így** not so, not like this; **~ sok** not many, not much; **csak ~!** oh no!, not really **2.** *[igével] [az egész mondat tagadására]* no, *[csak igével]* not, ...n't; **eljössz ma? ~, ~ megyek** are you coming today? no, I'm not (going/coming); **~ egészen** not quite; **egyáltalán ~** not at all; **~ igaz?** isn't it true?; **~ kis/csekély meglepetést okozott** it caused no little surprise; **~ nagyon** not very ..., not much; **~ rossz** not bad; **~ (a) barátom** he's no friend of mine; **már ~** no more/longer; **még ~** not yet; **vagy ~?** is it so?, isn't it so?; **~ kérek** *[kínálásra válaszolva]* no, thanks; no, thank you; **~ megyek** I am not going; **azt hiszem, (hogy) ~** I don't think so, I believe not; **~ tudom** I don't know; **ő ~ tud semmit erről** he doesn't know anything about it; **~ volt ott/jelen** he wasn't there, he didn't attend (v. turn up) **3.** *[melléknévvel* v. *főnévvel]* non-, un-, in-; **~ akarás** unwillingness, reluctance; **~ dolgozó** non-working; **~ égethető hulladék** incombustible waste; **~ használatos szó** word not used v. not in use, an obsolete word; **~ hivatalos** unofficial, informal; **~ hivatalos látogatás** unofficial visit; **~ létező** non-existent; **~ teljesítés** omission (of sg), default (on sg), failure [to perform duty etc.]; **~ tudás** ignorance; **a törvény ~ tudása ~ mentesít** ignorance of the law is no excuse **II.** *fn* no; **~et mond** say* no; **~ lehet neki ~et mondani** you/one can't refuse him/her, (s)he won't take no for an answer; **~mel válaszol** say*/answer no, answer in the negative

néma I. *mn* **1.** *[személy]* dumb, *[főleg átmenetileg]* mute **2.** *[hangtalan]* mute, speechless, silent; **~ betű** *nyelv* silent letter, mute; **~ csend** profound silence; **egyperces ~ felállással emlékezzünk** ... there'll be a moment of silence ...; **~ szerep** walk-on part; **~ szereplő** supernumerary, walk-on **II.** *fn* dumb person, mute

némafilm *fn* silent film

némajáték *fn* **1.** pantomime **2.** *[színpadi játék néma részlete]* dumb show

némán *hsz* mutely, speechless, dumbly; **~ ül** is sitting in silence; **~ tűr** suffer in silence

némaság *fn* muteness, dumbness, *átv* speechlessness, silence

nembeli *mn* **mindkét ~** of both sexes *ut*

némber *fn* female

nemcsak *ksz* not only; **ő ~ szép, hanem okos is** she is both pretty and intelligent; **~ Budapesten** not only in Budapest; **~ hogy nem jött el, de még csak nem is válaszolt** he not only failed to come but he didn't even reply

nemde *hsz [régies]* **ez érdekes eset, ~?** it is an interesting case, isn't it?; **öntől hallottam ezt, ~?** I heard it from you, didn't I; **tegnap láttad őt, ~?** you saw him/her yesterday, didn't you?

nemdohányzó I. *mn* non-smoking; **~ szakasz** compartment for non-smokers, non-smoker **II.** *fn* non-smoker

nemegyszer *hsz* more than once, repeatedly, time after time

némely I. *nm/mn* some; **~ ember** some people *tsz*; **~ esetben** in certain/some cases **II.** *nm/fn* **~ek** some, some people

némelyik *nm/mn* some; **~ cigaretta nedves** some of the cigarettes are damp; **~ azt gondolja, hogy** ... some think that ..., there are some who believe that ...; **~ünk** some of us *tsz*

némelykor *hsz* at times, sometimes, now and then/again, occasionally

nemes I. *mn* **1.** *[származásra]* noble, of noble/gentle birth/descent *ut* **2.** *átv* noble, high/noble-minded, lofty, generous; **~ gyümölcs** choice/garden fruit; **~ lelkű** noble/high-minded, generous, magnanimous; **~ valuta** hard currency **II.** *fn* noble(man°)

nemesacél *fn* high-alloy steel, special steel

nemesember *fn* noble(man°)

nemesfém *fn* precious/noble/rare metal; **nem ~** base metal

nemesgáz *fn* rare/noble gas

nemesi *mn tört* nobiliary, noble, of nobility *ut*; **~ birtok** demesne, nobleman's estate; **~ cím** title of nobility; **~ címer** coat of arms; **régi ~ család** family of ancient lineage (v. of noble ancestry); **~ előnév** title of nobility; **~ felkelés** insurrection of the nobility; **~ kiváltságok** privileges of nobility; **~ rangra emel** raise to noble rank, raise to the (status of) nobility; **~ származás** gentility, noble birth/ancestry

nemesít *i* **1.** *[erkölcsileg]* ennoble, refine; **a munka ~** work ennobles the worker **2.** *[fajtát]* improve [by breeding]

nemeslelkűség *fn* **vk ~éhez apellál** appeal to sy's finer feelings

nemeslevél *fn tört* letter of nobility

nemesség *fn tört [cím, osztály]* **1.** nobility; **~et adományoz vknek** ennoble sy, raise sy to the nobility; **~et kap** be* raised to the nobility **2.** *átv* nobility, nobleness, magnanimity

német I. *mn* German, *összet* Germano-, *tört* Germanic; **~ ajkú/anyanyelvű** German-speaking; **a ~ ajkúak/anyanyelvűek** native speakers of German, German-speakers; *tört* **a ~ birodalom** the German Empire, Reich; *tört* **N~ Demokratikus Köztársaság** German Democratic Republic (*röv* **GDR**); **~ juhászkutya** Alsatian, *US* German shepherd; **a ~ nyelv** the German language, German; **~ nyelvtudás** (one's) German; **~ nyelvű** German, *[szöveg]* in German *ut*; → **~ ajkú**; **~ szakos (hallgató)** German major; *GB* his/her main subject is German; **~ szakos tanár** teacher of German, German teacher; **~ származású/születésű** of German birth/descent *ut*, German-born; *tört* **N~ Szövetségi Köztársaság** Federal Republic of Germany, German Federal Republic **II.** *fn* **1.** *[ember]* German; **~ek** Germans **2.** *[nyelv]* German; **~ az anyanyelve** his/her native language is German

Németalföld *földr* the Netherlands *tsz*, the Low Countries *tsz*

németalföldi I. *mn* of the Netherlands *ut*, *[festők stb.]* Flemish; **~ festő** Flemish painter; **~ zeneszerző** Flemish composer **II.** *fn* Netherlander

németbarát *mn* pro-German, Germanophile

németellenes *mn* anti-German, Germanophobe

németes *mn* Germanic; **~ akcentus/kiejtés** German accent; **~ nyelvsajátság** German idiom

németesít *i* Germanize

németesség *fn* Germanism

németóra *fn* German lesson/class

Németország *földr* Germany

németországi *mn* German, of Germany *ut*

Német-római Birodalom *földr tört* Holy Roman Empire

németség *fn* **1.** *[összesség]* the Germans *tsz*; **a hazai ~** the ethnic Germans in Hungary *tsz* **2.** *[tulajdonság]* German nationality/character, *[tulajdonságok összessége]* German characteristics *tsz*; **jó ~gel beszél** speak* good/idiomatic German

némettanár *fn* teacher of German, German teacher

németül *hsz* **~ beszél** speak* German; **~ van/szól (v. van írva)** is (written) in German

nemez *mn/fn* felt

nemezkalap *fn* felt hat

nemfelejtő *mn infor* **~ tároló** non-volatile memory

nemfizetés *fn* **~ esetén** in case of non-payment

nemhiába *hsz* not for nothing; **~ tanult oly sokat** his studies were not in vain

nemhogy *ksz* **~ hálás lett volna érte!** he could at least have been grateful!; **~ nem fizet, de egyre több pénzt kér** far from paying he asks for more and more money, instead

N

of paying he asks for more and more money; **egy napig sem várok, ~ egy évig!** I'm not going to wait a single day, let alone a whole year!

nemi *mn* **1.** *[szexuális]* sexual; **~ aktus** sex act, sexual intercourse; *biz* sex; **~ betegség** venereal disease (*röv* **VD**); **~ beteg** VD-sufferer/patient, patient suffering from VD; **~ élet** sex(ual) life; **rendszeres ~ életet él** have* sex regularly, *szl* be* getting one's oats; **~ erőszak** sexual assault, rape; **~ erőszakot követtek el rajta** she has been raped (v. sexually assaulted); **~ felvilágosítás** sex education; **~ közösülés** sexual intercourse, *biz* sex; **~ ösztön** sex instinct/urge, sexual impulse; **(külső) ~ szervek** genitals, external sex organs, *[szépítően]* private parts **2.** *nyelv* of gender *ut*

némi *mn* some, (a) certain, a little, a measure of; **~ büszkeséggel** with a touch of pride; **~ igazság** a grain of truth; **volt ~ sikere az első könyvének** he had a measure of success with his first book

nemigen *hsz [aligha]* scarcely, hardly, *[nem sokat]* not very much; **ő már ~ jön meg** he is not likely to arrive; **~ hiszem** I (can) hardly believe (it)

némiképp(en) *hsz* in a way, to some (v. a certain) extent, in some measure, somehow, somewhat, slightly

nemileg *hsz* sexually

némileg *hsz* → **némiképpen**

néminemű *nm* some, (a) certain

nemiség *fn* sex(uality)

nemkívánatos *mn* undesirable; **~ személy** persona non grata; **~ eredményre vezető** counter-productive

nemkülönben *hsz* likewise, similarly

nemleges *mn* negative; **~ válasz** negative answer, answer in the negative; **~ szavazat** no, *US* nay

nemlét *fn* non-existence

nemlineáris *mn infor* non-linear

nemrég *hsz* recently, not long ago, the other day, only lately; **~ vettek egy új kocsit** they have recently bought a new car; **csak ~ utazott el** only lately/recently left

nemrégiben *hsz* → **nemrég**

nemritkán *hsz* not infrequently, quite often

nemsoká(ra) *hsz* soon, shortly, before long, presently; **~ megtudjátok** it won't be long before you know

nemtetszés *fn* displeasure, disapproval, dislike, dissatisfaction; **~ét nyilvánítja** show* one's disapproval

nemtörődöm *mn* neglectful, negligent; **~ alak** *kif* he couldn't care less

nemtörődömség *fn* neglect, negligence, nonchalance, carelessness

nemulass *fn* **lesz majd ~!** there'll be the devil (and all hell) to pay!

nemz *i* **1.** *[ember]* beget*, father **2.** *[állat]* sire, get* **3.** *átv* give* rise to, breed*

nemzedék *fn* generation; **a(z) új/felnöv(ek)vő ~** the rising/new generation; **~ről ~re** from generation to generation

nemzedéki *mn* **~ ellentét** generation gap

nemzés *fn [ember]* begetting, generation, *[állat]* siring, breeding; **utódok ~e** procreation of offspring

nemzet *fn* nation

nemzetbiztonság *fn* national security

nemzetbiztonsági *mn* national security, of national security *ut*; **~ tanácsadó** national security adviser

nemzetellenes *mn* anti-national

nemzetgazdaság *fn* national economy

nemzetgazdasági *mn* **~ szempontból** with regard to/concerning (the) national economy, from a national economic point of view

nemzetgyűlés *fn* national assembly

nemzethűség *fn* loyality to one's nation

nemzeti *mn* national; **N~ Alaptanterv** (*röv* **NAT**) national core curriculum; **N~ Bank** *[nálunk]* National Bank, *GB* Bank of England; **~ érdekek** national interests; **~ érzelmű** having national sympathies *ut*, patriotic; **~ érzés** national feeling; **~ hadsereg** national army; **~ himnusz** national anthem; **N~ Múzeum** National Museum; **~ jelleg/vonás** national character; **angol/brit ~ jelleg** the British national character; **~ jövedelem** national income; **~ kulturális örökségünk** our national cultural heritage; **~ lobogó/zászló** national flag; *[háromszínű]* tricolour (*US* -or), *GB* Union Jack, *US* the Stars and Stripes *tsz*; **~ megbékélés** national reconciliation; **~ nyelv** national language, vernacular; **~ öntudat** national consciousness; **~ össztermék** gross national product (*röv* **GNP**); **~ park** national park; **Yellowstone N~ Park** Yellowstone National Park; **N~ Színház** National Theatre; **~ színek** national colours (*US* -ors); **~ ünnep** national holiday; **~ viselet** national dress

nemzeties *mn* national, popular

nemzetietlen *mn* antinational

nemzetiség *fn* **1.** *[kisebbség]* (national/ethnic) minority; **a magyarországi ~ek** the national/ethnic minorities in Hungary; **a magyarországi német ~** the German minority (in Hungary), the ethnic Germans in Hungary; **a romániai magyar ~** ethnic Hungarians in Romania *tsz* **2.** *[nemzeti hovatartozás]* nationality

nemzetiségi I. *mn* nationality-, of nationalities *ut*, ethnic, minority(-); **~ kérdés** nationality problem/question; **~ kisebbség** national/ethnic minority; **~ politika** policy towards the nationalities, policy towards the national/ethnic minorities **II.** *fn* **a szlovák ~ek** ethnic Slovaks; *[Magyarországon]* the (ethnic) Slovaks in Hungary, the Slovak minority (in Hungary); **a romániai magyar ~ek** the ethnic Hungarians in Romania, the Hungarian (ethnic) minority in Romania; **magyar ~ek** ethnic Hungarians

nemzetiségű I. *mn* of ... nationality *ut*; **magyar/német/stb. ~** of Hungarian/German/etc. nationality *ut*, ethnic Hungarian; **milyen ~ ön?** what is your nationality? **II.** *fn* **idegen ~ek** foreign nationals

nemzetiszín(ű) *mn* in the national colours (*US* -ors) *ut*, *[magyar]* red, white and green; **~ lobogó** the national colours *tsz*, *[magyar]* the Hungarian Tricolour (*US* -or)

nemzetközi *mn* international; **N~ Bűnügyi Rendőrség** Interpol; **~ együttműködés** international cooperation; **~ jog** international law; **~ jogász** expert in/on international law; **~ kapcsolatok** international relations; **~ kereskedelmi egyezmény** international trade agreement; **~ nőnap** International Women's Day; **~ szerződés** treaty; **N~ Valutaalap** International Monetary Fund (*röv* **IMF**); **~ vásár** international fair; **~ viszonylatban is elismert** of world-wide fame/reputation *ut*, internationally recognized/known; **~ viszonylatban ismert termék** a product sold world-wide

nemzetközileg *hsz* internationally; **~ elismert** internationally recognized/known

nemzetköziség *fn* internationalism

nemzetközösség *fn* commonwealth; **a Brit N~** the Commonwealth

nemzetőr *fn tört* member of the national guard, militiaman°; **~ök** national/home guard *esz*

nemzetőrség *fn tört* national/home guard, militia

nemzetség *fn* **1.** *tört* clan, family **2.** *növ* genus (*tsz* genera)

nemzetségfa *fn* family/genealogical tree

nemzetségfő *fn* head of the clan

nemzetségi *mn* clan(-), of clan *ut*, clannish; **~ szervezet** clan organization, clan system

nemzetvédelmi *mn* of national defence *ut*; **N~ Minisztérium** *US* Department of Defense; **~ miniszter** *US* Secretary of Defense

nemzőképesség *fn* sexual capability, potency

nemzőképtelen *mn* unable to procreate *ut*, sterile, impotent

nemzőképtelenség *fn* sterility, impotence

nemzőszervek *fn* genitals

néne *fn* **1.** *nép [idősebb nővér]* elder sister **2.** *[néni]* aunt(y), auntie

nénémasszony *fn nép* aunt(y), auntie

N

néni *fn* aunt(y), auntie; **Mari ~** Aunt Mary; **Kovács ~** Mrs. Kovács; **öreg ~** old lady; **~ kérem** madam
nénike *fn* **1.** *[öreg]* old woman° **2.** *biz [nagynéni]* auntie/aunty; **nénikém** auntie, aunty
neofita *mn/fn* neophyte
neoklasszicizmus *fn* neoclassicism
neologizmus *fn* neologism
neon *fn* neon
neonbetű *fn* neon letter
neoncső *fn* neon tube/lamp
neonreklám *fn* neon sign
neonvilágítás *fn* neon lighting
nép *fn* **1.** *[közösség, nemzet]* people *esz*; **az angol nyelvű ~ek** the English-speaking peoples; **a magyar ~** the Hungarian people **2.** *[az egyszerű emberek tömege]* **a ~** the (common) people *tsz*; **a ~ fia** a man° of the (common) people; **a ~ből való** (sy) of the people *ut* **3.** *[lakosság]* the people (of ...) *tsz*; **Budapest ~e** the people/population of Budapest
népakarat *fn* will of the people
Nepál *földr* Nepal
nepáli *mn/fn* Nepalese
népáruló *fn* traitor to the people
népballada *fn* folk ballad
népbetegség *fn* widespread/endemic disease
népbíróság *fn tört [1945–1949 között]* people's tribunal
népbiztos *fn tört* people's commissar
népbiztosság *fn tört* (people's) commissariat
népboldogító *mn* utopian, utopistic
népbolt *fn* village shop, *US* general store
népbutítás *fn* demagoguery, demagogy
népcsoport *fn* ethnic group
népdal *fn* folk-song
népdalénekes *fn* folk singer
népdalgyűjtő *fn* collector of folk-songs
népegészségügy *fn* public health
népeledel *fn* staple food (of the masses), national dish
népellenes *fn* against the people *ut*; **~ bűntett** crime against (the state and) the people
népelnyomó *mn* oppressive
népének *fn* **(egyházi) ~** (sacred) folk-song, folk hymn
népeposz *fn* popular/national epic
népes *mn* populous; **~ család** large family; **~ gyűlés** crowded assembly; **~ városnegyed** thickly/densely populated quarter/district
népesedés *fn [népszaporulat]* growth of (v. increase in) the population
népesedési *mn* demographic; **~ arány** rate of increase of the population; **~ statisztika** population statistics *tsz*, demography
népesedéspolitika *fn* population policy
népesed|ik *i* become* peopled/populous
népesség *fn* population, number of inhabitants, inhabitants *tsz*
népességfogyás *fn* decrease in the annual birthrate, population decrease
népességszaporulat *fn* population increase
népességű *mn* **sűrű ~** densely/thickly populated
népetimológia *fn* folk etymology
népfaj *fn [tudománytalan és bántó haszn.]* race
népfelkelés *fn* insurrection, rebellion, revolt, (popular) uprising
népfelkelő *fn* insurrectionist, freedom fighter
népfelség *fn* sovereignty of the people
népfelszabadítás *fn* liberation of the people
népfelszabadító *mn* liberating the people *ut*
népfőiskola *fn* adult education centre (*US* -ter) [mainly for young farmers]
népfront *fn tört* popular front
népfürdő *fn* public baths *tsz*
népgazdaság *fn* → **nemzetgazdaság**
népgyűlés *fn* public/mass meeting
néphadsereg *fn elav* people's army
néphagyomány *fn* popular tradition, folklore
néphangulat *fn* public opinion
néphatalom *fn pol* people's power
néphit *fn* popular belief
népi *mn* people's, of the people *ut*; *tört* **~ demokrácia, ~ demokratikus állam** people's democracy; **~ együttes** folk ensemble; **~ hatalom** people's power; **~ írók** folk writers; **~ név** *[pl. növényé]* local/native/common name; **~ sajátosságok** national traits/peculiarities/characteristics; **~ származású** [one] of the common people *ut*; *[paraszti származású]* of peasant stock/origin *ut*; **~ tánc** → **néptánc**; **~ zenekar** gipsy orchestra/band; → **ülnök**
népies *mn* **1.** *[népit utánzó]* folksy **2.** *[paraszti]* rustic, *[népi]* popular; **~ kifejezés** folk idiom, common (turn of) phrase; **~ stílus** *[igével]* is commonly/popularly called ...
népieskedés *fn* affectation/imitation of a popular style/manner
népiesked|ik *i* affect/imitate the popular style/manner
népieskedő *mn pej* folksy
népiesség *fn* **1.** *[irány]* popular tendency/trend **2.** *[tulajdonság]* popular character
népirtás *fn* genocide
népiség *fn* ethnic character
népítélet *fn* lynch law
népjólét *fn* public/national welfare
népjóléti *mn* welfare
népképviselet *fn* popular representation
népképviseleti *mn* **~ rendszer** representative system
népkonyha *fn* soup-kitchen
népköltés *fn* → **népköltészet**
népköltészet *fn* folk-poetry
népkönyv *fn elav irod* chap-book
népkönyvtár *fn* public library
népköztársaság *fn tört* people's republic
néplap *fn* popular (news)paper, *GB* tabloid
néplélektan *fn* folk psychology
népmese *fn* folk-tale
népmesekincs *fn* corpus of folk-tales
népmonda *fn* folk legend
népmozgalmi *mn* demographic; **~ statisztika** population figures/statistics *tsz*, demography
népmozgalom *fn [statisztikai]* demographic/population changes *tsz*
népmozgás *fn* migration
népművelés *fn kb.* adult education
népművelési *mn* of adult education *ut*
népművészet *fn* folk art
népművészeti *mn* **~ bolt** folk art shop, local (handicrafts) shop; **~ tárgyak** peasant arts/crafts-products, local handicraft(s)
népnyelv *fn* vernacular, popular parlance
népoktatás *fn* public elementary education
néposztály *fn* social class
néppárt *fn US tört* People's Party
néppárti *mn* people's party
néprajz *fn* ethnography
néprajzi *mn* ethnographic
néprajzos *mn* ethnographer
néprajztudomány *fn* ethnography
néprege *fn* folk legend/tale
népréteg *fn* social stratum (*tsz* strata); **a széles ~ek** the broad masses
népség *fn pej* rabble, mob, plebs, crowd; *tréf* **~, katonaság** the rank and file
Népstadion *tul* People's Stadium
népsűrűség *fn* density of population; **Magyarország ~e 108 fő/km²** the density of population in Hungary is 108 people per sq km
népszámlálás *fn* (national) census; **~t tart** take* a census
népszaporulat *fn* increase in (the) population, birth-rate

N

népszavazás *fn* referendum (*tsz* referendums), *[ügydöntő]* plebiscite; **~t tart** hold* a referendum on sg; **~sal dönt el** settle [a national issue] by referendum, decide by (a) plebiscite; **~ döntötte el** ... ... was decided by referendum v. a plebiscite
népszerű *mn* popular; **~ kiadás** popular edition; **a leg~bb** the best known; **~vé válik, ~ lesz** catch* on; **ez a dal hamar ~ lesz** this song will catch on quickly; **a javaslat nem volt ~ a bizottságnál** the suggestion didn't catch on with the board
népszerűség *fn* popularity
népszerűség-hajhászás *fn* hunt(ing) for popularity
népszerűség-hajhászó *mn* hunting for popularity *ut*
népszerűsít *i* popularize, make* (sg/sy) popular
népszerűsítés *fn* popularization
népszerűtlen *mn* unpopular
népszerűtlenség *fn* unpopularity
népszínház *fn* folk theatre
népszínmű *fn kb.* folk play
népszokás *fn* national/folk custom
népszónok *fn* popular orator, *pej* demagogue
Népszövetség *fn tört* League of Nations
néptánc *fn* folk dance/dancing, *[angol]* country dance/dancing
néptáncos *fn* folk dancer
néptanító *fn elav* school-teacher
néptelen *mn [gyéren lakott]* underpopulated, *[elnéptelenedett]* depopulated; **~ utca** deserted street
néptömeg *fn* **1. ~ek** the masses **2.** *[sokaság]* crowd
néptörzs *fn* tribe
népuralom *fn* government by the people
népügyész *fn tört kb.* people's prosecutor
népügyészség *fn tört kb.* office of (the) people's prosecutor
népünnepély *fn* mass entertainment
népvándorlás *fn* **1.** *tört* migration of nations, the great migrations *tsz* **2.** *biz* teeming crowd, rush (to)
népvezér *fn* popular leader, tribune
népviselet *fn* national/traditional costume/dress
népzene *fn* folk music
népzenekutató *fn zene* folk music researcher/scholar
népzenész *fn* **1. → cigányzenész 2.** folk musician
nerc *fn* mink
nercbunda *fn* mink (coat)
nesz *fn* slight noise, rustle; **~ét veszi vmnek** get* wind/scent of sg
nesze! *isz biz* take it/this!, here you are!; **~ neked!** (i) *[kárörvendőn]* so there! (ii) *[veréskor]* take that (and that)!; **~ semmi, fogd meg jól!** *kb.* it's eyewash, *US* bunkum
neszesszer *fn* toilet-case, *GB* sponge bag, *[női]* vanity case
neszez *i* make* a (slight) noise, rustle
neszkávé *fn* instant coffee
nesztek! *isz biz* here/there you are/go!
nesztelen *mn* soundless, noiseless, silent
netalán *hsz* → **netán**
netán *ksz* by (any) chance; **~ ön az új tanár** are you by any chance the new teacher?; **ha ~ megérkeznék** should he arrive, if (by any chance) he happens to arrive
netovább *fn* **vmnek a ~ja** the ne plus ultra of sg, high-water mark of sg; **ez a szemtelenség ~ja!** that's the limit!, that's the height of insolence/impudence; → **tovább**
nett *mn biz* smart, neat, trim, well-groomed
nettó *mn gazd* net; **~ ár** net price; **~ bér/kereset** take-home pay; **~ jövedelem** net income; **~ bevétel/nyereség** net profit; **~ jövedelem** net income; **~ súly** net weight
neuralgia *fn orv* neuralgia
neuralgikus *mn* **~ pont** a touchy subject/situation, a delicate issue/situation
neuraszténia *fn orv* neurasthenia
neurotikus *mn orv* neurotic; **~ személy** neurotic
neurózis *fn orv* neurosis (*tsz* neuroses)

neutron *fn fiz* neutron
neutronbomba *fn* neutron bomb
név *fn* **1.** *ált* name, *[elnevezés]* designation; **családi ~** family name, surname; **felvett ~** *[íróé]* nom de plume (*tsz* noms de plume); assumed name, pen name; **~ szerint (meg)említ vkt** mention sy by name, refer to sy; **mi a ~e?** what is his/her name?, what do you call him/her?; **neve napja** his/her name-day; **saját nevemben** in my own name; **vknek/vmnek a nevében** on (v. *US* in) behalf of sy, on (v. *US* in) sy's behalf, in the name of sy/sg; **a maga nevében beszél** speak* for oneself; **csak a nevében az** ... is in name only; **nevéhez fűződik** it is linked with the name of; **számos cikk fűződik a nevéhez** (s)he is noted for a number of contributions; **más ~en** alias, otherwise/also known as; **vmlyen ~en** under the name of ...; **X ~en ismerik őt** he is known as X; ... **~en ismert/ismerik** (be*) known as ..., (be*) referred to as ..., pass by the name of...; **Brent ~en bujkált évekig** he passed by the name of Brent for many years; **ilyen ~en nem ismerik őt** he is not known by that name; **bármi ~en nevezendő** whatsoever; **semmi ~en nevezendő kifogásom nincs** I have no objection whatsoever; **jó ~en vesz vmt** be* pleased with sg, take* sg in good part; **rossz ~en vesz vmt** take* sg in bad part; **remélem, nem veszi rossz ~en** I hope you won't mind; **nevén nevezi a gyer(m)eket** call a spade a spade; **~re szóló** personal, not transferable; *gazd* payable to holder/order *ut*; **~re szóló meghívás/meghívó** personal invitation; **vmlyen ~re hallgat** answer to the name of ...; **vknek a nevére írat** *[ingatlant]* have* sg registered in sy's/one's name, convey sg to sy (by deed), transfer the ownership of sg to sy; **~ről ismerem őt** I know him only by name/reputation; **más nevet vesz fel** assume another name, change one's name; **megadja/megmondja a nevét** give* one's name; **anyja nevét viseli** he goes by (v. uses) his mother's name; **az ÁdÁm nevet kapta** he was given the name (of) Adam; **ő csak a nevét adja (hozzá)** he is only lending his name (to it); *pej* he is only a figure-head; **a nevét adja vmhez** give*/lend* one's name to sg; **nevet szerez** make* one's mark [as ...], make* a name for oneself, make* one's name [as...]; **~vel ellát vmt** give* sg a name, name sg; **nevével ellát vmt** put* one's name to sg **2.** *[hírnév]* renown, reputation, name; **neve van** *[a szakmában]* have* a name, be* (well-)known; **nevet szerez magának** win* renown [as a ...], make* a name/reputation for oneself
névadás *fn* naming, christening, giving (of) a name
névadó I. *mn* **~ ünnepség** name-giving ceremony **II.** *fn* eponym; **az iskola ~ja** the person giving his/her name to the school
névaláírás *fn* signature
névazonosság *fn* namesake, identity of names
névbitorlás *fn* usurpation of a name
névcédula *fn* nametag
névcsere *fn [téves]* confusion of names
nevel *i* **1.** *[gyermeket]* bring* up, rear, *főleg US:* raise, *[személyt oktatva]* educate; **vkt vmre ~** train sy for sg, bring* up sy to (do) sg; **úgy ~ték a gyerekeiket, hogy meg tudjanak állni a saját lábukon** they brought up their children to stand on their own (two) feet; **rosszul ~i a gyerekeit** spoil* one's children; **senki se ~te** (s)he was dragged up anyhow **2.** *[állatot]* rear, breed*, *[baromfit]* raise, keep*, *[növényt]* grow*, cultivate
nevelés *fn* **1.** *[gyermeké]* bringing up, upbringing, rearing, *főleg: US* raising (one's children); **jó ~e van** sy has a good education, has been well educated; **nincs ~e** has (had) no education, be* badly brought up, be* ill-bred; *[modortalan]* be* lacking good manners; → **jól nevelt 2.** *[iskolában stb.]* education **3.** *[állaté]* breeding, rearing, *[baromfié]* raising, keeping, *[növényé]* growing, cultivation
neveléselmélet *fn* (theory of) education
nevelési *mn* educational; **~ tanácsadó** (v. **tanácsadás)** *kb.* educational counselling (service); **speciális ~ szükséglet**

[fogyatékosoknak, határeseteknek, tanulási zavar, ill. diszlexia esetén] special educational needs *tsz* (*röv* **SEN**)
nevelésmód *fn* method(s) of education, educational method/system
neveléstan *fn* → **neveléstudomány**
neveléstudomány *fn* pedagogy, education
neveléstudományi *mn* pedagogic(al)
nevelésű *mn* **jó ~** well brought up (v. educated), well-bred; **rossz ~** badly brought up, ill-bred, spoilt
nevelésügy *fn* (public) education
neveletlen *mn [rosszul nevelt]* badly brought up, spoilt, *[modortalan]* lacking good manners *ut*, ill-mannered/bred, *[komisz gyermekről]* naughty, behaving badly *ut*; **~ fráter** lout, ill-bred fellow; **~ül viselkedik** misbehave (oneself), behave badly
neveletlenked|ik *i* misbehave (oneself); **ne ~j!** don't be naughty!, behave yourself!
neveletlenség *fn* **1.** *[tulajdonság]* ill-breeding, churlishness, ill-manners *tsz*, (gyermeké) naughtiness **2.** *[cselekedet]* misbehaviour (*US* -or), bad form/behaviour (*US* -or)
nevelked|ik *i* be* brought up, be* reared/educated, grow* up, *US* be* raised
nevelő I. *mn* educational, instructive; **~ hatású** educational, educative **II.** *fn* educator, *[magán]* (family) tutor, private teacher
névelő *fn* article; **határozott ~** definite article; **határozatlan ~** indefinite article
nevelőanya *fn* foster-mother
nevelőapa *fn* foster-father
nevelőcsalád *fn* foster parents *tsz*
nevelőd|ik *i* → **nevelkedik**
névelőhasználat *fn nyelv* use of the articles
nevelőintézet *fn okt elav [bennlakásos tanügyi intézmény]* **1.** *főleg GB:* boarding-school, *US* preparatory (v. *biz* prep) school **2.** *jog [átmeneti időre] GB* community home; → **javítóintézet**
nevelő-javító intézet *fn GB* youth custody centre, detention centre (*US* home)
nevelőmunka *fn* education(al work)
nevelőnő *fn* governess
nevelőotthon *fn [állami gondozottaknak] ált* home, state/council home, a children's home; **~ba kerül(t)** be* put/taken into care; **~ban van** [the child] is in care; **~ban nőtt fel** was brought up in a foster/state/council home
nevelősköd|ik *i* be* a tutor, *[nő]* be* a governess
nevelőszülők *fn tsz* foster parents, adoptive parents
nevelőtevékenység *fn* education, upbringing
nevelt *mn* **1.** *[fogadott]* foster; **~ gyermek** foster-child°; **~ fia (vknek)** (sy's) foster-son **2. jól ~** well brought up, well-bred, *[igével]* be* (well-)educated, have* a good education; **rosszul ~** (be*) badly brought up, (be*) ill-bred
neveltet *i* provide education for sy, educate, send* sy to school
neveltetés *fn* education, upbringing, *[iskolai]* schooling
névérték *fn* face/nominal/par value; **~en** at par; **~en alul** below par
neves *mn* famous, renowned, well-known; **~ író** writer of distinction
nevesít *i [ügyet, az ügyben szereplőket]* name, specify, actualize, concretize
nevet *i* laugh; **~ vkn** laugh at sy; **~ vmn** laugh at/about sg, be* amused at/by sg; **mindenki ~ rajta** everybody is laughing at him, he is making a fool of himself; *közm* **az ~ legjobban, aki utoljára ~** he who laughs last laughs longest; **ő ~ a végén (v. utoljára)** (s)he has/gets the last laugh; **~nem kell!** nonsense!, don't make me laugh!, you make me laugh!; **nincs ezen semmi ~nivaló** it's no laughing matter, it's nothing to laugh at/about; **mit/min ~sz?** what are you laughing at?; **halálra ~tük magunkat** we almost died with laughter; **nagyot ~** laugh one's head off, burst* out laughing, roar with laughter; **sokat ~tünk rajta** we had many a laugh over it
nevetés *fn* laughter, laugh(ing); **~ben tör ki** burst* out laughing, burst* into laughter; **nem állja meg nevetés nélkül** (s)he can't help laughing; **dől/gurul a ~től** *biz* crack up
nevetgél *i* giggle, titter, snigger
nevetgélés *fn* giggle, giggling, titter(ing)
nevethetnék *fn* **~em volt** I felt like laughing, I was itching to laugh
nevetnivaló *fn* laughing matter; → **nevet**
nevetőgörcs *fn* laughing fit, fit of laughter
nevetség *fn* **1.** *[gúnyos nevetés]* jeering, mockery, derision; **~ tárgya** a figure of fun; **~ tárgyává lesz** become* a laughing-stock, make* oneself ridiculous; **~ tárgyává tesz** make* (sy/sg) ridiculous, make* a laughing-stock of (sy), hold* (sy/sg) up to ridicule; **~be fullad** be* drowned in ridicule **2.** *[nevetséges dolog]* (be*) a laugh; **ez kész ~!** this is simply/quite ridiculous!
nevetséges *mn* ridiculous, laughable, funny; **~ dolog** *biz* a laugh; **~ alak** a figure of fun; a funny fellow (*US* guy); **~ ár** ridiculously low price; **ebben nincs semmi ~** there is nothing to laugh at (here), it's no laughing matter; **~sé tesz** (*vmt/vkt*) ridicule (sg, sy), make* (sg/sy) ridiculous; **~sé válik** make* oneself ridiculous, become* ridiculous, make* a fool/show of oneself, make* a fool of sy
nevettében *hsz* (from) laughing; **majd megpukkad (v. a hasát fogja) ~** (s)he nearly dies with laughter, double up with laughter, split* one's sides (with laughter); **majd megpukkadtak (v. a hasukat fogták) nevettükben** they nearly split their sides [when I told them my reasons for being late]
nevettető I. *mn* amusing, comical, funny **II.** *fn* comedian, humorist
nevez *i* **1.** (*vkt vmnek*) call/name sy sg, (*vmt vmnek*) call/name/term sg sg, (*vmt/vkt vmről/vkről*) name sg/sy after sg/sy; **a gyermeket Péternek ~ik** the child is called Peter; **minek ~ik/~néd ezt?** what do/would you call this?, what is this called?; **úgy ~ik, hogy**... sg is referred to as...; **ezt a művészeti irányzatot úgy ~ik, hogy minimál művészet** this kind of art is referred to as 'minimal' art; **ezt ~em!** that's something like it!, *kif* that's what I call a ... **2.** *sp* enter sy [in/for a competition]
nevezendő *mn* → **név**
nevezés *fn* **1.** (*vmnek*) calling, naming **2.** *sp* entry
nevezési *mn* **~ díj** entry fee
nevezetes *mn* (*vk*) notable, renowned, celebrated, (*vm*) remarkable, noteworthy; **~ vmről** famous/famed/known/noted for sg; **~ nap** memorable day, red-letter day, never-to-be-forgotten day
nevezetesen *hsz* namely (*röv* **viz.**), notably, that is (*röv* **i.e.**)
nevezetesség *fn* **1.** *[tulajdonság]* celebrity, fame **2. ~ek** *[érdekes látnivalók]* places of interest, sights; **a város ~ei** the sights of the town; **megnézi/megtekinti a ~eket** go* sightseeing, see* the sights
nevezett I. *mn ált* called, named, *[hiv stílusban]* said, above(-mentioned), aforesaid; **~ személy** person in question **II.** *fn* **a ~** the person in question
nevezetű *mn* called, named, by the name of (*mindegyik: ut*)
nevezhető *mn* **ez így is ~** it may also be called/termed ...; **ez alig ~ ...-nak/-nek** it's an apology for ...
nevező *fn* **1.** denominator; **közös ~** → **közös I 2.** *sp* entrant (for), competitor
névházasság *fn* nominal marriage
névjegy *fn* (visiting) card, *US így is:* calling card, *[üzletemberé]* (business) card; **leadja a ~ét** leave* one's card with sy; **beküldi a ~ét** send* in one's name
névjegykártya *fn* card, business card
névjegyzék *fn* list (of names), roll, register, *[akikkel rendszeres levelezésben állunk]* mailing list; **felvesz a ~be** put*/enter sy on the list/rolls; add [sy's name] to one's/the mailing list

névleg *hsz* nominally, in name; **csak ~ (az)** in name only
névleges *mn* **1.** *ált* nominal, titular; **~ vezető** nominal leader, figure-head **2.** *gazd stb.* nominal; **~ bér** nominal wages *tsz*
névlegesen *hsz* → **névleg**
névmagyarosítás *fn* Magyarization of one's surname
névmás *fn nyelv* pronoun; **birtokos ~** possessive pronoun; **határozatlan ~** indefinite pronoun; **kérdő ~** interrogative pronoun; **mutató ~** demonstrative pronoun; **személyes ~** personal pronoun; **visszaható ~** reflexive pronoun; **vonatkozó ~** relative pronoun
névmutató *fn* index (*tsz* indexes), (alphabetical) list [of authors etc.]; **~val ellát** index [a book], supply [a book] with an index
névnap *fn* name-day; **gratulál vknek ~jára** *kb.* wish sy many happy returns (of the day); **~ot tart** keep*/celebrate one's name-day
névnapi *mn* **~ köszöntő** name-day greetings *tsz*
névrag *fn* case-ending, nominal suffix
névragozás *fn* declension, inflexion/inflection of nouns, adjectives or pronouns
névrokon *fn* namesake
névsor *fn* list (of names), register, roll; **~t olvas** call the roll, take*/hold* a roll-call; **~ba felvesz nevet** enter a name on a list
névsorolvasás *fn* roll-call; **~t tart** call over the names on the list, call the roll, hold a roll-call
névszó *fn* ‹ noun, infinitive, adjective, participle, numeral, and pronoun › nominal
névszói *mn* nominal
névszóképző *fn* nominal formative (suffix)
névszóragozás *fn* declension
névtábla *fn* name-plate; **kiteszi a ~ját** *[orvos, ügyvéd stb.] US biz* hang* out one's shingle
névtár *fn* register, catalogue (*US* -log)
névtelen *mn* **1.** *ált* unnamed, nameless, anonymous; **~ levél** anonymous letter; *[tele intrikával]* poison-pen letter **2.** *[ismeretlen]* unknown, nameless
névtelenség *fn* anonymity, *[ismeretlenség]* obscurity; **a ~ homályába burkolózik** preserve one's anonymity
névutó *fn* postposition
nevű *mn* **egy Papp ~ ember** a man called/named P., a man by the name of P., a man P. by name; **ismert ~** well-known, noted, famous; **jó ~** of (good) repute *ut*, reputable, *[igével]* be* highly reputed, have* a good reputation; **jó ~ orvos** (s)he has a good reputation as a doctor
névváltoz(ta)tás *fn* change of name
New York-i I. *mn* New York, of New York *ut* **II.** *fn* New Yorker
néz *i* **1.** (*vmt/vkt/vmre/vkre*) look at sg/sy, *[előadást, televíziót]* watch [a performance, television]; **képeket ~** *[pl. fényképeket]* be* looking at pictures; **mereven ~** (*vmt/vkt*) stare/gaze at sg/sy; **~d csak!** (just) look at that!; **~ze kérem!** look here!, *US* (now) listen!; *biz* **hadd ~zem, ~zük** let me see, let's see; **vm elé ~** → **elé**; **nagyot ~ett** he was surprised (to see it) **2.** *biz [keres]* look for sg; **cipőt ~ magának** look for shoes for oneself; **állás/munka után ~** look for a job; **csak ~tem, mi lesz ebből** I was just wondering what would happen **3.** *[tekint]* consider, take* into consideration, look (up)on sy/sg (as), (*vmt/vkt vmnek/vknek*) take* sg/sy for sg/sy, put* sy down as sg; **mezőgazdasági munkásnak ~tem** I put him down as a farm worker; **ha nem ~ném a korodat** if I did not consider your age, if I made no allowance for your age; **minek ~ (maga/ön) engem?** what do you take me for?; **húszévesnek ~em** I (should) put him down as twenty, I take him to be no more than twenty; **csak a maga hasznát ~i** consider only one's own interest **4.** *[nyílik vmre]* look out on sg, look on to, face/front sg; **az épület a térre ~** the building looks on to the public square; **az ablakok a kertre ~nek** the windows look onto (v. out on) the garden, the windows give on to the garden; **a ház délnek ~** the house faces south; → **elé**, → **elébe**, → **felé**, → **televízió**
nézdegél *i* → **nézeget**
nézeget *i* keep* looking at (sy, sg); **egy könyvet ~** glance/skim through a book, dip into a book, browse in a book
nézelőd|ik *i* look around
nézés *fn* **1.** *[figyelés]* looking; **nem tudott betelni a ~ével** he couldn't take his eyes off her **2.** *[tekintet]* look
nézet *fn* **1.** *[vélemény, felfogás]* view, opinion, idea; **~em szerint** in my opinion/eyes, to my mind; **egy ~en van vkvel, vkvel azonos ~eket vall** agree with sy('s views), be* of the same mind/opinion as sy, range oneself with sy; **különös ~eket vall** have*/hold* strange/curious views; **más ~en van vkvel** disagree with sy, differ in opinion from/with sy; **homlokegyenest ellenkező ~eik vannak** be* at loggerheads with sy; **azon a ~en vagyok, hogy** I suggest that, I am of the opinion that; **az az általános ~, hogy** it is generally held that; **annak a ~ének adott kifejezést, hogy** he expressed the view that, he voiced the opinion that; **elfogadja vk ~ét** come* round to sy's way of thinking, fall* in with sy's opinion **2.** *épít műsz* elevation, view
nézetazonosság *fn* identity of views
nézeteltérés *fn* difference of opinion, clash of views, disagreement; **~e van vkvel** disagree with sy, be* at loggerheads with sy
nézetkülönbség *fn* → **nézeteltérés**
nézettség *fn tv* tune-in; **amikor legnagyobb a ~** when tune-in is highest
nézettségi *mn [tévéműsoroké]* **~ fok/szám/mutató** audience ratings *tsz*, ratings *tsz*, viewing figures *tsz*
néző I. *mn* **utcára ~ ablakok** windows looking onto the street; **délre ~ szoba** south-facing room **II.** *fn* onlooker, looker-on, spectator, *[tévéadásé]* viewer; *szính* **~k** the audience; **50 000 ~ volt a meccsen** 50,000 spectators watched/attended the match
nézőke *fn [optikai készüléken]* sighting slot, *[puskán]* notch, (back-)sight
nézőközönség *fn* public, audience, spectators *tsz*
nézőlyuk *fn* eyehole, peephole
nézőpont *fn* point of view, stand-point, aspect; **mindez ~ kérdése** it's all a matter of opinion
nézőszám *fn* attendance, number of spectators present
nézőtér *fn* auditorium
nézve *hsz* **1. jobbról ~** seen from the right; **oldalról ~** in profile **2.** *[tekintve]* with respect/regard to, as to; **erre ~ megjegyzem** in this connection (v. with reference to that/this) I would point out; **végtelenül kellemetlen volt rám ~** it was extremely unpleasant for me
ni! *isz biz* look!, here/there it is!, here/there they are!
Niagara-vízesés *földr* Niagara Falls *tsz*
Nicaragua *földr* Nicaragua
nicaraguai *mn/fn* Nicaraguan
niceai *fn tört* **a ~ zsinat** the Nicene Council
nicsak! *isz* → **ni!**
Niger *földr* Niger
nigeri *mn/fn* Nigerian
Nigéria *földr* Nigeria
nigériai *mn/fn* Nigerian
nihilista I. *mn* nihilistic **II.** *fn* nihilist
nihilizmus *fn* nihilism
nikkel *fn* nickel
nikkelez *i* nickel(-plate), plate with nickel
nikkelezés *fn [folyamat]* nickel-plating, *[felület]* nickel plate
nikkelezett *mn* nickel-plated
nikotin *fn* nicotine
nikotinmentes *mn* nicotine-free, free from nicotine *ut*
nikotinmérgezés *fn* nicotinism
nikotinos *mn [ujj]* stained with nicotine *ut*
Nílus *földr* Nile
nímand *fn biz* **egy ~** he's (rather) a small beer

nimbusz *fn* nimbus, halo, glory
nimfa *fn* nymph
nincs *i* **1.** *[nem létezik]* there is no(t); **~ hely** there is no seat to be found, (there is) no room; *[buszon stb.]* full up; **~ idő** there is no time; **~ itthon** he is out; **~ semmi értelme** there is no point/sense in all this, it is meaningless, this is all nonsense; **~ miért/mit** *[köszönetre válasz]* you're welcome, don't mention it, it's nothing; **~ miért haragudni** there is no reason to be angry/annoyed; **~ mit tenni** there is nothing to be done, there is nothing to do; **ahol ~, ott ne keress** *kb.* you can't get blood out of a stone, where nothing is nothing can be had; **~ (belőle) több** there is no more (left); **ő ~ többé** (s)he is no more **2.** *(vknek/vmnek)*; **~ pénzem** I have* no money, I am out of cash, *biz* I am (stony-)broke; **~ nálam pénz** I haven't got any money on me, I've no (ready) cash on me; **már öt éve ~ írógépem** I have been without a typewriter for five years; **~ történeti érzéke** he is lacking in historical sense, he has no feel(ing) for history; **~enek gyermekeim** I have no children/family **3.** *[nem kapható]* sg is out of stock, sg is not to be had; **~ szalámi a közértben** salami is out of stock in the supermarket **4. ~ jól** be* unwell; **~ semmi bajom** I'm all right **5. ~ meg az erszényem** I can't find my purse; → **megvan**
nincsen *i* → **nincs**
nincstelen I. *mn* poverty-stricken, destitute **II.** *fn* pauper
nincstelenség *fn* penury, poverty, pauperism
nini! *msz* → **ni!**
nipp *fn* china/porcelain figurine, knick-knack, bric-à-brac
nitrát *fn* nitrate
nitrogén *fn* nitrogen
nitrogéntartalmú *mn* nitrogenous
nitroglicerin *fn* nitro-glycerine (*US* -rin)
nitt *fn* rivet
nittel *i* rivet
nittelés *fn* riveting
nivellál *i* level (*US* -l) (up), even up
nivellálód|ik *i* be* levelled (*US* -l-) (up)
nívó *fn* level, *átv* standard
nívódíj *fn* (radio/TV) award; **~jal tüntet ki vkt** *[könyvért]* (s)he won the best book award (v. the Merit Award)
nívós *mn* first-rate, of (a) high level/standard *ut*, high-level
nívótlan *mn* of inferior quality *ut*, third-rate
N. N. *röv* anon. *[anonymous]*
no *isz* **~ mi az?** what is it?; **~, megjöttél?** so you're here; well, you've arrived/come?; **~ nem?** isn't that so?; **~ és?** well, what of it?, well, what about it?; **~ megállj csak!** hold your horses!; **~ gyerünk!** let's go!; **~ de ilyet!** well, I never!
NOB *röv [Nemzetközi Olimpiai Bizottság]* IOC [International Olympic Commitee]
Nobel-békedíj *fn* Nobel peace prize
Nobel-békedíjas *mn* Nobel peace prizewinner
Nobel-díj *fn* Nobel Prize (v. prize); **~at kapott** he was awarded the/a Nobel prize
Nobel-díjas *mn* Nobel prizewinner, winner of the/a Nobel prize, Nobel laureate
nocsak! *isz* well, well!
Noé *tul* Noah; **~ bárkája** Noah's Ark
Noémi *tul* Naomi
nógat *i* urge, egg/drive* sy on (to do sg), nag (sy)
nógatás *fn* urging, egging on
noha *ksz* (al)though, whereas
nohát *msz* → **nahát**
nokedli *fn* → **galuska**
nomád I. *mn* **1.** nomad, nomadic; **~ törzsek** nomad/nomadic/wandering tribes **2.** *átv* **~ körülmények között él/van** live v. be* living rough **II.** *fn* nomad
nominálbér *fn* nominal wages *tsz*
nominativus *fn* nominative (case)
nonkonformista *mn* nonconformist
nono! *isz* come come!, now now!
nonpareille *fn* nonpareil
nonprofit *mn* non-profit-making, *US* non-profit
nonstop *mn* nonstop; *[éjjel-nappal nyitva]* (open) (a)round the clock *ut*
nonszensz *fn* nonsense
Nóra *tul* Nora
norma *fn* **1.** *[teljesítménykövetelmény]* (industrial) norm, piece-rate; **~n alul teljesít** fall* below norm; **teljesíti a ~t** fulfil (*US* fulfill) one's norm, achieve one's norm **2.** *átv* standard; **nyelvi ~** standard language/usage, standard English/Hungarian etc., correct usage, linguistics norm(s); **erkölcsi ~** moral standards *tsz*; **az együttélési ~k súlyos megsértése** severe infringement of the norms of coexistence
normál *mn* **1.** *[szabványos]* standard **2.** *[rendes, átlagos]* normal, ordinary, regular, standard **3.** *[kazettán]* normal (position) **4.** *zene* **~ a (hang)** concert pitch
normálfilm *fn* standard (v. 35 mm) film
normálhang *fn zene* standard pitch
normális *mn* **1.** *[rendes]* normal; **~ körülmények között** normally, under normal conditions **2.** *[épeszű]* be* in one's right mind; **~ vagy?** are you in your right mind?, are you crazy?; *biz* **~ ez az ember?** is he all there?; *biz* **nem egészen ~** he's not all there
normalizálód|ik *i* get* back to normal; **az élet ~ott** life is back to normal
Normandia *földr* Normandy
normann *mn/fn tört* Norman; **a ~ hódítás** the Norman Conquest (1066)
normatív *mn* normative; *okt* **~ támogatás** per capita grant/entitlement; **a ~ támogatás 110 000 Ft/hallgató/év** per capita entitlement is 110 thousand forints per student pa
normatíva *fn* norm, standard; **állami ~** state norms *tsz*, state standard
norvég *mn/fn* Norwegian
Norvégia *földr* Norway
norvégiai *mn/fn* Norwegian
norvégul, norvégül *hsz* **~ beszél** speak* Norwegian; **~ van (írva)** it is (written) in Norwegian
nos *isz* **1.** *[kijelentésben]* well (now), ...; **~, befejeztem** well, I have finished (it); **~ hát** well now!, well(, what of it?) **2.** *[kérdésben]* **~, mi a véleményed?** well, what do you think?; **~, nem indulsz még?** off you go then!, what are you waiting for?; haven't you gone yet?
nosza *isz* go ahead!; **~ rajta!** come on!, go at it!
noszogat *i* (*vmre*) urge (gently), egg/drive* sy on (to do sg), prompt (sy), push sy on [to do sg]
nosztalgia *fn* nostalgia; **~t érez vm után** pine for sg, hanker after sg
nosztalgiahullám *fn* wave of nostalgia
nosztalgiáz|ik *i* indulge in nostalgia; *kif* pine for sg, hanker after sg
nosztrifikál *i* validate [a foreign qualification]
nóta *fn* **1.** *[magyar]* (Hungarian) song (in the folk style), *[dallam]* tune, melody; **mindig ugyanazt a ~t fújja** he is always harping on the same string; **(ez megint) a régi ~** it's the same old story; **elhúzza/elhegedüli vknek a ~ját** *[jól elver]* give* sy a sound hiding/thrashing **2.** *[mai]* pop song
nota bene *isz* (*röv* **NB**)nota bene (*röv* **NB** v. **nb**)
notabilitás *fn* notability, notable, eminent/distinguished person, dignitary
nótafa *fn* ‹elderly villager with a wide repertoire of folk-songs›
nótáskönyv *fn* song-book
nótáz|ik *i* sing* popular/Hungarian songs/tunes
notesz *fn* note-book, diary
notórius *mn* notorious; **~ hazudozó** a confirmed liar
nov. *röv* → **november**
novella *fn* short story
novelláskötet *fn* volume of short stories
novellista *fn* short-story writer
novellisztikus *mn* short-story-like

november *fn* (*röv* **nov.**) November (*röv* **Nov.**); **~ben, ~ folyamán** in (the course/month of) November; **~ havában/hóban** in the month of November; **~ 16-án** on 16(th) November, *főleg US:* on November 16th

novemberi *mn* November, in/of November *ut*; **egy ~ napon** on a (certain) November day, one day in November; **~ időjárás** November weather

novícius *fn* novice, probationer

novokain *fn* Novocaine

novokainblokád *fn orv* Novocaine blockage

nóvum *fn* novelty, something new; **ez nekem ~** I have never heard of that before, that is new to me

nő[1] *i* **1.** *ált [és növ]* grow*; **magasra ~** grow* tall, shoot* up; **nagyra ~** grow* tall/up; **nagyot ~tt** *[gyerek]* (s)he grew tall **2.** *[nagyobbodik]* grow*, increase, augment, *[fejlődik]* develop, *[szélességben]* expand, extend, *[adósság, bevétel, tekintély]* increase **3. ~tt a szememben** he has grown in my estimation, has risen in my opinion/estimation; **szívemhez ~tt ez a gyerek** I have grown deeply attached to this child, I have become very fond of this child

nő[2] *fn* **1.** *ált* woman°, *[udvariasan]* lady; **a ~k** women, womankind; **egy ~ vár rád** a lady is waiting for you; **~k** *[felirat és női WC]* Ladies; **a ~k helyzete** the status/position of women **2.** *elav [feleség]* wife°; **~ül megy vkhez** marry/wed sy; **~ül vesz vkt** marry/wed sy **3.** *szl* **vknek a ~je** sy's woman°/mistress, sy's fancy woman°; **jó ~** a nice bit of fluff, a cute little number; **~k után futkos** be* (v. go* out) on the loose; **volt dolgod már ~vel?** have you ever had any dealings with a woman (before)?, have you been with a woman before?; *[szexuális értelemben főleg]* have you ever had a woman (before)?

nő- *mn összet* woman(-), women's, female

nőág *fn elav* female line/side, distaff side

nőalak *fn [regényben stb.]* woman/female character

nőbolond *fn* womanizer, *kif* be* mad about women

nőcsábász *fn* lady-killer, Don Juan, womanizer

nőcske *fn pej [könnyűvérű nő]* **1.** easy/loose woman, *szl* bird, *[nagyon fiatal]* chick, female **2.** *[kis termetű nő]* little/small woman

nődolgozó *mn* woman°/female worker (*tsz* women/female workers), working woman°

nőegylet *fn* women's club

nőgyógyász *fn* gynaecologist (*US* gynec-)

nőgyógyászat *fn* gynaecology (*US* gynec-)

nőgyógyászati *mn* gynaecological (*US* gynec-)

nőgyűlölő *fn* misogynist, woman-hater

nőhallgató *fn* (female) student/undergraduate

női *mn* woman-, woman's, women's, ladies('), female; **~ alkalmazottak** women employees; **~ baj/betegség** gynaecological (*US* gynec-) disease, women's disease; **~ cipő** ladies' shoes; **~ divat** ladies' fashion; **~ divat(áru)** ladies' wear; **~ egyes** *[tenisz]* women's singles *tsz*; **~ erény** feminine/womanly virtue; **~ fodrász** ladies' hairdresser; **~ hang** female voice; **~ kalap** ladies' hat; **~ kar** women's/ladies choir/chorus; **~ kerékpár** lady's bicycle; **~ (kézi)-táska** handbag, *US* pocket book, purse; **~ munkaerő** woman°/female worker (*tsz* women/female workers); **a ~ nem** womankind, womanhood, the fair/gentle sex; **~ osztály** *[kórházban]* female/women's ward; *[áruházban]* ladies' department; **~ páros** *[teniszben]* women's doubles *tsz*; **~ ruha** (woman's) dress, frock; **~ sportoló** sportswoman°; **~ szabó** ladies' tailor; *[szabónő]* dressmaker; *sp* **~ számok** women's events; **~ szerep** female/woman's part/role; **~ szereplő** woman°/female character; **~ tag** woman member (*tsz* women members); **~ társaság** female company; **~ vécé** (the) ladies, *US* ladies' room; **~ vezető** *[autó]* woman driver (*tsz* women drivers)

nőies *mn* **1.** *[nő]* womanly, womanlike, ladylike, feminine **2.** *[férfi]* effeminate, womanish

nőietlen *mn* unwomanly, unfeminine

nőíró *fn* woman author (*tsz* women authors), woman writer (*tsz* women writers)

nőismerős *fn* woman acquaintance (*tsz* women acquaintances), girl-friend, a woman°/lady I know

nőmozgalom *fn* women's (rights) movement, feminism

nőnap *fn* **Nemzetközi N~** International Women's Day

nőnem *fn nyelv* feminine (gender)

nőnemű *mn nyelv* feminine; **~ főnév** feminine

nőnevelő *mn* **~ intézet** girls' (boarding) school

nőorvos *fn* → **nőgyógyász**

nőrablás *fn* abduction of women

nőrím *fn irod* feminine rhyme

nőrokon *fn* woman/female relative/relation (*tsz* women/female relatives/relations)

nörsz *fn* nurse

nős *mn* married

nősportoló *fn* sportswoman°

nőstény *fn* female (animal), *összet* she-, *[őz, nyúl]* doe-; **~ állat** female animal; **~ elefánt** cow-elephant; **~ farkas** she-wolf; **~ kecske** she/nanny-goat; **~ macska** she-cat; **~ medve** she-bear; **~ nyúl** doe, female rabbit; **~ oroszlán** lioness; **~ tigris** tigress

nősül *i* get* married, marry; **jól ~t** he made a good match

nősülés *fn* marrying, getting married, marriage

nőszemély *fn* woman°, *pej* female

nőszirom *fn növ* iris, flag

nőtag *fn* woman member (*tsz* women members)

nőtársaság *fn* company of women, female company

nőtartás *fn [díj]* maintenance, *főleg: US* alimony; **~t fizet** pay* maintenance/alimony

nőtestvér *fn* sister

nőtlen *mn* unmarried, *[hiv nyomtatványokon]* single; **~ (életet él)** lead* a single life; **~ ember/férfi** unmarried man°, bachelor

nőtlenség *fn* unmarried/single state, bachelorhood, *[papi]* celibacy

nőttön-nő *i* grow* steadily, grow* taller and taller, grow* and grow*

nőügy *fn biz* affair

növedék *fn jog stb.* accretion, growth, increase, increment, *[könyvtári]* accession

növedéki *mn* **~ napló** *[könyvtári]* accessions register/book

növekedés *fn [ált és élő szervezeté]* growth, *[számban, mennyiségben, értékben]* increase, *[terjedelemben]* growth, expansion

növekedési *mn* **a magyar gazdaság ~ pályán van** the Hungarian economy is on course to growth

növeked|ik *i [ált és élő szervezet]* grow*, *[számban, mennyiségben]* increase, be* on the increase, *[terjedelemben]* grow* larger/bigger, expand; **egyre ~ik** keep* growing; **szépen ~ik** *[gyerek]* be* developing well, be* growing up nicely

növekedő *mn* growing, increasing, *[terjedelemben]* expanding; **~ben van** be* steadily/continually growing/increasing/expanding, be* on the increase/rise

növeksz|ik *i* → **növekedik**

növekvő *mn* → **növekedő**

növel *i* **1.** *ált* increase, swell*, *[terjedelemben]* enlarge, expand, extend, *[árat, bevételt]* increase, *[értéket]* enhance, increase, *[befolyást, hatalmat]* extend, *[örömöt, érzelmet]* heighten, *[sebességet]* increase, *[szókincset]* enrich, *[termelést]* increase, step up, *[tudást]* improve; **~i a nehézségeket** add to the difficulties **2. az eső ~i a vetést** rain helps make the crop grow

növelés *fn ált* increase, *[termelésé így is]* step(ping)-up

növendék *fn* **1.** *ált* pupil, *[főleg főiskolai]* student, *[intézeti]* boarder; **volt ~** *[iskoláé]* ex-pupil, *GB* old boy/girl, graduate, *US* alumnus (*tsz* alumni) **2.** *[jelzőként]* young; **~ marha** young cattle

növény *fn* plant; **kerti ~ek** garden plants; **~t gyűjt** collect plants, botanize; **érzéke van a ~ekhez** have* green fingers; *US* have* a green thumb

növényápolás *fn* care of plants
növénybetegség *fn* plant disease
növénycsalád *fn* family (of plants)
növényélettan *fn* plant physiology
növényevő I. *mn* plant-eating, *tud* herbivorous **II.** *fn* plant-eater, *tud* herbivore
növényfaj *fn* species (*tsz* species) (of plants)
növényföldrajz *fn* plant geography, phytogeography
növénygyűjtemény *fn* herbarium (*tsz* -riums v. -ria)
növénygyűjtő *fn* herbalist, plant-collector
növényhatározó *fn* herbal, plant identification handbook
növényház *fn* greenhouse, glasshouse
növényi *mn [növényhez tartozó]* plant-, *[a növényvilággal kapcs.]* vegetal, *[növényi eredetű]* vegetable; ~ **eledel** vegetable food; ~ **olaj** vegetable oil; ~ **rost** vegetable fibre (*US* -ber); ~ **vaj** (vegetable) butter; ~ **zsírok** vegetable fats
növényirtó *mn* ~ **szer** herbicide
növénykórtan *fn* phytopathology
növénynedv *fn* sap
növénynemesítés *fn* plant improvement
növénynemzetség *fn* genus (*tsz* genera) (of plants)
növénynév *fn* plant/botanical name
növényrendszertan *fn* plant taxonomy
növényszövettan *fn* plant histology
növénytakaró *fn* vegetation, plant life [of a particular region], flora
növénytan *fn* botany
növénytani *mn* botanical
növénytár *fn* botanical collection
növénytermesztés *fn* cultivation of plants
növénytetvek *fn* plant lice *tsz*, aphids
növényvédelem *fn* plant protection/conservation
növényvédelmi *mn* of/for plant protection/conservation *ut*; ~ **kutatóintézet** plant protection/conservation research institute, research institute for plant protection/conservation; ~ **szakmérnök** specialist in plant protection/conservation; ~ **szolgálat** (agricultural) plant protection/conservation service
növényvédő *mn* ~ **szer** plant-protecting agent/material, crop/plant protection chemical, pesticide, insecticide
növényvilág *fn* flora, plant/vegetable kingdom, plant life; **Európa ~a** the flora of Europe, European flora
növényzet *fn* plants *tsz*, vegetation, flora, plant life
nővér *fn [testvér és ápoló]* sister
nővérke *fn* **1.** *[testvér] biz* sis **2.** *[ápolónő megszólítása]* excuse me, Sister
növés *fn* **1.** *[növekedés]* growth; **~ben levő gyermek** growing child° **2.** *[termet]* build, figure, stature
növésű *mn* of ... growth/build/stature *ut*; **jó** ~ well-shaped/proportioned, shapely
növeszt *i* make* grow, grow*; **szakállt** ~ grow* a beard
nőzés *fn biz* womanizing
nőz|ik *i biz* womanize
nudista *fn* nudist, naturist
nudizmus *fn* nudism, naturism
nudli *fn* noodles *tsz*; **krumplis** ~ ‹noodles made of potato-based dough›
nukleáris *mn* nuclear; ~ **bomba** nuclear bomb; **első ~ csapás** *[aki először támad]* first nuclear strike; ~ **energia** nuclear energy; ~ **erőmű** nuclear power-station; ~ **fegyver** nuclear weapon; ~ **fegyverkísérlet** nuclear (weapon) test; ~ **fizika** nuclear physics; ~ **háború** nuclear war; ~ **hadviselés** nuclear warfare; ~ **lefegyverzés** nuclear disarmament; ~ **robbantás** nuclear explosion
null *szn sp* nil; **a csapat 5:0-ra vezet** the team is leading five-nil (v. five goals to nil); → **nulla**
nulla I. *szn [számjegy]* zero, nought, *sp* nil, (*számban kimondva:* ou); ~ **egész 6 tized (0,6)** *[írva]* 0.6, *[kimondva]* (nought) point six; ~ **fok (van)** (it's) zero (centigrade); ~ **alá süllyed** fall* below zero; ~ **alatti** below zero *ut*; ~ **óra 35 perckor** at 0035 hours, at zero (v. 0-0) thirty-five hours; *sp* **három** ~ **(3:0)** three goals to nil, three-nil *[írva: 3:0]*; **Magyarország–Dánia 1:0** Hungary 1 Denmark 0, Hungary-Denmark 1-0; **~n áll** *[műszer]* be* on/at zero **II.** *fn* **1.** *biz* **ő egy nagy** ~ he is a mere cipher, he's a man of no account; **esélyeim a ~val egyenlőek** the cards were stacked against me **2.** *el* neutral
nulladik *mn okt* ~ **óra** ‹school class beginning at 7 a.m.›
nullapont *fn* → **nullpont**
nullás *mn* ~ **géppel vágták le a haját** he had a close crop; ~ **liszt** pure wheaten flour, finest flour; **M0-ás autópálya** the M0 [ring road]
nullavezeték *fn el* neutral/null wire/line
nulláz *i [műszert]* zero [zeroes, zeroing, zeroed]
nullkörző *fn* bow compasses *tsz*
nullpont *fn* zero (point)
nullszaldó *fn gazd* break-even (point); **~t csinál** break* even
nullszaldós *mn* **nem lesz ~ a konferencia** we won't break even (v. attain a break-even point)
nullszéria *fn* trial series, pilot batch/lot
numerikus *mn* numerical
numizmatika *fn* numismatics *esz*
nutria *fn áll* coypu, *[bundája]* nutria
nüánsz *fn* nuance, shade (of colour)
Nürnberg *földr* Nuremberg
nylon *fn* → **nejlon**

Ny

Ny, ny *fn [betű]* (the digraph) Ny, ny
Ny *röv* → **nyugat**
ny. *röv* → **nyugalmazott**
nyafka *mn biz* → **nyafogós**
nyafog *i* whine, whimper, snivel (*US* -l)
nyafogás *fn* whine, whimper(ing), snivel(ling) (*US* -l-)
nyafogós *mn* whining, *biz* whinging
nyaggat *i* trouble, bother, nag, pester; *[kérésekkel]* keep* at sy, *US biz* be* on sy's back
nyáj *fn* flock; **a ~jal tart** follow the crowd/cry
nyájas *mn* kind(ly), friendly, ami(c)able, affable; **~ olvasó** gentle reader
nyájaskod|ik *i* (*vkvel*) make* oneself pleasant, be* agreeable (with/to sy)
nyájasság *fn* affability, amiability, gentleness, kind(li)ness
nyájösztön *fn* herd instinct
nyak *fn* **1.** *[testrész]* neck; **~ába borul/ugrik** fall* on sy's neck, fling* one's arms round sy's neck; **~ába sóz/varr vknek vmt** (i) *[rásóz]* palm/fob sg off on sy, foist sg on sy (ii) *[hibát, felelősséget] biz* saddle sy with sg; *[bűncselekményt]* pin sg on sy; **~ába varrja magát** thrust*/impose oneself upon sy, latch on to sy, cling* to sy; **~ába veszi a várost** go* (a)round the town, do* the town; *[vmt keresve]* search all over (the) town (for sg); **~ig sáros** be* covered in/with mud; **~ig ül/úszik/van az adósságban** be* up to one's ears/neck in debt; **~ig benne van** *[bajban, pácban]* be* up to the neck in sg [debt, crime etc.], be* in trouble up to the hilt, be* in for it; *[bajban, zűrben]* be* in deep water; **~ig van a munkában** be* up to the eyes/ears (v. one's ears) in work; **~on csíp vkt** collar sy, get*/catch* hold of, seize sg by the collar; **~on üt** give* sy a clout round the ear, slap sy's face; **~án él(ősködik) vknek** sponge/batten on sy, be* a sponger on sy, live off sy, live on sy; **a szülei ~án él** lives off his/her parents; **mindig a ~án lóg** be* always hanging around sy('s skirts), cling* like a limpet to sy; *US* be* on sy's back; **~ára hág a pénzének** spend* money like water, run* through one's fortune/money; *biz* go* through [a lot of money], get* through one's money; *kif* play (at) ducks and drakes with one's money; **a ~ára jár vknek** hound/bother/pester/importune sy; *biz* keep* on at sy; **a ~ára nő vknek** grow* beyond sy, grow* out of sy's control, become* a burden on sy; **vkt leráz a ~áról** get* rid of sy, shake* sy off; **~át kockáztatja** dice with death; **~át töri** *átv is* break* one's neck; **~amat teszem rá** I'd stake my life on it **2.** *[ruháé, ingé]* neck(-piece) **3.** *[üvegé, hangszeré]* neck
nyák *fn* **1.** → **nyálka 2.** *[étel]* pap
nyakal *i biz* down, knock back, toss off; **szünet nélkül ~** *biz* be* on the bottle
nyakas *mn* obstinate, stubborn, headstrong, self-willed, obdurate
nyakaskodás *fn* obstinacy, stubbornness, obduracy
nyakaskod|ik *i* be*/remain obstinate/stubborn/obdurate/wilful (*US* willful)
nyakasság *fn* → **nyakaskodás**
nyakatekert *mn [megnyilatkozás, szöveg]* convoluted, tortuous, complicated, *[okoskodás]* convoluted, involved
nyakazás *fn* beheading, decapitation
nyakbőség *fn* collar size; **39-es ~** collar (size) 39 cms (15 ins), size 15 collar
nyakcsigolya *fn* cervical vertebra (*tsz* vertebrae v. vertebras)
nyakék *fn* (necklace/necklet with a) pendant
nyakfájás *fn* neck-ache, *[reumás]* stiff neck
nyakfodor *fn* ruff, frill
nyakhosszal *hsz biz* **~ nyer** *biz* win* by a neck
nyaki *mn orv* cervical
nyakigláb *fn* long-limbed/legged, *kif* be* all-leg(s)
nyakizom *fn* cervical muscle
nyakkendő *fn* tie, *US* necktie; **megköti a ~jét** tie one's (neck)tie; *[csokrot]* knot one's tie
nyakkendőtű *fn* tie-pin
nyakkivágás *fn [ruhán]* neckline; **mély ~** a plunging neckline
nyaklánc *fn* chain, necklace, *[rövid, nyakhoz simuló]* necklet; **arany ~** gold chain
nyakleves *fn biz* cuff, clout round the ear; **~t ad** cuff (sy), clout sy round the ear
nyakló nélkül *hsz* unbridled, unrestrainedly, beyond measure
nyákos *mn orv* mucous
nyakörv *fn* (dog) collar
nyakra-főre *hsz* helter-skelter, headlong
nyakravaló *fn* → **nyakék**, → **-lánc**, → **-örv**
nyaksál *fn* scarf, muffler, *[ruhán is]* neckerchief
nyakszirt *fn* nape (of the neck)
nyakszirtmerevedés *fn* nuchal rigidity
nyaktiló *fn tört* guillotine
nyaktörő *mn* break-neck; **~ mutatvány** hair-raising stunt; **~ sebességgel** at break-neck speed
nyal *i* **1.** (*vmt*) lick, lap **2.** *szl [a főnökének stb.]* lick sy's boots, play up to sy, *biz* butter sy up v. butter up to sy, toady to sy; *biz [gyerek tanárnak stb.]* suck up to sy, shine* up to (the teacher)
nyál *fn* saliva, spittle, slaver, slobber; **folyik a ~a** → **csorog a nyála,** → **összefut**
nyaláb *fn* bundle (of sg), *[rőzse]* faggot, bundle of firewood/sticks, *[széna, szalma]* truss, bundle
nyáladzás *fn* salivation, dribble, dribbling
nyáladz|ik *i* slaver, slobber, dribble (at the mouth)
nyalakod|ik *i* eat* titbits (*US* tidbits), eat*, sweets (on the sly)
nyalánk *mn* (very) fond of titbits (*US* tidbits) *ut*, sweet-toothed, *kif* have* a sweet tooth
nyalánkság *fn* **1.** *[tulajdonság]* fondness for sweets, having a sweet tooth **2.** *[jó falat]* titbit, (*US* tidbit), delicacy
nyalás *fn* **1.** (*vmt*) lick(ing), lapping **2.** *szl* boot-licking, fulsome flattery, fawning; **utálom a ~t** I hate being sucked up to
nyálas *mn* **1.** *konkr* slobbering, slobbery **2.** *iron* → **nyálasszájú 3.** *biz [hízelgő, mézes-mázos]* oily, *GB* smarmy
nyálasszájú *mn* **~ kölyök** greenhorn
nyálaz|ik *i* → **nyáladzik**
nyaldos *i* lick, keep* licking; *[tenger, hullám]* **~sa a partot** wash (against/over) the shore
nyálelszívó *fn* → **nyálszívó**
nyal-fal *i biz US* (*vkt*) slop over sy; **nyalják-falják egymást** they're all over each other
nyalka *mn* dashing, jaunty, natty, smart
nyálka *fn* mucus, phlegm, *növ* mucilage
nyálkahártya *fn* mucous membrane
nyálkás *mn* mucous, slimy
nyálkásod|ik *i* become*/grow* mucous
nyálmirigy *fn* salivary gland
nyalogat *i* lick; **fagylaltot ~** lick (at) an icecream; **~ja a száját** lick one's lips/chops; *átv biz* **~ja sebeit** lick one's wounds; **csak „~" vmt** *[felszínesen foglalkozik vmvel]* be* just pecking at sg
nyalóka *fn* lollipop, *biz* lolly
nyálszívó *fn* saliva pump

nyamvadt *mn [ember]* weedy, sickly, puny, *[dolog]* lousy, rotten
nyanya *fn biz* grannie, granny
nyápic *mn* puny, weedy
nyár¹ *fn* summer; ~ **eleji** early-summer; ~**on** in (the) summer, during the summer; **ezen a** ~**on** this summer; **a múlt** ~**on** last summer; **jövő** ~**on** next summer; **1980 nyarán** in the summer of 1980; ~**ra** by/for the summer; *közm* **Aki** ~**ban/**~**on nem gyűjt, télen keveset fűt.** Waste not, want not.
nyár² *fn* → **nyárfa**
nyaral *i* spend* the summer, spend* one's summer holiday(s) (at); ~**ni megy** go* swhere for the summer holiday(s); *US* vacation swhere (in the summer); **a Balatonon** ~ have*/spend* one's holiday at/by the Balaton; **a tengeren** ~ holiday by the sea(side)
nyaralás *fn* summer holiday(s) (*US* vacation); **balatoni** ~, ~ **a Balatonon** (a) holiday at/by the Balaton
nyaraló *fn* **1.** *[épület, kisebb]* holiday home/chalet, summer cottage, *[nagyobb]* country cottage, villa **2.** *[személy]* holiday-maker, *pej* bucket-and-spade people, *US így is:* vacationer
nyaralóhely *fn* summer/holiday/seaside resort
nyaralóvendég *fn* (summer) holidaymaker
nyaraltat *i* send* sy on a (paid) summer holiday, *[gyerekeket]* send* [children] to a holiday camp
nyaraltatás *fn* (paid) summer holidays *tsz*
nyaranta *hsz* every summer
nyárelő *fn* early summer, beginning of summer
nyárfa *fn* poplar; → **rezgő**
nyárfalevél *fn* aspen leaf°; → **reszket**
nyárfás *fn* poplar plantation/grove
nyárfasor *fn [út]* poplar-lined road
nyargal *i* **1.** *[lovon]* gallop, ride* hard/fast **2.** *[gyalog]* hurry, rush, run* **3.** (*vmn*) *biz* keep* harping on sg; **folyton ugyanazon** ~ flog/ride* to death; **régi sérelmeken** ~ rake over the (old) ashes
nyári *mn* summer; ~ **egyetem** summer school; ~ **időszámítás** summer time, *US* daylight saving time; ~ **meleg** summer heat, the great heat of summer; ~ **menetrend** summer timetable; ~ **ruha** summer clothes *tsz*, summer suit/dress; ~ **szünet/szünidő** *okt* long vac(ation), summer holiday(s), *US* vacation; *szính* summer break, *[mint kiírás]* "closed for the summer/season"; *okt* ~ **tábor** summer/holiday camp; ~ **zápor** summer shower
nyárias *mn* summery, *[öltözet]* light; ~ **idő** summery weather
nyáridő *fn* summertime
nyárközép *fn* midsummer, the middle of summer
nyárs *fn* spit; ~**on süt** roast on the spit, barbecue; **olyan, mintha** ~**at nyelt volna** he is as stiff as a poker/ramrod; **úgy ül, mintha** ~**at nyelt volna** sit* bolt upright; ~**ra húz** *[húst]* spit sg
nyársonsült *fn* meat/joint roasted on the spit, barbecue(d meat)
nyárspolgár *fn* petit/petty bourgeois, philistine
nyárspolgári *mn* petit/petty bourgeois, philistine, narrow/small-minded
nyárutó *fn* late/Indian summer
nyavalya *fn* **1.** *[betegség]* illness, disease, malady **2.** *durva* **töri a** ~ (*vmért/vkért*) be* mad for sy/sg; **hol a** ~**ban van?** where the hell is it? **3.** *átv [nyomorúság]* misery, trouble, distress
nyavalyakórság *fn* → **nyavalyatörés**
nyavalyás *mn* **1.** *[betegeskedő]* sickly, seedy **2.** *biz [nyomorúságos]* miserable, wretched **3.** *biz [vacak]* paltry, wretched, *[bosszúsan]* damned
nyavalyáskod|ik *i* → **betegesked|ik**
nyavalyatörés *fn nép elav* epilepsy, epileptic fit
nyavalygás *fn* **1.** *[betegeskedés]* ailing, sickliness **2.** *[siránkozás]* lamentation, whining, wailing **3.** *[bajlódás]* bother
nyavalyog *i* **1.** → **betegeskedik 2.** *[siránkozik]* lament, whine, wail, moan **3.** *[bajlódik]* bother about (sg), have* trouble with sg
nyávog *i* mew, meow, miaow
nyávogás *fn* mewing, miaowing
nyegle *mn* overbearing, overweening, presumptuous, *[szemtelen]* arrogant, insolent
nyegleség *fn* presumptuousness, presumption, *[szemtelenség]* arrogance, insolence
nyegléssked|ik *i* behave arrogantly
nyekereg *i* **1.** *[hangszer* v. *vk hangszeren]* screech, scrape **2.** (*vk*) bleat
nyekergés *fn [hangszeren]* screeching, scraping
nyekken *i* groan; **földhöz vágtam, hogy csak úgy** ~**t** I floored him and he gave a groan as he fell
nyel *i* swallow; ~**t egy nagyot, és** ... he swallowed (hard) and ..., he took a deep breath and ...; **sokat kell** ~**nie** have* much to swallow/pocket/stomach
nyél *fn* **1.** *[szerszámé ált]* handle, *[hosszúnyelű szerszámé]* handle, shaft, *[baltáé, fejszéé, kalapácsé]* handle, helve, *[késé]* handle, haft, *[zászlóé]* staff, *[seprőé, ernyőé]* handle, stick; **nyelet csinál vmnek** fix a handle to **2.** *átv* ~**be üt vmt** carry sg out/through; *[üzletet]* clinch/close [a deal] with sy, put* (the deal) across, put* (the business deal) through
nyeles *mn* handled, with a handle *ut*; ~ **súrolórongy** mop
nyelés *fn* swallow(ing)
nyeletlen *mn* without a handle *ut*
nyelőcső *fn* gullet, oesophagus (*tsz* oesophagi) (*US* eso-)
nyelű *mn* -handled; **rövid** ~ short-handled
nyelv *fn* **1.** *[szerv]* tongue; **füstölt** ~ smoked tongue; **lóg a** ~**e** *[vké fáradtságtól]* be* dead tired, be* done in; **(jól) pereg a** ~**e** have* the gift of the gab, have* a ready tongue; **a** ~**e hegyén van** have* sg on the tip of one's tongue; **helyén van a** ~**e** he is always ready with a retort (v. a smart answer), he caps every remark, (s)he has got a glib tongue; **megoldódik/megered a** ~**e** find* one's tongue; **rossz** ~**e van** have* a venomous tongue; **az emberek** ~**ére kerül** get* oneself talked about, set* tongues wagging; **vigyáz a** ~**ére** bridle one's tongue; **vigyázz a** ~**edre!** hold your tongue!; **mutassa kérem a** ~**ét** let me see your tongue, say "Aa(h)"; **kiölti/kinyújtja a** ~**ét** (v. ~**et ölt) vkre** stick* out one's tongue v. stick one's tongue out at sy; **inkább leharapja a** ~**ét(, de meg nem mondja)** bite* one's tongue (off) (wild horses could not drag/get it out of him); **rossz** ~**ek** scandal-mongers, mischief-makers **2.** *[cipőé]* tongue, *[fúvós hangszeré]* reed, tongue, *[harangé]* clapper, tongue, *[mérlegé]* pointer **3.** *[a társadalmi érintkezés eszköze]* language, *irod* tongue; **az angol** ~ the English language; **élő** ~ living/modern language; **holt** ~ dead language; **a konferencia** ~**ei** the conference languages; **angol** ~**en** *[van írva]* (be* written) in English; **angol** ~**en beszél** speak* English; **több** ~**en/**~**et beszél** speak* several languages; **több** ~**en ért** (s)he understands several languages; **három** ~**en jól tud(ó)/beszél(ő)** (be*) fluent in three languages *ut* **4.** *[írásműé, isk dolgozaté stb.]* style **5. Jókai** ~**e** Jókai's language; **a zene** ~**e** the language of music; **az orvosi** ~ medical language, the language of medicine; **jogi** ~**en** in legal parlance, in legalese; **tud vknek a** ~**én beszélni** speak* sy's language; **közös/egy** ~**en/**~**et beszélnek** speak* the same language
nyelvállapot *fn* state of the language [at a given time]
nyelvállás *fn* position of the tongue
nyelvatlasz *fn* linguistic atlas
nyelvbeli *mn* of/concerning language/style/speech *ut*, linguistic
nyelvbotlás *fn* slip of the tongue, lapsus linguae
nyelvcsalád *fn* family of languages
nyelvcsap *fn orv* uvula (*tsz* uvulae)
nyelvel *i [szemtelenül]* answer back
nyelvelsajátítás *fn* ~ **(fokozatai)** (stages of) acquisition of language

Ny

nyelvemlék *fn* literary remains of a language *tsz*, linguistic record; **legrégibb magyar ~(ünk)** the earliest (written) record (extant) of the Hungarian language
nyelvérzék *fn* linguistic instinct, sense of language, gift for languages; **jó ~e van** have* a feeling/feel for languages, have* a talent/head for languages; *[nyelvtanuláshoz]* show* a great capacity/aptitude for learning languages
nyelves *mn* **1.** *[feleselő]* sharp-tongued, pert, flippant **2. ~ csók** French kiss
nyelvész *fn* linguist
nyelvészet *fn* linquistics *esz*
nyelvészeti *mn* linguistic; **~ szempontból** linguistically
nyelvészkedés *fn* amateur study of linguistics
nyelvészked|ik *i* study linguistics (on an amateur basis)
nyelvezet *fn* language, *[írásé]* style, *[szónoké]* diction; **jogi ~** legal parlance; **politikai ~** the language of politics
nyelvfejlődés *fn* evolution/development/growth of a language (v. of the English etc. language)
nyelvföldrajz *fn* linguistic geography
nyelvgyakorlat *fn [nyelv- és stílusgyakorlat]* language drill/practice/exercise
nyelvhasonlítás *fn* comparative linguistics *esz*
nyelvhasználat *fn* usage; **mindennapi ~ban** in everyday usage
nyelvhasználati *mn* usage; **~ szempontból** from the point of view of usage
nyelvhelyesség *fn* good/correct/standard usage, grammatical correctness, correctness of speech
nyelvhelyességi *mn* **~ szempontból** from the point of view of good/standard usage; **~ hiba** nonstandard use, solecism
nyelvi *mn [beszélt nyelvre vonatkozó]* relating to language(s) *ut*, of language *ut*, language, *tud* linguistic; **~ fordulat/kifejezés(mód)** idiom; **~ hiba** linguistic error, mistake (in the language, in English etc.); → **nyelvtani**; **~ jelenség** linguistic phenomenon (*tsz* phenomena); **~ labor(atórium)** language lab(oratory); **~ óra** language lesson; **~ sajátság** idiomatic expression, idiom; **~ változások** linguistic changes, changes in the language (v. in English/Hungarian etc.); **~ szempontból** linguistically, from the linguistic point of view; **~ (szempontból történő) lektorálás** linguistic checking
nyelvileg *hsz* linguistically; **~ helyes** linguistically correct, (it's) grammatically correct; **~ ellenőriz/lektorál** read*/check [a text] linguistically
nyelviskola *fn* language school, school of languages
nyelvismeret *fn* → **nyelvtudás**
nyelvjárás *fn* dialect; **~t beszél** speak* in/a dialect
nyelvjárási *mn* dialectal, dialect; **~ atlasz** dialect atlas
nyelvjáráskutatás *fn* dialectology
nyelvjáráskutató *fn* dialectologist
nyelvjárástan *fn* dialectology
nyelvjárásterület *fn* dialect area
nyelvkészség *fn* **1.** *[kifejezőkészség]* fluency **2.** *[nyelvtanuláshoz]* language/linguistic ability, (a great) capacity/aptitude for learning languages, language-learning capability, *[tehetség]* head/talent for languages
nyelvkönyv *fn* course (book), textbook, *[kezdő]* primer; **angol ~ középhaladóknak** an intermediate course in English, a course in English for intermediates
nyelvközösség *fn* speech/language community
nyelvlecke *fn* language lesson; **angol ~** lesson in English, English lesson
nyelvleírás *fn* description of languages, *[leíró nyelvészet]* descriptive/synchronic linguistics *esz*
nyelvművelés *fn* ‹cultivation of a/the language›; ‹propagation of good/correct usage›
nyelvművelő I. *mn* **~ kézikönyv** *kb.* manual/handbook of correct usage **II.** *fn* ‹propagator of good/correct usage›
nyelvoktatás *fn* → **nyelvtanítás**
nyelvóra *fn* language lesson; **~kat ad** give* lessons (v. hold* classes) (in English/etc.); **~kat vesz** go* to classes (v. take* lessons) in [English etc.]
nyelvpótlék *fn* language allowance
nyelvrendszer *fn* language/linguistic system
nyelvrokonság *fn* linguistic affinity; **~ban vannak** are linguistically/genetically related/linked
nyelvrontás *fn* corruption of a language; **~t követ el az angollal (v. a magyarral)** *stb* use poor English/Hungarian etc.
nyelvsíp *fn* reed pipe
nyelvszakos *mn* **~ hallgató** student specializing in languages, student of English/Hungarian etc., *US* student majoring in languages; **~ tanár** language teacher
nyelvszerkezet *fn* grammatical structure
nyelvszokás *fn* usage, speech habit
nyelvtan *fn* grammar
nyelvtanár *fn* language teacher, teacher of (a) language; **angol ~** English teacher, teacher of English
nyelvtanfolyam *fn* (language) course; **angol ~** an English course, a course in English
nyelvtani *mn* grammatical, of grammar *ut*; **~ hiba** grammatical mistake/error, bad grammar, a mistake in grammar, grammatical error, bad grammar, solecism; **~ szabályok** rules of grammar; **~ szerelés** *[szótárban]* grammatical information, grammar (in the dictionary)
nyelvtanilag *hsz* grammatically
nyelvtanítás *fn* language teaching; **csoportos ~** classroom teaching, teaching in groups
nyelvtankönyv *fn* grammar
nyelvtanóra *fn* grammar class/lesson
nyelvtanulás *fn* language learning/acquisition, learning a language, learning (foreign) languages, *[magasabb szinten]* study of languages; **egyéni ~** self-study; **csoportos ~** classwork
nyelvtanulási *mn* language-learning
nyelvtanuló *fn* language learner
nyelvtehetség *fn* **1.** gift for languages **2. ő egy valódi ~** (s)he has a talent/head for languages, (s)he is a linguistic genius
nyelvterület *fn* language/speech area; **angol ~** the English language area, the English-speaking world
nyelvtisztaság *fn* purity of language
nyelvtisztítás *fn* purification of a language
nyelvtörő *fn* tongue-twister
nyelvtörténet *fn* history of language; **angol ~** history of the English language
nyelvtörténeti *mn* historical; **~ szótár** historical dictionary [of a language]
nyelvtudás *fn [több nyelvé] ált* foreign language skills *tsz*, knowledge of languages, *[egy nyelvé]* knowledge/command of [English etc.], proficiency in [English etc.]; **angol ~a** ... his/her English is ...; **jó angol ~** competent knowledge of English, a (very) good command of English, proficiency in English
nyelvtudomány *fn* linguistics *esz*, linguistic science
nyelvtudományi *mn* linguistic
nyelvtudós *fn* linguist
nyelvújítás *fn* language reform
nyelvújító *fn* language reformer/innovator, neologist
nyelvű *mn [beszélt nyelven]* -speaking, of ... language *ut*; **angol ~ beszéd** speech/address in English, English speech; **angol ~ lakosság** English-speaking population; **angol ~ szöveg** a text (written) in English
nyelvvédő *fn* purist
nyelvvizsga *fn* language exam; **állami (angol) ~** state examination in English; **államilag elismert ~** a language examination recognized by the state; **alapfokú angol ~** lower (state) examination in English; **C típusú ~** C-type (examination); **középfokú angol ~** intermediate (state) examination in English; **felsőfokú angol ~** higher/advanced (state) examination in English; **2 nyelvből van**

Ny

~ja (s)he has a (state) qualification in two foreign languages

nyer *i* **1.** *[játékban, üzleten stb.]* win*, gain; **ezer forintot ~t** (s)he won 1000 forints; **~t a lottón** (s)he won in the state lottery; **200 000 Ft-ot ~t a lottón** (s)he won 200,000 fts in the State Lottery; **játékban ~** win* the game; **kártyán ~** win* at cards; **~ az üzleten** make* a profit on a/the transaction/sale etc., be* in pocket; **~tem az üzleten** I was in pocket on the deal; **50 000 Ft-ot ~t az üzleten** (v. **rajta**) (s)he made a profit of 50,000 forints on the sale (v. on it) **2.** *[versenyt, versenyen]* win*; **díjat ~** win* a prize; **~tünk!** we have won; *biz* **fölényesen ~** win* hands down; *biz* **könnyen ~** romp home, walk over; **a mérkőzést a magyar csapat ~te** the Hungarian team won the match; **Kuti Kis ~te az első játszmát** K. K. won the first set **3.** *[megkap, elér, szerez]* get*, obtain; **elintézést ~** be* settled/arranged (v. sorted out); **időt ~** gain/save time **4.** *átv [haszna van vmből]* profit/gain by/from (sg); **~ni fog vele a testület** he'll be an asset (to the staff/board); **csak ~ vele, ha** ... it can do nothing but good if (s)he ...; **mit ~ vele?** what will (s)he gain by it?, what good will it do him/her? **5.** *[anyagot vmből]* get*/win*/obtain sg from sg

nyereg *fn* **1.** *[lovagláshoz]* saddle, *[priccsnyereg]* English saddle, pad, *[kerékpáron]* saddle; **női ~** side-saddle; **~ nélkül üli meg a lovat** ride* bareback; **~be pattan** swing* into the saddle; **~be száll** mount a horse, mount into the saddle; **jól ül a ~ben** be* saddle-fast, have* a steady seat; **Kincsem, Halásszal a ~ben** *[lóversenyen]* Kincsem with Halász up; **~ben érzi magát** be* (v. feel* that one is) firmly in the saddle, be* home and dry; *US* get*/have* the drop on sy; **~ben van** be* in the driving seat (*US* driver's seat); *átv* **kiüt vkt a ~ből** supplant/dislodge/oust sy; *kif biz* put* sy's nose out of joint; *biz* knock sy off his perch; **kiesik a ~ből** lose* one's seat **2.** *[hegyé]* saddle(-back), mountain-pass, col **3.** *[orré]* bridge **4.** *[vonóshangszeren]* nut

nyereggyártó *mn* saddler

nyeregheveder *fn* (saddle-)girth

nyeregkápa *fn* pommel, (saddle-)bow

nyeregpárna *fn* panel, saddle cushion

nyeregtakaró *fn* saddle-cloth

nyeregtáska *fn* saddlebag

nyeregtető *fn* gable roof

nyeremény *fn [sorsjátékban]* prize, *[csak pénz]* the winnings *tsz*

nyereménybetétkönyv *fn kb.* premium bonds *tsz*

nyereményjegyzék *fn* list of winning numbers (v. of prizewinners)

nyereménykötvény *fn* lottery bond

nyereményösszeg *fn* amount of the prize

nyereménysorsolás *fn* drawing of lottery bonds

nyerés *fn* winning, gain(ing)

nyereség *fn* **1.** *[üzletileg]* profit, gain, proceeds *tsz*, earnings *tsz*, *[játékon]* winnings *tsz*; **tiszta ~** net/clear profit; **~gel ad el** sell* at a profit; **~gel jár az üzlet** the business yields/shows a profit (v. is in the black) **2.** *átv* gain, benefit, advantage; **ő nagy ~** *[nekünk]* he is a great asset (to us)

nyereséges *mn* profitable, paying, lucrative, *kif* be in the black

nyereségrészesedés *fn* **1.** *[az elv]* profit-sharing **2.** *[a rész]* share of/in the profit(s), bonus

nyereségvágy *fn* greed (for gain), love of gain; **~ból elkövetett emberölés** murder for pecuniary gain/advantage

nyereség–veszteség *fn* **~ számla** profit and loss account

nyerészkedés *fn* profiteering

nyerészked|ik *i* profiteer

nyerészkedő I. *mn* profiteering **II.** *fn* profiteer, speculator

nyeretlen I. *mn* **~ ló** maiden horse **II.** *fn* **~ek versenye** maiden stakes *tsz*

nyergel *i* saddle, put* the saddle on

nyergelő *fn [hely]* paddock

nyerges I. *mn* **1.** saddle-backed **2. ~ vontató** semi-trailer **II.** *fn* **1.** *[foglalkozás]* saddler **2.** *[ló]* saddle-horse, hack, *[fogatban]* near horse

nyerít *i* **1.** *[ló]* neigh **2.** *átv biz [vk]* laugh like a drain, scream with laughter

nyerítés *fn* neigh(ing)

nyerő *mn* winning; **nem ~ szám** blank; *szl* **ez igazán ~** it's really a winner; *szl* **ez majd ~ lesz** this will do the trick; *szl* **nem ~** dead loss; *US* no deal!; *szl* **nem ~ ez a program** this programme is out

nyerőcsont *fn* wishbone

nyerőszám *fn* winning number

nyers *mn* **1.** *[anyag]* raw, crude, unmanufactured; **~ fa** natural/plain/unvarnished wood **2.** *[étel]* raw, uncooked [food, meal]; **~ hús** raw meat; **~ tej** fresh/unboiled milk **3.** *fényk [nem kidolgozott]* **~ fotó/kép** proof **4.** *[ember]* rough, coarse; **~ bánásmód** rough treatment; **~ erő(szak)** brute force; **~ hang** rough/harsh voice; **~ modor** rudeness, coarseness; **~ modorú** blunt, bluff; **~ modorú, de jószívű ember** a rough diamond **5. ~ számítás** rough calculation **6.** *gazd* gross; **~ bevétel** gross receipts/takings/earnings *tsz*

nyersacél *fn* unrefined/raw steel

nyersanyag *fn* raw material

nyersanyag-behozatal *fn* import/importation of raw materials

nyersanyagbeszerzés *fn* raw material purchases *tsz*

nyersanyagellátás *fn* supply of raw materials

nyersanyagforrás *fn* source of raw materials

nyersanyaghiány *fn* shortage of raw materials

nyersanyagkészlet *fn* raw material stock (v. supplies *tsz*)

nyersanyagszükséglet *fn* raw material requirements *tsz*

nyersbőr *fn* raw/undressed hide

nyerscukor *fn* brown/unrefined sugar

nyersen *hsz* **1. ~ eszik** it is to be eaten raw/uncooked **2. ~ felelt** replied rudely/bluntly

nyersérc *fn* crude ore

nyerseség *fn* **1.** *[anyagé]* rawness **2.** *átv [emberé]* roughness, coarseness, harshness, rudeness

nyersfordítás *fn* rough translation

nyersgumi *fn* crude rubber, latex

nyerskávé *fn* unroasted/green coffee

nyerskoszt *fn* raw diet

nyersmérleg *fn gazd* rough/trial balance

nyersolaj *fn* crude oil

nyersselyem *fn* raw silk

nyerstermék *fn* raw produce

nyersvas *fn* crude iron, *[tömb]* pig iron

nyersvászon *fn* brown holland, unbleached linen

nyert *mn* **~ ügye van** (s)he is bound/sure to win (v. is assured of success); **~ ügyünk van** our case is as good as won

nyertes I. *mn* winning; **~ számok** winning numbers **II.** *fn* winner

nyes *i* **1.** *[fát]* prune, lop (off), trim, cut* back/away, *[gyümölcsfát]* prune (back), dress **2.** *[labdát]* spin*, chop

nyeseget *i* **1.** *konkr* keep* pruning/lopping/trimming **2.** *átv [hibákat, vkt]* weed sg/sy out

nyesés *fn* pruning, trimming

nyesett *mn* **~ labda** ball with a lot of spin, chopped ball

nyesőolló *fn* (pruning/hedge) shears *tsz*, hedge-trimmers/cutters *tsz*

nyest *fn* (beech-)marten

nyeszlett *mn* → **nyiszlett**

Ny-i, ny-i *röv* → **nyugati**

nyihog *i [ló]* neigh, whinny

nyikkan *i* → **mukkan**

nyikorgás *fn [ajtóé, cipőé, bútoré, keréké]* creak(ing), squeak(ing), *[szekéré teher alatt]* groaning, creaking

nyikorgó *mn* creaking, creaky, squeaky

nyikorog *i* creak, squeak

nyíl *fn* arrow; **a ~ irányában** *[halad]* follow the arrows
nyilallás *fn* shooting/stabbing pain
nyilall|ik *i [fájdalom]* shoot*; **a szívébe ~ik** it cuts one to the heart/quick; **(a fájdalom) a vállamba ~ik** a pain shoots through my shoulder, I have a shooting pain in my shoulder
nyilalló *mn* shooting, stabbing; **~ fájdalom** shooting pain
nyilas I. *mn [nyíllal felszerelt]* armed/equipped with arrows *ut* **II.** *fn* **1.** *[íjász]* archer, bowman°, *csill* the Archer, Sagittarius **2.** *pol tört* arrow-cross man°, Hungarian Nazi
nyílás *fn* opening, aperture, *[hézag]* gap, *[automatáé, levélszekrényé, perselyé]* slot, *[szellőztető]* vent, hatch
nyilaskereszt *fn* arrow-cross
nyilaskeresztes *fn* → **nyilas II, 2**
nyílászáró *mn* **~ szerkezet(ek)** doors and windows *tsz*
nyilatkozat *fn* declaration, statement, *hiv* communiqué, *[kiáltvány]* proclamation; **hivatalos ~** official statement; **~ot ad/tesz** make* a statement; **~ot közzétesz** publish a statement; **közös ~ot adtak ki** a joint communiqué was issued (about ...)
nyilatkoz|ik *i* **1.** *ált* make* a statement/declaration; **~ik vkről/vmről** state/declare/express one's opinion/views on/about sy/sg; **~ik az újságíróknak** [the minister] makes* a statement to the journalists, gives an interview to reporters etc.; **végre ~ik** *[aki eddig hallgatott] biz kif* come* off the fence **2.** *[házassági ígéretet tesz]* propose (to sy), *biz* pop the question
nyilaz *i* shoot* an arrow, shoot* with a bow
nyílegyenes *mn* straight line, beeline
nyílegyenesen, nyílegyenest *hsz* straight (as an arrow), directly; **~ megy/siet vhova/vkhez** *biz* make* a beeline for sg/sy
nyílhegy *fn* arrow-head
nyíl|ik *i* **1.** *[ajtó, bolt, pénztár stb.]* open; **~ik az ajtó** the door opens; **itt ~ik** open here; **befelé ~ik** opens inwards; **az ablakok a kertre ~nak** the windows give onto the garden, the windows overlook the garden; **ha alkalom ~ik rá** when the opportunity arises, when the opportunity presents itself **2.** *[virág]* open, bloom
nyíllövés *fn [nyíl kilövése]* shot from a bow, bolt
nyíllövésnyire *hsz* within bowshot
nyíló *mn* **1. kertre ~ szoba** room that opens onto the garden, room giving onto the garden, room overlooking the garden; **két egymásba ~ szoba** rooms that open out of one another, intercommunicating rooms **2.** *[virág]* blooming, opening; **~ rózsák** flowering roses
nyílpuska *fn tört* cross-bow
nyílsebesen *hsz* like a shot, lightning fast
nyílt *mn* open, *[nem titkolt]* undisguised, unconcealed, *[jellem]* open, direct, straight, *[őszinte, egyenes]* frank, above-board, *[szókimondó]* outspoken, candid, straightforward; *[nyitva hagyott]* open-ended; **~ adásvételi szerződés** open-ended contract; **~ beszéd** plain speaking; **~ erőszak** brute force, undisguised/naked violence; **~ eszű** clear-headed; **~ házat visz** keep* an open house; **~ kérdés** open question; **~ kikötő** free port, open harbour (*US* -or); **~ láng** naked flame; **~ láng használata tilos** no naked flames; **~ levél** open letter; **~ levelezőlap** postcard; **~ magánhangzó** open vowel; **~ nap** an open day, *US* open house; **~ pálya** open track; **a ~ pályán megáll** stop on the open track; **~ parancs** open order, military pass; **~ seb** open wound, raw sore; **~ szavazás** open vote/ballot; **~ színen** (i) *[a nyilvánosság előtt]* in public, publicly (ii) *szính* on (the) stage, during the performance; **~ színi taps** applause during the performance; **~ szótag** open syllable; **~ támadás** direct/open attack; **~ tekintet** straight look; **~ tenger** the open sea; **a ~ tengeren** on the high seas, (out) at sea; *sp* **ausztrál ~ teniszbajnokság** Australian Tennis Open; **~ terepen** in open country; **~ titok** an open secret; **~ törés** *[csonté]* compound fracture; **a ~ utcán** in the street, in broad daylight, publicly; **~ ülés** open session/sitting; **~ ütközetben** in a pitched battle; **~ város** open city/town; *gazd* **~ (végű) befektetési alap** open-end(ed) investment fund; *sp* **~ vízi úszás** open-water swimming; → **kártya**
nyíltan *hsz* openly, frankly, plainly, overtly (*US* overtly), directly; **~ beszél** speak* frankly, be* plain/round with sy, *US biz* talk turkey; **egészen ~** in all sincerity, quite frankly; **~ kimondom** I make no secret of it; not to mince matters, ...; **~ megmond vmt** does not mince matters; **~ szól** come* out in the open; *US biz* talk turkey
nyíltság *fn [jellemé]* openness, directness, frankness, candour (*US* -dor), *[szókimondás]* plain speaking, straightforwardness
nyíltszívű *mn* open-hearted
nyíltszívűség *fn* open-heartedness
nyilván *hsz* evidently, obviously, apparently, clearly; **~ beteg lett, azért nem jött el** evidently he has fallen ill and that is why he has not come
nyilvánít *i* **1.** *[akaratot, hálát]* give* expression to, *[érzést]* manifest, show*, reveal; **véleményt ~** express one's/an opinion, opine **2.** (*vmnek/vmvé*) declare, pronounce; **önöket házastársaknak ~om** I now pronounce you man and wife; **érvénytelennek ~** invalidate, annul, nullify; *[töröl]* cancel (*US* -l); → **holt**, → **köszönet**
nyilvános *mn* public, open; **~ illemhely/vécé** *GB* the Gents v. the Ladies, public conveniences, *US* the washroom, rest-room; **~ főpróba** public rehearsal; **~ pályázat útján** by open competition; **~ telefon** (v. **távbeszélő-állomás)** (public) call box, (tele)phone box/booth; **~(sá) lesz** become* known/public, come* out; **~sá tesz** make* public, announce, proclaim
nyilvánosan *hsz* in public, publicly
nyilvánosház *fn* (licensed) brothel
nyilvánosság *fn* **1.** *[vmnek nyilvános volta]* publicity, openness; **~ elé tár** reveal publicly, make* sg public, bring* sg to the open, go* public; **~ra hoz vmt** make* sg public, bring* sg to the open, publish sg; *[ítéletet, döntést]* hand down; *[tervet]* lay* open; *[titkot]* let* out sg, leak sg; **~ra hozás/hozatal** publication; **~ra jut** become* known/public, be* made public, come* into the open; *[titok]* leak out, come* out into the open **2.** *[közönség]* public; **a ~ előtt** in public, publicly; **(sokat) szerepel a ~ előtt** be* very much in the pubblic eye; **a ~ kizárásával** the public are not admitted, privately, behind closed doors
nyilvántart *i* keep* a record of; **~ják** *[mint pályázót]* be* down for sg; **~anak mint lakásigénylőt** we are down for a new council house
nyilvántartás *fn* **1.** *[tény]* recording, registering **2.** *[az írások]* records *tsz*, register, file; **rendőrségi ~** police registers *tsz*; **~ba vesz** (i) (*vmt*) record/register/file sg, place sg on file (v. on one's files) (ii) *[hatóság vkt]* enter [sy's name] in the records; **~t vezet** keep* a record of sg
nyilvántartó I. *mn* registering, recording; **~ könyv** register(-book) **II.** *fn* **1.** *[tisztviselő]* registrar, recorder **2.** *[intézmény]* record office, register(s)
nyilvántartott *mn [pl. AIDS-es]* registered
nyilvánvaló *mn* evident, obvious, manifest, clear, plain; **mindenki előtt ~** it is (perfectly) plain (to everybody), it is as plain as a pikestaff; **~vá lesz/válik** come* out, become* obvious/manifest/evident/clear; *[vmből]* emerge (from sg); **~vá tesz** make* sg evident/clear
nyilvánvalóan *hsz* → **nyilván**
nyílvessző *fn* arrow, bolt
nyílzápor *fn* shower/storm of arrows; **~ zúdul rá** arrows rain down on him/her
nyimnyám *mn* **~ alak** milksop, wishy-washy character
nyír[1] *i* **1.** *[hajat]* cut*, *[stuccol]* clip, trim, *[rövidre]* crop (close/short) **2.** *[birkát]* shear* **3.** *[füvet]* mow, cut*, *[növényt]* cut*, clip
nyír[2] *fn növ* birch(-tree)
nyiradék *fn* offcut(s), clipping(s)
nyírás *fn* **1.** *[hajé]* haircut, cut(ting), *[rövidre]* crop(ping), *[stuccolás]* trimming **2.** *[birkáé]* shear(ing)

nyiratkozás *fn* haircut(ting)
nyiratkoz|ik *i* have* one's hair cut, have*/get* a haircut; **meg kellene ~nod** you need a haircut
nyíratlan *mn* unshorn, uncut
nyirbál *i* cut* coarsely; **~ja a jogot** whittle away sy's/the rights
nyírerdő *fn* birch forest/wood/grove
nyírfa *fn* **1.** → **nyír²** **2.** *[anyaga]* birch(-wood); **~ seprű** birch-broom
nyírfaerdő *fn* birch forest/wood/grove
nyírfajd *fn áll* black grouse, *[kakasa]* black cock, *[tojója]* grey hen
nyírfavessző *fn* birch (rod/twig)
nyirkos *mn [éghajlat]* moist, humid, *[idő, hideg]* (cold and) damp, raw, *[idő, meleg]* muggy, (warm and) humid, *[testrész]* moist, wet, *[ház, ágynemű, pince]* damp; **(egyre) ~abbá válik** become*/get* damp/moist/humid
nyirkosod|ik *i* → **nyirkosabbá válik**
nyirkosság *fn [éghajlaté, testé]* moistness, moisture, *[házé, ágyneműé]* dampness, *[időé]* humidity
nyírógép *fn [hajnak]* clippers *tsz*, *[egyéb]* clipping/cutting/shearing machine
nyirok *fn orv* lymph
nyirokcsomó *fn orv* lymphatic gland
nyirokedény, nyirokér *fn orv* lymphatic vessel
nyirokmirigy *fn orv* lymphatic gland
nyirokmirigy-gyulladás *fn orv* inflammation of the lymphatic glands
nyirokrendszer *fn orv* lymphatic system
nyiroksejt *fn orv* lymphocyte
nyíróolló *fn* shears *tsz*, *[sövényhez]* hedge-shears *tsz*
nyírott *mn [v. nyírt] [haj]* cut, cropped, *[rövidre]* close-cut/cropped; **~ bajusz** close-cropped moustache/*US* mustache; **~ gyapjú** clippings *tsz*, shearings *tsz*
nyiszál *i* hack (away at) sg, cut* with a blunt instrument
nyiszlett *mn* scraggy, scrawny, puny, lean
nyisszant *i* snip, cut* off
nyit *i* **1.** open; **ajtót ~ vknek** answer the door to/for sy; **boltot ~ [újat]** open (up) a (new) shop, *biz* set* up shop [as a bookseller etc.]; **mikor ~ a bolt?** *[mikor kezd]* when does the/this shop open (up)?; **mikor ~ a pénztár?** when does the box-office open?; **folyószámlát ~** open an account; **orvosi rendelőt ~** set* up (v. open) a surgery; **az új orvos rendelőt ~ott** the new doctor has set up his practice; **ügyvédi irodát ~** set* up shop as a lawyer; **tüzet ~** open fire; **utat ~ magának** clear a way for oneself; **tágra ~ja a szemét** open one's eyes wide; → **nyitja**, → **nyitva** **2.** *[nyitott politikát kezd]* open up
nyitány *fn* overture
nyitás *fn* **1.** *ált* opening, *[üzleté]* opening time **2.** *sp [röplabda]* service
nyitható *mn* **~ tető** convertible top, *[napfénytető]* sun roof; **~ tetejű autó** convertible
nyitja *fn* (*vmnek*) key to sg, solution (of sg); **mindennek ez a ~** this explains everything; **rájön a dolog ~ra** find* the key to sg, find* a clue to sg; *biz* get* the hang of sg
nyitó I. *mn* opening; **~ előadás** *[konferencián]* keynote lecture/adress; **~ pár** *[bálban]* first couple [at a ball] **II.** *fn* opener
nyitód|ik *i* open, come* open
nyitogat *i* try to open
nyitott *mn* open; **~ egyetem** open university; **~ kérdés** an open question; **~ politikát kezd folytatni** (is beginning to) open up; **~ szemmel jár** go* about open-eyed, keep* an eye open, keep* one's eyes open v. peeled; **~ uszoda** outdoor (v. open-air) swimming-pool; **~ak vagyunk (vm elfogadására, megtételére)** we're open to ...; **~ vmre** listen out for sg, have*/keep* an open mind on/about sg; **~tá válik** open out; → **dönget**, → **szívműtét**
nyitottság *fn* openness
nyitva *hsz* open; **~ van a csap** the tap is on; *[víz]* the water is on; **~ felejt** *[gázt]* leave* [the gas] on, forget* to turn the gas off; **a múzeum ~ 9 órától 17 óráig** opening hours 9 a.m. to 5 p.m.; **~ tart** *[üzlet]* keep* open; **ez a bolt nem tart ~ vasárnapokon** this shop is/does not open on Sundays; **a közönség számára ~** open to the public [Mon-Fri 2-4]; **egész évben ~** open all (the) year round; **az ajtó ~ van** *[nincs kulccsal bezárva]* the door is not locked (v. is on the latch); **~ hagyja az ajtót** leave* the door open; **~ marad** *[kérdés]* be* deferred; **~ tartja a szemét** *átv* keep* one's eyes open/peeled/skinned; **~ tartás** → **nyitvatartási idő**
nyitvatartási *mn* **~ idő** office/opening/shop hours *tsz*, hours of business *tsz*, business hours (*mint például:* 9 a.m. to 5 p.m.)
nyitvatermő I. *mn* gymnospermous **II.** *fn* gymnosperm; **~k** Gymnospermae
nyivákol *i* mewl, caterwaul, *[gyerek]* whine
nyivákolás *fn* mew(l)ing, caterwauling, *[gyereké]* whining
nyolc *szn* eight; **~ felé** (i) *[irány]* in eight directions, into eight parts (ii) *[idő]* about eight; **~ szótagú** octosyllabic; **Földszint ~** (door) number 8 on the ground (*US* first) floor; **a ~ban (8-ban) lakik** (s)he's living at No. 8; **reggel ~kor** at eight in the morning (v. at 8 a.m.); *biz* **nekem ~** it's all the same to me, I don't care, it makes no odds; → **nyolcan**
nyolcad *fn* **1.** *[rész]* eighth (part) **2.** *[hangjegy]* quaver, *US* eighth note
nyolcadik I. *szn/mn* eighth; **~ oldal** page eight; **a ~ hónapban van** she is in her/the eighth month of pregnancy **II.** *fn* **1. f. hó 8-án/~án** on the eighth of this month, *gazd* on (the) 8th inst.; **június 8-a** *[kimondva]* the eighth of June; *[írásban]* 8 June, *US* June 8(th) **2. ~ba jár** go* to the eighth form/class
nyolcadiki, 8-i *mn* **Május 8-i levelét köszönettel megkaptam/-kaptuk.** Thank you for your letter of 8 May (v. *US* May 8th) (v. *gazd* your letter of the 8th inst.)
nyolcadikos I. *mn* **~ tankönyv** textbook for the eighth form/class (*US* grade); **~ tanuló** pupil/student in the eighth form/class (*US* grade) **II.** *fn* eighth form (*US* grade) pupil/student [in a Hungarian public elementary school], school-leaver
nyolcadrész *fn* eighth (part), one eighth
nyolcadrét *mn* (in) octavo; **~be hajt** fold in eight
nyolcadszor *szn/hsz* **1.** *[nyolcadik alkalommal/esetben]* (for) the eighth time **2.** *[felsorolásnál]* in the eighth place
nyolcan *szn/hsz* eight (of them/us/you)
nyolcas I. *mn [számú]* number eight; **~ szám** the number eight, figure 8; **~ villamos** tram number eight, the number eight tram, tram No. 8; **a ~ szoba** room number 8 **II.** *fn* **1.** *[számjegy]* the figure/number eight, figure 8 **2.** *[nyolcevezős]* eight(-oared boat) **3. felszáll a ~ra** take* a number eight tram/bus (*US* car) **4.** *[kerékpárkeréké]* wobbly wheel **5.** *zene* octet
nyolcéves *mn* **1.** *[kor]* eight years old *ut*, eight-year-old; **~ fiú** a boy of eight **2.** *[tartam]* of eight years *ut*, eight years'
nyolcevezős *fn* → **nyolcas II, 2**
nyolcévi *mn* of eight years *ut*, eight years'
nyolcféle *mn* eight kinds/sorts of, of eight parts/sorts *ut*
nyolclap *fn mat* octahedron
nyolcnapi *mn* of/for eight days *ut*, eight days'
nyolcnapos *mn* **1.** *[kor]* eight days old *ut*, eight-day-old **2.** *[tartam]* eight-day, eight days long *ut*, lasting/for eight days *ut*, eight days' ...
nyolcórai *mn* **1.** *[időtartam]* eight hours' **2.** *[időpont]* eight (v. 8) o'clock
nyolcórás *mn* eight-hour, lasting/for eight hours *ut*
nyolcosztályos *mn okt* **~ iskola** *US* 8-grade school
nyolcvan *szn* eighty; **~ forint** 80 forints (v. fts); **~an** eighty (people), eighty of them/us/you
nyolcvanas *mn/fn* **1.** *[szám]* number eighty **2.** *[korban]* in one's eighties *ut*; **a ~ évek** the eighties (the 80s v. 1980s)
nyolcvanéves I. *mn* eighty years old *ut*, eighty-year-old **II.** *fn* octogenarian
nyolcszor *szn/hsz* eight times

Ny

nyolcszori *mn* of eight times *ut*
nyolcszoros *mn* eightfold, eight times as many/much as
nyolcszög *fn* octagon
nyolcszögű *mn* octagonal
nyom[1] *i* **1.** *átv is [szorít, ránehezedik]* press; **~ja az ágyat** be* confined to bed, be* bedridden, be* in bed; **a cipő ~ja a lábát** the shoe pinches; **~ja a gyomrát** lie* heavy on one's stomach; **~ja a lelkét/szívét** sg is (weighing) on his mind, have* sg on one's mind, sg preys on one's mind, lie* heavy on sy; *[bűntett]* have* sg on one's conscience **2.** *[súlyban]* weigh; **mennyit ~?** how much does it weigh?; **vk 76 kilót ~** he weighs 12 stone (*US* 168 lbs [*kimondva*] pounds) **3.** *nyomd tex* print; **a könyvet ~ják** the book is being printed **4.** *[elnyom vkt]* oppress (sy) **5.** *biz [támogat]* push **6.** *szl* **~ja a szöveget** be* off (on sg); **már megint ~ja a szöveget** (s)he's off again; → **lat**
nyom[2] *fn* trace, trail, track, mark, *[lábé]* foot-print(s), foot-mark(s), *átv* footsteps *tsz*, *[erkölcsi hatásé]* impression, sign, mark; **vmnek ~a látszik rajta** there are traces of sg on it, bear* the marks of; **megmarad a ~a vmn/vkben** leave* one's mark on sg/sy; **~a sincs** there is no trace of it; **~a veszett** no trace was (ever) found of him/it, all trace of him/it was lost; **~ába lép (vknek)** follow in sy's footsteps, step into sy's shoes, fill sy's shoes; **(lába) ~ába se(m) léphet** can't (v. be* not fit to) hold a candle to (sy), be* not to be compared with/to sy; *biz* ... is/are not a patch on sy/sg; *biz [nem említhető egy napon]* nothing like as good as ...; **~ában van vknek** be* hot on the scent/track of sy, be* on sy's trail, be* at sy's heels; *[szorosan, fenyegetően]* breathe down sy's neck; **~ban van a rendőrség** the police are on sy's track; **~on elindul** follow up a clue, start on the track/trail; **~on követ vkt, vmt** (i) *[megfigyelés végett követ vkt]* shadow/follow sy, *biz* tail sy (ii) *[figyelemmel kísér vmt]* follow sg, keep* an eye on sg (iii) *[közvetlenül utána történik vm]* sg is (closely) followed by sg, sg follows sg; **~on követi vmnek a történetét** trace the history of sg; **~on követi az eseményeket** follow the events (closely); **hamis ~on van** be* on the wrong track; **helyes ~on van** be* on the right track; **Shakespeare ~án írta** adapted from Shakespeare (by); **vm ~án** on the basis of, after, from, according to; **vknek az ötlete ~án írta** ... (written) by ..., based on an idea by ...; **~ra vezet vkt** put* sy on the right track, give* sy a clue/hint, give* sy a lead (on sg); **~ra vezető adat** a leading clue; **hamis ~ra vezet vkt** put* sy on a wrong/false scent/put*/throw* sy off the scent; **~ára akad/bukkan/jön/jut vmnek/vknek** happen (up)on sg/sy, find* a/the trace of sg/sy, find* traces of sg/sy; *[kutya]* pick up the scent (of), *[bűnözőnek]* get* on the track of, *biz* be* on to sy, run* sy to earth; *[rájön a nyitjára]* find* a clue to sg; **elveszti a ~ot** be* thrown off the scent; *[kutya]* lose* the trail/scent of; **~ot hagy vmn** leave* his/its mark on sg, mark sg, leave* it's/one's stamp (on sy's mind); **~ot hagy vkben** leave* its mark on sy; **magán viseli vmnek a ~át** smell* of sg; → **bot**
nyomakod|ik *i [tömegben]* squeeze/push/elbow one's way through, push by
nyomás *fn* **1.** *ált* pressure, *[embertömegé]* pushing; **a körülmények/kényszerűség ~a alatt** under the pressure of circumstances/necessity; **(állandó) ~ nehezedik rá (v. állandó nyomás alatt van)** be* constantly under pressure; **a mai/modern élet ~a** the pressures of modern life; **a munka ~a** (the) pressure of work; **enged a ~nak** yield (v. give* in) to pressure; **~ hatására vált besúgóvá** he became an informer under pressure; **~t gyakorol vkre** put* pressure on sy, bring* pressure to bear on sy; *[kényszerrel]* twist sy's arm; *biz [szorongat]* put* the squeeze on sy **2.** *orv* **~t érez a mellében** sy feels pressure on his/her chest **3.** *fiz* pressure; **a levegő ~a** (atmospheric) pressure; **kis ~sal/~on** at low pressure; **nagy ~sal/~on** at high pressure; **~ alá helyez** *[pl. kazánt]* pressurize; **~ alatt van/tárolják** be* (stored) under pressure; **~ alatti felület** surface under pressure; **~ alatti tárolás** pressure storage; *biz* **van benne ~** *[sokat ivott]* he has had a skinful **4.** *nyomd [folyamata]* printing, *[eredménye]* print; **~ alatt** in the press, (the book is) now printing, (the book is) being printed **5.** *biz* **~!** get a move on! **6.** *sp [súlyemelés]* snatch
nyomásálló *mn* pressure-tight/resistant
nyomáscsökkenés *fn* decrease of pressure, pressure loss
nyomáscsökkentő *fn* decompressor
nyomáshiba *fn nyomd* misprint
nyomáskülönbség *fn* differential pressure, difference in pressure
nyomásmérő *fn* manometer, pressure gauge (*US* gage)
nyomású *mn* **kis~** low-pressure; **nagy~** high-pressure
nyomaszt *i [gond, felelősség]* weigh (heavily) on sy('s mind), weigh sy down, distress; **tényleg nincs időm, any-nyira ~ a sok munka** I really haven't got time – pressure of work, you know!
nyomasztó *mn* oppressive, depressing; **~ érzés** uneasy/sickening/depressing feeling; **~ gondok** grinding/oppressive cares, serious worries; **~ helyzet** distress, distressing situation; **~ helyzetben van** be* in great/dire straits, be* hard pressed; **~ hőség** oppressive/sweltering heat; **~ teher** overwhelming/crushing burden
nyomasztólag *hsz* **~ hat vkre** weigh sy down, press heavily on sy; **~ hat rá a felelősségtudat** his/her responsibilities press heavily on him/her
nyomat[1] *i* have* sg printed
nyomat[2] *fn* print, impression
nyomaték *fn* **1.** *[hangsúly]* emphasis, *[fonetikai ért. is]* stress; **~ot ad érveinek** give* point to an argument; **kellő ~kal** with due emphasis; **nagy ~kal bír** have* great influence **2.** *fiz* moment
nyomatékos *mn [hangsúlyozott]* emphatic, *[fonetikai ért. is]* stressed; **~an kijelenti, hogy** lay* emphasis/stress on, declare emphatically that
nyomatékosít *i* (*vmt*) emphasize/stress sg, lay* emphasis/stress (up)on sg
nyomban *hsz* at once, immediately, instantly, forthwith, straightaway, *biz* right away; **azon ~** right away (*US* off), straight off, on the spot, then and there
nyombél *fn* duodenum (*tsz* duodena)
nyombélfekély *fn* duodenal ulcer
nyomda *fn [nagyobb]* printing house/press/office, *US így is:* printery, *[kisebb]* print(ing) shop; **Egyetemi Ny~** the University Press; **~ba ad** put* to press; **~ba megy/kerül** go* to press; **~ban van** *[nyomják]* be* in the press, *US így is:* be* in press, is* being printed
nyomdafesték *fn* printer's/printing ink; **nem bírja el a ~et** it's* unprintable
nyomdagép *fn* printing machine/press
nyomdahiba *fn* misprint, printer's/typographic error
nyomdai *mn* typographical, printer's, printing; **~ átfutás** time for getting through the press; **~ levonat** impression; → **korrektor**
nyomdaipar *fn* printing (industry)
nyomdaipari *mn* **~ dolgozó** printing worker, printer
nyomdakész *mn* ready for printing *ut*, ready for the press; **~ kézirat** a ready-to-print manuscript *ut*
nyomdaköltség *fn* cost of printing
nyomdász *fn* printer
nyomdászat *fn* printing, typography
nyomdászati *mn* typographical
nyomdatechnika *fn* printing technology
nyomdatechnikai *mn* typographical; **~ okokból** for typographical reasons
nyomdatermék *fn* printed product/publication/matter, print
nyomdok *fn* track, (foot)step, footprint; **vknek a ~aiba lép, vk ~ait követi, vk ~ain halad** follow in sy's footsteps, follow sy's lead/example; *[munkáját folytatja]* continue sy's work/labours
nyomelem *fn biol* trace element

nyomjelzés *fn [úté]* layout, *[vasút]* marking out the course/track
nyomjelző *mn* ~ **(elem)** *tud* tracer; ~ **lövedék** tracer bullet
nyomkod *i* **1.** *[nyomogat]* keep* pressing, *[beteg testrészt]* massage **2.** *(vmt vmbe)* stuff sg in(to) sg
nyomócső *fn ált* water pipe, *[vízvezetéki fő~]* water main, *[központi fűtéshez]* flow pipe
nyomód|ik *i (vmbe)* be* imprinted/impressed (up)on (sg)
nyomódúc *fn nyomd* (printing) block
nyomogat *i* → **nyomkod**
nyomógép *fn nyomd* printing press, *tex* printing machine
nyomógomb *fn el műsz* push button, button, *[csak csengőnek]* bell push
nyomógombos *mn* push-button; ~ **kapcsoló** push-button switch; ~ **telefon** push-button telephone
nyomóhenger *fn nyomd* printing cylinder
nyomókapocs *fn* snap fastener, press stud
nyomópapír *fn* printing-paper
nyomor *fn* misery, distress, want, need; **~ba dönt vkt** reduce sy to destitution, plunge sy into poverty; **~ba jut** sink*/fall* into poverty; **(nagy) ~ban van/él** suffer from (v. live in) (extreme) poverty, be* poverty-stricken; *biz* **nagy a „~" nálunk** *[nincs egy vasunk sem]*) we're penniless, *biz* we're on the rocks
nyomorék I. *mn* crippled, disabled, deformed **II.** *fn* cripple; **~ká válik** be(come)* crippled/disabled
nyomorgás *fn* wretched existence, living in misery, distress, want
nyomorgó *mn* needy, destitute, poverty-stricken, down-and-out, in misery/need *ut*
nyomornegyed *fn* slum(s)
nyomorog *i* lead* a miserable/wretched existence/life, drag out a miserable/wretched existence/life, be* wretchedly poor, live in misery; *biz [nincs egy vasa sem]* feel* the pinch
nyomortanya *fn* dirty hole, hovel
nyomortelep *fn* → **nyomornegyed**
nyomorult *mn* **1.** *[szerencsétlen]* miserable, wretched, *[szánalmas]* woeful, pitiful, piteous, pitiable; **~ul hal meg** die like a dog, die a dog's death **2.** *[hitvány]* knavish, villainous, *[megvetendő]* despicable **3.** *[összeg]* paltry, *biz* measly, *US biz* lousy
nyomorúság *fn* misery, destitution
nyomorúságos *mn* miserable, wretched, needy, poor, *[szánalmas]* woeful, pitiful, piteous, *[összeg]* paltry, *biz* measly, *US biz* lousy, *[városnegyed]* poverty-stricken; ~ **odú** *[emberé]* (dirty) hole, hovel
nyomós *mn* ~ **érvek** weighty/sound arguments; ~ **érvvel hozakodik elő** weigh in with an argument; ~ **ok** good/strong reason
nyomósít *i* lay* stress on, give* weight to, emphasize (sg)
nyomott *mn* **1.** *nyomd tex* printed; ~ **áru** *tex* prints *tsz* **2.** *[levegő]* close **3.** *[lelkiállapot és vk]* depressed, downcast, dejected, low-spirited; ~ **hangulat** depression, dejection; ~ **hangulatban van** *biz* be* down, be* under the weather; ~ **hangulatú** depressed, low-spirited
nyomoz *i [vm ügyben, bűnügyben]* investigate [a case/crime], look/inquire into [a/the matter etc.], *[vk után]* search for sy, make* inquiries about sy
nyomozás *fn* investigation, inquiry, search; **a ~ folyik** investigations are in progress, the matter is under investigation; **a ~ megindult** an inquiry has been set up, investigations are being made; **a ~ nem járt eredménnyel** the investigation was inconclusive
nyomozástechnikai *mn* ~ **eszközök** investigative techniques
nyomozati *mn* ~ **adatok** facts of the investigation; ~ **szakaszban van** *[bűnügy]* [the case is] under investigation
nyomozó I. *mn* investigating; **bűnügyi ~ osztály** *GB* Criminal Investigation Department (*röv* **CID**); ~ **hatóság** the authorities investigating in a (criminal) case *tsz*; ~ **szervek** the organizations leading the inquest/inquiry/investigations **II.** *fn* detective
nyomravezető *fn* informer
nyomtalan *mn* traceless; **~ul eltűnt** disappeared/vanished without (a) trace, *kif* vanished into thin air
nyomtat *i nyomd* print
nyomtatás *fn nyomd* printing; **~ban** in print; **~ban megjelent** be*/was published
nyomtatási *mn infor* ~ **forma/formátum** print format
nyomtató I. *mn közm* ~ **lónak nem kötik be a száját** thou shall not muzzle (the mouth of) the ox that treads out the corn **II.** *fn [számítógépé]* printer
nyomtatott *mn* **1.** *[szöveg]* printed; ~ **betűk** (i) *nyomd* type (ii) *[kézírással]* block/capital letters; ~ **betűkkel ír** write* in block/capital letters, print; **kérjük, ~ betűkkel írja a nevét** please print your name (clearly) (in block capitals) **2.** *el* ~ **áramkör** printed circuit
nyomtatvány *fn* **1.** *[nyomdatermék]* print(ed publication) **2.** *[postai küldeményként]* printed matter, *GB* printed paper, *US* third class, *US [könyvekre]* book post; **~ként küld vmt** send* sg as printed matter **3.** *[űrlap]* form, blank, *[pályázathoz]* application form
nyomtatványdíjszabás *fn* printed-paper rate
nyomtáv *fn* gauge (*US* gage), track
nyomtávú *mn* **keskeny ~** narrow-gauge; **szabvány(os) ~** standard-gauge; **széles ~** broad-gauge
nyomul *i* **1.** *ált* advance, progress, press (forward), *[vhová be]* force one's way into, penetrate (sg/into sg), *kat* invade [a country etc.] **2.** *biz [erőszakosan előbbre tör, ember, párt stb.]* press ahead/on (with sg)
nyomvonal *fn [új út* v. *metró vonalvezetése]* **az M7-es ~a** the route of the M7
nyoszolya *fn elav* bed, couch
nyoszolyólány *fn* bridesmaid, *[US első ~]* maid of honor
nyög *i* **1.** *[erőlködve, panaszosan]* groan, moan **2.** *[vm következményeit]* feel* the (evil) effects of; **még most is ~öm** *[az adósságot, részleteket]* I am still struggling (to pay off the debt v. with the instalments); **még most is ~jük** we still feel the effects of it
nyögdécsel *i* groan, moan (softly/gently)
nyögés *fn* moan(ing), groan(ing)
nyögvenyelő *mn [ételről]* lumpy, hard to swallow *ut*
nyöszörgés *fn* whine, whining, whimper(ing), wail(ing), puling
nyöszörög *i* wail, whine, whimper, pule
nyugágy *fn* deck-chair
nyugállomány *fn* retirement; **~ba helyez/küld** → **nyugdíjba küld**
nyugállományú *mn* retired
nyugalmas *mn* restful, calm, *[békés]* peaceful, *[nyugodt]* quiet, tranquil
nyugalmaz *i* → **nyugdíjaz**
nyugalmazott *mn* (*röv* **ny.**) retired; → **nyugdíjas**
nyugalmi *mn* ~ **állapot/helyzet** rest, repose, standstill; ~ **állapotban/helyzetben van** be* at rest, be* at a standstill
nyugalom *fn* **1.** *[cselekvés megszűnése]* rest, standstill, *[békesség]* calmness, quiet(ness), tranquillity, peace(fulness); **a ~ helyreállt** public order has been restored; **az örök ~** the last repose/sleep; (*vhol*); **fogjuk örök ~ra helyezni** the interment/burial will take place at ... **2.** *[önuralom]* composure; **megőrzi nyugalmát** *biz* keep* one's temper/cool, keep* cool/calm, *[összeszedi magát]* pull oneself together; **elveszti nyugalmát** lose* one's cool; **a legnagyobb ~mal** with perfect equanimity/calm; *[tesz vm kegyetlent]* do* sg in cold blood **3.** *[nyugállomány]* retirement; **~ba helyez** → **nyugdíjba küld** ; **~ba megy/vonul** retire; **~ba vonulása alkalmából** on his/her retirement; **~ban van** → **nyugdíjban van**
nyugat *fn* (*röv* **Ny**) west; **a ~** the west; **a Nyugat** *pol* the West; **~on** in the west; **~ felé, ~ra** (towards the) west, westward(s); **vmtől ~ra fekszik** lie* west of sg; **Londontól ~ra** west of London; **~ felől, ~ról** from the west

Nyugat-Európa *földr* Western Europe

nyugat-európai *mn* of Western Europe *ut*, West(ern) European

nyugati I. *mn* (*röv* **Ny-i** v. **ny-i**) west(ern), of the west *ut*, *[szél, áram]* westerly, from the west *ut*; **~ fekvésű ház** house facing west; **~ irányban** westward(s), towards the west; **~ oldal** west(ern) side; **Anglia ~ részén** in the west of England/Britain; **a ~ sajtó** the Western press; **~ típusú piacgazdaság** western-type market economy; **~ típusú többpártrendszer** a multi-party system along Western lines; **~ szél fúj** there is a westerly wind, the wind is/lies in the west **II.** *fn* **a Ny~** *[pályaudvar]* Budapest West (Railway Station)

nyugatias *mn* Western

Nyugat-India *földr* the West Indies *tsz*

nyugat-indiai *mn/fn* West Indian

Nyugat-Magyarország *földr* Western Hungary

Nyugat-Németország *földr tört* West Germany

nyugatos *fn irod* ‹contributor to the progressive Hungarian literary periodical „Nyugat"›

nyugatrómai *mn tört* **N~ Birodalom** Western Roman Empire

Nyugat-Szamoa *földr* Western Samoa

nyugdíj *fn* (retirement v. old-age) pension, superannuation; **~ba helyez/küld** pension off, retire, superannuate; *biz* put* out to grass; **~ba megy** retire; **~ba menés** retiring, retirement; **~ban van** be* retired, be* receiving a pension, be* a pensioner; **~ból él** live on a pension; **~at kap/élvez** receive a pension

nyugdíjalap *fn* pensionable salary

nyugdíjas I. *mn* pensioned-off, retired, receiving a pension *ut*, on the retired list *ut*; **~ korú (állampolgár)** senior citizen **II.** *fn* pensioner; **~ok háza → nyugdíjasház**

nyugdíjasbérlet *fn [moziba, vasútra stb.]* pensioner's season-ticket

nyugdíjasház *fn [nyugdíjasok háza]* retirement/sheltered home

nyugdíjaz *i ált* pension off, retire, *[nyugdíjjal elbocsát]* discharge sy with a pension, superannuate

nyugdíjazás *fn* pensioning off, retirement, superannuation

nyugdíjbiztosítás *fn* pension scheme, retirement plan

nyugdíjemelés *fn* pension rise

nyugdíjigény *fn* claim/right/entitlement to a pension

nyugdíjintézet *fn* pension fund

nyugdíjjárulék *fn* superannuation money/tax, *[levont] GB* national insurance contribution

nyugdíjjogosult *mn* pensionable, entitled to (receive) a pension *ut*

nyugdíjképes *mn* pensionable

nyugdíj-kiegészítés *fn* pension supplement

nyugdíjkorhatár *fn* retirement/retiring/pensionable age

nyugdíjpénztár *fn* pension fund

nyugdíjtörvény *fn* superannuation act

nyugellátás *fn* **→ nyugdíj**; **~ban részesül** receive a pension

nyughat *i* **egy percig sem ~** (i) *[ő maga]* can't keep still/quiet for a moment; *biz* he is a fidget (ii) *[mást nem hagy]* give* sy no peace, will not let sy alone; **nyughass már!** do keep still!, stop fidgeting!, be quiet!

nyughatatlan *mn* unable to rest *ut*, restless, fidgety; *kif [utazhatnékja van]* have* itchy feet; **~ ember** *kif biz* (s)he is a live wire; *kif biz* (s)he is a rolling stone

nyughatatlankod|ik *i* be* restless, fidget

nyugi! *isz biz* take it easy!, cool/calm down!, keep your hair/shirt on!, relax!, *US* keep your cool!, cool it!

nyugodalmas *mn* tranquil, peaceful, restful; **~ jó éjszakát!** good night and (have) a good rest!

nyugodalom *fn* rest, repose, peace, quiet

nyugodt *mn ált* tranquil, quiet, calm, peaceful, *[ember]* calm, imperturbable, steady, *[lelkiismeret, lélek]* undisturbed, easy, *[megnyugodott]* reassured, *[modor]* composed, *[tenger]* calm, still; **~ vm felől** be* easy about sg, be* not worried about sg; **efelől ~ vagyok** my mind is at rest about the matter, I have no worry (v. worries) on that score; **~ lehet(sz) afelől, hogy** ... you may rest assured that; **legyen ~** you may rest assured (that), you need have no worry on that score, *biz* don't worry; **~ marad** keep* cool; *[megőrzi nyugalmát]* keep* cool, calm, and collected; **légy ~, eljön** he'll come, don't (you) worry; **~ lélekkel** with a clear/clean conscience, in all conscience, *pej* without the slightest scruple

nyugodtan *hsz* **1.** *[nyugalmasan]* calmly, quietly, peacefully, tranquilly; **~ alszik** sleep* soundly; **~ él** live in peace/tranquillity, live a quiet/peaceful life; **csak ~!** steady!, steady/easy on!, easy/gently (does it)!, take it easy; **~ marad** stand* still; **maradj ~!** keep still! **2.** *biz* **~ elmehetsz** you can/may safely go (there); **~ megmondhatod** *[nem lesz következménye]* it's all right, you can tell me

nyugodtság *fn* calmness, poise

nyugovóra tér *kif* retire

nyugszék *fn* **→ nyugágy**

nyugsz|ik *i* **1.** *[pihen]* lie*, (take* a) rest, repose; **nem hagyja nyugodni** give* sy no respite/peace, (will) not let sy alone, sg troubles sy; **addig nem ~ik, amíg** ... he won't rest until/till ...; **itt ~ik** here lies ... (buried) **2.** *[lemegy, égitest]* set*; **korán ~ik a nap** the sun sets* early **3.** *átv [vmn]* rest on/upon, be* based (up)on **4.** *[szünetel]* be* at a standstill

nyugta[1] *fn [elismervény]* receipt; **~ ellenében** against a receipt; **~t ad (v. állít ki)** give* a receipt (*amiről* for sg)

nyugta[2] *fn* **1.** *[nyugvás]* **nincs ~, míg** he won't rest till; **nincs ~ vktől, nem hagy nyugtot vknek** he never gives sy a moment's peace, (s)he will not let sy alone **2. ~val dicsérd a napot** don't count your chickens before they are hatched, first catch your hare then cook him

nyugtakönyv *fn* receipt-book

nyugtalan *mn* **1.** *[nem nyugodt]* restless, restive, *[álom]* troubled, broken, *[életmód]* unsettled, hectic, *[ember]* restless, *[izgő-mozgó]* fidgety; *kif* be* on the anxious seat **2.** *[aggódó]* anxious, worried, uneasy (*vk/vm miatt, mindegyik:* about)

nyugtalanít *i* make* sy uneasy/anxious, worry, trouble; **~ja vm** be* worried about sg, have* sg on one's mind; **nagyon ~** I am very much exercised about it v. sg

nyugtalanító *mn* worrying, unsettling, disquieting

nyugtalankod|ik *i* **1.** *[nyugtalanul viselkedik]* be* restless, be* restive **2.** *[aggódik vm/vk miatt, vmért, vkért]* be* anxious (for/about sg/sy), worry (about sg/sy), feel* uneasy (about sg), be* concerned about sy/sg, trouble oneself about sg, be* troubled about sg; **ne ~j a gyerekek miatt!** don't worry (yourself) about the children!

nyugtalanság *fn* **1.** *[nyugtalan természet/viselkedés]* restlessness, disquiet **2.** *[aggódás]* anxiety, worry, uneasiness; **~ot keltő hírek** disquieting news **3.** *[tömegjelenség]* unrest, disturbance

nyugtat *i* (*vkt*) calm sy (down), *[vigasztal]* comfort

nyugtató(szer) *fn* sedative, tranquillizer (*US* -l-), calmative; **nyugtatókkal él** (s)he's on tranquillizers

nyugtáz *i [küldeményt]* acknowledge receipt of (sg), be* in receipt of (sg), *[összeget]* give* sy a receipt for sg, acknowledge payment of [a sum], *[számlát]* receipt [a bill]; **~za a levelet** acknowledge (receipt of) a/the letter

nyugtázás *fn* acknowledgement

nyugton *hsz* **~ marad** keep* still/quiet; **~ hagy** let*/leave* sy alone; **nem hagynád ~ a kistestvéredet?** why can't you leave your little brother alone? **→ nyugta**[2] **1**

nyugvás *fn* **nincs ~a → nincs nyugta**[2]

nyugvóhely *fn* resting-place, place of retirement/repose

nyugvópont *fn* rest, *[szünetelés]* standstill; **~on van** be* at rest; **~ra jut** come* to a rest; *[lecsillapodik]* settle down

nyújt *i* **1.** *[terjedelemben]* stretch, extend, expand, *[hengerléssel]* roll, draw*, *[hosszában]* lengthen, elongate, *[tésztát]* roll out; **hosszúra ~** *[időben]* stretch out, draw* (sg) out **2.** *[kezet]* stretch/hold* out [one's hand], *[tárgyat vknek]* pass, hand; **~sd ide a szótárt** hand/pass me the dictionary please **3.** *ált [ad vmt]* give*/offer sy sg, provide sg for sy (sy with sg), *[lehetőséget, alkalmat]* afford, provide [opportunity], *[előnyt, kényelmet]* offer [advantage, convenience], *[kölcsönt]* grant [loan], *[látványt]* command, offer, present [a fine view, sight], *[menedéket]* give*/afford [shelter], *[reményt]* hold* out [hope], *[szolgáltatást]* supply, provide [services, facilities]

nyújtás *fn* **1.** *[terjedelemben]* stretching, extending, extension, expanding, expansion, *[hosszában]* lengthening, elongation, *[hengerléssel]* rolling, *[sebészi]* extension; *sp [izomé]* stretching **2.** *[időé]* prolongation, protraction **3.** *[átv, adás]* affording, providing, giving, offering, grant(ing)

nyújtható *mn* **1.** *[terjedelemben]* extendable, extensible, expandable, expansible **2.** *[időben) (igével]* can* be prolonged/protracted **3.** *[fém]* ductile, drawable

nyújtó *fn [tornaszer]* horizontal bar

nyújtódeszka *fn* pastry board

nyújtófa *fn* rolling pin

nyújtogat *i* keep* stretching; **nyakát ~ja** crane one's neck; **nyelvét ~ja** stick*/put* one's tongue out repeatedly

nyújtógyakorlat *fn* exercise on the horizontal bar

nyújtott *mn* **1.** *[feszített]* stretched, extended, expanded, rolled **2.** *[beszélgetés]* prolonged, protracted; **~ műszak** extended/stretched shift **3.** *[felkínált]* afforded, provided, offered, rendered, given, granted (*mindegyik: ut*); **a neki ~ segítség** the aid given to him, the help offered to him

nyújtóz|ik *i* → **nyújtózkodik**

nyújtózkodás *fn* stretching (oneself)

nyújtózkod|ik *i* stretch (oneself), stretch one's limbs; **addig ~ik, ameddig a takarója ér** cut one's coat according to one's cloth; **tovább ~ik, mint ameddig a takarója ér** live beyond one's income/means

nyúl[1] *i* **1.** (*vkhez/vmhez*) touch (sy, sg), lay* hands on (sy, sg); **vm után ~** reach out (one's hand) for sg, stretch out one's hand after sg; **idegen pénzhez ~** misappropriate money, embezzle [a sum], *biz* have* one's fingers in the till; **nem ~ vkhez/vmhez** let*/leave* sy/sg alone; **ne ~j hozzá!** leave it alone!, don't touch it! **2.** *[vmhez folyamodik]* resort to, have recourse to **3.** *[foglalkozni kezd vmvel]* take* up, deal* with [a question etc.]

nyúl[2] *fn [mezei]* hare, *[üregi]* rabbit, *[házi]* pet rabbit; *átv* **kiugrasztja a nyulat a bokorból** call sy's bluff; *biz* **lássuk, merre fut a ~** (let's) see which way the cat jumps, (let's) wait for the cat to jump

nyulacska *fn* young rabbit/hare, *[gyereknyelven]* bunny (rabbit)

nyúlajak *fn* harelip

nyúlánk *mn* slender, tall and slim, lanky

nyúlás *fn* stretching, expansion, extension, *[hosszabbodás]* lengthening

nyulász|ik *i* rabbit, go* rabbiting, hunt/shoot* rabbits/hares

nyúlbőr *fn* hare/rabbit-skin

nyúlcipő *fn átv biz* **felhúzza/felveszi a ~t** *biz* get*/put* one's skates on, take* to one's heels, show* a clean pair of heels

nyúlékony *mn* tensile, expansible, ductile

nyúlfarknyi *mn* tiny/wee bit, very short; **~ szerep** a bit part

nyúlgát *fn* emergency dam

nyúlhús *fn* hare(-flesh), rabbit (meat)

nyúl|ik *i* **1.** *[anyag, ált]* stretch, extend, expand, *tex* stretch **2.** (*vmeddig*) reach (as far as), stretch (out) **3. hosszúra ~ik** *[beszéd, előadás]* drag/wear* on, be* prolonged, be* lengthy

nyúlkál *i* keep* (on) reaching after/into sg, stretch out one's hand after sg repeatedly

nyúlkár *fn* damage done by rabbits

nyúlketrec *fn* rabbit-hutch, rabbitry

nyúló *mn* **1.** *[táguló]* stretching **2. hosszúra ~** lengthy, long-winded, protracted, lasting (very) long *ut*

nyúlós *mn [folyadék]* viscous, gelatinous, *[tésztaféle, kenyér]* sticky, gluey; *[tészta közepe]* runny; *[ragacsos]* glutinous, tacky, *[bor]* ropy

nyúlósod|ik *i [kenyér stb.]* become* sticky/gluey, *[bor]* become*/get* ropy

nyúlpástétom *fn* hare-spread/paste

nyúlpecsenye *fn* roast hare

nyúlpörkölt *fn kb.* stewed/jugged hare, stewed rabbit

nyúlszáj *fn orv* harelip

nyúlszívű *mn* chicken/faint-hearted, chicken-livered

nyúlszőr *fn* rabbit's hair/wool; **~ kalap** fur/felt hat

nyúltagy *fn* medulla oblongata

nyúltenyészet *fn* rabbit-farm, rabbitry

nyúltenyésztés *fn* rabbit-breeding

nyúlvadászat *fn* rabbit/hare-shooting

nyúlvány *fn* **1.** *[tárgyé]* extension, continuation, prolongation **2.** *[földé]* tongue, *[tengeré]* arm, *[szikláé, hegyé]* spur, foothills *tsz*

nyurga *mn* lanky, tall and thin

nyuszi *fn* bunny (rabbit)

nyuszt *fn áll* marten

nyúz *i* **1.** *[bőrt]* skin, flay **2.** *[koptat, nyű]* wear* sg out/threadbare, *[gépet, magnót]* wear* sg out **3.** *[alkalmazottat]* sweat

nyúzás *fn* **1.** *[állaté]* skinning, flaying, *[gépé stb.]* excessive wear/use **2.** *[alkalmazotté]* sweating

nyúzott *mn* **1.** *[állat]* skinned, flayed **2.** *[ember]* worn-out, careworn; **~ arc** a haggard/careworn face; **~nak látszik** he looks drawn/haggard

nyű[1] *fn* maggot, worm; *biz* **annyi, mint a ~** *kif* there are millions of them

nyű[2] *i* **1.** *[ruhát]* wear* (sg) out/threadbare, wear* (sg) to rags **2.** *[lent, kendert]* pull up/out

nyűg *fn* **1.** *átv [teher]* burden, load; **~ vk nyakán** be* a drag on sy, a stone around sy's neck; **valóságos ~ (vk nyakán)** *biz* be* a pain in the neck (v. *szl* on the arse), be* a thorn in sy's flesh/side, be* a millstone round one's neck **2.** *[kellemetlenség]* bother, nuisance; **micsoda ~!** *biz* what a drag!

nyűglőd|ik *i [bajlódik vmvel]* have* trouble with sg, bother about/with sg, wrestle with sg; (*vm miatt*) get* (v. be* getting) on to sy about sg

nyűgös *mn átv* peevish, grumpy, petulant, tiresome, *[gyerek]* whining, whimpering, fretful

nyűgösködés *fn* peevishness, petulance

nyűgösköd|ik *i* be* peevish/petulant/vexatious, *[gyerek]* be* whining/whimpering/fretful

nyüst *fn [szövőszéken]* heddles *tsz*

nyüszít *i* whimper, whine

nyűtt *mn* threadbare, worn, shabby

nyüzsgés *fn* **1.** *[férgeké és ált]* swarming, teeming, bustle, *[csak férgeké]* crawling, *[tömegé]* milling (about/around), *[nagyvárosé]* bustle **2.** *biz [sürgölődés, fontoskodás]* hustle and bustle

nyüzsgölőd|ik *i* → **nyüzsög** 2

nyüzsög *i* **1.** *[féreg és ált]* swarm, teem, bustle, *[csak féreg]* crawl, *[tömeg]* mill (about/around); **~ vmtől** swarm/teem with, be* alive with, pullulate with; **(csak úgy) ~tek (vhol) a turisták** [the place] swarmed with tourists; **~nek benne a hibák** be* riddled with mistakes **2.** *biz [sürgölődik, fontoskodik]* be* much in evidence, bustle about/around, fuss around/about; **vk körül ~** dance attendance on sy

O

O, o, Ó, ó [1] *fn [betűk]* (the letters) O, o, Ó. ó
ó[2] *isz* o!, oh!, ah!; ~ **jaj!** oh dear!, dear me!; ~ **de szép** isn't that beautiful!
ó[3] *mn* old(en), ancient, antique
o. *röv* **1.** → **oldal** 2 **2.** → **osztály**
óangol *mn* Old English (*röv* **OE**)
óarany *mn* old gold
óáz|ik *i [csecsemő]* howl
oázis *fn* oasis (*tsz* oases)
óbégat *i* lament, yammer, wail, moan
óbégatás *fn* lamentation, lamenting, yammering, wail(ing)
obeliszk *fn* obelisk
objektív I. *mn* objective, *[elfogulatlan]* impartial, unbias(s)ed **II.** *fn [tárgylencse]* objective, object glass/lens
objektivitás *fn* objectivity, objectiveness
objektivizmus *fn* objectivism
objektum *fn* **1.** *[tárgy]* object, thing **2.** *[létesítmény]* project
obligát *mn* obligatory, required, *[szokásos]* usual, habitual, customary
obligó *fn* obligation, duty, liability; ~ **nélkül** without liability/guarantee; **~ban van** be* under an obligation (to do sg); **~n kívül van** *kif* be* off the hook
oboa *fn* oboe
oboás *fn* oboist
oboáz|ik *i* play the oboe
óbor *fn* aged wine, older vintage(s)
obsitos *mn elav* discharged soldier, veteran
obskúrus *mn* obscure; ~ **alak** shady character
obstruál *i* obstruct, *US főleg:* filibuster
obstrukció *fn* obstruction, *US főleg:* filibuster(ing)
obszcén *mn* obscene, indecent
obszcenitás *fn* obscenity, indecency
obszervatórium *fn* observatory
Óbuda *földr* Old Buda
obulus *fn biz* farthing, a pittance *esz*
óceán *fn* ocean, sea; **~on túli** transoceanic
óceáni *mn* oceanic
Óceánia *földr* Oceania
óceánjáró *fn hajó* (ocean) liner
oceanográfia *fn* oceanography
óceánrepülés *fn* transatlantic flight, nonstop flight across the Atlantic
óceánrepülő *fn [pilóta]* transatlantic pilot, aviator flying the Atlantic
ócsárlás *fn* slighting, disparagement
ócsárol *i* disparage, belittle, depreciate, *biz* pull down, *US* badmouth sy
ócska *mn [öreg]* old, *[értéktelen, silány]* worthless, rubbishy, trashy, *[áru]* cheap and nasty; ~ **holmi** rubbish, lumber, junk, trash; ~ **ruha** shabby/threadbare clothes *tsz*, cast-off clothing, second-hand clothes *tsz*; ~ **tragacs** (old) crock/banger; ~ **vicc** hoary/old chestnut, stale joke
ócskapiac *fn* flea-market
ócskás *fn biz* → **ószeres**
ócskaság *fn* second-hand goods *tsz*, trash, lumber, junk
ócskavas *fn* scrap-iron; **~nak elad** sell* for scrap, scrap sg
ocsmány *mn* ugly, hideous, nasty, foul, *[erkölcstelen]* dirty, filthy; ~ **beszéd** obscene/filthy talk/language, bawdy; ~ **történet** dirty story
ocsmányság *fn* nasty/dirty action, ugliness, hideousness, nastiness, foulness
ocsmányul *hsz* hideously; ~ **beszél** talk smut
ocsú *fn* tailings *tsz*, refuse of wheat
ocsúd|ik *i* (*vmből*) come* to, recover, awake*, sober up (*mindegyik:* from)
oda *hsz/előtag* there; ~ **és vissza** there and back, *[jegy]* return (ticket), *US* round-trip ticket; **csak ~ (kéri)?** single or return, please?; ~ **van** *[távol van]* be* away/absent, *[nincs otthon]* be* out; ~ **megy, ahová küldik** (s)he goes where (s)he is sent; **sokáig ~ van** be*/stay away for a long time; **amíg ~ voltam** while I was away; **sokáig volt ~** he was away/there for a long time; ~ **a pénzem!** all my money is gone; ~ **se neki** never mind!; → **odavan**
óda *fn* ode
odaad *i* (*vknek vmt*) give*/hand/pass sy sg (sg to sy), hand over sg to sy (hand sg over to sy), *[ajándékba]* give* sy sg (as a present); **~om 20 000 Ft-ért** *[árból engedve]* I'll let you have it for 20,000 forints; **~ja magát** (i) *[nő férfinak]* give* oneself to sy, *kif* throw* oneself at sy's head (ii) *[feladatnak]* devote oneself to (a task); **~ja nevét vmhez** lend* one's name (to sg)
odaadás *fn* **1.** *[átadás]* handing over, giving, passing (to sy) **2.** *[vonzalom]* devotion, devotedness, *[buzgalom]* dedication, enthusiasm; **~sal végzi a munkáját** (s)he is dedicated to his/her job/work, put* one's heart and soul into one's work
odaadó *mn* devoted, self-sacrificing; ~ **barát** devoted friend; **~an dolgozik** put* one's heart and soul into one's work, be* dedicated to one's job
odaajándékoz *i* (*vknek vmt*) give* sg away (as a present), make* sy a present of sg
odaáll *i* (go* and) stand* swhere, *[kocsival]* draw* up; ~ **vk elé** stand* squarely (v. plant oneself) in front of sy
odaállít *i* place/stand* sg/sy swhere; ~ **példának** set* sy/sg as an example
odaát *hsz* over there, on the other side; **~ról** from over there, from the far/other side
odább *hsz* → **odébb**
odábbáll *i* → **odébbáll**
odabenn *hsz* inside, in there, within
odabent *hsz* → **odabenn**
odabiggyeszt *i* (*vmt vmhez*) stick*/place sg on sg, attach sg to , tack sg on(to) sg
odabolondít *i* (*vkt vhová*) send* sy on a fool's errand
odaborul *i* ~ **vk lábai elé** throw* oneself at the feet of sy (at sy's feet)
odabúj|ik *i* (*vkhez*) snuggle/cuddle up to sy, snuggle into sy's arms, nestle up against (v. close to) sy
odacipel *i* carry/lug there (v. swhere)
odacsal *i* (*vkt vhová*) entice/lure sy to [swhere, a place]
odacsap *i* **1.** (*vmre*) strike* at sg, hit* (out at) sg; ~ **az asztalra** bang (one's fist on) the table, *átv* put* one's foot down **2.** (*vmt vmre*) fling* sg (swhere/on/down/down on sg), plump/plonk sg
odacsatol *i* **1.** *[csattal]* buckle (up) sg, clasp sg, *[hozzáerősít]* fasten/bind* to **2.** *[iratot]* enclose, attach **3.** (*vmhez*) buckle/clasp (to), *[területet]* annex sg to sg
odacsíp *i* **~te az ujját** he got his finger(s) caught/stuck in
odacsődít *i* make* people throng/flock there/swhere
odacsődül *i* (*vhová*) stream towards, flock/throng to (a place)
odacsörög *i* (*vkhez*) buzz sy (somewhere)
odadob *i* **1.** (*vmt vhova*) throw*/fling* sg down (v. into the corner etc.), (*vmt vknek*) throw* sg to sy **2.** *átv* abandon, give* up
odaég *i* **1.** *[étel]* get* burnt; **~ett a hús** I've burnt the meat, the meat is/got burnt **2.** *[elpusztul vk]* perish/die in a fire
odaenged *i* let*/allow sy to go swhere, let*/allow sy near sg

odaér *i* **1.** *[odaérkezik]* get*/arrive there, arrive (*kisebb helyre, állomásra, reptérre stb.* at, *városba, nagyobb helyre* in), come*/get* to [a place], reach sg/swhere; **mennyi idő alatt érünk oda?, mikor érünk oda?** when do we get there?, how long will it take (us) to get there?; **~ünk idejében?** will/can we get there in time?, *biz* will/can we make it?; **~t az előadásra** (s)he managed to get to the lecture/show/performance, *biz* (s)he made it to the lecture/show/performance **2.** (*vmhez*) touch sg, come* into contact with sg
odaérkez|ik *i* → **odaér 1**
odaerősít *i* fasten/fix/attach sg to sg, make* sg secure
odaért *i* imply, include
odaértve *hsz* including, inclusive of
oda- és visszautazás *fn* the journey there and back, the return journey
odafagy *i* (*vhová*) be* frozen to
odafelé *hsz* on the way there, *[utazásnál]* on the outward journey
odafenn, -fent *hsz* up there, at the top, *[emeleten]* upstairs
odafér *i* (*vhová*) find* room (for sg) swhere; **még ez ~** there is still room for it; **nem fér oda** there is no room for it, it won't go in
odaférkőz|ik *i* (*vhová*) make*/worm one's way into, gain access to, *pej* thrust* oneself in, push in
odafigyel *i* (*vkre*) listen to, pay* attention to, *[feszülten]* be* all ears, hang* on sy's words; **~ az iskolában** be* attentive in school; **nem figyel oda** he is not listening/attending, he is not paying attention (to it); **erre (nagyon) oda kell figyelni** one/we must not ignore this, we must keep a close eye at that
odafordul *i* (*vkhez/vmhez*) turn to/towards sy/sg, *[vkhez kéréssel]* turn to sy
odafönn, -fönt *hsz* → **odafenn, -fent**
odafut *i* (*vhová*) run* there (v. to a place), (*vkhez*) run* (up) to sy
odafülel *i* listen to, be* all ears
odagondol *i* (*vmt*) add sg in thought
odagurul *i* roll there, *[repülőgép]* taxi (to)
odahajol *i* (*vkhez*) lean* over to sy, bow towards sy
odahallatsz|ik *i* be* heard as far (away) as ..., be* audible; **hangja nem (jól) hallatszik oda** her/his voice doesn't carry (very well)
odahallgat *i* listen (to); → **odafigyel**
odahamisít *i* **~ja az aláírást** fake the/sy's signature on sg
odahat *i* **~, hogy** ... exert/use one's influence to ..., intervene in order that ...; **kérte, hasson oda, hogy** ... he asked him to use his influence to ..., he asked him to do sg about sg
odahaza *hsz* at home; **~ Amerikában** *US* back in the U.S.A.; **~ tartózkodik** be*/stay at home
odahederít *i biz* **oda se hederít** not take* the slightest notice (of), pay* no heed (to)
odahelyez *i* **1.** (*vmt*) put*/lay* sg swhere **2.** *[állásba]* appoint (sy to a post/position), station sy swhere
odahív *i* (*vkt*) call sy, summon sy
odahívat *i* send* for
odahord *i* carry (to), take* (there, swhere)
odahoz *i* carry/take* sg/sy to, fetch sg/sy
odahúz *i* **1.** (*vmt vhova*) draw*/pull/drag there/swhere **2.** *[vonzódik vkhez]* feel* affection for sy, prefer sy, incline towards sy
odáig *hsz* as far as (that); **~ jutott, hogy** ... he got to the point that/where ...; **~ jutott/fejlődött az ügy, hogy** ... things have come to such a pass that ..., things have got to the point where ...; **állításában ~ megy, hogy**... go (to) the length of asserting that...; **~ van** *[az örömtől]* be* beside oneself (with joy); *[fáradtságtól]* be* exhausted (v. worn out), *[kétségbeeséstől]* be* in utter despair, *[vkért, akit szeret]* be* head over heels in love with sy, *[rajong érte]* adore/worship sy, (*vmért*) be* passionately fond of sg, be* (quite) crazy about sg; **~ volt a lelkesedéstől** he got carried away with enthusiasm; **egészen ~ volt miatta** (s)he was very upset about it/him/her
odaígér *i* promise (to give) sg to sy; **nem adhatom neked ezt a könyvet, mert már ~tem Péternek** I can't give you this book because I've promised it to Péter
odaill|ik *i* (*vmhez*) suit (sg), be* suitable (for), fit in (with), go* with
odaillő *mn* suitable, appropriate, in place *ut*; **oda nem illő** inappropriate, unsuitable, out of place *ut*, improper
odaint *i* (*vkt*) beckon (to) sy to come
odaír *i* write* (sg) on/there; **~ja a nevét vmre** sign one's name, write*/put* one's name on (sg)
odaítél *i* **1.** *[díjat vknek]* award [a prize] to sy, sy is awarded [a prize]; **XY-nak ítélték oda a fizikai Nobel-díjat** YX has been awarded a/the Nobel prize for physics **2.** *jog* adjudge/award sg to sy; **neki ítélték oda a gyermeket** *[válóperben]* (s)he was given/awarded custody of the child°
odajár *i [gyakran egy helyre]* frequent [a place], be* a regular swhere, visit [a place] frequently
odajön *i* (*vhova*) come* (up) to
odajut *i* **~ott, hogy** ... he reached a/the point where ...; **végre ~ott, hogy megnősülhet** he was at last in a position to get married; → **odáig**
odajuttat *i* **1.** *[elküld]* send*, dispatch **2.** *átv* (*vkt*) get* (sy) into (such a situation)
odakacsint *i* wink at sy
odakap *i* (*vmhez*) make* a grab at, catch*/snatch/grab at, *[kutya]* snap at
odaken *i* **1.** *[anyagot vhova]* smear **2.** *biz [ütést]* give* sy a smack, land a blow [on sy's nose etc.], *kif* knock sy into the middle of next week
odakerül *i* (*vhova*) get* swhere, find* one's way to, (*vk elé*) be* brought before sy
odakiált *i* shout (to sy), call out (to sy), hail sy
odakinn *hsz* **1.** *[kívül]* outside, outdoors, out there, out of doors **2.** *[külföldön]* abroad
odakint *hsz* → **odakinn**
odakinti *mn* **1.** *[kinti]* (that is) outside *ut* **2.** *[külföldi]* (that is) abroad *ut*; **~ élet** life abroad
odaköltöz|ik *i* move to
odaköszön *i* (*vknek*) greet sy, bow to sy, *[férfi kalappal]* take* one's hat off to sy
odaköt(öz) *i* (*vmt vmhez*) fasten/tie/bind* sg to sg
odaküld *i* send*, dispatch, *[árut]* forward, dispatch, *[pénzt]* remit (*mindegyik:* to)
odaláncol *i* chain to sg
odalátsz|ik *i* is to be seen, be* in/within sight, be* visible
odalenn, -lent *hsz* down there, *[épületben]* downstairs
odalép *i* (*vkhez/vmhez*) come*/go*/walk up to sy/sg
odalesz, odalett *i* → **odavan 3**
odaliszk *fn tört* odalisque, odalisk
odalopódz|ik *i* steal* towards, sneak/creep* up to
odalő *i* shoot*/fire at
odalök *i* throw*/hurl sg to sy
odamegy *i* (*vhova*) go* to [a place], *[kocsin]* drive* to [a place], (*vkhez*) approach sy, go*/walk/come* up to sy
odamenekül *i* escape/flee* there
odamenet *hsz* on the way there
odamerészked|ik *i* (*vhova*) venture (swhere)
odamond(ogat) *i* (*vknek*) give* sy a piece of one's mind, tell* sy a few home truths, *biz* give* sy an earful
odamutat *i* (*vmre*) point at/to, indicate, show*; **minden jel ~, hogy** ... everything points to ...
odanéz *i* **1.** (*vkre/vmre*) look at, (cast* a) glance at; **~z!** look!, *[csodálkozva, meglepődve]* well, I never!; well, well! **2. oda se néz vmnek** make* light of sg, *biz* does not care a rap/straw/fig
odanő *i* **1.** (*vmhez*) grow*/adhere/stick* to **2.** *átv* **~tt a szívéhez** she became dear to his heart, he has become deeply attached to her
odanyom *i* (*vmt vmhez*) press sg to sg

O

odanyújt *i* (*vknek vmt*) hand (sg to sy), offer (sg to sy); **~ja kezét vknek** hold* out one's hand to sy

odanyúl *i* (*vmért*) reach (out) for sg

odaöml|ik *i* empty/flow/discharge into (sg)

odaözönl|ik *i* **1.** *[víztömeg]* come* pouring/streaming into **2.** *[nép]* flock/throng to

odapillant *i* cast* a glance at, glance at

odapiszkít *i* foul, dirty

odaragad *i* (*vmhez*) stick* (fast) (to sg), get* stuck to sg; **jól ~t** sg got stuck fast

odaragaszt *i* stick*, glue (*vmt vmhez* sg on/to sg)

odarendel *i* (*vhova*) order sy to come to, summon sy (to sy)

odarepül *i* fly* swhere/to, *[csak madár vmre]* alight on

odarohan *i* (*vkhez*) rush/dash up to (sy)

odarögzít *i* → **odaerősít**

odasereg|ik *i* flock/throng to

odasettenked|ik *i* (*vkhez*) sidle up to

odasiet *i* (*vhova*) hurry/rush to [a place]

odasimul *i* (*vkhez*) press/nestle close to, cling* to

odasompolyog *i* (*vkhez*) sidle up to

odasóz *i biz* **~ vknek (egyet** v. **egy pofont)** hit*/slap/strike* sy, give* sy a clout [round the ear], give* sy a sock [on the chin etc.]

odasúg *i* (*vmt vknek*) whisper sg to sy

odasül *i [étel]* burn*, get* burnt/caught; → **odaég**

odasüt *i* **a nap ~** the sun is shining there/swhere

odaszagol *i biz* **oda se szagol** (*vkhez/vhova*) give* sy/sg a wide berth

odaszalad *i* (*vhova*) rush/run* to [a place], (*vkhez*) run* up to (sy)

odaszállít *i* take*/deliver swhere, take*/deliver to sy's house

odaszegez *i* (*vmt vmhez*) nail sg on/to sg

odaszok|ik *i* get* into the habit of going swhere, (*vk*) become* a regular swhere

odaszól *i* speak* to (sy), *[telefonon]* phone (sy), give* sy a ring

odatalál *i* (*vhova*) find* one's way swhere (to sg)

odatámaszkod|ik *i* (*vmhez*) lean*/rest against, be* propped up against (sg)

odatámaszt *i* lean* (sg) against sg, prop (sg) (up) against (sg)

odatapad *i* adhere to, stick* on/to, get* stuck to sg

odatapaszt *i* stick*/glue on/to sg

odatart *i* **1.** *[vhova, megy]* make*/head for [a place], be* on one's way to; **én is ~ok** I am going that way too **2.** *[vmt kínálva]* hold* out (sg to sy)

odatartoz|ik *i* (*vmhez*) belong to (sg), be* a part of (sg), (ap)pertain to (sg), (*vkhez*) belong to (sy), *[társasághoz]* be* one of [a party]

odatekint *i* look towards, glance at

odatesz *i* **1.** put*, lay*, place (*mindegyik:* there/swhere) **2.** *szl* **~i magát** bend* over backwards, do* one's utmost

odatéved *i* go*/get* (v. end up) swhere (by mistake), happen to find oneself swhere

odatol *i [széket stb.]* push over/across; *pej* **~ja a képét** (dare to) show* one's face

odatűz *i* **1.** (*vmt vmre*) pin/fasten (sg) on (sg) **2. ~ a nap** the sun is beating/blazing down on (sg)

odaugr|ik *i* jump to(wards), leap*/dart to, dash towards

odautazás *fn* outward journey

odautaz|ik *i* go*, journey, travel (*US* -l), *[gépkocsin]* drive* (*mindegyik:* there v. to a place)

odautazó *fn* visitor, traveller

odaül *i* sit* there, sit* down near (next to sy/sg)

odaültet *i* (*vkt vhova*) seat/sit* sy swhere, make* sy sit (down) swhere

odaüt *i* **1.** (*vhová*) strike* a blow (swhere), (*vknek*) hit*/slap/strike* sy **2. ~ötte a fejét a falhoz** he knocked/bumped/banged his head against the wall

odavág *i* (*vmt*) throw*/fling*/hurl (sg) down

odavaló *mn* **1.** *[onnan származó]* **ő is ~** he too is/comes from the same part of the country (v. the same village/town/country etc.), he too was born there (v. in that village/place etc.) **2.** *[megfelelő]* **~ ember** the right man; **nem ~ ember** *kif biz* a square peg in a round hole; → **odaillő**

odavalósi *mn* → **odavaló 1**

odavan *i* **1. (nagyon/egészen) ~** *[nagyon beteg]* (s)he is very ill; **~ a fáradtságtól** be* worn out (with fatigue), be* exhausted, *biz* be* dead tired (v. tired out); **~ a kétségbeeséstől** be* in utter despair, be* dismayed; **~ az aggodalomtól** be* out of one's mind with worry **2. ~ az örömtől** be* beside oneself with joy; **~ vkért** *[akit szeret]* be* head over heels in love with sy, *biz* be* crazy/nuts about sy, be* soft on sy, *[akiért rajong]* adore/worship sy; **annyira ~ vmért** *biz [nagyon szeretné]* (s)he wants sg that badly, *biz* be* bitten by the bug, be* nuts about sg; *[lelkesedik érte]* be* crazy about sg; **nem vagyok annyira oda Mahlerért** I'm not really sold on Mahler; **odalesz, ha megtudja** he will be terribly upset when he hears of it **3. odalesz** *[elpusztul]* perish, die, *[elvész]* be*/get* lost; **odalett a termés** the crop got destroyed; **odalett minden pénze** he (has) lost/spent all his money, he is (flat) broke **4.** *nép [nincs otthon]* be* away; → **oda**

odavesz *i* take*; **~ (magához)(***vkt***)** *[családjába fogad]* receive (sy into sg)

odavész, **-vesz|ik** *i [odalesz]* be* lost, (*vk*) perish

odavet *i* **1.** *[dob]* throw*/fling* there/down (v. on the ground) **2. ~ egy megjegyzést** drop a remark; **~ett megjegyzés** a casual remark **3.** *[néhány sort]* dash off [a few lines], *[jegyzeteket]* jot down

odavetőd|ik *i* (*vhova*) turn up swhere

odavetőleg *hsz* casually, by the way; **~ megjegyzi** make* a casual remark, let* drop a remark

odavezet *i* **1.** (*vkt vhova*) lead*/conduct/guide sy to [a place] **2.** *[út, nyom]* lead* to; **ez az út ~ az állomáshoz** this road leads to the station

odavisz *i* **1.** (*vmt/vkt*) take*, carry [sg/sy there v. to a place] **2.** → **odavezet 2**

oda-vissza *hsz* there and back; **~ jegy** return (ticket), *US* round-trip ticket; **~ utazás** *[többszöri megszakítással]* round trip

odáz *i* postpone, put* off

odébb *hsz* farther/further (away/on)

odébbáll *i [búcsú nélkül távozik]* make*/run* off, take* to one's heels; (*vmvel*) *[ellopja]* make* off with sg

Odera *földr* Oder

odisszea *fn* odyssey

ódium *fn* odium; **vállalja az ~ot** accept/bear* the odium (of sg); **övé a dolog ~a** the onus of ... lies with him

ódivatú *mn* old-fashioned

ódon *mn* ancient, old, antique, archaic

odú *fn* **1.** *[fában]* hollow, cavity **2.** *[állati búvóhely]* den, lair, hole **3.** *pej [piszkos lakás]* miserable room, dirty hole

Odüsszeusz *tul* Odysseus

odvas *mn* hollow; **~ fog** decayed/hollow tooth°

odvasod|ik *i* become* hollow

ódzkod|ik *i* (*vmtől*) be* loath/reluctant to do sg, shrink* back from (doing) sg

OECD *röv [Gazdasági Együttműködési és Fejlesztési Szervezet]* OECD [Organization for Economic Cooperation and Development]

OECD-tagság *fn* OECD-membership

óegyházi *mn* **~ szláv** Old Church Slavonic

oeuvre *fn* **vknek az ~-je** sy's oeuvre

óév *fn* bygone/old year

ófelnémet *mn/fn* Old High German

offenzív *mn* offensive

offenzíva *fn* offensive; **~t indít** start/launch an offensive

ófrancia *mn/fn* Old French (*röv* **OF**)

ofszeteljárás *fn nyomd* offset process

ofszetnyomás *fn nyomd* offset (printing)

óg-móg *i nép tréf* hum (*US* hem) and haw, beat* about the bush
ógörög *mn/fn* Ancient Greek
óhaj *fn* wish, desire
óhajt *i* desire, want, wish for, *[nagyon]* want (sg) very much, yearn/long for, be* anxious to (do sg), *[vmt tenni]* should/would like to (do sg); **mit ~?** what can I do for you?; **~(-e) vmt inni?** would you care for a drink?; **mit ~asz, hogy csináljak?** what would you have me do?, what do you want/wish me to do?
óhajtás *fn* wish, desire
óhajtó *mn* **~ mód** optative (mood)
óhajtoz|ik *i* (*vm után*) long/yearn for sg
óhatatlan *mn* inevitable, unavoidable
óhatatlanul *hsz* inevitably; **ez ~ be fog következni** it is bound to happen, it is inevitable
óhaza *fn* the old country
Ohio *földr* Ohio
ohiói *mn/fn* Ohioan
ohm *fn el fiz [mértékegység]* ohm
ohmikus *mn el fiz* **~ ellenállás** ohmic resistance
Ohm-törvény *fn el fiz* Ohm's law
ojt *i nép* → **olt² 1**
ok *fn* cause (of sg), reason (for sg), *[indíték]* motive (for sg); **~ nélkül** without any reason, for no reason; **nem minden ~ nélkül** not without (good) reason; **ez nem ~** that doesn't follow, that isn't an excuse (for); **nincs ~ aggodalomra** there is no cause for alarm/anxiety, there is no need to worry (about it); **a betegség ~a** cause of a/the disease; **(ennek az) az ~a, hogy** the reason (for this) is (that), ... is responsible for sg; **(alapos) ~a van rá, minden ~a megvan arra, hogy** (s)he has every/good reason (to), (s)he has a good reason (for); **én vagyok az ~a** it's my fault, I am to blame; **nem ő az ~a** it's not his fault, he isn't to blame; **azon ~ból, hogy** for the (simple) reason that; **ez ~ból, ez ~nál fogva** on that account, for this/that reason; **mi ~ból?** why?, for what reason?; **egészségi ~okból** for reasons of health; **vmnek ~ából** because of ...; **több ~ból is** on more scores than one; **példának ~áért** for instance/example (*röv* **e.g.**); **vmnek az ~án** by reason of sg, by virtue of sg; **bizonyos ~oknál fogva** for certain reasons; **azon egyszerű ~nál fogva** for the simple reason; **rajta kívül álló ~oknál fogva** for reasons (v. due to circumstances) beyond/outside one's/his/her control; **~ot ad vmre** give* cause/occasion for sg, give* rise to sg, *[ürügyként]* give* handle to sg; **vmnek ~át adja** give* (one's) reason for sg; **megtalálja az ~át vmnek** trace sg back to sg; **~kal** with (good) reason; **~kal hiheti** he has every reason to think/believe (that)
okád *i* **1.** *[hány]* vomit, throw* up, spew (sg) up **2.** *[tüzet, füstöt]* belch/spout (out), vomit, spew [dense dirty smoke]
okádás *fn* vomiting
okádék *fn* vomit
okád|ik *i* → **okád**
oké *fn biz* OK; **teljesen ~** it'll fill the bill, *kif elav* Bob's your uncle!
okfejtés *fn* reasoning, argumentation
okhatározó *fn* causal complement
okhatározói *mn* **~ mellékmondat** causal clause
oki *mn* causal; **~ összefüggés** causal relation, causality
okirat *fn* document, deed
okirat-hamisítás *fn* forgery, forging (of documents)
okirat-hamisító *fn* forger (of documents)
okirati *mn* documentary
okít *i elav* → **tanít**
okkal-móddal *hsz* sensibly, reasonably
okkázió *fn elav [olcsó vétel]* bargain
okker *fn* ochre (*US* ocher)
okkersárga *mn/fn* ochre
okkult *mn* occult
okkultizmus *fn* occultism
okkupáció *fn* (military) occupation
okl. *röv* → **oklevél**, → **okleveles**
oklahomai *mn/fn* Oklahoman
oklevél *fn* **1.** (*röv* **okl.**) *okt* diploma (*röv* **dip.**) **2.** *[okirat]* charter, document, deed
okleveles *mn okt* (*röv* **okl.**) holding a diploma *ut* (*röv* **dip.**), certificated, qualified; **~ belső ellenőr** certified internal auditor; **~ mérnök** graduate/qualified engineer; **~ könyvvizsgáló** chartered accountant, *US* certified public accountant, a CPA; → **diplomás**
oklevéltan *fn* diplomatics *esz*
oklevéltár *fn* collection of documents, *[levéltár]* archives *tsz*; **Nemzeti O~** Public Record Office
okmány *fn* document, record, certificate, paper; **személyi ~ok** identity/personal papers; **~okkal igazol** document
okmánybélyeg *fn* deed/bill/receipt stamp
oknyomozás *fn* pragmatic method, pragmatism
oknyomozó *mn* pragmatic; **~ történetírás** historiography, pragmatic historiography
ok-okozati *mn* **~ összefüggés** causal relation, causality, cause-and-effect relationship
okol *i* (*vkt vmért*) blame (sy for sg), make* (sy) responsible (for), throw*/lay* the blame on (sy)
ókor *fn* antiquity, ancient times *tsz*
ókori *mn* ancient, old; **~ klasszikusok** the ancients, classics; **~ történelem** ancient history
ókortudomány *fn* study of antiquity, classical studies *tsz*
okos I. *mn [értelmes]* clever, intelligent, bright, *US*, *biz* brainy, *[gyors felfogású]* apt [student], quick to learn (v. at learning) *ut*, *[bölcs, tapasztalt]* wise, sensible; **~ ember** man° of understanding, intelligent/sensible man°; **~ gondolat** a good/bright idea, a wise thought; **hallgat az ~ szóra** listen to reason; **nem hallgat az ~ szóra** there is no reasoning with her/him; **légy ~!** keep your wits about you, listen to reason; **nem ~ dolog ezt tenni** that is not a very clever thing to do; **ettől nem lettem ~abb** that did not make me any wiser, I am none the wiser (for it); **azt hiszi, hogy mindenkinél ~abb** (v. **hogy ő a fő ~**) he thinks he knows all the answers; **~abb (lesz) hazamenni** we'd better go home, the best thing to do is to go home; **~abban tennéd, ha ... (mennél)** you'd be better off [leaving]; **legokosabb volna (vmt tenned)** you had best (do sg) **II.** *fn* **~ enged, szamár szenved** better to bend than to break; **~akat mond** (s)he makes some sensible/good points; **~abbat is tehetnél, mint ...** you ought to know better than ...
okosan *hsz* sensibly, wisely; **~ beszél** talk sense; **~ cselekszik** act wisely; **~ viselkedik** act/behave sensibly
okoskodás *fn* **1.** *[érvelés]* reasoning, argument **2.** *pej* arguing, obstinacy, pig-headedness
okoskod|ik *i* **1.** *[érvel]* reason, argue **2.** *pej [feleslegesen vitatkozik]* argue, be* obstinate/stubborn, be* pig-headed; **ne ~j!** don't argue
okosod|ik *i* learn*, grow* in wisdom
okosság *fn [értelmesség]* cleverness, shrewdness, intelligence, *[bölcsesség]* wisdom, sagacity
okoz *i* cause, bring* about, give* rise to, be* the cause of; **bajt ~ vknek** cause/give* trouble to sy; **fájdalmat ~ vknek** give* pain to sy, pain/hurt* sy; **némi nehézséget ~** it presents something of a problem; → **kár**
okozat *fn* effect, result; **ok és ~** cause and effect
okozati *mn* causal, causative of ... *ut*; **~ összefüggés** causal relation, causality
okozó I. *mn* causing, occasioning, being the cause of, producing (*mindegyik: ut*); **halált ~** fatal **II.** *fn* agent, *[személy]* originator, perpetrator, author; **a baleset ~ja** *[személy]* person who caused (v. party at fault in) an/the accident
okozott *mn* caused, produced, brought about (*mindegyik: ut*); **az ~ kár jelentős** the damage (caused) is considerable
okozta *mn* **vírus ~** caused by a virus *ut*, viral; **hő ~** thermal
okság *fn* causality
oksági *mn* causal

okszerű *mn* rational, reasonable, logical; **~en** reasonably
okszerűség *fn* rationality, reasonableness, logicality, logic
okszerűtlen *mn* irrational, unreasonable, illogical
okt. *röv* → **október**
oktaéder *fn mat* octahedron (*tsz* octahedra v. -s)
oktalan *mn* **1.** *[értelemmel nem bíró]* without reason/intelligence *ut*; **~ állat** brute beast, dumb animal **2.** *[nem okos]* foolish, stupid **3.** *[alaptalan]* groundless, baseless, unfounded
oktalanság *fn* folly, foolishness, *[oktalan tett]* foolish act(ion)
oktán *fn kém* octane
oktánszám *fn* octane number/rating; **nagy ~ú** high-octane; **95-ös ~ú benzin** 95 octane petrol
oktat *i* educate, (*vkt vmre*) teach* (sy sg), instruct (sy in sg), *sp* train, coach
oktatás *fn* education, (*vmre*) teaching, *[gyakorlatibb]* instruction; *[képzés]* training; **iskolai ~** school education, schooling
oktatási *mn* educational; **~ intézmények** educational institutions; **~ miniszter** Minister of Education; **O~ Minisztérium** Ministry of Education; **~ segédeszközök** teaching/educational aids
oktatáspolitika *fn* educational policy
oktatástan *fn* didactics *esz*, teaching methods *tsz*
oktatásügy *fn* public education
oktató I. *mn* instructive, educational, *[erkölcsileg]* didactic; **~ célzatú** didactic, instructional; **~ mese** fable, apologue **II.** *fn* **1.** *okt* teacher, instructor, *[magán]* tutor, *[egyetemi]* academic, lecturer, staff member, *US* faculty member, *[igével]* be* on the teaching staff **2.** *sp* trainer, coach; **gyakorlati ~** *[tanulóvezetőé]* driving instructor
oktatócsomag *fn* learning kit, educational package
oktatófilm *fn* instructional/educational film
oktatói *mn* **~ kar** *[egyetemi]* academic/teaching staff, *US* faculty
oktatókórház *fn* teaching hospital
oktatómunka *fn* education, teaching profession
oktató-nevelő *mn* **~ munka** educational and welfare work
oktatóprogram *fn* educational programme (*US* -m); **számítógépes ~** software, computer program
oktatószemélyzet *fn* teaching staff; **az ~ tagja** be* on the teaching staff
oktáv *fn zene* octave
oktett *fn* octet
október *fn* (*röv* **okt.**) October (*röv* **Oct.**); **~ben, ~ folyamán** in (the month/course of) October; **~ hóban/havában** in the month of October; **O~ 23-a** the Twenty-third/23rd of October [national holiday]; **~ 25-én** on 25(th) October (*kimondva:* on the twenty-fifth of October), *főleg US* on October 25(th) (*kimondva:* on October the twenty-fifth)
októberi *mn* October, in/of October *ut*; **egy ~ napon** on a certain October day, on a day in October
oktondi I. *mn* simple, foolish, naïve **II.** *fn* silly-billy
oktrojál *i* (*vkre vmt*) force/impose sg on sy
okul *i* (*vmn/vmből*) sg teaches sy a lesson; **ebből ~hatsz** let this be a lesson to you, that [accident etc.] will teach you a lesson
ókula *fn nép elav* (eye)glasses *tsz*
okulás *fn [tanulság]* lesson
okvetetlen *mn* → **okvetetlenkedő**
okvetetlenked|ik *i* be* a nuisance/pest, quibble, cavil (*US* -l), fuss, argufy
okvetetlenkedő *mn* disputatious, interfering, importunate, meddlesome, fussy, *[önfejű]* recalcitrant, contumacious
okvetlen(ül) *hsz* **1.** without fail, by all means; **~ tégy/tegye(n) meg vmt** be sure to do sg, *biz* be sure and do sg, do* sg without fail; **~ elintézem** I'll see to it without fail (v. first thing); **~ eljön** he is certain/sure to come **2.** *[feleletben]* **~ (megteszem/megyek** *stb.***)** Certainly (I will)!, Surely!, *US* Sure!
okviszony *fn* causality
ól *fn [disznóé]* sty, pigsty, *[kutyáé]* kennel, *[baromfié]* roost, hen-house, (hen/chicken-)coop
ó-láb *fn* bandy legs *tsz*, bow legs *tsz*
ó-lábú *mn* bandy/bow-legged
oláh *mn/fn tört* Walach, Vlach, Wal(l)achian
olaj *fn* **1.** oil; *szl* **~ra lép** skedaddle, decamp, make* a quick getaway; **~at talál, ~ra bukkan** strike* oil; **~at önt a tűzre** add fuel to the flames/fire; **ellenőrzi az ~at** *[autóban]* check the oil; **~jal főz** cook with oil; **~jal fűt** burn* oil, use oil for heating **2.** *[olajfesték]* oil (colour/paint); **~jal fest** paint in oils
olajág *fn* olive branch
olajár-emelkedés *fn* rise in the price of oil
olajbogyó *fn* olive
olajcsere *fn* oil change
olajcső *fn* oil-pipe/tube
olajégő *fn* oil-burner
olajfa *fn* olive-tree
olajfesték *fn* oil colour (*US* -or), oil paint
olajfestmény *fn* oil painting, *[vászon]* canvas
olajfinomító *fn* oil refinery
olajfogó *fn* oil trap
olajfolt *fn* oil stain
olajfoltos *mn* oil-stained, greasy
olajforrás *fn* oil-well/spring
olajfúrás *fn* **1.** *[művelet]* drilling/boring of oil well **2.** → **olajkút**
olajfúró *mn* **~ torony** *[tengeren]* oil rig
olajfűtés *fn* oil heating
olajfűtésű *mn* oil-heated
olajipar *fn* oil industry
olajkályha *fn* oil(-fired) stove
olajkép *fn* oil painting
olajkút *fn* oil well
olajlámpa *fn* oil lamp
olajmag *fn* oil-seed
olajmécses *fn* night-light
olajmező *fn* oil-field
olajmunkás *fn* worker in the oil industry
olajnövény *fn* oil-yielding plant, oil crop
olajnyomat *fn* oleograph
olajos *mn* **1.** *[olajtartalmú]* oleaginous, containing oil *ut* **2.** *[olajjal szennyezett]* oily, greasy, oil-stained **3.** **~ hal** fish in oil
olajoskanna *fn* oil-can
olajoz *i* oil, grease, lubricate
olajozás *fn* oiling, greasing, lubrication
olajozatlan *mn* unoiled
olajozó I. *mn* oiling, greasing, lubricating **II.** *fn* **1.** *[személy]* greaser, oiler **2.** *[műszer]* lubricator, oiler, *[a gépben]* oil cup
olajozónyílás *fn* oil-hole
olajozottan *hsz átv* **~ megy/halad** *kif* be* on stream; **a projekt már 3 éve ~ halad** the project has been on stream for three years now; **minden ~ megy** *kif* everything's going swimmingly
olajpogácsa *fn* oil-cake
olajréteg *fn [tenger felszínén]* oil slick
olajsav *fn* oleic acid
olajsütő *fn* chip pan, *US* deep (fat) fryer; **~ben süt** deep-fry
olajszállító *mn* **~ hajó** oil-tanker
olajszennyeződés *fn [folyón, tengeren]* oil slick
olajszintmutató *fn* oil-gauge (*US* -gage)
olajszőkítés *fn [savkivonással való csalás]* oil bleaching
olajtartalmú *mn [növény, réteg]* oil-bearing; → **olajos 1**
olajteknő *fn* sump, *US* oil pan
olajtermelés *fn* oil production
olajtermelő *mn* **~ országok** oil-producing countries, *[szervezetileg]* OPEC-countries

olajtüzelésű *mn* oil-burning, oil-fired
olajválság *fn* oil crisis
olajvezeték *fn* pipeline
olajvidék *fn* oil-rich country/region
olajzöld *mn* olive(-green)
ólálkod|ik *i* (*vm körül*) prowl/hang*/loiter around, lurk swhere
olasz I. *mn* Italian; ~ **ajkú/anyanyelvű** Italian-speaking; ~ **anyanyelvűek** native speakers of Italian, Italian-speakers; **az ~ nyelv** Italian, the Italian language; ~ **nyelvű** Italian, (written) in Italian *ut*; ~ **nyelvtudás** (one's) Italian; **O~ Köztársaság** Republic of Italy; ~ **szakos tanár** → **olasztanár**; ~ **származású/születésű** of Italian birth/descent *ut* **II.** *fn* **1.** *[ember]* Italian; **az ~ok** the Italians **2.** *[nyelv]* Italian
olaszóra *fn* Italian lesson/class
Olaszország *földr* Italy
olaszországi *mn* Italian, of Italy *ut*
olaszos I. *mn* Italian-looking/sounding, Italianate; ~ **módra** in the Italian way/fashion **II.** *fn okt [aki olaszt tanul]* student of Italian
olaszság *fn* **jó ~gal beszél** speak* good/idiomatic Italian
olasztanár *fn* teacher of Italian, Italian teacher
olaszul *hsz* ~ **beszél** speak* Italian; ~ **mond vmt** say* sg in Italian; ~ **van (írva)** it is (written) in Italian
olcsó *mn* cheap, inexpensive, low-price(d); ~ **ár** low price; ~ **szálloda** inexpensive hotel; ~ **húsnak híg a leve** you get what you pay for
olcsóbb *mn* cheaper; ~ **áron ad** undersell*/undercut* sg
olcsóbbod|ik *i* become* cheaper, go* down
olcsójános *fn* cheap-jack
olcsón *hsz* cheap(ly), at a low price, at a cheap rate; ~ **vesz/vásárol vmt** buy* sg cheap; ~ **jut vmhez** buy* sg for a song; **ahol ~ lehet vásárolni** where one/you can buy things cheap
olcsóság *fn* cheapness; **nagy az ~** it's a buyer's market, the cost of living is low
old *i* **1.** *[folyadék vmt]* dissolve, melt; **~ja a köhögést** it relieves coughs/coughing **2.** *[csomót, köteléket]* undo*, untie, unfasten, loosen
oldal *fn* **1.** *[állaté, emberé, tárgyé]* side; **érkezési ~** arrival platform/side; **indulási ~** departure platform/side; **az úttest bal ~a** the left-hand side of the road; **a szövet mindkét ~a** both sides of the fabric; **~ba lök/bök** poke/dig* sy in the ribs, nudge sy; **~ba támad/kap vkt** attack sy on the flank, take* [an army] in the flank, flank; **~ba támadás** flank attack, attack on the/one's flank; **~án fekszik** be* lying on one/its side; **az utca túlsó ~án** across the road, on the far/opposite side; **ezen az ~on** on this side; **minden ~on** on all sides, all around; **~ra dől** *[hajó]* heel over, be* listing; **~ára dől** lean*/lie*/recline on one's side; **vknek az ~ára áll** side with sy, take* sides with sy; **~ról** from the side, sidewards (*US* sideward), sideways, laterally; **minden ~ról** from all sides/directions/quarters; **(majd) kifúrja az ~át a kíváncsiság** (s)he is dying of curiosity, (s)he is itching/dying to know **2.** *[könyvé] (röv* **o.**) page (*röv* **p**, *tsz* **pp**); **a 26. ~on** on page 26 **3.** *[tulajdonság]* aspect, side, point; **a dolog jogi ~a** the legal aspect(s) of the matter, the legal angle; **a jó ~a** (*vmé*) the bright side of sg; **az a dolognak a rossz ~a** its/the drawback is . . .; **minden ~áról megvizsgál egy kérdést/témát** study/consider a question/topic/matter from every angle **4.** *[vk vmely adottsága]* **vknek a jó ~a** sy's good point; **vknek az erős ~a** sy's strong point (v. forte), *[igével]* be* good at/in sg; **nem az erős** (v. **legerősebb**) **~a** is not one's strong(est) suit; **nem erős ~a a matek** be a poor hand at figures; → **gyenge**
oldalág *fn [leszármazási]* collateral line (of descent)
oldalági *mn* collateral
oldalajtó *fn* side door
oldalas I. *mn* **500 ~ könyv** a 500-page book, a book of 500 pages **II.** *fn [szalonna]* side (of pork); **füstölt ~** smoked chops/spareribs *tsz*, flitch of bacon
oldalaz *i* → **oldaloz**
oldalbejárat *fn* side entrance
oldalbíró *fn sp [tenisz]* sideline judge
oldalborda *fn* **1.** *[testben]* rib **2.** *tréf [feleség]* one's better half
oldalfájás *fn* stitch/pain in one's side
oldalfal *fn* side-wall
oldalfegyver *fn* side-arms *tsz*
oldalfolyosó *fn* lateral passage
oldalhajó *fn [templomi]* aisle
oldalhajtás *fn növ* offshoot
oldalirányú *mn* lateral
oldalkocsi *fn* side-car
oldalkocsis *mn* ~ **motorkerékpár** motor cycle with side-car, *GB* combination
oldalkormány *fn [repülőgépen]* (vertical) rudder
oldallap *fn mat* lateral face
oldalmotor *fn* outboard motor
oldalnézet *fn* side/lateral view/elevation, profile; **~ből** in profile, from the side, side-on; **~ben ábrázol** profile
oldalnyomás *fn* lateral thrust, horizontal pressure
oldaloz *i* sidle
oldalpillantás *fn* sidelong glance, sideward look
oldalsó *mn* side-, lateral
oldalszakáll *fn* (side-)whiskers, *GB* sideboards, *US* sideburns (*mindegyik: tsz*)
oldalszalonna *fn* side of bacon, *[füstölt]* flitch of bacon
oldalszám *fn* page number
oldalszárny *fn épít* wing, *kat* wing, flank
oldalszél *fn* cross-wind
oldalszoba *fn* side-room, adjoining room
oldalszúrás *fn* **1.** *[fájás]* stitch (in one's side) **2.** *[fegyverrel]* stab in the side
oldalt *hsz* from the side, laterally, sideways, aside; ~ **fordul** turn aside; ~ **lép** sidestep, step aside, step to one side
oldaltámadás *fn* flank attack
oldaltáska *fn* shoulder bag
oldaltűz *fn kat* flank(ing) fire
oldalú *mn* -sided; **egyenlő ~** equilateral
oldalvágás *fn* sideswipe, *[vívás]* flank cut
oldalvonal *fn* sideline
oldalzseb *fn* side-pocket
oldás *fn* (dis)solution, dissolving
oldat *fn* solution; ~ **alakjában** in solution
oldatlan *mn* undissolved, pure
oldhatatlan *mn* insoluble
oldható *mn* soluble, dissolvable
oldód|ik *i* **1.** *kém* dissolve, melt, *[oldható]* be* soluble **2.** *átv* loosen up
oldóképesség *fn kém* solvency
oldószer *fn* solvent
oldott *mn* ~ **hangulat** relaxed atmosphere
oldoz *i* untie, loosen, unfasten, undo*
oleander *fn növ* (common) oleander
olefin *fn kém* olefin
oligarcha *fn* oligarch
oligarchia *fn* oligarchy
oligarchikus *mn* oligarchic(al)
olimpia *fn* (the) Olympic Games *tsz*, the Olympics *tsz*; **téli ~** Winter Olympic Games; **az 1992-es barcelonai ~** the 1992 Barcelona Olympics
olimpiai *mn* Olympic, olympic; ~ **bajnok** Olympic champion; ~ **csapat** Olympic team; ~ **csúcs** Olympic record; ~ **falu** Olympic Village; ~ **játékok** the Olympic Games; **XX. nyári ~ játékok** 20th Summer Olympic Games; ~ **keret** the Olympic squad; ~ **résztvevő** → **olimpikon**; **az 1972-es müncheni ~ játékok** the 1972 Munich Olympics, the 1972 Olympic Games in Munich

olimpiás *fn* Olympic competitor; → **olimpikon**
olimpikon *fn* competitor (in the Olympic Games), Olympic athlete/competitor
olíva *fn* olive
olívamag *fn* olive stone
olívaolaj *fn* olive oil; **extra szűz ~** extra virgin olive oil
Olivér *tul* Oliver
Olívia *tul* Olivia
olívzöld *mn* olive-green
olló *fn* **1.** *[eszköz]* a pair of scissors, scissors *tsz*; **kerti ~** (garden) shears *tsz* **2.** *[ráké]* claw, pincers *tsz*, nippers *tsz*
ollóz *i* **1.** *[kivág, pl. újságból]* cut* (out), *főleg: US* clip **2.** *[plagizál]* plagiarize, *biz* crib [from an author's work] **3.** *[úszik]* swim* with the flutter/scissors kick, crawl
ollózás *fn* **1.** *[plagizálás]* plagiarism, a scissors-and paste job **2.** *[kallózás lábtempója]* flutter/scissors kick
ólmos *mn* **1.** *[ólomból való]* lead(en), *[ólommal ellátott, ólmozott]* leaded **2. ~ eső** sleet
ólmosbot *fn* bludgeon, leaded stick
ólmoz *i* lead, cover/treat with lead
ólmozott *mn* leaded
ólom *fn* lead
ólombánya *fn* lead-mine
ólombetű *fn* lead type
ólomcső *fn* lead-pipe/piping
ólomecet *fn* lead acetate
ólomfehér *fn* white lead, ceruse
ólomkatona *fn* tin soldier
ólomkristály *fn* lead-glass
ólomláb *fn* **~on jár az idő** time hangs heavy on sy's hands
ólomlemez *fn* lead plate, sheat lead
ólommáz *fn* lead enamel/glaze
ólommázas *mn* lead-glazed
ólommentes *mn* **~ benzin/üzemanyag** lead-free/unleaded petrol/fuel, (*egyszerűen:*) unleaded; **~ benzinnel fut** runs on unleaded
ólommérgezés *fn* lead-poisoning
ólomöntés *fn* **1.** *[ipar]* lead-work **2.** *[szokás]* casting of lead
ólomöv *sp [búvárúszáshoz]* weight belt
ólomsúly *fn* **1. ólomsúllyal nehezedik reá** sg bears hard/severely (up)on him, oppresses him **2.** *sp* super heavy-weight
ólomszínű, ólomszürke *mn* lead-coloured (*US* -or-), leaden; **~ ég** leaden/murky sky
ólomüveg *fn* lead-glass
ólomzár *fn* lead seal/stamp
olt[1] *i* **1.** *[tüzet]* put* out, extinguish **2.** *[meszet]* slake, slack [lime], *[tejet]* curdle **3.** *[szomjúságot]* quench, slake; *[meggy stb.]* **jól ~ja a szomjúságot** sg is thirst-quenching
olt[2] *i* **1.** *mezőg* make* a graft onto [a tree], graft [a plant]; **most ~ják a gyümölcsösökben a fákat** the trees in the orchards are just being grafted **2.** *orv* inoculate, vaccinate (*vm ellen* against) **3.** (*vkbe vmt/átv*) instil (*US* instill) sg in sy, implant sg in sy, imbue sy with sg
oltalmaz *i* (*vmtől*) protect (from/against), guard, defend (against), take* sy under one's wing
oltalmazás *fn* protection, guarding, defence (*US* -se)
oltalom *fn* protection, safety, shelter; **vknek oltalma alatt** under sy's patronage, under the aegis of sy
oltár *fn vall* altar, communion table; **~hoz vezetik** *biz* go*/walk down the aisle
oltáriszentség *fn vall* the Eucharist, Holy Communion
oltárkép *fn* altar-piece
oltás[1] *fn* **1.** *[tűzé]* putting out, extinguishing **2.** *[mészé]* slaking, slacking, *[tejé]* curdling
oltás[2] *fn* **1.** *mezőg* graft(ing) **2.** *orv* inoculation, vaccination; *orv* **megelőző ~** inocultaion; *biz* jab; **~t kapott a gyerek** the child° has been inoculated/vaccinated (against sg), *biz* the child° has had his/her jab
oltási *mn* **~ bizonyítvány** certificate of vaccination
oltatlan[1] *mn* **~ mész** unslaked lime, quick-lime
oltatlan[2] *mn* **1.** *[fa]* ungrafted **2.** *orv* not vaccinated
olthatatlan *mn* **1.** *[tűz]* inextinguishable **2.** *[szomjúság]* unquenchable
oltó *fn [tejnek]* rennet
oltóág *fn mezőg* graft, scion, slip
oltóanyag *fn orv* vaccine, *[szérum]* serum (*tsz* sera v. -s)
oltógally *fn* → **oltóág**
oltógyomor *fn [kérődzőké]* fourth stomach
oltókés *fn* grafting knife°
oltókészülék *fn* fire-extinguisher
oltószem *fn mezőg* scion eye
oltószer *fn* → **oltóanyag**
oltott[1] *mn* **~ mész** slaked lime
oltott[2] *mn* **1.** *orv* vaccinated, inoculated **2.** *mezőg* grafted
oltótű *fn orv* hypodermic needle
oltóvessző *fn* → **oltóág**
oltóviasz *fn* grafting wax
oltvány *fn mezőg* graft
olv. *röv [olvasd!]* read as
olvad *i* **1.** *ált* melt, liquefy, become* liquefied/liquid, dissolve, *[fém]* melt, fuse, *[hó, jég]* thaw*, *[viasz, vaj]* melt, run* **2.** *[időről]* it thaws, the thaw is setting in
olvadás *fn ált* melting, dissolution, *[hóé, jégé]* thaw(ing), *[fémé]* melting, fusion
olvadáshő *fn* melting heat
olvadáspont *fn* melting-point; **~on van** be* on the melt
olvadékony *mn* **1.** *[anyagról]* fusible, meltable **2.** *átv [személyről]* soft, emotional, easily moved *ut*
olvadó *mn* **1.** *[fém]* melting, dissolving **2.** *[hó]* thawing
olvadóbiztosító *fn* (safety) fuse
olvadoz|ik *i* **1.** *[anyag]* melt/dissolve/fuse slowly/gradually **2.** *átv* gush; **~ik a gyönyörűségtől** one's heart melts at the sight
olvas *i* **1.** *[szöveget]* read*; **jól ~** *[gyerek]* (the child°) can read (v. is reading) well; **franciául ~** (can) read* French; **újságot ~** read* a/the paper; **sokan ~sák műveit** (s)he is widely read; **~ a sorok között** read* between the lines; **~ vknek a szeméből** can* tell it from (v. see it in) his eyes; **a fejére ~** → **fej**[2] **2. kottát ~** read* music **3.** *[pénzt]* count
olvasás *fn* **1.** *[szövegé]* reading; **~ a kedvenc időtöltésem** I've always loved reading **2.** *[parlamentben stb.]* → **olvasat** 2 **3.** *[pénzé]* counting
olvasási *mn* reading-, of reading *ut*; **~ gyakorlat** reading-practice/exercise
olvasásmód *fn* **1.** style/way of reading **2.** → **olvasat**
olvasat *fn* **1.** *[szövegé]* reading, interpretation, version [of a text]; **ennek a sornak többféle ~a van** this line has several readings; **az én ~omban ez a mondat** ... my reading of the sentence ... **2.** *[parlamentben]* reading; **első/második ~ban tárgyalta a Ház a törvényjavaslatot** the House gave the bill its first/second reading
olvasatlan *mn* **1.** *[szöveg]* unread **2.** *[pénz]* uncounted
olvasatlanul *hsz* **1.** unread; **~ visszaküldte a levelet** she returned the letter unread **2. ~ sose vegyél át pénzt** *kb.* never take money you haven't counted
olvasgat *i* be* reading, read* a little/bit (from time to time)
olvashatatlan *mn* **1.** *[írás]* illegible, indecipherable; **~ul ír** write* illegibly **2.** *[szerző]* unreadable
olvashatatlanság *fn* **1.** *[írásé]* illegibility **2.** *[írásműé]* unreadability
olvasható *mn* legible, may be read *ut*
olvashatóan *hsz* legibly; **írj ~!** do write legibly
olvasmány *fn* (piece of) reading; **jó/érdekes ~** it's a (very) good (v. interesting) read, it makes good/interesting reading, it's worth reading; → **kötelező**
olvasmányjegyzék *fn* reading list
olvasmányos *mn* (very/highly) readable
olvasnivaló *fn* something to read, reading (matter); **hoztam magammal elég ~t** I have plenty of reading with me
olvasó I. *mn* reading **II.** *fn* **1.** *[személy]* reader **2.** *[terem]* reading room **3.** *vall* rosary, beads *tsz*

olvasófej *fn infor* playback head
olvasójegy *fn [könyvtári]* library/reader's ticket, membership card
olvasójel *fn* book-mark(er)
olvasókönyv *fn* reader, *[elsős kisdiáké]* primer
olvasóközönség *fn* the reading public
olvasólámpa *fn* reading lamp
olvasópróba *fn* (first) rehearsal; **~t tart (a színészekkel)** run* the actors through their parts, read* the play through [at the first practice]
olvasószemüveg *fn* reading-glasses *tsz*
olvasószolgálat *fn [könyvtári részleg]* reference department, reader services (department)
olvasótábor *fn* readership, *(vké)* sy's audience/readers *tsz*
olvasóterem *fn* reading room
olvasott *mn* **1.** *[ember]* well/widely-read (person); **~ ember** man° of wide reading **2.** *[könyv]* much/widely read; **nem ~** unread
olvasottság *fn* **1.** *[sokat olvasott]* reading; **nagy az ~a** be* a man°/woman° of wide reading, be* widely read (v. well-read); **csekély** (v. **nem nagy) az ~a** be* a man°/woman° of little reading **2.** *[író népszerűsége]* **(könyveinek) nagy az ~a** his/her books are widely read
olvaszt *i ált* melt, *[fémet kiolvaszt]* smelt, *[havat, jeget]* thaw, *[vajat, zsírt]* clarify, melt down; **magába ~** *[népet stb.]* assimilate, absorb
olvasztár *fn* smelter, founder, furnaceman°
olvasztás *fn [fémé]* smelting
olvasztható *mn* meltable
olvasztó I. *mn* (s)melting **II.** *fn* **1.** → **olvasztómű** **2.** → **olvasztókemence**
olvasztókemence *fn* (smelting/melting) furnace, smelter
olvasztómű *fn* foundry, smelting-works, smelter(y)
olvasztótégely *fn* crucible, *átv is* melting-pot
olvasztott *mn* melted, *[csak fém]* molten; **~ vaj** clarified butter; **~ zsír** rendered fat, grease
oly *nm* → **olyan**; **~ módon** in such a way/manner (that/as)
olyan I. *nm* **1.** *[hasonlítás]* that/this kind of ...; **~, mint** such as ..., just like ...; **~ valaki, aki** ... (s)he's the kind of person who; **pont/éppen ~, mint ő** (s)he is very much like him/her; **~, mint a méz** it's like honey; **~ ember, mint ő** a man like him; **~ ..., mint** as ... as; **~ (csinos/ügyes), mint** ... as [pretty/clever etc.] as ...; **~ gyorsan futott, ahogyan** (v. **amilyen gyorsan) csak tudott/bírt** he ran as fast as he could; **~ nagy, mint** as big as ...; **nem ~..., mint** not so/as ... as; **nem ~ csinos, mint a húga** (she is) not as pretty as her sister; **nem ~ öreg, mint én** (he is) not as old as I (am) (v. *biz* as me); **nem fut ~ gyorsan, mint azelőtt/régebben** (s)he doesn't run as fast as she used to; **~, amilyen a tied** (it's) just like yours; **~nak kell felfogni/venni, amilyen** we must accept it for what it is; **van ~ falu, ahol** there are villages where ... **2.** *kif* **vm mint ~** sg as such; **az ember mint ~** man as such **3.** *[hsz-szerűen]* so; **~ boldog vagyok!** I am so happy!; **~ jólesett!** it was so good, *biz* it did me a power of good; **nem is ~ nehéz** it is not as difficult as all that; **ne ~ hangosan!** not so loud! **4.** *biz* **~ film volt!** *[nagyon jó]* it was a great film; **olcsó, de ~ is** *[vacak]* (it's) cheap and nasty; **~ nincs!** (it's) quite out of the question, nothing of the kind **II.** *fn* **van ~, aki** there are people who; **~t kérek, mint a tied** give me (v. I'd like) one like yours; **~t dobbant a szíve** his heart gave such a jump; **~okat kérdez, hogy** he asks me such (difficult) questions as
olyan-amilyen *nm* mediocre, so-so *ut*, (we must take it) such as it is
olyanfajta *nm* → **olyanféle**
olyanféle *nm* of such (a) kind *ut*, a kind/sort of; **~ érzés ez, mint a szédülés** it's a sort of dizzy feeling
olyanféleképp(en) *hsz* in such a manner/way
olyanforma *nm* → **olyanféle**
olyanformán *hsz* **a dolog ~ áll, hogy** ... things are like this, the matter stands as follows
olyanképp *hsz* in such a manner/way
olyankor *hsz* on such occasions, at such times; **~ menj, amikor süt a nap** go when the sun is shining/out
olyanszerű *nm* of such sort *ut*, suchlike
olyannyira *hsz* **~, hogy** ... to such an extent that, to such a degree that, insomuch/inasmuch/insofar as
olyasfajta, olyasféle *nm* → **olyanféle**; **vm ~** or what have you
olyasmi *nm* something (like), something of the sort
olyasvalaki *nm* somebody/someone like/who, such a person as
olyasvalami *nm* → **olyasmi**
olykor *hsz* sometimes, now and then/again, occasionally
olykor-olykor *hsz* every now and then, once in a blue moon
olyszerű *nm* → **olyanszerű**
ómagyar *mn* Old Hungarian; *irod [nyelvemlék]* **Ó~ Mária-siralom** The Lament of Mary
ómama *fn* grandma, granny
Omán *földr* Oman
ománi *mn/fn* Omani
ombudsman *fn [állampolgári jogok országgyűlési biztosa]* ombudsman°
ombudsmani *mn* **~ hivatal** ombudsman's office
ombudsnő *fn* ombudswoman°
omega *fn* omega
ómen *fn* omen, foreboding
ominózus *mn* of ill omen *ut*, ominous
omladék *fn* (mass of) fallen masonry, ruins *tsz*
omladékony *mn* crumbling
omladékos *mn* crumbling, tumble-down
omladoz|ik *i* fall* into ruin, go* to, ruin, decay, crumble (away); **~ik a fal** the wall is crumbling away
omladozó *mn* → **omladékos**
omlás *fn* collapse, falling in, falling to pieces, crumbling, mouldering (*US* mol-)
omlett *fn* omelet(te)
oml|ik *i* **1.** *[szétesik, összeomlik]* fall* to pieces, collapse, crumble, moulder (*US* molder), fall* in; **~ik a fal** the wall is crumbling away **2. haja vállára ~ik** her hair is falling about her neck/shoulders
omlófélben levő *kif* crumbling
omlós *mn* crumbly; **~ tészta** short pastry, *kb.* shortbread, shortcake
OMSZ *röv* → **országos**
ón *fn* tin
onánia *fn* masturbation, onanism
onanizál *i* masturbate, practise (*US* -ce) onanism
ondó *fn biol* sperm, semen, seminal fluid
ondolál *i [hajat]* wave [the hair]
ondolálás *fn [cselekvés]* waving, *[eredmény]* wave
ondósejt *fn biol* spermatozoon, sperm
ondószálvezeték *fn biol* spermatic duct
ondóvezeték *fn biol* spermatic duct
ónedény *fn* pewter pot, tin pot, tin
ónix *fn* onyx
onkológia *fn orv* oncology
onkológiai *mn orv* oncological
onkológus *fn orv* oncologist
ónkupa *fn* tin cup
on-line *mn/hsz infor* online; **első ~ szereplése** his first online appearance/speech; **~ szolgáltatások** online services
ónműves *fn* tinsmith, tinner
onnan *hsz* from there, from that place, therefrom, thence; **~ jövök** that's where I come (v. am coming) from; **Budapestre utazik és ~ tovább Prágába** he is going to Budapest and from there (on) to Prague; **~ tudom, hogy** that is how I know it, I can tell from/by ...; **ez ~ ered, hogy** it owes its origin to, it is due to, it comes from; **~tól kezdve** from that point/time (on), from then on
onnét *hsz* → **onnan**

ónos *mn* **1.** → **ónozott 2.** ~ **eső** sleet; ~ **eső esik** it's (started) sleeting; ~ **szitálás** freezing drizzle
ónoz *i* tin, cover/coat/plate with tin
ónozás *fn* tinning, tin-plating
ónozott *mn* tinned, tin-plated
ont *i* **1.** *[könnyet, vért]* shed* [tears, blood] **2.** *átv* pour (out)
óntányér *fn* tin plate
Ontario-tó *földr* Lake Ontario
ontogenesis *fn biol* ontogenesis
ontológia *fn* ontology
ontológiai *mn* ontological
opál *fn* opal
opálégő *fn* opaque-frosted (v. pearl) bulb
opaleszkálás, **opalizálás** *fn* opalescence
opálfényű *mn* opaline, opalescent
opalizál *i* opalesce, be* opalescent
opálos *mn* → **opálfényű**
opálszínű *mn* opal, opalescent
opálüveg *fn* opal glass
ópapa *fn* grandpa
opció *fn gazd* option, first refusal; **~ja van** have* the first refusal (of sg)
opciós *mn* option, optional; ~ **ügylet** option deal
OPEC-államok *fn* OPEC states
opera *fn* **1.** *[mű]* opera; **az ~ba megy** go* to the opera **2.** *[operaház]* opera (house)
operaária *fn* (operatic) aria
operabál *fn* opera ball
operabarát *fn* opera-goer; **O~ok** friends of the opera, *[ha konkrét társaság]* Friends of the Opera
operabemutató *fn* opera première
operabérlet *fn* season-ticket to the Opera
operábilis *mn orv* operable
operáció *fn orv* operation; **~t végez vkn** perform an operation on sy, operate on sy (for)
operációkutatás *fn infor* operational research
operációs *mn* operative, operating
opera-előadás *fn* opera night/evening, operatic performance/show
operaénekes *fn* opera/operatic singer
opera-énekesnő *fn* opera/operatic singer
operaház *fn* opera-house; **Magyar Állami O~** Hungarian State Opera House
operakoncert *fn [opera koncertszerű előadása]* a concert performance of an opera
operál *i orv* operate (*vkt* on sy), perform an operation (on sy); **a tanár úr** ~ the professor is operating
operálható *mn* operable; **nem** ~ inoperable
operálókés *fn orv* lancet
operaszöveg *fn* libretto
operaszöveg-író *fn* (opera) librettist
operatív *mn* operative; ~ **bizottságot hoz létre** *[pl. vm természeti katasztrófa idején]* set* up an operative committee
operátor *fn el távk* operator
operatőr *fn* **1.** *[film]* cameraman° **2.** *[sebész]* surgeon
Óperenciás-tenger *tul irod* **az ~en túl** beyond the seven seas
operett *fn* operetta, light opera
operettfigura *fn* comic opera figure
operettlibrettó *fn* (operetta) libretto
operettszínház *fn* operetta theatre (*US* -ter)
operettszöveg *fn* libretto (of an operetta)
operettzene *fn* operetta music
óperzsa *mn/fn nyelv* Old Persian
ópium *fn* opium
ópiumos *mn* containing opium *ut*, opiate
oposszum *fn* opossum
opponál *i* **1.** *[vm ellen]* oppose (sg) **2.** *tud [értekezést]* examine, act as (an) examiner [for a thesis]
opponens *fn tud* (external) examiner [of/for a thesis]
opponensi *mn* ~ **vélemény** (external) examiner's (written) report [on a thesis]
opportunista I. *mn* opportunist, opportunistic **II.** *fn* opportunist, time-server
opportunizmus *fn* opportunism, time-serving
oppozíció *fn* opposition
optika *fn* **1.** *[tudomány]* optics *esz* **2.** *[fényképezőgépé]* lens **3.** *átv* **más az ~ja vmnek** sg is to be looked at from a different angle (v. from another point of view); **vmnek az ~ján keresztül néz vmt** see* sg against a background of sg
optikai *mn* optical; ~ **csalódás** optical illusion; *infor távk* ~ **kábel** optical cable/fibre; *infor* ~ **karakterfelismerés** optical character recognition (*röv* **OCR**); ~ **lemez** optical disk, videodisk
optikus *fn* optician
optimális *mn* best, optimum
optimalizál *i közg* optimize (-ise)
optimatizálás *fn közg* optimization
optimista I. *mn* optimistic, *kif* look on the bright side; ~ **képet fest vmről** paint sg in bright colours (*US* -ors), paint sg larger than life, see* (v. look at) sg through rose-coloured/tinted spectacles; ~ **számítás szerint** *[igével]* optimistic forecasts predict (that ...) **II.** *fn* optimist
optimizmus *fn* optimism
optimum *fn* optimum
opus *fn* opus (*tsz* opuses v. opera)
óra *fn* **1.** *[fali, asztali, torony]* clock, *[zseb, kar]* watch; **az ~ jár** the clock/watch is going; **az ~ tíz percet késik** the clock/watch is ten minutes slow; **pontos(an jár)** (v. **jól jár**) **az ~m** my watch keeps good time; **az ~ siet** the watch/clock has gained, the watch is fast; **két percet siet az ~m** my watch is two minutes fast (v. gains two minutes) (a day); **hozzájuk igazíthatod az ~t** you can set your watch by them **2.** *[időpont]* **hány ~ van?** what's the time?, what time is it?, can you tell me the time?, have you got the time?; **6 ~ (van)** it is (v. it's) six/6 o'clock; **a pontos idő húsz ~** *[rádió időjelzésben]* the time is now 8 o'clock (v. twenty hours); **a késő éjszakai ~kban** late at night; **minden ~ban** every hour; **3/három ~ig** (i) *[tartam]* for 3/three hours (ii) *[időpont]* till 3/three o'clock; **8–16 ~ig** 08.00 -16.00 hrs, from 8 a.m. to 4 p.m.; **hány ~kor?** at what time?, when?; **18 ~kor** at 18.00 hours; **nyolc/8 ~kor** at eight/8 (o'clock); **pontosan öt/5 ~kor** at five/5 o'clock sharp; **a buszok (minden) ~kor indulnak** buses leave (every hour) on the hour; ~ **ötkor indulnak a buszok** buses leave at 5 (minutes) past the/each hour; **6 ~ra kész leszek** I'll be ready by 6 o'clock; **három ~tól kezdve** from three o'clock on(wards) **3.** *[60 perc]* hour; **másfél ~** an hour and a half; **ütött az utolsó ~ja** his last hour has arrived, his number is up; **egy ~ múlva** in an hour; **~kon át, ~k hosszat** for hours (on end), for hours and hours; **három ~ra kibérel egy lovat** hire a horse for 3 hours; **~ról ~ra** hour by hour; **naponta tíz ~t dolgozik** work ten hours a day **4.** *okt* class, (teaching) period, lesson; **ma nincs ~** there is no class/lesson today; **negyvenöt perces ~** a teaching period of 45 minutes; **~n van** *[tanár]* be* in class, be* teaching; **~kat ad** give* (private) lessons, take* pupils, be* private teacher/tutor; **~kat vesz** take* lessons, go* to classes, attend classes (*mindegyik:* in sg) **5.** *[gáz-/villany- stb. mérő]* meter
óraadás *fn* (private) teaching, (private) tuition, giving lessons
óraadó *mn* ~ **tanár** *kb.* teacher paid by the hour
órabeosztás *fn* time-table
órabér *fn* wage(s)/pay(ment) by the hour, hourly rate; **~ben (v. ~ alapján) fizetik** be* paid by the hour, be* paid an hourly rate
órabéres I. *mn* ~ **munka** timework, work paid by the hour **II.** *fn* worker paid by the hour, hourly rated worker
óradíj *fn* (tuition) fee per lesson/class, hourly pay/wage
óradíjas I. *mn* paid by the hour *ut* **II.** *fn* teacher etc. paid by the hour

órai *mn* **1.** *[időpont]* ... o'clock, at ... o'clock *ut*; **az öt~ vonat** the five o'clock train **2.** *[időtartam]* of ... hours *ut*; **öt~ utazás** a journey of five hours, a five-hour journey
óraközi szünet *fn okt* break, interval, *US* recess
órakulcs *fn* clock-key, key (of/for a clock), winder
orákulum *fn* oracle
óralánc *fn* watch-chain, fob (chain)
óralap *fn* face, dial(-plate)
orális *mn* oral
óramutató *fn* hand; **nagy ~** minute hand; **az ~ járásával egyező irányba(n)** clockwise, from left to right; **az ~ járásával ellenkező irányba(n)** anticlockwise, *US* counterclockwise, from right to left
óramű *fn [órában]* the works *tsz* (v. mechanism) of a/the watch, clockwork
óraműpontossággal *hsz* (as) regular as clockwork, with clockwork precision/accuracy
orangután *fn áll* orang-utan, orang-outang
óránként *hsz* **1.** *[átlagban]* hourly; **100 km ~** one hundred kilometres per/an hour; **~ 100 km-es sebességgel** (at) 100 km(s) per/an hour **2.** *[minden órában]* every hour; **~ fizet** pay* by the hour; **három~** every three hours
óránkénti *mn* hourly; **~ sebesség** speed (in miles/kilometres) per hour
órányi *hsz* of ... hour(s) *ut*, ... hours; **négy-öt ~ út** a journey taking/lasting 4 to 5 hours, a 4- or 5-hour journey
órányira *hsz* **két ~ innen** two hours' distance from here
órarend *fn* timetable
órarugó *fn* (watch-)spring, mainspring
órás I. *mn* of ... hours, ... hours, lasting ... hours *ut*; **öt~** (v. **5 ~**) **út** a journey of/lasting five hours, a five-hour journey; **az öt~ vonat** → **az öt órai vonat; 48 ~ tartózkodás** 48 hour(s') stay; **negyven ~ munkahét** forty-hour week **II.** *fn* watchmaker, clockmaker; **~ és ékszerész** watchmaker and jeweller
órásbolt, **órásüzlet** *fn* watchmaker's (shop)
órásmester *fn* → **órás II**
óraszám(ra) *hsz* for hours on end, for hours and hours
óraszerkezet *fn* → **óramű**
óraszíj *fn* (watch-)strap
óraterv *fn* teacher's plan/schedule (for the term)
óratok *fn* watch-case
oratórium *fn zene* oratorio
óratorony *fn* clock tower
óraütés *fn* striking (of clock), *[toronyóráé]* chime(s)
óraüveg *fn* watch-glass
óravázlat *fn* lesson plan/outline
óravázlat-készítés *fn* lesson planning, making a lesson plan
órazseb *fn* watch-pocket, *[nadrágon]* fob
orbánc *fn* erysipelas
orbáncfű *fn* St. John's wort
orca *fn elav* → **arc**
orcátlan *mn* → **arcátlan**
orcátlanság *fn* → **arcátlanság**
orchidea *fn* orchid
ordas *fn nép [farkas]* wolf°; *[jelzőként]* **~ eszmék** hideous ideas
ordináré *mn biz pej* vulgar, gross, coarse, *[csak ember]* uncouth
ordináta *fn* ordinate
ordinátatengely *fn* y-axis
ordít *i* **1.** *[ember]* shout, howl, roar, bawl, *US* holler, *[kisgyerek]* cry, howl, scream; **~ a fájdalomtól** screams with pain **2.** *[farkas]* howl **3. ~ róla, hogy** it is written (large) all over him that
ordítás *fn* **1.** *[emberé]* shout(ing), howl(ing), roar(ing), bawling, *[kisgyereké]* crying, howling, scream(ing) **2.** *[farkasé]* howl(ing)
ordító *mn átv biz* howling
ordítozás *fn* (continued) bawling, shouting
ordítoz|ik *i* keep* bawling/shouting
orfeum *fn [régebben]* music hall
organikus *mn* organic; → **szerves**
organizáció *fn* organization
organizál *i* → **szervez**
organizátor *fn* organizer
organizmus *fn* organism
orgánum *fn* **1.** *[szerv]* organ **2.** *[hang]* voice **3.** *átv* organ, medium (*tsz* media)
orgazda *fn* receiver (of stolen goods), *biz* fence
orgazdaság *fn* receiving (of stolen goods)
orgazmus *fn* orgasm, climax
orgia *fn* orgy
orgona *fn* **1.** *zene* organ **2.** *növ* lilac, syringa
orgonabokor *fn* lilac (shrub/bush)
orgonahangverseny *fn* organ recital
orgonajáték *fn* organ music, playing the organ
orgonajátékos *fn* → **orgonista**
orgonál *i* play (on) the organ
orgonaművész *fn* organist
orgonaregiszter *fn* organ stop
orgonasíp *fn* organ-pipe
orgonaszó *fn* organ music
orgonavirág *fn* lilac (flower)
orgonista *fn* organist, organ-player
orgyilkos *fn* assassin, (hired) killer/murderer
orgyilkosság *fn* assassination, murder
óriás I. *fn* giant, *[nő]* giantess **II.** *mn* → **óriási**
óriásforgás *fn sp* grand circles *tsz*
óriási *mn* **1.** *[rendkívül nagy]* gigantic, giant, huge, colossal, enormous, titanic, vast, *biz* jumbo; **~ munka** gigantic/Herculean task; **~ siker** tremendous success; **~ többség** overwhelming majority; **~ tömeg** huge crowd; **~ türelem** infinite patience; **~ veszteség** grievous loss **2.** *biz [remek]* **~!** great!, fantastic!
óriásjet *fn biz* jumbo jet
óriáskelep *fn* → **óriásforgás**
óriáskerék *fn [vurstliban]* big wheel, *főleg: US* Ferris wheel
óriáskifli *fn* giant croissant
óriáskígyó *fn* boa (constrictor), python
óriáskör *fn sp* grand circle
óriás-műlesiklás *fn sp* giant/grand slalom
óriásplakát *fn* giant poster
orientáció *fn* orientation
orientál *i* orient, direct
orientalista *mn* orientalist
orientálód|ik *i* orient oneself; → **tájékozódik**
origó *fn mat* origin
orkán *fn* hurricane, high wind, tornado
orkánerejű *mn* violent
orkánkabát *fn* raincoat, mackintosh, *biz* mac(k)
Orkney-szigetek *földr* Orkney Islands
ormány *fn [elefánté]* trunk, *[rovaré]* proboscis
ormányos *mn/fn* proboscidean, proboscidian; **~ok** Proboscidea
ormótlan *mn* **1.** *[személy]* clumsy, awkward, lubberly **2.** *[tárgy]* awkward, cumbersome, unwieldy, hulking (big)
ornamentika *fn* **1.** *[díszítmény]* decoration, ornament(s), adornment, ornamentation **2.** *[díszítőművészet]* decorative/ornamental art
ornátus *fn vall* vestments *tsz*; **teljes papi ~ban** in full canonicals
ornitológia *fn* ornithology, bird-watching
ornitológus *fn* ornithologist, bird-watcher
orom *fn* **1.** *[házé]* gable (end) **2.** *[hegyé]* summit, peak, pinnacle
oromfal *fn* gable
oromzat *fn* gable, pediment, tympanum
orosz I. *mn* Russian; **~ hal** → **ruszli**; **az ~ nyelv** the Russian language, Russian; **~ szakos tanár** → **orosztanár**; **~ származású/születésű** of Russian birth/descent *ut*, Russian-born; **~ ügyek specialistája** Russian affairs analyst

O

II. *fn [ember, nyelv]* Russian; **~ból fordította** ... translated from (the) Russian by ...
oroszbarát *mn* Russophile, pro-Russian
oroszellenes *mn* Russophobe, anti-Russian
oroszlán *fn* lion; **nőstény ~** lioness; **bemegy az ~ barlangjába** beard sy (v. the lion) in his den, bell the cat; **ne ébreszd fel az alvó ~t** let sleeping dogs lie
oroszlánbarlang *fn* lion's den
oroszlánbőr *fn* lion's skin
oroszlánfog *fn növ* leontodon, *US* fall dandelion
oroszlánfóka *fn* sea-lion
oroszlánkölyök *fn* lion('s) cub
oroszlánköröm *fn* **megmutatta az oroszlánkörmeit** (s)he showed great promise
oroszlánrész *fn* the lion's share; **~ét vállalja/végzi vmnek** do* (v. take* upon oneself) the bulk of sg
oroszlánszáj *fn növ* snapdragon, antirrhinum
oroszlánszelídítő *fn* lion-tamer
oroszlánszívű *mn* lion-hearted; **O~ Richárd** Richard the Lion-Heart
oroszlánvadász *fn* lion-hunter
oroszlánverem *fn* lion trap
oroszóra *fn* Russian lesson/class
Oroszország *földr* Russia
oroszországi *mn/fn* Russian, of/from Russia *ut*
oroszos I. *mn* Russian, in the Russian style/manner *ut* **II.** *fn [tanár]* Russian teacher, *[diák]* student of Russian
orosztanár *fn* Russian teacher, teacher of Russian
orosztea *fn* tea
oroszul *hsz* **beszél/tud ~** speak*/know* Russian; **~ van (írva)** is (written) in Russian
oroz *i* appropriate, steal*, purloin
orozva *hsz* on the sly, underhand(edly)
orr-, fül- (és) gégeklinika *fn* → **fül-orr-gégeklinika**
orr-, fül- és gégespecialista *fn* oto(rhino)laryngologist
orr *fn* **1.** *[emberé]* nose, *összet* nasal; **csepeg/folyik az ~a** his/her nose is running, (s)he has a running nose, snivel (*US* -l); **vérzik az ~a** his/her nose is bleeding; **~a alá dörgöl vmt vknek** rub sy's nose in sg, **rub** it in, cast* sg in sy's teeth; **~a előtt** under his (very) nose; **nem lát tovább az ~a hegyénél** he sees no further than (the end of) his nose; **az ~a után megy** follow one's nose; **lóg az ~a** → **lógatja az orrát; ~ba vág vkt** hit*/bask sy in the nose, deal* a blow to sy('s nose); **úgy ~on vág vkt, hogy elered az orra vére** *kif* tap sy's claret; **~ában turkál** pick one's nose; **~án át beszél** speak* through one's nose, snuffle; **vkt ~ánál fogva vezet** lead* sy by the nose; **~a bukik** tumble; **~a bukás** a fall on one's face; **nem kötöm az ~ára** I am no going to let him into the secret, it's none of his business; **az ~át fújja** blow* one's nose; *biz* **vmbe beleüti az ~át** stick*/poke one's nose into, pry into [others' affairs]; *biz* **felhúzza/fintorgatja az ~át** (*vmn*) turn up one's nose (at); **fönn hordja az ~át** put* on airs, be* high and mighty, be* stuck-up; **lógatja az ~át** be* crestfallen/downcast, be* dispirited, be* low (in spirits), hang* one's head; **ne lógasd az ~od!** *biz* keep your pecker up!; **hosszú ~ot mutat vknek** cock a snook at sy, *US* thumb one's nose at sy; *biz* **~ot kap** be* reprimanded, be* told off; **hosszú ~al távozik** leave* with a long face; **lógó ~al távozik** go* off with one's tail between one's legs **2.** *[állaté]* snout, muzzle **3.** *[cipőé]* toe **4.** *[hajóé]* prow, bow; **a hajó ~án** on the bow, in the prow (of the ship)
orrán-száján *hsz* **~ vérzik** is bleeding at the nose and mouth
orrcimpa *fn* wingala (of the nose) (*tsz* alae)
orrcseppek *fn* nasal drops
orrcsont *fn* nasal bone
orrfacsaró *mn [szag]* offensive, putrid
orrfintorgatás *fn* turning up one's nose
orrfúvás *fn* nose-blowing
orrhang *fn* **1.** (nasal) twang, snuffle; **~on beszél** talk through one's nose, talk with a twang **2.** *nyelv* nasal (sound)
orrhangú *mn* nasal
orrhegy *fn* tip of the/one's nose
orrhosszal *hsz* **~ győz/nyer** win* by a short head (v. by a nose)
orrhurut *fn* nasal catarrh
orrjárat *fn* nasal canal
orrlyuk *fn* nostril; **kitágult ~akkal** with distended nostrils
orrmandula *fn orv* adenoids *tsz*, nasopharyngeal tonsil; **kivették az ~ját** (s)he had his/her adenoids out
orrnyereg *fn* bridge (of the nose)
orrnyílás *fn* nostril
orrol *i biz* (*vmért*) take* sg amiss/ill, resent sg
orrplasztika *fn orv* rhinoplasty, *biz* nose job
orrsövényferdülés *fn* deviation of the nasal septum
orrspray *fn* nasal spray
orrszarvú I. *mn* **~ bogár** rhinoceros beetle **II.** *fn [nagy testű állat]* rhinoceros
orrszíj *fn [sícipőn]* toe-strap
orrszívó *fn [csecsemőnek]* nasal cleanser
orrtő *fn* root of the nose
orrú *mn* **fitos ~** snub-nosed, with a turned-up nose *ut*; **nagy ~** with a big nose *ut*
orrüreg *fn* nasal cavity
orrvérzés *fn* nose-bleed
orrvitorla *fn* jib
orrvitorlarúd *fn* jib-boom
orsó *fn* **1.** *műsz* spindle, *[tengely]* arbor, shaft, text reel, *[fonógépen]* bobbin **2.** *[cérnának, filmnek, hangszalagnak stb.]* reel, *US* spool, *[horgászé, peremfutó]* (spinning) reel **3.** *infor* reel
orsócsont *fn* radius (*tsz* -dii v. -uses)
orsóféreg *fn* roundworm
Orsolya *tul* Ursula
orsós *mn* provided with spindles *ut*, spindle-, reel-, *[horgászbot]* with a reel *ut*
orsóz *i* wind*, reel
orsz. *röv* → **országos**
ország *fn* country, land, *[állam]* state
országalapító *fn* founder of [a/the state/nation]
országalma *fn* orb
országépítés *fn* building the country
országgyűlés *fn* parliament; **az ~ elnöke** the Speaker; **XY, az ~ elnöke** Speaker of Parliament YX; **~t egybehív** convoke Parliament; **~t feloszlat** dissolve Parliament
országgyűlési *mn* parliamentary; **~ bizottság** parliamentary committee; **~ képviselő** *GB és magyar* Member of Parliament (*röv* **MP**, *tsz* **MPs**), *US* Representative, Congressman°, Congresswoman°
országhatár *fn* frontier [of a country]
Országház *fn* Parliament (building), parliamentary building(s), *GB* the Houses of Parliament *tsz*, *US* the Capitol
országhívószám *fn* country code
országimázs *fn* national/country image, *[Magyarországé]* Hungary's image abroad
országimázs-központ *fn kb.* national image bureau/centre (*US* -er)
országjelentés *fn* country report
országkép *fn* → **országimázs**
országlás *fn elav* reigning, ruling
országos *mn* (*röv* **orsz.**) national, nationwide, countrywide; **~ bajnok** national champion; **~ csapás** national calamity; **~ csúcs/rekord** national record; **~ eső** widespread rain; **~ gyász** national day of mourning; **O~ Levéltár** National Archives *tsz*; **O~ Meteorológiai Szolgálat** (*röv* **OMSZ**) National Meteorological Service; **~ mozgalom** nationwide movement; **O~ Széchényi Könyvtár** National Széchényi Library; **O~ Takarékpénztár** (*röv* **OTP**) National Savings Bank; **~ választás** general election; **~ vásár** annual fair

országrész *fn* (country) district/region/area, part of the country

országszerte *hsz* all over the country, throughout the country

országtanulmány *fn* country paper

országút *fn* highway, main road; **öreg, mint az ~** as old as the hills

országúti *mn* **~ fény** (main) driving beam, *US* high beam; **~ segélyszolgálat** road patrol service; **~ vendéglő** wayside/roadside inn; **~ verseny** road-race

ország-világ *fn biz* all the world, the whole world

országzászló *fn* national flag

ortodox *mn* **1.** *vall* orthodox **2.** *átv pej* backward, old-fashioned

ortopéd *mn* orthopaedic (*US* -pe-); **~ cipő** orthopaedic shoes/boots *tsz*; **~ orvos** orthopaedist (*US* -pe-); **~ sebész** orthopaedic (*US* -pe-) surgeon

ortopédia *fn* **1.** *[tudományág]* orthopaedics (*US* -pe-) *esz* **2.** *[osztály]* the orthopaedics department [in the hospital]; **~n kezelik** be* an orthopaedic patient

ortopédiai *mn* orthopaedic (*US* -pe-); **~ műtét** orthop(*a*)edic surgery [on one's spine etc.]

orvhalász *fn* (fish) poacher

orvlövész *fn* sniper

orvos *fn* doctor, physician, *[általános]* general practitioner (*röv* **G.P.** v. **GP**), *kat hajó* surgeon; **~ szakértő** medical expert; **gyakorló ~** medical/general practitioner; **az ~ok** (the) doctors, the medical profession/world *esz*; **~hoz fordul** take* medical advice; **~hoz kell fordulni** you have to see a doctor; **~hoz megy** (go* to) see* a/the doctor; **~nak megy** go* in for medicine; **~t hívat/hív** call (out) a/the doctor, send* for a/the doctor; → **alorvos**, → **főorvos**, → **segédorvos**

orvosdoktor *fn* Doctor of Medicine (*röv* **M.D.**)

orvosegyetemista *fn* medical student, *biz* medic

orvosi *mn* medical; **~ bizonyítvány** health/doctor's/medical certificate; **~ egyetem** medical school→ **orvostudományi**; **az ~ egyetemre jár** go* to medical school, study medicine at the university; **~ etika** deontology; **~ felügyelet** medical supervision; **állandó ~ felügyelet alatt kell lennie a betegnek** the patient must be kept under constant supervision; **~ jelentés** bulletin (of health); **~ kar** (i) *[orvosok]* medical profession/world (ii) *[némely egyetemen]* faculty of medicine, medical faculty, *GB* school of medicine, medical school; **~ kezelés** medical treatment; **~ költségek** medical expenses; **~ meteorológia** medical meteorology; **~ műhiba** medical malpractice; **~ műszer** surgical instrument; **~ rendelés** surgery, consultation; **~ rendelés/rendelet/előírás/utasítás** prescription, (doctor's) order(s)/instruction(s); **csak ~ rendeletre** use as directed by a physician; **~ rendelő** surgery, consulting room, *US* (physician's/doctor's) office; **~ szakértő** medical expert; **~ tanács** medical advice; **~ vizsgálat** medical examination, *biz* medical

orvosilag *hsz* medically

orvoskar *fn* medical faculty

orvosképzés *fn* medical training

orvoskolléga *fn [orvos az orvosnak]* colleague v. fellow doctor, surgeon

orvoslás *fn* **1.** *[betegségé]* healing, curing, cure **2.** *[bajoké, átv]* remedy(ing), reparation

orvoslat *fn* → **orvoslás**

orvosmeteorológia *fn* → **orvosi meteorológia**

orvosnő *fn* lady doctor, woman doctor (*tsz* women doctors)

orvosnövendék *fn* medical student

orvosol *i* **1.** *[betegséget]* cure, treat, heal **2.** *átv [bajt]* remedy, help, *[sérelmet]* redress

orvosprofesszor *fn* professor of medicine

orvosság *fn* **1.** *[gyógyszer]* medicine, drug, medicament; **~ot bead vknek** administer/give* (a/the) medicine to sy; **~ot bevesz/szed** take* (a/the) medicine **2.** *átv* remedy, cure

orvosságos *mn* medicine-, medicinal

orvosságosüveg *fn* medicine-bottle

orvosszemélyzet *fn* medical staff

orvostanhallgató *fn* medical student, *biz* medic

orvostársadalom *fn* the medical profession/world

orvostovábbképző *mn* **~ intézet** postgraduate medical institute

orvostudomány *fn* medical science, medicine

orvostudományi *mn* medical; **~ egyetem** *GB US* medical school, *[egyéb országokban így is:* medical univerisity*]*; **~ kar** medical faculty, faculty of medicine, *GB* medical school, school of medicine; **a harvardi ~ egyetem** Harvard Medical School; **Semmelweis O~ Egyetem** Semmelweis Medical University; → **orvosi**

orvosválasztás *fn* **szabad ~** free choice of doctor/surgeon/GP

orvtámadás *fn* attack from ambush, treacherous stroke/attack

orvul *hsz* treacherously, in an underhand manner; **~ meggyilkol** (*vkt*) assassinate sy; **~ megtámad** (*vkt*) ambush (sy)

orvvadász *fn* poacher

orvvadászat *fn* poaching

Oscar-díj *fn* an/the Oscar (for sy)

ósdi *mn* antiquated, old-fashioned; **~ felfogás** old-fashioned ideas *tsz*/attitude

Oslo *földr* Oslo

oson *i* sneak, slip by, flit, scurry

ostoba I. *mn [személy]* stupid, silly, foolish *[cselekedet]* silly, foolish, idiotic; **~ beszéd** nonsense, rubbish, blather **II.** *fn [ember]* idiot, blockhead, fool

ostobaság I. *fn* stupidity, silliness, foolishness, folly, *US* bunk(um); **~okat beszél/mond** talk nonsense/rubbish, say* silly things, drivel; **ne beszélj ~ot!** *biz* don't talk rot! **II.** *isz* nonsense!, rubbish!

ostor *fn* whip, lash, *átv* scourge; **~ral csattint/pattint/csettint** crack a whip; **az ő hátán csattan az ~** (s)he has to take the blame for sg; *biz* (s)he has to carry the can; **végén csattan az ~** he who laughs last laughs longest; **Attila, Isten ~a** Attila the Scourge of God

ostorcsapás *fn* cut/lash of whip, whiplash, swish

ostorcsapás-sérülés *fn orv [autóban]* whiplash injury

ostorcsapó *fn* cracker (of whip)

ostornyél *fn* whip-handle, (whip-)stock

ostoros *fn [személy]* whipper, cowherd, cowman° (armed with a whip)

ostoroz *i* **1.** *konkr* whip, lash, scourge, flog **2.** *átv* scourge, chastise

ostorozás *fn* **1.** *konkr* whipping, lashing, scourge, flogging, flagellation **2.** *átv* scourge, chastisement

ostorpattogás *fn* cracking of the wip

ostorszíj *fn* (whip)lash, whipcord

ostrom *fn* siege; **~ alá veszi a várat** lay* siege to [the fortress, city etc.], besiege sg

ostromállapot *fn* state of emergency/siege; **kihirdeti az ~ot a városban** impose/declare a state of siege in/on a town

ostromgyűrű *fn* → **ostromzár**

ostromlás *fn* siege, besieging, storm(ing)

ostromlétra *fn tört* scaling ladder

ostromló I. *mn* besieging **II.** *fn [személy]* besieger

ostromlott I. *mn* besieged **II.** *fn* **az ~ak** the besieged

ostromol *i* **1.** *[várost]* besiege, lay* siege to **2.** *[nőt]* besiege, overwhelm; **vkt kérdésekkel ~** bombard sy with questions

ostromzár *fn* blockade; **~ alá vesz** blockade; **~on áttör** run* the blockade

ostya *fn* **1.** *[sütemény]* wafer **2.** *[gyógyszerhez]* cachet; **~ban veszi be** take* sg in cachet-form **3.** *vall* wafer, Host

ostyasütő *fn* **1.** *[szerszám]* waffle-iron **2.** *[ember]* waffle maker

oszcilláció *fn el* oscillation

oszcillál *i el* oscillate, vibrate
oszcillátor *fn el* oscillator
oszcillográf *fn el* oscillograph
oszcilloszkóp *fn el* oscilloscope
ószeres *fn* second-hand dealer, rag-and-bone man°, old-clothes-man°, *[nő]* old-clothes-woman°; **~!** old clo!
Oszkár *tul* Oscar
oszladoz|ik *i [tömeg]* disperse, scatter; **a felhők ~nak** the clouds are breaking
oszlás *fn* **1.** *[részekre]* division **2.** *[tömegé]* dispersion, scattering **3.** *[holttesté]* decomposition; **~nak indul** begin* to decompose/rot/decay
ószláv *mn* Old Church Slavonic (*US* Slavic)
oszl|ik *i* **1.** *[részekre]* be* divided (into), divide into; **két részre ~ik** it divides into two parts; **két táborra ~ik** divide (v. be* divided) into two camps **2.** *[tömeg]* disperse, scatter; *kat* **oszolj!** dismiss!, fall out (men)! **3.** *[felhő]* break* up, *[köd]* disperse **4.** *[holttest]* decompose, rot, decay
oszló *mn* **~ban/~félben van** be* in a state of decomposition, decompose, rot
oszlop *fn* **1.** *épít* column, *[pillér]* pillar, post, *[támasztó]* stay, support, buttress, *[távvezetéké]* pylon, *[hídé]* pier **2.** *kat* column **3.** *átv* pillar, mainstay
oszlopcsarnok *fn* colonnade, portico
oszlopdiagram *fn infor* bar chart
oszlopfej, **oszlopfő** *fn* capital
oszlopos *mn* **1.** *épít* columned, pillared **2. a társadalom ~ tagja** a pillar of society, a tower of strength (for)
oszloprend *fn* order [of columns]; **dór ~** Doric order; **jón ~** Ionic order; **korinthoszi ~** Corinthian order
oszlopsor *fn* colonnade, peristyle
oszloptalp *fn* base
oszloptörzs *fn* shaft
oszmán *mn/fn* Ottoman, Osmanli
oszmánli *mn/fn* Osmanli
oszmán-török *mn/fn* → **oszmánli**
oszol, **oszolj** *i* → **oszlik** 2
Ószövetség *tul* Old Testament
oszt *i* **1.** *mat* divide; **egy számot egy másikkal ~** divide one number by another; **néggyel ~** divide by four; **a 30-at 6-tal ~ja** divide 30 by 6; **15 ~va 3-mal annyi mint 5** 15 divided by 3 is 5, 3 divides into 15 5 times **2.** *[részekre]* divide/split* into [parts]; **10 egyenlő részre ~ vmt** divide sg into 10 equal parts; **két részre ~ vmt** divide sg in half; **...ra/-re van ~va** is divided into ... parts; **fejezetekre ~** divide into chapters **3.** *[kioszt]* distribute, dispense, *[kártyát]* deal*, *[parancsot]* issue, give*; **ki ~?** whose deal is it? **4.** *[véleményt]* share [sy's opinion]; **~om nézetedet** I agree with you, I am of the same opinion **5.** *kif* **se nem ~, se nem szoroz** it makes* no difference/odds
oszt. *röv* → **osztály**
osztag *fn* detachment, squad, detail
osztalék *fn* dividend
osztály *fn* **1.** (*röv* **o., oszt.**) *[társadalmi]* class; **uralkodó ~** ruling class; *tört* **~ nélküli társadalom** classless society; **az alsó ~ok** the lower classes, the masses **2.** *okt [tanulók]* class, form, *US* grade, *[terem]* classroom; **a harmadik/3. ~ba jár** be* in the third form (*US* grade); **felsőbb ~ba léphet** be* allowed to go up a class **3.** *[hivatalban, áruházban, üzemben]* department (*röv* **dep., dept.**), *[kórházban]* ward, department; **sebészeti ~** surgical department/ward **4.** *[vasúton, hajón]* class; **első ~on utazik** travel (*US* -l) first-class **5.** *[kategória]* section, class, category, *tud* class, division, *áll növ* class; **~on felüli** de luxe, *[szálloda]* five-star, luxury; *biz* ritzy
osztályellentét *fn* class antagonism/conflict
osztályelső *fn okt* top boy/girl
osztályérdek *fn* class interest
osztályértekezlet *fn* departmental meeting (v. *főleg: US* conference), (staff) meeting
osztályfőnök *fn* **1.** *okt kb.* form-master **2.** *elav [hivatali]* head of department
osztálygőg *fn* class prejudice
osztályharc *fn tört* class struggle/war
osztályismétlés *fn okt* repeating/repetition of a year('s work) [in school]
osztálykirándulás *fn okt* outing/excursion of/for the school-class/form, school/class outing
osztálykiváltság *fn tört* class privilege
osztálykönyv *fn okt kb.* attendance register/book
osztálynapló *fn* → **osztálykönyv**
osztályos *mn* **1.** *okt* belonging to a class/form *ut*; **első ~ (tanuló)** first-form pupil/boy/girl, *biz* first former, *US* first grader; **negyedik ~** fourth-form (pupil/boy/girl), boy/girl in the fouth form (v. *US* grade); **tizenkét ~ iskola** 12-grade school **2.** *[kórházban]* ward(-); **~ nővér** ward nurse/sister; **~ orvos** ward physician/doctor; → **nyolcosztályos**
osztályoz *i* **1.** *[osztályokba sorol]* class, classify, rate, *[árut]* sort, order **2.** *okt* give*/award marks (*US* grades)[to pupils], *[dolgozatokat]* mark/*US* grade [papers]
osztályozás *fn* **1.** *[osztályokba sorolás]* classification, grading, rating, *[árué]* sorting, ordering **2.** *okt* giving/awarding marks (*US* grades), *[dolgozatoké]* marking (*US* grading)
osztályozó *mn* **~ értekezlet** teacher's meeting (to decide on end-of-term marks) (*US* grades)
osztályozómérkőzés *fn* classifying match
osztályozónapló *fn okt* register for marks (*US* grades) given
osztályöntudat *fn* class-consciousness
osztályrész *fn átv is* share, portion, *csak átv* lot; **~ül jut vknek** fall* to sy's lot
osztályrétegeződés *fn tört* class stratification
osztálytagozódás *fn tört* class-division/structure/stratification
osztálytalálkozó *fn* class reunion
osztálytanítás *fn* class(room) teaching
osztálytárs *fn* class-mate, fellow student
osztálytársadalom *fn tört* class society
osztályterem *fn* classroom, *főleg: US* schoolroom
osztályú *mn összet* -class; **első ~** *[minőség]* first-class/rate [quality]; **első ~ vasúti jegy** first-class train ticket; **első ~ szálloda** a first-class hotel, *[Magyarországon] kb.* class A1 hotel; → **osztályos**
osztályvezető *fn* head/chief of (a) department, departmental head/manager, *[múzeumi]* custodian, keeper
osztályviszonyok *fn tsz* class relations
osztályvizsga *fn okt* end-of-year examination
osztályzat *fn* mark, *US* grade
osztandó *fn mat* dividend
osztás *fn* **1.** *[részekre]* dividing, *mat* division **2.** *[szét]* distribution, dispensing, *[kártya]* deal **3.** *mat* division; **maradék nélküli ~** clear-cut division; **maradékos ~** division with remainder **4.** *épít [ablakon]* division
osztási művelet *fn* division
osztásjel *fn mat* division sign
osztatlan *mn* **1.** *[fel nem osztott]* undivided **2.** *átv* unanimous
oszthatatlan *mn* indivisible; **~ szám** prime number
osztható *mn* divisible, *[igével]* can be divided; **néggyel ~ szám** a number divisible by four; **a 8 2-vel és 4-gyel ~, 3-mal nem** 8 is divisible by 2 and 4, but not by 3; **maradék nélkül ~ (szám)** (be*) exactly divisible (by), be* an exact divisor, can be divided with no remainder
osztják *mn/fn* Ostyak
osztó *fn* **1.** *[személy]* divider, distributor, *[kártyajátékban]* dealer **2.** *mat* divisor; **legnagyobb közös ~** greatest common divisor
osztódás *fn biol* cell division, fission; **~ útján való szaporodás** reproduction by fission, fissiparous generation
osztód|ik *i* divide, be* divided, *biol* reproduce (v. be* reproduced) by fission

osztogat *i* distribute, *[adományt, igazságot]* dispense, deal* out; **röplapokat ~** hand out leaflets
osztójel *fn* division sign
osztókörző *fn* dividers *tsz*
osztott *mn* divided; **~ pályás út(test)** dual carriageway, *US* divided highway; *épít* **~ szintű** split-level
osztoz|ik *i* **~ik vkvel vmn** (i) *[megoszt vmt vkvel]* share sg with sy (ii) *[osztozkodik vmn]* share in sg (with sy); **~nak az örökségen** they divide(d) the inheritance/legacy between them (v. among themselves); **~ik a nyereségen** share out the winnings/profits (among); **~nunk kell a szobán** we'll have to share the room; **~ik vk véleményében** agree with sy, share sy's opinion; **~ik vknek a fájdalmában** share in sy's sorrow; **~ik vk sorsában** throw* in one's lot with sy
osztozkodás *fn* sharing
osztozkod|ik *i* share → **osztozik**
osztrák *mn/fn* Austrian
osztrák–magyar *mn/fn* Austro-Hungarian; *tört* **Osztrák–Magyar Monarchia** Austro-Hungarian (Dual) Monarchy, the Dual Monarchy; **~ mérkőzés** the Austria vs. Hungary match
osztriga *fn* oyster
osztrigatelep *fn* oyster bed/park/bank
óta *nu* **1.** *[időpont megjelölésénél]* since; **1954 ~** since 1954; **tegnap ~** since yesterday **2.** *[tartam megjelölésénél]* for; **egy idő ~ nem láttam** I have not seen him for some time (past); **már órák ~ nincs itt** he's been away for hours; **(már) napok ~ nem láttam** I haven't seen her for days
Ótestamentum *tul* → **Ószövetség**
OTP *röv* → **országos**
OTP-fiók *fn* (local) branch [of the National Savings Bank], *kb.* an/the OTP branch
OTP-kölcsön a loan from the National Savings Bank
otromba *mn* **1.** (*vk*) clumsy, ungainly, (*vm*) unwieldy **2.** *átv* boorish, vulgar, rude; **~ alak/fráter** a boor; **~ tréfa** stupid practical joke
otrombaság *fn* **1.** (*vké*) clumsiness, ungainliness **2.** *átv* vulgarity, boorishness, rudeness
ott *hsz* there; **~, ahol** where; **~ benn** in there; **~ fenn/fent** up there, *irod* up yonder; **~ levő** (that is/are) there *ut*, to be found there *ut*; **az ~ levők** persons/those present (at a place); **~ marad** stay/remain there; **~marad** → **meghal**; **~ marad éjszakára** stay the night, stay overnight; **~ marad ebédre** stay for lunch/dinner; **~ ragad** (*vknél*) get* stuck at (sy's) place; **~ tart vkt** detain, keep* sy back; **~ tartózkodik** stay/be* there; **~ terem vk** appear suddenly, turn/bob up
ottani *mn* (that is/are) there *ut*, of that place *ut*; **~ viszonyok** local conditions, conditions (prevailing) there
Ottawa *földr* Ottawa
ottawai *mn/fn* Ottawan
ottfelejt *i* leave* (sg) behind, forget* sg
otthagy *i* **1.** (*vkt*) desert, abandon, *[szerelmest]* jilt; **~ vkt a bajban** leave* sy in the lurch; **~ja állását** throw* up one's job, quit* one's job **2.** → **ottfelejt**
otthon I. *hsz* **1.** at home; **~ felejt vmt** forget* sg; **~ marad** stay at home, keep*/stay/remain indoors; **~ van** (s)he is in; **~ van Péter?** is Peter in?; **nincs ~** (s)he isn't at home, (s)he isn't in, (s)he isn't in, (s)he's out/gone; **nem leszek ma ~** I won't be in today; **~ kell lennem 7-re** I must be home by 7; **hol van ő ~?** where does he live?; **~ érzi magát** feel* at home; **érezd magad ~!** make yourself comfortable!, make yourself at home!; **mindenütt jó, de legjobb ~** there is no place like home; east or west, home is best; **~ hagytam a szemüvegemet** I (have) left my spectacles/glasses behind; **~ ülő (ember)** stay-at-home, *US* homebody **2.** *átv* **~ van vmben** be* familiar with sg, feel*/be* at home in sg, know* all the angles/answers; *[fekszik neki]* [that sort of things] is right down/up his alley; **~ van a festészetben** be* familiar with painting, be* well-versed in painting **II.** *fn* **1.** *[családi]* home, *irod* fireside, hearth; **az ~ melege** the fireside, the home; **~át szerető** house-proud; **első ~hoz jutók** *[fiatal házasok]* first-time house buyers **2.** *[szállás]* hostel, home; **szociális ~** old people's home, home for the aged **3. művelődési ~** cultural/community centre (*US* -ter)
otthoni I. *mn* home, domestic; *infor* **~ (számítógépes) munka(végzés)** homeworking, networking, telecommuting **II.** *fn* **az ~ak** sy's folks (back home)
otthonias *mn* homely, comfortable, cosy
otthonlét *fn* being at home
otthonos *mn* homely, homelike, cosy, homy, *US* homey; **~an érzi magát** make* oneself at home; **~(an mozog) vmben** be*/feel* at home in sg, be* familiar with sg
otthonról *hsz* from home
otthontalan *mn* homeless, without a home *ut*
otthonteremtés *fn kb.* setting up home/house
otthonteremtési *mn* **új ~ rendszer** *kb.* new housing scheme
ottjártakor *hsz* when (s)he was there, while staying there
ottlét *fn* **~em alatt, ~emkor** during my stay (there), while I was there
ottmarad *i [odavész]* **~t a háborúban** he perished in the war; → **ott marad**
Ottó *tul* Otto
ottomán *fn elav* Ottoman
ott-tartózkodás *fn* (one's) stay (there); **~a alatt** during his/her stay (there); **~ időtartama** period of stay
ótvar *fn* impetigo, ringworm
ótvaros *mn* impetiginous, having ringworm *ut*
óv *i* **1.** *[vkt vmtől, figyelmeztetve]* warn/caution sy against sg, advise sy not to (do sg) **2.** *[vmt/vkt vmtől, megvédve]* protect sy/sg from/against sg, save sy from sg, guard sy from/against sg; → **óva int**
ováció *fn* ovation, cheering; **~ban részesít** cheer sy, give* sy an ovation; **óriási ~ban részesítik** *[állva ünneplik]* be* given a standing ovation
óvadék *fn* caution money, bail, security, guarantee, (non-refundable) deposit; **~ ellenében szabadlábra helyez** bail sy (out), release on bail; **~ ellenében szabadlábon van** be* out on bail
óva int *i* (*vkt vmtől*) caution/warn sy against sg, urge sy not to (do sg)
óvakod|ik *i* (*vmtől/vktől*) beware of sg/sy, be* on one's guard against sg/sy, steer clear of sg/sy, keep* away from sg, *[tartózkodik vmtől]* refrain from sg (from doing sg); **~junk a zsebtolvajoktól** beware of pickpockets
ovális *mn* oval
ovárium *fn biol* ovary
óváros *fn* old(er part of a) town/city
óvás *fn* **1.** (*vmtől*) protecting, guarding (from/against) **2.** *[vm ellen emelt]* protest (against); **~t emel vm ellen** lodge a protest against sg; **~t nyújt be** lodge a protest/complaint (with sy against sy); *sp* lodge a protest with [the IOC] against [the XY team] **3.** *gazd* **~sal él** make*/enter/lodge a protest
óvatlan *mn* unguarded, unprotected; **egy ~ pillanatban** in an unguarded moment
óvatol *i elav gazd* make*/enter/lodge a protest (against sg); **váltót ~** have* a bill protested
óvatos *mn* cautious, careful; **légy ~!** take care!, be careful!, watch/look out!; **~ duhaj** cautious gambler
óvatosan *hsz* carefully, cautiously, gingerly; **~ bánik vmvel/vkvel** handle sg/sy with care, go* easy on sg/sy; **~ lépked** feel* one's way; **~ jár el** act cautiously, play safe, play for safety, watch one's step, feel* one's way; **~ vezet** be* a cautious driver, drive* cautiously
óvatosság *fn* cautiousness, (pre)caution, care(fulness); **~ból** by way of precaution, to be on the safe side
óvatossági *mn* **~ rendszabályok** precautionary measures

overall *fn [mellesnadrág]* bib and brace overall, *[kezeslábas]* boiler suit, *[főleg gyereké]* dungarees *tsz*
ovi *fn biz* kindy, kindie
Óvilág *tul [Európa]* Old World
óvintézkedés *fn* precautionary/preventive measures *tsz*; **megteszi a szükséges ~eket** take* the necessary precautions/measures
óvó *mn* **~ rendszabályokat léptet életbe** take* precautionary measures/steps
óvoda *fn* nursery school, kindergarten, *GB [félnapos, rendsz. magán]* play school/group, *GB [5–7 éveseknek]* infant school
óvodai *mn* nursery(-school), kindergarten
óvodás *fn* pupil (at a kindergarten), kindergartener; **~ korú** of kindergarten age
óvóhely *fn* **1.** *ált* refuge **2.** *[légó]* air-raid shelter
óvó néni *fn [mint megszólítás]* Miss ..., Mrs ...
óvónő *fn* nursery-school (v. kindergarten) teacher
óvónőképző *fn* training school/college for nursery-school (v. kindergarten) teachers
óvszer *fn ált* contraceptive, *[gumi]* condom, rubber, sheath, *biz GB* French letter; **~t használ** wear* a condom (*US* rubber), wear* rubbers
oxid *fn* oxide
oxidáció *fn* oxidation, oxidizing
oxidál *i* oxidize
oxidálás *fn* → **oxidáció**
oxidálódás *fn* → **oxidáció**
oxidálód|ik *i* oxidize, become* oxidized
oxigén *fn* oxygen
oxigénhiány *fn* lack of oxygen, anoxia
oxigénmaszk *fn* oxygen mask
oxigénpalack *fn* oxygen bottle/flask/tank
oxigénsátor *fn* oxygen tent
ozmózis *fn* osmosis
ózon *fn* ozone
ózondús *mn* rich in ozone *ut*, full of ozone *ut*
ózonlyuk *fn* hole in the ozone layer
ózonpajzs *fn* ozone layer
ózonréteg *fn* ozone layer

Ö

Ö, ö, Ő, ő [1] *fn [betűk]* (the letters) Ö, ö, Ő, ő

ő[2] *nm* **1.** *[hímnemű]* he, *[nőnemű]* she, *[semlegesnemű]* it; **~ maga** he ... himself, she ... herself, it ... itself **2.** *[birtokos jelzőként]* **a)** *[egyes, hímn.]* his, *[nőn.]* her, *[seml. n.]* its; **az ~ könyve** his/her book; **az ~ könyvei** his/her books **b)** *[többes]* their; **az ~ könyvük** their book; **az ~ könyveik** their books; → **ők**

öblít *i* rinse (sg out), give* sg a rinse (v. 2, 3 etc. rinses), *[WC-t]* flush; **száját ~i** rinse one's mouth; **torkot ~** gargle

öblítés *fn* rinsing (out), rinse, *[torok]* gargling, *[irrigálás]* irrigation

öblítő *fn [vécéé]* toilet cistern/bowl

öblítővíz *fn [konyha]* dish-water, *[száj]* mouth-water

öblöget *i [ruhát, edényt stb.]* rinse, *[torkot]* gargle, rinse one's throat

öblös *mn* **1.** *[üreges]* cavernous, *[vájt]* hollow, hollowed/scooped out **2.** *[domborodó]* rounded, bulging, bulgy, *[hordó, edény]* bellied **3.** *[kiszélesedő]* funnel-shaped, flaring, flared; **~ szájú** bell/wide-mouthed **4. ~ hang** deep/rich (v. full-bodied) voice; **~ hangján** in his rich bass (voice); **~ hangú** with a rich voice *ut*

öblösödés *fn* **1.** *[befelé]* hollowing/widening/opening-out **2.** *[kiszélesedés]* bell-mouth, flare **3.** *[domborodás]* bellying-out, bulge, rounding

öblösöd|ik *i* **1.** *[befelé]* widen/open/hollow out **2.** *[kiszélesedik]* flare **3.** *[domborodik]* swell* out, bulge

öböl *fn* **1.** *[nagy]* gulf, *[közepes]* bay, *[kicsi]* inlet, creek; *földr* **Ö~ menti államok** Gulf states; *tört* **Ö~ menti háború, az Ö~-háború** the Gulf War **2.** *[öblös tárgyé]* hollow, cavity

öbölbejárat *fn* bay-head

öcs *fn* younger brother

öccse *fn* his/her younger brother

öcsém *fn* **1.** *[testvérem]* my younger brother, *US biz* my kid brother **2.** *biz [megszólítás]* laddie!, *US* kid!; **ne zavarj ~!** stop bothering me laddie (*US* kid)!

öcsi *fn biz* → **öcskös**

öcskös *fn kb.* young fellow/man°, *[megszólításként]* laddie!, *US* buddy!, buster!

ödéma *fn orv* oedema (*főleg: US* edema)

ődöng *i* roam around (aimlessly), hang*/knock about

őfelsége *fn [király, királyné, királynő]* His/Her Majesty; **~ szolgálatában** On Her/His Majesty's Service; **Ő~ II. Erzsébet** Her Majesty Queen Elizabeth the Second (v. Queen Elizabeth II)

őfensége *fn [királyi herceg/hercegnő]* Her/His Royal Highness [the Duke of Edinburgh etc.]

őfőméltósága *fn tört* His/Her (Serene) Highness

ögyeleg *i* lounge/dawdle/hang* about/around, linger about

őhelyette *hsz* instead of him/her, on behalf of him/her

őhozzá *hsz* to him/her/it, to his/her place

ők *nm* they; **~ hárman** the three of them; **~ maguk** they (...) themselves; **~et** them; **~et láttam** it was them (who/that) I saw; **két cicája van, nagyon szereti ~et** she has two kittens and loves them a lot

öklel *i* **1.** *[szarvval]* butt **2.** *elav [lándzsával]* spear, lance

öklendezés *fn* retching

öklendez|ik *i* retch

öklömnyi *mn* **1.** *[nagy]* (as) big as my fist **2.** *biz [kicsi]* tiny, pint-sized, *skót* wee; **~ emberke** Tom Thumb

ököz *i sp* box, *[labdát]* punch

öklözés *fn* pummelling (*US* -l-), *sp* boxing

öklöző *fn* pugilist; → **ökölvívó**

ökológia *fn* ecology

ökológiai *mn* ecological; **~ katasztrófa** ecological disaster

ökológus *fn* ecologist

ökonómia *fn* **1.** *közg* economics *esz* **2.** *[takarékosság]* economy, thrift, saving

ökonómus *fn* economist

ökoszisztéma *fn* ecosystem

ökoturizmus *fn* ecotourism

ököl *fn* fist; **~be szorítja a kezét** clench one's fist(s); **~be szorított kézzel** with clenched fists; **~be szorul az ember keze** *[erre a látványra stb.]* it makes one's blood boil; **~re megy vkvel** come* to grips/blows with sy; **öklét rázza vk felé** shake* one's fist at sy; **~lel üt** pummel (*US* -l), pound, punch

ökölcsapás *fn* blow (with the fist), punch

ökölharc *fn* fistfight, fisticuffs *tsz*

ököljog *fn* **1.** *tört* club law **2.** *átv* brute force

ökölszabály *fn* rule of thumb

ökölvívás *fn sp* boxing, *[hivatásos]* prizefighting

ökölvívó *fn sp* boxer, *[hivatásos]* prizefighter

ökölvívó-bajnokság *fn sp* boxing championship

ökölvívókesztyű *fn sp* boxing gloves *tsz*

ökölvívó-mérkőzés *fn sp* boxing match, *[hivatásos]* prizefight

ökör *fn* **1.** *[állat]* ox°, bullock, *[fiatal]* steer; **egy pár (igás)~** a yoke of oxen **2.** *[emberről, durva]* fool, blockhead, idiot

ökörcsorda *fn* herd of oxen

ökörfarkkóró *fn növ* mullein

ökörfogat *fn* team of oxen

ökőristálló *fn* ox-stall, stable for oxen

ökörnyál *fn* gossamer, air-threads *tsz*

ökörsütés *fn* ox-roasting

ökörszem *fn* **1.** *[madár]* wren **2.** *nép [tükörtojás]* fried egg, *US így is:* egg sunny-side up

ököruszályleves *fn* ox-tail soup

ökrös szekér *fn* ox-cart

ökuménia *fn* → **ökumenizmus**

ökumenikus *mn* ecumenical; **~ esküvő** ecumenical wedding; **~ istentisztelet** ecumenical (church) service; **~ mozgalom** the ecumenical movement, ecumenism, ecumenicism

ökumenizmus *fn* ecumenism, ecumenicism

öl[1] *i* **1.** *[embert]* kill, slay*, put* to death; **vízbe ~i magát** drown oneself **2.** *[marhát]* slaughter, butcher, *[disznót]* butcher, stick* **3. ebbe ~te minden pénzét** she sank/put all his money into it **4.** *átv [gyötör]* pester, worry, harass, bother; **mindig ezzel ~** he keeps dinning it into me, he keeps on at me about it; **~i a féltékenység** he is eaten up with jealousy; **ne ~j folyton a kérdéseiddel** stop pestering/bothering me with your questions

öl[2] *fn [testrész]* lap; *átv* **~be tett kézzel** idly; **nem nézhetjük ~be tett kézzel** we cannot just sit there doing nothing (about it); *átv* **~be tett kézzel ül** twiddle one's thumbs, sit* back; **~be tett kézzel várja a jószerencsét** expect to have everything handed to one on a plate, *kif* fiddle while Rome burns; **~be való gyermek** babe in arms; **~(é)be vesz** take* (sy/sg) on one's lap; **vk ~ébe ül** sit* in/on sy's lap; **~ébe hull** get* sg by a fluke, come* by sg without lifting a finger, tumble into one's lap; **a természet (lágy) ~én** in Nature's bosom; **~re megy vkvel** come* to blows/grips with sy

öl[3] *fn elav* **1.** *[űrmérték, fának, 4 m^3] kb.* cord, 4 steres; **egy ~ fa** four steres of wood **2.** *[hosszmérték, 183 cm]* six feet; **két ~ magas** twelve-feet high

öldöklés *fn* massacre, butchery, slaughter

öldöklő *mn* (*vk*) murderous, (*vm*) deadly; ~ **verseny** cutthroat/breakneck competition
öldököl, öldös *i* kill off, massacre, slaughter
öleb *fn* lap dog
ölel *i* embrace, hug, put* one's arms round sy; **magához ~** fold sy in one's arms, embrace (sy); **szeretettel ~** *[levél végén]* with (much) love, yours affectionately, yours ever, as ever *[és a keresztnév]*
ölelés *fn* embrace, hug
ölelget *i* hug, cuddle, fondle
ölelkezés *fn* embrace, *biz [szerelmeskedve]* necking
ölelkez|ik *i* **1.** *[személyek]* embrace, *biz [szerelmeskedve]* bill and coo, neck **2.** *[tárgyak, dolgok]* overlap
ölelkező *mn* **1.** *[emberek]* embracing **2.** ~ **rímek** ‹the rhyme scheme a b b a›
ölelő *mn* embracing, clasping; ~ **karok** embracing arms
öles *mn* **1.** *elav [öl nagyságú]* six-foot long/high/wide **2.** ~ **betűkkel** in big/huge letters; ~ **(termetű) ember** a tall(, strapping) man°; ~ **léptekkel** with huge strides
ölés *fn* **1.** *[embert]* kill(ing), slaying, *[mészárlás]* slaughter(ing) **2.** *[állatot]* slaughtering, *[disznót]* sticking
ölfa *fn* cordwood
ölnyi *mn* fathoms in height and breadth *ut*
ölő *mn* **lassan ~ méreg** slow(-acting) poison
ölt *i* **1.** *[varr]* stitch, make* stitches; **de hogy egyik szavam a másikba ne ~sem** to cut a long story short; **kart karba ~ve** arm in arm **2. magára ~** *[ruhát]* put* on [a dress]; **gyászt ~** go* into mourning (for sy) **3.** *átv [magatartást stb.]* assume; **új alakot ~** assume/take* a new shape/form; **óriási méreteket ~** assume (v. grow* to) considerable proportions, grow* out of all proportion; **ünnepélyes arcot ~** put* on a solemn face; **testet ~** take*/assume shape, materialize; → **nyelv**
öltés *fn orv is* stitch, *orv [varrat]* suture; **egy-két ~sel összevarr** *[sebet is]* put* a couple of stitches in, tack together
öltő *mn nép* **egy ~ ruha** a suit (of clothes), an outfit
öltöget *i* **1.** *[varr]* stitch, sew* **2. nyelvét ~i** stick* one's tongue out repeatedly, keep* sticking one's tongue out
öltöny *fn* suit
öltözék *fn* → **öltözet**
öltözet *fn ált* clothing, clothes *tsz*, *[férfiöltöny]* suit, outfit, *[női ruha]* dress
öltözetlen *mn* undressed, in a state of undress *ut*
öltöz|ik *i* dress, get* dressed, put* on one's clothes, (*vmbe*) dress (v. be* attired) in sg; **jól ~ik** be* well-dressed; **könnyen ~ik** put* on light clothes/clothing, be* lightly dressed; **melegen ~ik** put* on warm clothes/clothing, dress warmly; **vmbe (van) ~ve** be* dressed in sg; **vmnek ~ik** dress (oneself) up as ag
öltözködés *fn* dressing, putting on one's clothes
öltözköd|ik *i* dress, get* dressed, put* on one's clothes; → **öltözik**
öltöző *fn szính és ált* dressing-room, *sp* dressing/changing-room, *[uszodában]* cubicle
öltözőasztal *fn* dressing-table
öltözőhelyiség *fn* → **öltöző**
öltözött *mn* **jól ~** well-dressed, smart; **rosszul ~** shabbily dressed *ut*, down at heel *ut*, down-at-heel; **melegen ~** dressed warm, wrapped up warm/well
öltöztet *i* dress, clothe
öltöztetőnő *fn szính* dresser
ölyv *fn* hawk, buzzard
őméltósága *fn elav [diplomáciában]* His Lordship, Her Ladyship, His/Her Honour (*US* -or)
ömleng *i* gush (*vmről/vkről* over sg/sy), go* into raptures over sy/sg, be* effusive, pour out one's heart, *biz* rave about sg
ömlengés *fn* outpouring(s) (of the heart), effusiveness, effusions *tsz*
ömlengő *mn* gushing, gushy, effusive, soppy
ömlés *fn* pouring, stream(ing), gush(ing)
ömleszt *i* pour, dump
ömlesztett *mn* **1.** *gazd* in bulk *ut*; ~ **áru** goods in bulk *tsz*, bulk goods *tsz* **2.** ~ **sajt** processed cheese
ömlesztve *hsz* in bulk
öml|ik *i* flow (*vmből* from, *vmbe* into sg), run* (*vmbe* into), stream, gush into; **vmbe ~ik** flow*/run*/pour into sg; **~ik az eső** it's pouring (with rain); *biz* it's pissing down; **csak úgy ~ött az eső** the rain came pouring down; **a Duna a Fekete-tengerbe ~ik** the Danube flows/empties into the Black Sea; **~öttek a könnyei** tears welled/gushed from her eyes; **~ött róla az izzadság** sweat was pouring off him (v. streaming down his face), his face was streaming with sweat; **~ött a vére** he was bleeding profusely, the blood was pouring from him
ön *nm* **1.** *[megszólítás]* you; **~t, ~ök(et)** you **2.** *[birtokos jelzőként]* your; **ez az ~(ök) könyve** this is your book; **ezek az ~(ök) könyvei** these are your books; **ez az ~(ök)é** this is yours
ön- *előtag* self-, auto-
önadózási *mn* ~ **rendszer** system of self-assessment
önadózó *fn* self-assessor
őnagysága *fn elav* madam, her ladyship
önakaratából *hsz* → **önszántából**
önálló *mn* **1.** (*vk*) independent, self-supporting, *[önállóan dolgozó]* self-employed [person, craftsman°, builder etc.], *[szabadúszó]* freelance [writer, artist, journalist etc.], *kif* stand* on one's own (two) feet; ~ **fiatal nő/leány** a bachelor girl, a self-supporting young lady; ~ **fiatalember** a self-supporting young man°; *közg* ~ **elszámolás** self-financing; ~ **(kis)iparos** self-employed craftsman°; ~ **műhelye van** he has his own workshop; ~ **tanulás** self-study; ~ **üzemegység** self-contained production unit **2.** *[állam]* independent, autonomous [state] **3.** *[lakás]* self-contained [flat] **4. nincs egy ~ gondolata** (s)he hasn't a single original idea/thought in his/her head
önállóan *hsz* independently, *[egyedül]* unaided, alone, by oneself, (all) on one's own; ~ **él** live alone; ~ **dolgozik** be* self-employed; ~ **gondolkodik** think* for oneself; ~ **dönt** decide for oneself, make* up one's own mind
önállóság *fn* independence; **nem sok ~ van benne, ~ nélküli** (s)he lacks initiative; **~ra nevel** teach* sy to think/fend for oneself; **~ra törekvés** struggle/bid for independence
önállósít *i* make*/render sy/sg independent; **~ja magát** (i) *ált* make* oneself independent, stand* on one's own (two) feet, strike* out on his own (ii) *gazd* set* up in (a) business, set* up for oneself, become* self-employed
önállósod|ik *i* → **önállósul**
önállósul *i* become* independent
önállótlan *mn* dependent on others *ut*, lacking independence/initiative *ut*, *kif* be* always dependent on others
önállótlanság *fn* lack of initiative, lack of self-reliance, dependence
önáltatás *fn* → **önámítás**
önámítás *fn* self-deception/deceit/delusion
önarckép *fn* self-portrait
önbecsülés *fn* self-respect/esteem
önbeporzás *fn* self-pollination
önbetöltő *mn infor* bootstrap, self-loading
önbírálat *fn* → **önkritika**
önbíráskodás *fn* taking the law into one's (own) hands, acting as one's own judge, *főleg: US* lynch law; **~hoz folyamodik** take* the law into one's own hands
önbizalom *fn* (self-)confidence/assurance; **visszanyeri önbizalmát** find* oneself
önborítékoló *mn* ~ **levélpapír** self-sealing envelope; *[légipostai]* air letter, aerogram(me)
önborotva *fn* safety razor
öncél *fn* an end in itself
öncélú *mn* having an end in itself *ut*, autotelic; ~ **művészet** art for art's sake

öncélúság *fn* having an end in itself, autotelism; → **öncélú**
öncsalás *fn* → **önámítás**
öncsodálat *fn* self-admiration
öncsonkítás *fn* self-mutilation, voluntary mutilation
öndicséret *fn* self-praise/advertisement
őneki *hsz* (to) him/her; **~k** (to) them
önelégült *mn* complacent, self-satisfied/contented, smug, *[ostobán]* fatuous
önelégültség *fn* complacency, complacence, self-satisfaction, smugness
önelemzés *fn* self-analysis (*tsz* -analyses), introspection
önéletírás *fn* autobiography
önéletíró *fn* autobiographer
önéletrajz *fn* **1.** *irod* autobiography; **~ jellegű** it's (purely) autobiographical **2.** *[álláshoz, pályázathoz, szakmai]* curriculum vitae (*tsz* curricula vitae) (*általában röv* **CV**), *US* résumé
önéletrajzi *mn* autobiographical
önellátás *fn* (economic) self-sufficiency, autarky
önellátó *mn* **1.** (*vk*) self-supporting, independent, self-reliant **2.** *[ország, gazdaságilag]* self-sufficient (*vmben* in sg), self-supporting; **tejtermékek tekintetében ~ ország** a country self-sufficient in dairy products
önellentmondás *fn* self-contradiction; **~ba kerül** contradict oneself
önelszámoló *mn* self-financing
önérdek *fn* self-interest
önerő *fn* **önerejéből küzdötte fel magát** he fought his way up unaided, he is a self-made man°
önértékelés *fn* self-estimation
önérzet *fn* self-esteem/respect; **túlzott ~** self-importance, pride, conceit; **sérti az ~ét** hurt*/offend one's self-respect
önérzetes *mn* self-respecting/confident/assured
önérzetesked|ik *i* be* easily offended, be* touchy, be* (over-)sensitive
önérzetesség *fn* → **önérzet**
ön- és közveszélyes *mn* → **önveszélyes**
önetető *fn* self-feeder
önfegyelem *fn* self-discipline/control/command
önfegyelmezés *fn* → **önfegyelem**
önfejű *mn* self-willed, headstrong, stubborn, wilful (*US* willful), obstinate
önfejűség *fn* headstrongness, obstinacy, stubbornness
önfejűsköd|ik *i* be* self-willed, be* headstrong
önfeladás *fn [betegé]* self-deliverance
önfeláldozás *fn* **1.** *[életét áldozza fel]* self-sacrifice **2.** *[áldozatvállalás]* self-denial
önfeláldozó *mn* **1.** *[életét feláldozó]* self-sacrificing **2.** *[áldozatvállaló]* self-denying
önfeledt *mn* (self-)abandoned; **~ boldogság** delirious joy; *kif* get* carried away (by/with sg); **~en** with gay abandon
önfelhúzó *mn [óra]* self-winding [watch]
önfenntartás *fn* self-support(ing)
önfenntartási *mn* **~ ösztön** instinct of self-preservation
önfinanszírozás *fn* self-financing
öngól *fn* own goal; **~t rúg** score an own goal
öngúny *fn* self-mockery/irony
öngyilkos I. *fn* suicide **II.** *mn* suicide(-), suicidal; **~ merénylet** suicide attack; **~ merénylő** suicide bomber
öngyilkosság *fn* suicide; **~ot követ el** commit suicide, take* one's own life; **csoportos/tömeges ~** suicide pact
öngyilkossági *mn* suicidal; **~ kísérlet** attempt at (v. attempted) suicide; **~ szándék** suicidal intentions *tsz*
öngyújtó *fn* lighter
öngyulladás *fn* auto-ignition, auto-flammability
önhatalmú *mn* arbitrary
önhatalmúlag *hsz* on one's own (authority/initiative), arbitrarily; **~ cselekszik** take* the law into one's own hands
önhiba *fn* **~jából történt** the fault is his, he has only himself to blame; **~ján kívül** through no fault of his (own)
önhitt *mn* conceited, self-centred/important/sufficient, arrogant, haughty, supercilious
önhittség *fn* conceit, arrogance, haughtiness, superciliousness, hubris
önigazgatás *fn* self-management, self-administration
önigazolás *fn* self-justification
önimádat *fn* self-adulation/worship/love
önindító *mn* self-starter, (automatic) starter
önindukció *fn* self-induction
önismeret *fn* self-knowledge
önismereti *mn* **~ tréning** self-awareness training
önjáró *mn* self-propelled/propelling; **~ daru** automotive crane; *kat* **~ löveg** self-propelled gun
önjelölt *fn* self-appointed candidate
önként *hsz* **1.** *[saját magától]* voluntarily, of one's own accord, of one's own free will, willingly, spontaneously, *[kéretlenül]* unasked (for); **~ jelentkezik a rendőrségen** he gives himself up to the police; **~ jelentkező** volunteer; **~ jelentkezik/vállalkozik** *[munkára]* volunteer [to do sg]; **~ vállalkozik vmre** volunteer to do sg **2.** *[önkéntelenül]* **~ adódik a válasz** the answer is self-evident; **~ felvetődik a kérdés** the question suggests itself, the obvious question is ...
önkéntelen *mn* involuntary, unintentional, automatic, spontaneous
önkéntelenül *hsz* involuntarily, spontaneously; **~ arra gondol az ember, hogy** ... you can't help thinking of ...; you can't help drawing the conclusion that ...
önkéntes I. *mn* voluntary, spontaneous, *[kéretlen]* unasked for *ut*; **~ hadsereg** volunteer army; **~ hivatásos hadsereg** (professional) volunteer forces *tsz*; **~ munka** voluntary work; **~ tűzoltó** volunteer fireman; **~ véradó** volunteer blood donor; **~en, ~ alapon** on a voluntary basis **II.** *fn kat* volunteer
önkéntesség *fn* **1.** *ált* spontaneity, spontaneousness; **~ elve** voluntary principle, voluntar(y)ism **2.** *kat* service as (a) volunteer
önkény *fn pol* absolutism, despotism
önkényes *mn* arbitrary, high-handed; **~ intézkedés** high-handed action, arbitrary act
önkényesen *hsz* arbitrarily, high-handedly; **~ jár el** be* high-handed, act arbitrarily
önkényeskedés *fn* arbitrariness, high-handedness, high-handed action/behaviour
önkényesked|ik *i* be* high-handed, act arbitrarily
önkényuralmi *mn* **~ jelképek** *[horogkereszt, vörös csillag]* emblems of autocracy [swastika, red star]
önkényuralom *fn* absolutism, autocracy, despotism
önképzés *fn* self-education
önképzőkör *fn kb.* school literary and debating society
önkezével *hsz* by one's own hand; **~ vetett véget életének** he took his own life, he committed suicide
önkielégítés *fn* masturbation, *szl* hand shandy
önkifejtés *fn* self-expression
önkínzás *fn* self-torment/torture
önkioldó *mn fényk* delayed-action (shutter) release, self-timer, delay timer
önkiszolgálás *fn [étteremben, boltban]* self-service, *[bérbe vett nyaralóban]* self-catering
önkiszolgáló *mn* self-service, *US* self-serve; **~ étterem** cafeteria, self-serve restaurant; **~ bolt** self-service shop (*US* store); **~ benzinkút** self-service petrol (*US* gas) station
önkívület *fn* **1.** unconsciousness, coma; **~be esik** lose* consciousness, faint **2. ~(é)ben dühöng** be* beside oneself with rage
önkívületi *mn* **~ állapot** coma
önkormányzat *fn* **1.** *[mint elv]* self-government/rule, home rule, local government, municipality **2.** *[mint testület] GB* local council, local authority, *US* local government; **Fővárosi Ö~ (Budapest)** Budapest Municipal council; **(helyi) ~** local government/authority/autonomy, home

Ö

rule; **megyei ~** county council/authority **3.** *[mint épület]* town/city hall, mayor's office, local government offices

önkormányzati *mn* self-governing, *[helyi]* municipal; **~ jog** right of self-government; **~ joggal felruházott** autonomous; **~ képviselő** municipal representative, local council member; **~ tulajdon** local council/government property; **~ képviselő-választások** local elections, municipal elections

önköltség *fn* prime/manufacturing cost, cost of production, cost-price

önköltségcsökkentés *fn* reduction/lowering of costs/expenses

önköltségi *mn* **~ ár** cost/production price; **~ áron** at cost (price)

önkritika *fn* self-criticism; **~ hiánya** lack of self-criticism; **~́t gyakorol** exercise self-criticism

önkritikus *mn* self-critical

önmaga *nm [hímn.]* himself, *[nőn.]* herself, *[seml. n.]* itself, *[nyomatékosan]* he himself, she herself; **~́ban** for itself, in/by itself; **~́ban véve** in itself; **~́ért** for his/her/its own sake; **(ez) ~́ért beszél** it speaks for itself; **ez ~́t magyarázza** it is self-explanatory; **~́tól** by itself; **nagyon meg van elégedve ~́val** be* self-satisfied, be* very pleased with oneself, be* complacent/smug; **elnéző ~́val szemben** be* self-indulgent; **teljesen ~́val van elfoglalva** be* entirely self-absorbed/centred, *[gondjaival stb.]* be* (too/very) taken up with his/her own problems

önmegfigyelés *fn* self-observation, introspection

önmegtagadás *fn* self-denial

önmegtagadó *mn* self-denying

önmegtartóztatás *fn* self-restraint, *[italtól]* abstinence, teetotalism, *[nemi]* continence

önmegtartóztató *mn* self-restraining/restrained, *[italtól]* abstinent, teetotal, *[nemileg]* continent; **~ életet él** he lives a life of self-restraint, he lives an ascetic life

önmegvalósítás *fn* self-realization

önműködő *mn* automatic; **~ sebességváltó** automatic gears; **~ seb(esség)váltós kocsi** an automatic; **~en** automatically; → **automata**, → **automatikus**

önnevelés *fn* self-education/improvement

önnön *nm* one's own

önös *mn elav* selfish, ego(t)istic; → **önző**

önöz *i* ‹address sy as "ön"› address sy formally

önreklám *fn* self-advertisement

önrendelkezés *fn* self-determination, ***kisebbségé*** *így is* home rule

önrendelkezési *mn* **~ jog** (right to/of) self-determination; **a népek ~ joga** the right of peoples to self-determination

önrész(esedés) *fn gazd [biztosításban]* own risk

önsanyargatás *fn* mortification (of the flesh), self-mortification, asceticism

önsegélyező *mn* **~ egyesület** friendly society, *US* benefit society

önsúly *fn [árué]* net weight, *[járműé]* weight empty, tare, unladen weight

önszabályozó *mn* self-adjusting/regulating

önszántából *hsz* of one's own free will, of one's own accord, voluntarily

önszeretet *fn* self-love

önszuggesztió *fn* autosuggestion

önt *i* **1.** *[folyadékot]* pour; **oda ~sd(, ne a kádba)** pour/dump it there (not into the tub); **bort ~ a pohárba** fill one's/sy's glass with wine; **~sünk tiszta vizet a pohárba** let's have it out **2.** *[fémet]* (die-)cast*, found, *[gyertyát]* mould (*US* mold); **szavakba ~** put* sg into words **3. bátorságot ~ vkbe** breathe courage into sy, inspire/fill sy with courage

öntapadó(s) *mn* self-adhesive; **~ tapéta** self-adhesive wallpaper

öntecs *fn* casting block, ingot

öntelt *mn* conceited, self-important/satisfied/complacent, swollen-headed

önteltség *fn* conceit, self-importance/satisfaction

öntés *fn* **1.** *[folyadéké]* pouring **2.** *[fémé]* cast(ing), founding, *[szoboré]* casting, moulding (*US* molding)

öntési *mn* **~ hiba** defect in casting/founding, blister; **~ hulladék** cast scrap

öntet *fn [tésztafélék ízesítésére]* flavouring (*US* -vor-) sauce, *[saláta]* dressing

öntevékeny *mn* self-motivated, *[amatőr]* amateur

öntevékenység *fn* spontaneous/independent activity/action

öntő *fn* → **öntőmunkás**

öntőcsarnok *fn* pouring hall

öntöde *fn* foundry

öntőforma *fn* mould (*US* mold), *[fémből]* die

öntöget *i* keep* (on) pouring

öntöltő *mn* self-charging/feeding/filling

öntőminta *fn* → **öntőforma**

öntőmunkás *fn* foundryman°, foundry hand/worker, metal founder/caster

öntőműhely *fn* foundry

öntörvényű *mn* autonomous, ruled by one's own law *ut*

öntöttacél *fn* cast steel

öntött beton *fn épít* concrete

öntöttvas *fn* cast iron, *[jelzőként]* cast-iron

öntöz *i [utcát, növényt]* water [street, plants], *[gyepet]* sprinkle, hose, *[csatornákkal]* irrigate

öntözés *fn [utcáé, növényé]* watering, *[gyepé]* sprinkling, hosing, *[csatornákkal]* irrigation

öntözési *mn* **~ tilalom** *[esőtlen időszakban]* hose pipe ban

öntözőautó *fn* → **öntözőkocsi**

öntözőberendezés *fn* irrigation plant

öntözőcsatorna *fn* irrigation canal

öntözőkanna *fn* watering can, *US így is:* sprinkling can

öntözőkocsi *fn* water(ing)-car, *US* street-sprinkler

öntözőmű *fn* irrigation works *tsz*

öntudat *fn* **1.** *[eszmélet]* consciousness; **~ánál van** be* conscious, be* in possession of all one's senses/faculties; **nem volt teljes ~ánál** he was not in the possession of all his senses/faculties, he was (nearly) unconscious; **elvesztette ~át** he lost consciousness, he became unconscious, he fainted; **visszanyerte ~át** he recovered/regained consciousness, he came to/round **2.** *[öntudatosság]* (self-)consciousness, self-awareness/respect; **~ra ébred** find* oneself; *[munkásosztály]* become* class-conscious

öntudatlan *mn [állapot]* unconscious, *[tett]* unintentional, spontaneous

öntudatlanság *fn* **1.** *[eszméletlenség]* unconsciousness **2.** *[öntudatosság hiánya]* lack of self-consciousness/awareness/respect

öntudatos *mn* (self-)conscious, self-respecting, *[önérzetes]* self-assured/confident, *[munkás]* class-conscious

öntudatosság *fn* (self-)consciousness, self-awareness, *[munkásé]* class-consciousness

öntvény *fn* cast(ing), mould(ing) (*US* molding)

önuralom *fn* self-command/control/restraint/possession; **nagy ~mal rendelkezik** be* self-possessed; **elveszti önuralmát** lose* control over oneself, lose* one's head, let oneself go

önürítő *mn* **~ tehergépkocsi** tipper truck/lorry

önvád *fn* self-accusation/reproach

önvallomás *fn* confession, avowal

önvédelem *fn* self-defence (*US* -se); **jogos ~** justifiable self-defence; **~ből** in self-defence

önvédelmi *mn* **~ fegyver** gun (carried) for self-defence (*US* -se)

önveszélyes *mn* be* a danger to oneself; **ön- és közveszélyes őrült** raving lunatic, *kif* be* a danger to oneself and the general public

önvezérlés *fn el* automatic control, *kat rep* homing guidance

önvizsgálat *fn* self-examination, introspection; **~ot tart** hold* communion with oneself

önzés *fn* selfishness, ego(t)ism

önzetlen *mn* unselfish, selfless, *[magatartás]* altruistic; **~ ember** altruist; **nem egészen ~ül csinálja** have* an axe to grind

önzetlenség *fn* unselfishness, selflessness

önző I. *mn* selfish, ego(t)istic, self-centred (*US* -centered); **~ célja van vele** *kif* have* an axe to grind; **~ érdekből** for selfish ends; **~ szempontok** selfish motives/reasons **II.** *fn* ego(t)ist, self-seeker

őr *fn ált* keeper, guard, watchman°, *[börtön]* warder, turnkey, *[hajón]* watch-keeper, *kat* sentry, sentinel, *átv* guardian, protector; **~t áll** be* on the watch, keep* guard (over sg); *kat* be*/stand* on guard, be* on sentry duty; **~t állít** post a sentry

őrá *hsz* on/to her/him; **bízd ezt ~** leave that to her

őrálló *fn* sy on guard

őrállomás *fn* (sentry) post

őrangyal *fn* guardian angel

őrbódé *fn* cabin, shelter (for watchman), *kat* sentry-box

ördög *fn* devil; **a nyomda ~e** typographical gremlin(s); **ki az ~ jön ilyenkor?** who the hell is it at this hour?; **szegény ~** poor devil/beggar; **vigyen el az ~!** the devil take you!; **veri az ~ a feleségét** it's rain and shine together; **az ~ nem alszik** you never can be too careful; **az ~be is!** hang/damn/confound it!, hell!; **ezzel az úttal tartoztam az ~nek** it was a fool's errand; **hol az ~ben van?** where on earth is he/it?; **hol az ~ben voltál?** where the hell have you been?; **mi az ~öt csinálsz?** what the hell do you think you're doing?, what (the hell) do you think you're playing at?; **nem jó az ~öt a falra festeni** talk of the devil (and he will appear)

ördögfióka *fn [gyerekről]* little imp/devil

ördögi *mn* devilish, diabolical; **~ kör** a vicious circle

ördöngös *mn* **1.** *[megszállott]* possessed by the devil *ut*, obsessed **2.** *átv [ügyes]* fiendishly/diabolically clever; **~ fickó** a devil of a fellow

ördöngösség *fn [megszállottság]* being possessed by/of the devil

öreg I. *mn* **1.** *ált* old, *[koros]* aged, elderly; **~ bácsi** an old gentleman; **~ ember** an old (v. *tapintatosabban:* elderly) man°, a rather old man; **~ ember nem vén ember** *biz* there's life in the old dog yet → **öregember**; **~ fiú** old boy; **~ harcos** veteran; *iron* **az ~ lány** the old girl/lady; **félretesz ~ napjaira** put* sg by/away (v. be* saving) for one's old age; *biz* **~ szivar** old boy **2.** *nép elav [nagy]* big, large; **~ este** late in the evening; *biz* **ez aztán ~ hiba** that's too bad, that's a real howler **II.** *fn* old man°, greybeard; *biz* **az ~** (i) *[vk apja]* the old man (ii) *[főnök]* the boss; **hé, ~, ide figyelj!** yo/hey, man/mate(y); **az ~ek** (i) old/elderly people, the old/aged (ii) *[biz a szülők]* mother and father, *US* (sy's) folks; **~ek otthona** old people's home, old-age home, *biz* old folks' home; **~ek napközi otthona** day centre (*US* -er) (for old people); **~em!** I say (v. listen) old chap/thing/boy; → **öregebb**

öreganya *fn nép* grandmother; **~m!** I say grandma!

öregapa *fn nép* grandfather

öregasszony *fn* old woman°

öregbít *i [vk hírnevét]* enhance [sy's reputation]; **családja jó hírét ~i** (s)he is a credit to his/her family

öregdiák *fn* old boy, graduate, *US* alumnus (*tsz* alumni)

öregebb *mn* older, *[családon belül]* elder; **az ~ testvérem** my elder brother/sister; **ő ~, mint én** he is older than I am (v. than me); **két évvel ~ nálam** he is two years my senior (v. older than me); → **öreg**

öregedés *fn* ag(e)ing, growing old

öreged|ik *i* → **öregszik**

öregember *fn* old man°; → **öreg**

öreges *mn* elderly, of old age *ut*

öregít *i* **1.** *[öltözet vkt]* make* sy look older **2.** *[öregebbnek mond]* make* sy/oneself out to be older than (s)he is

öregkor *fn* old age; **késő ~ban** in one's declining years

öregkori *mn* old-age, of old age *ut*, *orv* senile; **~ biztosítás** old-age insurance; **~ gyengeség** senility, senile, weakness/decay; **~ nyavalyák** the afflictions of old age; **~ távollátás** presbyopia

öreglegény *fn* bachelor

öregség *fn* old age, age; **nem látszik rajta az ~** he does not look his age

öregségi *mn* old-age, of old age *ut*; **~ nyugdíj** old-age pension, retirement pension

öregsz|ik *i* grow* old, age (*l. mn igenév* ageing v. aging), be* growing old, be* getting on (in years), be* advancing in years; **érzem, hogy ~em** I feel my age/years

öregszülők *fn nép* grandparents

öregujj *fn [lábon]* big toe

öregúr *fn biz* old gentleman°

őrgróf *fn* marquis, marquess

őrgy. *röv* → **őrnagy**

őrhajó *fn* patrol/guard-boat, vedette(-boat)

őrház *fn ált* watchman's hut/house, *kat* sentry-box, *vasút* signal-box, *US* signal tower

őrhely *fn* post, *átv* watch, post

őriz *i* **1.** *ált* watch (over), guard, take* care of, keep* an eye on, keep* a watch over/on; *sp [játékost]* mark; **nyájat ~** tend a flock; **Isten ~z!** God forbid!; **őrzi az ágyat** be* laid up, keep* to one's bed; **vmnek/vknek az emlékét őrzi** cherish the memory of sg/sy **2.** *[használatra]* keep* (for use), preserve **3.** *sp [vkt futballban] kif* do* the shadowing

őrizet *fn* **1.** *[megőrzés]* care, protection, charge, safety; **vmt vk ~ére bíz** entrust sg to (the care of) sy, place sg in the custody of sy; *[értéket]* leave* sg in safe custody **2.** *[rendőri]* custody; **~ alatt van** be* in (police) custody; **~be vesz vkt** detain sy, take* sy into custody; **~be vették** (s)he is (v. has been) detained, (s)he has been taken into custody; **~be vétel** detention, seizure, arrest, custody; **~be vett személy** detainee; **~ben van** be* in (police) custody **3.** *[kíséret, kat stb.]* escort

őrizetes *fn* detainee

őrizetlen *mn* unguarded; **~ül hagy** leave* sg unattended; **~ül hagyott** unattended; **~ül hagyott csomag** a bag left unattended

őrizked|ik *i* (*vmtől*) guard against sg, (*vktől*) be* on one's guard against sy, *[tartózkodik vmtől]* refrain from sg; **~jünk a zsebtolvajoktól** beware of (v. watch out for) pickpockets; **~ik a véleménynyilvánítástól** refrain from committing oneself, *biz* sit* on the fence

őrjárat *fn [a szolgálat]* patrol, *[a körlet]* beat; **~on van** go*/be* on patrol, patrol, be* on guard duty, *GB* be* on sentry-go

őrjít *i* **ne ~s!** you're driving me to distraction, stop it!, *US* stop bugging me!

őrjítő *mn* maddening, *[fejfájás, fogfájás]* raging [headache, toothache]

őrjöng *i* rave, be* delirious/mad, rage; **~ a dühtől** be* raging/raving with anger

őrjöngés *fn* (ranting and) raving, fit of madness, rage

őrjöngő *mn* raving (mad)

őrködés *fn* watch(ing), guarding, care

őrköd|ik *i* **1.** *[őrségben]* watch over, keep* guard over, stand* watch/guard over, keep* watch **2.** (*vkre/vmre*) take* care of sy/sg, keep* an eye on sy/sg, look after sy/sg

őrláng *fn* pilot light

őrlemény *fn* milling product, grist

őrlés *fn* grinding, milling (of corn)

őrlési *mn* milling

őrlő I. *mn* grinding, milling **II.** *fn* **1.** → **őrlőgép 2.** → **őrlőfog**

őrlőd|ik *i* **1.** *[gabona]* be* ground **2.** *átv* wear* (v. be* worn) away; → **malomkő**

őrlőfog *fn* molar, grinder

őrlőgép *fn* grinding/milling machine, grinder, mill

őrm. *röv* → **őrmester**

örmény *mn/fn* Armenian; **~ nyelvű/nyelven** in Armenian *ut*

Örményország *földr* Armenia
őrmester *fn* (*röv* **őrm.**) sergeant (*röv* Sergt., Sgt.); **rendőr ~** police sergeant
őrnagy *fn* (*röv* **őrgy.**) major (*röv* **Maj.**)
őrnaszád *fn* patrol-boat
óróla *hsz* on/about her/him; **~ szól ez a történet** this is his story, this story is about him
örök I. *mn* **1.** *ált* eternal, *[örökkévaló]* everlasting, *[állandó]* permanent; **~ áron elad** sell* sg in perpetuity (v. for ever); *vall* **~ élet** eternal life, life everlasting; **~ életére** for the rest of one's life; **~ életű** of life everlasting *ut*, eternal, immortal; **az ~ emberi** the human factor; **~ értékű** → **örökbecsű**; **~ érvényű** eternal, never-changing; **~ érvényű igazság** eternal truth; **az ~ hó határa** snow-line; **~ időkre** for ever; **~ időktől fogva** from/since time immemorial; **~ igazság** eternal truth **2.** *[folytonos]* perpetual, unending, ceaseless, endless, continual **II.** *fn* **~be ad vmt vknek** give* sy sg for good; **~be fogad** adopt; **~be fogadott gyermek** adopted child°; **~be fogadó szülők** adoptive parents; **~ébe lép** (i) *[örökséget átveszi]* come* into property, inherit sg from sy, become* sy's heir (ii) *átv* succeed/follow sy, take* over (from sy), *biz* step into sy's shoes; → **harag**, → **örökre**, → **örökül**
örökbecsű *mn* of lasting/imperishable value *ut*, precious
örökbefogadás *fn* adoption
örökbefogadó *fn* **az ~k** the adoptive parents
örökbefogadott *fn* adoptee, adopted child°
örökhagyó *fn jog* testator, *[nő]* testatrix
örökifjú *mn* ageless, perennially youthful
örökít *i* → **örökül hagy**
örökjáradék *fn* perpetual annuity, perpetuity
örökjog *fn jog* law of succession/inheritance, right of inheritance
örökké *hsz* **1.** *[örökre]* eternally, for ever; **semmi sem tart ~** nothing lasts for ever; **~ tart** last for ever; **~ tartó** everlasting, imperishable, eternal **2.** *[folytonosan]* continually, perpetually; **~ csak azt hajtogatja** be* always harping on sg (v. on the same theme/string); **~ csak kártyázik** he does nothing but gamble (v. play (at) cards); **~ csak morog** he is for ever grumbling
örökkévaló *mn* eternal, everlasting, *[nem vall]* perennial
örökkévalóság *fn* eternity, everlastingness, perpetuity; **egy ~nak tűnt** it seemed like an eternity; **egy ~nak tűnik majd, olyan sokáig nem fogom látni** I shan't see him for ages
örökkön-örökké *hsz vall* for ever and ever, world without end
öröklakás *fn* owner-occupied flat, *US* condominium; **~ tulajdonosa** owner-occupier
öröklés *fn* succession, inheritance; **~ útján** by right of succession/inheritance
öröklési *mn* **~ jog** → **örökjog**
örökléstan *fn* genetics *esz*
öröklét *fn* eternal life, eternity
örökletes *mn [betegség, hajlam]* hereditary; **~ a családban** ... runs in the family
öröklőd|ik *i* **1.** *[betegség, tulajdonság]* be* hereditary, run* in the family **2.** *[vagyon]* be* handed down
öröklődő *mn* → **örökletes**
öröklött *mn* **1.** *[vagyon]* inherited, hereditary **2.** *[hajlam]* hereditary, inborn, innate; **~ hajlam vmre** (hereditary) predisposition to sg; **~ tulajdonság** inherited quality, strain
örökmécses *fn* sanctuary lamp
öröknaptár *fn* perpetual calendar
örököl *i* **1.** inherit (sg), come* into [a fortune/legacy v. money], be* heir to; (*vktől vmt*) inherit sg from sy, be* the heir of sy; **~t egy házat** (s)he inherited a house; **nagy vagyont ~t** (s)he came into (v. inherited) a fortune **2.** *átv* **anyjától ~te a zenei tehetséget** he inherited his musical gift from his mother
örökölhető *mn [vagyon stb.]* (in)heritable, hereditable; → **örökletes**
örökös[1] *mn* **1.** *[folytonos]* perpetual, unending, ceaseless, continual, constant; **~ veszekedés** endless quarrelling (*US* -l-) **2.** *[örök]* eternal; **~ tag** *[társaságban]* life member (of sg); **az Operaház ~ tagja** a permanent/life member of the Opera House Company
örökös[2] **I.** *fn* heir, inheritor, *[nő]* heiress; **általános ~** heir general, sole/universal/only heir, heir-at-law; **feltétlen ~** heir apparent; **törvényes ~** rightful/legal heir, heir-at-law; **végrendeleti ~** testamentary heir; **~évé teszi** make* sy one's heir, appoint sy as one's heir **II.** *mn tört* hereditary; **~ tartományok** hereditary provinces
örökösödés *fn* inheritance, succession
örökösödési *mn* **1.** *jog* **~ illeték** *ált* death duty, *GB* capital transfer tax [on gifts after sy's death], inheritance tax, *US* death/estate tax **2.** *tört* **~ háború** war of succession
örököstárs *fn* co-heir, joint heir, *[nő]* co-heiress, joint heiress
örökre *hsz* for ever (and ever), for good, *[kap vmt] biz* for keeps
örökrész *fn* portion (of an/the inheritance), inheritance, hereditary portion
örökség *fn* inheritance, *US* estate, *[ingóvagyon-hagyaték végrendeletileg]* legacy, bequest, *[ingatlan]* devise; **szellemi ~** spiritual heritage; **~ből kizár** disinherit, deprive of succession; **~ből kizárás/kirekesztés** disinheritance; **~ről lemond** abandon/relinquish one's claim to an estate; **~et átvesz** come* into one's property; **~ül hagy** → **örökül hagy**
örökszép *mn* ever-beautiful
öröktől fogva *hsz* from/since time immemorial
örökül *hsz* **~ hagy** leave* sg by will; *[ingatlant]* devise, *[főleg ingóságot]* bequeath; **~ hagyás** a bequest of sg; **~ jut vkre** devolve on sy, fall* to the share of sy
örökvaku *fn fényk* flashgun, flash
örökzöld *mn növ* és *átv* evergreen; **~ növények** evergreens
őröl *i [gabonát, kávét]* grind*, mill; **finomra ~** pulverize; **vm vk idegeit őrli** it grates on one's/sy's nerves; → **malom**
őrölt *mn* ground; **~ kávé** ground coffee
öröm *fn* joy, pleasure, gladness, happiness, delight, *[örvendezés]* rejoicing; **~ volt őt hallani** it was a pleasure to hear him; **nagy ~ (volt) ez számomra** this/it gives me great pleasure; **anyai ~ök elé néz** be* expecting (a baby); **az élet ~ei** the joy(s) of life; **búban és ~ben** for better for worse, in joy and in sorrow; **~ében sír** she is crying for/with joy; **~ömre szolgál** it is a great pleasure for me to ..., I am delighted to hear/learn (that), I'm very pleased to ...; **vk nagy ~ére** much to the delight of sy; **~et szerez vknek** please/delight sy, afford/give* sy (great) pleasure; **~ét leli vmben** take* pleasure in sg, enjoy sg, delight in sg; **elrontja vk ~ét** mar sy's joy, spoil* sy's pleasure; **~től sugárzó arccal** with a beaming face, (with a face) beaming/radiant with joy; **túlárad az ~től** bubble over with joy, be* overjoyed (at); **oda van az ~től** be* wild with joy; **~mel** gladly, with pleasure; *[készséggel]* most willingly/readily; **~mel hallom** I am delighted to hear/learn (that); **~mel jövök** I shall be pleased/glad to come; **~mel tudatom/jelentem, hogy** ... I have great pleasure in informing you that ..., I am pleased to (be able to) tell you that; **legnagyobb/kész/ezer ~mel** with (the greatest of) pleasure in informing you that ..., I am pleased to (be able to) tell you that ...; **tele ~mel** full of joy; **~mel megyek** I'm glad/happy (v. delighted) to go; **~mel teszek eleget a meghívásnak** I am glad to accept the/your invitation (to); **~mel látjuk ebédre** *[meghívón]* we request the pleasure of your company to dinner; **~mel várjuk a találkozást** we look (v. we're looking) forward to seeing/meeting you
örömanya *fn* bride's/bridegroom's mother [at the wedding]
örömapa *fn* bride's/bridegroom's father [at the wedding]
örömérzet *fn* feeling of joy

örömest *hsz* with pleasure, willingly, gladly
örömhír *fn* good news *esz*, glad tidings *tsz*
örömittas *mn* overjoyed, in an ecstasy of joy *ut*, delirious with joy *ut*
örömkönny *fn* **~eket sír** shed* tears of joy, weep* for joy
örömI(e)ány *fn* woman° of pleasure, street-walker
örömmámor *fn* ecstasy, rapture; **~ban úszik** be* overjoyed, be* in an ecstasy of joy/delight, be* beside oneself with joy
örömnap *fn* day of joy/rejoicing
örömrepesve *hsz* thrilled/flushed with joy, overjoyed
örömrivalgás *fn* shouts of joy *tsz*, cheers *tsz*, cheering
örömszülők *fn tsz* parents of the bride and bridegroom [at the wedding]
örömtanya *fn* house of ill repute/fame
örömtelen *mn* joyless, cheerless, mirthless; **~ élet** drab/dreary/dull life°, life° without joy
örömteli *mn* joyful, joyous, glad, merry, jolly, full of joy *ut*
örömtűz *fn* bonfire
örömujjongás *fn* jubilation, exultant joy, acclamations of joy *tsz*
örömünnep *fn* festival, high day, jubilee
őrparancsnok *fn* commander of the guard, guard commander
őrs *fn* **1.** *kat* sentry, sentinel **2.** *[cserkész]* (scout) patrol
őrség *fn kat* guard, watch, *[hely, vár]* garrison, *[sztrájknál]* picket; **~en van** be* on sentry duty; *kat* **~et áll** be*/stand* on guard, be* on sentry duty; *[sztrájknál]* be* on picket-duty; *kat* **~et állít** post a sentry, mount guard; *[sztrájknál]* picket
őrségváltás *fn kat* changing of the guard
őrsparancsnok *fn kat* officer in command of a post (v. an outpost)
őrsvezető *fn [cserkész]* patrol leader
őrszem *fn kat* sentry, sentinel, guard
őrszemes *mn* **~ rendőr** policeman° on point-duty
őrszó *fn* catchword
őrszoba *fn kat* post, guard-room, *[rendőri]* police station
őrszolgálat *fn* sentry/guard duty, watch, *[rendőri, helyhez kötött]* point-duty
őrszolgálatos *mn kat* on sentry duty *ut*; → **őrszemes**
őrtorony *fn* watch-tower, lookout
örül *i* (*vmnek*) rejoice at/over (sg), be* glad (that .../of sg), be* delighted (that .../at/with sg), be* pleased (that .../with sg); **~, hogy** ... be* delighted/pleased that/to ...; **nagyon ~** be* very happy/glad; **nagyon ~ök, hogy** ... I'm very pleased [to go etc. v. you've come etc.]; **előre ~ vmnek** look forward to (doing) sg; **~ök, hogy láthatom** (I am) glad/pleased (v. very pleased) to see you; **~ünk, hogy rövidesen találkozhatunk/láthatunk** we look (v. we're looking) forward to seeing you soon; **~ök, hogy megismerhetem** *[bemutatásnál]* pleased to meet you; **igen ~ök neki** I am very glad; **~jön neki, hogy otthon maradt** you can be glad that you stayed at home, you are lucky you didn't go; **~nénk, ha elfogadná** we should be glad if you accepted it, we should be glad if you would accept it; **nem igazán ~ök a gondolatnak** I'm not really happy with the idea of/that
őrület *fn* madness, insanity, *tud* dementia; **vallási ~** religious mania; **tiszta ~!** sheer madness!; **~be kerget vkt** drive* sy mad
őrületes *mn* terrific, incredible; **~ fejfájás** splitting/raging headache; **~ iram** terrific speed; **~ összeg** tremendous sum
őrült I. *mn* (*vk*) mad, insane, deranged, *biz* crazy, (gone) off one's head *ut*, *[igével]* be* out of one's mind, *[cselekedet]* foolish, stupid, senseless; **~ iramban** at breakneck speed; **~ siker** sweeping/overwhelming success; *biz* **~ spanyol** mad as a hatter; **~ szerencse** uncommon/fantastic luck **II.** *fn* madman°, maniac, lunatic; **csendes ~** harmless lunatic; **dühöngő ~** raving lunatic **III.** *hsz* **~(en)** madly, extremely, out of all proportion; *biz* **szabályos ~** he's certifiable; **~ gyorsan** in a jiffy/trice, double-quick; **~ jól** extremely well, *biz* like nobody's business; **~ kellemetlen** extremely/very awkward; *kif* it's a terrible nuisance; **~ sok** huge/tremendous amount of, lots/heaps of; **~(en) szerelmes** be* madly in love (with sy), *biz* be* gone on sy
őrültekháza *fn* lunatic asylum, mental home/hospital, *átv* bedlam
őrültség *fn* madness, lunacy, insanity, frenzy; **ez (tiszta) ~!** this is sheer madness!
örv *fn* **1.** → **nyakörv 2. vmnek az ~e alatt** under the guise of sg, on/under the pretext of (doing) sg; **a barátság ~e alatt** under the guise of friendship
örvend *i* **1.** *[örül vmnek]* rejoice (at/over sg), be* glad (of sg), be* delighted (at sg), be* pleased (with sg); **~ek a szerencsének** *[bemutatásnál]* very pleased to meet you **2.** *átv* **vmnek ~** *[magáénak mondhat]* enjoy/have*/possess sg; **jó egészségnek ~** enjoy (v. be* in) good health; **jó hírnévnek ~** have* a good reputation/name
örvendetes *mn* pleasing, happy, fortunate; **~ hír** welcome/good/happy news; **nagyon ~, hogy** ... it is a good thing that ...
örvendező *mn* glad, rejoicing, joyful
örvendez, örvendez|ik *i* rejoice; → **örül**, → **örvend**
örvény *fn* **1.** *[vízé]* whirlpool, eddy **2.** *átv* whirl, turmoil; **az ~ szélén áll** stand* on the edge of a/the precipice, teeter on the edge/brink of disaster/ruin, be* on a/the slippery slope
örvényl|ik *i* whirl, swirl, eddy
őrvezető *fn kat GB* lance corporal, *US* private first class
örvös *mn* ringed, ring-necked; **~ galamb** ringdove, wood pigeon; **~ medve** bear of Tibet
őrzés *fn* watching, guarding, (safe-)keeping, custody
őrzési *mn* **~ díj** *kb.* guarding/warden charge/fee
őrző I. *mn* guarding, keeping **II.** *fn* **1.** *ált* guard, preserver, watcher; **vk ~je** *[futballban, kif]* do* the shadowing **2.** *orv* intensive care (unit)
őrzőangyal *fn* guardian angel
őrző-védő *mn* **~ szolgálat** security guards *tsz*, *[ha egy vk]* security man°/guard
ős *fn* **1.** ancestor, forefather, forebear, progenitor; **az ~ök** the ancestors; **~eink** our fathers/ancestors **2.** *szl* **az ~ök** *[szülők]* old lady/man, *US* folks
ős- *előtag [nagyon régi]* ancient, *[ősökkel kapcsolatos]* ancestral, *[eredeti]* proto-, original, primeval, primordial, primitive
ősállapot *fn* primitive/original state
ősállat *fn* primitive/prehistoric animal
ősanya *fn* ancestress
ősanyag *fn* primary matter
ősapa *fn* ancestor, forefather
ősbemutató *fn* world première
ősegyház *fn* the Early/Primitive Church
ősember *fn* primitive man°, caveman°
őserdő *fn* virgin forest, jungle; **trópusi ~** rain-forest
őseredeti *mn* primeval, primordial, primitive
őserő *fn* force (of nature), elemental force
ősfoglalkozás *fn* primitive/primeval occupation
ősforrás *fn* (original/primary) source/spring
őshaza *fn* original/early home(land)
őshonos *mn* indigenous (to), native (to)
ősi *mn [nagyon régi]* ancient, *[ősök idejéből származó]* ancestral, *[eredeti]* original, primeval; **~ ház** ancestral home/seat; **~ szó** native word; **~ szokás** ancestral custom, tradition; **~ vár** ancient castle
ősidők *fn tsz* bygone days, olden/ancient times; **~ óta, ~től fogva** from time immemorial
ősiség *fn tört* entailment
őskeresztény *fn* primitive/early Christian
őskor *fn tört* prehistoric/primitive age, prehistory
őskori *mn* prehistoric, primitive, ancient; **~ lelet** fossil
őskorkutató *fn* researcher of prehistoric studies (v. prehistory)
őskőkori *mn* Palaeolithic (palaeo- *is*; *US* -leo-), Eolithic

Ö

őskőkorszak *fn* Palaeolithic (palaeo- *is; US* -leo-), Old Stone Age
ősköltészet *fn* ancient poetry
őskőzet *fn* primitive/primary rocks *tsz*
ősközösség *fn* primitive community/society, primitive communism
őslakó *fn* original inhabitant/settler, native; **~k** aborigines
őslakosság *fn* original inhabitants/settlers *tsz*, aborigines *tsz*
őslény *fn* primitive/primordial being, fossil
őslénytan *fn* palaeontology (*US* paleon-)
őslénytár *fn* fossil collection
ősmagyar *fn* ancient Hungarian, proto-Magyar/Hungarian; **~ kori** of the proto-Magyar period *ut*
ösmer *i* → **ismer**
ősmonda *fn* cosmogonic legends *tsz*
ősnemzés *fn* abiogenesis, autogenesis
ősnyelv *fn* protolanguage
ősnyomtatvány *fn* incunabula *tsz* (*esz* incunabulum), incunable
ősok *fn* primary cause
ősrégészet *fn* primitive archaeology (*US* arche-)
ősrégi *mn* (very) old/ancient, age-old, of great antiquity *ut*
őserengeteg *fn* virgin forest
ősszülők *fn tsz* ancestors, forefathers
őstársadalom *fn* primitive society
őstehetség *fn* talent, a natural-born/born musician/artist, etc., a natural
őstermelő *fn* primary producer, (local) farmer (selling his/her own produce)
őstermelői *mn* **~ igazolvány** *kb.* primary producer's license
őstermészet *fn [emberé]* basic traits *tsz*
őstípus *fn* archetype, prototype
őstörténet *fn* prehistory, early history
ősvadon *fn* virgin forest
ösvény *fn* path; **a kitaposott ~en halad** go*/walk on (v. follow) the beaten track
ősvilág *fn* prehistoric/primeval/primitive world, prehistoric ages *tsz*
ősz[1] *fn [évszak]* autumn, *US* fall; **1983 ~én** in the autumn/fall of 1983; **~re** by autumn/fall; **az ~re** for the autumn/fall; **ősszel** in autumn, *US* in (the) fall; **az ősszel** this autumn/fall; **múlt ősszel** last autumn/fall; **jövő ősszel** next autumn/fall
ősz[2] *mn/fn [szín]* grey(-haired), *US* gray, *[ezüstös]* silver-headed; **~ eleje** → **őszelő**; **~ fejű** grey/white-haired, gray-headed, *US* gray- etc., hoary; **~ haj** grey (*US* gray) hair; **~ hajú** grey-haired (*US* gray-); **~be csavarodik/vegyül a haja** he is turning/going grey/gray
őszelő *fn* early autumn, *US* early fall
őszentsége *fn* His Holiness [the Pope]
őszerinte *hsz* according to him, in his opinion
őszes *mn* greyish, *US* grayish, touched with grey/gray *ut*
őszi *mn* autumnal, autumn, of autumn *ut*, *US* fall, of fall *ut*; **~ árpa** winter/autumn barley; **~ búza** winter/autumn wheat; *növ* **~ kikerics** autumn crocus, meadow-saffron; **~ szántás** autumn ploughing (*US* plow-); **~ szél** autumn wind; **~ vetés** (i) *[eredménye]* winter-corn (ii) *[folyamata]* sowing of the winter-corn
őszibarack *fn* peach
őszies *mn* autumn, autumnal
őszike *fn* → **őszi kikerics**
őszinte *mn* sincere, frank, candid, open-hearted, plain-spoken, straightforward; **~** (*vkvel*) be* plain/open with sy; **ha egészen ~k akarunk lenni** to be quite frank; **~ beszéd** plain talk, straight talking; **~ híve** *[levélben]* Yours sincerely/faithfully, . . .; *főleg: US* Sincerely/Faithfully yours, . . .; **~ köszönet** heartfelt thanks *tsz*; **fogadja ~ részvétemet** accept my deepest sympathies; **~ tisztelettel** *[levélben]* Yours truly/sincerely, . . .; *főleg: US* Sincerely yours, . . .; **~ vélemény** honest/candid opinion; **nem ~** insincere
őszintén *hsz* sincerely, frankly, openly, candidly; **~ beszél** speak* sincerely, speak* one's heart/mind; **~ megmondja véleményét** he speaks quite openly, he speaks straight from the heart; **~ szólva** frankly, . . .; to tell the truth, frankly speaking, to put it bluntly, to be (quite) frank, speaking in all sincerity
őszinteség *fn* sincerity, frankness, candour (*US* -or), openness; **~ hiánya** insincerity
őszintétlen *mn* insincere
őszirózsa *fn* aster, Michaelmas daisy
össz I. *előtag* total, global, general **II.** *mn* **ez az ~ vagyonom** that's all I've got
összállomány *fn* total stock
összamerikai *mn* Pan-American
összbenyomás *fn* general/overall impression
összbevétel *fn* total income
összbirodalom *fn* the empire, commonwealth
összbüntetés *fn* sum total of sentences imposed
össze- *előtag* together *[l. az igéket]*
összead *i* **1.** *[számokat]* add (up/together) [figures], *biz* tot up **2.** *[pénzt vmre]* raise [a sum] by contributions, contribute (towards), club together; **a család ~ta a pénzt az új kocsira** the family clubbed together to buy a/the new car **3.** *[összeesket]* marry, wed **4.** *biz* **~ja magát vkvel** take*/join up with sy
összeadandó *mn/fn mat* **az ~k** the addable sums
összeadás *fn mat* addition
összeakad *i* **1.** *[2 tárgy]* get* caught/stuck (on/in sg) **2.** *biz* (*vkvel*) come* across sy, run*/bump into sy
összeakaszkod|ik *i* (*vk vkvel*) pick a quarrel with (sy), *[két bokszoló]* clinch
összeakaszt *i* fasten/hook together/up, *[járműveket]* hitch/couple [carriage] on to (another)
összeáll *i* **1.** *[csoportba, társaságba]* assemble, gather/get* together, *[munkára]* team up with sy, *[egyesül]* unite, combine efforts (to do sg), join forces with sy **2.** *[vadházasságban]* take* up with sy **3.** *[ami folyós]* set*, thicken, coagulate, congeal, *[kötőanyag]* bind* **4.** *biz* **~ a kép** *[világossá válik]* fall* into place
összeállít *i* **1.** *[darabokat, részeket]* assemble, put*/fit together, *[gépet, szerkezetet]* assemble, fit together, *[orvosságot]* make* up [the prescription, medicine]; **sebtiben ~** *[házat stb.]* throw* up, run* up **2.** *[bizottságot]* set* up [a committee], *sp [csapatot]* form, pick, field [a team], *[kormányt]* form [a government] **3.** *[írásművet, bibliográfiát stb.]* compile, *[kollekciót]* put* together, make* up [a collection], *[listát]* draw* up [a list], *[műsort]* draw* up, organize, arrange [a/the programme], *[tervet]* draw* up [a scheme]; **~otta** . . . compiled by . . .
összeállítás *fn* **1.** *[gépeké]* assembling, fitting together, setting up, *[orvosságé]* making up **2.** *[mint folyamat, bizottságé]* setting up, *[csapaté]* selecting, *[kormányé]* forming, *[műsoré]* drawing up, organizing, arranging, *[tervé]* drawing up **3.** *[a folyamat eredménye, ált és gépeké]* assembly, assemblage, *[bizottságé]* set-up, *sp [csapaté]* arrangement, *[futball]* line-up **4.** *[írásműé]* compilation, *[listáé]* list, *[műsoré]* line-up, arrangement, *[tervé]* draft
összeállítható *mn [alkatrészek]* do-it-yourself, self-assembly; **könnyen (otthon is) ~ bútor** easy home assembly furniture, easily assembled furniture
összeaprít *i* break*/cut* into small pieces, *[fát]* chop (up)
összeasz|ik *i* dry up, shrivel (*US* -l), wither
összeáz|ik *i* get* (dripping) wet, get* wet through, get* soaked
összebalhéz|ik *i szl* (*vkvel*) fall* out with sy, have* a row with sy
összebarátkoz|ik *i* (*vkvel*) make* friends with sy, become* friends, *biz* take*/pal up (with sy)
összébb *hsz* closer, more closely, closer together; **~ húzódik** draw* closer (together/to each other); → **nadrágszíj**

összebékít *i* reconcile [two people], bring* together, make* it up (between)
összebékül *i* be(come)* reconciled (with sy), *[emberek, népek]* make* peace (with sy), *[személyek]* make* one's peace with sy; **~tünk** we both agreed to make our peace
összebeszél *i* **1.** *(vkvel)* agree to do sg (on sg/on doing sg); **~tek, hogy korán indulnak** they agreed to leave/start early, they agreed on (making) an early start **2.** *(vkvel) [vm rossz elkövetésére]* plot to do sg, connive/conspire together (v. with each other) (to do sg) **3. mindenfélét ~** talk nonsense/rubbish, rant; → **tücsök**
összebogoz *i* **1.** get* sg tangled up; **~ódik** get* tangled up **2.** *átv* confuse, tangle up
összebombáz *i* bomb, plaster with bombs
összebonyolít *i* confuse, complicate, cloud [the issue]
összebonyolód|ik *i* get* tangled (up), get* complicated/confused/entangled
összeboronál *i biz* fix sy up with sy, get sy off with sy
összeborzad *i* shiver *(vmtől* with); **~ vm láttára** shudder at the sight of sg
összeborzol *i [hajat]* ruffle, tousle, *US* muss (up) [one's hair]; **a szél ~ja a haját, ~ódik a haja a széltől** be*/look (very) windswept, one's hair gets dishevelled/tousled by the wind
összebúj|ik *i [fázósan]* huddle together, *[szerelmesen]* cuddle/snuggle up to each other, *[sugdolózva]* put* their heads together, go* into huddle (wity sy)
összecsap *i* **1.** *[kezet]* clap, *[bokát]* click [one's heels]; **~ja a kezét** (i) *[méltatlankodva]* make* a gesture of protest (ii) *[csodálkozva]* throw* up one's hands in astonishment **2.** *biz [munkát]* knock off, knock/throw* (sg) together, do* sg all anyhow, polish sg off, *[írásművet]* throw* (sg) together; **sebtiben ~ott egy ebédet** (s)he whipped/knocked up some/a lunch **3.** *[könyvet]* shut*/close with a bang **4.** *[ellenféllel]* join battle with, clash (with), *[vívásban és átv]* cross swords **5. ~tak a feje fölött a hullámok** the waves dashed/broke over his head
összecsapás *fn [fegyveres]* clash, collision, *[politikai]* clash
összecsapód|ik *i* clash (together), close with a bang
összecsapott *mn* slap-dash [work], botched [job]
összecsatol *i ált* connect, bind* (together), link up, *[csattal]* buckle, *[kapoccsal]* clip together, *[vasúti kocsikat]* couple [carriages]
összecsavar *i* roll/coil (up)
összecsavarod|ik *i* twist up, get* tangled (up), be* rolled up
összecsendül *i [poharak]* clink
összecseng *i* harmonize, *[rímel]* rhyme; **a vers sorai ~enek** the lines of the poem rhyme
összecserél *i (vmt vmvel)* confuse sg with sg, mix up sg with sg v. mix sg up with sg, *(vkt vkvel)* mistake* sy for sy; **össze lehet cserélni a bátyjával** you can't tell him from his brother; **~ődik** be*/get* mixed up
összecsinál *i* **~ja magát** *biz* make* a mess in one's trousers (*US* pants)
összecsókol *i* kiss sy repeatedly, cover (sy) with kisses
összecsókolódz|ik *i (vkvel)* kiss each other
összecsomagol *i [utazásra]* pack (up), *(vmt)* do*/tie up sg into a parcel; **~tál már?** have you packed (your suitcase) yet?, have you packed up yet?
összecsomósod|ik *i* **1.** *[zsineg]* become* knotted, get* tangled (up), *[vizes haj]* mat **2.** *[tej]* clot, curdle, *[egyéb]* go* lumpy
összecsődít *i* herd together, assemble
összecsődül *i* gather in a crowd, assemble
összecsuk *i* **1.** *[becsuk]* close, shut*, *[összehajt]* fold (up); *[esernyőt]* furl (an umbrella) **2.** *biz [két embert]* lock up together
összecsukható *mn* folding(-), collapsible, *[igével]* sg that collapses (v. folds up); **~ ágy** folding-bed, foldaway bed; **~ csónak/kajak** foldboat, faltboat *(német* Faltboot), collapsible boat; **~ ernyő** telescopic umbrella; **~ szék** folding chair
összecsukl|ik *i* collapse, *[fáradtságtól]* drop (down); **~ott** his knees gave way; **majd ~ott a fáradtságtól** (s)he was fit/ready to drop
összecsukód|ik *i* fold, shut*, close
összecsukós *mn* → **összecsukható**
összedob *i* **~nak (egy kis) pénzt** they decided to chip in (with some money)
összedobál *i* throw*/fling*/sling* [things] together
összedolgoz *i [ruhadarabokat]* sew* together, *[tésztát]* knead together
összedolgoz|ik *i* **1.** *(vkvel)* work together (with sy), collaborate *(vmn* on) **2.** *biz* **sokat ~ik** he gets through a lot of work
összedől *i [ház, fal]* collapse, tumble down, crumble; **egy világ dőlt össze benne** he was deeply disappointed
összedőlés *fn* collapse, tumbling down, crumbling; **~sel fenyeget** be* on the point of collapse; *[ház]* be* ramshackle
összedönt *i* shatter, knock/throw* down/over
összedörzsöl *i* rub together
összedrótoz *i* fasten together with wire
összedug *i biz* **~ják a fejüket** they put their heads together
összeég *i* **1.** *[testrész]* burn* one's hand etc., be* burnt **2.** *[étel]* has burnt, be*/get* burnt (black)
összeéget *i* burn* (sg) (badly)
összeegyez|ik *i* **1.** *(vkvel)* agree, come* to terms, get* on well *(mindegyik:* with); **jól ~nek** they get on well (with each other) **2.** *(vmvel)* harmonize, be* in harmony, square, tally *(mindegyik:* with)
összeegyeztet *i [adatokat]* compare, collate [data], *[másolatot eredetivel]* check/verify [copy] with [the original], *[nézeteket]* reconcile [views], *[programokat]* fit [sy's arrangements etc.] in with his/yours etc., coordinate [plans], *[számlákat]* balance, verify [accounts], *[szövegeket]* collate, compare [texts]; **~** *(vmt vmvel)* square/reconcile sg with sg, *kif* strike* a balance between ... and ...; bring* sg in line with sg; **~i tetteit elveivel** make* one's actions conform to one's principles, square/reconcile one's behaviour/practice with one's principles; **nem tudja ~ni felfogásával** (s)he can't square it/this with his/her attitude to sg
összeegyeztetés *fn [adatoké, szövegeké]* comparing, comparison, collation, *[másolaté eredetivel]* checking, verification, *[számláké]* balancing, verification
összeegyeztethetetlen *mn (vmvel)* incompatible/irreconcilable/inconsistent with sg; **ez elveimmel ~** that is inconsistent with my principles
összeegyeztethetetlenség *fn* incompatibility, irreconcilability
összeegyeztethető *mn (vmvel)* reconcilable/compatible with sg; **ez nem egyeztethető össze az elveimmel** it is not in keeping (v. not consistent) with my principles, I can't reconcile this with my principles
összeegyeztethetőség *fn* compatibility
összeelegyed|ik *i (vmvel)* mix, mingle, blend *(mindegyik:* with)
összeelegyít *i (vmvel)* mix, mingle, blend *(mindegyik:* with)
összeenyvez *i* **1.** *(vmt vmvel)* glue/paste/stick* together **2.** *[beenyvez]* **~tem a kezem** I got my hand covered with glue
összeér *i [két vége vmnek]* meet*, abut on, *[két tárgy]* touch, *[két terület]* border on, be* next/adjacent to; **a két vége ~** the two ends meet; **kertjeink ~nek** their garden abuts on/against ours
összeereszt *i* **1.** *[személyeket]* let* them come* together; **~i a kutyákat** (s)he sets the dogs at each other **2.** *[asztalos]* join, *[csappal]* join (sg) by tenon and mortise, mortise (sg) together, mortise sg (in)to sg, *[fecskefarkúan]* dovetail

Ö

összeerősít *i* fasten together, *[szeggel]* nail together
összeesés *fn* **1.** *[összerogyás]* collapse, *[ájulás]* fainting **2.** *[időbeli]* coincidence, *[zavarólag]* clash
összees|ik *i* **1.** *[személy]* collapse, drop, faint; **majd ~ik a kimerültségtől** be* ready to drop **2.** *[testileg]* get* thinner, lose* weight, be* run down, *[lelkileg]* break* down **3.** *[események időben]* coincide (with), concur, *[zavarólag]* clash (*vmvel* with); **esküvője ~ett a vizsgámmal** her wedding clashed with my examination **4.** *[felfújt dolog]* deflate, go* flat, *[étel]* settle
összeesket *i* marry/wed sy
összeesküsz|ik *i* **1.** *[vk ellen]* conspire/plot (with sy) against sy; **mintha minden összeesküdött volna ellenem** as if everything conspired against me **2.** *[házasságot köt]* get* married
összeesküvés *fn* conspiracy; **az állami rend megdöntésére irányuló ~** conspiracy to overthrow the government; **~t sző vk ellen** conspire/plot against sy, weave*/hatch a plot against sy
összeesküvő *fn* conspirator, plotter
összeesz|ik *i* **mindent ~ik** devour everything, stuff oneself with all kinds of food
összeeszkábál *i* cobble/throw* sg together, improvise (sg), run* up (sg); **~t egy széket** (s)he cobbled together a chair
összefacsarod|ik *i* **~ik a szíve** (*vmtől*) it wrings* the/one's heart
összefagy *i biz* **~tam** I am frozen, I am chilled to the bone
összefecseg *i* **sok butaságot ~** talk nonsense/rubbish, burble away
összefektet *i* put* in the same bed with sy; **~ték őket** they had to share a bed
összefér *i* **1.** (*vkvel*) get* on (well) with sy **2.** (*vmvel*) be* compatible/consistent with sg; **vm nem fér össze vmvel** be* inconsistent/incompatible with sg, be* not in keeping with sg
összefércel *i* **1.** *konkr* tack/stitch together, *[ruhát]* run* up [a garment] **2.** *biz [írásművet]* throw* (sg) together
összeférhetetlen *mn* **1.** *[összeegyeztethetetlen]* incompatible (*vmvel* with), *[felfogás]* inconsistent (with); **ez ~ állásommal** it is incompatible with my position; **ez a magatartás ~ azzal, ami elvárható egy képviselőtől** this conduct is inconsistent with what is expected of an MP **2.** *[természet]* unsociable, quarrelsome, bad-tempered; **~ ember** a person difficult to get on with
összeférhetetlenség *fn* **1.** *[dolgoké]* incompatibility, *[felfogásoké]* inconsistency **2.** *[jellemé]* unsociableness, quarrelsomeness **3.** *pol* conflict of interest, conflicting interests *tsz*
összeférhetetlenségi *mn* **~ szabályok** conflict-of-interest regulations
összeférhető *mn* **1.** *[dolgok]* compatible, consistent **2.** *[természet]* sociable, accommodating
összefirkál *i* scrawl on, *[falat]* cover [a/the wall] with graffiti
összefog *i* **1.** (*vmt*) hold* together/up, *[ruhát]* gather up **2.** *[rendőrség személyeket]* round up **3.** (*vkvel*) unite (with sy) (in sg/to do sg), join forces with sy; **~ vk ellen** unite against sy
összefogás *fn [együttműködés]* union, concentration of forces, joining forces
összefogdos *i* **1.** *[embereket]* catch*/arrest one by one, round up **2.** (*vmt*) handle, finger, paw; **~ott áru** shop-soiled [goods]
összefoglal *i* sum up, summarize, give* a summary of; **(mindent) ~va** to sum (it) up, in sum, summing up, *biz* to recap ...; **~va a mondottakat** summing up what has been said
összefoglalás *fn* summing up, summary, *[könyvé]* summary, *[cikké, előadásé]* abstract
összefoglaló I. *mn* **~ mű** general work (on) **II.** *fn* **1.** *[beszéd]* recapitulation, summing-up, *[írásban]* summary; **külpolitikai ~** foreign news roundup **2.** *[vizsga]* exam, examination
összefogó(d)z|ik *i* join hands, go*/stand* arm in arm
összefoltoz *i* patch up, mend
összefolyás *fn* **1.** *ált* convergence, meeting, *[folyóké]* confluence, junction **2.** *[színeké]* blending, merging **3.** *[emlékeké, írásé]* blurring, becoming indistinct
összefoly|ik *i* **1.** *ált* join, converge, *[folyók]* meet*, join, unite **2.** *[színek]* blend, merge **3.** *[emlék]* become* indistinct/blurred; **~tak a betűk szeme előtt** the letters swam before his eyes
összefolyó *fn [lyuk]* floor-drain
összefon *i* **1.** *[ágakat]* intertwine [branches], *[hajat]* plait, *főleg: US* braid [one's hair] **2. karját ~ja** fold/cross one's arms
összefonódás *fn átv* interpenetration, interwining
összefonód|ik *i átv* interweave*, be* interwoven (with); **az érdekek ~nak** the interests are intertwined/interlocked
összefonnyad *i [növény]* wither, fade, droop, *[vm melegtől]* shrivel (*US* -l), shrink*
összeforgat *i* turn upside down
összeforr *i* **1.** *[törött csont]* knit*, set*, *[seb]* heal (over), be* closed (by scar) **2.** *[fém]* weld, solder, be* welded/soldered (together) **3. neve ~t a műveivel** his name has become* inseparable from his achievements/works
összeforrad *i* → **összeforr 1**
összeforraszt *i [fémet]* solder (together)
összeforrottság *fn* oneness, unity, concord
összefőz *i [ételanyagokat]* cook/boil together, *[sűrűre]* boil down
összefut *i* **1.** *[emberek]* assemble/flock together, gather; **~ vkvel** bump/run* into sy, come* across sy **2.** *[két autó]* collide **3.** *[vonalak]* converge (*vhol* on); **vmnek a szálai nála futnak össze** he pulls the strings/wires **4. a sorok ~ottak a szeme előtt** the lines swam before his eyes **5.** *biz* **~ a nyála vmtől, ~ a szájában a nyál** sy makes one's mouth water **6.** *[tej]* → **összemegy 3**
összefügg *i* (*vmvel*) be* connected with sg, have* a bearing (up)on sy, bear* (up)on sg, be* related to sg, relate to sg; **szorosan ~ vmvel** be* bound up with sg, be* closely/intimately connected with sg (v. related to sg); **nem függ össze ezzel a problémával/kérdéssel** it has no bearing (up)on this/the problem, bear* no relation to this problem
összefüggés *fn* connection, connexion, relation, *[belső]* inherence, inherency, *[beszédben]* coherence, *[szövegé]* context, *mat* relation(ship); **~ hiánya** incoherence; **minden ~ nélkül** incoherently, disconnectedly; **~be hoz** relate/link/connect sg with sg; **~ben van vmvel** be* connected with sg, be* related to sg, have* to do with sg, have* (some/a) bearing on sg, bear* (up)on sg, relate to sg; **milyen ~ben áll ez a kérdéssel?** what bearing does this have on the problem/matter?, how does this bear (up)on the problem?; **kölcsönös ~ben van vmvel** correlate with sg, be* interrelated (with sg); **van(-e) ~ a tévében látható erőszak és a bűnözés között?** is there a relation/relationship between violence on television and crime?; **nincs ~ben a témával** it is irrelevant to the subject, it bears no relation to the subject, it has no bearing on the subject, it has nothing to do with the subject; **ebben az ~ben** in this/that connection/context; **vmvel ~ben** in/with relation to sg; **ezzel ~ben** in connection with that/this, in this/that connection/context
összefüggéstelen *mn* incoherent, disconnected, *[beszéd]* meandering, rambling, disjointed; **~ beszéd/szavak** disconnected speech/remarks, *[idős emberé]* the disconnected ramblings [of an old man]; **~ zagyvaságokat beszél (v. hord össze)** talk incoherent gibberish; **~ül beszél** his speech is disconnected
összefüggő *mn* **1.** *[folytonos]* connected, unbroken, uninterrupted, continuous, *[beszéd]* coherent, connected, *[terület]* contiguous; **~ egész** comprehensive whole, an

Ö

organic whole; **szorosan ~** closely related (to sg) *ut*; **össze nem függő** unrelated, unconnected, not connected with sg *ut* **2.** (*vmvel*) connected with *ut*, related to *ut*, bearing (up)on *ut*; **vmvel ~ kérdések** questions connected with (v. bearing on) sg, questions relating/related to sg
összefűz *i* **1.** *[zsineggel]* bind*, join, *[fűzőkapoccsal]* staple, *[könyvet]* stitch, sew* [book] **2.** *átv* unite, join, tie, link; **szoros barátság fűzi őket össze** they are close friends, they are united by the bonds of friendship
összeg *fn* **1.** *[mennyiség]* sum, amount, *[végösszeg]* (sum) total **2.** *[pénz]* sum, amount [of money], *[számláé]* total amount [of invoice/bill]; **átutalt ~** remittance, amount remitted; **hiányzó ~** deficit, shortage; **kerek ~** a round/lump sum; **nagy(obb) ~** a large/siz(e)able sum/amount (of money); **a szükséges ~** the wherewithal, the necessary money (v. funds *tsz*), (the) money needed (for sg); **teljes ~** total amount, aggregate sum, grand total; **végső ~** sum total, grand total; **~ erejéig** (up) to the amount of; **egy ~ben fizet** pay* cash, pay* (in) a lump sum, lump [costs/items etc.] together
összegabalyít *i* tangle up, muddle, make* a muddle of (sg), mix up, confuse
összegabalyod|ik *i* get*/become* entangled/confused, get*/become* mixed up
összegázol *i* trample sg down, trample on sg
összegemkapcsoz *i* join (sg) with a clip
összegereblyéz *i* rake together
összegez *i* **1.** *[összead]* add up, *biz* tot up **2.** *[eredményt stb.]* summarize, sum up; **~zük az elmondottakat** let us summarize what has been said (so far); **mindent ~ve** to sum up, summing up; **~ve az elmondottakat, megállapíthatjuk, hogy** ... to sum up, it can be stated that ...
összegezés *fn* **1.** *[összeadás]* adding up **2.** *[eredményé stb.]* summarizing, summing-up, summary
összegombol *i* button up/together
összegöngyöl *i* (*vmt*) roll up, (*vmbe*) wrap up (in sg)
összegszerű *mn* numerical; **~en** numerically
összegubancol *i* tangle up
összegubancolód|ik *i* become* entangled, get* tangled up
összegű *mn* amounting to *ut*, totalling (*US* -l-) *ut*; **50 000 Ft ~ pénzbüntetésre ítélték** he was fined 50,000 fts; **nagy ~** substantial
összegyúr *i [tésztát]* knead (together), *[agyagot]* mould, (*US* mold), shape
összegyűjt *i* **1.** collect, gather (together), *[gyűjteménybe]* collect, *[készletet]* stockpile, store **2.** *[személyeket]* gather/get* together, assemble, round up
összegyülekez|ik *i* assemble, collect, meet*, gather/come* together
összegyűl|ik *i* **1.** *[tömeg]* collect, assemble, gather/come* together **2.** *[pénz]* pile up, *[kiadás]* accumulate; **sok restancia gyűlik össze** arrears are piling up
összegyűr *i [papírt]* crumple/screw up, *[ruhát]* crease, crumple, crinkle, *[erősebben]* crush
összegyűród|ik *i [papír]* get* crumpled (up), *[ruha]* become*/get* creased/crumpled/crinkled, crease, *[erősebben]* get* crushed
összehabar *i* mix sg with sg, stir sg in
összehajl|ik *i [egymás felé]* bend* towards each other
összehajlít *i* fold (up)
összehajol *i [vm fölött]* lean*/bend* over sg
összehajt *i* fold (up), roll up
összehajtható *mn [összecsukható]* folding(-), collapsible
összehalmoz *i [készletet, kincset]* pile/heap up, hoard (up), *[tervszerűen készletet]* stockpile
összehalmozód|ik *i* get* piled/heaped up, be* hoarded up
összehangol *i* **1.** *[hangszereket]* tune (up) **2.** nézeteket coordinate, harmonize [views], *[programokat]* fit [holiday etc. arrangements] in with his/yours etc. **3.** *[színeket]* match, coordinate
összehangolás *fn* **1.** *el* tuning, adjustment, *[szerkezeteket]* synchronization **2.** *[nézeteké]* harmonizing, coordination
összehangolatlan *mn* inconsistent, disharmonious
összehány *i* **1.** *[egy halomba]* pile/heap up **2.** *[felforgat]* turn (things) upside down, throw*/fling* sg about **3.** *[leokád]* be* sick over sg, vomit over sg
összeharácsol *i* amass sg (by underhand means)
összeharap *i* **~ja a fogát** clench one's teeth
összehasít *i [ruhát]* tear* sg in several pieces, *[fát]* cut*/chop up
összehasogat *i [fát]* chop (sg up into) [firewood]
összehasonlít *i* **1.** *[két* v. *több személyt* v. *dolgot]* compare [two or more persons/things], make* a comparison between [x] and [y], *[szövegeket]* compare/collate [texts]; **~ja a két fordítást** he compares the two translations; **~ják gyerekeiket** they compare their children **2.** (*vmt/vkt vmvel/vkvel*) *[egyneműekkel]* compare sg/sy with sg/sy; *[összemérhetetleneket]* compare sg/sy to sg/sy, *[ellentéteseket]* set* sg/sy against sg/sy; **Napóleonnal hasonlították össze** he has been compared to Napoleon; **Londont Párizzsal hasonlítja össze** he compared London to/with Paris; **~ja az emberi agyat az elefántéval** he compares the human brain with that of the elephant; **~ja János fordítását az enyémmel** he compares John's translation with mine; **össze sem lehet hasonlítani (őket, ill. x-et y-nal)** they cannot be compared, there's no comparison between [x and y], sy/sg can't compare with sy/sg, sg (v. it) is a far/long cry from sg; **~va vmvel** (as) compared to/with sg, in comparison with sg
összehasonlítás *fn* comparison; **~t végez/tesz** *[vm között]* draw*/make* a comparison between ... and ...; → **összehasonlít**
összehasonlítási *mn* **~ alap** ground/basis for comparison
összehasonlíthatatlan *mn* incomparable (to/with), beyond compare/comparison *ut*, *[igével]* not to be compared to/with; **~ul a legjobb** far and away the best
összehasonlítható *mn* comparable (*vmvel* to/with sg), *[igével]* compare with sg/sy; **nem hasonlítható össze vmvel** it can't/won't stand/bear comparison with sg, it's not comparable with sg, it's not to be compared to/with sg, sg doesn't compare with sg; **nem hasonlítható össze Arannyal, az epikus költővel** he cannot compare with Arany, the epic poet
összehasonlító *mn* comparative; **~ nyelvészet** comparative linguistics *esz*
összehaverkod|ik *i szl* pal up (with), become* pally with sy
összeházasít *i* marry (sy to sy)
összeházasod|ik *i* get* married (*vkvel* to sy), marry (*vkvel* sy), make* a match of it
összehazud|ik *i* **~ik mindenfélét** tell* many lies, tell* a pack of lies
összehegeszt *i* weld together
összehív *i ált [embereket]* call [people] together, summon, *[értekezletet, tanácskozást]* call/convene [a meeting], *[országgyűlést]* convoke [Parliament]; **értekezletre hívja össze az osztályvezetőket** call the heads of departments to a meeting; **~ták az országgyűlést** Parliament has been convoked
összehívás *fn [értekezleté]* calling together, convening, summoning, *[országgyűlésé]* convoking, convocation
összehord *i* (*vmt*) collect, heap/pile up, accumulate; → **hetet-havat**
összehoz *i* **1.** *[személyeket]* put* sy in touch with sy, introduce [persons] to one another, bring* (people) together **2. ~ pénzt** raise (v. find* the) money
összehunyorít *i* **~ja a szemét** screw up one's eyes
összehúz *i* **1.** *ált* pull/draw* together, *[függönyt]* draw*, close, *[ruhadarabot magán]* gather; **~za a függönyt** draw*/close the curtains; **~za a homlokát/szemöldökét**

Ö

knit* one's brows, frown; **~za a szemét** screw up one's eyes **2.** *[görcs stb. testrészt]* contract, convulse **3. ~za magát** (i) *[testileg]* double/hunch up (ii) *[anyagilag]* retrench (one's expenses), cut* down one's expenses; → **nadrágszíj**

összehúzó *mn* **~ izom** *fn* constrictor; **~ szer** astringent, styptic

összehúzódás *fn [idegé, izomé]* contraction, convulsion, *[testé hidegben]* contraction

összehúzód|ik *i [ideg, izom és ált test hidegben]* contract, *[ruhaanyag]* shrink*

összeigazít *i [órákat]* set*, adjust, synchronize

összeilleszt *i* **1.** *[részeket]* assemble, join (up/together), *[ragasztva]* join [two pieces of wood] with strong glue, *[csöveket]* fit, join [pipes]; *[fecskefarkúan]* dovetail, *[csappal]* join [by tenon and mortise] **2.** *[törött csontvégeket]* set*, unite

összeillesztés *fn* **1.** *[részeké]* assembling, assembly, *[alkatrészeké]* joining, connecting **2.** *[törött csontvégeké]* setting

összeill|ik *i [egyik a másikkal]* fit, suit, be* suitable for (one another), agree, *[stílus, szín]* match, harmonize; **a kalap és a cipő tökéletesen/jól ~ik** the hat and (the) shoes are a perfect match (v. go* well together); **jól ~enek** *[fiatal pár]* they go well together, they are well matched

összeillő *mn* well-matched, harmonious, suitable, homogeneous; **~ pár** well-matched couple; **össze nem illő** ill-sorted, heterogeneous

összeír *i* **1.** *[jegyzékbe foglal]* draw* up, make*/compile a list (of), *[adatokat]* write*/take* down [data], *[lakosságot]* take* the census of **2.** *[két szót egybe]* write* (sg) as one word **3. rengeteget ~** *[író]* he is a prolific writer

összeírás *fn [jegyzék]* list, register, roll, *[népességé]* census

összeíró *fn [személy]* census-taker

összeismerked|ik *i* (*vkvel*) become*/get* acquainted with sy, make* sy's acquaintance, make* the acquaintance of sy

összeizzad *i* get* one's [shirt etc.] sweaty

összejár *i* **1.** (*vkvel*) they often meet, see*/meet*/visit sy regularly, associate with; **sűrűn/gyakran ~ másokkal** rub shoulders with [people] **2.** *[tiszta padlót] US biz* walk all over [the nice clean floor]

összejátszás *fn* **1.** (*vkvel*) collusion (between sy and sy), complicity (in sg) **2.** *átv* coincidence, conjunction [of events etc.]

összejátsz|ik *i* **1.** *pej* (*vkvel*) act in collusion with sy, conspire with sy, *US biz* be* in cahoots with sy; **~ik az ellenséggel** collaborate with the enemy, be* a collaborator **2. minden ~ott ellene** everything seemed to be (conspiring) against him

összejön *i* **1.** *[összegyűlik család stb.]* gather, come*/get* together, *[barátok]* meet*, *[vkvel gyakran]* go* to see sy often, often meet* sy; **gyakran ~ barátaival, gyakran ~nek** they often meet; **télen ritkábban jövünk össze (velük)** we see less of them in winter **2.** *[felgyülemlik]* pile/heap up, accumulate, come* together; **sok pénz jött össze** a lot of money was raised; **mára sok munkám jött össze** I am snowed under with work today; **minden úgy összejött ma** it's (just) one of those days **3.** *biz* **(ez) nem jött össze** it hasn't worked out, it didn't work out, we've lost the day, *szl* no dice!

összejövetel *fn* meeting, gathering, *csak US* convention, *[régi barátoké, rokonoké stb.]* reunion

összekacsint *i* wink at each other

összekalapál *i* **1.** *konkr* hammer together **2.** *biz [összeget]* scrape/scratch together

összekap *i* **1.** *ált* snatch up (several things), *[papírokat]* bundle up **2.** *biz* **~ja magát** *[sietve felöltözik]* get*/put* one's things on quickly **3.** *biz* (*vkvel*) quarrel (*US* -l) with sy, fall* out with sy

összekapar *i biz [összeget]* scrape/scratch together

összekapcsol *i* **1.** *[dolgokat]* connect (*vmvel* with), join (*vmt vmvel* sg to sg), link (*vmvel* with), *[kapoccsal]* clip (together), *[gemkapoccsal]* clip [papers] together, fasten [papers] together with a clip, *[fűzőkapoccsal]* staple; *[préssel 2 dolgot]* clamp [the two parts] together; *[vasúti kocsikat]* couple, hitch [carriages], *[űrhajókat]* dock **2.** *[embereket vm]* join [people], *[fogalmakat]* connect, relate, associate, link (up) [ideas]

összekapcsolás *fn ált [dolgoké]* connection, joining, linking up, *[kapoccsal]* fastening, *[vasúti kocsiké]* coupling, *[űrhajóké]* docking

összekapcsolódás *fn [dolgoké]* joining, juncture, junction, *[fogaskerekeké]* gearing, engaging, *[űrhajóké]* docking

összekapcsolód|ik *i [több dolog]* be* (closely) linked, join, link (up), *[fogaskerekek]* engage, *[2 űrhajó]* dock

összekapcsoló jel *fn* brace

összekapkod *i* throw* together

összekarcol *i* scratch (sg/sy) all over

összekarmol *i* scratch (sy/sg) all over

összeken *i [ruhát, testrészt]* get* sg (oneself/one's sg) all covered in/with sg

összekeres *i* **1.** *[és megtalál]* rummage/hunt out **2.** *[és nem talál]* search (high and low) for sg, ransack sg for sg; **az egész házat ~tem már érte** I have looked/searched for it all over the house/place **3.** *biz* **sok pénzt ~** earn/make* a lot of money

összekerül *i* **1.** *[vkvel véletlenül]* run* into, come* across **2.** *[összeházasodik]* get* married, marry; **fiatalon ~tek** they married young

összekészít *i* make*/get* things ready, prepare for [a certain purpose]; **~i a reggelit** get* breakfast ready; **~i a gyerekeket** get* the children off [to school etc.]

összekészül *i [indulás előtt]* get* ready (for)

összekever *i* **1.** *[többfajta anyagot]* mix/blend [components] (together) **2.** *[összetéveszt]* confuse sg (with sg), mix/muddle/jumble [papers, objects etc.] up, get* sg mixed/muddled/jumbled up (with sg)

összekevered|ik *i* **1.** *[többfajta anyag]* intermingle (*vmvel* with), mix, be*/get* mixed up (*vmvel* with) **2.** *[tévedésből]* get* confused, get*/be* mixed/muddled/jumbled up

összekeverés *fn* **1.** *[anyagoké]* mixing (up), blending **2.** *[tévedésből]* confusing

összekoccan *i* **1.** *[összeütközik]* knock against each other (v. one another), *[2 autó]* bump each other **2.** *[pohár]* clink **3.** *[biz összekap vkvel]* quarrel (v. fall* out) with sy

összekócol *i* → **összeborzol**

összekoldul *i* get*/collect/obtain sg by begging, *biz* scrounge sg

összekoszol *i biz* mess/muck up, *US* dirty up

összekotyvaszt *i* throw* [a meal] together, concoct [a meal]

összekovácsol *i* fémet weld/forge together

összekovácsolód|ik *i átv* be* welded together (into sg)

összeköltöz|ik *i* move in with sy, go* to live with sy

összeköt *i* **1.** *[dolgokat/csomagot madzaggal stb.]* tie (up), bind* (together) [with rope], bundle up **2.** *[összekapcsol]* connect, link, join **3.** *átv* combine, connect, unite, link up; **~i a kellemest a hasznossal** combine business with pleasure

összekötő I. *mn* connecting, joining; **~ elem** link, joint; **~ kapocs/láncszem** *átv* connecting link; **~ rúd** connecting-rod; **~ szöveg** linking/connecting text, running commentary; **~ szöveg (mondója)** narrator; **~ tiszt** liaison officer; **~ vasúti híd** railway bridge **II.** *fn* **1.** *sp* → **balösszekötő**, → **jobbösszekötő** **2.** *[szőnyeg]* runner **3.** *ált [összeköttetést fenntartó személy]* link, *kat* liaison (officer) **4.** *tört* contact

összekötöz *i* **1.** → **összeköt 1 2.** (*vkt*) tie up, bind* sy hand and foot

összeköttetés *fn* **1.** *ált [kapcsolat]* connection, contact, *[diplomáciai]* diplomatic relations *tsz*, *[személyi]* relations *tsz*, contact, (inter)communication, *[üzleti]* business contacts/connections *tsz*; *[telefon]* telephone link; **~be hoz vkvel vkt** bring* two people into contact, put* sy in touch with sy; **~be kerül/lép vkvel** get* in touch with sy, contact sy; *[üzletileg]* enter into business relations with sy; **~ben áll vkvel** be* in touch/contact with sy; **üzleti/szoros ~ben van vkvel** be* closely tied up with sy; **állandó ~ben vannak** they are in close touch/contact with one another; **nem tudtam vele ~t létesíteni** *[telefonon]* I couldn't get through to him **2.** *[közlekedés]* communications *tsz*; **vasúti ~** train service; **Budapest és Szeged között jó az ~** there is a good train service between Bp. and Sz.; **közvetlen ~** through train; **légi ~** air service **3.** *[protekció]* influence, connections *tsz*; **~eket vesz igénybe** use influence, *biz* pull strings, pull (the) wires; **jó ~ekkel rendelkezik, jó ~ei vannak** be* well(-) connected, have* influential friends, have* friends in high places, have* a (strong) pull with sy, be* well backed

összekulcsol *i* **~ja a kezét** fold/clasp one's hands, knit one's hands together

összekunkorod|ik *i* curl/turn up, *növ* shrivel (*US* -l) (up)

összekuporgat *i* scrape/scratch [enough money] together (penny by penny), scrape/scratch up [money, the price etc.]

összekuporod|ik *i* shrink* up, crouch, squat

összekuszál *i* **1.** *[gombolyagot]* get* sg tangled up, *[hajat]* dishevel (*US* -l), tousle **2.** *[átv ügyet]* mix/muddle up, *biz* foul/mess up, *[terveket]* make* hay of [the/our plans etc.]

összekuszálód|ik *i* **1.** *[gombolyag]* get*/become* entangled, *[haj]* become* tousled/dishevelled (*US* -l-) **2.** *átv* get*/become* confused, be* muddled up, get*/become* mixed up

összekutyul *i biz* mix/muddle/foul/mess up (sg)

összekülönböz|ik *i [vkvel vm miatt]* quarrel (*US* -l), have* a quarrel, *biz* fall* out, have* words (*mindegyik:* with sy over sg)

ősszel *hsz* → **ősz**[1]

összeláncol *i* chain together, fasten with a chain

összelapít *i* flatten completely, *[rázuhanó tömeg]* crush, squash

összelapul *i* be* flattened (out)

összelop(kod) *i* obtain (sg) by stealing/thieving/theft; **abból él, amit ~ott** he is living on what he has stolen

összelő *fn* shoot* to pieces, riddle with bullets, *[ágyúval]* bombard

összemar *i [foggal]* bite* repeatedly, maul, *[sav]* corrode, eat* away

összemaszatol *i* smudge, smear with dirt, soil

összemázol *i* → **összeken**

összemegy *i* **1.** *tex* shrink* **2.** *[kisebb lesz]* contract, *[ember korral]* grow* down **3.** *[tej]* turn, curdle, turn sour

összemeleged|ik *i* (*vkvel*) warm to(wards) sy, *biz* take* to sy

összemér *i* **1.** *[két vagy több dolgot összehasonlít]* compare the weight (v. size etc.) of sg with sg **2.** *[erőt]* match; **~i az erejét vkvel** pit/match one's strength against sy, measure one's strength with sy; **~ik a kardjukat** cross swords; **~i a tudását vkvel** pit one's wits against sy, *[pengeváltást folytat]* break* a lance with sy

összemérhetetlen *mn* incommensurable (with)

összemérhető *mn* commensurable/commensurate (with)

összemérhetőség *fn* commensurability

összemocskol *i* get*/make* (sg) dirty, dirty, soil, stain

összemosolyog *i* exchange (knowing) smiles, smile at each other (v. one another)

összeműköd|ik *i* → **együttműködik**

összenevet *i* exchange knowing looks and burst out laughing (together)

összenéz *i [tekintetük találkozik]* exchange (knowing) glances, catch* each other's eye

összenő *i* **1.** grow* together, unite **2.** *[törött csont]* knit*, set*, *[seb]* heal up, close

összenőtt *mn* **1. ~ szemöldök** meeting eyebrows *tsz* **2.** *orv [seb]* healed, closed, *[csont]* knitted, united

összenövés *fn orv* adhesion, *[csonté]* knitting, union

összenyalábol *i* gather up in one's arms, take* up an armful (of)

összenyálaz *i* slobber over

összenyom *i* press together, compress, crush, *[gyümölcsfélét]* press, squash, squeeze, *[krumplit]* mash

összenyomás *fn* pressing, compression, crushing

összenyomód|ik *i* be* pressed together, be* compressed, get* crushed

összeollóz *i* do* a scissors-and-paste job on sg, plagiarize

összeollózás *fn* a scissors-and-paste job

összeolvad *i* **1.** *ált [anyag]* melt, thaw, *[fém]* melt down **2.** *átv* become* absorbed in/by, merge into, fuse

összeolvas *i* **1.** *[szöveget]* collate, compare [texts] **2. rengeteget ~** read* (widely but) indiscriminately

összeolvasás *fn [szövegé]* collation

összeolvaszt *i* **1.** *ált [anyagot]* melt, *[fémet]* melt/smelt down **2.** *átv* fuse, merge, unite

összeomlás *fn* **1.** *ált* collapse, *[épületé, falé]* tumbling down, giving way, *[hirtelen]* crash; **~sal fenyeget** be* in danger of falling, be* on the verge of collapse **2.** *[anyagi]* collapse, *[erkölcsi]* downfall **3.** *kat* rout **4.** *[nemzeté]* downfall, ruin, fall; *[pol. rendszeré]* fall; **a kommunizmus ~a** the fall of Communism

összeoml|ik *i* **1.** *ált* collapse, *[épület]* come* tumbling down, collapse, fall down/in, *[hirtelen]* come* crashing down **2.** *[birodalom]* decay, break* up, *kat* be* routed (v. utterly defeated), *[kereskedelmi vállalat]* fold (up), fail, go* to the wall, go* bankrupt; **egy világ omlott össze benne** the bottom dropped out of sy's world ..., his/her world was shattered [when ...]; *[erkölcsileg megsemmisül vk]* break* down, be* ruined; **idegileg ~ott** (s)he broke down, *biz* (s)he went to pieces

összeölelkez|ik *i* (*vkvel*) embrace/hug sy

összeölt *i* stitch together

összeöml|ik *i [folyók]* meet, join, flow* together, flow* into each other

összeönt *i* mix, pour together

összepakol *i* → **összecsomagol**

összepaktál *i pej* enter into a (secret/illicit) pact with sy, plot (with sy) against sy

összepárosít *i* **1.** *ált* couple, join in pairs **2.** *[állatokat párzásra]* pair, couple, mate (animals for breeding)

összepasszít *i biz* → **összeilleszt**

összepasszol *i biz* → **összeillik**

összepiszkít *i* make* (sg) dirty, dirty, soil; **~ja magát** get* soiled/dirty

összeprésel *i* press together, *[préssel]* clamp [the two parts] together; *[gyümölcsfélét]* squash, squeeze → **összenyom**

összerág *i* chew (well), *[egér, nyúl]* chew holes in

összeragad *i* stick* (together), be*/get* stuck together, adhere (*vmvel* to)

összeragaszt *i* (*vmt*) glue/stick* together

összerak *i* **1.** *[rendbe rak]* put*/place sg in order, sort out **2.** *[összeállít]* assemble, fit together, *[összeilleszt]* join (together) **3.** *[pénzt]* collect, get* together **4.** *[vkt vkvel szobában stb.]* double sy up with sy

összerakás *fn* **1.** *[összehordás]* putting together **2.** *[részeké]* assembling, fitting together

összerakható *mn* folding(-), collapsible

összerakó *mn* **~ játék** jigsaw (puzzle), puzzle

összeráncol *i* **~ja a homlokát** knit* one's brows, frown

összerándul *i* contract (with a jerk), be* contracted, give* a jerk

összeránt *i* **1.** *[függönyt]* draw* [the curtains] suddenly **2.** *[görcs testrészt]* convulse, contract (with a jerk)

Ö

összeráz *i* **1.** *[anyagokat]* shake* (up/together) **2.** *[jármű]* jolt, jerk, bump; **jól ~ta az autóbusz** the bus shook her up badly
összerázkód|ik *i* shudder (at), give* a shudder, *[félelemtől]* tremble/shake* (with fear), *[hidegtől]* shiver (with cold)
összerázód|ik *i* **1.** get* shaken up, *[járművön]* get* jolted (a lot) **2.** *biz [összeszoknak]* be* brought closer together
összeredmény *fn* overall result, *[végösszeg]* sum total
összerendez *i* arrange/put* things in proper order
összerezzen *i [félelemtől]* shudder at, quiver (with fear), *[meglepetéstől]* give* a start, start
összerogy *i* collapse, drop; **holtan rogyott össze** (s)he dropped dead
összerombol *i* destroy, shatter, ruin
összeroncsol *i* smash/dash to pieces, shatter, crush; **a gép ~ta a kezét** the machine crushed his/her hand
összeroncsolód|ik *i* get* smashed/crushed
összerondít *i biz* muck up
összeroppan *i* **1.** *[pl. híd]* collapse **2.** *[vk lelkileg, idegileg]* have* a breakdown, *biz* crack/break* up
összeroppant *i* break*, crush
összeroskad *i* → **összerogy**
összeröffen *i biz [tanácskozásra]* get* together
összeröffenés *fn biz [összejövetel]* get-together
összérték *fn* total/aggregate value
összes *hsz* **1.** *[egész, teljes]* all, all the ... (*és tsz*), total (*tsz* v. *esz*), *[minden]* every (*és esz*), every one of ...; **az ~ iskola** all the schools, every school; **az ~ fiú** all the boys, every one of the boys; **az ~ vendég** all the guests; **Jókai ~ művei** the complete works of Jókai; **az ~ adósság** the total debts/liabilities; **az ~ bevétel** total income, gross receipts/takings *tsz*; **~ jövedelem** total income; **az ~ kiadás** total expenditure **2.** *[nincs több]* **ez az ~ pénzem** that's all (the money) I've got (to my name); **ez az ~ vaj** that's all the butter we've got (left)
összesajtol *i* compress, compact; → **összeprésel**
összesároz *i* make* sg muddy, muddy
összesen *hsz* altogether, ... in all, *[számoszlop összegezésekor]* sum total; **~ kettő van** there are two altogether (v. in all); **~ tíz napot hiányzott** (s)he missed ten days altogether (v. in all); **~ 30 fontot költöttem** altogether I spent £30, I spent £30 altogether; **~ kitesz (v. annyi mint)** ... the sum total is ..., that makes altogether ..., that amounts to ... (altogether)
összesereglik *i* gather (together), flock together
összesít *i [összead]* add/total (*US* -l) up, aggregate, *[eredményeket]* summarize, sum up
összesítés *fn* **1.** *[folyamat]* adding/summing up, totalizing **2.** *[kimutatás]* summary
összesített *mn* global, total, aggregate(d)
összesodor *i [szálakat]* twist (together), intertwine, *[papírt]* roll (up)
összesöpör *i* **1.** *[szemetet]* sweep* (up) **2.** *[szobát]* sweep* (out/up) [a room etc.]
összespórol *i [pénzt]* save (up) [money] (*vmre* for sg), put*/set* [money] aside; **~t egy utat** saved (up) enough for a trip
összesség *fn [személyeké]* collectivity, *[részeké]* complex entirety; **a jelenlevők ~e** all those present
összesúg *i* put*/stick* one's heads together, whisper
összesül *i [étel]* get*/be* burnt
összesűrít *i* condense, thicken, *[erőket, folyadékot]* concentrate
összesűrűsöd|ik *i* get* condensed/thick/concentrated
összeszabdal *i* slash, tear*, *[arcot]* gash, slash
összeszaggat *i* tear* sg to shreds/pieces/bits
összeszalad *i* come* running/rushing together; (*vkvel*) run* into sy
összeszámlál *i* → **összeszámol**
összeszámol *i* count (up)
összeszárad *i* dry (up), *növ* wither, shrivel (*US* -l) (up)
összeszed *i* **1.** (*vmt*) collect/gather sg, bring*/get* sg together, *[felszed]* pick up; **~i a füzeteket** collect/gather up the exercise books **2.** *[összegyűjt, pénzt]* scrape together, collect **3.** *biz* **~i a bátorságát** pluck up courage, screw up one's courage; **~i a gondolatait** collect one's thoughts, *biz* sort out one's thoughts; *biz* **~i magát** (i) *[egészségileg]* pick up, recover (one's health/strength) (ii) *[anyagilag]* recoup one's losses (iii) *[lelkileg]* collect/compose oneself, *biz* pull oneself together; **~i minden erejét** grit one's teeth, gather oneself together, gather all one's strength; **hamarosan össze fogja szedni magát** *[egészségileg]* (s)he'll soon pick up [when (s)he goes to the seaside etc.], (s)he'll soon begin picking up [after his/her operation]; **szedd össze magad!** pull yourself together!, bear up!, brace (yourself) up!, buck up! **4.** *[betegséget biz]* contract [a disease] **5.** *sp* **~i a lovat** collect one's horse, rein in one's horse; → **erő**
összeszedelődzköd|ik *i* start packing up (v. pack up) one's things
összeszegez *i* nail together/up
összeszerel *i* assemble, set* up, fit*/put* together
összeszerelő *mn* **~ műhely** assembly floor; **~ üzem** an assembly plant
összeszerkeszt *i* → **összeállít**
összeszid *i* scold, give* sy a scolding, give* sy a piece of one's mind, *biz* tear* sy off a strip
összeszok|ik *i [egyik a másikkal]* get* used to each other, get*/grow*/become* accustomed to each other
összeszokott *mn* **jól ~ együttes** *[igével]* the group's ensemble is always good
összeszólalkoz|ik *i* (*vkvel*) have* words with sy, fall* out with sy, be* at loggerhead with sy (over sg)
összeszorít *i* compress, press together, *[embereket bezsúfol]* crowd/jam (together) (*vmbe/vhová* into sg), *[fogóval, kapoccsal]* clamp, clip; **~ja az ajkát** tighten one's lips; **~ja a fogát** clench one's teeth, set* one's jaw; **~ja az öklét** clench one's fist; **~ja a szívem** it wrings my heart, it's heart-breaking/rending
összeszoroz *i* multiply
összeszorul *i* **1.** *[személyek]* be* pressed/squeezed close together **2.** **~t a szíve** his/her heart sank, *[ha vkre gondol]* one's heart goes out to sy
összeszövetkez|ik *i* ally oneself (*vkvel vk ellen* with sy against sy)
összeszurkál *i* (*vkt*) stab sy repeatedly
összeszűkül *i* narrow, become* closer/narrower/tighter, grow* narrow
összeszűr *i biz pej* **~i a levet vkvel** (i) *[cinkosként]* be* hand in glove with sy, *US* be* in cahoots with sy (ii) *[szerelmi viszonyt kezd vkvel]* start an affair with sy, *szl* have* it off with sy
összetakarít *i* clean, tidy up
összetákol *i* (*vmt*) improvise, knock up, knock/throw* together
összetalálkozás *fn* **1.** *[személyeké]* (chance) meeting, (unexpected) encounter **2.** *[eseményeké]* coincidence, conjunction
összetalálkoz|ik *i* **1.** (*vkvel*) (happen to) meet* sy, come*/run* across sy, bump/run* into sy **2.** *[események]* coincide
összetanult *mn* **a zenekar nagyszerűen ~ játéka** *[igével]* the orchestra's ensemble was outstanding
összetapad *i* stick*/cling* closely together
összetapaszt *i* stick*/glue together
összetapos *i* tread* down, trample down (up)on
összetársul *i* team up with sy
összetart *i* **1.** (*vmt/vkt*) hold*/keep* together **2.** (*vkvel*) hang*/stick* together; **~anak** they stick/pull together, *kif biz* they're as thick as thieves **3.** *[mat vonalak]* converge
összetartás *fn* **1.** (*vkvel*) loyalty, unity, solidarity, mutual help, togetherness; **az osztályban nagy az ~** the class has a

Ö

lot of team spirit **2.** *mat* convergence **3.** *kat* confinement to barracks

összetartó *mn* **1.** *[személy]* loyal, acting in unison *ut*; ~ **erő** cementing force **2.** *mat* convergent

összetartozás *fn* connection, connexion, affinity, relation, togetherness; **erős bennük az ~ tudata** they have a strong sense of belonging

összetartoz|ik *i* **1.** *[személyek]* belong/be* together **2.** *[dolgok]* go*/belong together

összetartozó *mn* belonging together *ut*; **szorosan ~** *[személyek]* close(ly)-knit; *[dolgok]* closely related

összetegeződ|ik *i kb.* come* to be on first-name (v. familiar) terms with sy (v. with one another), *[szlengesen]* become* pally

összeteker *i* twist/roll up

összetekered|ik *i* coil up, *[fonal]* get* twisted/tangled

összetép *i* tear* (up), tear* to pieces/shreds

összeterel *i* drive* [herd/cattle] together

összeteremt *i biz* tell* sy off, bite* sy's head off

összetesz *i ált (vmt)* put*/lay*/place sg together (v. side by side); **~i a kezét** *[imádsághoz]* fold/join clasp one's hands [in prayer]

összetétel *fn* **1.** *ált [eredménye]* composition, make-up, *kém* composition, compound; **a kormány ~e** the composition of the government; **szociális ~** social composition **2.** *[bíróságé]* constitution (of the Court) **3.** *nyelv* compound; **egybeírt ~** solid compound; **különírt ~** open compound; **kötőjellel írt ~** hyphenated compound

összetett *mn* **1.** *ált* joined, put together *ut*; **~ kézzel** (i) with clasped hands (ii) *átv [tétlenül]* idly **2.** *átv* complex, combined, *növ* composite, compound; *növ* **~ levél** compound leaf° **3.** *nyelv* **~ szó** compound; → **összetétel** 3; **~ mondat** complex/compound sentence **4.** *[bonyolult]* intricate, complicated, complex; **ez egy igen ~ kérdés** this is a very complex question/matter

összetéveszt *i (vmt vmvel)* mistake* sg for sg, confuse sg and/with sg, mix sg up with sg, *(vkt vkvel)* mistake* sy for sy, confuse, sy and/with sy, take* sy for sy, mix sy up with sy; **~ették a nővérével** she was taken for her sister; **~i az allegóriát a filagóriával** (v. **a szezont a fazonnal**) commit a malapropism, doesn't know (v. can't tell) chalk from cheese; **nem tévesztendő össze ...vel** not to be confused with ..., ... should not be confused with sg (else); **nem lehet ~eni** there's no mistaking it (v. sy/sg)

összetévesztés *fn* confusion (of sg with sg), mistake, mixing up

összetéveszthető *mn* mistakable; **könnyen ~** be* easily mixed up; **össze nem téveszthető** unmistakable

összetevő *fn* component, constituent; **~ire bont** break* down, resolve into components

összetevőd|ik *i [-ból, -ből]* be* made up of, be* composed of

összetintáz *i* stain with ink

összetipor *i* tread* down, trample on

összetoboroz *i [híveket]* rally (supporters), drum up [some recruits, some support etc.]

összetol *i* push nearer/closer together, *[egymásba]* telescope

összetold *i [ruhát]* patch up, *[mást]* piece/join/fit (sg) together, *[deszkát]* join (sg) end to end, *[fecskefarkkötéssel]* dovetail [two pieces of wood]

összetolható *mn* telescopic, folding(-); **~ asztalok** nest of tables; **~ létra** folding ladder

összetorkoll|ik *i [folyók, utak]* meet*

összetorlód|ik *i* **1.** *[forgalom]* become* blocked/congested; **~ott a forgalom** there was a snarl-up (v. traffic jam) [on the motorway], the road was snarled up (v. congested) with traffic; **~ott kocsisor (alakult ki)** [there's] a tailback; *[igével]* traffic is tailing back [four miles from the scene of the accident] **2.** *[munka]* pile up; **~ott a munkánk** we are snowed under with work, we have a huge backlog (of work)

összetölt *i* → **összeönt**

összetömörül *i* squeeze/squash up

összetöpörőd|ik *i* shrivel

összetör *i* **1.** *ált (vmt)* break* (up), break* to pieces, *[cukrot]* pound, *[mozsárban]* pound, crush, grind* [in mortar]; **~te a poharat** (s)he broke the glass; **~te a kocsiját** (s)he smashed up his/her car; **~ték a kocsimat** my car got/was smashed up **2.** **~te magát** he got* bruised, he was badly injured; *biz* **nem töri össze magát** *[munkában]* (s)he doesn't exactly kill himself/herself **3.** *átv (vkt vm)* break* sy; **nagyon ~t az utazás** the journey has worn me out; **ez ~te a szívét** it broke her heart

összetöredez|ik *i* break* (up) into fragments, split* up, crack*

összetör|ik *i* break* (up); **~t a kocsim** my car was/got smashed up (v. was a writeoff); → **összetör**

összetört *mn* **1.** *[tárgy]* broken **2.** *[ember]* down-hearted, broken

összetűz *i* **1.** *[tűvel vmt]* pin/stitch together, *[gemkapocscsal]* clip (together), join (sg) with a clip **2.** *(vkvel)* clash (with sy over sg), fall* out (with sy)

összetűzés *fn [civakodás]* quarrel, clash, altercation; **~re került a dolog** they came to blows

összeugraszt *i biz* set* people by the ears

összeugr|ik *i* **1.** *[szövet]* shrink* **2.** *[két kakas/ember]* fly* at each other('s throat)

összeurópai *mn* pan-European

összeül *i* **1.** *[egymás mellé]* sit* together **2.** *[ülésre]* assemble, gather (together), meet*, come*/get* together [for a conference/meeting]; **az Országgyűlés kedden ~** Parliament reassembles on Tuesday

összeüt *i biz [összecsap] [munkát]* knock off, *[ételt]* knock up [a snack], throw*/toss [a meal] together, whip up [a meal]; → **boka**, → **összetákol**

összeütközés *fn* **1.** *[járműé]* collision, crash, *[súlyos]* smash-up, *[vasúti]* train-crash **2.** *átv* conflict, clash; **~be kerül vkvel** come* up against sy; **~be kerül vmvel** run* counter to sg, conflict with sy, *[törvénnyel]* fall* foul of [the law]; → **fegyveres**

összeütköz|ik *i* **1.** *[jármű]* collide *(vmvel* with sg), run* into one another **2.** *átv* have* a conflict with, clash with

összeütőd|ik *i* collide, knock/strike*/bump against one another

összevág *i* **1.** *(vmt)* cut* sg (up) into pieces, chop up; **az üveg ~ta a kezét** (s)he cut his/her hand on the glass **2.** *[filmet]* edit **3.** **~ja a bokáját** click one's heels **4.** *(vmvel)* agree, tally, chime/fit in, square with sg, *[időben]* coincide *(mindegyik:* with sg); **minden apró részlet ~ott** every little detail dovetailed (v. fitted in v. fell into place)

összevagdal *i* cut*/chop up, *[húst]* mince, *[arcot]* slash

összevágó *mn [egyező]* corresponding, concurrent, harmonious, *[időben]* synchronous, simultaneous

összevaló *mn* suited to one another *ut*, belonging together *ut*, *[összeillő]* well-matched, *[igével]* match (one another), go* well together; **~ pár** well-matched couple; **~ színek** colours *(US* -ors) to match

összeválogat *i [kiválogat]* pick (out), *[pl. szóanyagot]* select

összevarr *i [ruhát stb.]* sew*/stitch up/together, *[sebet]* sew* up

összevásárol *i* buy* up, purchase, *[halmoz]* hoard, stockpile, pile up

összevegyít *i (vmt vmvel)* mix, (inter)mingle (sg with sg)

összevegyül *i* mix, mingle *(vmvel* with)

összever *i* **1.** *(vkt)* beat* (sy) up, beat* (sy) black and blue, thrash, give* sy a sound thrashing/beating **2.** **~i a tenyerét** clap one's hands

összevereked|ik, -vereksz|ik *i (vkvel)* come* to blows (with sy), start a fight, set* to, come*/get* to grips with sy

összevérez *i* stain/cover [sg/sy v. oneself] with blood

összeverőd|ik *i* **1.** *[dolgok egymással]* knock against one another, *[poharak]* clink **2.** *[tömeg]* collect, come*/band together, gather

összevesz *i* **1.** → **összevásárol 2.** → **összevéve**
összeveszés *fn* quarrel, altercation, dispute, row
összevesz|ik, összevész *i (vkvel)* have* a quarrel with sy, fall* out with sy, quarrel (*US* -l) with sy (*vmn mind* over sg)
összeveszít *i biz (vkvel)* set* [people] by the ears, set* [people] quarrelling
összevet *i (vmvel)* compare (*hasonlóval* with, *eltérővel* to), *[írást, szöveget]* collate; **~i az új kiadást a régivel** collate the new edition with the earlier (one/edition); **vesd össze!** (*röv* **vö.**) compare (*röv* **cf.**)
összevetés *fn sp [díjugratás eldöntésére]* jump-off; **~ a 4-hibapontosok között** a jump-off between the 4-faulters
összevető *mn* **~ nyelvvizsgálat** contrastive linguistic study [of two languages]
összevéve *hsz* **mindent ~** in short/brief, all in all, taking all things into consideration/account, all things considered
összevissza *hsz* **1.** *[rendetlenül]* upside down, topsy-turvy, jumbled, in a mess, *[válogatás nélkül]* indiscriminately, at random, *[rendszertelenül]* unmethodically, by fits and starts; **~ beszél** talk nonsense/rubbish; **~ dobál** scatter/throw* about; **~ futkos/szaladgál** run* about, run* up and down **2.** *[összesen]* altogether, all told, in all
összevisszaság *fn* confusion, disorder, chaos, mess; **a legnagyobb ~ban** *biz* all over the shop
összevon *i* **1.** *[összehúz]* pull/draw* together, contract; **~ja szemöldökét** knit* one's brows, frown **2.** *[kat csapatokat]* concentrate [troops] **3.** *[intézményeket]* amalgamate, merge **4.** *mat* reduce
összevonás *fn* **1.** *kat* concentration [of troops] **2.** *[intézményeké]* amalgamation, merger **3.** *mat* reduction
összevont *mn nyelv* **~ alakok/szavak** contracted forms, contractions
összezabál *i* stuff oneself (with all manner of food)
összezagyvál *i* mess/mix up, get* sg jumbled up
összezár *i* shut*/lock up together
összezavar *i* **1.** *[rendetlenséget/keveredést csinál]* muddle (up) sg, put* into disorder, upset*, *[összegabalyít]* make* a muddle of sg, *[vizet]* stir up, trouble **2.** *(vkt)* confuse, upset*, perplex; **~ja vknek a fejét** confuse sy, get* sy confused/muddled **3.** → **összecserél**, → **-téveszt**
összezavarod|ik *i (vk)* get* confused, get* muddled (up)
összezördül *i biz* quarrel (*US* -l), have* words (*vkvel mind* with sy)
összezördülés *fn biz* quarrel, set-to, tiff
összezúz *i* **1.** *[darabokra]* crush, smash, dash to pieces, *[testét]* get* one's [arm etc.] crushed **2.** *átv* crush, smash
összezúzód|ik *i* get* crushed
összezsíroz *i* soil (sg) with grease, grease
összezsúfol *i* pack in, pack tightly together, cram sy/sg into sg, squeeze together; **~va** packed like sardines
összezsúfolód|ik *i* be* packed into sg
összezsugorod|ik *i* **1.** *[levél stb.]* shrivel (*US* -l) (up), *[bőr]* get* hardened, shrivel up; **a melegtől ~tak a levelek** the heat shrivel(l)ed up the leaves, the leaves shrivel(l)ed up in the (dry) heat **2.** *[testrész]* get* contracted/atrophied
összfogyasztás *fn* total consumption
összhang *fn* **1.** *zene* harmony, consonance; **~ban van** be* harmonious, be* in tune, be* in accord with sg, in keeping with sg, in line with sg, tie in with sg, *biz* chime in with sg; **nincs ~ban** be* out of (v. not in) tune, be* out of key (with sg) **2.** *átv* harmony, agreement; **~ba hoz** bring* into harmony, harmonize; **~ban van (vmvel)** be* in harmony/line/keeping with sg, chime in with sg; **~ban van (vkvel)** get* along well with sy; **nincs ~ban** *(vmvel)* do not accord with sg; *(vkvel)* be* on different wavelengths
összhangzás *fn* harmony, consonance
összhangzat *fn zene* harmony, consonance, accord
összhangzattan *fn zene* (theory of) harmony, harmonic theory
összhangz|ik *i* harmonize, be* in tune/harmony
összhatás *fn* general/overall impression/effect
összjáték *fn* team-work
összjövedelem *fn* total income
összkép *fn* overall view/picture (of sg)
összkiadás *fn gazd* total expenditure
összkomfort *fn* all (modern) comforts, all the modern conveniences *tsz*, every modern comfort, *biz* all mod cons *tsz*
összkomfortos *mn* with/having all (the) modern conveniences (v. every modern comfort) *ut*; **~ lakás** flat with every modern comfort (v. all (the) modern conveniences), *biz* flat with all mod cons
összköltség *fn* total expenditure/cost
összlakosság *fn* the entire population
összlétszám *fn* total number of [pupils etc.], *okt* school roll
összmennyiség *fn* total volume/quantity/mass
összmunka *fn* team-work, co-operation
össznépi *mn pol* public; **~ tulajdon** public property
összpontosít *i* **1.** *ált* concentrate (*vmre* on), focus (-s- v. -ss-); **vmre ~ja figyelmét** focus one's attention on sg, keep*/concentrate (one's mind/attention) on (doing) sg **2.** *[adminisztrációt]* centralize
összpontosítás *fn* **1.** *ált* concentration **2.** *[adminisztrációé]* centralization
összpontosul *i* be*/become* concentrated/centred/focus(s)ed (*vmre/vkre* on), centre (*US* -ter) on; **minden hatalom kezében ~t** all power was concentrated in his hand
összsúly *fn* gross weight
össz-szövetségi *mn* all-Union, Federal
összteljesítmény *fn* total output
össztérfogat *fn* total capacity
össztermék *fn* total output, overall yield; **nemzeti/társadalmi ~** gross national product (*röv* **GNP**)
össztermelés *fn* total output/production, *mezőg* gross yield
össztőke *fn* aggregate capital
össztűz *fn kat [üdvlövés]* salvo; *átv* **~be kerül/össztüzet indítanak ellene** come* under fire
ösztökél *i* → **ösztönöz**, → **buzdít**
ösztön *fn* instinct; **nemi ~** sexual instinct, sex drive/urge; → **önfenntartási**
ösztöndíj *fn* scholarship, *[főleg skót és új-zélandi]* bursary; **~at ír ki** invite applications for scholarships; **elnyer/kap egy ~at** win*/obtain a scholarship
ösztöndíjas I. *mn* scholarship; **~ diák** scholarship/sponsored student **II.** *fn* scholar, holder of a scholarship, scholarship/sponsored student
ösztöndíjkiírás *fn* call for fellowship proposals
ösztöndíjpályázat *fn [benyújtott anyag]* application for scholarship
ösztönélet *fn* instinctual/sex life
ösztönember *fn* man° of impulse, *pej* man° who is a slave to his instincts
ösztönös *mn* instinctive, intuitive, spontaneous, *[mozdulat]* reflex; **~en** instinctively, spontaneously, by instinct; **~en megérez** sense, have* a foreboding/presentiment, have* an intuition about sg
ösztönösség *fn* intuition, impulse, *[cselekedeti]* spontaneity
ösztönöz *i* (*vkt vmre*) urge (sy to do sg), stimulate/encourage sy (to do sg), spur sy on; **mi ösztönzi őt erre?** what makes him do it?
ösztönszerű *mn* instinctive, intuitive, spontaneous
ösztönzés *fn* urging, urge, impetus, stimulation, stimulus; *[anyagi]* **~ (rendszere)** incentive scheme
ösztönző I. *mn* stimulating, stimulative, *[anyagilag]* incentive; **~leg hat vkre** stimulate sy; **~ hatású** stimulating, stimulative **II.** *fn* **anyagi ~(k)** material/money incentive(s)
ösztövér *mn irod* lean, lanky, skinny, thin

Ö

őszutó *fn* late autumn (*US* fall), end of autumn (*US* fall)
őszül *i [haj]* turn white, become* grey (*US* gray)
őszülés *fn* becoming/turning grey (*US* gray), greying (*US* graying)
őszülő *mn* greyish, touched with grey (*US* gray) *ut*, turning/becoming grey (*US* gray) *ut*; ~ **haj** greying (*US* graying) hair
öszvér *fn* **1.** mule **2.** *[jelzőként: felemás]* ~ **megoldás** hybrid system/solution
öszvérhajcsár *fn* mule-driver
öt *szn* five; ~ **centiméteres** *[5 cm-es]* five-centimetre (*US* -er), 5 cm (long); ~ **hónapos** *[kor]* five months old *ut*, five-month-old; *[időtartam]* five months', five-month, of/lasting five months *ut*; ~ **felé** (i) *[irány]* in five directions/parts (ii) *[idő]* towards five (o'clock); *pol* **az ~ök** the Five
őt *nm* him, *[nőt]* her; ~ **magát** himself; *[nőt]* herself; → **őket**
ötágú *mn* five-pointed
ötajtós *mn* ~ **kocsi** hatchback
ötdolláros *fn [bankjegy]* a 5 dollar bill
öten *szn/hsz* five (people), five of us/you/them; ~ **vagyunk** we are five, there are five of us
ötévenként *hsz* every five years
ötéves *mn [kor]* five years old *ut*, five-year-old, five years of age *ut*, *[időtartam]* five-year, five years', of/lasting five years *ut*; ~ **gyerek** five-year-old child°, a child° of five; ~ **házasok** they [etc.] have been married for five years; *tört* ~ **terv** five-year plan
ötévi *mn* of/lasting five years *ut*, five-year, five years'; ~ **szolgálat** five-year service/work
ötféle *mn* five kinds of *ut*
ötfogásos *mn* five-course [dinner]
ötfokú *mn zene* ~ **hangsor** pentatonic scale
ötfontos *fn [bankjegy]* a 5 pound note, *biz* a fiver
ötforintos *fn* a five-forint piece
ötgyermekes *mn* ~ **család** family with five children
öthavi *mn* → **öthónapi**
öthetes *mn [kor]* five weeks old *ut*, five-week-old, *[időtartam]* five-week, five weeks'
ötheti *mn* of/lasting five weeks *ut*, five-week, five weeks'
öthónapi *mn* of/lasting five months *ut*, five-month, five months'
ötjegyű *mn [szám]* five-figure, *[logaritmus]* five-place
ötlet *fn* idea, (ingenious) thought; **jó ~** a good idea, a happy thought; **hirtelen jó ~e támadt** (s)he had a brainwave, a good idea flashed through his mind; **micsoda ~!** what an idea!; **nincs (jó) ~em** *[vm megoldásra] biz* I haven't a clue; **meredek ~ volt, de bejött** it was a bold idea, but it came off
ötletes *mn* **1.** *[szellemes]* witty, full of ideas *ut*, *[találékony]* resourceful, ingenious, inventive, clever **2.** *[tárgy]* ingenious, clever [device]
ötletesség, **ötletgazdagság** *fn* resourcefulness, ingenuity, being full of new ideas
ötletgazdag *mn* full of ideas *ut*; → **ötletes 1**
ötletszegény *mn* lacking in (v. devoid of) ideas *ut*, unimaginative
ötletszerű *mn* random, whimsical, capricious; **~en** at random, by/in fits and starts; **~en cselekszik** act on a sudden impulse, act on the spur of the moment, act capriciously
ötl|ik *i* **eszébe ~ik** it occurs to him, it flashes through his mind
ötmillió *szn [forint]* five million forints
ötnapi *mn* five-day, five days', lasting/of five days *ut*; ~ **eleség** food for five days
ötnapos *mn [kor]* five days old *ut*, five-day-old, *[időtartam]* five-day, five days', lasting/of five days *ut*; ~ **munkahét** five-day week
ötnyelvű *mn [kiadvány]* in five languages *ut*
ötórai *mn* **1.** *[időpont]* five o'clock, at five o'clock *ut*; ~ **tea** five o'clock tea; **az ~ gyors** the five-o'clock train/express **2.** *[időtartam]* lasting/of five hours *ut*, five hours'
ötórás *mn* lasting/of five hours *ut*, five hours'
ötöd *fn [rész]* fifth (part), *zene* quint, fifth
ötödéves I. *mn* fifth-year [student]; ~ **egyetemi hallgató** undergraduate (v. university student) in his/her fifth/final year; ~ **orvostanhallgató** medical student in his/her fifth/final year **II.** *fn* fifth-year student
ötödik, **5. I.** *szn/mn* fifth; ~ **alkalommal** for the fifth time, fifthly; **az ~ hadoszlop** *pol tört* the fifth column; ~ **(5.) osztályos** → **ötödikes II**; **~nek (5-nek) jött** (s)he was the fifth to arrive **II.** *fn* **1. július 5-e** 5 July, *US* July 5th (*kimondva:* the fifth of July, ill. July the fifth); **f. hó 5-én** *gazd [levélben]* on 5th inst.; *[kimondva/kiírva]* on the fifth of this month **2.** *okt* **~be (5-be) jár** be* in (v. attend) the fifth form/class (v. *US* grade)
ötödikes I. *mn* ~ **tanuló** pupil in the fifth class/form (v. *US* grade) **II.** *fn* fifth-form pupil/boy/girl, fifth-former
ötödiki, **5-i** *mn* **Május 5-i levelét köszönettel megkaptam.** Thank you for your letter of 5 May (v. *US* May 5th.)
ötödmagával *hsz* he and/with four others
ötödrész *fn* fifth (part)
ötödször *szn/hsz* fifthly, for the fifth time
őtőle *hsz* from her/him; ~ **hallottam** I heard it from her
ötöl-hatol *i* hedge, hum (*US* hem) and haw, beat* about the bush
ötös I. *fn* **1.** *[számjegy]* the number/figure five **2.** *okt [osztályzat]* very good, excellent; **~re felelt** he got a very good, he got an excellent, he was given an excellent; *[vizsgán]* (s)he got top marks **3.** *[villamos, autóbusz]* tram/bus number five (v. No. 5), the number five tram/bus; **felszáll az ~re** take* tram/bus (*US* car) number five, take* the number five tram/bus (*US* car) **II.** *mn* **1.** ~ **szám, az 5-ös szám** the number/figure five, five, No. 5 **2.** *[ötszörös, öt részből álló]* fivefold, quintuple; ~ **fogat** five-in-hand, five-horse carriage **3.** *[ötös számú]* ~ **(5-ös) autóbusz** the number five bus, bus number five (v. No. 5) **4.** *[ötórai]* **az ~ gyors** the five-o'clock train/express; → **találat**
ötösével *hsz* by fives, five at a time
ötperces *mn* five-minute, five minutes', of five minutes *ut*
ötpróba *fn* pentathlon
ötszáz *szn* five hundred; ~ **főnyi tömeg** a crowd of about five hundred (people)
ötszázadik *szn/mn* five hundredth
ötszázalékos, **5%-os** *mn* 5 per cent
ötszázas, **ötszázforintos** *fn [bankjegy]* a five hundred forint note
ötszög *fn* pentagon
ötszögű *mn* pentagonal
ötször *szn/hsz* five times; ~ **annyi** five times as much
ötszöri *mn* repeated five times *ut*
ötszörös *mn* fivefold, quintuple; ~ **bajnok** five-time champion
öttagú *mn* having five members/parts *ut*; ~ **család** family of five; ~ **szó** word of five syllables; ~ **zenekar** five-man band, quintet
öttusa *fn sp* pentathlon
öttusáz|ik *i sp* be* a pentathlete, go* in for (modern) pentathlon
öttusázó *fn sp* pentathlete
ötven *szn* fifty; ~ **felé jár** (s)he is nearing 50
ötvenedik *szn/mn* fiftieth
ötvenegy *szn* fifty-one
ötvenen *szn/hsz* fifty (of us/you/them); ~ **voltak** there were fifty of them
ötvenes I. *mn* fifty, of fifty *ut*; **az ~ (50-es) évek** the fifties (50s v. 1950s); **az ~ években/éveiben van** he is in his fifties; ~ **méret** size fifty; ~ **szám** (the) number/figure fifty, fifty; **az ~ villamos** the number 50 tram, tram number fifty **II.** *fn* **1.** *[számjegy]* fifty, (the) number/figure fifty **2.** *[bankjegy]* a fifty forint note **3.** *[villamos, busz]* tram/bus (*US* car) number fifty (v. No. 50)

Ö

ötvenéves, **ötvenesztendős** *mn [kor]* fifty years old *ut*, fifty-year-old, *[időtartam]* fifty-year, fifty years', of/lasting fifty years *ut*
ötvenévi *mn* fifty-year, fifty years', of/lasting fifty years *ut*
ötvenforintos *fn* a fifty forint piece/coin
ötvenhat, **56** *fn tört* → **ötvenhatos**
ötvenhatos *mn tört* **az ~ események** the 1956 events; **az ~ forradalom és szabadságharc** the 1956 uprising, *hiv* the 1956 revolution and war of independence
ötvös *fn* goldsmith
ötvösmunka *fn* goldsmith's work
ötvösművészet *fn* goldsmith's craft/art
ötvöz *i* alloy, mix
ötvözet *fn* alloy
őutána *hsz* after her/him; **~ következünk** we come after him
öv *fn* **1.** *[ruhán]* belt; **~ön aluli ütés** *[igével]* hit(ting) below the belt; **ez ~ön aluli ütés volt** it was hitting below the belt **2.** *[föld]* zone; → **biztonsági öv**
övcsat *fn* buckle
övé *nm* **1.** his, hers; **ez a ház az ~** this house is his/hers, this house belongs to him/her; **ezek a könyvek az ~i** these books are his/hers **2.** *[főnévként]* **jól gondoskodik az ~iről** he looks after his family well, he takes good care of his own/family
övé(i)k *nm* theirs
övele *hsz* with him/her; **~ együtt mondhatjuk** we all agree that ...
övez *i* **1.** (*vmt vmvel*) encircle, girdle (sy with sg) **2.** *[területet]* surround, encircle; **hegyekkel ~ett** surrounded/encircled by mountains *ut*; **a várost erdők ~ik** the town is surrounded by forest(s)
övezet *fn [terület]* zone, area
övsömör *fn* shingles *esz, tud* herpes zoster
övtáska *fn* belt pouch, bum bag
őz *fn* **1.** *áll* deer (*tsz* ua.), roe(-deer), *[hím]* roebuck, *[nőstény]* (roe) doe, *[fiatal nőstény]* fawn **2.** *[húsa]* venison
őzagancs *fn* antler, horn (of roe-deer)
őzbak *fn* roebuck
őzbarna *mn* fawn(-coloured) (*US* -or-)
őzborjú *fn* fawn
őzbőr *fn* buckskin, deerskin, doeskin; **~ kabát** suède (coat)
őzcomb *fn* haunch of vension
őzgerinc *fn* back/saddle of venison
őzgida *fn* fawn, kid
őzhús *fn* venison
őzike *fn* fawn
özön *fn [áradat]* deluge, stream, torrent, flood, *csak átv* abundance, plenty (of sg); **szavak ~e** torrent of words; **rágalmak ~e** torrent of abuse; **~ével kapja a meghívásokat** he is deluged with invitations
özönl|ik *i* stream, flow, flood, rush, *[tömeg]* flock/throng to [a place]; **~lenek az emberek vkhez** *[mert népszerű]* people are beating a path to sy's door
özönvíz *fn* deluge, *[bibliai]* the Flood; **~ előtti** antediluvian, *[tárgyról]* as if it came out of the Ark
őzpecsenye *fn* roast venison
őzsuta *fn* (roe) doe
őzsült *fn* → **őzpecsenye**
özv. *röv* → **özvegy**
özvegy I. *mn* (*röv* **özv.**) widowed; **~en maradt** she was left a widow, she remained a widow **II.** *fn [asszony]* widow, *[férfi]* widower
özvegyasszony *fn* widow
özvegyember *fn* widower
özvegyi *mn* widow's; **~ járadék/járulék** widow's allowance; **~ jog/haszonélvezet** jointure; **~ nyugdíj** widow's pension
özvegység *fn [nőé]* widowhood, *[férfié]* widowerhood; **~re jut** be* widowed; **~re jutott** widowed

Ö

P

P, **p** *fn [betű]* (the letter) P, p
p. *röv* **1.** → **perc 2.** → **pont**
pá *isz* bye!
pác *fn* **1.** *[élelmiszeré]* pickle **2.** *[bőripari]* steep, tanning ooze/liquor, *[fapác]* (wood) dye/stain **3.** *átv biz* **~ban hagy vkt** leave* sy in the lurch; **~ban van** be* in a pickle/jam/mess, be* in the soup, be* in a real fix, *GB* be* up a gum tree
paca *fn biz* (ink) blot; **~t ejt** make* a blot (on), blot (sg)
pacák *fn szl* guy, fellow, *GB* bloke
pacal *fn* tripe
pacalpörkölt *fn kb.* tripe stew
pacás *mn* smudgy
paci *fn biz* gee-gee
páciens *fn* patient
pacientúra *fn* practice, [a doctor's] list
pacifista *mn/fn* pacifist
pacifizmus *fn* pacifism
packáz|ik *i* (*vkvel*) trifle with sy; **nem hagy magával ~ni** he is not to be trifled with
páclé *fn* pickle
pacni *fn* → **paca**
pácol *i* **1.** *[élelmiszert]* pickle, cure, *[mariníroz]* marinade, marinate **2.** *[bőrt]* steep, tan, *[fát]* stain, dye
pácolás *fn* **1.** *[élelmiszeré]* pickling, curing, *[marinírozás]* marinading, marinating **2.** *[ipar]* steeping, soaking, tanning, *[fáé]* staining, dyeing
pácolód|ik *i [élelmiszer]* be* in the process of pickling
pácolt *mn* **1.** *[étel]* pickled, cured, *[marinírozott]* marinaded, marinated; **~ hering** pickled herring; **~ hús** corned/cured/pickled meat **2.** *[fa]* stained, dyed
pacsi *fn biz* (little) paw; **(adj) ~t!** give me your hand!; *[kutyához]* give me your paw!
pacsirta *fn* (sky)lark
pacsirtaszó *fn* song of the lark
pacskol *i* splash, plash, paddle; **vízben ~** be* splashing about in the water
pacsmagol *i* → **pamacsol**
pacsni *fn* **1.** flat roll **2.** *biz* → **papucs**
pacsuli *fn* **1.** *növ* patchouli **2.** *[illat] pej* cheap scent
pad *fn ált* bench, (long) seat, *[támla nélkül]* form, *okt* desk; → **vádlott**
padka *fn* **1.** *[kemenceé]* chimney corner seat, inglenook **2.** → **útpadka**
padlás *fn* attic, loft, *[nyomorúságos]* garret
padlásablak *fn* attic-window
padlásfeljáró *fn* loft/attic/garret staircase
padlásszoba *fn* attic, loft, *[nyomorúságos]* garret
padlástér *fn* loft; **padlásteret beépít** convert a/the loft [into a bedroom, living-room etc.]
padlástér-beépítés *fn* loft conversion
padlizsán *fn növ* aubergine, *US* eggplant
padló *fn* floor; *átv biz* **~n van** be* on his/its knees; *átv is* **~ra küld** floor sy, *US* knock/throw* sy for a loop; **~t fog** *[megdöbben]* be* flummoxed
padlóápoló *fn* floor cleaner/polish
padlóburkolat *fn* floor/bottom covering, flooring
padlóburkoló lap *fn épít* floor tile
padlódeszka *fn* floorboard
padlófűtés *fn* underfloor heating
padlókefe *fn* floor brush
padlószőnyeg *fn* wall-to-wall carpet
padlóváza *fn* standing vase
padlóviasz *fn* floor wax/polish
padlóz *i* lay* a floor, floor
padlózat *fn* flooring
Padova *földr* Padua
padovai *mn* Paduan
padozat *fn ált* floor(ing)
padsor *fn* **1.** *ált* row/line of seats **2.** *[templomban]* pew **3.** *[képviselőházban]* bench
paff *isz biz* **egészen ~ voltam** I was flabbergasted/dumbfounded/nonplussed, I was struck all of a heap, you could knock me over with a feather
páfrány *fn* fern
pagoda *fn* pagoda
páholy *fn* **1.** *szính* box; *átv* **~ból nézi a dolgokat** have* a ringside seat, remain aloof, be* above it all **2.** *[szabadkőműves]* (masonic) lodge
páholybérlet *fn* season ticket for a box
páholybérlő *fn* boxholder
páholysor *fn* **első emeleti ~** dress circle; **második emeleti ~** upper circle
páholyülés *fn* box seat
pajesz *fn* **1.** earlock, corkscrew curl **2.** *[oldalszakáll]* sideburns, ride whiskers, *biz* rideboards (*mind: tsz*)
pajkos *mn* elfish, elvish, impish, *[játékos]* playful, frolicsome, *[pajzán]* risqué; **~ csíny** prank, practical joke; **~ gyerek** mischievous child°, *kif* be* a (real) handful
pajkoskod|ik *i* be* roguish, lark/monkey about
pajkosság *fn* **1.** *[cselekedet]* mischief **2.** *[viselkedés]* mischievousness, roguishness
pajor *fn* grub [of cockchafer], larva (*tsz* larvae)
pajszer *fn biz* crowbar
pajta *fn* barn, shed
pajtás *fn ált* friend, companion, mate, *biz* pal, *US biz* buddy; **jó ~** (he is) a good sort, a nice chap; **jó ~ok voltunk** we were mates/pals (v. *US* buddies)
pajtáskod|ik *i* pal/chum up (*vkvel* with sy)
pajtásság *fn [kapcsolat]* chumminess, close companionship
pajti *fn biz* mate, pal, *US* buddy; **~kám!** old boy/chap/son, *US* bud(dy)!, *[lekezelően]* sonny
pajzán *mn [pajkos, csintalan]* naughty, mischievous, *[sikamlós]* risqué, near the bone *ut*, *[illetlen]* brazen, naughty; **~ történet** racy story/tale; **~ viselkedés** *[pajkosság]* mischievousness, being mischievous; *[sikamlósság]* scandalous behaviour (*US* -or), *[illetlenség]* brazenness
pajzánkod|ik *i ált* be* mischievous
pajzánság *fn* → **pajzán viselkedés**
pajzs *fn* **1.** *kat ált* shield **2.** *áll* shell, carapace **3.** *[címeré]* shield, (e)scutcheon
pajzsmirigy *fn* thyroid gland
pajzsmirigy-túlműködés *fn* hyperthyroidism
pajzsmirigytúltengés *fn* exophthalmic goitre (*US* -ter), Graves' disease
pajzstetű *fn* shield bug, shield scale
páka *fn* soldering iron
pakett *fn [részvényekből]* (share/stock)package
Pakisztán *földr* Pakistan
pakisztáni *mn/fn* Pakistani
pakk *fn [poggyász]* luggage, baggage
pakli *fn* **1.** *[csomag]* packet, package; **egy ~ dohány** a pack(et) of tobacco; **egy ~ kártya** a pack (*US* deck) of cards **2.** *biz pej* **benne van a ~ban** be* all in a day's work
paklikocsi *fn [vonaton] GB* luggage van, *US* baggage car
pakol *i* **1.** *[csomagol]* pack/wrap (up) **2.** *biz* **de most ~j innen!** get out of here!, clear off/out!, beat it!
pakolás *fn* **1.** *[csomagolás]* packing/wrapping (up) **2.** *[borogatás]* pack, compress, *[kozmetikai]* pack

pákosztos *mn* → **torkos**
paksaméta *fn [csomag]* bundle, pack, *[irat]* sheaf° (of papers), *[levél]* bundle (of letters); **egy ~ könyv** a pile of books
paktál *i* conspire, enter into a pact with
paktum *fn* agreement, pact
Pál *tul* Paul
pala *fn* (roof-)slate; **~val fed** cover (sg) with slates, slate
palabánya *fn* slate quarry
palack *fn* bottle, *[lapos]* flask, *[gáz~]* cylinder
palackorrú *mn* **~ delfin** bottle-nosed dolphin
palackos *mn* bottled; **~ bor** bottled wine
palackoz *i* bottle; → **ital**
palackozás *fn* bottling
palackozott *mn* **~ italok boltja** *GB* off-licence, *US* package/liquor store; → **palackos**
palackposta *fn* bottle post, message in a bottle
palackzöld *mn* bottle-green
palacsinta *fn* pancake(s *tsz*), crêpe, *US* flapjack; **diós ~** walnut pancake; **lekváros ~** jam pancake
palacsintasütő *fn* **1.** *[serpenyő]* frying pan, griddle, *US* frypan, omelette/pancake pan **2.** *[személy]* pancake seller
palacsintatészta *fn* batter
palafedő *fn [munkás]* slater
palánk *fn* **1.** *[deszkából]* board fence **2.** *[falragaszoknak]* hoarding, billboard **3.** *[kosárlabdában]* backboard **4.** *hajó* plank, strake
palánta *fn* plant, seedling, nursling; **~kat átültet** bed plants; **~kat kiültet** bed out (the) plants
palántanevelő *mn* **~ ágy** hotbed, forcing bed
palántáz *i* plant, bed out (the) plants
palaréteg *fn* bed/layer of slate
palás *mn* slaty
palást *fn* **1.** *[ruhadarab]* cloak, (long) mantle, *[ref. lelkészé]* (Geneva) gown **2.** *átv* cloak; **a hazafiasság ~ja alatt** under the cloak of patriotism **3.** *mat* superficies (*tsz* ua.)
palástol *i* cloak, disguise; **bánatát nevetéssel ~ja** he cloaks his sorrow with laughter
palaszürke *mn* slate-grey (*US* gray)/coloured (*US* -or-), slaty
palatábla *fn elav* slate
palatális *mn nyelv* palatal; **~ magánhangzó** palatal vowel (v. speech sound), palatal
palatalizáció *fn nyelv* palatalization
palatető *fn* slate roof
paláver *fn biz* powwow; **~t tart(anak)** hold* a powwow, powwow about sg
palavessző *fn elav* slate-pencil
pálca *fn* **1.** *ált* stick, rod, staff **2.** *[karmesteri]* baton **3.** *[fenyítő]* cane, *[lovagló]* (riding-)switch; **~t tör vk felett** judge sy harshly, condemn (sy) roundly
pálcáz *i* cane
pálcika *fn* small/short stick
paleocén *mn/fn geol* Palaeocene (*US* Paleo-)
palesztin *mn/fn* Palestinian
Palesztina *földr* Palestine
palesztinai *mn/fn* Palestinian
paletta *fn* palette
pálfordulás *fn* (sudden) conversion, about-turn, turn-about, *US* about-face
pálha *fn növ* stipule
pali *fn szl* sucker, *GB* mug; **~ra vesz vkt** take* sy for a fool/ride, take* sy in, dupe sy, lead sy up the garden path
palimadár *fn biz* → **pali**
pálinka *fn* brandy, spirit, *[házi]* poteen
pálinkafőzés *fn* distilling of brandy
pálinkafőző *fn* brandy distillery, brandy still
pálinkamérés *fn GB* gin palace, *US* gin mill
pálinkásüveg *fn [lapos]* (hip) flask
pálinkáz|ik *i* drink* brandy
palládium *fn [nemesfém]* palladium
pállás *fn [seb]* sore, fissure, *[hajlatok között]* intertrigo
pallér *fn* foreman-builder
palléroz *i* polish, civilize, refine
pallérozatlan *mn* rough, unpolished, uncivilized, unrefined
pallérozott *mn* polished, refined
pallérozottság *fn* refinement
páll|ik *i* **1.** *növ* rot **2.** *[bőr]* crack
palló *fn* plank, board, batten
pallos *fn* broadsword, backsword, *tört [hóhéré]* (executioner's) sword; **lecsapott rá a ~** (s)he was put to the sword
pallosjog *fn tört* power of life and death
pálma *fn* **1.** *növ* palm(-tree) **2. elnyeri/elviszi a ~t, övé a ~** bear* (v. carry off) the palm, carry the day, *biz* bring* home the bacon
pálmaág *fn konkr* palm branch/leaf°, *[a győzelem jelképe]* palm
pálmafa *fn* palm(-tree)
pálmaház *fn* glasshouse, greenhouse
pálmalevél *fn* **1.** *konkr* palm leaf° **2.** *[díszítmény]* palmette
pálmaliget *fn* palm grove
pálmaolaj *fn* palm oil
pálmatej *fn* palm milk
palóc *mn/fn* Palots, Palóc
palócos *mn* **~ (ki)ejtés** broad Palots/Palóc accent
pálos *mn/fn vall* **~ (rendi)** Paulite
palota *fn* palace, mansion (house)
palotaforradalom *fn* palace revolution/coup
palotás *fn* ‹slow and stately Hungarian ballroom dance›
pálya *fn* **1.** *ált* course, path, *[égitesté, űrhajóé stb.]* orbit, *[lövedéké]* path, course, trajectory; **kitéríti ~jából** turn from its true course, deflect, make* sg deviate from its path/orbit; **~ra állít/juttat** put* in(to) orbit **2.** *[vasúti]* (railway) track, railway (line), *US* railroad (line), *rep [fel- és leszállás]* runway; **szabad a ~** (i) *vasút* line clear (ii) *átv* the coast is clear **3.** *sp* (sports) ground, (playing) field, *[futó]* track, *[a futópálya egy sávja]* lane, *[tenisz]* court, *[futball]* field, ground, *biz* pitch, *[baseball]* field, *[amerikai futball]* field, *biz* gridiron, *[autóversenyé]* circuit, *[lovas]* (jumping/competition) ring, course, *[sí]* course, run, *[lesikló]* downhill course; *[korcsolya]* skating rink, *[uszodában]* lane; **~!** gangway!, stand clear, please!; **bekiabál a ~ széléről** yell in from the edge/side of the pitch/court/rink; **~t választ** *[futballban]* choose* ends; **elhagyja a ~t** (i) *[lovas]* X is riding out of the ring (ii) *átv [szakmát]* leave* one's career, leave* the business/trade **4.** *[életpálya]* career, profession, occupation, *[hivatás]* calling; **vm ~ra lép** go* in for [law, teaching etc.], take* up [writing etc.], go* into [the Army etc.]; **~t választ** choose* a career/profession; **~t téveszt** miss/mistake* one's vocation
pályaalkalmasság *fn* aptitude [for a particular job/skill]
pályaalkalmassági *mn* **~ vizsga** aptitude test
pályabíró *fn sp* umpire
pályadíj *fn* prize; **~at tűz ki** offer a prize; **~at odaítél** award a prize; **a beküldött mű ~at nyert** the work entered won (v. was awarded) a prize
pályadíjnyertes *mn/fn* → **pályanyertes**
pályaelhagyó *mn* career changer
pályafelvigyázó *fn* → **pályamester**
pályafenntartás *fn vasút* track maintenance
pályafutás *fn* career; **földi ~unk** our mortal span, this mortal coil
pályagondnok *fn sp* groundsman°
pályakezdés *fn* start of one's career, starting out on one's career
pályakezdő *mn* **~ fiatalok** young people starting out on a career (v. on their careers)
pályakocsi *fn [vasúti] US* handcar
pályaküszöb *fn rep* threshold

pályamenti *mn fiz* ~ **sebesség** orbitial speed; *rep* ~ **vízszintes látótávolság** runway visual range (*röv* **RVR**)

pályamester *fn vasút* line(s)man°

pályamódosítás *fn [űrhajóé]* course correction; **~t hajt végre** carry out a course-correcting manoeuvre (*US* maneuver)

pályamunka *fn* competition essay/work; **nyertes ~** prize (-winning) essay/work; **az Akadémia díjával kitüntetett ~** an Academy award(-winning) work

pályamunkás *fn vasút* platelayer, *US* trackman°, tracklayer

pályamű *fn* → **pályamunka**

pályanyertes I. *mn* ~ **mű** prize(-winning) work/essay **II.** *fn [személy]* prize-winner, prizeman°

pályaőr *fn* line(s)man°

pályasegéd *fn [lovaspályán]* jump crew

pályaszint *fn* track level

pályatárs *fn* colleague

pályatest *fn* (railway v. *US* railroad) track; → **pálya 2**

pályatétel *fn* theme [of a competition]

pályatévesztett *mn* ~ **ember** one who has missed his/her vocation, *kif* a square peg in a round hole

pályaudvar *fn* (*röv* **pu.**) *vasút* (railway v. *US* railroad) station, *[végállomás]* terminus, *[nagyobb]* terminal; **(autóbusz-)~** bus/coach terminal, *[végállomás]* terminus

pályaudvari *mn* station(-), at/of a (railway) station *ut*; ~ **ruhatár** *GB* left-luggage (office), *US* baggage room, checkroom

pályaválasztás *fn* **1.** *[hivatásé]* choice of career/profession **2.** *sp* choice of goals/ends

pályaválasztási *mn* ~ **tanácsadás** careers advisory service, vocational guidance; ~ **tanácsadó** *[pedagógus, aki tanácsokat ad] GB* career master

pályázat *fn [állás, tisztség stb. betöltésére]* application (for sg), *[versenyezve]* competition (for sg), *főleg: gazd* tender (for sg); ~ **útján töltik be az állást** the job/post is being advertised; ~ **egy magasabb tudományos fokozat elnyerésére** *kb.* submission for a higher academic degree; **~ot hirdet** (i) *[állásra]* advertise a vacancy (ii) *[ösztöndíjra, külföldi lektorságra stb.]* announce/advertise scholarships/posts (in ...) (iii) *gazd* put* out to tender; **~ot benyújt** send*/hand an/one's application [to sy for sg], apply for sg, put* in for sg; **~ot hirdet főmérnöki állásra** invite applications for a/the post of chief engineer

pályázati *mn [versengéssel kapcs.]* competition(-), concerning a competition *ut*, *[vm elnyerésével kapcs.]* application, of the application *ut*; ~ **anyag** submitted application/tender; ~ **határidő** closing date (for the receipt of applications), *biz* deadline; ~ **felhívás** (i) *[szellemi versengésre]*, call for proposals, announcement of a competition (for ...) (ii) *főleg: gazd* call for tenders; ~ **feltételek** competition rules; ~ **kiírás** call/invitation for applications, call for tender

pályázatkiírás *fn gazd* call for tenders

pályáz|ik *i* **1.** *[vm elnyerésére]* compete for [an award, a place at a school, a prize etc.], enter for [a competition], apply (v. put* in) for [a job, a scholarship etc.], send* in an/one's (v. write* an) application for sg, *[vm nagy cél elérésére]* aspire for/to/after sg, *főleg: gazd* tender (for sg), put* in a tender (for sg); **~ik a doktori fokozat elnyerésére** *kb.* submit a thesis for the/one's PhD **2.** *biz* (*vmre*) *[meg akar szerezni vmt]* angle for (sg), make* a bid for sg **3.** *biz* (*vkre*) *[pikkel vkre]* keep* picking on sy, have* it in for sy

pályázó *fn [pályázaton részt vevő]* competitor, *[vmre jelentkező]* applicant (for sg), candidate (for sg), *[nagyobb tisztségre stb.]* aspirant (after/for/to sg); **elnökségre ~** an aspirant to the presidency

pamacs *fn [borotva]* shaving brush

pamacsol *i [borotválkozáskor]* lather [one's face]

pamflet *fn* pamphlet

pamfletíró *fn* pamphleteer

pamlag *fn* couch, settee, sofa, *US* davenport

pampa *fn* pampas *tsz*

pamut *mn/fn* cotton; → **pamutáru**

pamutáru *fn* cotton goods *tsz*, cottons *tsz*, *[fonal]* threads *tsz*

pamutfonal *fn* cotton (yarn/thread), thread

pamutfonó *fn* cotton mill

pamutipar *fn* cotton industry/trade

pamutszalag *fn* cotton tape

pamutszövet *fn* cotton (fabric/cloth)

pamutvászon *fn* calico, chino

panama *fn* (financial) swindle, scandal, *szl* racket, a case of bribery and corruption

Panama *földr* Panama

Panama-csatorna *földr* Panama Canal

panamai *mn/fn* Panamanian

Panamai csatornaövezet *földr* Panama Canal Zone

panamakalap *fn* Panama (hat)

panamázás *fn* swindling, graft, racket

panamáz|ik *i* swindle, graft

pánamerikai *mn* Pan-American

panamista *mn* racketeer, grafter

panasz *fn* **1.** *ált* complaint (about), *[panaszkodás]* complaining, *orv* complaint; **mi a ~a?** *[betegtől]* what seems to be the matter?, what is your complaint?; ~ **nélkül** without a murmur; **~a van vkre** complain about sy; **~ra nincs okunk** we have no reason to complain, we can't complain **2.** *jog* complaint, *[vk ellen]* accusation, charge; **~t emel/tesz** (v. **panasszal él) vk ellen** make*/lodge a complaint against sy (*vknél* with sy); **~nak helyt ad** consider a claim/complaint

panasziroda *fn* complaint office/department

panaszkodás *fn* **1.** *ált* complaint, *[morogva]* grumble **2.** *[sirám]* jeremiad, lament, lamentation, whine, poor mouth

panaszkod|ik *i* (*vkre/vmre*) complain about/of sy/sg, make*/lodge a complaint about/against sg, (*vmről*) *[pl. fejfájásról]* complain of [a headache etc.], *[siránkozik, hogy nincs pénze]* cry (v. talk a) poor mouth; **~nak rád** people are complaining about you; **Hogy van? – Nem ~om!** How are things (going)? – Mustn't grumble.

panaszkönyv *fn* complaints book

panaszlevél *fn* letter of complaint

panasznap *fn* grievance day

panaszol *i* complain; **sírva ~ja, hogy** ... tearfully (s)he complains that ...

panaszos I. *mn* plaintive, sorrowful, mournful; ~ **hangon** plaintively, in a plaintive voice **II.** *fn* → **felperes**

panasztétel *fn jog* complaint

panasztevő *fn jog* complainant, plaintiff

páncél *fn* **1.** *[lovagi]* (suit of) armour, mail, *[modern]* armour **2.** *[rovaré]* carapace, shell

páncél- *mn [összetételekben az* armour *szó és származékainak US helyesírása:]* armor(-)

páncélautó *fn* armoured car/vehicle

páncél(gép)kocsi *fn* → **páncélautó**

páncéling *fn* coat of mail, chain armour/mail

páncélkocsi *fn* → **páncélautó**

páncéllemez *fn* armour/steel/plate

páncélos I. *mn tört* **1.** *[lovag]* armoured; ~ **lovag** armour/mail-clad knight, armoured knight **2.** *kat* armoured, *főleg: összet* panzer **3.** *áll* testaceous **II.** *fn* **1.** *[katona]* tank man°/trooper; **a ~ok** the armoured troops **2.** *[harckocsi]* tank

páncélosalakulatok *fn* armoured troops

páncélosegység *fn* armoured/panzer unit

páncéloshadosztály *fn* armoured/panzer/tank division

páncélostámadás *fn* armoured/panzer attack

páncéloz *i* armour, coat with armour

páncélozott *mn* armoured, armour-plated

páncélököl *fn* bazooka

páncélszekrény *fn* safe, *[magánletétek őrzésére]* safe deposit
páncélszoba *fn* strongroom
páncéltorony *fn kat* (armoured/tank) turret, *[hadihajón]* fighting-top
páncéltörő *mn* ~ **ágyú** antitank gun, *US* tank destroyer; ~ **gránát/lövedék** armour-piercing shell/projectile
páncélvonat *fn* armoured train
páncélzat *fn* armour(-plating); **~tal ellát** armour(-plate)
pancs *fn [rossz ital]* wish-wash, *GB biz [bor]* plonk, *US szl* bug-juice
pancser *fn biz* duffer, muff, bungler, *US* sad sack
pancsol *i* **1.** *[vízben]* splash about, paddle **2.** *[bort meghamisít]* water (down), doctor
pancsolt *mn* ~ **bor** adulterated wine
panda *fn áll* panda
pandúr *fn elav* gendarme; → **betyár**
panel *fn [építőelem]* panel
paneles *mn* ~ **építkezés** precast concrete/panel construction, system building (with large panels)
panelház *fn* prefabricated house, *biz* prefab, *[toronyház]* high-rise (block), tower block
páneurópai *mn* Pan-European
pang *i átv is* stagnate, be* stagnant; **az üzlet** ~ business is slack/slow, business is in the doldrums; **a kereskedelem** ~ trade is dull
pangás *fn átv is* stagnation, depression, slump, recession, *biz* the doldrums
pangó *mn* slack, sluggish
páni *mn* ~ **félelemben** panic-/terror-stricken/struck
pánik *fn* panic; ~ **keletkezett** there was a panic, the crowd panicked; **csak semmi ~!** don't panic!; **~ba esik** get* into a panic, panic (*múlt idő stb.* -ck-), *biz* push/hit* the panic button; *[gazdasági, üzleti]* be* panic-stricken; **~ot kelt** create a panic, throw* (the crowd) into a panic
pánikbetegség *fn pszich* panic disorder
pánikhangulat *fn* state/atmosphere of panic
pánikkapcsoló *fn* panic button
pánikkeltés *fn* panic mongering
pánikszerű *mn* ~ **menekülés** panic-stricken flight
pánikszerűen *hsz* in a panic
paníroz *i* fry (sg) in breadcrumbs, coat (sg) with/in breadcrumbs, bread
pankráció *fn* all-in wrestling, catch-as-catch-can
pankrátor *fn* wrestler
panoptikum *fn* waxworks *tsz* v. *esz*, *[Londonban]* Madame Tussaud's
panoráma *fn* view, panorama, scenery
panorámafilm *fn* Cinerama
panorámás *mn* with a [beautiful] view/panorama *ut*
pánsíp *fn* pan-pipes *tsz*
pánszláv I. *mn* Pan-Slavic **II.** *fn* Pan-Slavist
pánt *fn* **1.** *ált* band, holdfast **2.** *[hordón]* hoop **3.** *[keréken]* tread, hoop tyre (*US* tire) **4.** *[ruhán]* strap
pantalló *fn* trousers, slacks, *US* pants (*mindegyik: tsz*)
panteista I. *mn fil* pantheistic **II.** *fn* pantheist
panteizmus *fn fil* pantheism
panteon *fn* pantheon
pántlika *fn* ribbon, tape
pantomim *fn* pantomime, mime
pántos *mn* (fitted) with straps/bands *ut*
panzió *fn* → **penzió**
panyóka *fn* **~ra vetve** [jacket/coat] thrown/flung/worn over one's shoulder
pányva *fn* **1.** *[kikötésre]* tether **2.** *[megfogásra]* lasso
pányváz *i* tether
pap *fn ált [katolikus, anglikán, ortodox]* priest, *[protestáns, néha anglikán is]* clergyman°, *[főleg református]* minister, pastor; ~ **se beszél/prédikál kétszer** I'm not going to say it again; **a jó ~ holtig tanul** it is never too late to learn, we [you, etc.] live and learn; **kinek a ~, kinek a ~né** there is no accounting for tastes, everyone to his taste

papa *fn biz* Dad(dy), Papa, *US* Pa, Pop
pápa *fn* Pope, the Holy Father; **~bb a ~nál** more catholic than the Pope
pápá *isz/fn biz* ta-ta
papagáj *fn* parrot
papagájkór *fn* parrot disease/fever, *tud* psittacosis
pápai *mn* papal; ~ **állam** Vatican City, the Holy See; ~ **bulla** papal bull; ~ **enciklika** encyclical; ~ **követ** nuncio, papal legate
papaja *fn növ* papaya
pápalátogatás *fn* visit of the Pope
paparazzo *fn* paparazzo
pápaság *fn* **1.** *[intézmény]* papacy, pontificate; **VI. Pál ~a alatt** during the pontificate of (Pope) Paul VI **2.** *[méltóság]* popedom
papás-mamás *fn* **~t játszik** play fathers and mothers
pápaszem *fn* spectacles *tsz*, *biz* specs *tsz*
pápaszemes *mn* **1.** *[ember]* bespectacled, wearing spectacles *ut* **2.** ~ **kígyó** cobra (de capello), hooded snake
pápaválasztás *fn* election of a (new) pope, conclave
papi *mn ált* ecclesiastical, clerical, *[paphoz illő]* priestly, priestlike; **teljes ~ díszben** in full canonicals; ~ **pályára megy** take* (holy) orders, go* into the Church (*ha protestáns, így is:* ministry), enter the Church; **otthagyja a ~ pályát** leave* the ministry; ~ **rend** religious/holy orders *tsz*, ministry
papír I. *fn* **1.** *[anyag]* paper, *[egy darab]* a piece of paper; **~ra vet** *[szöveget]* note/jot down; **~ra veti gondolatait** commit one's thoughts to paper; **~on** *[elméletben]* on paper, in theory; *[látszatra]* seemingly, on the face of it **2.** *biz* **vknek a ~jai** *[személyi okmányok]* sy's/one's (identity) papers/documents *tsz* **II.** *mn* ~ **vékonyságú** paper-thin, (as) thin as paper *ut*
papíráru *fn* stationery
papírcsákó *fn* paper hat
papírcsónak *fn* paper boat
papírdarab *fn* slip/piece/scrap of paper
papírdoboz *fn [kartonból]* cardboard box
papírforma *fn* ~ **szerint** on paper, in theory; ~ **szerint győz** the odds are that he will win
papírgalacsin *fn* paper pellet
papírgyár *fn* paper-mill/factory
papírgyártás *fn* paper-making/manufacturing
papírhulladék *fn* wastepaper, scrap paper
papírhulladék-gyűjtés *fn* recycling wastepaper
papíripar *fn* paper-making/industry
papírízű *mn* stilted, artificial, mannered
papírkép *fn* print; **színes** ~ colour (*US* -or) print
papírkereskedés *fn* stationer('s)
papírkosár *fn* wastepaper basket, *US* wastebasket
papírkötés *fn [könyvé]* paper covers *tsz*, paperboards *tsz*; **~ben** in paperboard/pasteboard
papírkötésű *mn* paperback; ~ **könyv** paperback
papírlap *fn* sheet/piece of paper
papírlemez *fn* cardboard
papírmasé *fn* papier-mâché
papírmunka *fn biz* paperwork
papírnehezék *fn* paperweight
papiros *fn* → **papír**
papírpelenka *fn [betét]* nappy-liner, *[eldobható]* disposable nappy (*US* diaper)
papírpénz *fn* paper money, (bank-)notes *tsz*, *US* bills
papírpép *fn* paper pulp
papírpohár *fn* paper cup
papírsárkány *fn* kite
papírszagú *mn* ~ **alakok** cardboard characters
papírszalag *fn* paper band
papírszalvéta *fn* paper napkin, table napkin, (paper) serviette
papírszelet *fn* slip (of paper)
papírszótár *fn* printed/"paper" dictionary
papírtányér *fn* paper plate

papírtigris *fn pol* paper tiger
papírtörülköző *fn* paper towel
papirusz *fn* papyrus
papírvágó I. *mn* ~ **olló** paper shears *tsz*; ~ **kés** paper-knife° **II.** *fn* paper-cutter, guillotine
papírvatta *fn* paper wadding
papírvékony *mn* paper-thin
papírzacskó *fn* paper bag
papírzsebkendő *fn* paper tissue
pápista *mn nép* papist
papjelölt *fn [katolikus]* seminarist, novice
paplak *fn* vicarage, rectory, parsonage
paplan *fn [steppelt]* duvet, continental quilt, *[pehely]* eiderdown
paplanhuzat *fn* → **paplanlepedő**
paplanlepedő *fn* duvet/quilt-cover
papnevelő *mn [katolikus]* ~ **intézet** seminary
papnövendék *fn* → **papjelölt**
papol *i biz pej* chatter, jaw away, go* on (at sy/about sg); **ne ~j!** cut the cackle!, put a sock in it!
papos *mn* clerical, priestly
paprika *fn* **1.** *[növény és termése, zöldpaprika]* green pepper, capsicum (*tsz* -cums), *[ha piros]* red capsicum, red (green) pepper; *gaszt* **töltött ~** stuffed pepper(s) **2.** *[fűszer]* (Hungarian) paprika; **csípős/erős ~** hot paprika, *kb.* cayenne pepper; **édes ~** delicate/sweet paprika; **tubusos ~** paprika paste
paprikajancsi *fn* Punchinello, (Mr) Punch
paprikás I. *mn* **1.** *[étel]* seasoned with paprika *ut*, paprika; **~ csirke** paprika chicken, chicken paprika; **~ krumpli/burgonya** ‹potato stewed with paprika and onions› paprika potatoes *tsz* **2.** *átv biz* **~ kedvében van** be* in a hot temper, be* like a bear with a sore head; **~ hangulat** sulphurous (*US* -lf-) atmosphere **II.** *fn* ‹meat stewed with paprika, onions and sour cream› *kb.* devilled [chicken etc.]
paprikavörös *mn* paprika-red
paprikáz *i* season (sg) with paprika
papság *fn [gyűjtőnév]* the clergy *tsz*, priests *tsz*, the priesthood; **alsó ~** lower clergy; **felső ~** higher clergy
papsajt *fn* **1.** *növ* (wild) mallow **2. nem minden/mindig ~** you can't have caviar every day, life is not always a bed of roses
papszentelés *fn* ordination
pápua *mn/fn* Papuan
Pápua Új-Guinea *földr* Papua New Guinea
pápua új-guineai *mn/fn* Papuan
papucs *fn* **1.** *konkr* slippers *tsz* **2.** *átv* **~ alatt van** be* henpecked, be* tied to his wife's apron-strings **3.** → **papucsférj 4.** *sp biz* speedboat
papucscipő *fn* slip-on, *US főleg:* loafer
papucsférj *fn* henpecked husband
papucshős *fn* → **papucsférj**
papucskormány *fn* petticoat government, *kif* (she v. the wife) wears the trousers (in the house)
papundekli *fn* → **kartonpapír**
pár I. *fn* **1.** *[kettő]* pair of; **egy ~ kesztyű** a pair of gloves **2.** *[házas, szerelmes]* couple **3.** *[egyenértékű]* match, the counterpart, analogue; **nincsen ~ja** be* unrivalled (*US* -l-), be* unparalleled/peerless, be* without a rival, have* no match/equal; **~ját ritkítja** be* (practically) unrivalled/unparalelled, (s)he has no fellows (in sg); **~ját ritkító** unparalleled, unrivalled (*US* -l-) **4.** *átv [embernek]* companion, pair; **élete ~ja** (one's/a) partner for life **5. hol van ennek a cipőnek a ~ja?** where is the fellow of this shoe? **II.** *szn [néhány]* a couple (of), some, few (*mindegyik után: tsz*); **~ napja nem láttam** I haven't seen him for some days; **egy ~ szót szólt csak** he said only a few words
pára *fn* **1.** *[gőz]* steam, vapour (*US* -or) **2.** *[kipárolgás]* fumes *tsz*, exhalation **3.** *[lehelet]* breath; **kiadja/kileheli ~ját** give* up the ghost **4.** *biz* **szegény ~** (the) poor soul/thing/devil
parabola *fn* parabola
parabolaantenna *fn* (satellite) dish
parabolikus *mn* parabolic
parádé *fn* **1.** *[felvonulás]* parade, pageantry; **katonai ~** muster of troops **2.** *[pompa]* pomp, (spectacular) show, spectacular
parádés *mn* **1.** *[felvonulási]* parade **2.** *[díszes]* festive, gala **3. ~ szerep** plum part; **~ szereposztás** all-star cast
parádéz|ik *i* parade; **új ruhájában ~ik** make* a show of (v. show* off) one's new dress
paradicsom *fn* **1.** *növ* tomato (*tsz* -toes) **2.** *vall* paradise, (the garden of) Eden; **'A ~ elvesztése'** Paradise Lost
paradicsomi *mn* of paradise *ut*, paradisiacal
paradicsomkert *fn* → **paradicsom** 2
paradicsomlé *fn* tomato juice
paradicsomleves *fn* tomato soup
paradicsommadár *fn* bird of paradise
paradicsommártás *fn* tomato sauce
paradicsomos *mn* tomato, made/prepared with tomato(es) *ut*; **~ burgonya** boiled potatoes in tomato sauce *tsz*
paradicsompüré *fn* tomato purée
paradicsomsaláta *fn* tomato salad
paradigma *fn* paradigm
paradigmatikus *fn* paradigmatic
paradox *mn* paradoxical; **igen ~ volt, hogy** .../**~ul hatott, hogy** ... it was paradoxical that ..., it was a paradox that ...
paradoxon *fn* paradox
páradús *mn* moist, vaporous
páraelszívó *fn [konyhában]* cooker hood, *[ventilátoros]* extractor fan
parafa *fn* cork; **~ dugó** cork; **~ talp** cork sole
parafál *i* put* one's initials to, initial (*US* -l) [a document]
paraffin *fn* paraffin (wax)
parafrázis *fn* paraphrase; **~át adja** paraphrase
paragrafus *fn* **1.** *[szakasz]* section, paragraph **2.** *[törvénycikk]* article
paragrafusjel *fn* section (mark)
paragrafusrágó *fn pej* bureaucrat, gradgrind
Paraguay *földr* Paraguay
paraguayi *mn/fn* Paraguayan
paraj *fn* spinach
parajelenség *fn* paranormal phenomenon
paralel *fn* parallel
paralitikus *mn* paralytic
paralízis *fn* paralysis → **gyermekbénulás**
parallel *fn* → **paralel**
paral(l)elogramma *fn mat* parallelogram
páramentesítő *fn [szélvédőé]* demister, *US* defroster
paraméter *fn* parameter; *átv biz tréf* **jók a ~ei** *[nőnek]* be* well-stacked
parancs *fn ált* command, order, *kat* order, directive, *[utasítást tartalmazó]* direction, command, instruction; **a ~ az ~** orders are orders; **a ~nak megfelelően** as directed; **~ára!** at your service!, certainly!; **vk ~ára** by command/order of sy, on the orders of sy; **~ot ad vmre** give* an order (to), give* a command to sy (to do sg); **~ot kap vmre** receive an order to, be* ordered to, be* detailed to; **~ot teljesít/végrehajt** carry out an order/command, execute a(n) order/command
parancshirdetés *fn kat* issuance of orders, briefing
parancskönyv *fn kat* orderly book
parancsmegtagadás *fn* disobedience
parancsnok *fn kat* commander (*röv* **Cdr**), commanding officer (*röv* **C.O.**), *[repülőgépé, hajóé és tűzoltó~]* captain, *[hadifogolytáboré, repülőtéré stb.]* commandant; **ő a ~** he is in command, he is the captain; **~a vmnek** be* in command of sg
parancsnoki *mn* commanding; **~ beosztás** commanding position; **~ hajó** flagship; **~ híd** (conning) bridge; **~ torony** conning tower
parancsnoklás *fn* command, commanding

parancsnokló *mn* commanding, in command *ut*
parancsnokol *i* command, be* in command
parancsnokság *fn* **1.** *[ténykedés]* command; **átveszi a ~ot** take* (over the) command (of) **2.** *[szerv]* headquarters (*röv* **HQ**) *esz* v. *tsz*
parancsol *i* **1.** *(vknek vmt)* command/order/direct sy [to do sg], give* orders to sy; **maga nekem nem ~!** I do not take orders from you!; **ágyba ~t** he ordered me to bed; **itt én ~ok** I am in charge, I am the boss here, you take your orders from me; **tégy úgy, ahogy ~ták** do as you are told **2.** *[udvariassági kifejezésekben]* **~?** I beg your pardon(?); **mit ~?** (i) *ált* what can I do for you?, can I help you?, (is there) anything I can do for you (Sir/Madam)? (ii) *[enni]* what will you have?; **~ gyümölcsöt?** would you like some fruit?, may I help you to some fruit?; **~ egyet (belőle)?** will you have one?; **~ még vmt, asszonyom/uram?** (will there be) anything else, Madam/Sir?; **úgy, ahogy ön ~ja** just as you please, as you like; **tessék ~ni!/~jon!** (i) *[vkt előre engedve]* after you (ii) *[kínálva]* (please) help yourself; **~jon helyet foglalni!** please take a seat!; **~jon velem!** I am at your disposal/service
parancsolat *fn* commandment
parancsolgat *i* keep* on giving orders, boss/order (sy) about/around
parancsoló I. *mn* **1.** *[parancsot adó]* commanding, ordering **2.** *[ellentmondást nem tűrő]* peremptory, imperative; **~ hangon** in a peremptory tone of voice, peremptorily **3.** *nyelv* **~ mód** imperative (mood) **II.** *fn* commander, commandant, lord
parancsszó *fn* (word of) command, order
parancsuralmi *mn* totalitarian
parancsuralom *fn* dictatorship, totalitarianism
paranoia *fn orv* paranoia
paranoiás *mn orv* paranoid, paranoiac
parányi *mn* minute, tiny; **egy ~ vaj** a little scraping of butter
paraolimpia *fn sp* Paralympics
paraplé *fn elav tréf* brolly, gamp
párás *mn* **1.** *ált* vaporous, *[levegő]* humid, misty, hazy **2.** *[ablak]* steamed/misted up, *[szemüveg]* foggy, misted/fogged up
párásodás *fn [ablakon]* condensation
párásod|ik *i [ablak]* steam/mist up
párásság *fn [levegőben]* mist, haze
paraszolvencia *fn* → **hálapénz**
paraszt *fn* **1.** *ált* peasant, countryman°; **~ok** the peasants, the peasantry **2.** *elav [sakkban]* pawn **3.** *pej [faragatlan személy]* boor(ish fellow), lout, peasant, hick
parasztasszony *fn* peasant woman°
parasztbirtok *fn* peasant property/farm
parasztfelkelés *fn tört* peasant(s') revolt/insurrection
parasztfiatal *fn* young peasant, peasant youth
parasztfiú *fn* → **parasztlegény**
parasztforradalom *fn* peasant revolution
parasztgazda *fn* farmer, peasant holder
parasztgazdaság *fn* peasant farm
parasztgyerek *fn* peasant child°
parasztháború *fn tört* peasant(s') rising/insurrection
paraszthajszál *fn* **~ híja volt** (s)he was/came within an ace of it/sg; **~ választotta el** *(vmlyen veszélytől)*, **(csak egy) ~on múlt** he had a narrow escape (from), it was a close shave, he escaped by the skin of his teeth
parasztház *fn* farmhouse, peasant cottage/house
paraszti *mn* peasant, rustic; **(józan) ~ ész** *kb.* common/horse sense; **~ származású** of peasant origin/stock ut.; *[igével]* come* from the peasantry/land
parasztlakodalom *fn* country wedding
parasztlány *fn* → **parasztleány**
parasztlázadás *fn* → **parasztfelkelés**
parasztleány *fn* peasant girl, country lass
parasztlegény *fn* peasant youth, peasant/country lad
parasztos *mn* **1.** *ált* peasant, rustic, rural; **~ beszéd** broad accent, the (local) vernacular, dialect; **~ modor** rustic ways *tsz* **2.** *pej* boorish, churlish
parasztpárt *fn* peasants' party
parasztpolitika *fn* peasant policy
parasztruha *fn* peasant dress
parasztság *fn [osztály]* peasantry, the peasants *tsz*
parasztsor *fn* **~ban él** live the life of a peasant, be* a peasant; **~ból kiemelkedik** emerge from (among) the peasantry
parasztszármazású *mn* → **paraszti származású**
parasztszekér *fn* farm wag(g)on
parasztszülő *fn* **~ktől származó** → **paraszti származású**
parasztviselet *fn* → **parasztruha**
páratartalom *fn* humidity
paratífusz *fn orv* paratyphoid fever
páratlan *mn* **1.** *[nem páros]* odd; **~ szám** odd number **2.** *[ritka]* unrivalled (*US* -l-), peerless, matchless, unequalled (*US* -l-), unique, unparalleled, unsurpassed, exceptional; **~ teljesítmény** unsurpassed achievement; **~ a maga nemében** unique (of its kind)
párátlanító *fn [szélvédőé]* demister, *US* defroster
páratlanul *hsz* supremely, uniquely, exceptionally; **~ érdekes** extremely interesting
paraván *fn* folding screen
paráz|ik *i szl [aggódik]* be* hung-up/screwed-up, be* worried stiff, *US* sweat it
parazita I. *mn* parasitic(al); **~ életmód** being a parasite, parasitism **II.** *fn átv is* parasite
parazitizmus *fn* parasitism
parázna *mn/fn irod* lecherous, libidinous, *[nő]* lewd
paráználkod|ik *i* fornicate
paráznaság *fn* fornication, lechery
parázs I. *fn* glowing embers *tsz*, live coal **II.** *mn* **~ veszekedés** heated quarrel, row; **~ vita** heated debate/dispute/argument
parázsl|ik *i* glow, smoulder (*US* -ol-)
párbaj *fn* duel; **~ra kihív** challenge sy to a duel; **~ra kiáll** accept the challenge to a duel, *kif* take* up the gauntlet; **~t vív** fight* a duel
párbajkódex *fn* duello
párbajoz|ik *i* fight* a duel, duel (*US* -l)
párbajsegéd *fn* second
párbajtőr *fn* épée
párbajtőrvívó *fn* épéeist
párbeszéd *fn* dialogue (*US* -log), colloquy; **~et folytat** hold* (v. participate in) a dialogue (*US* -log)
párbeszédes *mn* dialogic(al); **~ alakban** in (the form of a) dialogue
parcella *fn* plot, lot, *[temetőben]* plot; **a 301 -es ~** Plot 301
parcelláz *i* divide into lots/plots, parcel (*US* -l) out
pardon I. *isz* pardon/excuse me!, I beg your pardon!, (I'm) sorry!; **~ tévedtem** sorry my mistake **II.** *fn* pardon, forgiveness; **nincs ~!** no quarter (is given)
párduc *fn* leopard, panther, *[fekete]* (black) panther
párductestű *mn* lithe, lissome
párevezős *mn/fn* **~ csónak** sculler
parfé *fn* parfait
parfüm *fn* scent, perfume
parfüméria *fn* perfumery
parfümös *mn* scented, perfumed
parfümöz *i* scent, perfume
párharc *fn* single combat
párhuzam *fn* parallel, comparison; **~ba állít** compare; **~ot von két dolog közt** draw* a parallel between [two things], draw*/make* a comparison between ...
párhuzamos I. *mn* parrallel (*vmvel* to/with); *el* **~ kapcsolás** connection in parallel, parallel connection/circuit; **~ vonal** parallel (line) **II.** *fn mat* parallel; **~t von** draw* a parallel (to)

P

párhuzamosan *hsz* parallel to/with sg, in a parallel direction (with); ~ **halad run*** parallel; **vmvel** ~ parallel to/with sg; *átv* at the same time (as sg), simultaneously (with sg); *el* ~ **kapcsolt** (connected) in parallel

párhuzamosít *i* make* parallel, parallel (*US* -l)

párhuzamosság *fn* parallelism

pari *fn gazd* ~ **felett** (v. ~**n felül) áll** be* above par; ~**n áll** be* at par; ~**n alul áll** be* below par

pária *fn* pariah, social outcast

paripa *fn* steed, (saddle-)horse

paríroz *i biz [engedelmeskedik vknek]* obey sy, knuckle under (to sy)

paritás *fn gazd* parity, *[valutáé]* par(ity) of exchange

parittya *fn* sling, catapult, *US* slingshot

parittyáz *i* sling*, hurl (sg) with a sling

parízer *fn* → **párizsi II 2**

Párizs *földr* Paris

párizsi I. *mn* Parisian, of/from/in Paris *ut*; ~ **szelet** ‹veal or pork cutlet coated in batter and fried on both sides› *kb.* "Parisian" cutlet **II.** *fn* **1.** *[ember]* Parisian **2.** *[felvágott] kb.* Bologna/bologna sausage

park *fn* **1.** *[kert]* park, garden **2.** *[járműállomány]* pool, fleet

párkány *fn* **1.** *ált* edge, rim **2.** *[ablaké]* sill **3.** *épít* → **párkányzat**

párkányzat *fn épít* entablature

párkapcsolat *fn* relationhsip

parkerdő *fn* woodland/forest park

parkett *fn* **1.** *[padló]* parquet (floor/flooring), woodblock floor **2.** *[tánc helye]* (dance) floor

parketta *fn* → **parkett 1**

parkettacsiszolás *fn* ~ **és lakkozás** parquet-floor polishing and varnishing

parkettáz *i* lay* parquet (flooring) in [a room], lay* (v. put* down) parquet in …, parquet [a room]

parkettlakk *fn* (floor) varnish, parquet lacquer

parkett-táncos *fn* taxi dancer, gigolo

Parkinson-kór *fn orv* Parkinson's disease, parkinsonism

parkíroz *i* → **parkol**

parkol *i* park (the/one's car) swhere; **hol ~hatok?** where can I park (my/the car)?; **kocsija** … **~t** his/her car was parked …; **ott ~ok** I'm parked over there; **~ni tilos!** no parking!

parkolás *fn* (car-)parking; **tilos a** ~ no parking; **bírságcédula tiltott ~ért** parking ticket

parkolási *mn* ~ **díjbeszedő** parking attendant; ~ **engedély** parking permit; **csak** ~ **engedéllyel** no unauthorized parking, authorized parking only

parkoló I. *mn* ~ **gépkocsi** parked vehicle/car **II.** *fn [hely]* car park, *US* parking lot, *[út mentén]* bay, *[autópálya mellett]* pull-off, *GB* lay-by (*tsz* -bys), *US* rest stop; **fizető** ~ parking meter zone; **~ban van a kocsi** the car is parked in a/the car park (v. parking place)

parkolóház *fn GB* multistorey car park, multistorey, *US* parking garage

parkolóhely *fn* **1.** → **parkoló II; kijelölt** ~ designated bay **2.** *[férőhely]* parking (space), place to park; **bőven van** ~ there is plenty of parking (space)

parkolóóra *fn* parking meter

parkolóőr *fn [ülő]* car-park (v. parking) attendant, *GB* traffic warden

parkolótárcsa *fn* parking disc

parkométer *fn* parking meter; → **parkolóóra**

parkosít *i* convert into a park/garden, landscape [a piece of land, an area etc.]

parkosítás *fn* landscaping

parkosított *mn* landscaped

parkőr *fn* park keeper

parlag *fn* **1.** *konkr* waste, fallow/uncultivated land/field **2.** *átv* **~on hever** lie* fallow, be* unutilized; **~on hevertet** leave* sg unutilized, let* sg go begging

parlagfű *fn US* (common) ragweed

parlagi *mn* **1.** *[terület]* fallow, waste **2.** *átv pej* rude, rough, boorish

parlament *fn* Parliament, *[épület]* parliamentary building(s), *[GB, Mo.]* the Houses of Parliament *tsz* (*ha az épület: esz*), *US* Congress, Capitol Hill; → **országház**

parlamentáris *mn* parliamentary; ~ **demokrácia** parliamentary democracy; ~ **kormányzati rendszer** parliamentarian governement; ~ **köztársaság** parliamentarian/parliamentary republic

parlamentarizmus *fn* parliamentarism

parlamenter *fn* negotiator, mediator, go-between

parlamenti *mn* parliamentary, of parliament *ut*; ~ **folyosó** lobby; ~ **gyorsíró** parliamentary stenographer, reporter; ~ **képviselő** *[GB, magyar]* Member of Parliament (*röv* **MP**), *US* Congressman°, Congresswoman°; ~ **párt** parliamentary party; → **országgyűlési**

párlat *fn* distillate, distillation

párlókészülék *fn* distilling apparatus, still

parmezán *fn* ~ **sajt** Parmesan (cheese)

párna *fn* **1.** *[ágyban]* pillow **2.** *[ülésre]* cushion

párnafa *fn* bolster, *[padló alatt]* sleeper

párnahuzat *fn* pillowcase, pillowslip, *[bútor párnájáé]* cushion cover

párnás *mn* cushioned, soft; ~ **ülés** upholstered/padded seat

párnáz *i [kárpitoz]* upholster, pad, stuff

párnázott *mn [kárpitozott]* upholstered, stuffed, lined; ~ **ajtó** padded door

paródia *fn* parody, travesty

parodizál *i* parody, travesty, take* sy/sg off

paróka *fn* wig

parókás *mn* in/wearing a wig *ut*, (be)wigged

parókia *fn* **1.** *[lelkészlakás]* vicarage, rectory, parsonage, *[presbiteriánus, baptista]* manse **2.** *[egyházközség]* parish

párol *i* steam, cook (sg) in steam, *[húst]* stew, braise, *[marhahúst így is:]* pot-roast

párolás *fn* steaming, cooking in steam, *[húsé]* braising, stewing

párolgás *fn* evaporation

párolgó *mn* steaming, evaporating

paroli *fn* collar patch

pároló *fn* → **párlókészülék**

párolog *i* steam, evaporate, vapour (*US* -or)

párologtat *i* evaporate, vaporize

párologtató *fn [szobai]* humidifier

párolt *mn* steamed, *[hús]* braised, stewed; ~ **alma** stewed apples *tsz*, apple compote; ~ **káposzta** steamed cabbage; ~ **felsálszelet** braised round of beef; ~ **marhahús** braised/stewed beef; ~ **marhasült** pot roast

páronként *hsz* in/by pairs/twos

páros I. *mn* **1.** *[kettős]* paired, twin **2.** *[kettővel osztható]* even; ~ **és páratlan** odd and even; ~ **oldal** *[utcáé]* even-numbered side; ~ **rímek** rhymed couplet; ~ **szám** even number; ~ **számú** even **II.** *fn sp* doubles; **férfi** ~ men's doubles; **női** ~ women's doubles (*mindegyik: tsz*)

párosan, **párosával** *hsz* → **páronként**

párosít *i* **1.** *ált* pair **2.** → **pároztat 3.** *átv* join, combine, unite; **a kellemest a hasznossal ~ja** combine business with pleasure

párosítás *fn* **1.** *ált* pairing, matching **2.** *áll* mating **3.** *átv* joining, combining

párosodás *fn áll* mating

párosod|ik *i áll* mate

párosujjú *áll* **I.** *mn* artiodactyl, an even-toed ungulate **II.** *fn* **~ak** Artiodactyla

párosul *i* **1.** *áll* → **párosodik 2.** (*vmvel*) be* accompanied by sg, be* combined/coupled with sg

pároztat *i áll* mate

párszor *hsz* once or twice, a few times

part *fn* **1.** *[állóvízé]* shore, *[tengeré, tágabb ért.]* coast, *[a part]* (sea)shore, *[szórakozási szempontból]* seaside, *[homokos]* beach, *[folyóé]* bank, riverside; ~ **mentén**

halad sail along the coast, sail close to the shore, hug the coast; ~ **menti** *[tengernél]* coastal, littoral, inshore; *[folyónál]* riverside; ~ **menti hajózás** sailing along the coast, coasting; ~ **menti kereskedelem** coastal trade/commerce; **a ~on** on the shore; **~on kikötöt** put* in, touch/make* land; **~ra ér** touch land; **~ra lép** set* foot on the shore; **~ra száll** go* on shore (v. ashore); *kat is* land, disembark; **~ra szállít** (i) (*vmt*) unship, unload (ii) *kat is* (*vkt*) disembark, land; **~ra vet vkt** *[a víz]* wash sy ashore; **~ra viszi a csónakot** beach the boat; **~ot ér** touch/make* land; **ott van, ahol a ~ szakad** (i) *[bajban]* be* between the devil and the deep blue sea, be* up the creek (ii) *[semmire se jutott]* be* back to square one **2.** *[emelkedés]* bank, slope **3.** *sp* **~ot dob** throw* in the ball

párt *fn* **1.** *pol* party; **belép egy ~ba** join a party; **~on kívüli** non-party, unaffiliated, independent; **~on kívüli képviselők** indepedent (v. non-party) members/MPs, *GB* crossbenchers; **~okra szakad** break* up into factions; → **pártonkívüli 2.** *vk* **~ján/~jára áll** side with sy, take* sy's part; **~ját fogja** take* sy's part, back (sy) up

párta *fn* **1.** *[fejdísz]* [Hungarian girl's] head-dress; **~ban maradt** she never (got) married, *kif* she is/was left on the shelf **2.** *növ* corolla

pártállam *fn* totalitarian (v. one-party) state

pártállami *mn* totalitarian

pártállás *fn* party affiliation; **~ra való tekintet nélkül** regardless/irrespective of party affiliation

pártapparátus *fn* party machine(ry)/apparatus

pártatlan *mn* impartial, unbias(s)ed, disinterested

pártatlanság *fn* impartiality, neutrality

pártatlanul *hsz* impartially

pártázat *fn* *épít* moulding, frieze, battlements *tsz*

pártcsoport *fn* branch of the party

partdobás *fn* *sp* throw-in; **~t végez** throw* in the ball

partecédula *fn* (printed) death notice

partedli *fn* bib

pártegység *fn* party unity, unity of the party

pártellenes *mn* anti-party, disruptive

pártelnök *fn* party president, president of the party

pártember *fn* party man°

párterápia *fn* *pszich* marriage/partnership therapy/counselling

pártérdek *fn* party interest(s), interest(s) of the party, *[igével]* sg is in the party interest

pártértekezlet *fn* party conference

pártfegyelmi *fn* punishment for breach of party discipline; **~t indítottak vk ellen** [the party] is taking disciplinary action against sy

pártfogás *fn* **1.** *[védelem]* protection, patronage **2.** *[jóindulatú támogatás]* support, backing; **~ába** (v. **~a alá**) **vesz vkt** take* sy under one's wing, take* sy up; **~ába vette vk** was taken up by X; **~a alatt** under the auspices/aegis of; **szíves ~ába ajánl** recommend to sy

pártfogó *fn* *ált* patron, protector, *[támogató]* benefactor, backer, supporter

pártfogol *i* **1.** *[segít]* patronize, support, back (up), sponsor **2.** *[véd]* protect, stand* up for **3.** *[ügyet]* give* one's backing/support to, espouse, back

pártfogolt *mn/fn* protégé

pártfunkcionárius *fn* party functionary, *pej* apparatchik

pártgyűlés *fn* party meeting

pártharc *fn* struggle between parties, party struggles *tsz*

párthatározat *fn* party decision, resolution

pártház *fn* party centre (*US* -ter), party headquarters *esz* v. *tsz*

párthelyiség *fn* party premises/rooms *tsz*

párthívek *fn* *tsz* adherents/supporters of a party, the rank and file (of a party), the party faithful *tsz*

párthű *mn* **~ ember** party loyalist, staunch supporter of the party, party-liner, *US* standpatter

párthűség *fn* party loyalty/allegiance, party spirit

parti[1] *mn* *[tengeri]* coastal, coast-, shore-, of the coast/shore *ut*, littoral, *[folyóé]* riverside, riparian; **~ állam** riparian state; **~ erődítmény** coastal fortification/defences *tsz*; **~ hajózás** sailing along the coast, coasting; **~ szél** *[víz felől fújó]* inshore wind, *[enyhe]* sea breeze

parti[2] *fn* **1. egy ~** *[kártya/sakk stb.]* a game of [cards/chess etc.] **2.** *[házasság]* **jó ~** a good match; **jó ~t csinál** make* a good match **3.** *[mulatság]* party

párti *mn* of a party *ut*, belonging to a party *ut*

participium *fn* *nyelv* participle

partifecske *fn* sand martin

pártigazolvány *fn* party card

partiképes *mn* eligible [young man°]

pártingatlan *fn* ‹real estate belonging/leased to a political party›

pártiroda *fn* party office

partitúra *fn* *zene* score

Partium *földr tört* Partium

partiumi *mn* *tört* **a ~ magyar egyetem** ‹Hungarian University at Partium›

partizán *fn* partisan, *US* partisan

partizáncsapatok *fn* *tsz* partisan/irregular troops, irregulars

partizánháború *fn* partisan warfare

partizánharc *fn* partisan fights/battles *tsz*

partizánkod|ik *i* **1.** *[háborúban]* fight* as a partisan **2.** *[magánügyben]* do* things without premission, do* things on the sy

partizántevékenység *fn* partisan activity, activity of irregulars

pártjelvény *fn* party badge

partjelző *fn* *sp* linesman°

pártkassza *fn* party funds *tsz*

pártkonferencia *fn* party conference

pártkongresszus *fn* party congress

pártközi *mn* inter-party, bipartisan; **~ egyezmény/megállapodás** inter-party agreement

pártközpont *fn* party headquarters *esz* v. *tsz*, party centre (*US* -ter)

pártkülönbség *fn* **~ nélkül** irrespective/regardless of party affiliation

pártlap *fn* party organ/newspaper

pártlista *fn* party list

partmellék *fn* coastal/shore region, littoral

pártmunka *fn* party work

pártmunkás *fn* party worker, activist

partner *fn* **1.** *ált* partner **2.** *film szính* co-star; **Eperjesi volt a ~e** she played opposite Eperjesi; **~e vknek** *[igével]* co-star with sy **3.** *[szexuálisan]* partner, friend, *US biz* buddy; **állandó ~e van** have* a regular (sexual) partner

partnerkapcsolat *fn* relationship

partnerközvetítés *fn* dating agency/service

partnerség *fn* *gazd* partnership; *pol* **~ a békéért** partnership for peace

pártol *i* **1.** → **pártfogol 2.** → **átpártol**; **a szerencse az ellenséghez ~t** fortune has deserted us, the tables have turned

pártoló I. *mn* **vmt ~** supporting/patronizing/favouring (*US* -or-) sg; **~ tag** supporting member **II.** *fn* → **pártfogó**

pártolólag *hsz* approvingly; **~ terjeszti fel** submit (to higher authorities) with a/the recommendation (that it be favourably considered), *kb.* support (v. *biz* back) an application

pártonkívüli *fn* non-party man°/politician/member, independent, *[igével]* be* unaffiliated; **a ~ek** the non-party men/politicians/people, *[képviselők]* non-party members/MPs, the independents, *GB* crossbenchers; → **párt**

pártos *mn* **1.** *[részrehajló]* partial, bias(s)ed **2.** *tört* *[balos]* in line with (v. advocating) the interests of the (Communist) Party *ut*, *[más párt célkitűzéseit követi/követő]* follow(ing) the party line [on different issues]; **~ irodalom**

party/propagandistic/committed literature; ~ **szemlélet** party view
pártoskodás *fn* **1.** *[pártütés]* dissension, discord **2.** *[részrehajlás]* partisanship, partiality, bias
pártoskod|ik *i* **1.** *[pártot üt]* foment/sow*/cause dissent, be* disruptive **2.** *[részrehajlik]* be* partial/bias(s)ed
pártosság *fn* **1.** → **pártoskodás 2.** *[pártos szemlélet]* following the party line (on), *[párthűség]* party spirit
partőr *fn* coastguard, *US főleg:* coastguard(s)man°
partőrség *fn* coastguard
pártpolitika *fn* party politics *esz* v. *tsz*
pártpolitikai *mn* party political
pártprogram *fn* party programme, *US* party platform
partraszállás *fn* landing, disembarkation, debarkation; **~i hadművelet** amphibious/amphibian operation, landing (on enemy coast)
pártsajtó *fn* party press, party newspapers *tsz*
pártsemleges *mn* without party affiliations *ut*
pártszakadás *fn* split (in the party)
partszakasz *fn* **1.** *[folyóé]* riverside sector **2.** *[tengeré]* coastal/littoral sector
pártszékház *fn* → **pártház**
pártszempont *fn* the party's point of view
pártszervezet *fn* party organization
párttag *fn* party member
párttagság *fn* **1.** *[állapot]* party membership **2.** *[tagok]* party members *tsz*
parttalan *mn [terjengős]* prolix, tedious, long-winded
párttitkár *fn pol tört* party secretary
pártütés *fn elav* revolt, insurrection, rebellion
pártütő *elav* **I.** *mn* rebellious, insurrectionary **II.** *fn* rebel, insurgent
pártválasztmány *fn* executive committee/board [of a party branch]
partvédelem *fn* coastal defence
pártvezér *fn* (party) leader, *biz* party boss
pártvezetőség *fn* leadership of a/the party, party leaders *tsz*, party executive/leadership
pártvezetőségi *mn* ~ **gyűlés** party committee meeting, *US* caucus; ~ **tag** (party) committee member
partvidék *fn [tengeré]* maritime/coastal district/region
pártvillongás *fn* → **pártviszály**
partvis *fn* broom
partvisnyél *fn* broomstick
pártviszály *fn* party strife
partvonal *fn* **1.** *földr* shoreline, coastone **2.** *sp* touch-line; **~on túlra rúgja a labdát** kick the ball into touch
pártvonal *fn pol* party line; **követi a ~at** *biz* toe/follow the party line
parvenü *fn* parvenu, nouveau riche (*tsz* nouveaux riches), upstart
párvers *fn irod* couplet
párviadal *fn* single combat, duel; **~ra hív ki** challenge sy (to a combat), send* sy a challenge
párzás *fn* mating
párzási *mn* ~ **idő(szak)** mating season
párz|ik *i* mate
pasa *fn tört* pasha
pasas *fn biz* fellow, chap, guy, *GB* bloke; *biz* **nehéz ~** (be* a) tough customer/nut
pasi *fn* → **pasas**
páska *fn* → **pászka**
paskol *i* slap, lap, pat
passió *fn vall* the Passion; *zene* **Máté-~** the Passion according to St. Matthew, the St. Matthew Passion
passiójáték *fn* Passion play
páston *fn sp [vívás]* piste
pástétom *fn* pâté
pasziánsz *fn GB* patience, *US* solitaire
pasziánszoz|ik *i* play patience/solitaire
pászka *fn vall* matzo(h)
paszomány *fn* braid, frogging, piping
paszpartu *fn fényk* mount, surround, *US* mat
passz I. *isz [kártya]* no bid!, pass!, go! **II.** *fn* **1.** *[futball]* pass **2.** *[kártya]* pass, no bid **3.** *átv biz* **rossz ~ban van** sy has hit/struck a bad patch
passzát(szél) *fn* trade wind
passzé *fn [ruha ujján, nyakán]* welt
passzió *fn* hobby; **~ból csinálta** it was a labour (*US* -or) of love (for him); **~t lel vmben** find* pleasure in sg; **~val csinál vmt** do* sg with gusto/zeal
passzíroz *i* pass through a sieve, sieve
passzírozott *mn* sieved, mashed
passzív *mn* passive, inactive; ~ **magatartás** passive attitude, passivity; ~ **szókincs** passive vocabulary; ~ **rezisztencia** passive resistance; ~ **választójog** eligibility
passzívák *fn tsz gazd* liabilities ..., debts ...
passzívan *hsz* passively, indifferently
passzivitás *fn* passivity, inactivity
passzol *i* **1.** *[ráillik méretben]* fit; **tökéletesen ~** be* a perfect fit, fit like a glove **2.** *[kártyajátékban]* pass, say "no bid" **3.** *[futballban]* pass [the ball to sy]
passzus *fn [könyvben]* (short) passage, section
paszta *fn* **1.** *[kenőcs]* polish **2.** *[étel]* spread, paste
pászta *fn* strip, section, swath(e)
pásztáz *i* **1.** *mezőg* work a field by strips **2.** *kat* rake, enfilade, *[repülőgépről]* strafe **3.** *[fényszóróval, távcsővel]* sweep* (with), *[filmfelvevővel]* pan
pasztell *fn* pastel (*US* pastel); → **pasztellkréta**
pasztellkép *fn* pastel (*US* pastel), crayon
pasztellkréta *fn* pastel (*US* pastel), crayon
pasztellszín *fn* pastel colour (*US* -or), pastel shades *tsz*
pasztellszínű *mn* pastel (*US* pastel), in pastel shades *ut*
paszternák *fn növ* parsnip
pasztilla *fn orv* pastille, lozenge, tablet
pásztor *fn [marháké]* herdsman°, *[birkáké]* shepherd
pásztorbot *fn* **1.** *[pásztoré]* shepherd's crook **2.** *[püspöké]* crosier, crozier
pásztorélet *fn* pastoral life
pásztorfiú *fn [birkáké]* shepherd boy
pásztorjáték *fn* pastoral play
pásztorkodás *fn* shepherding
pásztorkod|ik *i* be* a herdsman°/shepherd/swineherd, tend a herd, herd
pásztorköltemény *fn* pastoral, idyll (*US* idyl), eclogue, bucolic
pásztorköltészet *fn* pastoral poetry
pásztorkunyhó *fn* herdsman's hut
pásztorkutya *fn* sheepdog
pásztorleány *fn* (young) shepherdess
pásztorlevél *fn vall* pastoral/episcopal letter, pastoral
pásztornép *fn* nomadic people/tribe, tribe of nomads
pásztoróra *fn* lovers tryst, rendezvous
pásztorsíp *fn* shepherd's pipe
pásztortáska *fn növ* shepherd's-purse
pásztortűz *fn* herdsman's campfire
pasztörizál *i* → **pasztőröz**
pasztőröz *i* pasteurize
pasztőrözött *mn* pasteurized; ~ **tej** pasteurized milk
paszuly *fn növ táj [bab]* haricot/kidney bean
pát *fn [ásvány]* spar
pata *fn* hoof°
Patagónia *földr* Patagonia
-patájú *utótag* -hoofed, -footed
patak *fn* brook, stream(let), *US* creek
patakmeder *fn* streambed
patakz|ik *i* flow* in torrents, stream, gush (*vmből* from); **~ott a könnye** tears gushed from his/her eyes, (her) tears streamed down her cheek
patália *fn biz* noise, row; **~t csap/rendez** kick up a row/shindy
patás *áll* **I.** *mn* hoofed, ungulate; ~ **állatok** ungulates **II.** *fn* **~ok** ungulates
pátens *fn [parancs]* letters patent

P

patent *fn* → **patentkapocs**
patentíroz *i [találmányt]* take* out a patent [for an invention], patent sg
patentkapocs *fn* snap fastener, *GB* press stud, *biz* popper, *US* snap(s)
paternalista *mn* paternalistic
paternalizmus *fn* paternalism
páternoszter *fn* paternoster (*GB* lift/*US* elevator)
patetikus *mn [emelkedett]* solemn, lofty, elevated, moving, *[hamis]* bombastic, theatrical
patika *fn* → **gyógyszertár**
patikamérleg *fn* chemist's/precision scales *tsz*
patikus *fn* → **gyógyszerész**
patina *fn* patina, verdigris
patinás *mn* **1.** patinated, patinous **2.** *átv* reputable, respectable; ~ **nevű cég** a company of long standing, a firm with a well-established name
patisszon *fn növ* custard marrow
patkány *fn áll átv is* rat; **~t fog** catch* a rat
patkányfogó *fn* **1.** *[csapda]* rattrap **2.** *[ember]* rat catcher **3.** *[kutya]* ratter
patkányirtás *fn* extermination of rats
patkányirtó I. *mn* rat-killing **II.** *fn* → **patkányméreg**
patkányméreg *fn* rat poison
patkó *fn* **1.** *[lóé]* horseshoe; ~ **alakú** horseshoe (shaped); ~ **alakú asztal** horseshoe table **2.** *[cipőn]* heel piece **3.** *[sütemény] kb.* horseshoe cake; **diós** ~ *kb.* walnut croissant; **mákos** ~ *kb.* poppyseed croissant
patkóbél *fn orv* duodenum
patkóbélfekély *fn orv* duodenal ulcer
patkol *i* shoe*
patkolás *fn* shoeing, horseshoeing
patkolókovács *fn* farrier, shoeing-smith
patkómágnes *fn* horseshoe magnet
patkópénztárca *fn* tray purse, *US* change purse
patkós *mn [patkolt]* iron-shod
patkószeg *fn* horseshoe-nail, hobnail
patológia *fn orv* pathology
patológiás *fn orv* pathological
patológikus *mn* → **patológiás**
patológus *fn orv* pathologist
pátosz *fn* pathos, sentiment, poignancy; **hamis** ~ bathos
patriarcha *mn tört* patriarch
patriarchális *mn* patriarchal, patriarchical
patriarchátus *fn* patriarchy
pátriárka *fn vall* patriarch
patriarkális *mn* patriarchal
patrícius *fn tört* patrician
patrióta *fn* patriot
patriotizmus *fn* patriotism
patron *fn* **1.** *[töltény]* cartridge **2.** *[töltőtollba]* cartridge, *[festőé]* stencil(-plate) **3.** *[autoszifonba]* cartridge, sparklet
patronál *i* sponsor, support, patronize; → **pártfogol**
patrónus *fn* patron, protector
patt *fn [sakkban]* stalemate
pattan *i* **1.** *[ostor]* crack **2.** *[ugrik]* spring*, jump; **lóra** ~ jump/spring* into the saddle, jump on a horse
pattanás *fn* **1.** *[zaj]* crack; **~ig feszült** be* stretched to a breaking point **2.** *[bőrön]* pimple, spot, acne, pustule; **~ok keletkeztek az arcán** his face broke out in a rash (v. in pimples), a mass of pimples broke out on his face
pattanásos *mn* pimpled, pimply, spotty(-faced)
pattant *i [ostort, üveget]* crack
patthelyzet *fn* stalemate
pattint *i [ujjával]* snap one's fingers
pattog *i* **1.** *[tűz]* crackle **2.** *átv* (*vk*) rail, fume, bark/snap (out)
pattogás *fn* **1.** *[tűzé]* crackling **2.** *átv* (*vké*) railing, fuming
pattogatott *mn* ~ **kukorica** popcorn
pattogó *mn* **1.** *[tűz]* crackling **2.** *[ember]* fulminating, fuming; ~ **hangon rendelkezik** bark/snap out orders
pattogtat *i* **1.** *[ostort, ostorral]* crack [a whip] **2.** *[kukoricát]* pop [corn]
pattogz|ik *i* **1.** *[festék]* scale, peel/flake off **2.** *[bőr]* chap
patyolat *fn* **1. olyan, mint a** ~ (as) white as snow, (as) clean as a new pin **2.** *[mosoda]* laundry, cleaners(')
patyolatfehér *mn* snow-white, (as) white as snow *ut*
pausálé *fn* flat-rate tariff
pauszpapír *fn* tracing paper
pauza *fn* **1.** *ált* break, interval **2.** *zene* rest
páva *fn [ált és hím]* peacock, *[nőstény]* peahen, *[bármelyik, néha]* peafowl; **büszke, mint a** ~ (as) proud as a peacock
páváskodás *fn* showing off, strutting
páváskod|ik *i* show* off, strut (about)
pávaszem *fn [lepke]* peacock-butterfly
pávatoll *fn* peacock feather
pávián *fn* baboon, mandrill
pavilon *fn [kórházé, kiállító~]* pavilion, *[árusítóbódé]* kiosk, stall
pazar *mn* **1.** *[fényűző]* luxurious; ~ **berendezésű lakás** lavishly furnished flat/home **2.** *[pompás]* brilliant, lavish, splendid
pazarlás *fn* **1.** *[anyagé]* wasting, waste **2.** *[pénzé]* prodigality, squandering
pazarló I. *mn* prodigal, extravagant **II.** *fn* waster, squanderer, spendthrift
pazarol *i* squander, waste; **~ja a pénz(é)t** waste (v. squander away) one's money; **~ja az idejét** waste one's time; **ne ~d a meleg vizet** don't waste the hot water; **fáradságot ~ vmre** waste effort on sg
pazarul *hsz* lavishly; ~ **berendezett** lavishly furnished
pázsit *fn* grass, lawn, turf
pázsitfű *fn* (lawn) grass
pázsitfűfélék *fn* grasses
pázsitszőnyeg *fn* lawn
PB-gáz *fn GB* Calor gas
PC *röv [személyi számítógép]* PC [personal computer]
PCP *röv [polyarthritis chronica progressiva]* RA [rheumatoid arthritis]
pecabot *fn biz* rod
pecás *fn biz* angler
pecáz|ik *i biz* angle, go* angling
pecek *fn* **1.** *ált* pin, peg, bolt **2.** *[szájban]* gag
pech *fn biz* bad/hard luck; **ez ~!** bad (*GB* rough) luck, *US* tough luck, *GB* hard lines/cheese!; **~je van** be* down on one's luck; **~em volt** I've had bad luck
peches *mn biz* unlucky, unfortunate, *[igével]* have* bad luck, be* down on one's luck
pechszéria *fn biz* run of bad luck
peckes *mn* haughty, stiff (as a poker), formal
peckesen *hsz* ~ **jár** strut
pecsenye *fn* roast
pecsenyebor *fn* full-bodied wine
pecsenyecsirke *fn* broiler
pecsenyelé *fn* gravy
pecsenyéstál *fn* meat dish
pecsenyeszag *fn* smell of roast meat
pecsenyezsír *fn* dripping
pecsét *fn* **1.** *[viaszból stb.]* seal; **~et feltör** break* (open) a seal; **~et rányom** affix/put* a seal to sg **2.** *[lebélyegzés]* stamp; **~et ráüt vmre** stamp sg; ~ **helye** (*röv* **P.H.**) place of the seal (*röv* **L.S., l.s.**) **3.** *[folt]* stain, blotch, spot; **~et kivesz** remove a stain
pecsételi *i [lebélyegez]* stamp
pecsétes *mn* **1.** *[levél]* sealed **2.** *[foltos]* stained, blotched, spotted
pecsétgyűrű *fn* signet/seal ring
pecsétnyomó *fn* seal
pecsétőr *fn tört* keeper of the seal
pecsétviasz *fn* sealing wax
pedagógia *fn* teaching, pedagogy, pedagogics *esz*, education(al theory)

pedagógiai *mn* pedagogic(al); **~ készség** the gift of teaching
pedagógus *fn* teacher, *[általánosabban]* educator
pedál *fn* pedal; *biz* **nyomja a ~t** *[kerékpározik]* push the pedals, pedal (*US* -l)
pedáloz|ik *i biz* **1.** push the pedals, pedal (*US* -l), go* pedalling/biking **2.** *pej [érvényesülni akar]* be* on the make
pedáns *mn* **1.** *[rendszerető]* thorough, meticulous, precise, particular; (*vmben*) be* particular about sg **2.** *[túlzón]* fussy, overparticular, over-scrupulous; **~ ember** (a) stickler for detail
pedantéria *fn [rendszeretet]* meticulousness, *[túlzott]* fussiness, punctiliousness
pedellus *fn elav* school-porter, *US* janitor
peder *i* → **pödör**
pederaszta *fn* pederast
pederasztia *fn* pederasty
pedig *ksz* **1.** *[viszont]* while, and, *[azonban]* but, however; **ez kék, az ~ piros** this is blue, while that one is red; **ő ~ nem hiszi** but (s)he won't believe it; **én ~ azt mondom** as for me I say; **te ~ itt maradsz** and/but you will stay here; **~ Péter nem jött el** but/yet P. didn't come **2.** *[noha]* (al)though; **nem jött el, ~ megígérte** (s)he didn't come(,) (al)though (s)he promised (s)he would **3.** *[mégpedig]* and; **egy megoldás van, ez ~ az, hogy** ... there is only one solution and this/that is [to do sg v. that ...]; **nem ~** rather than; **ezek események, nem ~ folyamatok** these are events(,) rather than processes **4.** *[márpedig]* and ... certainly; **ha nem jön, ~ nem jön, megbánja** if he doesn't come (and he certainly won't), he will be sorry; **ha ~** and if; should it happen that; **Péter ~ nem jött el** (and) as for P.(,) he didn't come; P.(,) however(,) didn't come
pedigré *fn* pedigree
pedigrés *mn* pedigree(d), well-bred
pedikűr *fn* chiropody, pedicure, podiatry
pedikűrös *mn* chiropodist, pedicurist, podiatrist
pedikűröz *i* give* sy a pedicure, treat sy's foot/feet
pedofil *fn* pedophile
pedofília *fn* pedophilia
pedz *i* **1.** *[hal a horgot]* nibble at the bait/hook **2. ~i már** (i) *[sejti]* he is near the truth (ii) *[érinti, rátér]* he is getting round to (v. on to) it; **már ~em** I'm beginning to see/understand
pehely *fn* **1.** *[hó, szappan, gabona]* flake **2.** *[szőr, toll és repülő]* (eider)down, fluff
pehelykabát *fn* feather/down jacket
pehelykönnyű *mn* (as) light as a feather *ut*
pehelypaplan *fn* eiderdown, duvet, continental quilt
pehelysúly *fn sp* featherweight
pehelytoll *fn* down-feather
pej *fn* bay, chestnut
pejoratív *mn* pejorative, derogatory
pék *fn* baker('s)
Peking *földr* Peking [*kínai átírás szerint:* Beijing, *magyarul és angolul egyaránt*]
péklapát *fn* → **sütőlapát**
péklegény *fn* baker's man°
pékmester *fn* baker
pékműhely *fn* bakery, bakehouse
pékség *fn* **1.** *[üzem]* bakery **2.** *[mesterség]* baking, baker's trade
péksütemény *fn* rolls *tsz*, baker's ware, *[édes]* pastry
pektin *fn kém* pectin
péküzlet *fn* baker's (shop), bakery, *[ahol édes sütemények is kaphatók]* patisserie, cake and pastry shop
példa *fn* **1.** *ált* example, instance, case, precedent; **alig van ~ rá, hogy ..., ~ nélkül való** there is no (v. hardly a) precedent for it, it is (almost) unprecedented; **~ erre** a case in point; **ő ~ rá** he is a case in point; **~ként felhoz** cite/give* (sg) as an example, instance; **´~nak állít vkt** hold* sy up as a model, point to sy as an example; **´~nak okáért** → **például**; **´~t ad** set* an example; **´~t statuál vkvel** make* an example of sy; **´~kat sorol fel** cite/quote examples/precedents; **´~ját adja vmnek** give*/furnish a good example of sg; **jó ´~val jár elöl** set* (sy) a good example; **vk ´~ját követi** follow sy's example, *kif* take* a leaf out of sy's book, tread/follow in the footsteps of sy (in sy's footsteps) **2.** *mat* problem; **´~t megold** solve a problem **3.** *[nyelvtani, szótári]* example; **´~kal illusztrál** illustrate with examples, exemplify; → **intő I**
példaadó *mn* exemplary, model
példabeszéd *fn [ószövetségi]* proverb, *[jézusi]* parable; **P~ek könyve** Book of Proverbs
példaértékű *mn* exemplary
példakép *fn* model, pattern, example, ideal; **~ül szolgál** be* a model (v. an example)
példálódzás *fn* hints (at) *tsz*, allusions (to) *tsz*
példálódz|ik *i* hint at, allude to
példamondat *fn* example/illustrative sentence
példamutató *mn* exemplary
példamutatóan *hsz* **~ viselkedik** be*/set* an example to [others]
példány *fn* **1.** *[könyvé, újságé]* copy; **három ~ban** in three copies, in triplicate; **két ~ban leír vmt** write* sg in duplicate **2.** *[minta]* sample, specimen; **szép ~** a fine/nice specimen
példányszám *fn* size of edition, number of copies (printed/issued/published), *[sajtóterméké]* circulation; **kis ~ban jelent meg** a small/limited number of copies were printed; *[könyv]* it is a limited edition; **nagy ~ban jelenik meg** *[sajtótermék]* it has a very wide circulation
példás *mn* exemplary, model; **~ magaviselet** exemplary conduct; **~ büntetés** exemplary punishment
példásan *hsz* **~ megbüntet vkt** make* an example of sy
példatár *fn* **1.** *[tudományos műben]* collection/compilation/thesaurus of examples **2.** *okt mat fiz* problems *tsz*, exercises *tsz*, *[nyelvtani stb.]* exercises *tsz*
példátlan *mn* unprecedented, without precedent *ut*
példátlanul *hsz* **~ álló eset** it is a case without parallel
például *hsz* (*röv* **pl.**) for example/instance (*röv* **e.g.** v. **eg**); **mint ~** as, for example ...; **~ szolgál** serve as an example
példáz *i [példaként szolgál]* be* an example of, illustrate
példázat *fn [bibliai]* parable
pele *fn áll* dormouse°
pelenka *fn* nappy, *US* diaper
pelenkabetét *fn* (disposable) nappy-liner
pelenkáz *i* change [the baby's] nappy/*US* diaper, change the baby
pelenkázó *fn [alul fiókos]* baby dresser
pelerin *fn* cape, cloak
pelikán *fn áll* pelican
pellengér *fn* pillory; **~re állít** put* in the pillory; *átv is* pillory; **~re állították** was pilloried (*vm miatt* for sg)
pelyhedz|ik *i* [his chin] is getting downy
pelyhes *mn* **1.** *[ált és ifjú álla]* downy **2.** *tex* fluffy, fleecy **3.** *növ áll* pubescent
pelyva *fn* chaff; **annyi a pénze, mint a ~** he is rolling in money, he's got money to burn
pemetefű *fn növ* (white/common) horehound
pempő *fn* pap, mush
pemzli *fn biz* → **ecset**
pendely *fn nép* **1.** *[női ing]* shirt **2.** *[gyereké]* (child's) long shirt
pendliz|ik *i kb.* do* the rounds
pendül *i* **egy húron ~nek** → **húr**
penész *fn* mildew, mould (*US* mold)
penészedés *fn* moulding (*US* molding)
penészed|ik *i* mildew, mould (*US* mold)
penészes *mn* mildewy, mouldy (*US* moldy), musty
penészgomba *fn* mould (*US* mold), mould fungus (*tsz* fungi), mildew
penészszagú *mn* musty, mouldy (*US* moldy)

penészvirág *fn átv* anaemic(-looking) person/child° (*US* anemic-)
penetráns *mn* penetrating, acrid, pungent, pervasive
peng *i* **1.** *ált* sound, twang **2.** *[sarkantyú]* jingle, *[más tárgy]* clink
penge *fn* blade
pengéjű *mn* **éles ~** razor-sharp, sharp(-bladed); **hosszú ~** long-bladed
penget *i* **1.** *ált* sound, *[hangszerhúrt]* pluck [the strings], *[gitárt]* pluck/strum (v. thrum on) [a guitar]; → **húr 2.** *[sarkantyút]* jingle
pengető *fn zene* plectrum, *biz* pick
pengeváltás *fn átv* repartee, a battle of wits, *[igével]* cross swords with sy, break a lance with sy
pengő *fn elav* pengő, *[angolosan így is:]* pengo
penicillin *fn* penicillin
pénisz *fn biol* penis
penitencia *fn vall* penance, penitance
PEN klub *tul* International Association of Poets, Playwrights, Editors, Essayists and Novelists (*röv* **PEN**)
penny *fn* penny (*röv* **p**); **tíz ~** (i) *[érték]* ten pence, 10p (*kimondva:* ten pí) (ii) *[tíz érme]* ten pennies
pentameter *fn irod* pentameter
péntek *fn* Friday; **~en** on Friday; **jövő ~en** next Friday; **minden ~en** every Friday, on Fridays; **múlt ~en** last Friday; **~en este** Friday evening/night; **~re** by Friday; *tréf* **hosszabb a ~, mint a szombat** your slip is showing
péntekenként *hsz* every Friday, on Fridays
pénteki *mn* Friday, of Friday *ut*, Friday's; **a ~ nap folyamán** in the course of Friday, on Friday; **egy ~ napon** on a Friday; **a jövő ~ óra** the class next Friday, next Friday's class; **a múlt ~ hangverseny** the concert last Friday, last Friday's concert; **a múlt ~ napon** last Friday
pénz *fn* money, *[mint érme]* coin, *[mint papírpénz]* (bank)notes *tsz*, *US* bills *tsz*, *biz* brass, *[mint pénzalap]* fund, *[mint fizetési eszköz]* currency; *[mint gazdagság]* wealth, money; **~ dolgában** in financial matters; **~ áll a házhoz** have* a windfall; **majd felveti a ~** be* rolling in money; **ez nagy ~** this is a lot of money; **a ~ nem akadály** money is no object; *közm* **P~ beszél, kutya ugat.** Money talks./Money makes the world go round.; **kidobott ~** it's money down the drain; **van nálam ~** I have money on/with me; **nincs nálam ~** *[készpénz]* I've no (ready) cash on/with me; **van ~e** be* in funds/cash; **sok ~e van** be* rolling in money, *biz* be* flush with money, *szl* be* in the money; **nincs ~e** have* no money, *biz* be* broke; *[szegény]* be* hard up, be* on one's uppers; **nincs ~e vmre** he can't afford it; **fogytán/kevés a ~em** I'm a bit short of funds; **futhat a ~e után** he can whistle for his money; **sok ~be kerül** it's very expensive, it costs a great deal; **~ben játszik** gamble, play for money; **nagy ~ben játszik** play for high stakes, *US kif* be* a high roller; **kifogy a ~ből** run* out/short of money; **drága ~en vette** he has paid a lot for it; **~hez jut** come* into money; **~ért** for money; **ezért a ~ért** (i) *konkr* for that much (ii) *átv* for that matter; **jó ~ért** at a price; **semmi ~ért (sem)** not for love or/nor money; **mindenből ~t csinál** everything he touches turns to money; **~t felhajt/szerez** raise money; **~t gyűjt** (*vk vmre*) save (up) (money) for sg; *[vkktől vm célra]* collect money from sy for sg; **~t keres** make*/earn money, *[megélhetésre]* make*/earn a living; **sok ~t keres** earn/make* a lot of money, *biz kif* be* coining it, be* making money hand over fist; **minden ~t megér** it's worth its weight in gold; **~t vált** change money; **~t ver** coin/strike*/mint money; **kidobja a ~ét az ablakon** throw* money out of the window; **minden ~ét elköltötte/elverte** he's got through (all) his money; **~zé tesz vmt** turn sg into cash (v. ready money), realize; → **boldogít**, → **elvész**, → **posztó**
pénzadomány *fn* donation, gift of money
pénzalap *fn* funds *tsz*
pénzátutalás *fn* (money) transfer
pénzautomata *fn gazd* cashpoint, automated teller/telling machine (*röv* **ATM**), *GB* cash dispenser
pénzbedobós *mn* coin-operated, operated by insertion of a coin *ut*; **~ automata** vending machine, slot machine; **~ telefon** coin-operated telephone
pénzbefektetés *fn* investment (of capital), money invested
pénzbefizetés *fn [bankban]* pay-in
pénzbeli *mn* in money/cash *ut*; **~ egyenérték** cash equivalent, equivalent (in money); **~ érték** monetary/cash value; **~ kötelezettségek** financial commitments/obligations; **~ segély/támogatás** subsidy, (support) grant
pénzbeszedő *fn* collector, teller
pénzbevétel *fn* → **bevétel 1**
pénzbírság *fn* fine, penalty; **~ terhe alatt** under pain of a penalty; **~ra ítél vkt** fine sy, impose a fine on sy; **200 000 Ft ~ra büntették/ítélték** he was fined (to the tune of) 200,000 fts; **10 000 Ft ~ot fizetett adócsalásért** he paid a 10,000 ft fine for tax evasion; **~gal megúszta** he was let off with a fine
pénzbőség *fn* abundance of money, *kif* money is plentiful
pénzbüntetés *fn* fine, penalty; **10 000 Ft ~t fizetett** he paid a 10,000 ft fine; → **pénzbírság**
pénzcsináló I. *mn* money-making **II.** *fn* money-maker, *biz* (a nice little) earner
pénzdarab *fn* coin, piece; **ötpennys ~** a fivepenny piece/coin
pénzdíj *fn* money prize
pénzegység *fn* monetary unit
pénzéhes *mn* → **pénzsóvár**
pénzel *i* supply (sy) with money/funds, finance v. finance, fund, *[támogat]* sponsor, *[szubvencionál]* subsidize
pénzember *fn* financier, banker
pénzérték *fn* value [of money]
pénzes *mn* moneyed, wealthy, rich, *biz* well-heeled; **~ ember** man° of means, moneyed man°; **~ postás** postman° delivering money orders
pénzesutalvány *fn* money order
pénzeszsák *fn átv pej* moneybags *esz*
pénzeszközök *fn tsz* funds *tsz*; **~et átcsoportosít** relocate funds
pénzfeldobás *fn* toss(-up); **~sal sorsot húz** toss a coin, toss (up) for sg
pénzfelvétel *fn* withdrawal
pénzforgalom *fn* **1.** *közg* money circulation **2.** *[üzletben stb.]* turnover
pénzforrás *fn* financial resources *tsz*, source of finance
pénzgazdálkodás *fn* financial management
pénzgyűjtemény *fn* collection of coins
pénzhamisítás *fn* counterfeiting
pénzhamisító *fn* forger, counterfeiter
pénzhiány *fn* lack/shortage of money/funds; **~ban szenved** be* in financial difficulties/straits; *biz* be* pushed for money, be* hard up
pénzhígítás *fn* inflation; **~t idéz elő** cause inflation
pénzintézet *fn* bank, banking house
penzió *fn* **1.** *[szálló]* boarding-house, guest-house, *[főleg Franciaországban]* pension **2.** *[ellátás]* board; **fél~** half board; **teljes ~** full board
pénzjutalom *fn* (money) reward, bonus
pénzkérdés *fn biz* a question of money
pénzkészlet *fn* money/cash in hand, ready money, money supply
pénzkezelés *fn* administration/management of funds
pénzkiadó *mn* **~ automata** → **pénzautomata**
pénzkidobás *fn* waste of money, money (thrown) out of the window, money down the drain
pénzmágnás *fn* plutocrat, money magnate
pénzmosás *fn biz* (money) laundering
pénznem *fn* currency
pénzösszeg *fn* amount, sum (of money); **~ek** sums of money, monies

pénzpiac *fn* money-market
pénzreform *fn* monetary reform
pénzrendszer *fn* monetary system
pénzromlás *fn* depreciation, fall in (the) value (of money), *[devalváció]* devaluation
pénzrontás *fn* undermining the currency, debasement of the currency
pénzsegély *fn* financial aid, grant, *[szubvenció]* subsidy
pénzsóvár *mn* grasping, avaricious, money-grubbing, greedy (for money); **~ ember** money-grubber
pénzszekrény *fn* safe, strong-box
pénzszűke *fn* **~ van** money is scarce; **~ben van** be* short of cash/money, be* out of funds, *biz* be* hard up; → **pénzhiány**, → **pénzzavar**
pénztár *fn* **1.** *[üzletben stb.]* cash desk/point, cashier, *[fiók, amiben a pénzt tartják]* till, *[áruházban, szupermarketben]* checkout, *[bankban]* cashier's desk/counter, counter, window, *[jegypénztár]* ticket office, *szính* box office, *vasút* booking office, *[pénztárhelyiség]* cashier's office; **mikor zár a ~?** when does the box office [etc.] close?; **már nincs ~, a ~ zárva van** the box office [etc.] is closed; **a ~nál tessék fizetni!** please pay at the (cash) desk **2. ~t csinál** cash up
pénztárablak *fn* (cashier's) desk, counter, window; → **pénztár 1**
pénztárca *fn* **1.** *[bankjegyeknek]* wallet **2.** *[erszény]* purse, *US* pocket-book
pénztárgép *fn* cash register
pénztárhiány *fn* cash deficit
pénztári *mn* **~ egyenleg** (cash) balance; **~ készlet** cash in hand; **~ órák** hours of business, business hours
pénztárkönyv *fn* cash-book
pénztárnapló *fn* cash-book
pénztárnok *fn* → **pénztáros**
pénztárnyitás *fn* opening (time) of booking office (v. box office etc.); **~ 5 órakor** *[szórakozóhelyen, színházban stb.]* (the) box office opens at 5 p.m.
pénztáros *fn ált* cashier, *[banké]* cashier, bank clerk, teller, *[vasúti]* booking clerk, *[tud. társaságé]* treasurer
pénztárszámla *fn* cash account
pénztartalék *fn* (cash) reserve
pénztárvizsgálat *fn* audit(ing of the cash)
pénztelen *mn* short of (v. without) money *ut*, penniless, *biz* broke
pénztelenség *fn* impecuniousness, poverty
pénztőke *fn* money capital
penzum *fn biz* **1.** *ált* task, stint; **megcsináltam a ~omat** I've done my stint **2.** *okt elav* lesson, homework
pénzügy *fn* **~ek** finances v. finances; **az állam ~ei** the finances/finances of the state
pénzügyi *mn* financial, finance; **~ év** financial year, *US* fiscal year; **~ helyzet** *[országé]* financial situation; *[vállalaté]* state of the ...'s finances; **~ körökben** in financial circles, *US* in/on Wall Street; **~ művelet** financial operation/transaction; **~ nehézségek** money problems/troubles, financial straits; **~ osztály** financial department; **~ politika** financial policy (v. policies *tsz*); **~ szakértő/szakember** financial advisor/expert
pénzügyigazgatás *fn* administration of inland revenue
pénzügy-igazgatóság *fn* financial directorate
pénzügyileg *hsz* financially; **rosszul áll ~** his finances are low
pénzügyminiszter *fn* Minister of Finance, *GB* Chancellor of the Exchequer, *US* Secretary of the Treasury, Treasury Secretary; *átv biz* **ő a ~ a családban** (s)he holds the purse strings
pénzügyminisztérium *fn* Ministry of Finance, *GB US* the Treasury
pénzügyőr *fn* customs officer/official
pénzügyőrség *fn GB* the Board of Customs and Excise
pénzügytan *fn* (public) finance, fiscal/financial policy
pénzváltás *fn* exchange (of currency), *[helye]* bureau de change
pénzváltó *fn [ember]* (money-)changer, *[automata]* change machine
pénzváltóhely *fn* bureau de change
pénzverde *fn* mint
pénzvilág *fn* world of finance, financial world, financial circles *tsz*
pénzviszonyok *fn* financial conditions
pénzzavar *fn* financial difficulties *tsz*; **~ban van** be* in financial difficulties/straits, *biz* be* hard up (for money); **pillanatnyi ~** momentary shortage of funds/cash; **sajnos, pillanatnyi ~ban vagyok** sorry(,) I am broke (v. a bit pushed for money) just now
pép *fn* pulp, mush, *[püré]* purée; **~pé zúz** pulp
pepecsel *i* potter (*US* putter) around, fiddle about/around (*vmvel* with), fiddle with sg
pepecselés *fn* pottering (*US* puttering) (around), fiddling about/around
pépes *mn* pulpy, mushy
pepita *mn* checked, a chequered carreer, *US* checkered
pepszin *fn biol* pepsin
per[1] *fn* **1.** *jog* (law)suit, (legal) action, (legal) proceedings *tsz*, (court) case; **büntető~** criminal case, criminal proceedings *tsz*, (criminal) trial; **polgári ~** civil action/suit/case; **~ útján** by means of legal action, by taking action, by means of an action at law, through the courts; **~ útján érvényesít** → **peresít**; **~be fog vkt** bring*/enter an action against sy, take* legal action against sy; **~ben áll vkvel** be* engaged/involved in a lawsuit with sy; **~ben képvisel vkt** appear for sy, represent sy; **~en kívül megegyezik** settle out of court; **~en kívüli egyezség/megegyezés** settlement out of court; **~en kívüli eljárás** extra-judicial procedure; **~re kerül a dolog** it comes to legal proceedings; **~t indít** (*vk ellen*) take* legal proceedings/action against sy, proceed against sy, bring* an action (v. a lawsuit) against sy, sue sy, take* sy to court; **elveszti a ~t** lose* one's/the case/suit; **megnyeri a ~t** win* one's/the case/suit **2.** *átv* quarrel, dispute; **~be száll vkvel** contend/dispute/argue with sy
per[2] *fn [jele: /]* per (*röv* **p**); **18 dollár ~ hordó** *[olaj]* 18 dollars per a barrel; **120 kilométer/óra** 120 kilometers per hour
perbeli *mn jog* lawsuit-, of (a) lawsuit *ut*; **~ ellenfél** litigant, the opposing party
perbeszéd *fn jog* pleadings *tsz*
perc I. *fn* **1.** *[időegység]* (*röv* **p.**)minute; **egy-két ~ múlva** in a minute or two; **tíz ~ múlva hat** ten (minutes) to six, *US* ten minutes of six; **néhány ~e** a few minutes ago; **bármely/minden ~ben** (at) any minute; **~ekig** for (several) minutes; **az állomástól öt ~re** five minutes from the station; **tíz ~et késik** be* ten minutes late; **tíz ~cel múlt hat** ten (minutes) past six, *US* ten (minutes) after six; **8 után 10 ~cel** at 10 (minutes) past 8 (v. *US* after 8); **néhány ~cel ezelőtt** a few minutes ago; **~re pontosan** on the dot **2.** *[rövid idő]* moment, instant, second, minute; **egy ~ alatt** in an instant, in a second/minute, *biz* in no time, in a flash/trice; **nincs egy szabad ~e sem** he hasn't got a moment/minute to spare; **ebben a ~ben** just this moment/instant/second/minute; **csak egy ~re** just for a moment; **innen néhány ~re van gyalog** it's a few minutes' walk from here (to) **II.** *mn [percnyi]* of minutes *ut*, ... minutes('); **öt ~ szünet** an interval (v. *US* intermission) of five minutes, five-minute interval (v. *US* intermission), *[óraközi] US* recess
perceg *i* **1.** *[írótoll]* scrape, scratch **2.** *[szú]* tick
percegés *fn* **1.** *[írótollé]* scraping, scratching **2.** *[szúé]* tick(ing sound)
percenként *hsz* **1.** *ált* every minute **2.** *tud műsz* minute; **~ 100 fordulat** 100 revolutions per minute (*röv* **r.p.m.** v. **rpm**)
percent *fn* per cent, *főleg: US* percent, percentage; → **százalék**
percepció *fn pszich* perception
perces *mn* of/lasting ... minutes *ut*

P

-perces *utótag* **húsz~ szünet következik** there will now be an interval (v. *US* intermission) of 20 minutes, *biz* we'll have a twenty-minute break now

percmutató *fn* minute hand, big hand

percnyi *mn/fn* of a minute *ut*, ... minutes('); **~ pontossággal** on the dot, to the minute; **innen csak néhány/pár ~re van gyalog** it's just a few minutes' walk from here (to); it's within (easy) walking distance

perdöntő *mn* **1.** decisive, deciding; **~ bizonyíték/érv** decisive proof/argument, clinching argument, *biz* clincher **2.** *[lényeges]* crucial, critical; **~ esemény** (the) crucial moment

perdül *i* spin*/twirl round; **táncra ~** begin* to dance

perec *fn* pretzel → **kerek I**

pereg *i* **1.** *[forog]* spin*/whirl/turn round, twirl, gyrate; **~ a film** the film is showing/running; **könny ~ a szeméből** tears run/trickle from her eyes **2. ~ a dob** the drum rolls (out); **trombita harsog, dob ~** with clarions sounding and drums rolling; **~ a nyelve** his/her tongue never stops, (p)rattle on, run* on (and on)

perel *i* **1.** *jog* **~ vkt** sue sy, take* sy to court, take* legal action against sy; **~ vmt** sue sg, take* sg to court **2.** *[veszekszik]* quarrel, dispute

perelhető *mn jog* actionable, suable; **nem ~** unenforceable

perem *fn* **1.** *ált* border, edge, margin; **a város ~én** on the outskirts of the city **2.** *[edényé, kalapé]* rim, brim **3.** *műsz* flange, raised edge

peremfutó *mn* **~ orsó** *[horgászé]* spinning reel

peremkerület *fn* outlying district/area; **~ek** the outskirts

peremváros *fn* suburb, (the) suburbs *tsz*

peremvidék *fn* periphery

pereputty *fn* one's kith and kin; **az egész ~** the whole tribe/lot/caboodle

perérték *fn jog* amount in dispute

peres *mn jog* litigious, disputed; **~ eljárás** litigation, (legal) proceedings *tsz*, suit, procedure; **~ fél** litigant, the opposing party; **~ kérdés** matter of dispute; **~ úton** by means of (v. by taking) legal action, through the courts; **~ ügy** lawsuit, action

peresít *i jog* sue (sy) for, *[követelést]* take* legal proceedings [for the recovery of a debt], claim, recover [damages v. a debt etc.] through the courts

pereskedés *fn jog* litigation

peresked|ik *i jog* litigate, carry on a lawsuit, engage in legal proceedings, bring*/contest [a(n) claim/action etc.] in a lawsuit, *[öncélúan]* be* litigious

perfekt *mn* perfect, accomplished; **~ angol** he speaks good/fluent English, his English is first-rate

perfektuál *i* conclude, effect, accomplish

perfektül *hsz* perfectly; **~ beszéli a nyelvet** he speaks the language fluently, he has full command of the language

perforáció *fn orv* perforation

perforál *i* **1.** *műsz* perforate **2.** *orv* perforate; **~t vakbél** perforated appendix

performansz *fn műv* performance, happening

pergamen *fn* parchment

perget *i* **1.** *[dobot]* roll **2.** *[filmet]* run*, play, show* **3.** *[mézet]* run* **4.** *nyelv* **~i az „r" hangot** roll one's r's

pergetett *mn* **1. ~ méz** run honey **2.** *nyelv* **~ r/hang** rolled "r", a roll/trill

pergola *fn* pergola

pergő *mn* **1.** *konkr* spinning, whirling, turning round *ut* **2. ~ beszéd** fluent/glib talk, volubility **3.** *nyelv* **~ hang/r** trill, roll(ed "r")

pergőfúró *fn* (screw) auger

pergőtűz *fn* drumfire, barrage; **~et indít** lay* down a barrage; **kérdések ~e** a barrage of questions

periféria *fn* **1.** periphery, the outskirts *tsz* **2.** *infor* peripherical

periferiális *mn* peripheral

periferikus *fn* → **periferiális**

periodikus *mn* periodic(al), cyclic(al)

periódus *fn* period, *el* cycle

periódusos *mn fiz* **~ rendszer** periodic system, *[táblázatban]* periodic table

perirat *fn jog* brief [of a case], documents [in a case] *tsz*

periszkóp *fn* periscope

perisztaltika *fn orv* peristalsis

perje *fn* meadow grass

perköltség *fn jog* (legal) costs *tsz*; **~ben elmarasztal** order (sy) to pay (the) costs; **~et fizet** bear*/pay* the costs (of the proceedings)

perlekedik *i* → **perel 1, 2**

permanens *mn* permanent, lasting

permet *fn* **1.** spray **2.** → **permetezőszer**

permetez *i* **1.** drizzle; **~ az eső** it's drizzling **2.** *ált* (*vmt*) sprinkle, *[permetezővel]* spray; **~i a növényeket** spray insecticide on plants

permetezés *fn* spraying, *[növényé]* crop spraying/dusting

permetező I. *mn* **~ eső** drizzle, mizzle **II.** *fn [eszköz, gép]* sprayer, *[kézi, főleg festékszórásra]* spray-gun, *[legyek ellen]* fly-spray

permetezőszer *fn* spray insecticide

permetlé *fn* liquid insecticide

permutáció *fn* permutation

permutál *i* permute

pernye *fn* flying ash(es)

pernyertes *mn jog* successful/prevailing party

peron *fn [pályaudvari]* platform

peronbejárat *fn* (platform) barrier

peronjegy *fn* platform ticket

peronoszpóra *fn növ* peronospora, downy mildew

perpatvar *fn* squabble, altercation, quarrel; **családi ~** domestic tiff

perrendtartás *fn jog* rules of the court *tsz*, code (v. rules *tsz*) of procedure, trial/legal procedure; **bűnvádi ~** criminal/penal code; **polgári ~** civil code/procedure

persely *fn* **1.** *[takarék]* (money) box, *[gyereké]* piggy bank **2.** *[templomi]* collecting box **3.** *műsz* bush, *US* bushing

perselyez *i* **1.** *vall* collect, take* (up) a collection **2.** *[csapágyat]* bush

perselypénz *fn [templomi]* offerings *tsz*, offertory

perspektíva *fn [távlat]* perspective; **távolabbi ~ból nézve** in the long run/term; **új ~kat nyit** open up new vistas

perspektivikus *mn* perspective, perspectival; **~ ábrázolás** scenography

persze *ksz* of course, certainly, naturally, to be sure, *biz* sure; **~, hogy nem** of course not, certainly not; **~, hogy zöld** of course it is green; **hát ~** why(,) certainly

perszóna *fn tréf* v. *pej* wench

pertárgy *fn jog* subject of the action; **~ értékére tekintet nélkül** irrespective of the amount claimed

pertli *fn ált* lace, tape, *[cipőé]* shoelace

pertraktál *i* **1.** *ált* treat (sg at length), discuss **2.** *[hírt]* spread* [news, rumours]

pertu I. *fn biz* **~ban van vkvel** be* on first-name/familiar terms with sy; **~t iszik vkvel** drink* Brüderschaft with sy, drink* to one's close friendship with sy **II.** *mn biz* **~ barátok** they are (very) close friends

Peru *földr* Peru

perui *mn/fn* Peruvian

perújítás *fn jog* reopening of a case (v. of proceedings), a new trial, retrial

perverz *mn* perverted, *szl* kinky

perverzió *fn* perversion

perverzitás *fn ált* perversity, *[természetellenesség, főleg nemi vonatkozásban]* perversion, *szl* kinkiness

pervesztes *mn jog* losing/defeated party

pervesztés *fn jog* failure of a lawsuit; losing one's case

perzsa *mn/fn* Persian; **~ nyelv** Persian; → **iráni**

perzsabunda *fn* Persian lamb(skin) coat, astrakhan furcoat

perzsamacska *fn áll* Persian cat

Perzsa-öböl *földr* Persian Gulf
perzsaszőnyeg *fn* Persian carpet/rug
perzsel *i* **1.** *[nap]* scorch, broil, singe (*jelen idejű ign:* singeing) **2.** *[disznót]* singe
perzselő *mn* torrid, scorching; ~ **nap** scorching sunshine
Perzsia *földr tört* → **Irán**
perzsiai *mn/fn [ember és nyelv]* Persian
Pest *földr* Pest; **~en dolgozik** works in Pest, works on the Pest/left bank (of the Danube)
pesti *mn* (of) Budapest; **a ~ oldalon** on the Pest/left bank (of the Danube)
pestis *fn orv* (bubonic) plague
pészméker *fn orv* pacemaker
pesszárium *fn orv* pessary, vaginal suppository
pesszimista I. *mn* pessimistic **II.** *fn* pessimist, *biz* croaker, doomster
pesszimizmus *fn* pessimism
pesztonka *fn biz* nanny
peták *fn biz* **nincs egy ~om sem** I haven't got a penny (v. *US* red cent); **egy ~ot sem ér** it's not worth two hoots
petárda *fn* petard, *US* firecracker
pete *fn biol* egg (cell); **~t rak** lay* an egg, ovulate; → **petesejt**
peteérés *fn biol* ovulation
petefészek *fn biol* ovary
petefészek-gyulladás *fn orv* oophoritis, ovaritis
Péter *tul* Peter
petesejt *fn* ovum (*tsz* ova)
Peti *tul bec* Pete
petíció *fn* petition; **~t nyújt be** present a petition (against), petition sy for sg, petition against sg
petit *fn nyomd* eight-point type
petrezselyem *fn növ* parsley; *átv* **petrezselymet árul** be* a wallflower
Petri-csésze *fn biol kém* Petri dish
petrokémia *fn* → **petrolkémia**
petróleum *fn GB* paraffin, *US* kerosene
petróleumfőző *fn* paraffin stove, primus (stove), *US* kerosene stove
petróleumlámpa *fn* paraffin/oil (v. *US* kerosene) lamp
petrolkémia *fn* petrochemistry, petrochemical(s) industry
petúnia *fn növ* petunia
petyhüdt *mn* **1.** *[bőr]* loose, slack, *[mell]* sagging; **~ lesz** sag **2.** *[izomzat]* soft, flabby, flaccid
petty *fn* **1.** *[állaton]* spot **2.** *[minta]* (polka) dot **3.** *[piszok]* speck(le), fleck
pettyes *mn* **1.** spotted, spotty **2.** *[minta]* dotted, polka-dot [shirt etc.]; **~ minta** polka dots *tsz* **3.** *[piszkos]* speckled, flecked
pettyez *i* speckle, fleck, dot, spot
pévécé *fn* PVC, vinyl
pévécécső *fn* PVC tube/tubing
pévécéfólia *fn* PVC/vinyl sheet(ing)
pezseg *i* **1.** *[folyadék]* sparkle, fizz, fizzle, bubble **2.** *[utca forgalomtól]* swarm/teem/bustle with [activity/life etc.]
pezsgés *fn* **1.** *[folyadéké]* sparkling, fizzing, bubbling **2.** *[utcán]* teeming life, milling crowds
pezsgő I. *mn* **1.** *ált* sparkling **2.** *átv* **~ élet** bustling/teeming life **II.** *fn* champagne
pezsgőfürdő *fn* bubble bath
pezsgős *mn* **~ vacsora** champagne supper
pezsgőspohár *fn* champagne glass
pezsgőz|ik *i* drink* champagne
pézsma *fn* musk
Pf. *röv* → **postafiók**
pfuj *isz* fie!, (for) shame!, *[undorral]* pooh!, ugh!, yuck!; **~ bíró!** kill the ref!
pfujoz *i* boo, hoot
pfujozás *fn* booing, *szl* raspberry, *US* Bronx cheer
P.H. *röv* → **pecsét** 2
PhD *röv* PhD [Doctor of Philosophy]
PhD-értekezés *fn* PhD thesis
PhD-hallgató *fn* PhD student
PhD-program *fn* PhD programme (*US* -ram)
pia *fn szl* booze
piac *fn* **1.** *[vásár]* market; **a ~on vásárol** buy* [goods] at the market; **a ~ra megy vásárolni** go* to (the) market, go* (v. do* one's) shopping in the market **2.** *gazd* market; **a ~** *[adásvétel]* the market-place; **gyenge ~** dull/light/slack market; **szilárd ~** firm/buoyant market; **nincs ~a** there is no demand/call/market for it, it is a drug on the market; **ezek a kocsik még nincsenek (v. nem kaphatók) a ~on** these cars are not yet on the market; **~ra dob** put* (sg) on the market; **~ra kerül** come* on (to) the market; **~ra talál** sell* readily, find* a ready market; *biz átv;* **ő is a ~ról él** he(,) too(,) has to make a living; **~ot keres vmnek** seek* openings (v. a market) for sg; **a ~ot befolyásolja** influence/affect the market
piacgazdaság *fn* market economy
piaci *mn* market; **~ ár** market/current/going/prevailing price/rate; **~ árus** market trader; **~ kosár** (market) basket; **~ viszonyok** market relations; → **légy**[2]
piacképes *mn gazd* marketable
piackutatás *fn* market research
piacnap *fn* market-day
piacszervezés *fn* marketing
piactér *fn* market-place
piacvezető *mn* market leader
piacviszonyok *fn* market relations
piál *i szl* booze, soak, knock it back, *US* liquor
pianínó *fn* upright/cottage piano
piarista *fn* Piarist
piás *szl* **I.** *mn [részeges]* boozy, *[berúgott]* lit up, screwd, tight, *US* stinko **II.** *fn* **(nagy) ~** boozer, (old) soak, hard drinker
pici *mn* tiny, minute, *biz* weeny, *skót* wee; **~ gyerek** tiny tot, toddler
piciny *mn* → **pici**
picsa *fn tabu* **1.** *[női nemi szerv]* cunt, *[enyhébben]* pussy; **menj a ~ba** fuck/bugger off **2.** *[nő]* bitch
picsipacsi *fn [összejátszás, szerelmi kapcsolat]* hanky-panky; **nagy köztük a ~** they are as thick as thieves, *US* they are in cahoots
piedesztál *fn* **~ra emel vkt** put*/set* sy on a pedestal
pietista *vall* **I.** *mn* pietistic **II.** *fn* pietist
pietizmus *fn vall* pietism
piff-puff regény/film *fn biz* thriller, whodunit
pigment *fn biol orv kém* pigment
pigmenthiány *fn orv* depigmentation, leukoderma
pigmeus *mn/fn* Pygmy
piha *isz irod* poo(h)
pihe *fn* fluff, flock, floss
piheg *i* pant, gasp
pihen *i* rest, take* a rest, relax; **nem hagyja ~ni** grant sy no rest, will not let sy rest; → **babér**
pihenés *fn* rest, *[betegség után]* rest cure; **aktív ~** active recreation; **~re van szüksége** have* need of (a) rest, need rest; **~ nélkül** ceaselessly, tirelessly, without stopping
pihenj! *isz kat* (stand) at ease!
pihenő I. *mn* resting, relaxing; **~ ember** man° at rest **II.** *fn* **1.** *[pihenés]* rest, *[munka közben]* break, breather, pause; **~t tart** have*/take* a break/rest, stop for a rest **2.** *[lépcsőházban]* landing
pihenőhely *fn [autópályán]* lay-by (*tsz* -bys), rest area, rest station, *[autópálya mellett, nagyobb]* service area, *US* rest stop, pull-off
pihenőnap *fn* day off, rest day, day of rest, holiday
pihent *mn tréf* **ezt csak ~ agyú ember találhatta ki** only someone with too much time on his hands could have dreamed that up
pihentet *i* rest, relax; **fáradt tagjait ~i** rest one's weary limbs; *biz* put* one's feet up; **szemeit ~i vmn** rest one's eyes on sg
pihés *mn* downy, fluffy, fuzzy

piheszőr *fn* down, fluff

pikáns *mn* **1.** *[történet]* naughty, spicy, juicy, racy; **~ történet** blue story, *US* off-color story; **~ vicc** blue/dirty joke; **a ~ a dologban az, hogy** ... the funny thing is that ... **2.** *[arc]* piquant **3.** *[kellemesen csípős, fűszeres]* (highly) seasoned, piquant; **~ íz** spicy/piquant taste, piquancy

pikantéria *fn* **a dolog ~ja az, hogy** ... the interesting thing is that ...

pikareszk *mn irod* picaresque

piké *fn* (cotton) piqué

pikírt *mn* **1.** *[ingerült, pl. megjegyzés]* sharp, biting, caustic [remark] **2.** *[sértődött]* piqued, offended

pikk *fn [kártya]* spade(s); **~ dáma** the queen of spades; **~ ász** the ace of spades

pikkel *i* (*vkre*) pick on sy, have* it in for sy

pikkely *fn* scale; **~től megtisztít** scale

pikkelyes *mn* scaly

pikkelysömör *fn orv* psoriasis

piknik *fn* **1.** *elav kb.* bottle party; **~ alapon** on a bring-your-own-food-and-drink basis **2.** *[kirándulás is]* picnic

pikoló *fn* **1. egy ~ sör** a small beer, small glass of beer **2.** *zene* piccolo

pikszis *fn biz* small box/case; **kiesik a ~ből** *átv* fall* from grace, (*vknél*) fall* from sy's good graces

piktogram *fn* pictogram, pictograph

piktor *fn kissé pej* painter

piláf *fn gaszt* pilaf

Pilátus *tul* → **Poncius Pilátus**

pilla *fn* eyelash

pillanat *fn* instant, moment, second; **egy ~(ra)!** just/wait a moment!, half a second/moment!; **egy ~ alatt** in an instant, in a flash; **a ~ hatása alatt** on the spur of the moment; **pár ~ múlva** *[később]* a few moments later; *[most]* in a moment, in two shakes; **a sorsdöntő ~ban** at the crucial moment; **ebben a ~ban** this (very) instant/moment, just now, at this point in time; **minden/bármely ~ban** any minute (now); **gyenge ~ában** in one of his weak moments; **egy ~ig sem kételkedett** he never doubted (for) a moment/second; **~okon belül** in a matter of (v. in a few) moments; **egy ~ra kérem!** just a (v. one) moment please!; **az első ~ban úgy tűnt** at first sight it seemed/appeared (to/that)

pillanatfelvétel *fn* snapshot; **~t csinál** take* a snapshot of

pillanat-megállító *fn [magnón, Cd-lejátszón stb.]* "pause" [button]

pillanatnyi *mn* momentary, temporary; **~ csend** a moment of (v. a moment's) silence; **~ elmezavarában** in a moment of aberration; *[öngyilkosság oka]* while the balance of his mind was (temporarily) disturbed; **~ zavar támadt** there was a moment's panic; → **pénzzavar**

pillanatnyilag *hsz* at/for the moment, just/right now, just at the moment

pillanatragasztó *fn* superglue

pillanatszorító *fn [asztalosé]* hand screw

pillangó *fn* **1.** *áll* butterfly **2.** *átv biz* woman° of the town/streets

pillangóúszás *fn sp* butterfly (stroke)

pillangózás *fn* → **pillangóúszás**

pillant *i* (*vkre vmre*) glance at sy/sg, cast*/throw* a glance at sy/sg

pillantás *fn* glance, look, glimpse; **dühös ~** angry look; **szerelmes ~** amorous glance(s), *biz* sheep's eyes *tsz*; **egyetlen ~ra** at a glance; **első ~ra úgy tűnik** at first sight it seems/appears (that/to); **~t vet vkre/vmre** cast*/throw* a glance at sy/sg, glance at sy/sg; → **futó**

pille *fn* moth, butterfly

pilledt *mn* languid, weary, tired

pillér *fn* pillar, column, post, *[hídé]* pier

pillérhíd *fn* pier-bridge

pilóta *fn* **1.** *rep* (airline) pilot; **~ nélküli** unmanned, pilotless **2.** *biz tréf [tehergépkocsi-vezető] GB* lorry driver, *US* teamster, trucker, *[autóversenyző]* driver

pilótafülke *fn* → **pilótakabin**

pilótajáték *fn* pyramid scheme

pilótakabin *fn* cockpit, flight deck

pilótaülés *fn* pilot's seat

pimasz *mn* impudent, insolent, impertinent, cheeky, pert; **~ alak** what a cheek (he's got)!

pimaszkod|ik *i* be* impudent/insolent/impertinent

pimaszság *fn* impudence, impertinence, cheek; **micsoda ~!** what a cheek!

pimaszul *hsz* insolently, impertinently, impudently; **~ válaszol** give* an insolent answer (to sy), sauce sy

PIN *röv* **~ kód** PIN number [personal indentification number]

pina *fn tabu* cunt, pussy

pince *fn* cellar

pinceablak *fn* cellar window

pincebogár *fn* woodlouse°, *US* sow bug

pinceboltozat *fn* cellar-vault

pincegazdaság *fn főleg: US* winery, wine-cellars *tsz*

pincehelyiség *fn* cellar, cave, basement room

pincelakás *fn* basement flat

pincelépcső *fn* cellar steps *tsz*, stairs to the cellar *tsz*

pincemester *fn* cellar foreman/master

pincér *fn* waiter, *[hajón]* steward, *[söntésben]* barman°, bartender, barkeep(er)

pincérked|ik *i* **1.** *[hivatásszerűen]* work as a waiter/waitress **2.** *[alkalmilag]* act as the waiter/waitress [at a party], wait on (one's) guests

pincérnő *fn* waitress, *[hajón]* stewardess, *[söntésben]* barmaid

pinceszagú *mn* musty, mouldy (*US* moldy)

pincészet *fn* → **pincegazdaság**

pincsi *fn áll* pinscher

pingál *i enyhén pej* paint, *biz* daub

pingálmány *fn pej* daub, (primitive) painting

pingpong *fn* table tennis, ping-pong

pingpongasztal *fn* table-tennis table

pingponglabda *fn* table-tennis ball

pingpongoz|ik *i* play table tennis, play (a game of) ping-pong

pingpongütő *fn* (table-tennis) bat

pingvin *fn* penguin

pint *fn* pint [*magyar:* a litre and a half, *angolszász:* 0.568 l]; **egy ~ bor** *kb.* a litre and a half of wine

pintér *fn* (wet) cooper, hooper

pinty *fn* **1.** *áll* chaffinch **2.** *átv biz* **mint a ~** like blazes, like a dream

pintyőke *fn* → **pinty 1**

pióca *fn* **1.** *áll* leech **2.** *átv* leech, blood-sucker

pionír *fn* → **úttörő**

pipa I. *fn* **1.** *[dohányzáshoz]* pipe; **~ra gyújt** light* a pipe; **egy ~ra való dohány** a pipeful of tobacco; **megtömi ~ját** fill one's pipe **2.** *[könnyűbúváré]* snorkel **3.** *[kipipálás listán]* tick, *US* check **4.** *szl* **nem lát a ~tól** be* fuming/furious, blow* one's top, see* red **II.** *mn szl [dühös]* hopping mad, fuming; **nagyon/olyan ~ voltam** I was livid/furious

pipacs *fn növ* (red/corn/field) poppy

pipacsos *mn* full of poppies *ut*

pipacspiros *mn* poppy (red)

pipadohány *fn* pipe tobacco

pipál *i* **1.** *[pipázik]* smoke a pipe; **ilyet még nem ~tam** well(,) I never! **2. a hegy ~** the mountain is shrouded in mist

pipamocsok *fn* → **pipaszutyok**

pipás I. *mn* **1.** pipe-smoking **2.** → **pipa II II.** *fn* pipe smoker

pipaszárlábak *fn tsz* spindly legs, spindle-legs, spindle-shanks

pipaszárlábú *mn* spindle-legged/shanked, with/having spindly legs *ut*
pipaszurkáló *fn* pipe-cleaner, piper's companion
pipaszutyok *fn* dottle
pipatórium *fn* pipe rack
pipáz|ik *i* smoke a pipe
piperecikkek *fn tsz* toilet/cosmetic articles, *[főleg feliratként]* toiletries
piperepolc *fn* (bathroom) shelf°
piperés *mn biz* overdressed, fancy
pipereszappan *fn* toilet soap
piperetáska *fn* cosmetic/vanity bag
piperéz *i irod* (*vkt*) do* sy's face; **~i magát** titivate (v. smarten up) oneself, prink oneself up
piperkőc *mn/fn* dandy, fop, coxcomb; **~ módon** in a foppish way
pipetta *fn kém* pipette
pipi[1] *fn [kiscsirke és szl lány]* chick
pipi[2] *fn biz [pisi]* pee, wee(-wee), a tinkle
pipogya *mn* weak-kneed, pusillanimous, timid, *biz* gutless; **~ fráter** weakling, *biz* soft touch, softy
pír *fn* **1.** *[arcé]* flush, blush, glow **2.** *[hajnali]* flush of dawn
piramis *fn* pyramid
piramisjáték *fn* → **pilótajáték**
Pireneusok *földr* the Pyrenees
pirinyó *mn* tiny, teeny-weeny, *skót* wee
pirít *i [kenyeret, szalonnát]* toast, *[húst, májat]* sauté (*alakjai:* sautéed v. sautéd, sautéing), (shallow) fry
pirítós *fn* **~ (kenyér)** toast
pirított *mn [hús]* browned, sauté(ed); **~ borjúmáj** calf's liver sauté; **~ burgonya** sauté potatoes; **~ sertésmáj** sauté pork liver
pirítva *hsz [húsról]* sauté
pirkad *i* the day is breaking, it is dawning
pirkadat *fn nép* dawn, daybreak
pirók *fn* bullfinch
pirománia *fn* pyromania
piromániás *mn/fn* pyromaniac
pirongat *i* lecture/chide*/reprove sy, tick sy off
pironkod|ik *i* (*vk/vm miatt*) be* ashamed of sy/sg
pironkodva *hsz* shamefacedly
piros I. *mn* red; **~ arc** rosy/ruddy face (v. cheeks *tsz*); **~ betűs ünnep** red-letter day; **~ fény** *[jelzőlámpában]* red light; **~ jelzést ad** give* a warning of red alert; **~ rózsa** red rose; **~ tojás** Easter egg **II.** *fn* **1.** *[szín]* red, *[fény, jelzőlámpában]* red light **2.** *[kártya]* heart(s)
piros-fehér-zöld *mn/fn* red(,) white and green, tricolour (*US* -or); → **zászlós**
pirosít *i* **1.** *ált* make* red, redden **2.** *[ajkat]* put* on lipstick, *[arcot]* rouge
pirosító *fn [ajak]* lipstick; *[arc]* blusher, rouge
Piroska *tul* ‹Hungarian feminine given name›; **~ és a farkas** Little Red Riding-Hood
pirosl|ik *i* look/glow/show* red
pirosod|ik *i* grow*/become*/turn red, redden
pirospaprika *fn [őrölt]* (Hungarian) paprika; → **paprika** 2
pirospozsgás *mn* rosy/ruddy-cheeked
pirosság *fn* redness, pinkness, ruddiness
pirotechnika *fn* pyrotechnics *[szakma: esz, tűzijáték: tsz]*
pirotechnikus *fn* pyrotechnist
piruett *fn* pirouette, spin
pirul *i* **1.** *ált* redden, grow*/turn/become* red/pink **2.** *[arc]* blush (*vmtől* with/at sg), flush (*vmtől* with sg); **~ a szégyentől** blush with shame **3.** *[hús]* (begin* to) brown
pirula *fn* pill, pastille; **keserű ~** a bitter pill to swallow; **megédesíti a keserű ~t** sugar/*US* sweeten the pill
pirulás *fn [arcé]* blush, flush
pisa *fn durva* piss
pisál *i durva* piss, take* a leak
pisi *fn biz* pee, wee(-wee), piddle
pisil *i biz* pee, piddle, widdle, have* a pee, do*/have* a wee-wee; **~ni megy** go* for (v. have*) a pee, go* for (v. have*) a wee(-wee), go* to the loo/*US* john
pisis *mn biz* wet
piskóta *fn* **1.** *[rudacskák]* sponge-finger, sponge biscuit **2.** → **piskótatészta**
piskótaroló *fn* Swiss roll
piskótatekercs *fn* → **piskótaroló**
piskótatészta *fn* sponge(-cake)
pislákol *i* **1.** *[fény]* glimmer **2.** *[lámpa, tűz]* flicker, *[láng]* be* guttering
pislant *i [akaratlanul]* blink, *[tudatosan]* wink
pislog *i* **1.** *[vk akaratlanul]* blink, *[tudatosan]* wink **2.** → **pislákol**
pislogás *fn* **1.** *[szemmel]* blinking, winking **2.** *[fényé]* glimmer(ing), shimmer(ing)
Pista *tul bec* Steve, Stevie
Pisti *tul* → **Pista**
pisze *mn* retroussé, pug/snub-nosed; **~ orr** snub/pug-nose, turned-up nose
piszi *fn biz* **hiszi a ~!** ha-ha!, *GB* pull the other one!
piszkafa *fn [tűzhöz]* poker; **olyan sovány, mint a ~** (s)he is (as) thin as a rake
piszkál *i* **1.** *[vmt, tüzet]* poke, stir; **fogát ~ja** pick one's teeth **2.** (*vkt*) badger, chivvy, *[bosszantva]* needle, annoy, tease, pick at (sy)
piszkálás *fn* **1.** *[vmé, tűzé]* poking, stirring **2.** (*vké*) badgering, chivvying, *[bosszantva]* needling, annoying, teasing
piszkálód|ik *i [kellemetlenkedik]* nag sy, pick at sy, go* on at sy
piszkavas *fn* poker
piszke *fn nép* gooseberry, *[GB néha]* goosegog
piszkít *i* **1.** *[ürülékkel]* foul, dirty; **a konyhapadlóra ~** dirty the kitchen floor **2.** dirty, soil
piszkol *i* **1.** → **piszkít 2.** *[szid]* revile (sy for sg), vilify, abuse, *biz* fling*/throw* dirt at; **~ják vm miatt** be* vilified [by the press etc.] (for sg)
piszkolódás *fn* **1.** *[ruháé]* soiling, becoming dirty/soiled/grimy **2.** *[átv, vk ellen]* vilification, abuse, slander
piszkolód|ik *i [piszkos lesz]* soil, get* dirty/soiled; **nem ~ik** it does not pick up dirt
piszkos *mn* **1.** *[tárgy]* dirty; **~ fehérnemű** soiled linen; **~ munka** dirty/messy work **2.** *[erkölcsileg]* filthy, foul; **~ beszéd** foul language, dirty talk; **~ csirkefogó** (dirty) rat, skunk, a bad egg; **~ trükk** mean/dirty (low-down) trick; **~ ügy/üzlet** dirty business, *kif* it stinks; **elvégzi a ~ munkát** do* the dirty work
piszkosfehér *mn* off-white
piszkoskod|ik *i* **1.** *[kellemetlenkedik vkvel]* be* nasty (to sy), treat sy like dirt **2.** *[fösvénykedik]* be* mean/niggardly, *biz* be* stingy
piszkosság *fn* **1.** *ált* dirt(iness), filth **2.** *[jellemi]* nastiness, meanness, vileness
piszkosul *hsz biz* stinking
piszkozat *fn* rough (copy), (first) draft (of sg); **~ban** in rough; **~ot készít vmről** write* sg out in rough, make* a draft of sg
piszlicsár(é) *mn biz pej* **~ ügy** piddling affair
piszmog *i* (*vmn/vmvel*) dawdle over sg, tinker with (v. away at) sg; **a kertben ~** potter/*US* putter (away) in the garden
piszmogás *fn* pottering (*US* puttering) (around), dawdling
piszoár *fn* urinal
piszok I. *fn* dirt, filth, *biz* muck; **egy ~kal** → **egy füst alatt II.** *mn* **~ fráter/alak** dirty rat/dog, skunk, blackguard
piszokság *fn* **1.** *[jellemtelenség]* nastiness, meanness **2.** *[tett]* dirty/mean (v. low-down) trick
pisszeg *i* hiss, boo
pisszegés *fn* hiss, hissing, booing
pisszen *i* **~ni sem mert** he did not dare to stir
pisszenés *fn* → **pisszegés**; **~ nélkül** without flinching/wincing

pisztácia *fn növ* pistachio
pisztoly *fn* pistol, (hand) gun, revolver; **önműködő ~** automatic (pistol); **~t elsüt** fire (off) a pistol; **~t fog vkre** point/aim/level (*US* -l) a pistol/gun at sy; **pisztollyal kényszerít vkt** force sy at pistol-point (v. gunpoint)
pisztolylövés *fn* pistol shot
pisztolytáska *fn* holster
piszton *fn zene* cornet
pisztráng *fn* trout
pisztrángozás *fn* trout fishing
pita *fn gaszt* pita
Pitagorasz-tétel *fn* Pythagoras'/Pythagorean theorem
pitbull *fn áll* pit bull (terrier)
pite *fn* fruit-flan, pie, tart; **almás ~** apple tart/turnover
piti *mn biz [kisszerű]* petty, *durva* piddling; **~ dolog** *GB szl* small beer
pitiz|ik *i biz* beg, scrounge
pitli *fn* **1.** *[edény]* pail, bucket **2.** *biz* **menj a ~be!** go to blazes!, *GB* get stuffed!
pitvar *fn* **1.** *[tornác]* porch **2.** *[szívé]* atrium
pityereg *i* whimper
pityergés *fn* whimpering, whining
pityergős *mn biz* whimpering
pityke *mn* (metal) button
pityókos *mn* tipsy, tight, fuddled, tiddly
pitypang *fn növ* dandelion
pixel *fn tv infor* pixel
pizza *fn gaszt* pizza
pizzéria *fn* pizzeria
pizsama *fn* pyjamas (*US* pajamas) *tsz*
pl. *röv* → **például**
placebo *fn orv* placebo
plafon *fn* **1.** *[mennyezet]* ceiling; *biz* **a ~ig ugrik örömében** be* over the moon; *biz* **mindjárt fenn van a ~on** (s)he just hits the roof, (s)he just goes off at the deep end **2.** *biz [felső határ]* [price etc.] ceiling, roof; **nincs ~** the sky's the limit
plágium *fn* plagiarism
plagizál *i* plagiarize (from)
plakát *fn* bill, poster, placard; **~on hirdet** bill, advertise on posters; **~ok felragasztása tilos!** post no bills, billposters/billstickers will be prosecuted
plakett *fn* plaque, plaquette
pláne I. *hsz biz* particularly, especially **II.** *fn* **az benne a ~, hogy** ... the beauty of it is that ...
planetárium *fn* planetarium
planíroz *i* level (*US* -l), plane, grade [ground]
plankton *fn biol* plankton
plántál *i* **1.** *növ* plant, set* out **2.** *átv* instil (*US* instill) sg into sy, implant sg into sy, inculcate sg in sy
plasztik *fn* **1.** plastic **2.** *[robbanóanyag]* semtex
plasztika *fn* **1.** *műv* the plastic arts *tsz* **2.** *[sebészet]* plastic surgery
plasztikai *mn* **~ műtét** plastic operation/surgery; **~ műtéten esik át** undergo* plastic surgery; **~ sebész** plastic surgeon; **~ sebészet** plastic surgery
plasztikkártya *fn* plastic (card)
plasztikus *mn* plastic, *irod* graphic
plasztron *fn* shirt-front, *[vívóé]* plastron
platán(fa) *fn növ* plane(tree), *US* sycamore
platform *fn pol* platform; **közös ~** common platform
platina *fn* platinum
platinaszőke *mn biz* platinum blonde
platni *fn biz* hotplate, *GB* hob
plató *fn* plateau (*tsz* plateaus v. plateaux)
plátói *mn* Platonic; **~ szerelem** Platonic love
Platón *tul* Plato
plauzibilis *mn* plausible
plazma *fn biol fiz* plasma
plébánia *fn* **1.** *[kat. egyházközség]* parish **2.** *[épület]* parsonage, vicarage, rectory
plébános *fn* parson, parish priest, vicar
plebejus *fn tört ill. pej* plebeian; **~ származású** of plebeian origins
plecsni *fn biz [kitüntetés] GB szl* gong
pléd *fn* (travelling-)rug (*US* -l-)
plédszíj *fn* rug strap
pléh *fn* tin
pléhlemez *fn* tin/iron-plate, iron-sheeting
pléhpofa *fn biz* poker-face(d), deadpan face, a cool customer; **~val** coolly, as coolly as you like, deadpan
plenáris *mn* **~ előadás** *[konferencián]* plenary lecture/speech/address, plenary; *[nyitó]* keynote lecture; **~ ülés** plenary session
plénum *fn* **1.** *[teljes testület]* plenum **2.** *[nyilvánosság]* public; **a ~ előtt** before the public, in public; **a ~ elé visz vmt** bring* sg before the public
pletyka *fn* (piece of) gossip, tittle-tattle, rumour, *[rosszindulatú]* scandal(-mongering); **megindul a ~** tongues start wagging; **jó kis ~** a juicy bit of gossip
pletykafészek *fn [személy]* scandal-monger, gossip, newsmonger, tattler, *US* tattletale
pletykál *i* gossip, tittle-tattle; **azt ~ják, hogy** ... rumour (*US* -or) has it that ...
pletykalap *fn* smear/scandal sheet
pletykálkodás *fn* gossiping, *[rosszindulatú]* scandal-mongering
pletykálkod|ik *i* be* gossiping (all day)
pletykarovat *fn* gossip column
pletykás *mn* gossipy, gossiping, *[rosszindulatú]* scandal-mongering
plexi(üveg) *fn* plexiglass
pliocén *mn/fn geol* Pliocene
pliszé *fn* pleat, pleating
plisszíroz *i* pleat
plomba *fn* **1.** *[ólom]* lead seal **2.** *[fogtömés]* filling, stopping
plombál *i* **1.** *[pecsétel]* seal **2.** *[fogat]* do* a filling, fill/stop a tooth°
plömplöm *mn biz* gaga, dotty
pluralista *mn* pluralist, pluralistic; **~ társadalom** a pluralist society
pluralisztikus *mn* → **pluralista**
pluralizmus *fn* pluralism
plusz I. *mn [előjel]* plus; **a hőmérséklet ~ 10 °C** the temperature is ten degrees centigrade/celsius (v. 10° C), ... a temperature of 10° C **II.** *fn [többlet]* excess, surplus **III.** *hsz* **1.** *mat* plus; **öt ~ három** five plus three **2.** *biz [azonfelül]* plus; **bevásárol, ~ takarít** (s)he does the shopping plus the housework; **a számla 2000 Ft volt, ~ 100 Ft postaköltség** the bill was 2,000 fts, plus 100 fts for postage
plusz- *előtag* extra-, additional
pluszjel *fn* plus sign
pluszköltség *fn* extra charge
plusz-mínusz *mn* plus or minus; *biz* **~ tíz perc** give or take ten minutes
pluszmunka *fn biz* additional/extra work
Plútó *földr csill* Pluto
plutokrácia *fn* plutocracy
plutokrata I. *fn* plutocrat **II.** *mn* plutocratic
plutónium *fn kém fiz* plutonium
plüss *mn* plush
plüssállat *fn* soft/plush toy
pneumatikus *mn* pneumatic
poca *fn* → **paca**
pocak *fn biz* paunch, pot(belly)
pocakos *mn biz* paunchy, potbellied
pocakosod|ik *i biz* grow* a paunch, become* paunchy
pocok *fn áll* vole, fieldmouse°
pocsék *mn* **1.** *[vacak]* worthless **2.** *[komisz]* atrocious, rotten, lousy, foul; **~ idő(járás)** rotten/foul weather

pocsékol *i* pazarol squander, waste; **~ja a pénzét** waste one's money, throw* one's money about; **~ja az időt** waste (one's) time
pocsékolás *fn* squandering, wasting
pocsékul *hsz* **~ néz ki** look like nothing on earth; **~ érzi magát** feel* seedy
pocskondiáz *i* abuse, revile, decry, run* down, throw* mud at
pocsolya *fn* puddle, muddy pool
pódium *fn* stage, platform, *[karmesteri is]* rostrum, podium; **a ~ra lép** step on to the podium/rostrum
poén[1] *fn [kártyában, sportban]* point
poén[2] *fn [viccé]* point (of a joke), punch line, *biz* pay-off; **az benne a ~, hogy** ... the beauty of it is that ...
poéta *fn* poet
poétikus *mn* poetic(al)
pofa *fn* **1.** *[emberé, lóé]* cheek, jowl, *[más állaté]* chops *tsz* **2.** *durva [kifejezések]* **ehhez ~ kell!** what cheek/gall/nerve!; **fogd be a ~dat!, ~ be!** shut/dry up!, shut your face!; **két ~ra eszik** stuff oneself, stuff one's face; **~kat vág** make* faces; **nagy a ~ja** (i) *[sokat beszél]* talk the hind leg off a donkey (ii) *[magabiztos]* be* too cocksure/cocky; **van ~ja** have* the cheek/gall/nerve (to do sg); **~ra esik** *biz kb.* come* a cropper, fall* flat on one's face **3.** *biz* → **pasas** **4.** *[satué]* jaws *tsz*
pofacsont *fn* cheekbone
pofafürdő *fn biz* **~t vesz** put* in an appearance
pofaszakáll *fn* (side-)whiskers, sideburns, *biz* sideboards (*mindegyik: tsz*)
pofátlan *mn durva* barefaced, insolent, brazen
pofátlanság *fn durva* brazen cheek, insolence, audacity, *biz* the cheek, brass neck
pofátlanul *hsz durva* (as) bold as brass
pofazacskó *fn* (cheek) pouch, chops *tsz*
pofázás *fn durva [beszéd]* rant, mouthings *tsz*, blather
pofáz|ik *i durva [sokat beszél]* shoot* one's mouth off; **ne ~z!** shut up!, shut your face/mouth!
pofézni *fn* French toast
pofi(ka) *fn biz* pretty/sweet little face
pofon *fn* **1.** *[kézzel]* slap/smack in the face, box on the ear; **~ üt/vág** slap/smack sy in the face **2.** *átv [erkölcsi]* snub, affront, humiliation; **nagy ~ volt neki, hogy leváltották** his dismissal came as a great blow, it was a (real) slap in the face for him when he was dismissed
pofonütés *fn* → **pofon**
pofoz *i* **1.** (*vkt*) slap sy (repeatedly) in the face **2. formába ~** lick/whip (sg) into shape
pofozkodás *fn* slapping each other (in the face)
pofozkod|ik *i* box one another's ears
pogácsa *fn kb.* savoury scone, scones *tsz*
pogány *mn [nem keresztény]* heathen, *[istentelen]* pagan
pogányság *fn* **1.** *[nem keresztény vallás]* heathenism, *[istentelenség]* paganism **2.** *[pogányok]* heathens, the heathen (peoples), *[istentelenek]* pagan people (*mindegyik: tsz*)
pogrom *fn pol* pogrom
poggyász *fn* luggage (*tsz* ua.), baggage (*tsz* ua.); **~t felad** check in (one's baggage); **kevés poggyásszal utazik** travel (*US* -l) light
poggyászfeladás *fn* **1.** *[cselekvés]* registration of luggage/baggage **2.** *[hivatal]* luggage/baggage office
poggyászjegy *fn GB* left-luggage ticket, *US* baggage check, check number
poggyászkiadás *fn* **1.** *[cselekvés]* delivery of luggage/baggage **2.** *[hivatal]* (luggage/baggage) delivery office, *[reptéren]* baggage claim
poggyászkiadó *rep* **I.** *mn* **~ szalag** carousel (*US* carrousel), baggage delivery belt, *biz* baggage crusher **II.** *fn* baggage (re)claim/retrieval (area)
poggyászkocsi *fn GB* luggage-van, *US* baggage car
poggyászkuli *fn* (baggage) trolley
poggyászmegőrző *fn GB* left-luggage (office), *US* checkroom, baggage room; **~ automata** left-luggage locker; **~ jegy** → **poggyászjegy**
poggyásztargonca *fn* luggage/baggage cart
poggyásztartó *fn* (luggage/baggage) rack
poggyásztúlsúly *fn* excess baggage/luggage/weight
poggyászvevény *fn* baggage identification tag, luggage ticket, baggage check
poggyászvizsgálat *fn* examination of luggage/baggage
pohár *fn* glass; **egy ~ bor** a glass of wine; **két ~ ...t** *[GB a sörfajtát mondják]* **kérek** two halves of ... [Guiness etc.] please; **emeli vkre a poharát** drink* sy's health, drink* to sy
poharazás *fn* drinking, tippling; **~ közben** while drinking, over one's (v. a glass of) wine
poharaz|ik *i* drink* one glass after another (of sg), tipple, drink* wine; (*vkvel*) crack a bottle (of wine) with sy
poharazó *fn* wine bar
pohárköszöntő *fn* toast; **~t mond** give* a toast
pohárnok *fn tört* cup-bearer
pohárszék *fn elav* sideboard, buffet, dresser
pojáca *fn* clown; **~t csinál magából** make* a laughing stock of oneself
pók *fn áll* spider
póker *fn ját* poker
pókerez|ik *i ját* play poker
pókháló *fn* (spider's) web, cobweb
pókhálós *mn* cobwebby
pókhálósod|ik *i* get* covered with cobwebs
pókhálóz *i* remove cobwebs
pókhasú *mn* → **pocakos**
pokol *fn ált* hell, *[alvilág]* the underworld; **~ az élete** his life is hell (on earth); **eredj a ~ba** go to blazes/hell, go to the devil; → **elszabadul**
pokolgép *fn* time bomb
pokoli *mn* hellish, infernal, of hell *ut.*, *biz [rendkívüli]* frightful, fiendish; **~ düh** infernal/hellish rage/fury/frenzy; **~ fejfájás** splitting headache; **~ gondolat** devilish idea/thought; **~ kínokat áll ki** suffer excruciating pains, suffer agonies; **~ lárma** infernal racket/noise/row, pandemonium; **~ meleg** infernally hot, devilish hot/heat; **~ meleg nap** a very hot day, a scorching day, *biz* a scorcher; **~ zajt csap** raise Cain, kick up an infernal row
pokolian *hsz biz* like hell *ut*; **~ csinos** (be*) dressed to kill; **~ mulatságos** hilarious, highly amusing, killing(ly funny), *kif* a killer; **~ szenved** suffer agonies
pokróc *fn* **1.** *[takaró]* coarse/heavy blanket **2. goromba ~** churlish (v. cross-grained) fellow, crosspatch
polár *fn tex biz* fleece
polarizáció *fn* polarization, polarity
polarizálód|ik *i* polarize, be* sharply divided
polarizált *fn* polarized
polc *fn* shelf°, *[kisebb, konzolos fali]* bracket; **~ok** shelves, shelving
polcos *mn* shelved; **~ állvány** set of shelves; *[hordozható]* whatnot
polcrendszer *fn* shelving
polémia *fn* polemic, controversy
polemikus *mn* polemic(al)
polemizál *i* debate sg (v. an issue) fiercely with sy, polemicize, polemize
polgár *fn* **1.** *[államé]* citizen, *[nem katona]* civilian **2.** *tört pol* bourgeois **3.** *[tágabb ért.]* member of a civilized society
polgárháború *fn* civil war
polgári **I.** *mn* **1.** *[élet, intézmény]* civil, *[nem katonai]* civilian; *[kötelesség, felelősség stb.]* civic; *[társadalom]* civil, civilized; **~ bíróság** civil court; **~ egyén/személy** civilian; **a ~ életben** in civilian life; **~ engedetlenség** civil disobedience; **~ hatóság** civil authority; **~ házasság** civil marriage; *okt elav* **~ iskola** higher elementary school; **~ jog** civil law; **~ jogok** civil rights/liberties; **~ lakosság** civilian population; **~ per** civil action/case/suit; **~ peres**

P

eljárás civil procedure (v. proceedings *tsz*); ~ **perrendtartás** (code of) civil procedure; ~ **repülés** civil aviation; ~ **ruha** civilian dress; ~ **sáv** → **sáv 2**; ~ **törvénykönyv** civil code/law; ~ **védelem** civil defence (*US* -se), air-raid precautions *tsz* **2.** *tört pol* bourgeois, middle-class; ~ **csökevények** remnants of a bourgeois way of thinking; ~ **demokrácia** bourgeois democracy; ~ **sajtó** bourgeois press **II.** *fn* → **polgári iskola**

polgáriasodás *fn* → **polgárosodás**

polgáriasod|ik *i* → **polgárosodik**

polgárjog *fn* ~**ok** civil rights *tsz*; ~**ot nyer** (i) (*vk*) be* granted civil rights (ii) *[szokás]* be(come)* accepted, take*/strike* root

polgárjogi *mn* ~ **harcos** civil rights leader/activist/campaigner; ~ **mozgalom/harc** civil rights movement

polgármester *fn* mayor, *[nő]* mayoress v. lady mayor, *GB ált* mayor, *[londoni]* Lord Mayor, *skót* provost

polgármester-helyettes *fn* deputy mayor

polgármesteri *mn* mayoral; ~ **hivatal** mayor's office; ~ **feladatok** mayoral duties; **a XII. kerületi P~ Hivatal** 12th District Office of the Mayor

polgármesterjelölt *fn* Mayoral candidate

polgármesternő/né *fn* mayoress, lady mayor

polgárosodás *fn* **1.** *tört pol [folyamat]* embourgeoisement, becoming bourgeois **2.** *[eredmény]* bourgeois civilization **3.** *[szélesebb értelemben]* ‹the formation of a modern civilized society›; becoming (more) civilized

polgárosod|ik *i* **1.** *pol* become* bourgeois **2.** *[szélesebb ért.] kb.* become* (more) civilized

polgárőr *fn* militiaman°

polgárőrség *fn [rendfenntartó szerv]* militia, *[lakossági szerveződésben] kb.* neighbourhood (*US* -bor-) watch

polgárság *fn* **1.** *[vmely város lakossága]* citizens *tsz* **2.** *[középosztály]* the middle classes *tsz*

polgártárs *fn tört* fellow-citizen

polietilén *mn* polythene

polifon *mn* polyphonic; ~ **zene** polyphonic music, polyphony

polifónia *fn* polyphony

poligámia *fn* polygamy

polihisztor *fn* polymath, polyhistor

poliklinika *fn elav* polyclinic

polimer *fn kém* polymer

polinéz *mn/fn* Polynesian

Polinézia *földr* Polynesia

polinéziai *mn/fn* Polynesian

polip *fn* **1.** *áll* octopus (*tsz* -puses) **2.** *orv* polyp

políroz *i* polish (up), burnish

polisz *fn tört* polis

politechnika *fn okt elav* technical training

politika *fn* **1.** *[tudomány és rendszer]* politics *esz*, *[tevékenység és vk pol. nézetei]* politics *tsz*; ~**ról beszél** talk politics **2.** *[irányzat, elvek]* policy; **a kormány** ~**ja** the policy (v. policies *tsz*) of the government, government policy **3.** *biz* ~**ból** for tactical reasons

politikai *mn* political; ~ **államtitkár** *[magyar] kb.* political under-secretary [in charge of parliamentary affairs]; ~ **bizottság** *tört* political committee; ~ **bűncselekmény** political offence (*US* offense), political crime, *[állam elleni bűncselekmény]* crime against the state; ~ **bűnper** political/state trial; ~ **elítélt/fogoly** political prisoner; ~ **fordulat** *[választáson]* turn/change in politics; ~ **földrajz** political geography; ~ **irányvonal** policy, (political) line; ~ **jogok elvesztése** loss of political rights; ~ **menedékjogot kér** ask for political asylum; ~ **ok(ok)ból börtönözték be** was imprisoned on political grounds; ~ **okokból bocsátották el** was dismissed for political reasons; ~ **pályára megy** go* into politics, go* in for politics; ~ **pártok** political parties; ~ **program** policies *tsz*, policy, (party) platform; ~ **rendszer** political system; ~ **szempontból** politically; ~ **szempontból néz/értékel** assess/interpret sg in political terms; ~ **vonal** policy, (political) line; → **gazdaságtan**, → **menedékjog**

politikailag *hsz* politically; ~ **korrekt** politically correct (*röv* **PC**)

politikamentes *mn* free of politics *ut*, nonpolitical, apolitical

politikatudomány *fn* political science

politikus I. *mn [célszerű]* politic, prudent, diplomatic; **nem** ~ impolitic, inexpedient; ~ **válasz** shrewd answer **II.** *fn* politician

politizál *i [beszél róla]* talk/discuss politics, *[foglalkozik vele]* engage (v. be* engaged) in politics; **nem** ~ have* nothing to do with politics, doesn't get involved in politics, be* apolitical

politológia *fn* political science, politics *esz*

politológus *fn* political scientist

politúr *fn* (French) polish, varnish, gloss (finish)

politúros *mn* (French-)polished, varnished

politúroz *i* (French-)polish, varnish

politúrozott *mn* → **politúros**

polka *fn* polka

polkáz|ik *i* (dance a/the) polka

pollen *fn növ* pollen

pollenallergia *fn orv* pollenosis, hay fever

pollenszám *fn* pollen count

póló *fn* **1.** *[lovas]* polo **2.** → **pólóing**

pólóing *fn* T-shirt

poloska *fn* **1.** *áll* bedbug, *US* chinch **2.** *biz [lehallgató készülék]* bug

poloskairtó *mn/fn* ~ **(szer)** bug-killer; *[por]* insect-powder, insecticide (powder), *[spray]* insecticide spray

poloskás *mn* bug-infested/ridden, full of bugs *ut*, buggy

pólóz|ik *i [lovon]* play polo

pólus *fn* pole

pólya *fn* **1.** *[csecsemőé]* swaddling-clothes *tsz*, *[ma]* baby's wraparound/shawl **2.** *orv* bandage, dressing

pólyás *mn/fn* ~ **(baba)** babe-in-arms, infant; → **csecsemő**

pólyáz *i* **1.** *[csecsemőt]* swaddle **2.** *[kötöz]* bandage, dress, bind* up

pólyázó *fn [bútordarab]* baby dresser

pomádé *fn elav* pomade, ointment

pompa *fn [fény, ragyogás, luxus]* splendour, luxury; *[látványosság]* pageantry, pomp, *[ünnepi]* ceremony; **a tavasz** ~**ja** the glory of spring; **nagy** ~**val** with pomp and circumstance, with great pageantry

pompás *mn [fényűző]* luxurious, magnificent, *[látványosan szép]* splendid, glorious, *[ember vmben]* excellent, first-rate, *[ha főnévvel áll:]* first-rate, top(-notch); ~ **alkalom** excellent opportunity; *[idő]* glorious, fine, lovely; ~ **formában van** be* at the peak of one's form, be* in great shape; ~ **lakoma** sumptuous banquet/meal; ~ **ötlet** a brilliant idea, a brain wave; ~ **ruha** gorgeous dress/outfit; **ez** ~**!** that's excellent/splendid!, well done!

pompásan *hsz* splendidly, magnificently, wonderfully; **Hogy vagy? – P~.** How are you doing? – Fine./Excellent./Splendid.; ~ **megy (a dolog)** (i) (*vm*) everything is going (on) swimmingly, it's (all)going like a dream (ii) (*vknek*) (s)he is doing very well, (s)he is in clover; ~ **érzi magát** have* a wonderful/splendid time

pompáz|ik *i* **1.** (*vk*) look fine, be* in full bloom, be* in the pride of her beauty; **cifra, drága ruhában** ~**ott** she was resplendent in her richly-embroidered dress **2.** (*vm*) be* resplendent, have* a brilliant/splendid appearance, *[fa]* be* in full bloom, *[kert, erdő]* be* a riot of colour (*US* -or)

pompeji *mn/fn* Pompeiian

Pompeji *földr tört* Pompeii

pompon *fn* pompon, pompom

Poncius Pilátus *tul vall tört* Pontius Pilate; **Ponciustól Pilátusig** from pillar to post

pond *fn fiz* gramme-weight

pondró *fn* (longhorn) grub/larva (*tsz* larvae)

pongyola I. *fn* dressing gown, wrap, *US* bathrobe; **~ban** in (a state of) deshabille/dishabille/undress **II.** *mn* careless, negligent, untidy, *[stílus]* loose, careless, sloppy, slipshod
pongyolaság *fn* **1.** *ált* carelessness, negligence **2.** *[stílusé]* carelessness, sloppiness, slipshod character
póni *fn* pony
pont I. *fn* **1.** *[térben]* (*röv* **p.**) point; **egy ~on érint vmt** touch sg at a point; **E ~ban metszik egymást** intersect at E; **egyszerre több ~on indult meg a támadás** the attack was launched simultaneously at several sectors of the front **2.** *[mondat végén]* full stop, *US* period, *[ékezet]* dot; **~ ~ ~** (...) dot dot dot [suspension points]; **~ot tesz az i-re** dot the/one's i; *átv* **~ot tesz vm után** settle sg, *[túl van rajta]* sg is behind sy; **nem jössz és ~** you're not coming(,) full stop (*US* period) **3.** *[petty]* dot **4.** *[időben]* point; **ezen a ~on** at this juncture/stage/point; **(már) azon a ~on van, hogy** ... be* on the point/verge of doing sg, be* about to do sg **5.** *[mérték]* point, stage, extent, degree; **egy bizonyos ~ig** to a certain extent/degree, up to a point **6.** *[részlet, szakasz]* point, paragraph, article; **a szerződés ~ja** clause/article/paragraph of a/the contract; **a 4. szakasz c ~ja** item c of paragraph 4; **~okba foglalja követeléseit** draw* up one's claims/demands point by point; **10 ~ban sorol fel vmt** arrange sg under ten headings; **nem egy ~ban** in more than one respect; **a főbb ~okban megegyeztek** they have agreed on the main (v. most important) points; **minden ~on** in every respect; **az érvelés több ~on támadható** there are several flaws in the/sy's argument; **~ról ~ra** point by/for point **7.** *sp ját* score, mark, point, *[műkorcsolya, műúszás]* mark; **~ot ér el** score; ... **~ot ért el** (s)he scored [3, 4 etc.] points; **nem ért el ~ot** sy failed to score; **jegyzi a ~okat** score **8.** *okt [felvételin]* **x ~ot ért el** (s)he got x points/marks [in the entrance exam] **II.** *hsz* just, exactly, precisely; **és ~ az apja!** and his father(,) of all people!; **neki ~ azt kellett választania** he had to pick out just that one; **nem ~ ezt/így mondta** well(,) he didn't say it in so many words; **~ ebben a házban** in this very house; **~ a közepén** right (v. *biz* bang/slap) in the middle; → **pontban**
pontatlan *mn* **1.** *[vk időben]* late, unpunctual **2.** *[nem precíz]* inexact, inaccurate, imprecise; **~ válasz** inaccurate answer **3.** *[megbízhatatlan]* unreliable; **~ fordítás** loose/inaccurate translation, mistranslation
pontatlanság *fn* **1.** *[vké időben]* lateness, unpunctuality **2.** *[precizitás hiánya]* inaccuracy, inexactness, lack of precision **3.** *[maga a hiba]* inaccuracy, error, slip
pontban *hsz* **~ két órakor** at two o'clock sharp, *biz* on the dot/stroke of two
pontelőny *fn sp* advantage; **~höz jut** gain an advantage (over sy)
ponteredmény *fn* score
pontház *fn* tower block, high-rise (block)
ponthegesztés *fn* spot-welding
pontifikál *i vall* celebrate [(a)mass]
pontkülönbség *fn sp* difference of/in points; **~gel győz/veszít** win*/lose* on points
ponton *fn* pontoon
pontonhíd *fn* pontoon bridge
pontos *mn* **1.** *[időben]* punctual, exact; **~ fizetés** prompt payment; **ő ~ fizető** he is prompt/punctual in his payments; **~ volt** he was punctual, he was/arrived on time; *[vonat]* the train arrived punctually, the train came in on time; **nem ~** unpunctual; **~ idő** right/correct time; **a ~ idő** *[rádió]* the time is now ...; **~ óra** accurate watch/clock; *[igével]* keep* (good) time; **az órám ~** my watch keeps good/excellent time; **nem ~ az órám** my watch is wrong **2.** *[precíz]* accurate, exact, correct, precise; **~ adatok** precise/exact figures; **~ kiszolgálás** prompt service; **~ leírás** precise/detailed description, specification; **~ műszer** accurate instrument; **~ szám** exact number; **nem ~** incorrect, imprecise **3.** *sp* **tizennégy ~ győzelem** a win by fourteen points
pontosabban *hsz* or rather, (or,) to be more precise, specifically
pontosan *hsz* **1.** *[időben]* punctually; **~ érkezik** be*/come* on time; **~ fizet** pay* promptly/punctually; **~ közlekedik** it is running on time (v. *US* on schedule); **~ ötkor** at five (o'clock) sharp **2.** *[precízen]* accurately, *[teljesen, egészen, pontról pontra]* exactly, precisely, to a T; **~ egyezik** agree exactly; **~ (erről van szó)!** that's exactly it!, quite!, exactly!, absolutely!; **~ illik** fit to a nicety; **nem tudom ~ megmondani** I cannot say exactly, *átv* I can't put my finger on it; **~ megjelöl/meghatároz** state precisely, specify; **~ ugyanaz** just/exactly the same (thing)
pontosít *i* state precisely, specify
pontosság *fn* **1.** *[időben]* punctuality; **percnyi ~gal** to the minute, *biz* on the dot **2.** *[precizitás]* accuracy, precision, exactness, correctness; **óramű ~gal** with clockwork precision, like clockwork
pontosvessző *fn* semicolon
pontoz *i* **1.** *[ponttal megjelöl]* dot **2.** *sp* score
pontozás *fn* **1.** *[ponttal megjelölés]* dotting, *[kipontozás]* suspension points *tsz* **2.** *sp* scoring; **~sal győz/veszít** win*/lose* on points
pontozóbíró *fn sp* scorer, judge, umpire
pontozott *mn [zene is]* dotted; **~ vonal** dotted line
pontrendszer *fn sp* point(s) system
pontszám *fn sp és okt* score, points *tsz*; **egyenlő ~ esetén** in case of a tie (on points); **a legmagasabb ~ot érte el a felvételin** (s)he won top marks in the entrance exam
pontverseny *fn* points competition
pontveszteség *fn sp* loss of a point (v. of points)
ponty *fn áll* carp
pontyozás *fn* carp fishing
ponyva *fn* **1.** *[anyag]* canvas **2.** *[üzleté, kirakaté]* awning **3.** *pej* → **ponyvairodalom**, → **ponyvaregény**
ponyvairodalom *fn irod pej* pulp literature, trash
ponyvaregény *fn irod pej* pulp fiction, trashy novel
pop *fn* → **popzene**
pópa *fn vall* pope
pop-art *fn* pop art
popénekes *fn* pop singer
popfesztivál *fn* pop festival
popó *fn biz* bum, bottom, *US* fanny
popsi *fn* → **popó**
popszegecs *fn műsz* pop rivet
populáció *fn biol* population
populista *mn pol* populist
populizmus *fn pol* populism
popzene *fn* pop (music)
popzenekar *fn* pop group
por *fn* **1.** *[úté]* dust; **vk haló ~ai** sy's ashes; **haló ~ában is** even after his/her death; **~ig aláz vkt** humble sy into the dust; **~rá ég** burn* down, burn* to ashes; **~rá lesz** turn/return to dust; **elveri a ~t vkn** dust sy's jacket for him, give* sy a sound beating; **fölveri a ~t, ~t csinál** raise the dust; *átv* **nagy ~t ver fel** cause a stir/sensation; **~t hint vk szemébe** throw* dust in/into sy's eyes, pull the wool over sy's eyes; **~t töröl** dust (the room) **2.** *[porított vm; gyógyszer]* powder; **~rá tör** grind* to powder, powder, pulverize; → **leég**
pór *fn elav* peasant, countryman°
porártalom *fn körny* dust pollution
póráz *fn* lead, leash; **~on tart** (i) *[kutyát]* keep* [a/one's dog] on a/the lead (ii) *átv* (*vkt*) hold* sy in leash; **~on vezet vkt** hold*/keep* sy in leading-strings; **rövid ~ra fog vkt** keep* sy on a short leash, keep* a tight rein/leash on sy; **elengedi a kutyát a ~ról** let* the dog off the leash
porc *fn* cartilage
porcelán *fn* porcelain, china; **(antik/értékes) ~** (antique) porcelain, china; **~ étkészlet** (a set of) china; **~ szigetelő** porcelain insulator; **máztalan ~** biscuit, bisque; → **porcelánkészlet**

porcelánáru *fn* china(ware), porcelain ware, household china
porceláncsésze *fn* porcelain/china cup
porcelánedény *fn* → **porcelánáru**
porcelánfestés *fn* china painting
porcelánföld *fn* porcelain/china-clay
porcelánkészlet *fn* (a set of) china; **a legszebb ~ünket használjuk?** shall we use the best china?
porcelánragasztó *fn* ceramic glue
porcica *fn* → **pormacska**
porcika *fn* **remegett minden ~jában** (s)he was trembling all over
porció *fn* portion, dole, *[asztalnál]* helping
porcióz *i* portion (out), share/dole out, ration, divide into portions
porckorongsérv *fn orv* slipped disc
porcleválás *fn orv* joint mouse
porcogó *fn* gristle
porcukor *fn GB* castor/icing sugar, *US* granulated/confectionery sugar
póréhagyma *fn növ* leek
porfelhő *fn* cloud of dust, dust cloud
porfészek *fn* dusty village/hole
porhanyít *i [talajt]* loosen, mellow
porhanyós *mn* **1.** *[talaj]* light, loose, loamy, mellow **2.** *[tészta]* crumbly; **~ tészta/sütemény** crumbly cake, light-pastry, *kb.* shortcake
porhintés *fn* eyewash, bluff, claptrap; **ez csak ~** it's all eyewash, it is mere window dressing
porhó *fn* powder(y) snow
porhüvely *fn irod* dust, earthly remains *tsz*
pórias *mn elav* → **parasztos**
porít *i [szenet]* pulverize, *[egyebet]* desiccate, dehydrate
porított *mn [szén]* pulverized, *[tej]* powdered, *[tojás]* dried
porkoláb *fn elav* turnkey, *GB* gaoler, *US* jailer
porköpeny *fn* dust-coat, *US* duster
porlad *i* moulder (*US* molder) (away), decay
porlaszt *i* **1.** *[folyadékot]* atomize, vaporize **2.** *[motor]* carburet (*US* -t)
porlasztó *fn* **1.** *ált* pulverizer **2.** *[motoré]* carburettor (*US* -retor)
porlepte *mn* covered with dust *ut*, dusty
pormacska *fn biz GB* dustball, *US* dust kitten/bunny
pormentes *mn* dustless, dust-free, dustproof
pornó *fn biz* porn(o)
pornográf *mn* pornographic
pornográfia *fn* pornography
porol *i* **1.** *[port csinál]* raise the dust; **ne ~j!** don't raise such a dust **2.** *[ruhát]* beat* the dust out of sg, dust sg, *[szőnyeget]* beat* [the carpet]
porolás *fn* beating (the dust out of) sg, dusting, *[szőnyegé]* carpet beating
poroló *fn* **1.** *[állvány]* ‹frame for hanging carpets over for beating› **2.** *[prakker]* carpet-beater
poroltó *fn* fire extinguisher
porond *fn* **1.** *[cirkuszi]* ring, arena **2.** *átv [küzdőtér]* arena; **megjelenik a ~on** appear* on the scene; **kilép a ~ra** enter the lists, take* the floor (against)
poronty *fn* **1.** *biz [gyermek]* kid, mite, *pej* brat **2.** → **ebihal**
poros *mn* **1.** *[porral borított]* dusty **2.** *[port tartalmazó]* powdery
porosod|ik *i* **1.** *konkr* become*/get* dusty **2.** *átv* be* (just) gathering dust
porosz *mn/fn* Prussian
poroszkál *i [ló]* amble, pace
poroszló *fn tört* (bum)bailiff
Poroszország *földr tört* Prussia
poroz *i [növényt növényvédő szerrel stb.]* dust (sg with sg), sprinkle powder etc. on sg
porózus *mn* porous
porrongy *fn* → **portörlő**
porszem *fn* grain/speck of dust, mote
porszén *fn* coal dust, slack, screenings *tsz*
porszennyeződés *fn körny* dust pollution
porszívó *fn* vacuum cleaner, *GB* hoover
porszívóz *i* vacuum(-clean), *GB* hoover
porszívózás *fn* vacuuming, *GB* hoovering
port *fn infor* port; **soros ~** serial port; **párhuzamos ~** parallel port
porta *fn* **1.** → **portásfülke 2.** *[szállodai]* reception, the reception desk; **hagyja a kulcsot a ~n** leave the key at reception; **várj rám a ~n** wait for me at reception; **leszól telefonon a ~ra** telephone down to the reception desk **3.** *biz* **a maga ~ján** in one's own home/house(hold)
portál *fn* portal; **az üzlet új ~t kapott** the shop (*US* store) was re-fronted
portalanít *i* dust (sg), remove dust (from)
portás *fn* **1.** *[kapus]* doorman, *GB* porter, gatekeeper, *US* janitor **2.** *[szállodai]* receptionist, *US* reception/desk clerk
portásfülke *fn* doorman's/porter's/gatekeeper's lodge
portéka *fn nép* merchandise, stuff, goods *tsz*, wares *tsz*
portfólió *fn gazd* portfolio
portó *fn* excess postage, postage due stamp, surcharge
portói *mn* **~ bor** port
portómentes *mn GB* post-free, *US* postpaid
portörlő *fn* duster, dustcloth
portré *fn* portrait
portréfilm *fn* (film) profile
portugál I. *mn* Portuguese; **~ nyelven beszél** speak* Portuguese; → **portugálul II.** *fn* **a ~ok** the Portuguese
Portugália *földr* Portugal
portugáliai *mn/fn* Portuguese
portugálul *hsz* **~ beszél** speak* Portuguese; **~ van (írva)** is (written) in Portuguese
portya *fn kat elav* foray, incursion
portyáz|ik *i kat* make* incursions/forays (v. a foray) [into enemy territory], foray, *[rabolva]* maraud, plunder
pórul *hsz* **~ jár** come* (badly) unstuck, come* to grief, get* the worst of it
pórus *fn biol [bőrön]* pore [of skin]
porvédő *mn* **~ huzat** dust cover *[könyvön]*, *GB* dust sheet
porz|ik *i* give* off (v. raise) clouds of dust; **~ik az út** the road is smothered in dust; **~ott az út utána** a trail of dust rose in its wake; **úgy elverte, hogy csak úgy ~ott** he gave him a good thrashing/hiding
porzó *fn növ* stamen (*tsz* stamens v. stamina)
porzós *mn növ* staminate
porzószál *fn növ* filament, stalk
poshad *i [víz]* become* stagnant, *[más]* go* off/musky, rot
poshadt *mn [víz]* stagnant, *[más]* stale, rotten
posta *fn* **1.** *[intézmény]* post, *[hivatal]* post office, post; **~n küld vmt** post sg (to sy), send* (sy) sg by post, *US* mail sg, send* sg by mail; **~n maradó** *[küldemény]* poste restante, to be kept until called for *ut*, *US* general delivery; **~n rendelhető** be* available by mail order; **~ra ad egy levelet** post (*US* mail) a letter **2.** *[küldemény]* post, mail (*US csak:* mail); **beérkező ~** incoming post/mail; **kimenő ~** outgoing post/mail; **mai ~** today's post/mail; **nincs ~m?** any mail/letters for me?; **a legközelebbi ~val** by return (of post), by the next post (*US* mail); **a mai ~val** by today's mail; **elintézi a ~t** deal* with one's mail/correspondence
postabélyeg *fn* postage stamp; **~ kelte** date (as postmark)
postabélyegző *fn* postmark, cancelling/cancellation stamp (*US* -l-)
postabontó *fn* post room, *US* mail room
postacím *fn* postal address, *US* mailing address
postacsomag *fn* postal packet, parcel
postadíj *fn* postage
postafiók *fn* (*röv* **Pf.**) post office box (*röv* **PO Box** v. **P.O. box** v. **POB**)
postafordultával *hsz* **~ válaszol** answer by return (of post), send* a prompt reply
postaforgalom *fn* postal service
postagalamb *fn* carrier pigeon

postahajó *fn* mail-boat, packet-boat
postahivatal *fn* post office
postai *mn* postal, post-office; ~ **árurendelés** mail order; ~ **díjszabás** postal rates *tsz*, postal/mail tariff, rate(s) of postage, postage charges *ut*; ~ **dolgozók** postal workers; ~ **kézbesítő** → **postás 1**; ~ **küldemény** mail, *hiv* postal packet; ~ **szállítás** postal carriage; → **irányítószám**
postajárat *fn* postal service
postakocsi *fn* **1.** *[régen]* stagecoach **2.** *[vonaton] GB* mailcoach, *US* mailcar
postaköltség *fn* postage, postal charges *tsz*
postakönyv *fn* post(age) book
postakürt *fn elav* post-horn
postaláda *fn [utcai] GB* postbox, *elav* pillar-box *US* mailbox, *[otthoni] GB* letter-box, *US* mailbox
postamester *fn* postmaster
postamesternő *fn* postmistress
postamunka *fn biz* urgent work, a rush job; *~val* post-haste
postás *fn* **1.** *[levélkézbesítő]* postman°, *[női]* postwoman°, letter-carrier, *US* mailman° **2.** *[tisztviselő]* post-office official/employee/clerk
postaszekrény *fn* → **postaláda**
postaszolgálat *fn* postal service(s)
posta-takarékpénztár *fn* postal savings bank
postatisztviselő *fn* post-office clerk, postal/counter clerk
postautalvány *fn* money order, *GB* postal order
postavonat *fn* mail train
postáz *i* mail, *GB* post
posvány *fn konkr* bog, fen, swamp, mire, *átv is* slough
posványos *mn* boggy, swampy, quaggy
poszméh *fn* humble/bumble-bee
poszt *fn* **1.** *[őrhely]* guardpost; **~on áll** be* on sentry-go/duty **2.** *átv biz* post, position
poszter *fn* poster
posztgraduális *mn* postgraduate [studies]; ~ **hallgató** postgraduate/*US* graduate student, postgraduate; ~ **képzés** postgraduate training
posztkommunista *mn pol* post-communist
posztmodern I. *fn műv fil* postmodern; **a ~ állapot** the postmodern condition **II.** *mn* postmodernist
posztmodernizmus *fn műv fil* postmodernism
posztó *fn* (broad-)cloth, *[biliárdasztalra]* baize; **se pénz, se ~** *kb.* be* left empty-handed; **vörös ~ a szemében** it's like a red rag to a bull for him, it makes him see red; **zöld ~** *[játékasztal]* gaming table
posztol *i* → **poszton áll**
posztumusz *mn* posthumous [novel etc.]
pót- *előtag* supplementary, extra, additional, *[vkt/vmt helyettesítő]* substitute
pótadó *fn* surtax, surcharge (on sg)
pótágy *fn* spare bed
pótalkatrészek *fn tsz* spare part(s), spares *tsz*
pótanyag *fn* substitute (material)
pótcselekvés *fn* (act of) compensation, redirection activity
pótdíj *fn* additional/extra charge, *[vasúton távolsági különbözetért]* excess fare; **gyorsvonati ~** supplementary fare (for a high-speed train); **~at szed** surcharge sy; **~at fizet** *(vmért)* be* surcharged (on sg), pay* an extra charge for sg; *[vasúton]* pay* an excess fare
potencia *fn* (sexual) potency
potenciál *fn* potential
potenciális *mn* potential, possible
potentát *fn* potentate
pótfelvételi *fn okt* additional entrance exam
pótfüzet *fn* supplementary number, supplement
pótjegy *fn [vasúton]* supplement, supplementary ticket
pótkávé *fn* coffee substitute, ersatz coffee
pótkerék *fn* spare wheel/tyre/*US* tire
pótkeret *fn* **1.** *[pénzügyi]* reserve funds *tsz* **2.** *kat* army reserve, cadre

pótkocsi *fn* **1.** *[autóé]* trailer **2.** *[villamoson]* trailer, second (tram)car
pótkocsis *mn* ~ **teherautó** lorry/*US* truck with trailer
pótkötet *fn* supplement, supplementary volume
pótkulcs *fn* spare key
pótlás *fn* substitution, replacement, supplement, *[veszteségé]* compensation; **a hiány ~ára** to make up (for) the shortfall, to fill in the gaps
pótlék *fn* **1.** *[vm helyett]* substitute (for) **2.** *[díj]* bonus, allowance; → **családi**
pótlód|ik *i* *(vmvel)* be* replaced/supplemented by, be* made up by
pótlólag *hsz* additionally, afterwards, subsequently; ~ **megküld** send* sg on later
pótlólagos *mn* additional
pótmama *fn* baby-sitter, *[igével]* baby-sit*
potméter *fn el* potentiometer, *biz* pot
pótol *i* **1.** *[helyettesít]* replace (*vmt vmvel* sg by/with sg), supplement (sg by sg), substitute (sg for sg) **2.** *[kiegészít]* supply (sg) with, add (sg) to (sg), *[összeget]* make* up [the total, etc.], *[elmulasztott dolgot]* make* up for (sg), *[veszteséget, kárt]* make* sg good, refund, compensate; **régóta érzett hiányt ~** meet* a long-felt need/want, fill a long-felt gap; **~ja a mulasztottakat** make* up for what one has missed, catch* up, fill (in) the gaps; **a veszteségeket ez nagy mértékben ~ni fogja** that will go a long way towards (*US* toward) making up for the loss
pótolhatatlan *mn* **1.** *(vk/vm)* irreplaceable, indispensable **2.** *[veszteség]* irrecoverable, irreparable, *[kár]* irretrievable
pótolható *mn* **1.** *(vk/vm)* (easily) replaceable, capable of being replaced/substituted *ut* **2.** *[veszteség]* recoverable, reparable
potom *mn* trifling, insignificant; ~ **áron** at a ridiculous(ly low) price; ~ **olcsó** dirt cheap; ~ **pénzen** *biz* for a song, dirt cheap, next to nothing
potroh *fn* **1.** *[rovaroké]* abdomen **2.** *[emberé, iron]* pot-belly, paunch
potrohos *mn* pot-bellied, paunchy, corpulent
pótsorozás *fn kat* secondary/supplementary call-up
pótszavazás *fn* run-off ballot, second ballot, second round of voting
pótszék *fn* extra seat
pótszer *fn* substitute, surrogate, ersatz
pótszög *fn mat* complementary angle
póttag *fn* alternate member, deputy
póttartalékos *mn kat elav* reservist
pótülés *fn* **1.** *[motorkerékpáron]* pillion; **~en utazik** ride* pillion **2.** *elav [autóban hátul] GB* dicky seat, *US* rumble seat, *[luxuskocsiban]* fold-down (v. folding) seat
pótválasztás *fn* by-election, *US* special election
pótvizsga *fn biz* → **javítóvizsga**
potya I. *mn* **1.** *[ingyenes]* free (of charge), gratis, *biz* freebie; ~ **ebéd volt** that meal/lunch was a freebie; **~n utazik** steal* a ride; **~ra** (i) *[hiába]* for nothing (ii) *[ingyen]* for love, (for) free **2.** *[könnyű, igével]* be* a cinch, *US* be* a steal; ~ **dolog/feladat** a cinch, *US* a steal; ~ **gól** a give-away goal **II.** *fn [alkalom, ajándék stb.]* freebie
potyajegy *fn biz* free/complimentary ticket, *US* freebie
potyaleső *fn* → **potyázó**
potyautas *fn biz* freebie passenger, *[buszon, vonaton]* fare-dodger, *főleg: US* deadhead, *[aki elbújik, pl. repülőgépen]* stowaway
potyázás *fn [hangversenyen stb.]* gatecrashing, *[metrón stb.]* fare dodging
potyáz|ik *i [ingyen akar bejutni hangversenyre stb.]* gatecrash, *US* be* a deadhead, *[járművön]* steal* a ride, *[vknél pl. étkezik]* freeload, *[főnévvel]* be* a freeloader
potyázó *fn (vknél)* freeloader, *[hangversenyen stb.]* gatecrasher, *US* deadhead; → **potyautas**
potyog *i* plop/drop (repeatedly/continuously); **~nak a könnyei** tears are streaming down her face
potyogtat *i* drop*, keep dropping

pottyan *i* plop, plump, flop; **a gyümölcs a fáról a földre ~t** the fruit fell*/dropped to the ground (with a thud); **égből ~t** came as a godsend
póz *fn* attitude, pose; **vmlyen ~t vesz föl** strike* an attitude, assume a pose; → **pózol**
pozdorja *fn* **~vá tör/zúz** crush/shatter to pieces, smash up (v. to smithereens), wreck
pozdorjalemez *fn* chipboard
pozíció *fn* **1.** *[helyzet]* position **2.** *[állás]* post, situation, position, standing
pozícióharc *fn* jockeying for position
pozitív I. *mn* positive; **~ diszkrimináció** positive discrimination, *US [állások betöltésénél]* affirmative action; *fil* **~ kép** print; *orv* **az AIDS-vizsgálat eredménye ~ volt** sy tested positive (v. sy's test results proved positive) for (antibodies to) the AIDS virus; **HIV-~** be* HIV-positive **II.** *fn fényk* print → **előjel**
pozitivista *mn fil* positivist
pozitivizmus *fn fil* positivism
pozitívum *fn* **van benne vm~** there is something to be said for it
pozitúra *fn* posture, attitude
pózna *fn* pole, post, staff
pózol *i* posture, be* affected, strike* an attitude, attitudinize
Pozsony *földr* Bratislava
pöcegödör *fn* cesspool, cesspit
pöcköl *i* flip, flick
pöcs *fn tabu* **1.** dick, prick, cock **2.** *[ellenszenves ember]* dick, prick, dickhead, *GB* arsehole, *US* asshole
pödör *i* twirl, twist, *[bajuszt]* twirl one's moustache (*US* mustache)
pöfékel *i* puff, puff away at a cigarette/cigar/pipe
pöfeteg(gomba) *fn* puffball
pöffeszked|ik *i* swagger, strut about/around, be* puffed up, *biz* swank, *kif* be* a stuffed shirt
pöffeszkedő *mn* haughty, conceited, arrogant, *biz* bumptious
pöfög *i* bubble (away), *átv* fume
pökhendi *mn* arrogant, insolent
pönálé *fn* penalty, forfeit
pör *fn* → **per**
pőre *fn* naked, undressed, *[félig]* half-naked; **~re vetkőzik** strip to the skin, *biz* strip to the buff, strip, undress completely
pörge *mn* **~ kalap** ‹small, curly-brimmed felt hat›
pörget *i* spin*/whirl (round), rotate; → **perget**
pörgettyű *fn* **1.** *[játékcsiga]* (humming/spinning) top **2.** *tud* gyroscope
pörk *fn orv* scab, scurf
pörköl *i* **1.** *[disznót]* singe (*jelen idejű ign.:* singeing) **2.** *[kávét]* roast; → **pirít**
pörkölőd|ik *i* **1.** *[naptól]* become*/get* scorched/parched/burnt **2.** *[vmnek a széle/szőre]* get*/become* singed
pörkölt *fn kb.* (Hungarian) stew
pörög *i* → **pereg**
pöröl *i* → **perel**
pöröly *fn* sledgehammer
pörölycápa *fn áll* hammerhead
pörölycsapás *fn* sledgehammer blow
pörös *mn* → **peres**
pörösköd|ik *i* → **pereskedik**
pörsenés *fn* pimple, rash, spots *tsz*, acne
pörsenéses *mn* pimply, covered with a rash *ut*
pösze *mn* lisping; **~ beszéd** lisp(ing); **~ beszédű** having a lisp *ut*, lisping
pöszén *hsz* **~ beszél** have* a lisp, lisp
pöszeség *fn* lisp(ing)
pöszméte *fn nép* gooseberry
pöttöm(nyi) *mn* tiny, minute, *skót* wee; **~ emberke** little fellow, manikin
pötyög *i* **1.** *[gagyog]* babble **2.** *[idegen nyelven]* have* a smattering of [a foreign language]; **~ vmt angolul** (s)he can manage a few words of English
pötyögtet *i* **1.** *[pingpongban]* push [the ball] **2.** *[zongorán]* plunk/plonk (away) [on the piano]
pötty *fn* → **petty**
PR *röv [közönségkapcsolatok, közönségszolgálat]* PR [Public Relations]; → **PR-igazgató**, → **PR-menedzser**, → **PR-munka**
pracli *fn biz* paw
Prága *földr* Prague
prágai I. *mn* of Prague *ut*, Prague **II.** *fn* inhabitant of Prague
pragmatika *fn* **1.** pragmatics *esz*, pragmatic approach **2.** *nyelv fil* progmatics *esz*
pragmatikus *mn* pragmatic
pragmatikusan *hsz* **~ reagál** (*vmre*) (s)he responds pragmatically to sg, (s)he is a pragmatist
pragmatizmus *fn* pragmatism
prakker *fn* → **poroló** 2
prakticizmus *fn* practicism
praktika *fn* (sharp) practice, stratagem, dodges *tsz*, tricks *tsz*
praktikus *mn* practical, *[hasznos]* useful, *[könnyen kezelhető]* easy to handle *ut*, handy; **nem ~** not practical, impractical; **~ ember** businesslike/pracitcal man°
praktikusan *hsz* **ez ~ azt jelenti, hogy**... this practically (v. in effect) means that...
praktizál *i* practise (*US* -ice)
praktizáló *mn* practising (*US* -icing)
praliné *fn gaszt* praline
pravoszláv *mn* **~ egyház** Eastern/Orthodox Church
praxis *fn* **1.** *[gyakorlat]* practice (*US* -ise), practical experience; **nagy ~a van vmben** have* great practical knowledge of sg, *biz* be* an old hand at sg **2.** *[orvosé, ügyvédé]* practice
precedens *fn* precedent; **~ nélkül** without precedent, unprecedented; **nincs rá ~** it is without precedent, it is unprecedented/unparalleled; **~t alkot/képez** create/set*/establish a precedent (for sg)
precedensértékű *mn* setting a precedent for *ut*
precíz *mn* precise, exact, accurate, correct; **~ ember** painstaking/meticulous person, perfectionist; **~ válasz** precise answer
precíziós *mn* precision; **~ műszer** precision instrument
precizíroz *i* state (more) precisely, specify
precizitás *fn* precision, exactness, accuracy
préda I. *fn [zsákmány]* prey, quarry, *[áldozat]* victim; **vmnek ~jává lesz** fall*/be*/become* prey to sg **II.** *mn [pazarló]* wasteful
prédál *i* squander (away), waste
predesztináció *fn vall* (*református használatban főleg:* **predestináció**) predestination
predesztinál *fn* (*református használatban főleg:* **predestinál**) predestine; **arra van ~va** be* (pre)destined to/for, be* marked out for
prédikáció *fn* sermon, preaching
prédikál *i* **1.** *vall* preach/deliver/give* a sermon (*vmről* on/about sg), preach (*vknek* to, *vmről* about/on), *[igét hirdet]* preach the word of God (v. the Gospel); **vizet ~, bort iszik** he does not practise what he preaches **2.** *biz* **ne ~j!** no sermonizing!, stop preaching!
prédikátor *fn* preacher, *[evangelizátor]* evangelist; *bibl* **a P~ könyve** Ecclesiastes
predikátum *fn nyelv fil* predicate
prefektúra *fn* prefecture
prefektus *fn* prefect
preferál *i* prefer (sg/sy to sg/sy)
preferencia *fn* preference
prefixum *fn nyelv* prefix
pregnáns *mn* pithy, trenchant, succinct
pregnánsan *hsz* **~ fejezi ki magát** express oneself succinctly

prehisztorikus *mn* prehistoric; ~ **kor** prehistory
prejudikál *i* prejudge
preklasszikus *mn* preclassical
prekoncepció *fn* preconception, bias
prelátus *fn* prelate
prelúdium *fn* prelude
prém *fn* fur; **~mel bélel** line with fur, fur; **~mel bélelt** fur-lined, lined with fur *ut*
prémes *mn* ~ **állat** furry animal; ~ **gallér** fur collar; *[nőké]* fur cape; ~ **kabát** fur coat
prémez *i* trim/line with fur, fur
prémgallér *fn* fur collar
premier I. *mn film* ~ **plán** close-up **II.** *fn* first/opening night [of a play], première
premissza *fn* premiss, premise
prémium *fn* bonus, premium, incentive
premizál *i* award a bonus to (sy)
premontrei *mn/fn* Premonstratensian
prémvadász *fn* fur-hunter
preparál *i* **1.** *[állatot]* mount **2.** *[szavakat]* write* out the words [of a text]
preparált *mn* ~ **zongora** *zene* prepared piano
preparátum *fn tud* preparation
prepotens *mn [jellem]* insolent, *[hang]* peremptory, *[modor]* presumptuous, haughty, arrogant
prepozíció *fn nyelv* preposition
préri *fn* prairie
prérifarkas *fn áll* coyote, prairie wolf
prés *fn ált* press, *[szőlőnek]* (wine-)press; *[asztalosé ragasztáshoz]* clamp
presbiter *fn [protestánsoknál]* elder
presbiteriánus *mn/fn vall* Presbyterian
presbitérium *fn [protestánsoknál]* session, *[Skóciában]* the kirk session
présel *i ált* press, *[gyümölcsöt]* squeeze, press
préselt *mn* (com)pressed; ~ **bőr** embossed leather; ~ **virág** dried flower
présház *fn* wine-press house
préslégfúrógép *fn* pneumatic drill
presszió *fn* pressure; ~ **alatt** under duress; **~t gyakorol vkre** bring* pressure to bear on sy, pressurize (*US* pressure) sy into doing sg
presszionál *i* → **pressziót gyakorol**
presszó *fn* → **eszpresszó**
presszókávé *fn* espresso (*tsz* -os)
presszós *fn* café waiter/waitress
presztízs *fn* prestige, (high) reputation; **~ét megvédi** save (one's) face (by)
presztízskérdés *fn* point of honour (*US* -or); **~t csinál vmből** sg is point of honour (*US* -or) with sy
presztízsszempont *fn* **~ok miatt, ~ból** ... not to lose prestige(,) ...; ... because one doesn't want to lose face [with one's colleagues etc.]
presztízsveszteség *fn* loss of prestige/face
prezentál *i* present
prezidenciális *mn pol* presidential; ~ **rendszer** presidential system/government
prézli *fn* breadcrumbs *tsz* [for frying]
pribék *fn* hangman's assistant, henchman°
priccs *fn* plank bed, berth
PR-igazgató *fn* PR-director
prím *fn* → **prímhegedű**, → **prímszám**
príma *mn* first-class/rate, A1 (v. A-1 v. A-one); **~!** great!; ~ **minőségű** top-quality, best
prímabalerina *fn* prima ballerina, top ballet-dancer
primadonna *fn* prima donna, leading lady, star
primadonnáskod|ik *i* be* (v. behave like) a prima donna, be* capricious
prímán *hsz biz* wonderfully, *biz* famously, swimmingly
primárius *fn zene* first violin(ist), leader
prímás *fn* **1.** *vall* primate **2.** *[cigányzenekaré]* leader (of a gypsy-band), first violin
primátus *fn* priority, primacy (over)
primer *mn* primary
prímhegedű *fn* first violin
prímhegedűs *fn* first violin(ist)
primitív *mn* **1.** primitive **2.** *biz pej* vulgar, coarse, gross, crude
primitívség *fn* **1.** primitiveness, primitive nature **2.** *biz pej* vulgarity, coarseness
primőr *fn* first-fruits *tsz*, early fruit and vegetables *tsz*
prímszám *fn mat* prime number
primula *fn növ* primrose, primula, cowslip
principális *fn* principal
princípium *fn fil* principle
priorál *i* check up on sy (on sy's past), screen, vet [sy v. sy's past record etc.]
priorálás *fn* reference checking, screening, vetting
prioritás *fn* priority (over)
priusz *fn* criminal record; **~a van** have* a bad record, *biz kif* he has a record as long as my arm
privát *mn* **1.** *[magán]* private, personal; ~ **beteg** private patient; ~ **értesülés** private/inside information; ~ **vélemény** private opinion **2.** *[bizalmas]* confidential
privátim *hsz* privately, confidentially, *biz* on the quiet
privatizáció *fn* privatization
privatizál *i* privatize
privatizálás *fn* → **privatizáció**
privilégium *fn* privilege, prerogative
privilegizál *i* privilege
privilegizált *mn* privileged
prizma *fn* **1.** *[fénytani]* prism, *[gépkocsin, fényvisszaverő]* reflector **2.** *mezőg* stack
prizmás *mn* ~ **távcső** prism binoculars *tsz*
priznic *fn* compress, (wet/cold) pack
PR-menedzser *fn* PR-manager
PR-munka *fn* PR job; **~́t végez** (s)he works in public relations
próba *fn* **1.** *ált* test, *[kísérlet]* test(ing), trial, proof, try-out, experiment; ~ **szerencse** nothing venture(,) nothing win/gain; **~́ra tesz** (i) *ált* try, test, prove (ii) *[csak vkt]* put* sy on his/her mettle, put* sy through it/sg (v. through the mill); **~́ra teszi vk türelmét** try/tax sy's patience; **kiállja a ~́t** pass/stand* the test, come* up to scratch; **kiállta az idő ~́ját** (has) stood the test of time; **nem állta ki a ~́t** he was tried and found wanting, *biz* he didn't measure up; **kibírja a ~́t** stand* the trial; **~́t énekel** audition **2.** *[áruból]* sample, specimen **3.** *[ruha]* trying on, fitting [of clothes]; **~́ra megy** go* for a fitting **4.** *[nemesfémen finomsági]* hallmark **5.** *szính* rehearsal; **~́t tart** have*/hold* a rehearsal, rehearse **6.** *[cserkészé]* test
próbababa *fn* dummy, mannequin
próbadarab *fn* test-piece, sample
próbaév *fn* year of probation, probationary year
próbafúrás *fn* trial boring, exploratory drilling
próbafutam *fn* trial/test run, *[főpróba] biz* dry run
próbafülke *fn* fitting room
próbaidő *fn [elítéltè v. alkalmazottè]* (term of) probation; **~re** on probation; **2 hónap(os) ~re vették fel** (s)he'll be on probation for two months
próbaidős *fn [pl. ápolónő v. elítélt]* probationer, *ált [igével]* be* on probation [for a stated period]
próbajárat *fn [hajóé]* shakedown cruise/voyage, *[repülőgépé]* shakedown flight
próbajáték *fn zene* audition; **~on vesz részt** take* part in an audition, audition (for sg)
próbaképpen *hsz* on trial/approval, experimentally, by way of experiment
próbakő *fn átv* touchstone, standard, criterion (*tsz* criteria)
próbál *i* **1.** *[próbálkozik]* try (to do sg), make* attempts (at doing sg); **~talak hívni** I tried to call you (but ...); **barmennyire is ~ta** try as he would(,) ... **2.** *[kipróbál]* try out, test, put* (sy/sg) to the test **3.** *[kísérletezik]* try, make* a trial; ~ **vmt tenni** try/attempt to do sg **4.** *[ruhát]* try on,

have* a fitting **5.** *[színdarabot]* have* a rehearsal, rehearse **6.** *[merészkedik]* venture, dare; **ne ~j kimenni** don't you dare go out; → **szerencse**

próbalenyomat *fn* → **próbanyomat**

próbálgat *i* attempt repeatedly, keep* trying, experiment (with)

próbálgatásos *mn* ~ **módszer** trial and error

próbálkozás *fn* trial, try-out, attempt; **az első ~ra** at the first try/attempt; **első ~ra levizsgázott** (s)he passed the test first go; **minden ~a ellenére** despite all his efforts

próbálkoz|ik *i* try (to do sg), make* attempts at (doing sg); **~zunk mással** let's try (doing) something else/different, let's try it another way

próbamenet *fn* → **próbafutam**

próbanyomat *fn* proof impression/sheet

próbareggeli *fn orv* test/barium meal

próbarepülés *fn* trial/test flight; **~t végez** test-fly*

próbaszám *fn [új magaziné]* pilot issue, *[kedvcsináló előfizetéshez]* free/trial copy

próbaszavazás *fn* straw poll/vote

próbaszedés *fn nyomd* type specimen, specimen page

próbaszolgálat *fn* probation(ary service)

próbatanítás *fn* (period of sy's) teaching practice

próbaterhelés *fn* test loading

próbatétel *fn* test, proof, trial, challenge; → **megpróbáltatás**

próbaút *fn* trial run, *[kocsié]* test drive

próbáz|ik *i [cserkész]* take* a test

probléma *fn* problem, question; **ez nem ~** (it's) no problem, that can easily be done/arranged; **~ja van vmvel** have* difficulty in doing sg, find* it hard to do sg; **felvet egy ~t** raise a problem; **új ~k merülnek fel** new problems crop up (v. arise*); **nem csinál magának ~t abból, hogy** ... he thinks nothing of ...ing

problémafelvetés *fn* raising/posing (of) a problem

problematikus *mn* problematical, *[kérdéses]* questionable, uncertain, *[vitatott]* controversial

proccol *i biz* flaunt one's wealth

proccos *mn biz [hely stb.]* posh, flash(y)

procedúra *fn* procedure, *GB* palaver, *[kínos]* ordeal

processzor *fn infor* CPU (central processing unit), microprocessor

processzus *fn* process, procedure

producer *fn film* producer

produkál *i* **1.** *[létrehoz, előállít, termel]* produce, come* up with (sg) **2.** **~ja magát** show* off, parade one's talents

produkció *fn* production, performance, feat

produktív *mn* productive, fruitful, *[csak vk]* efficient

produktivitás *fn* productivity, efficiency

produktum *fn* product

pró és kontra *hsz* for and against

prof *fn biz* prof

Prof. *röv* → **professzor**

profán *mn* profane, secular, *[tiszteletlen]* irreverent, sacrilegious

prófécia *fn* prophecy

professzionista *mn* professional; → **profi**

professzor *fn* (*röv* **Prof.**) professor (*röv* **Prof.** v. **Prof**); **P~ úr, bemutathatom kollégámat** ... Professor Eckhardt(,) may I introduce my colleague to you ...

professzori *mn* professorial

professzoros *mn* professorial, *pej* pedantic

próféta *fn vall* prophet; **senki sem ~ saját hazájában** noone is a prophet in his own country

prófétai *mn* prophetic

profi *mn/fn biz* (real) pro; **~ golfjátékos/golfversenyző** a golf pro; **a fiatal bokszoló ~ként folytatja** the young boxer has just turned pro; **~ hadsereg** professional army

profil *fn* **1.** *[oldalnézet]* profile **2.** *műsz* profile, contour, outline

profil(ír)oz *i közg [üzemet]* specialize, *[termelést]* streamline

profit *fn* profit

profitál *i* (*vmből*) profit/benefit/gain by/from

profithajhászó *mn* ~ **személy** profiteer

profitorientált *mn* profit-oriented

profitráta *fn* rate of profit

prognosztizál *i* prognosticate, predict

prognózis *fn* **1.** *[időjárási]* weather forecast **2.** *ált* prognosis, forecast, prediction

program *fn* **1.** *ált* programme (*US* -ram), *[terv]* schedule, *[találkozás vkvel]* engagement, *[szórakozás]* entertainment; **szoros/sűrű ~** full/heavy schedule/programme/timetable; **szerepel a ~ban** be* scheduled, *US* be* slated; **~ja van** have* an engagement (for the evening etc.), *biz* (s)he's got something on (this evening etc.); **~unk van ma este** we go out tonight **2.** *pol* [party's] platform, *US* [election] program **3.** *infor [szoftver]* program, software

programajánló *fn* programme (*US* -ram) magazine

programbeszéd *fn* policy(-making) speech

programcsomag *fn infor* suite

programnyelv *fn infor* programming language

programnyilatkozat *fn* statement of (the government's/party's) programme/platform, *GB* the Queens's/King's speech

programoz *i* program (*US* -m- *is*)

programozás *fn* programming

programozó *fn* programmer

programozott *mn* programmed

programpont *fn ált* item [of programme], *[műsorszám]* number, *[párté]* plank [in party platform]

programszerű *mn* according to schedule *ut*

programszerűen *hsz [simán]* without a hitch

programszervező *fn GB* programme (*US* -ram) organizer

programvezérlés *fn* program control

programzene *fn GB* programme (*US* -ram) music

progresszív *mn* **1.** *pol műv [haladó]* progressive **2.** ~ **adózás** progressive taxation

projekt *fn gazd tud* project

prókátor *fn elav* lawyer, *US pej* shyster

proklamáció *fn* manifesto, proclamation

proklamál *i* proclaim, announce, declare

proletár *mn/fn* proletarian

proletárdiktatúra *fn tört* the dictatorship of the proletariat

proletárhatalom *fn tört* rule of the proletariat

proletariátus *fn tört* proletariat

proletárság *fn* proletariat

proli *fn/mn biz pej* prole, pleb

prológus *fn* prologue (*US* -log)

prolongál *i* prolong, protract, extend, *[filmet]* hold* over, retain [a motion picture]

prolongálás *fn* prolongation, extension

promenád *fn* promenade, walk

prominens *mn [személy]* prominent, eminent, distinguished

promiszkuitás *fn* promiscuity

promóció *fn [reklám]* promotion

prompt I. *mn* prompt **II.** *hsz* promptly, readily, immediately; ~ **fizet** pay* (spot) cash

propagál *i* propagate, spread* (sg by propaganda), propagandize

propaganda *fn pol* propaganda, *gazd stb. [népszerűsítés, reklám]* publicity, *pej* hype; **~t csinál vmnek** (i) *ált* make* propaganda for sg, propagate sg, propagandize sg (ii) *[sajtóban] biz* hype up sg (iii) *pol* canvass for sg

propagandaanyag *fn* propaganda (material)

propaganda-hadjárat *fn* propaganda/publicity campaign, *pej biz* media hype

propagandaosztály *fn gazd* publicity department

propagandista *fn* propagandist

propángáz *fn* propane gas; → **PB-gáz**

propeller *fn* propeller, (air)screw

proponál *i* propose, suggest, recommend

propozíció *fn* suggestion, proposition, offer, recommendation
prospektus *fn ált* prospectus, *[könyvecske]* brochure, leaflet, *[összehajtható]* folder
prosperál *i* prosper, thrive*, do* well
prosti *fn szl GB* tart, *US* hooker
prostituál *i* prostitute; **~ja magát** prostitute onself
prostituált *fn* prostitute, *[telefonos]* call-girl
prostitúció *fn* prostitution
proszcéniumpáholy *fn* proscenium/stage-box
proszektúra *fn orv* section of autopsy, *[tágabb értelemben]* pathology
proszeminárium *fn okt* introductory seminar [for students in their first and second year]
proszit *isz* **~!** cheers!, bottoms up!
prosztata *fn orv* prostate (gland)
prosztatabántalmak *fn orv* prostate troubles
prosztataműtét *fn orv* **~en esik át** undergo* prostate surgery
prot. *röv* → **protestáns**
protein *fn* protein
protekció *fn* influence, backing; **~ja van** have* friends [in high places etc.], be* well-connected, have* influential friends; **~t vesz igénybe** pull strings, pull (the) wires [to get sg], use influence [to get sg], *biz* lean* on sy
protekcionista *fn* protectionist
protekcionizmus *fn [egyéni]* favouritism (*US* -or-), *közg* protectionism
protekciós I. *mn* well-connected **II.** *fn* well-connected person
protektorátus *fn* protectorate
protestál *i* make* a protest, protest (*vm ellen GB* against sg, *US* sg)
protestáns *mn/fn* (*röv* **prot.**) Protestant (*röv* **Prot.**)
protestantizmus *fn* Protestantism
protetikus *mn orv* prosthetic
protézis *fn orv [művégtag, fog stb.]* prosthesis (*tsz* -theses), *[fog]* denture, a set of dentures, (dental) plate
protezsál *i* patronize, back, recommend
protkó *fn biz* **1.** *[protézis]* fakes, phonies (*mindegyik: tsz*) **2.** *[protekció]* strings, ropes and chains (*mindegyik: tsz*)
protokoll *fn* protocol
proton *fn fiz* proton
protoplazma *fn biol* protoplasm
prototípus *fn* **1.** *műsz* prototype (of sg) **2.** *[minta]* prototype, archetype; **a fukarság ~a** he is a byword for meanness
provinciális *mn* provincial, parochial
provincializmus *fn* provincialism, parochialism
provitamin *fn* provitamin
provizórikus *mn* → **ideiglenes**
provokáció *fn* provocation
provokációs *mn* provocative, provoking
provokál *i* **1.** *ált* provoke **2.** *[párbajra]* challenge sy (to a duel), *kif* throw* down the gauntlet/glove (to sy)
provokatív *mn* provocative, provoking, challenging
provokátor *fn* provocateur
próza *fn* prose
prózai *mn* **1.** *[írásmű]* prosaic, (written) in prose *ut*, prose **2.** *[hétköznapi]* prosaic, commonplace, ordinary; **~ lény** matter-of-fact person; **ennek igen ~ okai voltak** it all happened for the simple reason that ...
prózaíró *fn* prose-writer
prózairodalom *fn* prose (works *tsz*)
prozódia *fn* prosody
PR-tevékenység *fn* PR activity
pruszlik *mn* bodice
prűd *mn* prudish, strai(gh)t-laced, prim, prissy
prüszköl *i* **1.** *[ember]* sneeze; *átv* **~ vmtől** fret and fume at/over/about sg **2.** *[ló]* snort
psziché *fn* psyche
pszichedelikus *mn orv kém* psychedelic
pszichés *mn* psychic
pszichésen *hsz* psychically
pszichiáter *fn* psychiatrist
pszichiátria *fn* psychiatry
pszichikai *mn* psychic
pszichoanalitikus *fn* (psycho)analyst
pszichoanalízis *fn* psychoanalysis
pszichodráma *fn pszich* psychodrama
pszichológia *fn* psychology
pszichológiai *mn* psychological
pszichológus *fn* psychologist
pszichopata *fn* psychopath
pszichoterapeuta *fn* psychotherapist
pszichoterápia *fn* psychotherapy
pszichoterápiás *mn* psychotherapeutic
pszichózis *fn* psychosis (*tsz* -choses)
pszt! *isz* hush!, (s)sh!, shush!
pu. *röv* → **pályaudvar**
pubertás *mn* puberty
publicista *fn* publicist, (political) journalist
publicisztika *fn* **1.** *[műfaj]* (political) journalism **2.** *[mű] kb.* political essay, contribution to newspapers/magazines etc.
publicitás *fn* publicity
publikáció *fn* publication
publikál *i* **1.** *[nyilvánosságra hoz]* make* public/known, announce, proclaim **2.** *[közzétesz, megjelentet]* publish
publikum *fn* the public, audience
publikus *mn* public, *biz is* public knowledge; **ez ~?** can I tell anyone?
puca *fn biz* **van vér a ~jában** have* guts
puccos *mn biz [pl. hely]* posh, ritzy
pucér *mn* (stark) naked, *kif biz* in the buff *ut*, with nothing on *ut*
pucol *i* **1.** *[ruhát, ablakot]* clean, *[cipőt]* polish, *[krumplit]* peel **2.** *szl [eliszkol]* skedaddle, clear/make* off; **~j!** scram!, beat it!
puccs *fn* coup (d'état) (*tsz* coups d'état)
puccskísérlet *fn* attempted coup
púder *fn* (face) powder; → **hintőpor**
púderkompakt *fn* compact
púderos *mn* powdered
púderoz *i* sprinkle with powder, powder
púderpamacs *fn* powder-puff
púdertartó *fn* → **púderkompakt**
puding *fn* pudding; *közm* **A ~ próbája az evés.** The proof of the pudding is in the eating.
pudingpor *fn* custard-powder
pudli *fn áll* (French) poodle
pudvás *mn* **1.** *[fa]* mouldy (*US* moldy), decaying **2.** *[retek]* spongy, woody
Puerto Rico *földr* Puerto Rico
Puerto Ricó-i *mn/fn* Puerto Rican
pufajkás *fn tört pol* ‹ nickname of pro-Soviet militiamen in post-1956 Hungary, named after the quilted jacket (pufajka) they wore ›
puff[1] *fn [ülőhely]* pouf(fe), *US* hassock
puff[2] *isz* bang!, plop!; **~, beleesett a gödörbe** ... fell plop/plump into the hole
puffad *i* bloak, swell* (up/out), (*vk*) feel* bloated
puffadás *fn* inflation, distension, swell(ing), puffing (up)
puffadt *mn* puffy, swollen, bloaked
puffan *i [esik]* plop, plump, thump; **ahogy esik, úgy ~** whatever will be(,) will be
puffanás *fn* thump
puffaszt *i* bloat, distend, swell*
puffasztott *mn* puffed; **~ rizs** puffed rice
puffos *mn* gathered, puff; **~ ujj** puff sleeves *tsz*, leg-of-mutton sleeves *tsz*
pufog *i* **1.** *[puska]* crack, rattle **2.** *[motor]* back-fire
pufogtat *i* **1.** *[puskát]* fire off **2.** **frázisokat ~** mouth platitudes

pufók *mn* chubby, plump-cheeked
puha *mn* **1.** *ált* soft; ~ **ágy** springy/soft bed; ~ **fedelű/kötésű könyv** paperback, soft-cover book; ~ **fogású** soft to the touch *ut* **2.** *[gyümölcs]* soft, mellow, *[húsétel]* tender, *[kenyér]* fresh
puhafa *fn* soft wood
puhakalap *fn* soft felt hat
puhány *fn átv* weakling, spineless person
puhaság *fn ált* softness
puhatestűek *fn áll* molluscs, *US* mollusks
puhatol *i* → **puhatolódzik**
puhatolódzás *fn* investigation, inquiry, enquiry
puhatolódz|ik *i (vk/vm után)* make* inquiries/enquiries about sy/sg, sound sy out about sg, *biz* nose around/about for sg
puhít *i* soften, *[húst]* tenderize, *(vkt)* soften sy up
puhul *i átv is* soften
pukedli *fn* curts(e)y
pukedliz|ik *i* curtsy
pukkad *i [mérgelődik]* be* bursting/exploding with rage
pukkadoz|ik *i* ~ **a nevetéstől** choke with laughter
pukkan *i* pop, go* pop, burst*
pukkancs *fn (vk)* hothead
pukkant *i* pop, make* sg burst, burst* (sg)
pukkaszt *i [mérgesít]* vex, annoy
pulcsi *fn biz* → **pulóver**
puli *fn* ‹Hungarian sheepdog› puli
puliszka *fn kb.* corn(meal)/maize porridge
pulóver *fn [női, férfi]* sweater, *GB* jumper, *[főleg férfi]* pullover, *[ujjatlan]* slipover
pulpitus *fn* **1.** *[karmesteri]* rostrum, *[egyéb]* dais **2.** *[kottának]* music stand
pult *fn* **1.** *[üzletben]* counter, *[bárban, büfében]* bar (counter); ~ **alól** from under the counter; **a** ~ **alatt** under the counter/table; ~ **alatti** *[áru]* under-the-counter **2.** *[karmesteri]* rostrum **3.** *[zenekarban, főleg vonósoké]* desk
pultoslány/-fiú *fn [gyorsétteremben]* counter worker, order taker
pulzál *i csill* pulse
pulzus *fn orv* pulse; **megtapogatja vk ~át** feel* sy's pulse
pulzusszám *fn orv* pulse rate
pulyka *fn* turkey
pulykakakas *fn* turkeycock, *biz* gobbler
pulykaméreg *fn* **elönti a** ~ have*/get* one's hackles up, get* hot under the collar
pulykapecsenye *fn* roast turkey
pulykatojás *fn* turkey('s) egg; ~ **képű** freckled, freckle-faced
puma *fn áll* puma, *US* cougar, panther
pumpa *fn* pump; *biz* **felmegy benne a** ~ get*/be* steamed up (about), get* one's dander/hackles up
pumpál *i* **1.** *[gumit]* pump (up), inflate **2.** → **szivattyúz**
pumpol *i* touch/tap sy for [money]
punci *fn szl durva* fanny
puncs *fn* punch
puncstorta *fn* rum-flavoured sponge cake (with pink icing)
punktum *msz* **megmondtam, és ~!** I have told you and that's that
púp *fn* hump, hunch; *átv* ~ **a hátán** a monkey on one's back, a thorn in one's side/flesh
pupilla *fn* pupil
puplin *fn* poplin
púpos I. *mn* hunchbacked, humpbacked, humped; ~ **teve** (i) *[egypúpú]* dromedary, Arabian camel (ii) *[kétpúpú]* two-humped camel, Bactrian camel **II.** *fn* hunchback, humpback
púpoz *i [kanalat]* fill/heap up
púpozott *mn* **egy** ~ **evőkanállal** a heaped spoonful
purdé *fn* gipsy child°
purgál *i orv* purge
purgatórium *fn* purgatory
purista *fn nyelv* purist
puritán I. *mn* puritan, puritanical **II.** *fn tört* Puritan
puritánul *hsz* puritanically, austerely
purizmus *fn nyelv* purism
puska *fn* **1.** *ált* rifle, gun, *[vadászé]* hunting rifle, shotgun; **kétcsövű** ~ double-barrelled gun; **mintha ~ból lőtték volna ki** like a shot, like a flash of lightning; **~t fog vkre/vmre** aim/point/level (*US* -l) a gun at sy/sg, fix a gun on sy/sg; **~t vállra!** slope shoulder/arms! **2.** *okt* crib, *[fordításhoz] US* pony
puskaagy *fn* butt, stock
puskacső *fn* (gun) barrel
puskafogások *fn tsz* arms/rifle drill *esz*
puskagolyó *fn* rifle bullet, bullet
puskalövés *fn* (gun/rifle-)shot; **~nyire** within gun/rifle-shot
puskaműves *fn* gunsmith
puskapor *fn* gunpowder, powder; **nem találta/találná fel a ~t** he won't set the Thames on fire, he's no Einstein; **azt hiszi, hogy ő találta fel a ~t** he thinks he reinvented the wheel; **ellövi a ~át** shoot* one's bolt
puskaporos *mn* ~ **hordó** *átv is* powder keg, *csak átv* volcano, tinderbox; ~ **hangulat** explosive atmosphere
puskaropogás *fn* chatter of guns, rattle of gunfire
puskaszíj *fn* (gun-)sling, (shoulder-)strap
puskatus *fn* (gun)stock; → **puskaagy**
puskatűz *fn* gun fire, shelling
puskavessző *fn* cleaning rod/brush, ramrod
puskáz|ik *i okt* crib, use a crib (v. *US* pony)
pusmog *i* whisper, speak* in a whisper, speak* confidentially
pusmogás *fn* whisper, susurration
puszi *fn biz* peck, kiss
puszil *i biz* peck, kiss
puszipajtás *fn biz* pal, crony, *US* buddy
puszpáng *fn növ* box
puszta I. *mn* **1.** *[elhagyott]* deserted, abandoned, uninhabited **2.** *[kopár]* bare, bleak **3.** *[nyomatékosító szóként: semmi egyéb, mint]* bare, mere; **a** ~ **gondolat** the bare idea (of ...); ~ **kézzel** with one's bare hands; ~ **kézzel megtámad vkt** attack sy bare-handed; **már a** ~ **látása is** the mere sight of it; ~ **szemmel lát vmt** see* sg with the naked eye, see* sg with the unaided eye; **a** ~ **tények** the bare/naked facts; ~ **véletlen** mere/pure chance; ~ **véletlenségből** by sheer accident, purely by chance **II.** *fn* **1.** *[síkság]* ‹Hungarian plain› (the) puszta **2.** *[major]* farm(stead), *US* ranch
pusztai *mn* ~ **csárda** inn on the "puszta"; ~ **növény** heath-plant; ~ **táj** landscape of the plains, the "puszta"
pusztán *hsz* merely, only, solely, purely; ~ **azért, hogy** ... merely in order to/that ...
pusztaság *fn* lowland plain, prairie, wilderness
pusztít *i* devastate, destroy, lay* waste, wreak havoc; **tűzvész ~ott a faluban** the village was ravaged by (a) fire
pusztítás *fn* devastation, destruction, ravage(s); **nagy ~t okoz** wreak destruction/havoc
pusztító *mn* destructive, ruinous, (all-)destroying, *[vihar]* devastating
pusztul *i* **1.** go* to rack and ruin, perish, be* ruined/destroyed **2.** *pej* **~j innen!** clear out (of here)!, be off!, scram!, beat it!
pusztulás *fn* destruction, ruin
putri *fn* (gipsy) hovel, shanty, shack
puttó *fn műv* putto (*tsz* putti)
puttony *fn* ‹basket for gathering grapes› puttony
püföl *i* beat*, pummel (*US* -l), flog, thrash
pünkösd *fn* Whitsun(tide), *US* Pentecost
pünkösdhétfő *fn* Whit Monday
pünkösdi *mn* Whitsun, of Whitsuntide *ut*, *US* Pentecostal; ~ **királyság** passing glory
pünkösdirózsa *fn növ* (common) peony
pünkösdvasárnap *fn* Whit Sunday

püré *fn* p*u*rée, mash
püspök *fn* b*i*shop
püspökfalat *fn* p*a*rson's nose, *US* pope's nose
püspöki *mn* ep*i*scopal, b*i*shop's, *[katolikus]* pont*i*fical; ~ **hivatal** the *o*ffice of a/the bishop; ~ **palota/székhely** (ep*i*scopal) see
püspökkenyér *fn* fruit cake, sp*i*ce-cake
püspöklila *mn/fn* mag*e*nta, *US* b*i*shop v*i*olet
püspökség *fn* b*i*shopric, see, ep*i*scopate
püspöksüveg *fn* m*i*tre, *US* m*i*ter
Püthagorasz *tul* Pyth*a*goras
PVC *röv* → **pévécé**

Q

Q, **q** *fn [betű]* (the letter) Q, q
q *röv [(méter)mázsa]* q
quattrocento *fn műv* quattrocento
Québec *földr* Québec
québeci I. *mn* of Québec *ut* **II.** *fn* Quebecker v. Quebecer
Qwerty *fn infor* "~" **billentyűzet** Qwerty keyboard

R

R, r *fn [betű]* (the letter) R, r

r. *röv* → **rész**

rá *hsz* upon/on/onto him/her/it; **emlékszem ~** I remember him/her/it; **haragszom ~** I am angry with him/her; **nincs ~ időnk** we have no time for it; **nincs ~ példa** it is unprecedented; **van ~ példa** it is not unheard of, it has happened before; **egy hétre ~, ~ egy hétre** a week later/after, after a week; **~ következő** following, next, subsequent, ensuing; following upon *ut*, subsequent to *ut*; **bízd azt ~m** leave that to me

rá- *előtag* on, onto; **Rácsavartad?** – **Rá.** Have you screwed it on? – Yes, I have.

ráad *i* **1.** *[ruhadarabot vkre]* put* sg on sy **2.** *[hozzátesz]* add; **adjon rá még 10 forintot** make it 10 forints more **3. ~ja a gyújtást** switch on the ignition **4. ~ja magát vmre** → **ad**

ráadás *fn* **1.** *ált* sg given in addition, sg extra, plus **2.** *[művésztől]* encore; **~t ad** give* an encore; **~t kér** (*vktől*) encore sy, ask for an encore **3.** *[vásárlónak] biz* sg thrown in (at no extra cost), (bargain-)gift

ráadásul *hsz* besides, at that *ut*, (and) what is more, moreover, furthermore; **és ~ még gyenge is** and a poor/weak one at that (v. into the bargain); **s ~ meglehetősen divatjamúlt vm** and a rather outmoded [one/sg/version] at that

ráakad *i* **1.** (*vk vmre*) come* across sg, happen/chance (up)on sg **2.** (*vk vkre*) happen (up)on sy, come* across sy, run* into sy

ráakaszkod|ik *i* (*vkre*) thrust*/impose oneself upon sy, force one's company upon sy, *biz* latch onto sy, *[élősködik vkn]* sponge on sy, be* a sponger on sy, batten on/upon sy

ráakaszt *i* (*vmt vmre*) hang* (up) sg on sg, suspend sg from sg

rááldoz *i* (*vmre*) sacrifice sg to/for, give* up sg to/for

rááll *i* **1.** (*vmre*) stand* on **2.** *[beleegyezik]* agree (to), consent to; **~t az alkura** he accepted the offer, he agreed to the offer; **(nagy nehezen) ~t a dologra** he brought himself round to do it **3.** (*vmre*) *biz [koncentrál]* concentrate/focus (v. -s) on, zero in on

rab I. *fn* **1.** *ált* prisoner, *[fegyenc]* convict **2. ~ja vknek** be* the slave of sy; **~ja vmnek** be* a slave to sg, be* addicted to sg; **a televízió ~ja** be* a slave to television, *szl* be* hooked on TV; **~ja lesz vmnek** become* addicted to sg, *szl* get* hooked on sg; **az ital ~ja** be* addicted to drink; **kábítószer ~ja** be* addicted to a drug (v. drugs), be* a drug-addict, *szl* be* hooked on a drug (v. drugs); **a szokás ~ja** be* a slave of habit, be* a slave to one's habit; **vm szokás ~jává válik** be*/become* a slave to a habit, a habit grows* on sy; **~ul ejt vkt** (i) *konkr* take* sy prisoner, capture sy (ii) *átv* captivate/enthral (*US* enthrall) sy, charm sy, put* a spell on sy **II.** *mn* captive, imprisoned, kept in captivity *ut*; **~ madár** caged/captive bird

rábámul *i* gape/gaze/stare at sy/sg

rabatt *fn gazd* rebate, discount

rabbi *fn* rabbi

rabbiképző *fn vall* college of rabbinic(al) studies, rabbinic(al) seminary

rabbiképzős *fn vall* rabbinical seminarist

rábeszél *i* (*vkt vmre*) persuade sy to do sg, talk sy into doing sg, get* sy to do sg, bring* sy round to do sg

rábeszélés *fn* persuasion; **enged a ~nek** allow oneself to be persuaded/convinced; **vásárlásra való ~** sales talk, *biz* soft soap; **~sel megnyer** win* sy over, talk sy round

rabicfal *fn* wire-lattice wall/partition

rabiga *fn* yoke, slavery, bondage; **~ba hajt vkt** bring* sy under the yoke, subjugate sy

rábír *i* (*vkt vmre*) get*/bring*/induce sy to do sg, make* sy do sg

rábíz *i* (*vkre vmt*) entrust sg (to sy/sy with sg), (*vkre vkt*) put* sy in sy's charge/care; **~za a gyereket a nagymamára** leave* the child° with grandma; **ezt ~om önre** I leave it/that to you, it's up to you; **~za magát vkre** depend/rely (entirely) on sy, throw* oneself on sy ('s support/on the mercy of sy); **bízza csak rám** leave that to me; **rá van bízva** (*vkre vm*) sg is on sy's/one's hands; (*vkre vk*) sy is (put) in sy's charge

rábizonyít *i* (*vkre vmt*) convict sy of sg, prove sy guilty of sg; **bűntettet bizonyítottak rá** he stands convicted of a crime, he has been found guilty of a crime

rábizonyul *i* (*vm vkre*) be* found/proved guilty of, be*/stand* convicted of; **~ a bűnössége** his guilt was proved

rabkoszt *fn* prison food/meal

rablánc *fn* fetters *tsz*, chains *tsz*

rablás *fn* robbery; **ez kész ~!** this is daylight robbery, *biz* it's a rip-off

rabló *fn* robber, thief°, gangster, bandit, *[tengeri]* pirate, *[utcai]* mugger; **~k kezébe került** he fell among thieves

rablóbanda *fn* gang of thieves/robbers, *biz pej* a pack of thieves

rablóbarlang *fn* robbers' den/hideout

rablógazdálkodás *fn* ruthless/ruinous exploitation [of mine/forest/land/oilfield etc.]

rablógyilkos *fn* robber and murderer

rablógyilkosság *fn* robbery with murder

rablóhadjárat *fn* raid, predatory/marauding expedition/campaign

rablóhús *fn gaszt kb.* satay/satai/saté sticks, kebab

rablótámadás *fn* robbery (with violence), hold-up, *[utcai]* mugging, *[úton]* highway robbery; **fegyveres ~** armed robbery

rablótanya *fn* → **rablóbarlang**

rablott *mn* **~ holmi** stolen goods *tsz*, booty, plunder

rablóvezér *fn* ringleader, gangster/robber chief

rabnő *fn [börtönben]* female prisoner/convict

rabol *i* **1.** *ált* rob, commit robberies, *[fosztogat]* pillage, loot, plunder; **időt ~** take* up a great deal of time, it is very time-consuming **2.** *[embert]* kidnap (*US* -p)

rabomobil *fn biz* Black Maria, *US* paddy/patrol wagon

ráborít *i* **1.** *[ráterít vmt vmre]* lay*/spread* sg over sg **2.** *[folyadékot]* spill* sg on sg

ráborul *i* **1.** *[vmre rádől]* fall* on; **~ az asztalra** drop one's head on the table **2.** *[folyadék]* spill* on sg

raboskod|ik *i* be*/languish in prison, do* one's time

rabruha *fn* prison clothes *tsz*, prison garb

rabság *fn* **1.** *[fogság]* captivity **2.** *[leigázottság]* bondage, servitude

rabszállító *fn* **~ autó** police/prison van; → **rabomobil**

rabszolga *fn* **1.** *tört* slave **2.** *átv* slave, *[kuli]* drudge; **szenvedélyeinek ~ja** be* a slave to one's passions; **úgy dolgozik, mint egy ~** work/toil like a slave

rabszolgahajcsár *fn* slave driver

rabszolga-kereskedelem *fn* slave-trade/traffic

rabszolga-kereskedő *fn* slave trader

rabszolgamunka *fn* **1.** *konkr* slave-work/labour (*US* -or), slavery **2.** *átv* drudgery, slavery, grind

rabszolganő *fn* woman° slave, slave girl

rabszolgapiac *fn* slave market

rabszolgaság *fn* slavery; **a ~ eltörlése** abolition of slavery; **~ba hurcol vkt** reduce sy to slavery, drag sy into servitude, enslave sy

rabszolgasors *fn* slavedom, slavery, servitude; **~ban él** live in slavery
rabszolgaszállító *mn* **~ hajó** slave ship, slaver
rabszolgatartó I. *fn* slaveholder, slaver **II.** *mn* **~ állam** slave state
rabtárs *fn* fellow prisoner/convict
rábukkan *i* (*vkre/vmre*) come* across, come*/hit* on/upon; **~ a hibára** find* the fault
rácáfol *i* (*vm vmre*) belie/contradict sg, give* the lie to sg; **a tények ~nak** (*vkre*) the facts are against him, the facts prove him (to be) wrong; **szavaira ~nak tettei** his acts belie his words
ráció *fn* reason, sense; **ebben nincs semmi ~** (i) *[nincs értelme]* there is neither rhyme nor reason in/to it (ii) *[nem ajánlatos]* there is little to be said for it; **hol itt a ~?** what's the sense of it?
racionális *mn* **1.** rational **2.** *mat* **~ szám** rational number
racionalizál *i* **1.** *[ésszerűsít]* rationalize **2.** *[vkt elbocsát]* make* sy redundant, dismiss (sy)
racionalizmus *fn* rationalism
racka *fn* **1.** *áll* ‹type of Hungarian sheep› **2.** *biz* woolly chest hair
rácponty *fn gaszt* carp Rác style; ‹baked with onion, tomatoes and potatoes›
rács *fn* **1.** *ált* grating, screen, *[rostély]* grill(e), grid, grate; **~ mögött** *[börtönben]* behind bars; **~ mögé tesz** put* away **2.** *el* grid
rácsap *i* strike*, hit*; **~ az asztalra** strike*/bang the table; **~ vk fejére** hit* sy on the head; **~ja vkre az ajtót** slam the door on sy; **~ vmt vmre** *[pl. asztalra]* slap*/slam/bang sg down on sg; *[fejszével]* **~ vmre** chop at sg
rácsapód|ik *i* (*vmre*) bang/slam/slap down on sg
rácsatol *i* (*vmre*) buckle/fasten/fix on, attach to
rácsavar *i* **1.** *[csavarozással]* screw (sg)on (to sg), *[fedelet]* screw [the lid] down **2.** *[fonalat, kötelet]* wind* on, coil on/round
rácsavarod|ik *i* (*vmre vm*) twine round sg, wind*/coil itself (a)round sg, (*vkre vm*) get* entangled in sg; **~ott a kötél** *[a lábára]* the rope got wound/twisted (a)round his leg
rácsavaroz *i* screw/bolt sg/it on (to sg)
raccsol *i* speak* with a uvular/Parisian r
raccsolás *fn* use of uvular r
rácsepeg *i* drip on, dribble on
rácseppen *i* drop on, drip on
rácsfeszültség *fn* grid voltage
rácsimpaszkod|ik *i* cling* to (sg)
rácsinál *i biz [ürüléket]* make* a mess on sg, *US* poop on sg
rácsíptethető *mn* clip-on
rácsodálkoz|ik *i* stare/gaze at sy/sg (in wonderment)
rácsos *mn* trellised, latticed, railed; **~ ablak** lattice window; **~ ágy** crib, railed cot; **~ kapu** trellis(work) gate; **~ tartó** braced/lattice girder, truss-girder
rácsoz *i* bar, grate, rail
rácsozat *fn* **1.** *műsz* latticework, trelliswork **2.** → **rács**
rácsuk *i* close/shut* sg on sy; **~ja az ajtót vkre** shut* sy in
radar *fn el kat távk* radar
radarállomás *fn kat* radar station
radarellenőrzés *fn* radar speed check/trap
radarernyő *fn* radar screen
radarpisztoly *fn* hand radar
radarvezérlés *fn* radar homing
radiálgumi *fn* radial (tyre, *US* tire)
radiátor *fn* radiator
radikális *mn/fn* radical; **~ intézkedés** drastic measures *tsz*
radikalizmus *fn* radicalism
rádió *fn* **1.** *[intézmény, műsorszórás]* radio, broadcasting company; **a ~ban hallottam** I heard it on the radio; **a ~ban beszél/szerepel** speak* on the radio, be* on the air; **meghallgatja a híreket a ~ban** be* listening (in) to the news; **~n közvetít/sugároz** broadcast*; **a ~nál dolgozik** work for/in the radio; **~t hallgat** listen to the radio, listen in (on the radio), be* listening in **2.** *[készülék]* radio, *[korábban]* wireless; *[hordozható]* **magnós ~** radio cassette recorder; **ébresztőórás ~** digital clock radio; **beállítja a ~t** *[vmlyen állomásra]* tune in (the radio) to a station
radio- *előtag* radio-
rádióadás *fn* broadcast(ing)
rádióadó *fn* radio transmitter
radioaktív *mn fiz* radioactive; **~ anyag** radioactive matter/substance; **~ csapadék** radioactive fallout; **~ elem** radioactive element; **~ hulladék** radioactive waste; **~ izotóp** radioisotope; **~vá tesz** make* sg radioactive
radioaktivitás *fn fiz* radioactivity
rádióállomás *fn* radio station
rádióamatőr *fn* radio amateur, *biz* (radio) ham
rádióbemondó *fn* announcer
rádióbeszéd *fn* broadcast/radio talk; **~et mond** speak*/go* on the air
rádiócső *fn* radio valve/tube
rádiódarab *fn* radio play, play for radio
rádióelőadás *fn* broadcast/radio talk; **~t tart** talk on the radio
rádiófelvétel *fn* radio recording
rádiófrekvencia *fn* radio frequency
rádióhallgató *fn* listener
rádióhirdetés *fn* radio advertisement, radio ad
rádióhullám *fn* radio wave
rádióinterjú *fn* radio interview
rádióirányítás *fn* wireless/remote control; **~ után repül** be* on the beam
rádióiskola *fn* schools broadcast
radioizotóp *fn* radioisotope
rádiójáték *fn* radio play
rádiókabaré *fn* radio comedy show, comedy show on radio
rádiókészülék *fn [vevő]* radio
rádiókezelő *fn* radio operator, *[hajón]* radio officer
rádióközvetítés *fn* broadcast(ing), (radio) coverage
radiológia *fn* radiology
radiológus *fn* radiologist
rádiólokátor *fn* radar
rádiómagnó *fn* → **rádiós magnó**
rádióműsor *fn* radio programme (*US* program), broadcast
rádióműszerész *fn* radio mechanic
rádiónavigáció *fn* radio navigation
rádiónyilatkozat *fn* declaration/statement made on the radio
rádióösszeköttetés *fn* radio connection/link
rádiós I. *mn* **(sztereó) ~ magnó** (stereo) radio cassette recorder **II.** *fn* **1.** → **rádiókezelő 2.** *biz [rádiónál dolgozik] kif* (s)he's in radio
rádióstúdió *fn* broadcasting studio
rádiószerelő *fn* radio mechanic
rádiótársaság *fn* broadcasting corporation/company
rádiótávirat *fn elav* radiogram
rádiótechnika *fn* radio engineering
rádiótelefon *fn* radio-telephone, radiophone, mobile phone, *US* cellphone
rádióüzenet *fn* radio message; **~et küld** radio/transmit a message (to)
rádióvétel *fn* (broadcast) reception
rádióvevő *fn* radio receiver
rádiózavarás *fn* jamming
rádiózenekar *fn* radio orchestra
rádióz|ik *i* listen to the radio, listen in (on the radio)
radír(gumi) *fn* rubber, eraser
radíroz *i* erase, rub out, delete
rádium *fn kém* radium
rádiumkezelés *fn orv* radium treatment/therapy
rádiumos *mn orv* radium
rádiusz *fn* radius (*tsz* radii v. radiuses)
rádob *i* throw*/fling* sg (on/at sg/sy)

rádöbben *i* (*vmre*) realize sg suddenly, become* aware/conscious of sg, wake* up (v. awake*) to sg; **~t arra, hogy** ... he suddenly realized that ..., he awoke to the fact that ..., it came home to him that ...
rádől *i* **1.** (*vkre esik*) fall*/tumble (down) on (sy); **~t a szekrény** the wardrobe/cabinet crashed/came down on him **2.** *[nekitámaszkodik]* lean*/rest on/against sg; **~ve botjára** leaning on his stick
rádupláz *i átv* (*vmre*) cap sg
ráébred *i* (*vmre*) realize sg, awake* (v. wake up) to sg; **~ a valóságra** awake* to reality; → **rádöbben**
ráég *i* (*vmre*) burn* (on) to sg
ráenged *i* → **ráereszt**
ráépít *i* build* sg on (top of)sg; **~ egy emeletet a házra** add a(nother) floor/storey to the house
ráér *i* have* (plenty of) time, find* time (*vmre* for sg v. to do sg); **~?** can you spare a moment?, have you got time?; **nem ér rá vmre** have* no time for sg/to do sg; **nem érek rá** I am busy, *biz* I'm a bit tied up (at the moment)
ráereszt *i* **1.** *[függőlegesen]* let* down on; **vizet ~ vmre** run* water over sg **2.** *[vízszintesen]* let* loose on, *[kutyát vkre]* set* one's/the dog on sy
ráérő *mn* **~ idő** leisure/spare/free time, leisure; **~ idejében** at one's leisure
ráerőltet *i* → **ráerőszakol**
ráérősen *mn* at a leisurely pace
ráerősít *i* (*vmt vmre*) fix/fasten sg on sg, attach/secure sg to sg
ráerőszakol *i* (*vmt vkre*) force/thrust*/press sg on sy, *[véleményét]* ram*/staff [one's opinions] down sy's throat
ráes|ik *i* **1.** (*vm vkre/vmre*) fall*/tumble (down) on sy/sg **2.** *[sor kerül vkre]* fall* on/to sy; → **rész**
ráesteled|ik *i* night falls* on sy, sy is overtaken by night/darkness; **lassan ránk esteledett** night was descending on us
ráeszmél *i* → **rádöbben**
Rafael *tul* Raphael
ráfagy *i* **1.** (*vmre*) freeze* to sg **2. arcára ~ott a mosoly** the smile froze on his lips
ráfanyalod|ik *i* (*vmre*) decide (v. bring* oneself) to do sg reluctantly, have* recourse to sg
ráfarag *i biz* burn* one's fingers, get*/have* one's fingers burnt
ráfáz|ik *i szl* **alaposan ~ott** (s)he got his/her fingers severely burnt
ráfeksz|ik *i* **1.** (*vk vmre*) lie* down on, lay* oneself down on **2.** *átv* (*vm vkre*) weigh sy down **3.** → **nekifekszik vmnek 4.** *[ráadja magát vmre]* → **ad**
ráfektet *i* lay*/put* on
ráfér *i* **1.** *[felfér vmre]* there is room for sg/sy (swhere); **a kocsira hárman férnek rá** the carriage seats three, there's room for three in the carriage; **nem fér már rá** there is no more room in/on it **2.** (*vkre vm átv*) be* (badly) in need of; **~t ez a lecke** it is/was time he was taught a lesson, the lesson did him a lot of good; **rám férne egy kis pihenés** I could (really) do with a (little) rest/break
ráfest *i* paint sg on sg
rafinált *mn átv* cunning, artful, wily
rafinéria *fn* craftiness, wiliness
ráfizet *i* **1.** *[pl. vasúti jegyre]* pay* the difference (v. excess fare) **2.** *[üzletre]* lose* [money] by/on sg, make* a loss on sg, be* out of pocket; **10 000 Ft-ot ~ett az üzletre** he lost 10,000 fts on the deal **3.** *átv* (*vmre*) come* off a loser (in sg), burn* one's fingers, lose* out (on sg)
ráfizetés *fn* **1.** *[felülfizetés]* extra payment **2.** *[veszteség]* loss, deficit; **~sel jár vm** [shop, sy] make* a loss on sg
ráfizetéses *mn* losing, showing a deficit *ut*, unprofitable
ráfog *i* **1.** *[lőfegyvert]* point/aim/level (*US* -l) [a gun] at sy **2.** (*vkre vmt*) (falsely) accuse sy of (doing) sg, charge sy with sg, *biz* fasten/fix the blame (of doing sg) on sy
ráfordít *i* **1. ~ja a kulcsot** (*vkre*) lock (sy) in **2. ~ja a szót vmre** turn the talk to (a subject) **3.** *[összeget]* assign/allocate [funds] for, spend* money on sg, put* [money etc.] into [a business etc.], *[erőt, fáradságot]* put* [a great deal of effort v. hard work] into [a project etc.]
ráfordítás *fn* expenditure, cost, outlay, outgoings *tsz*
ráförmed *i* (*vkre*) bawl/snarl at sy, round (up)on sy
ráfröccsen *i* sg spatters [mud, oil etc.] on sy (sy's clothes), sg spatters sy (sy's clothes) with [mud, oil etc.], sg is splashed/spattered with sg
ráfúj *i* blow* on/at
ráfutásos *mn* **~ baleset** *[több járműé]* pile-up
rag *fn nyelv* inflection(al affix), suffix, ending, *[személyrag]* personal suffix/ending/marker
rág *i ált* chew, *[rágcsáló]* gnaw, nibble (at); **körmét ~ja** bite* one's nails; → **fül**, → **száj**
ragacs *fn* cement, putty, sticky/gluey paste
ragacsos *mn* sticky, gluey
ragad *i* **1.** *[vmhez, egymáshoz]* stick* (together), adhere (to each other) **2.** *[ragadós]* be* sticky; **~ a piszoktól** be* thick with dirt **3. vk vhol ~, ott ~** stick* around, stay on swhere; **nálunk ~t** we were stuck with him/her **4.** *[megragad]* seize, grasp; **tollat ~** put* pen to paper; **galléron ~** collar/nab sy; **magához ~ja a hatalmat** seize power **5.** *átv* **magával ~** thrill, carry one away, captivate; **magával ~ta a lelkesedés** he was caught up in the wave of enthusiasm
ragadás *fn* sticking
ragadós *mn* **1.** *[anyag]* sticky, gluey **2.** → **ragályos**; **a példa ~ volt** everybody followed suit; **a nevetés ~** laughter is infectious
ragadozó I. *mn* predatory; **~ madár** bird of prey **II.** *fn* beast of prey, predator; **~k áll** carnivores, Carnivora
ragadtat *i* **vmre ~ja magát** be* carried away by, give* free rein to; **dühkitörésre ~ja magát** he lets his anger run away with him, he gives way to an angry outburst
ragadványnév *fn* nickname, sobriquet
rágalmaz *i* **1.** *[szóban]* slander, calumniate, vilify, brand sy (as) sg, defame [sy's character] **2.** *[írásban]* libel (*US* -l)
rágalmazás *fn* **1.** *[szóban]* slander, calumny, defamation **2.** *[írásban]* libel
rágalmazási *mn* **~ per** libel action, action for libel; **~ pert indít vk ellen** bring* an action for libel against sy
rágalmazó I. *mn* **1.** *[kijelentés]* slanderous, defamatory **2.** *[írás]* libellous **II.** *fn* slanderer, calumniator, vilifier, libeller
rágalom *fn [szóval]* slander, calumny, *[írásban]* libel; **ez ~!** it is a (whopping) lie, it is a nasty piece of mud-slinging; **rágalmakat szór vkre** cast aspersions on sy
rágalomhadjárat *fn* campaign of slander/vilification, whispering campaign
ragályos *mn* → **fertőző**, → **járványos**
rágás *fn* chewing, *főleg: orv* mastication
ragaszkodás *fn* **1.** (*vkhez*) affection (for), devotion (to) **2.** (*vmhez*) adherence (to), insistence (on)
ragaszkod|ik *i* **1.** (*vkhez*) cling*/stick* to sy, be* loyal/devoted/attached to sy; **~nak egymáshoz** they cling together, they are inseparable (friends) **2.** (*vmhez*) stick*/cling*/adhere to sg, insist on sg, *US* stand* pat on; **~ik egy állásponthoz** cling* to an opinion, stick* (firmly) to a view, be* adamant; **~ik álláspontjához** stick* to one's guns; **~ik hozzá, hogy megtegyen vmt** make* a point of (v. insist on) doing sg; **~om hozzá, hogy ott légy** I insist on your being there; **~om hozzá!** I insist!
ragaszkodó *mn* loyal, staunch, faithful, steadfast; **~ természetű** faithful, affectionate
ragaszt *i ált* stick*, glue, (af)fix (*vmhez mindegyik:* to); **bélyeget ~ vmre** stick* a stamp on, stamp sg; **címkét ~ vmre** label (*US* -l) sg, stick* a label on sg
ragasztás *fn* sticking, glu(e)ing; **szétjött a ~** the join has come undone
ragaszték *fn* appendage
ragasztó *fn* adhesive, glue, *biz* stick
ragasztóprés *fn [filmhez]* splicer
ragasztószalag *fn* adhesive tape

R

ragasztószer *fn* → **ragasztó**
ragasztózás *fn biz* glue-sniffing, sniffing glue
ragasztóz|ik *i biz [szipuzik]* sniff glue
ragasztózó *fn biz* glue sniffer
ragcédula *fn* (stick-on) label
rágcsál *i* gnaw/chew (away) (at sg)
rágcsálók *fn tsz* rodents
raglán *fn* raglan
rágód|ik *i* (*vmn*) ruminate/brood on/over sg, *biz* chew one's/the cud; **sokat ~ik vm miatt** sg preys on his mind; **ne ~j rajta!** get it out of your system
rágófelület *fn orv [fogé]* occlusal surface
rágógumi *fn* chewing gum, *[felfújható]* bubble gum
rágóizom *fn* masticatory muscle
rágombol *i* button on
rágondol *fn* (*vkre/vmre*) think* of sy/sg; **már ha csak ~ok is, dühbe jövök** the very/mere thought of it makes my blood boil; **ne gondolj rá!** (just) forget (about) it!, put it out of your mind!; **Ugye, gondolsz majd rám?** Will you think about me?; **többet nem is gondoltam rá** I didn't give it another thought
ragos *mn nyelv* inflected, suffixed
rágós *mn* tough (as leather), leathery, rubbery
rágószerv *fn* masticatory organ
ragoz *i nyelv ált* inflect, *[igét]* conjugate, *[főnevet]* decline
ragozás *fn nyelv ált* inflection, *[igéé]* conjugation, *[főnévé]* declension
ragozó *mn* **~ nyelvek** agglutinating/inflecting/synthetic languages
ragozott *mn nyelv* inflected; **nem ~** uninflected
ragszám *fn hiv* label/item number
ragtalan *mn nyelv* uninflected
ragtapasz *fn* sticking plaster, *GB* Elastoplast, *US* Band-aid; → **gyorstapasz**
ragtime *fn zene* ragtime
ragu(leves) *fn* ragout
ragyás *mn [arc]* pock-marked
ragyog *i* shine*, glitter, glisten, gleam, *átv* glow, be* radiant (*mindegyik: vmtől* with); **~ az arca az örömtől** his face is beaming with joy, his eyes are shining with joy; **~ a tisztaságtól** be* spick-and-span, be* gleaming and spotless
ragyogás *fn* **1.** *konkr* brilliance, glitter **2.** *átv* glamour (*US* -or), magnificence
ragyogó *mn* **1.** *[tárgy]* bright, shining, gleaming **2.** *[napsütés]* bright [sunshine]; **~ idő** gorgeous weather; **~ nap** (it's) a glorious day; **~ napsütésben** in the bright sunshine **3.** *átv* brilliant, excellent, splendid; **~!** excellent!; **~ formában van** be* in great shape/form; **~ ötlet** brilliant/bright idea, brain-wave; **~ példa** shining example; **~ szépség** dazzling/radiant beauty; **~ színben van** be* in the pink (of health); **~ tehetség** unusual talent; **nem vm ~ vmben** (s)he is no great shakes as a sg, (s)he does not shine in/at sg; **~an éreztem magam** I had the time of my life, I had a marvellous (*US* -l-) time, *biz* I had a whale of a time
rágyújt *i [cigarettára]* light* [a cigarette], light* up; **gyújtson rá!** have a cigarette!
ráhagy *i* **1.** *[örökséget]* leave* sg (by will) to sy, bequeath sg to sy, devise sg to sy **2.** *[nem ellenkezik]* indulge sy in sg, agree to; **mindent ~** nod assent to everything, say* yes to everything sy does; **hagyd rá** let him/her have his/her way; **legjobb, ha ~od** better leave it at that **3.** → **rábíz** **4.** *műsz* allow for
ráhagyás *fn* **biztonsági ~** safety margin
ráhajol *i* (*vmre*) bend* over sg, (*vkre*) lean* over sy
ráhajt *i* **1.** *[járművel, hídra stb.]* drive* on to **2.** *biz [fokozza a munkatempót]* gear/step up [production etc.], work flat out **3.** *biz* (*vmre*) bid* for sg, drive* for sg, *[pl. szavazatokra]* make* a pitch for [votes]
ráhajtóút *fn* slip/access road
ráhány *i* **1.** *[rádob]* shovel (*US* -l) on (to), dump/throw* on (to) **2.** *[vmre okád]* be* sick on sg
ráhárít *i* → **hárít**
ráhárul *i* (*vkre*) fall* to sy (to ...), devolve upon sy (to ...)
ráhasal *i* lie* (down flat) on sg
ráhat *i* (*vkre/vmre*) affect sy/sg, exert influence on sy/sg; **nem hat rá** he does not respond to it
ráhatás *fn* pressure, impact, influence, effect (produced)
ráhederít *i* **rám se(m) hederített** (s)he ignored me completely; **rá se hederít vmre** not give* a toss
rahedli *fn biz* pile (of), load (of), heap (of); **egy egész ~ cuccal érkezett** (s)he arrived with a whole load of stuff
Ráhel *tul* Rachel
ráhelyez *i* place/put*/set*/lay* (down) on
ráhibáz *i biz* (*vmre*) hit* upon sg (by accident/fluke), blunder (up)on sg; → **ráakad**
ráhímez *i* embroider/work sg on sg
ráhúz *i* **1.** *[tárgyat]* draw* sg over/on sg; **~zák a vizes lepedőt** be* hauled over the coals **2.** *[ráüt]* give* sy a slap, slap sy **3. húzd rá cigány!** strike up Tzigane/gypsy! **4.** *biz* **~ egy emeletet a házra** add a floor/storey to a/the house
ráígér *i* (*vkre vmennyit*) outbid* sy (by)
ráijeszt *i* (*vkre*) frighten/alarm sy; **alaposan ~** scare sy out of his/her senses/wits
ráilleszt *i* fit sg on sg
ráill|ik *i* (*vmre/vkre*) suit sg/sy; **pontosan ~ik** suit sy to a nicety/T (v. *GB* down to the ground); **a leírás ~ik** he answers (to) the description, the description fits him; **kitűnően illik rá a ruha** the dress is an excellent fit
ráír *i* (*vmre*) write* (on); *átv* **rá van írva** *[süt róla]* sg is written on (v. all over) his/her face
ráirányít *i* **1.** (*vkre*) turn on/to, direct to; **~ja a figyelmet vmre** draw*/turn/direct sy's attention to sg, spotlight* sg; **~ja a nyilvánosság figyelmét vmre** create publicity for sg **2.** *[fegyvert]* point/level (*US* -l) (v. aim) [a/one's gun etc.] at sy/sg, *[távcsövet stb.]* train [a telescope v. one's field-glasses] on sg/sy
ráírat *i* **1.** *[szöveget vmre]* have* sg written on sg **2.** *[vagyont vk nevére]* make*/sign over [one's property] to sy
ráismer *i* (*vkre/vmre*) recognize sy/sg (*vmről* by sg); **rá lehet ismerni vmről** you can tell (it) by/from sg; **először nem ismertem rá** at first I didn't recognize him; **erről ~ek!** it's just like him, that's him all over
raj *fn* **1.** *[méheké, rovaroké]* swarm, *[madaraké]* flock, flight **2.** *kat* squad, detachment, *[hajó]* squadron **3.** *[úttörőké]* troop
rája[1] *fn [hal]* ray
rája[2] *hsz* → **rá**
rájár *i* **1.** *[pl. a kamrában ételre]* make* frequent raids on [the larder etc.] for sg, raid the larder, *biz [vmre ált]* make* inroads into/on sg **2. ~ a keze vmre** do* sg out of (force of) habit; **~ a nyelve** *[pl. vmlyen mondásra]* it is one of his turns of phrase; → **rúd**
rájátszás *fn sp* play-off
rajcsúroz *i* be* romping about
rajkó *fn* gipsy child°
Rajna *földr* Rhine
rajnai *mn* Rhine(land), Rhenish; **~ bor** Rhine wine, hock
Rajna-vidék *földr* Rhineland
rajong *i* (*vmért*) be* enthusiastic about/over sg, have* a passion for sg, (*vkért/vmért*) be* an (enthusiastic) admirer of sy/sg, adore sy/sg, *biz* rave about sy/sg, enthuse about/over sy/sg; **~ a moziért** be* a film fan/buff (v. *US* freak); **~ az ötletért** be* possessed/obsessed by/with the idea; **~ a zenéért** love music, be* a music-lover; **nem ~ok a gondolatért** I can't say I particularly like (v. *biz* I'm really gone on) the idea
rajongás *fn* **1.** *[forró szeretet]* passion, adoration **2.** *[lelkesedés]* enthusiasm, ardour (*US* -or), rapture; **~sal beszél vmről** go* into ecstasies/raptures over sg, *biz* rave/enthuse about/over sg
rajongó I. *mn* rapturous, devoted, enthusiastic, passionate **II.** *fn* (*vké*) admirer (of), *ált* enthusiast, *biz* fan; **a ~k levelei** fan mail

R

rájön *i* **1.** *[megtud]* find* (sg) out, discover (sg), *biz* tumble to sg; **rájöttem, hogy** ... I realized that ..., I came to realize that ...; **kezd ~ni vmre** sg starts to dawn on him/her; **~ a helyes válaszra** hit* (up)on the right answer; **~ a nyitjára** get* the hang/knack of it, crack it; **mintha én nem jöttem volna rá!** as if I couldn't have guessed! **2. vm ~ vkre** sg comes over sy, be* overcome by sg, be* seized/taken with sg; **rájött a köhögés** (s)he had a fit of coughing; **~ a szapora** *biz* be* taken short

rajparancsnok *fn kat* section leader

rajt *fn sp* start; **~hoz áll** enter a race

rajta I. *hsz* **1.** *[vmn, vm felületén, vkn]* (up)on him/her/it, over it; **új ruha van ~** she is wearing a new dress, she has a new dress on; **az áll ~** it says; it bears the inscription **2. ~ áll/múlik** *(vkn)* it is (all) up to him, it lies/rests with him (to do sg); **~ kívül** besides him/her/it, in addition to him/her/it, apart from him/her/it; **segít ~** help sy (with sg), help sy out; **~ a sor** it is his turn; **~ van, hogy** ... do* one's best/utmost to ..., see* to it that ... **II.** *isz sp* go! → **ok**

rajtacsíp *i biz* → **rajtakap**

rajtaér *i* → **rajtakap**

rajtakap *i (vkt vmn)* catch* sy at sg, catch* sy doing sg, *[tiltott cselekedet közben]* catch* sy in the act (of doing sg), *biz* catch* sy red-handed; **~ hazugságon** *GB* catch* sy out (v. in a lie)

rajtaüt *i kat [ellenségen]* descend/pounce on [the enemy], make* a surprise attack on, *[rendőrség bűnözőkön]* make* a raid/swoop on, raid, crack down on

rajtaütés *fn* (surprise) attack, raid, swoop

rajtaütésszerű *mn* **~ támadás** surprise attack, hit-and-run attack/raid

rajtaütésszerűen *hsz* unawares, by surprise

rajtaveszt *i* come* off badly, come* to grief, be* a loser; **majdnem ~ettem** it was a close shave, it was a narrow escape; **rajta fogsz veszteni** you will come a cropper, you are riding for a fall, you are on a hiding to nothing

rajtgép *fn* starting block(s)

rajthely *fn* start, starting-place/line/point/post

rajtjel *fn* start signal, signal to start

rajtkő *fn* starting block

rajtol *i* start; **jeladás előtt ~** jump the gun

rajtpisztoly *fn* starter's pistol

rajtszám *fn* starting/entry number

rajtvonal *fn* starting-line, mark

rajtzászló *fn* starting/starter's flag

rajvezető *fn* **1.** *kat* section leader/commander **2.** *[úttörő]* troop leader

rajz *fn* **1.** *[rajzolás]* drawing; *okt* **~ot tanít** teach* drawing **2.** *[kész rajz]* drawing, *[vázlat]* sketch, *[tervrajz]* plan, *[ábra könyvben]* illustration; **~okkal ellát** illustrate (sg) with drawings; **amint az 5. sz. ~on látható** as shown in Fig. 5 **3.** *átv* description, depiction, portrayal

rajzás *fn* swarming

rajzasztal *fn* drawing table/desk/board

rajzeszköz(ök) *fn* → **rajzszerek**

rajzfilm *fn* (animated) cartoon

rajzfilmsorozat *fn film* cartoon series

rajzfüzet *fn* sketchbook, drawing book

rajzgép *fn* drawing/drafting board

rajz|ik *i* swarm

rajzlap *fn* (sheet of) drawing paper

rajzminta *fn* **1.** *[minta a rajzoláshoz]* drawing copy/study **2.** *[mintázat]* design, pattern, motif

rajzoktatás *fn* drawing class, *okt* art

rajzol *i* **1.** *ált* draw*; **természet után ~** draw* from nature/life **2.** *[vázol]* sketch, trace, outline

rajzolás *fn* drawing

rajzoló *fn [műszaki is]* draughtsman° (*US* drafts-)

rajzpapír *fn* drawing paper

rajzszeg *fn* drawing pin, *US* thumbtack

rajzszén *fn* charcoal, crayon

rajzszerek *fn tsz* drawing instruments *tsz*, drawing set *esz*

rajztábla *fn* drawing board

rajztanár *fn* drawing master, art teacher

rajzterem *fn* art room

rajztömb *fn* sketch pad/block, drawing block

rak *i* **1.** *[helyez, tesz]* put*, set*, lay*, place; **egymásra/halomba ~** stack/pile (up); **élére ~ja a garast** watch every penny; **falat ~** put* up a wall (v. walls); **hajóba/hajóra ~** ship, put*/take* on board, load [goods] on (to); **ládába ~** crate, pack/stow into boxes/crates; **tüzet ~** make* a fire; **~ a tűzre** feed* the fire, keep* the fire burning **2.** *[elrendez]* arrange; → **fészek**, → **hajó**

rák *fn* **1.** *áll [rákok]* crustaceans *tsz*, *[folyami]* crayfish (*főleg: US* crawfish), *[tengeri]* crab, *[homár]* lobster; *sp* **~ot fog** catch* a crab **2.** *orv* cancer; **~ elleni (gyógy)szer** anticancer drug

rákacsint *i (vkre)* wink at sy

rákap *i (vmre)* take* to, get*/fall* into the habit of, *biz* get* hooked on; **~ az ivásra** take* to drink, *biz* hit* the bottle (*US* sauce); **nagyon ~ott** it has grown (up)on him, he is addicted to it, *biz* he is hooked on it

rákapaszkod|ik *i* → **ráakaszkodik**

rákapat *i (vkt vmre/biz)* get* sy hooked on sg

rákapcsol *i* **1.** *[kocsit stb.]* couple sg on (to); **(Birminghamben) ~ták az étkezőkocsit** the dining-car was coupled on (at B.) **2.** *el* connect to/with **3.** *[sebességre]* increase speed, step on it, *US* step on the gas, *GB* put* one's foot down **4.** *átv biz* pitch in, pitch into the job, snap into it

rakás *fn [halom]* pile, stack, heap; **egy ~ pénz** oodles of money *tsz*, money galore; **úgy néz ki, mint egy ~ szerencsétlenség** he looks/is the very picture of misery; **egy ~on** in a heap; **~ra öl** butcher, massacre

rakásszám(ra) *hsz biz* in bundles

rákász|ik *i* catch* crabs/crayfish, go* catching crabs/crayfish

rákattint *i* **1.** *[tetőt]* snap down **2.** *infor* click (on)

rakbér *fn* cost of lading

rákbeteg *fn* cancer patient

ráken *i* **1.** *[kenyérre stb.]* spread* sg on sg, spread* sg with sg, *[bemázol]* smear sg on sg, smear sg with sg; **~ egy kis rúzst az ajkára** give* one's lips a touch of lipstick **2.** *biz (vmt vkre)* lay*/put* the blame on sy for sg, blame sy for sg, blame sg on sy, pass the buck tosy; **ne próbáld rám kenni** don't try to lay it at my door

rákényszerít *i* **1.** *(vkt vmre)* force/compel sy to do sg, make* sy do sg **2.** *(vmt vkre)* impose/force/press sg on/upon sy

rákényszerül *i* be* driven/obliged/compelled to do sg

rákerül *i* **1.** *(vmre)* get* on to, be* put/placed on sg, *[vhogyan]* land on; **~t a neve a listára** his/her name found its way onto the list **2. ~ a sor** it is his turn; **rád kerül a sor** it's your turn; **mindenkire ~ a sor** everybody's turn will come

rakéta *fn* rocket, *[rakétahajtású lövedék]* missile; **interkontinentális ~** intercontinental (ballistic) missile

rakétacsapás *fn kat* missile attack

rakétaelhárító *mn kat* **~ rendszer** anti-missile system, missile defence (*US* defense) system

rakétafegyverek *fn* ballistic weapons, military rockets

rakétahajtás *fn* rocket propulsion

rakétahajtású *mn* rocket-propelled/powered

rakéta-hajtóanyag *fn* rocket fuel

rakétahajtómű *fn* rocket engine/motor

rakétaindító-állvány *fn* → **rakétakilövő**

rakétakilövő I. *mn* **~ állomás/állvány/hely/pálya** launching pad/site, launch pad, rocket-range **II.** *fn* (rocket) launcher

rakétalövedék *fn* (ballistic) missile

rakétatámadás *fn kat* missile attack

rakétatámaszpont *fn* rocket base

rakétatechnika *fn* rocketry

rakétatelepítés *fn* deployment of missiles

rakett *fn* racket, racquet

R

rákezd *i* **1.** (*vmre*) begin* to, start/begin* to do sg (doing sg); **már megint ~i!** there (s)he goes again **2.** *[énekre, zenére]* strike* up [a tune, song etc.]

rakfelület *fn* loading area/surface

rákfene *fn átv* canker, cancer

rakhely *fn* → **rakodóhely**

rákiabál *i* → **rákiált**

rákiált *i* (*vkre*) shout/bawl at sy

rakjegy *fn [fuvarokmány]* consignment note

rákkeltő *mn* carcinogenic; **~ anyag** carcinogen

rákkutatás *fn* cancer research

raklap *fn* pallet

raklevél *fn* waybill, consignment note, *hajó US* bill of lading

rakodás *fn* **1.** *[berakodás]* loading, lading **2.** *[kirakás]* unloading

rakod|ik *i [szállítóeszközre]* load (up)

rakód|ik *i* be* deposited/sedimented (*vmre* on)

rakodóállomás *fn* loading station/point

rakodóhely *fn* **1.** *hajó* quay, wharf **2.** *vasút* platform

rakodómunkás *fn* stevedore, *[dokkmunkás]* docker, dockworker, *[egyéb]* loader, packer

rakodópart *fn* → **rakpart**

rakodótér *fn* loading/cargo space

rákolló *fn* crab's claws/pincers *tsz*

rakomány *fn ált* load, *[hajóé, repülőgépé]* cargo

rakoncátlan *mn* unruly, naughty, unmanageable; **~ gyerek** boisterous/unruly child°, *kif* that child° is a handful

rakoncátlankod|ik *i* romp, be* wild/unruly, *[csak felnőtt]* kick over the traces

rakoncátlanság *fn* unruliness, naughtiness

rákos *mn* cancerous; **~ beteg** cancer patient; **~ daganat** cancer(ous tumour/growth), malignant tumour (*US* -or); **~ megbetegedés** cancer

rakosgat *i [rendet rakva]* tidy away [things]

rakott *mn* **1.** *[szállítóeszköz]* loaded, laden **2. ~ burgonya/krumpli** *kb.* layered potato casserole; **~ káposzta** layered cabbage (with rice, pork and sour cream) **3. ~ szoknya** pleated skirt

rákölt *i [pénzt]* spend* [money etc.] on sg/sy

rákönyököl *i* (*vmre*) rest one's elbow(s) on sg

ráköp *i* (*vmre*) spit* at/on sg

ráköszön *i* (*vkre*) say* hello (v. good morning, etc.) to sy

ráköt *i* **1.** *konkr* tie on/to, bind*/fasten* to **2. nem fogom ~ni az orrodra** it is none of your business

ráközelít *i film* (*vmre*) zoom in (on sg)

rakpart *fn* (*röv* **rkp.**) quay(side), wharf

rakparti *mn* **~ illeték** quayage, wharfage

rákspecialista *fn orv* oncologist, cancer specialist

raksúly *fn* useful load, payload

rákszűrés *fn* screening for cancer

raktár *fn* **1.** *ált* store(-room), storehouse, *gazd* warehouse, *[gyárban, üzemben]* stores *tsz*; **~ban elhelyez** store/place sg in a warehouse, warehouse sg **2.** *[készlet]* stock, supply; **~on tart vmt** have*/keep* sg in stock; **nincs ~on** it is out of stock

raktárállomány *fn* stock (in/on hand)

raktáráruház *fn* warehouse

raktárépület *fn* warehouse, store-house

raktárhelyiség *fn* warehouse, store(room)

raktári *mn* warehouse(-); **~ készlet** stock (in/on hand), supplies *tsz* (on hand); **~ költségek** storage (costs)

raktárkészlet *fn* stock, stocks *tsz*

raktárkezelő *fn* → **raktáros**

raktárkönyv *fn* stock book, store ledger

raktárnok *fn* → **raktáros**

raktáros *fn* stockkeeper, warehouseman°, stock clerk, *US* storeman°

raktároz *i* store, warehouse

raktározás *fn* storing, warehousing

Ráktérítő *földr* Tropic of Cancer

rákvörös *mn* lobster red; **~ lett** (s)he went as red as a lobster

rálát *i* overlook (sg), have* a view of (sg)

rálehel *i* breathe on

rálép *i* **1.** *ált* step on (to), *[vk lábára]* tread* on **2.** *[útra]* take*

rali *fn sp* rally

rálicitál *i* → **ráígér**, → **túltesz**

rálő *i* (*vkre*) shoot* at sy, fire at/on sy; **kétszer ránk lőttek** we've been shot at twice

RAM *röv infor [közvetlen elérésű memória]* RAM [random-access memory]

ráma *fn* **1.** *[cipőé]* welt **2.** *[képé]* frame

ramadán *fn vall* Ramadan

rámarad *i* fall* to sy('s lot), *[örökség]* pass to sy, be* left to sy

rámász|ik *i* **1.** (*vk*) climb/clamber up/onto **2.** *biz* (*vkre*) lambast(e) sy, lay*/lam/pitch into sy

ramaty *mn biz* wretched, rubbishy

rámáz *i* frame, enframe

rámázol *i* paint sg on/over sg

ramazúri *fn* rumpus, squabble, racket, brawl

rámegy *i* **1.** *konkr* (*vmre*) step/go*/get* on sg **2.** *[pénz]* be* spent on; **ráment az egész napja** it took him/her all day (to do sg); **ráment az egészsége** it cost him his health **3.** *[ráveti magát vmre]* go* all out for sg, throw* oneself into sg

rámenős *mn* aggressive, pushy; **~ ember** go-getter, dynamo

rámér *i* (*vkre vmt*) inflict sg on/upon sy; *átv is* **csapást mér rá** deal* sy a blow; **büntetést mér rá** mete/deal* out punishment to sy; → **csapás** 2

rámered *i* stare/gape/gaze at

rámol *i biz* → **rakosgat**

rámond *i* **erre ~hatjuk, hogy jó** this (is something) we can call/consider acceptable; **~ja az áment** say* amen to sg; **mindenfélét ~** malign sy, speak* ill of, *US* bad-mouth

rámordul *i* snap/bark/snarl at sy

rámosolyog *i* smile at/on sy; **~ a szerencse** fortune smiles on him

rámpa *fn* ramp, slope

rámutat *i* **1.** (*vkre/vmre*) point at/to sy/sg; **ujjával ~** point a finger at, point out with one's finger **2.** *átv* (*vmre*) show*, point to sg; **~ a hibára** point out (v. put* one's finger on) the flaw/mistake; **~ott arra, hogy** ... he suggested that ..., he pointed out that ..., he called/drew attention to the fact that ..., he said that ..., he emphasized that ...

ránc *fn* **1.** *[arcon]* wrinkle, *[homlokon]* furrow **2.** *[ruhán]* fold, pleat; **~(ok)ba szed** pleat, arrange in pleats **3.** *biz* **~ba szed vkt** *[fegyelmez]* bring* sy to heel, bring* sy under (control)

ráncigál *i* **1.** (*vmt*) tug/pull at sg **2.** *biz [vkt zaklat]* bother/pester sy, keep* on at sy, *US* bug sy; **ide-oda ~ vkt** order sy about/around

ráncol *i* **1. ~ja homlokát** knit/furrow one's brow(s) **2.** *[ruhát]* pleat, arrange (sg) in pleats

ráncolód|ik *i* wrinkle, crease, get* creased

ráncos *mn* **1.** *[arc]* wrinkled, wizened **2.** *[ruha]* pleated

ráncosod|ik *i [arc]* become* wrinkled/wizened, *[homlok]* become* furrowed

ránctalanító *fn [krém]* anti-wrinkle, anti-ag(e)ing [cream/lotion]

randalíroz *i* run* riot, brawl, kick up a row/shindy

randevú *fn* rendezvous (*tsz* ua.), *biz* date

randevúz|ik *i* (*vkvel*) make*/have* a date with sy, date sy

randi *fn biz* → **randevú**

rándít *i* pull/tug on/at, give* sg a pull/tug; **egyet ~ a vállán** shrug (one's shoulders); **~ egyet a gyerek karján** give* the child's arm a tug, jerk the child's arm; *biz* yank the child's arm

randiz|ik *i biz* → **randevúzik**

randomizál *i infor [véletlenszerűsít]* randomize

rándul *i* **Egerbe ~t** (s)he made a trip to Eger; → **arcizom**, → **megrándul**
rándulás *fn* **1.** *ált* twitch, jerk **2.** *[ficam]* sprain
ránehezed|ik *i* **1.** *konkr* weigh/press/lie* heavy on sg **2.** *átv* weigh heavily on sy, weigh sy down
ránevel *i* educate to, train for
ránevet *i* (*vkre*) smile at sy, give* sy a smile
ránéz *i* look/glance at, cast* a glance at; **mindenki ~ett** all eyes were [focus(s)ed on him]; **rá sem néz vkre/vmre** (s)he doesn't even look at him/her/it (any more), (s)he doesn't take (any) notice of sy/sg; **rám se nézett** *[mert nem tartott rá méltónak]* he didn't deign to look at me
ránézésre *hsz* by looking at sg, at first sight, prima facie; **~ nem tűnik rossznak** it looks all right (v. okay) at first sight
rang *fn ált* rank, *[társadalmi]* rank, standing, status; **magas ~ban van** be* in a high position; **~ján alul házasodik** marry beneath oneself
rangadó *fn* (football) match [between member teams of a league], (local) derby
rángás *fn* jerk, twitch(ing)
rángat *i* → **rángicál**
rángató(d)zás *fn* convulsion(s), fit, *[görcsös]* jerk(s)
rángató(d)z|ik *i [görcsösen]* jerk, *[ajak, arc]* twitch; **fájdalmában ~ik** be* doubled up with pain
rangelső I. *mn* ranking, top(-ranking) **II.** *fn* first in rank, *okt* top boy/girl, *[igével]* be* at the top of the class, *biz* be*/come* top
rangfokozat *fn* (order/grade of) rank; → **rendfokozat**
rangidős *mn* senior, senior in rank *ut*, *US* ranking; **~ tag** *[pl. diplomáciai testületé]* doyen; **~ tiszt** senior (v. *US* ranking) officer
rangjelzés *fn* stripes *tsz*, chevron
rangkórság *fn* mania for titles, snobbery
rangkülönbség *fn* difference of/in rank
ranglétra *fn [hivatali]* hierarchy, pecking order, *[társadalmi]* social ladder/scale
ranglista *fn [daloké]* the charts *tsz*, top [ten/twenty/etc.]; → **rangsor**
rangos *mn* leading, noted, important
rangrejtve *hsz* incognito
rangsor *fn* **1.** *hiv kat* order (of rank), (order of) precedence, priority; **~ban vk után következik** be* second to sy in precedence **2.** *[társadalmi]* social hierarchy, pecking order **3.** *sp* ranking list, the rankings *tsz*, championship table
rangsorol *i* rank, grade
rangú *mn* -rate, -ranking, of ... rank *ut*; **magas ~** high-ranking, *biz* top; **minden rendű és ~ ember** → **rendű**
-rangú *utótag* **harmad~ szálloda** third-rate hotel
ránő *i* **1.** *konkr* grow* on (to), adhere to **2.** *átv* **~ vknek a nyakára** become* too much for sy, grow* unmanageable for sy
ránt *i* give* sg a pull, pluck, pull, jerk, tug at, *biz* yank (*vmt* at); **kardot ~** draw* one's sword; **magához ~ vmt** snatch sg (up); **magára ~ja a ruháit** huddle on one's clothes
rántani való csirke *fn* broiler
rántás *fn* **1.** *[mozdulat]* pull, tug, jerk, *biz* yank **2.** *[ételhez]* roux, thickening, liaison
rántott *mn* **1.** *[hús]* fried in breadcrumbs *ut*; **~ csirke** chicken fried in breadcrumbs; **~ szelet** breaded cutlet, *[borjú]* escalopes of veal, *[bécsi]* (Wiener) schnitzel **2. ~ leves** ‹thick brown soup› caraway-seed soup
rántotta *fn* scrambled eggs *tsz*, *[vajas]* buttered eggs; **~t csinál** make* scrambled eggs
rányit *i* (*vkre*) open the door (and break* in) on sy
rányom *i* (*vmt vmre*) (im)print/(im)press sg on sg; **~ja a bélyegét vmre** leave* one's/its mark on sg; **~ja a pecsétet vmre** put*/fix/stamp a seal on sg
ráolvas *i* **vkre ~sa a bűneit/hibáit** reproach sy with his sins/faults, cast* sy's sins/faults in his/her face/teeth
ráoml|ik *i* (*vkre/vmre*) collapse (v. ram/fall*/tumble down) on sy/sg
ráordít *i* (*vkre*) bawl/shout at sy
ráölt *i [tűvel]* stitch on
ráöml|ik *i* (*vmre*) pour on sg, spill* on sg, be* spilt (*US* spilled) on sg; **a tej ~ött a könyvre** the milk (has/was) spilt (*US* spilled) on the book
ráönt *i* **1.** *[folyadékot]* pour sg on/over sg, spill* sg on sg **2. úgy áll rajta, mintha ~ötték volna** it fits him like a glove, it is a perfect fit
ráparancsol *i* (*vkre*) charge/order/command sy to do sg
rápazarol *i* (*vmt vkre*) lavish/waste sg on sy, (*vmre*) waste/squander money on sg; **~ja az idejét vmre** waste one's time over/on sg; **sok energiát pazarolt rá** he wasted much of his energy on/over it
rápillant *i* (*vkre/vmre*) glance at sy/sg, cast* a glance at sy/sg
rápirít *i* chide*, scold, tell* off, give* sy a talking-to
rapityára *hsz biz* **~ tör** smash to smithereens/matchwood; → **ripityára**
rapli *fn biz* whim(sy), caprice, *[pillanatnyi]* fad; **az a ~ja, hogy** (s)he has taken it into his/her head to do sg, (s)he has a bee in his/her bonnet about sg
raplis *mn biz [szeszélyes, rigolyás]* whimsical, crotchety, capricious
ráprobál *i* try/fit sg on sy
rapszódia *fn* rhapsody
rapszodikus *mn* (*vk*) temperamental, moody, (*vm*) (wildly) uneven, *[pl. varrógép]* temperamental
rapszodikusan *hsz* **~ dolgozik** work in fits and starts
ráragad *i* **1.** *konkr* stick* on/to sg/sy, adhere to sy/sg **2. ~ a betegség** catch*/contract a disease; **~t egy kis angol** he picked up a smattering of English; **~t a gúnynév** the nickname stuck (to him)
ráragaszt *i* (*vmt vmre*) stick*/glue sg on/to sg; **~ható címke** stick-on label, sticker
rárak *i* **1.** (*vmre vmt*) put*/place/lay* sg on sg **2. ~ a tűzre** → **rátesz** 2
rárakód|ik *i* (*vmre*) settle on
ráránt *i biz* **rá se ránt vmre** take* no notice of sy, *GB* not take a blind bit of notice of sg
rárepül *i [rákerül]* land on, *kat* fly* on/over/above, home in on
ráripakod|ik *i* (*vkre*) reprimand sy, reprove/rebuke sy harshly; → **ráförmed**
rárivall *i* (*vkre*) scold sy, bawl sy out (for sg), shout at sy; **rám rivallt** (s)he rounded on me, (s)he tore me off a strip
ráró *i* (*vmt/vkre*) **a feladat nagy terhet ró rám** the task lays a heavy burden on me
rárohan *i* → **páront**
páront *i* (*vkre*) rush/charge at sy, pounce on sy
rárótt *mn* **a ~ feladat** one's assigned task
ráruház *i [tulajdont/jogot vkre]* transfer sg to sy, *[pénzt, tulajdont]* settle sg on sy; → **ráírat**, → **átruház**
rásandít *i* cast* a stealthy/sidelong glance at sy
rásegít *i* **~i a kabátját** help sy on with his/her coat
rásegítő *mn* **~ fék** servo-assisted brake(s)
rásóz *i* **1.** *biz [vkre tárgyat]* fob/palm off sg on sy, foist sg (off) on sy **2.** *biz* **egyet ~ vkre** give sy a whack, thump/sock sy one
ráspoly *fn* file, rasp
ráspolyoz *i* file (down)
rásüt *i* **1.** *[nap]* shine* (down) on **2.** *[bélyeget vkre/vmre]* brand/stamp sg on sy/sg **3. ~i a fegyvert vkre** fire (a/one's gun) at sy, shoot* at sy **4. vkre ~i a hazugságot** catch* sy out
rászabadít *i* (*vmt vkre/vmre*) let*/turn sg loose on sy/sg, *[kutyát]* set* [the dog] on sy
rászakad *i* **1.** → **ráomlik 2.** *átv* **~t a sok munka** (s)he was inundated (v. swamped v. snowed under) with work; **sok baj/csapás szakadt rá** many misfortunes came upon him/her
rászáll *i* **1.** *[rárepül]* fly* on **2.** *[por, korom]* settle on, be* deposited on **3.** *[tulajdon]* fall*/descend to; **~ott az egész vagyon** the whole fortune devolved on him, he inherited

R

the entire estate **4.** *biz [nem tágít vktől]* ~ **vkre** descend on sy, *[piszkál]* nag, pester, *szl* rag on

rászán *i* **1.** *[összeget vmre]* assign/allot [a sum] to; **ez több, mint amennyit ~tam** that is more than I (had) anticipated; **50 000 Ft-ot szánok rá** I'm allowing 50,000 fts for that/it **2. ~ja magát vmre** decide to do sg, make* up one's mind to do sg; **nem tudja magát ~ni** (s)he can't make up his/her mind to do sg, (s)he can't bring himself/herself round to do it

rászárad *i [sár vmre]* get* caked with (mud), *[festék ecsetre]* dry on sg

rászavaz *i* (*vkre*) vote for sy

rászed *i* (*vkt*) deceive/dupe/fool/cheat sy, take* sy in, play sy a trick

rászegez *i* **1.** *[szöggel]* nail sg on sg **2.** *[fegyvert]* aim/level (*US* -l) (v. point) [a gun] at sy; **~i a szemét vkre** fix/fasten one's eyes on sy

rászegeződ|ik *i* **minden szem ~ött** all eyes were [focus(s)ed on him/her]

rászok|ik *i* (*vmre*) become*/get* accustomed to sg, fall*/get* into the habit of doing sg; **~ik az ivásra** start drinking, take* to drink

rászoktat *i* (*vkt vmre*) accustom sy to sg, get* sy into the habit of (doing) sg

rászól *i [rosszallólag]* rebuke sy, *biz* tell*/tick sy off (for doing sg)

rászolgál *i* (*vmre*) deserve/merit sg; **~t** he deserved it

rászór *i* strew/sprinkle sg with sg

rászorít *i* **1.** *[tárgyat]* press on/against **2.** *átv* (*vkt vmre*) compel/force/press(ure) sy to do sg, keep* sy at it

rászorul *i* (*vmre*) be* in need of sg, be* reduced to doing sg; ~ **a támogatásra** be* in need of (v. have* to rely/depend on) sy's help/support

rászorult *mn/fn* **a ~ak** the poor/needy, those in need

rászorultsági *mn* ~ **alapon** on the basis of means test; ~ **juttatás** means-tested benefit; **milyen ~ elv szerint folyósítják a támogatást?** what type of means test is applied to establish entitlement?

rasszista *mn [fajgyűlölő]* racist

rasszizmus *fn [fajgyűlölet]* racism

rátalál *i* **1.** *[kitalál]* discover, find* out **2.** *[keresés után]* trace, track down, run* sy/sg to earth **3.** *[véletlenül]* hit*/chance (up)on sg, come* (up)on/across sy/sg (by chance)

rátámad *i* (*vkre*) attack sy, fall* on sy; **rám támadt egy kutya** I was set on by a dog

rátámaszkod|ik *i* **1.** *konkr* lean* on **2.** *átv* depend/rely on

rátapad *i* adhere/stick* to

rátapaszt *i* stick* on, glue/paste (on)to

rátapint *i* **1.** (*vmre*) put* one's finger on sg **2.** *átv [a lényegre]* put* one's finger on sg, touch the spot; **~ott a lényegre** (s)he hit* the nail on the head, (s)he got to the heart of the matter

rátapos *i* trample/tread*/stamp on sg

rátarti *mn* uppish, priggish, uppity, hoity-toity

rátehénked|ik *i* (*vmre*) sprawl on, lean* heavily on

róteker *i [huzalt]* wind*/coil sg on sg

rátekered|ik *i* → **rácsavarodik**

rátekint *i* look/glance at

rátelefonál *i* (*vkre*) give* sy a ring, chase sy up on the phone

ráteleped|ik *i* settle on

rátér *i* **1.** *[útra]* take* the (right) way to, turn to **2.** ~ **a tárgyra/lényegre** come* to the point, get* down to business, *biz* get* down to brass tacks

ráterel *i* **1.** *[nyájat]* drive* to **2. ~i a beszélgetést vmre** bring* the conversation round to sg; **~i a figyelmét vmre** draw*/call attention to; **~i a gyanút vkre** cast* suspicion (up)on sy

ráterelőd|ik *i* **~ik a beszélgetés** the conversation turns to sg; **~ött a gyanú** suspicion was cast upon him, he fell under suspicion; **~ött a figyelem** (s)he attracted attention

ráterít *i* (*vmt vmre*) spread*/lay* sg over sg, cover sg with sg

rátermett *mn* (*vmre*) (be*) suitable/suited/fitted/qualified for sg (to do sg), (be*) cut out for sg; ~ **embert állít vhová** put* the right man in the right place

rátermettség *fn* suitability, fitness, aptness, aptitude, efficiency

rátestál *i* (*vkre vmt*) bequeathe/leave* sg to sy [in one's will]

rátesz *i* **1.** (*vmt vmre*) put*/lay*/place sg on sg **2.** ~ **a tűzre** make* up the fire; ~ **egy lapáttal** *biz* pile it on **3. a fejemet teszem rá, hogy** ... I'll bet anything you like that ..., I'll bet my bottom dollar that ..., I'll lay my life on it that ... **4. ~i a kezét vmre** lay*/take* hold of sg, lay* (one's) hands on sg **5.** *szl* **teszek rá** ... I don't give a toss (about sg)

ratifikáció *fn* ratification

ratifikál *i* ratify

rátol *i* **1.** (*vmre*) push/slide*/thrust* (sg) on/to sg **2.** (*vkre vmt*); → **hárít**

rátör *i* **1.** (*vkre/vmre*) attack sy/sg **2. ~i az ajtót vkre** force/burst* open the door on sy, break* the door down on sy **3.** (*vkre vm*) sg comes upon sy

rátukmál *i* force/thrust* sg on/upon sy, palm off sy with sg

rátűz *i* **1.** stick*/pin/fasten sg on(to) sg **2.** ~ **a nap** the sun beats down on sg/sy

ráugr|ik *i* (*vkre/vmre*) jump/leap/spring* on/at sy/sg

ráun *i* (*vkre/vmre*) be*/get*/grow* weary/sick/tired of sy/sg, *biz* be*/get* fed up with sy/sg

ráuszít *i [kutyát vkre]* set* a dog on sy

ráutal *i* **rá van utalva** (i) (*vmre*) be* in need of sg (ii) (*vkre*) be* dependent on sy, have* to rely on sy

ráül *i* (*vmre*) sit* (down) on sg

ráüt *i* **1.** (*vmre/vkre*) strike*/hit*/slap sg/sy, strike* at sg/sy **2.** *[bélyegzőt]* stamp sg, put* a stamp on sg; **~i a pecsétet vmre** set* one's seal to sg, append/affix a/the seal to sg

rávág *i* **1.** (*vkre/vmre*) strike* (a blow) at sy/sg **2. gyorsan ~ja a választ** answer quick as a flash

rávall *i* **1.** *[bíróságnál]* give* evidence against sy **2. ez egészen** ~ it is just like him, that's him all over

rávaló *fn [összeg]* the wherewithal

rávarr *i* **1.** *[gombot]* sew* sg on **2.** *biz* **~ja magát vkre** force one's company upon sy, *biz* latch onto sy; *[élősködik vkn]* sponge on sy

rávarrott *mn* ~ **gallér** attached collar; sewn-on collar; ~ **zseb** patch pocket

ravasz[1] *fn* trigger; **elhúzza/megnyomja a ~t** pull the trigger

ravasz[2] *mn* sly, cunning, artful, wily; ~ **ember** *biz* cunning fellow, slyboots *esz*; *átv* ~ **róka** a wily/sly old fox

ravaszkod|ik *i* finesse, wheel and deal

ravaszság *fn* **1.** *[tett]* wile, trick, piece of cunning **2.** *[tulajdonság]* cunning, slyness, wiliness

ravatal *fn* bier, catafalque

ravatalozó *fn* mortuary, morgue, *GB* funeral parlour, *US* funeral parlor/home

rávehető *mn* (*vmre*) be* amenable to sg, be* easily persuaded, *kif* you can twist him/her round your little finger

ráver *i* **1.** *[bottal, ütéssel]* strike*, hit*, slap **2.** *biz [legyőz]* win* against, beat* **3.** *biz* put* one's back into it (v. the work/job); → **ráhajt** 2

rávés *i* (*vmt vmre*) engrave sg on sg

rávesz *i* **1.** *[ruhát]* put* on **2.** (*vkt vmre*) get*/persuade sy to do sg, argue sy into doing sg; **mindenre rá lehet venni** (s)he is easily persuaded, *kif* you can twist him/her round your little finger

rávet *i* **1.** (*vmt vmre*) throw*/fling* sg on(to)/over sg **2.** *[nap a sugarait]* dart (its beams) on sg **3. ~i magát** (i) (*vmre/vkre*) hurl oneself at/on sg/sy, pounce on sg/sy (ii) *átv* (*vmre*) throw* oneself into sg

rávezet *i* **1.** (*vmre*) lead*/guide/conduct to **2.** *átv* (*vkt vmre*) give* sy a clue/hint/lead **3.** *[ráír]* write (sg) on (sg)

rávezető *mn* ~ **kérdés** leading question

rávilágít *i átv is* throw*/shed* light (up)on sg
ravioli *fn gaszt* ravioli
rávisz *i* **1.** *[rajzot]* transfer **2.** *átv* (*vkt vmre*) lead*/induce sy to do sg; **mi vitte őt rá erre?** what led/induced him to do it/that?, what made him do it?; → **lélek**
ráz *i* **1.** shake*; **kezet ~ vkvel** shake* hands with sy, shake* (each other) by the hand; **fejét ~za** shake* one's head **2.** *[jármű]* jolt **3.** *[áram, vezeték]* shock, be* live; → **hideg**, → **rongy**
rázás *fn* **1.** *ált* shake, shaking **2.** *[járműé]* jolt(ing)
rázendít *i [dalra]* break* into [a song], begin* [to sing], *[zenére]* strike* up [a tune]
rázkódás *fn ált* shake, shaking, shock, jolting
rázkód|ik *i* shake*, be* shaken
rázód|ik *i* be* shaken, shake*
rázós *mn* **1.** *[út]* rough, bumpy **2.** *biz* **~ ügy** a touchy business, *kif* a hot potato; *[feladat]* a ticklish task, *[helyzet]* a tricky situation
rázúdít *i* **1.** (*vmt vkre/vmre*) hurl sg at sy/sg **2.** *átv* (*vkre vmt*) overwhelm sy with sg
rázúdul *i* **1.** *[folyadék]* fall*/pour/gush/stream on, be* flooded/flushed with **2.** *átv* be* flooded/showered/inundated with; **kérdések özöne zúdult rá** (s)he was bombarded with questions
rázuhan *i* (*vkre vm*) fall* on sy, crash down (up)on sy
razzia *fn* (police-)raid
razziáz|ik *i* raid, make* a raid (on)
R-beszélgetés *fn* reverse(d)-charge call, *US* collect call; **~sel hív** reverse the charges, *US* call sy collect
reá *hsz* → **rá**
reagál *i* **1.** (*vm vmre*) react (up)on sg, respond to sg **2.** (*vk vmre*) react/respond to sg; **erősen ~ vmre** react violently to sg
reagáló *mn* (*vmre*); **érzékenyen ~** sensitive/responsive to sg *ut*; *jog* **~ bűnüldözés** reactive law enforcement
reagens *fn* reagent
reakció *fn tud pol ált* reaction
reakciós *mn/fn* reactionary
reaktivál *i* reinstall, reinstate
reálbér *fn* real wages *tsz*; **a nyugati ~ek elérése a cél** seek* to approach western real wages
reálértelmiség *fn* science people
reáliák *fn* the (pure and applied) sciences
reális *mn [valóságos]* real, actual, true; **nem ~** unreal
reálisan *hsz* realistically; **~ gondolkodó ember** realist
realista I. *mn* realistic **II.** *fn* realist
realisztikus *mn* realistic
realitás *fn* reality, actuality
realitásérzék *fn* sense of reality
realizál *i* **1.** *[megvalósít]* realize, carry/put* into effect, carry out/through **2.** *[ráébred]* realize
realizálható *mn gazd* realizable; **~ nyereség** realizable profit
realizálód|ik *i* take* place, be* realized
realizmus *fn* realism
reáljövedelem *fn* real income
reálkamat *fn gazd* real interest rate
reálpolitika *fn* realpolitik, political realism
rebarbara *fn* rhubarb
rebben *i* **szeme se ~t** he didn't turn a hair, he didn't bat an eyelid
rebeg *i* mumble, falter (out)
Rebeka *tul* Rebecca
rebellis I. *mn* rebellious **II.** *fn* rebel
rebesget *i* **azt ~ik, hogy** ... it is rumoured (*US* -ored) that ..., it is in the wind that ...
rébusz *fn* **~okban beszél** speak* in riddles
rece *fn [reszelőé]* teeth *tsz*, *[érméé]* milling
réce *fn* duck
recehártya *fn* retina
recenzeál *i* review
recenzió *fn* review, *[rövid]* (short) notice
recenziós *mn* **~ példány** review copy
recepció *fn* reception desk, *US* front desk; **jelentkezned kell a ~n/~nál** you have to sign in at reception; **Lola leszólt telefonon a ~ra** Lola telephoned to the reception desk
recept *fn* **1.** *[főzéshez]* recipe **2.** *orv* prescription; **~et (meg)ír** write* out a prescription (for sy) **3.** *átv* **nincs rá ~** there's no (instant) recipe for sg, there's no magic formula/cure for sg
recés *mn* **1.** *[hálószerűen]* reticular, reticulated **2.** *[ércpénz]* milled **3.** *áll* **~ gyomor** reticulum (*tsz* -la) **4.** *[nem sima]* rough
recesszió *fn* recession
recézett *mn* **1.** *ált áll* reticulated **2.** *[ércpénz]* milled
reciprok érték *fn mat* the reciprocal of sg
reccsen *i* creak, crack, give* a creak/crack/squeak/groan
reccsenés *fn* creak, crack, squeak
recseg *i* **1.** *ált* creak, crack(le), *[szék]* groan, give* a groan **2.** *[hang]* rasp, *[rádió stb.]* (hiss and) crackle
recsegés *fn [rádióé]* crackling, hissing, atmospherics *tsz*
recsegő *mn* **~ hang** rasping/grating/strident voice
recseg-ropog *i* creak and groan, *átv* be* on its last legs
redő *fn* **1.** *[ruhán]* pleat, fold; **~kbe szed** pleat, arrange (sg) in pleats **2.** *[gyűrődés, ránc]* wrinkle, crease
redőny *fn [ablakon, ajtón, kirakaton]* (rolling) shutter, roller blind; *átv is* **lehúzza a ~t** put* up the shutters
redőnyös *mn* **~ íróasztal** roll-top (desk)
redős *mn [ráncos]* wrinkled, *[homlok]* furrowed
redőz *i* **1.** *[homlokot]* furrow, wrinkle **2.** *[szoknyát]* pleat
redukál *i ált tud* reduce, decrease, *[költséget]* cut* (down), trim
redukció *fn ált* reduction, *[költségeké]* cut(ting down)
redundancia *fn tud* redundance
redundáns *mn tud [elhagyható]* redundant
reduplikáció *fn nyelv* reduplication
redves *mn* rotten, decayed
ref. *röv* → **református**
referál *i* (*vknek vmről*) report to sy on sg, brief sy on/about sg
referátum *fn* report
referatúra *fn [pl. minisztériumban]* desk; **az amerikai ~** the American desk
referencia *fn* reference; **jó ~t kap vktől** get* excellent reference(s) from sy; **vkt ~ként megad** give* sy as a reference
referenciamunka *fn* reference work
referens *fn* executive (officer), official in charge of sg, desk officer (for sg); **ő a dán ~** (s)he has the Danish desk, (s)he is the Danish desk clerk
reflektál *i* **1.** *[megjegyzést tesz vmre]* respond to sg, comment/remark on sg **2.** *[igényt tart vmre]* avail oneself of sg, take* up an/the/sy's offer to do sg (of sg); **nem ~ok rá** I have no need of it
reflektor *fn [ált és hajón]* searchlight, *szính* projector, *[spotlámpa]* spotlight, *[autón]* headlight(s), main beam
reflektorfény *fn* **1.** *szính* floodlight, *[spotlámpából]* spotlight; **~ben úszik** be* brilliantly floodlit **2.** *átv* **vmnek a ~ében** thanks to sg [sg comes to light]
reflex *fn* reflex; **feltételes ~** conditioned reflex
reflexió *fn [megjegyzés]* comment, remark, *[elmélkedés]* reflection
reflexmozdulat *fn* reflex action
reform *fn* reform; **~okat hajt végre** carry out reforms
reformáció *fn tört vall* Reformation
reformál *i* reform, improve
reformátor *fn* reformer
református *mn/fn* (*röv* **ref.**) Calvinist, Reformed (*röv* **Ref**); **a R~ Egyház** the Reformed Church (*röv* **Ref. Ch.**)
reformer *fn* reformer
reformfolyamat *fn* reform process
reformista *fn* reformist
reformizmus *fn* reformism

R

reformkommunista *mn pol* reformed communist, communist reformer
reformkor *fn* reform era, the age of reform
reformpárti *mn/fn* reformist; **~ vagyok** I am for reform
reformpolitika *fn* reform policy
reformtörekvések *fn tsz* attempts at reform, reform(ist) endeavours (*US* -ors)
refrén *fn* refrain, burden
rég *hsz* → **régóta**, → **régen**; **~ esedékes** be* (long) overdue; **~ óhajtott** long desired, long wished for *ut*; **~ várt** long expected; **~től fogva** → **régóta**
rege *fn* tale, saga, legend
régebben *hsz* previously, in former times, before(hand), formerly; **~ szerettem** I used to like it; **~ mindennap úsztam** I used to swim every day (when I was younger); **~ nem beszélt ilyen sokat** she didn't use to talk so much; → **régen**
régebbi *mn* former, earlier, previous, one-time; **~ szám** *[folyóiraté]* back number
regél *i* relate/tell* tales/stories
régen *hsz* long ago, a long time/while ago, formerly, *irod* in olden times; **már ~** long since; **már ~ elfelejtettem, min veszekedtünk** I've long since forgotten what our quarrel was about; **jó/nagyon ~** a long time ago, *biz* way back, ages ago; **mint ~** as in the past, as [we] used to, as of old; **~ nem láttam** I haven't seen him for a long (v. some) time, it's a long time since I saw him; **~ volt az** it was long/ages ago; **~ itt egy ház állt** there used to be a house here; **Ugye itt ~ egy mozi volt?** There used to be a cinema here, didn't there?; **~ vmt nem csinált** *[azelőtt]* he didn't use to [do sg], he used not (v. *biz* usedn't) to [do sg]; → **régebben**
regenerál *i* regenerate
regenerálódás *fn* regeneration
regenerálód|ik *i* regenerate
régens *fn tört* regent, protector
régente *hsz* in the past, formerly; **~ azt mondogatta nekem, hogy** ... he used to tell me that ...; **~ szokás volt** ... there/it used to be ..., it used to be the custom (v. customary) that ..., it used to be customary for sy to do sg
regény *fn* novel; **a ~ cselekménye** the plot of the novel; **élete valóságos ~** his life is quite a romance/story
regényalak *fn* character [in a/the novel]
regényes *mn* romantic, fantastic
regényhős *fn* hero [of a novel]
regényíró *fn* novelist, novel writer
regényirodalom *fn* fiction, the novel
réges-rég(en) *hsz* very long ago, a long time ago, a very long time (since)
réges-régi *mn* very old, age-old, ancient
régész *fn* archeologist
régészet *fn* archeology
reggel I. *hsz* in the morning; **ma ~** this morning; **korán ~** early in the morning, in the early morning; **korán ~ kel (fel)** get* up very early; **kedd ~** (on) Tuesday morning; **~ 7-kor** at 7 (seven) in the morning **II.** *fn* morning; **mindjárt ~** first thing in the morning; **jó ~t (kívánok)!** good morning!; **~től estig** from morning to night
reggelenként *hsz* every/each morning, in the morning(s)
reggeli I. *mn* morning; **~ hírek/krónika** the (morning) news *esz*; **~ lap** morning paper; **a kora ~ órákban** in the early/small hours; **~ torna** morning exercises *tsz* **II.** *fn* breakfast; **angol ~** English breakfast; **meleg ~** cooked breakfast; **(sima) ~** continental breakfast
reggeliz|ik *i* have* (one's) breakfast; **kávét ~tem** I had coffee for breakfast
régi I. *mn* **1.** *[régóta meglevő]* old, long-standing, of long/old standing *ut*; **igen/nagyon ~** very old; **nem ~** not old, (quite) recent; **~ barátom** an old friend of mine; **~ barátság** long-standing friendship; **~ divatú** old-fashioned, out-of-date, outmoded; **~ ellenség** old enemy; **~ ember** (*vhol*) old-timer; *[munkás]* an old hand; **~ ismerősöm** an old acquaintance (of mine); **~ vágású ember** man° of the old guard/school/stamp; **ő még mindig a ~** he is still his former self, he has not changed a bit **2.** *[a múltban megvolt]* ancient, old, early, bygone, past; **a ~ jó idők** the good old days, *skót* auld lang syne; **~ mester (képe)** old master; **a ~ görögök és rómaiak** the ancients; **~ szám** *[folyóiraté]* back number; **a ~ világban** in the old days, in days of old, in bygone/olden days **3.** *[előző]* former, late, ex-, past; **~ szerelem** old love/flame **4.** *[ócska]* dilapidated, worn(-out), old **II.** *fn* **a ~ek** the ancients; **minden marad a ~ben** everything remains as it was (v. unchanged)
régies *mn* antiquated, archaic; **~ kifejezés/szó** archaism
regiment *fn* **1.** *kat* regiment **2.** *átv [jelzőként]* **egy ~** ... a host of
régimódi *mn* → **régi divatú**; **~ ember** old-fashioned man°/person, *pej* old fogey
régió *fn* **1.** *[földrajzi]* region **2.** *[gondolati]* sphere, region, field
regionális *mn* regional
régiség *fn [tárgy]* antique; **~ek** antiquities, old curiosities, curios
régiségbolt *fn* → **régiségkereskedés**
régiségbúvár *fn* antiquary, antiquarian
régiséggyűjtő *fn* antiquary, antiquarian, collector of antiquities
régiségkereskedés *fn* antique shop
régiségkereskedő *fn* antique(s) dealer
regiszter *fn* **1.** *[nyilvántartás]* register, record **2.** *zene [orgonán]* register, stop, *[hangfekvés]* register
regisztertonna *fn* register ton (100 cubic feet = 2,83 m^3)
regisztrál *i [rendszerint jegyzékbe]* register, *[feljegyez, megörökít pl. nyelvi adásokat stb.]* record, *[beteget felvesz]* admit a patient to a hospital, *[munkanélkülit bejegyez]* register; **~ja az eseményeket** take* note of events
regisztrálókészülék *fn* register, recording instrument, recorder
regisztrált *mn* registered; **~ munkanélküli** registered unemployed person
régmúlt I. *mn* long past, bygone; **~ idők** bygone days, days of old **II.** *fn nyelv* past perfect, pluperfect
regnál *i [uralkodik]* reign
régóta *hsz* for a long time/while, for ages; **~ fennálló** old-established, of long standing *ut*; **már ~ akartam** ... I have long wanted to ...; **a ház már ~ nem áll** that house has long since disappeared
regös *fn irod* minstrel, bard
regresszív *mn tud* regressive
regruta *fn elav* (raw) recruit
regula *fn elav* rule, regulation
reguláris *mn kat* regular; **~ hadsereg** regular army
rehabilitáció *fn jog orv* rehabilitation, *csak orv* reeducation; **~s intézet** rehabilitation centre (*US* -ter)
rehabilitál *i jog orv* rehabilitate, *csak orv* reeducate
Reims *földr* Reims v. Rheims
reinkarnáció *fn vall* reincarnation
rejl|ik *i* (*vmben*) lie*/be* in/behind sg, be* inherent in sg; **mi ~ik a hír mögött?** what's behind this piece of news?; **ez ~ik tette mögött** this is/lies behind his action; **abban ~ik, hogy** sg lies in [...ing]
rejlő *mn* hidden/implied in sg *ut*; **a szavaiban ~ fenyegetés** the threat implied in his words; **mélyebben ~ okok** deeper lying causes, (more) hidden motives
rejt *i* hide*, *[leplez]* conceal; **arcát tenyerébe ~i** bury one's face in one's hands; **ki tudja, mit ~ a jövő** who knows what the future has in store
rejteget *i* **1.** *[vk elől vmt]* (try to) hide/conceal (sg from sy) **2.** *[szökevényt]* harbour (*US* -or), shelter, give* refuge to
rejtegetés *fn* **1.** *[vk elől]* hiding, concealment **2.** *[szökevényé]* sheltering
rejtek *fn irod* → **rejtekhely**
rejtekajtó *fn* secret door

rejtekhely *fn* hiding place, *[csak vké] biz* hideout, hideaway; **~en tartózkodik** be* in hiding

rejtekút *fn* secret/hidden path

rejtelem *fn irod* mystery, secret

rejtelmes *mn* mysterious, enigmatic

rejtély *fn* **1.** *ált* riddle, puzzle, enigma, secret; **~ vk előtt** be* a puzzle to sy, *[igével]* puzzle sy; **ez ~ előttem** I can't understand/fathom it, I'm mystified, *biz* it is beyond me **2.** *[titokzatosság]* mystery

rejtélyes *mn* → **rejtelmes**

rejtett *mn* **1.** *[eldugott, titkos]* hidden, concealed, secret; **~ értelem** hidden/concealed meaning; **~ gúnnyal** with one's tongue in one's cheek; **~ mikrofon** hidden microphone, *biz* bug **2.** *[felfedezetlen]* undiscovered, *[lappangó]* latent; **~ hiba** *[árué, gépé]* latent defect, hidden fault, *biz* bug; **~ tartalék** hidden reserves *tsz*

rejtjel *fn* code, cipher

rejtjeles *mn* coded, in code/cipher *ut*; **~ üzenet** a message in cipher/code, coded message

rejtjelez *i* (en)code [a message], put* sg in cipher, (en)cipher sg

rejtjelkulcs *fn* key (to a cipher), code book

rejtőzés *fn* **1.** *ált* concealment, hiding **2.** *kat* camouflage

rejtőz|ik *i* **1.** *ált* hide*, hide*/conceal oneself, be* in hiding **2.** *kat* take*/seek* cover

rejtőzköd|ik *i* be* in hiding

rejtve *hsz* secretly, on the sly/quiet; **~ marad** be*/remain/lie* hidden/concealed

rejtvény *fn* riddle, puzzle; **~ekben beszél** talk in riddles, be* enigmatical; **~t ad fel vknek** ask sy a riddle; **~t megfejt** solve a riddle/puzzle, *[keresztrejtvényt]* solve a crossword (puzzle)

rejtvényújság *fn* crossword magazine

rekamié *fn* sofabed, (studio) couch

reked *i* (*vhol/vmben*) stick* (fast), get* stuck in, *[vk is]* be*/get* left/stranded/trapped swhere; **kint ~** be* shut/left out

rekedt *mn [hang]* hoarse, husky, harsh; **~re kiabálja magát** shout oneself hoarse

rekedtes *mn* hoarse, husky

rekedtség *fn* hoarseness, huskiness

rekesz *fn* **1.** *ált* compartment **2.** *[istállóban]* stall, box **3.** *[ládika]* crate; **~be csomagol/rak** crate

rekeszes *mn* divided into compartments/cells/boxes *ut*

rekeszfal *fn* partition(-wall)

rekeszizom *fn* diaphragm

rekeszt *i* **Dunát lehetne ~ni vele** there are piles/loads/oodles of it

rekettye *fn* gorse, furze, whin

rekkenő *mn* **~ hőség/meleg** oppressive/sweltering heat, a stifling hot day

reklám *fn* **1.** *[reklámozás]* advertising, publicity, (sales) promotion **2.** *[maga a reklám]* advertisement, *biz* ad, *GB biz* advert, *[tévében, rádióban]* commercial, *[műsor részei között]* comercial break

reklamáció *fn* complaint

reklamál *i* **1.** *[panaszt tesz]* make*/lodge a complaint (about sg), complain about sg **2.** *[követel vknél vmt]* demand sg from sy, claim sg from sy, press sy for sg

reklámár *fn* bargain/special/reduced price

reklámbevétel *fn* income from advertizing

reklámblokk *fn* commercial block

reklámcédula *fn* handbill, throwaway, flyer, flier

reklámfilm *fn* commercial

reklámfogás *fn* advertising trick, hype

reklámfőnök *fn* publicity/advertising manager, sy in charge of publicity, public relations officer (*röv* **PRO**)

reklámfüzet *fn [kötött]* brochure, booklet, prospectus, *[hajtogatott]* leaflet

reklámhadjárat *fn* advertising campaign

reklámhordozó *fn* advertising medium

reklámiroda *fn* advertising agency

reklámkampány *fn* → **reklámhadjárat**

reklámköltség *fn gazd* advertising costs *tsz*

reklámosztály *fn* publicity department

reklámoz *i* advertise, promote, publicize, *biz* push, give* sg publicity, *[rádióban, tévében] biz* give* sg a plug [on (the) radio/TV]

reklámozás *fn* advertising, (sales) promotion, publicity

reklámriport *fn* commercial report

reklámstratégia *fn* advertizing strategy/policy

reklámszakma *fn* advertising, publicity

reklámszatyor *fn* plastic bag

reklámszöveg *fn [újságban]* advertisement, advertising/publicity copy, *[könyv fülszövege]* blurb

reklámszünet *fn* commercial break; **~ után visszajövünk** we'll be back after the break/commercials

reklámtábla *fn* (advertisement) sign, poster, billboard

rékli *fn [mellényszerű]* bodice, *[kisbabának]* Baby-gro (*tsz* -os)

rekompenzál *i* compensate sy for sg

rekonstruál *i* reconstruct; **~ja a tényállást** reconstruct the facts

rekonstrukció *fn* reconstruction

rekontra *fn* redouble

rekord *fn sp* record, *[csúcsteljesítmény] biz* an all-time high; **~ot megdönt** break* a record; → **beállít**, → **csúcs 6**

rekordbevétel *fn gazd* record income

rekorder *fn* **1.** *sp* record holder **2.** *el stb.* recorder

rekordgyorsaság *fn* record speed

rekordidő *fn* record(-breaking) time

rekordkísérlet *fn sp* record attempt

rekordsebesség *fn* record speed

rekordszám *fn infor* record number

rekordtermés *fn* bumper crop, record yield

rektor *fn [magyar egyetemen]* Rector [of the University], *GB* Vice Chancellor, *US* Rector, President [of the University]

rektorátus *fn [tisztség] GB* vice-chancellorship, *US* rectorship

rektori *mn* **~ hivatal** *[magyar]* Rector's Office, *GB* Vice Chancellor's (v. *US* Rector's) Office

rekultiváció *fn mezőg* recultivation

rekviem *fn* Requiem

rekvirál *i* requisition, commandeer

rekvirálás *fn* requisition(ing), commandeering

rekvizitum *fn* accessory, requisite

relatív *mn* relative

relatíve *hsz* → **viszonylag**

relativitás *fn* relativity

relativitáselmélet *fn* (special v. general) theory of relativity

relaxáció *fn* relaxation

relaxál *i* relax

relé *fn el* relay

reléállomás *fn el* relay station

relevancia *fn* relevance

releváns *mn* relevant

relief *fn* → **dombormű**

relikvia *fn* relic(s)

reluxa *fn kb.* Venetian blind

rém I. *fn [kísértet]* spectre (*US* -ter), ghost, apparition, phantom; **a háború ~e** the spectre (*US* -ter) of war; *tréf* **a pedagógusok ~e** *[rossz diák]* the despair of teachers; **a környék ~e** the terror of the neighbourhood (*US* -or-) (v. of the region); **~eket lát** he is an alarmist, he is a Jeremiah **II.** *hsz biz* awfully, terribly, incredibly; **~ jópofa** he's a scream; **~ egyszerű** [it's] a piece of cake, easy as pie

rémálom *fn átv is* nightmare

rémdráma *fn* **1.** *irod szính* melodrama, thriller, blood-and-thunder play **2.** *[megtörtént]* catastrophic/tragic event, *biz* tragedy

remeg *i* tremble, quake, shake*, quiver, shiver (*vmtől mindegyik:* with); **egész testében ~** be* trembling/shaking all over; **~ a félelemtől** shake*/tremble with fear, shake* in one's shoes/boots

remegés *fn* trembling, tremble, quake, shake, quiver(ing), shiver(ing)
remek I. *mn* superb, magnificent, splendid; **~ fickó** a splendid chap, a good man°, *US* great guy **II.** *fn elav* masterpiece, masterwork **III.** *isz* great!, splendid!
remekel *i* (*vmben*) excel (in), surpass/distinguish oneself (in)
remekíró *fn* classic
remekmű *fn* masterpiece
remekül *hsz* splendidly, brilliantly, magnificently; **minden ~ megy** everything is going very well; **~ éreztük magunkat** we had a wonderful/marvellous (*US* -l-) (v. glorious) time; **~ megy a bolt** *biz* the business is going great guns
remél *i* hope (*vmt* for sg), *[vmt vár]* expect (sg), look forward to (sg/doing sg), have* hope (that/of sg); **~em, hogy igen** I hope so; **~em, még találkozunk** I hope to see you again, I hope that we shall meet again; **~jük a legjobbakat** let us hope for the best; **jobban sikerült, mint ahogy ~tük** we have succeeded beyond expectation
remélhető *mn* to be expected/hoped *ut*
remélhetően *hsz* → **remélhetőleg**
remélhetőleg *hsz* it is (only) to be hoped that, I hope ..., *biz* hopefully ...; **~ eljön** I hope/trust that he will come; **~ nem fog esni** I hope it will not rain
remélt *mn* expected, hoped-for; **nem ~** unexpected, unhoped-for
remény *fn* hope, expectation; **a ~ utolsó szikrája** the (last) gleam/glimmer of hope; **halvány ~ sincs rá** *GB biz* not an earthly; **~em van arra, hogy** ... I have hopes of (...ing); **abban a ~ben, hogy** ... in the hope that (v. of ...); **vmnek a ~ében** in the hope of sg; **annak a ~ének ad kifejezést, hogy** ... express the hope that ...; **~re jogosít** show* great promise, promise well, be* quite promising; **~t fűz vmhez** attach hopes to sg; **nagy ~eket fűz vkhez** have* high hopes of sy, set* one's hopes on sy; **beváltja a ~eket** fulfil (v. *US* fulfill) sy's hopes/expectations; **minden ~ét vkbe/vmbe helyezi** pin all one's hopes on sy, place/put* all one's trust in sy; **~t kelt vkben** raise sy's hopes; **~étől megfoszt** crush/dash/destroy/shatter sy's hopes
reményág *fn* → **reményfutam**
reményfutam *fn sp* repêchage
reménykedés *fn* hoping, hope, hopefulness
reményked|ik *i* hope (*vmben/vkben* for sg/sy), attach hopes (*vmben* to sg); **abban ~ik, hogy** ... (s)he cherishes the hope that ..., (s)he hopes that ...
reménykeltő *mn* promising, heartening
reménység *fn* hope, expectation; **ez az utolsó ~e** that is his last hope/resort
reménysugár *fn* ray/gleam/glimmer of hope, the dawn of hope
reménytelen *mn* **~ dolog/eset** hopeless matter/case; **~ szerelem** unrequited love; *[állapota]* lovelornness
reménytelenül *hsz* hopelessly; **~ szerelmes** *irod* be* lovelorn
reményteljes *mn* hopeful, full of hope *ut*, promising, up-and-coming
reményvesztett *mn* hopeless, despairing, without hope *ut*, *irod* bereft of hope *ut*
rémes *mn* awful, frightful, dreadful, horrible, *biz* ghastly
rémesen *hsz* horribly, terribly, awfully; **~ néz ki** look like nothing on earth; **~ nézel ki ma reggel** you're looking shit this morning
remete *fn* hermit, recluse
remetelak *fn* hermitage, hermit's abode
remeteség *fn átv* seclusion, solitude
remetésked|ik *i* lead* the life of a hermit/recluse
rémhír *fn* rumour (*US* -or)
rémhírterjesztés *fn* rumour-mongering (*US* rumor-), scaremongering
rémhírterjesztő *fn* rumour-monger (*US* rumor-), scaremonger, alarmist
remi *fn biz* a draw
rémít *i* terrify, frighten, alarm; **halálra ~** *biz* scare sy stiff/*szl* shitless
rémítget *i* keep* terrifying/scaring/alarming
rémítő *mn* → **rémes**
remittenda *fn gazd [maradék példányok]* returns *tsz*
remíz *fn [villamosé]* (tram-)depot
remiz|ik *i biz* have* a draw
rémkép *fn* nightmare; **~eket lát** (i) *[álmában]* have* (v. be* troubled with) nightmares (ii) *[pesszimista]* take* a gloomy view of everything, be* an alarmist (v. a Jeremiah)
rémlátomás *fn* phantasmagoria
réml|ik *i* (*vknek*) seem, appear to sy; **vm ~ik** it rings* a bell; **úgy ~ik előttem/nekem, mintha** ... I seem to remember that ..., I fancy
rémregény *fn* horror story, blood-and-thunder story, thriller
rémség *fn* horror, atrocity
rémséges *mn* → **rémes**
rémtett *fn* horrible/dreadful/shocking deed/act
rémtörténet *fn* blood-curdler, blood-and-thunder story, thriller
rémuralom *fn* terror(ism), reign of terror
rémül *i* → **halál**
rémüldöz|ik *i* be* alarmed/scared, panic (*alakjai:* panicked, panicking); **ne ~z!** don't panic!
rémület *fn* terror, horror, dread; **legnagyobb ~emre** to my utter horror; **~et kelt vkben** strike*/fill* sy with terror, terrify sy
rémült *mn* horrified, terrified, alarmed, horror/terror-stricken/struck
rend *fn* **1.** *[elrendezettség]* order, *[szobáé]* tidiness; **a ~ kedvéért** for the sake of order; **~ a lelke mindennek** first things first; **~be hoz** (i) *ált* (*vmt*) put*/set* sg/things to rights, sort sg out (ii) *[megjavít]* repair/mend sg (iii) *[szobát]*; → **rendbe rak/tesz; ~be hozza magát** have* a wash and brush-up, tidy oneself (up); **~be jön** settle down, return (v. be* back) to normal; *[vk egészségileg]* recover, get* well again; **a dolgok majd ~be jönnek** things will sort themselves out, it/things/matters will work out; **minden ~be jön a végén** it/everything will come (out) right in the end; **ettől majd ~be jössz** it will pick you up, it will help you (to) recover, it will help you (to) get better; **~be rak/tesz vmt** put*/set*/get* sg in order, *[szobát]* do* [the room], tidy [the room] (up); **~be szed** *[fegyelmez]* take* sy to task, discipline; **ez a dolog/dolgok ~je** this is how it should be; **annak ~je és módja szerint** duly, in due form/order, properly; **~ben van** (i) *ált* be* in order (ii) *[elintézett]* be* done/settled (iii) *[gép]* be* in (good/perfect) running/working order, be* in perfect trim; **~ben (van)!** (i) *[helyeslés, beleegyezés]* (all) right!, fine!, *biz* OK v. O.K., okay! (ii) *[el van intézve]* done!; *[ügyintézés végén]* you are all set; **minden ~ben van** everything's fine, all's well; **itt vm nincs ~ben** there is sg wrong (here), *biz* I smell a rat; **~ben tart vmt** keep* sg in order, maintain order among/in sg; **eddig ~ben volnánk** so far so good; **~et csinál/teremt** (i) (*vhol*) make* order, sort sg out, put*/get* sg in order, *[szobában]* do* the room, tidy the room (ii) *[rosszalkodó gyerekek között]* sort [the children] out; **helyreállítja a ~et** restore (public) order, set* things right; **a ~et fenntartja** keep*/maintain/preserve order; **~et tart** keep* order; **~re tanít** make* sy toe the line **2.** *[sor]* row, line, array **3.** *[lekaszált]* swath **4.** *áll növ* order **5.** *tört [társadalmi]* estate, order, class [of society]; **polgári ~** bourgeoisie, the commons *tsz*; **karok és ~ek** the Estates of the Realm; **egyházi ~** holy order(s) **6.** *[rendszer]* **demokratikus ~** democratic system, democracy **7.** *[mennyiség]* **egy ~ ruha** a suit (of clothes)
rendbeli *mn* **három ~** (i) *ált* threefold, repeated/happening/occurring three times *ut* (ii) *jog* three counts of; **tizenkét ~ lopás** twelve counts of theft
rendbírság *fn* fine (for contempt of court)

rendbontás *fn* disturbance, disorder, breach of (v. disturbing) the peace
rendbontó I. *mn* disruptive, unruly, riotous **II.** *fn* troublemaker, disturber of the peace
rendcsinálás *fn pol* → **rendteremtés**
rendel *i* **1.** *[árut]* order, give*/send* sy (v. put* in) an order for sg, *[ruhát, cipőt]* have* (sg) made for oneself, order (oneself) [two suits etc.], *[taxit]* order [a taxi], *[étteremben ebédet, ételt]* order [lunch, roast beef etc.], *[színházjegyet]* book [seats at the theatre], *[szobát szállodában]* book a [room], make* a booking, *[repülőjegyet]* book [seats on a plane]; **tetszett már ~ni?** *[étteremben]* are you being served? **2.** (*vkt vk mellé*) assign/give* sy to sy as an [assistant] **3.** *kat* (*vkt vhova*) detail, post **4. magához ~ vkt** summon sy, send* for sy **5.** *[orvosságot, kezelést]* prescribe [a medicine/treatment] for [an illness]; **mit ~t az orvos a náthádra?** what (medicine) did the doctor prescribe for your cold?; **egy hónapi fekvést ~t az orvos** the doctor ordered him a month's rest in bed **6.** *[orvos rendelést tart]* have*/hold* one's surgery; **~ 2-től 4-ig** surgery/consulting hours 2 pm to 4 pm; **~ de. 10 – 11-ig és du. 5 – 6-ig** surgery hours 10-11 am and 5-6 pm; **~ hétfőtől péntekig 10 – 11-ig** surgery hours Monday to Friday 10-11 **7. a sors úgy ~te, hogy** ... he was fated to ..., it was his destiny that ...
rendelés *fn* **1.** *[áruké]* order(ing); **~re** (v. **~ szerint) készült** made to order/measure *ut*, custom-made/built; **csak ~re** to order only; **~t felad** send*/place an order (for sg); **~t felvesz** take* an order; **~t teljesít** fulfil (v. *US* fulfill) an order, execute an order; **~t visszavon** cancel (*US* -l) an order **2.** *orv* surgery; **délelőtti ~** morning surgery; **~ 2 – 4-ig** surgery/consulting hours 2 pm to 4 pm; **ma nincs ~** no surgery today
rendelésállomány *fn* stock of orders
rendelésfelvétel *fn* bookings *tsz*, taking orders
rendelési *mn* **~ idő** consulting/surgery hours *tsz*; **~ könyv** order book
rendelet *fn* **1.** *jog* order, decree; **miniszteri ~** ministerial decree, departmental order (signed by a minister); **vk ~ére** by order of sy; **~tel szabályoz** regulate by decree; **~ekkel való kormányzás** government by decree **2. orvosi ~** doctor's orders *tsz*; **orvosi ~re** on doctor's orders **3.** *gazd* **~re szóló csekk** cheque (*US* check) to order
rendeleti *mn* **~ úton** by order/decree
rendeletileg *hsz* by order/decree
rendelkezés *fn* disposition, disposal, direction, order, command, instruction; **a rendelet főbb ~ei a következők:** the major/main provisions of the decree/order are as follows; **további ~ig** until further orders/notice; **~re áll** be* available, be* at sy's disposal; **~re álló** available, at sy's disposal *ut*; **miben állhatok ~ére?** can I do anything for you?, what can I do for you?, can I be of service/assistance (to you)?; **~edre/~ére állok!** I'm at your service; **~re bocsát** place/put* sg at sy's disposal, make* sg available to sy
rendelkezési *mn* **~ alap** funds for special purposes *tsz*; **~ állomány** temporary retirement; **~ jog** right of disposal
rendelkez|ik *i* **1.** *[parancsot ad]* give* orders, order; **~ vkvel** give* orders to sy **2.** (*vm felett*) dispose of/over, have* sg at one's disposal; **sok pénz felett ~ik** he has considerable funds at his disposal **3. ~** (*vmvel*) *[birtokol]* possess sg, be* in possession of sg; **jeggyel ~ők** ticket-holders
rendellenes *mn* abnormal; **~ fejlődés** abnormal growth
rendellenesség *fn ált* abnormality, abnormity, *[fejlődési]* developmental abnormality, anomaly, deformity
rendelő *fn orv* consulting-room, surgery, *US* (doctor's/dentist's) office
rendelőintézet *fn* clinic
rendeltetés *fn [cél]* (intended/special) purpose, designation, *[funkció]* function; **ennek az összegnek az a ~e** this amount (v. sum of money) is allocated/designated/earmarked for [research etc.]
rendeltetési *mn* **~ hely** destination
rendeltetésszerű *mn* **~ használat** normal/proper use
rendelvény *fn* **1.** *[bírói]* judge's order, decision, ruling **2. orvosi ~** prescription
rendes *mn* **1.** *[rendszerető]* tidy, neat, *[rendben tartott]* tidy, neat (and tidy), orderly, in order *ut*; **~ háziasszony** she is very house-proud; **~ a szekrénye** her/his cupboard/wardrobe is tidy; **nincs egy ~ ruhája** he doesn't have a decent suit, *[nő]* she doesn't have a thing to wear **2.** *[derék, tisztességes]* decent, nice, good, upright, straight; **~ lány** a nice/good girl; **~ ember** decent/honest/nice man°/person, *biz* a decent sort/fellow, a good sort, *US* a regular guy; **nem ~ ember** *biz* a bad lot/egg, a cad; **~ főnök** good/decent boss; **~ gondolkodású** right-thinking/minded; **nagyon ~ volt tőled, hogy** ... it was really nice/kind/good of you to ... **3.** *[megszokott]* usual, normal, customary; **~ időben** at the usual time; **~ körülmények között** normally, in ordinary/normal circumstances; **~ járat(ok)** scheduled service(s); **a ~nél korábban** earlier than usual **4.** *[szabályszerű]* normal, regular; **~ ige** regular verb; **~ sebességgel** at normal speed **5.** *[teljes jogú, pl. tag]* ordinary, full [member]; **az MTA ~ tagja** (ordinary) member of the Hungarian Academy of Sciences; **~ tagság** full membership
rendesen *hsz* **1.** *[erkölcsileg]* **~ viselkedik** behave correctly, *biz* do* the decent thing; *[udvariasan]* behave oneself, be* polite **2.** *[jól, megfelelően]* properly; **csináld meg ~** do it properly **3.** *[rendszerint]* usually, normally
rendész *fn [üzemben]* security guard, *GB [könyvtárban]* security/safety officer, *[múzeumban]* security warder
rendészet *fn* security (forces *tsz*)
rendetlen *mn* **1.** *[nem rendes]* untidy, disorderly; **~ ember** unpunctual/careless/untidy person **2.** *[hanyag]* careless, negligent, *biz* sloppy **3.** *[rendellenes, pl. szerv működése]* irregular, giving trouble *ut*
rendetlenked|ik *i* **1.** *[gyerek]* misbehave, be* mischievous, *GB biz* be* playing (sy) up **2.** *[belső szerv] GB* sg is playing (sy) up
rendetlenkedő I. *mn* **1.** *ált* restless, turbulent, unruly **2.** *[gyerek]* unruly, boisterous, mischievous **II.** *fn* troublemaker
rendetlenség *fn* disorder, chaos, confusion, state of disorder, untidiness, *biz* mess; **~et csinál** *[lakásban]* make* a mess (in the flat); **szörnyű ~ van a szobájában** his/her room is (in) an awful mess, *biz* his/her room is a pigsty
rendetlenül *hsz* **~** in a careless manner, *biz* sloppily
rendez *i* **1.** *[elrendez]* arrange, order, put* sg in(to) (proper) order, *biz [dolgokat]* sort out; **kirakatot ~** dress the window; **sajtó alá ~** prepare sg for publication (v. the press), edit **2.** *[egyenletet]* reduce [an equation] **3.** *[elintéz]* put*/set* sg to rights, settle, *[kényes/vitás ügyet]* set* [a matter] straight, deal* with sg, straighten [matters] out, *biz* sort out [difficulties etc.]; **adósságot ~** pay*/settle one's debts; **~ik a fizetéseket** *[emelik]* raise/increase wages/salaries; **~te évi tagdíját** be* a paid-up member **4.** *[szervez]* organize **5.** *[filmet, színdarabot]* direct; **~te** ... directed by ...; → **botrány**
rendezés *fn* **1.** *[elsimítás]* putting in order, settlement **2.** *[szervezés]* organization, organizing **3.** *[színházi]* direction; **igen jó volt a ~** [the play] was excellently directed
rendezési *mn épít*; **részletes ~ terv** (*röv* **RRT**) (detailed) development plan
rendezetlen *mn* **1.** *konkr* disordered, disorderly, confused **2.** *átv* unsettled; **~ adósság** outstanding/unsettled debt; **~ számla** an outstanding account
rendezett *mn* **1.** *ált* orderly, in order *ut*, properly arranged, well-arranged, *[szoba stb.]* tidy, orderly, *biz* in apple-pie order **2. ~ anyagi körülmények/viszonyok között** in financially sound circumstances; **~ élet(mód)** settled (way of) life

rendezked|ik *i* make* order, set* (sg) in order; → **rendet teremt**
rendező I. *mn* ~ **pályaudvar** *GB* marshalling yard, *US* switchyard **II.** *fn* **1.** *[ünnepélyé, konferenciáé stb.]* organizer **2.** *szính film* director, *[főcímben]* directed by ...
rendezőbizottság *fn* organizing committee
rendeződ|ik *i* be(come)* settled, *[helyzet]* get*/be* back to normal
rendezői *mn* ~ **példány** an/the acting version
rendezőpéldány *fn* → **rendezői példány**
rendezőség *fn* organizing committee, the organizers *tsz*
rendezvény *fn* programme, *US* program
rendezvényszervezés *fn* party/festival organization
rendfenntartás *fn* maintenance of (public) order
rendfenntartó *mn* ~ **közegek** the police, security forces
rendfokozat *fn kat* rank; ~ **szerint** according to rank/seniority
rendhagyó *mn nyelv* irregular; ~ **ige** irregular verb
rendi *mn tört* feudal; ~ **állam** feudal state
rendíthetetlen *mn* firm, solid, immovable; ~ **nyugalma van** be* imperturbable/unflappable
rendjel *fn* order, decoration
rendjén *hsz* **ez így nincs** ~ that's not right/correct, that won't do
rendkívül *hsz* extraordinarily, extremely, exceedingly, exceptionally, remarkably, uncommonly; ~ **fontos, hogy** ... it is of the utmost/greatest importance that ...; ~ **jól** extremely well; ~ **kellemetlen helyzet** a most awkward situation; ~ **nagy** enormous
rendkívüli *mn [szokatlan]* extraordinary, unusual, *[kivételes]* exceptional, *[különleges]* singular, remarkable, *[különös]* unusual, uncommon; ~ **állapot** state of emergency; ~ **esemény** singular/unusual event/incident; ~ **kiadás** *[lapé]* special/extra edition, extra; ~ **követ és meghatalmazott miniszter** envoy extraordinary and minister plenipotentiary; ~ **módon** extraordinarily, exceedingly, enormously, remarkably; ~ **tantárgy** *[választható]* optional/special subject, *US* elective
rendőr *fn* policeman°, *[női]* policewoman°, *[férfi* v. *női]* police officer, *GB* (police) constable (*röv* **PC**, *tsz* **PCs**); **Horváth János,** ~ PC J. Horváth; ~ **őrmester** police sergeant; **közlekedési** ~ traffic policeman°; **ügyeletes** ~ policeman° on duty
rendőrállam *fn* police state
rendőrautó *fn* police car, *[URH-kocsi]* patrol car, *GB* panda car
rendőrbíró *fn* (police-court) magistrate
rendőrfelügyelő *fn* inspector; **Brown** ~ Inspector Brown
rendőrfőkapitány *fn* chief commissioner of police, police commissioner
rendőr-főkapitányság *fn* central police station
rendőrfőnök *fn* police superintendent, *US* chief of police
rendőrhatóság *fn* police (authorities *tsz*)
rendőri *mn* police; ~ **felügyelet alatt áll** be* under police surveillance
rendőrjárőr *fn* police patrol
rendőrkapitány *fn* police superintendent
rendőrkapitányság *fn* police station, police headquarters *tsz*
rendőrkéz *fn* **~re kerül** be* arrested/caught, be* taken into custody
rendőrkopó *fn pej* secret (v. plain-clothes) policeman°
rendőrkordon *fn* (police) cordon
rendőrkutya *fn* police dog
rendőrlaktanya *fn* police barracks/quarters *tsz*
rendőrnő *fn* policewoman° (*röv* **PW**), woman police constable (*röv* **WPC**); **Németh Ilona,** ~ PW (v. WPC) Ilona Németh; → **rendőr**
rendőrőrs *fn* police station
rendőrőrszem *fn* policeman° on duty
rendőrőrszoba *fn* police station
rendőrség *fn* police *tsz*, *[mint országos testület]* police force; **a ~ keresi** the police are after him, he is wanted by the police; **a ~ készenlétben áll** police are standing by; **átadják a ~nek** turn sg/sy in, hand sg/sy over to the police; **beviszik a ~re** be* taken to the police station, run* sy in, be* taken into (police) custody; **kivonult a** ~ the police turned out in force
rendőrségi *mn* police; ~ **fogda** police cells *tsz*
rendőrspicli *fn biz pej* (police-)spy, informer
rendőrtiszt *fn* police officer/commissioner
rendőrtiszti *mn* ~ **főiskola** police academy
rendőrvicc *fn* policeman joke
rendre I. *hsz* by turns, in turn, one after another **II.** *isz elav [gyűlésen]* ~! ~! order! order!
rendreutasít *i* call sy to order, take* sy to task, rebuke sy, *biz* tick sy off
rendreutasítás *fn* calling to order, rebuke
rendszabályok *fn tsz [intézkedés]* measures *tsz*, steps *tsz*; **~hoz nyúl** take* measures/steps (to), take* action; **büntető** ~ (punitive) sanctions; **erélyes** ~ strong measures; **megtorló** ~ reprisals, retaliatory measures
rendszám *fn [autóé]* registration number
rendszámtábla *fn GB* number plate, *US* license plate
rendszer *fn* system, *[módszer]* method; **(politikai)** ~ regime, system of government; **~be foglal** systematize; **~t csinál vmből** make* a habit of sg, make* it a rule to
rendszerelemzés *fn tud* systems analysis
rendszerelmélet *fn tud* systems theory
rendszeres *mn* **1.** *[rendszerezett]* systematic, methodical, *[rendszerszerű]* systemic **2.** *[állandó]* constant, permanent; ~ **tájékoztatás** *[sajtóban]* coverage; **~sé válik** become* widespread **3.** *[megszokott]* habitual, regular; ~ **látogató** regular visitor
rendszeresen *hsz* systematically, regularly
rendszeresít *i [bevezet]* establish, introduce; **~ett állás** permanent/established post
rendszeretet *fn* love/sense of order, orderliness, tidiness
rendszerető *mn* neat, orderly, tidy
rendszerez *i* systematize
rendszerezés *fn* systematization, system
rendszerezett *mn* ~ systematic
rendszergazda *fn infor* system administrator
rendszerint *hsz* as a rule, usually, generally, normally, in general
rendszerlemez *fn infor* system disk
rendszerszerű *mn* systemic
rendszerszoftver *fn infor* system software
rendszertan *fn* taxonomy, taxology
rendszertani *mn* taxonomic; ~ **név** taxonomic name
rendszertelen *mn* without plan/system *ut*, unsystematic, *[nem összehangolt]* uncoordinated, *[alkalmi]* casual, random
rendszerváltoz(oz)ás *fn pol* change-over, political/democratic transformation, change of regime
rendtartás *fn* rules *tsz*, regulations *tsz*
rendteremtés *fn* restoring order
rendű *mn* -class, -rate, -grade; **minden ~ és rangú ember** people from all walks of life *tsz*, all sorts and conditions of men *tsz*
rendületlen *mn* firm, resolute, steadfast, steady, unshakable
rendvédelem *fn jog* law enforcement
rendzavarás *fn ált* disturbance, *[zendülés]* riot(ing), *[garázdaság]* breach of the peace, disorderly conduct
rendzavaró *fn* troublemaker
renegát *fn* renegade, traitor, turncoat
reneszánsz *fn* **1.** *tört* the Renaissance **2. vmnek a ~a** the renaissance of sg
reng *i* **1.** *ált* shake*, tremble, quiver **2.** *[föld]* quake, there is an earthquake
rengeteg I. *szn [számra]* vast number of, countless (*utána: tsz*), *biz* lots of, *[tömegre]* huge, enormous, vast; ~ **dolgom**

van I'm very busy, I've got my hands full, I'm snowed under; **~ (sok) ember** vast/immense/huge crowd(s), a mass of people, lots of people *tsz*, many people *tsz*; **~ munka** a vast amount of work; **~ pénz** a lot of money, *biz* a mint; **~ pénze van** he is rolling in money, *biz* he's loaded; **~ pénzbe került** it (has) cost a (small) fortune (v. a lot of money) **II.** *fn* **1.** *[hatalmas erdő]* vast/trackless forest **2. ~et dolgozik** work very hard, work like a Trojan; **~et nevettünk** we laughed our heads off

renitens *mn* refractory, recalcitrant

renomé *fn* reputation, renown, name

renovál *i [épületet]* renovate, repair, restore [a building]

rénszarvas *fn* reindeer

rentábilis *mn* profitable, paying, *[igével]* it pays

rentabilitás *fn* profitability, profitableness

renyhe *mn* **1.** *ált* inert, inactive, torpid **2.** *[bélműködés]* sluggish

reorganizáció *fn* reorganization

répa *fn növ* **1.** *[fehér]* turnip **2.** *[sárga]* carrot **3.** *[cukor]* (sugar-)beet

répacukor *fn* beet sugar

reparál *i* mend, repair, *biz* fix

répaszedés *fn* gathering of turnips

répaszelet *fn* slice of turnip

repatriál *i* repatriate

répavágó *fn* turnip slice/cutter

repce *fn* rape, colza

repceolaj *fn* rape(-seed) oil, colza oil

repcsi *fn bec* → **repülőgép**

repdes *i* flutter, flit, fly* about

reped *i* **1.** *ált* crack, burst*, split*, *[bőr]* chap, crack **2.** *[ruha]* tear*, *[nadrág]* tear*, split*, rip

repedés *fn* **1.** *[folyamat ált]* bursting, splitting, *[bőrön]* cracking, chapping **2.** *[eredménye, ált]* burst, *[rés]* gap, slit, *[falban]* crack, chink, *[bőrön]* chaps *tsz*, *[ruhán]* tear

repedezett *mn ált* cracked, *[bőr]* chapped

repedez|ik *i* **1.** *ált* crack, chap, rend* (easily), split* **2.** *[bőr]* chap

repedt *mn* **1.** *[tányér stb.]* cracked **2. ~ hang** hoarse/cracked voice

repertoár *fn szính* repertoire, repertory; **gazdag ~ja volt** he had a wide repertory

repertoárdarab *fn* stock play

repertoárszínház *fn* repertory company/theatre (*US* -ter), *US* stock company

repes *i* flit, flutter (about); **a szíve ~ett örömében** his heart jumped/leapt for joy

repesz *fn* shrapnel, splinter

repeszbomba *fn* antipersonnel bomb, fragmentation/personnel bomb

repeszdarab *fn kat* shrapnel

repeszgránát *fn* fragmentation grenade

repeszt *i* **1.** *konkr* crack, split* **2.** *átv biz [motorral]* tear*/roar/bomb along, do* a ton

repeta *fn biz* seconds *tsz*, a second helping; **kérj ~t** ask for seconds

repetál *i biz [ételt]* take*/have* a second helping

repít *i* **1.** *ált* (*vmt*) let* sg fly, *[sárkányt]* fly* [a kite] **2.** *[hajít]* throw*, fling*, hurl **3. golyót ~ az agyába** blow* out one's brains **4.** *[vkt autón vhová]* run* sy to [a place]

repked *i* fly* about, *[ide-oda]* flit/flutter to and fro

repkény *fn* ground ivy

replika *fn* **1.** reply, retort **2.** *[zene]* replication, replicate

replikáz|ik *i* reply, retort

reppen *i* take* wing/flight, fly* (up), flit

reprezentáció *fn* public/official duties *tsz*, public appearance, entertainment *[fogadások stb.]*

reprezentációs *mn* **~ költségek** entertainment expenses, entertainment allowance *esz*; **~ költségtérítés** expense account

reprezentál *i* **1.** *[képvisel]* represent **2.** *[szerepel a közéletben] kb.* act in one's official capacity

reprezentatív *mn* **1.** *[kiállítás stb.]* representative [exhibition, collection] **2.** *[statisztika]* representative [survey]; **~ adatfelvétel/mintavétel** representative sample (of), sampling **3.** *[mutatós]* impressive, imposing, *GB biz* swish, *[épület stb.]* imposing, stately; **~ megjelenésű ember** a person of impressive appearance

reprint *fn* reprint

reprivatizáció *fn* reprivatization

reprivatizál *i* reprivatize

reprivatizálás *fn* → **reprivatizáció**

repríz *fn [színdarab]* revival (of a play), *[film]* rerun

repró *fn biz* repro

reprodukál *i* reproduce

reprodukálhatatlan *mn* unrepeatable

reprodukció *fn* reproduction

reprográfia *fn* reprography

reptében, röptében *hsz* flying, on/upon the wing

reptér *fn* → **repülőtér**

republikánus *mn/fn* republican; **~ párt** *US* Republican Party

reputáció *fn* reputation, repute

repül *i* **1.** *ált* fly* **2.** *[repülőgépen utazik]* fly*, travel (*US* -l) (v. go*) by air **3. levegőbe ~** *[felrobban]* blow* up, be* blown up **4.** *[rohan, gyorsan megy]* fly*, run*, *[gondolat]* soar **5.** *biz* **~ az állásából** be* thrown out, get* the sack/boot, be* sacked; → **galamb**

repülés *fn* **1.** *ált* flying **2.** (*vké/vmé*) flight **3.** *[technika]* aeronautics *esz*, aviation

repülésbiztonság *fn rep* flight safety

repülési *mn* flying-, flight-, aero-, aeronautical; **~ idő(tartam)** flight/flying-time; **~ magasság** (flying/cruising) altitude; **~ sebesség** flying speed; **~ szint** flight level (*röv* **FL**); **~ szint tízezer láb** *[száz lábakban mérve]* flight level one – zero – zero; **~ útvonal** flight path

repülésirányító *fn rep* air-traffic controller

repüléstan *fn* aeronautics *esz*

repülő I. *mn* **1.** (*vk/vm*) flying **2.** *kat* **~ ezredes** *GB* group captain, *US* colonel; **~ alezredes** *GB* wing-commander, *US* lieutenant-colonel **II.** *fn* **1.** *[személy]* flier v. flyer, aviator, pilot, *kat GB* aircraftman°, *US* airman° **2.** → **repülőgép**; **~vel utazik/megy** go*/travel (*US* -l) by air, fly*; **~vel mentünk Lisszabonba** we flew to L.

repülőbaleset *fn rep* air/plane crash

repülőbizottság *fn* flying commission/committee

repülőbomba *fn* flying bomb

repülőborda *fn orv* floating rib

repülőgép *fn ált* aircraft (*tsz* ua.), *GB* (aero)plane, *US* airplane, *biz* plane, *[utasszállító]* airliner; **sugárhajtású ~** jet-propelled aircraft, jet (plane); **a ~ leszáll** the aircraft lands; **a ~ felszáll** the aircraft takes off; **~en/~pel utazik** travel (*US* -l) by air, go* by air, fly*

repülőgép-anyahajó *fn* aircraft carrier

repülőgép-eltérítés *fn* → **géprablás**

repülőgép-eltérítő *fn* → **géprabló**

repülőgépes *mn mezőg* **~ szolgálat** aerial farming; **~ fejtrágyázás** aerial topdressing

repülőgépgyár *fn* aircraft factory

repülőgépgyártás *fn* aircraft production

repülőgép-hordozó *fn* → **repülőgép-anyahajó**

repülőgépmodell *fn* model aeroplane

repülőgép-parancsnok *fn rep* pilot-in-command (*röv* **PIC**)

repülőgéppark *fn rep* fleet

repülőgéprabló *fn* → **géprabló**

repülőgép-szerelő *fn* flight/aircraft mechanic

repülőgép-szerencsétlenség *fn* air/plane crash

repülőgéptípus *fn rep* type, model

repülőhal *fn* flying fish (*tsz* ua.)

repülőjárat *fn* flight; **rendszeres ~** scheduled flight; **~ száma** flight number

repülőjegy *fn air* ticket

repülőklub *fn rep* flying club

repülőmagasság *fn rep* flying/cruising altitude
repülőnap *fn rep* air display
repülőnő *fn* airwoman°
repülőraj *fn* flight
repülőrajt *fn sp* flying start
repülősebesség *fn rep* cruising speed
repülősó *fn orv* sal volatile
repülősport *fn* aviation
repülőszázad *fn* squadron
repülőszemélyzet *fn* air-crew
repülőszerencsétlenség *fn* air crash
repülőtámadás *fn* air-raid
repülőtámaszpont *fn kat* air base
repülőtér *fn* airport, *[kisebb]* airfield; *elav [magánrepülőknek] GB* aerodrome, *US* airdrome
repülőtéri *mn* ~ **autóbusz** airport bus; ~ **használati díj** (v. **illeték**) airport fee/tax; ~ **jelzőfény** ground-lights *tsz*; ~ **személyzet** ground crew/staff
repülőtiszt *fn* air-force officer, *GB* officer of the Royal Air Force, RAF-officer, *US* officer of the USAF
repülőút *fn* flight; **jó repülőutat!** have a good flight/trip!, happy landings!
rés *fn* **1.** *ált* slit, rift, *[repedés]* fissure, crack, split, *[nyílás]* aperture, orifice, *[lyuk]* hole, gap; **~t betöm** fill/stop a gap **2.** **~en áll/van** be*/stand* on guard (v. on the alert/watch), *biz* keep* one's eye on the ball; **Légy ~en!** *[cserkészköszöntés]* Be prepared!
résel *i bány* cut*, hole
réselés *fn bány* cutting, holing
réselőgép *fn bány* coal-cutter, breaching machine
réshang *fn nyelv* fricative (consonant)
respektál *i* respect sy, have* respect/regard for sy, *[tart vktől]* be*/stand* in awe of sy
rest *mn* lazy, slothful, sluggish, indolent; **nem volt ~** (s)he didn't hesitate to, he took the trouble to
restancia *fn* backlog; **nincs ~ja** be* up to date with one's work; **~ban van** be* behindhand with sg, be* behind in/with sg; **sok ~m van** I have a huge backlog (of work), I'm behindhand in my work, I'm behind with my work
restauráció *fn tört* restoration
restaurál *i* restore
restaurátor *fn* (picture-)restorer
restelked|ik *i* be* ashamed of oneself, be*/feel* ashamed (to v. that)
restell *i* **1.** *[szégyell vmt]* be* sorry that ..., be* ashamed of/that ...; **~em a dolgot** I feel really (very) bad about it; **~i magát** → **restelkedik** **2.** *[lusta vmt megtenni]* be* too lazy to do sg, be* loth/reluctant to do sg; **nem ~i a fáradságot** spare no pains
restrukturálás *fn* restructuring
rész *fn* **1.** *konkr* (*röv* **r.**) part, piece (*röv* **pt.**); **vmnek egy ~e** be*/form (a) part of sg; **két ~ből álló** consisting of (v. having) two parts/sections *ut*; **~ekre bont/oszt** split*/cut* up, divide **2.** *[osztályrész]* share, proportion; **a rá eső ~** one's share; **elvégzi a munka rá eső ~ét** do* one's share of the job/work, *biz* do* one's bit; **megkapja a ~ét vmből** receive/get* one's share of sg; **kiveszi a ~ét vmből** take* a share in sg, participate in sg; **alaposan kivette a ~ét a munkából** do* one's fair share of the work **3.** *[terület]* section, region **4.** *átv* part, side; **~e van vmben** be* a party to sg, have* a hand in sg, be* involved in sg; **legnagyobb ~ben** for the most/greater/greatest part, to a great/large extent; **vk ~ére** for sy, at sy's disposal; **vk ~éről** on sy's part, on the part of sy; **~emről/a magam ~éről** for/on my part, as far as I am concerned, personally speaking, I ...; **~emről rendben!** that's all right with me; **~t vesz** (i) (*vmben*) take* part in sg, have* a share/hand in sg, share/participate/join in sg; *[vm rosszban/törvénytelenben]* be* engaged in sg (ii) (*vmn*) take* part in [a conference etc.], participate in sg, attend [a meeting etc.], be* present at sg; **vmben/vmn ~t vevő** participant (in sg), taking part in sg *ut*; **nem vesz ~t vmn** does not take part in sg, *[szándékosan]* stay away (from)
részarányos *mn* symmetrical, in proportion *ut*
részben *hsz* partly, in part, partially, to some degree/extent, to a certain extent; ~ **ennek köszönhető, hogy**... it is partly due to this that...
részbeni *mn* partial
részecske *fn fiz* particle, fragment; **elemi ~** elementary particle
részecskegyorsító *fn fiz* particle accelerator
részeg I. *mn* drunk(en), intoxicated, *durva* pissed, *[kissé]* tight, tipsy; ~ **állapotban** while drunk, in a state of drunkenness/intoxication; → **részegen**; ~ **disznó** drunken sot; **~, mint a csap** (as) drunk as a lord/newt, *biz* (as) tight as a tick, *durva* (as) pissed as a newt **II.** *fn* drunk, drunkard
részegen *hsz* (while) drunk; ~ **jött be az irodába** (s)he came into the office drunk
részeges *mn* drunken, given/addicted to drinking (v. the bottle) *ut*; ~ **ember** drunkard, drunk, *biz* boozer
részegeskedés *fn* (hard) drinking
részegesked|ik *i* drink*, be* given to drink(ing), be* a hard drinker, *biz* booze
részegítő *mn* intoxicating, heady
részegség *fn* (state of) drunkenness/intoxication, inebriation, tipsiness
reszel *i* **1.** *[fát, fémet, körmöt]* file **2.** *[ráspollyal]* rasp **3.** *[ételfélét]* grate **4.** ~ **a torkom** sg is irritating my throat
reszelék *fn* filings *tsz*, shavings *tsz*
reszelő *fn* **1.** *ált* file **2.** *[ételhez]* grater
reszelős *mn* **1.** *[felületű]* rough, grating **2.** *[hangú]* grating, harsh
részenként *hsz* in parts, bit by bit
részeredmény *fn* **~ek már látszanak** we have achieved some partial results
részes I. *mn* **1.** *[érdekelt vmben, igével]* have* a(n) interest/hand/share in sg, be* concerned/interested in sg; **nem ~ vmben** have* no hand/part in sg, be* not involved in sg **2.** *[vmben részt vevő]* participating (v. taking part) in sg *ut*; **ő is ~ a dologban** he is also involved, he is also party to the [affair etc.] **3.** ~ **bérlő** *mezőg* sharecropper **II.** *fn* participant (in), partner (to); **vmben ~sé tesz** let* sy share/participate in sg; **vmnek ~évé lesz** (have* a) share in sg; → **bűnrészes**
-részes *utótag* -part; **négy~** four-part, consisting of four parts *ut*
részesedés *fn [nyereségből stb.]* share, dividend
részesed|ik *i* → **részesül**
részeshatározó (eset) *fn nyelv* dative (case)
részesít *i* (*vkt vmben*) give* sy a share in sg, grant sy sg; **meleg/szívélyes fogadtatásban ~ vkt** give* sy a warm welcome/reception; → **előny**
részestárs *fn* copartner, sharer
részesül *i* (*vmben*) participate/share in sg, have* a share in sg; **előnyben ~** be* preferred, be* given preference, have* an/the advantage over; **meleg/szívélyes fogadtatásban ~** be* given a warm welcome/reception, be* received cordially
részfeladat *fn* part of the problem/task
részfoglalkozás *fn* part-time job/work/employment
részfoglalkozású *mn* ~ *[igével]* work part-time, have* a part-time job, be* a part-timer, be* a part-time worker
részhalmaz *fn mat* subset
részidő *fn sp* intermediate time, lap time
részidős *mn* part-time
részint *hsz* partly; ~ ... ~ both ... and; on the one hand ... on the other (hand)
reszket *i* **1.** *konkr* tremble; **~, mint a kocsonya/nyárfalevél** tremble like an aspen-leaf **2.** *[borzong]* shiver, shudder; **hidegtől ~** shiver with cold **3.** *átv [fél]* tremble (with fear); ~ **a gondolattól** shudder/tremble at the (very) idea/thought of sg **4.** *átv* **vmért ~** be* crazy about sg, run*

after sg; ~ **vkért** tremble/fear for sy, be* worried/anxious about sy

reszketeg *mn* trembling, shaking

reszketegség *fn* shakiness

reszketés *fn* **1.** *konkr* trembling, tremble **2.** *[borzongás]* shiver(ing), shudder(ing) **3.** *átv* fear and trembling

reszkető(s) *mn* ~ **hang** trembling/quavery/tremulous voice; ~ **kézzel írt** written by a shaky/trembling hand; ~ **térdek** knees knocking together

reszkíroz *i* risk, take* chances, take* a risk/chance

részleg *fn* section, department, part

részleges *mn* partial; ~**en foglalkoztatott** part-time

részlet *fn* **1.** *[ált vmnek a részei]* detail, particulars *tsz*; **apró ~ek** particulars, minute details; ~**ekbe bocsátkozik** go* into detail(s); ~**ekbe menő** detailed, in-depth; **minden ~ében** in every detail; **a legapróbb ~ig** to the smallest detail; **adj meg minden ~et** please give me all the details **2.** *[irodalmi/zenei műből]* extract, passage, *[filmből]* (a short) excerpt **3.** *[részletfizetésnél]* instalment (*US* -ll-), payment; **első** ~ down payment, deposit; ~**ekben fizet** pay* by/in instalments; ~**re vásárlás** hire purchase (*röv* **hp** v. **h.p.**), *US* installment plan; ~**re vesz** buy* (sg) on hire purchase (v. on hp v. on the hp), *US* buy* (sg) on an instalment plan; **12 havi ~re** [pay*] by twelve monthly instalments, [can be paid for] in twelve monthly payments; **kifizeti az első ~et** make* a down payment on sg

részletes *mn* detailed; ~ **tájékoztatást kérünk** please send further details (of sg)

részletesen *hsz* in detail

részletez *i [részletesen előad]* detail (sg), go* into detail(s) about sg, give* full details/particulars of sg; **nem akarom ~ni** I will not go into (the) details

részletezés *fn [a felsorolás]* details *tsz*, *gazd is* specification, itemization; **áruk ~e** specification (of goods)

részletfizetés *fn* ~**re vásárol** *GB* buy* (sg) on hire purchase (v. on hp v. on the hp), *US* buy* (sg) on an instalment plan; ~**t teljesít** pay* an instalment

részletfizetési *mn* ~ **rendszer** hire-purchase (system), *US* instalment plan

részletkérdés *fn* a (question/matter of) detail; **jelentéktelen ~ek** minor details

részletletagadás *fn tréf biz* ~**ra** on the never never

részletügylet, **részletüzlet** *fn gazd* hire purchase, *US* instalment plan

részmunkaidejű *mn [állás]* part-time [job]

részmunkaidő *fn* part-time

részmunkaidős *mn* → **részmunkaidejű**

reszort *fn* competence, province; **nem tartozik a ~omba** it is not within my province, *biz* it's not my department/*GB* pigeon

reszortmunka *fn* routine work

részösszeg *fn* subtotal

részrehajlás *fn* partiality, bias

részrehajló *mn* partial, bias(s)ed; **nem** ~ impartial, unbias(s)ed, unprejudiced

resztelt *mn* → **pirított**

résztulajdon *fn gazd* shared/divided property

résztulajdonos *mn* part-owner

résztvevő *fn* → **részvevő I**

részvény *fn* share, stock; ~**t jegyez** subscribe for shares; ~**t kibocsát** issue shares/stocks; ~**t vásárol/vesz** buy* shares (in)

részvényárfolyam *fn gazd* share/stock price

részvényes *fn* shareholder, stockholder

részvényindex *fn gazd* stock market index

részvénykibocsátás *fn gazd* issue of shares/stocks

részvénykosár *fn gazd* portfolio

részvényosztalék *fn gazd* share/stock dividend

részvénypakett *fn gazd* block/parcel (of shares)

részvénypiac *fn gazd* stock market

részvénytársaság *fn* (*röv* **rt.**) (*tulajdonnév részeként:* Rt. v. RT.) joint-stock company, *US* stock company, *GB* public (limited) company (*röv* **PLC, plc**), *US* incorporated company (*röv* **Inc.**); ~**gá alakul** go* public

részvénytöbbség *fn gazd* controlling stock

részvénytőzsde *fn gazd* stock exchange

részvénytulajdonos *fn gazd* shareholder

részvét *fn [együttérzés]* compassion, sympathy (for); ~**et érez vk iránt** feel* sympathy for sy; **fogadja őszinte ~emet** please accept my condolences, please accept my heartfelt/deepest sympathy in your bereavement; **kifejezi ~ét vknek** offer one's condolences to sy, express one's sympathy

részvétel *fn* participation (in), taking part (in)

részvételi *mn* ~ **díj** *ált* participation fee, charges *tsz*, *[konferencián]* registration fee

részvétlátogatás *fn* visit of condolence; ~**ok mellőzését kérjük** no visitors by request

részvétlen *mn* without compassion/sympathy *ut*

részvétlenség *fn* lack of compassion/sympathy/interest

részvétnyilvánítás *fn* condolence(s), *[levél]* letter of sympathy

részvéttávirat *fn* telegram of condolence

részvevő I. *fn* participant, attendant, *[konferenciáé]* participant; **a ~k** those present, (the) attendance; **a ~k jegyzéke** list of participants **II.** *mn [sajnálkozó]* compassionate, sympathetic, sympathizing

rét *fn* meadow, field

retardált *mn orv [értelmileg]* mentally retarded

réteg *fn* **1.** *ált* layer, *[vékony]* lamina, *[felületen]* coating, *[rétegelt falemezben]* veneer **2.** *[földben]* stratum (*tsz* strata), *bány* seam, bed, streak **3.** *[társadalmi]* stratum (*tsz* strata), layer

rétegelt *mn* laminate(d); ~ **falemez** plywood, laminate

réteges *mn [föld stb.]* in layers/strata *ut*, laminated

rétegesen *hsz* ~ **öltözik** wear* several (thin) layers of clothing

rétegez *i* layer, arrange/put* sg into layers/strata

rétegeződés *fn [társadalmi is]* stratification

rétegeződ|ik *i [társadalom is]* be* stratified

rétegfelhő *fn* stratus (*tsz* strati)

rétegműsor *fn tv kb.* special interest programme

retek *fn* radish

rétes *fn* strudel; **almás** ~ apple strudel

rétesalma *fn növ* cooking apple

réteslap *fn gaszt* strudel pastry

rétesliszt *fn gaszt* ‹type of special flour used for strudel pastry›

rétestészta *fn gaszt* strudel pastry; *átv* **nyúlik, mint a** ~ drag on

retesz *fn* bolt, fastener; ~**re zár** *[ajtót]* shoot* the bolt, bolt the door; **betolja/rátolja a ~t** bolt the door; **félrehúzza/elhúzza a ~t** draw* the bolt, unbolt the door

réti *mn* meadow

retikül *fn* (hand)bag, *US* purse

retina *fn* retina

retirál *i* → **hátrál**

rétisas *fn áll* white-tailed (sea) eagle

retkes *mn átv [testrész]* dirty, grimy

retorika *fn* rhetoric

retorta *fn* retort

retorzió *fn* reprisal(s), retaliation; ~**val él vkvel szemben** take* reprisals against sy, do* sg as a (v. in) reprisal against sy, *[vm miatt]* do* sg as a (v. in) reprisal for sg

retrovírus *fn orv* retrovirus

rétség *fn* meadow, grassland

retteg *i* **1.** (*vmtől*) dread/fear sg, be* afraid/terrified of sg **2.** (*vktől*) be* terrified of sy, dread sy, be* in dread of sy

rettegés *fn* dread, fear; **halálos ~ben él** live in mortal fear [of sg/sy], be* in an agony of fear; ~**ben tart vkt** terrorize sy

rettegett *mn* feared, dreaded; **R~ Iván** Ivan the Terrible

rettenetes *mn* terrible, dreadful, frightful, awful, horrible; ~ **szegénység** desperate poverty

R

rettenetesen *hsz* terribly, awfully, *[fél]* desperately; ~ **öltözködik** she dresses in desperate taste; ~ **nézett ki** he looked like nothing on earth
rettenthetetlen *mn* intrepid, fearless
rettentő I. *mn* terrific, horrific **II.** *hsz* ~ **nagy** colossal, enormous, (absolutely) huge/vast
retúrjegy *fn GB* return (ticket), *US* round-trip ticket, *[egy napi]* day return (to); ~ **ára** return fare
retusál *i* retouch, touch up
retyerutya *fn biz [hozzátartozók]* one's (whole) family, *szl US* the whole mishpocha
reuma *fn* rheumatism
reumás *mn* rheumatic; ~ **beteg** rheumatic; ~ **betegség** rheumatic disease; ~ **fájdalom** rheumatic pains *tsz*; ~ **láz** rheumatic fever, acute rheumatism
reumatikus *mn* rheumatic
reumatológia *fn* rheumatology
reumatológus *fn* rheumatologist
rév *fn* **1.** *[komp]* ferry(boat); **~vel kel át vmn** cross sg by ferry **2.** *[révátkelés]* ferry **3.** *[kikötő]* harbour (*US* -or), port, haven; **~be ér** come* (safe) (in)to port, *átv* reach a (safe) haven, be* home and dry; → **beevez**, → **révén**
reváns *fn* **1.** *[bosszú]* return, revenge; **~ot vesz vkn** have*/take* (one's)revenge on sy (for sg) **2.** → **visszavágó**
revanzsál *i* return [a favour], requite [a good turn, sy for a kindness etc.], reciprocate [an invitation etc.]
révátkelés *fn* ferry
révedez|ik *i* indulge in reveries/daydreams, day-dream*, be* lost in (a) reverie, go* woolgathering
révedező *mn* daydreaming, woolgathering; ~ **pillantás** distant/far-away/vacant look
reveláció *fn* revelation
révén *nu/hsz* **vknek a ~** through (the intervention of) sy, *[jóvoltából]* through the good offices of sy; **vmnek a ~** through sg, by means of sg
reverenda *fn* cassock, soutane
reverzális *fn* mutual concessions *tsz*
révész *fn* ferryman°
réveteg *mn* → **révedező**
revideál *i* **1.** *[átnéz]* revise, *[könyvelést]* audit **2.** **~ja véleményét** reconsider one's point of view, revise one's opinion, change one's mind
revitalizál *i* revitalize
revízió *fn* revision
revizionista *mn/fn* revisionist
revizionizmus *fn* revisionism
revíziós *mn* revisionist
revizor *fn gazd* auditor
révkalauz *fn* (licensed) pilot
révkapitány *fn* harbour (*US* -or) master, port captain
révkapitányság *fn* port authority/administration
revolver *fn* revolver, pistol, (hand)gun; **~t ránt (elő)** whip out a revolver; → **pisztoly**
revolvereszterga *fn* turret lathe
revolverez *i átv biz* blackmail sy
revolverlövés *fn* revolver shot
révpénz *fn* ferriage, harbour (*US* -or) dues *tsz*, (port) dues *tsz*
revü *fn* revue, variety show
revüfilm *fn* revue film
revügörl *fn* showgirl, chorus girl
révület *fn* trance, entrancement, ecstasy; **~be ejt** entrance sy; **~be esik** fall* into a trance
révült *mn* ecstatic; ~ **pillantás** ecstatic look
revüszínház *fn* variety theatre, music hall
réz *fn* **1.** *[vörös]* copper, *[sárga]* brass; **~zel bevon** copperplate **2.** *[jelzőként ~ből való]* copper-, brass- **3.** *biz* **kivágta a rezet** he has done himself proud, he did his level best
rézbánya *fn* copper mine
rézbőrű (indián) *fn* Red/American Indian
rézdrót *fn* copper/brass wire

rezdül *i* quiver, vibrate, oscillate; **szellő sem ~, egy ág sem ~** not a breath of air/wind; → **arcizom**
rezdülés *fn* **1.** *ált* quiver, vibration, oscillation **2.** *[szellőé]* puff, waft (of air)
rezeda *fn növ* mignonette, reseda; **kerti/illatos ~** garden mignonette
rézedény *fn* copper (vessel/utensil/pot), *[sárga]* brasses *tsz*
rezeg *i* **1.** *[húr]* quiver **2.** *[más]* tremble, shake* **3.** *fiz* vibrate, oscillate
rezegtet *i* (make* sg) vibrate, quiver
rezerváció *fn* → **rezervátum** 2
rezervál *i* → **tartalékol**
rezervált *mn* **1.** → **tartalékolt 2.** *[tartózkodó]* reserved, distant, guarded, *biz* stand-offish; ~ **viselkedés** reserved attitude
rezervátum *fn* **1.** *[természetvédelmi]* (nature) reserve **2.** *pol* reservation
rezervoár *fn* reservoir, tank, cistern
rezes *mn* **1.** *[vörösrezet tartalmazó]* copper(-), *[rézszerű]* copper-like, coppery, *[sárga]* brassy **2.** *[hang]* brazen
rezesbanda *fn* brass band
rézfúvós I. *mn* brass(-); ~ **hangszer** brass instrument **II.** *fn [zenész]* brass(-instrument) player; **a ~ok** the brass
rézfúvószenekar *fn ált* brass ensemble, *kat* brass band
rézgálic *fn* blue vitriol, copper sulphate (*US* -lf-)
rezgés *fn* **1.** *ált* quiver(ing), flutter **2.** *fiz* vibration, oscillation
rezgésszám *fn* frequency
rezgő *mn* **1.** *ált* vibrant, shaking; *növ* ~ **nyár(fa)** aspen, trembling poplar **2.** *[hang]* tremulous, quavery, quivering **3.** *fiz* vibrating, oscillating
rezidencia *fn* residence
rezignált *mn* resigned
rezisztens *mn [ellenálló]* resistant
rézkarc *fn* etching, etched engraving, copperplate; **~ot készít** etch, engrave
rézkor *fn tört* Copper Age
rézmetszet *fn* copperplate (engraving), copper/line engraving, etching
rézmetsző *fn* (copperplate) engraver
rézműves *fn* coppersmith
rezonál *i* resound, resonate
rezonancia *fn* resonance
rézpénz *fn* copper (coin)
rézszínű *mn* copper(-coloured) (*US* -ored)
réztányér *fn [borbélyé]* barber's sign, *GB kb.* barber's pole
rezümé *fn* résumé, abstract, summary, *[nyelvoktatásban]* précis
rézveretes *mn* brass/copper-studded
rézvörös *mn* copper(-coloured) (*US* -ored)
rezzen *i* → **megrezzen**, → **összerezzen**
rezzenéstelen *mn* ~ **arccal** without batting an eyelid
rezsi(költség) *fn* overheads *tsz*, overhead costs/expenses *tsz*; **nagy ~** high overheads *tsz*
rezsim *fn* régime, (system of) government
rezsó *fn [gáz]* gas ring/cooker, *[villany]* hot plate
rézsút *hsz* → **rézsútosan**
rézsútos *mn [ferde]* slanting, oblique, askew *ut*, awry *ut*
rézsútosan *hsz* obliquely, at an angle, askew, awry
rézsű *fn* ramp, slope
rhesus-majom *fn áll* rhesus (monkey)
Rh-faktor *fn biol* Rh factor
Rh-negatív *mn* Rh negative
Rh-pozitív *mn* Rh positive
rí *i nép* weep*, cry
riad *i* start up (with fright)
riadalom *fn* panic, commotion, chaos
riadó *fn ált* alarm, *kat* alert
riadóautó *fn [rendőri]* police van (*US* truck)
riadókészültség *fn* alert; **~ben van** be* on the alert
riadt *mn* startled, alarmed; ~ **hang** alarmed/frightened voice

rianás *fn [jégen]* crack, crevasse
riaszt *i* **1.** *[ált és katonaságot, rendőrséget]* alert **2.** → **ijeszt**
riasztás *fn* alert, alarm; **a ~ közvetlenül a rendőrségre fut be** the alarm system is connected directly to the police
riasztó I. *mn [ijesztő]* alarming, startling, frightening, *[félelmetes]* fearful, frightful **II.** *fn* alarm; **megszólalt a ~** the alarm went off; → **riasztóberendezés**
riasztóberendezés *fn* burglar alarm, alarm/security system
riasztólövés *fn* warning shot
ribanc *fn durva* → **ringyó**
ribillió *fn* uproar, hubbub, commotion, row; **nagy ~ volt a ... miatt** there was an uproar over ...
ribiszke *fn növ* currant; **vörös ~** redcurrant; **fekete ~** blackcurrant
ribizli *fn* → **ribiszke**
Richárd *tul* Richard; **III. ~** Richard III (*kimondva:* Richard the third)
ricinus(olaj) *fn* castor oil
ricsaj *fn* **1.** *biz [zaj]* din, shindy, row, racket; **nagy ~t csap** kick up a row, make* a hell of a row, raise Cain **2.** *biz [zajos mulatozás]* high jinks *tsz*, wild party, *GB* rave-up
ricsajoz|ik *i* **1.** *biz [zajong]* make* a(n) uproar/racket, *[gyerekek]* carry on **2.** *[zajosan mulat]* carouse, revel (*US* -l), paint the town red
rideg *mn* **1.** *[ember]* cold, unsociable, unfriendly; **~ elutasítás** flat refusal; **~en elutasít vkt** snub sy, *biz* give* sy the cold shoulder, cold-shoulder sy; **a ~ tények** the hard facts; **a ~ valóság** the sober/naked truth, the stark reality **2.** *[éghajlat]* bleak, severe **3.** *[anyag]* brittle
ridikül *fn* → **retikül**
rigli *fn* → **retesz**
rigmus *fn* verse, rhyme
rigó *fn* thrush; → **feketerigó**, → **sárgarigó**
rigófütty *fn* thrush song
rigolya *fn* whim, crotchet
rigolyás *mn* crotchety, whimsical
rigorózus *mn [szigorú és következetes]* rigorous
riherongy *mn* → **semmiházi**
rikácsol *i* screech, scream, shriek
rikácsolás *fn* screech(ing), scream(ing), shriek(ing)
rikácsoló *mn* **~ hang** shrill/piercing/harsh voice
rikít *i [szín]* glare
rikító *mn* **1.** *[szín]* glaring, garish, loud; **~ vörös** bright red **2.** *[szembeszökő]* conspicuous, striking
rikkancs *fn* newsboy, *GB* paperboy
rikolt *i* scream, shriek, cry out
rikoltoz *i* shriek out, keep* shrieking
riksa *fn* ricksha(w)
rím *fn* rhyme
rimánkod|ik *i* (*vknek vmért*) implore/beseech* sy for sg (sy to do sg)
rímel *i* (*vmvel*) rhyme (with sg)
rímes *mn* rhymed, in rhyme *ut*
rímtelen *mn* unrhymed, rhymeless
ring *i* **1.** *ált* rock, swing* **2.** *[hajó]* sway, dance (on the waves)
ringat *i* **1.** *[bölcsőt]* rock [the cradle], *[gyereket bölcsőben]* rock [a baby in its cradle], *[karban]* cradle [a child in one's arms], *[álomba]* rock [to sleep] **2. abban ~ja magát, hogy ...** (s)he cherishes the hope/illusion that ...; **hiú reményekben ~ja magát** delude oneself (with false hopes) **3.** *[csípőjét]* → **riszál**
ringató(d)z|ik *i* **1.** *konkr* rock, swing* **2. illúziókban ~ik** cherish the illusion (that), live in cloud-cuckoo-land
ringli *fn [étel]* anchovy rings *tsz*
ringlispíl *fn* merry-go-round, roundabout, *US* carousel
ringló *fn* greengage
ringyó *fn durva* slut, tart, tramp, trollop, *GB* scrubber, slag
ringy-rongy *fn* odds and ends *tsz*, lumber, clutter, trash
rinocérosz *fn áll* rhinoceros
rinyál *i szl* cadge, pester; **ne ~j már itt nekem!** stop pestering me!
riogat *i* scare, frighten
ripacs *fn [színész]* ham, *[US szónok is]* barnstormer
ripityára *hsz biz* **~ ver** beat* sy to pulp jelly; → **rapityára**
riport *fn [újságban, rádióban, tévében]* (newspaper/press/radio/TV) report (on sg); **~ot ír vmről** write* a report on sg, report on sg, report sg for [a newspaper]
riportalany *fn* interviewee
riporter *fn* reporter, *[tudósító]* correspondent, *sp* commentator; **~(ként működik)** report for [a newspaper, the radio or the TV]; *[szabadúszóként]* be* a stringer for [a newspaper etc.]
riportfilm *fn film* report, documentary
riportregény *fn* documentary novel
riposzt *fn* **1.** *sp* riposte **2.** *átv* riposte, retort, rejoinder, comeback
riposztoz|ik *i* **1.** *sp* riposte, counter **2.** *átv* counter sy, answer pat, cap sy's remark, *US* come* back
ripsz *fn tex* rep(s), repp
ripsz-ropsz *hsz* in a hurry, in haste, in a slapdash manner
riszál *i [testet]* move/swing* to and fro; **~ja a farát/csípőjét** sway/swing*/wiggle one's hips, *[járás közben] US* sashay
Rita *tul* Rita
ritka *mn* **1.** *[nem gyakori]* rare, infrequent, scarce; **~ alkalom** a golden/unique opportunity; **~ könyv** rare/scarce book; **nem ~ az olyan jelenség, hogy** ... it is by no means unusual to find that ...; **~ jó ember** an uncommonly good man° **2.** *[nem sűrű]* thin, sparse, scanty; **~ haj** thin hair
ritkán *hsz* **1.** *[nem gyakran]* rarely, seldom, not often; **nagy ~** once in a blue moon, hardly ever **2.** *[nem szorosan]* sparsely, thinly
ritkaság *fn* **1.** *[ritka előfordulás]* rarity, rareness, scarcity, scarceness; **~, hogy** ... it is rare that ..., it rarely/seldom happens/occurs that ... **2.** *[ritka dolog]* rarity, curio, curiosity
ritkaséggyűjtő *fn* collector of rarities/curios
ritkaságszámba *hsz* **~ megy** it does not happen every day
ritkít *i* **1.** *[vmt, ami sűrű, pl. erdőt]* thin (out) **2.** *nyomd [szedést]* space (out) [the type], *[sorokat]* lead **3. párját ~ja** *[személy]* (s)he is (almost) unrivalled (US -l), you will not easily find his/her peer
ritkítás *fn* **1.** *[sűrű dologé]* thinning (out) **2.** *[nyomdai szedésé]* spacing (out), *[soroké]* leading
ritkított *mn* **1.** *[növényzet]* thinned out **2.** *nyomd [szedés]* spaced out, set in spaced type *ut*
ritkul *i* **1.** *[gyérül]* grow*/get*/become* thin(ner)/sparse(r), be* thinned (out); **~ a haja** his hair is getting thin, *biz* he's getting a bit thin on top **2.** *[kevésbé gyakorivá válik]* get*/become* rare(r)/scarce(r)
ritmikus *mn* rhythmic(al); **~ sportgimnasztika** rhythmic gymnastics *esz*; **~ torna** eurhythmics *esz* v. *tsz*
ritmus *fn* rhythm
ritmusérzék *fn zene* sense of rhythm
ritmusszekció *fn zene* percussion
ritmuszavar *fn orv* arrhythmia
rituális *mn* ritual
rítus *fn* rite, ritual
rivalda *fn* the front of the stage; **a ~ szélén** down stage
rivaldafény *fn* **1.** *szính* footlights *tsz*, limelight **2.** *átv* limelight; **~ben / a nyilvánosság ~ében** in the limelight (v. glare of publicity)
riválís *fn* rival
rivalizál *i* (*vkvel*) rival (*US* -l) sy, compete/vie with sy; **~nak** they are rivals
rivall *i* (*vk*) give* a shout, shout, yell, bawl; → **rárivall**
rizibizi *fn gaszt* rice and peas (mixed)
rizikó *fn* → **kockázat**
rizikófaktor *fn* risk factor

R

rizling *fn* riesling
rizottó *fn gaszt* risotto
rizs *fn* rice
rizsa *fn* **1.** *biz* → **rizs 2.** *szl [duma]* patter, wind, hot air
rizsáz|ik *i szl [mellébeszél]* gabble
rizses *mn* rice-, with rice *ut*; ~ **aprólék** giblets with rice *tsz*
rizsfelfújt *fn* rice-pudding, rice soufflé
rizsföld *fn* rice field, paddy (field)
rizskása *fn [étel]* rice-milk, creamed rice
rizskoch *fn gaszt* ‹type of pudding›
rizsleves *fn* rice soup
rizsliszt *fn gaszt* rice flour
rizspor *fn* rice-powder
rizsszem *fn* grain of rice
r.k. *röv* → **római katolikus**
rkp. *röv* → **rakpart**
RNS *röv biol [ribonukleinsav]* RNA [ribonucleic acid]
ró *i* **1.** *[bevés jelet]* cut* (in), carve, scratch; **betűket** ~ carve/scratch/write* (letters) **2. vknek vmt hibául/terhére** ~ lay* sg at sy's door, blame sy for sg; **vk terhére ~tt cselekmény** action imputed to sy **3. bírságot ~ vkre** fine sy; **feladatot ~ vkre** set* sy a task; **vkre ~tt munka** work assigned to sy **4. az utcát ~ja** walk/roam the streets
robaj *fn* din, loud noise, *[összeomlásé, törésé]* crash; **nagy ~jal összedől** collapse with a great crash
robban *i* explode, blow* up
robbanás *fn* explosion, detonation
robbanásveszélyes *mn* explosive, *[igével]* may explode
robbanékony *mn* explosive
robbanó *mn* explosive; ~ **erő** explosive force/power; ~ **hatás** explosive action/force
robbanóanyag *fn* explosive
robbanóbomba *fn* (demolition) bomb, *[nagy erejű]* high explosive (bomb)
robbanófej *fn [rakétában]* warhead
robbanómotor *fn* internal combustion engine
robbanószer *fn* explosive; **nagy erejű** ~ high/powerful explosive
robbanószerkezet *fn* bomb, explosive
robbanótöltet *fn* explosive (charge), *[rakétában]* warhead
robbant *i* **1.** *[tárgyat]* blow* up, *[bombát]* explode, *[régi épületet]* blow* up **2.** *biz [szervezett csoportot]* break* up, smash **3.** *[kártya]* **bankot** ~ break* the bank
robbantás *fn* **1.** *ált [pl. régi épületé]* blowing up, *[bombáé és bány]* explosion, *[merénylet]* bombing **2.** *[csoporté]* breaking up, smashing
robbantásos *mn* ~ **merénylet** bomb attack, bombing
robbantószer *fn* explosive
robbantott *mn* **1.** *műsz [ábra]* exploded [view]; *műsz* ~ **rajz** exploded drawing(s)/diagram; ~ **torta** *[grafikon]* exploded pie [chart] **2.** *szl* ~ **csirke** (fried/cooked) chicken bits
robber *fn [kártya]* rubber
Róbert *tul* Robert
robog *i* **1.** *[dübörög]* roll, rumble **2.** *[rohan]* thunder/speed*/rattle past, rush
robogó I. *mn [rohanó]* rushing; **leugrik a ~ vonatról** jump off the moving train **II.** *fn* (motor) scooter
robot[1] *fn* **1.** *tört [hűbéri]* socage, statute/forced labour **2.** *átv* hard work, drudgery, toil; **a mindennapi** ~ the daily grind; **örökös ~ az élete** his/her life is an endless round of drudgery
robot[2] *fn* robot; → **robotember**, → **robotpilóta**
robotember *fn* robot, automaton (*tsz* -tons v. -ta)
robotgép *fn [háztartási]* food processor, (food-)mixer
robotol *i* **1.** *tört [hűbéri szolgáltatásként]* do*/perform socage-service **2.** *átv* drudge, toil/slave away, work hard
robotos *fn* bondman°, socager
robotpilóta *fn* robot/automatic pilot, autopilot
robotrepülőgép *fn kat* cruise missile
robottechnika *fn* robotics *esz*, robot technology
robusztus *mn* robust, hefty

rock *fn zene* rock (music); **kemény** ~ hard/heavy rock
rockénekes *fn* rock singer
rockkoncert *fn zene* rock concert
rockopera *fn* rock opera
rockzene *fn* rock music
rockzenész *fn* rock musician
ródli *fn* sledge, toboggan, *US* sled
ródlipálya *fn* sledge run, toboggan-run/shoot, *US* sled run
ródliz|ik *i* sledge, *US* sled; **~ni megy** go* sledging/sledding
rododendron *fn növ* rhododendron
Rodosz *földr* Rhodes
rogy *i* fall*/drop (down) (*vmre* on), collapse; **térdre** ~ fall* on one's knees
rogyadoz|ik *i* **1.** *[épület]* crumble, be* falling into ruin **2.** *[láb]* shake*, tremble, [his knees] give* way; **~ik a teher alatt** bend* under the burden
rogyásig *hsz* ~ **dolgozik** work till one drops; ~ **megrakodva** overloaded
rohad *i* → **rothad**
rohadt *mn* **1.** → **rothadt 2.** *durva pej* shoddy; ~ **alak** a shit, stinker
rohadtul *hsz durva* ~ **elegem van belőlük!** I've had more than enough of them!, I'm absolutely fed up with them!
roham *fn* **1.** *[támadó]* attack, assault, charge; **~ra indul vm ellen** *átv is* launch an attack against sg; **~ot indít vm ellen** attack sg, make* an assault on sg, *átv* lash out at sg; **~mal bevesz/elfoglal** take*/carry sg by assault **2.** *[atlétikában]* run-up **3.** *[betegségé]* bout, fit, attack; **köhögési** ~ fit/attack of coughing, coughing fit; **~ot kap** have* a fit, have* a sudden attack of sg
rohambrigád *fn* shock-brigade
rohamcsapat *fn* shock troops *tsz*, commandos *tsz*
rohamkocsi *fn [mentő]* mobile clinic
rohamlépés *fn* **~ben/rohamléptekkel** *átv is* at the double, double-quick
rohamlöveg *fn* assault gun
rohammunka *fn* rush(ed) work, rush job
rohamos *mn* rapid, swift, fast, speedy; ~ **fejlődés** rapid development; ~ **javulás** speedy recovery; **~an javul** (s)he's making a speedy/rapid recovery, *átv* (s)he's improving by leaps and bounds
rohamosztag *fn kat* commando unit
rohamoz *i* attack, charge
rohamrendőrség *fn* riot police *tsz*
rohamsisak *fn* steel helmet, *biz* tin hat
rohamszíj *fn* chinstrap
rohamtempó *fn* **~ban csinál meg vmt** do* sg in double-quick time
rohan *i* run* (along), hurry; **vhova** ~ be* in a hurry to, rush to; **egymásnak** ~ *[két jármű]* collide, run* into each other; **vesztébe** ~ court danger/disaster, be* riding for a fall
rohanás *fn* run(ning), rush(ing), hurry(ing)
rohangál *i* run*/rush about/around, run* to and fro
rohangász|ik *i* → **rohangál**
rohanó *mn* running, hurrying, rushing, *[víz]* torrential
rojt *fn* fringe, tassel
rojtos *mn* **1.** *[rojtokkal ellátott]* fringed, tasselled (*US* -l-) **2.** *[kikopott]* frayed
rojtoz *i* fringe, trim
róka *fn* **1.** *áll* fox; ~ **koma** Reynard (the Fox), Brer Fox; **ravasz, mint a** ~ (as) cunning/sly as a fox, (as) sharp as a needle; **nem lehet egy ~ról két bőrt lehúzni** you cannot have your cake and eat it (too) **2.** *átv* **ravasz** ~ a sly fox/dog; **vén** ~ *[tapasztalt]* an old fox, an old hand (at it)
rókafarkú *mn* ~ **fűrész** handsaw, panel/rip saw
rókaháj *fn* **~jal van megkenve** he is as cunning as a fox, he is as sharp as a needle
rókalelkű *mn* artful, cunning, foxy, crafty, sly
rókalyuk *fn* fox's earth/burrow, *kat is* foxhole
rókavadászat *fn* fox-hunting
rókavörös *mn* foxy, ginger, *áll* rufous
rókáz|ik *i biz* be* sick, throw* up

R

rokfort *fn* Roquefort
rokka *fn* spinning wheel
rokkant I. *mn [ember]* disabled, *[bántó]* crippled **II.** *fn* disabled person, *[bántó]* cripple; **a ~ak** the disabled, *[végtagnélküliek]* the limbless
rokkantkocsi *fn* invalid carriage, *[autó]* invalid car
rokkantnyugdíjas *fn* living on disability (assistance) *ut*
rokkantság *fn* disability
rokkantsági *mn* **~ nyugdíj** disability pension
rokokó *fn* rococo
rokon I. *mn* **1.** (*vkvel*) related to *ut* **2.** *átv* (*vmvel*) be* related/akin to sg; **~ értelmű** synonymous; **~ értelmű szavak** synonyms; **~ fogalmak** cognate/related ideas; **~ jelleg** kinship, kindred; **~ lelkű/szellemű** congenial, kindred in spirit *ut*; *[gondolkodásban]* like-minded, (*vk*) *[főnévvel]* a kindred spirit; **~ nyelvek** related/cognate languages; **~ szakma** related field (of work/study) **II.** *fn* **1.** *[családi kapcsolatban]* relative, relation; **~a önnek?** is (s)he any relation of yours?; **távoli ~** a distant relation; *[közeli/távoli]* **~ok vagyunk** we are (closely/distantly) related/kin, we are (close/distant) relatives **2. finn ~aink** our Finnish cousins
rokoni *mn* **~ kapcsolatban áll vkvel** be* related to sy
rokonlátogatás *fn* family visit/reunion
rokonság *fn* **1.** *[kapcsolat]* relationship **2.** *[rokonok összessége]* family, relatives *tsz*, relations *tsz*, sy's kindred, sy's folks *tsz*; **az egész ~a** all his relatives *tsz*, his whole tribe, his folks *tsz*, *US* the whole mishpocha **3.** *kém* affinity
rokonsági *mn* **~ fok** degree of relationship
rokonszenv *fn* sympathy; **vk iránti ~ből** out of sympathy for sy; **~et ébreszt vk iránt** arouse sympathy for sy; **~et érez vk iránt** feel* drawn/attracted to sy
rokonszenves *mn* sympathetic, congenial; **~ ember** nice/pleasant/likeable man°; **nyomban ~ volt nekem** (i) (*vk*) I took to him at once (ii) (*vm*) it appealed to me, I took to it at once
rokonszenvez *i* (*vkvel*) take* to sy, be* drawn/attracted to(wards) sy
rokonszenvtüntetés *fn* demonstration of solidarity/sympathy
róla *hsz* **1.** *[hely]* from him/her/it, of it **2.** *[felőle]* of/about him/her/it; **gondoskodik ~** (*vkről*) take* care of sy, look after sy; (*vmről*) see* to it that ...; **nem tehetek ~** I can't help it, it's not my fault; **szó sem lehet ~** it is out of the question
roládfn *gaszt [tekercs]* roulade
roletta *fn* → **roló 1**
roller *fn* scooter
rolleroz|ik *i* scooter
roló *fn* **1.** *[vászon]* blind(s), *US* window shade; **felhúzza a ~t** draw* up the blind(s); **leereszti a ~t** let*/pull down the blind(s) **2.** → **redőny**
rom *fn* **1.** *ált* ruin; **~ba dől** fall* into ruin; **~ba dönt** (i) *[várost]* lay* in ruins, demolish, knock down (ii) *átv* ruin, destroy; **~okban hever** lie*/be* in ruins; **~má lő** batter/pound to ruins, reduce to ruins **2.** *[maradvány]* remains *tsz*
ROM *fn röv infor [csak olvasható memória]* ROM [read-only memory]
roma I. *mn [ember, nyelv]* Romany **II.** *fn [férfi]* Rom (*tsz* Roma)
Róma *földr* Rome
római *mn/fn* Roman; *tört* **R~ Birodalom** Roman Empire; *vall* **~ katolikus** (*röv* **r. k., róm. kat.**) Roman Catholic (*röv* **R.C., Rom. Cath.**); **~ számok** Roman numerals
román I. *mn* **1.** *[romániai]* Romanian, Rumanian; **~ nyelv** Romanian, Rumanian **2. ~ nyelvek** Romance languages; **~ stílus** Romanesque style, *GB* Norman style **II.** *fn [ember, nyelv]* Romanian, Rumanian
románc *fn* romance
Románia *földr* Romania, Rumania
romániai *mn/fn* Romanian, Rumanian
romanista *fn* Romance philologist/scholar
romanisztika *fn tud* Romance philology, Romance studies *tsz*
romanticizmus *fn* romanticism
romantika *fn* **1.** *[irányzat]* romanticism **2.** *[romantikusság]* romance, romantics *tsz*
romantikus I. *mn* romantic; **~ környék** picturesque neighbourhood (*US* -bor-), romantic surroundings *tsz* **II.** *fn* romantic author/poet, romantic
románul *hsz* **1. ~ beszél** speak* Romanian/Rumanian **2. ~ van (írva)** be* (written) in Romanian/Rumanian
rombol *i* **1.** destroy, lay* sg waste, ravage, devastate, *[tárgy nélkül]* wreak havoc; **földig ~** raze to the ground **2. vknek a tekintélyét ~ja** destroy/undermine sy's authority
rombolás *fn* destruction, ravaging, devastation
romboló I. *mn [erkölcsileg]* **~ hatású** destructive, subversive **II.** *fn kat* destroyer
rombusz *fn* rhombus (*tsz* rhombuses v. rhombi)
romeltakarítás *fn* rubble clearance, clearing away of (the) rubble
romhalmaz *fn* heap of ruins; **már csak ~ a város** the town has been reduced to ruins, the town has been razed to the ground
róm. kat. *röv* → **római katolikus**
romkert *fn* (open-air museum of) ruins
romlandó *mn [áru]* perishable
romlás *fn* **1.** *ált* deterioration, *[anyagé]* perishing, decomposition, *[szerves anyagé]* putrefaction, rotting **2.** *[pénzé]* devaluation, depreciation **3.** *[erkölcsi]* corruption, *[minőségi]* deterioration **4. ~ba dönt vkt** ruin/undo* sy, bring* ruin upon sy; **~nak indul** decline, deteriorate
romlatlan *mn* **1.** *[anyag]* undeteriorated, undamaged, *kif* has not gone off, *[hús]* free from taint *ut* **2.** *[erkölcsileg]* unspoiled, pure, *[lány]* chaste, pure
romlatlanság *fn [erkölcsi]* pureness, purity, innocence
romlékony *mn* → **romlandó**
roml|ik *i* **1.** *[anyag]* deteriorate, spoil*, decompose, *[szerszám stb.]* go* wrong, *[étel]* spoil*, go* off; **a hal gyorsan ~ik** fish goes off quickly **2.** *[pénz]* be* devalued, depreciate **3.** *[egészség]* fail, be* getting worse, worsen, become* impaired; **~ik a beteg egészségi állapota** the patient is getting worse, the patient's condition has worsened; **~ik a szeme** his sight is failing, his (eye)sight is not as good as it was **4.** *átv* worsen, grow* worse, decline, *[minőség]* deteriorate, fall* off; **~ik a helyzet** things are getting worse; **egyre ~ik** it is going from bad to worse, be* steadily deteriorating
romló *mn* **1.** *[rohadó]* decaying; **~ élelmiszer** *[romlandó]* perishable food(stuff) **2.** *[csökkenő]* declining, falling, worsening; **~ életszínvonal** falling standard of living
romlott *mn* **1.** *[anyag]* spoiled, deteriorated, damaged, *[rothadt]* rotten, putrid; **~ hús** tainted meat, *[igével]* the meat is high/off **2.** *átv* corrupt(ed); **velejéig ~** rotten to the core *ut*
romos *mn* (partly) ruined, dilapidated, tumbledown
romtalanít *i* remove (v. clear away) the rubble
róna(ság) *fn* plain, flat (open) country
roncs *fn* **1.** *[hajóé, járműé]* wreck(age) **2.** *átv* wreck
roncsol *i* **1.** *[pusztít]* shatter, smash to pieces, *[szaggatva]* tear* to shreds **2.** *[maró anyag]* corrode
roncsolód|ik *i* be* shattered, be* smashed to pieces
roncsolt *mn [csont, végtag]* fractured, shattered, *[seb]* lacerated
ronda *mn* **1.** *[csúnya]* ugly, *[undorító]* disgusting, repugnant **2.** *[kellemetlen]* wretched, nasty; **~ idő** wretched/nasty weather **3.** *[utálatos, ellenszenves]* horrid, horrible, wretched, loathsome; **~ alak/fráter** nasty/disgusting fellow; **~ beszéd** foul/obscene language, dirty talk
rondít *i [vhova kutya]* make* a mess swhere, foul/dirty [the kitchen floor etc.]
rondó *fn* **1.** *zene* rondo (*tsz* rondos) **2.** *irod* rondeau (*tsz* rondeaux)

rongál *i ált* damage, *[köztulajdont]* vandalize

rongálás *fn* harm, damaging, damage

rongálód|ik *i* become*/get* damaged/injured, *[köztulajdon]* be* vandalized

rongált *mn [tárgy]* damaged, *[köztulajdon]* vandalized

rongy *fn ált* rag, *[padlóhoz]* (floor) cloth, *[ruhanemű]* old rag, rags (and tatters) *tsz*; ~ **ember** *szl* a rotter; *biz* **nincs egy ~om, amit felvehetnék** I haven't a thing to wear; **rázza a ~ot** keep* up appearances, show* off

rongybaba *fn* rag doll

rongyol *i* tear* sg to rags/shreds

rongyolód|ik *i* become* ragged/tattered/frayed

rongyos *mn* **1.** *[ruha]* ragged, tattered, frayed **2.** *biz [csekély]* ~ **ötven forintért** for a measly/lousy/paltry fifty forints

rongyrázás *fn* flaunter, showing off [one's wealth]

rongyszedő *fn* ragman°, rag-and-bone man°, *US* junkman°

rongyszőnyeg *fn* rag carpet

ront *i* **1.** *[rongál]* spoil*, damage (sg); **~ja a szemét** *[apró betű stb.]* stain/spoil* the eyes **2. ~ja az erkölcsöket** be* morally corrupting/harmful; **~ja a levegőt** (i) *konkr* taint/vitiate the air (ii) *átv* be* a nuisance **3.** (*vkt*) corrupt (sy), *[gyereket kényeztet]* spoil* [a child] **4.** *sp okt [bizonyítványán stb.]* be* not up to scratch, be* below one's best **5.** *[rohan]* **vhová** ~ rush, dash (to); **vkre/vknek** ~ attack sy, rush at sy, *biz* go* for sy; **a szobába** ~ rush/burst* into the room

rop *i* **~ja a csárdást** dance the csardas/czardas briskly

ropi *fn* cracker (sticks)

ropog *i* **1.** *ált* crack, make* a cracking sound **2.** *[tűz]* crackle **3.** *[fegyver]* rattle **4.** *[hó]* crunch, *biz* scrunch; **~ott a hó léptei alatt, léptei ~tak a hóban** the (frozen) snow crunched under his feet, his feet crunched on the frozen snow

ropogás *fn* crack(ing), crunch(ing), *[tűzé]* crackle, crackling

ropogós I. *mn ált* crisp, *[nassolni való]* crunchy; **~ra süt** crisp **II.** *fn [étel]* croquette

ropogtat *i* **1.** *ált* crack(le) **2.** *[ételt szájban]* crunch, munch

roppan *i* crack, give* a crack

roppant[1] *i* crack(le), snap

roppant[2] **I.** *mn* huge, enormous, vast **II.** *hsz [nagyon]* extremely, exceedingly; ~ **nagy** enormous; ~ **olcsó** exceptionally cheap, *biz* dirt cheap; ~ **sajnálom** I very much regret it, I'm awfully sorry

rósejbni *fn GB* chips *tsz*, chipped potatoes *tsz*, *US* French fries *tsz*

roskad *i* **földre** ~ fall* down, sink*/fall* to the ground; **magába** ~ sink* into oneself

roskadoz|ik *i* **1.** *[majdnem összedől]* (be* about to) fall*/cave in, be* on the verge of collapse, be* dilapidated/tumbledown **2. gyümölcstől ~ó fák** trees laden with fruit; **az asztal ~ott a sok ennivaló alatt** the table groaned with food

roskatag *mn* **1.** *[épület]* dilapidated, tumbledown, ramshackle **2.** ~ **aggastyán** decrepit old man°

rosseb *fn durva* **a ~ egye meg!** blow it!, damn it!

rost[1] *fn [szerves, ált]* fibre (*US* fiber), *[növ még]* filament, staple

rost[2] *fn [sütőrostély]* grill, gridiron; **~on sült** grilled; → **rostonsült**; **~on sült hús** grill(ed meat/steak); **~on süt** grill, *US* broil; **fogas ~on** grilled fogash

rosta *fn* riddle, sieve

rostál *i* **1.** *konkr* riddle, sift **2.** *átv* sift, select, screen

rostély *fn* **1.** *ált* grate, grating, *[ablakon]* grating, bars *tsz*, *műsz* screen **2.** *[sisakon]* visor v. vizor, beaver **3.** → **rost**[2]

rostélyos *fn [étel]* braised steak; **hagymás** ~ braised steak with fried onions; → **serpenyős**

rostirón *fn* fibrepen (*US* -ber-); **vízbázisú** ~ fibrepen (*US* -ber-) with water-based ink

rostnövény *fn* fibre (*US* -ber) crop/plant

rostokol *i biz* (*vk*) be* kept waiting, *biz* cool one's heels, (*vm*) be* held up

rostonsült *fn* grill(ed meat/steak)

rostos *mn ált* fibrous, *növ* filamentary, filamentous; ~ **ételek** fibre-rich (*US* -ber-) food; ~ **gyümölcslé** fruit juice with fibre (*US* -ber-) of the fruit, crush, *US* nectar; ~ **narancslé** orange crush

rostszál *fn* fibre (*US* -ber-)

rosttoll *fn* fibre- (*US* -ber-) tip(ped) pen, fibrepen (*US* -ber-)

rossz I. *mn* **1.** *ált* bad, *[elvont értelemben]* evil, *[gonosz]* evil, wicked, vicious; ~ **ember** bad/evil/wicked man°; ~ **fényt vet rá** it shows him in a poor light, it reflects discredit on him; ~ **fogak** bad/decayed teeth; ~ **gyerek** naughty/mischievous child°; ~ **hallása van** (i) *[rosszul hall]* be* hard of hearing (ii) *[zeneileg]* have* no ear for music, be* tone-deaf; ~ **híre van** have* a bad reputation; ~ **hírbe hoz vkt**, ~ **hírét költi vknek** discredit sy, give*/get* sy a bad name, make* sy's name mud, get* sy into disrepute; ~ **hírű** notorious, ill-famed, disreputable; ~ **idő van** the weather is bad/dreadful/foul, it's rotten weather; ~ **ízű** foul-tasting, unsavoury (*US* -ory), *[igével]* sg tastes foul/awful; → **rosszízű**; ~ **kinézésű/külsejű** *[egészségtelen]* unhealthy-looking, *[szegényes]* shabby, *[erkölcstelen]* unsavoury-looking; ~ **minőség** poor/inferior quality; ~ **minőségű** of poor/inferior quality *ut*, low-grade; ~ **napja volt** it was one of his off days; ~ **néven vesz vmt** take* offence at sg, be* offended by sg, resent sg; **ne vegye ~ néven(, ha)** don't take it amiss (if), I hope you will take it in good part (if); ~ **nyomon jár** be* on the wrong track, be* barking up the wrong tree; ~ **szándékú** ill-willed/disposed, malevolent; → **rosszindulatú**; ~ **szelleme vknek** be* the evil spirit of sy; ~ **szeme van** have* poor/bad eyesight; ~ **szemmel néz vmt** disapprove of sg, dislike sg, doesn't like sg; ~ **szemmel nézik** be* under a cloud; ~ **színben van** look ill/pale/haggard; ~ **útra csábít vkt** lead* sy astray, mislead* sy; ~ **útra téved** go* astray, lose* one's way; ~ **vége lesz** it will come to no good; ~ **viszonyban van vkvel** be* on bad terms with sy; ~ **viszonyok között él** be* badly off, be* hard up; **(ez) nem ~!** (that's) not (at all) bad! **2.** *[káros vmre]* injurious (to), bad (for) **3.** *[nem megfelelő]* poor, inadequate, unsuitable, inconvenient, *[téves]* wrong; ~ **értelemben** in a bad (v. the wrong) sense; ~ **számot hívott** you('ve) got the wrong number; ~ **termés** poor crop/harvest, crop failure; **az idén ~ volt a burgonyatermés** the potato crop has failed this year **4.** *[nem működő]* out of order *ut*, *[elromlott]* be* broken down; ~ **a kocsim** my car has broken down **II.** *fn* **1.** *ált* evil; **ebben nincs semmi ~** there is no harm in that; **mi ~ van abban, ha én** ... what is the harm in my ...ing; **két ~ közül a kisebbiket választja** choose* the lesser of two evils; **a szükséges ~** the necessary/unavoidable evil; **mindig ~ban töri a fejét** be* bent on mischief; **minden ~ban van vm jó is** every cloud has a silver lining, nothing is wholely bad; **~ban vannak** they are on bad terms; **~at akar vknek** wish sy evil, mean* sy harm; **nem akarok ~at neked** I mean you no harm; **~at mond vkről** speak* ill of sy, *biz* run* sy down; **~at sejt** have* misgivings, fear the worst, have* an evil presentiment/foreboding **2.** *[helytelenség]* wrong; → **dolog**, → **elvész**, → **fa**, → **fordul**, → **kép**, → **társaság**

rosszabb *mn* worse (*vmnél* than), inferior (*vmnél* to); ~ **napokra** for a rainy day; **annál ~** so much the worse; **~ul van, mint valaha** be*/feel* worse than ever

rosszabbodás *fn* growing/getting worse, worsening, change for the worse

rosszabbod|ik *i* grow*/get*/become* worse, worsen, take* a turn (v. change) for the worse; **a beteg állapota ~ott** the patient's condition has worsened; **a helyzet ~ik** things are going from bad to worse

rosszakarat *fn* ill-will, malice, malevolence

rosszakaratú *mn* ill-willed/disposed/intentioned, malevolent, malicious

rosszakaró I. *mn* → **rosszakaratú II.** *fn* ill-wisher, enemy, *kif* bear* sy malice
rosszalkodás *fn* mischief, being mischievous
rosszalkod|ik *i [csak gyerek]* be* mischievous/naughty, *[felnőtt is]* misbehave
rosszall *i* disapprove of, find* fault with, *[indulattal]* take* exception to [what sy said v. having to do sg]
rosszallás *fn* disapproval
rosszalló *mn* **1.** *[tekintet]* disapproving; **~ tekintet** look of disapproval, frown **2.** *[értelem]* pejorative, derogatory [sense]; **~ értelemben** pejoratively, in a derogatory sense
rosszaság *fn* **1.** *ált* badness **2.** *[tárgyé]* bad/poor/inferior quality **3.** *[gonoszság]* wickedness, evil character (of sy) **4.** *[gyereké]* naughtiness, mischievousness; **~ot követ el** *[gyerek]* get*/be* up to mischief **5. te kis ~!** you little monkey!
rosszcsont *fn tréf [gyerek]* mischief-maker, *[felnőtt]* rogue
rosszhiszemű *mn [bizalmatlan]* mistrustful, distrustful (*vkvel szemben* of sy)
rosszhiszeműen *hsz* in bad faith; **~ jár el** act in bad faith
rosszhiszeműség *fn* **1.** *[bizalmatlanság]* mistrust, distrust **2.** *[csalárdság]* bad faith
rosszindulat *fn* spite, spitefulness, malice, malevolence, ill-will; **ez tiszta ~ részéről** it is sheer/pure malice on his part; **minden ~ nélkül** without any malice, no harm is meant; **a dolgok ~a** *biz kb.* Sod's law, Murphy's law; **~tal viseltetik vkvel szemben** bear* sy malice
rosszindulatú *mn* **1.** *ált* malicious, evil-minded, malevolent, hostile; **~ vkvel szemben** bear* sy malice; **nem ~ vkvel szemben** bear* sy no malice **2.** *orv* malignant; **~ daganat** malignant tumour (*US* -or)
rosszízű *mn [bántó]* distasteful, tasteless; **~ tréfa** a joke in poor taste
rosszkedv *fn* low spirits *tsz*, depression
rosszkedvű *mn* moody, huffy, out of sorts, bad-tempered, in a bad temper/mood *ut*, dejected, *[mérges]* cross
rosszkor *hsz* **1.** *[helytelen időben]* at the wrong time; **a legrosszabbkor** at the worst possible moment **2.** *[alkalmatlanul]* at a bad (v. an inconvenient) time, at an awkward moment/time
rosszlelkű *mn* evil-minded, malevolent, malign(ant)
rosszmájú *mn* sardonic, sarcastic, mordant
rossznyelvű *mn* malicious, sharp-tongued; **~ ember** backbiter
rosszul *hsz* **1.** *ált* ill, badly, poorly; **~ áll** (i) *[anyagilag]* be* badly off (ii) *[vmlyen ügy]* be* not looking good; **~ áll a ruha vkn** his suit (v. her dress) doesn't fit, the dress/suit is a bad fit; **~ ejt (ki)** mispronounce; **~ értelmez** misconstrue, misinterpret, misunderstand*, *kif* get* hold of the wrong end of the stick; **~ érzi magát** (i) *[beteg]* feel* unwell, *[enyhén] biz* be* under the weather (ii) *[feszélyezett]* feel* ill at ease, feel* awkward/uncomfortable; **~ esik vm vknek** → **esik 8**; **~ ítél meg vkt** misjudge sy; **~ jár** (i) *[pórul jár]* come* to grief (ii) *[óra]* go* wrong; **~ járt** he came off badly, he lost out; **~ lett** (*vmtől*) (s)he was taken ill, (s)he became unwell, *[elájult]* (s)he fainted; **mindig ~ leszek az autóban/autózástól** I always get carsick (v. get sick in the car); **~ lett** (s)he became ill/unwell, *[elájult]* (s)he fainted/collapsed; **~ megy a sora** (s)he is badly off, (s)he is doing badly, (s)he is having a hard time; **~ öltözött** badly-dressed; **~ sikerül** fail, miscarry, misfire; **~ sikerült kísérlet** abortive attempt; **~ tájékozott** ill-informed; **~ táplált** undernourished, underfed; **~ tetted!** you ought not to have done it, you should not have done it, you were wrong; **~ van** be* ill/unwell; **a beteg nagyon ~ van** the patient is very ill, the patient is in a very bad way; **~ viselkedik** misbehave, behave badly **2.** *[helytelenül]* wrong(ly) **3.** *[nem előírásosan/rendesen]* out of order, amiss
rosszullét *fn* indisposition, *[émelygés]* nausea, *[ájulás]* faint, collapse
rotáció *fn* rotation
rotációs *mn* **~ gép** rotary printing machine/press; **~ kapa** *mezőg* rotary hoe; **~ rendszerben dolgoznak** they work in rotation
rothad *i* rot, decay, become* rotten
rothadás *fn* rot, rotting, decay, putrefaction; **~nak indul** begin* to rot
rothadt *mn* **1.** *konkr* rotten, decayed, putrid **2.** *átv durva* wretched, rotten; **velejéig ~** rotten to the core → **rohadt**
rothaszt *i* rot, putrefy
rotor *fn műsz* rotor
rotyog *i* bubble, simmer, seethe, stew
rovancsol *i [pénztárt]* audit, *[leltárt]* take* stock, check
rovancsolás *fn [pénztári]* auditing, *[leltári]* stock-taking, (spot) check
rovar *fn* bug, *tud* insect
rovarcsípés *fn* insect bite
rovarevő I. *mn áll* insectivorous **II.** *fn áll* insectivore; **~k** insectivores, *[lat.]* Insectivora
rovargyűjtő *fn* collector of insects
rovarirtó *mn* **~ szer** insecticide, pesticide, *[por]* insect-powder, *[spray]* insect spray
rovarkár *fn* insect damage, damage done by (noxious) insects [to fruit/crops]
rovarölő *fn* → **rovarirtó szer**
rovarpor *fn* insect-powder
rovartan *fn* entomology
rovartani *mn* entomological; **~ szakember** entomologist
rovás *fn* **1.** *[bevágás]* notch, score **2. sok van a ~án** he has much to answer for, he has much on his conscience; **vknek a ~ára** at sy's cost/expense, on sy's account; **vmnek a ~ára** at the expense of sg; **egészségének a ~ára** to the detriment of his/her health; **a minőség ~ára** to the detriment of quality
rovásírás *fn* runic writing, runes *tsz*
rovat *fn* **1.** column, side [of account] **2.** *[újságban]* column
rovátka *fn* groove, notch, nick, *[oszlopon]* flute; **~́t vés vmbe** cut*/make* a notch/groove in sg
rovátkol v. **rovátkáz** *i* groove/notch sg, cut*/make* a notch/groove (v. notches/grooves) in sg
rovatol *i [táblázatba szed]* tabulate, list
rovatvezető *fn* columnist, editor
rovott *mn* **~ múltú** previously convicted *ut*; **~ múltú bűnöző** recidivist, known criminal; **~ múltú egyén** person with a (long) criminal record
Róza *tul* Rose
Rozália *tul* Rosalie
rozé *fn gaszt* rosé
rozetta *fn [szalagdísz]* rosette, *[ablak]* rose (window)
rozmár *fn* walrus
rozmaring *fn növ* rosemary
rozoga *mn* **1.** *[épület]* dilapidated, ramshackle, shaky, *[bútor]* rickety, shaky, broken down; **~ állapotban** run down, in disrepair **2.** *[beteges]* frail, delicate, weak, *[és öreg]* decrepit, doddery
rozzant *mn* → **rozoga**
rozs *fn* rye
rózsa *fn* **1.** *növ* rose; **nincsen ~ tövis nélkül** (there's) no rose without a thorn; **a siker felé vezető út nincs ~́val hintve** the route to success is not strewn with primroses **2.** *[vk kedvese]* **~́m** (my) love/sweetheart/darling, *US* honey **3.** *[locsolóé, zuhanyé]* rose; → **türelem**
Rózsa *tul* Rose
rózsabimbó *fn* rosebud
rózsabokor *fn* rosebush
rózsaburgonya *fn* pink potato
rózsadísz *fn* rosette, rose
rózsafa *fn* **1.** *növ* rosetree, *[bokor]* rosebush **2.** *[anyag]* rosewood
rózsafüzér *fn vall* beads *tsz*, rosary; **~t imádkozik** tell* one's beads
rózsahimlő *fn* German measles *esz*, rubella
rózsaillat *fn* scent/perfume/fragrance of roses

R

rózsakert *fn* rose-garden, rosary
rózsakoszorú *fn* garland/wreath of roses
rózsaliget *fn* rose-garden
rózsaolaj *fn* attar (of roses), rose oil
rózsapiros *mn* rose(-red/coloured), roseate, pink
rózsás *mn* **1.** *[rózsában bővelkedő]* full of roses *ut*, adorned with roses *ut* **2.** *[rózsaszínű]* rose, roseate, pink, rosy; ~ **arc** rosy cheeks *tsz* **3.** *átv* rosy; ~ **kedvű,** ~ **hangulatban van** be* in high spirits; ~ **kilátás** rosy/bright prospects; **nem vm ~ a helyzet** the situation is not bright/rosy, the situation is far from (being) bright/rosy; **nem vm ~ az élete** his life is no(t a) bed of roses; **mindent ~ színben lát,** ~ **színben látja a világot** see* everything (v. the world) through rose-coloured (*US* -or-) spectacles/glasses
rózsásan *hsz* ~ **alakul** *biz* come* up roses
rózsaszál *fn* a rose
rózsaszín *mn/fn* pink, rose, pinkish-red, rose-red/coloured (*US* -ored); ~ **szemüvegen át lát mindent, ~ben látja a világot** see* everything (v. the world) through rose-coloured (*US* -ored) spectacles/glasses; ~ **megvilágításban ecsetel** paint/give* a glowing picture of sg
rózsaszínű *mn* → **rózsaszín**
rózsaszirom *fn* rose-petal
rózsatő *fn* (stock of a) rose-tree/bush
rózsavíz *fn* rose-water
rozsda *fn* **1.** *[vason]* rust, corrosion; **a ~ marja a vasat** rust eats* into iron, rust corrodes iron; **belepi a ~** become* rusty, gather rust, be* covered with rust **2.** *növ* rust, mildew, smut
rozsdaálló *mn* rustproof, rustless
rozsdabarna *mn* rusty (brown), rust-coloured (*US* -ored)
rozsdafolt *fn* rust stain
rozsdagomba *fn növ* rust (fungus)
rozsdamarta *mn* rust-eaten, rusty
rozsdamentes *mn* **1.** *[rozsdaálló]* rustproof, *[acél]* stainless **2.** *[nem rozsdás]* rustless
rozsdás *mn* **1.** *[fém]* rusty, rusted, rust-eaten; ~ **lesz** rust, become*/get* rusty, be(come)* covered with rust, corrode **2.** *növ* rusty, mildewy
rozsdásod|ik *i [fém]* get*/become* rusty, rust
rozsdaszínű *mn* rust-coloured (*US* -colored), rusty (brown)
rozsdavédelem *fn gk* rust prevention/protection
rozsdavörös *mn* rusty, russet
rozskenyér *fn* rye bread
rozsliszt *fn* rye flour/meal
rozstermés *fn* rye-crop
rőf *fn elav* ‹unit of length = 1.14m› *kb.* ell
röffen *i [sertés]* (give* a)grunt
röfög *i* grunt
röfögés *fn* grunt, grunting
rőfös *fn elav* draper, mercer
rőfösáru *fn elav* yard/piece goods, *US* dry goods (*mindegyik: tsz*)
rőfösüzlet *fn elav* draper's/mercer's (shop), *US* dry goods store
rög *fn* **1.** *[göröngy]* clod, lump, sod **2.** *[arany]* nugget **3.** *[vér]* clot **4.** *[föld]* soil; *tört* **~höz kötött** bound to the soil *ut*
rögbi *fn sp* rugby (v. Rugby) (football)
rögbijátékos *fn* rugby/Rugby player
rögbilabda *fn* rugby/Rugby ball
rögbimérkőzés *fn* rugby/Rugby match
rögbiz|ik *i* play rugby/Rugby (football)
rögeszme *fn* fixed idea, idée fixe, obsession; **az a ~je, hogy** ... he is obsessed by/with the idea that ..., (s)he has got it into his/her head that ..., *kif* (s)he has a bee in his/her bonnet about sg
röghegység *fn geol* block-mountains
rögös *mn* **1.** *[talaj]* lumpy, *[út]* bumpy **2.** ~ **életpálya** life° of adversity, a hard life, a thorny path

rögtön *hsz* at once, immediately, without delay, right/straight away, in a moment, right away/off; ~ **jövök** back in a minute (v. in a few minutes), I shan't/won't be a minute, I'll be right back; **ott ~** (right) there and then, on the spot; ~ **láttam** I saw it at once; ~ **megcsinálom** I will do it right away (v. straight away v. at once)
rögtönbíráskodás *fn jog* summary jurisdiction, *kat* martial law
rögtöni *mn* → **azonnali**
rögtönítélő *mn jog* summary; ~ **bíráskodás** summary jurisdiction; ~ **bíróság** summary court; ~ **eljárás** summary proceedings *tsz*
rögtönöz *i ált* improvise, extemporize, *szính* ad lib, *US biz* wing it; **(beszédet)** ~ speak* off the cuff (v. offhand/impromptu); **zongorán** ~ improvise on the piano
rögtönzés *fn ált* improvisation, extemporization, *szính biz* ad lib, *US biz* wing it, *zene* impromptu; **a legjobb tréfa a darabban ~ volt** the best joke in the play was ad lib
rögtönzött *mn* improvised, extempore, impromptu, *szính biz* ad-lib; ~ **beszéd** an off-the-cuff (v. impromptu v. extempore) speech
rögvest *hsz* → **rögtön**
rögzít *i* **1.** *ált* (*vmt*) secure, fix, fasten, stabilize, *[vmt vmhez]* fix sg to/on sg, *[törött végtagot]* immobilize, splint, fix **2.** *[árat]* fix, peg, freeze* [prices], put* a ceiling on [prices] **3.** *[írásban vmt]* put* sg down (in writing), put* it in writing **4.** *el [hangot, képet]* record sg, make* a recording of sg **5.** *fényk* fix
rögzítés *fn* **1.** *ált* fixing, fastening, securing, *[törésé]* immobilization **2.** *[áré]* fixing, pegging (of prices), (price) freeze, *[béré]* freezing of wages, (wage) freeze **3.** *[írásban]* setting/putting down **4.** *[hangé, képé]* recording
rögzített *mn* **1.** *[tárgy]* secured, fastened, fixed **2.** *[ár]* fixed, pegged, *[bér]* frozen
rögzítőfék *fn gk* handbrake
rögzítőfürdő *fn fényk* fixing bath, fixer
rögzítőkötés *fn orv* splint
rögzítőszer *fn* fixative, fixer
rögződ|ik *i átv* become* (firmly) rooted/fixed
rögzül *i* → **rögződik**
röhej *fn durva* guffaw, horse-laugh; **kész ~** it is (simply/just) ridiculous, it's a joke
röhejes *mn durva* ridiculous, insane
röhög *i durva* guffaw, laugh like a drain, laugh one's head off; **halálra ~te magát tőle az ember** it/(s)he was a scream
röhögés *fn durva* horse-laugh, guffaw(ing)
röhögtet *i durva* make sy laugh; **(na) ne röhögtess!** don't make me laugh!
römi *fn* rummy
römiz|ik *i* play rummy
rönk *fn* stump, block log
röntgen *fn orv* **1.** *[készülék]* x-ray machine/equipment *[Megjegyzés: az X-ray írásmód még mindig széleskörűen használatos.]* **2.** *[röntgenezés]* x-ray(ing), *[vizsgálat, felvétel]* x-ray (examination/photograph/picture); **a ~ azt mutatja, hogy** ... the x-ray (examination) shows that ...; **~re megy** go* for an x-ray, have* an x-ray taken; **~t készít vmről** take* an x-ray of sg, x-ray sg
röntgenátvilágítás *fn* x-ray examination, radioscopy
röntgenbesugárzás *fn* x-ray therapy, radiotherapy, irradiation
röntgenes *fn* radiographer, radiologist
röntgenez *i* x-ray
röntgenezés *fn* x-ray examination
röntgenfelvétel *fn* x-ray (photograph/picture), radiograph; **~t készít vmről** x-ray sg, take* an x-ray of sg; **~t készítenek róla** be* x-rayed, have* an x-ray taken
röntgenkép *fn orv* → **röntgenfelvétel**
röntgenkészülék *fn* x-ray apparatus/machine
röntgenkezelés *fn* x-ray treatment/therapy, radiotherapy
röntgenlelet *fn orv* → **röntgenfelvétel**
röntgenológus *fn orv* → **röntgenszakorvos**

röntgenosztály *fn* x-ray department, radiology
röntgensugár *fn* x-ray, x-rays *tsz*
röntgenszakorvos *fn orv* radiologist
röntgenvizsgálat *fn* x-ray (examination)
röpcédula *fn* leaflet, flyer, handbill; **~kat osztogat** distribute (v. hand out) leaflets
röpcsi *fn bec* → **repülőgép**
röpdolgozat *fn* test
röpdös *i* → **repdes**
röpgyűlés *fn kb.* ad-hoc meeting
röpirat *fn* leaflet, pamphlet
röpít *i* → **repít**
röpke *mn [mulandó]* fleeting, ephemeral, passing, transitory
röpköd *i* → **repked**
röplabda *fn* volleyball
röplabdáz|ik *i* play volleyball
röplap *fn* → **röpcédula**
röppálya *fn* trajectory
röppen *i* → **reppen**
röppentyű *fn ált* rocket, *[robbanó]* petard, *[világító]* flare
röpte *fn sp* volley
röptében *hsz* → **reptében**
röpül *i* → **repül**
röstell *i* → **restell**
rőt *mn irod* red, russet
rőtvad *fn* red/fallow deer (*tsz* ua.)
röv. *röv* → **rövidítés**, → **rövidítve**
rövid I. *mn* **1.** *ált* short, *[idő]* brief, short; **~ életű** short-lived; **~ haj** short/cropped hair, hair cut short; **~ idő múlva** in a short time, shortly, before long, soon; **egy ~ ideig, ~ időre** for a short time, for a/some time, for a while; **~ időközönként** at short intervals; **~ idő alatt, ~ időn belül** in a short time; **~ lejáratú** short-term [credit, loan]; **~ lélegzetű** short(-winded), brief; **~ leszek** I'll be brief, (to put it) in a nutshell, in short, briefly; **~ látogatás** short/flying visit; **~ magánhangzó** short vowel; **~ pihenő** break, *biz* breather; **~ szőrű** short-haired; **~ táv** short distance; **~ távon** for short distances, *[időben]* in the short term, within a short period of time, for a short period; **~ távú** short-distance, *[terv]* short-range [plan, project etc.]; *[lejáratú]* short-term; **~ ujjú** *[ruha]* short-sleeved; **~ úton** directly, without undue delay; **~ úton elintéz vmt** (v. **végez vmvel**) make* short work of sg; **~ vágta** hand-gallop **2.** *[tömör]* brief, concise, succinct; **~ áttekintés** summary, review, short survey, *[könyvcímben]* the outlines of *tsz*, an outline of ...; **~ és velős** brief/short and to the point; **hogy ~ legyek** to cut a long story short, in a word/nutshell, suffice it to say (that) **II.** *fn* **~re fog vmt** cut*/make* sg short; **hogy szavamat ~re fogjam, hogy ~ legyek** → **rövid I 2**; **~re vágja (vk haját)** cut* sy's hair short; **~re vágat** *[hajat]* have* one's hair cut short (v. cropped); **~re zár** *el* short-circuit sg, cause a short circuit swhere; **~del ... előtt** shorty before ...; **~del vm után** (v. **ezután**) shortly after(wards), soon after ...; → **póráz**
rövidáru *fn GB* haberdashery, *US* notions *tsz*, dry goods *tsz*
rövidáru-kereskedés *fn GB* haberdashery, haberdasher('s), *US* dry goods store
rövidebb *mn* shorter; **~ nevén X** called X for short; **~ út** short cut; **a napok ~ek lesznek** the days are drawing in; **6 hónapnál ~ ideig** (for) less than six months; **a ~et húzza** get* the worst of it, lose* out; **leg~** shortest; **a leg~ utat választja** make* a beeline for
röviden *hsz* **1.** *[tömören]* in short/brief, briefly, in a word, in a few words, concisely; **~: nem** in short – no; **~ és velősen** brief/short and to the point; **Benjámin, ~ Béni** Benjamin, called "Ben" for short **2.** *[rövidítve]* short for; **a 'public house' ~ kifejezve 'pub'** "pub" is short for "public house" **3. ~ végez** (i) (*vkvel*) be* short with sy, give* sy short shrift (ii) (*vmvel*) make* short work of sg
rövidesen *hsz* shortly, before long, (very) soon
rövidfilm *fn* short film/feature, *biz* short, *[tévében]* TV short
rövidhullám *fn* short wave
rövidhullámú *mn* short-wave
rövidít *i* **1.** *ált* shorten, cut*/make* (sg) short(er), reduce the length of **2.** *[szöveget]* cut*, abridge
röviditalok *fn tsz* short drinks
rövidítés *fn* **1.** *[szövegé]* abridgement **2.** *[betűk]* (*röv* **röv.**) abbreviation (*röv* **abbrev., abbr.**); **~ek jegyzéke** list of abbreviations; **...nek a ~e** abbrev. for ..., short for ...
rövidített *mn* **1.** *[szöveg stb.]* abridged; **~ kiadás** abridged edition **2.** *sp* **~ játék** *[teniszben]* tie-break
rövidítve *hsz* (*röv* **röv.**) shortened, in a shortened form, short for ... (*röv* **abbrev., abbr.**); **társa ~ tsa** Co. is short for Company
rövidke *mn* brief, very short; → **röpke**
rövidlátás *fn* **1.** *orv* short-sightedness, near-sightedness, *tud* myopia **2.** *átv* short-sightedness
rövidlátó *mn/fn* **1.** *orv* short-sighted (person), near-sighted, *tud* myopic **2.** *átv* short-sighted
rövidnadrág *fn* shorts *tsz*
rövidnadrágos *mn* in shorts *ut*
rövidség *fn* **1.** *[térben]* shortness **2.** *[időé]* shortness, briefness, brevity [of time]; **az idő ~e miatt** for lack of time **3.** *[beszédé]* brevity; **~ kedvéért** for the sake of brevity
rövidtávfutás *fn* short-distance running, sprint(ing)
rövidtávfutó *fn* sprinter
rövidül *i ált* shorten, grow*/become* shorter; **~nek a napok** the days are closing/drawing in
rövidülés *fn* shortening, being shortened, becoming/growing shorter
rövidzárlat *fn* short circuit, *biz* short; **~ot okoz** cause a short circuit swhere, short-circuit sg
rőzse *fn* brushwood, twigs *tsz*, sticks *tsz*; **~t szed** pick up (v. gather) brushwood/twigs/sticks
RRT. *röv* → **rendezési**
rt., Rt., RT. *röv* → **részvénytársaság**
Ruanda *földr* Rwanda
ruandai *mn/fn* Rwandan
rubel *fn* rouble, ruble
rubeóla *fn orv* German measles *esz*, rubella
rubin *fn* ruby
rubrika *fn* → **rovat 1**
rúd *fn* **1.** *ált* bar, rod, beam; **egy ~ szalámi** a whole salami **2.** *[kocsié]* shaft, pole; **rájár a ~** misfortune (v. ill-luck) dogs his (foot)-steps, be* out of luck; **kifelé áll a szekere ~ja** he's on the way out, be* about to be dismissed/fired **3.** *[rúdugráshoz]* (vaulting) pole
rudas *mn [ló]* thiller, thill-horse
Rudolf *tul* Rudolph
rúdugrás *fn sp* pole vault
rúdugró I. *mn* pole-vault(ing) **II.** *fn* pole-vaulter
rúdvas *fn* bar-iron
rúg *i* **1.** kick **2.** *[gólt]* score/kick [a goal]; **mesterhármast ~ott** he scored a hat trick of goals **3.** *[összeg vmre]* amount/come* to sg; **három számjegyre ~** reach three figures
rugalmas *mn átv [dolog is]* elastic, *[hajlíthatóan és átv vk]* flexible; **~ munkaidő** flexible working hours *tsz*, flexitime, flextime
rugalmasság *fn átv [vmé is]* elasticity, *[hajlíthatóság és átv vk]* flexibility
ruganyos *mn* elastic, springy; **~ léptekkel** with a spring in one's step, with rapid strides
rúgás *fn* **1.** *ált* kick(ing) **2.** *[labdáé]* shot, kick **3.** *[lőfegyveré]* recoil, kick
rugaszkodik *i* push oneself (off)
rugdal *i* keep* (on) kicking (sy/sg)
rugdaló(d)z|ik *i* **1.** *konkr* kick out, kick about **2.** *átv* (*vm ellen*) kick against sg, *[változtathatatlan ellen] kif* kick against the pricks
rugdalódzó *fn [kisbabáé]* sleepsuit, Baby-gro (*tsz* -os)
rugdos *i* → **rugdal**
rúgkapál *i* → **rugdalódzik**

rugó *fn* **1.** *műsz* spring, *[tekercsrugó]* coil spring **2.** *átv* (*vmé*) mainspring (of), motive (for); **cselekedeteinek ~ja** the motive for his actions
rúgó *mn [vmely összegre]* amounting to *ut*, mounting up to *ut*; **5000 Ft-ra ~ költség** expenses mounting up (v. that mount up) to 5,000 fts *tsz*
rugóacél *fn* spring-steel
rugós *mn [rugózott]* elastic, springy, spring; **~ kés** switchblade (knife°), *GB* flick knife°; **~ matrac** spring mattress; **~ mérleg** spring balance, *US* spring scale
rúgós *mn* **~ ló** kicker
rugótörés *fn* breakage of a spring
rugóz *i* provide/fit with springs, spring*
rugózás *fn [szerkezeté, fotelé stb.]* springs *tsz*, springing, *[kocsié]* (spring) suspension; **jó a ~a** *[ágyé]* it has fine springs; *[autóé]* its suspension is sound/good
rugózat *fn* springs *tsz*, springing, *[kocsié]* suspension
rugóz|ik *i* recoil, spring*/fly* back; **jól ~ik** *[ágy stb.]* it has fine springs; *[autó]* its suspension is sound/good; **nem ~ik valami jól** there's not much spring in this [bed etc.]
rúgtat *i [lóval vhová]* gallop, ride* hard (to)
ruha *fn* **1.** *[ált ruházat, ruhák]* clothes *tsz*, clothing, *[női]* dress, *[férfiöltöny]* suit; **estélyi ~** evening dress, ball gown; **hétköznapi ~** everyday/casual clothes *tsz*; **rendelésre készült ~ → rendelés**; **utcai ~** casual wear/clothes *tsz*; **egy rend ~** a suit of clothes; **nem a ~ teszi az embert** it is not the coat that makes the gentleman, you can't judge a book by its cover; **~t felvesz** put* on one's clothes; **~t levet** take* off one's clothes; **~t ráad vkre** help sy on with his clothes; **~t vált** change (one's clothes), get* changed **2.** *[textildarab tisztításhoz]* cloth, duster; **vizes ~** damp cloth
ruhaakasztó *fn [vállfa]* (clothes) hanger
ruhaanyag *fn* dress material
ruhacsipesz *fn* clothes peg
ruhadarab *fn* article of clothing
ruhafogas *fn [akasztó]* hat-rack, *[álló]* coat-stand
ruhagyár *fn* clothes factory
ruhaipar *fn* garment trade, *biz* the rag trade
ruhakefe *fn* clothes brush
ruhaköltemény *fn* magnificent dress/outfit
ruhanemű *fn* clothes *tsz*, clothing, garments *tsz*, articles of clothing *tsz*
ruhapénz *fn* clothing allowance
ruhapróba *fn* fitting, trying on
ruhás *mn* in ... dress *ut*, in ... clothes *ut*, dressed in ... *ut*, wearing ... *ut*
ruháskosár *fn* clothes-basket
ruhásszekrény *fn* wardrobe, *US* (clothes) closet
ruhástul *hsz* fully dressed, with (all)one's clothes on
ruhaszárító *fn/mn [állvány]* clotheshorse, clothes airer; **~ csipesz** clothes peg, *US* clothes pin; **~ kötél** clothesline
ruhaszövet *fn* cloth, (dress) material, fabric
ruhatár *fn* **1.** *[színházban stb.]* cloakroom, *[pályaudvaron]* left-luggage office, *US* checkroom; **~ba (be)teszi a kabátját** leave*/put* one's coat in the cloakroom, *US* check one's coat **2. → gardrób 2**
ruhatári *mn* **~ jegy** *[színház stb.]* cloakroom ticket, *US* check (for one's coat); *[pályaudvari]* left-luggage ticket
ruhatáros *fn* cloakroom attendant, *US* hat check girl
ruhatervező *fn* dress designer
ruhatetű *fn* (body-)louse°
ruhatisztító *fn* (dry-)cleaner, (dry-)cleaner's; **a ~nál** at the dry-cleaner's
ruhátlan *mn* unclothed, undressed
ruhaujj *fn* sleeve

R

ruhaviselet *fn* **→ viselet**
ruház *i* **1.** *[ruhával ellát]* clothe, dress **2.** (*vmt vkre*) confer, bestow (on), grant (to)
ruházat *fn* clothes *tsz*, clothing, dress
ruházati *mn* clothing; **~ bolt** clothes shop (*US* store); **~ cikkek** (articles of) clothing
ruházkodás *fn* clothing
ruházkod|ik *i* clothe oneself
rulett *fn* roulette
rulettez|ik *i* play roulette
rum *fn* rum
rumli *fn biz* commotion, confusion, chaos, rumpus; **nagy volt a ~** there was a great to-do
rumos *mn* with rum *ut*, rum; **~ tea** tea with rum
rusnya *mn* **1.** *[csúf]* ugly, unsightly, hideous **2.** *[piszkos]* dirty, filthy, sordid
ruszki *mn pej* Russian
ruszli *fn* pickled fish
rusztikus *mn* rustic, country, rural
rút *mn* **1.** *[csúnya]* ugly, hideous **2.** *[aljas]* base, mean, abominable; **~ hálátlanság** downright ingratitude
ruta *fn növ* rue
rutin I. *fn [tapasztalat, készség]* experience, practice, skill, *[megszokás]* routine; **nagy ~ja van** he has long experience (of sg), he is an old hand (at sg) **II.** *mn* routine
rutinellenőrzés *fn* routine examination, routine matter; **ez csak ~** it's just procedure; **~ során tartóztatták le** (s)he was arrested during a routine check
rutinmunka *fn* routine job
rutinműtét *fn* routine operation
rutinos *mn* experienced, practised, accomplished (in), expert (in/at)
rutinszerű *mn* routine
rutinvizsgálat *fn* **1.** *[orvosi]* routine (medical) examination, routine check-up **2.** *[hivatalos]* routine examination
rútság *fn* ugliness, hideousness
rútul *hsz* basely, despicably; **~ becsap vkt** play sy a dirty trick
rúzs *fn [ajak]* lipstick, *[arc]* rouge; **~t használ** she wears lipstick
rúzsfolt *fn* trace of lipstick
rúzsos *mn* (*vk*) wearing lipstick *ut*; **~ száj** painted lips *tsz*; **~ a szája** she wears lipstick
rúzsoz *i [ajkat]* put* lipstick on, *[arcot]* rouge; **~za magát** *[ajkát]* put* lipstick on, wear* lipstick, *[arcát]* put* rouge on
rücskös *mn* **1.** *[arc]* pock-marked, pitted [face] **2.** *[fa]* gnarled [tree, bark] **3.** *[felület]* rough, pitted (surface)
rügy *fn* bud
rügyes *mn* budding
rügyez|ik *i* bud, put* forth/out buds, come* into bud, be* in bud
rügyező *mn* budding, in bud *ut*
rügyfakadás *fn* budding
rüh *fn* **1.** *orv [emberen]* the itch, scabies **2.** *áll* scab, mange
rühatka *fn* itch-mite
rühell *i [vmt tenni]* loathe (doing) sg, be* loath/unwilling/reluctant to do sg; **→ restell**
rühes *mn* **1.** *[ember]* itchy, scabby **2.** *áll* mangy
rühesed|ik *i* **1.** *[ember]* get* the itch/scabies, become* itchy/scabby **2.** *áll* get* the mange
rühesség *fn* **1.** *[emberé]* itch(iness), scabbiness, scabies **2.** *[állaté]* manginess, mange; **→ rühes**
rükverc *fn gk* reverse gear; **~be teszi a kocsit** put* the car into reverse
rüszt *fn* instep

S

S, s[1] *fn [betű]* (the letter) S, s

s[2] *ksz* and; **~ a többi** and so on/forth, etc. (*kimondva:* etcetera); **~ aztán?** and then?, so (what)?, go on

s *röv* → **másodperc**

Sabin-cseppek *fn tsz* Sabin vaccine *esz*

sablon *fn* **1.** *[minta]* pattern, model, *[lyuggatott]* stencil **2.** *átv* commonplace, cliché, stereotype **3.** *[nyomdai]* plate

sablonfilm *fn kb.* B-movie

sablonmunka *fn* **1.** routine/repetitive work **2.** *[fárasztó]* toil

sablonos *mn* stereotyped, conventional, trite, commonplace; **~ munka** routine job

saccol *i* guess, estimate, *biz* gues(s)timate

saccolás *fn* guessing, guess-work; *biz* gues(s)timation

sáfárkod|ik *i irod* manage sg well, make* good use of sg

sáfrány *fn [virág]* crocus, *[fűszernövény]* saffron

sah *fn* shah

Saint Kitts és Nevis *földr* St. Kitts and Nevis

Saint Lucia *földr* St. Lucia

Saint Vincent és a Grenadine-szigetek *földr* St. Vincent and the Grenadines

saját I. *nm* own, *[magán]* private; **~ érdeke** one's own interest; **a ~ feje után megy** s(he) has a will of his/her own; **~ jószántából** of one's own free will, willingly; **~ kezébe** *[levélen]* private (and confidential); **~ kezével/kezűleg** with one's own hand; → **s. k.**; **~ költségen** at one's own cost/expense; **~ maga** he himself, she herself; **~ maga készítette** (s)he made it (all by) himself/herself; **~ szemével** with one's own eyes; **~ szerzeményét adja elő** play a piece of one's own composition; **~ termésű** *[cseresznye]* home-grown [cherry] **II.** *fn* own property; **ez az ő ~ja** it is his (property), it belongs to him; **~jában lakik** he lives in a house of his own

saját kezű *mn* **~ aláírás** signature, autograph, *[az aláírás előtt, zárójelben]* signed; → **saját**, → **s. k.**

sajátos *mn* particular, peculiar, specific, characteristic, typical (of sy/sg), *[egyéni]* individual; **~ módon** in a peculiar (v. an odd) way; *[furcsa módon]* strangely/curiously enough; → **sajátságos**

sajátosan *hsz* specifically, *[különösen]* particularly; **~ magyar** specifically/characteristically Hungarian

sajátosság *fn* → **sajátság**; **életkori ~** characteristic of the age-group

sajátság *fn* characteristic, feature, characteristic/special/specific feature/quality/point; **egyéni ~** peculiarity

sajátságos *mn* **1.** *[különös, furcsa]* strange, singular, odd, queer; **~ egyéniség** quite a character, *US biz* oddball; **~ eset** a strange case **2.** → **sajátos**

sajátszerű *mn* → **sajátos**

sajátvér-injekció *fn orv* autohaematotherapy (*US* -hem-)

sajátvérkezelés *fn* autohaemotherapy (*US* -hem-)

sajgó *mn* throbbing, aching, smarting; **~ fájdalom** burning/throbbing pain

sajka *fn* (small) boat

sajkacsont *fn* navicular bone

sajnál *i* **1.** (*vkt*) be*/feel* sorry for, feel* pity for, pity (sy); **~om (őt)** I am/feel sorry for him **2.** *[bánkódik vm miatt]* regret sg (doing sg/that ...), be*/feel* sorry about/for sg (v. that ...); **~om, de** ... I am sorry but ...; **nagyon/igen ~om!** I am very/really/awfully/truly sorry!, I really/truly am sorry!, I'm so sorry!; **~om, hogy rossz az idő** I'm sorry it's such nasty weather; **~ja, hogy vmt tett** he regrets doing sg, he regrets that ... **3.** *[kímél]* **nem ~ja a költséget és a fáradságot** he spares neither trouble nor pains/expense, no expense(s)/pains spared; (*vktől vmt*) envy sy sg; **~ tőle minden falatot** begrudge/envy sy every bite (he eats)

sajnálat *fn [szánalom]* pity, *[bánkódás]* regret; **legnagyobb ~omra** to my great regret, much to my regret; **~ra méltó** sad, pitiful, pitiable, unfortunate; **~ra méltó ember** a man to be pitied; **~tal értesültünk** we were very sorry to hear, we heard with regret that; **~tal közlöm, hogy** ... I regret to inform you that ..., I am sorry to have to inform you that ...; **~tal látom** ... I am sorry to see that ...

sajnálatos *mn* regrettable, sad, pitiable, deplorable; **~ esemény** unfortunate/regrettable event; **~ tévedés** regrettable/unfortunate mistake/error

sajnálkozás *fn [történtekért]* regret, *[bocsánatkérően]* apology, *[szánalom]* pity, *[részvét]* sympathy; **legmélyebb ~át fejezte ki** (i) *[halálesetkor]* he expressed his deepest sympathy (ii) *[bocsánatkéréskor]* he expressed his deepest regret, he apologized

sajnálkoz|ik *i [történtekért]* be* sorry for/about, regret, *[bocsánatkérően]* apologize for, (*vkn*) feel* pity for, *[részvéttel]* sympathize with

sajnos *isz* I'm sorry, unfortunately, sorry (to say), *kif* it is to be regretted that ...; **~ nem jött el** I am sorry to say she has not come; **~ elfogyott** *[könyv]* sorry, it's out of print; *[egyéb]* sorry, it's out of stock, sorry, we've run out of it

sajog *i* throb, ache, smart; **~ minden tagom** I ache all over

sajt *fn* cheese

sajtár *fn* pail

sajtburger *fn* cheeseburger

sajtkereskedő *fn* cheesemonger, cheese merchant

sajtkukac *fn biz* fidget; **izeg-mozog, mint a ~ / olyan, mint a ~** he is constantly fidgeting

sajtó *fn* **1.** *[nyomdai gép]* printing-press/machine; **~ alá rendez** edit, prepare for the press; **~ alá rendezte** edited by; **~ alatt van** be* in the press (*US* in press), is being printed **2.** *átv* **a ~** the press; **jó ~ja van** have* (v. be* given) a good press, be* well received in/by the press; **rossz ~ja van** get*/have*/receive (v. be* given) a bad/poor press; **napi ~** daily press; **a ~ útján** through the (medium of the) press **3.** *[prés]* press

sajtóanyag *fn* press matter

sajtóattasé *fn* press attaché

sajtóbemutató *fn* press view/preview, *[darabé]* press night

sajtóértekezlet *fn* press/news conference

sajtófigyelő-szolgálat *fn* clipping/monitoring (v. press cutting) bureau

sajtófogadás *fn* press conference

sajtófotó *fn* press photo(graph)

sajtófőnök *fn* chief press officer, press chief

sajtóhadjárat *fn* press campaign; *[lejárató]* smear campaign

sajtóhiba *fn* misprint, printer's error; **~k jegyzéke** errata *tsz*, errata slip, corrigenda *tsz*

sajtóiroda *fn* public relations (office)

sajtókampány *fn* → **sajtóhadjárat**

sajtókonferencia *fn* → **sajtóértekezlet**

sajtóközlemény *fn* communiqué, statement to the press, press release

sajtol *i* **1.** *[kisajtol]* press, squash, squeeze (sg out of sg) **2.** *műsz* extrude

sajtónyilatkozat *fn* communiqué, statement to the press

sajtóorgánum *fn [szervé]* official paper/organ/voice

sajtóosztály *fn* publicity department, press-department; public relations department, PR department

sajtópéldány *fn* review copy, (free) copy for the press

sajtóper *fn* libel suit/case

sajtos *mn* cheese, made with cheese *ut*; ~ **makaróni** macaroni cheese; ~ **melegszendvics** (v. **pirítós**) Welsh rabbit/rarebit; ~ **rudacska** cheese straw
sajtószabadság *fn* freedom of the press
sajtószemle *fn* press review
sajtószolgálat *fn* press service
sajtótájékoztató *fn* press/news conference
sajtótermék *fn* publication, printed matter
sajtótörvény *fn* press laws *tsz*
sajtótudósító *fn* journalist, pressman°; press correspondent, (newspaper) reporter, *[igével]* report for [a newspaper, news agency etc.]
sajtóügynök *fn* press agent
sajtóügynökség *fn* press/news agency
sajtóvétség *fn* ~**et követ el vk ellen** libel sy
sajtóvisszhang *fn* press reaction; **jó/nagy ~ja van** get* (v. be* given) a good/big press
sajtpapír *fn* **1.** butter paper **2.** *szl [értéktelen papír]* worthless piece of paper
sajtreszelő *fn* cheese grater
sajtszag *fn* cheesy smell/odour (*US* -or), smell of cheese
sakál *fn* jackal
sakk *fn* chess; ~**!** check!; ~**ot ad vknek** give* check to sy, check sy; ~**ban tart vkt** keep*/hold* sy in check, keep*/hold* sy at bay
sakkbajnok *fn* chess champion
sakkbajnokság *fn* chess championship
sakkcsapat *fn* chess team
sakkfeladvány *fn* chess problem
sakkfigura *fn* chessman°, (chess) piece
sakkhúzás *fn* move; **ügyes diplomáciai** ~ a master-stroke of diplomacy
sakkirodalom *fn* literature of chess, chess literature
sakkjáték *fn* (game of) chess
sakkjátszma *fn* game of chess
sakk-kör *fn* chess club
sakklépés *fn* move
sakk-matt *fn főleg: átv* checkmate
sakkmester *fn* (chess) master
sakkóra *fn* chess clock
sakkozás *fn* (playing) chess
sakkoz|ik *i* play (a game of) chess; **jól ~ik** he is good at chess
sakkparti *fn* game of chess
sakkrovat *fn* chess column
sakktábla *fn* chessboard
sakkverseny *fn* chess tournament
sákramentum *fn vall [régi református szóhasználatban]* sacrament
sakter *fn* Jewish/kosher butcher
sál *fn* scarf°
salabakter *fn* **vén** ~ (i) *iron [személy]* old fog(e)y (ii) *[könyv]* useless old tome
salak *fn* **1.** *[anyag]* slag, *[fémé]* dross, *[széné]* clinker **2.** *biol* excrement, excreta *tsz* **3.** *átv* scum, refuse; **a társadalom ~ja** the scum (v. dregs *tsz*) of society
salakanyag *fn orv* roughage
salakbeton *fn épít* ~ **építőelem** breeze block, *US* cinder block
salakcement *fn épít* slag cement
salakképződés *fn* scorification
salakos *mn* ~ **teniszpálya** hard court; ~ **út** cinderpath
salakpálya *fn [motoré]* dirt track, speedway track, *[futóé]* cinder-track
salakpályaverseny *fn* cinder-track race, speedway
Salamon *fn* Solomon
salamoni *mn* ~ **döntés** Solomonic decision
Salamon-szigetek *földr* Solomon Islands
saláta *fn* **1.** *növ* lettuce; **egy fej** ~ a (head of) lettuce; **fejes** ~ (cabbage) lettuce **2.** *[elkészített]* salad
salátabár *fn* salad bar
salátaízesítő *fn* → **salátaöntet**
salátaolaj *fn* salad-oil
salátaöntet *fn* (salad) dressing
salátáskanál *fn* salad-spoon; ~ **és -villa** salad-servers *tsz*
salátástál *fn* salad-bowl
salétrom *fn* saltpetre (*US* -peter), potassium nitrate
salétromos *mn* nitrous
salétromsav *fn* nitric acid
sálgallér *fn* roll collar
sallang *fn* **1.** *[szegélyező]* fringe, tassel **2.** *[beszédben, írásban]* flourish
sallangos *mn [beszéd]* bombastic, flowery, pompous
salvadori *mn/fn* Salvadorean
sámán *fn* shaman
samanizmus *fn* shamanism
Samária *földr bibl* Samaria
samesz *fn* beadle, *átv* factotum, bottle-washer
sámfa *fn* shoetree, boot tree
sámli *fn* (foot)stool
samoai *mn/fn* Samoan
samott *fn* fire-clay
samott-tégla *fn* fire-brick
sampinyon *fn* → **csiperkegomba**
sampon *fn* shampoo
Sámuel *tul* Samuel
sánc *fn [erődrész]* rampart, *[földből]* mound, *[önálló erőd]* fortification, earth-work; ~**cal körülvesz vmt** entrench/fortify sg; ~**ot ás/épít** dig* trenches; → **síugró sánc**
sáncárok *fn* trench, ditch
sáncmunka *fn* earthwork, entrenchment
sáncol *i [röplabdában]* block, *[sakkban]* castle
sáncolás *fn [röplabdában]* blocking, *[sakkban]* castling
sanda *mn* **az a ~ gyanúm** ... I've got a suspicion that ..., I suspect ...; ~ **szemmel** (v. **sandán**) **néz vkre** look askance at sy, eye sy with suspicion, (*vmre*) look (up)on sg with a jaundiced eye
sandít *i* (*vmre/vkre*) squint at sg/sy, cast* a stealthy glance at sg/sy
Sándor *tul* Alexander; **Nagy** ~ Alexander the Great
San Francisco *földr* San Francisco, *US biz* Frisco
San Franciscó-i *mn/fn* San Franciscan
San Marino *földr* San Marino
San Marinó-i *mn/fn* San Marinese, Sammarinese
sansz *fn* chance(s), *US* break; **semmi ~a nincs** (s)he hasn't the ghost of a chance (of sg), *biz* (s)he hasn't a cat in hell's chance (of sg)
sánta *mn* lame, limping; **jobb lábára** ~ be* lame in the right leg, have* a game/gammy right leg
sántaság *fn* limp, lameness
sántikál *i* **1.** *konkr* limp, hobble (along), walk with a limp **2.** (*vmben*) be* up to sg; **rosszban** ~ he is up to some mischief, he is up to no good
sántikálás *fn* hobble, hobbling/limping along
sántít *i* **1.** *konkr* limp, walk with a (bad) limp, have* a (bad) limp, hobble; **jobb lábára** ~ he is lame in the right leg **2.** ~ **a dolog** it doesn't go on all fours; **a hasonlat** ~ the simile doesn't work (v. is wide of the mark)
santung *fn* shantung
sanzon *fn* song, chanson
sanzonénekes *fn [férfi]* crooner, *[nő]* chanteuse
sanyargat *i* torment, torture; ~**ja magát** mortify the flesh
sanyargatás *fn* torment, torture
sanyarú *mn* wretched, miserable; **a ~ szükség** dire necessity
Sao Tomé és Príncipe *földr* Sao Tomé and Príncipe
sáp *fn* illegal/illicit profit; **leszedi a ~ot** take* one's cut
sápad *i* turn/grow* pale
sápadoz|ik *i* → **sápad**
sápadt *mn* pale, pale/pasty/whey-faced, *[betegesen]* anaemic (*US* -emic), sickly
sápadtság *fn* paleness, pallor, waneness
sápítozás *fn* lamentation, lamentations *tsz*, wailing, wailings *tsz*

sapka *fn* **1.** *[fejre]* cap **2.** *[kupak]* cap
sapkajelvény *fn* cap-badge
sapkarózsa *fn* cap button
sápkóros *mn* greensick, chlorotic, anaemic (*US* -emic)
sár *fn* mud, *átv* dirt; **~ba ránt/tipor** defame, profane, sully, drag sy (sy's name) through the mud; **(meg)állja a sarat** stand*/hold*/keep* one's ground
Sára *tul* Sarah
sarabol *i* hoe [weeds]
saraboló *fn* draw/garden hoe, *US* scuffle (hoe)
sárarany *fn elav [tiszta]* pure gold
sarc *fn* tribute; **~ot fizet vknek** pay tribute to sy; → **hadisarc**
sárcipő *fn* galoshes *tsz*, overshoes *tsz*, *US* rubbers
sárdobálás *fn pol* mud slinging
sárfészek *fn* muddy backwater/hole/place
sárfogólap *fn [járművön]* mud-flap, splash-guard, *biz* spats *tsz*
sárfolt *fn* mud stain, spatter of mud
sárfoltos *mn* **~ a cipője** his/her shoes are muddy
sárfürdő *fn* mud bath
sárga I. *mn* yellow; **~ angyal** (i) *[a szervezet]* patrol (car) service (ii) (az ember a kocsival) *GB* A.A. patrolman°; **~ fény** *[forgalmi jelzőlámpán]* amber (light); **~ lapot kap** get* a yellow card, be*/get* booked; **a ~ földig lehord vkt** *biz* give* sy a good dressing down; **a ~ földig leissza magát** get* blind/roaring drunk; **~ az irigységtől** be* green with envy **II.** *fn* **1.** *[szín]* yellow; **~ra fest** paint sg yellow; *tex* dye/stain sg yellow **2.** → **tojássárgája**
sárgabarack *fn* apricot
sárgaborsó *fn* split/dry peas *tsz*; **~leves** pea soup
sárgadinnye *fn* honeydew melon, cantaloup (*US* cantaloupe) (melon), musk-melon
sárgája *fn* → **tojássárgája**
sárgaláz *fn* yellow fever
sárgáll|ik *i* be*/look/shine* yellow
sárgarépa *fn* carrot
sárgarépa-főzelék *fn* a dish of boiled carrots, boiled carrots *tsz*
sárgaréz *fn/mn* brass; **~ kilincs** brass door-handle (v. doorknob)
sárgarigó *fn* golden oriole
sárgás *mn* yellowish, yellowy
sárgaság *fn* jaundice; **~ban van/szenved** have* jaundice, be* jaundiced
sárgásbarna *mn* tan, fawn-coloured (*US* -or-)
sárgászöld *mn* yellowish green
sárgatest *fn orv* corpus luteum
sárgít *i* make* sg yellow, yellow
sárgul *i* become*/turn yellow, yellow, *[levelek]* wither, *[gabona]* ripen, *[arc]* sallow
sárhányó *fn* mudguard, wing, *US* fender
sarj *fn* **1.** *növ* shoot, sprout **2.** (*vké*) offspring, descendant, scion
sarjad *i* **1.** *növ* bud, shoot*, sprout **2.** *átv* originate (in/from), spring* from
sarjad(z)ás *fn* **1.** *[folyamat]* shooting, sprouting **2.** *[növényen]* offshoot, sprout
sarjadz|ik *i* → **sarjad**
sarjerdő *fn* brush-wood, copse, second growth
sarjhajtás *fn* → **vadhajtás**
sarjú *fn* second growth/crop, aftermath, rowen; **~t kaszál** mow a second time
sarjúerdő *fn* → **sarjerdő**
sarjúkaszálás *fn* second mowing, *[eredménye]* aftermath, rowen
sarjúszéna *fn* hay of second mowing
sark *fn földr* pole; → **Északi-sark**, → **Déli-sark**
sarkal *i [cipőt]* heel, put* new heels on
sarkalás *fn [cipőé]* heeling
sarkalatos *mn* cardinal, fundamental, pivotal; **~ pont** hinge [on which sg turns]
sarkall *i* (*vkt vmre*) stimulate, encourage, urge (*mindegyik:* sy to do sg), spur sy on to [greater effort etc.]
sarkantyú *fn [csizmán és kakas csüdjén]* spur; **~t ad a lovának** spur (on) one's horse, set* spurs to one's horse
sarkantyúpengés *fn* clinking of spurs
sarkantyús *mn* spurred, wearing spurs *ut*; **~ csizma** spurred boot(s)
sarkantyúz *i* **1.** *[lovat]* spur, set* spurs to [one's horse] **2.** *átv* spur on, stimulate
sárkány *fn* **1.** *[mesebeli]* dragon **2.** *[játék]* kite; **~t ereszt/ereget** fly* a kite **3.** *[asszony]* virago (*tsz* -goes v. -gos), shrew, dragon, harpy, *biz* battle-axe **4.** *rep [törzs és a szárnyak]* airframe
sárkányeresztés *fn* **1.** *[játéksárkányé]* flying a kite **2.** *tréf* ‹when one's wife (or mother-in-law) is leaving for a while›
sárkányfajzat *fn* viper, serpent
sárkánygyík *fn* **1.** *áll [repülő]* flying dragon/lizard **2.** *[mesebeli]* basilisk, cockatrice
sárkányrepülés *fn* hang-gliding
sárkányrepülő *fn* hang-glider
Sarkcsillag *tul* the Pole Star, the North Star, Polaris
sárkefe *fn* hard shoe-brush
sarki *mn* **1.** *földr* polar, *[északi]* Arctic, *[déli]* Antarctic; **~ fény** polar lights *tsz*, *[északi]* Northern lights *tsz*, aurora borealis, *[déli]* Southern lights *tsz*, aurora australis; *földr* **~ öv** Arctic zone **2.** *[utcán]* standing at/on the corner *ut*, corner
sarkigazság *fn* fundamental truth, axiom
sarkít *i fiz* polarize, bias, *átv* put* sg very polemically, polarize [opinions]
sarkkör *fn* polar circle
sarkkutató *fn* Antarctic/Arctic explorer
sarkos *mn* **1.** *műsz* angled, angular **2.** *fiz* polar **3.** *[fogalmazás, vélemény]* seeing/viewing an issue in black and white
sarkosan *hsz* **~ fogalmaz** write* about (v. discuss) sg in black and white
sarköv *fn* polar zone/region
sarkpont *fn* pivot, turning-point; cornerstone
sarktengely *fn* polar axis
sarktétel *fn* → **sarkigazság**
sárkunyhó *fn* mud hut
sarkutazás *fn* polar/Arctic/Antarctic expedition
sarkutazó *fn* → **sarkkutató**
sarkvidék *fn* polar region(s), *[déli]* Antarctic region, *[északi]* Arctic region; **déli ~** the Antarctic; **északi ~** the Arctic
sarkvidéki *mn* polar, *[déli]* Antarctic, *[északi]* Arctic; **~ hideg** arctic cold/weather; **~ légtömeg** arctic air mass
sárlás *fn* (being in) heat, rutting
sarlatán *fn* charlatan, quack, sham
sárl|ik *i* be* on (*US* in) heat, rut
sarló *fn* sickle; *elav pol* **~ és kalapács** hammer and sickle
sarlósejt *fn orv* sickle-cell
sarlóz *i* cut* with a sickle
sármány *fn áll* yellowhammer, bunting
saroglya *fn [szekéren]* forage ladder/rack
sarok *fn* **1.** *[cipőé, harisnyáé, kenyéré, lábé]* heel; **a sarkában van vknek** be* breathing down sy's neck, dog sy (sy's steps), be* (hard) at/on sy's heels, follow sy (hot) on/at his/her heels; **sarkára áll** put* one's foot down, make* a stand; **állj a sarkadra!** be* firm, stick* to your guns; **sarkon fordul** turn on one's heels, turn round sharply, *[ijedtében]* turn tail (and run) **2.** *[szobáé]* corner, *[zug]* nook, *[könyvé, utcáé, szemé]* corner; **meghitt kis ~** a cosy little corner/hook; **~ba állít** *[gyereket]* stand* a child° in the corner; **~ba szorít vkt** *átv* drive* sy into a corner, corner sy; **~ba szorítás** cornering; **~ba van szorítva** be* with (v. have*) one's back to the wall, be* trapped/cornered, be* at bay; **a sarkon túl** round the corner; **a negyedik ~/sarkon/~nál jobbra** the fourth turning on/to

S

the right **3.** *[ajtóé]* hinge; **kiemel vmt a sarkából** unhinge sg **4.** *el* pole
sarokablak *fn* corner window
sarokcsont *fn* heel-bone
sarokdísz *fn [szobában, könyvön]* corner piece
sarokdobás *fn sp* corner throw
sarokház *fn* **1.** corner house **2.** *[süteményfajta]* ‹wedge-shaped gâteau topped with whipped cream›
sarokkő *fn* cornerstone
sarokoszlop *fn* corner pillar/post
sarokszám *fn* **a költségvetés ~ai** budget figures
sarokszoba *fn* corner room
sarokülés *fn* corner-seat
sarokvas *fn* **1.** *[ajtón]* hinge **2.** *[cipőn]* heel-plate
sáros *mn* muddy, *[ruha]* spattered with mud *ut*
sártenger *fn* sea of mud, quagmire
saru *fn* **1.** *[lábbeli]* sandal **2.** *[híd, fék, kábel stb.]* shoe
saruszíj *fn* sandal/ankle-strap
sarutlan *mn vall* **~ karmeliták** *[szerzetesrend]* discalced Carmelites
sárvédő *fn* → **sárhányó**
sarzsi *fn pej [rendfokozat]* rank, military rank, stripe
sas *fn* eagle
sás *fn* sedge
sasfészek *fn* eyrie, aerie
sasfiók *fn* eaglet
sáska *fn* locust
sáskahad *fn átv is* swarm of locusts
sáskajárás *fn átv is* plague of locusts
saskatchewani *fn* Saskatchewaner
saskeselyű *fn* lammergeier, (common) bearded vulture
saslengés *fn sp [tornában]* eagle swing
saslik *fn gaszt* shashlik
sasorr *fn* aquiline/Roman nose
sasorrú *mn* with an aquiline/Roman nose *ut*
sasszeg *fn* cotter pin
sasszem *fn átv* **~e van** have* eyes like a hawk (v. an eagle), be* eagle/hawk-eyed; **~ekkel figyel** watch eagle-eyed
sasszemű *mn* eagle/hawk/gimlet-eyed
saszla *fn [szőlőfajta]* chasselas [grape]
sasszé *fn [táncban]* chassé, gliding step, side-step
sasszi *fn el* chassis
sátán *fn* Satan, Lucifer, the Devil, the Antichrist, the Beast
sátáni *mn* **~ terv** diabolic plot; **~ kacaj** diabolic laugh/laughter
sátánista *mn* Satanist
sátánizmus *fn* Satanism
satíroz *i* → **vonalkáz**
satnya *mn [ember]* puny, sickly, undernourished, *(vm)* stunted
sátor *fn* **1.** *ált* tent; **két-/négyszemélyes ~** 2-person/4-person tent; **~ban alszik/lakik** sleep*/live in a tent, camp out; **sátrat felállít/ver** pitch (v. set* up) a tent; **felszedi a sátrat** take* down a tent, *[tábort bont]* strike*/break* (up) camp **2.** *[cirkuszi]* big top, *[vásári]* booth, stall
sátorcövek *fn* tent-peg
sátorfa *fn* tent-pole; **felszedi a ~ját** pack up and go* (away) (v. leave*), *biz* pack up bag and baggage, make* off, make* oneself scarce; **szedd a ~dat!** be off!, make yourself scarce!, get lost!
sátorfedél *fn* roof [of a tent]
sátorkötél *fn* tent-rope
sátorlakó *fn* camper
sátorlap *fn* side/flap of tent
sátoros *mn* **~ cigány** wandering/nomadic gypsy; **~ kereskedő** itinerant trader, stallholder [at a fair]; *tréf* **~ ünnep** festival, great public holiday; **minden ~ ünnepen** on high days and holidays
sátoroz *i* camp out, live in a tent
sátorozás *fn* camping (out), living in a tent (v. tents)
sátorponyva *fn* canvas
sátortábor *fn* (tent) camp
sátortető *fn épít* tent roof
sátorváros *fn* canvas town
sátorvászon *fn* → **sátorponyva**
sátorverés *fn* pitching a tent (v. tents)
satrafa *fn biz* **vén ~** old hag
satu *fn* vice, *US* vise; **~ba fog vmt** grip sg in a vice, vice (*US* vise) sg; **~ba be van fogva** be* gripped in a vice
satupad *fn* work/vice-bench
satupofa *fn* jaw(s)
Saul *tul bibl* Saul
sav *fn* acid; **sok a ~a** suffer from an acid stomach (v. from hyperacidity); **kevés a ~a** suffer from anacidity (v. acid deficiency)
sáv *fn* **1.** *[csík]* stripe, streak, *kat [rangjelzés]* stripes *tsz*, *földr* strip (of land), zone, *[forgalmi]* lane; **forgalmi ~** traffic lane; **három (forgalmi) ~ú út** three-lane road; **belső ~** outside/offside lane; **külső ~** inside/nearside lane; **~ot változtat** change lanes **2.** *el* (wave)band; **polgári ~** Citizens' Band (*röv* **CB**)
sava-borsa *fn* flavour (*US* -or) (of sg); **a humor az élet ~** humour (*US* -or) is the spice of life
saválló *mn* acid-resistant, acid-proof
savanyít *i* make* sour, sour, *[tartósít]* pickle; **káposztát ~** sour/pickle cabbage
savanykás *mn* sourish, acidulous, *[alma]* tart(ish), rather sour
savanyod|ik *i* turn/get*/go* sour
savanyú *mn* **1.** *[íz]* sour, acid, tart; **~ cukor** acid/lemon drops *tsz*; **~ káposzta** pickled cabbage, sauerkraut; **~ uborka** pickled cucumber/gherkin, *US* pickle; **~ a szőlő** sour grapes **2.** *átv* sour, dour, wry, bitter; **~ alak/ember** wet blanket, *biz* misery, sourpuss; **~ képet vág** make*/pull a sour/long face, look glum
savanyúság *fn* **1.** *[tulajdonság]* sourness, tartness **2.** *[ételhez]* pickles *tsz*
savanyúvíz *fn* Vichy water
savanyúvíz-forrás *fn* mineral spring
savas *mn* **1.** *kém* acid, acidic; **~ eső** acid rain **2.** *biz [gyomorsavas]* suffering from an acid stomach *ut*, hyperacid
savhiány *fn orv* acid deficiency, anacidity
sávkapcsoló *fn el* band switch/selector
savlekötő *mn/fn orv* antacid
sávlezárás *fn közl* lane closure
savmentes *mn orv* acid-free
sávnyújtás *fn [rádión]* bandspreading
savó *fn [tejé]* whey, *[véré]* (blood) serum
sávoly *fn* twill
savós *mn* wheyey, wheyish
sávos *mn* striped, streaked, streaky
savószemű *mn* pale blue-eyed, with watery blue eyes *ut*
savószínű *mn* whey-coloured (*US* -ored), wan
sávozott *mn* → **sávos**
savpróba *fn* acid test
sávszélesség *fn el* bandwidth
savtartalom *fn* (degree of) acidity
savtúltengés *fn orv* hyperacidity
sávú *mn* → **sáv 1**
sávváltás *fn [közúton]* lane changing, changing/change of lane(s), *[veszélyes]* lane-hopping
sávváltó *fn el* band switch/selector
sci-fi *fn* science fiction, sci-fi
se *ksz/hsz* neither; **nem kell a pénz, és/de a könyv ~** I don't want the money or the book, I don't want the money and I don't want the book either; **egyikőtöknek ~ hiszek** *[kettő közül]* I don't believe either of you, *[több közül]* I don't believe any of you; **szóba ~ áll vele** give* sy the cold shoulders, cut* sy cold; **~ ... ~** neither ... nor, *[tagadás után]* either ... or; **~ nem evett, ~ nem ivott** he neither ate nor drank; **~ pénz, ~ posztó** *kb.* be* left empty-handed, be* penniless; **nem mondott ~ igent, ~ nemet**

S

he didn't say either yes or no; **azt ~ tudja, mikor mentek el** (s)he doesn't even know when they left; **rá ~ gondolj!** don't give it another thought; → **azért**, → **sem**

seattle-i *mn/fn* Seattleite

seb *fn* wound, *[sérülés]* injury, *[égett]* burn, *[horzsolt]* abrasion, *[szúrt]* stab-wound, *[tátongó]* gash; **nyílt ~** open wound; **csupa ~ volt a teste** his body was covered with (v. was a mass of) wounds; **~et ejt vkn** inflict a wound on sy, wound/injure sy; **~et kap** be*/get* wounded; **halálos ~et ejt vkn** wound sy mortally; → **belehal**

sebaj! *isz* no matter!, it doesn't matter!, never mind!, *[vigasztalóan]* buck/chin/cheer up!

sebbel-lobbal *hsz* in a tearing rush/hurry; **nagy ~ elrohant** he pelted/ran hell for leather [down the street]

sebes[1] *mn [gyors]* quick, swift, speedy, rapid, fast, hurried; **~ ár** swift current; **~ folyású** fast-flowing; **~ folyó** rapid stream, fast-flowing river; **~ léptű** fleet-footed

sebes[2] *mn* wounded, hurt, sore

sebesség *fn* **1.** *[ált és gépkocsié]* speed, *műsz* velocity, *[tempó]* rate, pace; **kezdő ~** initial velocity/speed; **legnagyobb ~** full/top/maximum speed, maximum velocity; **megengedett legnagyobb ~** speed limit, maximum speed; **a megengedettnél nagyobb ~gel halad** exceed the speed limit, be* speeding; **nyaktörő/őrült ~gel** at a breakneck speed; **teljes ~gel** at full speed; **óránként 80 kilométeres ~gel haladt** he was going/driving at a speed of 80 kilometres an hour (v. 80 kph) (= 50 miles an hour v. 50 mph) **2.** *[autó sebességfokozata]* **első ~** first/low/bottom gear; **második ~** second gear; **harmadik ~** third gear; **negyedik ~** fourth gear, *[ha 4 sebesség van]* top/high gear; **~ben van** be* in gear; **~et vált** change gear, *US* shift gear

sebességcsökkenés *fn* slowing down

sebességfokozat *fn [gépkocsin]* gear

sebességhatár *fn* **~ok** range of speeds *esz*

sebességi *mn* **~ próba** speed trial/test; **~ rekord** speed record; **~ versenypálya** speedway

sebességkorlátozás *fn* speed limit; **30 km-es ~** a speed limit of 30 kph

sebességmérő *fn [és kilométerszámláló]* speedometer (and mileometer v. *US* odometer)

sebességű *mn* **kis ~** low-speed/velocity; **nagy ~** high-speed/velocity

sebességváltás *fn* gear-change, *US* shifting gear

sebességváltó *fn* **1.** *[szerkezet]* gearbox, gearcase, gears *tsz*; **automata ~** automatic transmission (v. gear system); **automata ~s kocsi** automatic **2. ~ (kar)** gear-lever, gear-stick, *US* gearshift (lever)

Sebestyén *tul* Sebestian

sebesülés *fn* **1.** *[ténye]* being wounded, *[sérülés]* injury **2.** *[seb]* wound, injury; **belehal ~ébe** die of one's wounds/injuries **3.** *kat [számszerűleg]* casualty

sebesült I. *mn* wounded **II.** *fn* wounded soldier/man°; **a ~ek** the wounded, the casualties *tsz*

sebesültszállító I. *mn* **~ gépkocsi** ambulance (car); **~ repülőgép** ambulance plane; **~ vonat** ambulance train **II.** *fn [katona]* stretcher-bearer

sebesvonat *fn kb.* fast train

sebész *fn* surgeon

sebészet *fn* surgery, *[kórházi osztály]* surgical department/ward, surgery; **minimál invazív** (v. **laparoszkópos**) **~** keyhole surgery, laparoscopy

sebészeti *mn* → **sebészi**

sebészi *mn* surgical; **~ beavatkozás** surgery, surgical intervention, operation

sebészkés *fn* surgical knife°, *[szike]* scalpel, *[lándzsa]* lance(t)

sebésztű *fn orv* suture needle

sebezhetetlen *mn* invulnerable

sebezhető *mn* vulnerable, *átv* [be*] easily hurt, sensitive, touchy; **~ pont** tender spot, weak point/spot/side

sebfelület *fn* area of the wound

sebfertőzés *fn* (wound) infection

sebhely *fn* scar, mark, *orv* cicatrice

sebhelyes *mn* scarred, covered with scars/marks *ut*

sebkenőcs *fn* (healing) ointment

sebkezelés *fn* (wound) dressing

sebláz *fn* traumatic fever, wound-fever

sebszáj *fn* orifice of wound, *[szél]* edge/lip of wound

sebtapasz *fn [vízálló]* (sticking) plaster, *US* adhesive plaster, *GB* Elastoplast, *US* Band-aid

sebtében *hsz* hastily, in haste, in a hurry; **~ eszik** have* a snack, bolt one's food down; **~ összetákolt** makeshift, improvised

sebten *hsz* → **sebtében**

sebtisztítás *fn* cleaning out wounds

sebváltó *fn biz* → **sebességváltó**

sebváltózár *fn* gear lever lock

sebvarró *mn* **~ tű** surgical needle

sebzett *mn* wounded, injured; **~ lelkű** broken-hearted

séf *fn [főszakács]* chef

seftel *i biz pej* → **üzletel**

segéd *fn* **1.** *[bolti]* (shop) assistant, *[női]* saleswoman°, salesgirl, *US* (sales-)clerk **2.** *ált* aid(e), help(er), assistant **3.** *[párbaj]* second [in a duel]

segéd- *előtag (vm)* auxiliary ..., *(vk)* assistant ...

segédanyagok *fn tsz* auxiliary material(s)

segédcsapatok *fn* auxiliary troops, reinforcements

segéderő *fn* help, aid

segédeszköz *fn* aid *(vmben* in sg); **nélkülözhetetlen ~** essential aid; **oktatási ~** teaching aid

segéd-házfelügyelő *fn* assistant caretaker/concierge, *US* underjanitor

segédige *fn* auxiliary (verb)

segédkezet nyújt *kif (vknek)* lend* sy a helping hand, be* of help to sy

segédkez|ik *i* **1.** *(vknek)* help sy *(vmben* do/to do sg/with sg), assist sy *(vmben* with sg/in doing sg/to do sg), be* instrumental *(vmben* in sg v. in doing sg) **2. ~ik vknek bűncselekmény elkövetésében** aid and abet sy

segédkönyv *fn* handbook, manual

segédlelkész *fn* assistant minister, *[anglikánoknál]* curate

segédlet *fn* **1.** *[segítség]* aid, assistance, help, support; **rendőri ~tel** with police assistance/support **2.** *[írott, nyomtatott]* (study-)aid

segédlevél *fn elav* journeyman's certificate

segédmotor *fn [csónakon]* outboard motor; **~os kerékpár** motor-assisted bicycle, *GB* moped

segédmunka *fn* unskilled job/work/labour (*US* -or)

segédmunkás *fn* unskilled worker/labourer (*US* -orer), *biz* hand

segédorvos *fn* assistant physician, junior doctor, *GB* houseman°, *US* intern

segédrendező *fn* assistant director

segédszemélyzet *fn* ancillary/auxiliary/support staff

segédszerkesztő *fn* assistant editor, *[hírlapnál]* sub-editor

segédszínész *fn* bit-part actor, extra

segédszolgálat *fn kat* unarmed military service

segédszolgálatos *mn kat* non-combatant

segédtanár *fn* assistant teacher, teaching assistant

segédtétel *fn fil* subsidiary proposition

segédtiszt *fn kat* adjutant, aide-de-camp (*tsz* aides-de-camp)

segédtudomány *fn* auxiliary science

segél *i* → **isten**

segély *fn* **1.** *[segítség]* help, aid **2.** *[anyagi támogatás]* grant, grant-in-aid, financial support/assistance, *[intézménynek]* subsidy, aid, grant, *[rendszeres juttatás]* allowance, *[éhínség sújtotta országnak stb.]* relief; **anyasági ~** *GB* maternity benefit (*US* allowance); **külföldi ~** foreign aid; **rendkívüli ~** special/emergency allowance; **szakszervezeti ~** trade-union hardship payment; **szociális ~** *GB* social security (benefits/payments); *US* welfare (handouts/

S

payments); **~ben részesít vkt** give* sy aid, give* a grant to sy; **~re szorul** require help, be* in need

segélyakció *fn* (fund-raising) campaign, (organization of a) relief fund, relief campaign

segélyalap *fn* relief fund(s)

segélyállomás *fn* first-aid station

segélyegyezmény *fn* aid/charity/relief agreement

segélyegylet, segélyegyesület *fn* charity, relief organization, charitable institution

segélyez *i* assist, support, subsidize

segélyforrás *fn* resource, source of financial support; **~aim kimerültek** I am at the end of my resources

segélyhely *fn* **1.** *[orvosi]* first-aid station **2.** *[műszaki]* aid station, aidpoint

segélyhívó *mn* **~ telefon** emergency/roadside telephone/call-box

segélykérés *fn* appeal, supplication

segélykérő *mn* suppliant, supplicant; **~ levél** letter asking for help, *biz* begging letter; **~ tekintet** look of entreaty

segélykiáltás *fn* cry/call for help

segélykocsi *fn* patrol car

segélynyújtás *fn* assistance, help, aid, *[pénzbeli]* subsidy, subvention, grant; **kölcsönös ~i egyezmény** mutual assistance treaty/pact/agreement

segélyprogram *fn* aid programme

segélyszállítmány *fn* relief (convoy)

segélyszervezet *fn* relief organization

segélyszolgálat *fn* **1. országúti ~** patrol service; → **sárga angyal** **2.** *[lift, tévé stb. javítószolg.]* (emergency) repair service

segg *fn durva GB* arse, *US* ass; **~be rúg** (*vkt*) kick (sy) in the pants/arse/ass, give* sy a kick up the backside; **~re esik** fall* flat, *[kudarcot vall] durva* get* fucked (over), fuck oneself

seggfej *fn tabu* arsehole, asshole

seggnyaló *fn durva pej* arse-licker, ass-licker

seggreesés *fn durva [nagy kudarc]* pratfall

seggrészeg *mn szl* pissed (out of his mind v. as a newt); *US* bunned

segít *i* **1.** (*vknek/vkt vmben*) help sy (*vmben* with sg/to do/do sg), be* of help to sy, assist sy (in doing sg/to do sg), be* of assistance to sy; **~ettem neki megtalálni a dolgait** I helped him (to) find his things; **kérlek, ~s!** please help (me); **~hetek?** *[üzletben]* can/may I help you?; **~ vknek felmenni a lépcsőn** help sy up (the stairs); **~ vkt munkájában** help sy with/in one's work; **~ a feleségének a háztartásban** he does his share of the housework; **~hetek vmben?** can I help you?, can I be of any assistance to you?; **sokat ~ otthon** he is very good around/about the house; **szeret ~eni** be* (always) ready to help [one's friends etc.] **2.** (*vkn*) help sy, *[munkában]* help sy (with one's work), lend* sy a hand (with sg); **~ magán** look after oneself; **nem ~ rajtad a sírás** it won't help (you) to cry, it's no good/use crying, crying won't help you; **~s magadon, az Isten is megsegít** God helps those who help themselves; **nem lehet rajta ~eni** (*vkn*) (s)he is past help, (*vmn*) it can't be helped **3.** *[vm segítséget jelent]* be* of help (to); **ez a gyógyszer majd ~** this medicine will help (v. do you good), *biz* this should/will do the trick; **semmi sem ~** nothing can help, there is no help **4.** (*vmn*) **~ a bajon** *[csökkenti]* ease the problem, *[elhárítja]* solve the problem, help sy over a difficulty; **ezen nem lehet/tudok ~eni** I can't help (you there), there is no help for it, that can't be helped **5.** *[segélyez]* help sy financially/out; **~ik a szülei** his/her parents help him/her out/financially; **~i a szüleit** (s)he helps (to) support his/her parents **6.** *[hozzásegít vkt vmhez]* help sy to (get/obtain) sg; **álláshoz ~ vkt** help sy (to) find/get a job **7. vkre ~** *[ruhadarabot]* help sy on with [clothing]; **rám ~ené a kabátot?** would you help me on with my coat, please?

segítő I. *mn* helping; **~ kezet nyújt vknek** lend* sy a helping hand **II.** *fn* helper, assistant, aid(e)

segítőkész *mn* helpful, willing

segítőkészség *fn* helpfulness, readiness to help

segítőtárs *fn* helper, aid(e)

segítség *fn* **1.** *[vkn/vmn való segítés]* help, aid, assistance, *[támogatás]* support, *[könnyítő]* relief; **~!** *[segélykiáltás]* help!; **~ nélkül** unaided, without help; *[egyedül]* unaided, single-handed, (working) alone, on one's own; **~ére jön vknek** come* to the aid/assistance of sy, come* to sy's aid, *[siet]* hurry/rush to sy's assistance/aid; **~ére van vknek** be* of help/assistance to sy; **miben lehetek a ~ére?** what can I do for you?, how can I help you?; **~re szorul** be* in need of help/assistance; **vk ~ére szorul** need sy's help; **~et kér** ask for help; **vk ~ét kéri** ask for sy's help; **~et nyújt vknek** help sy, lend*/give* sy a (helping) hand, *[balesetnél stb.]* give* assistance to sy, *[elsősegélyt]* give* sy first-aid; **~et nyújt vmben** be* instrumental (in sg); **vknek a ~ével** thanks to sy's help, *[udvariasabban]* through the good offices of sy; **vmnek a ~ével** by means of sg, with the help/aid of sg; **~ül hív vkt** ask for sy's help, call/ask sy to help **2.** *[vk aki segít]* help, aid(e), *[bejárónő stb.]* home help; **ő nagy ~** (s)he's a great help; **nincs (semmi) ~e** *[háztartásban]* she hasn't got a help (v. anybody to help her), she has no one to help her [with the housework] **3.** *[eszköz]* help, aid, device

segítségnyújtás *fn* giving assistance (to); **(kötelező) ~ elmulasztását követi el** fail/neglect to give assistance (v. first-aid) to sy, *[gázoló]* be* a hit-and-run driver; **~ nélkül továbbhajtott** (s)he failed to give assistance (v. first-aid), *[gázolt is]* be* a hit-and-run driver

sehány *nm* none, zero, nil

sehogy(an) *hsz* by no means, in no way/wise; **~ se(m) értem** I'm at a loss to understand it, *biz* it's beyond me; **~ se(m) jó így** this really won't do

sehol *hsz* nowhere, not anywhere; **~ másutt** nowhere else; **~ se találom** I can't find it anywhere, it's nowhere to be found; **~ sincs** (i) → **~ se találom** (ii) *biz [lemaradt, pl. versenyben]* nowhere (in sight), out of the running, *US így is:* way down the field

sehonnan, sehonnét *hsz* from nowhere, not from anywhere; **~ sem vár pénzt** (s)he is not expecting money from anywhere

sehova *hsz* nowhere, not anywhere; **ne menj ~!** don't go anywhere

seízű *mn* tasteless, flavourless (*US* -or-), insipid

sejk *fn* sheik(h)

sejt[1] *i* (*vmt*) suspect (sg), have* an idea that; **mit sem ~** (does) not suspect a thing, have* no idea that/of; **mit sem ~ve** quite unsuspectingly; **rosszat ~** have* a premonition/presentiment of sg (v. a foreboding that ...); **~em!** I think so!, *biz [Meghiszem azt!]* I bet!; **kezdem ~eni** it is beginning to dawn on me; **ezt ~ettem** I suspected/thought as much, I thought so; **ezt ~eni lehetett** this was (only) to be expected; **nem is ~i** have* not the slightest/remotest/faintest idea; **nem is ~ett** unthought-of

sejt[2] *fn biol* cell, *összet* cell, cellular

sejtállomány *fn biol* protoplasm

sejtburjánzás *fn* cell(ular) proliferation

sejtelem *fn* **1.** *[előérzet]* anticipation (of sg), suspicion, feeling, presentiment, *[rossz]* suspicion, premonition **2.** *[elképzelés]* idea; **halvány sejtelmem sincs róla** I haven't the faintest/foggiest idea

sejtélettan *fn biol* cell physiology

sejtelmes *mn [titokzatos]* mysterious, enigmatical, murky

sejtés *fn* conjecture, guess; **ha ~em nem csal** unless I am very much mistaken

sejtet *i* imply, suggest, make* sy think sg

sejtfal *fn* cell wall

sejthető *mn* **ez ~ volt** that/as was to be expected

sejtképződés *fn* cell-formation

sejtközi *mn* intercellular

sejtmag *fn* nucleus (*tsz* nuclei v. nucleuses)

sejtnedv *fn* cell-fluid

sejtosztódás *fn* cell division
sejtplazma *fn biol* cytoplasm
sejtrendszer *fn* cell(ular) system
sejtszövet *fn* cell(ular) tissue
sejttan *fn* cytology
sejttest *fn biol* protoplasm, cell body
sejttevékenység *fn biol* cellular activity
sekély *mn átv is* shallow, *csak átv* flat
sekélyed|ik *i* become* shallow
sekélyes *mn átv* shallow, flat, *[felszínes]* skin-deep *ut*, superficial, shallow
sekk *fn [sakkban]* check to the queen
sekrestye *fn* sacristy, vestry
sekrestyés *fn* sacristan
selejt *fn [termék]* faulty product, shoddy/inferior/substandard goods *tsz*, (manufacturer's) rejects *tsz*
selejtarány *fn gazd* reject/scrap ratio
selejtáru *fn* rejects *tsz*
selejtes *mn* faulty, inferior, substandard; ~ **áru** rejects *tsz*; ~ **gyártmány** faulty product; ~ **munka** inferior work, shoddy workmanship
selejtez *i* weed/sort out, discard, *[állatot]* cull
selejtező *fn sp* ~**k** eliminating/preliminary/qualifying heats, *[mérkőzések]* qualifying matches, qualifying round/series [of matches]
selejtmentes *mn* free of reject/waste *ut*, reject-free, waste-free
sellő *fn* mermaid
selyem *fn* silk
selyemáru *fn* silk goods *tsz*
selyemfényű *mn* silky, glossy
selyemfiú *fn* gigolo
selyemfonal *fn* silk thread/yarn
selyemgubó *fn* (silk) cocoon
selyemgyár *fn* silk-mill/factory
selyemharisnya *fn* silk stockings *tsz*
selyemhernyó *fn* silkworm
selyemhernyó-tenyésztés *fn* silkworm-breeding, sericulture
selyemkendő *fn* silk shawl
selyemlepke *fn* silkworm moth
selyemmajom *fn áll* marmoset
selyempapír *fn* tissue paper
selyemruha *fn* silk dress
selyemsál *fn* silk scarf°, *[vállra]* silk shawl
selyemszál *fn* silk thread/yarn/fibre (*US* -ber)
selyemszőrű *mn* silken-haired, with silky hair *ut*
selyemszövő *fn* silk-weaver
selyemzsinór *fn* silk cord/lace/braid
selymes *mn [selyemből való]* silken, silk, of silk *ut*, *[tapintású, fényű]* silky, silk-like, glossy, *[bőr]* smooth
selypít *i* lisp
selypítés *fn* lisp
sem *ksz/hsz* **1.** *[tagadószó]* neither, not ... either, nor; **egy** ~ none, not any; **egyik** ~ neither; **egyikük** ~ neither (*kettőnél több:* none) of them; ~ ... ~ neither ... nor; **én** ~ nor I/me (either), *biz* me neither; **ha én** ~ **megyek, te** ~ **mégy** if I do not go (v. if I'm not going), neither will you; **én** ~ **tudom** I don't know myself/either; **egy percig** ~ not for a moment **2.** *[nyomatékot adva]* not ... even; **még látni** ~ **akarja** she will not even see him; **távolról** ~ not by a long chalk, not in the least, by no means, not at all; **azért** ~ → **azért 3.** *[tagadó névmás kiegészítésére]* **semmi** ~ nothing (of the kind v. whatever/whatsoever); **senki** ~ nobody, no one → **se**
séma *fn [vázlatos rajz]* (rough) sketch diagram, *[minta]* pattern, *[sablon, modell]* model, scheme
sematikus *mn* schematic, diagrammatic; ~ **ábra** diagram
semeddig *hsz* **1.** *[táv]* no distance at all **2.** *[idő]* not for a moment; ~ **se tart** (i) *[elkészíteni]* it won't take a moment (ii) *[hamar itt leszek]* I shan't/won't be long (iii) *[hatás]* it won't last
semelyik *nm* none, not one of them; ~**et sem ismerem** I don't know any (one) of them
semennyi *nm* nothing at all, not any, not a bit; ~ **pénze sincs** (s)he has no money at all, (s)he hasn't got a penny to his/her name, *biz* (s)he's broke; ~ **időbe sem telt** it took no time at all; ~**ért sem** not for all the world
semerre *hsz* nowhere at all, not ... in any direction
semhogy *ksz* rather than; **inkább** ~ you had better [do sg] than [suffer/risk sg else]; **okosabb volt,** ~ **bevallja** he was too clever to admit it
sémi *mn* Semitic; ~ **nyelvek** Semitic languages
sémita *mn* → **sémi**
semleges I. *mn pol kém* neutral, *[állást nem foglaló]* noncommittal, *kif biz* sit* on the fence, *[közömbös]* indifferent, *[nem részrehajló]* unbias(s)ed; ~ **állam** neutral state; ~ **megfigyelő** unbias(s)ed observer; ~ **terület** neutral zone; **világnézetileg** ~ **iskola** *kb.* ideologically neutral (v. undenominational) school (v. educational institution) **II.** *fn* → **semlegesnem**
semlegesít *i* neutralize
semlegesnem *fn nyelv* neuter; ~**ű** neuter
semlegesség *fn* neutrality; **megőrzi** ~**ét** remain/stand* neutral, *kif biz* sit* on the fence
semlegességi *mn* ~ **nyilatkozat** declaration of neutrality; ~ **politika** the policy of neutrality
semmi I. *fn/nm* **1.** nothing, none, *[tagadásban]* anything, (not) ... any, *[szám]* nought, zero, *[teniszben]* love; **ez mind** ~**!, az** ~ that's nothing, it doesn't matter; ~**, de** ~ nothing whatever, absolutely nothing; ~ **sem** nothing (whatever); **abból nem lesz** ~ nothing will come of it, *[tiltakozva]* that's out of the question; **neked ez** ~**!** it's nothing to/for you; **nem lett belőle** ~ nothing came of it, it came to nothing, it did not come to anything; **szinte/úgyszólván** ~ next to nothing, scarcely anything; **nincs** ~**je** he has nothing at all, he is penniless; **szinte** ~**be se került** it cost next to nothing; ~**be (se/sem) vesz** (*vkt*) ignore/disregard sy, (*vmt*) think* nothing of sg, take* no notice/account of sg, ignore/disregard sg; *[jótanácsot, parancsot]* flout [orders etc.], ignore [advice]; ~**ből**/~**vel kezdi** start from scratch, *[igen kevésből]* start on a shoestring; ~**nél is kevesebb** less than nothing; ~**re sem jó** good for nothing; ~**ért** for nothing, for no reason at all; **nem adom** ~**ért** I wouldn't/won't give it for anything (v. for all the world); ~**t sem** not a jot; ~**t sem aludt** he didn't sleep a wink; ~**t sem ér,** ~**t érő** be* (of) no use (at all), be* worthless, *biz* be* no good; **nem tesz** ~**t!** never mind, it doesn't matter; ~**t sem mondhatok** I cannot say anything (v. a thing); ~**t sem változott** (s)he is still the same, (s)he hasn't changed at all (v. a/one bit); ~**vé lesz** come* to nothing, dissolve/melt into thin air; **a** ~**vel egyenlő** next to nothing **2.** *[űr]* space, the void; **a** ~**be bámul** stare into space **II.** *mn* no; ~ **áron** → **semmiképpen**; ~ **baj!** never mind, it doesn't matter; ~ **esetre (sem)** certainly not, by no means, on no account, *biz* no way; ~ **haszna** be* of no use, be* useless; ~ **közöd hozzá** it is no business of yours, it has nothing to do with you, *[durvább felkiáltás]* none of your business!, mind your own business!; ~ **különös(ebb)** nothing special/extraordinary, nothing (in) particular; ~ **más** nothing else; ~ **módon** (in) no way; ~ **pénze sincs** he has no money at all, he hasn't got a penny to his name; ~ **pénzért** not for love (n)or money, not ... at any price, by no means; **hozzá nem nyúlnék** ~ **pénzért** I wouldn't touch it with a pair of tongs; ~ **szín alatt** by no means, in/under no circumstances, on no account, *biz* no way; **ez nem** ~**!** it's/that's quite something!
semmibevétel *fn* disdain (for sg), disregard (for/of sg)
semmiféle *nm* no, no kind/sort of, not ... any; ~ **formában** in no way; ~ **módon** in no way, *biz* no way
semmiházi I. *fn* good-for-nothing, *tréf [gyerekről]* scamp, rascal **II.** *mn* good-for-nothing
semmiképpen (sem) *hsz* by no means, in no way, not at all, *biz* no way

S

semmikor *hsz* never, at no time
semmilyen *nm* no, not ... any; ~ **ételhez ne nyúljatok** don't touch any of the food at all
semmint *ksz* (rather) than
semmirekellő *fn* → **semmiházi**
semmis *mn* invalid, *jog* (null and) void; **~nek nyilvánít** invalidate, annul, nullify, declare sg (null and) void; **~nek nyilvánítás** nullification
semmiség *fn [csekélység]* (a mere) nothing, trifle, bagatelle, *biz* fiddlestick; **~eken lovagol/nyargal** strain at a gnat, make* a fuss about nothing
semmisség *fn jog* ~ **és megtámadhatóság** voidness and voidableness
semmisségi *mn jog* ~ **kereset** nullity plea
semmitmondó *mn* meaningless, *[üres]* vacant; ~ **arc** unmeaning face; ~ **arc(kifejezés)/tekintet** vacant look/ expression; ~ **frázisok** empty words/phrases/slogans
semmittevés *fn* idleness, idling, *[pihenés]* leisure; **édes** ~ dolce far niente, pleasant idleness; **~re van kárhoztatva** be* left idle, have* to be laid off; **~sel tölti az idejét** idle one's time away, be* busy doing nothing
semmittevő *fn* idler, loafer
senki *nm* **1.** nobody, no one v. no-one, none; ~ **emberfia** not a soul, no man living; ~ **földje** no man's land; ~ **közülük** none of them; ~ **más** no one else, nobody else; **~nek sem sikerült** nobody (v. no one) has made it; ~ **sem beteg** nobody (v. no one) is ill; ~ **sem tökéletes** nobody is perfect, *kif* every bean has its black; ~ **sem szereti** nobody (v. no one) likes her; ~ **sem jött még vissza (közülük)** none of them has come back yet; ~ **többet? harmadszor!** going! going! gone!; **nem vagyok ~je** I am no relation of his; **~m sincs** I have nobody, I am entirely on my own; **~től sem fél** fear nobody, not be* afraid of anybody **2. egy nagy** ~ an absolute nonentity, a mere cipher
senkiházi *fn* → **semmiházi**
senyved *i* suffer, languish
seper *i* → **söpör**
seprő *fn [boré]* lees *tsz*, dregs *tsz*
seprű *fn* → **söprű**
seprűtánc *fn [lakodalomban]* broom dance
serceg *i* sizzle, sputter, crackle, *[írótoll]* scrape, *[rádió]* crackle
sercegés *fn* sizzle, sizzling, sputter(ing), crackling, *[írótollé]* scraping, *[rádióé]* crackling, crackle
sercli *fn* heel (of a loaf of bread), crust end
serdül *i* reach puberty, grow* up; **férfivá** ~ reach manhood
serdületlen *mn* underage, not of age *ut*
serdülő *mn/fn* adolescent (boy/girl), youngster
serdülőkor *fn* puberty, adolescence, *irod* the awkward age
serdülőkorú *mn/fn* adolescent, teenager
serdült *mn/fn* ~ **(korú)** adult, grown up
sereg *fn* **1.** *kat biz* army; **a** ~ the army; **~et állít** raise an army **2. egy egész** ~ *biz [holmi stb.]* any number of, a host of, an array of, a mass of; **egy** ~ **hiba van benne** it contains a host of errors, it is riddled with errors/mistakes **3.** *[madár]* flock
seregély *fn* starling
seregesen *hsz* en masse, in large numbers, in bands
sereghajtó *fn* rearguard, lagman, *átv kif* bring* up the rear, *[utolsó]* laggard
seregl|ik *i* assemble, crowd/flock together, swarm; **vk köré** ~ rally/swarm round sy
seregszemle *fn* review (of troops), muster
sérelem *fn [erkölcsi]* affront, grief, injury, *jog* injury, grievance; **nagy** ~ **esett rajta** he suffered a great wrong; ~ **éri** suffer insults; **sérelmet szenved** sustain an injury, be* aggrieved; *jog* **vk sérelmére elkövetett bűncselekmény** crime committed to the injury of sy
sérelmes *mn* injurious, deleterious, *[anyagilag]* prejudicial, *[becsületére]* derogatory; **~nek tart/talál vmt** find* sg injurious, be*/feel* aggrieved at sg
sérelmez *i* → **sérelmesnek talál**

serény *mn [tevékeny]* active, busy, *[fürge]* brisk, nimble, *[szorgos]* industrious, diligent; **~en dolgozik** be* hard at work, work hard
serényked|ik *i* be* active/busy, *[szorgos]* be* busy [doing sg v. with some work], work hard, be* diligent/industrious, *US* hustle
seriff *fn* sheriff
serke *fn* nit
serked *i [bajusz, szakáll]* begin* to grow
serkent *i* **1.** *[vkt hatékonyabb munkára]* urge sy on (to do sg), spur sy on to do sg, stimulate (sy) **2.** *[vérkeringést, szívműködést]* stimulate (sg)
serkentő *mn* stimulating, stirring; ~ **hatással van, ~leg hat** have* a stimulating effect (*vkre* on sy)
serkentőszer *fn* stimulant
serleg *fn [díjként]* cup, *[ivásra]* goblet
serpenyő *fn* **1.** *[konyhai]* frying-pan, *US így is:* fry-pan, skillet **2.** *[mérlegé]* (scale) pan; **sokat nyom a mérleg ~jében** it weighs a lot in the scale, it counts for a great deal
serpenyős *mn* braised in pan *ut*; ~ **burgonya** → **paprikás krumpli;** ~ **felsálszelet** round of beef braised in paprika; ~ **rostélyos** steak roasted in a pan
sért *i* **1.** *[testileg]* hurt* [one's foot etc.]; **~i a fület** jar on one's/sy's ears (on the ears of sy), *[ami túl hangos]* be* earsplitting; **(a fény) ~i a szemét** [light] hurts* one's/sy's eyes **2.** *[érzelmileg]* hurt* sy's feelings, affront (sy), offend [sy v. sy's sensibilities]; **~ve éreztem magam** *[, amikor]* I was (very) offended [that/when ...], I was (rather) hurt [by his rude words], my feelings were hurt [when he forgot to phone]; **~i vk hiúságát** sg wounds/offends one's pride/ vanity; **vérig ~i** outrage (sy), offend (sy) mortally **3.** *[jogot, törvényt, érdeket]* violate, trespass on [sy's rights], break*, violate [a law]; **~i vk érdekeit** interfere with sy's interests
sérteget *i* keep* offending/insulting/affronting sy
sértegetés *fn* (continual/repeated) insult
sertés *fn* pig, *[sertéshús]* pork
sértés *fn* **1.** *[becsületbeli]* insult, offence (*US* -se), affront; ~ **éri** be* insulted; **lenyeli a ~t** swallow an insult/affront; **~nek vesz vmt** be* offended by sg, take* sg as an offence (*US* -se); **ne vegye ~nek** no offence (*US* -se) meant, don't take it amiss, I didn't mean any harm, I intended no insult; **~eket vág vk fejéhez** keep* offending/insulting sy, hurl abuse at sy; **egyik ~t a másik után vagdossa a fejéhez** add insult to injury **2. testi** ~ *jog* bodily harm, assault; **súlyos testi** ~ grievous bodily harm **3.** *[törvény/szabály ellen]* violation/breach of the law
sertésborda *fn* pork chop/cutlet
sertéscomb *fn* leg (of pork)
sertésflekken *fn* barbecued pork
sertéshizlalás *fn* fattening of pigs
sertéshizlalási *mn* ~ **szerződés** contract for pig fattening
sertéshizlaló *fn* pig farm, piggery
sertéshús *fn* pork
sertéskaraj *fn* pork chop/cutlet
sertéskivitel *fn* pig export
sertésól *fn* pigsty, piggery, *US* pigpen
sertésoldalas *fn* pork chop
sertésorbánc *fn* swine erysipelas
sertéspestis *fn* → **sertésvész**
sertéspörkölt *fn* pork stew with paprika, Hungarian pork stew
sertéssörte *fn* bristle
sertéssült *fn* roast pork
sertésszelet *fn* pork chop, fillet of pork
sertéstenyésztés *fn* pig-breeding, pig-farming; **~sel foglalkozik** raise/breed* pigs
sertéstenyésztő *fn [egyéni gazda, igével]* raise/breed* pigs, *[szövetkezet]* pig-farming cooperative
sertésvágás *fn* pig-slaughtering
sertésvágóhíd *fn* slaughterhouse
sertésvész *fn* swine fever, *US* hog cholera
sertészsír *fn* lard

sértetlen *mn* **1.** *[testileg]* unhurt, unharmed, uninjured; **~ül** unhurt, unscathed, unharmed; → **megúszik 2.** *átv* intact, unimpaired, *[teljes]* entire, whole; **~ állapotban** in good condition, undamaged, in a good state of preservation/repair

sértetlenség *fn* soundness, intactness, integrity

sértett I. *mn [testileg]* hurt, injured, *[erkölcsileg]* harmed, wounded **II.** *fn* **a ~** the offended/injured party; → **hiúság**

sérthetetlen *mn* inviolable, invulnerable

sérthetetlenség *fn* inviolability, invulnerability; **területi ~** territorial integrity

sértő I. *mn* offending, offensive, injurious, insulting, affronting; **~ kifejezés/szavak** insulting words/language, abusive language; **~ szándékkal** *[mond vmt]* with the intention of (being) insulting; **nem ~ szándékkal mondtam** no offence (was) meant **II.** *fn* (the) offending party, offender

sértődékeny *mn* (hyper)sensitive, touchy, thin-skinned, *[igével]* be* easily offended, be* quick to take offence at sg, be* apt to take offence (*US* -se)

sértődés *fn* taking offence (*US* -se), hurt, resentment

sértődő *mn* → **sértődékeny**; **könnyen ~** be* easily offended, be* (hyper)sensitive

sértődött *mn* offended, injured, sulky

sértődöttség *fn* sulkiness, offendedness

sérülés *fn* **1.** *[személyi]* injury; **belső ~** internal injury; **~t szenved** be*/get* injured, suffer/sustain injuries, receive an injury; **súlyos ~eket szenvedett (a balesetben)** (s)he suffered bad/severe/serious injuries (in the accident), (s)he was badly/seriously/severely injured (in the accident); **~e súlyos, de nem életveszélyes/halálos** his injuries are severe/serious but not critical **2.** *[tárgyé]* damage

sérült I. *mn [személy]* injured, *[tárgy]* damaged, injured **II.** *fn* injured (person); **a ~ek** the injured (people), the casualties; **tíz súlyos ~je volt a vasúti szerencsétlenségnek** there were 10 serious casualties in the train crash

sérv *fn* hernia (*tsz* hernias v. herniae)

sérves *mn orv* hernial, suffering from hernia *ut*

sérvkötő *fn* truss

sérvműtét *fn orv* hernia operation, herniotomy

seszínű *mn* colourless (*US* -or-), dull

séta *fn* **1.** walk, stroll; **~t tesz** take*/have* a walk, go* for a walk **2.** *[múzeumban stb. vezetéssel]* guided tour

sétabot *fn* walking-stick

sétahajó *fn* pleasure boat

sétahajózás *fn* boat trip, a cruise [on the Thames/Danube etc.], pleasure cruise

sétahangverseny *fn* promenade concert, *biz* prom

sétakocsizás *fn* drive; **~ra megy** take* a ride, go* for a ride/spin/drive

sétál *i* walk (about), take* a walk, stroll, be* out walking, take* a stroll; **elmegy ~ni** take* a walk, go* for a walk, *biz* take* a breath of (fresh) air; **fel és alá ~** walk up and down, walk to and fro

sétáló I. *mn* walking **II.** *fn* walker

sétálóhangverseny *fn* promenade concert

sétálómagnó *fn* personal stereo (cassette player), Walkman (*tsz* -mans)

sétálóutca *fn [járműforgalomtól mentes]* pedestrian precinct, pedestrianized street, *US* mall, *[belterületi vásárlóutca]* downtown shopping precinct, *US* the downtown (shopping) mall

sétalovaglás *fn* (pleasure) ride

sétáltat *i* take* (out) for a walk, *[csak állatot]* walk [the dog etc.]

sétány *fn [főleg tengerparton]* promenade, esplanade

sétapálca *fn* walking-stick

sétatér *fn* promenade, esplanade

sétaút *fn* promenade, esplanade, walk

setesuta *mn* clumsy, awkward

settenkedik *i* (*vki körül*) hang* around sy, (*vhol*) sneak, prowl about

Sevilla *földr* Seville

sevró *mn/fn* kid(skin)

Seychelle-szigetek *földr* Seychelles

Seychelle-szigeteki *mn/fn* Seychellois

sezlon *fn* divan, couch

SGML *röv infor [szabványos általános jelölőnyelv]* SGML [Standard General Markup Language]

shakespeare-i *mn* Shakespearean, Shakespearian

shetlandi I. *mn* **~ póni** Shetland pony **II.** *fn* Shetlander

Shetland-szigetek *földr* Shetland Islands

shilling *fn elav* shilling

sí *fn [eszköz]* ski, a pair of skis

síbot *fn* ski pole

sicc! *isz* shoo!, boo!, scat!

sícipő *fn* ski boot(s)

SI-egység *fn* SI unit

síel *i* ski (*múlt ideje:* ski'd v. skied), go* skiing

síelés *fn* skiing

Sierra Leone *földr* Sierra Leone

sierra leonei *mn/fn* Sierra Leonean

siet *i* **1.** *ált* hurry (up), *[nem ér rá]* be* in a hurry, have* no time (to spare); **siess!** hurry up!, be quick!, get a move on!; **siessünk!** let's hurry up, let's get a move on; **ne siess!** don't hurry!, take your time!, take it easy!; **~ a munkájával** hurry up with the/one's work; **jó lesz ~ni** you had better hurry (v. get a move on) **2.** *[óra]* be* fast, gain; **~ az órám** my watch is fast; **az órám öt percet ~** my watch is five minutes fast (v. has gained five minutes) **3.** (*vhová*) hurry/hasten to, *[vk után]* hurry after; **vk segítségére ~** run* to help sy; **a baleset színhelyére ~** hurry to (the scene of) the accident

sietés *fn* hurry, haste, hustle

sietős *mn* **1.** *[sürgős]* urgent, pressing; **a dolog nem ~** there's no hurry, take* it easy; **~ a dolga (vknek)** be* in a hurry **2. ~ léptek** *[gyors]* hurried steps

sietség *fn* hurry, haste, hustle

siettében *hsz* as (s)he was hurrying, in his/her haste

siettet *i* (*vkt*) hurry sy up, make* sy hurry, *[türelmetlenül]* rush sy, *[munkát]* hurry [work], step/speed* up [production etc.]

sietve *hsz* hurriedly, in a hurry, in (great) haste, hastily

sífelszerelés *fn* ski(ing) equipment/outfit, skiing gear

sífelvonó *fn* ski-lift, chair lift

sifon *fn* cotton; → **pamutvászon**

sifríroz *i* cipher, (en)code

sifrírozott *mn* (en)coded, enciphered; **~ távirat** cipher/code-telegram

sífutás *fn* cross-country ski-racing (v. skiing v. ski-running)

sífutó *fn* cross-country skier (v. ski-racer)

siheder *fn* youth, lad, youngster

sík I. *mn [egyenletes]* even, *[lapos]* flat, *[vízszintes]* level, *[sima]* smooth; **~ felület** flat surface; **~ terep** flat ground; **~ vidék** flat/open country, plains *esz* **II.** *fn* **1.** *[síkság]* plains *esz*, flat ground **2.** *mat* plane **3. elméleti ~on** in theory, theoretically; **gyakorlati ~on** in practice, practically

sikál *i [padlót]* scrub, *[csak hajón]* swab, *[edényt]* scour

sikálókefe *fn* scrubbing-brush

sikamlós *mn átv* risqué, lascivious, lewd, near the bone *ut*; **~ vicc** blue/risqué/dirty joke, *US így is:* off-color joke

sikátor *fn* alley(way), passage

síkdombormű *fn* bas-relief

sík-domború *mn* plano-convex

siker *fn* success, *[eredmény]* result, achievement; **a ~ elkerülte** success has passed him by; **óriási ~** tremendous success; **nagy ~ volt** *[színdarab stb.]* it was a box-office hit/smash; **nagy ~e van** (i) (*vknek*) succeed, score a hit, have* great success (ii) (*vmnek*) be* a great success; *[színdarabnak]* be* a (box-office) hit/success/smash; **nincs ~e** (i) (*vknek*) be* unsuccessful, fail, *kif* (s)he hasn't made it (ii) *[színdarabnak]* it has not taken off, it has flopped; **fáradozásait ~ koronázta** his efforts were crowned with success; **fejébe szállt a ~** success has turned (v. has gone to) his head; **~re juttat/visz** make* (sg) successful, make* a success of (sg), get*/put* (sg) across; **~t arat, ~t ér el** be* successful, meet* with success, succeed; **sok ~t kívánok** I wish you every success!; **teljes ~rel jár** meet* with complete success; → **átütő**

sikér *fn növ* gluten

sikeranalízis *fn gazd* earnings analysis

sikerdíj *fn* success fee

sikerdíjbotrány *fn pol* success fee scandal

sikerélmény *fn* **~e van** get*/have* a real sense of achievement, *biz* sg gives sy a real kick, sy gets a kick out of sg

sikeres *mn* successful; **~ vállalkozás** flourishing business, prosperous enterprise, booming business; **~ vizsga** pass; **nem bizonyul ~nek** be* a failure → **sikerül**

sikerfilm *fn film* box office hit, blockbuster (movie/film)

sikerhonorárium *fn gazd* contingent fee, incentive fee

sikerkönyv *fn* bestseller, *biz* block buster

sikerlista *fn* **XY szerepel a ~n** XY tops the list

sikerorientált *mn* success-oriented

sikersorozat *fn* a run of luck, success after success

sikértartalom *fn mezőg* gluten content

sikertelen *mn* unsuccessful, having no success *ut*, *[igével]* fail, *[hiábavaló]* futile, abortive; **~ kísérlet** unsuccessful attempt

sikertelenség *fn* failure, lack of success, *[tervé]* failure

sikerül *i* **1.** *(vm)* work, turn out well; **jól ~t** it was a great success; **nem ~** fail, be* unsuccessful, not work; **vagy ~, vagy nem** it is hit or miss, there is a 50–50 chance that it will work, *kif kb.* nothing ventured, nothing gained **2.** *[vknek vm, vmt megtenni]* succeed in doing sg, manage (v. be* able) to do sg; **nem ~ vmt megtenni** fail to do sg, doesn't manage to do sg; **~t elérnem a vonatot** I managed to catch the train, I just made the train; **~t megvennem a jegyeket tegnap** I managed (v. I was able) to get the tickets yesterday; **~t neki** (s)he succeeded, *[vmt megjavítani stb.]* (s)he managed to repair it; **nem ~t neki** (s)he failed, (s)he didn't manage (to do) it; **~t átmennie a vizsgán** (s)he succeeded in passing his/her/the examination, *biz* (s)he managed to get through (the exam); **nem ~t átmennie a vizsgán** (s)he failed his/her/the exam, (s)he failed to pass his/her/the exam, *biz* (s)he didn't get through the exam; **nem ~t a rejtvényt megfejtenem** I failed to (v. couldn't) solve the puzzle; **nem ~t megoldania a példát/feladványt** (s)he couldn't answer (v. work out) the problem

sikerült *mn* successful, *[munka]* successfully done *ut*; **~ gyerek** gifted/talented child

siket *mn* → **süket**

siketfajd *fn áll* capercaillie, capercailzie

síkfelület *fn mat* plane (surface)

síkfutás *fn ált* running, *[rövidtávú]* sprinting; **100 m-es ~** 100 metre race, 100 metres (*US* meters)

síkgeometria *fn mat* plane geometry

síkidom *fn* geometric/plane figure; **~ok** plane surfaces

sikít *i* scream, shriek, screech, squall, squeal

sikítoz *i* be* screaming/shrieking

sikk *fn* chic

sikkaszt *i* embezzle, misappropriate, *[közpénzt]* peculate [public moneys v. monies]; **mennyit ~ott?** how much did he embezzle?

sikkasztás *fn* embezzlement, fraud, misappropriation

sikkasztó *fn* embezzler

sikkes *mn* chic, stylish, *biz* hip, *[igével]* have* style; **~ nő** she has* style

síkkötőgép *fn* knitting machine

síklap *fn mat* plane

sikl|ik *i* glide, slide*, slip, *[vízen]* glide [over the water], *[jégen]* glide [across the ice]

sikló I. *mn* gliding, sliding **II.** *fn* **1.** *[jármű]* funicular (railway), cable-car, cable railway **2.** *áll* grass snake

siklóernyő *fn sp* paraglider

siklóernyőzés *fn sp* paragliding

siklópálya *fn rep* glide path

siklórepülés *fn* glide, *[a sport]* gliding, volplane

siklórepülőgép *fn sp rep* glider

sikolt *i* scream, shriek, screech

sikoltás, sikoly *fn* scream, shriek, screech

sikong(at) *i* keep* screaming, *[csecsemő]* howl

síkos *mn* slippery, slithery, *US* slick

síkraszáll *i* *(vmért/vkért)* come* out in favour (*US* -or) of, come* out in support of, take* up the cudgels for, fight* for *(mindegyik:* sy, sg)

síkság *fn* plain, *US* plains *esz*, lowlands *tsz*, flat (land)

síktükör *fn* plate-mirror

síküveg *fn* plate-glass

silabizál *i* spell* out, read* with difficulty, decipher

silány *mn* inferior, of inferior/poor quality *ut*, poor, *[eredmény]* second-rate, mediocre, poor; **~ áru** inferior/shoddy goods *tsz*, trash(y goods *tsz*); **~ utánzat** cheap imitation

silányság *fn [minőség]* inferiority, poor quality

sildes *mn* **~ sapka** peaked cap

sílécfn ski(s), a pair of skis

sílift *fn* ski-lift, chair lift, *[csákányos]* T-bar lift

sillabusz *fn* draft (of speech/lecture), summary

siló *fn* silo (*tsz* silos)

silótakarmány *fn* silage

silóz *i* ensile

silózás *fn* ensilage

sílövészet *fn* biathlon

sima *mn* **1.** *[felület stb.]* smooth, *[egyenletes]* even, *[modor]* smooth, easy, suave, *[víztükör]* waveless, unruffled; **~ leszállás** soft landing; **~ra borotvált** clean-shaven **2.** *[egyszerű]* plain, simple; **~ hajviselet** plain/straight hair(style) **3. ~ tea** tea without milk/lemon; **~ víz** plain water; **két ~ whiskyt kérek** two whiskies, neat, please; *US* two straight whiskeys, please; **~ győzelem** easy/runaway victory, walk-over; **nem volt ~ ügy** not all was plain sailing

simán *hsz* **1.** smoothly, evenly, *[könnyen]* easily, effortlessly, without difficulty; **~ elintéz** settle easily; **~ megy** it is going quite smoothly, it is going without a hitch; **~ viseli a haját** she wears her hair quite plain **2. ~ kérem** (i) *[nem légipostán]* surface mail, please (ii) *[whiskyt stb.]* neat (v. *US* straight), please (iii) *[nem tejjel/citrommal stb.]* without milk/lemon (etc.), please

simaság *fn* smoothness, evenness, plainness

símaszk *fn* ski-mask

simít *i* **1.** *(vmt)* smooth, even, *[talajt]* level (*US* -l), even, plane **2.** *[művön]* touch up, put*/add the finishing touches to

simítás *fn* **1.** *ált* smoothing **2. az utolsó ~okat végzi** put*/add the finishing touches to sg, round sg off, give* the finishing strokes to sg

simítófa *fn* smoothing stick

simítógyalu *fn* smoothing plane

simítókanál *fn* (smoothing) trowel, float

simítóvas *fn* polishing-iron

simkártya *fn távk* SIM card

simléder *fn* peak, visor

simlis *mn szl* **~ alak** swindler

simogat *i* stroke, pet, *[becézgetve, szeretve]* caress

simogatás *fn* stroking, petting, *[becézgetve]* caressing

Simon *tul* Simon

simul *i* **1.** *[simává válik]* become* smooth **2.** *[ruha vkhez]* fit sy well, *[női]* be* a figure-hugging dress **3.** *(vk vkhez)* snuggle/cuddle up to sy, [they] cling* together; **egymáshoz ~** press/nestle close to one another **4.** *átv* conform, accommodate/adapt oneself to, fit* in swhere

simulékony *mn* accommodating, adaptable, easy-going, pliable

simuló *mn* **~ kérdés** tag question

sin *röv* → **szinusz**

sín *fn* **1.** *[vasúti]* rail(s) **2.** *orv* splint; **~be tesz** *[tört tagot]* put* [an arm etc.] in splints
sínadrág *fn* ski pants *tsz*
Sínai-hegy *földr bibl* Mount Sinai
sínautó *fn* rail-car
sincs *i* sg is not (v. isn't) ... either, sg is not (v. isn't) even ...; **meg ~ még jelölve** it isn't even marked yet; **neked ~, nekem ~** neither have you nor have I; **nekem egy ~** I haven't got any; **sehol ~** I can't find it anywhere, there is no trace of it; **semmije ~** (s)he is penniless; **senki ~ otthon** no one is in, nobody is (at) home, nobody is at home; **különben ~ kedvem hozzá** and I don't feel like it anyway; **ők ~enek itt** they aren't here either
sincsen *i* → **sincs**
singapore-i *mn* Singaporean
singcsont *fn orv* ulna (*tsz* ulnae)
sinológia *fn* Sinology, Chinese studies *tsz*
sínpár *fn* track, line
síntávolság *fn* gauge (*US* gage)
sintér *fn* dogcatcher, poundmaster
sintértelep *fn* dog pound
sintoizmus *fn vall* Shintoism
sínyli *i* suffer on account of, feel* the consequences of
sínylőd|ik *i* pine away, languish; **börtönben ~ik** languish in prison
síoktató *fn* ski(ing) instructor
Sion *földr bibl* Zion v. Sion
síoverall *fn* ski suit
síp *fn ált sp* whistle, *[pásztoré]* (shepherd's) pipe, reed, *[orgonáé]* pipe; **a ~ szól** the whistle blows
sípálya *fn* (ski) course, ski-run
síparadicsom *fn* (popular) ski resort
sípcsont *fn* shin-bone, tibia; **~on rúg vkt** kick sy on the shin(s), shin sy
sipirc! *isz* off you go!, out/off with you!, scram!
sipít *i* screech, scream, shrill, yell (out)
sípjel *fn* whistle
sípol *i* blow* the whistle, whistle, *[mozdony]* hoot
sípolás *fn* whistling
sipoly *fn* fistula (*tsz* fistulas v. fistulae)
sípos *fn* piper, whistler
sípszó *fn* whistle; **a mérkőzés végét jelentő ~** the final whistle
sír[1] *i* **1.** *[hangosan]* cry, *[halkan]* weep*, be* in tears, shed* tears, *[zokogva]* sob; **álomba ~ja magát** cry oneself to sleep; **keservesen ~** cry/weep* very bitterly, cry one's eyes/heart out; **örömében ~t** (s)he wept for joy; **~va fakad** burst* into tears, burst* out crying; **~va vigad** *kb.* take* one's pleasure sadly, make merry in tears **2.** *átv* complain, always go* on about sg, lament (*vm miatt* for/over sg)
sír[2] *fn* grave, *[sírbolt]* tomb; **hallgat, mint a ~** be* as silent as the grave; **a ~ szélén áll** have* one foot in the grave; **~ba visz vkt** drive* a nail into one's coffin; **ő még ~ba visz engem** (s)he'll be the death of me (yet); **ez őt a ~ba vinné** it would kill her; **ez vitte őt a ~ba** this/it broke his heart; **fél lábbal a ~ban van** have* one foot in the grave; **forog a ~jában** (s)he must be turning in his/her grave; **~ig hű** true unto/till death *ut*
siralmas *mn* deplorable, lamentable, miserable, pitiful, *[látvány]* pitiable, *[gyenge]* sorry, poor, wretched, *[szánalmasan rossz]* pathetic; **~ benyomást tesz, ~ látványt nyújt** (*vk*) cut* a poor/sorry figure; **~ szereplés** sorry performance, *átv biz* a poor show; **~an** deplorably, lamentably, miserably, pitifully; **~an szerepelt** *biz* he put up a poor show
siralom *fn [panasz]* lament, lamentation
siralomház *fn* condemned/death cell
siralomvölgy *fn* vale of tears
sirály *fn* gull, *[tengeri]* seagull
sirám *fn* → **siralom**
siránkozás *fn* continual lamentation/complaint, *pej* whining
siránkoz|ik *i* lament (*vmn, vm miatt* for/over sg), bewail (*vm miatt* sg), whine
sírás *fn* crying, weeping; **~ra áll a szája** pull a crying face
sírásó *fn* gravedigger, *vall [egyházi alkalmazott]* sexton
sírás-rívás *fn* weeping, whining, wail(ing)
sirat *i* (*vmt*) bewail/lament sg, weep* over/for sg, (*vkt*) mourn (for) sy, lament (for) sy
siratóasszony *fn* hired/professional mourner
siratóének *fn* funeral-song, dirge
sírbolt *fn* burial vault, tomb, *[templomi]* crypt; **családi ~** family grave/vault
sírdogál *i* be* crying (softly)
sírdomb *fn* grave, burial-mound
síremlék *fn* tomb(stone), sepulchre (*US* -cher), *[sírkő]* tombstone, gravestone
sírfelirat *fn* epitaph, inscription
sírgödör *fn* grave, pit
sírgyalázás *fn* desecration of a tomb/grave
sírhalom, sírhant *fn* → **sírdomb**
sírhatnék *fn* **~ja van** *kif* feel* like crying
sírhely *fn* burial/resting-place, *[parcella]* plot
síri *mn* **~ csend** dead/deathly/deathlike/deathly silence, silence of the grave; **~ hangon** in a sepulchral voice
sírkamra *fn* burial vault
sírkereszt *fn* cross [on a grave]
sírkert *fn elav* graveyard, churchyard; → **temető**
sírkő *fn* tombstone, gravestone
sírógörcs *fn* crying-fit, crying fit, fit of crying
sirokkó *fn* sirocco
síroller *fn sp* roller-ski
sírós *mn* weepy
sírrablás *fn* robbing of a grave (v. of graves)
sír-rí *i* weep*, wail, howl
síruha *fn* ski suit, skiing clothes *tsz*
sisak *fn* helmet, *[tűzoltóé]* helmet, *[vívóé]* mask; **nyílt ~kal harcol** put* one's cards on the table; → **bukó-**, → **tűzoltó-**, → **vívósisak**
sisakellenző *fn tört* visor
sisakforgó *fn tört* plume [on helmet], panache
sisakrostély *fn* → **sisakellenző**
sisakvirág *fn növ* aconite, monkshood
sistereg *i [sülő hús]* sizzle, *[tüzes vas vízben]* hiss, fizz(le)
sistergés *fn* sizzling
sìszemüveg *fn* ski goggles *tsz*, ski-mask
síszezon *fn* ski(ing) season
sítalp *fn* ski(s)
síterep *fn* ski ground/course
sitt[1], **siti** *fn elav* jug, clink, *[börtön]* slammer, *GB* choky, *US* hoosegow; **~en van** be* inside, be* doing time, do bird, be* in jug, be* in the clink
sitt[2] *fn [építési törmelék]* (building) rubble
sittes *mn* **~ konténer** skip
sittszállítás *fn* rubble removal
síugrás *fn* ski-jump(ing)
síugró *fn/mn* ski-jumper; **~ sánc** ski-jump, (ski-)jumping ramp
sivalkod|ik *i* scream, screech
sivár *mn [látvány]* bleak, dismal, *[lakás]* cheerless (flat), *[élet]* dreary, penurious, *[vidék]* desolate, barren; **~ látvány** dismal spectacle
sivatag *fn* desert
sivatagi *mn* desert; **S~ vihar hadművelet** *[az Öbölháborúban]* Operation Desert Storm
sivatagos *mn* arid, desert
síverseny *fn* skiing competition, ski race
síversenyző *fn* (ski) competitor, (ski) racer
sivít *i* scream, screech, shriek; → **süvít**
sívó *mn* **~ homok** wind-blown sand
sízés *fn* skiing
síz|ik *i* ski (*múlt ideje:* ski'd v. skied), go* skiing
sízö I. *mn* skiing **II.** *fn* skier
sízsák *fn [autóban]* ski bag

s. k. *röv* → **saját kezűleg**
skála *fn* **1.** *zene* scale **2.** *[beosztás]* graduation, scale, *[hőmérőn]* (thermometer) scale, *[rádión]* (tuning) dial **3.** *[béreké stb.]* scale; *átv* **széles ~ja vmnek** a wide range of sg
skálabeosztás *fn* scale, graduation
skáláz|ik *i* practise (*US* -ce) (one's) scales
skalp *fn* scalp; **~ra vadászik** *biz* be* out for scalps
skandál *i [verset]* scan, *[szlogeneket]* chant
skandalum *fn* → **botrány**
skandináv *mn/fn* Scandinavian
Skandináv-félsziget *földr* Scandinavia, Scandinavian Peninsula
Skandinávia *földr* Scandinavia
skandináviai *mn/fn* Scandinavian
skanzen *fn* outdoor (village) museum
skarabeusz *fn áll* scarab
skarlát *mn/fn* **1.** *[szín]* scarlet **2.** *[betegség]* scarlet-fever
skarlátvörös *mn/fn* scarlet
skatulya *fn* box; **egy ~ gyufa** a box of matches; **mintha ~ból vették volna ki** be* natty, look spick and span, as clean as a new pin
skeg *fn sp [szörfdeszkán]* skeg
skicc *fn [képé]* sketch, *[tervé]* outline
skiccel *i* sketch, make* a rough sketch/draft of
skizó *fn szl* schizo
skizofrénia *fn pszich* schizophrenia
Skócia *földr* Scotland
skóciai *mn* of Scotland *ut*, Scots, Scottish; → **skót I**
skolasztika *fn* scholasticism
skolasztikus *mn* scholastic
skontó *fn gazd* cash discount
skorbut *fn* scurvy
skorpió *fn* scorpion
skót I. *mn* **1.** *[ember, nép]* Scottish, Scots, *[nyelvjárás]* Scots, Scottish, *[különféle termékek, pl. whisky, szövet]* Scotch, *[könyv, szokás, történelem]* Scottish; **a ~ egyház** Church of Scotland; **~ ember** → **skót II; híres ~ színész volt** he was a well-known Scots/Scottish actor; **a ~ felvidék** the (Scottish) Highlands *tsz*; **~ juhászkutya** collie; **~ kislány** (Scots) lass, lassie; **~ nyelvjárás** Scots, *[parasztos]* broad Scots; **~ szoknya** kilt; **~ szövet** *[skótmintás]* tartan; **~ terrier** Scottish/Scotch terrier; **~ törzs** clan; **~ whisky** Scotch (whisky) **2.** *biz [fukar]* tight-fisted, niggardly, stingy, penny-pinching **II.** *fn* **1.** *[ember]* Scot, *[férfi]* Scotsman°, *[nő]* Scotswoman°; **a ~ok** the Scots/Scottish **2.** *biz [fukar]* scrooge, skinflint, *US így is:* tightwad; **ő egy nagy ~** he is a right old scrooge
Skót-felföld *földr* the Highlands *tsz*
skótmintás *mn* tartan; **~ szövet/anyag** tartan
Skótország *földr* Scotland
skótos *mn* **~ kiejtése van** have* a [strong/slight etc.] Scots/Scottish accent
skrupulózus *mn* over-scrupulous, meticulous
skrupulus *fn* scruple; **nincsenek ~ai** have* no scruples about sg
skubiz|ik *fn szl* → **stíröl**
slafrok *fn* dressing-gown, *US* bath-robe
sláger *fn* **1.** *[dal]* hit, (top) hit, hit(-song), pop-song **2.** *[áru stb.]* hit, top seller
slágercikk *fn gazd* sales leader, top-selling item
slágerlista *fn zene* hit list
slamasztika *fn biz* **benne van a ~ban** be* in a fix/mess/hole, be* in a tight corner, be* in a real mess
slampos *mn* (*vk*) slovenly, slatternly, *[munka]* careless, slipshod, sloppy [piece of work]
slejfni *fn [könyvön]* jacket band
slejm *fn* phlegm, mucus
slendrián *mn* **1.** *[ember]* careless, negligent, sloppy **2.** *[munka]* slipshod, shoddy [piece of work]
slepp *fn biz* **1.** *[ruháé]* train **2.** *hajó* barge, towboat **3.** *[kíséret]* attendants *tsz*, retinue, hangers-on, *[politikusé]* entourage, retinue
slicc *fn* fly, flies *tsz*
slukk *fn biz* **1.** *[cigarettából]* drag, pull (at a fag/cigarette); **adj egy ~ot** let me (v. let's) have a drag **2.** *[italból]* gulp, nip, swig; **egy ~ra** at a gulp, at a/one draught
slusszkulcs *fn* ignition key
SM *röv orv [szklerózis multiplex]* MS [multiple sclerosis]
smaciz|ik *i biz* smooch
smakkol *i biz* go* down well with sy, suit sy well
smaragd *fn* emerald
smaragdzöld *mn* emerald (green)
smarni *fn* → **császármorzsa**
smárol *i szl* neck (sy/one another), smooch; **szeret ~ni** (s)he likes necking
smárolás *fn szl* necking, smooching
smasszer *fn szl* twire, screw, prison guard, turnkey
smink *fn* make-up, *biz* war paint
sminkel *i* **1.** (*vkt*) make* up (sy) (make* sy up) **2. ~i magát** put* make-up on, use make-up; **kevesebb nő ~i magát manapság** fewer women are making up (v. using make-up) nowadays
sminkes *fn* make-up artist
smirgli *fn biz* emery paper, sandpaper
smirgliz *i biz* polish (sg) with emery paper (v. sandpaper), sandpaper
smokk *mn* prig(gish), snob
SMS *röv [üzenet mobiltelefonon]* SMS [Short Message System]; **küldj egy ~-t** send an SMS
smucig *mn pej* tight(-fisted), stingy, penny-pinching
snájdig *mn biz [jóvágású]* good-looking, dashing, handsome, *kif* a fine figure of a man
snapsz *fn* brandy
snassz *mn pej* **1.** (*vk*) tight, mean **2.** *[ruha]* shabby, tatty
snidling *fn* chives *tsz*
snitt *fn* **1.** → **szabásminta 2.** *film* cut
snúrozás *fn kb.* pitch-and-toss
só *fn* salt
sóbálvány *fn* **sóbálvánnyá válik** stand* rooted to the spot, be* transfixed/petrified
sóbánya *fn* salt-mine, salt-works *esz* v. *tsz*
sódar *fn* ham, gammon
sóder *fn* **1.** *[építőanyag]* (sand and) gravel, ballast **2.** *szl* waffle, spiel, blather; **nyomja a ~t** waffle on, shoot the bull/breeze, talk the hind leg off a donkey
Sodoma *földr bibl* Sodom
sodor[1] *i* **1.** *[fonalat]* twist, twine, *[bajuszt]* twirl, *[cigarettát, tésztát]* roll; **cigarettát ~** roll a cigarette/smoke **2. magával ~** sweep* away/along, *[víz]* carry/sweep* along; **a szél magával ~ja a lehullott leveleket** the wind sweeps* the fallen leaves along; **háborúba ~** *[országot]* plunge [a country] into war; **háborúba ~ták az országot** the country was plunged into war
sodor[2] *fn* **1.** *[folyóvíz sodra]* current [of a river]; **az események sodra** the course/drift of events **2. kijön a sodrából** lose* one's temper, lose* one's self-control, *biz* be* put out; **kihoz vkt a sodrából** make* sy lose his temper, upset* sy, rile sy
sodrás *fn* **1.** *[fonalé]* twist, spinning **2.** *[folyóé]* current
sodródás *fn [vízben]* drifting
sodród|ik *i* **1.** *[folyadékban]* drift, be* swept away, be* carried off **2. vm felé ~ik** drift toward(s) [war etc.]; **vmbe ~ik** get* involved with/in sg, be* dragged into sg; **háborúba ~ik** drift into war, be* embroiled in war; **~ik az árral** swim*/drift/go* with the tide/current/stream
sodrófa *fn* rolling-pin
sodrony *fn* wire, cable
sodronybetét *fn* spring mattress
sodronykötél *fn* wire-rope/cable
sodrott *mn [fonal]* twisted; **~ kötél** stranded cord

sofőr *fn* driver, chauffeur, *[taxié]* cab-driver, cabman°, *GB biz* cabbie
sógor *fn* brother-in-law (*tsz* brothers-in-law)
sógornő, **sógorasszony** *fn* sister-in-law (*tsz* sisters-in-law)
sógorság *fn* **1.** *[viszony]* **~ban vannak** they are related by marriage **2.** *[személyek]* relatives *tsz*
soha *hsz* never; **szinte ~** hardly ever; **~ sincs pénze** he never has any money (on him); **~ sincs ott időben** he is never there on time; **~ az életben** never in one's life; **~ nem hallott** unheard-of, unprecedented; **~ nem látott** unprecedented; **~ többé** never again
sóhaj *fn* sigh
sóhajt *i* sigh, heave*/breathe/utter a sigh; **~ egyet** give* a sigh; **nagyot ~** heave* a sigh, sigh deeply
sóhajtás *fn* sigh
sóhajtoz|ik *i* heave* sighs, keep* (on) sighing; **~ vk/vm után** sigh for sy/sg
sohanapján *hsz biz* this year, next year, sometime, never, on the Greek calends
sohase(m) *hsz* never; **még ~ láttam** I have never seen it/him/her before; **~ történik semmi** nothing ever happens
sóher *mn pej* stingy, niggardly
sok I. *szn [egyes számmal]* much, *[többes számmal]* many, a lot of, a large number of, a good/great many, lots/heaps/loads of; **~ beszédnek ~ az alja** the least said the better, least said soonest mended; **az utóbbi időben ~ betegség volt a családban** there has been a lot of illness in the family recently; **~ ember** (a great) many people, lots of people; **~ fáradságba került** it was a lot of bother/trouble/effort; **~ idő** a long time, much time, a lot of time; **~ időt vesz igénybe** it takes sy a long time, it is very time-consuming; **nincs ~ időm** I haven't got much time, *biz* I'm a bit pushed/pressed for time; **~ pénz** a lot of money, much money; **~ pénze van** (s)he has lots of money, *biz* (s)he has pots/loads/piles of money; **~ szempontú** *[tanulmány, vizsgálat stb.]* wide-ranging **II.** *fn* **ami ~, az ~!** that puts the lid on it!, that's the limit!; *biz* **ez egy kicsit ~** that's a bit (too) much, that's going a bit too far; **elég ~(at)** quite a lot; **~ a jóból** it's too much of a good thing; **nem ~ kell hozzá, hogy** it needs little to; **~at akar a szarka, de nem bírja a farka** bite off more than one can chew; **~at vitatott** *[pl. kérdés]* much disputed, hotly debated; **~ba kerül** it costs a lot, it is expensive; **~ban** (i) *[sok tekintetben]* in many respects/ways (ii) *[nagymértékben]* greatly, a great deal; **~ban emlékeztet vkre** in many respects he/it reminds one of sy; **~ban hozzájárult** he/it contributed a great deal to, it did a lot to help; **~ban különbözik** it differs in many respects/ways; **~ért nem adnám, ha** ... I would give a lot to ..., it would mean a lot to me if ..., I would do anything to; **azzal ugyan ~ra megyek** that will do me a fat lot of good; **~ra tart vkt** have* a high opinion of sy, think* highly of sy; **~ra viszi még** he will make his mark in the world, he'll go far; **~at ad vkre** have* a high opinion of sy, (*vmre*) set* great store by sg; **~at érő** precious, valuable; **nem ~at ér(ő)** it is not worth much; **~at ígérő** (very) promising; **~at van együtt Atkinsékkel** he sees a great deal of the Atkinses; **~at emlegette szegény apámat** he often mentioned my late/dear father; → **hűhó**, → **jó**, → **kicsi**, → **sokkal**
soká v. **sokáig** *hsz* for long, (for) a long time; **~ tart** take* long (to do sg), be* long about sg (doing sg), take* a long time (to do sg); **~ tartott (ma) az ülés** the meeting went on (for) a long time; **még ~ tart?** will it take/be a long time?; **~ fog tartani (a dolgod)?** will you be long?; **nem fog ~ élni** (s)he hasn't long to live; **nem fog ~ tartani** it won't take long; *[hamar jövök]* I shan't be long; **nem várt ~** (s)he didn't (have to) wait long; **~ jön** (s)he is a long time coming, (s)he is taking a long time to come (v. coming)
sokadalom *fn* multitude, crowd
sokadik *fn/szn/mn* umpteenth; **~a van** it is late in the month, *[fizetés szempontjából]* it is a long time since payday
sokadmagával *hsz* with a lot of other people
sokáig *hsz* → **soká**
sokall *i [soknak tart]* find* sg too much, *[árat]* find* [the price] too high
sokan *hsz* (a great) many people, a number/lot of people; **~ közülünk** many of us; **~ (ott) voltak** there were many people there, many people attended; **~ látták** many have seen it
sokára *hsz* after a long time/pause; **~ lesz még az** that's a long way off yet; **~ lesz kész** it'll take a long time
sokaság *fn [tömeg]* crowd, multitude
sokasod|ik *i* multiply, increase (in number)
sokatmondó *mn* significant, meaningful; **~ pillantás** a knowing look, an eloquent look
sokbeszédű *mn* talkative, garrulous
sokcsatornás *mn távk* multi-channel
sokemeletes *mn* multi-storey (*US* -story), high-rise [building]
sokévi *mn* of many years *ut*, many years'
sokfajta *mn* → **sokféle**
sokfelé *hsz* **1.** *[irány]* in many directions **2.** *[hely]* in many/different/various places
sokféle *mn* many kinds of, all sorts of, of all/many kinds *ut*; **~ virág** all sorts (v. many kinds) of flowers
sokféleképpen *hsz* in many/different/various ways
sokféleség *fn* great variety, diversity
sokfelől *hsz* from many directions/sides
sokgyermekes *mn* having many children *ut*; **~ család** large family
sokízületi *mn orv* **~ gyulladás** polyarthritis → **PCP**
sokk *fn orv* shock
sokkal *hsz* **1.** *[összehasonlításban]* far, much, a good deal, a lot, *US* way *[és utánuk középfok]*; **~ jobb** far/much better, better by far, a lot better; **~ jobban érzem magam** I feel (v. I'm feeling) much/*US* way (v. a lot) better; **~ okosabb, semhogy** ... he is much too clever to ... **2.** *[mérték]* **~ később** much later; **nem ~ később** shortly/soon afterwards, a little later; **nem ~ 6 után** soon after six (o'clock)
sokkalta *hsz* many times, much
soklap *fn mat* polyhedron (*tsz* polyhedrons v. -dra)
soknejű *fn* polygamist
soknejűség *fn* polygamy
soknemzetiségű *mn* multinational
soknyelvű *mn* multilingual, polyglot
sokoldalú *mn [ált és vk]* many-sided, *[csak vk]* versatile, all-round, *[egyezmény stb.]* multilateral; **~ ember** versatile person, a man°/woman° of parts, *főleg: sp* all-rounder; **~ műveltség** an all-round (v. a comprehensive) education; **~an képzett** all-round, *[igével]* be* highly accomplished [in several fields]
sokrétű *mn [összetett]* complex, intricate, involved, *[sokoldalú]* many-sided, varied, diverse
sokszínű *mn* many-coloured, multicoloured, varicoloured (*US mindegyik:* -colored), *átv* colourful (*US* -or-), vivid
sokszor *szn/hsz* many times, many a time, frequently, often
sokszoros I. *mn* multiple, manifold, *[ismételt]* repeated, frequent; **~ bajnok** many times champion (in sg) **II.** *fn mat* **~a vmnek** a (large/high) multiple of sg
sokszorosan *hsz* many times, much; **~ jobb** (ever so) much better, many times better
sokszorosít *i ált* duplicate, *[kazettát, lemezt is]* make* (multiple) copies of, copy, *[US stencillel]* mimeo(graph), *[fénymásol]* photocopy, *[xeroxszal]* xerox
sokszorosítás *fn* duplicating, copying, (*US* stenciles) mimeo(graph)ing, *[fénymásolás]* photocopying, *[xeroxon]* xeroxing
sokszorosítógép *fn* duplicator, copier, (*US* stenciles) mimeograph, *[fénymásoló gép]* photocopier, *[xerox]* Xerox(-machine)

S

sokszoroz *i* multiply
sokszög *fn* polygon
sokszögű *mn* polygonal, mult(i)angular
soktermes *mn* **~ mozi** multiplex (cinema)
solarium *fn* → **szolárium**
sólé *fn* brine
sólet *fn gaszt* ‹ a Jewish-Hungarian bean dish › scholet
sólya(pálya) *fn* shipway, slip-way
solymász|ik *i* hunt with falcons, hawk, go* hawking
sólyom *fn* falcon, hawk
som *fn növ* cornel, dogwood, *[gyümölcse]* dogberry
somfa *fn növ* bunch-berry, cornel(-tree), *[fája]* cornelian cherry, dogwood
somfordál *i* → **sompolyog**
sommás *mn* summary; **~ eljárás** summary jurisdiction/treatment
somolyog *i* smile enigmatically
sompolyog *i* creep*/steal*/slink*/sidle (off/away v. *vkhez* up to sy), *[hízelegve vk körül]* hang* around sy; **az ajtó felé ~** edge towards the door
sonka *fn* ham; **~ tojással** bacon and eggs
sonkacsont *fn* ham-bone
sonkalé *fn gaszt* ‹ water ham was boiled in ›
sonkás *mn* **~ kocka** ‹ pasta squares with minced ham ›; **~ omlett** ham omelette (*US* omelet); **~ zsemle/szendvics** ham roll/sandwich
sopánkod|ik *i* wail, lament, yammer, complain
sor *fn* **1.** *[emberekből, tárgyakból]* row, line, *[ülőhelyekből]* row, *[sorállásnál]* queue, *US* line; **~ba(n) áll** (i) *[pénztárnál stb.]* queue (up), *US* stand* in line (*vmért* for) (ii) *[felsorakozik]* line up (behind sy); **beáll a ~ba** *[üzletben]* join the queue; **~ban állás** → **sorállás**; **~ba állít** line up; **~ba kapcsol** *el* connect (sg) in series; **~ba kapcsolás** series-connection; **~ba rak** *[tárgyakat]* arrange/place in a row; **az első ~ban** in the front/first row; **zárt ~okban** in close order; **eltávozik az élők ~ából** depart this life; **~t áll** queue up (*vmért* for), *US* stand* in line (for) **2.** *[írásban, könyvben stb.]* line; **új ~** new line; **a ~ok között olvas** read* between the lines; **e** (v. **a jelen**) **~ok átadója** the bearer of this letter; **e ~ok írója** the present writer **3.** *[egymásutániság, sorozat]* series (of events); **az események hosszú ~a** a long series of events; **ha arra kerül a ~** if it comes to that; **kin van a ~?** whose turn is it?, who is next?; **rajta a ~, rá kerül a ~** it's his/her turn (now); **várj, míg rád kerül a ~** wait (until it is) your turn; **rajtam a ~** it's my turn [to do sg]; **~ kerül** (*vmre*) happen, take* place, occur; **most kerül ~ arra, hogy ellenőrizzük az eredményeket** it is now time to check the results; **~ba járja az üzleteket** go* (all) round the shops, visit one shop after the other; **~ba vesz** (*vmt*) consider/take* one after the other, take* one by one; **~ban** in turn, by turns, one after the other; **vmnek (a) ~án** in the course of sg, during sg; **~on kívül** out of (one's) turn; **~on kívüli** out of turn *ut*; **~on kívüli ügyintézés** specially prompt dispatch/arrangement; **~on van** *[ő következik]* (s)he is/comes next, it's his/her turn; **~on következő/levő** next in line *ut*, next; **~ra elolvas** read* one after the other; **várjon a ~ára!** wait (until it is) your turn!; **~ra kerül** (i) (*vk*) one's turn comes, it's his/her turn, come* on, be* next (ii) → **sor kerül**; **~ra vesz** (*vkt/vmt*) examine/consider/take* sy/sg one by one; **~t kerít vmre, ~át ejti vmnek** (manage to) find* time to deal with sg, attend to sg in due course **4.** *mat* **számtani ~** arithmetic progression; **mértani ~** geometric progression **5. egy/egész ~ ...** *[sok]* a large number of, a good/great many; **egy ~ ajánlat** a good many offers; **egész ~ nehézség/probléma** a lot/number of difficulties/problems; **egész ~ hazugság/panasz** *stb.* a string of lies/complaints etc. **6.** *[sors]* lot, fate; **jó ~a van** he is comfortably/well off; **nehéz ~a van** → **nehéz**; **rosszul megy a ~a** have* a hard/tough time (of it), *[anyagilag]* be* badly off; **ez a világ ~a!** such is life, that's life, that is the way of the world, that's the way it is; **alacsony ~ból származik** be* of humble birth/origin **7.** *biz* **tiszta ~!** clear enough, evidently, no doubt (about it) **8.** *[sorozás]* **~ alá kerül** be* enlisted/conscripted **9.** *[bélyeg]* series; → **kilép**
sorakozás *fn* lining up, *kat* forming up
sorakoz|ik *i* align, line/form up
sorakozó! *isz* fall in!, line up!
sorakoztat *i* line/draw up, align
sorállás, **sorbaállás** *fn [vmre várva]* queuing up, *US* standing in line
sorállomány *fn kat* enlisted men, the rank and file
sorbehúzás *fn infor* indentation
soremelő *fn* line space lever
sorfal *fn* line, row (of people), *[futballistáké]* line-up; **~at álltak az úton** [boys and girls] lined the road
sorhajókapitány *fn* captain
sorház *fn* terraced house, terrace-house, *US* row house, town house
sorjában *hsz* in turn, by turns, one after the other, taking turns
sorkatona *fn* conscript, soldier, regular, *US* GI, enlisted man°
sorkatonai *mn* **kötelező ~ szolgálat** national service; **kötelező ~ szolgálatot teljesít** do* one's national service
sorkatonaság *fn* regular troops *tsz*, regulars *tsz*
sorkiemelő *fn* (fluorescent) marker
sorkizárás *fn nyomd infor* justification
sorkizárt *mn nyomd infor* justified
sorköteles *mn* liable to conscription *ut*, of military age *ut*, *US* draftable
sorköz *fn* space, spacing, *nyomd* lead; **kettes ~** double spacing/space; **kettes ~zel ír** type sg double-spaced
sorol *i* **1.** (*vkt vhova*) rank sy among/with, reckon sy among; **barátai közé ~ vkt** reckon sy among; his friends; **a legjobb futók közé ~ják** he is ranked among the best runners **2.** (*vmt vhova*) rank/count/class sg among; **könyvét a legfontosabb könyvek közé ~ják** his book ranks among (v. is reckoned among) the most important of its kind **3.** → **elsorol**
sorompó *fn* barrier, gate; **~ nélküli vasúti átjáró** level-crossing without gates; **~ba áll/lép** *[vk mellett]* gather/rally round sy, line up behind sy
sorompós *mn* **~ vasúti átjáró** level-crossing with gates
soronként *hsz* by the line, per line
soros *mn* **1.** -line; **25 ~ cikk** a 25-line article **2.** *el* **~ kapcsolás** series connection **3.** *[soron következő]* next; **ő a ~** (i) *[következő]* it is his/her turn, (s)he is next (ii) *[szolgálatos]* he is on duty; **a Társaság ~ elnöke** the present/current chairman of the Society **4.** *infor* **~ csatlakozó** COM/serial port; **~ bemenet/kimenet** serial input/output
soroz *i kat* recruit, enlist, call up, *US* draft
sorozás *fn kat* recruiting, recruitment, conscription, call-up, *US* draft
sorozat *fn ált* series (*tsz* ua.), *[dolgok egymásutánja]* sequence, succession, *[tárgyakból]* set, *[kiadványoké]* series, *[bélyeg]* series, *[tévé]* (television/TV) series; **események ~a** chain/train of events; **~ban gyárt** mass-produce; **~ban gyártott** mass-produced
sorozatgyártás *fn* mass/series production
sorozatgyilkos *fn* serial killer
sorozatos *mn* in succession *ut*; **~ kudarcok** a series/succession of disappointments/failures
sorozatszám *fn* serial number
sorozóbizottság *fn* recruiting committee, *US* draft board
sorrend *fn* order, sequence; **fontossági ~** order of importance; **megfelelő ~ben** in due course, in the appropriate place; **~ben az első** first in line/order; **rossz ~ben** be* in the wrong order, out of order; → **érkezési**
sors *fn [végzet]* fate, (*vké*) destiny, *[vk életkörülményei]* lot, life; **jó ~a hozta ide** his good fortune brought him here, his lucky star guided him here; **nehéz ~** a hard life/lot; → **nehéz**; **belenyugszik ~ába** be* reconciled to one's

fate; **osztozik vk ~ában** share sy's fortune/lot; **jobb ~ra érdemes** *[igével]* deserve a better life; **rossz ~ra jut** fall* on evil days; **~ára hagy vkt** leave* sy to his fate; **gondoskodik vknek a ~áról** settle the future of sy, *biz* see* sy right; **~át senki el nem kerülheti** there is no escaping one's fate/destiny; **~ot húz** draw*/cast* lots, *[pénzfeldobással]* toss up (a penny) for sg, toss up [to see ...]; **elégedett a ~ával** be* content with one's lot; → **irónia**

sorscsapás *fn* terrible blow, calamity

sorsdöntő *mn* decisive, crucial, *[esemény]* historic; **~ változás** turning-point, pivotal point

sorsfordulat *fn* (sudden) change of fortune, reversal of fortune

sorshúzás *fn* drawing (of lots), draw; **~sal dönt el** decide by lot (v. by a draw), draw* lots to decide sg; **a nyerteseket ~sal választják ki** the winners will be selected by a draw

sorsjáték *fn* lottery

sorsjegy *fn* lottery ticket

sorskérdés *fn* vital question/problem/matter

sorsközösség *fn* **~et vállal vkvel** throw* in one's lot with sy

sorsol *i* draw* lots for, have* the draw for

sorsolás *fn* drawing (of lots); → **sorshúzás**

sorsszerű *mn* inevitable, ineluctable, fateful

sorstárs *fn* companion in misfortune, fellow (sufferer); **Nagy Imre és ~ai** I. Nagy and his associates

sorstragédia *fn* tragedy of fate/destiny, *[görög]* Greek tragedy

-sorsú *utótag* of ... fate *ut*, -fated

sorszám *fn* *[jegyzékben]* serial number

sorszámnév *fn* ordinal number

sorszámozás *fn* numbering

sorszélesség *fn* length of line; **beállítja a ~et** *[írógépen, számítógépen]* select the pitch

sort *fn* shorts *tsz*

sortávolság *fn* spacing, space (between lines)

sortűz *fn* volley, salvo, *[ágyúé]* round (of cannon), fusillade; **eldördült a ~** a volley was fired; **a ~ áldozatai** victims of the volley; **sortüzet ad** fire a volley, volley

sorvad *i* atrophy, waste away, *átv* (*vm*) decay, decline, *átv* (*vk*) pine away, languish

sorvadás *fn* atrophy

sorvadoz|ik *i* → **sorvad**

sorvaszt *i* atrophy

sorvég *fn* end of a/the line

sorvezető *fn* underlines *tsz*

sós *mn* salt(y), salted; **~ (ízű)** salty; **~ tengeri levegő** salt/sea-air; **elég ~?** *[étel]* is there enough salt on it (for you)?; **enyhén ~** saltish; **~ lé** souse, brine, pickle; **~ mogyoró** salted peanuts *tsz*; **~ víz** *[tengeri]* salt water, sea water, *[egyéb]* salty water; **~an szereti** (s)he likes it with salt

sósav *fn* hydrochloric acid

sósborszesz *fn* rubbing alcohol, alcohol rub

sose(m) *hsz* → **sohase(m)**

sosincs *i* → **soha sincs**

sóska *fn* (common) sorrel

sóskamártás *fn* sorrel sauce

sóskeksz *fn* cracker

sóskifli *fn* crescent(-shaped) salted roll

sósmandula *fn* salted almonds *tsz*

sósperec *fn* pretzel

sóstó *fn* salt lake/pond, saline lake

sószegény *mn* *[étel]* low-salt [food]; **~ étrendet tart** live/be* on a low-salt diet

sószóró *fn* salt-cellar, *US* salt-shaker

sótalan *mn* saltless, salt-free, *átv* insipid, flat, boring

sótartalom *fn* salinity, salt content

sótartó *fn* *[asztali és biz vállgödröcske]* salt-cellar

sótlan *mn* → **sótalan**

sovány *mn* **1.** *[élőlény]* lean, thin, meagre (*US* -ger), *biz* skinny; **~ arc** thin/hollow/gaunt face **2.** *[étel]* meagre, *[hús]* lean, *[tej]* low-fat, *[lefölözött]* skimmed [milk]; **~ koszton él** be* on a meagre diet, be* on short rations **3.** *[eredmény, fizetés]* meagre, poor; **~ esztendők** lean years **4. ~ vigasz** cold comfort

soványít *i* **1.** *[étrend, futás stb.]* slim **2.** *[ruha]* make* sy appear/look slim

soványító kúra *fn* → **fogyókúra**

soványod|ik *i* become*/get* thinner, lose* weight, slim

soványság *fn* **1.** *[állapot]* thinness, leanness **2.** *biz* (*vkről*) bag of bones

sóvár *mn* **~ szemmel** (v. **~an**) **néz vkt** look at sy longingly (v. with longing), long/sigh for sy, yearn for/after sy

sóvárgás *fn* yearning, loning

sóvárgó *mn* → **sóvár**

sóvárog *i* (*vk/vm után*) long/sigh/yearn for sy/sg

soviniszta I. *mn* chauvinistic **II.** *fn* chauvinist

sovinizmus *fn* chauvinism

sóz *i* **1.** *[ételt]* salt, *[hintve]* sprinkle with salt, *[utat]* salt, *[tartósítva]* salt (down), pickle **2.** *biz* (*vmt vkre*)→ **nyak** **3.** *biz* **ütést ~ vkre** give* sy a blow, sock sy one

sózott *mn* salted; **~ hering** pickled/salted herring; **~ hús** salt(ed) meat; **~ marhahús(konzerv)** corned beef

sömör *fn* herpes

söntés *fn* *kb.* bar, *US így is:* saloon

söpör *i* sweep*; **~jön (előbb) a maga háza előtt** sweep before your own door, mind your own business, you'd better put your house in order

söpredék *fn* *átv* riff-raff, mob, rabble; **a társadalom ~e** the scum (v. dregs *tsz*) of society, the scum of the earth, the sweepings of society

söprögető *fn* *sp biz* sweeper

söprű *fn* broom; **új ~ (jól söpör)** a new broom (sweeps clean)

söprűnyél *fn* broomstick

sör *fn* beer, *[világos angol]* (pale) ale, *[könnyebb]* lager, *[barna]* bitter, *[egészen sötét]* stout; **két korsó ~t kérek** two pints of Gold Fassl etc., please; **két pohár ~t kérek** two halves of ..., please

söralátét *fn* beer-mat

sörény *fn* mane

sörét *fn* shot

sörétes *mn* **~ puska** shotgun

sörfőzde *fn* brewery

sörfőzés *fn* brewing (beer), beer-making

sörfőző *fn* **1.** *[személy]* brewer **2. ~ üzem** brewery

sörgyár *fn* brewery

sörgyártás *fn* brewing, beer-making

sörivó *fn* beer-drinker

sörke *fn* → **serke**

sörkert *fn* beer garden

sörkorcsolya *fn* eats *tsz*, savoury snack

sörnyitó *fn* bottle-opener

söröshordó *fn* beer-barrel

söröskancsó *fn* → **söröskorsó**

söröskocsi *fn* beer cart/van, (brewer's) dray

söröskorsó *fn* beer-mug, tankard, *US* stein

söröskupak *fn* beer-bottle cap

söröspohár *fn* beer-glass

sörösüveg *fn* beer-bottle

söröz *i* drink* beer

sörözés *fn* beer drinking

söröző *fn* *[hely]* brasserie, bar, *[kerthelyiség]* beer-garden, *[nagyobb étteremé, szállodáé]* buttery

sörte *fn* bristle

sörtehajú *mn* crew-cut

sőt *ksz* (and) even, (and) indeed, in fact, besides, moreover, actually; **~ ellenkezőleg!** on the contrary; **~ még most is** even now; **~ mi több** and what is more

sötét I. *mn* dark, *átv* gloomy, dark, obscure; **~ alak** *pej* shady/shifty character; **~ bőrű** dark-skinned, dusky, swarthy; **a ~ bőrűek** the blacks; **~ cél** sinister purpose; **~ éjszaka volt** it was a dark night, the night was pitch dark;

S

~ **gazember** scoundrel of the deepest dye, blackguard; ~ **gondolatok** gloomy/dismal thoughts; ~ **középkor** dark Middle Ages *tsz*; ~ **külsejű** evil-looking; ~ **külváros** obscure/dismal suburb; ~ **múlt** murky past; ~ **szándék** evil intention; ~ **szemű** dark-eyed; *átv* ~ **színben fest le** (*vkt/vmt*) paint sg/sy in the darkest colours (*US* colors); ~ **színben látja a dolgokat** look on the dark side (of things); ~ **színű** dark(-coloured), dusky; ~ **tudatlanság** abysmal/monumental ignorance; ~ **ügy** shady business, hole-and-corner dealings *tsz* (v. affair); ~**ebbé válik** darken, deepen **II.** *fn* **1.** dark(ness); ~ **van** it is dark; ~**ben tapogatódzik** grope about in the dark **2.** *[sakk]* black

sötétbarna *mn* dark-brown

sötétedés *fn* **1.** *[anyagé]* darkening **2.** *[esteledés]* dusk, twilight, nightfall; ~**kor** at nightfall; ~ **után** after dark; ~**től pirkadatig** from dusk till dawn

sötéted|ik *i* **1.** *[anyag]* darken **2.** *[esteledik]* night is falling, it is growing/getting dark

sötéten *hsz* dark(ly), black, *átv* gloomily; **túl** ~ **lát** be* much too pessimistic, look on the dark side of things, see* only the gloomy side of everything; ~ **néz** look black, look daggers (at sy)

sötétes *mn* darkish

sötétít *i* darken, dim

sötétkamra *fn* darkroom

sötétkék *mn* dark/navy-blue

sötétl|ik *i* appear/shine* dark

sötétség *fn* dark(ness), gloom, *átv* obscurity; **a** ~ **beálltával** after dark, at nightfall/dusk

sötétszürke *mn* dark-grey, dun-colored

sötétvörös *mn* dark/deep red, crimson

sötétzárka *fn* dark-cell

sötétzöld *mn* dark/bottle-green

sövény *fn* hedge(row); **sövénnyel elkerít** hedge in/off

sövénykerítés *fn* hedgerow, hedge

spagetti *fn* spaghetti

spagettiszósz *fn gaszt* spaghetti sauce

spájz *fn* larder, pantry

spaletta *fn* shutters *tsz*

spangli *fn szl [kábítószeres cigaretta]* joint

spanyol I. *mn* Spanish **II.** *fn* **1.** *[ember]* Spaniard **2.** *[nyelv]* Spanish

spanyol–amerikai *mn* Spanish-American

spanyolfal *fn* folding screen

Spanyolország *földr* Spain

spanyolul *hsz* ~ **beszél** speak* Spanish; ~ **mond vmt** say* sg in Spanish; ~ **van (írva)** be* (written) in Spanish

spanyolviasz *fn* sealing-wax; **feltalálja a** ~**t** reinvent the wheel; **nem találja/találná fel a** ~**t** he will never set the Thames on fire

spárga[1] *fn* **1.** *[kötözéshez]* string, cord **2.** *[tornában]* the splits *tsz*; ~**t csinál** do* the splits

spárga[2] *fn növ* asparagus

sparhert *fn* (cooking-)range

Spárta *földr tört* Sparta

spártai *mn/fn* Spartan

spasztikus *mn orv* spastic

speciális *mn* special; *okt* ~ **kollégium** → **speciálkollégium**; ~**an** *[különösen]* specially, *[kifejezetten]* specifically

specialista *fn* specialist, consultant; **orr-, fül-, gége** ~ oto(rhino)laryngologist

specialitás *fn* speciality (*US* specialty)

specializál *i* ~**ja magát** (*vmre/vmben*) specialize in sg, become* a specialist in sg, *US [egyetemen]* major in sg

specializálódás *fn* specialization

specializálód|ik *i* become* specialized (in sg), become* a specialist (in sg)

speciálkollégium *fn okt* (*röv* **spec. koll.**) special(ized) course/option

speciel *hsz* **nekem** ~ **nem tetszik** I for one don't like it; me, I don't like it, it's not my cup of tea

specifikáció *fn gazd* specification

spec. koll. *röv* → **speciálkollégium**

speditőr *fn gazd* forwarder, shipping/forwarding agent

spejz *fn* → **spájz**

spékel *i* lard; **idézetekkel** ~**i a beszédét** lard/sprinkle/stud one's speech with quotations

spékelőtű *fn* larding-pin

spektroszkóp *fn* spectroscope

spektroszkópia *fn* spectroscopy

spektrum *fn* spectrum (*tsz* spectra)

spekuláció *fn* **1.** *[elmélkedés]* speculation, cogitation, contemplation **2.** *gazd* speculation, gambling

spekulációs *mn gazd* speculative; ~ **üzlet** speculative transaction

spekulál *i* **1.** *[töpreng vmn]* speculate/meditate/contemplate on/about (sg) **2.** *gazd* (*vmvel*) speculate in (sg); **ár(folyam-)emelkedésre** ~ speculate for the rise, bull the market; **ár(folyam)csökkenésre** ~ speculate for the fall, bear the market

spekuláns *fn* speculator, punter, *[hivatásos]* market operator, *pej* commercial adventurer

spenót *fn* spinach

sperma *fn biol* sperm

spicc[1] *fn* **1.** *[kutya]* spitz, Pomeranian, *biz* pom **2.** *[cipő]* toe-cap

spicc[2] *fn biz [enyhe ittasság]* tipsiness, elevation, a drop too much

spiccel *i* dance/be* on points

spiccelés *fn* dancing on points

spicces *mn biz* tipsy, (slightly) elevated, a bit merry/tight/mellow, boozy

spicli *fn biz* informer, squealer, *[diák]* peacher

spiclisked|ik *i biz* (*vkre*) inform on sy, *okt* peach on, grass/split* on sy

spinét *fn elav* spinet

spirál *fn* spiral

spirálfüzet *fn* spiral(-bound) notebook

spirális *mn/fn* spiral

spirálkötés *fn [könyvé]* spiral binding

spirálrugó *fn* spiral/helical/coil spring, *[óráé]* mainspring

spiráns *fn* → **réshang**

spiritiszta *fn* spirit(ual)ist

spiritizmus *fn* spirit(ual)ism

spirituálé *fn* (Negro) spiritual

spiritusz *fn* spirits *tsz*, *biz* meths

spirituszégő *fn* (methylated) spirit lamp/stove

spontán I. *mn* spontaneous, *[készséges]* willing, *[önkéntes]* unasked-for, voluntary; ~ **elhatározás** free decision; ~ **gyógyulás** spontaneous healing; ~ **privatizáció** free privatization; → **vetélés II.** *hsz* spontaneously, *[készségesen]* willingly

spóra *fn növ* spore, *[kisebb]* sporule

spórol *i* **1.** *ált* save, economize (*vmn* on sg), *[vmennyit]* save (up) [money] (*vmre* for sg); ~ **a szűkös napokra** save for a rainy day **2.** **régóta** ~**ok erre az alkalomra** I've long been waiting for this occasion

sport *fn* **1.** *ált* sport, sports *tsz*; **szereti a** ~**ot** (s)he's very fond of sport; ~**ban nagyon jó** be* good at sport, be* sporty **2.** *[sportág]* sport; **vmlyen** ~**ot űz** go* in for [some sport], pursue a sport **3.** *összet* sports

sportág *fn* (branch/kind of) sport, *[pl. olimpián]* event; **mely(ik)** ~**akat szereted legjobban?** which sports do you like best?

sportbarát *fn* sports fan/enthusiast

sportcikk *fn* sports/sporting goods *tsz*, sports articles *tsz*

sportcsarnok *fn* sports hall/arena

sportegyesület *fn* (sports) club

sportélet *fn* sporting life, sports *tsz*

sportember *fn* sportsman°, athlete

sporteredmények *fn* sports results

sportesemény *fn* (sports/sporting) event

sporteszköz *fn* athletic/sports implement, sports equipment/kit

sportfelszerelés *fn* sports equipment, *biz* sports gear
sportfogadás *fn* (football) pools *tsz*
sporthírek *fn tsz* sports news
sporthorgász *fn sp* competition angler
sporting *fn* sports shirt
sportjelvény *fn* sports badge
sportkabát *fn* sports (*US* sport) jacket/coat
sportkedvelő *mn/fn* sports enthusiast/fan, sports-goer, sporty (person)
sportklub *fn* → **sportkör**
sportkocsi *fn* **1.** *[autó]* sports car, *US* sport car **2.** *[kisbabáé, összecsukható, könnyű]* pushchair, *[esernyőfogantyús és US]* stroller
sportkör *fn* sports club
sportközvetítés *fn* TV/radio broadcast of [sports news v. a sports event], *US* sportcast, sports coverage on TV
sportlap *fn* sporting/sports paper, sports magazine
sportlétesítmény *fn* sports establishment/facilities *tsz*
sportlövészet *fn* (competitive/competition) shooting
sportműsor *fn* sports programme (*US* -ram)
sportoktató *fn sp* sports instructor
sportol *i* go* in for sports, go* in for [some sport], be* a sportsman°/sportswoman°; **mit ~sz?** what sport do you do (v. go in for)?
sportolás *fn* sports *tsz*
sportoló *fn* sportsman°, athlete, *[női]* sportswoman°
sportorvos *fn* sports physician/doctor
sportos *mn* sporting, *[ruhadarab, személy]* sporty; **~ életmód** outdoor life; **~an vezet** *[autót vadul, gyorsan, de szabályosan]* be* a sporty driver
sportöltözet *fn* sportswear, sports clothes *tsz*
sportösszefoglaló *fn [rádió, tévé]* sports roundup
sportpálya *fn* sports ground/field
sportrajongó *fn* sports-fan/enthusiast
sportrepülés *fn* sports flying
sportrepülő *fn* sports/private pilot; **~(gép)** small/private plane
sportrovat *fn* sports column/page
sportruha *fn* sports jacket and flannels *tsz*
sportszatyor *fn* sports holdall
sportszer *fn* sports/sporting goods *tsz*
sportszerű *mn* sportsmanlike, fair; **~ viselkedés** sporting conduct, sportsmanship; **~en** in a sportsmanlike manner/way
sportszerűség *fn* sportsmanship
sportszerűtlen *mn* unsportsmanlike, unsporting, unfair
sportszerűtlenség *fn* unsportsmanlike behaviour (*US* -or)
sportszív *fn* athlete's heart, enlarged heart
sporttárs *fn* fellow sportsman°, sporting partner
sporttáska *fn* sports holdall
sporttelep *fn* → **sportpálya**, → **-létesítmény**
sportújság *fn* → **sportlap**
sportújságíró *fn* sports reporter
sportuszoda *fn* (swimming) pool [for competitions]
sportverseny *fn* match, contest, race, competition, tournament
sportzakó *fn* sports (*US* sport) jacket
spriccel *i* squirt, spurt, spray, *[sugárban]* jet
spriccer *fn* spritzer
sprint *fn* **1.** *[futás]* sprint(ing) **2.** → **gyorsúszás**
sprinter *fn* sprinter
spulni *fn* bobbin, spool, reel; → **orsó**
srác *fn biz* kid, lad; **kis ~** scamp, nipper; **~ok!** *biz* fellers, *US* you guys; **~ok, gyerünk moziba** hey kids/fellas, let's go to the cinema (v. *US* movies); **helyes ~ a Pali** Pali's a good/nice kid
srácos *fn* boyish, juvenile
srapnel *fn elav* shrapnel, *US* case shot
srég *mn* askew *ut*, awry *ut*, diagonal
srégen *hsz* awry, askew, diagonally
Srí Lanka *földr* Sri Lanka
Srí Lanka-i *mn/fn* Sri Lankan
sróf *fn* screw
srófol *i* **1.** → **csavaroz 2.** *[árat feljebb]* raise, force/jack up
stáb *fn [filmé]* staff, crew
stabil *mn* stable, steady, stationary
stabilitás *fn* stability
stabilitási *mn* **~ konferencia** stability; **~ egyezmény** stability agreement/treaty
stabilizáció *fn* stabilization
stabilizációs *mn gazd* **~ intézkedések** anticyclical measures; **~ program** stabilization plan
stabilizál *i* stabilize, render stable
stadion *fn* stadium (*tsz* stadiums v. stadia), *US* bowl
stádium *fn [fokozat]* phase, stage, *[állapot]* state
staféta *fn sp* relay (race)
stafírung *fn* trousseau (*tsz* -x v. -s)
stagfláció *fn gazd* stagflation
stagnál *i* stagnate, *US* stagnate
Stájerország *földr* Styria
stampedli *fn biz*; **egy ~ pálinka** a shot of brandy
standard *mn/fn* standard; **~ hiba** *infor* standard error
stangli *fn [sós]* salty roll, saltstick
stanicli *fn* paper-bag/cornet
start *fn* start → **rajt**
START *fn röv pol* **~-szerződés** *[a hadászati fegyverrendszerek csökkentéséről kötött szerződés]* Strategic Arms Reduction Treaty
startfejes *fn* (racing) dive
startgép *fn* → **rajtgép**
startol *i* start
statáriális *mn* → **rögtönítélő**
statárium *fn* summary jurisdiction, *kat* martial law
statika *fn* statics *esz*
statikai *mn* static, of statics *ut*
statikus *fn* structural engineer, stress analyst
statiszta *fn* extra
statisztál *i* be* an extra, do a walking-on part
statisztaszerep *fn* walk-on part, bit part
statisztéria *fn film* extras *tsz*
statisztika *fn* **1.** *[tudomány]* statistics *esz* **2.** *[adatok]* statistics *tsz*
statisztikai *mn* statistical; **~ adatok** statistical data, statistics, *biz* the figures; **~ elemzés** statistical analysis
statisztikus *fn* statistician
statuál *i* **példát ~** set* an example
státus *fn [állomány]* list (of civil servants); **~ban van** be* on the payroll
státusrendezés *fn* revision/adjustment of salary scales
státusszimbólum *fn* status symbol
stb. *röv [s a többi]* etc. [et cetera, and so on]
Stefánia *tul* Stephanie
stég *fn* landing-stage
steksz *fn szl* loot, dough, lolly
stelázsi *fn* rack, shelf°, stand, what-not
stencil *fn* stencil, wax-sheet
stencilez *i* stencil, *US* mimeo(graph)
steppelt *mn* quilted; **~ takaró/paplan** (continental) quilt, duvet
stereotip *mn* → **sztereotip**
steril *mn orv* **1.** *[fertőző anyagoktól mentes]* sterile **2.** *[meddő]* sterile, barren
sterilizál *i* sterilize, render germ-free
sterilizátor *fn* sterilizer, autoclave
stewardess *fn* flight attendant, air-hostess
stichpróba *fn* spot-check/test, random sampling/sample
stiglic *fn* goldfinch
stikában *hsz szl* on the sly/quiet
stikli *fn biz* trick, prank; → **csíny**
stiláris *mn* stylistic, concerning style *ut*; **~ jelek/jelzés** *[szótárban]* style labels; **~an** stylistically
stílbútor *fn* period furniture/piece

stiliszta *fn* stylist
stilisztika *fn* stylistics *esz, [kézikönyv]* guide to good style
stilisztikai *mn* stylistic; ~ **szempontból** from the stylistic point of view, from the point of view of style, stylistically
stilisztikailag *hsz* stylistically
stilizál *i [szöveget]* edit, touch up
stilizált *mn* stylized, conventional(ized)
stílszerű *mn* in style *ut*, suitable, appropriate (in style *ut*), in/of the appropriate style *ut*, fitting; **hogy ~ek legyünk** to be in style; **~en** in style, appropriately (enough)
stílus *fn* style, *[íróé még]* language, *[művészé még]* manner, *[festőé még]* touch, *összet* stylistic; **van ~a** have* style, live in some style
stílusérzék *fn* sense of style, stylistic sense, feel(ing) for style
stílusgyakorlat *fn* composition, stylistic exercise
stílushiba *fn* stylistic lapse/flaw/fault, fault in style, error of style, *biz* howler
stílusirányzat *fn* trend of style, school (of style)
stílusjegy *fn* stylistic characteristic/mark, brand
stílusminősítés *fn [szótárban]* stylistic labelling (*US* -l-), *[a jelek]* style labels *tsz*
stílusos *mn* in (good) style *ut*; **~an** in (good) style
stílusréteg *fn* style/speech/usage level, *[a legkülönfélébb foglalkozási és szakmai ágakat is beleértve]* register
stílustalan *mn* in poor taste/style *ut*, lacking in style *ut*, (stylistically) incongruous
stílustörés *fn* stylistic incongruity/inconsistency
stílusú *mn* in/with ... style, -style
stimmel *i [egyezik]* be* correct, (*vmvel*) agree/tally with sg; **~!** that's right!; **itt vm nem ~** there is sg wrong here, *[gyanús]* there is sg fishy here
stimulál *i* (*vkt vmre*) stimulate → **ösztönöz**, → **serkent**
stíröl *i szl [nőt megbámul]* gawk, ogle, leer (at sy); **nem szereti, ha ~ik** she hates being ogled (at)
stockholmi *fn* Stockholmer
stóla *fn* **1.** *[kendő]* stole **2.** *[díj]* surplice-fee
stop I. *i [állj!]* stop!, halt! **II.** *fn biz* **~ot kér** hitch a ride, thumb (v. ask for) a lift/ride
stoplámpa *fn* brake-light, *US főleg:* stoplight
stopli *fn biz* **1.** *sp [futballcipőn]* stud **2.** → **dugó**
stopper(óra) *fn* stop-watch
stoppol *i* **1.** *[lyukat]* darn, mend **2.** *sp [időt]* clock, time **3.** *[lefoglal]* reserve **4.** *[autót]* hitch (a ride), hitchhike, thumb a lift/ride
stoppolófa *fn* darning egg/ball, (darning) mushroom
stoppos *mn/fn* → **autóstoppos**
stoptábla *fn* stop sign
stopvonal *fn* stop-line
storníroz *i* cancel (*US* -l)
stráf *fn* stripe, streak
stráfkocsi *fn* dray
stramm *mn biz* (*vk*) sturdy, tough, strapping
strand *fn [természetes]* beach, *[mesterséges]* open-air (swimming-)pool, lido; **a ~on** on the beach
strandfürdő *fn* open-air (swimming-)pool, lido
strandidő *fn* nice weather for a swim; **ma nincs ~** it's no day for the beach/lido
strandkabát *fn* beach wrap/gown
strandol *i [fürdik]* bathe, *[tenger-* v. *tóparton]* be* on the beach, *[nem tenger-* v. *tóparton]* be* at the lido
strandoló *fn* bather
strandpapucs *fn* beach sandals *tsz*, *[gumi]* flip-flops *tsz*
strandröplabda *fn sp* beach volleyball
strandruha *fn* beach outfit, beachwear
strandtáska *fn* beach bag
strapa *fn biz* **1.** *[kimerítő elfoglaltság]* hard work, *biz* sweat, strain **2.** *[erős igénybevétel]* hard wear; **bírja a ~t** *[ruhanemű]* be* hard-wearing; **nem ~ra való** be* not hard-wearing (v. for hard wear)
strapabíró *mn biz [ruhadarab]* hard-wearing, heavy-duty, for hard wear *ut*
strapacipő *fn biz* brogue(s), walking shoes, shoes for heavy wear
strapál *i biz* **1. ~ja magát** over-exert oneself, wear* oneself out, toil, sweat, work like a horse/Trojan **2.** *[tárgyat]* wear* sg out/away, punish sg
straparuha *fn biz* working clothes *tsz*, clothes for hard wear *tsz*
strapás *mn biz* tiring, punishing, sweaty [work]
stratégia *fn* strategy
stratégiai *mn* strategic; **a ~ fegyverek korlátozásáról/csökkentéséről folyó tárgyalások** Strategic Arms Limitation Talks (*röv* **SALT**); Strategic Arms Reduction Talks (*röv* **START**); **~ fontosságú** strategic, of strategic importance
strázsál *i* **1.** *kat* do* sentry-duty, be* on duty **2.** *[sokáig vár]* be* waiting around **3.** *[felügyel vkre]* stand* guard (over sy)
stréber *fn biz pej* go-getter, *US* eager beaver, pushy fellow/character, (social) climber, *kif* ruthlessly ambitious person, *okt* swot
stréberked|ik *i biz pej* be* pushy, *okt* suck up to the teacher
stressz *fn orv* stress
strici *fn* **1.** *durva [utcanőé]* pimp, ponce **2.** → **csirkefogó**
strófa *fn* stanza, strophe
strucc *fn* ostrich
struccpolitika *fn* ostrich policy, the policy of burying one's head in the sand
strucctojás *fn* ostrich-egg
strucctoll *fn* ostrich-feather/plume
struktúra *fn* structure
strukturális *mn* structural; **~ elemzés** structural analysis
strukturalista *fn/mn* structuralist
strukturalizmus *fn* structuralism
strúma *fn orv* struma
stúdió *fn* studio
studíroz *i* study
stúdium *fn [tanulás]* study, learning
stukkó *fn* stucco
stukkódísz *fn* stuccowork
suba *fn* sheepskin; *átv* **~ alatt** surreptitiously, clandestinely; *biz* on the quiet
subler *fn biz* → **tolómérce**
sublót *fn* chest of drawers, drawers, *US* lowboy
sudár I. *mn* (tall and) slender/slim **II.** *fn [ostoré]* lash
sufni *fn biz* lean-to, shed
súg *i* **1.** (*vknek vmt*) whisper (sg to sy/in sy's ear), breathe sg in sy's ear; **valami azt ~ja, hogy** ... have* a hunch that ... **2.** *okt szính* prompt; **ne ~j!** no prompting!
sugall *i* hint, imply, (*vmt vknek*) suggest (sg to sy), prompt/inspire sy to do sg
sugallat *fn* suggestion, intimation; **~a támadt** (s)he had a hunch
sugalmaz *i* → **sugall**
sugalmazás *fn* suggestion, inspiration
sugár *fn* **1.** *[fény]* ray, beam **2.** *[víz]* jet **3.** *mat* radius (*tsz* radii v. radiuses); **~ irányban** radiately
sugáradag *fn* → **sugárdózis**
sugárártalom *fn* radiation injury
sugaras *mn mat* radial; **~an** radially
sugárbetegség *fn* radiation sickness
sugárbiológia *fn* radiobiology
sugárdózis *fn* radiation dose
sugárfék *fn rep* reverse trust
sugárfertőtlenítés *fn* decontamination
sugárfertőzés *fn* radioactive contamination
sugárfertőzött *mn* contaminated by radiation *ut*, radiocontaminate
sugárhajtás *fn* jet propulsion
sugárhajtású *mn* **~ repülőgép** jet(-propelled aircraft/aeroplanes v. *US* airplanes); **~ vadászgép** jet fighter
sugárirányú *mn* radial
sugárkéve *fn* beam (of rays)

S

sugárkezelés *fn* radiotherapy, radiation therapy/treatment; **~t kap** receive radiotherapy
sugármentes *mn fiz* radiation-proof/free
sugármentesít *i [területet]* decontaminate
sugárnyaláb *fn* → **sugárkéve**
sugároz *i* **1.** *átv is [sugarakat kibocsát]* radiate, beam **2.** *[rádió műsort]* transmit, broadcast*
sugárszennyezés *fn* radioactive contamination
sugárszennyezett *mn* radioactive
sugárterápia *fn* → **sugárkezelés**
sugárút *fn* avenue
sugárvédelem *fn* radiation protection
sugárveszély *fn* radiation danger
sugárzás *fn* radiation
sugárzásmentesít *i* decontaminate
sugárz|ik *i* **1.** *[anyag stb.]* radiate, beam **2.** *átv* beam, shine, glow; **arca ~ik az örömtől** be* beaming with joy; **~ik róla a fiatalság** be* radiant with youth; **~ik róla az öröm** (v. **a boldogság)** (s)he radiates joy/happiness
sugárzó *mn* **1.** *[anyag, energia]* radiating, radiant **2.** *átv* beaming, radiant; **boldogságtól ~ arc** face radiant/beaming with happiness; **~ szépség** radiant beauty
súgás *fn* **1.** *[fülbe]* whisper(ing), breathing **2.** *okt szính* prompting
súg-búg *i* whisper, susurrate
sugdoló(d)z|ik *i* be* whispering
sugdos *i* → **sugdoló(d)zik**
sugdosás *fn* whisper(ing)
súgó *fn okt szính* prompter, *infor* help
súgógép *fn [tévében]* autocue, *US* teleprompter
súgólyuk *fn* prompt(er's) box
súgópéldány *fn* prompt-copy/book
suhan *i* glide, flit, slip, whisk, *[hanggal]* swish
suhanc *fn* youth, teenager, lad
suhint *i* swish, whisk
suhog *i* swish, *[ruha]* rustle, *[ostor, kard]* whiz(z), *[szél]* whistle
sújt *i* **1.** strike*, hit*; **öklével arcába ~ott** he hit him in the face with his fist; **villám ~otta** was struck by lightning **2.** *átv* afflict, *[csapás]* come* upon sy; **büntetéssel ~ vkt** punish sy, inflict/impose a punishment on sy
sujtás *fn [ruhán]* soutache, braid(ing)
sujtásos *mn* decorated with soutache *ut*, frogged
sújtólég *fn* fire-damp, pit gas
suk-sük nyelv *fn biz* **~en beszél** *kb.* drop one's aitches/Hs
suli *fn biz* school; **Mi volt a ~ban?** How was school?
súly *fn* **1.** *[mérhető]* weight; **hasznos ~** payload; **tiszta ~** net weight; **mi a ~a?** how much does it weigh?; **a ~a 5 kiló** it weighs 5 kilos; **~ban gyarapodik** gain (v. put* on) weight; **veszít a ~ából** lose* weight **2.** *sp [atlétikában]* shot; **~t dob** put* the shot **3.** *sp [súlyemelésben]* weight **4.** *átv* emphasis, stress, *[jelentőség]* importance, consequence; **~a van a szavának** his word carries authority/weight; **kellő súllyal** with due stress; **nagy súllyal esik a latba** be* of great moment, count for a lot; **(nagy) ~t helyez vmre** attach (great) importance to sg, lay* stress on sg; **nagy ~t helyezek arra, hogy eljöjjön** I am very anxious/keen that he should come; **teljes ~ával** with all his weight/authority
súlycsoport *fn sp* (body-)weight category, *[boksz]* weight division
súlycsökkenés *fn* loss of weight, weight loss
súlyegység *fn* unit of weight
súlyemelés *fn sp* weightlifting
súlyemelő *fn sp* weightlifter, *biz* lifter
súlyfelesleg *fn* overweight
súlyfürdő *fn* weight bath
súlygolyó *fn sp* shot
súlygyarapodás *fn* increase/gain in weight, weight gain
súlyhatár *fn* weight limit
sulykol *i* **1.** *konkr* beat* (with beetle/mallet), beetle **2.** *átv* *(vkbe vmt)* hammer/drum sg into sy (sy's head)
súlylökés *fn sp* putting the shot, shot-put, shot-putting
súlylökő *fn sp* shot-putter, thrower
súlymérték *fn* (measure of) weight; **~ek** weights
sulyok *fn* **elveti a sulykot** *[nagyokat mond, túloz]* exaggerate, tell* a tall story, lay* it on (a bit) thick, *biz* lay* it on with a trowel
súlyos *mn* **1.** *[tárgy stb.]* heavy, weighty; **~abb vmnél** outweigh sg, be* heavier than sg **2.** *[büntetés, felelősség, veszteség]* heavy, *[bűn]* heinous, *[helyzet, probléma]* grave, *[betegség]* serious, grave, *[érv, egyéniség]* considerable, weighty, *[hiba]* grave, grievous; **~ baleset** a serious/bad accident; **~ balesetet szenvedett** (s)he had a serious/bad accident; **~ beteg** a serious case; *[igével]* be* seriously ill; **~ betegség** serious/grave illness; **~ bűnök és vétségek** *US* high crimes and misdemeanors; *átv* **~ csapás** heavy/crushing blow; **~ eset** *[betegről]* a serious case; **~ fájdalom** severe pain; **~ hiba/tévedés** serious mistake, gross error; **~ testi sértés bűntette** aggravated/malicious assault; **ez ~ következményekkel jár** the consequences are grave; **~ műtét** major operation; **~ sérülés** severe injury; **sérülése ~, de nem életveszélyes/halálos** his injuries are serious/severe but not critical; **állapota ~, életveszélyes** his/her condition is critical; **állapota ~, de nem életveszélyes** his/her condition is serious/severe but not critical; **~an megsebesült** be* gravely/seriously wounded/hurt; **~an megsérült** be* seriously injured; **állapota ~ra fordult** [the patient's] condition has taken a turn for the worse
súlyosbít *i [betegséget, bűnt]* aggravate, *[helyzetet]* worsen, *[büntetést]* increase
súlyosbítás *fn* **a büntetés ~a** increase in the severity of a/the sentence; **az ügyész ~ért fellebbezett** the Public Prosecutor appealed against the leniency of the sentence (v. appealed for the imposition of a heavier sentence)
súlyosbító *mn* aggravating [circumstance]
súlyosbod|ik *i* worsen, grow* worse
súlyosság *fn [betegségé, bűné, hibáé, problémáé, oké]* gravity, seriousness, *[büntetésé]* severity, *[operációé]* seriousness
súlyozott *mn mat* weighted; **~ átlag** weighted average; **~ középérték** weighted mean
súlypont *fn* centre (*US* center) of gravity, *átv* focal point, focus, crux of the matter
súlytalan *mn* weightless
súlytalanság *fn* **~ (állapota)** (state of) weightlessness, zero gravity
súlytöbblet *fn* overweight, excess weight, *[reptéren]* excess baggage; **a ~ért ... Ft-ot fizettettek velem** (v. **kellett fizetni)** *[repülőtéren]* [the airline] charged me ... fts for excess baggage
súlyú *mn* weighing ..., ... in weight *ut*
súlyveszteség *fn* underweight, reduction in weight, weight loss
súlyzó *fn* dumb-bell, weight
súlyzógyakorlat *fn sp* weight exercise, dumb-bell exercise
súlyzózik *i sp* work out with dumb-bells, do* dumb-bell exercises
sumákol *i szl [lustálkodik]* mike, shirk
summa *fn* amount; **szép kis ~** a tidy sum
summáz *i* sum up, summarize
sunyi *mn* shifty, sneaky, foxy, sly
sunyít *i biz* lie* low
Suriname *földr* Surinam
suriname-i *mn/fn* Surinamese, *[személy]* Surinamer
súrlódás *fn* **1.** *[tárgyaké]* friction **2.** *[személyek között]* disagreement, conflict, difference of opinion, friction
súrlód|ik *i* rub, grate (*vmhez* against)
súrol *i* **1.** *[edényt]* scour, clean, *[padlót, bútort]* scrub; **tisztára ~ vmt** scrub/rub sg clean **2.** *[érint]* brush, graze/touch lightly
súrolókefe *fn* scrubbing-brush, *US* scrub-brush

S

súrolórongy *fn* floor-cloth
surran *i* scuttle, scurry, slide*, slip
surranó *fn biz [cipő]* sneakers *tsz*
surranópálya *fn sp [uszodában]* side lane
suskus *fn biz* hanky-panky, chicanery, wheeling and dealing, horse-trading; **ebben vm ~ van** it looks fishy
susog *i* **1.** → **suttog 2.** *[falevél]* whisper, rustle, *[szél]* breathe, sigh, sough
susogás *fn [falevélé]* rustle, *[szélé]* sigh(ing), soughing
suszter *fn* shoemaker, bootmaker, cobbler
suszterinas *fn* cobbler's apprentice
suta I. *mn [balkezes]* left-handed, *[ügyetlen]* awkward, clumsy, ungainly, *kif* be* all fingers and thumbs **II.** *fn áll* (roe) doe
sutba dob *kif* throw* away/out, discard, scrap
suttog *i* whisper, talk in undertones (v. under one's breath)
suttogás *fn* whisper(ing)
suttogó *mn* whispering; **~ propaganda** whispering campaign/propaganda
suttyó *fn táj* callow youth, yokel, *pej [otromba személy]* boor
suttyomban *hsz biz* on the sly, stealthily, by stealth
suviksz *fn* blacking
suvikszol *i* black [boots]
sügér *fn* perch
süket I. *mn* **1.** *(vk)* deaf; **~, mint az ágyú** (as) deaf as a post; **fél fülére ~** deaf in one ear; **teljesen ~** stone deaf; **panasza ~ fülekre talált** his complaint(s) fell on deaf ears **2. ~ a telefon** the phone/receiver is (v. has gone) dead **3.** *szl [ostoba]* stupid, silly, *US* dumb; **~ duma** empty words *tsz*, empty talk, claptrap, moonshine, waffle **II.** *fn* deaf person; **a ~ek** the deaf
süketítő *mn* deafening, ear-splitting
süketnéma I. *mn* deaf-and-dumb, deaf-mute; **~-ábécé/ jelbeszéd** sign language, deaf-and-dumb alphabet/language, *US* AMESLAN *[American Sign Language]* **II.** *fn* deaf-and-dumb person, deaf-mute
süketség *fn* deafness
sül *i* **1.** *[tésztaféle]* bake, ... is baking, *[zsírban]* fry, ... is frying, *[pecsenye]* roast, ... is roasting, brown, ... is browning **2.** *[vk napon barnára]* get* a tan, go* brown **3.** *[ruhában]* be* boiling (hot)
süldő I. *mn* **~ lány** teenage/adolescent girl, girl in her teens, teenager, *US* bobby soxer **II.** *fn [malac]* young/sucking pig/ piglet
sületlen *mn* **1.** *[tészta, kenyér]* half-baked, half-done, underbaked, *[hús]* underdone **2.** *pej [ostoba]* half-baked, silly, stupid, foolish; **~ tréfa** practical joke
sületlenség *fn átv* nonsense, twaddle, rubbish, *[megjegyzés]* silly thing to say, *biz* balderdash, tripe, rot
süllő *fn* zander, pike perch
sült I. *mn* **1.** *[tésztaféle]* baked, *[húsféle]* roast(ed), *[zsírban]* fried; **~ burgonya/krumpli** roast potatoes *tsz*; *[bő zsírban* v. *olajban]* fried/sauté potatoes *tsz*, *[hasábburgonya] GB* chips, *US* French fries, *[héjában]* baked potatoes *tsz*; **~ csirke** roast/fried chicken; **~ hús** roast meat; **~ marhahús** roast beef; **~ tészta** (baked) pastry, cake **2.** *biz* **~ bolond** (i) *mn* stark/staring mad (ii) *fn* nut(case), nutter, *US* screwball, *kif* be* from the funny farm **II.** *fn* roast, *[csontos]* joint; **~ek** *[étlapon]* roasts; **hideg ~** cold joint/roast; → **galamb**
sülve-főve *hsz* **~ együtt vannak** they are inseparable, they are as thick as thieves, they are hand in glove
süllyed *i* **1.** *ált* sink*, *[föld, épület]* sink*, subside, *[hajó]* be* sinking, *[barométer, hőmérő]* fall*; *rep* descend **2.** *[erkölcsileg]* sink*; **majd a föld alá ~t szégyenében** (s)he is covered in shame, (s)he wished the earth would open and swallow him/her up
süllyedés *fn* **1.** *ált átv* sinking, *[földé, épületé]* subsidence **2.** → **vérsejtsüllyedés**
süllyeszt *i* **1.** *ált* sink*, lower, *[hajót]* sink*, submerge **2.** *[csavart]* countersink*
süllyesztett *mn* **~ fejű csavar** countersunk screw
süllyeszthető *mn* sinkable
süllyesztő *fn szính* trap(-door); *átv* **eltűnt a ~ben** disappeared from the scene
sün(disznó) *fn* hedgehog
sündörög *i [ólálkodik]* lurk/skulk (about), *[vk/vm körül]* hang* around/about
süpped *i [talaj]* sink*, give* way, subside, yield
süppedő(s) *mn* sinking, subsiding, yielding, *[talaj]* boggy, marshy; **~ szőnyeg** soft/springy carpet, carpet with a thick pile; **~ homok** yielding sand
sürgés-forgás *fn* bustle, stir
sürget *i* **1.** *(vkt)* hurry/rush/push sy, *[vmt, pl. munkát, döntést]* hurry [the work], hurry [a decision] along, *[pénzét]* press sy [for one's money], *[kérelmét]* press sy [for an answer], *[útlevélkérelmet, vízumot stb.]* expedite; **erélyesen ~ vmt** press for sg **2. az idő ~** time presses; *[engem]* I'm pressed for time
sürgetés *fn* urging, pressing; **nem szeretem a ~t** I don't like to be pressed (v. *biz* hassled)
sürgető *mn* urgent, pressing
sürgölődés *fn* bustle, stir
sürgölőd|ik *i* be* bustling about, bustle, stir about, be* (always) on the go
sürgöny *fn* → **távirat**
sürgönycím *fn* telegraphic address
sürgönyöz *i* → **táviratoz**
sürgős *mn* urgent, pressing, *[levél]* urgent, special delivery; **~ beszélgetés** *[telefon]* urgent call; **igen ~ beszélgetés** very urgent call, top-priority call; **~ dolga van** have* some urgent things/business to attend to; **a dolog nem ~** there is no hurry/rush, take your time; **nincs ~ebb dolga, mint** have* nothing more pressing to do than to; **~ eset** *orv* an emergency (case); **~ esetben** in case of (v. in an) emergency; **~ intézkedést kér** call for urgent action; **~ munka** rush job; **~ távirat** special delivery telegram (*US* cable), wire; **~ ügy** urgent case, emergency
sürgősség *fn* urgency, pressure
sürgősségi *mn* of urgency *ut*; **~ indítvány** motion of urgency/priority; **~ alapon intéz el vmt** *[pl. lakáskiutalást]* deal* with sg as a matter of urgency, treat sg as a top-priority matter; **~ állapot** emergency, state of emergency; *orv* **~ eset** a case of emergency; **~ ellátás** emergency care; **~ orvoslás** (a case of) emergency treatment
sűrít *i* **1.** *[anyagában]* thicken, make* (more) compact, *[folyadékot]* concentrate, evaporate, condense **2.** *[gyakoribbá tesz, pl. autóbuszjáratot]* reduce the intervals between sg **3.** *[tömörít]* condense, boil down
sűrített *mn* **~ levegő** compressed air; **~ tej** condensed/ evaporated milk
sűrítmény *fn* concentrate
sürög-forog *i* → **sürgölődik**
sűrű I. *mn* **1.** thick, dense, *[tömör]* compact; **~ erdő** thick/ dense forest; **~ eső** heavy rain; **~ haj** thick hair; **~ köd** dense/thick fog; **~ lakosság** dense population; **~ a levegő** the atmosphere (v. it) is (very) close/heavy; **~ leves** broth, thick soup; **~ sorok** *[emberekből]* serried ranks; **~ sorokban** lined up shoulder to shoulder; **~ sorokban írt szöveg** close writing, closely-written pages *tsz*; **~ szövet** close-woven fabric **2.** *[gyakori]* frequent; **~ érverés** rapid pulse; **~ látogató** regular (visitor); **~ bocsánatkérések közepette** apologizing profusely **II.** *fn* (close) thicket, coppice; **az erdő ~jében** in the thick of the forest
sűrűfésű *fn* tooth-comb, fine-tooth comb
sűrűn *hsz* **1. ~ gépelt** closely-typed; **~ lakott terület** densely populated area; **~ szőtt szövet** tightly woven fabric **2.** *[gyakran]* frequently, often; **milyen ~?** how often?; **~ megesik, hogy** it often happens/occurs that; **~ találkoznak** they meet quite often
sűrűség *fn* **1.** *[állapot]* thickness, denseness, *fiz is* density, *[folyadéké]* viscosity **2.** *[bozót]* thicket, coppice
sűrűségmérő *fn* densimeter

S

sűrűsöd|ik *i* thicken, become* thick(er)
sűrűvérű *mn* full-blooded, hot-blooded, passionate
süt *i* **1.** *[kenyeret, tésztát, almát]* bake, *[kevés zsiradékban húst stb.]* roast, *[olajban, bő zsírban]* fry, *[roston]* grill, *US* broil, *[a szabadban]* barbecue; **lassú tűzön ~** simmer; **~ni való csirke** fryer v. frier, broiler; **~ni való hús** roasting meat, meat for roasting/frying; **~ni való hurka/kolbász** sausage (for grilling/frying); → **sütnivaló 2.** *[hajat]* curl, frizz **3.** *[éget]* burn*, scorch; **~ötte a talpát a forró homok** the hot sand scorched/burnt his heels **4.** *[égitest]* shine*; **~ a nap** the sun is shining/out, there is sunshine, it is sunny; **hasadra ~ a nap!** rise and shine!
sütemény *fn* **1.** *[édes]* cake, pastry, *US* cookie **2.** *[péké, nem édes]*, *[egy darab]* roll, *[több]* rolls *tsz*, *[péké, édes]* patisserie; **10 ~t kérek** *[nem édeset]* 10 rolls, please
sütés *fn [kenyéré, tésztáé, almáé]* baking, *[húsé kevés zsiradékkal]* roasting, *[bő zsírban, ill. olajban]* frying, *[roston]* grilling, *US* broiling
sütés-főzés *fn* cooking; **nagy ~** feverish activity in the kitchen
sütet *fn* batch, ovenful, (one) baking
süt-főz *i* do* a lot of cooking and baking, *[rendszeresen]* do* the cooking, *[nagy vendégségre készülődve]* spend* days cooking and baking
sütkérez|ik *i [napon]* bask in the sun(shine), sun oneself, sunbathe, lie* in the sun
sütnivaló *fn* **van ~ja** have* gumption/brains; **nincs (valami) sok ~ja** he doesn't seem to have much gumption → **süt 1**
sütő *fn [tűzhelyrész]* oven
sütöde *fn* bakery, bakehouse
sütőipar *fn* baking industry
sütőipari *mn* **~ dolgozó/munkás** bakery worker
sütőkemence *fn* oven
sütőlapát *fn* (baker's) peel, shovel
sütőmunkás *fn* bakery worker
sütőpor *fn* baking/yeast powder; **~ral kevert liszt** self-raising flour
sütőrostély *fn* → **rost(ély)**
sütőtök *fn* pumpkin, *US* squash
sütővas *fn* curling irons/tongs *tsz*, hair curler
süttet *i* **1.** *(vmt)* have* sg baked **2.** **~i magát a nappal** bask in the sun(shine)
süveg *fn* high (fur) cap/hat
süvegcukor *fn* sugar loaf
süvít *i [szél]* howl, roar, *[lövedék]* whizz, whistle past
süvölt *i* → **süvít**
süvölvény *fn biz* lad, youngster
sváb *mn/fn* **1.** Swabian **2.** *[Magyarországon]* (ethnic) German
svábbogár *fn* cockroach, *US főleg:* roach
sváda *fn biz kissé pej*; **jó ~ja van** have* the gift of the gab
Svájc *földr* Switzerland
svájci I. *mn* Swiss; **~ gyártmányú** Swiss, made in Switzerland *ut*; **~ bicska** *[többfunkciós]* Swiss Army (Officer's) knife; **~ óra** Swiss watch **II.** *fn* Swiss; **a ~ak** the Swiss *tsz*
svájcisapka *fn* beret
svéd I. *mn* Swedish; **~ ember** Swede; **~ nyelv** the Swedish language, Swedish **II.** *fn* **1.** *[ember]* Swede; **a ~ek** the Swedish/Swedes *tsz* **2.** → **~ nyelv**
svédacél *fn* Swedish steel
svédasztal *fn ált* buffet, *[ha ebéd:]* buffet lunch, *[ha vacsora:]* buffet supper
svédasztalos *mn* buffet; **~ reggeli/ebéd/vacsora** buffet breakfast/lunch/dinner
Svédország *földr* Sweden
svédországi *mn/fn* → **svéd**
svédtorna *fn* Swedish movements/gymnastics *tsz*
svédül *hsz* **~ beszél** speak* Swedish; **~ mond vmt** say* sg in Swedish; **~ van (írva)** be* (written) in Swedish
svenk *fn film* pan, panning
svihák *fn elav biz* fraud, humbug, crook
svindler *fn biz* swindler, confidence trickster, cheat, fraud, crook, con-man°
svindli *fn biz* swindle, fraud
svindliz *i biz* swindle, cheat, con
svung *fn biz [lendület]* momentum, swing, verve, drive, *biz* go, zip
sydneyi *fn/mn* Sydneyite; **a ~ Olimpiai Játékok** the Sydney Olympic Games

Sz

Sz, **sz** *fn [betű]* (the digraph) Sz, sz

sz. *röv* **1.** → **szám(ú) 2.** → **század 3.** → **született**

szab *i* **1.** *[ruhát]* cut* (out), tailor **2. vmhez ~ja magát** accommodate oneself to sg, comply with sg, conform to sg; **mintha rád ~ták volna** it fits you like a glove → **büntetés**, → **feltétel**, → **határ**

szabad I. *mn* **1.** *[jelzőként és kifejezésekben] ált* free, *[nyitott]* open, *[nem foglalt]* free, unoccupied, vacant, *[nem fogoly]* free, *[ország]* free, independent, sovereign; **~ akarat** free will; **~ árak** free/uncontrolled prices; **~ árképzés** free formation of prices; **~ átjárás** unimpeded passage, unrestricted access; **~dá teszi az utat** clear the way; **~ délelőtt** morning off; **~ délutánja van** have* the afternoon off; **~ ég alatt** in the open air; **~ elhatározásából** of one's own free will; **~ folyást enged a dolgoknak** let* things take their course, give* (free) rein to sg; **~ fordítás** free translation; **~ gondolkodású** free-thinking, liberal-minded; **~ idejében** in one's spare/free time, in one's leisure (hours); → **szabadidő**; **~ kereskedelem** free trade, (free and) unfettered commerce/trade; **~ kezdeményezés** free enterprise; **~ kezet ad vknek, ~ teret enged vknek** give*/allow sy a free hand, give* sy carte blanche; **~ kikötő** free port; **~ kilátás** clear/unobstructed view; **~ levegő** open air; **~ mozgás** freedom of movement; **~ mozgása van** be* free to go/move (wherever one likes); **~ ország** a free country; **~ piac** free market; → **szabadpiac**; **~ poggyászkeret** (free) baggage allowance; **~ sajtó** free press, freedom of the press; **~ szájú** free-spoken, *pej* foul-mouthed; **~ szakszervezet** free trade union; **~ szellemű** free-thinking, emancipated; **~ szemmel látható** visible to the naked eye *ut*, that can be seen with unaided eye *ut*; **~ szemmel nem/alig látható** indiscernible, one cannot see it with the naked eye; **~ szerelem** free love, promiscuity; **~ szombat** free Saturday, Saturday off; **~ választások** free elections; **~ vállalkozás** free enterprise; **~ vallásgyakorlás** freedom of worship/religion; **~ vers** free verse; **~ verseny** (free) competition **2.** *[mondatokban]* **~ ez a hely?** is this seat free/vacant?; **~ ez a kocsi/taxi?** are you free/engaged?; **~ ez az asztal?** is this table free?; **~ az út** the way/road is clear/open **3.** *[állítmányként: meg van engedve]* [sg is] permitted/allowed, [sy is] allowed to . . ., you/he etc. may [do sg]; **~?** *[kopogtatás helyett]* may I come in?; **~!** *[kopogtatásra feleletül]* (please/do) come in!; **~ kérem?** *[utat kérve]* excuse me please!, sorry (to trouble you); **~ a sót, kérem?** may I trouble you for the salt, please, could you pass me the salt, please?; **~ önhöz csatlakoznom?** May I join you?; **ha ~ azt mondanom** if I may say so; **~ volna kinyitni az ablakot?** do you mind if I open the window?, would/do you mind my opening the window?; **legyen ~ megemlítenem** allow me to mention, let me mention, let me remind you; **nem ~** must not; **nem ~ odamenned** you must not go there; **ezt nem ~ mondani** you must not say that/so; **nem ~ azt hinni, hogy** one/you must not think/believe that; **ezt nem lett volna ~ megtenned** you ought not to have done this, you should not have done this **II.** *fn* **menjünk ki a ~ba** let's go outdoors, let's go out into the open; **~ban** in the open air, outdoors, out of doors; **~ban történő** outdoor, open-air; **~jára enged/ereszt** (i) *konkr* give* [a horse] the reins, let* [a dog] loose, release (sy/sg), set* (sy/sg) free (ii) *átv* give* (free) rein to, give* sy his/her head; **~jára engedi/hagyja képzeletét** give* free rein to one's imagination; **~jára hagy vkt** give* sy a free hand; **~dá tesz** (i) (*vkt*) make* sy free (*vmtől* from), liberate/free sy (ii) *[ülést]* vacate [a/one's] seat, *[utat]* clear [the road] **III.** *i* **szabadjon** → **szabad I 3**

szabadalmas *fn* → **szabadalomtulajdonos**

szabadalmaz *i* patent

szabadalmazott *mn* patented, proprietary [article]; **~ eljárás** patented process

szabadalmaztat *i* take* out a patent for/on (sg) (v. to protect an invention), patent (sg), have* sg patented

szabadalmi *mn* patent; **~ díj** *[bejelentésnél]* (patent) filing fee; *[további díj]* patent fees/charges *tsz*; **~ hivatal** patent office; **~ jog** patent law(s); **~ leírás** patent specification

szabadalom *fn* patent; **~ által védve** protected by proprietary rights *ut*; **~ bejelentve** patent pending; **a ~ fennáll** the patent subsists; **a ~ hasznosítása** use/utilisation of a patent; **a ~ lejár** the patent lapses/expires; **szabadalmat szerez vmre** take* out (v. obtain) a patent for sg

szabadalomleírás *fn jog* patent specification

szabadalomsértés *fn jog* **~t követ el** infringe a patent

szabadalomtulajdonos *fn* patentee, patent-holder

szabadalomvédelem *fn jog* protection by patent

szabadáras *mn gazd* **~ termék** products at uncontrolled prices

szabadcsapat *fn* volunteer corps *tsz*, irregular troops *tsz*, irregulars *tsz*

szabaddobás *fn* free throw

szabadegyetem *fn* adult education, evening classes *tsz*, *kb.* university extension course; **a TIT József Attila Sz~e** József Attila Adult Education Centre

szabadegyházak *fn tsz* free churches

szabadelőadás *fn* talk

szabadelvű *mn tört is* liberal, *[nyitott]* broad-minded

szabadesés *fn fiz* free fall

szabadfogású *mn* **~ birkózás** freestyle wrestling, catch-as-catch-can

szabadgondolkodó *fn* free-thinker, *[önkényuralmi rendszerben]* dissident

szabadgyakorlatok *fn tsz* → **svédtorna**

szabadidő *fn [pihenőidő]* leisure, free/spare time → **szabad I**

szabadidőcipő *fn* trainers *tsz*, *US* sneakers *tsz*

szabadidőközpont *fn* leisure/recreation centre (*US* -er)

szabadidőruha *fn* leisure suit/wear, jogging suit/outfit, sweatshirt and (jogging) trousers *tsz*

szabadidősport *fn* leisure sport

szabadít *i* free, set* free, liberate

szabadjára *hsz* → **szabad II**

szabadjegy *fn* free pass/ticket, complimentary ticket

szabadkereskedelmi *mn gazd* **~ egyezmény** free-trade agreement; **~ övezet** free-trade zone/area

szabadkézi *mn* **~ rajz** free-hand drawing

szabadkozás *fn* excuses *tsz*, evasions *tsz*

szabadkoz|ik *i* demur, offer/make* excuses, *[vonakodik]* be* reluctant

szabadkőműves *fn* freemason, mason

szabadkőműves-páholy *fn* (masonic) lodge

szabadkőművesség *fn* freemasonry

szabadlábon *hsz* **~ van** be* at large/liberty, *kif* he is a free man°; **feltételes ~ van** be* out on ticket of leave, be* out on parole → **feltételes**

szabadlábra helyez *kif* set* free, release, free, set* sy at large

szabadlábra helyezés *fn* release, liberation; **óvadék ellenében való ~** release on bail, bailment → **óvadék**

szabadnap *fn* day off (*tsz* days off); **~ja van** → **szabadnapos**
szabadnapos *mn [igével]* have* a day off, be* off duty, *kif* it's his/her day off
szabadon *hsz* **1.** **~ hagy** *[ajtót, kijáratot stb.]* stand* clear (of); **kérjük ~ hagyni az ajtókat!** stand clear of the doors! **2.** *[nyíltan]* openly, frankly **3.** *[korlátozás nélkül]* without restriction/restraint, unimpeded; **~ ad elő** lecture (on sg) without (consulting one's) notes, speak*/lecture from memory; **~ fordul elő** *kém* occur in a not combined state; **~ lévő gyilkos** killer on the loose; **itt ~ beszélhet** you may speak your mind here, you may speak freely here; **~ bocsát/ereszt/enged** (*vkt*) *[fogva tartottat]* set* sy free, release sy, let* sy go, liberate sy; *[kutyát]* let* [a dog] loose; **~ járkál** move freely/unimpeded; **~ választható** *[tantárgy stb.]* optional [subject etc.], *US* elective; **~ választott gyakorlatok** voluntary/free exercises
szabadonfutó *mn/fn műsz* **~ kerék** free wheel; **~val legurul** *[lejtőn]* coast, free-wheel
szabados *mn [féktelen, kicsapongó]* licentious, loose, libertine, libidinous, *[beszéd, viselkedés]* indecent; **~ életmód** loose/fast life
szabadosság *fn* libertinism, licentiousness, *[beszédé, viselkedésé]* indecency
szabadpiac *fn gazd* free/open market, *[tőzsdén]* curb market
szabadpiaci *mn* **~ ár** free-market price; **~ árfolyam** free market quotation
szabadpolcos *mn* **~ könyvtár** open access (*US* open-shelf) library
szabadrúgás *fn* free kick; **közvetett ~** indirect free kick; **~t ítél** award a free kick; **elvégzi a ~t** take* the free kick
szabadság *fn* **1.** *[állapot]* liberty, *[kivívott]* freedom; **~ában áll** be* free to, it is open (for sy) to, be* at liberty to; **túl sok ~ot enged meg magának vkvel szemben** take* liberties with sy, make* free with sy; **kivívtuk ~unkat** we have gained our freedom/liberty; → **lelkiismereti** **2.** *[dolgozóé]* holiday, leave, *US* vacation, *kat* leave, furlough; **fizetett ~** holiday(s) with pay, paid holiday(s)/leave, *csak US* paid vacation; **fizetés nélküli ~** unpaid leave; **két hét (v. kétheti) ~** two weeks' holiday; **~on van** be* (away) on holiday/leave, be* on one's holidays, is having a holiday (at/in ...), *US* be* on vacation, vacation v. be* vacationing (at/in ...); **~ra megy** take* one's holiday(s), go* on holiday; **egyheti ~ot kér** ask for a week's holiday; **hova mész ~ra?** where are you going for your holiday(s)? (v. *US* for your vacation?) **3.** *jog* **feltételes ~ra bocsát vkt** place/put* sy on probation
szabadságharc *fn* war of independence, fight for freedom; **a(z 1848–49-i) sz~** the (1848-49) Hungarian War of Independence
szabadságharcos *fn* freedom-fighter
szabadsághős *fn* hero of a/the war of independence
szabadságjogok *fn tsz* human rights; → **emberi**
szabadságol *i* grant leave (of absence) to sy
szabadságszerető *mn* freedom-loving
szabadságvágy *fn* desire/yearing/wish for freedom
szabadságvesztés *fn jog* imprisonment; **hat hónapi ~re ítélték** he was sentenced to six months' imprisonment
szabadságvesztés-büntetés *fn jog* **bevonul ~ének megkezdésére** begin one's (prison) sentence
szabadsúly *fn* **1.** *rep* luggage free of charge **2.** *sp [korlátozás nélküli súlycsoport]* catchweight
szabadtéri *mn* open-air; **~ előadás** open-air performance/show; **~ színpad** open-air theatre (*US* -ter)
szabadul *i* **1.** *[börtönből]* be* set free, be* freed/released; *biz* **csak öt órakor ~ok** *[hivatalból]* I am not free until five/5 (o'clock), *GB biz* I don't knock off until five/5; **nem tudtam korábban ~ni** I couldn't get away earlier **2.** (*vktől/vmtől*) get* rid of, rid* oneself of, escape from; **képtelen ~ni a gondolattól** cannot* get away from the idea **3.** *[tanonc]* have* served one's apprenticeship
szabadulás *fn* **1.** *[börtönből]* release, discharge **2.** (*vktől*) escape, riddance
szabadúszó *fn átv biz* freelance, *főleg összet* freelance [writer, artist, journalist etc.], freelancer, *[igével]* work as a free lance (v. freelancer), freelance; **~ vagyok évek óta** I've freelanced for several years
szabály *fn* **1.** *ált jog* law, rule, *[rendelkezés]* order, ordinance; **~ szerint** as a rule **2.** *mat kém* formula (*tsz* formulas v. formulae), theorem; → **kivétel**
szabályellenes *mn* in contravention of (v. contrary to) the rules *ut*, irregular, abnormal; **~en** against the rules, contrary to the rules
szabályos *mn* **1.** *[alak, elrendezés]* regular, symmetrical **2.** *[állandó, egyenletes]* regular, well-regulated, steady; **~ érverés** normal/regular pulse; **~ időközökben** at regular intervals **3.** *[előírásos]* standard, normal, proper **4.** *biz* → **valóságos**
szabályosan *hsz* **1.** in accordance/conformity with the rules, properly, regularly, *[egyenletesen]* smoothly; **~ jár el** act properly, act in conformity with sg, *biz* go* by the book **2.** *[formálisan]* practically
szabályosság *fn* regularity, *[rendezettség]* orderlines
szabályoz *i* **1.** *[intézkedéssel]* regulate, bring* (sg) under regulation/control, control sg; **a 4. és 5. paragrafusban ~ott eljárási módok** methods provided in Articles 4 and 5 **2.** *[szerkezetet]* control, regulate, adjust, set*, *[órát]* regulate [watch] **3.** *[folyót]* control, regulate
szabályozás *fn* regulation, *[folyóé]* control
szabályozhatatlan *mn [mozgás]* uncontrollable
szabályozó I. *mn* **1.** *műsz* regulating, adjusting **2. gazdasági ~ rendszer** economic regulatory system **II.** *fn* **1.** *[szerkezet]* regulator, controller, adjuster **2.** *közg* regulator
szabályozóeszköz *fn gazd* regulatory means
szabályrendelet *fn* by(e)-law, statute, ordinance
szabálysértés *fn [kihágás]* contravention, petty/minor offence (*US* -se); **~t követ el** commit an offence (*US* -se) (against the law), infringe the regulations
szabályszerű *mn* regular, normal
szabálytalan *mn* irregular, abnormal; *[arc]* asymmetric(al); **~ érverés** irregular/arrhythmic pulse
szabálytalankod|ik *i sp* play foul, commit a foul
szabálytalanság *fn* **1.** *[tulajdonság]* irregularity, asymmetry **2.** *[kihágás]* offence (*US* -se) **3.** *sp* foul; **~ot vét** foul sy, commit a foul (against sy)
szabályzat *fn* regulation, regulations *tsz*, statutes *tsz*, rules *tsz*; **szervezeti ~** rules and regulations *tsz*, constitution
szabás *fn* **1.** *[kiszabás]* cutting, tailoring **2.** *[fazon]* cut; **jó ~a van** have* a good cut, be* well cut
szabásminta *fn* pattern (for a dress)
szabász *fn* (tailor's) cutter
szabászat *fn* **1.** *[foglalkozás]* cutting, tailoring **2.** *[műhely]* cutting shop/room
szabatos *mn* precise, exact, correct, accurate; **~ stílus** spare (prose) style
szabatosság *fn* precision, exactitude, correctness, accuracy, *[stílusé]* spareness
szabdal *i* slash, cut* up, cut into pieces, *[csíkokra]* slash into strips
szabi *fn biz* → **szabadság** 2
szablya *fn* sabre (*US* saber)
szabó *fn* tailor; **úri ~** (gentlemen's) tailor; **női ~** ladies' tailor, dressmaker; **elmegy a ~hoz** go* to the tailor's
szabóceruza *fn* cloth marker
szabód|ik *i* → **szabadkozik**
szabóizom *fn orv* sartorius
szabókréta *fn* French chalk
szabólegény *fn* journeyman tailor
szabómesterség *fn* tailoring, tailor's trade
szabóműhely *fn* tailor's (workshop)
szabóolló *fn* tailor's scissors *tsz*
szabóság *fn* **1.** *[mesterség]* tailoring, tailor's trade **2.** *[cég]* tailor's

Sz

szabotál *i* sabotage, *[munkát lassítással]* go* slow, ca'canny
szabotáló *fn* saboteur, obstructionist
szabotázs *fn* sabotage, *[lassítás]* go-slow, ca'canny
szabotőr *fn* saboteur
szabott *mn* **~ ár** fixed/set price
szabvány *fn* standard, norm
szabványellenes *mn* non-standard, irregular
szabványelőírás *fn* standard specification
szabvány(os) *mn* standard, normal; **~ méret** standard size; **~ méretű** standard size, of standard size *ut*, full-length
szabványosít *i* standardize, normalize
szabványosítás *fn* standardization
szabványügyi *mn gazd* **Sz~ Hivatal/Testület** Bureau of Standards; **Nemzetközi Sz~ Szervezet** International Organisation for Standardisation (*röv* **ISO**)
szacharin *fn* saccharin
szád *fn [nyílás]* mouth, aperture, *[barlangé]* entrance, *[hordón]* bung-hole
szadista *fn* sadist
szadizmus *fn* sadism
szaft *fn* **1.** *biz* juice **2.** *[húslé]* gravy
szaftos *mn* juicy, *átv biz* spicy [story]; **~ beszólás** vulgar/coarse/crude remark
szag *fn* smell, odour (*US* -or), *[illatszeré, virágé]* scent; **jó ~a van** smell* good, have* a pleasant smell; **rossz ~a van** smell* bad/foul, have* a bad/foul smell, reek; **~a van már** it stinks/reeks, *[húsnak]* it is high; **nincs ~a** be* odourless (*US* -or-), be* scent-free; **~ot fog** *[kutya stb.]* get* on the scent, pick up the scent
szagelszívó *fn [konyhai]* extractor fan, cooker hood
szaggat *i* **1.** *ált* (*vmt*) rip*, rend*, tear* sg (to pieces/bits) **2.** *[pogácsát]* cut* (out) **3.** **~ a fejem** my head is splitting
szaggatás *fn* **1.** *[tépés]* tear(ing), rending **2.** *[fájdalom]* shooting/stabbing pain
szaggató I. *mn* **~ fájdalom** racking/lancinating/shooting/stabbing pain **II.** *fn [pogácsát]* cake/biscuit cutter
szaggatott *mn* **1.** *[alvás, hang]* interrupted, broken **2.** **~ vonal** broken line
szaglál *i* scent, sniff, *[állat]* snuff
szaglás *fn [emberé]* (sense of) smell, *tud* olfaction, *[kutyáé]* scent, nose; **finom ~a van** *[embernek]* have* a keen sense of smell; *[kutyának]* have* a good nose, be* keen-scented
szaglász *i* **1.** *[kutya]* scent, smell*/nose out, sniff (out), snuff **2.** *átv* (*vk vhol*) nose (a)round, snoop around, *[vm után]* nose about (sg), nose for
szagl|ik *i* give* out smell, smell* of sg, *[büdös]* reek of sg, stink*
szaglóérzék *fn* (sense of) smell, *tud* olfaction, *[kutyáé]* scent, nose
szaglóközpont *fn orv* olfactory centre (*US* -er)
szaglószerv *fn* organ of smell, *tud* olfactory organ
szagol *i* **1.** *konkr* smell* **2.** *átv* guess, suspect; **honnan ~jam, hogy itt vagy?** how was I supposed to know you were here?; → **ibolya**
szagos *mn* fragrant, odorous, aromatic, *[hús]* high, tainted, *[kellemetlenül]* smelly, *[igével]* it smells; **~ szőlő** muscat grapes *tsz*; **~ víz** scented water
szagosít *i* scent, *[illatosít]* scent, perfume
szagtalan *mn* odourless (*US* -or-), unscented, *[gáz]* inodorous, odorless
szagtalanít *i* deodorize
szagtalanítószer *fn* deodorant, deodorizer
szagtalanság *fn* lack of odour, (*US* -or), scentlessness
szagú *mn [igével]* smell* (v. be* smelling) of sg, with a ... smell/scent *ut*; **jó ~** fragrant, pleasant/sweet-smelling; *[igével]* smell* good; **rossz ~** evil/foul smelling, reeking; *[igével]* smell* bad; **fokhagyma ~** ... reeks of garlic
száguld *i* tear* along, fly*, *[ló]* gallop, *[jármű]* hurtle/race/speed* along
száguldoz *i [jármű]* whiz(z)/hurtle past/by
Szahara *földr* Sahara
szaharai *mn/fn* Saharan
száj *fn* **1.** *[emberé]* mouth, *összet* oral; *közm* **ne szólj szám, nem fáj fejem** least said, soonest mended; **be nem áll a ~a** chatters like a magpie, talk nineteen to the dozen, never stops talking; **jár a ~a** his tongue is wagging; **fogd be a szád!** shut up!, keep your trap shut!, shut your mouth!, bag your face!; **~ába adja a szót** put* words into sy's mouth; **~ába rág** spoon-feed* sy, grind*/drum sg into sy (into sy's head); **~ba vesz** take* into one's mouth; **egymás ~ából szedik ki a szót** cut* into each other's words; **saját ~ából hallottam** I had it from his own mouth/lips, I got it (straight) from the horse's mouth; **ma is él a nép ~án** people still remember/repeat it, it is still talked about; **~on át** orally; **~on át történő/beadott** oral; **~on át történő lélegeztetés** mouth-to-mouth resuscitation, *biz* the kiss of life; **~on csókol** kiss sy on the mouth; **~ról olvas** lip-read*; **~ról olvasás** lip-reading; **~ról ~ra terjed/jár** it spreads from mouth to mouth, it gets round; **~ról ~ra** from mouth to mouth; **betömi a ~át** gag sy, *[elhallgattat]* shut* sy up, silence sy; **kinyitja a ~át** *[mer beszélni]* speak* one's mind, open up; **~át tátja** *[csodálkozástól]* gape, gawp, stand* gaping, stand* open-mouthed, drop one's jaw; **tele ~jal beszél** speak* with one's mouth full; → **kiszalad 2.** *[állaté]* mouth, muzzle; **kemény ~a van** *[lónak]* be* hard-mouthed **3.** *[barlangé]* opening, mouth **4.** *[edényé]* mouth, lip, *[palacké]* mouth; → **eljár**, → **íz**[1]
szájal *i* → **szájaskodik**
szájas *mn* insolent, mouthy, loudmouthed, *[enyhébben]* cheeky, *US így is:* fresh
szájaskod|ik *i* mouth, talk insolently, *[felesel]* answer/talk back
száj- és körömfájás *fn* foot-and-mouth disease
szájfény *fn* lip-gloss
szajha *fn durva* whore, prostitute, *US főleg:* tramp, hooker
szájhagyomány *fn* oral tradition, handed-down tradition
szájharmonika *fn* mouth-organ, harmonica
szájherpesz *fn orv* cold sore
szájhős *fn* braggart, swaggerer, boaster, loudmouth
szájhősköd|ik *i* brag, swagger, boast, talk big, shoot* the bull
szájíz *fn* aftertaste, taste (in the mouth); **~e szerint** to sy's taste/liking; **rossz/kellemetlen ~t hagy maga után** leave* a nasty taste in the mouth
szajkó *fn* **1.** *áll* jay **2.** *átv* parrot
szájkosár *fn* muzzle
szajkóz *i [ismétel]* parrot sg off, repeat like a parrot
szájmosó *mn* **~ pohár** tooth mug, tumbler
Szajna *földr* Seine
szájpadlás *fn* palate, roof of the mouth
szájpecek *fn* gag
szájpenész *fn* mouth ulcer, thrush
szajré *fn szl* swag, loot, hot stuff
szájrúzs *fn* lipstick
szájsebész *fn* dental surgeon
szájsebészet *fn* dental surgery
szájtáti *mn* gormless, gawping, open-mouthed
szájtátva *hsz* agape, open-mouthed, gawping
szájtépés *fn szl* hot air, spiel, gas
szájtépő *mn szl* loudmouthed
szájú *mn* -mouthed, -lipped, -tongued; → **mocskos**
szájüreg *fn* mouth/buccal cavity, cavity of the mouth
szájvíz *fn* mouthwash, gargle
szájzár *fn* lockjaw, trismus
szak *fn* **1.** *[időé]* period, age, era **2.** *[vmnek egy része]* section, part, division **3.** *[képesítés]* profession, branch, *[tanszak]* branch/field (of study), (special) subject, line, academic specialization; **~ot változtat** change one's subject/field (of study); **melyik/milyen ~on tanulsz?, melyik ~ra jársz?** what are your main subjects [at college/university]?, *US* what are you majoring in [at university]?, what's your major?; **magyar–angol ~ra jár** (v. **~ot**

hallgat v. **~on tanul)** be* a student of Hungarian and English (language and literature), read* Hungarian and English, *US* be* majoring in Hungarian and English
szakács *fn* cook, chef
szakácskönyv *fn* cookery book, *US* cook-book
szakácsművészet *fn* → **konyhaművészet**
szakácsnő *fn* (woman) cook/chef (*tsz* [women] cooks/chefs)
szakad *i* **1.** *[ruha]* tear*, get* torn, rip, *[kötél]* break* **2.** **~ az eső** it is pouring with rain, it is raining cats and dogs; **~ róla az izzadság** (v. **a veríték**) the sweat is pouring off him; **minden gond az ő nyakába ~t** he had all the cares of the world on his shoulders; **a ház a fejükre ~t** the house collapsed about their ears **3.** *[elszármazik vhová]* get* swhere; **külföldre ~t hazánkfia** a compatriot/Hungarian swept abroad by the tide of history; → **kötél**, → **part**, → **párt**, → **törik**
szakadár *fn vall* heretic, schismatic, *pol* dissident; **~ csoport** splinter group
szakadás *fn* **1.** *[ruhán]* tear, rent, hole, *[kötélé]* breaking **2.** *[gáté]* bursting **3.** *[egyházé]* schism, *[párté]* split, division
szakadatlan *mn* unceasing, ceaseless, endless, uninterrupted, never-ending
szakadatlanul *hsz* unceasingly, without interruption/stop, continuously
szakadék *fn* **1.** *konkr* precipice, abyss, chasm, *[sziklán keskeny]* cleft **2.** *átv* gap, gulf; **nagy a ~ köztük** they are poles apart
szakadó *mn* **~ eső** pouring/torrential rain, soaking downpour
szakadoz|ik *i* **1.** *[ruha]* be* in tatters, get* tattered, be* falling to bits **2.** **~nak a felhők** the clouds are breaking/thinning
szakadt *mn* torn, rent, *[elhanyagolt]* slovenly, *US* raunchy
szakajtó *fn nép kb.* bread/dough-basket
szakáll *fn* **1.** *[férfié]* beard, *[oldalszakáll]* whiskers *tsz*; **~t növeszt** grow* a beard; **saját ~ára** on one's own hook/account, off one's own bat **2.** *[állaté]* barb
szakállas *mn* **1.** *[ember]* bearded **2.** **~ vicc** stale joke, chestnut
szakasz *fn* **1.** *[útvonalé, pályáé]* section, *[rész]* part, *[folyóé]* reach; **a Duna felső ~a** the upper reaches of the Danube *tsz* **2.** *[tartalmi egység, könyvben stb.]* passage, paragraph, *[törvényben]* section, clause, article; **a szerződés 6. ~a értelmében** in accordance with clause 6 of the contract **3.** *[vk életében és a történelemben is]* period, *[folyamatban, történésben]* period, phase, stage; **új ~ába lép** enter a new phase **4.** *[vasúti kocsiban]* compartment **5.** *kat* platoon, section **6.** *mat [tizedes törté]* period, repetend **7.** *orv [betegségé]* stadium, period
szakaszátszálló-jegy *fn* section transfer ticket
szakaszjegy *fn* section ticket
szakaszos *mn* **1.** *ált* divided into sections/portions/paragraphs *ut*, periodic, *kém orv* fractional **2.** *mat* recurrent, periodical; **~ tizedes tört** recurring/repeating decimal
szakaszparancsnok *fn* platoon-commander
szakasszisztens *fn [pl. gyógyszertári]* trained assistant
szakasztott *mn* **~ olyan, mint** ... exactly the same as ...; **~ mása** *[vknek]* living image of sy, be* a carbon copy of [her sister etc.]; *[vmnek]* exact replica of sg; **~ az apja** *biz* the dead/very spit of his father
szakasztörés *fn infor* section break
szakaszvezető *fn kat kb.* lance sergeant, *US* sergeant first class
szakavatott *mn* expert, skilled, experienced
szakbarbár *fn* ‹ crank who can think of nothing but his/her subject › *kb.* have* tunnel vision, *[német]* Fachidiot
szakbizottság *fn* committee of experts, special/expert committee
szakbolt *fn* specialist shop
szakdolgozat *fn* dissertation, extended essay, thesis°
szakdolgozó *fn* **egészségügyi ~k** ancillary workers/staff
szakedző *fn sp* coach
szakellátás *fn [betegé]* medical care
szakember *fn* expert, specialist, *[műszaki]* technical expert, technician; **mezőgazdasági ~** an agricultural expert, an expert in agriculture
szakértelem *fn* expertise, special knowledge, competence, professional skill, *biz* know-how, *[szakmában]* craftsmanship
szakértő I. *mn* expert, competent **II.** *fn* expert (*vmben* on), authority (on sg), specialist (in); **~ként működik közre** act as an expert, advise (on sg), be* an adviser (*US* advisor) (to sy on sg); **jogi ~** legal expert/adviser/consultant; **közgazdász ~** economic(s) expert, economist; **a ~ szemével** with the eye of an expert; **~től kér tanácsot** consult an expert; **~vel megvizsgáltat** take*/get* expert opinion
szakértőcsoport *fn* expert advisory panel, professional team
szakértői *mn* expert, professional; **~ értekezlet/tanácskozás** meeting of experts; **~ jelentés** expert's report/statement; **~ vélemény** expertise, expert/professional opinion; **~ véleményt ad** give* an expert opinion (on sg), *csak US* expertize (on sg)
szakfelügyelet *fn* **1.** technical supervision **2.** *okt* school(s) inspectorate
szakfelügyelő *fn okt* (primary/secondary-)school inspector
szakfolyóirat *fn* specialist periodical/journal, technical journal, *[tudományos]* scientific journal/review, *[nem természettudományi* v. *műszaki]* scholarly journal, *[szakmai]* trade journal
szakfordítás *fn* technical translation
szakfordító *fn* technical/specialist/specialized translator
szaki *fn biz* **1.** *[szaktárs]* mate; **figyeljen ide ~kám!** listen here mate (*US* fella)! **2.** *kat* sarge
szakigazgatási *mn* **~ szerv** administrative department
szakipar *fn* (sub-)contractors *tsz*
szakipari *mn* **~ munkák** (sub-)contractors' works
szakiparos *fn* artisan, craftsperson
szakíró *fn* specialist
szakirodalom *fn* (specialized/specialist/technical) literature, *[jegyzéke]* bibliography
szakiskola *fn* technical/professional school, training college; **egészségügyi ~** school of nursing; **ipari ~** trade school
szakismeret *fn* expert/specialized/technical knowledge, expertise, *US* skill; **a ~ exportja** know-how export
szakít *i* **1.** *ált* (*vmt*) tear*, rend*, rip, split*, *[virágot]* pluck **2.** **időt ~ vmre** spare/find* time for sg **3.** (*vkvel*) break* with sy; **~ottunk** (i) *[jegyesek]* we broke off our engagement (ii) *[nem jegyesek]* we broke* up, we broke off relations **4.** *[súlyemelésben]* snatch
szakítás *fn* **1.** *[ruhán]* tear* **2.** *[súlyemelésben]* snatch **3.** *átv* break, breach, split
szakítópróba *fn műsz* tensile/tearing test
szakítószilárdság *fn* tensile strength
szakkatalógus *fn* subject catalogue (*US* -log)
szakképesítés *fn* qualification
szakképzés *fn* professional/technical/vocational training, *[üzemen belül]* in-company/in-service training
szakképzetlen *mn* unskilled, unqualified; **~ munkaerő** unskilled labour
szakképzett *mn* qualified, skilled, trained; **~ek hiánya** skill shortage; **~ munkaerő** skilled worker/workman°
szakképzettség *fn* skill, qualification; **~et igénylő munka** skilled job; **~et nem igénylő munka** unskilled job
szakkifejezés *fn* technical term/expression, term; **~ek** terminology, jargon
szakkönyv *fn* technical/specialist book, (specialized) textbook
szakkönyvtár *fn* technical/specialist/trade library; → **tudományos**

Sz

szakkör *fn* **1.** *okt* study group/circle **2.** **~ökben** → **szakmai körökben**
szakközépiskola *fn* specialized/vocational secondary school, *[konkrétabban]* technical school [for catering etc.]
szaklap *fn* → **szakfolyóirat**
szaklektor *fn* technical/special editor/consultant, consultant, specialist contributor
szaklexikon *fn* dictionary (of ...), encyclopedia (of ...); **orvosi ~** encyclopedia of medicine, medical encyclopedia
szakma *fn* trade, profession, line, *[pálya]* career; **a ~** *[üzleti]* the trade; *[értelmiségi]* the profession; **a ~ban marad** remain at his/her trade; **~ja van** have* a trade; **mi a ~ja?** what is his/her line/business?; **az ács~ban dolgozik, ~ja ács** he is in the carpentry trade, he's a carpenter by trade; **~jába vág** it is right up his/her alley; **a bank~ban dolgozik** (s)he is in banking; **nem vág a ~jába** that's not really (in) his line
szakmabeli I. *mn* trade; **~ tudás** craftsmanship, know-how **II.** *fn* colleague; **~ek** *[üzlet]* the trade; *[értelmiség]* profession
szakmai *mn* professional, trade; **~ ártalom** occupational hazard; **~ betegség** occupational disease; **~ dolgokról beszél** talk business/shop; **~ előmenetel** professional progress/advancement; **~ gyakorlat/jártasság** professional skill, expertise, practice (*US* -se); **~ gyakorlatot folytat** *[mielőtt véglegesítik]* be* on probation; **~ képzés** vocational/specialist training, training for various careers, professional training; *[munka mellett]* in-service training; **~ körökben** among experts, in professional circles; **~ megbeszélés** professional/technical discussion; **~ nyelv** → **szaknyelv**; **~ önéletrajz** curriculum vitae (*röv* cv), *US* résumé; **~ részletek** technicalities; **~ tanácsot kér** take* professional advice on sg, consult an expert; **~ tapasztalat** professional experience; **~ továbbképzés** → **továbbképzés**; **~ továbbképző (tanfolyam)** refresher (v. in-service) course/training; → **továbbképző tanfolyam; ~ tudással rendelkezik** have* specialized knowledge of sg, be* an expert on sg; **~ útmutató** *[telefonkönyvben]* classified directory, *GB* yellow pages; **~ vizsga** → **szakvizsga**; **szakzsargon** jargon
szakmánybér *fn* → **teljesítménybér**
szakmunka *fn* **1.** → **szakkönyv** **2.** *[szakmunkásé]* skilled work/job
szakmunkás *fn* skilled labourer/worker/workman°; **~ok** skilled workers, skilled labour (*US* -bor) *esz*
szakmunkásképző *mn* **~ intézet/iskola** industrial/trade school
szakmunkástanuló *fn* (industrial/trade) apprentice, trainee
szaknévsor *fn* → **szakmai útmutató**
szaknyelv *fn ált* technical/specialist language, *kissé pej* (technical/professional) jargon, *[konkrétabban]* technical terminology; **~en** in technical terms; **az orvosi ~ben** in medical terminology
szaknyelvi *mn* technical, terminological; **~ jelentés** specialized meaning; **~ szó** (technical) term
szakoktatás *fn* vocational/technical training/instruction
szakorvos *fn* specialist (in sg), *GB* consultant
szakorvosi *mn* **~ rendelés** specialist's consultation; **~ rendelőintézet** *kb.* specialist (outpatient) clinic
szakorvosképzés *fn* residency, specialised medical training
szakos *mn* **angol ~ hallgató** (be* a) student of English, *US* an English major, student majoring in English; **történelem ~ hallgató** *[igével]* (s)he is reading history [at Budapest University etc.], *US* be* majoring in history
szakosít *i* specialize, *[fölosztl]* departmentalize, *[profiloz]* streamline; **~ott** specialized
szakosítás *fn* specialization, departmentalization
szakosztály *fn sp* section; **lovas ~** equestrian section; **sportegyesület ~ai** sport club sections
szakrendelés *fn* → **szakorvosi rendelés**
szakrendelő *fn* → **szakorvosi rendelőintézet**
szakszerű *mn* expert, proper, thoroughgoing; **~en** expertly, properly, in the proper way, in a workmanlike manner
szakszerűség *fn* skill, competence, expertise
szakszerűtlen *mn* unworkmanlike, inefficient, inexpert, amateurish; **~ül** in an unworkmanlike manner, inexpertly
szakszervezet *fn* trade union, *US* labor union
szakszervezeti *mn* belonging to a/the trade union *ut*, trade-union(ist); **~ tag** trade-unionist, member of a trade union; **~ tagdíj** (trade) union due
szakszó *fn* (technical) term; **jogi ~** legal term
szakszótár *fn* specialist/technical dictionary
szakszöveg *fn* technical/specialized text
szaktanácsadás *fn* consultation; **~t nyújt** provide consultation
szaktanácsadó *fn* consultant
szaktanár *fn* teacher [of a particular/special subject], subject teacher
szaktanfolyam *fn* special/technical course/class
szaktárgy *fn* special subject, *US* major
szaktárs *fn* colleague, fellow-worker; → **szaki 1**
szaktekintély *fn* (be* a great v. an) authority (on sg), (be* a) big name in [chemistry/sociology etc.], be* an expert in sg
szakterület *fn* (special) field, specialization
szaktudás *fn* specialist/professional knowledge, expertise, skill, know-how
szaküzlet *fn* specialist shop, speciality (*US* specialty) shop
szakvélemény *fn* expert(')s) opinion, expertise, *jog* expert evidence; **szeretnénk ~t kérni** ... we would like an expert opinion (on ...) (v. to get the advice of an expert v. the experts)
szakvizsga *fn* special (higher) examination, *[orvosé]* (medical) speciality/*US* specialty exam(ination)
szakzsargon *fn* jargon
szál *fn* **1.** *[fonál]* thread, *[rost]* fibre (*US* fiber); **hosszanti ~** *[szövetben]* warp; **~anként** thread by thread, one/a thread at a time; *[haj]* a hair at a time; **a ~ak az ő kezében futnak össze** he pulls the strings; *átv* **elvarrja a ~akat** tie up a few loose ends; → **történet 2. egy ~ gyertya** a (single) candle; **két ~ kolbász** two (v. a pair of) sausages; **három ~ rózsát kérek** I'd like three roses, please; **~(j)a 200 forint** they are 200 forints a stem; **egy ~ deszka** a plank/board; **egy ~ ingben** with nothing but a shirt on him; **szép/derék ~ férfi** well-built man°, a fine figure of a man°, fine upstanding man°; **mind egy ~ig** to a man
szalad *i* run*; (*vm elől*) flee*/fly* from sg; **~ a szem a harisnyámon** I have a ladder (*US* run) in my stocking
szaladgál *i* run* around/about, *[vm után]* chase (after sg)
szaladgálás *fn* running to and fro, *[ügyben]* running around, chasing after sg; → **utánjárás**
szalag *fn* **1.** *[textil]* ribbon, band **2.** *[magnó, videó]* tape; **~on van** it's on tape; **~ra felvesz vmt** tape sg, record sg on tape, tape-record sg; **~ra mond** record on tape
szalagavató *fn okt [bál]* school leavers' ball
szalagcím *fn* banner headline, *US szl* screamer
szalagfűrész *fn* band-saw
szalagház *fn* ribbon development
szalagparketta *fn* wood strip floor
szalagsebesség *fn [magnó]* tape velocity/speed
szalámi *fn* salami
szalámitaktika *fn pol* salami tactics *tsz*
szálas *mn* **1.** *[szálszerű]* thread-like, thready **2.** *[ember, fa]* tall
szálastakarmány *fn* provender, rough fodder
szalaszt *i* (*vkért*) send* for sy (urgently)
szálegyenes *mn* as straight as a remrod
szálerdő *fn* seedling forest
szálfa *fn [élőfa]* (full-grown) tree, *[levágott]* (rough) timber, log
szalicil *fn* salicylate

Sz

szalicilsav *fn* salicylic acid

szálirány *fn* grain (line); **~ban** along the grain, in the direction of the grain

szálka *fn [fáé]* splinter, *[halé]* (fish-)bone, *növ* awn, beard; **~ akadt meg a torkán** a fish-bone (got) stuck in his throat; **~ nélküli** *[hal]* boneless; **~ ment az ujjába** he (has) got a splinter in his finger; **~ vk szemében** thorn in sy's flesh/side; *közm* **más szemében a ~t is meglátja, a magáéban a gerendát sem veszi észre** he sees the mote in his brother's eye but not the beam in his own

szálkás *mn* **1.** *[hal]* bony **2.** *[hús, zöldbab]* stringy, fibrous **3.** *[deszka]* rough-hewn, raw [board] **4.** *[izomzat]* well-defined

szálkereszt *fn [vadászfegyver optikájában]* cross hair

száll *i* **1.** *[gép, madár]* fly*, *[felhő]* drift; **földre ~** land (at); **fejébe ~t a bor** the wine has gone to his head; **fejébe ~t a dicsőség** success has gone to his head; **fejébe ~t a vér** the blood rushed to his head, his blood is up; **örökség ~ vkre** inheritance/heritage passes/goes to sy **2.** *[járműre]* take* [a bus/tram/train], *[beszáll vmlyen járműbe]* get* on/in(to) [a train/bus], get* on(to) [a plane/ship], go*/get* on board [a ship/plane, *US* train], board [a ship/plane/bus/train], get* in(to) [a taxi/car]; **hajóra ~** embark, go* on board [a ship], go* aboard [a ship]; **lóra ~** mount (v. get* on) a horse; **tengerre ~** put* (out) to sea; **vonatra ~t** he took a train (for) **3. lejjebb ~** *[süllyed]* fall*, sink*, go*/come* down **4.** *[fogadóba, szállodába]* put* up at, stay at [a hostel/hotel] **5. perbe ~ vkvel** take* issue with sy, contend with/against sy; **vitába ~ vkvel** get* involved in a dispute with sy → **fej**, → **ín**, → **part**

szállás *fn* **1.** *ált* accommodation, *[nem szálloda]* lodgings *tsz*; **~ és ellátás** board and lodging, *US* room and board; **~t ad vknek** provide sy with accommodation, provide lodging for sy, put* sy up; **~t biztosít** secure accommodation (for sy); **~t kap/talál** get*/find* lodging(s)/accommodation; **hol találok ~t?** where can I find accommodation/lodgings?; *[egy éjszakára]* where can I find lodging for the night?; → **éjjeli 2.** *kat* quarters *tsz*; **téli ~** winter quarters *tsz*

szállásadó *fn [nő]* landlady, *[férfi]* landlord, host

szálláscsináló *fn kat* billeting officer

szállásdíj *fn* charge for lodging(s)/accommodation, room/accommodation charge

szállásfoglalás *fn* booking (of room/accommodation), *[feliratként]* hotel bookings

szálláshely *fn* → **szállás 1**

szállásmester *fn kat* quartermaster, billet master

szálldogál *i* fly* about, flit

szállingóz|ik *i* **1. ~ik a hó** be* snowing softly, be* snowing a little **2.** *[csoport, szétszórtan]* straggle; **a vendégek ~nak** the guests are drifting in, the guests come in one by one **3. hírek ~nak** rumours (*US* -ors) circulate, rumours (*US* -ors) are going round

szállít *i* **1.** (*vmt vhová*) carry, transport, ship, forward, dispatch, *[házhoz]* deliver [to sy's door/house], bring* round; → **kórház 2. vmnek az árát lejjebb ~ja** cut*/lower the price of sg

szállítás *fn [szállítóeszközzel]* transport, *főleg: US* transportation, shipping, shipment, forwarding, *[házhoz]* delivery; **a ~ elmulasztása** non-delivery; **~ és üzembehelyezés** delivery and erection, delivery and installation; **~ előtt fizetendő** cash before delivery; **~ közben** in transit

szállítási *mn* **~ díj** → **~ költség**; **~ díjszabás** freight/carriage/delivery rate, freight/carriage charges *tsz*; **~ feltételek** terms/conditions of carriage/delivery; **~ határidő** delivery deadline, term of delivery; **~ költség** (cost of) carriage, cost of transportation, freightage, delivery costs *tsz*, shipping expenses, freight charges *tsz*; **~ szerződés** delivery contract, *[beszállítói]* supply contract; **~ tilalom** embargo; **~ utasítás** forwarding instructions *tsz*

szállítható *mn* **1.** *[mozgatható]* transportable, removable **2.** *[szállításra kész]* ready for delivery *ut*

szállítmány *fn* consignment, shipment, *[rakomány]* cargo, freight; **a ~ csak vízi úton továbbítható** all water (*röv* **AW**)

szállítmánybiztosítás *fn gazd* cargo/freight insurance

szállítmányirányítás *fn gazd* routing

szállítmányozás *fn* forwarding, shipping, *főleg: US* transportation

szállítmányozási *mn* **~ osztály** shipping department; **~ tisztviselő** shipping-clerk; **~ vállalat** → **szállítmányozó**

szállítmányozó *fn* shipping (and forwarding) agent, carrier, freighter, forwarder

szállító *fn* **1.** *ált* carrier; **hivatalos ~** official carrier; → **szállítmányozó 2.** → **szállítómunkás 3.** *[rendszeresen ellátó]* supplier, contractor, *[élelmiszert]* caterer **4.** *[exportőr]* exporter; → **udvari**

szállítócég *fn* → **szállítmányozó**

szállítóeszköz *fn* means of transportation *esz* v. *tsz*; **~ök** transportation facilities

szállítójegy *fn* delivery note

szállítólevél *fn* consignment note, waybill

szállítómunkás *fn* transport worker

szállítószalag *fn* conveyor belt

szállítóvállalat *fn* → **szállítmányozó**

szálló *fn [szálloda]* hotel, *[diákoké stb.]* hostel, *[panzió]* guesthouse

szálloda *fn* hotel; **~ban lakik** stay at a hotel; **~ tulajdonosa** (hotel) proprietor, hotelier

szállodai *mn* hotel(-); **~ alkalmazott** hotel employee/worker; **~ elhelyezés** hotel accomodation; **~ szoba** hotel room; **~ szobafoglalás** hotel booking; **~ szobautalvány** hotel voucher; **~ vendég** guest, customer

szállodaipar *fn* hotel and catering trade

szállodaköltség *fn* hotel expenses *tsz*

szállodalánc *fn* hotel chain, chain of hotels

szállodaporta *fn* reception (desk)

szállodaportás *fn [fogadó]* receptionist, *US* desk/reception clerk

szállodás *fn* hotelier, hotel-keeper

szállodatulajdonos *fn* owner/proprietor of a hotel, hotelier

szállodavezető *fn* (hotel) manager

szállóige *fn* (common) saying, adage

szállóvendég *fn* staying guest, *[egy éjszakára]* overnight guest; **~eink vannak** we have friends staying with us

szalma *fn* **1.** straw, *[tetőfedéshez]* thatch; **üres ~t csépel** blather/blether on, flog a dead horse; → **széna 2.** *biz* → **szalmaözvegy**

szalmabála *fn mezőg* bale of straw

szalmabálázó *fn mezőg [gép]* straw baler

szalmafedeles *mn* thatched

szalmafonat *fn* straw-plait(ing)

szalmakalap *fn* straw hat

szalmakazal *fn* rick (of straw), straw-stack

szalmaköteg *fn* bundle/truss of straw

szalmaláng *fn [lelkesedés]* short-lived passion/enthusiasm, a flash in the pan

szalmaözvegy *fn [nő]* grass widow, *[férfi]* grass widower

szalmasárga *mn* straw-yellow/colour(ed) (*US* -or-)

szalmaszál *fn* (stalk of) straw; **a ~ba is belekapaszkodik** clutch at straws (v. at a straw); **két ~at nem tesz keresztbe** (s)he doesn't do a stroke of work

szalmaszár *fn* culm

szalmaszék *fn* straw-bottomed chair

szalmavirág *fn* immortelle, everlasting (flower)

szalmazsák *fn* straw mattress, palliasse v. paillasse, pallet

szalmiák *fn* sal ammoniac, ammonium chloride

szalmiákszesz *fn* solution/liquid ammonia

szalmonellafertőzés *fn* salmonellosis, food poisoning [caused by salmonellae]

szalon *fn* **1.** *[lakásban]* drawing room, reception room **2.** *[különféle szolgáltatásokat nyújtó üzlethelyiség]* (...)

parlour (*US* parlor), salo(o)n; **kozmetikai ~** beauty salon/parlour (*US* -or) **3.** *[kiállítási]* exhibition room

szaloncukor *fn* (Christmas) fondant

szalongarnitúra *fn* drawing-room suite

szalonhős *fn* carpet-hero

szalonka *fn* snipe

szalonképes *mn [ember]* well-bred, presentable; **nem ~ vicc** blue (*US* off-color) joke

szalonkocsi *fn* saloon car/carriage, Pullman (car) (*tsz* Pullmans v. Pullman cars), *US* parlor car

szalonkommunista *fn* drawing-room communist, *US* parlor Red, pink(o)

szalonna *fn [angol]* bacon, *[húsos]* streaky bacon; **füstölt ~** smoked bacon; **nyers ~** raw/uncured bacon; *[csak sózott]* green bacon; **pirított/sült ~ tojással** bacon and eggs *tsz*; **~t pirít/süt** toast bacon; **kutyára bízza a ~t** set* the fox to keep the geese; → **kutya**

szalonnabőr *fn* bacon rind

szalonnás *mn* **1. ~ rántotta** bacon and scrambled eggs *tsz* **2.** *[keletlen kenyér]* doughy [bread]

szalonnasütés *fn kb.* barbecue

szalonnaszelet *fn [vékony, húsos]* rasher [of streaky bacon]

szalonnáz|ik *i* eat* bacon

szalontüdő *fn* **~ zsemlegombóccal** lung casserole with bread dumplings

szalonvicc *fn* cocktail-party joke/story

szalonzene *fn* palm-court music, salon music

szalonzenekar *fn* palm-court orchestra, salon orchestra

száloptika *fn* **1.** *orv* fibre (*US* -er) optics *[az eljárás: esz, az optikai üvegszálak: tsz]* **2.** *műsz* fibre (*US* -er) optics

szaltó *fn* somersault; **~t csinál** turn a somersault in mid-air

szalutál *i* salute

szalvéta *fn* (table) napkin, serviette

szalvétagyűrű *fn* napkin ring

szám *fn* **1.** *ált* (*röv* **sz.**) number, *[számjegy]* figure, numeral; **arab ~** Arabic numeral; **egész ~** whole number, integer; **kerek ~ban** in round figures; **a nagy ~ok törvénye** the law of great/large numbers; **páratlan ~** odd number; **páros ~** even number; **római ~** Roman numeral; **Balaton utca 12. ~ alatt** at No. 12 Balaton Street; **~mal jelöl** number; **~mal jelölt** numbered; **~ szerint** numerically; **~ szerint húszan** twenty in number; **kellő ~ban** in the requisite/required number; **nagy ~ban (jelentek meg stb.)** (came) in great numbers; **fiatalok is szép ~ban voltak jelen** there was a fair sprinkling of young people (present); → **hivatkozási**, → **leltári** **2.** *[nyelvtani]* **egyes ~** singular; **többes ~** plural **3.** *[méret]* size; **mi az ön ~a?** *[cipőben stb.]* what size do you take?; **8-as a ~om** I take a size 8 shoe; **két ~mal nagyobb** two sizes larger, two sizes too large; **egy ~mal kisebb** one size smaller, the next size down **4.** *[műsoré]* number, item, *[énekszám]* number, song, (hit) single, *[cirkuszban]* act, *[sportversenyen]* event; **sok jó ~ot elénekelt** she sang several fine numbers **5.** *[folyóiraté]* number, copy, *[napilapé]* issue; **egyes ~ ára** price per copy **6.** *[ragos kifejezésekben]* **se szeri, se ~a** be* countless/endless/innumerable, there is no end of ...; **se szeri, se ~a az értekezleteknek** it's just one meeting after another; **~ba jön** count, be* of account, have* to be considered; *[alkalmas, lehetséges]* be* eligible; **X jöhet leginkább ~ba a jelöltek közül** X is the most likely (candidate) to win; **~ba vesz** (i) *[tekintetbe vesz]* take* into account/consideration (ii) *[összeszámol]* take* stock of, calculate; **~ba veszi a költségeket** add up the expenses; **mindent ~ba véve** all things considered; **~on kér vmt** (i) *[magyarázatot kér]* demand an account/explanation of sg (ii) (*vktől*) *[felelősségre von érte]* call upon sy to account for sg, call/bring* sy to account, bring* sy to book for sg; **~on tart vmt** bear*/keep* sg in mind, keep* sg in evidence, keep* an eye on sg; **~ot ad vmről (vknek)** give* (sy) an account of sg; **~ot kell adnia** *[cselekedeteiért]* he will be called to account for [his actions]; **~ot vet vmvel** take* sg into account/consideration, reckon with sg

-szám *utótag* → **százszám**, → **tucatszám** stb.

számadás *fn* (rendering of) account; **~t vezet** keep* the accounts, do* the books; **~ lezárása** closing of accounts; **~om van veled!** I have a bone to pick with you!

számadási *mn* **~ kötelezettség** accountability

számadat *fn* figure, data *tsz*

szamár *fn* **1.** *áll* donkey, ass **2.** *átv* ass, fool, idiot, jackass, blockhead, *US így is:* dope, dummy; **ez a ~ kölyök** this ass of a boy; → **ló**

számára *hsz* for him/her; **vk ~** for sy; **számomra** for me; **kinek a ~ tették félre?** who was it put aside for?, for whom was it put aside?; **könyv az ifjúság ~** book for young people; **senki ~ nem vagyok itthon** I am not in (v. at home) for anybody

számarány *fn* (numerical) ratio, proportion, *[hányad]* quota

szamárfül *fn* **1.** *biz [könyvben]* dog-ear **2. ~et mutat vknek** cock a snook at sy

szamárhurut *fn* whooping cough

szamárkod|ik *i* do*/say* silly things, play the fool, make* a fool of oneself, clown around; **ne ~j!** don't be idiotic/stupid/silly!

szamárköhögés *fn* whooping cough

szamárlétra *fn biz* promotion ladder, *[egyetemen]* academic ladder; **előrejut a ~n** get* one's step up

szamárság *biz* **I.** *fn [tulajdonság]* stupidity, silliness, folly, *[tett]* a silly/stupid thing to do, folly, *[beszéd]* stupid talk, rubbish, nonsense, hogwash, bunkum; **~ot csinál** make* a fool (v. an ass) of oneself; **~okat beszél/mond** talk nonsense/rubbish, talk a load of twaddle **II.** *isz* nonsense!, rot!

számbavétel *fn* taking into consideration/account

szambáz|ik *i* **1.** *[táncol]* dance samba **2.** *szl [megy vhová]* *US* boogie (on down)

számbeli *mn* numerical; **~ fölényben van vkvel szemben** outnumber sy, be* superior to sy in number(s)

számelmélet *fn* number theory

számérték *fn* numerical value

számfejt *i* calculate, cost, *[könyvelést ellenőriz]* audit, verify an account

számfejtés *fn* **1.** *[eljárás]* calculation, costing, accounting, *[ellenőrizve]* audit, checking of accounts **2.** *[osztály, csoport]* accounts division/department, accounts

számít *i* **1.** (*vmt*) count, calculate, reckon, *[felszámít]* charge sy [a sum] (for sg); **forintban ~** charge in forints; **mennyit ~ érte?** how much is it?, how much do you charge for it?; **nem ~va** not counting, not including, exclusive of, let alone; **engem nem ~va** apart from me, not counting me; **rosszul ~** miscalculate, miscount; **...tól/től ~va** as from ..., (is) reckoned from ...; **...tól ~ják a kezdetét** the beginning of ... is reckoned from ... **2.** *[vkk közé vkt]* number/count/reckon sy among ...; **... közé ~ják** rank among/with ...; **barátai közé ~ja** regard sy as a friend, count/reckon sy among his/her friends **3.** *[fontos]* count, matter, be* of importance/consequence; **nem ~** it doesn't matter, no matter; **nem ~, mit mond** no (v. it doesn't) matter what he says, it makes no difference what he says; **mit ~?** (what) does it matter?, *biz* so what?; **mindenki, aki ~** everybody who is anybody **4.** (*vmre/vkre*) reckon/count/depend/rely on sg/sy, *[vár]* expect (that), *US így is:* calculate on sg; **~ok r(e)á** I am counting on him/her/it; **rám ne ~s!** don't count on me, count me out; **rám mindig ~hatsz** you can always rely/depend/count on me; **~ok reád** I'm counting on you; **nem ~ottam rá, hogy** I did not expect to; **~ a diszkréciómra** you can count/rely on my discretion; **~hatunk vitára** there is sure to be (a) discussion (afterwards); **mire ~asz?** what do* you reckon/expect?, what are* you counting on?; **többet kapott, mint amennyire ~ott** he got more than he expected (v. than he bargained for); **ne ~s arra, hogy az idén**

külföldre megyünk don't reckon/count (v. *US* figure) on our going abroad this summer; **arra ~va, hogy** in expectation/anticipation of **5.** (*vmnek*) count as, pass for, be* considered sg, rate as; **tanult embernek ~** he passes for a learned man; **ez öt pontnak ~** it scores (v. is worth) five points, it counts as five points

számítás *fn* **1.** *mat* counting, calculation, computation; **~ok** mathematics; **~a szerint** according to his calculations; **elhibázta a ~t** he has got the figure(s)/sum wrong; → **hozzávetőleges 2.** *[tervezés, kilátás]* estimate, calculation; **~ba jön** count, have* to be taken into account/consideration; **~ba vesz vmt** take* sg into account/consideration, consider, allow for sg; **~on kívül hagy vmt** leave* sg out of account/consideration; **megtalálja ~át** find* one's account, get* sg out of sg, make* a profit from (v. out of) sg; → **keresztülhúz 3.** *[ravasz]* scheme; **~ból cselekszik** act from selfish motives; → **becsúszik**

számítási *mn* **~ hiba** miscalculation, mistake in calculating (sg), error in calculation; **~ pontosság** accuracy (with figures)

számítástechnika *fn* **1.** *infor* computer science, computer/computational technology, (electronic) data processing **2.** *[a számítás módja]* computing technique

számítástechnikai *mn* of computer technique/technology *ut*

számító *mn [önző]* selfish, self-seeking, calculating

számítód|ik *i* (*vmtől*) be* reckoned/counted/calculated (from); **a kamat vmtől ~ik** interest accrues (v. is calculated) from

számítógép *fn* computer; **személyi ~** personal computer; **nagy ~** mainframe; **áttérünk a ~re** we go over to computers (v. the computer); **a könyvelés teljesen áttért a ~re** the accounts section has been completely computerized; **~re visz** feed* into the computer, put* into the computer; **~pel feldolgoz** process [data] by computer, computerize [data]; **a számlákat ~pel dolgozzák fel, a könyvelést ~pel végzik** the accounts are processed by computer; **~pel ellát** computerize, supply with computers, install computers [in an office etc.]; → **fedélzeti,** → **nagy számítógép**

számítógépbetyár *fn infor* hacker

számítógépértő *fn infor [tudja használni]* computer literate

számítógépes *mn infor* computational, computerized; **~ adatfeldolgozás** (electronic) data processing; **~ csalás** computer fraud; **~ grafika** computer graphics *tsz*; **~ hálózat** computer network; **~ kalóz** hacker; **~ modellezés** computer modelling (*US* -l-); **~ nyelvészet** computational linguistics *esz*; **~ program** software, computer program; *orv* **~ rétegvizsgáló** CT scanner; **~ segédlettel** computer-aided; **~ szerkesztés** desktop publishing

számítógépesít *i* computerize

számítógépesítés *fn* computerization

számítógépez|ik *i* use (v. play with) a computer

számítógépi *mn* **~ program** software, computer program

számítógépismeret *fn infor* computer literacy, computer skills *tsz*

számítógép-kezelő *fn* computer operator

számítógéplabor *fn infor* computer lab

számítógéppark *fn infor* computer stock

számítógépterem *fn infor* computer room

számítógép-tudomány *fn* computer science

számítógépvírus *fn infor* computer virus

számítóközpont *fn* data processing centre (*US* center), processing department, computer centre (*US* center)

szamizdat *fn pol* samizdat

számjegy *fn* figure, digit; **három ~ből álló szám** three-figure/-digit number; **nyolc ~ű** *[számológép]* eight digit [calculator]

számjegyes *mn* **~ óra** digital clock/watch

számkivetés *fn* banishment, exile; **~be megy** go* into exile

számkombinációs *mn* **~ lakat** combination padlock; **~ zár** combination lock

számla *fn* **1.** *gazd* invoice, bill, *[étteremben]* bill, *US* check, *[elszámolás]* accounts *tsz*, *[könyvelési]* account; **nagy ~t csinál** run* up a huge bill; **~t küld vknek** send* an invoice (v. a bill) to sy, bill/invoice sy (for sg); **~t kiállít** make* out a bill **2.** *[folyószámla]* current account, *US* checking account; **~m javára** to my credit; **~m terhére** to the debit of my account; **írja ezt az én ~mra** put* it down to my account, put* it on my bill; **vmt vknek ~jára ír** charge/place sg to sy's account, put* sg down to sy's account; *átv* blame sy for sg; **ezt az ő ~jára írom** *átv* that is his doing/fault; **~t nyit** *[vmely bankban]* open an account [with a bank]; **~t lezár** close/settle an account; **~t megterhel** charge an account, debit sy's account with; **~t vezet** keep an account → **esedékes,** → **fedezetlen**

számlabirtokos *fn gazd* account holder

számlaegyenleg *fn gazd* balance of (an) account

számlaérték *fn gazd* amount of (an) invoice

számlakivonat *fn* statement (of account)

számlakönyv *fn* account/invoice book

számlál *i* **1.** *[számol]* count, compute, number **2.** *[megszámlál, elősorol]* count, enumerate

számlálás *fn* counting

számlálatlan *mn* **1.** *[meg nem számolt]* not counted *ut*, uncounted **2.** *[igen sok]* countless, innumerable, numberless *utánuk: tsz*

számláló *fn* **1.** *mat* numerator **2.** *[készülék]* (-)counter

számlálóbiztos *fn* teller (of votes), census-taker

számlanyitás *fn gazd* opening of an account

számlap *fn* dial(-plate), face [of a clock etc.]

számlarend *fn* chart of accounts

számlatulajdonos *fn* account holder

számlatükör *fn gazd* chart of accounts

számláz *i* invoice, bill (sy for sg)

számmisztika *fn* numerology

számnév *fn* numeral

Szamoa *földr* Samoa

szamóca *fn* strawberry; **erdei ~** wood/wild strawberry

számol *i* **1.** *[számolást végez]* count; **100-ig tud ~ni** (s)he can count up to 100; **~ja a napokat, amikor ...** be* counting the days until/till ...; **jól tud ~ni** (s)he is good at sums/figures; **fejben ~** do* a sum in his/her head **2.** (*vmért*) render/give* an account of sg, account for sg; **~ tetteiért** give* an account of his deeds/conduct, accept responsibility for his deeds/conduct; **~ni valója van vkvel** have* an account to settle with sy; *kif* have* a bone to pick with sy; **(ezért) még ~unk!** we'll see about that! **3.** (*vmvel/vkvel*) reckon with sg/sy, take* sg/sy into account/consideration, *US* calculate/figure on sg; **ezzel ~ni kell** one has to reckon with that, it can't be left out of account; **olyan ember, akivel ~ni kell** he is a man° to be reckoned with; **~ a tényekkel** face the facts; **~t azzal, hogy** he was aware of the fact that

számolás *fn* **1.** *okt elav* arithmetic **2.** *[művelet]* counting, calculation, reckoning

számolási *mn* **~ hiba** miscalculation, mistake in reckoning

számoló *mn* **jó ~** *[igével]* be* good at sums/figures; **rossz ~** he is bad at sums

számolócédula *fn* slip [of paper, to make out a bill in restaurant], bill

számológép *fn* **1.** *[mechanikus]* calculating machine, calculator **2.** *[elektronikus zseb~]* calculator

számonkérés *fn* **1.** *ált* calling sy to account; **~ napja** day of reckoning **2.** *okt* recitation, questioning, examining [pupils in sg]

számonkérhetőség *fn* accountability

számontartás *fn* record, keeping in evidence

számos *mn* numerous, many, numbersome *utánuk: tsz*; **~ esetben** in many cases, in a number of cases

számosan *hsz* **~ látták** many have seen it; **~ megjelentek a gyűlésen** a good many people attended the meeting, there was a good turn-out at the meeting

számoszlop *fn* column of figures

számottevő *mn* considerable, notable

szamovár *fn* samovar, tea urn

számoz *i* number, mark with a number, *[lapokat sorba]* paginate

számozás *fn* numbering, *[lapoké]* pagination

számozatlan *mn* unnumbered, not numbered *ut*

számozott *mn* numbered; **~ példány** numbered copy

számrendszer *fn* numerical/number system; **tízes ~** decimal system; **kettes ~** binary notation/system; **kettes ~beli szám** binary digit

számsor *fn [vízszintes]* sequence/series of numbers, *[függőleges]* column of figures

számszeríj *fn tört* crossbow

számszerű *mn* numerical; **~ adatok** numerical data; **~ eltérés** discrepancy; **~ meghatározás** quantification

számtalan *mn* innumerable, countless, numberless *utánuk: tsz*; **~ esetben** in innumerable/countless cases/ instances

számtalanszor *hsz* very often, ever so many times, any number of times, dozens (and dozens) of times, over and over again

számtan *fn* **1.** *[aritmetika]* arithmetic **2.** → **matematika**

számtanfeladat *fn* (maths) problem, *US* (math) problem

számtanfüzet *fn biz* maths (exercise) book

számtani *mn* arithmetic(al); **~ haladvány/sor** arithmetic progression; **~ közép** arithmetic mean; **~ levezetés** arithmetical derivation; **~ művelet** arithmetical/mathematical operation; **~ tétel** theorem

számtankönyv *fn* textbook of arithmetics, *biz* maths (text)book

számtanóra *fn [matematika]* mathematics class/lesson, *biz* maths class, maths *esz* v. *tsz*, *US* math (class)

számtanpélda *fn* (arithmetical) problem, sum, *[matematikai]* (mathematical/maths v. *US* math) problem; **~t megold** do* a sum

számtantanár *fn [matematika]* mathematics teacher, *biz* maths teacher, *US* math teacher

számtartó *fn elav* bailiff/steward of estate

számú *mn* (*röv* **sz.**); **a tízes ~ ház** house number ten (v. No. 10); **milyen ~ cipőt adjak?** what size do you take?, what is your size?; **kilences ~t viselek** I take a nine (v. a size 9 shoes etc.)

számum *fn* simoom, simoon, sandstorm

szamuráj *fn tört* samurai

száműz *i* exile, banish, send* sy into exile

száműz(et)és *fn* exile, banishment, relegation; **(önkéntes) száműzetésbe megy** go* into (voluntary) exile; **~be kényszerít** (*vkt*) force sy into exile

száműzött I. *mn* banished, exiled **II.** *fn* exile, outcast

számvetés *fn [összegezés]* reckoning

számvevő *fn elav* accountant, controller, comptroller, auditor

számvevőség *fn elav* audit office

számvevőszék *fn* audit office

számvitel *fn* (public) accountancy, accounting

számviteli *mn* **Kereskedelmi és Sz~ Főiskola** College of Commerce and Public Accountancy

számvizsgáló I. *fn* auditor **II.** *mn* **~ bizottság** audit(ing) commission

számzár *fn* combination lock

szán[1] *i* **1.** *[sajnál]* pity, have* pity/compassion (on sy/for sg), be*/feel* sorry for, feel* for, commiserate (with sy/for/ over sg) **2.** (*vknek*) intend/mean* sg for sy/sg; **neked ~tam** I intended/meant it for you **3.** *[vmre összeget]* set* aside, earmark [a sum] for; **időt ~ vmre** find* time to do sg (for sg); **ezt a napot arra ~om** I am devoting this day to **4. fiát orvosnak ~ta** he wanted his son to be/become a doctor

szán[2] *fn* sledge, *US* sled, *[főleg lovas]* sleigh; **~on utazik** ride* in a sleigh, (travel by) sledge

szánakozás *fn* compassion, pity, commiseration

szánakoz|ik *i* (*vkn*) pity sy, feel* pity for sy

szánakozó *mn* compassionate, pitiful

szanál *i* **1.** *[pénzügyeket]* reorganize [the finances] **2.** *[városrészt stb. lebont]* pull down, raze

szánalmas *mn* **1.** → **szánalomra méltó 2.** *pej* miserable, pitiful, sorry, poor, pathetic; **mennyire ~!** how miserable/pathetic!; **~ alak** a sorry figure, a poor devil

szánalom *fn* pity, compassion, commiseration; **~ra méltó** pitiable, piteous, deplorable, lamentable; **szánalmat ébreszt vkben** move sy to pity

szánalomkeltő *mn* → **szánalomra méltó**

szanaszét *hsz* all over the place, far and wide, scattered about/around; **~ hagy vmt** leave* sg lying about; **minden ~ hever** everything is left lying about

szanatórium *fn* sanatorium (*tsz* sanatoriums v. -toria), *US* sanitarium (*tsz* sanitariums v. -taria), convalescent home/ hospital, *[kisebb, magán~]* nursing home, private asylum

szandál *fn* sandal

szándék *fn* **1.** *ált* intention, purpose, purport, design, *[terv]* plan, scheme; **az a ~om, hogy** I intend/mean to; **~a vmt megtenni, ~ban áll/van vmt megtenni** have* the intention of doing sg, he intends/means*/plans to do sg; **nem volt ~omban megsérteni** I meant no offence, no offence meant; *közm* **a pokol országútja (v. a pokolba vezető út) jó ~kal van kikövezve** the road to hell is paved with good intentions **2.** *jog* intent; **előre megfontolt ~kal** *[elkövetett]* with malice aforethought, premeditated; → **emberölés**

szándéknyilatkozat *fn [írásos]* letter of intent (*röv* **LOI**), statement of intention; **~ot ad** make* a statement

szándékol *i* → **szándékozik**

szándékos *mn* intentional, wilful (*US* willful), deliberate, intended; **~ károkozás** wilful (*US* willful) malicious injury; **~ emberölés** → **emberölés**; **~ félrevezetés** deliberate misguidance; **nem ~** unintentional

szándékosan *hsz* intentionally, wilfully (*US* willfully), deliberately, purposely, on purpose; **nem ~ csinálta** he didn't mean it, he didn't do it on purpose (v. intentionally); **~ tesz vmt** do sg with intent (v. deliberately); **~ gyújtották meg** the fire was deliberately set

szándékosság *fn* intention, deliberateness, wilfulness (*US* willfulness), aforethought

szándékoz|ik *i* intend/plan/mean* to do sg, propose to do sg (doing sg), think* of doing sg, contemplate doing sg, have* the intention of ...ing; **meddig ~ol maradni?** how long are you planning to stay?; **mit ~ik csinálni?** what do you propose to do?, what do you intend to do?

szándékú *mn* → **jó**, → **rossz**

szangvinikus *mn* quick-tempered

szánhúzó *mn* **~ kutya** sledge dog, husky

szaniter *mn* sanitary

szaniteráru *fn* sanitary ware

szánkáz|ik *i* → **szánkózik**

szankció *fn [büntető~]* punitive sanction; **~kat alkalmaz vk ellen** impose sanctions on/against sy, apply sanctions (against sy), penalize sy; **~kat eltöröl** lift sanctions

szankcionál *i* impose/apply sanctions (against sg)

szánkó *fn* sledge, *US* sled; *[lovas]* sleigh; *sp [tobogán]* toboggan

szánkózás *fn* sledging, *US* sledding; *[lovas szánon]* sleigh-ride, *sp [tobogánnal]* tobogganing

szánkóz|ik *i* sledge, go* sledging, *US* go* sledding

szanszkrit I. *mn* Sanskrit, Sanskritic **II.** *fn [nyelv]* Sanskrit

szánt[1] *i* plough (*US* plow)

szánt[2] *mn* (*vknek vmre*) destined/intended for *ut*; **az erre ~ összeg** the sum allotted for this purpose

szántalp *fn* runner

szántás *fn* **1.** *[munka]* ploughing (*US* plowing) **2.** *[föld]* ploughed/plowed land, tilling
szántatlan *mn* unploughed (*US* -plowed), uncultivated
szántóföld *fn* plough-land (*US* plow-), arable land, *US* fieldland
szántóvető *fn* ploughman° (*US* plow-), farmer
szántszándékkal *hsz* → **szándékosan**
szapora *mn* **1.** *[jól szaporodó]* prolific, fruitful, fecund; ~ **család** large family **2.** *[gyors]* quick, rapid, hurried, hasty; ~ **érverés** quick/rapid pulse; ~ **légzés** short breath(ing); ~ **léptek** short quick steps **3.** *biz [hasmenés]* **rájön a** ~ be* caught/taken short
szaporán *hsz* quickly, rapidly, hurriedly; **csak ~!** hurry up!
szaporátlan *mn* ~ **munka** painstaking work with little to show for it
szaporáz *i [lépteket]* quicken [one's steps/walk]
szaporít *i* **1.** *[növel]* increase, augment, multiply **2. hogy ne ~suk tovább a szót** to cut a long story short . . . **3.** *növ áll* propagate **4.** *[kötésen a kézimunkázó]* cast* on
szaporítás *fn* **1.** *[növelés]* increase (of), augmentation, multiplication **2.** *áll növ* propagation; → **ivartalan**
szaporodás *fn* **1.** *[élőlényé, növényé]* reproduction, multiplication, propagation, breeding; → **ivartalan 2.** *[mennyiségi]* increase
szaporod|ik *i* **1.** *[élőlény, növény]* propagate, be* propagated, multiply (by reproduction) **2.** *[mennyiség]* increase, grow*, swell*
szaporulat *fn* **1.** *[népességé]* increase, growth **2.** *[állat ivadéka]* progeny
szappan *fn* soap; **egy darab** ~ a bar/cake of soap
szappanbuborék *fn* soap-bubble
szappangyár *fn* soap-works *esz* v. *tsz*
szappanhab *fn [borotvaszappané]* lather, *[egyéb]* (soap)-suds *tsz*
szappanopera *fn* soap opera
szappanos *mn* **1.** soapy, *[szappanszerű]* saponaceous; ~ **víz** soapy water **2.** ~ **kenyér** doughy bread
szappanoz *i* soap, *[borotválkozáshoz]* lather
szappanpehely *fn* soap-flakes *tsz*
szappantartó *fn* soap-holder/dish/tray
szapul *i átv* badmouth sy, run* sy down
szar *fn durva* shit, *átv* crap; ~ **alak** dipshit, stinker; ~ **érzés** feel* like shit; ~ **érzés volt** it felt like shit; ~ **ügy** *[együttérezve]* tough shit!, *[együttérzés nélkül, igével]* shit happens
szár *fn* **1.** *növ* stem, stalk **2.** *[csizmáé, harisnyáé, nadrágé]* leg, *[pipáé]* stem, *[szemüvegé]* arm **3.** *[kantárszár]* reins *tsz*
szárad *i* dry (up), become* dry; **az ő lelkén** ~ he will have it on his conscience
száradás *fn* drying (up), becoming dry
száraz I. *mn* **1.** *[nem nedves]* dry, *[éghajlatilag]* arid, dry; ~ **ág** dead bough; ~ **helyen tartandó** to be kept dry; ~ **kenyér** dry bread; ~ **köhögés** dry/hacking cough; ~ **lábbal** without getting wet **2.** *átv* dry, matter-of-fact, dull, prosaic, flat, uninteresting **II.** *fn* **~on és vízen** by land and sea; **úgy érzi magát, mint a ~ra vetett hal** he feels like a fish out of water
szárazdajka *fn* dry nurse
szárazdokk *fn* dry dock
szárazedzés *fn sp* land drill
szárazelem *fn* dry battery/cell
szárazföld *fn* mainland, continent; **~ön át** over land; **~ön és tengeren** by land and sea; **~re lép** go* ashore, land, set* foot on shore
szárazföldi *mn* continental, land- *[nem légi* v. *tengeri]* overland; ~ **akna** landmine; ~ **éghajlat** continental climate; ~ **haderő** land army, land forces *tsz*; ~ **hadviselés** land warfare; ~ **szállítás** (over)land transport
szárazgőz *fn* dry vapour (*US* -or), dry steam
szárazjég *fn* dry ice
szárazkolbász *fn* dry sausage
szárazon *hsz* **1.** *[szárazföldön]* overland; ~ **és vízen** by land and sea **2.** *[nem nedvesen]* ~ **tart vmt** keep* sg dry; ~ **tisztít** dry-clean, apply dry-cleaning **3. ezt nem viszed el** (v. **nem úszod meg**) ~ you won't get away with it this time
szárazság *fn* **1.** *[száraz volta vmnek]* dryness, aridity **2.** *[aszály]* drought; *növ* **tűri a ~ot** be* xerophilous/xeric
szárazságkedvelő *mn növ* xerophilous; ~ **növény** xerophite
szárazságtűrés *fn* drought resistance
száraztakarmány *fn* dry fodder, stover
száraztészta *fn* dry/dried pasta
száraztisztítás *fn* dry-cleaning
szárcsa *fn* (common) coot
szardella *fn* anchovy, anchovies *tsz*
szardellagyűrű *fn* anchovy rings *tsz*
szardellapaszta *fn* anchovy paste
szardínia *fn* sardine; **két doboz** ~ two tins of sardines
Szardínia *földr* Sardinia
szarházi *mn durva* bastard, swine, turd, shit, *US* son of a bitch
szar|ik *i durva* shit*; *tabu* **(nagy ívben) ~ok rá!** I don't give a (flying) fuck!
szárít *i* dry, make* dry, *[mocsarat]* drain [marsh], *[dehidratál]* dehydrate
szárítás *fn* drying, *[mocsáré]* draining, *[dehidrálás]* dehydration
szárítkoz|ik *i* dry oneself
szárító *fn* **1.** *[alkalmatosság]* airer, clothes horse **2.** *[helyiség]* drying room, *[kisebb, szekrényszerű]* airing cupboard
szárítógép *fn [háztartási]* tumble-dryer, tumbler-dryer
szárított *mn* dried, *[dehidratált]* dehydrated; ~ **bolha** *[haleledel]* dry-fly; ~ **gyümölcs** dried fruit; ~ **főzelék** dehydrated vegetables
szarka *fn* magpie; *közm* **sokat akar a ~, de nem bírja a farka** he would if he could but he can't, (s)he has bitten off more than (s)he can chew
szarkaláb *fn* **1.** *növ* common larkspur **2.** *biz [ránc]* crow's-foot°, *[gyakrabban]* crow's feet°
szárkapocscsont *fn* fibula (*tsz* -lae v. -las)
szarkasztikus *mn* sarcastic
szarkavarás *fn durva* stirring up (the) shit
szarkazmus *fn* sarcasm
szarkofág *fn* sarcophagus (*tsz* -phagi); *fiz* **beton** ~ concrete encasement
szarkóma *fn* sarcoma
származás *fn* **1.** *[személyé]* descent, origin, lineage, birth, (social) background; **~ára nézve kanadai** *[ott született]* (s)he is Canadian by birth; *[kanadai szülőktől származik]* (s)he is of Canadian descent; **~ukat a XVIII. századra vezetik vissza** they can trace their lineage directly back to the 18th century **2.** *[dologé, fogalomé]* origin, derivation; **a ~ megjelölése** *[árun]* designation of origin **3.** *nyelv [szóé]* derivation, etymology
származási *mn* ~ **bizonyítvány** certificate of origin; ~ **hely** place of origin, provenance; ~ **ország** country of origin
származásjelölés *fn gazd* marking of origin
származástan *fn* genealogy
származású *mn* of . . . birth/descent *ut*; → **alacsony**, → **előkelő**; **lengyel** ~ (sy) of Polish birth/descent/ extraction, sy is Polish by birth
származék *fn kém nyelv* derivative
származékszó *fn* derivative, formational word, derived word/form, derivation
származ|ik *i* **1.** *[személy vhonnan]* come* from/of [a . . . family], come* from [a country etc.]; **munkáscsaládból ~ik** he comes from/of a working-class family; **Romániából ~ik** he comes from Rumania; **házasságukból két gyermek ~ott** they had two children **2.** (*vm vmből/vmtől*) derive/spring*/come*/originate from sg, *[vm vmt okoz/eredményez]* sg gives rise to sg, sg leads to sg; **ebből sok**

Sz

baj ~ott this gave rise to a lot of problems, this led to a lot of trouble; **ez a szó az angolból ~ik** this word comes (v. is derived) from English, this word is of English origin; **honnan ~nak ezek a nehézségek?** what is causing these difficulties?; → **előny 3.** *[időbelileg]* date from, date back to; **a vár a XIV. századból ~ik** the castle dates back to the 14th century; → **származó**

származó *mn* descending from, originating in/from, coming of/from *[mindegyik: ut.]*; **az ebből ~ bajok** the ensuing/resultant troubles/difficulties, the troubles/difficulties arising from (v. out of) this; **a házasságból ~ gyermekek** the children born of the marriage; → **megbízható**

származtat *i* (*vmt vmből/vhonnan*) derive sg from sg, trace sg back to sg

szárny *fn* **1.** *[madáré, repülőgépé]* wing; **vkt ~a alá vesz** take* sy under one's wing; **~ra kap** take* wing, *[hír]* [the news] spread like wildfire; **~ait próbálgatja** try one's wings (at sg); **~akat ad vknek** lend* wings to sy; **vknek ~át szegi** clip sy's wings **2.** *[ajtóé, ablaké]* leaf° **3.** *[épületé]* (side-)wing, annexe (*főleg: US* annex) **4.** *[hadseregé]* wing, flank **5.** *pol* wing

szárnyal *i* soar, be* on the wing, take* flight, fly*

szárnyalás *fn* soar(ing), *[képzeleté]* flight [of fancy]

szárnyaló *mn* soaring; **~ képzelet** flight of fancy/imagination; **~ madár** a bird on the wing

szárnyas I. *mn* **1.** *[szárnnyal ellátott]* winged; **~ vad** game bird, wildfowl (*tsz* ua.) **2. ~ ablak** casement window; **~ ajtó** folding door(s); **~ csavar** wing/butterfly nut; **~ oltár** winged altar(-piece), triptych **II.** *fn* **1.** *[élő]* poultry *tsz*, fowl(s) *tsz*; **~ra vadászik** fowl, go fowling **2.** *[étel]* poultry *esz*

szárnyashajó *fn* hydrofoil

szárnyaszegett *mn* broken-winged, *átv* despondent

szárnycsapás *fn* wing-beat/stroke, flutter, flapping of wings

szárnycsattogás *fn* flutter (of wings)

szárnyépület *fn* annexe (*főleg: US* annex), wing, extension, *US* addition

szárnyfesztáv *fn rep* wing-span

szárnykürt *fn* flugelhorn, saxhorn

szárnypróbálgatás *fn* trying one's wings; **az első ~ok** *átv* first attempts

szárnysegéd *fn* aide-de-camp (*tsz* aides-de-camp), aide

szárnytoll *fn* wing feather, flight feather, pinion

szárnyvonal *fn vasút* branch line

szárogat *i* be* drying sg

szaros *durva* **I.** *mn* shitty, dirty, nasty; *[fehérnemű]* **~ alsónadrág** dirty pants *tsz* **II.** *fn durva* **vén ~** old fart

szaroz|ik *i szl* piss about/around (with sg)

száröltés *fn* end-to-end stitch

szarrágó *fn szl durva* tight-arsed (-assed *US*), mingy-arsed

szaru *fn* horn; **~(ból készült)** horn(-), made of horn *ut*

szarufa *fn* rafter

szarufésű *fn* horn comb

szaruhártya *fn* cornea (*tsz* -neas v. -neae)

szarukeretes *mn* **~ szemüveg** hornrimmed glasses/spectacles *tsz*

szarv *fn* **1.** *[állaté]* horn; **megnő a ~a** *átv* get* swollen-headed, get* above oneself; **letöri a ~át** take* sy down a peg (or two), *US* take* sy down (a notch); **~at visel** *[megcsalt férj] biz* be* cuckolded; **eltalálta ~a közt a tőgyét** get* the wrong sow by the ear, put* the cart before the horse **2.** *[ekéé]* handle, stilt

szarvas *fn áll* deer (*tsz* ua.), *[hím]* stag, hart, buck, *[nőstény]* hind

szarvasagancs *fn* antlers *tsz*, stag-horn

szarvasbika *fn* stag, hart

szarvasbogár *fn* stag-beetle

szarvasborjú *fn* fawn

szarvasbőgés *fn* belling, troat(ing of hart)

szarvasbőr *fn* deerskin, buckskin, chamois (leather), suede; **~ kesztyű** deerskin gloves *tsz*; **~ zakó** deerskin jacket; **~ kabát** deerskin/suede coat; **~ nadrág** buckskins *tsz*

szarvasgomba *fn növ* truffle, swine-bread

szarvashiba *fn* blunder, gross error, *biz* howler

szarvashús *fn* venison

szarvasmarha *fn* (horned) cattle (*tsz* ua.)

szarvastehén *fn* hind

szarvatlan *mn* hornless, polled

szász *mn/fn* Saxon; **a ~ok** the Saxons; **erdélyi ~ok** Transylvanian Germans/"Saxons"

szatén *fn [selyem]* satin, *[pamut]* sateen

szaténos *mn* sating

szatír *fn* satyr

szatíra *fn* satire

szatíraíró *fn* satirist

szatirikus I. *mn* satiric(al) **II.** *fn* satirist

szatócs *fn* general dealer, grocer

szatyor *fn* shopping bag, carrier(-bag), *[necc]* string bag; *pej* **vén ~** old bag

Szaúd-Arábia *földr* Saudi Arabia

szaúd-arábiai *mn/fn* Saudi (Arabian)

szauna *fn* sauna

szavahihető *mn [személy]* trustworthy, reliable; **~ tanú** reliable witness

szavajárása *fn [vknek]* (sy's) favourite (*US* -or-) expression/saying, *biz* pet phrase; **ez a ~a** it's his favourite (*US* -or-) turn of phrase (v. expression)

szaval *i* recite/read*/declaim poetry; **szépen ~** (s)he recites poetry well

szavalás *fn* recitation, declamation of poetry, reciting poetry, reading of poetry

szavalat *fn* recitation, poetry reading

szavaló *fn* reader (of poetry)

szavalókórus *fn* **1.** *[az együttes]* speech choir, chorus **2.** *[mint műfaj]* choral speaking

szavalóművész *fn* reciter, declaimer

szavanként *hsz* word by word

-szavas *utótag* -word, having ... words *ut*; **20 ~ távirat** a 20-word telegram

szavatartó *mn* reliable, trustworthy; **~ ember** man° of his word, he is as good as his word

szavatol *i* (*vmt/vmért*) guarantee/warrant sg, (*vkért*) go*/stand* bail for sy, vouch/answer for sy

szavatolás *fn* guarantee, guaranty, warrant(y)

szavatolt *mn* guaranteed, warranted

szavatoltan *hsz* guaranteed, warrantably

szavatosság *fn* guarantee, warranty; **... évi/hónapi ~ot vállal vmért** guarantee sg for ... years/months; **~ot vállal vkért** stand* bail for sy

szavatossági *mn* **~ biztosítás** liability insurance; **~ felajánlás** guarantee offer; **~ (határ)idő** guaranteed for [one year etc.]; **még nem járt le a ~ idő** it's still under guarantee; **~ kockázat** third-party risk; **~ nyilatkozat** risk/indemnity note; **~ per** insurance case

szavaz *i* vote, go* to the poll(s), cast* one's vote; **igennel ~** vote for sy; **nemmel ~** vote against sy; **vk mellett ~** give* one's vote in favour (*US* -or) of sy, vote for sy; **rá ~ (vkre)** vote for sy; **vm mellett ~** vote for sg; **vk/vm ellen ~** vote against sy/sg; **titkosan ~** ballot (*vk mellett* for, *vk ellen* against sy); **~ egy kérdésben** vote on an issue; **~zunk!** let's put it to the vote!

szavazás *fn* vote, poll, *[gyűlésen]* voting; **~ alá bocsátották** it was put* to the vote; **~ra bocsát (egy kérdést)** put*/bring* [a/the question] to a/the vote; **név szerinti ~sal** by a roll-call vote; **nyílt ~** open ballot; **titkos ~** (secret) ballot(ing); **elrendeli a ~t** put* [a question/motion etc.] to the vote, *GB [parlamentben]* divide the House; **~ nélkül** without a division

szavazat *fn* vote; **leadja ~át vkre** give* one's vote for sy, vote for sy; **~ok megoszlása** distribution of votes; **több**

~ot kap, (mint) win*/obtain more votes (than), be* outvoted

szavazatarány *fn* share of the vote(s)

szavazati *mn* **~ jog** right to vote; **~ joggal bíró** enfranchised, entitled to vote *ut*; **~ joggal nem bíró** voteless, unqualified to vote

szavazatszám *fn* number of votes, the vote

szavazatszámlálás *fn* counting of (the) votes

szavazatszedő *mn* **~ bizottság** scrutineers *tsz*, election committee

szavazattöbbség *fn* majority (of votes); **~gel győz** win* by a majority [of . . . votes]

szavazó *fn* voter, elector

szavazóállomás *fn* polling station

szavazócédula *fn* ballot (paper), vote, voting slip

szavazófülke *fn* polling booth

szavazóhelyiség *fn* polling station

szavazójog *fn* → **szavazati jog**

szavazókerület *fn* constituency, electoral district

szavazókörzet *fn* voting area, *US* precinct

szavazólap *fn* → **szavazócédula**

szaxofon *fn* saxophone, *biz* sax

szaxofonos *fn* saxophonist

száz *szn* (a/one) hundred; **~ évenként** once in every hundred years, once in a century; **~ közül egy is alig** scarcely one in a hundred; **az emberek ~ai** hundreds of people; **~ esztendeje, hogy nem láttam** I haven't seen him for ages; **minden ~ évben egyszer, ha találkozunk** I see him once in a blue moon; **~ szónak is egy a vége, egy szó mint ~** to come to the point, to cut a long story short; **~ával** by hundreds, by the hundred; → **százan**

század I. *fn* **1.** *[idő]* (*röv* **sz.**) century (*röv* **c**); **a XX. ~ban** in the twentieth/20th century; **a VI. sz. vége felé** at the close of the 6c; **a ~ elején** at/towards the beginning of the century; **~okon át** for centuries/ages; **~ eleji** of the beginning of the century *ut* **2.** *kat [gyalogos]* company, *[lovas, gépesített]* squadron **II.** *szn [századrész]* hundredth (part)

századelő *fn* the beginning of the century, the first few years of the century *tsz*

századforduló *fn* turn of the century

századi *mn [idő]* of the . . .th century *ut*, . . .th century; **múlt ~** of the last century *ut*

századik *szn/mn* hundredth; **~ évforduló** centenary; **minden ~** one in a hundred; **minden ~ sem tudja** not one person in a hundred knows that/it

századírnok *fn kat* company clerk

százados I. *mn [idő]* centenarian, century-old; **~ mulasztás** century-old neglect **II.** *fn kat* (*röv* **szds.**) captain

századosi *mn* **~ rang** rank of a captain, captaincy; **~ rangban** with the rank of captain

századparancsnok *fn* company commander, captain of company

századrész *fn* a hundredth (part)

századszor *szn/hsz* for the hundredth time

századvég *fn* fin-de-siècle, end of the century

századvégi *mn* fin-de-siècle, of the close of the century *ut*

százalék *fn* per cent, percentage; **száz ~ban** one hundred per cent; *[tökéletesen]* entirely, completely; **száz ~ig igaza van** he is perfectly right, he is a hundred per cent right; **öt ~ot levonnak** 5 per cent is deducted, there is a deduction of 5 per cent

százalékarány *fn* percentage

százalékos *mn* **7 ~ kamat** 7 per cent interest, interest at 7 per cent (*röv* **p.c.**); **50 ~ hadirokkant** a fifty per cent war-cripple; **~ megoszlás** percentage distribution; **~ növekedés** increase per cent

százalékszámítás *fn* calculation of interest/percentage(s)

százan *szn* a hundred (of); **~ voltak** there were a hundred of them, they were a hundred, there were a hundred people there; **kb. ~ jelentek meg** there was an attendance of about a hundred, *biz* some hundred people turned up

százas I. *mn* **a ~ szám** (the number) hundred; **a ~ szoba** room number 100 (v. No. 100) **II.** *fn* **1.** *[szám]* hundred **2.** *[bankjegy]* a hundred forint/pound/dollar note (v. *US* bill)

százéves I. *mn* 100/hundred years old *ut* **II.** *mn/fn* centenarian; **~ évforduló** centenary, centennial; **a Sz~ Háború** The Hundred Years' War

százezer *szn* a/one hundred thousand

százfelé *hsz* in all (v. a hundred) directions

százféle *mn* hundred (different) kinds/sorts of, all sorts of

százforintos *fn* a hundred forint note (v. *US* bill)

százlábú *fn áll* centipede

százméteres *mn* **~ síkfutás** 100 metre race/dash, [men's/women's] 100 metres

százrétű *mn* hundredfold

százszámra *hsz* by/in hundreds, by the hundred

százszázalékos *mn* (one-)hundred per cent, *átv* thoroughgoing, out-and-out, complete

százszor *szn/hsz* a hundred times

százszoros *mn* hundredfold, centuple

százszorszép *fn növ* daisy

százszorta *szn/hsz* a hundred times (more)

szcientológia *fn* scientology

szds. *röv* → **százados**

szeánsz *fn* seance, *biz* sit

szebb *mn* more beautiful/attractive, nicer; **~ nem is lehetne** it could not be more beautiful; **~nél ~** one more beautiful than the other

szebbít *i* make* more beautiful

szecesszió *fn* **1.** *US tört* secession **2.** *műv* art nouveau

szecesszionista *fn* secessionist

szecessziós *mn US tört* secessionist

szecska *fn* chaff, chopped hay/straw

szecskavágó *fn* chaff-cutter, chopper

szecskáz *i* cut* chaff, chop

szed *i* **1.** *[gyűjt]* gather, collect, *[gyümölcsöt, virágot]* pick, *[díjat, vámot]* collect, levy, get* in **2.** *[ételből]* help oneself; **~j belőle!** help yourself! **3.** *biz [szerez]* get*; **hol ~ted ezt a tollat?** where did you get that pen (from)?; **honnan ~i ezt?** where do/did you get that from? **4.** *[orvosságot]* take* [medicine], *hiv* be* taking medication; **(fogamzásgátló) tablettát ~** be* taking contraceptive pill(s), *biz* be* on the pill; *[elkezdi szedni]* go* on the pill **5.** *nyomd* set* (up) [type], compose **6.** *biz* **~i a lábát** step out briskly; **~d a lábad!** step lively!, run along!; → **sátorfa**

szedd-magad *mn* pick-your-own (*röv* **PYO**)

szédeleg *i* **1.** *[szédül]* feel* giddy/dizzy; **szédelgek az éhségtől** I'm fainting with hunger, *biz* I'm famished **2.** → **szélhámoskodik**

szédelgés *fn* **1.** *[szédülés]* giddiness, dizziness **2.** *[szélhámosság]* swindle, deceit, fraud, cheat, *biz* con

szédelgő *fn* swindler, cheat

szedelő(d)zköd|ik *i* (gather one's things together and) be* preparing to leave/start, pack up (v. start packing up) one's things

szeder *fn* **1.** *[földi]* blackberry, bramble **2.** *[faeper]* mulberry

szederinda *fn* runner (of a bramble)

szederjes *mn* violet(-coloured v. *US* -colored), purple-blue, violaceous; **~sé vált az arca** he went blue (in the face)

szedés *fn nyomd [művelet]* typesetting, setting, composition, *[a kész szedés]* matter, set-up type

szedéstükör *fn* type area

szedett-vedett *mn* second-hand, junk, trashy; **~ népség** riff-raff, mixed company

szédít *i* **1.** *[konkréten]* stun, daze, make* (one feel) giddy/dizzy **2.** *átv biz [hiteget]* string* sy along

szédítő *mn* giddy, dizzying, dizzy; **~ árak** scandalous/exorbitant prices; **~ magasság** dizzy/giddy height; **~**

pályafutás dazzling career; ~ **siker** tremendous/stunning success/hit

szedő *fn nyomd* typesetter, compositor; **kézi** ~ (hand) compositor

szedőállvány *fn* case-rack, composing frame

szedőgép *fn* composing/typesetting machine, typesetter

szedőterem *fn* composing/case room

szedővas *fn* set-square

szédül *i* be*/feel* dizzy/giddy/faint, *[magasról lenézve]* have* an attack of vertigo; ~ **a feje** his head is swimming/reeling

szédülés *fn* (fit of) dizziness, giddiness, vertigo

szédületes *mn biz* stunning, staggering, colossal; **~en jó** stunningly good; → **szédítő**

szédülős *mn [igével]* be* prone to dizzy spells (v. vertigo)

szédült *mn biz* ~ **ötlet** crackbrained/crazy idea; *szl* ~ **pali** sucker, mug; *szl* ~ **tyúk** nutty old bag

széf *fn* safe

szeg[1] *i* **1.** *[szegélyez]* border, hem, fringe **2.** *[kenyeret]* cut* **3.** *[esküt]* break*

szeg[2] *fn* nail; *[szegecs]* pin; **(csak) kibújik a ~ a zsákból** (i) *[kiderül szándéka]* show* the cloven hoof (ii) *[pedig szeretné leplezni]* can the leopard change his spots?; **~re akaszt** *[foglalkozást]* throw*/give* up; *[elvet]* cast* aside, throw* over; **fején találja a ~et** hit* the nail on the head, sy is spot on; **kihúz (egy) ~et** draw* a nail (*vmből* out of sg); **~et üt/ver a falba** drive*/hammer a nail into the wall; **vm ~et üt a fejébe** *[gondolkodásra késztet vm]* set* sy thinking (about sg), *[gyanakodni kezd]* put* a suspicion in one's mind; **~et ~gel** tit for tat, measure for measure; **~gel kirak/kiver** stud*, ornament with nails

szegecs *fn* rivet, pin, stud

szegecsel *i* rivet, clinch

szegecselt *mn* riveted, clinched

szegedi *mn* of Szeged *ut*, Szeged, *[születésű]* born in Szeged *ut*

szegel, **szögel** *i* → **szegez**

szegély *fn* **1.** *ált* border, edge, *[függönyé]* trimming; *[fal tövénél]* plinth; *[ruháé]* hem **2.** *[erdőé]* edge, fringes *tsz*, *[járdáé]* kerb (*US* curb)

szegélydísz *fn* trimming, *épít* frieze

szegélyez *i* border, edge, *[ruhát]* hem, trim, fringe; **nyárfákkal ~ett út** road lined with poplars

szegélyléc *fn [mennyezeten]* frieze, *[padlón]* skirting (board), *US* baseboard, batten

szegény I. *mn* **1.** *[szükséget szenvedő]* poor, needy, in want *ut*; ~ **ember** poor man°; *[sajnálkozva]* poor fellow/chap (*US* guy); ~ **sorsú** poor, poverty-stricken, deprived; **~, mint a templom egere** (as) poor as a church mouse **2.** *[sajnálkozva]* poor; ~ **apám** my poor father; ~ **feje** poor fellow/chap/thing/devil; **te ~!** poor you! **3.** (*vmben*) poor/deficient in sg *ut*; **vízben** ~ short of water *ut*, lacking in water *ut* **II.** *fn* **a ~ek** the poor *tsz*; → **gazdag**

szegényes *mn* **1.** *[hiányos]* deficient, scanty, meagre (*US* -ger); ~ **szókincs** limited vocabulary **2.** poor(ish), beggarly, *[nyomorúságos]* miserable; **~en** in reduced/straitened circumstances; ~ **ebéd** meagre lunch; ~ **háztartás** straitened household

szegénygondozás *fn* poor-relief

szegényház *fn elav* poorhouse, almshouse, common lodging-house

szegényke *fn* poor (little) thing, poor creature

szegénylegény *fn tört* highwayman°, outlaw

szegénynegyed *fn* poor part/district, deprived area, slum, *US* ghetto, *[Londonban]* East End, *[New Yorkban]* East Side; **a ~ből származik** come* from the wrong side of the tracks

szegényparaszt *fn elav* poor peasant

szegénység *fn* poverty, indigence, want, penury, *[általános]* pauperism; **~ben él** lead* a life of poverty

szegénységi *mn* ~ **bizonyítvány** certificate of poverty, *US* poverty affidavit; ~ **bizonyítványt állít ki magáról** provide evidence of one's incapacity, give* a poor account of oneself; ~ **fogadalom** pledge of poverty; ~ **küszöb** subsistence level

szeges, **szöges** *mn [szegezett]* nailed; *[szegekkel kivert]* studded; ~ **bakancs** hobnail boots *tsz*; ~ **bot** alpenstock

szegesdrót, **szögesdrót** *fn* barbed wire

szegetlen *mn* **1.** *[ruhaanyag]* unhemmed **2.** *[kenyér]* uncut, whole

szegez, **szögez** *i [szeggel]* nail (*vmhez* on/to sg); → **szurony**

szegezés *fn* nailing

szegeződ|ik *i* **minden tekintet az ajtóra ~ött** all eyes were fixed/riveted on the door, everyone stared at the door

szegfej, **szögfej** *fn* nail-head

szegfű *fn* carnation, (clove) pink

szegfűbors *fn* allspice

szegfűszeg *fn* clove

szeghúzó, **szöghúzó I.** *fn* nail-drawer/extractor **II.** *mn* ~ **kalapács** claw-hammer

szeglet *fn* corner, angle → **szöglet**

szegletes *mn* → **szögletes**

szegletkő *fn* cornerstone, quoin

szegőd|ik *i* **1.** → **elszegődik 2.** (*vkhez*) join sy; **hozzánk ~ött a hajón** on the ship he joined us

szegőléc *fn épít* band, strip

szegregáció *fn* segregation

szegről-végről *hsz* **csak** ~ **rokon** he is only a distant relation

szegvas, **szögvas** *fn* angle-iron

szegy *fn [marháé]* brisket

szegycsont *fn* breast-bone, sternum

szégyell *i* (*vmt*) be*/feel* ashamed (of sg/doing sg/to do sg); **~i magát** be*/feel* ashamed of oneself; **~t kérni** he was/felt ashamed to ask for [help etc.]; **~d magad!** you should (v. ought to) be ashamed of yourself!, (for) shame!, shame on you!

szégyellnivaló *mn* sg to be ashamed of, disgrace; **nincs abban semmi** ~ nothing to be ashamed of

szégyen *fn* shame, *[szégyellnivaló]* disgrace, *[botrány]* scandal; **~, gyalázat!** it's/what a shame!, (for) shame!, it's a burning disgrace; **ő a család ~e** he is the black sheep of the family; ~ **a futás, de hasznos** he who fights and runs away may live to fight another day; **~ben maradt** he was put to shame, be* in disgrace; **azt se tudta, hova legyen ~ében** (s)he almost died with/for the shame; **~t hoz vkre, ~be hoz vkt** bring* shame/disgrace/discredit on sy, be* a disgrace to sy; **~t vall** disgrace oneself, bring* shame on oneself, fail shamefully

szégyenbélyeg *fn* brand, stigma (*tsz* stigmas v. stigmata)

szégyenérzet *fn* (sense of) shame

szégyenfolt *fn [jó hírén]* a slur/blot/blemish [on one's reputation]; **ő a család ~ja** he is a disgrace to his family; **a város ~ja** a disgrace to the city

szégyenkezés *fn* shame

szégyenkez|ik *i [vm miatt]* be*/feel* ashamed of sg (of having done sg), feel* shame at (having done) sg

szégyenkezve *hsz* shamefacedly, embarrassedly, confusedly

szégyenletes *mn* shameful, disgraceful; ~ **cselekedet** infamous deed

szégyenlős *mn* shy, bashful; **nem** ~ unashamed, shameless

szégyenpír *fn* blush/flush of shame

szégyenszemre *hsz* to one's shame

szégyentelen *mn* shameless, impudent; ~ **viselkedés** disgraceful behaviour (*US* -or)

szégyenteljes *mn* → **szégyenletes**

szeizmográf *fn* seismograph

szeizmográfia *fn* seismography

széjjel *hsz* **1.** *[irány]* asunder, apart, *[helyzet]* distant/separated from one another **2.** → **szanaszét**; → **szét-**

széjjelfut *i* → **szétfut**

Sz

széjjelhány *i* throw* all over the place, throw*/scatter about
széjjelhord *i* → **széthord**
széjjelmegy *i* → **szétmegy**
széjjelnéz *i* → **szétnéz**
széjjelszed *i* → **szétszed**
széjjelszór *i* → **szétszór**
széjjeltép *i* → **széttép**
szék *fn* **1.** *[ülőbútor]* chair, *[támla nélküli]* stool, *[ülés]* seat; **két ~ közt a pad alá esik** fall* between two stools; **~kel kínál** ask sy to be seated; **~re ül** sit* down on a chair, take* a seat **2.** → **széklet**
szekál *i biz* nag (at) sy, bother, badger, pester, *US* bug, hassle
szekáns, **szekánt** *mn biz* nagging
szekatúra *fn biz* nagging, badgering
szekció *fn* section
szekcióelőadás *fn [konferencián]* section paper
szekcióülés *fn* section meeting
székel *i* **1.** *(vhol)* reside (in/at), have* one's residence (swhere) **2.** *[ürít]* defecate, have* a bowel movement, have* a motion, have* motions
székelés *fn* → **széklet 1**
székely *mn/fn* ‹i.e. Magyar of Eastern Transylvania› Székely; **a ~ek** the Székelys
székelygulyás *fn* ‹i.e. pork stew with sauerkraut› *kb.* Székely/Transylvanian goulash
székelység *fn* the Székely people; ‹ethnic Hungarians in Romania›
szekér *fn* (farm-)wagon, cart [with four wheels]; **egy ~ széna** a wagonload/cartload of hay; *biz* **más szekerét tolja** *kb.* be* sy's hanger-on (*tsz* hangers-on); **ne fuss olyan ~ után, amelyik nem vesz fel** don't chase the impossible
szekerce *fn* adze (*US* adz), hatchet, *[indiánoké]* tomahawk
szekeres *fn* carter, carrier
szekérfuvar *fn* **1.** *[szállítás]* cartage, carting, transport in a cart **2.** *[mennyiség]* cartload
szekérrakomány *fn* cart-load
szekérrúd *fn* pole, shaft
szekértoló *fn biz* lapdog, hanger-on (*tsz* hangers-on), *biz* toady, self-seeking supporter
szekérút *fn* cart road/track, *US* dirt road
székesegyház *fn* cathedral
székesfőváros *fn* capital (city)
székfoglaló *fn [beszéd, előadás]* inaugural address/lecture, inaugural speech
székház *fn* centre (*US* center), House, *[intézményé]* headquarters *tsz*, *[egyleté]* club-house
székhely *fn* centre (*US* center), residence, seat, *[tudományos társaságé]* headquarters *tsz*, *[megyéé]* county town, *[területé]* chief town; **a vállalat ~e** the head office of the company
szekíroz *i biz* → **szekál**
székláb *fn* chair leg
széklet *fn* **1.** *[folyamat]* bowel movement, (bowel) motions *tsz*; **rendben van a ~e?** *[orvos kérdezi]* any trouble with your bowel movements?; **~e rendben van** have open/free bowels; **fontos, hogy rendben legyen a ~e** make sure your bowel motions are regular **2.** *[eredménye]* motions *tsz*, stool(s), faeces, excrement
székletminta *fn* specimen of one's stools
székrekedés *fn* constipation, stoppage
szekrény *fn* **1.** *[akasztós]* (hanging) wardrobe, *US* closet, *[fali]* cupboard, *[fehérneműs]* linen cupboard (*US* closet), *[rádióé stb.]* cabinet, *[öltözőben]* locker; **beépített ~** built-in wardrobe/cupboard, *US* closet; **üveges ~** glass-case, glass-fronted cabinet **2.** *[géprészé]* casing
szekrényajtó *fn* cupboard/wardrobe (*US* closet) door
szekrényes *mn* **~ öltöző** locker room
szekrénykoffer *fn* wardrobe trunk
szekreter *fn GB* escritoire, secretaire, secretary, *csak GB* davenport
széksor *fn* row/line of seats/chairs
szekta *fn* **1.** *vall* sect; **destruktív ~** destructive sect **2.** *pol* splinter group
széktámla *fn* back (of a/the chair), chair back
szektáns, **szektariánus** *mn/fn pol pej* sectarian
szektás **I.** *mn pol* sectarian, factionalist, *vall* sectarian, denominational; *pol* **~ nézetek** sectarian views *tsz*; **~ nézeteket vall** hold* sectarian views **II.** *fn pol* sectarian, factionalist, *vall* follower/member of a sect
szektor *fn* sector; **állami ~** public sector; **vállalkozási ~** entrepreneurial sector
szektorsemlegesség *fn* sectoral neutrality
szeku *fn biz* Securitate; ‹communist secret police in Romania before 1989›
szekund *fn zene* second; **kis ~** minor second; **nagy ~** major second
szekundál *i [mentőstanuló mentőorvos mellett]* assist, second
szekunder *mn* secondary
szekus *fn* Securitate agent; ‹agent of the communist secret police in Romania before 1989›
szel *i* **1.** *[kenyeret]* slice (up), cut*, *[húst]* carve **2.** **a hajó ~i a vizet** the ship ploughs (*US* plows) (her way) through the (stormy) seas; **~i a hullámokat** cut* through the waves
szél[1] *fn* **1.** *[légmozgás]* wind, *[gyenge]* breeze, *[erős tengeri]* gale; **~ alatt** leeward, under the lee; **~ alatti oldal** lee side, leeward; **~ felőli oldal** windward (side), weatherboard; **a ~ irányában** windward, downwind, before/down the wind; **~ ellen** into/against the wind, (right) into the wind's eye; **kedvező ~** fair wind; **fúj a ~** the wind is blowing, it is windy; **észak felől fúj a ~** the wind is blowing from the north (v. is/lies in the north), a north wind is blowing; **megfordul a ~** the wind changes/shifts/veers round; **megállt a ~** the wind has dropped; **mi ~ hozott ide?** what brings you here?; **honnan fúj a ~?** how is/sits the wind?; **megvárja/meglátja, honnan fúj a ~** *átv* see* how (v. which way) the wind blows; **tudja, honnan fúj a ~** *átv* he knows which way the wind blows; **az új idők szele** the wind of change; **kifogja a szelet vknek a vitorlájából** steal* sy's thunder; **élesen a ~ben vitorlázik** sail near (v. close to) the wind; **~nek** windward; **nagyon ki van téve a ~nek** be* open to every wind; **~nek ereszt vkt** send* sy away/off, let* sy go, send* out into the world; *(vmt)* cast*/throw* sg to the winds; **~lel szemben nem lehet** … *biz* he who spits against the wind spits into his own face; **~től védett** not exposed to wind, protected from wind *ut*; **hátba kapja a szelet** have* a leading-wind; **szembe kapja a szelet** have* a head-wind; **csapja a szelet vknek** court/woo sy, pay* one's attentions to sy; **~ ellen** against the wind, in the wind's eye; **~lel** before/down the wind; **~lel szemben hajózik** sail against/near the wind (v. in the wind's eye) **2.** *[bélben]* wind, flatulence; **szelek bántják** suffer from flatulence **3.** *orv* → **szélütés**; **megütötte a ~** (s)he had a stroke
szél[2] *fn [papíré, úté, asztalé, erdőé]* edge, *[szakadéké, síré]* brink, verge, *[edényé]* rim; *[könyvé]* margin; *[városé]* outskirts *tsz*, fringes *tsz*; **vmnek a ~én** *átv* on the verge/brink of sg; → **sír**, → **tönk**
szélárnyék *fn* lee, *rep* sheltered zone
szélcsatorna *fn fiz gj* wind-tunnel/channel, air-channel
szélcsend *fn* calm, lull; **teljes ~** dead calm; **~ miatt vesztegel** be* becalmed
szélcsendes *mn* calm, windless
széldzseki *fn* windcheater, *US* windbreaker, blouson
szeleburdi **I.** *mn* **1.** *[személy]* scatterbrained, flighty, light-headed, harum-scarum **2.** *[cselekedet]* rash **II.** *fn* scatter-brain, harum-scarum
széled *i* disperse, break* up, scatter
szelekció *fn* selection
szelektál *i* select, choose*
szelektív *mn* selective; **~ hulladékgyűjtés** selective waste management

szelel *i [kémény, szivar]* draw*
szelelőakna *fn* air shaft
szelelőlyuk *fn* air hole
szelemen *fn* purlin
szelence *fn* casket, box; **Pandora ~je** Pandora's box [source of unforeseen troubles]
szélenergia *fn* wind power
szelep *fn* valve; **biztonsági ~** safety valve
szelepgumi *fn [kerékpár]* valve hose
szelepsapka *fn műsz* valve cap
szélerőmű *fn* wind power plant
szélerősség *fn* force of the wind, wind-force; **8-as ~** a wind of force 8 (on the Beaufort scale), a force eight wind/gale
szélerősségmérő *fn* → **szélmérő**
szeles *mn* **1.** *[időjárás]* windy, *[gyengén]* breezy; **~ vidék** wind-swept country **2.** *[meggondolatlan]* thoughtless, inconsiderate, rash, hare-brained, flighty; **~ gyerek** rattle-brain
széles *mn* broad, wide; **~ e világon nem találni párját** he hasn't his equal on earth (v. in the whole world); **~ gesztusokkal** with sweeping gestures; **~ körű** wide, wide-ranging, extensive, large; **~ körű érdeklődés, ~ ismeretkör** wide range of interests, wide interests *tsz*; **~ körű ismeretek/tudás** extensive/wide knowledge; **~ körben ismert** be* widely known; **~ körű vizsgálatot folytat** carry out wide-ranging (v. extensive v. far-reaching) investigations, explore every avenue; **~ mosoly** broad smile; **~ nyomtávú** broad-gauge (*US* -gage); **~ vállú** broad/square-shouldered
szélesfilmes *mn* **~ kamera** wide-screen camera, cinemascope camera
széleskörűen *hsz* widely, comprehensively
szelesség *fn* **1.** *[időjárásé]* windiness **2.** flightiness, thoughtlessness, rashness
szélesség *fn* **1.** *ált* breadth, width **2.** *földr* latitude; **az északi ~ 46. fokán** at latitude 46° *[kimondva:* degrees] north
szélességi *mn* **~ fok** degree of latitude; **46-os ~ fok, észak** the latitude [of the ship] is 46° [degrees] north; **~ kör** parallel, line/parallel of latitude
szélesvásznú *mn film* wide-screen [film, picture]; **panoráma-~ film** *kb.* Cinemascope, Cinerama
szelet *fn* **1.** *[kenyérből stb.]* slice, piece, *[hús]* steak, cutlet, *[hal]* fillet, steak; **egy ~ kenyér** a slice of bread; **egy ~ csokoládé** a bar of chocolate; **egy ~ sajt** *[körcikk alakú]* a wedge of cheese; **egy ~ szalonna** a slice of bacon, rasher; **rántott ~** escalope, breaded cutlet **2.** *mat* segment
szeletel *i* cut* (sg) into slices, slice (sg), *[húst]* carve; **~t baconszalonna** streaky bacon, sliced bacon
szeletelt *mn* **~ kenyér** sliced bread; **~ baconszalonna** streaky bacon, sliced bacon; **~ hentesáru** *GB* cold meats *tsz*, *US* cuts *tsz*
szeletke *fn* thin/small slice
szeleverdi *mn* → **szeleburdi**
szélez *i* hem, edge, border
szélfogó *fn [erdősáv stb.]* windbreak
szélgörcs *fn orv* flatulence, spasm of wind
szélhámos *fn* swindler, fraud, impostor, (confidence) trickster, *biz* con-man°
szélhámoskodás *fn* swindling, swindle, fraud
szélhámoskod|ik *i* swindle, be* a swindler/fraud
szélhámosság *fn* → **szélhámoskodás**
szélhűdés *fn* → **szélütés**
szelíd *mn* **1.** *[ember]* gentle, meek, mild-mannered, *[nyugodt]* quiet, kind, calm, placid, *[hang, érzelem]* soft, gentle, tender; **~ természet** sweet temper; **~, mint a bárány** (as) gentle as a lamb, as mild as a dove; **~en** gently, sweetly **2.** *[állat]* tame, domesticated, *[vadállat]* harmless, inoffensive
szelídgesztenye *fn* sweet/edible chestnut, marron
szelídít *i [állatot]* tame, domesticate
szelídítő *fn* tamer
szelídség *fn* **1.** *[jellemvonás]* gentleness, kindness, mildness **2.** *[állaté]* tameness
szelindek *fn* mastiff
szélirány *fn* wind direction, direction of the wind; **~ba(n)** down/before the wind, windward; **széliránnyal szemben** against/into the wind; → **uralkodó**
széljegyzet *fn* **1.** *[lapszéli jegyzet]* marginal note, gloss **2.** *[megjegyzés]* comment
szélkakas *fn átv is* weather-cock; **forog, mint a ~** chop and change
szellem *fn* **1.** *[erkölcsiség]* spirit, *[felfogás]* spirit, turn of mind, mentality, attitude; **kollektív ~** collective spirit; **üzleti ~** commercial/business spirit/mentality; **egészséges ~** a healthy atmosphere/tone; **jó/rossz a ~ a zenekarban** the orchestra's ensemble is outstanding/good (v. is poor) **2.** *[kísértet]* ghost, spirit, spectre (*US* specter), phantom; **ő az én rossz ~em** he is my evil genius; **~et idéz** raise (v. conjure up) a spirit; **~et űz** exorcise the ghost, drive* out (v. expal) an evil spirit **3.** *[elme]* mind, intellect; **átfogó ~** all-embracing mind; **kiváló/sziporkázó ~** brilliant mind, sparkling intellect/wit **4.** *[személy]* (brilliant/great) mind, intellectual giant, genius; **korának egyik legnagyobb ~e volt** he was one of the greatest minds of his age **5.** *[belső tartalom, lényeg]* spirit; **a törvény ~e** the spirit of the law **6.** → **szellemesség**; **csupa ~** full of wit
szellemes *mn* **1.** (*vk*) witty, full of wit *ut* **2.** **~ megoldás** ingenious solution; *[gép, szerkezet stb.]* ingenious gadget/invention; **~ mondás** witty remark, bon mot, quip; **~ visszavágás** repartee, heat retort
szellemeskedés *fn [pozitív értelemben]* witticism, *[erőltetett]* trying to be funny/witty
szellemesked|ik *i* crack jokes, try* to be funny/witty, quip
szellemesség *fn* **1.** *[tulajdonság]* wit, wittiness **2.** *[mondás]* witty remark, witticism, quip
szellemi *mn* mental, intellectual, spiritual; **~ állapot** mental state; **~ dolgozó** white-collar worker, intellectual; **~ élet** intellectual/spiritual life; **~ export** invisible exports *tsz*; **~ foglalkozás/munka** intellectual occupation, white-collar job; **~ fogyatékosság** mental deficiency, feeble-mindedness, subnormality; **~ frissesség** mental alertness; **~ képesség** intellectual/mental ability/capacity/prowess, mental gifts *tsz*; **~ képességeinek teljes birtokában** in full possession of his faculties; **meghaladja a ~ képességeit** it is above/beyond his (intellectual) capacity/powers, *biz* that's way over/above his head; **a lap ~ arculata** intellectual profile of a paper; **~ rokonság** congeniality of mind; **~ szabad foglalkozású (személy)** *kb.* freelance(r); *[igével] kb.* work as a freelance, freelance; **~ termék** intellectual product; **~ vetélkedés** battle of wits
szellemidézés *fn* conjuration (of spirits), necromancy, spiritualism
szellemileg *hsz* mentally, intellectually; **~ visszamaradt** mentally retarded, *biz* retard; → **fogyatékos**
szellemiség *fn* mentality, mind
szellemkép *fn [tévéképernyőn]* ghost image, ghosting
szellemtelen *mn* insipid, dull, flat
szellemtörténet *fn kb.* history of ideas, intellectual history
szellemtudomány *fn* the arts/humanities *tsz*
szellemvasút *fn* ghost train
szellent *i* break* wind
széllovaglás *fn* windsurfing
szellő *fn* **1.** breeze; **~ se lebben** there is not a breath of wind **2.** „**~**" *[ablakventilátor]* extractor fan
széllökés *fn* gust/blast (of wind), *[erősebb]* squall
szellőrózsa *fn* windflower, anemone
szellős *mn* breezy, *[levegős]* airy
szellőzés *fn* ventilation, airing
szellőzetlen *mn* unventilated, airless, *[áporodott]* stuffy, musty, stale
szellőz|ik *i* be* aired, be* exposed to the air

Sz

szellőző *fn [nyílás]* air vent/hole, *[készülék]* ventilator, fan, *[ablakban]* extractor fan
szellőzőakna *fn* airway, air shaft
szellőzőnyílás *fn* air vent/hole, blow-hole
szellőztet *i* **1.** ventilate, air, let* fresh air in **2. ~i a kérdést** draw* public attention to the question, air sg
szellőztetés *fn* airing, ventilation
szellőztetőkészülék *fn* ventilator, fan
szélmalom *fn* windmill
szélmalomharc *fn* quixotic/futile struggle; **~ot folytat/vív** tilt at (v. fight*) windmills
szélmentes *mn* sheltered from the wind *ut*, windless; *hajó* **~ oldal** lee side
szélmérő *fn* anemometer, wind-gauge (*US* -gage)
széloldal *fn* windward (side)
széloldali *mn* windward (v. weather-)side
szélroham *fn* gust/blast of wind, flurry, squall
szélrózsa *fn* compass rose/card; **a ~ minden irányába** in all directions, to the four winds
szélsebesen *hsz* with lightning speed, like greased lightning; **~ elrohan** fly* off; **~ fut** scud
szélsebesség *fn* wind velocity/speed
szélsikló *fn* → **szörf 1**
szélső I. *mn* **1.** *ált* outside; **leg~** outermost, farthest, extreme **2.** *mat* **~ érték** extreme (value), outside value **II.** *fn sp* winger
szélsőbal *mn pol* extreme left, ultraleft(-wing)
szélsőjobb *mn pol* extreme right, ultraright(-wing)
szélsőség *fn* extreme, extremity; **~be csap** go* to the extremes
szélsőséges I. *mn* extreme, extremist; **~ álláspont** extremist point of view; **~ beállítottságú ember** extremist; **~ nézeteket vall** hold* extreme/extremist views; **~ politika** extremist policies **II.** *fn* extremist; *pol [jobboldali]* right-wing extremist, *[baloldali]* left-wing extremist
szélsőségesség *fn pol* extremism
széltében *hsz* **1.** *[szélességben]* across, transversely, crosswise **2.** *[mindenütt]* everywhere
széltében-hosszában *hsz* far and wide, everywhere
széltoló *fn biz* disreputable character, swindler, crook, trickster
szélütés *fn* apoplexy, stroke; **~ éri** have* a stroke (of apoplexy)
szélütött I. *mn [testrész]* paralysed **II.** *fn* paralytic, paretic
szélvédett *mn* → **szélmentes**
szélvédő (üveg) *fn [autón]* windscreen (*US* -shield); **fűthető hátsó ~** heated rear window
szelvény *fn* **1.** *[értékpapíré]* coupon, *[ellenőrző]* counterfoil, stub, *US* check, *[jegyé]* (ticket) stub **2.** *műsz* profile, section
szelvényfüzet *fn* ticket/coupon-book
szélvész *fn* hurricane, high wind, gale
szélvihar *fn* (wind-)storm, *[erős]* gale
szélzsák *fn* wind-sock/sleeve
szem *fn* **1.** *[látószerv]* eye, *[tekintet]* eye(s), gaze, sight; **csupa ~ vagyok!** I am all eyes; **kerek/tágra nyílt ~** staring eyes *tsz*; **mélyen ülő ~ek** deep-sunk/set eyes; **nagy ~ek** big eyes; **~ elől téveszt** lose* sight of; **~ előtt tart** keep* sg in view, have* sg in sight; **~ előtt van** be* in view, be* exposed to view; **ezt (mint célt) ~ előtt tartva** with this end in view, with an eye (v. a view) to [doing sg]; **több ~ többet lát** two heads are better than one; **kit látnak ~eim!** what a surprise!, fancy meeting you here!; **mit látnak ~eim!** what a sight!, what do I see!, well, I never!; **jó a ~e** have* good *eyesight*, sy's sight is good, *átv* have* good judg(e)ment; **van ~e vmhez, jó ~e van vmhez** have* an eye for sg; **rossz ~e van** have* poor/bad *eyesight*; **vk ~e fénye/világa** (i) *[látása]* one's (eye)sight (ii) *átv* the apple of sy's eye; **úgy vigyáz rá, mint a ~e fényére/világára** cherish/keep* sg as the apple of one's eye; **nagyobb a ~e, mint a szája** his eye is bigger than his belly; **vknek a ~e elé kerül** come* before sy, catch* sight of sy; **ne kerülj többet a ~em elé!** get*/keep* out of my sight!, don't let me see you(r face) again!; **vknek a ~e előtt lebeg** be* always in one's mind, be* always before one('s eyes); **vknek a ~e előtt/láttára** before sy's very eyes, in sy's sight; **mindenki ~e láttára** in full view (of all), publicly, openly; **~e, szája eláll vmtől** stand* in open-mouthed wonder, stand* gaping before sg, be* dumb founded (by sg); **majd kiesett a ~e** his eyes were* starting from his head, his eyes nearly popped out; **~e közé nevet** laugh in sy's face; **vknek (erősen) a ~e közé néz** look sy (full) in the eye/face; **a ~e sarkából néz vkt** look at sy out of the corner of one's eye, cast* a sidelong glance at sy; **még a ~e sem áll jól** *kb.* (s)he looks quite a handful; **lelki ~ei előtt** in one's mind's eye; **~ébe húzza a kalapot** pull one's hat over one's eyes; **a ~ébe ment vm** sg has got into sy's/one's eye; **~ébe mondja az igazat vknek** tell* the truth to sy's face; **~ébe** (v. **~e közé) nevet vknek** laugh in sy's face; **~ébe néz vknek** look sy in the eye/face; **~ébe néz vmnek** look sg in the eye/face; *[szembenéz vmvel]* face up to sg, face sg (boldly); **~ébe süt a nap** the sun shines in his face; **~ébe vág** *[vknek vmt]* throw*/fling* sg in sy's face/teeth; **~ébe vágta az igazságot** he told him the truth to his face; **vk ~ében** in one's eyes/view/opinion/esteem, in the sight of; **a(z én) ~emben** in my eyes; **a ~éből látom** I can read it is his eyes, I can see it written on his face; **úgy ~re** to look at, at first blush/glance, on the surface; **fél ~ére vak** be* blind in one eye; **~ére hány/vet vmt vknek** reproach/upbraid sy with sg, upbraid sy for (doing) sg, cast* sg in sy's teeth, blame sy for sg; **nincs mit a ~ére vetnie** have* no quarrel with/against sy; *[egyik tizenkilenc ...]* it's six of one and half a dozen of the other; **~et ~ért(, fogat fogért)** an eye for an eye (and a tooth for a tooth), tit for tat, measure for measure; **~et huny vm fölött** turn a blind eye to sg, wink at sg, close/shut* one's eyes to sg, overlook sg; **~et szúr vknek vm** strike* sy, catch* one's eye; **rajta tartja a ~ét** keep* one's eye on sg, keep* track of; **hova tette a ~ét?** hasn't he got eyes in his head?, was he blind?; **~et vet vmre/vkre** take* a liking/fancy to sg/sy; **~től ~be(n)** face to face (with sy); **nyitott ~mel jár** have* one's wits about oneself, keep* one's eyes open; **saját ~ével látta** he saw it with his own eyes; **~mel látható** visible (to the naked eye); *[nyilvánvaló]* obvious, evident, manifest; **~mel láthatólag** visibly, apparently; **~mel tart vkt/vmt** keep* an eye on sy/sg, watch sy/sg; **jó ~mel néz** approve of sg, give* the green light to, give* the go-ahead to, rubber-stamp; **nem néz jó ~mel vmt** take* a dim view of sg, disapprove of, dislike sg, knock, look down one's nose at, tut-tut **2.** *növ* grain; **egy ~ szőlő** a/one (single) grape **3.** *[kötés]* stitch, *[lánc]* link **4.** *[homok]* grain (of sand), *[por]* speck, particle (of dust) **5.** *[pávatollon]* speculum (*tsz* -la), ocellus (*tsz* -li), eye-(spot); → **jó**, → **kinyit**, → **kiszúr**, → **kopog**, → **lefut**, → **lehuny**, → **mereszt**, → **rossz**
szem- *fn orv* eye-, ophthalmic
szemafor *fn* semaphore, signal
szemaforjelzés *fn vasút* semaphore signal
szemantika *fn* semantics *esz*
szemantikai *mn nyelv* semantic; **~ mező** semantic/lexical field
szembaj *fn* eye disease
szembajos *fn* eye patient
szembe *hsz* opposite, in the face of; **~ kapja a szelet** have* the wind in one's face; **~ találja magát vkvel** meet* sy face to face, come face to face (with sy), *[ellenségesen]* confront sy; **szemtől ~** face to face (with sy)
szembeáll *i* (*vkvel/vmvel*) face sy/sg, stand* opposite/facing sy/sg
szembeállít *i* **1.** (*vkt vkvel*) *[ellenségesen]* set* sy against sy **2.** *[hasonlít vmt vmhez]* contrast [two things v. sg with sg], compare sg with sg, set* sg against sg; → **szembesítés**
szembeállítás *fn* **1.** *[tanúké]* confrontation **2.** *[hasonlítás]* contrast, contrasting

Sz

szembefordul *i* **1.** *konkr* turn to(wards) (sy) **2.** → **szembehelyezkedik**
szembehelyezked|ik *i* **1.** *(vmvel)* set* oneself against, set* one's face against, be* opposed to, stand* (out) against, oppose *(mindegyik:* sg) **2.** *(vkvel)* turn against sy
szembejön *i* come* from the opposite direction; ~ **velünk** be* coming towards us
szembejövő *mn* ~ **forgalom** oncoming traffic
szembekerül *i* **1.** *(vkvel)* find* oneself face to face with sy, meet* sy face to face **2.** *átv (vkvel)* come* into conflict with sy, *(vmvel)* come* up against [a problem, difficulty etc.]
szembeköp *i* spit* sy in the face
szembekötősdi *fn* blind man's buff
szemben *hsz* **1.** *[térben]* opposite (to), facing (sg), in front of, over against; **a ~ álló ház** the house opposite; **~ áll vkvel/vmvel** face sy/sg; **~ ül vkvel** sit* opposite sy; **~ lakik** (s)he lives (right) opposite us, (s)he lives opposite **2.** *[ellentétben vmvel]* in contrast with/to sg, contrary to sg, as opposed to sg, in contradiction to sg, *[vkvel kapcsolatban]* with respect/regard to, towards (sy); **~ áll vkvel/vmvel** be* at odds with sy/sg, oppose sy/sg, be* opposed to sy/sg, be* against sy/sg; **~ álló** *[ellenségesen]* opposed to *ut*, contrary; **álláspontja vmvel ~ megváltozik** change one's mind, change/alter one's opinion about sg; **ezzel ~** on the other hand, whereas, while; → **ár**, → **egymás**, → **szél**
szembenállás *fn* opposition
szembenéz *i* **1.** *(vkvel)* look sy full/straight in the face/eye, face sy **2.** *(vmvel)* face sg, *[vm kellemetlennel]* face up to sg; **szembe kell néznie azzal a ténnyel, hogy** ... (s)he must face up to the fact that ...; **~ a következményekkel** face the consequences, *biz* face the music; **~ a tényekkel** face the facts/issue; **~ a veszéllyel** face/meet* the danger, face/ square up to the danger
szembeni *mn* concerning, towards *ut*
szembeötl|ik *i* strike* sy, catch* one's eye
szembeötlő *mn* striking, glaring, conspicuous
szembesít *i (vkt vkvel)* confront sy with sy
szembesítés *fn* confrontation, confronting
szembeszáll *i (vkvel/vmvel)* brave, oppose (sy, sg), *[ellenséggel]* engage [the enemy], take* sy/sg on; **~ a paranccsal** resist an order/command
szembeszökő *mn* → **szembeötlő**
szembeteg *fn* eye patient, (person) suffering from/with an eye complaint *ut*
szembetegség *fn* eye disease
szembetűn|ik *i* catch* one's eye, be* striking
szembetűnő *mn* → **szembeötlő**
szembogár *fn* pupil, apple of the/one's eye
szemceruza *fn* eyeliner
szemcse *fn* grain, *[apró]* granule
szemcséjű *mn* **durva ~** rough-grained; **finom ~** fine-grained
szemcsepp *fn* eyedrops *tsz*, eye-drop
szemcseppentő *fn* dropper, *[üveggel együtt]* dropper bottle
szemcsés *fn* granular, grainy, granulous
szemel *i* pick/sort out, pick, sort, select
szemelget *i* keep* picking/sorting out (v. selecting), *[madár magot]* peck
szemellenző *fn [lóé]* blinkers *tsz*, *US* blinders *tsz*, *[sapkán]* peak, visor
szemellenzős *mn átv* blinkered, narrow-minded
szemelvény *fn* selected passage, selection, excerpt, extract; **válogatott ~ek** selected passages, excerpts
szemelvényes *mn* **~ kiadás** selections from ... *tsz*
személy *fn* person (*tsz* people)*(US és jog, ill. pej* persons), *[egyén]* individual; **~ek** *[színdarabban]* characters; **ismeretlen ~ek** persons unknown; **(egy) ~ per hó(nap)** man-month; **~ szerint** personally, in person; **egy ~ben** in one; **~ szerinti szavazás** roll-call vote; **első ~ben beszél** speak* in the first person; **költő és szobrász volt egy ~ben** he was a poet and a sculptor rolled into one; **XY ~ében** in the person of YX; **~ében érint vkt** be* personally affected by it; **~re szóló meghívó** personal invitation, not transferable invitation; → **jogi**, → **személyenként**
személyautó *fn* (passenger) car
személyazonosító *mn* **~ igazolvány** identity/ID card
személyazonosság *fn* identity; **~ megállapítása** identification; **~át igazolja** prove one's identity; **vknek a ~át megállapítja** establish the identity of sy, identify sy; **~-csere** *[védett tanúnak]* change of identity
személyazonossági igazolvány *fn* → **szeményazonosító igazolvány**
személycsere *fn* **1.** *[felváltás]* switching/changing round/over **2.** *[tévedésből]* (a case of) mistaken identity
személydíjszabás *fn* passenger tariff
személyenként *hsz* per person, per/a head, each; **~ és naponként** per person per day; **~ 10 fontot kaptunk** we've been given £10 each
személyes *mn* **1.** personal, *[egyéni]* individual; **~ anyagi érdekeltség** material/pecuniary incentives of the person; **~ érintettség okán/alapján (jelent be vmt)** on account of one's personal involvement; **~ felelősség** personal liability; **~ fogyasztás** private consumption; **~ használati tárgyak** articles for personal use; **~ kapcsolatok** personal relations (with); **~ megtámadtatás okán** on account of an unprovoked assault against one; **~ szabadság** personal/individual freedom/liberty; **az emberek ~ szabadsága** one's personal freedom; **~ szabadság megsértése** violation of personal freedom; **~ ügy** private/personal matter/affair/ business; **~ ügyben keresem** I want to see him about a private matter, it's a personal matter **2. 12 ~ asztal** the table sits twelve, a 12-seater table; → **névmás**
személyesen *hsz* personally, in person; **~ ismer vkt** be* personally acquainted with sy, know* sy personally; **~ megjelenik** appear in person, make* an appearance (at), attend [a meeting/party etc.]
személyeskedés *fn* personal remarks *tsz*, personalities *tsz*
személyesked|ik *i* be* personal, indulge in personalities; **ne ~jünk** let's not be/get personal, let's keep personalities out of it, *irod* let us not engage in personalities
személyfelvonó *fn* lift, *US* elevator
személyforgalom *fn* passenger traffic/transportation
személygépkocsi *fn* (passenger) car
személyhívó *fn* pager
személyi *mn* personal, private, individual; **~ adatok** particulars; **~ azonosító** identity number; **~ hitel** personal credit/loan; **~ igazolvány** identity card, ID card; **~ jövedelem** personal income; **~ jövedelemadó** *(röv* **szja)** (personal) income tax, a tax on personal income; **~ juttatás** personal allowance; **~ kiadások** personal expenses; **~ kölcsön** *[banktól]* personal loan; **~ kölcsönt vesz fel** get* a personal loan; **~ kultusz** personality cult; **~ lap** sy's file; **~ nyilvántartás** personal record; **~ okmányok** one's papers; **~ pótlék** personal allowance/grant; **~ szám** personal identification number, identity number; **~ számítógép** personal computer *(röv* **PC)**; **~ titkár(nő)** personal assistant *(röv* **P.A.)**; **~ tulajdon** personal property, *[ingóságok]* personal effects *tsz*; **~ tulajdonú ingatlan** private property; **~ tulajdonú lakás** private home; **~ változások** personal changes; *[magasabb tisztségviselőké is]* changes in personnel, *[kormányban]* (government/cabinet) reshuffle
személyijövedelemadó-előleg *fn gazd* advance (payment) of personal income tax
személyiség *fn* personality; **kiemelkedő ~** personage, prominent/outstanding figure/person(age), *[magas pozícióban]* dignitary
személyiségfejlesztő *mn* **~ tanfolyam** self-development course
személyiségi *mn* **~ kép** image of one's personality; *jog* **~ jogok** rights of privacy, privacy rights; **a ~ jogok védelme**

Sz

protection of privacy rights; ~ **jogokat sért** infringe/encroach on privacy rights; **tiszteletben tartja vk ~ jogát** respect the individual's right to privacy
személyiségzavar *fn* personality disorder
személykocsi *fn [vasúti]* (railway) carriage/coach, *US* (railroad) car
személyleírás *fn* description (of a person); **~t ad vkről** give* a description of sy; **~t ad a rendőrségnek a támadójáról** give* the police a description of his/her attacker
személynév *fn* personal name
személynévmás *fn* personal pronoun
személypályaudvar *fn* passenger station
személypoggyász *fn* luggage, *US* baggage; **~t felad** register one's luggage
személyrag *fn* personal suffix, person marker
személyragozás *fn* conjugation
személyszállítás *fn* passenger transport/service
személyszállító *mn* ~ **hajó** passenger boat; ~ **vonat** passenger train
személytelen *mn* impersonal
személyügyi *mn gazd* ~ **menedzser** personnel manager, human resources manager
személyválogatás *fn* ~ **nélkül** indiscriminately, without distinction of persons, impartially
személyvonat *fn* **1.** → **személyszállító 2.** *[nem gyors]* slow train
személyzet *fn* **1.** *[alkalmazottak]* staff, personnel, employees *tsz*; **a ~ csökkentése** staff reductions *tsz*; *[hajóé, járműé]* crew **2.** *[házi]* staff, servants *tsz*
személyzeti *mn* **1.** *[alkalmazotti]* staff; ~ **bejáró** *[felirat]* "staff only"; ~ **étterem/étkezde** staff restaurant; ~ **jegy** service pass (v. season-ticket) **2.** ~ **osztály** personnel department/office; ~ **politika** personnel policy; ~ **vezető** personnel director/manager/officer **3.** ~ **szoba** servant's/domestic's room
szemenszedett *mn* ~ **hazugság** barefaced/brazen/blatant lie
szemereg *i* → **szemerkél**
szemérem *fn* (sexual) modesty; ~ **elleni erőszak** (public) act of indecency
szeméremajkak *fn tsz* labia
szeméremdomb *fn* mons veneris; *szl biz* pubes *tsz*
szeméremsértő *mn* obscene, indecent; ~ **viselkedés** indecent behaviour (*US* -or), *[magamutogatás]* indecent exposure
szeméremszőrzet *fn* pubic hair
szeméremtest *fn* genitals *tsz*, genitalia *tsz*
szemerkél *i* ~ **az eső** it is drizzling
szemérmes *mn* bashful, modest, demure, shy, coy
szemérmetlen *mn* **1.** *[nem szemérmes]* shameless, unabashed, indecent **2.** *[arcátlan]* impudent, barefaced, brazen-faced, insolvent, *[viselkedés]* immodest
szemérmetlenked|ik *i* behave shamelessly/indecently/unchastely, *[mutogat]* expose oneself, *[főnévvel]* be* a flasher
szemérmetlenség *fn* shamelessness, immodesty, impudence, (brazen) insolence
szemernyi *mn/fn* a grain of; **egy ~ sem** (*vmből*) not a grain (v. an atom/ounce) of sg, no trace of sg; **egy ~ esze sincs** be* without a grain of sense; **egy ~t sem aludtam** I didn't sleep a wink
szemes I. *mn* **1.** *növ mezőg* ~ **kávé** coffee-beans *tsz*, whole coffee; ~ **takarmány** corn/cereal fodder, hard feed; ~ **termények** cereals, grain crops **2.** → **szemfüles II.** *fn* **~nek áll a világ** *kb.* keep* your eyes open/skinned/peeled
szemész *fn* ophthalmologist, eye-specialist, *US* oculist
szemészet *fn* ophthalmology
szemészeti *mn* ophthalmological
szemeszter *fn* (half-year) term, semester
szemét *fn* **1.** *[házi]* rubbish, refuse, *US* garbage, *[szanaszét heverő hulladék]* waste, litter, *[piszok]* dirt, filth; ~ **lerakása tilos!** no dumping; **annyi, mint a ~** (there are) heaps of ..., (as) common as dirt/muck **2.** → **szemétdomb**; **~re dob vmt** throw* sg on the rubbish heap; **~re való** *átv* rubbish, trash, garbage **3.** *pej [áruról]* junk, trash, *[olvasmányról]* trash **4.** *[jelzőként] biz* ~ **alak** louse, rat, turd, *US* heel, *GB* tosser, twat; → **társadalom**
szemétdomb *fn* rubbish (v. *US* garbage) tip/heap, refuse dump
szemétégető(mű) *fn* incinerator
szemetel[1] *i [piszkít]* scatter rubbish/litter; **ne ~j!** *[felirat]* Do not litter!
szemetel[2] *i* → **szemerkél**
szemételszállítás *fn* refuse collection, removal/collection of rubbish/refuse
szemetes I. *mn [szeméttel teli]* full of rubbish *ut* **II.** *fn* **1.** dustman°, trashman°, *hiv* refuse collector, *US* garbageman°, *hiv* garbage collector **2.** *[láda]* dustbin, *US* trash can; **hol a ~?** where's the dustbin?
szemeteskocsi *fn [kuka]* dustcart, *US* garbage truck
szemeteszsák *fn* litterbag
szemétgödör *fn* dung-hole/pit, cesspit
szemétgyűjtő *fn [utcai, konténer]* refuse (*US* garbage) container
szemétkosár *fn* waste-paper basket, *US* wastebasket, waste bin
szemétláda *fn* **1.** dustbin, (rubbish) bin, *US* garbage/trash can, *[utcán]* litterbin, *US* litterbag; **pedálos ~** pedal bin **2.** *[ember] szl* turd, heel
szemétlapát *fn* dust-pan
szemétlerak(od)ás *fn* ~ **tilos!** no dumping
szemétlerakodó *mn* ~ **hely/telep** → **szeméttelep**
szeméttelep *fn* (rubbish) dump/tip, (refuse) dumping ground, rubbish-shoot
szemétvödör *fn* → **szemétláda**
szemez[1] *i mezőg* → **beolt** 2
szemez[2] *i* ogle, *biz* (*vkvel*) give* sy (v. each other) the (glad) eye, make* (sheep's) eyes at sy (v. each other)
szemfájás *fn* aching eyes *tsz*
szemfedél *fn* shroud, winding-sheet
szemfedő *fn* → **szemfedél**
szemfelszedés *fn* invisible mending
szemfelszedő *fn* invisible mender
szemfenék *fn orv* eyeground, fundus
szemfenékvizsgálat *fn* fundus examination
szemfényvesztés *fn* **1.** *[bűvészkedés is]* conjuring, jugglery, juggling **2.** *átv* eyewash, deception, trickery, humbug
szemfényvesztő *mn átv* deceitful, delusive
szemfog *fn* eye-tooth°, *tud* canine tooth
szemforgatás *fn átv* hypocrisy, cant, humbug
szemforgató *fn* hypocrite, humbug
szemfüles *mn* clever, wide-awake, sharp, (very much) on the ball *ut*, shrewd, *[élelmes]* resourceful, practical
szemgolyó *fn* eyeball
szemgödör *fn* eye-socket, *tud* orbit, eyehole
szemgyulladás *fn* inflammation of the eye, ophthalmitis
szemhéj *fn* eyelid
szemhéjfesték *fn* eye shadow
szemhéjpúder *fn* eye shadow
szemhunyás *fn* **egy ~t sem aludtam** I didn't sleep a wink, I didn't get/have a wink of sleep
szemhunyorítás *fn* wink(ing)
szemideg *fn* optic nerve
szeminárium *fn* **1.** *[papi]* seminary **2.** *[egyetemi]* seminar, *GB kb.* tutorial **3.** *[tud. tanácskozás]* seminar
szemináriumi *mn* ~ **dolgozat** term paper, (home) essay
szemiotika *fn* semiotics *esz*
szemkápráztató *mn* dazzling, amazing
szemkenőcs *fn* eye ointment
szemképződés *fn mezőg* formation of grains
szemkihúzó *fn* → **szemceruza**

szemközt *hsz/nu* opposite (to), facing, face to face with, in front of, vis-à-vis; **~ ülnek (egymással)** sit* facing/opposite each other
szemközti *mn* opposite, vis-à-vis; **a ~ ház** the house (right) across the street
szemlátomást *hsz* visibly, obviously
szemle *fn* **1.** *[vizsgálat]* review, inspection, survey, view, *kat* review, muster; **~re tesz** *[tárgyat]* exhibit; **~t tart** hold* a review; **~t tart vm felett** review/examine/survey sg **2.** *[folyóirat]* review
szemlehunyva *hsz* with eyes closed
szemleív *fn nyomd* machine proof, advance sheet
szemlejegyzőkönyv *fn* survey report
szemlél *i* view, watch, *fil* contemplate, *[megközelít kérdést stb.]* approach [a problem]
szemlélet *fn* view (of sg), way of looking at (things), *[hozzáállás]* attitude (to sg), *[megközelítés]* approach
szemléletes *mn* clear, graphic, expressive, vividly/clearly described, lifelike; **~ leírása vmnek** a graphic account/description of sg; **~en ír le vmt** give* a graphic description/account of sg, describe sg graphically
szemléletesség *fn* graphic quality, vividness
szemléletmód *fn* approach; → **szemlélet**
szemlélő *fn* spectator, onlooker, *[megfigyelő]* observer
szemlélődés *fn* **1.** looking around **2.** *[belső]* contemplation, meditation
szemlélőd|ik *i* **1.** *[nézelődik]* look (a)round **2.** *[töpreng]* contemplate, meditate
szemléltet *i* demonstrate, illustrate
szemléltetés *fn* demonstration, illustration
szemléltető *mn* demonstrative, illustrative (*US* illust-); **~ ábrák** illustrations; **~ anyag** demonstration material, *[nyelvórán]* realia, illustrative (*US* illust-) material, illustrations *tsz*; **~ példa** illustration, *[szótárban így is]* example/illustrative phrase/sentence
szemléltetőeszköz *fn* visual aid
szemlencse *fn* **1.** *[szemé]* lens **2.** *[műszeré]* eyepiece, ocular
szemlesütve *hsz* with downcast eyes
szemléz *i [újságot]* review
szemmérték *fn* (judgement by the) eye; **jó a ~e** have* a straight eye
szemorvos *fn* ophthalmologist, eye-specialist, *US* oculist
szemölcs *fn orv* wart, *[főleg talpon]* verruca (*tsz:* -cae)
szemöldök *fn* eyebrow; **összehúzza a ~ét** knit* one's brows, frown; **kihúzza a ~ét** pencil (*US* -l) one's eyebrows; **~ét kiszedi** pluck one's eyebrows
szemöldökceruza *fn* eyebrow pencil
szemöldökcsipesz *fn* tweezers *tsz*
szemöldökfa *fn* lintel, transom
szempár *fn* pair of eyes, eyes *tsz*
szempilla *fn* (eye)lashes *tsz*, *[szála]* eyelash; **még csak a ~ja sem rezdült** he didn't bat (v. never batted) an eyelid, he didn't turn a hair (when ...)
szempillafesték *fn* mascara
szempillantás *fn* **1.** *[pillantás]* glance, blink **2.** *[pillanat]* instant, moment, second; **egy ~ alatt** in the twinkling of an eye, (as) quick as a wink, in a flash, in a (split) second, *biz* before you could say Jack Robinson, in a trice/jiffy/shake, in half a shake
szempont *fn* **1.** *[álláspont]* point of view, standpoint, viewpoint, angle, *[meggondolás]* consideration; *[tudományos igénnyel]* aspect; **gazdasági ~ok** economic considerations; **ebből a ~ból** in this respect, from this point of view; **~jából** from the point of view of ..., with a view to ..., in terms of; **lexikográfiai ~ból** from a lexicographical point of view, lexicographically speaking; **vm ~jából** from the viewpoint of sg; **anyagi/pénzügyi ~ból** from the financial aspect, from a financial point of view; **minden ~ból** in every respect; → **önző**, → **bizonyos 2.** **~ok** *[irányelvek]* guidelines
szemrebbenés *fn* blink(ing), twinkle, wink(ing); **~ nélkül** without batting an eyelid, unblinkingly, *[fájdalomnál]* without a wince, *[tréfánál]* with a straight face; *[hidegvérrel]* in cold blood
szemrehányás *fn* reproach, reproof, rebuke; **nem ~ képpen mondom** I am far from reproaching you; **~t tesz** (*vknek*) reproach sy (with/for sg), reprove sy (for sg), castigate sy for sg
szemrehányó *mn* **~ tekintet** look of reproach, reproachful glance
szemrevaló *mn* attractive, good-looking, *kif* she is quite an eyeful
szemrevételez *i* survey, make* a survey of
szemrevételezés *fn* survey, inspection
szemrontó *mn* straining the eye *ut*, causing eyestrain *ut*
szemszög *fn [nézőpont]* point of view, standpoint, aspect, angle; **ebből a ~ből nézve** from this aspect, from the viewpoint of ...; **én nem ebből a ~ből nézem (a dolgot)** I don't see it that way, that's not how I see it, I do not look upon it in that light
szemtanú *fn* (eye)witness; **~ja vmnek** witness sg, be* a (v. an eye) witness to sg, be* present (at)
szemtelen *mn* impudent, impertinent, insolent, brazen (-faced), *biz* cheeky; **~ fráter** impertinent, insolent fellow
szemtelenked|ik *i* behave impertinently/insolently/impudently, be* impertinent, give* lip to sy, *[nővel]* take* liberties with, *biz* get* fresh with; **ne ~j!** enough of your insolence!, damn your cheek!, *biz* don't give me any of your lip
szemtelenség *fn* impudence, impertinence, insolence, effrontery; **micsoda ~!** what a nerve!, what (a) cheek!
szemtelenül *hsz* impertinently, insolently
szemtengelyferdülés *fn* astigmatism
szemű *utótag* **1.** *[látószerv]* -eyed, of ... eye(s) *ut* **2.** *[mag]* -grained
szemügyre vesz *kif* (*vmt*) examine/inspect/scrutinize sg, look at sg closely
szemüreg *fn* eye-socket, *tud* orbit
szemüveg *fn* spectacles *tsz*, glasses *tsz*, *biz* specs *tsz*; **hova tettem a ~emet?** where have I put my glasses?; **~et visel** wear* glasses
szemüveges *mn* wearing glasses/spectacles *ut*, bespectacled
szemüvegkeret *fn* (spectacle) frame, rim
szemüveglencse *fn* spectacle lens
szemüvegtok *fn* spectacle-case, glasses case
szemveszteség *fn mezőg* loss of grain
szemvillanás *fn* **1.** *[szemé]* wink/blink of the eye **2.** *[pillanat]* → **szempillantás**; twinkling
szemvizsgálat *fn* sight-testing
szemzés *fn mezőg* budding
szén *fn* **1.** *[fűtőanyag]* coal, *kém* carbon; **szenet vesz fel** *[hajó]* coal, take* in/on coal; **~né ég** get* charred/carbonized; **~né éget** char, burn* to cinders; **~né égett** *[holttest]* burnt to death *ut*, charred [corpse] **2.** *[orvosság]* medicinal charcoal (tablets *tsz*) **3.** *[rajzszén]* (drawing) charcoal; **~nel rajzol** draw* with charcoal
széna *fn* hay; **rosszul áll a ~ja** (s)he is going through a bad patch, (s)he is in a bad way; **~(-e) vagy szalma?** (i) *[igen vagy nem]* yes or no? (ii) *[jó-e v. rossz]* good or bad?
szénaboglya *fn* haycock
szénagyűjtés *fn* haymaking, hay harvest
szénahordás *fn* getting in of hay
szénaillat *fn* smell of hay
szénakaszálás *fn* haymaking
szénakazal *fn* haystack, hayrick
szénanátha *fn* hay-fever, *orv* pollenosis
szénásszekér *fn* hay-cart/wagon
szénatermés *fn* yield of hay
szenátor *fn* senator
szenátus *fn* senate; *US* **a(z amerikai) ~** the Senate
szénbánya *fn* coal-mine, pit, colliery

Sz

szénbányász *fn* (coal-)miner
szénbányászat *fn* coal-mining/industry
széncinege, -cinke *fn* great tit
szende *mn* gentle, meek, ingenuous, artless, naive, unsophisticated
szendereg *i* doze, take* a nap, slumber
szendergés *fn* slumber, nap, dozing, doze
szenderül *i* **álomba ~** doze off, drop off to sleep → **jobblétre**
szendeség *fn* gentleness, meekness, ingenuousness, naiveté, artlessness
szén-dioxid *fn kém* (CO_2) carbon dioxide
széndioxid-kibocsátás *fn körny* carbon-dioxide discharge/emission
szendvics *fn* sandwich
szendvicsestál *fn [edényfajta]* sandwich plate
Szenegál *földr* Senegal
szenegáli *mn/fn* Senegalese
szénégetés *fn* charcoal-burning
szénégető *fn* **1.** *[ember]* charcoal-burner **2.** *[kemence]* charcoal-furnace/kiln
szenel *i* coal, take* in/on coal
szénellátás *fn* coal supply
szenes I. *mn* coaly, *[elszenesedett]* charred, carbonized **II.** *fn* → **szenesember**
szenesember *fn* coal man°
szeneskanna *fn* coal bin
szeneskocsi *fn* coal cart/truck/wagon
szenesláda *fn* hod
szeneslapát *fn* coal-shovel/scoop
szenesvödör *fn* coal-scuttle
szénfejtés *fn* coal-cutting/drawing
szénfekete *mn* coal/jet-black
szénhiány *fn* coal shortage, lack of coal
szénhidrát *fn kém* carbohydrate
szénhidrogén *fn kém* hydrocarbon
szenilis *mn* senile, decrepit, *biz* ga-ga; **~sé válik** dote
szenilitás *fn* senility, dotage
szenior *fn* senior, doyen
szénkereskedő *fn* coal-merchant
szén-monoxid *fn kém* (CO) carbon monoxide; **a ~ koncentrációja** the concentration of carbon monoxide
szénpor *fn* coal-dust
szénrajz *fn* charcoal (drawing), sketch drawn in charcoal, charcoal sketch
szénréteg *fn* coal layer/seam/bed/stratum°
szénrúd *fn [ívlámpában]* carbon rod
szénsav *fn kém* **1.** (H_2CO_3) carbonic acid **2.** → **szén-dioxid**
szénsavas *mn [ital]* carbonated, effervescent, aerated, sparkling; **~ üdítőitalok** carbonated soft drinks; **nem ~** still [drink], non-carbonated
szénszünet *fn okt tört* ‹school holiday due to shortage of coal›
szent I. *mn* **1.** *(röv* **szt.** v. **Szt.***)* holy, *[szentelt]* sacred, hallowed; **~ Isten!** God Almighty!, good God/grief!, heavens!; **a haza ~ ügye** the sacred cause of the country; **~ fogadalom** solemn vow; **~ föld** hallowed ground; *tört* **Sz~ Jobb** the Holy Right Hand [of St. Stephen]; *tört* **Sz~ Korona** the Holy Crown; **Sz~ Szövetség** *tört* Holy Alliance; **~ kötelességem** it is my bounden duty; **hát semmi sem ~?** is nothing sacred? **2.** *[személynévvel]* Saint *(röv* **St***)*; **Sz~ István** St. *kimondva:* snt Stephen; **Sz~ László** St Ladislaus, St László **3.** *biz [bizonyos]* **annyi ~, hogy** one thing (v. that much) is certain *(utána kettőspont* v. that . . .) **II.** *fn* saint; **a ~ek élettörténete/élete** hagiography, hagiology; **~té avat** canonize; **~té avatás** canonization
széntabletta *fn* medicinal charcoal tablets *tsz*
széntartalmú *mn* carboniferous, coal-bearing
szentatya *fn vall [római katolikus]* **a Sz~** the Holy Father
szentbeszéd *fn* sermon; **~et mond** preach [a sermon]
szentel *i* **1.** *vall* consecrate, dedicate; **pappá ~** ordain **2.** *átv* devote (to), dedicate (to); **vmnek ~i az életét/magát** dedicate/devote one's life (v. oneself) to sg; **időt ~ vmre** spend* time on sg, find* time to sg; **külön fejezetet ~ a kérdésnek** devote a (separate) chapter to the question; → **figyelem**
szenteltvíz *fn* holy/consecrated water
szentély *fn* **1.** *[vallási szempontból]* sanctuary, shrine, *[izr.]* tabernacle **2.** *épít* chancel, choir **3.** *átv* shrine
széntermelés *fn* coal production/output
szentesít *i [törvényt]* sanction, *[megerősít]* approve, confirm, sanction; *[szerződést]* ratify; **a cél ~i az eszközt** the end justifies the means
szentesítés *fn [törvényé]* sanctioning; *[szerződésé]* ratification; *[megerősítés]* approval, confirmation
szentesked|ik *i* be* sanctimonious, affect piety, play the saint
szenteskedő *mn pej* **~ ember** holy Joe
szenteste *fn* Christmas Eve
Szentföld *földr bibl* the Holy Land
Szentháromság *fn vall* the Holy Trinity
szentimentális *mn* sentimental, emotional, *GB biz* soppy; **~ történet** sob stuff/story, *biz* tearjerker
szentírás *fn* **1.** *vall* **a Sz~** the Holy Scripture, the Scriptures *tsz*, the (Holy) Bible, the Good Book **2.** *átv* **ez ~** it's (the) gospel truth, it's gospel; **ne vedd ~nak!** don't take it for gospel; **~nak veszi szavát** (v. **amit mond**) take* sy's word as gospel
Szentivánéji álom *fn [cím]* A Midsummer Night's Dream
szentjánosáldás *fn* stirrup-cup, farewell drink, *biz* one for the road
szentjánosbogár *fn* glow-worm, firefly, *US biz* lightning bug
szentkép *fn* sacred image, icon, ikon
szentlecke *fn* lesson, lection
Szentlélek *tul bibl* the Holy Spirit/Ghost
szentmise *fn* (holy) mass
szentség *fn* **1.** *[állapot]* sanctity, holiness; → **magántulajdon** **2.** *[keresztség stb.]* sacrament; **a ~ekhez járul** partake of the sacraments **3.** *durva* **a ~it!** damn it!, *[enyhébb]* darn it!
szentséges *mn* holy, sacred
szentségtörés *fn* sacrilege, profanation
Szentszék *fn* Holy See
szentül *hsz* **~ hiszi** believe firmly; **~ ígéri, hogy** promise solemnly to, he vows that (v. not to); **~ megígérte, hogy többet nem teszi** he vowed he'd never do it again
széntüzelés *fn* coal heating
széntüzeléses *mn [kályha]* solid-fuel(-fired) [stove]
szenved *i* **1.** suffer, *[fájdalmai vannak]* be* in pain, *[lelkileg]* anguish; **vmben/vmtől ~** suffer from; **sokat ~ a melegtől** he suffers badly from the heat, he feels the heat badly **2.** *[elszenved]* suffer, undergo*, bear*, endure; **súlyos balesetet ~ett** (s)he had a serious accident; **súlyos belső sérüléseket ~ett** (s)he sustained severe internal injuries; **vereséget ~** suffer defeat, be* defeated; → **halasztás** **3.** *biz* **nem ~hetem** *(vkt)* I can't suffer/stand/bear him
szenvedély *fn* **1.** *[érzelem]* passion; **~ nélkül** dispassionately **2.** *[időtöltő szórakozás]* hobby; **~e a sport** (s)he is a sports fan (v. biz buff) **3.** *[káros]* addiction; **vmlyen ~nek hódol** be* addicted to sg
szenvedélybeteg *fn* addict [drug addict, heroin addict etc.]
szenvedélybetegség *fn* addiction
szenvedélyes *mn [jellem]* passionate, *[vágy]* ardent, burning, *[vita]* heated; **~ futballszurkoló** a great football/soccer fan; **~ hódoló** fervent admirer; **~ sakkozó** *biz* a chess fiend; **~ tévénéző** be* addicted to television, *biz* be* a TV buff
szenvedélyesen *hsz* passionately

szenvedés *fn* suffering, torment, *[lelki]* anguish → **hosszú**
szenvedő I. *mn* **1.** suffering; ~ **fél** the injured party, the sufferer **2.** *nyelv* ~ **(ige)alak** the passive (voice) **II.** *fn* **1.** *[személy]* sufferer, victim **2.** *nyelv [szenvedő igealak]* **~ben van** be* in the passive; ~ **szerkezet** passive voice
szénvegyület *fn* carbon compound
szenveleg *i* behave affectedly, *(vmt)* affect sg
szenvtelen *mn* detached, impassive, *[közönyös]* indifferent, unconcerned, *[arc]* emotionless
szenzáció *fn* sensation, *[felhajtás]* stir, *[hírlapi] biz* scoop, *US* beat; **a hír ~t keltett** the news created a stir; **az újság tele van ~val** the paper is full of sensational reports
szenzációhajhászás *fn* sensation-mongering, sensationalism
szenzációs *mn* **1.** sensational, thrilling; ~ **esemény** front-page news; ~ **újságcím** *biz* screamer **2.** *biz [nagyszerű]* marvellous, sensational; ~ **ötlet** brilliant idea, brain-wave
szenny *fn* dirt, filth, *[nyomoré]* squalor
szennycímoldal *fn* half-title, bastard title
szennycsatorna *fn* → **szennyvízcsatorna**
szennyes I. *mn* dirty, filthy, unclean, *átv* foul, filthy; ~ **gondolatok** foul/impure thoughts **II.** *fn [ruha]* dirty linen, laundry; *átv* **kiteregeti a ~ét** wash one's dirty linen in public
szennyesláda *fn* linen/clothes basket/bin/hamper, *US* laundry chest/box
szennyeszsák *fn* clothes bag, *US* laundry bag
szennyez *i [vizet, levegőt stb.]* pollute, *[vizet így is]* contaminate, *[ruhát]* soil, dirty, *átv* sully
szennyező *mn* ~ **anyagok** pollutants
szennyeződés *fn [levegőé stb.]* pollution, *[vízé így is]* contamination, *[csak az eredmény]* impurity, *[folt]* stain
szennyeződ|ik *i* get* dirty/filthy/soiled, *kém* become*/get* polluted/contaminated
szennyfolt *fn* **1.** *[piszok]* stain, smudge **2.** *[szégyenfolt]* blemish, slur, stain, blot
szennyirat *fn* rag, (scurrilous) sheet
szennyirodalom *fn [pornó]* pornography, pornographic literature, porn(o), *[ponyvairodalom]* trash(y literature), pulp fiction
szennylap *fn [újság]* rag; **~ok** gutter-press
szennyvíz *fn* sewage, dirty/slop water, cess-water
szennyvízcsatorna *fn* sewer, drain(pipe)
szennyvízelvezetés *fn* sewage disposal
szennyvíztisztító I. *fn bány* cleaning plant **II.** *mn* ~ **telep** sewage farm
szép I. *mn* **1.** *ált* beautiful, nice, lovely, *[nő]* beautiful, lovely, pretty, attractive, fair, *[férfi]* handsome, *[férfi, nő]* good-looking, *[idő]* fine, nice, lovely [day], *[ruha* v. *egyéb]* lovely, nice; ~ **álmokat!** sleep well!, sweet dreams!; ~ **arc** good looks *tsz*; ~ **arcú** with a beautiful face *ut*; ~ **hangja van** (s)he has a fine/pleasant voice; ~ **fizetés(e van)** have* a nice/tidy salary; ~ **idő van** it's a fine/nice/lovely day; ~ **kis összeg** tidy/nice little sum; **egy ~ napon** one fine day; ~ **számban** a good many, a fair number of; ~ **szóval többre mész vele** you'll find persuasion is better than force with him/her; *kif* soft and fair goes far; ~ **tiszta** it's nice and clean; **nagyon ~ város** it's a (very) beautiful town/city; **ez nem ~ tőle** that's not (very) nice (v. that's very unkind) of him/her **2.** *iron* fine, pretty; **ez mind igen/nagyon ~, de** that is all very fine/well but; ~ **kis ügy!** a fine/pretty kettle of fish; ~ **lassan** at an easy pace **II.** *fn* **1.** *[fogalom]* beauty, the beautiful; **mi ebben a ~?** *[pl. egy versben, képben, zenében]* what is there to admire in this?; **sok ~et hallottam önről** I've heard a lot of good things about you, you were highly spoken of; **sok ~et láttam** *[utazásom során]* I've seen much to admire (on my trip); **~et álmodik** have* beautiful dreams **2. a falu ~e** the belle/beauty of the village; **Magyarország ~e** Miss Hungary **3. teszi a ~et vknek** court sy, pay* court to sy
szépanya *fn* great-great-grandmother
szépapa *fn* great-great-grandfather
szeparatista *fn pol* separatist
szeparatizmus *fn pol* separatism
szépasszony *fn* fair lady, beauty
szépecskén *hsz* pretty well
szepeg *i* whimper
szépen *hsz* **1.** beautifully, nicely, prettily; ~ **beszél** be* a good speaker; *[barátságosan]* speak* gently; ~ **beszél angolul** his/her English is very good; ~ **ír** write* a good hand; *[író]* write* well; ~ **hegedül** (s)he plays the violin beautifully; ~ **sikerül** come off nicely; **kérem ~** will you please/kindly; may I trouble you for …, please …; **köszönöm ~** thank you very much, (many) thanks; ~ **élnek** they are happy **2.** *iron* ~ **vagyunk** we have had it, we are in a fine/nice mess; ~ **elintézték** *[megverték]* he got a good hiding
szépérzék *fn* (artistic) taste, sense of beauty
szépfiú *fn* dandy, *elav* beau
szépia *fn [festék]* sepia
szépírás *fn* calligraphy, penmanship
szépíró *fn* belletrist
szépirodalmi *mn* literary, belletristic; ~ **művek** works of literature
szépirodalom *fn* fiction, belles-lettres *esz*
szépít *i* **1.** *[díszít]* embellish, adorn, *[szebbé tesz]* beautify, improve the look of; **~i magát** make* oneself up, titivate oneself, smarten oneself up **2.** *[kimagyaráz]* gloss over, whitewash, find* excuses for *(mindegyik:* sg); **~i a dolgokat** mince matters (v. one's words)
szépítés *fn* **1.** *[díszítés]* embellishment, improving **2.** *[kimagyarázás]* glossing over; ~ **nélkül** without mincing matters, baldly
szépítő *mn* ~ **kifejezés** euphemistic expression, euphemism; **~en** euphemistically
szépítőszer *fn* cosmetics *tsz*, make-up
szeplő *fn* **1.** *[bőrön]* freckle **2.** *átv* blot, blemish; ~ **esett a becsületén** a stain/slur was cast on his reputation
szeplős *mn* freckled, freckly
szeplőtelen *mn* stainless, unstained, taintless; *vall* ~ **fogantatás** Immaculate Conception
szeplőtlen *mn* **1.** *[bőr]* unfreckled **2.** → **szeplőtelen**
Szépművészeti Múzeum *tul* Museum of Fine Arts
szépnem *fn* the fair/gentle sex
széppróza *fn* (prose) fiction, works of fiction *tsz*
szépség *fn* beauty; **a ~ nem minden** beauty is only skin deep
szépségápolás *fn* beauty treatment/care, *[mint szakma]* cosmetology
szépséghiba *fn* (physical) defect, blemish, *[csak vmé]* flaw
szépségkirálynő *fn [báli]* the belle of the ball, *[versenygyőztes]* beauty queen; **az olasz ~** Miss Italy; → **szép II 2**
szépségszalon *fn* beauty parlour (*US* -or), beauty salon
szépségtapasz *fn* beauty-spot
szépségverseny *fn* beauty contest
szépszerével *hsz [rábeszéléssel]* ~ **elér vmt** talk sy over/round; **ha nem ~, akkor erőszakkal** by fair means or foul
szepszis *fn orv* sepsis
szept. *röv* → **szeptember**
szeptember *fn* (*röv* **szept.**) September; **~ben, ~ folyamán** in (the course/month of) September (*röv* **Sep., Sept.**); ~ **hóban/havában** in the month of September; ~ **26-án** on 26(th) September (*kimondva:* on the twenty-sixth of September *főleg US:* on September 26 v. 26th); *[levélben]* **1989. ~ 6.** 6 September (v. *US* September 6th) 1989
szeptemberi *mn* of/in September *ut*, September; **egy ~ napon** on a (v. one) day in September, on a (v. one) September day
szeptim *fn zene* seventh
szépül *i* grow* more beautiful, *[dolog]* improve, look better, *(vk)* get* prettier, blossom out, *[város stb.]* blossom, bloom

szer *fn* **1.** *[eszköz]* implement, appliance **2.** *[vegyszer]* chemical (agent), agent, *[orvosság]* remedy, drug, medicine; **féregirtó ~** pesticide, insecticide; **reuma elleni ~** antirheumatic drug **3.** *[tornaszer]* apparatus (*tsz* apparatus v. -uses); *[kalapácsvetőé]* hammer; *[súlydobóé, -emelőé]* weight; **~enkénti döntő** finals for each apparatus *tsz* **4. ~ét ejti vmnek** find*/see* a way (to do sg), find* a means to ...; **~ét ejtette, hogy** he managed to ..., he found a means to; **~t tesz vmre** get*/obtain/acquire sg, get* hold of sg, lay* hands on sg

szerb *mn/fn* Serbian

Szerbia *földr* Serbia

szerbiai *mn/fn* Serbian

szerbül *hsz* **~ beszél** speak* Serbian; **~ mond vmt** say* sg in Serbian; **~ van (írva)** it is (written) in Serbian

szerda *fn* Wednesday; **~n** on Wednesday; **minden ~n** on Wednesdays, every Wednesday, *US* Wednesdays; **~n este** Wednesday evening/night; **~ra** by Wednesday

szerdai *mn* of Wednesday *ut*, Wednesday, Wednesday's; **a ~ nap folyamán** in the course of Wednesday, on Wednesday; **egy ~ napon** on a Wednesday; **a múlt ~ hangverseny** last Wednesday's concert

szerdánként *hsz* every Wednesday, on Wednesdays, *US* Wednesdays

szerecsen *elav* **I.** *mn [mór]* Moorish, Saracen, *[fekete]* Black **II.** *fn [mór]* Moor, Saracen, *[fekete]* Black; **~t mosdat** whitewash sy

szerecsendió *fn* nutmeg

szerecsenmosdatás *fn kb.* attempted whitewashing of sy

szerel *i* **1.** *[gépet egybe]* mount, assemble, set* up, put* together **2.** *sp* tackle

szerelékek *fn tsz* accessories, appliances, fitments, fittings

szerelem *fn* **1.** *[érzelem]* love (*vk iránt* of/for sy); **~ből** for love; **~ből nősül** marry for love; **~ első látásra** love at first sight; **az ég szerelmére** for heaven's sake; **a ~ nem játék** never trifle with love; **az Isten szerelmére** for God's/Christ's/Goodness(') sake; **szerelmet vall vknek** declare one's love to sy **2.** *[mint személy]* love, sweethart; **szerelmem!** (my) darling!, my love!; **sok szerelme volt házassága előtt** (s)he had many (love-)affairs before her/his marriage

szerelemféltés *fn* jealousy

szerelemgyerek *fn* love child°

szerelés *fn* **1.** *műsz [beszerelés]* mounting, fitting, installation, *[össze-]* assembly **2.** *sp* tackle, kit, gear, tackling **3.** *szl [öltözék]* gear, outfit, *GB* clobber, togs *tsz*; **milyen ~ben jössz?** what gear will you be wearing?

szerelési *mn* **~ költség** cost of installation/fitting

szerelmes I. *mn* in love *ut*, loving; **~ vkbe** be* in love with sy, love sy; **~ lesz vkbe** fall* in love with sy, *biz* fall* for sy; **~ek egymásba** they're in love (with each other); **~ levél** love-letter; **~ vers** love-poem; → **fül**, → **halálosan II.** *fn* **vknek a ~e** *[férfi]* sy's/one's lover, *[nő]* sy's/one's sweetheart/lover

szerelmesked|ik *i* **1.** bill and coo, spoon, kiss and hug/cuddle **2.** → **szeretkezik**

szerelmespár *fn* the (young) lovers *tsz*, loving couple

szerelmi *mn* love(-), of love *ut*; **~ bájital** love potion; **~ bánat** lovesickness, pangs of love *tsz*; **~ csalódás érte** was disappointed/crossed in love; **~ háromszög** (the eternal) triangle; **~ házasság** love match; **~ költészet** love poetry; **~ történet** love-story; **~ vallomás** declaration of love

szerelő *fn [autó]* (car/motor) mechanic, *[gépgyári]* fitter, *[gáz~]* (gas) fitter, *vill* electrician

szerelőakna *fn* repair pit

szerelőcsarnok, -műhely *fn* assembly hall/shop, *[autójavító]* car repair shop

szerelőruha *fn* overalls *tsz*, boiler suit

szerelvény *fn* **1.** *műsz* **~ek** mountings, fittings, accessories, appliances; *[víz, gáz, csatorna, mint felirat is]* plumbing **2.** *kat* kit **3.** *vasút* train

szerelvényfal *fn [autón]* dashboard, instrument board, *US* instrument panel, *[repülőgépen]* instrument panel

szerenád *fn* serenade

szerencse *fn* **1.** (piece of good) luck; **jó ~** good luck; **~ fel!** good luck (to you)!; **~, hogy** fortunately ..., it is lucky that; **az a ~ érte** ... he had the good fortune (to ...), he had the luck (to ...); **ez az én ~m!** just my luck!; **~je van** have* good luck, be* in luck, be* lucky/fortunate (*vmben* in); **nincs ~je** have* no/hard/bad luck (*vmben* in), be* unlucky, *kif* be down on one's luck, be* out of luck; **~re** luckily, fortunately, happily; **~mre** luckily for me; **a ~re bíz vmt** leave*/trust sg to chance, take* one's chance; **~t hoz vknek** bring* sy (good) luck; **~t kíván vknek** wish sy (good) luck; **jó ~t!** good luck!; **~t próbál** take* one's chance, try one's luck/fortune, *[elutazva]* seek fortune; **megcsinálta a ~jét** (s)he has made his/her fortune **2.** *[régies udvariassági kifejezések]* **részemről a ~** it's my pleasure; **van ~m** *[köszönés]* how do you do?, pleased to meet you; *gazd* **van ~m értesíteni** I beg to inform you; *[boltban]* **legyen ~m/~nk máskor is(, viszontlátásra)!** thank you, call again; please do come again, I hope to see you again; → **bátor**, → **kovács**

szerencsecsillag *fn* lucky star; **~a hanyatlik** his star is on the wane

szerencsefillér *fn* luck-penny

szerencsejáték *fn* game of chance, *[űzése]* gambling

szerencsekerék *fn* lottery wheel

szerencsekívánat *fn* congratulations *tsz*, good wishes *tsz*

szerencselovag *fn* adventurer, soldier of fortune, *US* carpet-bagger

szerencséltet *i* honour (*US* -or) sy with one's presence/visit, give* sy the pleasure of

szerencsemalac *fn kb.* mascot

szerencsés *mn* lucky, fortunate, happy; **~ vmben** be* lucky/fortunate in sg; **~ csillagzat alatt született** he was born under a lucky star; **~ fickó** lucky chap/dog; **~ gondolat volt** it was an excellent idea; **~ kimenetelű baleset** non-fatal accident; **~ utat!** have a safe/pleasant journey!, have a good trip!

szerencsésen *hsz* **~ megérkeztem** I (have) arrived safely; **~ megmenekült** he got* off cheaply, he had a narrow escape; → **végződik**

szerencsétlen *mn* **1.** (*vk*) unlucky, unfortunate, unhappy; **~ asszony!** the poor woman°!; **~ alak/flótás** unlucky fellow, poor devil **2.** *[esemény, dolog]* disastrous, calamitous, fatal, sad, *[körülmény]* adverse; **~ nap** an evil day

szerencsétlenség *fn* **1.** *[balszerencse]* misfortune, bad/ill luck, mishap; **~ére elkésett** most unfortunately for him he arrived too late; **~ üldözi** have* a run of ill-luck **2.** *[baleset]* accident, *[katasztrófa]* disaster, catastrophe; **vasúti ~** railway accident; **halálos (kimenetelű) ~** fatal accident; **a ~nek halálos áldozatai nem voltak** there were no fatalities, no-one was killed in the accident; → **rakás**

szerencsétlenül *hsz* unfortunately, miserably; **~ jár** (i) *[balesetet szenved]* meet* with an accident (ii) *átv* come* to grief (iii) *[életét veszti]* meet* with a fatal accident, be* killed in an/the accident

szerencsevadász *fn* fortune hunter, adventurer

szerény *mn* **1.** (*vk*) *[nem dicsekvő]* modest, humble, unboastful, *[igényeiben nem követelődző]* unassuming, unpretentious, undemanding, modest, *[félénk, visszahúzódó]* retiring, diffident, shy, quiet, *kif* stay in the background; **a leg~ebb ember, akivel valaha is találkoztam** he is the most modest person I have ever met; **~en él** live simply; **~en viselkedik** be* modest, behave modestly, be* retiring; *kif* take* the back seat, *biz* have* no side **2.** (*vm*) modest, *[mérsékelt]* moderate; **~ ebéd** frugal meal; **~ életmód** simple (way of) life, plain living; **~ igények** modest demands; **~(ebb) igényű** modest [flat etc.]; **~ fizetés** modest salary; **~ képességek** (*vké*) modest talents *tsz*; **~ kéréssel állt elő** asked for a small favour (*US* -or); **~**

(anyagi) körülmények moderate means; ~ **véleményem szerint** in my humble opinion

szerényked|ik *i* **1.** *[szerényen viselkedik]* be* modest, behave modestly, keep* in the background **2.** *[szerénynek mutatja magát]* affect modesty

szerénység *fn ált* modesty, unpretentiousness, self-effacement, *[mérsékeltség]* moderation, temperateness

szerénytelen *mn* immoderate, immodest, *[öntelt]* conceited

szerénytelenség *fn* immodesty, (self-)conceit, want/lack of modesty; ~ **nélkül állíthatom** without wanting to appear immodest, I can (safely) say ...

szerep *fn* **1.** *szính film és ált* part, role; **vmlyen ~ben jelenik meg, vmben ~et játszik** *szính* play the part/role of sy, appear as sy; **vmlyen ~et vesz fel** *pej* pasture/pose as; **Hamlet ~ét játssza** play (the part/role of) Hamlet; **szépen/jól mondta/tudta a ~ét** (s)he spoke/acted his/her part very well; **fontos ~et játszik** (*vmben*) play an important part/role (in sg), take* a prominent part (in sg); **nem sok ~e volt az eseményekben** he had only a small part in these events; **~e van vmben** have a part in doing sg **2.** *szính [a szöveg]* part, lines *tsz* **3.** *[funkció]* role, part, function; **a technika ~e a termelésben** the role of technology in production; **a számítógép ~e az oktatásban** the role/use of computers in teaching, *[pl. mint könyvcím]* computer-assisted teaching; **a szív ~e** the function of the heart; **vmnek nagy ~e volt vmben** sg played a great part in sg; **a pénz nem játszik ~et** it's not a question of money, money isn't a consideration, money is no object; **fontos ~et játszik vmben** play a significant role in sg; → **alárendelt**

szerepálom *fn* dream role

szerepel *i* **1.** *[fellép vmben, vhol]* perform, appear (in/as), play sy in sg; **Huszti ma az Ember tragédiájában** ~ Huszti is playing/appearing in the "Tragedy of Man" tonight; **XY ~ a Hamletben** YX plays (v. appears as) Hamlet; **a válogatott külföldön** ~ the team is touring overseas/abroad; **a rádióban** ~ *[éppen adásban van]* be* on (the) radio, be* on the air; **a televízióban** ~ appear/be* on television; **holnap ~ a tévében** X is going on television tomorrow; **X is ~ a műsorban** X also features on the programme/show; **jól ~t a csapat Londonban** the team did well (v. put* up a good show) in London; **jól ~t a vizsgán** (s)he did well in the examination/exam(s); **gyengén ~t a vizsgán** (s)he did poorly in the exam/examination; **sokat ~ a nyilvánosság előtt** be* in the limelight, be* (very much) in the public eye **2.** *[vmlyen funkciója van]* act/function as **3.** *[jelen van]* figure, appear, *[benne foglaltatik]* be* included (in); **ez a cikk nem ~ a listán** this article is not on the list

szerepeltet *i* **1.** *[könyvben]* describe, present, include **2.** *[színészt]* have* sy appear in a part

szerepkör *fn* **1.** *szính* roles *tsz* **2.** *átv* sphere of action, (range/scope of) sy's duties

Sz

szereplés *fn szính* acting, playing, appearance; **szereti a ~t** *[a közéletben]* be* fond of the limelight, like to be in the public eye

szereplő I. *mn* **az ügyben ~ személyek** the persons involved in the affair **II.** *fn* **1.** *[színész]* actor, *[alak irodalmi műben]* character; **~k** *[regényben]* characters; *[színdarabban]* cast, characters, dramatis personae, *[filmben]* cast; **főbb ~k** *[filmben, színdarabban]* leading roles **2.** *[vmely eseményben]* participant

szereposztás *fn* cast; **a ~ a következő** the cast is as follows

szeret *i* **1.** *[vkt szeretettel]* love, like, be* fond of, *[vkt szerelmesen]* love, be* in love with; **vkt vknél jobban ~** like sy better than sy, prefer sy to sy; **nagyon ~ vkt** love/like sy very much, be* very fond of sy, adore sy; **igen ~i az unokaöccsét** he is very fond of his nephew; **~ik egymást** *[szerelmesek]* they are in love (with each other) **2.** (*vmt*) like (sg/to do sg/doing sg), care for (sg/to do sg), be* fond of (sg/doing sg), *[nagyon]* be* keen on sg; **~ek kerékpározni** I like biking; **~i a hasát** he worships his stomach; ~ **olvasni** he likes to read, he likes reading, he is fond of reading; ~ **táncolni** she is fond of dancing; **vmt vmnél jobban ~** like sg better than sg, prefer sg to sg; **nem ~ vmt** doesn't like sg, doesn't care for sg (to do sg); **nem ~em, de nem is utálom** I neither like nor dislike it **3.** *[vágy, óhaj]* **~ném, ~nék** I should like to, I wish I could; **~nék néhány szót váltani önnel** I would like to have a word with you; **jobb ~nék itt maradni** I would rather stay here, I'd prefer to stay here; **jobban ~ném, ha nem** I would rather not; **~nék vmt inni** I could do with a drink; **~ném tudni** I should like to know (if/whether), I wonder (if/how/where/why etc.); **~ném, ha otthon lennénk** I wish we were (at) home; **~ne eljönni?** would you like to come?, would you care to visit us?; **~nél inni vmt?** would you care for a drink?; **gondolni sem ~ rá** he hates the idea; **~tem volna széttépni dühömben** I was so angry I could have torn him limb from limb

szeretet *fn* love, affection, fondness, liking (for); → **felebaráti**; **testvéri ~** fraternal/brotherly love/affection; **tedd meg iránta való ~ből** do it for his/her sake; **~ének jelei** the tokens of his affection; **~tel viseltetik vk iránt** have* a fondness/liking for sy; **mindenkit ~tel várunk** all welcome; **~tel** *[levél végén]* With (much) love, ...; Yours affectionately, ... *[és alattuk a keresztnév]*

szeretetadomány *fn* (charitable) gift

szeretetcsomag *fn* gift parcel, *[étel]* food package

szeretetház *fn* → **szeretetotthon**

szeretetlen *mn* loveless, unloving, unfeeling

szeretetotthon *fn [öregeké]* old people's home [run by a church], rest-home

szeretetreméltó *mn* lovable, likeable

szeretetszolgálat *fn* **1.** *[tevékenység]* charity work (of a church), *[szervezet]* Christian social work **2. ökumenikus ~** Interchurch Aid

szeretett *mn* beloved, much-loved, dear(est); ~ **anyám** *[levélben]* dearest mother; **mindenki által ~** beloved by all

szeretetteljes *mn* loving, affectionate, fond

szeretetvendégség *fn* agape

szeretkezés *fn* love-making

szeretkez|ik *i [vkvel]* make* love (to sy), have* sexual intercourse (with sy), *biz* have* sex (with sy)

szerető I. *mn* loving, affectionate; ~ **feleség és anya** devoted mother and wife; ~ **gondoskodás** tender (loving) care **II.** *fn [nőé]* lover, *[férfié]* mistress

szeretteim *fn* my loved ones

szerez *i* **1.** *[magának]* obtain, get* acquire, gain, get* hold of, (*vknek vmt*) procure (sg for sy), find* (sg for sy); **állást ~** find*/get* a job; **barátokat ~** make* friends; **betegséget ~** contract/catch* an illness (v. a disease); **oklevelet ~** take*/obtain a degree [at a university etc.], get* a diploma, graduate from [a university etc.]; **pénzt ~** raise money, raise the wind; **tudomást ~ vmről** sg comes to one's knowledge, find* out about sg, discover sg; → **dicsőség**, → **hírnév**, → **öröm**, → **vagyon 2. zenét ~** compose [music]; **zenéjét ~te** ... music by ...

szerfölött *hsz* excessively, immoderately

szergyakorlat *fn sp* apparatus exercises *tsz*

szeri *msz* **se ~, se száma** → **szám 6**

-szeri *utótag* (repeated) ... times; **négy~ étkezés** meals four times a day

széria *fn* series (*tsz* series); **~ban** serially; **~ban gyárt** mass-produce, produce on the line; **~ban gyártott** mass-produced

szériagyártás *fn* standardized/serial production, series production

szerint *nu* according to, in accordance with, *hiv* as per; **ezek ~** so, accordingly, (in) this way, consequently; **a ~ a hír ~** according to the news; **e ~ a hír ~** according to this report; **ígérete ~ cselekszik** act upon one's promise; **kívánsága ~** at/by sy's wish/request; **megegyezés ~** as agreed; **mérték ~** *[ruha, cipő]* made to measure; **P. Cardin tervei ~ készült ruhák** garments made to P. Cardin designs; **név ~ említ** mention by name; **szívem ~** to my heart's content; **tetszés ~** as you wish/please; **~e, véleménye ~** in his/her opinion/view; **~em** to my mind, in my opinion; **~em csinos** I think she is pretty; → **igazság**, → **menetrend**, → **nagyság**, → **név**, → **rendfokozat**, → **valószínűség**

szerk. *röv* → **szerkesztette**

szerkentyű *fn biz* gadget; **új ~k** (lots of modern) gadgetry

szerkeszt *i* **1.** *[lapot, könyvet]* edit, *[szótárt, lexikont összeállít, újat]* compile, make* [a dictionary, encyclopedia]; *[gépet]* design, construct, build*; *[megszerkeszt, ill. régit újra]* edit, *ált [könyv kéziratát nyomda számára előkészíti]* copy-edit; **~ette** (i) (*röv* **szerk.**) *[könyvet]* edited by *[és a név]* (ii) *[szótárt stb.]* editor *[és a név]*; Editor-in-Chief *[és a név]* (*röv* **ed.**, *tsz* **eds.**) **2.** *[okiratot]* draft, draw* up [legal instrument] **3.** *[gépet]* design, construct [machine] **4.** *[mondatot]* construe, construct [a sentence] **5.** *[mértani idomot]* construct; **szerkesszünk egy egyenlő oldalú háromszöget** let us construct an equilateral triangle

szerkesztés *fn* **1.** *[lapé, könyvé]* editing, *[szótár, lexikon összeállítása]* compilation, *[megszerkesztés]* editing; **XY ~ében** edited/compiled by YX **2.** *[okiraté]* drafting, drawing up **3.** *műsz* construction

szerkesztési *mn* **1.** *műsz* constructional, design **2.** *[szótár stb.]* **~ elvek** (editorial) policy; **~ utasítás(ok)** style sheet/book

szerkesztő *fn* **1.** *[lapé, könyvé, szótáré]* editor, *[szótáré stb.]* editor, compiler; **felelős ~** senior editor; **szervező ~** managing editor; **vezető ~** chief editor **2.** *[rádió- v. tévéműsoré]* editor; **felelős ~** executive editor; **~ és kiadó egy személyben** editor and publisher in one **3.** *[gépé]* constructor

szerkesztőbizottság *fn* editorial board

szerkesztőbizottsági *mn* **~ értekezlet** (editorial) board meeting; **~ tag** member of the editorial board, board member

szerkesztői *mn* **~ üzenetek** the editor answers/replies, answers to correspondents

szerkesztő-műsorvezető *fn [pl. rádióban reggeli műsoré stb.]* news editor

szerkesztő-riporter *fn* presenter

szerkesztőség *fn* **1.** *[helyiség]* editorial office **2.** *[személyzet]* editorial staff, editors *tsz* **3.** *[állás]* editorship

szerkesztőségi *mn* **~ cikk** editorial; **~ értekezlet** staff meeting

szerkezet *fn* **1.** *[vmé ált]* structure, construction **2.** *[gép]* machine, apparatus, *[mechanizmus]* mechanism, *[óráé]* works *tsz*, mechanism, *[ötletes]* contraption, device **3.** *[épületé]* structure, *[konstrukció]* construction **4.** *tud [anyagé, emberi testé]* structure **5.** *[irod. műé]* structure, construction **6.** *nyelv [mondaté]* (sentence) structure, construction; **vmlyen ~tel áll** be* construed with; → **mondattani**

szerkezetátalakítás *fn* restructuring, structural reorganization, reorganization in the structure of industry, structural reorganization

szerkezeti *mn* constructional, structural; **~ elem** part (of machine), structural element, member; *épít* building unit; **~ hiba** faulty construction, constructional/structural fault; **~leg** structurally; **~ reform** structural reform

szerkezetmódosítás *fn* structural change

szerkezetű *mn* of ... construction/structure *ut*; **hasonló ~** of similar construction/structure

szerkezetváltás *fn* → **szerkezetátalakítás**

szerkó *fn szl [ruha]* clobber, gear, rig, vines *tsz*

szerkocsi *fn vasút* tender

szerpentin *fn* winding/serpentine road

szerszám *fn* **1.** *ált műsz* tool, *[házi, kerti]* hardware; **~ot beállít** set* a tool **2.** → **lószerszám 3.** *szl* piece, tool

szerszámacél *fn* tool steel

szerszámfa *fn* agricultural timber

szerszámgép *fn* machine-tool; → **automata**

szerszámkamra *fn* tool-shed

szerszámkészítő *fn* toolmaker, tool designer

szerszámkészlet *fn* tool-kit, tool set

szerszámláda *fn* tool-box/kit/chest, *[nagyobb, fiókos]* tool cabinet

szerszámlakatos *fn* tool mechanic/fitter, toolman°

szerszámtartó *fn* → **szerszámláda**

szerszámtáska *fn* work/tool-bag

szertár *fn* **1.** *[szerszámoknak]* tool-house/shed **2.** *isk* equipment store, *kém fiz* science lab

szertáros *fn* **1.** *[raktárban]* store-keeper **2.** *isk* person in charge of equipment (v. the science lab)

szertartás *fn* **1.** *ált* ceremony, formalities *tsz*; → **temetési 2.** *vall* rite, ritual, (religious) ceremony, *[istentisztelet]* service

szertartásos *mn* ceremonial, formal; ceremonious

szerte *hsz* all over, everywhere, here and there, in all directions, *[rendetlenségben]* in disorder/confusion, pell-mell; **~ a világon** all over the world; → **szerteszét**

szerteágaz|ik *i* branch out, ramify

szerteágazó *mn* branching out, far-reaching, ramifying

szertefoszl|ik *i* dissolve, *[remény]* vanish, evaporate, *kif* be* dashed

szertelen *mn* unbridled, unrestrained, uncontrolled, extravagant; **~ becsvágy** excessive ambition; **~ ember** a hothead

szertelenked|ik *i* be*/run* wild, run* riot, go* too far, be* extravagant

szertelenség *fn* excesses *tsz*, immoderation, extravagance

szertenéz *i* look round/about

szerteszéjjel *hsz* → **szerteszét**

szerteszét *hsz* in utter confusion, *[rendetlenségben]* in disorder/confusion, pell-mell

szerteszór *i* scatter about/around, disperse (in every direction)

szertorna *fn* gymnastics on the apparatus *[mint sportág: esz; gyakorlatok: tsz]*

szérum *fn* serum (*tsz* serums v. sera)

-szerű *utótag* -like, resembling sg *ut*

szérű(skert) *fn* farmyard, barnyard

szerv *fn* **1.** *[emberi, állati]* organ; → **emésztőszervek 2.** *[állami stb.]* organ [of the/a government], government/state institution/organization; → **közigazgatási 3. a ~** *[rendőr]* the law

szerva *fn sp* service; **nálad/tied a ~ / ~ ott** (it's) your service

szervál *i sp* serve

szervátültetés *fn* transplant (operation/surgery), transplanting of organs, organ transplant; **~t végez** perform a transplant (operation)

szerver *fn infor* server

szerves *mn* **1.** *kém* organic; **~ anyag** organic matter; **~ kémia** organic chemistry **2.** organic; **~ összefüggésben van vmvel** be* closely connected (v. be* bound up) with sg, be* interdependent; **~ (alkotó)része vmnek** an integral/organic part of sg

szervesanyag-tartalmú *mn* containing organic matter

szervetlen *mn* inorganic; **~ anyag** inorganic matter; **~ kémia** inorganic chemistry

szervez *i* **1.** *[programot, konferenciát stb.]* organize, *[kisebb találkozót stb.]* arrange; **társasutazást ~** organize a package/conducted tour **2.** *[intézményt]* set* up, found, establish; → **hadsereg**

szervezés *fn* organizing, organization; **~ kérdése az egész** it's a matter of organizing things/organization/logistics

szervezési *mn* organizational; **~ feladatok** tasks of organization, organizational tasks; **~ hibák** defects of organization; **~ osztály** organization(al) department

szervezet *fn* **1.** *[emberi, állati]* organism **2.** *[alkat]* constitution; **erős/gyenge a ~e** have* (sy with) a strong/weak constitution; → **egészséges 3.** *[létesített]* organiz-

Sz

ation, establishment; **helyi ~** local branch/organization (v. *US* chapter)); → **kormányzati**

szervezeti *mn* **1.** *[emberi, állati]* constitutional **2.** *[létesített]* constitutional; **~ szabályok/szabályzat** organizational statutes, constitution, *[párté]* party rules *tsz*

szervezetlen *mn* unorganized, non-unionized; **~ munkaerő/munkások** non-union labour (*US* -or) *esz* v. *tsz*

szervezetlenség *fn* lack of organization, disorder, confusion

szervezett *mn* organized; **~ bűnözés** organized crime; **fellép a ~ bűnözés ellen** crack down on organized crime; **~ munkás** organized worker, union man°, trade-unionist; **~ munkásság** organized labour (*US* -or); **~ társasutazás** conducted tour

szervezettség *fn* organization

szervezkedés *fn* organizing (activity), organization (of people); **földalatti ~** underground/illegal organizing activity

szervezked|ik *i [munkásság]* unionize, *US* organize

szervező I. *mn* organizing; **~ erő** organizing power **II.** *fn* organizer; **kitűnő ~** be* a good organizer

szervezőbizottság *fn* organizing committee

szerveződ|ik *i* organize themselves into (sg), form [a club, co-operative etc.]

szervezőképesség *fn* organizing skills *tsz*, organizing ability, organizational ability

szervezőmunka *fn* organization

szervi *mn* organic; **~ baj** organic disease; **~ hiba** defect; **~ rendellenesség** organic disorder; **~ szívbaj** organic heart disease/trouble

szervíroz *i* serve/wait at table, *(vknek vmt)* serve sg tosy

szerviz *fn* **1.** *[készlet]* service, set **2.** *[gépkocsi és egyéb]* service, servicing; *US* service center; **~be/~re viszi a kocsit** have* the car serviced, send*/take*/put* the car in for [its 3000-mile etc.] service

szervizállomás *fn* service station, *US* service center, garage

szervizel *i [gépkocsit]* service [a car], have* the/one's car serviced

szervizellátás *fn* (repair/maintenance) service

szervizkönyv *fn gk* service booklet/manual

szervkereskedelem *fn pej* trade/trafficking with organs

szervofék *fn gk* power break, servo-brake

szervokormány *fn gk* power steering

szervomotor *fn* servomotor

szervusz *isz* hello!, *US* hi!, *[távozásnál]* bye(-bye)!, cheerio!, *US* so long!; **~tok!** hello (everybody)!, *US* hi, everybody (v. you guys)!; *[távozásnál]* bye(-bye)!, cheerio!, *US* so long!

szerzemény *fn* **1.** *[szerzett tulajdon]* acquisition, purchase; **közös ~** property acquired in common, common/joint acquisition; **új ~ek** *[könyvtár]* new accessions **2.** *[zenei]* work, composition; → **saját**

szerzés *fn* acquisition, acquiring

szerzet *fn* **1.** *vall* (religious) order, confraternity **2.** *biz [alak]* guy, figure; **különös egy ~** a funny/strange chap, weirdo, *US* oddball, *GB* a strange bloke

szerzetes *fn* monk, friar

szerzetesi *mn* monastic; *átv* **~ életet él** live a cloistered/sheltered life; **~ fogadalom** monastic vow, profession

szerzetesrend *fn* (religious) order

szerzett *mn* **~ betegség** acquired disease; **~ immunhiány szindróma** Acquired Immune Deficiency Syndrome (*röv* AIDS); **~ jogok** established rights; **~ tulajdonságok** acquired characteristics

szerző *fn* **1.** *[okozó]* author, maker, originator, *[tervé]* promoter, initiator; → **értelmi 2.** *[szellemi műé]* author, writer, *[cikké, csak vmlyen lappal kapcs.]* author, contributor, *[zene]* composer

szerződés *fn [magánjogi]* contract, agreement, *[szolgálati, szính]* engagement, *[nemzetközi nagyobb]* treaty, *csak pol* pact, agreement; *jog* **~ alapján perel** sue under a contract; **~ tárgya** subject matter of a contract; **~be ütköző** contrary to the stipulations of a contract; **~en alapuló kötelezettségek** liabilities under a contract; **~ érvényessége** validity of a contract; **~ érvényességi ideje** contract period; **~ hatálya alá esik** come/fall under a contract; **~ kikötései** stipulations/provisions of a contract; **~ lejárata** expiration of a contract; **~ megtámadása** contesting a contract; **~ről tárgyal** negotiate a contract; **~sel ellentétes** in violation of contract *ut*; **~t szeg** breach a contract; **~t visszavon** revoke/repudiate a contract; **~t felbont** cancel (*US* -l) a contract, terminate a contract; **~t köt vkvel** contract with sy, enter into a contract (v. an agreement) with sy, conclude an agreement with sy

szerződésbeli *mn* contractual

szerződéses *mn* contractual; **~ ár** contract price; **~ díjszabás** conventional tariff; **~ kötelezettségek** contractual commitments/obligations/duties; **~ üzemeltetés** operation on a contractual basis; **~ vendéglő** contract restaurant; **~ viszony** contractual relation(ship); **~ viszonyban van** be* bound by (a) contract

szerződési *mn* contractual, of contract *ut*; **~ okirat** deed; **~ pont** clause; **~ szándék** intent to contract; **~leg kötelezi magát** bind* oneself by (signing a) contract

szerződéskötés *fn* entering into a contract, conclusion of a contract

szerződésszegés *fn* breach/violation of (a) contract

szerződ|ik *i* **1.** *(vkvel)* contract (with), conclude an agreement with **2.** *(vhová)* get* a(n) engagement/contract (swhere), be* taken/signed on (swhere)

szerződő *mn* contracting; **~ felek** signatories [to the/a treaty], parties to the contract; **a magas ~ felek** the high contracting parties

szerződtet *i* engage, take*/sign on, hire

szerzői *mn* author's, of the author/writer *ut*; **~ est** an evening of X's music/poetry [etc.]; **~ ív** author's sheet; **~ javítás/korrektúra** author's alteration (*röv* AA), author's correction (v. proofs *tsz*); **~ jog** copyright; **~ jog fenntartva** copyright reserved; **~ jogdíj** royalties *tsz*, royalty; **~ munkaközösség** team of contributors/authors; **~ (tisztelet)példány** author's copy, presentation copy

szerzőség *fn* authorship

szerzőtárs *fn* joint author, co-author

szesz *fn* **1.** *kém* alcohol, spirit **2.** → **szeszes ital**

szeszadó *fn* tax on spirits

szeszély *fn* caprice, whim(sy)

szeszélyes *mn* moody, capricious, whimsical, *[időjárás]* changeable

szeszélyesked|ik *i* indulge in whims, behave whimsically/capriciously

szeszélyesség *fn* capriciousness, moodiness, whimsicality

szeszes *mn* alcoholic, spirituous; **~ ital** alcohol, alcoholic drinks *tsz*, *US* liquor; *[röviditalok]* spirits *tsz*

szeszesital-fogyasztás *fn* → **szeszfogyasztás**

szeszfinomító *fn [üzem]* distillery, *[készülék]* distilling apparatus

szeszfogyasztás *fn* alcohol consumption

szeszfok *fn* alcohol (v. alcoholic) strength

szeszfőzde *fn* distillery

szeszfőzés *fn* distillation, distilling

szeszfőző *fn* **1.** *[egyén]* distiller **2.** *[üzem]* still, distillery

szeszgyár *fn* distillery, distillation plant

szeszgyártás *fn* distillation, distilling

szeszipar *fn* distilling industry

szeszkazán *fn szl [alkoholista]* wino, juicer

szeszmérő *fn* alcoholometer

szesztartalmú *mn* alcoholic, containing alcohol *ut*; **előírt ~** proof

szesztartalom *fn* alcoholic/alcohol content, percentage of alcohol

szesztestvér *fn tréf* drinking buddy/pal/companion, fellow-tippler

szesztilalom *fn* prohibition (of alcoholic drinks); **a Sz~** *[az USA-ban 1920–33]* the Prohibition; **a ~ híve** *US* prohibitionist
szét- *előtag* asunder, apart, in different directions; **Szétosztottad a lapokat? – Szét.** Have you handed out the sheets/forms? – Yes, I have.
szétágazás *fn* ramification, branching out/off, separation
szétágaz|ik *i* ramify, branch (off/out), separate
szétáll *i* stand* apart, gape
szétapróz *i [időt, tehetséget]* fritter/squander away [one's time, efforts etc.]
szétáz|ik *i* get* soaked and fall*/come* apart, get* soaked and become* pulpy
szétbomlás *fn* dissolution, decomposition
szétbomlaszt *i* **1.** *[anyagot]* dissolve, disintegrate, decompose **2.** *átv* split*/break* up
szétboml|ik *i* **1.** *[anyag]* dissolve, decompose, *kém* dissociate **2.** *átv* break* up, fall* apart, disintegrate **3.** *[öltözékdarab]* come* undone; *[haj]* come* down
szétbont *i* **1.** *[ált anyagot]* decompose, *kém* dissociate **2.** *[csomagot, csomót]* untie, undo* **3.** *[ruhát]* unpick, unstitch
szétcincál *i szl* take* apart, take* into pieces, shred
szétcsap *i [vkk közt]* break* up [a fight]
szétcsavar *i* unscrew
szétdarabol *i* **1.** *[tárgyat, dolgot]* cut*/break* up, cut* in/into pieces **2.** *[országot]* dismember, partition
szétdob *i biz* **~ta a motort** *[gyorsan szétszerelte]* he took the engine apart in a matter of seconds
szétdobál *i* send* [things] flying, throw* (sg) all over the place, scatter sg
szétdörzsöl *i* pulverize, grind*, rub
szétesés *fn* disintegration, falling to pieces, decomposition, collapse, breaking up, breakup
szétes|ik *i* **1.** *[tárgy]* disintegrate, collapse, go*/fall*/come* to pieces, break* up **2.** *[felbomlik]* dissolve, decompose, disintegrate, break* up, *[intézmény]* fall* apart, break*/fold up
széteső *mn* disintegrating, *[csapatjáték]* poorly co-ordinated, *[egyéniség]* diffident
szétfejt *i [kötést]* unravel (*US* -l), *[ruhát]* undo*, unstitch
szétfeszít *i* burst* (open), force/wedge open
szétfoly|ik *i* **1.** *[folyadék]* flow (away in every direction), spill*, spread* **2. ~ik a pénz a kezében** money (just) slips/runs* through his fingers
szétfolyó *mn* **1.** *[anyag]* spreading, loose **2.** *átv* diffuse, rambling, disconnected, *[elmosódó]* fuzzy, *[egyéniség]* scatter-brained
szétforgácsol *i [erőt, időt]* fritter away; **~ja erejét** dissipate one's efforts/energies
szétforgácsolód|ik *i [erő, tehetség]* be* frittered away (on sg), dissipate
szétfoszl|ik *i* **1.** *[tárgy]* dissolve, break* up, *[köd]* lift, be* clearing **2.** → **szertefoszlik**
szétfő *i* be* boiled to rags (v. to a pulp)
szétfut *i* run* in all directions, break* up, disperse, scatter
szétfűrészel *i* saw* up, saw* to pieces
széthány *i* scatter; **~ mindent** turn everything upside-down; **~ mindent a szobában** leave the room in a mess, make* a mess of the room
széthasad *i* crack/split* in two
széthasít *i* split*/rip up, cleave* (in two)
széthord *i* **1.** *[leveleket]* deliver **2.** *[gazdátlan holmit]* carry off **3.** *[szél vmt]* scatter, disperse
széthull *i* fall*/come*/go* to pieces, break* up, come*/fall* apart
széthurcol *i* spread* (about/around), spread* all (a)round
széthúz *i* **1.** pull/draw* apart/asunder; **~za a függönyt** draw* the curtains (apart/aside) **2.** *átv* be* at variance, disagree, discord
széthúzás *fn* discord, disagreement, divergence, dissension, lack of unity/agreement
szétjön *i* **szétjött a ragasztás** the join has come undone
szétkapcsol *i* uncouple, *[összeköttetést]* disconnect; **~tak** we were cut off
szétkapkod *i [árut]* snap up, buy* up (at once); **pillanatok alatt ~ták** they sold like hot cakes, they were snapped up like hot cakes
szétkerget *i* disperse, scatter, break* up; **a rendőrség ~te a tömeget** (the) police dispersed (v. broke up) the crowd
szétköltöz|ik *i* **1.** *[egyik fél máshová]* move to a separate address, go* to live separately **2.** *[mindkét fél máshová]* move apart, break* up (with sy), move out
szétküld *i [küldeményt]* post, mail, send* off/out, *[embereket]* send* off (in all directions); **~i a meghívókat** post (v. send* out/off) the invitations
szétloccsan *i* spatter, splash; **~t az agyveleje** he dashed his brains out [on the rocks]
szétloccsant *i* **~ja vknek az agyát** dash/smash sy's brains out, blow* (sy) away
szétmáll|ik *i* moulder (*US* molder) (away), crumble (to dust), disintegrate
szétmarcangol *i* tear* to shreds/pieces
szétmegy *i* **1.** *[személyek]* drift away, *[házastársak]* separate, *[útjaik elválnak]* part (company), *[csoport]* scatter, disperse **2.** *[ruha]* fall*/go* to pieces, *[varratnál]* come* apart (at the seams), *[tárgy]* come*/fall* apart **3. ~ a fejem** I have a splitting headache, my head is splitting
szétmorzsol *i* crumble (up), crush
szétmorzsolód|ik *i* crumble (away v. into dust)
szétnéz *i* look round, *[körülnéz]* look about/around, have*/take* a look around
szétnyíl|ik *i* open, *[összehajtott vm]* unfold, *[függöny]* open, be* drawn apart
szétnyitható *mn* folding
szétnyom *i* squash, crush
szétolvad *i* dissolve, melt
szétoszlat *i* disperse, dissolve, *[rendőrség tömeget]* disperse, break* up [the crowd]
szétoszl|ik *i* **1.** *[tömeg]* disperse, scatter, break* up **2.** *[köd]* lift, clear; *[vegyület]* dissolve
szétoszt *i [vkk között]* distribute (sg among people), give*/deal* out (sg to people), *[pénzt stb.]* share out sg (among people), *[vizsgapapírokat stb.]* hand/give* out
szétosztás *fn [vkk között]* distribution, *[pénzé]* allocation
szétosztható *mn* divisible, distributable
szétöml|ik *i* flow/pour all over sg
szétpattan *i* burst*
szétporlad *i* crumble away
szétpukkad *i [léggömb]* burst*; **majd ~ dühében** he is apoplectic with rage, be* bursting with rage/anger
szétrág *i* chew (up), *[állat vmt]* gnaw away at, *[rozsda]* corrode, eat* away
szétrak *i* **1.** *[tárgyakat]* spread*/lay*/set* out, *[válogatva]* sort (out) **2.** *[két lábát]* spread* [one's legs]; **~ja a lábát, úgy ül** sit* with the legs wide apart
szétrebben *i* disperse, scatter
szétreped *i* burst*, split*, *[üveg]* crack
szétrepül *i* fly* away, scatter
szétrobban *i* explode, blow* up, burst*; **(majd) ~ a méregtől** be* bursting with anger; **(majd) ~ a feje** *[úgy fáj]* have* a splitting headache
szétrobbant *i* **1.** *konkr* explode, blow* up **2.** *átv* break* up, scatter, disperse
szétrombol *i* destroy, demolish, *[bútort]* smash up
szétroncsol *i* shatter, wreck, *[testrészt]* get* one's [arm etc.] smashed up (v. mangled)
szétszaggat *i* cut* up, tear* (up), cut*/tear* (sg) into strips/shreds/pieces
szétszakad *i* tear*, split*, burst*
szétszakít *i* pull/tear* (sg) apart, burst*, rend* (to pieces v. apart)
szétszalad *i* run* in all directions, scatter

szétszed *i* **1.** (*vmt*) take* (sg) apart, take* (sg) to pieces, *[gépet]* dismantle, *[öreg autót]* break* up; **~ett állapotban** knocked down **2.** *biz* (*vkt*) **majd ~ik** be* in great demand
szétszedhető *mn [bútor]* knockdown [furniture], *[könyvespolc]* removable [bookshelf°]; **~ csónak** folding/collapsible boat, faltboat; **~ (fa)ház** portable (prefabricated) hut/house; *[egy fajta felvonulási épület]* Portakabin
szétszéled *i* disperse, scatter (in all directions)
szétszerel *i ált* take* apart; *műsz* disjoint, *[gépet]* dismantle, disassemble, *[bútort stb. könnyebb szállítás érdekében]* knock down
szétszór *i* **1.** *[tárgyakat]* strew*/spread* about, scatter about/over, disperse **2.** *átv [ellenséget]* rout; *[pénzt]* squander (away)
szétszórás *fn* dispersion, scattering, spreading
szétszóród|ik *i* be* scattered/dispersed, scatter, break* up
szétszórt *mn* **1.** (widely) scattered, (wide)spread **2.** *átv* scatter brained
szett *fn* **1.** *sp* set **2.** *[készlet vmből, pulóver és kardigán]* set **3.** *[tányéralátét]* (place-)mat
széttagol *i* dismember, divide
széttapos *i* crush, trample (sg)
széttár *i* open (wide), fling* open; **~ja a két karját** open one's arms
széttárul *i* open wide
széttekint *i* → **szétnéz**
széttép *i* tear* (sg) to pieces/bits/shreds, *[ketté]* tear* in two/half; **~i bilincseit** break*/burst* one's chains
szétterít *i [térképet stb.]* spread*/open out, unfold, *[szalmát stb.]* spread*
szétterjed *i* **1.** (*vmben*) permeate sg **2.** *[hír]* spread*, get* about/(a)round
szétterpeszt *i [lábat]* spread*, straddle; **~i a lábát, ~ett lábbal áll/ül** spread/straddle one's legs, stand*/sit* with the/one's legs apart
széttesz *i* → **szétrak 2**
széttipor *i* → **széttapos**
széttör *i* break* (sg) into pieces, shatter (sg), dash (sg) to pieces
szétugraszt *i* disperse, break* up, scatter
szétugr|ik *i* disperse, break* up, scatter
szétüt *i* **~ vkk között** part [fighters], break* up [a fight]
szétvág *i* cut* up, *[ketté]* cut* into two
szétvagdal *i* cut* (sg) into pieces
szétválaszt *i* **1.** *[több részre]* separate, take* (sg) apart, *[ketté]* divide; *[összekapcsoltakat]* disconnect; *[verekedőket]* separate, part [two brawlers] **2.** *[megkülönböztet]* distinguish [one thing from another v. between two things], draw* a distinction betwee [two things]
szétvál|ik *i* **1.** *[tárgy]* come* apart, separate, *[ragasztás]* come* unstuck/undone **2.** *[út]* divide, fork **3.** *[személyek]* separate, part (company), split* up
szétválogat *i* sort (sg) (out), select
szétver *i* **1.** *[darabokra]* break* (sg) into bits, smash sg up **2.** *[ellenséget]* rout, destroy; *[tömeget]* disperse
szétvisz *i* **1.** *[vmt ált]* carry (sg) off in all directions **2.** *[betegséget]* spread* [disease] **3.** *[hírt]* spread* (about)
szétzavar *i* disperse, send* [people] about their business
szétzilál *i* throw* into disorder, disarrange; **a szél ~ta a haját** the wind (has) tousled/dishevelled her hair
szétzúz *i* **1.** *[darabokra]* shatter (sg), break* (sg) into (small) pieces, smash/knock (sg) to pieces **2.** *[ellenséget]* crush, wipe out **3.** *[érvelést]* demolish [an argument]
szétzülleszt *i* break* up, corrupt
szétzüll|ik *i* break* up, fall* apart
szevasz *isz biz* → **szervusz**
szex *fn* **1.** *[nemiség]* sex **2.** *[közösülés]* sex **3.** *[szexuális élet]* sex life
szexbomba *fn* sex kitten, sexpot
szexepil *fn* sex appeal
szexfilm *fn* sex film, porn film
szexi *mn biz* sexy; **~ nő** *szl* hot stuff, horny chick
szexlap *fn* porn magazine
szexmániás *fn ált* sex maniac, *[nő]* nymphomaniac
szexológia *fn* sexology
szexszimbólum *fn* sex symbol
szext *fn zene* sixth; **nagy ~** major sixth; **kis ~** minor sixth
szextáns *fn hajó* sextant
szextett *fn* sextet
szexturizmus *fn* sex tourism
szexuális *mn* sexual, sex; **~ élet** sex life, sexual life; **~ felvilágosítás** sex education; **~ visszaélés** sexual abuse; **~ zaklatás** sexual harassment, *[munkahelyen]* sexual harassment at work (v. in the workplace)
szexuálterápia *fn* sexual therapy
szexvizsgálat *fn* sex-test
szezon *fn* season; *biz* **összetéveszti a ~t a fazonnal** make* malapropisms, he doesn't know (v. can't tell) chalk from cheese
szezonális *mn* seasonal
szezoncikk *fn* seasonal article/item/commodity
szezonmunka *fn* seasonal work/employment/labour (*US* -or)
szezonmunkás *fn* seasonal worker/labourer (*US* -orer)
szezonvégi *mn* **~ kiárusítás** (end-of-season) sale
szféra *fn* sphere; **a ~k zenéje** music of the spheres
szfinx *fn* sphinx
szí *i* → **szív**[1]
szia! *msz biz [köszönés]* hello!, *US* hi!, *[távozáskor]* bye (-bye)!, see you!
sziámi *mn/fn* Siamese; **~ ikrek** Siamese twins; **~ macska** Siamese cat
Szibéria *földr* Siberia
szibériai *mn/fn* Siberian
Szicília *földr* Sicily
szicíliai *mn/fn* Sicilian
szid *i* scold, reprimand, *biz* give* sy a dressing-down, dress sy down, dig at sy, chide*, reprove; **~ja, mint a bokrot** scold sy roundly, tear* sy off a strip
szidalmaz *i* abuse, insult, hurl abuse at sy, revile sy
szidalom *fn* abuse, curse; **szidalmakkal elhalmoz vkt** heap insults on sy, shower abuse on sy
szidás *fn* scolding, chiding, reprimand, rebuke, reproof; **~t érdemel** deserve a scolding; **~t kap vmért** get* a dressing-down, *kif* be* hauled over the coals
sziesztа *fn* siesta
szifilisz *fn orv* syphilis, lues (venerea)
sziget *fn* island, *[földrajzi nevekben]* isle; → **lakatlan**
szigetel *i el épít stb.* insulate; **a gumi jól ~** rubber insulates well, rubber is a good insulator
szigetelés *fn el épít stb.* insulation
szigetelő I. *mn* insulating **II.** *fn el épít* insulator, insulation
szigetelőanyag *fn* insulator, insulation
szigetelőréteg *fn* insulating layer, damp/insulating course
szigetelőszalag *fn* insulating tape, *US* friction tape
szigetelt *mn el épít* insulated; **jól ~ épület** well-insulated building; **jól ~ falak** well-insulated walls
szigetlakó *fn* islander
szigetország *fn* insular country; **az angol ~** the British Isles *tsz*
szigetvilág *fn* archipelago
szignál[1] *i* sign, put*/set* one's name to, initial (*US* -l)
szignál[2] *fn* signature tune
szigony *fn* harpoon
szigonyágyú *fn* harpoon/whaling gun
szigonyoz *i* harpoon, spear
szigor *fn* rigour (*US* -or), severity, strictness; → **atyai**, → **törvény**
szigorít *i* increase the severity of, render sg more severe/strict/rigorous, make* sg harder, *[fegyelmet]* tighten (up), *[büntetést]* aggravate, increase

szigorítás *fn* aggravation, tightening up, *[a gazdaságban stb.]* clamp-down [on wasteful spending etc.]
szigorító *mn* ~ **intézkedések** restrictive measures, clamp-down; *gazd* austerity measures
szigorlat *fn* (sessional v. course-unit) examination, comprehensive examination
szigorlatoz|ik *i* take* (v. sit* for) a (sessional v. course-unit) examination, take*/sit* a comprehensive examination; **jelesen ~ik** pass with distinction (*US* cum laude); *[kitüntetéssel]* pass with honours (*US* summa cum laude)
szigorló *fn* student taking (v. reading/sitting for) the/her/his final examinations; ~ **orvos** *[aki kórházi gyakorlatát végzi]* houseman°, *US* intern(e)
szigorú *mn* strict, rigorous, severe, stern, hard, *[pontos]* exact, *[követelményekben]* demanding, exacting; ~ **vkhez** (v. **vkvel szemben)** be* hard on sy, be* strict with sy; **~(ak) a gyerekekkel** be* strict with the children; ~ **bírálat** harsh/severe criticism; ~ **büntetést kap** receive severe punishment; **~, de igazságos** strict but fair; ~ **diéta** restricted/meagre diet; ~ **ellenőrzés** tight/stringent control; ~ **előírások** strict rules; ~ **erkölcsök** strict morals; ~ **fegyelem** stern/strict/exact discipline; ~ **feltételek** hard/severe/stringent conditions; ~ **hitelpolitika** *gazd* tight credit policy; ~ **intézkedések/rendszabályok** Draconian/drastic measures; ~ **ítélet** severe sentence; *kat* ~ **őrizet** close confinement; ~ **tanár** strict/exacting/demanding teacher; ~ **tél** hard/severe winter; ~ **titoktartás mellett** in strict confidence; ~ **törvények** stringent laws
szigorúan *hsz* strictly, severely, rigorously; ~ **bánik vkvel** be* strict to sy; ~ **bizalmas** strictly confidential; *[kormány-közlemény]* classified; ~ **jár el** act with severity, take* drastic/severe measures; *[vkvel szemben]* be* severe/hard on sy; ~ **tilos** strictly forbidden/prohibited; ~ **titkos** top-secret; ~ **véve** strictly speaking; by rights
szigorúság *fn* strictness, severity, rigour (*US* -or)
szíj *fn* strap, thong, belt, *[fenő]* strop, *[póráz]* leash, *[gépszíj]* (driving-)belt, *[nadrághoz]* belt; **~at hasítok a hátából** I'll skin him alive
szijács *fn* **1.** *növ* sapwood **2.** *[forgács]* shavings *tsz*
szíjátvitel *fn* belt gearing/drive
szíjaz *i* fasten with a strap, strap
szíjazat *fn* straps *tsz*, strapping
szíjgyártó *fn* saddler
szíjmeghajtás *fn* belt drive
szik[1] *fn* **1.** → **sziksó 2.** → **szikes talaj**
szik[2] *fn [tojásé]* yolk
szikár *mn* lank, lanky, gaunt, lean, wiry
szike *fn* scalpel
szikes *mn* sodic, saline, white alkali; ~ **talaj** sodic soil, *kb.* alkaline soil
szikkad *i* dry (up) (out), become*/go* dry
szikla *fn* rock, cliff, *[meredek, kiálló]* crag
sziklabarlang *fn* cavern, cave, rock-cavity
sziklabérc *fn* cliff, crag, *GB néha* tor
sziklafal *fn* rock face, precipice, *[tengerparti]* cliff
sziklafészek *fn* eyrie
sziklafok *fn* spur of rock, crag, peak
sziklakert *fn* rock-garden, rockery
sziklamászás *fn* rock-climbing
sziklamászó *fn* rock-climber
sziklanövény *fn* rock-plant
sziklaomlás *fn* rock fall/slide
sziklás *mn* rocky, craggy; ~ **talaj** rocky soil/ground
Sziklás-hegység *földr US* Rocky Mountains *tsz*, *biz* the Rockies *tsz*
sziklaszilárd *mn* (as) firm as a rock *ut*; ~ **elhatározás** firm resolution
sziklazátony *fn* rocky shoal, reef (of rock); **~ra fut** run* onto the rocks
sziklevél *fn növ* seed-leaf°, cotyledon
szikra *fn* **1.** *fiz el* spark; **van ~?** *[autóban]* is it sparking? **2.** *átv* spark, atom, gleam, glimmer, bit, morsel, scrap (of); **nincs benne a jóindulatnak egy ~ja sem** there isn't (v. he hasn't) a spark of decency in him; **~t hány a szeme** (i) *[haragtól]* his/her eyes are blazing/flashing with anger, fury gleams/glints in his/her eyes (ii) *[fájdalomtól]* see* stars; **~kat szór** → **szikrázik**, → **értelem**, → **remény**
szikrafogó *fn* fire-guard
szikragyújtás *fn gk* spark ignition
szikraköz *fn el* spark-gap
szikrányi *mn/fn* **egy ~(t) sem** (*vmből*) not a sparkle of sg
szikráz|ik *i* give* off (v. throw* out) sparks, scintillate, spark, *[villan]* sparkle, *[csillog]* glitter, gleam, flash; **~ik az agya** *[nagyon intelligens]* his/her mind scintillates with brilliance; **~ik a szeme** (i) *[a dühtől]* fury gleams/glints in his eyes (ii) *[fájdalomtól]* see* stars
szikrázó *mn* glittering, sparkling; ~ **napsütésben** in brilliant sunshine; ~ **szellemesség** scintillating/sparkling wit
sziksó *fn* native soda, natron
sziksós *mn* sodic, alkaline
szikvíz *fn* → **szódavíz**
szikvízgyár *fn* soda-water bottling plant
szil *fn növ* elm(-tree)
szilaj *mn [legény]* hotheaded, impetuous, unruly, violent, reckless, *[természet, jókedv]* boisterous, irrepressible; *[marha]* wild, *[csikó]* wild, not (yet) broken in *ut*
szilajság *fn* wildness, impetuosity
szilánk *fn* splinter
szilánkmentes, -biztos *mn* splinter-proof, *[pl. szélvédő]* shatterproof
szilárd *mn* **1.** *[kemény]* firm, solid, massive, *[erős]* strong, sturdy; *fiz* ~ **test** solid; *körny* ~ **szennyező anyag(ok)** solid waste; ~ **tüzelőanyag** solid fuel **2.** *[állhatatos]* firm, steadfast, steady, *[mozdulatlan]* stable, fixed; *gazd* ~ **árfolyam** firm quotation; ~ **elhatározás** firm resolution; ~ **jellem** strong character; ~ **meggyőződésem** it is my firm belief/conviction
szilárdan *hsz* firmly, sturdily, securely
szilárdság *fn* **1.** *konkr* stability, *épít [anyag]* solidity, strength **2.** *átv* constancy, firmness, steadfastness, *[jellemé]* firmness/strength (of character)
szilárdságtan *fn* statics *esz*
szilárdtestfizika *fn* solid-state physics *esz*
szilárdul *i* harden, solidify
szilencium *fn* silence
szilfa *fn* **1.** → **szil 2.** *[fája]* elm(-wood)
szilícium *fn [elem]* silicon
szilikát *fn* silicate
szilikon *fn [műanyag]* silicone
szilikózis *fn orv* silicosis
szillogizmus *fn* syllogism
szilszkin *fn* sealskin
szilszkinbunda *fn* sealskin coat
sziluett *fn* silhouette, *átv* outline, *[nagyvárosé távolból]* skyline, *[pl. New Yorké]* the New York skyline
szilva *fn* plum, *[aszalt]* prune
szilvafa *fn* **1.** plum(-tree) **2.** *átv biz* ~ **korában** in one's salad days
szilvaíz *fn* **1.** plum flavour (*US* -or), plum jam **2.** → **szilvalekvár**
szilvalé *fn* plum juice
szilvalekvár *fn* plum jam
szilvamag *fn* plum stone
szilvapálinka *fn* plum brandy, slivovitz
szilvás *mn* plummy; ~ **gombóc** *kb.* plum-dumpling(s); ~ **lepény** *kb.* plum pie
Szilveszter *tul* Sylvester
szilveszter(est) *fn* New Year's Eve, *skót* Hogmanay; **szilveszterkor** on New Year's Eve
szilveszterez|ik *i* see* the (old year out and the) new year in, have* (v. be* at) a New-Year's Eve party
Szilvia *tul* Sylvia
szilvórium *fn* plum brandy

Sz

szimat *fn [állati]* scent, (sense of) smell, *átv [emberi]* nose, feel, foresight; **~!** *[parancs kutyának]* sniff! v. find!; **jó a ~a** (i) *[állatnak]* have* a good nose (ii) *[embernek átv]* have* a gift for finding/nosing/ferreting things out, have* a good nose for sg; **~ot fog/kap** (i) *[állat]* get* on the scent (ii) *átv* get* wind of

szimatol *i* **1.** *[szagol]* smell*; *[kutya]* sniff, cast* about/around **2.** *biz* (*vk/vm után*) poke/nose about (*US így is:* around) for sy/sg; → **szaglász**

szimbolika *fn* symbolism

szimbolikus *mn* symbolic; **~ (jelentőségű)** symbolic; **~an** symbolically

szimbolizál *i* symbolize (sg), be* symbolic of sg

szimbolizmus *fn* symbolism

szimbólum *fn* symbol

szimbólumkezelés *fn infor* symbol manipulation

szimbólumkönyvtár *fn infor* symbol library

szimfónia *fn* symphony

szimfonikus *mn* symphonic; **~ zenekar** symphony orchestra

szimmetria *fn* symmetry

szimmetrikus *mn* symmetrical

szimpátia *fn* sympathy, fellow-feeling

szimpatikus *mn* **1.** *[személy]* nice, lik(e)able, pleasant, attractive **2.** *orv* **~ idegrendszer** sympathetic nervous system

szimpatizál *i* sympathize with, be* in sympathy with sy; → **rokonszenvez**

szimpatizáns *fn* sympathizer, *pol* fellow traveller, supporter

szimpla *mn* **1.** *[nem dupla]* simple, single; **~ ablak** single-glazed window **2.** *[egyszerű, közönséges]* ordinary, simple, common, *[nem bonyolult]* unsophisticated, *[emberek]* simple, ordinary, unpretentious [people], *[ruha]* plain, simple, *[ügy, dolog]* easy, straightforward

szimpózium *fn* symposium

szimptóma *fn* symptom

szimulál *i* **1.** *biz* put* on, feign, pretend; **betegséget ~** feign illness; **ő csak ~** he is shamming; *[betegnek tetteti magát]* he's malingering **2.** *tud műsz* simulate; **~t katasztrófa** simulation of a catastrophe

szimuláns *fn biz* malingerer

szimulátor *fn infor* simulator

szimultán I. *mn* simultaneous; **~ fordítás** simultaneous translation; **~ játék** simultaneous game/match; **~ tolmács** simultaneous interpreter/translator; **~ tolmácsolás** simultaneous interpreting/translation **II.** *fn* simultaneous game/match

szín¹ *fn* **1.** *ált* colour (*US* -or), *[árnyalat]* tint, hue, shade, *[ruhafestési]* dye, *[autóé]* paint-work (colour v. *US* color); **tiszta ~ek** primary colours (*US* -or); **~ét vesztette** it has faded/discoloured (*US* -ored), it has lost its colour (*US* -or); **~ét sem láttam már 2 hete** I haven't seen anything of him/her for a fortnight; **~ét sem láttam a pénznek** I haven't seen any sign/trace of the money; **vknek a ~eiben indul** run* under sy's colours (*US* -ors); → **csapat**, → **nemzeti 2.** *[arcszín]* complexion, look; **jó ~ben van** look well, have* a rosy complexion; **jobb ~t kap** gain colour (*US* -or); **rossz ~ben van** be*/look off colour (*US* -or); *biz* look seedy/rough, look a bit green about the gills **3.** *[látszat]* (outward) appearance, look, colour (*US* -or); **olyan ~e van a dolognak, mintha** ... it looks as if ...; **jó/kedvező ~ben tüntet fel vmt** put* a good complexion on sg, put* sg in a favourable light; **a legjobb ~ben tüntet fel** show* sg to its best advantage; **helytelen ~ben tüntet fel vmt** give* a false colour to sg, misrepresent sg; **más ~ben lát vmt** see* sg differently, see* sg in a different/new light; **rossz ~ben tüntet fel vkt** denigrate sy, malign sy (sy's character), *biz* put* sy down **4.** *[megjelenési forma]* **semmi ~ alatt** by no means, on no account, under no circumstances, *biz* no way; → **előnyös**, → **hamis 5.** *[kártyaszín]* suit; **~re ~t ad/tesz** follow suit; *átv* **~t vall** declare oneself (v. one's opinion), put* one's cards on the table, speak* one's mind, *biz* show* one's true colours, come* clean **6.** *[vknek a jelenléte]* **vknek a ~e elé bocsátják** be* admitted to the presence of sy; **vknek ~e elé járul** appear before sy, wait upon sy; **vknek ~e előtt** in the presence of sy; **megjelenik a törvény ~e előtt** appear in court; **a világ ~e előtt** before the whole world; **~ről ~re** face to face **7.** *[szöveté visszájával szemben]* right side [of the fabric] **8.** *[felszín]* surface, exterior, level; **a tenger ~e fölött** above sea-level; **a föld ~én** in the world, on earth; → **színig**

szín² *fn [fészer]* shed, lean-to, *[kocsié]* coach house

szín³ *fn szính* **1.** *[színpad]* stage, *[színdarab része]* scene; **a ~: London** the scene is laid in London, the action takes place in London; **megjelenik a ~en** *[színész]* appear/come* on (the) stage; *ált* appear on the scene; **~re lép** go* on the stage, come* on (the scene); *[ő következik]* enter, come* on **2.** *[előadás]* **~re alkalmaz** adapt (sg) for the stage; **~re hoz/visz vmt** stage/produce/present [a play]; **~re kerül** be* performed/presented/shown/played; → **színrevitel**

színálló *mn* → **színtartó**

szinapszis *fn orv* synapse

színarany *mn/fn* pure gold, *[gyűrű stb.]* solid gold

színárnyalat *fn* shade, hue, tint

színdarab *fn* play; **kosztümös/jelmezes (történelmi) ~** costume piece/drama; **~ot bemutat** perform/present/produce a play, stage [a play]

szindikátus *fn* syndicate, consortium; *gazd* **a ~ vezető tagja** leading underwriter

színehagyó *mn* fading

színehagyott *mn* discoloured (*US* -colored), faded

színe-java *fn* the very best of sg, the cream/pride/flower of sg, *[társaságnak]* the cream/pick of society

szinekúra *fn* **1.** *biz* a cosy little job **2.** sinecure

színérzék *fn* sense of colour (*US* -or)

színes I. *mn* **1.** *konkr* coloured, *összet* colour (*US* -or); **~ bőrű** coloured [people]; **~ bőrűek** coloured people, *vál* people of colour (*US* -or); **~ ceruza** colour(ed) pencil, crayon; **~ dia** colour slide/transparency; **~ felvétel** colour photograph; **~ film** colour film; *el* **~ (folyadékkristályos) kijelző** colour LCD [liquid crystal display] monitor; **~ másolás** colour (photo)copying; **~ másológép** colour (photo)copier; **~ metszet** colour (*US* -or) cut; **~ negatív (film)** colour negative; **~ nyomat** colour print; **~ (papír)-kép/fénykép** colour print; **~ televízió** colour television/TV; **~ üveg** stained glass; **~ vakolat** distempered plaster **2.** *átv* colourful, picturesque, vivid; **~ riport** feature story, special report; **~ stílus** lively/colourful style **II.** *fn [ember]* coloured person

színesfém *fn* non-ferrous metal

színész *fn* actor, player; **~nek megy** go* on the stage, become* an actor/actress; **~ szerepe** actor's lines *tsz*

színészbejáró *fn* stage-door

színészet *fn* → **színművészet**

színészgárda *fn* company

színészi *mn* actor's, stage-, theatrical, dramatic; **~ álnév** stage-name; **~ játék** acting, playing; **~ pálya** being an actor/actress, *biz* treading the boards, *[a szakma]* the theatrical profession, the stage; **~ pályára lép** go* on the stage; **~ tehetség** gift for the stage, acting talent

színészies *mn pej is* theatrical, histrionic

színészkedés *fn* (play-)acting

színészked|ik *i* **1.** *[színészi pályán van]* act, be* an actor/actress, play **2.** *átv* play-act, be* putting it on (v. on a show)

színésznő *fn* actress

színez *i* **1.** *konkr* colour (*US* -or), tint, paint **2.** *átv* colour, *[történetet]* lend colour (*US* -or) to a tale

színezék *fn* colouring (matter/agent) (*US* -or-)

színezés *fn* colouring (*US* -or-)

színezet *fn* **1.** *[szín]* colour(ing) (*US* -or-), shade **2.** *átv* appearance, look; **olyan ~e van a dolognak, mintha** it

Sz

looks as if, it seems as though; **politikai ~e van az ügynek** it looks like a political matter
színező *mn [anyag]* colouring [matter/agent] (*US* -or-)
színeződés *fn* **1.** *[folyamat]* colouring (*US* -or) **2.** *[állapot]* colour, tint
színeződ|ik *i* take* on colour, colour, become* coloured, assume a colour (*US* -or)
színezüst *mn/fn* pure silver
színfalak *fn tsz* scenery *esz*, décor *esz*; **a ~ mögött** behind the scenes, backstage
színfolt *fn* patch (of colour), (bright) spot
szingaléz *mn/fn* Sin(g)halese
Szingapúr *földr* Singapore
szingapúri *mn/fn* Singaporean
szingli *fn sp biz* → **egyes II 6**
színhatás *fn* colour (*US* -or) effect
színház *fn* theatre (*US* -ter); **~ba megy** go* to the theatre, (go* to) see* [a play]
Színház- és Filmművészeti Főiskola *tul* College/School/Academy of Dramatic and Cinematic Art
színházi *mn* theatrical; **~ bemutató** first night; **~ előadás** (theatrical) performance; *[könnyebb műfajban]* show; **~ közönség** audience; **~ kultúra** theatrical life; **~ látcső** opera-glasses *tsz*
színházigazgató *fn* → **színigazgató**
színházjegy *fn* theatre-ticket (*US* -ter-)
színházlátogatás *fn* theatre-going (*US* -ter-)
színházlátogató *fn* theatre-goer (*US* -ter-), play-goer
színháztechnika *fn* stage technology
színháztudomány *fn* theatre (*US* -ter) studies *tsz*, dramatics *esz* v. *tsz*
színhely *fn* **1.** *szính* scene; **~: a királyi vár** the scene is laid in the Royal Castle, the setting is the R. C.; **a cselekmény ~e London** the scene is set/laid in L. **2.** *[eseményé]* scene, spot; → **gyilkosság 3.** *[konferenciáé stb.]* venue
színhiba *fn [autón]* (some) damage to the paintwork [on the car]
színhús *fn* boned and trimmed meat, boneless meat
színi *mn* theatrical, dramatic; **~ pályára lép** go* on the stage; → **színészi**
színiakadémia *fn* college/school/academy of dramatic art, drama school
színielőadás *fn* (theatrical) performance, *[könnyebb műfajban]* show
színig *hsz* to the brim, brimful(l); **~ tele** full to the brim, brimful(l) (*vmvel* with), (full to) overflowing; **~ megtölt** fill up (to the brim)
színigaz *mn/fn* the gospel/plain/unvarnished truth [is that . . .]
színigazgató *fn* manager (of a theatre), theatre manager
színikritika *fn* dramatic criticism, *[a megírt kritika]* review [of a play], notice, write-up
színikritikus *fn* drama critic
színinövendék *fn* drama student
színjáték *fn* play, drama, *biz* show
színjátszás *fn [művészet]* theatrical/dramatic art, *[tevékenység]* acting, playing; **amatőr ~** amateur dramatics *esz*
színjátszó *mn* **~ csoport** *isk* dramatic society, drama group; **~ társulat** theatrical company
színjeles *mn* excellent [in all subjects]
színjózan *mn* stark/perfectly/cold/dead sober
színkép *fn* spectrum (*tsz* spectra)
színképelemzés *fn* spectral analysis, spectroscopy
színkeverék *fn műv* composite colour (*US* -or)
szinkópa *fn* **1.** *nyelv* syncope **2.** *zene* syncopation, syncopated rhythm/passage
szinkron *fn* **1.** *film* dubbing; **a ~t készítette** . . . dubbing by . . . **2.** *biz* **nincsenek ~ban** they are out of sync(h), they just don't mesh
szinkron- *előtag* synchronic, synchronous
szinkrón *mn [egyidejű]* synchronic, synchronous; **~ nyelvészet/nyelvvizsgálat** synchronic linguistics *esz*
szinkronikus *mn nyelv* synchronic; **~ nyelvészet/nyelvvizsgálat** synchronic linguistics *esz*
szinkronizál *i* synchronize, *[filmet]* dub; **~t?** is it (v. is the film) dubbed?; **~t film** dubbed film; **magyarra ~t angol film** British film dubbed into Hungarian
szinkronizálás *fn* synchronization, *[filmé]* dubbing
szinkronizált *mn [film]* → **szinkronizál**
szinkronrendező *fn* dubbing director/mixer
szinkrontolmács *fn* simultaneous translator/interpreter
szinkrontolmácsolás *fn* simultaneous translation/interpreting
szinkronúszás *fn sp* synchronized swimming, *biz* synchro
színlap *fn* playbill, programme (*US* program)
színleg *hsz* apparently, seemingly, for show; **~ belemegy** pretend to agree (to); **~ ellenáll** make* a show of resistance
színleges *mn* mock, feigned, fictitious; *gazd* **~ ajánlat** straw bid; *gazd* **~ árverező** by-bidder; *gazd* **~ szerződés** fictitious/bogus contract
színlel *i* feign, simulate, affect, pretend to [do/have/be], *biz* fake; **betegséget ~** sham/pretend (v. biz fake) illness/sickness, be* malingering; **barátságot ~ve** under the guise/pretence of friendship
színlelés *fn* pretence, simulation, feigning, *biz* faking (of)
színlelt *mn* feigned, pretended, false; **~ beteg** malingerer; **~ támadás** feint, mock/sham attack
színmű *fn* play, drama
színműíró *fn* playwright, dramatist
színműirodalom *fn* drama; **az angol ~** (the) English drama
színművész *fn* actor
színművészet *fn* acting, dramatic art, *[a szakma]* the stage, the theatre (*US* -ter)
színművészeti *mn* theatrical; **~ főiskola** → **Színház- és Filmművészeti Főiskola**
színnyomás *fn* colour (*US* -or) printing
színnyomat *fn* colour (*US* -or) print
szinódus *fn vall* synod
szinonim *mn* synonymous; **~ szavak** synonyms
szinonima *fn* synonym
szinopszis *fn* **1.** *ált* synopsis (*tsz* -ses) **2.** *irod* synopsis (*tsz* -ses), review
színösszeállítás *fn* colour (*US* -or) scheme
színpad *fn* stage, *irod elav* the boards *tsz*; **~on van** *[színész]* be* on; **~ra alkalmaz** adapt for the stage; **~ra állít/visz** stage, put* on the stage; **~ra lép** (i) *[mint pályára]* go* on the stage (ii) *[színdarabban]* come* on (the stage), appear on the scene, enter; **újra ~ra állít** restage
színpadi *mn* stage; **~ fogás** stage-trick; **~ hatások** stage/dramatic/scenic effects; **~ jelenet** scene; **~ kellékek** stage properties, *biz* props; **~ utasítás** stage direction; **~ világítás** stage-lighting
színpadias *mn* theatrical(ly effective), stage-like
színpadkép *fn szính* stage setting, stage design
színpompás *mn* richly coloured (*US* -or-), colourful, gorgeous
színrevitel *fn* staging, production
színskála *fn* range of colours (*US* -ors)
színszűrő *fn* colour (*US* -or) filter
szint *fn* level, *épít* storey (*US* story); **~be állítás** aligning; **~be hoz** level; **egy ~en (van) vmvel** (be*) on a level with sg, (be*) level with sg; **~en tart** *[tudást]* keep* up [with developments in one's field etc.]; **~re hozó** *[oktatás] kb.* remedial education/instruction [for slow learners], levelling course
szintagma *fn* → **szószerkezet**
szintaktika *fn nyelv infor* syntax
színtársulat *fn* (theatre/theatrical) company
színtartó *mn* colourfast (*US* -or-), non-fading, fast [dye]
szintbeli *mn* **~ kereszteződés** (v. **vasúti átjáró**) level-crossing, *US* grade crossing; **~ különbség** difference of level

Sz

szinte *hsz* almost, nearly, all but, practically; ~ **alig van, aki** there is hardly anyone who; ~ **hallom a hangját** I seem to hear his voice; ~ **azonnal/rögtön** in no time; ~ **lehetetlen** it's all but impossible, next to impossible; ~ **mindennap eljön** he calls practically every day; ~ **semmi(t)** next to nothing, little or nothing; ~ **soha** hardly/scarcely ever

színtelen *mn* colourless (*US* -or-), *[arc]* pale, *átv* flat, dull; ~ **hangon** in a flat/toneless voice

szintén *ksz* also, too, as well, similarly

színtér *fn* scene, stage, *[háborúé]* theatre (*US* -er)

-szintes *utótag* (-)storeyed, -storey, *US* (-)storied; **három~ház** a three-storey(ed) (v. *US* three-story/storied) house/building

szintetikus *mn* synthetic, artificial

szintetizátor *fn* synthesizer

színtévesztés *fn* colour-blindness (*US* -or), *[vörös és zöld]* Daltonism, red-blindness

szintez *i* level (*US* -l)

szintézis *fn* synthesis (*tsz* -es)

szintfelmérés *fn okt* placement test

színtiszta *mn* (absolutely) pure; **a ~ igazság** the unvarnished/plain truth; ~ **véletlen** pure/mere chance

szintjel *fn* bench-mark

szintkülönbség *fn* height/level difference, difference in/of height/level

szintúgy *hsz* → **ugyanúgy**

szintű *mn* **magas ~** *[tárgyalások stb.]* high-level

szintvonal *fn* contour line

szinusz *fn* (*jele:* **sin**) *mat* sine

szinuszgörbe *fn mat* sine curve

szinusztétel *fn mat* sine law/theorem, law of sines

színű *mn* -coloured (*US* -colored), -colour(s), of ... colour(s) *ut*; **milyen ~?** what colour is it?; **barna ~** brown; **élénk ~** bright, brightly coloured; **más ~** of different colour (*US* -or) *ut*

színültig *hsz* → **színig tele**

színvak *mn* colour-blind (*US* color-)

színvakság *fn* colour-blindness (*US* color-); → **színtévesztés**

színvallás *fn* speaking one's mind, showing one's true colours (*US* -ors); **~ra kényszerít vkt** call sy's bluff; → **színt vall**

színváltozás *fn* **1.** *[színé]* change of/in colour (*US* -or) **2.** *szính* change of scene

színvonal *fn* level, plane, *átv* level, standard; **egy ~on áll** be* on a level/par with; **vmlyen ~ra emel** raise to the level, level up; **vknek/vmnek a ~ára emelkedik** rise* to the level of sy/sg; **magasabb ~ra emel vmt** level up (v. raise) the (general) standard (of sg); **emeli a ~at** level up (v. raise) standards; **(meg)tartja a ~at** keep* up the standards

színvonalas *mn* high-standard, of a high standard *ut*, *kif* have* (immense) style/class; ~ **műsor** top-class show; ~ **előadás** stylish performance; ~ **üzletközpont** exclusive shopping centre (*US* shopping mall)

színvonalkülönbség *fn* difference in/of level/quality/standard

színvonalú *mn* **alacsony/gyenge ~** low-standard, sub-standard, *kif* be* not up to scratch; **magas ~** of a high standard *ut*, good quality, good

szipákol *i* sniffle, snuffle

szipirtyó *fn* old hag/bag, crone

szipka *fn* cigarette-holder

szipog *i [náthás]* sniffle, snuffle; *[sírós]* snivel, whimper, whine

szipolyoz *i pej* extort money from sy, sponge on sy for sg, bleed* sy for sg

sziporkáz|ik *i* sparkle, scintillate; *[csillog]* glitter, gleam; *[szellemes ember]* scintillate/coruscate (with wit)

szipós, szipózó *fn szl* glue-sniffer, sniffer

szipózás *fn szl* glue-sniffing, sniffing glue

szipóz|ik *i szl* glue, sniff

szippant *i [levegőt]* sniff, inhale, breathe in, *[cigarettából, pipából]* take* a puff, draw* on (one's pipe), *[dohányport]* take* a pinch (of snuff); **nagyot ~** (v. **~ egyet) a friss levegőből** take* a deep breath of fresh air, get* a sniff of fresh air, breathe in deeply

szippantás *fn [levegőből]* breath, sniff, *[cigarettából, pipából]* puff, draw, *[dohányporból]* whiff, sniff

szippantó *fn [mentolos, orrba]* inhaler

szippantóskocsi *fn biz* sniffing car

szír *mn/fn* Syrian

sziréna *fn* **1.** siren, horn, *[gyári] GB* hooter, *US* whistle **2.** *gk [megkülönböztető hangjelzés]* siren, *[rendőrségi]* police siren

szirénáz|ik *i* sound/blow* the siren/horn/hooter/whistle, *[kocsi] kif* with its siren screaming

Szíria *földr* Syria

szíriai *mn/fn* Syrian

szirom(levél) *fn* petal

szirt *fn* rock, cliff, *[zátony]* reef

szirtes *mn* rocky, craggy, cliffy

szirtfal *fn* cliff, rock face, precipice

szirti *mn* rock-; ~ **sas** golden eagle

szirup *fn* (golden) syrup

szirupos *mn átv is* syrupy; *csak átv* ~ **történet** a treacly story

sziszeg *i* hiss, make* a hissing sound

sziszegés *fn* hissing

sziszegő *mn* hissing, whizzing; ~ **hang** hissing sound; *nyelv* ~ **mássalhangzó** sibilant

szisszen *i* give* a hiss [when in pain], wince

szisszenés *fn* hiss(ing); ~ **nélkül** without a murmur, without wincing

szisztéma *fn* system

szisztematikus *mn* systematic, methodical

szít *i* **1.** *[tüzet]* poke [the fire] (up), fan [the fire], kindle [the wood] **2.** *átv* fan, inflame, excite, incite, stir up; **egyenetlenséget ~** stir up strife, *kif* fan the flame(s); **lázadást ~** incite/instigate rebellion; **elégedetlenséget ~** stir up feelings of dissatisfaction; **~ja a szenvedélyeket/kedélyeket** inflame popular feeling, *kif* stir the blood, fan the flame(s); → **viszály**

szita *fn* **1.** *[háztartási eszköz]* sieve; *átv* **átlát a ~n** see* through sy's game/words/tricks; *biz* **~vá lő vkt** riddle sy with bullets **2.** *[villanyborotvához]* foil

szitakötő *fn áll* dragonfly

szitál *i* **1.** *[szitával]* sift, sieve, bolt **2.** *[eső]* drizzle, mizzle

szitálás *fn* **1.** *[szitával]* sifting, sieving, bolting **2.** *[esőé]* drizzling, drizzle, *[ónos]* freezing drizzle; → **ónos**

szitkozódás *fn* cursing, swearing, abuse, words of abuse *tsz*

szitkozód|ik *i* curse, swear*, blaspheme

szitok *fn* invective, abuse, curse

szituáció *fn* situation, state of affairs; **kellemetlen ~** awkward situation/position

szituált *mn* **jól ~** well-to-do, well-off, well-heeled

szittya *mn tört* → **szkíta**

sziú *mn/fn* ~ **indián** Sioux (Indian)

szív[1] *i* **1.** *[légneműt]* inhale, breathe/draw* in; **kimegy friss levegőt ~ni** go* (out) for a breath of fresh air; *[kikapcsolódásból]* go* for a breather, go* and clear one's head **2.** *[folyadékot]* suck, draw* [liquid from]; **magába ~** (i) *[folyadékot]* absorb (ii) *[szellemi hatást]* absorb, imbibe [ideas, knowledge] **3.** *[cigarettát]* smoke [a cigarette]; **milyen cigarettát ~sz?** what do you smoke?; **~ja a pipáját** puff/pull (away) at his pipe, draw* on his pipe **4.** *[sebet, fogat]* suck; *átv* **~ja a fogát** *kb.* fret and fume, grind* one's teeth **5.** *szl [kábítószert]* smoke **6.** *szl [iszik]* take* a nip, knock back/down

szív[2] *fn* **1.** *[szerv]* heart; **új ~re váró beteg** would-be heart-transplant patient; ~ **alakú** heart-shaped; **helyén van a ~e** have* one's heart (v. one's heart is) in the right place; **~e mélyén** in one's heart of hearts, at heart; **~em legmélyéről**

from the bottom of my heart; **nehéz a ~e** his heart is heavy; **ez volt a ~e vágya** that was his heart's desire; **megdobbant a ~e** his heart gave a leap; **majd megszakad a ~e** (s)he is heartbroken (*vm miatt* because of sg); **van ~e megtenni vmt** have* the heart to [do sg]; **nincs ~e vmt megtenni** (s)he doesn't have the heart to [do/tell etc. sg]; **~em szerint** *[legszívesebben]* I have a good mind to ...; **mindenkinek ~e joga** it's up to everyone to...; **~ébe fogad** take* sy to one's bosom; **~ébe vésődik** be* engraved (up)on one's memory; **~be markoló** heart-rending, poignant; **~ből** cordially, with all one's heart, wholeheartedly; **~ből jövő** *[szavak]* whole-hearted, cordial, *[kívánság, köszönet]* heartfelt; **~ből kívánom, hogy ...** I sincerely wish [sy sg v. that ...]; **tiszta ~ből** with all one's heart, with one's whole heart; **~ből gratulálok** my heartiest congratulations; **~éhez nőtt** (*vm/vk*) sg/sy is/becomes very dear to sy, sy has become (very) fond of sg/sy; **~hez szóló** heart-stirring, touching; **~en szúr** stab sy through the heart; **ami a ~én, az a száján** *[nem titkolja érzelmeit]* wear* one's heart on one's sleeve; *[szókimondó]* speak* one's mind; **~én visel vmt** have* sg at heart, be* deeply concerned about sg; **nagyon a ~ére beszél** admonish sy in earnest; **tedd a ~edre a kezed** (can you) put your hand on your heart and say ..., cross your heart; **~ére vesz vmt** take* sg to heart; **nagyon a ~ére vette** he took it too much to heart; **egyem a ~ét!** bless her/his little heart!; **vm nyomja a ~ét** sg is weighing on sy's mind; **~et gyönyörködtető** *[igével]* warm the cockles of one's heart; **~et tépő** heart-breaking/rending; **~vel csinál vmt** have* one's heart in (doing) sg; **jó ~vel van/viseltetik vk iránt** be* well-disposed to sy; **teljes ~vel** with all one's heart **2.** *[megszólítás]* **~em!** my dear!, dearest!, darling! **3.** *[városé, országé]* heart, centre (*US* -ter); **Budapest az ország ~e** Budapest is the heart of the country; **Párizs ~ében** in the heart of Paris; → **belop**, → **kiönt**, → **megesik**, → **összetör**

szív- *előtag orv* cardiac

szivacs *fn* **1.** sponge **2.** *áll* **~ok** sponges, porifera **3.** *szl* **~!** *US* that sucks

szivacsos *mn* spongy; *orv* **~ daganat** fungus

szivacstartó *fn* sponge holder

szivar *fn* **1.** cigar **2.** *szl* **öreg ~** old geezer/duffer

szivardoboz *fn* cigar-box

szivárgás *fn* oozing (through), infiltration, *[tartályból, hordóból]* leaking, *[gázé]* escape, *[sebé]* oozing; *[átszivárgás]* percolation

szivargyújtó *fn* *[autóban]* cigar-lighter

szivarka *fn* cigarette

szivárog *i* *[folyadék]* ooze, percolate (*vmből* from/out of), leak, *[tartály]* leak, *[gáz]* escape, *[seb]* ooze; **~ a sebéből a vér** blood oozes from his wound; **át~** percolate

szivaroz|ik *i* smoke/have* a cigar

szivartárca *fn* cigar-case

szivárvány *fn* rainbow; **a ~ minden színében ragyog** glitter in all colours (*US* -ors) of the rainbow

szivárványhártya *fn* iris (*tsz* irises v. irides)

szivárványszínek *fn tsz* colours (*US* -ors) of the rainbow

szivarvég *fn* cigar-end, butt, stub/stump (of cigar)

szivarzseb *fn* breast-pocket

szívás *fn* **1.** suck(ing), suction **2.** *[dohányé]* smoking **3.** *szl* **ez ~!** that sucks!

szívat *i szl US* haze; → **megszív**

szívatás *fn szl [pl. kiskatonáké]* bully(ing), giving (sy) the works, shaft, *US* hazing, victimization

szívató *fn gk* choke; **ki van húzva a ~** it's on full choke; **használja a ~t** use the choke

szívátültetés *fn* heart transplant (operation/surgery), heart transplantation; **~t végez** do* a heart transplant, transplant a heart; **~es beteg** heart transplant patient, transplantee

szivattyú *fn* pump

szivattyúz *i* pump

szívbaj *fn orv* heart/cardiac disease/trouble

szívbajos I. *mn* **1.** *[beteg]* suffering from heart disease *ut*, heart case **2.** *átv biz* **nem ~** not easily scared, no chicken, *pej* no shrinking violet **II.** *fn* cardiac (patient), heart patient

szívbéli *mn* heartfelt

szívbénulás *fn orv* cardiac arrest

szívbeteg *fn orv* cardiac (patient), heart patient

szívbetegség *fn orv* → **szívbaj**

szívbillentyű *fn orv* heart valve, *összet* valvular

szívbillentyű-elégtelenség *fn orv* valvular insufficiency/deficiency

szívburok *fn orv* pericardium (*tsz* pericardia)

szívcsúcs *fn orv* apex of the heart

szívderítő *mn* cheering, heartwarming

szívdobbanás *fn* heartbeat, heart-throb

szívdobogás *fn orv* *[rendes]* heartbeat, beating of the heart, *[a szokásosnál erősebb]* heart-throb, *tud* palpitation; **~om van** I get palpitations

szívdobogva *hsz* in a flutter, with beating heart

szívecském *fn* sweetheart, my dearest/love, darling, *US* honey

szível *i* like, be* fond of, care for; **nem ~** dislike, cannot (v. can't) bear, not care for

szívelégtelenség *fn orv* heart failure, cardiac insufficiency

szívélyes *mn* hearty, cordial, warm(-hearted); **~ fogadtatás** → **fogadtatás**; **~ üdvözletét küldi vknek** → **üdvözlet**; **~ üdvözlettel** *[levél végén]* Yours sincerely, ...; *[formálisabban]* Yours truly, ...; best regards, ...; **~en üdvözöl vkt** (i) *[köszönt]* give* sy one's best regards/wishes (ii) *[fogad]* give* sy a warm welcome, receive sy cordially

szívélyesség *fn* cordiality, heartiness

szíverősítő *fn* **1.** *[gyógyszer]* cordial **2.** *[itóka]* pick-me-up, bracer; **egy kis ~** a drop of comfort

szíves *mn* kind, cordial, hearty, friendly; **~ vkhez** be* kind to sy; **~ engedelmével** with your kind permission; **~ örömest** most gladly/willingly; **~ érdeklődésére** in answer/response to your (valued) enquiry/inquiry; **köszönöm a ~ vendéglátást** many thanks for the/your generous/kind hospitality; **~ üdvözlettel** *[levél végén]* Yours sincerely/truly, ...; **köszönöm ~ levelét** thank you for your kind letter [of the 15th]; **legyen/légy ~** be so kind as to, will you kindly ..., would you mind [doing sg], kindly *(és felszólító mód)*; *biz* be a good chap/boy/girl/dear and ...; **legyen ~ megmondani az időt** could/would you (please) tell me the (right) time; **legyen ~ adja ide a könyvet** please hand me the book; will you kindly hand me the book?, kindly hand me the book; **legyen olyan ~ a kenyeret ideadni** would you (please) pass the bread?, pass the bread, would you please?; **lesz ~ befáradni?** will you (please) come in?; **ha volna ~ várni egy percet, bejelentem az igazgató úrnak, hogy megérkezett** if you will wait a moment I'll (go and) tell the manager that you are here

szívesebben *hsz* **~ tesz vmt** *[vm másnál]* would rather do sg (than), prefer doing sg (to sg)

szívesen *hsz* **1.** *[készséggel]* with pleasure, readily, gladly, willingly; **~!** *[köszönömre adott válaszként]* you're welcome, don't mention it, not at all, *US így is:* don't worry, *ausztrál* no worries; **~ ad** give* gladly/willingly; **nem ~** unwillingly, reluctantly, grudgingly; *[igével]* be* loath to do sg **2. ~ tesz vmt** *[kedvvel]* I etc. should/would (v. I'd) like to ..., do* sg with pleasure, I don't mind ...ing; **~ elmennék moziba** I'd like/love to see a film (v. *US* go to the movies); **~ innék egy pohár sört** I shouldn't/wouldn't mind a glass of beer; **~ végzett munka** labour of love; **legszívesebben meghívnám ebédre** I'd prefer to invite him for lunch; **legszívesebben ezt választanám** I should take this one for preference/choice; **legszívesebben pofon vágnám** I'd dearly love to give him a slap across the face **3.** *[kedvesen]* kindly, cordially, heartily, *[örömmel]* with

pleasure, *[igével]* be* happy to [do sg]; ~ **látja a vendégeket** give* the guests a warm welcome, welcome/receive the guests cordially; ~ **látott** welcome; **minden tanárt ~ látunk** all teachers are welcome
szívesked|ik *i* **~jék** be* so kind as to, be* good enough to, kindly *(és felszólító mód)*; **~jék értesíteni** kindly inform him, be* so kind as to notify him; **~jék válaszolni** an answer is requested
szíveslátás *fn* hospitality, hearty/warm welcome; **köszönjük a ~t** thank you for your hospitality
szívesség *fn* **1.** *[szívélyesség]* cordiality, heartiness **2.** *[szolgálat]* favour (*US* -vor); **~ből** as a favour; **vk ~éből** *[ingyenesen közölheti, pl. képet]* by courtesy of . . .; **~et kér vktől** ask sy a favour, ask a favour of sy; **~et tesz vknek** do* sy a favour, do* a favour for sy; **tegyen nekem egy ~et** will/would you do me a favour; *szl* **tehet nekem egy ~et** he can go and get stuffed; → **viszonoz**
szívfacsaró *mn* heart-rending/breaking, moving; ~ **látvány** heart-rending sight, sight that makes one's heart ache
szívfájdalom *fn átv* heart-ache, grief, anguish; **nagy szívfájdalmat okoz vknek** break* sy's heart
szívfájdító *mn* → **szívfacsaró**
szívgörcs *fn orv* heart attack, cardiac spasm
szívgyengeség *fn* → **szívelégtelenség**
szívhang *fn orv* heart/cardiac sound
szívinfarktus *fn [a köznyelvben]* heart attack, *orv* cardiac infarct, myocardial infarction
szívizom *fn orv* heart muscle, myocardium (*tsz* -dia)
szívizomgyulladás *fn orv* myocarditis
szívjóság *fn* benevolence, kindness of (one's) heart
szívkamra *fn orv* ventricle (of the heart), cardiac chamber
szívkatéterezés *fn orv* cardiac catheterisation
szívkoszorúér *fn orv* → **koszorúér**
szívkoszorúér-betegség *fn orv* coronary artery disease
szívkoszorúér-műtét *fn orv* coronary artery (v. heart) bypass operation/surgery, *biz* bypass operation, coronary artery bypass
szívműködés *fn orv* heart function, action/function of the heart, cardiac action; **rendetlen ~** irregular functioning of the heart, arrhythmia
szívműtét *fn orv* heart operation/surgery; **nyitott ~** open-heart surgery; **nyitott ~en esett át** (s)he received open-heart surgery
szívnagyobbodás *fn* enlargement/dilatation of the heart
szívócső *fn* suction pipe, siphon
szívóhatás *fn* suction effect
szívóka *fn* sucker
szívós *mn* **1.** *[anyag]* tough, leathery, *[tartós]* durable, tenacious **2.** *átv* stubborn, persistent, dogged; ~ **ellenállást fejt ki** offer (v. put up) (a) stubborn/stout resistance
szívóskod|ik, szívóz|ik *i szl* **1.** *[kitol vkvel]* do*/play the dirty on sy **2.** *[kötekedik]* nit-pick **3.** *[ragaszkodik vmhez]* come* on hard
szívósság *fn* **1.** *[anyagé]* toughness, tenacity **2.** *átv* stubbornness, doggedness
szívószál *fn* straw; **~lal** through a straw
szívpitvar *fn orv* atrium (*tsz* atria) (of the heart)
szívritmus-szabályozó *fn orv* pacemaker
szívritmuszavar *fn orv* arrhythmia
szívroham *fn orv* heart attack, cardiac seizure; **~ot kapott, ~a van** have*/suffer a heart attack; ~ **következtében meghalt** died (suddenly) from/of a heart attack
szívsebész *fn orv* heart surgeon
szívsebészet *fn orv* cardiac surgery
szívspecialista *fn orv* cardiologist, heart specialist
szívszaggató *mn* heart-piercing/rending, poignant
szívszélhűdés *fn orv* heart attack/failure; **~t kapott** he had heart failure; **~ben halt meg** died of/from a heart attack
szívszorongva *hsz* anxiously
szívszorulás *fn* angina (pectoris)
szívtájék *fn* cardiac region
szívtelen *mn* heartless, hard/stony-hearted, unfeeling
szívtelenség *fn* heartlessness
szívtrombózis *fn orv* coronary thrombosis, *biz* coronary
szív–tüdő-gép *fn orv* heart-lung machine
-szívű *utótag* -hearted
szívügy *fn* **1.** *[szerelmi]* love-affair **2.** *biz [szívesen végzett munka]* labour (*US* -or) of love, sg done for the love of the thing; **ez ~em** I've made a special point of (doing) it
szívvel-lélekkel *hsz* with all one's heart (and soul), with heart and soul, whole heartedly; ~ **csinál vmt** have* one's heart in sg; ~ **küzd vmért** fight* for sg heart and soul
szívverés *fn orv* heartbeat; **szabálytalan ~** arrhythmia; **elállt a ~e az ijedtségtől** he was frightened to death
szívvidító *mn* cheering, heart-warming
szívzörej *fn orv* heart murmur, (endo) cardiac murmur
szja *röv* → **személyi jövedelemadó**
szkafander *fn* → **űrruha**
szkeccs *fn szính* sketch
szkennel *i infor* scan
szkennelés *fn infor* scanning
szkenner *fn infor* scanner
szkepticizmus *fn* scepticism (*US* skep-)
szkeptikus I. *mn* sceptical (*US* skep-) (of/about sg) **II.** *fn* sceptic (*US* skep-)
szkiff *fn sp* skiff
szkinhed *fn* skinhead
szkíta *mn/fn* Scythian
szkizofrén *mn* schizophrenic
szkizofrénia *fn* schizophrenia
szkript *fn infor* script
szkriptállomány *fn infor* script file
szlalom *fn* slalom
szlalomoz|ik *i* perform slaloms, slalom
szláv I. *mn* Slavonic, *US* Slavic; ~ **népek** Slavonic peoples, the Slavs; ~ **nyelv** Slavonic, *US* Slavic **II.** *fn* **1.** *[ember]* Slav; **a ~ok** the Slavs **2.** *[nyelv]* Slavonic, *US* Slavic
szlavista *fn* Slavist
szlavisztika *fn* Slavonic (v. *US* Slavic) studies *tsz*
Szlavónia *földr* Slavonia
szlavóniai *mn/fn* Slavonian
szlávság *fn* the Slavs *tsz*
szlogen *fn* slogan
szlovák I. *mn* Slovak, Slovakian; **Sz~ Köztársaság** Slovak Republic; **~ul beszél** speak* Slovak; **~ul van** *[írva]* is written in Slovak **II.** *fn* **1.** *[ember]* Slovak **2.** *[nyelv]* Slovak
Szlovákia *földr* Slovakia
szlovákiai *mn/fn* Slovakian, of/in Slovakia *ut*
szlovén I. *mn* Slovene, Slovenian **II.** *fn* **1.** *[ember]* Slovene, Slovenian **2.** *[nyelv]* Slovene
Szlovénia *földr* Slovenia
szmog *fn* smog
szmogriadó *fn* smog alert; **~t rendel el** order a smog alert
szmoking *fn* dinner jacket, *US* tuxedo
sznob I. *mn* snobbish, snobby **II.** *fn* snob
sznobizmus *fn* snobbery, snobbishness
szó *fn* word; ~ **ami ~** in truth, to tell the truth; **egy ~, mint száz** briefly, in short; ~ **nélkül** without (saying) a word, without further ado; ~ **nélkül hagy vmt** let* sg pass, leave* sg unanswered; **miről (is) van ~?** what is it all about?; **arról van ~, hogy** the question is (that), the point/thing is (that), the point/matter at issue is (that); **közölje, hány példáról van ~** let me know the number of examples involved, let me know how many examples we're looking at, let me know how many examples we're talking about; ~ **van róla** there is some talk of it, it is said; ~ **sem lehet róla** it's (quite) out of the question; **nem volt ~ arról, hogy jövök** there was no question of my coming, it was never suggested that I should come; **amikor személyes kérdésekről van ~** when it comes to personal things; **az életünkről van ~** our lives are at stake; **pontosan erről van ~** precisely, (that's it) exactly; **erről ~ sem volt** there was no mention of this; **erről van ~?** is that it?, is that the point?; **erről van ~!**

Sz

absolutely!; **lehet róla ~** I don't mind/care; **nem erről van ~** that's not the point!, it's not that!; **~ sincs/se róla** (i) *[egyáltalában nem]* not at all, nothing of the kind/sort, there is no question of, it's out of question, nothing like that (ii) *[igaz, hogy ..., de]* it is true (enough) (that ...), no doubt, to be sure (iii) *[elismerem]* I admit; **~ esik vmről** [question/topic] crops/comes up, is mentioned; **köztünk maradjon a ~** between you and me, between ourselves; **nem áll meg benne a ~** he can't keep a secret, he's a sieve; **rólad van ~** it's you they are talking about, it's (all) about you, it concerns you; **ha nem Pistáról volna ~** were it someone other than P.; **se ~, se beszéd** suddenly, out of the blue; **~ szerint** literally, word for word, in the literal/strict(est) sense of the word; **nem emlékszem rá ~ szerint** I forget (v. I've forgotten) exactly how the words go; **a ~ szoros értelmében** (i) → **szó szerint** (ii) *[valósággal]* practically; **~ szerinti** word for word, literal, close [translation]; **~ szerinti idézet** textual (v. word for word) quotation; **egy (árva) ~ sem igaz belőle** there is not a word/scrap of truth in it, not a (single) word (of it) is true; **~ ~t követ** one word leads to another; **nagy ~ ez!** it's no small/trifling matter, it's a great thing; **a nép szava** the voice of the people; **~ba áll vkvel** speak* to sy, get* talking to sy; **~ba se áll vkvel** (i) *[mert haragszik rá]* be* not on speaking terms with sy (ii) *[nem ereszkedik le hozzá]* not deign to speak to sy; **szavakba foglal** put* (sg) into words, express (sg); **~ba hoz** mention, bring* up; **~ba se jöhet** it is out of the question; **~ba kerül/jön** [subject/topic] crops/comes up; *[vm mint lehetőség]* be* considered, come* into consideration; **csak egy szavadba kerül** you need only say a/the word; **csak egy szavadba kerül és a tied (v. megkapod)** you may have it (v. it's yours) for the asking; **szavába vág vknek** cut* sy short, interrupt sy; *biz* cut* in on sy; **~ra bír vkt** draw* sy out; **~ban és írásban** orally and in writing; **néhány ~ban elmond** put* sg in a nutshell, sum up sg in a few words; **a ~ban forgó eset** the case in point; **a ~ban forgó kérdés** the question/point/matter at issue (v. under discussion/consideration); **ért a ~ból** he can take the hint; **~hoz jut** be* able to put in a word, get* the opportunity to speak, *[nagy nehezen]* get* a word in (edgeways); **~hoz sem jutott a meglepetéstől** he was speechless with surprise, he was dumbfounded (v. at a loss for words); **szaván fog vkt** take* sy at his word, hold* sy to his word; **száz ~nak is egy a vége** in short, the long and short of it is (that); **~ra sem érdemes** it's nothing, it's not worth mentioning, don't mention it, *[köszönömre adott válaszként]* you're welcome!; **szavamra!** on/upon my word; **szavamra mondom** take my word for it; **ad vknek a szavára** listen to sy, believe sy; **~ról ~ra** word for word; **~ról ~ra megtanul/bevág vmt** learn* sg (get* sg off) by heart; **egy ~t sem értek belőle** I can't/don't understand a word of it, I can't make head or tail of it, it's all Greek to me; **~t fogad** obey (akinek sy); **~t kér** request leave to speak, ask (permission) to speak, demand the floor; **~t kap** *[gyűlésen, parlamentben stb.]* have* the floor; **átadom a ~t XY-nak** I (will) now call on/upon Mr... [to address the conference v. to reply to the speech etc.]; **egy ~t se szólj róla** don't say a word (about it) (to anyone); **egy ~t sem szólt róla** he didn't say a word about it; **egy jó ~t szól (v. ~t emel) vk érdekében** speak* up for sy, put* in (v. say*) a good word for sy; **~t emel vm ellen** raise one's voice against sg, protest against sg, object to sg, *US* protest sg; **saját szavunkat se lehetett hallani** we couldn't hear ourselves think/speak; **szavát adja vmre** give*/pledge sy one's word (that ...); **szavamat adtam a titoktartásra** I'm sworn/pledged to secrecy; **állja/megtartja a szavát** keep* one's word, be* as good as one's word; **megszegi a szavát** go* back on one's word, break* one's word; **nem talál szavakat** be* at a loss for words, words fail him; **szavára esküszik** swear* by sy; **~vá tesz vmt** comment/remark on, bring* it/sg up, mention; *[erélyesebben]* criticize; **más ~val** in other words, clearly; **néhány ~val** in a few words, briefly, in a nutshell; **saját szavaival** in one's own words; **nem (pont) ezekkel a szavakkal** not in so many words; **~val tart vkt** ply sy with words, talk to sy; *[társaságot]* keep* the conversation going, keep* the company amused; **~val és tettel** in word and deed; → **elegyedik**, → **érdemel**, → **hajlik**, → **hallgat**, → **megáll**, → **megválogat**, → **szóval**, → **terel**, → **utolsó**

szóalak *fn* word-form

szóalkotás *fn* **1.** *ált* word-formation, *[összetételek útján]* compounding, *[új szavak alkotása]* coining (of new words) **2.** *[maga az új szó]* new(ly-coined) word, neologism

szóállomány, **szóanyag** *fn* vocabulary

szóáradat *fn* torrent/flow/flood of words, tirade

szoba *fn* room; **bútorozott ~** lodgings *tsz*, room; *biz* digs *tsz*; *[bútorozott]* **~ kiadó** (furnished) room to let; **bútorozott ~ban lakik** stay in lodgings; **~ reggelivel** bed and/& breakfast (*röv* **BB**); **~ fürdőszobával** *[szállodában]* room with (private) bath; **~t foglal (le)** book/reserve a [double/single] room [in a hotel], make* a booking/reservation

szobaantenna *fn* indoor aerial (*US* antenna)

szobaár *fn* price of room

szobaasszony *fn* chambermaid

szobaberendezés *fn* (set/suite of) furniture

szobabútor *fn* furniture (*tsz* ua.) (of/for a room), suite

szobafestés *fn* (re)decoration

szobafestő *fn* decorator

szobafoglalás *fn* booking, *US* reservation

szobafogság *fn* house arrest, detention; **~ban van (két hétig)** *[gyerek]* be* grounded (for two weeks); **~ra ítél** restrict/confine sy to his/her room

szobafőnök *fn [szállodai]* front-office manager

szobakerékpár *fn* cycle exerciser, fitness cycle

szoba-konyhás *mn* **~ lakás** room and kitchen flat, *US* studio apartment

szobalány *fn* housemaid, *GB* parlourmaid, *[szállóban]* chambermaid

szobalétra *fn* stepladder, *GB így is:* steps *tsz*

szobanövény *fn* house plant, indoor plant

szobapincér *fn* → **szobapincéri**

szobapincéri *mn* **~ szolgálat** room service

szobarendelés *fn* booking/reservation of rooms

szobás *utótag* -room; **két~ lakás** a two-room flat/apartment

szobaszám *fn* room number

szobaszerviz *fn* room service

szobatárs *fn* room-mate, *US biz* roomie v. roomy

szobatiszta *mn [kutya, macska]* house-trained, housebroken, *[gyermek]* toilet-trained, potty-trained

szobatisztaság *fn* **~ra nevel** *[háziállatot]* house-train; *[gyermeket]* toilet-train

szobatudós *fn kb.* ivory tower scholar

szóbeli I. *mn* oral, verbal, vocal; **~ ajánlat** verbal offer; **~ jegyzék** *[diplomáciában]* verbal note; **~ közlés** verbal communication; **~ megállapodás** verbal agreement/contract; **~ vizsga** oral (examination); **~ vizsgát tesz** take* (v. sit* for) an oral examination, take* a viva **II.** *fn [vizsga]* oral (examination), *GB* viva (voce examination); **~re küldik** be* vivaed

szóbeliz|ik *i* → **szóbeli vizsgát tesz**

szóbeszéd *fn* (empty/idle) talk, gossip, rumour (*US* -or)

szobor *fn* sculpture, statue; **szobrot állít/emel** put* up a statue, raise/erect a statue

szobortemető *fn kb.* statue cemetery; ‹where communist statues are placed›

szóbőség *fn* richness of vocabulary, *pej* verbosity, volubility

szobrász *fn* sculptor

szobrászat *fn* sculpture, plastic art

szobrászművész *fn* sculptor

szobroz *i biz* cool/kick one's heels, be* waiting

szocdem *fn [szociáldemokrata]* social democrat

szociáldemokrácia *fn* social democracy

szociáldemokrata I. *mn* social democratic **II.** *fn* social democrat

szociális *mn* social; ~ **bér** social wage; ~ **dolgozó** social worker; ~ **egyensúly** social balance; ~ **előadó** social/case-worker; ~ **gondoskodás** *[társad. biztosítás]* social security (*US* welfare); *[büntetőintézetből elbocsátottról]* after-care; ~ **(gondozási/gondozói) munka** social/welfare work; ~ **gondozó** social/welfare worker; ~ **intézmények** social (welfare) institutions, social services; ~ **juttatás** social allowance; ~ **lakásépítés** *kb.* welfare housing scheme/programme (*US* -gram); ~ **munkás** social/welfare worker; ~ **otthon** old people's home, home for the aged; ~ **összetétel** social composition; ~ **piacgazdaság** social market economy; ~ **származás** social background/origin; **~an érzékeny** be* socially sensitive

szocialista I. *mn* socialist; *tört* ~ **állam** socialist state; *tört* ~ **ország** socialist country **II.** *fn* socialist

szocializmus *fn* socialism

szociálliberális *mn* social liberal

szociálpolitika *fn pol* welfare policies *tsz*

szociálpolitikai *mn* (*röv* **szocpol**); ~ **bizottság** social security committee; ~ **előadó** welfare officer; ~ **támogatás** *[fiatalok lakásépítéséhez]* housing benefit

szócikk *fn* (dictionary) entry/article

szociográfia *fn* sociography

szociolingvisztika *fn* sociolinguistics *esz*

szociológia *fn* sociology

szociológiai *mn* sociological

szociológus *fn* sociologist

szocpol *mn röv* → **szociálpolitikai**

szócsalád *fn* word family

szócsata *fn* verbal sparring, bandying words, dispute, battle of wits; **~t folytat/vív vkvel** cross swords (with sy)

szócska *fn* particle; **az -e** ~ the interrogative particle -e

szócsoport *fn* word-group

szócső *fn [tölcsér]* speaking tube/trumpet, *átv [ember]* mouthpiece (of), *[újság]* organ

szóda *fn* **1.** *kém* sodium carbonate **2.** *biz* → **szódavíz**

szódabikarbóna *fn* sodium bicarbonate, bicarbonate of soda, baking soda

szódásszifon *fn* soda siphon; → **autoszifon**, → **szódásüveg**

szódásüveg *fn* soda water bottle, (soda) siphon

szódavíz *fn* soda water

szóelem *fn nyelv* morpheme

szóelemzés *fn* analysis of words, word analysis

szóelválasztás *fn* hyphenation, word division

szófa *fn elav* sofa, couch

szófaj *fn* word class, part of speech

szófecsérlés *fn* waste of words, verbosity, *biz* logorrhoea

szófejtés *fn* etymology

szófejtő I. *mn* etymological **II.** *fn* etymologist

Szófia *földr* Sofia

szófogadatlan *mn* disobedient

szófogadó *mn* obedient, dutiful

szófosás *fn durva* logorrhoea

szoftver *fn infor* software

szoftvercsomag *fn infor* software package

szoftverfejlesztés *fn infor* software development

szoftverfejlesztő *fn* ~ **eszköz** software tool

szoftverkalóz *fn infor* software pirate

szoftvertechnológia *fn infor* software engineering

szófukar *mn* tight-lipped, laconic, uncommunicative

szógyűjtemény *fn* glossary, vocabulary

szóhangsúly *fn* (word) stress/accent

szóhasználat *fn* usage; **helytelen** ~ wrong use/usage; → **ironikus**, → **képes**

szóismétlés *fn* repetition of a word

szójabab *fn* soya bean, *US* soybean

szójaliszt *fn* soya flour, *US* soy(bean) flour

szójárás *fn* **1.** *[közkeletű kifejezés]* phrase, saying **2.** → **szavajárása**

szójáték *fn* pun, play on words

szójegyzék *fn* list of words, word-list, *[mutató]* index, *[szótárszerű]* glossary

szójelentés *fn* meaning [of a word], word-meaning

szókapcsolat *fn* phrase, idiom, idiomatic expression, collocation; **állandósult** ~ set/fixed phrase, fixed expression, idiom, idiomatic expression

szokás *fn [egyéni, megrögzött]* habit, *[közösségi]* custom, *[gyakorlat]* practice, *[társadalmi]* convention; **jó** ~ a good habit; **rossz** ~ a bad habit; ~ **dolga** it's a matter of habit; **nem** ~ it is not customary/usual/done; **a** ~ **hatalma** the force of habit; **vmlyen ~nak hódol** be* a slave to custom; → **rab**; ~ **szerint** as usual, as a rule, usually; **~a szerint** as is/was his custom; ~ **által szentesítve** sanctioned/established by custom; **ahogy mondani** ~ as one is wont to say, as the saying/phrase goes; **az a ~a, hogy** it is a habit with him to ..., he is accustomed to [doing sg], he is in the habit of [doing sg]; **ez nekem nem ~om** I am not in the habit of [doing sg]; **~ban van** it is customary, it is the custom; **~ból** out of habit, by habit; **~ához híven** as is his wont/custom; **~t felvesz** get* into the habit of; **~tól eltér** depart from habit/custom/usage; **a ~tól eltérően** unusually, contrary to (one's) custom/practice; **~sá válik** it is becoming customary, become* the custom, (*vknél*) make* a habit of [doing sg], it becomes sy's habit; → **ház**, → **tisztelet**

szokásjog *fn* customary/unwritten law; **országos** ~ *GB* common law *[írott]*, unwritten law/custom *[íratlan]*

szokásjogi *mn* **történelmi,** ~ **alkotmány** constitution of customary law

szokásos *mn* usual, customary, habitual, ordinary; *gazd* **a** ~ **feltételekkel** on the usual terms; *gazd* ~ **kamatláb** regular rate of interest; **a** ~ **módon** as usual, in the usual/customary way, ordinarily

szokásszerű *mn* customary, usual, habitual; **~en** → **a szokásos módon; ~en végez vmt** do* sg regularly, make* a habit of doing sg

szokatlan *mn* unusual, unaccustomed, uncommon; ~ **módon, ~ul** unusually, strangely; **eléggé ~ul** strangely enough; **~ul csendes** strangely/unusually quiet/calm

szókép *fn* figure of speech, metaphor; **~ek** imagery

szóképes *mn* ~ **olvasás** look-see method

szóképzés *fn* word-formation, derivation

szókészlet *fn* vocabulary, word stock, *nyelv* lexis, lexicon

szókészleti *mn nyelv* lexical; ~ **egység** lexical unit

szókészlettan *fn nyelv* lexicology

szókezdő *mn* initial

szókihagyás *fn* ellipsis (*tsz* ellipses), omission of a word

szok|ik *i* **1.** (*vmhez*) get* used to sg, get*/become*/be*/grow* accustomed to sg, get* into the habit of (doing) sg; **ehhez nem vagyok ~va** I am not used/accustomed to it; **~va vagyok hozzá** I am used to it **2. ~ott** *[szokásszerűen tesz vmt]* do* sg [regularly, generally]; make* a (v. be* in the) habit of doing sg, do* sg out of habit, be* wont to (do sg), would do sg; **erre ~ott jönni** he generally/usually comes this way, he is in the habit of coming this way; **6-kor ~tam fölkelni** I generally get up at six/6 (o'clock); **nem ~tam elkésni** I'm not late, usually; **sok levelet ~tam kapni** I generally get a lot of letters; **mit ~tál csinálni vasárnap(okon)?** what do you (usually) do on Sundays?; **nyáron a hétvégét falun/vidéken ~ták tölteni** in summer they generally spend their weekends in the country; **hétvégeken ki ~tunk menni a telekre** we usually go to our plot at the weekend; **~ott bridzsezni?** do you play bridge?; **nagyobb ~ott lenni** it is usually bigger/larger **3.** *[a múltra vonatkoztatva]* **ahogy ~ta tenni** as was his custom; **ahogy mondani ~ták** as they say, as the saying goes; **azelőtt/régebben bridzsezni ~tunk** we used to play bridge; **a villám a legmagasabb fába ~ott becsapni** lightning will strike the tallest trees; **ugyanabban a hivatalban dolgoztunk valamikor, és gyakran együtt ~tunk kávézni** we used to work in the same office, and we would often have coffee together

szókimondás *fn* outspokenness, straightforwardness
szókimondó *mn* outspoken, *kif* speak* one's mind
szókincs *fn* vocabulary → **szókészlet**
szoknya *fn* skirt; **rakott ~** pleated skirt; **skót ~** kilt; **az anyja ~ján ül** be* tied to one's mother's apron strings
szoknyabolond *fn biz* skirt-chaser, womanizer
szoknyanadrág *fn* culottes *tsz*, divided skirt
szoknyavadász *fn tréf* womanizer, lady-killer, ladies' man°
szokott *mn* **1.** (*vmhez*) used/accustomed to sg *ut* **2.** *[szokásos]* usual, habitual, customary; **a ~ dolog** the usual thing; **a ~ helyen** at/in the usual place; **~ módon** in the usual way/manner; **a ~nál korábban** earlier than usual → **szokik** 2, 3
szókölcsönzés *fn nyelv* **1.** *[a folyamat]* borrowing of words, borrowing **2.** *[a kölcsönzött szó]* borrowing, loanword
szóköz *fn infor is* space
szoktat *i* (*vkt/vmt vmhez*) get* sy/sg used/accustomed to sg, accustom/habituate sy/sg to sg, *tréf* train sy to do sg
szoktatás *fn* training, accustoming
szokvány *fn gazd* usage, custom [of trade]
szokványos *mn* customary
szól *i* **1.** *[beszél]* speak*; **nem ~** remain silent, does not (v. doesn't) say/utter a word; **mit ~(sz) ehhez/hozzá?** what do you say (to that)?, what do you think/make of it?; **mit ~sz a ...hez/hoz?** what do you think/make of ...?; **egy szót sem ~t** (s)he didn't say a word; **a maga nevében ~** speak* for himself/herself; **mit ~nál/~na egy csésze teához?** how/what about a cup of tea? **2.** (*vknek/vkhez*) speak* to sy; **~jon neki** *[hívja]* call him, please; tell him to come; **~ vknek** *[egy ügyben, vk érdekében]* have* a word with sy about sy/sg; **~ egy jó szót vk érdekében** put* in a good word for sy; **~tam neki a dologról** I spoke to him about the matter **3.** *[írás vknek]* be* addressed to sy, be* meant for sy; **a célzás neked ~t** it was a dig at you, the hint was meant for you; **ez neked is ~** this goes for (v. applies to) you, too **4. ez ellene ~** it is/speaks/tells against him; **minden ellene ~t** everything told against him; **ellene ~** (*vmnek*) contradict sg; **az érvek ellene ~nak** the balance of the argument is against it; **vk mellett (v. mellette) ~** speak* for (v. in favour of) sy; **a legerősebb érv, amely ... ellen ~** the biggest argument against ... is that ...; **sok ~ amellett, hogy** there is much to be said for (sg); **sok minden ~ a tervezet mellett** there is a lot to be said for the proposal; **ez is amellett ~, hogy** ... this is another point/argument in favour of [doing sg]; **ami a (szűrő)vizsgálat mellett ~, s ami ellene ~** the case for screening/testing and the case against **5.** *[könyv, cikk stb. vmről]* be* about (sg), deal* with (sg), treat (sg); **miről ~?** what is it about?; **a mese egy királyról ~** the tale is about a king, it is the tale of a king **6.** *[szöveg]* read*, run*; **a szöveg így ~** the text reads/runs thus; **úgy ~, hogy** it reads/runs as follows; **a rendelet úgy ~, hogy** the decree rules that ... **7.** *[csengő, harang]* ring*, *[hang, hangszer, zene]* sound, *[orgona]* peal; **a telefon ~** the telephone rings (v. is ringing); **a rádió ~** the wireless/radio is on; **nem ~ a rádió** *[mert rossz]* the radio isn't working, the radio is broken; **túl hangosan ~** *[zene]* it is too loud; **nagyon szépen ~** *[hegedű stb.]* sounds beautiful **8.** *[érvényes]* be* valid, be* (good) for; **a meghívó két személyre ~** the invitation is for two; **a nyugta száz forintról ~** the receipt is (made out) for 100 forints; **mennyi időre ~ a megbízás?** *kb.* is it a fixed-term contract/appointement? **9. ... ról/ről ~va** speaking of; **enyhén ~va** to say the least; **őszintén ~va** quite honestly/frankly, to be quite honest/frank, to tell the truth; **magunk között ~va** between you and me (and the gate-post); **nem is ~va** (*vkről/vmről*) to say nothing of, not to mention (sg), let alone (sg); **nem is ~va olyan luxuscikkekről, mint az ital és dohány** let alone such luxuries as alcohol and tobacco; → **száj**
szólam *fn* **1.** *[frázis]* stock phrase, slogan, *[közhely]* platitude, commonplace; **üres ~ok** empty slogans/words; **nagyhangú ~ok** big words, bombastic speech **2.** *zene* part; **egy ~ban énekel** sing* in unison; **több ~ban énekel** sing* in parts
szólamú *mn* -part → **többszólamú**
szolárium *fn* solarium (*tsz* -ria v. -riums); **~barna** solarium-tanned
szólás *fn* **1.** *[beszéd]* speech, speaking; **~ra emelkedik** rise* (v. stand* up) to speak; *[konferencián, parlamentben stb.]* take* the floor; **~ra jelentkezik** request leave to speak, demand the floor **2.** *nyelv* idiomatic expression, idiom, (common) saying
szólásgyűjtemény *fn* phrase-book, collection/dictionary of idioms
szólásmód *fn* → **szólás**
szólásszabadság *fn* freedom of speech, (the right to) free speech; **szólás- és szervezkedési szabadság** freedom to speak, meet and organize
szolfézs *fn* solfeggio, solmization, *főleg: GB* tonic sol-fa
szolga *fn* servant, attendant, domestic
szolgabíró *fn tört* district administrator [in Hungary before 1950], *kb.* deputy sheriff
szolgai *mn* servile, slavish; **~ hűség, ~ fordítás** a literal translation, servile/slavish translation; **~ utánzat** slavish imitation
szolgál *i* **1.** (*vhol, vknél, vkt*) serve (sy), be* in (sy's) service **2.** *kat* see* active service; **a hadseregben ~** serve/be* in the army, do* one's military service; **a haditengerészetnél ~** serve in the navy **3.** (*vmvel*) serve (with); **mivel ~hatok?** is there anything I can do for you?, can I help you (in any way)?; *[üzletben]* what can I do for you?, *[étteremben]* are you ready to order?, what will you have?, *US szl* what will it be?; **~hatok még vmvel?** (will there be) anything else Madam/Sir?; **azzal nem ~hatok** I'm sorry but we don't have it in stock (v. it is out of stock) **4.** *[protestáns lelkész istentiszteletet tart]* conduct a service **5. hogy ~ az egészsége?** how are you (getting on)?; **hogy ~t az éjszakai nyugodalma?** did you sleep well? **6.** (*vmül/vmként*) serve as (sg), (*vmre*) serve for (sg), be* used for (sg); **mire ~?** what is it used for?, what purpose does it serve?; **asztalként ~** it serves for a table; **tanulságul ~** serve as a lesson/warning; **ürügyül ~** serve as a pretext **7. vmlyen célt ~** sg serves as/for sg, be* used for sg; **milyen célt ~?** what is it used for?, what purpose does it serve? **8.** *[kutya]* **~j!** beg!; → **javára**, → **öröm**, → **tudomás**
szolgálat *fn ált* **1.** service, *[ügyelet, készenléti állapot]* duty, *[állás]* post, job, *kat* service; **tényleges (katonai) ~** active service; **sokéves ~a van** have* many years' service, has served many years; **vk ~ába áll** enter sy's service; **~ára!** at your service!; **~ba lép** (i) *[munkakört elkezd]* go* into service, take* up one's duties (ii) *[meghatározott időre, pl. vasutas]* go* on duty [at 6 a.m.]; **~ban van** *[ügyeletes]* be* on duty; **nincs ~ban** be* off duty; **vk ~ában áll** be* in sy's service; **~ban eltöltött idő** time/years of service, term of office; **~ból kilép** quit*/leave* the/sy's service, retire; **~on kívül** off duty; **~on kívül helyez** pension off, dismiss (sy) from service; **miben lehetek ~ára?** what can I do for you?, is there anything I can do for you?, can I be of service/assistance to you?; **~ára áll vknek** (*vk/vm*) be* at sy's service; **~ot teljesít** *[katona]* serve (as); *[szolgálatban van]* be* on duty; **ellátja a ~ot** carry out (v. do*) one's duty; **leteszi a ~ot** come* off duty [at 5 p.m.]; **~ot tesz vknek** do*/render sy a service; **rossz ~ot tesz vknek** do* sy a disservice; → **állami**, → **felmond**, → **ideg**, → **katonai 2.** *vall [protestáns lelkész istentiszteleti tevékenysége]* service **3.** *[zenekari tagé: próba, előadás]* duty
szolgálati *mn* of service *ut*, official, service; **~ autó/kocsi** company car; **~ beosztás** place of service, function; **~ idő** term of office; *[tisztviselőé, dolgozóé]* period of service, years of service *tsz*, *kat* years of service *tsz*; **~ fegyver**

Sz

service weapon; ~ **felettes** supervisor; ~ **lakás** official quarters *tsz*, official residence; ~ **szabályzat** (service) regulations *tsz*; ~ **út** *[utazás]* business/professional trip/visit; ~ **úton** (i) *[utazás]* on business/professional trip (ii) *[ügyintézés]* through the proper/official channels; **betartja a ~ utat** observe (v. keep* to) the official way, use (v. keep* to) the official channels, go* by the book

szolgálatkész *mn* helpful, eager to help *ut*, willing to help *ut*, willing

szolgálatkészség *fn* helpfulness, eagerness/willingness to help, obligingness

szolgálatmegtagadó *fn* conscientious objector

szolgálatos *mn* on duty *ut*, in charge *ut*; ~ *[őrszemes]* **rendőr** policeman° on point-duty

szolgálattétel *fn* service, duty

szolgálattevő *fn* sy on duty, sy in service

szolgalélek *fn* servile soul, flunkey

szolgalelkű *mn* servile

szolgalelkűség *fn* servility, servileness

szolgalmi *mn* ~ **jog** easement, way-leave

szolgálóleány *fn* maid(servant)

szolgalom *fn* → **szolgalmi jog**

szolgáltat *i* supply, furnish, provide, *[okot]* give*, *[áramot]* supply [current]; → **igazság**

szolgáltatás(ok) *fn* service/servicing/tertiary industry, supply, services *tsz*; *gazd* ~**ban részesülő** recipient of services

szolgáltatóipar(ok) *fn* service/tertiary industry/industries, services *tsz*, the service sector

szolgaság *fn* servitude, bondage, *[rabszolgaság]* slavery

szolid *mn* **1.** *[személy]* steady, respectable, serious(-minded); ~ **élet** a settled/steady life **2.** *[egyszerű, nem feltűnő öltözködés]* sober, discreet, conservative **3.** *[ker. vállalkozás]* safe, reliable, trustworthy **4.** *[ár]* reasonable, fair [price] **5.** *[szilárd]* solid, *[alapos]* sound [knowledge]

szolidáris *mn* ~ **vkvel** *[igével]* show* (one's) solidarity with sy, stand* behind sy (in sg), stand* by sy

szolidaritás *fn* solidarity; ~**t vállal vkvel** show* (one's) solidarity with sy

szólista *fn* soloist

szólít *i* **1.** *(vhova)* call (sy to come), call sy swhere, summon (sy), *[felszólít]* call upon/on [sy for an answer v. to stand up etc.] **2. vmnek ~ vkt** address sy as; **nevén ~** call sy by his name

szolmizáció *fn zene* solmization, sol-fa; **relatív ~** movable-doh (system), tonic sol-fa (system)

szolmizál *i* solmizate

szolmizálás *fn* solmization; → **szolfézs**

szóló[1] **I.** *mn* **névre ~ csekk** cheque (*US* check) payable to order; **névre ~ meghívó** a personal invitation, not transferable invitation; *gazd* **névre ~ részvény** registered/personal share; **két személyre ~** *[jegy]* [tickets] for two; **a Londonba ~ jegy** the ticket to London; **négy évre ~ állás** post tenable for four years, a four-year contract; **vmről ~ könyv** a book about/on ...; **az ellene ~ érvek** the arguments against it, *biz* the cons; **a mellette ~ érvek** the arguments for (v. in favour/support of) it, *biz* the pros **II.** *fn [beszélő]* speaker; **csatlakozom az előttem ~hoz** I agree with the previous speaker; → **bemutató**, → **lát**[2]

szóló[2] *fn zene* solo; ~**t énekel** sing* solo; *[műsoron kiírás]* soloist

szólóénekes *fn* soloist, solo singer

szólóest *fn* recital

szólómotor *fn biz* motorcycle without sidecar

szólótáncos *fn* principal/solo dancer

szólva *hsz* → **szól 9**

szómagyarázat *fn* explanation of a word, explanation of (the) words, gloss

Szomália *földr* Somalia

szomáli(ai) *mn/fn* Somali(an)

szombat *fn* Saturday; ~**on** on Saturday; **minden ~on** on Saturdays, every Saturday, *US* Saturdays; ~**(on) este** Saturday evening/night; ~**ra** by Saturday

szombati *mn* Saturday, of Saturday *ut*, Saturday's; **a ~ nap folyamán** in the course of Saturday, on Saturday; **egy ~ napon** on a (v. one) Saturday; **a múlt ~ hangverseny** last Saturday's concert

szombatonként *hsz* every Saturday, on Saturdays, *US* Saturdays

szomj *fn* thirst; ~**át oltja** quench one's thirst

szomjan hal *kif* die of/with thirst

szomjas *mn* (be*) thirsty; ~ **vmre** *átv is* thirst (v. be* thirsting) for sg

szomjaz|ik *i* thirst, be* thirsting (*vmre átv is* for sg), *[csak átv]* be* hungry for sg

szomjúhoz|ik *i* → **szomjazik**

szomjúság *fn* thirst(iness); ~ **gyötri** suffer from thirst

szomorít *i* sadden, make* (sy) sad, distress

szomorkás *mn* rather sad, downbeat, gloomy

szomorkod|ik *i* grieve (*vmn* over sg), be* sad (about sg)

szomorú *mn* sad, sorrowful, *[arc]* sad, melancholy, glum [face], *[esemény]* tragic [event], *[hír]* sad, saddening [news], *[látvány]* sorry [sight]; ~ **vm miatt** be* sad about sg, be* sorry/grieved to hear sg; ~**an** sadly; ~**an tapasztal/lát vmt** be* sorry to see sg; ~ **esemény** tragic/lamentable event; ~ **látvány** sorry/miserable sight; ~**nak látszik** seem/look sad

szomorúfűz *fn* weeping willow

szomorújáték *fn* → **tragédia**

szomorúság *fn* sadness, sorrow, grief

szomszéd I. *mn* → **szomszédos**; **a ~ falu** next/neighbouring village **II.** *fn* **1.** (*vk*) neighbour (*US* -bor); **a (közvetlen) ~om** my next-door neighbour; **a ~ok** our next-door neighbours (*US* -ors), the people next door; ~**ok vagyunk** we are neighbours; **a ~ rétje mindig zöldebb** the grass is always greener on the other side of the fence **2.** *[szomszédság]* neighbourhood, vicinity; **nem megy a ~ba vmért** he isn't at a loss for sg; **a ~ban lakik** live next door

szomszédasszony *fn* neighbour (*US* -bor)

szomszédnép *fn* neighbouring (*US* -bor-) nation/people

szomszédol *i* visit one's neighbour(s) (*US* -bors)

szomszédos *mn* (*vmvel*) neighbouring (*US* -bor-), next-door, close/near by *ut*, *[ház, szoba stb.]* next, adjoining, *[igével]* adjoin; **házaink ~ak** our two houses adjoin, our house adjoins theirs; ~ **hazánkkal** it borders on our country

szomszédság *fn* neighbourhood (*US* -bor-), vicinity; **a közvetlen ~ában lakik vknek** live next door to sy

szómutató *fn* index (*tsz* -es), (alphabetical) word list

szonáta *fn* sonata

szonda *fn* **1.** *orv [hajlékony cső: húgycső, nyelőcső, végbél vizsgálatához]* bougie, *[tömör: üregek vizsgálatához]* probe, sound **2.** *műsz ált* probe, *[meteorológiai]* sonde, *[űr]* (space) probe, *[mérő]* measuring/sensing head **3.** *[alkohol]* breathalyzer, *US biz* drunkometer

szondatáplálás *fn orv* gavage feeding

szondáz *i orv műsz* probe, sound, *[alkoholszondával]* breathalyze sy

szondázás *fn* **1.** probing **2.** *[autósé]* breath test

szonett *fn* sonnet

szónok *fn* speaker, orator; **jó ~** a good public speaker, eloquent speaker

szónoki *mn* oratorical, rhetorical; ~ **fogás** rhetorical trick/device; ~ **kérdés** rhetorical question; ~ **képesség** gift of speech, eloquence, *biz* gift of the gab

szónokias *mn* oratorical, rhetorical, *pej* declamatory, bombastic

szónoklás *fn* public speaking, speaking in public, oratory, rhetoric, *pej* speechifying, speechification

szónoklat *fn* speech, oration, address

szónoklattan *fn* rhetoric

Sz

szónokol *i* **1.** speak* (in public), make* a (public) speech, give* an address **2.** *pej* speechify, hold* forth; **mit ~sz?** what are you spouting/preaching about?
szóösszetétel *fn* compound
szóözön *fn* → **szóáradat**
szopás *fn* suck(ing), *szl* blow job
szop|ik *i* suck; **még ~ik a baba** the baby is still at its mother's breast (v. at the breast)
szopó *mn* sucking
szopogat *i* suck (at/on) (sg), be* sucking away at sg; **cukrot ~** (s)he is sucking a sweet (v. *US* candy)
szopóka *fn [cigarettáé]* tip
szopókás *mn* tipped
szopornyica *fn orv* (canine/feline/equine) distemper
szopós *mn* **~ borjú/malac** sucking calf°/pig, suckling; **~ gyerek** nursling, suckling
szoprán *fn* soprano; **~ énekesnő** soprano
szoptat *i* give* suck to, suckle, nurse, *[nem mesterségesen táplál]* breast-feed*
szoptatás *fn* suckling, nursing, *[nem mesterséges]* breast-feeding
szoptatós *mn* suckling, nursing; **~ anya** nursing mother; **~ dajka** wet nurse; **~ üveg** feeding bottle, feeder
szór *i* (*vmt*) sprinkle, scatter, spread*, strew; **~ja a pénzt** squander money, *[mert sok van neki]* throw* one's money around, have* money to burn; → **átok**, → **villám**
szórakozás *fn* amusement, entertainment, *[szórakozóhelyen]* evening out, *[kikapcsolódás]* relaxation, recreation, *[időtöltés]* hobby, pastime; **~ból csinál vmt** do* sg for amusement/fun; **jó ~t!** have a good time, *US* have fun
szórakozási *mn* **~ lehetőségek** entertainment/recreational facilities; *kif* **sok a ~ lehetőség** there is plenty to do, there are plenty of (v. many) places to go out; *[művelődéssel egybekötött]* entertainment(s), opportunities for entertainment
szórakoz|ik *i* **1.** (*vhol*) enjoy/amuse oneself, have* a good time; **jól ~ott?** did you enjoy yourself?; **~ni megy** go* out **2. vmn ~ik** be* amused at/by sg; *szl* **~ik vkvel** bugger sy about/around
szórakozóhely *fn* place of entertainment/amusement → **táncos**
szórakozott *mn* absent-minded; **~an** absent-mindedly
szórakozottság *fn* absent-mindedness
szórakoztat *i [társaságot]* amuse, entertain, (*vkt*) entertain sy, keep* sy company
szórakoztató I. *mn* amusing, entertaining, *[olvasmányos]* worth reading *ut*; **~ elektronika** consumer electronics *esz*; **~ elektronikai termékek/cikkek** electronic appliances/products; **~ irodalom** escapist literature, romantic fiction; **~ olvasmány** light reading; **~ zene** light music **II.** *fn* entertainer
szórakoztatóipar *fn* entertainment industry, show business, *biz* showbiz
szórás *fn* **1.** *ált* spread(ing), scattering, dispersion, *[behintés]* sprinkling, dusting **2.** *[lövészet, mat, fiz, statisztika]* dispersion, scatter
szordínó *fn* sordino, mute; **~val** with a sordino/mute on
szórejtvény *fn* conundrum, riddle
szórend *fn nyelv* word-order
szorgalmas *mn [tanulmányokban]* hard-working, diligent, *[munkában]* hard-working, industrious, assiduous; **~an tanul** work hard, study diligently
szorgalmaz *i* urge sg, press for sg, seek* [to do sg]
szorgalmi *mn* **~ feladat** voluntary homework/task; **~ idő** term(-time)
szorgalom *fn* diligence, industry, hard work
szorgos *mn* **1.** *[ember]* hard-working, industrious **2. ~ munka** hard work; **~ munka folyik** sy is busy with some important work; **~ kutatás** thorough/painstaking search
szorgoskodás *fn* activity, diligence
szorgoskod|ik *i* be* busy [doing sg]; **~ik a konyhában** be* busy(ing oneself) [in the kitchen]
szorít *i* **1.** *[nyomva]* press, *[kézben]* grasp, grip; **keblére ~** embrace, clasp in one's arms; **kezet ~ vkvel** shake* hands with sy **2.** *[cselekvésre, munkára]* urge (sy to do sg), drive*, force **3. helyet ~ vknek** make* room for sy; **~ok rá időt** I'll try to find time for it, I'll try to fit it in **4.** *[cipő]* pinch, hurt*, *[cipő, ruha]* be* too tight; **tudja, hol ~ a cipő** know* where the shoe pinches **5.** *biz* (*vknek*) keep* one's fingers crossed for sy (that); **majd ~ok!** I'll keep my fingers crossed!; → **ököl**, → **sarok**
szorítás *fn [nyomva]* pressure, *[kézben]* grip, grasp
szorítkoz|ik *i* (*vmre*) confine/limit/restrict oneself to sg
szorító I. *mn* pressing; **~ érzés** pressure **II.** *fn* **1.** *műsz* vice (*US* vise), grip, clamp **2.** *sp* (boxing) ring
szorítócsavar *fn* clamping/fixing screw, clamper, nut
szorítókötés *fn orv* compress
szorítósegéd *fn sp* second
szóródás *fn [mat és statisztika]* dispersion, scatter(ing)
szóród|ik *i* **1.** sprinkle, *[hull]* fall*, drop **2.** *[terjed]* spread*, scatter
szórófej *fn* sprinkler, nozzle
szórólap *fn* handout, leaflet, information sheet, (single sheet) flier v. flyer, *US* throwaway
szórólencse *fn fiz* divergent lens
szorong *i* **1.** *[helyileg]* be* squashed/pressed/crowded together **2.** *átv* be* anxious/tense, worry, *pszich* have* angst
szorongás *fn* **1.** *[helyileg]* congestion, overcrowding **2.** *[félelem]* fear, *pszich* anxiety, angst
szorongat *i* **1.** *[kezében]* clutch, grasp, keep* clasping **2. sírás ~ja a torkát** have* a lump in one's throat **3.** *[nem hagy békén]* harass, hound
szorongatott *mn* hard pressed; **~ helyzetben van** be* in dire/desperate straits, be* in a sorry/sad plight
szorongó *mn* **1.** crowded, congested **2.** *átv* anguished, anxious, tense; **~ szívvel** in anguish, with a sinking heart
szórópisztoly *fn [festéknek]* spray gun, airbrush
szoros I. *mn* **1.** *konkr* tight, close; **~ csomó** tight knot; **~ ruha** tight-fitting clothes *tsz*, a tight fit **2.** *átv* close, narrow; **~ barátság** close/intimate friendship, intimacy; **~ együttműködés** close co-operation; **~ kapcsolatban áll/van** (*vkvel/vmvel*) be* closely connected with sy/sg, be* (closely) bound up with sg; **~ kötelék** close ties/links *tsz*, tight bonds *tsz*; **~ küzdelem** close fight/contest; **~abbra fűzi a kapcsolatokat** establish still/even closer links (with); **~abbra húzza az övét** tighten one's belt; **~abbra fog vkt** keep* a tighter rein on sy; → **szó II.** *fn [hegyé]* pass, defile, *[tengeré]* strait
szorosan *hsz* close(ly), tight(ly); **~ egymás mellett** side by side, closely, packed like sardines, *biz* cheek by jowl; **~ fog/tart** hold* tight/firmly; **~ tartja magát vmhez** keep* strictly/closely to sg; **~ véve** strictly speaking
szoroz *i* multiply (*vmvel* by); **~va ...vel** multiplied by ...; → **oszt**
szórövidítés *fn* abbreviation, clipping
szórt *mn* **~ fény** diffuse light, diffused lighting
szortíroz *i* sort (out), *[osztályoz]* classify; *[betegeket pl. katasztrófa esetén]* operate a triage system
szortírozás *fn* sorting (out), *[betegeké pl. katasztrófa esetén]* triage
szorul *i* **1.** (*vm vmben*) jam, get* stuck/jammed/wedged (in sg); **~ a dugó az üvegben** the cork (got) stuck in the bottle; **~ a kulcs a zárban** the key (is) jammed in the lock **2.** *biz* **ezért még ~sz!** I'll give you what for, you'll smart for this, I'll get you for this; *biz* **~ a kapca** be* in a tight corner, be* in a fix **3.** (*vmre*) be*/stand* in need of (sg), want (sg), (*vkre*) be* dependent on (sy); **a ház már javításra ~** the house is badly in need of repair; **magyarázatra ~** call for explanation; **vk segítségére ~** need sy's help; → **hurok**
szorulás *fn* **1.** tightening, jamming **2.** *orv* constipation; **~a van** be* constipated
szorulásos *mn* constipated, costive

szorult *mn* ~ **helyzetben van** be* in difficulties, be* in a fix, be* in a tight corner, *biz* be* on one's beam-ends
szorultság *fn* difficulty, embarrassment, distress, dire straits *tsz*
szórványos *mn* sporadic, scattered, sparse; ~ **záporok** occasional showers
szorzandó *fn* multiplicand
szorzás *fn* multiplication
szorzat *fn* product (of multiplication)
szorzó *fn* multiplier
szorzójel *fn* multiplication sign
szorzószám *fn* index number
szorzótábla *fn* multiplication table
szósz *fn* **1.** *[mártás]* sauce, *[húslé]* gravy **2.** *biz [beszéd]* story, yarn **3.** *biz [nehéz helyzet]* **benne van a ~ban** be* in the soup, be* in hot water
szószaporítás *fn* verbiage, verbosity, prolixity, *nyelv* pleonasm
szószátyár I. *mn* verbose, garrulous, wordy **II.** *fn* windbag, spouter
szószátyárkod|ik *i* spout, orate
szószátyárság *fn* verbosity, wordiness
szószedet *fn* vocabulary, word-list
szószegés *fn* breaking one's word, breach of faith/promise
szószegő I. *mn* faithless, perfidious **II.** *fn* perfidious person, defaulter
szószék *fn [igehirdetőé]* pulpit; *pol stb. [gyűlésen]* platform; **~re lép** take* the stand, mount the platform
szószerkezet *fn* syntactic unit, syntagm, syntagma (*tsz* -s v. -tagmata)
szószóló *fn* advocate, *[közbenjáró]* mediator, intermediary, go-between
szótag *fn* syllable
szótaghatár *fn nyelv* syllabic limit
szótagírás *fn nyelv* syllabic script, syllabism
szótagol *i* syllabify
szótagolás *fn* syllabification
szótagos *mn/utótag* → **szótagú**; **három** ~ three-syllable, having three syllables *ut*
szótagszám *fn* number of syllables
szótagú *utótag* -syllabic, -syllable, having ... syllables *ut*
szótalan *mn* → **szótlan**
szótan *fn* lexicology
szótár *fn* dictionary, *[latin, görög]* lexicon; **~ba felvesz** → **szótároz 1**; **nézd meg a ~ban** look it up in the/a dictionary; **kikeres egy szót a ~ból** look up a word in the dictionary; **~t forgat** consult a/the dictionary, use a dictionary, look up words in a/the dictionary; **~t használ** use a/one's dictionary
szótárhasználó *fn* (dictionary) user, user of a dictionary
szótári *mn* dictionary, lexicographic(al), *[szókészleti]* lexical; ~ **adat** lexical item/unit, reference, lexical data *tsz*, *[szócikk]* dictionary entry; ~ **alak** *[szóé]* citation/dictionary form; ~ **egység** lexical unit; ~ **jelentés** lexical/dictionary meaning; ~ **tétel** *[szócikk]* lexical entry, *[kisebb egység]* lexical item/unit, reference
szótárírás *fn* lexicography, dictionary-making, *[tágabban]* writing dictionaries
szótáríró *fn* lexicographer, dictionary-maker, compiler of a dictionary
szótárirodalom *fn* lexicography
szótároz *i* **1.** *[szótárba felvesz]* enter [a word] in a/the dictionary, list [sg in a dictionary]; **minden ~ott adat** all the listed items **2.** *[szótárt forgat]* use/consult dictionaries (v. a dictionary), look up words in a/the dictionary
szótárszerkesztő *fn* lexicographer; *[alkotó, vezető szerkesztő]* senior editor; *[igével]* work on the Dictionary Staff [of ...]; → **szerkesztő**, → **szótáríró**
szótárszerkesztőség *fn* dictionary staff/department
szótártan *fn* lexicography
szótártani *mn* lexicographic(al)
szótártudomány *fn* lexicography
szótlan *mn* silent, taciturn; **nem nézhetjük ~ul** we cannot just sit here doing nothing (about it)
szótlanság *fn* taciturnity, silence
szótő *fn* stem, root [of a word]
szótöbbség *fn* majority; **csekély ~(gel)** (by) a narrow margin; **nagy ~gel megszavaz** pass by an overwhelming majority; **~gel elfogadták** was passed by a majority
szótörténet *fn nyelv* etymology
szótörténeti *mn nyelv* etymological
szótükör *fn* framework
szottyan *i biz* **kedve ~ vmre** suddenly feel* like [doing sg], have* a sudden fancy for sg (for doing sg)
szóval *hsz* **1.** *[röviden]* briefly, in a word, in brief/short **2.** *[vagyis]* (well,) anyway/anyhow, that is (to say), so **3.** *[töltelékszó]* well, so → **szó**
szóváltás *fn [vita]* argument, dispute; **~a volt vkvel** (s)he had words with him/her; **heves ~ba keveredik vkvel** come* to high words with sy
szóvég *fn* word ending
szóvégi *mn* final, terminal; ~ **hangsúly** end stress
szóvégmutató szótár *fn* reverse dictionary
szóvicc *fn* pun, wisecrack
szóvirág *fn* rhetorical flourishes *tsz*, flowers of rhetoric *tsz*
szóvivő *fn* spokesman°, *[nemtől független]* spokesperson (*tsz* spokespeople); **a kormány ~je** the government's spokesman°
szovjet *mn/fn tört* Soviet
szovjetrendszer *fn tört* Soviet regime
Szovjetunió *fn tört* Soviet Union
szózat *fn irod* **1.** appeal, proclamation **2. Sz~** ‹ second Hungarian national anthem written by the Hungarian poet Mihály Vörösmarty (in 1836) ›
sző *i* **1.** *[szövetet]* weave*, *[pók]* spin* **2.** *[összeesküvést, mesét]* weave*, spin, hatch [a plot], plot against (sy), *[tervet]* make*, hatch [a plan]
szöcske *fn* grasshopper
szög[1] *fn* → **szeg**[2]
szög[2] *fn mat* angle; **30°-os** ~ an angle of 30°; **90°-os ~ben** at an angle of 90°, at right angles
szög- *fn* **1.** → **szeg- 2.** *mat* angular
szögel *i* → **szegel**
szöges[1] *mn* → **szeges**
szöges[2] *mn* ~ **ellentétben van vmvel** be* diametrically opposed to sg, run* totally counter to sg, *kif* fly* in the face of sg
szögesdrót *fn* barbed wire
szögez *i* → **szegez**
szögfelező *fn* bisectrix (*tsz* bisectrices), bisector
szögfüggvény *fn* trigonometric/circular function
szöglet *fn* **1.** *[sarok]* corner, *[zug]* nook, *[kiszögellés]* angle **2.** *sp* corner (kick); **~et rúg** take* a corner kick
szögletes *mn* **1.** *konkr* angular, angled, cornered, *[áll, váll]* square; ~ **állú** square-chinned; ~ **zárójel** square brackets *tsz* **2.** *[modor]* awkward, clumsy
szögletrúgás *fn* **~t végez** take* a corner kick
szögletzászló *fn sp* corner flag
szögmérés *fn mat* angular measurement
szögmérő *fn* protractor
szögperc *fn mat* minute
szögsebesség *fn fiz* angular velocity
szökdécsel *i* skip, hop, caper, bound, bounce, cavort
szökdel *i* **1.** → **szökdécsel 2.** *sp [helyben]* run* on the spot
szőke I. *mn* ~ **(hajú)** blond, fair(-haired); **a ~ Tisza** the yellow Tisza **II.** *fn* blond(e); *szl* ~ **bombázó** hot blond
szökell *i* **1.** *[szökdécsel]* skip, hop, leap*, bound **2.** *[folyadék]* gush (out) from
szökés *fn* **1.** *[menekülés]* flight, escape, *kat* desertion, *[börtönből]* escape [from prison], breakout, jailbreak v. gaolbreak; **~ben van** be* a fugitive from justice; **~t kísérelt meg** he tried to escape **2.** *[ugrás]* jump, leap, bound

szőkés *mn* fairish, blondish
szőkeség *fn* **1.** fairness, blondness **2.** *biz [szőke nő]* blond
szökési *mn* ~ **kísérlet** attempted escape/breakout
szökevény *fn* fugitive, runaway, escapee, *kat* deserter
szök|ik *i* **1.** *[menekül]* escape, flee*, run* away; **külföldre ~ik** flee* the country; *[disszidál]* defect **2.** *[ugrik]* leap*, jump, bound, bounce **3. a vér az arcába ~ött** blood rushed to his face; **könny ~ött a szemébe** tears came into her eyes
szőkít *i* bleach one's/sy's hair, dye one's hair blonde
szökken *i [ugrik]* leap*, bound, spring* (up)
szökőár *fn* spring tide, tidal wave
szökőév *fn* leap year; *biz* **minden ~ben egyszer** once in a blue moon, once in a while
szökőkút *fn* fountain
szökőnap *fn* leap day
szöktet *i* **1.** *[vkt ált]* help sy escape, *biz [börtönből]* spring* sy, *[leányt]* elope with [a girl] **2.** *[futballista]* send* (sy) away with a deep (through) pass
szöktetés *fn* **1.** *ált* helping sy to escape, *[leányé]* elopement **2.** *[futballban]* long running pass, pass on the run
szőlész *fn* wine-grower, *[szakember]* viniculturist, viticulturist
szőlészet *fn* **1.** *[a szőlő termesztése és tudománya]* grape/wine-growing, viticulture, viniculture **2.** → **szőlőgazdaság**
szőlő *fn* **1.** *[növény]* (grape-)vine; **~t metsz** dress vines; **sok ~ terem Magyarországon** there is a lot of wine-growing in Hungary; **~vel benőtt** vineclad; **~vel van beültetve** is planted with vines **2.** *[gyümölcs]* grapes *tsz*; **egy fürt ~** a bunch/cluster of grapes; **lesz még ~, lágy kenyér** things will get better one day, *kb.* never say die; **savanyú a ~!** sour grapes **3.** *[terület]* vineyard; **kimegy a ~be** go* (out) to the vineyard
szőlőcukor *fn* grape sugar, glucose
szőlőfajta *fn* variety of grape, grape
szőlőfürt *fn* a bunch/cluster of grapes
szőlőgazdaság *fn* vineyards *tsz*
szőlőhegy *fn* vineyard
szőlőinda *fn mezőg* vine tendril
szőlőkaró *fn* → **karó**
szőlőlé *fn* grape-juice
szőlőlevél *fn* vine-leaf°
szőlőlugas *fn* vine arbour (*US* -or)
szőlőmetszés *fn mezőg* vine-dressing
szőlőművelés *fn* → **szőlészet**
szőlőoltvány *fn* graft
szőlőprés *fn* wine-press
szőlősgazda *fn* vine-dresser/grower
szőlőskert *fn* vineyard
szőlőszem *fn* (a) grape
szőlőszüret *fn mezőg* vine-harvest, vintage
szőlőtermesztés *fn* → **szőlészet**
szőlőtermesztő I. *mn* vine/wine-growing/producing **II.** *fn* → **szőlész**
szőlőtermő *mn* ~ **vidék** vine-growing, wine-growing region
szőlőterület *fn* vine-lands *tsz*; → **borvidék**
szőlőtőke *fn* vine(-stock), grape-vine
szőlővessző *fn* vine-shoot/branch
szőnyeg *fn* **1.** *[nagyobb, ill. faltól falig]* carpet, *[kisebb]* rug; **~et sző** weave*/make* carpet (v. carpets) **2. ~ alá söpör vmt** sweep* sg under the carpet (v. *US* rug); **~en forog/van** be* on the agenda, *GB* be* on the carpet; **~en levő/forgó kérdés** the point/matter/question at issue; **~re kerül** be* brought up
szőnyegbombázás *fn* carpet bombing
szőnyegpadló *fn* (wall-to-wall) carpet, fitted carpet, broadloom (carpet); **~ van a szobában** the room is carpeted wall-to-wall, a wall-to-wall carpet (v. a fitted carpet) covers the floor of the room
szőnyegporoló *fn [állvány]* frame for beating carpets
szőnyegseprű *fn [húzogatós]* carpet sweeper
szőnyegszövés *fn* carpet making/weaving
szőr *fn* (body) hair, *[disznóé, keféé]* bristles *tsz*; *[macskáé, nyúlé]* fur, *[szőnyegé]* pile; **~én üli meg a lovat** ride* bareback; → **kutyaharapás**
szőrcsomó *fn* tuft of hair
szőrén-szálán *hsz* ~ **eltűnt** it has just vanished without trace
szörf *fn* **1.** *[eszköz]* (sail)board, windsurfer, *[fogódzója]* wishbone (boom) **2.** *[a sport]* windsurfing, boardsailing
szörfbajnokság *fn sp* surfing championship
szörfös *fn sp* surfer, windsurfer
szörfözés *fn* windsurfing, surfing, boardsailing
szörföz v. **szörföz|ik** *i* go*/be* surfing, surf, ride* on a windsurfer, windsurf; *infor [interneten]* surf the net
szörföző *fn* → **szörfös**
szörfruha *fn* wet suit
szőrhullás *fn* loss of hair
szőrme *fn* fur [coat, jacket etc.]
szőrmeáru *fn* furs *tsz*
szőrmebunda → **szőrmekabát**
szőrmegallér *fn* fur collar
szőrmekabát *fn* fur coat
szőrmekereskedés *fn* furrier('s)
szőrmekereskedő *fn* furrier
szőrmenté(be)n *hsz* ~ **bánik vkvel** rub sy up the right way, treat sy carefully and indulgently
szőrmés I. *mn* ~ **állat** furred/fur-bearing animal **II.** *fn* furrier
szőrmók *fn biz* hairy-faced person
szörny *fn* monster, monstrosity
szörnyen *hsz biz* horribly, awfully, dreadfully, terribly; ~ **fájt a fogam** I had an awful toothache, my tooth ached terribly
szörnyeteg *fn* monster, monstrosity; **a szépség és a ~** the beauty and the beast
szörnyethal *i* die on the spot, be* killed instantly
szörnyszülött *fn* monster, monstrosity, freak of nature
szörnyű *mn* **1.** *[irtózatot keltő]* horrible, horrid, dreadful, frightful **2.** *biz [rendkívüli]* horrible, ghastly, appalling, awful; **~ bűn** hideous sin; **~ fájdalom** excruciating pain
szörnyülköd|ik *i* (*vmn*) be* shocked and horrified at sg
szörnyűség *fn [dolog]* dreadful/terrible/awful thing, *[megdöbbentő vm]* outrage
szőrös *mn* hairy, shaggy
szőrösszívű *mn* hard-hearted
szőröstül-bőröstül *hsz* lock, stock, and barrel, hide and hair
szőröz *i biz* be* splitting hairs, cavil (*US* -l), be* nit-picking, be* fussy
szőrözés *fn biz* hair-splitting, nit-picking, fussing
szőröző *mn biz* → **szőrszálhasogató**
szörp *fn* **1.** *[sűrű]* syrup **2.** *[üdítőital]* squash
szőrpamacs *fn* tuft of hair, brush
szörpöl *i* slurp, drink* noisily
szőrszál *fn* a hair
szőrszálhasogatás *fn* hair-splitting, nit-picking
szőrszálhasogató I. *mn* hair-splitting **II.** *fn* hair-splitter, stickler, pedant
szőrtelen *mn* hairless, smooth-skinned
szőrtelenít *i* (d)epilate, remove the hair (from)
szőrtelenítés *fn* (d)epilation
szőrtelenítő I. *mn* depilatory **II.** *fn* depilatory, hair-remover
szőrtüsző *fn* (hair-)follicle
szőrtüszőgyulladás *fn* folliculitis, sycosis
szőrű *mn/utótag* -haired, -coated
szőrzet *fn [emberé]* (body) hair, *[állaté]* fur, coat
szösz *fn* tow, fluff; **mi a ~!** what the devil!; *biz* what the hell?!; *szl durva* what the fuck?; **az meg mi a ~?** what the hell/fuck is that?

szöszke I. *mn* blond **II.** *fn* blond(e)
szöszmötöl *i biz* → **piszmog**
szőtt *mn* woven; **kézzel ~** handwoven, hand-made
szőttes *fn* homespun
szövedék *fn* web, fabric, tissue
szöveg *fn* **1.** *ált* text, *[dalé]* words *tsz*, lyrics *tsz*, *[dalműé]* libretto, *[érmén]* legend, *[filmé, színdarabé]* script, *[kép alatt]* caption, *[okiraté]* wording; **~től függő** contextual **2.** *szl* spiel; **sok a ~!** pipe down!, shut up!, *US* cut the cackle!
szövegel *i szl* jaw, yak, go* on, spiel
szövegelemzés *fn* textual analysis (*tsz* -ses)
szöveges *mn* **~ feladat** *mat* maths problem/exercise
szövegez *i* pen, draw* up, word, draft, *jog* formulate
szövegezés *fn* **1.** *[folyamat]* penning, drafting **2.** *[szövegé]* wording, formulation; **a jelen ~ben** as it stands, in the present wording
szövegfájl *fn infor* text(-only) file
szövegfelismerő *mn infor* **~ program** OCR [optical character reader/recognition] program
szöveggyűjtemény *fn* collection of texts, anthology, chrestomathy
szöveghű *mn [fordítás]* faithful, close
szövegíró *fn* librettist
szövegkiadás *fn* text edition
szövegkiemelő *fn* marker (pen), see-through marker
szövegkönyv *fn [zenés műé]* libretto, *[filmé]* screenplay, scenario, script
szövegkörnyezet *fn* context; **~től függő, ~beli** contextual
szövegkritika *fn* textual criticism
szövegmagyarázat *fn* annotation, (textual) commentary, interpretation of a text
szövegmondás *fn* delivery (of a text)
szövegösszefüggés *fn* context; **~beli** contextual; **~ből kiragadott szavak** words taken out of context
szövegpanel *fn infor* text box
szövegszerkesztés *fn infor* word processing
szövegszerkesztő *fn infor* word processor
szövés *fn* weaving
szövet *fn* **1.** *tex* cloth, fabric, material, textile, stuff **2.** *orv* tissue
szövetátültetés *fn orv* heteroplasty
szövetfestés *fn* dyeing
szövetkárpit *fn [autóban]* cloth upholstery
szövetkémia *fn tud* histochemistry
szövetkezés *fn* allying, alliance
szövetkezet *fn* **1.** *ált* co-operative (society), *biz* co-op; **fogyasztási ~** consumers' co-operative **2.** *mezőg* → **termelőszövetkezet**
szövetkezeti *mn* co-operative; **~ bolt** co-operative shop, *biz* co-op; **~ lakás** housing co-op flat; **~ tag** member of a co-operative society, co-op member; **~ tulajdon** co-operative property
szövetkez|ik *i* (*vkvel*) form an alliance with, ally with, join forces with
szövetminta *fn* (cloth) pattern, sample
szövetruha *fn* wool(len) dress
szövetség *fn* **1.** *pol* alliance, union, league, confederacy, (con)federation; **államok ~e** confederation of states; **~ben vkvel** in alliance/league with sy; **~re lép vkvel** enter into an alliance with [a country]; **~et köt** conclude an alliance with [a country] **2.** *[egyesület]* association, *[nagyobb]* federation
szövetséges I. *mn tört* allied; **a ~ haderők** the allied forces; **a ~ hatalmak** the Allied Powers, the Allies **II.** *fn* ally
szövetségi *mn* **1.** federal; **~ állam** federal state; **~ kapitány** *ált* coach, *GB* manager; **~ köztársaság** federal republic **2. ~ politika** [the party's] policy of alliance; **~ rendszer** the alliance system; **~ szerződés** treaty of alliance
szövettan *fn* histology
szövettani *mn* histological; **~ vizsgálat** biopsy
szövevény *fn* **1.** *konkr* tangle, network, mesh **2.** *átv* imbroglio; **intrikák ~e** web (v. meshes *tsz*) of intrigue
szövevényes *mn* intricate, entangled, complicated
szövő I. *mn* weaving **II.** *fn* weaver
szövöde *fn* weaving mill/factory
szövőd|ik *i* weave*, be* woven; **barátság ~ött közöttük** they became close friends
szövődmény *fn orv* complication; **~ nélküli** without complications *ut*; **~ lép fel a műtét után** complications set in after the operation; *[infarktus után fellépő]* **~ következtében halt meg** (s)he died of complications [from a heart attack]
szövődményes *mn orv* with complications *ut*; **~ influenza** influenza with complications
szövőgép *fn* power-loom
szövőgyár *fn* weaving mill
szövőipar *fn* textile industry
szövőlepke *fn* **amerikai ~** fall webworm
szövőmadár *fn áll* weaver bird
szövőmunkás(nő) *fn* weaver, textile worker
szövőszék *fn* loom
szövött *mn* woven; **~ áru** fabric, textile
szpáhi *fn tört* spahi
szpícs *fn biz iron* oration, screed; **~et tart** speechify
szpíker *fn [rádió]* announcer
szponzor *fn gazd* sponsor
szponzorál *i gazd* sponsor
szponzorálás *fn gazd* sponsorship
szputnyik *fn* sputnik, artificial satellite
Szt. *röv* → **Szent**
sztalagmit *fn* stalagmite
sztalaktit *fn* stalactite
sztálinista *mn/fn tört* Stalinist
sztaniolpapír *fn* → **alufólia**
sztár *fn [film stb.]* star, *[sportban főleg]* ace
sztárvendég *fn [tévéstúdióban stb.]* star guest; **~ünk...** our star guest (in the house)
sztepp(elés) *fn* step-dance
sztereó *mn* stereo; **~ berendezés/készülék** stereo system, *biz* stereo; **~ lemezjátszó** stereo (player); **~ magnós rádió** (v. **rádiómagnó** v. **rádiós magnó)** stereo radio cassette recorder; **~ rádió** stereo radio/set; **~ kazettás autórádió** stereo car radio/cassette player
sztereo- *előtag* stereo-
sztereoadás *fn* broadcast in stereo
sztereofelvétel *fn* stereo recording
sztereolemez *fn* stereo record
sztereotip *mn* stereotyped, *[elcsépelt]* trite, hackneyed; **~ kifejezés** stereotyped phrase, cliché
sztereotípia *fn* stereotype, stereotypy
szteroid *fn kém* steriod
sztetoszkóp *fn* stethoscope
sztoicizmus *fn fil* stoicism
sztoikus I. *mn* stoical **II.** *fn* stoic
sztóma *fn orv [vastagbél kivezetve]* stoma
sztómás *mn/fn orv [akinél a vastagbelet kivezetik]* stoma patient
sztomatológia *fn orv* stomatology
sztori *fn biz* story
sztorníroz *i gazd* cancel (*US* -l), revoke
sztornó *fn gazd* cancellation (*US* -l-)
sztráda *fn* motorway, *US* expressway
sztrájk *fn* strike, *[rövidebb]* walk-out; **~ba lép** go* (out) on strike, come* out on strike, walk out; **~ra szólít fel** call a strike; **a ~ot megszakítja** break* a strike; **figyelmeztető ~** strike of warning; **fordított ~** work-in
sztrájkalap *fn* strike fund
sztrájkbizottság *fn* strike committee
sztrájkhullám *fn* wave of strikes
sztrájkjog *fn* the right to strike
sztrájkmozgalom *fn* strike movement

sztrájkol *i* be* (out) on strike, strike* (*vm miatt* for)
sztrájkoló I. *mn* striking, on strike *ut* **II.** *fn* striker
sztrájkőr *fn* picket
sztrájkőrség *fn* picket, picket line; **~et állít** picket, post as pickets (at)
sztrájktörés *fn* blacklegging, strike-breaking
sztrájktörő I. *mn* blacklegging, strike-breaking **II.** *fn* blackleg, strike-breaker
sztratoszféra *fn* stratosphere
sztreptomicin *fn* streptomycin
sztrichnin *fn* strychnine; **~nel kezel** strychninize
sztriptíz *fn* striptease
sztriptíztáncos *fn* stripper, striptease artist
sztrók *fn orv* stroke
sztyep(p) *fn* steppe, prairie
szú *fn* woodborer, woodworm
szuahéli *mn/fn* Swahili
szubjektív *mn* subjective, *[vélemény]* bias(s)ed
szubjektivitás *fn* subjectivity
szubkontra *fn [kártyában]* redouble
szubkultúra *fn* subculture
szublimát *fn* sublimate
szubrett *fn* soubrette
szubrutin *fn infor* subroutine
szubsztanciális *mn* substantial
szubtropikus *mn* subtropical, semi-tropical
szubtrópusok *fn tsz* subtropics *tsz*
szubvenció *fn* subsidy, grant
szubvencionál *i* subsidize; **~t** subsidized
Szudán *földr* Sudan
szudáni *mn/fn* Sudanese
szúette *mn* worm-eaten, rotten
Szuez *földr* Suez
Szuezi-csatorna *földr* the Suez Canal
szufla *fn biz* → **szusz**
szuggerál *i* (*vkt*) influence sy by suggestion, will (*múlt idő:* willed) sy to do sg, (*vkbe vmt*) fill sy with sg
szuggesztió *fn pszich* (hypnotic) suggestion
szuggesztív *mn* forceful, potent, *[egyéniség]* magnetic
szuka *fn* bitch
szulfát *fn kém* sulphate (*US* -lf-)
szulfid *fn kém* sulphide (*US* -lf-)
szulfit *fn kém* sulphite (*US* -lf-)
szultán *fn* sultan
szultánkenyér *fn* Turkish delight
Szumátra *földr* Sumatra
szumátrai *mn/fn* Sumatran
szundikál *i* → **szundít**
szundít, **szundiz|ik** *i biz* doze, take*/have* a nap/doze, nap, snooze, have* forty winks
szundítás *fn biz* doze, nap, catnap
szunya *fn szl [alvás]* doss; **bevágja a ~t** hit* the sack/hay, have forty winks
szunnyad *i* slumber, sleep* lightly, be* asleep, *[vkben tehetség]* lie*/be* dormant
szunnyadó *mn* sleeping, slumbering, *átv* dormant
szúnyog *fn* mosquito, gnat
szúnyogcsípés *fn* mosquito bite
szúnyogháló *fn* mosquito net, *[ablakon]* fly-screen
szunyókál *i* → **szundít**
szuper I. primo, top notch, excellent **II.** *isz biz* super!, excellent!; **tetszeni fog neked, egyszerűen ~** you'll like her, she's just super
szuperál *i biz* function, work, go*, run*; **nem ~** be* out of order, it doesn't work, be* broken
szuperbenzin *fn* super, four-star (v. high-octane) petrol
szuperfoszfát *fn kém* superphosphate
szuperhatalom *fn* superpower
szuperlatívusz *fn kif* **~okban beszél vkről** speak* about sy in superlatives
szupermarket *fn* supermarket
szupermodell *fn* top model, supermodel
szuperszonikus *mn* supersonic; **~ repülőgép** supersonic aircraft; **~ sebesség** supersonic speed
szupersztár *fn* superstar
szupersztráda *fn infor* **elektronikus ~** electronic superhighway; **információs ~** information superhighway
szupervevő *fn* superhet receiver
szúr *i* **1.** *[tű, tövis]* prick, *[fegyverrel]* stab (*vk felé* at sy), *[rovar]* sting*, bite* **2. ~ a háta** he gets twinges in his/the back; **~ az oldalam** I have a stitch in my side **3.** *szl [kábítószert használ befecskendezéssel]* fix, shoot* up; → **szem**
szúrágás *fn* worm-hole
szúrágta *mn* worm-eaten, rotten
szúrás *fn* **1.** *[tű, tövis]* prick(ing), *[rovar]* sting, bite **2.** *[szúrt seb]* stab, *[fájdalom]* stab; **~t érez a hátában** have* a twinge (of pain) in one's back
szurdok *fn földr* gorge
szuri *fn biz [injekció]* shot
szurkál *i* prick(le), keep* stabbing
szurkol *i biz* **1.** *[fél]* → **drukkol 1 2.** *sp [csapatnak]* support [a team], cheer/root for [one's team], cheer [a team] on, be* a fan of . . ., be* a [Manchester United etc.] fan
szurkoló *fn sp* fan, rooter, supporter [of a team]; **~k kórusa** *US* yell → **kórus**
szurkos *mn* tarry, pitchy
szúró *mn* **1.** *konkr* pricking, stinging **2. ~ fájdalom** stab, twinge, sting stitch
szúrófegyver *fn* stabbing weapon, *irod* cold steel
szurok *fn* pitch, tar
szurokfekete *mn* jet/pitch-black
szuroksötét *mn* pitch-dark/black
szurony *fn* bayonet, spike; **~t szegezz!** fix bayonets!
szuronyos *mn* bayoneted, (provided) with a bayonet *ut*
szuronyroham *fn* bayonet charge/assault
szúrópróba *fn* spot-check/test, random sample; **~szerű** random [choice, selection etc.], [sg done] at random *ut*; **~szerűen** at random, randomly; **~szerűen megmotozzák** be* searched at random
szúrós *mn* **1.** *konkr* stinging, pricking **2.** *[tekintet]* piercing, penetrating [glance/look]; **~ tekintetű** *[igével]* have* a piercing look, look right into sy
szúrt *mn* **~ seb** stab (wound)
szurtos *mn* grimy, grubby, dirty
szusz *fn* breath, wind; **bírja szusszal** have* good/long wind; **kifogy belőle a ~** be* out of breath, be* (quite) winded; **egy ~ra** in the same breath, in/with one breath; **egy ~ra elvégzi** do* it at one go
szuszog *i* **1.** *konkr* pant, puff **2.** *biz [lassú]* dawdle, be* a slowcoach (v. *US* slowpoke)
szuszpenzor *fn orv* support
szuterén *fn* basement
szutykos *mn biz* grimy, filthy, soiled
szuvas *mn* worm-eaten, decayed, *[fog]* carious, decayed
szuvasodás *fn [fogé]* caries, cavity, decay
szuvasod|ik *i* decay, rot*, *[fog]* decay, go* bad
szuverén *mn* sovereign, supreme; **~ joga vknek** one's sovereign right; **minden ország ~ joga** . . . it is the sovereign right of every country (to . . .)
szuverenitás *fn* sovereignty, supreme power; **nemzeti ~** national sovereignity
szűcs *fn* furrier, fur-trader
szűcsáru *fn* furs *tsz*
szűcsmester *fn* furrier, fur-dresser
szügy *fn* breast, *[hús]* brisket
szügyelő *fn* breast-strap/plate
szűk I. *mn [út, nyílás]* narrow, *[ruha]* tight(-fitting), *[hely]* cramped, confined; **~ családi körben** with just the immediate family present, in the family circle; **hét ~ esztendő** seven lean years; **~ keresztmetszet** bottle-neck; **~ korlátok között** within narrow bounds; **~ körű** *[társaság]* private, exclusive; **~ körű baráti összejövetel**

a small party for close friends; **előadást tart ~ körben** talk to/before an invited audience; **~ látókörű** parochial, narrow-minded; **~re szab** (i) *[ruhát]* cut* too tight (ii) *[adagot]* restrict; **~re szabott** (i) *[korlátozott]* limited, restricted, *[adag]* meagre (*US* -ger), scanty (ii) *[ruha]* tight-fitting **II.** *fn* scarcity, dearth, deficiency; **~ében van vmnek** lack sg, be* short of sg, sg is in short supply; *[helynek]* be* cramped (for room/space), *[időnek]* be* pressed for time, *[pénznek]* be* pressed for money

szűkebb *mn* tighter, narrower; **~ értelemben** in the narrow sense; **a ~ értelemben vett Anglia** England proper; **~ hazája vknek** (i) one's home(land) (ii) the place/area (where) one comes from; **~ körű** restricted, limited, exclusive; **~re fog** keep* a tighter hand/hold over sy, tighten up on sg

szűken *hsz* **1.** *[szorosan]* crowded, close(ly); **~ vannak** they are (rather) cramped, they are rather crowded here; *[szálláshelyen]* their accommodation is rather cramped **2. ~ áll vm dolgában** be* short of sg; **~ mér** be* very sparing with

szűkít *i* tighten, narrow down, restrict, *[ruhát]* take* in

szűkített *mn [hangköz]* diminished

szűkkeblű *mn* illiberal, ungenerous, parsimonious, *biz* stingy

szűkkeblűség *fn* illiberality, ungenerosity

szűk körű *mn* **~ társaság** select company

szűkkörűen *hsz* privately, behind closed doors

szűklátókörűség *fn* narrow-mindedness, parochialism, parochial outlook

szűkmarkú *mn* tight(-fisted), parsimonious, *biz* close-fisted, niggard(ly)

szűköl *i* whine, whimper

szűkölködés *fn* need, penury, (de)privation

szűkölköd|ik *i* (*vmben*) be* in need/want (of), be* pinched (for)

szűkölködő *mn* needy, poor, penurious

szűkös *mn* **~ anyagi körülmények között él** live in straitened/reduced circumstances, can hardly make ends meet; **a ~ napokra spórol** save for a rainy day → **elhelyezés**

szűkösen *hsz* **1. ~ él** (have to) pinch and save/scrape, live in straitened/reduced circumstances **2. ~ férnek el** they are rather cramped (for room/space), they are rather pushed for space, *GB biz* there is not enough room to swing a cat

szükség *fn* **1.** (*vmre*) need, necessity (for); **~ esetén** if necessary/needed/required, if need be, *[ha baj van]* in case of emergency, in an emergency; **~ szerint** according to need/necessity, as required/needed; **~ van vmre** sg is wanted/needed/necessary; **~e van vmre** need/want/require sg, have* need of sg, be*/stand* in need of sg; **menynyire van ~e?** how much do you want/need?; **nagy ~ van rá** be* wanted badly, be* greatly in need; **nincs ~e rá/vmre** it is not necessary, there is no need/necessity for it/sg; **mi ~ van erre?** what need is there for this?; **éppen erre volt ~em** (i) the very thing I needed (ii) *iron* that's all I need(ed), it could not have come at a worse moment; **~ét érzi vmnek** feel* the need of/for sg (to do sg), feel* that sg is needed **2.** *[hiány]* necessity, need, want; **~ törvényt bont** necessity knows no law; **~ből erényt csinál** make* a virtue of necessity; **~et lát** be* in need/want/distress, suffer want; **~et szenved** (*vmben*) be* in need/want of sg, be* short of sg **3.** *[testi]* **~ét végzi** relieve oneself/nature

szükségállapot *fn* (state of) emergency; **gazdasági ~** economic state of emergency

szükségérzet *fn* feeling of want/need

szükséges *mn* necessary, needed, required; **égetően ~** (it's) badly/sorely needed; **feltétlenül ~(, hogy)** it is indispensable/essential (that), it is absolutely necessary (that); **ha ~** if necessary; **megteszi a ~ intézkedéseket** take* the necessary measures/steps; **ami a megélhetéshez ~** the necessities/necessaries of life *tsz*; **a ~ összeg** the money/amount needed/required, the wherewithal; **mennyi a ~ összeg?** how much money do you need (v. is required/needed)?; **~, hogy** it is necessary that/to; **nem ~** there is no need for/to; **nem ~, hogy ön menjen** there is no need for you to go; **nem ~ mondanom, mondanom sem ~** needless to say, I need hardly tell you; **~ előfeltétel** necessary condition; **~ létfenntartási eszközök** necessities of life; **~nek látta, hogy** he thought/considered it necessary to ...; **~nek tartom** I think/consider it necessary; **~sé tesz** necessitate, require, demand (sg/that ...), render sg necessary, call for sg

szükségesség *fn* necessity

szükséghelyzet *fn* (state of) emergency

szükséghíd *fn* emergency bridge

szükségképpen *hsz* → **szükségszerűen**

szükségkórház *fn* emergency hospital

szükségköltségvetés *fn gazd* emergency/contingency budget

szükséglakás *fn* temporary accommodation (v. lodgings *tsz*)

szükséglet *fn* need, want, demand, demands *tsz*, requirements *tsz*; **alapvető ~ek** basic needs; **anyagi, kulturális és egészségügyi ~ek** material, cultural and sanitary needs; **~ek szerinti elosztás** distribution according to necessities; **~et kielégít** meet* demands, supply sy's wants; **~ét fedezi** meet* one's requirements/needs

szükségleti *mn* **~ cikkek** necessary commodities, necessities

szükségmegoldás *fn* stopgap arrangement, stopgap (measure), *[vm eszköz]* makeshift; **~hoz folyamodik** resort to a (temporary) expedient, make* do with sg

szükségmunka *fn* relief work

szükségszerű *mn* necessary, inevitable

szükségszerűen *hsz* necessarily, inevitably

szükségszerűség *fn* necessity; **logikai ~** logical necessity; **történelmi ~** historical necessity

szükségtelen *mn* unnecessary, needless; **~ mondanom** needless to say, I need hardly tell you

szűkszavú *mn* taciturn, laconic, terse, reticent, *kif* a man° of few words; **~an beszél vmről** be* tight-lipped about sg

szűkül *i* grow* narrow, narrow, tighten, contract

szűkület *fn* bottleneck, constriction, *orv* stricture

szül *i* **1.** *[gyermeket]* bear*, give* birth to, be* delivered of, *[folyamatban van a szülés]* be* in labour (*US* -or), labour; **gyermeket ~** have* a baby/child; **három gyermeket ~t** she gave (v. has given) birth to 3 children **2.** *átv* beget*, be* the father of; **rossz vért ~** breed* bad blood; **alkalom ~i a tolvajt** opportunity makes the thief; **a bizalmaskodás tiszteletlenséget ~** familiarity breeds contempt

szül. *röv* → **született 1**

szülemény *fn* creature, product, produce

szülés *fn* childbirth, childbearing, labour (*US* -or), delivery; **elhúzódó ~** prolonged labour (*US* -or); **(meg)indított ~** induced labour, induction; **nehéz ~** difficult birth/delivery/confinements; **nehéz ~ volt** *átv* that was no easy thing, that took some doing; **~ előtti** prenatal; **~ utáni** postnatal; **~t levezet** assist at birth, deliver

szülési *mn* **~ fájdalmak** labour pains *tsz*; **~ segély** maternity grant; **~ szabadság** maternity leave

szülész *fn* obstetrician

szülészet *fn* **1.** *tud* obstetrics *esz* **2.** *[kórház]* maternity hospital, *[osztály]* maternity (ward), obstetric ward

szülészeti *mn* obstetric(al); **~ osztály** maternity (ward), obstetric ward

szülésznő *fn* midwife°, maternity nurse; **okleveles ~** qualified (*US* certificated) midwife

szülészorvos *fn orv* obstetrician

születendő *mn* to be born *ut*; **a ~ gyermek** the child° to be born

születés *fn* birth

születési *mn* of birth *ut*, birth-; **~ anyakönyvi kivonat** birth certificate; **~ arány(szám)** birth rate; **~ év** year of

birth; ~ **hely** birthplace, place of birth; ~ **helye és éve** *[űrlapon]* place and date of birth; ~ **rendellenesség** defect from birth, inborn/congenital defect; ~ **súly** birth weight
születéskorlátozás *fn* → **születésszabályozás**
születésnap *fn* birthday; **minden jót kívánok ~jára!** (I wish you) many happy returns (of the day)!, happy birthday (to you)!
születésnapi *mn* birthday-; ~ **ajándék** birthday present; ~ **köszöntő** birthday greetings *tsz*; ~ **torta** birthday cake
születésszabályozás *fn* birth control
születésszám *fn* birth rate
születésű *mn* **budapesti** ~ born in Budapest *ut*; *[főnévvel]* native of Budapest; **angol** ~ English by birth *ut*
született *mn* **1.** *[leánykori név megjelölésében, röv:* **szül.***]* née; **Nagy Pálné ~ Tóth Anna** Mrs. Pál Nagy, née Anna Tóth **2. első házasságából ~ gyermek** child° of/by the first marriage; **házasságon kívül ~ gyermek** child° born out of wedlock **3.** *[vmnek született]* born; ~ **gyilkosok** natural born killers; ~ **szónok** (he is) a born orator; **úgy beszél, mint egy ~ angol** (s)he speaks English like a native; ~ **zenész** (s)he's a natural musician
szület|ik *i* **1.** *[világra jön]* be* born, come* into the world; **Budapesten ~ett** he was born in Budapest; **Peti 1998. október 19-én ~ett** P. was born on 19(th) October 1998.; **gyer(m)eke ~ett** she had a child°/baby; **fia ~ett** (s)he (has) had a son, she had a boy, she gave birth to a boy; **arra ~ett, hogy** he was born to; **erre ~ni kell** one must be born to this **2.** *átv* spring* up, be* born, (a)rise*; **új világ van ~őben** a new world is in the making; **új városok ~tek** new towns have sprung up; → **burok**
szülő I. *mn* **először ~ nő** primipara; → **szülőnő II.** *fn* parent; **~k** (one's) parents
szülőanya *fn* **1.** *[anya]* mother **2.** *átv* mother, spring, origin (*mindegyik:* of)
szülőfájások *fn* → **fájás**
szülőfalu *fn* native village
szülőföld *fn* → **szülőhaza**
szülőház *fn* house of birth, the house where sy was born, sy's birthplace
szülőhaza *fn* one's native country, the/one's mother country
szülőhely *fn* place of birth, birthplace
szülői *mn* parental; ~ **beleegyezés** parental consent; ~ **értekezlet** parents' meeting; ~ **ház** parental home; ~ **munkaközösség** parent-teacher association (*röv* **PTA**); ~ **szeretet** parental love
szülőnő *fn* woman° in labour (*US* -or)
szülőotthon *fn* maternity home
szülőszoba *fn* labour room/ward, delivery room
szülött *fn* native, offspring, child°; **hazánk nagy ~e** a great son of our country
szülőváros *fn* home/native town
szünet *fn* **1.** *ált* pause, *[étkezési* v. *események között]* break, *okt [óraközi]* (school) break, playtime, *US* recess, *okt [egésznapos]* holiday, *szính* interval, *US* intermission, *[ülés közbeni]* break; *okt* **tavaszi ~** spring holiday (*US* vacation); *okt* **téli ~** winter/Christmas holiday (*US* vacation); *szính* **nyári ~** (i) *[a színészeknek]* summer holiday (ii) *[színházé]* closed for the season; **tíz perc ~** ten minutes' break; *szính* **a ~ben** in the interval, *US* in the intermission, *okt* at recess; **tartsunk öt perc ~et!** *biz* take five!, let's break off for 5 minutes, let's have a five minute break **2.** *[munkában]* break, rest, *[beszédben]* pause, lull [in the conversation]; ~ **nélkül** without stopping/interruption, incessantly, unceasingly; **~et tart** pause, make* a pause **3.** *zene* rest
szünetel *i* pause, make* a pause/stop, *[működés]* be* interrupted/suspended/stopped, stand* still; **a vasúti közlekedés ~** railway traffic is suspended
szüneteltet *i* stop, put* a stop to, break*, interrupt, suspend
szünetjel *fn* **1.** *zene* rest **2.** *[rádió]* station/interval signal
szünidei *mn* holiday, *US* vacation; ~ **munka/gyakorlat** *[iskolásoknak]* work/practice done during the (summer) holiday (*US* vacation); ~ **tanfolyam** holiday course
szünidő *fn* holidays *tsz*, *US* vacation
szűn|ik *i* cease, stop, *[fájdalom]* ease off/up, cease; **~ni nem akaró fájdalom** endless pain; **~ni nem akaró taps** long/prolonged applause
szünnap *fn [intézményé]* holiday, (*vké*) a day off; **vasárnap ~** *[vendéglátóipari egységé]* closed (on) Sundays, closed on Sunday → **munkaszüneti nap**
szűnőben/szűnőfélben van *kif* be* abating/subsiding/stopping, be* easing off/up
szüntelen I. *mn* unceasing, uninterrupted, incessant, ceaseless, unremitting **II.** *hsz* unceasingly, continuously, incessantly
szüntelenül *hsz* → **szüntelen II**
szüntet *i* ease, stop; **~i a fájdalmat** it eases/stops the pain; **tüzet ~** cease fire
szűr[1] *i* **1.** *[ált folyadékot]* strain, filter, *kém* filtrate, purify **2.** *átv orv* screen (sy for sg)
szűr[2] *fn* ‹long embroidered felt cloak of Hungarian shepherds›; **kiteszi vknek a ~ét** turn sy out, show* sy the door, *biz* send* sy packing
szürcsöl *i* slurp, drink* noisily
szűrés *fn* **1.** *[folyadéké stb.]* filtering [of liquid], filtration **2.** *orv* screening (test) (for sg)
szüret *fn* **1.** *[szőlőé]* vintage, grape harvest **2.** *[gyümölcsé]* gathering, picking [of fruit]
szüretel *i* vintage, gather in the grapes, harvest (grapes)
szüretelés *fn* → **szüret**
szüretelő *fn* vintager, grape harvester
szüreti *mn* ~ **mulatság** grape harvest festival, harvest home
szürke I. *mn* **1.** *[szín]* grey, *US* gray; *áll* ~ **gém** (common) heron; *orv* ~ **hályog** cataract; *áll* ~ **medve** grizzly bear **2.** *átv* grey, ordinary; **a ~ átlag/tömeg** the common ruck/run; **a ~ hétköznapok** the drab monotony of everyday life, the monotonous daily round/routine **II.** *fn [ló]* grey
szürkeállomány *fn biol átv is* grey matter
szürkegazdaság *fn gazd* grey economy
szürkehályog-műtét *fn orv* cataract operation
szürkéll|ik *i* grizzle, loom grey (*US* gray)
szürkemarha *fn áll* (Hungarian) grey cattle
szürkés *mn* greyish, *US* grayish, grizzled; ~ **haj** pepper and salt hair
szürkeség *fn* **1.** *[szín]* greyness, *US* grayness **2.** *[egyhangúság]* drabness, monotony, dullness **3.** *[jelentéktelenség]* obscurity
szürkül *i* **1.** *[vm szürkévé válik]* turn/go* grey (*US* gray), be* touched/flecked with grey; ~ **a haja** go*/turn grey (*US* gray) **2.** *[este]* it is growing dark
szürkület *fn* twilight, half-light, *[hajnali]* dawn, *[esti]* nightfall, dusk, the gloaming
szürkületi *mn* ~ **vakság** night blindness, nyctalopia
szűrlet *fn* filtrate
szűrő *fn* **1.** *[folyadéknak]* filter, strainer **2.** *átv* screening, check; **sok ~n ment keresztül** (s)he has been carefully screened/checked
szűrőállomás *fn orv* screening centre (*US* -ter), screening station
szűrőberendezés *fn* filtering machine/device
szűrőbetét *fn* **1.** *gk* filter cartridge **2.** *[gázálarcban]* gasmask filter insert
szűrőd|ik *i* filter, *[fény]* filter/glimmer through
szűrőkészülék *fn* filter, strainer, filter(ing)-apparatus
szűrőpapír *fn* filter-paper
szűrőréteg *fn* filter-bed
szűrőtölcsér *fn* filtering funnel
szűrővászon *fn* (cotton) filter cloth
szűrővizsgálat *fn orv* screening (test) (for sg)
szürrealista *mn/fn* surrealist

szürrealizmus *fn* surrealism
szütyő *fn [csípőn hordott]* bum bag, belt pouch
szűz I. *mn* **1.** (*vk*) virgin, pure; ~ **l(e)ány** virgin; **(ő) még** ~ she is still a virgin; *vall* **Sz~ Mária** Virgin Mary, the Virgin **2.** ~ **hó** untrodden/driven snow; ~ **föld/talaj** virgin/unbroken soil **II.** *fn* virgin, *irod* maid(en)
Szűzanya *tul vall* the Blessed Virgin (Mary)
szűzbeszéd *fn* maiden speech
szűzérmék *fn gaszt* médaillons of fillet; **párizsi** ~ fillet mignon of pork médaillons Parisian style (with rice)
szüzesség *fn* virginity, *irod* maidenhood; **~et fogad** take* a vow of chastity
szüzességi *mn* ~ **fogadalom** vow of chastity
szűzföld *fn* virgin soil/area, unbroken/virgin land
szűzhártya *fn* hymen
szűzi *mn* virginal, maiden(ly), chaste
szűzies *mn* maidenly; ~ **szemérem** maidenly modesty
szűziesség *fn* chastity
szűznemzés *fn biol* parthenogenesis
szűzpecsenye *fn* fillet of pork, tenderloin
szűztiszta *mn* virginal, chaste, pure
Szvázиföld *földr* Swaziland
szvázіföldi *mn/fn* Swazi
szvetter *fn* sweater, jersey, cardigan, *GB* jumper
szving *fn* swing
szvit *fn zene* suite

T

T, t *fn [betű]* (the letter) T, t
T *röv* → **tanuló vezető**
t *röv* → **tonna**
t. v. **T.** *röv* → **tisztelt**; **T. Ház** Honoured Parliament, *[gyakrabban így]* Mr. Speaker
tabella *fn* table, list, chart; *sp* **a ~** the table; **a bajnoki ~ élén** at the top/head of the (league) table
tábla *fn* **1.** *ált* board, *[hirdető-, fali-]* notice-board **2.** *okt* blackboard, chalkboard, whiteboard **3. egy ~ csokoládé** a bar of chocolate **4.** *[könyvben, falon, nyomtatott]* table **5.** *[könyvkötészeti]* cover, board **6.** *mezőg* field, *skót* park **7.** *jog* Court of Appeal
táblabíró *fn jog* judge of the Court of Appeal
táblabíróság *fn jog* Court of Appeal
táblajáték *fn [társasjáték]* board game
táblaolaj *fn* salad-oil
táblás *mn* **~ ház** *szính* full house
táblaüveg *fn* plate/sheet glass
táblázat *fn* **1.** *[könyvben]* table, chart; **~ot készít vmről** tabulate sg, arrange/present sg in tabular form, draw* up a chart of sg **2.** *[fali, mennyezeti]* panelling (*US* -l-), panelwork
táblázatkezelő *fn infor* electronic spreadsheet programme (*US* -ram)
táblázatos *mn* tabular; **~an** [present sg] in tabular form; **~ kimutatás** tabulation, tabular account
tabletta *fn* tablet, pill; **~t szed** *[nő terhesség ellen védekezik]* be* on the pill, be* taking the pill
tablettaszedés *fn* taking the pill; **abbahagyja a ~t** stop taking the pill
tabló *fn [fénykép]* group photograph
tabloid *fn [kisalakú, színes bulvárlap]* tabloid
tábor *fn* camp; **~ba megy** go* camping; **~t üt** pitch (one's) camp, set* up camp; **~t bont** break*/strike* camp
táborbontás *fn* breaking camp, decampment
táborhely *fn* camping ground/site
tábori *mn* field-, army-; **~ ágy** field-bed; **~ ágyú/löveg** field gun, fieldpiece; **~ felszerelés** camping kit; **~ konyha** field-kitchen; **~ kórház** field-hospital; **~ lelkész** army chaplain
tábornagy *fn* field-marshal
tábornok *fn* general
tábornoki *mn* general's, of a general *ut*; **~ kar** body/corps of generals
táborozás *fn* camping
táboroz|ik *i* camp (out), be*/stay in camp; **~ni megy** go* camping
tábortűz *fn* campfire
tabu *fn* taboo
taccs *fn* **1.** *szl* **kidobja a ~ot** *[hány]* puke, *US* barf, spiff one's biscuits, spew up one's guts **2.** *szl* **~ra vág** *[tönkretesz, elintéz]* wipe out, bump off; → **part 3**
tacskó *fn* **1.** *áll* dachshund **2.** *biz [kölyök]* callow youth
tádzsik *mn/fn* Tajik
Tádzsikisztán *földr* Tajikistan
tádzsikisztáni *mn/fn* Tajik
tag *fn* **1.** *[testé]* limb, member, part; **minden ~ja reszket** tremble in every limb; **minden ~omat érzem** I am aching/stiff all over **2.** *[cégé]* member, partner **3.** *[egyesületé]* member, *[tud. munkatárs]* fellow, associate; **a bizottság ~ja, bizottsági ~** member of the committee, *[igével]* be*/sit* on the committee; **a ~ok száma 160** a membership of 160; **levelező ~** corresponding member; **rendes ~** full/ordinary member; **az MTA (rendes) ~ja** member of the Hungarian Academy; **a British Academy** (v. **a Royal Society** *stb.*) **~ja** fellow of the B. A. (v. R.S. etc.); **tisztelet(bel)i ~** honorary member **4.** *szl [ember] GB* bloke, *US* guy **5.** *[föld]* field; **egy ~ban** in one piece
tág *mn* **1.** *[laza, bő]* loose, wide, *[cipő stb.]* loose-fitting **2.** *[széles nyílású]* wide(-open); **~ra nyit vmt** open sg wide; **~ra van nyitva** be* wide open; **~ra nyílt szemmel** with wide(-open) eyes, wide-eyed **3.** *[tágas]* large, spacious, wide, roomy **4.** *átv* wide, *[szabály, keretek]* broad, *[fogalom]* vague, *főleg: US* catch-all; **~ fogalom** a nebulous/vague concept; **~ körű** wide(-spread), extensive, wide-ranging; **~abb értelemben** in a wider sense; **a szó leg~abb értelmében** in the broadest/widest sense (of the word); **~ lehetőségek** wide-ranging possibilities
tagad *i* **1.** *ált* deny; **kereken ~ja** flatly deny sg, deny sg point-blank; **nem lehet ~ni** there is no denying it **2.** *[ellentmond]* contradict, gainsay* **3.** *[nem ismer el]* disclaim, refuse to admit*/accept, disown, disavow; **~ja bűnösségét** plead* not guilty; **nem ~om** I don't deny it, I admit it
tagadás *fn* **1.** *ált* denial, denying **2.** *fil nyelv* negation
tagadhatatlan *mn* undeniable; **~ul** undeniably, undoubtedly
tagadó *mn* negative; **~ mondat** negative sentence; **~ válasz** negative answer; **~ választ ad** answer in the negative; **~lag int a fejével** shake* one's head
tagadószó *fn* negative particle
tagállam *fn* member-state
tágas *mn* spacious, large, roomy, wide
tagbaszakadt *mn* sturdy, robust, hefty, strapping, husky; **~ legény** sturdy lad
tagdíj *fn* subscription, membership fee/money; **az évi ~ 8 font** the annual subscription is £8.00 sterling; **befizeti az évi ~at** pay* up one's annual subscription (v. membership fee/money); **~át befizette** be* a paid-up member
tagdíjbeszedés *fn* collection of subscriptions
tagdíjfizetés *fn* payment of subscription (v. of the membership fee)
tagfelvétel *fn* admission/admittance of new members
tágít *i* **1.** *[szűk tárgyat]* widen, enlarge, *[cipőt]* stretch, *[feszülőt]* slacken, loosen **2. nem ~** (s)he won't back down (v. give* an inch), (s)he won't budge from [her/his opinions], stand*/hold*/keep* one's ground; **nem ~ az oldala mellől** (s)he never leaves sy's side
tagjelölt *fn* candidate [for membership]
tagkönyv *fn* membership card/book
tagkönyvcsere *fn* replacement of membership cards/books
tagköztársaság *fn* member republic
taglal *i* discuss, *[elemez]* analyse
taglalás *fn* discussion, analysis
taglejtés *fn* gesture, gesticulation
taglétszám *fn* number of members, membership; **a ~ 180, 180-as ~** a membership of 180; **mennyi a ~?** how many members are there?
tagmondat *fn nyelv* clause
tagol *i* **1.** *[részekre oszt]* divide (sg) into [parts, chapters etc.], break* up, *[kisebb kategóriákra]* break* down **2.** *[beszédet]* articulate, enunciate clearly
tagolód|ik *i [mű]* fall* into, be* divided into; → **tagozódik**
tagolt *mn [beszéd]* articulate; **~an ejt/mond ki** articulate (sg) (clearly)
tagoltság *fn földr* (geographic) structure
tagország *fn* member state/country; **az EU ~a** member state of EU
tagosít *i mezőg* redistribute farm plots

tagozat *fn ált* section, branch; → **általános iskola,** → **esti,** → **levelező**

tagozatos *mn okt* ~ **osztály** class with a special curriculum

tagozódás *fn* division (into parts)

tagozód|ik *i* be* divided into [parts/branches/classes]; **három részre ~ik** it consists of three parts/sections, it is divided into three parts

tagság *fn* **1.** *[intézményhez való tartozás]* membership **2.** *[tagok]* membership *esz* v. *tsz*, members *tsz*; **a ~ véleménye az, hogy** ... the membership is/are of the opinion that ...

tagsági *mn* membership; **~ díj** → **tagdíj**; **~ igazolvány** membership card

tagtárs *fn* fellow member, colleague

tágul *i* **1.** *ált* become* larger/wider, enlarge, *[test hő hatására]* expand, *[pupilla]* dilate **2.** *átv* widen, broaden; **~t a látóköre** his/her horizons have broadened

tágulás *fn ált* **1.** enlargement, *[hőhatásra]* expansion **2.** *orv* dilation/dilatation

taggyűlés *fn* (general) meeting, *[párté]* party meeting

Tahiti *földr* Tahiti

tahiti *mn/fn* Tahitian

tahó *mn/fn pej* boor, lout, clodhopper, yokel, *US* hick, *GB* yob, oik

táj *fn* **1.** *[hely]* region, country, land; **a szív ~án** in the cardiac region; **a világ minden ~áról** from all corners/parts of the world; **ezen a ~on** hereabout(s) **2.** *[idő]* **öt óra ~án/~ban ott leszek** I'll be there (round) about (v. around) 5 (o'clock); **milyen ~ban?** (at) about what time?; **1800 ~án** about/around 1800; **hetedike ~án** on or about the seventh; **ez idő ~t** (at) about this time

tájegység *fn* region, area

tájék *fn* → **táj 1**; **még a ~án sem voltam** I have never been anywhere near it

tájékozatlan *mn* uninformed, ignorant

tájékozatlanság *fn* lack of information, ignorance

tájékozódás *fn [térben és átv]* orientation, *[érdeklődés]* inquiry (*US* inquiry), enquiry

tájékozódási *mn* **~ futás** orienteering; **~ futó** orienteer

tájékozód|ik *i* **1.** *[térben]* orientate, *US* orient oneself, find* one's way around **2.** *átv* get* one's bearings, *[érdeklődik]* inquire/enquire about/into, (*vmben*) go*/look into sg, *[vm felől]* find* out about sg, *[tudós stb. vmben, szakterületén stb.]* read* up on sg

tájékozott *mn* (*vmben*) (be*) familiar with sg, (be*) knowledgeable about sg, (be*) well-versed in sg, (be*) well up in sg; **jól ~** (be*) well-informed (about sg), be* conversant (with sg), (be*) knowledgeable (about sg); **rosszul ~** (be*) ill-informed, (be*) badly/poorly informed

tájékozottság *fn* familiarity (with), knowledge (of); **alapos ~** thorough knowledge (of), a good grounding in sg

tájékoztat *i* **1.** → **útbaigazít 2 2.** *[felvilágosít vkt vmről]* inform sy about/of sg, inform sy that ..., instruct sy in sg, give* sy information about/on sg, *kif* put* sy in the picture (about sg); **~ja (afelől), merre/hova menjen** (s)he informs him/her (about) where to go; **vkt folyamatosan/rendszeresen ~** keep* sy posted (about sg)

tájékoztatás *fn* **1.** → **útbaigazítás 2.** *[felvilágosítás]* information (*tsz* ua.) (on/about), *[utasítás, eligazítás]* instruction, directions *tsz*; **~ul** for your information/guidance; **téves ~** misinformation

tájékoztatási *mn* **~ hivatal** information office

tájékoztató I. *mn* **~ (jellegű)** informative, giving information *ut*, giving directions *ut*; **~ iroda** information bureau; **~ szolgálat** information (service) **II.** *fn [ismertető]* guide, prospectus, brochure, *[egylapos]* information sheet, *[a tömegtájékoztatási szervek számára, hivatalos]* press release; **múzeumi ~** museum guide

tájékozva *hsz* **~ van vmről** → **tájékozott**

tájfestészet *fn* landscape-painting

tájfestmény *fn* → **tájkép**

tájfestő *fn* landscape-painter, landscapist

tájfun *fn* typhoon

tájfutás *fn* → **tájékozódási futás**

tájfutó *fn* → **tájékozódási futó**

táji *mn* regional, provincial

tájjellegű *mn* **~ borok** local wines, wines of the region

tájkép *fn* landscape, scene, view

tájkertészet *fn* landscape gardening/architecture

tájleírás *fn* description [of a region], topography

tájnyelv *fn* dialect, vernacular

tájoló I. *mn* **~ színtársulat** travelling/traveller (*US* -l-) players *tsz*; **~ színház** travelling (*US* -l-) theatre (*US* -er) company **II.** *fn* compass

tájrendezés *fn* landscape architecture

taj-szám *fn röv* → **társadalombiztosítási**

tájszó *fn* dialect(al)/local word

tájszólás *fn* (provincial) dialect, patois

tájszótár *fn* dialect dictionary

tajték *fn* **1.** *[folyadékon, szájon]* foam, froth, *[tengeren]* foam, spume, surf; *[lovon]* foam, lather **2.** → **tajtékkő**

tajtékkő *fn* meerschaum

tajtékos *mn [folyadék, száj]* foaming, foamy, frothy, foam-covered, *[tenger]* foaming, spumy; **~ hullám** the surf

tajtékpipa *fn* meerschaum (pipe)

tajtékz|ik *i* **1.** *konkr* foam, froth **2.** *átv* fume; **~ik a dühtől** foam with rage, be* foaming at the mouth

tajtékzó *mn* foaming, frothing

Tajvan *földr* Taiwan

tajvani *mn/fn* Taiwanese

tájvédelem *fn körny* landscape conservation

tájvédelmi *mn* **~ körzet** landscape-protection area

takács *fn* weaver

takácsmesterség *fn* weaving (trade)

takar *i* **1.** *[fed]* cover (*vmvel* with) **2.** (*vmt vmbe*) wrap/bundle sg (up) in sg, envelop sg in sg **3.** *átv [rejt]* hide*, cloak

takarás *fn [beborítás]* covering

takaratlan *mn* uncovered

takarék *fn* **1.** *[pénztár]* savings bank **2.** → **takaréküláng 3.** *biz tréf* **tedd magad ~ra!** knock it off!, hold your horses, *US* chill out

takarékbélyeg *fn* savings stamp

takarékbetét *fn* (savings) deposit [in a savings bank]; **a ~ után ...%-os kamat jár** deposits receive ...% interest (v. interest at the rate of ...%)

takarékbetétkönyv *fn* savings book, passbook, *[jeligés]* mottoed deposit book

takarékbetét-számla *fn* savings account

takaréküláng *fn* low flame, economizer; **~ra állít** turn down the gas to (the) minimum; **~on van** be* placed on the back burner

takarékos *mn* **1.** *[személy]* economical (with), careful (with), thrifty; **~ ember** a saver; **nem ~** thriftless, *[túlságosan]* parsimonious **2.** *[dolog]* economical

takarékoskod|ik *i* (*vmn/vmvel*) save/economize on sg, *[félretesz]* save (up) (for sg), make* savings, *[beoszt]* be* sparing with sg, use sg sparingly; **~ik az erejével** husband/save one's strength/energies

takarékosság *fn* economy, thrift, saving

takarékossági *mn* **~ intézkedések** austerity measures

takarékpénztár *fn* savings bank

takarékpersely *fn* money-box, *[gyereké]* piggy bank

takarékszövetkezet *fn* cooperative savings bank

takargat *i átv* try to cover up (v. hide) sg

takarít *i* clean/tidy up, make* [the room/flat] tidy, *[tágabb értelemben]* do* the housework, *[foglalkozásszerűen]* clean

takarítás *fn* cleaning/tidying (up)

takarító(nő) *fn* cleaner, *[bejárónő]* cleaning woman°/lady, *biz* daily, *GB [akit a tanács küld ki]* home help

takarmány *fn* fodder forage, feed

takarmánygabona *fn mezőg* feedgrain, provender

takarmánynövény *fn* fodder-plant/crop

takarmányoz *i mezőg* feed, forage
takarmányrépa *fn* mangel(wurzel)
takarmánysiló *fn mezőg* fodder silo
takaró *fn* **1.** *[pokróc]* blanket, *[paplan]* quilt, duvet **2.** *[ágyon]* bedspread **3.** *[lovon]* horsecloth; → **nyújtózkodik**
takarod|ik *i* **~j!** get out (of here)!, clear off!
takarodó *fn [harcban]* retreat, *[este]* tattoo; **~t fúj** *[harcban]* sound the retreat; *[este]* sound the tattoo
takaródz|ik *i* **1.** *[takaróval]* cover/wrap/muffle oneself up **2.** *átv (vmvel)* plead* sg
takaros *mn* smart, spruce, neat, tidy; **~ menyecske** smart young woman°; **~ összeg** a tidy sum
takaróz|ik *i* → **takaródzik**
taknyos *mn* snotty, *[náthás, igével]* snivel (*US* -l), have* a runny nose, *[ló]* glanderous; **~ kölyök** snivelling brat
tákol *i szl* throw*/slap/knock together
tákolmány *fn [kontármunka]* botch, shoddy piece of work, *[építmény kb.]* shanty
takony *fn* snot, dirt from the nose
takonypóc *fn szl pej* snotty little kid, snivelling brat
taksa *fn biz* charge, rate, price
taksál *i biz* estimate, calculate, reckon; **mennyire ~ja?** how do you value it?, what is your estimate?
taktika *fn* **1.** *kat* tactics *tsz* v. *esz* **2.** *[fogások]* tactics *tsz*; **~t változtat** resort to new tactics, *[hangnemet vált]* change one's tune
taktikai *mn* tactical; **~ okokból** for tactical reasons; **~ fault/szabálytalanság** *[labdarúgásban]* tactical foul
taktikáz|ik *i* manoeuvre (*US* -neuver), wheel and deal, use tactics
taktus *fn zene [két függőleges vonal között]* bar, *[ritmus]* time; **~ra** keeping good time; **megadja a ~t** give* the beat/time; **üti/jelzi a ~t, ~t üt** beat* time; → **ütem**
taktusvonal *fn* bar-line
tál *fn* **1.** *ált* dish, *[leveses]* tureen, *[nagy lapos]* platter, *[kisebb gömbölyű]* bowl, *[tűzálló]* casserole; **vesz a ~ból** help oneself from the dish; **~on sült tojás sonkával** bacon and eggs **2.** *[fogás]* course, dish; **egy ~ főzelék** a dish of vegetables
talaj *fn [föld]* soil, earth, *ált* ground, land; **~ menti fagy** surface frost; **előkészíti a ~t vk számára** clear the ground for sy; **elveszti lába alól a ~t** lose* one's footing; **biztos ~t érez a lába alatt** be* on firm ground; **kihúzza a ~t vk lába alól** cut* the ground from under sy's feet; → **kicsúszik**
talajbiológia *fn* agrobiology, soil biology
talajelőkészítés *fn mezőg [vetéshez]* preparation of the soil
talajgazdálkodás *fn mezőg* soil management
talajgyakorlatok *fn tsz sp* floor exercises *tsz*
talajgyalu *fn* bulldozer
talajjavítás *fn* soil-amelioration/improvement, (land) reclamation
talajmegmunkáló *mn* **~ gép** cultivator
talajminta *fn* soil sample
talajművelés *fn* (soil) cultivation
talajnedvesség *fn* soil humidity, humidity of (the) soil
talajréteg *fn* bed, layer, stratum (*tsz* strata)
talajsüllyedés *fn* (ground) subsidence, sinking/subsidence of grand
talajszint *fn* ground level
talajtalan *mn átv* rootless
talajtan *fn* soil science
talajtorna *fn sp* floor exercises *tsz*
talajviszonyok soil conditions
talajvíz *fn* subsoil/ground water; **~ szintje** water table
talál *i* **1.** *ált* find*, *[véletlenül]* discover; **senkit sem ~t otthon** he found nobody at home (v. in); **módot ~ rá, hogy** ... find* a/some way to ..., find* a means (v. ways and means) of doing sg, find* the means to do sg; **nem ~ok szavakat** words fail me **2.** *(vmlyennek)* find*, consider, think*, deem; **jónak ~** think*/find* sg proper/advisable/good, approve (of); **úgy ~om, hogy** ... as far as I can judge, in my opinion, to my mind **3.** *[hozzájut]* find*, *(vmre/vkre)* meet*, come* across, discover (*mindegyik:* sg/sy); **jó állást ~t** (s)he's found a good job; **emberére ~** find*/meet* one's match/equal; **magára ~** find* oneself, find* a niche (for oneself); **egymásra ~tak** they found/discovered each other; *átv [összeillenek]* they are well-matched **4.** *(vhogyan vmt)* find*; **zárva ~ta a kaput** (s)he found the gate closed; **vhol ~ja magát** find* oneself swhere, land up swhere **5.** *[eljut vhová]* **végre ide ~tam** I('ve) found my way here at last **6.** *[lövés]* hit* the target/mark, *átv [megjegyzés stb.]* strike* home; **nem ~t** (s)he missed (it); **a megjegyzés ~t** the remark/thrust went/struck home; **~va érzi magát** find* that the cap fits, take* the hint, be* stung [by a remark]; **~va érezte magát** the remark struck home **7.** *[egyezik]* agree, be* correct, coincide **8.** *[esetlegesség]* **ha esni ~na az eső** if it should rain; **azt ~tam mondani** I happened/ventured to say that ...; → **szeg**[2]
tálal *i* **1.** *[ételt]* serve (up), bring* in, *biz* dish up/out; **a vacsora ~va (van)** dinner is served **2.** *átv (vhogyan)* present, serve/dress up
tálalás *fn* **1.** *[ételé] biz* serving, dishing up **2.** *átv* presentation, dressing
találat *fn* **1.** hit; **öt ~a van** *[lottóban]* (s)he hit the jackpot, (s)he won first prize; **ötös (v. 5-ös) ~** *[igével]* hit* the jackpot; **majd ha 5-ös ~om lesz** *biz* when my ship comes home/in **2.** *sp* hit; **~ot ér el** *[vívásban]* score a hit
találatarány *fn sp* number of hits, score
találatjelző *fn [vívásban]* (electrical judging) apparatus, marker
találatos *mn* **három~ szelvény** pools/lottery coupon with three correct forecasts/numbers
találékony *mn* inventive, ingenious, resourceful
találékonyság *fn* inventiveness, ingenuity
találgat *i* (try to) guess (*vmt* at sg), make* guesses; **(szabadon) lehet ~ni, csak ~ni lehet** it's anybody's guess
találgatás *fn* guessing, guesswork, conjecture; **~okra van utalva** be* reduced to conjecture(s); **csak ~** it is mere guesswork
található *mn* to be found *ut*; **sehol sem ~** nowhere to be found; **8-tól 9-ig otthon ~** be* in (v. at home) from 8 to 9; **a függelékben ~** it can/may be found (v. it is) in the appendix, see (the) appendix; **a 30. oldalon ~** see page 30
találka *fn* rendezvous, date, assignation; **~ja van vkvel** have* a date with sy
találkahely *fn* place of assignation, *biz* love-nest
találkozás *fn* **1.** *ált [embereké]* meeting, *[véletlen]* encounter, *[megbeszélt]* appointment **2.** *[eseményeké]* coincidence, concurrence
találkoz|ik *i* **1.** *ált [emberek]* meet* (*vkvel* sy), *[véletlenül]* run* into sy, fall* in with sy, *US* meet* with sy; **még sohasem ~tunk** we've never met (before); **rendszeresen ~unk** we meet (v. see each other) regularly; **hol ~hatnék veled?** where could we meet?; **du. 2-kor ~om X-szel** I have an appointment with X at 2 p.m.; **6-kor kellett volna ~nunk** we were supposed to meet at six; **nem ~tunk már valahol?** haven't I seen you somewhere before? **2.** *(vmvel) [tapasztal vmt]* meet* with sg, run* into sg, experience sg **3.** *[dolgok]* meet*, *[utak]* meet*, join
találkozó *fn* **1.** meeting, appointment, rendezvous; **~t ad vknek vhol, ~t beszél meg vkvel** make*/fix an appointment (v. *US* a date) with sy, arrange to meet sy **2.** *sp* sports meeting, meet, match; **barátságos ~** friendly (match)
találkozóhely *fn* meeting place/point
találmány *fn* invention; **~t szabadalmaztat** take* out a patent for an invention
találmányi *mn* **~ hivatal** patent office; **~ szabadalom** patent of invention
találó *mn* right, proper, apt, appropriate; **~ kifejezés** happy phrase/remark; *kif [mondatpótló]* touché!; **~ megjegyzés** apposite/apt/telling remark, *biz* bull's-eye; **~an**

T

rightly, aptly; **~an fejezte ki magát** *kif* (s)he hit the nail on the head when she said ...; **~ válasz** neat retort
tálaló *fn* **1.** *[helyiség]* pantry **2.** *[szekrény]* sideboard
tálalóasztal *fn* dumb waiter, sideboard
tálalókészlet *fn* (dinner) service
találompróba *fn* random sample/sampling
találomra *hsz* at random
találós *mn* **~ kérdés** riddle, puzzle
talált *mn* found, discovered; **~ gyermek** foundling; **~ pénz** windfall; **~ tárgyak osztálya** lost-property office, lost and found
talán *hsz* perhaps, *biz* maybe; **~ eljön** perhaps/maybe he'll come; **~ igen, ~ nem** perhaps so perhaps not, maybe yes maybe no; **~ igaz, ~ nem** that may or may not be true; **~ nem is éhes** (s)he may not (even) be hungry
talány *fn* riddle, puzzle, enigma, mystery
talányos *mn* enigmatic(al), mysterious, puzzling
talapzat *fn* *[szoboré]* pedestal, base, *[oszlopé]* base, socle, *[gépé]* stand
talár *fn* gown, robe
taláros *mn* **~ testület** *[az alkotmánybíróság]* Constitutional Court
tálca *fn* tray, platter; **~n hozzák elébe** lay* sg at sy's feet, (s)he was handed [sg, e.g. a job] on a plate
talicska *fn* (wheel)barrow
talicskáz *i* wheelbarrow, carry (sg) in a barrow
taliga *fn* **1.** *[kétkerekű]* cart **2.** → **talicska**
taligás *fn* carter
taligáz *i* **1.** *[kétkerekűvel]* cart **2.** → **talicskáz**
talizmán *fn* talisman, amulet, mascot
tallózás *fn* gleaning, *[könyvekben]* browsing, browse
tallóz(ik) *i* glean (sg from sg); **könyvekben ~ik** browse among/through books
tallózó *mn* **~ folyóirat** digest
talp *fn* **1.** *[emberé]* sole; **~ig becsületes** absolutely/thoroughly honest; **~ig férfi** every inch a man; **~on van** (i) *[fent van, betegség után]* be* up and about, be* on one's feet (again) (ii) *[anyagilag]* get* straight, find* one's feet, get* oneself straightened out (iii) *[sokat áll]* be* on one's feet; *[sokat jön-megy]* be* on the go/move; **ember a ~án** a man indeed, a man's man, a fine fellow; **~ra áll** (i) *[feláll]* get* on one's feet; *[esés után]* pick oneself up, rise* to one's feet (again) (ii) *[felépül]* get* over an illness, recover; *átv* **~ára állít** (*vkt*) set* sy up/afloat; *átv* **mindig ~ra esik** he always lands on his feet; *szl* **földobja a ~át** turn up one's toes, kick the bucket **2.** *[macskaféléké]* paw, *[más állatoké így is]* pad, foot° **3.** *[cipőé]* sole **4.** *műsz [tárgyé]* support, prop, sole, bottom; → **ég**[1]
talpal *i* **1.** *[gyalogol]* tramp, traipse around, trudge **2.** *[cipőt]* (re-)sole
talpalás *fn* **1.** *[gyaloglás]* tramping, traipsing around, trudging, footslogging; **unom ezt a sok ~t** *[bürokráciában]* I'm fed up of/with all this traipsing around **2.** *[cipőé]* (re-)soling
talpalatnyi *mn* **~ föld** a patch of soil, foothold
talpalávaló *fn* lively dance-music
talpalló *fn* trouser-strap
talpas *mn* **~ pohár** goblet
talpbélés *fn* insole
talpbetét *fn* **1.** *[bélés]* inner sole, insole **2.** → **lúdtalpbetét**
talpfa *fn* sleeper, *US* tie
talpkő *fn* foundation-stone, *átv* keystone
talpnyalás *fn* bootlicking, flattery, servile fawning
talpnyaló *fn* bootlicker, toady
talponálló *fn biz kb.* standing-only bar/pub
talpraesett *mn* **~ gyerek** bright (v. quick-witted) child°; **~ válasz** snappy/smart repartee, neat retort
táltos *fn* **1.** *[sámán]* shaman, priest-magician, medicine man **2.** *[paripa]* magic steed
tályog *fn* abscess

támad *i* **1.** *[keletkezik]* arise*, crop up, spring* up; **(erős) szél ~t** a (strong) wind sprang up; **az a gondolatom ~t** it has occurred to me (that), the idea struck me (that); **~t egy ötletem** I've had an idea; **gyanú ~ vkben** sy begins to have doubts, a doubt springs up in one's mind; **kedve ~ vmre** feel* like doing sg **2.** (*vkre/vkt/vmt*) attack (sy/sg); **nagy erőkkel ~t** *[az ellenség]* the enemy launched a fierce attack; **a főnököm nekem ~t, hogy miért késtem** my boss rounded on me for being late **3.** *sp* **sokat ~ott a Fradi** Fradi played an attacking game
támadás *fn* attack; **~ba kezd/lendül** take* the offensive, launch an attack; **~ba megy át** go* over/on to the offensive; **~t indít** take* the offensive (against), launch an attack (on); **~t intéz vk/vm ellen** launch/start/make* an attack on sy/sg; *közm* **~ a legjobb védekezés** offence is the best form of defence (*US* -se)
támadási *mn* attacking; **~ pont** point of attack; **nagy ~ felületet nyújt** lay* oneself (wide) open (to sg)
támadó I. *mn* **1.** *[ember]* aggressive, offensive; **~ fegyverek** offensive weapons; **~ fél** aggressor; **~ háború** war of aggression, offensive war; **~ hadművelet** offensive; **~ nemzet** the aggressor nation **2.** *[eredő]* (a)rising, originating **II.** *fn* attacker, aggressor
támadójátékos *fn sp* striker, forward
támadóképes *mn kat* capable of attacking *ut*
Tamás *tul* Thomas
tamáskod|ik *i* → **kételkedik**
támasz *fn* **1.** *konkr* brace, support, stay; *[kéznek]* armrest, *[lábnak]* footrest **2.** *átv* mainstay, support, pillar; **gyenge ~** broken reed; **öregségének ~a** stay/comfort of sy's old age
támaszkod|ik *i* **1.** (*vmhez/vmre*) lean*/prop against [the wall, door etc.], lean* on [the piano etc.] **2.** *átv* (*vkre*) depend/rely/lean* on sy
támaszpont *fn* **1.** *ált* point of support, foothold **2.** *kat* base; **légi ~** air base; **tengeri ~** naval base
támaszt *i* **1.** (*vmhez*) lean*/prop sg against [the wall etc.] **2.** *[okoz]* bring* about, cause, create; **igényt/jogot ~ vmre** lay* claim to sg; **nehézségeket ~** create obstacles, raise objections
támaszték *fn* → **támasz 1**
támasztófal *fn* → **támfal**
támasztógerenda *fn* → **támgerenda**
támasztópillér *fn* → **támpillér**
tamburmajor *fn kat* drum major
támfal *fn* retaining/supporting wall revetment, counterfort
támgerenda *fn* buttress, prop, bearer bar
tamil *mn [nép, nyelv]* Tamil
támla *fn* back [of chair]
támlás *mn* backed [chair]
támlásszék *fn szính [nézőtér része]* stalls *tsz*, *[egy szék itt]* seat, *US* orchestra (seat)
támogat *i* **1.** *[fizikailag]* support, prop up **2.** *[erkölcsileg, anyagilag]* aid, assist, back (up), bolster (up), help (*mindegyik:* sy), be* behind sy, *[pénzzel]* give* financial assistance to, *[ügyet, társaságot pénzzel v. védnökség vállalásával]* sponsor, *[államilag]* subsidize, support **3.** *[kérést]* support, back
támogatás *fn* **1.** *[fizikailag]* support(ing) **2.** *átv* aiding, assistance, backing (up), *[anyagi]* financial aid/assistance, *[ügyé, társaságé]* sponsoring, sponsorship; **állami ~** subsidy, subsidization; **a legmesszebbmenő ~ban részesít** back sy to the hilt, give* sy one's full support, be* squarely behind sy/sg; **~ban részesül** get*/receive assistance/aid/support; *[intézményről]* be* sponsored by, *[államiban]* be* subsidized by [the government/state etc.]
támolyog *i* stagger, totter, reel
támpillér *fn* buttress, counterfort, abutment
tampon *fn orv* tampon, *[sebtisztításhoz]* swab, *[egészségügyi]* tampon, sanitary pad

támpont *fn* **1.** → **támaszpont** **2.** *átv* point of reference, basis (*tsz* bases); **nincs semmi ~** there is nothing to go on/by

tan *fn* **1.** *[tétel]* doctrine, tenet, theorem, dogma, thesis (*tsz* theses) **2.** *[tudományág]* science (of), study, theory

tanács *fn* **1.** *[baráti stb.]* piece of advice, advice (*tsz* ua.), *[tipp]* (important) tip, hint; **vk ~át követi** follow (v. listen to) sy's advice; **jó ~** (a) good advice; **megfogadja vk ~át** take* (v. listen to) sy's advice; **rossz ~ot ad** misadvise sy; **jogi ~ ot kér** ask/seek legal advice; **~ot ad vknek** give* advice to sy, give* sy (a piece of) advice, advise sy (on sg), provide consultation; **adhatok néhány ~ot** I can give you some advice; **~ot kér vktől** ask sy for (his/her) advice, ask for sy's advice, ask/seek* sy's advice, consult sy (on sg); **~ot kért tőlem** (s)he asked my advice; **vk ~ára** on sy's advice **2.** *[tanácsadó testület]* council, board **3.** *tört [államigazgatási szervezet egysége 1990 előtt]* council; **helyi ~** local council; **kerületi ~** district/local council; **megyei ~** county council; **városi ~** city/town council **4.** *[bíróság]* division [of a court of justice]

tanácsadás *fn* (giving of) advice, advising, consultation, guidance; **házassági ~** marriage guidance/counsel(ling); **~t nyújt** provide consultation

tanácsadó I. *mn* advisory, consultative; *gazd* **~ szogáltatás** consulting (service) **II.** *fn* **1.** *[személy]* adviser, advisor, counsellor (*US* -selor), *[szakmai]* consultant, *[elnöké, miniszteré]* advisor, *US* aide; **nemzetbiztonsági ~** national security advisor; **pénzügyi ~** financial advisor **2.** *[intézmény]* advice centre (*US* -er), *[jogi]* legal advice centre (*US* -er), *[egészségügyi]* health advisory centre (*US* -er)

tanácselnök *fn* **1.** *tört [a tanács végrehajtó bizottságának elnöke 1990 előtt]* president of the council, *GB* leader of the council **2.** *[bírósági]* → **tanácsvezető**

tanácsháza *fn tört [városi 1990 előtt]* town hall; **megyei ~** county hall

tanácsi *mn tört [1990 előtt]* council; **~ dolgozó** council worker/employee; **~ (bér)lakás** *kb.* council flat/house; → **önkormányzati**

tanácskérés *fn* consultation

tanácskozás *fn* conference, discussion, deliberation; **~ra vonul vissza** retire to deliberate

tanácskozási *mn pol* **~ jog** *[ülésen, vmlyen fórumon]* right of consultation/discussion; **~ joggal rendelkező** with voice but no vote

tanácskoz|ik *i ált* hold* a meeting/conference, (*vkvel vmről*) confer with sy (on/about sg), consult (with) sy (about sg); **~nak** they are in/having a meeting, they are in conference; **a (képviselő)testület hetenként ~ik** the local council/*US* government meets weekly; **a vezetőség ~ik** the board is in conference; **a zsűri ~ik** *[pl. vetélkedő végén]* the members of the panel are conferring among themselves

tanácskozó *mn* conferring, deliberating, consulting, deliberative, consultative; **~ testület** consultative/deliberative body

tanácsköztársaság *fn tört* **a (Magyar) T~** Hungarian Soviet Republic

tanácsnok *fn* alderman°, (town-)councillor

tanácsol *i* (*vknek vmt*) advise sy to ... (v. that ...)

tanácsos I. *mn* advisable, wise, prudent, expedient; **~ lesz itthon maradni** we had better/best stay at home; **nem ~** inadvisable, inexpedient; **nem ~ kimenni** *[ilyen hidegben]* it's not advisable to go out (in this weather) **II.** *fn* councillor (*US* -l-); **követségi ~** counsellor (*US* -l-); **miniszteri ~** ministerial counsellor (*US* -l-); **kereskedelmi ~** commercial counsellor (*US* -l-)

tanácstag *fn tört [1990 előtt]* member of a/the council, council member, councillor (*US* -ilor)

tanácstalan *mn* helpless, perplexed, *[igével]* be* at a loss (what to do), be* at one's wit's end; **~ul áll** be* perplexed, not know what to do (v. which way to turn)

tanácsterem *fn* council-room/hall, board room

tanácstitkár *fn tört [1990 előtt]* secretary of/to the council

tanácsülés *fn* council/board-meeting

tanácsválasztás *fn tört [1990 előtt]* council election(s)

tanácsvezető *fn [bírósági]* president of a court division

tanakod|ik *i* think* (*vmn about*), ponder (over), meditate (on)

tananyag *fn* syllabus (*tsz* syllabuses); **egyetemi ~** course bulletin, college bulletin

tanár *fn* **1.** *[iskolai]* (school)teacher, schoolmaster, *[nő]* schoolmistress; **~ úr kérem** ... (please) Sir ... **2.** *[professzor]* professor; **a T~ úr** *[megszólításként]* Professor ..., *[v. csak egyszerűen]* Mr. ...

tanári *mn* teacher's; **~ állás** teaching post/position; **~ értekezlet/konferencia** staff meeting; **~ kar/testület** teaching staff; **~ kézikönyv** teacher's book; **~ oklevél** teacher's/teaching diploma; **~ pálya** teaching, the profession of a teacher; **~ pályára lép** take* up (v. go* into) teaching; **~ szoba** *GB* senior common room, *[másutt]* teachers'/staff room

tanárjelölt *fn* student (v. *US* training) teacher, teacher trainee

tanárképzés *fn* teacher training

tanárképző *mn* **~ főiskola** (teacher-)training college, *GB* college of education, *US* teachers college

tanárkod|ik *i* teach* (in) school, be* a teacher/schoolmaster

tanárnő *fn* teacher, schoolmistress; **~ kérem** ... (please) Miss/Mrs. *[és a tanárnő vezetékneve]*; please ...

tanáros *mn* schoolmasterly, professorial

tanársegéd *fn* assistant lecturer, *US* instructor

tánc *fn* **1.** *[cselekvés]* dance **2.** *[alkalom]* dance, ball

táncbetét *fn* dance movement/number

tánccipő *fn* dancing shoes *tsz*, *[balettcipő]* ballet shoes *tsz*

tánccsoport *fn* dance group/ensemble

táncdal *fn* pop song

táncdalénekes *fn* pop singer/star

táncdalfesztivál *fn* pop music festival

táncegyüttes *fn* dance ensemble

táncest(ély) *fn* dance, ball

táncház *fn* **1.** *[hely]* dance hall, *[magyar]* dance house **2.** *[alkalom]* dance, barn dance

tánciskola *fn* dancing-school

táncjáték *fn* ballet

tánckar *fn* (corps de) ballet

tánclecke *fn* dancing-lesson

tánclemez *fn* dance record

tánclépés *fn* (dance-)step

táncmester *fn* dancing-master

táncmulatság *fn* ball, dance

táncművész *fn* ballet-dancer, dancer

táncművészet *fn* the art of dancing

táncművésznő *fn* ballerina

táncol *i* **1.** *ált* dance, *biz* shake* a leg; **rosszul ~** be* a bad/poor dancer, *biz* have* two left feet; *átv* **úgy ~, ahogy a felesége fütyül** he is at his wife's beck and call, his wife calls the tune/shots **2.** *[ugrál]* skip, *[csónak vízen]* rock

táncoltat *i* dance with sy

táncóra *fn* → **tánclecke**

táncos I. *fn* dancer **II.** *mn* **~ szórakozóhely** dance-hall; → **diszkó**

táncosnő *fn* (professional/ballet) dancer, ballerina

táncrend *fn* dance programme

tánctanár *fn* dancing master, teacher of dance

tánctanfolyam *fn* dancing course/class

táncterem *fn* dance-hall

tánczene *fn* dance music

tánczenekar *fn* dance band/orchestra, *[kisebb, főleg dzsessz]* combo

tandem *fn* tandem

tandíj *fn* school fees *tsz*, *[főleg főiskolán v. egyetemen]* tuition fee(s)

tandíjhitel *fn okt* student loan

T

tandíjkedvezmény *fn* reduction in (v. reduced) school/tuition fees, *US* partial tuition waiver
tandíjmentes *mn* exempt from school/tuition fees *ut*
tandíjmentesség *fn* exemption from school/tuition fees, *US* tuition waiver
tanegység *fn okt* credit
tanerő *fn* teacher, member of the teaching staff
taneszköz *fn* school equipment
tanév *fn [ált. és középiskolai]* school year, *[egyetemi]* academic year, session; **a ~ folyamán** during term
tanévnyitó *fn* → **évnyitó**
tanévzárás *fn* end of the school year; → **évzáró**
tanfelügyelő *fn elav* → **szakfelügyelő**
tanfolyam *fn* course
tangabugyi *fn biz* G-string
tangens *fn* tangent
tangentor *fn orv [víz alatti masszázs]* jacuzzi v. Jacuzzi
tangó *fn zene* tango
tangóharmonika *fn* piano accordion
tangóz|ik *i* dance the tango, tango *(alakjai:* -goed, -going)
tanintézet *fn* educational institution, school
tanít *i ált* teach* [at school], *(vkt vmre)* teach* sy sg, teach* sg to sy, instruct sy in sg; **történelmet ~** teach* (sy) history; **úszni ~ja a gyereket** teach* a child° (how) to swim; **az egyetemen (v. főiskolán) ~** teach* at the university (v. at a college); *átv* **te akarsz engem ~ani?** it's like teaching your grandmother to suck eggs; → **móres**
tanítás *fn* **1.** *ált* teaching, instruction; **~ból él** he teaches for a living, earn his/a living by teaching **2.** *[az órák]* lessons *tsz*, classes *tsz*; **a ~ 8-kor kezdődik** lessons/classes start at 8 o'clock; **nyáron nincs ~** school's out for summer
tanítási *mn okt* teaching, educational; **~ gyakorlat** *[tanárjelölté]* teaching practice, *US* practice teaching; **~ idő** school(-time); **~ mód** educational method/system; **~ nap** teaching/school day; **angol ~ nyelvű iskola** English medium school; **~ óra** class, lesson, period; **~ szünet** holiday
taníthatatlan *mn* unteachable, ineducable
tanító *fn* (primary school) teacher, schoolmaster, *US* grade teacher; **~ néni kérem** please Mrs. X; **~ bácsi kérem** ... please Mr. Z
tanítói *mn* teacher's, of a teacher *ut*; **~ állás** teachership, teacher's position; **~ pályára lép** go* into teaching, take* up teaching
tanítójelölt *fn* teacher trainee, practice teacher
tanítóképző *fn* (teacher-)training college
tanítómester *fn átv* mentor, master
tanítónő *fn* (woman°) teacher, schoolmistress
tanítóskod|ik *i* teach*, be* a (school-)teacher
taníttat *i (vkt)* send* sy to school, provide education for [one's children]; **a legjobb iskolában ~ták gyerekeiket** they have educated their children at the best schools
tanítvány *fn* **1.** *[tanuló]* pupil, student; **Országh ~a volt** *[az egyetemen]* he studied under Országh [at the university] **2.** *[eszmei]* disciple, follower **3.** *[szakmában]* apprentice
tank *fn* tank
tankakadály *fn* road-block, anti-tank obstacle
tankcsapda *fn* (anti) tank ditch
tankelhárító *mn kat* **~ fegyver** anti-tank weapon
tankertészet *fn okt* model garden/orchard for educational purposes
tankhajó *fn* tanker
tankol *i* fill up, refuel (*US* -l)
tankönyv *fn* textbook, coursebook
tankör *fn* → **tanulókör**
tanköteles *mn* → **iskolaköteles**
tankötelezettség *fn* → **iskolakötelezettség**
tanksapka *fn gk* petrol (tank) cap, *US* gas cap
tanmenet *fn* syllabus (*tsz* syllabuses v. syllabi)
tanműhely *fn* apprentice/training (work)shop
tannyelv *fn okt* language of instruction, first language
tannyelvű *mn okt* **két ~ iskola** bilingual school
tanonc *fn elav* apprentice
tanoncidő *fn elav* apprenticeship; **tanoncidejét tölti** → **tanonckodik**
tanonciskola *fn elav* apprentice/trade school
tanonckod|ik *i elav* do*/serve one's apprenticeship
tanóra *fn* lesson, class, period, *[egyetemi]* lecture
tanrend *fn* timetable, curriculum (*tsz* curricula v. curriculums)
tanrepülés *fn* training flight
tanszabadság *fn* academic freedom
tanszak *fn ált* branch of study/learning, *[főiskolán, egyetemen]* faculty
tanszék *fn [mint intézmény]* chair, *[mint helyiség]* department; **az angol ~** the Department of English, the English Department
tanszéki *mn* departmental
tanszékvezető *fn [egyetemi tanár]* head (v. *US* chairman°) of department
tanszemélyzet *fn* teaching staff; **a ~hez tartozik** be* on the teaching staff
tanszer *fn* school equipment
tantaluszi *mn* **~ kínok** torments of Tantalus, excruciating pains
tantárgy *fn* subject; **kötelező ~** compulsory subject
tanterem *fn* classroom, schoolroom, *[főiskolán, egyetemen]* lecture room, *[kisebb]* seminar room, *[lépcsőzetes padokkal]* lecture theatre (*US* -er)
tanterv *fn* curriculum (*tsz* curricula v. curriculums), syllabus/programme (*US* -ram) of a course (of instruction); **~en kívüli foglalkozás** extracurricular activity
tantervi *mn okt* **~ tevékenység** curricular activities *tsz*
tantestület *fn* teaching staff, *US [főiskolai, egyetemi]* faculty (staff)
tantétel *fn elav* doctrine, thesis (*tsz* theses)
tanti *fn biz* auntie
tántorgás *fn* reel(ing), stagger(ing)
tántorgó *mn* reeling, staggering, tottering; **~ léptekkel** with a stagger
tántoríthatatlan *mn* unshakable, unfaltering, unflinching, unwavering
tántorog *i* reel, stagger, totter
tantusz *fn* token, counter; **(végre) leesett a ~** the penny (has) dropped, it finally/suddenly clicked
tanú *fn ált jog* witness; **~ja vmnek** be* a witness to [an accident, a conversation etc.]; **előttünk mint ~k előtt** ... in our presence as witnesses; **~k előtt** in front of witnesses; **~ként aláír(at)** *[okmányt]* witness a document; **~ként beidéz** summon (sy as a witness), call sy as witness; **~ként beidézik** be* called as witness, be* summoned (as witness), *US* be* subpoenaed (as a witness); **~ként való beidézés** summons *esz*, summoning of a witness (v. of witnesses), *US* subpoena to appear as a witness; **Isten a ~m** heaven knows; **~t állít/hoz** produce a witness; **~t kihallgat** hear* a witness
tanúbizonyság *fn* **1.** *[tanúskodás]* evidence, testimony, witness; **~ot tesz vmről** bear* witness/testimony to sg, testify to sg (v. that ...) **2.** → **bizonyság**
tanújel *fn* proof, evidence, *[barátságé]* token; **~ét adja vmnek** give*/provide proof of sg
tanúkihallgatás *fn* hearing of witnesses
tanul *i (vmt)* learn*, *[tanulmányokat folytat]* study, *[egyetemen]* study, read* [history, law, English, psychology etc.] (at ...), be* reading (v. read*) for a degree in [history, law etc.]; **angolul ~** learn* English; **írni ~** learn* to write; **kívülről ~** learn* (sg) by heart; **X jól ~** X is a good student, X is doing well at school; **jogot ~** read* law, *US* study law; **fizikát ~** (i) *[egyetemen stb.]* study/read* physics (at ...) (ii) *[középiskolás, otthon]* be* studying (v. *biz* doing) physics; **orvosnak ~** study medicine, be* studying to be a doctor; **a debreceni egyetemen ~** (s)he is studying at the University of Debrecen; **a TTK-n ~** (s)he is reading science;

vktől ~ learn* from sy; **ebből ~hatnak!** it serves them right, let this be a lesson for/to them; **~t szakmája szerint** ... ... by profession; → **pap**

tanulás *fn* learning, study(ing), *[készülés]* preparation (for school); **~ban való akadályozottság** learning disability

tanulatlan *mn* uneducated, without education *ut*

tanulékony *mn* docile, teachable, *[tanuló]* apt

tanulékonyság *fn* docility, readiness to learn

tanulmány *fn* **1.** *[tanulás]* study; **~okat folytat** pursue/continue one's studies, study (v. be* studying) swhere; **jogi ~okat folytat** study/read* law; **~ait Franciaországban végezte** he studied in France, he was educated in France; **(egyetemi) ~ait Londonban végezte** he graduated from London (University); **~ai végeztével** ... (up)on/after graduating **2.** *[írott]* study, *[rövidebb]* essay; **~t ír vmről** write* a study on sg; **mélyreható, gondosan kidolgozott ~** an in-depth study, a carefully worked out and thorough study

tanulmányi *mn* study; **~ eredmény** school achievement; **~ kirándulás** *[iskolai]* school trip/excursion; *[egyetemistáké, kutatóké stb.]* field trip; **~ osztály** (i) *[egyetemen, főiskolán]* Registry, Registrar's department, matriculation office (ii) *[másutt]* education department; **~ szabadság** study leave; **~ verseny** schools competition/contest; **~ vezető** director of studies

tanulmányíró *fn* essayist

tanulmányoz *i* study, make* a study of (sg), *[irodalmába beleolvasva]* read* up (on) sg, *[vizsgál]* examine, look/inquire into (sg)

tanulmányozás *fn* study(ing), *[vizsgálat]* investigation, inquiry (*US* inquiry)

tanulmányút *fn* study tour/trip/visit, *[kutatóké]* field trip

tanulnivaló *fn* **sok a ~m** I have a great deal of studying to do, *[még tapasztalatlan]* I have a lot to learn

tanuló I. *fn* **1.** *ált* schoogirl, schoolboy; *[kisiskolás]* pupil, *[ált. felsős és közép]* student, (grammar/secondary school) boy/girl, *US* high school boy/girl, *[szakmunkás ~, bolti stb.]* trainee; **jó ~** (be*) a good student, *[igével]* be* doing well at school **2.** → **ipari**, → **kereskedelmi tanuló II.** *mn* **~ pénztáros** training cashier; **~ vezető** (*röv* **T**) *[gépkocsi]* learner driver (*röv* **L**); **~ zsoké** training jockey

tanulóbarát *fn* learner-friendly

tanulóbérlet *fn közl* students' season ticket

tanulóév *fn* year of study

tanulóidő *fn [ipari tanulóé]* apprenticeship

tanulóifjúság *fn [ált. isk.]* schoolchildren *tsz*, *[középiskolás]* students *tsz*, *[egyetemi]* students, undergraduates *tsz*

tanulókör *fn* study group

tanulókör-vezető *fn* study group leader

tanulószoba *fn* schoolroom, preparation room

tanulószótár *fn* learner's dictionary

tanulóvezető *fn* → **tanuló II**

tanulság *fn* lesson; **erkölcsi ~** the moral [of a story]; **~ot von le vmből** learn* a lesson from sg, draw* a moral from sg

tanulságos *mn* instructive, illuminating, salutary [lesson], edifying

tanult *mn* learned, erudite, educated; **~ ember** a learned man°, an educated man°, a man of learning; **~ szakmája szerint** ... by profession [(s)he is a ...]

tanúpad *fn GB* witness-box, *US* witness stand

tanúság *fn* evidence, testimony; **~ot tesz vmről** give* evidence/proof of sg, bear* witness to sg

tanúságtétel *fn* witness, evidence, testimony; **megtagadja a ~t** refuse to give evidence refuse to testify

tanúsít *i* **1.** *[jelét adja]* give* proof/evidence of **2.** *[igazol]* attest to (sg), certify (sg), bear* witness to (sg) **3. ellenállást ~** put* up (v. offer) resistance

tanúsítvány *fn* certificate

tanúskodás *fn* (bearing) witness, (giving) evidence, testifying

tanúskod|ik *i* **1.** *[tanúként nyilatkozik]* give* evidence (of sg that ...), *[igazol]* bear* witness to (sg) **2.** (*vmről*) → **tanúsít** 2

tanúvallomás *fn* evidence, testimony, statement; **hamis ~ra bír** suborn a witness; **~t tesz** give* evidence (*vk mellett* for v. in favour of sy, *vk ellen* against sy), witness (*vk mellett* for sy, *vk ellen* against sy); **hamis ~t tesz** give* false evidence, bear* false witness; **~t megtagad** refuse to give evidence

tanúvallomás-tétel *fn* evidence, testimony

tanúvédelem *fn jog* witness protection

tanúvédelmi *mn jog* **~ program** witness protection programme (*US* -ram)

tanúzás *fn* **hamis ~** perjury, false witness/evidence; **hamis ~t követ el** perjure oneself; **hamis ~ra való felbújtás** subornation of perjury

tanügetés *fn* sitting trot

tanügy *fn* public education, educational affairs *tsz*

tanügyi *mn* educational; **~ igazgatás** educational administration; **~ reform** school reform

Tanzánia *földr* Tanzania

tanzániai *mn/fn* Tanzanian

tanya *fn* **1.** *mezőg* (small) farm, homestead, *US* ranch **2.** *[állaté]* lair, den, nest

tanyai *mn* **~ élet** life on (small) farms, farm life; **~ emberek** people living on (small) farms; **~ tojás** farmeggs, eggs straight from a farm

tanyarendszer *fn* network of small farms

tanyasi *mn nép* → **tanyai**

tanyavilág *fn* the world of (isolated) small farms

tanyáz|ik *i [lakik]* dwell*, stay, lodge

tányér *fn* plate, *[mély így is]* bowl; **egy ~ leves** a bowl/plateful of soup; → **kis-**, → **lapos-**, → **mélytányér**

tányéralátét *fn* (table-)mat, place-mat

tányérantenna *fn* satellite dish

tányérka *fn* saucer

tányérnyaló *mn* sponger, lickspittle, toady

tányéroz *i* send*/pass round the hat

tányérsapka *fn* (flat) service cap

tányértartó *fn* plate rack

táp *fn* **1.** *mezőg* nutrient, feed **2.** *átv* **~ot ad vmnek** feed*, foster (sg), keep* sg alive, add fresh fuel to; → **táplálék**

tapad *i* **1.** (*vmhez*) stick*/adhere/cling* to; **kezéhez vér ~** his hands are stained with blood **2.** *[tapadós]* be* sticky/tacky

tápadagoló *fn mezőg [önetető]* mechanical feeder, self-feeder

tapadás *fn* sticking, adhesion, clinging

tapadó(s) *mn* **1.** *ált* sticky, tacky, sticking **2.** *[ruha]* skin-tight, clinging, tight-fitting

tápanyag *fn* nutrient, nutritive(s), nutritive material/matter

tapasz *fn [sebre]* (sticking) plaster, *US* adhesive tape; → **gyorstapasz**

tapaszt *i* **1.** *[vakol]* plaster over, *[kályhát]* plaster up **2.** (*vmhez*) stick* sg to sg; **kezét a szájára ~ja** put* his hand over his mouth

tapasztal *i* **1.** *ált* experience, learn*; **sokat ~t** (s)he has seen a lot, (s)he has gone through a lot **2.** (*vmlyennek*) find*

tapasztalat *fn ált* experience, *[megfigyelés]* observation; **~ból tudja** he knows (sg) from experience; **~ hiánya** lack of experience; **~okat szerez/gyűjt** gain experience(s); **szakmai ~** professional experience

tapasztalatátadás *fn* handing/passing on of working experience/expertise

tapasztalatcsere *fn* exchange/pooling of (technical) experience/expertise

tapasztalati *mn* empirical, experiential, *[kísérleti]* experimental; **~ úton** empirically, experimentally, experientially

tapasztalatlan *mn* inexperienced, green; **~ ifjonc** *[zöldfülű] biz* greenhorn, cub [reporter etc.], *kif* (still) wet behind the ears

T

tapasztalatlanság *fn* inexperience, lack of experience

tapasztalt *mn* experienced, *[megedződött]* seasoned, skilled (*vmben* in sg); ~ **sebész** experienced surgeon; ~ **utazó** seasoned traveller; *biz* ~ **vén róka** an old hand (at sg), wily old fox

tápcsatorna *fn* alimentary canal

tápegység *fn el* power supply unit, supply source

taperol *i szl [nőt]* grope, *GB* touch up, feel* up

tápérték *fn* nutritive value; **nagy ~ű** nutritious

tapéta *fn* wallpaper

tapétaragasztó *fn* wallpaper paste

tapétás *mn* papered; ~ **fal** papered wall

tapétáz *i* (wall)paper [the walls], *[lakást]* decorate [a flat/house/room etc.]

tapétázás *fn* (wall)papering, decorating; **mikor lesz nálatok a ~?** when are you decorating?

tapétázó *fn* decorator, paperhanger

tapint *i* **1.** touch, feel*, finger **2. elevenére ~** touch sy on the raw; **a megjegyzés elevenére ~ott** the remark struck/went home

tapintás *fn* **1.** *[folyamat]* touch(ing), feel(ing); **~ra olyan, mint** it feels like (sg) **2.** *[érzék]* (sense of) touch

tapintat *fn* tact, discretion, consideration; **~tal kell kezelni** must be handled with discretion

tapintatlan *mn* tactless, indiscreet; ~ **megjegyzést tesz** make* a tactless remark, commit a faux pas, *biz* put* one's foot in it, drop a brick/clanger

tapintatlanság *fn* **1.** *ált* tactlessness, indiscretion **2.** *[megjegyzés]* tactless remark, blunder, faux pas (*tsz* ua.)

tapintatos *mn* tactful, discreet; ~ **ember** man° of tact; **~an** tactfully

tapintható *mn [daganat stb.]* palpable, *[kézzelfogható]* tangible

tapintóérzék *fn* (sense of) touch

tapiz|ik *i* → **taperol**

táplál *i* **1.** *ált* feed*, nourish **2.** *[szoptat]* suckle, nurse, breast-feed* **3.** *[gépet]* feed* **4.** *[érzelmet]* cherish, foster, keep* (sg) alive, *[reményt]* nurse, cherish, *[gonosz szándékot]* harbour (*US* -or)

táplálás *fn* **1.** *ált* feeding, nourishing, nutrition **2.** *[csecsemőé]* nursing, suckling, breast-feeding **3.** *[gépé]* feeding

táplálék *fn [emberi]* food, nourishment, nutriment, *[állati]* nutrient, feed

táplálékfelvétel *fn* food intake, intake of food

táplálékhiány *fn* lack of nourishment

tápláléklánc *fn biol* food chain

táplálkozás *fn* nutrition; **hiányos ~** malnutrition

táplálkozástudomány *fn* (the science/study of) nutrition, nutrition science

táplálkoz|ik *i [ember]* eat* sg, *[állat]* eat* (*vmvel* sg), feed* (*vmvel* on sg)

tápláló *mn [kalóriadús]* nourishing, nutritious, *[étkezés]* substantial

táplált *mn* fed, nourished; **jól ~** well-fed/nourished; **rosszul ~** undernourished

tápláltság *fn* **hiányos ~** (v. **rosszul ~**) malnutrition

tapló *fn* tinder

tápnedv *fn* nutritious/nutritive juice, *tud* chyle

tapodtat *fn* ~ **sem enged** not yield an inch

tapogat *i* feel* (*vm után* for sg); **jó helyen ~** he's come to the right place/person

tapogató I. *mn* feeling, touching **II.** *fn [szerv]* feeler, tentacle, *[csigáé]* horn

tapogatódzás *fn* **1.** *[kézzel]* groping about, feeling one's way **2.** *átv* sounding out, exploratory talks *tsz*

tapogatódz|ik *i* **1.** *[kézzel vm után]* feel*/grope [in one's bag/pocket etc.] for sg; **~va keresi helyét** feel*/grope one's way to ... **2.** *átv* feel* one's way, put* out feelers [to see if ...], take* soundings; **~ik vknél** *[vm ügyben]* sound sy out on sg; *átv* **jó helyen ~ik** (s)he's sounding the right person out

tapos *i* (*vmre/vmt*) tread*/trample on sg; **~sa a pedált** pedal (*US* -l) (along)

taposóakna *fn kat* landmine

taposómalom *fn* treadmill, *átv* rat race; ~ **az élete** (s)he is in a rut

táppénz *fn* sickness benefit, sick pay; **~en van** be* on sick-leave/pay

táppénzes *mn/fn* ~ **(beteg)** person on sickness benefit (v. sick-pay)

taps *fn* applause, clapping; **~ot kap** be* applauded

tapsifüles *fn* bunny, *US* Brer Rabbit

tápsó *fn* fertilizer, chemical manure

tapsol *i* clap, (*vknek*) applaud sy, give* sy a hand; **felállva ~nak** *[vknek]* be* given a standing ovation

tapsvihar *fn* thunderous applause, burst of applause

tápszer *fn* nutriment, nutritive, *[készítmény]* food preparation

táptalaj *fn* **1.** *biol* culture medium **2.** *átv* breeding ground (for)

tar *mn* bald(-headed), bare

tár[1] *i* **1.** *[kinyit]* throw* open, open wide **2. vk elé ~** disclose/show* (sg) to sy

tár[2] *fn* **1.** *[tárolóhely]* depot, store(-house), magazine; **ismeretek ~a** encyclopaedia (*US* -ped-) **2.** *[számítógépé]* store, storage, memory **3.** *[múzeumban]* cabinet, collection **4.** *[puskában]* magazine

tára *fn* tare

tarack[1] *fn [gyökér]* stolon

tarack[2] *fn kat* howitzer

taraj, **taréj** *fn* **1.** *[madáré]* comb, crest **2.** *[sisaké]* crest, *[hullámé]* surf, crest

tarajos *mn* **1.** *[állat]* crested, having a comb *ut*; ~ **gőte** crested newt **2.** ~ **hullám** breaker, combing wave(s), surf

tárca *fn* **1.** *[zsebbe való]* wallet, *US* billfold **2.** *[miniszteri]* portfolio, department, ministry; ~ **nélküli miniszter** minister without portfolio **3.** *[hírlapi]* feuilleton

tárcaközi *mn* ~ **bizottság** inter-departmental committee; ~ **egyeztetés** inter-departmental coordination

tárcsa *fn* **1.** *műsz és ált* disc, *US* disk **2.** *[telefonon]* dial

tárcsafék *fn gk* disc (*US* disk) brake

tárcsahang *fn* dialling tone, *US* dial tone

tárcsás *mn* ~ **borona** disc/disk-harrow

tárcsáz *i [telefonon]* dial (*US* -l); **innen közvetlenül ~hatja Londont** from here you can dial London direct (v. straight through to London)

tárcsázás *fn* dialling (*US* -l-); **közvetlen ~** direct dial(l)ing

taréj *fn* → **taraj**

targonca *fn* (wheel-)barrow, *főleg: US* pushcart, *[pályaudvari]* trolley, *[egyéb]* truck

targoncás *fn* barrow man°, cartman°

tárgy *fn* **1.** *[konkrét dolog]* object, article, thing **2.** *[vmnek a tárgya, pl. írásműé, képé stb.]* subject, theme, *[beszélgetésé]* topic, subject, *[az, akire vmlyen tevékenység irányul]* object; **nevetség ~a** laughing-stock; **szerelme ~a** object of one's love; **veszekedés/vita ~a** issue, the matter in dispute, bone of contention; **vmnek ~ában** with regard to sg, concerning sg, *gazd* re (sg); **június 7-én kelt levele ~ában** re your letter/inquiry of the 7th June ...; **nem tartozik a ~hoz** (it is) beside the point, it is irrelevant, it isn't a relevant point; **a ~hoz tartozik** be* relevant (to sg), be* to the point; **a ~hoz tartozó, a ~ra vonatkozó** relevant to the case *ut*, to the point *ut*; **a ~ra tér** get to the point, come*/get* to the point, *kif* get* down to brass tacks; **a ~ra!** *[parlamentben]* order!, order!; **más ~ra tér** change the subject; **vmnek a ~át képezi** be* the object/subject/target of sg; **a ~tól eltérő** off/beside the point *ut*; **eltér/elkalandozik a ~tól** wander/get* away/off the point **3.** *okt* subject, *US* major **4.** *nyelv* (direct) object

tárgyal *i* **1.** *[megbeszél] [tárgyaláson vesz részt, éppen most]* be* in conference, be* in/at a meeting; ~ **vkvel** have* discussions/talks with sy, negotiate/confer with sy; ~ **vmről** (*vkvel*) discuss sg (v. a/the matter) (with sy), confer with sy about/on sg, talk over sg (with sy); **üzleti/szakmai/hivatalos/hivatali dolgokról ~nak** talk business/shop **2.** *jog [bíróság tárgyalást folytat]* hold* a trial/hearing, *[egy ügyet tárgyal]* hear* a case, *[büntetőügyet]* try a case; **XY ügyét ~ja** hear* the case of YX, *[bűnügyét]* try the case of YX (v. YX's case) **3.** *[fejteget, főleg írásműben]* discuss (sg), treat [a subject], deal* with (sg)

tárgyalás *fn* **1.** *ált* conference, discussion(s), negotiation(s), talk(s), *[ülésen]* debate, discussion, *pol* negotiation(s), talks *tsz*, *gazd [üzleti]* trade talks *tsz*; **elhúzódó ~** protracted negotiations *tsz*; **~on vesz részt** be* in conference, be* in/at a meeting; **a ~ok félbeszakadtak** the negotiations/talks were broken off; **a ~okat folytatják** the negotiations/talks have been resumed/reopened; **~okat folytat** have* talks/discussions, carry on negotiations; **~t kezd vkvel** enter into negotiations with sy **2.** *[bírósági]* hearing, proceedings *tsz*, *[büntető]* trial; **zárt ~** hearing in camera; **holnap lesz a ~** the case will come up for hearing (v. will be heard) tomorrow, *[büntetőügy]* the trial will be (v. take place) tomorrow; **a ~t megnyitja** open the court, start proceedings **3.** *[írásműben]* treatment [of a subject]

tárgyalási *mn* **~ alap** basis for negotiations, *biz* common ground; **~ jegyzőkönyv** *ált* minutes *tsz* (of a/the meeting), *jog* report, *pol* protocol; **~ rend** *[országgyűlésé]* standing orders *tsz*, rules of procedure *tsz*

tárgyaló I. *mn* **~ fél** negotiating party, negotiator **II.** *fn [helyiség]* conference room

tárgyalóasztal *fn* negotiating/conference table, *gazd* bargaining table; **újra ~hoz ültek** the negotiations/talks have been resumed/reopened

tárgyalóképes *mn* qualified to carry on negotiations *ut*; **~ ember** (i) *ált* a good (v. an able) negotiator (ii) *[idegen nyelven]* (be*) fluent in [French/English, in 3 languages etc.]

tárgyalóterem *fn* **1.** *[bírósági]* courtroom **2.** *[máshol]* conference room

tárgyas *mn nyelv* **~ ige** transitive verb; **~ igeragozás** *kb.* objective conjugation

tárgyatlan *mn nyelv* **~ ige** intransitive verb

tárgyeset *fn nyelv* accusative (case), case of the object

tárgyi *mn* material, positive, real, objective; **~ bizonyíték** material/substantive proof; **~ tévedés** factual/material error; **~ tudás** factual/material knowledge

tárgyilagos *mn* objective, detached, unbias(s)ed; **~an** without bias, objectively, impartially; → **elfogulatlan**

tárgyilagosság *fn* objectivity, impartiality, detachment

tárgyismeret *fn* factual/material knowledge, knowledge of facts

tárgykör *fn* field, domain; **nem tartozik a lexikográfia ~ébe** it lies outside the domain of lexicography; → **témakör**

tárgylemez *fn* slide, mount

tárgylencse *fn* object-glass, objective

tárgymutató *fn* (subject) index (*tsz* indexes)

tárgyrag *fn* accusative ending/suffix/marker

tárgysorozat *fn* agenda; **a ~ 2. pontja** item (No.) 2 (v. the second item) on the agenda

tárgysorsjáték *fn elav* raffle; **~on nyer vmt** win* sg in a raffle

tárgyszerű *mn* businesslike, matter-of-fact, to the point *ut*

tárgytalan *mn [érvénytelen]* (null and) void, *[már nem időszerű]* off the agenda *ut*, overtaken by events *ut*, *[már elintéződött]* all sorted out *ut*; **tekintse ~nak** please disregard it, ignore it

tárgyválasztás *fn* choice of subject

tarhál *i biz szl* beg, cadge, *US* panhandle, schnorr; *US* mooch (sg from sy), *[ismerősöktől]* bum

tarháló *fn szl* schnorrer

tárház *fn* **1.** *[raktár]* storehouse, repository **2.** *átv* **az adatok/ismeretek ~a** a storehouse/treasury of information, *[vkről is]* a mine of information

tarhonya *fn* ‹granulated dried pasta made with flour and eggs›

tarifa *fn* tariff

tarifakedvezmény *fn gazd* tariff allowance

tarisznya *fn* satchel, bag

tarja *fn [disznóé]* spare ribs *tsz*

tarka *mn* **1.** *[többszínű]* brightly-coloured, multicoloured, colourful (*US* -color-), mottled, dappled, variegated; **~ bab** mottled/spotted bean; **~ ló** pied/piebald (horse) **2.** *[változatos]* colourful (*US* -or-), varied, variegated, diverse, mixed; **~ est** variety show

tarkabarka *mn* (very) brightly coloured (*US* -or-), motley, gaudy

tarkáll|ik *i* be* a riot/mass of colour (*US* -or), be* bright with colours (*US* -ors)

tarkaság *fn* colour (*US* -or), profusion of colours (*US* -ors), *átv* variety

tarkít *i átv* spice sy with sg; **idézetekkel ~ott** interspersed/spiced with quotations *ut*

tarkó *fn* back of the head/neck, occiput

tárlat *fn* (art) exhibition

tárlatvezetés *fn* lecture, guided tour

tarló *fn* stubble(-field)

tárló *fn* showcase, display cabinet

tárna *fn* adit

tarokk *fn* tarot

tarokk-kártya *fn* tarot cards *tsz*

tarokkoz|ik *i* play tarot

tárol *i* **1.** store, stock, keep*; **adatokat ~** *[számítógép]* store data/information **2.** be* stored [in a warehouse]

tárolás *fn* storage, storing

tárolási *mn* **~ díj** storage fee; **~ határidő** *[élelmiszereké]* storage life

tároló I. *mn* storing **II.** *fn* **1.** *[tartó]* storage tank **2.** *[tárolóegység]* storage unit

tározó *fn [vízé]* reservoir, pool

társ *fn* **1.** *ált* companion, *biz* mate; **Nagy Imre és ~ainak rehabilitálása** the rehabilitation of Imre Nagy and his associates **2.** *[hivatalban]* colleague, *[munkában]* fellow worker **3.** *gazd* (*röv* **tsa.**) partner, (business) associate(s); **... és ~a(i)** ... and/& Co.

társ- *előtag* joint(-)

társadalmasít *i* nationalize

társadalmasítás *fn* nationalization

társadalmi *mn* social; **~ állás** social position/standing, station in life; **más ~ berendezésű országok** countries with different social system; **~ ellenőrzés** public controlé; **~ érintkezés** social intercourse; **~ fejlődés** social development; **~ feszültség** social tension; **vk ~ helyzete** sy's social position/status; **~ jólét** social welfare; **~ minimum** living wage; *tört* **~ munka** *[ingyenes]* voluntary work, community service; **~ munkamegosztás** social division of labour (*US* -or); **~ osztály** social class; **~ össztermék** gross national product (*röv* **GNP**); *tört* **~ ösztöndíj** *kb.* sponsorship; **~ ranglétra** social ladder/scale; **~ regény** social novel; **~ rend** social order/system; **~ rétegek** social strata; **~ szerződés** social contract; **~ termelés** national/social production; *főleg: tört* **~ tulajdon** (i) *[az elv]* social/collective ownership (ii) *[vállalat stb.]* social/collective property; **~ vitára bocsát vmt** *kb.* open a nation-wide debate on [the question of ...]

társadalom *fn* society, community; **visszatért a ~ba** *[volt elítélt]* is now back to community; **a ~ szemete/söpredéke** the scum/sweepings of society

társadalomábrázolás *fn* depiction of social conditions

társadalombírálat *fn* criticism of social conditions, social criticism

társadalombiztosítás *fn* (*röv* **tb**) social insurance, *GB* National Health Service (*röv* **NHS**), national insurance

társadalombiztosítási *mn* **~ azonosító jel** (*röv* **taj-szám**) national insurance number (*röv* **N.I. number**); **~ igazolvány/kártya** national insurance number/card

T

társadalomellenes *mn* antisocial
társadalompolitika *fn* social policy
társadalomtörténet *fn* social history
társalgás *fn* conversation, talk
társalgási *mn* conversational; ~ **nyelv** the language of conversation, *[bizalmas hangú]* colloquial language; ~ **nyelvi** (v. **nyelven írt**) colloquial, informal; *okt* ~ **óra** conversation class
társalgó *fn* **1.** *[helyiség]* lounge, *[intézetben]* visiting-room **2.** *[személy]* talker, conversationalist
társalog *i* (*vkvel*) talk/converse with sy, *biz* chat to/with sy
társas *mn* social, *[együttes]* joint, collective, common; ~ **gazdálkodás** collective farming; ~ **kirándulás** group outing, picnic; ~ **lény** social being/creature; ~ **összejövetel** party, gathering; ~ **szoba** *[turistaházban]* dormitory; ~ **viszony** (co-)partnership
társaság *fn* **1.** *[emberek együtt]* society, company, gathering, *[összejövetel]* party, gathering, assembly; **baráti** ~ (i) the society of one's friends (ii) *[összejövetel]* friendly gathering, party, get-together; **~ba jár** move/mix in society; **vknek ~ában** in the company of; **rossz ~ba keveredik** get* into bad company; **szereti a ~ot** be* sociable, like parties (v. going out); *biz* be* a good mixer; **nem szeret ~ba járni, nem szereti a ~ot** (s)he doesn't mix well, (s)he is not very sociable; **ma estére ~ot várunk, ma este ~ lesz nálunk** we are expecting company tonight **2.** *[vkvel való együttlét]* society, company, companionship; **élvezem a ~át** I enjoy her/his company; **fia ~ában** accompanied by her son, in her son's company; **keresi vk ~át** sceek* sy's company; **kerüli vk ~át** shun sy's company **3.** *[egyesület]* society, association **4.** *gazd* company, *US* corporation, *[egyéb, főleg nem haszonra dolgozó]* association
társasági *mn gazd* ~ **adó** corporation tax; *gazd* ~ **alapszabály** articles of corporation; *gazd* ~ **tőke** company capital; ~ **törvény** the law on companies, Company Law
társasház *fn* owner-occupied block, *US* condominium
társasjáték *fn* parlour (*US* -or) game, *[vmlyen táblán játszott, kockadobós stb.]* board game
társaskör *fn* club, circle
társasutazás *fn* package tour/holiday, all-inclusive tour; **jelentkezik egy ~ra** book (a place on) a tour; **részt vesz egy ~on** take* (v. go* on) a package tour/holiday
társasüdülő *fn* block of (owner-occupied) holiday flats
társbérlet *fn tört pej* co-tenancy
társbérlő *fn* co-tenant
társelnök *fn* co-president, *[társaságé stb.]* co-chairman
társít *i* associate (with)
tarsoly *fn* bag; **van vm a ~ában** have* sg up one's sleeve; **van még a ~ában** his bag of tricks is not empty yet
társtalan *mn* lonely
társtettes *fn* accomplice
társtulajdonos *fn* co-owner/proprietor
társul *i* **1.** (*vkvel ált*) associate with sy, *[üzleti vállalkozásban]* enter into partnership with sy, link up with sy, (*vkhez*) *[egy alkalomra]* join in with sy **2.** (*vm vmhez*) be* coupled with sg
társulás *fn* association
társulási *mn* ~ **jog** freedom of association; ~ **szerződés az EU-val** association agreement with the EU
társulat *fn [színészeké]* (theatre) company
társult *mn* ~ **országok** associate countries; ~ **tag** associate partner/member; ~ **tagság** associate partnership/membership
társszerkesztő *fn* co-editor
társszerző *fn* co-author
tart *i* **1.** *ált konkr* hold*, keep*; **kezében** ~ hold* in one's hand; **erősen** ~ **vmt** hold* sg firm/tight; **(kérem,) ~sa a vonalat!** hold/hang on!; *átv* **~sd a szád!** keep your mouth shut **2.** *[vhol, vhogyan ált]* keep*; **magánál** ~ **vmt** keep* sg by/on oneself, keep* sg in one's possession; **melegen** ~ **vmt** keep* sg warm; **(raktáron)** ~ keep* (sg) in stock; **nem ~unk szerszámokat** sorry, we don't keep tools; **pénzét bankban ~ja** keep* one's money in a bank; **az OTP-ben ~ja a pénzét** (s)he banks with the OTP **3.** *[fogva]* **ott ~ották a rendőrségen** he was (v. has been) detained by the police **4.** *[alkalmazottat]* employ, *[állatot]* keep* [a dog, chickens etc.]; **kocsit** ~ run* a car **5. jól** ~ **vkt** look after sy well **6. előadást** ~ → **előadás**; **tanfolyamot** ~ conduct (training) courses; **ülést** ~ hold* a meeting **7.** *[vmnek ítél]* think*, consider, hold*, deem (*mindegyik*: sg), regard as; **bolondnak ~asz?** do you take me for a fool?; **vm(lyen)nek ~ják** (sg can) pass for (sg); **jónak** ~ **vmt** find*/think* sg good; **azt ~om, hogy** ... I think/believe that ..., I am of the opinion that ..., *US* I guess ...; **nem ~om fontosnak** I don't think it (is) important; **~om szerencsémnek** I am honoured (*US* -ored) **8.** *[értékel]* value, think*, make*; **mennyire ~ja ezt a kocsit?** what price would/do you put on that car?; **kevésre** ~ not think* much of; **nagyra** ~ set* great store by, esteem (sg/sy) highly; **nagyra ~ja magát** think* too much of oneself; **sokat** ~ **róla** think* highly of sy **9. ~ja a szavát** keep* one's word; **~ja magát vmhez** keep*/stick*/adhere to sg; **ehhez ~sd magad** *kb.* (try to) remember that; **~ja a fogadást** take* a bet, take* up a wager; *[ragaszkodik]* insist on sg; **szigorúan az igazsághoz ~ja magát** stick* to the absolute truth; **~sd magad szigorúan a szerződés feltételeihez** keep strictly to the terms of the contract; **erősen ~ja magát** (i) (*vk*) hold* fast, keep* a firm hold on oneself (ii) *[hír]* (the rumour) still has it (v. persists); **jól ~ja magát** be* well-preserved, look good/well for his age; **sokáig ~ja magát** *[nézet]* dies hard **10.** *[időben]* last, continue; **meddig** ~ ...? how long is it?, how long does it/sg last/take?; **nem** ~ **soká** it won't take/be long; *[nem váratlak soká]* I won't be long; **rövid ideig** ~ it doesn't/won't take long; **soká** ~ **még?** will it take/last much longer?; **az értekezlet még** ~ the meeting is still on; **legalább egy évig** ~ it will last (v. it lasts) at least a year, *[egy év kell hozzá]* it will take (v. it takes) at least a year; **az út 3 óra hosszat** ~ the journey/trip takes 3 hours **11.** *[tartós]* last*, keep* well, *[ruhaféle]* durable, long-lasting, *[igével]* wear* well **12.** *[vmeddig eljutott]* be* (v. have got) swhere; **hol (is) ~(ott)unk?** *[diktálásnál]* where were we?, where did we leave off?; **körülbelül ott ~, ahol mi** he is about level with us; **hol ~asz a munkával?** how far have you got with the/your job/work?; **megmutatjuk, hol** ~ **az akadémiai nagyszótár** we show you how far the Academic Dictionary has progressed **13.** (*vmerre*) make* for, keep* to, head for, *[hajó]* bear* down on; **balra** ~ keep* to the left; **felém** ~ he is heading for me; **merre ~(asz)?** which way are you headed/going?, where are you going to? **14.** (*vkvel*) accompany (sy), go* (along) with (sy), *biz* tag along with (sy); **~s velünk** come* along, join us; **velem ~asz?** will you keep me company; *[útra]* will you join me? **15.** (*vmtől/vktől*) be* afraid of (sg/sy); **attól ~ok, hogy** ... I am afraid (that); **attól lehet ~ani** it is (greatly) to be feared; **nem kell tőle ~ani** there is nothing to fear, have no fear, you may rest easy on that score; → **igény**, → **készlet**, → **szám**, → **szemle**
tárt *mn* wide open; ~ **karokkal (fogad)** (welcome) with open arms
tartalék *fn* reserve, reserves *tsz*, *[jelzőként]* reserve; ~ **(játékos)** reserve, *biz* bench warmer; *kat* ~ **sereg** reserve troops *tsz*; **van (nekem) belőle sok ~ban** I have plenty in reserve
tartalékalap *fn* reserve fund
tartalékalkatrészek *fn* spare parts, spares
tartalékállomány *fn* reserves *tsz*
tartalékkészlet *fn* reserve supplies *tsz*, reserve stock
tartalékkulcs *fn gk* spare key
tartaléklemez *fn infor* back-up disc (*US* disk)
tartalékol *i* reserve, keep* [money etc.] in reserve
tartalékolt *mn* ~ **összeg** savings *tsz*

tartalékos I. *mn sp [csapat]* missing key players *ut*; **~ tiszt** reserve officer **II.** *fn* reservist
tartalmas *mn* **1.** *[étel]* substantial **2.** *[írás, cikk stb.]* meaty **3.** *[élet]* full; **~ ember** a man° of parts
tartalmatlan *mn* empty, superficial, shallow
tartalmaz *i* contain, hold*, *[magában foglal]* comprise, include; **mit ~ a levél?** what's in the letter?
tartalmi *mn* **~ kivonat** summary, résumé
tartalmú *mn* of/with a ... content *ut*, containing ... *ut*; **azonos ~** of the same tenor/purport *ut*, having the same content *ut*
tartalom *fn* **1.** *[vmnek a lényege]* content, essence, *[ami vmben benne van]* contents *tsz*, *[könyv tartalma, amiről szól]* content, *[tartalomjegyzék]* contents *tsz*; **a doboz tartalma** the contents of the box; **a beszéd/cikk tartalma** the content of the speech/article; **mondanivalójának eszmei tartalma** the purport of his message; **~ és forma egysége** unity/harmony of content and form **2.** *összet* ... content; **ólom~** lead content; **nagy a víztartalma** have* a high water content
tartalomjegyzék *fn* contents *tsz*, table of contents
tartály *fn* container, *[folyadéknak]* tank, reservoir, cistern
tartályhajó *fn* tanker; **óriási ~** supertanker
tartálykocsi *fn* tank wagon, *US* tank car, *[gépkocsi]* tanker
tartam *fn* duration, period, term; **az előadás ~a alatt** during the performance
tartármártás *fn* tartare sauce
tartás *fn* **1.** *[folyamat]* holding, keeping, support **2.** *[testi]* posture, carriage, deportment; **rossz a ~a** carry oneself badly; **jó a ~a** carry oneself nicely, have a good deportment/posture **3.** *[jellembeli]* firmness of mind, strength of character, *biz* backbone; **van ~a** *kif* (s)he has guts, (s)he has moral fibre (*US* -er), (s)he has the backbone [to do it] **4.** *[anyagé]* strength, toughness; *tex* **nincs ~a** be* flimsy **5.** *jog [eltartás]* maintenance, support; **~ra jogosult** entitled to maintenance; **~ra kötelezett** [person] obliged to pay maintenance/support **6.** *[állaté]* breeding, keeping
tartásdíj *fn* **1.** *jog [elvált feleségnek]* maintenance, *[régebben]* alimony **2.** *[egyéb, pl. gondozotté]* keep, maintenance
tartási *mn* **~ kötelezettség** obligation to pay maintenance/alimony
tarthatatlan *mn* untenable, insupportable; **~ helyzet** intolerable situation, *kat* untenable position
tartó I. *mn* **1.** *[súlyt]* holding, keeping **2.** *[időben]* lasting, enduring; **10 napig ~** 10-day, lasting ten days *ut*; **rövid ideig ~** short-lived, passing, fleeting, transient **II.** *fn* **1.** *[súlyt]* support, prop, stay **2.** *[gerenda]* beam **3.** *[tok]* case, holder, *[nyitott, rácsos]* rack
tartogat *i* keep*/hold* in reserve/store, reserve; **meglepetést ~** have* a surprise in store; **~ még vmt a tarsolyában** have* a card up one's sleeve; **a végére ~ vmt** save sg for the end
tartógerenda *fn* (main) beam, girder
tartókötél *fn* (suspension) cable, rope
tartomány *fn* **1.** *[országé]* land, territory **2.** *[vidék]* province **3.** *mat* **a függvény értelmezési ~a** domain of a/the function **4.** *nyelv* domain
tartóoszlop, **tartópillér** *fn* supporting-pillar/column
tartórúd *fn* rest/bearer bar
tartós *mn* **1.** *ált* lasting, *[hosszú ideig tartó]* long-lasting, permanent, *[betegség]* chronic; **~ barátság** lasting friendship; *pol* **~ béke** lasting peace; **~ eső** steady rain; **~ érdeklődés** unflagging interest; **~ hullám** permanent wave, *biz* perm; **~ szín** fast colour (*US* -or) **2.** *[árucikk]* durable, *[élelmiszer]* long-life (*főnévvel:* long-life); **~ elem** long-life battery; **~ fogyasztási cikkek** durable goods, consumer durables; **~ kenyér** long-life bread; **~ tej** long-life milk
tartósít *i [élelmiszert]* preserve, process
tartósítás *fn [élelmiszeré]* (food) preservation, preserving food, food processing
tartósítóipar *fn* food processing industry
tartósítószer *fn* preservative; **~t nem tartalmaz** contains no preservatives
tartósított *mn* **~ élelmiszerek** *[főleg konzerv stb.]* preserved food(s), *[csak konzerv]* tinned (*US* canned) goods, *ált* processed foods
tartósság *fn* lastingness, durability, durableness, permanence
tartóssági *mn* **~ próba** test of durability, endurance test
tartószerkezet *fn épít* truss, supporting structure
tartozás *fn [pénzösszeggel]* debt; *gazd* **behajthatatlan ~** bad/irrecoverable debt; *gazd* **~t behajt** recover/collect a debt
tartozékok *fn* accessories, appurtenances → **szerelékek**
tartoz|ik *i* **1.** (*vknek vmvel*) owe sy sg; **hálával ~ik vknek** owe a debt of gratitude to sy, be* indebted to sy; **mivel ~om?** (*vknek*) what (v. how much) do I owe you?; *[üzletben]* how much is it?, *tréf biz [szolgáltatásért]* what's the damage?; **nem ~unk egymásnak** *biz* we are quits **2.** *gazd* **~ik és követel** debit and credit; **T~ik egyenleg** balance due; **T~ik oldal/rovat** debit side; **20 000 Ft van a T~ik oldalon/rovatban és 15 000 a Követel oldalon/rovatban** an account that shows 20,000 fts on the debit side and 15,000 fts on the credit side **3.** *[vmt tenni]* be* obliged to [do sg], *[kötelessége]* ought to do sg **4.** (*vkhez/vmhez*) belong to sy/sg, (*csak vmhez*) csak vmhez (ap)pertain to sg; **a legnagyobbak közé ~ik** rank (v. be* counted) among the greatest, *biz* one of the all-time greats; **ez nem ~ik a tárgyhoz** that/it is beside the point, it is irrelevant **5.** (*vmbe*) fall* under/within, be* classed among; **a 3. rovatba ~ik** it comes under the third heading; **ez más lapra ~ik** that is quite another matter/story **6.** (*vkre*) concern sy, be* the business of sy; **ez nem ~ik rám** it's no business of mine, it is not my concern, *biz* it's not my pigeon; **ez rám ~ik** this is my department, *biz* that's my pigeon; **ez a bizottságra ~ik** that/it is a matter for the committee; → **ördög**
tartózkodás *fn* **1.** *[vhol ideiglenesen]* stay, *[tartósan]* residence; **30 napi ~ra érvényes** sg is valid for 30 days' stay; **~ ideje** duration of stay **2.** *[testi dologtól]* abstinence **3.** *[magatartás]* reserve; **~ nélkül** without reservation/constraints **4.** *[szavazástól]* abstention; **és 4 ~** (and) there are/were four abstentions
tartózkodási *mn* **~ engedély** residence permit; **~ hely** (place of) residence; **állandó ~ hely** permanent (place of) residence, domicile; **~ helye ismeretlen** whereabouts/address unknown
tartózkod|ik *i* **1.** *[vhol ideiglenesen]* stay, *[hosszabb időre]* reside, dwell* **2.** *[alkoholtól]* abstain from, *biz kif* be* on the wagon, *[dohányzástól, egyéb élvezetektől]* refrain from, *[bizonyos ételektől]* keep*/stay off, *biz* cut* out [fattening foods etc.]; **szavazástól ~ik** abstain (from voting); **többen ~tak** there were several abstentions; **4-en ~tak** there were 4 abstentions; (and) 4 people abstained; **sokan ~tak** there was a high abstention rate (on the vote); **~junk a megjegyzésektől** no comments, please!
tartózkodó *mn* **1.** (*vhol*) staying (swhere) *ut* **2.** *[testi dologtól]* abstinent **3.** *[magatartás]* reserved, guarded, *[semleges]* noncommittal [attitude]; **~ álláspontra helyezkedik** maintain an attitude of reserve; **~an viselkedik** keep* one's distance, show* reserve
tartóztat *i* **1.** *[marasztal]* detain, keep*; **nem ~om tovább** I won't keep you any longer **2.** *[akadályoz]* hinder, delay, hold* up
tárul *i* open, disclose/unfold itself; **gyönyörű látvány ~t a szeme elé** a wonderful scene unfolded before him/her; **~j, Szezám!** open sesame
tárva-nyitva *hsz* wide-open
tárvédelem *fn infor* storage protection
tasak *fn* bag, *[nejlon]* plastic/carrier bag
táska *fn* **1.** *ált* bag, *[női]* (hand)bag, *US* purse, *[akta~]* briefcase, *[iskola~]* (school) satchel, schoolbag, *[úti~]* bag, suitcase; **orvosi ~** doctor's bag **2.** *[szemek alatt]* bags *tsz*

T

táska- *előtag [hordozható]* portable
táskaírógép *fn* portable typewriter
táskarádió *fn* transistor (radio)
táskás *mn [szem]* baggy
tasli *fn szl* **leken egy ~t vknek** clip sy's ears
taszigál *i* jostle, shove/push sy about, *[könyökkel, figyelem felkeltésére]* nudge
taszít *i* **1.** *[lök]* push, thrust*, give* sg a shove **2.** *fiz* repulse, *átv* (*vkt*) repel
taszítás *fn* **1.** *[lökés]* push(ing), thrust(ing), shove **2.** *fiz* repulsion
taszító *mn [visszataszító]* repulsive, *[magatartás]* repellent
tasztatúra *fn infor* keyboard
tat *fn hajó* stern
tát *i* open wide; **~va maradt a szája** (s)he stood there gaping; → **száj**
tata *fn* **1.** *biz* → **papa 2.** *szl* gaffer, *US* pop
tatár *fn* Ta(r)tar; *átv* **nem hajt a ~** no need to hurry/rush
tatárbifsztek *fn* steak tartare, tartar steak
tataroz *i [házat]* renovate, *biz* redo*, do* up
tatarozás *fn [házé]* renovation
tátogat *i* gasp (for breath), be* gaping
tátong *i* gape, yawn; **a nézőtér ~ott az ürességtől** the house was almost empty; **~ó szakadék** yawning gulf/ chasm
tátott *mn* wide open, gaping; *biz* **~ szájjal** open-mouthed, gaping; **~ szájjal állt az épület előtt** (s)he stood openmouthed before the building
tautológia *fn fil* tautology
táv *fn [távolság]* distance, space, *sp* distance; **a 800 m-es ~on indul** enter for the 800 metres; → **hosszú**
tavaly *hsz* last year; **~ ilyenkor** this time last year; **tudom mit tettél ~ nyáron** I know what you did last summer; **~ nyáron** last summer
tavalyelőtt *hsz* the year before last, two years ago
tavalyi *mn* last year's, of last year *ut*
tavasz *fn* spring; **tavasszal** in (the) spring
tavaszi *mn* spring(-); **~ eső** spring rain; **~ fáradtság** spring exhaustion/tiredeness; **~ nagytakarítás** spring-cleaning; **~ szünet** → **szünet**
tavaszias *mn irod* springlike, vernal; **~ idő** spring(like) weather
tavaszod|ik *i* spring is coming
távbeszélő *fn* telephone → **telefon(-)**
távbeszélő-állomás *fn* telephone-station
távbeszélődíjak, **-díjtételek** *fn tsz* telephone (costs and) charges
távbeszélőfülke *fn* → **telefonfülke**
távbeszélő-hálózat *fn* → **telefonhálózat**
távbeszélő-készülék *fn* → **telefonkészülék**
távbeszélőközpont *fn* → **telefonközpont**
távbeszélőnévsor *fn* → **telefonkönyv**
távbeszélőszámla *fn* telephone bill
távcső *fn [kétcsövű]* binoculars *tsz*, *[egycsövű]* telescope
távérzékelés *fn el* remote-sensing
távérzékelő *fn* remote-sensor
távfutás *fn* long-distance running
távfutó *fn* long-distance runner
távfűtés *fn* district-heating
távgyaloglás *fn* long-distance walking
távgyalogló *fn* long-distance walker
távházasság *fn* marriage by proxy
távhívás *fn [belföldi]* dialled (direct) call (*US* -l-), *GB* subscriber trunk dialling (STD), *US* direct distance dialing, *[nemzetközi] GB* international subscriber dialling (ISD); **~sal hív vkt** *[külföldit]* dial straight through; make* an ISD call, [want to] dial direct (from ... to ...), *[belföldit]* make* an STD call
távirányítás *fn* remote control; **~ú** *[repülőgép stb.]* unmanned, remotely controlled, pilotless
távirányító *fn [tévéhez stb.]* remote control (handset/ panel), handset
távírász *fn* telegraphist, *US* telegrapher
távirat *fn* telegram, *biz főleg: US* wire; ‹ GB-ben a "telegram" helyett "Telemessage" küldhető, melyet másnap reggel kézbesítenek ›; **tengeren túli ~** overseas telegram, cable(gram); **~ot felad/küld** send* (sy) a telegram; **nyílt ~** open dispatch
táviratblanketta *fn távk* telegram (*GB* telemessage) form
táviratcím *fn* telegraphic/(*US* cable) address
távirati *mn* **~ iroda** news agency; **Magyar T~ Iroda** (*röv* **MTI**) the Hungarian News Agency, MTI; **~ stílusban beszél** talk in telegraphese; **~ űrlap** telegraph form/blank; **~ válasz** reply by telegram, cable(d) reply; **~ úton, ~lag** by telegraph/telegram, telegraphically; *biz* by wire
tàviratoz *i* (*vknek*) send* a telegram to sy, *főleg: US biz* wire sy, *[tengeren túlra]* cable sy, send* a cable(gram) to sy
táviratváltás *fn* exchange of telegrams/cables
távírda *fn elav* telegraph office
távíró *fn elav [készülék]* telegraph, telegraphic apparatus
távíróhivatal *fn elav* telegraph office
távírióoszlop *fn elav* telegraph pole/post
távíró-összeköttetés *fn elav* telegraphic link/connection/communication
távírószalag *fn elav* (telegraphic) tape
távírószolgálat *fn elav* telegraph/telegraphic service
távíróvezeték *fn elav* telegraph line
tavirózsa *fn* water-lily
távkapcsoló *fn* → **távszabályozó**
távkonferencia *fn infor* teleconference, video conference
távköz *fn* space, distance, gap
távközlés *fn* telecommunications *tsz*; → **híradástechnika**
távközlési *mn* telecommunications; **~ műhold** telecommunications satellite
távlat *fn* **1.** *[perspektíva]* perspective **2.** *[kilátás]* prospect, outlook, view **3.** *[időbeli távolság]* distance; **ennyi idő ~ából** in retrospect
távlati *mn* **~ terv** long-term/range plan
távmásolat *fn* telefacsimile
távmérő *fn fényk* range-finder
távmunka *fn* distance work
távnyomtatás *fn infor* remote printing
távoktatás *fn okt [módszer]* distance learning, *[ritkábban így is]* distance teaching; *GB [egyetemi szintű, levelező rendszerű, a médiát igénybe vevő oktatási forma]* the Open University
távoktatási *mn okt* **~ központ** distance learning centre (*US* -ter); **~ program** distance learning programme (*US* program)
távol I. *hsz* far (away); **~ áll** → **~ van**; **~ eső/fekvő** far-off, far-away, remote, distant; **...tól/től ~ levő/lévő** far away from ...; → **távollevő**; **várostól ~ eső** outlying, upcountry, remote; **~ esik/van vmtől** be* far away from sg; **~ esik az érdeklődési köréről** be* far removed (v. very remote) from his sphere/field of interest; **~ marad** absent oneself (from), stay/keep* away; **~ tart vkt vmtől** *[óvja]* shield/protect/keep* sy from sg; *[magától]* keep* sy at a distance; **~ tartja magát vmtől/vktől** keep* away from sg/ sy, avoid sy/sg; **~ van/áll tőlem** it is alien/foreign to my nature, I have not the slightest intention of ...ing; **~ álljon tőlem** far be it from me; **egy hétig volt ~** he was away (for) a week; **nem lesz sokáig ~** he won't be (away) long **II.** *fn* distance, remoteness; **a ~ban** far away, in the distance, at a distance; **~ból** from a/the distance; **~ról** from afar, from a distance; **~ról sem** not in the least, far from it, not at all, by no means; **~ról sem felel meg az igazságnak** it is far from being true, it is far removed from the truth
távolabb *hsz [térben]* farther (off/away), *átv* further; **mi sem áll ~ az igazságtól** nothing could be further from the truth; **mi sem áll ~ tőlem** it's furthest from my mind

T

távolabbi *mn* farther; *[térben és átv]* further, more remote/distant, *[időben]* longer-term; **leg~** farthest, furthest, remotest
távoli *mn* far-away, distant, remote; **a ~ jövőben** in the distant future; **~ ország** remote country/land; **~ rokon** distant relation/relative
Távol-Kelet *földr* the Far East
távol-keleti *mn/fn* Far Eastern, of the Far East *ut*
távollátás *fn* long-sightedness
távollátó *mn* long-sighted
távollét *fn* absence, non-attendance, *jog* non-appearance; **vk ~ében** in the absence of sy, while sy is away; **~ében ítélték el** judgement was delivered by default; → **tüntet**
távollevő I. *mn* absent, away **II.** *fn* absent, absentee
távolmaradás *fn* absence, failure to appear, non-appearance; **igazolatlan ~** unjustified/uncertified absence
távolod|ik *i* **1.** *(vmtől)* move/draw* away, *[hajó]* stand* away, clear off **2.** *[érzelmileg]* become* distant/estranged/alienated
távolság *fn* **1.** *[térben]* distance, *[útdarab]* stretch; **5 km-es ~ból** from a distance of 5 km; **5 km-es ~on belül** within a distance/radius of five kilometers; **nagy ~ra van** it is a good distance away; **a két ház 400 m ~ra van egymástól** the two houses are 400 metres apart **2.** *[időben]* interval, space of time **3.** *[emberek közötti]* distance; **tartja a (3 lépés) ~ot** keep* one's distance (from)
távolsági *mn* long-distance; **~ beszélgetés** national/inland call *(korábban GB:* trunk call); *US* long-distance call; **közvetlen nemzetközi ~ beszélgetést folytat** make* an ISD call [international subscriber dialling]; → **távhívás**; **~ (autó)busz** coach; **~busz-pályaudvar** coach terminal/station; **~ forgalom** long-haul traffic
távolságmérő *fn* → **távmérő**
távolugrás *fn sp* long jump
távolugró *fn sp* long-jumper
távozás *fn* **1.** *ált* departure, leaving; **~kor** when leaving; **~ra szólít fel** *biz* show* sy the door **2.** *[állásból]* retirement
távoz|ik *i* **1.** *ált* leave*, depart, *[szállodából]* leave*, check out; **búcsú nélkül (v. angolosan) ~ik** take* French leave, slip away; **~ik az élők sorából** make* one's exit **2.** *[állásból]* retire (from), leave* office; **a ~ó miniszter** the outgoing/retiring minister
távprognózis *fn* long-range weather forecast
távrepülés *fn* long-distance flying/flight
távszabályozó *fn [tévéhez]* remote control (handset/panel), handset
távtárcsázás *fn* → **távhívás**
távúszás *fn sp* long-distance swimming
távúszó *fn sp* long-distance swimmer
távvezérlés *fn* remote control
távvezérlő *fn el távk* remote control (handset)
távvezeték *fn* **1.** *el* high-tension line, power line; **~ oszlopa** pylon **2.** *[olajé]* pipeline
taxaméter *fn* taximeter
taxi *fn* taxi, cab; **~ba ül** take* a taxi/cab; **int egy ~nak** hail a taxi/cab; **~t hív** *[telefonon]* ring* for (v. call) a taxi; **~n/~val megy (vhová)** take* a taxi (to), go* by taxi (to)
taxiállomás *fn* taxi rank, *US* taxi stand, cabstand
taxióra *fn* taxi meter
taxis *fn* taxi/cab driver, *biz GB* cabbie
taxisblokád *fn pol tört* ‹ road blockade of taxi drivers ›
taxisofőr *fn* → **taxis**
tb *röv* → **társadalombiztosítás(i)**
tbc *röv* → **tuberkulózis**
tb-járulék *fn* social security contribution/tax, national insurance
tb-kártya national insurance card
tc. *röv* → **törvénycikk**
T. C. *röv* → **tisztelt**
TCP/IP-protokoll *fn infor [átvitelvezérlő Internet protokoll]* TCP/IP [Transmission Control Protocol/Internet Protocol]
te *nm* **1.** you, *[régen és vall]* thou; **~ magad** you yourself; **~, van egy ötletem** listen/hey I've got an idea **2.** *[birtokos]* your, *[régen és vall]* thy, *[magánhangzó, ill. „h" előtt]* thine; **a ~ házad** your house
tea *fn* **1.** *[növ és ital]* tea; **filteres ~** tea bags *tsz*; **iszik egy csésze ~t** have*/take* a cup of tea **2.** *[teázás]* tea; **délutáni ~** *[húsétel nélkül]* afternoon tea; → **üres**
teadélután *fn* tea(-party)
teafilter *fn* tea bag
teafőző *fn* tea-kettle
teaház *fn* tea-house
teakonyha *fn* kitchenette
tearózsa *fn* tea-rose
teáscsésze *fn* teacup
teásdoboz *fn* (tea-)caddy
teáskanna *fn* **1.** *[amiben beadják]* teapot **2.** *[amiben a vizet forralják]* tea-kettle
teasütemény *fn* teacake(s), biscuit(s), *US* cookies *tsz*
teaszűrő *fn* tea-strainer
teatojás *fn* infuser
teátrális *mn* theatrical, *pej* histrionic(al), stagy
teaültetvény *fn* tea plantation
teavaj *fn* best/fresh butter
teavíz *fn* **felteszi a teavizet** put* the kettle on (for a cup of tea)
teáz|ik *i* have*/drink*/take* tea (v. a cup of tea)
teázó *fn [helyiség]* tea-room, tea-shop
tébécé *röv* → **tuberkulózis**
téblábol *fn kb.* loaf around
téboly *fn* **1.** *irod* → **elmebaj 2.** *biz* **kész ~** absolute nightmare, sheer madness
tébolyda *fn elav* lunatic asylum, madhouse, *biz* bedlam
tébolyító *mn* maddening, distracting
tébolyodott *mn elav* mad, insane, lunatic
technika *fn* **1.** *[tudomány]* technology, *[szűkebb értelemben]* engineering; **a ~ kora** the age of technology, the technological age **2.** *[művészé, sportolóé stb.]* technique, *zene [ujjtechnika]* finger action, *sp [labdatechnika]* technique with the ball, ball controll
technikai *mn* **1.** *[technológiai]* technological; **~ haladás/fejlődés** advances in technology *tsz*, technological advance/progress; *sp* **~ sportok** motorsports **2.** *[mesterségbeli tudással kapcs.]* technical; *zene* **~ követelmények** technical demands; **~ okokból** for technical reasons; **~ tudás** *[zenei stb.]* technique; *[gyakorlati, ipari stb.]* technical skills *tsz*, *biz* know-how; **~ fölény** technical superiority; *sp* **~ KO** *[bokszban]* technical knockout
technikás *mn sp* skilled, *[labdarúgó]* with excellent ball control *ut*
technikum *fn okt* (secondary) technical school
technikus *fn* technician
techno *fn zene* techno
technokrácia *fn* technocracy
technokrata *fn* technocrat
technológia *fn* technology; **magasan fejlett ~** high technology
technológiai *mn* technological; **~ eljárás** technology, method, technique (of); **~ fejlődés** technological advance/progress, advances in technology *tsz*
technológus *fn* technologist
technoőrület *fn* techno craze/mania
teendő *fn* task, work (to do), duty, business; **~k (jegyzéke)** agenda; **mi (most) a ~?** what now?, what is to be done?; **holnap az első ~** (the) first thing in the morning; **a napi ~** the daily round (v. chores *tsz*); **a ~ket ellátja** discharge the/one's duties
téesz *röv* → **termelőszövetkezet**
teflon(bevonat) *fn* Teflon
teflon(edény), **teflonserpenyő** *fn* nonstick frying pan

T

téged *nm* you, *[régen és vall]* thee

tégely *fn* **1.** *[olvasztáshoz]* crucible, melting pot **2.** *[patikai]* jar

tegez[1] *i* be* on first-name basis/terms with sy, *[franciául]* tutoyer sy

tegez[2] *fn tört* quiver

tegező *mn* ~ **viszony** first-name informality; ~ **viszonyban van vkvel** → **tegez**[1]

tegeződ|ik *i* → **tegez**[1]

tégla *fn* **1.** *épít* brick; **~t éget** bake/burn* bricks **2.** *átv biz [beépített ember]* mole, plant; *US* stoolie, *GB* pigeon

téglaburkolat *fn [járda]* brick-pavement, *[padló]* brick-floor

téglaépület *fn* brick house/building

téglafal *fn* brick wall, brickwork

téglagyár *fn* brickworks, brickyard

téglalap *fn* rectangle

téglapadló *fn* brick-floor

téglarakás *fn* heap/pile of bricks

téglaszínű *mn* brick-red

téglavörös *mn* brick-red

tegnap *hsz* yesterday; ~ **éjjel** last night; ~ **reggel** yesterday morning; **azt mondta, ~ történt** he said it (had) happened the day before

tegnapelőtt *hsz* the day before yesterday

tegnapi *mn* yesterday's, of yesterday *ut*

tehát *ksz* **1.** *[következésképpen]* so, thus, consequently; **így ~** thus, ... **2.** *[ezért, ennél fogva]* for this reason, therefore, accordingly **3.** *[úgyhogy]* so; ~ **nem jössz** so you're not coming **4.** *[kérdésként]* well?; **Döntsd el, hogy jössz-e. T~?** Make up your mind whether you're coming or not. Well?; → **gondolkodik**

tehén *fn* cow

tehénbőr *fn* cowhide, cowskin

tehenész *fn [tejgazdaságban]* dairyman°, cowherd; *[lovas]* cowboy

tehenészet *fn* dairy farm

tehenészlány *fn* dairymaid; *[lovas]* cowgirl

tehénistálló *fn* cow shed, *GB* byre

tehénpásztor *fn* herdsman°, *US* cowboy

tehéntartás *fn* keeping (of) cows, dairy farming

tehéntej *fn* cow's milk

tehéntúró *fn* → **túró**

teher *fn* **1.** *ált* burden, load, weight, *[rakomány]* cargo, freight; **hasznos ~** payload **2.** *[anyagi]* burden, encumbrance; **a házon sok a ~** the house is heavily mortgaged; **terhére ír vknek egy összeget** debit sy (sy's account) with [a sum]; **számlám terhére** on (v. to the debit of) my account **3.** *jog* **büntetés terhe mellett** on/under pain of punishment; **halálbüntetés terhe alatt** on/under pain of death **4.** *[terhesség]* **~be ejt vkt** get*/make* sy pregnant; *[házasságon kívül]* get* sy in(to) trouble; **~be esik** get*/become* pregnant; **~ben van** be* pregnant **5.** *átv* burden; **terhére van vknek** be* a nuisance/burden/bother to sy; **nem akarok a terhedre lenni** I don't want/wish to impose on (v. be a burden to) you; **leveszi vkről a terhet** (i) *konkr* relieve sy of [a burden, heavy parcel etc.] (ii) *átv* take* (some of) the load off sy, relieve sy; **terhet rak vkre** put* a load on sy, put* sg on sy's shoulders; **terhet ró vkre** burden sy (with sg), put*/impose a burden on sy; **terhéül rója fel vknek** lay*/put* blame (for sg) on sy; **viseli vmnek a terhét** shoulder the burden of sg

teheráru *fn* goods *tsz*, *US* freight

teheráru-forgalom *fn gazd* freight traffic

teherautó *fn* lorry, *US* truck, *[zárt, árukihordó]* van; *biz* **lecsúszott a ~ platójáról (lopott áru)** fell off the back of a lorry

teherautó-forgalom *fn* heavy lorry traffic

teherautó-vezető *fn* lorry driver, *US* truck driver, trucker

teherbírás *fn* **1.** load/weight-bearing capacity, *[megengedhető terhelés]* maximum load, *[hajóé]* tonnage; **nagy ~ú** heavy-duty **2.** *átv [emberé, főleg fizikai]* stamina; *[főleg lelki]* endurance

teherbíró *mn* (*vm*) heavy-duty, (*vk*) with great stamina *ut*

teherelosztás *fn* load distribution

teherfelvonó *fn* goods lift, *US* goods/freight elevator

teherforgalom *fn* goods/freight traffic

teherfuvar(ozás) *fn* carriage/transport (v. *US* transportation) of goods/freight (by air/sea/rail/road)

tehergépkocsi *fn* → **teherautó**

teherhajó *fn* cargo boat/vessel, freighter

teherhordó *fn* porter, carrier; ~ **állat** pack animal; *[ló]* packhorse

teherkocsi *fn vasút [nyitott]* open goods wag(g)on, *US* open freight car, *[pőre]* flat wag(g)on, *US* flatcar, *[zárt]* covered goods van/wag(g)on, *US* boxcar

teherlift *fn* → **teherfelvonó**

tehermentes *mn [ingatlan]* unencumbered

tehermentesít *i* **1.** *[ingatlant]* disencumber, free [a property] from a mortgage **2.** *[kötelezettség alól]* discharge [sy from a duty/responsibility], *[feszültségtől]* relieve the strain/load on (sy) **3.** *[súlytól]* relieve (sy of sg)

teherpályaudvar *fn* goods station, *US* freight depot

teherpróba *fn* **1.** → **terhelési próba 2.** → **megpróbáltatás**

teherszállítás *fn* transport (*US* transportation) of goods

teherszállítmány *fn* freight

teherszállító *mn* ~ **hajó** → **teherhajó**; ~ **munkás** carrier, loader; ~ **repülőgép** cargo/freight plane, (air) freighter

tehertétel *fn átv* burden; **~t jelent számomra** it is a burden to/for me

tehervagon *fn* → **teherkocsi**

teherviselés *fn [adóké]* bearing the burden of taxation

tehervonat *fn* goods train, *US* freight train, *[konténeres, gyors]* freightliner, liner (train)

tehet *i* → **tesz**

tehetetlen *mn* **1.** *[személy]* helpless, impotent, powerless; ~ **düh** impotent rage; ~ **ember** impotent/powerless/helpless person; **magával ~** → **magatehetetlen 2.** *fiz* inert

tehetetlenség *fn* **1.** *[emberi]* helplessness, impotence, powerlessness **2.** *fiz* inertia; **a ~ törvénye** law of inertia

tehetetlenségi *mn* ~ **erő** *fiz* force of inertia; ~ **nyomaték** moment of inertia

tehető *mn [becsülhető; igével]* (can) be estimated/put at; **jövedelme havi 120 000 Ft-ra ~** his income can be put at 120,000 fts a month

tehetős *mn* well-to-do, well-off, wealthy

tehetség *fn* **1.** *[tulajdonság]* talent, gift, ability; **írói ~** talent for writing; **~e van vmhez** have* talent/gift for [music etc.]; **~gel van megáldva** be* endowed with (great) talent/ability; **született ~** *[a zenében, mechanikai dolgokban stb.]* (s)he is a natural with [music/engines etc.] **2.** *[személy]* talented person, highly gifted person; **ő (kifejezett) nyelv~** (s)he has a talent/gift for languages; **zenei ~** (s)he has a talent for music, (s)he is a talented musician, (s)he is very musical **3.** *[anyagi]* means *tsz*; **ki-ki ~e szerint** each according to his means

tehetséges *mn* talented, gifted, with a lot of talent *ut*, *[igével]* have* a talent for [music etc.]; **nagyon ~** very/highly gifted/talented, brilliant; **nyelvekben/zenében nagyon ~** (s)he has a talent/gift for languages/music etc.

tehetségkutatás *fn* talent scouting, search for talented artists (etc.), *GB [tévében]* a television talent show; **~sal foglalkozó személy** talent-scout

tehetségkutató *mn* ~ **verseny** talent show; ~ **vizsgálatot végző személy** talent-scout

tehetségtelen *mn* untalented, ungifted

tej *fn* milk; **~ben-vajban fürdik** live in the lap of luxury, be*/live in clover, *US így is:* live high off the hog

tejbár *fn kb.* milk bar

tejbedara, tejbegríz *fn* semolina pudding

tejberizs *fn* milk/rice pudding
tejbolt *fn* dairy
tejcsokoládé *fn* milk chocolate
tejel *i* **1.** *[tehén]* give*/yield milk **2.** *szl [fizet]* stump up, shell/dish out, cough up
tejelő *mn* **jó ~ tehén** a good milker
tejes I. *mn* milk-, milky **II.** *fn* milkman°
tejeskanna *fn [nagy]* milk-churn, *[kisebb]* milk-can
tejeskávé *fn* white coffee
tejesköcsög *fn* milk-jug
tejesüveg *fn* milk bottle
tejeszacskó *fn* milk bag
tejfehér *mn* milk-white
tejfog *fn* milk-tooth°
tejföl, tejfel *fn* sour cream; **nem fenékig ~** (it is) not all beer and skittles, not a bed of roses
tejfölösszájú *mn* greenhorn, *kif* wet behind the ears
tejgazdaság *fn* dairy (farm)
tejhozam *fn* milk yield
tejipar *fn* dairy industry
tejivó *fn* milk bar, dairy
tejjel-mézzel folyó ország *fn* land of (v. flowing with) milk and honey
tejkaramella *fn* caramel, toffees *tsz*
tejkonzerv *fn [sűrített]* condensed milk
tejkrém *fn* hand cream, skin food
tejleves *fn* milk soup
tejmirigy *fn* mammary gland
tejoltó *fn biol* rennet
tejpor *fn* milk powder, powdered/dried milk
tejsav *fn* lactic acid
tejsodó *fn kb.* milk cream/whip
tejszín *fn* cream
tejszínhab *fn* whipped cream
tejtermék(ek) *fn* dairy produce, dairy products *tsz*
tejtestvér *fn* foster-brother/sister
Tejút *tul csill* Milky Way, the Galaxy
tejüveg *fn* milk/opaque/frosted glass
tejüzem *fn* dairy, creamery
tejzsír *fn* butterfat
teke *fn* **1.** → **tekejáték 2.** *[golyó]* ball, bowl
tekebáb *fn* pin, skittle
tekejáték *fn [teremjáték 10 fával]* (tenpin) bowling, *US* tenpins, bowls, *[9 fával]* skittles, ninepins *(mindegyik: esz)*
tekejátékos *fn* bowler, player
tekepálya *fn* bowling alley, skittle ground
teker *i* **1.** *(vm köré, vmre vmt)* coil/wind* sg (a)round sg, roll/wind* sg on(to) sg; **orsóra ~ vmt** wind* sg on(to) a reel (*US* spool), spool up sg **2.** *biz [kerékpározik]* pedal (*US* -l) away
tekercs *fn* **1.** *[film, magnószalag stb. orsója]* reel, *US* spool, *[a feltekercselt film, magnószalag stb.]* reel, *[film, kelme]* roll; **egy ~ film** a roll of film **2.** *el* coil **3. diós ~** walnut roll; **mákos ~** poppy-seed roll
tekercsel *i* wind*, reel (in/up), roll (up), roll/wind* sg (on)to a reel (*US* spool)
tekercsfilm *fn* roll film
tekercsrugó *fn* coil spring
tekered|ik *i* wind*, *[kígyó]* coil up
tekereg *i* **1.** *[kígyózik]* wind*, twist, *[féreg]* wriggle **2.** *pej [csavarog]* loiter, loaf around
tekerőlant *fn zene* hurdy-gurdy
tekervény *fn [agyé]* convolution
tekervényes *mn* **1.** *[út]* winding, twisting, serpentine **2.** *[bonyolult]* complicated, intricate; **~ agya van** (s)he has a crooked mind
teketória *fn biz* **~ nélkül** without much ado, without ceremony, unceremoniously
teketóriáz|ik *i* fuss, make* a fuss (about/over sg); **nem ~ik** make* short work of sg; **nem sokat ~ott** (s)he wasted no time in sg, (s)he made no bones about it; **ne ~z sokat!** don't beat about the bush!
tekéz|ik *i [10 fával]* play tenpin bowling (v. tenpins), bowl, *[9 fával]* play (a game of) skittles/ninepins
tekéző *fn* → **tekejátékos**
tekint *i* **1.** *(vkre/vmre)* look at (sy/sg), *[pillant]* glance at (sy/sg), take* a glance at (sg); **órájára ~** glance at one's watch; **vm felé ~** look towards sg **2.** *[vmnek tart]* consider (sg), regard as (sg), look on (sg as); **a legszigorúbb tanárnak ~ik** (s)he is regarded as the strictest teacher (in the school); **kötelességemnek ~em** I consider it my duty (to ...); **~sd tárgytalannak** please disregard/ignore/forget it; **~sd megtörténtnek** consider it done; **~sd úgy, mintha meg sem történt volna** take it as if nothing happened **3.** *[számításba vesz]* take* (sg) into account/consideration, consider (sg); → **tekintve**
tekintély *fn* **1.** *(vké)* prestige, authority, *[befolyás]* influence; **nagy a ~e** have* great influence, be* highly respected; **~ét menti/megőrzi** save face; **~t parancsoló** *[megjelenés]* authoritative **2.** *[személy]* authority; **~ekre hivatkozik** refer to (v. quote one's) authorities, give* chapter and verse
tekintélyes *mn* **1.** *[személy]* influential, (highly-)respected, of high/considerable standing *ut*; **~ tudós** *[elismert]* noted scholar **2.** *[mennyiség]* considerable, siz(e)able; **~ összeg/summa** a sizeable/considerable sum (of money) **3.** *[állás]* prestigious
tekintélyi *mn [elvi]* authoritarian; **~ elv** authoritarian principle, authoritarianism
tekintélyromboló *mn* iconoclastic
tekintélytisztelet *fn* respect of/for authority
tekintet *fn* **1.** *[pillantás]* look, glance; **első ~re** at first sight/glance/blush **2.** *[figyelembevétel]* regard, respect, consideration; **vmre való ~ nélkül** without respect to sg, regardless of sg; **~ nélkül arra, hogy szükséges-e** irrespective of whether it is necessary (or not); **~be vesz vmt** take* sg into consideration/account, consider sg; *[körülményeket]* make* allowances for sg; **nem vesz ~be** → **nem vesz figyelembe**; **~be véve** in view of, allowing for; **~tel ...ra/...re** with regard/respect to ..., bearing ... in mind; **~tel a körülményekre** in consideration of the circumstances; **~tel arra, hogy** considering that; **~tel van vmre** pay* (due) regard to sg, take* sg into consideration; **~tel van vkre** have* respect for sy, be* considerate towards [others]; **nincs ~tel vmre** pay* no regard to sg, leave* sg out of consideration; **nincs ~tel másokra** (v. **mások érzelmeire)** have* no consideration for others, have* very little regard for the feelings of others **3.** *[vonatkozás]* relation, respect, point of view; **ebben a ~ben** in this respect/regard; **minden ~ben** in every respect, in all respects; **némely ~ben** in some/certain respects; **ipari ~ben** in industrial terms; **stílus ~ében** in respect of style
tekintetbevétel *fn* → **figyelembevétel**
tekintve *hsz* **1.** *(vkt/vmt)* considering, regarding, as regards, as for, with regard to, in view of; **korát ~** considering (v. in view of) his/her age; **vmt nem ~** apart from [the fact that] **2. ~, hogy ...** since, considering that ...; *jog* whereas
teknő *fn* **1.** *[edény]* trough **2.** *[völgy]* hollow **3.** *[teknős páncélja]* tortoiseshell
teknőc *fn* → **teknős(béka)**
teknős(béka) *fn [szárazföldi, édesvízi]* tortoise, *[tengeri]* turtle
tékozlás *fn* squandering, wasting
tékozló I. *mn* lavish, wasteful; **~ fiú** prodigal son **II.** *fn* squanderer, waster, prodigal
tékozol *i* squander, waste
tékvandó *fn sp* taekwondo
tel. *röv* → **telefon**
tél *fn* winter; **~en** in winter; **e ~en** this winter; **múlt ~en** last winter; **~ közepén** in the dead of winter
Télapó *tul* Father Christmas, Santa Claus

T

tele *hsz* full, filled; ~ **van vmvel** be* full of sg, be* filled with sg; **dugig ~ (van) vmvel** packed/crammed with sg; ~ **vagyok!** I am full/bursting; ~ **van munkával** be* snowed under with work, be* up to one's eyes in work; ~ **kérem** *[tankolásnál]* fill her up, please; ~ **torokból üvölt** shout at the top of one's voice

telebeszél *i* **~i a fejét vknek** fill/stuff sy's head with sg, talk sy into sg

teleeszi magát *i* eat* one's fill, *biz* stuff oneself

telefax *fn* facsimile number, fax (number)

telefaxoz|ik *i* fax

telefirkál *i* scribble all over, doode

telefon *fn* **1.** *(röv* **tel.**) telephone *(röv* **tel.**), phone; **van ~ja?** are you on the (tele)phone?; **szól a ~** the (tele)phone is ringing; **~hoz kér vkt** ask sy to the phone; **önt kérik a ~hoz, ~on keresik, ~ja van** you are wanted on the phone; **ki van a ~nál?** who is speaking?, who is it/that?; **~on** *[közöl vmt]* (tell* sy sg) over the (tele)phone; **~on megbeszél vmt vkvel** discuss sg over the phone; **~on beszél vkvel** *[éppen]* be* on the phone (just now); **~on elér vkt** reach sy on the phone; **~on felhív vkt** telephone sy, call sy, ring* sy (up), give* sy a ring/call, phone sy (up), *US* call sy up **2.** → **telefonkagyló**; **felveszi a ~t** answer the phone, lift the receiver

telefonál *i* telephone, *biz* phone, *[éppen]* be* on the phone (just now); ~ **vknek** telephone sy, *biz* phone sy (up), call sy, ring* sy (up), give* sy a ring/call, *US* call sy up; **innen nem lehet közvetlenül ~ni Londonba** you can't telephone London direct from here; → **tárcsáz**

telefonállomás *fn* pay phone, public telephone

telefonbeszélgetés *fn* (telephone) call

telefondíj *fn* → **távbeszélődíjak**

telefonébresztés *fn* alarm (v. early-morning) call (service)

telefon-előfizető *fn* (telephone) subscriber

telefonfülke *fn* phone-booth/box, call-box

telefonhálózat *fn* telephone network

telefonhívás *fn* call; → **távhívás**

telefonkábel *fn* telephone cable

telefonkagyló *fn* receiver; **felveszi a ~t** lift the receiver, answer the phone; **leteszi a ~t** replace the receiver; *[udvariatlanul* v. *dühében, mielőtt a másik befejezi]* hang* up (on sy)

telefonkártya *fn távk* phone card

telefonkészülék *fn* (tele)phone (set), handset

telefonkezelő *fn [a központban]* operator, *[irodában]* telephonist

telefonkönyv *fn* (telephone) directory, phone book, *[közületi]* yellow pages *tsz*

telefonközpont *fn* telephone exchange, *[intézményé, pl. egyetemé]* switchboard

telefonos I. *mn* ~ **játék/műsor** *[tévében, rádióban]* a phone-in (*US* call-in) (programme); *[tévében pl.]* a phone-in show **II.** *fn* → **telefonkezelő**

telefon-összeköttetés *fn* telephone connection; **~t kap** be* put through

telefonszám *fn* (tele)phone number, (sy's) number; **munkahely ~a** work telephone number

telefonszámla *fn* (tele)phone bill

telefonvonal *fn* telephone line

telehold *fn* full moon

telehord *i* fill up

teleír *i* cover (v. fill up) sg with writing

telek *fn [hétvégi]* plot, *[veteményes]* patch, *GB [művelésre, bérleti]* allotment, *[házhely]* building plot/site, *US így is:* lot; *jog [házhoz tartozó]* curtilage

telekadó *fn* ground/land tax

telekkönyv *fn* land register; **~ből töröl** cancel (*US* -l) from the land register

telekkönyvez *i* enter in the land register

telekkönyvi *mn* ~ **hivatal** land registry, land registration office, *GB* Office of Land Registry, *US* land office; ~ **kivonat** land certificate; ~ **lap** register

telel *i* **1.** *(vk)* spend* the winter, winter **2.** *áll* hibernate **3.** *növ* winter

teleobjektív *fn* telephoto lens, *biz* tele

teleönt *i* fill (up) *(vmvel* with)

telep *fn* **1.** *[település]* settlement, colony **2.** *[ipari stb.]* works *esz* v. *tsz*, establishment, (business) premises *tsz*, *[erőműé stb.]* plant **3.** *el* battery

telepátia *fn* telepathy

teleped|ik *i* **1.** *(vk vhová)* settle (down), establish oneself **2.** *[madár]* perch on

telepes I. *mn* ~ **rádió** battery radio **II.** *fn* settler; *[földfoglaló]* squatter

telephely *fn gazd* premises *tsz*, *[járműveké]* works garage

telepít *i* **1.** *[telepeseket]* settle **2.** *[gyümölcsöt, szőlőt]* plant **3.** *[repülőjegyet vhová]* route [an airline ticket] (to); **~ett jegy** prepaid ticket (advice) **4.** *[rakétát, katonákat]* deploy

telepítés *fn* **1.** *[telepeseké]* settling, settlement **2.** *[szőlőé]* planting **3.** *[rakétáké]* deployment **4.** *kat [rakétáké, katonáké]* deployment

település *fn* settlement

telér *fn* vein, seam

telerak *i* → **megrak**

teleregény *fn* soap (opera)

teleszkóp *fn* telescope

teleszkópos *mn műsz* telescopic

teleszór *i* litter, scatter (all over), bestrew*

teletext *fn* teletext, videotext

teletölt *i* → **teleönt**; **~hetem?** *[tankolásnál]* can/shall I fill up the tank?; → **tele**

teletöm *i* **1.** *(vmvel)* fill sg chock-full, cram/stuff sg with sg **2.** *[fejet]* stuff/cram [sy's head]

teletűzdelt *mn* **idézetekkel** ~ larded/crammed with quotations *ut*

televangelista *fn [tv prédikátor]* televangelist

televény *fn* (vegetable) mould (*US* mold), loam, black earth

televízió *fn* **1.** *(röv* **tv, tévé**), *[adás, műsor]* television *(röv* **TV**), *biz* telly, the box; **fekete-fehér** ~ black-and-white television, monochrome TV; **színes** ~ colour (*US* -or) television; **a ~ban** on television/TV, *biz* on (the) telly, on the box (v. *US* boob tube); **~n/~ban közvetít/ad** televise, broadcast* [sg on television]; **közvetítik a ~ban/~n, a ~ közvetíti** it is (v. will be) televised, it is (v. will be) shown/covered on television; **a ~ban szerepel/fellép** appear/be* on television; **mi megy/van a ~ban ma este?** what's on (the) television tonight?; **megnéz vmt a ~ban** see* sg on (the) television; **láttad a . . . t a ~ban?** did you see (the) . . . on (the) television?; **a ~ban láttam** I saw it on (the) TV; **~ra alkalmaz/átdolgoz** adapt for television; **nézi a ~t** watch television/TV; **nem sokat nézem a ~t** I don't watch very much television; → **tévézik 2.** *[készülék]* television (set), TV (set), *biz* telly **3.** *[intézmény]* television; **a ~ban/~nál dolgozik** (s)he works/is in television [as a reporter etc.]; **kereskedelmi** ~ commercial, television; → **tévé-**

televízió-előfizető *fn* television subsriber

televíziókészülék *fn* → **televízió** 2

televíziós *mn* ~ **adás/közvetítés** television broadcast/programme (*US* -ram); **élő ~ közvetítés** live (television) broadcast/programme (*US* -gram); ~ **játék/vetélkedő** quiz programme; ~ **szörfözés** *[csatornák között]* channel-surfing; → **tévé-**

telex *fn* **1.** *[üzenet]* telex **2.** → **telexgép**

telexez|ik *i* telex; **~ik Párizsba** telex Paris (that); **~ik vknek** telex sy/him etc.

telexgép *fn* teleprinter (*US* teletypewriter), *biz* telex

telexszám *fn* telex number/No.

telexüzenet *fn* telex (message)

telezabálja magát *i durva (vmvel)* make* a pig of oneself (with sg), pig out (on sg)

telezsúfol *i* crowd/pack/cram/stuff (with), *[szobát]* clutter up
telhetetlen *mn* insatiable, voracious
telhetetlenség *fn* insatiability, insatiableness
telhető *fn* **minden tőle ~t megtesz** do* one's best/utmost, do* everything in one's power (to); **minden tőlem ~t megteszek** I'll do all I can to ..., I'll do my best; **tőlem ~en** so far as in me lies, (I'll) do what I can
teli *mn* → **tele**; **~be talál** hit* the mark, hit* right in the middle, *kif* it's a bull's eye
téli *mn* winter(-); **~ álom** winter sleep, hibernation; **~ álmot alszik** hibernate; *gk* **~ gumi** snowtyre (*US* -tire); **~ ruha** winter-clothing, winter clothes *tsz*; **~ szállás** winter residence; **~ szünet** Christmas/winter holiday (v. *US* vacation); **~ vásár** winter sale
télidő *fn* winter time
télies *mn* wintry; **~re fordult** winter has set in (v. has arrived)
téliesít *i* adapt/convert [a house] for winter use
telihold *fn* full moon
tel|ik *i* **1.** *[tele lesz]* be* filling up, become* full **2.** *[idő]* pass, go* by, elapse; **nehezen ~ik az idő** time hangs heavy on one's hands; **nem ~ik bele egy hónap** within a month, in less than a month; **sok időbe ~lett/~t** it took a long time **3. öröme ~ik vmben** take* pleasure in sg, greatly enjoy sg **4. ami tőlem ~ik** to the best of my ability; **erre nekem nem ~ik** I can't manage/afford it; **megteszi, ami tőle ~ik** (s)he's doing his/her best **5.** (*vmből*) be* enough/ sufficient (for)
télikabát *fn* winter coat, topcoat
télikert *fn* winter garden
telik-múlik *i* wear* on, pass, elapse
télisportok *fn tsz* winter sports
telis-tele *mn* (*vmvel*) crammed with, chock-full of, fully packed with, jam-packed with, *[folyadékkal]* full to the brim, full to overflowing (*mindegyik:* ut.)
téliszalámi *fn* Hungarian salami
telít *i* **1.** *kém* saturate, *[anyagot]* impregnate **2.** *gazd [piacot]* (*vmvel*) overstock (with sg)
telitalálat *fn* direct hit, bull's-eye, *[totón stb.]* jackpot; **~a volt** (s)he hit the jackpot
telítés *fn kém* saturation
telített *mn* **1.** saturated **2.** *gazd [piac]* overstocked [market]
telítőd|ik *i* become* saturated
telivér I. *mn [ló]* thoroughbred, pure-blood(ed) **II.** *fn* thoroughbred, blood horse
telj *fn* **ereje ~ében** in the prime of life, in one's prime
teljes *mn [egész]* complete, full, entire, total, whole; **nem ~** incomplete, uncompleted; **~ ár** inclusive (v. all-in) price; **~ bevétel** gross takings/receipts *tsz*; *ált kat* **~ díszben** in full dress/fig; **~ egészében** in full/toto, completely, wholly (and completely), in its entirety; **~ egyetértés** complete agreement, perfect harmony; **~ ellátás** full board, board and lodging, *US* American plan; **~ erejéből** with all one's might; **~ értékű** of full value *ut*; **~ foglalkoztatottság** full employment; **~ garancia** unlimited guarantee; **~ gáz** full speed/throttle; **~ gázt ad** open it right up, put* one's foot (right) down; **~ gázzal megy** drive* at full throttle; **~ gőzzel** *átv* at full steam/speed, *biz* flat out; **~ joggal** rightly, with good reason; **~ joggal azt hihette, hogy** ... he had every reason to believe that ...; **~ jogú** with full powers *ut*, fully entitled/qualified; **~ jogú tag** full member; **~ jogú tagság** full membership; **~ képtelenség** sheer nonsense; **~ körű** full-scale/scope; **~ létszám** full force/complement/ attendance; **~ létszámban** in full force; **~ mértékben** completely, fully, in full measure; **~ mértékben helyeslem** I am all for it; **~ munkaidejű, ~ munkaidőben foglalkoztatott** full-time, employed full-time *ut*; **~ nagyság** *[testi]* full size/height; **két ~ nap** two clear/whole days; **~ név** full name, name in full; **~ összeg** full/total amount; **~ sebességgel** at full/top speed, at full tilt, *biz* flat out; **~ sorozat** full/complete set; **~ szívemből** with all my heart/ soul; **~ tej** whole/unskimmed milk; **~ terjedelmében** in full; **~ ülés** plenary session; **~ üzemben** fully operational, in full operation/swing; **~ vereség** complete defeat; **~sé tesz** make* complete, complete
teljesed|ik *i* → **valóra válik**
teljesen *hsz* entirely, fully, totally, wholly, completely; **~ átázott** (be*) wet/soaked through; **~ egyedül** all alone; **~ igaza van** he's absolutely right; **~ olyan, mint** just like; **~ rendben van** that's quite/perfectly all right
teljesít *i [feladatot]* perform, carry out [one's/the/a task], *[fizetést]* make* [payment], *[kérést]* fulfil (*US* -fill), grant, comply with [a request, sy's wish], *[kötelességet]* perform, do*, fulfil [a duty], *[követelményt]* meet* [the requirements], *[megbízatást]* discharge, perform, *[normát]* fulfil [the norm], *[parancsot, utasítást]* follow, carry out, act upon, execute, *[tervet]* fulfil, execute; **~i kötelességét** do* one's duty; **katonai szolgálatot ~** do* one's military service; **nem ~i kötelességét** fail in one's duty; **nem ~ vmt** fail to perform/do (v. carry out) sg; **mennyit ~ naponta?** what is his/her daily output/production?
teljesítés *fn [feladaté]* performance, carrying out, execution, *[kérésé]* fulfilment (*US* -fill-); **nem ~** non-performance; **kötelessége ~e közben** in the execution of his/one's duties
teljesíthetetlen, nem teljesíthető *mn* impracticable, infeasible, not feasible, unachievable, *[kérés]* impossible, ungrantable
teljesíthető *mn [feladat]* that can be carried out (v. performed) *ut*, practicable, *[kérés]* that can be fulfilled/granted *ut*; *[terv]* feasible, executable, that can be fulfilled/executed *ut*
teljesítmény *fn* **1.** (*vké*) performance, achievement, accomplishment; **~ szerinti bérezés/díjazás** payment by result(s); **~től függő** subject to (v. dependant on) output *ut*; **~t ösztönző bérezési rendszer** incentive payment system; **szép ~t ér el (vk)** perform well; *biz* put up a good show **2.** *[üzemé, gépé]* performance, output, *[járműé]* performance, *[km/üzemanyag]* mileage
teljesítményarányos *mn gazd* performance-linked
teljesítménybér *fn* piecework, piece rate
teljesítménybérezés *fn* payment according to performance
teljesítményfokozó *mn orv* **~ (gyógy)szer** performance enhancing drug, dope
teljesítménykövetelmény *fn* demands *tsz*, expected norm
teljesítményorientált *mn* performance oriented/minded
teljesítménypótlék *mn gazd* performance bonus
teljesítményű *mn* **nagy ~** *[gép stb.]* highpower(ed), high-capacity
teljesítmény-visszatartó *mn* **~ hatása van** *kb.* it has a retarding effect on performance, it hinders performance
teljesítőképesség *fn* **1.** (*vké*) efficiency, productivity **2.** *[gépé]* efficiency
teljesség *fn* fullness (*US* fulness), completeness, entirety; **nem lép fel a ~ igényével** sg is not intended to be exhaustive; **~gel alkalmatlan** wholly/totally unsuitable (*vmre* for) *ut*
teljesül *i [kívánság]* be* granted; → **beteljesedik**, → **megvalósul**
teljhatalmú *mn* with full powers *ut*, plenipotentiary; **~ uralkodó** absolute ruler, despot
teljhatalom *fn* full powers *tsz*, *pol* dictatorship; **teljhatalmat ad vknek** invest sy with full powers
telkes *mn* **~ gazda** smallholder; **~ járatok** bus/coach services to plots [esp. for weekenders]
telt *mn* **1.** *ált* (*vmvel*) full of sg *ut*; **~ ház** full house **2.** *[alak]* fleshy, plump; **~ arc** round face, round cheeks *tsz*; **~ idomok** buxom charms
teltkarcsú *mn* buxom, with a full figure *ut*, shapely
télutó *fn* late winter

T

télvíz *fn* ~ **idején** in (the depths of) winter
téma *fn [írásműé stb.]* theme, subject(-matter), *[beszélgetésé]* topic, *[kutatási]* project, *zene* theme; **fő** ~ main theme; **vk kedvenc ~ja** sy's/one's pet subject; *szl* **nem** ~ no problem; **~t vált** change the subject
témakör *fn* topic, subject, field, *[konferenciáé]* main/general theme [of the conference]
tematika *fn* topics *tsz*, themes *tsz*
tematikus *mn* ~ **szám** *[folyóiraté]* thematic issue
témaválasztás *fn* choice of topic/subject/theme
témavezető *fn okt [szakdolgozatnál, PhD-értekezésnél]* supervisor; **ő volt a ~m** (s)he was my (Ph.D.) supervisor
temérdek *hsz* → **tömérdek**
temet *i* **1.** *[elföldel]* bury; **maga alá ~ték a romok** was buried under/beneath the ruins **2.** *[temetési szertartást végez]* bury, *irod* lay* sy to rest; **ma ~ik** *[XY-t]* YX is being buried today **3.** *átv* **kezébe ~te az arcát** (s)he buried his/her face in his/her hands
temetés *fn [szertartás]* funeral; **mikor lesz a ~e?** *[XY-nak]* when is the funeral (for YX) being held?; **~e csütörtökön lesz** his/her funeral will be on Thursday
temetési *mn* funeral; ~ **menet** cortège, funeral (procession); ~ **szertartás** *[polgári]* funeral; *[egyházi]* funeral service
temetkezési *mn* ~ **hely** burial-ground; ~ **intézet/vállalat** undertaker, funeral director, *US így is:* funeral parlor/home, mortician; ~ **segély** survivor's benefit
temetkez|ik *i* **1.** *[vk meghagyása szerint]* bury, be* buried **2.** *átv* (*vmbe*) bury oneself in [one's books etc.]
temető *fn* cemetery, *[templom körüli]* churchyard, graveyard
tempera *fn* distemper, tempera
temperál *i* set*/adjust the temperament
temperálás *fn zene* temperament; **középhangos** ~ meantone temperament; **egyenlő** ~ equal temperament
temperamentum *fn [vérmérséklet]* temperament, *[lobbanékony természet]* temper
temperamentumos *mn* (high-)spirited, ebullient, *[nő így is]* vivacious, lively, impetuous
templom *fn* **1.** *[épület]* church, place of worship; **~ba jár** go* to (v. attend) church regularly; **~ba járó** (be*) a churchgoer; **melyik ~ba jársz?** which church do you go to? **2.** *[istentisztelet]* service
templomgyalázás *fn* sacrilege
templomhajó *fn [főhajó]* nave, *[mellékhajó]* aisle
templomi *mn* church-, of the church *ut*; ~ **énekes** chorister; *[fiú]* choirboy; ~ **kórus** choir
templomtorony *fn* church tower, steeple
tempó *fn* **1.** *zene* tempo, *ált [sebesség, ütem]* speed, rate, *[járásban és átv]* pace; **gyors ~ban** at a quick pace; **ilyen ~ban** at this rate; **bírja a ~t** sy can keep pace/up (with sy); **nem bírja a ~t** sy can't keep pace/up (with sy), *biz* find* the pace too hot; **~t diktál** set* the pace **2.** *[úszóé]* stroke **3.** *[modorbeli]* manner(s), behaviour (*US* -or), mannerism(s)
tempós *mn* **1.** *[kimért]* deliberate, measured **2.** *[gyors]* speedy, fast, quick; **~an!** briskly!, look alive!
tempóz|ik *i* swim*
Temze *földr* Thames
tendencia *fn* tendency, trend; **emelkedő** ~ upward/rising tendency
tendenciózus *mn* tendentious
tender *fn gazd* tender
ténfereg *i pej* loiter/loaf about/around, dawdle
tengelic(e) *fn* goldfinch
tengely *fn* **1.** *[keréké]* axle, shaft; **~en történő szállítás** transport by rail/road, overland transport **2.** *mat fiz átv* axis (*tsz* axes); ~ **irányú** axial
tengelyhatalmak *fn tsz tört* the Axis powers, the Axis *esz*
tengelykapcsoló *fn* clutch; **felengedi a ~t** engage the clutch; **kioldja/kinyomja a ~t** declutch, disengage the clutch
tengelytáv(olság) *fn* wheelbase
tengelytörés *fn* broken axle
tenger I. *fn* sea, ocean; ~ **alatti** submarine, undersea; **ezer méterrel a ~ színe felett** a thousand metres above sea-level; **a ~ mellett** by/on the sea; **~en** *[van]* [be* v. spend* 2 weeks etc.] at sea; *[szállít, utazik]* [travel, go* v. send* one's luggage v. transport sg etc.] by sea; **átkel a ~en** cross the sea/ocean; **~en megy** go*/travel (*US* -l) by sea; **~be vész** be* lost at sea; **~en szállított** sea-borne, transported by sea *ut*; **~en túl** overseas, beyond/over/across the sea; **~en túli** overseas, *[Atlanti-óceánon túli]* transatlantic; **~en túli ország** overseas country; **~re száll** put* to sea; *[hajóra]* embark, go* on board ship **II.** *mn* ~ **sok** a sea of, oceans of; → **csepp**
tengeralattjáró *fn* submarine; **atomhajtású** ~ nuclear submarine; **~-vadász** submarine-chaser/hunter
tengeráramlás *fn* sea current
tengerentúl *fn* overseas countries *tsz*, America; **a ~on** overseas, across the sea; in America; **a ~ról** from beyond the sea(s); from America; → **tenger I**
tengerész *fn* sailor, seaman°; **~nek megy** go* to sea, become* a sailor
tengerészet *fn* **1.** *[foglalkozás]* seamanship **2.** **(hadi)** ~ navy; **kereskedelmi** ~ merchant navy, mercantile marine; **a ~nél szolgál** serve at sea, serve/be* in the Navy
tengerészeti *mn* maritime, naval; ~ **iskola** naval college; ~ **minisztérium** Ministry of Naval Affairs, *GB* Admiralty, *US* Navy Department; ~ **támaszpont** naval base; ~ **törvény** maritime law
tengerészgyalogos *fn* marine
tengerészgyalogság *fn* the Marines, the marine corps
tengerészkapitány *fn* sea-captain
tengerészruha *fn* sailor suit
tengerésztiszt *fn* naval officer
tengerfenék *fn* sea-bottom/bed
tengerhajózás *fn* (high-seas v. maritime) navigation
tengeri[1] *mn* sea(-), *[tengerészeti]* naval, maritime; ~ **állat** sea animal; ~ **csata/ütközet** naval/sea battle; ~ **fürdő(hely)** seaside resort; ~ **haderő** naval forces *tsz*; ~ **hajózás** maritime navigation; ~ **hatalom** sea power; ~ **jog** maritime law; ~ **kábel** submarine cable; ~ **kikötő** seaport, harbour (*US* -or); ~ **levegő** sea air; ~ **mérföld** (= 1852 m) sea/nautical mile; ~ **út** (i) *[útvonal]* sea route/lane (ii) *[utazás]* voyage; ~ **úton** by sea
tengeri[2] *fn* maize, *US* corn
tengeribeteg *mn* seasick
tengeribetegség *fn* seasickness
tengericsikó *fn áll* sea horse
tengericsillag *fn áll* starfish, sea star
tengerikígyó *fn átv* interminable yarn
tengerimalac *fn* guinea-pig
tengerjáró I. *mn* seafaring, maritime **II.** *fn [ember]* seafarer; *[hajó]* cruiser, *[nem hadi]* (ocean) liner, transatlantic cruise liner
tengermellék *fn* sea-shore, coastal region, littoral
tengernagy *fn kat* admiral
tengernyi *szn/mn* → **tenger II**
tengeröböl *fn* bay, gulf, *[keskeny]* inlet, *skót* firth
tengerpart *fn [tágabb ért., partvidék]* coast, *[amit a tenger mos]* (sea)shore, *[üdülési szempontból]* seaside
tengerparti *mn* coastal, on the coast *ut*, seaside; ~ **üdülőhely/fürdőhely** seaside resort; ~ **város** seaside town
tengerszem *fn* mountain lake, tarn
tengerszint *fn* sea-level; ~ **alatt** below sea-level; ~ **fölötti magasság** height above sea-level
tengerszoros *fn* straits *tsz*
tengervíz *fn* sea-water
tengerzöld *mn* sea-green
tengerzúgás *fn* roaring/booming of the sea
tengeti életét, teng-leng *i* scrape by/along, scrape a living, (be* scarcely able to) keep* body and soul together, live from hand to mouth; → **tengődik**

T

tengődés *fn* scraping by/along
tengőd|ik *i* scrape by/along, drag on [an unhappy existence], subsist on [a small income, bread and water, 2,500 fts a month etc.]
tenisz *fn sp* (lawn-)tennis
teniszcipő *fn* tennis shoes *tsz*
teniszez|ik *i* play tennis; **szeretnél ~ni?** (i) *[egy alkalommal]* would you like a game of tennis (ii) *[rendszeresen]* would you like to play tennis?
teniszező *fn sp* tennis player
teniszkönyök *fn orv* tennis elbow
teniszlabda *fn* (tennis) ball
teniszpálya *fn* tennis court
teniszütő *fn* (tennis) racket
teniszverseny *fn sp* tennis tournament
tenni *i* → **tesz**
tennivaló *fn* → **teendő**
tenor *fn [hang, szólam]* tenor [voice, part]
tenorista *fn* tenor
tény *fn [valóság]* fact, *[cselekedet]* act, deed; **(kétségtelen) ~, hogy** ... the fact is ..., it is a fact that ...; **~ és való, hogy** ... true enough that ..., it can't be denied that ...; **a ~ek** reality *esz*, the facts; **a ~ek makacs dolgok** facts are stubborn things; **a ~ek teljes ismerete** full knowledge of facts; **a ~ek önmagukért beszélnek** the facts speak for themselves; **~eken alapuló** (be*) founded on facts *ut*, positive; **számol a ~ekkel** face (the) facts
tényálladék *fn elav* → **tényállás**
tényállás *fn jog* facts (of the case) *tsz*, *[helyzet]* state of affairs; *[ügyvéd általi]* brief
tényanyag *fn* facts *tsz*
ténybeli *mn* of (the) facts *ut*, factual; **~ bizonyíték** evidence of the facts
tenyér *fn* palm; **viszket a tenyerem** (i) *[szeretném megpofozni]* I'm itching (v. my fingers itch) to box his ears (ii) *[pénzt kapok] kb.* I'm going to have a windfall; **~be mászó** *[arc]* (one of those) instantly dislikeable (faces); **tenyerén hord vkt** pamper/worship sy; **~ből jósol** read* sy's hand; **úgy ismerem, mint a tenyeremet** I know it like the back of my hand, I know every inch of it; **csapj a tenyerembe** put/stick it there
tenyeres *mn/fn* **~ (ütés)** forehand
tenyeres-talpas *mn pej* burly, beefy, husky; **~ nőszemély** hefty wench
tenyérjós *fn* palmist
tenyérjóslás *fn* palmistry
tenyérnyi *mn* palm-sized, a patch (of); **egy ~ (kis) kert** a patch of garden
tenyészállat *fn* breeding animal, animal for breeding, *[marha]* breeding cattle
tenyészállat-állomány *fn* breeding stock
tenyészállatvásár *fn* cattle-show
tenyészbika *fn* (breeding) bull
tenyészcsődör *fn* → **tenyészmén**
tenyészet *fn* **1.** *mezőg* breed, stock-farm **2.** *biol* culture
tenyész|ik *i* **1.** *áll* breed*, propagate **2.** *növ* grow*
tenyészkanca *fn* brood-mare, breeding mare
tenyészmén *fn* stud-horse, breeding stallion
tenyészt *i* breed*, rear, raise
tenyésztalaj *fn biol* culture medium
tenyésztés *fn* breeding
tényező *fn ált mat* factor; **az emberi ~** the human factor, the personal element
tényfeltárás *fn* fact finding
tényfeltáró *mn* **~ bizottság** fact-finding committee; **~ vizsgálat** fact-finding inquiry/investigation
tényirodalom *fn* non-fiction
ténykedés *fn* activity, action, *[hivatali]* functions *tsz*
tényked|ik *i* act, function, perform (one's) official duties
ténykérdés *fn* **ez ~** it's question (v. an issue) of fact
ténykönyv *fn* non-fiction (book)
ténykörülmény *fn* (actual) circumstances *tsz*
tényleg *hsz* really, indeed
tényleges *mn* **1.** *[valódi]* real, actual, effective, true; **~ érték** real/actual value **2.** *kat* on active service *ut*; **~ állomány** effective force/strength; **~ katona** *[igével]* be* on active service; **~ szolgálat** *fn* active service (*US* duty); **~ szolgálatban van** be* on active service; **~ tiszt** regular officer
ténylegesen *hsz* effectively, actually, de facto, in fact
tényleírás *fn* statement (of the facts), report
ténymegállapítás *fn [tények rögzítése]* fact-finding, finding of facts, findings *tsz*, *[nyilatkozat]* statement (of facts)
ténymegállapító *mn* → **tényfeltáró**
tényregény *fn* fact novel
tényvázlat *fn [ügyvédi]* brief
teológia *fn* **1.** *[hittudomány]* theology, divinity **2.** → **hittudományi főiskola**; → **teológiai akadémia**
teológiai *mn* theological, divinity; **~ akadémia/főiskola** theological/divinity college
teoretikus I. *mn* theoretical **II.** *fn* theoretician, theorist
teória *fn* theory
tép *i* **1.** *[eltép]* tear*, rip, *[darabokra]* pull/tear*/rip to pieces, shred*, *[virágot, tollat]* pluck; **haját ~i** be* tearing one's hair; *szl* **~i a száját** shoot* one's mouth off, shoot* the bull/breeze **2.** *szl* **~ett lefelé az utcán** he pelted hell for leather down the street **3.** *szl* **be van ~ve** be* stoned/mashed
tépdes *i* keep* tearing/plucking
tépelődés *fn* anxious speculation, fretting
tépelőd|ik *i* worry (about), fret, brood (about/over), ruminate (about/over)
tépett *mn* torn
tépőfog *fn* fang, canine
tépőzár *fn* Velcro
tepsi *fn* roasting/baking dish/tin
tér[1] *i* (*vhová/vmerre*) turn; **jobbra ~** turn (to the) right; **magához ~** regain consciousness, come* to; **más tárgyra ~** change the subject; **~jünk a lényegre** let's get (down) to business
tér[2] *fn* **1.** *[űr]* space, *[férőhely]* room, space; **~ben és időben** in time and space; **nagy teret foglal el** it takes up a lot of room/space; **~t nyer** gain ground **2.** *[városban]* square; **a Széchenyi ~en van** ... is in Széchenyi Square/Tér **3.** *[szakmai]* field, line, sphere; **tág tere nyílik vmnek** have* free scope for sg; **e ~en** in this respect; **más ~en** otherwise, in other respects; **minden ~en** in every respect, in all respects; **tudományos ~en** *[a tudomány vonatkozásában]* scientifically, in the scientific field, *[bölcsész vonatkozásban]* from a scholarly point of view, in the (field/domain of the) humanities, *[általánosabban]* academically; **~t hódít** spread*, gain ground; → **szabad**
terápia *fn* cure, therapy
terasz *fn* terrace
teraszház *fn* terraced house(s), *US* row house(s)
térbeli *mn* spatial, *[háromdimenziós]* 3D, stereoscopic; **~ látás** stereoscopic vision
térd *fn* knee; **~en alul** below the knees; **~en áll** be* on one's knees, be* kneeling; **~en állva** on bended knee(s); **~ig ér** rise*/reach to the knees, be* knee-deep/high; **~ig érő** knee-deep/high; **~re!** (down) on your knees!; **~re borul** go* down (v. fall*) on one's knees; **~re hull** drop*/fall* on one's knees; *átv* **~re kényszerít vkt** bring* sy to his/her knees; **~et hajt** *átv* bend* the knee (to sy)
térdel *i* kneel*, be* kneeling, be* on one's knees
térdhajlat *fn* popliteal space, *orv* popliteus
térdhajlítás *fn* **1.** *[bók]* curtsy **2.** *[tornában]* knee-bend(ing), knees bend
térdharisnya *fn* knee socks *tsz*
térdkalács *fn* kneecap, patella
térdnadrág *fn [buggyos]* plus-fours, knickerbockers, breeches (*mindegyik: tsz*)
térdreflex *fn* patellar reflex
térdszalagrend *fn* Order of the Garter

T

térdvédő *fn* knee-guard/pad
terebélyes *mn* **1.** *[fa]* spreading, branchy **2.** *[ember]* corpulent, portly, *[nő]* matronly
terebélyesed|ik *i* spread*, ramify, grow* in size, swell*
terefere *fn* small talk, (chit-)chat, gossip
tereferél *i* chat, gossip, pass the time of day
tereget *i [ruhát]* hang* out/up (to dry)
terel *i* **1.** *konkr* direct, turn, drive*, *[nyájat]* drive*; **más útvonalra ~** *[forgalmat]* divert, re-route [(the) traffic]; **más útvonalra ~ik a forgalmat** traffic is (being) diverted (v. re-routed) **2. másra ~i a szót/beszélgetést** change the subject, switch to another subject; **ne akard másra ~ni a szót** don't try to change the subject; **vk figyelmét vmre ~i** direct/draw* (sy's) attention to sg
terelőd|ik *i* turn, be* turned/directed (towards); **a szó vmre ~ik** the conversation turns to sg; **a beszéd reá ~ött** we came to speak of him
terelőkorlát *fn* crush barrier
terelőkutya *fn* sheep-dog
terelőoszlop *fn* (traffic) bollard
terelősziget *fn* (traffic) island, *US így is:* safety island
terelőút *fn [ideiglenes]* diversion, *US* detour, *[város körüli]* bypass, relief road
terelővonal *fn [Magyarországon]* broken white line, lane line
térelválasztó (elem) *fn* partition, (room) divider
terem[1] *i* **1.** *[búzát stb.]* bear*, yield, produce; **gyümölcsöt ~** bear* fruit **2.** *növ* produce, yield; **nem ~ minden bokorban** it does not grow on trees **3.** *átv* give* birth/rise to, originate **4.** *(vk vhol)* appear suddenly, turn/bob up; → **babér**, → **fa**
terem[2] *fn* hall, large room, chamber, *[múzeumi, kiállítási]* gallery
terem- *előtag sp* indoor ...
terembér *fn* rent of a room
teremfoci *fn biz* indoor football
teremőr *fn* attendant
teremsportok *fn tsz* indoor sports/games
teremszolga *fn elav* usher
teremt *i* **1.** *[alkot, csinál]* create, make*, produce **2.** *biz* **földhöz ~ vkt** floor sy, knock/bring* sy down; → **rend**
teremtés I. *fn* **1.** *[alkotás]* creation; **a ~ koronája** masterpiece/crown/fairest of creation **2.** *[személy]* creature, person, individual; **szerencsétlen ~** poor creature/soul **II.** *isz* **a ~it!** confound/damn it!, the devil (take him/you)
teremtette *isz* blast!, confound it!, damn!
teremtmény *fn* creature
teremtő I. *mn* creative, creating; **~ erő** creative power **II.** *fn* creator, maker, originator; **a T~** the Creator
terep *fn* **1.** *ált* ground, land, area, *[vmnek tanulmányozása szempontjából]* field; **a ~en tanulmányoz vmt** study sg in the field, do* field-work **2.** *kat* terrain **3.** *sp* **~re megy, kimegy a ~re (lovagolni)** go* riding cross-country (v. across country, v. pony-trekking)
terepakadály *fn* obstacle
terepasztal *fn kat* sand table
terepfutás *fn* cross-country running
terepismeret *fn* knowledge of the land/terrain/ground
terepjáró *mn* **~ autó/gépkocsi** jeep, landrover, off-road car
tereplovaglás *fn* steeplechase, cross-country riding, *[verseny]* cross-country race
terepmunka *fn* field-work; **~t végző munkatárs** field-worker
tereprendezés *fn* landscaping
terepszakasz *fn* sector
terepszemle *fn* **1.** *ált* survey, *kat* reconnaissance, reconnoitring; **~t tart** *ált* survey the place; *átv* see* how the land lies, *kat* reconnoitre (*US* -ter) the terrain **2.** *biz [rablás előtt]* casing the joint
terepszín *fn* protective colouring (*US* -or-)
terepszínű *mn ált kat* protective colouring (*US* -or-)
tereptan *fn* topography
tereptárgy *fn* landmark
tereptarka *mn kat* (military) camouflage; → **terepszínű**
terepverseny *fn sp [lovaglás]* cross-country race
terepviszonyok *fn tsz* character of the terrain *esz*, features of the ground
térerő *fn távk* **nincs ~** *[mobiltelefonnál]* (there is) no reception
térerősség *fn el* field strength
térérzék *fn* sense of orientation/direction
Teréz *tul* Theresa
térfél *fn sp [futball stb.]* half°, end (of the pitch); **pénzfeldobással térfelet választanak** toss (a coin) for the choice of ends
térfélcsere *fn sp* changing ends
térfogat *fn* volume, capacity; *gazd* **~ szerinti fuvardíj** freight by measurement
térfogatmérés *fn* volumetry
térfoglalás *fn* **1.** *[területi]* expansion, gaining ground, conquest **2.** *[eszmei]* spread(ing), propagation; **az új eszmék ~a** spread(ing) of (the) new ideas
térhatású *mn [kép stb.]* three-dimensional (three-D, 3-D), stereoscopic, *[zene]* stereophonic
terhel *i* **1.** *(vmvel)* burden, load (with); **emlékezetét sok adattal ~i** burden one's memory with a lot of facts and figures **2.** *[adóval]* impose [a tax] on sy; **a költség őt ~i** (s)he is to meet/bear the costs/charges; **őt ~i a felelősség** (s)he is responsible, the responsibility is his/hers **3.** *[terhére van]* inconvenience, trouble, bother; **nem akarlak ~ni a részletekkel** I don't want to trouble you with the details
terhelés *fn [teher]* burden, load, *el* load(ing); **megengedett ~** *[pl. gépjárműé]* maximum permissible load; **maximális ~** *[pl. hídé]* maximum load
terhelési *mn* **~ határ** load limit; **~ próba** load test
terheletlen *mn* unloaded
terhelő *mn jog* incriminating; **~ adat** damning evidence; **~ bizonyíték** incriminating evidence; **az őt ~ felelősség** his responsibility (for sg); **vkt ~ költségek** costs payable by sy; **~ tanú** witness for the prosecution; **~ vallomás** evidence against (sy); **~ vallomást tesz vk ellen** give* evidence against sy; **ez ránézve ~** that is rather damning as far as he is concerned
terhelt I. *mn* **1.** *jog* accused, charged **2.** *orv* affected with a hereditary disease (v. mental illness) *ut* **II.** *fn jog* the accused
terheltség *fn orv* hereditary disease
terhes I. *mn* **1.** *[vm vk számára]* burdensome, irksome, *[kötelesség, feladat]* onerous, hard, trying **2.** *[nő]* pregnant; **~ nő** pregnant woman°; **3 hónapos ~** 3 months pregnant **II.** *fn* → **terhes nő**
terhesgondozás *fn* antenatal care, pre-natal care, *[foglalkozás]* pre-natal classes *tsz* [for expectant mothers]
terhesgondozó *fn* antenatal clinic
terhesrendelés *fn [mint szervezet]* antenatal clinic, *biz [a vizsgálat]* antenatal; **~re megy** attend an/the antenatal clinic, *biz* go* for one's/her antenatal
terhesség *fn* pregnancy; **a ~et megszakítja** terminate a/the pregnancy, perform an abortion
terhességi *mn* **~ próba** pregnancy test; **~ segély** maternity allowance, *[amit a munkáltató fizet]* maternity pay; **~ tanácsadó** antenatal clinic; **~ vizsgálat** prenatal (v. antenatal) examination
terhességmegszakítás *fn* (induced) abortion; **engedélyezett ~** (therapeutic) abortion
terhestorna *fn* exercises [for expectant mothers] *tsz*, pre-natal exercises *tsz*
térhódítás *fn* → **térfoglalás**
téri *mn* **Széchenyi ~** (in) Széchenyi Square/Tér *ut*
téridom *fn* → **mértani test**
tériszony *fn* agoraphobia

T

terít *i* **1.** (*vmt vhová*) spread* sg on/over sg/sy **2.** *[asztalt]* lay* the table [for dinner, for 5 people etc.]; **5 személyre ~ettek** covers were (v. the table was) laid for five **3.** *gazd [árut viszonteladónak]* distribute

térít *i* **1.** (*vmerre*) turn, direct [sy swhere v. to a place] **2.** *vall* convert [to another faith] **3. magához ~** bring* sy round; **jó útra ~** take*/bring* sy back to the straight and narrow; → **ész**

teríték *fn* **1.** *[asztalnál]* cover, place [at table] **2.** *[vad]* bag; **~re kerül** *átv* be* savaged/lambasted

terítés *fn* **1.** *[kiterítés]* spreading out **2.** *[asztalt]* laying, setting **3.** *gazd* distribution; **~re kerül** *[árucikk]* distribute, be* distributed (to the trade)

térítés *fn* **1.** *[irányba]* turning, directing **2.** *vall* conversion **3. 5 forint ~e ellenében** on (the) payment of five forints; → **térítmény**

térítésköteles *mn [vény]* to be paid for *ut*

térítésmentes *mn* free of charge *ut*

terített *mn* **~ asztal** (well-)laid table; **~ asztal vár vkt** the table was laid for him

térítmény *fn* reimbursement, payment, refund

terítő *fn* **1.** *[asztalon]* (table-)cloth, cover **2.** *[ágyon]* cover(let), bedspread

térítvény *fn* acknowledgement, receipt

terjed *i* **1.** *ált* spread*, expand, increase, *[hír]* spread*, get* about/abroad/round, go* round, circulate, *[fény, hang]* travel (*US* -l) **2.** *[terület vmeddig]* stretch, extend (from ... to); → **futótűz**

terjedelem *fn* **1.** *[kiterjedés, nagyság]* extent, size, dimensions *tsz*, *[térbeli]* volume, bulk, *[könyvé]* size [of the book/dictionary etc.], number of pages; **kis ~ben** on a small scale **2.** *[szövegé]* length; **teljes terjedelmében közölték** it was published in full; **~ után fizet** pay* by the size/page **3.** *[tudásé stb.]* scope, range (of)

terjedelmes *mn* **1.** *[síkban]* extensive, spacious, wide, *[térben]* voluminous, big, large **2.** *átv* long, bulky, *[mű]* lengthy

terjedés *fn* spread(ing), expansion, increase

terjedhető *mn* **tíz évig ~ börtönbüntetés** imprisonment for a period/term not exceeding ten years

terjeng *i [szag]* spread*

terjengős *mn* prolix, wordy, verbose, rambling, long-winded

terjeszkedés *fn* expansion, spread, growth

terjeszked|ik *i* expand, spread*, grow*, increase

terjeszt *i* **1.** *ált* spread*, *[betegséget]* spread* [a/the disease], *[eszméket]* spread*, disseminate, diffuse [ideas], *[hírt]* spread* [news] about/around, circulate [news], *[röpiratot]* distribute [leaflets, pamphlets], *[sajtóterméket]* distribute, sell* [newspapers, books] **2.** *[vmt vk/vm elé]* submit/present/refer/put* sg to sy

terjesztés *fn* **1.** *ált* spreading; **a kultúra ~e** spreading of culture **2.** *[lapé, könyvé]* distribution (and sale) **3.** *[vk elé]* submission, presentation (to)

terjesztési *mn* **~ költség** distribution costs *tsz*; **~ körzet** circulation area; **~ osztály** (distribution and) sales department

térkép *fn* map; **~et készít** draw* a map (of sg)

térképész *fn* cartographer, map-maker

térképészet *fn* cartography, map-making

térképjelek *fn tsz* map symbols; **~ jegyzéke** legend

térképolvasás *fn* map-reading

térképvázlat *fn* sketch map

térkímélés *fn* **~ szempontjából** to save space

térköz *fn ált* interval, distance, space (between), *műsz* clearance, *vasút [vonatok között]* block

termálfürdő *fn* **1.** *[forrás, intézmény]* hot springs *tsz* **2.** *[gyógykezelésként]* thermal baths *tsz*; → **gyógyfürdő**

termék *fn [ipari]* product, *mezőg* produce, *[szellemi]* product, production

termékbevezetés *fn gazd* **~ időzítése** product timing

termékeny *mn* fertile, productive; **~ értekezlet/megbeszélés** *stb.* a productive meeting; **~ író** prolific/voluminous/copious writer; **~ talajra hull** fall* on good ground; **~ítőleg hat vkre/vmre** inspire (sy), be* fruitful for

termékenység *fn* fertility, productivity

terméketlen *mn* barren, unfruitful, infertile, unproductive

terméketlenség *fn* barrenness, sterility, unfruitfulness, infertility, unproductivity

termékmenedzser *fn gazd* product manager

termékszerkezet *fn* production profile/structure

termékszerkezet-váltás *fn* change in production profile/structure

termékválaszték *fn gazd* product range

termel *i ált* produce, *mezőg* produce, grow*, *[ipar]* produce, manufacture, turn out, make*

termelékeny *mn* productive, efficient

termelékenység *fn* productivity, efficiency; **a munka ~e** productivity of labour (*US* -or); **növeli a ~et** step up productivity

termelés *fn* **1.** *[folyamat]* production **2.** *[teljesítmény] mezőg* output, yield, *[ipari]* output

termelési *mn* of production *ut*, production; **~ ág** branch/line of production; **~ előirányzat** scheduled production; **~ értekezlet** meeting, conference; **~ eszközök** means of production; **~ folyamat** production process; **~ költségek** production cost; **~ mód** mode of production; **~ terv** production plan; **~ viszonyok** relations of production

termelő *fn mezőg* grower, farmer, *[ipari]* producer, maker

termelőerők *fn* forces of production

termelőeszközök *fn* means of production

termelői *mn* **~ ár** producer's price; **~ bor** wine (direct) from the producer; **~ borkimérés** wine cellar

termelőképes *mn* productive

termelőmód *fn* mode of production

termelőmunka *fn* productive work, production

termelőszövetkezet *fn tört* (*röv* **tsz, téesz**); **mezőgazdasági ~** farmers'/agricultural co-operative, co-operative farm

termelőszövetkezeti *mn tört* **~ tag** member of a co-operative

termelőtőke *fn* productive capital

termelőüzem *fn* producing firm, plant

termelővállalat *fn* (manufacturing) plant, producing firm

termény *fn* (agricultural/farm) produce, crop, *[szemes]* corn, grain

terménybegyűjtés *fn* gathering (in) of crops (v. the crop)

terménykereskedelem *fn* trade in agricultural produce

terménytőzsde *fn* produce exchange

térmértan *fn mat* solid geometry

termes *mn* **~ kocsi** saloon (car)

termés *fn* **1.** *mezőg* crop, yield; **jó ~ünk volt** we had a good harvest/crop; **jó ~t hozott** *[pl. gyümölcsfa, szőlő stb.]* it has cropped well, we had a(n) abundant/good crop; **gyenge/rossz ~** poor crop, crop failure **2.** *növ* fruit

termésátlag *fn* average crop/yield

termésbecslés *fn* estimate/valuation of the crop

termésbetakarítás *fn* gathering (in) of the crop (v. crops)

terméseredmény *fn* crop/harvest results *tsz*

terméshozam *fn* crop, yield

terméskilátások *fn tsz* crop/harvest prospects

terméskő *fn* rubble(stone); **~ burkolat** rubblework (cladding)

termesz *fn* termite, white ant

természet *fn* **1.** nature; **a ~ erői** the forces of nature; **~ után rajzol** draw* from nature **2.** *[alkat]* nature, character, *[embernél még]* disposition, temper(ament), constitution; **jó ~e van** have* a happy disposition, be* good-tempered; **rossz ~e van** he is difficult to get on with; **~énél/~től fogva** ... [she is ...] by nature, instinctively ...; **a dolog ~éből adódik** it follows as a matter of course, it is in the nature of the thing **3. ~ben fizet** pay* in kind

természetbarát *fn* nature-lover

T

természetbeni *mn* in kind *ut*; ~ **fizetés** payment in kind; ~ **juttatások** allowances in kind
természetbölcselet *fn* natural philosophy
természetellenes *mn* unnatural, perverse
természetes *mn* **1.** *ált* natural, *[viselkedés]* unaffected, natural, simple, artless; **nem** ~ unnatural, artificial, false; **(ez)** ~ **nála/számára** it comes quite natural(ly) to him; **mi sem** ~**ebb** it is only natural; **ez csak igazán** ~ **volt!** it was only too natural; ~ **ész** native wit, common sense; ~ **étel(ek)/táplálék** wholefood(s); ~ **gyógymód** nature cure, naturopathy; ~ **halál** natural death; ~ **halált hal** die a natural death, die in bed; ~ **nagyság** natural/actual/life size; ~**nek veszi/találja** take* it for granted; *pol* ~ **szövetséges** *[párté]* natural ally **2.** *[nem mesterséges]* natural; *jog* ~ **személy** natural person; ~ **apa** natural father; ~ **szülők** natural parents **3.** *jog* ~ **gyermek** natural child
természetesen *hsz* naturally, of course; **viselkedj** ~**!** behave naturally
természetesség *fn* naturalness, unaffectedness, artlessness, ingenuousness
természetfilm *fn* nature film
természetfölötti *mn* supernatural
természetgyógyász *fn* natural healer, naturopath, homeopathist
természetgyógyászat *fn* natural healing, naturopathy, alternative/complementary/fringe medicine
természetgyógyászati *mn* naturopathic
természethű *mn* naturalistic, life-like, realistic
természeti *mn* natural; ~ **adomány** natural gift/talent; ~ **adottság** natural endownments of sy *tsz*; ~ **csapás** natural disaster, act of God; ~ **erők** forces of nature, natural forces; ~ **kincsek/erőforrások** natural resources; ~ **népek** nature peoples, primitive peoples, aboriginals; ~ **törvény** natural law, law of nature; ~ **tünemények** the phenomena of nature
természetimádó *fn* nature-worshipper
természetismeret *fn okt [ált. iskolában] kb.* nature/environment class
természetjárás *fn* hiking
természetjáró *fn* hiker
természetjog *fn* natural right, law of nature
természetrajz *fn* natural history
természettan *fn* physics *esz*
természettudomány(ok) *fn* (the) natural science(s), *[GB, US matematika nélkül]* the sciences *tsz*, *[egyes számban így is]* science
természettudományi *mn* science, of science *ut*; ~ **kar** (*röv* **TTK**) faculty of science; ~ **tárgy** science subject
természettudományos *mn* (natural-)science [point of view etc.], (natural-)scientific; ~ **érdeklődés** an interest in science; ~ **gondolkodás** scientific reasoning
természetű *mn* **1.** (*vk*) -natured, -tempered; **hirtelen** ~ hot/quick-tempered, impulsive **2.** (*vm*) of ... character/nature; **bizalmas** ~ **közlés** confidential communication/information
természetvédelem *fn* (nature) conservation, environmental protection
természetvédelmi *mn* ~ **terület** nature reserve, nature conservation area
természetvédő *fn* conservationist, environmentalist
termeszt *i* grow*, produce
termesztés *fn* growing, cultivation
termesztett *mn* cultivated, grown; ~ **növény** cultivated plant
termet *fn* stature, figure, build, physique
termetes *mn* large, tall, well-built
termetű *mn* -statured, of ... build *ut*; **alacsony/kis** ~ short, of small build *ut*; **magas** ~ very tall
terminál *fn [számítógép és reptér]* terminal; **T~ 2** Terminal 2
terminológia *fn* terminology; **jogi** ~ legal terminology/language
terminológiai *mn* terminological, of terminology *ut*
terminus *fn* **1.** → **határidő**, → **időpont** **2.** *[latinosan így is:]* terminus technicus, technical term
termofor *fn* heated/warming pad, *[forróvizes]* hot-water bottle
termonukleáris *mn* thermonuclear; ~ **bomba** thermonuclear/fusion bomb; ~ **reaktor** thermonuclear/fusion reactor
termopán *mn* ~ **üvegezés** double-glazing; ~ **üvegezést csináltat** have* double-glazing installed
termosz *fn* vacuum flask, thermos (flask)
termosztát *fn* thermostat
termő I. *mn* productive, producing, fertile **II.** *fn növ* pistil
termőföld *fn* arable/agricultural land
termőföldtulajdon *fn* property of arable land, arable land property
termőképesség *fn* productivity, productiveness
termőtalaj *fn* → **termőföld**
terpentin *fn* turpentine, *biz* turps
terpeszállás *fn* straddling (position); ~**ban áll** straddle, stand* astride
terpeszked|ik *i* sprawl, stretch
terrárium *fn* terrarium (*tsz* -s v. -ria)
terror *fn* **1.** → **rémuralom** **2.** *[módszer]* terror(ism)
terrorcselekmény *fn* act of terrorism
terrorista I. *mn* terrorist **II.** *fn* terrorist
terrorisztikus *mn* terrorist
terrorizál *i* terrorize, intimidate
terrorizmus *fn* terrorism
térség *fn* area, region
térti *mn* ~ **jegy** → **menettérti jegy**; ~ **vevény** (acknowledgement of) receipt
terület *fn* **1.** *[föld]* territory, area, region, land, *[kisebb]* ground, field, area **2.** *[szellemi]* domain, sphere, field, scope **3.** *mat* surface, area
területenkívüli *mn [adó szempontjából]* offshore
területenkívüliség *fn* ex(tra)territoriality
területfejlesztés *fn* regional development
területi *mn ált* territorial, *[körzeti]* regional, *[helyi]* local; *gazd* ~ **elemzés** geographical analysis; ~ **képviselő** area representative; ~ **központ** regional centre (*US* -er)
területmérték *fn* square measure
térül-fordul *i* be*/go* there and back, be* (there and) back in a flash
terv *fn* **1.** *ált* plan, scheme, *[szándék]* intention, purpose, *[ütemterv]* schedule; ~ **szerint** according to plan; *[menetrend szerint]* on schedule, as scheduled; **az ülésre** ~ **szerint a jövő héten kerül sor** the meeting is scheduled for (v. to take place) next week; ~**be vesz** plan; ~**be van véve** *[szerepel a programban]* be* scheduled; ~**eket készít** make* plans (for sg); ~**eket sző** weave*/hatch plans; **távlati** ~ long-term plan; **tele van** ~**ekkel** (s)he is full of (v. bursting with) ideas/plans **2.** *[gazdasági]* plan; *tört* **ötéves** ~ Five-Year Plan; **teljesíti a** ~**et** fulfil (*US* -fill) the plan **3.** *épít* plans *tsz*, design, drawing, *[vázlatos]* rough sketch/draft/plan; **Széchenyi-**~ Széchenyi plan; **az új kórház** ~**ei** the plans of the new hospital; **a** ~**eket XY készítette** [the building] was designed by YX; **még csak a** ~**ek készültek el** (sg) is still on the drawing board, sg is still at the planning stage **4.** *[ruhához]* design; **P. Cardin** ~**ei szerint készült ruhák** garments made to P. Cardin designs
tervberuházás *fn* investments in the plan *tsz*
tervdokumentáció *fn* blueprint, project documentation
tervelőirányzat *fn* scheduled output, (plan) target
tervév *fn* year of the plan, plan year
tervez *i* **1.** *[épületet]* design, plan, make* the plans of/for (sg), build*, *[ruhát, jelmezt]* design; **ki** ~**te az Operát?** who built the Opera House?; ~**te** ... (was) designed/built by ..., the designer was ... **2.** (*vk vmt*) plan, *[fontolgat]*

T

consider, think* of, contemplate, *[szándékozik]* intend; **azt ~i, hogy** (s)he plans/intends to ...; **európai körutat ~ a nyárra** (s)he is planning/contemplating a tour of Europe in the summer; *közm* **Ember ~, Isten végez.** Man proposes, God disposes.
tervezés *fn* planning, *[állami szinten]* state/economic planning
tervezési *mn* planning; **~ munkák** planning; **~ osztály** planning department; **~ szerződés** planning contract
tervezet *fn* draft plan, draft, *[törvényé]* bill, draft of a new law, *[alapszabályé]* draft constitution
tervezett *mn* planned, *[előirányzott, pl. repgép érkezése]* scheduled
tervezget *i* be* planning
tervezgetés *fn* making plans for the future
tervező I. *mn* planning, *[mérnök]* design(ing) **II.** *fn* planner, technical designer, designing engineer, *[építész]* designing architect, *[ruhatervező]* (dress)designer; **a kórház ~je** the architect of the hospital; **a lakótelep ~je** the architect/planner of the estate; **a ruha ~je** the designer of the dress
tervezőiroda *fn [építészeti terveket készítő iroda]* designing/planning office
tervezőmérnök *fn* construction/designing engineer
tervfegyelem *fn* plan discipline
tervfeladat *fn* target, goal, *[kutatási]* project, research assignment
tervfelbontás *fn* breakdown [of the plan]
tervgazdálkodás, **tervgazdaság** *fn tört [a szocializmusban]* planned economy
tervhivatal *fn tört* **Országos T~** National Planning Office
tervmunka *fn* scheduled work, project
tervosztály *fn* planning department
tervpályázat *fn* (design/planning) competition
tervrajz *fn* blueprint, plan, draft
tervszerű *mn* planned, *[módszeres]* systematic; **~ megelőző karbantartás** (*röv* **tmk**) preventive maintenance; *kat* **~ visszavonulás** planned/organized retreat
tervszerűtlen *mn* unsystematic, chance, random
tervteljesítés *fn* fulfilment (*US* -fill-) of the plan
tervvázlat *fn* rough/preliminary plan/draft, outline
tesó *fn biz szl [testvér]* bro
tesped *i* languish
tespedés *fn* torpor, torpidity
tessék *isz* **1.** *[szíveskedjék]* please ..., would you kindly ..., *[átnyújtva vmt]* here you are; **~ helyet foglalni** please be seated; please, sit down; take a seat; **~ jönni** come on please; **~ megmondani** could you kindly tell me; **~ parancsolni** → **parancsol**; **erre ~!** this way please!; **ne ~ haragudni** sorry to disturb you **2.** *[asztalnál]* help yourself! (v. *tsz* yourselves)! **3.** *[kopogásra]* come in! **4.** *[nem értettem]* (I) beg your pardon, sorry?, I'm sorry I didn't catch that, *US főleg:* pardon? **5.** *[hallgatom]* I'm listening
tessékel *i* **befelé ~** ask sy (to come) in
tessék-lássék *mn/hsz* **~ dolog/munka** sham, pretence, show; **~ (módon) csinál (meg) vmt** do* sg (just) anyhow, do* sg in a perfunctory way (v. perfunctorily)
test *fn* **1.** *ált* body; **~et ölt** come* true, be* realized, take* shape **2.** *fiz* body **3.** *mat* **mértani ~** geometric solid; → **ép**, → **lassan**, → **remeg**, → **szilárd**
testalkat *fn* build, *[férfié]* physique
testápolás *fn* personal hygiene, body care
testápoló *mn* **~ (szer)** skin/body lotion
testben-lélekben *hsz* both physically and spiritually, in body and spirit
testedzés *fn* physical training/education
testes *mn* (*vk*) stout, corpulent, portly, (*vm*) bulky, large; **~ vörös bor** a full-bodied red (wine)
testesed|ik *i* become* stout, put* on weight, fill out
testestül-lelkestül *hsz* with all one's heart and soul, (with) body and soul; **~ csinál vmt** put* one's heart and soul into it/sg
testetlen *mn* bodiless, incorporeal, ethereal
testgyakorlás *fn* physical training/exercise, (gymnastic) exercises *tsz*, gymnastics *tsz*, physical exercise, *[erőnléti]* keep-fit (exercises *tsz*); **~t végez** take*/get* exercise, exercise
testhelyzet *fn* (body/bodily) position, *sp [lövészet]* shooting position
testhezálló *mn* **1.** *[ruhadarab]* close-fitting, skintight, tight-fitting; **~ trikó** leotard **2.** *[megfelelő]* cut out (v. made) for sy *ut*, after one's own heart *ut*
testhossz *fn* (body) length; **két ~al nyert** won by two lengths
testi *mn* bodily, physical; **~ épség** (good) health; **vigyázz ~ épségedre!** look after your health; **~ erő** physical strength, (physical) fitness; **jó ~ erő** physical well-being; **jó ~ erőben van** be* in good condition/shape; **~ fogyatékosság/hiba** physical defect, deformity; **~ motozás** body-search; **~ örömök** carnal pleasures; → **sértés**
testileg *hsz* bodily, in body, physically
testi-lelki *mn* **~ jóbarát** intimate/close/bosom friend; **~ jóllét** physical/spiritual well-being
testmagasság *fn* body height
testmozgás *fn* (physical) exercise
testnevelés *fn* physical education/training (*röv* **PE, PT**)
testnevelési *mn* **~ egyetem** university/school of physical education
testnevelő tanár *fn* physical/PE/PT teacher/instructor, *GB* gym teacher
testőr *fn ált* bodyguard, *[a Towerben]* Yeoman° of the Guard, *biz* beefeater
testőrség *fn* the Guards *tsz*
testrész *fn* part of the body
testreszabás *fn infor [egyéni beállításoké]* customization
testsúly *fn* body weight; **mennyi a ~od?** how much do you weigh?
testszín *fn* flesh/skin colour (*US* -or)
testszínű *mn* flesh/skin-coloured (*US* -or-)
testtartás *fn* bearing, posture
testület *fn* (corporate) body, corporation; *[önkormányzati]* city/municipal council, *US* local government; **tanári ~** teaching staff; → **diplomáciai**
testületi *mn* **~ ülés** *[önkormányzaté]* council meeting
testületileg *hsz* in a body
testvér *fn [férfi]* brother, *[nő]* sister; **~ek** *[fivér és nővér]* brother(s) and sister(s); **Péter és János ~ek** Peter and John are brothers; **János és Mária ~ek** John and Mary are brother(s) and sister(s); **a Smith ~ek** the Smith brothers (*ker* Smith bros.); **~ek között is megér ...-t** *kb.* it is well worth ...; **hány ~ed van?** how many brothers and sisters do you have?
testvérgyilkos(ság) *fn* fratricide
testvéri *mn* fraternal, brotherly, sisterly; **~ szeretet** fraternal/brotherly/sisterly affection/love
testvériesen *hsz* **~ osztozkodnak** share and share alike
testvériség *fn* fraternity, brotherhood, sisterhood
testvérpár *fn* brother and sister *tsz*
testvérváros *fn* twin town/city (of ...)
tesz *i* **1.** *[cselekszik]* do*; **jól ~ed** you are quite right; **azt ~, amit akar** he follows his own inclination, (s)he does as (s)he pleases; **vmt ~ vk érdekében** do* sg in sy's interest (for sy); **mit tegyek?** what shall I do?, what am I to do?; **mit lehet/kell tenni?** what is to be done?; **nincs mit tenni** there is nothing to be done; there is nothing to do; **mit volt mit tennie** there was nothing else to do; **tegyen, amit akar, tégy, ahogy akarsz** do what you like, do as you please, have it your (own) way; **tehet vmt** be* able to do sg, can* do sg; **nem tehetek egyebet/mást, mint hogy** all I can do is ..., I can't do anything but, I can't do other than to ...; **jobban tennéd, ha** ... you had better [go etc.]; *szl*

T

~ek rá ... I don't give a toss (about sg) **2.** *[helyez]* put*, place, lay*; **tegye az asztalra** put it on the table; **ruhatárba ~i a kabátját** leave* one's coat in the cloakroom; **igét múlt időbe ~** put* a verb into the past tense; **hova tetted a kulcsot?** where did you put the key?; **hová ~ed azt a sok pénzt?** what will you do with all that money?; **kettesbe ~i (a sebességet)** go*/shift into second (gear) **3.** (*vmvé*) make*, render; **boldoggá tette** made* him happy **4.** *mat* → **kitesz 5.** *[jelent]* **mit ~ 'kutyagumi' angolul?** what is the English for "kutyagumi"?; **nem ~ semmit!** never mind!, (it) doesn't matter! **6. ~em azt** supposing, (let us) say, for example **7.** *[vmre kártyán stb.]* stake, lay*/put* [money] on; **~ egy lóra** back a horse, bet* on a horse; **3000 Ft-ot ~ a favoritra** stake/bet* 3000 fts on the favourite (*US* -or-) **8.** *[időben]* **a főpróbát hétfőre tették** (i) *[kitűzték]* the dress rehearsal was fixed/arranged for Monday (ii) *[elhalasztották]* the dress rehearsal was postponed till (v. put back to) Monday **9. ugyanúgy ~** do* the same, do* likewise; **tégy, ahogy tetszik** do as you please/like **10.** (*vmről*) help; **hát tehetek én róla?** is that my fault?, how could I help it?; **ki tehet róla?** whose fault is it?; **nem tehetek róla** I can't help it, it's not my fault; **majd ~ek róla!** leave that to me, I'll see to it **11.** *[színlel]* **úgy ~, mintha** ... (s)he pretends to [be, do sg etc.], make* as if/though, sham sg; **úgy ~, mintha beteg lenne** he is shamming illness; **úgy ~, mintha nem venne észre vmt** turns a blind eye to sg **12.** *[nem törődik vmvel]* **~ek rá** I don't give a dawn; → **erőfeszítés**, → **elég**[2], → **jó II**, → **kitesz**, → **pont**, → **tehető**

teszt *fn ált* test, multiple-choice test; **a ~et sikeresen kitöltötte, sikerült a ~je** (s)he passed the test; **nem sikerült a ~ (je)** (s)he failed the test; **~et irat** test [one's students] on [their French etc.], test [the children] in [geography etc.]

tészta *fn* **1.** *[sült, édes]* cake, pie, pastry; **~́k** *[étlapon]* sweets **2.** *[száraz]* (dried)pasta, *[kifőtt] ált* pasta, *[cérnametéltből]* vermicelli, *[vastagabb]* spaghetti, *[egyéb]* pasta, noodles *tsz*, dumplings *tsz* **3.** *[nyers]* (pasta/noodle) dough, batter

tesztel *i* test

tesztkérdés *fn* multiple-choice question

tesztlap *fn* test(-sheet) → **feladatlap**

tesztvizsga *fn* multiple-choice exam/test; **sikeresen leteszi a ~́t** pass the (multiple-choice) test/exam

tesz-vesz *i* **1.** *[lassan tevékenykedik]* potter (*US* putter) around **2.** *[sürög-forog]* busy

tét *fn [játékban]* stake, amount staked; **nagy a ~** there is a lot at stake

tetanusz *fn* tetanus

tetejébe *hsz biz* to crown/cap it all, on top of it all → **tető**

tétel *fn* **1.** *tud [főleg mat]* theorem, *fil és ált* proposition; *vall* **Luther 95 ~e** Luther's 95 propositions **2.** *okt* → **érettségi tételek 3.** *zene* movement **4.** *gazd* **egy ~ben** in bulk; **nagy ~ben** in bulk, in large amounts/quantities; **kis ~ben** in small amounts/lots **5.** *[ált felsorolásban]* item, *[könyvelési stb.]* item, entry, *[költségvetési]* head(ing), section; **a 3-as ~** item number (v. No.) 3, the third item; **~t töröl** deduct an item

tételes *mn* **1. ~(en felsorolt)** itemized, listed; **~ felsorolás** itemized account **2. ~ jog** statutory/written law; **~ vallás** dogmatic religion **3. három~ szimfónia** symphony in three movements

tételszám *fn* reference (number), registry number, item/entry number; **a 3-as ~** item No. 3, the third item

tetem *fn [emberi]* corpse, cadaver, (dead) body, *[állaté]* carcass

tetemes *mn* considerable, large, sizeable

tetemnéző *fn* morgue

tetet, tétet *i* **1.** *[csináltat]* have* sg done/made, cause sy to do sg, *[helyeztet]* have* sg put/placed swhere; **gumisarkot ~ a cipőjére** have* rubber heels put on one's shoes **2.** → **tettet**

tetéz *i átv* add to; **ez ~i nehézségeinket** this adds to our difficulties; **ez csak ~te a bajt** this only made things worse; **hibáját azzal ~te** after his blunder he crowned it all by

tétlen *mn* inactive, idle

tétlenked|ik *i* idle, doss (about/around)

tétlenség *fn* idleness, inactivity

tétlenül *hsz* idly; **nem nézheti ~** he can't just sit back and watch (v. do nothing), he can't watch from the side lines

tétmérkőzés *fn sp kb.* a decisive match

tétova *mn* hesitant, hesitating, half-hearted, irresolute

tetovál *i* tattoo (*alakjai:* tattoos, tattooed, tattooing)

tetoválás *fn* tattoo(ed design), tattooing

tetoválóművész *fn* tattooist, tattoo artist

tétovázás *fn* hesitation, indecision; **minden ~ nélkül** without (the slightest) hesitation, without a moment's hesitation

tétováz|ik *i* hesitate, be* hesitant (about), vacillate, waver

tétovázó *mn* hesitating, hesitant, wavering

tető *fn* **1.** *[házé]* roof, (house-)top, *[autóé]* roof, top, *[ládáé, bőröndé]* lid, top; **nyitható ~** *[autóé]* sliding roof; **~ alá hoz vmt** bring* [sg, a project etc.] to a successful conclusion, complete sg; **a ~n dolgoznak!** *[felirat]* men working overhead **2.** *[legmagasabb pont]* top, summit, *[hegyé]* peak, *[fáé, létráé]* top, (*vmnek*); **a tetején van** it's on the top, it's on top of sg; **a hegy tetején** at the top of the hill, on the hill-top; **tedd a tetejére** put it on top of [the other books etc.]; **tedd a csomagokat a ~re** *[autóra]* put the luggage on top (v. on the roof rack); **feljut a ~re** *[hegyre]* get* (up) to the top of the hill/mountain; **tetejétől az aljáig** from top to bottom; **~től talpig** from top to toe, from head to foot **3.** *biz [vmnek a tetőfoka]* pitch, summit; **ez mindennek a** (v. **a szemtelenség) teteje** that's the limit, it's the last straw, this is the ne plus ultra of insolence **4.** *biz* **ennek nincs (semmi) teteje** *[értelme]* there is no sense in it, there is no point [in doing sg]; → **tetejébe**

tetőablak *fn* skylight

tetőantenna *fn* roof aerial

tetőbox *fn gk [tetőcsomagtartóra szerelhető]* roof box

tetőcsatorna *fn* gutter(ing)

tetőcserép *fn* (roof) tile

tetőcsomagtartó *fn* roof rack

tetőfedés *fn* roofing, tiling

tetőfedő *fn* roofing contractor, roofer, tiler, slater

tetőfok *fn* pitch, peak, summit; **az izgalom ~án** at fever pitch; **a dicsőség ~án** at the height of his fame, in his heyday; **~ára hág** *[izgalom, érdeklődés]* rise* to fever pitch, reach a/its climax

tetőkert *fn* roof garden

tetőpont *fn* high(est) point, culmination, height, summit, peak, top, *[pályafutásé stb.]* peak, high-water mark; **sikerei ~ján visszavonul** retire at the top; **a munkanélküliek száma elérte ~ját** the number of (people) unemployed has reached (v. is at) an all-time high

tetőszerkezet *fn* roof

tetőterasz *fn* roof garden/terrace

tetőtér-beépítés *fn épít* **1.** *[kialakítás]* loft conversion, building a room (v. rooms) in the loft, converting the loft into an attic (v. *US* a garret) **2.** *[a lakás]* a converted loft [an attic v. *US* garret]

tetőz|ik *i* culminate; **a Duna Mohácsnál ~ik** the Danube reaches its highest point at Mohács

tetraéder *fn* tetrahedron (*tsz* -hedra)

tetszeleg *i [tükör előtt]* admire oneself, *[vmlyen szerepben]* set* up as/for sg

tetszelgő *mn* affected, mincing, *[vmlyen szerepben]* self-satisfied, pleased with oneself *ut*

tetszeni vágyás *fn* desire to please (v. to make an impression)

tetszés *fn* **1.** (*vké*) approval, appreciation, satisfaction; **vk ~e szerint** as sy wishes, at sy's discretion, at will; **~ére bízom** I leave it to you (v. to your discretion); **elnyeri vk ~ét** gain/win* sy's approval, please/impress sy; **~ét**

nyilvánítja express one's approval, show one's appreciation; **~t arat** meet* with success, be* successful **2. ~ szerint** at will, at sy's pleasure/discretion, as you please/wish, *[amennyit csak akar/akarsz]* [take] as much/many as you please, *[ha jónak látja]* if you think it advisable/proper/fit; **~ szerinti** optional, discretional, any, no matter how/when etc.; **~ szerinti mennyiség** any amount (of)

tetszési *mn* **~ index** *[műsoré]* ratings *tsz*; **a műsornak javult a ~ indexe** the show has gone up in the ratings

tetszésnyilvánítás *fn [tapssal]* expression of approval; applause, *[kiáltásokkal]* cheering

tetszetős *mn* attractive, appealing

tetszhalál *fn* suspended animation

tetszhalott *mn/fn* seemingly dead, in a state of suspended animation *ut*

tetsz|ik *i* **1. ~ik vknek vm/vk** sy likes sg/sy; *[vmlyen produkció]* sy enjoys sg; **(nagyon) ~ik nekem** (*vm*) I like it (very much v. a lot); (*vk*) I really like him/her, I have really taken to him/her; **hogy ~ik (neked) a ...?** how do you like ...?, what do you think of ...?; **tetszett** *[a hangverseny stb.]* ? did you like/enjoy [the concert etc.]?; **hogy ~ik az új munkahelyed/állásod?** how do you like (v. how are you enjoying) your new job?; **neki a szőkék ~enek** he prefers blonds; **nekem a barnák ~enek** I like (v. go for) dark-haired girls (v. brunettes), dark-haired girls appeal to me; **nem ~ik nekem a ...** I don't like ..., I don't care for ..., I dislike ...; **egyáltalán nem ~ik** (*vm*) I don't like it at all (v. one little bit); (*vk*) I don't like the look of him; **nem ~ett a Don Giovanni X rendezésében** I didn't like X's production of D. G.; **ahogy ~ik** as you like, (do)as you please; **~el neki** (s)he fancies you; **nagyon ~el neki** he is (v. he seems to be) greatly taken with you; **..., ha (úgy) ~ik, ...,** if you like/wish ...; **akár ~ik, akár nem / ~ik, nem ~ik** for better or (for) worse, (whether you etc.) like it or not, *biz* like it or lump it; **nem ~ik nekem ez az ügy** I don't like this one bit; *[erősebben]* I smell a rat, there is sg fishy around here; *[ebben az egészben]* **az nem ~ik, hogy** what sticks in my throat/gullet is that **2.** *[udvariassági kifejezések]* **mi ~ik?** *[üzletben stb.]* what can I do for you?, can I help you?; **~ik már kapni?** are you being served?; **~ik egy cigarettát?** (would you care for) a cigarette?; **mit ~ik keresni?** what are you looking for?; **hogy ~ik lenni?** how are you getting on?; **nem ~ik leülni?** please won't you sit down? **3.** *[látszik]* seem, appear, look; **nekem úgy ~ik, hogy** ... it seems/appears (to me) that ...

tetszőleges *mn* → **tetszés szerinti**

tett *fn* **1.** *ált* action, act; **a ~ek embere** man° of action; **~en ér vkt** catch* sy in the (very) act, catch* sy red-handed; **a ~ek mezejére lép** get*/set* to work, put* one's shoulder to the wheel; **~re kész** determined, ready to act *ut* **2.** → **bűncselekmény**

tettenérés *fn* catching sy in the act (v. red-handed); **~ esetén** if cought in the act

tetterő *fn* energy, force, vigour (*US* -or)

tetterős *mn* dynamic, energetic, active

tettes *fn* perpetrator [of a crime], culprit; **ki a ~?** who did it?

tettestárs *fn* accomplice

tettet *i* pretend (to ... v. that), sham, feign (sg), put* sg on; **betegséget ~** sham/feign illness; **~i magát** be* play-acting, be* pretending/shamming

tettetés *fn* pretence, shamming, putting it on

tettetett *mn* feigned, sham, pretended, *[modoros]* affected, *US* put-on

tetthely *fn* the scene of the crime; *[gyilkosságé]* murder scene

tettleg *hsz* **~ bántalmaz vkt** assault sy, commit* an assault on sy

tettleges *mn* **~ bántalmazás** assault (and battery)

tettlegesség *fn* assault (and battery), violence; **~re került sor, ~ig fajult a dolog** there was resort to violence, they came to blows

tettrekészség *fn* readiness to act; → **tetterő**

tettvágy *fn* desire to act, thirst for action

tetű *fn* louse°; *biz* **lassú, mint a ~** go at a snail's pace, be* sluggish

tetves *mn* lousy, covered with lice *ut*, *[haj]* nitty

tetvesség *fn* lousiness

tetvészked|ik *i* search/hunt for lice (on oneself)

tetvetlenít *i* delouse

teve *fn* camel; → **egypúpú**; → **kétpúpú**

tévé, tv *fn röv* → **televízió**; **közvetíti a ~, mi megy a ~ben?, nézi a ~t** *stb.* → **televízió**; **X holnap szerepel a ~ben** X is going on television tomorrow

tévéadás *fn* television/TV broadcast, *[műsor]* television programme (*US* -am); **reggeli ~** *GB* TV-am

tévéadó *fn* → **tv-adó**

tévéantenna *fn* TV/television aerial (*US* antenna)

tévébemondó *fn* television/TV announcer

téved *i* **1.** *[hibázik]* be* mistaken/wrong, make* a mistake, err; **ha nem ~ek** if I am not mistaken; **~ni emberi dolog** to err is human **2.** *[számításban]* be* out in [one's calculations]; **10 Ft-tal ~** (s)he is/was 10 fts out **3.** *[véletlenül vhová]* stray swhere, go*/get* swhere by mistake

tévedés *fn* **1.** *ált* error, mistake, fault; **~ből** by mistake; *[figyelmetlenségből]* through an oversight; **~t követ el** make* a mistake, err; **~ kizárva** there cannot be any mistake; **~en alapul** be* founded on a fallacy **2.** *[számításban]* miscalculation, error

tévedhetetlen *mn* infallible, unerring

tévéelőfizető *fn* → **tv-előfizető**

tévéfilm *fn* (made-for-)television film, TV film

tevegel *i tréf* ride* a camel

tévéhíradó *fn* → **tv-híradó**

tévéjáték *fn* **1.** *[színdarab]* television/TV play **2.** *[video]* video game

tévékamera *fn* TV camera

tevékeny *mn* active, busy, brisk

tevékenyked|ik *i* be* active, be* busy

tevékenység *fn* activity, work, function

tévékészülék *fn* television (set), TV (set), *biz* telly

tévéközvetítés *fn* television/TV broadcast, telecast

tévelyeg *i* err, stray, deviate; *[rossz útra tér]* go* astray

tévelygés *fn* erring, straying, *[elviekben]* deviation

tévéműsor *fn* television/TV programme (*US* -am)

tévéműszerész *fn* → **tévészerelő**

tévénéző *fn* viewer

Tevere *földr* (*latinul* Tiberis) Tiber

tévéreklám *fn* (TV) commercial, TV ad(vertisement)

tévériporter *fn* TV reporter

téves *mn [hibás]* wrong, mistaken, *[nézet]* erroneous, *[pontatlan]* inaccurate; **~ kapcsolás/szám** wrong number; **~ számot hívott, ~ kapcsolás (azt hiszem)** (I think) you've got the wrong number; **~ kézbesítés** misdelivery; **~ következtetés** misconclusion

tévés *fn biz [a tévé munkatársa]* one who works/is in television

tévesen *hsz* by mistake, wrongly, falsely; **~ ítéli meg a helyzetet** misjudge the situation; **~ informál** misinform (sy)

tévésorozat *fn* television/TV series

tévéstúdió *fn* television/TV studio

tévészerelő *fn* TV mechanic/engineer, repair man°

téveszme *fn* erroneous belief, misconception, delusion, fallacy

teveszőr *fn* camelhair

téveszt *i* **célt ~** (i) *konkr* miss the target/mark (ii) *átv* be* wide of the mark; *[terv stb.]* come* (badly) unstuck; **pályát ~** miss/mistake* one's vocation; **pályát ~ettél** you should do this for a living; **szem elől ~** (*vkt/vmt*) lose* sight of (sy/sg)

tévézés *fn* watching television/TV

tévéz|ik *i* watch television/TV, *[kapcsolgatva]* be* channel-surfing; **sokat ~ik** (s)he watches television/TV a lot

T

tévhit *fn* delusion, misconception, false belief; **abban a ~ben él, hogy** he is under the delusion that
tevőleges *mn* active, positive
tévtan *fn* false doctrine, *vall* heresy
tévút *fn átv* error, aberration; **~ra vezet/visz vkt** lead* sy astray, mislead* sy
texasi *mn/fn* Texan
textil *fn* textile
textilanyag *fn* textile material
textiláru *fn* textile fabrics/goods/materials *tsz*
textilipar *fn* textile industry
textilipari termék *fn* → **textiláru**
textilöblítő *fn* softener
tézis *fn* proposition; **az értekezés ~ei** abstract of the thesis *esz*, the main points of the thesis
Thaiföld *földr [korábban Sziám]* Thailand
thaiföldi *mn/fn* Thai, *[ember]* Thai(lander)
ti. *röv* → **tudniillik**
ti *nm* **1.** you; **~ magatok** you yourselves **2.** *[birtokos]* your, *[régen és vall]* thy, *[magánhangzó, ill. „h" előtt]* thine; **a ~ kocsitok** your car
TIB *fn röv* → **Történelmi Igazságtétel Bizottság**
Tiberis *földr tört* → **Tevere**
Tibet *földr* Tibet
tibeti *mn/fn* Tibetan
Tibor *tul* ‹Hungarian masculine given name›
tied, **tieid**, **tie(i)tek** *nm* yours; **ez a ház a tietek?** is this house yours?
tífusz *fn* **1.** *[hastífusz]* typhoid (fever) **2. kiütéses ~** typhus, spotted fever
tífuszjárvány *fn* typhoid epidemic
tífuszoltás *fn* TAB vaccination
tífuszos *mn* **~ beteg** typhoid patient
tigris *fn* tiger; **nőstény ~** *átv is* tigress
tikkadt *mn* parched, faint
tikkaszt *i* parch
tikkasztó *mn* sweltering, sultry, parching
tilalmi *mn* **~ idő** *[vadászatban]* close (*US* closed) season; **~ jelzőtábla** prohibitive/prohibitory sign; **~ lista** embargo list
tilalom *fn* prohibition; **kiviteli ~** embargo → **vadászati**
tilde *fn [szótárban]* swung dash, *[spanyolban stb.]* tilde
tilinkó *fn* flute, (shepherd's) pipe
tilos I. *mn* (be*) forbidden/prohibited, (be*) not allowed/permitted; **~ a dohányzás** no smoking, smoking is prohibited/forbidden; **a fűre lépni ~** keep off the grass; **~ az átjárás** no thoroughfare; **az átjárás büntetés terhe alatt ~** trespassers will be prosecuted; **(idegeneknek) belépni ~** no admittance/entry, keep out, "private", *[étteremben]* staff only **II.** *fn* **~ban jár** trespass; **~ban vadászik** poach on sy's property; **~ra állított szemafor/jelző** signal at danger
tilt *i* prohibit, forbid*; **a lelkiismeretem ~ja** it goes against my conscience; **~ja a szabályzat** it's aganist the rules/regulation
tiltakozás *fn* protest; **~át bejelenti** make*/lodge a protest (*vknél* with sy, *vm ellen* against sg)
tiltakoz|ik *i* (*vm ellen*) protest against sg, make*/lodge a protest against sg, *US* protest sg [e.g. the war]; **~om!** I protest
tiltakozó I. *mn* protesting, protest-, of protest *ut*; **~ nagygyűlés** mass demonstration/protest against sg; **~ jegyzék** note of protest; **~ menet** protest march; **~ sztrájk** protest strike **II.** *fn* protester
tiltó *mn* prohibitory, prohibitive; **~ rendelet** prohibitive decree/order
tiltószó *fn* negative particle/word
tiltott *mn* forbidden, prohibited, illicit, unlawful; **~ áruk** prohibited goods; **~ áruk listája** prohibited list; **~ eszközök** illicit means; **~ fegyverviselés** illegal possession of fire-arms; **~ gyümölcs** forbidden fruit; **~ műtét** criminal abortion
tiltóvám *fn* prohibitive duty
tímár *fn* tanner
timföld *fn* aluminous earth, aluminium (*US* aluminum) oxide
timori *mn/fn* Timorese
Timóteus *tul* Timothy
timpanon *fn épít* tympan(um)
timsó *fn* **1.** *kém* alum **2.** *[borotválás utánra]* shaving block, *[rúd]* styptic pencil
tincs *fn* curl, lock, ringlet
tinédzser *fn* teenager
tini *fn biz* teen
tinó *fn* young bullock/ox°; **tanulj ~, ökör lesz belőled** live and learn
tinta *fn* **1.** ink; **~val ír** write* in ink **2.** *szl* → **pia**
tintafolt *fn* ink-blot/stain
tintahal *fn* **1.** *áll* cuttlefish, sepia, squid **2.** *átv biz [alkoholista]* a (hard) drinker
tintaradír *fn* ink eraser/rubber
tintás *mn* inky, blotted
tintasugaras *mn infor* **~ nyomtató** ink-jet (v. desk jet) printer
tintásüveg *fn* ink-bottle
tintatartó *fn* inkstand
tipeg *i* waddle, *[gyerek]* toddle
tipegő *fn [kezeslábas]* crawlers *tsz*, rompers *tsz*
tipeg-topog *i* toddle about
tipikus *mn* typical, characteristic
tipli *fn* **1.** *[falba]* (wall) plug **2.** *[fejen]* lump, bump
tipográfia *fn* typography
tipográfiai *mn* typographical; **~lag** typographically
tipológia *fn* typology
tipor *i* trample (down) sg, tread* on sg, trample/tread* sg underfoot; **lábbal ~** tread*/trample underfoot
tipp *fn biz* tip, hint, pointer
tippel *i biz* give* sg a tip/pointer; **mire ~sz?** what is your tip/guess?
tippszelvény *fn* pools coupon
tipród|ik *i* pace up and down agitatedly
típus *fn* **1.** type, category **2.** *[gyártmány]* modell, type; **legújabb ~** the latest design/type
típusáru *fn* utility goods *tsz*
típusbútor *fn* utility (v. High-Street) furniture
típusszerződés *fn gazd* standard contract
típusterv *fn* standard design
Tiszántúl *földr* ‹Hungarian territory east of the River Tisza› *kb.* Trans-Tiszanian region
tiszántúli *mn* trans-Tiszanian, east of the River Tisza *ut*
tiszavirág-életű *mn* ephemeral, evanescent, short-lived
tiszt *fn* **1.** *kat* officer; **~té avatják** get* one's commission **2.** *[sakkban]* **~ek** major pieces, chessmen **3.** *[hivatali hatáskör]* office, function, duty
tiszta I. *mn* **1.** *[nem piszkos]* clean, *[vkről, tisztaságszerető]* cleanly, always clean; **~ ruha** clean clothes *tsz*; **~ papír** a clean piece of paper; **nem ~** unclean, impure **2.** *[vmtől mentes, megtisztított]* clear, *[nem kevert]* pure, unadulterated; **~ acél** solid steel; **~ alkohol/szesz** (neat/pure) alcohol; **~ fém** pure/unalloyed metal; **~ levegő** clean/pure air; *átv* **~ a levegő!** the coast is clear!; **~ víz** *[átlátszó]* clear/limpid water; *[iható]* clean/drinking water; **öntsünk ~ vizet a pohárba** let us speak plainly, let's clear the air, let's get things straight **3.** *[világos] átv is* clear, *[érthető]* clear, plain, *[félreérthetetlen]* clear-cut; **~ beszéd** plain speaking; **~ ég** clear/cloudless sky; **~ fejjel ébred, ~ a feje** his/her head is (quite) clear; **~ fejű** clear-headed; **~ hang** clear/pure sound; **~ hangköz** perfect interval; **~ idő** a bright (sunny) day **4.** *[nem bonyolult; rendezett]* **~ eset/dolog** straightforward case/matter; **~ helyzetet teremt** clear the ground/way; **~ igazság** naked/simple/plain truth; **~ ügy** plain sailing **5.** *[erkölcsileg]* pure, innocent, virtuous; **~ erkölcs** high moral/ethical standards *tsz*; **~ra mos vkt** clear sy [of a charge], *biz* get* sy off **6.** *gazd* net,

clear; ~ **bevétel** net proceeds *tsz*; ~ **hozam** net yield; ~ **nyereség** clear profit/gain, net/clear profit; ~ **súly** net weight **7.** *[fokozó szóként: merő]* sheer, nothing but ...; ~ **hazugság** downright lie; ~ **hülye** a total/perfect idiot; ~ **meztelen** stark naked; ~ **őrület** sheer folly/madness; ~ **véletlen** mere/pure chance; ~ **víz volt az inge** his shirt was wringing wet **8.** *[nem kevert]* ~ **színek** primary colours (*US* -ors) **II.** *fn* **1.** *[tiszta ruha]* clean clothes *tsz*, *[női így is]* clean dress, *[alsó]* clean underwear; **~t vesz/vált** get* changed (v. change) (into clean clothes); **~ba tesz** *[csecsemőt]* change the baby('s nappy v. *US* diaper); **~ba tevés** nappy change **2. ~ban van vmvel** be* (fully/quite) aware of sg, be* alive to sg; **teljesen ~ban vagyok azzal, hogy** ... I am fully aware that ..., I fully appreciate (the fact) that ...; **nincs ~ban azzal, hogy** ... he doesn't exactly know whether ...; → **haszon**, → **levegő** 1, → **sor** 7

tisztakezű *mn átv is* clean-handed

tisztálkodás *fn* washing, grooming, *[toalett]* toilet

tisztálkod|ik *i* wash, get* tidied up, have* a wash (and brush up)

tisztán *hsz* **1.** *[nem piszkosan]* cleanly, cleanlily, neatly; ~ **tart vkt/vmt** keep* sy/sg clean **2. (kérek) két whiskyt** ~ two neat whiskies, please; *US* two straight whiskies, please **3.** *[világosan]* clearly; **nem lát** ~ he does not see clearly, he does not see his way; ~ **lát(ja a helyzetet)** see* clearly, be* clear-sighted; ~ **látó** clear-sighted **4.** *biz [csak, pusztán]* merely, purely (and simply), only, entirely **5.** *gazd* clear, net; **hozott neki ~ 1 000 000 forintot** it netted/brought him a clear 1,000,000 forints **6.** ~ **beszél** speak* clearly/distinctly; ~ **énekel** sing* in a clear/pure voice; *sp [hibátlanul]* ~ **teljesítette** *[lovas az akadálypályát]* (s)he cleared it

tisztára *hsz biz [teljesen]* completely, wholly, utterly, entirely; ~ **csak (vmért)** merely because of; **ez ~ csak formaság** (it is) a mere formality, it is just a formality; ~ **elfelejtettem** clean/totally forgot [your birthday etc.]; **ez ~ lehetetlen** that is absolutely impossible → **tiszta I 5**

tisztás *fn* clearing, glade

tisztaság *fn* **1.** *konkr* cleanness, cleanliness **2.** *[gondolkodásé, beszédé]* clarity **3.** *[erkölcsi]* pureness, purity

tisztát(a)lan *mn* **1.** *konkr* impure, unclean, foul **2.** *átv* unclean

tisztáz *i* **1.** *[kérdést, ügyet]* clear (up), make* sg clear, *[helyzetet]* clarify, *[megvilágít]* elucidate, clarify, *[megállapít]* ascertain **2.** *[személyt vm alól]* clear (sy of sg), *[viselkedést, cselekedetet]* justify; **~za magát** clear oneself

tisztázás *fn [kérdésé, ügyé]* clearing up

tisztázat *fn* fair copy

tisztázatlan *mn [nincs felderítve]* unclarified, not cleared up *ut*, not made clear *ut*

tisztázód|ik *i [ügy, rejtély]* be* cleared up

tisztel *i [tiszteletben tart]* respect, esteem, think* highly of (sy), honour (*US* -or)

tiszteleg *i* **1.** *kat* salute; **fegyverrel** ~ present arms; **zászlóval** ~ lower the colours (*US* -ors); **~j!** salute! **2.** (*vknél*) pay* one's respects to **3.** *[vk/vm előtt]* bow before sy/sg; ~ **vk emléke előtt** pay* tribute to sy

tisztelendő *mn* reverend; ~ **úr** Reverend (X)Y

tisztelet *fn* **1.** *[megbecsülés]* respect, esteem; **~em jeléül** as a mark/token of my respect; **~ben áll** be* respected (by), be* held in (the greatest) respect (by); **~ben tart** (i) (*vkt*) respect sy, have* respect for, hold* (sy) in respect, hold* sy in (high) esteem (ii) (*vmt*) respect (sg), show* respect for (sg); **~ben tartja a szokásokat** be* respectful of traditions; **az ön iránti ~ből** out of respect for you; **~re méltó** respectable, honourable (*US* -or-), worthy of respect *ut*, *[idős]* venerable; **vk ~ére** in honour (*US* -or) of sy; **~et parancsol** command respect; **~tel van vk iránt** respect sy, have* (a) great regard for sy, hold* sy in high (v. in the greatest) respect/regard; **~tel adózik vk emlékének** pay* tribute to the memory of, pay* homage to [the genius/talent of sy] **2.** *[udvariassági kifejezésekben]* **(kérem,) adja át ~emet** remember me (kindly) to, give* my respects/compliments/regards to; **~ét teszi vknél** pay* one's respects to; **~tel közlöm/értesítem** I beg to inform you, I have the honour to inform you; **mély ~tel** I am, Sir, yours very truly; **(őszinte) ~tel** *[ismeretlen személynek szóló, ill. hiv. levél végén]* yours truly/faithfully; *[ismerősnek]* yours sincerely; **~tel** (v. **~e jeléül) a szerző** with the author's compliments

tiszteletadás *fn* **1.** ~ **vk emlékének** homage/tribute to sy's memory (to the memory of sy) **2.** → **tisztelgés 1**

tiszteletbeli *mn* honorary; ~ **elnök** honorary chairman; ~ **tag** honorary member

tiszteletdíj *fn [szerzői]* royalty, *[orvosnak, ügyvédnek stb.]* fee(s), honorarium

tiszteletes *mn [protestáns szóhaszn.]* **1.** *[megszólításban]* ~ **úr** ... Mr. *[és vezetékneve]*, *pl.* Mr. Kovács; *[megszólításban lehet így is:]* the Rev. Mr. (v. Dr) Smith *[de sohasem:* the Rev. Smith!*]* **2.** *[címzésben]* the Reverend (*röv* **Rev.**) *[és teljes neve]*, *pl.* the Rev. John Smith, the Rev. István Varga etc.

tiszteleti *mn* → **tiszteletbeli**

tiszteletkör *fn* lap of honour (*US* -or)

tiszteletlen *mn* disrespectful, irreverent

tiszteletlenség *fn* disrespect, irreverence

tiszteletpéldány *fn* complimentary/free/presentation copy

tiszteletreméltó *mn* → **tisztelet 1**

tiszteletteljes *mn* respectful; ~ **üdvözlettel** → **őszinte**

tisztelettel; **adja át ~ üdvözletemet** present my respects

tisztelettudó *mn* respectful

tisztelgés *fn* **1.** *kat* saluting, salute, *[fegyverrel]* presenting arms **2.** (*vknél*) paying one's respects (to)

tisztelő *fn* admirer, devotee; **vk ~je** sy's admirer/devotee; **lelkes ~je vknek** fervent admirer of sy

tisztelt *mn* (*röv* **t.**); ~ **barátom** my dear friend; *[szokásosabb azonban ez a megszólítás:* Dear John *etc.]*; ~ **hallgatóim/közönség!** Ladies and gentlemen!; **(igen) ~ kollégám!** *[bíróságon]* my learned friend; **(mélyen) ~ elnök úr!** Mr. President; *[konferencián]* Mr. Chairman; **T~ Uraim!** *[levélben]* Dear Sirs, *US így is:* Gentlemen; **T~ Cím** (*röv* **T. C.**) Dear Sir or Madam → **t., T.**

tiszteltet *i* (*vkt*) send* one's regards/respects to sy; **~em a bátyját** give* your brother my kind/best regards

tisztesség *fn* **1.** *[megbecsülés]* honour (*US* -or); **nagy ~ ez rájuk nézve** it/this does them great credit, it/this is greatly to their credit **2.** *[becsületesség]* honesty, probity

tisztességérzet *fn* sense of decency/honour (*US* -or)

tisztességes *mn* **1.** *[becsületes]* honest, decent, *[korrekt]* honourable (*US* -or-), fair; ~ **eljárás** square deal, fair play; ~ **haszon** fair profit; ~ **szándék** honourable (*US* -or-) intention(s); **remélem, ~ek a szándékai** I hope your intentions are honourable; **nem ~** dishonest, unfair **2.** *biz [meglehetős]* decent; ~ **bér** decent wage; ~ **fizetés** fair/respectable salary

tisztességtelen *mn* **1.** *[becstelen]* dishonest; ~ **ajánlatot tesz** *[nőnek]* make* (improper) advances (to), make* an indecent proposal **2.** *gazd* unfair; ~ **eljárás** foul play, sharp/corrupt practice, *biz* a dirty trick; ~ **úton** dishonestly, by unfair means; ~ **verseny** unfair competition

tisztességtudó *mn* respectful, deferential, *[gyerek]* dutiful

tiszthelyettes *fn* non-commissioned officer

tiszti *mn* **1.** *kat* officer's; ~ **étkezde** the officer's mess; ~ **küldönc** orderly, batman°, aide-de-camp **2.** *hiv* official; ~ **főorvos** *elav* chief medical/health officer

tisztikar *fn kat* staff of officers

tisztiorvos *fn* medical/health officer

tisztiorvosi *mn* medical officer, health officer

tisztít *i* **1.** *ált* make* (sg) clean, clean, cleanse, *[cipőt]* clean, brush, *[ruhát]* clean, *[vegyszeresen]* dry-clean, *[fogat]* brush, clean **2.** *[babot, borsót]* shell, *[baromfit]* clean, dress, *[zöldséget]* clean **3.** *orv [beleket]* purge

T

tisztítás *fn ált* cleaning
tisztító *fn [üzem]* cleaner's, *[vegytisztító]* dry-cleaner('s)
tisztítószer *fn* detergent
tisztított *mn* ~ **baromfi** dressed poultry; ~ **zöldség** cleaned vegetables *tsz*
tisztítótűz *fn* purgatory
tisztképző *fn* military college/academy
tisztogat *i* **1.** *konkr* clean, cleanse **2.** *pol* clean up, purge (*vmtől* of)
tisztogatás *fn* **1.** *konkr* cleaning, cleansing **2.** *pol* clean-up, purge; **alapos ~t végez/csinál** carry out a purge (v. *biz* a shake-up)
tisztség *fn* office, function, position; **~gel járó hatalom** inherent power in an office
tisztségviselő *fn* official, office-holder, functionary, *[magasabb]* executive
tisztújítás *fn [párté stb.]* (re-)election of officials (v. the board)
tisztul *i* **1.** *ált* become* clean, purify, *[folyadék]* (become*) clear, clarify **2.** *[ég]* clear, *[időjárás]* clear up
tisztulás *fn* purification, cleansing
tisztviselő *fn [állami]* civil servant, *[irodai]* clerk, *[alkalmazott]* employee; → **tisztségviselő**
TIT *röv* → **tudományos**
titán *fn* **1.** *kém* titanium **2.** *enyhén pej* **ifjú** ~ *kb.* yuppie
titkár *fn* secretary; **személyi** ~ private secretary; **az igazgató ~a** (private) secretary to the (managing) director; **első** ~ *[követségi]* first secretary; → **másodtitkár**
titkárnő *fn* secretary
titkárság *fn* secretariat, *[kisebb]* general/secretary's office
titkol *i* hide*, conceal; **nem ~ja** make* no secret of; **~t** secret, covert, hidden
titkolódzás *fn* secret-mongering
titkolódz|ik *i* be* secretive, assume an air of secrecy, keep* things secret/back
titkon *hsz* secretly, in secret, *[lopva]* stealthily
titkos *mn ált* secret, *[rejtett]* hidden, concealed, *[illegális]* clandestine; ~ **ajtó** secret/hidden door; ~ **fiók** hidden drawer; ~ **pillantás** stolen/furtive glance/look; ~ **szavazás** secret ballot; ~ **szövetség** secret pact/alliance; ~ **tanácsos** Privy Councillor; ~ **telefonszám** ex-directory (v. *US* unlisted) (telephone) number; ~ **ügynök** secret agent; ~ **zár** combination/safety lock
titkosít *i* **1.** *[kódol]* encrypt **2.** *[betekintést korlátozza]* **a szerződést 40 évre ~ották** the contract was classified for 40 years
titkosítás *fn* **1.** *[kódolás]* encryption **2.** *[betekintés korlátozása]* classification
titkosrendőr *fn* detective, plain-clothes (v. secret) policeman°
titkosrendőrség *fn* secret police
titkosság *fn* secrecy; **a szavazás ~a** secrecy of the ballot, the secret ballot
titkosszolgálat *fn* secret service, intelligence agency/bureau
titok *fn* **1.** *ált* secret; **~ban** in secret; *[lopva]* stealthily; **a legnagyobb ~ban** in strictest confidence; **~ban tart vmt** keep* sg secret/private; **beavat vkt a ~ba** let* sy into the secret; **a kísérlet eredményeinek ~ban kell maradniuk** the results of the experiments must remain a secret; **titkot tart** keep* a secret, *biz* keep* mum; **tudsz titkot tartani?** can you keep a secret?; **megőrzi/megtartja a titkot** keep* sg to oneself, keep* sg secret; ... **légy szíves kezeld ~ként** (do me a favour and) keep it to yourself, will you?; **nem csinál titkot belőle** make* no secret of ... **2. a természet titkai** the secrets of nature **3.** *[műfogásé]* trick; **rájön a titkára, megtalálja a titkát** find* out the secret, get* the hang of sg; → **gyártási**
titokminiszter *fn kb.* secret service minister
titoktartás *fn* secrecy, discretion; **a legszigorúbb ~ mellett** in strict confidence
titoktartási *mn* ~ **kötelezettség** obligation of secrecy
titoktartó *mn* discreet, *kif* one's lips are sealed
titokzatos *mn* mysterious
titokzatoskod|ik *i* be* (so) mysterious
titulál *i* → **címez/nevez vmnek**
Titusz *tul* Titus
Tivadar *tul* Theodore
tivornya *fn* bacchanal, revelry, orgy
tivornyáz|ik *i* carouse, revel, have* an orgy
tíz *szn* ten; **a ~ ujjamon meg tudom számolni** I can count them on the fingers of one hand (v. two hands); **mintha ~ig sem tudna számolni** he looks as if butter would not melt in his mouth
tized *fn* **1.** *[rész]* tenth (part) **2. három egész öt ~ (3,5)** three point five (*írva:* 3.5) **3.** *[adó]* tithe
tizedel *i* decimate
tizedes I. *mn* decimal; ~ **tört** decimal fraction **II.** *fn* **1.** *kat* corporal (*röv* **corp.**) **2.** *mat* decimal
tizedesjegy *fn* decimal; **öt ~ pontosságú** correct to five places of decimals
tizedesvessző, -jel *fn* decimal point
tizedik I. *szn/mn* tenth; **minden ~** every tenth (one), one in ten; **~ évében van** (s)he is coming up to ten **II.** *fn* **~e** *[10-e]* the 10th of [May etc.]; **május 10-én** on the 10th of May, on 10(th) May, *US főleg:* on May 10(th)
tizedrész *fn* → **tized**
tizedszer *hsz* **1.** *[ismétlődés]* for the tenth time **2.** *[felsorolás]* tenthly
tízen *szn/hsz* ten (of us/you/them)
tizenegy *szn* eleven; **a magyar ~** *sp* the Hungarian team/eleven
tizenegyes *fn sp* penalty (kick); **~t rúg** take* the penalty (kick); ~ **pont** penalty spot; **~ek rúgása** *[amely hosszabítás után eldönti a mérkőzést]* penalty shoot-out
tizenéves I. *mn* teenage, *biz* teen [fashions, boy etc.] **II.** *fn* teenager, *biz* teen
tizenharmadik *szn/mn* thirteenth
tizenhárom *szn* thirteen
tizenhat *szn* sixteen
tizenhatod *szn* ~ **hangjegy** semiquaver, *US* sixteenth note
tizenhatodik *szn/mn* sixteenth
tizenhatos *mn/fn sp* ~ **(vonal)** the 18 yard line; **a ~on belül** within the penalty area
tizenhét *szn* seventeen
tizenhetedik *szn/mn* seventeenth
tizenkét *szn* twelve
tizenkétfokú *mn zene* twelve-tone, dodecaphonic
tizenkettedik *szn/mn* twelfth; **a ~ órában** at the eleventh hour
tizenkettő *szn* twelve
tizenkilenc *szn* nineteen; **(az) egyik ~, (a) másik egy híján húsz** (it's) six of one and half a dozen of the other, (there's) not much to choose between them
tizenkilencedik *szn/mn* nineteenth; **a XIX. században** in the 19th/nineteenth century
tizennégy *szn* fourteen
tizennegyedik *szn/mn* fourteenth
tizenöt *szn* fifteen; **csak ~ éven felülieknek** *[moziban]* no persons under 15 years admitted
tizenötödik *szn/mn* fifteenth
tizennyolc *szn* eighteen; **csak ~ éven felülieknek szóló film** *US* X-rated film/movie
tizennyolcadik *szn/mn* eighteenth
tízes I. *mn* ~ **szám** number ten; ~ **szoba** room (number) ten (*írva:* room No. 10, room 10); ~ **busz** bus number ten, bus (No.) 10, the number ten bus; **a ~ évek** *[1910-es]* the teens; ~ **pénzrendszer** decimal currency; **a ~ számrendszer** the decimal system **II.** *fn [bankjegy]* a ten-forint note, *GB* a £10 note, *US* a $10 bill, *[érme]* a ten-forint piece, *GB* a ten-pence piece
tízesével *hsz* ten at a time
tízéves *mn* ten-year-old, ten years old *ut*

T

tízezer *szn* ten thousand; **a felső ~** the upper ten, the upper ten-thousand, the upper crust
tízféle *mn* ten (different) kinds/sorts of *tsz*
tízórai *fn [étkezés]* morning coffee, *GB néha* elevenses *tsz*
tízóraiz|ik *i* take*/have* a coffee/tea break
tízparancsolat *fn vall* Ten Commandments *tsz*
tízperc *fn okt* break, *US* recess; → **szünet**
tízpróba *fn sp* decathlon
tízszer *hsz* ten times
tízszeres *mn* tenfold
tkp. *röv* → **tulajdonképp(en)**
T-nyílás *fn fényk* T-stop
tmk *röv* → **tervszerű**
tó *fn* lake, *[kisebb]* pond, pool
toalett *fn* **1.** *[ruha]* woman's dress, gown **2.** *[vécé]* toilet, lavatory, *GB biz* loo, *US* men's/women's room, *biz* john **3.** *[tisztálkodás]* toilet
toalettasztal *fn* toilet/dressing table
toalettpapír *fn* toilet paper
tobogán *fn* toboggan
toboroz *i kat ált [embereket]* recruit, *biz [híveket, vevőket]* drum up
toborzás *fn* recruiting, recruitment
toborzó *fn zene* recruiting dance, "toborzó"
toboz *fn* cone
tobozos, **toboztermő** *növ* **I.** *mn* coniferous **II.** *fn* **~ok/~k** conifers
tobzód|ik *i (vmben vk)* wallow/luxuriate in sg, *(vm)* abound in sg, be* surfeited with sg, have* sg galore
tobzoska *fn áll* pangolin
tócsa *fn* puddle, (stagnant) pool
tocsog *i* squelch, splash
tódít *i biz* → **nagyokat mond**; → **túloz**
tódul *i* **1.** *[vhova folyadék]* flow/rush to; **fejébe ~t a vér** the blood rushed to his head **2.** *[tömeg vhová]* throng/swarm/stream to
Togo *földr* Togo
togói *mn/fn* Togolese
tohonya *mn* sluggish, elephantine
tojás *fn* egg; **~ alakú** egg-shape(d), oval; **~ból kikel** hatch; **~t felver** beat* (up) (the/three etc.) eggs (v. egg whites) (until stiff); **olyanok, mint két ~** they are like two peas in a pod; → **üt**
tojásfehérje *fn* white (of egg), egg white; → **tojás**, → **felver**
tojásfejű *fn biz* egghead
tojásgyümölcs *fn* aubergine, *főleg: US* egg-plant
tojáshab *fn* whipped white of eggs
tojáshéj *fn* egg-shell
tojáshozam *fn* egg yield
tojáslikőr *fn* egg-flip, advocaat
tojásos *mn* with eggs *ut*, egg-
tojásrántotta *fn* scrambled eggs *tsz*
tojássárgája *fn* (egg) yolk
tojástánc *fn* **~ot jár** tread* on delicate ground
tojástartó *fn [asztali]* egg-cup
toj|ik *i* **1.** lay*, lay* eggs **2.** *szl* **~ok rá!** X be blowed!, X be hanged!
tojó *fn* hen
tok *fn* **1.** *[tartó]* case, box, *[késé, pengéé]* sheath, *[szerszámé]* tool-chest/box, *[könyvé]* slipcase; **~ban** *[könyv]* boxed **2.** *növ [magé]* pod, capsule
toka *fn* **1.** *[emberé]* double chin; **~́t ereszt** acquire a double chin **2.** *[sertésé]* chops *tsz*, chaps *tsz*
tokaji (bor) *mn/fn* Tokay
tokány *fn kb.* stew
tokaszalonna *fn* bacon from pig's chap
Tokió *földr* Tokyo
toklász *fn növ* awn
tokmány *fn* **1.** *műsz* chuck **2.** *[övön hordott kaszakőtartó]* whetstone sheath
tol *i* **1.** *[keréken gurulót stb.]* push, *[nehezebb tárgyat]* trundle, *biz* shove *(vhová mind:* to, into) **2.** *biz* **másra ~ja a felelősséget** shunt/shift the blame/responsibility onto sy, *US biz* pass the buck (to sy) **3.** → **halaszt**
tolakodás *fn* **1.** *[szemtelenkedés]* intrusion, obtrusiveness, indiscretion **2.** → **tolongás**; **nem veszi ~nak, ha ...?** would it be impertinent to ...?, may I ...?
tolakod|ik *i* **1.** *[tömegben]* push (and shove) (one's way) forward, elbow one's way [into the front row v. through to the box office etc.] **2.** *[szemtelenül]* push oneself
tolakodó *mn* pushy, pushing (and shoving), self-assertive, elbowing; *[szemtelen]* intrusive, pushy
tolaksz|ik *i* → **tolakodik**
tolat *i* **1.** *vasút* shunt, *US* switch **2.** *[autóval]* reverse/back (the/one's car)
tolatás *fn* **1.** *vasút* shunt(ing) **2.** *[autóval]* reversing, *US* backing up
tolatólámpa *fn* reversing light, backup light
tolatómozdony *fn* shunting/switching engine, *US* switcher
tolattyú *fn* piston, slide-valve
told *i* lengthen, make* (sg) longer; *(vmhez vmt)* add sg to sg
toldalék *fn* **1.** *[tárgyon]* appendage, sg added, addition **2.** *[épületé]* extension, annex(e) **3.** *nyelv ált* affix, *[szótő előtt]* prefix, *[után]* suffix **4.** *jog [végrendeletben]* codicil
toldalékolás *fn nyelv ált* affixation, *[szótő után]* suffixing, suffixation, *[szótő előtt]* prefixing, prefixation
toldás *fn* **1.** lengthening, appendage **2.** *[folyamat]* adding, addition, lengthening
toldás-foldás *fn* patching, mending
told-fold *i* → **toldoz-foldoz**
toldoz *i* piece/patch together
toldoz-foldoz *i* keep*/be* patching/mending
toli *fn sp [rögbiben]* scrum
toll *fn* **1.** *[madáré]* feather; **idegen ~akkal ékeskedik/büszkélkedik** wear* (v. dress in) borrowed plumes **2.** *[írásra]* pen; **kitűnő ~a van** be* a master of the pen; **~at ragad** put* pen to paper, take* up one's pen **3.** *[evezőé]* blade; → **madár**
tollas *mn* feathery, feathered, feather-; *biz* **nem ~ a hátam** I wasn't born yesterday
tollaslabda *fn sp* **1.** badminton **2.** *[a labda]* shuttlecock, *US* birdie
tollaslabdaütő *fn* (badminton) racket
tollaslabdáz|ik *i* play (a game of) badminton
tollasod|ik *i* **1.** *[nő a tolla]* grow* feathers, feather **2.** *biz [gazdagodik]* make* one's pile, feather one's nest
tollászkod|ik *i* preen, plume
tollatlan *mn* featherless, unfeathered, unfledged
tollazat *fn* plumage, feathers *tsz*
tollbamondás *fn* dictation
tollbóbita *fn* tuft, crest
tollforgató *fn irod* writer
tollfosztás *fn* plucking (of feathers)
tollhegy *fn* (pen) nib; **~re tűz** inveigh against
tollhiba *fn* slip of the pen
tollkés *fn* penknife°, *US* pocket knife°
tollrajz *fn [karcolat]* sketch
tollseprű *fn* feather-duster
tollszár *fn [irótollé]* penholder
tolltartó *fn okt* pencil-case
tollvonás *fn* stroke of the pen; **egy ~sal** with a/one stroke of the pen
tolmács *fn* interpreter, translator
tolmácsol *i* interpret
tolmácsolás *fn* **1.** *[tolmácsként működés]* interpreting, translating, translation; **konzekutív ~** consecutive translation; **szimultán ~** simultaneous translation **2.** *[művészi stb.]* interpretation
Tolnát-Baranyát bejártam *kif* I searched high and low
tolóablak *fn [föl-le]* sash window, *[oldalt]* sliding window
tolóágy *fn [betegszállításra]* truckle-bed, wheeled stretcher
tolóajtó *fn* sliding door

T

tolód|ik *i* be* shifted/moved (from its place), slide*; **egymásba ~nak** telescope; → **bal**, → **jobb**[2]

tolódzkodás *fn sp* dip

tolófájás *fn orv* expulsive pain

tologat *i* keep* pushing, *biz* keep* shoving, shift about

tolókocsi *fn* → **tolószék**

tolólétra *fn* extension ladder

tolómérce *fn* vernier calliper (*US* caliper), cal(l)iper rule

toloncegyezmény *fn* agreement on mutual extradition, agreement on mutual deportation of illegal immigrants

toloncol *i* **haza ~ vkt** expel

tolong *i [tömeg]* throng, swarm, teem; → **tolakodik** 1

tolongás *fn* crowd, throng, crush

tolóretesz *fn* bolt

tolósúly *fn* rider

tolószék *fn* wheelchair, bath chair, invalid chair

tolótető *fn gk* sunshine roof, sunroof, sliding roof

tolózár *fn* bolt, latch

tolvaj *fn* thief°; *közm* **alkalom szüli a ~t** opportunity makes the thief

tolvajbanda *fn* gang/pack of thieves

tolvajkulcs *fn* → **álkulcs**

tolvajlás *fn* theft, larceny, *[kisebb]* petty larceny

tolvajnyelv *fn* (thieves') cant, argot → **argó**

tombol *i* **1.** *[személy]* rage, fume, storm, be* frantic; **~ dühében** foam with rage, be* hopping mad **2.** *[háború, járvány, vihar]* rage

tombola *fn* tombola, raffle

tomboló *mn* **a darab ~ sikert aratott** the play was a smash hit, the play brought the house down; **~ taps** tumultuous applause; *[felállva]* standing ovation

tompa *mn* **1.** *[életlen, nincs hegye]* blunt, dull; **~ illesztés** butt-joint **2.** *[ész]* dull, slow, *[érzékszervek]* blunt, dull, *[hang]* dull, hollow, *[szín]* soft, mellow; **~ fájdalom** dull pain; **~ puffanás** thud **3. ~ ékezet** grave (accent)

tompaszög *fn* obtuse angle

tompaszögű *mn* obtuse(-angled)

tompít *i* **1.** *[vmnek az élét]* make* (sg) blunt, blunt (sg), take* the edge off **2.** *[fényt]* soften, subdue; **~ja a fényszórót** dip (*US* dim) one's headlights **3.** *[fájdalmat]* dull, palliate, alleviate

tompított *mn* **~ fényszóró** dipped (*US* dimmed) headlight(s); **~ fényszórót használ** dip (*US* dim) one's headlights

tompor *fn* buttock, *tréf áll* haunch; *biz* behind

tompul *i* **1.** *[kés éle]* become*/get*/go* blunt **2.** *[fájdalom]* ease off

tompultság *fn [kedélybeli]* dullness, *[elméé]* torpor, dullness

Tonga *földr* Tonga

tongai *mn/fn* Tongan

tonhal *fn* tuna, tunny

Tóni *tul bec* Tony

tonna *fn* **1.** (*röv* **t.**), *[1000 kg]* metric ton, tonne **2.** *GB [2240 font = 1016 kg]* (long) ton, *US [2000 font = 907 kg]* (short) ton

tonnatartalom *fn* tonnage

tónus *fn* **1.** → **hangnem** 2 **2.** *[szín]* tonality, tint

tonzúra *fn* tonsure

topis *mn biz* tatty, shabby

toplista *fn* **a ~n szerepel** tops the list

topog *i* stamp about, stamp one's feet; **egy helyben ~** mark time, make* no headway

topográfia *fn* topography

toporzékol *i* **1.** (*vk*) be* stamping one's feet (angrily), rage **2.** *[ló] [ágaskodva]* prance, *[dobogva]* stomp its feet

toppan *i* (*vhova*) drop/pop in (swhere) unexpectedly

toppant *i* stamp one's foot (on the ground)

toprongyos *mn* ragged, tattered, *biz* tatty

tor[1] *fn* → **halotti**

tor[2] *fn áll* thorax

Torino *földr* Turin

torkolat *fn* **1.** *[folyóé]* mouth [of a river], estuary, *skót* firth; **a Forth ~a** Firth of Forth **2.** *[lőfegyver csövéé]* muzzle

torkolattűz *fn* flash [of a gun]

torkolatvidék *fn* delta

torkoll|ik *i* **1.** *[folyó]* fall*/flow/discharge **2.** *[utca]* lead* into

torkos *mn* **1.** *[nyalánk]* fond of sweet things *ut*, *[igével]* have* a sweet tooth, *[főnévvel]* (be* a) nibbler, *[ínyenc]* gourmand **2.** *[falánk]* greedy, gluttonous

torkoskod|ik *i [nassol]* nibble at (sg), eat* sweet things; **sokat ~ik** be* always nibbling at things [cakes etc.]

torlasz *fn* barricade, barrier; *[folyón]* obstruction, blockage; → **hótorlasz**

torlódás *fn ált* piling up, throng; **(forgalmi) ~** traffic congestion/jam, *[kocsisor]* tailback

torlód|ik *i* **1.** *[munka]* accumulate, pile up **2.** *[forgalom]* become* congested; **járművek ~nak** ... there's a tailback in ...

torma *fn* horse-radish

tormás *mn* with horse-radish *ut*

torna *fn* **1.** *[sportág]* gymnastics *esz* **2.** *[testgyakorlás]* (physical) exercises *tsz*, gymnastics *tsz*, *[erőnléti]* keep-fit (exercises *tsz*); **reggeli ~** morning exercises *tsz*; **-ra jár** go* to keep-fit classes **3.** *[régen lovagi, ma: mérkőzéssorozat]* tournament

torna- *előtag* gymnastic

tornác *fn* portico, veranda(h), porch

tornacipő *fn* gym shoes *tsz*, tennis shoes *tsz*, *US* sneakers *tsz*

tornacsarnok *fn* gymnasium

tornadressz *fn* → **tornaruha**

tornaegyesület *fn* gymnastic club/society

tornagyakorlat *fn sp* (gymnastic) exercise; **~ok** (gymnastic) exercises, gymnastics

tornaing *fn* gym shirt

tornanadrág *fn* gym shorts *tsz*, sweatpants *tsz*

tornaóra *fn biz* physical education/training (*röv* **PE, PT**), *biz* gym (class)

tornaruha *fn* gym vest and shorts *tsz*, *[testhezálló, lányoknak]* leotard, *[melegítő]* tracksuit

tornász *fn* gymnast

tornaszer *fn* gymnastic apparatus [*tsz* apparatuses *ritka*, *inkább:* pieces of (gymnastic) apparatus]

tornász|ik *i* do* gymnastics, do* physical exercises, *[mint tornász]* be* a gymnast

tornatanár *fn biz* physical instructor, PE/PT teacher, gym teacher

tornaterem *fn* gym(nasium)

tornatrikó *fn* (gym) vest, singlet

tornaverseny *fn* gymnastic competition

tornáz|ik *i* → **tornászik**

tornyos *mn* towered

tornyosod|ik, **tornyosul** *i* tower, bank/pile up; **~nak a fellegek** (the) clouds are gathering (v. banking up); **~nak a hullámok** the waves are running high; **~nak a nehézségek** the problems are piling up

tornyú *mn* -towered

torok *fn* **1.** (*vké*) throat; **torka szakadtából kiabál** shout at the top of one's voice, bawl, yell; **egymás torkának esnek** be* at each other's throats; **fáj a torka** have* a sore throat; **torkig van vmvel** *biz* be* fed up with sg, be* sick of sg; **torkon ragad vkt** seize/grab sy by the throat; **torkán akadt a szó** the words stuck in his throat; **torkát köszörüli** clear one's throat **2.** *[barlangé]* mouth, *[lőfegyveré]* muzzle; → **forraszt**, → **gombóc**

torokfájása van *kif* have* a sore throat

torokgyulladás *fn* inflammation of the throat, sore throat, pharyngitis

torokhang *fn* guttural/deep voice

torokköszörülés *fn* clearing one's throat

torokmandula *fn* tonsil(s)

torontói *mn/fn* Torontonian

torony *fn* **1.** tower, *[kicsi]* turret, pinnacle, *[templomé]* (bell/church) tower, steeple, *[sisak]* spire **2.** → **irányítótorony**; → **HIFI-torony**

toronydaru *fn* tower crane

toronyház *fn* tower block, high-rise (block/building), *[irodaépület]* high-rise office block, skyscraper

toronyiránt *hsz kif* as the crow flies; **~ megy vhová** make* a beeline for

toronymagas *mn* mountain high, towering; **~an felülmúl vkt, ~ságban van vk felett** be* head and shoulders above sy, be* way above sy

toronyóra *fn ált* (church-)clock, *[a londoni parlamenté]* Big Ben; **~t lánccal** Buckingham Palace, pie in the sky; **~t ígér lánccal** promise the moon

toronysisak *fn* spire

toronyugrás *fn* high-board diving

torpedó *fn* torpedo (*tsz* torpedoes)

torpedónaszád *fn* torpedo boat

torpedóromboló *fn* torpedo-boat destroyer

torpedóz|ik *i kat* torpedo (*alakjai:* torpedoed, torpedoing); → **megtorpedóz**

torta *fn* (fancy) cake, gateau; → **lakodalmi**, → **születésnapi**

tortaforma *fn* cake-mould (*US* -mold), cake-tin, baking-tin

tortalap *fn* wafer-sheet

tortúra *fn* **1.** *[fizikai]* torture **2.** *átv* torment, torture(s)

torz *mn* deformed, misshapen, *[hang, kép]* distorted; **~ alak** (*vk*) freak, monster, monstrosity, deformed person

torzió *fn fiz* torsion

torziós inga *fn fiz* torsion balance

torzít *i* **1.** *[eltorzít, elcsúfít]* deform, disfigure **2.** *[arcot, érzelmet, igazat, tényeket, képet, hangot]* distort **3. a hangszóró ~** the loudspeaker distorts the sound

torzítás *fn* distortion

torzításmentes *mn [hangvisszaadás]* with no distortion *ut*, high-fidelity [sound reproduction]

torzkép *fn* caricature

torzó *fn* torso (*tsz* torsos)

torzonborz *mn* hirsute, hairy, shaggy

torzszülött *fn* freak, deformity, monster

torzul *i* get* out of shape, become* distorted/deformed

torzulás *fn* distortion

torzsa *fn [káposztáé]* stalk, *[salátáé]* stalk, heart

torzsalkodás *fn* discord, friction, quarrel, dispute, *[hangos]* (wrangle)

Toscana *földr* Tuscany

tószt *fn* toast

tósztoz|ik *i* propose a toast (to sy), toast (sy), drink* a toast (to sy)

tótágas *fn* handstand; **~t áll** stand* on one's hands, do* a handstand

totál I. *fn film* long shot **II.** *hsz* totally, *biz* up to the hilt

totális *mn* total, entire, complete; **~ állam** totalitarian state; **~ háború** all-out war(fare), total war; **~ kudarc** utter failure

totalitárius *mn* **~ állam** totalitarian state

totálkár *fn gk* casse totale

totálkáros *mn* **1.** *gk* (broken) beyond repair *ut*; **~nak nyilvánít** *[kocsit]* write* off [the car], write* the car off **2.** *átv biz* (*vk*) have* run oneself out, be* completely run out

totó *fn* (football) pools *tsz*; **játszik a ~n** → **totózik**; **nyer a ~n** win* sg on the pools; **telitalálata volt a ~n** (s)he hit* the jackpot

totojáz|ik *i biz* fiddle/footle (v. *szl* bugger) about; **ne ~z annyit** *szl* you'd better pull your finger out

totószelvény *fn* (football) pools coupon

totóz|ik *i* bet* on (v. *biz* do*) the (football) pools

totózó *fn* **1.** *[személy] GB* punter **2.** *[iroda]* pools office/agency

totyakos *mn [ember]* doddery, doddering

totyog *i [kisgyerek]* shamble, shuffle, toddle; **~ó(s) kisgyerek** toddler

tova *hsz irod elav* far off/away, yonder

tovább *hsz* **1.** *[térben]* further, on(ward); **eddig és ne ~** no further; this is the limit, stop, enough; **lassan járj, ~ érsz** more haste, less speed **2.** *[időben]* longer, more, on; **egy óránál ~** for over an hour; **nem bírom ~** I can't bear/stand it any longer, I can't take any more, I can take it no more, I give up; **nem várhatok ~** I cannot wait any longer; **nincs ~** that's all/it, that is the end of it **3.** *[folytatva]* on(ward), forth; **és így ~** and so on/forth, etcetera (*röv* **etc.**); **~!** *[folytasd]* go/carry on!, keep going!, proceed!; **csak így ~!** keep it up!, keep at it!; **~ dolgozik** go*/carry on (v. continue) with one's work, carry on working, work on; *[nehézségek árán]* soldier on; **~ él** live on, continue to live; *[hagyomány, szokás stb.]* linger on; **~ képez vkt** give* sy further training/education; **~ képezi magát** study privately (v. on one's own); **~ marad** (*vknél*) stay on/longer; *[mint illett volna]* outstay/overstay one's welcome; **olvass ~!** go on reading!, continue reading!; **~ folytatódik** go* on, continue; **~ szolgál** stay on [in the army, etc.], re-enlist; **~ tanul** continue one's studies/education; **~ tart** continue, take*/last longer; *[a kelleténél]* overrun* [the time allotted]; **~ tartott, mint gondoltam** it lasted/was longer than I expected; **nem tart ~ a szép idő** the fine weather won't last; **~ visz** *[tárgyat kézben]* carry/take* sg further/on; *[vkt/vmt kocsival]* take* sy/sg further/on

továbbá *hsz* besides, moreover, further, furthermore, as well (as); **a konferencia nyelvei: az angol, a francia, a német, ~ a spanyol, az olasz és az orosz** the languages of the conference are English, French and German, as well as Spanish, Italian and Russian

továbbad *i* **1.** (*vmt vknek*) hand/pass sg on to sy v. hand/pass on sg to sy; **add tovább!** pass it on/round! **2.** *[vmt az utókornak]* hand sg down to [the younger generation] **3.** *[megvett tárgyat elad]* resell* sg, pass sg on to sy

továbbáll *i biz* make*/slope off, *kif* make* oneself scarce

továbbfejleszt *i* (continue to) develop, improve; *[számítógépes programot]* upgrade

továbbfejlesztés *fn* further development, improvement, expansion

továbbgyűrűz|ik *i* ripple [across Europe etc.]

továbbhajt *i* drive* on; **segítségnyújtás nélkül ~** fail to stop after an/the accident, leave* the scene without stopping to give assistance; *[cserbenhagyó gázoló]* be* a hit-and-run driver/motorist

továbbhajtás *fn* **segítségnyújtás nélküli ~** failure to stop after an accident

továbbhalad *i* go* on, keep* on, proceed, *átv* progress, make* headway/progress

további I. *mn* further, *[újabb]* additional; **~ intézkedésig/rendelkezésig** until further notice/orders, for the present; **~ tanulmányai során** (s)he later studied ...; **minden ~** ... each additional (sg) **II.** *fn* **minden ~ nélkül** without more/further ado, just like that, forthwith; **minden ~ nélkül elment** he left without so much as saying [goodbye v. that he was sorry etc.]; *biz* he just upped and left; **a ~akban** in what follows; **a ~akban ...nak rövidítve** henceforth/hereafter abbreviated (v. referred to) as ...

továbbít *i ált [küld]* send*, convey (sg to sy), *[átad vmt]* hand/pass on, *[levelet]* send* on, forward (to)

továbbítás *fn [tárgyé]* handing on, *[levélé]* sending on, forwarding

továbbjut *i [versenyben]* qualify for (v. get* into v. go* on to) [the next round/heat]

továbbképzés *fn ált* further/continuing education/training; **szakmai ~** (i) *ált* further vocational training, *[munka mellett]* in-service training (ii) *[tanároké]*; → **továbbképző tanfolyam**; **tudományos ~** postgraduate studies *tsz*

továbbképző tanfolyam *fn* further education (v. vocational) training course, *[főleg tanároknak]* refresher

T

course, *[munka mellett]* in-service training [of teachers etc.]

továbbmegy *i* **1.** *[folytatja az útját]* go* on, proceed on one's way; **ne menj tovább** don't go any further, stop (here/there); **megáll egy kirakat előtt, aztán ~** (s)he stops in front of a shop-window and then walks on; **először megállunk Bécsben 2 napig, majd ~ünk Svájcba** first we stop (over) in Vienna for two days, then we go on to Switzerland **2.** *[vmvel, pl. tanár az anyaggal]* go* on (with sg) **3. az élet megy tovább** life goes on; **ha a dolgok így mennek tovább** if things go on like this, at this rate; **ez így nem mehet tovább** things cannot go on like this

továbbra *hsz* **~ is** in the future too; **én ~ is** I shall continue to . . .; **~ is adni kell a D-vitamint** vitamin D should be continued; **~ se(m) akarok adósa lenni** I have not been in his/her debt in the past and I don't want to be in the future

továbbszolgáló *mn kat* re-enlisted

továbbtanulás *fn* further/continuing education; → **továbbképzés**

tovasiet *i irod* hurry on/along

tovaszáll *i irod* fly* away/off/on

tovatűn|ik *i irod* fade/pass away, vanish

tóvidék *fn* region of lakes, *GB földr* the Lake District, Lake Country, the Lakes *tsz*

toxikológia *fn orv* toxicology

toxikus *mn orv* toxic

toxin *fn orv* toxin

tő *fn* **1.** *növ* stock, stem, *[szőlőtő]* vine-stock/plant **2.** *átv* **tövig** up to the hilt; **töviről hegyire elmond** give* a detailed/full account (of sg), go* into minute/detail(s) (about sg); **töviről hegyére ismer vmt** know* sg inside out; **tövestül** root and branch, radically **3.** *nyelv* stem, root

több I. *szn/mn* **1.** *[összehasonlításban]* more; **~ mint** more than; over; **~ mint egy éve** *[amióta]* it is more than a year (since); *[amikor]* more than a year ago; **~ mint egy órán át** for over an hour; **6 m-nél vmvel ~** a little over 6 metres (*US* meters); **egynél ~ szó** more than one word; **nincs ~** there is no more, it is all gone; **még ~** even more; **ez ~ a soknál** this is (far) too much, that is (far) more than enough; *[felháborodva]* that's the limit, this is the last straw, that is going too far; **sőt mi ~** what is more; **~ a kelleténél** more than necessary, far too many **2.** *[néhány]* several, a few, some; **~ ízben** on several occasions, several times; **~ részletben** in/by instalments (*US* -ll-) **II.** *fn* **~ek között** among other things, among others; **~eknek** for/to several people; **ennél ~re vagy képes** *[biztatólag]* you can do better than that; **~re viszi** do* (v. get* on) better (than); **ezzel ~re mégy** you will get/go further (v. you'll do better) with this (v. this way); **~et ad vmért** pay*/give* more (than sy else) for sg; **~et árt, mint használ** do* more harm than good; **~et ígér** (*vknél*) outbid* (sy); **ez mindennél ~et mond** this speaks volumes; **~et támadott a magyar csapat** the Hungarian team played a more attacking game; **nem tudok ~et róla** I know nothing more/further about him/her/it; → **szem**[1]

többdimenziós *mn fiz* **~ tér** multi-dimensional space, hyperspace

többé *hsz* (no) more, (no) longer; **~ (már) nem** no more/longer, not . . . any more; **nincs ~** does not exist any more; (*vk*) is no more; **soha ~** nevermore, never again

többedmagammal *nm* I/myself and/with several others; **többedmagával** (s)he and/with several others

többé-kevésbé *hsz* more or less

többen *szn/hsz* several (of us/you/them), a number of people; **~ közülük** several of them

többértékű *mn* polyvalent

többes *mn* **1.** *mat* multiple **2.** *nyelv* **~ szám** plural; **nincs ~ számú alakja** has no plural form; **~ számú igét vonz** is followed by plural verb; **ne beszélj ~ számban** speak for yourself

többet *hsz* → **többé**, → **több II**

többéves *mn* of several years' standing *ut*

többévi *mn* several years', a few years'

többfajta *mn* → **többféle**

többfelé *hsz* in various/several directions

többféle *mn* . . . of many/several (different) kinds *ut*, many different (v. several) kinds of . . ., manifold

többféleképpen *hsz* in several/various/different ways, variously

többgyermekes *mn* with a large family *ut*

többhetes *mn* several weeks', of/lasting several weeks *ut*

többi *mn/fn* **a ~** (i) *[ember]* the rest/others *tsz* (ii) *[tárgy stb.]* the rest (of it/them), the remainder, the other/remaining [books etc.]; **a ~ gyerek** the other students [in my class] are . . .; the rest [are . . .]; **a ~ek** the others, the rest (of us/them); **(é)s a ~** *[stb.]* and so on/forth (etc.); **a ~ között** → **többek között**; **a ~ a magáé** keep the change; **a ~t már tudod** you know the rest, the rest is history

többistenhit *fn vall* polytheism

többjegyű *mn* **~ szám** multidigit number

többjelentésű *mn* with many/several meanings *ut*, polysemous [word]

több-kevesebb *szn/mn* more or less

többlet *fn közg* surplus, *[súly]* excess, *összet még* extra, additional

többletbevétel *fn* surplus receipts *tsz* (v. income), excess of income/receipts

többletkiadás *fn* extra expense(s)

többletköltség *fn* additional/extra charges/costs *tsz*

többletsúly *fn* excess weight, *[repülőn]* excess baggage/luggage

többműszakos *mn* multishift

többnapi *mn* lasting/of several days *ut*, several days'

többnejűség *fn* polygamy

többnyelvű *mn* multilingual

többnyire *hsz* mostly, for the most part, generally, usually

többoldalú *mn [szerződés stb.]* multilateral

többpártrendszer *fn pol* multi-party system

többre *hsz* → **több II**

többrendbeli *mn jog* on several counts *ut*

többrobbanófejes *mn kat* **~ rakéta** multi-warhead missile

többség *fn* majority; **~ben van(nak)** be* in the majority; *[vkvel szemben]* outnumber sy; **a ~ dönt** majority is decisive; **döntő ~** overall majority

többségi *mn* majority; *gazd* **~ érdekeltség** majority interest; **~ határozat** majority decision/vote; *jog* majority verdict; *gazd* **~ részesedés** majority holding controlling stake; *gazd* **~ tulajdon** majority ownership

többszavas *mn* **~ egység** *[szótárban]* multi-word unit/item

többszínnyomás *fn* colour (*US* -or) printing

többszólamú *mn zene* of many parts *ut*, *[önálló szólamok]* polyphonic; **~ ének** part-song

többszótagú *mn* polysyllabic

többször *hsz* **1.** *[több ízben]* several times, on several occasions, repeatedly; *infor* **~ írható lemez** re-writeable CD **2.** *biz* → **többé**

többszöri *mn* repeated, frequent; **~ figyelmeztetés után** after repeated warnings

többszörös I. *mn* manifold, multiple, repeated; **~ milliomos** multimillionaire **II.** *fn mat* multiple; **legkisebb közös ~** lowest common multiple

többszöröz *i [írott anyagot]* copy

többszörözés *fn jog [szerzői jogban]* act of copying

többtagú *mn* **1.** *[küldöttség]* consisting of several members *ut* **2.** *mat* **~ kifejezés** polynomial

többtermelés *fn* surplus production, overproduction

tőgy *fn* udder

tök[1] *fn* **1.** *növ [főző]* (vegetable) marrow, *[sütő]* pumpkin, *US* squash **2.** *[kártya]* diamonds *tsz* **3.** *durva [here]* balls *tsz*

tök[2] *hsz szl [tökéletesen]* cold, dead; **~ jó!** great!, dead good!; **~ egyformák** they're absolutely identical; **~ mind-**

T

egy it's all the same; ~ **nehéz** cold, dead difficult; ~ **száraz** bone/dead dry

tőke[1] *fn* **1.** *[mészárosé stb.]* block **2.** *[szőlőé]* vine(-stock) **3.** *hajó* keel; **fenéksúlyos** ~ ballast keel

tőke[2] *fn közg* capital; **~t kovácsol vmből** make* capital of sg, capitalize on sg; **működő** ~ active/working capital; **~t felél** erode/deplete assets; **a ~ osztaléka** stock divident; **a ~ és a termelés aránya** capital-output ratio

tőkeátutalás *fn gazd* capital transfer

tőkebeáramlás *fn gazd* capital inflow/influx

tőkebefektetés *fn* capital investment

tőkeberuházás *fn* capital expenditure; equity investment

tőkeellátottság *fn gazd* capital supply/endowment

tőkeerő *fn gazd* financial muscle, capital strength

tőkeerős *mn gazd* **mennyire ~?** how strong is (a firm) financially?, how much capital strength does a firm have?

tőkeérték *fn* capital value

tőkefelhalmozás *fn* capital accumulation

tőkehal *fn* cod(fish), *[szárított]* stockfish

tőkehús *fn* carcass meat, meat on the bone

tőkeigény *fn gazd* demand for capital

tőkeigényes *mn gazd* capital-intensive

tőkeinjekció *fn gazd* capital injection

tőkekamat *fn* interest (on principal)

tőkeképződés *fn* capital accumulation/formation

tőkekivitel *fn* capital export

tőkekoncentráció *fn* concentration of capital

tökéletes *mn* perfect, faultless, excellent; ~ **tudása/ismerete vmnek** (complete) mastery of sg

tökéletesed|ik *i* become* perfect, arrive at perfection

tökéletesen *hsz* **1.** *[kitűnően]* perfectly; ~ **beszél angolul** (s)he speaks perfect English; his/her English is perfect, (s)he has a perfect command of English; ~ **zongorázik** (s)he plays the piano exquisitely **2.** *[teljesen]* perfectly, completely, absolutely; ~ **elég** that's/it's plenty (v. quite enough); ~ **igaza van** he's absolutely right; ~ **mindegy** it makes not the slightest difference

tökéletesít *i* make* (sg) perfect, perfect, bring* (sg) to perfection

tökéletesség *fn* perfection, completeness

tökéletlen *mn* **1.** *[tárgy]* imperfect, defective **2.** *[személy]* half-witted; ~ **alak** an idiot, *biz kif* he is not all there, *szl* nitnit

tökély *fn* perfection; **maga a** ~ perfection itself; **~re viszi vmben** attain/achieve perfection in sg; **~re visz vmt** bring* sg to perfection

tőkemozgás *fn gazd* capital movement

tőkepénzes *fn biz* **nem vagyok** ~ I'm not made of money

tőkepiac *fn gazd* capital market

tőkepótlás *fn gazd* capital reconstruction

tőkés I. *mn* capitalist; ~ **behozatal/import** imports *tsz* (v. importation) from capitalist countries; ~ **gazdálkodás** capitalist economy; ~ **kivitel/export** exports *tsz* to capitalist countries; ~ **rendszer** capitalist system, capitalism; ~ **jelleg** capitalist character; ~ **termelés** capitalist production **II.** *fn* capitalist, stockholder

tőkésállam *fn* capitalist country

tőkésít *i* reinvest

tőkésosztály *fn* capitalist class

tőkéstárs *fn* → **csendestárs**

tőkéstulajdon *fn* capitalist property/ownership

tőkesúly *fn hajó* keel

tőkesúlyos *mn* ~ **hajó** yacht with deep fixed keel, keelboat; ~ **versenyhajó** racing keel

tőkésvállalat *fn* capitalist company

tőkeszegény *mn* deficient in funds *ut*, *[igével]* lack capital

tökfej, **tökfilkó** *fn biz* dolt, blockhead, idiot, dunce, *US* goon

tökfőzelék *fn* [dish of (boiled)] vegetable marrow (*US* squash)

tökgyalu *fn* vegetable marrow (*US* squash) slicer

tökmag *fn* **1.** *növ* pumpkin seed, vegetable marrow seed **2.** *biz [emberről]* shrimp, mite, small fry

tökrészeg *mn* dead/blind/roaring drunk, paralytic, plastered, sozzled, *szl* (totally) pissed, *US szl* canned, *kif* be* three sheets to the wind, stinking

töksötét *mn* pitch/dead dark

tölcsér *fn* **1.** *ált* funnel; ~ **alakú** funnel-shaped **2.** *[fagylalt]* cone, cornet **3.** *[tűzhányóé, bombáé]* crater

tölcsértorkolat *fn* estuary

tőle *hsz* from/by/of him/her/it; **ez nem szép** ~ that is not nice of him

tölgy *fn* oak(-tree)

tölgyerdő *fn* oak forest

tölgyfa *fn* **1.** *[élő]* oak(-tree) **2.** *[anyag]* oak(-wood); ~ **burkolat** oak panelling; ~ **bútor** oak furniture

tölgyfalevél *fn* oak leaf°

tölt *i* **1.** *[folyadékot vmbe]* pour (sg into sg); **~hetek még egy pohár teát?** can/shall I pour/give you another cup of tea?; **~hetek (neked is)?** *[alkoholt]* may/can I pour you a drink?; *[megint]* may/can I top you up? **2.** *[vmt levegővel/gázzal/folyadékkal stb.]* fill (up) **3.** *[cigarettát, hurkát stb.]* fill, *[egyéb ételnemű́t, pl. pulykát]* stuff **4.** *[fegyvert]* load [a gun]; **~s!** load! **5.** *[akkut]* charge [a battery] **6.** *[időt]* pass, spend*; **vmvel ~i az idejét** spend* one's time [doing sg]; **sok időt ~ vmvel** spend* a lot of time doing sg, take* a long time over sg; **mivel ~öd szabad idődet?** how do you spend your leisure?, what do you do in your spare time?; **ne ~sd az időt** don't waste your time; **~sd nálunk a hétvégédet** (come and) spend the weekend with us, stay with us over the weekend; **3 évet ~ött börtönben** he spent three years in prison; **szállodában/barátjánál ~i az éjszakát** stay the night at a hotel (v. at a friend's house); **hol ~i az ünnepeket?** where are you spending the holidays?

töltelék *fn [ételben, húsféle]* stuffing, *[édes]* filling

töltény *fn* cartridge; **~(sorozat)** round (of ammunition); **két ~e maradt** he's got two rounds/bullets left

töltényöv *fn* cartridge-belt

tölténytár *fn* magazine

tölténytáska *fn* cartridge pouch/box

töltés *fn* **1.** *[folyamat]* filling **2.** *[puskában]* load, charge **3.** *[elektromos]* charge **4.** *[földből emelt]* bank, embankment, *[mocsáron át]* causeway, *[folyó mentén]* dam

töltet *fn kat* load, charge, *[robbanó]* warhead

töltetlen *mn [fegyver]* unloaded

tölthető *mn* **újra ~ (elem)** rechargeable

töltőállomás *fn* filling/petrol station, *US* gas(oline) station

töltőceruza *fn* propelling pencil

töltőtoll *fn* fountain-pen

töltött *mn* **1.** *[étel]* stuffed; ~ **csirke** stuffed chicken; ~ **káposzta** stuffed cabbage; ~ **paprika** stuffed green pepper (in tomato sauce) **2.** *[fegyver]* loaded

töm *i* **1.** *ált* stuff, cram, *[pipát]* fill **2.** *[baromfit]* cram, fatten/feed* up; *biz* **~i magát** eat* one's fill, stuff oneself **3.** *[fogat]* fill, put* in a filling

tömb *fn* block; *pol tört* **a keleti ~ (országai)** the Eastern bloc

tömblevélpapír *fn* writing block/pad

tömeg *fn* **1.** *ált fiz* mass, *[terjedelem, ker]* bulk; **egy ~ben** in a (single) mass/body; **nagy ~ben gyárt** mass-produce, produce in bulk; **~ével pusztulnak el** perish/die in large numbers **2.** *[ember]* crowd, *pej* horde, mob; *pol* **a ~ek** the masses; the working class *esz*; **a ~ből** from among the crowd; **nagy ~** a big/large crowd, a mass (v. large body) of people; **~eket vonz** *[érdekes zenekar, meccs stb.]* is really packing them in, . . . is packing the crowds in

tömeg- *előtag* mass-

tömegagitáció *fn* mass agitation

tömegáru *fn* mass-produced articles/goods, bulk goods (*mindegyik: tsz*)

tömegbázis *fn* mass base

T

tömegbefolyás *fn* mass influence, power to sway the masses/influence
tömegcikk *fn* → **tömegáru**
tömegerő *fn* power of the masses
tömeges *mn* mass, in large number *ut*; ~ **autóbaleset/szerencsétlenség (az autópályán)** *biz* (motorway) pile-up; ~ **jelentkezés** large-scale (v. mass) volunteering
tömegesen *hsz* in large numbers; ~ **gyárt** mass-produce, produce in bulk
tömegfelvonulás *fn* mass demonstration, *[menetelés]* march
tömegfogyasztási *mn* ~ **cikkek** consumer goods
tömeggyártás *fn* mass/serial production
tömeggyilkos *fn* mass murderer
tömeggyilkosság *fn* mass murder
tömeggyűlés *fn* mass meeting/rally
tömeghisztéria *fn* mass hysteria
tömegjelenet *fn* crowd scene
tömegkommunikáció *fn* → **tömegtájékoztatás**
tömegkommunikációs *mn* ~ **eszköz** means of mass communication *tsz*, mass communication medium (*tsz* media); ~ **iroda** public relations office
tömegközlekedés *fn* public transport (*US* transportation)
tömegközlekedési *mn* ~ **eszközök** public transport (*US* transportation) *esz*
tömegmegmozdulás *fn* mass demonstration/movement/protest
tömegméretekben *hsz* → **tömegesen**
tömegmészárlás *fn* massacre
tömegmozgalom *fn* mass movement
tömegnyomor *fn* **1.** extreme/widespread poverty (of the masses) **2.** *átv biz [zsúfoltság járművön stb.]* suffocating crush
tömegpusztító *mn* ~ **fegyverek** weapons of mass destruction
tömegrajt *fn sp [maratonin]* mass start
tömegsír *fn* common/mass grave
tömegsport *fn* mass/popular sport
tömegszállás *fn* (cheap) communal accommodation
tömegszállítás *fn* mass transportation
tömegszerencsétlenség *fn* mass catastrophe/accident *[autók egymásba futása]* pile-up
tömegszervezet *fn* mass organization
tömegszórakoztatás(i eszközök) *fn* mass-entertainment (media)
tömegtájékoztatás *fn* mass communications/media *tsz*, the media *tsz*
tömegtájékoztató *mn* ~ **eszközök** mass media, the media
tömegtermelés *fn* mass/quantity production
tömegtüntetés *fn* mass demonstration/protest
tömegverekedés *fn* fighting/brawling in the crowd
tömegvonzás *fn fiz* gravitation(al pull)
töméntelen *mn* innumerable, countless, no end of
tömény *mn* concentrated; ~ **oldat** concentrated solution; ~ **szesz** pure alcohol/spirit
töménység *fn* concentration; **~i fok** degree of concentration
tömérdek *mn* heaps/loads of; → **töméntelen**
tömés *fn* **1.** *[fogé]* filling **2.** *[vállé]* padding, wadding **3.** *[lúdé, kacsáé]* force-feeding
tömít *i* caulk, pack, stop (up), seal, *[csapnál]* replace the washer/gasket
tömítés *fn* filler, wadding, *[csapé]* washer, gasket
tömítőgyűrű *fn* washer, gasket
tömjén *fn* incense
tömjénez *i átv* (*vkt/vknek*) flatter sy, fawn on sy
tömkeleg *fn* **~e vmnek** profusion/abundance of sg
tömlő *fn* **1.** *[cső]* hose(pipe) **2.** *[belső gumi autóé, kerékpáré]* inner tube; ~ **nélküli gumi** tubeless tyre (*US* tire) **3.** *elav [bőrből]* leather bottle, goatskin, *[bornak]* wine bag
tömlöc *fn* dungeon; → **börtön**
tőmondat *fn* simple sentence
tömör *mn* **1.** *[anyag]* solid, massive, compact **2.** *[stílus]* concise, succinct, terse
tömörít *i* **1.** *műsz* compress, condense **2.** *[szöveget]* boil down, summarize, condense
tömörség *fn* **1.** *[anyagé]* compactness **2.** *[stílusé]* conciseness
tömörül *i [vk körül]* cluster/rally round (sy), form a group; → **csoportosul**
tömörülés *fn [csoportosulás, szövetség]* **szakszervezeti ~** alliance of trade unions
tömött *mn* **1.** *[sűrű]* compact, thick **2.** *[jármű]* jam-packed, very crowded, *[pénztárca]* bulging, well-lined
tömpe *mn* stubby; ~ **orr** flat/pug nose
tömszelence *fn műsz* packing box
tömzsi *mn* thick-set, stocky, dumpy, squat
tönk *fn [fa]* stump, *[húsvágó]* block; **a ~ szélén áll** be* on the brink/verge of ruin, be* in dire straits
tönköly *fn növ* spelt
tönkremegy *i* **1.** *[dolog]* be*/get* spoiled/ruined/damaged **2.** *[vk, vm anyagilag]* be* ruined, be*/go* bankrupt, *biz* be*/go* broke, *biz* go* bust, *biz* go* to the wall **3.** *[házasság]* break* up
tönkrement *mn* ruined, broke, gone, finished
tönkretesz *i* **1.** (*vkt*) ruin (sy), bring* (sy) to ruin; **~i az egészségét** ruin/undermine one's health; ~ **vkt anyagilag** ruin sy **2.** (*vmt*) ruin, spoil*, wreck, damage sg (beyond repair), *[telefonfülkét stb.]* vandalize; **~i a játékot** *[elrontja mások örömét]* spoil* the game
tönkrever *i* beat* [the enemy] hollow, rout [the enemy]
töpörödött *mn* shrivelled (*US* -l-), wizened, dried up; ~ **anyóka** wizened old lady
töpörtyű *fn* (pork) crackling(s)
töpörtyűs *mn* ~ **pogácsa** crackling scone
töpreng *i* (*vmn*) brood (over/about), meditate (on), ponder, have* sg on the brain
töprengés *fn* brooding, cogitation
tör *i* **1.** *ált* break*, smash, crush, *[diót]* crack, *[cukrot]* pound, powder; **darabokra ~** break* (sg) into (small) pieces, break* (sg) up, smash (sg) (to pieces/smithereens) **2. ~i a cipő a lábát** the shoe pinches **3. ~i a fejét** rack one's brains; **vmben/rosszban ~i a fejét** be* up to (some) mischief, get* up to sg **4. ~i magát** (i) *ált* slave (away) (at sg), overwork oneself (ii) (*vmért*) push oneself [to obtain sg], strive* for sg (to do sg) **5. ~i az angolt** speak* broken English **6.** *[vm cél felé]* aim at doing sg (to do sg), aim for sg, aspire to sg, endeavour (to), make* an effort (to); **nagyra ~** be* ambitious, aim high **7.** (*vkre*) attack/assault sy; → **lándzsa**, → **nyak**, → **út**
tőr *fn* **1.** *[fegyver]* dagger, *[vívó]* foil **2.** *[csapda]* snare, trap; **~be csal** ensnare, decoy, set* a trap for, *[ellenséget]* ambush; **~be esik** be* trapped/ensnared, be* caught (in a trap); **~t vet** set* a trap (for)
tördel *i* **1.** *[darabokra]* break* (sg) into pieces, crumble (sg); **kezét ~i** wring* one's hands **2.** *nyomd* make* up, set* (sg) to pages; **~ve van** is made up into pages
tördelés *fn nyomd* making-up, make-up, layout
tördelő *fn nyomd* maker-up
tördelt *mn [korrektúra/levonat]* page-proof [read], page proofs *tsz*
tőrdöfés *fn* stab, thrust
töredék *fn* **1.** *[irodalmi]* fragment **2.** *[rész]* portion, fraction; **~ek** bits and pieces, bits; **a másodperc egy ~e alatt** in a split second
töredékes *mn* broken, fragmentary
töredelmes *mn* contrite, repentant; ~ **vallomás** full confession; *[mindent]* **~en bevall** make* a full confession, repent (sg); *kif* make* a clean breast of it
töredez|ik *i* break* up, crumble

töreked|ik *i* → **törekszik**
törékeny *mn* **1.** *[tárgy]* fragile **2.** *[egészség]* frail, delicate
törékenység *fn* **1.** *[tárgyé]* fragility **2.** *átv* frailty, delicacy
töreksz|ik *i* **1.** *[igyekszik]* endeavour (*US* -or) (to do sg), make* an/every effort (to), take pains to **2.** (*vmre*) strive* (for/after sg/to do sg), aspire to, aim at [doing sg]; **függetlenségre/önállóságra ~ik** strive* for/after independence; **teljes erővel** (v. **minden igyekezetével) ~ik vmre** be* (v. go* all) out for sg
törekvés *fn* ambition, endeavour (*US* -or), striving after, effort, pursuit; **~ei sikerre vezettek** his/her efforts were rewarded with success
törekvő *mn* ambitious, aspiring
törés *fn* **1.** *ált* breaking **2.** *orv* fracture, break **3. ~re került a dolog** it came to a break
töréskár *fn [gépkocsin]* collision damage
törésszög *fn fiz* angle of refraction
törésteszt *fn gk* crash test
törésvonal *fn* **1.** *geol* fault line **2.** *orv* line of fracture **3. generációs ~** *[pl. pártban]* the generation gap
töretlen *mn* **1.** *konkr* unbroken, *[föld]* unploughed **2.** *átv* **~ erővel** with undiminished energy
törhetetlen *mn [tárgy]* unbreakable; **~ üveg** shatter-proof glass
tör|ik *i* break*, get* broken; **darabokra ~ik** shatter, break* into pieces; **könnyen ~ik** be* easily broken, break* easily; **ha ~ik, ha szakad** come hell or high water, by hook or by crook
törköly *fn* marc
törlés *fn* **1.** *[írásé, gumival]* rubbing out, erasure, erasing, *[tollal, ceruzával]* crossing/striking out/through, *[szövegé]* deletion **2.** *[magnón, videón]* erasure, wiping off, *[utasítás]* erase **3.** *infor távk [utasítások, egész művelet]* cancel, *[ált., értéket]* clear, *[utolsó pozíciót]* delete **4.** *[adósságé]* cancellation, *[névjegyzékből]* striking off
törleszked|ik *i átv* (*vkhez*) curry sy's favour (*US* -or)
törleszt *i [adósságot, kölcsönt]* pay* off (by/in instalments), *gazd* amortize [a debt, mortgage etc.]
törlesztés *fn* **1.** *[adósságé, kölcsöné]* paying/payment by instalments, *[egyenlő részletekben]* level-line repayment, *pénz* amortization **2.** *[a részlet]* instalment
törlőgumi *fn* eraser, rubber
törlőrongy, **törlőruha** *fn* cloth, rag, *[konyhai]* tea cloth/towel, dishcloth, *US* dishtowel, *[portörlő]* duster
törmelék *fn ált* debris *tsz*, *[kő]* rubble; **építési ~** (building) rubble
törődés *fn* (*vmvel*) care, concern (for), *[tapintat]* consideration (for)
törőd|ik *i* **1.** *[gyümölcs]* get* bruised/damaged **2.** (*vkvel*) take* care of sy, care for sy, look after sy, (*vmvel*) take* (good) care of sg, care for sg, *[bajlódik]* bother about/with sg; **nem ~ik vele** (s)he doesn't care/bother about it; (*vkvel*) (s)he doesn't look after him/her; **ne ~j vele** don't bother about/with it, don't worry about it, never mind; **ne ~j velünk, mi majd utánatok megyünk** don't bother about us – we'll join you later; **semmivel se ~ik** (s)he cares for nothing, *biz* (s)he doesn't give a hang/damn about anything; **csak magával ~ik** (s)he cares only for himself/herself, *biz* (s)he takes care of number one; **~j a magad dolgával** mind your own business; **~sz is te azzal!** *szl* a fat lot you care!; **~öm is azzal, ki vagy** I don't care who you are; **nem mintha ~nék vele** not that I care
törődött *mn* **1.** *[gyümölcs]* bruised **2.** *[ember]* tired/worn out, exhausted, *[főleg egészségileg]* broken
török I. *mn* **1.** *ált [törökországi]* Turkish; **~ kávé** Turkish coffee **2.** *nyelv* Turkic; **a ~ nyelvek** the Turkic languages **II.** *fn* **1.** *[ember]* Turk; *tört* **a ~** *[törökök]* the (Osmanli) Turks; **~öt fog** catch* a Tartar **2.** *[nyelv]* Turkish; **~ül beszél** speak* Turkish; **~ül van írva** is written in Turkish; → **hódoltság**
Törökország *földr* Turkey
törökországi I. *mn* Turkish **II.** *fn* Turk
törökszekfű *fn* sweet william
törökülés *fn* sitting cross-legged
töröl *i* **1.** *[tisztává, szárazra]* wipe [one's hands, the table etc.], *[feltöröl]* wipe up, *[edényt]* dry **2.** *[írást gumival]* rub* out, *[nevet vhonnan]* strike* off/out, cross out, *[jegyzékből]* delete [from the list], *[szöveget]* delete, cut*, *[magnó, video- stb. felvételt]* erase, wipe; **a nem kívánt rész törlendő** (please) delete whichever does not apply, please delete where inapplicable, delete as applicable/appropriate **3.** *infor távk [adatot]* delete, clear, *[egész műveletet]* cancel (*US* -l), clear, *[utolsó pozíciót]* delete **4.** *[megrendelést, járatot stb.]* cancel (*US* -l); **~ték** *[a járatot]* [the flight] has been cancelled (*US* -l-); *[végleg]* [the flight/service] has been withdrawn **5.** *[rendelkezést]* annul, *[adósságot]* write* off, cancel (*US* -l)
törölget *i [edényt]* dry [(the) dishes], dry up, *[bútort]* dust; **homlokát ~i** he mops/wipes his brow
törölgetés *fn* drying (up); **nem szereti a ~t** (s)he doesn't like drying (up)
tőrőlmetszett *mn* full-blooded, genuine, authentic, original
törött *mn* **1.** *[eltört]* broken **2. ~ bors** ground pepper
tőröző *fn* → **tőrvívó**
törpe *mn/fn [jelzőként is]* dwarf (*tsz* dwarfs); **~ kisebbség** → **elenyésző**
törpeautó *fn* baby car, minicar
törpebirtok *fn* dwarf holding
törpebirtokos *fn* dwarf holder
törpepapagáj *fn* lovebird, *[tarajos]* parakeet
törpül *i* → **eltörpül**
tört I. *mn* **1.** *[eltört, összetört]* broken, smashed; **~ arany** broken gold; **~ burgonya** mashed potatoes **2. ~ angolsággal beszél** speak* broken English **3. ~ rész** fraction **II.** *fn mat* fraction
történelem *fn* history; **~ előtti** prehistoric; **~ szakos hallgató** student of history, *US* student majoring in history, a history major
történelemdolgozat *fn* history paper/essay
történelemformáló *mn* **~ esemény** historic event
történelemhamisítás *fn* falsification of history
történelemkönyv *fn* history book
történelemtanár *fn* teacher of history, history teacher
történelmi *mn [a történelemmel kapcsolatos]* historical, history, *[a történelem szempontjából jelentős]* historic; **~ dráma/(szín)darab** history (play), costume piece/drama; **Shakespeare ~ drámái** Shakespeare's historical/chronicle/history plays (v. histories); **~ egyházak** historical churches; **~ esemény** historic event; **~ idők** historic times; **T~ Igazságtétel Bizottság** (*röv* **TIB**) Committee for Historical Justice; **~ jelentőségű/nevezetességű** historic; **~ regény** historical novel; **~ tény** historical fact
történés *fn* happening, occurrence, event(s), *[cselekmény]* action, plot
történész *fn* historian
történet *fn* **1.** *[elbeszélés]* story, tale, narrative; **~et mesél** tell* a story **2.** *[történelem]* story, history **3.** *biz* **a ~ arról szól, hogy** ... the question is that ..., what we are talking about is ..., the point/thing is that ...; *biz* **nem arról szól a ~, hogy** ... the point not is that ...
történetesen *hsz [úgy adódott, hogy]* it so happened that ..., I (etc.) happened to ...; **~ épp jelen voltam** I happened to be there/present; **ha ~ megtalálod, szólj** should you find it, please tell me; if by any chance you (should) come across it, please let me know
történeti *mn* historical; **~ hangtan** historical phonology; **a ~ hűség kedvéért** for the sake of historical fidelity
történetírás *fn* history, historiography
történetíró *fn* historian
történettudomány *fn* history, historical scholarship/science
történettudományi *mn* historical

történ|ik *i ált* happen, occur, come* to pass, *(vm vkvel)* happen to (sy), *[vm rossz]* befall* (sy); **ha vm baja ~ik** should anything befall him (v. happen to him); **bármi ~jék is** whatever happens, come what may; **mi ~ik itt?** what's going on here?; **hogy ~t?** how did it happen?; **mi ~t?** what('s) happened?, what('s) the matter?; **baleset ~t** there has been an accident; **semmi sem ~t köztetek?** is everything all right between you?; **mi ~t vele?** what('s) happened to him?, *[mi lett belőle]* what's become of him?; **úgy ~t, hogy** ... it so happened that ..., it was like this ...; **minden úgy ~t, ahogy vártam** everything turned out as I (had) expected; **mintha mi sem ~t volna** as if nothing had happened; **ami ~t, megtörtént** *közm* what is done can't be undone; **nem ~t semmi!** *[felejtsük el]* forget it!, that's quite all right!; **veled mindig ~ik valami** there's never a dull moment with you

történtek *fn tsz* **a ~ után** after what has happened; **felejtsük el a ~et** let bygones be bygones

törtet *i átv* be* pushing/pushy, push oneself (forward), elbow one's way

törtetés *fn átv* pushiness, careerism

törtető I. *mn átv* ambitious, pushy **II.** *fn* pushing/pushy person/fellow, careerist

törtjel *fn* → **törtvonal**

törtszám *fn* fraction

törtvonal *fn mat* division sign

törtvonás *fn* → **törtvonal**

törül *i* → **töröl**

törülget → **törölget**

törülköz|ik *i* dry (oneself)

törülköző *fn* towel, *[nagy frottír]* bath towel; *biz* **bedobja a ~t** throw* in the sponge/towel, throw/chuck in one's cards

törve *hsz* **1. ~ beszél angolul** he speaks broken English **2. hat ~ kettővel** six divided by two

törvény *fn* **1.** *jog ált* law, *[a törvényhozó testület határozata]* Act; **a ~ szelleme** the spirit of the law; **ahogy a ~ előírja/kimondja** as by law enacted; **a ~ értelmében** in terms of the law, as provided by law, within the meaning of the act; **a ~ által szabályozott** regulated by the law; **mértékét a ~ állapítja meg** the extend is fixed by law; **a ~ szigora** rigour (*US* -or) of the law; **a ~ útjára lép** take* legal measures/action; **az érvényben lévő ~ek** the laws in force; **a ~ nevében** in the name of the law; **a ~ nem tudása nem mentesít** ignorance (of the law)is no defence; **~be foglalás** codification (of law); **~be iktat** enact, codify; **~be iktatják** become* law, pass into law; **~be ütközik** it is against the law; **~t alkot/hoz** make*/pass laws, enact a law, legislate; **új ~t hoz** bring* in (v. introduce) a new law; **ismeri a ~t** (s)he knows the law; **kijátssza a ~t** evade/circumvent (v. *biz* get* round) the law; *elav* **~t ül** sit* in judg(e)ment; **szükség ~t bont** necessity knows no law **2.** *[igazságszolgáltatás]* law, court; **~ elé idéz/állít** bring*/cite/summon (*US* subpoena) sy before the court; **a ~ előtt** in the eyes of the law; *[bíróságon]* before the court; **a ~ teljes szigorával sújt le** put* the law in operation in all its rigour (*US* -or), apply the full-force of the law **3.** *fiz kém stb.* law; **a természet ~ei** the laws of nature

törvényalkotás *fn* legislation

törvénycikk *fn* (*röv* **tc.**) Act, law, article (of an Act) (*röv* **art.**)

törvényellenes *mn* illegal, unlawful; **~ cselekedet** illegal/unlawful act

törvény-előkészítő *mn* **~ bizottság** committee of legislation

törvényerejű *mn* **~ rendelet** decree with legal force, law decree, legally binding decree

törvényerő *fn* legal force; **~re emel** enact, put* into force; **~re emelkedik** become* (v. pass into) law, come* into force, be* enacted; **~vel bír** have* the (binding) force of law

törvényértelmezés *fn* → **törvénymagyarázat**

törvényes *mn ált* legal, *[a törvényben lefektetett]* statutory, *[törvényszerű, eljárás stb.]* lawful, *[jogos, szabályszerű]* legitimate; **~ házasság** lawful marriage; **~ (házasságból született) gyermek** legitimate child°; **~ eszközök** legal measures; **eléri a ~ kort** come* of age; **~ keretek között** as laid down by law, legitimately; **~ lépéseket tesz** go* to law, take* legal action/measures/steps; **~ úton** by legal process/means; **~ származás** legitimacy

törvényesen *hsz* legally, by legal meeans

törvényesít *i ált* legalize, *[gyereket]* legitimize

törvényesség *fn* legality, *[gyereké]* legitimacy

törvényességi *mn jog* **~ óvást nyújt be** submit a protest on legal grounds *tsz*

törvénygyűjtemény *fn* code, digest, statute-book

törvényhatóság *fn* local/municipal authority

törvényhatósági *mn* municipal; **~ bizottság** municipal/local board; **~ választások** municipal elections

törvényhozás *fn* legislation

törvényhozó *mn* legislative; **~ hatalom** legislative power; **~ testület** legislative body/authority, legislature

törvényjavaslat *fn* bill; **~ot benyújt/beterjeszt** propose (v. put* forward, *GB* table) a Bill

törvénykezés *fn* administration of justice, jurisdiction

törvénykezési *mn* juridical

törvénykönyv *fn* (legal) code, code of law, statute-book

törvénymagyarázat *fn* interpretation of the law

törvénysértés, **törvényszegés** *fn* violation/infringement of the law, offence (*US* -se) (against the law)

törvényszék *fn* court of law, lawcourt

törvényszéki *mn* juridical, judicial; **~ bíró** judge; **~ eljárás** legal procedure, legal proceedings *tsz*; **~ orvostan** forensic medicine, medical jurisprudence; **~ szakértő** forensic expert; **~ tárgyalás** trial, hearing

törvényszerű *mn* **1.** *[jogilag]* legal, lawful, legitimate **2.** *[szabályos]* regular

törvényszerűség *fn* **1.** *[jogi]* legality, lawfulness, legitimacy **2.** *[szabályosság]* regularity **3.** *[a tudományban]* **vmnek a ~ei** the principles/laws of ...

törvénytár *fn* collection of laws

törvénytelen *mn* **1.** *[cselekedet]* illegal, unlawful **2.** *[gyermek]* illegitimate; **~ származás** illegitimacy

törvénytelenség *fn* illegality, unlawfulness, *[cselekedet]* unlawful act

törvénytervezet *fn* Bill, draft of a new law

törvénytisztelet *fn* respect for the law

törvénytisztelő *mn* law-abiding; **~ állampolgár** law-abiding citizen

tőrvívás *fn* foil fencing; **~ban** at foil

tőrvívó *fn* (foil) fencer

tör-zúz *i* shatter, smash to pieces, *kif átv* go* on the rampage

törzs *fn* **1.** *[testé, fáé]* trunk **2.** *[hajóé]* hull, hulk, body, *[repülőgépé]* fuselage **3.** *kat* staff **4.** *[nép]* tribe **5.** *növ áll* phylum

törzsállomány *fn* (breeding) stock

törzsanyag *fn okt* core curriculum, corpus

törzsfejlődés *fn biol* evolution, phylogenesis

törzsfizetés *fn* basic wage/salary

törzsfő(nök) *fn* **1.** chieftain, chief **2.** *kat* staff commander

törzsgárda *fn kb.* old guard

törzsgárdatag *fn* one of the old guard

törzshajlítás *fn sp* bending from the trunk

törzshely *fn* regular haunt, favourite (*US* -or-) restaurant [etc.], *biz* hanpont

törzskar *fn kat* (general) staff

törzskönyv *fn [személyeké]* roll, register, *[kutyáké]* pedigree, *[tenyészállatoké]* herd-book, *[lótenyésztési]* studbook

törzskönyvez *i* register

törzskönyvezett *mn* registered, *[állat]* pedigree

törzsközönség *fn* regular customers/clients *tsz*, *biz* regulars *tsz*

T

törzslap *fn* (registry) sheet
törzsökös *mn* true-born
törzsőrmester *fn* sergeant-major, *US* master sergeant
törzsszám *fn* **1.** *mat* prime number **2.** *[törzslapon]* reference/serial number
törzstiszt *fn kat elav* field officer, staff officer
törzstőke *fn gazd* authorized capital
törzsvásárló *fn* regular (customer)
törzsvendég *fn* patron [of a pub etc.], regular (customer), habitué
tősgyökeres *mn* pure(-blooded), genuine
tőszám(név) *fn* cardinal number
tőszó *fn nyelv* root, stem
tőszomszéd *fn* next-door neighbour (*US* -or)
tőszomszédság *fn* **~ban laknak** they live (right) next door to each other, they are next-door neighbours (*US* -ors)
tövestül *hsz* → **tő 2**
töviről hegyire *hsz* → **tő 2**
tövis *fn* thorn; → **rózsa**
tövises *mn* thorny; **~ pálya** thorny path
tőzeg *fn* peat
tőzsde *fn gazd* stock exchange, *[londoni stb.]* Stock Exchange, stock-market; **a ~n játszik** gamble on the stock exchange (v. stock-market); **~n jegyzett** quoted
tőzsdealkusz *fn gazd* stock broker
tőzsdei *mn gazd* **~ árfolyam** stock exchange/market quotation; **~ jegyzés** quotation/listing; **~ kötés** stock-exchange transaction; **~ üzérkedés** stock-jobbing
tőzsdetörvény *fn gazd* stock exchange act
tőzsdézés *fn* gambling/speculation/dealings on the stock exchange (v. stock-market)
tőzsdéz|ik *i* gamble/speculate on the stock exchange (v. stock-market)
trachoma *fn* trachoma
traccs *fn biz* (chit-)chat, chinwag
traccsol *i biz* (chit-)chat, gossip
tradíció *fn* tradition
tradicionális *mn* traditional
trafik *fn* tobacconist's, tobacconist, *US csak* cigar store
trafikos *fn* tobacconist
trafipax *fn* speed trap; **~szal mért sebesség** *kb.* speed indicated by the speed trap
tragacs *fn* **1.** → **talicska 2.** *biz [rozoga jármű]*; **(ócska) ~** *US csak* jalopy, flivver, *GB* old banger
trágár *mn* obscene, indecent; **~ beszéd** obscene talk/language, smut; **~ vicc** smutty/blue/dirty joke/story
trágárság *fn* obscenity, indecency; **~okat mond** (s)he talks dirty
tragédia *fn* tragedy
tragikomédia *fn* tragicomedy
tragikum *fn* tragedy, tragic acpect/side; **a dolog ~a az, hogy** the tragedy (v. the tragic aspect/side) of it (all) is that ..., it is tragedy that ...
tragikus *mn* tragic; **~ esemény** tragic event; **~ hős** tragic hero; **~ (kimenetelű) baleset** a tragic/fatal accident; **XY ~ hirtelenséggel elhunyt** XY died under tragic circumstances *tsz*
tragikusan *hsz* tragically, *[tragikus körülmények között]* in/under tragic circumstances; **~ fog fel vmt** take* sg too seriously (v. too much to heart); **~ végződött** it ended fatally
trágya *fn* dung, manure; *[növényi]* compost, leafmold
trágyadomb *fn* dunghill
trágyaszóró *fn mezőg [gép]* manure spreader
trágyáz *i* manure, spread* (the) dung (on/over)
trágyázás *fn* manuring, muckspreading
Trákia *földr tört* Thrace
traktál *i biz* **1.** *[jól tart]* treat sy to sg, regale sy with/on sg **2.** *[érdektelen, kellemetlen üggyel]* treat sy to sg, bore sy with sg, go* on endlessly at sy about sg
traktor *fn* tractor
traktorállomás *fn* tractor station/pool
traktoros *fn* tractor-driver
traktus *fn [épületszárny]* wing
trancsíroz *i* carve (up)
transz *fn pszich* trance; **~ba kerül** go*/get*/fall* into a trance
transzcendentális *mn* **~ élmény** transcendental experience
transzformál *i* transform
transzformátor *fn* transformer
transzfúzió *fn orv* transfusion
transzkontinentális *mn* transcontinental
transzmisszió *fn* transmission
transznacionális *mn gazd* **~ tőke** transnational capital
transzparens I. *mn* transparent **II.** *fn* **1.** *[fényreklám]* neon sign **2.** *[felvonuláson vitt feliratos tábla]* banner, placard, *[szalag]* banner
transzport *fn* **1.** *[szállítás]* transport, *US* transportation **2.** *[szállítmány]* consignment, shipment, batch, *[sebesültekből stb.]* transport
transzvesztita *fn* transvestite, *szl* drag queen
tranzakció *fn* transaction, deal
tranzisztor *fn* transistor
tranzisztorizál *i* transistorize
tranzisztoros *mn* **~ rádió** transistor (radio)
tranzit *fn* transit
tranzitáruk *fn* goods in transit
tranzitszálló *fn* transit hotel
tranzitutas *fn rep* transit passanger
tranzitútvonal *fn gazd* transit route
tranzitváró *fn rep* transit lounge
trapéz *fn* **1.** *mat* trapezium, *US* trapezoid **2.** *[akrobatáké]* trapeze
trappista (sajt) *fn* Port-Salut [cheese]
trappol *i* trot
trauma *fn orv pszich* trauma
traumatológia *fn* → **baleseti sebészet**
trécsel *i* → **traccsol**
tréfa *fn* joke, fun; **csak ~ volt** I was only joking (v. *biz* kidding); **ennek a fele se ~, ez már nem ~** that is (v. has gone) beyond a joke; **ízetlen/rossz ~** tasteless/bad/stupid joke; **durva/otromba ~** practical joke; **~ból** in fun/jest; **félig ~ból** half in jest; **~n kívül** joking apart, seriously (though); **~nak veszi** make* a joke of it; *[ne vedd komolyan]* laugh it off; **érti a ~t** know* how to take a joke, get the joke; **nem érti a ~t** (s)he can't take a joke, (s)he can't see the joke, (s)he doesn't get the joke; **ebben nem érti a ~t** (s)he takes such matters seriously; **~t űz vkből** pull sy's leg, make* fun of sy, poke fun at sy
tréfadolog *fn* **ez nem ~** it's no laughing matter
tréfál *i* joke, *[vicceket mond]* crack jokes; **nem ~** he means business, he is serious; **csak ~t** (s)he was only joking; **nem olyan ember, akivel ~ni lehet** he is not a man° to be trifled with; **ne ~j!** come off it!, be serious!; **~ vkvel** poke fun at sy; **te ~sz!** you must be joking/kidding, you can't be serious
tréfálkoz|ik *i* crack jokes, joke
tréfás *mn [történet stb.]* amusing, funny, *[megjegyzés]* facetious, (*vk*) funny, facetious; **~ kedvében van** he is in a jokey mood; → **vicces**
treff *fn [kártya]* club
trehány *mn vulg* **1.** *[emberről]* slovenly, sloppy; **~ alak** *vulg* slob **2.** *[munka]* slipshod, shoddy, sloppy; **~ munka** slopwork
tréner *fn* → **edző**
tréning *fn* → **edzés**; *[menedzsereké]* training
tréningruha *fn* → **melegítő**
treníroz *i* → **edz**
triangulum *fn zene* triangle
Trianon *fn tört* Trianon
trianoni *mn tört* **a ~ békeszerződés** the Treaty of Trianon [June 4th, 1920]
tribün *fn* → **lelátó**

T

tricikli *fn* tricycle
Trident *földr tört* Trento v. Trent
tridenti *fn tört* ~ **zsinat** the Council of Trent
Trieszt *földr* Trieste
trigonometria *fn* trigonometry
trikó *fn [alsóruha]* vest, *US* undershirt, *[sportolóé, ujjatlan]* singlet, *[rövid ujjú]* T-shirt
trikóanyag *fn* tricot (fabric), stockinet
trilla *fn zene* trill, shake
trilláz|ik *i zene* trill, shake
trillió *szn* (10^{18}) *GB* trillion, *US* quintillion
trilógia *fn* trilogy
Trinidad és Tobago *földr* Trinidad and Tobago
trinidadi *mn/fn* Trinidadian
trió *fn* trio
tripla *mn* triple, threefold
triumvirátus *fn* triumvirate
triviális *mn* **1.** *[közönséges]* vulgar, low **2.** *[elcsépelt]* trivial, trite, hackneyed
trocheus *fn irod* trochee
trófea *fn* trophy
tróger *fn elít* blackguard, pleb, slob
trójai *mn* Trojan; **a ~ faló** the Trojan Horse, the Wooden Horse (of Troy); **a ~ háború** Trojan War
trolibusz *fn* trolley-bus
trombita *fn* trumpet; **~t fúj** blow* the trumpet
trombitál *i* blow* the trumpet
trombitás *fn* trumpet(er), trumpet-player
trombitaszó *fn* trumpet-call
trombózis *fn* thrombosis
tromf *fn* **1.** *[kártyában]* trump(s) **2.** *átv* retort
trón *fn* throne; **~ra kerül/lép** come* to the throne, ascend the throne; **~ra lépés** accession to the throne; **lemond a ~ról** abdicate (the throne)
trónbeszéd *fn* speech from the throne, the Queen's/King's speech
trónfosztás *fn* dethronement, deposition
trónkövetelő *fn* pretender
trónol *i* **1.** be*/sit* enthroned (v. on the throne) **2.** *szl [a vécén ül]* be* on the throne
trónöröklés *fn* → **trónutódlás**
trónörökös *fn* heir apparent (to the throne), *[nem GB]* crown prince/princess, *GB* the Prince of Wales
trónutódlás *fn* succession to the throne
trópus → **trópusok**
trópusi *mn* tropical; **~ betegségek** tropical diseases; **~ éghajlat** tropical climate; **~ hőség** tropical weather/heat; **~ őserdő** rain forest; **~ sisak** pith hat/helmet, topee, topi
trópusok *fn földr* the tropics
tröszt *fn* trust
trösztellenes *mn gazd* **~ politika** antitrust policy; **~ törvény** antitrust law
trutymó *fn szl* slime, crud, *US* grunge
trükk *fn* trick, device; **ezerféle ~** every trick in the book; **mi ebben a ~?** what's the catch (in this)
trükkfilm *fn* special effects film, *[rajzfilm]* (animated) cartoon
tsa. *röv társa* company (*röv* **Co.**)
tsz → **termelőszövetkezet**
tsz-elnök *fn* chairman° of the co-operative
TTK *röv* → **természettudományi kar**; faculty of science; **a ~ra jár** be* a natural sciences student, be* studying science (v. a science subject), *US* be* majoring in science (v. in math and physics etc.), be* a science major
tuba *fn zene* tuba
tubák *fn elav* snuff; → **burnót**
tuberkulózis *fn* (*röv* **tbc, tébécé**) tuberculosis (*röv* **t.b., TB**); **~ elleni** antitubercular
tubus *fn* **1.** tube **2.** *orv* tube
tucat *hsz/fn* dozen; **egy ~ tojás** a dozen eggs; **fél ~** half a dozen [eggs etc.]; **fél ~ tojás 40 penny** these eggs are 40p a half dozen; **három ~ doboz** three dozen boxes; **~ja ... Ft** they're ... fts a dozen; **~jával** by the dozen
tucatáru *fn* cheap goods *tsz*, cheap stuff
tucatember *fn* commonplace/mediocre person; *US* Joe Sixpack
tucatszám(ra) *hsz* by the dozen
tud *i* **1.** *[ismer]* know* (sg), (*vmről*) know* (sg) about/of (sg), *[tudomása van vmről]* be* aware of, have* heard of (sg); **jól ~ angolul** sy's English is good, know* English well, have* a good command of English; **egy kicsit ~ spanyolul** (s)he knows a little Spanish, (s)he has a smattering of Spanish; **nem régóta tanulom, úgyhogy csak néhány szót ~ok németül** I haven't been learning German for long, so I can only manage/speak a few words; **nem ~ vmt/vmről** does not know sg (about sg), be* ignorant/unaware of sg; **~om** I know; **~om is én?** how should I know?; **nem ~om** I don't know, I can't tell, I have* no idea; **előre ~** know* (sg)in advance; **előre lehet(ett) ~ni** it is/was a foregone conclusion; **~om, amit ~ok** I know what I know; **~ok egy jó éttermet a közelben** I know (of) a good restaurant near by; **~ni kell/való, hogy** ... it should be said that ...; **honnan ~ja?** how do you know?; **jól ~ja** know* full/very well; **nem jól ~ja** be* wrong/mistaken/misinformed; **ahogy mindenki jól ~ja** as is well-known; **már régóta ~juk** we've known that for a long time; **nem ~ja, mitévő legyen** he is at a loss what to do, he doesn't know what to do; **ki ~ja?** who knows?, who can tell?; **„ki mit ~?"** *[verseny]* talent show/contest/competition; **ő mindent ~** he's a mine of information; **azt te sem ~hatod** don't be so/too sure; **ő ~ja, miért** for reasons of his own, for reasons best known to himself; **mint ~juk** as we (all well) know, as is well-known; **szeretném ~ni** ... I should like to know ...; **szeretném ~ni, miért?** I wonder why?; **mit lehet ~ni** there is no knowing/saying/telling, you never can tell, who knows?; **~od mit?** (I'll) tell you what; **nem ~ok róla** I know nothing about/of it, I am not aware of it; **úgy ~ják róla, hogy** he is believed to be ...; **amennyire én ~om** as far as I know; **úgy ~om, (hogy) Angliában van** I understand/believe (s)he is in Britain; as far as I know (s)he is in Britain; **magam sem ~om** I wonder; I do not (v. don't) know myself; **mit ~om én?** how should I know?; *biz* ask me another; **most már ~om!** now I know (what I wanted to know); **mintha nem ~nám!** as if I didn't know! **2.** *[képes]* can* [do sg], be* able to [do sg], can* manage (sg/to); **nem ~** *[vmt tenni]* cannot (v. can't) [do sg]; **~sz úszni?** can you swim?; **nem ~ fizetni** (s)he can't pay; **csinálnám én, ha ~nám** I would if I could; **nem ~om hova tenni** *[emlékezetben]* I cannot place him/you/it; **~na hozni nekem** ... could you bring me ...; **el ~sz jönni?** can you come?, will you be able to come?, *biz* can you make it?; **még egy kisiskolás is jobb fogalmazást ~na írni** even a schoolboy could manage a better essay; **meg ~od csinálni/javítani?** can you repair/do/mend it?; **meg ~tam szerezni a könyvet** I managed (v. was able) to get the book; **nem ~ott eljönni** he couldn't come, *biz* (s)he couldn't make it; **ez a készülék ~ja** *[ti. amit egy másik nem tud]* that's the set that does it
tud. *röv* → **tudományos**
tudakol *i* → **tudakozódik**
tudakozó *fn [helyiség]* inquiry/enquiry office, inquiries (v. enquiries) *tsz*, information; *[telefon]* directory assistance, directory inquiries *tsz*
tudakozód|ik *i* (*vk/vm felől/után*) make* inquiries/enquiries about (sy/sg), inquire/ask about/after (sy/sg), ask for information (about)
tudálékos *mn* pedantic, bookish; **~ ember** pedant
tudás *fn* **1.** *[szellemi]* knowledge, learning; **(a) legjobb ~om szerint** to the best of my knowledge; **angol ~** one's (proficiency in) English, (one's) knowledge/command of English; **a ~ hatalom** knowledge is power **2.** *[jártasság]* skill

tudásbázisú *mn infor* ~ **rendszer** knowledge-based system

tudású *mn* **nagy ~ ember** a (very) learned man°/person, a man° of (great) learning (v. immense erudition), a great scholar; → **szakmai**, → **tárgyi**

tudásszint *fn* educational/academic standards *tsz*

tudásszomj, -vágy *fn* thirst for knowledge, intellectual curiosity

tudat[1] *i (vkvel vmt)* let* sy know sg, notify/inform sy of sg; **kérem tudassa velem** please let me know, please inform me

tudat[2] *fn* consciousness; *[elme]* mind; **~ alatt** subconsciously; **~ alatti** subconscious; → **tudatalatti**; **~ában van vmnek** be* conscious/aware of sg; **nincs ~ában vmnek** be* unaware (v. not aware) of sg; **~ára ébred vmnek** wake* up to sg, sg becomes* clear to sy; **~ára ébreszt** awaken sy to sg, bring* sg home to sy, make* sy realize sg; **nem bírom elviselni a ~ot, hogy** ... I can't bear the thought of ...

tudatalatti *fn* the subconscious; → **tudat**[2]

tudathasadás *fn orv* dual personality, schizophrenia

tudatküszöb *fn* threshold of consciousness

tudatlan *mn* ignorant

tudatlanság *fn* ignorance; **~ot árul el** display one's ignorance

tudatmódosító *mn* **~ szer** *[kábítószer]* consciousness expanding substance/material

tudatos *mn* **1.** *[tudaton alapuló]* conscious; **~sá vált előttem** I realized (that), I became aware of; **nem ~** unconscious **2.** *[szándékos]* deliberate; **~ kockázat** calculated risk

tudatosan *hsz* consciously, deliberately, knowingly

tudatosít *i (vkben vmt)* make* sy realize/understand sg, make* sy aware of sg

tudatosság *fn* consciousness, awareness

tudattalan *mn* unconscious

tudniillik *ksz* **1.** (*röv* **ti.**) *[ugyanis]* for ..., because **2.** *[jobban mondva]* that is to say, or rather, to be more precise **3.** *[mégpedig]* namely (*röv írásban:* viz.; *azaz:* i.e. v. ie [id est])

tudnivaló *fn* **1.** *[felvilágosítás]* information (*tsz* ua.) **2.** *[utasítás]* instructions *tsz*

tudomány *fn* **1.** *[ált és természettud.]* science, *[egyéb]* the (scientific) study of ..., [environmental/economic/historical etc.] studies *tsz*, *[tudás, tudományosság]* scholarship, learning, knowledge; **a ... ~ doktora** Doctor of Science, D.Sc. v. DSc (Doctor Scientiarum), Academic Doctor; **a ~nak szenteli életét** be* devoted to science/scholarship **2.** *biz* **megáll a ~a** be* at one's wit's end

tudományág *fn* branch of learning/science, discipline, the study of ...

tudományegyetem *fn* university

tudományközi *mn* interdisciplinary

tudománynépszerűsítés *fn* popularization(s) of science

tudományos *mn* (*röv* **tud.**) *[természettudományokkal kapcs.]* scientific, *[humán tud.]* scholarly, learned, *[elméleti, nem gyakorlati; humán és társadalomtud.]* academic; **Magyar T~ Akadémia** the Hungarian Academy of Sciences; **~ eredmény(ek)** scientific/scholarly achievement(s), contribution to knowledge; **~ fokozat** (academic) degree; **~ igényű/jellegű** scholarly; **~ intézmény** *[természettudományi]* scientific institution; *[egyéb is]* institute, institution of higher learning; **~ ismeretterjesztés** dissemination of the sciences; **T~ Ismeretterjesztő Társulat** (*röv* **TIT**) Society for the Dissemination of the Sciences; **~ kiadványok** scholarly/scientific publications; **~ könyv/mű** scholarly work; **~ művek** scientific works/sudies; **~ kutatás** (scientific) research (into/on sg); researches (into/on sg) *tsz*; **~ kutató/munkatárs** research worker/fellow; *[rangidős]* senior research fellow, researcher; **~ (kutató)munka** (scientific) research, researches *tsz*; **~ (kutató)munkát végez** carry out research, research [a subject]; do* (some) research on [a theme] v. into [a subject], be* researching in [a subject, e.g. modern history], be* researching on/into [a theme, e.g. the causes of cancer, the effects of air pollution etc.]; **~ módszer** scientific method; **~ ösztöndíj** research scholarship/fellowship; **~ munkaközösség** team of researchers; **~ pálya** learned profession; **~ pályán/téren/vonalon dolgozik/működik** *ált* (s)he is an academic; *[humán]* be* a (professional) scholar, *[természettudós stb.]* (s)he is a scientist; **~ szakfolyóirat** learned/specialist journal/periodical; **~ társaság** learned society; **~ testület** scientific body

tudományosan *hsz* scientifically

tudományos-fantasztikus *mn* **~ regény/regényirodalom** science fiction (*röv* **sci-fi**); **~ regény** a sci-fi novel; **~ film** a sci-fi film

tudományos-technikai *mn* **~ forradalom** scientific and technological revolution

tudománypolitika *fn* science policy

tudománytalan *mn [ált és természettud.]* unscientific, *[humán vonatkozásban]* unscholarly; **~ elméletek** unscientific theories

tudomás *fn* knowledge; **~a van vmről** have* knowledge of sg, be* aware/informed of sg, know* of sg; *[hallott róla]* have* heard of sg; **nincs ~a vmről** be* unaware/ignorant of sg; *[tájékozatlan]* be* unapprised of sg; **vknek ~a nélkül** without sy's knowledge, without asking sy, over sy's head; **~om szerint** to my knowledge, as far as I know; **legjobb ~om szerint** to the best of my knowledge (and belief); **~om van róla, hogy** ... it is my understanding that ...; **vknek ~ára hoz vmt** bring* sg to sy's knowledge/notice (to the knowledge/notice of sy), inform sy of about sg, let* sy know sg, communicate sg to sy; **vknek ~ára jut** come* to sy's knowledge/notice; **~t szerez vmről** get*/come* to know of, learn* (of) sg; **~ul vesz vmt** note sg, take* notice of sg, acknowledge sg; **nem vesz ~ul vmt** take* no notice/heed of sg, ignore sg; **~ul szolgál** acknowledged, approved, O.K. v. OK; **hallgatólagosan ~ul vesz** understand tacitly; **vedd ~ul, hogy** ... I would have you know, I must tell you that ...; **~sal bír vmről** be* aware/apprised of sg

tudomásulvétel *fn* acknowledgement, acceptance; **szíves ~ végett közlöm, hogy** ... for your kind information, (in reply to your kind inquiry) I should like to state that ...

tudós I. *mn* scholarly; **~ társaság** learned society **II.** *fn [főleg természettudós]* scientist, *[humán]* scholar

tudósít *i* **1.** *(vkt vmről)* inform sy of/about sg, let* sy know sg, notify sy of sg **2.** *[tudósítást készít újságnak, rádiónak stb.]* report on sg, *[eseményről]* cover [an event], *[rendszeresen]* report for [a newspaper, radio, television], *[külföldről]* be* a correspondent, *[több lapnak biz]* be* a stringer (for)

tudósítás *fn* **1.** *ált* information **2.** *[eseményről, újságnak stb., tevékenység]* (news) reporting, reportage, coverage, *[rendszeres tudósítás hosszabb eseményről pl. labdarúgó vb]* extensive coverage [of the World Cup], *[egyes]* report, dispatch; **~t ír/küld vmről** report on sg, cover sg

tudósító *fn* correspondent; **kiküldött ~nk jelenti Londonból** [news] from our own/special correspondent (in London); **vmely újság ~ja** *[igével]* report for [a newspaper]

tudott *mn* known; **~ dolog** → **tudvalevő**

tudta *fn* **vk ~ nélkül, ~n kívül** without sy's knowledge, behind sy's back; **vknek ~ra ad vmt** bring* sg to sy's knowledge/notice, notify/inform sy (of sg), make* sg known to sy; **tudtommal** as far as I know (v. am aware), to my knowledge; **vk ~val (és beleegyezésével)** with sy's knowledge (and approval)

tudtul ad *i* → **tudomására hoz**

tudva *hsz* knowingly, consciously, intentionally, deliberately

tudvalevő *mn* (it is) well-known; **~, hogy** it is (a matter of) common knowledge that, it is well-known that; **~ dolog** known fact

túl[1] *hsz* **1.** (*vmn*) beyond, over, across **2.** *[időben]* beyond, after, over; **11 órán ~** beyond/after 11 o'clock; **~ van a vizsgán** her/his examination is over, *biz* (s)he has taken/done the exam; **csakhogy ezen ~ vagyunk** at l(e)ast that's over (with); **~ van a műtéten** (s)he has had the operation; **~ van a veszélyen** be* beyond danger, be* out of danger; **~ van a nehezén** be* over the worst; **~ van a negyvenen** he is past/over (v. has turned) forty; **~ van már azon** he is past ..., he has (already) got over that

túl[2] *hsz [túlságosan]* too, excessively; **~ kicsi** (much) too small; **~ korai** premature; **~ sok** too much (of); **~ sokat költ** spend* (far) too much, spend* in excess of one's income

túlad *i* (*vmn/vkn*) get* rid of (sg/sy), dispose of (sg)

túladagol *i orv* overdose; **~ta a heroint** he overdosed on heroine

túladagolás *fn orv* overdose; **kábítószer-~ban meghalt** (s)he died of a drug overdose

túladóztatás *fn* overtaxation

tulaj *fn biz* boss, *GB* gaffer; **a ~ fizeti** *[az italokat]* (the drinks are) on the house

tulajdon I. *mn* own; **a ~ szememmel láttam** I saw it with my own/very eyes **II.** *fn [tárgy stb.]* property; **közös ~** common/joint property; **személyi ~** personal property, one's possessions/belongings *tsz*; **vknek a ~ában van** be* one's/sy's property, belong to sy, sg is owned by sy; → **állami**, → **jogos**, → **magántulajdon**

tulajdoni *mn* **~ formák** forms of ownership; **~ hányad** *kb.* (percentage) share of the service charge; **~ lap** property page [of land register]; **~ viszonyok** ownership/property relations, ownership *esz*

tulajdonít *i* **1.** (*vknek/vmnek vmt*) attribute/ascribe/assign (sg to sy/sg); put* (sg) down to (sg); **annak (a ténynek) ~om, hogy** I put it down to the fact that ... **2. magának ~ vmt** claim sg, arrogate sg to oneself; → **fontosság**

tulajdonjog *fn* proprietary rights *tsz*, ownership, proprietorship, title; **a ~ megállapítása** investigation of a title

tulajdonképp(en) *hsz* **1.** (*röv* **tkp.**) *[a lényeget tekintve]* in fact, properly/strictly speaking, actually, as a matter of fact, really; **~ nem** not really; **~ mit akarsz?** what do you really want?, what on earth do you want? **2.** *[eredetileg]* originally

tulajdonnév *fn* proper name/noun

tulajdonos *fn [ingatlané stb.]* owner, *[üzleté, vendéglátóipari egységé]* proprietor, owner [of a business], *[cím stb. viselője, igazolvány tulajdonosa stb.]* holder, *[útlevélé]* bearer; **jogos ~** rightful owner; **a világbajnoki cím ~a** the holder of the world record; **~t cserél** pass into other hands, change hands/owners

tulajdonosváltás *fn* → **tulajdonosváltozás**

tulajdonosváltozás *fn gazd* change of ownership/hands

tulajdonság *fn* quality, attribute, property, feature; **jó ~** (*vké*) virtue, sy's good point

tulajdonviszony(ok) *fn* property relations *tsz*, ownership

túláradó *mn* overflowing, *csak átv* exuberant; **~ boldogságban úszik** be* in an ecstasy of delight; **~ jókedvében** bubbling over with high spirits, overjoyed (with); **~ szeretettel** in an excess/outburst of love

túlbecsül *i (vmt)* **1.** *konkr* overestimate **2.** *átv* overrate, overestimate

túlburjánzás *fn* overgrowth

túlburjánz|ik *i* overgrow*

túlbuzgó *mn* overzealous, eager (beaver), over-eager; *[tolakodva ajánlkozó]* officious

túlcsordul *i* run*/brim* over, overflow

túldimenzionál *i* **ez a kérdés túl van dimenzionálva** this issue is overplayed

túlél *i* (*vmt*) survive (sg), (*vkt*) outlive (sy); **nem élte túl önmagát** it did not survive itself

túlélő *fn* survivor; **egyetlen ~ volt** only one person survived (the accident etc.), there was only one survivor; **(a baleset) egyetlen ~je** the sole survivor [of the accident]

túlérett *mn* overripe

túlerő *fn* numerical superiority; **~ben van** be* superior in number, outnumber [the enemy]; **enged a ~nek** bow/yield to superior force, succumb to odds; **~vel áll szemben** *[számbelileg]* be* outnumbered by [the enemy etc.], face/fight* heavy odds

túlerőltet *i* overwork, overstrain; **~i a szemét** strain one's eyes; **~i magát** overwork, *biz* be* overdoing it

túlértékel *i* overestimate/overrate (sg)

túlérzékeny *mn* hypersensitive, oversensitive (to)

túlérzékenység *fn* hypersensitivity

túles|ik *i* → **átesik 2**

túlexponált *mn* overexposed

túlfeszít *i* **1.** *[kötelet]* overstrain **2.** *átv* overwork, *[testi erőt, idegeit stb.]* overreach/exhaust oneself; **~i a húrt** go* too far

túlfeszített *mn* overstrained; **~ idegállapot** strained nerves *tsz*; *kif* sy's nerves are at breaking point; **~ munka** (i) *[fizikai]* overwork, overexertion (ii) *[szellemi]* overwork, excessive strain

túlfizet *i* overpay*, pay* too much (for); **munkája nincs ~ve** he is not overpaid for his work

túlfolyó *fn [kádé stb.]* overflow (pipe)

túlfűtött *mn* **1.** *[helyiség]* overheated **2.** (*vk*) over-excited, highly strung, *US* high-strung; **a légkör/hangulat ~é vált** feelings ran high; **~ személyiség** overwroughtput personality

túlhajt *i* **~ja magát** overwork, overdo* it, drive*/push oneself too hard, overexert oneself

túlhajtott *mn* **~ munka** overwork, gruelling (*US* -l-) pace/work

túlhalad *i* **1.** *[térben]* pass, go* beyond/past **2.** *átv* surpass, exceed; **a költségek ~ják a 2 000 000 Ft-ot** the costs will exceed 2,000,000 fts **3.** *[elavulttá tesz]* supersede; **~ta ...** ... was superseded by ...; → **meghalad**

túlhaladott *mn* **~ álláspont** outworn/antiquated conception/notion; *biz kif* that's old hat

túlharsog *i* drown out sy/sg v. drown sy/sg out

túlhevít *i* overheat, *irod* overcharge

túlhúz *i [órát]* overwind*

tulipán *fn* tulip

túljár *i* **~ vknek az eszén** outwit*/outsmart/outmanoeuvre (*US* -maneuver) sy, get* the better of sy

túljátsz|ik *i [szerepet]* overact, ham up, overdo* [one's part]

túljegyez *i gazd [tőzsdén]* oversubscribe

túljegyzés *fn gazd [tőzsdén]* oversubscription

túljelentkezés *fn [kirándulásra stb.]* being oversubscribed, *[egyetemre stb.]* over-application; **az orvosi egyetemre ötszörös a ~** there are five times as many applications for medicine as there are places (available)

túljut *i* get* over sg, pass; **~ a nehezén** be* over the hump, turn the corner, break* the back of a task, see* (the) light at the end of the tunnel → **átesik**

túlkapás *fn* abuse(s) (of); **~ok** excesses [committed by the occupying troops etc.]

túlkiabál *i* out-shout, shout/roar down (sy); **mindenkit ~t** his voice rose above (v. drowned out) all the others

túlkínálat *fn gazd* oversupply

túlköltekez|ik *i* overspend*, spend* in excess of what one can afford

túllép *i [mértéket]* exceed, overstep the mark; **~i a keretet** *[tervezett pénzösszeget]* overspend*; **~i a hitelét** *[bankban]* overdraw* (one's account), *biz* go* into the red; **~i a hatáskörét** overstep* one's authority, exceed one's authority/instructions/powers; **~i az illendőség korlátait** *biz* overstep the mark, *irod* transgress the bounds of decency

túllépés *fn [hitelé]* overdraft, *[jogköré]* transgression

túllicitál *i* (*vmt*) overbid* (sg), (*vkt*) outbid* (sy), overbid* (sy)

túlliheg *i szl [ripacskodva]* camp it up, overact

túllő *i* overshoot*; **~ a célon** overshoot*/overstep* the mark

túlmegy *i* (*vmn*) go* beyond, surpass (sg); **~ minden határon** overstep the mark; → **túllép**
túlmelegsz|ik *i* overheat
túlmenően *hsz* **ezen ~** over and above that, in addition to this, beyond that
túlméretezett *mn* oversize(d), exaggerated
túlmunka *fn* (working) overtime; **~t végez** work overtime, be* on overtime
túlnépesedés *fn* overpopulation
túlnő *i* (*vmn/vmt*) outgrow* sg, exceed (sg)
túlnyomásos *mn* **~ utasfülke** pressure cabin
túlnyomó *mn* predominant, preponderant; **az év ~ részében** for the best part of the year; **~ többség** vast/overwhelming majority; **az esetek ~ többségében** in the overwhelming majority of cases
túlnyomóan, **túlnyomórészt** *hsz* predominantly, overwhelmingly, mostly, for the most part
túloldal *fn* **1.** the other/opposite side; **az utca ~án** across the road/street, over the road, on the far side of the road/street **2. lásd a ~on** see overleaf/over; **az ábrát lásd a ~on** see figure/picture overleaf
túlontúl *hsz* (altogether) too (much), (far) too much; **~ jól ismer vkt** know* sy all too well, know sg inside out
túlóra *fn* overtime; **ma három ~m volt** I did three hours overtime today
túlóradíj *fn* overtime pay
túlórázás *fn* (working) overtime
túlóráz|ik *i* work overtime, be* on overtime
túloz *i* exaggerate; **erősen ~** lay* it on (a bit) thick
túlreagál *i* overreact
túlságos *mn* **1.** exaggerated, excessive, extreme **2.** → **túlságosan**
túlságosan *hsz* (far) too, excessively; **~ nagy** too big; **nincs ~ megelégedve** (s)he is not quite satisfied
túlsó *mn* opposite, of/on the other side *ut*; **a ~ oldalon** (i) *[könyvben]* overleaf (ii) *[utcán]* across/over the street/road; **a ~ parton** on the opposite/far bank (of the river)
túlspiláz *i* → **túlliheg**
túlsúly *fn* **1.** *ált* overweight, excess weight; *[szállításnál]* overfreight; *[repülőgépen]* excess baggage; **~t fizet** pay* an excess baggage charge; **50 font ~t fizettetett velem a légitársaság** the airline charged me £50 for excess baggage **2.** *átv* preponderance, predominance (over); **~ban van** prevail/predominate (over sy), be* in the majority/ascendant, be* predominent; **~ba jut** prevail, gain the ascendancy over (sy), get* the upper hand over (sy)
túlsúlyos *mn* overweight, *orv* obese
túlszámláz *i [étteremben]* overbill, overcharge
túlszárnyal *i* (*vkt vmben*) surpass/outshine* sy (in sg), outdo* sy (in sg), *[vmt, pl. eredményeket]* improve on sg, better sg
túltáplál *i* overfeed*, feed* up
túltáplált *mn* overfed
túlteljesít *i* exceed [the target/plan by ... %], overfulfil (*US* -fulfill)
túlteljesítés *fn* exceeding [the target/plan], overfulfilment [of the plan]
túlteng *i* become* excessive, predominate
túlterhel *i* **1.** *[súllyal]* overload, overburden **2.** *átv* overload, overburden, overtax, overexert
túlterhelés *fn* **1.** *[súllyal]* overload(ing) **2.** *átv* overtaxing
túlterjed *i* (*vmn*) go* beyond
túltermelés *fn* overproduction
túltesz *i* **1.** (*vkn*) surpass/outdo* sy (in sg), go*/do* one better than sy **2. ~i magát vmn** disregard sg, does not bother oneself about sg, get* over sg, make* light of sg
túlvilág *fn* the next/other world, afterlife
túlvilági *mn* other-worldly; *[nem evilági]* unearthly
túlzás *fn ált* exaggeration, *[nyilatkozatban]* overstatement, *[viselkedésben, életmódban]* extravagance; **ez ~!** that is going too far, that is too much; **~ nélkül** without exaggeration; **~ nélkül állíthatom, hogy** it is no exaggeration to say that; **~ba esik** go* too far, carry sg/matters too far (v. to extremes), overdo* it; **azért ne essünk ~ba!** let's be realistic, let's not get carried away; **egyik ~ból a másikba esik** go* from one extreme to the other; **~ba visz vmt** overdo* sg; **ne vidd ~ba** don't overdo* it
túlzó I. *mn* excessive, extreme **II.** *fn* extremist
túlzott *mn* exaggerated
túlzsúfol *i* overcrowd, cram; **~t** overcrowded, (jam-)packed
tumor *fn* → **daganat**
tuner *fn el távk* tuner
Tunézia *földr* Tunisia
tunéziai *mn/fn* Tunisian
Tunisz *földr* Tunis
tunya *mn* lazy, indolent, sluggish, inert
tunyaság *fn* indolence, sluggishness
tupíroz *i* **1.** *[hajat]* fluff sy's hair **2.** *szl* improve on the truth
túr *i [földet]* dig*, *[állat]* dig* up, *[disznó]* root about; **orrát ~ja** pick one's nose; **ruhái között ~** search/rummage among one's clothes
túra *fn* **1.** *ált* tour, trip, *[rövidebb]* outing, excursion, *[gyalog]* walk, hike, *[kocsin]* run, drive, *[kerékpáron]* ride, *[csónakon]* trip, (boat) ride; **~n vesz részt, ~t tesz** *[hosszabbat, külföldre]* go* on a tour, go* for a trip [round Italy etc.], tour (round) [a country]; *[rövidebbet]* go* on/for a trip (v. an outing), *[gyalog]* go* for a hike, hike, go* hiking, go* on a walking tour; **~ ~n van** be* away on a trip; **európai ~ra megy** go* on a tour round Europe **2.** → **turné**
túra- *előtag [kerékpár stb.]* touring [cycle etc.]
túracipő *fn* walking shoes/boots *tsz*
túrakajak *fn [összecsukható]* folding/touring kayak, faltboat
túravezető *fn* road manager, *biz* roadie
túrázás *fn [gyalog]* hiking, walking
túráz|ik *i* go* on a trip/tour, tour (round) [a country], be* away on a trip, *[gyalog]* hike, walk
túráztat *i* race (v. rev up) [the engine]
turbán *fn* turban
turbékol *i* **1.** *[galamb]* coo **2.** *átv* **~nak** bill and coo
turbékolás *fn* **1.** cooing **2.** billing and cooing
turbina *fn* turbine
turbógenerátor *fn* turbogenerator
turbólégcsavaros repülőgép *fn* turbo-prop (aircraft), prop-jet (aircraft)
turbómotor *fn gk* turbo engine
turbó-sugárhajtású *mn* **~ repülőgép** turbo-jet
turbó-sugárhajtómű *fn* turbo-jet engine
turf *fn* **1.** *[futtatás]* racing, the turf **2.** *[versenypálya]* racecourse
turha *fn* phlegm, sputum
turista *fn* tourist, excursionist, *[városnéző]* sightseer, *[gyalogos]* hiker
turista- *mn* tourist(-), touring
turistaárfolyam *fn* tourist rate (of exchange)
turistabot *fn* alpenstock
turistacipő *fn* walking boots/shoes *tsz*
turistacsoport *fn* group of tourists, a party of tourists
turistafelszerelés *fn [erdei túrázáshoz]* hiking gear, *[hegymászáshoz]* mountaineering equipment/gear
turistaforgalom *fn* tourist traffic
turistaház *fn* youth hostel; **aki ~ról ~ra jár** a hosteller (*US* -l-); **T~ak Szövetsége** Youth Hostels Association (*röv* **YHA**)
turistaidény *fn* tourist season
turistajelzés *fn* blaze, trail-marking
turistaosztály *fn [repülőn]* tourist/economy class
turistáskod|ik *i* go* in for hiking; **sokat ~ik** (s)he is a great one for hiking
turistaszállás *fn* tourist hostel/lodge
turistaszálló *fn* tourist hotel

turistaút *fn* **1.** *[gyalogút]* walking path, *[jelzett]* (public) footpath, path, pathway; **menj(en) a (jelzett) ~on, különben eltéved(sz)** keep to the path or you'll lose your way **2.** → **turistautazás**
turistautazás *fn* tour, trip
turistaútlevél *fn* tourist passport
turisztika *fn ált* tourism, *[utazás]* touring, *[városnézés]* sightseeing, *[az ipar]* the tourist industry/trade, tourism
turizmus *fn* tourism; **falusi ~** rural/village tourism; **lovas ~** riding holidays *tsz*
turkál *i* **1.** *ált* search, rummage, *[könyvesboltban]* browse; **az ételben ~** be* picking (at) the food; **zsebeiben ~** rummage (around) in one's pockets **2.** *[más dolgában]* poke one's nose into [other people's business]; → **orr**
turkáló *fn [engedményes áruk részlege]* bargain basement, *[külön bolt]* second hand shop, *[jótékonysági]* charity shop
turmix *fn [ital]* milk-shake, *US így is:* shake, soda
turmixgép *fn* liquidizer, blender
turné *fn* tour; **~ra megy** go* on a tour; **európai ~ra megy** go* on a European tour (v. a tour round Europe); **~n vesz részt** be* on tour [in …], be* touring [the Greek Islands v. Europe, etc.]
turnéz|ik *i* tour (v. be* touring) [swhere v. in …], be* on tour [in …]; **Angliában ~ik a zenekar** the orchestra is (currently) on tour in Britain
turnus *fn* turn, *[munkában]* shift, *[étkezéskor]* sitting
túró *fn* (milk) curds *tsz*, curd (cheese)
túrógombóc *fn* curd(s) dumplings *tsz*
túró rudi *fn kb.* chocolate-coated cottage-cheese snack
túrós *mn* curd, with curd *ut*; **~ csusza tepertővel** pasta with soft cheese and cracklings; **~ rétes** puff pastry (filled) with curd; **~ lepény** curdcake
turpisság *fn* dirty trick, chicanery, jiggery-pokery
tus[1] *fn [festék]* Indian ink, *US* India ink
tus[2] *fn zene* flourish; **~t húz vk tiszteletére** play a flourish in sy's honour (*US* -or)
tus[3] *fn* → **zuhany**
tus[4] *fn* → **puskatus**
tus[5] *fn sp* **1.** *[vívásban]* hit **2.** *[birkózásban]* fall; **~sal győz** win* by a fall
tusa *fn* struggle, fight, combat; **lelki ~** spiritual crisis, crisis/conflict of conscience
tuskihúzó *fn* drawing pen
tuskó *fn* **1.** *[fa]* stump, block **2.** *pej* **faragatlan ~** boor, clodhopper, yokel, dong
tusol *i* → **zuhanyoz**
tusrajz *fn* wash-drawing, pen-and-ink drawing
túsz *fn* hostage; **~okat ejt** take* hostages; **~ként tart fogva vkt** take*/hold* sy hostage, keep* [the pilot on board the plane] as (a) hostage
túszdráma *fn* hostage crisis/drama
túszejtés *fn* hostage-taking, taking hostages
túszejtő *fn* hostage-taker
tuszkol *i* push (sy with one's hands), thrust*, *biz* shove
túszszedés *fn* → **túszejtés**
túszszedő *fn* → **túszejtő**
tutaj *fn* raft
tutajos *fn* raftsman°, rafter
tutajoz *i* **1.** *[tutajon utazik]* travel (*US* -l) by raft, go* by raft **2.** *[tutajon szállít]* raft, carry on a raft, *[fát]* float [timber/logs]
tutajozás *fn* rafting
tuti *mn biz* a (dead) cert; **~, hogy megnyeri** it's a cinch that he (v. the horse etc.) will win
tutor *fn okt* tutor
tutoriális *mn okt* **~ foglalkozás** tutorial; **~ rendszer/képzés** tutorial system; **~ vezetés** tutorial guidance
tutyimutyi *mn* **~ alak** a weakling, a mollycoddle, an old woman°
Tuvalu *földr* Tuvalu
túzok *fn* bustard; → **veréb**
tű *fn* **1.** *[varró, kötő, stoppoló]* needle, *[gombos és más]* pin; **(injekciós) ~** (hypodermic) needle; **eldobható (injekciós) ~** disposable (hypodermic) needle; **befűzi a ~t** thread a/the needle; **~kön ül** be* on tenterhooks, be*/sit* on thorns, *US* be* on pins and needles; **~vé tesz vmért vmt** ransack sg for sg, search every nook and cranny for sg, turn sg upside down (for sg); **~ a szénakazalban** needle in a haystack **2.** *[fenyőé]* pine-needle
tücsök *fn* **1.** *áll* cricket **2. tücsköt-bogarat összebeszél** talk all sorts of rubbish/nonsense, talk without rhyme or reason, rant
tüdő *fn* **1.** lung, lungs *tsz*; **a bal tüdeje meg van támadva** his left lung is* affected; **kikiabálja a tüdejét** shout oneself hoarse; **tele ~vel/~ből kiabál** shout at the top of one's voice **2.** *[levágott állaté]* lights *tsz*
tüdőbaj *fn* (pulmonary) tuberculosis (*röv* **TB** v. **tb**)
tüdőbajos, tüdőbeteg *fn* consumptive, tubercular/TB (patient)
tüdőbeteg-gondozó *fn* TB clinic
tüdőcsúcshurut *fn* catarrh of the apex pulmonis
tüdőgümőkór *fn* → **tüdőbaj**
tüdőgyulladás *fn* pneumonia; **~ban fekszik** be* ill with pneumonia; **kétoldali ~** pneumonia of both lungs
tüdőlövés *fn* shot in the lung
tüdőrák *fn* lung cancer
tüdőszanatórium *fn* tuberculosis/TB sanatorium
tüdőszűrés *fn* X-ray screening, pulmonary screening
tüdőszűrő állomás *fn* X-ray screening centre (*US* -er)
tüdőtágulás *fn* (pulmonary) emphysema
tűhegy *fn* needle/pin-point
tükör *fn* **1.** *ált* mirror, *[főleg öltözködéshez]* looking-glass; **~ben nézi magát** look (at oneself) in a/the mirror **2. a víz tükre** surface of the water **3.** *[szmokingon]* (silk) lapel **4.** *nyomd* type area; → **visszapillantó tükör**
tükörasztal *fn* ladies' dressing table
tükörfényes *mn* lustrous, brilliant
tükörfordítás *fn* → **tükörszó**
tükörkép *fn* (mirror) image, reflection
tükörreflexes *mn* **~ fényképezőgép** reflex camera; **~ kereső** reflex viewfinder
tükörsima *mn* like glass *ut*
tükörszó *fn* loan translation, calque
tükörtojás *fn* fried egg, *US így is:* egg sunny side up
tükröz *i* **1.** *ált és átv* reflect, mirror; **ez egyszerűen azt ~i, hogy** it simply reflects the fact (that); **a valóságot ~i** reflects reality (v. the facts) **2.** *orv* examine by means of a speculum/cystoscope etc.
tükrözés *fn orv* examination by means of a speculum/cystoscope etc.
tükröződés *fn* reflection
tükröződ|ik *i* be* reflected/mirrored (in); **meglepetés ~ött arcán** he showed/registered surprise, his face showed/registered surprise
tülekedés *fn* jostling, pushing and shoving; **~ egy állásért** intense competition/rivalry for a post, *biz* scramble for a job
tüleked|ik *i* push and shove (v. elbow) one's way through/forward, (*vmért*) scramble for sg
tűlevél *fn* pine needle
tűlevelű *mn* coniferous; **~ erdő** coniferous/pine wood; **~ek** conifers
tülköl *i [autó]* hoot, sound one's horn
tüll *fn* tulle
tülök *fn* horn, *[autóé]* horn
tündér *fn* fairy; *[pici, gonosz]* pixy/pixie, *[pici, segítőkész]* brownie
tündéri *mn* fairylike, magic, *biz [kisbaba stb.]* darling, sweetest
tündérmese *fn* fairy tale
tündérország *fn* fairyland, wonderland
tündérszép *mn* entrancing, enchanting, magic

tündöklés *fn* **1.** *konkr* glittering, splendour (*US* -or), brilliance **2.** *átv* radiance; **a birodalom ~e és bukása** the rise and fall of the empire
tündökl|ik *i* glitter, sparkle, glisten
tündöklő *mn* gleaming, sparkling, glistening, glittering
tűnékeny *mn* passing, fugitive, ephemeral
tünemény *fn* phenomenon (*tsz* -mena)
tüneményes *mn* phenomenal, *[csodálatos]* wonderful, marvellous (*US* -l-), fantastic; **~ gyorsaság** lightning speed; **~ pályafutás** brilliant career
tűnés *isz szl* beat it, *GB* scarper
tünet *fn* sympton, sign; **kísérő ~** concomitant sign
tünetegyüttes *fn orv* syndrome
tüneti *mn* symptomatic; **~ kezelés** symptomatic treatment
tűn|ik *i* **1.** *[vmlyennek látszik]* seem (to be), appear (to be v. as if); **eleinte ez nehéznek ~ik** this may strike you as difficult at first; **úgy ~ik, igen** it appears so, so it seems/appears; **úgy ~ik, mintha/hogy** it seems/appears/looks as if ..., it would seem that ...; **nekem úgy ~ik, hogy/mintha** ... it seems to me that ..., it looks to me as if ...; **úgy ~ik neki** it seems to him **2.** *[eltűnik]* disappear, vanish; **nem tudom, hova ~t** I do not know where (s)he has gone, I do not know where (s)he/it has disappeared/got to
tűnődés *fn* reflection, meditation, musing
tűnőd|ik *i* reflect (on), meditate (on), muse (over/on), ponder (on/over); **azon ~öm** I wonder (whether)
tüntet *i* **1.** *[vm mellett, ellen]* demonstrate (for/against sg) **2.** (*vmvel*) make* a show of sg, show* off, display; **távollétével ~** keep* ostentatiously away, be* conspicuous by one's absence **3.** *[eltüntet]* make* (sg) disappear, hide*; **hova ~ted a tollamat?** where on earth have you put my pen?
tüntetés *fn* **1.** *[vm mellett/ellen]* demonstration (for/against sg), *biz* demo, *[tiltakozó]* protest demonstration/meeting; *[tiltakozó felvonulás]* protest march **2.** (*vmvel*) show, display, parade
tüntető I. *mn* demonstrative, ostentatious; **~en** ostentatiously, in an ostentatious manner; **~en kivonul** (*vhonnan*) walk out in (v. as a) protest **II.** *fn* demonstrator
tűpárna *fn* pincushion
tűpénz *fn* pin money
tűr *i* **1.** have* patience **2.** endure (sg) with patience, put* up with sg, endure/suffer/bear*/tolerate sg; **nehezen ~i a zajt** (s)he finds noise hard to take/bear, can't take/abide noise; **(ezt) nem ~öm!** I will have none of it, I won't put up with that, I won't swallow that; **ezt nem ~öm tovább** I won't take/stand it any more/longer; **nem ~ halasztást** it allows of (v. it brooks) no delay
türelem *fn* **1.** *ált* patience, forbearance; *közm* **a ~ rózsát terem** everything comes to him who waits; **elfogy a türelme** lose* (one's) patience, run* out of patience; **kezd elfogyni a türelme** his/her patience is wearing thin; **türelmét kérjük** *[pl. jegyváltásnál]* please hold on; **~mel van** have* patience, be* patient **2.** *vall pol* tolerance
türelemjáték *fn* puzzle
türelmes *mn ált* patient (*vkvel* with sy), tolerant (*vmvel szemben* of sg), *vall pol* tolerant; **~en** patiently, tolerantly
türelmetlen *mn ált* impatient (*vkvel* with sy), *vall* intolerant
türelmetlenked|ik *i* lose* patience, get*/grow* impatient
türelmetlenség *fn* **1.** *ált* impatience **2.** *vall* intolerance
türelmi *mn tört* **~ rendelet** edict of tolerance; **~ idő** days of grace *tsz*; **~ zóna** *[prostituáltaknak] kb.* legal(ized) prostitution zone; *[eufemizmus]* red-light discrit
tűrés *fn* **1.** *[elviselés]* bearing, suffering, *[türelem]* patience; **mi ~ tagadás** to tell the truth **2.** *műsz* tolerance; **megengedett ~** allowance
tűréshatár *fn* limit/degree of tolerance, tolerance level
tűrhetetlen *mn* **1.** *[fájdalom]* unbearable **2.** *[viselkedés]* intolerable, excruciating, insupportable
tűrhető *mn* **1.** *ált* passable, bearable, tolerable, decent, fair; **~en** passably, tolerably, so-so; *[hogy vagy?-ra válaszként]* so-so, (fair to) middling **2.** *[kézírás, osztályzat]* fair
türkiz(kék) *mn* turquoise
türkmén I. *fn* **1.** *nyelv* Turkmen **2.** *[ember]* Turkoman, Turkman **II.** *mn* Turk(o)man
Türkmenisztán *földr* Turkmenistan
türkmenisztáni *mn/fn* Turkmen
tűrőképesség *fn* **a lakosság ~e** tolerance of society; **a ~ határa** the limit/degree of tolerance, tolerance level
türtőztet *i* restrain, keep* back; **~i magát** contain/control/restrain oneself; **nem ~i magát** he lets* himself go; *[vkvel szemben, biz]* he doesn't pull his punches; **türtőztesse magát az ilyen megnyilvánulásoktól** please refrain from such remarks
tűsarkú *mn* **~ cipő** stiletto-heel(ed) shoe, stiletto (*tsz* -tos)
tűsarok *fn* stiletto (heel), spike heel
tüske *fn* **1.** *növ* thorn, prick(le), bristle **2.** *műsz* mandrel
tüskebokor *fn* thorn-bush
tüskés *mn* **1.** thorny, prickly, pricking **2.** *[modor]* grumpy, fretful, peevish
tüskésdisznó *fn* → **sün(disznó)**
tüstént *hsz* → **azonnal**, → **rögtön**
tüsző *fn* **1.** *növ orv* follicle **2.** *skót* sporran
tüszős *mn* **~ mandulagyulladás** follicular tonsillitis
tüsszent *i* sneeze
tüsszentés *fn* sneeze, sneezing
tűszúrás *fn átv is* pinprick
tűz[1] *i* **1.** *[gombostűvel]* pin, fasten (sg) with a pin, *[öltéssel]* stitch, *[steppel]* quilt, *[odaerősít]* fix, stick*; **virágot ~ a gomblyukába** stick* a flower in/into one's buttonhole **2. célul ~ maga elé vmt** aim at doing sg, aim at sg, set* oneself to do sg (v. a task), *főleg: US* aim to [be/become* sg] **3. ~ a nap** the sun is beating/blazing down; → **napirend**
tűz[2] *fn* **1.** *[ált és tűzeset]* fire; **~ van!** fire!; **két ~ között** between two fires, between the devil and the deep blue sea; **két ~ közé kerül** *konkr és átv* be* caught in the crossfire [of a dispute over sg], be* in a crossfire of questions; **a ~ mellett ül** sit* round/by/before the fire; *[a kandalló tüzénél]* sit* by the fireside; **~be megy érte** go* through fire and water for sy; **~be tenném a kezemet érte** I would stake my life on him; **~be vet/dob** throw* in(to) the fire; **lassú ~ön főz** cook sg on a slow fire (v. in a slow oven), simmer; **~re tesz, rárak a ~re** put* some (more) wood/coal on the fire, feed* the fire, make* up the fire v. make* the fire up; **~ üt ki** fire breaks out; **tüzet ad** give* (sy) a light; **lenne szíves tüzet adni?, kaphatnék (v. szabad egy kis) tüzet?** can you give me a light, please?; **tüzet fog** catch* fire; **tüzet kiolt** extinguish the fire, put* out the fire; **tüzet rak** make*/lay*/light* a fire; **fél tőle, mint a ~től** fear sg like fire, avoid sy/sg like the plague; **játszik a ~zel** be* playing with fire **2.** *kat* fire; **~!** fire!; **célzott ~** aimed fire; **tüzet nyit** open fire, fire away; **tüzet szüntess!** cease fire! **3.** *átv* fire, heat, ardour (*US* -or); **~be hoz** excite, fire, animate, stir; **~be jön** get* excited/heated, get* worked up; **~ön-vízen át** through thick and thin
tűzálló *mn [tégla stb.]* fireproof, fire-resistant, *[edény]* heatproof, flameproof, heat-resistant [glassware]; **~ edény(ek)** ovenware, *[üveg]* Pyrex (dish/bowl); **csirke ~ tálban** chicken casserole; **~ tégla** firebrick
tűzbiztonság *fn* fire protection/prevention
tűzbiztos *mn* fireproof
tűzbiztosítás *fn* fire insurance, insurance against fire
tűzcsap *fn* (fire) hydrant, *US így is:* fireplug
tűzdel *i* **1.** *[paplant, kabátot]* quilt; **~t** quilted **2.** *[szalonnával]* lard (with); **szalonnával ~t** (be*) larded **3.** *átv* (inter)lard, spice (with)
tüzel *i* **1.** *[fűt, pl. olajjal, fával, szénnel]* have* oil-fired heating, burn* wood/coal (for one's heating) **2.** *[kályha]* be* burning hot, be* overheated, *[lázas test, testrész]* be* burning, be* on fire **3.** *kat* fire, shoot* **4.** *[állat]* be* on (*US* in) heat, rut* **5.** *[izgat]* inflame, excite, stir up, arouse

T

tüzelés *fn* **1.** → **fűtés** **2.** *kat* firing, fire **3.** *[állaté]* heat, oestrus (*US* estrus)
tűzelhalás *fn növ [almafavész]* fire blight
tüzelőállás *fn* firing position
tüzelőanyag *fn* fuel
tüzelőanyag-ellátás *fn* fuel supply
tüzelőfa *fn* → **tűzifa**
tüzelőtér *fn* → **tűztér**
tüzér *fn* artilleryman°, gunner
tüzérezred *fn* artillery (regiment)
tűzerő *fn* fire-power
tüzérség *fn* artillery; **nehéz ~** heavy artillery
tüzérségi *mn* artillery; **~ előkészítés** pounding by the artillery, preparatory fire; **~ laktanya** artillery barracks *tsz*; **~ támogatás** artillery support; **~ tűz** artillery fire, shelling, gunfire
tüzértiszt *fn* artillery officer
tüzes *mn* **1.** *[tárgy]* red/white-hot (v. *főnévvel:* red/white-hot); **~ vas** red-hot iron **2.** *átv* fiery, ardent, passionate, *[ló]* fiery, mettlesome; **~ bor** fiery/heady wine; **~ pillantás** fiery glance
tűzeset *fn* fire
tüzesít *i* make* red-hot
tüzesvérű *mn* (*vk*) fiery, passionate, hotblooded, *[csikó]* fiery, mettlesome
tüzetes *mn* minute, precise, detailed, *[vizsgálat]* thorough
tűzfal *fn* fire wall, fire-stop, partition-wall; *infor* firewall
tűzfecskendő *fn* **kézi ~** (portable) fire-extinguisher
tűzfegyver *fn* firearm
tűzfészek *fn* **1.** *[tűzvészé]* seat of a/the fire **2.** *átv [épület]* fire-trap, *[hely, helyzet]* powder keg, volcano
tűzforró *mn* boiling-hot, piping hot
tűzhalál *fn* death by fire; **~t hal** be* burnt to death
tűzhányó *fn* volcano (*tsz* -noes)
tűzharc *fn* gun-battle, fire, firing
tűzhely *fn [konyhai]* (gas/electric) cooker, *US* stove → **családi**
tűzifa *fn* firewood
tűzijáték *fn* fireworks *tsz*, *hiv* pyrotechnics
tűzjelző *mn* **~ készülék** fire-alarm, *[érzékelő]* fire detector
tűzkár *fn* damage caused by fire
tűzkárosult *fn* victim of a fire, sufferer from a fire
tűzkeresztség *fn* baptism of fire; **átesik a ~en** receive the baptism of fire, *átv* come* through the (first) ordeal
tűzkő *fn* flint
tűzlépcső *fn* fire escape
tűzlétra *fn* → **tűzlépcső**
tűzoltó *fn* fireman°, *US főleg:* fire-fighter
tűzoltóállomás *fn* fire station, *US* firehouse
tűzoltóautó *fn* fire-engine
tűzoltócső *fn* fire hose
tűzoltó fecskendő *fn* (fire) hose
tűzoltó készülék *fn* (portable) fire-extinguisher
tűzoltólétra *fn* fire-ladder, extension ladder
tűzoltóság *fn* the fire brigade, fire-service, *US* fire department; **(ki)hívja a ~ot** call out the fire brigade
tűzoltósisak *fn* (fireman's) helmet, *US* fire hat
tűző *mn [napsütés]* blazing, scorching, flaming; **~ napsütésben, a ~ napon** in the blazing sun, in the full glare of the sun; → **tűz**[1] 3
tűzön-vízen át *hsz* through fire and water, through thick and thin
tűzött *mn* stitched, *[paplan stb.]* quilted
tűzparancs *fn kat* fire command, command to shoot
tűzpiros *mn* fiery/flaming red, flame-coloured (*US* -or-)
tűzpiszkáló *fn* poker
tűzpróba *fn* ordeal by fire, crucible; **kiállja a ~t** stand* the test
tűzrendészet *fn* fire prevention department
tűzriadó *fn* fire-alarm
tűzrőlpattant *mn [menyecske]* spirited, lively, fiery
tűzszerész *fn kat* bomb-disposal expert, *[épületnél]* demolition expert; → **pirotechnikus**
tűzszerészalegység, -osztag *fn kat* bomb-disposal squad
tűzszerszám(ok) *fn [kandallóhoz]* fire irons *tsz*
tűzszünet *fn kat* ceasefire
tűzszüneti *mn* **~ tárgyalások** ceasefire negotiations/talks
tűztér *fn* furnace chamber
tűzvédelem *fn* fire prevention/protection
tűzvész *fn* fire, blaze, conflagration
tűzveszély *fn* fire hazard/risk
tűzveszélyes *mn* (highly) inflammable, *főleg: US* flammable
tűzvonal *fn kat* firing-line, line of fire
tűzvörös *mn* fiery/flaming red, crimson
tűzzel-vassal *hsz* **~ pusztít** put* [a country] to fire and sword; *átv* **~ harcol vm ellen** fight* against sg tooth and nail
tűzzománc *fn műv* (fire) enamel, champlevé, cloisonné
TV, tv *röv* → **televízió(-)**, → **tévé(-)**
tv-adó *fn* TV/television transmitter
tv-előfizető *fn* (TV) licence holder
tv-híradó *fn* (the) (television) news *esz* (*US* newscast), news and current affairs programme (*US* program), newscast, newsreel; **a 9 órás ~** *GB* the 9 o'clock news *esz*
tv-készülék *fn* → **tévékészülék**
T-vonal *fn sp [teniszpályán]* T-line
tvr. *röv* → **törvényerejű rendelet**
tv-riporter *fn* → **téveriporter**

Ty

Ty, **ty** *fn [betű]* (the digraph) Ty, ty

tyúk *fn* **1.** *áll* hen; **úgy ért hozzá, mint a ~ az ábécéhez** he does not know the first thing about it; **vak ~ is talál szemet** a blind man may catch a hare (v. may sometimes hit the mark); *[aki első alkalommal telitalálatot ér el]* beginner's luck; **a ~okkal kel** rise* with the lark; **a ~okkal fekszik** go* to bed with the sun/lamb **2.** *szl [nő]* chick, *US* broad

tyúkeszű *mn* bird-brained, stupid, soft-headed

tyúkfarm *fn mezőg* hennery, poultry farm

tyúkhúr *fn növ* chickweed

tyúkhús *fn* chicken

tyúkketrec *fn* hencoop

tyúkleves *fn* chicken-broth

tyúkmellű *mn* pigeon-breasted/chested

tyúkól *fn* henhouse

tyúkpör *fn* petty case/suit

tyúkszem *fn* corn; **fáj a ~em** my corns are aching; **~et kivág** remove/cut* a corn

tyúktojás *fn* hen's egg

tyúkudvar *fn* poultry-yard, chicken-run

tyúkültetés *fn* setting a hen

tyű *isz* goodness!, *biz* wow!, *US* gee!, wowee!; **~ a teremburáját!** goodness gracious!; well, I never!, *US* gee whiz!

U

U, **u**, **Ú**, **ú** *[betűk]* (the letters) U, u, Ú, ú; **U szeg/szög** U-nail

u. *röv* → **utca**

ua. *röv* → **ugyanaz**

uborka *fn* **1.** *növ* cucumber, *[kicsi]* gherkin **2.** *[tv-műsor]* spitting image; → **ecetes**, → **kovászos**, → **savanyú**

uborkafa *fn* **felkapaszkodott az ~ra** he is an upstart/parvenu, he is a (social) climber

uborkasaláta *fn* cucumber salad

uborkaszezon *fn biz* silly season, lay-off; → **holt szezon**

udvar *fn* **1.** *[épületé]* (court)yard, *[hátsó]* backyard, *[iskoláé]* playground, *US főleg:* schoolyard; **gazdasági ~** farmyard; **~ra néző** looking out on (v. onto) the courtyard *ut* **2.** *[királyi]* (royal) court; **az angol királyi ~** the Court of St James's; **az ~nál** at court **3. ~a van a holdnak** there is a halo/ring (a)round the moon

udvarhölgy *fn* lady-in-waiting (*tsz* ladies-in-waiting)

udvari *mn* **1.** → **udvarra néző**; **~ szoba** room overlooking the courtyard, room at the back (of the house) **2.** *[királyi]* court-; **~ bolond** court jester; **~ ember** courtier; **~ hivatal** place at court, court-employment; **~ költő** court poet, *GB* poet laureate; **~ szállító** (purveyor) by appointment to His/Her Majesty

udvarias *mn* polite, courteous

udvariasan *hsz* **~ viselkedik vkvel szemben** be* polite to sy, show* sy courtesy

udvariaskod|ik *i* be* courteous/polite

udvariasság *fn* politeness, polite behaviour (*US* -or), courtesy, courteousness; **~ból** out of courtesy

udvariassági *mn* **~ formák** (social) formalities; **~ látogatás** formal call/visit

udvariatlan *mn* impolite, ill-mannered; **~ fráter** boor, boorish/rude fellow

udvarlás *fn* courting, courtship, wooing

udvarló *fn* *[régen]* suitor, *[ma]* sy's young man, (her) boyfriend

udvarol *i* **1.** (*vknek*) court (sy), pay* court to (sy) **2.** *biz* → **igyekszik kedvében járni**

udvaronc *fn elav* courtier

udvartartás *fn* (royal) household; **az ~ költségei** *GB* the civil list

ufó *fn űr* unidentified flying object, UFO

ufóészlelés *fn űr* UFO sighting

ufonauta *fn űr* extraterrestrial creature, UFO

U

Uganda *földr* Uganda

ugandai *mn/fn* Ugandan

ugar *fn* fallow (land)

ugat *i* bark → **kutya**

ugatás *fn* bark(ing)

ugrabugrál *i* → **ugrándozik**

ugrál *i* jump (about/around), caper, *[fiatal állat]* frisk, gambol (*US* -l)

ugráltat *i biz* (*vkt*) order sy around/about, boss sy about

ugrándoz|ik *i* frisk, jump (about), caper, cavort (about/around)

ugrás *fn* **1.** *ált* jump(ing), *[toronyugróé]* dive, *[tornában lóval]* vault, *biz* jumping; **~ nekifutással** running jump; *[ugródeszkáról]* running dive; **~ a sötétbe** a leap in the dark; **egyetlen ~sal** at a bound, with a single bound **2. minőségi ~** (quantum) leap (from ... to), [the country's] great jump forward, [to a new technological etc. era], qualitative change **3.** *biz* **csak egy ~ra van ide** it is quite near, it is only a stone's throw away; **~ra készen áll** be* on one's toes

ugrásszerű *mn [hirtelen]* sudden; **~ fejlődés** a quantum leap, a great jump/leap forward

ugrásszerűen *hsz* by leaps and bounds

ugrat *i* **1.** *[lovat, lóval]* jump [one's horse over sg] **2.** *átv biz* (*vkt*) pull sy's leg, take* the mick(e)y out of sy, lead* sy on; **csak ~talak** I was just pulling your leg, I was just kidding

ugratás *fn* **1.** *[lóval]* jumping; **kitartásos ~** puissance **2.** *átv biz* leg-pulling

ugribugri, **ugrifüles I.** *mn* frisky, coltish **II.** *fn* jack-in-the-box

ugr|ik *i* **1.** *ált* jump, *[szökellve]* leap*; **magasat ~ik** do* high jumping; **2 m 20-at ~ott** *[magasba]* he cleared 2 m 20 cm; **7 m 50-et ~ott** *[távolba]* he jumped 7 m 50 cm; **nagyot ~ik** jump high, take* a great leap; **vízbe ~ik** dive/jump/plunge into (the) water; → **fejes 2.** *[labda]* bounce **3.** *biz* **ugorj!** jump to it!, be quick about it! **4.** *biz [ugratásra]* be* stung (by sg) **5.** *szl [elvész]* **~ott egy ezres** bang went a thousand forints

ugró *fn* jumper, *[toronyugró]* diver; **jó ~** *[ló]* a good jumper

ugródeszka *fn* springboard, diving-board, *[toronyugrásnál]* platform; *átv* **~nak használ** use (sy/sg) as a stepping-stone (v. springboard)

ugróiskola *fn* hopscotch

ugrókötél *fn* skipping-rope, *US* jump rope

ugrósánc *fn* ski-jump

ugrótorony *fn [uszodában]* high board

úgy *hsz* **1.** *[olyan módon]* so, in that way/manner; **hagyd ~, ahogy van** leave it as it is; **így is, ~ is** anyhow; either way; **~ ..., hogy ...** so that, in such a way that ...; **hozd közelebb, ~, hogy jobban láthassam** bring it nearer (so) that I can/may see it better; → **úgyhogy**; **csináld ~, mint eddig** do it as you have been doing it up to now, just carry on; **~ teniszezik, mint egy profi** (s)he plays tennis like a professional **2.** *[igék mellett]* **a dolog ~ áll** in fact, as things stand, the situation is (that), matters/things are (as follows); **~ hallom** I am told (that), I've heard that..., from what I hear; **~ hiszem/vélem** I think, *US* (I) guess; **~ látom** I think, it seems to me, as I see it; **~ hiszem, igen** (Yes,) I think so; **~ látszik** so it seems/appears; **~ látszik, hogy ...** it appears/seems that ..., it looks like ...; **~ látszik/látom, esni fog** it looks like rain; **~ látszik, hogy nem** it seems/appears not, it doesn't look like it; **~ legyen** so be it, may/let it be so; **~ tesz, mintha ...** → **tesz 1**; **~ történt, hogy ...** what happened was that ...; *[úgy alakult]* it so happened that ...; **~ tudom** as far as I know; **~ tűnik (nekem), mintha ...** it seems (to me) as if ..., it looks as if ...; **~ tűnik, igen** it appears so; **~ van, hogy nemsokára utazom** I am about to leave; **~ volt, hogy 6-kor találkozunk** we were (supposed) to meet at six; **nem ~ van** that is not so, that is wrong, nothing of the kind **3.** *[olyan nagyon]* so much, to such an extent, to such a degree, so ... that; **~ fáj a lába, hogy alig tud járni** her/his feet hurt so much she/he can barely walk; **~ szerettem** I loved him/her so much **4.** *[körülbelül]* (just) about; **~ 10 óra körül** at about ten o'clock **5. csak ~** *[minden különösebb ok nélkül]* for no apparent reason; → **csak 2**, → **csakúgy 6.** *[helyeslés]* **~ van!** quite (so), that's right, that's it; *[nyomatékkal]* certainly!, absolutely; **~ van! ~ van!** *[hangos helyeslés]* hear! hear!; **~ ám!** of course! **7.** *[kérdőn, gúnyosan]* **~?** is that so?, *US* oh yeah? **8.** *[megütközéssel]* so!, well/*biz* hah!; → **így**, → **tetszik 1**, → **úgyse(m)**, → **úgysincs**

úgy-ahogy *hsz* so-so, more or less, after a fashion; **~ kijavít** patch up; **~ rendbe jött** *[az egészsége]* he has just about recovered; → **éppen hogy csak**

ugyan *hsz/isz* **1.** *[bár]* though; **nem számoltam ~ meg, de elég lesz** though I did not count them they should be enough **2.** *[kételkedve]* **ha ~ megérti** in case he can ever understand it; **nekem ~ beszélhetsz** I wasn't born yesterday!, *biz* pull the other one!; **neki ~ beszélhetsz** you are only wasting your breath talking to him, it's no use talking to him; **~ ~!** now now!, tut tut! **3.** *[bizony]* **én ~ nem megyek el** I am certainly not going **4.** *[kérdő mondatban]* **~ ki/mi/hol/mikor** ... who/what/where/when ever ..., I wonder who/what/where/when ever ..., I wonder who/what/where/when ...; **~ hol/merre járhat?** I wonder where on earth he can be?; **~ ki mondta ezt neked?** who ever told you that?; **~ minek?** what on earth for?; **~ mit csinál(hat)?** what on earth is he doing?, I wonder what he is doing; **~ mit akarhat?** I wonder what (s)he wants, what on earth can (s)he want? **5.** *[nyomatékosan]* **~ menjen innen!** get along with you!, be off! **6.** *[lekicsinyelve]* **~ kérlek!** come now!, come off it!, get away! **7.** *[csodálkozólag]* **~?!** what?, you don't say! **8.** *[megnyugtatólag]* **~!** there, there! **9.** *[szerény kérés]* **~ mondja meg kérem, hol találok egy postát?** excuse me, could you tell me where the nearest post office is?

ugyanabba *hsz* **~ a székbe** in the same chair

ugyanabban *hsz* **~ a házban** in the same house; **~ az időben** at the same time

ugyanakkor *hsz* **1.** *[ugyanabban az időben]* at the same time; **~, amikor** just when, while, at the same time as **2.** *[másfelől]* on the other hand, then again

ugyanakkora *nm* of/just the same size *ut*, just as large/small (as)

ugyanannyi *nm* of/just the same quantity/amount *ut*, just as many/much (as); **~ az ára, mint tavaly** the price is the same as last year; **~, mint én** *[korban]* (s)he is my age; **~ba került, mint az enyém** [his car] cost the same as mine; **~ra** just/quite as much, to the same extent

ugyanannyiszor *hsz* just as many times, as often as, the same number of times

ugyanaz *nm* (*röv* **ua.**) the same [person, thing, ditto (*röv* **do.**)]; **egy és ~ / pontosan ~** one and the same [person, thing], the very same; **nagyjából ~** (pretty) much the same; **~(t)/~ok(at), mint** ... the same ... as; **az ár(a) ~(, mint)** the price is the same (as ...); **még mindig ~ a telefonszámod?** are you still on the same telephone number?; **pontosan ~t a hibát követted el megint** you've made the (very) same mistake (again)

ugyanazért *hsz* for the (very) same reason

ugyancsak I. *ksz [szintén]* similarly, likewise, also, too **II.** *hsz [nagyon is]* right well, *[a mondat végén]* with a vengeance

ugyanekkora *nm* → **ugyanakkora**

ugyanennyi *nm* → **ugyanannyi**

ugyanez *nm* → **ugyanaz**

ugyanide *hsz* to the same place

ugyanígy *hsz* in the same way, likewise, just as

ugyanilyen *nm* similar, of the same kind *ut*, identical, just like

ugyanis *ksz* **1.** (*röv* **ui.**) *[tudniillik, minthogy]* since, as, *[ritkábban] irod* for **2.** *[azaz]* namely ...(*röv* **viz.**)

ugyanitt *hsz* just here, in the same place

ugyanoda *hsz* to the same place, just there

ugyanolyan *nm* of the same kind *ut*, similar, just like, identical; **~ cipőt láttam egy boltban** I saw the same shoes in a shop [last week]; **~ jól/gyorsan** *stb.* equally, (v. just as) well/fast etc.

ugyanott *hsz* (*röv* **uo.**) in/at the same place, *[könyvben, cikkben stb. utalás]*(*röv* **ibid.**)

ugyanúgy *hsz* in the same way, likewise, similarly; **~ kell írni** it is spelt the same; **~, ahogy/mint** ... (the) same as ..., just as ...

úgyannyira *hsz elav* **~, hogy** ... so much so that ...; → **olyannyira**

ugye *hsz* **1.** *[kérdésben]* **~, itt van?** (s)he/it is here, isn't (s)he/it?; **~, nincs itt?** (s)he/it isn't here, is (s)he/it?; **megteszi, ~?, ~, megteszi?** you will do it, won't you?; **~ meglátogatsz?** you will come to see me, won't you?; **~ megtanultad a leckédet?** you have done your homework, haven't you?; **~ nem büntették meg?** he was not punished, was he?; **~ itt régebben/azelőtt egy mozi volt?** there used to be a cinema here, didn't there? **2. na ~! / ~, ~!** *[megmondtam]* there (now)!, there you are!

ugyebár *hsz irod* → **ugye 1**

úgyhogy *ksz* so (that); **nem éreztem jól magam, ~ lefeküdtem** I wasn't feeling well so I went to bed; → **úgy 1**

úgyis *ksz/hsz* in any case, anyway

úgymint *ksz* (*röv* **úm**)*[nevezetesen]* namely, that is (to say) (*röv* **i.e.** v. **ie**), in other words (*röv* **viz.**); *[mint például]* such as; **háziállatok, ~ a ló, a sertés, a tehén** ... domestic animals, viz. (*kimondva:* namely) horses, pigs, and cows; domestic animals such as horses, pigs, and cows

úgynevezett *mn* (*röv* **ún.**) so-called

úgyse, úgysem *ksz/hsz* not, by no means, not at all; **~ maradok itt** I won't stay anyway; **~ használ** it's no use anyway; **ne mondd el, ~ igaz** save your breath, it isn't true anyway; **kár törni magad, ~ tudod megvenni** there is no point killing yourself, you can't get it anyway *[mert nem kapható]*, ... you can't afford it anyway *[mert nincs rá pénzed]*

úgysincs *ksz/hsz* **ne keresd, ~ otthon** don't call on him, he's not in anyway; **kár törni magad érte, ~ a boltokban** there is no point killing yourself, you can't get it anyway (v. there isn't any to be had anyway)

úgyszintén *ksz* as well, also, too

úgyszólván *hsz* so to say, so to speak, practically; **~ semmi** next to nothing, almost nothing

ui. *röv* → **ugyanis**

Ui. *röv* → **utóirat**

új I. *mn* new, fresh, *[mai]* recent, modern, *[használatlan]* new, unused; **majdnem ~** nearly new, as good as new; **~ bekezdés** new paragraph; **~ cipő** a new pair of shoes *tsz*; **~ divatú** high-fashion, fashionable, up-to-date, of the latest fashion *ut*; **~ életet kezd** turn over a new leaf, start a new life; **~ ember** *[újonnan érkezett dolgozó]* new recruit/man°; **~ értelmiség** new intelligentsia; **~ esztendő/év kezdődik/kezdődött** a new year has begun; **találkozunk az ~ évben** I'll see you in the new year; **Boldog ~ évet (kívánok)** (I wish you a) Happy New Year; → **újesztendő**, → **újév**; **~ házasok** a/the newly-married couple, (the) newly-weds; *[feliraton]* just married; **~ keletű** recent, modern, new, newfangled; **~ keletű szó/kifejezés** neologism, new(ly coined) word/phrase; **~ kiadás** *[könyvé]* new edition; *[utánnyomás]* new impression; **~ kiadású** (the) new edition of ...; *[újra nyomva]* reissued, reprinted; **~ típusú** new-type; **~ vezetés** new management; **vmnek ~ volta** newness, freshness, novelty **II.** *fn* **~at mond** say* sg that is new

újabb *mn* **1.** *[időben]* new, recent, *[néha]* later; **~ alapítású** of recent foundation, *GB [egyetem]* redbrick; **~ keletű** recent, new, modern; **~ kori történelem** modern history **2.** *[további]* further, additional **3. leg~** newest, most recent, latest; **a leg~ divat** the latest fashion

újabban *hsz* recently, lately, of late, in recent times

újból *hsz* anew, afresh, (once) again, once more

újbóli *mn* repeated; **lehet, hogy a gyanúsított ~ meghallgatására is sor kerül** the suspect may be questioned again

újburgonya *fn* new potatoes *tsz*

Újdelhi *földr* New Delhi

Új-Dél-Wales *földr* New South Wales

újdonság *fn* **1.** *[tárgy]* novelty; **az ~ erejével hatott rám** that was all new to me **2.** *[árucikk]* the latest (*tsz* ua.), new/recent goods/items *tsz*

újdonsült *mn* fresh, new(ly-fledged); **~ házasok** a/the newly married couple, (the)newly-weds

U

újesztendő, **újév** *fn [napja]* New Year's Day; → **új I**
újévi *mn* new year's, of the new year *ut*; ~ **üdvözlet** New Year('s) greetings *tsz*
újfajta *mn* new (type of), of a new type *ut*
újfasiszta *mn pol* neo-Nazi, neo-fascist
újfasizmus *fn pol* neo-Nazism, neo-fascism
újfent *hsz* afresh, anew, again, once more
újfundlandi *fn [kutyafajta]* Newfoundland
újgazdag *fn* nouveau riche (*tsz* nouveaux riches), arriviste
újgörög *mn/fn* Modern Greek
újhagyma *fn* spring/green onion(s)
újhold *fn* new moon
újít *i* innovate, introduce innovations, *[üzemben]* make* an innovation
újítás *fn* innovation
újítási *mn* ~ **javaslat** proposal/suggestion for a technical improvement
újító *fn* innovator
ujj *fn* **1.** *[kézen]* finger, *[lábon]* toe; **~a köré csavar vkt** twist/wind* sy round one's (little) finger; **~ából szopta** he/she has cooked it up, it is pure invention; **~at húz vkvel** pick a quarrel with sy; **egy ~át sem mozdítja** he does not lift/stir a finger (to help him); **~al mutogatnak rá** people point the finger (of scorn) at him; **kifolyik a pénz az ~ai közül** spend* money like water, money burns his/her fingers, money burns a hole in one's pocket **2.** *[ruháé]* sleeve, arm
újjáalakít *i [intézményt]* reorganize, restructure; **~ja a kormányt** reshuffle the cabinet
újjáalakítás *fn [intézményé]* reorganization, restructuring, *[kormányé]* reshuffling, reshuffle
újjáalakul *i* be* remodelled (*US* -l-), be* reformed/refashioned; **a kormány ~t** the government/cabinet has been reshuffled
ujjabélés *fn* sleeve-lining
újjáéled *i* be* restored to life, revive
újjáéleszt *i* revive, revitalize
újjáépít *i* rebuild*, reconstruct
újjáépítés *fn* rebuilding, reconstruction
újjáépül *i* be* rebuilt/reconstructed
ujjas *fn* ~ *[mellény/kabát]* cardigan, jacket
újjászervez *i* reorganize, restructure
újjászervezés *fn* reorganization, restructuring
újjászületés *fn* rebirth, regeneration
újjászület|ik *i vall is* be* born again, *ált* be* reborn, revive; **úgy érzem magam, mintha ~tem volna** I feel reborn
újjáteremt *i* re-create, remake*, transform sy (completely)
ujjatlan *mn* **1.** *[ruha]* sleeveless **2.** ~ **kesztyű** mitten(s)
újjávarázsol *i* transform sy (completely)
ujjbegy *fn* finger pad
ujjé! *isz* hooray!
ujjgyakorlat *fn zene* finger exercises *tsz*, *[darab]* étude
ujjhegy *fn* fingertip
ujjlenyomat *fn* fingerprint; **~ot vesz vktől** take* sy's fingerprints
ujjnyi *mn [hosszú]* inch long, *[vastag, széles]* inch thick/broad; ~ **vastag** finger's breadth, an inch thick
ujjnyom *fn* finger-mark
ujjong *i ált* exult (at, in), rejoice (at, in), *biz [sikere fölött]* crow over
ujjongás *fn* jubilation, exultation, cheers *tsz*
ujjper(e)c *fn* knuckle
ujjrend *fn zene [zongorakottában]* fingering
újkor *fn* modern age/era/period, modern times *tsz*
újkori *mn* modern; ~ **történelem** modern history
újkrumpli *fn biz* → **újburgonya**
újlatin *mn/fn* New Latin, Neo-Latin; ~ **nyelvek** Romance languages
újmódi *mn* fashionable, of the latest fashion *ut*, *pej* newfangled
újólag *hsz* → **újból**

U

újonc *fn* **1.** *kat* raw recruit **2.** → **kezdő**
újoncoz *i elav* recruit, enlist
újonnan *hsz [mostanában]* newly, lately, recently; ~ **épült ház** newly-built house; ~ **érkezettek** newcomers, *[szállodába stb.]* new arrivals; ~ **készült** newly made, new
újra *hsz [ismét]* again, anew, afresh, once more; ~ **meg** ~ again and again, (over and) over again; ~ **átél** relive, live over again; ~ **berendez** re-furnish; ~ **dolgozik** *[hosszas betegség után]* be* back at work; ~ **(el)jövök** I'll call again; ~ **elmond** retell*, tell* again, *US* tell* over; ~ **feldolgoz/hasznosít** recycle, reuse; ~ **játszik** *[filmet]* rerun*; *[mérkőzést]* play off; ~ **kezd** start again; ~ **kezdődik** start again (*US* over), restart, recommence; ~ **kiad** republish, reissue; ~ **megfontol** reconsider; ~ **meglátogat** revisit; ~ **megnyílik/megnyit** reopen; ~ **megtölt** refill; ~ **megválaszt** re-elect
újraegyesítés *fn pol* reunification; **a német** ~ the reunification of Germany
újraegyesülés *fn pol* reunification
újraéleszt *i* **1.** *orv [beteget]* resuscitate **2.** *[mozgalmat, ügyet]* revive
újraélesztés *fn orv [betegé]* resuscitation
újraépít *i* rebuild*, reconstruct
újraértékel *i* revalue (*US* revaluate), reassess, reappraise
újraértékelés *fn* revaluation, reappraisal
újrafegyverkezés *fn* rearmament
újrafelfedezés *fn* rediscovery
újrafelfegyverzés *fn* rearming, rearmament
újrafelosztás *fn* redistribution; **a világ ~a** repartition(ing) of the world
újrafelvétel *fn* **1.** *jog* rehearing (procedure), retrial **2.** *[kapcsolatoké]* re-establishment [of contacts]
újragyújt *i [pl. gázkészüléket]* relight* [the heater etc.]
újrahasznosítás *fn [hulladéké stb.]* recycling [of waste]
újraházasod|ik *i* remarry, marry (v. get* married) again
újraindít *i infor [számítógépet]* restart [the computer]
újraír *i [levelet stb.]* rewrite*, redraft; *[dolgozatot]* do* it over, *[utóvizsgán]* retake*/resit* an exam
újrajátszás *fn [mérkőzésé]* play-off
újraképződ|ik *i [pl. vízkő]* reappear
újrakezd *i* begin*/start again, recommence, resume
újrakezdés *fn* beginning again, recommencement, resumption
újrakezdő *mn [általában]* restarter, *[nyelvtanfolyamon]* false beginner
újramegnyitás *fn* reopening
újraolt *i orv* revaccinate
újraoltás *fn orv* revaccination
újraoltási *mn* ~ **bizonyítvány** revaccination certificate
újrapapír *fn* recycled paper
újratárcsázás *fn távk* redialling (*US* -l-)
újratárgyal *i jog* rehear*
újratermel *i* reproduce
újratermelés *fn* reproduction
újratölt *i [üveget, üvegbe vmt stb.]* refill; *[akkut]* recharge; *[fegyvert]* reload
újraválaszt *i* re-elect
újráz *i* encore
újság *fn* **1.** *[hír]* news *esz*, piece of news; **mi ~?** what is the news?, *biz* what's new/up?; **ez ~ számomra** it's/that's new(s) to me, I have not heard (of) that before **2.** *[lap]* newspaper, *biz* paper; **~ot járat** take* a paper, subscribe to [a paper, The Times etc.]; **melyik ~ot járatod?** what paper do you get/have/read?; **az ~okban olvastam** I read it in the papers
újságárus *fn* newsagent, *US* newsdealer, *[járkálva árusító fiatal]* newsboy, *[nő]* newsgirl, *[utcán állva]* newsvendor; ~ **(bódéja)** newsagent's (shop), newsstand; **az ~nál kapható** you can get it at your local newsagent's (shop)
újságcikk *fn* (newspaper) article
újsághír *fn* (news) item, report, notice

újsághirdetés *fn* (newspaper) advertisement, *biz* ad; **~t tesz közzé (v. ad föl)** put*/insert an ad(vertisement) in the paper(s)
újságírás *fn* journalism
újságíró *fn* journalist, newspaperman°, pressman°, *US* subeditor
újságkihordó *fn* paperboy, newsboy, *[nő]* newsgirl
újságkivágás *fn* (newspaper/press) cutting, *US* clipping
újságol *i* tell* sy (about sg)
újságos *fn* **1.** → **újságárus 2.** → **újságkihordó**
újságosbódé *fn* newsagent's (shop), newsstand, kiosk
újságpapír *fn* newsprint
újsütetű *mn* newfangled
újszerű *mn* new, modern, *[eredeti]* original, novel; **~ állapotban** in mint condition
újszíves *fn orv* heart-transplantee
Újszövetség *tul vall bibl* the New Testament
újszülött I. *mn [gyermek]* newborn; **~ csecsemő** newborn baby **II.** *fn* newborn baby, infant
Újtestamentum *tul* → **Újszövetség**
újult *mn* renewed; **~ erővel** with renewed effort/strength
Újváros *fn [városrész]* a new district
Újvilág *földr* **az ~** *[Amerika]* the New World
Új-Zéland *földr* New Zealand
új-zélandi I. *mn* New Zealand **II.** *fn [ember]* New Zealander
ukáz *fn biz* command, order; **tízkor mindenkinek itt kell lennie, ez az ~** everybody's got to be here at 10, that's the boss's order
ukmukfukk *hsz biz* **csak úgy ~** from one minute to the next, in no time, just like that
Ukrajna *földr* the Ukraine
ukrajnai, ukrán *mn/fn* Ukrainian
Ulászló *tul tört* Wladislas
ulti *fn ját* ‹a traditional Hungarian card game›
ultimátum *fn* ultimatum (*tsz* -tums v. -ta); **~ot intéz vkhez** give* sy an ultimatum, send*/present an ultimatum to sy
ultiz|ik *i ját* play 'ulti'
ultra- *előtag* ultra-, super-
ultrahang *fn orv* ultrasound, ultrasonic waves *tsz*; **~gal megvizsgálják** be* examined with/by ultrasound scan; *biz* have* an ultrasound; → **vizsgálófej**
ultrahangjel(zés) *fn orv* ultrasound marker
ultrahangos *mn orv* **~ vizsgálat** → **ultrahangvizsgálat**
ultrahangvizsgálat *fn orv* ultrasound examination/scan, ultrasonography
ultraibolya *mn* ultraviolet (*röv* **UV**) [rays]
ultramarinkék *mn/fn* ultramarine
ultramodern *mn* ultramodern
ultranagy frekvencia *fn* ultra-high frequency, UHF
ultrarövidhullám *fn* (*röv* **URH**) ultra-short wave; → **frekvencia**, → **URH**
úm. *röv* → **úgymint**
umbulda *fn biz* wangling, wangle
un *i* be* sick/tired/weary of, be* bored with/by (sy/sg), *biz* be* fed up with sy/sg; **halálosan ~ja magát** be* bored to death/tears (v. out of one's skull), be* bored stiff; **halálosan ~om** sg/sy gives me the hump
ún. *röv* → **úgynevezett**
unalmas *mn* dull, boring, tedious; **~ alak/dolog** *biz* a bore, a drag; **halálosan ~** it is a dreadful bore, it's dead boring; *biz* **bemondja az ~t** go* west, go* on the blink
unalom *fn* tedium, boredom; **megöl az ~** it bores me to death, I am bored to death; **~ig hajtogatott** warmed-over; **~ig ismétel** → **ismétel**
unatkoz|ik *i* be* bored (by sg)
uncia *fn* ounce (*röv* **oz**) [28,35 g]
undok *mn* disgusting, loathsome, nasty; **~ alak** disgusting fellow, creep, *US* heel
undor *fn* (*vmtől*) disgust (of), loathing (of/for); **elfog az ~** it makes my stomach turn, it/sg makes my gorge rise (at sg v. to hear sg), my gorge rises (at sg v. to hear sg); **~ral elfordul** turn away in disgust; **~t kelt vkben vm** sy is disgusted at/by/with sg; **~t keltő** nauseating, disgusting, stomach-turning
undorít *i* fill (sy) with disgust, disgust, nauseate, sicken (sy), turn one's stomach, make* sy sick, put* sy off
undorító *mn* disgusting, loathsome, nauseating, foul
undorod|ik *i* (*vktől/vmtől*) have*/take* an aversion to sg/sy, find* sg/sy repellent, be* disgusted at/by/with sg/sy; **~om tőle** it (simply) turns my stomach, I loathe him, I simply cannot stand him/her; **amitől a legjobban ~om** it is my pet aversion/hate
ungon-berken *hsz* **~ túl volt** he was no more to be seen, he had (already) taken to his heels, he vanished into thin air
ungot-berket bejártam *kif* I searched high and low
uniformis *fn* uniform
uniformizál *i* make* sg uniform, standardize
unikum *fn* unique thing/copy etc., sg unique, a curiosity
unintelligens *mn* slow(-witted), dull, unintelligent, *biz* stupid, dumb
unió *fn* union, agreement, alliance; **az Európai U~** the European Union, the EU
uniós *mn pol [Európai Uniós]*; **~ árak** EU prices; → **EU**; **~ bérek** EU wages/salaries; **~ csatlakozás** EU accession, joining the EU; **~ követelmények** EU (admission) requirements; **~ tagállam** EU member, member state of the EU; **~ tagságra váró** waiting for EU membership *ut*, waiting for admission to the EU *ut*
unitárius *mn/fn* Unitarian; **az U~ Egyház** the Unitarian Church
univerzális *mn ált* universal, general(-purpose), *[szakember, sportoló stb.]* all-round [scientist, artist, sportsman etc.]; **~ tudású ember** an all-rounder
univerzum *fn* the universe
unoka *fn* grandchild°, *[fiú]* grandson, *[leány]* granddaughter
unokabáty *fn* (elder) cousin
unokafivér *fn* cousin
unokahúg *fn* **1.** *[fiatalabb unokanővérem]* (younger) cousin **2.** *[testvérem lánya]* niece
unokanővér *fn* cousin
unokaöcs *fn* **1.** *[fiatalabb unokafivérem]* (younger) cousin **2.** *[testvérem fia]* nephew
unokatestvér *fn* cousin; **első fokú ~** first cousin; **~ek vagyunk** we are cousins
unokáz|ik *i biz* play (v. have* fun) with one's grandchild(ren), babysit* for one's grandchild(ren)
unos-untalan *hsz* unceasingly, incessantly, *biz* non-stop, all the time
unott *mn* **1.** *[hangon]* bored **2.** *[személy]* apathetic, bored
unszimpatikus *mn* → **antipatikus**
unszol *i* press, urge, stimulate, prod
unszolás *fn* urging, insistence
untat *i* bore/tire sy, make* sy tired; **halálra ~** bore (sy) stiff, bore sy to death; **remélem, nem ~lak** I hope I'm not boring you; **~sz** you bore me, I'm tired of you
untig *hsz biz* **~ elég** more than enough, plenty
uo. *röv* → **ugyanott**
úr *fn* **1.** *ált* gentleman°, *[vezetéknévvel]* Mr X *[Megjegyzés: a "Mr", "Dr" stb. ponttal elfogadható, de kiveszőben van; e téren nagy az ingadozás a gyakorlatban és a szótárakban.]*; **Brown ~** Mr Brown; **egy ~ keresi Önt, Brown úr** Mr Brown, there's a gentleman (here) to see you; **a tanár ~** Mr Varga, Mr Smith etc.; **a professzor ~** the Professor; **Smith professzor ~** Professor Smith; **az adjunktus ~** Mr/Dr Patkós etc.; **az elnök ~** *[államé]* the President; **a miniszterelnök ~** *[róla szólva]* Mr Prime Minister; **mit parancsol az ~?** what can I do for you, sir? **2.** *[megszólításban]* **Uram!** Sir; **elnézést, uram** excuse me, sir; **Hölgyeim és uraim!** Ladies and Gentlemen!; **tanár ~ (kérem)!** (please) Sir; **doktor/főorvos ~ (kérem)!** please, doctor; **gyógyszerész ~ (kérem)!** please, Sir; **professzor**

U

~ **(kérem)!** (please) Sir/Professor; **Elnök ~!** (i) *[államfő]* Mr President! (ii) *[konferencián stb.]* Mr Chairman!; **Miniszterelnök ~!** Mr Prime Minister!; **Érsek ~!** Archbishop! **3.** *[levélben]* **Kedves** (v. **Igen Tisztelt) Uram!** Dear Sir, ...; **Igen tisztelt Professzor Úr!** Dear Sir (v. *névvel:* Dear Professor Eckhardt, ... etc.); **Kedves Brown Úr** Dear Mr Brown; **Uraim!** *gazd* Sirs, Dear Sirs, ... v. *(főleg: US* Gentlemen ...); **Domokos Sándor ~nak** *[címzés]* Mr Sándor Domokos; *[választékosabban GB]* S. Domokos, Esq. **4.** *[gazda]* master; **a maga ura** be* one's own master/boss; **az asszony az ~ a háznál** she wears the trousers (v. *US* pants) **5. ura vmnek** *[kezében tartja]* have*/get* sg under control, be* in control/charge/command of sg; **a helyzet ura** be*/remain master (v. in control) of the situation, have*/keep* the situation under control; **a belügyminiszer nem ~a a helyzetnek** the Interior Minister (v. the Minister of Interior) has lost control of the situation; **~rá lesz** *(vkn)* get* the whip (v. the upper hand) (over/of sy); *(vmn)* get*/bring* sg under control, get* control over sg, *[nehézségen]* overcome* [difficulties]; **~rá lett rajta a félelem** (s)he was overcome by fear **6.** *[férj]* **az uram** my husband **7.** *vall* **az Ú~** *[Isten, ill. Jézus Krisztus]* the Lord; **uram Istenem!** goodness me/gracious!, good grief!

uradalom *fn elav* estate

ural *i* **1.** *(vmt) [ura vmnek]* control; **~ja a helyzetet** be* in control of the situation, he is in charge of matters (v. the situation) **2. a hegy ~ja a vidéket** the region is dominated by the mountain

Urál *földr* Ural

urál-altaji *mn* ~ **nyelvek** Ural-Altaic languages

uralkodás *fn [uralkodóé]* reign; ... **~a alatt** during/in the reign of [King George/Matthias etc.]

uralkod|ik *i* **1.** *[uralkodó]* reign, rule *(vkn* over); **az Árpádok 300 évig ~tak Magyarországon** the kings of the Árpád dynasty ruled in Hungary for 300 years **2.** *átv ált (vkn/vmn)* dominate sy/sg, have* domination/control over sy/sg, predominate over sy/sg; **a pénz ~ik** money is king; **anarchia ~ik** anarchy reigns; **a gyerek ~ott az egész családon** the child held sway over the whole family; **~ik magán/érzelmein** hold* oneself back/in, control/restrain oneself; **~ni vágyó** domineering, power-hungry; *[igével]* be* thirsting for power; **~ni vágyás** → **uralomvágy 3.** *[helyileg kimagaslik]* rise*/tower above, dominate **4.** *[túlsúlyban van]* prevail, (pre)dominate, be* predominant

uralkodó I. *mn* **1.** *ált* ruling, reigning; *pol tört* ~ **osztály** ruling class, the class in power, *GB* the Establishment **2.** *[túlsúlyban levő]* prevailing, (pre)dominant; ~ **divat** the prevailing/prevalent fashion; ~ **szélirány** prevailing wind; ~ **vélemény** prevalent/received opinion **II.** *fn* ruler, monarch, sovereign

uralkodóház *fn* dynasty, reigning/ruling family/house

uralkodónő *fn [királynő]* queen, sovereign

uralom *fn* domination, dominion, reign, rule, *[mint rendszer]* regime, *[hatalom]* power; **uralma alá hajt vkt** subject sy to one's domination/rule, subdue sy; **vk uralma alá kerül** be*/become* subject to sy, fall*/come* under the rule of sy; **vk uralma alatt áll/van** be* ruled by sy, be* under the rule/sway of sy; **uralmon van** be* in power; **~ra jut** come* to power; **elvesztette uralmát a jármű felett** he lost control of/over the vehicle (v. one's car), the car went out of control

uralomvágy *fn* desire/thirst/lust for power

urambocsá *isz* God forbid; **attól még nem leszek részeg, ha megiszom kettő, ~ három pohárkával** I'm not going to get drunk if I drink two, or – God forbid – three glasses

urán *fn* uranium

uraság *fn* **1.** *elav [földbirtokos]* squire, lord [of the manor] **2.** *tréf iron* **~októl levetett ruha** cast-off clothes *tsz*, reach-me-downs *tsz*, *US* hand-me-downs *tsz*

urasági *mn elav* manorial; ~ **inas** footman°, valet

uraskod|ik *i* give* oneself airs, play the gentleman°

urbanisztika *fn* town/*US* city planning

urbanisztikai *mn* ~ **bizottság** the Town Planning Committee; ~ **konferencia** a conference on town planning

urbanizáció *fn* urbanization

urbanizálód|ik *i* become* urbanized

úrbér *fn tört* socage

urémia *fn orv* uraemia (*US* uremia)

uréter *fn orv* ureter

úrfelmutatás *fn vall* elevation (of the Host)

úrfi *fn* young master/gentleman°; **Károly ~** Master Charles

URH *röv [ultrarövidhullám]* ultra-short wave, very high frequency, VHF; *[rádión]* FM; **az ~-n** on VHF; **a 100 MHz-es URH-n** on 100 MHz FM

úrhatnámság *fn* conceit, snobbishness

URH-kocsi *fn* patrol/squad/radio car

úrhölgy *fn* lady; *[levélcímzésben]* Mrs ..., Ms ...

úri *mn* **1.** *[viselkedés]* gentlemanly, gentlemanlike; ~ **megállapodás** gentleman's agreement; ~ **társaság** high life/society, upper ten thousand; ~ **dolga van** live like a lord **2.** *[férfi]* ~ **divat** fashion(s) for men, men's fashions *tsz*; ~ **szabó** (gentlemen's) tailor **3.** *vall* **az Ú~ imádság** the Lord's Prayer; → **Miatyánk**

úriasszony *fn* lady, gentlewoman°

úriember *fn* gentleman°; **~ek** gentlemen; **~hez méltó/illő** gentlemanly

úrilány *fn* young lady/miss

úrinő *fn* lady; *[levélcímzésben]* Mrs ... v. Ms ...

Úristen! *isz* Good God!, Good Heavens!, Dear me!

úrlovas *fn* gentleman-rider, amateur rider, rider

urna *fn* **1.** *[hamvaknak]* (cinerary) urn **2.** *[választásnál]* ballot box

urnafülke *fn* urn chamber

úrnapja *fn vall* **1.** *[ünnep]* Corpus Christi **2.** *elav [vasárnap]* the Lord's Day

urnás *mn* ~ **temetés** cremation, urn burial

úrnő *fn* lady, *[levélcímzésben]* Mrs ..., Ms ...

urológia *fn* urology

urológiai *mn* urological

urológus *fn* urologist

Uruguay *földr* Uruguay

uruguayi *mn/fn* Uruguayan

úrvacsora *fn vall* Lord's Supper, (Holy) Communion; **~t vesz** partake* of the Lord's Supper, go* to Communion

úrvacsoráz|ik *i* → **úrvacsorát vesz**

úrvezető *fn* owner-driver

USA *röv [Amerikai Egyesült Államok]* USA, U.S.A., *[igen gyakran]* US [United States of America]; **~-állampolgár** a US citizen

uszály *fn* **1.** *[hajó]* barge, tow-boat **2.** *[ruháé]* train **3. vk ~ába kerül** (i) *ált* let* oneself be led by (ii) *pol biz* be*/come* under sy's sway

úszás *fn* swimming

úszásnem *fn* stroke

úszásoktatás *fn* swimming lessons *tsz*, swimming instruction

úsz|ik *i* **1.** *[élőlény]* swim*; **~ni tanul** learn* to swim; **a partra ~ik** swim* ashore (v. to the shore) **2.** *[tárgy vízen]* float, drift, *[hajó]* sail, *[felhő]* sail by, drift, float **3.** *átv* **~ik az árral** swim*/go* with the tide, go* with the stream, drift with the current; **nyakig ~ik az adósságban** be* up to the ears/eyes in debt; **~ik a pénzben** be* rolling in money; **szeme könnyben ~ik** his/her eyes are swimming in tears, his/her eyes are filled with tears; **örömmámorban ~ik** be* overjoyed, be* in an ecstasy of delight; → **boldogság**

uszít *i* incite/instigate sy (to sg/to do sg); **vk ellen ~ vkt** set* sy against sy; **háborúra ~** be* a warmonger, urge (v. incite to) war

uszítás *fn* incitement, rabble-rousing; → **háborús**

uszító I. *mn* inflammatory, virulent, provocative **II.** *fn* rabble-rouser, agitator, demagogue (*US* -gog); → **háborús**

úszkál *i [személy]* swim* (about), *[tárgy]* float (about)

uszkár *fn áll* poodle
úszó I. *mn [élőlény]* swimming, *[tárgy]* floating **II.** *fn* **1.** (*vk*) swimmer **2.** *[horgászzsinóron]* float, bob(float)
úszóbajnok *fn* swimming champion
úszóbajnokság *fn* swimming championship
uszoda *fn [fedett]* (indoor) swimming-pool, *[nyitott]* open-air (v. outdoor) (swimming-)pool, *[strand]* lido; **50 m-es ~** 50-metre pool
uszodahossz *fn* (pool) length
úszódaru *fn* floating crane
úszódeszka *fn sp [gyerekeknek]* (swim) float
úszódressz *fn* swimming/bathing costume, swimsuit, *US* bathing suit; **egyrészes ~** one-piece costume, swimsuit
úszóhártya *fn* web
úszóhólyag *fn* air-/swim-bladder, float
úszólecke *fn* swimming lesson
úszómedence *fn [fedett]* swimming bath, (indoor) swimming-pool; *[nyitott]* open-air (v. outdoor) swimming-pool
úszómellény *fn* life-jacket
úszómester *fn [oktató]* (swimming) instructor, *[mentő, uszodában, strandon stb.]* lifeguard
úszónadrág *fn* swimming/bathing trunks *tsz*
uszony *fn* **1.** *[halé]* fin, *[bálnáé, teknőcé]* paddle, flipper **2.** *[békaemberé]* fin, flipper **3.** *hajó* centreboard (*US* center-)
úszóöv *fn* swimming belt, lifebelt, *[parafa]* swimming cork
úszósapka *fn* swimming/bathing cap, swimcap
úszószemüveg *fn* (swimming) goggles *tsz*
úszótempó *fn* (swimming) stroke
úszóverseny *fn* swimming competition
úsztat *i [fát]* float, run* [timber]
út *fn* **1.** *ált és átv* way, *[közút]* road, *[városban, széles]* avenue, road, *[néha]* street, *[ösvény]* path; **Rákóczi ~** Rákóczi Street; **le is ~, fel is ~** *kb.* get out of here!; **~ menti** wayside, roadside; **~ menti kávézó** roadside café; **melyik a legjobb/legrövidebb ~ vhová?** which is the best/shortest way to ...?; **~ba ejt** pass (v. stop at) (sg) on the way, call (in) on sy on the way to, call at [a place]; **~ba esik** be* on the/one's way; **utamba esett** it was just on my way; **~ban van** (i) *[útjában van, elállja az utat]* be* in the/one's way (ii) *[kisbaba]* be* on the way (iii) (*vhová*) be* on the way (to), be* en route (to); **eredj az utamból!** (get) out of my way!; **jó ~on vagyunk?** are we on the right road?; **jó ~on jár** be* on (v. follow) the right t(r)ack/road; **a legjobb ~on van vmhez** be* in a fair way to ...; **a maga ~ján jár** go* one's own way, take* one's own course, pull a lone oar; *átv is* **jó ~ra tér** turn over a new leaf; *átv is* **rossz ~ra tér** go* wrong, go* astray, be* led astray, stray off the straight and narrow; **utat!** gangway!, clear the way!; **meg tudja mondani az utat ...?** can you tell me the way to ...?; **utat enged vknek/vmnek** make* way for sy/sg; *[haragnak]* give* vent to [one's anger]; **utat téveszt** lose* one's way; **utat tör magának** *[tömegben]* fight*/force one's way through (the crowd); *kif* **kiadja az ~ját vknek** give* sy his/her marching orders, *biz* give* sy the boot, send* sy packing; **~ját állja** (i) (*vknek*) stand* in the way of sy, stand* in (v. bar/block) sy's way/path (ii) (*vmnek*) obstruct the passage/progress of sg **2.** *[utazás]* journey, trip, *[repülővel]* flight, *[hajóval]* voyage, *[irodalomban még]* passage, travel(s); **nagy ~ áll előttünk** we have (still) a long way to go; **egynapi ~** a day's journey; *[kocsival]* a day's run; **egyórai ~** an hour's trip/run, *[busszal]* an hour's ride; **4 óra(i) ~ Budapesttől** (it is) a four-hour drive/run from Budapest; **40 percig tart az ~** the trip/journey takes 40 minutes; **~ban (van) hazafelé** (be*) on one's/the way home; **~nak indít** (*vkt*) get* sy off, send*/see* sy off; (*vmt*) start/launch sg, get* sg off the ground; **~nak indul** begin* one's journey, set* out/off (on a trip), start out; *[gyalog] biz* hit* the road; **~on van** (i) *[éppen utazik]* (*vk*) be* on the road, be* travelling (about) (*US* -l-), be* en route (to), be* touring (ii) *[hajó]* be* under sail; **~on (van) vm felé** (be*) on the/one's way to ..., (be*) en route to ..., be* bound for; **6 órája vagyunk ~on** *[kocsival]* we've been on the road for 6 hours; **hosszú ~ra indul** go* on (v. make*) a long journey; **~ra kel** start (for), set* out/off; *[gyalog] biz* hit* the road; **~jára bocsát → útnak indít; vigyél magaddal olvasnivalót az ~ra** take something to read on the journey (v. *hajó* on the voyage v. *rep* on the flight); **~ra kész(en)** ready to go/start; **naponta kétszer teszem meg ezt az utat** I have to *[gyalog]* walk v. *[kocsival]* drive this stretch twice a day; **jó/szerencsés utat!** (I wish you) a safe journey!, have a pleasant journey!, have a good/nice trip!, *[repülővel]* have a good flight!; I hope all goes well! **3.** *[módszer, eljárás]* way, method, means *főleg: esz*, channels *tsz*; **utak és módok** ways and means; **ennek az az ~ja és módja, hogy** ... the right way to go about this is to ...; **diplomáciai ~on** through diplomatic channels; **törvényes ~on** legally, by legal means; **vegyi ~on** by chemical process; **vmnek az ~ján** by means of sg, through sg; **tolmács ~ján érintkeznek** communicate through an interpreter; **→ egyenget, → folytat, → hivatalos, → járt, → kiad, → mutat, → révén, → utat-módot, → úton-módon**
útakadály *fn* road block
utal *i* **1.** (*vkre/vmre*) refer to sy/sg, *[céloz]* allude/point to, hint at sy/sg, *[könyvre]* make* reference to, refer to, *[szótárban stb. pl. egyik szócikkből a másikba]* cross-refer [from one word to another] **2.** (*vkt vhová*) refer sy to sy; **a részleteket illetően az Oxford Dictionary-hez ~juk az olvasót** for further details the reader is referred to the OED; **kórházba ~ vkt** refer/send* sy to hospital **3. vmre ~** *[sejtet, kimutat]* suggest/indicate sg, be* indicative of sg; *orv is* be* symptomatic of sg **4. vkre van ~va** be* dependent on sy; **magára van ~va** be* left to his own devices/resources, have* to fend for himself **5.** *[pénzt]* transfer; **hová ~juk a honoráriumát, uram?** where would you like us to transfer your fee, sir?; **→ beutal**
utál *i* hate, abhor, detest, loathe; **~om, mint a bűnömet** I hate him like poison, I hate him like the plague; *durva* **~om, mint a szart** I hate it like shit/hell; **~ják egymást** they hate each other
útalap *fn* road fund
utalás *fn* **1.** (*vkre/vmre*) reference, *[könyv/szótár más helyére]* cross-reference **2.** *[célzás]* allusion; **~okat tesz** (*vmre*) make* allusions (to sg)
utálat *fn* disgust, aversion; **~ fogja el vkvel/vmvel szemben** take* a dislike to sy/sg, sy/sg fills sy with loathing/disgust, sg turns one's stomach
utálatos *mn* **1.** *[dolog]* disgusting, repugnant, hateful **2.** *[ember]* **ne legyél már ilyen ~!** stop being a nuisance!, don't be so mean/unfeeling/cynical!
utálkozás *fn* **→ utálat**
utalószó *fn* cross-reference
utalvány *fn* **1. → postautalvány 2. vásárlási ~** gift token/voucher
utalványoz *i [összeget vknek]* remit/send* [a sum] to sy
után *nu* **1.** *[időben]* after, subsequent to, following (sg), *[vk utódaként]* in succession to (sy); **10 (óra) ~** after 10 (o'clock); **egyik a másik ~** one after another (v. the other); **az/ez ~ az eset ~** after that case; **azok ~, amit tettél** ... after all you have done ...; **nem sokkal** (v. **röviddel) ez/az ~** soon after that, soon afterwards; **munka ~** after work; **vacsora ~ig** until after dinner **2.** *[térben és vmt követően]* after; **vk ~ megy** follow sy; **parancsoljon, csak Ön ~** after you, Sir/Madam; **szalad a pénze ~** he is running after his money; **apja ~ örökölt** he inherited from his father; **a dolga ~ jár** attend to one's business; **a háza ~ adót fizet** pay* tax on one's house **3.** *[szerint, nyomán]* after, according to, by, from, *[mintánál]* on the model of; **a maga esze ~ indul** follow one's own judgement; **természet ~ fest** paint from nature; **az eredeti ~ másol** copy from the original **4.** *[felől, iránt]* about, after; **az ~ érdeklődik** he is inquiring about/after ...; *[vk után]* ask after sy('s health)

U

utána *hsz* **1.** *[vm/vk után]* after (him/her/it); **~m, ~d** *stb.* after me/you etc.; **~m!** follow me!; **~ dob** *(vmt vknek)* throw*/fling*/hurl sg after sy; **az árut ~ dobják az embernek** they are literally throwing it away, you can get it dirt cheap; **~ érdeklődik** inquire after, make* enquiries about; **~ fut** *(vknek)* run*/chase after sy; **~ kiált** *(vknek)* call/shout after sy; **~ küld** *[küldeményt]* send* on, forward; **~ megy** go* after, follow; **~ mond** *(vmt vknek)* say*/repeat sg after sy, repeat sy's words (what one/sy has said); **mondd ~m:** ... say it (v. repeat) after me: "..."; **mondja ~m az esküt** repeat the oath after me; **~ néz** *(vknek)* look after sy; → **utánanéz**; **~ visz** *(vmt vknek)* take* sg after sy; **vidd ~!** take it after him **2.** *[azután]* after that, after(wards); **jóval ~** long after; **röviddel ~** soon after

utánacsinál *i (vmt vknek)* do* sg after sy, imitate/copy sy; **csináld utánam** do as I do, do it after me

utánajár *i [tájékozódva]* inquire (v. enquire) about, see* about, make* inquiries (v. enquiries) about, *[vizsgálódva]* try to find out sg, look into sg, find* out (the truth) about sg; **ha nem hiszi, járjon utána** if you don't believe me, find out (for) yourself; *közm* seeing is believing

utánajárás *fn [fáradozás]* trouble, effort, bother; **köszönöm a sok ~t fiam érdekében** thank you for all the trouble you've taken to help my son

utánakérdez *i* → **utána érdeklődik**; → **utánajár**

utánaküldés *fn* forwarding, redirection

utánállít *i* adjust

utánamegy *i* → **utánajár**

utánamond *i* → **utána**

utánanéz *i (vmnek/vknek)* see* to/about (sg/sy), *[ellenőrizve]* check (up)on (sg/sy), check (sg), *[keres]* try to find, *US* check sg out; **majd ~ek** I'll check it; *[szónak, jelentésnek]* I'll look it up; **~ (vmnek) egy könyvben** look sg up in a book/dictionary/etc., consult a book/dictionary/etc. (about sg); **~ egy szónak** *[a szótárban]* look up a word (in a/the dictionary); **nézz utána a/egy szótárban** look it up in the/a dictionary

utánarajzol *i* copy [drawing], *[átlátszó papíron]* trace

utánarendel *i* → **utánrendel**

utánaszalad *i (vknek)* run* after sy

utánaszámít *i* check [account/figures], verify [account]; → **utánaszámol**

utánaszámol *i* count sg (over) again, check

utánatölt *i (vmt vmbe)* refill [sy's glass, a container etc.] (with sg), *[olajat, deszt. vizet, italt stb. színig]* top up with [wine, oil etc.], top up [sy's drink, a battery etc.]; → **feltölt**, → **utántöltés**

utánérzés *fn* (strong) reminiscence, *[mű]* (virtually a) pastiche

utánfizetés *fn* additional payment, *[vasúti]* supplement

utánfutó *fn [autóé]* trailer

utáni *mn* **szabadságom ~ első napon** the first day after my holiday

utánjárás *fn* → **utánajárás**

utánjátszó *mn* **~ mozi** second-run cinema (v. *US* movie theater)

utánkeltez *i* postdate

utánküldés *fn* forwarding

utánnyomás *fn nyomd [régi mű új, változatlan kiadása]* reprint, *[eredeti kiadás új lenyomata]* impression; → **változatlan**

utánoz *i (vkt)* imitate, copy, take* off (sy), *US* make* like (sy)

utánozhatatlan *mn* inimitable

utánozható *mn* imitable

utánpótlás *fn* **1.** *ált* supply, new supplies *tsz* **2.** *kat* reserves *tsz*, reinforcements *tsz* **3.** *[fiatalok]* recruitment, new blood, young talents *tsz*

utánpótlás-válogatott *fn* junior team

utánrendel *i* give* a repeat order (for sg), reorder (sg)

utánrendelés *fn* repeat order, *biz* repeat, follow-up order

utánszállítás *fn* subsequent delivery

utántöltés *fn* refilling, *[üzemanyaggal]* refuelling, *[akkué deszt. vízzel]* (battery) top-up

utánvéttel *hsz* cash (v. *US* collect) on delivery *(röv* **COD** v. **C.O.D.**)

utánzás *fn* imitating, imitation

utánzat *fn ált* imitation, copy, *[hamisítvány, főleg pénz]* counterfeit, *[műtárgy]* forgery; **tökéletes ~** perfect copy

utánzó *fn* imitator

utas *fn* passenger, *[utazó]* traveller *(US* -l-)

utasbiztosítás *fn* travel insurance

utasellátás *fn* catering

utasellátó *fn [vállalat]* catering (company)

utasfelvétel *fn rep* check-in

utasforgalom *fn* passenger traffic

utasfülke *fn* (passenger) cabin

utashíd *fn [reptéren]* passenger loading bridge

utasít *i* **1.** *[felszólít vmre]* instruct/direct/order/tell* sy [to do sg] **2.** *(vkt vkhez)* send*/refer sy (to sy) **3.** *sp* **maga mögé ~ vkt** edge ahead of sy

utasítás *fn* **1.** *[rendelkezés]* order(s), direction(s), instruction(s), *[direktíva]* directive; **használati ~** directions *tsz* for use, user's manual, instructions manual; *[kezelési kézikönyv pl. autóhoz]* owner's/owners handbook; → **kezelési utasítás; az ~ értelmében/szerint** as directed/requested; **adagolás az orvos ~a szerint** [dosage] as prescribed by the/your doctor, use as directed by a physician; **~t ad vknek** give* sy instructions (to), issue orders to sy to; **vk ~ait követi** follow sy's/the instructions; **tartsd be az ~okat!** follow the instructions [on the packet etc.]; **~okkal ellát** provide sy with (v. give* sy) instructions, brief sy **2.** *(vké vhová)* referral (to) **3.** *[számítógépé]* instruction, command

utaskísérő *fn* **1. légi ~** flight attendant, *[nő]* stewardess, air-hostess; *[férfi]* steward, air-host **2.** *[InterCityn]* steward, stewardess

utaslépcső *fn* steps *tsz*

utaslista, -névsor *fn* passenger list

utasszállítás *fn* passenger transport

utasszállító *mn* **~ repülőgép** airliner, passenger plane

utastér *fn* passenger compartment

utász *fn* engineer, *GB* sapper

utat-módot talál *kif* find* an expedient, find* means to, find* a way to do sg

utazás *fn [mint turisztikai fogalom]* travelling *(US* -l-), travel, *[maga az út]* journey, tour, *[rövidebb]* trip; **~ hajón/vonaton/repülőgépen/buszon** travelling *(US* -l-) by ship/train/air/plane/coach; **~ repülővel** *[így is:]* air travel; **~ vonattal** *[így is:]* rail travel; **egyszeri ~ra szóló jegy** single *(US* one-way) ticket; **külföldi ~** travel(ling)/trip abroad, foreign travel, overseas travel/trip; **szervezett (társas)~** package tour, package holiday(s); **szervezett egyéni ~** arrangements for individual travel *tsz*; **az ~ időpontja** date of travel; **az ~ időtartama** length of tour; *[csak az utazásé]* duration of travel; → **csoportos**, → **társasutazás**

utazási *mn* travel(ling); **~ biztosítás** travel insurance; **~ csekk** traveller's cheque, *US* traveler's check; **~ iroda** travel agency/bureau; *[kisebb iroda, ill. maga a vezető/tulajdonos]* travel agent, *[nagy vállalat]* tour operator; **felvilágosítás ~ ügyekben** travel information; **~ költség** travel expenses *tsz*

utazgat *i* **sokfelé ~** do* a lot of travelling, travel *(US* -l) a lot, travel/get* around/about

utaz|ik *i* **1.** *(vhova)* go* to, leave* for; **mikor ~ik?** when are you leaving?; **hova ~ik?** where are you going?, where are you off to?; **holnap Prágába ~ik** he leaves for Prague tomorrow **2.** *[turisztikai célból]* travel, go*/be* travelling *(US* -l-), be* touring (round) [a place]; **sokat ~ik** do* a lot of travelling, travel *(US* -l) a lot, move about a lot, be* always on the move; **Európába ~ik** be* travelling/going round Europe, be* touring Europe; **külföldre ~ik** travel

U

(*US* -l) abroad; **vonattal/autóbusszal/repülőgéppel/autóval/hajóval ~ik** travel (*US* -l) (v. go*) by train/coach/air/plane/car/ship; **kényelmesen ~ik** *[megszakításokkal]* travel (*US* -l) by easy stages; **kevés csomaggal ~ik** travel (*US* -l) light **3.** *gazd* **vmben ~ik** travel (*US* -l) in [sports goods, business machines etc.]; → **utazó II 2 4.** *átv biz* **vkre ~ik** have* it in for sy, get* at sy, pick on sy

utazó I. *mn* travelling (*US* -l-); **~ tanár** *[családokat látogató gyógypedagógus]* peripatetic teacher **II.** *fn* **1.** *ált* traveller (*US* -l-), *[utas]* passenger **2. kereskedelmi ~** commercial traveller, *főleg: US* traveling salesman°; *[igével]* (s)he travels for [a firm, company etc.]

utazóbőrönd *fn* → **bőrönd**

utazóközönség *fn* passengers *tsz*

utazómagasság *fn rep* cruising altitude

utazósebesség *fn rep* cruising speed

utaztat *i* arrange sy's official trip(s)

útbaigazít *i* **1.** *konkr* show* sy the way, direct sy swhere **2.** *[tájékoztat]* give* sy information about/on sg, inform sy about sg

útbaigazítás *fn* (piece of) information; **~t ad** → **útbaigazít**

útburkolat *fn* road surface, *GB* pavement

útburkolati *mn* **~ jelek** road markings *tsz*

utca *fn* **1.** (*röv* **u.**) street (*röv* **st.**); **az ~n** in the street; *[italmérés]* **~n át** (for consumption) off the premises; *[ilyen üzlet]* off-licence, *US* package store, liquor store; **a negyedik ~nál kanyarodjon jobbra** go* down the fourth turning on the right; **~ra kerül** *[munka nélkül marad]* be* dismissed/sacked/fired; **~ra néző** looking (on)to the street *ut*, facing the street *ut* **2.** *sp [autóversenyen]* box

utcabál *fn* street dance/ball

utcagyerek *fn* ragamuffin, street urchin

utcahosszal *hsz biz* **~ jobb vknél** be* head and shoulders above sy, be* streets ahead of sy

utcai *mn* street; **~ árus** street, vendor, *GB néha* costermonger; **~ énekes** *[aluljáróban]* street singer; **~ harc** street-fighting; **~ nő** street-walker/girl, prostitute, *US biz* hooker; **~ ruha/viselet** day wear, (clothes *tsz* for) outdoor/casual wear, casual clothes *tsz*; **~ szoba** front-room, room looking out onto the street; **~ világítás** street lighting; **~ zenész** street musician, busker

utcajegyzék *fn [térkép végén]* index to streets

utcalány *fn* → **utcai nő**

utcanévjegyzék *fn [önálló]* street directory, *[térkép végén]* index to streets

utcasarok *fn* (street) corner

utcaseprő *fn* street sweeper/cleaner, *[gép is]* road sweeper, *US* street cleaner

útdíj *fn gk* toll

útelágazás *fn* fork [in the road], (road) junction

útépítés *fn ált* road construction, road-making, *[mint közlekedési jelzés]* road works *tsz*

útfelfagyás *fn* frost riving

útfenntartás *fn* road maintenance

úthálózat *fn* road network/system

úthálózati térkép *fn* road atlas

úthasználati *mn* **~ díj** *[autópályán]* toll

úthenger *fn* steam/road-roller

úthiba *fn* bump, pothole

úti *mn* road, street(-), *[utazási]* travel(ling); **~ beszámoló** travel report, travelogue (*US* -log); **~ cél** destination; **~ élmény/kaland** adventure/experience on/during the journey; **~ előkészületek** travel arrangements; **~ kiadások** travel expenses *tsz*; **~ okmányok** travel documents; **~ program** itinerary, route

útikalauz *fn* guide(book)

útiköltség *fn* fare, *ált* travel expenses *tsz*; *[repülővel]* air fare, *[vasúton]* railway fare

útikönyv *fn* guide(book)

útilapu *fn* plantain; **~t köt vknek a talpára** send* sy packing, give* sy his/her marching orders (v. walking papers)

útinapló *fn* travel diary

útipoggyász *fn* luggage, baggage

útirajz *fn* account/description of a journey, *[könyv]* travel book, travelogue (*US* -log)

útirány *fn* direction, route, course

útirány-előjelző *mn* **~ tábla** direction sign

útiszámla *fn* travel expenses account

útitakaró *fn* travel rug

útitárs *fn* **1.** *[utazásnál]* travelling (*US* -l-) companion, *[alkalmi]* fellow passenger **2.** *pol* fellow traveller (*US* -l-)

útitáska *fn* suitcase, (travelling) bag, *US* valise

útiterv *fn* itinerary, route

útjavítás *fn* road repairs/works *tsz*

útjelző *mn* **~ tábla** guide-post; → **útirány-előjelző tábla**

útkanyarulat *fn* bend, curve; **~ jobbra** right bend/curve; *[igével]* the road curves to the right

útkeresés *fn átv* looking for a solution, seeking a way out of a situation

útkereszteződés *fn [városban]* junction, crossing, *[vidéken]* crossroads *tsz*, *[nagyobb]* intersection, junction; **~ alárendelt útvonallal** intersection with non-priority road → **szintbeli**

útközben *hsz* on the way, en route (to)

útleírás *fn* record of a journey, *[könyv]* travel book; → **úti beszámoló**

útlevél *fn* passport; **útlevelet kér** apply for a passport → **turistaútlevél**

útlevél- *előtag* **~(fény)kép** passport photo; **~-hosszabbítás** extension of one's passport; **~kérelem** passport application; **~kérelmet nyújt be** apply for a passport; **~kérő lap** (passport) application form; **~- és vámkezelés/vámvizsgálat** passports and customs (controls/clearance); **~kezelő** *GB* immigration officer; **~osztály** passport department/office; **túlesik az ~vizsgálaton** go* through passport control

útmegszakítás *fn* breaking one's journey's, *[rövid időre vhol]* stopover

útmutatás *fn* direction, instruction, guidance, *[tanács]* advice, hints *tsz*; **vk ~át követi** follow sy's lead, follow the instructions of sy (v. sy's instructions)

útmutató *fn* guide; **kezelési ~** users instructions *tsz*, instructions for use *tsz*, user's manual; *[autóé]* owner's/owners handbook

utó- *előtag* after-, post-, supplementary

utóbb *hsz* at a later date/time, later (on), afterwards; **előbb vagy ~** sooner or later; **(az) ~ említett** the latter

utóbbi I. *mn [térben]* latter, *[időben]* last; **(az) ~ esetben** in the latter case; **az ~ években** in/for the last few years; **az ~ két évben** (in) the last two years; **az ~ időben** recently, lately, of late **II.** *fn* **az ~t** the latter (one)

utód *fn* **1.** *[hivatali, üzleti]* successor; **vk ~a** sy's successor, a successor to sy; *[igével]* succeed sy (as...) **2. az ~ok** *[leszármazottak]* descendants, offspring *tsz*, posterity *esz*

utódállam *fn tört* succession state

utódlás *fn* succession

utóélet *fn* afterlife; **a konferencia ~e** follow-up to the conference

utófájások *fn tsz* afterpains

utógondozás *fn orv* follow-up care, rehabilitation

utóhad *fn* rear(-guard)

utóhang *fn [irásmű]* epilogue (*US* -log)

utóhatás *fn* after-effect

utóidejűség *fn nyelv* posteriority

utóidény *fn* late season, off-season

utóirat *fn* (*röv* **Ui.**) postscript (*röv* **PS** v. **P.S.**)

utóíz *fn* after-taste; **keserű ~t hagy maga után** leave* a bad taste (in one's mouth)

utója *fn* (*vmnek*) (the) end of sg; **a nyár ~** late/Indian summer

utójáték *fn szính* afterpiece
utókérdés *fn nyelv [ugye-utókérdés]* question tag, tag question
utókezelés *fn* after-care, follow-up (care/treatment)
utókezelő *fn* **1.** *[szanatórium jellegű]* convalescent/nursing home **2.** *[elfekvő]* hospital for incurables **3.** *[rákos betegeknek az utolsó fázisban] GB* hospice
utókor *fn* posterity
utólag *hsz* subsequently, *[később]* later, at a later date, afterwards
utólagos *mn* post-, subsequent, after-, follow-up; ~ **jóváhagyás** subsequent approval; ~ **jóváhagyásával** anticipating your approval
utolér *i* catch* (sy) up, catch* up with (sy), come* up with sy, draw* up with sy, get* up to sy; **~te a sorsa/végzete** he met his fate
utolérhetetlen *mn* peerless, matchless, inimitable, unparalleled, unrivalled, second to none *ut*, without an equal *ut*, *[igével]* no one can touch him/her (as ...)
utoljára *hsz* **1.** *[utolsó ízben]* last, (the) last time **2.** *[utolsónak]* last; **~, de nem utolsóként** last but not least
utolsó I. *mn* **1.** *ált* last, *[jelenhez legközelebbi]* latest, *[vmt lezáró]* final, ultimate; ~ **ár** rock-bottom price; **az ~ divat** the latest (fashion), *biz* the in thing, *irod* the dernier cri; ~ **előtti** (be*) last but one, (be*) next-to-the-last; *[csak jelzőként]* next-to-the-last, *[pl. szótag]* penultimate; **az ~ fillérig kifizettem** I paid it off to the last penny; **az ~ ítélet (napja)** the Last Judgement, Judgement Day, Day of Judgement; **az ~ kísérlet** last try/attempt; **az ~ nap** *[határidő]* closing day; **az ~ percben/pillanatban** in/at the last minute, at the eleventh hour; **az ~ simításokat végzi vmn** put* the finishing touches to sg; **az ~ szálig elestek** they fell to a man; **ez az ~ szavam!** (and) that is my last word!; I have no(thing) more to say!; **övé az ~ szó** have* the last word, *[ő dönt]* have* the final say; **az ~ szó jogán** in his last plea; **az ~ vasam** my last penny, *US* my last cent **2.** *[rangban, értékben]* lowest, bottom; **ő az ~ az osztályban** he is at the bottom of the class; *biz* **nem ~ dolog** it's not to be sneezed at **3.** *[aljas]* mean, base, low; **~ dolog volt** that was a mean thing (to do); **~ gazember!** (you) swine! **II.** *fn* (the) last; **~nak érkezik** arrive last, come* in at the tail end; **így lesz az ~ból első** the last shall be first (and the first, last); **~kat rúgja** be* on one's last legs; → **csepp**, → **kenet**^{2}, → **legutolsó**, → **lehelet**
utolsósorban *hsz* → **utoljára**
utómunkálatok *fn tsz film* post-production *esz*
útonállás *fn* highway robbery, hold-up, stick-up
útonálló *fn* highwayman°
utónév *fn* first/Christian name, forename, *US* given name
úton-módon *hsz* **minden ~** by any means; **ezt valamilyen ~ el kell intézni** this must be arranged somehow or other; **a szokásos ~** through the usual channels; → **út 3**
úton-útfélen *hsz* all over the place, everywhere, at every step
utópia *fn* utopia
utópista *mn/fn* utopian
utópisztikus *mn* utopian
utórengés *fn [földrengés után]* after-shock
utórezgés *fn átv* repercussions *tsz*, aftermath (*tsz* ua.), after-effect
utószezon *fn* → **utóidény**
utószinkron *fn film* (over)dubbing
utószó *fn* epilogue (*US* -log)
utótag *fn* **1.** *mat* consequent **2.** *nyelv* combining form, suffix, *[összetételben]* second part/element (of a compound)
utótétel *fn nyelv* apposition; **~ben** in apposition, appositionally
utóvéd *fn* rearguard
utóvédharc *fn* rearguard action/fighting
utóvégre *hsz* **~ is** after all, when all is said and done; → **hiszen**
utóvizsga *fn* resit, retake [exam]
utóvizsgáz|ik *i* resit* an examination, retake* an exam(ination)
útpadka *fn* (hard) shoulder
útravaló *fn [élelem]* provisions (for the journey) *tsz*, food (for the journey)
útrövidítés *fn* short cut
útszakasz *fn* road section, *[rövidebb]* stretch
útszél *fn* roadside, wayside; **az ~en** by the roadside/wayside
útszéli *mn* **1.** *[út menti]* roadside, wayside **2.** *[közönséges]* common, vulgar, plebby
útszűkület *fn* bottleneck, *[KRESZ-ben]* narrow road/stretch, *[igével]* road narrows
úttalálkozás *fn* road junction
úttalan *mn* pathless, roadless, untrodden; **~ utakon** on/along untrodden paths, on untravelled roads
úttartás *fn gk* **jó a kocsi ~a** the car holds the road well
úttest *fn* carriageway, roadway, *US* road(-bed)
úttorlasz *fn* roadblock
úttörő I. *fn* **1.** pioneer, trailblazer, *[felderítő]* pathfinder **2.** *[ifjúsági mozgalom tagja, főleg tört]* pioneer **II.** *mn* pioneering; **~ jelentőségű** epoch-making, pioneering, trailblazing; **~ kezdeményezés** pioneering initiative; **~ munkát végez** do* pioneer(ing) work, blaze a trail, break* fresh/new ground
úttörőcsapat *fn* pioneer troop
útvesztő *fn* labyrinth, maze
útviszonyok *fn tsz* road conditions
útvonal *fn ált* route, *[vasút]* line; **vmlyen ~on** by way of, via; → **főútvonal**
úvé *fn biz* → **ultraibolya**, → **utóvizsga**
úvéz|ik *i biz* → **utóvizsgázik**
UV-szemüveg *fn* UV-protection glasses *tsz*
uvula *fn orv* uvula
uvuláris *mn nyelv* uvular
úzus *fn* usage, custom
uzsonna *fn* (afternoon) tea
uzsonnáz|ik *i* have* tea, have* sg for one's tea
uzsonnázóhely *fn GB* teashop
uzsora *fn* usury
uzsoraár *fn* extortionate/exorbitant price
uzsorakamat *fn* usurious interest
uzsorakölcsön *fn* usurious loan
uzsorás *fn* usurer, *US biz* loanshark
uzsoráskod|ik *i* practise usury, profiteer, *US biz* be* loansharking

Ü

Ü, **ü**, **Ű**, **ű** *[betűk]* (the letters) Ü, ü, Ű, ű
überol *i biz* go* one better than sy, *[történetmesélésben]* cap a joke/story
ücsörög *i* be* sitting about/idly
üde *mn* fresh, healthy, youthful; ~ **arcbőr** youthful/blooming/fresh complexion; ~ **levegő** fresh/bracing air
üdít *i* freshen, refresh
üdítő *mn ált* refreshing, *[olvasmány]* light [reading]
üdítőital(ok) *fn* soft drink(s), non-alcoholic drink(s), *[szénsavas]* carbonated/fizzy drink(s), *US* soda; → **dobozos**
üdül *i [szabadságát tölti]* be* (away) on holiday (v. on one's holidays), *US* be* on vacation, be* vacationing, *[üdülőben]* stay at a holiday home/camp/village; **a Balatonon ~** (s)he is holidaying (*US* vacationing) by lake Balaton
üdülés *fn* **1.** *[felüdülés]* recreation **2.** *[nyaralás]* holiday, holidaying, holiday-making, *US* vacation(ing)
üdülési *mn* ~ **csekk** holiday voucher
üdülő *fn* **1.** *[épület]* holiday home **2.** *[személy]* holiday-maker, *US* vacationer, *[vendég]* guest, *[látogató]* visitor (to a holiday resort); → **nyaraló**
üdülőhely *fn* holiday resort; → **gyógyhely**, → **nyaralóhely**, → **tengerparti**
üdülőhelyi *mn* ~ **díj** visitors' tax [at health resort v. spa]
üdülőövezet *fn* holiday area/resort
üdülőtelep *fn GB* holiday camp
üdülőváros *fn* holiday town
üdültetés *fn* organized/subsidized holidays *tsz*
üdv *fn* **1.** *vall* salvation **2. a haza ~e** the welfare/benefit of the country **3.** → **üdvözlet**
üdvhadsereg *fn vall* Salvation Army
üdvkiáltás *fn* acclamation, cheering
üdvlövés *fn* salute; **~t lead** fire a salute
üdvös *mn* salutary, beneficial, *[előnyös]* advantageous, useful; ~ **lenne** it would be advisable to ...
üdvösség *fn vall* salvation; *biz kif* **nem elég az ~hez** not enough by a long chalk
üdvözít *i vall* save, work the salvation of; *biz* **a pénz nem ~** money can't buy happiness
üdvözítő I. *mn* **1.** *vall* saving, redeeming **2.** *átv* salutary, blissful; **azt hiszi, az övé az egyedül ~ megoldás** (s)he believes his/her solution is the one and only right one **II.** *fn vall* the Saviour (*US* -or) *[Jézus Krisztus]*
üdvözlégy *fn vall* Ave Maria, Hail Mary
üdvözlés *fn* greeting, *[érkezéskor]* welcome
üdvözlet *fn* greeting(s), kind regards *tsz*; ~ **Balatonakarattyáról** greetings from Balatonakarattya; **karácsonyi/újévi ~** (the) season's greetings *tsz*; → **karácsonyi**, → **újévi**; **szívélyes ~ét küldi** (i) (*vknek*) give* sy one's best/kind regards; *[közelállónak]* send* one's love to sy (ii) *[levél végén]* With kind regards, ..., *[ma leggyakrabban]* Best wishes.../With all good wishes, ...; *[legáltalánosabb levélzáró formula]* Yours sincerely, ... *US* Sincerely (yours) ...; **szívélyes ~tel** *[levél végén]* Yours sincerely, *US* Sincerely yours; *[formálisabban]* Yours truly; **adja át szívélyes/szíves ~emet** Please give my kind regards to [your mother etc.] / Give him/her my best regards/Remember me (kindly) to [your mother/wife etc.]
üdvözlő *mn* greeting-, congratulatory; ~ **távirat** telegram of congratulation, telegram of good wishes; ~ **szavak** (words of) welcome
üdvözlőbeszéd *fn* address (of welcome), welcoming speech
üdvözlőkártya *fn* → **üdvözlőlap**
üdvözlőlap *fn* **1.** *[karácsonyi, születésnapi stb.]* a greetings card, [birthday/Christmas/get-well etc.] card **2.** *[képes levelezőlap]* picture postcard
üdvözöl *i* **1.** *[köszönt]* greet (sy), say* hello (v. good morning etc.) to sy, *[megérkezéskor]* welcome (sy); **melegen ~** give* (sy) a warm welcome; **üdvözlöm!** how do you do? **2.** *[vkt vmlyen alkalomból]* congratulate (sy on ...), offer one's heartiest congratulations (v. best wishes) (to sy) **3.** *[üdvözletét küldi]* give* sy one's (best) regards, send* one's love to sy; **~je a nevemben** please remember me to ...; **szeretettel ~** *[levélben, kissé formálisan]* Yours as ever ..., *[barátian]* (With) love *[és aláírásként a keresztnév]*; → **üdvözlet 4.** *[gyűlést, kongresszust]* address [the meeting/congress etc.] **5.** *[vmt helyesel]* applaud (sg); → **szívélyesen**
üdvözül *i vall* be* saved, find* salvation
üdvrivalgás *fn* hosannas *tsz*, cheering, (loud) cheers *tsz*
üget *i* trot
ügetés *fn* trot; **könnyű ~** rising trot; → **tanügetés**
ügető *fn [verseny]* harness racing
ügetőpálya *fn* trotting racecourse
ügetőverseny *fn* harness-racing, trotting-race, trot
ügy *fn* **1.** *[dolog]* busines, affair, matter, *[kérdés]* issue; **nem nagy ~** it is no great matter (v. *biz* deal); **nagy ~et csinál vmből** make* a song and dance about sg; **nem csinál nagy ~et vmből** make* light of sg; **nehéz ~** a hard nut to crack, a tough proposition; **szép kis ~!** a pretty/fine kettle of fish; **nem a te ~ed** that's no business of yours; **milyen ~ben keresi?** what do you wish to see (v. speak to) him about?; **vknek ~ében eljár** act on sy's behalf; **a lakbér ~ében jöttem** I've come about the rent; **~et sem vet vmre/vkre** pay* no attention/heed to, take* no notice of **2.** *jog* case; **bírósági ~** court case; **peres ~** case at law; **hogy áll az ~ed?** how does your case stand? **3.** *gazd* business, transaction, (business) deal; **üzleti/hivatalos ~ben** on business **4.** *[eszméé]* cause; **jó ~ért harcol** fight* for a good cause; **a béke ~e** the cause of peace
ügybuzgalom *fn* ardour (*US* -or), zeal, enthusiasm
ügybuzgó *mn* zealous, eager, enthusiastic, *pej* eager beaver
ügydarab *fn* file [on a case]
ügyefogyott *mn* awkward, *biz* gormless
ügyefogyottság *fn* awkwardness, clumsiness
ügyel *i* **1.** (*vkre/vmre*) take* care of sy/sg, pay* attention to sy/sg (v. what you are doing), watch over sy/sg; **~ arra, hogy** take* (good) care to do sg, see* that ..., be* careful to/that, look to sg; **~j arra, nehogy** ... be* careful not to, mind you don't ...; **~j(en) arra, hogy (be legyenek csukva az ajtók)** see that (v. make sure) [the doors are closed etc.] **2.** *[figyelembe vesz]* mind, note, take* notice of, attend to **3.** *biz [ügyeletet tart]* be* on duty, be* on call **4.** *szính* be* (v. work as) (the) stage-manager, stage-manage
ügyelet *fn* duty; **éjszakai ~** (i) *ált* all-night service (ii) *orv* night duty; **kihívja az ~et** call the (district) doctor on duty; **~et tart** *[orvos]* be* on duty/call; *[éjszakait]* be* on night-duty
ügyeletes I. *mn* on duty *ut*; ~ **gyógyszertár** duty/emergency (v. all-night) chemist (*US* drugstore/pharmacy), [chemist] open outside normal hours; ~ **orvos** doctor on duty/call, doctor on emergency call; ~ **nővér** nurse on duty/call; ~ **tiszt** officer on duty **II.** *fn* person/officer/official on duty, *[igével]* be* on duty; **ki az ~?** who is on duty?
ügyelő *fn szính* stage-manager
ügyes *mn [ember]* clever, skilful (*US* skillful), smart, capable, able, *[járatos, képzett]* skilled; ~ **vmben** (be*)

good/clever at sg, be* a dab (hand) at sg; ~ **fogás** a good trick; ~ **keze van** be* clever with his/her hands
ügyes-bajos *mn* ~ **dolog** (troublesome/daily) business; *[napi]* (sy's day-to-day) affairs *tsz*, (sy's) day-to-day business; ~ **dolgait intézi** *[a városban]* attend to one's business (in the city), *biz* have* a couple of things to see to (in town)
ügyesen *hsz* skilfully (*US* skillfully), deftly; **ezt ~en csináltad** well done; **~en intézi a dolgait** play one's cards well
ügyesked|ik *i* show* oneself to be clever/skilful (*US* skillful), *[helyezkedik]* jockey/manoeuvre (*US* maneuver) for position, *biz* he's a smooth operator; **addig ~ik, amíg egy jó állást nem talál** manoeuvre (*US* maneuver) oneself into (v. *biz* wangle oneself) a good job
ügyesség *fn* cleverness, skilfulness, dexterity, skill; **~et igényel** require/demand skill
ügyességi *mn sp [atlétika]* ~ **számok** field events
ügyész *fn* **1.** *[a vád képviselője]* public prosecutor, *US* prosecuting/district attorney; **legfőbb** ~ chief/supreme public prosecutor **2.** → **jogtanácsos**
ügyészség *fn* public prosecutor('s department/office); **legfőbb** ~ Chief/Supreme (Public) Prosecutor's Office
ügyetlen *mn* clumsy, inept, *[sikertelen]* ineffectual; ~ **vmben** be* no good at sg
ügyetlenked|ik *i* blunder/mess about/around; (*vmvel*) fiddle around/about with sg
ügyetlenség *fn* clumsiness, ineptitude, *[sikertelenség]* ineffectuality, *[hiba]* blunder; **~et követ el** make* a mistake
ügyfél *fn* **1.** *ált* client **2.** *gazd* customer
ügyfélfogadás *fn* consulting/office/business hours *tsz*
ügyfélkártya *fn* customer card
ügyfélkör *fn* clientele
ügyfélszolgálat *fn* customer service
üggyel-bajjal *hsz* **(nagy)** ~ with (great) difficulty
ügyintézés *fn* administration, office work
ügyintéző *fn* administrator, person/official in charge (of)
ügyirat *fn* document, file
ügyiratszám *fn* reference number
ügykezelés *fn* administration, *[főleg az irattáré]* filing
ügyköd|ik *i* be* busy (with some work/doing sg), busy oneself with
ügykör *fn* sphere of activity, scope; **~ébe tartozik** be*/fall* within one's/sy's province/competence
ügylet *fn* (business) deal, (business) transaction; **~et lebonyolít** (*vkvel*) close/complete/conclude a deal (with sy), transact business (v. a sale/bargain), effect a sale
ügymenet *fn* procedure
ügynök *fn* **1.** *gazd* broker, (business) agent, *[utazó]* (commercial) traveller (*US* -l-), *[házaló]* salesman°/saleswoman° **2.** *pol* agent
ügynökösköd|ik *i* be* an agent (for), travel (*US* -l) in sg (for)
ügynökség *fn* agency
ügynöktörvény *fn jog pol* ‹legal regulation on the disclosure of the involvement of public figures with the secret police under the communist regime›
ügyosztály *fn* branch, department; *pol tört* **a III/III-as** ~ III/III department; ‹name of the department of the Hungarian communist's regime's secret police responsible for recruiting civilian agents›
ügyrend *fn* **1.** *[országgyűlésé]* standing orders *tsz*, *[vállalaté, hivatalé]* regulations *tsz*, statutes *tsz* **2.** *[ülésé, tárgyalásé]* rules of procedure *tsz*, (the) normal/usual procedure, *[tárgyalásé, konferenciáé]* agenda
ügyrendi *mn* procedural; ~ **kérdések** questions of procedure; ~ **pontok** items on the agenda
ügyszám *fn* reference number
ügyvéd *fn* lawyer, *US* attorney, *[polgári ügyekben]* *GB* solicitor, *[bűnügyben és magasabb bíróságon eljáró]* *GB* barrister, *US* counselor-at-law; **~hez fordul** take* legal advice, take* counsel's opinion; → **ügyvédet fogad**; **~nek készül** *GB* read* for the Bar, *US* go* to law school; **~et fogad** retain a lawyer/solicitor (v. *US* an attorney), retain counsel
ügyvédbojtár *fn* *GB* articled clerk, *US* lawyer-in-training
ügyvédi *mn* lawyer's, solicitor's, barrister's; ~ **gyakorlat** legal practice; ~ **gyakorlatot folytat** practise (*US* -ce) law; ~ **iroda** lawyer's office; ~ **kamara** Law Society, *GB* the Bar, Inns of Court *tsz*, *US* Bar Association; ~ **költség** retainer, fee; ~ **megbízás** power of attorney; ~ **megbízást ad** brief [a solicitor/lawyer]; ~ **munkaközösség** lawyers' co-operative; ~ **pályára lép** take* up a legal career, be* called to the Bar; ~ **tiszteletdíj** fee(s)
ügyvédjelölt *fn* as yet unqualified lawyer
ügyvezető I. *mn* **1.** managing; ~ **igazgató** managing director **2.** *[nem teljes jogkörű]* acting; ~ **külügyminiszter** acting foreign minister (*US* secretary of state) **II.** *fn* manager, director
ügyvitel *fn* management
ügyviteli *mn* ~ **szabályzat** regulations *tsz*, rules of procedure *tsz*
ügyvivő *fn* **1.** *[diplomáciai]* chargé d'affaires (*tsz* chargés d'affaires) **2.** *pol [párté]* member of the governing committee
ügyvivői *mn* ~ **testület** *[párté]* governing committee
ükanya *fn* great-great grandmother
ükapa *fn* great-great grandfather
ükunoka *fn* great-great grandchild°
ül *i* **1.** (*vhol*) sit*, be* sitting/seated, *[madár ágon]* perch, *[tyúk tojáson]* sit* (on eggs), brood; **eggyel beljebb** ~ move up; **asztalhoz** ~ sit* down to table, sit* down to a meal; **vk nyakán** ~ be* a (heavy) burden to sy; **soká ~ egy munkán** take* a long time finishing/over [a job]; **ki ~ a szótáron?** who is using/hogging the dictionary?; **~ve marad** keep* one's seat, remain seated/sitting **2.** (*vhová*) sit* (swhere); **autóba** ~ get* in(to) a car; **lóra** ~ mount (a horse); **repülőgépre** ~ board an aeroplane (*US* airplane), get* on a/the plane; **taxiba** ~ take* a taxi; **vonatra** ~ get* into/on a/the train, *[vonattal megy vhova]* take* a train to **3.** *biz* **(börtönben)** ~ be* in jail, *biz* be* in jug, be* doing time; **két évet ~t** (s)he was inside for two years **4.** *[megjegyzés, poén]* be* on the button, hit* home
üldögél *i* sit*/lounge about/around
üldöz *i* **1.** *[kerget]* chase, pursue; **a balsors ~i** be* dogged by ill luck/fortune, have* a run of bad luck **2.** *átv* (*vkt*) harass, hound
üldözendő *mn jog* (liable) to be prosecuted *ut*
üldözés *fn [kergetés]* pursuit, chase, chasing
üldözéses *mn* ~ **verseny** pursuit
üldözési *mn orv* ~ **mánia** persecution complex, paranoia; ~ **mániája van** be* paranoid, suffer from paranoia
üldöző *fn* pursuer, chaser, persecutor; **~be vesz** set* off/out (v. dash off) in pursuit of sy, chase after sy
üldözött *mn* pursued, persecuted (person); ~ **vad** chase
üldöztetés *fn* persecution
üledék *fn* **1.** *[folyadéké]* sediment, dregs *tsz*, deposit **2.** *geol* deposit, sediment
üledékes *mn* **1.** *kém* sedimental **2.** *geol* sedimentary; ~ **kőzet** sedimentary rock
üledékfelhalmozódás *fn geol* sedimentation
ülep *fn* seat, buttock, *biz* bottom
üleped|ik *i* settle, be* deposited
ülés *fn* **1.** *[tény]* (act of) sitting, *[helyzet]* sitting position/posture **2.** *[hely]* seat; **első** ~ front seat; **hátsó** ~ backseat **3.** *[testületé]* meeting, sitting, session, *[parlamenté]* session; **teljes** ~ full/plenary session; **az ~t megnyitja** open the meeting; **az ~t bezárja/berekeszti** adjourn the meeting; *[véglegesen]* declare the meeting closed; **~t tart** hold* a meeting, be* sitting, be* in session; **~t összehív** convene a meeting; **az ~t vezeti** chair the meeting
üléses *mn* -seater; **két~** two-seater

ülésez|ik *i* have* a meeting, sit*, be* sitting, hold* a sitting; **a parlament ~ik** Parliament is (now) in session
üléshuzat *fn [kocsié]* car seat cover, upholstery, *[bőr]* leather upholstery, *[szövet]* cloth upholstery
ülésnap *fn [parlamenti]* day in session
ülésszak *fn* **1.** *[testületé]* session, term **2. tudományos ~** conference, *[szűkebb körű]* colloquium, meeting
ülésterem *fn* (conference) hall/room, *[kisebb]* council room/chamber
üllő *fn* anvil
ülnök *fn* assessor; *jog tört* **népi ~** *[bíróságon]* lay member (of a court), people's assessor
ülő *mn* **~ foglalkozás** sedentary occupation/job/work; **~ foglalkozást folytat** lead* a sedentary life, do* a desk(-bound) job; **aki ~ foglalkozást folytat** sedentary worker
ülőalkalmatosság *fn* something to sit on
ülőfürdő *fn* hip-bath, sitz bath
ülőhely *fn* seat; **a teremben az ~ek száma 500** the hall seats/holds 500 (people)
ülőkád *fn* hip-bath
ülőke *fn* small seat; **WC-~** toilet seat
ülőmunka *fn* sedentary job/work; → **ülő foglalkozás**
ülősztrájk *fn* sit-down strike, *[gyár, egyetem területén]* sit-in
ülte *fn* **egy ~ben** at one/a sitting; **felugrott ~ből** he sprang up from his seat
ültet *i* **1.** (*vkt*) seat, sit* sy down; **vkt vk mellé ~** seat/place sy next to sy, seat/place sy beside sy **2.** *[növényt]* plant [flowers, trees etc.] **3. tyúkot ~** set* a hen
ültetés *fn* **1.** (*vmhez/vhova*) seating **2.** *növ* planting
ültetési *mn* **~ rend** seating arrangement(s)/plan
ültetvény *fn* plantation
ültetvényes *fn* planter, plantation owner
ültő *mn* **egy ~ helyében** at one sitting; **~ helyében** while sitting
ünnep *fn* **1.** *ált* holiday, *[mint munkaszüneti nap]* (public) holiday, *csak GB* bank holiday, *US* legal holiday, *[egyházi]* festival, high day; **~et ül** celebrate a feast; **kellemes ~eket (kívánunk)!** the season's greetings!, *[karácsonykor]* Merry Christmas (and a happy New Year)! **2.** *[ünnepség szűkebb körben]* celebration, party; **családi ~** family gathering/celebration/occasion
ünnepel *i* **1.** (*vmt*) celebrate **2.** (*vkt*) honour (*US* -or), *[magas rangú személyt útján]* fête; **lelkesen ~ vkt** give* sy an ovation; *[felállva]* give* sy a standing ovation; **nagy operaénekesként ~ik** be* fêted as a great opera singer
ünnepelt I. *mn* celebrated; **~ zongorista** a celebrated pianist **II.** *fn [pl. születésnapján]* person fêted, *[kitüntetett]* honorand, person to be honoured
ünnepély *fn* celebration, ceremony; **iskolai ~** school celebration, *[vm emlékére]* a commemoration of sg at school, *[jutalmazásokkal egybekötve] GB* speech day
ünnepélyes *mn* **1.** *[csend, arc, hang, alkalom stb.]* solemn; **~ keretek között** with all due ceremony/solemnity **2.** *[szertartásos]* ceremonial, ceremonious; **~ megnyitó** *[létesítményé]* opening, inaugural ceremony, ceremony to mark the opening of sg; *[ülésé]* formal opening; *[sporteseményé]* opening ceremony
ünnepélyesség *fn* solemnity
ünnepi *mn* festive, ceremonial, *[előadás, játékok stb.]* gala; **~ alkalom** festive/gala occasion; **~ beszéd** *[megnyitó]* inaugural (address); opening words *tsz*, opening speech, *[egyéb]* (official) address/speech; **~ díszben** (i) (*vk*) in gala/formal dress, be* festively dressed, be* decked up/out (ii) *[helyiség]* specially decorated (for the occasion) *ut*; **~ ebéd/vacsora** banquet, formal/gala dinner; **~ előadás/est** gala/command performance, gala evening/night; **~ játékok** festival *esz*; **~ menet** (festival) procession; **~ szónok** (official/invited/main) speaker
ünneplés *fn* celebration, (*vké*) ovation
ünneplő I. *mn* celebrating; **tisztelt ~ közönség!** Ladies and Gentlemen! **II.** *fn [ruha]* gala dress, one's Sunday best, one's best clothes *tsz*, *biz* one's best bib and tucker
ünneplőruha *fn* → **ünneplő II**
ünnepnap *fn* holiday; → **ünnep 1**
ünneprontó *fn* spoilsport, wet blanket, the skeleton at the feast
ünnepség *fn [ünneplés]* celebration, *[ünnepi aktus]* ceremony, *[hosszabb, sorozat]* festivities *tsz*, celebrations *tsz*
űr *fn* **1.** *ált* void, gap, (empty) space **2.** *[világűr]* (outer) space
űrállomás *fn* space station
üreg *fn ált* hollow, cavity, hole, pit, *orv* cavity
üreges *mn* hollow, *[hegy, szikla]* cavernous, *[apró üregekkel]* spongy
üregi *mn* **~ nyúl** rabbit
üres I. *mn ált* empty, *[ház, szoba, állás]* vacant, *[el nem foglalt, szabad]* free, unoccupied; **~ beszéd/fecsegés** idle talk, *biz* blather v. blether, *US* baloney v. boloney; **~ csillogás** false glamour (*US* -or); **~ frázisok** empty/hollow slogans/phrases; **~ a gyomra** have* an empty stomach; **~ ház** empty/vacant house; **~ ház előtt játszik** *szính* play to an empty house; **~ hely** *[programban]* slot; **~ ígéretek** empty/hollow promises; **~ kézzel távozik** leave* empty-handed; **~ kifogás** lame/poor excuse; **~ óráiban** in his free/leisure time/hours, at one's leisure; **~ szavak** empty words, claptrap *esz*; **~ tea** (i) *[cukor, citrom, tej nélkül]* just tea, black tea, a cup of tea without sugar (etc.) (ii) *[csak tea, sütemény stb. nélkül]* just tea on its own; **~ töltényhüvely** spent cartridge; **~ a zsebe** have* empty pockets, have* an empty purse; **(egy) ~ papír** a (piece/sheet of) blank paper **II.** *fn* → **üresjárat**; **~ben van** be* in neutral, be* idling/idle
üresedés *fn* vacancy, *[állás]* opening; **~ben van** be* vacant
üresen *hsz ált* empty, *[szállítóeszköz]* unloaded, empty; **~ áll** *[ház, lakás]* be* empty/vacant/unoccupied; **~ hagy** *[lakást stb.]* leave* [a flat/house] empty, vacate [a flat etc.]; **~ jár** *[motor]* run* idle, race
üresfejű *mn* empty-headed; **~ ember** rattle-brain, numskull
üresjárat *fn [autóban]* neutral (gear)
üresség *fn* **1.** *[fizikai]* emptiness, vacuity; **a terem kong az ~től** the hall resounds with emptiness **2.** *[szellemi]* vapidity, emptiness
ürge *fn* **1.** *áll* ground squirrel, suslik, *US így is:* gopher **2.** *szl GB [hapsi]* bloke, *US* guy
űrhajó *fn* spacecraft, space vehicle, spaceship
űrhajós *fn* spaceman°, astronaut, *[szovjet]* cosmonaut, *[utas]* space traveller (*US* -l-)
űrhajósöltözet *fn* spacesuit
űrhajózás *fn* **1.** → **űrrepülés 2.** → **űrkutatás**
ürít *i* **1.** *ált* empty, vacate; **~i poharát vk egészségére** drink* (to) sy's health, drink* (to) the health of sy, raise one's glass to sy **2.** *[ürüléket, vizeletet]* void [the bowels v. the bladder], evacuate, excrete
űrjármű *fn űr* spacecraft
űrkabin *fn* space capsule, pressurized cabin
űrközpont *fn űr* space centre (*US* center)
űrkutatás *fn* space research
űrlap *fn* form, blank; **~ot kitölt** fill in (*US* out) a form/blank (v. an application form); complete a/the form; **kérjük, szíveskedjék a mellékelt ~ot kitölteni** please fill in/out this form [giving your name, age, and address], please complete the form below [and return it to ...]
űrméret *fn* calibre (*US* -ber), *[furat]* bore
űrmérték *fn ált* measure of capacity, *[száraz]* dry measure, *[csak folyadék]* liquid measure (of capacity)
üröm *fn* wormwood, *átv* bitterness, gall; *közm* **nincsen öröm ~ nélkül** (there is) no joy without alloy; **~ az örömben** the fly in the ointment

űrpálya *fn* orbit; → **pálya**
űrrakéta *fn* space rocket
űrrandevú *fn* space rendezvous
űrrepülés *fn* space flight, *[tudománya]* astronautics *esz*
űrrepülő *fn* → **űrhajós**
űrrepülőgép *fn* space shuttle
űrrepülőtér *fn* space centre (*US* -er), cosmodrome
űrruha *fn* spacesuit
űrséta *fn* space walk
űrszelvény *fn műsz* clearance
űrszonda *fn* space probe
űrtartalom *fn* cubic capacity, volume
űrteleszkóp *fn* space telescope
űrutas *fn* space traveller (*US* -l-)
űrutazás *fn* space travel/flight
ürü *fn* **1.** *áll* wether **2.** *[húsa]* mutton, *[ma gyakoribb]* lamb
ürücomb *fn* leg of mutton, *[inkább]* leg of lamb
ürügy *fn* pretext, pretence (*US* -se), excuse; **vm ürüggyel** on some pretext; **vmnek az ~én** (i) *[vmt ~ül felhasználva]* under/on the pretext of (doing) sg (ii) *[vm kapcsán]* in connection with sg, apropos of sg; **azzal az ürüggyel, hogy** ... on the pretext that ..., under the colour of (*US* color), on the plea of
ürühús *fn* mutton, *[ma gyakoribb]* lamb
ürül *i* become* empty, empty; *biol [belek, hólyag]* evacuate
ürülék *fn ált* excreta *tsz*, *[bélsár]* excrement, faeces (*US* feces), stools *tsz*
üst *fn* cauldron, pot, kettle
üstdob *fn zene* kettledrum, timpani *esz* v. *tsz*; **az ~ok túl hangosak** the timpani is/are too loud
üstdobos *fn* timpanist, kettledrummer
üstök *fn* forelock, tuft (of hair); **~ön ragadja a szerencsét** *kif* take* time by the forelock
üstökös *fn* comet; **~ csóvája** tail
üszkös *mn* **1.** *[elégett]* charred, burnt **2.** *növ* blighted, smutted **3.** *orv* gangrenous
üszkösödés *fn* **1.** *[égett fáé]* carbonization, charring **2.** *növ* smutting **3.** *orv* gangrene
üszkösöd|ik *i* **1.** *[fa]* become* carbonized/charred **2.** *növ* become* smutted **3.** *orv* become* gangrenous
üsző *fn áll mezőg* heifer
üszög *fn* **1.** *növ* smut, black-rust **2.** → **üszök**
üszögös *mn* blighted, smutted, rusty
üszök *fn* **1.** *[parázs]* cinder, *[égő]* fire-brand, *[üszkös maradvány]* (smouldering) cinders/ashes *tsz* **2.** *orv* gangrene
üt *i* **1.** *ált* strike*, hit*, *[ver]* beat*, *[ökölvívó]* hit*, *[súlyos ütésekkel]* pound, batter, *[labdát]* hit*, strike*, drive*; **~ik egymást** they are* exchanging blows, they are* fighting/hitting one another (with their fists); **nagyot ~** hit*/strike* sy hard; **pofon/arcul ~** strike*/slap/smack sy in the face (v. on the cheek), *[ököllel]* punch; **szeget ~ a falba** strike*/drive* a nail into the wall; **tojást ~ vmbe** break*/beat* an egg into sg; **öklével ~i az asztalt** pound/bang (one's fist on) the table; *közm* **addig üsd a vasat, amíg meleg** strike while the iron is hot **2.** *[óra]* strike*; **az óra egyet ~** it is striking one, the clock strikes one; **négyet ~ött az óra** the clock has struck four; *átv* **~ött az óra** the time has come; **~ött az órája** his hour has come/struck, his time has come; **~i a taktust** beat* time **3. sok pénz ~i a markát** a lot of money is coming his way (v. to him) **4.** *[kártyában]* take*, trump, *[sakkban]* take*; **aduval ~ vmt** take* [a card] with a trump, trump [a card] **5.** *[szín másikat]* clash (with); **ezek a színek ~ik egymást** these colours (*US* -ors) clash, the colour (*US* -or) of the ... clashes with the colour (*US* -or) of the ...; **a blúz meg a szoknya ~i egymást** the blouse clashes with the skirt **6. lovaggá ~ vkt** knight sy **7.** *[hasonlít vkre]* take* after sy; **egészen az apjára ~ött** he takes after his father, he resembles his father, *biz kif* he is the very/spitting image of his father **8.** *biz* **mi ~ött belé(d)?** what's come over you/him (to/that)?, what's got into (v. happened) to you/him etc.?, what's taken you?, what's wrong with you?; → **bot**
üteg *fn kat* battery
ütegparancsnok *fn* battery commander
ütem *fn* **1.** *irod és ált [ritmus]* rhythm, cadence, *[ritmus egysége]* time, beat, measure, *[sebesség]* pace, rate, tempo; **a lélegzés ~e** breathing (rate); **gyors ~ben** in quick time, at a rapid/quick pace; **gyors ~ben fejlődik a mezőgazdaság** agricultural development is accelerating, agriculture is developing at a rapid pace; **tartja az ~et** keep* time, be*/stay in time; **jelzi az ~et** beat*/mark time; **megszabja/diktálja az ~et** set* the pace; **nyugodt ~ben** at a steady rate/pace **2.** *zene [ritmus]* time, metre (*US* -ter), *[taktus]* bar; **~et ver** beat* time
ütemes *mn* rhythmic(al); **~ taps** rhythmic clapping
ütemesen *hsz* **~ tapsol** *[zenére]* clap in time (to the music)
ütemez *i* **1.** *[ütemet jelzi]* beat*/mark time **2.** → **beütemez**
ütemezés *fn* schedule, timing
ütemszabályozó *fn orv* pacemaker
ütemterv *fn* schedule, timing; **~ szerint** on schedule
ütés *fn* **1.** *[kézzel, bottal stb.]* blow, hit, *[hangja]* bang; **erős ~ érte a fejét** (s)he received a hard/heavy/severe blow to his/her head (v. on the head); **~t mér vkre** deal* sy a blow, hit* sy, *biz* sock/thump sy **2.** *sp [ökölvívás]* hit, blow, *[tenisz, asztalitenisz]* stroke, shot, *[jégkorong]* hit, *[golf]* stroke **3.** *[kártyában]* trick **4.** *[óráé]* stroke, striking
ütésálló *mn* shockproof
ütközés *fn* **1.** *[járműveké]* collision; **frontális ~** head-on collision **2.** *[eseményeké]* coincidence, *[érdekeké]* conflict, clash
ütközet *fn* battle, engagement, combat, fight; **~et vív** fight* a battle
ütköz|ik *i* **1.** *[tárgy vmbe]* knock/bang/bump against sg; **egymásba ~nek** collide, clash **2. akadályba/nehézségbe ~ik** meet* with obstacles/difficulties, come* up against a difficulty (v. against difficulties); **törvénybe ~ik** be* against the law, come* into conflict with the law **3.** *[két elfoglaltság/program stb.]* clash/coincide (*vmvel* with); **a két hangverseny/előadás ~ik** the two concerts clash/coincide
ütköző *fn [vasúti]* buffer, *US* bumper
ütközőállam *fn* buffer state
ütközőbak *fn* buffer, *US* bumper
ütközőpont *fn átv* (point at) issue, bone of contention, sticking point
ütközőzóna *fn pol* buffer zone
ütleg *fn* hit, blow
ütlegel *i* hit*, beat*, thrash, drub, pummel (*US* -l)
ütő I. *fn* **1.** *[személy]* hitter, beater **2.** *[tenisz]* racket, *[asztalitenisz, baseball, krikett]* bat, *[jégkorong]* stick, *[golf]* club **3.** *zene* stick **II.** *mn* **egymást ~ színek** colours (*US* -ors) that clash
ütődés *fn* shock, collision, impact
ütőd|ik *i* (*vmbe*) knock/strike* against sy; **egymásba ~nek** collide, clash
ütődött *mn* **1.** *[gyümölcs]* bruised **2.** *biz* (*vk*) crazy, cracked, loony, *kif* he is not all there, *US* (be*) dippy
ütőér *fn biol orv* artery
ütöget *i* **1.** (*vkt/vmt*) keep* hitting/beating, rap **2.** *sp [egymásnak bemelegítésképpen pl. krikettben]* warm up, *[teniszben, asztaliteniszben]* knock up
ütögetés *fn sp [bemelegítésképpen teniszben stb.]* knock-up; **jössz egy kis ~re?** let's have a quick knock-up
ütőhangszer *fn zene* percussion instrument; **~en játszik** play percussion (instruments)
ütőhangszer-játékos, ütőjátékos *fn zene* percussionist, percussion player
ütőkártya *fn átv is* trump (card); **minden ~ a kezében van** *átv* hold* all the trumps (v. winning cards), hold*/have* the aces; **kijátssza az utolsó ~ját** play one's trump/

Ü

winning card; **van még egy ~ja** have*/keep* an ace up one's sleeve
ütőképes *mn kat* fit for action *ut*, combat ready, *átv és sp* fighting fit
ütőóra *fn* striking clock
ütős *fn* → **ütőhangszer-játékos**; **az ~ök** the percussion (section) *esz*
ütőszeg *fn [fegyveré]* firing-pin
ütőszerkezet *fn* striking apparatus/mechanism
ütött-kopott *mn ált* battered, *[ház]* dilapidated, rundown, *[ruhaféle]* shabby, threadbare
ütvefúró *fn műsz* hammer drill
üveg I. *fn* **1.** *[anyag]* glass; **homályos ~** frosted/opaque glass **2.** *[ablaké]* (window-)pane **3.** *[palack]* bottle, flask; **egy ~ bor** a bottle of wine; **egy ~ baracklekvár** a jar of apricot jam; **~be tölt** bottle; **~ben eltesz** bottle; **~ből táplál** bottle-feed*; **~ből táplált** bottle-fed **II.** *mn* glass
üvegablak *fn* glass window
üvegajtó *fn* glass door
üvegáru *fn* glassware
üvegbetét *fn* **1.** *[termoszé]* glass inside **2.** *[üvegért adott]* refundable deposit
üvegbura *fn* bell-jar/glass, glass-bell, *[lámpáé]* lampshade
üvegcse *fn* small bottle, phial
üvegcserép *fn* **1.** *[darab]* fragment of glass **2.** *[tetőn]* glass tile
üvegdarab *fn* sliver/splinter/piece/fragment of glass; **~ok** broken glass *esz*
üvegdugó *fn* glass stopper
üvegedény *fn* glass vessel, *[gyűjtőnév]* glassware
üveges I. *fn* **1.** *[iparos]* glazier **2.** *[kereskedő]* dealer in glass **II.** *mn* **1.** → **üvegezett 2.** *[üvegben árusított]* bottled [beer etc.] **3.** *[üvegszerű]* glassy; **~ szem** glassy/glazed eyes *tsz*; *[tekintet]* vacant look
üvegez *i* glaze, fit (sg) with glass, glass; → **beüvegez**
üvegezett *mn* glassed-in
üvegfal *fn* glass screen/partition/wall
üvegfestés *fn* glass painting
üvegfonal *fn* glass thread, spun glass
üvegfúvó *fn* glass-blower
üveggyapot *fn* glass wool
üveggyár *fn* glassworks *esz* v. *tsz*
üveggyöngy *fn* (glass) beads *tsz*, *[fekete]* bugle
üveghang *fn zene* harmonics *tsz*
üvegharang *fn* bell-jar, glass-bell
üvegház *fn* glass-house, greenhouse; **~ban nevel/termel** grow* under glass, force; **~ban nevelik** be* under glass
üvegházhatás *fn körny* greenhouse effect
üvegházi *mn* **~ növény** hothouse plant
üveghuta *fn* glassworks *esz* v. *tsz*
üvegipar *fn* glass industry
üvegkár *fn* **~ elleni biztosítás** insurance against breakage of (one's) household glass; *[ha a töréskárt főleg üvegre értik]* insurance against breakages
üveglap *fn* sheet (of glass), *[ablakban]* pane
üvegművészet *fn* art glass
üvegnemű *fn* glassware
üvegpalack *fn* glass bottle, flask
üvegpapír *fn* glass-paper
üvegpohár *fn* glass
üvegszál *fn* glass fibre (*US* -ber), fibreglass (*US* -ber-)
üvegszálas *mn* **~ kábel** fibre-optic (*US* -ber-) cable
üvegszáloptika *fn* fibre (*US* -ber) optics
üvegszem *fn* glass eye
üvegszilánk *fn* glass splinter
üvegtábla *fn* (glass) pane, sheetglass
üvegtál *fn* glass dish
üvegtest *fn [szemé]* vitreous body
üvegtető *fn* glass roof
üvegtisztító *fn [folyadék]* window cleaning liquid, *[autóban]* windscreen wash
üvegvágó *fn* glass-cutter, cutting diamond
üvegvisszaváltó *fn* bottle exchange
üvölt *i* howl, roar, *[dühösen]* bawl, bellow; **~ fájdalmában** howl/scream with pain; **együtt ~ a farkasokkal** cry/howl with the pack
üvöltés *fn* howl(ing)
üvöltöz|ik *i* keep* shouting/howling
űz *i* **1.** *[hajt]* drive*, chase, hunt, pursue **2.** *[foglalkozást]* practise (*US* -ice), carry on, pursue [a profession], *[sportot]* pursue [a sport], play [a game]; → **csúf**, → **tréfa**
üzbég *mn/fn* Uzbek
Üzbegisztán *földr* Uzbekistan
üzbegisztáni *mn/fn* Uzbek
üzekedési *mn* **~ idő** *[nőstényeké]* heat, *[hímeké]* the rutting season, the rut
üzeked|ik *i [nőstény]* be* in heat, *[hím]* rut
üzelmek *fn tsz [tisztességtelen]* corrupt practices, *biz* hole-and-corner deals/affair/business *[utóbbi kettő: esz]*
üzem *fn* **1.** *[nagyobb]* plant, factory, works *esz* v. *tsz*, *[kisebb]* workshop; **az ~ dolgozói** the workforce, *biz* the shop floor *[mindegyik: esz]* **2.** *[működés]* functioning, working, running, operation; **~be helyez** (i) *[gyárat, intézményt]* start up, put* sg into operation (ii) *[gépet]* install (*US* instal *is*), set* sg up, set* up [an apparatus etc.]; **~be helyezés** putting into operation; **~ben tart** operate, run*; **~ben tartás** running, operation; **a gépkocsi ~ben tartója** *GB* registered keeper of the vehicle; **teljes ~ben** in full operation/play (v. *biz* swing); **teljes ~mel dolgozik** work at full capacity, be* up and running
üzemág *fn* branch (of production)
üzemanyag *fn* fuel
üzemanyag-felvétel *fn* fuelling (*US* -l-)
üzemanyagszint-jelző *fn gk* fuel gauge (*US* gage)
üzemanyagtartály *fn* fuel tank, *[kocsié]* petrol (*US* gas) tank
üzemanyagtöltő *mn* **~ állomás** filling/petrol (v. *US* gas) station
üzembiztonság *fn* safety of operation
üzembiztos *mn* reliable, safe
üzemcsarnok *fn* shop floor
üzemel *i* work, run*, operate; **kiválóan ~** *[gép stb.]* be* in working/running order; **nem ~** is not working/running, does not work; *[meghibásodott]* be* out of order; **műszaki hiba miatt csak egy lift ~** due to defect there's only one lift in service
üzemelés *fn* working, running, operation
üzemeltet *i* operate, run*
üzemeltetési *mn* **~ költségek** operational/running costs, upkeep *esz*
üzemeltető *fn* operator
üzemi *mn* **1.** *[üzemmel kapcsolatos]* works, factory, *[a dolgozókkal kapcs.]* shop-floor; **~ baleset** industrial accident/injury, works accident; **~ bizottság** shop committee, *[nagyobb]* works committee; **~ demokrácia** workshop democracy; **~ dolgozó** factory worker/employee; **~ étkezde** works canteen; **~ étkez(tet)és** canteen/subsidized meals *tsz*; **~ orvos** → **üzemorvos 2.** → **üzemeltetési**; **~ adatok** service data; **~ költségek** → **üzemeltetési költségek**
üzemképes *mn* in working/running order *ut*; **~ állapotban van** be* in working/running order
üzemképtelen *mn* out of order *ut*, out of action *ut*
üzemköltség *fn* → **üzemeltetési költségek**
üzemmérnök *fn kb.* graduate engineer
üzemmód *fn infor* mode
üzemorvos *fn* factory/works doctor/physician
üzemszervezés *fn* business organization
üzemszünet *fn* **1.** *[üzemben]* stoppage, shutdown **2.** *[gépé stb.]* standstill, breakdown
üzemvezetés *fn* plant/works/factory management
üzemvezető *fn* (works) manager
üzemzavar *fn* breakdown, *átv biz* hiccup

üzen *i* (*vmt vknek*) send* a message (to), send* word (to); **a barátod ~t, hogy jól van** your friend sent word that he was well; *[szóbelileg]* **azt ~i, hogy** ... (s)he asked/told me to tell you that ...; **vktől ~ (vknek) vmt** bring* word from sy (for sy) that ... (of sg); **vkvel ~ (vknek) vmt** send* (sy) word through sy that ... (of sg)

üzenet *fn* **1.** message; **van egy ~ az ön számára X-től** there's a message for you from X; **~et átad** deliver a message, pass on a message (to sy); **~et hagy** leave* a message; **~et küld vknek** send* word (v. a message) to sy; **~et kap** have*/receive a message; **bejövő/kimenő ~** *[üzenetrögzítőn]* incoming/outgoing message (*röv* **ICM/OGM**) **2.** *átv [mondanivaló]* message; **van ~e a filmnek** it is a film with a message

üzenetküldés *fn infor* sending a message

üzenetrögzítő *fn* (telephone) answering machine/equipment, answerphone

üzenetszöveg *fn infor* message text

üzenget *i* keep* sending messages

üzér *fn* speculator, profiteer; → **jegyüzér**

üzérkedés *fn* speculation, profiteering

üzérked|ik *i* (*vmvel*) speculate/traffic in sg (*utóbbi alakjai:* trafficked, trafficking)

üzlet *fn* **1.** *[adásvétel, ált]* business, *[ügylet]* (business) deal, (business) transaction; **jó ~** *[hasznot nyújtó]* a paying proposition; *[egy ügylet]* a good deal, a bargain, *[ha az ára méltányos] biz* a good buy; **hogy megy az ~?** how's business?; **jól megy az ~** business is good; **az ~ az ~** business is business; **nyer az ~en** make* a profit on (v. out of) the transaction/deal; **~et köt vkvel** do* business with sy, do*/make*/clinch a deal with sy, transact a deal with sy, make*/strike* a bargain with sy; *[lebonyolít]* carry out a transaction (with sy); **jó ~et kötött/csinált** (s)he struck a good deal/bargain; **~et lebonyolít vkvel** transact business with sy, carry out a transaction with sy, transact a sale/purchase/bargain; **jó ~eket csinál** make* good deals; **rossz ~et csinál** strike* a bad bargain **2.** *[helyiség, bolt]* shop, *US* store, *[cég]* business (concern); **~e van** have*/own a shop, be* a shopkeeper; **~et nyit** set* up shop, open a shop, set* up in business (on one's own)

üzletág *fn gazd* (branch of) business, *[iparág]* industry

üzletasszony *fn gazd* businesswoman°

üzletel *i biz pej* do* a little buying and selling on the side

üzletember *fn* businessman°, *[igével]* be*/work in business

üzletfél *fn* (business) connection, *[vásárló]* customer, client

üzlethálózat *fn gazd* → **üzletlánc**

üzletház *fn [cég]* house, (business) firm

üzlethelyiség *fn* (business) premises *tsz*, shop, *US* store

üzleti *mn* business; **~ cím** business address; **~ dolgokról beszél(get)** talk business/shop; **~ érzék** business sense/acumen; **nincs ~ érzéke** have* no head for business; **~ fogás** business/trade trick; **~ forgalom** turnover, returns *tsz*; **~ gyakorlat/jártasság** business experience/expertise; **~ kapcsolatok/összeköttetés** business connections/relations/dealings *tsz*; **~ kapcsolatba/összeköttetésbe lép vkvel** enter into business connections with sy; **~ kapcsolatban van vkvel** have* business connections/dealings with sy; **~ könyvek** (account-)books; **~ negyed** business district/quarter, *US* downtown (business center); **~ pályán van/működik** be*/work in business; **~ pályára megy/lép** go* into business; **~ reggeli** business breakfast; **~ tárgyalás(ok)** business/trade talks; **~ titok** trade secret; **~ ügy** business affair/matter; **~ út** a business trip; **~ úton/ügyben** on business; **~ ügyben Londonba megy** (s)he is going to London on business; **~ vállalkozás** business undertaking/concern/enterprise

üzletileg *hsz gazd* businesswise, from a business point of view

üzletkör *fn* sphere of business, connections *tsz*

üzletkötés *fn* transaction, deal

üzletkötő *fn* business sales (v. import/export/trading) executive, travelling (*US* -l-) salesman°/saleswoman°/salesperson, *[igével]* do* business

üzletközpont *fn gazd [kisebb]* shopping centre (*US* center), *[nagyobb, óriási]* (shopping) mall

üzletlánc *fn gazd* chain store

üzletmenet *fn* trade, (course of) business; **jó ~** boom; **rossz ~** slump, depression, recession

üzletpolitika *fn gazd* business policy, business policies *tsz*

üzletrész *fn* business share

üzletszerű *mn* businesslike, professional; → **kéjelgés**

üzletszerző *fn* salesman°

üzlettárs *fn* (business) partner/associate

üzletvezető *fn* (business) manager, *[áruházban]* sales manager

üzletzárás *fn* closing (time)

űzőbe *hsz* **~ vesz vkt** begin* to pursue (v. run* after v. chase) sy

Ü

V

V[1], **v** *fn [betű]* (the letter) V, v
V[2] *röv* → **volt**
v. *röv* → **vagy**
vacak I. *mn [silány]* worthless, rubbishy, trashy, lousy **II.** *fn* rubbish, trash, tat, junk
vacakol *i biz* (*vmvel*) tinker/potter (*US* putter) about/around, tinker with
vacillál *i* vacillate, waver, hesitate
vacog *i* shiver/tremble/shake* (*hidegtől:* with cold, *félelemtől:* with fear), be* shivering (all over with cold); **~ a foga** sy's teeth are chattering
vacok *fn* **1.** *[állaté]* den, lair, hole, earth **2.** (*vké*) den **3.** *növ* receptacle
vacsora *fn* **1.** *ált* evening meal, *GB és US* dinner, *[a kontinensen ált]* supper v. dinner; **hideg ~** buffet supper; **~ után** after dinner/supper **2.** *[vendégekkel]* dinner-party
vacsoraidő *fn* dinner-time
vacsoravendég *fn* dinner guest, guest for dinner
vacsoravendégség *fn* dinner-party
vacsoráz|ik *i [ha délben lunch volt]* have* dinner, dine, *[ha délben dinner volt]* have* supper; **házon kívül ~ik** eat*/dine out; **otthon ~ik** have* dinner/supper at home
vad I. *mn* **1.** *[állat]* wild, untamed, undomesticated [beast] **2.** *növ* wild **3.** *[műveletlen]* wild, savage, uncivilized **4.** *[kegyetlen]* ferocious, brutal **5.** *[erőszakos]* fierce, brutish **6.** *[erős támadás/fájdalom/szél]* violent, wild, fierce, raging **7.** *[gondozatlan]* wild **II.** *fn* **1.** *[vadon élő állatok, gyűjtőfogalom]* game, wildlife; **sok ~at ejtettek** they made/had a good bag **2.** *[ember]* savage
vád *fn jog* **1.** (*vk ellen*) charge, indictment, accusation; **az ellene felhozott ~ alapján** on the basis of the charge brought against him; **~ alá helyez vkt, ~at emel vk ellen** bring*/prefer a charge [of theft/murder etc.] against sy, bring*/prefer charges against sy, charge sy with [theft etc.] **2.** *[vádhatóság]* (public) prosecutor, the prosecution; **XY, a ~ képviselője (v. a ~ képviseletében XY) megkérdezte** . . . Mr X, prosecuting, asked . . .; Mr X, for the prosecution, asked . . .; **a ~ tanúja** witness for the prosecution
vádalku *fn jog*; **~t köt/~ jön létre** *kb.* turn queen's/king's evidence, *US* turn state evidence, strike* an immunity deal
vadállat *fn* **1.** *ált* wild animal, (wild) beast **2.** *átv* brute, beast
vadállati(as) *mn* bestial, brutish
vadállomány *fn* stock of game
vadalma *fn* crab(-apple)
vadas *mn* **~an** in a piquant brown sauce; **nyúlhús ~an** lapin chasseur; **~ marha(hús)** *kb.* braised beef in a piquant brown sauce; **~ mártás** *kb.* chasseur sauce
vadaskert *fn* (game) preserve, game reserve
vádaskodás *fn* (repeated) accusations *tsz*, mud-slinging, *[hát mögötti]* backbiting
vádaskod|ik *i* make* repeated accusations (of)
vadaspark *fn* wildlife/game/animal park
vadász *fn* hunter, huntsman°
vadászat *fn* shooting, hunt(ing); → **falkavadászat**
vadászati *mn* **~ engedély** → **vadászengedély**; **~ tilalom** close (*US* closed) season
vadászbombázó *fn* fighter-bomber
vadászengedély *fn* shooting/game/hunting licence (*US* -se); **kiváltja a ~t** take* out one's hunting licence
vadászezred *fn kat* regiment of rifles, rifles *tsz*
vadászfegyver *fn* shotgun, sporting gun
vadászgép *fn* fighter (plane/aircraft)
vadászgörény *fn* ferret
vadászható *mn* **~ vad** fair game
vadászház *fn* hunting/shooting-box, hunting lodge, *[ahol a vadőr lakik]* gamekeeper's lodge
vadászidény *fn* hunting/shooting-season, (the) open season
vadász|ik *i* **1.** *[vadra]* shoot* (*vmre* sg), *[GB falkával és US]* hunt (*vmre* sg); **nagyvadra ~ik** hunt big game; **sólyommal ~ik** hunt with falcons; **~ni megy** go* shooting; *US [falkával is]* go* (out) hunting **2.** *átv* (*vmre/vkre*) hunt for/after sg/sy, search for sg/sy
vadászkaland *fn* hunting adventure/story
vadászkastély *fn* hunting-seat
vadászkés *fn* hunting-knife°, *US* bowie/bolo-knife°
vadászkutya *fn* hunting/gun dog, *[kopó]* (fox)hound, *[rövid lábú]* beagle; **~val vadászik** follow the hounds, ride* to hounds
vadászkürt *fn* hunting-horn, bugle
vadászlak *fn* → **vadászház**
vadászles *fn* raised hide/stand
vadászpuska *fn* shotgun, sporting gun
vadászrepülőgép *fn* → **vadászgép**
vadászszenvedély *fn* passion for hunting
vadásztársaság *fn* **1.** *[alkalmi]* shooting party **2.** *[állandó]* hunt
vadásztáska *fn* game bag
vadászterület *fn* hunting-ground/field
vadásztöltény *fn* shotgun cartridge
vadászzsákmány *fn* (game-)bag
vádbeszéd *fn* (Public Prosecutor's) charge
vadcsapás *fn* track [of game], trail, spoor
vaddisznó *fn* wild boar
vadember *fn* savage
vádemelés *fn* accusation, indictment; *US [hivatali visszaélésért, hazaárulásért stb.]* impeachment
vadetető *fn* feeding trough
vadevezős *fn biz* non-club rower
vadgalamb *fn* turtle-dove
vadgerle *fn* → **vadgalamb**
vadgesztenye *fn* horse-chestnut
vadhajtás *fn növ* sucker
vádhatóság *fn* (public) prosecutor, the prosecution
vadhús *fn* **1.** *[étel]* game, *[őzé, szarvasé]* venison **2.** *orv* proud flesh
vadidegen I. *mn* totally unknown (to) **II.** *fn* complete/perfect stranger
vádindítvány *fn* indictment, charge
vádirat *fn [bűnügyben]* (bill of) indictment, *[rendőrségi bűnlajstrom]* charge sheet; **~ot ad ki vk ellen vm miatt** indict sy for sg
vadít *i* drive*/make* (sy) wild, infuriate, madden
vadkacsa *fn* wild duck, mallard
vadkan *fn* (wild) boar
vadkapitalizmus *fn* venture capitalism
vadkempingezés *fn* illicit camping
vadkörte *fn* wild pear
vádli *fn biz* calf
vádló I. *mn* accusatory, accusing **II.** *fn jog [bűncselekménynyel]* accuser, plaintiff
vádlott *fn [bíróságon]* the accused, defendant; **~ak padja** dock, prisoner's box; **a ~at felmentették** the charges were dropped/dismissed
vadmacska *fn* wild cat
vadméh *fn* wild bee
vadnyom *fn* trail, track [of game], spoor
vadnyugat *fn* the Wild West

vadnyugati *mn* of the Wild West *ut*, Wild West; ~ **film** Western
vadnyúl *fn* hare
vadóc *fn [személy]* difficult/retiring person, loner, *[félénk gyerek]* shy child°; **kis** ~ little monkey
vádol *i* (*vkt vmvel*) accuse sy of sg, charge sy with sg, indict sy (for/on a charge of sg), bring*/prefer charges against sy; **vmvel ~ják** be* accused of sg, be* charged with sg; **~ja magát vmvel** accuse oneself of sg; **egymást ~ják** they accuse each other; **háborús bűnökkel ~ják** be* indicted for war crimes
vadon[1] *fn* wilderness, wild, desert
vadon[2] *hsz* (in the) wild; ~ **termő** *[növény]* growing wild *ut*; ~ **tenyészik** grow*/run* wild
vadonatúj *mn* brand-new
vadorzás *fn* poaching
vadorzó *mn* poacher
vadőr *fn* game-keeper, *GB* ranger
vadpecsenye *fn* game, *[őz, szarvas]* venison
vádpont *fn* count [of an/the indictment], charge; **a következő ~okkal vádolják** he is charged on the following counts
vadregényes *mn* romantic; ~ **táj** romantic landscape
vadrózsa *fn* dog/wild rose, briar v. brier
vadság *fn [tulajdonság]* wildness, fierceness, ferocity, savageness
vadszárnyas *fn [étlapon]* wild fowl
vadszőlő *fn* Virginia creeper, *US* American ivy, woodbine
vadul[1] *i* **1.** *[féktelenkedik]* go* too far, behave boisterously/wildly **2.** *[futballista stb.]* lose* one's temper, get* rough
vadul[2] *hsz* wildly, savagely, fiercely, *[durván]* coarsely, furiously, madly
vadvédelem *fn* wildlife protection, the conservation of wildlife, *[vadászati szempontból]* game preservation
vadvilág *fn* wildlife
vadvirág *fn* wild flower
vadvízi *mn sp* ~ **evezés** *[gumicsónakkal]* whitewater rafting/canoeing
vafli *fn gaszt* waffle
vág *i* **1.** *[vmt felvág]* cut*; **fát** ~ chop wood; → **fa**; ~ **egy szelet kenyeret** cut* off/oneself a slice of bread; **jól ~ a kés** the knife cuts well; ~ **az esze** → **ész**, → **borotva 2. utat ~ az erdőn** cut* a passage through the wood, blaze a trail through the wood; **ajtót/ablakot ~ a falba** put*/make* a door/window in the wall **3.** *[állatot]* slaughter, *[disznót, csirkét]* kill **4.** *[dob]* throw*; **földhöz ~** → **föld**; **fejéhez ~** → **fej**[2]; **szemébe ~** → **szem 5.** *[üt, csap]* strike*; **fejbe ~** → **fej**[2]; **az eső az arcába ~** the rain beats his face **6. kocsiba ~ta magát** *[és elment]* (s)he jumped into his/her car [and drove off] **7.** *[ruha szűk]* be* too tight (*hónaljban:* under the arms) **8.** → **elébe vág**; **szavába ~** → **szó 9.** *[tartozik vhova]* **ez nem ~ ide** that is out of place here; **nem ~ a szakmájába** that's not (much) in his line, that's not his field **10. becsületébe/elevenébe ~** → **becsület**, → **eleven 11.** *biz* **jó képet ~ vmhez** → **kép**; **arcokat ~** → **arc**
vagány *biz* **I.** *mn* tough, *[karakán]* plucky **II.** *fn* tough (guy)
vágány *fn* **1.** *[sínpár]* (railway) track, rails *tsz* **2.** *[pályaudvaron peron]* platform; **a harmadik ~ra érkezik** is arriving at platform 3 **3.** *átv* **más ~ra tereli a társalgást** change the subject
vágás *fn* **1.** *[cselekmény]* cutting (of sg) **2.** *[nyoma testrészen]* cut, *[műtétnél]* incision **3.** *[ölés]* slaughtering, killing **4.** *[ütés]* stroke, blow **5.** *[erdőben]* forest section **6.** *film* cutting, editing
vágású *mn* **régi ~ ember** a man° of the old stamp/school; → **jóvágású**
vágat[1] *i* (*vmt vkvel*) have*/get* sg cut/chopped; **hajat ~** have* one's hair cut, get*/have* a haircut
vágat[2] *fn bány* gallery, level
vagdal *i* **1.** *[húst]* chop up, mince **2.** *[csapkod]* hit*/lash out at (v. about), bang (about), *[karddal]* slash about; **gorombaságokat ~ a fejéhez** throw* insults in sy's face, pile/heap insult on insult
vagdalék *fn [hús]* minced meat, mince
vagdalkoz|ik *i* **1.** (*vmvel*) brandish (sg) (at sy), lay* about one (with sg), hit out (at sy) (with sg) **2.** *átv [bizonyíték nélkül vádaskodik]* make* baseless accusations, make* irresponsible statements
vagdalt *mn* chopped (up); ~ **hús** minced meat, mince; *[pogácsa]* meatball, hamburger (steak), beefburger; ~ **sonka** *kb.* corned beef
vagdos *i* → **vagdal**
vágó *fn film* editor
vágóállat *fn* meat/fat stock, *[marha]* slaughter cattle
vágódeszka *fn* chopping board/block
vágógép *fn* cutting machine, cutter
vágóhíd *fn* slaughterhouse, abattoir; *átv* **~ra visz** *[hadsereget]* lead* [an army] to be butchered (v. to the slaughter)
vágómarha *fn* slaughter/beef cattle
vagon *fn [személy]* carriage, coach, *US* car, *[teher]* wagon (*GB így is:* -gg-), *US* freight car; **~ba rak** load into a wag(g)on/truck; **~ból kirak** unload a wag(g)on
vagongyár *fn* carriage and wag(g)on works
vagonrakomány *fn* carload, wag(g)onload
vágópisztoly *fn* cutting torch
vágószoba *fn film* cutting-room
vágott *mn* **1.** cut, *[apróra]* chopped; ~ **baromfi** slaughtered poultry; ~ **seb** cut; ~ **virág** cut flowers *tsz* **2.** ~ **film** cut; *tv* ~ **műsor** shortened programme (*US* -ram)
vágta *fn* gallop; **vágtában** at a gallop, at full gallop
vágtat *i* gallop, ride* at full speed/gallop
vágtáz|ik *i* **1.** *[ló, lovas]* gallop, ride* at full gallop; **~ni kezd** break* into a gallop **2.** *sp [futó]* sprint
vágtázó *fn sp* sprinter
vagy *ksz* **1.** *[választás]* or; ~ **pedig** or else; ~ . . ., ~ either . . . or . . .; ~ **így,** ~ **úgy** one way or the other, either way, in either case **2.** ~ **úgy!** (now) I see!, *biz* (now) I get you/it! **3.** *[körülbelül]* about, some; ~ **egy mérföld(nyi)re** a mile or so; ~ **húszan** there were some twenty people there
vágy *fn* (*vm iránt/után*) desire, wish, longing (*mindegyik:* for sg); **érzéki ~** sexual desire; *[buja]* lust; **leghőbb ~a, hogy** . . . it is one's most ardent wish that/to, long (v. be* longing) to, has always wanted to; **~ai netovábbja** the sum of his/her wishes; **~a támad** (v. **~at érez) vmre** feel* a/the desire to do sg, be* filled with a/the desire to do sg
vágyakozás *fn* (*vm iránt/után*) longing, craving, desire (*mindegyik:* for)
vágyakoz|ik *i* long/yearn for sy/sg
vágyakozó *mn* longing
vágyálom *fn* pipe dream, wishful thinking
vágy|ik *i* **1.** (*vmre*) desire (sg), have* a desire for sg, wish for sg **2.** (*vhova*) long to (be swhere) **3.** (*vm/vk után*) long/yearn for sg/sy
vagyis *ksz* that is to say, in other words, namely, I mean
vagylagos *mn* alternative, optional; **~an** alternatively, optionally
vágyódás *fn* longing (for)
vágyód|ik *i* (*vmre/vm után*) yearn/long for sg/sy, crave (for) sg
vagyon *fn [nagy]* fortune, wealth, riches *tsz*, *[tulajdon]* (personal) property, possessions *tsz*, *[főleg cégé, de személyé is]* assets *tsz*; **nemzeti ~** national wealth; **a nép ~a** property of the people; *[igével]* be* state-owned; ~ **elleni bűncselekmény** crime (committed) against property; **~a van** be* well off, be* a man of means/property; *biz* **egy ~ba került** it (has) cost me a fortune; **~t szerez** make* a fortune, *biz* make* one's pile; **~ával felel** liable to the extent of one's property; → **ingatlan**, → **ingó**
vagyonadó *fn* property/wealth tax, levy on capital
vagyonátruházás *fn* transfer of property/possession
vagyonbecslés *fn* assessment of property

vagyonbevallás *fn* declaration of property/assets
vagyonbukott *mn* bankrupt
vagyonelkobzás *fn* confiscation of property
vagyonellenőrzés *fn gazd* inventorying and stocktaking
vagyonellenőrző *mn gazd* ~ **bizottság** committee for inventorying and stocktaking
vagyoneltitkolás *fn gazd* concealment of assets/capital
vagyonérték *fn gazd* value of property, assets *tsz*
vagyoni *mn* relating to property *ut*, financial, pecuniary; ~ **állapot** property status; ~ **helyzet** financial condition/situation, financial circumstances *tsz*
vagyonkezelés *fn gazd* property management/administration, management of property
vagyonkezelő *fn* trustee
vagyonközösség *fn* community of property; **a ~ felbontása** dissolution of property community
vagyonleltár *fn* inventory of property
vagyonmegosztás *fn* asset sharing
vagyonnyilatkozat *fn* **benyújtja a ~át** *[képviselő]* declare one's property/wealth, submit one's declaration of property/wealth
vagyonos *mn* wealthy, well-to-do, well off *ut*
vagyonosod|ik *i* grow* rich/wealthy, *biz pej* feather one's nest, *biz* make* one's pile
vagyonszerzés *fn* money-making, making (of) one's fortune (v. *biz* pile)
vagyontalan *mn* unpropertied; ~ **ember** man° without means
vagyontalanság *fn* lack of property
vagyontárgy *fn* property, asset; **személyi ~ak** personal effects/chattels (v. property *esz)*
vagyonügynökség *fn* **állami** ~ State Property Agency
vaj *fn* butter; ~ **van a fején** have* a skeleton in the cupboard, have* sg to hide; **akinek ~ van a fején, ne menjen a napra** people who live in glass houses should not throw stones
váj *i* **1.** *ált* hollow (out), scoop **2.** *[hornyol]* gouge (out) **3.** *[mélyít]* deepen
vájár *fn* miner, face-worker, hewer
vajas *mn* buttered; ~ **kenyér** (a slice of) bread and butter; ~ **kifli** buttered croissant; ~ **zsemle** buttered roll
vajaskifli *fn [vajjal sütött]* croissant, roll
vajassütemény *fn [tészta]* shortcake
vajastészta *fn* short pastry
vájat *fn* **1.** *ált* groove, channel **2.** *bány* (work) face, stall
vajaz *i* butter
vajbab *fn* wax bean
vajda *fn* voivode, vaivode
vájdling *fn* washing-up bowl, basin
vájkál *i* **1.** *konkr* grub/dig*/rummage about/around (in sg), keep* grubbing **2.** *átv* **vk sebeiben** ~ reopen old sores, rub salt in sy's wounds; **vk magánéletében** ~ *[újságíró stb.]* pry* into sy's privacy
vajmi *mn* ~ **kevés** precious/very little
vajon *hsz [kérdés előtt]* if, whether; ~ **igaz-e?** I wonder whether it is true; ~ **ki ő?** I wonder who (s)he is?; ~ **eljön-e** I wonder if (s)he'll come?; **megkérdezte,** ~ **eljön-e?** he asked me whether/if she was coming; ~ **miért nem érkeztek meg?** I wonder why they haven't arrived; **harmadik ráadás is van,** ~ **mi lesz ...?** there is a third encore, I wonder ...
vajszínű *mn* butter/cream-coloured (*US* -or-)
vajszívű *mn* soft/tender-hearted
vajtartó *fn* butter-dish
vájt fülű *mn* sharp-eared
vajúdás *fn* **1.** *orv* labour (*US* -or), parturition **2.** *átv* travail
vajúd|ik *i* **1.** *orv* be* in labour, labour (*US* -or) **2. sokáig ~ott a kérdés** the case dragged on for a long time
vajúdó(szoba) *fn* labour (*US* -or) ward, delivery room
vak I. *mn* **1.** *[ember]* blind, sightless; **fél szemére** ~ blind in one eye; *átv* ~ **vagy?** have you no eyes? **2.** ~ **engedelmesség** unquestioning/blind obedience; ~ **véletlen** blind chance **II.** *fn* blind man°/person, blind woman°; **a ~ is látja** it stares you in the face, you can see that with half an eye, it's (so) blindingly obvious; **a ~ok** the blind; **~ok intézete** home for the blind; ~ **vezet világtalant** it's a case of the blind leading the blind; → **tyúk**
vakablak *fn* blind/dummy window; **világos, mint a** ~ as clear as mud
vakáció *fn* (summer) holiday, *US* vacation
vakációz|ik *i* be* on holiday (v. *US* vacation), holiday, *US* vacation
vakar *i* **1.** *[saját magát]* scratch, *[bőrt]* scrape **2.** *[lovat]* curry(-comb)
vakarcs *fn* **1.** *[utolsó gyerek]* youngest child (v. baby) (of the family) **2.** *[vézna kisgyerek]* scrawny little fellow
vakargat *i* scratch, keep* scratching
vakaró *fn* scraper
vakaródz|ik *i* scratch (oneself)
vakbél *fn [féregnyúlvány]* (vermiform) appendix (*tsz* -dices); **~lel operálták** (s)he was operated on for appendicitis; **kivették a vakbelét** he had his appendix (taken) out
vakbélgyulladás *fn* appendicitis
vakbélműtét *fn* appendectomy
vakbuzgó I. *mn* bigoted, fanatic **II.** *fn* bigot, zealot
vakbuzgóság *fn* bigotry, fanaticism
vakcina *fn orv* vaccine
vakfegyelem *fn* iron discipline
vakfolt *fn biol* blind spot
vakírás *fn* **1.** *[vakoké]* braille **2.** *[írógépen]* touch-typing
vakít *i [látást fény]* blind, dazzle
vakító *mn* blinding, dazzling; ~ **fény(esség)** dazzling/glaring light
vakkant *i* yap, yelp, give* a yelp
vaklárma *fn* false alarm
vakleszállás *fn* **~t hajt végre** make* a blind landing
vakmerő *mn* daring, audacious, fearless, bold, *pej* reckless, foolhardy; ~ **ember** dare-devil; ~ **lépés** bold step, a leap in the dark
vakmerőség *fn* daring, audacity, boldness, *pej* recklessness, foolhardiness
vakol *i [falat]* plaster
vakolás *fn* plastering
vakolat *fn* plaster; **nemes** ~ smoothcast; **szemcsés** ~ roughcast
vakolatlan *mn* unplastered
vakolatréteg *fn épít* coat of plaster
vakolókanál *fn* trowel
vakon *hsz* **1.** ~ **született** (s)he was born blind; *[mint melléknév]* blind from birth *ut* **2.** ~ **ír** *[írógépen]* touch-type **3.** *átv* blindly; ~ **hisz** (*vkben*) trust sy blindly; ~ **engedelmeskedik** obey blindly
vakond(ok) *fn áll* mole
vakondtúrás *fn* molehill
vakrandi *fn biz* blind date
vakrepülés *fn* instrument/blind flying
vakság *fn* **1.** *orv* blindness **2.** *átv* blindness, infatuation
vaksi *mn* weak-eyed, dim/short sighted, (as) blind as a bat
vaksötét *mn* pitch-dark
vakszerencse *fn* mere/pure chance, pure accident
vaktában *hsz* **1.** *[találomra]* at random **2.** *[meggondolatlanul]* blindly, rashly; ~ **cselekszik** rush headlong into [(doing) sg]
vaktöltény *fn* blank charge/cartridge
vaku *fn* flash(-gun), flashlight; **~val fényképez** take* a photograph with a flashlight/flashbulb
vakulás *fn* **látástól ~ig** from daybreak till nightfall, from morning to night
vákuum *fn* vacuum
vákuumcsomagolás *fn* vacuum packing
vákuumos *mn* vacuum; ~ **tapadókorong** suction-cup
vakvágány *fn* dead-end
vakvezető *mn* ~ **kutya** blind man's dog, *US* seeing-eye dog
váladék *fn* discharge, secretion, mucus

valaha *hsz* **1.** *[valamikor régen]* once, at one time; **itt ~ egy ház állt** there used to be a house here **2.** *[a múltban akármikor]* **szebb, mint ~** more beautiful than ever **3.** *[a jövőben]* ever; **látom-e még ~?** I wonder if I will ever see it/him [etc.] (again); **ha ~ viszontlát(hat)om** if ever I (v. I ever) meet him again

valahány I. *nm [mind]* all, any, every (one); **valahánnyal csak találkoztam** every single one (that) I have met **II.** *szn [néhány]* **~ alkalommal** (for) a few times

valahányan *nm* all of us/you/them, every one of you/us/them

valahányszor *hsz* whenever, every time; **~ csak akarja** whenever you wish, as many times as you wish

valahára *hsz* **(végre) ~** at (long) last, finally

valahogy(an) *hsz* **1.** *[vmlyen módon]* somehow (or other), in some way (or other), someway, anyhow; **~ csak** by some means or other; *biz* by hook or by crook; **majd csak lesz ~** it will turn out all right, we will try and manage somehow; **majd csak megleszünk ~** we'll manage somehow; **úgy még sosem volt, hogy ~ ne lett volna** *kb.* there is always a way out **2.** *biz* **ez ~ nem sikerült** this just didn't work out (v. come off); **~ úgy van az, hogy** ... you see it is something like this ...; **~ az az érzésem, hogy** ... I sort of feel that ... **3. Hogy vagy? Hát csak úgy ~.** How are you? So-so, fair to middling

valahol *hsz* **1.** somewhere, *US* someplace; **~ már találkoztunk** we have met (somewhere) before; **~ itt** *[a közelben]* somewhere near here; **itt van ~?** is it (somewhere) around here? **2. ~ ez rendben is volna** *kb.* it is right to a certain extent

valahonnan *hsz* from somewhere, from some place or other, *[bárhonnan]* from anywhere; **~ ismerem** *(vkt)* I know him/her from somewhere

valahova *hsz* somewhere, anywhere, to some place or other

valaki *nm* **1.** *[állításokban]* somebody, someone, one **2.** *[kérdés/tagadás esetén]* anyone/anybody **3.** *[jelentős személy]* **ő ~ a gyárban** he's a somebody in the factory **4. van ~je** (s)he's got (v. *US* is seeing) sy

valameddig *hsz* **1.** *[idő]* for some/a time **2.** *[távolság]* (for) a certain distance, some distance

valamely *nm* some

valamelyes *nm* some, a little, a certain

valamelyest *hsz* somewhat, to a certain extent/degree; **~ jobban** a thought/bit better

valamelyik *nm* one (of them), one or the other; **~(et) (a kettő közül)** either of them; **közülük ~ / ~ük** one of them; **gyere fel ~ nap** come round to our house/place (v. drop in on us) one of these days

valamennyi *nm* **1.** *[mind, mindenki, minden egyes, mindegyik]* all, every, all (of them), all together; **kivétel nélkül ~** all without exception, one and all, every single one (of them); **~en** all of us/them; **~en ott leszünk** we'll all be there **2.** *[valami kevés/kis]* some, a little; **~ ideig** for some/a time, for a while

valamennyire *hsz* **1.** *[valameddig]* in some measure **2.** *[úgy-ahogy]* to a certain extent

valamerre *hsz* somewhere, in some direction (or other)

valami I. *nm* **1.** *[állításban]* something; **~ majd csak lesz** sg will turn up; **ez már ~** that is better/sg; **van ~ köztük** there's something between them; **viszi ~re** go* far, get* on, *biz* make it; **az is ~?** that's nothing! **2.** *[kérdésben, tagadásban]* anything; **fáj ~d?** is anything wrong (v. the matter) with you? **II.** *mn* **1.** *[állításokban]* some; **~ állat lehetett** it must have been some animal **2.** *[egy kevés, valamennyi]* some, a little; **~ időm még van** I can still wait a little while **3.** *[kérdésben, tagadásban]* any; **van ~ pénzed?** have you got any/some money?; **van ~ kívánsága?** is there anything (that) you want?, what can I do for you?; **van ~ elvámolni valója?** have you anything to declare? **III.** *hsz* **1. nem ~ nagy szakértő** he is not much of an expert; **nem ~ nagy híd** it is not much of a bridge; **nem ~ nagyon** not very much, not particularly; **nem ~ jól sikerült** *(vm)* it fell rather flat; *(vknek vm)* (s)he wasn't too successful; **Hogy vagy? – Nem ~ fényesen.** How are you? – So-so (v. Could be better.) **2.** *[számnév előtt: körülbelül, mintegy]* **~ tíz forint** about/some ten forints; **voltunk ~ tízen** some ten of us were there

valamicske *nm* somewhat (of), a little, a (little/tiny) bit (of); **~vel jobb** a thought/fraction better, fractionally better

valamiféle *nm* a/some sort/kind of

valamiképp(en) *hsz* somehow (or other)

valamikor *hsz* **1.** *[múlt]* sometime, *[egyszer régen]* once (upon a time); **még ~ 1907-ben** (way) back in 1907, sometime in 1907; **itt laktam ~** that's where I used to live; **ebben az utcában ~ egy mozi volt** there used to be a cinema (v. *US* movie house) in this street **2.** *[valaha]* ever; **jártál ott ~?** have you ever been there? **3.** *[jövő]* some day, sometime v. some time; **~ a jövő nyáron** sometime next summer; **~ délután** sometime in (v. during) the afternoon; **~ a jövő héten hívj fel** phone me some time next week

valamilyen *nm* some kind/sort of, some (... or other); **~ formában** in one form or another, in some form or other; **van ~ elképzelésed?** have you any idea?, what do/did you have in mind?

valamint *ksz [továbbá]* and, as well as

valamirevaló *mn* decent, rather good, satisfactory; **minden ~** ... every respectable ...

valamivel *hsz* somewhat, a little; **~ jobb** slightly better; **~ jobban van** be* a bit/shade/little better; → **valamicske**

válás *fn* **1.** *jog* divorce **2.** *(vmvé)* becoming sg, turning into sg

válasz *fn* answer, reply; **igenlő ~** affirmative answer; *[ige is]* answer in the affirmative; **tagadó/nemleges ~** negative answer; *[ige is]* answer in the negative; **~ fizetve** [was sent] reply (pre)paid; **~t ad vknek** give* an answer to sy, reply to sy, answer sy; **még nem kaptam ~t levelemre** I've had no answer/reply to my letter yet; **~át várva** awaiting your reply, looking forward to (having) your reply; **mielőbbi szíves ~át várjuk** please reply (v. looking forward to hearing from you) at your earliest convenience; **~t kérünk** *[meghívásra]* R.S.V.P. (v. RSVP); **~ul vmre** in reply/answer to sg; → **talpraesett**

válaszbélyeg *fn* reply stamp; **~es levél** pre-paid letter

válaszboríték *fn* self-addressed envelope

válaszfal *fn* partition

válaszjegyzék *fn [diplomáciai]* reply note

válaszképpen *hsz* in answer/reply to sg, by way of an answer to sg

válaszkupon *fn* **(nemzetközi) ~** (international postal) reply coupon

válaszlépés *fn* reaction, countermeasure, *[megtorló jellegű]* retaliation; **~ként** in reaction, in retaliation

válaszlevél *fn* reply (letter)

válasz-levelezőlap *fn* reply (post)card

válaszol *i (vknek vmre)* answer sy/sg, reply to sy/sg, *[reagál]* respond to; **~ vknek vmt** answer sy sg; **nem ~t** (s)he didn't reply (to me), (s)he didn't answer (me); **erre mit tudsz ~ni?** what have you to say to that (v. in reply)?; **erre nem tud mit ~ni** (s)he has no answer to this; **kérdésre ~** answer (v. reply to) the question; **nem ~t kérdésemre** (s)he didn't answer my question, (s)he didn't reply to my question, (s)he failed to reply (to my question); **még nem ~t(ak) a levelemre** I've had no answer/reply to my letter yet; **levelére ~va** in reply to your letter; **f. hó 10-én kelt levelére ~va** in reply to your letter of the 10th inst.; **mindenre tud ~ni** have*/find* an answer to/for everything

választ *i* **1.** *[több közül]* choose* (*kettő közül*: between, *több közül*: from among), pick, select, make* a/one's choice; **tessék ~ani** take your pick, make your choice **2.** *[képviselőt]* elect, *[rá szavaz]* vote for sy; **taggá ~ vkt** elect sy a member; **elnökké ~ vkt** elect sy (as) president; **holnap ~unk** the (general) election takes place tomorrow, the country goes to the polls tomorrow, tomorrow is polling day; **joga van ~ani** (s)he has the right to vote

választás *fn* **1.** *[több közül]* choice, choosing, selection; **a ~ rá esett** the choice fell on him; **nem volt más ~a, mint** ... he had no choice/option (but to ...); it was Hobson's choice **2.** *pol* election; **~ útján** by election; **időközi ~** by-election; **szabad ~ok** free elections; **titkos ~** secret vote/voting/ballot; **~ra jogosult** (sy) eligible to vote, (be* a) qualified voter; *[most már választójoga van]* be* enfranchised

választási *mn* **1.** *pol* elective, election-, electoral; **~ hadjárat/kampány** election/electoral campaign, electioneering; **~ törvény** electoral law **2. ~ malac** weaned piglet **3. ~ lehetőség** alternative, option

választávirat *fn [előre kifizetett]* reply-paid (v. pre-paid) telegram (*US* wire)

választék *fn* **1.** *[több közül]* selection, choice, variety; **nagy ~ vmből** a big/wide choice/selection/range of, wide variety of [goods]; **nagy a ~ sajtból** [the shop] has a fine selection of cheeses, has a large choice of cheeses; **túl bő a ~** there are far too many to choose from; **nem valami nagy ~** not much of a selection of [shoes etc.] **2.** *[hajban]* parting, *US* part

választékos *mn* carefully-chosen; **~ beszéd** *[igével]* be* well-spoken; **~ ízlés** exquisite/fastidious/sophisticated taste; **~ stílus** polished/sophisticated style; **~an fejezi ki magát** (s)he is highly articulate

választható *mn* **1.** *[személy]* eligible **2. (szabadon) ~ tantárgy** optional subject, *US* elective

választmány *fn* committee, board

választmányi *mn* **~ tag** member of the committee; committee/board member; **~ ülés** committee/board meeting

választó I. *fn pol* voter, *[akinek választójoga van, s a választókerület lakosa]* constituent; **a ~k** the electorate **II.** *mn* **~ kötőszó** disjunctive (conjunction)

választófejedelem *fn tört* (prince-)elector

választói *mn* electoral, voting, election-; **~ névjegyzék** electoral register/roll, register of voters

választójel *fn* hyphen

választójog *fn* suffrage, the (right to) vote, franchise; **általános ~** universal suffrage; **titkos ~** secret ballot

választójogosult *mn/fn* sy with a right to vote, constituent

választójogosultság *fn* franchise

választóképes *mn* **~ lakosság** population entitled to vote

választókerület *fn* constituency, *US* electoral district

választópolgár *fn [aki országos képviselőválasztásra megy]* voter, constituent

választott I. *mn* chosen, (s)elected; **~ bíró** arbiter, arbitrator; **~ bíráskodás** arbitration **II.** *fn* chosen, choice; **szíve ~ja** (one's) intended/beloved, true-love

választóvíz *fn* nitric acid

választóvonal *fn* dividing line, boundary, line of demarcation, *irod* caesura

válaszút *fn átv is* crossroads; **~ előtt áll** be* at a crossroads; *átv* **~hoz érkezett** be* at a/the crossroads, be* on the horns of a dilemma

valcer *fn* waltz

valcerez *i* waltz

Valentin *tul* Valentine

Valentin-nap *fn* (Saint/St) Valentine's Day [14th February]; **~ra küldött üdvözlet (és akinek küldik)** valentine

Valéria *tul* Valerie

válfaj *fn* variety, species°, kind, sort, type; **vmnek a ~ai** the various types/kinds of sg

vál|ik *i* **1.** *[házastárstól]* divorce (sy); **~ik a feleségétől** he is divorcing his wife; **~nak** they are getting a divorce (v. getting divorced) **2.** (*vk/vm vmvé*) become* (sg), turn (into sg), (*vm vmvé*) be* converted (into sg); **jó orvos ~ik majd belőle** he will make a good doctor; **egészségére ~jék!** *[tüsszentéskor]* (God) bless you!; *US* gesundheit!; → **becsület**

vall *i* **1.** *[bíróságon]* confess (sg/to sg to doing sg v. to have done sg); **vk ellen ~** give* evidence against sy, bear* witness against sy; **vk mellett ~** give* evidence (of sg) in favour of sy; **azt ~otta, hogy** ... he confessed that ...; **a tettes ~ott** the offender confessed [his crime]; **nem ~ott** he refused to confess; **bűnösnek ~ja magát** plead* guilty **2.** *[vmlyen hitet]* profess [a faith], avow himself/herself to be [a Christian, a supporter of ... etc.]; **ateistának ~ja magát** (s)he is an avowed atheist; **szabadelvűnek ~ja magát** declare oneself a liberal **3.** *[elismer]* **magáénak ~ gyereket** own/acknowledge a child **4.** *[mutat]* denote, indicate, show*; **vmre ~** show*/evince/prove sg; be* indicative of; **jó ízlésre ~** sg speaks of (v. is indicative of) (a) good taste (in sg); **ez rád ~** that's just like you, *biz* that's you all over; → **kár**, → **szégyen**, → **szerelem**, → **szín**

váll *fn* shoulder; **~(á)ig érő** *[haj]* shoulder-length [hair]; **két ~ra fektet** *[birkózásban ellenfelet]* win* by a fall; **~ára vesz vmt** shoulder sg; **~ára vet vmt** sling* sg over one's shoulders; **levesz a ~áról** *[gondot, terhet]* take* [a load/weight] off sy's mind/shoulders, relieve sy of [the burden of sg], free sy from sg; **~at von** shrug (one's shoulders)

vállal *i ált* (*vmt*) undertake* (sg/to do sg), take* on, *[megbízást]* accept, *[tisztséget társaságban]* stand* for; **~ja a felelősséget vmért** take*/accept/assume (full) responsibility for sg; **~ja a költségeket** meet* the expenses, *kif* foot the bill; **~ egy újabb gyereket** have* another child°; **több gyermeket nem ~** she won't have another child*; **kezességet ~ vkért** → **kezeskedik**; **magára ~ vmt** take* it upon oneself to ...; **az IRA magára ~ta a robbantást** the IRA has claimed (responsibility for) the bombing in ...; **munkát ~** get*/find* work, sign on, undertake* [a piece of work]; **~ta, hogy befejezi a munkát a hét végére** he undertook to finish the job by the weekend; **(túl) sokat ~** take* on too much (work)

vállalás *fn* pledge; **teljesíti a ~át** fulfil (*US* fulfill) one's pledge

vállalat *fn* company, firm, enterprise, business; **állami ~** state enterprise, state-owned company; **melyik ~nál dolgozol?** which company do you work for?; → **vegyes**

vállalati *mn* company; **~ érdek** company interest; **~ igazgató** company director; **~ igazgatóság** board of directors; → **jogtanácsos**

vállalatvezető *fn* managing director, manager

vállalhatatlan *mn* untenable, unsupportable

vállalható *mn* tenable

vállalkozás *fn ált [nagyobb]* enterprise, venture, *[kisebb]* (small) business; **kifizetődő ~** paying proposition; **kis- és közép~ok** small and medium-sized private businesses; **merész ~ba fog** begin*/undertake* a bold/daring enterprise; **szabad ~** free enterprise

vállalkozásfejlesztési *mn gazd* **~ alapítvány** foundation for the development of private enterprise/entrepreneurship/businesses *tsz*

vállalkoz|ik *i* (*vmre*) undertake* (sg/to do sg), (be* prepared to) take* sg on, venture on/upon sg, *[üzletre]* embark on a business, *[vállalkozó lesz]* become* a businessman°, become* an entrepreneur

vállalkozó I. *mn* **~ (szellemű)** enterprising, venturesome; **~ szellemű ember** entrepreneur **II.** *fn* **1.** *[pl. építési]* contractor; **építési ~** building contractor; *[építőmester]* builder; **erre nem akadt ~** nobody could be found to do it **2.** *gazd [rizikót vállaló]* entrepreneur **3. egyéni ~** private entrepreneur/businessman°, *[társadalombiztosítási szempontból]* self-employed person

vállalkozóbarát *mn gazd* **~ politika** entrepreneur-friendly policy

vállalkozói *mn* **~ engedély** entrepreneur's licence, licence for private entrepreneurship; **~ szellem/képesség** entrepreneurial spirit/attitude, entrepreneurial skills *tsz*; **~ réteg** the entrepreneurs *tsz*, the self-employed people *tsz*

V

vállalt *mn* **~ kötelezettségének eleget tesz** meet*/fulfil (*US* fulfill) one's obligations
vallás *fn* religion, *[hit, hitvallás]* (religious) faith, creed
vállas *mn* broad/square-shouldered
vallásalapító *fn* founder of a religion
vallásfelekezet *fn* denomination
vallásgyakorlat *fn* (public/private) worship; **szabad ~** freedom of worship/religion
vallásháború *fn* war of religion
vallási *mn* religious, of religion/faith *ut*; **~ türelem** tolerance
valláskülönbség *fn* difference of religion; **~ nélkül** without distinction of creed
vallásoktatás *fn* religious education/instruction
vallásos *mn* religious, pious; **~ irodalom** religious literature; **~ nevelés** religious education
vallásosság *fn* religiousness, devoutness, piety
vallástalan *mn* irreligious
vallástanár *fn* teacher of religion (v. religious education), RI/RE teacher; → **hitoktató**
vallásszabadság *fn* freedom of religion/worship, religious liberty
vallat *i [vádlottat]* interrogate, examine, cross-examine
vallatás *fn* examination, interrogation, cross-examination
vallató *fn* **1.** interrogator, examiner **2. ~ra fog** interrogate, examine closely
vállcsont *fn* collar bone
vállfa *fn* (clothes/coat) hanger
váll-lap *fn kat* epaulette (*US* epaulet), *US* shoulder board/mark
vállmagasságban *hsz* at shoulder height
vállmagasságú *mn* shoulder-high
vallomás *fn* evidence, statement, *[beismerő]* confession; **~t tesz** (i) *[terhelt]* make* a (full) confession (ii) *[tanú]* give* evidence, testify (under oath) (for/against sy); → **tanúvallomás**
vallomástétel *fn* (giving) evidence, confession
vállpánt *fn* **1.** *[ruhán]* shoulder-strap **2.** → **váll-lap**
vállrándítás *fn* shrug; **~sal elintéz vmt** shrug sg off
vállrész *fn [ruhán]* yoke
vállrojt *fn* shoulder knot
vállszíj *fn* **1.** *kat* shoulder belt; → **antantszíj 2.** *ált* shoulder-strap
válltömés *fn* shoulder-pad
vállveregetés *fn* **1.** *konkr* pat(ting sy) on the back **2.** *átv* condescension, patronizing
vállveregető *mn* condescending, patronizing
vállvetve *hsz* shoulder to shoulder
vállvon(ogat)ás *fn* shrug
való I. *mn* **1.** *[valóságos, igaz]* real, true; **a ~ életben** in real life; **~ igaz** it is absolutely/quite true; **a ~ világ** the real world, reality **2.** *[alkalmas vmre]* (be*) suited/suitable for sg, (be*) fit/right for sg; **mire ~?** what is it (good/used) for?; **semmire sem ~** good/fit for nothing *ut*; **gyerekeknek ~ könyv** a book for children **3.** *[származó]* **hova ~ vagy?** where do you come from?; **Egerbe ~** (s)he comes from Eger; **a kézirat a X. századból ~** the MS dates/is from the 10th century **4.** *[illő]* proper, fit(ting), suitable, appropriate (*mindegyik:* for), *[igével]* become*/suit sy, *biz* be* cut out for sg; **nem ~** it is not right/appropriate, unbecoming (for sy); **ez nem ~** it isn't done; **kék nem ~ a zöldhöz** blue doesn't go (well) with green; **nem ~k egymáshoz** they are not made for each other, they are ill-sorted/suited; **ez a munka nem neki ~** (s)he is ill-fitted to do (v. is not right for) that kind of work; **ez a szerep nem neki ~** (i) *szính* he is miscast in this role (ii) *átv* he is a square peg in a round hole (there); **nem ~ neked a tanítás** I don't think you're cut out for teaching (v. to be a teacher); **van magához ~ esze** he knows how to take care of himself **5.** *[készült vmből]* be* made of sg; **fából ~** (be*) made of wood **6. munkához ~ viszony** sy's attitude to work; **a vele ~ találkozás** the meeting with her/him; **a tömegtermelésre ~ áttérés** changeover/switch to mass production **II.** *fn* **1.** *[valóság]* reality, truth; **a ~ az, hogy** ... the truth (of the matter) is that; **egész ~jában megremegett** he trembled all over; **igazi ~jában lát vmt** see* sg as it really is; **ha ~nak bizonyul** should it prove true; **~ra válik** *[terv, remény]* be* realized, materialize, come* true; **~ra vált** fulfil (*US* fulfill), realize, bring* [plan] to fruition, carry through (v. into effect); **reményeink nem váltak ~ra** our hopes were not fulfilled/realized **2.** *[igaz állítás]* **~t mond** tell*/speak* the truth **3.** *[mint utótag]* → **ennivaló**, → **fülbevaló**, → **mondanivaló**, → **tanulnivaló**
valóban *hsz* indeed, truly, really, actually; **~ megtörtént** it is a true story, it is a story from (real) life; **~?** is that so?, really?, indeed?; **ez ~ csodálatos** it is really/truly fascinating
valódi *mn* real, true, *[nem mű]* genuine, *[okmány]* authentic; *mat* **~ tört** proper fraction; **nem ~** not real/genuine, imitation, false
valódiság *fn* **1.** *[állításé]* truth, veracity **2.** *[okmányé]* authenticity
válófélben *hsz* **~ vannak** they are getting divorced
válogat *i* **1.** *[kiválaszt]* choose*, pick (out), select; **nem ~ja a szavait** (s)he doesn't mince his/her words, (s)he is not mealy-mouthed **2.** *[finnyás]* be* particular, pick and choose, *biz* be* choosy, *US* be* picky **3. embere ~ja** it all depends on the man
válogatás *fn* **1.** *[kiválasztás]* choosing, choice, picking (out), selection, *[szerepre]* audition; **~ nélkül** indiscriminately **2.** *[irodalmi művekből]* a selection (v. selections *tsz*) from ..., anthology **3.** *[finnyásság]* fastidiousness, picking and choosing
válogatómérkőzés *fn sp* trial game, selection match
válogatós *mn* particular (about sg), finicky, choos(e)y, *US* picky
válogatott I. *mn* (carefully) choosen, picked, selected; **~ almák** choice apples; **~ csapat** *sp* select/representative team, *US* the all-American team, *[egy országé]* national team; **~ játékos** representative/international (v. *biz* capped) player; **~ költemények** selected poems/poetry; **~ társaság** a select group of people **II.** *fn* **1. a magyar labdarúgó-~, a nemzeti ~** the Hungarian team/eleven **2. ~ játékos** international (player); **17-szeres ~** [he's been] selected/capped 17 times [for Hungary etc.]; **100-szoros angol ~** [XY] played for England over 100 times
valójában *hsz* actually, in fact/reality, really
válókereset *fn jog* divorce suit/petition, petition for divorce; **~et ad be (v. nyújt be)** file for a divorce; → **válópert indít**
válóok *fn* ground(s)/reason for (a) divorce
válóper *fn* divorce suit/case, divorce proceedings *tsz*; **~t indít** sue for (a) divorce, start/take* divorce proceedings (against sy), *US* file a petition for divorce
valóság *fn* reality, *[igazság]* truth, verity, *[tény]* fact; **a nyers/rideg ~** the blunt fact, the unvarnished/naked/uncomfortable truth; **a ~ban** in reality/practice/effect, in real life; **a maga ~ában** as it really is; **a ~hoz híven** faithful/true to the facts; **megfelel a ~nak** it is true, it corresponds to the facts; **nem felel meg a ~nak** it is not (entirely) true, it doesn't square with (v. correspond to) the facts; **a ~nak megfelelő** true to life/nature *ut*
valósággal *hsz* almost, practically, virtually
valósághű *mn* faithful, true to life/facts *ut*
valóságos *mn* **1.** *[valóban létező]* real, true; **~ történet** a story from (real) life, a true story **2.** *[túlzó]* veritable; **~ csoda** quite a miracle, a perfect miracle; **~ lakoma** a veritable feast; **~ remekmű** [this picture is] nothing less than a masterpiece; **~ őrült** he's certifiable
valóságosan *hsz [formálisan]* practically
valósi *mn* → **való I 3**
valószerű *mn* (highly) likely/probable, *[igével]* sg that seems to be true; **~ ábrázolás** realistic portrayal
valószerűség *fn* verisimilitude

valószínű *mn* probable, likely; **~, hogy** ... it's probable/likely that ...; **nem tartom ~nek** I do not think it likely; **~(nek látszik), hogy átmegy a vizsgán** (s)he is/seems likely to (v. it seems likely that he will) pass his exam; **~ élettartam** life expectancy; **lehetséges, de nem ~, hogy esni fog** it's possible that it will rain, but it doesn't seem probable; **nem ~, hogy eljön** (s)he is not likely to come, (s)he's unlikely to come

valószínűleg *hsz* probably, very likely, in all probability/likelihood; **~ találkozom vele** I am likely to meet him; **~ kocsival jönnek** they'll very likely come by car; **~ esni fog** it is likely to rain

valószínűség *fn* probability, likelihood; **minden ~ szerint** in all probability/likelihood; **minden ~ szerint újra itt leszek a jövő hónapban** I shall very likely be here again next month, in all likelihood I shall be here again next month; **nagy a ~e annak, hogy** ... it is very likely that ..., in all probability ...; **kicsi/kevés a ~e annak, hogy** ... there is little likelihood of [sg happening], it is most unlikely that [sg will happen]

valószínűség-elmélet *fn* probability theory/calculus, theory of probability

valószínűség-számítás *fn* → **valószínűség-elmélet**

valószínűsít *i* render/make* sg probable/likely

valószínűtlen *mn* improbable, unlikely

valótlan *mn* untrue, untruthful, false; **~ hír** false report; **~t mond** tell* a lie, tell* patent untruths

valótlanság *fn* untruth, falsehood, lie

válság *fn* crisis (*tsz* -ses), critical stage/period; **~ idején** in times of crisis; **gazdasági ~** economic crisis, slump; *[huzamosabb]* depression; **súlyos/mély ~** acute crisis; **(gazdasági) ~ sújtotta vidék** depressed/distressed area; **~ba jut** face a crisis, come* to (v. reach) a crisis, *biz* be* on the rocks; **~on megy át** go*/pass through a crisis; **~ot idéz elő** precipitate a crisis; **~ból kilábal** recover from a crisis

válságágazat *fn gazd* crisis sector, crisis-ridden industry

válságelmélet *fn gazd* crisis theory

válságértekezlet *fn [pl. rendőrségnél]* crisis/emergency meeting

válsághelyzet *fn* state of emergency/crisis

válságkezelés *fn gazd* crisis management

válságos *mn* critical; **a beteg állapota ~** the condition of the patient is critical, (s)he is critically ill; **állapota ~ra fordult** his/her condition turned critical; **ebben a ~ helyzetben** in this critical situation, in this emergency

válságövezet *fn ált* disaster (v. disaster-stricken) area/zone, *gazd* crisis area

válságstáb *fn* **~ alakult** a crisis committee was set up; **~ot hív össze** call for the meeting of (v. set* up) a crisis committee

válságterv *fn gazd* contingency/emergency plan

vált *i* **1.** *[megváltoztat, másra cserél]* change; **ágyneműt ~** change (the sheets on) one's bed, change the bed linen; **fehérneműt ~** change one's underwear; **ruhát ~** change (one's clothes/dress) **2.** *[pénzt]* change [money]; **hol ~hatok pénzt?** where can I change my English/etc. money (for forints/etc.)?; **tud ~ani egy ezrest?** can you change a 1000 forint note (for me)?, can you give me change for a 1000 forint note? **3.** *közl gk* **sávot ~** *[úton]* change lanes; **sebességet ~** change gear **4. jegyet ~ vhová** (i) *[vasúton]* buy*/book a ticket to ... (ii) *[színházba]* buy*/book/get* seats/tickets for [the theatre]; **jegyek ~hatók 10–20 óráig** tickets on sale from 10 a.m. to 8 p.m. **5. néhány szót ~ vkvel** exchange a few words with sy **6.** *[két váltótárs]* **mikor ~otok?** when does your relief come on (v. take over) duty?; → **ész**, → **hangnem**

váltakozás *fn* alternation, *[határok között]* variation

váltakoz|ik *i* **1.** *[következik egymás után]* alternate (*vmvel* with), follow (by turns) **2.** *[két szélső határ között]* vary/range from ... to; **~va** alternately, by turns, one after the other, in rotation

váltakozó *mn* **1.** *ált* alternate, alternating; **~ sikerrel** with varying success; **~ irányú forgalom** alternating traffic, traffic in alternating directions **2.** *el* **~ áram** alternating current (*röv* **A.C.**); **~ áramú hálózat** A.C. mains **3.** *orv [láz]* remittent

váltás *fn* **1.** *ált* change, *[pénzé, ruháé]* changing; **egy ~ fehérnemű** a change of underwear **2.** *[pl. üdülőben]* change-over (day) **3.** *[műszaké]* shift; → **pénzváltás**

Valter *tul* Walter

váltható *mn* → **vált 4**

váltig *hsz* incessantly, without stopping; **~ erősítgeti, hogy** ... he keeps asserting that ..., he insists that ...

váltó *fn* **1.** *gazd* bill (of exchange) (*röv* **B/E**), draft; **~t bemutat** present a bill; **~t bevált/elfogad** accept/honour (*US* -or) a bill/draft; **~t forgat** negotiate a bill; **~t kibocsát vkre** draw* a bill on sy; **~t kifizet** meet* a bill **2.** *vasút* points *tsz*, *US* switches *tsz* **3.** *sp* relay (race); **4 × 400 m-es ~** *[futás]* 4 × 400 m (*kimondva:* four by four hundred metres) relay; **4 × 200 m-es férfi ~** *[úszás]* men's 4 × 200 m relay; **4 × 100 m-es vegyes ~** 4 × 100 m medley relay **4.** *[kerékpáron]* gear(s); **hátsó ~** rear gears *tsz*; **első ~** front gears *tsz*, derailleur; → **lát²**

váltóállítás *fn* switching, throwing/shifting of the points (v. *US* switch)

váltóbot *fn sp* (relay) baton

váltófedezet *fn gazd* protection, coverage of a bill

váltófutás *fn* → **váltó 3**

váltogat *i* keep* changing, chop and change; **~ja egymást** alternate

váltogatva *hsz* in rotation, by turns

váltógazdaság *fn mezőg* rotation of crops

váltóhamisítás *fn* forging of bills, bill forgery

váltóhitel *fn gazd* acceptance credit

váltójelző *fn vasút* switch signal

váltókar *fn* **1.** *[írógépen]* switch key **2.** *[vasúti]* switch lever

váltókezelő *fn [vasúti]* pointsman°, signalman°, *US* switchman°

váltókezes *fn gazd* guarantor

váltókötelezettség *fn gazd* bills payable (*röv* **P/B**), acceptance liabilities

váltókövetelés *fn gazd* bills receivable (*röv* **B/R**)

váltóláz *fn* malaria

váltólejárat *fn gazd* maturity of a bill, term of a bill

váltóőr *fn [vasúti]* → **váltókezelő**

váltópénz *fn* small coin/change

váltósúly *fn sp* welterweight

váltószámla *fn gazd* bill account

váltótárs *fn* (one's) relief; → **vált 6**

váltóügylet *fn gazd* bill transaction

váltóverseny *fn* relay (race), relay events *tsz*; → **váltó 3**

változás *fn* **1.** *ált* change, (process of) changing, *[hangé]* mutation, *[időjárásban]* break/change [in the weather]; **nyílt színi ~** transformation scene; **mélyreható/gyökeres ~ok** radical/sweeping changes; **hirtelen ~** break [in the weather etc.]; **személyi ~ok** *[kormányban stb.]* ministerial changes; *[igével]* there are some new faces [in the government], *[átalakítás]* reshuffle; **~on megy át** undergo* a change; **a ~ szele** *átv is* wind of change; **~t remél** hope for a change **2.** *[nőknél]* **a ~ kora** the change of life, menopause; → **minőségi**

változat *fn* **1.** *[fordítás, történet, szoftver stb.]* version, *[helyesírási, kiejtési]* variant; *[zenei]* variation; **~ok egy témára** theme with variations, variations on a theme **2.** *áll növ* variety

változatlan *mn* unchanged, unaltered, unvarying, constant, invariable; **a beteg állapota ~** the patient's condition is unchanged; **~ kiadás** unaltered edition, *kb.* impression, [latest] reprint; **~ lenyomat/utánnyomás** (new) impression; **a 9. (kilencedik) kiadás ~ lenyomata/utánnyomása** Ninth Edition 1958– /Reprinted 1962 v. Ninth Edition 1958 – Second/Third etc. impression (és a dátum); **~ul** invariably; **~ul hagy** leave* sg unchanged/unaltered

változatos *mn* varied, diversified, diverse, *[mozgalmas, színes]* variegated, varied, *[műsor]* varied, mixed [programme], *[pályafutás]* chequered/eventful [career]; **~sá tesz vmt** give*/lend* colour (*US* -or) to sg, give*/lend* variety to sg, vary sg

változatosság *fn* variety, diversity; **a ~ kedvéért** for a change; **szereti a ~ot** he likes variety

változékony *mn* changeable, changing, *átv* fickle; **~ idő/időjárás** changeable/unsettled/variable weather

változhatatlan *mn* unchangeable, unalterable, invariable, immutable

változ|ik *i* change, undergo* a change, alter, (*vmvé*) turn/change into, be* converted into, become* (sg); *átv* **~nak az idők** *közm* other days other ways; **~ott a program** the program(me) has changed; **előnyére ~ott** (s)he/it has greatly improved; **hátrányára ~ott** he has changed for the worse; **nem ~ott semmi** nothing has changed; **nem ~ott semmit** (s)he/it is still the same; **~ik a hangja** *[mutál]* his voice is breaking

változó I. *mn* changing, varying, altering, variable; **~ idők** changing times **II.** *fn mat* variable; **függő és független ~** dependent and independent variables *tsz*

változtat *i* change, alter, (*vmn*) make* a change/alteration in sg, (*vmt vmvé*) transform/convert/turn/change sg into sg; **ez mit sem ~ a dolgon** that does not make the slightest difference, it makes no difference (to me/him etc.); **lakást ~** move, change flats; **sávot ~** change lanes; **véleményét egyre ~ja** chop and change; → **irány**, → **név**

változtatás *fn* changing, change (in), alternation, *[módosítás]* modification, *[javítás]* improvement; **hasznos ~ok** improvements; **~t hajt végre** make* an alteration/change/modification/improvement

változtatható *mn* variable, adjustable

váltságdíj *fn* ransom; **kifizeti a ~at vkért** ransom sy, pay* ransom for sy

valuta *fn* currency, *[külföldi]* (foreign) currency; **kemény/nemes ~** hard currency

valutaalap *fn gazd* **Nemzetközi V~** International Monetary Fund (*röv* **IMF**)

valutaárfolyam *fn* exchange rate, rate of exchange

valutabeváltás *fn* exchange of currency

valuta-bűncselekmény *fn* foreign currency offence

valutafedezet *fn gazd* foreign exchange collateral, currency hedging

valutakorlátozás *fn* currency restriction(s)

valutaövezet *fn gazd* currency zone

valutarendszer *fn* monetary system

valutáris *mn* **~ nehézség** currency difficulties *tsz*

valutás *mn* **~ üzlet** business/transaction conducted in/with foreign/hard currency

valutaüzér *fn* currency profiteer/jobber, illegal trafficker of foreign currency

valutaváltás *fn* (currency) exchange, *[iroda]* (currency) exchange office, bureau de change

valutáz|ik *i* traffic (-ck-) (v. deal*) illegally in foreign currencies

vályogház *fn* adobe/wattle house

vályogtégla *fn* adobe, sun-dried brick

vályú *fn* trough

vám *fn* **1.** *[hely]* (the) customs *tsz* **2.** *[díj]* customs duty; **~ot fizet vmért** pay* (customs) duty on sg; **fizettél ~ot a video után?** have you paid customs duty on this video?; **kifizeti a ~ot** pay* the duty (on sg) **3.** → **vámvizsgálat**; **átjut a ~on** get*/go* through (v. clear) customs, clear [goods] through customs; *átv* **amit nyer a ~on, elveszti a réven** what you lose on the swings you gain on the roundabouts

vám- *mn* customs

vámáru-nyilatkozat *fn* → **vámnyilatkozat**

vámbevallás *fn* customs declaration

vámbűncselekmény *fn* customs offence (*US* -se)

vámcédula *fn* customs invoice, (bill of) clearance

vámcsalás *fn* evasion/defraudation of the customs; **~t követ el** cheat the customs, evade customs duty

vámdíjszabás *fn* customs tariff; **kedvezményes ~** preferential tariff

vámeljárás *fn* customs procedure

vámháború *fn* tariff war

vámhatóság(ok) *fn* customs (authorities), the Customs *[mindegyik: tsz]*

vámház *fn* customs house

vámhivatal *fn* customs *tsz*, customs house

vámkedvezmény *fn* customs preference

vámkezelés *fn* customs clearance/examination, customs *tsz*; **útlevél- és ~** passport and customs clearance, passport control and customs

vámkezeltet *i* (*vmt*) clear sg through customs

vámkirendeltség *fn [határon]* (frontier) customs post/checkpoint

vámkommandó *fn* special enforcement units *tsz* of the Customs and Excise Office

vámköteles *mn* liable/subject to duty *ut*, dutiable

vámmentes *mn* duty-free; **~ áruk listája** free list; **~ bolt** *[reptéren]* duty-free shop; **~ terület/övezet** customs-free area/zone; **~en** duty-free

vámnyilatkozat *fn* customs declaration

vámnyugta *fn* customs invoice, clearance paper, (bill of) clearance

vámol *i* clear (sg) (through customs)

vámolás *fn* clearing (through customs), customs clearance

vámos *fn* → **vámőr**

vámőr *fn* customs officer/official

vámpír *fn* vampire

vámpolitika *fn* customs policy

vámrendelkezések *fn* customs regulations

vámsorompó *fn [tilalom]* customs barrier

vámszabad *mn* **~ raktár** bonded warehouse; **~ raktárban** in bond; **~ terület** (duty-)free zone

vámszabályok *fn* customs regulations

vámszedő *fn* **1.** *[bibliai]* publican **2.** *átv* exploiter, vulture

vámtarifa *fn* customs tariff

vámterület *fn* customs area

vámtiszt *fn* customs officer/official

vámunió *fn* customs union

vámvizsgálat *fn* customs clearance/examination/inspection, customs (formalities) *tsz*; **átjut a ~on** get*/go* through (v. clear) customs, clear [goods] through customs

van *i* **1.** *[lenni]* ‹ to be; *ragozása jelen időben:* I am, you are, he/she/it is, we/you/they are; *múlt időben:* I was, you were, he/she/it was, we/you/they were; Present Perfect: I have been etc.; Past Perfect: I had been etc. ›; *[létezik]* is, exists, (*vm vhol*) there is ..., *tsz* there are ...; **3 könyv ~ az asztalon** there are 3 books on the table, on the table there are 3 books; **~ itt egy orvos?** is there a doctor present?; **hideg ~** it is cold; **hogy ~?** how are you?, how are you doing (v. getting on)?, how do you feel?; **jól ~** he is well, he is all right; **mi ~ magával?** what is the matter with you?, what's troubling you?; **~nak nála** he's got people with him; **benne vagyok** *[egyetértek, vállalom]* it's fine with me, it's okay/OK with/by me, count me in; *biz* **na mi ~?** well?, what's up?; **vmből ~** *[készült]* is made of sg; **~nak, akik azt mondják** ... there are some/those who say ...; **~ már vagy tíz éve** it's been at least 10 years since, it was at least 10 years ago; **már voltam ott** I have been there (before); **én vagyok** it's me; **sohasem voltam Londonban** I have never been to London; **volt itt vk?** any calls?, has anyone called?, did anyone call?; **volt idő, amikor** ... there was a time when ..., there used to be a time when; **úgy volt, hogy eljövök** I was to come, I was supposed to come; **úgy volt, hogy a múlt héten esküszünk, de beteg lettem** we were to be married last week, but I fell/was ill; *[étteremben]* **két kávénk volt** we had two cups of coffee **2.** *[van neki]* have* sg, *biz* have got sg, *[birtokol]* possess, own (sg); ~ **vknek vmje** sy has sg; *[konkrét dolgok esetén többnyire] GB* sy has got sg; ~ **miből** I can (well) afford (it); **kék szeme** ~ (s)he has (got) blue eyes; ~ **egy új kocsim** I've got a new car; ~ **ceruzád?** have you got a pencil?, *US* do you have a pencil?; ~ **pénzed?** have you (got) any money?; ~ **nálad pénz?** have you got (some/any) money on you?; **nem volt marhahús** *[a hentesnél]* I couldn't get any beef (at the butcher's); → **jó**, → **lesz**, → **nincs**, → **sincs**, → **volna**

vandál *mn/fn [személy]* vandal; ~ **módra összetörték a kocsit** the car has been vandalized; ~ **pusztítás/rombolás** piece of vandalism

vandalizmus *fn* vandalism

vándor I. *mn* wandering, roving, roaming, rambling; ~ **nép** nomadic people, nomads *tsz* **II.** *fn* wanderer

vándorbot *fn* **~ot vesz a kezébe** take* to the road, set* out on one's travels

vándorcirkusz *fn* travelling (*US* -l-) circus

vándordíj *fn* challenge cup/trophy

vándorélet *fn* wandering/roving life

vándorgyűlés *fn* regional meeting

vándorkiállítás *fn* travelling (*US* -l-) exhibition/show

vándorlás *fn ált* wandering(s), travels *tsz*, *[állaté, törzsé]* migration

vándorló *fn* → **vándor**

vándormadár *fn átv is* bird of passage, *[csak ember]* drifter, job-hopper, rolling stone, *US biz* floater

vándormunkás *fn biz* itinerant/casual worker, *[ausztrá-liai] biz* swagman° → **vándormadár**

vándorol *i* **1.** *[rendeltetés nélkül]* wander, travel (*US* -l) (on foot), peregrinate, *[kóborol]* roam, rove, stroll **2.** *[cél-lal]* migrate

vándorpatkány *fn áll* brown rat

vándorsólyom *fn* peregrine falcon

vándorszínész *fn* strolling player, *US kb.* barnstormer; **~ek** troupe *esz*

vándorút *fn* wanderings *tsz*; **~ra indul/kel** set* out on (v. go* on) one's travels

vándorvese *fn* floating kidney, nephroptosis

vándorzászló *fn* challenge flag

vanília *fn* vanilla

vaníliafagylalt *fn* vanilla ice

vaníliás *mn* vanilla

vánkos *fn* → **párna**

vánkoshuzat *fn* → **párnahuzat**

vánszorog *i* drag oneself along, crawl along, stagger (along) (to), trudge

Vanuatu *földr* Vanuatu; **v~i** Vannuatuan

var *fn* scab, crust

vár[1] *fn* **1.** *[épület]* castle; **királyi** ~ royal castle/palace; **a budai** ~ the Buda Castle **2.** *[budai lakónegyed]* the Castle district; **a ~ban lakom** I live in the Castle district (of Buda) → **ház**

vár[2] *i* **1.** *[várakozik]* wait, be* waiting; **~j!** wait a moment, hang on!; ~ **egy kicsit/percig/darabig** wait a bit/minute!, just a minute!; **ne ~j vele** don't wait with it, don't put it off; **~junk csak!** hold it!, hold your horses!, stop! **2.** (*vkre/vmre*) wait for sy/sg, *[számít vkre/vmre]* expect sy/sg; **a buszra** ~ be* waiting for the/a bus; **20 percet ~tunk a buszra** we waited 20 minutes for a/the bus; **arra ~unk, hogy Péter megérkezzék** we are waiting for Peter to arrive; **~j a sorodra** (you will just have to) wait your turn, wait till your turn comes; **arra ugyan ~hatsz** that'll be the day, you can wait for it until you are blue in the face **3.** (*vmt/vkt*) wait for sg/sy, *[számít vmre/vkre]* expect sg/sy; **egy órája ~ok rád** I have been waiting for you for an hour; ~ **vkt a(z) állomáson/repülőtéren** *stb.* meet* sy at the station/airport etc.; **intézkedtem, hogy egy kocsi ~ja önt** I have arranged for a car to meet you (at the station/airport); **alig ~om, hogy láthassalak** I am looking forward to seeing you; *[lelkesebben]* I can hardly wait to see you; **alig ~ vmt** be* looking forward to ...ing (sy/sg/to sg), be* waiting anxiously to [hear/do sg], be* anxious to ...; **már alig** (v. **nagyon régóta**) **~tam a találkozást** I have long desired to meet them; **kisbabát ~** she is expecting a baby; **szíves válaszát ~va** looking forward to hearing from you (v. to your reply); **15 vendéget ~tunk, de csak 10 jött el** we were expecting 15 guests, but only 10 came (v. *biz* turned up); **~va ~ vmt** wait for (v. expect) sg eagerly **4.** *[elvár vktől vmt]* expect (sg of sy/sy to do sg); **semmi jót nem ~ok tőle** I do not expect any good to come of it (v. *vktől* of him); **ezt nem ~tam volna** I would not have expected that; **sokat ~nak tőle** they have high hopes of him **5.** *[vm kellemetlen vkre]* sg is in store for sy, sg lies ahead of sy; **ki tudja, mi ~ ránk** who knows what the future has in store (for us), it's all in the lap of the gods; → **várva várt**

várakozás *fn* **1.** *[várás]* wait(ing) **2.** *[parkolás]* parking, waiting **3.** *[remény]* expectation(s); **minden ~ ellenére** contrary to (all) expectations; **izgalomteljes/örömteljes ~ban van** be* (all) agog (with excitement); **~ának megfelel** live up to one's expectations; **megfelel a ~nak** *[ha vmt nagy hűhó előz meg]* live up to its billing; **~on alul marad** fall* short of expectations; **~on felül** beyond/surpassing expectation, unexpectedly; **minden ~t felülmúl** it surpasses all expectations, it is beyond expectation; **~sal tekint vm elé** be* looking forward (to sg/to ...ing sy/sg); → **elun**

várakozási *mn* ~ **idő** waiting time/period

várakoz|ik *i* **1.** (*vkre/vmre*) wait (for sy/sg), be* waiting; **türelmetlenül ~ik** wait impatiently **2.** *[autó]* park, park one's/the car (swhere); **~ni tilos!** no parking/waiting

várakozó *mn* **1.** (*vk*) waiting (for) *ut*, awaiting (sg) *ut*; ~ **álláspontra helyezkedik** adopt a wait-and-see attitude/policy, wait and see; *kif biz* sit on the fence **2.** ~ **gépkocsi/autó** parked vehicle/car; (*vhol*) vehicle/car parked/left [in the/a car-park etc.]

várakozóhely *fn* car-park, parking place/area, *US* parking lot

várakoztat *i* keep* sy waiting, *szl* let sy cool his/her heels

várandós *mn* → **terhes**

várandóssági *mn* ~ **pótlék** maternity allowance/benefit

varangy(os béka) *fn* toad

várárok *fn* moat, fosse

varas *mn* scabby, covered with scabs *ut*

várás *fn* waiting (for)

varasod|ik *i* scab (over), become* encrusted

várat *i* keep* sy waiting

váratlan *mn* unexpected, unlooked-for, unforeseen, surprising; ~ **ajándék/szerencse** windfall; ~ **fordulatot vesz** take* an unexpected turn; ~ **vendég** chance visitor, unexpected guest

váratlanul *hsz* unexpectedly, all of a sudden; ~ **ért bennünket** it took us by surprise

varázs *fn* **1.** *[varázslat]* magic (power), spell, enchantment **2.** *[vonzás]* fascination, charm; **egyéni ~** personal magnetism/charm, charisma; **az újdonság ~a** the charm of novelty

varázserő *fn* magic power, charm

varázsige *fn* magic word, spell, charm

varázsital *fn* magic potion, *[bájital]* (love-)philtre (*US* -ter), love-potion

varázslás *fn* magic (art)

varázslat *fn* witchcraft, black art, magic, sorcery

varázslatos *mn* **1.** *konkr* magic(al) **2.** *átv* enchanting, magic

varázsló *fn* magician, wizard, sorcerer, enchanter, *[nő]* sorceress, enchantress

varázsol *i* **1.** *[varázsló]* practise magic, work/use charms **2.** (*vmt vmvé*) change/turn/transform/transmute sg into sg by magic; → **elvarázsol**

varázspálca *fn* magic wand

varázsszem *fn el* magic eye

varázsszó *fn* → **varázsige**

varázsütés *fn* magic touch; **mintegy ~re** as if by magic

V

varázsvessző *fn* **1.** → **varázspálca 2.** *[forráskutatóé]* divining-rod
várbörtön *fn tört* dungeon
várfal *fn* (castle) wall, wall of a fortress
várfogság *fn tört* imprisonment in a fortress/castle
varga *fn* shoemaker, *[foltozó]* cobbler; → **kaptafa**
vargabetű *fn* roundabout way/route, detour; **~t ír le** go* a roundabout way, make* a detour, detour, *biz* go* all round the houses
vargánya *fn növ* yellow boletus (*tsz* -tuses v. -ti), mushroom
várható *mn* probable, prospective, to be expected *ut*; **~ élettartam** life expectancy; **ez ~ volt** this was only to be expected, *biz* that's (about) par for the course; → **időjárás**
várhegy *fn* castle hill
variáció *fn* variation
variál *i* **1.** *[váltakoztat]* vary, *[színeket]* variegate; **(véglekig) ~ egy témát** ring* the changes on sg **2.** *szl [ügyeskedik]* wangle, wheel and deal
variáns *fn* variant
varietéműsor *fn* variety show/programme (*US* -ram), *US* vaudeville
varieté(színház) *fn* variety, music-hall
varjú *fn* crow
várkapitány *fn tört* commander [of a castle], castellan
várkapu *fn* castle gate
várkastély *fn* fortified castle
varkocs *fn* plait, *US* braid, pigtail
vármegye *fn* county
vármegyeháza *fn* county hall
váró I. *mn* waiting; **megoldásra ~ kérdések** matters/questions pending **II.** *fn* → **várószoba**
várócsarnok *fn* waiting-hall, lounge
várólista *fn* waiting-list; **a ~n szerepel** be* on the waiting-list
várományos *fn jog* **1.** *[törvényes örökös]* heir apparent; **az angol trón ~a** heir apparent to the throne of Great Britain and Northern Ireland, heir apparent of the British sovereign (= the Prince of Wales) **2.** *[birtoké]* heir, *[jog]* reversioner
város *fn* **1.** *[kisebb]* town, *[nagyobb]* city **2.** *[mint hatóság]* town/city council, *US* municipality **3.** *[belváros]* town, *US* downtown; **bemegy a ~ba** go* into town, *US* go* downtown
városállam *fn tört* city-state
városatya *fn elav* alderman°, councillor, councilman°, councilwoman°
városépítés *fn kb.* town/city-planning
városfal *fn* town/city wall
városfejlesztés *fn kb.* town/city-planning/development
városháza *fn* town hall, *US* city hall
városi I. *mn* **1.** *ált* town, city; **~ adó** local tax, municipal tax; **~ élet** town/urban life; **~ ember** townsman°, citydweller, *biz* townee; **~ emberek/lakosság** townspeople *tsz*, *főleg: US* townsfolk *tsz*; **~ iroda** *[légitársaságé]* city office; **~ polgár** burgher, citizen **2.** *[mint államigazgatási egységhez tartozó]* municipal; **~ főorvos** chief medical/health officer; **~ tanács** town/city council **II.** *fn* townsman (*tsz* townspeople)
városias *mn* urban
városiasodás *fn* urbanization
városiasod|ik *i* become* urbanized
városka *fn* small town
városkapu *fn* town gate
városkép *fn* townscape, cityscape
városközpont *fn* town/city centre (*US* -ter), the centre (*US* -ter) of a/the city; **Budapest ~ja** Central Budapest, the centre (*US* -ter) of Budapest; **London ~ja** *[belvárosa]* the City
Városliget *földr* the City Park
városnegyed *fn* → **városrész**
városnézés *fn* sightseeing; **~re megy** go* sightseeing, (go* to) see the sights [of London, Budapest etc.], spend* [a few hours/days etc.] sightseeing in [Athens, Paris etc.]
városnéző I. *mn* **~ autóbusz** sightseeing bus; **~ (kör)séta** sightseeing tour **II.** *fn* sightseer
városparancsnok *fn* (military) government/commandant of a city/town
városrendezés *fn* town planning, *US* city planning
városrész *fn* quarter, district [of a town/city]
városszerte *hsz* all over the town/city, in the whole town/city
várostrom *fn* siege [of a castle/fortress]
várostűrő *mn körny* **~ fa** tree resistant to urban environment
várószoba *fn* waiting-room
váróterem *fn* waiting-hall/room
várőrség *fn* garrison, castle-guard
varr *i* sew*, do* sewing, *[varrógéppel]* machine; **szoknyát ~** make*/sew* a skirt; **ruhát ~** make*/sew* a dress → **nyak**
varrás *fn* **1.** sewing, needlework; **~ból él** she makes her living by sewing **2.** *[varrat]* seam; **~ nélküli** seamless
varrat[1] *i* have* sg sewn; **ruhát ~** have* a dress made
varrat[2] *fn* **1.** *[varrás]* seam, stitching **2.** *orv* stitch, suture; **kiszedik a ~okat** the stitches are taken out
varrnivaló *fn* **sok ~m van** I've got a pile of sewing to do
varróasztal *fn* sewing table
varrócérna *fn* sewing thread (*US* cotton)
varroda *fn* dressmaker's shop
varródoboz *fn* sewing kit/box
varrógép *fn* sewing-machine
varrókészlet *fn* sewing kit, housewife
varrólány *fn* sewing-maid, dressmaker's assistant/apprentice
várrom *fn* ruins of a castle/fortress *tsz*
varrónő *fn [fehérnemű]* seamstress, needlewoman°, *[ruha]* dressmaker
varrott *mn* sewn, *[öltött]* stitched; **kézzel ~** sewn by hand *ut*, hand-sewn; **géppel ~** sewn by machine *ut*, machine-sewn
varrótű *fn* (sewing) needle
Varsó *földr* Warsaw
varsói *mn* of Warsaw *ut*; *rep* **~ egyezmény** Warsaw Convention; *tört* **V~ Szerződés** Warsaw Pact, *hiv* Warsaw Treaty Organization; *tört* **a V~ Szerződés országai** the Warsaw Pact (countries)
várt *mn* waited (for) *ut*, awaited, expected; **nem ~** unlooked-for, unexpected; *[nem is sejtett]* undreamt-of; **várva ~** expected/desired long/eagerly *ut*, long-awaited
vártorony *fn [nagy]* donjon, keep, *[saroktorony]* turret
várúr *fn* lord (of the castle)
várva *hsz* → **várt**
vas I. *mn* iron, made of iron *ut* **II.** *fn* **1.** *[fém]* iron; **~ból van** be* made of iron; **~ból vannak az idegei** have* nerves of steel/iron; **még a ~at is megemésztené** have* a cast-iron digestion; **két ~at tart a tűzben** *kb.* have* a couple irons in the fire, have* two strings to one's bow; **egyszerre több ~at tart a tűzben** keep* several balls in the air at once **2.** *[bilincs]* irons, chains, fetters, shackles (*mindegyik: tsz*); **~ra ver vkt** put* sy in irons, fetter/handcuff sy **3.** *[lópatkó]* horseshoe, *[cipősarkon]* heel-plate **4.** *[vasaló]* (flat/laundry) iron **5.** *[gyógyszer]* iron; **~at szed** take* iron **6.** *biz* **egy ~am sincs** I am (stony) broke, I'm hard up, I've not a penny to my name, *US* I haven't a red cent (v. plug nickel); **egy ~at nem ér** (be*) not worth a straw/pin; → **üt 1**
vaságy *fn* iron bed (stead); *tréf* **40 kiló vasággyal együtt** *kb.* be* a bag of bones
vasajtó *fn* iron door
vasakarat *fn* **~a van** have* an iron will (v. a will of iron)
vasal *i* **1.** *[vasalással ellát]* fit/cover sg with iron **2.** *[lovat]* shoe* **3.** *[fehérneműt]* iron, *[felsőruhát]* press, iron, *[nadrágot stb.]* press

vasalás *fn* **1.** *[pánt stb.]* ironwork, iron fittings *tsz* **2.** *[vasalóval]* ironing, pressing
vasalatlan *mn [fehérnemű]* unironed, *[ruha]* unironed, unpressed, *[gyűrött]* crumpled, creased; *[ló]* unshod
vasaló *fn* iron; **gőzölős ~** steam iron
vasalódeszka *fn* ironing-board
vasalónő *fn* ironing woman°
vasalózsinór *fn* flex, *US* cord
vasalt *mn [fehérnemű]* ironed, *[ruha]* ironed, pressed
vásár *fn* **1.** *[kisebb]* market, *[országos]* fair; **nemzetközi ~** international (trade) fair; *átv* **~ra viszi a bőrét** lay* oneself on the line, risk everything; **szabad a ~** free for all **2.** *[üzlet]* bargain; **jó ~t csinál** make* a good bargain **3. (engedményes) ~** sale; **téli ~** winter sale; **a januári ~** January sales *tsz*; **a(z engedményes) ~on vettem** I got it at a (v. in the) sale(s); → **kettő**
vásárcsarnok *fn* market(-hall), covered market
vásárfia *fn* fairground souvenir
vásári *mn* **1. ~ árus** stallholder [at a fair]; **~ helypénz** stallage **2.** *pej* cheap, shoddy [goods], trash
vásárlás *fn [vétel]* purchasing, buying, *[üzletjárás]* shopping
vásárlási *mn* **~ utalvány** gift voucher; *gazd* **~ készség** consumer acceptance; **~ szokások** buying habits, buying pattern *esz*
vásárló *fn* shopper, *[rendszeres]* customer; **~k könyve** complaints-book
vásárlóerő *fn* **1.** *[lakosságé]* purchasing power **2.** → **vásárlóérték**
vásárlóérték *fn* purchasing/buying power
vásárlóközönség *fn* shoppers *tsz*, the shopping public, customers *tsz*
vasárnap I. *fn* Sunday; **~ra** by Sunday **II.** *hsz* (on) Sunday; **jöjj el ~** come and see me on Sunday; **minden ~** on Sundays, every Sunday; **~ este** Sunday evening/night
vásárnap *fn* market-day
vasárnapi *mn* Sunday; **~ apuka** weekend father/parent; **egy ~ napon** on a Sunday; **a múlt ~ hangverseny** last Sunday's concert; **~ újság** Sunday paper
vasárnaponként *hsz* (on) Sundays, every Sunday
vásárol *i* **1.** (*vmt*) purchase, buy* **2.** *[üzleteket jár]* shop, go* shopping, do* one's/the shopping **3.** *[vhol rendszeresen]* be* a [shop's] customer; **hol szoktál ~ni?** where do you do your shopping?; **köszönjük, ~jon újra nálunk!** thank you, call again!
vásároz *i kb.* go* to market (regularly) [to sell goods]
vásártelep *fn* market(-place/site)
vásártér *fn* market(-place/square)
vasáru *fn* ironware, ironmongery, hardware
vasas I. *mn [vastartalmú]* containing iron *ut*, ferrous, *[víz]* chalybeate **II.** *fn* **1.** *[munkás]* ironworker, metalworker **2.** → **vaskereskedő**
vasbádog *fn* sheet/plate-iron, iron-plate
vasbeton *fn* reinforced concrete, ferroconcrete
vasbetonszerkezet *fn* structure of reinforced concrete
vasdarab *fn* piece of iron
vasegészség *fn* iron constitution, robust health
vasember *fn sp* **~ verseny** [swimming, surfing, running] iron-man triathlon *[ausztrál]*
vasérc *fn* iron ore
vas- és edénybolt *fn* hardware shop (*US* store)
vasesztergályos *fn* iron turner
vasfazék *fn* iron pot/cauldron
vasfegyelem *fn* iron discipline
vasfog *fn* **az idő ~a** the ravages of time *tsz*
vasforgács *fn* steel wool, iron shavings *tsz*
vasfüggöny *fn* **1.** *[színházi]* safety curtain **2.** *pol tört* the Iron Curtain
vasgyár *fn* ironworks *esz* v. *tsz*
vasgyártás *fn* iron manufacture/production
vasgyúró *fn* **kis ~** sturdy little fellow
vashiány *fn* iron-deficiency
vás|ik *i [kopik]* wear* away; **~ik a foga vmtől** [sour apples etc.] wear* down the teeth
vasipar *fn* iron industry/manufacture
vasizom *fn* muscles of iron/steel *tsz*
vaskalapos *mn* straitlaced, hidebound
vaskályha *fn* iron stove
vaskarika *fn* iron ring/hoop; **fából ~** nonsense, absurdity, *kb.* squaring the circle
vaskereskedés *fn* ironmonger's (shop), hardware shop (*US* store)
vaskereskedő *fn* ironmonger, *US* hardware dealer
vaskereszt *fn tört* Iron Cross
vaskéz *fn* **~zel kormányoz** rule with an iron hand, be* an ironfisted ruler
vaskohász *fn* foundryman°
vaskohászat *fn* iron metallurgy, iron smelting
vaskohó *fn* iron furnace, *[telep]* ironworks *esz* v. *tsz*
vaskor(szak) *fn* the Iron Age
vaskos *mn* massive, bulky, *[személy]* stocky, stout, robust, thick-set; **~ tévedés** gross error; *biz* real brick, howler; **~ tréfa** coarse/practical joke
vaslap, **vaslemez** *fn* iron plate/sheet
vasmacska *fn* anchor; → **horgony**
vasmag *fn el* iron core
vasmarok *fn* iron/steel grip; **~kal fog** hold* in a steel grip
vasmunkás *mn* ironworker
vasmű *fn* ironworks *esz* v. *tsz*
vasolvasztó *fn* blast furnace
vasorrú *mn* **~ bába** old witch (of iron); ‹ iron-nosed witch in a Hungarian folk tale ›; *átv* harridan
vásott *mn* **1.** *[kopott]* worn, *[használhatatlan]* worn-out [shoes] **2. ~ kölyök** a pest of a child, a hyperactive (v. an unmanageable) child°
vasököl *fn* mailed fist
vasöntő *fn* **1.** *[munkás]* iron-founder **2.** *[műhely]* iron-foundry
vasöntöde *fn* → **vasöntő** 2
vasöntvény *fn* iron-casting, cast iron
vaspánt *fn* band (of iron)
vasrács *fn [ablaké]* iron bars *tsz*, grille, *[szobor körül]* railings *tsz*, *[rostély]* iron grate, *[sütéshez]* grill
vasredőny *fn* (iron roll-)shutters *tsz*
vasreszelék *fn* iron-filings *tsz*
vasrostély *fn* iron grate
vasrúd *fn* iron bar/rod
vassalak *fn* (iron) dross, slag, cinder
vassodrony *fn* iron/steel wire
vasszeg *fn* iron nail
vasszerkezet *fn* iron framework/structure
vasszerkezeti *mn* **~ lakatos** steel structures fitter
vasszervezet *fn átv* iron constitution
vasszigor *fn* unbending rigour (*US* -or), unbending severity; **~ral kormányoz** rule with a rod of iron (v. an iron hand)
vasszorgalom *fn* tireless/indefatigable industry
vasszűz *fn tört* iron maiden (of Nuremberg)
vastag I. *mn* **1.** (*vm*) thick; *átv* **~ bőre van** have* a thick skin, be* inured to sg, be* insensitive, be* lost to all sense of shame; **3 cm ~ deszka** a board/plank 3 centimetres thick; **~ falú** thick-walled; **~ hang** thick/gruff voice; **~ kötet** bulky/fat volume/tome **2.** *[személy]* stout, fat **3.** *átv biz* **~ tréfa** practical joke **II.** *fn* **a munka ~át elvégzi** break* the back of the work, get* the hardest part done
vastagbél *fn* large intestine, colon
vastagbélgyulladás *fn* colitis
vastagbőrű I. *mn átv* thick-skinned, insensitive **II.** *fn áll* pachyderm
vastagít *i* thicken, make* thick(er)
vastagnyakú *mn átv* stiff-necked
vastagodás *fn* thickening
vastagod|ik *i* thicken, become* thick(er)

vastagon *hsz* thickly, heavily; ~ **fog a ceruzája** *átv* charge too much, ask an exorbitant price, *kif biz* stick* it on

vastagság *fn* thickness; **~a 20 cm** sg is 20 centimetres thick

vastaps *fn* frenetic/enthusiastic applause; **~ot kapott** *[felállva tapsoltak]* (s)he received a standing ovation

vastartalék *fn* iron rations *tsz*, reserves *tsz*

vastartalmú *mn ált* containing iron *ut*, ferruginous, *kém* ferrous, ferric; ~ **orvosság** iron supplement

vastartalom *fn* iron content

vastraverz *fn* iron bar/girder

vastüdő *fn* iron lung

vasút *fn* railway, *US* railroad, *[a brit államvasutak]* British Rail, *[vonat]* train; **~on megy vhova** go* swhere (v. travel v. *US* -l) by train/rail, take* a train to ...; **~on szállít** transport by rail, *US* ship by railroad; **a ~nál dolgozik** work for the railways (v. *US* railroad)

vasútállomás *fn* railway (*US* railroad) station; **kimegy a ~ra** go* to the (railway v. *US* railroad) station; *[vk elé]* meet* sy at the station

vasutas *fn* railway employee, railwayman°, *US* railroadman°

vasutassztrájk *fn* strike of railway (*US* railroad) workers

vasúthálózat *fn* railway (v. *US* railroad) network/system

vasúti *mn* railway-, *US* railroad-; ~ **átjáró** *[szintbeni]* level (v. *US* grade) crossing; ~ **csatlakozás** rail link/connection; ~ **csomópont** railway (*US* railroad) junction; ~ **felvilágosítás/információ** *GB* British Rail travel/information centre; ~ **forgalom** rail(way) (*US* railroad) traffic; ~ **fővonal** main/trunk/intercity line; ~ **felüljáró** passenger bridge [over a station], footbridge; ~ **híd** railway (*US* railroad) bridge; ~ **jegy** (rail v. *US* railroad) ticket; ~ **kocsi** (i) *[személy]* railway carriage, coach, *US* railroad coach/carriage/car; *[termes]* *US* saloon car (ii) *[teher]* goods wag(g)on, *US* freight car; ~ **közlekedés** rail transport; ~ **menetrend** (i) *ált* (railway) timetable, *US* schedule (of trains) (ii) *[könyv]* railway (v. *US* railroad) guide; ~ **összeköttetés** railway (*US* railroad) connection; ~ **szállítás** rail(way) transport, *US* shipping of goods by rail; ~ **szerencsétlenség** railway (*US* railroad) accident, train crash; ~ **töltés** railway (*US* railroad) embankment; → **összeköttetés**

vasúttársaság *fn* railway company

vasútvonal *fn* railway (*US* railroad) line

vasváz *fn* iron frame(work)

vasvilla *fn [többágú]* fork, *[kétágú]* pitchfork; **mintha ~val hányták volna rá** *[ruhát]* (s)he looks as though (s)he has been dragged through a hedge backwards

vasvillaszemekkel néz *i* (*vkre*) look daggers at sy

vászon I. *fn* **1.** *[anyag]* linen, *[könyvkötéshez]* cloth; **~ba kötve** bound in cloth **2.** *[festőé]* canvas **3.** *[vetítőfelület]* screen **II.** *mn* linen

vászoncipő *fn* canvas shoes *tsz*

vászonkabát *fn* linen jacket

vászonkötés *fn* cloth binding; **~ű** (bound) in cloth *ut*, cloth-bound

vászonnadrág *fn* canvas/linen trousers *tsz*, *biz* ducks *tsz*

vászonroló *fn* (roller-)blind

vászonruha *fn [férfi]* linen suit, *[női]* linen dress

vatelin *fn* (cotton) wadding

vátesz *fn irod* prophet, seer

Vatikán *földr* Vatican

vatikáni *mn/fn* Vatican

Vatikánváros *földr* Vatican City

vatta *fn* **1.** *[egészségügyi stb.]* cotton wool, *US* absorbent cotton **2.** *[ruhába]* wadding, padding

vattabélés *fn* wadding, padding

vattacukor *fn GB* candy floss, *US* cotton candy

vattáz *i* pad, *átv biz* fill sg (up) with freebies

vattázott *mn* quilted

váz *fn* **1.** *ált* framework, *[ernyőé, motoré]* frame(work), *[házé]* framework, shell, skeleton **2.** *átv* framework, *[regényé]* framework, outline, *kif* the bare bones (of) *tsz*

váza *fn* vase

vazallus *fn tört* vassal, liege

vázas *mn* ~ **hátizsák** framed rucksack (*US* backpack)

vazelin *fn* Vaseline, petroleum jelly

vázlat *fn ált* sketch, *[rajzos]* line diagram, *[festőé]* (rough) draft, sketch, outline, *[írásműé, előzetes]* draft, sketch, *[kivonat]* outline, summary; **~ot készít vmről** make* a (rough) sketch of sg, sketch out sg

vázlatfüzet *fn* sketch-book

vázlatkönyv *fn* → **vázlatfüzet**

vázlatos *mn* **1.** *[nem részletes]* sketchy, roughly outlined; ~ **rajz** rough sketch **2.** *[rövid]* brief, sketchy; ~ **ismertetés** brief account

vázlatosan *hsz* ~ **ismertet** (*vmt*) sketch out sg, outline sg

vázlattömb *fn* sketch-block

vázol *i* sketch, outline, draft, plan, *[képet, tervet]* sketch out, *[szóban]* outline; **nagy vonalakban ~ vmt** sketch out sg, give* the broad outlines of [the events etc.]

vázrajz *fn* block diagram

VB *röv* → **világbajnokság**

VB-döntő *fn* World Cup Final

vécé *fn GB* lavatory, toilet, *GB biz* loo, *US* lavatory, bathroom, *biz* john; **~re megy** go* to the toilet (v. *biz* the loo); *US* go* to the bathroom (v. *biz* the john); *[főleg női, pl. áruházban, színházban]* powder-room; → **nyilvános**

vécékagyló *fn* toilet bowl

vécépapír *fn* toilet paper

vécépapírtartó *fn* toilet roll holder

vécészőnyeg *fn* pedestal mat

vécétartály *fn* toilet cistern

vecsernye *fn vall* vespers *tsz*, evensong

véd *i* **1.** (*vktől, vmtől* v. *vm ellen*) defend/protect/guard (sy) from/against sy/sg, *[várat]* defend, hold* [a fort etc.] (*vm ellen* against), *[eső ellen]* shelter (from); **~i vk érdekeit** safeguard/protect (v. stand* up for) sy's interests; **a törvény ~i** be* protected by (the) law; **ezek a fák ~ik a házat a széltől** these trees shelter/screen the house from the wind **2.** *[vádlottat]* defend, act as counsel for sy, *[ügyet]* plead* [a case]; **ki fogja ~eni?** who is going to defend him? **3.** *[futballban a kapuvédő]* keep* goal, *[lövést kivéd]* save [a shot]

védekezés *fn* **1.** *ált* defence (*US* -se), protection; **legjobb ~ a támadás** attack is the best defence **2.** *[önvédelem]* self-defence (*US* -se) **3.** *[vádlotté]* plea(ding), defence (*US* -se); **vád elleni ~** answer to a charge **4.** *[terhesség ellen]* contraception, prevention against pregnancy, pregnancy prevention

védekez|ik *i* **1.** (*vm ellen*) defend/protect/guard oneself from/against sg, *[terhesség ellen]* take* precautions, use contraceptives; **a hideg ellen ~ik** protect oneself from the cold; **hogyan ~el?** *[a nem kívánatos terhesség ellen]* what contraceptive (method) do you use? **2.** *[mentegetődzik]* apologize, make* excuses **3.** *sp* defend; **jól ~tek** they defended very well **4.** *jog* put* forward a defence (*US* -se), plead* sg; **azzal ~ik, hogy nem volt beszámítható állapotban** he pleaded that he was insane

védekező *mn* **1.** *ált* defensive, protective; *sp* ~ **állás** guard, defensive position; ~ **álláspontot foglal el** be*/go* on the defensive; *sp* ~ **játékot folytat/játszik** play a defensive game, play defensively **2.** *biol* **a szervezet ~ mechanizmusa** the defence (*US* -se) mechanism of the body

vedel *i* drink* (to excess), *biz* swill, down, knock it back

védelem *fn* **1.** *ált* defence (*US* defense), protection; **vk védelme alatt** under sy's protection/patronage; ... **védelmében,** ... **védelmére** in defence of ...; **vkt védelmébe vesz** take* sy under one's protection/wing; **vk védelmére kel** fly*/rise* to sy's defence (*US* -se), take* the side of sy; **védelmet nyújt vm ellen** provide/offer shelter from sg, serve as shelter from sg **2.** *jog* defence (*US* -se), take* the side of sy; **védelmet nyújt vm ellen** provide/offer shelter from sg, serve as shelter from sg **3.** *jog* defence (*US* -se); **XY, a ~ képviseletében előadta, hogy** ... Mr X, defending, said that ... / Mr X, counsel/appearing for the defence, said that ...; **a ~ tanúja** witness for the defence **4.** *sp* **a ~** the defence (*US* -se), the back-field

védelmez *i* **1.** *(vkt vmtől/vm ellen)* defend, protect, guard, shelter (*mindegyik:* from/against sg) **2.** *[ügyet]* advocate, support, champion

védelmi *mn* defensive, protective; **~ állásban van** be* in a defensive position, be* on the defensive; *sp* **~ hiba** a defence error; **~ háború** defensive war; **~ miniszter** defence minister, *US* Secretary of Defense, Defense Secretary; **~ minisztérium** *GB* Ministry of Defence, *US* Department of Defense; **~ szövetség** defensive alliance

védenc *fn* **1.** *ált* protégé, charge **2.** *[ügyvédé]* client

veder *fn [fém]* pail, *[fém, fa]* bucket

véderő *fn* armed forces *tsz*

védés *fn* **1.** *okt* defending one's thesis **2.** *sp* save; **jó ~** a good save

véd- és dacszövetség *fn* defensive and offensive alliance

védett *mn* protected, defended, sheltered; **~ állat(faj)** protected species *esz*; **~ műtárgy** listed work of art; **~ név** proprietary/protected name; **~ terület** nature reserve; **törvényesen ~** protected by law *ut*, patent(ed); **~nek nyilvánít** *[állatot]* declare sg a protected species

védettség *fn ált* protection, *orv pol* immunity

védhetetlen *mn sp [lövés]* unstoppable [shot]

védjegy *fn* trademark, brand

védjegyez *i gazd* **~ve** patented

vedlés *fn* shedding (v. casting off) of the coat/skin, sloughing (off) process

vedl|ik *i* shed* (v. cast* off) its coat, *[hüllő]* shed*, slough (off) [its skin], *[madár]* moult (*US* molt), shed* [its feathers]

védmű *fn [árvíz ellen]* dyke, embankment

védnök *fn* patron, protector

védnöki *mn* **~ tisztség** patronage

védnökség *fn* **1.** *(vké)* patronage, aegis; **vknek a ~e alatt** under the auspices of **2.** *pol* protectorate

védő I. *mn* protective, *[védekező]* defensive **II.** *fn* **1.** *[álláspontė, ügyé]* supporter **2.** *jog* counsel for the defence (*US* -se), defending counsel; **ki a ~d?** who is pleading your case?, who is your defending counsel?; → **kirendelt 3. a vár ~i** defenders of the fortress/castle **4.** → **védőjátékos**

védőálarc *fn* mask

védőállás *fn kat* defensive position

védőbástya *fn* **1.** *[váré]* bastion **2.** *[szabadságé]* bulwark, bastion, stronghold

védőberendezés *fn* safety device/equipment, security system

védőbeszéd *fn* plea(ding), speech for the defence (*US* -se)

védőborító *fn* dust jacket, cover

védőerdősáv *fn* shelter-belt

védőétel *fn* prophylactic/protective food

védőfal *fn [városé]* the ramparts/walls [of a town] *tsz*

védőfegyver *fn* defensive weapon

védőgát *fn* dike, dam, embankment

védőgumi *fn* → **óvszer**

védőháló *fn* **1.** *[cirkuszban]* (safety) net **2. szociális ~** social security net/network

védőhuzat *fn* loose cover, *US* slipcover

védőital *fn* prophylactic/protective drink

védőjátékos *fn sp* defender

védőkesztyű *fn* protective glove

védőkíséret *fn* escort, convoy

védőnő *fn* health visitor, welfare officer

védőoltás *fn* **1.** *[folyamat]* vaccination; **~sal ellát** vaccinate, immunize **2.** *[anyaga]* serum, vaccine

védőöltözet *fn* protective clothing/wear

védőőrizet *fn* **1.** *[fogvatartás]* preventive detention, protective custody **2.** → **védőkíséret**

védőőrség *fn* **1.** *[váré]* garrison **2.** *(vké)* escort

védőrács *fn [kandalló elé]* fireguard, *[pénztárablakon stb.]* grille

védőruha *fn* → **védőöltözet**

védőszárny *fn* protection; **vknek a ~ai alatt** under the wing(s)/protection/aegis of sy

védőszemüveg *fn* safety goggles *tsz*, eye-guard

védőszent *fn* patron saint

védőtöltés *fn* → **védőgát**

védőügyvéd *fn* counsel for the defence (*US* -se), defending counsel, defence lawyer, *US* defense attorney; → **védő**

védőüveg *fn* glass shield

védővám *fn* protective tariff, protectional duty; *gazd* **~ot alkalmaz** employ protectional duties; **~ot megszüntet** abolish protectional duties

védővám-politika *fn gazd* protectionist policy, protectionism

védtelen *mn* **1.** *ált* unprotected, defenceless, undefended; **~ nő** defenceless woman **2.** *[fegyvertelen]* unarmed

védtelenül *hsz* **~ áll vmvel szemben** be unprotected from sg, be* defenceless against sg

vég[1] *fn* **1.** *[befejezés, kimenetel]* end; **~ nélkül** without end; **~ nélküli** endless, never ending, incessant; **~e** *[filmnek]* the end; **az év ~e** end/close of the year; **minden jó, ha jó a ~e** all is well that ends well; **még a hét ~e előtt** before the week is out; **mindennek ~e** it is all over, it is all done with; **a negyvenes évek ~e felé** in the late forties; **~e felé jár** it is nearing its end, it is drawing to its end; **nem lesz jó ~e** it will come to no good; **rossz ~e lesz** (you'll) come to a bad end; **az út ~e felé** toward(s) the end of the journey; **se ~e se hossza** there is no end to it; **~e szakad** come to an abrupt end, break* off; **~e van** sg is at an end, it has come to an end, it is finished, it is over, it has ended; **mikor van ~e a hangversenynek?** what time does the concert finish?; **~e (van) az iskolának** school is over; **nálunk június 20-án van ~e az iskolának** we break up on June 20; **neki már ~e van!** it's all up with him; **~em van!** I am done (for)!, it's all up with me!; **~éhez közeledik** come*/draw* to an end; **~éhez közeledik az (iskola)év** the (school-)year is coming/drawing to an end (v. is at an end); **elejétől ~ig** → **eleje**; **a hét ~én** at the end of the week, at the weekend; **e hó ~én** at the end of this month; **augusztus ~én** at the end of August; **a ~én** *[végül]* in the end; **az út ~én** at the end of the road; **~ére ér** reach the end of sg, be* at the end of sg, be* at an end, come* to an end; **~ére ér vmnek** reach (v. be* at) the end of sg; **~ére jár vmnek** get* to the bottom of sg, look into sg, find* out the truth about sg; **~ére kell járni ennek az ügynek** we must get to the bottom of this business, we must sort out this business; **~et ér** come* to an end, end, finish, be* over, be* finished; **~et nem érő** never-ending, endless; **~et vet** *(vmnek)* end/stop sg, put* and end to sg; **~ét járja** *[beteg]* be* dying, *biz* be on one's last legs; **meg kell várni a ~ét** we'll just have to wait and see **2.** *[tárgyé]* tip, end, *[levélé]* close, *[szóé]* suffix, ending; **~ével vm felé** end on; **a skót ~ek** the Border(s) **3.** *[cél]* end, object, aim; **mi ~ből?** for what purpose?, to what end?, why?; → **ostor**, → **végre**, → **végül**, → **világ**

vég[2] *fn [szövetből]* piece, roll, bolt, length

végakarat *fn* last/deathbed wish/request → **végrendelet**

végállapotú *mn orv [rák]* terminal

végállomás *fn* terminus (*tsz* termini v. -nuses), *[távolsági buszé így is:]* coach-station; **~!** *[vasúton]* all change!; **ennek a vonatnak a ~a Epping** this train terminates at Epping

végbél *fn* rectum (*tsz* -s v. recta)

végbélkúp *fn* (rectal) suppository

végbélműtét *fn orv* rectal operation, rectotomy

végbélnyílás *fn* anus

végbélrák *fn orv* rectal cancer, cancer of the rectum

végbemegy *i [történik]* take* place, happen, proceed, go* on
végbizonyítvány *fn* leaving certificate
végcél *fn* ultimate object/aim, final end/goal
végeérhetetlen *mn* interminable, endless, never-ending
vége-hossza nincs *kif* there's no end to it
végeladás *fn* clearance sale, *[végleges kiárusítás]* closing-down sale
végeláthatatlan *mn* immense, vast
végelgyengülés *fn* senile decay; **~ben meghal** die of old age
végelszámolás *fn* final/closing settlement, dissolution of business, liquidation
végelszámolási *mn gazd* **~ törvény** liquidation act; **~ eljárás** liquidation process, winding-up procedure
végeredmény *fn* final result/outcome, *[futball]* final score; **mi volt a ~?** what was the final score?; **a ~ 2:0** the final score (v. the result) was 2-0 (*kimondva:* two-nil); **~ben** after all, when all is said and done, in the last analysis, *[végül is]* in the long run
végérvényes *mn* definitive, final
végérvényesen *hsz* definitely, definitively, *[egyszer s mindenkorra]* once and for all, for good
véges *mn* **1.** *[korlátozott]* limited, restricted, *[szám, tér]* finite **2.** *átv* transient; **az élet ~** man is mortal, nothing lasts for ever
véges-végig *hsz* from one end to the other, throughout; **~ a Dunán** all along the Danube
végeszakadatlan *mn* → **végeérhetetlen**
vegetáció *fn* vegetation
vegetál *i* scrape along/by, live from hand to mouth, vegetate
vegetári(án)us *mn/fn* vegetarian
vegetatív *mn* vegetative; **~ idegrendszer** autonomic nervous system
végett *nu* with a view to sg, with the object/purpose/aim of ...ing sg, in order to, to ...; **gyógykezelés ~ Hévízre utazom** I'm going to Hévíz for medical treatment; **mi ~?** what for?, for what purpose?
végevárhatatlan *mn* → **végeérhetetlen**
végez *i* **1.** *[munkát]* do*, perform, carry out, *[eredményt elérve]* accomplish, *[befejez vmt]* finish/complete sg, bring* sg to an end; **kísérleteket ~** perform (v. carry out) experiments; **gyakorlatokat ~** exercise, do* (one's) exercises; **tegnap sokat ~tem** I accomplished/did quite a lot yesterday; **mit ~tél?** what have you done?; **~ vmvel** finish sg completely, finish off sg; **~tem** *[befejeztem a munkát]* I have finished/done (it); **~tem a konyhában/konyhával** I'm through with the kithchen; **~tünk?** *[taxisofőr kérdezi]* is that it?; **végzi a kötelességét** do*/fulfil (*US* fulfill) one's duty; **dolgát végzi** → **dolog 2.** *okt [tanulmányokat folytat]* study; **főiskolát ~** (s)he is (studying) at a college; **orvosi tanulmányait végzi** (s)he is studying medicine **3.** *okt [tanulmányait befejezi]* complete one's schooling, complete [a/the course], *US* graduate (from), *[főiskolán]* finish, complete [one's college course], *[egyetemen]* graduate from, take* one's degree; **középiskoláját (v. középiskolai tanulmányait) Kaposvárott ~te** he completed his secondary schooling at Kaposvár, *US* he graduated from high school at Kaposvár; **jogot végzett** (s)he graduated in law; **az idén végzett** (s)he graduated this year; **a londoni egyetemen végzett 1950-ben** (s)he graduated from London University in 1950; **Oxfordban végzett** he is an Oxford graduate (v. a graduate of Oxford University) **4.** *sp* finish; **a harmadik helyen végzett** (s)he finished third, (s)he came in third **5. ~ vkvel** (i) *[befejezi a vele való tárgyalást]* end/conclude [the discussion] (ii) *[megöli]* do* away with sy (iii) *[szakít vkvel]* finish with sy, be* through with sy; **~ magával** kill oneself, commit suicide **6.** *[határoz]* decide, come* to a decision, resolve; **mit ~tetek?** what did you decide (in the end)?
végezetlen *hsz* unfinished, unaccomplished
végezetül *hsz* finally, in the end
végeztet *i* (*vmt vkvel*) have* sg done by sy
végeztével *hsz* **munkája ~** having done his work, his work done (he ...)
végfelhasználó *fn infor* end user
véghangsúly *fn nyelv* final stress, stress on the final syllable
véghatározat *fn* final decision
véghezvisz *i* carry out/through, perform, carry into effect, accomplish; **~i szándékát** accomplish/achieve one's purpose, carry through [one's plans]
véghezvitel *fn* performance, carrying out, *[szándéké]* accomplishment, *[tervé, munkáé]* execution
végig *hsz* to the (very) end, from beginning to end, throughout; **~ kitart** hold* out to the last
végigcsinál *i* carry through (sg), go* through with (sg), see* sg through, follow through (sg)
végigfeksz|ik *i* (*vmn*) lie* down (at full length) (on sg)
végigfoly|ik *i* run* down sg; **a könnyek ~tak az arcán** tears coursed/ran/flowed down her cheeks
végigfut *i* **1.** (*vmn*) run* through, *[vkn vm érzés]* sweep* over; **gondolatban ~ vmn** go* over sg in one's mind; **~ott a hátán a hideg** a cold shiver ran down his spine **2.** *[átnéz]* look/go* through/over (sg), glance/run*/skim through/over (sg), *[lapozva]* thumb through; **~ a listán** run* through/over the list **3.** *[pályát, távolságot]* do* (a course/distance)
végiggondol *i* (*vmt*) think*/ponder sg over, reflect (up)on sg
végiggurul *i* (*vmn*) run*/roll along
végighallgat *i* (*vmt*) hear* sg through/out, *[rádióműsort stb.]* listen to sg to the end; **hallgasson végig, kérem** hear me out, please
végigharcol *i* **~ja a harcot** fight* it out, fight* through to the end
végighúz *i* **1.** *[úton stb.]* pull/drag along; **~za kezét vmn** run* one's hand over sg **2. ~ vkn** (*vmvel*) strike* sy (with sg)
végigjár *i [területet]* walk/wander all over, *[országot]* tour [a/the country], *[boltokat]* go* into [the shops], *[eredménytelenül]* traipse round [the shops], *[ellenőrizve]* go* the round of, survey, inspect; **~ja a szokásos turistaútvonalakat** do* all the tourist places; **~ja a szamárlétrát** climb the ladder of success
végigjátsz|ik *i [játszmát]* play to the end, play out [the game], *[darabot]* play out
végigkísér *i* **1.** (*vkt vhol*) see*/accompany sy along/through, *[épületen]* show* sy (a)round/over [the house/factory etc.], *[kiállításon]* show* sy over/(a)round (the exhibition) **2.** *[vm kellemetlen dolog]* be* dogged by sg
végigkóstol *i* taste (each in turn)
végigküzd *i* fight* it out
végigmegy *i* **1.** *[pontokon, leckén]* go* over/through **2.** *[utcán]* walk along/down, *[vm mentén]* go* along sg
végigmér *i* (*vkt*) measure sy with one's eye, get*/take* the measure of sy, *US* give* sy the once-over, *[megvetően]* look sy up and down (contemptuously)
végigmond *i* tell* sg to the end
végignéz *i* **1.** *[eseményt]* watch, *[passzív szemlélőként]* look on, *[színdarabot]* see* [the play] to the end **2.** *[vizsgál]* examine, go* through/over (sg)
végigolvas *i* read* through; **egyhuzamban ~** read* sg straight through
végigpillant *i* look/glance over
végigrohan *i* → **végigszalad**
végigsétál *i* (*vm mentén*) walk along; (*vmn*) walk to the end of sg
végigsikl|ik *i konkr* slip through; **tekintete ~ik vmn** run* one's eye over sg, one's eye runs quickly over sg, glance over sg
végigsimít *i [kézzel]* pass one's hand over sg, smooth down
végigsöpör *i [vm kellemetlen vmn]* sweep* through

végigsuhan *i* dart/flit along/across
végigszalad *i* **1.** *[utcán]* run* along **2.** → **végigfut 1 3.** *[szem a harisnyán]* → **leszalad**
végigszenved *i* suffer; **~te az ostromot** (s)he endured (the privations of) the siege (of Budapest)
végigtekint *i* (*vmn*) glance over sg, run* one's eye over sg
végigül *i* sit* through/out [a meeting, performance etc.]
végigvág *i* (*vkn vmvel*) strike* sy (with sg)
végigvágód|ik *i* (*vmn*) fall* (down) flat; **~ik a padlón** measure out one's length on the floor
végigvezet *i* (*vkt vmn/vhol*) show* sy (a)round/over [a place]
végigvisz *i* → **végigvezet**
végigvizsgál *i* examine/check sg from beginning to end, examine everywhere/thoroughly
végigvonul *i* **1.** *[menetben]* walk/go* along in procession **2.** (*vmn*) march through sg **3.** *[vk egész életén vm]* run* through (sy's life)
végítélet *fn vall* the Last Judg(e)ment, doomsday
végjáték *fn sp* endgame
végkép(en) *hsz* **1.** → **végleg 2.** *[teljesen]* fully, totally
végkiárusítás *fn* closing-down sale
végkielégítés *fn* severence/redundancy pay, pecuniary compensation [for dismissal]
végkifejlet *fn* denouement, resolution, unravelling (*US* -l-)
végkimerülés *fn* complete exhaustion; **~ig harcol** fight* to the last ditch
végkövetkeztetés *fn* (final) conclusion
végleg *hsz* finally, once and for all, definitively, *[örökre]* for good; **~ elintéz** finish sg completely, settle sg once and for all, finish off; **ezt ~ nem értem** now I am really confused
végleges *mn* **1.** *[állás]* permanent **2.** *[elhatározás, ítélet]* definitive, final, *[szöveg]* final, definitive
véglegesít *i* **1.** *[vkt állásában]* give* sy a permanent post/position, *[egyetemen stb.]* grant sy tenure; **~ették** *[az egyetemen]* (s)he has got (v. has been granted) tenure **2.** (*vmt*) finalize sg
véglegesítés *fn* (*vké*) permanent post/position, *[egyetemen stb.]* tenure
véglet *fn* extreme; **~ekbe visz vmt** carry matters (v. take* things) to extremes; **egyik ~ből a másikba esik/csap** go* from one extreme to the other; **a ~ek embere** man° of extremes
végletes *mn [gondolkodás]* extreme, extremist
végösszeg *fn* (sum) total, grand total
végpont *fn* **1.** *konkr* extremity, end, furthest point **2.** *átv* end, goal
végre *hsz* at last, finally; **~ is** after all; *[végül is]* in the end; **na ~!** at (long) last!
végrehajt *i* **1.** *[magvalósít]* execute, carry out, effect, fulfil (*US* fulfill), *[parancsot]* carry out, execute [orders], *[utasítást]* carry out (v. follow) [instructions], *[törvényt]* put* (sg) into effect, bring* (sg) into force; **gerincműtétet hajtottak végre rajta** (s)he had an operation on his/her spine; → **műtét**; **gépkocsi-ellenőrzést hajt végre** carry out an identity check; **halálos ítéletet ~ vkn** carry out the death sentence on sy, execute sy **2.** *[adóst]* distrain upon sy
végrehajtás *fn* **1.** *[megvalósítás]* execution, carrying out, fulfilment, *[parancsé]* execution, carrying out, *[törvényé]* enforcement, *[halálos ítéleté]* carrying out (of the death sentence) **2.** *[adósé]* distraint; **~ alá nem vonható** not distrainable; **~ terhe alatt** under penalty of distraint; **~t elrendel** *[a költségek erejéig]* issue execution (for the amount of the costs)
végrehajtási *mn* executive; **~ utasítás** enacting clauses *tsz* [of an act], *US* executive order
végrehajtható *mn* practicable, feasible, *[szerződés, törvény]* enforceable, *[vkn behajtható az adósság]* distrainable
végrehajtó I. *mn* executive; **~ bizottság** executive board/committee; **~ bizottsági tag** member of the executive board, board member; **~ bizottsági ülés** board meeting; **~ hatalom** executive power/authority; **~ szerv** executive branch [of the government], the executive **II.** *fn jog* bailiff
végrendelet *fn* will, *hiv* last will and testament; **~ nélkül hal meg** die intestate, die without having made a will; **~et készít** make* one's will; **élő ~** effective will, will in effect; **~ hiányában** on intestacy; **~et végrehajt** execute a will; → **megtámad**
végrendeleti *mn* testamentary; **~ örökös** testamentary heir; **~leg a testvérére hagyta a házát** he left/bequeathed his house to his brother by will, he willed his house to his brother
végrendelkez|ik *i* make* a/one's will, (*vmről*) will sg to sy
végre-valahára *hsz* at long last
végrím *fn* end/final rhyme
végromlás *fn* utter ruin/destruction; **~ba dönt** bring* about the downfall/ruin of sy
végső *mn [utolsó]* last, *[határ, pont]* farthest, utmost, extreme, *[szükség]* extreme [necessity]; **~ ár** rock-bottom price; **~ cél** final aim, ultimate object/aim/purpose, final end/goal; *gazd* **~ eredmény** bottom line; **~ esetben** in the last resort, if the worst comes to the worst, if the worst happens; **~ eszköz** only/final resort; **a ~ eszközhöz nyúl** *[sztrájkol]* resort to strike action; **~ eszközként** as a last resort, in the last resort; **~ fokon** in the last resort, in the last analysis, when all is said and done; **~ kétségbeesésében** in a fit of despair; **~ menedéke/mentsvára** his/her/one's last refuge/resort; **~ remény** last hope; **~ rendeltetési hely** destination; **~ romlás** utter destruction, final decay; **~ soron** after all, when all is said and done; **még nem mondta ki a ~ szót** he has not spoken the final/last word yet; → **eszköz**
végsőkig *hsz* **a ~** to the utmost, to the very last, to the bitter end, to the last ditch; **a ~ kitart** hold* out to the very end/last; **a ~ felingerel** drive* sy to exasperation, exasperate
végszámla *fn* final invoice/account
végszó *fn* **1.** *[utolsó szó]* last/final word **2.** *szính* cue, catchword; **megadja a ~t vknek** give* sy his/her/the cue
végszótag *fn nyelv* final syllable
végszükség *fn* extreme necessity/need, emergency; **~ esetén, ~ben** in case of emergency, in an emergency, *biz* at a pinch
végtag *fn* limb, extremity
végtelen *mn* **I.** *[vég nélküli]* endless, infinite, *[időtlen]* timeless, *mat is* infinite; **~ gonddal** with infinite care; *mat* **~ sor** infinite series; **~ tér** infinite space **II.** *hsz* infinitely, endlessly, extremely; **~ boldog** overjoyed, extremely happy/glad; **~ hálás vagyok** I'm most grateful, I am much obliged to you; **~ sok** innumerable, a vast number of, *biz* lots/heaps of, *[aggodalom stb.]* no end of [worry etc.] **III.** *fn* the infinite, infinity
végtelenség *fn* infinity
végtelenül *hsz* → **végtelen** II
végtére *hsz* ultimately; **~ is** after all
végtermék *fn* end-product
végtisztesség *fn* funeral rites/ceremonies, obsequies (*mindegyik: tsz*); **megadja vknek a ~et** pay* the last/funeral honours (*US* -ors) to sy
végül *hsz* in the end, finally, ultimately; **~ is** in the end, after all, in the long run; **~ mégiscsak beadta a derekát** he surrendered in the end
végvár *fn* border castle/fortress
végveszély *fn* extreme peril; **~ben forog** be* in extreme danger/peril, be* in distress
végvonaglás *fn* death throes/convulsions *tsz*
végzés *fn jog* order, decree
végzet *fn* fate, destiny; **a ~ hatalma** the force/power of destiny/fate; **az volt a ~e...** (s)he was destined for/to...; → **utolér**
végzetes *mn* **1.** *ált* fatal, disastrous **2.** *[halálos]* fatal, mortal
végzetszerű *mn* fatal

végzett I. *mn [dolog]* finished, completed, performed; **jól ~ munka** a good job well done, a job/work successfully done **II.** *fn* **a most ~ek** recent school-leavers, those who have recently left school; **~ (diák)** a graduate (student); **most ~** (be* a) school-leaver
végzettség *fn* qualification(s); **egyetemi ~** (academic) qualification(s), university degree; **mi a ~e?** what are his/her qualifications?
végződés *fn* **1.** *[befejezés]* ending, end **2.** *[szóé]* ending, suffix
végződ|ik *i* **1.** *[véget ér]* finish, end, come* to an end; **~ik vmben** end/result in sg; **kudarccal ~ik** end in failure; **szerencsésen ~ik** turn out well; **nem tudjuk, miképpen fog ~ni** we don't know what the outcome will be (v. how things will turn/work out) **2. ez a szó t-re ~ik** this word ends in a t
végzős *fn okt* school-leaver, *[főiskolán]* college leaver, *[egyetemen stb.]* GB finalist, *US* senior
vegyelemez *i* analyse (*US* -ze)
vegyelemzés *fn* chemical analysis
vegyérték *fn* valency, *főleg: US* valence
vegyértékű *mn* **egy ~** univalent, monovalent; **két ~** bivalent, divalent; **öt ~** penta valent, quinque valent
vegyes *mn* mixed, assorted, *[főleg szellemi termék]* miscellaneous; **~ áruk/cikkek** sundries, miscellaneous goods; **~ bizottság** mixed/joint commission; **~ érzelmekkel** with mixed feelings; **~ házasság** mixed marriage; **~ hírek** news items; **~ iskola** mixed/coeducational school; **~ kar** mixed chorus/choir; **~ közönség** mixed audience; *sp* **~ páros** mixed doubles *tsz*; **~ saláta** mixed pickles *tsz*; **~ társaság** motley crowd (v. *pej* bunch); *sp* **(200 m-es) ~ úszás** [200 metres] medley; *sp* **~ váltó** *[úszás]* medley (relay)
vegyesbolt *fn* grocer('s), *US* grocery store, general/country store
vegyesen *hsz* **férfiak, nők ~** men as well as women, men and women together/mixed
vegyeskereskedés *fn* → **vegyesbolt**
vegyest *hsz* → **vegyesen**
vegyesvállalat *fn gazd* joint venture (*röv* **JV**); **~ot létesít** set* up (v. form) a joint venture
vegyész *fn* chemist
vegyészet *fn* chemistry, *[vegyészmérnöki tud.]* chemical engineering
vegyészeti *mn* chemical; **~ gyár** chemical works *esz* v. *tsz*
vegyészmérnök *fn* chemical engineer
vegyi *mn* chemical; **~ anyagok** chemical substances/agents, chemicals; **~ bomlás** (chemical) decomposition/dissolution; **~ és biológiai fegyverek** chemical and biological weapons; **~ folyamat** chemical process; **~ háború/hadviselés** chemical warfare; **~ ipar** the chemical industry; **~ töltet** *[rakéta robbanófeje]* chemical warhead; **~ úton előállít vmt** obtain sg by a chemical process
vegyileg *hsz* chemically, by (a) chemical process; **~ elemez** analyse (*US* -ze)
vegyiművek *fn* chemical works
vegyipar *fn* the chemical industry
vegyít *i* (*vmt vmvel*) mix (sg with sg), combine (sg with sg); **vízzel ~i a bort** add water to wine, dilute wine
vegyítetlen *mn* unmixed, unmingled, unalloyed
vegyített *mn* mixed, mingled
vegyjel *fn* chemical symbol; **a vas ~e Fe** the chemical symbol for iron is Fe
vegyrokonság *fn* affinity
vegyszer *fn* chemical; **~ek** chemicals
vegyszeres *mn* chemical, using chemicals *ut*
vegyszermentes *mn körny* free from chemicals, chemical-free
vegytan *fn* chemistry; → **kémia**
vegytinta *fn* indelible ink
vegytiszta *mn* chemically pure
vegytisztít *i* dry-clean
vegytisztítás *fn* dry-cleaning
vegytisztító *fn [vállalat]* dry-cleaner('s); **a ~nál vannak a takarók** the blankets are at the dry-cleaner's
vegyül *i* **1.** (*vmvel*) mix, mingle, blend (with), (*vmbe*) blend (in sg); **a tömegbe ~** mingle with the crowd **2.** *kém* combine
vegyülék *fn* **1.** *ált* mishmash, hotchpotch, mix **2.** *kém* → **vegyület**
vegyülékszó *fn* blend, portmanteau word
vegyület *fn* compound, combination
vegyvizsgálat *fn* chemical analysis (*tsz* -ses)
vehemencia *fn* vehemence
vehemens *mn* vehement, violent
véka *fn* bushel; *irod kif* **~ alá rejti a tehetségét** hide* one's light under a bushel
vekker *fn* alarm-clock
vekni *fn biz* loaf° (of bread)
vékony I. *mn ált* thin, *[ember]* slender, thin, slim, *[hosszú is]* lank(y); **~ hang** thin/piping voice; **~ra vág** cut* into thin pieces/slices **II.** *fn* **véknya** loin, flank
vékonybél *fn* small intestine(s)
vékonydongájú *mn [vézna]* of slight build *ut*, weedy, *[főnévvel]* (be* a) weakling
vékonyít *i* **1.** make* thin(ner), thin (down), *[karcsúsít]* make* slender/slim, *US* slenderize **2.** *[ruha]* make* (sy) look slender, *US* slenderize
vékonyod|ik *i* **1.** *ált* grow* thin(ner), thin **2.** *[tárgy a végén]* taper (off)
vékonypénzű *mn* → **vékonydongájú**
vektor *fn* vector
vektoranalízis *fn mat* vector analysis
vél *i* think*, believe, reckon, *US biz* guess; **úgy ~em(, hogy)** I think/reckon that ..., I am inclined to think that ..., *US biz* I guess (that) ...; **nem tudom mire ~ni a dolgot** I do not know what to think/make of it; **szükségesnek ~tem** ... I deemed/thought necessary to ...; **tudni ~i, hogy** ... (s)he seems to know that ..., (s)he seems to be certain that ...
veláris *mn nyelv* velar; **~ magánhangzó** back vowel
vele *hsz* with him/her/it; **~m** with me; **~d, ~tek** with you; **velünk** with us; **velük** with them; **~ érez** → **együtt érez**; **~ járó** accompanying, attendant, concomitant; (*vmvel*) associated with, pertaining to, inseparable from (*mindegyik: ut*); → **velejáró**; **és a ~ járó pénzjutalom** and the prize of [... pounds/forints, etc.] that goes with it; **mi lesz/legyen ~?** what's to become of him/her?; **mi van ~?** *[mi baja?]* what's the matter with him?
veleját *i* (*vmvel*) go* (together) with sg, accompany sg, *[mint következmény]* be* a result/consequence of sg, entail sg
velejáró *fn* **1.** *[körülmény]* concomitant (of sg), *[igével]* accompany sg, go* with sg **2.** *mat* coefficient; → **vele járó**
vélekedés *fn* opinion, view, views *tsz*, belief
véleked|ik *i* (*vmről*) have*/express/hold* an opinion (on/about sg), judge (sg); **másképp ~ik a dologról** be* of a different opinion, have*/hold* a different opinion (on/about sg); **miként ~ik erről a kérdésről?** what do you think of this question?, what are your views on the/this matter?; **úgy ~ik, hogy** ... he thinks that, he is of the opinion that ...
vélelem *fn jog* presumption; → **ártatlanság**
vélelmez *i jog* presume, assume (that)
vélemény *fn* opinion, view; **mi a ~ed róla?** what's your opinion of him/her/it?, what do you think of him/her/it?, what are your views on (sg)?; **mi a ~ed egy csésze teáról?** how about a cup of tea?; **~em szerint** in my opinion/view, to my mind, as I see it; **megvan róla a ~em** I have my own views about that; **ahány ember, annyi ~** so many men so many opinions/minds; **csatlakozik vk ~éhez** share (v. subscribe to) sy's opinion/view; **azon a ~en van, hogy** ... he is of the opinion that ..., he believes/thinks that ...; **más ~en van** differ from sy, disagree with sy (on/about sg);

V

más ~en lévő *[ember] pol* dissident; **ugyanazon a ~en van vkvel** be* of the same mind/opinion as sy, see* eye to eye with sy; **hangoztatja (v. kifejezésre juttatja) a ~ét** voice/express* one's opinion; **~t alkot** *(vkről)* form an opinion of sy; *(vmről)* hold*/form/express an opinion on/about sg; **~t mond** *(vmről)* express/give* an opinion on sg; **jól megmondja vknek a ~ét** give* sy a piece of one's mind, tell* sy a few home truths; **~t nyilvánít** *(vmről)* express an opinion on/about sg; **osztja vknek a ~ét** share sy's opinion; **jó véleménnyel van vkről/vmről, nincs nagy ~e vkről** have* a good/high opinion of sy/sg; **nem jó véleménnyel van vkről** have* a low/poor opinion of sy, take* a dim/poor view of [sy's conduct etc.], think* poorly of sy; → **általános**, → **megoszl|ik**, → **szakértői**, → **szerény**

véleményeltérés *fn* difference of opinion/views, dissent, dissension

véleményes *mn* **~ jelentés** report (on sg)

véleményez *i* express an opinion on sg

véleményezés *fn* report (on sg), opinion, statement

véleménykülönbség *fn* difference of opinion; **ebben nincs ~** on this point we agree

véleménynyilvánítás *fn* expression of an opinion, statement; **a ~ szabadsága** freedom of speech/expression

Velence *földr* Venice

velencei I. *mn* Venetian, of Venice *ut*; **A ~ kalmár** The Merchant of Venice; **~ tükör** Venetian mirror/glass **II.** *fn* Venetian

veleszületett *mn biol orv* congenital, *[hajlam, tulajdonság stb.]* innate, inborn, inherent, natural; **~ hajlam** natural bent; → **hajlam**

véletlen I. *mn* chance, accidental, fortuitous, unintentional, casual; **nem ~** it is no accident, it is not accidental; **~ esemény** chance occurrence, incident; **~ ismeretség** a chance acquaintance; **~ mintavétel** random sampling; **~ szerencse** lucky fluke, stroke of luck; **~ találkozás** chance/accidental meeting; *[egybeesés]* coincidence **II.** *fn* chance, luck; **a ~ úgy hozta magával, hogy** as luck would have it, chance so ordained (that); **micsoda ~!** what a coincidence!; **szerencsés ~ folytán** by a fortunate/lucky accident, as luck would have it ...; **a ~ műve volt** it was pure chance; **a ~re bízza** leave* it to chance **III.** *hsz* → **véletlenül**

véletlenség *fn* chance; **~ből** by chance/accident

véletlenül *hsz* by chance/accident, accidentally; **~ találkoztam vele** I ran across him, I chanced/happened to meet him, *biz* I bumped into him; **~ tesz vmt** happen to do sg; **ha ~ látnád** if you (should) happen to see him, should you see him; **ha ~** ... if, by any chance, ...; if, by some chance or other, ...; **nincs ~ egy öngyújtója?** have you by any chance a lighter?; **nem tudnál ~ 5000 forintot adni?** I was wondering if you could lend me 5000 fts

velő *fn* **1.** *[csonté]* marrow, *[étel]* brains *tsz* **2.** *átv* **vmnek a veleje** the gist/nub of sg, the (quint)essence of sg; **velejéig romlott** rotten to the core; → **csont**, → **vese**

velőborsó *fn* marrowfat pea

velős *mn* **1.** *[csont]* marrowy; **~ csont** marrow-bone **2.** *átv* pithy, succinct, concise, meaty; **~ mondás** pithy saying; **röviden és ~en** succinctly, tersely, briefly and to the point

velőtrázó *mn* **~ sikoly** blood-curdling (v. spine-chilling) shriek/scream

vélt *mn* **1.** *[bűnös]* suspected, alleged [culprit] **2.** *[esemény]* presumed, *[képzelt]* imaginary, fictitious, invented; **~ vagy valós sérelmek** alleged or actual damage(s)/injury

velúr *fn* **1.** *[textil]* velour(s) **2.** *[bőr]* suede [coat]

vemhes *mn* pregant (with young) *ut*; **~ tehén** cow in/with calf; **ha akarom ~, ha (nem) akarom, nem ~** it can be either way

vemhesség *fn* (period) of pregnancy

vén *mn* old, aged, senile; **~ szamár** old fool; *közm* **öregember nem ~ ember** there's life in the old dog yet

véna *fn* **1.** *biol* vein; **~ba adott injekció** intravenous injection, injection given into a vein **2. írói ~** literary ability/vein; **költői ~** poetic vein/inspiration

vénás *mn* venous; **~ vér** venous blood

vénasszony *fn* old woman°; **~ok nyara** Indian summer, St. Martin's summer

vénasszonyos *mn* old-womanish

vendég *fn* **1.** *[hívott]* guest; **~e(ke)t hív** invite guests, give*/throw* a party; **~ek lesznek ma este nálunk, ~eket várunk ma estére** we're having people round this evening, we are expecting/having company tonight, we are giving/having a party tonight; **~et fogad** receive guests; **~ül lát vkt** invite sy, receive/entertain sy at home, act as host to sy; **legyen a ~em vacsorára** come and have dinner with me/us; **ritka ~** infrequent visitor **2.** *[szállodában]* guest, *[vendéglőben]* customer, diner, *[egyéb szolgáltatást nyújtó helyen]* customer, *[látogató]* visitor; **új ~ek** *[szállodában]* new guests/arrivals; **külföldi ~ek** visitors from abroad, *GB* overseas visitors **3.** *[jelzőként]* guest, visiting; **~ előadó** visiting/guest lecturer/professor; **~ karmester** guest conductor; → **hívatlan**, → **váratlan**

vendégágy *fn* spare bed

vendégbarátság *fn* hospitality

vendégcsapat *fn sp* visiting team/side

vendégéjszaka *fn* guest-night

vendégeskedés *fn* staying with sy

vendégesked|ik *i* *(vknél)* stay (as a guest) at sy's house, be* staying with sy

vendégfogadó *fn elav* inn, hostel(ry)

vendéghallgató *fn* guest student, *US [aki nem felvett tárgyat hallgat]* auditor

vendégjáték *fn* guest performance

vendégjog *fn* (right of) hospitality

vendégkönyv *fn* visitors' book

vendéglátás *fn* hospitality, entertainment of guests (v. a guest) (in one's house); **köszönöm a szíves ~t** thank you for your (generous) hospitality

vendéglátó *fn [férfi]* host, *[nő]* hostess; **~ család** *[ösztöndíjasé külföldön]* host (v. *US* homestay) family

vendéglátóipar *fn* catering industry/trade

vendéglátóipari *mn* **~ egység** catering establishment, restaurant; **~ szakközépiskola** school of catering (and hotel management)

vendéglátóüzem *fn* catering establishment

vendéglő *fn* restaurant

vendéglős *mn* restaurateur, restaurant-keeper

vendégmunkás *fn* (im)migrant/foreign worker

vendégművész *fn* guest artist

vendégoldal *fn mezőg elav* cart-ladder

vendégprofesszor *fn* visiting professor

vendégség *fn [társaság, összejövetel]* party, company; **~be megy vkhez** go* to a (dinner) party [at sy's house]

vendégszerepel *i* appear as a guest artist, make* a guest appearance, guest [on a show etc.]

vendégszereplés *fn* guest performance, *[karmesteré]* guest appearance, *[zenekaré]* guest performance

vendégszereplő *fn* guest artist/actor

vendégszeretet *fn* hospitality

vendégszerető *mn* hospitable, sociable

vendégszoba *fn [magánházban]* spare (bed)room, *[szállodában]* (guest-)room

vénember *fn* old man°; → **vén**

Venezuela *földr* Venezuela

venezuelai *mn/fn* Venezuelan

vénkisasszony *fn* old maid, spinster

vénlány *fn* → **vénkisasszony**

venni *i* → **vesz**

vénség *fn* **1.** *[öregkor]* (old) age **2.** *tréf [öreg nő]* old girl, *[öreg férfi]* old chap/codger

ventilátor *fn* ventilator, fan, *[ablakszellőző]* extraction fan

vénül *i* get*/grow* old(er), age (*mn-i ign*: ageing v. aging)

vény *fn* prescription; ~ **nélküli gyógyszer** a drug without a prescription; **csak ~re adható ki** only on prescription *ut*

venyige *fn* pruning brush, prunings *tsz*

ver *i* **1.** *[üt]* beat*, *[fenyítve]* flog, thrash, *[megüt]* strike*, hit; **fenekére ~t a gyereknek** he spanked the child, he gave the child* a thrashing **2. ~i az asztalt** bang the table; **~i a mellét** beat* one's breast; **~i a zongorát** thump/pound the piano; **~te az akadályt** *[ló]* (s)he pulled it **3.** (*vmt vmbe*) drive* sg into sg; **szöget ~ a falba** drive* a nail into the wall **4.** *[ellenfelet]* beat*, defeat; **négy kettőre (4:2-re) ~ték a csapatot** the team was beaten 4-2 (*kimondva*: by four goals to two) **5. ~i az ablakot** *[eső]* the rain beats/lashes against the windows/panes **6.** *[szív]* beat*; **erősen ~t a szívem** *[izgalomtól]* my heart was pounding (with excitement); **a szokásosnál jobban ~ a szívem** I get palpitations; → **adósság**, → **dob**, → **fej**[2] **1**, → **gyökér**, → **pénz**, → **sátor**, → **vas**

vér *fn* **1.** blood; **alvadt ~** coagulated blood; *közm* **~ nem válik vízzé** blood is thicker than water; **~ tapad a kezéhez** his hands are stained with blood; **megfagyott bennem/ereimben a ~** my blood ran cold (v. froze); **~be borult szem** bloodshot eye(s); **~be fagyva** in a pool of blood; **~be fojt** quell, crush, put* down with ruthless violence; **~ben forgó** bloodshot; **~ben forog a szeme** be* raging, see* red; **ez a ~ünkben van** it runs in the blood/family; *átv* **az utolsó csepp ~ig** to the last ditch; **~ig sért** offend sy mortally; **ez ~ig sértette** it offended him mortally, that cut him to the quick; **~t ad** give* blood (to), be* a blood donor; **~ét adja** shed* one's blood; *átv* **~t izzad** sweat blood, toil and moil; **~t kap** receive blood, be* given a blood transfusion; **~t köp** spit* blood, cough up blood; **rossz ~t szül** breed*/beget* ill blood; *orv* **~t vesz vktől** take* a sample of sy's blood; **~t vesznek tőle** *[vérvételre megy]* go* for (v. have*) a blood test; **~től ázott** steeped/soaked in blood *ut*, blood-drenched **2. a ~ szava** the call of blood/kinship; **~ szerinti rokon** blood relation; → **csepp**

véradás *fn* giving blood, being a blood donor; **~ra megy** be* going to give blood

véradó *mn/fn [önkéntes]* blood donor; **~ központ** blood bank

véraláfutás *fn* bruise, contusion

véraláfutásos *mn* **~ szem** bloodshot/red eyes; **~ a szeme** his/her eyes are/were bloodshot [from lack of sleep etc.]

véráldozat *fn* blood sacrifice

véralkat *fn* temper(ament), disposition

véralkoholszint *fn* blood alcohol level/concentration

véralkohol-vizsgálat *fn* blood test

véralvadás *fn* blood coagulation/clotting

véralvadásgátló *fn* anticoagulant

veranda *fn* veranda(h), *US* porch

véráram *fn* bloodstream

vérátömlesztés *fn* blood transfusion

vérbaj *fn* syphilis

vérbajos *mn/fn* syphilitic (patient)

vérbank *fn* blood bank

vérbeli *mn* genuine, real

vérbélű *mn* **~ narancs** blood-orange

verbéna *fn* verbena

vérbíróság *fn tört kb.* ‹ court of law with full power over life and death ›

vérbosszú *fn* blood feud, vendetta

vérbő *mn* hyperaemic (*US* -rem-), *[vérmes]* full-blooded

vérbőség *fn* hyperaemia (*US* -rem-); **~et idéz elő** cause hyperaemia (*US* -rem-)

verbunkos *fn* **1.** *[tánc]* recruiting dance **2.** *[zene]* recruiting music

verbuvál *i kat és átv* recruit, *csak átv* drum up support; *pol* canvass

verbuválód|ik *i* (*vmből*) be* recruited (from)

vércukor *fn* blood sugar

vércukorszint *fn* blood-sugar level

vércse *fn* **vörös ~** kestrel, *GB* windhover

vércsepp *fn* drop of blood

vércsere *fn* exchange transfusion

vércsoport *fn* blood group/type; **megállapítja a ~ot** determine the blood group, blood-group (v. blood-type) sy

verdes *i* **1.** *ált* beat* repeatedly **2.** *[eső vmt]* beat*/lash/pelt (against) [the window] **3.** *[csapkod szárny]* flutter, flap

vérdíj *fn* blood-money

veréb *fn* sparrow; *közm* **jobb ma egy ~(, mint holnap egy túzok)** a bird in the hand (is worth two in the bush); *biz* **már a verebek is csiripelik** it is the talk of the town, it is an open secret; → **ágyú**

véreb *fn* bloodhound, *[kisebb]* beagle

véredény *fn* blood-vessel

vereget *i* pat, beat* (gently), clap; **vk vállát ~i** pat sy on the back/head

verejték *fn* → **veríték**

verejtékez|ik *i* sweat, perspire, be* in a sweat

verejtékmirigy *fn* sweat gland

verekedés *fn* fight, scuffle, brawl, fracas, affray; **kocsmai ~** drunken brawl; **~re került sor** they came to blows, blows were exchanged

vereked|ik *i* (*vkvel*) fight* (with sy), exchange blows (with sy); **szeret ~ni** *biz* he likes a scrap (v. a bit of rough-and-tumble)

verekedős *mn* pugnacious, quarrelsome, *biz* scrappy; **~ gyerek/ember** *[aki a kisebbeket bántja]* bully

vereksz|ik *i* → **verekedik**

vérellátás *fn* blood supply

verem *fn* pit(fall), hole, *[állaté]* den, cave, *[burgonyáé]* clamp; *közm* **aki másnak vermet ás, maga esik bele** be hoist with one's own petard, a case of the biter bit

vérengzés *fn* carnage, butchery, massacre

vérengz|ik *i* shed* blood, butcher/slaughter [people]

vérengző *mn* sanguinary, bloodthirsty; **~ vadállat** ferocious beast

verés *fn* (*vké*) beating, thrashing; **~t kap** be* spanked/thrashed; *[alapos] szl* pasting, licking

véres *mn* **1.** *[vérrel borított]* covered with blood *ut*, bloodstained, *[vért tartalmazó]* containing blood *ut*, *orv* sanguineous, *[vérző]* bleeding, *[ritkán]* bloody; **~ csata** bloody battle; **~ események** carnage; **~ folyás** bloody discharge; **~ hurka** black pudding; *orv* **~ köpet** sputum containing blood; **~ széklet** blood in the stools; *orv* melaena; **~ szemek** bloodshot eyes; **~ verítéket izzad** sweat blood (over sg); **~ vizelet** urine tinged with blood; *orv* haematuria (*US* hem-); **~re ver** beat* sy until he is covered with blood, *biz* beat* sy to a jelly/pulp; **~et vizel** pass blood with the/one's urine **2.** *átv* bloodstained; **~ szatíra** mordant/caustic satire; **annak ~ története van** it has a bloodstained history

vereség *fn* defeat; **teljes ~** crushing defeat, (complete) rout; **~et szenved** (i) *ált* be* defeated, suffer defeat (ii) *sp* be* beaten, suffer defeat; **a meccs a Honvéd ~ével végződött** Honvéd lost the match

véresen *hsz* **~ komoly** it is in deadly earnest

véresszájú *mn átv* ranting, rabid

veret *fn* **1.** *[érmén]* stamp, impression; **nemes ~ű** noble, exquisite **2.** *[ajtón stb.]* (iron) mounting

veretlen *mn [le nem győzött]* unbeaten, undefeated

vérfagyasztó *mn* blood-curdling, *[látvány]* horrible, *[történet]* blood-and-thunder, gory

vérfertőzés *fn* incest

vérfolt *fn* bloodstain

vérfolyás *fn* flow of blood; → **vérzés**

vérforraló *mn* that makes one's blood boil *ut*, *[látvány]* revolting, shocking, sickening [sight]

vérfürdő *fn [öldöklés]* blood bath, carnage, massacre; **~t rendez** massacre

vergődés *fn* writhing, writhe

vergőd|ik *i* **1.** *[kínlódik, küzd]* struggle (on), fight*/push one's way (through) **2.** *[vonaglik]* writhe, wriggle

vérhányás *fn* black vomit, *tud* haematemesis (*US* hem-)

vérhas *fn* dysentery
verhetetlen *mn [ló]* unbeatable, *[hős]* invincible, unconquerable, *[igével]* cannot be defeated
vérhólyag *fn* blood blister
veríték *fn* sweat, perspiration; **csorog róla a ~** be* perspiring profusely, be* dripping with sweat; **hideg ~** cold sweat; **kiveri a ~** be* in perspiration; **orcája/arca ~ével** by the sweat of his brow
verítékes *mn* **1.** *[homlok stb.]* sweating, sweaty **2.** *átv* laborious, toilsome; **~ munka** toilsome work
verítékez|ik *i* sweat, be* in a sweat
vérkép *fn orv* blood count; **~re megy** have* a blood count taken; **~et csinál** take*/make* a blood count
vérképző *mn* blood-forming, haemopoietic (*US* hem-)
vérkeresztség *fn* baptism of blood/fire
vérkeringés *fn* (blood) circulation
vérkeringési *mn* **~ zavar** circulatory trouble/disorder
vérkeveredés *fn* mixture/mixing of races/blood
verkli *fn* barrel/street-organ, hurdy-gurdy
verklis *fn* organ-grinder
verkliz *i* grind*/crank/work a barrel-organ; **ugyanazt a nótát ~i** keep* harping on the same string
vérköpés *fn* spitting (v. coughing up) of blood, *tud* haemoptysis (*US* hem-)
vérkör *fn* circulation; **kis ~** pulmonary/lesser circulation; **nagy ~** systemic/greater circulation
vérlázító *mn* revolting, sickening, outrageous
vérlemezke *fn* blood plaque, (blood) platelet
vermel *i mezőg* store in pits, pit, *[burgonyát]* GB clamp
vérmérgezés *fn* blood poisoning, *tud* septic(a)emia, sepsis
vérmérséklet *fn* temperament; **~ dolga** it's a matter/question of temperament
vérmes *mn* **1.** *konkr* full-blooded, sanguineous **2.** *átv* hot-blooded; **~ reményeket táplál** (*vmről*) be* overoptimistic about sg, have* sanguine expectations of sg
vérminta *fn* blood sample, sample of blood
vermut *fn* verm(o)uth
vérnarancs *fn* blood-orange
vérnyom *fn* bloodstain, blood-mark
vérnyomás *fn* blood pressure; **alacsony/magas ~** low/high blood pressure; **a ~ „per" értéke magas** have* a high diastolic pressure; **megméri vk ~át** take* sy's blood pressure
vérnyomás-ingadozás *fn* variation of blood pressure
vérnyomásmérő *fn* sphygmomanometer
veronai *mn/fn* Veronese
Veronika *tul* Veronica
vérontás *fn* bloodshed, shedding of blood, *[öldöklés]* massacre; **~ nélküli** bloodless
veröd|ik *i* **1.** (*vmhez*) beat*/knock/strike* against sg **2. csoportba ~nek** form (themselves into) a group
verőér *fn* artery
verőfény *fn* bright sunshine
verőfényes *mn* sunny, sunshiny, sunlit; **~ ég** bright sky
verőhiba *fn sp [díjugratásban]* fault [fence knocked down]
verőlegény *fn szl* gorilla, hitman, hatchet man
vérömleny *fn* haematoma (*US* hem-)
vérömlés *fn* copious bleeding, flow of blood, haemorrhage (*US* hem-)
vérözön *fn* sea/streams/torrents of blood
vérpad *fn* scaffold; **~ra küld vkt** send* sy to the scaffold
vérpangás *fn* stagnation of blood
vérpezsdítő *mn* **~ ritmus** lively rhythm/beat
vérpiros *mn* blood-red
vérplazma *fn orv* blood plasma
vérpróba *fn* blood test
vérrokon *fn* blood relation/relative, kinsman*
vérrokonság *fn* blood relationship, consanguinity
vérrög *fn* blood clot, *tud* thrombus (*tsz* thrombi)
vers *fn* **1.** *[költemény]* poem, piece of poetry, *[nem próza]* verse; **~be szed** versify, put* into verse; **~et ír** *[egyet]* write* a poem; *[versel]* write* poetry; **~et mond** recite a poem; *ált* recite poetry **2.** *[bibliában]* verse
vérsavó *fn* (blood) serum
versciklus *fn* cycle (of poems)
vérségi *mn* **~ kapocs** ties of blood *tsz*
vérsejt *fn biol* blood cell/corpuscule; → **fehérvérsejt**, → **vörösvérsejt**
vérsejtsüllyedés *fn orv* (blood/erythrocite) sedimentation, *[mértéke]* sedimentation rate, *[vörös]* erythrocyte sedimentation rate (ESR)
vérsejtszámlálás *fn orv* blood count
versel *i* write* poetry/verse, versify
verselés *fn* verse, versification, poetry; **időmértékes ~** metrical poetry/versification; **magyaros ~** Hungarian versification/metre, Hungarian metrics *esz*
verseng *i* (*vmért*) compete (for sg), contend (for sg); **~enek a vezetésért** they are vying (with each other) for the lead
versengés *fn* competition, rivalry (between)
verseny *fn* **1.** *sp [atlétikai]* athletic meet(ing), an athletics meeting, competition, *[gyorsasági]* race, *[sakk, tenisz, bridzs]* tournament; **a ~ állása** ... the score is ...; **~ben van vkvel** be* in competition with sy, compete in a race against/with sy, compete with sy, race sy; **~t fut vkvel** run* a race with sy; **fussunk ~t!** I'll race you **2.** *ált* competition, contest, *[horgász-, szépség- stb.]* [fishing/beauty etc.] contest; **~ben van/áll vkvel** compete against/with sy; **~re kel vkvel** enter into competition with sy; **felveszi/kiállja vkvel vmben a ~t** be* a match for sy at sg **3.** *[üzleti]* competition; **tisztességtelen ~** unfair competition; *gazd* **~en alapuló piacgazdaság** competitive market economy; *gazd* **a ~ ösztönzése** stimulation/encouragement of competition
versenyautó *fn* racing car
versenybíró *fn* **1.** *sp [krikett, röplabda, tenisz, úszás]* umpire, *[ökölvívás]* referee **2.** *[zsűritag]* member of the jury
versenybíróság *fn* jury, judges *tsz*
versenybizottság *fn* officials *tsz*
versenybob *fn sp* bobsleigh
versenydíj *fn* prize
versenyelvű *mn* competitive
versenyeredmény *fn sp* score, points *tsz*, result(s)
versenyez *i* **1.** *sp* compete (with sy), participate (v. take* part) in a competition/contest/match/tournament, run*, race **2.** *ált* (*vkvel vmért*) compete/contend with sy for sg; **egymással ~ve** in contest with each other, outdoing each other (in sg) **3.** *átv* (*vm vmvel*) compare (with); **nem ~het vele** be* no match for, cannot be compared with
versenyfelhívás *fn gazd* invitation to tender, call for applications/tender
versenyfeltétel *fn* competition conditions/terms *tsz*
versenyfutás *fn* **1.** *sp* race, *[vágta]* sprint; **100 méteres ~** 100 metres race, 100 metres *tsz* **2.** *átv* race; **~ az idővel** race against time
versenyfutó *fn* runner, racer
versenygép *fn [kerékpár]* racer, racing cycle
versenyhajó *fn* racing-boat, *[kajak, kenu]* racing shell
versenyhelyzet *fn gazd* competitive environment
versenyhivatal *fn gazd* **gazdasági ~** *kb.* economic competition bureau
versenyistálló *fn* racing stable
versenyképes *mn* **1.** *[ár]* competitive [price] **2.** *[áru]* marketable
versenykerékpár *fn* racer, racing cycle
versenykiírás *fn* → **versenyfelhívás**
versenykocsi *fn* **1.** *[autó]* racing car, racer **2.** *[ügetőn]* sulky
versenykorlátozás *fn gazd* trade restriction
versenyláz *fn* **~ban van** be* psyched up
versenyló *fn* race-horse, racer
versenymotor *fn* racing engine

versenymű *fn [zenei]* concerto
versenypálya *fn* **1.** *[atlétikai]* track, field **2.** *[lóversenyen]* racecourse, *US* racetrack
versenypályázat *fn* competition, competitive examination; *gazd* tender; **~ot ír ki** invite to tender (for); **~ot ad be** submit a tender (for); → **versenytárgyalás**
versenypiac *fn gazd* competitive market
versenypont *fn [versenyen elért]* point
versenysemlegesség *fn gazd* competition under equal terms
versenysport *fn* competitive sport
versenyszabályok *fn* competition rules
versenyszám *fn* event
versenyszellem *fn* competitive spirit
versenyszerűen *hsz* **~ sportol** pursue sports (v. some sport) competitively, [run* , swim* etc.] for a club
versenyszerződés *fn [munkaversenyé]* emulation contract
versenyszféra *fn* competitive sector
versenytárgyalás *fn gazd* (public) tender; **~t hirdet** (v. **ír ki**) publish an invitation for tenders, invite tenders for sg, tender for [sg, e.g. the construction of a new motorway], put*/send* in a tender for sg; **~ útján** in public tender
versenytárgyalási *mn* **~ ajánlat** tender proposal
versenytárs *fn* (fellow) competitor, *[riválisl]* rival; **nincs ~a** (s)he has no rival, (s)he is unrivalled; **~ak egyesülése** merger of competitive firms
versenyúszás *fn* swimming-race/contest
versenyúszó *fn* swimmer
versenyuszoda *fn* swimming-pool
versenyvitorlás *fn* (racing) yacht
versenyzés *fn ált* competing, *[főleg ló és autó]* racing
versenyző *fn sp ált* competitor, *[ökölvívás, íjászat, tánc-, szépségverseny stb.]* contestant, *[tévévetélkedőn]* contestant
verses *mn* (written) in verse *ut*, verse-, rhymed; **~ elbeszélés** narrative poem
verseskönyv *fn* book of verse, *[gyűjteményes]* anthology
verseskötet *fn* → **verseskönyv**
versfaragó *fn* rhymester, versifier
versforma *fn* metrical form/structure, (poetic) metre (*US* -er), versification
versike *fn* (nursery) rhyme, ditty, little verse
versírás *fn* versification, writing poems/poetry
verskötet *fn* → **verseskönyv**
versláb *fn* (metrical) foot°
versmérték *fn* (poetic) metre (*US* -er)
versmondás *fn* reciting poetry
versmondó *fn* reader
verspár *fn* couplet
verssor *fn* verse, line (of poetry)
versszak *fn* stanza, verse
verstan *fn* prosody, metrics *esz*
vérsüllyedés *fn* → **vérsejtsüllyedés**
vérszegény *mn orv* **1.** anaemic (*US* anemic) **2.** *átv* flat, dull
vérszegénység *fn orv* anaemia (*US* anemia); **vészes ~** pernicious anaemia (US -e-)
vérszemet kap *kif* become*/grow* bold, get* carried away (by/with sg)
vérszerződés *fn* contract/treaty sealed with blood
vérszomj *fn* bloodlust, thirst for blood
vérszomjas *mn* bloodthirsty, sanguinary, cruel
vérszopó I. *mn átv is* blood-sucking **II.** *fn* blood-sucker, *[uzsorás]* extortioner
vert *mn* **1.** *[arany, ezüst]* beaten, *[vas]* wrought, hammered; **~ csipke** pillow/bobbin lace; **~ fal** mud wall **2.** *[legyőzött]* defeated, vanquished; **~ had(sereg)** beaten army
vért *fn* armour (*US* -or), *[mellen]* cuirass
vértanú *fn* martyr
vértanúhalál *fn* martyr's death, martyrdom; **~t hal** *[egy ügyért]* die a martyr (in the cause of ...)
vértanúság *fn* martyrdom
vértelen *mn* bloodless; **~ arc** white/wan face; **~ ajkú** white-lipped; **~ hatalomátvétel** bloodless takeover of power, *[puccsszerű]* bloodless coup
vértenger *fn* sea/streams of blood
vértest(ecske) *fn* blood corpuscle; → **vérsejt**
vértez *i átv* arm; **~i magát vm ellen** steel/arm oneself against sg
vértezet *fn* armour (*US* -or), armour-plating
vertikális *mn* vertical
vértisztító *mn* blood-purifying/cleansing
vértócsa *fn* pool of blood
vértolulás *fn orv* congestion; **~t okoz** congest
vértörvényszék *fn tört kb.* martial law court, *GB tört* Bloody Assizes *tsz*
vérű *mn* -blooded
vérveszteség *fn* loss of blood
vérvétel *fn orv* taking a blood sample; **~re megy** go* for (v. have*) a blood test
vérvizsgálat *fn orv* blood test
vérvonal *fn áll [kutyáé]* pedigree, bloodline, line of descent
vérvörös *mn* blood-red
verzál *fn* capital letters *tsz*, caps *tsz*; **~lal, ~ból** in capitals/caps
verzátus *mn* → **jártas**
vérzékeny *mn orv* haemophilic (*US* hem-)
vérzékenység *fn orv* haemophilia (*US* hem-)
vérzés *fn* bleeding, *orv* haemorrhage (*US* hem-); **belső ~** internal h(*a*)emorrhage; **havi ~** menstruation, period, menses *tsz*; **megállítja a ~t** arrest/stop bleeding
vérzéscsillapító *fn orv* blood-clotting (agent), astringent (drug)
vérzéselállító *fn orv* styptic (drug), astringent (drug), *[borotválkozáshoz]* styptic pencil
vérz|ik *i* bleed*, shed* blood; **~ik a szívem, ha** ... it makes my heart bleed when ...; **~ik az orra** his nose is bleeding; **erősen ~ik** be* bleeding
verzió *fn* version, *[olvasat]* reading
vérző *mn* bleeding; **~ seb** raw wound; *átv* **~ szívvel** with a bleeding heart
vérzsírszint *fn orv* level of cholesterol (in the blood)
vés *i* **1.** *[vésővel stb.]* chisel (*US* -l), cut*, *[bevés vmt vmbe]* engrave sg on sg; **fogat ~** resect a tooth°; **márványba betűket ~** engrave letters on marble **2. szívébe/emlékezetébe ~** engrave sg on sy's/one's memory (in sy's/one's mind)
vese *fn* **1.** *biol* kidney, *összet* kidney(-), renal **2.** *[étel]* **~ velővel** kidney and brains *tsz* **3.** *átv* **a ~jébe lát vknek** see* (right) into sy's heart
veseátültetés *fn orv* kidney transplant/transplantation
vesebaj *fn orv* kidney/renal disease
vesebajos *orv* **I.** *mn* suffering from a kidney/renal disease *ut* **II.** *fn* kidney/nephropathic patient
vesebántalom *fn* → **vesebaj**
vesegörcs *fn orv* renal/ureteric colic
vesegyulladás *fn* inflammation of the kidney, nephritis
vesehomok *fn orv* gravel, urinary sand
vesekő *fn orv* (kidney) stone, renal calculus; **~vel operálták** was operated on for (kidney) stones
vesekőműtét *fn orv* nephrotomy, nephrolithotomy; **~et végez vkn** operate on sy for (kidney) stones
vesemedence *fn orv* pelvis of the kidney, renal pelvis
vesemedence-gyulladás *fn orv* pyelitis
vesepecsenye *fn* sirloin (steak), tenderloin
vésés *fn* **1.** chiselling (*US* -l-), carving, cutting, (*vmbe*) engraving **2.** *orv* resection
véset *fn* engraving
vésett *mn* chiselled (*US* -l-), carved, *[kő]* engraved
vesevelő *fn* → **vese velővel**
vesevérzés *fn orv* renal haemorrhage (*US* hem-)
vesezsugorodás *fn orv* renal atrophy
vésnök *fn* engraver, carver

V

véső *fn ált* chisel, *[vésnöké]* burin

vésőd|ik *i* **1.** (*vmbe*) become* engraved (on sg) **2. emlékezetébe ~ött** [the terrible tale etc.] was engraved/imprinted on his/her memory (v. in his/her mind)

vesz *i* **1.** *[megfogva]* take*; **kezébe ~ vmt** pick sg up, take* sg in one's hand; **tessék venni!** help yourself/yourselves (*vmből* to sg), *[tálból]* take* a helping; **vegyen még!** help yourself/-selves to some more, *[tálból]* take* a second helping **2.** *[ruhát magára]* put* on; **kabátot ~ (magára)** put* one's coat on, put* on one's coat **3.** *[szerez]* get*, take* (*vhonnan* from); **honnan ~ünk annyi pénzt?** wherever shall we get so/that much money from?; **honnan vetted ezt?** (i) *konkr* where did you get it (from)? (ii) *átv* where did you hear it/that?, what gave you the idea? **4.** *[vásárol]* buy*, purchase, get*; **hol vetted ezt a cipőt?** where did you buy/get those shoes?; **jegyet ~** → **jegy**; **~ik, mint a cukrot** be* selling like hot cakes; **10 fontért vette** (s)he bought/got it for £10 **5.** *[rádión]* receive, pick up; **nem tudom venni rajta a BBC-t** I can't receive/get the BBC on it; **tud(sz) engem venni?** are you receiving me? **6.** *[kap]* receive, get*; **vettük f. hó 5-én kelt becses levelét** we are in receipt of your letter of the 5th (inst.) **7.** *[leckét, órát]* **angolórákat ~** take* English lessons, take* lessons in English **8.** *[vkt/vmt tekint vmnek]* consider/deem sy/sg sg, regard sy/sg as sg; **jó jelnek ~** take* sg as a good omen; **bizonyosra/biztosra ~ vmt** take* sg for granted, count on sg; **holtbiztosra ~** take* it for a dead certainty **9.** *[valahogyan fogad/kezel]* accept as; **komolyan ~** (*vkt/vmt*) take* sy/sg seriously; **rossz néven ~ vmt** take* sg amiss, take* offence at sg; **könnyen ~i a dolgokat** he takes things lightly/easy; **úgy ~i az életet, ahogy van** take* things as they come, *kif* take* the rough with the smooth; **Sikerült a dolog? – Ahogy vesszük!** Was it a success? – It all depends. (v. Yes and no.) **10.** *[egyéb kapcsolatokat, mint pl.]* **birtokba ~, búcsút ~, erőt ~, ~i a fáradságot, kutyába ~, magára ~, semmibe ~, szívére ~, zokon ~** *stb. [→ a főnév, melléknév stb. alatt]*; → **ingyen**

vész[1], **vesz|ik** *i [elpusztul]* perish, be*/get* lost; **éhen ~ik** die of hunger, starve to death; **a tengerbe ~ett** sy was drowned at sea, perished at sea; **több is ~ett Mohácsnál** *kb.* it could have been worse, it's not the end of the world; **minden pénze ott ~ett** he lost all his money; **~ni hagy** leave* (sy) to his fate

vész[2] *fn* **1.** *[járvány]* plague, pestilence, disease **2.** *[vihar]* tempest, (thunder-)storm **3.** *[baj]* disaster, catastrophe, calamity; **a mohácsi ~** the Mohács Disaster/Rout

vészcsap *fn* fire hydrant

vészcsengő *fn* alarm bell

veszedelem *fn* danger, peril; **~ben forog** be* in danger; **halálos ~** danger/peril of death

veszedelmes *mn* dangerous, danger-fraught, perilous; **nem olyan ~ a dolog** it is not that bad (v. as bad as all that)

veszekedés *fn* quarrel(ling) (*US* -l-), altercation, dispute, *biz* row

veszeked|ik *i ált* quarrel (*US* -l), (*vkvel vm miatt*) quarrel/wrangle with sy over/about sg, *[apróságok miatt]* squabble (with sy) about sg, *biz [zajosan]* row (with sy about sg), have* a row (with sy about sg)

veszekedős *mn* quarrelsome, cantankerous

veszeksz|ik *i* → **veszekedik**

veszély *fn ált* danger, *irod [súlyosabb]* peril; *[közvetlen]* **~ esetén** (if) in danger, in an emergency; **az a ~ fenyegeti, hogy** ... (s)he is in danger of ...ing; **az a ~ fenyegeti, hogy elveszíti az állását** (s)he is in danger of losing his/her job; **halálos ~** danger of death; **~be dönt/sodor vkt** put* sy in danger, put* (sy's life) at risk, expose sy to danger, endanger sy; **~ben forog/van** be* in danger/trouble/peril, be* imperilled (*US* -l-), be* endangered; **~nek teszi ki magát** expose oneself to danger, *[könnyelműen]* be* asking/looking for trouble, court danger; **túl van a ~en** be* out of danger; **saját ~ére** at one's own risk; **~t jelző tábla** warning sign; **veszéllyel jár** be* risky, be* fraught with peril/danger; **sok veszéllyel jár** be* fraught with danger/risk; **azzal a veszéllyel jár, hogy** ... it involves the risk/danger of; → **közvetlen**

veszélyes *mn* dangerous, perilous, *[kockázatos]* risky, hazardous, *[válságos]* critical; **~ időszak** danger/critical period; **kihajolni ~** do not lean out of the window; *biz* **nem olyan ~** not so bad/serious

veszélyességi *mn* **~ pótlék** danger money, *US* hazard bonus

veszélyeztet *i* endanger, imperil (*US* -l), put* at risk, *[eredményt]* jeopardize

veszélyeztetett *mn* endangered, exposed, *[fenyegetett]* threatened; **~ állatfaj** endangered species; **~ terhesség** high-risk pregnancy; **~ terület** danger zone/area

veszélyhelyzet *fn* danger, hazard

veszélytelen *mn* safe, secure, harmless

veszélyzóna *fn* danger zone/area

veszendő *mn* perishable, liable of decay *ut*; **~be megy** be*/get* lost, be* wasted

vészes *mn [veszedelmes]* dangerous, *[végzetes]* baleful, fateful; *biz* **nem ~** not so/too bad, not fatal; → **vérszegénység**

veszett *mn* **1.** *áll orv* rabid, mad **2.** *[féktelen]* **~ jókedve van** be* brimming/bubbling over [with excitement etc.] **3.** *[elveszett]* lost; → **fejsze**

veszettség *fn áll orv* rabies; **~ elleni oltás** antirabic (v. anti-rabies) vaccination

veszettül *hsz* madly, wildly, freely

vészfék *fn* communication cord, emergency brake; **meghúzza a ~et** pull the communication cord

vészharang *fn* alarm/storm-bell, tocsin; *átv* **kongatja a ~ot** toll the death knell (for sy/sg)

vészhelyzet *fn* emergency

vészhír *fn* alarming (piece of) news *esz*

vészhozó *fn* baleful, fatal, disastrous

vesz|ik *i* → **vész**[1]

veszít *i* **1.** (*vmt*) lose*; **szem elől ~** lose* sight of; **nem ~hetünk semmit** we have nothing to lose; **semmit sem ~esz azzal, hogy/ha vársz** you will lose nothing by waiting **2.** (*vmn, vmből*) lose* (*vmn* by/on sg), be* a loser; **értékben/értékéből ~** go* down in value, depreciate; **kártyán ~** lose* at cards; **300 fontot ~ettünk ezen az üzleten (v. a munkán)** we lost £300 on that deal/job; **~ a népszerűségéből** his/her popularity is waning; **súly(á)ból ~** lose* (in) weight; **~ a szépségéből** lose* one's charms; **a színéből ~** lose* colour (*US* -or), fade; → **veszt**

vészjel *fn* distress/danger/alarm signal, SOS; **~eket ad le** send* distress signals

vészjelző *fn* **~ csengő** alarm bell; **~ készülék** alarm

vészjósló *mn* ominous, ill-boding, threatening; **~ pillantást vet vkre** look daggers at sy; **~ tekintet** sinister look

vészkiáltás *fn* cry of distress/alarm, distress call

vészkijárat *fn* emergency exit, *[tűz esetén]* fire escape/exit

vészkikapcsoló *fn* emergency switch/button

vészkorszak *fn tört* the Holocaust, Shoah

vészlövés *fn* warning shot

vészmadár *fn [pesszimista]* alarmist, Jeremiah, a (real) calamity Jane

vesződés *fn* trouble, bother

vesződ|ik *i* **1.** (*vmvel*) bother about/with sg, take* (great) trouble/pains with/over sg (to do sg), take* the trouble to do sg, *[betegséggel]* have* a lot of trouble with sg, *[kérdéssel]* wrestle (with); **nem érdemes vele ~ni** it is not worth the trouble/candle; **ne ~j vele** don't trouble about it/that, don't bother with/about it, don't trouble to ...; **ne ~j azzal, hogy ebédet készítesz nekem, nem eszem itthon** don't bother about getting (v. don't bother to get) dinner for me today, I'll eat out **2.** *[nehéz munkát végez]* plod, drudge

vesződség *fn* bother, trouble, pains *tsz*; **sok ~gel jár, sok ~et okoz vknek** it gives (one/sy) a lot of trouble

vesződséges *mn* troublesome, irksome, tiresome, giving a lot of trouble *ut*, *[aprólékos]* finicky
vessző *fn* **1.** *[vékony ág]* twig, rod, switch, *[kosárfonó]* wicker, withe, osier; **~t fut** run* the gauntlet **2.** *[szőlő]* (vine-)shoot **3.** *[fenyítéshez]* cane, switch, birch **4.** *[ékezet]* (acute) accent **5.** *[írásjel]* comma
vesszőfonás *fn* basket/wicker-work
vesszőfutás *fn* **1.** gauntlet **2.** *átv* ordeal
vesszőkosár *fn* wicker basket
vesszőnyaláb *fn* bundle of sticks
vesszőparipa *fn átv is* hobby-horse, *csak átv* pet idea
vesszőz *i* beat*, flog, cane, birch
veszt *i* lose*; **nincs ~eni való időnk** we have no time to lose; **sokat ~ettél, hogy nem voltál ott** you (have) missed a lot by your absence, you really missed out; **fejét ~i ijedtében** lose* one's head; **színét ~i** lose* colour (*US* -or), fade; → **veszít**
vésztartalék *fn gazd* contingency reserves *tsz*
veszte *fn* sy's undoing/ruination/ruin/destruction, *[elvesztés]* loss; **~mre** unfortunately for me ...; **~be rohan** be* heading for disaster, be* rushing (headlong) to one's destruction, *kif* ride* for a fall; **~t érzi** (i) *[rossz előérzete van]* feel* a premonition of doom (ii) *[igen jókedvű]* be* in high feather; **~t akarja vknek** want the downfall of sy; **~t okozza vknek** be* the ruin of sy
veszteg *hsz* **maradj ~!** keep quiet, will you?
vesztegel *i [hajó, jármű, vk nem tud tovább jutni]* be* stranded [in the middle of the traffic, in a foreign country etc.], *[hajó, repülőgép, időjárás miatt]* be* weather-bound, be* delayed by bad weather, *[vk, mert visszatartják]* be* held up
veszteget *i* **1.** *[fecsérel]* squander, trifle away, *[időt]* waste; **nincs ~ni való időnk** we have no time to waste/lose, there's not a moment to lose; **kár szót ~ni rá** (it's) not worth (v. no good) talking about it, save your breath! **2.** *[elad]* sell* (at a low price); **mennyiért ~i?** how much are you asking (for it)? **3.** *[lepénzel]* bribe (sy), buy* sy off, *US biz* graft
vesztegetés *fn* bribery, bribing, *US biz* graft
vesztegetési *mn* **~ botrány** bribery scandal; **~ összeg** bribe
veszteglő *mn* **a tengeren ~ hajó** a stranded (v. weather-bound) ship; **a forgalom kellős közepén ~ autó** car stranded in the middle of the traffic
vesztegzár *fn* quarantine; **~ alá helyez** quarantine
vészterhes *mn* danger-fraught, baleful; **~ idők** disastrous times
vesztes I. *mn [legyőzött]* beaten, defeated, conquered **II.** *fn* loser
vesztés *fn* losing, loss, defeat; **~re áll** be* losing; **~re álló játszma** a set that is slipping away
veszteség *fn* **1.** *ált* loss, *[időé]* loss (of time), waste, *[kár]* damage, detriment, *[üzletben]* loss, deficit; **~et szenved** suffer losses; **súlyos ~eket szenved** suffer (v. meet* with) heavy losses; **~gel ad el** sell* sg at a loss, undersell*; **nagy ~gel zárja az évet** [the company] has made a big loss (v. big losses) this year; **~gel jár** entail/involve a loss **2.** (*vké*) loss; **halála súlyos ~** (v. **~et jelent) a tudományos világ számára** his death was a great loss to (the world of) science/scholarship **3.** *[emberben, háború alatt]* casualties *tsz*
veszteséges *mn gazd* loss-making [products etc.], losing [concern etc.], *[költségvetés]* showing a deficit *ut*; **~ vállalat** loss-making/money-losing business/enterprise, a lossmaker; **~ termék** loss-making product, a lossmaker
veszteséglista *fn kat* casualty list
vesztett *mn* lost; **~ ügye van** his is a hopeless case
vesztőhely *fn* place of execution, scaffold
vet *i* **1.** *[dob]* throw*, fling*, cast*; **vállára ~ vmt** throw* sg over one's shoulder; **földre ~ette lovasát** *[ló]* [the horse] tossed/threw it's rider; *[egyéb kapcsolatokat, mint pl.]* **árnyékot ~, bukfencet ~, horgonyt ~, véget ~ stb.** *[a főnév alatt]* **2.** *[magot]* sow* [seeds]; *közm* **ki mint ~, úgy arat** we must reap as we sow **3. vmre ~i magát** throw*/fling* oneself on sg; *[vm foglalatosságra]* take* up sg, devote oneself to sg **4. magára vessen, ha** ... you have only yourself to blame if ...
vét *i* **1. ~ vk ellen** do* harm to sy, do* sy harm, fail one's duty to sy, do* wrong to sy; **~ vm ellen** offend against [good manners, the law, traditions etc.]; **mit ~ettem?** what harm have I done (to you)? **2.** *[hibázik]* make* a mistake, commit an error
vétek *fn [bűn]* sin, transgression, *[hiba]* fault, wrong; **halálos ~ volna ilyen fát kivágni** it would be a sin (v. a thousand pities) to cut down a tree like that; **az a vétke, hogy** ... his fault is that ...
veteked|ik v. **veteksz|ik** *i* (*vkvel/vmvel vemben*) rival (*US* -l) sy/sg in sg, be* a match for sy; **nem ~het vmvel** cannot compare with sg
vétel *fn* **1.** *[vásárlás]* purchase, buying; **alkalmi ~** bargain, buy; **~ útján** by means of purchase; **jó ~ volt** it was a good bargain/buy; *gazd* **~t leköt** close/conclude a purchase; **~től visszalép** annul/revoke a purchase **2.** *[levélé]* receipt; **levelének ~e után** on receipt of your letter **3.** *[rádió, tévé]* reception; **itt rossz a ~** *[tévé]* reception is poor here; **jó a ~?** *[rádión]* are you receiving me?
vételár *fn* (purchase) price
vetélés *fn* abortion, miscarriage; **spontán ~** spontaneous abortion, miscarriage; **művi ~** induced abortion
vételez *i [anyagot raktárból]* draw*; **fejadagot ~** draw* rations
vételi *mn* **1.** *gazd* purchase, purchasing; **~ ajánlat** bid; **~ érték** purchase value; **~ és eladási árfolyam** *[valutáé]* buying and selling rates *tsz* [for world currencies]; **~ megbízás** order (to buy) **2.** *[rádió, tévé]* receiving; **milyenek a ~ körülmények?** what is reception like?; **~ zavar** interference
vetélkedés *fn* rivalry, competition
vetélked|ik *i [verseng vkvel vmben]* compete (with sy in doing sg), rival (*US* -l) (sy in sg)
vetélkedő *fn* contest, *[tévében]* quiz (programme v. *US* program), quiz show, *[különféle, úm.]* a sports/music (v. general knowledge) etc. quiz
vételkényszer *fn* obligation to buy, commitment [to buy sg]; **~ nélkül** no/without obligation to buy
vételkörzet *fn távk* coverage area
vetélő *fn tex* shuttle
vételzavar *fn [rádió, tévé]* (electrical) disturbance(s), interference, atmospherics *tsz*
vetélytárs *fn* rival, competitor, *biz [ismeretlen]* dark horse
vetemedés *fn [fáé]* warp(ing)
vetemed|ik *i* **1.** *[vmre lealacsonyodik]* stoop/descend to, be* not above doing sg; **csalásra ~ik** descend to fraud **2.** *[vmre merészkedik]* have* the presumption/impudence to do sg, presume to do sg **3.** *[fa]* warp, be* warped
vetemény *fn* vegetables *tsz*
veteményeskert *fn* kitchen garden, *[bérbe adott] GB* allotment
veteményez *i* sow, plant
veterán *fn* veteran, *biz* old-timer, old campaigner, *US biz* vet
vetés *fn* **1.** *mezőg [cselekmény]* sowing; **őszi ~** sowing of the winter-corn **2.** *[ami kinőtt]* green/standing corn, crop **3.** *[dobás]* throw(ing), cast(ing)
vetésforgó *fn mezőg* crop-rotation
vetési *mn* sowing, seed-; **~ varjú** rook
vetésjelentés *fn* report on the crop
vetésterület *fn* sowing/sown area
vetésterv *fn* sowing/rotation plan
vetetlen *mn* **1.** *mezőg* unsown **2. ~ ágy** unmade bed
vetett *mn* **1.** *mezőg* sown **2. ~ ágy** made bed **3.** *[dobott]* cast, thrown
vetít *i* **1.** *film mat* project; **filmet ~** *[ember]* show* a film/picture (on the screen); *[gép]* project a film (on to a screen)

2. egy főre ~ve per head/person **3.** *szl* brag, improve on the truth, *biz szl* swank
vetítés *fn film mat* projection, *[film bemutatása]* showing/ screening [of a film]
vetített *mn* projected; **~ kép** slide; **~ képes előadás** slide show, lecture/talk illustrated with slides
vetítő(gép) *fn* projector
vetítővászon *fn* screen
vétkes I. *mn* **1.** (*vk*) guilty; **~ fél** guilty party; **~nek mond ki** find* (sy) guilty **2.** (*vm*) culpable, sinful; **~ gondatlanság/könnyelműség** culpable/gross negligence **II.** *fn* sinner, transgressor
vétkesség *fn* guilt(iness)
vétkezés *fn* (act of) sinning, transgression, trespass
vétkez|ik *i* sin, (*vk/vm ellen*) sin/offend against sy/sg; *[a törvény stb. ellen]* offend against [the law/rules etc.], transgress [a law etc.]; **~ett Isten ellen** he has sinned against God; **~tek az iskola íratlan szabályai ellen** they sinned against the unwritten laws of the school
vetkőzés *fn* (act of) undressing
vetkőz|ik *i* undress, take* off one's clothes; **meztelenre ~ik** strip off, *biz* strip to the buff; *[sztriptízben]* strip
vetkőzőszám *fn* striptease, strip (show)
vetkőzőszekrény *fn [zárható]* locker
vetkőztet *i* undress, take* off the clothes (of sy); **meztelenre ~ vkt** strip sy, *biz* strip sy to the buff/skin
vétlen *mn jog* blameless, innocent; **~ volt a balesetben** the accident was not his/her fault, the accident happened through no fault of his/her own
vétlenül *hsz* through no fault of his/her own
vétó *fn* veto; **~t mond vm ellen** veto sg (*alakjai*: vetoed, vetoing)
vétójog *fn* right of veto; **~ot gyakorol** exercise/use one's veto on sg
vetőburgonya *fn* seed-potato
vetődés *fn* (act of) throwing/flinging oneself, *[futballkapusé]* dive
vetőd|ik *i* **1.** *[veti magát]* throw*/fling* oneself, *[futballkapus]* dive **2.** *[kerül vhova]* turn up, find* oneself swhere; *[árnyék]* be* cast on/upon sg; **partra ~ik** be* cast ashore
vetőgép *fn mezőg* sowing/seeding machine, sower, drill
vetőmag *fn* seed grain, seeds *tsz*
vétség *fn* offence (*US* -se); **közlekedési ~** violation of traffic regulations, traffic violation
vetülék *fn* weft, woof
vetülékfonal *fn* weft (yarn), filling
vetület *fn* projection; **~ben ábrázol** project, draw* a projection of
vetületrajz *fn* projection drawing
vevény *fn* receipt
vevő *fn* **1.** *gazd* purchaser, buyer, *[állandó]* (regular) customer **2.** *[távközlési]* receiver
vevőállomás *fn [távközlési]* receiving station
vevőkészülék *fn [távközlési]* receiver
vevőkör *fn* sy's custom, (regular) customers *tsz*
vevőközönség *fn* → **vásárlóközönség**
vevőszolgálat *fn* service department, consumer advice and protection centre (*US* -ter), after-sales service
vezekel *i* **1.** (*vmért*) expiate [one's sin, a crime], atone for [a sin] **2.** *vall* do* penance (for sg)
vezeklés *fn* (act of doing) penance, penitence [for wrongdoing], atonement
vezeklő *mn/fn* penitent
vezényel *i kat [vezényszót ad]* **1.** command; **tüzet ~** order fire, give* the order to fire **2.** *kat* (*vkt vhova*) command/ detail sy swhere, detach sy to swhere **3.** *[karmester]* conduct [an orchestra]; **~** ... conducted by ...
vezénylés *fn* **1.** *[vezényszóadás]* giving (the word of) command, commanding **2.** *[zenekari]* conducting **3.** *kat* special assignment
vezénylet *fn kat* command
vezényszó *fn* (word of) command; **~ra lép** march at command
vezér *fn* **1.** *[vezető]* leader, chief, head; *tört* **a hét ~** the seven Hungarian Chieftains **2.** *biz* → **vezérigazgató** **3.** *[sakkban]* queen
vezéralak *fn* leading/dominant figure/personality/light, *biz* kingpin
vezéráldozat *fn [sakk]* queen sacrifice
vezércikk *fn* leader, leading article, *US* editorial
vezércsel *fn [sakkban]* queen's gambit
vezércsillag *fn* loadstar v. lodestar, guiding star/light
vezérdallam *fn* theme song
vezéregyenes *fn mat* directrix
vezérel *i* **1.** *[vezet]* guide, conduct, direct, lead*, command **2.** *műsz* control
vezérelv *fn* guiding/leading principle
vezéreszme *fn* leading/fundamental idea, ideal
vezérevezős *fn sp* stroke
vezérezredes *fn* general (*röv* **Gen.**, *US* **GEN**)
vezérfonal *fn* **1.** *[cselekvésé]* guidelines *tsz*, *[elvé]* guiding principle, *[párté]* party line **2.** *[könyvé]* guide, manual
vezérgondolat *fn [műé]* leading idea, keynote, the thread running through sg
vezérhajó *fn* flagship; **~ parancsnoka** flag captain
vezérigazgató *fn* director(-)general (*tsz* director(-)generals v. directors(-)general), (*ha van elnök* – "chairman" v. US "president" – *is*) managing director, Chief Executive Officer (*röv* **CEO**)
vezérkar *fn kat* general staff
vezérkari *mn kat* of the general staff *ut*, staff-; **~ főnök** chief of the general staff; **~ tiszt** staff-officer
vezérképviselet *fn gazd* general agency
vezérlés *fn műsz* control
vezérlet *fn* guidance, lead(ership), *[parancsnokság]* command
vezérlő *mn* **1.** *[irányító]* directing, managing, *kat* commanding; *tört* **~ fejedelem** ‹ Ferenc Rákóczi, ruling prince of Transylvania and commander(-in-chief) of the Hungarian insurgent forces › **2.** *műsz* control; **~ áramkör** control circuit
vezérlőasztal *fn* control desk
vezérlőberendezés *fn* control equipment
vezérlőmű *fn [gépkocsié]* steering gear, controls *tsz*
vezérlőpult *fn* control desk
vezérlőtábla *fn* control panel
vezérlőterem *fn* control room
vezérmotívum *fn [zene]* leitmotiv v. leitmotif
vezérmű *fn* → **vezérlőmű**
vezérnyelv *fn [szótárban]* source language
vezérőrnagy *fn* (*röv* **vőrgy.**) major general (*röv* **Maj-Gen.**, *US* **MG**)
vezérsík *fn rep* stabilizer
vezérszerep *fn* leading part/role
vezérszó *fn* subject-heading
vezérszólam *fn zene* principal/leading part/voice
vezérszónok *fn* leading spokesperson, chief speaker, *US* keynote speaker
vezérürü *fn átv is* bellwether, *átv még* cock of the walk
vezérvonal *fn mat* directrix
vezet *i* **1.** (*vkt vhová*) lead* (to), guide (to), conduct (to); **szobájába ~ vkt** show* sy to his/one's room; **kezénél fogva ~** lead* sy by the hand; **orránál fogva ~ vkt** lead* sy by the nose, lead* sy up the garden path **2.** *[autót]* drive*, *[hajót]* pilot, steer, *[repülőgépet]* pilot, *[mozdonyt]* drive* **3.** *[huzalt vhová]* run* [a wire to] **4.** *[irányít]* direct, control, *[ügyeket]* manage, *[üzemet, szállodát stb.]* run*, manage, *[sereget]* command, lead*; **vk nyomára ~ vkt** put* sy on the track of sy; **az ügyeket ~i** manage a business, *biz* run* the show **5.** *[túrát stb.]* take*/conduct (sy on) a tour [of a town, the castle etc.], *[múzeumban]* conduct [tourists/visitors] round/through a/the museum **6.** *[írásban]* → **jegyzőkönyv**, → **könyv**, → **napló**

7. *[mérkőzést]* referee [a/the match], *[teniszt]* umpire **8.** *[ülést, tárgyalást]* conduct, *[elnökként ülést]* chair, preside over [a/the meeting]; *[tévé stb.]* **a műsort ~te** ... (the programme was) presented by ... **9.** *[elektromosságot, hőt]* conduct [electricity, heat] **10.** *[visz nyom, út stb. vhova]* lead* to, *[lépcső vhova]* lead* up/down to; **út, amely a városba ~** road that leads (v. road leading) to the (v. into) town **11.** (*vmre/vmhez*) lead* to sg, result/end in sg; **ez nem ~ semmire** this is not getting us anywhere; **hová ~ mindez?** what will be the result of it all?, where will all this lead to? **12.** *sp* lead*, be* in the lead; **félidőben Magyarország ~ett Franciaország ellen 2:1-re** Hungary were leading France 2-1 at half time, Hungary were 2-1 in the lead at half time; **egy góllal ~** be* one goal up/ahead

vezeték *fn* **1.** *[huzal]* wires *tsz*, line; **~et fektet** lay* down a cable **2.** *[cső gáznak, víznek stb.]* pipe, tube, *[olajé]* pipeline

vezetékes *mn* **~ rádió** wire(d) broadcasting/radio

vezetéknév *fn* surname, family name

vezetés *fn* **1.** *[cselekmény]* leading, conducting, *[idegenforgalmi, pl. egy várban]* conducted/guided tour/visit [round the castle etc.]; **~ volt a székesegyházban** we were given a conducted/guided tour of the cathedral **2.** *[járműé]* driving **3.** *kat* command **4.** *[ügyeké, vállalaté stb.]* direction, management; **rossz ~** mismanagement **5.** *[szerep]* lead(ership); **vknek a ~e alatt** under sy's leadership/direction/guidance; **megbíz vkt az ügyek ~ével** put* sy in charge **6.** *pol [vezetők]* leadership **7.** *sp* lead; **átveszi a ~t** take* (over) the lead **8.** *el fiz* conduction

vezetéstechnika *fn [autó]* sy's driving style

vezető I. *mn* leading, *[irányító]* directing, managing; **a szobába ~ ajtó** the door giving access to the room; **az oda ~ út** the way there, approach; **a városba ~ út** road leading to (the) town; **a Londonba ~ út** the road to London; **a Bécsen át ~ út** the road (passing) through Vienna; **~ állásban van** hold* a top/leading post, be* in a managerial (v. an executive) position/job; **~ énekes** lead singer; **~ helyen foglalkozik vmvel** give* prominence to sg, highlight sg, *US* feature sg; **~ pártok** ruling/leading parties; **~ szerep** (i) *pol stb.* leadership, prominent part/role (ii) *szính* lead (part); **átveszi a ~ szerepet** take* (over) the lead; **~ szerv** managing body; **~ tanár** senior teacher, *[gyakorlóiskolában]* supervisor of a trainee teacher **II.** *fn* **1.** *[autóé]* driver, *[mozdonyé]* (engine) driver, engineer **2.** *[üzleti vállalkozásé, vállalaté stb.]* manager, (managing) director, chief, *[bolté]* manager, *[múzeumé, gyűjteményé]* custodian, keeper, curator **3.** *[államé, kormányszervé stb.]* leader, head **4.** *[idegenvezető]* guide, courier **5.** *[cserkész]* leader **6.** *el fiz* conductor

vezetőfülke *fn [teherautón, buszon, mozdonyon]* cab, driver's compartment, *[villamoson]* driver's position

vezetői *mn* **1.** *[munkahellyel kapcs.]* managerial [decisions, skills etc.] **2.** *gk* **~ engedély** driving licence, *US* driver's license; **~ ülés** driver's/driving seat; **~ vizsga** driving test

vezetőképes *mn el* conductive

vezetőség *fn [vezetők]* leadership, *[testületé, intézményé]* board (of directors), management, *[tud. társaságé]* council, executive committee/board

vezetőségi *mn* **~ tag** member of the (governing/executive) board, board member; **~ ülés** meeting of the (governing/executive) board/council, (executive) board/council meeting

vezetőségválasztás *fn* election of the board

vezetőülés *fn [mozdonyon stb.]* cab, *[autóban]* driver's seat

vézna *mn* puny, sickly, thin, weakling

Vezúv *földr* Vesuvius

viadal *fn* **1.** fight, encounter, combat, *[párviadal]* duel **2.** *sp* tournament competition

viadukt *fn* viaduct

viaskod|ik *i* (*vkvel/vmvel*) wrestle/fight*/grapple with sy/sg; **önmagával ~ik** struggle with oneself

viasz I. *fn* wax **II.** *mn* wax(-), made/modelled in wax *ut*

viaszbábu *fn* wax doll/figure/model, waxwork

viaszfigura *fn* → **viaszbábu**

viaszgyertya *fn* wax-candle

viaszol *i* wax

viaszos *mn* waxed, waxy, covered with wax *ut*

viaszosvászon *fn* oilcloth, oilskin

viaszoz *i* → **viaszol**

viaszsárga *mn* wax-yellow, waxy, wax-coloured (*US* -or-)

vibrál *i* vibrate, *[fény]* flicker

vibrato *fn zene* vibrato

vibrátor *fn* vibrator

vicc *fn [anekdota]* anecdote, (funny) story, *[tréfa]* joke, *[viccelődés]* fun, trick; **ez nem ~** *[hanem komoly]* that is no joke, it is no laughing matter; **a ~ benne az, hogy** ... the funny thing (v. the point) is that ...; **~ nélkül!** joking apart, no kidding; **remek ~ volt** it was a great joke, it was a good one; **pikáns ~** off-colour (v. blue) joke, spicy story; **~ből** for/in fun, as a joke; **~et csinál vmből/vkből** make* fun of sg/sy; **nem értette meg a ~et** the joke was lost on him, he missed the point; **~eket farag** coin jokes; **~eket mond** crack jokes, wisecrack; → **szakállas**, → **szalonképes**

viccel *i* joke (*vkvel* with sy); **csak ~ek!** I'm only kidding!; **te csak ~sz velem** you're kidding (me), *biz* you're having me on; **csak ~tem veled** I was only joking (with you), I was only pulling your leg; **nem ~ek!** no kidding!; **ugyan ne ~jen** get along with you, be* serious, *biz* pull the other one

viccelődés *fn* joking, leg-pulling

viccelőd|ik *i* (*vkvel*) play jokes/tricks (on sy), crack jokes

vicces *mn* funny, comic, droll; **rém ~** *biz* killingly funny, *kif* it's a howl; **~ ember** funny chap/guy, he's great fun

vicclap *fn* comic paper, satirical journal

vicinális *mn/fn elav* → **helyiérdekű vasút**

vicsorgat *i* **fogát ~ja** show*/bare one's teeth (in anger), snarl

vicsorít *i* → **vicsorgat**

vidám *mn* cheerful, merry, jolly, joyful, joyous; **~ hangon** cheerily, in a cheery voice; **~ ember** jovial/lively fellow; **~ fickó** wag; **~ kedélyű** of a cheerful/sunny disposition *ut*; **V~ Park** fun-fair, amusement park

vidámság *fn* gaiety, mirth, jollity, merriment

vidék *fn [város ellentéte]* country(side), rural areas/parts *tsz*, *[főváros ellentéte]* the provinces *tsz*, *földr [terület]* region, country; **~en** in the country/provinces; **~re megy** go* out into the country, be*/go*/move out of town; **~ről** from the country; **ön nem erről a ~ről való?** you don't come from these parts, do you?; **az ország minden ~éről** from all corners/quarters of the country

vidékfejlesztés *fn* country/provincial development, regional development

vidéki I. *mn* country, provincial, rural; **~ élet** country life; **~ levegő** country air; **~ körútra indul** set* out for the provinces; **~ város** country/provincial town **II.** *fn* man°/woman° from the country/provinces, countryman°, countrywoman°

vidékies *mn* provincial, parochial, rustic

video- *előtag* video-

videó *fn ált [a videózás]* video, *[a készülék]* video (cassette) recorder (*röv* **VCR**), video (*tsz* videos), *[felvett műsor]* video; **~ra felvesz vmt** video sg (*alakjai*: video(e)s, videoed, videoing), videotape sg, record sg on video; **~t néz** watch a video (v. videos); **~n néz vmt** watch sg on video; → **videomagnó**

videofelvétel *fn* video (recording)

videofilm *fn* video film

videofilm-kölcsönző *fn* → **videotéka**

videojáték *fn* TV game, video game

videokamera *fn* video camera

videokazetta *fn* video cassette, *[műsoros]* (prerecorded) video
videokészülék *fn* video (cassette) recorder (*röv* **VCR**), video
videoklip *fn* video(clip)
videokölcsönző *fn* video rentals *tsz*, video library, *[eladás]* video shop
videomagnó *fn* video (cassette recorder) (*röv* **VCR**), video tape recorder; **~ra felvesz → videó**
videorekorder *fn* **→ videokészülék**
videoszalag *fn* videotape
videotéka *fn* videotheque, *[kölcsönzés]* video rentals *tsz*, video library, *[eladás]* video shop
videózás *fn* **1.** *[nézés]* watching of videos (v. a video) **2.** *[filmezés]* making of videos (v. a video), videoing
videóz|ik *i* **1.** *[nézi]* watch videos (v. a video) **2.** *[filmez]* make* videos (v. a video), video (*alakjai*: videoed, videoing)
vidít *i* cheer up, exhilarate
vidító *mn* cheering, heartwarming
vidor *mn* **→ vidám**
vidra *fn* otter
vidul *i* cheer/brighten up, *biz* perk up
Vietnam *földr* Vietnam
vietnami *mn/fn* Vietnamese
víg *mn* cheerful, lively, merry, joyous, jolly; **~ kedély** cheerful/jolly disposition; **~ kedélyű** cheerful, merry, bright; **~ mulatozás** merry-making; **~ özvegy** merry widow
vigad *i* make* merry, amuse/enjoy oneself, have* a good time, *US* have* a ball
vigalmi *mn hiv* **~ adó** entertainment tax; **~ negyed/zóna** *[prostituáltaknak]* red-light district
vigalom *fn* **→ vigasság**
vigasság *fn* merry-making, jollification, entertainment
vigasz *fn* comfort, solace, consolation; **gyönge/sovány ~ számára** it's cold comfort to him, that's poor/little/small consolation (for him); **némi ~** crumb/scrap of comfort; **~t keres vmben** seek* solace in sg
vigaszág *fn sp* repechage
vigaszdíj *fn* consolation prize, *[utolsónak]* booby prize, *GB* wooden spoon
vigasztal *i* (*vmért*) console (sy for sg), comfort (sy for sg), give* comfort/sympathy to sy, solace; **csak az ~ta, hogy ...** his/her only consolation was ..., (s)he consoled himself/herself with the thought that ...
vigasztalan *mn* disconsolate, desolate(d), comfortless, *[szomorú]* grieved; **~ helyzet** hopeless/desperate state/situation
vigasztalás *fn* comfort, consolation, solace; **~t merít vmből** draw*/derive/take* consolation/comfort from sg, find* solace in sg
vigasztalhatatlan *mn* inconsolable, disconsolate
vigasztaló I. *mn* consoling, comforting; **~ szavak** words of comfort **II.** *fn* comforter, consoler
vigasztalód|ik *i* (*vmvel*) console oneself (with sg), take*/find* comfort/consolation (in sg); **~j!** *irod* be comforted!, cheer up!
vigéc *fn szl GB* bagman, *US* drummer, commercial traveller (*US* -ler)
vígjáték *fn* comedy
vígjátékíró *fn* comedy-writer
vignetta *fn* **→ címke**
vígopera *fn* comic opera, opera buffa
vígság *fn* gaiety, jollity
vigyáz *i [figyel/ügyel vmre/vkre]* take* care of sg/sy, look after sg/sy, *[vm veszélyre]* look out, take* care, watch (out), be* careful, *[figyelmet szentel vmnek]* pay* attention/heed to, *[őriz vmt/vkt]* guard sg/sy, watch over sg/sy, take* care of sg/sy; **~ arra, hogy ...** take* care (v. be* careful) that ...; *[nehogy]* be* careful (v. take* care) not to ...; **~ a gyerekekre** look after the children, keep* an eye on the children; **~z!, tessék ~ni!** be careful!, take care!, look/watch out!; **~z magadra!** take care!, look after (v. take care of) yourself!; **~z, el ne ess** watch your step, mind you don't fall; *[lépcsőn]* mind the step; **~z, hullik a mennyezet!** beware of falling plaster; **~z, kész, rajt!** on your marks, get set, go!; **~z, meg ne hűlj!** mind you don't catch cold; **~z, mit mondasz neki!** watch what you say when you talk to him; **~z! lépcső!** mind the/that step!; **~z a fejedre(, be ne üsd)!** mind your head!; **~z a szavamra!** mark my words; **~z, ha jön a vonat!** beware of (the) trains; *US* stop, look and listen!; **~z! a kutya harap** beware of the dog; **úgy ~ rá, mint a szeme fényére/világára** guard sg with one's life; **→ vigyázz**
vigyázat *fn [óvatosság]* caution, care, watchfulness, attention, *[elő~]* precaution, guard; **~!** take care!, look out!, caution; **~! mázolva!** wet paint; **~! lépcső!** mind the step; **~! ne álljunk az ajtó mellett** *[pl. metróban]* stand clear, please!; stand clear of the door!; **~! törékeny!** handle with care; **~! a tetőn dolgoznak!** danger – men working overhead; **~! autó!** beware of traffic/cars
vigyázatlan *mn* careless, heedless, incautious
vigyázatlanság *fn* carelessness, incautiousness
vigyázz I. *isz* **1.** *ált* look out! **2.** *kat* attention!, *biz* shun! **II.** *fn kat* attention; **~ba vágja magát** spring*/jump to attention; **~ban áll** stand* at attention; **→ vigyáz**
vigyázzállás *fn* attention
vigyor(gás) *fn* grin, smirk; **töröld le azt a ~t az arcodról!** wipe that smirk off your face
vigyorog *i* grin, smirk
vihancol *i* **1.** *[nevetgél]* giggle, titter **2.** *[ugrál]* romp/horse about
vihar *fn* storm, *irod* tempest; **~ egy pohár vízben** storm in a teacup; **~ előtti csönd** the lull/calm before the storm; **~ közeledik/készül** there is a storm approaching/brewing/gathering; **a háború ~a** the tempest of the war; **kitört a ~** the storm broke (out); **~ tombol** there is a raging storm (v. violent gale); **~ba kerül** be* caught in/by a storm; **a ~nak vége** the storm has blown (itself) out, the storm has blown over
viharágyú *fn* gale-warning flare
viharedzett *mn* weather-beaten
viharfelhő *fn* stormcloud, thundercloud, *tud* cumulonimbus
viharjelzés *fn* storm warning, storm-signal
viharjelző *fn [készülék]* storm-warning/signal
viharkabát *fn* trench coat, anorak, parka, *US* windbreaker
viharlámpa *fn* hurricane lamp, storm lantern
viharmadár *fn* storm/stormy petrel
viharos *mn* stormy, windy, thundery; **~ átkelés** rough crossing; **~ idő** stormy/rough weather; **~ szél** storm-wind, gale; **~ tenger** heavy/rough sea; **~ a tenger** a high sea is running; **~ taps/tetszés** tumultuous applause, a storm of applause; **~ tapsot kap** bring* down the house (v. the house down); **~ élet** stormy life/career, chequered career
viharruha *fn [vitorlásversenyzőé, személyzeté]* weatherproof clothing
viharsarok *fn* stormy corner; **a V~** ‹Békés County, a county in SE Hungary›
viharszíj *fn* chin-strap
viharvert *mn* weather-beaten, weather-worn, *átv biz* battered
viharzóna *fn* storm area/zone
vihog *i* giggle, titter, snigger, *[ló]* whinny (*múlt ideje*: whinnied)
vihogás *fn* giggling, titter(ing), snigger(ing)
vijjog *i* scream, screech, shriek
víkend *fn* weekend (*US* weekend); **→ hétvége**
víkendez|ik *i* spend* the weekend (at), weekend (at)
víkendház *fn* weekend cottage, *[faház, főleg hegyekben]* cabin
viking *mn/fn tört* Viking
vikszel *i biz* wax-polish
viktimológia *fn tud* victimology

Viktor *tul* Victor
Viktória *tul* Victoria; ~ **korabeli** *tört irod* Victorian
viktoriánus *mn* Victorian; ~ **álszemérem** Victorian prudery; ~ **erkölcsök** Victorian moral standards, Victorian attitudes to sexual morality; ~ **kor** Victorian period
Viktória-tó *földr* Lake Victoria
világ *fn* **1.** *ált* world, *[föld]* earth, globe, *[mindenség]* universe; **a harmadik** ~ the Third World; ~ **körüli** round-the-world; ~ **körüli útra megy** go* on a round-the-world tour (v. world tour); **a régi** ~ the old days/times *tsz*; **ilyent még nem látott a** ~ never before has/had anything like that been seen, it is unheard of; **a** ~ **szemében** in the eyes of the world; **mit szól hozzá a** ~**?** what will the world (v. people) say?; **amióta** ~ **a** ~ from/since time immemorial; **a** ~ **minden kincséért sem** not for all the money in the world, not for all the tea in China; **azt hiszi, hogy Kaposvár a** ~ **közepe** he thinks that Kaposvár is the hub of the universe; **a** ~ **minden táján/részén** in all parts/corners of the globe; **(milyen) kicsi a** ~**!** it's a small world; **a** ~ **vége** (i) *[térbeli]* the ends of the earth *tsz*, the back of beyond (ii) *[időben]* doomsday, world's end; **a** ~ **végéig** to the end of the world; **a** ~ **végén lakik** live at/in the back of beyond; **ez a** ~ **sor(j)a** such is life; **100 Ft nem a** ~ 100 forints is/are not the earth; **két év nem a** ~ two years will not last for ever; **meghalt számára a** ~ *[teljesen elmerült vmben]* (s)he is lost to the world; **a mai** ~**ban** nowadays, today, these days; **más** ~**ban él (ő)** (s)he is in another world (v. on another planet); **sokat látott a** ~**ból** (s)he has seen the world; **a** ~**ért sem** not for (all) the world, not for the life of me, I wouldn't dream of it; **az egész** ~**on** all over the world, (all) the world over, everywhere; **az egész** ~**on elterjedt** world-wide, known the world over *ut*; **sehol a** ~**on** nowhere under the sun, nowhere in the (wide) world; **más is van a** ~**on, nemcsak te** you are not the only pebble on the beach; ~**ra hoz** bring* [a child°] into the world, give* birth to; ~**ra jön** come* into the world, be* born; **a** ~**ért sem** not on any account, not for (all) the world; **más** ~**ot élünk** times have changed; **éli** ~**át** (i) *[jól él]* live in plenty/clover; *biz* live the life of Riley (ii) *[könnyen]* have* a good time, enjoy oneself; ~**ot lát** travel (*US* -l), see* life, see* the world; ~**ot látott ember** a (widely) travelled (*US* -l-) man; **elmegy** ~**gá** go* out into the world; ~**gá kürtöl vmt** shout sg from the housetops **2.** *[az élet vmely területe]* world, realm; **az állatok** ~**a** the animal world/kingdom; **a film** ~**a** the world of the screen, the film world, filmdom **3.** *elav [fény]* light; ~**ot gyújt** light* the lamp(s) **4. vk szeme** ~**a** sy's (eye)sight, sy's eyes *tsz*; → **összeomlik**
világ- *előtag* world(-), worldwide, universal, international
világatlasz *fn* world atlas
világbajnok *fn* world champion; **ő lett a** ~ (s)he won the world championship
világbajnoki *mn* ~ **cím** world title; ~ **döntő** *[labdarúgás]* World Cup Final
világbajnokság *fn ált* (*röv* **VB**) world championship, *[atlétika, labdarúgás stb.]* World Cup; **labdarúgó-**~ World Cup; **ökölvívó-**~ world boxing championship
világbank *fn* World Bank
világbéke *fn* universal/world peace
világbemutató *fn* world premiere
világbirodalom *fn* empire; **a római** ~ the Roman Empire
világcsoda *fn* wonder of the world, *tréf* miracle
világcsúcs *fn* world record; **beállítja a** ~**ot** equal the world record; **megdönti a** ~**ot** break* the world record
világégés *fn kb.* world war, holocaust
világegyetem *fn* universe, cosmos
világéletemben *hsz* all my life, in all my born days
világfájdalom *fn irod* Weltschmerz
világfelfogás *fn* → **világnézet**
világfi *fn* man° of the world
világforradalom *fn* world revolution
világgazdaság *fn* world/global economy, (international) economics *esz*
világgazdasági *mn* ~ **válság** world(-wide) slump/depression, international economic crisis; *[a nagy, tört]* Great Depression (1929-33)
világháború *fn* world war; **a második** ~ the Second World War, World War II; **a két** ~ **közti időben** between the wars, in the interwar period; ~ **utáni** post-war
világháborús *mn* relating/pertaining to the World War *ut*, of the World War *ut*
világháló *fn infor* World Wide Web (*röv* **WWW**), *biz* the Web
világhatalmi *mn* ~ **törekvések** plans for world domination, efforts to secure world hegemony
világhatalom *fn* world power; **a világhatalmak** the World/Great Powers
világhelyzet *fn* world situation
világhír *fn* world-wide fame/renown, international reputation/fame/renown
világhíresség *fn* international celebrity/star, great celebrity, *biz* superstar, celeb
világhírű *mn* world-famous, known all the world over *ut*
világhódító *mn* all-conquering; **vmnek** ~ **útja** *[igével]* sg sweeps the world
világi I. *mn* **1.** *[földi]* worldly, earthly; ~ **élet** life on earth; ~ **javak** earthly possessions, (all one's) wordly goods; ~ **örömök** wordly pleasures **2.** *[nem vallásos]* wordly, secular, temporal, lay; ~ **irodalom** secular literature; ~ **iskola** secular school, non-denominational school; ~ **személy** layman° **II.** *fn vall* layman°
világias *mn* wordly(-minded), profane
világirodalom *fn* world literature
világít *i* **1.** *[fényt ad]* give* light (to sg/sy), shine* **2.** (*vmvel*) use/have* sg for lighting (sg to light with)
világítás *fn ált* **1.** lighting; **nappali** ~ daylight **2.** *[autóé]* lights *tsz*; **bekapcsolja a** ~**t** turn one's/the lights on v. turn on one's/the lights, light* up, switch on the lights; **be van kapcsolva a** ~**?** have you got your lights on?; **nincs bekapcsolva a** ~**(a a kocsinak)** that/the car hasn't got its lights on; *[a vezető]* **kikapcsolta a** ~**t** [the driver] turned off his lights; **a belső** ~ **ég** the car is lighted up inside, the interior lamp is on
világító *mn* **1.** *ált* lighting, illuminating, light-emitting/giving, shining; ~ **rakéta** flare rocket **2.** *[foszforeszkáló]* phosphorescent, luminous; ~ **festék** luminous paint; ~ **számlap** luminous dial
világítóakna *fn* day-shaft, light-well
világítóberendezés *fn* lighting equipment
világítóbója *fn* buoy and beacon
világítógáz *fn* lighting/coal-gas
világítólövedék *fn kat [nyomjelző]* tracer bullet
világítótorony *fn* lighthouse
világítóudvar *fn* airshaft
világjáró I. *mn* globe-trotting; ~ **művész** international artist **II.** *fn* globetrotter
világjelenség *fn* universal phenomenon (*tsz* -mena)
világkép *fn* world view, Weltanschauung
világkereskedelem *fn* international/world/global trade
világkereskedelmi *mn gazd* **V**~ **Szervezet** World Trade Organization (*röv* **WTO**)
világkiállítás *fn* expo, international (trade) exhibition, world's fair (v. World's Fair) *[ha a konkrét kiállításról van szó]*
világklasszis *fn [pl. futballista]* a world-class footballer
világkongresszus *fn* world congress
világlap *fn* newspaper circulating world-wide
világlátott *mn* (widely) travelled (*US* -l-)
világmárka *fn* world-famous make, global/worldwide brand
világmegváltó *mn* world-saving/redeeming
világméretű *mn* world-wide
világmindenség *fn* universe
világmozgalom *fn* world movement
világnap *fn* international day

világnézet *fn* ideology, world view, outlook on life, Weltanschauung, *[igen gyakori ma]* philosophy of life
világnézeti *mn* ideological; **~leg elkötelezett iskola** *kb.* denominational school; **~leg semleges iskola** *kb.* non-denominational school; **~ semlegesség** ideological neutrality
világnyelv *fn* world language
világos I. *mn* **1.** *[tiszta, ragyogó]* clear, bright, *[nem sötét, szín]* bright, light(-coloured) (*US* -or-); **~ nappal** in broad daylight; **~ reggelig** till broad daylight; **~sárga** light yellow; **~ sör** lager, pale/light ale; **~ színű** light (-coloured); **~ szoba** bright/light room; **~ van** (i) *[reggel]* it is day(light) (ii) *[elég a fény]* there is plenty of light **2.** *[sakkfigura]* white [piece] **3.** *[egyszerű]* plain, simple, *[könnyen érthető, nyilvánvaló]* clear, obvious, manifest, self-evident, distinct; **~ beszéd** *[elismerőleg]* it is straight talk, it is plain speech; **~, mint a nap** it is as clear as crystal/day(light); **~ koponya** clear head, lucid mind; **~ stílus** a clear style (of writing); **~ válasz** a definite answer; **a napnál ~abb** *[a dolog]* (as) clear as day; **hogy még ~abbá tegyem** clearly, ...; **~, hogy** ... it is obvious that ...; **ez ~** that is as plain as a pikestaff; **ez ~ abból, hogy** ... this is shown clearly by ..., this is clear from ...; *biz* **~?** got that?, am I making myself clear?; *biz* **~!** got it!, *US* gotcha! **4. ~ pillanatában** in a lucid moment **II.** *fn* **1.** *[sakkfigura]* white **2.** *[sör]* lager, light/pale ale
világosan *hsz* clearly, plainly, explicitly; **~ beszél** speak* clearly/plainly, speak* straight to the point; **~ beszél vkvel** make* oneself clear/plain to sy; **~ ejt/mond ki** articulate (each word) carefully/clearly; **~ megmond vknek vmt** tell sy plainly/clearly that...
világosító *fn szính* lighting (v. light-effects) man°
világoskék *mn/fn* light blue
világosod|ik *i* become*/grow* light, lighten; **~ik** *[reggel]* day is breaking, it is dawning, it is growing light
világosság *fn* **1.** *[fény]* (day)light, *el* luminance, brightness; **legyen ~!** let there be light!; **nappali ~** (broad) daylight; **~ot derít vmre** *átv* bring* sg to light, shed*/cast* light on sg **2.** *[érthetőség]* clearness, clarity
világoszöld *mn* light green
világörökség *fn* **a ~ részét képezi** be* a part of the World Heritage
világpiac *fn* world/international market; **egységes ~** global market place
világpiaci *mn* **~ ár** world market price; **a ~ árarányok bennünket érintő módosulása** the effect of external market forces
világpolgár *fn* citizen of the world, cosmopolite, cosmopolitan
világpolitika *fn* world/international politics *esz* v. *tsz*
világranglista *fn sp* **a ~ harmadik helyezettje** third on the world ranking list
világraszóló *mn* sensational, of world-wide importance *ut*
világrekord *fn* world record, *[nem sp]* all-time high
világrekorder *fn* world record holder
világrendszer *fn* world/global system
világrengető *mn* world-shattering, worldshaking, earth-shaking
világrész *fn [földrész]* continent
világsajtó *fn* world/international press
világsiker *fn* world-wide success
világszabadalom *fn* world patent
világszabadság *fn* world/universal freedom
világszerte *hsz* throughout the world, all over the world; **~ híres** be* famous world-wide, be* known all the world over
világszervezet *fn* world organization
világszínvonal *fn* world standard; **~ú** state-of-the-art, the most advanced
világszövetség *fn* world federation; **Szakszervezetek V~e** World Federation of Trade Unions; **A Magyarok V~e** World Federation of Hungarians
világtáj *fn* **1.** *[terület]* region/quarter of the world **2.** *[égtáj]* point of the compass; **a négy ~** the cardinal points *tsz*
világtalálkozó *fn* world conference
világtalan *mn* sightless, without sight *ut*, blind; → **vak**
világtanács *fn* world council
világtérkép *fn* world map/atlas
világtörténelem *fn* history of the world, world history
világuralmi *mn* **~ törekvés** striving for world-domination/hegemony
világuralom *fn* domination of the world
világútlevél *fn* passport [valid for all countries of the world], world passport
világűr *fn* (outer) space
világvallás *fn vall* world religion
világválság *fn* world slump, general depression, world (-wide) crisis, *gazd* global economic recession
világváros *fn* metropolis
világverseny *fn sp* international/world contest/tournament
világvevő *fn* all-waveband radio/receiver
világviszonylatban *hsz* internationally, on a world scale; **~ is számottevő/kiemelkedő játékos** world ranking player
villa[1] *fn* **1.** *[evőeszköz]* (table/dinner) fork **2.** *mezőg [több-ágú]* fork, *[kétágú]* pitchfork, hayfork **3.** *[evezőé]* rowlock, *US* oarlock
villa[2] *fn [ház]* villa, *[kisebb]* (summer) cottage/bungalow
villám *fn* lightning, *[villámcsapás]* thunderbolt; **~ csap vmbe** sg is struck by lightning; **derült égből lecsapó ~** a bolt from the blue; **mint a ~** (as) quick as lightning; **~okat szór** send* forth flashes of lightning; **~okat szór a szeme** his eyes are blazing/flashing with anger
villámcsapás *fn* stroke of lightning, (thunder)bolt; **(mint) derült égből ~** a bolt from the blue, (like) a bolt out of the blue
villámgyors *mn* lightning-fast; **~an** with lightning speed, like a shot
villámháború *fn* lightning war, blitzkrieg
villámhárító *fn* lightning-conductor/rod
villámlás *fn* lightning
villámlátogatás *fn* whirlwind visit; **európai ~** a whirlwind tour of Europe
villáml|ik *i* it is lightning
villamos I. *mn* electric(al), power; **~ áram** electric current; **~ berendezés** electrical apparatus/equipment; **~ energia** electrical energy, electric power; **~ feszültség** voltage; **~ gép** electrical apparatus/motor/engine, power unit; **~ hajtású** electrically powered; → **villanymotor**; **~ vezeték** electric wire/cable, wiring **II.** *fn* tram(car), *US* streetcar, *[a vonal]* tramline, tramway; **a hatos ~** tram number six (No. 6), the number six tram, *US* car number six; **felszáll a hatos ~ra** take* tram (*US* car) number six, take* a number six tram (*US* car); **~sal megy** go* by tram; **A vágy ~a** Streetcar named desire
villamosbaleset *fn* tramway/streetcar accident
villamosbérlet *fn* tramway (*US* streetcar) season ticket
villamosenergia-ellátás *fn* electric power supply, public electricity supply
villamoshálózat *fn [villamosvasúté]* tram (*US* streetcar) network
villamosipar *fn* electrical industry
villamosít *i* electrify
villamosítás *fn* electrification
villamosjárat *fn* tram(line), *US* streetcar (line)
villamosjegy *fn* tram (*US* streetcar) ticket
villamoskalauz *fn* tram conductor, *US* streetcar conductor
villamoskocsi *fn* tram(car), car, *US* streetcar
villamosmegálló *fn* tram stop, *US* streetcar stop
villamosmérnök *fn* electrical engineer
villamosmérnöki *mn* **~ kar** department/faculty of electrical engeneering
villamosmotor *fn* electric motor

villamosság *fn* electricity
villamossági *mn* ~ **szaküzlet** electrical appliances shop
villamosszék *fn* electric chair, *szl* hot seat; **~ben kivégez vkt** electrocute sy
villamosvasút *fn* **1.** *[villamos vontatású vasút]* electric railway **2.** *[városi]* tramway, *US* streetcar line
villamosvezető *fn* tramcar (*US* streetcar) driver
villamosvonal *fn* tramline, tramway, *US* streetcar line
villámragasztó *fn* superglue
villámsebes(en) *hsz* → **villámgyors(an)**
villámsújtott *mn* lightning-stricken, struck by lightning *ut*, *[fa]* blasted
villámtorna *fn [sakk]* lightning tournament
villámtréfa *fn* short skit
villámvonat *fn* bullet train, super express
villámzár *fn* zip (fastener), *US* zipper
villan *i* flash, blink, glint; **(az) eszébe ~** flash back (to), suddenly occur (to sy)
villanás *fn* flash(ing), blink of light
villanegyed *fn* affluent/leafy/garden suburb
villanófény *fn* flashlight
villanó(fény)lámpa *fn* → **vaku**
villany *fn* **1.** *[villamosság]* electricity **2.** *[villanyvilágítás, lámpa, fény]* (electric) light; **gyújtsd fel a ~t** switch on the light, turn the lights on; **oltsd el a ~t** switch off the light, turn the lights off
villany- *előtag* electric
villanyáram *fn* electric current, electricity
villanybojler *fn* immersion heater, electric water-heater
villanyborotva *fn* electric razor, shaver
villanycsengő *fn* electric (door-)bell
villanydrót *fn* electric wire, *[készülékhez, szigetelt, hajlékony]* flex, *US* cord
villanyégő *fn* → **villanykörte**
villanyelem *fn* battery
villanyfény *fn* electric light
villanyforraló *fn* electric kettle
villanyfőző *fn GB* electric hob, *US* hotplate
villanyfúró *fn* power drill
villanyhuzal *fn* → **villanydrót**
villanykályha *fn* electric heater/stove
villanykapcsoló *fn* (light) switch
villanykörte *fn* (light-)bulb, electric bulb
villanylámpa *fn* (electric) lamp, light
villanymelegítő *fn* electric heater
villanymotor *fn* (electric) motor
villanymozdony *fn* electric locomotive
villanyóra *fn* **1.** *[árammérő]* (electricity) meter **2.** *[időmérő]* electric clock
villanyóra-leolvasó *fn* electricity meter reader
villanyoszlop *fn* pole, *[távvezetéké]* pylon
villanypásztor *fn mezőg* electric fence
villanyrendőr *fn biz* traffic lights *tsz*, *US* stop lights/signals *tsz*
villanyrezsó *fn* → **villanyfőző**
villanyszámla *fn* electricity bill
villanyszerelő *fn* electrician, electrical fitter
villanytakaró *fn* electric blanket; *[a lepedő alatt]* underblanket, *[felső]* overblanket
villanytűzhely *fn* electric cooker, *US* electric stove
villanyvasaló *fn* electric iron; **gőzölős ~** steam iron
villanyvezeték *fn* electric wire/cable, wiring, *[hálózat]* the mains *esz* v. *tsz*
villanyvilágítás *fn* electric lighting
villanyvonat *fn* **1.** electric (railway) train **2.** *[játék]* (electric) train set
villanyzsinór *fn* flex, *US* (electric) cord
villásdugó *fn* adaptor v. adapter, wall-plug
villáskulcs *fn* (open-ended) spanner, *US* wrench
villásreggeli *fn* luncheon
villásrúd *fn [kocsin]* pair of shafts, shafts *tsz*
villódzás *fn [az ég alján]* sheet/summer lightning
villog *i* flash, gleam, blink, shine*, sparkle, *[tévékép]* flicker; **~ a szeme** his eyes are flashing/blazing/gleaming
villogás *fn [fényé stb.]* flash(ing), sparkling, gleam(ing)
villogtat *i gk [fénykürtöt használ]* flash [one's/the headlight]
villong *i* quarrel (*US* -l), contend; **~ó pártok** warring factions
villongás *fn* quarrel, disturbance, *[országban]* public unrest, *[családban]* family fend
Vilmos *tul* William; **Hódító ~** William the Conqueror
vilmoskörte *fn növ* William's pear
vincellér *fn* vine-dresser, vineyardist
vindikál *i [magának]* claim, arrogate to oneself; **jogot ~ magának** arrogate a/the right to oneself (v. to oneself the right to ...)
vinkli *fn biz* **1.** → **derékszög**; *[eszköz]* bevel square/rule **2.** *[labdarúgásban]* the corner of the net
vinnyog *i* whimper, whine
viola[1] *fn növ* stock; **kerti ~** common stock, gillyflower; **sárga ~** wallflower
viola[2] *fn zene* **1.** *[régi]* viol **2.** *[brácsa]* viola
violaszín(ű) *mn* violet-coloured (*US* -ored), violet blue
violinkulcs *fn* treble/G clef
VIP *röv [nagyon fontos személy]* VIP [very important person]; **~-váró** VIP lounge [at the airport]
vipera *fn* viper, adder, *átv* viper
viperafajzat *fn* brood of vipers, serpent
viperafészek *fn* nest of vipers
virág *fn* **1.** *növ* flower, *[gyümölcsfáé]* blossom; **vágott ~** cut flowers *tsz*; **~ba borul** burst* into bloom; **~ot szed** pick flowers **2.** *[java vmnek]* cream; **élete ~(j)ában** in the bloom/flower of one's youth, in the prime/flower of life, in one's prime
virágágy *fn* flower-bed
virágállat *fn növ* zoophyte
virágállvány *fn* flower stand
virágárus *fn [boltos]* florist, *[utcai]* flower-seller, flower-girl
virágbimbó *fn* flower bud
virágcsendélet *fn* flower painting, still life with flowers (*tsz* still lifes)
virágcserép *fn* flower-pot
virágcsokor *fn* bunch of flowers, bouquet
virágdísz *fn* **1.** *[pompa]* floral decoration/ornament **2.** *[állapot]* bloom
virágerdő *fn* wilderness of flowers
virágföld *fn* mould, *US* mold
virágfüzér *fn* garland, festoon (of flowers)
virághagyma *fn* bulb
virágillat *fn* fragrance of flowers
virágkereskedés *fn* flower shop, florist('s)
virágkertész *fn* floral gardener, florist
virágkertészet *fn* floriculture
virágkiállítás *fn* flower-show
virágkor *fn* flowering, golden age, *[életé]* prime, heyday; **~át éli** (*vm*) flourish, it is the golden age of sg; (*vk*) be* in one's prime/heyday
virágkosár *fn* flower basket
virágkötészet *fn* flower arrangement
virágláda *fn [ablakban]* window-box
virágmag *fn* flower-seed(s)
virágméz *fn* honey
virágminta *fn* flower/floral pattern/design
virágmintás *mn* flowered, floral [dress, wallpaper etc.]
virágnyelv *fn átv* **~en közöl vmt** say*/put* sg in a roundabout way to sy, let* sy know sg in coded language (v. in a veiled manner), hint at sg
virágnyílás *fn* flowering, blossoming of flowers
virágos *mn* **1.** *[mező]* flowery, covered with flowers *ut*; **~ kert** flower garden; **~ mező** flowery field **2.** *[virággal díszített]* flowered; **~ anyag** flowered/floral material **3. ~**

V

kedvében van be* in high spirits; ~ **stílus** flowery/florid/ornate style
virágpiac *fn* flower market; **nagybani** ~ wholesale flower market
virágpompa *fn* being in full bloom/blossom
virágpor *fn* pollen
virágszál *fn* a (single) flower, a stem; **~am!** darling!, sweetheart!
virágszirom *fn* petal
virágszőnyeg *fn* carpet of flowers
virágtakaró *fn* **1.** *növ* perianth **2.** *[mezőé]* blanket/carpet of flowers
virágtartó *fn* flower-stand
virágüzlet *fn* → **virágkereskedés**
virágvasárnap *fn* Palm Sunday
virágzás *fn* **1.** *növ* flowering, bloom(ing), *[gyümölcsfáé]* blossom(ing) **2.** *átv* flowering, golden age, heyday; **~nak indul** begin* to flourish
virágzat *fn* inflorescence
virágz|ik *i* **1.** *növ* flower, be* in flower, bloom, *[gyümölcsfa]* blossom; **~ani kezd** burst* into bloom; *[gyümölcsfa]* begin* to blossom **2.** *átv* flourish, prosper, thrive*
virágzó *mn* **1.** *növ* flowering, blossoming, blooming; ~ **fák** trees in blossom **2.** *átv* flourishing, prospering, prosperous; ~ **kereskedelem** booming trade; ~ **vállalkozás** prosperous/booming/thriving business
vircsaft *fn szl* → **gazdálkodás**; **micsoda ~ folyik itt!** what a mess!
virgács *fn* rod, birch(-rod)
virginál *fn zene* virginals *tsz*
Virginia *földr* Virginia
Virgínia *tul* Virginia
virginiai *mn/fn* Virginian
Virgin-szigetek *földr* Virgin Islands
virgonc *mn* agile, nimble, spry
virgula *fn nyomd* slash, oblique, *US* virgule, slant
virít *i* bloom, be* in flower/bloom; **most ~ a rózsa** the roses are in flower now
virrad *i* **1.** *[hajnalodik]* dawn, the day is breaking **2.** *[vk ébred vmre]* (a)wake* to (find) sg; **mire ~unk?** what is (there) in store for us?, what can we expect?; **rossz napokra** ~ fall* on hard times
virradat *fn* dawn, daybreak; **~kor** at dawn
virradó *mn* dawning, breaking; **a vasárnapra ~ éjszaka** in the early/small hours of Sunday; **keddre ~ra** by Tuesday morning
virraszt *i* be*/keep* awake, sit*/stay up (for sy), watch; **beteg mellett** ~ sit* up with a sick person, keep* vigil (by sy's bed)
virrasztás *fn* sitting/staying up (all night), all-night vigil
virsli *fn kb.* Vienna sausage, *US* wiener(-wurst); **tormás** ~ hot sausages with horse-radish *tsz*
virtuális *mn* **1.** *[lehetőségként létező]* virtual, potential **2.** *fiz* virtual **3.** *infor* ~ **könyvtár** virtual library; ~ **memória** virtual memory; ~ **valóság** virtual reality; ~ **valóságmodellező nyelv** Virtual Reality Modeling Language (*röv* **VRML**)
virtuóz *fn zene* virtuoso
virtuozitás *fn* virtuosity
virtus *fn* **~ból tette** he did it to show his mettle/courage/strength; *[vakmerően]* he did out of sheer bravado/machismo; → **hősködés**
virtuskod|ik *i kb.* show*/prove one's mettle; **~ik az erejével** he shows off (with) his strength → **hősködik**
virul *i* **1.** *növ* flower, bloom **2.** *átv* (*vk/vm*) flourish, prosper; **él és** ~ be* in the pink, be* doing well, be* thriving
virulens *mn orv* virulent
viruló *mn* **1.** *növ* flowering, blooming **2.** *[egészség]* robust, vigorous; ~ **szépség** sy in the full flowering of her beauty
vírus *fn* **1.** *orv* virus **2.** *infor* virus; **~t keres** scan for viruses
vírusbetegség *fn* viral disease
vírusfertőzés *fn* virus infection
víruskeresés *fn infor* virus scan, scanning for viruses
víruskutatás *fn* virology
víruskutató *fn* virologist
vírusmentes *mn infor* virus-free, free from viruses *ut*
vírusos *mn* viral [disease]; ~ **betegségek** viral diseases; ~ **tüdőgyulladás** virus/viral pneumonia
visegrádi *mn pol* **a ~ országok** the Visegrád countries; ‹the cooperation of Poland, the Czech Republic, Slovakia and Hungary›
visel *i* **1.** *[öltözéket]* wear*, have* (sg) on; **vm nevet** ~ bear* a name; **szakállt** ~ wear* a beard **2. háborút/hadat** ~ → **had**; **hivatalt** ~ hold* an office; **az egész felelősséget ~i** bear*/assume all the responsibility; **gondját ~i vmnek/vknek** take* care of sg/sy; **~i a költségeket** bear* the costs/expenses of sg; **nehezen ~i a betegséget** (s)he finds it hard to bear (the) illness with fortitude; **jól ~** *[bajt, csapást stb.]* bear* up well against/under [misfortunes] **3. ~i magát** behave, conduct oneself; **jól ~i magát** behave well; **rosszul ~i magát** misbehave, behave badly, conduct oneself badly
viselet *fn [ruházat]* costume, dress; **nemzeti** ~ national wear/costume/dress
viselkedés *fn* (*vkvel szemben*) behaviour (*US* -or) (towards sy), conduct, attitude; **micsoda ~!** such carryings-on!; **nem megfelelő** ~ misconduct, improper conduct
viselkedés-lélektan *fn* → **viselkedéstan**
viselkedéstan *fn* behavioural (*US* -oral) science
viselked|ik *i* (*vkvel szemben*) conduct oneself, behave (towards sy); **bátran ~ik** act bravely, show* courage; **okosan ~ik** act/behave sensibly; **a helyzetnek megfelelően ~ik** adapt oneself to the occasion, be* flexible; **rosszul ~ik** misbehave, behave badly; **~j rendesen!** behave (yourself)!, be good!; **nem valami jól ~ett** he wasn't exactly on his best behaviour (*US* -or); **szépen ~ett velem szemben** he behaved/acted decently towards me
viselő *fn [címé]* holder, *[névé]* bearer
viselős *mn nép biz* expecting *ut*, in the family way *ut*
viselt *mn* **1.** *[használt]* worn, old, *[kopott]* shabby, threadbare **2. vknek a ~ dolgai** sy's acts/deeds/doings/past
viseltes *mn* worn(-out), shabby, threadbare, the worse for wear *ut*
viseltet|ik *i [vmvel/valahogyan vk/vm iránt]* feel*/show*/manifest sg for sy/sg; **jóindulattal ~ik vk iránt** be* well-disposed towards sy; **rosszindulattal ~ik vk iránt** bear* sy a grudge, bear* malice (to sy); **szeretettel ~ik vk iránt** bear*/show* sy love
visít(oz|ik) *i* shriek, scream, shrill, squeal
viskó *fn* hovel, poor/tumbledown cottage, hut, shack
viskótelep *fn* shanty-town
visz *i* **1.** *[szállít vkt/vmt vhova]* carry, take* [sy/sg to a place], transport, *[vezet]* lead*, conduct, *[terhet]* bear*, *[hírt]* convey, bring*; **magával ~ vkt** take* sy with one, take* sy along; **magával ~ vmt** *[ellopja]* make* off/away with sg; **vigyen kérem** ... please take me to ...; **vittem neki virágot** I took her some flowers; **az ördög vigye!** the devil take him/it! **2.** *[juttat]* **sikerre ~ vmt** make* a success of sg, bring*/carry/pull sg off; **~i a darabot** (s)he makes the play; **odáig vitte a dolgot, hogy** ... (s)he carried things so far as to ..., (s)he went so far as to ... **3.** *[rávesz vkt vmre]* induce/get* sy to do sg; **vkt bűnre ~** induce sy to commit a crime **4.** *[ügyeket]* direct, manage; **~i vk ügyeit** manage sy's affairs **5. ez az út a városba ~** this road leads to the town **6. nem ~i semmire** fail to get on; **sohasem ~i semmire** he will never amount to anything, he will never achieve anything, *biz* he'll never make it/good; **sokra ~i az életben** succeed in life; **még sokra viheti** he may well go far; **már nem ~i sokáig** he cannot last much longer **7.** *[hord, fegyver]* **ez a puska 1000 yardra ~** this rifle carries a thousand yards **8. jól ~ ez a reszelő** this file has plenty of bite; → **sír**, → **több**, → **tökély**

viszály *fn* discord, conflict, hostility; **a ~ magvát hinti el a családok között** sow* discord between families

viszálykodás *fn* discord, contention

viszálykod|ik *i* contend, wrangle, quarrel (*US* -l)

viszket *i* itch, be* itching, have* an itch; **mindenem ~** I itch all over; **még mindig ~nek a szúnyogcsípéseid?** are your mosquito bites still itching?; **~ a tenyere** → **tenyér**

viszketegség *fn* itching, itchiness, *orv* prurigo; **feltűnési ~** morbid desire to attract attention

viszketés *fn* itching, *tud* pruritus

viszketőpor *fn* itching powder

viszkozitás *fn fiz* viscosity

viszlát! *isz biz* → **viszontlátásra!**

viszolyog *i* (*vmtől*) be* loath to do sg, loathe (doing) sg, have* an aversion to sg, hate the idea of doing sg, be* very reluctant to do sg

viszonkereset *fn jog* cross action, counterclaim

viszonos *mn* reciprocal, mutual

viszonosság *fn* reciprocity, mutuality

viszonossági *mn* **~ alapon** on the basis of mutuality, on a mutual basis; **~ szerződés** treaty of reciprocity

viszonoz *i* return, requite, reciprocate; **~za vk szerelmét** return sy's love; **szívességet ~** return a kindness, return a/the favour (*US* -or); **a rosszat jóval ~za vknek** return good for evil, *kif* heap coals of fire on sy's head; → **kéz kezet mos**

viszont I. *ksz [másfelől]* on the other hand, then again, in turn, *[mégis]* nevertheless, however, still; **(de) ~** but then (again); **ami ~ azt jelenti** ... which in turn means (that) **II.** *hsz* **1.** *[kölcsönösen]* mutually; **és ~** and vice versa **2. köszönöm, ~** thanks, and the same to you; (thanks, and) you, too; **~ kívánom!** thanks, and the same to you

viszontagság *fn* vicissitude, adversity, hardship, trial; **sok ~on ment keresztül** he went through a great deal

viszontagságos *mn* vicissitudinous, full of vicissitudes *ut*; **~ élet** a life full of ups and downs, a hard life

viszontbiztosítás *fn* reinsurance

viszonteladás *fn gazd* resale, retail (sale)

viszonteladó *fn* retailer, dealer, distributor, middleman°

viszonteladói *mn* **~ árkedvezmény** trade discount

viszonthallásra! *isz* good-bye!

viszontlát *i* see*/meet* (sy/sg) again

viszontlátás *fn* seeing (sy/sg) again; **a ma esti ~ig** until tonight

viszontlátásra! *isz* (good)bye!, *biz* bye-bye!, so long!, see you (later/soon)!, I'll be seeing you, ciao!

viszontszívesség *fn* kindness/favour (*US* -or) done in return

viszontszolgálat *fn* service done in return

viszonvád *fn jog* counter-charge/accusation; **~dal él vk ellen** countercharge sy, raise a countercharge against sy

viszonválasz *fn* (answer to a) reply

viszonzás *fn [szívességé]* return (for a kindness), return (service); **~ul, ~képpen** in return (for sg)

viszonzatlan *mn* unreturned, unanswered; **~ szerelem** unrequited love

viszonzott *mn* returned, mutual, *[érzelem]* requited [affection], reciprocated [feeling]

viszony *fn* **1.** *[kapcsolat]* relation(ship) (*vkk között* between); **baráti ~ban vannak, baráti ~ van köztük** they are on friendly terms; **jó ~ban van vkvel** be* on good/friendly terms with sy, be* friendly with sy; **rossz ~ban vannak** they are on bad terms **2.** *[házasságon kívüli nemi kapcsolat]* affair; **~a van vkvel, ~t folytat vkvel** have* a love affair (v. an affair) with sy, *biz* carry on with sy, *US* be* seeing sy **3.** *[dolgoké]* relation(ship) (between), *[összefüggő]* correlation (between); **az árak és bérek ~a** the relationship between wages and prices; **a munkanélküliség és a bűnözés ~a** the correlation between unemployment and crime **4. ~ok** *[helyzet]* conditions; *[főleg anyagi]* circumstances, *ált* situation; **kedvező/jó anyagi ~ok közt él** be* comfortably/well off; **nem él vm jó ~ok között** (s)he is quite poorly off; **a ~okhoz képest** in/considering the circumstances; → **kapcsolat**

viszonyít *i* (*vmhez*) compare (sg) to/with sg

viszonyítás *fn* comparison (with), comparing (with)

viszonyítási *mn* **~ alap** base of comparison; *gazd* **~ év** base year

viszonyítva *hsz* (as) compared to, in comparison with; **Párizshoz ~ London nagy** London is large, compared to Paris

viszonylag *hsz* comparatively, relatively (to)

viszonylagos *mn* relative, comparative; **~ csökkenés** relative decline/decrease

viszonylat *fn* **1.** *[vonatkozás]* relation, respect; **országos ~ban** nationally, nationwide; **nemzetközi ~ban** internationally **2.** *vasút* service

viszonyl|ik *i* **1.** (*vmhez vhogyan*) compare [favourably/unfavourably etc.] with sg, the relationship between ... and ... is; **hogyan ~ik egymáshoz nyelv és gondolkodás?** what is the relationship between language and thought?; **X úgy ~ik Y-hoz, mint A a B-hez** X stands in the same relation(ship) to Y as A does to B / as X is to Y, so A is to B **2.** → **viszonyul** → **aránylik**

viszonyszám *fn mat* ratio, proportion

viszonyszó *fn nyelv* particle

viszonyul *i* **hogy ~ hozzá?** what is his attitude to this?, what is his position?; **jól ~ vmhez** (i) *[megfelelően]* have* the right attitude to sg (ii) *[kedvezően]* have* a positive attitude towards sg; **rosszul ~ a kritikához** he resents criticism

vissza I. *hsz* back, backwards **II.** *előtag* back, re-; **Visszaadtad a könyvet? – Vissza.** Did you return (him) the book? – Yes, I did.

visszaad *i* **1.** (*vmt*) give*/hand back, return, *[pénzt]* repay*, refund, pay* back, return; **~ja a labdát** pass back (v. return) the ball; **mikor adod vissza a (kölcsönadott) könyvet?** when will you return (me) the book I lent you?; **~ja a kéziratot** *[elutasítólag]* return the manuscript (to the author); **~ja vknek az egészségét** (s)he will be quite restored to health (after the holiday) **2.** *[fordításnál]* render, convey [the meaning]; **jól adja vissza a szerző gondolatát** successfully conveys the intentions of the author; **~ja az idióma értelmét** render the idiom accurately **3.** *[viszonoz]* return **4.** *[nagyobb címletű pénzből]* give*/hand sy his/her change; **sajnos, tízezresből nem tudok ~ni, nincs aprója?** I'm sorry, we haven't got change for ten thousand forint note, have you got (v. do you have) anything smaller?; → **kölcsön**

visszaakaszt *i* hang* up sg again, *[szögre]* put* back; **~ja a hallgatót** hang* up the receiver, replace the receiver

visszaáll *i [helyreáll]* be* restored

visszaállít *i* **1.** (*vmt*) put* back **2.** *átv* restore **3.** *infor* reset, restore; → **visszaigazít**

visszabeszél *i* answer/talk back, be* saucy

visszaborzad *i* shrink*/draw* back in horror

visszabúj|ik *i* slip back; → **visszafekszik**

visszacsatol *i [területet]* reannex

visszacsatolás *fn* **1.** *[területé]* reannexation **2.** *ált el* feedback; **negatív ~** negative feedback

visszacsavar *i* **1.** *[visszaforgat]* turn back **2.** *[csavaros fedőt]* screw [the lid/top] back

visszacsinál *i* undo*, dismantle; **ezt nem lehet ~ni** there is no going back on it

visszacsúsz|ik *i* slip/slide* back

visszadob *i* throw*/fling* back

visszadöbben *i* (*vmtől*) shrink* back from sg

visszadől *i [széken]* lean*/sit* back

visszadug *i* stick*/put* back, reinsert

visszaél *i* (*vmvel*) misuse sg, abuse sg, take* advantage of sg; **hivatali hatalmával ~** abuse one's power/authority; **~ vk bizalmával/jóindulatával** impose on sy, take* unfair advantage of sy, take* advantage of sy's [weakness, good nature etc.]; **~ helyzetével** abuse one's position (as)

visszaélés *fn* **hivatali hatalommal való ~** the abuse/misuse of authority/power, abuse of one's position; **~t követ el** abuse one's authority/power
visszaemlékezés *fn* (personal) recollection (of), remembrance, memory, *[emlékirat]* memoir(s); **XY ~ei** the memoirs of YX
visszaemlékez|ik *i* (*vmre*) remember/recall/recollect sg; **nem tudok ~ni a helység nevére** I can't seem to bring to mind (v. to recall) the name of the place
visszaenged *i* allow (sy/sg) to come/go back, *[helyiségbe]* re-admit
visszaér *i* be*/come*/go*/get* back, return (*vhová* to), *[hazaérkezik]* return/come*/get* home
visszaérkezés *fn* return, going/coming back, *[haza]* homecoming
visszaérkez|ik *i* → **visszaér**
visszaesés *fn* **1.** *[bűnözőé]* relapse (into crime/sin/vice) **2.** *orv* relapse **3.** *[hanyatlás]* decline; **gazdasági ~** [an industrial/trade etc.] recession
visszaes|ik *i* **1.** *[helyre]* fall*/drop* back **2.** *orv [beteg]* have* a relapse, relapse **3.** *jog [bűnbe]* (re)lapse into crime, repeat one's offence (*US* -se), *[szokásba, hibába]* (re)-lapse into [one's old habits, bad habits], backslide* **4.** *[hanyatlik]* recess, regress, *[fogyasztás]* drop
visszaeső *mn* **1.** *orv* **~ beteg** relapsed patient, patient/person who relapses (v. has relapsed) **2.** *jog* **~ bűnöző** subsequent offender, recidivist, person with a criminal record *ut*
visszafejleszt *i* reduce, cut* down
visszafejlődés *fn* regression, regress
visszafejlőd|ik *i* regress, *[csökken]* deteriorate
visszafeksz|ik *i* (*vmre*) lie* down (on sg) again; **~ik az ágyba** go* back to bed; *[sokáig ágyban marad, lustálkodásból]* lie* in, have* a lie-in
visszafelé *hsz* backwards, back, in the opposite direction; **~ haladó mozgás** retrogade motion; **~ irányuló** backward; **~ sült el** it had the opposite effect, it backfired (on sy)
visszafizet *i* (*vknek vmt*) repay*/refund sy [the money], pay* [the money] back to sy, pay* (him/her etc.) back the money, *[pénzt]* refund [the 5000 fts etc.]; **~ik** I'll be refunded
visszafizetés *fn* repayment, refund, *gazd* rebate
visszafog *i* → **visszatart**
visszafogad *i* take* back, *[alkalmazottat]* re-engage, take* sy back (v. on again); **~ vkt kegyeibe** sy is back in one's good books
visszafoglal *i* reoccupy, reconquer, *[várost]* retake*, recapture
visszafoglalás *fn* reoccupation, recapture
visszafogott *mn* low-key, low profile/posture
visszafogottan *hsz* in a low key, *[igével]* keep* a low profile
visszafojt *i* hold* (sg) back, hold* back sg, restrain; **~ja a dühét** swallow one's anger; **~ja lélegzetét** hold* one's breath; **~ott lélegzettel** with bated breath; **~ja könnyeit** choke/gulp back one's/the tears
visszafoly|ik *i* flow back
visszafordít *i* **1.** *[irányban]* turn back/round, reverse, invert, *[folyamatot]* reverse [a process]; **érvet ~ vk ellen** turn an argument round on sy; **~ja a fegyvert vk ellen** hoist sy with his own petard **2.** *[szöveget]* retranslate (into the original) **3.** *[a határtól határsértőt]* turn/send* back
visszafordíthatatlan *mn* irreversible; *körny* **~ környezeti kár** irreversible environmental damage
visszafordul *i* turn (round/back), double back
visszafut *i* run* back
visszagondol *i* (*vmre*) think* back (on/to sg), (*vmre/vkre*) recall/remember/recollect sg/sy
visszagurít *i* roll back
visszagyalogol *i* walk back, return on foot
visszahajl|ik *i* bend back(wards)
visszahajlít *i* bend* back
visszahajt *i* **1.** *[állatot]* drive* back **2.** *[papírt, takarót]* fold back, fold up (again), *[nadrágot, inget]* roll up
visszaháramlás *fn jog* reversion, escheat
visszahat *i* (*vmre*) react (up)on sg, affect sg, have* an effect on sg, have* repercussions on sg
visszahatás *fn* reaction, *pol [erős]* backlash; **~sal van vmre** have* a certain reaction on sg, be* followed by a backlash (against)
visszaható *mn* **1. ~ ereje van** *[rendeletnek]* be* retrospective/retroactive **2.** *nyelv* **~ ige** reflexive verb; **~ névmás** reflexive pronoun
visszahelyez *i* **1.** *[vmt a helyére]* put* (sg) back (in the right place), replace sg; **~i a kupakot használat után** recap after use **2. állásába ~ vkt** restore sy to (reinstate sy in) his position/post/office; **jogaiba ~** rehabilitate sy, reinstate sy in his rights
visszahív *i* **1.** *ált* call (sy) back, *[követet, képviselőt]* recall (sy) **2.** *[vkt telefonon]* call/ring* (sy) back (later)
visszahívás *fn* calling back, *[követé]* recall
visszahíz|ik *i* regain the weight once lost, put* on weight again
visszahódít *i* reconquer, win* back (sy/sg from sy)
visszahonosít *i* repatriate
visszahonosítás *fn* repatriation
visszahoz *i* (*vkt/vmt*), bring* (sy/sg) back, *[kutya]* fetch; **hozd vissza!** fetch!
visszahozhatatlan *mn* irretrievable, irrecoverable
visszahőköl *i* shrink* back from sg, recoil at sg
visszahúz *i* **1.** *ált* draw*/pull/hold* back **2.** *[behúz]* draw* in, retract
visszahúzódás *fn* withdrawal
visszahúzód|ik *i* withdraw*, draw* back
visszaidéz *i* *[emlékezetébe]* recall (sy/sg), call sy/sg to mind
visszaigazít *i* **~ja az óráját** put* one's clock/watch back
visszaigazol *i* acknowledge (receipt of) sg, confirm; **vissza nem igazolt** unacknowledged; **~t hitel** confirmed credit
visszaigazolás *fn* acknowledgement
visszaigényel *i* **adót ~** reclaim taxes
visszája *fn [anyagé]* the reverse/back/wrong side (of the cloth); **~ra fordít vmt** turn sg inside out
visszajár *i* **1.** (*vk vhová*) keep* (on) going/coming back **2.** *[pénz]* be* due (back); **25 Ft ~** you get 25 fts change; → **kölcsönkenyér**
visszajáró *mn* **~ pénz** change
visszajátszás *fn [magnó]* playback
visszajátsz|ik *i* play back
visszajelent *i* report back
visszajelez *i* react, respond, *[jelent]* report back, give* sy (some) indication (of sg/having done sg/as to sg/that ...)
visszajelzés *fn* **1.** feedback, response, back indication; **kérek/kaphatnék ~t arról, hogy sikerült a vizsgád(?)** can you give me any indication of how you did in the exam/test? **2.** *infor* echo
visszajön *i* come*/be* back, return; **visszajött már?** is he back yet?
visszajövet *hsz* on one's/the way back
visszajut *i* get*/come* back/home, find* its/one's way back to swhere
visszajuttat *i* return sg to sy, send*/give* sg back to sy
visszakanyarod|ik *i* double (back), veer back
visszakap *i* get*/receive back, *[betegséget]* catch*/contract again; **~ja állását** be* reinstated in one's former position/job, be* given one's job back; **~ja eredeti alakját** regain its original shape/form; **~ja a pénzét** recover one's money, get* one's money back; **500 Ft-ot apróban kapott vissza** he received 500 fts in change; *biz* **ezt még ~od!** you'll get your own back
visszakapcsol *i* **1.** *[kisebb sebességre]* change down **2. most ~unk a stúdióba** now back to our/the studio
visszakeltez *i* predate, antedate

visszakér *i* ask (sy) for sg back, ask for the return of sg; **~i a (kölcsönadott) könyveket vktől** ask sy to return the books (s)he (has) borrowed; **nem kérek vissza!** *[pénzből]* keep the change

visszakeres *i [adatot]* check, look up, *[számítógépből]* retrieve [information from a computer]

visszakeresés *fn [információé]* (information/data) retrieval

visszakerget *i* drive*/chase back

visszakérőleg *hsz kb.* kindly return, with a request that it be returned

visszakerül *i* get*/come* back/home, find* its/one's way back to swhere

visszakézből *hsz* backhanded(ly); **~ből pofonvág vkt** give* sy a backhanded slap in the face

visszakezes *mn* **~ ütés** backhand (stroke), back-stroke

visszakiált *i* shout back (in reply)

visszakísér *i* see*/escort/take* (sy) home/back

visszakíván *i* wish that one could have sg back

visszakívánkoz|ik *i* wish to be back [in a place]

visszakoz|ik *i* **1.** *kat* **~z!** as you were! **2.** *[ígéretétől/szavától eláll]* renege on sg, go* back on [one's promise/word], *[nem vitatkozik tovább]* back/climb down

visszaköltöz|ik *i [lakásba]* move back, *[országba]* return, remigrate

visszaköszön *i* (*vknek*) return sy's greeting

visszakövetel *i* claim/demand sg back, demand that sg be returned, reclaim

visszaküld *i* (*vmt vknek*) return (sg to sy), (*vkt/vmt vkhez*) send* sy/sg back (to sy), *[anyagot további megvitatásra]* refer back [to the committee etc.], *[rossz kéziratot szerzőnek]* turn down, reject [sy's manuscript], refer [a manuscript] to the author

visszalép *i* **1.** *[hátralép]* step/stand* back **2.** *átv* (*vmtől*) pull out (of sg), call off (sg), back out of, withdraw* (from), *[üzlettől, szerződéstől]* back out of [a deal, contract], *[mérkőzéstől]* pull out of [a match]; **~tem a konferencia megrendezésétől** I backed out of organizing the conference; **~ a szerződéstől** back out of the contract, call off the deal

visszalépés *fn* **1.** *[hátralépés]* stepping/standing back **2.** *átv* withdrawal (from), backing/pulling out **3.** *[visszafejlődés]* setback

visszalopó(d)z|ik *i* steal* back

visszalő *i átv* retort, shoot* back

visszamarad *i* **1.** (*vm*) be* left over **2.** *[vk lemarad]* fall*/lag behind **3.** *[fejlődésben]* be* backward; → **elmarad**, → **fejlődés**

visszamaradó I. *mn* remaining, left behind *ut* **II.** *fn vall* **~kkal való foglalkozás** *[pl. evangelizáció után]* follow-up meeting

visszamaradt *mn [fejlődésben]* backward; **szellemileg ~ gyermek** backward (v. mentally handicapped/retarded) child°

visszamegy *i* **1.** (*vhova*) go* back (to), return (to); **menj vissza oda, ahonnan jöttél** go back where you came from (v. you belong) **2.** *[csökken]* diminish, subside **3.** *biz [semmivé lesz]* come* to nothing; **a parti visszament** the engagement was broken off **4.** *[visszanyúlik]* date/go* back (to)

visszamenő *mn* **~ hatályú** retrospective, retroactive

visszamenőleg *hsz* retrospectively, retroactively; **~ megkapja fizetését** get* arrears of one's salary

visszamenőleges *mn* retroactive; **~ igazságszolgáltatás** retroactive justice/jurisdiction; **~ hatály** retroactive effect/force; **~ hatállyal** retroactively

visszamenőlegesen *hsz* retroactively

visszametsz *i* cut* back

visszaminősít *i* demote, downgrade

visszamond *i* **1.** *[bizalmas közlést]* repeat [sy's confidential remarks to the person concerned] **2.** *[meghívást]* cancel (*US* -l) [an invitation], *[írásban]* turn down [an invitation]; **~ta a vacsorameghívást** he excused himself from dinner **3.** *[rendelést]* countermand, cancel (*US* -l) [an order]

visszanéz *i* (*vmre*) look back (on)

visszanyer *i [bizalmat, szabadságot]* regain, recover, win*/get* back, *[tulajdont]* retrieve, recover; **~i egészségét** regain one's health, be* restored to health; **~i eszméletét** regain/recover consciousness, come* to; **~i nyugalmát** regain one's composure; **~i eredeti alakját** regain its original shape; **~i önuralmát** regain self-control

visszanyúl|ik *i* **1.** *[térben]* reach back to **2.** *[időben]* go* back to, date back to

visszaolvas *i [diktált szöveget]* repeat, read* back

visszaparancsol *i* order (sy) back

visszapattan *i* rebound, *[labda]* bounce (back)

visszaperel *i* (*vmt vktől*) sue sy for the return/recovery of sg, claim sg back by means of legal action

visszapillant *i [hátra]* look/glance back (on); **~ a múlt év eseményeire** look back on (v. review) the events of last year

visszapillantás *fn* **1.** *[hátra]* backward glance **2.** *[áttekintés]* retrospect, review

visszapillantó *mn* **~ tükör** rear-view mirror; **elektromos állítású külső ~ tükrök** electric door mirrors

visszarak *i* put*/set* (sg) back, replace

visszarendel *i* **1.** (*vkt*) call/summon sy back, recall, order to return **2.** *[árut]* countermand, cancel (*US* -l) [an order]

visszarendeződés *fn pol* restoration, return of the old order/regime, putting back the clock, regression [in political development], backsliding

visszarepül *i* fly* back, *[csak repülőgépen]* return by air

visszaretten *i* shrink* back in fear, flinch/recoil in fear

visszarettent *i* (*vkt vmtől*) deter (sy from sg)

visszariad *i* (*vmtől*) shrink* back (from); **semmitől sem riad vissza** nothing will deter him; **~ a nehézségektől** jib/balk/flinch at the difficulties

visszariaszt *i* (*vkt vmtől*) deter (sy from sg)

visszaroskad *i* sink*/fall* back, *[székre]* drop/flop back (onto a chair)

visszáru *fn gazd* return(ed) goods *tsz*, returns *tsz*

visszarúg *i* **1.** *[labdát]* kick back **2.** *[lőfegyver]* kick back, recoil

visszás *mn [kellemetlen]* troublesome, tiresome, *[lehetetlen]* absurd, *[furcsa]* awkward; **~ helyzetben van** be* in an awkward position

visszasír *i* weep* for (the return of) sg; **~ja ifjúkorát** (s)he weeps for the days of his/her youth; **még majd ~tok engem** you'll be very sorry [you ever let me go, etc.]

visszásság *fn* awkwardness, perversity; **sok ~ot tapasztalt** he found a lot of abuses

visszasugárz|ik *i* be* reflected

visszasüllyed *i* **1.** *konkr* sink*/fall*/drop back **2.** *átv* relapse into

visszaszáll *i* **1.** *[madár]* fly* back, *[ágra stb. leszáll]* perch [on a branch etc.]; **gondolatai ~nak** his thoughts go back (*vhova* to) **2.** *[vagyon vkre]* revert/lapse to (sy)

visszaszámlálás *fn* countdown; **megkezdték a ~t** the countdown has begun

visszaszámol *i* count down

visszaszármaztat *i* return, give*/send* (sg) back (to sy)

visszaszerez *i* **1.** *ált* get*/win back, regain possession of, *[elveszett tárgyat]* recover (sg from sy); **visszaszerzi a vagyonát** restore one's fortune **2.** *[becsületét]* retrieve [one's honour (*US* -or)]

visszaszív *i átv* take* back, retract; **~ja szavait** swallow one's words

visszaszól *i [telefonon]* call/ring* back; → **visszabeszél**

visszaszolgáltat *i* return/restore sg to sy, *[pénzt]* refund (sg to sy/sy sg)

visszaszolgáltatási *mn jog* **~ kötelezettség** obligation to return (sg)

visszaszorít *i* **1.** *[ellenséget]* force/roll/drive* back, *[bűnözést]* crack down on **2.** *[visszafojt]* repress, suppress

visszaszorul *i* be* forced back, *[háttérbe]* be* pushed into the background

visszatalál *i* find*/make* one's way back

visszatáncol *i* go* back on (one's word), renege on sg, back out, *US szl* chicken out

visszatart *i* **1.** *(vkt)* keep*/hold* back; **nem lehetett ~ani** there was no holding him/her **2.** *(vkt vmben)* keep*/hold* (sy) back, *(vmtől)* hinder/prevent sy from [doing sg], *[eséstől]* keep* back from; **mi tartja vissza?** what is stopping him?; **~ja magát vmtől** refrain/keep* from doing sg **3.** *(vmt)* retain sg, *[visszafojt]* repress, suppress; **~ja lélegzetét** hold* one's breath; **~ja a vizeletét** retain one's urine; **~ja vk bérét** ratain/withhold* sy's pay

visszatartó *mn* **~ erő** retarding force; **a halálbüntetés ~ ereje** the retarding force of capital punishment

visszataszít *i* **1.** *[visszalök]* push/thrust* back **2.** *[vonz ellentéte]* repel

visszataszító *mn* repulsive, repellent, repugnant, distasteful

visszatekint *i (vmre)* look back on sg; **~ve** in retrospect

visszatelepít *i* resettle, repatriate

visszatelepül *i* return

visszatér *i* **1.** *(vhova)* return (to), go*/get* back (to a place); **utazásomból ~ve** on my return **2.** *(vmre)* revert (to), come* back (to); **erre még ~ünk** we'll come back to that later; **amire még ~ek** of which more later; **az élet ~t a régi/rendes kerékvágásba** things have returned (v. got back) to normal

visszatérés *fn (vkhez/vmhez/vmre)* return(ing) (to sy/sg)

visszatérít *i [pénzt]* pay* back, refund, repay*, return

visszatérítés *fn [pénzé]* refund, paying back, repayment, return, *gazd* rebate

visszatérítési *mn* **~ igény** claim for refund

visszatérő *mn* returning, coming/getting back *ut*; *gazd* **~ csomagolás** returnable packaging; **~ jegy** readmission ticket, *US* check-out ticket; **soha vissza nem térő alkalom** the opportunity of a lifetime

visszatérőben *hsz* on the/one's way back

visszatesz *i* **1.** *(vmt/vkt)* put*/set*/get* (sg) back, replace (sg); **~i a (telefon)kagylót** replace the receiver, *[mielőtt a másik befejezné]* hang* up (on sy) **2.** *[ficamot]* reduce [a dislocation]

visszatetszés *fn* displeasure, dissatisfaction; **~t kelt vkben** cause sy dissatisfaction, displease/offend sy

visszatetsz|ik *i (vknek)* displease/offend sy, be* displeased with/by sg

visszatetsző *mn* displeasing, unpleasant

visszatol *i* push (v. *biz* shove) back, *[fiókot]* push in/back

visszatolat *i [kocsi]* reverse, *[kocsival]* reverse/back [the car through the gate etc.], *[garázsba]* reverse the car into the garage

visszatoloncol *i (vkt)* transport sy back/home (forcibly)

visszatorpan *i* shrink*/start back, recoil

visszatükröz *i* reflect, mirror

visszatükröződ|ik *i* be* reflected/mirrored

visszaugr|ik *i* leap*/spring*/jump/fly* back; *[rugó]* recoil

visszaút *fn* return/homeward journey, way back; **nincs ~** there's no turning back

visszautasít *i* refuse, reject, turn down, *[ajánlatot]* decline, reject, *[meghívást]* refuse, turn down; **vádat ~** deny/repudiate a charge; **kereken ~ották** it/he was flatly refused, it was rejected out of hand; → **elutasít**

visszautasítás *fn* refusal, *[javaslaté]* rejection

visszautasító *mn* **~ válasz** refusal

visszautazás *fn* return journey

visszautaz|ik *i* return, go*/travel (*US* -l) back/home

visszautazóban *hsz* on one's/the way back/home

visszaül *i* go* back (v. return) to one's seat

visszaüt *i* **1.** *(vkt)* hit* (sy) back **2.** *[teniszlabdát]* return [a/the ball] **3.** *[megbosszulja magát]* kick/hit* back

visszaűz *i* drive* back, repel

visszaüzen *i* send* (sy) an answer, send* back word that

visszavág *i* **1.** *(vknek)* hit*/strike* back **2.** *sp* **a Fradi jól ~ott az MTK-nak** Fradi (has) got its own back on MTK with a vengeance **3.** *átv [válaszol]* answer sy pat, strike* back at, retort **4.** *[labdát]* hit* [a ball] back, return **5.** *[növényt]* cut* back, poll

visszavágó (mérkőzés) *fn* return match, *[futballkupában]* second leg

visszavágyód|ik *i* long/want to be back (in a place)

visszavált *i* **1.** *[zálogból]* take* (sg) out of pawn **2.** *[jegyet visszavesz]* refund a ticket, give* sy a refund on a ticket; **az előadás elmaradása esetén a jegyeket ~ják** (v. **a jegyek ~hatók)** in case of cancellation (*US* -l-) of the performance tickets will be refunded (at the place of purchase)

visszavár *i (vkt)* expect (sy) back, wait for the return of (sy), expect sy to return (v. come back)

visszavárólag *hsz* requesting the return of (sg)

visszavásárol *i* buy* back, repurchase

visszaver *i* **1.** *[támadást, ellenséget]* beat* off, repulse, repel, drive*/force back **2.** *fiz* **~i a fényt** reflect light; **~i a hangot** reflect/reverberate sound

visszaverődés *fn [fényé]* reflection, reflexion, *[hangé]* reverberation

visszaverőd|ik *i [fény]* be* reflected, *[hang]* be* reflected, reverberate

visszavesz *i* **1.** *[ajándékot, árut]* take* back **2.** *[alkalmazottat]* re-engage, take* on again, take* back, re-employ **3.** *[visszavásárol]* buy* back, credit sy for sg **4.** *kat* retake*, recapture

visszavet *i* **1.** *[dob]* throw*/cast*/fling* back **2.** *[hátráltat]* set* sy back, hinder, *[fejlődést]* retard; **~ vkt hosszú betegsége** his/her long illness pulled him/her down

visszavétel *fn* **1.** *[árué, alkalmazotté]* taking back **2.** → **visszafoglalás**

visszavezet *i* **1.** *(vkt vhova)* bring*/take*/see* (sy) back (to a place), lead* (sy/sg) back (to) **2.** *(vmt vmre)* trace (sg) back (to sg), attribute (sg to sg); **egyetlen alapelvre vezeti vissza** reduce sg to a single principle; **ezt a jelenséget politikai okokra vezetik vissza** this phenomenon is attributed to political causes **3.** **családját ~i vmeddig** trace one's descent back to (v. from) . . . **4.** **ez az út ~ a városba** this road will take you back to the city

visszavezethető *mn (vmre)* traceable to sg, *[igével]* can be traced back to sg, *[tulajdonítható]* attributable/due/ascribable to sg, *[igével]* can be (v. is) attributed/ascribed to sg

visszavon *i ált* withdraw*, cancel (*US* -l), *[rendeletet]* withdraw*, repeal, revoke, cancel, rescind, *[vallomást]* retract [a confession]; **~ja szavát** take* back one's word, go* back on one's word; **~ja vk engedélyét** cancel/revoke sy's licence; *jog* **~ja a keresetet** withdraw the action; **mindent ~ok** I take it all back, *[csapatokat]* withdraw*

visszavonás *fn* **1.** *[érvénytelenítés]* recall, *[engedélyé]* withdrawal, *[rendeleté]* repeal [of edict]; **~ig érvényes** *[engedély stb.]* valid until recalled/countermanded *ut*, valid until further notice *ut* **2.** *[csapatoké]* withdrawal

visszavonhatatlan *mn* irrevocable, past/beyond recall *ut*, *[elhatározás]* firm, irrevocable, unalterable

visszavonul *i* **1.** *(vk ált)* withdraw*, retreat, *[ügyek intézésétől]* retire (from), withdraw* (from); **~ a szobájába** retire to his/her room **2.** *kat* retreat, withdraw* **3.** *[áradat]* recede

visszavonulás *fn* **1.** *ált* withdrawal **2.** *kat* retreat

visszavonulási *mn* **~ parancs** order to retreat/withdraw

visszavonult *mn* retired, solitary; **~ életet él**, **~an él** live/lead* a retired/quiet life, live* in retirement/seclusion, live by oneself

visszavonultság *fn* retirement [from public life]

visszazökken *i* → **kerékvágás**

visszér *fn orv* **1.** *[gyűjtőér]* vein **2.** *biz* **visszere van** have* varicose veins

visszércsomó *fn orv* varicose veins *tsz*, varix

visszér(csomó)-eltávolítás *fn orv* varicotomy

visszeres *mn* varicosed, having varicose veins *ut*; **~ a lába** have* varicose veins
visszérgyulladás *fn orv* phlebitis
visszértágulás *fn orv* varicose veins *tsz*
visszértágulat *fn orv* **(csomós) ~** varicosity, varicosis, distension of the veins, *biz* varicose veins *tsz*
visszfény *fn* reflected light, *átv is* reflection
visszhang *fn* **1.** *fiz* echo **2.** *[eseményé]* reaction, response; **mi volt a ~ja?** how was it received?; **kedvező ~ra talál** be* well/favourably (*US* -or-) received, meet* with a warm response, *biz* go* down well; **nagy ~ja támadt** it caused/created a great stir
visszhangosít *i [digitális technikával]* add echo to sg
visszhangoz *i* (re-)echo (sg), *átv* echo
visszhangz|ik *i* (*vmtől*) echo/reverberate with [the sound of music etc.], resound with [laughter etc.]
visszkereset *fn jog* recourse, counterclaim
vita *fn* **1.** debate, discussion, dispute, *[parlamenti]* debate; **~ nincs!** I'm having no arguments!; **a ~ tárgya** the subject of the debate, the question under debate, the point/matter at issue; **a ~ hevében** in the heat of the debate; **hosszas ~ után** after much debate; **nyilvános ~** public debate/discussion; **nyilvános ~ra hív ki vkt** challenge sy to a public debate; **~ba bocsátkozik/száll vkvel** enter into a controversy with sy (about/over sg), join/take* issue with sy (on/about sg), take* sy up on sg; **~ban áll vkvel** be* at issue (v. in dispute) with sy; **~n felül áll** be* (beyond dispute/question); **a ~t eldönti** settle the dispute; **megnyitja a ~t** open the debate; **a ~t bezárja** wind* up the debate; **~t folytat** debate sg (with sy), hold* a debate (with sy) on sg **2.** *[szóváltás]* argument, quarrel, dispute; **éles/elkeseredett ~** a bitter controversy (about/over); **~ volt köztük** they had an argument (about sg)
vitafórum *fn* panel discussion
vitaindító *mn* **~ előadás** keynote lecture/address, opening speech of a debate
vitaindítvány *fn pol* motion to debate
vitairat *fn* polemical essay/treatise
vitairodalom *fn* polemics *tsz*, polemic literature
vitalitás *fn* vitality, vigour (*US* -or)
vitamin *fn* vitamin; **C-~** vitamin C
vitamindús *mn* rich in vitamins *ut*
vitaminhiány *fn* vitamin deficiency
vitamintartalmú *mn* containing vitamins *ut*
vitapont *fn* (point at) issue
vitás *mn* disputed, debated, *[kétes]* doubtful, uncertain; **~ kérdés** controversial matter/issue, unsettled/unresolved question, the point/matter at issue, matter in dispute; **~ követelés** disputed claim; **~ pont** moot/contested point; **nem ~, hogy** ... there is no doubt that ..., it is beyond dispute/argument that ...
vitat *i* **1.** *[kétségbe von]* dispute (sg), argue against (sg); **~ja, hogy joga van-e** contest/challenge/question sy's right to (do) sg; **nem ~ vmt** let* sg go/pass unchallenged **2.** *[állít]* maintain, contend **3.** *[véd]* argue for (sg)
vitathatatlan *mn* indisputable, incontestable, beyond dispute *ut*; **~ul** indisputably, beyond (all) doubt, without doubt/question
vitatható *mn* disputable, contestable, controversial, debatable, open to doubt *ut*; **~, hogy** ... it is a moot/debatable point/question (whether); **~an** controversially
vitatkozás *fn* debating, arguing, argument, dispute
vitatkoz|ik *i [vitát folytat]* debate (about sg/a question with sy), dispute (sg with sy), *[megvitat]* discuss (sg with sy), *[felesel]* answer back; **~ik vkvel vmről** argue with sy about sg, *[veszekszik]* quarrel (*US* -l) with sy about sg; **ne ~z velem!** don't argue with me!; **kár ezen ~ni** it is no use arguing about it
vitatott *mn* **(sokat) ~ kérdés** a controversial issue/question, much/hotly-debated question
vitaülés *fn* debate
vitazáró *fn* concluding speech, winding-up speech
vitáz|ik *i* → **vitatkozik**
vitel *fn* **1.** *[szállítás]* carriage, conveyance, transport, *US* transportation **2.** *[ügyintézés, vezetés]* management, direction administration; **megbíz vkt az ügyek ~ével** entrust/charge sy with the direction of affairs, leave*/put* sy in charge
viteldíj *fn* fare; **kérem a ~akat!** fares, please!
viteldíj-különbözet *fn* excess (fare)
viteldíjszabás *fn* (railway) tariff, fares *tsz*
vitet *i* (*vkvel*) have* sg carried/taken (by sy)
vitéz I. *mn* valiant, brave **II.** *fn tört [bátor katona]* valiant/brave warrior/soldier; **végvári ~ek** *tört* ‹soldiers defending the marches›; **János ~** John the Hero; → **keresztes**
vitézi *mn tört* **~ cím** ‹a hereditary title awarded to ex-servicemen since World War I›; **V~ Rend** ‹an organization of ex-servicemen and their descendants bearing the 'vitéz' title› The Knightly Order of Vitéz
vitézked|ik *i* fight* like a hero, distinguish oneself
vitézség *fn* valour (*US* -or), bravery
vitorla *fn* **1.** *ált* sail; **~t bevon** lower the sails, reef in; **~t felvon** hoist the sails; **felvont ~kkal** in full sail; **kifogja a szelet vk ~jából** steal* sy's thunder **2.** *[szélmalomé]* sail [of windmill] **3.** *növ* wing
vitorlakötél *fn* clew line, *[rövid]* sheet, *[hosszú]* halyard
vitorlarúd *fn* (sail-)yard
vitorlás I. *mn* sail-, sailing; **~ csónak** sailing boat, (sailing) dinghy, *US* sailboat; **~ hajó** sailing boat, *US* sailboat, *[nagy]* sailing ship, *[versenyvitorlás]* (racing/cruising) yacht **II.** *fn* → **vitorlás csónak/hajó** → **verseny-vitorlás**
vitorlássport *fn* → **vitorlázás**
vitorlásverseny *fn* yacht/sailing race, *[nagyobb]* regatta, *[versenyzés]* yacht racing
vitorlavászon *fn* sail-cloth, canvas
vitorlázás *fn [mint versenyszám]* yachting, yacht racing, *[egyébként]* sailing, cruising
vitorlázat *fn* rig, sails *tsz*
vitorláz|ik *i* **1.** *[vízen]* sail; **Marokkóba ~ott** *[indult]* he set sail for Morocco; *[meg is érkezett]* he sailed to Morocco; **hátszéllel ~ik** sail before the wind; *átv* **(élesen) a széllel szemben ~ik** sail close to the wind **2.** *biz [vitorlázórepülést végez]* glide, go* gliding
vitorlázó I. *mn* **1.** *[vízen]* sailing, yachting **2.** *[levegőben]* soaring, gliding; **~ repülőgép** glider, sailplane **II.** *fn* **1.** *[vízen]* yachtsman°/yachtswoman°, cruiser **2.** *[levegőben]* glider
vitorlázógép *fn* glider
vitorlázórepülés *fn* gliding; **~t végez** sailplane, glide
vitorlázórepülő *fn* glider
vitrin *fn* glass case, showcase, glass(-fronted) cabinet, *[múzeumban]* museum case, *[lakásban]* china cabinet, *[üzletben]* shop display, shop case
vitriol *fn* vitriol
vitriolos *mn* vitriolic
vityilló *fn* cabin, hut, hovel, shanty, shack
vív *i* **1.** *sp* fence **2.** *[harcol]* fight*/battle (for/against), struggle (with/against) **3.** **harcot ~ vmért** → **harc**; **haláltusáját ~ja** be* agonizing, be* in (mortal) agony
vívás *fn sp* fencing
vívmány *fn* achievement, attainment
vívó *sp* **I.** *mn* fencing **II.** *fn* fencer
vívóállás *fn sp* (fencing) position
vívóbajnok *fn* fencing champion
vívóbajnokság *fn* fencing championship/tournament
vívód|ik *i* (*vmvel*) be* in the grip of sg, wrestle with sg/oneself
vívókard *fn sp* (fencing) sword
vívókesztyű *fn sp* fencing-gloves *tsz*
vívómester *fn sp* fencing-master
vívósisak *fn sp* (fencing) mask
vívóterem *fn sp* fencing-school/room
vívótőr *fn sp* foil

vívóverseny *fn sp* fencing contest
vívó-világbajnokság *fn sp* world fencing championship(s)
víz *fn* water; **~ alá merül** submerge; **~ alatt** under water v. underwater; **~ alatti** underwater, *tud* subaqueous; **folyó ~** running water; **csupa/egy ~** dripping/soaking wet, drenched through (v. to the skin); **~ ellen** against the current/tide, upstream; **~ mentében** downstream; *átv* **~be esik** *[meghiúsul]* fall* through, fail; **~be fúl** drown, be*/get* drowned; **~be fúló** drowning; **~be öli magát** drown oneself; **az utca ~ben állt** the street was flooded/awash; **úgy él, mint hal a ~ben** he is having the time of his life; **megfojtaná egy kanál ~ben** he hates him like poison, *[még erősebben]* he would do him in without a moment's hesitation; **~ben gazdag** well-watered, abounding in water *ut*; **~ben szegény** badly watered, arid; **~ben oldódó** water-soluble; *biz* **kinn vagyok a ~ből** (i) *iron [továbbra is bajban van]* a lot of good that has done me! (ii) *[sikerült kikeverednie a bajból]* I'm out of the wood; **úszik a ~en** float; **~re bocsát** launch, set* afloat; **~re bocsátás** launching, setting afloat; **~re száll** *[elhajózik]* put* out (to sea), push off; **~re szállás** *[űrkabiné]* splashdown; **a Dunába vizet hord** carry coals to Newcastle; **nem sok vizet zavar** doesn't make waves, count but little, carry little weight; **az én malmomra hajtja a vizet** it brings* grist to my mill; *szl* **felkapja a vizet** (*vm miatt*) be* steamed up (about sg), blow* a fuse, blow* one's top off, fly* off the handle, cut* up rough/nasty; **~zel eláraszt** flood, inundate; **~zel hígít** *[festéket stb.]* dilute/thin with water; *[italt]* (dilute with) water; **~zel hígítható** *[festék stb.]* water-based; → **desztillál**, → **lassú**, → **lefolyik**, → **prédikál**, → **vér**
vízágyú *fn* water-cannon (*tsz* ua.)
vízállás *fn* water level/line
vízállásjelentés *fn* water-level report
vízálló *mn* waterproof, watertight
vízáteresztő *mn* permeable (to water *ut*); **víz át nem eresztő (kőzet)** water-repellant, impermeable [rock]
vízcsap *fn* (water) tap, *US* faucet; **kinyitja a ~ot** turn on the (water) tap; **elzárja a ~ot** turn off the (water) tap
vízcsepp *fn* drop of water
vízcső *fn [vezeték]* water pipe, *[öntözőcső]* water hose
vízdíj *fn [a díjszabás]* water-rate(s), *[a kiszabott díj]* water charges *tsz*
vizel *i* pass urine, urinate; **ágyba ~** be* a bedwetter
vizelde *fn GB* urinal, *US* urinal, (men's) lavatory
vizelés *fn* passing urine, urination; **önkéntelen ~** incontinence, enuresis
vizelet *fn* urine
vizelethajtó *fn* → **vízhajtó**
vizeletminta *fn* urine specimen
vizeletvizsgálat *fn* urinalysis
vízellátás *fn* water supply
vízelnyelő *mn* absorbent
vízelvezető *mn* **~ cső** drainpipe
vizenyő *fn* oedema (*US* edema) (*tsz* -mata)
vizenyős *mn* **1.** *orv* oedematous (*US* edem-) **2.** *[nedves]* humid, damp, dank, *[talaj]* soggy
vízépítés(tan) *fn* hydraulic engineering
vízerőmű *fn* hydroelectric power station (v. plant)
vizes *mn* **1.** *ált* wet, watery, watered **2.** *[nedves]* moist, damp, humid; → **lepedő**
vizesárok *fn* **1.** *sp* water jump **2.** *[vár körül* v. *állatkertben]* moat
vizesblokk *fn* the plumbing
vízesés *fn* waterfall
vizeskancsó *fn* (water-)jar, *US* pitcher
vizespohár *fn* tumbler, drinking glass
vizez *i* **1.** add water to, adulterate/dilute sg with water; **~ett tej/bor** adulterated milk/wine **2.** *sp szl [evezős beáll az előtte lévő hajó sodrába]* hang* on
vízfej *fn* water on the brain, *orv* hydrocephalus
vízfejű *mn orv* hydrocephalic
vízfejűség *fn orv* hydrocephaly, hydrocephalus
vízfelület *fn* water surface
vízfesték *fn* watercolour (*US* -or); **~kel fest** paint in watercolours (*US* -ors)
vízfestés *fn* painting in watercolours (*US* -ors)
vízfestmény *fn* watercolour (*US* -or), aquarelle
vízfogó *fn [gyűjtő]* cistern, reservoir
vízfogyasztás *fn* water consumption
vízfűtés *fn* hot-water heating
vízgazdálkodás *fn* water management, water resources development
vízgazdálkodási *mn* **~ szerződés** water management agreement
vízgőz *fn* steam
vízgyógyászat *fn* hydropathy, hydrotherapy, water-cure
vízgyógyintézet *fn* hydropathic establishment, *biz* hydro
vízgyógymód *fn* hydropathic treatment, water-cure
vízgyűjtő *fn* **1.** *[medence]* reservoir, cistern, *[csatorna]* catchwater drain **2. ~ terület** catchment area/basin, drainage area/basin
vízhajtó *fn [gyógyszer]* diuretic
vízhatlan *mn* waterproof, watertight
vízhiány *fn* water shortage, (a) shortage/scarcity of water
vízhólyag *fn* blister, vesicle
vízhozam *fn* water output
vízhullám *fn [fodrászé]* cold/water-wave
vízhűtés *fn* water cooling
vízhűtéses *mn* water-cooled
vízi *mn* water-, of the water *ut*; **~ erő** water-power; **~ erőmű** → **vízerőmű**; **~ jármű** water craft, vessel; **~ jártasság** watermanship; **~ jártassági igazolvány** watermanship certificate; **~ sportok** water/aquatic sports, aquatics *tsz*; **~ út** (i) *[útvonal]* water-way (ii) *[utazás]* voyage, sail; **~ úton** by water
vízibalett *fn* ballet in the water; → **szinkronúszás**
vízibetegség *fn* dropsy
vízibusz *fn* water-bus
vízigény *fn* water demand
vízikerék *fn* water-wheel
vízilabda *fn sp* water-polo
vízilabdáz|ik *i sp* play water-polo
vízilabdázó *fn sp* water polo player
víziló *fn* hippopotamus (*tsz* -muses v. -mi), *biz* hippo
vízimadár *fn* water-fowl
vízimalom *fn* water-mill
vízinövény *fn* water-plant/weed, hydrophyte
vízió *fn* vision
vízipisztoly *fn* water pistol, *US* squirt-gun
vízipóló *fn* → **vízilabda**
vízipólóz|ik *i* → **vízilabdázik**
vízisí *fn* water-skis *tsz*
vízisikló *fn áll* common/grass snake
vízisízés *fn* water-skiing
víziszony *fn* dread of water, hydrophobia; → **veszettség**
vizit *fn* **1.** *ált* visit, call; **visszaadja a ~et** return sy's visit/call **2.** *orv [kórházban]* (doctors') round(s); → **nagyvizit**
vizitel *i* (*vknél*) pay* sy a visit, call on sy
vizitkártya *fn* → **névjegy**
vízízű *mn* watery, have* a watery taste
vízjel *fn [papíré]* watermark
vízkereszt *fn [január 6.]* Epiphany, *[előestéje]* Twelfth Night
vízkiszorítás *fn* displacement
vízkorlátozás *fn* water-rationing
vízkő *fn* (lime-)scale
vízköpő *fn* (water-)spout
vízköves *mn* scaly, furry, scale-coated
vízkúra *fn* water-cure
vízlépcső *fn* (water) barrage
vízlépcsőszerződés *fn kb.* agreement to build a dam, water dam agreement

vízmelegítő *fn [elektromos]* boiler, *[merülőforraló]* immersion heater, electric water heater, *[gáz]* gas water heater, geyser
vízmentes *mn* damp-proof
vízminőség *fn körny* water quality
vízmosás *fn* gully, (water-worn) ravine
vízműtan *fn* hydraulics *esz*
vízművek *fn* waterworks *esz* v. *tsz*, *[kezelővállalat]* water authority/board
víznyelő *fn [árok, akna]* gully
víznyomás *fn* hydraulic/water-pressure
vízóra *fn* water-meter
vízöblítéses *mn* ~ **vécé** flush toilet
vízözön *fn* flood, deluge, *bibl* the Flood; **utánam a** ~ after me the deluge
vízpára *fn* (water) vapour (*US* -or)
vízrajz *fn* hydrography
vízrajzi *mn* hydrographic(al); ~ **térkép** hydrographic chart/map
vízrendezés *fn* (surface/land) drainage
vízrendszer *fn* river-system
vízsugár *fn* jet of water, water jet
vízszabályozás *fn* regulation of water-ways, *[folyóké]* river training
vízszegény *mn* poorly watered, arid, dry
vízszennyeződés *fn körny* water pollution/contamination; **~t okoz** be* polluting the water
vízszint *fn* water level, surface of the water
vízszintes I. *mn* horizontal, level; **~en** horizontally **II.** *fn* horizontal (line)
vízszintez *i* level (*US* -l)
vízszintező *fn* spirit level
vízszolgáltatás *fn* water supply
vízszűke *fn* **~ben van** [this region] is short of water, is poorly off for water
vízszűrő *fn* filter, water-filter
víztároló I. *mn geol* ~ **réteg** water table **II.** *fn* **1.** *[tartály]* reservoir, cistern **2.** → **forróvíztároló**
víztározó *fn [tó]* reservoir, storage lake/reservoir
víztartalom *fn* water content; **nagy a víztartalma** have* a high water content
víztartály *fn* (water-)tank, cistern
víztaszító *mn* water-repellent
víztelen *mn* waterless, unwatered
víztelenít *i [pincét]* damp-proof, *[hálózatot]* drain the (water) system
víztorony *fn* water tower
víztömeg *fn* a body of water
víztükör *fn* water surface, stretch of water
vizuális *mn* visual; *okt* ~ **kultúra** *[rajz, főleg általános iskolában]* visual arts *tsz*; ~ **típusú** *[ember, igével]* be* a visual person
vízum *fn* visa; **~ot kér** apply for a visa; **~ot kap** be* granted a visa; **beüti a ~ot vk útlevelébe** visa [sy's passport] (*múlt ideje*: visaed); **beütik a ~ot az útlevelébe** get* one's passport visaed (v. stamped with a visa); **nem kap ~ot** be* refused a visa; **~ot meghosszabbít** extend a visa
vízumhosszabbítás *fn* extension of one's visa
vízumkényszer *fn* obligatory visa system; **nincs ~ Ausztria és Magyarország között** Austrians don't need a visa to visit Hungary (and vice versa)
vízumkérő *mn* ~ **lap** (visa) application form
vízumkiadás *fn* visa collection
vízummentesség *fn* visa exemption
vízügy *fn* water management/conservation
vízügyi *mn* ~ **szakemberek** water management experts
vízválasztó *fn* watershed, *US* continental divide
vízvédelem *fn körny* water conservation
vízvezeték *fn* **1.** *[csőhálózat]* water pipes *tsz*, (water-) conduit, *[városi]* water system **2.** → **vízcsap**
vízvezeték-szerelő *fn* plumber

vízzáró *mn* ~ **gát** dam, barrage
vizsga *fn* examination, *biz* exam; **írásbeli** ~ written examination, examination paper; **szóbeli** ~ oral examination; **mikor tudjuk meg a ~ eredményét?** when will we know the examination results?; **átmegy a ~n** pass the examination; **megbukik a ~n** fail (the examination); **~ra bocsát vkt** admit sy to exam; **~ra tanul/készül** study/prepare for an exam; **~t tesz** sit* (for) an examination/exam, take* an examination; → **alkalmassági**, → **vezetői**
vizsgabizottság *fn* board of examiners; **független** ~ independent board of examiners
vizsgabiztos *fn [szóbelin]* chairman° of the examiners, *[írásbelin]* invigilator
vizsgadíj *fn* examination fee
vizsgadolgozat *fn* examination paper
vizsgaidőszak *fn* examination period
vizsgakérdés *fn* (examination) question
vizsgál *i* examine, *[alaposan]* scrutinize, study, *[beteget]* examine, *[számadást]* check, audit
vizsgálat *fn* **1.** *ált* examination, *hiv* inquiry, *[nyomozás]* investigation; **alapos/mélyreható/tüzetes** ~ thorough (and detailed) examination, scrutiny; *[tanulmány]* in-depth study; **~ot folytat vk ellen** examine sy's case, subject sy to an investigation; **~ot indít** launch/open an inquiry (into); **~ot rendel el** order an inquiry; **~ot tart** hold* an inquiry into, make* inquiries about, inquire into **2. orvosi** ~ medical examination; **orvosi ~on kell átesni** have to have/take a medical (examination) **3.** *[megfontolás]* study, consideration **4.** *[tudományos]* research, (scientific) investigation
vizsgálati *mn* ~ **eljárás** proceedings (of inquiry) *tsz*; ~ **fogság** detention/imprisonment on/under remand; ~ **jegyzőkönyv** record of inquiry
vizsgaláz *fn* examination fever
vizsgáló I. *mn* examining, investigating; ~ **tekintet** searching look/gaze **II.** *fn* **1.** *ált* examiner, investigator **2.** *[helyiség kórházban] kb.* examining room
vizsgálóbíró *fn* examining judge/magistrate
vizsgálóbizottság *fn* **1.** *[tanulmányi]* board of examiners **2.** *[kivizsgáló]* fact-finding committee/commission
vizsgálódás *fn* **1.** *[körülnézés]* looking around/about **2.** *[tudományos]* investigation, research; **tudományos ~t végez** research into
vizsgálód|ik *i* **1.** *[körülnéz]* look about (oneself) **2.** *[kutat]* investigate, research into, study
vizsgálófej *fn orv [ultrahangvizsgálatnál]* (ultrasound) scanner
vizsgatárgy *fn* examination subject
vizsgatétel *fn* question, problem [set at an exam]
vizsgáz|ik *i* sit* (for) an examination/exam, take* an examination; **jól ~ott** (s)he did well in the examinations, (s)he passed the examination with credit
vizsgázó *fn* examinee, candidate
vizsgázott *mn* qualified, certified
vizsgáztat *i* (*vkt vmből*) examine sy in Latin/maths/history etc. v. on his/her knowledge of Latin/maths/history etc.
vizsgáztató *fn* examiner
vizsla *fn* vizsla; ‹ a Hungarian pointer ›; *[hosszúszőrű]* setter
vodka *fn* vodka
vokális *mn zene* vocal; ~ **zene** vocal music
voks *fn* vote; **leadja a ~át** give* one's vote to, cast* one's vote for
voksol *i* → **leadja voksát**
volán *fn* (steering-)wheel; **a ~nál** at the wheel
volna *i* would/should be; **ha** ~ if there were; **ha tanult** ~ if he had studied (v. worked hard), had he studied (v. worked hard); **fontos** ~ it would be important; **ha autóm** ~ if I had a car; **ha a nagymamámnak kereke ~, ő lenne a villamos** if wishes were horses, beggars would ride

V

volt[1] *mn* ex-, former, late; ~ **miniszter** ex-minister; ~ **szocialista országok** former Eastern-bloc countries; ~ **Szovjetunió** former Soviet Union; → **van**

volt[2] *fn el* (*röv* **V**) volt (*röv* **V**)

volta *fn* **az idő előrehaladott ~ra való tekintettel** in view of the advanced hour; **szegény ~ miatt** being (v. seeing that he is/was) a poor man

voltaképp(en) *hsz* as a matter of fact, actually, in point of fact, in (actual) fact; **mit akar ~?** what do you really want?

voltmérő *fn el* voltmeter

voltos *mn el* ...-volt, of ... volts *ut*

volumen *fn* volume

volumencsúcs *fn gazd* volume peak

von *i* **1.** *[húz]* draw*, pull; **magához ~ vkt** draw* sy (closer) to oneself, embrace sy; **vállat ~** shrug (one's shoulders) **2. felelősségre ~** call sy to account; **kétségbe ~** (call in) question, cast* doubt on; **magára ~ja a figyelmet** draw*/attract attention; **maga után ~** involve, *[mint következményt]* entail, bring* about/on, have* as a consequence; → **párhuzam**

vonaglás *fn* convulsion, twitching, spasm

vonagl|ik *i* writhe, wriggle, *[arc, izom]* twitch, jerk

vonakodás *fn* reluctance, unwillingness

vonakod|ik *i* **~ik megtenni vmt** be* reluctant/unwilling to do sg, drag one's feet

vonakodó *mn* reluctant, hesitant, disinclined, unwilling

vonakodva *hsz* reluctantly, unwillingly

vonal *fn* **1.** *ált* line; **egyenes ~** straight line; **egy ~ban vmvel** in line with sg; **~at húz** draw* a line **2.** *[körvonal]* (out)line; **vigyáz a ~aira** *[nő]* she watches her figure; **nagy ~akban ismertet/(fel)vázol** sketch out, block in, give* a broad/general outline of (sg); **csak nagy ~akban tárgyalhatjuk** it can only be dealt with in the broadest outlines **3.** *kat* line; **védelmi ~** line of defence **4.** *[közlekedési]* line, route **5.** *[távközlési]* line; **tartsa a ~at!** hold the line!, hold on!; **a ~ foglalt** *[telefon]* line engaged, *US* line busy **6.** *[politikai]* (political) line **7.** *[foglalkozási ág]* line; **milyen ~on működsz?** what's your line?, what do you do?; **gazdasági ~on dolgozik** her/his line is economics, (s)he is in economics; *biz* **az egész ~on** all along, in every respect, throughout; **ezen a ~on** in this respect, along this line **8.** *[divatban]* **az új ~** new look

vonalas *mn* **1.** *[vonalazott]* lined, ruled; **~ rajz** line drawing/diagram **2.** *pol* hard-line; **nagyon ~** *[személy]* be* a hard-liner

vonalaz *i* draw* lines (with a ruler), rule lines; **~ott** ruled

vonalazás *fn* **1.** *[művelet]* (act of) drawing lines **2.** *[vonalak]* rule/ruling (on sg), (de)lineation

vonalbíró *fn sp* linesman°

vonalka *fn* short line, stroke

vonalkáz *i* mark with lines, line, *[satíroz]* shade, hachure, stipple

vonalkód *fn el* bar code

vonaloz *i* → **vonalaz**

vonalrendszer *fn* **1.** *ált* system of lines **2.** *zene* staves *tsz*

vonalszakasz *fn [távközlési]* section, stage

vonalvezetés *fn műv* (de)lineation, sense of line

vonalvizsgálat *fn* line inspection

vonalzavar *fn* fault/disturbance on the line

vonalzó *fn* ruler

vonás *fn* **1.** *[húzás]* drawing, (act of) pulling **2.** *[ceruzával, tollal]* line, stroke, *[hosszúságot jelentő ékezet]* (acute) accent, *[morzejel]* dash; **nagy ~okban vázol vmt** → **vonal 2 3.** *[arcé]* feature, line (of face); **durva ~ok** hard/coarse features; **családi ~** family trait/characteristic, *kif* it runs in the family; **egyéni ~** a personal/individual touch/trait

vonat *fn* train; **közvetlen ~** through train; **ez a ~ megy Debrecenbe?** is this the train to D.?, am I right for D.?; **a ~ beérkezik** the train is pulling in; **a ~ ...ig nem áll meg** (this is) a nonstop train to ...; **a ~ 10.20-kor érkezik** the train is due at 10.20 a.m.; **a 8 órai/órás ~tal érkezik** (s)he is arriving by/on the 8 o'clock train; **~tal küld** send* sg by train/rail; **beszáll a ~ba** get* in(to)/on(to) the train, board the train; **kimegy vk elé a ~hoz** meet* sy at the station; **~on/~tal megy** go*/travel (*US* -l) by train, take* a train (to); **~ra száll** get* in(to) the train, take* a train to ...; **kiszáll a ~ból** get* off the train; → **lekésik**, → **lemarad**

vonatdobálás *fn [gyerekek]* ‹throwing stones at a passing train from a bridge, etc.›

vonatérkezés *fn* arrival of the train; **~ek** arrivals

vonatindulás *fn* departure of the train; **~ok** departures

vonatkísérő *fn* guard

vonatkozás *fn* connection, relation, bearing; **ebben a ~ban** in this respect/connection/regard; **... ~ában** in terms of ...; **ipari ~ban** in industrial terms; **~sal vmre** with reference to sg, referring to sg; **a nemzetközi ~ai vmnek** the international aspects of sg

vonatkozási *mn* **~ pont** reference point; **~ rendszer** frame of reference

vonatkozású *mn* relating to sg *ut*, connected with sg *ut*; **magyar ~** Hungarian-related, of Hungarian interest/relevance *ut*

vonatkoz|ik *i* (*vkre/vmre*) concern sy/sg, refer/relate to sg, have* connection with sy/sg, pertain to sg, *[szabály stb.]* apply (to); **ez nem ~ik rád** this does not apply to you, this/it does not concern/affect you; **ez ~ik a fiára is** this goes for his son too; **a szabály erre nem ~ik** this rule does not apply, the rule does not apply to this

vonatkozó *mn* **1.** relevant; **a ~ iratok** the relevant documents; **vmre ~** concerning sg *ut*, pertaining to sg *ut*; **a kérdésre ~ irodalom** the literature on the subject **2.** *nyelv* **~ mellékmondat** relative clause; **~ névmás** relative pronoun

vonatkozóan, **vonatkozólag** *hsz* **vmre ~** concerning/regarding sg, with reference to sg; **jelen beadványára/megkeresésére ~** regarding your recent enquiry ...; **erre ~** regarding this matter; **útitervedre ~ meg kell jegyeznem, hogy ...** as to/regards your itinerary I must say that ...

vonatkoztat *i [szabályt stb.]* apply [the/these rules etc.] to sy/sg

vonatkoztatás *fn* reference

vonatköltség *fn* train fare, cost of a train journey, railway expenses *tsz*

vonatoz|ik *i* go*/travel (*US* -l) by train

vonatösszeütközés *fn* collision (of trains), train crash

vonatrakomány *fn* train-load

vonatszemélyzet *fn* train crew/staff

vonatszerencsétlenség *fn* train crash

vonatvezető *fn* (chief) guard

vonít *i* howl

vonítás *fn* howl(ing)

vonó *fn [hegedűé]* bow

vonóerő *fn* tractive/hauling power

vonogat *i* **vállát ~ja** shrug (one's shoulders)

vonóhorog *fn [vasút]* tow/draw-hook/bar

vonós *zene* **I.** *mn* **~ hangszer** string(ed) instrument **II.** *fn* **a ~ok** the strings

vonósnégyes *fn zene* string quartet

vonószenekar *fn zene* string orchestra

vonóvezetés *fn zene* bowing; **milyen ~t alkalmaz ennél a résznél?** how do you bow that passage?

vonóvilla *fn [vontatásnál]* tow-bar

vonszol *i* drag, lug, pull; *[alig]* **~ja magát** drag oneself along

vont *mn* **~ cső** rifled bore

vontat *i [mozdony]* pull, haul, *[hajót]* tug, tow, *[járművet]* tow, *[állattal]* draw*

vontatás *fn* traction, pulling, haul(ing), *[hajó]* towing, haulage

vontatási *mn* **~ költségek** towing charges

vontatmány *fn* vehicle on tow

vontató *fn* **1.** (*vk*) hauler **2.** *[hajó]* tug(boat), tow-boat, *[gépjármű]* tractor, traction engine

vontatógőzös *fn* tow-boat, steam tug
vontatókötél *fn [hajó]* tow-line/rope, hawser
vontatott *mn* **1.** *[hajó, stb.]* towed; ~ **jármű** a vehicle on tow **2.** *[elhúzódó]* long drawn-out, protracted, sluggish, slow; ~ **beszélgetés/társalgás** desultory conversation; **~an halad** (*vm*) make* slow/little progress **3.** *[hang]* drawling; ~ **hangon beszél** drawl
vontcsövű *mn* rifled
vonul *i* **1.** *ált* proceed (to a place), go*, pass; **a madarak délre ~nak** the birds are migrating to the south; **vm vm mentén ~** *[húzódik]* run*/pass along; **szobájába ~** retire to one's room **2.** *[menetel]* march
vonulás *fn* **1.** *ált* proceeding (to a place), moving, *[madaraké]* migration **2.** *kat* march(ing)
vonulat *fn földr* range
vonz *i* **1.** *ált* attract, draw*; **az ellenétek ~zák egymást** opposites attract (each other) **2.** *[érdekel]* interest (sy), appeal to (sy), sy is interested in sg **3.** *nyelv* govern [a case]; **elöljárót ~** take* a preposition; **vm esetet ~** be* construed with [the dative/etc.], take* [the dative etc.]; **többes számot ~** *[főnév]* it is construed as a plural, it takes a/the plural
vonzalom *fn* (*vm iránt*) attraction/attachment to, liking/sympathy/affection for; **~mal viseltetik** (*vk iránt*) → **vonzódik**
vonzás *fn* **1.** (*vmé*) attraction, pull, *[kémiai]* (chemical) affinity, *[mágneses]* (magnetic) attraction **2.** (*vké*) attraction, attractiveness, charm, allure; **~t gyakorol vkre** fascinate/attract sy
vonzat *fn nyelv* government, *[elöljáró]* required preposition; **a 'think' ~a 'of'** "think" takes (v. is followed by) "of"; **elöljárós ~ú ige** phrasal verb
vonzerő *fn* → **vonzóerő**
vonzó *mn* **1.** *[erő]* attractive, drawing, magnetic **2.** *[modor]* engaging, alluring, *[mosoly]* charming; **egyáltalán nem ~** completely/utterly unattractive, not attractive at all; ~ **külseje van** have* attractive looks, look very attractive; ~ **külsejű** looking very attractive *ut*; **~nak találom** it/(s)he appeals to me **3. sok nézőt ~ sportágak** spectator sports
vonzódás *fn* attraction (towards), affection (for)
vonzód|ik *i* (*vkhez*) feel*/be* drawn to(wards) sy, feel*/be* attracted to sy
vonzóerő *fn* **1.** *ált* attraction, attractive force **2.** *átv* attractiveness, allure, *[nőé]* charms *tsz*; **~t gyakorol** (*vkre*) attract (sy), have* an attraction (for sy)
vö. *röv vesd össze!* compare (*röv* **cf.**); → **összevet**
vő *fn* son-in-law; **a ~m** (v. **vejem)** my son-in-law
vödör *fn [fém]* pail, *[fém, fa]* bucket; **~szám(ra)** pailfuls/bucketfuls of ...
vőfély *fn* best man°, *[néha]* groomsman°
vőlegény *fn* fiancé, *[esküvőn]* bridegroom, *biz US* groom
völgy *fn* valley; **a Duna ~e** the Danube basin
völgygát *fn* dam, barrage
völgyhíd *fn* viaduct
völgykatlan *fn* deep valley, cirque, *skót* corrie
völgymenet *fn* descent, downhill passage; **~ben** (going) downhill
völgyszoros *fn* gorge, defile
völgyzáró *mn* ~ **gát** dam, barrage
vörgy. *röv* → **vezérőrnagy**
vörheny *fn* scarlet fever
vörhenyes *mn* **1.** *[beteg]* suffering from scarlet fever *ut* **2.** *[szín]* scarlet, reddish
vörös I. *mn* red, *[arc]* ruddy, flushed; *tört* **V~ Hadsereg** Red Army; ~ **haj** ginger/red hair; ~ **izzás** red heat; ~ **káposzta** red cabbage; ~ **répa** beet(root); **mint bikának a ~ posztó** it is like a red rag to a bull; ~ **lesz** (*vk*) go*/turn red/crimson, blush; ~ **az arca** *[dühtől]* be* livid, be* black in the face; **~en izzó** red-hot; *pol* **V~ Félhold** Red Crescent; **~re fest** (i) *ált* paint (sg) red, redden (ii) *tex* dye/stain (sg) red **II.** *fn* red (colour, *US* -or), red (hue/tint), crimson, ruby; **~ön inneni sugarak** infra-red rays; *csill* ~ **óriás** red giant; → **vércse**, → **vörösvérsejt**
vörösbarna *mn* reddish-brown, russet
vörösbegy *fn* robin (redbreast)
vörösbor *fn ált* red wine, *[bordeaux-i]* claret, *[portói]* port
vöröses *mn* reddish, ruddy
vörösesbarna *mn* auburn, reddish-brown; ~ **haj** auburn/copper hair
vörösesszőke *mn* reddish-blond, ginger(-haired)
vörösfenyő *fn* larch(-tree)
vöröshagyma *fn* onion
vöröskatona *fn tört* soldier of the Red Army
Vöröskereszt *fn [intézmény]* Red Cross
vöröskeresztes *mn* red-cross, Red Cross
vörösl|ik *i* be*/appear/look red/ruddy
vöröslő *mn* ruddy
vörösöd|ik *i* (*vm*) redden, (*vk*) turn/go* red, blush, flush; **fülig ~ik** blush (up) to the ears
vörösréz *fn* copper
vörösség *fn* redness, ruddiness
Vörös-tenger *földr* Red Sea
vörösterror *fn pol tört* red terror, communist retaliation/terror
vörösvérsejt *fn biol* red blood cell/corpuscle, erythrocite; **~ek száma** number of red blood cells (v. erythrocites)
vörösvértest *fn* → **vörösvérsejt**
VRML-programnyelv *fn infor* Virtual Reality Modeling Language (*röv* **VRML**)
vulgáris *mn* vulgar, coarse, low
vulgarizál *i* vulgarize, coarsen
vulkán *fn* volcano
vulkánfíber *fn* vulcanized fibre (*US* -er); ~ **bőrönd/táska** fibre trunk
vulkáni *mn* → **vulkanikus**
vulkanikus *mn* volcanic; ~ **kráter** crater; ~ **tufa** volcanic tuff
vulkanizál *i* vulcanize, *[autógumit, US]* recap
vulkanizálás *fn* vulcanization
vulkánkitörés *fn* volcanic eruption
vurstli *fn* fun-fair, fairground, amusement park/ground

W

W, **w** *fn [betű]* (the letter) W, w
W *röv* → **watt**
Wales *földr* Wales
walesi I. *mn* Welsh, of Wales *ut*; *irod* **A ~ bárdok** The Welsh Bards [dramatic poem by the 19th-century Hungarian poet János Arany]; **~ herceg** the Prince of Wales **II.** *fn* **1.** *[ember]* Welsh, *[férfi]* Welshman (*tsz* -men), *[nő]* Welshwoman (*tsz* -women) **2.** *[nyelv]* Welsh
walkman *fn* personal stereo (cassette player), Walkman (*tsz* Walkmans)
Wankel-motor *fn gk* Wankel engine
Washington *földr [állam]* Washington, *[város]* Washington D.C.
washingtoni *mn/fn* Washingtonian, in/of Washington *ut*
watt *fn el* (*röv* **W**) watt (*röv* **W**)
wattfogyasztás *fn el* wattage
wattmérő *fn el* watt meter
wattóra *fn el* **1.** *[egység]* watt-hour **2.** *[mérő]* watt meter
wattos *mn el* **100 ~ égő** a 100-watt (light-)bulb
watt-teljesítmény *fn el* wattage
WC *fn [vécé]* WC, lavatory, toilet, *biz* loo, *US és ír* john
webezés *fn infor* surfing the web
webgazda *fn infor* webmaster
weboldal *fn infor* website
werkfilm *fn film* werkfilm
wertheimzár *fn* safety-lock, burglar-proof lock
westernfilm *fn* western (movie)
Westminsteri dóm *tul* Westminster Cathedral
whisky *fn* whisky (*US és ír* whiskey); **két ~t kérek** two whiskies, please
WHO *röv [Egészségügyi Világszervezet]* WHO [World Health Organization]
windfix *fn* draught-excluder
windsori *mn* **a ~ vár** Windsor Castle; **A ~ víg nők** The Merry Wives of Windsor
wurlitzer *fn* jukebox
www *röv infor* → **világháló**

X

X, **x** *fn* **1.** *[betű]* (the letter) X, x **2.** *mat* x; **x méter** x metre (*US* -er); *mat* **x koordináta** x coordinate; **x tengely** x-*a*xis; **x-edik hatvány** the nth power **3.** *biz* **te vagy az x-edik, aki megkérdezi** you're the nth person to ask me that; **x-szer mondtam már(, hogy ne)** I've told you a h*u*ndred times, not to ..., for the *u*mpteenth time, don't ...; **x-szer mondtam már, hogy nem mehetsz** for the nth time, you can't go!; **x-edszer** for the nth time
xenon *fn kém* xenon
xerográfia *fn* xerography
xerox *fn* **1.** *[gép]* xerox, (xerogr*a*phic) copier, photocopier **2.** *[másolat]* xerox; **~ot készíttet vmről** have* sg xeroxed; **~ot készít vmről** make* a photocopy of sg, photocopy sg
xilofon *fn* xylophone
X-kromoszóma *fn* X chromosome
x-lábú *mn [ember]* knock-kneed; **~ asztal** trestle t*a*ble
X-sugarak *fn orv* X-rays
X-sugárzás *fn* → **X-sugarak**
X. Y. Mr./Ms. So-and-so

Y

Y, **y** *fn* **1.** *[betű]* (the letter) Y, y **2. Y alakú** Y-shaped; **Y alakú idom**, **Y idom** *műsz* breeches pipe; *mat* **y koordináta** y coordinate; *mat* **y tengely** y-*a*xis
Y-elágazás *fn* Y-j*u*nction
Y-kromoszóma *fn* Y chromosome
Yosemite-vízesés *földr* Yosemite Falls *tsz*
Yucatán-félsziget *földr* Y*u*catan Pen*i*nsula

Z

Z, z *fn [betű]* (the letter) Z, z (*kimondva:* zed, *US* zee)

zab *fn* oats *[tsz; néha: esz]*; **elmehet ~ot hegyezni** he can do what he likes, he can go hang

zabál *i* **1.** *[állat]* eat*, feed*, devour **2.** *durva [ember]* guzzle, stuff oneself (v. one's face), make* a pig of oneself, tuck/pack/put* away [a lot of food etc.]; **úgy ~t, mintha többet nem kapna enni** he was stoking up as though this meal was going to be his last; **~, mint egy ló** eat* like a horse

zabálás *fn durva* guzzling, *[alkalom]* blow-out

zabdara *fn* oatmeal, groats *tsz*

zabkása *fn* (oatmeal-)porridge, (porridge) oats *esz* v. *tsz*

zabla *fn* bit, snaffle (bit)

zabliszt *fn* oatmeal; **~ből való** oat(en)

zabolátlan *mn* unbridled, unrestrained

zabolátlanság *fn* lack of restraint

zaboláz *i átv* bridle, curb, restrain

zabos *mn* **1.** *[zabbal készült, zab-]* oat-, oaten **2.** *szl* hopping mad; **nagyon ~** she's really cut up [about getting a D in maths]; **~ (lesz)** fly*/get* into a temper, be* in a (bad) temper; **~ vkre** *US* get* in bad with sy

zabosbükköny *fn* mixture of oat and vetch(es)

zabpehely *fn [porridge-nak]* oatmeal, oatflake(s)

zabrál *i biz* loot, scrounge

zabszem *fn* oat-grain; *biz* **~ van a fenekében** have* ants in one's pants; **benne van a ~** *[utazhatnékja van]* have* itchy feet

zacc *fn* (coffee) grounds *tsz*

zaci *fn biz* **~ba tesz/csap/vág vmt** hock/pop sg, put* sg in hock; **~ban van** be* in hock; **~ba csapta az óráját** he hocked his watch

zacskó *fn* bag, *[papírból]* paper-bag, *[alul hegyes]* cornet, *[műanyagból]* plastic bag

zacskós *mn* **~ tej** milk in a plastic bag; **~ leves** packet soup; **~ tea** tea bags *tsz*

zacskóz *i* put* into a bag (v. bags)

zafír *fn* sapphire

zafírkvarc *fn* sapphire quartz

zaft *fn* → **szaft**

zaftos *mn* → **szaftos**

Zágráb *földr* Zagreb

zagy *fn műsz* slurry

zagyva *mn* confused, muddled, *[összefüggéstelen]* incoherent; **~ beszéd** gibberish; *[őrjöngés]* ravings *tsz*

zagyvál *i* mess/mix up

zagyvalék *fn* **1.** *[étel]* hotchpotch, mishmash **2.** *átv* → **zagyvaság**

zagyvaság *fn* jumble, hotchpotch, muddle; **mindenféle ~ot összehord** drivel, talk nonsense/gibberish

Zaire *földr* Zaire

zaire-i *mn/fn* Zairean

zaj *fn* noise, *[utcai]* racket, din street noise, roar of the traffic; **borzalmas/fülsiketítő ~ van** there is* an ear-splitting noise; **~t csap/üt** make* a noise; *[veszekszik]* row; **eget verő ~t csap** *[énekelve, ünnepelve]* raise the roof; → **pokoli**

zajártalom *fn* noise pollution/injury/damage

zajcsökkentés *fn körny* noise abatement/reduction

zajérzékenység *fn* sensitivity to noise

zajforrás *fn* source of noise, noise source

zajlás *fn [jég]* breaking up (of ice), ice-floes *tsz*

zajl|ik *i* **1.** *[jég]* break* up, drift; **~ik a jég** the ice-floes break* up (*most:* ... are breaking up); **a Duna ~ik** the Danube is full of drift-ice, the ice on the Danube is breaking up **2.** *[tömeg stb.]* mill about/around (turbulently); **úgy szép az élet, ha ~ik** it's all part of life's rich tapestry

zajló *mn* **1.** *[jég]* drifting, breaking up; **~ folyó** river full of drift-ice; **~ jég** ice-floes *tsz*, drift-ice **2.** *átv* noisy, *[tömeg]* milling (turbulently) *ut*, turbulent

zajong *i* clamour (*US* -mor), be* noisy/turbulent

zajongás *fn* noise, din, uproar, tumult

zajongó *mn* tumultuous, clamorous

zajos *mn* noisy, loud, clamorous, uproarious; **~ jelenet** lund/noisy scene; **~ tetszésnyilvánítás** éclat, tumultuous applause

zajosság *fn* noisiness, loudness, clamorousness

zajszennyezés *fn* noise pollution

zajszint *fn* noise level

zajtalan *mn* noiseless, soundless, silent

zajtalanul *hsz* noiselessly, silently

zajtompítás *fn* noise-abatement

zajtompító *fn* damper

zajvédelem *fn* protection against noise

Zakariás *tul* Zechariah

zakatol *i* clatter, clack, rattle; **a vonat ~** the train is rattling/clattering along; **~ a szívem** my heart is thumping

zakatolás *fn [vonaté]* clatter(ing), rattle

zaklat *i* **1.** (*vk vkt*) worry, trouble, *biz* keep* on at sy, (*vkt vmvel*) bother [sy with questions etc.], pester (sy with/for sg/to do sg), *[adóst]* harass, harry; **kérdésekkel ~** bombard/badger/bother sy with questions; **kérésekkel ~** badger sy for sg; **ne zaklass!** leave me alone!; **szexuálisan ~** harass (sy sexually) **2.** *[vkt gond stb.]* trouble, worry

zaklatás *fn* worrying, troubling, pestering, bother(ing); **szexuális ~** sexual harassment

zaklatott *mn* worried, vexed, troubled, tormented; **~ élet** turbulent/unsettled life

zakó *fn* **1.** *[kabát]* jacket, coat **2.** *sp szl [vereség]* bashing, clobbering

zálog *fn* **1.** *konkr* pawn, pledge, security, *[játékban]* forfeit; **~ba ad/tesz** pawn; **~ba adás** pawning; **~ban van** be* in pawn; **~ból kivesz** take* sg out of pawn; → **zaci 2.** *átv* pledge, token; **vm ~ául** as a token of sg, in token of sg; **jó szándékom ~ául** as an earnest of my good intentions; **ragaszkodásom/szeretetem ~ául** as a token of my affection

zálogcédula *fn* pawn-ticket

zálogház *fn* pawnshop, pawnbroker

zálogházi *mn* **~ becsüs** pawnshop valuer, pawnbroker

zálogosdi *fn* game of forfeits, forfeits *tsz*; **~t játszik** play (at) forfeits

zálogtárgy *fn* pawn(ed article)

zamat *fn* **1.** *[ételé]* flavour (*US* -or), aroma, *[boré]* bouquet, aroma **2.** *átv* flavour (*US* -or), spice

zamatos *mn* **1.** *[étel]* tasty, full of flavour (*US* -or) *ut*, *[hús, gyümölcs]* juicy, succulent, *[bor]* full-bodied **2.** *átv* rich; **~ angolsággal beszél** speak* idiomatic English

Zambia *földr* Zambia

zambiai *mn/fn* Zambian

zápfog *fn* molar (tooth°)

zápor *fn* shower, downpour; → **futó**

záporeső *fn* shower

záporoz *i* **1.** *[eső]* shower, be* pouring **2.** *[ütések]* fall* thick and fast, rain/hail down on sy

záptojás *fn* addled/bad/rotten egg

zár I. *i* **1.** (*vmt*) close, shut*; **kulcsra ~ja az ajtót** lock the door **2.** *[börtönbe]* shut* (up) in, lock up/away, *biz* put* away **3.** *[áramkört]* close (the circuit) **4. levelét azzal a megjegyzéssel ~ja** finish one's letter by remarking; **karjába ~** clasp (sy) in one's arms; **szívébe ~** set* one's affections on sy, take* sy into one's heart **5.** *[záródik]* close, shut*; **az ajtó jól ~** the door fits close **6.** *[üzlet, könyvtár stb.]* close; **mikor ~nak?** when do you close?; **5-kor ~unk** we close at 5, closing time 5 p.m.; → **börtön**, → **zárva** **7.** *[befejeződik]* close (down); **a BUX ... ponton ~t** the BUX closed at ... **II.** *fn* **1.** *[ajtón stb.]* lock, *[könyvé, táskáé stb.]* clasp, lock; **biztonsági ~** *[ajtón]* safety-lock; *[táskán]* safety-catch; **kombinációs ~** combination-lock **2.** *fényk* shutter **3.** *[fegyveré]* lock **4.** *jog* sequestration; **~ alá vesz/helyez** sequestrate, sequester; *[hajót, árut]* put* an embargo on sg; **~ alá vétel** *[pl. nagy pénzösszegé]* stopping, sequestration, freezing **5.** *[tengeri, szárazföldi]* blockade

záradék *fn* **1.** *jog* (additional) clause, *[végrehajtási]* codicil **2.** *épít* crown (of arch)

záradékol *i* add a clause (to)

zarándok *fn* pilgrim

zarándokhely *fn* place of pilgrimage

zarándoklat *fn* **1.** *vall* pilgrimage **2.** *átv* peregrination

zarándokol *i* go* on a pilgrimage

zarándokút *fn* pilgrimage; **~ra megy** go* on a pilgrimage

záras *mn* (provided) with a lock/bolt *ut*

zárás *fn* **1.** *[üzleté stb.]* closing, closure; **~!** the shop/store is (now) closing **2.** *gazd [könyveké]* making up, balancing [the books] **3.** *műsz* closing, sealing

zárda *fn* convent, nunnery, cloister

zárdafőnöknő *fn* abbess, Mother Superior

zárdai *mn* claustral; **~ nevelés** education in a convent

zárhang *fn nyelv* stop, plosive

zárjegy *fn [üvegen stb.]* tax label

zárka *fn* cell, lock-up

zárkioldó *fn fényk* (shutter-)release

zárkóz|ik *i* **1.** *(vhová)* shut*/lock oneself away/up; **magába ~ik** withdraw* into oneself, become* withdrawn, go* back into one's shell **2.** *kat* **~z!** close up!

zárkózott *mn* withdrawn, uncommunicative, reserved, reticent; **~ természetű** of a reticent/reserved/nature/disposition *ut*

zárkózottság *fn* reserve(dness), reticence

zárlat *fn* **1.** *gazd* balancing of the books, making up of the books, closing (of accounts) **2.** **egészségügyi ~** quarantine; **hajózási ~** embargo (*tsz* -goes) **3.** *el* short circuit, *biz* short

zárlatos *mn el* short-circuited

záró *mn* closing, final; **~ rendelkezések** final clauses

záróakkord *fn zene* closing chord

záróaktus *fn* closing act

záróbeszéd *fn* closing speech/address

zárócsap *fn* stopcock

zárócsavar *fn* cap screw

záródás *fn* closing, shutting

záród|ik *i* close, shut*; **az ablak jól ~ik** the window shuts well; **~nak az ajtók** (the) doors are shutting

záródó *mn* closing; **légmentesen ~** hermetic(ally sealed); **szorosan ~** tight-fitting

zárófejezet *fn* final chapter

záróizom *fn* constrictor(-muscle)

zárójel *fn [kerek]* parentheses (*esz* parenthesis), round brackets, *[kapcsos]* braces, *[szögletes]* brackets, *[csúcsos]* angle brackets *[mindegyik: tsz]*; **~be tesz** put* in/into brackets/parentheses

zárójelenet *fn szính* closing/last scene, *[zenés darabé]* finale

zárójelentés *fn* final communiqué; **kórházi ~** final hospital bulletin

zárókő *fn* keystone, arch-stone

záróközlemény *fn* final communiqué

zárol *i gazd* **1.** sequester, sequestrate, stop, *[árut, hajót]* put*/lay* an embargo on, embargo (*múlt ideje:* -goed), *[követelést]* freeze*, block **2.** *[iratokat, dokumentumokat, levéltári anyagot]* classify

zárolás *fn* stopping, sequestration

zárolt *mn* **1.** sequestered, blocked; **~ áru** restricted/rationed goods *tsz*; **~ követelés** frozen assets/debts *tsz*; **~ számla** blocked account **2.** *[levéltári anyag stb.]* classified (archive) documents *tsz*

zárónyilatkozat *fn* → **záróközlemény**

záróokmány *fn* final act; *tört* **a Helsinki ~** the Helsinki Final Act

záróra *fn* closing time; **~!** we are closing; *[kocsmában]* time, gentlemen, please!

záros *mn* **~ határidőn belül** within a set period of time, by a set/fixed date

zárószerkezet *fn* closing/locking device/mechanism

zárószó *fn* → **zárszó**

zárótétel *fn* **1.** *fil* conclusion **2.** *zene* finale, last/final movement

zárótűz *fn kat* barrage (fire)

záróülés *fn* closing session

záróünnepély, **záróünnepség** *fn* closing ceremony

záróvizsga *fn okt* final examination/exam

záróvonal *fn* **1.** *[közlekedési Magyarországon]* continuous white line, *GB US* double white line **2.** *nyomd* swell-rule

zárszámadás *fn gazd* account of liabilities and assets, final accounts *tsz*

zárszó *fn [élőszóban]* concluding/closing remarks *tsz*, *[könyvben]* epilogue (*US* -log), postscript; **az ülés az elnök zárszavával ért véget** the chairman's concluding remarks brought the session/proceedings to a close

zárt *mn* **1.** *[ajtó, szekrény stb.]* closed, locked, shut, *ált átv* closed; **~ ajtók mögött** behind closed doors, be* denied the door; **~ ajtóra talál** find* the door(s) closed; **~ anyag** *[könyvtárban]* restricted material, reserved book(s); **~ helyiség** confined/enclosed place, closed premises *tsz*; **~ intézet** mental hospital/asylum; **~ kör** exclusive group (of friends), coterie; **~ körben** privately, in private; **~ láncú televízió** closed-circuit television; **~ borítékban** in closed enveloped; **~ osztály** *[kórházban]* mental ward; **~ rendben/sorokban** *kat* in close order; **~ tárgyalás** (i) *[bíróságon]* hearing in camera/private (ii) *[testületben]* private sitting; **~ tárgyalást tartanak** sit* in camera, sit* behind closed doors; *[bíróságon]* the case is heard in camera, the trial is held in camera; **~ termelési rendszer** *mezőg* closed production system; **~ ülés** *[parlamenti]* secret meeting/session; **~ ülést tartanak** sit* in private/camera **2.** *nyelv* **~ magánhangzó** close vowel, *US* high vowel; **~ szótag** closed syllable

zárthelyfélelem *fn* claustrophobia

zárthelyi *fn [dolgozat]* (*röv* **ZH, zéhá**) (examination) paper, written examination

zártkert *fn kb.* [privately owned] allotment

zártkörű *mn* private, exclusive, *kif* by invitation only; **~ társaság** exclusive group (of people), coterie

zártláncú *mn* **~ televízió** → **zárt 1**

zártszék *fn szính* (pit-)stall(s) seat, *US* back orchestra seat

zárul *i* **1.** → **záródik** **2.** *[vm eredménnyel]* close/end (with); **a számla nyereséggel ~** the accounts show a profit

zárva *hsz ált* closed, *[kulcsra]* locked, *[bankban pénztár]* till closed; **nincs kulcsra ~** *[ajtó]* is not locked, is on the latch; **~ tart vmt** keep* sg under lock and key; **~ tartanak/vannak a boltok** (the) shops are closed; **hétfőn ~ (tartunk)** *[pl. múzeum]* [the museum] (is) closed (to visitors) on Mondays; **számos könyvtár ~ tart szombaton** *[13 órától]* many libraries close on Saturdays [at 1 p.m.]

zárvány *fn geol* inclusion

zárvatermő *növ* **I.** *mn* angiospermous **II.** *fn* angiosperm; **~k** Angiospermae

zászló *fn ált* flag, *[intézményé és átv]* banner, standard, *[tengerészeti]* ensign; **az angol ~** the Union Jack/flag; **az amerikai ~** the Stars and Stripes *tsz*, the Star-Spangled Banner; **vmlyen ~ alatt hajózik** fly* a flag; **francia ~ alatt hajózik** sail under French flags; *átv* **vmnek a zászlaja alatt** under the banner of sg; **~t bevon** haul down (v. strike*) the flag/colours (*US* -ors); **~t bont** (i) *konkr* unfurl the flag/

colo(u)rs (ii) *átv* launch [a/the new party]; announce the programme [of a/the new party]; **~t felvon** hoist a/the flag; **meghajtja vk előtt az elismerés zászlaját** bow one's head in admiration before sy; **lengő/lobogó ~kkal** with flags streaming in the wind; *átv [sikeresen]* with flying colours; → **nemzeti**

zászlóalj *fn* battalion

zászlóátadás, **zászlóavatás** *fn [zászlóavató ünnepély]* dedication of the flag/colours (*US* -ors)

zászlóbontás *fn [pártéj]* announcing the programme [of a/ the new party]

zászlódísz *fn* **a város ~be öltözött** the whole city/town was decked with (v. decked out in) flags

zászlójel *fn* flag-signal

zászlórúd *fn* flagpole, flagstaff

zászlós *fn* **I.** *mn* furnished with flags *ut*; **piros-fehér-zöld ~** with red, white, and green flags *ut*, tricolour (*US* -color) **II.** *fn kat* ensign

zászlóshajó *fn* flagship

zászlósúr *fn tört* baron

zászlótartó *fn* **1.** *kat elav* standard-bearer **2.** *[foglalat]* flag/standard case/holder

zászlóvivő *fn* standard-bearer

zátony *fn [homok]* sandbank, shoal, *[szikla]* reef, (bottom-)rock; **~ra jut/fut** (i) *hajó* go*/run* aground (ii) *átv* prove abortive, fall* through, break* down; **~ra futott** *[hajó]* (be*) stranded; **~ra jutott/futott** *átv [vállalkozás]* come* to grief, come* unstuck; *[házasság, vállalkozás]* be*/go* on the rocks; **házasságuk ~ra futott** their marriage went on the rocks; **~ra futás** being stranded, running aground

zátonyos *mn* shoaly, full of reefs/shoals *ut*

zavar I. *i* **1.** (*vk vkt*) disturb, trouble, inconvenience, bother; **nem ~lak?** I hope I am not disturbing; **bocsánat, hogy ~om** I am sorry to trouble/bother you, excuse my disturbing you **2.** (*vm vkt*) disturb, trouble, worry, incommode (*mindegyik:* sy), cause inconvenience to (sy); **a zaj ~ a munkában** noise disturbs (v. interferes with) (one's) work **3.** *[felzavar, megzavar]* disturb, trouble, upset*, *[vadat stb. üldöz]* pursue, follow hot on the track/scent (of sg), *[rádióadást]* jam [a radio transmission], interfere (with); **~ja a kilátást** obstruct the view; → **víz II.** *fn* **1.** *[zűr]* confusion, disorder, *[nagyfokú]* chaos, *[amiben vk van]* confusion, embarrassment; **~ba hoz/ejt** embarrass, confuse, put* sy out (of countenance), throw* sy off one's balance; *[váratlan megjelenésével] biz* catch* sy with one's pants down; **~ba jön** become* embarrassed, be* at a loss, get* confused; **nem jön ~ba** he does not lose his composure (v. self-possession), he is never at a loss; **sose jön ~ba** (s)he is never at a loss; **~ban van** feel*/be* embarrassed, be* put out, be*/feel* ill at ease, *[azt sem tudja, mitévő legyen]* be* all at sea; **~t kelt/okoz** make* trouble/mischief, (*vkben*) embarrass sy **2.** *[anyagi]* difficulty, trouble, embarrassment **3.** *[egészségi]* dysfunction; **emésztési ~ok** problems with one's digestion, digestive troubles; **vérkeringési ~ok** circulatory troubles **4.** *[gép/vm működésében]* disturbance, malfunction, breakdown; **forgalmi ~(ok)** traffic jam, congestion **5.** *el* interference, *[zaj]* noise; **légköri ~ok** atmospherics; → **látási**, → **légköri**

závár *fn* **1.** *[ajtóé, ablaké]* bolt, bar, lock **2.** → **závárzat**

zavarás *fn ált* disturbing, disturbance, troubling, trouble, worrying, *[rádióadásé]* jamming

zavarelhárítás *fn műsz el* troubleshooting

zavarelhárító *fn műsz el* troubleshooter

zavargás *fn* (public) disturbance, riot(ing); **~ok törtek ki** there were riots, rioting broke out

zavargó I. *mn* riotous, turbulent, tumultuous **II.** *fn* rioter, troublemaker

zavarkeltés *fn* troublemaking

zavarkeltő I. *mn* disturbing, troublesome **II.** *fn* troublemaker

zavaró *mn* disturbing, perturbing, embarrassing, troublesome; **~ körülmény** complication, complicating factor, *biz* hitch; **~ repülés** nuisance flight

zavaróállomás, **-adó** *fn [rádió]* jamming station

zavarodott *mn* **1.** *[zavarban lévő]* disturbed, embarrassed, confused **2.** **~ elméjű** deranged, unbalanced

zavarodottság *fn* **1.** *[zavar]* disturbance, embarrassment, confusion **2.** *[elmebeli]* (mental) derangement

zavarog *i* riot, be* in (a state of) ferment, make*/raise a disturbance

zavarólag *hsz* **~ hat** have* a disturbing effect (on), be* rather disturbing/disconcerting

zavaros I. *mn* **1.** *[folyadék]* turbid, muddy, cloudy, *[bor]* cloudy **2.** *átv* confused, muddled, mixed up, chaotic, *[beszéd]* confused [speech/talk], *[tekintet]* bewildered, confused, troubled [look], *[elme]* confused, deranged [mind]; **~ fejű** muddle-headed; **~ fejű ember** muddler; **~ helyzet** confusion, a confused situation (v. state of affairs), "troubled waters" *tsz*; **~ história** confused fishy story; **~ korszak** turbulent/troublous times *tsz*; **~ ügy** confused/obscure affair **II.** *fn* **a ~ban halászik** fish in troubled waters

zavarosság *fn* **1.** *[folyadéké]* muddiness, turbidity **2.** *átv* confusion, distraction, *[beszédé]* incoherence, *[szellemi]* derangement

zavarótűz *fn kat* harassing fire

zavarszűrő *fn el távk* noise trap

zavart *mn ált* troubled, confused, embarrassed, perplexed, *[elme]* disturbed, deranged; **~ tekintet** troubled/confused/ bewildered look/expression; **~an nézett rám** (s)he looked at me dazedly (v. with an expression of embarrassment)

zavartalan *mn* undisturbed, untroubled, *[boldogság]* unalloyed, unmixed [joy]; **az árusítás ~ul folyik** business as usual

zavartalanság *fn* tranquillity (*US* -l-), peace

zavartat *i* **nem ~ja magát** (*vmben*) (s)he doesn't let sg/it bother him/her (v. put him/her off his/her stroke/stride); **ne zavartasd magad!** (please) don't mind me, please don't let me disturb/interrupt you

zavartság *fn* embarrassment, confusion; → **zavarodottság**

závárzat *fn [fegyveré]* lock, breech-block

zebra *fn* **1.** *áll* zebra **2.** *[átkelőhely]* zebra crossing, *[gyalogostól kezelt jelzőlámpával] GB* Panda crossing; **elgázol/elüt vkt a ~n** run* sy over on a zebra crossing

zebu *fn áll* zebu

zefír *fn* **1.** *[szellő]* zephyr, balmy breeze **2.** *tex* zephyr(-fabric)

zegzug *fn* **1.** *konkr* zigzag **2.** *átv* nooks and crannies *tsz*; **minden ~ot átkutat vmért/minden zegét-zugát átkutatja** search every nook and cranny for sg, search [the house] from top to bottom

zegzugos *mn* zigzag; **~ ház** rambling house; **~an halad** zigzag, go* in a zigzag

zéhá *röv* → **ZH**, → **zárthelyi**

zeke *fn* (short) jacket, jerkin

zeller *fn* celeriac, celery, *[gyökér]* celeriac

zellerkrémleves *fn* cream of celeriac/celery soup

zendül *i* **1.** *[zene]* (re)sound, ring* out **2.** *[lázad]* rise* (in rebellion), rebel, riot

zendülés *fn* **1.** *ált* rising, rebellion **2.** *kat* mutiny

zendülő I. *mn* rioting, rebellious **II.** *fn* rioter, rebel

zene *fn* music; **halk ~** *[pl. áruházban]* piped music; **a jövő ~je** dreams of the future *tsz*; *átv* **ez ~ füleimnek** that's music to my ears; **ért a ~hez** be* musical, be* a connoisseur of music; **~t szerez** compose, compose/write* music, be* a composer; **szövegét írta X, ~jét szerezte Y** words/lyrics by X, music by Y; → **barokk**, → **egyházi**

zeneakadémia *fn* academy/college of music, music academy

zeneakadémiai *mn* of a(n)/the academy/college of music *ut*; **~ növendék** music student, student at the/an academy

(v. a college) of music; ~ **tanár** professor at the/an academy (v. a college) of music
zenebarát *fn* music-lover
zenebohóc *fn* (musical) clown
zenebolond I. *mn* music-mad **II.** *fn* music fan/buff
zenebona *fn biz* row, racket, hullabaloo, rumpus; **~t csap** kick up (v. make*) a hell of a row
zenedarab *fn* piece of music
zenede *fn* → **zeneiskola**
zenedélután *fn* afternoon of music, musical evening
zenedráma *fn* music drama
zeneelmélet *fn* musical theory
zeneértő *mn/fn kb.* musical, (be*) a connoisseur of music
zeneesztétika *fn* the aesthetics (*US* es-) of music *esz*
zenegép *fn* music centre (*US* -er)
zenei *mn* musical, of music *ut*, music; ~ **alkotás** musical composition/work; ~ **élet** musical life, music(al) world; **a ~ élet Magyarországon, a magyar ~ élet** musical life in Hungary, the world of Hungarian music; ~ **érzék** musicality; ~ **érzéke van** have* a feel(ing) for music, have* an ear for music; ~ **fesztivál** music festival; **jó ~ hallása van** have* a good ear for music; **nincs (jó) ~ hallása** have* no ear for music; ~ **pályára megy** make* music one's career, (plan to) become* a (professional) musician; ~ **szerkesztő** *[rádióban stb.]* musical editor; ~ **vezető** music director; **a(z egész) ~ világ** the (whole) world of music; → **aláfestés**
zeneigazgató *fn* music director
zeneileg *hsz* musically; ~ **művelt** have* an educated ear for music
zeneiskola *fn* school of music
zenekar *fn* orchestra; → **szimfonikus**
zenekari *mn* orchestral; ~ **árok** (orchestra) pit; ~ **hangverseny** (orchestral) concert; ~ **kíséret** orchestral accompaniment; ~ **mű** (piece of) orchestral music; ~ **próba** rehearsal; ~ **ülés** orchestra stall
zenekedvelő I. *mn* fond of music *ut*, musical **II.** *fn* music-lover
zenekíséret *fn* accompaniment
zeneköltő *fn* composer
zenekritika *fn [lapban]* concert notice, review (of a concert), *[mint foglalkozás]* music criticism
zenekritikus *fn* music critic
zenekultúra *fn* **1.** *[egyéni]* musicality **2.** *[zenei élet]* musical life
zenél *i* play an instrument, play, make* music; ~ **vmt (a gyerek)?** does (s)he play (any instrument)?
zenélődoboz *fn* musical box, musical [jewellery (*US* jewelry)] case, *US* music box
zenélőóra *fn* chiming/musical/chime clock
zenemű *fn* piece of music, musical composition/piece
zenemű-kereskedés *fn* music(-seller's) shop
zenemű-kereskedő *fn* music seller
zeneműkiadó *fn* music publisher
zeneművész *fn* musician, artist
zeneművészet *fn* (art of) music
zeneművészeti *mn* musical, of musical art *ut*; ~ **főiskola** academy/college of music, music academy
zeneoktatás *fn* teaching of music
zeneóra *fn* music lesson
zenerajongó *fn* music fan/buff
zenés *mn* musical; ~ **játék** musical; ~ **kávéház** coffee house with live music; ~ **vígjáték** musical comedy
zenész *fn* musician, artist, *[katonazenekarban]* bandsman°; **utcai** ~ (street-)busker, street musician
zeneszám *fn* piece (of music), *[könnyűzenei]* number, *[vegyes irodalmi és zenei műsorban]* musical item
zeneszekrény *fn* → **zenegép**
zeneszerető *mn* → **zenekedvelő**
zeneszerzés *fn* (music) composition, composing
zeneszerző *fn* composer
zeneszó *fn* music; **~val vonul** a band leading/heading the procession
zeneszoba *fn* music room
zenetanár *fn* music teacher, teacher of music
zenetanítás *fn* teaching of music
zeneterem *fn* concert-hall
zenetörténész *fn* historian of music, musicologist
zenetörténet *fn* history of music
zenetudomány *fn* musicology
zenetudós *fn* musicologist
zeng *i* **1.** sing*; **vk dicséretét ~i** sing* sy's praises **2.** (*vmtől*) ring*/echo/resound/reverberate with; ~ **az ének** the song resounds; ~ **az ég** it is thundering; **~ett belé a folyosó** the corridor rang with it
zengő *mn* resounding, ringing, sonorous, *[dallamos]* melodious, tuneful; ~ **hang** sonorous/ringing/silver/rich sound; **madárdaltól ~ liget** grove echoing with birdsong
zengzetes *mn* musical, sonorous, melodious; ~ **nyelv** melodious language
zenit *fn* zenith; **dicsőségének ~jére ért el** reached the zenith/peak of his fame
zeolit *fn* zeolite
zeppelin *fn tört* Zeppelin v. zeppelin
zerge *fn* chamois
zergeszínű *mn* chamois
zéró *szn/fn* zero, nought, 0 [*kimondva:* ou], *[semmi]* nil, naught
zérus *szn/fn* → **zéró**
zéruspont *fn* zero (point)
zéruspont-beállítás *fn* zero adjustment
ZH *röv [zéhá]* → **zárthelyi**
ziccer *fn* **1.** *biz [lehetőség]* score; **kihagy egy ~t** miss an opportunity, *biz* blow* sg; **sose hagy ki egyetlen ~t sem** (s)he never misses a trick; **ezt a ~t nem hagyhattam ki!** *kb.* you asked for it! **2.** *sp [biliárdban]* anchor-stroke; **kimaradt** ~ *[kosárlabdában]* open goal
zigóta *fn biol* zygote
zihál *i* pant, gasp for breath, wheeze, be* short of breath; **~ a melle** his chest is heaving; **~va elmond vmt** gasp out sg
zilált *mn* in disorder/confusion *ut*, chaotic, disordered, *[állapot]* wild, disorderly, confused, anarchical, *[anyagi helyzet]* embarrassed [financial situation], *[haj]* dishevelled (*US* -l-), tousled [hair], *[ruházat]* dishevelled, in disarray *ut*; **haja/öltözéke ~ volt** her hair was (v. her clothes were) in disarray; ~ **hajú** dishevelled (*US* -l-), her hair tousled *ut*
ziláltság *fn* disorder, confusion, disorderliness, *[anyagi]* embarrassment; **a legnagyobb ~ volt (tapasztalható) lakásában** everything in his flat was in (complete) disarray
zilíz *fn növ* marsh mallow
zimankó *fn* bitter cold
zimankós *mn* sleety, bitter; ~ **idő** bitterly cold weather
Zimbabwe *földr* Zimbabwe
zimbabwei *mn/fn* Zimbabwean
zipzár *fn* → **cipzár**
Zita *tul* Zita
zivatar *fn* thunderstorm, thunder-shower; ~ **készül** storm is brewing/gathering
zivataros *mn átv is* stormy
zizeg *i* rustle, swish, *[szél]* sigh, sough, *[rovar]* buzz
zizegés *fn* rustle, rustling, swish, *[szélé]* sighing, sough(ing), *[rovaré]* buzz(ing)
zokni *fn* socks *tsz*, *[bokáig érő]* ankle sock(s), *US* bobby-sox
zokog *i* sob
zokogás *fn* sob(s), sobbing; **~ban tör ki** burst* out sobbing
zokon *hsz* **vknek ~ esik vm** cause sy pain, hurt* sy's/one's feelings; ~ **vesz vmt** take* sg amiss, resent sg, take offence (*US* -se) at sg, take* exception to sg, be* hurt by sg; **ne vegye senki (se) ~, de ez a hús olyan, mint a gumi** no offence, but this meat tastes like rubber
zokszó *fn* **1.** *[feddés]* reproach, reproof, reprimand **2.** *[panasz]* complaint; ~ **nélkül** without (a word of)

complaint; ~ **nélkül elvisel/lenyel vmt** take* sg lying down, grin and bear it
Zoltán *tul* ‹Hungarian masculin given name›
zománc *fn* enamel, *[agyagárué]* glaze, *[festék]* gloss paint, *[kocsié]* paintwork
zománcedény *fn* enamelled pots and pans *tsz*, enamelware
zománcfesték *fn* enamel (paint); **magasfényű ~** gloss (paint)
zománcmunka *fn* enamel work
zománcos *mn* enamelled (*US* -l-), *[agyagáru]* glazed
zománcoz *i* enamel (*US* -l), *[agyagárut]* glaze, *[kocsit]* spray
zománcozás *fn* enamelling (*US* -l-)
zománcozott *mn* enamelled (*US* -l-)
zóna *fn* **1.** zone, belt **2.** *[ételadag]* small portion, children's portion
zónahatár *fn* zone boundary
zónaidő *fn* zone/standard time
zongora *fn* (grand) piano (*tsz* -nos), *[hangverseny~]* concert grand; **rövid ~** baby grand; **~n játszik** play the piano; **~ szakos** piano student; **~ tanszak** department of piano studies, piano department; **lejátszik egy dallamot a ~n** play a tune on the piano; **~n gyakorol** practise (at) the piano; **~n kísér** accompany (sy) on the piano; **~n kíséri** ... accompanied (at the piano) by ...; **a ~nál** ... with ... at the piano; → **ver**
zongoraátirat *fn* arrangement for piano
zongorabillentyű *fn* (piano) key
zongoradarab *fn* composition for (the) piano
zongoraest *fn* piano recital
zongorahangoló I. *fn* piano-tuner **II.** *mn* **~ kulcs** tuning lever
zongorairodalom *fn* piano music
zongoraiskola *fn [mű]* exercises for the piano *tsz*, *[könyv]* piano tutor
zongorajáték *fn* piano-playing, technique; **vknek a ~a** sy's technique
zongorakíséret *fn* piano accompaniment
zongorakísérő *fn* (piano) accompanist
zongorakivonat *fn* arrangement for piano
zongorakulcs *fn [hangoló]* tuning-key
zongoramű *fn* composition/piece for the piano
zongoraművész *fn* pianist
zongoraóra *fn* piano-lesson
zongoraszék *fn* piano stool
zongoraszonáta *fn zene* piano sonata, sonata for piano
zongoratanár *fn* piano-teacher, *[főiskolán]* professor of piano
zongoratanítás *fn* piano lessons *tsz*, piano teaching
zongoraverseny *fn* **1.** *[mű]* piano concerto; **G-dúr ~** piano concerto in G major **2.** *[verseny]* piano competition
zongorázás *fn* playing (on/of) the piano
zongoráz|ik *i* play the piano
zongorista *fn* pianist
zoológia *fn* zoology
zoológiai *mn* zoological
zoológus *fn* zoologist
zord *mn* **1.** *ált* grim, severe, morose, *[arc]* stern; **~ képet vág** look as black as a thunder; **~ tekintetű** with/having a severe look *ut* **2.** *[időjárás]* raw, severe, *[hideg]* bitter; **~ tél** hard winter **3.** *[tájék]* bleak, dismal
zordon *mn* → **zord**
zökken *i* jerk, jolt, bump; **nagyot ~t a kocsi** the car(riage) gave a great jerk/jolt
zökkenés *fn* jolt(ing), bump(ing), jerk(ing)
zökkenésmentes *mn* smooth; **~en** *átv* smoothly, [is going] without a hitch
zökkenő *fn* jolt, jar, shock, *[úton]* bump, pothole; **nem megy (minden) ~ nélkül** it isn't all plain sailing, it isn't going without a hitch, there are some teething troubles
zökkenőmentes *mn* → **zökkenésmentes**
zökkenős *mn* bumpy, uneven, jerky
zöld I. *mn* green; **~ ágra jut/vergődik** get* on (with sg), make* the grade, succeed; **~ alma** green apple; **~ fény/lámpa** green light; *orv* **~ hályog** glaucoma; **~ szám** freephone; *US* toll-free number; **~ út** (i) *[reptéren]* green channel (ii) *átv* (the) green light; **megadja vknek a ~ utat** give* sy/sg the green light (v. the go-ahead); **~ utat kaptunk** we've got the green light (v. the go-ahead) [from the local authority] **II.** *fn* **1.** *[szín]* green(ness); **~re fest** (i) *ált* paint (sg) green (ii) text dye/stain (sg) green **2.** *[a természet]* the open air, nature, the country; **kirándul a ~be** go* out for the day (v. into the country) **3. ~eket beszél** talk nonsense **4.** *[kártya]* green, *[néha]* spade **5.** *pol* green; **a ~ek** the Greens; → **szomszéd**
zöldár *fn* spring flood
zöldasztal *fn [tanácskozó]* round/conference table
zöldbab *fn* green/French/runner beans *tsz*, *US főleg:* string beans *tsz*
zöldbéka *fn* (water-)frog
zöldborsó *fn* green peas *tsz*, petits pois *tsz*
zöldell, **zöldell|ik** *i* (be*) green, become*/grow* green; **~ a határ** the fields are green again
zöldellő *mn* (growing) green, verdant; **~ természet** verdure, green vegetation
zöldes *mn* greenish, *[arcszín]* green
zöldeskék *mn* greenish-blue
zöldessárga *mn* greeny-/greenish yellow
zöldesszürke *mn* rifle-green
Zöld-foki-szigetek *földr* Cape Verde
zöld-foki-szigeteki *mn/fn* Cape Verdean
zöldfőzelék(félék) *fn* greens *tsz*, vegetables *tsz*
zöldfülű I. *mn* green, callow, *kif* be* still wet behind the ears; **~ korában** in one's salad days **II.** *fn* greenhorn, tenderfoot
zöldhagyma *fn* spring/salad onion, *US* scallion, green onion
zöldhatár *fn [országok között]* **a ~on megy át** *kb.* cross the border illegally
zöldike *fn áll* greenfinch, green linnet
zöldkártya *fn közl gk* green card
zöldövezet *fn* green belt, the leafy suburb *tsz* [of London/Budapest etc.]
zöldövezeti *mn* **~ villanegyed** a leafy suburb, residental area/suburb/district
zöldpaprika *fn* green pepper/paprika, sweet pepper, capsicum (*tsz* -s), *[ha piros]* red pepper
zöldség *fn* **1.** *növ* greens *tsz*, vegetables *tsz*, *[csomagban levesnek]* packet of mixed vegetables (for soup) **2.** *[ostobaság]* nonsense, foolishness, rubbish, codswallop, bilge; **mindenféle ~et összehord** he's talking (a load of) codswallop/rubbish
zöldségárus *fn* greengrocer, *[US és piaci]* vegetable man°
zöldséges I. *mn összet* vegetable; **~ kofa** greengrocer **II.** *fn* → **zöldségárus**
zöldség- és gyümölcsáru *fn [a bolt]* greengrocer's, *[az áru]* greengrocery, fruit and vegetables *tsz*
zöldségeskert *fn* vegetable/kitchen garden
zöldségfélék *fn tsz* greens, vegetables
zöldségleves *fn* vegetable soup
zöldségpiac *fn* vegetable-market
zöldségtermesztő *fn* vegetable grower, market-gardener
zöldtakarmány *fn* green food, fresh fodder
zöldtrágya *fn* green manure
zöldül *i* (become*/grow*/turn) green
zöldvendéglő *fn* garden restaurant, open-air restaurant
zöm *fn* **vmnek a ~e** the bulk of (sg), the main/greater/biggest part of (sg); **a nép ~e** the mass/bulk of the people; **~ében** in the mass; **~mel** by far the greatest number, for the most part
zömök *mn* squat, stubby, stumpy, tubby; **~ termetű** squat
zöngés *mn nyelv* voiced; **~ hang** voiced sound; **~ mássalhangzó** voiced consonant

zöngétlen *mn nyelv* voiceless, unvoiced; **~ hang** voiceless sound; **~ mássalhangzó** voiceless consonant

zördül *i* give* a rattle, *[levél]* rustle

zörej *fn* noise, *[láncé]* rattle, rattling, *[tompa]* thud, *[rádió]* atmospherics *tsz*, interference

zörgés *fn* clatter(ing), rattle, rattling, *[csörgés]* jingle, clash, *[dübörgés]* rolling, rumble, rumbling; **kocsik ~e** rumble of wheels

zörget *i* **1.** rattle (sg), make* (sg) rattle; **a szél ~i az ablakot** the wind rattles the window **2.** *[zörgő zajt okoz]* rattle, make* a noise (by rattling sg), clatter; **~ az ajtón** rattle (v. rap on) the door

zörgetés *fn* rattling, rapping, *[csörgetés]* jingling, clinking

zörög *i* rattle, clatter, make*/give* a rattling/clattering sound, *[levél, papír]* rustle; **~ az ajtón** rap/tap on the door; **~nek a csontjai** he is just skin and bone

zörren *i* make*/give* a short clinking/clattering/jingling/rustling sound, rattle, *[falevél]* rustle

zörrenés *fn* a short clinking/clattering/jingling/rustling sound

zötyög *i* wobble, shake*/toss about, *[~ve halad]* jolt/bump/rattle along

zötyögős *mn* bumpy, rough [road]

zrí *fn szl* hullabaloo, commotion, row, *GB* shindy; **nagy ~t csap/csinál** kick up a dust/fuss/row/shindy, make* the fur fly, kick up (v. make*) a rumpus

zubbony *fn* jacket, blouse, *kat* fatigue/combat jacket

zubog *i* bubble, boil, seethe

zúdít *i* **1.** *[folyadékot]* pour (out); **kőzáport ~ vkre** pelt sy with stones **2.** *átv* heap/shower sg on sy, rain/hail [blows/curses etc.] down on sy; **bajt ~ vk fejére** bring* trouble/misfortune on sy

zúdul *i* **1.** *[tódul vhová, folyadék]* come* pouring/gushing/rushing into (v. out of v. on to etc.), *[tömeg]* throng/stream to; **a tömeg az utcára ~t** the crowd spilled out onto the streets **2. rengeteg munka ~t a nyakába** he was snowed under with work

zug *fn* **1.** *[szöglet]* nook, corner, cranny, *[szobácska] US* closet, *[félreeső vidék]* hole, *[a természetben]* nook, hollow, *[beugró sarok]* corner, nook; **az ország legtávolabbi ~ában** in the remotest corner of the country **2.** *átv biz* **~ban vásárol** (v. **ad el**) buy*/sell* under the counter; *[feketepiacon]* buy*/sell* on the black market

zúg *i* make* a (rumbling) noise, rumble, boom, *[bogár]* buzz, hum, *[gép]* hum, buzz, whirr (*US főleg:* -r), drone, *[harang]* sound, peal, ring*, *[hullám]* roar, *[patak]* babble, murmur, *[szél]* boom, sigh, *[tenger]* boom, roar, murmur; **~ a fejem a sok lármától** all that noise has given me a splitting headache; **~ a fülem** my ears are buzzing; **~ az erdő** the leaves rustle in the wind; **~nak a harangok** the bells are ringing/pealing; **~ az orgona** the organ swells

zugárus *fn* black marketeer, fly-by-night operator, fly-pitcher

zúgás *fn* humming (noise), rumbling, rumble, *[bogáré]* buzz(ing), hum(ming), *[fülé]* buzz(ing), ringing, *[gépé]* hum, buzz(ing), *[hullámé]* boom(ing); **a szél ~a** (the) sighing/sough(ing)/roar/booming of the wind; **a tenger ~a** (the) roar(ing)/boom(ing)/roll of the sea; **a tömeg ~a** rumblings *tsz* (v. murmur) of the multitude/masses

zúg-búg *i* boom, rumble, rustle

zugíró *fn* hack(-writer)

zugkereskedelem *fn* black market

zugkereskedő *fn* black marketeer

zugkocsma *fn* low dive, spit-and-sawdust joint

zúgó I. *mn ált* rumbling, humming, *[bogár]* buzzing, humming, *[gép]* humming, droning, *[patak]* babbling; **~ szél** soughing wind; **~ taps** loud/rapturous applause; **~ tömeg** *[haragos]* noisy crowd; *[éljenző]* cheering crowd **II.** *fn [folyóé]* rapids *tsz*, *[malmon]* mill/tail-race; **átkel a folyó ~ján** *[kajakkal]* shoot* the rapids

zúgolódás *fn* grumbling, grumbles *tsz*, clamour (*US* -or); **~ nélkül** without a murmur

zúgolód|ik *i [vm miatt]* grumble about/over/at sg, complain about (v. that ...), *[vm ellen/miatt]* clamour (*US* -or) against sg, murmur against/at sg, rail against/at sy/sg; *biz [morgolódik]* bitch about sg

zúgolódó *mn* clamorous, grumbling, complaining

zugpiac *fn* black market

zugsajtó *fn* gutter-press, yellow press

zugszálló *fn* disreputable/shady hotel

zugtőzsde *fn* kerb (*US* curb) market

zugutca *fn* back-street/alley

zugügylet *fn* shady transaction/deal

zugügynök *fn* unlicensed broker

zugügyvéd *fn* pettifogger, *US* shyster

zuhan *i* **1.** *konkr* plunge, tumble, come* (clattering) down, fall* (down); **fejjel előre ~** fall*/plunge headlong (v. head first); **a repülőgép a földre ~t** the plane crashed **2.** *[ár]* slump, collapse

zuhanás *fn* **1.** *ált* (*vmé*) fall, tumble, *[repülőgépé]* crash **2.** *[árakéj]* slump

zuhanó *mn sp* **~ ejtőernyőzés** skydiving

zuhanóbombázás *fn* dive-bombing; **~t hajt végre** dive-bomb

zuhanóbombázó *fn* dive-bomber

zuhanórepülés *fn rep* nosedive; **~t hajt végre** (v. **végez**) nosedive

zuhany *fn* shower; **hideg ~ként hat vkre** damp down (v. damper) [sy's enthusiasm], put* a damper on sg

zuhanyfüggöny *fn* shower curtain

zuhanyfürdő *fn* shower(-bath)

zuhanyozás *fn* (taking a) shower, shower-bath

zuhanyoz|ik *i* take*/have* a shower, shower; *[most]* be* in the shower

zuhanyozó *fn [hely]* shower(-bath), *[uszodában]* showers *tsz*; **kézi ~** wall shower

zuhany(ozó)fülke *fn* shower booth

zuhanyozóhelyiség *fn* → **zuhanyozó**

zuhanyrózsa *fn* rose

zuhatag *fn* **1.** *[vízesés]* waterfall, falls *tsz*, cataract **2.** *[könynyeké]* flood, flow **3.** *[szitkoké]* stream, torrent

zuhog *i* **1. ~** (**az eső**) it's pouring (down v. with rain), it's raining hard (v. cats and dogs), the rain is (v. it's) pelting down (outside), it's pelting with rain, *biz* it's pissing down **2. ~ a víz a csapból** water is pouring from the tap (*US* faucet) **3. ~tak az ütések** the blows fell thick and fast, blows rained (down) on sy

zuhogó *mn* **~ esőben** in the pouring rain

zúz *i* pound, crush, pulverize; **darabokra ~** shatter, break* into (small) pieces, smash to pieces; **halálra ~ vkt** crush sy to death; **péppé ~ vmt** pulp sg, beat* sg to a pulp; **porrá ~** reduce/crush sg to powder, crush sg (in)to powder, pulverize sg, grind* sg (down) to dust

zúza *fn* gizzard; **eszem a ~́dat!** you darling!; **hamis a ~́ja** she is a sly minx

zúzalék *fn* rubble

zúzás *fn* pounding, pulverizing, crushing

zúzda *fn [könyvnek]* paper/pulping-mill; **~́ba küld könyveket** pulp books, have* books pulped

zúzmara *fn* hoar(-frost), frost, rime

zúzmarás *mn* frost-covered, rimy, covered with hoar-frost *ut*

zuzmó *fn* lichen

zúzódás *fn* bruise, contusion; **belső ~** internal injury; **~(oka)t szenved** get*/be* bruised, suffer bruises/bruising

zúzód|ik *i* be* bruised/crushed/smashed/contused; **darabokra ~ik** be* broken/smashed (in)to pieces; **halálra ~ott** be* crushed to death

zúzógép *fn* crusher, pulverizer, breaker

zúzóhenger *fn* crushing roll

zúzómű *fn* stamp (mill), stamping mill → **zúzómalom**

zúzott *mn* **1.** *ált* pounded, pulverized, crushed, stamped, broken **2.** *orv* **~ seb** contused wound

zúzottkő *fn [útépítéshez]* road-metal, crushed gravel

züllés *fn* **1.** *[hanyatlás]* decay, decline, corruption **2.** *biz [lumpolás]* booze-up, shindig

zülleszt *i [dolgot]* deprave, demoralize, *[személyt]* corrupt, debauch

züll|ik *i* **1.** *[dolog]* fall* into decay, decay, go* to the dogs, *[személy]* become* depraved, go* downhill **2.** *biz [lumpol]* go* out (v. be*) on a spree, go* on the razzle, be* out on the tiles

züllött *mn [ált vm]* decayed, in utter neglect *ut*, *[személy]* depraved, debauched, corrupt, *[külsőleg]* disreputable, dissipated-looking, *[társadalom]* decaying, rotten, morally corrupt/depraved, *[viszonyok]* disorganized; **~ alak** depraved/corrupt/disreputable fellow, wreck; **~ életet/életmódot folytat** lead* a loose/dissolute/fast life; **~ életű** leading a loose life *ut*; **~ erkölcsök** depraved morals

züllöttség *fn* depravity, corruption, corruptness, debauchery; **erkölcsi ~** moral corruption/depravity

zümmög *i [rovar]* buzz, hum, *[ember]* hum, croon

zümmögés *fn [rovaré]* buzz(ing), *[emberé is]* hum(ming)

zümmögő I. *mn* buzzing, humming **II.** *fn [telefoné]* buzzer

zűr *fn biz [zavar]* mess, tizzy, confusion, muddle, (sorry) pickle, fix, *[nehézség]* difficulty, trouble; **nagy ~ben van** be* in a fix/tizzy, be* in a sad/sorry pickle; **~t csinál** kick up a shindy/stink, raise a stink, *US* raise hob; → **zrí**

Zürich *földr* Zurich

zürjén *mn/fn* Zyryan

zűrös *mn biz* chaotic, confused, messy; **~ állapotok/helyzet** confused state of affairs, a mess

zűrzavar *fn [rendetlenség]* chaos, disorder, confusion, *[lárma]* hubbub, hurly-burly, *biz* hullabaloo; **pokoli ~** a fearful mess, pandemonium

zűrzavaros *mn* **1.** *[rendetlen]* chaotic, disorderly, confused, at sixes and sevens *ut* **2.** *[beszéd]* disconnected, incoherent

Zs

Zs, **zs** *fn [betű]* (the digraph) Zs, zs
zsába *fn* neuralgia, *[deréktáji]* lumbago
zsabó *fn* jabot, frill
zsák *fn [kisebb]* bag, *[nagyobb]* sack; **~ba rak** put* in a bag/sack (v. in bags/sacks); **minden ~ megleli a foltját** every Jack will get his Jill
zsákbamacska *fn* **~t vásárol** buy* a pig in a poke
zsakett *fn* morning coat, *US* cutaway
zsákfutás *fn* sack-race
zsákmány *fn [rablott holmi]* plunder, loot, *[állaté]* prey, *[hadi]* booty, spoil, *[halász]* catch, haul, *[vadász]* (game-)bag, quarry; **~t ejt** get*/obtain spoil(s)/booty; **~ul ejt vmt** carry off, seize; **~ul esik vknek** fall* prey to
zsákmányol *i* take*, capture, seize, *[főleg háború idején]* loot
zsákmányolt *mn* seized, captured, looted
zsáknyi *mn* sackful, bagful
zsákol *i* **1.** *[zsákba rak]* sack, put* in sacks **2.** *[visz]* carry sack(ful)s **3.** *sp [kosárlabdában]* slam dunk v. slamdunk
zsákolás *fn sp [kosárlabdában]* slam dunk v. slamdunk
zsákoló *fn* **1.** *[személy]* sacker **2.** *[gép]* sacking machine
zsákos *mn elav* **~ mosás** bagwash
zsákruha *fn* sack(dress)
zsákszövet *fn* → **zsákvászon**
zsákutca *fn* **1.** *konkr* blind alley, cul-de-sac (*tsz* cul-de-sacs), *US főleg:* dead end **2.** *átv* impasse, blind alley, deadlock; **~ba jut** reach (v. end in v. come* to a total) deadlock, come* to (v. prove* to be v. reach) a dead end
zsákvarrótű *fn* packing needle
zsákvászon *fn* sacking, sackcloth, burlap
zsalu *fn* shutters *tsz*
zsalugáter *fn* → **zsalu**
zsaluz *i épít* construct a formwork
zsaluzás *fn épít* formwork, shuttering
zsámoly *fn* (foot) stool
zsandár *fn* gendarme
zsanér *fn* hinge
zsáner *fn* genre, kind, style; **nem a ~em** she is not my type, *biz* (she is) not my cup of tea
zsánerfestő *fn* genre painter
zsánerkép *fn* genre painting
zsarátnok *fn irod* embers *tsz*, fire-brand
zsargon *fn [csoportnyelv]* jargon; *[szakmai]* cant
zsarnok *fn* tyrant, despot, dictator
zsarnoki *mn* tyrannical, despotic, autocratic, dictatorial; **~ hatalom** → **zsarnokság**; **~ módon bánik vkvel** treat sy tyrannically, tyrannize sy (v. over sy)
zsarnokoskod|ik *i [vk felett]* play the tyrant (over), tyrannize (over) [people]; **~ik a családja felett** he tyrannizes his family; **~ik a polgári lakosság felett** he tyrannizes over civilians
zsarnokság *fn* tyranny, despotism, absolutism, autocracy, dictatorship
zsarol *i* blackmail, (*vktől vmt*) extort, exact (sg from sy); **mindig pénzért ~ja a szüleit** he is always bleeding his parents
zsarolás *fn* blackmail(ing), extortion
zsaroló I. *mn* blackmailing **II.** *fn* blackmailer
zsaru *fn szl* cop, bobby, copper; **a ~k** the fuzz; *biz* the law
zsávoly *fn* drill, twill; **~ katonaruha** fatigue-dress, fatigues *tsz*, khaki drill
zsávolyruha *fn* → **zsávoly katonaruha**
zsázsa *fn növ* cress
zseb *fn* pocket; **belső ~** inside pocket; **rávarrt ~** patch pocket; **tele van a ~e pénzzel** have* well-lined pockets; **~ébe nyúl**, **belenyúl a ~ébe** *[fizetni akar]* put* one's hand in one's pocket; *[mélyen]* dig* (deep) into/in one's pocket, dip into one's pocket; **~ébe tesz vmt** put*/slip sg in one's pocket, pocket sg; **eltesz a ~ébe vmt** put* sg into one's pocket, pocket sg; **saját ~éből fizeti** pay* sg from (v. out of) one's own pocket; **~re dugott kézzel** with one's hands in one's pockets; **~re tesz/vág vmt** (i) *[tűr]* stomach/swallow/pocket sg (ii) *[ellop]* pocket sg, *biz* swipe sg, *szl* nick sg; **~re tesz/vág vkt** *[vmben messze felülmúlja]* put* sy in one's pocket, be* more than a match for sy; **száz forintot vágott ~re** he has pocketed a hundred forints; **a költségek ellenére is ~re vághatunk 5000 Ft-ot** even after paying all the expenses, we'll still be 5,000 fts in pocket; **az ő ~ére megy** he pays the piper
zsebatlasz *fn* pocket atlas/map
zsebes I. *mn* pocketed **II.** *fn szl* → **zsebtolvaj**
zsebfedő *fn* pocket-flap
zsebfésű *fn* pocket comb
zsebkendő *fn* handkerchief, *biz* hanky v. hankie
zsebkés *fn* pocket-knife°, penknife°
zsebkiadás *fn* pocket edition
zsebkönyv *fn* **1.** *[feljegyzésekhez]* notebook, *GB* pocket-book **2.** *[évkönyv]* almanac **3.** *[puha fedelű könyv]* paperback
zseblámpa *fn* torch, *US* flashlight
zseblámpaelem *fn* (torch) battery
zseblámpaizzó *fn* flashlight bulb
zsebmagnó *fn* → **walkman**
zsebmetszés *fn* pickpocketing
zsebmetsző *fn* → **zsebtolvaj**
zsebnaptár *fn* (pocket) diary
zsebóra *fn* watch
zsebpénz *fn* pocket-money, *US* allowance
zsebpisztoly *fn* revolver, pocket-pistol
zsebrádió *fn* transistor (radio)
zsebsakk *fn* pocket chess-set
zsebszámítógép *fn* palmtop
zsebszámológép *fn* (pocket) calculator
zsebszótár *fn* pocket dictionary
zsebtérkép *fn* pocket map
zsebtolvaj *fn* pickpocket; **óvakodjunk a ~októl!** beware of (v. watch out for) pick-pockets!
zsebtükör *fn* pocket-mirror
zselatin *fn* gelatine, isinglass
zselé *fn* **1.** *[édesség]* jelly, *US* jello **2.** *[hajra]* (hair) gel
zselés *mn* jellied; **~ cukorka** jelly, jellied candy
zsellér *fn elav* cottar, cotter
zsémbelődés *fn* → **zsörtölődés**
zsémbelőd|ik *i* → **zsörtölőd|ik**
zsémbelődő, **zsémbes** *mn* → **zsörtölődő**
zsemle, **zsömle** *fn* roll
zsemlegombóc *fn kb.* dumpling(s)
zsemlemártás *fn* bread-sauce
zsemlemorzsa *fn* breadcrumbs *tsz*
zsemleszínű *mn* sandy(-coloured) (*US* -or-)
zsén *fn* **~ben van** be*/feel* ill at ease
zsenáns *mn* embarrassing, awkward; **nagyon ~ volt (nekem)** I felt ill at ease
zsendül *i* sprout, spring*/come* up
zsenge I. *mn [kor]* immature, young, delicate, tender **II.** *fn* firstling, first fruits *tsz*; **ifjúkori ~k** juvenile/early efforts, juvenilia
zseni *mn* genius (*tsz* geniuses); **ő ~ volt** s/he was a genius; **Einstein matematikai ~ volt** Einstein was a mathematical genius

zseniális *mn* **1.** (*vk*) of remarkable talents *ut*, brilliant; **~ ember** man° of genius; **Einstein ~ (ember) volt** Einstein had genius, E. was a genius; **~ matematikus volt** he was a mathematical genius; **Németh László ~ író volt** L. Németh was a writer of genius **2.** (*vm*) brilliant, inspired, splendid; **~ gondolat volt** that was a stroke of a genius; **~ mű** a/the work of genius; **~ találmány** ingenious invention
zsenialitás *fn* genius [for language, mathematics etc.], brilliance, ingenuity; **ez a film bizonyítja Szabó ~át** this film reveals Szabó's genius
zseníroz *i* inconvenience, bother, incommode; **ne ~d magad!** → **ne zavartasd magad!**, → **zavartat**
zserbószelet *fn* ‹ cake made with layers of jam and ground nuts coated with chocolate ›
zseton *fn* counter, token
zsibáru *fn* odds and ends *tsz*, lumber, clutter
zsibárupiac *fn* flea market
zsibárus *fn* rag-and-bone man°/merchant
zsibbad *i* become*/go* stiff/numb; **~ már?** *[fogorvos kérdezi injekció után]* is it going numb?
zsibbadás *fn* numbness, stiffening; *biz* pins and needles
zsibbadt *mn* stiff, numb(ed); **~ a lába** his/her feet are numb, his/her foot has gone to sleep; *biz* his/her foot is all pins and needles
zsibbadtság *fn* numbness, stiffness, *átv* torpor
zsibbaszt *i* make* numb, stiffen
zsibbasztó *mn* numbing, stiffening
zsibong *i* **1.** *[hang]* buzz, hum **2.** *[sűrű tömeg]* swarm, throng
zsibongás *fn* **1.** *[hang]* buzzing, humming, clatter **2.** *[népé]* swarming
zsibongó *fn [iskolában] kb.* (student) lounge
zsibvásár *fn* **1.** *konkr* flea market **2.** *biz [lárma]* hullabaloo, hubbub **3.** *biz [összevisszaság]* mess; **micsoda ~!** what a mess!; **rakd el ezt a ~t!** put away all this clutter!
zsidó I. *mn* Jewish, Hebrew, *[néha]* Israelite; **~ (származású) ember/személy** Jewish man°/person; **~ nő** Jewish woman°, Jewess; **~ hitközség/közösség** Jewish community; **a ~ nép** the Jewish people, the Jews *tsz*; **~ nyelv** (i) *[Izrael hivatalos nyelve]* Hebrew (ii) *[nemzetközi]* Yiddish; **~ templom** synagogue, Jewish temple; **~ vallás** Judaism; ‹the religion of the Jews› **II.** *fn* Hebrew, Jew, *[régen]* Israelite
zsidócseresznye *fn* winter-cherry
zsidóellenes *mn* antisemitic
zsidógyűlölet *fn* antisemitism
zsidónegyed *fn* ghetto, Jewish quarter
zsidónő *fn [sértő megnevezés]* Jewess, *[tapintatosabban]* Jewish woman°
zsidós *mn* Jewish
zsidóság *fn [nép]* the Jews *tsz*; **a magyar ~** Hungarian Jewry
zsidóüldözés *fn* persecution of Jews, *[véres]* pogrom
zsigerek *fn tsz biol* viscera; *[belső részek]* guts, the intestines; *biz* innards, *[állati]* lights
zsigerel *i* disembowel (*US* -l), gut, eviscerate
zsigeri *mn orv* visceral, splanchnic
Zsigmond *tul* Sigismund
zsilett *fn* safety razor
zsilettpenge *fn* (safety) razor blade
zsilip *fn* sluice, lock; **~pel elzár** sluice, close the lock
zsilipgát *fn* flood/lock/sluice-gate
zsilipkamra *fn* sluice/lock chamber
zsilipkapu *fn* sluice/water-gate
zsilipkezelő *fn* → **zsilipőr**
zsilipmű *fn* sluice-works *tsz*
zsilipőr *fn* sluice/lock-keeper
zsinagóga *fn* synagogue (*US* -gog)
zsinat *fn vall* **1.** *tört* council; **egyetemes ~** general council; **a tridenti ~** the Council of Trent; **~ot hív össze** convoke a council **2.** *[protestáns]* synod
zsindely *fn* shingle
zsindelyes *mn* shingled; **~ tető** shingled roof
zsindelyez *i* cover with shingles, shingle
zsindelytető *fn* shingled roof
zsineg *fn* string, packing-cord
zsinegel *i* cord, tie up with string
zsinór *fn* **1.** *[zsineg]* string, *[sodrott]* twine, cord; **~on rángat vkt** have*/keep* sy on a string **2.** *[elektromos eszközé]* flex, electric wire, *US* cord **3.** *biz* **~ban** in succession; **~ban nyer** be* on a winning streak
zsinórdísz(ítés) *fn* braiding, piping
zsinórkapcsoló *fn el* pull-switch, cord-switch
zsinórmérték *fn* norm, standard, measure, *[jó ízlésé, erkölcsé]* canon [of morals]
zsinóros *mn* braided; **~ mente** braided dress
zsinóroz *i* braid
zsinórozás *fn [pl. atillán]* (military) frogging
zsinórozott *mn [sujtásos]* frogged, embroidered with (military) frogging *ut*
zsinórpadlás *fn* flies *tsz*, rigging loft
zsinórzat *fn* braiding, trimming, frogging
zsír *fn* fat, *[olvasztott]* grease, *[disznóé]* lard, *[pecsenyéé]* dripping, *kém* fats *tsz*; **~ban süt** fry [in fat]; **~ban sült** fried, roast(ed) [meat]; **megfullad a saját ~jában** choke/fry/stew in one's own fat/grease; **~ral beken** *[gépet]* grease, lubricate; **kiszedi vknek a ~ját** thrive* on sy's toil, exploit sy ruthlessly; → **növényi**
zsiradék *fn* fats *tsz*, grease
zsiráf *fn* giraffe
zsirardi(kalap) *fn* boater
zsírcsepp *fn* grease drop
zsírdaganat *fn orv* lipoma
zsírfecskendő *fn* grease-gun
zsírfényű *mn* oily, greasy
zsírfolt *fn* fat/grease stain/spot
zsírkő *fn* steatite; **~ kréta** French chalk
zsírkréta *fn* crayon
zsíró *fn gazd* (bank) giro
zsíros *mn* **1.** *[zsírt tartalmazó]* fat, fatty, containing fat/lard; **~ étel** rich/fatty food, *biz* heart-stopper; **~ falat** fat(ty) bit; **~ sajt** full-fat cheese; **~ hús** fat(ty) meat; **~an főz** cook with too much fat/lard, use too much fat in cooking **2. ~ kenyér** bread and dripping **3.** *[bőr, haj stb.]* oily [skin]; **~ arcbőr** oily facial skin; **~ haj** greasy hair **4.** *átv* rich, fat; **~ állás** lucrative job; **~ föld** fat/rich/loamy/fertile soil
zsírosbödön *fn* tub of lard
zsírosod|ik *i [felület]* become*/turn greasy/oily
zsíroz *i [gépet]* grease, lubricate, *[bakancsot]* oil, dubbin
zsírozás *fn* **1.** *[gépé]* greasing, lubrication, *[bakancsé]* dubbining, oiling **2.** *[pecsenyéé]* basting
zsírpapír *fn* grease-proof paper
zsírpárna *fn* cushion/roll of fat
zsírpecsét *fn* → **zsírfolt**
zsírpecsétes *mn* greasy
zsírréteg *fn* fatty layer/tissue
zsírsav *fn* fatty acid
zsírsertés *fn* lard pig, porker
zsírszag *fn* smell of grease
zsírszalonna *fn* raw bacon for lard
zsírszegény *mn [étrend]* low-fat [diet]
zsírszövet *fn* fatty/adipose tissue
zsírtalan *mn* fatless
zsírtalanít *i* degrease, delubricate, defat
zsírtartalmú *mn* fatty, containing fat *ut*; **nagy ~** containing a lot of fat *ut*; **kevés ~** non-fat [milk etc.]
zsírtartalom *fn* fat content; **zsírtartalma:** ... fat content: ... per cent; contains ... per cent fat; **a tej zsírtartalma** butterfat
zsírzás *fn* greasing, lubrication
zsírzó(fej) *fn* grease cup
zsírzóprés *fn* grease-gun
zsírzószelence *fn* grease-box
zsivaj(gás) *fn* noise, din, uproar

zsivajgó *mn* making a noise *ut*, turbulent, noisy
zsivajog *i* make* a noise (v. an uproar)
zsivány *fn* **1.** *[bandita]* brigand, bandit, *US* gangster, *[betyár]* outlaw **2.** → **gazember**; *tréf* rascal, rogue, scamp
zsiványbecsület *fn* gangster-solidarity, *kif* there is honour (*US* -or) among thieves
zsiványpecsenye *fn* → **rablóhús**
zsiványtanya *fn* robbers' den
zsizsik *fn* weevil
zsizsikes *mn* weevily, weevil-infested
Zsófi *tul* Sophie
Zsófia *tul* Sophia
zsoké *fn* jockey
zsokéklub *fn* jockey club
zsokésapka *fn* jockey cap
zsold *fn* (soldier's) pay
zsoldfizetés *fn [napja]* pay day
zsoldkönyv *fn* (soldier's) pay-book
zsoldos *tört* **I.** *mn* mercenary; ~ **hadsereg** *[fizetett hadsereg]* mercenary force, mercenary troops *tsz* **II.** *fn* **1.** *kat* mercenary **2.** *átv* hireling
zsoldoshadsereg *fn tört [zsoldosokból álló hadsereg]* mercenary troops *tsz*
zsolozsma *fn [ének]* chant, *[ima]* office
zsolozsmáskönyv *fn* breviary, book of hours
zsolozsmáz|ik *i [énekelve]* sing* psalms
Zsolt *tul* ‹Hungarian masculine given name›
zsoltár *fn vall* **1.** psalm; **~ok könyve** Book of Psalms, the Psalms **2.** → **zsoltároskönyv**
zsoltáríró *fn* psalmist
zsoltároskönyv *fn* psalter, psalm-book, psalmody
zsombék *fn* clump [in a marsh/bog], tussock
zsombékos *mn* boggy, swampy, marshy
zsong *i* hum, murmur, boom
zsongás *fn* murmur(ing), hum(ming), boom(ing)
zsongít *i* soothe, calm, soften
zsongító *mn elav* soothing, calming, *csak orv* calmative, sedative, palliative
zsonglőr *fn* juggler
zsozsó *fn szl* dosh, dough, loot, lolly
zsöllye *fn* → **földszint** 2
zsömle *fn* → **zsemle**
zsörtölődés *fn* grumbling, nagging
zsörtölőd|ik *i* grumble, be* grumpy, nag, grouch
zsörtölődő *mn* grumbling, nagging, grouchy, grumpy; ~ **ember** grumbler, growler
zsúfol *i* cram, stuff, press, pack; **a terem ~va van** the room is packed/crowded
zsúfolás *fn* **~ig megtelt** jam-packed, filled to capacity/overflowing *ut*; **a stadion ~ig megtelt** the stadium is/was jam-packed with people/spectators
zsúfolód|ik *i* be* crowded/packed (into sg)
zsúfolt *mn* (jam-)packed; ~ **ház** *szính* packed house; ~ **ház előtt megy** *biz* [the show, film, play etc.] is really packing them in (v. packing the crowds in); ~ **villamos** crammed/crowded tram
zsúfoltság *fn* crowdedness, *[útakon]* congestion
zsuga *fn szl [kártya]* broads *tsz*, flats *tsz*, deck
zsugáz|ik *i szl* hit* the deck
zsugor *fn sp* squat
zsugorcsomagolás *fn* shrink-wrap(ping)
zsugorfólia *fn* shrink foil; **~ba csomagol** shrink-wrap [an article]; **~ba csomagolt** *[sajt stb.]* shrink-wrapped [cheese etc.]
zsugorfóliás csomagolás *fn* → **zsugorcsomagolás**
zsugorgat *i* hoard, save up
zsugori I. *mn* miserly, mean, money-grubbing, *biz* stingy, tight/close-fisted; ~ **módon** v. **~an bánik a pénzével** be* a miser, be* tight-fished, be* stingy **II.** *fn* miser, niggard, money-grubber
zsugoriság *fn* miserliness, niggardliness, parsimoniousness
zsugorodás *fn [bőré, falevélé]* shrivelling (*US* -l-), *[gyapjúé]* shrinking, shrinkage, *[testé]* contraction, *orv* atrophy
zsugorodásmentes *mn* shrinkproof, non-shrink, unshrinkable
zsugorod|ik *i [bőr, falevél]* shrivel (*US* -l), *[gyapjú]* shrink*, *[test]* contract
zsúp *fn* thatch; **~pal fed** thatch
zsúpfedél, **zsúpfödél** *fn* thatched roof
zsúpfedelű *mn* thatched
zsúpfedés, **-födés** *fn* thatching
zsúpol *i* → **zsúppal fed**
zsuppol *i* (*vkt vhová*) transport sy (under duress)
zsupsz *isz* (wh)oops (a daisy)!, flop!, thump!, crash!; ~ **leesett!** *[a fáról]* fell flop on(to) the ground
zsúpszalma *fn* thatch
zsúptető *fn* → **zsúpfedél**
zsúr *fn* party; **~ra megy** go* to a party; **~t ad/rendez** throw*/give*/hold* a party
zsúrasztal *fn [egymásba tolható]* nest of tables
zsúrfiú *fn* lounge-lizard
zsúrkenyér *fn* milk-loaf°
zsúrkocsi *fn* tea-trolley, *US* teacart
zsurló(fű) *fn növ* horsetail, mare's tail
zsurnaliszta *fn* journalist, newspaperman°
zsurnalisztika *fn* journalism, newspaper writing
zsurnalisztikai *mn* journalistic; ~ **(mű)nyelv** journalese
zsúrterítő *fn* tea-cloth, doily
Zsuzsa *tul* Sue, Susan
Zsuzsanna *tul* Susan, Susanna
zsűri *fn ált* jury, panel (of experts), *[pl. jégtáncnál]* panel of judges, *[lovasversenyen]* the judges *tsz*; **a ~ XY munkáját ítélte legjobbnak** the panel judged YX's design/etc. the best, the panel awarded first prize to YX
zsűritag *fn* jury-member, member of the jury, juror
zsűriz *i* judge, decide about [a painting, design etc.], select/pick [the best]
zsűrizés *fn* **~re benyújt** submit [a painting/design etc.] to a panel of experts

Zs

FÜGGELÉK

APPENDIX

ANGOL RENDHAGYÓ IGÉK

ENGLISH IRREGULAR VERBS

Ez a jegyzék csak az alapigéket és leggyakoribb jelentéseiket tartalmazza.
This list contains only the base verbs and their most common meanings.

Infinitive	Past Tense	Past Participle	
abide	*abode*	*abode*	tartózkodik, lakik
	abided	*abided*	elvisel; megmarad vm mellett
arise	*arose*	*arisen*	keletkezik
awake	*awoke*	*awoken*	felébreszt, -ébred
be (am, is, are)	*was, were*	*been*	van
bear	*bore*	*borne*	hord
	bore	*born*	szül
beat	*beat*	*beaten*	üt
become	*became*	*become*	vmivé lesz
beget	*begot*	*begotten*	nemz
begin	*began*	*begun*	kezd
bend	*bent*	*bent*	hajlít
beseech	*besought*	*besought*	könyörög
bet	*bet, betted*	*bet, betted*	fogad
bid	*bid*	*bid*	ajánl
	bade	*bidden*	megparancsol
bind	*bound*	*bound*	köt
bite	*bit*	*bitten*	harap
bleed	*bled*	*bled*	vérzik
bless	*blessed, blest*	*blessed, blest*	áld
blow	*blew*	*blown*	fúj
		blowed	
		I'm blowed if …	itt süllyedjek el, ha … kifejezésben
break	*broke*	*broken*	tör
breed	*bred*	*bred*	tenyészt
bring	*brought*	*brought*	hoz
build	*built*	*built*	épít
burn	*burnt, burned*	*burnt, burned*	ég
burst	*burst*	*burst*	szétreped
buy	*bought*	*bought*	vásárol
can	*could*	–	tud, …hat, …het
cast	*cast*	*cast*	dob
catch	*caught*	*caught*	megfog
chide	*chided, chid*	*chided, chid, chidden*	szid
choose	*chose*	*chosen*	választ
cleave[1]	*cleaved, clove, cleft*	*cleaved, cloven, cleft*	hasít
cleave[2]	*cleaved, clave*	*cleaved*	ragaszkodik
cling	*clung*	*clung*	ragaszkodik
come	*came*	*come*	jön
cost	*cost*	*cost*	vmbe kerül
creep	*crept*	*crept*	csúszik

crow	*crowed, (régi) crew*	*crowed*	kukorékol
cut	*cut*	*cut*	vág
deal	*dealt*	*dealt*	ad, oszt; foglalkozik (with … val/vel)
dig	*dug*	*dug*	ás
dive	*dived; US dove*	*dived*	lemerül; fejest ugrik
do	*did*	*done*	tesz
draw	*drew*	*drawn*	húz
dream	*dreamt, dreamed*	*dreamt, dreamed*	álmodik
drink	*drank*	*drunk*	iszik
drive	*drove*	*driven*	hajt, vezet
dwell	*dwelt*	*dwelt*	lakik
eat	*ate*	*eaten*	eszik
fall	*fell*	*fallen*	esik
feed	*fed*	*fed*	táplál
feel	*felt*	*felt*	érez
fight	*fought*	*fought*	harcol
find	*found*	*found*	talál
flee	*fled*	*fled*	menekül
fling	*flung*	*flung*	hajít
fly	*flew*	*flown*	repül
forbid	*forbade, forbad*	*forbidden*	tilt
forecast	*forecast, forecasted*	*forecast, forecasted*	előre jelez
forget	*forgot*	*forgotten*	elfelejt
forgive	*forgave*	*forgiven*	megbocsát
forsake	*forsook*	*forsaken*	elhagy
freeze	*froze*	*frozen*	fagy
get	*got*	*got; US gotten*	kap
gild	*gilded, gilt*	*gilded, gilt*	aranyoz
gird	*girded, girt*	*girded, girt*	övez
give	*gave*	*given*	ad
go	*went*	*gone*	elmegy
grind	*ground*	*ground*	őröl
grow	*grew*	*grown*	nő
hang	*hung*	*hung*	akaszt, függ
	hanged	*hanged*	felakaszt
have (has)	*had*	*had*	vmje van
hear	*heard*	*heard*	hall
heave	*heaved, hove*	*heaved, hove*	emel
hew	*hewed*	*hewed, hewn*	üt
hide	*hid*	*hidden*	rejt
hit	*hit*	*hit*	üt
hold	*held*	*held*	tart
hurt	*hurt*	*hurt*	megsért
input	*input, inputted*	*input, inputted*	betáplál
keep	*kept*	*kept*	tart
kneel	*knelt; főleg US: kneeled*	*knelt; főleg US: kneeled*	térdel
knit	*knitted*	*knitted*	köt
	knit	*knit*	egyesít, egyesül
know	*knew*	*known*	tud;, ismer
lay	*laid*	*laid*	fektet
lead	*led*	*led*	vezet
lean	*leant, leaned*	*leant, leaned*	hajol
leap	*leapt, leaped*	*leapt, leaped*	ugrik
learn	*learnt, learned*	*learnt, learned*	tanul

leave	*left*	*left*	hagy
lend	*lent*	*lent*	kölcsönöz
let	*let*	*let*	hagy
lie[1]	*lied*	*lied*	hazudik
lie[2]	*lay*	*lain*	fekszik
light	*lighted, lit*	*lighted, lit*	meggyújt
lose	*lost*	*lost*	elveszít
make	*made*	*made*	csinál
may	*might*	–	szabad
mean	*meant*	*meant*	jelent
meet	*met*	*met*	találkozik
mow	*mowed*	*mown, mowed*	lekaszál
must	–	–	kell
output	*output, outputted*	*output, outputted*	kiad
pay	*paid*	*paid*	fizet
plead	*pleaded; US pled*	*pleaded; US pled*	szót emel
prove	*proved*	*proved; US proven*	bizonyít
put	*put*	*put*	tesz
quit	*quit, quitted*	*quit, quitted*	otthagy, elmegy
read [riːd]	*read [red]*	*read [red]*	olvas
rend	*rent*	*rent*	hasít
rid	*rid*	*rid*	megszabadít
ride	*rode*	*ridden*	lovagol
ring	*rang*	*rung*	cseng
rise	*rose*	*risen*	felkel
run	*ran*	*run*	szalad
saw	*sawed*	*sawn; US sawed*	fűrészel
say	*said*	*said*	mond
see	*saw*	*seen*	lát
seek	*sought*	*sought*	keres
sell	*sold*	*sold*	elad
send	*sent*	*sent*	küld
set	*set*	*set*	helyez; beállít stb.
sew	*sewed*	*sewn, sewed*	varr
shake	*shook*	*shaken*	ráz
shall	*should*	–	segédige
shave	*shaved*	*shaved, shaven*	borotvál(kozik)
shear	*sheared*	*shorn, sheared*	nyír
shed	*shed*	*shed*	elhullat
shine	*shone*	*shone*	ragyog
	shined	*shined*	(cipőt) fényesít
shit	*shitted, shat*	*shitted, shat*	kakál
shoe	*shod*	*shod*	megpatkol
shoot	*shot*	*shot*	lő
show	*showed*	*shown, showed*	mutat
shred	*shred*	*shred*	darabokra tép
shrink	*shrank, shrunk*	*shrunk*	összezsugorodik
shrive	*shrived, shrove*	*shrived, shriven*	gyóntat
shut	*shut*	*shut*	becsuk
sing	*sang*	*sung*	énekel
sink	*sank*	*sunk*	süllyed
sit	*sat*	*sat*	ül
slay	*slew*	*slain*	öl
sleep	*slept*	*slept*	alszik
slide	*slid*	*slid*	csúszik
slink	*slunk*	*slunk*	lopakodik

slit	*slit*	*slit*	felvág
smell	*smelt, smelled*	*smelt, smelled*	megszagol
smite	*smote*	*smitten*	rásújt
sow	*sowed*	*sown, sowed*	vet
speak	*spoke*	*spoken*	beszél
speed	*sped*	*sped*	száguld
	speeded	*speeded*	siettet; gyorsan hajt
spell	*spelt, spelled*	*spelt, spelled*	betűz (betűket)
spend	*spent*	*spent*	költ
spill	*spilt, spilled*	*spilt, spilled*	kiönt
spin	*spun, (régi) span*	*spun*	fon
spit	*spat; főleg US: spit*	*spat; főleg US: spit*	köp
split	*split*	*split*	hasít
spoil	*spoilt, spoiled*	*spoilt, spoiled*	elront
spread	*spread*	*spread*	kiterjeszt, terjed
spring	*sprang*	*sprung*	ugrik
stand	*stood*	*stood*	áll
stave	*staved, stove*	*staved, stove*	bever
steal	*stole*	*stolen*	lop
stick	*stuck*	*stuck*	ragaszt
sting	*stung*	*stung*	megszúr
sting	*stank, stunk*	*stunk*	bűzlik
strew	*strewed*	*strewed, strewn*	hint
stride	*strode*	*stridden*	lépked
strike	*struck*	*struck*	üt
string	*strung*	*strung*	felfűz
strive	*strove*	*striven*	igyekszik
swear	*swore*	*sworn*	megesküszik
sweep	*swept*	*swept*	söpör
swell	*swelled*	*swollen, swelled*	dagad
swim	*swam*	*swum*	úszik
swing	*swung*	*swung*	leng(et)
take	*took*	*taken*	fog, vesz
teach	*taught*	*taught*	tanít
tear	*tore*	*torn*	szakít
tell	*told*	*told*	elmond
think	*thought*	*thought*	gondol(kozik)
thrive	*thrived, throve*	*thrived, (régi) thriven*	boldogul
throw	*threw*	*thrown*	dob
thrust	*thrust*	*thrust*	döf
tread	*trod*	*trodden, trod*	tapos
wake	*woke, (régi) waked*	*woken, (régi) waked*	felébred, felébreszt
wear	*wore*	*worn*	visel
weave	*wove*	*woven*	sző
	weaved	*weaved*	kanyarog
wed	*wedded, wed*	*wedded, wed*	összeházasodik
weep	*wept*	*wept*	sír
wet	*wet, wetted*	*wet, wetted*	benedvesít
will	*would*	–	(segédige)
win	*won*	*won*	nyer
wind[1]	*wound*	*wound*	teker(edik)
wind[2]	*winded, wound*	*winded, wound*	kürtöl
wring	*wrung*	*wrung*	kicsavar
write	*wrote*	*written*	ír

ANGOL RENDHAGYÓ FŐNEVEK

ENGLISH IRREGULAR NOUNS

Ebben a jegyzékben csak az alapszók találhatók legfontosabb jelentésükkel.
This list contains only the base verbs and their most common meanings.

Singular	Plural	
calf	*calves*	borjú
child	*children*	gyermek
elf	*elves*	manó
foot	*feet*	láb
goose	*geese*	liba
half	*halves*	fél
knife	*knives*	kés
leaf	*leaves*	(fa)levél
life	*lives*	élet(rajz) (de **still life** 'csendélet' tsz: **still lifes**)
loaf	*loaves*	cipó
louse	*lice*	tetű
man	*men*	ember
mouse	*mice*	egér
ox	*oxen*	ökör
scarf	*scarves*	sál
self	*selves*	maga
sheaf	*sheaves*	kéve
shelf	*shelves*	polc
thief	*thieves*	tolvaj
tooth	*teeth*	fog
wife	*wives*	feleség
wolf	*wolves*	farkas
woman	*women*	nő

MAGYARORSZÁGI MÉRTÉKEK ANGOL MEGFELELŐI

HUNGARIAN WEIGHTS AND MEASURES IN ENGLISH

hosszúság – length

1 mm (milliméter)	= 0.039 inch
1 cm (centiméter)	= 0.394 inc
1 m (méter)	= 39.37 inches = 1.094 yards (yd)
1 km (kilométer)	= 1093.61 yards (yd) = 0.6214 mile v. 5/8 mile

terület – surface

1 mm²	= 0.00155 square inch
1 cm² (sq cm)	= 0.155 square inch
1 m² (sq m)	= 1.196 square yards
1 km² (sq km)	= 247.1 acres = 100 hectares (ha) = 0.386 mile
1 négyszögöl	= 38.42 square feet
1 kat. hold	= 6823.95 square yards = 1.412 acres
1 ár (are, a)	= 0.025 acre = 100 m²
1 hektár (ha) (hectare, ha)	= 100 ares (a) = 2.471 acres = 10 000 m²

súly – weight

1 milligram (mg) (milligram, mg)	= 0.015 grain
1 gramm (g) (gram, g)	= 15.43 grains = 0.035 ounce
1 dekagramm (dkg *v.* dag) (decagram, dag)	= 0.353 ounce
1 kilogram (kg) (kilogram, kg)	= 2.205 pounds = 35.27 ounces
1 métermázsa (q) (quintal)	= 1.9688 hundredweight
1 tonna (t) (tonne)	= 19.688 hundredweight = 2204.62 pounds

űrmérték – capacity

1 milliliter (ml) (millilitre, m)	= 0.00176 pint
1 centiliter (cl) (centilitre, cl)	= 0.0176 pint
1 deciliter (dl) (decilitre, dl)	= 0.176 pint
1 liter (l) (litre, l)	= 1.76 pints = 2.1 US pints = 0.22 UK gallon
1 hektoliter (hl) (hectolitre, hl)	= 22.0 gallon

köbmértékek – cubic

1 köbcentiméter (cm³) (cubic centimetre)	= 0.06102 cubic inch
1 köbdeciméter (dm³) (cubic decimetre)	= 0.03532 cubic foot
1 köbméter (m³) (cubic metre)	= 1.308 cubic yards = 35.315 cubic feet

hőfokrendszer – temperature equivalents

–17.8 °C	= 0 °F (Fahrenheit)
–10 °C	= 14 °F
0 °C	= 32 °F
10 °C	= 50 °F
20 °C	= 68 °F
30 °C	= 86 °F
40 °C	= 104 °F
100 °C	= 212 °F

Normál testhőmérséklet:
Normal body temperature: 36.6 °C = 97.8 °F

Celsius fok átszámítása Fahrenheitre
Conversion – Celsius into Fahrenheit

$$x\ °C = \frac{9x}{5} + 32$$

Fahrenheitről Celsiusra
Fahrenheit into Celsius

$$x\ °F = \frac{(x-32)5}{5}$$